PATROLOGIÆ

CURSUS COMPLETUS

SIVE

,BIBLIOTHECA UNIVERSALIS, INTEGRA, UNIFORMIS, COMMODA, OECONOMICA,

OMNIUM SS. PATRUM, DOCTORUM SCRIPTORUMQUE ECCLESIASTICORUM

[QUI

AB ÆVO APOSTOLICO AD INNOCENTII III TEMPORA

FLORUERUNT;

RECUSIO CHRONOLOGICA

OMNIUM QUÆ EXSTITERE MONUMENTORUM CATHOLICÆ TRADITIONIS PER DUODECIM PRIORA
ECCLESIÆ SÆCULA,

JUXTA EDITIONES ACCURATISSIMAS, INTER SE CUMQUE NONNULLIS CODICIBUS MANUSCRIPTIS COLLATAS,
PERQUAM DILIGENTER CASTIGATA;

DISSERTATIONIBUS, COMMENTARIIS LECTIONIBUSQUE VARIANTIBUS CONTINENTER ILLUSTRATA;

OMNIBUS OPERIBUS POST AMPLISSIMAS EDITIONES QUÆ TRIBUS NOVISSIMIS SÆCULIS DEBENTUR ABSOLUTAS
DETECTIS, AUCTA;

INDICIBUS PARTICULARIBUS ANALYTICIS, SINGULOS SIVE TOMOS, SIVE AUCTORES ALICUJUS MOMENTI
SUBSEQUENTIBUS, DONATA;

CAPITULIS INTRA IPSUM TEXTUM RITE DISPOSITIS, NECNON ET TITULIS SINGULARUM PAGINARUM MARGINEM SUPERIOREM
DISTINGUENTIBUS SUBJECTAMQUE MATERIAM SIGNIFICANTIBUS, ADORNATA;

OPERIBUS CUM DUBIIS TUM APOCRYPHIS, ALIQUA VERO AUCTORITATE IN ORDINE AD TRADITIONEM
ECCLESIASTICAM POLLENTIBUS, AMPLIFICATA;

DUOBUS INDICIBUS GENERALIBUS LOCUPLETATA : ALTERO SCILICET RERUM, QUO CONSULTO, QUIDQUID
UNUSQUISQUE PATRUM IN QUODLIBET THEMA SCRIPSERIT UNO INTUITU CONSPICIATUR; ALTERO
SCRIPTURÆ SACRÆ, EX QUO LECTORI COMPERIRE SIT OBVIUM QUINAM PATRES
ET IN QUIBUS OPERUM SUORUM LOCIS SINGULOS SINGULORUM LIBRORUM
SCRIPTURÆ TEXTUS COMMENTATI SINT.

EDITIO ACCURATISSIMA, CÆTERISQUE OMNIBUS FACILE ANTEPONENDA, SI PERPENDANTUR : CHARACTERUM NITIDITAS,
CHARTÆ QUALITAS, INTEGRITAS TEXTUS, PERFECTIO CORRECTIONIS, OPERUM RECUSORUM TUM VARIETAS
TUM NUMERUS, FORMA VOLUMINUM PERQUAM COMMODA SIBIQUE IN TOTO OPERIS DECURSU CONSTANTER
SIMILIS, PRETII EXIGUITAS, PRÆSERTIMQUE ISTA COLLECTIO, UNA, METHODICA ET CHRONOLOGICA,
SEXCENTORUM FRAGMENTORUM OPUSCULORUMQUE HACTENUS HIC ILLIC SPARSORUM,
PRIMUM AUTEM IN NOSTRA BIBLIOTHECA, EX OPERIBUS AD OMNES ÆTATES,
LOCOS, LINGUAS FORMASQUE PERTINENTIBUS, COADUNATORUM.

SERIES SECUNDA,

IN QUA PRODEUNT PATRES, DOCTORES SCRIPTORESQUE ECCLESIÆ LATIN
A GREGORIO MAGNO AD INNOCENTIUM III.

ACCURANTE J.-P. MIGNE,

BIBLIOTHECÆ CLERI UNIVERSÆ,

SIVE

CURSUUM COMPLETORUM IN SINGULOS SCIENTIÆ ECCLESIASTICÆ RAMOS EDITORE.

PATROLOGIA BINA EDITIONE TYPIS MANDATA EST, ALIA NEMPE LATINA, ALIA GRÆCO-LATINA. — VENEUNT
MILLE ET TRECENTIS FRANCIS SEXAGINTA ET DUCENTA VOLUMINA EDITIONIS LATINÆ; OCTINGENTIS
ET MILLE TRECENTA GRÆCO-LATINÆ. — MERE LATINA UNIVERSOS AUCTORES TUM OCCIDENTALES,
TUM ORIENTALES EQUIDEM AMPLECTITUR; HI AUTEM, IN EA, SOLA VERSIONE LATINA DONANTUR.

PATROLOGIÆ TOMUS CLXXI.

VEN. HILDEBERTUS PRIMO CENOMAN. DEIN TURON. ARCHIEP. MARBODUS REDON. EPISC.
HILDEBERTI SUPPARIS.

EXCUDEBATUR ET VENIT APUD J.-P. MIGNE EDITOREM,
IN VIA DICTA *D'AMBOISE*, PROPE PORTAM LUTETIÆ PARISIORUM VULGO *D'ENFER* NOMINATAM,
SEU PETIT-MONTROUGE.

—

1854

SÆCULUM XII

VENERABILIS
HILDEBERTI

PRIMO CENOMANENSIS EPISCOPI
DEINDE TURONENSIS ARCHIEPISCOPI

OPERA OMNIA

TAM EDITA QUAM INEDITA

ACCESSERUNT

MARBODI

REDONENSIS EPISCOPI, IPSIUS HILDEBERTI SUPPARIS

OPUSCULA

QUÆ HACTENUS EDITA, HÆC AUTEM AUTEM AUCTIORA ET PLURA NONDUM EDITA PRODEUNT
OMNIAQUE AD MANUSCRIPTOS CODICES RECENSITA, NOTIS PASSIM ILLUSTRANTUR
LABORE ET STUDIO D. ANTONII BEAUGENDRE, PRESBYTERI ET MONACHI
ORDINIS SANCTI BENEDICTIE CONGREGATIONE S. MAURI

DE NOVO EDITA

CUM NOTIS ET QUAM PLURIMIS ADDITIS GENUINIS OPERIBUS, E COD. MSS. ERUTIS

CURA ET STUDIO

J. J. BOURASSÉ

CANONICI ECCLESIÆ METROPOLITANÆ TURONENSIS

ACCURANTE J.-P. MIGNE

BIBLIOTHECÆ CLERI UNIVERSÆ

SIVE

CURSUUM COMPLETORUM IN SINGULOS SCIENTIÆ ECCLESIASTICÆ RAMOS EDITORE

TOMUS UNICUS

VENIT : 8 FRANCIS GALLICIS

—

EXCUDEBATUR ET VENIT APUD J.-P. MIGNE EDITOREM
IN VIA DICTA *D'AMBOISE*, PROPE PORTAM LUTETIÆ PARISIORUM VULGO *D'ENFER* NOMINATAM
SEU PETIT—MONTROUGE

—

1854

ELENCHUS

AUCTORUM ET OPERUM QUI IN HOC TOMO CLXXI CONTINENTUR

D. CÆSARI D'ESTRÉES

CARDINALI EPISCOPO ALBANENSI,

DUCI AC PARI FRANCIÆ,

REGIORUM ORDINUM COMMENDATORI, SANCTI GERMANI A PRATIS ABBATI, ETC.

Quæd ultimis sæculis accidit, eminentissime Ecclesiæ Princeps, ut, faventibus principibus viris, ad publicam utilitatem, et oblectamentum, e ruderibus eruerentur insignia quædam antiquitatis et perfectioris artis miracula, quæ temporum injuria sub ruinis diutissime jacuerant, hoc mihi feliciter arbitror contigisse dum tuis sub felicibus auspiciis, Venerabilis Hildeberti primo quidem Cenomanensis episcopi, deinde Turonensis archiepiscopi Opera e blattis et tineis educere sum aggressus. Quid vero justius? quid Christianæ pietatis professoribus utilius? quid denique litteratis omnibus potuisset esse jucundius, quam publicæ luci reddere scripta percelebris suo tempore præsulis, quem omnes prope illius ævi scriptores suis celebrarunt encomiis, et quem, unus instar omnium Bernardus, in difficilioribus Ecclesiæ tempestatibus, « magnam Ecclesiæ columnam » non dubitavit appellare (1)?

Tantum sane laudis elogium a viro sanctissimo, nec regum unquam, nec vel summorum pontificum assentatore, Hildebertus jure ac merito reportaverat, non modo propter invictissimum semper in propugnandis sacris Ecclesiæ juribus animum, non solum propter sanctissimæ vitæ pervolantem ubique famam, sed etiam propter catholica semper et egregia cujuscunque generis scripta, quæ Orderico Vitali, Hildeberti ipsius suppari, teste (2), « a Romanis cardinalibus, qui tunc temporis Galliam frequentabant, Romam reportata, dicacium scholis, et ipsis Quiritum didascalis admiranda censebantur. »

Et certe non immerito. « Tam divinarum enim, » ait idem vetus auctor (3), « quam sæcularium eruditione litterarum incomparabilis floruit, » quippe qui « eleganter simul et sapienter locutus est de Christo et Ecclesia, de corpore et anima, de gestis sanctorum et virtutibus eorum, de laude virtutum et vituperatione vitiorum. »

Hæc sunt illa eximia scripta, quæ per septem fere sæculorum curriculum, iniquorum injuria temporum, ad (magnum utique Christianæ pietatis et reipublicæ litterariæ dispendium) pulvere obruta latuerunt; hæc sunt quæ tot ab annis, ut luci suæ, qua olim potita fuerant,

(1) Epist. 124 edit. Mabill. In hac relata sub num. 44 libri ii.
(2) *Eccl. Hist.* lib. x, p. 770.
(3) Ubi supra.

redderentur, celebriorum vota litteratorum expetierunt; hæc, inquam, quæ, ut tandem e profundioribus latebris eruerentur, manum adjutricem implorare sponte videbantur.

Hanc ipsam tandem apud te, Cardinalis eminentissime, pro suis his Operibus nactum se esse gratulatur Hildebertus, dum manum meam, tremulam licet, sed illustrissimo tuo nomine firmatam ausus fuerim illi porrigere.

Audax profecto, ne quid dissimulem, et ultra vires octogenario mihi seni facinus, ut « magni sacerdotis et excelsi in verbo gloriæ (4) » Opera e tenebris ad lucem publicam revocare tentaverim. Sed quid non sub tutissimo Eminentiæ Tuæ præsidio sibi pollicitus fuisset vel tardioris languor ingenii? Quid non ausa fuisset vel annis confectior ætas? Illud vero eo fidentius te mihi non denegaturum speravi, quo propensum tuum in omnes litteratos animum nemo est qui non sit feliciter expertus. Fuit ergo satis, ut quibus tot ab annis obedientiam vovi, tuis in nostram congregationem et in hoc etiam monasterium beneficiis moti, me jam olim benevolentiæ in me tuæ signis permotum, de illa tua benignitate qua nos amplecti dignaris, me certum facerent, ut emortuæ propemodum vires ad tuum percelebre tota Europa nomen reviviscerent, et animus de propria quidem diffisus tenuitate, sed de potentissimo Eminentiæ Tuæ patrocinio confisus quidlibet aggrederetur, dum in evulgandis et suo nitori restituendis Venerabilis Hildeberti Operibus non ingratam tibi fore qualemcunque suam opellam ausus est sperare.

Hinc sane nobis ad memoriam recurrerunt fausti illi quos vidimus, dies, quibus, vel in ipsa juvenilis ætatis lanugine, stupentem jam ad tuam eruditionem spectavimus Sorbonam tot titulis celeberrimam, quæ vix secundo post vicesimum tuæ ætatis anno, supremam doctrinæ lauream capiti tuo, sibimet applaudens, imponere gloriata est, dum tot jam fructus in floribus vernis gemmare prospexit, præcoces quidem, sed totos jam (si tulisset ætas) sacræ purpuræ maturos.

Nec ipsa igitur Sorbona, nec tota Gallia, eximium hoc doctrinæ tuæ singularis insigne, paucis post annis sacris coronatum infulis est demirata. « Talis » quippe, ut Hildeberti, ipsius ad sanctum Anselmum te verbis alloquar (5), « pastoralibus excubiis congruebat, cui jam nihil deesset ad plenitudinem justitiæ, nihil ad integritatem doctrinæ. » Nihil enim minus portendebat ille, quem ipsis ab uberibus suxeras, religionis amor; nihil minus impiger ille et ardentissimus quem jam profitebaris, et quo postea tam feliciter usus es, pro domo Dei zelus; nihil denique minus sagacissima, illa et oculatissima in tractandis etiam tum gravissimis quibusque negotiis, quam a sapientissimo æque ac fortissimo parente acceperas industria et integritas, qua pacem et tranquillitatem commisso tibi gregi imo et Ecclesiæ Gallicanæ toti quandoque redditurus eras.

Huic porro mirandæ jam supra modum, et adeo multiplici in rebus agendis prudentiæ, nimis angustam se persensit Gallia; hanc Roma nobis invidit; vidit et obstupuit. Et quem insignis Ecclesia Laudunensis totum in episcopalibus muniis sedulum, in lustrandis suæ ditionis ecclesiis indefessum, in efformandis clericorum ad disciplinam et pietatem moribus; ad hoc exstructo etiam sua munificentia seminario, vigilantissimum præsulem, et tota denique diœcesis suscipiendis cujuscunque status, ætatis ac regionis egenis xenodochii præcipuum fundatorem, et benignissimum pastorem venerata fuerat, suspexit Roma, imo et Europa tota, inter dissidentes in ecclesiastico maximi momenti negotio præsules Gallicanos, industrium admodum et prudentissimum caduceatorem.

Nec minorem procul dubio orbi toti movit admirationem ea tua summa modestia, qua, cum simul conspirantibus amborum regum potentissimis officiis, ad purpuram vocareris, vix ingressus Urbem, hunc honorem illico et ultro oblatum, per totum ac solidum unius anni curriculum, et hunc variis motibus agitatum, etiam cum tantæ forte dignitatis amittendæ periculo, exspectare satius habuisti, quam a regis et domini tui mandatis, quæ tamen tuum ad commodum interpretari facile potuisses, vel latum unguem recedere. Unde factum est, ut quam egregia animi moderatione, tu tibi ipsi superior, vel sponte quasi sua tibi adulantem recusaveras purpuram, gloriosius deinde consequereris.

(4) Sic Bern. Epist. præcitata vocat Hildebertum.
(5) Epist. 13, lib. II hujus editionis, pag. 94.

Inde sane summa illa vel apud summum pontificem et purpuratos Patres omnes merita quæ tibi contigit, existimatio ; et inde a rege omnium maximo impensa crevit gratia ; et inde tandem exquisitissimus ille delectus, quo te tot legationibus per Italiam, Germaniam, Hispaniam, Lusitaniam orbi spectaculum fecit, quem devotissimum et perspicacissimum rerum suarum ubique moderatorem, ut olim parentem tuum fortissimum vindicem, fuerat expertus.

Talem te noster hic Hildebertus quasi redivivus ambit patronum, dum fere ignotus in novum velut resurgit orbem. Illi quid gloriosius? Illi quid tutius? Quid enim inde præsidii adversus obtrectatores quoscunque præsul hic orbi redditus non speret ab eruditissimo, perspicacissimo, æquissimo præsule? Quid non subsidii a potentissima ipsa Estræorum gente, tota sacris infulis pro meritis spectabili, tota pro partis terra, marique victoriis, militaribus, iisque summis honoribus illustri? Quid non tandem speret officii, « totius reverentiæ præsul, » (sic iterum Hildebertum Bernardus) (6) ab eminentissimo cardinali, qui sacra tandem purpura fulgens, se totum Ecclesiæ, regi, patriæ dicavit, et quod non nisi submissis, sed exsultantibus animis prædicamus, se nobis adeo benevolum præbere dignatus est, statim ut a munificentissimo rege, æquissimo (si quis unquam), meritorum arbitro, illi, vel incogitanti, commendata est Sangermanensis nostra hæc regalis abbatia. Hinc maxime nobis, eminentissime Ecclesiæ Princeps, gloriari et applaudere per te liceat, quos tot benevolentiæ signis totos tibi devincis, quos ad utcunque utilia quandoque forte futura orbi catholico studia, tuis adhortationibus erigis et foves, quos denique ad decorem domus Dei munificentia tua ditas et solaris.

Dum interim aliqua celebrior, et te dignior observantiæ a nobis tibi exhibendæ sese offerat occasio, patere, cardinalis eminentissime, ut grati nostri erga te animi vadem se præbeat Hildebertus noster.

Et ne de propositi nostri sinceritate dubites, benigne suscipe supparem ejus et amicissimum illi Marbodum Redonensem episcopum, et ipsum ad hoc redivivum, ut in ore duorum præsulum, omni exceptione majorum, fixum et firmum stet humillimæ erga te nostræ reverentiæ verbum. Marbodum dico, præsulem illum vita et scriptis olim conspicuum, qui de bonarum litterarum, quibus quondam Andegavi floruerat, cathedra, cathedram pontificalem conscendere meruit, cui tam pie, tam sancte insedit, ut qui, dum viveret, inter litteratos, sicut suppar suus, et familiaris amicus Hildebertus, nominatissimus habitus fuerat, post obitum, sicut et ipse, Galliæ sanctorum fastis meruit inscribi (7). Et hic etiam, eminentissime Præsul, tantillis curis nostris quasi resurgens e tumulo, quo se sub vitæ finem, abdicato sponte pontificatu, Christo consepelierat (8), novus e veteri prodit, ut Eminentiæ Tuæ sua, quæ recenter e pluribus detegi potuerunt, dicet Opuscula, quæ tibi eo gratiora fore confidit, quo sinceriorem tuæ illius venerandæ senectæ, qua viges, iconem prophetico quasi penicillo depictam supplicabundus offert, dum verbis ejus nobis prædicare licet quod   ætate etiam nostra, et nostris his oculis,

> Jucundos clarosque senes florere videmus
> Pectore qui memori recitant linguaque diserta
> Res noviter gestas, imitandaque facta priorum (9).

Nimirum.

> Nec vel corporeis te fraudat viribus ætas,
> 'Ingenium tibi mensque vigent, et tempore crescunt ;
> Nec tibi contemptum peperit maturior ætas,
> Sed cani capitis crevit reverentia major.

Crevit revera, Præsul eminentissime, et apud omnes crescet in immensum illa tot titulis debita tibi reverentia, dum decus illud quod Sedes Apostolica tibi merito sacra sua purpura

---

(6) Ep. 123, edit. Mabill., hic relata sub num. 44, libri ii.

(7) Martyrologium Gallicanum Tullensis episcopi.

(8) Revera Marbodus abdicato pontificatu, in monasterio S. Albini Andegavensis monachus professus sanctissime obiit an. 1123.

(9) Marbodus in lib. x Capitulorum, capite *De senectute.*

contulit, tot illi virtutum et gratiarum splendore, centuplo quasi fenore referes; dum rex ipse Christianissimus (et quantus rex!) te ut ministrum ad obsequia quæcunque paratissimum, sincereque et ex animo totum illi devotum ornare, fovere, prædicare non desinet; dum denique illa venerabilis, qua viges oris et totius personæ dignitas et præstantia, dum illa, quæ in oculis micat, officiosa et amabilis comitas omnium tibi cultum conciliabit et corda devinciet. Nusquam tamen, audacius dicam, apud ullos magis illa reverentia crescet, quam apud nos, quos ut tuos totos adeo paterne foves, quos ita benigne tueris, quos tot benevolentiæ signis decorare non desistis. Felicem interim me, si hunc qualemcunque ultimum solitudinis mihi sub extrema vitæ periodo concessæ fructum, non insipidum tibi fore speravero. Felicem, inquam, me, si hoc quodcunque sincerioris erga te obsequentiæ meæ monimentum benignis illis, quibus soles, oculis, inspicere non dedignaris. Hinc ardentiora mea, sed et meorum sodalium vota, ut ad Ecclesiæ suæ decus, ad regis regnique gloriam et profectum, ad bonorum omnium tutelam et solatium Deus Opt. Max. patriarchales etiam de nostris, tibi semper incolumi longos et felices addat annos. Ita totius nostræ congregationis, et suo nomine ex animo vovet.

Eminentiæ Tuæ

Addictissimus et obsequentissimus Fr. Antonius BEAUGENDRE, monachus
Benedictinus e congregatione S. Mauri.

E monasterio tuo Sangermanensi

AD NOVAM

VEN. HILDEBERTI CENOMANENSIS EPISCOPI

DEIN

TURONENSIS ARCHIEPISCOPI

OPERUM EDITIONEM

PRÆFATIO

—

Ven. Hildeberti Opera de novo in lucem edituri, pauca præmittere rectum duximus de tanti præsulis nativitate et exordio, de ipsius monacatu, quem minus recte asseruit D. Antonius Beaugendre, de calumnia quam sæpe sæpius auctores, et quidem non ignobiles, contra ejus vivendi rationem, cum esset archidiaconus Cenomanensis, iterare non erubuerunt. Quænam autem huic novæ editioni addita, sive poemata, huc usque inedita, e manuscriptis codicibus eruta et primum publici juris facta, sive epistolas et orationes ex diversis libris depromptas, quæ omnia priorem editorem fugerunt, sive instrumenta e cartulariis extracta, sive notas quæ præsertim e fonte Benedictino hausimus, lectori benevolo fusius exponemus, in hac nostra præmonitione. Non omittendum sane quod præ manibus habuimus exemplar Operis Hildebertini ab ipso D. Beaugendre, docto editore Benedictino, notis et emendationibus auctum atque correctum.

Prædecessoris nostri vestigiis inhærentes, in hac nova editione, opuscula Marbodi, Redonensis episcopi, Operibus Ven. Hildeberti subjunximus.

Hildebertus, episcopus Cenomanensis et Turonensis postmodum archiepiscopus, vir in divinis Scripturis eruditissimus et in sæcularibus doctrinis nulli suo tempore secundus, ingenio acutus et multum disertus eloquio, propter libertatem ecclesiasticam, sanctamque disciplinam multa passus, pietate excelluit, virtutibus coruscavit, scriptisque tum metrico tum solutiori sermone claruit. Piis et honestis, mediocribus tamen, natus est parentibus Laverdini ad Montem Aureum in agro Vindocinensi, diœcesis Cenomanensis, anno 1055, juxta Mabillonium (*Analect.* tom. III, p. 303), anno autem 1057, juxta D. Beaugendre (*Ven. Hildebert. Op.* p. xvii). Si vero Joanni Maanno crederetur, anno 1054 (*Eccles. Metrop. Turon.* p. 103). Cum autem ad sedem episcopalem Cenomanensem ductus est anno 1097, unanimi doctorum calculo (*Gallia Christ. Sammarth.* tom. II, p. 516), et *Gesta Cenomanensium episcoporum* testificantur Hildebertum tunc quadragesimum ætatis annum nondum exegisse, natus sit anno 1057 oportet. In sua *Biblioth.* p. 196, Lacroix du Maine, vir eruditus, cognomine Hildeberti in errorem inductus, illum asseruit ortum e stirpe dominorum Castri Laverdinensis. Eamdem amplexus est sententiam D. Henricus Lambron de Lignim, rerum heraldicarum peritissimus, in opere cui titulus : *Armorial des archevêques de Tours* (Turon., in-8°, 1854). E contra Baylius, *Diction.* tom. III, p. 343, not. E., dictis Menagianis nimis credulus, *Menag.* tom. III, p. 176, illum asserit ignobili eductum familia. Veritatem circa ejus nativitatem didicimus ex charta, primum a viro Cl. Baluzio edita, *Miscell.* tom. VII, p. 209, qua patet Hildeberti patrem fuisse de gente equestri. In eodem scripto invenimus Salomonem, Drogonem et Godefridum fratres ejus, quorum Godefridus, natu minor, adhuc tenera ætate in Majori Monasterio, prope Turones, tempore Alberti abbatis educandus susceptus est. Albertus abbas familiariter usus est patre Hildeberti, venitque in curia Goffridi comitis apud Vindocinum et monasterio suo asseruit molendinum in ripa Ledi fluminis, præsentibus viris, inquit charta, sæculi dignitate pollentibus, Salomone de Lavarzino, Odone de Lineriis et Hugone cognomine *Manducante Britonem.* (*Hist. Maj. monast. ms.* tom. I, p. 34. Biblioth. Turon. n° 675).

Hildebertus, natu major, ingenio præstantior, ad statum destinatus ecclesiasticum, a pueritia scientiis divinis artibusque liberalibus operam dedit. Quantum vero in his omnibus profecerit nemo non novit qui ejus Opera attente legerit aut saltem aliquid ex ejus scriptis delibaverit. Post Willelmum Malmesburiensem, *De gest. reg. Angl.* lib. III, p. 113, Maannus Turonensis et D. Beaugendre, aliique quamplurimi, affirmant illum Berengarii fuisse discipulum, in schola sive Turonica sive Andegavensi. Sed quo fundamento, non satis constat; siquidem nullibi ipse Hildebertus magistrum commemorat.

Quod autem epitaphium Berengario demortuo scripserit, jam Cenomanensis episcopus, quamvis archidiaconum Andegavensem amplissimis laudibus extulerit, non inde certo venit illius auditorem fuisse. In Epicœdio, quando sese dedit occasio, tacet Hildebertus se tanto magistro usum esse. Attamen D. Rangeart, in *Histor. universit. Andegav. ms.*, p. 20, ulterius progrediendo, affirmat Hildebertum adolescentem Andegavis audivisse docentem Berengarium, posteaque factum esse canonicum Andegavensis Ecclesiæ; sed hoc minus recte, aut saltem documentis authenticis non satis comprobatum. Nunquam in errores Berengarianos impegit; semper orthodoxam de sacra Eucharistia doctrinam professus est ut evidenter patet ex ejus luculento Tractatu de Eucharistia, ex Explanatione Missæ, e poemate de sacrificio Missæ, e carmine de sacra Eucharistia, et ex ejus variis passim sermonibus. Catholicam fidem de Transsubstantiatione et Reali Præsentia strenue defendit. Et notandum est illam vocem Transsubstantiatio, qua nunc utitur Ecclesia contra hæreticos sacramentarios primo reperiri inter illius scripta theologica. De communione sic loquitur :

> Gaudia Christicolis confert communio sanctis,
> Qua verum Domini corpus sub pane paratur.
>
> (e ms. Turon.)

Ne ultra modum mireris episcopum Berengarii encomium cecinisse et verbis fortasse modum excedentibus. De celebri viro sic se habet Chronicon Turonense : « Tunc Berengarius a Roma discedens Turonis venit, ibique in insula, quæ Sanctus Cosma dicitur, sæculi pompis abrenuntians, fere per annos VIII assidue Domino militavit; aliique plures canonici Beati Martini sancto Spiritu necnon et salutari ejus admonitione instructi, mutatis vestibus, se ad illam insulam contulerunt. » Et paulo post : « Eodem anno obiit magister Berengarius grammaticus, fidelis et vere catholicus. » Ita Joannes Majoretanus; addit vero Willelmus Malmesburiensis, lib. I, cap. 3 : « Licet Berengarius primum calorem juventutis aliquarum hœreseum defensione diffamaverit, ævo austeriore ita resipuit ut sine retractatione a quibusdam habeatur sanctus (10). »

Primis litterarum rudimentis instructus, stadioque scientiarum haud inglorie perlustrato, in scholis tunc tempore florentibus, ad divinarum litterarum studia Hildebertus se contulit. Qui de vita pontificis nostri scripserunt plerique tradunt ad Cluniacense monasterium Hildebertum accessisse, ubi S. Hugone abbate, studia sacræ theologiæ maxime florebant. Monasticum habitum induisse affirmant scriptores; negant alii. Summa diligentia curavit D. Beaugendre in unum producere omnia quæ priori favent opinioni auctorum testimonia. Andreas Duchesnius Turonensis, notis in Vitam S. Hugonis, pag. 83, *Hildebertus*, inquit, *monachus primo Cluniacensis ejusdemque sancti Hugonis discipulus.* Hanc secuti sunt sententiam Joan. Maan, fratresque Sammarthani in *Gallia Christ.*, tom. II ; quam impugnant auctores *Hist. litter. Gall.*, tom. XI, p. 252 et Simon, canonicus Ecclesiæ

____

(10) De Berengario Turonensi consul. *Hist. ms. B. Martini Turon.*, biblioth. Turon. tom. I. — Maan, *Eccles. Turon.*, p. 104. — *Chronica Turon.* a Societate Archeologiæ Turon. edita, Turonibus, ap. Ladevèze, 1854.

S. Georgii Vindocinensis, in *Histor. Vind.*, tom. III. A. Duchesnius non videtur accurate discussisse suam de monacatu Hildeberti assertionem; re prius non ponderata, secutus est Chronicon Cluniacense, jussu D. Jacobi de Ambasia, abbatis Cluniacensis cœnobii anno 1485, a D. Francisco de Rivo Cluniacensi magno priore digestum. Tali igitur nititur argumento de professione monastica Hildeberti conjectura. Quod ista omnia sint recentiora ac proinde debiliora nemo est qui non videat. Objiciuntur aliunde gravis momenti rationes, quibus contraire impossibile est. Vitam S. Hugonis descripsit Hildebertus; quomodo silentio prætermisisset se tali magistro usum esse et tam præclaro abbate duce didicisse sacras artes, ordinique Benedictino nomen dedisse? Tacent præterea omnes coætanei scriptores de Hildeberti monacatu, quamvis de tanto viro pluries verba faciant, eum summis laudibus extollentes, ut S. Bernardus, Clarævallensis abbas, qui vocat illum *Magnum sacerdotem* et *excelsum in verbo gloriæ, et magnam Ecclesiæ columnam.* Si de auctore Vitæ S. abbatis Cluniacensis bene perquiratur, audire est in decursu historiæ confitentem se B. Hugonem non ante vidisse quam, pergendo Romam cum Hoello episcopo Cenomanensi, in monasterio Cluniacensi divertisset. Cum vero perhumaniter vir magnæ sanctitatis Hoellum alloqueretur, sæpe sæpius ad Hildebertum archidiaconum deflectebat oculos, tandemque eum blande his verbis sic affari dignatus est : « Tantum inquit, ne desis gratiæ Dei, quoniam provisum est te in eo, in quo nunc administras ordine, nullatenus remansurum. Parum temporis fluxerat, et eventus est vaticinium subsecutus. Archidiaconus etenim sequenti anno pontificalem sortitus est dignitatem. Nos hoc audivimus, nos præsentes vidimus; nos beati illius hominis orationum participes in eo facti sumus colloquio. Nos quidem, fama revelante, nonnulla de ejus sanctitate didiceramus, nonnulla de mansuetudine, nonnulla etiam de his, quibus et vitio judicium et virtuti prærogatur incrementum; invenimus autem ampliora ex gregis conversatione, pastoris vigilantiam perpendentes (*Bibl. Clun.*, p. 923). » Hic tantummodo de visu loquitur; quis ergo sibi persuasum habebit alumnum B. Odonis, discipulum atque monachum, *ampliora ac fere omnia, ex gregis conversatione invenisse, cæteraque fama revelante* didicisse? Proferuntur quoque duos petri Pictaviensis versiculi, qui totam controversiam dirimerent, si de Hildeberto certo ageretur.

> Prodiit hinc etiam Juliani dulcis alumnus,
> Qui bene Turonicæ præfuit Ecclesiæ.

Ast nunc quis Cluniacensibus illum accensere poterit ? vix enim aut ne vix quidem ei ad scholarum magisterium Cenomanensis Ecclesiæ licuisset per tempus moremque Ecclesiæ assumi, si Cluniacis institutis suam collocasset operam et voto religionis sese obstrinxisset. Unde, ut ait D. Mabillonius, non mihi apparet unquam Hildebertum fuisse Cluniacensem monachum, nec ante nec post episcopatum, quamvis desiderium ipse expresserit vitam amplexandi regularem, si veniam concessisset Romanus Pontifex : « Cujus sinum quasi reus jamdudum amplexus essem, si consultus papa pontificis onus amolliri permisisset (Hildeb., epist. ad Hugonem). » Sicque tota ruit D. Beaugendre argumentatio diffusa.

Ut autem ad Petrum Pictaviensem redeamus, non satis expressit mentem, Hildebertum S. Juliani alumnum dicendo. Duæ nempe inveniuntur celebres ecclesiæ B. Juliano dicatæ, prior nempe Cenomanis, posterior vero Turonibus, ambæ undecimo sæculo scientiarum doctrina virtutumque christianarum splendore coruscantes. De ecclesia autem cathedrali civitatis Cenomanicæ probabilius intendit auctor panegyrici ad Hugonem abbatem.

Quamvis opinionem amplecti liber esto. Porro talem de se famam ubique diffuderat et quidem de eximio ingenii sui acumine et doctrinæ excellentia Hildebertus noster ut ab Hoello, Cenomanensium episcopo, scholis ecclesiæ cathedralis præficeretur. Tanta fuit eruditi scholiarchæ longe lateque fama ut auditores quam plurimi undequaque circa suam professoris cathedram confluerent. Quanto autem tempore magisterio præfuerit, ignoratur. Anno Dom. 1092, ætatis vero suæ trigesimo quinto in archidiaconum ab eodem Hoello præsule sublimatur; quod quidem insigne ministerium per quenquennium, ut ipse notat, digne gessit (*Epist.* 21, lib. III, *ad Guillelm. abbatem S. Vincentii*). Sic tandem aucta fuit per dies vitæ, scientiæ atque regendorum aliorum peritiæ archidiaconi jam optima nota, ut mortuo Hoello dignus videretur Hildebertus qui pedum pastorale manu teneret Ecclesiamque Cenomanensem regeret. Major meliorque pars cleri et populi, votis concordibus ad episcopatum illum elegerunt quadragenarium, solo fere obsistente Helia comite, qui decano Ecclesiæ Godefredo nomine, Britannicæ oriundo provinciæ, una cum paucis canonicis favebat. Helias autem comes vir erat religiosus ac timens Deum, iram itaque mox compescuit electionemque regulariter factam recognovit et approbavit. Non inde illico in pontificem ordinatus est Hildebertus. Horribilis contra illum exorta est procella. Ab infensis Cenomanensibus clericis qui a partibus Godefredi steterant insimulatus est criminibus pessimis. Ivo, Carnotensis episcopus, disciplinæ ecclesiasticæ acerrimus propugnator, qui tunc temporis in Galliis vices gerebat quasi publici omnium causarum judicis, accusationi aures præbuit, epistolamque scripsit ad electum antistitem ut ab electione discederet si tandem reus esset. D. Beaugendre, D. Bondonnet, J. Maan, Simon, nostrum præsulem de gravi accusatione vindicant et quidem argumentis inconcussis. Cum autem contra Baronium et alios non parvi nominis auctores eamdem quæstionem diligenter tractaverint docti auctores *Histor. litter. Galliæ*, tom. XI, pag. 254 et seqq., rectum duximus de novo innocentiam sancti præsulis asserere et opus Benedictinum ante omnium oculos supponere. Ex litteris Ivonis facile colligitur Hildebertum coloribus atris fuisse depictum ab inimica manu et mulierum obscenitate infamatum. « Audivi de te, quæ mihi dolori sunt et horrori. Quæ si vera sunt, non poteris populo præbere regimen, sed augere discrimen. Dicunt enim quidam de majoribus Cenomanensis Ecclesiæ, qui anteactam vitam tuam se nosse testantur, quod ultra modum laxaveris frena pudicitiæ, in tantum ut post acceptum archidiaconatum, accubante lateribus tuis plebe muliercularum, multam genueris plebem puerorum et puellarum. Tu autem nosti quod probatæ debet esse castitatis, qui sublimatur ad fastigium curæ pastoralis. » Et post pauca : « Quæ omnia si ita sunt, periculosa tibi sunt, dilectissime frater, et infinitum laborem, quantum æstimo, paritura. Unde consule tibi secundum testimonium conscientiæ tuæ ut vel honeste et caute cœpta perficias, vel saluti tuæ consulens deficias. » Hæc Ivo, qui addit episcopum debere se virum præbere in omnibus irreprehensibilem, lapsumque a dignitate esse privandum, nunquam ad dignitates eminentiores esse provehendum, omnesque clericos in sacris constitutos post culpam esse ab Ecclesia arcendos aut saltem ab exercendis ordinibus removendos. Hildeberti accusatores suggerebant illius electionem contra ipsorum vota tumultuariam fuisse, canonicamque oppositionem irritam fuisse. His et similibus valde commotus Carnotensis episcopus suadet ut electioni renuntiet Hildebertus, animæque suæ provideat et Cenomanensium saluti, dum tempus est, prudenter consulat.

Ivonis litteris tanquam testimonio comprobato nisus Baronius Hildebertum perditæ ac profligatæ vitæ insimulat in Annalibus ad annum 1088. Quem postea alii secuti sunt imprudentes, testimonium primum nunquam pendentes neque discutientes. Rerum divinarum et ecclesiasticarum hostes infensissimi eamdem amplexi sunt narrationem, calumniam iterum atque iterum dictitantes, felices nimium inter declamandum contra sacerdotem, summis Ecclesiæ honoribus decoratum. Baronius insuper (eod. ann., n° 15, 20) ægre ferens quod Berengarius fuisset laudibus et encomio plus æquo ab Hildeberto elatus in funebri epitaphio, eo ipso suspicione iniqua in auctorem invehitur et dicit archidiaconum Cenomanensem, talia de hæresiarcha profando, non fuisse neque fidei neque morum integritate conspicuum. Tunc in medium affert epistolam episcopi Carnotensis superius memoratam qua patet, inquit, Berengarii discipulum *ultra modum laxavisse frena pudicitiæ*. Eadem censura et laudatum et laudantem percutit; ast quis non videt talem argumentandi modum vitio laborare, siquidem a prudentibus scriptoribus criticæ sanæ regulis adhærentibus, accusatus non judicandus est reus antequam deprehendatur certo criminis noxius. Aliter sane Baronius agere debuisset; ultra modum fortasse laudibus extollitur Berengarius, sed non inde Hildebertus erat infamandus.

Corvaiserius, in sua episcoporum Cenomanensium Historia, p. 389 et seq., in eumdem impegit errorem, ulteriusque progreditur. Nullo fretus auxilio, antecedentium siquidem auctorum testimonio nullo, scripsit Ivonem Cenomanum venisse, pontificem nuper electum adiisse, ipsumque tum adhortationibus, tum verbis durioribus increpasse, ut a solutiori vita desisteret, agendique modum abrogaret, quibus et sibi exitium et Christi fidelibus scandalum præbuerat. Deinde, parum vel nihil faciendo cæterorum auctorum opinionem, justificationis etiam ad argumenta nequidem attingendo vel levissime, aures arrectas præbet illis solummodo Hildebertum asserentibus ante suum episcopatum, fuisse peccatorem. Mendacium fulciri studet, pag. 394, auctoritate Necrologii Ecclesiæ B. Petri de Curte, quo fit mentio cujusdam Gervasii, filii *naturalis*, ut asserit, nostri Hildeberti. In sua Sablolii Historia, Menagius non minus injuste erga nostrum pontificem egit, quamvis de illo pauca loquatur. Non prætermisit Bayle, in suo Dictionnario tom. III, pp. 341, 342, accusationem contra episcopum motam. Loquitur fortasse de Hildeberto tantummodo ut in lucem producat et epistolam Ivonis et epistolam spuriam, Hildeberto tributam, contra curiam Romanam.

Cum autem Ivonis Carnotensis episcopi litteræ unicum appareant originem calumniæ toties propalatæ contra memoriam archidiaconi Cenomanensis, ad calumniam depellendam certa foret via demonstrandi eas supposititias, nulla prorsus fide dignas. Juretus, not. in epist. Ivon., p. 208, 209, affirmat epistolam 177 fuisse ad Aldebertum quemdam directam, non autem ad Hildebertum; sed minus caute, siquidem prælatus noster Aldebertus quoque nominatus deprehenditur in documento Nannetensi anni 1103, edito ab auctore *Historiæ Britanniæ*, p. 264, inter monumenta varia, et ab Ed. Martenio, *Thes. Anecdot.* tom. I, p. 316. Aldebertus insuper dicitur in epistolis et chartis, et præsertim in epistola ab Hildeberto manu propria scripta ad Ranulfum, episcopum Dunelmensem. Nullus præterea invenitur archidiaconus hujus nominis tempore Ivonis Carnotensis. « Certe qui de Hildeberto scriptam epistolam pertinacius neget, is, judicio Sirmundi, clausis oculis sibi credi velle censendus est (SIRMUND, *in Goffrid.*, lib. III, cp. 13). » Doctus Mabillonius *Ann.* l. LXIX, n. 59, pene iisdem verbis utitur. Gravis momenti nemo est qui non videat auctoritatem eruditissimorum virorum; attamen D. Beaugendre argumenta non contemnenda profert quibus probare nititur illam esse spuriam, pag. XIX. Quidquid autem sentiendum sit de authenticitate istius epistolæ, accusatio non minus evadit mendax : Ivo enim litteras invocat inimicorum electi præsulis, *quorum nec consilio fuerat electus, nec assensu.* Ita demum tota ruit argumentatio contra pontificem nostrum ab adversariis adunatis viribus ædificata. Deceptus est Ivo circa Cenomanensem archidiaconum, sicut Marbodus episcopus Rhedonensis et Goffridus Vindocinensis monasterii abbas circa Robertum de Arbrissellis, Fontis Ebraldi cœnobii fundatorem.

Notandum quoque videtur Ivonem, virum in rebus ecclesiasticis facile ardentem et polemicis quæstionibus strenuum, non absolute loquentem et verbis quasi dubiis utentem. *Dicunt enim quidam*, inquit. *Quæ si vera sunt... si ita sunt.* Postea vero, de virtutibus Hildeberti certior factus Ivo sæpe sæpius illum commendat ut *bene moratum ac religiosum* antistitem, ipsumque amicum frequentius appellat. Non hic proferenda censemus quasi sine numero testimonia scriptorum coætanorum, qui omnes nostri Hildeberti laudes concinunt.

Multa quoque tentavit Guillelmus Rufus, rex Angliæ, ut turbaret Hildeberti electionem et ordinationem, siquidem contendebat comitatum Cenomanensem esse ditionis suæ, totamque rem se inconsulto non debuisse nec debere exitum habere. Indigne ferens Heliam comitem solum intervenisse, archidiaconi electionem voluit irritam reddere. Sed Radulfus, Turonensis archiepiscopus, electum antistitem sacris imbuit in Ecclesia Cenomanensi et sedis ejus in possessionem induxit anno 1097, ipsa die Natali Domini sacra.

Circa ordinationis ejus annum a quibusdam eruditis mota est quæstio. Reperitur nomen Hildeberti inter suscriptiones episcoporum qui interfuerunt concilio Santonensi, habito, juxta Labbeum, *Conc.* tom. X, p. 604, anno 1096, die secunda mensis Martii, et juxta Mabillonium anno 1097, *Annal.* l. LXIX, n° 64. Si res ita se habeat, quomodo Hildebertus adesse potuit concilio anni 1096, episcopalibus infulis decoratus, cum anno tantum 1097 fuerit a Turonensi metropolita consecratus episcopus? Mendose videtur annus concilii a Labbeo supputatus. Opinio vero D. Mabillonii facile interpretatur : annus enim tunc temporis a solemnitate Paschæ initium sumebat, ac proinde annus 1097 nondum evolutus erat die secunda mensis Martii.

Quadragesimum attigerat ætatis annum Hildebertus quando sedit pro episcopali solio; vixque possessionem dignitatis suæ obtinuit canonice, cum vitæ regulam sibi laudabiliter proposuit sequendam, quam auctor Gestorum episcoporum Cenomanensium descripsit. (Vid. infra *Excerpt. e Gestis episc. Cenoman.*)

Non diutius in Hildeberti sancta agendi ratione, et quidem episcopo digna, immorabimur. Anno autem 1125, Gilberto Turonensi archiepiscopo e vivis sublato, in ejus locum fere septuagenarius suffectus est Hildebertus. Obiit Turoni xv Kal. Januarii an. 1134. Sepultus est in æde metropoli, cujus ipse fecit primordia, jacetque ad partem altaris dexteram.

Hic subjungenda opportunum censuimus quædam facta ad historiam Ecclesiæ Turonensis attinentia, quæ D. Beaugendre prætermisit.

Antequam Hildebertus ad Turonensis Ecclesiæ regimen et pontificatum accessisset, magister quidam Gaufridus, sic enim vocatur in authenticis litteris, multos jam viros piæ solitudinis incolas coegerat in silva Blimaria, in finibus Carnutum; eique hanc ob rem Rainaldus Ancherius, Hugo Lumbardus, Harduinus Conanus, Gano Balgentiacus et Garnerius filius, quidquid ibi circum mancipii nexique habuerant, pie contulerunt; constructaque illic ex ligno sacra ædicula B. Magdalenæ, locus in frequentem statim anachoretarum exedram evasit, Gaufrido moderatore. Verum hos tandem a solitariorum regula non parum deflectentes, cum Hildebertus ad Turonensem Ecclesiam recens assumptus, ferre non posset, dimisit ille protinus, et vicinum secedens in locum, cui Fontanis nomen, Cistercienses monachos, quorum fama jam ingenti Bernardi sui sanctitate percrebuerat, accivit anno 1127. Cœnobium erexit Hildeberti jussu et approbatione; atque ii ut possent una victitare, Reginaldus a Castro dictus, cujus in ditione quæ Gaufrido eremitæ jam tradita fuerant, allodia constituta erant, horum demum toparchiam et clientelare jus concessit, addita Landa, nobili prædio, circumadjacente, anno 1140. Quod Theobaldus Blesensis comes earum rerum superiori potiorique jure dominus, et Hugo Turonum archiantistes postea firmaverunt. De his vide Maannum, in sua *Eccles. metrop. Turon.*, p. 111.

Richino comite per id tempus vita excedente, Fulco junior, ejus ex Berthrada filius (hic quintus ipsius nominis comes Andium fuit) comitatum Turonensem adiit anno circiter 1115. Hic armis strenuus peræque et christianæ pietatis studiosus, Turonensem Ecclesiam sartam tectam esse voluit. Hugoni Calvimontano Ambasiam, quam Goffridus frater Elisabethæ sorori dederat in dotem, confirmavit. Richinus quippe Goffridum Martellum genuerat ex Hermingarde Archembaldi Borbonii filia, secunda uxore, eaque mox repudio ejecta et Guillelmo Jalniaco superinducta connubii fœdere copulata, Bertradam sibi conjunxit, qua Fulconem ei, antequam ipsa raperetur a Philippo rege, procreavit. Jalniacus autem Elisabetham filiam suscepit ex Hermingarde, quæ Hugoni Sulpitii Ambasii filio desponsa Ambasiæ Castelli partem alteram, quam Ambasienses ab Andegavis comitibus nondum obtinuerant, a Goffrido fratre accepit dotis nomine : factusque ea ratione Hugo primus Ambasiæ dominus universalis, qui Calvimontis jam erat. Montem Ricardum, Calvimontanis jam dudum injuste ablatum, Hugoni ipsi restituit. Castrum Pruliacum, bello abs se captum, Echinardo principi armis ab rebellione superato et meliorem ad frugem venienti, reliquit. Bazonis Montem emit ab Joanne, a quo cum ille facti pœnitens noluisset tradere, tulit armorum vi, et alia id genus bene multa præclare fortiterque gessit, dum Turonum comitem ageret, ob quæ Balduino II, Hierosolymorum rege mortuo sine masculis, procerum ipse omnium et Christianæ totius militiæ votis expetitus, atque a Ludovico Francorum rege Crasso permissus, post acceptam ab Hildeberto in Turonensi ecclesia metropoli sacræ militiæ tesseram, ipso die Pentecostes, et institutum Goffridum filium Plantagenetam dictum, Turonensium atque Andium et Cenomanorum comitem, Hierosolymam profectus est anno 1127, et ducta tandem in uxorem Balduini filia natu majore ac regni hærede, Hierosolymorum rex salutatus est anno 1131.

Quanti sint momenti supralaudata facta nemo est qui non videat, ut bene intelligantur non pauca sive in actis, sive in scriptis Hildeberti archiepiscopi. Nunc autem veniamus ad notitiam eorum quæ hanc novissimam editionem Operum Ven. Hildeberti auctiorem ac accuratiorem reddunt.

1° D. Anton. Beaugendre 121 epist. Ven. Hildeberti publici juris fecit, quas in tres libros ordinatim disposuit, quarum epist. 45, lib. ii, non est Hildebertina, sed tantum fragmentum epist. S. Hieronymi ad Demetriadem. Duæ autem aliæ, si auctoribus *Hist. litter.*, tom, XI, p. 308, credatur, sunt Odonis S. Petri abbatis. In appendice tres alias insuper edidit D. Beaugendre, quæ tantum post cæteras omnes typis impressas illi innotuerunt, prima Turstino, electo archiepiscopo Eboracensi, in Majori Britannia, scripta fuit circa annum 1125; secunda responsionem continet ad quæstionem de casu morali propositam a Marbodo, Redonensi episcopo, et W. Andegavensi archidiacono. Hic notandum quod D. Acherius hanc primum edidit epistolam in *Spicilegio*, eamdemque Marbodo tribuit quam Hildebertinam tradit D. Beaugendre. Videtur autem penitus ignorasse posterior prioris sententiam; quam si comperisset certe discussisset. In illis vero auctorum medii ævi intricatis et satis obscuris quæstionibus, errorum fons et origo facile deprehenditur in eo quod scriptores antiqui nomina sæpe sæpius ac fere semper per litteras initiales tantummodo designent. D. Lucas Acherius, scriptor quidem oculatissimus, videns litteram M. legit *Marbodus*, dum e contra D. Ant. Beaugendre legit *Marbodo*, sicque unus epistolæ auctorem, alter susceptorem Marbodum habuit. Prior autem copiam habuit e manu viri doctissimi d'Hérouval; posterior vero e manu Steph. Baluzii, litterarum peritissimi. Probabilius videtur istam epistolam esse Hildebertinam, siquidem de seipso non prædicaret *Marbodus Dei gratia venerabilis Rhedonensis episcopus*, dum ei recte scriberetur *Marbodo Dei gratia venerabili Rhedonensi episcopo*. Cum D. Beaugendre igitur censemus illas litteras ab Hildeberto nostro fuisse scriptas; quo vero tempore, incertum. Tertia epistola directa est ad R., id est ad Ranulfum, episcopum Dunelmensem (*Durham*), anno 1099. Illam habuit editor Benedictinus a Dom. Loyauté, Turonensi sagacissimo antiquitatum indagatore, quamvis ipse non invenerit eam in manuscriptis codicibus quos præ se multos possedit. Tres autem illas epistolas, post epistolam 34 lib. iii, immediate adjecimus, sub num. 35, 36 et 37, anteponentes autem in nota *monitum* D. Beaugendre, ita ut notitia litteraria quæ apud Benedictinos auctores *Historiæ litter Galliæ.* aperte concordet in nostra novissima editione, cum editione D. Beaugendre.

Denique ex Anecdotis Antonii Muratorii, binas accepimus epistolas ineditas ex Ambrosianis codicibus ab ipso erutas, quas hic adjectas ponimus sub num. 38 et 39. Tres aliæ prelis simul commisit vir doctissimus, sed cum ab Anton. Beaugendre fuerint jam in lucem editæ, illas sedulo contulimus et invenimus textum a D. Beaugendre editum multo esse accuratiorem. Etenim in *epistola Hildeberti 4*, quæ est 10 in Ambrosiano codice, et 40, lib. ii, p. 145 edit. Anton. Beaugendre, plurima reperiuntur a Muratorio mendose transcripta. In exemplum adducere satis sit sequentia verba : « Quibus cum diem agendi ex vestro dedissemus præcepto, ipsa Agnes et pro brevitate temporis, et pro loco ad quem suos deducere non poterat advocatos, et maxime Guidonem de Lavalle fratrem suum cum comite guerram habentem, se non posse ad causam venire prætendit. » Ita D. Beaugendre, ex manuscripto codice Ebroicensi. Sic vero D. Muratori : « Quibus cum diem agendi ex *nostro* dedissemus præcepto, ipsa A., pro brevitate temporis, et pro loco ad quem suos non poterat advocatos ducere, et maxime W. *de Javalle* fratrem suum cum comite Guerrino habere, se ad causam non posse venire prætendit. »

Ms. codicem et quidem optimæ notæ, Hildeberti coævum, nobis suppeditavit amicus et bonarum litterarum studiosissimus Andreas Salmon Turonensis, in quo exaratæ reperiuntur xl epistolæ. Illas omnes contulimus cum epistolis jam impressis, nullamque invenimus ineditam, quamvis notam ultima pagina insertam manu quidem non antiqui auctoris, legerimus his verbis : « Desunt epistolæ ab hac 40ᵃ usque ad 83ᵃᵐ et ultimam, quæ omnes impressæ habentur in *Bibliotheca Patrum*; hæc vero quæ incipit : *Successisse confitebor*, non invenitur intra impressas. » Istam autem epistolam deprehendimus insertam inter epistolas lib. III sub num. 34.

In tomo XI, p. 308, *Histor. litter. Galliæ* legere est hanc notam : « Thomas Bodley dedit Universitati Oxoniensi, inter alia opera, manuscriptum codicem in quo insertæ inveniuntur 178 epistolæ Hildeberti, Cenomanensis episcopi. » Et profertur liber Biblioth. Bodleyanæ, p. 92, n° 1872. Unde spes nobis affulsit novas 53 epistolas Hildebertinas in publicum producendi. Epistolam direximus e Turonibus mense Maio, an. 1854, ad virum cl. H. O. Coxe, bibliothecæ Bodleyanæ administrum, qui in responsum nobis dedit manuscriptum codicem, n° 1872, se præ manibus habere, qui quinque tantum Hildeberti epistolas contineret, quarum etiam ultima imperfecta videtur. Inde venit error quod incuria typographus sic mendose impressit : « Hildeberti episcopi Cenomanensis epistolæ 178, » loco *Hildeberti epistolæ*, folio codicis 178. Epistolæ vero quæ in codice Bodleyano inveniuntur sunt editionis D. Beaugendre 7, 8, 18, 17 et 25, et codex ille exaratus est versus finem XII sæculi.

Ad elucidandas obscuras quæstiones præsertim de tempore quo scriptæ sunt epistolæ quædam, textibus subjungemus notulas e libris Benedictinis commodatas, ex *Histor. litter.* tom. XI, magna ex parte erutas. Quæ notulæ, sicuti omnes nostræ additiones, cruce, sub hac forma † præsignantur.

Spuria Hildeberti epistola invenitur apud Madgeburgenses centuriatores. In libro *Le mystère d'iniquité dévoilé*, D. Coeffeteau illam supposititiam evidentibus argumentis comprobavit. Unde certo patet quam graviter erraverint Illyricus, Viguier, Duplessis Mornay et Bayle.

2° Subsequuntur diplomata ab Hildeberto concessa, quæ post epistolas a quibus vix secernuntur, locum naturæ rerum commodiorem obtinent. Sunt certe numerosissima ; sex tantum edidit D. Beaugendre; tria addidimus e cartulariis primum in lucem advecta, sub num. 7, 8 et 9; duo, 10 et 11 nempe, inveniuntur in *Amplissima Collectione* D. E. Marten., I, pag. 579 et 606.; duo denique, 12, 13, hausimus inter *Miscellanea* Steph. Baluzii, tom. III, edit. Mansi in-fol.

Vide indicem D. Beaugendre quoad sex diplomata cura illius impressa.

Septimum et octavum reperimus inter Instrumenta ad calcem *Historiæ Majoris Monasterii* prope Turones, auctore Edm. Martenio, ms. tom. II, p. 64 et 182. Ille liber ms. pertinet ad biblioth. urbis Turonicæ, et hic notandum quod Instrumenta quæ subjiciuntur in eadem Historia ms., quæ est biblioth. Imper. Parisiens., non sunt eadem ac ea quæ in nostra. Diploma septimum *Donum* continet *Hildeberti Cenomanensis episcopi de ecclesia S. Georgii de Nemore*. Diploma octavum sic inscribitur : « Litteræ Hildeberti Cenomanensis episcopi de ecclesiis de Meduana et de Saccio, » et concessum fuit anno Dom. 1120. Nonum extractum e Chartulario insignis Ecclesiæ Cenomanensis quod dicitur *Liber Albus Capituli*, num. ccxviii, ad nos transmisit doctus Dom. Pitra, qui asseruit illum *Librum Album* a D. Renato J. F. Lottin, canonico Cenomanensi, mox juris publici fore. Diploma decimum, circa an. 1100 concessum est sub titulo sequenti : « Instrumentum de concordia facta inter Cenomanenses canonicos Sancti Juliani et monachos Sancti Vincentii. » Diploma undecimum datur monasterio S. Victoris et confirmat monachis Hildebertus concessas a laicis ecclesias, anno Dom. 1116. Diploma duodecimum scriptum fuit anno 1114, in gratiam monachorum Majoris Monasterii prope Turones. Diploma decimum tertium et ultimum confirmationem præbet Hildeberti Cenomanensis episcopi de ecclesia de Torciaco vulgo *Torcé*.

3° Sermones, numero centum et quadraginta palam edidit D. Beaugendre, quibus addendus est sermo in Dominica Palmarum ad calcem operum Marbodi. His subjungemus duos sermones a D. Muratorio in Codice Ambrosiano detectos, prior *in Adventu Domini*, posterior *in Carnotensi concilio*. Sicque in hac novissima editione reperientur sermones numero 143.

4° Succedunt deinde 1° *Vita sanctæ Radegundis, Francorum reginæ*, 2° *Vita sanctissimi*

Patris Hugonis, abbatis Cluniacensis. In utraque Vita distinctionem capitum, cum argumentis, inseruimus, et notas infra caput unumquodque postposuimus, ex Actis Sanctorum Bolland.

5° Proxime accedit *Liber de querimonia et conflictu carnis et spiritus seu animæ,* cui nihil addendum reperimus, nisi notam qua videtur eumdem librum aliquando sub titulo *Incendium* fuisse designatum. Unde forsitan quis opinari posset, sed erronee, duplex esse Hildebertinum opus.

6° Postea venit *Moralis Philosophia de honesto et utili.* Hunc librum primum edidit D. Beaugendre ex mss. Colbertino 2662 et Victorino n. 759. Illum autem iterum edimus, sed multo quam antea auctiorem atque emendatiorem, ex bibliothecæ seminarii Patavini manuscripto codice, notis illustratum. Principem obtinet locum in codice Patavino opus Hildebertinum et inscribitur : *Isagoge ad moralem philosophiam.* Novam istam editionem *Moralis Philosophiæ,* notis illustratam, nobis perhumaniter præbuit bonarum litterarum doctus, atque fervens amator D. Vincentius De Vit, a Stesa, super Lacum Majorem, in regno Pedemontano ; quam dedicavit *Clarissimo viro Josepho Valentinelli, bibliothecæ D. Marci Venetiarum præfecto.* Codicem Patavinum esse optimæ notæ, codicibus Colbertino et Victorino anteponendum, nemo est qui non videat, si textum a D. de Vit in lucem nunc productum cum textu a D. Beaugendre edito vel leviter conferre voluerit.

7° Subsequitur *Libellus de quatuor virtutibus vitæ honestæ.*

8° Hunc autem libellum excipit *Tractatus theologicus,* opus sane doctrina, methodo, styli elegantia, verborum proprietate, ab omnibus mirandum. Utrum vero sit Hildebertinum dubitant auctores *Histor. litter.,* tom. XI, p. 362-365, negant auctores tom. subsequentis, p. 29-37. Illud posteriores tribuunt Hugoni a Sancto Victore. Cum autem plerique codices et quidem optimæ notæ et Hildeberti fere coævi, tractatum theologicum affirment Hildebertinum, illum, ad fidem manuscriptorum, prelis committimus, textumque edit. ann. 1708 ex integro renovamus.

9° Sequitur *Brevis tractatus de sacramento altaris.*

10° Deinde *Liber de expositione missæ*

11° Postea *versus de mysterio missæ,* quibus ineditos quinque versiculos adjecimus ex ms. cod. Turon., n° 115, sub titulo : *De mutatione locorum in missa; et alii versus de sacramento altaris;* denique *De novo Sacrificio vetus abrogante.*

12° Succedit *Liber de sacra Eucharistia.* Auctores *Hist. litter.,* tom. XI, jam sæpius laudati, poema de sacra Eucharistia tradunt esse Petri Pictoris, sicuti et alii versus de sacramento altaris. In ms. codice Sangermanensi, n° 658 sic legitur : « Magistri Petri Pictoris canonici S. Audomari de sacramentis altaris. » (Vid. opus supra mem., p. 371.)

13° *Carmen de operibus sex dierum* non est Hildebertinum, juxta auctores operis supra nominati (p. 372), sed Theobaldi episcopi. sicut et *Physiologus,* ut videre est in libro D. J. Lebœuf, Autissiodorensis canonici, *Dissertat. hist. Paris.* tom. II, p. 66, et seqq. D. autem Polycarpus Leyser. in sua *Biblioth. poetarum medii ævi,* poema *Sex dierum* episcopo Cenomanensi tribuere non diffitetur, publicique juris fecit versus *De excidio Trojæ* nomine Hildeberti, ea fretus ratione quod proxime librum *De operibus sex dierum* in codice ms. sequerentur. Ad § *De sirenis et homocentauro* notulam adjecimus, qua vocabulum *Onocentaurus* ex Isaiæ et S. Hieronymi textu restituitur et quædam verba corriguntur.

14° et 15° *De ordine mundi, et de ornatu mundi poemata.*

16° Ad carmen in libros Regum nihil adjiciendum reperimus.

17° *Diversorum sacræ Scripturæ locorum moralis applicatio.* In cod. ms. Turon. n° 117 aliter et forsan melius leguntur quinque versiculi, *immolatio Isaac,* quos adjunximus § decimo. Idem codex § 45, non habet duos primos versiculos quod minus recte hic supposuit D. Beaugendre. Isti quidem duo versiculi sunt elegiaci, nulloque modo ad titulum referri possunt. Alii versiculi sunt hexametri, sub titulo *Organa in salicibus a populo Dei suspensa.* Ut autem nihil pereat, fragmentum collegimus et hic misimus.

De duplici Christi natura

Nostræ naturæ deitas unita refertur

In Christo sic sunt dives egensque simul.

In supra laudato manuscripto duos ineditos § invenimus, quos addidimus sub numeris L. et LI, cum titulis : 1° *Quid significat quod solemnitas Paschæ celebrabatur per* XL *dies:* 2° *Quid significat quod populus cum libertate ad victum frugem recepit, cum vero ad semen factus est servus.*

Ex Novo Testamento, § XIV bis datur, p. 1226 et p. 1363. Unum expungere curavimus.

Alia versuum argumenta, § VII adjecimus binos versiculos ineditos, ex cod. Turon, n° 115.

18° *Inscriptionum Christianarum libellus.* Libellus ille omnino novus ineditusque. Nemo rerum archæologicarum peritus nescit ædes sacras olim undique depictas, omnesque præcipuos fidei Christianæ articulos sive codicis sacri historicos actus, necnon et beatorum, nunc in cœlis triumphantium, in parietibus fuisse forma et coloribus descriptos. In Gallia XI° præsertim sæculo invaluit mos ecclesias intus depictarum imaginum adornandi cultu quasi regio.

Sic se habet Prudentius *Peristeph.* hym. XII, vers. 47 et 48 :

> Regia pompa loci est; princeps bonus has sacravit arces,
> Lusitque magnis ambituum talentis.

Verbum autem *lusit* hic pro *pinxit* usurpatur. Exemplum hic afferre liceat :

> Propterea, visum nobis opus utile, totis
> Felicis domibus pictura illudere sancta.
> (S. PAULIN., *de S. Felice nat.*, carm. IX, vers. 580 et seqq.)

Non parietes tantum, sed et laquearia, cameræ, ipsaque pavimenta coloribus vel musivo opere decorabantur, ita ut quocunque fideles circumspicerent, præ oculis imagines sanctas habebant, volueruntque Patres animos ad pietatem et piam meditationem deflecti, et colorum varietate concordi et luminis splendore mirando (GORI, *Vet. dipt.*, tom. III, p. 261). De sacris pingendis imaginibus cfr. S. Basil. homil. **17**, *in Barl. mart.*, et homil. **19**, *in quadr. mart.*, tom. II, p. 141 et 149. — S. Greg. Nyss., *Oratio de S. Theod. mart.*, tom. II, p. 1011. — S Chrysost., *Encom. S. Meletii,* homil. 47, tom. VII, p. 191. — S. Augustin. *in solemn. Steph. mart.*, sermo 316, cap. 5, tom. V, part. II, col. 1270. — Prudent. Hymn. IX et XI. — S. Paulin. epist. 32, *ad Sever.*, n° 2. — Id. *de S. Felice nat.*, carm. x, vers. 10 et seqq., vers 171 et seq.

Sub his autem picturis delineabantur sententiæ ex Scripturis depromptæ, sive inscriptiones Christianæ quibus ad virtutes colendas, exemplaque sanctorum fortia imitanda, hortabantur quicunque legendi obtinebant artem.

Præterea, apostoli et prophetæ aliique novi fœderis martyres, confessores sive doctores, attributis facile primo intuitu inter se distincti habebantur. In opere eximio quod publici juris nuper fecit doctus vir D. Didron sub titulo Ἑρμηνεία τοῦ ζωγράφου, videre est Græcos apud pictores quamcunque figuram inscriptionis textu proprio esse distinctam. Plurima jam nunc exempla cognoscimus in ecclesiis occidentalibus harum piarum inscriptionum quæ figuras semper comitando explicabant.

Multas hujus generis inscriptiones versibus composuit Hildebertus noster, in sacro carmine facile princeps. Non omnes temporis injuria periere; Deo permittente, plurimas, ex codice ms. Turonensi n° 117 nov. et 164 vet., eruimus, nuncque primum edimus. Quasdam præ manibus habuit D. Beaugendre quas inseruit inter brevia poemata, sparsim et quasi sine methodo. Inscriptiones autem jam prelis mandatas relinquimus suo ordine digestas, ineditasque num. LV, ita disposuimus :

1. Dei æternitas.
2. Adæ peccatum.
3. Quid significet quod Dominus dixit serpenti : « Pectore et ventre repes. »
4. Veteris Testamenti patriarchæ.
5. Vir sanctus Job.
6. Moises percutit petram in deserto.
7. Virga Jesse. 7 *bis* de Virgine Deipara.
8. Angeli pastoribus Salvatorem natum nuntiant.
9. Christus infans in præsepe.

10. De duplici Christi natura.

11. Christus infans a Virgine lactatur.

12. Magi ab Oriente veniunt.

13. Magi Christum adorant.

14. Magi coram Herode.

15. Pastores Salvatorem adorant.

16. Elisabeth Mariam salutat.

17. Elisabeth visitat B. Virgo Maria.

18. Pharisæus et publicanus.

19. Arcta via quæ ducit ad cœlum.

20. Christus peccata remittit mulieris in adulterium deprehensæ.

21. Christus languidos sanat. Piscina Siloe.

22. Paralyticus a Christo sanatus.

23. Surgit a sepulcro Lazarus.

24. Christus Hierusalem triumphans ingreditur.

25. Christus sacra communione apostolos in cœnaculo pascens.

26 Christus in cœnaculo pedes abluit discipulorum.

27. Christus a Juda proditur.

28. Christi passio.

29. Mulieres ad Christi sepulcrum.

30. Morte sua Christus homines liberat a morte æterna.

31. Mors morte Christi devicta.

32. Ubi Christi pingitur imago.

33. Juxta crucem stans Virgo mater Christi.

34. De Christo in cruce pendenti.

35. Redemptus homo per mortem Christi.

36. Crux sanguine Christi madida.

37. Christus ad hominem redemptum.

38. De Messia, Virginis filio.

39. Vicit leo de tribu Juda.

40. Deo reconciliavit peccatores.

41. Christus æterni Patris Filius.

42. De cruce Christi.

43. Subter Christi imaginem.

44. Duodecim apostoli.

45. Christus ad apostolos.

46. Sancti in paradiso.

47. De Eucharistia.

48. De communione sacra.

49. De somno.

50. De senectute.

51. Contra pravos habitus.

52. De fiducia inter pericula.

53. In vestimentis modestia.

54. De humana conditione.

55. Ex dictis B. Gregorii.

Huic autem libello adjunximus sub num. 56 poema ineditum *De Conceptione beatæ Mariæ*, e cod. Turon. erutum, quod rectius inscriberetur *De Annuntiatione Conceptionis et Nativitatis Christi*; et sub num. 57, *versus Hildeberti ad beatam Mariam*, e cod. ms. 3550 biblioth. imper. Paris. impressos inter tom. XI. *Histor. Litter.* additiones a membris Instituti Franciæ. Denique sub num. 57 versiculos etiam ineditos, ex cod. Turon. supra laudato, *Ieronimus in Annalibus Hebræorum de* xv *signis quindecim dierum ante diem judicii*, subjecimus, etsi dubium sit utrum sint Hildebertini. Sed cum proxime sequantur carmen Hildebertinum, eos ei tribuendos credidimus.

Antequam ad alia transeamus hic producimus duos versiculos, qui reperiuntur inter Hildebertinos, ubi memoratur annus quo a Francis et aliis militibus Christianis, crucis signo ornatis, Jerusalem e manibus infidelium, Deo favente, erepta est.

Anno milleno centeno quo minus uno
Jerusalem Franci capiunt virtute potenti.

19° Sequuntur 1° versus de sancta Susanna ; 2° de Machabæis ; 3° de S. Vincentio ; 4° Passio sanctæ Agnetis, virginis et martyris ; 5° de Inventione sanctæ Crucis ; 6° Vita B. Mariæ Ægyptiacæ.

20° Auctores Benedictini (*Hist. litter.*, tom. XI), operis Hildeberti cui titulus *Lamentatio peccatricis animæ* exitum deflent et illud desiderandum maxime prædicant.

Illud reperimus in cod. ms. bibliothecæ urbis Turonicæ num. 656 novo et 222 antiquo, et publici juris hic primum facimus. Etsi !compositum versiculis in eumdem rhythmum seu sonum desinentibus, non indignum forsitan ab Hildeberto nostro reputabitur, si ad sensus pietatem spirantes ac inspirantes attendatur.

21° *Historia Mahumetis* et liber qui dicitur *Mathematicus* describuntur in cod. Turon. n° 117.

22° Libellus qui dicitur *Floridus Aspectus*. Inter carmina Miscellanea datur *Epitaphium Sugerii abbatis S. Dionysii*, sed minus recte sub nomine Hildeberti. Episcopus siquidem Cenomanensis factus Turonensis archiepiscopus obiit anno 1134 ; Sugerius vero abbas anno 1152. Unde patet epitaphium non fuisse ab Hildeberto exaratum. Huic autem subjunximus *Epitaphium Willelmi de Ros*, quod Hildeberto tribuitur (vid. *Hist litter.*, tom. IX, p. 331-332) Ad finem adduximus sex versiculos ineditos sub titulo 1° *De morte ;* 2° *Ad Avarum*. Denique inter *carmina indifferentia* inseruimus sex versus elegiacos *de Lucretia* quos legimus in cod. Turon. 61, post *Berengarii epitaphium*.

23° Hildeberto restituimus poema quod inscribitur *De excidio Trojæ*. Illud edidit Polycarpus Leyserus in libro cui titulus : *Historia poetarum et poematum medii ævi*, Halæ Magdeburg. 1721, p. 398 et seqq., ex codice ms. Lipsiensi. Ibi versibus *De creatione mundi et operibus sex dierum* immediate subnectitur.

24° Inter opera Philippi abbatis Bonæ Spei quædam reperiuntur poemata Hildebertina, quæ hic primum sub auctoris nomine palam prodeunt :

1° Versus de sponso adversus sponsam suam.
2° Responsio sponsæ.
3° Responsio judicis.
4° De laudibus Samsonis.
5° Epitaphium Senonensis episcopi.
6° Epitaphium regum Jerusalem.
7° Epitaphium abbatis Claræ-Vallis.
8° De Rota Fortunæ.
9° Quod parum valeant artes sine pecunia.

25° *Hildeberti fabulæ Æsopicæ*. Auctor medii ævi, Romulus pseudonomine, Æsopi fabulas imitandi prætextu, Phædri fabulas describit solutiori sermone, stylum auctoris omnino subvertens. Oculatis autem lectoribus satis Phædri fabulæ apparent, bonique nominis poetam redolent. Librum Romuli præ oculis habens Hildebertus, poeta facundus, scriptor elegans, sermonem pedestrem e medio tollit versibusque ornat eximiis. Hinc in scholis, sive Galliarum, sive Italiæ, sive Hispaniarum sæculis xiii° et xiv°, discipulorum manibus versantur, cum operibus Virgilii et Horatii, Hildeberti fabulæ, nomine Æsopi insignitæ. Decimo quarto sæculo transferuntur illæ fabulæ de Latino in Gallicum, semperque magna laude proponuntur.

Quod vero Hildebertus præ manibus habuerit Romuli textum, non autem genuinos Phædri versiculos, clarius apparet cuicunque attente illius librum legenti. Numero tantum lx fabulæ Hildebertinæ ad nostra feliciter venerunt tempora (latent cæteræ) ; conveniunt autem optime cum tribus Romuli primis libris, juxta codices mss. Ulmensem et Divionensem.

Cum primum Phædri genuinæ fabulæ publici juris factæ sunt a J. Chiffletio, tunc Hildebertinæ paulatim deciderunt fabulæ, hodieque vix ab eruditis cognoscuntur.

Reperire istas fabulas, quibus videbitur, promptu est in opere D. Robert, cui titulus : *Fabulæ ineditæ sæc.* xii, xiii et xiv, 2 vol. in-8°, Paris. 1825.

Nunc transeamus ad Opera auctoris nostri quæ desiderantur.

Venerabilis Hildeberti opera dubia aut spuria, vel quæ desiderantur.

Ex Hildeberto, Op. p. 171, discimus ipsum Historiam descripsisse miraculorum ecclesiæ Exoniensis, eamque precibus cujusdam Clarembaldi canonici seu ejusdem Ecclesiæ monachi. In epist 3 lib. III, ad eumdem Clarembaldum directa, videre est quid ipse declaret Hildebertus de opere ad illum transmisso.

Sanderus indicat ms. codicem in biblioth. monasterii Cambronensis (*Biblioth. Belg. mss.*, part. I, pr 357), in quo inveniuntur *quædam homiliæ in XII prophetis*, sub nomine Hildeberti, et *quatuor epistolæ* utilissimæ. Si nomina illorum quibus scriptæ fuerunt illæ epistolæ nobis declarasset, utique cognovissemus utrum reperiantur inter Hildebertinas a D. Beaugendre editas. Homiliæ autem non nisi per istam mentionem nobis innotuerunt.

Idem Sanderus (*ibid.*, part. II, p. 119) asserit in vol. 123 codic. mss. monasterii de Loz ou Loo, ordinis Cisterciensis, prope Insulam in Flandria esse poema quod verbis sequentibus memorat sub hoc titulo : « *Versus heroici*, ex eo quod apparet de stylo, ab Hildeberto, Cenomanensi episcopo, De analogia sacramentorum. eucharistiæ, baptismi et matrimonii, cum illorum figuris. » Nihil aliud cognoscimus de illo carmine.

Petrus Cantor (Petr. Cant., p. 325) in opere cui titulus : *Verbum abbreviatum*, describit quatuor sequentes versiculos, nullum tamen proferendo auctoris nomen :

> Ha! quam sollicito quisque labore
> Occurrat medico carnis amore!
> De morbis animæ, nulla querela,
> Ægrotam sequitur tarda medela.

D. Autem Georgius Galopin, S. Guilani monachus, marginali nota, indicat istos versiculos tanquam Hildebertinos et erutos e poemate cui titulus : *Incendium*. Nullum vero carmen a nostro auctore tali titulo insignitum. Penitus latet si quando exstiterit tale carmen. Attamen poema quod D. Georgius Galopin vocat *Incendium*, non aliud esse videtur ac tractatus *De conflictu carnis et animæ*, *partim metricus*, *partim prosaicus*, in quo reperiuntur quatuor versiculi superius laudati.

Philippus de Bergame in Supplem. chronic. an. 1106, p. 289, dicit de Hildeberto: « Scripsitque elegantissimo metro valde utilem expositionem super toto Psalterio. » Philippus quidem citat Vincentium Bellovacensem qui de isto carmine omnino tacet. Viditne illud poema Philippus? Non affirmat. Cum vero laudat Hildebertum scientiæ Scripturarum peritissimum, illi fortasse tribuit alienum opus.

Joannes Bouchet (*Annal d'Aquit.*, p. 29) tradit auctorem Vitæ S. Hilarii quemdam Hildebrandum, Cenomanensem episcopum, istiusque verba profert inquirendo locum sepulturæ S. Hilarii. Intendit certe J. Bouchet nostrum Hildebertum sub nomine Hildebrandi. Scripsit fortasse aut scriptam B. Hilarii Vitam elegantiori stylo rescripsit, sicuti Vitam B. Radegundis in meliorem formam redegit. Suspicamur, non autem affirmamus quod supra, siquidem a D. Bouchet solo didicimus, qui prælatum nostrum ostendit hoc opus limantem viginti annos post mortem suam; « tempore, inquit, Henrici regis Anglorum, et Alienoris uxoris ejus, cum essent Aquitaniæ domini.» Nemo est qui nesciat Henricum thronum ascendisse anno 1154, mortuo Stephano, et Alienorem uxorem duxisse, postquam fuisset a Ludovico Juniore repudiata, anno 1151. (HENR. GAND., *Hist. eccles.* cap. 8; Schol. p. 118.)

Vir cl. Le Mire, Schol. in cap. 8 *De scriptoribus eccles.* Henrici Magni, Hildeberto nostro tribuit epistolam scriptam Carthusianis Montis-Dei (*Gall. Christ. nov.*, tom. IX, p. 233). Et quidem minus recte, nam auctor epistolæ superius laudatæ animam efflavit ante fundationem monasterii jam nominati, quæ facta est anno 1137, ac proinde tribus annis post mortem Hildeberti.

Decker, *De script adesp.*, p. 106, ubi *conjecturas* exponit *de scriptoribus anonymis*, dicit post Goldastium quod falso quidam tribuant Hildeberto opus quod inscribitur *De corrupto Ecclesiæ statu* cujus auctor est Nicolaus de Clamengis, archidiaconus Bajocensis, qui personam et nomen usurpavit Hildeberti. Quidam scriptores minus attenti vel rerum XII et XV sæculorum parum docti errare potuerunt.

Videtur auctor Collectionis canonum Hildebertus, qui aperte in epist. ad episcopum

Memoriensem asserit se scripsisse talem librum (epist. 27 lib. II). Quis sit episcopus Memoriensis, ignoratur; Hildebertina tamen certe est epistola supra memorata. D. Beaugendre opinatur illum episcopum fuisse Malchum (*Malch*) nomine, ex monacho Vincestriensi factum episcopum in provincia *Mumonia* insulæ Hibernicæ, teste S. Bernardo in Vita B. Malachiæ. Scripserat prælatus ille Hildeberto nuntians mortem Mathildis reginæ, ad preces ejus commendans animam nuper defunctæ reginæ. Estne potius Guillebertus episcopus civitatis Limérick in Hibernia, legatus in istis regionibus? Quidquid sit de nomine episcopi et episcopatus, his verbis ad eum scripsit Hildebertus : « Exceptiones autem decretorum, quas in unum volumen ordinare disposuimus, ad suum finem nondum perductæ sunt. Opus enim hoc liberum curis pectus desiderat, cujus nos episcopus immunes fecit. Horum tamen jam explevimus partem, atque ad id peragendum quod restat, episcopum deponemus. Peractum vestras veniet in manus, nec opus erit ut pro eo deferendo vester legatus ad nos usque fatigetur. Officii nostri erit vobis illud per nostrum destinari. »

Ex quo patet incœptum opus Hildebertum non consummasse propter incessantes et importunas episcopatus curas, illudque imperfectum reliquisse usque ad mortem reginæ Mathildis, anno 1118. Peregitne opus suum Hildebertus ? Expleti operis quisnam exitus? Superestne, exciditne? D. Beaugendre suspicatur illud opus, ab Hildeberto inchoatum, fuisse ab Ivone Carnotensi episcopo completum, qui nempe in diœcesi Carnotensi tranquillus, labore nunquam laxabat. Sed non meminit editor Ivonem obiisse anno 1115, ac proinde non perfecisse opus quod anno 1118 nondum finem acceperat. Ipse D. Beaugendre affirmat epist. ad episcopum Memoriensem scriptam fuisse anno 1118 vel 1119, Mathildemque Anglorum reginam mortuam anno 1118. Unde concludimus canonum Collectionem, Ivonis nomine insignitam, non esse Hildebertinam, et epist. 53 lib III, non esse hujus operis præfationem nec Hildeberti fetum. (De canonum libris vid. *Hist. litter.* tom. XI, p. 407, 408 et 409.)

D. Doujat loquitur de quibusdam Hildeberti capitularibus, nihil ex iis proferendo. Agitur probabilius de statutis synodalibus quæ confecit cum Cenomanensem Ecclesiam regeret. D. Thiers quædam illorum fragmenta in suis opusculis retulit, ex quo concludit D. Beaugendre auctorem vidisse apographum. Multum ipse ut videret tale apographum insudavit, sed frustra, editor Benedictinus.

Casimirus Oudin (*Script. eccl.*, tom. II, p. 995), diffuse loquitur de operibus Hildebertinis quæ in diversis Angliæ bibliothecis asservantur. Inter ea quædam videntur inedita, quæ penitus fugerunt D. Beaugendre, quamvis etiam quædam videantur sub aliis indicibus publici juris facta. Non videntur huc usque cognita 1° *Narratio de genealogia Salvatoris*, in cod. ms. Caroli Theyer, n° 15, in quo sunt epistolæ et sermones ejusdem auctoris; 2° *Liber præfigurationis Christi et Ecclesiæ, versibus hexametris*, in 28 manuscripto Guillelmi Landi, n° 10; 3° *Elegia in qua Synagogam alloquitur Theologia*, in eodem codice.

Turonibus, die 15 Septembris, in festo S. Lidorii, Turonensis episcopi.

J.-J. Bourassé, can. Eccles. metrop. Turon.

PRÆFATIO D. BEAUGENDRE.

—

Epistolas et alia venerabilis Hildeberti opera, quotquot e variis mss. eruere, quotquot e passim editis et quaquaversus sparsis colligere potuimus, in unum corpus redacta, luci publicæ daturi, operæ pretium duximus lectori benevolo consilii nostri, et qualiscunque hujus opellæ nostræ rationem reddere. In primis autem necessarium censuimus paucis præmittere, plura de Hildeberto in ejus Vita dicturi, quis et quantus fuerit hic præsul, ut inde pateat quem fructum sperare liceat ex ejus lucubrationibus, quarum non minima pars, magno utique rei litterariæ dispendio, excidit.

Mediocribus quidem, ut antiqua ferunt Cenomanensium episcoporum Gesta (12), sed honestis parentibus ortus, a pueritia sub Berengario magistro humanioribus insistens litteris, deinceps sub sancto Hugone Cluniacensi abbate sacris, simul et pietati sub monastico schemate dedisse operam fertur. Quibus apprime instructus, et tandem eloquentiæ sacræ fama usque procul positos celebris, ab Hoello piissimo æque ac prudentissimo Cenomanorum antistite, ad scoliarchæ primum, deinde ad archidiaconi munus evocatus, ipsius demum e vita decedentis successor cleri et populi calculis electus est. Quod in fastigium nonnisi virtutum et doctrinæ gradibus evectus, et sanctitatis merito, firmo quasi gratiæ fundamento, stabilitus, ita præclare se gessit, ut cum non solum ut *totius reverentiæ virum* suspexerit ille, sui quondam sæculi miraculum et oraculum sanctus Bernardus, sed etiam ut *magnam Ecclesiæ columnam* non dubitaverit appellare. Nec immerito sane, quippe quem non virtutibus solum pietatem Christianam et sacerdotalem sanctitatem spectantibus et spirantibus celebrem noverat abbas sanctissimus, sed quem immunitatum Ecclesiæ, tum exemplis, tum scriptis fortissimum acceperat vindicem, et quem nec facultatum omnium jactura, nec repetitis exsiliis, nec iniquissimis incarcerationibus, nec vel illatis ab optimatibus quibuslibet corporis vexationibus, a sacro justitiæ proposito dimovendum expertæ fuerant Ecclesia Cenomanensis et metropolis Turonica, amplexa fuerat in sui summi pontificis Paschalis II ab Henrico IV imperatore cum suo clero proditorie detenti defensione, strenuissimum perturbata Roma, et sibi applaudens tota propemodum mirata fuerat Ecclesia.

Hinc sane illa, quam apud bonos et litteratos omnes sive variis quibuslibet scriptis, sive sacris concionibus, sive virtutum exemplis, sibi conciliaverat doctrinæ, fortitudinis, eximiæque sanctitatis existimatio ; et inde etiam plurium eruditorum vota, qui pergratum sibi fore sæpe testati sunt, si forte e bibliothecarum celebriorum scriniis erui contingeret Hildeberti varia, ut ipse vocat, opuscula, quorum passim in suis epistolis sæpe meminit. Nec vero parum ad illa perquirenda nos impulere quorumdam doctiorum virorum conatus, qui quasi antesignani et duces viam nobis ad id operis parare et aperire visi sunt. Id autem apud nos præsertim effecit tot bonarum litterarum monumentis clarissimus Stephanus Baluzius, qui in Præfatione ad Lupi Servati Ferrariensis abbatis opera, quæ anno 1664 edidit, Hildeberti opera se aliquando spoponderat etiam editurum. Quod quam egregie et feliciter præstitisset vir perspicacissimus, ut nemo ierit inficias, nisi gravioris momenti studiis intentus, hanc alteri provinciam reliquisset. Sic autem illi non displicuit consilium hoc nostrum, ut etiam se, si per otium licuisset, manum nobis porrecturum fuisse professus sit.

Animos nobis addidisse non diffitebimur R. P. Jacobum Homeyum, Bituricensis, ut aiunt, communitatis Augustinianum, qui in erudito suo Patrum Supplemento an. 1684 typis Parisiis edito, quædam opuscula tam prosa quam metro a se detecta in lucem protulit ; quæ quidem e pluribus mss. quam quos ipsi videre forte licuerat, omnino Hildeberti genuina certo certius comprobavimus. Epistolas autem venerabilis Hildeberti, eas solum quas in editis Patrum bibliothecis legerat, notis illustravit.

Quin autem hanc in nos assumeremus provinciam, non tam octogenariæ jam tunc imminentis ætatis, nunc Deo dante transactæ, incommoda, quam ipsum rei tantæ pondus prohibebat. Verum Dei omnipotentis auxilio suffulti, cujus gloriæ, saltem quod fugientis et visus et vitæ nobis supererat, litare tenebamur et lætabamur, simul et litteratorum amicorum subsidio et indulgentia confisi, opus hoc pro exiguo extra exercitia regularia concesso nobis otio, et pro viribus in diem deficientibus arduum aggressi sumus. Et certe nostrum hunc audaciorem forte conatum, Deus Opt. Max. supra spem adjuvit.

Dum enim ex epistolarum Hildeberti in Bibliotheca Patrum editarum, repetita lectione non minorem pietatis quam innoxiæ oblectationis sensum perciperemus, illasque nostræ solitudinis levandæ gratia, quasi piis omnibus utriusque sexus hominibus quandoque forte profuturas lingua vernacula donaremus, quod et Deo dante, pro modulo nostro perfecimus, et ipso favente forte proferemus, in enodandis quæ nobis occurrerunt difficultatibus, quandoque hæreremus, ad mss. codices, quasi ad originalia recurrere non negleximus, imo id sæpius

---

(1:) Mabill., *Analect.* tom. III.

necessarium experti sumus. Iis autem evolvendis
dum insudamus, in plures incidimus epistolas, quam
quæ hactenus typis mandatæ fuerant in tribus editionibus Bibliothecæ Patrum, et vel etiam in ultima
Lugdunensi, in qua mirum omissas fuisse illas,
quæ cum in Spicilegio Dacheriano, tum alibi jam
publicatæ fuerant.

Cumque Hildebertus ipse variis epistolarum locis
varia se testetur edidisse opuscula, non inutile,
imo reipublicæ litterariæ profuturum censuimus,
si illa qua maxima possemus diligentia perquirere-
mus, et quæ forte occurrerent publicæ luci redderemus, qua, ut ex ipsorum mss. multitudine liquet,
olim potita fuerant. Sic nimirum Hildebertus in
epist. 5 lib. III novi ordinis, ad Clarembaldum,
testatur se scripsisse *Historiam miraculorum Exoniensis ecclesiæ*, quam innata sibi modestia ejus
correctionis subjicit, et quam recuperare, quacunque adhibita diligentia, nusquam potuimus. Sic in
epistola 15 ejusdem libri, ad Reginoldum Beati
Augustini monachum, scribit *se libenter amplecti
quod aliquas positiones ingenioli sui, ut ait, filias,
aut suorum particulas versuum suo inseruerit operi.*
Sic denique, ne nimii simus, epistola 30 lib. III, ad
Willelmum Wincestrensem episcopum, ait sibi pergratum fuisse quod *sua ad eum mitti postularet
opuscula.*

Iis igitur et aliis quasi propriis Hildeberti vocibus moniti et excitati, ad inquirendas et exquiren-
das ex insigniorum bibliothecarum forulis ejus
lucubrationes nos accinximus, et amicorum bonis
litteris patrocinantium consilio ducti, et eorum
auxilio confisi, jam olim editas ad tredecim et amplius mss. codicum optimæ notæ et fere coævorum
fidem, qua potuimus accuratione recensuimus, et si
qua in illis menda reperiremus, ad eorum collationem emendavimus, variantes lectiones observavimus, et nonnullas in illis recenter deprehensas,
necdum editas nunc primum in lucem protulimus.

Ad hoc binos e locupletissima et vere regia Bibliotheca nobis perhumaniter commodarunt eruditissimi sub illustrissimo doctissimoque abbate Tel-
lerio summo illius præfecto DD. Clemens et Boyvinus
ejus administri. Sex alios nobis urbane admodum
præbuit ex instructissima omni mss. genere bibliotheca Colbertina, doctissimus D. Duchesne, sedulus
eorum custos, qui deinde pro sua humanitate plures
alios pro metricis Hildeberti opusculis subministra-
vit. Duos etiam e Sancti Victoris celeberrima bibliotheca præbuit, annuente pro hæreditaria sua ad
juvandos litteratos omnes a clarissimo parente
suscepta propensione, D. de Wion d'Herouval, regalis
illius monasterii canonico regulari, bibliothecario
et doctore Sorbonico, eruditus ejus administer D.
Perruquier. Alterum e bibliotheca S. Audoeni Rothomagensis nostræ congregationis S. Mauri concessit R. P. D. Dionysius Sammarthanus, prior
ejusdem monasterii, et præclari ex editione nova

sancti Gregorii et aliis lucubrationibus inter litteratos nominis. Sed ex omnibus mss. quos nobis
videre licitum fuit, quique fere omnes aut Hildeberto ipsi coævi, aut saltem ad ipsius tempora propius accedebant, vix ullum melioris notæ et ampliorem nacti sumus eo quem amicissimus nobis et bonarum litterarum amantissimus R. P. D. Gabriel
Pouget, prior monasterii Sancti Taurini Ebroicensis,
nostræ congregationis, ad nos transmittere curavit.
Qui nimirum mss. codex unus erat ex iis quibus
inter alios bene multos tum manu exaratos, tum
excusos, erat olim instructa exquisitissima bibliotheca
domestica eminentissimi cardinalis Perronii, tunc
Ebroicensis episcopi et abbatis Sancti Taurini,
deinde Senonensis archiepiscopi ; quam quidem
bibliothecam, ne post ejus obitum periret, et, ut
sæpe fit, ad damnum publicum distraheretur, totam
pretio, et certe non exiguo, ab hæredibus sibi com-
paraverant primi ejus monasterii monachi congregationis nostræ, statim ut ad illius reformationem
eo fuerunt admissi. Quod ideo notandum duximus,
ut illi ms. eo major fides habeatur, quo illum pro-
diisse constat e musæo doctissimi simul et strenuissimi fidei catholicæ defensoris, qualem eminentissi-
mum cardinalem Perronium adeo frequenti suorum
aut debellatione, aut conversione, experti sunt heterodoxi, et qualem ad Dei gloriam et Ecclesiæ
ædificationem, repetitis toties ejus victoriis, glo-
riati sunt orthodoxi. Vix quippe in aliis mss. undecunque nobis obvenerint, quidquam reperitur quod
in hoc Ebroicensi desit, multa vero continet quæ
desiderantur in aliis.

Duos insuper optimæ notæ nobis e musæo suo
commodavit clariss. in suprema curia patronus D.
Logé, quos accepit ab alio ejusdem curiæ doctissimo
patrono D. Loyauté, qui epistolas Hildeberti evul-
gandas susceperat, et jam inchoaverat, cujus etiam
eruditas notas in decem et octo ejus epist. a præfato
D. Logé acceptas infra subjiciemus, et quas procul
dubio ad umbilicum perduxisset, nisi præmatura
morte decessisset.

Cæterum ex epistolis Hildeberti a nobis ex præfato mss. Ebroicensi recenter, ut putabamus, detectis, nostrum claræ et charæ litteralis et bonis
omnibus memoriæ R. P. D. Lucam Dacherium decem numero deprehendimus inseruisse Spicilegii sui
tom. IV, quarum tamen altera, quæ sic incipit :
Successisse, incuria typographi bis ibi reposita reperitur ; altera vero, quæ sic incipit : *Jocunditas mihi*,
in editionibus omnibus excusa cernitur in fine scilicet epistolæ undecimæ lib. I, al. 61, ad Carnotensem
episcopum, sicque octo tantum non editas ibi evulgavit, quas e ms. codice supra laudatus D. Dacherius testatur sibi indicatas et transmissas a clarissimo simul et doctissimo D. Lanfranco Bigot,
litteratis omnibus eruditione et humanitate, dum
viveret, spectabili. Verum cum religioni duceret vir
venerandæ antiquitatis observantissimus, vel minimum apicem ab autographo immutare, in quo tamen

amanuensis oscitantia errores in scribendo permulti, et frequentes hiatus irrepserunt, quibus sensus et intelligentia aut offuscabatur, aut certe multum confundebatur, menda illa ad collationem castigatioris. Ebroicensis emendare curavimus. Quod, verbi gratia, faciendum præcipue duximus in epistola 22 lib. II, apologetica pro summo pontifice Paschali II, in qua pene tot lacunæ in Dacheriano Spicilegio quot lineæ, sensus plerumque truncatus vel intricatus, quibus quo meliori modo potuimus, collatione cum præfato ms. Ebroicensi facta, lucem et nitorem reddere conati sumus.

Et quidem nobis utcunque gratulabamur quod præter memoratas octo epistolas a R. P. Dacherio editas, et in ms. Ebroicensi repertas, quatuordecim alias ibidem invenissemus ; sed cum diligentius ejus Spicilegium excuteremus, ipsasmet sagacissimi viri diligentiam non effugisse gavisi sumus, quas scilicet velut in appendicem ad ultimum tomum quasi postliminio rejecit erutas utique eo unico ms. Fulcardimontis, et quas omnes cum ms. Ebroicensi, ubi solum eas inveneramus, conferre potuisse nobis fuit perjucundum. Sic eas nusquam editas, editis in Bibliothecis Patrum superaddidimus cum aliis novem, quas cum jam prædictarum absoluta esset impressio, e quorumdam eruditorum musæis , et nostrorum monasteriorum tabulariis recuperatas, in appendicem remittere compulsi sumus.

Ita cum in omnibus editionibus Bibliothecæ Patrum, et etiam in ultima Lugdunensi, octoginta tantum et tres numeratæ fuerint, nos, triginta et novem additis, centum viginti et unam publici juris facimus, si tamen inter illas numerare libeat epistolam 15 lib. II, quam in nullo e duodecim mss. quibus usi sumus, reperimus, et quam merum esse epistolæ sancti Hieronymi ad Demetriadem fragmentum deprehendimus, quod tres Bibliothecæ Patrum editores unus post alium ut Hildebertinam posuerant in editionibus suis septuagesimam nonam. Cæteras autem Hildeberti epistolas ad fidem tredecim mss. optimæ notæ codicum, non sine tædioso labore recensuimus, ipsarum varias lectiones observavimus, argumenta plura retexuimus, quo tempore dictatæ, quibusve personis directæ fuerint, quantum ex illorum temporum historia conjicere licuit, adnotavimus, et notis ubi necesse visum est, utinam et feliciter, instruximus.

Non dubitamus autem quin longe plures Hildeberti epistolæ diligentiæ colligentium exciderint. Id quasi certum faciunt longa plurium quandoque annorum intervalla, quibus nulla scimus ipsum epistolam scripsisse, quæ tamen probabile non est præsulem tot per regiones sanctitatis et prudentiæ, ut ait Baronius, fama celebrem, transegisse, quin, prout se offerebat occasio, et sicut exigere videbantur varia quibus ad ultimum usque vitæ periculum implicatus est negotia, ad varios cujuscunque status homines

A scripserit epistolas. Illorum erit qui nobis sagaciores, aut fortunatiores, eas, aut partem earum quamlibet forte detexerint, communi rei litterariæ bono non solum non invidere, sed ad fidelium ædificationem pro Christiana charitate et honestate promere.

Interim quod ad nos pertinet, cum ingenui sit pudoris, inquit Plinius, fateri per quem profeceris, non diffitebimur commodo nobis fuisse laudati R. P. Jacobi Homeyii Supplementum Patrum, in quo nonnulla Hildeberti opera a se detecta, tam prosa quam metro, inseruit. Horum autem præcipuum est liber *De querimonia,* seu *De conflictu carnis et spiritus,* quem e solo ms. Sancti Victoris Parisien-
B sis, n. 272, eduxerat ; et quem nos, collatione facta cum ms. Regio n. 4103, et Ebroicensi, n. 19, quorum probabiliter præfatus Homeyius copiam non habuerat, quemque hi soli ex mss. quos vidimus habent, et ut Hildeberti genuinum omnino fetum, eumque emendatiorem damus.

Porro in prædicto Patrum Supplemento ad epistolas, notas adjecit supra laudatus Homeyius certe non indoctas ; verum licet aliquam nobis inde lucem affulsisse fateamur, illis tamen non ita tenaciter adhæsimus, quin, cum ratio postulare visa est, ab illis non aliquando recesserimus.

Ut autem hujus nostræ collectionis studioso lectori conspectum, ut par est, exhibeamus, quid ad illam concinnandam præstiterimus, et quo ordine,
C æquum est ut enarremus.

Et quidem nostri non fuit instituti ut ea sola ederemus Hildeberti opuscula, quæ recenter detecta e variis manuscriptis eruimus, sed ut omnia omnino tam olim edita, quam nondum edita, utpote nuper reperta, in unum corpus collecta, publici juris faceremus ; et edita quidem ad fidem mss. codicum recensita, inedita vero ex ipsius mss. quos inter se contulimus educta, et sic omnia quanta potuimus diligentia repurgatiora proferimus, et utraque partim soluta, partim stricta oratione ab Hildeberto composita. Quæ autem soluta, ut præstantiora, primum locum, quæ stricta secundum obtinebunt.

Porro inter ea quæ soluta oratione sunt prolata, exstant præcipue ejus epistolæ, *ob insignem,* ut de
C his sanctus Bernardus, *eruditionem, sermonem suavem, orationem luculentam, gratum laudabileque compendium* (13), a viris doctis summis celebratæ.

Subsequantur deinde sermones Hildeberti, numero centum et quadraginta, cum antea tres tantum in variis editionibus Bibliothecæ Patrum, et vel etiam in ultima Lugdunensi, reperirentur ; omnes autem, ut ex ipsa lectione patebit, theologica et orthodoxa doctrina referti, sacræ Scripturæ verbis et sensibus sinceram pietatem spirantibus et inspirantibus, et antiquos Ecclesiæ ritus edocentibus, insignes, quos ex optimis mss. eruere, discutere et

____

(13) Epist. 123.

exscribere nobis non exiguo, quamvis gratissimo, labori fuit, quique cum epistolis ampliorem et præstantiorem Hildeberti operum partem constituunt.

His deinde subtexuimus varia ejus opuscula prosa edita, quorum ad caput exstat *Vita S. Radegundis reginæ* ab Hildeberto composita, quam nobis e schedis suis amice commodavit noster R. P. Mabillonius, et cujus Præfationem dederat eo consilio Analectorum tom. III, ut si quando occasio sese offerret, integram illam proferret, et quâ tandem ratione hujus nostræ editionis oblata, hanc curam, dum gravioribus occuparetur, in nos deposuit. Hæc autem nusquam hucusque edita.

Huic succedit *Vita sancti Hugonis abbatis Cluniacensis*, quam, suadente, seu, ut ipse loquitur Hildebertus, jubente Pontio, Sancti Hugonis in dignitate (non in sanctitate) successore, concinnaverat. At hæc edita in Bibliotheca Cluniacensi, quæ etiam apud Surium legitur 29 Aprilis, in editione Coloniensi anno 1618.

Accedit huic liber *De querimonia*, sive *De conflictu carnis et spiritus*, de quo supra, partim prosa, partim metro, ad imitationem Boetianæ *Consolationis philosophiæ*, quem quidem tractatum illum forte eumdem fore suspicarer, quem doctissimus Dupinius sæculo XII, p. II *ecclesiasticæ Historiæ*, sub titulo *Discursus inter carnem et spiritum*, notavit inter opera dubia Hugonis du Foliet, seu probabilius du Fouloy, non quidem monachi Corbeiensis, ut ipse opinatus est, sed canonici regularis, ut nobis suggessit, et erudite e ms. Corbeiensi ipsius Hugonis operum, probavit noster D. Eligius le Doux, Theologiæ professor, qui rogatus a nobis ms. hunc exactissime revolvit, et in illo ne minimum quidem apicem hujus *Discursus* reperit.

Hunc autem tractatum excipit *Moralis philosophia*, seu *Tractatus de utili et honesto*, quatuor libris distinctus, nondum editus, quem eruimus e ms. Colbertino n. 2662, sexcentorum circiter annorum, et altero Victorino antiquiore, n. 759, qui nonnisi e variis sententiis Senecæ, Ciceronis, Taciti, et aliorum veteris scholæ philosophorum et scriptorum adornatus est. Cum hoc vero tantam affinitatem habet, etiam in verbis, poema Hildeberti *De quatuor virtutibus vitæ honestæ*, quod e ms. Colbertino ejusdem circiter ætatis, n. 6327, eruimus, ut præcedenti subjungendum duxerimus.

Sequitur deinde *Tractatus theologicus*, quem medium inter alia indubitata Hildeberti opera reperimus in ms. monasterii Beatæ Mariæ de Lyra, ordinis et congregationis nostræ S. Mauri, sexcentorum circiter annorum, et sic fere Hildeberto coævum. Ex quo non omnino temere conjici potest scholasticos theologos, ut ad ipsum infra positum fusius explicabimus, utpote Hildeberto posteriores, ipsumque Robertum Pullum et Petrum Lombardum, et argumentum, et methodum doctrinæ suæ desumpsisse.

Adjecimus huic brevem quidem, sed egregium et doctissimum tractatum *De sacramento altaris*, qui in ms. Colbertino, n. 2662, tractatui *De honesto et utili* nullo intermedio subjiciebatur, ubi sacræ eucharistiæ doctrina sic legitur, ut hoc solo invicte probari posset, quantum a Berengarii erroribus Hildebertus fuerit alienus, cui si jungantur subsequens et moralis *Expositio vestium sacrarum et cæremoniarum missæ*, et liber metricus *De mysterio missæ*, et alter *De sacra eucharistia*, mirum non erit si vetus auctor Gestorum episcoporum Cenomanensium asseruerit quod *cum ad altare sacrosancta mysteria celebraturus accederet Hildebertus, totus compungebatur in lacrymis, sicque in humilitatis spiritu et in animo contrito salutarem hostiam divinis conspectibus offerebat.* Quem certe devotionis sensum et affectum nulli datur percipere, nisi ei qui firmissima fide et sincera intimaque persuasione credit quod de hoc sacro mysterio catholica credit et docet Ecclesia. Abs re vero non erit ut quid nos ad investigandos ejus sermones impulerit, aperiamus.

Et certe mirari satis non poteramus tres tantum hujus, suo tempore celeberrimi præsulis et concionatoris, evulgatos fuisse sermones, quem Ordericus Vitalis ejus fere suppar, *ecclesiasticæ Historiæ* lib. x, p. 770, *bonis semper studiis in docendo et in faciendo testatur institisse;* et quem præterea Gesta Cenomanensium episcoporum, ex *Analect.* D. Mabillonii, tom. III, velut *sapientem pigmentarium repræsentant, mellifluum ex Scripturæ sacræ floribus potum conficientem, et eum suis auditoribus, aliquando scriptis, aliquando vivis vocibus sedulo propinantem, et cujus verba, cum in ecclesia loqueretur, populus quidem devotissime audiebat, sed studiosius clerici, quoniam latina lingua expeditius quodammodo et vivacius loquebatur.* Hinc sane et magnificus ille titulus, quo D. Bernardus Hildebertum decoravit, cum ad illum scribens epistolam, inter Bernardinas 124, sic illam ei nuncupat : *Magno sacerdoti et excelso in verbo gloriæ,* utpote disertissimo concionatori, qui nonnisi omnino gloriose Dei verbum ad ejus honorem et fidelium ædificationem, disseminare consueverat.

Porro quod verbo Dei prædicando studiosissime semper institerit Hildebertus, et ex impositis illi ecclesiasticis ante episcopatum officiis, et ex ipsa, ad quam assumptus est, episcopali dignitate, videtur esse manifestum. Et quidem ante episcopatum, quis credat eum ab Hoello sapientissimo præsule in Ecclesiæ suæ Cenomanensis scholiarcham, et deinde in archidiaconum evectum, nisi suadente fama, quam jam tum, cum Cluniaci ad pedes sancti Hugonis moraretur, pluribus et præclaris concionibus, sive ad monachos, sive ad populos, sibi conciliaverat ? Siccine episcopus prudentiæ laude clarissimus, qualem Gesta Cenomanensium episcoporum Hoellum prædicant, scholis ecclesiæ suæ et clericorum suorum virum præfecisset, quem non comperisset ad verbum Dei prædicandum valde idoneum ? Siccine et ipse ad archidiaconatum eum sublimasset, quem, episcopalis utique sui ministerii primarium administrum, elinguem et mutum canem agnovisset, non valentem latrare ? Siccine tandem, clerus et populus Cenomanensis illum unanimi consensu ad solium episcopale promovissent, nisi eum arte concionandi peritissimum, quod episcoporum præcipuum et essentiale munus est, usu longo experti fuissent ? Multis tandem ex ejus epistolarum et aliorum opusculorum locis idipsum certissime potest evinci; sed id indubitatum efficit ipsemet in epigrammate ad Mathildem, Anglorum reginam, quam sic alloquitur :

Qui solet ante homines Cicerone disertior esse,
Facundus minus est, cum venit ante deos.
Sic ego cum mediæ plebi loquar ore diserto,
In vultu potui dicere plura tuo.
Majestate tua stupui, totamque vaganti
Percurrens oculo, etc.

Unde patet non solum ad plebem promiscuam Hildebertum fuisse concionari solitum, sed eum etiam Christi nomen coram regibus et principibus terræ facunde et feliciter portasse. Qui quidem illum eo libentius audierint, quo mysticis allegoriis, sacræ Scripturæ testimoniis optime fultis et elucidatis, moralibus eos et Christianis præceptis, ea qua decet episcopum eruditione et libertate, nunquam destiterit imbuere.

Quamvis igitur quidam e veris doctis qui opera Hildeberti ut præclara, alioquin et publica luce dignissima censuere, non admodum ejus Sermones laudaverint, id probabiliter ex eo contigit, quod nonnisi paucissimos illis videre licuerat; tres scilicet illos tantummodo qui in Bibliothecis Patrum hucusque sunt editi. Non defuere tamen ex eruditis alii, qui sermones ejus etiam editos non contemnendos putavere; quippe quos pios, et e sacræ Scripturæ textibus totos fere contextos, et vigilantissimi pastoris charitatem et zelum spirantes, deprehenderunt. Inde est quod æquiori forte judicio, sermonum Hildeberti jactura permoti, quaqua forte felicitate recuperari possent, evulgandos optavere. Quorum votis obsecundantes, dum aliis ejus opusculis hinc et inde detegendis insudavimus, sermonum ejus curam minime neglexximus; ac tandem non modico labore, sed majori, ut putavimus, fidelium commodo, plures ad centum scilicet et quadraginta, e prænotatis mss. eruimus.

Et quidem præter tres sermones editos in Bibliothecis Patrum, quatuor alios in ms. Ebroicensi repereramus, quorum unum cum invenissemus in Victorino, n. 272, ad mutuam collationem castigavimus.

Alterum etiam e ms. Sancti Remigii Remensis misit ad nos perhumaniter R. P. D. Thomas Blampin, illius archimonasterii prior, nova S. Augustini editione, cujus fuit auctor præcipuus, invita innata illi modestia celebris. Sic quinque sermonibus istis

repertis, non desiderium inquirendi cæteros invasit; quod nobis cessit certe non infeliciter. Siquidem in ms. codice nostræ ipsius bibliothecæ San-Germanensis, qui primus nobis occurrit, plures invenimus, quos Hildebertinos esse inde collegimus, quod inter illos unum deprehendimus, illum scilicet qui incipit : *Spiritu sancto Isaias edoctus,* quem tres mss., noster scilicet ille San Germanensis n. 381, Ebroicensis, n. 19, et Victorinus n. 272, similiter Hildeberto tribuunt.

Alios deinde reperimus in ms. altero Victorino, n. 468, in quo primus occurrit sermo qui incipit : *Dicite pusillanimes,* quem tres Bibliothecæ Patrum editiones, Parisiensis scilicet, Coloniensis, et nova Lugdunensis, ascribunt Hildeberto, cum hoc tamen discrimine, quod in hoc ms. quarta fere parte exstat edito prolixior et emendatior. Hoc ergo sermone, quasi legitima tessera præeunte, cæteros discussimus, quos ad styli similitudinem et argumentorum rationem, quantum *ingenioli nostri,* ut Hildeberti de se ipso loquentis verbis utamur, penetrare potuit acumen, Hildebertinos esse judicavimus.

Cum itaque nobis hæc perquisitio non omnino infauste cessisset, ad alios explorandos nos contulimus, et vero non incassum : siquidem e Bibliotheca Sancti Albini Andegavensis nostræ congregationis R. P. D. Hervæus Menard, ejusdem monasterii prior, ferventissimus bonarum litterarum amator, misit ad nos ms. codicem optimæ notæ, et ipsi Hildeberto fere coævum, in quo plures numeravimus, quos legitimos ejus fetus ad styli collationem esse non dubitavimus.

Advertendum autem in eorum serie nonnullos inveniri, qui etiam inter Petri Comestoris sermones irrepserunt; sed e plurium eruditorum sententia, probabilius judicavimus sermones Hildeberti sermonibus Comestoris a variis collectoribus postliminio fuisse insertos, quam Comestoris ipsius Hildebertinis; siquidem vix infantiæ fines Comestor excesserat, cum obiit Hildebertus. Hic enim, ut probabilior fert opinio, anno 1134 cessit e vita, Comestor vero, ut notavere doctissimus Dupinius et alii viri eruditi, nonnisi anno 1198. Probabilius ergo videtur sermones Hildeberti, quibus tunc magnum sibi nomen comparaverat, a quibusdam ex ejus ore collectos et descriptos, Comestorianis fuisse permistos, quam Comestoriani Hildebertinis.

Quod etiam opinandum est de sermonibus Petri Blesensis, inter quos aliqui reperiuntur qui Comestori tribuuntur, quamvis vere sint Hildebertini. Cum enim Petrus Blesensis obierit tantum circa annum 1200, sicque vix e crepundiis exierit cum Hildebertus e vivis excessit, anno scilicet, ut supra notavimus, 1134, æquius videtur ut plures e sermonibus Petri Blesensis sermonibus Hildeberti fuisse insertos, opinemur, quam Hildebertinos Blesensibus.

Deinde plerique sermones et inter Comestorianos, et inter Blesenses reperiuntur, quorum e lectione liquet concionatorem episcopum fuisse. Hoc autem nec Comestori, nec Blesensi potest convenire, optime autem Hildeberto, qui se hujus dignitatis pondere oneratum innata sibi modestia ingemit ser. 130, his verbis: *Videte, fratres, talem fuisse voluntatem Domini nostri, ut me, licet indignum peccatorem, non per merita mea, sed per misericordiam suam, ad regendam Ecclesiam istam constituerit, et mihi custodiam vestram, et aliorum ad hanc sedem pertinentium commendaverit. Debet enim episcopus, vel archiepiscopus populos sibi commissos attente custodire*, etc. Hac autem pontificali jurisdictione et auctoritate potitus, sermones habuit 88, 89, et duodecim sequentes, modo in synodis ad secundos pastores, et parochiarum rectores, sive curiones, modo in ordinatione clericorum quos ordinatus erat; quos quidem proferre non decebat, nisi episcopum, illos ex auctoritate pontificali et ex officii sui debito disserentem; quod nec Petro Comestori, nec Petro Blesensi competere nemo est qui non consentiat.

His igitur ducti rationibus, sermones e ms. Sancti Albini Andegavensis eo potiori jure cum cæteris edendos duximus, quo et ex styli et sensuum conformitate, cum aliis ejus operibus collatos, genuinos Hildeberti fetus esse quasi indubitanter censuimus.

Et hæc quidem de operibus quæ prosa scripsit Hildebertus, oportuit exponere; nunc de metricis quæ ipse cecinit præfandum aliquid nobis incumbit.

Mirabitur at forte quispiam virum tot tantisque negotiis distentum, qualem nobis exhibent Hildebertum ii qui ejus acta scripsere, tot poemata, tot epigrammata, tot cujuslibet generis cecinisse carmina, ut ad decem aut amplius millium versuum numerum excreverint. Verum desinet admiratio, si ejus ingenii ab infantia litteris humanioribus diligenter exculti, ratio habeatur; si quantum a juvenilibus annis omnem semper horruerit otiositatem; si tandem quantum otium illi vel invito protulerint, vel a Cenomanensibus, ut ait, consulibus, id est primariis urbis ædilibus, illatæ vexationes et exsilia invecta, vel ab Anglorum regibus, sive a Rotroci comite iterata, et per annos plurimos productæ, injuste licet, incarcerationes. Primos siquidem ejus annos totos ita bonis studiis impensos testantur expresse Gesta Cenomanensium episcoporum, *ut inter omnes regionis illius clericos litterarum studiis præcipuus haberetur, ut qui a pueritia sub litterarum studiis sedulus institisset et cujus animus bonis artibus eruditus, otiosus esse non posset; et cujus tandem scripta, tam prosa quam versibus, luculentissime edita, per diversa loca celeberrime divulgata fuerunt, et cujus fama longe lateque usque ad extremas orbis partes excreverat.* Idem asserit Ordericus Vitalis, *ecclesiasticæ Historiæ* lib. x, pag. 770, his verbis: *Hic sacer heros* (Hildebertus) *tam divinarum quam sæcularium eruditione litterarum studiosus, temporibus nostris Incomparabilis versificator floruit, et multa carmina priscis poematibus æqualia vel eminentia condidit, quæ fervidus calor philosophorum subtiliter rimari appetit, ac super aurum et topazion*

consciscere diligenter appetit. A Romanis cardinalibus, qui frequenter Gallias appetunt.... plurima Hildeberti carmina Romam transferuntur, quæ dicacium scholis et didascalis Quiritium admiranda censentur.

Hic quippe castigatioribus musis excolendis, dum per adolescentiam Cluniaci ad pedes sancti Hugonis abbatis moraretur, se se libens exercuerat; sed illarum officium nonnisi in seria et sacra argumenta plerumque impenderat, et ut credere par est, aut ad solitudinis solatium, aut ad incarcerationis tædium mitigandum, dum teneretur in vinclis, honestum hoc sibi solatii genus adhibuisse probabile videtur.

Ad hoc nimirum imitatus est præcipue pietatis, et celebrioris in Ecclesia nominis antistites, quales in Ecclesia Græca fuere Amphilochius, Theodorus Studita, præsertim vero sanctus Gregorius Nazianzenus, et alii plures; et in Latina Paulinus Nolanus, Sidonius Appollinaris Arvernus, Alcimus Avitus Viennensis, Theodulphus Aurelianensis, et alii sexcenti, quos enumerare tædiosum esset, qui vel ipsam etiam sacram Scripturam commentariis metricis illustrare non dubitaverunt; qui sacra dogmata, et ipsa evangelica præcepta versibus plebi Christianæ, ad memoriæ faciliorem usum, tradiderunt; qui sanctorum acta et martyrum triumphos carmine celebrarunt.

Hos æmulatus Hildebertus, plures sacros libros versibus reddidit; diversa sacræ Scripturæ loca metrice moralibus ad fidelium ædificationem expositionibus illustravit; ipsa sacra Eucharistiæ mysteria pluribus in tractatibus oratione stricta exposuit, et plurium victorias martyrum et illustriorum beatorum virtutes cecinit.

Tantum abest autem ut id illi vitio vertendum fuerit, quin e contrario ab æquioribus sui sæculi judicibus viris, immensis inde laudibus celebratus fuerit, quod, qua optime pollebat, poeticam, ut aiunt, venam totam in sacros usus convertisset.

Porro quod strictam syllabarum mensuram non semper ita scrupulose sectatus fuerit Hildebertus, ignoscendum illi sane non denegaverit lector æquus, qui magis sensuum pondus et sententiarum gravitatem, pio præsule dignam, quam syllabarum quantitatem, mero grammatico convenientem, attenderit; quippe qui tritum illud sciret:

Grammaticæ leges plerumque Ecclesia spernit.

Quanquam et strictam, imo et ævi nostri carminibus longe strictiorem in plerisque versibus et integris interdum poematibus, Hildebertus orationem omnino industrie protulerit. Quid enim strictius, quam in tantas includere versus angustias, prout illius ævi mos invaluerat, ut non solum quisque versus in eumdem rythmum seu sonum desinat, sed ut in quolibet hemistychio, seu medietate versus, seu etiam in tertia cujusque versus parte idem semper verborum sonus redderetur? Hoc tamen Hildebertus in plerisque poematibus, iisque prolixioribus, observavit exactissime; in *Vita*, verbi gratia, *beatæ Mariæ*

Ægyptiacæ millium prope carminum, in poemate *De sancto Vincentio* quingentorum fere versuum, in *Panegyri Machabæorum*, et aliis plerisque. Cujus methodi quanta sit difficultas, vel peritiores artis poeticæ professores nostri non diffitebuntur, dum quanta ad id variæ latinitatis desideratur ubertas, quanta versandæ et reversandæ ad id phraseos industria, vel cum idipsum propriis conatibus ipsi nitentur experiri, fatebuntur.

Absit igitur ut propter leviores quosdam quantitatis nævos deformem quis putet Hildeberti nostri musam. Absit ut illi sequioris ævi barbariem nostri politioris sæculi felicitas et facilitas vitio vertat. Fatebimur quidem illum nonnunquam, raro tamen, humilioribus usum, seu versificandi modis, seu loquendi formulis. Id nimirum in exponendis metro sacris Scripturis, ad simpliciorum captum quandoque judicavit magis idoneum, ut quas hoc modo memoriæ facilius commendandas et tenacius retinendas arbitraretur, et sublimiores, quam quæ ad conciliandam debitam sibi reverentiam vanis poetices aut eloquentiæ profanæ phaleris indigerent. Verum cum humaniora tractaret argumenta, cum, verbi gratia, regum ac procerum cujuscunque status encomia celebraret, cum moralia præcepta, sonori rythmi et numeri liber augustiis enuntiaret, optime sciebat cothurnum erigere, nihilque et fabuloso illo Parnasso floridius prodire potuisse lector æquus fatebitur. Attendat ad hoc quæ *De operibus sex dierum*, quæ *De mundi ornatu, De Susanna, De regibus reginisque Anglorum, De suomet exsilio, De vera amicitia, De mathematico*, et aliis id genus cecinit, nihil nobilius, nihil ab Helicone suavius emanere potuisse mirabitur.

Quod autem hic de Hildeberto dicimus, et de Marbodo Redonensi episcopo, cujus opuscula operibus Hildeberti subjungemus, putamus esse jure sentiendum, qui licet usui suo tempore recepto assuetus, rythmicos ut plurimum, et simili sono cadentes versus ediderit, cum tamen illi grave hoc jugum excutere licuit, non minus elegantes versus edidit, quam quos hujus ævi nostri poetæ politiores forte possent emittere. Unde et ipse quæ sub arctis adeo soni legibus juvenis scripserat, improbasse videtur, cum initio *Libri decem capitulorum* quem nonnisi sexagenarius cavendum imprimis monet, ne

Neglecto pondere rerum,

Dulcisonos numeros, concinnaque verba sequamur.

Suadetque :

Ut rerum virtus, verborum lege subacta,

Servetur, verbisque canor sub rebus abundet.

Quod, inquit, jugi studio tunc affectare videbar;

Sed mihi nunc melius suadet maturior ætas,

Quam decet ut facili contenta sit utilitate,

Utque supervacuum studeat vitare laborem.

Quod revera feliciter præstitit in libro supra laudato decem Capitulorum, in libro *De gemmis*, lib. *De ornamentis verborum*, ser. *De solitudine*, et aliis epigrammatibus, in quibus nullam sonori illius

rythmi rationem habens, quæ tractat argumenta, sententiarum gravitate, elocutionis facilitate, variis et solidioris eloquentiæ figuris insigniter exornavit.

Quibus autem e fontibus tot ignota hucusque Hildeberti Marbodive carmina hauserimus, benevolo lectori aperire non morabimur. Ii vero sunt mss. codices, numero septemdecim, variis e locis educti, omnes peritorum judicio, Hildeberto vel coævi, vel fere coævi, quos nobis commodare dignati sunt viri clarissimi reipublicæ litterariæ bono nati ; qui quidem codices non omnia quidem carmina omnes habuere, sed modo hæc, modo illa, modo plures eadem nobis exhibuere. At omnes illi expertorum calculo optimæ notæ, et quibus sic integra fides sine scrupulo poterat adhiberi, ut licet unus tantum quædam haberet opuscula, illa tamen præ stylo et sensibus Hildebertina esse nequaquam dubitandum videretur ; ubi vero plures codices eadem continerent, ea ad invicem diligenti collatione facta, repurgatiora, et emendatiora redderentur.

Et quidem e Regia bibliotheca ms. codicem, n. 413 nobis eadem urbanitate præbuerunt eruditissimi illius custodes DD. Clemens et Boyvinus, qua duos pro epistolis recensendis nobis subministraverant. Quinque vero e bibliotheca Colbertina Cl. D. Duchesne, vigilantissimus ejus administer, scilicet mss. n. 1050, 1367, 3019, 6101, et 6527. Quædam nobis ope nostri D. Edmundi Martene, tot sacris collectionibus notissimi, e metropoleos Sancti Gatiani Turonensis optimo ms. quædam etiam et duobus Majoris Monasterii mss. prodierunt. Sed librum, qui *Floridus aspectus* inscribitur, et alia plura, quorum maxima pars alibi non inveniebatur, e musæo suo, mss. ad curiositatem instructissimo, perhumaniter largitus est clarissimus simul et doctissimus Turonensis medicus D. Jacobus du Poirier, vir juvandis litteratorum studiis semper paratissimus ; id vero mediante dicto R. P. D. Edmundo Martene, qui quidquid a Turonibus ad nos transmisit, summa diligentia discussit, excussit, et varias lectiones adnotavit. Sed qui plura nobis Hildeberti carmina protulere, ii præcipue fecerunt mss. codex Sancti Taurini Ebroicensis, Peronianus supra memoratus, et alter ms. codex monasterii Sancti Mariani Altissiodorensis, Præmonstratensis ordinis, quem nobis a R. P. priore monasterii illius nobis obtinuit doctissimus et R. P. D. Hubertus Maillard, prior Sancti Germani Altissiodorensis ; in quo videlicet tria vel amplius millia carminum deteximus, in illo fere solo reperta, sicut et in Ebroicensi multa invenimus in nullo alio relata, eodem scilicet quo usi sumus ad epistolas et alia opuscula prosa edita. Ac nonnulla tandem expiscati sumus, sed pauca e Gemmeticensi ms. et altero Beccensi, cæteris quidem recentioribus, sed tamen utrisque annorum circiter quadringentorum, aut amplius.

Observandum autem hic primo ad calcem operum Philippi abbatis Bonæ Spei plura posita fuisse carmina, quæ e mss. et etiam editis, Hildebertina A fuisse probantur, verbi gratia *Passio sanctæ Agnetis,* quæ in ms. Sancti Mariani Altissiodorensis Hildeberto tribuitur, sicut illam ipsi tribuunt eruditissimi Rosveydus et post ipsum Barthius, *Adversariorum commentariorum lib.* xxx. Hujusmodi sunt versus *De destructione Romæ,* et *Responsio Romæ,* versus *De mala femina,* et *De incarnatione Verbi;* qui omnes in mss. Ebroicensi, in regiis et aliis adscribuntur Hildeberto.

Observandum secundo Hildebertum ita orthodoxæ fidei semper tenacem fuisse, ut non solum hæreses suo tempore emergentes et eorum auctores tota animi contentione reprimere, et pontificali auctoritate e finibus suis studuerit eliminare, verum et illas quasi prædamnasse, quæ diu postea circa B Christi gratiam exortæ sunt. Sic nimirum serm. 111 ait *gratiam nunquam deesse sperantibus in Deum, nec unquam gratiam auxiliatricem hominem, etsi quotidie cadentem, deserere.* Sic serm. 59, agens de justificatione hominis, dicit illam esse duplicem, *alteram scilicet quæ facit justum, alteram quam facit justus.* Prima fit per Deum *infusione gratiæ,* secunda per hominem, *arbitrii cooperatione,* quam asserit totam vere *voluntariam.* — *Non enim,* inquit, *Deo justificanti sumus ut instrumentum mortuum, sicut gladius militi, vel dolabrum fabro;* sed in ea intervenit nostra *voluntaria cooperatio.* Sic denique dicit epist. 16 lib. 1 : *Officiosissimam esse hominibus gratiam Dei, et quasi in eorum juratam obsequium;* unde concludit Deum velle omnes homines bonos C fieri, quoniam *vult omnes homines salvos fieri, quibus præparat gratiam cui innitantur, distribuit instrumenta quæ suffragentur, offert præmia quibus excitentur.* Unde sane legitime potest elici Hildebertum opinatum revera fuisse sufficientia a Deo nulli homini ad salutem media denegari, cum expresse dicat serm. 31, utrique etiam latroni *Christi mortem si voluissent fuisse profuturam.* Hæc et his similia passim et sæpius in Hildeberti variis lucubrationibus videre est; unde conjici merito potest quantum abfuerit a molestis illis et ab Ecclesia jure damnatis opinionibus, quæ tot turbas et dissidia centum abhinc annis excitaverunt.

Si quid ergo in operibus Hildeberti circa hæc D paulo durius occurrerit de difficultate hominis ad bonum, absit ut inde illum credidisse putemus impossibilia unquam esse homini mandata Dei, vel gratiam illi deesse qua possibilia fiant; sed illud accipiendum esse tantum de maxima illa ex peccato difficultate, quam se expertum fuisse ingemuit Apostolus ipse, dum ait (*Rom.* vii) : *Velle mihi adjacet, perficere autem non invenio.* Et : *Non enim,* inquit, *quod volo bonum hoc facio, sed quod nolo bonum hoc ago* (*ibid.*). Quæ quidem verba sancti Patres et interpretes orthodoxi nunquam de vera impossibilitate, sed de summa difficultate intellexerunt, quam ex prædominanti ex peccato concupiscentia ad bene agendum quotidie experimur.

Observandum tertio nobis errorem in verbo excidisse in nota ad versus *De fide sanctæ Trinitatis,* dum illos diximus inter dubia reponendos; unde forte quis inferre posset cætera quæ sequuntur esse dubia Hildeberti opera; quod nullatenus intendimus, nec intendere debuimus, cum nihil certius sit librum *De exsilio suo* esse verum ejus fetum, sicut et cætera omnia carmina, sive præcedentia, sive sequentia, quæ ex optimis mss. eruimus. Loco igitur verborum illorum, *inter dubia,* legendum est, *licet dubiam,* eamque solam inter ea quæ damus indubitata Hilderberti carmina.

His igitur omnibus mss. instructi, ad hanc novam operum Hildeberti sive editorum recensionem, sive longe plurium nusquam editorum evulgationem, nos accinximus; quod nonnisi cum tædiosa animi, imo et corporis contentione potuimus efficere. Cum enim nihil fere aliud quam octoginta duas epistolas Hildeberti et librum metricum *De mysterio missæ* continenter excusum in Bibliotheca Patrum invenerimus, unde nefas fuisset illas extrahere, nobis non succurrit, ut fit in aliis editionibus adornandis, inde illas extrahendi facultas, nec exemplarium postea, si liberet, rescindendorum copia, quibus nostras observationes sive ad marginem, sive ad limbum, notare commode potuissemus. Sed omnia omnino et edita et inedita nobis solis, et nullius subsidio adjutis, exacte rescribenda incubuerunt, sicut et nova inedita longe plura, quæ e mss. exspicati sumus; quod sane lector æquus judicabit non sine improbo labore et pertinaci diligentia nos potuisse perficere : quod tamen, Deo dante, ad honorem ejus et fidelium ædificationem, pro facultate nostra, ex integro, et utinam recte, peregimus.

Cæterum cum processu temporis, et jam excusis epistolis Hildeberti, clarissimum et eruditissimum virum D. Loyauté, celebrem in suprema parliamenti Parisiensi curia patronum, accepissemus olim in illustrandis Hildeberti Epistolis operam navare cœpisse, ipsius in hoc labore, magno utique rei litterariæ dispendio, ab annis circiter quinquaginta defuncti, amicissimum clarissimi D. Logé, alterum insignem in eadem curia patronum, et schedarum ejus depositarium, convenimus, obnixeque rogavimus, ut si quid ex illis quod ad publicam utilitatem conducere posset præ manibus haberet, nobis concedere dignaretur. Quod vir bonarum litterarum subsidio natus, pro humanitate sua libenter exhibuit; unde tres novas epistolas, sive diplomata nobis contigit eruere cum eruditis notis ad decem et octo Hildeberti epistolas, quas præfatus D. Loyauté morte præventus non potuerat perficere, et aliis insuper notis in Vitam Hildeberti, ab antiquo Gestorum Cenomanensium episcoporum auctore conscriptam. Illas igitur tres epistolas nobis postliminio subministratas, cum aliis tribus nobis a clarissimo D. Baluzio concessis, et tribus denique quæ e Sancto Vincentii Cenomanensis et Ebronensis monasterii tabulariis nobis obtigerunt, in appendicem reservare gatius duximus, quam illas studioso lectori subtrahere.

Non possumus autem cæterorum venerabilis Hildeberti opusculorum, de quibus et ipse sæpius in epistolis meminit, jacturam non deflere, verbi gratia *Historiæ miraculorum Exoniensis Ecclesiæ*, de qua epistola 3 lib. III, ad Clarembaldum, et plurium aliorum, de quibus ipse passim loquitur. Nobis quidem non modica spes affulserat inveniendi quandoque *Statuta synodalia* ipsius Hildeberti pro diœcesi Cenomanensi, nec ulli lapidi movendo ad illa detegenda pepercimus, quorum aliqua fragmenta olim Joan. Bapt. Thiersius in suis citaverat opusculis, quo nobis persuasum erat ipsum vel autographum, vel saltem illorum transsumptum in manibus habuisse, quod moriens suis reliquisset hæredibus; sed diligentissima perquisitione facta, incassum laboravimus, nihil aliud inde assecuti quam spem quam habuimus fore ut si quis, aut nobis sagacior, aut felicior, sacrum hoc disciplinæ veteris monimentum aliquando detegeret, illud ad publicam utilitatem non moraretur sudiosis id ardenter cupientibus exhibere.

Porro prædictis Hildeberti operibus viri plerique eruditi stimulum subjecerunt, ut illis Marbodi Redonensis episcopi, et Hildeberti supparis et amici opuscula subnecteremus. Cum enim ipsorum tanta esset raritas, ut vix ac ne vix quidem ex instructioribus Galliæ bibliothecis unicum exemplar, e celebri scilicet collegii Mazarinæi bibliotheca, nancisci potuerimus, illudque Redonis excusum anno 1524, antiquo charactere, quod nunc obsoletum, lectoris oculos nitidioribus assuetos characteribus nonnisi posset offendere, nobis persuaserunt studiosi inprimis homines, ut ad detegenda quæ nunquam apparuerant, et ad vetera ipsa majori nitore donanda, nostram conferremus operam. Quorum votis obsecuti, illud Mazarinæum exemplar, nobis a doctissimo D. Colau, illius collegii bibliothecario, benigne concessum discussimus, et ea quæ continebat ad eos, quos nonnisi paucos invenimus, mss. contulimus; quædam alibi passim sparsa collegimus, et nova etiam nonnulla deteximus quæ nusquam, quod sciamus, edita fuerunt, de quibus fusius disserere in præfatione ad ipsa Marbodi opuscula distulimus.

Omnibus autem illis tam venerabilis Hildeberti operibus, quam Marbodi opusculis, ubi necesse visum est, et quantum e variis sæculi illius historiis et eventibus, aut etiam probabilioribus conjecturis nobis assequi datum est, nostras notas adjecimus, quas, sed præsertim ad Hildeberti epistolas libentissime discutiendas, subjecimus amicissimo nobis et eruditissimo nostro R. P. D. Renato Massuet e nostra Sancti Mauri congregatione, sacræ theologiæ jamdiu emerito professori, e cujus eruditione non parum nos profecisse ingenue profitemur. Nec enim

ii sumus qui nostro sensui pertinaclus adhærere præsumamus. Sed ipsi *in nobis nosmetipsos metientes, et comparantes nosmetipsos nobis, non erubescimus,* ut hic noster Hildebertus ad Honorium II papam de se modeste scribebat (14) : *Non erubescimus,* inquam, *nostram attendere vel profiteri mensuram.* Illum igitur libentissime imitabimur, qui quamvis inter ævi sui litteratos celeberrimus, scripta sua omnia, ut ex plurimis illorum locis probari potest, peritorum amicorum judicio humillime semper et modestissime discutienda subjecit. Ita nos longe potiori jure nostra qualiacunque, tenuitatis propriæ conscii, benevolis et peritis amicis obtulimus examinanda et corrigenda. *Veniam interim, cum Hildeberto nostro in prologo ad* Vitam S. Hugonis, *confitebimur postulandam, quod amplioris litteraturæ viros in ejus evulgandis operibus ausi simus prævenire.* Quam quidem non denegandam confidimus capulori prope seni, qui quod illi sub ultima vitæ periodo concessum est a suis superioribus otii, ita conatus est impendere, ut ad plurium eruditorum vota, et ad nonnullam fidelium utilitatem et ædificationem, piissimi æque ac eruditissimi præsulis lucubrationum detectione et publicatione conferre posset. Quique si quid minus scite, minus exacte, vel etiam, quod absit! minus catholice imprudens protulerit, totum illud non solum suæ matris Ecclesiæ catholicæ ac Romanæ judicio paratus emendare subjicit, sed etiam cujuslibet eruditi catholici, cujus iterum cum Hildeberto suo *correctionem,* ut ipse ait, *pro munere suscipiet;* probe sciens *quod officiosa res esse debet, et prudenti scriptori grata,* non invidentium et quaquaversum mordacium censura criticorum, sed fidelium et peritorum amicorum *benevola correctio.*

Monendum autem hic lectorem putamus, ne quando ad Hildeberti Scripturæ sacræ citationes hæreat, ipsum sæpe sæpius illius verba citasse, non secundum Vulgatam, sed secundum versionem septuaginta Interpretum, quæ nonnullo, ejus ævo, erat in usu, sed ut plurimum ad eumdem sensum de quo plura specimina potuissemus afferre. Secundo, nos interdum, sed rarissime, aliqua verba ad faciliorem intelligentiam addidisse vel mutasse, sed nonnisi ubi sensus nos aperte induxit ut crederemus illa ab oscitantibus amanuensibus casu omissa vel mutata fuisse. Ubi autem nos id facere contigit, quod raro admodum, addita vel mutata inter binos uncinos [ ] inclusimus, ne temeritatis argueremur, si nostra pro ipsiusmet auctoris verba adderemus. Tertio, cum dictionem aliquam auctoris, sensui, ut putavimus, repugnantem invenimus, illam in ipso textu mutare non ausi sumus, sed inter uncinos in textu, vel inter notas cum littera *f,* id est *forte,* ut putavimus, aptiorem substituimus, absque lectoris melius opinantis præjudicio. Postremo observabit lector nos nomen Hildeberti expressisse cum li-

(14) Epist. 41 lib. II.

tera H, ad id moti pluralitate mss., qui pene omnes illam præfigunt litteræ I, licet compendii gratia illam libentius cum doctissimo Sirmundo in notis ad Gauffridum Vindocinensem, et quibusdam mss. sed longe paucioribus, omisissemus.

—

Syllabus manuscriptorum codicum quibus ad editionem et recensionem Operum Ven. Hildeberti, primo Cenom. episc., deinde Turon. archiepisc. et Marbodi episc. Redon. usi sumus, et quos ad caput cujusque operis designavimus.

Regii quatuor, scilicet 4080, 4103, 4105; Elnonensis Regius 274; Colbertini decem, sc. 1168, 1050, 1367, 2131, 2662, 3019, 4017, 5133, 6101, 6527, Ebroicensis Perronianus unus 19, Remigianus unus; S. Victoris Parisiensis quatuor, sc. 272, 292, 905, 468; Claromontanus unus, 44; Sangermanenses tres, 125, 381, 385; S. Audoeni Rothom. unus; S. Albini Andegavensis unus; insignis cathed. Bellovacensis unus; S. Radegundis Pictaviensis collegiatæ duo; insignis cathed. S. Gatiani Turon. unus; Majoris Monasterii duo, sc. 103 et 121; S. Mariani Altissiodorensis unus; Gemmeticenses duo, 77 et 98; Beccenses duo, 98, 197; cl. D. du Poirier, doct. medici Turon. unus; cl. D. Loyanté duo, quorum alter fuisse notatur ecclesiæ Grandimontensis; Lyranus unus; Uticensis S. Ebrulphi unus.

Omnes manuscripti numero quadraginta duo, quorum recentiores pauci quadringentorum ad minus annorum, cæteri longe plures Hildeberto et Marbodo aut coævi, aut pene coævi.

VEN. HILDEBERTI

PRIMO CENOMANENSIS EPISCOPI, DEINDE TURONENSIS ARCHIEPISCOPI,

VITA

Ex ejus scriptis et veterum monumentis adornata.

—

Hildebertus piis etsi mediocris fortunæ parentibus in castro Lavarzinensi, seu Laverdini, ad Montem aureum, in agro Vindocino natus est anno 1057, non autem 1054, ut quidam opinantur. Cum enim uno calculo omnes ipsum ad sedem Cenomanensem anno 1097 cooptatum statuant, Gesta vero Cenomanensium episcoporum tunc quadragesimum ætatis annum nondum exegisse testificentur, retro ducta supputatione, anno 1057 natus sit oportet (15).

A puero disciplinis bonisque artibus institutum tradunt : humanioribus vero litteris apprime, ut illo ævo, operam dedisse nemo inficias eat, qui ejus opera prosa metrove scripta legerit. Magistro usus est præsertim Berengario, tunc eruditionis laude insigni; quo præceptore, si quid leporis, salis aut facundiæ sit assecutus, accepisse se gloriatur. Nec incautus, ut puerilis ætas solet, magistri errorem hausit; nihil quippe ex pestifera ejus circa sacram Eucharistiam doctrina mutuatus, intemeratam sanamque in scriptis suis de tanto mysterio præfert sententiam (16). Sed in doctorem tamen suum non ingratus, ubi de sincera ejus, etsi sera pœnitentia, certior factus est, epicœdium illi cecinit, virumque laudibus exornavit ultra forte quam satis erat.

Primos adolescentiæ annos sic emensus, ad sacrarum litterarum studia se contulit. Tunc fertur ad sacrum Cluniacense cœnobium, quod sancto Hugone abbate disciplinarum omnium laude florebat, accessisse. Monasticum vero statum amplexum fuisse narrant scriptores quidam non ignobiles, negant alii. Nos autem utrorumque testimonia sic afferemus, ut ne ad alterutram partem plus æquo perpendere videamur.

Andreas Quercetanus, antiquitatum sagacissimus indagator, notis in *Vitam S. Hugonis*, pag. 83 : « Hildebertus, inquit, monachus primo Cluniacensis, ejusdemque sancti Hugonis discipulus. » Eidem sententiæ adstipulantur *Galliæ Christianæ* auctores Sammarthani fratres, ubi de Cenomanensibus episcopis. Recentiores alios mittimus, utpote qui re minus forte ponderata, priorum sententiam amplexi videantur. Sed quod gravius hac in parte testimonium affertur, est *Chronici Cluniacensis*, jussu D. Jacobi de Ambasia, qui anno 1485 Cluniacensis abbas erat, a D. Francisco de Rivo tunc Cluniacensi magno priore concinnati. Hoc autem Chronicon habetur in bibliotheca Cluniacensi edita an. 1614. Ibi vero sic legitur : « Hildebertus fuit discipulus et monachus sancti Hugonis, qui tandem promotus fuit ad dignitatem episcopalem Cenomanensis Ecclesiæ, et consequenter translatus ad Ecclesiam archiepiscopalem Turonensem. Iste fuit vir illustris et doctissimus, specialiter in versibus scribendis, qui et ipse descripsit luculenter vitam præfati sancti Hugonis domini sui et abbatis. » Cum autem hoc chronicon concinnatum ex vetustioribus, ut æstimare licet, monumentis fuerit, quæ iteratis monasterii Cluniacensis conflagrationibus, et illatis ei ab heterodoxis devastationibus, adeoque ipsius bibliothecæ expilationibus exciderunt, hinc certe gravissima omnium de Hildeberti monachatu conjectura duci posse videtur. His adjicias Hildeberti studium in sanctum Benedictum, cujus Regulam ita familiarem habuit, ut persæpe clausulas integras quasi e re nata interserat orationi; in Benedictinos, præcipue vero Cluniacenses, quos ut fratres sodalesque suos plerumque compellat; in abbates,

(15) Mabillon., *Gesta Cenomanensium episcoporum*, *Annal.* tom. III.

(16) Hoc patet ex ejus eruditissimo tractatu *De sacra Eucharistia*, ex ejus *Explanatione missæ*, e poemate *De sacrificio missæ*, et altero *De sacra Eucharistia*, ex ejus sermonibus et aliis passim.

quos, observantia plenus, Patres et prælatos suos et dominos vocat (17). Sane rem ille sibi familiarem et domesticam tractare videtur, ubicunque de Benedictino ordine agitur, quem etiam appellat (18) « Ordinem nostrum et religionem nostram. » Monasterium vero ipsum, in quo se cum aliis monachis, ad quos loquitur, omnia reliquisse asserit (19), « hortum vocat conclusum muro, regula et voto, et fontem signatum sigillo S. Benedicti (20). » Quis ad hæc Hildebertum monachum, eumque Benedictinum fuisse non opinetur?

Stant nihilominus contra quæ monachum non fuisse suadeant, rationes et argumenta non levia. Nam si sub sancto Hugone abbate monasticam vitam professus erat, an id in ejus Vita quam scripsit Hildebertus, silentio prætermisisset? An omnes æquales, suppares, et quotquot a duodecimo ad decimum quintum sæculum scripserunt, monachatum ejus tacuissent, cum de illo verba facerent? Cum igitur nemo ante Cluniacensis Chronici scriptorem, monachum Hildebertum fuisse dixerit, ex iis saltem, quorum scripta supersunt, hinc suspicio esse possit scriptorem illum, non ex veterum testimonio, sed ex conjectura et opinione asseruisse Hildebertum fuisse monachum.

Aliud contra Hildeberti monachatum affertur, sed meo quidem judicio, non tanti ponderis; videlicet decretum a Jacobo de Graphiis, monacho Cassinensi, allatum, II parte *Decisionum aurearum*, lib. III, cap. 12, quo cavetur : *Ne ullus possit promoveri ad dignitates Ecclesiarum qui sit diversæ professionis et habitus.* Atqui, inferunt, id in Ecclesia Cenomanensi semper servatum deprehenditur, ubi etiam Hildebertus primo scoliarcha, sive scholarum magister, deinde archidiaconus fuit. Verum hæc omni ex parte labuntur. Nam decretum illud non tanti usus fuisse suadent exempla innumera quæ longum esset afferre, ut monachos, non ad sedem modo episcopalem (quod quid frequentius?) translatos videmus, sed etiam ad archidiaconatum aliasque cathedralium Ecclesiarum dignitates assumptos. Qua de re adeatur Mabillonius noster, præfat. ad quintum sæculum ordinis Sancti Benedicti, paragr. 6, num. 150, ubi in exemplum adducit Ausbertum, ex Atrebatensi monacho Cameracensem archidiaconum ; Usuardum abbatem simul et archidiaconum, Petrum de Montelauro, cellerarium Massiliensem et Aquensem archidiaconum, et alios quosdam. Quem quidem usum usque ad undecimum sæculum perseverasse probat idem Mabillonius, quod fuit ipsum Hildeberti sæculum, quo ab Hoello Cenomanensi præsule in scholiarcham Ecclesiæ Cenomanensis, ac deinde in archidiaconum cooptatus est. Hujus autem usus non spernendum in insigni Ecclesia Carnotensi exstat vestigium, in qua Sancti Petri in Valle regalis abbatia ad nostra usque tempora jure archidiaconali in plures diœcesis ecclesias a pluribus Carnotensibus episcopis sibi concesso, et a summis pontificibus confirmato (21), ita potitur, ut etiamnum ad comitia diœcesana non advocetur, nisi sub titulo archidiaconatus Sancti Petri in Valle.

Et hæc quidem de Hildeberti monachatu paucis dicta sunto. Jam cuivis erudito liberum erit utram malit amplecti partem.

Porro Hildebertus ab Hoello episcopo Cenomanensi, eruditionis ejus fama permoto, Cenomanensibus scholis præficitur. Quot autem annis scoliarcham egerit ignoratur. Anno autem 1092, ætatis vero trigesimo quinto, ab eodem Hoello præsule in archidiaconum adlegitur; quo munere, ut ipse ait, epist.

ad Guillelmum abbatem Sancti Vincentii, *per annos quinque* functus est.

His gradibus vir ille præclarus ad episcopatus honorem viam sibi paravit. Defuncto quippe Hoello dignissimo episcopo, in ejus locum quadragenarius ad legitur Hildebertus anno 1097. Nec tamen sine quadam partium dissensione in præsulem ordinatur. Siquidem, ut ait Ordericus Vitalis *Eccles. hist.* lib. x, p. 770, « Helias Cenomanensis comes Goiffredum Britonem, decanum ejusdem Ecclesiæ, ad episcopatum elegit; sed præveniens clerus Hildebertum de Laverscio archidiaconum in cathedra pontificali residere compulit, et altæ vocis cum jubilatione cantavit : *Te Deum laudamus*, et cætera quæ usus in electione præsulis exposcit ecclesiasticus. Quod Helias ut comperit, valde iratus resistere voluit. Sed clericis dicentibus illi : Electionem tuam præferre non debes ecclesiasticæ electioni, reveritus, quia Deum timebat, siluit; et ne lethale in membris Ecclesiæ schisma fieret, canonicis consentit. »

Verum hic gradum sistere cogimur, ut cardinalem Baronium in *Annalibus* ad. an. 1088, n. 4, in nostrum præsulem paulo iniquiorem fuisse conqueramur. Is enim, quia Hildebertus epitaphium magistri sui Berengarii laudibus et præconiis refertum animadvertit, ut erat sanæ fidei studiosissimus, aliquam ipsi labem aspergere videtur, quod hominem temeratæ fidei reum tot encomiis extulerit. Hinc etiam Ivonis Carnotensis testimonio usus, ipsum post acceptum archidiaconatus honorem vitæ solutioris fuisse commemorat. Primam vero maculam vel ipsius Baronii verbis eluere possumus ; *nam ipsius amicitiæ poetice in amici præceptoris gratiam plus æquo lascivientis*, hæc signa sunt. Sane quidpiam affectui concedendum, ac discipuli magistrum laudantis verba non sunt semper ad litteram accipienda.

Quod ad Ivonis Carnotensis epistolam, qua Hildebertum etiam post archidiaconatum solutioris vitæ fuisse dicitur, ea multis argumentis spuria esse comprobatur. Et primo quidem in paucissimis mss. exemplaribus reperitur. Sex regii codices epistolarum Ivonis Carnotensis habentur, quorum unus tantum epistolam illam, et quidem penultimam effert. Ex novem item codicibus Colbertinis unus epistolam eamdem, penultimam item exhibet, atque, ut videtur, secunda manu conscriptam. A nostro San-Germanensi epistolarum Ivonis codice ea prorsus abest. In Victorino, sive Sancti Victoris codice, non Hildeberto, sed Adalberto inscribitur, ac Ivonis nomen abest; et post alias quidem scribitur, sed pagina vacua intermedia relicta ; ita ut alia res agi videatur. Cum igitur a codicibus pene omnibus exsulet, ac in quibus reperitur, in iis non debito ordine jaceat, sed inter postremas ablegetur, quæ secundum argumenti et temporis rationem, inter primas censeri debuerat; cum itidem nomen varie legatur, jure illam quasi spuriam rejiciendam censent eruditi viri Juretus, Souchetus, Boudonetus, Joannes de Maan. Hildeberto item patrocinatur vir cl. Ant. Pagius ad annum 1097.

Etiamsi porro vera germanaque esset illa Ivonis Carnotensis epistola, ponderatis tamen rationum momentis, non fide dignam æstimabunt quotquot rerum illius temporis conditionem perpendere voluerint. Nam, ut ex serie liquet, tunc temporis data illa fuit, cum ferventibus factionum partibus, alii Hildebertum a clero et populo coaptatum, alii Goiffredum decanum ab Helia comite allectum flagita-

---

(17) Epist. 14 et 20, l. 1; 25, 50 et 51 lib. II; serm. 70, 119, 120, et aliis supra viginti.

(18) Serm. 64.

(19) *Cogitate*, inquit, serm. 121, *dignitatem ordinis nostri... pensate quid vestis nigra, quid corona sua-*

dent.

(20) *In expositione missæ* ; serm. item. 121.

(21) Episcopi Carnot. Raynaldus an. 1215 ; Calterius an. 1225 ; sum. pontif. Honorius III, an. 1221 ; Innocentius IV, an. 1247.

rent in episcopum Cenomanensem ; ac, ut fere fit in istiusmodi dissidiis, ultro citroque calumniæ convieiaque jactarentur in alterutrius partis antistitem. Quapropter ea quæ in epistola sive Ivonis Carnotensis, sive alterius cujuspiam enuntiantur, pro sparsis ab altera et adversa parte rumoribus et maledictis habenda sunt, ut vel ex ipsis epistolæ verbis liquidum videtur. « Ultra modum, sic ibi, Hildebertus pudicitiæ frenum laxaverat in tantum, ut post acceptum archidiaconatum, accubante lateribus ejus plebe muliercularum, multam genuerit plebem puerorum et puellarum. » Hæc scilicet a Goiffridianis sparsa fuerant, ut Hildebertum in invidiam vocarent : quæ usque adeo atrocia erant, ut ne ipse quidem epistolæ, quisquis fuerit auctor, iis fidem habere videatur : Consule, inquit, testimonium conscientiæ tuæ, ut vel honeste et caute cœpta perficias, vel saluti tuæ consulens, sponte ipsa deficias. » Et vero maledicta ista a quibusdam solum ex Hildeberti adversariis emanasse subindicat, dum ait quasi sub dubio : « Dicunt enim quidam de majoribus Cenomanensis Ecclesiæ; » et : « Quæ si vera sunt; » et, quæ omnia « si ita sunt; » nimirum ex iis qui a parte Goiffredi et Heliæ comitis stabant. Hæc autem conficta fuisse, argumento est ille cleri populique Cenomanensis in deligendo Hildeberto consensus. Quis credat enim votis tantæ multitudinis expetitum fuisse virum cujus impudicitia fœditasque tot et tam manifestis indiciis se proderet ?

Ut ad Ivonem vero Carnotensem redeamus, longe melius sensisse illum de probitate morum Hildeberti suadent multa in epistolis ejus loca (22), ubi Hildebertum ut amicum sibi, et « bene moratum ac religiosum » antistitem compellat : unde fortasse suspicio oriatur quemdam ex Goiffridianis partibus talem epistolam, ut Hildeberti famæ detraheret, ementito Ivonis Carnotensis nomine, scripsisse. Quin et ipse Baronius, ac si maledicorum hominum testimonium parvi faceret, Hildebertum « magnæ sanctitatis virum, et libertatis Ecclesiæ acerrimum defensorem » appellat, ad an. 1088, nimirum Gestis Cenomanensium episcoporum accinens, quæ sic habent: « Post decessum ipsius (*Hoelli*). Hildebertus propter scientiæ et honestatis meritum, communi cleri plebisque assensu in ejus loco substitutus est. » Huic vero nostræ circa Hildeberti probitatem sententiæ astipulatur D. Loyauté, in notis ad Hildebertum, quas a multis jam annis adornatas, in fine subjunximus.

Hoc superato scopulo, jam ad episcopatus Hildeberti primordia revertamur. Evectus ad thronum, omnia spinis consita reperit. Factionem Heliæ comitis, etiam Helia favente, sibi adversantem, factiososque homines turbandi cupidos; nec meliorem ex parte Guillelmi Rufi Angliæ regis fortunam expertus est. Is enim quod Cenomanensem comitatum suæ ditionis esse contenderet, indigne tulit Hildebertum, solo Heliæ comitis nutu, seque inconsulto, collatum munus accepisse. Hinc totis viribus eniti cœpit ut Hildeberti electionem interturbaret, irritamque redderet. Verum frustra cessit conatus; nam anno 1097, ipsa Natalium Domini die, a Radulpho archiepiscopo Turonensi solemni ritu consecratus est Hildebertus.

Re comperta, Guillelmus, ira commotus in episcopum et in comitem, in Cenomanensi agro antistitis prædia villasque vastavit, ac Heliæ comiti bellum intulit. Comes etsi viribus impar, collecto exercitu, Guillelmo obviam processit, collatisque signis, victus ipse captusque Rothomagum ducitur, et vinculis ferroque onustus, in carcerem truditur.

Fulco autem comes, qui Heliæ filiam nuper sibi desponderat, ut Guillelmum Cenomani occupandi cupidum anteverteret, ad urbem cum copiis advo-

lat, faventeque plebe, illa potitur, filioque cum custodia relicto, ad propria revertitur. Guillelmus rex, cui pars civium modica hærebat, admotis copiis, urbem dolo et proditione capere tentavit, eodemque itinere Colonias episcopi Cenomanensis prædium incendit. Verum detecta conspiratione, oppidani regem invasuri e mœnibus egressi sunt; qui re cognita, noctu dilapsus est.

Interea comes Helias diuturni carceris pertæsus, veritusque ne Fulco Cenomanum pactione regi dederet, seque vinculis constrictum relinqueret, a Guillelmo rege impetravit ut Hildebertus et primores urbis Rothomagum evocarentur, sperans eos sui misertos, ad quasdam, iniquas licet, pacis conditiones venturos. Accedunt illi, et cum non alia conveniendi ratio superesset, urbem Guillelmo tradunt, qui compositis rebus, præsidioque relicto, in Angliam trajecit.

Eductus carcere Helias, ad ditionis suæ castrum, nomine Lid., se recepit. Sed injuriæ memor, vindictæque cupidus, castra omnia sibi residua munivit. Hinc conscripto milite, evocatisque sociis, copias admovet urbi, egressos ad pugnam Anglos cum civibus profligat, fugientiumque tergo insistens, urbem occupat, arcem obsidet, et machinis tormentisque bellicis impugnat. Obsessi contra strenue obsistunt, ignita tela mittunt, queis urbs tota cum suburbiis conflagravit. Comes nihilominus instat operibus, et arcem oppugnare non desistit, donec Guillelmus, qui re audita, in Nortmanniam iterum transmiserat, cum exercitu adventaret, qui, fugato Helia, urbem recepit, inhiantem prædæ militem donis compescuit, relictoque præsidio, in Angliam iterum migravit.

Inter hos tumultus, quanto mœrore animi Hildebertus fuerit, vix enarrari possit. Videbat quippe incensam urbem, vastatos Ecclesiæ agros, dissipatum clerum, gregem in angustiis versantem. Ad hæc vero inimici illi et maledici, qui episcopatum ineuntem calumniis lacessiverant, nacti, ut putabant, occasionem, novas machinas intentant, et apud regem quasi turbarum auctorem deferunt; ejus quippe consilio et opera, Heliam movisse bellum, plebem ad defectionem concitatam esse mentiebantur. Incensus rex, indignatusque in Hildebertum, has conditiones offert, et utram malit eligere cogit: ut videlicet aut ecclesiæ turres arci imminentes diruat, aut in Angliam proditionis crimen coram episcopis diluturus se transferat. Episcopus vero periculum adire, quam Ecclesiæ suæ damni quidpiam inferre præoptans, in Angliam transmittit. Ibi, mutata rerum facie, jam læsæ majestatis nulla mentio, nihil de proditione objicitur; ruebat enim per se crimen, nec ulla vel suspicandi occasio supererat. Sed instare rex cœpit turres ut dirueret, crebris interminationibus constantiam ejus tentare, mala et ærumnas repugnanti proponere. Sed cum hac via parum procederet, alia rem aggreditur. Dona multa muneraque pollicetur, si morem gerat, tumulo Sancti Juliani Cenomanensis apostoli se multa collaturum promittit. Ad hæc Hildebertus, ne regis animum gravius exasperaret, obsequiis ipsum delinire studebat, remque protrahere, ut officiis precibusque frequentibus a proposito deduceret. Tum rogabat ut sibi in Ecclesiam suam reverti liceret, diuturniores moras gregi suo noxias fore dicens; et sic tandem reditum impetrat.

Redux Hildebertus, vasa vestesque sacras, ecclesiæ exornandæ in Anglia comparatas, in sacrario reposuit. Tunc illata belli tempore damna sarcire conatur, quanquam res erat ardua, devastatis agris, exhausto ærario, clericis ultro citroque dispersis, ecclesiæ cultu et officio prope deserto. Dum his vacat Hildebertus, nova graviorque tempestas oritur. Instat rex denuo, et turres everti imperat, reluctan-

---

(22) *Bene de religione vestra sentimus.* Ivo Carn., ep. 167.

tem episcopum nullis non malis afficit; mandat A Guillelmo Gemmeticensi, *Hist. Norman.* lib. vi,
quippe subditis ac diœcesanis ne debitam præsuli cap. 9.
suo obsequentiam præstent : prædia omnia episcopi
iterum devastari præcipit, domum ipsam episcopalem expilari, supellectilem auferri, « ne relictis quidem infulis, » ut ait Hildebertus. Nec his contentus,
commentitium proditionis crimen renovat, Hildebertum pedibus manibusque constrictum in tetrum
carcerem deportari jubet. Ne tantis quidem ærumnis fractus Hildebertus, maluit annum integrum
in miseria et deterrimo situ jacere, quam oblatam
sibi conditionem, ut per attactum igniti ferri innocentiam probaret, accipere, quia id a sacris canonibus vetitum erat. Eam quippe consuetudinem,
prioribus sæculis usitatam, jure abrogavit Ecclesia ;
quod videretur eos qui tale probationis genus usur-
parent, et Deum tentare, et periclitari ne innocentes opprimerent. Hujusmodi periculum subire renuit Hildebertus, tum suo, tum Ivonis Carnotensis
amici consilio, qui in epistola 74 in carcere degen-
tem præsulem sic affatur : « Tu itaque viriliter age,
et ne de te aliis præbeas exemplum, futuris et præsentibus nociturum. Si enim aliquid contra justitiam pateris, de tribulatione purgaberis et proba-
beris, deque probatione misericordiam conseque-
ris. »

Inter hæc, Guillelmus Rufus rex Angliæ, in pœnam fortasse tantæ in servum Dei sævitiæ, misere
periit. In venatu quippe ab aliquo cliente, cui nomen Gualterius Torellus, emissa imprudenter, ut
putatur, sagitta, in corde vulneratus, exstinctus
est (23). Infausta autem Guillelmi Rufi morte comperta, comes Helias animos iterum assumens, Anglos in arce Cenomanensi positos obsedit ; qui cum
nullum ab Henrico I, juniore Guillelmi fratre, qui
occiso Roberto altero fratre, regnum occupaverat,
auxilium exspectarent, sibi feliciter consultum putaverunt, quod ab Helia, « salvis membris, et incolumes » ad propria remeare permitterentur (24).

Paulo post infelicem Guillelmi Rufi regis obitum,
ex carcere eductus Hildebertus, non mitiorem Henricum ejus successorem expertus est. Is enim defuncti fratris vestigiis insistens, dirui turres ecclesiæ jubebat. Episcopum vero jussis non obtempe-
rantem rursum in Angliam transfretare coegit, ut
in comitiis episcopalibus sæpius oblatum proditionis
crimen a se dimoveret. Eo cum advenisset, exacer-
batum principis animum, omniumque odia in se
concitata reperit. Quare bonis iterum omnibus spoliatus, ad tantam rerum omnium penuriam redactus
est, ut cum ad Pictaviense concilium inopiæ causa
se conferre non posset, ejusmodi excusationem
apostolicæ sedis legatis afferre compulsus sit (25).

Tot tamen inter adversa, bonus pastor Hildebertus ovibus suis sacræ doctrinæ pabulum providere
non neglexit. Cum enim accepisset quam gloriose
sanctus Anselmus Cantuariensis archiepiscopus, de
Græcis processionem Spiritus sancti a Filio impu- D
gnantibus triumphasset, illum obnixe rogavit ut rationum momenta, quibus in publica disputatione
coram summo pontifice illorum errores in concilio
Barensi confutarat, scripto tradere dignaretur :
quod ad ejus preces egregie præstitit sanctus Anselmus. Sic Hildeberti curis et rogatui universa Ecclesia debet eximium illum sancti Anselmi tractatum *De Spiritu sancto.* Id vero liquet ex eorum re-
ciprocis epistolis, 9 scilicet, 11 et 13 lib. ii, et e

Nec amborum modo regum exagitatus odiis, sed
etiam consulum, ut ille vocat, Cenomanensium
contumeliis impetitus est ; qui, ut Henrici gratiam
captarent, toto triennio præsulem lacessere non
desistebant. Quare tot oppressus malis, Romam
iter capessit, tum ut apud communem parentem
solatii quidpiam inveniret, tum ut ejus nutu episcopatum abdicaret, et Cluniacum se reciperet, ut
cum pace reliquum vitæ tempus in monasticis exercitiis transigeret. « Cujus sinum, inquit (26), quasi
reus aram amplexus fuisset, si consultus papa pontificis onus amoliri permisisset. » Sed cum Paschic-
lis II tunc ad concilium Trecense » properans, diverso itinere in Galliam se conferret, rem ignorans
Hildebertus, Romam nihilominus pervenit absente
papa. Inde Neapolim profectus (27), a duce Apuliæ,
et avunculo ejus comite Siciliæ Rogerio, et omnibus
episcopis, et provinciæ optimatibus honorificentis-
sime exceptus, et muneribus regia magnificentia
dignis cumulatus est : quæ Cenomanum reversus,
partim variis urbis ecclesiis distribuit, partim in
resarciendis ecclesiæ cathedralis et episcopalium
domorum ruinis, pauperibusque reficiendis impendit. Cum autem papam Trecas euntem prosequere-
tur, ad insulam Lirinensem, sive Sancti Honorati
appulit, quo tempore immanes piratæ ipso sacro
Pentecostes die, monasterio suo deque a fundamentis everso, monachis pene omnibus crudeli strage
peremptis, ipse, ut in epistola supra laudata narrat (28), feliciter evasit ; ac vento favente usus,
Magalonem, deinde Saviniacum contendit. Illic Paschalem, qui ibidem monachus fuerat, offendit, et
ipsi suum abdicandi pontificatus, monachatusque
amplectendi consilium aperuit, et exsequendi voti
veniam postulavit. Verum Paschalis viri indole, do-
trina, industria, animarum cura permotus, non
modo illum ab hac sententia deterruit, quin et ex-
presso scriptis apostolico mandato, ad Ecclesiam
suam et curas pastorales remisit ; quod ipse, suam
sortem amare deflens, et summi pontificis infractum
ad hoc animum incusans, exsequi compulsus est.
Hoc autem anno 1107, indict. xv, viii Kal. Junii
invenitur in Bibliotheca Cluniacensi datum diploma
Paschalis II, in causa inter abbatem Cluniacensem
et Sancti Petri Carnotensem, ubi inter venerabiles
episcopos qui judicio adfuerunt, nominatur expresse
Hildebertus Cenomanensis episcopus.

Cenomanum igitur vel invitus rediit, civitatem-
que magna tandem tranquillitate fruentem reperit.
Helias enim armis et auxilio Fulconis Richini, Andium comitis, qui filiam ejus Heremburgam sibi
desponderat, devicto Anglorum rege Henrico I, urbem in suam iterum ditionem redegerat.

Sed dum constituta pace (an. 1110), Cenomanensis civitas a pristinis cladibus paulum respiraret,
in agro Domini inimicus homo zizania seminavit. Is
erat quidam hypocrita, Henricus nomine, qui absente pastore lupum se gerens, ita falsis dogmati-
bus oves infecerat, ut vel etiam clerum in suas
partes, qua artibus, qua innata nonnulla facundia,
qua muneribus, hæreticus homo pertraheret. Non
diffitendum tamen Hildebertum ipsum minus caute
aliquam huic malo occasionem præbuisse. Ita enim
vaferrimus ille Henricus, ementita pietatis specie,
præsulem deluserat, ut Romam profecturus, et nihil

<hr>

(23) An. 1099, 2 Aug.
(24) *Gesta episc. Cenoman.*
(25) Epist. ad Joannem et Benedictum legatos
apostolicos.
(26) Epist. 7 libri iii, al. 24.
(27) Vide infra ad hoc notas D. Loyauté.
(28) Epistola 7, al. 24, libri iii. Mirum sane quod
e tot scriptoribus qui de percelebris Sancti Hono-

rati Lirinensis monasterii rebus scripsere, nullus
hujus devastationis meminerit, præter Hildebertum
solum, cui tamen indubitata fides est adhibenda, ut
adhibuit Baronius ipse ad hunc an. 1107, cum nihil
hic narret, nisi quod ipse, magno etiam vitæ propriæ periculo viderit, nec nisi quasi miraculo ab
ipsis piratarum cruentis manibus evaserit.

in homine quod hæresim vel improbitatem saperet,
suspicatus, imo ipsum vero lucrandarum animarum
studio permotum reputans, concionandi facultatem
in sua diœcesi concederet, mandaretque archidiaconis ut cum illo perhumaniter agerent, nec prædicandi munus interturbarent. Inde sane mali labes,
et homini hæretico apertior disseminandorum errorum libertas. Hic, cum nonnulla dicendi facultate
polleret, ita non solum infimam plebeculam, sed et
plures e primoribus civibus, et etiam clericis, ita
facundia sua dolisque subornaverat, ut eum quasi
novum apostolum suspicerent, et ejus astutiis de-
lusi, baptismum infantibus crederent inutile, adultis
opera bona nihil proficere, ecclesias non ædificán-
das, sed jam ædificatas diruendas, sanctos non co-
lendos nec invocandos, hymnos in ecclesia non ca-
nendos, sanctorum imagines et eorum reliquias con-
culcandas, cruces ubique confringendas, et alio id
genus priscorum Vigilantii hæretici asseclarum deliramenta effutirent. Quæ jamdiu penitus exstincta
hujus ævi novatores acriter tuentur.

Nec defuere tamen qui nascenti hæresi obsisterent.
Sanior enim cleri pars ad tanta mala ingemiscens,
nec exspectato episcopi reditu, Henricum concionandi ministerio interdixerat, a finibus diœcesis
abegerat, et authentico in scriptis mandato hæreticum hominem excommunicaverat, et ita proscripse-
rat, ut tandem veritus accessum Hildeberti, quem
sibi infestum fore non dubitabat, ab urbe recederet,
et in oppidum S. Carilephi se reciperet.

Redux Hildebertus, multos nefarii hominis fraude
deceptos, ejusque impia doctrina imbutos reperit;
quibus novata circa Christianam fidem dogmata
usque adeo placerent, ut nec pastoris vocem audire,
nec benedictionem ejus accipere vellent; quin etiam
medicam manum admoventem probris insectaren-
tur. Quos ille pro innata mansuetudine patienter
ferens, et ad saniorem mentem paulatim revocare
satagens, hæreticum hominem aggressus est, quo
cum, auctoritate, doctrina, eloquentia ita conflixit,
ut ignorantiæ, improbitatis et turpitudinis publice
convictum, e tota diœcesi ejecerit, et oves errantes ad fidei catholicæ caulas feliciter reduxerit.

Fugato igitur, et a finibus suis longe abacto pe-
stilente et infensissimo hæretico, pace demum tum
suis, tum comitis Heliæ curis, urbi reddita, Domini episcopalis redditus aliquot annis percepit;
sed modicæ tranquillitati gravis procella brevi successit. Helia enim die 11 Julii anni 1110, e vivis
sublato, et Hildeberto ipsi parentante, in basilica
Sancti Petri de Cultura honorifice tumulato, hæreditario jure ipsi successit Fulco Andium comes,
utpote qui Heremburgam Heliæ filiam sibi matrimonio junxisset. Sed cum Ludovico VI, cognomine
Crasso, Francorum regi, homagium et fidelitatem
pro Cenomanensi comitatu Fulco præstitisset, iratus inde Henricus I rex Angliæ, qui id obsequii sibi
deberi contendebat, Fulconi bellum indixit; cujus
partes cum suscepisset Robertus comes Bellesmen-
sis, infensissimus hostis Henrici, hic, quamvis Rotroci comitis Mauritanensis generi sui copiis adjutus, tamen Fulconis exercitui impar, victus est,
Rotroco ipso capto, et a Fulcone, ipsi Roberto Bellismensi hosti suo, licet adgnato, in arctam custodiam,
ad amplissimam, ut sperabat, redemptionem tra-
dito (an. 1111).

Hic in majore arcis Cenomanensis turri inclusus,
suæ captivitatis auctores Hildebertum episcopum,
et Hugonem, tum ejus Cenomanensem decanum
suspicatus, et vindictæ cupidus, utrumque horrenda
et inaudita fraude circumvenire aggreditur, ut ipse
narrat Hildebertus in epistola 17 lib. II, al. 39, his
verbis (29) : « Vivit Deus et Dei Filius, et utriusque
Spiritus, quoniam non mentiar. In turre Cenomanensium Rotrocus tenebatur; ad eum metu mortis

A trepidum accessi. Deinde mihi confessus est, domui
suæ disposuit, testamentum fecit, Ecclesiis distribuit. Quod ut illibatum permaneret, submissis a me
precibus impetravit quatenus ego ipse matrem ejus
adirem, de testamento testimonium perhiberem, inhiberem ne quis illud minuere præsumeret, ne quis
omnino tentaret adnullare. Factum est ut comes postulavit : ivi quo utinam pedem non tulissem. Mater
comitis in osculo me suscepit, applaudit testamento,
gratias agens, quod gratia comitis accessissem.
Rem taliter factam, nec filius, nec mater diffitetur;
eadem die initum est adversum me consilium. Iteratam diceres Christi traditionem; quinta enim feria
in osculo sum susceptus, sexta feria, tanquam cum
Christo iturus ad crucem, contumeliose captus
sum, et positus in custodia publica. Diviserunt etiam
sibi vestimenta mea, equis jam inter eos distributis,
qui gratis ad facinus discurrunt, ad honestum nec
pretio. Porro in illo castello, in quo hæc acta sunt,
Carnotensis erat episcopus, venerandæ vir auctoritatis (30) ; sed apud sceleris auctores, sine auctoritate
fuit auctoritas. Is in spiritu contrito Hubertum conveniens (hoc enim Pharisæorum principi nomen est)
primo blanditus est illi bestiæ; sed bestia rationem
non admittit. Dehinc illum sacrilegii libere arguit,
obsecravit opportune, importune increpavit. Postremo tradidit illum Satanæ in interitum carnis,
anathematis vinculo, quo debuit alligatum : In omnibus his non est aversus furor ejus, sed adhuc manus
ejus extenta (Isa. III; 15). Religiosi quoque abbates
et consummati anachoritæ nominis, ad lapidem convenerunt, et invenerunt lapidem, non eum de quo
suscitat Deus filios Abrahæ, sed in quo nihil est
humoris, in quo non habet radicem semen verbi
Dei : In omnibus his non est aversus furor ejus, sed
adhuc manus ejus extenta. Missum denique est ad
comitem Rotrocum; relata est ei captio mea et
ignominia sua. Is primo in corde et corde locutus,
tandem dimitti me, et satisfieri Ecclesiæ nuntiavit;
ac ne simulatorie loqui putaretur, abscissos de capite suo capillos matri suæ transmisit, addens Humbertum in me non minorem sibi injuriam intulisse
quam si reliquos abstulisset : In omnibus his non est
aversus furor ejus, sed adhuc manus ejus extenta.
Ad vos ergo conversio mea, charissimi fratres mei,
consacerdotes mei, domini et amici mei. Oro vos
orare pro me, curam agere de me, compassione
esse juxta me. Nam de redemptione nihil ago. »

Et quidem mirum qua animi constantia vim hanc
sibi illatam Hildebertus pertulerit; et quo zelo, ne
Ecclesiæ et cleri jura violarentur, obstitit quominus ullo pretio ipse et suus decanus redimeren-
tur. Id enim ab utroque exigere percupiebat Humbertus, comitis Rotroci dapifer, sollicitus ille vindictæ ejus minister et technarum improbus adjutor.
Cum enim nec Ivonis percelebris tunc temporis
illius Carnotensis episcopi hortationibus, et precibus, aut minis, nec ipso intentato anathemate
potuisset adduci ut captivos relaxaret, illos diris
etiam cruciatibus additos, et ferro semper constri-
ctos et oppressos, in arcem Mauritanensem diœcesis
Sagiensis transtulit; unde Hildebertus Rabotio, tunc
Sagiensi episcopo, scripsit, auxilium aut saltem
solatium tanquam ab amico coepiscopo deprecaturus.

Tantus porro luctus clerum et populum Cenomanensem ob captivitatem sui præsulis invasit, ut
nihil non tentaverint pro captivorum obtinenda re-
laxatione. Hinc privatorum gemitus; hinc celebrata
publice jejunia; hinc indictæ solemnes supplicationes; hinc tandem clerici parati etiam cruces
ipsas et vasa sacra pro redemptione captivi pastoris
impignorare, vendere, frangere. Quod ut Hildebertus
rescivit, plus Ecclesiæ honori et libertati quam suæ
consulens, toto nisu ne fieret prohibuit, ut patet ex
epistola præfata, quæ tota, sed præcipue versus

(29) Scripta circa an. 1110.

(30) Ivo scilicet.

finem, virum redolet et spirat vere apostolicum. A
Sic enim ille : « Semel, inquit, Christi sanguine redemptus, iterum redimi non requiro. Sanguis ille
redemptio mea; sanguis ille pretium meum. Indignum est, ut sub pretio redigar, cujus pretium sine
pretio est. Infamis est redemptio qua libertas perit
Ecclesiæ . . . . Ego certe tanti vitam non facio, ut
brevem diligam et redemptam. . . . Prosit Ecclesiæ
mea mors, cui dum vivens præfui, non profui.
Pontificis est, si non vivere, mori saltem universis. »

Et hæc quidem ille ecclesiasticæ libertatis etiam
inter tormenta strenuissimus vindex. Dum enim
Humbertus, vindictæ Rotroci comitis et avaritiæ
sedulus administer, pretium ab incarceratis cupit
extorquere; dum Hildebertus et Hugo, jurium Ecclesiæ tenacissimi vindices, quidquam pro libertate,
immani sibi sacrilegio sublata, solvere renuunt,
ambo in tetro carcere per plures annos detenti, et
ab Humberto sæpius diris cruciatibus torti et incassum vexati sunt, donec tandem pace inter Ludovicum Crassum Francorum regem et Henricum I
Anglorum inita, ac inter eos etiam composita qui
utrique parti adhæserant, captivi utrinque dimissi.
Sicque comes Rotrocus e carcere Cenomanensi, et
Hildebertus episcopus cum Hugone decano suo e
Mauritanensi restituti sunt (an. 1118).

Probabile autem est Hildebertum, sedatis tumultibus, ab Henrico I Anglorum rege in gratiam tandem fuisse receptum; siquidem ad illum direxit
epistolam consolatricem, quæ est 12 libri I, de infausta filiorum submersione, quæ contigisse fertur
die 25 Novembris anni 1120, ac deinceps nonnullas
alias in gratiam amicorum suorum, quales sunt epistolæ 13 et 20, libri III, quæ aliquam etiam redolent
familiaritatem, sinceræ tesseram reconciliationis.

Vinculis denique solutus Hildebertus, illata tot
perturbationibus damna sarcire conatur; dissipatam
pravisque moribus imbutam plebem ad saniorem
mentem revocare nititur. Quia vero ad institutionem populi multum conferre solet clericorum exem- C
plum, canonicos Ecclesiæ Cenomanensis, qui belli
turbarumque tempore, a vera pietatis norma longe
deflexerant, qua exemplo, qua monitis suis, ad meliorem frugem reducere satagebat. Hæc ipsi præcipua sollicitudo. Hanc quasi summam rerum imprimis
curabat; sed tamen quæ ad exteriorem ecclesiæ
apparatum, ad ædificiorum restaurationem et augmentum spectabant, non negligenda duxit; imo vero
tam strenuam iis operam posuit, ut mirum sit virum non semel omnibus fortunis spoliatum, et ad
extremam inopiam redactum, ea præstare potuisse
quæ in Gestis Cenomanensibus recensentur. Si quis
vero sit conjecturæ locus, tantas opes et pecunias,
quantas construendis ædificiis, ornandisque ecclesiis
insumpsisse narratur, nonnisi ex liberalitate regum,
præsulum et magnatum, quos in variis vitæ casibus
adiit, quibusque acceptissimus fuisse traditur, hinc
et inde coacervasse potuit. Inde supra laudatus au- D
ctor Gestorum Cenomanensium hæc ait : « Quamvis
cum Maria ad pedes Domini sedens, contemplationis
ejus dulcedini, si fieri posset, vacare jugiter elegisset, tamen cum ad Marthæ sollicitudinem pastoralis
officii cogeretur necessitate transire, dici non potest
quantum studiose, quam strenue exteriorum ministrationibus insistebat, et ea quæ antecessorum suorum negligentia, vel destructa fuerant, vel omissa,
infatigabili studio restaurare satagebat. Continuo
namque domum capituli, quæ ibi ex multo tempore
nulla penitus habebatur, laudabili opere cœpit a
fundamentis construere, eamque decenter et undique vitreis illustravit, et fornicis opere supertegere
procuravit; multaque alia facere disponebat, nisi
supervenientibus magnis tribulationibus fuisset impeditus. » Pergit idem auctor, et enarrans Hildeberti reditum ex Anglia : « Inde, inquit, detulit duo
pretiosa cymbala, et optimam cappam de pallio et

duas pelves argenteas, cum aliis ornamentis, quibus
hucusque nostra ornatur ecclesia. » Et quibusdam
interjectis, ejus per Apuliam transitum describens :
« Illo, inquit, Apuliam, Siciliamque progresso, sibi
universi quasi angelo Dei honorem exhibebant et
reverentiam. Dux enim Apuliæ, et avunculus ejus
comes Siciliæ Rogerius, audita fama scientiæ præsulis et honestatis, illum cum maximo honore et
incredibili reverentia susceperunt. Idem vero Rogerius dux trecentas libras thuris pretiosi propriis
confecit manibus, et per ipsum (Hildebertum)
B. Juliano, cum magna balsami quantitate, et cum
quinque palliis pretiosis et vinagiis argenteis et
deauratis, et acerra argentea, cujus materiam artificium superabat, destinavit. Rogerius etiam comes
Siciliæ, ad faciendum opus B. Juliani centum uncias
auri, et ad victum canonicorum, decem libras Cenomanicæ monetæ delegavit. In eisdem quoque regionibus erat sancta et nobilis matrona, quæ visione
angelica sæpenumero inspirata, in honore et nomine patroni nostri piissimi Juliani cœnobium construxerat; et hæc socios præsulis, itineris ignaros,
et noctis tenebris per quæque devia oberrantes, honestæ hospitalitatis gratia donavit, et quoddam
nostræ ecclesiæ pallium transmisit. . . . Præterea
ab episcopis et cæteris optimatibus ejusdem provinciæ, idem Hildebertus multis diversi generis
muneribus honoratus, tandem ad Ecclesiam suam
cum pace et gaudio remeavit, magnamque partem
eorum quæ secum habebat ecclesiis civitatis prudenti dispensatione distribuit. Cætera in ecclesiæ
restauratione, et domorum episcopalium constructione, abundanter expendit. Ipse enim easdem
domos de occidentali parte in orientalem partem
ecclesiæ transtulit, easque juxta Sancti Salvatoris
ædem, in loco ubi aula domni Gervasii præsulis antiquitus fuerat, decenti opere collocavit; qui etiam
in villa episcopii sui, quam Viriacum nominant,
tribus ferme milliaribus ab urbe distante, aulam
lapideam cum cubiculis et sallario construxit, eamque terris, vineis, decimis augmentavit. »

Addit idem auctor magnifica quæ Helias comes
Cenomanensis, ex olim infensissimo Hildeberti tunc
amicissimus, ipso suadente, ecclesiæ B. Juliani, canonicis ejus, et toti clero munera contulerat, his
verbis : « Ipsius igitur consilio ac diligenti exhortatione, liberalis comes Helias lectum, in quo beati
Juliani sancta membra requiescunt, auro decoravit
et argento; concessit etiam nostræ ecclesiæ quidquid antecessores sui Hugo comes, Herberti filius,
et Willelmus rex Anglorum, et Hugo comes, marchisi filius, suis temporibus eidem contulerant ecclesiæ; diablagium scilicet, consuetudines, exactiones, et quæcunque in claustro, in episcopalibus domibus, et apud colonias, et in tota terra canonicorum; quæ infra Quintam continetur, obtinere dicebatur juste vel injuste, excepto raptu atque incendio.
Præter hæc, concessit quidquid ejus socer Gervasius de Castrolidi in terra episcopi et canonicorum,
quæ ultra Idoneam fluvium est, B. Juliano contulerat.
Denuo omnes sacerdotes et clericos ab omnibus co-
stumiis et publicis exactionibus immunes esse instituit et quietos. Ad ædificationem vero nostræ
ecclesiæ centum quadraginta septem aureos dedit,
et ad componendum thuribulum quotidianarium
duas marchas argenti, et canonicis quinque marchas.
Præterea ad unam crucem faciendam quinquaginta
uncias puri auri moriens B. Juliano dereliquit, de
quo postmodum Hildebertus crucem magnam gemmis et emblematibus illustratam composuit. Ex eo
itaque tempore constructioni ecclesiæ attentius
insistebat. »

Omnibus autem quæ ad divinum cultum pertine-
bant rite et magnifice peractis, ad ecclesiam quam
perfecerat, sub invocatione beatissimæ genitricis Dei
Mariæ, sanctorum martyrum Gervasii et Protasii,
et S. Juliani martyris solemni ritu dicandam, se

comparavit. Invitatis ergo pluribus ex *illius ævi illustrioribus prælatis*, et ipsis ad octavas Paschæ anni 1120 congregatis, *cum pluribus abbatibus et multis vicinarum Ecclesiarum personis*, consummandæ institit ecclesiæ dedicationi. In illa autem Guillebertus archiepiscopus Turonensis, utpote metropolita, consecravit majus altare in *honore* (31) et nomine Domini Salvatoris, et beatæ Mariæ ejus genitricis, et sanctorum martyrum Gervasii et Protasii. Gaufridus archiepiscopus Rothomagensis, olim Cenomanensis decanus, altare sepulcri beati Juliani in *honore* et nomine ejusdem. Raynaldus de Martiniaco, episcopus Andegavensis, postea Rhemensis archiepiscopus, altare Crucifixi, in honore Salvatoris et sanctæ Crucis. Hildebertus noster altare quod est in superiori et digniori crypta, in *honore* et nomine gloriosæ semperque virginis Mariæ, et omnium sanctorum, consecravit. Marbodus Redonensis episcopus senio confectus, « obtutu orbatus oculorum, sed virtute animi et sapientia fulciens infirmitatem corporis, » consecravit altare quod est in dextro membro ecclesiæ, ad memoriam et honorem sanctorum Petri et Pauli, et omnium apostolorum.

Solemni autem huic ecclesiæ matris consecrationi idem auctor interfuisse tradit Andegavensem comitem Fulconem [*suppl.* filium] Fulconis et Arembirgim ejus uxorem, qui præsentibus episcopis, præcipueque Hildeberto, se promiserunt plura de bonis suis collaturos; quod revera paucis post diebus perfecerunt, cum ante ipsum altare Sancti Juliani, ecclesiæ ejus et canonicis dederunt *unam feriam* (31*), in civitate Cenomanensi per tres dies continuos celebrandam, additis pluribus aliis egregiis juribus ibidem enuntiatis. In cujus donationis confirmationem : « Ipse comes, ait auctor, assumens filium suum Gaufridum, et de terra elevans inter brachia sua, posuit super altare B. Juliani, offerens ei et ipsum puerum, et per eum, et in ipso præfatum beneficium adjungens, hoc audiente populo : Tibi, sancte Juliane, filium meum commendo et terram meam ; tu utriusque sis protector et defensor. » Relinquens igitur præfatum puerum super aram, atque uberrimis superfusus lacrymis recessit, brevi intervallo Hierosolymam, sicut disposuerat, profecturus. Quem quidem oblationis ritum omnino singularem specialiter notandum duximus, ut sinceræ comitis illius et uxoris ejus devotionis insigne monumentum.

Idem porro Gestorum Cenomanensium episcoporum scriptor narrare pergit magnifica ecclesiæ Sancti Juliani munera a Gaufrido Gaufridi de Meduana filio oblata. Is in Apulia morabatur, ubi immensas prope divitias comparaverat, inter quas præcipuum obtinebant locum ejus capellaria seu capellania, multis instructa reliquiis, et pretiosis ditata ad sacrum cultum vestibus, et vasis aureis atque argenteis ; quæ omnia S. Juliano se collaturum quandoque voverat, idque venerabili Hildeberto scriptis epistolis significavit, ut quos ad id judicaret idoneos ad se mitteret, omnia illa Cenomanum reportaturos. Quod ut pius præsul comperit, nullis pepercit impensis, quo tot sacris donariis suam ditaret ecclesiam. Suppeditatis itaque abunde ad tantum iter stipendiis, præcipuos sui capituli viros, Gervasium scilicet, Paganellum archidiaconum et Hugonem de Lavardino archipresbyterum illuc destinavit. « Qui, inquit auctor, injunctum sibi negotium peragentes, et omnia, sicut vir ille (Gaufridus) mandaverat, absque difficultate recipientes, cum ornamentis illis prospero itinere ad ecclesiam nostram, divina gratia comitante, reversi sunt. Episcopus autem, cognito eorum adventu, cum ecclesiastico apparatu, et festiva cleri et populi processione extra civitatem eis lætabundus occurrit, et tam sancta et tam pretiosa munera cum qua decuit venera-

tione suscipiens, cum ingenti cleri populique congratulatione, in secretario matris ecclesiæ collocavit. » Erat ibi quædam aurea tabula, in qua erat icon sancti Demetrii martyris, miro artificio fabricata, cujus materiam auream mirabilis artificii mirabili excellentia superabat ; ibique thesaurus incomparabilis, thesaurus desiderabilis signatur, scilicet quædam uncia ejusdem martyris cum dente sancti Joannis Baptistæ, et quidam capillus Dei Genitricis ; tabula etiam altaris in itinere deportanda, auri simul et argenti, ex utraque parte laminis vestita aureis ductilibus. Ibi nempe una costarum recluditur protomartyris Stephani, deinde duo libri, unus Evangeliorum, alter missalis, auro et argento purissimo elegantissime decorati ; præterea duo candelabra argentea optime deaurata, sed melius fabricata, cum thuribulo argenteo, cum duobus baculis similiter deauratis, et cruce argentea, auro et gemmis illustrata, et calice argenteo, interius exteriusque deaurato, necnon duæ pretiosæ planetæ, optimo auriserico adornatæ, et duo annuli ærei pontificales, cum duabus cappis sericis, et quodam palliolo, et mantili, et alba, et stola, et manipulo. »

Postquam autem hic auctor Gaufridi felicem Cenomanum reditum enarravit, ejusque solemnem et festivam ab Hildeberto et toto clero receptionem, ita de Hildeberto loquitur : « Tantis ergo divinæ gratiæ beneficiis Hildebertus animatus, cœpit et ipse divinæ bonitati pro modulo suo cooperator existere, et ecclesiam libris, palliis, cappis, et sacerdotalibus atque leviticis instrumentis, et pretiosissimis ad chorum dorsariis, sive scammatibus, laudabiliter cum januis ante chorum adornare. Tabulam quoque altaris sanctorum martyrum Gervasii et Protasii, simul et sancti Juliani, partim ex argento quod bonæ memoriæ domnus Hoellus episcopus, antecessor ejus, ad hoc opus reliquerat ; partim ex eo quod ipse aliunde acquisierat, pro qualitate temporis honorifice restauravit. Fecit etiam ex proprio suo duas capsas, auro et argento pulcherrime circumtectas, in quibus sanctorum Turibii et Victoris, necnon et sancti Innocentis, et aliorum Ecclesiæ nostræ episcoporum reliquias, et sanctæ Tenestinæ et Adæ, et sancti Hilarii presbyteri, solerter consignavit. » Refert deinde idem auctor quam sollicitus pro defunctorum canonicorum e piacularibus flammis per preces liberatione fuerit, et quanta vivis beneficia contulerit ; ac tandem : « Ærarium, inquit, etiam cum revestiario, ad tuitionem et defensionem ornamentorum ecclesiæ, a novo fundavit, et forniceo opere cooperuit, ne reliquiæ sanctorum, vel thesaurus ecclesiæ posset aliquando incendio populari, seu latrocinio. » Hæc Gestorum Cenomanensium auctor de ædificiis ab Hildeberto ad decorem ecclesiæ perfectis, et magnificis ipsimet collatis muneribus ; cujus etiam temporibus asserit abbatiam Sancti Georgii de Bosco fuisse restauratam, monasterium vero de Carnia, ecclesiam de Fonte Sancti Martini, ecclesiam de Fonte Gihardi, ecclesiam Sancti Martini de Lucello, et ecclesiam Sanctæ Mariæ de Bello-Loco a novo fundatas. Quam quidem ultimam excitatam, et illam illustri Augustinianorum canonicorum cœnobii institutione decoratam, et ab illo dicatam tradit anno 1115 Joannes Maan, Turonensis metropoleos historiographus, ejusdemque canonicus et præcentor.

Nec ornandæ tantum et ditandæ ecclesiæ suæ, cæterisque et urbis, et diœcesanis Cenomanicæ insudavit Hildebertus, verum animo semper in suos Benedictinos, præcipue vero in vicinos Sancti Vincentii in suburbio Cenomanensi monachos propenso, quos specialiter *fratres suos* et *filios* vocat, varia illis munera aut procuravit a regibus et optimatibus, aut ipse contulit, et plures concessit ecclesias ; devotissimoque erga sanctum Domnolum Cenomanensem episcopum, et illius monasterii, rogatu et consilio

---

(31) Ita auctor *Gestorum Cenoman. episc.*

(31*) Vulgo *Droit de foire.*

sancti Germani Parisiensis episcopi, fundatorem (32), pietatis sensu permotus, sacrum ejus tumulum reverenter primus aperuit, an. circiter 1124, præsente Fulcone juniore, Andegavensi comite, magnaque totius regionis et optimatum ejus frequentia, qui omnes miraculorum in hac solemnitate, ad invocationem sancti Domnoli, a Deo patratorum, fuerunt oculati testes.

Porro anno sequenti 1125, Gilleberto Turonensi archiepiscopo e vivis sublato, in ejus locum Hildebertus, fere licet septuagenarius et renitens, suffectus est. Cum enim ut Cenomanensis episcopus, et ob id suæ sedis privilegio suffraganeorum episcoporum primus (33), vacantem Ecclesiam metropolitanam administraturus, Turones advenisset, unanimi cleri populique consensu in archiepiscopum electus est. Hanc autem electionem probavit et ratam habuit Francorum tunc rex Ludovicus VI, Crassus dictus, et paulo post illam confirmavit Honorius II, cui Hildeberti sanctitas et præclaræ ad animarum regimen dotes innotuerant. Quod Ordericus Vitalis, *Ecclesiasticæ* suæ *Historiæ* lib. x, pag. 770, narrat his verbis : « Hildebertus autem, post mortem Gilberti Turonensis archiepiscopi, a clero et populo electus est, nutuque Dei de Cenomanico culmine metropolitanam sedem adeptus est. Hic mansuetus fuit et religiosus, et tam divinarum, quam sæcularium eruditione litterarum studiosus fuit, » etc. « Hunc quippe, ut in Gestis episcoporum Cenoman. sæpe laudatis habetur, nec collati honoris elatio, nec opum affluentia, nec carnalis luxus prostravit titillatio. » Et quidem, sicut dum esset Cenomanensis episcopus, nihil minuerat, eodem auctore teste, de cibi et potus parcimonia, de strati duritia, de cilicii asperitate, de vigiliis et orationibus, quibus forte dum monachus viveret, corpus domare didicerat; sic nec in archiepiscopatu, quamvis senio jam pene confectus, de solitis sibi pœnitentiæ exercitiis remisit. Sic semper sibi parcus, et naturæ necessitatibus paucissima indulgens, erga pauperes rerum suarum profusus, in ecclesias munificus, omnibus humanus et gratus ; sed erga populos curæ suæ commissos pastor semper exstitit vigilantissimus.

Hinc ad cleri populique mores aut reformandos, aut in melius informandos, provectioris ætatis frigus ardentissimo et nunquam refrigescente fervore superavit ; quod et e memoratis antea Gestis palam est, et e variis concionibus, sive quas ad populum, sive quas in frequentibus synodis, et episcopus et archiepiscopus, ad suæ diœceseos secundos pastores mira doctrina et pietate refertas habebat. Sic et ovibus docilitatem et pastoribus diligentiam inspirabat efficacibus illis et verbis, et rationum momentis, quæ in ejus concionibus passim advertimus.

Ipse interea, ut aliis exemplo præriret, ad evellenda ex agro Domini zizania, quæ totam Armoricam infestabant, animum appulit ; et obtemperantibus suffraganeis episcopis, uno tamen reluctante, Baldrico Dolensi, Ecclesias metropoli suæ subditas lustrandas, etsi decursa jam ætate suscepit, cumque maximo populorum fructu est exsecutus. Rebus enim ecclesiasticis et populorum regimini semper advigilans, Nannetense concilium provinciale coegit, quo præter provinciæ episcopos, acciti sunt diversis e locis insigniores illarum partium abbates, præcipuique doctrina et pietate viri, ut deformatam pene illius provinciæ Ecclesiam restauraret, lapsam disciplinam restitueret, ecclesiasticosque mores a pietate devios ad meliorem frugem auctoritate ecclesiastica reduceret. Imprimis vero curavit incestas nuptias tollere, fœda sacerdotum conjugia solvere, maximeque turpem illam inveteratamque consuetudinem amovere, qua sacrilegarum hujusmodi nuptiarum proles ad canonicas præbendas, et ad sacerdotia ipsa, quasi hæreditario jure accedebat. Hos autem abusus solemni Patrum decreto indicta anathematis pœna proscripsit (54).

Nec ecclesiasticas modo res composuit, sed populorum etiam oneri levando operam navavit. Ipse quippe Conanum tunc Britanniæ comitem eo deduxit, ut in ipso concilio, et in manibus Patrum duo usu recepta jura, plebique gravissima, ultro abdicaret. Cum primum enim alteruter ex conjugatis, sive maritus, sive uxor obierat, defuncti mobilia omnia, in grave prolis detrimentum, comitis fisco cedebant. Nec levior injuria misere naufragantibus inferebatur, dum quidquid illis, sive ex mercibus, sive ex navalis supellectilis reliquiis supererat, totum id sibi comitis fiscus vindicabat. Comitis autem animum pro innata facundia ita demulsit archiepiscopus, ut vel ipse iniquis hujusmodi vectigalibus renuntians, enixe postularet ut anathematis pœna in refragantes indiceretur. Hæc autem præclara gesta mirum quam brevi temporis spatio præsul noster absolverit ; triduo enim hæc quæ ad concilium spectabant, omnia perfecta completaque fuerunt. Res autem in concilio gestas ad summum pontificem Honorium II detulit Hildebertus, ut eas ipse auctoritate et decreto suo muniret ; quod ille libentissime concessit, data Laterani xii Kal. Junii ejusdem anni ad omnes Turonensis metropolis suffraganeos episcopos epistola (55), qua, præmissis Hildeberti laudibus, quidquid in illo Nannetensi concilio decretum fuerat, *irrefragabiliter observari* mandavit. Has autem epistolas, sive Hildeberti ad Honorium II, sive Honorii II ad omnes episcopos suffraganeos metropoleos Turonensis, præter quam quod inter epistolas Hildeberti omnes bibliothecæ Patrum illas inseruere, omnes etiam conciliorum collectores suis in collectionibus retulerunt ; quod et ipse Labbæus in sua, concilium hoc Nannetense nobis ita assignando anno 1127.

Eodem anno 1127, sub finem Octobris, x scilicet Kal. Novembris, Hildebertus ad reconciliandam, et quasi de novo consecrandam ecclesiam Rothonensis monasterii, Rothonum cum suis suffraganeis, invitante et obsecrante Hervæo, tunc Rothonensi abbate, convenit. Huic porro celeberrimæ consecrationi occasionem præbuerat Oliverii de Pontecastro rebellio adversus Conanum Britanniæ ducem, qui vaferrimi hominis rapinas et cædes ut reprimeret et ulcisceretur, collectis copiis, ipsum (quem jam olim ob id in vinculis Nannete diu detinuerat) in ecclesia ipsa Rothonensi profugum obsederat. Hanc autem, ut sceleratis hujusmodi hominibus solitum est, sexcentis sacrilegiis polluerat Oliverius ; et qui jam olim plurima monasterio Rothonensi et rebus ejus damna intulerat, sanctuarium ejus fecerat *speluncam latronum.* Inde frequentes et repetitæ sæpius Hervæi abbatis et monachorum apud episcopos et apud ducem ipsum Conanum expostulationes, quibus tandem dux ipse permotus, quamvis nonnisi justitiæ amore huic loci sancti profanationi occasionem dedisset, facti pœnitens, simul et nonnullorum quæ quandoque ipse monachis intulerat, damnorum conscius, ab ipso summo pontifice veniam deprecaturus, ad eum infimis precibus plenam per Hervæum ipsum Rothonensem abbatem scripsit epistolam, quam hic afferri studioso lectori non ingratum fore speramus, ut inde pateat quanta olim reverentia

---

(32) Bondonnet, *Hist. des Ev. du Mans,* p. 195.

(33) Ita designatur Hildebertus a Goffrido Vindocinensi Epist. 2 lib. iii, ad quam Sirmundus in notis : *Ut enim,* inquit, *in Belgica secundæ provincia proxima metropoli est civitas Catalannorum, sic in tertia Lugdunensi, prima post Turonensem metropo-lim civitas Cenomanica. Quare episcopus Cenomanensis est primus episcopus illius provinciæ.*

(34) Epist. ad Honorium II.

(35) Vide inter epistolas Honorii papæ, *Patrol.* tom. CLXVI, hanc epist. inscriptam ad suffraganeos metropolis Turonensis episcopos.

Britanniæ principes, dum etiam supremo dominio potirentur, sedem apostolicam sint prosecuti. Hanc autem epistolam, religione et filiali observantia plenam, e Rothonensi tabulario quondam erutam, sicut et totam rei seriem, e schedis suis nobis commodare dignatus est clarissimus D. Baluzius; quas utrasque deinde advertimus non excidisse sagacitati eruditi nostri D. Alexii Lobineau, qui inter probationes præclaræ quam nuper edidit Historiæ Britanniæ, illas refert (36). Sic autem habet illa Conani ducis ad summum pontificem epistola : « HONORIO suo et omnium Christianorum domino, ultimus filius suus CONANUS dux Britannorum, salutem. Vestram, sancte pater, exoro paternitatem, ut si in aliquo deliqui, vel deliquero, me, ut tenerum filium levi virga corrigatis. Ego namque vobis semper per omnia parebo. Sed et abbatiam Rothonensem Sancti Salvatoris, quam divæ memoriæ Ludovicus Pius imperator quondam in minori Britannia, quæ nunc est mea, construxit, et proprio juri beati Petri sub sancto Leone papa sociavit, ego et antecessores mei in fidelitate vestra hactenus custodivimus ; sed, accumulata Britannorum perfidia, amodo custodire ut deceret eam non possum. Reddo igitur vobis eam liberam, sicut pius Ludovicus imperator dedit, et concedo ei omnia jura sua, precorque ut de malefactoribus ejus justitiam faciatis. Vale. »

Deinde ex eodem tabulario Rothonensi totius rei series, quam hic ex integro referimus, cum ea præcipue Hildebertum spectet, sic enarratur. « Hanc itaque epistolam misit Conanus dux Britannorum per Hervæum venerabilem abbatem Regidonensem, et Guillelmum Sancti Melanii priorem, supradicto domino papæ, anno ab Incarnatione Salvatoris 1126. Quam sanctus papa suscipiens, coram sancto senatu Romano et quibusdam nostratibus episcopis, id est Guidone Cenomanensi, Ulgerio Andegavensi, Guillelmo Pictaviensi, exponi, et in palatio cum privilegio nostro custodiri jussit; et qui essent malefactores, quodque malefactum, et qua causa accidisset, ab abbate inquisivit. Abbas autem cuncta ei per ordinem retulit. Quibus pius papa auditis, tantum facinus perhorrescens, mandavit per litteras Girardo legato Engolismensi, et Hildeberto archiepiscopo Turonensi, et omnibus episcopis Britanniæ nominatim, ut episcopali severitate tandiu malefactores coercerent, donec ecclesiæ cuncta damna, et quæ ei male ablata fuerant, tam possessionum quam cæterarum rerum, restituerentur. Abbati vero et monachis vices suas sicut specialissimis filiis, in faciendo reis misericordiam, commisit. Confirmatisque cunctis ecclesiæ privilegiis, suum quoque addidit sigillum. Concessit etiam ut quascunque personas abbas ad consecrationem altaris et purificationem ecclesiæ vocare vellet, vocaret. Vocavit igitur archiepiscopum Turonensem cum omnibus suffraganeis suis episcopis et abbatibus. Qui x Kal. Novembris apud Rothonum convenerunt, et præsente Conano principe cum matre sua et omnibus Britanniæ optimatibus, ac pene omnibus monachis et clericis, cum multo populo, altare in honore Salvatoris mundi suæque Genitricis, et beatorum Petri et Pauli, sanctique Marcellini papæ et martyris, atque omnium sanctorum Dei, cum summa veneratione consecraverunt, ecclesiamque ab immunditia quam obsessi in ea fecerant, purificaverunt. Sed dum hæc præpararentur, Bricius Nannetensis episcopus, qui se fingebat abbatiæ archidiaconum, partem de offerenda quærere præsumpsit; similiter omnes Veneteuses canonici partem suam et sui episcopi. Abbas vero consilio capituli judicium super his coram archiepiscopo et episcopis abbatibusque ei obtulit. Sed illi Romanam timentes incurrere indignationem, judicium subter-

fugerunt; et sic victi atque præsumptione ab archiepiscopo increpati, tacuerunt.

« Celebrata est (et hoc ex præfato tabulario Rothonensi) ista consecratio, et definita hæc iniqua altercatio, anno ab initio mundi 5079, ab Incarnatione Christi 1126, epacta XVII, indictione I, luna XV, die Dominica, x Kal. Novembris, auctore Deo, exsultantibus angelis, lætantibus omnibus sanctis, celebrantibus simul ministerium Hildeberto archiepiscopo Turonensi, et episcopis Hamelino Redonensi, et Donoalo Alethensi, et Gallo Leonensi, ac Roberto Corisopitensi, suffragantibus abbatibus Hervæo Rothonensi, et Hervæo Sancti Melanii, Gauterioque Machicolensi, ac Ivone Sacmeleensi (37), orantibus sine numero monachis et clericis, astante Conano principe, cum matre sua Ermengarda, et optimatibus suis multis, id est Gauffrido et Alano Porroitensibus proconsulibus, Elveno Elvennensi, Jarnogono filio Rioci, Pagano Malestriti, Guetenocho Reensi (38), Oliverio Portensi (39), Savarico Dungensi, Garsirio Radiensi (40), cum filio suo Harenido, Guetenocho Anciniensi, Gauffrido Castellibrientii, Senebruno Bainensi, Haimone Guirchiensi, Radulfo Montfortensi, et aliis multis nobilibus, cum multo populo promiscui sexus, omnibus Deum laudantibus, et nefariam archidiaconi et canonicorum petitionem exsecrantibus. »

Ex præmissis ergo patet Hervæum Rothonensem abbatem, epistolæ Conani latorem, an. 1126, Romam profectum esse, ut de gravaminibus seu damnis ecclesiæ et monasterio suo illatis, apud summum pontificem expostularet. A quo perhumaniter exceptus, impetratisque privilegiorum monasterii sui sigillata confirmatione, et in rem litteris commendatitiis ad Girardum episcopum Engolismensem, legatum tunc apostolicum, et Hildebertum metropolitanum, ad monasterium suum sub finem ejusdem anni reversus est.

Quo elapso, et anno 1127 ineunte, probabile est Hildebertum concilium Nannetense, de quo supra, celebrasse; cujus confirmationem ab Honorio II mense Junio ejusdem anni obtinuit et excepit, quæ per Armoricam universam publicata et recepta, rogatus est a memorato abbate Hervæo, ut ad ecclesiam suam, sacrilegiis pollutam, purificandam, reconciliandam, et denuo consecrandam, se conferre dignaretur; quod sub finem ejusdem anni, exeunte scilicet Octobri, accitis suffraganeis suis episcopis, libentissime perfecit Hildebertus.

Nonnihil tamen in temporum serie obscuritatis affert charta donationis terræ de *Ballac*, ab ipso Oliverio de Ponte, tandem resipiscente, ecclesiæ data, cui assignatur annus 1126, eamque tamen eadem charta factam fuisse testatur *in crastino* consecrationis *principalis* altaris ecclesiæ Rothonensis ab Hildeberto Turonensi. Quem nodum non aliter solvi posse putamus, quam errorem amanuensis arguendo, qui incauta unius apicis omissione, pro anno 1127 annum posuerit 1125, ut frequenter solet accidere.

Non abs re autem erit, si chartam illam Oliverii integram referamus, in qua nimirum donationum ecclesiis ævo illo modum singularem lector notare poterit; quem et in altera Guegonis ad consecrationem altaris capellæ Sanctæ Mariæ Magdalenæ, pro infirmorum cella Rothonensi ab ipsomet Hildeberto quinque post annos solemniter factam, inferius observare opus erit. Sic autem habet illa Oliverii charta:

« Anno ab Incarnatione 1126, epacta decima septima, indictione prima, jam dictus Oliverius, filius Jarnogoni de Ponte, delicta juventutis suæ vehementer horrescens; erat enim vir miræ feroci-

---

(36) *Hist. Britanniæ*, tom. II, pag. 279.
(37) Vulg. *Saint Gildas des Bois*.
(38) *Rieux*.

(39) *Pont-chasteau*.
(40) *Ruis*.

tatis, et multum effundens sanguinem, ad consecrationem principalis altaris hujus sanctissimi Rothonensis monasterii, quæ facta est ab Hildeberto Turonensi metropolitano, et ab episcopis suffraganeis,
ex præcepto Honorii papæ, cum cæteris baronibus
venit. Ubi interim cogitans, et de magnitudine peccati sui, et de immanitate tormenti gehennalis,
necnon et de gloria æternæ retributionis, reminis-
cens quoque quod divina miseratio liberaverat eum
de carcere Nannetensi, ubi cum aliis baronibus sub
comite Conano vinctus fuerat; de qua videlicet angustia si eum mundi Salvator eripuisset, locum,
qui dicitur *Balloc*, in parochia *Pirric*, voverat ejus
salvatoribus se daturum. In quo profecto carcere
contigit Hervæum abbatem, consolationis gratia, ad
eum descendisse, et donum, sicut voverat, de manu
ejus recepisse crastina præfatæ consecrationis, cum
quibusdam lateralibus suis, Albino scilicet et Lam-
berto ; quoquo ultro ad ipsum altare recenter consecratum accessit, vocausque abbatem Hervæum
et monachos, in præsentia reverendarum personarum hoc donario ipsum altare et præsentem ecclesiam propria manu hoc modo investivit : *Ego*, inquit,
Oliverius filius Jarnogoni de Ponte, spe et desiderio
supernæ benedictionis et hæreditatis accensus, pro salute
animarum parentum meorum, et pro incolumitate et
salute mea, et fratrum meorum, dono hodie et firmi-
ter concedo Salvatori totius mundi, in hac sua Ro-
thonensi ecclesia, locum, qui dicitur Ballac, *cum*
tota integritate sua, sicut ab antecessoribus meis, et a
me jure hæreditario noscitur possessus. De hoc loco,
et de omnibus quæ in eodem jure mihi competunt,
sicut prædixi, facio eleemosynam liberam, et immu-
nem et quietam, super altare istud per manum
meam, Hervæo abbati posterisque suis, in per-
petuum, et in pace possidendam. Factum est hoc
feria secunda, luna decima sexta, nono Kal. No-
vemb. Testes hujus rei ipse Hervæus abbas, et
Gauterius abbas de *Machecol*, et Simon abbas de
Sacmeel. De monachis, Robertus medicus, Radulfus, Jacobus, Guilielmus fuit ; Hubertus eremita. De
laicis, Oliverius, Albinus, Lambertus, Guillelmus
filius Gaufridi.

Hoc circiter tempore, seu paucis ante annis, contigit exordium celeberrimi et sanctissimi ordinis
Fontis-Ebraldi, cujus archimonasterii prima abbatissa venerabilis Petronilla *de Chamillé*, seu de
Chamilly, fama eximiæ sanctitatis, doctrinæ et
prudentiæ ven. Hildeberti, quæ per orbem Christianum percrebuerat, permota, illum a summo tunc
pontifice Honorio II, pro defensore et patrono
expetivit et impetravit. Ejus enim egregiæ moderationis et sapientiæ ipsa per se fecerat experimentum, in dissidio quod Petrum Pictaviensem episcopum inter et Hildebertum intercesserat, de decimis
Condatensium, et quod per Gerardum Engolismensem, tunc sanctæ sedis legatum, amice compositum
fuerat, in quo et ipsa Fontebraldensis antistita in
causa erat. Nec sane sine fructu fuit Fontebraldensis parthenonis sanctimonialibus Hildeberti patrocinium et benevolentia, quas et in temporalibus, et
in spiritualibus, quandiu vixit, semper amantissime
fovit. Et quidem in temporalibus, hoc patet ex
epistola ejus ad Henricum I regem Angliæ, quo
forte jam ordo Fontebraldensis suos ramos exten-
derat, cui supplicat pro quadam eleemosyna sanctimonialibus illic jam admissis concessa ; cujus etiam
confirmationem, et alterius etiam illis ab ipso Henrico
factæ, suppliciter petit ab Honorio II, per epistolam,
[42, *al.* 20, lib. III, 69, lib. II], ut liquet etiam e diplomatibus, in illarum gratiam aut expresse datis,
aut saltem ab Hildeberto subscriptis, quæ, ut nos
monuit in eruditis epistolis R. P. *Soris*, natu major, ordinis Fontebraldensis visitator, in tabulario
Fontebraldensi supra quadraginta numerantur, et
diligenter ac religiose asservantur. In spiritualibus
autem, hoc præcipue conjicere licet e pluribus ejus

epistolis, solidam, qua eminebat, pietatem spirantibus et inspirantibus, quas ad illustres genere et
pietate sanctimoniales, quæ se Christo ibidem devo-
verant, sæpius dirigebat; ex officiosis et frequenter
susceptis ad eas profectionibus, et repetitis colloquiis, quibus illas in sacro proposito confirmabat,
et ad sui status perfectionem accendebat : ac tandem
ex intima ac pia necessitudine, quam cum illarum
sanctissimo Patre venerabili Roberto de Arbriscellis
usque ad piissimum ejus obitum coluit, et cujus
postea egregium se præstitit encomiasten, ut patet
ex ejus, quod e ms. Elnonensi regio sexcentorum
circiter annorum nuper deteximus, epitaphio, miris
ejus laudibus referto, quodque vel solum, invictæ
instar apologiæ, procaciores piissimi viri venerandæ memoriæ obtrectatores pudore suffundere, ipsis-
que silentium imponere possit; et cujus nempe,
inquit Hildebertus in illo epicedio:

Attrivit lorica latus, sitis arida fauces,
 Dura fames stomachum, lumina cura vigil.
Legibus est attrita caro dominæ rationis ;
 Nec caro plus alibi destitit esse caro, etc.

quæ hic ex integro referimus inter Hildeberti opera
metrica.

Licet vero nonnisi annuente et concedente Francorum rege Ludovico VI, cognomine Crasso, solium
Turonensis metropoleos conscendisset Hildebertus,
brevi tamen (peracto fere scilicet, ut ipse loquitur
epistola 34, lib. II, in eadem metropoli anno) ejus
indignationem, quamvis innoxius, incurrit. Rem
ipse totam in memorata narrat epistola. Cum enim
ipso sui archiepiscopatus initio decani et archidiaconi dignitates, per præcedentium obitum, vacantes invenisset, utramque variis Ecclesiæ clericis
contulit, quos ad ea obeunda munia aptiores putavit; sed alios quam quos rex ipse elegerat et nominaverat, quos Hildebertus, utpote ad id officii minus idoneos, non admisit.

Quamvis autem in hoc toto negotio solam præcipue Dei gloriam, Ecclesiæ decus, et animarum sibi
commissarum salutem attendens, immoto semper
animo in consilio perstiterit, mirum tamen est qua
modestia, qua reverentia erga regem, aliunde de
Ecclesia optime meritum, et adversus domesticos
per regnum insurgentes tyrannulos strenuissimum
ubique vindicem ; at in hoc negotio ministris iniquis, plus æquo forte credulum, præsul, etsi læsus,
se gesserit. Consulendæ ad id epistolæ 33 et 34,
lib. II, in quarum prima sic gemebundus ait : *Apud*
serenissimum regem opus est exhortatione potius quam
increpatione, consilio quam præcepto, doctrina quam
virga. His ille conveniendus fuit, his reverenter in-
struendus, ne sagittas suas in sene compleret sacerdote,
ne sanctiones canonicas evacuaret, ne persequeretur
cineres Ecclesiæ jam sepultæ, cineres in quibus ego
manduco panem doloris, in quibus bibo calicem luc-
tus, de quibus eripi et evadere de morte ad vitam
transire est. Et ut in similibus negotiis posteris
exemplo esset, et inquietorum hominum, ementito
pietatis studio, regiæ potestati pertinaciter obsis-
tentium, temerarios ausus reprimeret : *Inter has*
tamen, inquit, angustias nunquam de me sic ira
triumphavit, ut aliquando super christo Domini
clamorem deponere vellem, seu pacem ipsius in manu
forti et brachio Ecclesiæ adipiscerer. Alia, prosequitur,
est via qua compendiosius ad eam (cum illo pacem) Chri-
sto perducente, pertingam. Jactabo cogitatum meum in
Domino, et ipse dabit mihi petitionem cordis mei, etc.
Et revera post exposita et propugnata magna cum
integritate, et apostolica libertate, sed majori cum
reverentia, regi ipsi coram suo senatu, Ecclesiæ
suæ jura, repulsam licet passus, ipsa tamen precibus
adhibitis, tum Henrici I regis Anglorum, in cujus
gratiam redierat, officiis, tum legati summi pontificis
apud regem suffragiis, tam efficaciter tuitus est, ut
Ludovicus tandem annuens, et eos quos decanatus

et archidiaconatus honore promoverat Hildebertus, dignitatibus suis potiri sineret, et praeposituram, quam Ecclesiae Turonensi abstulerat, onerosis licet conditionibus, illi restitueret.

Interturbata tamen est paulo post, quam sibi tot laboribus Hildebertus conciliaverat in sua sede et Ecclesia tranquillitas (an. 1129). Cum enim Radulphus, quem ipse decanum Ecclesiae suae constituerat, quosdam, ut ipse ait, epistola 38, lib. II, *canonicos ex officio decaniae suae, ecclesiastica*, ut loquitur, *corrigeret disciplina*, adversus eum inexorabili odio ita quidam ex ipsis exarserunt, ut regis animum, illi jam propter decaniam, ipso inconsulto, susceptam, infensum, quibus potuerunt delationibus, et, ut ipse loquitur, *dilacerationibus*, exacerbare, modis omnibus tentaverint. Ex quibus praecipue unus, Nicolaus nomine, qui insuper decanum, quaquaversum calumniis deturpare conatus est. Quod indignissime ferens quidam decani frater laicus, ipsum improviso interceptum, inscio prorsus decano, excaecavit, aut, ut loquitur Hildebertus praefata epistola 38, lib. II, *abscidit et demembravit*. Qua de re cum Nicolaus abscissus apud Hildebertum expostulasset illudque nonnisi decani consilio et impulsu, simul et alterius canonici, nomine Herberti, fuisse patratum assereret, nec sufficientem accusationis probationem protulisset, ad tollendum tamen, quod haec criminatio *inter fideles sparserat scandalum*, Hildebertus, praesente et assidente cum eo *episcopo Cenomanensi, et pluribus abbatibus, aliisque religiosis et sapientibus viris*, prolata sententia, decanum ad purgationem canonicam *in septima manu ordinis sui* addixit. Quod sui securi Radulphus et Herbertus exsecuti sunt, producentes scilicet unusquisque sex incontaminatae famae consacerdotes, qui cum ipsis, adhibito juramento, eorum publice protestarentur innocentiam. Sed cum nec Hildeberti sententiae Nicolaus acquiesceret, nec etiam ipsius Gerardi episcopi Engolismensis, summi tunc pontificis legati judicio, cui et papae auctoritate, et rogatu partium, negotii hujus fuerat commissa decisio, ad ipsum summum pontificem Nicolaus appellavit. Coram quo dum Radulphus causam dicturus, cum Hildeberti commendatitiis litteris Romam pergeret, in itinere misere trucidatus obiit, ab adversariis, ut verisimile videbatur, peremptus, licet veri hujus caedis auctores clare deprehendi nunquam potuerint.

Vix enarrari potest quanto dolore sit affectus Hildebertus de nece suo decano Radulpho, et crudeliter ac per insidias, ut videbatur, illata. Vir quippe probitatis erat eximiae, ecclesiasticae disciplinae studiosus, et acerrimus vitiorum insectator; quae morum probitas clericorum odium, ac denique exitium ipsi paravit. Cum vero huic sceleri praeivisset occasionem *morator.a* praefati Nicolai *demembrati* ad sedem apostolicam appellatio, hinc Hildebertus causam arripuit exponendi per epistolam 41 libri II, quanta ex hujusmodi *frustratoriis*, ut vocat, *appellationibus*, et illarum faciliori a cur a Romana susceptione, Ecclesiae Dei imminerent pericula; « dum, ut ait, pontificalis vigor elanguesceret, et incrementum per impunitatem susciperet ubertas delictorum. » Et id quidem non admodum gratanter accepisse summum pontificem Honorium II nonnulli sunt arbitrati, sed perperam; cum ei semper honorifica singularis aestimationis et benevolentiae signa perhibuerit, eumque votis suis morigeratum in omnibus semper expertus fuerit Hildebertus.

Quod vel maxime patuit, cum Baldrico Dolensi episcopo, cui usum pallii *personaliter* Urbanus II concesserat, e vivis sublato, Goffridus ejus successor eadem praerogativa, tanquam Ecclesiae suae jure debita, frui voluit, quam e contrario Hildebertus soli Turonensi Ecclesiae, tanquam totius Armoricae metropoli, debitam contendens, per epistolam 35,

lib. II, summum pontificem convenit, paratus, licet senio confectus, se sistere Romae coram summo pontifice, ut jus Ecclesiae suae contra Goffridum episcopum Dolensem strenue defenderet. Hujus tamen dissidii finem non licuit illi, morte praevento, videre; quod non est diffinitum, nisi anno 1144 quo post diuturnas ex utraque parte sub tribus pontificibus altercationes, Lucius II papa Hugonem Hildeberti successorem, totius Britanniae metropolitanum decreto suo sancivit, et Dolensem Ecclesiam, sicut Trecorensem et Briocensem, illi subjectas et suffraganeas declaravit, ipsumque Hugonem metropolitana jurisdictione solemniter investivit, per traditionem baculi lignei, lamina plumbea, quibusdam litteris romanis et characteribus insculpta, in linea quasi spirali; cujus figuram singularem eruditus noster D. Alexius Lobineau, in egregia quam edidit Britanniae Historia, tom. II, inter varia illius aevi sigilla, graphice sculptam repraesentavit, n. 48, sub finem, e cimeliarchio insignis Ecclesiae metropolitanae Turonensis, ubi etiamnum religiose asservatur.

Quanti autem nominis et auctoritatis aevo illo in Ecclesia fuerit Hildebertus, vel id maxime testatur, quod in illo celebri dissidio, quod inter Anacletum pseudopapam et Innocentium II, legitimum pontificem intercessit de summo pontificatu, D. Bernardus, unanimi cardinalium consensu, summus quasi tantae quaestionis electus arbiter, tantopere Hildeberti suffragium ambierit. Et quidem initio Hildebertus Petro Leonis, sive Anacleto, utpote pluribus suffragiis electo, faverat; quippe qui unam supra viginti voces sortitus fuerat, Innocentius autem septem tantum supra decem. Quo comperto, Anacleto, priori pluralitate vocum electo, Hildebertus bona fide adhaeserat. Id animadvertens sanctus Bernardus, simul et quanti foret momenti, si Hildebertus, cujus pietatis et doctrinae fama per universam fere Ecclesiam pervolarat, quique totius Britanniae metropolitanus erat, cum suis suffraganeis episcopis ab Innocentio deficeret, epistolam ad ipsum misit omnino patheticam, qua ipsum ab Anacleto diverteret, et ad Innocentium, ut legitimum pontificem, revocaret, ut et reipsa revocavit. A pluribus quippe annis inter se D. Bernardus et Hildebertus sanctae necessitudinis foedus inierant, ut liquet ex epistola 18, lib. III, Hildeberti ad sanctum Bernardum, qua *intra sacrarium*, ut loquitur, *ejus amicitiae* enixe petierat admitti, et ex epistola 19 ejusdem libri D. Bernardi ad Hildebertum, tota melliflua et ejus laudibus fulgenti. Unde in praefata epistola, quam ei de illius percelebris dissidii negotio scribit, ei se tanquam familiari et noto, quod aequum et Ecclesiae censebat utile, suggerere dicit, « ne tantam, inquit, Ecclesiae columnam concuti contingeret. » Quibus monitis libenter acquiescens Hildebertus, totam Armoricam, et consiliis et exemplo, ad partes legitimi pontificis Innocentii traxit, et ei cum universa ipsa deinceps constanter adhaesit (an. 1130).

Cum autem vel inter frequentes aegritudinis molestias, quibus sub ultimis pontificatus sui temporibus, asperitate vitae, laboribus, senioque confectus, afflictabatur, non deessent effrenati quidam, etiam ex clero qui ejus infirmitatibus ad disciplinae relaxationem abusi, variis se sceleribus, ad Ecclesiae dedecus et fidelium scandalum, polluerent: nec ipse Hildebertus ut bonus pastor suo unquam defuit officio, quominus illos opportune et importune dignis increpationibus argueret, et in praefractos et rebelles, adhibitis prius incassum charitatis evangelicae repetitis monitionibus, et quibuslibet Christianae prudentiae remediis, etiam excommunicationis fulmen aliquando vibrare cogeretur. Quo quidam illorum percussi, eo pervicaciae devenerunt, ut ad sedem apostolicam procaciter appellantes, a summo ipso pontifice, aut ab ejus ministris variis mendaciis et artibus delusis, censurarum absolutionem, inconsulto Hildeberto, impetrarent.

Hoc liquet ex conquestoria ejus epistola 4, lib. ii, qua amare, sed humillime et amantissime, *sicut filius*, inquit, *de charissimo patre in aure conqueritur*, quod adversariis suis *tota die factus fuisset in derisum*, quasi illi summus pontifex, *corrigendi enormitatem capellaniæ suæ* (sic per humilitatem vocat suam diœcesim) *traditam omnibus episcopis potestatem abstulisset*, ut qui a se nonnisi juste et canonice excommunicatos clericos, officiis suis et beneficiis, *sine satisfactione et sine audientia* restituisset. Quibus tamen Christi vicarii præceptis, quamvis forte parum æquis, Hildebertus asserit se, licet gravatum, reverenter obsecutum, exorans nihilominus illum, « tanquam apostolicis pedibus provolutus, ne corporis sui infirmitatem mentis anxietate gravaret, sed ei de capellania (41) sua canonice disponendi concederet potestatem. » Quod illi probabile est non fuisse denegatum, cum quidquid illi vitæ superstitit, nullis deinceps turbis agitatum, ita pacifice constet transegisse, ut « Ætatis, inquit auctor Gestorum episcoporum Cenomanensium, semper pariter et ordinis conservaverit dignitatem ; » cujus etiam episcopalibus officiis omnibus ad ultimam usque vitæ periodum, dubia licet valetudine, strenue perfunctus est.

Hujus porro strenuitatis episcopalis argumentum præbet ejus sub vitæ finem Rothonum, ad altaris in infirmorum cella solemnem consecrationem, an. 1133 profectio, quam accepimus e charta Guegoni de Blaigno, e tabulario Rothonensi deprompta, qua terram suam de *Ballac* monasterio Rothonensi donavit, et quam hic ex integro lectorem forte non pigebit videre, quæque nos nonnihil juvabit ad statuendum annum obitus Hildeberti, a variis auctoribus varie notatum, et quæ insuper ritum solemnem promissionis locis sacris factæ, et ipsis tandem realiter exhibitæ nos edocebit. Sic autem habet :

« Quoniam cum lapsu transeuntis temporis transit et labitur memoria hominum, et quia cuncta quæ fiunt ab homine juste et laudabiliter, digna sunt retineri fixe et stabiliter, dignum duximus tradere litteris, quæ sunt antiquorum gestorum veracissime recordantes, quod Guegonus de Blaigno, vir valde illustris et egregiæ strenuitatis homo, hujus quoque sanctæ Rothonensis ecclesiæ diutinus et fidelissimus amator, ut erat ei studium omni rei quæ ad utilitatem perpetuam pertineret, assensum libenter præbere, quadam Dominica die, in ecclesia Sancti Guengari, sita in parochia *Perric*, cum dilectione et reverentia, admonitus est a Guillelmo de Fait, hujus sacri loci monacho, et ab eremita Huberto, qui simul in loco qui dicitur *Ballac*, habitabant, quatenus ipse Guegonus de rebus, quas temporaliter et transeunter possidebat, aliquod munus memorabiliter sancto Salvatori in Ecclesia Rothonensi faceret ; qui postquam cuncta transierint, rerum bene dispositarum æternas remunerationes reddit. Intimaverunt etiam ei ut præfatum locum *Ballac*, qui sub Ol verio de Ponte, de suo jure et propria hæreditate erat, quique per diuturnas guerras in solitudinem et vastitatem redactus erat, et erat transitus et conversatio latronum, ad hoc vertens ut ubi esset conversatio et habitatio Domino Deo Salvatori famulantium. Hic vero foris admonitus in aure corporis, sed multiplicius sentiens in aure cordis, spopondit hoc se facturum. Verum quod Deo bene et devote spoponderat, ne per occasiones aliquas iret in irritum, statim prædictos monachum et eremitam ante altare Perricensis Ecclesiæ, vidente Daniele præposito suo, de prædicto dono investivit, firmiter promittens idem donum in ecclesia Sancti Salvatoris plenius et

solemnius in proximo se impleturum. De qua re *marsupium de pallio* Hervæo abbati et conventui in pignus misit. Aliquantis deinde evolutis diebus, contigit Hildebertum Turonensem archiepiscopum pro quibusdam ecclesiasticis negotiis in hoc Rothonensi monasterio cum suffraganeis episcopis colloquium habere. Quibus peractis, altare præsentis capellæ infirmorum in honore et memoria beatæ Mariæ Magdalenæ, adhibitis secum episcopis, solemniter consecravit. Ad quam profecto consecrationem cum cæteris baronibus venit jam dictus Guegonus, ductusque in capitulum, in conventu plenario donum quod fecerat de Ballac ex ordine replicavit, societatem et beneficium ecclesiæ et abbatis et monachorum recepit, seque, si de vita sua disponere posset, hujus sancti cœnobii fore monachum promisit. Inde ductus ad altare ad offerendum donum, hæc verba dixit : « Ego Guegonus de Blaigno, pro intentione æternæ retributionis, scilicet ut evadere valeam pœnas et tormenta æterni supplicii, necnon pro salute animarum omnium parentum meorum, dono hodie super istud altare tibi, Salvator mundi, terram meam, quæ vocatur *Ballac*, in parochia *Perric*, cum omnibus servitiis et redditibus, sive consuetudinibus, quæ mihi debentur in ea, cum toto dominio meo, et jure meo liberam, et quietam, et immunem, dono, inquam, et transfundo tibi, Domine Salvator, in manu Hervæi abbatis, ab eo et a servitoribus hujus sanctissimæ ecclesiæ usque in finem sæculi in pace possidendam. » Factum est hoc anno ab Incarnatione Domini *millesimo centesimo trigesimo tertio, Nonis Februarii*, feria secunda, luna vigesima prima, indictione undecima, epacta duodecima, in die quando altare sanctæ Mariæ Magdalenæ fuit sacratum ab Hildeberto archiepiscopo Turonensi. Testes hujus donationis sunt isti : ipse archiepiscopus, Hildebertus, Hervæus abbas, Simon abbas, Gauterius abbas. De monachis, Robertus medicus, Guillelmus de Fait, Radulphus Parta. De laicis, Riallon, Daniel præpositus, Cramail, Mauricius. »

In hac porro Guegoni charta (42) nonnulla sunt observanda : primo ritus, quo de futura sua donatione Guenonus certum facit abbatem Rothonensem, in ejus pignus illi mittendo *marsupium de pallio suo* ; quod singulare videtur, sed quod innuit talem esse ævi illius usum, ad firmandas promissiones de futuro. Secundo, notandus etiam ritus, quo Guegonus promissionem suam realiter exsequitur, suam donationem *personaliter* ad altare ad offerendam solemniter pronuntiando, eodem modo quo supra notavimus suam donationem terræ de *Ballac* ad altare Sancti Salvatoris solemniter pronuntiasse. Quod autem intra quinque annorum spatium ejusdem terræ a diversis personis facta fuerit donatio, nihil obstat harum chartarum veritati et sinceritati, cum optime fieri potuerit ut ejusdem terræ fuerint duæ portiones, et duo domini, cujus unusquisque variis temporibus et occasionibus suam Ecclesiæ Rothonensi concesserit portionem. Tandem notandus annus, quo dicitur in hac charta Guegonus suam fecisse donationem, annus scilicet 1133, ex quo dirimi satis probabiliter potest controversia de anno obitus Hildeberti. Variant enim plures eruditi auctores in illo assignando. D. Robertus in *Gallia Christiana*, et fratres Sammarthani asserunt illum obiisse an. 1136. At D. Joan. Maan, et noster D. Joan. Mabillonius dicunt id evenisse an. 1132. Quominus autem primis assentiamur obstat charta (43) restitutionis variarum Ecclesiarum insigni Ecclesiæ Nannetensi a Conano duce Britanniæ factæ, iv *Nonas Novembris anni* 1135, *in præsentia Hugonis Turonensis* jam tunc archiepiscopi, successoris immediati Hildeberti. Jam enim tunc, hoc posito, obierat Hil-

---

(41) *Capellania* pro *diœcesi.*
(42) Relata tom. II Hist. Britanniæ, p. 285, e Cartulario Redonensi.

(43) Relata tom. II Historiæ Britanniæ, p. 286, ex archivo Ecclesiæ Nannetensis.

debetur, et ut probabile videtur, pluribus ante A
mensibus, siquidem Hugonis electionem multum
turbavit Philippus, Gisleberti archiepiscopi defuncti
nepos, et tunc decanus Turonensis, qui favente Ludovico VI Francorum rege, electionem Hugonis,
ab electorum numerosiori licet et potiori portione
factam, totis nisibus irritare, et ad se trahere conatus est. Sed re ad sedem apostolicam delata, interveniente præsertim sancto Bernardo, ad litem hanc
dirimendam cum pluribus episcopis a summo pontifice Innocentio II constituto legato, Philippus causa
cecidit, et Hugonis, non solum non ambientis, sed
renitentis, electio sancita et confirmata est; quæ
omnia nonnisi pluribus mensibus definiri potuerunt.
Si igitur Hugo præsens erat restitutioni præfatæ
anni 1135, ejus decessor Hildebertus obiisse debuerat saltem primis mensibus ejusdem anni; non igitur anno 1136. Quod autem, ne annum 1152 credamus esse annum obitus Hildeberti, vetat charta
Guegoni, quam proxime retulimus, quæ ipsum con- B
secrationis altaris sanctæ Mariæ Magdalenæ pro infirmorum cella Rothonensi, Non. Februarii anni
1133, vacasse asserit. Nec igitur obierat ipse an. 1132.
Inter has ambages præstet se judicem qui nobis aut
sagacior, aut felicior erit. Nos interim mediam putamus amplectendam esse sententiam, ut opinemur
Hildebertum e vivis excessisse anno 1134, medio
scilicet inter 1133 et 1135.

Quolibet autem anno vita functus fuerit venerabilis Hildebertus, levioris longe momenti est aperire,
quam quod pia et sancta morte justorum *in senectute
bona*, quod testantur Gesta Cenomanensium episcoporum, *spiritu lætus et alacer, astris animam, artus
urnæ reddidit anno ætatis quasi octogesimo*, posito
autem ad supputationem nostram ortus ejus anno
1057, quia primus ejus episcopatus annus fuit 1097,
quo nondum, his Gestis testibus, *quadragesimum
excesserat*, et anno mortis ejus 1134, anno septuagesimo septimo, qui non longe distat a *quasi octogesimo.*

Sic tandem venerabilis antistes tot curarum spinis C
inoffenso calle superatis, toties repetita facultatum
omnium jactura, tot exsiliis, et propriæ etiam personæ identidem vexationibus toleratis, tot calumniarum injuriis, sola patientia et in Deum confidentia
dilutis; tot denique laboribus pro Ecclesia Dei et
ordinis sui dignitate tuenda susceptis, obdormivit in
Domino xv Kal. Januarii, sive decimo octavo mensis
Decembris anni 1134, postquam Ecclesiam Cenomanensem per octo et viginti annos, ut ipse testatur, epist. 51, lib. III et Turonensem per sex annos
et totidem menses in summa rerum varietate sancte
sapienterque rexisset. Vetus tamen Necrologium
metropoleos Rhemensis sic habet : xvi *Kal. Januarii
ob. domnus Audebertus, prius Cenomanensis episcopus, postea Turonensis archiepiscopus;* quod non decimam octavam, sed decimam septimam Decembris
indicaret. Sepultus est ad partem altaris dexteram
in ecclesia sua, quam tot ædificiis auxerat, tot pretiosis donariis ditaverat, ubi, teste D. Joanne D
Maan, in sua metropoli Turonensi, *claruit miraculis*,
et ubi resurrectionem exspectat, et sibi repositam
quam, ut de Dei misericordia credere par est, reddet illi justus Judex, justitiæ coronam.

Et certe, sive quæ de eo referunt antiqua (quæ
post hæc continue subjicimus) Cenomanensium episcoporum Gesta, pensemus, sive quos ex ejus epistolis, sermonibus, et aliis opusculis pietatis sensus
haurire licuit, attendamus, sive qua vigilantia et quo
zelo pastoralibus muniis institerit, quave animi fortitudine jurium Ecclesiæ temeratoribus, vel etiam
regibus, restiterit; qua vitæ austeritate, etiam in
pontificali fastigio, dies suos ad extremam usque
senectutem egerit; quo denique temporalis vitæ
contemptu futuram suspiraverit, nihil in tanto diutur-

nioris vitæ decursu videbimus quod non sublimem
Christianæ pietatis et episcopalis sanctitatis testetur
perfectionem.

Non igitur nobis inurenda fuisset temeritatis et
audacioris novitatis nota, si Hildebertum *sancti*
prænomine decorassemus, ut primo mens nobis
fuerit. Id enim fecit auctor Gestorum Cenomanensium episcoporum; id Petrus de Natalibus in suo
sanctorum Catalogo; id cardinalis Baronius ipse ad
an. 1097, et alibi sæpius; id illustrissimus Tullensis
episcopus D. Andræas du Saussay, in suo *Gallicano
Martyrologio* fecerunt. Hoc illo *sancti* titulo publice
donaverat Bibliothecæ Patrum Parisinæ anni 1589
doctissimus editor Margarinus de la Bigne, quem,
nullo reclamante, novissime imitatus est R. P. Jacobus Homey, in suo *Patrum Supplemento;* nec ullam attulere rationem editores Colonienses, et nuper
Lugdunenses, cur illi *sancti* prænomen substraxe-
rint. Verumtamen, quantacunque nostra propensio
fuerit ut honorem hunc illi debitum, et olim concessum, restitueremus, plurium virorum in republica
Christiana, et litteraria pietate, et doctrina specta-
bilium consilio stare maluimus, qui hæc solo quod
in ipsis insignioribus Ecclesiis quibus præfuit venerabilis Hildebertus, Cenomanensi scilicet et Turonensi, nullum de illo publice festum, nec officium
ageretur, nos ab hoc sinceræ nostræ erga ipsum venerationis obsequio satius duxerunt abstinendum,
donec Ecclesia ipsa, cujus solius est fideles *sancti*
titulo coronare, illum publico suo decreto piissimo
præsuli, miraculis licet claro, detulerit (44). Illius
igitur circa hoc judicium venerabundi præstolabi-
mur, qui etiam quidquid in hac nostra operum
Hildeberti et Marbodi collectione, quidquid in notis,
quidquid in quibuscumque nostris lucubratiunculis
reperiri posset fidei catholicæ, quod absit ! dissonum,
aut piis moribus absonum, totum id emendare parati, sincere subjicimus, cum nihil unquam nobis
magis in votis fuerit, quam in Ecclesiæ catholicæ
Romanæ unitate, sinu et obedientia, in qua, Deo favente, hucusque viximus, diem extremum claudere:
quod nos de ejus misericordia confisi, peroptamus,
decernimus et speramus. Ut autem iis quæ in hac
Vita de venerabili Hildeberto major fides habeatur,
subjiciendum his continue duximus quod antiquus
auctor Gestorum episcoporum Cenomanensium,
tom. III Analect. nostri Mabillonii scriptis de Hildeberto tradidit, cum notis in illum clariss. D.
Loyauté, eruditissimi in suprema curia patroni.
Verum quantamcunque fidem adhibendam putemus
veteri et authentico illi auctori, tantam tamen illi
non arbitramur exhibendam, ut nihil de venerabili
Hildeberto credamus, nisi quod retulit, cum plurima
eaque præclarissima illius gesta certum sit eum
prætermisisse. Nihil verbi gratia dixit de suffraga-
nearum Ecclesiarum ab Hildeberto susceptis lus-
trationibus, unico refragante Dolensi episcopo;
nihil de gravi illo dissidio quod inter Francorum
regem Ludovicum Crassum intercessit pro decanatu et archidiaconatu Turonensi, quod illi ab ejus
ditione peperit exsilium; nihil de percelebri concilio
Nannetensi ab ipso celebrato an. 1127, et ab Honorio II confirmato; nihil de negotio Nicolai canonici
abscissi contra Radulphum decanum, tantum momenti, ut nec ab ipso apostolico legato ad id deputato sedari potuerit. Sed nunquid non ista, et alia
hujusmodi bene multa, quia non retulit, gesta non
sunt, quæ tamen ex Hildeberti ipsius epistolis, et
illius scriptoribus, aliisque multis constat evenisse.
Retulit igitur scriptor gestorum quæ didicerat. Illis
adhærendum credimus, et adhæremus; sed non ita
scrupulose solis illis, ut nihil de gestis ven. Hildeberti credamus, nisi quæ ille enarravit.

Porro hunc illi *venerabilis* titulum præfigendum
duximus, quem illi nonnulli mss. codices tribue-

---

(44) D. Joan. Maan, ubi supra.

runt (45), eo fortasse quia sanctus Bernardus, epist. 123 edit. Mab. hic relata, p. 124, Hildebertum *totius reverentiæ virum* appellat, et quia hoc illum titulo decoravit Paschalis II, in diplomate dato Silviniaci an. 1107, VIII Kal. Aprilis, in causa inter abbatem Cluniacensem et Carnotensem pro prioratu Sancti Dionysii de Nongento (46), sicut et Goffridus Vindocinensis epistolis 13, 22, 23 et 24, lib. III, et plures alii non exigui nominis auctores.

(45) Ms. D. Loyauté ann. circiter sexcentorum.

(46) *Biblioth. Cluniac.* p. 549.

EXCERPTUM

E GESTIS EPISCOPORUM CENOMANENSIUM

E thesauro insignis Cenomanensis Ecclesiæ depromptis, vulgatis an. 1682, a

R. P. D. Joanne Mabillonio, *Analectorum* tom. III, ubi sic pag. 303 et seqq. :

—

CAPUT XXXV.

DE HILDEBERTO EPISCOPO.

—

Venerabilis quoque Hildebertus, non imparis (Hoello prædecessori) meriti, actus describere disposui, ne laudabilis ejus memoria inerti silentio tegeretur, et qui multos luculentis scriptorum suorum exhortationibus in lucem veritatis induxerat, ipse scriptoris inopia obscurus, et apud posteros incognitus haberetur. Hic itaque ex Lavarzinensi castro, mediocribus quidem, sed honestis exortus parentibus, a domno Hoello, venerabilis memoriæ episcopo Cenomanensis Ecclesiæ, scholarum magister et archidiaconus factus, et post decessum ipsius, propter scientiæ *et honestatis suæ* meritum, communi cleri plebisque assensu, in ejus loco substitutus est. Vir utique moribus placidus, verbo et actione modestus, et inter omnes illius regionis clericos litterarum studiis præcipuus : qui quamvis a pueritia sub litterarum studiis sedulus institisset, sumpto tamen episcopatu, sanctarum Scripturarum lectionibus propensius incumbebat. Animus enim ejus, bonis artibus eruditus, otiosus esse non poterat. In lege namque Domini, secundum Prophetam, die ac nocte meditabatur, et divinarum Scripturarum libros aut ipse legebat, aut coram se legi faciebat; atque inde, quasi apis prudentissima, multiplicium sententiarum flosculos colligens, dulciores melle sententias excerpebat; ex quibus, tanquam sapiens pigmentarius, potum mellifluum conficiens, suis auditoribus aliquando scriptis, et aliquando vivis vocibus propinabat : utriusque sexus et diversæ ætatis personis epistolas exhortatorias dirigens, in quibus tam utiliter ac subtiliter disputabat, ut characterem veterem imitatus, omnium illius temporis scriptorum ingenia, et sententiarum gravitate et verborum venustate videatur excedere. Cum vero in ecclesia loqueretur, populus quidem verba ejus devotissime audiebat; sed studiosius audiebatur a clericis, quoniam Latina lingua expeditius quodam modo atque vivacius loquebatur. Cujus scripta, tam prosa quam versibus luculentissime edita, et per diversa loca celeberrime divulgata, scienter et eloquenter ejus præconium, nobis tacentibus, futuris temporibus propagare sufficiunt. Ipse autem, ni fallor, nondum quadraginta annos ætatis excesserat, cum ad honorem episcopatus electus est. Unde metuens ne caro more suo semper adversus spiritum concupiscens, vigorem spiritus sui blanditiis emolliret, cœpit corpus suum cibi et potus parcimonia, stratus duritia, ac cilicii asperitate domare, vigiliis et orationibus insistere; et secundum Prophetam, per singulas noctes lectum suum lacrymarum inundatione lavare : et si quæ fuerant juventutis delicta, eleemosynarum largitione redimere. Cum vero ad altare sacrosancta mysteria celebraturus accederet, totus compungebatur in lacrymis; sicque, in spiritu humilitatis, et in animo contrito salutarem hostiam divinis conspectibus offerebat. Mensæ quoque ejus pauperes et peregrini semper fuere participes : quibus omni Sabbato, humillimo nostri Salvatoris exemplo, ad vesperam pedes lavare consueverat, magnopere satagens, ne bonum ejus propositum, in quantum fieri poterat, cuiquam fieret manifestum. Et quamvis cum Maria ad pedes Domini sedens, contemplationis ejus dulcedini, si fieri posset, vacare jugiter elegisset, tamen cum ad Marthæ sollicitudinem pastoralis officii cogeretur necessitate transire, dici non potest quam studiose, quam strenue exteriorum ministrationibus insistebat, et ea, quæ antecessorum suorum negligentia vel destructa fuerant, vel omissa, infatigabili studio restaurare satagebat. Continuo namque domum capituli, quæ ibi ex multo tempore nulla penitus habebatur, laudabili opere cœpit a fundamentis construere, eamque decenter et undique vitreis illustravit; multaque alia facere disponebat, nisi magnis supervenientibus tribulationibus fuisset impeditus.

Eo namque tempore inter regem Anglorum et Heliam comitem bellum gravissimum exortum est, pro eo scilicet quod idem rex Cenomanensem episcopatum calumniabatur; ideoque ordinationi episcopi moliebatur obsistere. Cum autem eum ordinatum audisset, inimicitiarum, quas dudum mente conceperat, manifestis bellorum incursibus patefecit. Cujus incœptis, licet viribus impar, dum comes Helias conaretur obsistere, hostesque qui adversus eum venerant, incautius sequeretur, ab ipsis, proh dolor! comprehensus est, et Rothomagum usque productus, in arce ipsius civitatis in vincula conjectus est; cujus infortunio non solum civitas, sed et tota Cenomanensis regio perturbata est. Quo comperto, Fulco Andegavorum comes protinus cum filio suo Gaufrido, cui filia Heliæ comitis jam desponsata fuerat, in civitatem advenit; et consensu civium in munitionibus civitatis custodiam posuit, ibique relicto filio, ad alia negotia properavit. Interea rex Anglorum cernens civitatem principis sui præsidio destitutam, quorumdam perfidorum civium assensu illuc accedere properavit; et circa Colonias vicum episcopalem cum magno exercitu consedit, ipsumque vicum, cum ecclesia quæ ibidem erat, igne concremavit, et omnia quæ ibi episcopus habebat crudeliter devastavit. Oderat enim illum, sicut supra dictum est, pro eo quod contra calumniam illius episcopatum acceperat. Cives autem cum bellico apparatu de civitate egressi, contra ejus exercitum viriliter obsistere conabantur. Rex autem perfidorum consilio se intelligens deceptum, facto vespere, cum imminentis noctis profundum silentium advenisset, cum exercitu suo clam discessit, et castra vacua hostibus dereliquit. Cives autem mane surgentes cum semetipsos ad pugnam præparare cœpissent, comperto regis abscessu, castra illius invaserunt, et neminem ibi reperientes, ad propria reversi sunt. Quo audito, Helias timens ne Fulco comes proscriptioni ejus intenderet, mandavit ad se episcopum, et quosdam ex primoribus civitatis, ex consensu regis, et cœpit agere cum eis, eosque suppliciter deprecari, quatenus casibus illius condolentes, modis omnibus niterentur qualiter civitatem regi traderent, ipsumque a vinculis liberarent. Timebat enim quod Fulco comes, regis deceptus muneribus, cum eo pacem faceret, atque civitate tradita, perpetuo damnaretur exsilio. Episcopus autem, et qui cum eo venerant, ejus angustias miserantes, cum rege de ejus liberatione locuti, cum eo tale pactum fecerunt, ut si eorum consilio atque ingenio sibi civitas traderetur, ipse Heliam comitem quietum et liberum abire permitteret. Quod negotium industria præsulis celerius quam sperabatur effectum; eodemque tempore et regi civitas, et consuli abeundi libertas reddita est. Rex ergo recepta civitate, et positis in munitionibus ejus copiosis virorum, armorum, escarumque præsidiis, in Angliam transfretavit.

Interea Helias apud castrum Lid, et in castris circum positis morabatur, atque vires suas quasi taurus in latebris sylvarum, ad nova certamina, in quantum poterat, reparabat, castella sua vallo atque fossa muniendo, ac sibi vicinorum amicitias atque auxilia consciscendo. Denique sequenti ætate magno vicinorum atque amicorum exercitu congregato, non longe a civitate improvisus advenit; cui milites regis simul cum populo usque ad Pontem Leugæ hostiliter occurrentes, cum ejus impetum sustinere non possent, in fugam conversi sunt. Ille vero amne transmisso, eos viriliter insecutus, atque cum suo exercitu civitatem, nullo prohibente, audacter ingressus, eos qui in munitionibus erant, repentina obsidione conclusit. At illi qui erant in arce, facto vespere, ignem maximum incendentes, in subjectas domos ardentes faculas summa instantia jactare cœperunt. Ignis vero flante Euro convalescens, totam civitatem cum magna parte suburbiorum consumpsit. Quo incendio populus stupefactus, atque in mœstitiam conversus, non satis fidum comiti præstabat auxilium. Comes vero contra munitiones, machinas atque tormenta ad jactandos lapides erigens, eos qui intus erant, summo conamine expugnare nitebatur. At illi contra machinas ejus, machinas facientes, omnia ejus molimina frustrabant. Cernens igitur quia nihil proficeret, et quod ejus paulatim dilaberetur exercitus, regisque timore perterritus, qui cum maximo exercitu suis properabat succurrere; propriæ saluti consulens,

relicta obsidione, repente a civitate discessit. Quo comperto, quantus timor simul ac stupor animos civium invaserit, et quanta populi multitudo cum mulieribus et parvulis, relictis omnibus quæ habebant, eum secuta sit; et hi qui in civitate remanserant, quam crudeliter et quam inhumane ab hostibus sint oppressi, et miserum est audire, et nimis tædiosæ prolixitatis exponere. Nisi enim regis liberalitas prædonum sævientium rapacitatem compesceret, diebus illis pro certo civitas nostra ad extremum pervenisset excidium. Denique rex, civitate pro suo potitus arbitrio et positis in ea custodiis, iterum in Angliam reversus est.

Quidam autem ex clericis a principio promotioni præsulis invidentes, et dolos tota die contra eum meditantes, illum apud regem graviter accusabant, nuntiantes eum conscium fuisse proditionis, quando Helias comes, consentientibus civibus, civitatem occupavit, et milites regis in munitionibus obsedit. Unde cum rex suspectum habens, et contra eum semper occasiones quærens, instanter atque pertinaciter ab eo exigebat, ut aut turres ecclesiæ, unde sibi damnum illatum fuisse querebatur, dirui præciperet, aut post ipsum, remota omni occasione, in Angliam transfretaret. Qui licet invitus, regis tamen urgente imperio, vellet, nollet, maris pericula subire coactus est, ibique eum rex iterum, stimulantibus æmulis, de turrium destructione cœpit vehementer urgere, eique ob hanc causam intolerabilem inferre molestiam. Cæterum, quo facilem et celerem effectum affectus regis obtineret, obtulit pontifici maximum pondus auri et argenti, unde sepulcrum beati Juliani honorifice, imo ad ignominiam sempiternam fieri potuisset; nam talis instabat conditio, ut statim turres ecclesiæ delerentur. Cujus pactionem toxicatam Hildebertus prudenter respuens, dixit: *Nos caremus in partibus nostris artificibus, qui tantum opus congrue noverint operari; ex hinc regiæ congruit dispositioni tam diligens opera et impensa, in cujus regno et mirabiles refulgent artifices, et mirabilem operantur cælaturam.* Verumtamen Hildebertus magnis undique coarctabatur angustiis, quia sibi et de regis offensione periculum, et de turris destructione sibi et ecclesiæ suæ imminere grande prævidebat opprobrium, propter quod a rege dilationem petebat, donec super his consilium accepisset. Qua vix impetrata, cernens sibi nequaquam esse utile in illis regionibus diutius immorari, breviter ad suam reversus est ecclesiam. Detulit plane duo preciosa cimbala, et optimam cappam de pallio, et duas pelves argenteas cum aliis ornamentis, quibus hucusque nostra ornatur ecclesia.

Interea præsul de præcepto regis vehementer anxius, de urbis incendio, de domorum et omnium rerum suarum destructione, de civium expulsione, primo tamen de clericorum, quos violentia regis ab urbe eliminaverat, dispersione mœstissimus, Dei omnipotentis clementiam jugiter precabatur, ut ab Ecclesia et populo sibi commisso iram indignationis suæ dignaretur avertere. Misertus autem Dominus afflictionis illius, indignationem suam ultra quam sperari poterat, mitigavit : et facies inimicorum ejus ignominia et confusione replevit, ut canticum eorum in luctum, et organum eorum in vocem flentium verteretur. Nam rex ille quondam opulentus, qui in virtute sua confidebat, et in multitudine exercitus et divitiarum suarum gloriabatur, qui non tantum domesticis, sed et finitimis circumquaque populis tanquam leo ferocissimus, terribilis habebatur, repente contritus, et usque ad terram humiliatus, cum omni gloria sua velut fumus evanuit. Dum enim quadam die in sylvam venandi gratia perrexisset, ab uno ex militibus qui secum ierant sagitta percussus, interiit. Quod cum comes Helias comperisset, sine mora cum populo qui eum secutus fuerat, ad civitatem venit, et eos qui in munitionibus erant rursus obsidione concludit. Qui dum novi regis adjutorium tribus mensibus et eo amplius exspectassent, et omni auxilio destitutis nullum ex parte aliqua patuisset effugium, tandem coacti de munitionibus egressi sunt; et consulis liberalitate, membrorum et vitæ impunitate donati, in patriam reversi sunt.

Pacata igitur civitate, et hostibus inde effugatis, Hildebertus Romam proficiscitur : quem Paschalis papa in notitiam suam attentius recepit et familiaritatem. Deinde illo Apuliam Siciliamque progresso, ei universi, quasi angelo Dei, honorem exhibebant et reverentiam. Dux enim Apuliæ, et avunculus ejus comes Siciliæ Rogerius, audita fama scientiæ præsulis et honestatis, illum cum maximo honore et incredibili reverentia susceperunt. Inde vero Rogerius dux ccc libras thuris pretiosi propriis confecit manibus, et per ipsum sancto Juliano cum maxima balsami quantitate, et cum quinque palliis pretiosis, et vinagiis argenteis et deauratis, et acerra argentea, cujus materiam artificium superabat, destinavit. Rogerius etiam comes Siciliæ ad faciendum opus Beati Juliani centum uncias auri, ad victum canonicorum decem libras Cenomanensis monetæ delegavit. In eisdem quoque regionibus erat quædam sancta et nobilis matrona, quæ visione angelica sæpenumero inspirata, in honore et nomine patroni nostri piissimi Juliani cœnobium construxerat; et hæc socios præsulis itineris ignaros, et noctis tenebris per quæque devia oberrantes, honestæ hospitalitatis gratia donavit, et quoddam pallium nostræ transmisit ecclesiæ; et hic beatus hospitalis Domini invocantibus se non defuit Julianus. Præterea ab episcopis et cæteris optimatibus ejusdem provinciæ idem Hildebertus multis diversi generis muneribus honoratus, tandem ad Ecclesiam suam cum pace et gaudio remeavit, magnamque partem eorum quæ secum detulerat, ecclesiis civitatis prudenti dispensatione distribuit, cætera in ecclesiæ restauratione et domorum episcopalium constructione abundanter expendit. Ipse enim easdem domos de occidentali parte in orientalem partem ecclesiæ transtulit, easque juxta Sancti Salvatoris ædem, in loco ubi aula domini Gervasii præsulis antiquitus fuerat, decenti opere collocavit. Qui etiam in villa episcopii sui, quam Viriacum nominant, tribus ferme milliaribus ab urbe distante, auiam lapideam cum cubiculis et cellario construxit, eamque terris, vineis, decimis augmentavit. Ipsius igitur consilio ac diligenti exhortatione, liberalis comes Helias lectum, in quo sancti Juliani beata membra requiescunt, auro decoravit et argento; concessit etiam nostræ ecclesiæ quidquid antecessores sui Hugo comes, Herberti filius, et Willus [seu Willelmus], rex Anglorum, et Hugo comes, marchisi filius, suis temporibus eidem contulerant ecclesiæ, diablagium videlicet, consuetudines, exactiones, et quæcumque in claustro, in episcopalibus domibus, et apud Colonias, et in tota terra canonicorum, quæ infra Quintam continetur, obtinere dicebatur, juste vel injuste, excepto raptu atque incendio. Præter hæc concessit quidquid ejus socer Gervasius de castro Lid in terra episcopi et canonicorum, quæ ultra Idoneam fluvium est, beato contulerat Juliano. Denuo omnes sacerdotes et clericos ab omnibus costumis et publicis exactionibus immunes instituit esse et quietos. Ad ædificationem vero nostræ ecclesiæ cxlvii aureos dedit, et ad componendum thuribulum quotidianarium ii marcas argenti, et canonicis v marcas. Præterea ad unam crucem faciendam l uncias puri auri moriens beato Juliano dereliquit : de quo postmodum Hildebertus crucem magnam, gemmis et emblematibus illustratam, composuit. Ex eo itaque tempore constructioni ecclesiæ attentius insistebat.

Ea fere tempestate, dum comes Rotrocus Perticensis in turri Cenomanica captus teneretur, et idem episcopus ad eum trepidum mortis accessisset, delicta confitetur, flagitat véniam, sua largitor, disposita confirmat testamento. Rogat ut ipse matrem ejus adiret, et de testamento testimonium perhiberet, ne alicujus ingenio posset adnullari. Episcopus vero comitis precibus permotus, cum Hugone decano et Fulchardo cantore Novigentum progreditur. Quibus primo a matre comitis osculum pacis porrigitur, et coram eis devote testamentum confirmatur. In crastinum Hubertus Capreolus, dapifer ejusdem comitis, existimans decanum captionis comitis conscium exstitisse, episcopum cum omnibus suis cepit, eosque carcere mancipavit. Qui vero hujus rei seriem certius voluerit cognoscere, in epistolis ejusdem pontificis plenius inveniet. Sed de his hactenus.

Adam, plane vir honestæ conversationis et vitæ, ex nostra diœcesi oriundus, et tunc sancti sepulcri Domini canonicus, per R. vicecomitem et G. de Braitello quamdam crucem ecclesiæ nostræ transmisit, in qua duæ cruces de ligno in quo Dominus Jesus passus est, locantur; supra secundam crucem lapis de monte Oliveti inde quo Dominus cœlos conscendit, positus est; dextera lapis de Gethsemani, ubi Dominus cæsus est; subtus lapis de petra Calvariæ quæ in passione Redemptoris scissa, et ejus cruore superfusa est; lapis de sepulcro Domini in majori continetur foramine. Hanc igitur Hildebertus in canticis et organis, et lacrymarum inundatione, clero astante et populo, suscepit, eamque in matrem ecclesiam cum qua decuit reverentia collocavit, anno Domini 117, feria tertia Paschæ.

Per idem fere tempus, in adjacentium finibus regionum surrexit quidam hypocrita, quem propria actio, mores perversi, dogma detestabile scorpionibus et parricidalibus dignum protestantur suppliciis. Is enim ovium spoliis lupi rapacis rabiem occultans, vultus et oculorum incitatione mari conformis naufragoso, coma succinctus, intonsus barba, corpore procerus, pernix incessu, nudis humo, bruma debacchante, serpens vestigiis, expeditus affatu, terribilis sono, juvenis ætate. Nullus ei nitor in vestitu, victus ejus a publico in promptu dissimilis, hospitium in ædibus burgensium, mansio in porticu, cœna, cubile in cœnaculo; minime siquidem ad instar Danielis prophetæ, sed juxta illud : *Mors intravit per fenestras vestras.* Quid multa? Idem namque miræ sanctitatis et scientiæ circumquaque rumore, non merito; falsitate, non vero habitu erat celebrior; non moribus, non religione, sed opinione. Matronæ etiam atque impubes pueri (nam utriusque sexus utebatur lenocinio) pro varia vice huic accedentes, excessus suos profitentur; sed augmentant, plantas ejus, clunes, inguina tenera manu demulcendo. Isti plane tanti viri lascivia exhilarati, et adulterii enormitate, publice testabantur nunquam se virum attrectasse tantæ rigiditatis, tantæ humanitatis et fortitudinis : cujus affatu cor etiam lapideum facile ad compunctionem posset provocari. Hujus itaque religionem et cœlibem vitam monachi, et viri anachoritæ, et universi regulares deberent imitari. Asserebant quoque sibi a Domino Deo antiquam et authenticam prophetarum collatam fuisse benedictionem, et spiritum quo mortalium excessus cæteris incognitos, visa tantum eorum facie, cognosceret et proderet. Cum hujusmodi fama nostram afflaret regionem, populus propria levitate proprio applaudens detrimento, quotidie et tota die illius illudi confabulationibus suspirabat et ejus adventum, quo citius posset hæresis suæ consors in remotus (47) fieri et particeps. Solet enim accidere multoties, quod plerisque ea sunt gratiora quæ sibi magis officiunt. Cæterum hoc volvenda dies en attulit ultro. Ipse enim nostros compatriotas viperino afflatu suo

---

disponens inficere, eidem episcopo duos ex discipulis suis, tam vita quam habitu sibi similes, ad instar Salvatoris ante faciem suam destinavit, qui cum die Cineris nostræ suburbia civitatis attigissent, eos plebs universa malo fervens proposito, tanquam Dõmini universitatis angelos susceperunt. Gerebant ex doctoris consuetudine baculos, vexillum crucis, in quorum vertice ferro fabricatum erat infixum, colore et exteriori conversatione speciem prætendentes pœnitentium. Hos idem pontifex, vir maximæ pietatis, minus Argolici equi formidans insidias, blande recepit et devote, eisque hilarem frontis gratiam exhibuit et liberalitatis. Et quamvis Romanum iter assumpsisset, tamen inter cætera suis injunxit archidiaconis, ut illi pseudoeremitæ Henrico (hoc enim nomine vocabatur hæreticus) pacificum ingressum, et licentiam sermocinandi ad populum permitterent. Quo mœnia civitatis ingresso, vulgus solito more, ut diximus, applaudebat novitati, et potius personam mirabatur incogniti quam probati. Quid mirum? æstimabant illum suam honestate famam excedere, cui rumor præconio, quo frequentius utitur, excellebat. Cujus schismate, factionibus, privatis largitionibus, plerique clericorum excæcati, plebeculæ declamationibus alimenta ministrabant, tribunal præparantes, unde concionator ille turbas alloqueretur obsequentium sibi populorum. Cæterum, dum orationem haberet ad populum, eisdem clericis ad pedes ejus residentibus et silentibus, tali resonabat oraculo, ac si dæmonum legiones uno hiatu ejus ore murmur exprimerent. Verumtamen mirum in modum facundus erat, cujus sermo ita mentibus vulgi per aures infusus hærebat, quasi recens venenum interius membris indagatis, circa vitalia totis collectis viribus cum vita inexorabile exercens odium, se inflectit avidius, jugiterque degrassatur. Qua hæresi plebs in clerum versa est in furorem, adeo quod famulis eorum minarentur cruciatus, nec eis aliquid vendere, vel ab eis emere voluissent; imo habebant eos sicut ethnicos et publicanos. Præterea non tantum ædes eorum obruere, et bona dissipare, sed illos lapidare, aut affigere patibulo decreverant, nisi princeps et optimates ejus, cognita illorum nequitia, nefandis ausibus suis, vi potius, quam ratione (bellua enim rationem non admittit) resisterent. Quidamque ex clericis in eadem urbe manentibus, Hugo scilicet de Osello, et Willus Quinonbibitaquam, et Paganus Aldricus, cum quadam die ad eum gratia disceptandi accessissent, vehementer verberati, et in buccis, in luto et in cœno contumeliose obruti et sordidati, vix sine mortis discrimine impetum furiosæ plebis potuerunt sustinere; imo postquam evaserunt periculum, eorum profectio similis fugæ videbatur. Illi enim ab ipsis comprehensi, nullatenus evasissent periculum, nisi comitis et optimatum ejus patrocinio latebras subire potuissent.—Nam, sicut dictum est, princeps civitatis illorum errori resistens, nullatenus a clericorum tuitione volebat resilire. Clerici vero per quemdam canonicum eidem hypocritæ litteras, quia viva voce cum eo loqui non audebant, in hunc modum transmisere:

‹ Ecclesia nostra te et socios tuos in vestimentis ovium venientes, sed intrinsecus lupi rapacis molientis insidias, cum pace recepit et honore. Ipsa etiam tibi affectum et effectum fraternæ charitatis exhibuit, existimans quod populum de salute animarum fideliter commoneres, et semen verbi Dei in cordibus eorum sinceriter seminares; sed ut pro pace iram, pro honore opprobrium, pro charitate odium, maledictionem pro benedictione perverso ordine reddere, et Ecclesiam Dei fallacia tua perturbare præsumpsisti; nam inter clerum et populum discordiam seminasti, ac seditiosæ plebis multitudinem cum gladiis et fustibus adversus matrem Ecclesiam traditione decies iterata commovisti; nobis osculum Judæ porrexisti, nosque et universum clerum publica injuria hæreticos appellasti: insuper,

quod pejus est, multa contra fidem catholicam, quæ fidelis Christianus retractare exhorrescit, perniciose et infideliter protulisti. Igitur ex auctoritate summæ et individuæ Trinitatis, et totius orthodoxæ Ecclesiæ, et sanctæ Dei genitricis Mariæ, et sancti Petri apostolorum principis, et vicarii ejus reverendi patris nostri Paschalis papæ, atque antistitis nostri Hildeberti, tibi sociisque tuis male et damnose errori tuo blandientibus, penitus prohibemus, ne in toto Cenomanensi episcopatu ulterius, nec privatim, nec publice prædicationem facere, nec perversorum dogmatum ineptias propagare præsumas. Si vero contra tantam auctoritatem usurpaveris nefandis faucibus tuis dehiscentibus denuo virus elicere, eadem auctoritate ejusque privilegio suffulti, excommunicamus te, omnes complices, fautores et adjutores tuos; et ipse, cujus divinitati non desinis contraire, te in die districti judicii æterna maledictione faciat mancipari. ›

Ille vero apices minime recepit; sed Willus Musca seriem litterarum coram eo retulit. Huic sane supplicium astantes minabantur; nam in propatulo, ut sibi visum fuerat, Henrico audacter opprobria ingerebat. Henricus plane singulis litterarum distinctionibus caput mutando: *Mentiris*, iterabat. Sane nisi dapifer consulis illic adesset, cujus conductu Willelmus iter illud sumpserat, nunquam vivus ad matrem remearet ecclesiam. Illis ita gestis, nec minus apud Sanctum Germanum et Sanctum Vincentium sacrilegos agebat conventus, ubi dogmatizabat novum dogma, quod feminæ quæ minus caste vixerant, coram omnibus vestes suas cum crinibus nudæ comburerent; nec quilibet amplius aurum, argentum, possessiones, sponsalia cum uxore sumeret, nec illi dotem conferret; sed nudus nudam, debilis ægrotam, pauper duceret egenam, nec curarent sive caste, sive inceste connubium sortirentur. Dum ea, sicut in posterum dixerat, agerentur, ille quid singulæ haberent venustatis mirabatur, quæ cæteris candore excelleret, vel nitore corporis splendidior haberetur. Ex jussu tamen illius plebis actio pendebat universa et affectus. Tanta auri, tanta argenti affluentia, si vellet, redundaret, ut opes omnium solus videretur possidere. Licet plane multa reciperet, tamen parcebat cupiditati, ne nimis ambitiosus videretur. Verumtamen plura sibi retinens, pauca ad restaurationem pannorum, qui, ut dictum est, incensi fuerant, conferebat. Ejus quoque admonitu multi juvenum ducebant venales mulieres, quibus ipse pannos pretio quatuor solidorum emebat, quo nuditatem suam tantummodo supertegerent. At verus Judex opibus quassatis hæretici, cæteris innotuit qualis esset arbor, folia proferens sine fructu: quæ tamen occupat terram, et quæque circumquaque germinantia exstinguit, nesciens exspectare hiemem, sed æstate arescit et moritur. Juvenes enim qui nequam ejus consilio uxores acceperant, parvo temporis dilapso curriculo, aut fame, aut stupro compulsi mulierum, ad alias partes transvolabant, feminas relinquentes totius egentes auxilii. Sicque illi aliis in adulterio adhærebant, et ipsæ adhuc maritis suis superstitibus, aliorum connubia illicite exspectabant. Nemo enim ex illis qui ejus exhortatione conjugium inierunt, cum multi essent, unquam uxori suæ, vel viro conjux fidem exhibuit, vel reverentiam; vel quælibet alia mulier, quæ fornicationi, deliciis vestimentorum, jurejurando abrenuntiasset, potuit se continere: sed in dies augmentando facinora, in deteriora delapsa est.

Hæc et multa his similia exactor ille jugiter perficiens, adventu cognito antistitis, qui, sicut prælibavimus, Romam profectus fuerat, secessit in castrum Sancti Karileli, ibique et in locis circumpositis morabatur, nequaquam incœpto desistens, sed quotidie ad quæque pessima innovatus.

Nam sacratissimo die Pentecostes, cum etiam parvuli fideles officiis soleant divinis devoti interesse, ipse miserrimus omnium, ascito sibi quodam adolescente clerico, cujus indicio postea tota illius petulantia denudata est, clam secreto noctis silentio ad domum cujusdam militis proficiscitur, ibique cum matrona domus in thalamo luxuriose tota die usque ad meridiem immoratur. Sic nec timore divino, nec pudore hominum lasciviæ suæ voluit temperare, donec enormitatem sui facinoris finitimis et exteris populis innotesceret. Iis ita pertractatis, et præfato pontifice, multa maximaque clericorum suorum stipante caterva, suburbia civitatis ingresso, et signum Dei vivi paterno affectu, ore et manu pingente in populum, felle cordis et sermonis in injuriam Creatoris commoventur, ejus signaculum et pontificalem respuentes benedictionem : « Nolumus, inquiunt, scientiam viarum tuarum ; nolumus benedictionem. Cœnum benedic, cœnum sanctifica ; nos habemus Patrem, habemus pontificem, habemus advocatum, qui te excedit honestate, excedit scientia. Huic cleri iniqui, clerici tui adversantur, ejus doctrinæ contradicunt ; hunc quasi sacrilegum detestantur et respuunt, verentes quod eorum scelera denudaret prophetico spiritu, et hæresim suam, et corporis incontinentiam privilegio condemnaret litterarum. » Sed hæc omnia sine dilatione in eorum capita redundabunt, qui sancto Dei vocem cœlestis prædicationis, nescimus qua confisi audacia, interdicere præsumpserunt. Episcopus autem misertus erroris eorum et inscientiæ, opprobria ab eis sibi illata clementer sustinuit, Deum majestatis assidue exorans, ut plebis errorem admistum elationi compesceret, ne Ecclesiæ suæ schisma inferre potuissent. Sed juxta vocem Psalmistæ pro salute delinquentium exorantis : *Imple facies eorum ignominia, et quærent nomen tuum, Domine* (Psal. LXXXII, 17); idem Dominus Deus repentino incendio maximam partem suburbiorum civitatis permisit comburi, ut saltem temporali jactura malum propositum suum deponerent, et nomen sanctificatum, nomen Dei vivi invocarent. Pontifex vero illud Prophetæ recinens : *Quam magna multitudo dulcedinis tuæ, Domine, quam abscondisti timentibus te* (Psal. XXX, 20), paucis evolutis diebus seductorem adiit, et ejus impietatem divina auctoritate continuit. Cum vero simul inirent colloquium, episcopus sciscitatur cujus meriti sortitus esset professionem. At ille ignorans quid esset professio, obmutuit. Denuo requirente episcopo cujus ordinis fungeretur officio, ait ille : « Diaconus sum. » Tunc episcopus : « Profer igitur si hodiernis interfuisti mysteriis. » Respondit : « Non. — Pangamus ergo Domino Deo hymnos matutinales. » Quibus incœptis, Henricus profitetur se dietam ignorare. Episcopus tamen volens omnino ejus reserare inscientiam, Dei Genitrici solitos psalmos canere cœpit. Horum quoque nec versus noverat, nec seriem. Sicque rubore confusus, vitam suam, genus dogmatizandi, et præsumptionem profitetur. Revera rixa erat, nullam adeptus scientiam, sed totus deditus petulantiæ, tamen sermocinandi ad populum, et tesseras jaciendi notitiam prosecutus. Hinc scriptum est : Vera gloria radices agit atque propagatur : ficta omnia celeriter transeunt, et tanquam flos feni decidunt, nec quidquam simulatum potest esse diuturnum. Veruntamen episcopus cognita levitate et impietate Henrici, apostolica sibi prohibuit auctoritate ne ipse amplius in episcopatu suo permaneret, sed ad alias partes, nostris parcens, gressus dirigeret. Ille vero convictus industria pontificis, clam aufugit, et cæteras regiones, nisi ocior esset fama, simili modo perturbaret, et viperino hiatu suo inficeret. Hæc de Henrico adnotavi, et gestis Hildeberti inserui ad com-

(48) Gallice, *une foire.*

modum et doctrinam posterorum, ut caveant ne Ecclesia Christi aliquando hujusmodi erroribus valeat perturbari. Denique idem Hildebertus modis omnibus procuravit, qualiter furorem plebis ratione pariter et humilitate mitigaret, quam Henricus contra clerum seditiose concitaverat. Eos enim Henricus sic sibi illexerat, quod vix adhuc memoria illius et dilectio a cordibus eorum deleri valeat vel depelli.

Hildebertus autem opus Ecclesiæ, quod per longa tempora protractum fuerat, suo tempore insistens consummare, dedicationem ultra quam res exposcebat accelerans, multa inibi necessaria inexpleta præteriit. Anno plane Domini 1120 in octavis Paschæ, die scilicet majoris letaniæ, consecravit eam in honore et nomine sanctæ et gloriosæ, semperque virginis Mariæ, et beatorum martyrum Gervasii et Protasii, et piissimi confessoris Juliani. Statuit quoque in octavis Paschæ ejusdem dedicationis anniversarium per annos singulos solemniter celebrari. Archiepiscopi vero, episcopi plures cum abbatibus et multis viciniarum Ecclesiarum personis venerabilibus, in hac consecratione adfuerunt. Guillebertus Turonensis archiepiscopus, vir genere generosus, persona conspicuus, ætate juvenis, virtute animi et actuum probitate cæteros antecedens, consecravit majus altare in honore et nomine Domini Salvatoris et beatæ Mariæ ejus genitricis, et sanctorum martyrum Gervasii et Protasii. Gaufridus vero Rothomagensis archiepiscopus, qui nostræ decanus fuerat ecclesiæ, et in quo litterarum scientia, morum maturitas, discreta justitia, ordinata fulgebat liberalitas, festivus consecravit altare sepulcri beati Juliani in honore et nomine ejusdem confessoris. Noster sane Hildebertus, cujus laudes in præsenti pagina continentur, consecravit altare quod est in superiori et digniori crypta, in honore et nomine sanctæ et gloriosæ, semperque virginis Mariæ, et omnium sanctorum. Marbodus quoque Redonensis episcopus, senio confectus, obtutu orbatus oculorum, sed virtute animi, subtilitate ingenii, salubri consilio, consummata sapientia fulciens infirmitatem corporis, consecravit altare quod est in dextro membro ecclesiæ, ad nomen et honorem sanctorum Petri et Pauli et omnium apostolorum. Reginaldus Andegavensis episcopus, homo versutus, qui postmodum sua industria in tantum Ludovici regis Gallorum sortitus est familiaritatem, ut ab eo Remensis archiepiscopus substitueretur, consecravit altare Crucifixi in honore Salvatoris, et in commemorationem sanctæ Crucis. Hæc autem consecratio eadem die eademque hora generaliter, ut diximus, celebrata est. Cujus consecrationi interfuit comes Andegavensis, scilicet Fulco, Fulconis filius, et venerabilis comitissa uxor ejus Aremburgis, filia comitis Heliæ, quam paterno jure comitatus Cenomanensis contingebat. Qui scilicet Fulco ac præfata Aremburgis cum a præscriptis rogarentur episcopis ut de redditibus suis ad honorem Dei et salutem animarum suarum aliquid providerent, quo velut dotalitio quodam consecrata donaretur Ecclesia, juxta petitionem eorum se facturos promiserunt.

Deinde paucis diebus evolutis, idem comes et comitissa Cenomanis venerunt, et una cum multis baronibus matrem ingressi ecclesiam, ante altare beatissimi Juliani, præsentibus episcopo Hildeberto et ejusdem ecclesiæ canonicis, dederunt beato Juliano unam feriam (48) in civitate Cenomanensi in anniversario die consecrationis matris ecclesiæ, tribus continuis diebus celebrandam, scilicet die Sabbati, et die Dominica, et die Lunæ. Dederunt etiam omnes redditus illorum trium dierum quoscunque, vel quocunque modo comes habebat in civitate, vel in burgis, tam in consuetudinibus

quam in forfactis, nihil omnino eorum sibi retinentes, præter effusionem sanguinis in illos malefactores, qui censura curiæ premuntur. Quidquid
autem pecuniæ apud latrones vel forfactores inve-
nietur, in peculiari composito ipsius forfacti ecclesiæ erit; effusio autem sanguinis curiæ ministris
ascribetur. Hujus sane donationis medietas episcopalem spectabit mensam, alia vero in usum cedet canonicorum. Fecit autem hoc donum, sic scriptum est, una cum comite, ipsa etiam comitissa,
quod filius eorum Gaufridus concessit. Porro cum
recitatum esset istud donum tam baronibus, quam
populo, et ab omnibus approbatum, ipse comes assumens filium suum Gaufridum, et de terra elevans inter brachia sua, posuit super altare beati
Juliani, offerens ei et ipsum puerum, et per eum,
et in ipso præfatum beneficium adjungens, hoc audiente populo : « Tibi, sancte Juliane, meum filium
commendo, et terram meam ; tu utriusque sis protector et defensor. » Relinquens igitur præfatum
puerum super aram, atque uberrimis perfusus lacrymis, recessit, brevi intervallo Jerosolymam, sicut disposuerat, profecturus.

In his diebus erat in Apulia miles quidam, nomine
Gaufridus, filius Gaufridi de Meduana, unus scilicet
ex nostræ regionis primoribus, argento et auro, et
magnarum possessionum divitiis, quas in illis partibus acquisierat, opulentus, qui ob amorem et memoriam patriæ suæ, capellariam suam, id est quædam pretiosa ornamenta, quæ in capella sua habebat, Deo et sanctissimo patrono nostro Juliano
voverat se daturum. Is ergo Jerosolymam profecturus, misit episcopo nostro litteras suas, in quibus
continebatur ut ei aliquos de clericis suis mitteret,
viros fideles et industrios, quibus ornamenta illa
tuto possent, et sine aliqua fraudis suspicione committi. Quo nuntio episcopus lætus et hilaris effectus,
misit illuc duos ex canonicis nostræ ecclesiæ Gervasium archidiaconum Paganellum, et Hugonem de
Lavarzino, tunc temporis archipresbyteri officio
functum, tradens eis abunde stipendia quæ tanto
itineri necessaria videbantur. Qui injunctum sibi
negotium strenue peragentes, et omnia, sicut vir
ille mandaverat, absque difficultate recipientes, cum
ornamentis illis prospero itinere ad ecclesiam nostram, divina gratia comitante, reversi sunt. Episcopus autem, cognito eorum adventu, cum ecclesiastico apparatu et festiva cleri et populi processione, extra civitatem eis lætabundus occurrit, et
tam sancta tamque pretiosa munera cum qua decuit
veneratione suscipiens, cum ingenti cleri plebisque
gratulatione in secretario matris ecclesiæ collocavit. Erat ibi imprimis quædam aurea tabula, in qua
erat iconia sancti Demetrii martyris, miro artificio
mirifice fabricata ; cujus materiam, licet auream,
mirabilis artificii excellentia mirabilius superabat.
Ibi quoque thesaurus incomparabilis, thesaurus desiderabilis signatur, scilicet quædam uncia (sic)
ejusdem martyris, cum dente sancti Joannis Baptistæ, et quidam capillus gloriosissimæ Dei Genitricis:
tabula etiam altaris in itinere deportanda, auri simul
et argenti, ex utraque laminis vestita ductilibus. Ibi
nempe una costarum recluditur protomartyris Stephani. Deinde duo libri, unus Evangeliorum, alter
missalis, auro et argento purissimo elegantissime
decorati. Præterea duo candelabra argentea optime
deaurata, sed melius fabricata, cum thuribulo argenteo, et duobus baculis similiter deauratis, et
cruce argentea auro et gemmis illustrata, et calice
argenteo interius exteriusque deaurato, necnon duæ
pretiosæ planetæ optimo aurifrisco adornatæ, et duo
annuli aurei pontificales, cum duabus cappis sericis,
et quodam palliolo et mantili, et alba, et stola, et
manipulo. Idem vero Gaufridus Jerosolyma reversus,
ad ostendendum quantam devotionem, quantumque
affectum erga beatum habebat Julianum, causa
peregrinationis Cenomanis advenit. Cujus adventu

præcognito, Hildebertus cum personis Ecclesiæ suæ
et primoribus civitatis illi festinanter occurrerunt,
et hilarem frontis gratiam et liberalitatis prætendentes. Interea interius quibusque pretiosis ecclesia
parata, et universo lumine accenso, et thesauro
prælibato super majus altare imposito, Gaufridus
processione humiliter refutata, ad limen sibi dilectæ
et diu desideratæ pervenit ecclesiæ. Ille vero ecclesiam devote ingressus, suam orationem, ut, credimus, peroravit, et patrono suo duo vexilla obtulit,
utrinque decenter auro interlita. Hildebertus autem
et canonici ejus cum eum summa reverentia et
honore in ædibus episcopalibus susceperunt, sibi
et suis ad vota sua hilariter necessaria ministrantes.

Tantis ergo divinæ gratiæ beneficiis Hildebertus
animatus, cœpit et ipse divinæ bonitati pro modo
cooperator existere, et ecclesiam libris, palliis,
cappis, et sacerdotalibus atque leviticis indumentis,
et pretiosissimis ad chorum parandum dorsariis,
sive scamnatibus, laudabiliter cum januis ante chorum adornare. Tabulam quoque altaris sanctorum
martyrum Gervasii et Protasii, simul et beatissimi
Juliani, partim ex argento, quod bonæ memoriæ
domnus Hoellus episcopus antecessor ejus ad hoc
opus reliquerat, partim ex eo quod ipse aliunde
acquisierat, pro qualitate temporis honorifice restauravit. Fecit etiam ex proprio suo duas capsas, auro
et argento pulcherrime circumtectas, in quibus
sanctorum Turibii atque Victoris, necnon et Sancti
Innocentis, et aliorum ecclesiæ nostræ episcoporum reliquias, et sanctæ Tenestinæ et Adæ, et sancti
Hilarii presbyteri, solerter consignavit. Aliorum
quoque sanctorum corpora, quæ in secretario ecclesiæ in quibusdam thecis jam vetustate consumptis
invenerat, in sarcophago lapideo retro altare beatæ
Mariæ in superiori sede cryptæ cum debita reverentia collocavit.

Sane sana dispositione Hildebertus, prudens ac
diligens sibi et universis suis canonicis, penna contemplationis ad æthera scandens, charitatis jecit
seminarium, quod inter et super omnia ejus opera
honestatis pariter et religionis emicat splendore et
liberalitatis. Hoc plane beneficium suis præponderat
excessibus; et quanto discretionis oculo perpendi-
tur, tanto rationi proximum invenitur. Statuit enim
in capitulo matris ecclesiæ, cunctis canonicis assensum præbentibus, quatenus pro anima uniuscujusque canonici, a die obitus sui, usque ad anniversarium præbendæ, quam vivens obtinuerat, ex
integro reditus per quinque et quinque sol. distri-
buerentur sacerdotibus ecclesiæ, qui minime sunt
canonici. Ipsi nempe missam, horas, vigilias defunctorum singulis diebus totius anni curriculo bini et
bini per xxx dies pro ejusdem fratris anima Domino
Deo nostro in nostra matre ecclesia honeste et
regulariter decantarent : et si reditus præbendæ
hujusmodi excederet eleemosynam, illud incrementum pauperibus et ædificationi Cenomanis ecclesiæ
conferatur. Præposituras etiam ecclesiæ, quæ ex dono
episcopi canonicis, sicut archidiaconatus, in camera
pontificali conferebantur, nostro dimisit capitulo,
ita ut ipsæ in obedientias verterentur, nec aliquis
eas tenere potuisset, nisi assensu totius capituli.
Præterea dedit cereum, quem episcopus habet pro
censu de castro Lid, ad xviii cereos faciendos, qui
sunt super januam chori. Hujus etiam ope et vigi-
lanti studio, plurimæ ecclesiæ, quas laicorum violentia de jure ecclesiæ nostræ olim subtraxerat, ad
ejusdem ecclesiæ dominium revocatæ, et ad victum
canonicorum, ipso disponente atque concedente,
deputatæ sunt. Ecclesiam scilicet de Doreta, ecclesiam de *Jublent*, ecclesiam Sanctæ Mariæ de Gur-
zenna, ecclesiam Sanctæ Mariæ de Nova Villa, ecclesiam de Ponciaco, ecclesiam de Ruilliaco, ecclesiam
de Troo, capellam Sancti Quintini, ecclesiam Sancti
Georgii de Plano, ecclesiæ Sancti Joannis de Arceis

mediétatem, ecclesiam de Cergiaco, ecclesiæ de *Colans* mediétatem, ecclesiæ de *Monholdol* mediétatem, ecclesiæ de Novigento mediétatem, ecclesiæ de *Trouchet* mediétatem, in parochia de *Brens* tantum terræ quantum duo boves arare possunt. Erant autem in ipsa parochia quædam aliæ ecclesiæ, de quibus non poterat eas ex integro in dominium matris ecclesiæ revocare. Statuit ut inde annis singulis census nostris redderetur canonicis, scilicet de ecclesia Audoeni v sol., de ecclesia de Assioco v sol., de ecclesia Sancti Vulfacii v sol. Ad mensam suam ecclesiam Sancti Simeonis de Passeio, et ecclesiam de Celsiaco, quæ sunt episcopii, retinuit. Nomina vero earumdem ecclesiarum huic opusculo inserui, quatenus quicunque hæc legerint, Hildeberti piam memoriam devotius studeant celebrare. Oratorium etiam cum revestiario, ad tuitionem et defensionem ornamentorum ecclesiæ a novo fundavit, et forniceo opere cooperuit, ne reliquiæ sanctorum, vel thesaurus ecclesiæ posset aliquando incendio populari, sive latrocinio.

Si a nobis Tullianæ torrens eloquentiæ proflueret, vix Hildebertum dignis laudibus possemus extollere, licet nostra commendatione non egeat. Hujus enim fama subtilitate carminis longe lateque in tantum noscitur excrevisse, ut in extremis partibus et ignotis frequentior servi notitia, quam reginæ, præsulis, quam Ecclesiæ habeatur et potior. Ita per cum titulus sanctitatis Ecclesiæ et antiquitatis exteris gentibus cognitus est, cui ipsa dignitatem contulerat, commiserat prælaturam. Rexit siquidem eam annis XXIX, et mensibus VI, cui tam honeste præfuit et discrete, ut ad arcem excellentioris dignitatis divina assignatione merito sit vocatus.

Ea quidem tempestate Guillebertus Turonensis metropolitanus moritur. Cujus sedis Hildebertus sortitus apicem, concedente Ludovico rege Francorum, Cenomanensibus et Turonensibus clericis et populis devotum præbentibus assensum. Hunc tamen nec collati honoris elatio, nec opum affluentia, nec carnalis luxus prostravit titillatio. Ætatis enim semper pariter et ordinis conservabat dignitatem. Tandem vero XV Kal Januarii in senectute bona, spiritu lætus et alacer, astris animam, artus urnæ reddidit, et sepultus est Turonis ad honorem nominis Dei in dextro membro ecclesiæ Sancti Mauricii. Rexit quoque feliciter eam 'em Turonensem Ecclesiam VI annis, et mensibus sex, et fuit vita ejus quasi LXXX annorum. Cujus animæ clemens et misericors Dominus requiem et lucem tribuat sine fine. Amen.

Porro hujus temporibus abbatia Sancti Georgii de Bosco restaurata est, quæ antiquitus destructa fuerat. Hæ vero a novo fundatæ sunt ; monasterium de Carnia, et de Fonte Sancti Martini, ecclesia de Fonte Gihardi, ecclesia Sancti Martini de Luccelo, ecclesia Sanctæ Mariæ de Bello Loco.

DOCTISSIMI D. LOYAUTÉ

IN SUPREMA PARLAMENTI PARISIENSIS CURIA PATRONI

NOTÆ

In præcedentia Cenomanensium episcoporum Gesta.

ADMONITIO. — *Quamvis in his notis nonnulla occurrent quæ ad Vitam venerabilis Hildeberti parum aut nihil conducere videantur, nihil tamen ex iis subtrahendum duximus, cum ipsa quodammodo extranea, multa authentica exhibeant antiquitatis monumenta, quæ, ut perfectissimam rerum antiquarum, qua pollebat auctor, notitiam probant, ita studioso lectori non modicam et lucem et oblectationem parere poterunt.*

Col. 10, lin. 89. — *Cenomanensis Ecclesiæ scholarum magister.* Triplici officio et munere magistri scholarum, seu cancellarii, qui sono tenus differunt fungebantur. Docebant enim clericos litteras; deferebatur eis præterea hæreticorum et excommunicatorum præconium. Ac tum demum monumenta scripturarum ad res Ecclesiæ pertinentium conficiebant. Quod scholas habuerint, vulgo notum est : inde grammaticorum nomen alicubi adepti sunt. Abjecto vero docendi onere, titulos non exuisse ; imo scholarum curam retinuisse res ipsa loquitur. De cancellario Parisiensi habes epistolam Alexandri III, quæ est XVIII editarum tomo IV Histor. Franc. qua mandat Petro cardinali, apostolicæ sedis legato, ut jam senescentem et evanescentem reipublicæ litterariæ disciplinam, in pristinum splendorem, habita tamen prius auctoritatis Petri cancellarii Parisiensis ratione, reducat, et reformet : « Super regimine scholarum Parisiensium, ait pontifex, quod tibi visum fuerit, ita quod personam jam dicti Petri non excedat quod exinde feceris, circumspecta diligentia provideas, atque disponas. » Qualia autem fuerint magistri scholarum Ecclesiæ Cenomanensis in docendo munia, apertissime planissimeque explicat auctor Vitæ Guidonis, qui post Ildebertum Cenomanensis fuit episcopus etiam scholarum magister : « Guido idcirco a doctrina clericorum nolebat abstinere, alumnis et subjectis prodesse desiderans dum poterat. Juxta illud Apostoli : «Dum tempus habemus, « operemur bonum ad omnes.» Circa divinum officium sic erat sollicitus, quod semper, nisi causa inevitabilis præpedisset, nocturnis horis adesset, et diurnis. Infantes quoque cum junioribus, qui in choro deserviunt, docuerat binos et binos singulis hebdomadibus, tam ad nocturnas quam ad missam responsoria decantare, canonice sacerdotibus ministrare semper sub silentio, demisso vultu, ordinatis vestibus horis adstare canonicis. Eos nempe divinis canticis, et cæteris ecclesiasticis officiis attentius erudivit. Rebelles vero et negligentes modo verbere, modo clementia hortabatur, quatenus bonis artibus animum applicarent. Hoc enim sui juris erat. Nam præcentores cum magistris scholarum ad hoc in Ecclesia constituuntur, quo eorum dispositione canonicum ibidem competenter celebretur officium, pueros quoque et adolescentes firma coerceant disciplina, ne illorum incuria, vel procacitate, contemptus ibi possit pullulare, aut scandalum. » Si vero severior coercitio omnium auribus et conscientiæ evulganda esset, cancellarii et magistri scholarum præconio innotescebat; quod satis indicant vel hæc Galonis Parisiensis episcopi, cap. 9 Constitutionum anni 1105 : « Quod si forte non realiter resipiscere voluerint, extunc per cancellarium, qui pro tempore fuerit, excommunicati denuntientur. » Quæ per manus tradita disciplina, a primis Ecclesiæ temporibus in ea usque perdurasse videtur: nihil enim aliud ἀποκήρυξις, de qua Eusebius lib. v Historiæ eccles., cap. 25, quo loci Victor publico præconio abdicatos et alienos a communione sua Orientis episcopos declarasse dicitur : ᾽Ακοινωνήτους ἄρδην πάντας τοὺς ἐκεῖσε ἀνακηρύττων ἀδελφούς. Ut et lib. vi, cap. de Novato : Καὶ τῷ χρῆναι εὐλόγως τῆς καθολικῆς Ἐκκλησίας ἐκκήρυττον ποιήσασθαι τὸν τῆς αἱρέσεως ἀρχηγόν. Et merito curionis voce auctori illius hæreseos Ecclesia catholica interdiceretur. Quo fortasse spectant quæ habentur in encyclica Vigilii papæ : « Ea quæ verbo de memorata excommunicatione cunctis Constantinopolitanæ Ecclesiæ voce publica dixeramus. » Quod videtur exsecutus Ecclesiæ Romanæ cancellarius. Id quoque in Oriente obtinuisse conjecto ex Metaphraste in Alexio: «Chartam ipsis tradidit, quam Aetio sacrosanctæ Ecclesiæ cancellario legendam dederunt. » Textus quidem Græcus desideratur ; sed interpres, ni fallor, vocem καγκελλάριος, Græcis barbaris non ignotam, retinuit. Suspicionem auget quod passim legimus in Actis conciliorum, 'primicerium notariorum patriarchæ, in cujus ditione sacer conventus celebraretur (qui non est alius a cancellario) habuisse secum chartas omnes et monumenta concilii ; et si quæ monenda et legenda, quasi una omnium voce enuntiasse. Quid enim spissius occurrit in Actis concilii Ephesini, cui præfuit Cyrillus patriarcha Alexandinus, quam hæ formulæ : « Petrus presbyter Alexandriæ, et primicerius notariorum dixit. » Et : « Chartas præ manibus habemus ad id quod placuerit vestræ reverentiæ. » Atque : « Si vestra jusserit sanctitas, legam. » Cæterum cancellarius notarii munus etiam sustinuit. Ejus antiqui moris præclarum testimonium in libello quodam Ulgerii episcopi Andegavensis, quem scripsit in gratiam abbatis Rotæ adversus abbatem Vindocinensem : « Quod dicunt Andecavensem episcopum fecisse chartam ejus in testimonium judicii et investituræ magis videtur eis officere, quam proficere. Quia non fuit composita per eum, qui tunc erat magister scholarum : cum in Andecavensi Ecclesia nulla charta de rebus ad Andecavensem Ecclesiam pertinentibus soleat recipi, nisi a magistro scholarum dictata et laudata fuerit. » Sed ne quis morem solitarium Ecclesiæ Andecavensis fuisse opinetur, variis evincam exemplis morem consuetudinemque ubique servatam. Chartæ Hugonis Lugdunensis archiepiscopi anni 1094, quæ exstat in Bibliotheca Cluniacensi, hæc imponitur clausula : « Ego Hugo Divionensis Ecclesiæ monachus vice cancellarii scripsi, et subscripsi. » Ut et tabulis quibusdam Manassæ et Rainaldi Rhemensium archiepiscoporum, quæ descriptæ sunt in eadem Bibliotheca : « Fulchradus cancellarius recognovit, scripsit et subscripsit. » Protulit nonnullas auctor Historiæ Sandionysianæ, quæ scriptæ a cancellariis Ecclesiæ Senonensis : « Girardus cancellarius et archidiaconus scripsit. Hato cancellarius scripsit. » Quo loci etiam reperias chartam Girberti Parisiensis episcopi anni 1119, cum hac subscriptione : « Theobaldus cancellarius scripsit. » Laudunensis episcopi multas edidit idem auctor, quæ similiter desinunt : « Robertus cancellarius relegit. Ansellus cancellarius S. Mariæ relegi. Radulfus S. Mariæ cancellarius relegi et subscripsi. » Eodem modo magister scholarum Ecclesiæ Pictaviensis scripsit et confirmavit instrumenta eccle-

siastica. Exemplum vidi in chartulario Pralliacensi cum hac formula : « Data per manum Raimundi magistri scholarum Pictaviensium. » Nec absimilis subscriptio legitur in eodem chartulario : « Per manum Hervei cancellarii Ecclesiæ Turonensis. » Scripsit etiam Hugo Tornacensis Ecclesiæ cancellarius donationem, quæ edita est lib. 1 donationum piarum Auberti Miræi, cap. 45. Hic Gislebertus quidam, ad vicem domini Theteridi Metensis Ecclesiæ cancellarii, subscripsit chartæ 51 ejusdem libri. Et similiter Raimundus, ad vicem Asonis ejusdem Ecclesiæ cancellarii, cap. 55. Cancellarius igitur, seu magister scholarum, fuit Ecclesiæ tabularius, sive notarius. Innumera pene exempla studiosis et diligentibus, postquam id iis certius feci, sese offerent. Quod vero primicerii notariorum id fuerit in Ecclesia Romana officium, docet Anastasius Bibliothecarius in Julio : « Hic constituit, ut nullus clericus causam quamlibet in publico ageret, nisi in ecclesia ; et notitia, quæ omnibus pro fide ecclesiastica est, per notarios colligeretur et omnia monumenta in Ecclesiam per primicerium notariorum conferta celebrarentur. » Et vetustissima quæque pontificum decreta manu primicerii notariorum subnotata, id confirmant. Erat etiam in Oriente notariorum officium ecclesiasticum ; ii vero episcopis in gravioribus quibusque negotiis aderant. Id testantur acta concilii Ephesini, in quibus fit mentio Epaphroditi lectoris et notarii reverendissimi episcopi Helanici Rhodiorum, qui non multis interpositis appellatur lector et notarius civitatis Rhodi. Item Anysii lectoris et notarii Firmi episcopi. Et concilio subscripsit Venantius episcopus Hierapoleos per notarium Theodoton. Quo vero ministerio officioque in conciliis functi sint, ex iisdem satis superque liquet. Porro cancellarii in consilium adhibebantur, si lres aliqua veniret in controversiam ; et si suspecta falsitatis instrumenta litem dubiam facerent, quasi antiquitatis veterumque Scripturarum litterate periti, fidem afferebant. En tibi vetus sententia ex tabulario Sancti Albini Andegavensis, quæ rem totam aperiat ; quam ideo integram appingam, quod non contemnenda vestigia venerandæ antiquitatis signet : « Quoniam actus nostri cito oblivioni traduntur, nisi scripto quolibet ad memoriam revocentur, placuit nobis quamdam causam, quæ inter monachos Sancti Albini et monachos Sancti Sergii erat, scripturæ commendare, ut per hoc ad notitiam posterorum valeat pervenire. Igitur abbas Sancti Sergii nominatus Detbertus, et monachi ejus calumniabantur monachis Sancti Albini cortem et ecclesiam Campiniaci, et alias quasdam reiculas. Pro hac calumnia finienda Otbrannus abbas Sancti Albini et tota congregatio ejus, dixerunt se libenter ituros in judicium ante abbates Turonicæ et Andecavensis provinciæ. Cum verba ista multum placuissent monachis Sancti Sergii, pari voluntate et consensu convenerunt in unum supra dicti abbates et monachi apud Salmurum in monasterio Sancti Florentii. Abbates vero, qui causam coabbatum suorum erant audituri, fuerunt quinque, quorum nomina sunt hæc : Domnus Guillelmus, abbas ipsius monasterii ; domnus Bartholomeus, abbas Majoris Monasterii ; domnus Haymo, Sancti Nicolai; domnus Evanus, Sancti Melanii Redonensis ; domnus Gumbertus, cœnobii Milbecensis. Hi omnes adfuerunt, causam confratrum suorum attentius audituri, et secundum ecclesiasticam censuram definituri, adductis secum idoneis personis de gregibus suis, quos sapientiores et utiliores ad hæc discutienda penes se repererunt. Itaque sedentibus eis in unum, interrogarunt ambos abbates et monachos eorum, quorum causa erat, utrum vellent utrinque cedere judicamento quod ibi concordanter totus ille conventus judicaret. Ad eorum interrogationem sicut per ordinem inquisiti fuerunt, tale dederunt responsum : *Sciatis nos paratos esse et sequi et te-*

nere sententiam judicii vestri. Hoc vobis spondemus, quia ob hoc venimus. Postquam ex utraque parte sponsio ista facta fuit, oblatus est locus enarrandi causam suam abbati Sancti Sergii, et ejus monachis, qui dixerunt : *Calumniamur Sancti Albini monachis ecclesiam et curtem, quæ vocatur Campiniacus, quæ debet esse juris monasterii nostri; requirimus ab eis et alias quasdam reticulas, damnum quarum multo minus est, sed recentius et manifestius.* Et cum voluissent monachi Sancti Sergii de minoribus rebus prius placitare, et postea de Campiniaco, visum fuit judicibus hoc esse injustum ut causa illa posterior discuteretur, pro qua abbates vocati fuerant et in unum convenerant. Dederunt tamen eis locum agendi causam unam, quæ magis eis placeret de minoribus causis, post cujus discussionem ad Campiniacum venireat. Igitur finita causa, quam de minoribus elegerunt, judices ita ad eos locuti sunt : *Qua ratione clamatis Campiniacum ad jus monasterii vestri pertinere? Testibus, an investitura? an charta? — Per chartam,* inquiunt. Tum illi : *Proferte nobis ut inspiciamus.* Et protulerunt duas chartas. Quibus prolatis, a communi conventu receperunt se judices in secretum locum, ubi diligentius possent intueri chartas, quas de manibus monachorum acceperant. Et assumpserunt secum Reginaldum grammaticum Andecavæ civitatis, qui erat archidiaconus Sancti Mauricii, et Robertum decanum ejusdem Ecclesiæ, in agendis causis magnæ peritiæ viros. Has personas Eusebius episcopus Andecavensis pro se ad placitum monachorum miserat, ut isti intellecta rectitudine testimonium perhiberent veritati, ne inter monachos ultra pro hac re seminarium discordiæ [*suppl.* superesset]. Scriptura autem, quam monachi protulerant, erat quoddam præceptum Roberti regis, non longæ antiquitatis, continens ista : Reginaldum episcopum Andecavensem instaurasse ad regulam monastici ordinis abbatiam Sancti Sergii, quæ erat sua, ex episcopali scilicet jure. Sed ea tempestate per antiquam destructionem usque ad hoc dejectam, ut a paucis clericis, et multum pauperibus coleretur. Interea vero quæ illi Ecclesiæ in præcepto illo legebantur attributa, commemorabatur Campiniacus, talibus verbis : *Villa Campiniacus cum appendiciis suis.* Lecto igitur præcepto illo, et semel, et iterum et diligenter inspecto, judices supra dicti redierunt ad priorem sedem et taliter sunt locuti : *Duas nobis chartas ostendistis, unam novam, alteram vetustam. Vetustam ad hoc, ut per eam nova credatur. Sed apparet ibi grandis ambiguitas. In priore enim et antiquiore charta habetur nomen cujusdam obedientiæ vestræ, id est Campaniacus, quam vos habetis. In nova vero nominatur Campiniacus, una ibi littera permutata, hoc est i pro a. Igitur cum in antiqua charta videamus Campaniacum, in nova Campiniacum, credere compellimur in nova charta fuisse eratum ex industria, aut per scriptoris ignorantiam. Est et aliud. Omnia quæ charta vestra narrat vobis attributa, aut ex patrimonio Reginaldi episcopi sunt, aut ex victualibus episcoporum et clericorum. Nec Reginaldus episcopus, qui locum vestrum instaurasse dicitur, potuit vobis dare quod suum non erat. Curtis autem Campiniaci tota pertinet ad jus comitum Andecavensium, et a comitibus maximam partem curtis ipsius, et medietatem Ecclesiæ quidam milites semper tenuerunt et tenent. De quorum numero fuit Albericus de Vieriis, qui omnia quæ habebat in prædicta curte pro anima sua dedit Sancto Albino et ejus monachis. Testantur hoc magister Reginaldus, quia nunquam fuit Campiniacus de jure episcopali, sicut ille, quem nulla res latet, quæ ad episcopium Andegavense pertineat. Nec nominat charta vestra Eccle-*

siam, *quæ est caput totius curtis. Nec loquitur distincte, et aperte partitur et dividit. Loquitur ita charta vestra : Villa Campaniacus cum appendiciis suis. Si in his verbis intellexerimus totam villam, falsum hoc erit; quia in illas partes, quas milites et cæteri homines habent, nunquam calumniam misistis, nec adhuc mittitis. Et planum est, quia multi homines de possessionibus illius curtis magnum casamentum habent sine calumnia quorumlibet hominum, sive episcoporum, sive monachorum, sive clericorum. Postremo, ut breviter ad finem veniamus, hoc solum judicamus sufficere ad depositionem præsentis querelæ. Sed videmus monachos Sancti Albini se offerentes ad probandum secundum instituta canonum, quod medietatem Ecclesiæ Campiniaci, et nonnullam partem curtis, quiete et sine calumnia vestra tenuerunt* xxx *annis. Propter universa hæc, quæ modo dicta sunt, judicamus, dilectissimi fratres, vos debere ab ista calumnia in perpetuum cessare, et possessionem suam Sancto Albino et suis absque contradictione dimittere.* Tunc domno Detberto abbate et quibusdam monachis suis ad recognoscendum et sequendum judicium inflexit. Memores enim erant sponsionis quam fecerant; solus Moyses restitit, quia pro hoc volebat ire Romam, sicut postea fecit. Tale placitum factum fuit apud Salmurum, in monasterio Sancti Florentii, sub testimonio atque judicio virorum excellentissimæ auctoritatis atque sanctitatis, nemine judicum aliter sentiente, vel de ordine abbatum, vel monachorum, sive clericorum, atque laicorum, anno ab Incarnatione Domini 1074, xv Kal. Novembris. »

Ibid. — Et archidiaconus factus. Fuisse archidiaconum Ecclesiæ Cenomanensis constat ex epistola Ivonis Carnotensis episcopi, quæ dubio procul ad eum scripta est (*a*), quidquid contra sentiat vir doctissimus Juretus. Vetusti enim codices quorum auctoritate nititur, vitiosi et corrupti sunt (*b*). In Hildeberti nomine mendosa quoque inscriptio poematii Baldrici, Burguliensis abbatis, cujus fragmentum exstat tomo IV Historiæ Franciæ; scribendum enim erat : *Hildeberto Cenomanensi archidiacono, non Audeberto.* Celebravit Hildebertus laudes Berengarii, ut constat ex ejus elegia. De eo igitur Baldricus : « *De Berengario Turonensi pauca locutus.* »

Col. 89, *lin.* 12. — *Honestatis suæ meritum.* Manifestæ igitur calumniæ erat, quod objiciebant adversarii de vita in mulierculas infami. Calumniis fidem non habuit Ivo Carnotensis, apud quem de vita ante acta criminabantur. Neque vero toties prælaudata epistola (*c*) quidquam asseveratione affirmat; nec sibi volebat credi, qui vanis et incertis rumoribus se afflatum propalam profitebatur. Quid enim aliud sibi volunt quæ inculcat : « *Audivi enim de te... quæ si vera sunt... dicunt enim quidam de majoribus Cenomanensis Ecclesiæ* » addunt huic calumniæ. » Qui movit controversiam, dirimit. Quid multa? Inique injurius fuit Hildeberto eminentissimus Annalium conditor, qui ad premendam et inquinandam viri sanctissimi famam, infenso infestoque animo (qualem fere habuit in omnes Ecclesiæ Gallicanæ proceres) Ivonis testimonio ad annum 1088 abutitur. Non ulla me reprehendendi vel maledicendi libido, ut ea scriberem, impulit; solius vis veritatis, cujus semper cultor fui, adegit. Memoriam viri incomparabilis, sed salva veritatis gratia, auguste, sancteque veneror. Auctor hujus vitæ, qui quod ævo suo accidit refert, et cui mores Hildeberti ignoti esse non potuerunt, tribuit testimonium honestatis Hildeberto. Inimici ficta crimina inferunt; utri utris anteferendi sint facile dijudicari potest. Religiosum et oculatum testem,

<hr>

(*a*) Vide sis quæ de hac epistola diximus ad Vitam Hildeberti.

(*b*) Hæc codicum corruptio probationem deside-

rasset.

(*c*) Vide quæ de his notavimus in Vita Hildeberti.

Judex non obnoxius gratiæ, procul dubio probabit. Adulationis vero suspicionem omnem amovet, quod nonnisi rebus humanis exempto Hildeberto, vita illius scriptis mandata sit. Harum porro calumniarum, quas ne suspiciose quidem refert Ivo, artifices fuerunt quidam e majoribus Ecclesiæ Cenomanensis, unus scilicet ex archidiaconis, et pauci admodum canonici, qui cum hac via nihil essent assecuti, in discrimen capitis tandem optimum pontificem vocaverunt. « Quidam ex clericis, ait Auctor hujus libelli, a principio promotionis præsulis invidissent, et delos totos tota die meditantes, illum apud regem graviter accusabant, et mentientes dicebant eum conscium fuisse proditionis. »

Col. 89, lin. 13. — *Communi cleri plebisque assensu.* Primores tamen Cenomanensis Ecclesiæ electionem ejus in crimen vocasse testis Ivo jam prælaudata epist. Ivonis Carnotensis, quasi nec eorum consilio, nec consensu electus fuisset. Sed paucorum intercessio temeraria levioris momenti erat, quam ut periculum facesseret rite electo. Atque adeo falsis criminationibus impetitum, ex eventu conjectare licet : (a) consecratus enim fuit Hildebertus anno 1098, in ecclesia Sancti Juliani Turonensis, decano, præcentore, et Goffrido archidiacono Ecclesiæ Cenomanensis præsentibus et faventibus. Id confirmant tabulæ chartularii Prulliacensis, quas subjicio : « Helias Cenomanensis comes, pro animarum patris matrisque meæ remedio, illud donum quod a fratre meo Gosberto datum erat ecclesiæ Sancti Petri Prulliacensi de ecclesia Bociaci, necnon etiam de cunctis ipsi pertinentibus, concedo rogationi domni Ottonis Prulliacensis ecclesiæ abbatis, in die consecrationis domni Hildeberti episcopi nostri in capitulo Sancti Juliani Turonensis ecclesiæ martyris, Deo sanctoque principi apostolorum Petro, Ottonique abbati et monachis Ecclesiæ servientibus. Hanc concessionem feci coram domno Hildeberto episcopo, et abbate Sancti Carilephi Euvrardo, et Goffrido Cenomanensis Ecclesiæ decano et Fulchrado præcentore, et Goffrido archidiacono et coram istis meis militibus Guillelmo Tibulo et Ricardo Harengodo, omnique conventu Sancti Juliani, tam clericorum, quam laicorum. Ego Goffridus Vindocinensis comes, cognomento Jordanis, cunctæ meæ progeniei præsenti et futuræ volo notificare, quod domum ecclesiæ Bociaci, sicuti mei cognati Gosbertus et Helias Cenomanensis comes dederunt, ita ego et filius Goffridus, qui cognominatus est Grisagonella, pro anima patris mei Goffridi, Almodæque matris meæ, et anima mea, anituaque Euphroniæ comitissæ uxoris meæ, donamus et condonamus. Hæc donatio facta est anno 1098. »

Col. 89, lin. 27. — *Ex quibus tanquam sapiens pigmentarius potum.* Pigmentarius dicitur in veteribus glossis Latinograecis μυροπώλης, φαρμακοπώλης καὶ μυρεψός, ut in Græc. olai. πυροπώλης *pigmentarius, unguentarius.* Pigmentarius igitur est pharmacopola, qui vina medicata vendit, odoribus scilicet, melle, manna et saccharo temperata, vel aliis ejusmodi speciebus. Isidorus in glossis : *Tuspollen, manna, vel genus pigmenti.* Petrus Damiani, lib. vi, epist. 32 : « Mulsum melle simul, et diversis pigmentorum generibus. » Sugerius, constitutione 3. « Pigmentum habeant fratres de camera et cellario. » Quæ chare cum venirent, delicate et molliter viventium erant pocula. Auctor Vitæ Guidonis Cenomanensis episcopi : « Alternus cibus tam arte conditus, quam

(a) Alii auctores, et pene omnes, Hildebertum consecratum fuisse asserunt anno 1097, ipso die Natalis Domini, sex scilicet circiter mensibus ab obitu Hoelli antecessoris sui, quem Gesta episcoporum Cenomanensium ad Hoellum, narrant obiisse IV Kal. Augusti ejusdem anni 1097. Quod autem attinet ad hanc donationem Prulliacensi Ecclesiæ

A pretio, ventrem pigmenta, et larga diversitas potionum, et convivam excitant ad potandum, et satiant. » De sola etiam odorum mistura dicitur. Christianus Druthmarus in cap. II Matthæi : « Cum aliquis charus mortuus fuisset nobilis vel potens, vacuaretur ab intestinis, et condiretur myrrha cum aloe, vel aliis pigmentis. » Et auctor vetus in Cantica : « Fit primum discipulus, ingreditur cellam disciplinæ, in qua mores ejus a magistro variis virtutibus, velut a pigmentariis aromata diversis speciebus componuntur. » Nec absimile illud Eckehardi, c. 30 Vitæ B. Notkeri : « Digne memoria ejus in compositione odoris sanctæ Ecclesiæ facti opus pigmentarii. »

Col. 89, lin. 30. — *Epistolas exhortatorias dirigens.* Non tulit Hildeberti ætas virum, cui, aut ingenium præstantius, aut oratio concinnior famam conciliarit. Vivo eo et vidente, in scholis epistolæ adolescentibus ad imitandum propositæ fuerunt. Petrus Blesensis epist. 102 : « Profuit mihi quod epistolas Hildeberti Cenomanensis episcopi, styli elegantia, et suavi urbanitate præcipuas, firmare et corde tenus reddere adolescentulus compellebar. » Nec vero sibi solum, sed et patriæ, elegantiæ tantam gloriam peperit, ut vulgo elocutio Cenomanica compta et perpolita haberetur. Willelmus Malmesburiensis lib. I de Gestis pontificum Anglorum, ubi de Radulfo Roffensi episcopo: « Si scientiam litterarum rimeris, totas exhausit Athenas; si eloquentiam exigas, melleo quodam lapsu ex ejus ore fluit oratio : cui accedit genialis soli, id est Cenomanici, accuratus, et quasi depexus sermo. »

Col. 89, lin. 40. — *Celeberrime divulgata.* Chronicon Turonense ad annum 1127 : « In versificando et dictando scientia clarus » vocatur. Plenius Chronicon Antissiodorense ad annum 1107 : « Florebat hoc tempore Hildebertus, prius Cenomanensis episcopus, deinde Turonis archiepiscopus. Vir scientia perspicuus, et tam in versificando quam in dictando gratiam peculiarem adeptus. Indicant hoc diversa ejus opuscula, quæ metrice edidit, et epistolæ, quas ad diversos direxit. Quæ omnia miro modo commendat et elegantia sensuum, et lepos brevitasque verborum. Unde quidam de eo sic ait :

Inclytus et prosa, versuque per omnia primus
  Hildebertus olet prorsus ubique rosam.

Quod iisdem pene verbis referunt alii chronologi Itali et Germani, tum etiam Angli.

Col. 89, lin. 44. — *Nondum XL annos excesserat.* Si bene calculum ponit in fine hujus opusculi, erat annorum XLIV. Ait namque expleto octuagesimo anno abiisse ad Dominum, annos XXIX exegisse in episcopatu, et VI annos cum dimidio in archiepiscopatu, ex quibus vix colligas XXXVI annos, quos si detrahas, reliqui erunt XLIV anni, et quod excurrit, quos transegit in canonicatu, magisterio scholarum et archidiaconatu.

Col. 90, lin. 53. — *Inter Anglorum regem.* Willelmum II.

Col. 90, lin. 54. — *Et Heliam comitem.* Fi ium Joannis de Fissa, cujus memoriam pene intermortuam renovabo, prolatis tabulis ex chartulario Sancti Albini Andecavensis, quæ sic habent : « Vir nobilis et miles egregius, cui nomen est Joannes de Fissa, largitus est de suo honore aliquid Deo et Sancto Albino et ejus monachis. Igitur dedit ecclesiam Sancti Audoeni et capellam suam, quæ in ejus castello sita est. Interfuit Helias filius ejus. Actum apud Fissam,

factam in die consecrationis domni Hildeberti episcopi, suspicarer diem illam non esse ipsam ejus consecrationis diem, sed tantum anniversariam, quam olim episcopi solemnius celebrare solebant. Nec enim probabile videtur consecrationem Hildeberti per decem et octo ad minus ab ejus electione fuisse dilatam.

anno ab Incarnatione Domini 1087, indictione prima, secundo Idus Februarii. Non longo post temporum decurso volumine, idem supradictus Joannes de Fissa apud castrum Gunterii, ægritudinis dolore detentus monachalem habitum et benedictionem flebiliter appetendo, a monachis Sancti Albini, Dei gratia concedente, suscipere meruit; ubi dedit, etc. Ipse eadem die ægritudine defunctus est. Monachi corpus ejus diligenter procuratum ad Sanctum Albinum attulerunt, et diligentius sepelierunt. Helias vero filius ejus, qui sepulturæ interfuit, eodem die in capitulo, ponendo baculum in manum domini Girardi abbatis, quod pater prius, quod pater posterius Sancto Albino donaverat, libenter donavit et concessit. Et receperunt beneficium Sancti Albini ipse et frater ejus Gaufridus. Eo tempore quo ista facta fuerunt, Gauzbertus filius Joannis de Fissa major natu, Cenomanis morabatur. Qui adversum monachos vehementer iratus, calumniatur quidquid pater ejus monachis dederat, et frater concesserat. Deinde missis a Girardo abbate tribus monachis Cenomanis, a calumnia cessavit, accipiens ab eis x libras denariorum Andecavensium, et omnia supra dicta confirmavit, et beneficium ac societatem monasterii Sancti Albini accepit de manu episcopi Hoelli, jussu abbatis. » Quod confirmat Chronicon breve comitum Andecavensium his verbis : « Helias filius Joannis de Fleca, Sybillam filiam cujusdam comitis Longobardiæ neptem, scilicet Hereberti, quondam Cenomanici comitis, duxit uxorem, et cum ea comitatum Cenomaniæ suscepit. » Quæ revincunt errorem auctoris Vitæ Hoelli, dum scribit [genere paterno Heliam a comitibus Cenomanensibus oriundum, qui solius affinitatis conjunctione iis devinctus erat, ut hinc constat. Hæc sunt illius verba : « Surrexit quidam nobilis adolescens, qui erat de genere Cenomanensium consulum, Helias nomine, et cœpit calumniari ipsum comitatum. » Non longo post mortem Joannis patris interjecto intervallo, dotale bellum suscepit Helias, qui post multos belli eventus, qui hic enarrantur, compos voti factus, multa in Ecclesiam Cenomanensem contulit beneficia. Martyrologium Eccles. Cenom.: « v Id. Julii obiit venerabilis Cenomanensium comes Helias, qui in introitu sui consulatus huic sanctæ matri Ecclesiæ concessit quidquid Hugo comes ejus antecessor, Marchisi filius, Hoello episcopo pro damnis et illatis ibi contulerat injuriis, et quidquid ejus socer Gervasius de castro Lit. Ad suggestionem quoque Hildeberti episcopi, beati Juliani lectum ex argento et auro fecit. » Multa dedit etiam monachis Sancti Albini comes factus, ut ex tabulario constat : « Helias comes Cenomanensis Fissam adveniens, donum quod pater ejus monachis Sancti Albini dederat, et ipse concesserat, accrevit iterum de quadam parte terræ suæ, quæ est a terra monachorum usque ad domum leprosorum. » Et ibidem : « Anno Incarnationis Domini 1110, xii Kal. Novembris, donavit Helias comes Cenomanis pro remedio animæ suæ ac parentum suorum, medietatem terræ beati Thomæ apostoli, quam ipse apud castrum Fissæ, in festivitate ejusdem apostoli, cui novam ibidem exstruxerat ecclesiam, per singulos annos instituerat agi. De hac re investivit ipse Archembaldum abbatem in festivitate supra dicta apud idem castrum in domo monachorum. » Eodem anno fatis cessit Helias. Chronicon Sancti Florentii : « 1110 obiit Helias comes. » Et Chronicon breve Sancti Albini ad annum 1110 : « Eo tempore, v Kal. Julias, Helias comes Cenomanorum obiit, honorem suum Fulconi juniori, genero videlicet suo derelinquens, vir ingenio et audacia magnus » Conveniunt omnes in id unum, quod Helias mortem obiit anno 1110; mensis et dies in controversiam mittuntur; Martyrologium enim v Id., et Chron. Albinianum v Kal. Julias. Cæterum incogi-

tantia antiquarii in mento cubat charta quam supra descripsi. Qui enim fieri potuit, ut sic ageret, sic contraheret mense Novembri, qui mense Junio vel Julio anteriori extremum diem morte confecerat.

Col. 90, lin. 34. — *Inter Anglorum regem et Heliam comitem Bellum.* Causa et origo belli, ut innotescat quem titulum prætenderet Willelmus II, alte et a capite repetenda est. Cenomaniam, quasi Normanniæ appendiculam, cum sibi jure viciniæ armis vindicare Willelmus I injuria et frustra tentasset, contra renitente Cenomanensi comite Herberto, ope et auxilio Gaufridi Martelli Andecavensis comitis, qui ereptum restituerat comitatum, fracto et debilitato armorum impetu, ad artes, genti suæ valde notas, divertit. Comitem captavit, et quod vi nequiverat, dolo assequitur; hæres, legitimis exh(e)redatis, ex asse scribitur, hæreditatemque vivente adhuc, et spirante Herberto crevit. Gesta comitum Andecavensium : « In diebus illis Willelmus dux Normannorum Herbertum consulem Cenomanicum nimis impugnabat, cui Martellus auxiliator et tutor fuit, et idcirco Willelmus dux, qui postea Anglia acquisita, rex Anglorum exstitit, multa a Martello mala perpessus est. Ibidem : Willemus Cenomanum, concedente sibi Herberto, acceperat, et Heliæ cui hæreditario jure eveniebat, violenter auferebat. » Quibus succinit Malmesburiensis lib. iii : « Terras olim Normanniæ appendices, quæ longo usu insoleverant, restituere intendit; Cenomanicum dico comitatum, et Britanniam. Quorum Cenomanis dudum a Martello succensa, et domino suo Hugone privata, tunc nuper aliquantulum sub Herberto Hugonis filio respiraverat ; qui ut tutior contra Andecavensem esset, Willelmo se manibus dederat, in ejus fidelitatem sacramento juratus. Præter filiam ipsius petierat, et desponderat; quæ priusquam nubilibus annis matura conjugio fieret, ille morbo decessit, hæredem sibi Willelmum pronuntians, adjuratis civibus ne alium susciperent, habituri, si vellent, lenem et probum dominum ; si nollent, recti sui exactorem immodicum. Quo defuncto, Cenomanenses magis ad Guvalterium Medantium (a) declinantes, cui soror Hugonis nupserat, sero tandem, ut Willelmum susciperent, resipuere, gravibus sæpe damnis admoniti. » Facere non possum, quin hoc loco obiter moneam errore lapsum Malmesburiensem, qui appendicem Normanniæ Cenomaniam faciat, quæ partite semper a suis comitibus administrata, et tum demum dominata, ut constat ex Pontificali Cenomanensi, et Gestis comitum Andegavensium, in quibus continuatio seriesque comitum hæc habetur. Hugo, qui cum Segenfrido episcopo bellum gessit. Herbertus Evigilacanem, qui Avesgaudum episcopum vexavit. Herbertus Bacco superioris avunculus. Hugo, Herberto Baccone expulso, comitatum recuperavit, et ex Berta Alani Britannorum comitis vidua, Herbertum, de quo agit Mamesburiensis, sustulit. Pontificale in Gervasio : « Hugone apicem comitatus adepto, monachus effectus est Herbertus Bacco. In tantum autem antistes Gervasius dilexit Hugonem, quem de sacro fonte susceperat, ut quæreret ei uxorem, Bertam videlicet nobilissimam feminam, Alani Britannorum comitis olim conjugem. Quæ res Gaufrido valde displicuit, sicut probavit eventus rei. Hugo cum suis militibus propter uxorem abiit. Gaufridus castellum Lit igne cremavit. Pro talibus enim factis extunc nimis alter alterum odivit, scilicet et comes pontificem, et pontifex comitem. Videns ergo Gaufridus quod consilio domni Gervasii episcopi, ad ruinam et ad suum detrimentum Hugo comes uxorem fortissimam duxisset, Judam portans in pectore, mandavit in dolo Gervasium episcopum ut traderet eum ; quem traditum misit in carcerem, ac tenuit eum in vinculis

(a) Vel potius *Gaufridum de Meduana,* ut ex sequentibus patet.

usque ad septem annos, sperans se pro hoc castrum Lit habiturum. Sed nil ei profecit, quia bene illud custodiebant milites castellani. Dum hæc ita se haberent, mortuus est comes Cenomanicus Hugo, Gervasio præsule adhuc in vinculis constituto. Domnus vero Gervasius de morte comitis valde est contristatus, et Gaufridus Andecavensium comes e contra est gavisus. Comite autem Hugone secundum legem Christianorum sepulto, Gaufridus comes honorem suscepit usque ad decem annos. Cives vero Cenomanici uxorem Hugonis cum infantibus plorantem per unam portam projecerunt, et Gaufridum comitem gaudentem intrare fecerunt. » Nomen infantium, qui cum matre fortunis omnibus deturbati, reticuit. In iis fuisse Herbertum III et ultimum comitum Cenomanensium, et eum in integrum fuisse restitutum, ex his chronici Kemperlegiensis ad annum 1062, verbis facile collegeris : « Herbertus Cenomanensis comes moritur, uterinus frater Conani ducis. » Qui quidem Conanus filius erat Alani et Bertæ, ut prodit idem Chronicon anno 1066. Mortuo igitur Herberto III, comitatum quatuor annis quiete Willelmus possedit ; totidem enim numeratur ab excessu Herberti ad expeditionem Anglicanam; transfretavit enim anno 1066, ut indicat idem Chronicon. « Willelmus Normannorum dux in magna classe in Britanniam invasit insulam. » Willelmus ubi abfuit quid sit consecutum docet auctor Vitæ Arnaldi Cenomanensis episcopi : « Hujus tempore Willelmus princeps Normannorum, qui tum comitatum Cenomanensem, exstinctis atque omnino deletis ejusdem comitatus hæredibus, acquisierat, cum maximo Francorum, Normanorum atque Britannorum exercitu in Angliam transvectus, Anglos bello devicit, et interempto ipsorum rege Araldo, totius Angliæ regnum obtinuit. Ubi dum aliquo tempore rerum bellicarum occupationibus teneretur, Cenomanensium proceres una cum populo ab ipsius regis fidelitate unanimiter defecerunt, et mittentes in Italiam Athonem quemdam marchisium, cum uxore et filio qui vocabatur Hugo, inde venire cœperunt, seque et civitatem, et totam simul regionem penitus expellentes, quodam regis dapifero, Vinfredo nomine, in ipsis munitionibus interempto. » Narrat insuper Marchisium deprehensa Cenomanensium levitate, uxore et filio in fidem Gaufridi de Meduana (quem perperam Guvalterum Medantium appellat Malmesburiensis) viri nobilis et admodum versuti ingenii, deposito, in Italiam remigrasse. Deinde, quomodo (ut multa omittam) plebe in proceres concitata, facta conspiratione, quam *communitionem* vocabant, Hugo ad patrem amandatus est; mater vero Gersendis, filia Herberti Cenomanensium illustrissimi quondam comitis, in civitate remansit, et in arcem totius urbis munitissimam exosum populis induxit Gaufridum Meduanensem, a qua dejectus est duce Fulcone Andecavensium comite. Sed tandem pacata Anglia, « Willelmus rex Anglorum (auctoris verbis utor) innumerabili exercitu congregato, in Cenomanicum pagum advenit, castrum Frujacum obsedit, agros et vineas, et omnia quæ in circuitu erant, igne ferroque devastans. Sed cum ejus impetum castellani sustinere non possent, pacem cum eo, prout melius potuere, fecerunt. Qui mox recepto castro, et positis in ejusdem castri munitione custodiis, ad civitatem profectus est, circa fluvium Sartæ, in loco qui Mantula dicitur castra constituens. Ad quem locum proceres civitatis egressi, cum eodem rege de pace colloquium habuerunt, et acceptis ab eo sacramentis, tam de impunitate perfidiæ, quam de conservandis antiquis ejusdem civitatis consuetudinibus atque justitiis, in ipsius ditionem atque imperium se et sua omnia dediderunt. » Willelmi victoriam ægro animo tulisse Fulconem Andecavensem comitem satis arguit, quod Hoellum Arnaldi successorem in metropoli Turonis, urbe dominationis suæ, consecrari noluit. Idem auctor in Hoello : « Quia propter contentionem, quæ inter

Willelmum regem Anglorum et Fulconem Andecavensem comitem de eodem episcopatu exorta erat, Radulphus Turonorum archiepiscopus Turonis eum ordinare non potuit, ipsius assensu atque præcepto, omniumque suffraganeorum ejus, cum magno honore ordinatus est in Rothomaga civitate a domno Willelmo ejusdem urbis archiepiscopo XI Kal. Maii, anno ab Incarnatione Domini 1080. » Hactenus de Willelmo I. Quæ deinceps sequuntur ad hunc nostrum Willelmum II devolvuntur. Pergit auctor paucis interjectis : « Illis diebus Willelmus Anglorum rex strenuus mortuus est, ejusque morte tota Cenomanorum regio perturbata ; et inter reliqua mala quæ iisdem temporibus contigerunt, surrexit quidam nobilis adolescens, qui erat de genere Cenomanensium consulum, Helias nomine, et cœpit calumniari ipsum comitatum ; ingressusque castrum quod Baledonem nominant, regionem undique devastabat, maximeque adversus civitatis habitatores, qui ei viriliter resistebant, multis insidiis assiduisque deprædationibus grassabatur. Sed cum res parum procederet, putaretque consilio præsulis, qui in fidelitate Rothberti comitis inviolabiliter perdurabat, suis conatibus obviari, quorumdam perversorum consilio, in tantam prorupit audaciam, ut in Christum Domini manum mitteret, eumque in castrum patrimonii sui, quod Fixa dicitur, in custodia ponere non timeret, clericosque suos ita ab ipsius præsentia fecit removeri, ut cum nullo eorum nec familiare, nec publicum posset habere colloquium; rusticumque presbyterum ejus obsequio deputavit ne custodum calliditas Latina posset confabulatione deludi, etc. Interea Gaufridus (de Meduana) cujus supra mentionem fecimus, ratus se opportunum tempus invenisse, quo regionem denuo perturbaret, Hugonem filium Athonis, jam adultum, crebris legationibus sollicitans, ut in regionem veniret obtinuit. Cum ergo esset apud castrum, quod Carcer dicitur, occurrunt ei proceres civitatis, sacramenta fidelitatis, quæ Rothberto comiti promiserant, pro nihilo reputarent. Episcopus autem cernens periculum imminere, si levitati ipsorum aliquem præberet assensum, paucis contentus comitibus, ab urbe cum festinatione discessit, et profectus ad principem, cuncta ei quæ gesta fuerant enarravit. Ipse autem Rothberthus ultra modum inertiæ et voluptati deditus, nihil dignum ratione respondens, quæ Cenomanenses fecerant, pro eo quod inepto homini nimis onerosi viderentur, non multum sibi displicuisse monstravit. Non enim curæ videbatur, nisi ut episcopatus tantum in ejus dominio remaneret. Unde præcipit episcopo ut ad Ecclesiam quidem reverteretur, de episcopatu vero nullatenus Hugoni marchisio responderet. Interim Hugo communi omnium assensu in civitatem receptus, in domibus episcopi mansionem recepit. » Addit : « Dum præfatus comes propter inconstantiam suam bonis omnibus haberetur infestus, omnibus quæ habere poterat in pecuniam redactis, Heliæ cognato suo, cujus supra mentionem fecimus, ipsam civitatem totumque comitatum, quantum in ipso erat, vendidit ; sicque inhonestæ mercationis pretio sarcinatus, in patriam suam cum magno repedavit opprobrio. » Nunquam animum inducere potui Rothbertum adeo negligentem, et in re sua dissolutum fuisse, ut affectas et pene prostratas, amisso Cenomanensi comitatu, fortunas suas, susque deque habuerit. Verosimilius est bellis civilibus intentum, vindictam in aliud tempus distulisse. Et vero Malmesburiensis in Willelmo II narrat inter Willelmum et Rothbertum pacem ea lege conventam, quod « comiti rex Cenomanos acquireret. » Addit etiam eodem loci : « Uterque dux ingentes moliebantur conatus, ut Cenomanos invaderent. Sed obstitit jam paratis bellum quod imminebat a fratre Henrico. » Cætera belli series et progressio hic eleganter describitur, quare verbum non addo.

Col. 90, lin. 55. — *Cenomanensem episcopatum*

calumniabatur. Hoc colore, quod fiduciatam a fratre Rothberto Normanniam, quam jure accessionis Cenomania sequebatur, teneret. Chronicon Turonense ad annum 1098 : « Cum Rothbertus dux Normanniæ, cruce assumpta, terram suam invadiasset Willelmo Rufo regi Angliæ, fratri suo, pro x millibus marchis argenti, idémque rex Willelmus Cenomanicum accepisset, et post in Angliam reversus esset, dictum est ei quod Cenomanis obsessa erat. Qui statim mare turbatum ingressus, dixit se nunquam audisse regem naufragio perisse. Et sic Cenomanis veniens, Heliam comitem ibi cepit. »

Col. 90, lin. 35. — *Idcoque ordinationi episcopi moliebatur*. Quia inconsulto comite non licebat episcopum consecrare.

Col. 90, lin. 36. — *Cum autem ordinatum audisset*. Heliæ æmuli consentiente auctoritate, quod durius illi videri potuit. Verum enim vero supra ex tabulario Prulliacensi observatum est Hildeberti nostri consecrationi Heliam comitem interfuisse.

Col. 90, lin. 43. — *Comprehensus*. Helias dum hostes acriter insequeretur, ex insidiis captus iv Kal. Maii, anno 1098 a Roberto de Belisma, qui partes Willelmi II fovebat, auctore Chronico brevi Sancti Albini Andecavensis, cujus verba mox describo.

Col. 90, lin. 44. — *In arce ipsius civitatis*. Angli, quibus familiare est, spreta historiæ majestate, in adulationem labi, despicatum atque adeo contemptum Heliam fuisse aiunt, ut in custodiam traditum negent. Malmesburiensis in Willelmo II : « Venationi in quadam silva intentum nuntius detinuit, ex transmarinis partibus, obsessam esse civitatem Cenomanis quam nuper frater profecto suæ potestati adjecerat, etc. Ponto transito, obsessores audita ejus fama, dissiliunt. Auctor turbarum quidam Helias capitur : cui ante se adducto rex ludibundus : *Habeo te, magister*, inquit. At ille, cujus alta nobilitas nesciret etiam in tanto periculo sapere humilia loqui : *Fortuito*, inquit, *me cepisti; si possem evadere, novi quid facerem*. Tunc Willelmus præ furore fere extra se positus, et obuncans Heliam : *Tu*, inquit, *nebulo, quid faceres? Discede, abi, fuge; concedo tibi, ut facias quidquid poteris, et, per vultum de Sancto Luca, nihil, si me viceris, pro hac venia tecum paciscar*. Nec inferius facto verbum fuit; sed continuo dimisit evadere, miratus potius quam insectatus fugientem. » Et ex Malmesburiensis lacunis Joannes Sariesberiensis, Policratici lib. vi, cap. 18 : « Rex Anglorum, qui Rufus cognominatus est, armis quidem strenuus, sed parum religiosus, et qui persecutione sanctorum, et præcipue Sancti Anselmi Cantuariensis, spiculum invidiæ quo suffocatus est, in se visus est provocasse; is, inquam, Cenomanum expugnavit, comitem cepit, nec dignatus est eum carcerali custodia mancipare, totoque operi attestabitur in perpetuum Mons Barbatus, aut si alio nomine censere volueris, dicatur Mons Barbarus, aut Barbarorum. »

Col. 91, lin. 3. — *Fulco Andecavorum comes*. Rechin cognominatus. Is erat ex sorore Adela nepos Goffridi Martelli primi Andecavensis comitis : quæ in matrimonium Frerolo Gastinensi comiti collocata, Goffridum Barbatum et hunc Fulconem peperit. Gesta comitum Andecavensium : « Goffridus Martellus filius Fulconis, cum filios non haberet, comitatum suum, scilicet Andecaviam et Turoniam, quam conquisierat, nepotibus suis Goffrido Barbato, et Fulconi Rechin reliquit, Andecaviam et Santonas Fulconi, Turoniam cum Landonensi castro Barbato donavit. Isti duo, Barbatus scilicet et Rechin, fuerunt filii Goffridi Frerols, illustris viri de Gastinesio et Landonesio, orti ex sorore Martelli prædicti. » Patrem Albericum vocat auctor Chronici comitum Andecavensium, et matris nomen propalat, his verbis : « Goffridus Martellus cum filios non haberet, nepotibus suis Goffrido Barbato et Fulconi Rechin, filiis scilicet Adelæ sororis suæ, et Alberici comitis de Gastineis, bona sua de-

reliquit. » Ea forsan ratione passim profitetur se hæreditario jure comitatum Andecavensem possidere, vel forte ut prædonis notam elueret. Præsto est exemplum ex tabulario Sancti Sergii : « Ego Fulco ex hæreditario jure Andecavorum comes, Goffridi egregii comitis avunculi mei et præcessorum suorum et meorum memoriam faciens, quorum aliqua pars in cimiterio beatorum martyrum Sergii et Bacchi condita, resurrectionem exspectant, per filii mei Goffridi et Magnatum meorum consilium. » Et anno 1095 Fulco majorem natu Goffridum fratrem suum bello captum in custodiam dedit, et Andegavensem atque Turonensem comitatus sibi asseruit. Quamobrem diris devotus, pœnas sceleri impares rependit; judicio enim Hugonis Lugdunensis archiepiscopi et sedis apostolicæ legati, anno 1094 fratre a custodia non emisso, nec vinculis levato, ipse anathematis nexu absolutus est; quod testantur acta, quæ sic habent: « Hugo Lugdunensis archiepiscopus, apostolicæ sedis legatus, dilectissimis in Christo fratribus archiepiscopis, episcopis, abbatibus, et omnibus sanctæ Dei Ecclesiæ fidelibus, salutem. Communi orthodoxorum omnium notitiæ tradere dignum judicavimus, qualiter ex præcepto domni nostri papæ Urbani, pro causa Fulconis Andecavensium comitis, usque ad fines Andecavorum veniendi obedientiam suscepimus, ut eum a vinculo anathematis, quo diu tempore innodatus erat pro captione fratris sui Gaufridi, quem in bello publico ceperat, absolveremus. Cum tamen ipse comes rationem reddere, aut satisfacere, aut judicium subire non subterfugerit, imo semper paratus esset; et ut virorum probabilium clericorum et laicorum relatione cognovimus, præfatus frater ejus tempore quo captus fuit, a Stephano cardinale Romano, sedis legato, pro multimoda injuria, quam inferebat Turonensi Ecclesiæ et abbati Sancti Martini Majoris Monasterii, excommunicatus erat, et Fulconi huic principatus Andecavensis comitatus ab ipso legato ex parte Sancti Petri donatus erat. Quem quidem et ab avunculo suo Gaufrido sibi concessum fuisse, virorum probabilium de nobilibus suis veraci cognovimus relatione. Nos igitur hac suscepta legatione, ut vigor apostolicæ obedientiæ majori a nobis tractaretur auctoritate, venerabilem fratrem nostrum Bituricensem archiepiscopum, exsecutionis hujus adhibuimus socium; et sic simul positi, fratrem comitis, quem captum audiebamus, consulto adivimus : Quem ita desipientem invenimus, ut ferebatur ab omnibus, ut prorsus inutile et vanum videretur regendæ ei patriæ committere principatum, qui sibi et omnibus stultitia factus fuisset inutilis, usque adeo, ut nec per manus nostras a captione vellet eripi. Venimus itaque usque ad cœnobium Sancti Florentii, et in die Nativitatis Sancti Joannis Baptistæ, virorum religiosorum, episcoporum et abbatum, qui invitati advenerant, Fulconem comitem paratum satisfacere, aut rationem reddere, unanimi omnium voto et laude absolvimus; acceptis ab eo securitatibus, ut si frater ejus meliorationem sensus reciperet, ex præcepto domini nostri papæ vel nostro, aut concordiam faceret cum eo, aut judicium subire paratus esset; nec uxorem duceret, de quarum numerositate culpabatur, absque nostro consilio. Cujus rei gestæ seriem nobis pandere judicavimus. Religiosorum autem qui adfuerant nomina hæc sunt : Aldebertus venerabilis Bituricensium archiepiscopus; Hoellus Cenomanensis episcopus; Guillelmus, abbas Sancti Florentii; Bernardus, abbas; Majoris Monasterii; Bernardus, abbas Sanctorum Sergii et Bacchi; Girardus, abbas Sancti Albini, Hualdus, abbas Sancti Nicolai; Baldricus, abbas Burguliensis; Gaufridus, abbas Vindocinensis. Actum est anno ab Incarnatione Domin 1094, apud abbatiam Sancti Florentii, in festo Sancti Joannis Baptistæ. » Nescio an iisdem artibus elicitum ambitiosum istud decretum, quibus pœnas sceleri debitas fregit. Chronicon Turonense : « Anno

Henrici imperatoris XI et Philippi regis VII, dedit Fulco Rechin comes Andegaviæ, Philippo regi Franciæ castrum Landonense, fratre suo vivente, quem tenebat in carcere, ea conditione, quod non cogeret eum fratrem suum a carcere liberare. » Multas autem uxores habuit, et ex iis liberos. Gesta comitum : « Fulco plures duxit uxores, filiam Lancelini de Baugenciaco, ex qua est orta comitissa Britanniæ, illa quæ post obitum viri sui, Hierosolymis in ecclesia Sanctæ Annæ vitam monialem exercuit. Post mortem, duxit Ermeniardim, filiam Archambaldi de Bourbonio, ex qua genuit Goffridum Martellum, admirabilem virum, justitia insignem, totius boni cultorem, qui terror omnium inimicorum suorum fuit. Libidinosus Fulco sororem Amalrici de Monteforti adamavit, cujus præter formam nihil unquam bonus laudavit, pro qua matrem Martelli dimisit, affirmans eam de genere suo fuisse. Quam dimissam Willelmus Jaliniacensis, vir ex nobilioribus Arvernorum, uxorem duxit. » Chronicon breve comitum hæc paululum illustrat : « Fulco plures duxit uxores, filiam Lancelini de Balgenceio, ex qua orta est comitissa Britanniæ. Post mortem filiæ Lancelini, duxit Ermengardim, filiam Alzenbaldi Fortis de Borbonio, ex qua genuit Gaufridum Martellum. Qua dimissa, ex sorore Amalrici de Monteforti comitis Ebroicarum Fulco Rechin genuit Fulconem. » Qualis autem quantusque de cætero fuerit Fulco Rechin, Gesta comitum Andecavensium, quæ brevi, ut spero, prodibunt, auspice..... Duchesnio doctissimi parentis Andreæ Duchesnii filio eruditissimo, affatim te docebunt. Hoc unum addo, mortuum esse XVIII Kal. Maii, anno 1109 chronicon Vindocinense : « Hoc anno, XVIII Kal. Maii, obiit Fulco comes Andecavorum, vir pietatis et misericordiæ visceribus plenus, frater comitis Goffridi, qui Barbatus cognominabatur. In monasterio nostro Andecavensi Sanctæ Trinitatis, sicut præcepit, est honorabiliter sepultus. » Quod iisdem pene verbis Kalendarium Ecclesiæ Andecavensis : « XVIII Kal. Maii, obiit Fulco dulcissimus comes Andecavensis, nepos Goffridi prioris Martelli, anno Domini 1109. »

Col. 94, lin. 4. — *Cum filio suo Goffrido.* Cui laudes bellicæ Martelli II cognomen pepererunt. Pauca de multis, quæ narrant Gesta comitum, hic depromam, propterea quod nullo in codice excuso ea conspiciantur, et his lucem fenerans : « Goffridus Martellus II jam adultus, juvenis prudens et animosus, videns terram turbatam, et proceres totius consulatus contra patrem cornua erigere, eis viriliter resistebat, et quomodo patrem in suos ulcisceretur irrequietus cogitabat; qui omnibus prævaluit, et ab intentione eos revocavit; qui insignis justitiæ ab omnibus metuebatur, et ei plus quam patri totius consulatus homines omnes et nobiles obediebant, patrem propter vitia odio habentes. Qui Fulco, reperta cognatione, Ermengardim matrem Martelli, eo adhuc puero, dimisit.... Quæ mulier timens privignum adultum ætate, animus ipsius omnibus infestus, neque quietibus, neque vigiliis sedari poterat, sciscitans quomodo nocumento Martello esse posset. Sæpe color ejus exsanguis, incessus citus, modo tardus, prorsus in facie vultuque vecordia inerat, et illis quos multis modis ad se illexerat, mala facinora edocebat. Goffridus Martellus quomodo his resistatur discutiens, sciens quia sine sociis nemo tale quidquam conatur, cogitans quomodo Hugonis amicitiam sibi contrahat et adjungat, in quo animus similis suo inerat; quod cum contingit, amor exoriatur necesse est. Elisabeth sororem suam ex matre sua Ermeniardi et Willelmo Jaliniacensi ortam, Hugoni in conjugium copulavit. Martellus Hugoni et suæ uxori domicilium, et quidquid Ambasiaco possidebat, post obitum patris sui concessit. Is vero prudenter negotia sua agebat, nec nimis remisse, nec insipienter militabat..... Martellus insidiis suorum et novercæ, patre, ut fer-

tur, consentiente, Cande castro occisus est. sepultusque in ecclesia beati Nicolai Andegavensis. » Mihi incredibile videtur patrem in mortem tanti filii consensisse, cum videlicet senex esset, et filius, si longinquitas vitæ sibi concederetur, quidquid amiserat, recuperasset. Nam et Landonense castrum Philippo regi calumniabat, et Willelmo Pictavensi Santonicum consulatum; qui timore ejus, duas turres novas Pictavis constituit, unam in urbis ingressu, et aliam prope aulam. Chronicon Turonense de ejusdem Martelli morte : « 1107. Anno 1 Henrici, et Philippi regis XLVII, occisus est Gaufredus Martellus Lande castro, eo quod probus erat, et a noverca sua, Fulcone comite Andecavensi, patre suo, consentiente, et sepultus est in ecclesia Sancti Nicolai Andecavis. » Chronicon brevius Sancti Albini, etsi hac parte mutilatum, rem totam dilucidius narrat : « Quo tempore Goffridus comes Martellus junior exercitum præparabat, condatum castrum obsidere cupiens. Quo obsesso, et ad deditionem hostibus jam coactis, idem comes ab eisdem, quasi fidelitatem ei facere cupientibus, ad colloquium evocatus, sagitta est interfectus XIV Kal. Junii, totusque ejus exercitus cæde et insidiis hostium laceratus et dissipatus; cum ingenti totius populi luctu juxta avunculum patris sui in ecclesia Sancti Nicolai Andegavensis sepultus est. » Chronicon Vindocinense refert Martelli mortem ad annum 1106 : « Hoc anno apparuit stella, quæ modica quidem videbatur, sed magnum et prolixum post se trahere candoris vestigium ab omnibus admirabatur. Quæ pluribus diebus ac noctibus tractum suum in occidentem tendere visa, plurimam desolationem portendebat. Nam in ipso anno Goffridus Martellus juvenis comes Andecavorum, debellator et expugnator tyrannorum, protector et defensor ecclesiarum, in quadam obsidione occisus est. » Optime quidem. At mendosum videtur Chronicon Turonense, quod rejicit in annum sequentem 1107. Quod etiam refellitur auctoritate chronici Sancti Florentii et alterius Albiniani. Sed scrupulum injicit quod legitur in subscriptionibus veteris instrumenti, quod exstat in tabulario Vindocinensi in hunc modum : « Actum hoc in inferiori camera episcopi Andecavensis, anno ab Incarnatione 1105. Inter domnum Goffridum abbatem et Hieremiam filium Fulcherii de Turre concordia facta est, etc. Anno ab Incarnatione Domini 1105. In quo etiam anno traditus est et occisus Goffridus Martellus comes Andecavensis. » Sed tutius erit consentienti conspirantique Chronologorum auctoritati assentiri, quam exscriptoris insciti dubiam fidem sequi. Cujus inscitia eo magis elucet, quod Kalendarium Ecclesiæ Andecavensis chronologis suffragatur : « XIV Kal. Junii Goffridus Martellus, junior filius Fulconis, interemptus sagitta in obsidione apud Candetum, anno ab Incarnatione Domini 1106. »

Col. 91, lin. 4. — *Cui filia Heliæ comitis.* Gesta Comitum Andecavensium in Goffrido Martello II : « Huic Martello Helias comes unicam filiam suam, non adhuc matrimonio aptam, desponsavit, et Cenomanum cum appendiciis ei tribuit. Sæpe Martellus cum rege Rufo conflixit, multaque municipia in Normannia vastavit et succendit, dum Rex in Anglia moraretur, et Rothbertus comes frater regis in Hierosolymitano cum peregrinis multis maneret. Nam Normanniam rex Rufus in vadimonio habebat. » Idem, licet obscure, innuit chronicon brevius Sancti Albini his verbis : « Anno 1103, cum Fulco Rechin Andecavorum comes, filium suum majorem Goffridum, amore filii sui minoris, multis et magnis consiliis atque molitionibus, exhæredare voluisset, prædictus Goffridus, cognomento Martellus, voluntatem patris sui præsentiens, sumpta amicitia cum Helia comite Cenomanensi, contra eum arma corripuit, ac mox Mazonem castellum super patrem suum obsedit, primoque impetu cepit et incendit. Inde contra Willelmum comitem Pictavorum, quem prædictus Fulco cum ingenti exercitu super Andecavos adducebat, audacter præliaturus occurrit. Sed Pictavensibus, antequam ad rem ventum esset, diffugientibus, Gaufridus inde Andecavis veniens, post paucos dies Briolteum castrum obsedit, et cepit. »

Col. 91, lin. 5. — *Advenit et consensu civium.* Quod contigit anno 1098 eo ipso quo consecratus Hildebertus. Idem chronicon ad annum 1097 : « Sequenti anno Helias comes Cenomanorum captus est a Roberto de Belesma, defectione suorum, IV Kal. Maii, feria IV, et redditus Willelmo II, regi Anglorum. Fulcoque Andecavorum comes, Rechin cognomento, Cenomanicam urbem, ut suam, sequenti Sabbato recepit. Quam tribus mensibus retentam, Cenomanensibus more suo sibi fraudantibus et a se deficientibus, reddidit eam in amicitia præfato regi Anglorum, qui ipsam urbem magis pecunia quam viribus impugnabat. » Æstivo tempore id gestum designat Florentius Wigorniensis : « Anno 1098, æstatis tempore, rex Anglorum Willelmus junior civitatem quæ Cenomania vocatur, magnamque partem illius provinciæ per vim suæ ditioni subegit. »

Col. 91, lin. 8. — *Principis sui præsidio destitutam.* « Receperat ut suam Fulco, » ait chronicon brevius ; jure, an injuria, incertum. Cenomani in limite Andecaviæ et Cenomaniæ positi, per opportunitates, nunc Andecavenses, nunc Normannorum comites jus usurpaverunt, et penes eum possessio fuit, qui plus armis valeret. Hic repetere licet causas ab ultimo. Suam jure dicere poterant Andecavenses comites, quam Robertus rex Goffrido Grisagonellæ et successoribus dono dederat, ut scribit Fulco Hierosolymitanus in Gestis comitum Andecavensium, cujus verba referuntur etiam in commentario Hugonis de Clericis (a), De majoratu et senescalia Franciæ : « David comes Genomanorum, et Goffridus comes Corboniensis, dedignabantur feudum recipere suum a prædicto rege, asserentes nullo modo se posse subjici generi Burgundionum. Audiens autem rex eorum superbiam, et videns regni sui non parvam diminutionem, habito consilio cum Goffrido comite et cum primatibus regni, tempore constituto et die nominato, decrevit obsidere castrum Moritoniæ. Comes vero Goffridus prænoscens adventum exercitus regis, movens castra de Vindocino, dans assultum prædicto castro virtute consueta et probitate gentis suæ, Goffridum comitem et oppidanos suos minus timentes cepit, et domino suo regi tradidit. David vero dedignans ad colloquium regis venire, mandavit quod nullo modo se regi subjiceret, et quod nullo tempore rex Robertus Cenomanicam suam videre præsumeret. Audiens autem rex arrogantiam et indignationem prædicti comitis, ipsum dedit et Cenomanicam suam Goffrido *Grisagonella* et suis successoribus ex regio dono tribuit jure possidendam. » Sic legenda posteriora verba ex ms. Ad hæc accedit quod Henricus rex, id curante Gervasio Cenomanensi antistite, comitatum Cenomanicum dedit in beneficium Goffrido Martello. Pontificale Cenoman. : « Domino Gervasio in sede residente, Herbertus Bacco cœpit eum irritare. Videns vero præsul suum episcopatum nec per regem, nec per seipsum a Baccone posse defendi, petivit quiddam a rege Henrico quod utinam non petisset! scilicet ut daret episcopatum Goffrido Andecavorum comiti, solummodo dum viveret, ut liberius a comite Cenomanico illum defenderet; illo autem mortuo, in regiam manum rediret. Quod factum versum est in malum. Audiens autem Herbertus Bacco, quod ita præsul egisset, invidia ductus, accusavit eum apud Goffridum comitem, multum deprecans ut ab episcopatu et honore paterno privaret eum, si posset. » Nihil miror Malmesburiensem ambage maligna quo-

dammodo significantem, Fulconem seniorem, Herberto comiti Cenomanensi dolo capto, comitatum per vim extorsisse. Sic ait lib. III in Willelmo I : « Fulco senior Herbertum comitem Cenomanensem Santonas sponsione urbis illectum, in medio colloquio ab apparitoribus arctari, et quibus placuit conditionibus, irretiri fecit. » Et vero de hujusmodi conditionibus nihil omnino fragmentum Historiæ Aquitanicæ, quod exstat tom IV Historiæ Francicæ, in quo male Arbertus pro Herberto : « Tunc comes Fulco dolo accersitum secum adduxit Santonas Arbertum nobilissimum comitem Cenomanis, et prima Quadragesimæ Dominica, post cœnam, nocte imtempesta cum traditione cepit, et in vinculis secum duxit, tenuitque eum in carcere biennio. Unde eripere eum Dominus dignatus est. Sequenti anno, propter ipsum scelus, combusta est ipsa civitas cum sede episcopali, et dein mansit deserta basilica. »

Col. 91, lin. 48. — *Apud castrum Lit.* Castrum Ledæ vocat Goffridus Vindocinensis, lib. III, epist. 13, a fluvio non ignobili Leda. Sic enim quoque appellatur in Vita Segenfridi Cenom. episcopi : « Et villam, quam Disiacum nominant, ultra fluvium Ledam. » Qui et Lidus in Vita Josephi : « Lipidus supra fluvium Lidum. » Hujus vero loci recessum amœnissimum, eo animo captaverat Helias, ut in confinio Andecaviæ et Cenomaniæ positus, multos in partes traheret. Erat autem castrum Lidi ditionis Gervasii Heliæ soceri, quod patet ex verbis Kalendarii Ecclesiæ Cenomanensis superius ascriptis.

Col. 91, lin. 53. — *Denique æstate sequenti.* Hujus expeditionis meminit Malmesburiensis Historiæ Novellæ lib. 1 : « Venit ei subito nuntius a Cenomania, dicens ei familiam suam ibi obsideri .... Cenomaniam vero petens, Heliam consulem fugavit et sui juris esse jussit, et in Angliam rediit. »

Col. 92, lin. 14. — *Quidam autem ex clericis.* Illi ipsi qui Ivoni dicuntur esse de majoribus Ecclesiæ Cenomanensis, epist. 277 : « Dicunt quidam de majoribus Cenomanensis Ecclesiæ, qui ante actam vitam suam se nosse testantur. » Scripsisse etenim hanc epistolam Hildeberto adhuc electo, certissimis argumentis evicit Jacobus Sirmundus, cui parem nostra ætas haud tulit, ad epist. 13 lib. III Goffridi Vindocinensis.

Col. 92, lin. 19. — *Aut turres dirueret.* Adi epistolam 8 Hildeberti, libri II, ad Joannem et Benedictum ex qua hæc pene ad verbum, et 74. Ivonis, quæ Hildeberto inscribitur.

Col. 92, lin. 23. — *Maris pericula.* Eleganter describit tempestatem, qua actus, cum in insulam deportaretur, in versibus de suo exsilio :

Inde ratem scando, vitam committo procellis;
  Vela tument, gemina cimba juvatur ope.
Portus erat longe, cum ventus fortior æstum
  Movit, et in cumulos Auster aravit aquas.
Crescit hiems, agit aura ratem, furit unda dehiscene,
  Imbre madet velum, nox tegit atra diem.
Desperare jubent venti, mare, turbine, fluctu,
  Occursu nubes, ignibus ipse polus.
In fragilem pinum totus prope congerit iras
  Orbis, et est hostis quidquid obesse potest,
Dum sic sævit hiems, dum pallet et ipse magister
  Dum stupet, et fieri piscibus esca timet ;
Ecce rapax turbo, tollens ad sidera fluctus,
  Impulit ad littus jam sine puppe ratem.
Sic misere felix, quassa rate, rebus ademutis,
  Evasi ventos, æquora, saxa, Jovem.

Col. 92, lin. 58. — *Misertus est Dominus.* « Divinatum est virum divina ultione percussum, assumpto veritatis argumento, eo quod pauperum exstiterat intolerabilis oppressor, Ecclesiarum crudelis exa-

(a) Legendum potius de *Clereiis*; vid. *Patrologiæ* tom. CLXIII, col. 1153 seq., ubi in extenso datur huc opusculum.

ctor, et si quando episcopi vel prælati decederent, irreverentissimus retentor et dissipator, » ait Sugerius in Vita Ludovici. Idem Saresberiensis ubi supra.

Col. 92, lin. 71. — *Willelmus finitimis.* Sugerius de Vita Ludovici Grossi : « Willelmus rex Anglorum, usui militiæ aptus, laudis avarus, famæque petitor, cum, exhæredato majore natu Roberto, fratre suo, patri Willelmo feliciter successisset, et post ejusdem fratris sui Hierosolymam profectionem, ducatum Normanniæ obtinuisset, sicut ejusdem Normanniæ ducatus se porrigit marchisi regni collimitans, quibuscunque poterat modis famosum juvenem nitebatur impugnare. Similiter et dissimiliter inter eos certabatur; similiter cum neuter cederet, dissimiliter cum ille maturus, iste juvenculus : ille opulentus, et Anglorum thesaurorum profusor, mirabilisque militum mercator et solidator; iste peculii expers, patri qui beneficiis regni utebatur, parcendo, sola bonæ indolis industria militiam cogebat ; audacter resistebat. » Mortuum Willelmum laudavit versibus Baldricus abbas Burguliensis excusis tomo IV. Hist. Franc. p. 257. De ejus morte Hildebertus in Hugone.

Col. 92, lin. 72. — *Quod cum comes Helias.* Tandem Helias comes, inopina morte sublato Willelmo II sub Henrico rege rerum potitus est. Quod etiam agnoscit Malmesburiensis lib. 1 Historiæ Novellæ. « Helias consul Cenomaniæ, qui eam sub Henrico rege tenebat, ex vita privatus est. » Et lubet arbitrari haud invitissimo Henrico tenuisse et possedisse; is enim Heliæ opera usus ad impugnandos Bajocasses legitur in chronico brevi Sancti Albini : « 1105. Sequenti anno prædictus Gaufridus Martellus, rogatu Henrici regis Anglorum et Heliæ comitis, in Neustriam cum exercitu perrexit, et Bacuas urbem uno impetu cepit et incendit. »

Col. 93, lin. 8. — *Pacatâ igitur civitate Romam profectus.* Fallitur ergo eminentissimus Baronius, qui profectionem Hildeberti incidisse in annum 1107 (a) conjicit. Qui error graviorem creavit, ut ad epistolam 19 docebimus.

Col. 93, lin. 13. — *Ipse dux Apuliæ.* Notiores sunt Rogerius dux Apuliæ, et Rogerius comes Siciliæ, quam ut de iis quidquam dici debeat. Adeundi, præter vulgares rerum Sicularum scriptores, Gaufridus monachus, qui Rogerii comitis precibus adductus, quatuor libros scripsit de acquisitione Siciliæ, et Alexander abbas, qui totidem libris res gestas Rogerii scripsit.

Col. 93, lin. 14. — *Avunculus ejus comes Siciliæ.* Gaufridus monachus, lib. iv, cap. 17 : « Anno 1091, Rogerius dux contra Consentinos diu rebelles indignatus, exercitu ab omni Apulia coadunato, fratre Boamundo secum accepto, ipsos mense Maio obsessum ire disponens, avunculum comitem a Sicilia, ut sibi auxilium ferendo illuc occurrere non differat, invitat. Ille amore nepotis, ab omni Sicilia multa Sarracenorum millia excitans, sed et militum copias conducens, quo invitabatur haud segniter accelerat. » Mox : « Dux avunculi sui strenuitate urbe potitur; » et passim. Sed nescio quam ob rem Rogerius comes Siciliæ appellatur homo ducis Apuliæ ab Edinero, l.b. ii De vita Anselmi Cantuariensis archiepiscopi : « Humanitas Anselmi sine personarum acceptione suscipiebat omnes. Et quos omnes? Paganos etiam, ut de Christianis taceam. Siquidem nonnulli talium ; nam eorum multa millia in ipsam expeditionem homo ducis Rogerus, comerus de Sicilia. »

Col. 93, lin. 15. — *Multam auri et argenti.* Kalendarium Ecclesiæ Cenoman. : « xvi Kal. Aug. obiit Robertus Guiscardus dux Apuliæ. Pro cujus animæ remedio, Rogerius filius dux Apuliæ per Hildebertum episcopum varia munera de Apulia transmisit. »

(a) Vide Vitam.

A Porro Rotgerii ducis Apuliæ liberalitatem miris laudibus prædicat Baldricus abbas Burguliensis, in poematio de duce Rotgerio, quod exstat tomo IV Hist. Francicæ, ubi :

Namque tuum nomen totum vulgatur in orbem,
Vel quia militiæ stipendia fundis opima,
Vel quia tractas rem consultus homo popularem,
Quæ stat firma tuis non concutienda diebus ;
Sive quod Ecclesias immenso munere ditas,
Sive quod invitas hac tempestate Camœnas
Dapsilitate tua, ne possit Apollo tacere.

Nulla fere in Galliarum tractu celebris ecclesia, quam non regali munere donarit. Quod contestantur passim kalendaria, in quibus, ex more, dies obitus eorum, quorum opibus ditatæ ecclesiæ fuerant, ascribebatur, quo munera annuarum precum muneribus pensarentur. Ita ne, nec ejus liberalitatis expers terrarum ultima Armorica fuerit, Kalendarium Redonense : « v Kal. Martii obiit Rogerius dux Apuliæ. » Munificentia comitis Siciliæ commendatur similiter præconio sancti Bernardi, quem videsis epist. 207. Nihil non sibi ab ipso, jam rege, sperandum opinatur Petrus Venerabilis epistola 3, lib. iii; auctor anonymus Vitæ Paschalis I tomo XII Annal. ecclesiast. ad annum 1100 numero 18, de eo ipso : « Legati Rogerii comitis in urbem veniunt, curiam intrant, ex more, parte comitis officiosissime papam salutant et resalutant; atque inclinati, ad pedes ejus, posuerunt auri uncias mille. Id tam devote susceptum est, quam opportune mandatum. » De muneribus quæ per Hildebertum Ecclesiæ Cenomanensi destinaverat, Kalendarium Cenom. : « x Kal. Julii obiit Rogerus comes Siciliæ, qui ad faciendum opus ecclesiæ Beati Juliani c uncias auri, et canonicis x libras Cenomanensis monetæ per manus Hildeberti pontificis de Sicilia transmisit. »

Col. 93, lin. 44. — *Aula domni Gervasii.* Gervasius ipse erit interpretis vice. Scribit enim in charta donationis, quæ Vitæ ejus subjicitur in pontificali Cenomanensi : « Concedoque vobis illam aulam patris mei, sitam in ejusdem prædio, in orientali scilicet civitatis angulo, cum omnibus areis indominicatis, infra et extra murum circumquaque adjunctis, cum nemore ad constituendas claustri officinas, ad quod ædificandum elaborare nitor, ut ibi Domino regulariter et canonice studeatis militare, in qua sacratissimam Dei ecclesiam Sancti Salvatoris antiquitus fundatam reædificavi atque decoravi, quam devotissime obsecro venerari. »

Ibid. — *Domni Gervasii.* Cenomanensis episcopi, Avesgaudi nepotis ex sorore, et successoris. Auctor Vitæ Gervasii : « Domnus Gervasius, vir nulli in regno sapientia et honestate secundus, sedem Avesgaudi avunculi sui gaudenter suscepit. Qui cum esset benedictionem adeptus, Herbertus comes, prænomine Bacco, avunculus Herberti, qui fuit temporibus Avesgaudi episcopi, invidiæ stimulo inflammatus, eo quod rebus ditior, vel melior illo diceretur a multis, simulque causa invadendi thesaurum Sancti Juliani, per duos annos aditum intrandi prohibuit ei. Expleto autem duorum annorum spatio, recepit eum in sede Herbertus Bacco, Haimonis et Hildeburgis filius. » Kalendarium Ecclesiæ Cenomanensis : « iv Non. Jul. obiit Cenomanensis antistes Gervasius, Remensium post archiepiscopus. Qui præter alia quæ clero suo contulit, dedit illi medietatem thesauri Beati Juliani, Haimonis et Hildeburgæ filius. » Ipse Gervasius in charta donationis : « Pro magna mei mole peccaminum indulgenda, sanctique antecessoris et avunculi mei Avesgaudi requie impetranda, cæterorumque antecessorum nostrorum hujus sedis episcoporum, necnon genitoris cum genitrice mea, Haimonis et Hilddeburga. » Hildeburga autem soror primogenita Avesgaudi erat, ait auctor Vitæ Avesgaudi. Et genus ducebant a comitibus Belismensibus. « Petivit præsul, ait idem auctor, Belismum fratris sui Guillelmi castellum. » Haimo vero Gervasii pater genere dominorum castri Lidi prognatus videtur. Quod ipse Gervasius profitetur in charta donationis jam laudata : « Universas quoque consuetudines vobis trado, quæ a vestris terris patri meo persolvebantur, pertinentes ad ejusdem castrum Lit vocatum. » Goffridus Martellus, cujus partes Gervasius tutatus fuerat, animum et sententiam mutantem vinculis coercuit. Auctor Vitæ Gervasii : « Videns ergo Goffridus, quod consilio domni Gervasii episcopi, ad ruinam et detrimentum suum, Hugo comes uxorem fortissimam duxisset, Judam portans in pectore, mandavit in dolo Gervasium episcopum, ut traderet eum; quem traditum misit in carcerem, ac tenuit eum in vinculis usque ad septem annos.» Tandem liberatus Gervasius, Henrici regis beneficio altiorem gradum ascendit, archiepiscopus Remensis reuntiatus. Idem auctor : « Comes Goffridus Gervasium de carcere exire permisit, tali videlicet sacramento, ut quandiu ipse Goffridus adviveret, intra civitatem Cenomanicam Gervasius non intraret. Cum vero videret præsul quod neque in urbem, neque in castellum suum, posset intrare, abiit ad Willelmum Normanniæ comitem, ac quidquid ei Goffridus fecit, vel quomodo eum tradidit, illi mœrens retulit. Quod cum audisset Willelmus comes, misericordia motus, dedit ei aurum et argentum, castella fortia, et dona largissima. Dum autem præsul Gervasius in Normannia apud comitem moraretur, accidit ut Wido Remensis Ecclesiæ archipræsul moreretur. Audito autem a rege Henrico, quod mortuus esset Wido, dedit archipræsulatum præsuli Gervasio, qui gaudens suscepit illum. postquam viginti annos Cenomanicam rexit Ecclesiam. » Quo vero anno ex Cenomanensi in Remensem translatus fuerit, colligitur ex actis consecrationis Philippi I, ex quibus constat Philippum anno 1059 anno scilicet quarto episcopatus Gervasii, in locum Henrici patris inauguratum. Subductis igitur IV annis, translatio incidit in annum 1055. Gervasius autem captata consecrationis regis septennis occasione, inter mortua, ut illi videbatur, Ecclesiæ Remensis jura, crepitivit; et obtinuit ut haberetur, eo plane modo quo decessores, summus Franciæ cancellarius, eaque dignitas archiepiscopatui attribueretur. Acta consecrationis : « Subscripsit etiam archiepiscopus. Nam ibi constituit eum summum cancellarium, sicut antecessores sui antecessores suos fecerant. Et ita consecravit eum in regem. » Liber De ratione temporum : « Iis et cæteris astantibus, Gervasius verbum habuit coram rege, quia esse deberet, sicut sui antecessores fuerant, summus regis cancellarius. Quod eodem rege gratissime annuente, et cæteris conniventibus, prædictus pontifex sibi et Ecclesiæ suæ obtinuit. Scilicet quia verum sit quod ab antiquo ita fuerit, legitur in præceptione præcepti, quod Carolus rex de rebus Sanctæ Walburgis fecerat hoc modo : Goslenus cancellarius scripsit et subscripsit ad vicem Herivei archiepiscopi, summique cancellarii. Gervasius vero octavus fuit archiepiscopus post Heriveum. » Argumentum sane frigidum et vanum. Sed hæc non sunt hujus loci. Exstant 22 epistolæ Stephani X, Nicolai II et Alexandri itidem II, ad Gervasium jam Remensem archiepiscopum scriptæ, insertæ tomo IV Historiæ Francicæ, ex quibus, tanquam ex plenioribus commentariis, gesta Gervasii in archiepiscopatu excerpere licet, si libet. Hac vita defunctus IV Nonas Julii, ut habetur in Martyrologio.

Col. 93, lin. 51. — *Comes Helias sepulcrum.* Martyrologium Cenomanense paululum diversum ab eo, cujus verba protuli superius : « v Idus Jul. obiit Cenomanorum comes Helias, qui in introitu sui

consulatus, huic sanctæ matri Ecclesiæ concessit quidquid Hugo comes ejus antecessor, marchisi filius, Hoello bonæ memoriæ episcopo, pro damnis et illatis sibi contulerat injuriis, scilicet diablagium, consuetudines, exactiones, et quæcunque in claustro et in episcopalibus domibus, et apud Colonias, seu etiam in tota terra canonicorum quæ infra *Quintam* continetur, quæ idem Cenomanensis consul excepto incendio et raptu juste et injuste obtinere dicebatur. Concessit etiam quidquid ejus socer Gervasius de castro Lit in terra episcopi et canonicorum, quæ ultra Idoneam fluvium est, Beato contulit Juliano. In reædificatione autem hujus ecclesiæ, præter alia multa dona CXLVII aureos dedit. Ad suggestionem Hildeberti, Beati Juliani *lectum*, in quo nunc sanctissima ejus membra requiescunt, ex argento fecit et auro. Idem præterea, viam universæ carnis ingrediens, ad faciendam unam crucem cyphum XL et VIII unciarum puri auri, et ad componendum thuribulum quotidianum duas marcas argenti, et canonicis quinque marcas donans. Cujus anima gaudiis fruatur paradisi. » Cæterum Martyrologium sepulcrum vocat *lectum*, ut Sugerius lib. De consecratione Ecclesiæ Sancti Dionysii, « lecticam : Sacratissimas eorum lecticas, præcipue dominorum, ornatum iri votive animabamur. »

Col. 93, lin. 65. — *Ab omnibus constumis.* Confirmavit et comprobavit tantum quæ Hugo comes dederat, ait Martyrol. Quid autem dedisset explicat in Hoello : « Et quia idem comes maxima ei damna intulerat, ob restaurationem eorum damnorum, domos ipsius atque cellaria, claustrumque ipsius Ecclesiæ per circuitum, et quamdam villam, quam Colonias nominant, et aliam villam canonicorum, quæ Mantula dicitur, ab omni publica consuetudine atque exactione liberas atque immunes fecit, et diablagium quod inde accipiebatur, et reliqua omnia quæ ad fiscum ejus pertinere videbantur, procerum suorum consilio atque astipulatione remisit, et Beato Juliano futurisque episcopis perpetualiter reliquit atque concessit. Et ne aliquis successorum suorum institutionem ejus, ipsamque immunitatem de reliquo destruere aut depravare præsumeret, pro corroboratione ejusdem facti, totam Ecclesiam per gyrum simul cum claustro et ædibus pontificatus, publica processione, et aqua benedicta, omni populo prosequente, circumdari, prætaxari fecit. Deinde Ecclesiam cum eodem episcopo ingressus, remissionem atque immunitatem quam ecclesiæ fecerat, clero Beati Juliani, utraque Sancti Petri tam clericorum quam monachorum congregatione, omnique populo audiente, atque eodem episcopo recitante, promulgari præcepit, sicut in ejusdem episcopi descriptionibus habetur insertum. »

Col. 94, lin. 20. — *Qui canonici non erant.* Erant sacerdotes in ecclesiis cathedralibus, qui canonicis vicariam operam impendebant. In Ecclesia Trecensi vocabantur *canonici presbyteri*, ut patet ex litteris Manassis episcopi Trecensis, quæ exstant in prompt. antiq. Tricassinarum, et *canonici sacerdotes* in aliis ejusdem Manassis. Quorum semipræbendas vacantes canonicis accrescere Manasses similiter instituit : « Nullus de aliqua præbendarum illarum poterit investiri, quousque ad sacerdotium promotus fuerit; cum vero aliquam earum vacare contigerit, reliqui canonici qui supererunt, vacantis fructus præbendæ, quousque canonicus substitutus sit, percipient. » Econtra statuit Hildebertus, ut majorum præbendarum vacantium fructus emolumento essent sacerdotibus quos vicarios et semipræbendatos esse nullus dubito. Annatæ jure vacantibus antea fruebantur Cenomanenses episcopi, ut vel ex hoc loco satis claret.

Col. 98, lin. 11. — *Per longa tempora protractum.* Quartus enim fuit a Wulgrino, qui fundamenta matris Ecclesiæ jecerat. Pontificale in Wulgrino : « Qui quamvis pauperior et humilior antecessoribus episcopis fuerit, tamen majora opera exercere tentavit. Quinto namque ordinationis suæ anno, fundamenta matris Ecclesiæ ampliora quam fuerant inchoavit, sed morte inopina superveniente, perficere non potuit. » In Arnaldo : « Qui cum aliquo tempore in pontificali cathedra resedisset, fabricam novæ Ecclesiæ, quam præsul Wulgrinus inchoaverat, fundamentorum mobilitate atque lapidum debilitate corruptam, innumera crepidine ruinam sui cœpit terribiliter minitari : quam cum artifices fulcire conantur, repentino fragore nocturno tempore collapsa est. Erat autem ipsius fabricæ arcus maximus super criptam, in qua beatissimi Juliani corpus quiescebat, exstructus, hinc atque inde pyramidibus ingenti altitudine collocatis. Ibi itaque sanctissimi confessoris virtus indubitanter ehituit, dum tantæ molis machina subito corruente, ita basilicæ ipsius tectum, quo sancti membra tegebantur, integrum atque incolume permaneret, ut ne minima quidem ipsius tecti scintilla ruinæ tam terribilis ictibus læderetur. Inde jam dictus episcopus totam cœpti operis fabricam usque ad ima fundamenta destruens, denuo ipsam ecclesiam fundamento firmiori et solidiori lapide construere cœpit; et parti superiori, quæ vulgo cancellum nominatur, etiam tectum imposuit, membrorum quoque, quæ cruces vocantur, atque turrium solidissima fundamenta, antequam moreretur, instituens. » Et in fine : « Quæ videlicet tantos sumptus, tantum studium exposcebat, ut sexaginta annorum spatio nequaquam consummari potuerit. » Quid Huellus pro sua virili parte præstiterit narrat auctor Vitæ : « Continuo fabricam novæ Ecclesiæ, in qua antecessores ejus multo tempore laboraverant, tanto studio aggressus est consummare, ut cruces atque turres, quarum antecessor ipsius, ut supra ostensum est, jecerat fundamenta, brevi tempore ad effectum perduxerit, eisque celeriter culmen imponens, exteriores etiam parietes, quos alas vocant, per circuitum consummavit. Sed et cancellum, quod ejus antecessor construxerat, pavimento decoravit et cœlo. Vitreas quoque et ipsum cancellum, per quæ cruces circumquaque laudabili, sed sumptuosa nimium artis varietate disponens. » Subjungit multis interjectis : « Episcopus autem, tranquillitate recepta, in constructione novæ Ecclesiæ, quæ propter ejus desolationem penitus intermissa fuerat, summo cœpit studio laborare, et ad transferendas sanctorum reliquias, superiores partes ejusdem basilicæ diligenti sollicitudine præparare : oratorium scilicet, quod chorum vocitant, sedemque pontificalem; altaria quoque congrua dimensione disponere, pavimenta substernere, columnas ac laquearia gratissima varietate depingere, parietes per circuitum dealbare, nihil omnino prætermittere, quod aut usui fore crederet, aut decori; hoc præcipue sollicitus, ne quid in tota fabrica adventantium conspectibus displiceret. Omnibus itaque elegantissime præparatis, ad sanctorum translationem archiepiscopum Turonensem, et vicinarum urbium honestiores personas convocare curavit, quatenus eorum præsentia et solemnitas celebrior, et populis efficeretur devotior. Translatum est autem sanctissimum corpus beati Juliani, et aliorum sanctorum reliquiæ, in eamdem basilicam xvi Kal Nov., anno ab Incarnatione Domini 1093, ordinationis autem ejusdem episcopi viii. In qua videlicet die, si Deus sibi vitam concederet, ipsam statuerat basilicam dedicare. Ad hanc vero translationem et solemnitatem tanta non solum ex nostra regione, sed et ex circumjacentibus provinciis, populorum multitudo noscitur convenisse, ut nullus nostræ ætatis tantam aliquande se vidisse meminerit. »

Col. 98, lin 15. — *Consecravit anno* 1120. Longe fallitur opinione Ordericus Vitalis, qui lib. x Hist.

Eccles. scribit temporibus Guidonis successoris ab Hildeberto, cum archiepiscopo Turonensi, dedicatam matrem Ecclesiam urbis Cenomanensis; cum pontificatum Guido inierit tantum anno 1126. Hæc illius verba : « Ecclesiam S. Gervasii, ubi corpus eximii confessoris Christi Juliani requiescit, multis modis laudabiliter decoravit : quam postmodum tempore Guinmari Britonis successoris sui, qui alio nomine Guido de Stampis appellatur, dedicavit. Verum, peccatis exigentibus, quam bonorum exercitatio affatim decoravit, variisque ad honorem Dei ornamentis ditavit, post viii annos dedicationis, incendium, quo magna pars urbis consumpta est, deturpavit, horribilique modo devastavit. » Accidit autem incendium istud anno 1134, ut ipsemet testatur lib. xiv, et auctor breviarii Vitæ Guidonis. Coarguit errorem Orderici tempus primæ profectionis Hierosolymitanæ comitis Fulconis, quæ incidit in annum itidem 1120. Sed argumentis opus non est, cum Ordericum errorem confitentem, et sibi ipsi adversantem, habeamus. Is igitur lib. iv sic ait : « Quo defuncto, egregius versificator Hildebertus successit, et fere xxx annis præsulatum laudabiliter tenuit. Basilicam vero episcopii, quam prædecessor ejus inchoaverat, consummavit, et cum ingenti populorum tripudio veneranter dedicavit. Qui non multo post, anno scilicet ab Incarnatione 1125 metropolitanam sedem ascendit. »

Col. 98, lin. 24. — *Gislebertus.* Archiepiscopatum Turonensem iniit anno 1119. Chronicon Turonense ad annum 1119 : « Tunc obiit Radulphus Turonensis archiepiscopus, cui successit Gislebertus. » Quo demum mortuo, Hildebertus locum ejus subiit. Idem chronicon ad annum 1127 : « Anno i Lotharii obiit Gislebertus Turonensis archiepiscopus, cui successit Hildebertus. » Ordericus Vitalis lib. x, sed sine ulla temporis nota : « Hildebertus post mortem Gisleberti Turonensis archiepiscopi, a clero et populo electus est, nutuque Dei de Cenomanico culmine metropolitanam sedem adeptus est. » Apertius omnino lib. iv, ubi de Hildeberto : « Qui non multo post, anno scilicet ab Incarnatione 1125, indictione iv, ut Gislebertus Turonensis archiepiscopus cum Calisto papa Romæ obiit, » etc. De eo plura Historia dominorum Ambasiæ in notis ad epist. 2, lib. v epistol. Goffr. Vindocinensis. Adi, si ortam ex Gisleberti electione contentionem, et quam graviter Ecclesia Turonensis inde exagitata fuerit, nosse cupis. De Gisleberto ejus nepote Ivo epist. 201.

Ibid. — *Turonensis archiepiscopus.* Metropolitanus cum vicinis et sibi subjectis episcopis Ecclesiæ Cenomanensis consecrationem agitavit. Observandum jam a prima Ecclesiæ adolescentia, magno episcoporum conventu encæniorum dies festos peragi solere exploratissimum esse. Quanta enim episcoporum frequentia celebrata Ecclesiæ Hierosolymitanæ consecratio fuerit, constat ex Eusebio lib. iv De Vita Constantini, cap. 43. Antiochenæ etiam Ecclesiæ dedicationem nonaginta episcoporum præsentia ornatam refert Socrates lib. ii, cap. 8 Hist. ecclesiast. Quo loci animadvertit Juliun episcopum Romanum abfuisse, sine cujus sententia ait non licuisse ἐκκλησίας κανονίζειν; quod perperam quidam interpretantur de ecclesiarum dedicatione. Sed prætextu dedicationis, Eusebius, cum imperatoris auspiciis, concilium in Athanasium et formulam fidei Nicænam coegisset, id frustra et temere factum pronuntiat, cum sine scientia et conscientia Romani episcopi cuiquam liceat leges ecclesiasticas condere vel abrogare; quod est κανονίζειν. Non est quod summam horum solemnium potestatem penes episcopum Romanum quondam fuisse negem. Certe nefas erat, ejus auctoritate non intercedente, ecclesias dedicare et consecrare (a). Gelasius can. *De*

(a) Vide Martenium *Tr. de Antiq. Ritibus*, cap. 13, p. 256.

locorum, De consecrat., dist. 1 Absque præcepto sedis apostolicæ. » Idem can. *Præcepta*, ead. dist.1 : « Sine summi principis auctoritate ecclesiam noviter conditam non posse dedicari. » Et can. *Basilicas*, ead. : « Non petitis ex more præceptionibus. » Sed quæ tandem ista præcepta ? Formatæ, quibus id, petentibus *oblatoribus*, ut ita cum Ennodio dictione 5 loquar, episcopis in suis diœcesibus permittebat summus pontifex. Quarum exemplum habes in can. *Piæ mentis* 16, quæst. 7. Exemplar vero subjicio, ex quo suas formatas pontifices Romani exprimebant, una cum formula *petitoriæ oblationis*, vel *petitorii*, ut loquitur idem Gelasius can. *Certum*, De consecratione, dist. 1.

Petitio dedicationis oratorii.

« Domino sanctissimo et beatissimo Patri Patrum Ill papæ, Ille famulus vester. Ad augmentum catholicæ religionis pertinet, quoties in honore sanctorum loca venerabilia divino cultui consecrantur. In prædio quidem *ill* . . . [ille, *sive* talis] juris mei basilicam sumptu proprio, me suggero construxisse, quam in honorem sanctorum *ill* . . . vel *ill* . . . Martyrum, desiderio consecrari. Cui basilicæ ad luminaria, vel ad alimonias ibidem servientibus offero *ill* . . . et *ill* . . . Quapropter quæso apostolatum vestrum, uti datis præceptionibus vestris ad *ill* . . . civitatis *ill* . . . antistitem, quatenus supra memoratam basilicam debeat sacrosanctis mysteriis consecrare ; ut hoc facto beatitudinis vestræ temporibus, sancta veneratio sumat augmentum. Promitto pariter nihil mihi de eodem loco ulterius vindicandum, nisi processionis gratia, quæ Christianis omnibus in commune debetur. Pari prece deposco, ut datis affatibus vestris ad illum *i l l* . . . civitatis episcopum, quatenus possit mihi reliquias supra memoratorum sanctorum solemniter contradere. »

Responsum oratorii dedicandi.

« *ill* . . . petitorii nobis insinuatione suggessit quod habetur in subditis, in fundo *ill* . . . juris, *i l l* . . . Oratorium se pro sua devotione fundasse, quod in honore sancti *ill* . . . desiderat consecrari. Et ideo, frater beatissime, si in tua parochia memorata constructio jure consistit, et nullum corpus ibi constat humatum, percepta primitus donatione legitima, id est *ill* . . . et *ill* . . . vel *ill* . . . præstantes liberos a fiscalibus titulis solidos tot ; gestisque municipalibus allegatis, prædictum Oratorium absque missis publicis solemniter consecrabit. Ita ut in eodem loco, nec futuris temporibus, baptisteria construant, nec presbyterum constituas cardinalem. Sed et si missas fieri sibi fortasse maluerit,

(a) Non igitur ego primus nec super *antiquissima et sanctissima familia* claritati studui, quam ante annum 1655, quod circiter obiit, nunquam sic appellasset cl. D. Loyauté, vir alioquin æquitatis et veritatis tenacissimus, nisi præ manibus probationes suæ assertionis habuisset. *Antiquissimam* autem jure ac merito vocare potuit, quam constat jam anno 1130, inter præcipuas Armoricæ familias celebratam, in Petro scilicet Marbœuf, milite, domino Stagni, sponso Joannæ Chabot, sororis Theobaudi Chabot, domini de la Rochecervière, qui illi ex diplomate anni illius 1230, nobis ex archivis Marbodorum authentice exhibito, in supplementum dotis et juris nuptialis sororis suæ, ut loquitur, dilectæ, de consensu fratrum suorum Girardi et Sabrehaudi Chabot, concedit facultatem succidendorum quorumcunque lignorum in foresta sua de la Rochecervière. Cujus porro concessionem confirmationem a Joanne Marbœuf postulatam ab Hervæo de Volvire, sive de Fresnoy et de la Rochecervière, nisi postquam idem Joannes Marbœuf probavit juridice se de primogenito in primogenitum in recta linea a prædicto Petro Marbœuf originem duxisse, per Theobaldum scilicet Marbœuf patrem suum, per Richardum

a dilectione tua noverit presbyterum postulandum. Quatenus nihil tale a quolibet alio sacerdote nullatenus præsumatur. Sanctuaria vero suscepta sui cum reverentia collocabis. »

Cessit in omnibus Ecclesiæ Romanæ majestati Gallicana, et fasces volens submisit ; sed ecclesias consecrandi potestatem, quæ jure sacerdotii competebat, vix aut ullo modo imminui aut corrumpi passa est. Nec prisci illi moris et instituti episcopi imminentes in suam disciplinam emissarios ferre potuerunt. Habes exemplum illustre apud Glabrum Rodulphum ·Historiæ lib. ii, cap. 4, quod solidum suis commentariis auctor Gestorum comitum Andecavensium inseruit ; quod illi valde familiare.

Col. 98, lin. 30. — *Gaufridus Rothomagensis.* Gente Brito fuit, frater episcopi Aletensis Judicail, primum decanus Ecclesiæ Cenomanensis, et Hildeberti in episcopatu competitor. Ordericus Vitalis lib. x : « Helias comes Gaufridum Britonem decanum ejusdem ecclesiæ, ad episcopatum elegit ; sed prævenieus clerus, Hildebertum de Lavarceio archidiaconum, in cathedra pontificali residere compulit, et alta voce cum jubilatione tripudians cantavit : *Te Deum laudamus*, et cætera quæ usus in electione præsulis exposcit ecclesiasticus. Quod Helias ut comperiit, valde iratus, resistere voluit. Sed clericis dicentibus illi : Electionem tuam ecclesiasticæ præferre non debes electioni, reveritus, quia Deum timebat, siluit, et ne lethale in membris Ecclesiæ schisma fieret, canonicis consensit. Gaufridus quippe de præsulatu jam securus erat, jamque copiosæ dapes ab avidis comessoribus consumptæ sunt. Sed ipsum Cenomani episcopum habere penitus recusarunt. Is Judicail pontificis Aletæ frater fuit, et post obitum Guillelmi Rothomagensis archiepiscopi xvii annis præfuit. » Gemmeticensis lib. viii, cap. 17 : « Mortuo Willelmo Rothomagensi archiepiscopo, eamdem pontificatus sedem adeptus est Gaufridus decanus Cenomanensis. » Ad Gaufridum hunc adhuc Cenomanensem decanum, exstat Ivonis Carnotensis epistola 52. Interfuit Hildeberti consecrationi, ut ex tabulis chartularii Prulliacensis supra observavimus. Anno 1125 obiisse ; diem autem obitus ejus refert Kalendarium Cenomanense ad iv Kal. Decembris, his verbis : « iv Kal. Decembris obiit Gaufridus, hujus Ecclesiæ canonicus, post Rothomagensis archiepiscopus. » Miror decanus nullam mentionem fieri, cum sit in confesso apud omnes auctores.

Col. 98, lin. 40. — *Marbodus.* De Marbodo plura, Deo dante, alias, cum ejus opera edemus ; hanc enim *ab antiquissima et sanctissima parente,patriæ* inire gratiam insedit animo (a).

avum suem, per Hubertum proavum, filium primogenitum dicti Petri Marbœuf atavi, de quo in illo diplomate anni 1230. Hæc autem concessionis illius confirmatio data est 27 Martii anni 1304, quo vigebat præfatus Joannes Marbœuf, ex quo per avum et proavum ortus est Simon Marbœuf, qui in nova Britanniæ Historia (t. II, pag. 965, 967 et 968,) nuper excusa, undecimus nominatur inter sexaginta aut amplius illustriores Britanniæ proceres ac duces, seu capitaneos, ab ipso Britanniæ duce destinatos ad comitatum honorarium Richardi a Britannia, ducis ipsius fratris, pro legatione meditata ad Carolum VI, Francorum regem anno 1419, a quo anno per sequentes avos et proavos usque ad hæc tempora propagatio in recta linea non esset difficile probanda.

Antiquissimam igitur D. Loyauté merito potuit dicere Marbodorum familiam, cujus originem septingentorum pene sciebat annorum.

Quod autem illam etiam *sanctissimam* appellaverit, non est probabile id sine probatione virum æqui et veri observantissimum patronum asseruisse. Certe negari non potest quin sanctissima fuerit, saltem in radice ; siquidem Marbodus, a quo,

Col. 98, lin. 47. — *Raginaudus*. Is ipse Reginaldus, de quo plura ad epistolam [*f.* 5, lib. ii, al. 12.]

Col. 98, lin. 53. — *Hæc autem consecratio*, etc. Præcipua et potissima dedicationis solemnia, altarium consecrationes fuere. Nulla enim ecclesia dedicari potuit sine alicujus altaris consecratione, ut docet Anselmus lib. iii, epist. ult. : « Nec Ecclesia consecranda est sine consecratione altaris, aut principalis aut alicujus alterius in eadem ecclesia.» Et moto altari præcipuo, iterato consecrandam Ecclesiam præcipit can. 5 concilii Meldensis, quem vide apud Ivonem epist. 73 et 80. Rationem hanc adducit Anselmus : « Altare non fit propter ecclesiam, sed ecclesia propter altare; et ideo violato principali altari, jam non videtur esse ecclesia, quia non est illud propter quod ecclesia construitur, et consecratur. Quapropter cum illud sit novum, recte videtur cum eo consecrari, per quod recepit, ut sit ecclesia. » Quo autem ritu ecclesiæ vel altaria, cæcis illis Ecclesiæ temporibus, vel postquam sæva mitioribus cessere, consecrarentur, monet vetus Liber ritualis ecclesiæ Gallicanæ, cujus verba, qui ad hæc illustranda maxime pertinent, appingere placuit : « Consecrationes altarium et ecclesiarum, secundum ritum quem tenet Ecclesia Romana, Silvester papa primus instituit. Fuisse tamen ab ipsis apostolorum temporibus loca Deo dicata, quæ a quibusdam oratoria, a quibusdam vero Ecclesiæ appellabantur, ubi collectæ fierent per unam Sabbati, et in quibus populus ad audiendum Christianum verbum Dei, et ad percipiendum Dominici corporis et sanguinis sacramentum, et sanctorum apostolorum edoceremur epistolis, et sanctorum Patrum institueremur gestis. Quæ licet salibus exorcizabantur, tamen non chrismate ungebantur, neque altare stabat lapideum erectum in titulum, in figura Domini nostri Jesu Christi chrismate delibutum, id est altare nostrum, et sacerdos, et hostia. Postquam vero Constantinus, qui monarchiam tenebat imperii, a beato Silvestro baptismi meruit purificari sacramento; tunc primum lege ab ipso promulgata concessum est ab omnibus sub Romano imperio degentibus licite Ecclesias fabricare. » Al-

tare e fonte sacro aspergere mos erat, dein chrismate inungere. Rabanus Maurus De instit. cleric. ii, cap. 45 : « Quod vero altare post aspersionem aquæ chrismate perungitur, ad imitationem patriarchæ Jacob factum est : qui post visionem illam terribilem, erexit lapidem in titulum, fundens oleum desuper; vocans locum domus Dei. » Quæ baptismati æquiparat Ennodius dictione 2 : « Veni ergo, piissime Domine, et ad consecrationem operis tui plenus illabere, vice humani per baptisma corporis purgentur hæc templa. » His rite peractis, fiebat « de æde sacramentum, de terrena habitatione cœleste collegium, » ait idem dictione 4.

Ibid. — *Majus altare*. Ex cujus consecratione fere totius solemnitatis consummatio pendet, ut videtur Anselmo, cui dicitur *principale altare;* ut Sugerio lib. De consecratione ecclesiæ Sancti Dionysii, *principalis ara*. In chartulario Vindocinensi passim *altare dominicum*. Sicut missa publica, *dominica* appellatur a Gervasio Cenomanensi episcopo : « Ne quis canonicorum dominicam aut privatam missam celebrare præsumat, » etc.

Ibid. — *Crypta*. Aliena a proprietate vocabuli notione usurpatur. Est enim subterraneus, sacer, testudinatus locus, qualis pene ob oculos subjicitur, his Prudentii versibus :

Mersa latebrosis crypta patet foveis.
Hujus in occultum gradibus, via prona, reflexis
Ire per anfractus, luce latente, docet, etc.

Gregorius Turonensis De mirac. c. 33 : « Beati Petri apostoli basilicam ingressa est. Hujus enim altare, positis in altum pulpitis, locatum habetur : cujus pars inferior in modum cryptæ ostio clauditur habens nihilominus et ipsa, cum sanctorum pignoribus, altare suum. In hanc venerabilis mulier ad accendendum, ut diximus, lumen, devota descendit. » Idem pro ædicula c. 58 : « Crypta super eos miro opere fabricata est, quæ in arcuum modo transvoluta, firmissima stabilitate subsistit. » Unde sequioribus sæculis basilicarum capellas appendiculas, paulo depressiores, vel obscuriores, cryptas appellaverunt.

ut sæpe contigit, utpote tunc celebriori, ejus tota familia, gentilitio *Pelliciarii* nomine relicto, nomen sumpsit, adeo sancte vixit in episcopatu, tam sancte, ipso abdicato, apud Sanctum Albinum monachus obiit, ut inter sanctos Galliæ ab illustrissimo Tullensi episcopo in suo Gallicano Martyrologio, iii Idus Septembris sit relatus. Cum vero et forum ipsum civile sanctitatem etiam suam habeat, quæ in recta justitiæ administratione consistit, nil obstare videtur quominus *sanctissimam* vocare potuerit familiam illam, quæ per temporum ab origine sua successiones, supremæ Britanniæ curiæ Redonensi, sicut et urbi, tot protulit insignes magistratus, et sibi succedentes præsides integritate conspicuos, et inde in professione sua sanctos, qui cum multoties pro patria, ad fortunarum et vitæ ipsius periculum, decertaverint, aut laboraverint, non immerito potuerunt a præfato D. Loyauté patrono sane integerrimo, vocari *patriæ parentes*.

Quod autem hic occasione notarum ejus in Hildeberti Vitam notavimus, nec rogatos nos, sed nec ullo quolibet modo, sive verbo, sive scripto, monitos fuisse profitemur ; sed motu proprio, et solum e recordatione benevolentiæ singularis, qua nos olim, anno scilicet 1664 Remis degentes, prosequi et ornare dignatus est illustrissimus tunc præses de Marbœuf, dum ibi publicorum causa negotiorum hospitaretur : a quo tempore usque modo nullum nec personale, nec per unius quidem litterulæ apicem cum ullo ex illa nobili familia contingit sortitos esse commercium ; ad hoc solum moti, quod iterum asserimus, desiderio testificandæ venerationis, qua illustrissimi præsidis memoriam hucusque co-

luimus et nobilem ejus familiam perpetuo colemus. Illud etiam inde assecuti, quod nostræ de nobilissima Marbodæorum gente ad epist. 3, lib. ii, conjecturæ, non omnino improbabiles forte videbuntur, sicut nec quod de illa præfati sumus in præmonitione ad Marbodi ipsius Opuscula.

E. Martyrologio Gallicano illustrissimi D. D. Andreæ du Saussay episcopi Tullensis, in ipso Martyrologii contextu.

« *Tertio Idus Septembris*. Redonis in Armorica, *Sancti Marbodi episcopi et confessoris*. « Qui serie hac in cathedra duodecimus, duodecim apostolorum Agni nomina, tanquam vivus lapis virtutum eorumdem eximia imitatione sibi divinitus indita gessit; unde in suprema Sion evectus, lapidibus pretiosis quibus illa rutilat annumeratus est. »

Huic porro D. Loyauté de nobili Marbodorum familia notæ non incongrue subjiciendum duximus transsumptum exactissime ex ipso originali apographo, in tabulario monasterii Beatæ Mariæ de Vitreio asservato, descriptum a R. P. D. Stephano Deschamps ejus priore, et ad nos, excusis jam Marbodi opusculis, transmissum; unde liquet Marbodum tunc Redonensem episcopum, rogante Andrea et filiis ejus, Vitreii dominis, laudante Conano Britanniæ duce, et ejus matre Ermengarde, aliisque loci proceribus, ejecisse inde inordinatos qui ibi degebant canonicos, quorum loco monachos Benedictinos ibidem instituit, ecclesiam ipsam Vitreiensem monachis Sancti Melanii cum pluribus aliis ecclesiis et possessionibus concedendo.

(Vide infra, inter diplomata Marbodi, sub num. 3).

Col. 68. lin. 57. — *Fulco, Fulconis filius.* Fulco V, Hierosolymitanus vocatus, qui mortuo patre Fulcone Rechin anno 1119, xviii Kal. Maii, comes Andecavensis, Turonensis et Cenomanensis factus est. Chronicon brevius Sancti Albini ad annum 1109 : « Sequenti anno obiit Fulco Rechin Andecavorum comes, xviii Kal. Maii. » Aliud : « 1109, obiit Fulco Rechin comes, cujus filius Fulco castrum Doatum et castrum Insulæ cœpit. » Chronicon Turonense ad eumdem annum : « Obiit Fulco Rechin, comes Andecaviæ, cui successit Fulco filius ejus, qui postea fuit rex Hierusalem. » Et chronicon breve Sancti Florentii : « 1109, Fulco comes moritur, et filius ejus Fulco accipit consulatum. » Fulconem hunc laudibus cumulat conditor Gestorum comitum Andecavensium : « Mortuo Fulcone Rechin, filius ejus Fulco vias patris et matris suæ deserens, honestam vitam deducens, prudenter terram rexit. » Et pietatis et belli, quibus abundabat, laudibus perscriptis, subjungit : « Cum Andecavensem, Turonicum, Cenomanicumque consulatum in prosperitate regeret, rex Hierosolymorum Balduinus nuntios in Franciam misit, qui prudentium consilio virum idoneum, qui filiam suam cum Hierosolymitano regno duceret in uxorem, secum adducerent. Eligitur itaque consilio Ludovici regis, et episcoporum multorum peritorum, Fulco Andecavensis, qui uxore carebat. Idem autem Fulco comes iturus Hierusalem, in festo Pentecostes venit Turonum, ut ei archiepiscopus sacræ signum crucis, pro more sanctæ peregrinationis, imponeret. » Post : « Ipse vero cum maximis copiis mare transiens, filiæ regis matrimonio copulatus, rex Hierusalem est effectus. » Addit paulo post : « Mortuo Balduino rege, Fulco Hierosolymorum regnum viriliter rexit, Damascenos Ascalonitasque sibi tributarios effecit. Denique, antequam Raymundus filiam Buamundi duceret, Antiochenum principatum maximo labore contra Turcas, absque ullo damno, manutenuit. Qui ex uxore sua duos filios Balduinum et Amalricum genuit. Ipse vero cum ad senilem ætatem pervenisset, vir bellicosus obiit, sepultusque est cum aliis regibus in Golgotha. Cujus filium Balduinum Hierosolymitæ regem sibi constituunt. » Duxisse primogenitam natarum Balduini, nomine Milisendem, ait; contra auctor chronici comitum Andecavensium unicam, evocatumque a principibus regni Hierosolymitani, non a Balduino existimavit. Hæc sunt illius verba : « Regni principes Hierosolymitani directis nuntiis Fulconem Andecavensium comitem sollicitaverunt quatenus loca Dominicæ passionis adiret, filiam regis Balduini, quam unicam et hæredem reliquerat, uxorem accepturus. Quibus acquiescens comes, filio suo Goffrido Plantagenest hæreditatem reliquit, Hierosolymam adiit, super solium David regis in Hierusalem collocatus est. Christi inimicos attrivit. Quod igitur incœpit viriliter sui successores suo tempore suppleverunt. Quorum strenuitas ordine successorio gubernacula regni Hierosolymitani nanciscens, et Idumæorum compescuit ferocitatem, et Babylonem factam rebellem sub... itione redegit, et Alexandriam reddidit tributariam, et in novissimis sui celebritate totius populos orientis effecit attonitos. » Sed non ego illi credulus sum. Suffragatur enim Gestis chronicon breve Sancti Albini : « 1127, mandat Balduinus rex Hierusalem Fulconi comiti, ut fiat gener suus. » Profectus autem anno sequenti. Idem Chronicon : « 1129, Fulco comes Hierusalem pergit. » Et anno demum 1131 : « Fulco rex Hierusalem efficitur, » idem Chronicon. Et non sublestæ fidei Willelmus Tyrius, qui tibi adeundus lib. xiii, c. 24, et cap. ult., et lib. xiv, cap. 1 et 2, in quibus de Fulconis profectione pluribus agit. Joannes monachus Majoris Monasterii eum hoc elogio ornavit : « Iste vias patris et matris deserens, honestam vitam ducens, prudenter terram suam rexit. Vir honestus, armis strenuus, fide Catholicus, et erga Dei cultores benevolus, adeptis duobus consulatibus Andecavensi et Turonensi, tertium cum uxore sibi adjunxit Cenomanicum. Videlicet amicos exaltans, malignos et sibi adversarios opprimens, gloria et optima fama impar nulli in brevi effectus est. Cum autem Andecavensem, Turonicum, Cenomanicumque consulatum in prosperitate regeret, in regnum Hierosolymitanum eligitur, filiæque regis Baudoini matrimonio copulatur. Ipse vero quandiu advixit, regnum viriliter rexit. Damascos, Ascalonitas sibi tributarios effecit. Diuque antequam Raimundus filiam Boamundi duceret, Antiochenum principatum maximo labore contra Turcos, absque ullo damno, manutenuit. Ipse vero cum ad senilem venisset ætatem, vir bellicosus obiit. » Obiit Fulco anno 1142, secundum Willelmum Tyrium, lib. xv, cap. ult.; chronicon vero Sancti Albini breve ad annum 1143 ejus mortem refert. Et chronicon Sancti Florentii ad annum 1141, iv Id. Nov. Kalendarium Sancti Sergii : « iv Id. Novembris obiit Fulco rex Hierusalem, prius Andecavensis comes. Pro eo fiat sicut pro abbate. » Quod confirmat Martyrologium Ecclesiæ Andecavensis. De eo sic loquitur Alphonsus Hispanus, ex Judæo Christianus, in Historia Hierosolymitana ms. quæ penes me est, lib. iii, cap. 9?, quod continet catalogum Regum Hierusalem : « Successit in regno generosus Fulco comes Andecavensis et Carnotensis [*lege* Cenomanensis] cui prædictus rex filiam suam primogenitam Milesendem dederat uxorem. Hic cum infinita Turcorum multitudine, quæ de sinu Persico ebullierat, circa partes Antiochenas congrediens, tribus millibus interemptis, multis autem captivitate detentis, cæteris fuga mortem evadentibus, gloriosum triumphum de hostibus reportavit. Regnavit autem undecim annis vel duodecim. Dum autem in territorio Acconensi leporem agitando cum equo suo corrueret, improviso et lamentabili casu in fata decessit, relinquens duos filios : Balduinum primogenitum, qui illi in regno successit, et Almericum. » Qui Amalricus Tyrio lib. xvi, cap. 1.

Ibid. — *Uxor ejus Aremburgis.* In ejus nomine variatum. *Guiburgis* vocatur a Tyrio lib. xiv, cap. 1, *Heremburgis* in Kal. Andecavensi, *Ermentrudis* in quibusdam codicibus chronici brevis Sancti Albini; et passim fere *Haremburgis.* Sed non ferendus error auctoris chronici comitum Andecavensium, qui *Sybillam* vocat : « Helias filius Joannis de Fleta, Sybillam filiam cujusdam comitis Longobardiæ, neptem scilicet Hereberti, quondam Cenomanensis comitis, duxit uxorem, et cum ea comitatum Cenomanensem suscepit. De Sybilla vero genuit Sybillam, quam Fulco filius Fulconis Rechin, postmodum rex Hierosolymorum, duxit uxorem, de qua genuit Gaufridum Plantegenest, et Sybillam Flandriæ comitissam. » Fulconem Hierosolymitanum duxisse Aremburgim post mortem Fulconis Rechin patris, Tyrius auctor est lib. xiv, cap. 1 : « Præfatus vero Fulco, senioris Fulconis filius, patre jam defuncto, uxorem duxit filiam comitis Cenomanensium Heliæ, Guiburgem nomine, ex qua duos suscepit filios, et filias totidem. » Nuptias conciliante Bertrada matre, ut subjungit Tyrius : « Hujus autem matrimonii causa fuit mater; nam dum idem adolescens in curia comitis Pictavensium domini sui, pincernæ fungeretur officio, audita fratris primogeniti morte, ab eodem comite captus est, et vinculis mancipatus, occasione quorumdam castellorum, quæ ab eo contendebat violenter eripere, quæ pater ejus et frater in finibus prædicti comitis jure hæreditario, sed de feodo prædicti comitis diu possederant. Quod audiens mater, quæ jam ab ejus patre multo ante diverterat, et ad dominum regem Francorum se contulerat, maternis mota visceribus, apud dominum regem supplex imploravit et obtinuit, quod filius ejus a vinculis absolutus, paternæ restitueretur hæreditati ; insuper etiam effecit, ut supra nominati comitis Heliæ unicam filiam, cum ejus omni hæreditate, dominus rex ejus filio uxorem concederet. » Celebratæ autem nuptiæ anno 1109. Chronicon Turon. : « 1109 Fulco comes Andecavensis duxit uxorem Haremburgim, filiam Heliæ comitis Cenomanensis, de qua genuit Gaufridum, qui ei successit, et Heliam postea comitem Cenomanensem, quem Gaufridus frater suus postea usque ad mortem Turonis carcere mancipavit. » Memorandum vero hoc Aremburgi contigit, quod primum pacta Martello II, Fulconis fratri consanguineo fuerit. Gesta comitum Andecavensium in Goffrido Mart. II : « Huic Martello Helias comes unicam filiam suam, non adhuc matrimonio aptam despondit, et Cenomanum cum appendiciis ei tribuit. » Et in Fulcone rege Hierosolymitano : Qui ab Helia Cenomanorum comite unicam filiam suam, quam Martellus, frater suus licet, sibi promissam non

nupserat, dari sibi cum Cenomanico consulatu impetravit. Sicque Cenomanicus et Andecavensis consulatus conjunctus esse dignoscitur. » Cæterum fatis concessit Aremburgis anno 1126. Chronicon Sancti Albini ad eum annum. Mense Januario Martyrol. Eccles. Andec. : « xviii Kal. Februarias obiit Heremburgis Andecavorum nobilis comitissa. » Pene oblitus eram dicere Aremburgim et Fulconem uniter abbatiam Oratorii fundasse, quod docet Chronicon Turonense ad annum 1121 : « Fundata est abbatia Oratorii in episcopatu Andecavensi a Fulcone comite Andecavensi et Haremburge uxore ejus. »

Col. 98, lin. 59. — *Paterno jure.* Præter laudatos auctores Willelmus Gemmeticensis lib. viii *Hist. Normann.*, cap. 34, et Ordericus Vitalis lib. xii *Eccles. Hist.* : « Fulco junior comes Andecavensis, qui gener et hæres erat Heliæ Cenomanorrm comitis. »

Col. 98, lin. 60. — *Salutem animarum.* Formula usitata in Occidente, nec Græcis ignota.

PRÆCLARA VIRORUM ILLUSTRIUM

DE VENERABILI HILDEBERTO TESTIMONIA.

—

Sanctus Bernardus.

Præter quam quod venerabilem Hildebertum in epistola 44, lib. ii, vocat « magnum sacerdotem et excelsum in verbo gloriæ, et magnam Ecclesiæ columnam; » et in epistola 19, lib. iii (in edit. Mabill. 123) : « Totius reverentiæ virum, » sic illum in eadem compellat, « Quæ ad me de me tibi scribere placuit, videris tu unde probaveris. Ego laudum tuarum argumentum teneo minime dubium ipsas mei laudatrices litteras tuas, in quibus alium fortasse delectat eruditionis insigne, sermo suavis et purus, oratio luculenta, gratum laudabileque compendium. Mihi vero præ his illa ducitur humilitas, qua tantil.um tantus prævenire curasti, et obsequio salutandi, et præconio prædicandi, et precandi reverentia...... Verumtamen quod sum tuum est, et si quid melius Dei unquam munere fuero, tuum fore confidito, reverendissime atque amantissime Pater. »

S. Anselmus, epist. 11 *lib.* iv *editionis Gerberonianæ, ad Hildebertum.*

Sicut volo vitare injustitiam, sic vestram desidero amplecti amicitiam. Fateor etiam quia si mihi esset possibile, vos ad duplum quam me diligatis, deberem diligere, quia vos me prævenistis amore, quod probastis munere. Nam quoniam immeritum dilexistis, non minus debeo rependere. Quoniam si significastis vobis placere hoc quod de opusculis nostris vidistis, præsumimus vobis mittere quædam, quæ, ut puto, nondum vidistis.

Petrus Blesensis, epist. 101, *ad R. archidiaconum Nannetensem, de puerorum institutione.*

Scio mihi plurimum profuisse, quod cum..... parvulus erudirer, materiam mihi non de fabulis, sed de historiarum sumebam veritate. Profuit mihi

(88) Inde intulit eruditissimus D. Loyauté in supra laudatis notis, quod Hildeberto vivente et vidente, in scholis ejus epistolæ ad imitandum

B quod epistolas Hildeberti Cenomanensis episcopi, styli elegantia et suavi urbanitate præcipuas, firmare, et corde tenus reddere adolescentulus compellebar (88).

Ivo Carnotensis, epistola 167, *ad Hildebertum.*

Bene sentimus de religione vestra, quia ubi eluxerit vobis vera et justa sententia, non declinabitis a via regia.

Goffridus Vindocinensis, epist. 13 *lib.* iii, *ad Hildebertum, agens de illegitima electione Raynaldi ad sedem Andegavensem.*

Bene quidem incepistis; quoniam pro libertate sanctæ Ecclesiæ contra ejus adversarios viriliter vos erexistis. Unde Deo et Dei amicis, vos magis charum reddidistis, et famam nominis vestri per hoc non mediocriter dilatastis.

Idem Goffridus in epistola ad præfatum Raynaldum, 11 *lib.* iii.

[Hinc Hildebertus vir religiosus, qui post metropolitanum, in provincia primus erat episcopus, non tacuit : qui a vestra consecratione, licet a suo metropolitano vocatus, seipsum absentavit, et exsecrationem esse potius quam consecrationem, apostolica et evangelica veritate prædicavit.

Licet porro quoddam inter Hildebertum et Goffridum dissidium emerserit, ratione cujusdam Joannis Cæmentarii, monachi Vindocinensis, quem sibi a Goffrido commodatum Hildebertus, ut suis ædificiis utilem, diutius retinuerat quam speraverat et optaverat Goffridus, illum tamen semper variis epistolis (epist. 15 et seqq.) *bonæ, beatæ ac laudabilis viæ episcopum* nuncupat, dum sæpius *venerabilem, charissimum, dominum suum, et visceralem, et præcordialem amicum nominat,* et (epist. 14 libri iii) *prudentem simul et simplicem episcopum, et*

proponebantur. *Non enim,* inquit, *Hildeberti ætas virum ferebat, cui aut ingenium præstantius, aut oratio concinnior famam conciliaverit.*

optimum præsulem, a cujus consilio se nunquam deviaturum spondet, et de cujus dilectione dubitare se non posse, nec debere asserit.

Ordericus Vitalis.

Supervacaneum esset hic iterum præclara repetere honoris elogia, quibus Ordericus, venerabilis Hildeberti suppar, nomen ejus posteritati commendavit, cum ea ipsa retulerimus, sive in epistola dedicatoria, sive in præfatione nostra ad Hildeberti opera.

Willelmus Gemeticensis, Hist. Normann. lib. VI, *p. 265, agens de operibus sancti Anselmi Cantuar. archiepiscopi.*

Duodecimus (liber) qui et ultimus illi, tractatus fuit de processione Spiritus sancti. Confutaverat enim Græcos in Barensi concilio, negantes Spiritum sanctum a Filio procedere. Unde sumpta materia, rogatu Hildeberti Cenomanorum episcopi, hunc librum composuit. Quod et liquet ex ipsa ad hoc Hildeberti epistola ad sanctum Anselmum, nona scilicet lib. II, et ex epistola 11 sancti Anselmi ad Hildebertum, eodem libro a nobis relata.

Willelmus Malmesburiensis, lib. I *De gestis pontificum Anglorum.*

Si scientiam litterarum rimeris, totas Hildebertus exhausit Athenas : si eloquentiam exigas, melleo quodam lapsu ex ejus ore fluit oratio, cui accedit genialis soli, id est Cenomanici, accuratus et quasi despexus sermo.

Marbodus episcopus Redonensis, Hildeberti suppar, in laudem ejus, et ejus operum

Dum tua scripta legens oculos ad nostra reduco
E cœlo terra videor spectare jacentes :
Sublimi nubes excedunt illa volatu; .
Hæc terris hærent humili reptantia gressu.
Sæpe relecta placent solis sapientibus ista,
Arcanos sensus brevibus stringentia verbis;
Magna velut modico si gemma locetur in auro :
Hæc aditu facili rudibus doctisque patescunt,
Scilicet artificis minus accurata paratu,
Et de communi leviter manantia vena.
Vestra per antithesim flectit se musa frequenter,
Exercens varios sinuoso schemate giros :
Nobis directo satis est procedere calle,
Quamlibet et crassa contexere verba minerva;
Nec cum subtili certare paramus Aragne.

Anonymus antiquus de Hildeberto.

Inclytus et prosa, versuque per omnia primus,
Hildebertus olet, prorsus ubique rosa.

Ex Bellarmino, De scriptoribus ecclesiasticis.

Hildebertus archiepiscopus Turonensis vixit tempore Honorii II pontificis, ad quem epistolam scripsit (89). Honorius autem sedere cœpit anno Domini 1125. Scripsit sermones, epistolas et carmina sacra, quæ exstant. Ad eum una epistola sancti Bernardi, qua eum hortatur ut Innocentium II ut verum pontificem agnoscat et veneretur

Illustrissimus Henricus Spondanus, ad ann. 1088, *n.* 4.

Hildebertum vocat post Baronium, ejus verbis usus, magnæ doctrinæ simul et sanctitatis virum, et libertatis Ecclesiæ acerrimum defensorem.

Ex tomo I dissertationis historicæ P. Labbe, societatis Jesu in Bellarminum.

Hildebertus de Lavardino... cujus meminit Guillelmus Malmesburiensis, lib. III, De gestis Anglorum, et scholæ magister, post Hoellum electus fuit anno 1097, Cenomanensis episcopus. Tum Gilleberto archiepiscopo mortuo, jussu Honorii II, Romani pontificis, an. 1124, translatus est ad Turonensem metropolim, ubi obiit die 13 Kal. Januarii anni 1132. De eo in pluribus non consentiunt inter se Cenomanicæ historiæ illustratores Corvæserius et Bondonetus, vel cum Vossio, qui morti ejus assignat annum 1136, Lotharii imperatoris XI. Quos consule, et ex antiquioribus Ivonem Carnotensem Goffridum Vindocinensem, et sanctum Bernardum in epistolis, Willelmum Malmesburiensem, lib. V, cap. 9, Henricum Gandavensem, cap. 8, Bernardum Morlacensem, Congregationis Cluniacensis monachum, lib. De contemptu mundi ad Petrum Venerabilem, abbatem Cluniacensem, Vincentium Bellovacensem, S. Antoninum, Trithemium et alios.

E Martyrologio Gallicano illustrissimi D. D. Andreæ du Saussay, Tullensis episcopi, tertio Kal. Maii.

In Cluniacensi cœnobio depositio sancti Hugonis abbatis... Hic ob eximiam morum puritatem et animi præstantiam suffectus, arduum tanti regiminis munus ea prudentiæ et sanctimoniæ laude peregit, ut monachorum archangelus esse diciique promeruerit. Nam revera magni viri sub illius ductu et institutione florentes, eam in altitudinem, quæ cœli cedris proxima est, excreverunt. Nempe Gregorius VII et Urbanus II, pontifices summi, Albericus episcopus, cardinalis Hostiensis, Hildebertus archiepiscopus Turonensis, qui omnes ex ejus disciplina et imitationis fonte spiritum haurientes religionis, et salutaris scientiæ, Ecclesiæ magnum decus et fructum uberem felicis opitulationis contulerunt.

Ex eodem Martyrologio, decimo quarto Kal. Januarii.

Beatus Hildebertus archiepiscopus Turonensis, *magna Ecclesiæ columna, et sonora Christi tuba,* cujus testamentum æternum indelebilibus paginis propugnavit, felici somno beatæ mortis consopitus, ad cœlestis regni migravit honores. De hoc quidem usurpari potest insigne id quod dudum sanctus Hieronymus de beato Cypriano elogium publicavit : *Tanti ingenii superfluum est indicem texere, cum sole clariora sint ejus scripta.* Sed non minus fuit pastorali zelo, sacerdotali vigore, puritate vitæ, religionis cultu, justitiæ studio, patientiæ merito, atque omnis sanctimoniæ gratia conspicuus et nobilis.

Non igitur mirum si Petrus de Natalibus in suo sanctorum Catalogo, inter ipsos Hildebertum ut sanctum annumeraverit; si in sua Bibliothecæ Patrum editione anni 1589 Margarinus de la Bigne sancti titulo decoraverit, ut et ad imitationem ejus, nullo reclamante, fecit R. P. Homeyus in suo Patrum Supplemento an. 1684. Quem etiam Joannes Maan, auctor Turonicæ Metropoleos, asserit post mortem miraculis claruisse.

(89) Imo plures epistolas.

IN SUBSEQUENTES
VENERABILIS HILDEBERTI EPISTOLAS
MONITUM.

—

Cum jam prolixe satis in nostra generali ad venerabilis Hildeberti Opera præfatione de ejus epistolarum præstantia et dispositione prælocuti fuerimus, hoc unum, lector benevole, te monitum volumus : quod cum ex tredecim aut amplius manuscriptis codicibus quibus ad illarum recensionem usi sumus, nullum invenerimus, in quo non diversimode ab aliis forent ordinatæ, indiscriminatimque collocatæ, nos ad celebriorum in pari casu scriptorum imitationem, illas in varias classes pro argumentorum varietate e nonnullorum eruditorum consilio duximus redigendas, in hoc præcipue doctissimi et nunquam satis venerandæ memoriæ R. P. Jacobi Sirmondi vestigia sectati, qui in evulgandis Petri Cellensis epistolis, quas cum in mss. invenisset permistim positas, in novem libros ad majus lectoris commodum distribuit. Sic et nos Hildeberti epistolas in tres libros distinguendas esse necessarium duximus. Præibunt igitur in libro I quæ pietatem Christianam et vitam Asceticam, sive (ut Hildebertus ipse sæpius loquitur) contemplativam spectant; succedent in libro II quæ ad dogmata catholica, seu disciplinam ecclesiasticam pertinent; subsequentur demum in libro III quæ meram inter amicos familiaritatem, et honestam urbanitatem exprimunt. Ne vero nobis vitio vertatur hæc illarum veteris ordinis mutatio, quæ nonnullam lectoribus molestiam posset facescere, præterquam quod ad marginem cujusque epistolæ veterem ordinem referimus his signis al. 2, alias 3, etc., illarum hic proferimus indicem, in quo uniuscujusque veterem ordinem, et novum illi a nobis recenter assignatum notavimus. Illas autem omnes ordine chronologico, quantum e variis illius ævi historiis, eventibus et conjecturis nobis assequi datum est, ad publicam utilitatem disponere curavimus.

ORDO EPISTOLARUM VEN. HILBERTI.

—

LIBER PRIMUS. — *Morales seu asceticæ.*

Annus cujusque circiter epistolæ.	Ordo Novus.			Ordo vetus.
1100	1	Willelmo de Campellis.	*De conversatione tua.*	1
1100	2	S. Anselmo Cantuar. Ant.	*Flabellum misi tibi.*	8
1101	3	Adelæ comitissæ.	*Absentia mariti.*	25
1101	4	Adelæ comitissæ.	*Quoties quæ circa te sunt.*	71
1102	5	Agneti viduæ	*Egredienti tibi.*	65
1104	6	Adelæ comitissæ.	*H. A. suæ dominæ.*	41
1110	7	Mathildi Anglorum reginæ.	*Gratulor honori tuo.*	15
1110	8	Amico seu Willelmo de Campellis	*Sanctæ conversationis.*	47
1111	9	Mathildi reginæ Anglorum.	*Difficile est discrete.*	16
1112	10	Ad Agnetem viduam.	*Confidimus in Domino.*	31
1115	11	Monachis, ut putatur, Vindocinensibus	*Apostolicis erudimur.*	61
1121	12	Henrico I regi Anglorum.	*Cum bene multis imperes.*	56
1121	13	Puellæ conversæ.	*Gaudium mihi exuberat.*	57
1123	14	Adelæ reginæ Anglorum.	*Cum susceperis hanc epistolam.*	62
1123	15	Comiti Andegav. Fulconi Richino.	*Ad memoriam B. Jacobi.*	59
1128	16	Diviti cuidam improbo.	*Doleo, frater mi.*	33
1129	17	Ad amicum desolatum consolatoria.	*Quanto desiderio.*	*Nova.*
1130	18	Adelæ reginæ Anglorum.	*Transfretare tibi.*	70
1131	19	Moniali confortatio.	*Celebre solatium est.*	*Nova.*
incerti temporis.	20	Monachis sancti Cuthberti.	*Hildeb. Cenom. h. minister Algaro priori.*	11
		Eadem bis seu eodem numero, sed aliter.		
inc. temp.	21	Athalisæ reclusæ.	*Consideranti mihi votum tuum.*	56
inc. temp.	22	Guillelmo abbati Sancti Vincentii.	*Usu pariter et necessitate.*	57
inc. temp.	23	Eidem, ut putatur, abbati.	*Si vera sunt quæ de commisso.*	*Nova.*
inc. temp.	24	Cuidam amico Ecclesiæ benefactori.	*Salutare est canitiem.*	*Nova.*
inc. temp	25	De amore Dei, et amore mundi.	*Inter amorem hujus mundi*	*Nova*

—

LIBER SECUNDUS. — *Quæ de Dogmatibus, Disciplina et Ritibus.*

Annus Christi.	Ordo Novus.			Ordo Vetus
1098	1	G. archidiacono.	Si fides auctoritati non subtrahitur.	17
1098	2	Sagiensi episcopo Serloni.	Iterare clamorem continuata nos injuria.	7
1098	3	Ad episcopum M.	Andegavensem pro te convenimus.	35
1098	4	Turonensi archiepiscopo Ranulfo.	Petitio vestra qua vocamur.	9
1098	5	Raynaldo Andegavensi.	Pauca bone frater habeo adversum te.	12
1098	6	Eidem.	Fama est episcopos.	13
1099	7	Sagiensi episcopo Serloni.	Audivimus et valde lætati sumus	49
1100	8	Joanni et Benedicto.	Sicut frequens tribulationum.	19
1100	9	Anselmo archiepiscopo.	Familiare est sapienti tolerare	21
1103	10	Priori Carnotensi.	Non potuit ad nos.	6
1102	11	S. Anselmus ad Hildebertum.	Anselmus servus Ecclesiæ Cantuar.	addita.
1102	12	Rogerio Salisberiensi episcopo.	Virtuti gratulor cui.	3
1103	13	Hildebertus S. Anselmo	Et dies lætus et vultus.	22
1103	14	Rothomagensi archiepiscopo.	Sicut sanctitatis vestræ pagina.	54
1110	15	Abbati Cluniacensi F. Pontio.	Promissam beatitudini tuæ.	64
1110	16	Prænestino episcopo.	Zelum Dei habes.	45
1110	17	Omnibus episcopis H. vinctus Christi.	Feliciter sunt miseri.	39
1110	18	Dei gratia Sagiensi episcopo Rabotio.	Credimus ignorare te.	40
1112	19	Andegavensi episcopo.	Sacerdos præsentium lator.	44
1112	20	Abbati Ebronensi.	Semper fuit opus.	74
1111	21	Apologetica pro Paschali papa.	In lacrymis effluant eorum oculi.	Nova.
1111	22	Pro eodem.	Nunquam felicius.	Nova.
1112	23	Adversus hæreticum Henricum.	In regno quidem nullus.	51
1112	24	Omnibus archiepiscopis pro Cypr. et Petro.	Præsentium latores Cyprianus.	78
1113	25	D. G. Engolismensi episcopo.	Est apud nos abbatia q. d. Ebron.	38
1113	26	R. Andegavensi.	Ne vel deesse justitiæ.	42
1118	27	Memoriensi episcopo.	Plerumque fit ut ex præscriptis.	48
1119	28	Girardo episcopo	Potestati cedit ad gloriam.	50
1124	29	Reverendissimo ac beatissimo Clarom. ep. Aymerico.	Melius me cucurristis.	55
1127	30	Honorio summo pontifici.	Beatitudini vestræ, reverendissime Pater.	65
1227	31	Ad suffraganeos Britanniæ.	Honorius ep. servus servorum Dei.	66
1127	32	Honorio II pro canonicis S. Martini.	Non paucis declaratur privilegiis.	18
1128	33	Encyclica, de gravaminibus sibi illatis.	In adversis nonnullum solatium est.	75
1128	34	Ad legatum apostolicum G.	Ad vestrum, beatissime præsul.	Nova.
1128	35	Honorio II.	Justum est eos spem dereliquisse.	Nova.
1128	36	Honorio II.	Non dubitamus contumeliam de.	Nova.
1128	37	D. G. sanctissimo Patri Honorio II.	Factum est, beatissime Pater, quod a nobis.	68
1128	38	Honorio D. G. reverendissimo Patri suo.	Quantis tribulationum turbinibus.	67
1128	39	Amico Romano pro Radulpho decano.	Usu pariter et necessitate.	Nova.
1129	40	Honorio II de conjugio H. de Credone.	Litteras ad nos, beatissime P. vestras.	Nova.
1129	41	D. G. excellentissimo Honorio.	Philosophus ait : colere officiis.	82
1130	42	Honorio reverendissimo Patri pro Fontebraldo.	Et relatione plurimorum.	69
1130	43	Aymerico Clarom. episcopo.	Sicut parvitatem meam vestra.	60
1131	44	Sancti Bernardi ad Hildebertum.	Magno sacerdoti et excelso in verbo.	addita.
	45	Quæ vivunt: Fragmentum est Epistolæ sancti Hieronymi ad Demetriadem, ideo explodenda.		79
1131	46	D. G. excellentissimo regi Anglorum H. I.	Exspectans exspectavi misericordiam.	Nova.
1131	47	Honorio II conquestoria.	Sicut de charissimo Patre filius.	Nova.
inc. temp.	48	Willelmo archidiacono.	Fratrem illum quem diaconatum.	14
inc. temp.	49	Abbati ut misericors sit.	Pascha Domini est; in eo et Israel.	54
inc. temp.	50	G. abbati.	Confrater et filius noster G.	23
inc. temp.	51	Superioritatem abdicare volenti.	Sicut reprimendæ præsumptionis	46
inc. temp.	52	G. presbytero.	Reos tormentis afficere.	30
inc. temp.	53	Exceptiones juris.		53

LIBER TERTIUS. — *Indifferentes seu urbanæ.*

Annus Christi.	Ordo Novus.			Ordo Vetus
inc. temp.	1	Ranulpho episcopo Dunelmensi.	Credidi me peccaturum in plures.	Nova
1001	2	Adelæ comitissæ Blesensi.	Attritæ frontis est egestas.	10
1102	3	Clarembaldo Exoniensi canonico.	Timeo, charissime frater, timeo.	53
1102	4	S. Sagiensi episcopo	Scimus quidem, beate præsul.	76
1105	5	Episcopo R.	Ad nos usque decurrit.	29
1107	6	Anselmo Cantuariensi arch.	Commeantium raritas facit ut.	5
1107	7	Abbati Cluniacensi.	Maximum duco atque habeo.	24
1107	8	Adelæ comitissæ Blesensi.	Absentia mariti laboriosior.	26
1107	9	Episcopo Belvacensi.	Ad votorum plenitudinem.	38
1107	10	Ad S. Roma reversum.	Et vultum et diem.	28
1112	11	Mathildi Anglorum reginæ.	Ad illius stare dexteram.	10
1113	12	M. reginæ.	Locorum vel temporis incommoda.	43
1120	13	H. regi Anglorum.	Benedictus Dominus Deus Israel.	32
1120	14	M. filiæ H. regis.	Nota loquor et usu frequenti.	75
1122	15	Reginaldo B. Augustini monacho.	Malchum tuam occupatus.	Nova

1124	16	G. episcopo.	*Pro Guillelmo tuo, Pater sancte.*	4
1125	17	A. subdecano.	*Fuere qui dicerent.*	77
1330	18	Abbati Claraevallensi S., sc. Bernardo	*Balsamum ex odore suo.*	72
1130	19	Sancti Bernardi ad Hildebertum.	*Bonus homo. De bono thesauro.*	*addita.*
1130	20	Henrico I regi Anglorum.	*Suo benefactori et Domino.*	*Nova.*
1130	21	Guillelmo abbati S. Vincentii.	*Piae et sanctae devotionis esse.*	*Nova.*
1131	22	Archidiacono Nantonensi.	*Justum est ut adversa.*	2
inc. temp.	23	F. decano.	*Praeter officium est quousque*	27
inc. temp.	24	Officiali cuidam Romanae curiae.	*Successisse-confitebor.*	*Nova.*
inc. temp.	25	Amico sciscitanti quid.	*Totum te mihi significasti.*	*Nova.*
inc. temp.	26	Amico amicitiam.	*Si bene tibi est.*	*Nova.*
inc. temp.	27	Amico gratulatoria.	*Jocunditas mihi et exsultatio.*	*al.in* 60
inc. temp.	28	Cuidam episcopo.	*Pueris nostris.*	*Nova.*
inc. temp.	29	Luctus pro amico defuncto.	*Plerumque obrepit humanis*	*Nova.*
inc. temp.	30	Will. D. G. Wincestrensi episcopo.	*In me mihi bene complacuit.*	*Nova.*
inc. temp.	31	Cuidam episcopo F. S. Anselmo.	*Etsi quantas debemus.*	*Nova.*
inc. temp.	32	Fri. R. O. Sal.	*Precor te, charissime frater.*	*Nova.*
inc. temp.	33	Fratri Fr. Fr. O.	*Quando in Feriis Pentecostes.*	*Nova.*
1099	34	Urbano II.	*Sanctissimo Patri suo V. Cenom.*	*Nova.* *Novo.*
Circa an. 1125	35	Ad Turstinum Eborac.	*Non facile de amico diffidere.*	*Nova.*
inc. temp.	36	Marbodo D. G. Vener. Redon. episcopo.	*De muliere quae decumbenti.*	*Nova.*
inc. temp.	37	R. venerabili magistro I.	*Sententiam quam rogastis.*	*Nova.*
inc. temp.	38	Amico cuidam.	*Salutem et obsequiorum.*	*Nova.*
inc. temp.	39	Ad ignotum quemdam.	*Salutem et aetatem.*	*Nova.*

DIPLOMATA.

1098	1	Abbati S. Albini pro ecclesia sancti Audoeni.	*Quoniam ipsius veritatis.*
1098	2	Charta Hildebert. in gratiam Majoris Monasterii pro ecclesia de Lupiniaco.	*Notum fieri volumus futuris.*
1124	3	Auctoramentum Hildeberti in gratiam Majoris Monasterii, pro donatione ecclesiae de Meduana a Roberto Pavone.	*Cum multis hujus saeculi.*
1125 *post*	4	Confirmatio jurium et possessionum monasterii Ebronensis per Hildebertum.	*Quandiu pastoralem curam.*
1125 *post*	5	In gratiam monasterii S. Vincentii Cenom. Hildebertus Guidoni episcopo pro dono Herberti.	*In memoria habemus quod.*
1125	6	In gratiam ejusdem; Hildebertus Guidoni pro vineis Josberti archidiaconi.	*A memoria vestra non credimus*
	7	Donum de ecclesia S. Georgii de Nemore.	*Nemo qui nesciat.*
	8	Litterae de ecclesiis de Meduana et de Saccio.	*Justis petitionibus.*
	9	In quibus casibus impignorari possint ornamenta ecclesiae.	*Qui conservand.*
	10	Instrumentum de concordia facta inter Cenomanenses canonicos S. Juliani et monachos S. Vincentii.	*Sicut totius.*
	11	Diploma pro monast. S. Victoris Cenoman.	*Quantis quibusque.*
	12	Privilegium pro Majori Monasterio.	*In nomine.*

VEN. HILDEBERTI

EPISTOLÆ.

LIBER PRIMUS

1-2 EPISTOLA PRIMA (1).

AD MAGISTRUM WILLELMUM DE CAMPELLIS (2) (a).

Gratulatur illi conversionem a sæculari ad Christianam philosophiam, cujus illi pollicetur perfectionem, si modo nihil metuat, nihil speret; interim, ne magisterii vel concionatoris munus obire desinat, hortatur.

De (3) conversatione et conversione tua lætatur et exsultat anima mea, illum prosequens actione gratiarum, cujus muneris est, quod nunc tandem philosophari decreveris. Nondum enim redolebas philosophum, cum ex acquisita philosophorum scientia, morum tibi minime depromeres venustatem. Nunc autem sicut e favo (4) mellis dulcedinem, sic ex ea bene agendi formulam expressisti. Hinc est quod, ecclesiasticis dignitatibus omissis, elegisti (5) *abjectus esse in domo Dei tui, magis quam habitare in tabernaculis peccatorum (Psal. LXXXIII, 11).* Hinc est quod ambitiosam supellectilem inexorabili odio persequeris; quod (6) institoriam abdicas lectionem, quod *magnum quæstum judicas* **3** *pietatem cum sufficientia (1 Tim. VI, 6).* Hinc denique est quod intra fines virtutis totum te colligis, quod de vita tua cum natura non (7) deliberas, minus attendens quid caro possit, quam quid spiritus velit. Hoc vere philosophari est; sic vivere, magnum jam cum superis est inire consortium. Nulla hinc ad superos via compendiosior. Eo facile pervenies, si tamen exoneratus incesseris. Porro animus ipse sibi sarcina est, donec et sperare desinat et timere. Nondum enim beate vivit, quem vel voti torquet dilatio, vel a voto decidendi, metus excruciat. Dio-

A genes quia nullius speravit favorem, nullius formidavit potentiam. Ille in dolio suo, tam spe vacuus, quam timoris expers, locupletem transegit paupertatem. Porro quæ sic infidelis Cynicus abhorruit, tanto amplius necesse est ut abhorreat doctor Christianus, quanto fructuosior est professio, quæ per fidem operatur. Morum hæc offendicula sunt, et ad virtutem gradientes remorantur. Eruditus sermo, et cultus abjectior, et severius retractata veræ religionis instituta, religiosum exhibent Christianum. Nunc autem exhibebis, et perfectum exprimes philosophum, si nec speres aliquid, nec extimescas. Hoc et verum animi robur, et integrum mundi contemptum denuntiat. Fert autem fama, id a quibusdam tibi persuasum, ut ab omni lectione penitus **B** abstineas. Super hoc attende quid sentiam. Citra profectum proficit quisquis alteri, cum potest, non prodest. Virtus est, etiam male usuro, virtutis ministrare materiam. Præterea sub evangelico te cohibuisti consilio, quo juvenis a Christo audivit: *Vade, vende omnia quæ habes, et da pauperibus, et veni sequere me (Marc. X, 21).* Holocaustum igitur habes offerre, non sacrificium; de eorum quippe differentia apud Gregorium sic legisti (7*) : « In sacrificio quidem pars pecudis, in holocausto autem totum offerri consuevit. » Et post pauca : « Cum quis aliquid suum vovet, sacrificium est; cum vero omne quod habet, omne quod vivit, omne quod sapit, omnipotenti Deo voverit, holo- **C** caustum est. » Offer ergo te totum Domino Deo, quoniam Domino Deo totum te devovisti; alioquin

---

(1) Al. etiam prima. Scripta an. 1100.

(2) Is ipse est qui ex archidiacono et doctore Paris. factus Catalaunensis episcopus, S. Bernardum abbatem ordinavit; cujus etiam in gravi infirmitate curam gessit. Ejus honorifice meminit S. Bern. epist. 3, ad quam vide notas R. P. Mabillonii.

(3) Nulli mss. præter Victor. n 292 habent particulam *De,* quam edit. non censuere superfluam.

(4) Edit. Col. et Par. habent *lance;* mss. omnes, et melius, *favo.*

(5) Quippe qui abdicato magistri munere, seces-

serat in capellam Sancti Victoris Paris., ibique monasterium inchoaverat, quod postea Ludov. Crassus magnifice perfecit.

(6) Alludit ad magisterium Willelmi, qui Parisiis philosophiam publice legerat, unde lucrum aliquod, institorum more, forsitan fecerat, et ubi inter cæteros Petrum Abælardum auditorem habuerat.

(7) Nulli mss. habent particulam *non,* quam tamen ad faciliorem intelligentiam conducere censuerunt editores Paris. et Colonienses.

(7*) *In Ezechielem,* lib. II, hom. 9.

(a) † Willelmus degebat extra civitatem Parisiensem, in suburbio juxta capellam S. Victoris dicatam ann. 1108.

cum promisso defraudas holocausto. Denique *sa-*
pientia abscondita, et thesaurus absconditus, quæ uti-
litas in utrisque? (*Eccli.* xx, 52.) Aurum melius
rutilat 4 dispersum, quam signatum. Nihil a vilibus
tophis gemmæ differunt, nisi in medium deducantur. Scientia quoque distributa suscipit incrementum, et avarum dedignata possessorem, nisi publicetur, elabitur. Noli ergo claudere rivos doctrinæ
tuæ, sed juxta Salomonem : *Deriventur fontes tui*
foras, et aquas tuas in plateis divide (*Prov.* v, 16).

EPISTOLA II (8).

A. ARCHIEPISCOPO (9).

Amico mittit flabellum, cujus illi sensum mysticum
ngeniose et pie insinuat.

Flabellum (10) tibi misi, congruum scilicet propulsandis muscis instrumentum. Est etiam quod in
munusculo nostro interpretari te oporteat. Attende
ergo quibus muscis immolantes Domino sacerdotes
gravius infestentur. Mille sunt occursantium phantasmata cogitationum, mille diaboli suggestiones,
mille mortalium tentationes animorum ; quæ dum se
sacrificantium mentibus inopino (11) ingerunt illa-
psu, dum eas ad alia atque aliena (12) cogitanda
distrahunt, dum hæreticam moliuntur inducere pravitatem, quid aliud faciunt quam, velut quædam
muscæ, sacrificantes altaris ministros infestant et
impediunt ? Talium portenta muscarum patriarcha
noster Abraham propulsanda præsignavit, cum a
sacrificiis aves abegerit incursantes. Scriptum est
enim : *Descenderunt volucres super cadavera, et*
abigebat eas Abraham (*Gen.* xv, 11). Dum igitur
destinato tibi flabello descendentes super sacrificia
muscas abegeris, a sacrificantis mente supervenien-
tium incursus tentationum, catholicæ fidei ventilabro exturbari oportebit. Ita fiet ut quod susceptum
est ad usum, tibi mysticum præbeat intellectum. Et
quoniam præfatæ volucres super sacrificia tantum
descendisse leguntur, non etiam ipsum interrupisse
officium, sacerdotes Christi tentationes, quas perferunt, ita docentur abigere, ut a sacramentis altaris,
talis eos lapsus non cogat abstinere. Hic enim defectus infirmitas est quæ virtutem perficiat, non
quæ virtutis opera in irritum deducat.

5 EPISTOLA III (13).

A. (14) COMITISSÆ.

Comitissam (Adelam) ob insignem in regendis sibi ab
absente marito commissis populis prudentiam, lau-
dat, eique specialiter in eos clementiam commen-
dat.

Absentia mariti (*a*) laboriosior tibi cura consulatus incubuit. Eam tamen et femina sic administras, et una, ut nec viro, nec precariis consiliis
necesse sit adjuvari. Apud te est quidquid ad regni
gubernacula postulatur. Sane tantus bonorum conventus [*f.* concentus] in femina, gratiæ est, non
naturæ. Gratia Dei prædicandos tibi titulos cumulavit, quibus et sexui esses ad gloriam, et potestatem temperares. Defers enim féminæ, dum colis in
pulchritudine castitatem ; comitissam reprimis, dum
servas in potestate clementiam. Illa tibi virum conciliat, hæc populum. Inde nomen acquiris, hinc favorem. Utrumque bonum per se quidem satis insigne est atque conspicuum , nec linguæ supplicat
alienæ. Cæterum clementiæ plurimum laudis accedit,
quia pluribus prodest. Quippe formosa pudica sibi
providet ; mitis autem principatus regnum servat
incolume. Hujus profecto virtutis locus est apud
potentes, qui jure parentum, vel vi, vel electionis
beneficio, cæteris principantur. Apud populum vero
non ita, cui nulla est potestas puniendi. Ipse autem
ex alto crudelitatem detestatur, adorat (15) clementiam, quorum alterum feris, alterum hominibus
natura docuit assignandum. Ea sanxit oportere homines mansuescere clementia, timeri feras crudelitate. Igitur crudelem esse, cum feris est habere
commercium et hominem diffiteri. Præterea suum
est hominis ratio, qua cætera supergreditur animantia, Deo cedit (16) ; atqui rationi nullum est penitus cum crudelitate consortium. Illa cum Deo et cum
sapientibus 6 divinam pepigit mansionem ; hæc ad
infima et sanguine gaudentia demigravit. Quæ igitur
societas homini ad crudelitatem, cujus lares ratio
tam superne despicit, tam longe relinquit, tam
constanter abjurat, tam penitus ignorat. Aliud habet
illa contubernium, atque alijs cohabitatoribus con-
stipatur, inter quos clementia non ultimum possidet
locum, qua sicut humanitati nihil est affinius, ita

---

(8) Alias 8. Scripta circa an. 1100.

(9) Ita mss. reg. 4103, Victorinus 272, Rothom.
S. Audoeni. archiepiscopo, sc. S. Anselmo Cantuariensi, inter cujus epistolas hæc ipsi inscripta reperitur quinquagesima libri tertii.

(10) De usu flabelli in sacrificio missæ ad abi-
gendas muscas, qui tam in orientali quam in occidentali Ecclesia , quin. et in ipsa Romana, teste
Jacobo Gaetano , *Ordinarii*, cap. 53 , usque ad
sæculum xiv perseveravit. Vide D. E. Martene,
lib. i *De rit. ecclesiasticis*, cap. 4, art. 8.

(11) Editt., *inopinato.* Mss. Rothom. et Ebr.
inopino.

(12) Editt., *alia atque alia.* Rothom. et Ebr., *alia*
atque aliena.

(13) Al. 25. Scripta circa an. 1101.

(14) Ista probabiliter esse videtur Adela, Stephani
Blesensis comitis palatini uxor, cujus meminit Ordericus Vitalis *ecclesiast. Historiæ* lib. x, pag. 789,
quæ, ut ait ipse, mulier erat sagax et animosa, quæ
virum ignavum et timidum ad bellum sacrum anno
sal. 1101 cum aliis principibus viris progredi suasit,
et interim in ejus absentia Blesensem comitatum
regendum in se strenue suscepit et sapienter admi-
nistravit.

(15) Ita Victor. 272 ; Colb. vero 2662 et Ebr.,
adornat.

(16) Ebr., *credit.* Colb. 2662, Vict. 272 et Rothom.,
cedit.

(*a*) † Stephanus, comes Blesensis, in Palæstinam anno 1097 primum transgressus est, iterumque anno 1101.
Anno autem 1102, dum pugnaret adversus Saracenos, interemptus est. Epocha qua exarata fuit epistola 3 inde facile
concluditur.

nihil gloriosius in principe. Ea rationem, quasi pedissequa matremfamilias, comitetur oportet, cujus arbitrio severas potestates emolliat, mitiores animos advocet, reis parcat. Omnibus enim virtutibus ratio præsidet, omnibus fines ordinat, omnibus suorum tempora denuntiat officiorum. De clementia quoque compendiosa principibus capitula Senecæ vigilavit (17), in quibus ideo brevitatem dilexit non obscuram, ut magnis occupatos legere non tæderet. Ea igitur pro te, et ad te suscepta suscipe, atque recordare quæ dudum didicisti ex te, et pro te. Pauca ea sunt : « Clementiæ est aliquid ultrici detrahere sententiæ. Quisquis nihil reatus impunitum relinquit, delinquit. Culpa est totam persequi culpam. Immisericordem profitetur, cui quidquid licet, libet. » Item : « Gloriosa virtus est in principe, citra punire quam liceat. »Virtus est ad vindictam necessitate trahi, non voluntate venire. Magnum quid est et divinum sapit, offensus clemens. » Item : « Bonus princeps neminem sine pœna punit, neminem sine dolore proscribit. Bonus princeps ita crimen insequitur, ut quem punit, hominem reminiscatur. » Item : « Bonus princeps sibi dominatur, populo servit, nullius sanguinem contemnit; inimici, sed ejus qui amicus fieri potest; nocentis, sed hominis. Cujuscunque sit, quia non potuit dare crimen, putat auferre. Ideo quoties funditur, confunditur. » Sufficiunt hæc animo docili et amanti disciplinam. Ex quibus diligentiores facile percipient quantum vel crudelitas obsit, vel prosit clementia potestati. Vale.

7 EPISTOLA IV (18).

CUIDAM COMITISSÆ.

Hæc Epistola directa videtur Adelæ comitissæ, uxori Stephani (19) comitis Blesensis, quæ post obitum sponsi sui se voto monastico Deo sacravit. Huic Hildebertus applaudens, egregia adversus imminentes undique tentationes monita suggerit, et ut perseverantiæ gratiam in agone suscepto consequi mereatur, humilitatem illi præcipue commendat, ut quæ cæterarum sit consummatio, inquit, clausulaque virtutum (a).

Quoties quæ circa te aguntur (20) audio, lætatur et exsultat spiritus meus; audio enim te deduci in semitam mandatorum Dei, et ad terram viventium inoffenso currere vestigio. Audio etiam de locuplete pauperem spiritu, de splendidissima et constipata cuneis obsequentium comitissa, humilem mona-

cham, atque ad instar abjectioris ancillulæ, cæteris filiabus Christi, quæ tecum Domino serviunt, et providere quod necessarium est, et officiosissime famulari. Sane hæc mutatio, mutatio dexteræ Excelsi. In ea necesse est ut illud sapientis attendas: *Fili, accedens ad servitutem Dei, præpara animam tuam ad tentationem (Eccli.* II, 1). Ad quam profecto servitutem te accessisse non dubito, cum ad Christi servitium per prudentiam accessisti. Prudentia siquidem fuit, quod (21) elegisti *abjecta esse in domo Dei, magis quam habitare in tabernaculis peccatorum (Ps.* LXXXIII, II). Falleris autem, si inter emersuras tentationes, tutam putas electionem tuam, et eam sine gravi certamine consummandam (22). In ea siquidem spiritum tuum adversa pulsabunt, prospera concutient, elatio fatigabit. Adversus hujusmodi necesse est ita dimices ut hostes mulierem aggressi, virum inveniant. Quod aliter minime fieri putes posse, nisi bonum, cui te per prudentiam obligasti, per fortitudinem in molestiis obtineas, in secundis per temperantiam, in recte gestis per humilitatem. (23) Israel adversitatibus in deserto frangitur; ardore sitis et defectu mensæ circa Moysen murmurat; divinis miserationibus Ægyptiacam præfert servitutem. Quia igitur in eis fortitudo periit, a serpentibus ipsi periisse leguntur. **8** Idem quoque populus in terra Madian manducare sedit et bibere ; dehinc ut ludat surgit, distentus crapula et ebrietate, fornicatur (*Exod,* XXXII). Unde factum est ut viginti tria millia eorum in una die caderent, gladiis in ultionem intemperantiæ devorati. Vides ergo, O filia Christi Jesu, quanta sollicitudine custodienda sit, et in molestiis fortitudo, et temperantia in secundis. Siquidem utroque mundi contemptus eget, quorum si desit alterum, quidquid per prudentiam eligitur, inanescit. Falleris autem si talia hæc adepta, tutum jam putas propositum tuum; si navigans in hoc magno mari et spatioso, portum te credis attigisse. Restat enim humilitas, quam ut repositum accipias bravium, reliquis necesse est adjungi. Humilitate cursus ille consummatur, quo de ærumnis ad veram transitur sufficientiam, de luteis domibus ad cœlestes ascenditur mansiones, de incolatu ad patriam remeatur. Si nescis quis iste cursus sit, Augustinum lege, his ad Macedonium scribentem verbis (23*) : « Virtus in hac vita nihil aliud est

---

(17) Ita Ebr., Colb. 2662. Rothom. Sed Victor. 272 habet *Capitula Senecæ evulgavit,* ut sit sensus : Sententias Senecæ breves providit. Quod et ipse Hildebertus scripsisse videtur, lib. *De utili et honesto,* ubi præcipue Senecæ sententias ex lib. *De clementia* refert.

(18) Al. 71. Scripta circa an. 1101.

(19) Eodem an. 1101 Stephanus Hierosolymam secundo reversus, in obsidione Ramæ, ab Aropasto Babyloniorum satrapa captus et occisus est, teste Orderico Vit. lib. X *ecclesiast. Historiæ.*

(20) Ita ms. Ebr., Rothom., Victorin. Solus Colbert. 1168, *sunt.*

(21) Ita Colb. duo. Reg. 4013, *quam.*

(22) Ita Colb. 1168. Reg. vero 4003 et Colb. 4017, *consumendam.*

(23) Hic desinit epistola hæc in ms. Roth. et Ebroic., sed in sex Colbertinis, et duobus Victorinis continuatur ut hic habetur et in omnibus editis.

(23*) Epist. 1055 tom. II, nova edit. p. 540. d.

(a) † Adela, Blesensis comitissa vitam amplexa est regularem in monasterio Marciniacensi, diœcesis Augustodunensis (GUIL. GEMM. *Hist. Norman.* lib. VIII. cap. 39) ; quo autem anno incertum. Ad annum 1101 refert epist. Hildeberti D. Beaugendre, sed mendose, siquidem Blesensis comitissa, mortuo Stephano, comitatum regendum suscepit nomine filii sui ad ætatem virilem nondum provecti.

quam diligere quod diligendum est ; nullis inde averti molestiis, fortitudo est ; nullis illecebris, temperantia est ; nulla superbia, justitia est. » Humilitas hoc in loco, nomine intelligitur justitiæ, tanquam cæterarum consummatio et clausula virtutum. Unde et discipulis suis Dominus ait : *Discite a me quia mitis sum et humilis corde, et invenietis requiem animabus vestris (Matth.* xi, 29). Jam Petrus et Andreas naviculam et retia dimiserant. Jam Joannes virginitatis obtulerat holocaustum. Jam telonearium Matthæus deposuerat. Jam cæteri dixerant apostoli : *Domine, ecce nos reliquimus omnia et secuti sumus te : quid ergo erit nobis ? (Matth.* xix, 27.) Attende cur ad humilitatem invitantur carnis hostes et mundi. Attende quo egebant ad perfectionis plenitudinem, jam secuti Christum, relictis omnibus præter Christum. Magnus thesaurus, magna eget custodia ; fur enim sollicitus est ut effodiat, ut furetur, ut traducat. Erat apostolis pretiosus et inæstimabilis thesaurus, ipsa redemptionis gratia et divinum ejus colloquium. Erat eis thesaurus, nihil ab eo edoceri, nisi odisse vitium et amplecti virtutem. Erat eis thesaurus, in amorem cœlestium quotidie miraculis ejus proficere et exemplis. Hujus thesauri custodem oportuit esse humilitatem, et ejus excubiis **9** accessum superbiæ amoveri, quæ ubi ipsa subsistere (24) non potuit, ægre sustinet aliquem pervenire. Ea siquidem orta signaculo similitudinis Dei, in inferiores partes terræ de cœlesti sublimitate corruit. Patri ejus quædam erat prærogativa beatitudinis, expressius esse similem Creatori. Verum quanto fuit conditione sublimior, tanto factus est potentia inferior et gloria. Gloriam vero quam ex gratia habuit, et quam (25) omnibus invidet, amisit superbia ; inferos autem nulli quos meritis est adeptus. Ad inferos enim qui eum sponte sequuntur, multi sunt, eo quod plures multimodis tentationibus ipse trahit. In illos autem, quorum facies est spectantis ad civitatem de qua ipse non rediturus exivit, tanta uritur invidia, ut ei parum sit illis inflixisse mortem, qua corpus, non anima, moritur, nisi infligat et illam qua corpus et anima (26)

moriuntur. Hinc est quod eis nunquam cessat adversari, totus in hoc, ut cum uxore Lot ad sulphur et ignem Sodomæ respiciant, tunicam Joseph non attendant, et hostiæ caudam (27) immolare desistant. Porro super omnia elatione pugnat, qua sola sicut se novit superatum, sic universos eadem sola credit posse superari. Tu igitur humilitatem amplecti memineris, sciens nihil esse quo gloriosius de Satana triumphetur. Illius jaculis scutum (28) humilitatis oppone, quod si ipse invenerit impenetrabile, confundetur, et te persequi desistet. Unde et Beda super Lucam ait : *Consummata* (29) *omni tentatione Christi, diabolus recessit ab illo usque ad tempus.* (30) Vides ipsum diabolum in studio pertinacem, ut (31) veræ virtuti Ecclesiæ sobolem invidere non desinat, tamen justa formidat, quia frequentius resurgit (32) triumphari (33).

10 EPISTOLA V (34).

Illustri viduæ (35) *gratulatur, quod, omisso peregrinationis ad sepulcrum Domini consilio, maluerit, omnibus abdicatis, in monasterio Christi crucem tollere, quam ejus sepulcrum invisere (a).*

Hildebertus Cenomanorum episcopus, A. ancillæ et filiæ Christi, suæ quondam dilectæ, nunc autem dilectissimæ, bonum exitum de bono promereri principio.

Egredienti tibi de medio nationis pravæ atque perversæ congratulatur et applaudit spiritus meus, laudans Deum et glorificans, quod Ægyptiacam adversans servitutem, ad terram promissionis iter assumpsisti. Confido autem in Domino meo Jesu Christo, quod ipse prosperum faciet desiderium tuum, quod *perficiet gressus tuos in semitis suis, ut non moveantur vestigia tua (Ps.* xvi, 5). Et quidem eo credidi alia via filiam Abrahæ de Ægypto egressuram ; sed filia Abrahæ compendiosiorem viam elegit. Credidi enim te desiderio desiderare sepulcrum Salvatoris invisere, et nostræ Redemptionis officinas obsequio venerari Christiano. Sciebam quod offerres recte, sed ne recte etiam divideres dubitabam. Tu autem et recte obtulisti, et recte divisisti. Recte obtulisti, quia pro Christo omnia

---

(24) Ita Colb. 1168. Colb. vero 4017, *sustinere.*

(25) Locus obscurus, quem sic clarius exprimi posse crederemus : Gloriam vero quam ex gratia *habuit* (sic Colb., editi vero *hauserat*,) amisit superbia, qua omnibus invidet ; inferorum autem, id est damnatorum nulli, quos meritis est adeptus, id est, quos meritorum malorum seu peccatorum titulo sibi comparavit.

(26) Colb. 4017, *corpus pariter et anima.*

(27) Colb. 1168, *hostiam caudæ.* Colb. 4017, melius, *hostiæ caudam.*

(28) Colb. 1168, *scutum.* Colb. 4017, *succum.*

(29) Colb. 1168, *consumpta.* Colb. 4017, et melius ad textum, *consummata.*

(30) Variant hic codices mss. qui sensum non ita clarum exprimunt. Codex Victorin. 272, videtur

habere clariorem ; sic enim habet : « Vides ipsum diabolum non esse in studio pertinacem, veræ virtuti solere cedere ; et si invidere non desinat, tamen instare formidat, quia frequentius refugit triumphari. » Judicium sit penes lectorem.

(31) Ita Colb. 2662.

(32) *Refugit* Colb. 1168.

(33) Colb. 4017, *resurgat.*

(34) Al. 63. Scripta circa an. 1012.

(35) F. Agneti, filiæ Petri Pictavorum ducis, relictæ primum Ildephonsi senioris Galliciæ regis, ac deinde viduæ Heliæ comitis Cenomanensis, qui obiit an. 1191, quo defuncto, ipsa Deo se sacravit in monasterio. Ita Ordericus Vitalis lib. x. *Hist. ecclesiasticæ,* pag. 785. Scripta ergo videtur circa an. 1102.

(a) † Anno 1101 seu 1102 non scripta videtur illa epistola. D. Beaugendre Heliam comitem Cenomanensem anno 1101 obiisse tradit, sed minus recte, cum anno tantum 1110 diem clausit supremum. Alfordius qui hanc Hildeberti epistolam transcripsit in Annal. Eccles. Anglicanæ, ann. 1125, n° 25, et Dupinius, sec. xii, p. 495, illam volunt transmissam ad Adelam, Blesensem comitissam ; quæ quidem opinio a doctis *Histor. litter.* auctoribus rejicitur.

reliquisti. Recte etiam divisisti, quia Christum sepultum, quam Christi sepulcrum sequi maluisti. Porro salutaris hæc et plena consilii divisio. Ut enim efficiamur discipuli Christi, bajulare monemur ipsius crucem, non quærere sepulturam. Quam scilicet crucem, ut tu et portare et sequi Christum possis, patientiam amplectere, amplectere et humilitatem, quæ inter cæteras virtutes inveniuntur humanæ redemptionis obtinuisse principatum. Si diligenter attendis, tota Christi vita nihil aliud in terris quam exemplum et doctrina **11** earum fuit. In eis igitur dum per serpentes deserti hujus, et innumeros hostes ad promissam tendis Jerusalem, mentis oculos habe, ut illud Salomonis in te compleatur : *Oculi Sapientis in capite ejus. Stultus autem in tenebris ambulat (Eccl.* ii, 14). Vale.

EPISTOLA VI (36).

ADELÆ COMITISSÆ (37).

Huic viduæ olim in aulæ deliciis enutritæ; cum Christo nuptias (haud dubium quin monastica professione) gratulatur. Eam perhumaniter hortatur Hildebertus ne, ob ante actam in sæculo vitam, aliquatenus forte solutiorem, animo despondeat; nam et pœnitentes ut justos, et viduas ut virgines Deo placere posse asserit : variaque illi contra tentationes imminentes, e Scripturis monita suggerit.

Humilis Cenomanorum episcopus H. A. suæ dominæ, atque dilectæ, bonos eventus ex bono promereri principio.

Quod te dominam appello, noveris esse meriti tui ; quod dilectam, debiti mei. Sponsa domini mei domina mea est. Hinc est quod te puro et simplici [*alias* et sanctitatis] amore complector, quod æmulor te Dei æmulatione. Vapularem sub judice Christo, nisi sponsam Christi zelarem et in Christo et pro Christo. Iterum enim dico : Sponsa Domini Jesu Christi es. Ad Regis amplexus de cubiculo militis traducta es. Uxor hominis, uxor Dei facta es. Nolo tamen repudium timeas, quia cum virgo esses, hominem Deo, Regi militem prætulisti. Osee noster meretricem ducit uxorem (*Ose.* ix) ; Moyses Æthiopissæ conjugio delectatur (*Num.* xii). Unde Christus sitim exstinguit Samaritana poculum administrat (*Joan.* iv). In plateis et vicis pauperes et debiles,

12 cæcos et claudos Evangelium quærit (*Luc.* xiv, 21), unde domus patrisfamilias impleatur. De reptilibus et immundis in Actibus apostolorum dictum legisti : *Macta et manduca (Act.* x, 13). Denique peccatrix fuerat, de qua Joannes in Evangelio ait : *Diligebat Jesus Mariam et sororem ejus Martham et Lazarum (Joan.* xi, 5).

Innumera sunt exempla, quibus etiam peccatrices suo Christus conjugio dignari figuratur. Non enim de justis, sed de talibus quoque dictum est : *Convertimini ad me, et ego convertar ad vos (Zach.* i, 3). Evangelista : *Quidam,* inquit, *ex eis de longe venerunt (Marc.* viii, 3). De longe scortator ille filius veniebat, quem pater in symphonia et choro suscipiens, saginatum pro eo vitulum interfecit (*Luc.* xv). De longe venientes zelatur Sponsus tuus, et eis se maritum offerens, quæ numerum perdidere maritorum. Christo itaque multa uxor est. Ejus uxor Agnes, et Anna, et Susanna. Agnes nullius nisi ejus ; Anna post alterum, tamen ejus ; Susanna simul et alterius et ejus. Quæ plus eum diligit, parit uberius. Quæ plus parit, dotatur ab eo sublimius. Nulla tamen indotata, quia nulla infecunda. Apud sponsas hominum (si verus est physicus), in quinquagesimo anno fecunditas omnium conquiescit. Quibusdam nulla omnino filiorum benedictio est. Apud Christi conjuges, non sic. Nullam natura, nullam tempus facit infecundam. Omnis ætas ab eo concipit, ei parit. In ortu quippe sumunt Christi nuptiæ principium. Virgines nascuntur omnes, cui sorti debetur in cœlesti thalamo principatus. Femina feminam generans, ante Dei socrus est quam hominis. Festivum, tam festivum conjugium ! Felix, vix nata et jam nupta ! Vere felix, quæ regi et legi nascitur angelorum ! *Angeli* enim *neque nubent, neque nubentur (Marc.* xii, 25) ; quorum conditio sexum ignorat. Nam de cæteris conjugibus Christi quid loquar, quibus exuberat **13** in senectute fecunditas ? Anna fecundior octogenaria, quam juvencula fuit (*I Reg.* ii). Unum Sara genuit Abrahæ filium (*Gen.* xxiv), Domino plures. *Omnes,* sicut Salomon ait, *gemellis fetibus, et sterilis non est in eis (Cant.* iv, 2). Hæ sunt quæ

(36) Al. 41. Scripta videtur circa an 1104.

(37) Ita habent editiones, ita et mss. plures; sed Reg. 4103 et Victorin. 272 hunc titulum præferunt : *Cuidam feminæ, quæ cum esset uxor militis, fieri voluit uxor Dei.* Hæc autem Adela comitissa, ipsa est forsitan comitissa Blesensis, de qua sic loquitur Guill. Gemmet. *Hist. Norman.* lib. viii, cap. 39. « Mortuo Stephano comite Blesensi, marito Adelæ, filiæ Willelmi regis Anglorum, ipsa aliquandiu rexit comitatum, quia filii sui adhuc minus habiles erant ad procurandum regimen. Quibus adultis, ipsa sanctimonialis habitum et conversationem tempore domni Petri Cluniacensis abbatis, Marciniaci assumens, laudabiliter ibidem usque ad finem in Dei servitio perseveravit. » Cum tamen hanc A. comitissam tam expresse Hildebertus vocet dominam suam, quia erat sponsa domini sui, posset etiam intelligi A. comitissa Agnes, uxor Heliæ comitis Cenomanensis cujus ditioni Hildebertus ut Cenomanensis episcopus subjacebat ; quippe quæ sponso,

unico post desponsationem anno, e vivis sublato, totam se bonis operibus devoverat, licet alias de ejus monachatu non constet. Nec utrique huic opinioni videtur officere, quod Hildebertus hanc A. comitissam quasi peccatricem compellat, cum in comparatione perfectioris status monastici, ante acta inter aulæ tumultus et illecebras voluptatum vita, huic *peccatricis* ideæ potuerit suspicionem præbere. Porro apud eumdem Guill. Gem. lib. viii, cap. 34, memoratur una ex filiabus Heliæ com. Cenom., quæ, ut ait, nupsit Willelmo filio Henrici regis Anglorum, quo mortuo, sumpsit religionis habitum apud Fontem-Ebraldi, cujus sanctimoniales Hildebertum in patronum sibi et quasi directorem, a summo pontifice expetierant et impetraverant ; quo munere ipsum zelantissime perfunctum fuisse inter alia probat epistola ad Honorium papam pro confirmatione cujusdam eleemosynæ dicto monasterio ab Henrico I Anglorum rege concessæ.

cum propheta dicunt : *A timore tuo defecimus, et doluimus, et peperimus : Spiritum salvationis fecimus super terram (Isa. xvi, 18).* Ab hoc et tu, soror mea, domina mea, ab hoc et tu, ni fallor, concepisti. Si autem concepisti, necesse est ante partum doleas; cum dolueris, enitendum tibi est ut parias. Cum pepereris, tunc veraciter tandem dictura es : *Spiritum salvationis tuæ fecimus super terram.*

Scio, charissima mea, quia Salomonem legisti dicentem : *Qui timet Dominum, faciet bona (Eccli.* xv, 1). Et in Psalmo : *Initium sapientiæ, timor Domini (Psal.* cx, 8). Cæterum non illius sapientiæ, quæ apud Deum stulta est, qua sapientes sunt homines, ut faciant mala, sed quam loquitur inter perfectos Apostolus; qua prudentes virgines oleum in vasis accipiunt, et cum sponso ad nuptias admittuntur *(Luc.* xxv). Hanc a timore sapientiam a conscientia [al. a constantia] timorem concepisti. Rapinis gavisa es? legeras : *Neque fures, neque rapaces regnum Dei possidebunt (I Cor.* vi, 10). Mentita es ? legeras : *Os quod mentitur, occidit animam (Sap.* i, 11). In damnum pudicitiæ, juvenibus placere studuisti? legeras : *Qui hominibus placent, confusi sunt, quia Deus sprevit eos (Psal.* lii, 6). Audisti et exaudisti ventrem? legeras : *Esca ventri, et venter escis : Deus autem et hunc et has destruet (I Cor.* vi, 13). Ætas melior fluxerat, et nihil adhuc feceras boni? legeras : *Ecce anni tres sunt, ex quo venio quærens fructum in ficulnea hac, et non inveni : succide ergo illam (Luc.* xiii, 7). Hæc mala, vel nulla bona feceras. Judicium timuisti; merito autem timuisti, quia judicem dicturum didicisti : *Ligatis manibus et pedibus, mittite eum in tenebras exteriores; ibi erit fletus et stridor dentium (Matth.* viii, 12). Timenda sane atque tremenda sententia. Timor illius, timor servi, sed utilis. De servo quippe facit et filium. Quod si filium et hæredem, hæredem quidem Dei, cohæredem autem Christi. Hoc timore timere cœpisti et concepisti. Ubi, vel quid cœpisti? In agro mentis, spiritum pœnitentis. Delicatus profecto conceptus, et excuti facilis ante partum. Mille sunt veneficia dæmonum, quibus injectis, vel rude semen penitus deficere et enecari jam confirmatum consuevit. Unde Ambrosius : « Facilius, inquit, inveni qui innocentiam servaverint, quam qui veram egerint pœnitentiam. » Hanc professis, periculosa est præteritarum recordatio voluptatum. Eas enim tenerrime caro suspirat; et immemor uxoris Lot, egressum de Sodomis spiritum frequentius respicere subhortatur. Multa est in hoc, et **14** semper sollicita, non tam impetrare, quam extorquere consensum. Nec ei laboriosum est in tali triumphare negotio, cum omnes facile trahamur illecebris, et efficacior sit conatus ad crimen, quam spiritus ad virtutem. Unde necesse est interiorem dolere hominem, quoniam non jam hoc vult, quod facit; sed quod non vult, illud agit. Nolo expavescas, nolo desperes, si dum incipis fu-

gere te, velut post tergum muscitet prurigo voluptatum; si juxta quod Augustinus de se meminit (38), succutiat carneam vestem tuam et dicat : Quo fugis? Quid tibi et vitæ, cui impar est muliebris infirmitas? Quid tibi et oneri sub quo defectum sexus muliebris pollicetur? Quid somnias teneros artus, et exquisitis educatos deliciis, longum posse ferre martyrium? Incipe, sed quod te non pœniteat incœpisse. Quantæ tibi vires, tantus sit et conatus, ne non possis quod conaris. Caro et mulier, duplex infirmitas, et consortium vix discens dediscere voluptatem. Apud neutrum tuta est religio, donec maturior ætas utriusque restinguat incendium. Eò tempore consultius incipies, quod modo periculose profiteris. Neminem sero pœnitet, quem mors invenit pœnitentem. In extremo vitæ latro, dum paradisum meruit, exemplum reliquit. Operarios qui circa undecimam horam venerant, pares illis in præmio legisti, qui portaverant pondus diei et æstus.

Hæc et his similia sacris obsistunt initiis; hæc sementem virtutis exstingunt, et suffocant ante partum. Talia sirenes amarissime dulces, talia cœli volucres, animæ cantitant inchoanti. Si sirenes audis, a portu recedis, in voraginem longius abstracta voluptatum. Si volucres te demulcent, frustra seminas, quia quod seminas a volucribus comedetur. Adversus tam pestilentes cantus si sapis, obsurdesces; et ne eos exaudias, aspidis exemplo, mentis aures obturabis. Est tibi scutum fidei, in quo possis omnia tela nequissimi et excipere missa, et ignea exstinguere. Sunt etiam parata tibi jacula, quibus infestantes confodias et expugnes inimicos. Si circa te fabulatorii spiritus, et incantatores carnis motus obstrepuerint, esto constans, et dic : *Declinate a me, maligni, et scrutabor mandata Dei mei (Psal.* cxviii, 115). Si recalere mulierem senseris, et ad suas revolare velle ineptias, esto constans, et dic : *Domine, confige timore tuo carnes meas; a judiciis enim tuis timui (ibid.* 120). Si paupertatem odisse cœperis, et perceperis divitiarum suscitari desiderium, redi ad te, et dic : *Væ vobis, divites, qui habetis hic consolationem vestram (Luc.* vi, 24). Si te demulceat adulator, et ad plebeculæ laudem hilarescas, redi ad te, et dic : *Oleum peccatoris non impinguet* **15** *caput meum (Psal.* cxl, 115). Si tibi suggeratur in frigidiores annos bonum differre propositum, responde, et dic : *Dies mei sicut fur, ita in nocte venient.* Si gula desæviens lautiores tibi commendaverit apparatus, responde et dic : *Non est regnum Dei esca et potus (Rom.* xiv, 17). His velut quibusdam increpationibus diffugiunt inimici, dilabitur memoria voluptatum, carnis garrulitas conticescit, sanctæ conversationis initia convalescunt. His formabitur, et in bonum proficiet quidquid bona terra cordis tui concepit a timore Domini Dei tui, cultoris sui; fructum autem hunc intellige fructum spiritus, fructum de quo Apostolus ait : *Fructus spiritus,*

---

(38) *Confess.* lib. iii, *cap.* 11, *num.* 2.

-gaudium, pax, patientia, longanimitas, bonitas, benignitas, mansuetudo, fides, modestia, continentia, castitas, adversus quæ non est lex (*Gal.* 1, 22, 23). In
hujusmodi filiis hæreditas acquiritur sempiterna.
Felix, si laudat et exsultat apud te tam beata progenies; felicior autem si de ea tuus non poterit
triumphare inimicus. Fortassis ignoras; sed in masculos hujusmodi superstes adhuc Pharao debacchatur, invidiam, quæ cœpit ante partum, constanter
exercens et post partum. Quos enim conceptos doluit, editos mergit in flumine, nesciens cum jam
natis in gratiam reverti, quos oderat nascituros.
Persequitur ergo illos usque in hodiernum diem,
nec pudet congredi superatum, dummodo speret
aliquando superare. Sive ergo parturias adhuc, sive
jam educes quos peperisti, illum time Pharaonem,
quo sicut nihil perversius est, ita nihil astutius
(*Exod.* 1). Ejus astutia factum est, ut de prima muliere modico triumpharet apparatu. Uno enim
pomo superavit, quo dum lacessit personam, vulneravit et naturam. Inde nimirum corrupta est tota
progenies, et prostratos invenit hæredes, parentum
triumphator. Esto igitur non immemor cum quo
hoste bellum inieris, pro quo congressa sis patrimonio, ut non minus inimici pertinacia, quam
præmii magnitudine, saluti tuæ invigiles; in eo et
per **16** eum vincere quærens, qui propter te mortuus vicit, sepultus triumphavit. Jesus Christus Dominus noster.

EPISTOLA VII (39).

M. (40) ANGLORUM REGINÆ.

*Mathildi principissæ gratulatur de suis cum Anglorum
rege nuptiis (haud dubium quin Henrico I) Hortatur
ut Deo bonorum omnium largitori sinceram habeat
gratiam, bonisque temporalibus eo moderatius utatur, quo districtiorem de illis judex justus repetiturus est rationem.*

Gratulor honori tuo, atque bonæ opinioni tuæ,
quæ mihi melior in dies innotescit. Gratulor, inquam, et Domino Deo gratias ago de bono tuo, quoniam bonum tuum nihil aliud est quam donum
suum. *Quid enim habes, quod non accepisti?* (*I Cor.*
iv, 13.) Et *nos omnes,* ait evangelista, *de plenitudine*

ejus accepimus (*Joan.* 1, 16). De ejus scilicet plenitudine, de qua tu habes ut sis, habes ut bona sis,
habes etiam ut melior esse possis. Attende ergo
quid habeas ex tam bono factore tuo, et intende
quid debeas ei ex tam magno beneficio suo. Attende, inquam, qualem te laboraverit artifex tuus,
et labora ne degeneret labor suus. De temporalibus
loquor et caducis; sed temporalia etiam et caduca
dona sunt Domini Dei tui. Non meruisti nobilis
nasci, et regius sanguis nata es; non laborasti, et
dives facta es. De potentia nihil movebaris, et ecce
super capita filiorum hominum posita es. Nulli pro
gloria formæ supplicasti, et usque ad regis delicias
formosa facta es. Hæc opera operatus est Dominus Deus; Deus bonus, opera bona, quoniam
ipse summe bonus fecit omnia valde bona. His autem bonis, non sunt homines boni, sed eis bene
17 utendo faciunt, ut et ipsi fiant boni. Ut igitur
et tu sis bona coram Domino Deo tuo, utere bene
bono munere suo. Si bene uteris, et ejus munus
est, et tuum bonum; si vero male, ejus quidem
munus est et bonum, sed bono munere Dei male
utendo, facis tuum malum: nihil est enim (41)
homini bonum, nisi se bono. Bonis autem et *diligentibus Deum omnia cooperantur in bonum* (*Rom.*
viii, 18). Porro munera Dei damno sunt possessor-
ibus otiosis, quibus nolle negotiari ad lucrum, probe
negotiatur ad supplicium. Intellige quæ dico; dedit
enim tibi Dominus intellectum. Magnus fenerator
est hic Deus noster. Coram eo (42) loquor. Importune usuras exigit iste creditor (43) noster. Creditor
noster est et durus; creditor est ille quidam homo,
qui peregre profectus est. Ipse plenilunio (44) revertetur; cum redierit, duplum requiret a te. Cum
susceperit, centuplo (45) munerabit te. O beatum
commercium, in quo nec usuras exigens criminis
arguitur, nec solvens in aliquo gravatur! O felicem
negotiationem, in qua creditor est opportune importunus, et debitori, plus quam debeat, debetur.
Proinde timendum est ut ad judicium sine venia
venias, si, quod absit, negotiandi negligentiam somnias oblivione fore impunitam. Intellige quæ dico;

---

(39) Al. 15. Scripta circa an. 1110.

(40) Non videtur hæc littera M. in plerisque mss.,
sc. Ebroicensi n. 19, regio 4103, Colbertino 2131
et aliis, titulo Anglorum reginæ præfixa, aliam designare reginam quam Mathildem seu Mathildam,
Malcolmi Scotorum regis filiam, sororem vero
S. Margaritæ, et trium sibi succedentium fratrum
in regno Scotiæ, Edgari sc., Alexandri et David.
Hæc nupsit Henrico I Angliæ regi post Guill. Ru-
fum. Hanc autem consecravit et coronavit S. Anselmus Cant. archiep. Ita apud Ingulphum rerum
Anglicarum scriptorem, in Chronico de Mailros
pag. 162. De hujus porro reginæ virtutibus ac pietate, præcipue autem de ejus ardenti in pauperes,
sed heroica in leprosos charitate, mira refert Ethel-
redus ab. Rievall., in *Genealogia regum Angliæ* sub
finem, seu pag. 368, eamque hoc titulo vocat excel-
lentissimam atque Christianissimam. Similia item
de eadem narrat Henricus Knygthon, canonicus
Lycestriensis, lib. II *De eventibus Angliæ,* ubi asserit illam a primis pueritiæ annis inter moniales
Wintonenses educatam, peplum sacrum gestasse,
ut nuptias a patre non semel oblatas, vitare posset;
quas tamen cum Henrico I Anglorum rege non
licuit recusare, sed quibus D. Anselmus non prius
consensit, quam ei a testibus legitimis probatum
fuisset eam *sine professione,* et non nisi procorum
recusandorum prætextu, velum assumpsisse. Obiit
autem hæc pia regina, juxta Ingulphum, an. 1118,
plena utique operibus bonis, quibus ut insisteret,
salutaria et apostolica libertate referta Hildeberti
nostri monita non immerito credideris effecisse.

(41) Vox *enim* deest in Ebr., adest in Colb. 2662,
Victor. 272 et Rothom.

(42) Ita Colb., Victor., Rothom.; Ebr. vero,
coram Deo.

(43) *Creditor.* Sic habent Victor. et Rothom. Colb,
et Victor., *conditor.*

(44) Colb. 2662, *iste in plenilunio.* Victor., *iste
plenilunio.* Rothom. et Ebr., *ipse plenilunio.*

(45) Ebr., *centuplum.* Colb. 2662, Vict. 272, Rothom. habent *centuplo.*

magnæ memoriæ est iste creditor noster; pœnaliter A
oblita est tui, si eum putas oblitum debiti sui. Nihil
obliviscitur tempore, nihil occupatione. Æque recolit et quod hodie præstat et quod præstitit heri,
quoniam hodie suum est et heri. Abeunt dies et
dies, anni et anni, sed mille dies et mille anni ante
oculos suos *tanquam dies hesterna quæ præteriit*
(*Psal.* LXXXIX). Nunquid ergo non numerabit quantum tibi præstiterit, qui solus *dinumerat arenam
maris, et pluviæ guttas, et dies sæculi?* (*Eccli.* 1, 2.)
Nunquid non dividet usque in minutias talenta
tua (46), qui divisit aquas ab aquis in sapientia sua?
Fortassis autem trahes in jus creditorem tuum, dum
repetet a te commendatum **18** suum? Intellige
quæ dico; bonus causidicus est, qui tecum rationem
positurus est. Coram angelis referet, veritati defe- B
ret, terribilia proferet, horribilia inferet. Sed dicis
mihi : Idem offensus clementem se (47) promittit,
punire prætermittit, pœnitentem admittit, minas remittit, debita dimittit, ampliora committit.
Ita est, inquam. Confiteor. *Misericordia Domini
plena est terra* (*Psal.* CXVIII, 54). Cæterum plures eam
sibi infructuose aucupantur, qui licet abjurato bene
agendi studio, Deum tamen, quem merentur judicem, sperant misericordem, quasi eum invenire
propitium merces sit iniquitatis, quod credimus esse
religionis. Verum non est ita. Neque enim misericordiam Dei lucrantur mali, quam sibi, non nisi
timide, pollicentur etiam boni. In eam sperare saluberrimum est consilium, sed de ea totum pendere, C
periculosum est refugium. Oportet enim ut judicem
mitigent aliqua bona, si volumus misericorditer
judicari multa mala. Proxima est veniæ causa, non
tota rea. Virtus quæ cum dilecto ad judicem venit,
intervenit. Hi vero judicem sentiunt expertem misericordiæ, qui se justitiæ. Quis igitur aget pro te, si
ille, quod absit! perorabit adversus te et aversus
a te? *Grave est incidere in manus Dei viventis* (*Hebr.*
X, 31). Vale, atque deliciis pro regina utere, non
pro te.

EPISTOLA (48) VIII (49).

*Agit cum amico, ut videtur, in aliqua ecclesiastica
dignitate recens constituto, de gravitate et periculis
avaritiæ, illique eleganter applaudit, quod oblatum
aurum et argentum, et alia munera pro Deo generose recusando, pergratum illi sacrificium obtulerit.*

Sanctæ conversationis vestræ præcedentibus pri-
mordiis gratulamur, eorum **19** auctorem deprecantes, ut mereamini talarem inducere tunicam, et
hostiæ caudam immolare (*Levit.* III, 9). Quod ita
futurum, Christo Jesu cooperante, confidimus, bonam spem nobiscum reportantes, quia eo duce
pervenietis ad bravium, qui movit ad cursum. Quo
in proposito, quanta vobis occursent remoramina,
jam, nisi fallimur, experientia didicistis. Ad virtutem namque gradientes, quo offendant ubique inveniunt. Eam profiteri pronum quidem est ; perseverare difficile. Inde fit ut, cum prope sit quo curritur,
plures tamen brevissima deficiant in via. In Ægypto
enim sumus omnes, in qua masculorum vitam superstes adhuc Pharao persequitur (*Exod.* 1). Tot in
deserto, vel gladiis, vel serpentum morsibus ceciderunt, ut duo tantum terram intrarent repromissam.
Denique : *Multi vocati, pauci vero electi* (*Matth.*
XXII, 14). Quid autem sit quo præcipue retardentur
contendentes in hoc agone sacerdotes, et si vestram
non lateat prudentiam, nos tamen illud vobis scribere decrevimus, exhortandi potius gratia quam
docendi. Equus, cum bene cursat, plurimum tamen
clamoribus exhortatoriis adjuvatur. Ocius juvenci
(50) moventur notis vocibus excitati. Sic et virtus
stimulos quærit, et exhortatione suscipit incrementum. Ad verum itaque desudanti bonum, nihil æque
noxium est quam inter divitias minime sibi constare,
nec animi retinere libertatem. Animus desursum
veniens, sursum nititur, difficile quo aspirat perven-
turus, nisi exoneratus (51) incesserit. Ille simul
atque ad inferiora declinat bona, degenerat et incipit ex proprio defectu servire, cujus est ex natura
dominari. Grave nimis hanc excutere servitutem,
quæ voluntate potius quam necessitate sustinetur.
Imperiosus enim Dominus est amor habendi, facilius
animos expugnans quam corpora, Siculorum immanitas (52) tyrannorum. Nemo est cui tam diu, tam

---

(46) Solus Vict. habet *sua.* Col. 2662, Vict. 272, D
Roth. habent *tua.*

(47) Deest in Rothom. particula *se.*

(48) Al. 47. Scripta circa an. 1110.

(49) Licet in omnibus quos viderim mss. hæc epistola
sit sine titulo, illam tamen ab Hildeberto directam su-
spicaremur Guillelmo de Campellis, sub initio conversionis ejus, et secessus in sacellum Sancti Victoris,
quod deinde in celebre monasterium evasit, ut eum
in eodem sancto proposito firmaret, quod in ipso
laudaverat epistola prima hujus libri. Conjecturæ
nostræ locum præbet sensuum et verborum utriusque similitudo. In illa enim prima Willelmum extollit, quod institoriam abdicaverat lectionem, illi
præferens pietatem cum sufficientia ut quæstum
magnum ; in hac applaudit illi, quod aurum et argentum Deo libaverit, illud religiose pro Deo recusando. Illi in priori suadet temporalium abdicationem, quibus exoneratus animus facilius ad Deum

feratur ; in hac sequenti, eisdem prope verbis suadet cupiditatum fugam, ut animus desursum veniens,
illis exoneratus, sursum liberius revertatur. Inde, si
conjectura favet, hanc epistolam scriptam censeremus circa an. 1110.

(50) Ebr. habet *inventis,* sed rectius Colb. 2662 et
Victorin. 272, et editi, *juvenci moventur.*

(51) Idem in epistola prima lib. I, ad Willelmum
Campellis.

(52) Colbertinus 2662, *singulorum immanitas* ;
Ebr. et Victorinus, et editi, *Siculorum immanitas.*
Omnes autem *immanitas* in nominativo, quod suspensum habet sensum, nec cum præcedentibus cohæ-
rentem ; melius forte, *Siculorum immanitate* (in
ablativo) tyrannorum scil. utriusque Dionysii, qui
adulationis cupidus, animos etiam subditorum suppliciis conabatur sibi subjicere, et secum idem sentire cogebat. Reg. 4080 et 4105, Colb. 1168 et 417
habent, *Siculorum immanitas tyrannorum.*

devote serviatur. Quocunque jubet, suum ducit servum. Non eripitur sibi fuga, non alicujus violentia potestatis. Vix enim de cupiditate triumphat, de quo semel cupiditas triumphavit. Cupiditas leges oblitterat, jus omne persequitur, divinas abradit sanctiones. Cupiditas in regionem dissimilitudinis hominem abducit, oblitum quam cum Deo et ex Deo habet dignitatem. Denique, sicut ait Apostolus, *radix omnium* **20** *malorum est cupiditas* (*I Tim.* vi, 10). Radix hujusmodi, radix lethalis et ramos proferens toxicatos. Ex ea namque, Osee propheta testante, *maledictum et mendacium, et homicidium, et furtum inundaverunt, et sanguis sanguinem tetigit* (*Ose.* iv, 2). Sub umbra ramorum istorum animal homo quiescit, eo cupiditate docilis declinare. Is ad viam difficile revertitur, torpens et quasi frigore gelatus Aquilonis. Nimirum, propter hoc frigus, piger arare non potest, et *peccator cum venerit in profundum iniquitatis contemnit* (*Prov.* xviii, 3). Pharao, cum esset ferventi plagæ proximus, hoc frigore tamen induruit (*Exod.* xiii), quia sibi labores manuum Israel indebite usurpavit. Dici non potest quantas animas hoc frigus astrinxerit, quorum prope consummatum abrupit cursum, quam gravem retentis indixerit servitutem. Animi quippe libertatem plures inter tormenta servaverunt; inter opes autem, pauci. Miserabilius cupiditas de Saule ipso, quam Saul de Amalech triumphavit. Mercede captus Balaam, plenum maledictionis animum gessit, cum verbis ejus ad benedicendum Dominus uteretur. Ante hostes cedit Israel, donec, sublatis de anathemate spoliis, lapidibus Acham puniretur. Et ut rosam de spinis colligamus, Athalanta, secundum poetam, bene currebat, quæ dum declinaret ad aurum, Yppomeni [*seu* Hippomeni] victa succubuit.

Legimus plures etiam perfectos hac infestos amurca, et conversam esse in divinationem multorum prophetiam prophetarum. De his enim, sicut Michæas ait, *sacerdotes Jerusalem in munere docebant, et prophetæ ejus in pecunia divinabant, et super Dominum requiescebant dicentes : Nunquid non est Dominus nobiscum ? Non venient super nos mala* (*Mich.* iii, 11). Quem locum beatus exponens Hieronymus : « Sacerdotes, » inquit, « in mercede docebant, nescientes aliud esse prophetiam, aliud divinationem. Videbantur quidem sibi esse prophetæ; sed quia pecuniam accipiebant, prophetia eorum facta est divinatio (53). » Quæ dum minus attendunt, qui sub pretio redigunt impretiabilem Spiritus gratiam, similes fiunt lignis silvarum quæ, in libro Judicum, olivam et ficum et vitem imperare sibi postulant, nec impetrant. Postulant deinde rhamnum, et eis rhamnus acquiescit. Nostis equidem per sicca et infructuosa silvarum ligna, Ecclesiæ figurari pseudoministros, fecundante gratia carentes, nec fructum **21** facientes, quæ Dei sunt male quærentes, nec

impetrantes. De hujusmodi sic apostolus Judas ait : *Hi sunt arbores autumnales, eradicatæ, infructuosæ, bis mortuæ* (*Jud.*, 12). Nostis etiam quia unctio illa nomine figuratur olivæ, qua diffunditur charitas Dei in cordibus nostris, qua *Filium Dei Deus unxit præ consortibus suis* (*Psal.* xliv, 8), qua interius delibuti sunt discipuli Christi, sed juxta mensuram donationis Christi. De hac unctione Deus per prophetam Joel : *Effundam,* inquit, *de Spiritu meo super omnem carnem, et prophetabunt filii vestri et filiæ vestræ* (*Joel* ii, 28). Porro per ficum vetus lex indicatur, quæ plantata in vinea Domini (54), vinea de Ægypto translata, ficus malas protulit (*Jer.* xxiv, 3), protulit et bonas; malas quidem, malas valde; bonas autem, bonas valde. *Littera enim legis occidit, spiritus autem vivificat* (*II Cor.* iii, 6). Hanc ficum in Evangelio innuit, cum dicit : *Quidam paterfamilias plantavit vineam, et in vinea plantavit ficum* (*Luc.* xiii, 6). Nam per vitem, quis rectius quam Christus exprimitur, qui de se ipso discipulis loquens, ait : *Ego sum vitis, vos palmites* (*Joan.* xv, 1). Vitis hujus vinum, Evangelii mustum est, mustum lætificans cor hominis, et utres eorum recusans animorum, quos fæcibus vetustatis obsoletos invenerit. Hujusmodi mustum evangelista his indicat verbis : *Nemo mittit vinum novum in utres veteres, alioquin rumpuntur utres, et vinum effunditur, et utres pereunt* (*Matth.* ix, 17). Rhamnus autem, scilicet spinosum genus rubi et asperum, convenienter ostendit hominem peccati, filium perditionis, qui adversatur et extollitur supra omne quod dicitur Deus, aut quod colitur. Hujus spinas et aculeos Psalmista innuit, cum dicit : *Cujus maledictione os plenum est, et amaritudine et dolo, sub lingua ejus labor et dolor* (*Psal.* x, 7, *sec. Hebr*). Et post pauca : *Insidiatur quasi leo in spelunca sua* (*ibid.*, 9). Cum itaque ligna silvarum prædictas arbores imperare sibi postulant, non impetrant, quia cum præfatæ perversitatis homines quæ Dei sunt male quærunt, non accipiunt. Scriptum quippe est : *Iniquitatem si aspexi in corde meo, non exaudiet Dominus* (*Psal.* lxv, 18). Postulant isti operatricem Spiritus gratiam ; sed Simoni Petrus ait : *Non est tibi pars neque sors in sermone isto* (*Act.* viii, 21). Postulant mystico legis intellectu, quasi quibusdam dulcissimis fructibus pasci ; sed juxta Isaiam : *Excæcat Dominus cor populi hujus, et aures ejus aggravat, et oculos ejus claudit, ne forte intelligant, et audiant, et videant, et convertantur, et sanentur* (*Isa.* vi, 10). Postulant hærere Christo, quasi palmites viti, et evangelica **22** imbui doctrina ; sed eis nihil esse cum Christo sic Apostolus ostendit : *Quæ conventio Christi ad Belial ?* (*II Cor.* vi, 15.) Et Salomon : *In malevolam animam,* inquit, *non introibit sapientia, nec habitabit in corpore subdito peccatis* (*Sap.* i, 4). Quia igitur hujusmodi nec spiritu Dei reguntur, nec legalibus aut evangelicis

(53) « Prophetæ Jerusalem in pecunia divinabant, nescientes aliud esse prophetiam, aliud divinationem. Videbantur quidem, » etc. Ita D. Hieron. in cap. iii

Michex, novæ edit, pag. 1520.

(54) Colb. et Victorin., *Vinea Domini Sabaoth.*

subjiciuntur documentis, rhamnum regem sibi postulant, quoniam Antichristum rectorem sibi constituunt, in eis jam ministerium iniquitatis operantem.

Quanta igitur pestis sit cupiditas, quæ virtutis abjuratio, quam præceps ad infernum descensus, nec etiam tardiores credimus ignorare. Turpe nimis christum Dei hoc inquinari atramento, quo prophetia in divinationem degenerat, exinanescit spiritus interioris unctio (55), mysticus legis obseratur intellectus, aufertur evangelicæ sapor doctrinæ, et qui se jactitant regnum Dei, regnum fiunt Antichristi. Turpe, inquam, nimis, animum Deo similem huic idolo substerni, curvare genua ante Baal, his hominem amittere (56) maleficiis, quibus etiam sapientum oculi fascinantur, ut non videant cœlum, neque recordentur judiciorum justorum. Scimus autem, et Domino Deo gratias agimus, vos omnimodis ante præfatam fugere tempestatem, nec dissimulanter indignari christum Dei vel aurum odorare munerum, vel favorem quærere personarum. Sancta hæc et Deo placens indignatio, quam et lingua loquitur et actio attestatur. Audivimus tamen non defuisse, qui vos urgerent ad speciosas et spectantes ad mortem vias; qui dicerent rem vestram sumptuosis non sufficere expensis; habendum præ manibus quod de manu pauper accipiat; his qui altari deserviunt, licere de altari vivere; Saulem [al. Saulum, sed mendose] desiderium animi sui vaticinio quæsiturum, aliquid argenti ad prophetam tulisse Samuelem. Verba hæc sibili sunt antiqui serpentis, cui parum est absorbere fluvium, nisi et hoc attentet ut influat Jordanis in os ejus (Job XL, 18). Hæc dicentes ignorant melius esse modicum justo super divitias peccatorum multas (Ps. XXXVI, 16). Et quidem Saul asinas quæsiturus, quartam partem sicli ad Samuelem gerit; et uxor Jeroboam cum passis uvis et panibus ad Ahiam virum Dei ingreditur (III Reg. XIV, 6). Ii profecto, sicut scribit Hieronymus (ubi supra), quia didicerant in mercede vaticinari nonnullos, in mercede vaticinari credebam et istos. Cæterum neuter eorum legitur delata suscepisse munera, cum potius Samuel satis hospitaliter Saulem pavisse, Ahias vero præfatam mulierem 23 verbis durioribus increpasse memoretur. Faciamus autem eos accepisse, secundum eumdem Hieronymum; stipes potius dicendæ sunt templi quam præmia prophetæ. Vos igitur agite quod agitis, incedite sicut cœpistis. Vos ad vocem incantantium et venefici incantantis ad mortem, mentis aures ob-

A turate, scientes quoniam aurum et argentum libatis Deo, quod pro Deo recusatis. Aquam etenim periculo militum de Bethleemitica sumptam cisterna, quia eam David, cum sitiret, propter Dominum fudit (II Reg. XIII), gratum Deo sacrificium fecit. Quo de aqua, Recaredo Wisigothorum regi (57), qui oblatum sibi aurum pro Deo recusaverat, sic beatus Gregorius ait : « David regis factum mihi ad memoriam venit, cui cum concupita aqua de cisterna Bethleemitica, quæ inter hostiles cuneos habebatur, ab obsequentibus militibus fuisset allata (58), protinus dixit : *Absit a me ut sanguinem hominum istorum bibam.* Quam quia fudit et bibere noluit, scriptum est *Libavit eam Domino.* Si igitur ab armato rege in sacrificium Dei versa est aqua contempta, pensemus quale sacrificium omnipotenti Deo rex obtulit, qui pro illius amore, non aquam, sed aurum accipere contempsit. « Hæc sanctitati vestræ scripsimus, ægroto similes bene habentibus antidotum procuranti. Etenim sanis quoque languentium manus aliquando profuerunt, novimusque poetam

Fungi vice cotis, acutum
Reddere quæ ferrum valet, exsors ipsa secandi.

(HORAT.)

Sane dum vobis hæc exaravimus, exoravimus scrutantem renes et corda, ne pateretur hoc defectu vestrum pulsari spiritum quo præsumeretis ea potius arrogantiæ quam charitati deputare. Ignorat imperfecium hoc anima mea, cum depressam se gravissimis excessibus non audeat diffiteri. Quidquid actum (59) est, charitas docuit, cujus est gaudere cum gaudentibus, et cum infirmantibus infirmari. Vicem mihi rependitis, si diligitis me et oratis pro me.

24 EPISTOLA IX (60).

H. (61) REGINÆ ANGLORUM.

Mathildis Anglorum regina (eadem prorsus de qua in epistola præcedenti) duo candelabra aurea affabre facta Hildeberto dono miserat. Ejus laudat munificentiam, et ei gratias agens, ingeniose innuit et quanti sit meriti divinis pro sua quisque conditione cooperari mysteriis, et quid ipse spiritualis emolumenti ex ejus tam pretioso munere percipiat.

Humilis Cenomanorum sacerdos H. M. (62) venerabili Anglorum reginæ gloria et honore dignissimæ, salutem et orationum instantiam.

Difficile est discrete semper ac provide beneficia collocari. Nesciunt hanc excelsæ potestates providentiam, quas pulchrum est benefacere vel indignis. Talem ego apud te munificentiam expertus, benedictionem tuam gratiarum prosequor actione, stupe-

---

(55) Ebr., *spiritus interioris unctio*, quod in idem recidit ac *spiritus interioris unctio*.

(56) Ita mss. Reg. 4080 et 4013, et Colb. 1168 et 4017, *non admittere*, ut Vict. 272.

(57) Variant hic multum mss. codices. Ebroic. sic habet : *Qua ex aqua Recharedo Guisigothorum regi*, etc. Victorinus cod. 272, *Unde Recaredo Wisigothorum regi*, etc. Colb. 2662, *Qua ex aqua Recharedo*, etc. Editiones Paris. et Colon., *Qua de aqua Bertnaredo Guisigothorum regi*, etc. Cum autem hic sancti Gregorii locus desumptus sit ex epist. 122 Registri, lib. IX, indict. II, ubi D. Greg. Recaredum

ipsum alloquitur, partim mss. Ebroic. Victorino et Colbertino, partim editionibus Coloniensi et Parisiensi adhærentes, sic restituendum censuimus hunc locum : *Qua de aqua Recaredo Wisigothorum regi, qui oblatum sibi aurum pro Deo recusaverat. Sic beatus Gregorius ait : Qua in re mihi David regis factum in memoriam venit, cui cum..... contempsit.*

(58) Colb. 2662. *illata, cæteri allata.*

(59) Colb. 2662, *auctum.*

(60) Al. 18. Scripta circa an. 1111.

(61) Ita ms. Ebr.

(62) Hildebertus Mathildi.

factus pariter, et gloria muneris, et affectu tribuentis. Munus enim tuum plurimum commendationis ex se ipso promeretur, utpote ambitiosum materia, præclarum cælatura. Ejus tamen pretium mittentis majestate cumulatur, minusque est quod ars ei contulit aut natura, quam quod habet ex regina. Quod si nec pondere, nec ingenio placeret artificis, non aliter tamen illud amplecterer, quam vel thura superi, vel pinguium libamina victimarum. Illi siquidem non hostiam, sed affectum considerant, eorumque gratiam devotio, non impensa promeretur. Purus et integer animus eos quocunque vult inclinat, nec minus quadrante quam talento, cœlestem mitigat indignationem. Sic et apud me tuum donum tuus animus commendat, sic magnificat, sic illustrat. Ipsum bene quidem rutilat auro suo, sed melius animo tuo, animo cui beneficium placuit, cui innata est, non suggesta, voluntas largiendi ; animo, inquam, tuo, qui ex animo voluit, qui cito præstitit, a quo **25** improvidus accepi, non importunus extorsi.

Porro ex hoc etiam manifestum est quam devota Dominicis interes sacramentis, quibus quia non potes ministrare femina, provides instrumenta. Imitaris, quantum licet, sanctas mulieres illas quæ prius ad crucem cum lacrymis, dehinc ad monumentum cum aromatibus accesserunt. Illæ nimirum pio succensæ desiderio, quibus potuere studiis et crucifixo compassæ sunt et obsecutæ tumulato. Tu quoque præsens es cum Christus immolatur, cum traditur sepulturæ, neutrumque sine tuo celebratur obsequio, cum ibi luminaria præparas, luminis ubi adesse auctorem et corde credimus et ore confitemur. Nec refert utrum dissimile sit obsequium, quod simili frequentatur affectu.

Sunt autem duo, quæ, nisi fallor, episcopo suggerere decrevisti; tui scilicet memoria, debitique recordatio pastoralis. Unde velut quoddam commonitorium candelabra mihi missa intelligo, quibus coram positis, et doctrinæ lumen gerere, et pro te reminiscerer supplicare. Eorum præsentia succurrit et excitat spiritum meum, secretis exigens hortatibus, ut dum utor beneficio, proficiam exemplo. Occulte quidem, sed acute satis, jubeor attendere cujus sim bajulus luminis, quibus divina dicant eloquia : *Vos estis lux mundi.* Et illud : *Non accendunt* (63) *lucernam, nec ponunt eam sub modio, sed super candelabrum ut luceat omnibus qui in domo sunt*

---

(63) Rothom. solus habet *abscondunt*, sed mendose.

(64) Al. 31. Scripta circa an. 1112.

(65) Non incongrue forsan hanc viduam, (quam mss. omnes non aliter indigitant quam per litteram A.) *Agnetem* suspiceris, filiam sc. Guillelmi Pictavorum ducis, relictam vero Hildephonsi senioris Galliciæ regis, quam Helias comes Cenomanensis, defuncta prima sua conjuge Mathilda, Gervasii Bocharti filia, anno 1100, matrimonio sibi copulaverat. Verum anno

(Matth. x, 14, 15). Amplector tuam, filia Christi, exhortationem, quæ si tuæ defuit intentioni, si dedisti simpliciter, sic tamen muneris accipio famulatum, ne contemnam documentum. Licet undecunque proficere ac doceri : omnia fere mysticos offerunt intellectus, et facile est ex qualibet re morum figurare venustatem. Nihil ita creatum est pro se, nihil ita simplex, cui non sit aliquid unde doceamur vel cavere noxia, vel salutaria providere. De tua vero memoria quid loquar ? quæ meum pectus altius irrupit, latius occupavit, stabilis possidet, viventi convivet. Convivet ea mihi, convivet, inquam, ea, de frequentissima futura frequentior, quoties ad altare Domini peccator astabo, sed sacerdos. Ibi pro te, regina venerabilis, ibi pro tuis, et candelabra **26** agent obsequio, et pontifex monimento. Vale.

EPISTOLA X (64).

AD A. (65) VIDUAM.

Illustri cuidam viduæ contemptum sæculi gratulatur ; varia illi cum ad tentationum victoriam, tum ad spiritualem profectum media suggerit, et spe præmiorum æternorum animum ejus ad perseverantiam erigit.

Confidimus in Domino Jesu quia qui cœpit in vobis opus bonum, perficiet usque in diem Christi. Unde etenim deliciarum contemptus in femina? Unde luxus oblivio? nisi ex illo qui dixit : *Sine me nihil potestis facere* (Joan. xv, 5). Nunquid non ipse eduxit te *de lacu miseriæ, et de luto fæcis, qui eduxit vinctos de lacu in quo non est aqua* (Psal. xxxix, 3). Aut mutatio ista, *nonne mutatio dexteræ Excelsi* (Zach. ix, 11)? Filia sæculi, facta es filia Dei, nec cesserunt ad interitum, quæ concessa sunt ad usum. Porro viro, qualem tu ipsa depingeres, lege nupsisti ; suscepta ex eo proles futuræ virtutis auspiciis, universas matrimonii mitigavit angustias. Accesserunt ad hæc solemnes cultus, et blanda servorum obsequia, quibus, vel tu gloriam comparares (66), vel domestica res ordine tractaretur. Plebis etiam studium sic in te declinavit, ut ea inter successus numeraret, quidquid in tuum transiret obsequium. Præterea nihil eorum tibi defuit, quæcunque jucundiora poterat excogitare fortuna benignior. Hi profecto laquei sunt mortis ; hæc animæ retia Christianæ. Virtutum muros arietes hujusmodi concutiunt, arcem dejiciunt rationis. Inde prædonibus infelices exponuntur animulæ, suæque libertatis expertes, in Ægyptum perennis exsulant servitutis. His usus

sequenti, cum dictus comes Helias obiisset, ab Hildeberto nostro in basilica Sancti Petri de Cultura reverenter sepultus est, et epitaphio metrico cohonestatus. Ita Ordericus Vitalis, *Eccl. Histor.* lib. x, pag. 769 et 785. De ingressu tamen Agnetis hujus in monasterium non habetur alia conjectura, quam ex hac Hildeberti ad ipsam, ut putatur, epistola (a).

(66) Ebr., *compares.* Colb. 2662, *mutuavisti.* Rothom. et Vict. 272, *comparares.*

(a) † Illustris vidua, quæ per litteram A. tantummodo nominatur, non est *Agnes*, quam Helias, comes Cenomanensis sibi matrimonio copulaverat, ut ait D. Beaugendre. Helias enim ex Agnete uxore non suscepit liberos ; vidua autem A. ex sponso genuerat filios, ut patet ex his verbis *suscepta ab eo proles.* Vidua illa non alia videtur ac Adela, Blesensis comitissa, de qua jam supra.

Pharao ministris, masculos nostros quotidie interficit, quotidie luto damnat et paleis. Sub ejus jugo diu gemuit anima tua, sed in manu forti et brachio excelso libera facta est, et dirupta sunt omnia vincula sua. Egressa es in libertatem gloriæ filiorum Dei, cui hostiam laudis et spiritum sacrificas contribulatum, cum Psalmista dicens : *Dirupisti,* **27** *Domine, vincula mea, tibi sacrificabo hostiam laudis* (*Psal.* cxv , 17). Sane prudens et dispositissima electio, qua transitoriis æterna, vitiis virtutes, exsilio patriam prætulisti. De qua electione quid Augustinus ad Macedonium (Epist. 155) dicat, audiamus. « Virtus, inquit, nihil aliud est quam diligere quod diligendum est. Id eligere prudentia est. Nullis inde averti molestiis, fortitudo est. Nullis illecebris, temperantia est. Nulla superbia, justitia est. » Porro paucis tibi ostensa est vitæ perfectio Christianæ. Hæc ea est quadriga, qua non habentes hic manentem civitatem futuram inquirunt. Beatus quidem currus, quo Thesbites Elias erectus in cœlum (*IV Reg.* ii), mortem distulit, non evasit; hic autem multo beatior quem qui ascenderit, mortem non gustabit in æternum. Ad illum quoque igneum, nisi prius hunc ascenderet propheta, non veniret. Hujus tam salutaris vehiculi prima tibi præparata est rota , quæ sanctarum testimonio Scripturarum , prudentia nuncupatur. Prudentia fuit, qua diligenda a non diligendis, qua a noxiis utilia separasti. Prudentia, inquam, fuit, qua *elegisti,* juxta Psalmistam, *abjecta esse in domo Dei tui magis quam habitare in tabernaculis peccatorum* (*Ps.* lxxxiii, 11).

Scimus autem plerosque virtutem professos adversitatum incursu defecisse. Sitiebat in deserto Israel, at sitis molestias impatienter sustinebat ; unde et adversus Moysen murmurasse legitur (*Exod.* xvii), et male locutus de Deo dixisse : *Nunquid poterit Deus parare mensam in deserto* (*Psal.* lxxvii, 19). Idem quoque inter hostium incursus, inter injurias itineris, ollas carnium desiderat, ad pepones revertitur, Ægyptiacam adoptat servitutem. Sic plerosque frangit adversitas, et sicut scriptum invenies, nisi ad nutum cuncta suppetant, minimis quibusque prosternuntur. Quos dum paupertas urit, dum contemptus excruciat, dum splendidos ac sublimes aspiciunt, quos aut electione fecerunt hæredes, aut lege, ad fastiditas revolant divitias, ademptam (67) sibi gloriam conqueruntur, suis invident et quod magnum susceptæ religionis est dispendium, dum modica suspirant quæ relinquunt, quanta pro relictis exspectent, non attendunt. Tales profecto bona quæ diligenda sunt inutiliter eligunt, dum prædictis exterriti procellis, ad non diligenda, mente reducuntur. Adhibenda est igitur prudentiæ fortitudo, ut ad tenendum quod prudenter eligimus, insurgentibus molestiis fortissime reluctemur. Hac virtute Paulus stimulo carnis et angelo Satanæ resistebat (*II Cor.* xi, 25).

A Hac in carceribus, hac in omnibus **28** angustiis, quas ad Corinthios enumerat, armabatur, cum dicebat: *Quando infirmor tunc fortior sum et potens* (*II Cor.* xii, 10). Eadem quoque David in adversis innocentiam servavit (*I Reg.* xxvi); eadem persequenti se Sauli pepercit (*II Reg.* xix) ; eadem audita morte filii sui consolatus est et panem comedit. Ad quem tu quoque confugias oportet, si acuatur adversum te detrahentium stimulus linguarum, si contemplationis livor infestet, si spontaneæ paupertatis incommoda commoveant, si statum mentis contumeliæ perturbent. Adversis enim usque ad victoriam difficile resistitur, nisi prudentiæ fortitudo copuletur. Quibus invicem conjunctis temperantia necessario supponitur, virtutem servatura in prosperis, ex fortitudine servatam in adversis. Virtuti nihil æque noxium est quam voluptatis admistio in concessis. Negligenter cavetur hostis, cujus ingressus pacificus exspectatur. Sic plerumque bonum corruit propositum, cum mens minus illecebras adversatur, cum prosperitate resolvitur, cum impensam sibi reverentiam diligit, cum insolitis (68) insolescit. Hoc luxu et lapsu recessit a Deo , dilectus Dei , dilectus de quo dicitur : *Incrassatus est dilectus, et recalcitravit; incrassatus, impinguatus, dilatatus dereliquit Deum factorem suum, et recessit a Deo salutari suo* (*Deut.* xxxii, 15). De eodem quoque sic dixisse invenies : *Sedit populus manducare et bibere, et surrexerunt ludere* (*Exod.* xxxii , 6). Hanc sane virtutis eversionem Salvator noster ad exemplum declinavit, cum turbis eum regem statuere volentibus , oblatæ sibi dignitatis fastigia recusavit (*Joan.* vi). Ne qua igitur oblectamenta fructum tibi religionis extorqueant temperantiæ fines excedere formidabis. Temperantia plerumque infra licitum quiescit, ultra nunquam progreditur. Ea si desit, cæteræ virtutes vel decidunt a summo, vel ad summum non ascendunt. Impetus enim est non ratio quidquid sine temperantia profitemur. Temperantia metitur vires, et a medio non recedit. Unde et nunc remissa intendit, nunc ardua moderatur. Sic ipsa virtutes perennat, et ad præmium usque perducit. Profecto fabrica hæc in præfato curru tertium sibi locum defendit, præparata adversus luxum, et latrociniis occursura voluptatum. Hac itaque paulatim tibi succidenda est deliciarum consuetudo, rejicienda obsequiorum sedulitas, festivi cultus, et odores peregrini penitus dediscendi, qui dum vel apud alios tibi, vel aliis apud te male placerent, integritatem vulneraverunt animorum. Usus **29** ægre dediscitur: ab eo autem præcipue difficilimum est revelli, qui multo nos tempore tenuit, multa placuit voluptate. Ex quo, nisi fallor, bellum te gravius exspectat, et hostis, quod absit ! ad victoriam paratior. Hostem, si nescis, appello frequentatas a cunis delicias, gratiam mariti, charitatem sobolis, obsequiorum diligentiam, cæteraque

---

(67) Vict. 272, *adeptam.* Colb. 2662, Ebr. et Rothom., *ademptam.*

(68) Ita mss. Ebroic. et Rothom., non *insolutis,* ut editi.

omnia, quæ tibi lenocinio sexus, aut licentia potestatis, aut fastu generis, vel cognationis accesserunt. Forsitan hæc relicta suspirabis, tanto tenerius eorum recolens, quanto ea vel tempore tibi coæva sunt, vel experientia gratiora. Unde et temperantiam vix consuesces, ad quam, vel pro consuetudine difficultas est descendere, vel pro conditione dedignatio. Cæterum tempore dediscuntur universa. Nihil humano pectori sic inhæret, ut tempore non evanescat. Tempore mater mœroris obliviscitur, quæ in morte unici filii sui solatia non admisit. Tempore vulnus in cicatricem cohæret, et quartanis plerumque profuerunt tempora, quibus non profuit medicina. Tu quoque teipsam tempore desuesces, et resides concupiscentiæ, quæ simul expugnari non possunt, singillatim melius eludentur. Adversus hujusmodi latrunculos, manumque sicariam sic vigilare necesse est filiam Christi, ut non dormiat aut dormitet ; sic negligere, cum discesserint, ut reditum formidet ; sic pugnare cum redierint, ut de victoria non desperet. Fidelis enim Deus est, *qui non patietur te tentari super id quod possis, sed faciet cum tentatione etiam proventum ut possis ipsa sustinere (I. Cor. x, 11).* A primo heri usque hodie *respexit Dominus in orationem humilium, et non sprevit precem eorum (Psal. ci, 18).* Parvus erat David, sed in nomine Domini terribilem contrivit Philisthæum *(I Reg. xvii).* Judith quoque, cum usque ad desperationem sacerdotes trepidarent, in oratione et jejunio Bethuliam liberavit *(Judith xiii).*

Actum fortasse putas, et plenam jactas victoriam, si nulla molesta, nulla læta propositum tibi religionis extorserint. Cæterum male te decipis, et et inanem somnias valetudinem, si nondum superbiæ tumores humilitatis cataplasmate subsederunt. Superbia totum virtutis corpus inficitur, vitale columen emarcescit, formosa quæque deformantur. Superbia natione cœlestis, sublimes appetit mentes, et velut ad proprios ortus revolans, in gloriam et puritatem irrumpit hominum, quæ a gloria et puritate prorupit angelorum. Ea prius in cœlis, dehinc in terra **30** triumphans, sic angelis innata est, ut ab eis non recederet; sic homines infecit, ut a Deo separaret. Et quasi modicum profecerit, cum angelum dejecit et hominem, adjecit tentare Deum pariter et hominem, ut quem videbat similis consortem naturæ, consortem faceret et ruinæ. Prima hæc et ultima pernicies ante omnia vitia superavit, post omnia superatur. Nam postquam fidelis anima de abysso vitiorum emergens, salutare virtutum culmen ascendit, velut ex insidiis prosilit et occursat elatio, totum domus Domini ædificium concussura ad ruinam, quod surrexerat ad consummationem. Quid enim perniciosius justo, quam quod justus videri desiderat? quod ad salutationes in foro hila-

A rescit et exsultat ? quod adulatorio favore demulcetur ? quod pene hominem diffitens, æqualem se superis metitur et mentitur ? Qui dum male gloriatur et præsumit quod non est, in confusionem prosternitur, et amittit quod est? Tantoque fit a Deo per parietem superbiæ remotior, quanto sibi videbatur per virtutum celsitudinem propinquior. Unde et per Psalmitam dicitur : *Cadent a latere tuo mille, et decem millia a dextris tuis (Psal. xc, 7).* Vides igitur quanta morum dilapidatio sit superbia; quam necessaria in bene gestis humilitas. Sine humilitate, per prudentiam eligere quod diligendum est, erronea discretio est. Adversa per fortitudinem superare, jacens victoria. Illecebris per temperantiam resistere, temulenta sobrietas. Unde et his

B quartam scilicet rotam necesse est conjugari, quam velut omnium complectionem (69) clausulamque virtutum Augustinus justitiam nominavit. Ea cæteris colligata totum structuræ nostræ corpus consurget in currum, tum in cœlum (70). Currus iste, non currus Pharaonis, *quem Dominus projecit in mare (Exod. v),* sed currus quo ascendens montem Sion, montem magnum et excelsum, montem ad quem *prosperum iter tunc faciet tibi Deus salutarium nostrorum (Psal. lxvii,20).* Beatum sane vehiculum, quo perdita ovis ad gregem refertur ; inventa drachma ad thesaurum infertur ; regina Austri ad Salomonem defertur, et in amplexus David transfertur. Vere, inquam, beatum et omni laude prædicandum, quo post

C laborem venies ad denarium, post ventilationem venies ad horreum, de exsilio reverteris in patriam, de servitute converteris in libertatem. Hæc sunt quatuor illa flumina paradisi, quibus terra cordis sui **31** sobrie debriata (71) susceptum semen in spem messis emittit, et fructum affert in patientia. Hos quoque quatuor angulos illa beati Job domus habuit, in quam ventus irruens septem convivantes filios oppressit *(Job viii).* Quia etenim juxta Gregorium per domum Job conscientia nostra intelligitur ; per quatuor vero angulos, prudentia, fortitudo, temperantia et justitia designantur, domus illa quatuor angulis substitit, quia totum bonæ voluntatis ædificium præfato quaternario consurgit. Ventus autem irruit et domum concutit, quia dum gravis

D nos tentatio infestat, plerumque purum nostræ conscientiæ domicilium ad ruinam impulsat. Unde et domo concussa quatuor anguli procumbunt, quia perturbato bonæ mentis diversorio, quatuor præfatæ virtutes nequaquam stare possunt. Porro iidem anguli septem convivantes filios, dum corruunt, obruunt, quia dum principales illæ virtutes opprimuntur, suffocant etiam septem dona Spiritus sancti, quæ bonæ soboles Dei piis animæ desideriis velut quibusdam ferculis pascuntur et gaudent; coalescunt et vigent ; roborantur et permanent. Vides

---

(69) Colb. 2662, Vict. 272 habent *completionem* Rothom. et Ebr., *complectionem.*
(70) Colb. 2662 habet *incorruptionem in cœlum* Roth., *in currum, tu in cœlum.* Vict., *in currum,*

tunc in cœlum. Ebr., *in currum.* *tum in cœlum ;* quod rectius duximus.
(71) *Debriata.* Ita omnes mss. præter Victor. 292, qui habet *inebriata.*

ergo, filia mea, soror mea, charissima mea, ventum insurgentem et urgentem, ventum ab Aquilone irruentem ; ventum quidem interficientem, sed ad spiritum deficientem. Spiritus lenis auræ, Spiritus sanctus, Spiritus placidus et suavis, obumbrabit domum tuam, si tamen domus tua *fundata est supra firmam petram* (*Matth.* VII, 25) ; *petra autem, ut ait Apostolus, erat Christus.* (*I Cor.* X). Super hanc petram Petrus stabat, quia cum vidisset ventum venientem, mergique cœpisset, clamavit, dicens : *Domine, salvum me fac* (*Matth.* XIV, 30). Ille quia dubitavit, cecidit; quia confirmatus est, surrexit. Ventus validus impulit et mersit ; firma petra sustinuit et evexit. Dicat ergo Petrus : *Impulsus eversus sum ut caderem, et Dominus suscepit me* (*Psal.* CXVII, 13). Dicas et tu vento tentationis, ut mergaris, impulsa ; sed ne submergaris, firma petra sustinenda : *Auxilium meum a Domino qui fecit cælum et terram,* (*Psal.* CXX, 2). Nihil igitur de te præsumens, *jacta cogitatum tuum in Domino* (*Psal.* LIV, 23). Nihil de Deo diffidens, confirma cor tuum in salutari suo. Si gloriari oportet, gloriare et exsulta in Spiritu sancto. Hic est ille funiculus de quo Sapientia ait : **32** *Funiculus triplex non cito rumpitur* (*Eccli.* IV, 12). Quid enim certius quam sperare in Domino Deo, qui fecit et formavit te? Quid firmius quam confirmari in Christo ejus, qui reformavit et confirmabit sibi te ? Quid securius quam gloriari in Spiritu sancto qui illuminavit te? Ad hunc unum triplicemque funiculum manus extendere, surgere est. Huic inhærere, confirmari est. Ad hoc trahi, currere est. Ab hoc astringi, manumitti est. Ad hunc igitur cum Moyse manus extendas, ut Amalech, orante propheta, superatus, superetur orante et femina (*Exod.* XVII, 12, 13). Huic firma fide inhæreas, ut si quando tentationum procella nutaveris, cum Petro confirmeris, cum Petro stes et cum Petro clames : *Domine, salvum me fac* (*Matth.* XIV, 30). Ab hoc ad hunc trahi desideres, ut appositi spe bravii cursum spondeas meliorem, juxta illud Salomonis : *Trahe me post te, in odorem curremus unguentorum tuorum* (*Cant.* I, 3). Ad hoc huic astringi ardeas, ut adepta Saræ libertatem, Rachel pulchritudinem in amplexus patris non multorum, sed omnium gentium, transitura dicas : *Læva ejus sub capite meo, et dextera illius amplexabitur me* (*Cant.* VIII, 3). De eodem quoque funiculo flagellum memineris faciendum, quo ejiciatur de templo pectoris tui sæcularium strepitus et turba voluptatum. Ante conspectum ejus, deliciarum prurigo diffugiat, mollities purpuræ con-

temnatur, varietas desipiat ferculorum (72), gemmarum fulgor deniteat, operosa monilia conculcentur, abhorreatur (73) secreta matrimonii licentia, fastus decidat potestatis; leges palatio, cilicium lino ; favori contemptus, obsequiis injuriæ præferantur. Talibus oblectata studiis, ad nuptias Agni cum sapientibus intrabis virginibus (*Matth.* XXV), de cælibe conjugio fructum susceptura sempiternum. Fructus ille, Deus tuus, Deus in quo omnia bona ; fructus ille, Verbum Dei, Verbum de quo sola [*f. solo*] bona ; fructus ille Spiritus, utriusque Spiritus, cum quo nulla nisi bona. In hoc fructu regnum sine termino, satietas sine tædio, sublimitas sine descensu, glorificatio sine defectu. Iste fructus tibi sapiat, iste dulcescat, iste diligatur tota anima tua, recolatur tota memoria tua, ut quandoque pascat, et satiet te in perpetua gloria sua. Vale. Memento mei in orationibus tuis.

33 EPISTOLA XI (74).

Monachis (75) qui Carnotensem episcopum recipere noluerunt.

Hos imprimis docet Hildebertus austeriora etiam vitæ monasticæ exercitia nihil prodesse sine humilitate et misericordia, quibus illos caruisse dolet, cum episcopum Carnotensem hospitio renuerunt excipere, quem, non invitare solum, sed vel sacræ supellectilis impendio, trahere debuissent. Inde exemplis Lot et Abrahæ meritum exaggerat hospitalitatis, ad quam sedulius exercendam monachos illos hortatur.

Apostolicis erudimur exemplis, ut infirmitatem proximi nostram compassione faciamus (76). Unde et anima mea in amaritudine est, exinanitum dolens oleum nominis vestri; oleum, cujus odorem suavitatis Dominum quondam credimus odoratum ; nunc autem non sic. Quippe retrorsum conversi estis, et juxta poetam :

> *Principio clivi vester anhelat equus.*

> (OVID.)

Attamen legeratis : *Nemo mittens manum ad aratrum, et respiciens retro, aptus est regno Dei* (*Luc.* IX, 62). Aspicitis autem et vos retrorsum; aspicitis, inquam, si tamen ad aratrum venistis, si invenistis arduam et arctam viam quæ ducit ad vitam (*Matth.* VII, 13). Cæterum pauci sunt qui inveniunt eam. Extra, plures aberrant, cum in ea se gressum fixisse, et inoffense currere glorientur. Est enim qui cum propheta eleemosynam in sinu pauperis abscondat (*Eccli.* XXII, 15), qui frequentet antelucanus Ecclesiam, qui patrociniis invigilet oppressorum; sed is misericordiæ cultor propriam gloriam quærit, sed populo placere desiderat, sed antea manus ad munus [mittit] quam promittat advocatum; fal-

---

(72) Vict. *sæculorum.* Ebr. et Colb., *ferculorum.*

(73) Ebr. *abhorreant.* Colb. et Vict., *abhorreatur.*

(74) Al. 61. Scripta circa an. 1112, aut certe ante an. 1115.

(75) Quinam fuerint isti monachi non constat. Forte Vindocinenses, qui ne quid monasterii sui (quod ad Romanam sedem proxime pertinere, ejusque jurisdictioni nulla alia intermedia, subdi voluerant summi pontifices) privilegio detraheretur, Carnotensem episcopum hospitio, paupertatem causantes, excipere renuerant. Quis vero fuerit iste Carnotensis episcopus, non alius fuisse videtur quam Ivo, qui de sua repulsa, ut credere fas est, apud Hildebertum conquestus fuerat. Videtur igitur hæc epistola scripta circa an. 1112, aut certe ante an. 1115, quo, secundum Chartul. S. Joan., Carnotensis Ivo mortuus est.

(76) *Quis infirmatur et ego non infirmor ?* (*II Cor.* XI, 29.)

lor, si is viam invenit quæ ducit ad vitam. De A
seipso Veritas ait : *Si ego glorifico meipsum, gloria
mea nihil est (Joan.* v111, 54). Et Psalmista : *Qui
hominibus placent, confusi sunt, quoniam Deus sprevit eos (Psal.* lii, 6). Et in Proverbiis : *Conturbat
domum suam, qui sectatur avaritiam; qui autem
odit munera vivet (Prov.* xv, 27). Alii vita placet
excelsior; jejuniis carnem persequitur, lautiorem
declinat apparatum, **34** naturæ vivit, non gulæ. Si
quem tu esurire ac sitire justitiam putas, ira facile
turbatur, si cum hypocritis suam ponit portionem,
si aliquid adversus honorem carnis ex sua carne
præsumit : fallor si is invenit viam, quæ ducit ad
vitam. *Ira enim viri justitiam non operatur (Jac.* i,
20). Et de hypocritis per Isaiam Dominus dicit :
*Populus hic labiis me honorat, cor autem ejus longe
est a me (Isa.* xxix, 13). Et Apostolus : *Fornicatores et adulteros judicabit Deus (Hebr.* xiii). Vides
hunc eremi solitudine gaudere; necessitati, radicibus et herbis obsequitur, nihil cibo (77) ejus et
igni. Juxta Prophetam : *In olla mortem* esse de-
clamat. Si quem sic in mundo vides, ut expertem
mundi credas, si de se præsumit supra se; si Pharisæi jactantia cæteros aspernatur; si sibi soli justitiæ arrogat principatum : fallor si is invenit viam
quæ ducit ad vitam. *Qui enim se exaltat humiliabitur (Matth.* xxiii, 12); et de his qui aliter bona vel
mala sua pensant, aliter aliena, Sapiens ait : *Pondus
et pondus, statera et statera, utrumque abominabile
est apud Deum (Prov.* xx, 10). Ille, relictis omnibus C
quæ possidet, evadit ad arcem monastici refugii,
deosculatur humilitatis indumenta, quod ad ea serius accesserit conqueritur, universas suscepti
agonis difficultates sine querela sustinet, in spe de-
narii pondus diei portans et æstus; sed hæc imago
monachi gradu sublimiore torquetur, sed dormire
non potest donec pauperem Naboth de sua extur-
bet vinea, sed subesse detrectat ordinatæ potestati :
fallor si is invenit viam quæ ducit ad vitam. Nimirum his modis fiunt novissima hominis illius pejora prioribus. Hanc itaque viam invenire, difficillimum; percurrere autem difficilius; plena est
offendiculis, et eam latrones obsident, nullum prorsus intentatum transire sustinentes. His voluntas
semper iniqua est, his fallendi principatus. Ab his D
nemo unquam nocendi inducias extorsit. Cum his
quotidianus et anceps congressus. Ex his innumerum
vulnus, nec ex facili cicatricem promittens. Sub
his, casus frequens et reparatio (78) difficilis. Sub
his, rara, et nunquam secura victoria. Quis igitur
viam invenit? Quis inventam percurrit illæsus? Quis
latrones evasit missilibus toxicatis formidandos,
astutia superiores, exercitatos usu, **35** frequenti
pertinaces victoria, nullis autem mortibus aut spoliis

satiatos? Quis unquam de sicariis animarum triumphavit? Animus integer, et in omni statu ad solam
pronus virtutem, cui nihil adversetur quod amplecti
conveniat, nihil amet quod pudeat confiteri. Hujus
expers, extra viam est quæ ducit ad vitam. Ut in
eo adoretur (79) osseus et exsanguis (80) vultus,
ut cor circumcisum clamet altius circumcisa cæsaries; ut sermo censorius ei sit, et cultus incultior,
extra viam est quæ ducit ad vitam. Cum vagetur
pes laxioribus calceamentis, cum caput in ampliorem radatur coronam, cum monachum loquantur
cætera monachi insignia, extra viam est quæ ducit
ad vitam. Extra viam est et foris errat, cujus ira
non occidit ante solem occidentem. Foris errat qui
cum falli nolit, fallere non veretur. Foris errat quem
forum videris libenter frequentantem. Foris errat B
qui vaniloquiis affluit, qui pascitur exactione subjectorum, qui lucrum putat, operario litibus extorquere mercedem;

Errastis et vos foris, cum fores vestras Carnotensi episcopo clausistis, cum exclusistis Christum
Jesu Christi, obliti pariter et bonum hospitalitatis
et præmium. Hunc et per vos via transire coegerat,
et apud vos temporis articulus hospitari. Nox imminens, et aeris intemperies pontificem hospitio
instare perurgebant. In castello nullus ad quem
præsul honeste declinaret. His anxietatibus homo
Dei circumventus ante fores vestras frustra sedit,
frustra clamavit. Exclusus est enim, qui ut diverteret ad vos, non invitandus tantum fuit, sed etiam
trahendus. Exclusus est ille qui gravius doluit vos C
abjecisse monachum, quam exclusisse pontificem :
vobis charitatem quam sibi hospitium defuisse.
Exclusus est ille, in quo si Christum dubitatis exclusum, vel non legistis, vel non intellexistis illud
Christi : *Qui vos spernit me spernit (Luc.* x, 16).
Quam bene vobis, si meruissetis dici de vobis : *Et
coegerunt illum dicentes : Mane nobiscum, Domine,
quoniam advesperascit, et inclinata est jam dies
(Luc.* xxiv, 29). Fortassis paupertate repulsam ex-
cusatis, sed non modicum auri circum altare ruti-
labat, sed plurimum splendebat argenti, sed supererant ornamenta, quæ melius exponerentur ad
usuram, quam præsul ad imbrem. Attamen legeratis : *Hospitalitatem nolite oblivisci, talibus enim hostiis promeretur Deus* (81). Legeratis etiam quid
Lot ex hospitalitate meruerit, quem Abraham in
hospitibus suscepisse memoretur (*Gen.* xviii et xix).
Non **36** leguntur alia Lot benefacta, nisi quod
hospitalitatis prærogativam dilexerit, quod maluc-
rit turpitudini filias exponere, quam in susceptos
hospites turpitudinis aliquid ageretur. Hæc illi
hostia fuit; hoc sacrificio sulphur et ignem evasit
Sodomorum. Hinc ille, subversionem civitatis edo-

---

(77) Ebr., *cibis ejus.*
(78) Colb. et Vict., *respiratio.*
(79) Ita Ebr Roth, *odoretur.* Cæteri, *adoretur.*

(80) Ita Ebr. et Roth, Edit. vero, *etiam exsanguis vultus.*
(81) *Beneficentiæ autem et communionis nolite
oblivisci. (Hebr.* xiii, 16.)

ejus exivit, gaudens ad suos etiam domesticos A ad suscipiendum tamen repromissum sibi filium, hospitalitatis (82) pervenisse mercedem. Tota enim servata est familia, et unius meritis actum est de salute plurimorum. Ad Abraham quoque sub specie hominis angelos descendisse novimus, et cœlorum incolas vultu eo susceptos, qui testaretur hilarem Abrahæ voluntatem. Idem testata est et Sara, cui sub Patriarcha viro, non hospitalitatis credo defuisse virtutem. Considera patremfamilias, attende pueros; in domo devotionem invenies, in familia disciplinam. Quippe, in domo patriarchæ, nemo repertus est sacris indevotus obsequiis; ille tres viros videt, ad ostium tabernaculi sedens. Nec exspectat quæri hospitium, ne si precibus impetrarent, ægre præstitum videretur. Occurrit venientibus, et his verbis prævenit accedentes: *Domine, si inveni gratiam* B *in conspectu tuo, ne transeas servum tuum (Gen.* XVIII, 5). Ecce vides quo affectu hospites invitentur. Non extorquent importunitate hospitium, qui precibus ingredi compelluntur. *Domine, si inveni gratiam in conspectu tuo, ne transeas servum tuum (ibid.).* Rogantur ut intrent, oblatum sponte hospitium gratius accepturi. Lavantur pedes, ut ordine suo singula hospitii debita solverentur. Deinde, viro jubente, tria sata similæ conjux accelerat; ipse ad armentum currit, vitulus tener occiditur, urget apparatum puer. Tota domus festinat, tota fervet obsequio; nihil negligenter fit in domo justi. Omnes enim contubernales, tanquam si ab eo didicissent, *maledictum esse hominem qui opus Dei negligenter* [Vulg., *fraudulenter*] *agit (Jerem.* XLVIII, 10). C Nondum hospites exierant, et ecce datur Saræ fecunditas. Abrahæ namque dudum facta promissio, interventu hospitalitatis impletur. Prædicitur eodem anno filium eis nasciturum, in quo ipsi plus promissioni deberent, quam nuptiis; plus gratiæ, quam naturæ. Quæ cum Dominus Abrahæ prædestinasset,

ad suscipiendum tamen repromissum sibi filium, nonnisi præcedentibus meritis patriarcha pervenit. Quod enim prædestinatur electis, precibus et meritis obtinetur. Si Rebeccæ clausus esset uterus, frustra Dominus in Isaac multiplicandum semen Abrahæ promisisset. Legitur autem precibus Isaac datum Rebeccæ **37** conceptum, ut generis multiplicatio quæ prædestinata in eo fuerat, précibus monstraretur impleta. De quo sic in dialogo Gregorius ait (83): « Ipsa perennis regni prædestinatio ita est ab omnipotenti Deo disposita, ut ad hoc electi ex labore orationum perveniant, quatenus postulando mereantur accipere, quod eis omnipotens Deus ante sæcula disposuit donare. » Idem (84) : *Deprecatus est Isaac Dominum pro* B *uxore sua, eo quod esset sterilis, qui exaudivit eum, et dedit conceptum Rebeccæ (Gen.* XXV, 21). Si ergo multiplicatio generis Abrahæ per Isaac prædestinata fuit, cur conjugem sterilem accepit? Sed nimirum constat, quod prædestinatio precibus impletur, quando is in quo Deus multiplicare semen Abrahæ prædestinaverat, oratione obtinu't, ut filium habere potuisset. » Nolumus vos verbis prolixioribus onerare, quos enormitate ac robore delicti credimus oneratos. Finem loquendi omnes pariter audiatis. Nisi conversi fueritis, et efficiamini monachi, non intral itis in regnum cœlorum.

38 EPISTOLA XII (85).

AD HENRICUM REGEM.

Henricum, sc. I, Anglorum regem, de miseranda filiorum submersione consolatur (86), et egregia veri sapientis descriptione, animum ejus ad constantiam erigit. Porro veram hominis felicitatem, non in iis quæ circa hominem sunt, sed in iis quæ in ipso sunt positam eleganter probat, quibus solis adhærere, Dei in nobis imaginem referre est et revereri.

Cum bene multis imperes, nulli melius imperas quam tibi. Majori siquidem laude potestas exemplum

---

(82) Ita Ebr. et Roth. *Al.*, *hospitis.*
(83) Dial. lib. I, cap. 8.
(84) Ubi supra sub finem.
(85) *Al.* 56. Scripta an. 1121.
(86) Vix in quibuslibet regnorum Historiis, tristior legitur eventus miserando duorum potentissimi regis filiorum naufragio, cujus omnes pene rerum Anglicarum Scriptores meminere. Anno quippe 1120, septimo Kal. Decembris, juxta Ordericum Vitalem D et alios, Henricus I, Angliæ rex, a Normannia in Angliam ingenti instructa classe transfretare paratus, navem unam sibi delegit; alteri vero navi duos filios Willelmum et Ricardum cum nepte sua, frequenti illustriorum regni sui procerum, et coævorum primi ordinis adolescentium numero stipatos, sub cujusdam naucleri Thomæ nomine ductu, commisit. Hic qui, oblato etiam auri pretio, hanc sibi provinciam ambitiose comparaverat, votis potitus hilarior, et cum sociis nautis plus æquo pergræcatus, ante Barbaflotum seu Barbarum-Fluctum, in Normannia vix se mari dedit, cum sui præ ebrietate impotens, incautus in occultum et ingentem scopulum impegit; cujus insperato allisu fracta navis, et, pacifico licet mari, ventisque secundis, ita submersa est, ut ex trecentis ferme viris, quos inter duo erant regis filii cum ejus nepte, et multi nobiliores, qui cum eis navem honoris causa conscenderant, vix

duo, virgæ seu malo adhærentes, et ibi tota nocte penduli, naufragium evaserint. Quæ fusius narrat et luget Ordericus, Eccl. Hist. lib. XII, p. 867 et seq. Hac igitur epistola mœsti simum patrem Hildebertus solari nititur. Ex qua sat s innuitur, ipsum, si quando ab Henrici gratia, dissidiorum causa Cenomanensium, exciderat, in illam rediisse, ac deinceps illi ita acceptum fuisse, ut etiam amicis suis ejus patrocinium conciliaverit, ut patet ex pluribus epistolis quas illi direxit.

Nec hic attendenda de Mathildis matris exsecratione fabula, qua inter nonnullos Mathæus Paris asserit ipsam Henrico contra virginitatis votum, nubere coactam, fructum ventris sui proditurum diris devovisse, indeque filiorum ex Henrico susceptorum submersionem divinitus emersisse. Cum sancto Anselmo per legitimos testes constiterit ipsam nunquam vovisse, nec unquam nisi procorum vitandorum prætextu, ut jam supra notavimus, sacrum in adolescentia peplum gestasse. Quo indubitanter comperto, præsul SS. et ecclesiast. disciplinæ zelator ferventissimus, Mathildis cum Henrico matrimonio consensit, ipsamque benedixit, et in reginam sacravit, ejusque matrimonium ut omnino legitimum sanxit, et Epist. 37, lib. I, asseruit. Idipsum testatur Eadmerus, et alii Scriptores coævi, quorum judicium eruditus P. Homeyius jure prætulit opinioni Matth.

promit quam gladium. Illud enim doctrina lenis est, et iniquitatem flagello reprimit incruento. Hic autem odio sæpius educitur, quam judicio; furore, quam lege. Nostis profecto regis esse sibi primum, deinde populo dominari; nostis principem, donec de seipso triumphet, obscure de hostibus triumphare. Hinc est, quod in adversis animo crevisti; quod aliquid magnum de illo vultus hilaris et serenus eloquitur. **39** Vultus interpres animi est, et quam liber suus homo sit interior (87), constantia melius quam voce denuntiat. De fortuna, si quid tamen fortuna est, celeberrime triumphasti. Ea nihil in alium hostiliter, tam frustra conata est. De tot missilibus, quæ victoriam illi accelerant, acutissimum elegit, et quo neminem antea recordor vulneratum. Quod ne tanquam laxius emissum sine vulnere vulneraret, totis viribus collectis illud intorsit, non minus lacerto confisa quam telo. Cæterum nihil ea conatu, nihil acumine profecit; cutem tantum signavit, nequaquam ad interiora perveniens. O bene munitum pectus, quo se fortuna minorem erubescit! O animum custodem sui, et ignarum, vel sapientem extorqueri sibi, vel regem! Neuter tibi ablatus est, neuter imminutus; alter libertatem mentis, alter statum regni servat incolumem. Dubium est quis integrius apud te suum expleat officium. Quippe nullis verba rumpuntur suspiriis, nullæ tenebræ vultum operiunt. In ore, sua est serenitas, et animi solemnitatem risus indicat moderatus. Denique non pendent regni negotia, nec subsidium frustra præstolantur oppressi. Curia lege regitur curiæ; nec ei aliquid est cum rapinis, nisi ultio rapinarum : magnum hoc regis (88), magnum sapientis indicium (89). Sapientia enim est, nec in prosperis effluere, nec in adversis mœrore sepeliri. Statum quemdam homini natura paravit, quo semper eumdem ad utrumque se præstaret eventum; illum deponere, et pro habitu variari fortunarum, non natura, sed naturæ defectus est. Omnis enim natura bona, quoniam *vidit Deus cuncta quæ fecerat, et erant valde bona* (*Gen.* 1, 31). Esse autem malum, a propria conditione defecisse naturam, nemo qui dubitet. Et quidem priusquam creatoris edictum lethali solveretur edulio, inerat homini gratia juvans ad bonam arbitrii libertatem; unde tunc apud eum agebatur, ut quod offenderet nihil esset in anima, nihil in carne quod puderet. Omnis affectus animi anhelans, et pronus ad virtutem. Illicitus et inde-

cens motus longe prorsus a corpore. Totum hominem obedientia sibi vendicabat. Omnia sibi subjecta, quandiu ipse mulieri subjectus non fuit. Cui postquam morigeratus est, cœpit esse non suus, et tot dominis servire quot vitiis. *Omnis enim qui facit peccatum, servus est peccati* (*Joan.* VIII, 34). Hanc servitutem sibi vir uxorius suscitavit, cum in vetitum Domini **40** sui epulatus, esurire meruit libertatem. O nunquam punita satis transgressio ! Prolatam in reos parentes sententiam nullus evasit successorum. Hujus inducias nemo vel annis, vel sexu promeruit. In ea concipimur puniendi etiam in sepulcro. Attende miserias hominis; intuere cineres; vectigalia peccati sunt. Peccatum tot secutæ sunt ultiones, quot ex eo incommoda pullularunt. Quarum scilicet ultionum ea fuit prima, quæ velut inermem et auxilio destitutum hosti transgressorem exposuit. Ex quo enim homo culpam commisit, amisit et gratiam. Qua ille derelictus, factus est sicut sine tutore puer, sicut equus sine fræno. Unde et arbitrii libertas in malum convaluit, projectum a gratia, potentem ad vitia inveniens. Nec pronum fuit, ut is amisso auxilio, multas vinceret illecebras, quem [*al.* quoniam] una vicerat et adjutum. Ea victoria victi sumus omnes, et personale delictum proscripsit universos. Ea venundati sumus sub peccato, sine argento redimendi. Ea sceptrum exactoris est exaltatum, et impositum nobis jugum, *quod nisi a facie olei computrere non potuit* (*Isa.* X, 17). Tunc primum subactus carni spiritus, illum adhuc deplorat principatum, de quo sic Apostolus ait : *Non enim quod volo, illud facio, sed quod nolo, illud ago* (*Rom.* VII, 19). Tunc etiam indeclinabiles hominis miseriæ, et omnia hæc incommoda, quæ cum illata sint pro peccato, non tamen ablata sunt cum peccato. Denique tunc homo noster exterior statum immutabilitatis amisit, incipiens cum tempore labi et præterire, qui nisi peccaret, eo manente, tempora præterirent. Ubi autem peccatum peccavit, licet nongentos et amplius vixerit annos, statim tamen amissa stabilitate cum gratia, de die in diem deficere et mori quodammodo cœpit, operante jam in illo comminatione divina [*al.* dominica,] quæ dicit : *Qua die comederis, morte morieris* (*Gen.* II, 17). Neque is tantum mutationi præscriptæ succubuit, sed interiorem quoque hominem perturbationes illæ sibi vindicare cœperunt, quas nomine erucæ et locustæ, bru-

Paris, qui solo populari rumore fretus, post annos centum et viginti scribebat, in dedecus piæ reginæ, quam moribus castissimis et pietate illustrissimam prædicant Malmesburiensis passim, Ivo Carnot. ep. 107, 142, 174; S. Ansel., lib. III epist. 89, 93, et alii. Non igitur illi falso suppositæ matris exsecrationi tribuendum infaustum illius filiorum naufragium; sed, ut plures opinati sunt, divinæ justitiæ, quæ hominibus innominandæ etiam, ut rumor erat, libidinis reis, et inde communi fidelium sepultura indignis, maris vortices et monstra paraverat. Narrat porro Ordericus ex illa infausta navi, plures frugi viros, lascivæ juventutis petulantiam horrentes, pedem retraxisse, quos inter notat duos monachos

Tyronenses, ex illis, haud dubie, quos Simeon Dunelmensis, lib. I, de Gestis Anglorum, pag. 129, asserit, an. 1113, Angliam appulisse, decem scilicet annis ante Savinienses, ibique in terra David regis Scotiæ, apud Seleschirche per annos 15 sedem fixisse. Quin etiam Chronicon de Mailros rerum Anglicarum, tom. I, pag. 168, asserit an. 1109 Tyronensem ecclesiam fuisse fundatam.

(87) Ita Ebr. Colb., *et qualis suus homo sit interior.* Victorin. *et quia liber suus homo sit.* Reg., *qualiter suus homo*

(88) Vict., *legis,*

(89) Reg., *initium.*

chi et rubiginis, propheta Joel sic declarat : *Residuum erucæ comedit locusta, residuum locustæ comedit bruchus, residuum bruchi comedit rubigo (Joel. 1, 2).* De eis doctissimus poetarum his loquitur verbis :

Hinc metuunt cupiuntque; dolent gaudentque, nec
*   [auras*
Dispiciunt clausæ tenebris, et carcere cæco.

                        (VIRGIL.)

Quorum duo, gaudium scilicet et dolorem, **41** varius rerum suscitat eventus, impotens animi constantiam extorquere sapienti, Sapiens enim, adversus eam quam dicitis fortunam, nunquam imparatus, nunquam inermis invenitur. Secum habet quo præcaveat insidias, quo jacula frustretur inimici. Extra se nullum pugnæ quærit apparatum. In omni casu seipso tutus est. Pectus ejus pharetra fertilis, et armamentarium copiosum. Semper sagittis exuberat, semper abundat munimentis. Hauriri [f. exhauriri] non potest, cum tela promere non desistat. Quibus ille munitus, universa fortunæ missilia contemnit, obsequente pariter et persequente superior. Dum ea blanditur, ingratus est; dum intonat, aspernatur. Nullis rerum movetur eventibus, insultans universis. Quippe nihil est, unde non triumphet animi triumphator. Fortassis autem quæris quibus armis tam viriliter sapiens dimicet, qua pugnandi forma biformi sit hoste potentior? Quod si nescis, deceptum me confiteor, qui ea nec ignota tibi, nec tibi deesse crediderim. Infelix cui contigerit præfata carere armatura ; infelicissimus, cui etiam ignorare. Apud hujusmodi Democritus materiam risus invenit; Demosthenes (90) lacrymarum. Absit autem ut alea rerum te talem efficiat, et sobolis amissionem sequatur amissio sapientis. Gravius naufragium passus es in solo, quam in salo, filii tui, si fortunæ tempestas sapienti sapientem extorsit. Quod factum non dubito, si te præteriit quibus instrumentis tuetur sapiens, non domum, sed seipsum, non supellectilem, sed animi libertatem. Quorum scilicet instrumentorum si tibi elapsa est notitia, redi ad te, et quos reipublicæ debes oculos, scriptis præsentibus admovere non moreris. Quæ cum nec sententiarum majestate scintillent, nec ordine commendentur, aut arte, fortasse tamen ex eis exprimes aliquid, quo vel a longe, speculeris illam sapientis armaturam. Non omnia contemnenda sunt, quibus multa reperiri possunt meliora. Ex aqua plures, quam ex mulso, sitis ardorem exstinxisse invenies. Imprimis igitur necesse est attendas quamlibet hominis ætatem, vel extrinsecus accitis tutoribus,

vel ingenita sibi ratione gubernari. Quippe, *quanto tempore hæres parvulus est (Gal.* iv, 1), pædagogus ei providetur, provisurus, ne quid **42** excidat de summa patrimonii, ne lingua vaniloquiis assuescat, ne turpitudinem teneræ præbibant medullæ, ne tandiu puer vivat, donec puer centenarius ad tumulum lætis deferatur exsequiis (91). Reliquæ autem ætates ratione reguntur, nisi perturbatio proprii domicilii, vel aliquid aliunde (92) officium rationis impediat. Quod si contigerit in republica interioris hujus hominis nostri, et ejus quem circumferimus, nihil rite fit, nihil ordine, nihil unde doceamur, quid a cæteris animantibus hominem separet, uniat [*al.* vivat] Deo. Cæterum cum rationi pax (93) est, et ipsa in administratione præfatæ reipublicæ suam retinet libertatem, totus homo bene regitur, idem est animus (94), sive pulsetur adversis, seu læta blandiantur. Tunc ea vivendi leges præscribit, decernit immobilia, dispensandis inclinatur. Tunc ad componendum pectus humanum, circumspectis invigilat institutis ; tunc et creat et educat sapientem. Quæ videlicet instituta (95) cum ad me traducibus paginis pervenirent, publicis conspectibus exponenda decrevi, veritus invidiam posterorum, si ea posteris inviderem. Hæc igitur illis exaravi, qui nec prosperis reverenter utuntur, nec immoti dura pertranseunt.

Consideranti (96) diligentius quid sit homo, nihil probabilius occurrit, quam ipsum esse animal divinum, et quasi quodam participio numinis (97) insigniri. Ossibus et carne parentem circumfert et sapit terram. Ratione, Deo se propinquum et affinem denuntiat. Hac sane prærogativa eum ad imaginem Dei et similitudinem conditum divinitus Moyses attestatur. (*Gen.* iv). Unde id etiam homini accessit, ut vera bona per eam cognoscat, et diligat. Quæ autem opinione bona sunt, cognoscat quidem, sed nisi sicut [*al.* sed non sicut] oportet, et in quibus oportet non diligat. Ratione siquidem docemur, ea quæ virtutis sunt, vera esse bona, et hæc esse intra nos. Quæ vero temporaliter possidemus, opinione esse bona, et hæc circa nos. Porro quæ circa nos sunt, non nostri, sed alterius juris sunt. Casus eis principatur. Nesciunt ex nostro vel venire, vel stare arbitrio. Nobiscum tanquam precaria sunt, tanquam servus alienus. Nihil his et illis, quibus vera, vel habetur, vel amittitur felicitas. Quippe nemo felix, nemo miser **43** ex alieno. Suum est hominis quidquid vel bonum facit esse, vel miserum. Evangelii ficulnea ex fecunditate sua gratiam acquirit, ex defectu succidium. Sicut scribit philosophus (98), equum sua facit insignem

---

(90) Ita omnes mss., sed melius *Heraclitus.*
(91) Ebr., *obsequiis,* at alii mss. habent *exsequiis.*
(92) Ita Ebr. et Roth. Quidam alii habent *alienum.*
(93) Ebr., *parem.* Omnes alii, *pax est.*
(94) Ebr., *idem animus sive.* Colb. et Vict., *id est animo.* Rectius *idem est animus.*
(95) Hic probabiliter intelligit Moralem illam

Philosophiam, quam ex optimo ms. Colbertino, n. 2662 et Victorino 759 eruimus, quæ et inscribitur *De utili et honesto.* Hanc autem infra reperies
(96) Ad hæc verba, *Consideranti,* in aliquibus mss. hæc dividitur epistola, quæ in pluribus eadem serie continuatur.
(97) Ebr., *nominis.*
(98) Epictetus, apud Arrianum.

velocitas, inertior ad molam destinatur. Nullus ei A
contemptus ex humili, nulla gratia ex ambitioso provenit apparatu. Uterque alienus est. Uterque (ut equo
melius, non meliore utamur) deforis adjunctus est. Sic
et homini alienum est quidquid non in homine, sed
circa hominem est. Assignantur ei dignitates;
ascitur uxor, cui nihil deest ad gratiam conjugii;
in sobole suam deosculatur imaginem; in cellariis
clausa est totius anni fecunditas, in loculis opes
Crœsi, et quocunque circumjectat oculos, nihil nisi
suum intuetur. Cæterum hæc aliena esse, fuga
ipsorum denuntiat. Bona vaga, bona sunt pennata
hæc omnia. Eorum esse, nusquam esse diutius.
Eorum status, nemini statum præfigere certiorem.
Præterea dubium est infideliusne morentur nobiscum an hostilius. Quippe res in infinitum cedet, B
si recensere velim discrimina principum, si turbati
querelas conjugii, si mille Menedemos plorantes
filios scortatores, si conflatas inique (99), vel
attritas turpiter divitias; si possessiones arrogatas
armis, erogatas flagitiis, dolo sublatas, translatas
præjudicio, et quibus in hoc tempore nihil est ab-
jectius, jactura nominis quæsitas et honesti. Hujusmodi querimoniis fora perstrepunt, resonant
auditoria; litigatur in triviis, in conviviis disceptatur. In manibus leges, decreta præ oculis, nec
ullum jam tempus est in quo vel Ecclesiæ desint
quos eliminet, vel curiæ quos damnet. Ecce vides
quanta mundus laboret insania. Gaudere nescit,
donec adeptus sit quo gaudium in mœrorem, cithara in luctum convertatur. His invigilat acqui- C
rendis, quæ si sero veniunt, prius dilatione cruciant, quam usu pascant. Si cito, de propinquioribus
angustiis faciunt certiores. O insani! quibus celebre
est sollicitos esse, ne sibi desit materia sollicitudinum, nec causa tormentorum. Quæ tamen cum
sapiens assequitur, inter varios eventus, variari
ipse non **44** novit. Ratione regitur, quam in gu-
bernandis actibus humanis non dubitat obtinere
principatum. Huic sapiens assidet, hanc attendit
pædagogam. Docet hæc uti submisse prosperis, adversis insultanter et biformes eventus uniformi
constantia superare. Docet eadem ne discipulus
suus ex alterato vultu, res alteratas circa se ostendat; aliud esse quo gaudere hominem conveniat ac D
dolere, quod cupere conspicuum sit ac timere. Si ea,
inquit, tibi sunt adversus quæ non est lex, gaude.

Si ea propter quæ posita est lex, dole. Illa enim
beatum te faciunt, hæc miserum. Illa cum tibi
sunt, et Dei, et tua etiam sunt; hæc autem cum
tibi sunt, non Dei, sed tua solummodo sunt (*Galat.*
v). Porro cum cognoscis utraque, si ea diligis adversus quæ non est lex, imago Dei apud te suum
explicat et peragit officium. Cum autem utraque
cognoscens ea diligis propter quæ posita est lex,
imago Dei apud te quidem est, sed velut obducta
sordibus, aut pulvere squalidior a suo excidit et
procul est officio. A malis enim bona eligere ac
diligere, Deum imaginari est. Quanto autem
quisque alteri eorum voluntate est conformior
(100), tanto ei vel in gloria est similior, vel in
pœna.

EPISTOLA XIII (1).

CUIDAM PUELLÆ CONVERSÆ (2).

*Monialem quamdam sancti propositi tenacem exsul-
tabundus monet cavendum a carne et femina,
tanquam ab infirmitate cumulata, sicut et a quibusdam feminis, quarum vicinia procax asserit esse
lenocinium.*

Gaudium mihi exuberat et exsultatio, quoties
audio te incolumem, atque in proposito sanctimoniæ lyncem sequi, quæ prædam sequens respicere
post tergum ignorat. Ignoras enim vanitates et
insanias falsas, a quibus elongasti fugiens et manes
in solitudine. Sanum hoc et providi pectoris consilium. Averti enim et fugere ab illis, omni triumpho
celebrius; hujusmodi fuga sponso tuo nulla dos est
45 acceptior. Hæc et eum tibi faciet uxorium, et
de cælibe conjugio progeniem præstabit immortalem. Memineris igitur ab eis longe fieri, quarum
vicinia importunum et procax lenocinium est. Sub
hoc virtuti difficile providetur. Istud attendere
frequentius, masculæ mentis robur effeminat. Neminem invenies, cum quo sit periculosius ingredi.
Hujusmodi hostis melius fuga quam certamine
superatur. (3) Caro enim et mulier cumulata infirmitas, et inter exempla etiam virtutum, facilis ad
ruinam. De omni hoste simul triumphat, cui datur
de carne et femina triumphare. Confido autem in
Domino Deo quia ipse respiciet humilitatem ancillæ
suæ, et diriget gressus tuos in semitis suis, ut non
moveantur vestigia tua. Quod futurum non dubito,
si in eo perseveres quod cœpisti, si cursum dirigas
quo assumpsisti. Vale, soror dilectissima in Christo. Filias et sorores tuas ex nostra parte saluta.

(99) Ebr., *si conflactas inique.* Colb. 2662, *conflatas.* Victor., *confractas inique.*

(100) Editi, *confinior.* Mss. Rothom., Ebr. et
alii, *conformior.*

(1) *Al.* 57. Scripta circa 1121.

(2) Hanc epistolam quidam auctores opinantur
directam, an. 1121, Mathildi uxori Guillelmi
filii Henrici 1 regis Anglorum, naufragio submersi, quæ post ejus obitum se in monasterio
Fontis Ebraldi Deo sacravit, cujus postmodum
electa abbatissa, obiit an. 1150. Verum hæc epistola non conjugatæ, sed virgini, videtur scripta,
quod innuit verbum *puellæ* titulo appositum in quibusdam mss. et vocabulum *sponsi,* cui dicit fugam
a sæculi pompis omni dote fore acceptiorem; nisi
dicamus ipsum Guillelmum utpote juniorem, nondum consummato matrimonio, sponsam intactam
et virginem reliquisse. Quæ sic post obitum sponsi,
sui juris effecta, voto se monastico mancipaverit,
ac deinde processu temporis, in abbatissam electa
fuerit; quod indicare videtur Hildebertus, cum
eam sicut sorores, sic filias habere dicit, quod
nulli nisi abbatissæ, aut superiori competit. *Filias,*
inquit, *et sorores tuas ex nostra parte saluta.*

(3) Idem supra epistola 4.

EPISTOLA XIV (4).

(5) REGINÆ ANGLORUM, UT QUÆ CARET LIBERIS PAUPERES CHRISTI SIBI FACIAT HÆREDES (6).

Adela, uxor Henrici I regis Angliæ, ab Hildeberto enixe petierat ut orationum et piorum operum Ecclesiæ Cenomanensis particeps fieret. Quod illi, ut dictæ Ecclesiæ filiæ, permanenter concessit, monens ut loco liberorum, quibus caruerat, Christi pauperes adoptaret, ut cœperat, et monachos illi in monasterio Sancti Vincentii dicatos fovere, prout fecerat, non desineret.

Cum susceperis hanc epistolam, scito completum apud nos desiderium tuum. Desiderio desiderasti sanctæ Cenomanensis Ecclesiæ te et filiam fieri, et orationum ejus esse consortem (7). Hujus voti tui, atque petitionis tuæ venerabilis abbas beati Vincentii (*sc.* Willelmus) nobis nuntius fuit. Quod ergo postulasti per oblatam tibi suscipies paginam, inter consorores et filias ejusdem Ecclesiæ deinceps numeranda. Nos quoque cum illis quorum specialiter **46** ad altare facimus mentionem nomen tuum decrevimus frequentandum. Præterea ex his quæ dicta sunt mihi de te, lætari noveris spiritum meum et requiescere in te. Audivi totam te sacris occupatam studiis, et viam invenisse quæ ducit ad vitam. In semitis paucorum posuisti vestigia tua; et facies tua, facies spectantis ad civitatem cujus plateæ sonant laudes Dei de die in diem. Illuc transfers substantiam tuam, pro quadrante talentum inventura. Felix et fructuosa translatio hujusmodi! quoniam commissam manibus pauperum cum centeno recipies incremento. Nemo sibi thesaurizat, nisi loculos suos in eorum manibus evacuet. Nemo bene metit, nisi horrea sua, ventres eorum sufficiat. Age ergo quod agis, o filia Christi, o a Deo edocta Deo, perge (8-9) quo pergis. Bene pergis, si quo pergis pertingis. Confidimus autem in Domino Jesu quia ipse auferet offendicula de via filiæ suæ, et diriget gressus tuos (10) in viam pacis Deus Israel. Habes quasi quoddam pignus gratiæ ipsius (11) cui desuper datum est et abundare divitiis, et carere sarcina liberorum. In his duobus ad currendum feliciter bonum sortita es apparatum. Divitiis enim viam tibi sternis ad vitam. Liberis carens, exonerata incedis. Divitiis, operibus misericordiæ servitur. Divitiis, ei etiam ministratur, qui *non venit ministrari, sed ministrare et dare animam suam pro multis* (*Matth.* xx, 28). Denique divitiis illud evangelicum impletur : *Facite vobis amicos de mammona iniquitatis, ut cum defeceritis,*

A *recipiant vos in æterna tabernacula* (*Luc.* xvi, 9). Amici hujusmodi, amici certi, et in die calamitatis et miseriæ, nescii suum nescire cultorem. Quam multo fenore tunc recipies, quod eis modo committis! Quam fideliter isti agent pro te, quando antiquus dierum sedebit scrutaturus renes et corda singulorum! In foro, candidatis divitibus rei suam committunt actionem; in cœlo autem, nulli pro reis melius agunt quam pauperes advocati. Pauperes ante supremum tribunal in propulsandis delationibus obtinent principatum. Unde fit ut bene speret de judice quisquis pauperum meretur interventum. Pro quo eorum voces **47** convalescent, sententiam non timet capitalem.

Hos ergo tibi compares, hos facias advocatos. Eorum inopiæ, copiæ tuæ subveniant. Illis egentibus, egere Christum crede. Qui te non viderint, in benedictionibus suis tuum videant affectum. Vellera tibi sunt? operi nudum. Sub ostensione vestium, quas Dorcas viduis faciebat, Dorcam legimus orante Petro suscitatam (*Act.* ix, 19). Noli hospitalitatem oblivisci. Lot et Abraham, quia excipere consueverunt homines, angelos meruerunt hospitari (*Gen.* xviii, xix). Sepeli mortuum, si non manu, vel sumptu. In sepultis vivunt meritis [*f.,* mortuis] Tobias et Joseph, quorum alter defunctis fratribus, alter Christo sepulturam providit. Sanctorum cole memorias, et in muneribus eorum quære suffragium. Matronæ cuidam, Processi et Martiniani oratorium frequentanti, beatus Gregorius (12) apparuisse refertur et in causa animæ suæ promisisse interventum. Nulli desunt exempla misericordiæ, nulli facultas misericordiam promerendi. Tota Petri atque Andreæ relicta possessio, et dimidium bonorum Zachæi, et duo minuta viduæ, et panis fractus esurienti, et calix aquæ frigidæ pariter acceptantur, si sit par affectus offerentis. Deus enim, non quid, sed qualiter offeratur attendit. Iratus enim non hostiarum numero, sed devotione mitescit animorum. Mitescit autem, si perseveras in eo quod cœpisti. Cœpisti non parcere divitiis tuis, ne non parcatur delictis tuis? bonum et salutare consilium. Hujus nunquam pœnitet, nunquam pudet sapientem. Quippe resides et intactas opes inerti (13) et immoto puteo Ambrosius his comparat verbis : « Puteus, nisi eum exhaurias, inerti otio et degeneri situ facile corrumpitur, exercitus nitescit ad potum. » Idem de eodem : « Aqua stativa

---

(4) *Al.* 62. Scripta circa an. 1123.

(5) Adelæ, sive Adelinæ, sive, ut eam vocat Ingulphus, Aaliz, quæ, ipso teste, defuncta Mathilde prima uxore Henrici I regis Anglorum, ei nupsit, an. 1122, secundo thoro, sed infecundo.

(6) Ita Victorin., n. 272.

(7) Nota hic antiquitatem consociationum precibus mutuis diversarum Ecclesiarum, et mox denominationem, seu recitationem nominum personarum sæcularium, vel etiam in ipso missæ sacrificio. De quo videsis D. Edm. Martene, lib. vii, De ritib. eccles., cap. 4, art. 8, ubi de his fuse.

(8-9) *Al. O a Deo edocta, perge;* sed ms. Ebr. et Roth. habent : *O a Deo edocta Deo, ut sit sensus,*

edocta tota servire Deo, vel esse De'

(10) Ita ms. Reg., 4080 et 4103; sed rectius Colb. 2662, et Victorin., 272, *ejus.*

(11) In editis etiam Lugd. habetur sine divisione periodi ... *In viam pacis Deus Israel habens quoddam pignus gratiæ ipsius,* etc., obscure omnino. Rectius igitur ms. Ebroic. et Rothom. post verbum Israel notant punctum, deinde pro alia periodo, sicut hic posuimus : *Habes quasi quoddam pignus gratiæ ipsius.*

(12) Lib. ii *Homiliarum in Evangelia,* hom. 32, n. 7.

(13) Ebr., *inerti*; Colb. et Vict., *immoto* tantum.

cito vermes facit, sic et opulentia rerum usu ju- A
cunda est, inutilis otio, et quasi cœnulento odore
Deo molesta est, vindices avaritiæ et iniquitatis
vermes facit. » Porro de tuis opibus id minime timetur, quibus multiplicandis non urget te successio
liberorum. In quo etiam divina gratia tibi officiose
providit, quam maluit fecundam esse spiritu quam
carne, cœlo parere quam sepulcro. Carnis enim
fecunditate retrorsum plures abeunt, sollicitæ quid
hæredibus derelinquant, quas eis emant possessiones, ubi consultius adultas collocent filias, quæ
palatia nepotes nondum natos exspectent. His earum vigiliæ **48** serviunt, his labores thesaurizant.
Afficiuntur etiam inedia, torpent algoribus. Et quod
hæres scortator et ventricola dilapidet, spontaneo
cruciatu corporis acquirunt. O insani parentes! qui
filiis officiosi sibi officiunt. Tu autem felix, cui non
sunt quibus dividas animum, propter quos respicias
in vanitates et insanias falsas. Tota igitur adsis
gratiæ Dei, sine qua nec bene volumus, nec bene
operamur. Nisi ei defueris, credas eam tibi minime
defuturam. Vale, dilectissima in Christo soror, et
vice nostra maritum saluta, cui etiam idipsum concedimus quod tibi. Utrique autem ex eo agimus
gratias, quod monachos beati Vincentii filios et
fratres nostros manutenetis, in largis benedicti-
nibus, ut audivi, frequenter eos visitantes. Hoc
etiam benefecistis, et ut perseveretis vestram rogamus devotionem. Rursus vale.

EPISTOLA XV (14).

COMITI ANDEGAVENSI (15).

*Non improbat quidem Hildebertus sacras peregrina-
tiones, sed eas quocunque prætextu etiam voto susceptas longe postponit officiis cuique statui divina
providentia impositis. Hinc comitem hunc abducit
a longinqua ad Sanctum Jacobum jam tunc percelebri peregrinatione, longe utilius asserens, ut,
illa postposita, subjectis sibi populis secundum jus
regendis se totum impendat. Hoc autem ut munere rite fungatur, egregia omnino illi suggerit
media.*

Ad memoriam beati Jacobi, strenuissime comes,
et prædicanda virtute sublimis, iter, ut fertur, assumpsisti. Quod nos bonum quidem non negamus,
sed quisquis administrationem suscipit, alligatur
obedientiæ, quam nisi ad majora vocetur, et utiliora, si relinquit, delinquit. Unde, fili charissime, D
te culpa inexcusabilis spectat, qui necessaria non
necessariis, dispensationi otium, debitis indebita
præponis. Inter talenta quæ servis suis paterfamilias distribuit, circuire vagum orbem terrarum

nullus doctor, nulla omnino scriptura commemorat. Hieronymi testimonio (16) beatus Hilarion,
cum esset proximus civitati Jerusalem, semel
eam vidit, ne loca sanctorum contempsisse
49 videretur. Porro præter solitum mentis tuæ
oculus caligavit, si non vides plenam periculosis
casibus assumptam tibi peregrinationem. Per munitiones ducis Aquitanorum transiturus es, cujus tibi
invidiam suscitasti, factus in expugnatione Toarcy
(vulgo *Thouars*) (17) superior. Fere apud omnes
diuturnior est injuriarum memoria, quam beneficiorum. Præterea nescis si non renata sit in filio, paternæ nota perfidiæ. Quippe plures hodie generantur
iniquitatis hæredes quam virtutis. Tuis itaque timorem relinqueres et tremorem, si te juveni et offenso
committis, in quo necesse est verearis ex patre per- B
fidiam, levitatem ex annis, ex injuria ultionem.
Audivimus autem venerabili regi Anglorum, tuoque
avunculo, id quod te facturum significas displicere
altius, id ferre graviter, id constanter improbare.
Sane eorum aspernari consilium, vicina dementiæ
pertinacia est. Hi nimirum tuis providere commodis, et affectu volunt, et sensu (18) possunt. Fortassis autem dicis : Votum vovi Domino, transgressionis arguar, si irritum facio votum. Agnosce, o
princeps, quia tu quidem te alligasti voto, sed te
Deus officio; tu viæ, sed Deus obedientiæ : viæ,
qua sanctorum memoriam videres; obedientiæ, qua
sanctorum memoriis (19) provideres.

Appende ergo si tantus sit fructus itineris, ut C
supplere possit intermissæ dispendium obedientiæ.
Quod si ita est, scutum deponere propera, baculum
sume pro gladio, festina egredi, et facundis adhære
comitibus, qui, juxta Salomonem, tibi pro vehiculo
in via sint. Si autem bonum administrationis longe
majus est, et elegantius (quod inficiari nemo prorsus audebit), sed in palatio, dispone de suffragiis
afflictorum, et ut omnes tibi vivant, omnibus vive.
Vive reipublicæ, noctes illi præstans et dies. Judicium curiæ tuæ dictet æquitas, non acceptio personarum. Teipsum legibus, amore subjectos rege.
Esto tuorum censor, cum ignoveris excessibus alienis. Insontes minime patiaris impune lædi, tu impune læsus. Iniquitatis ultionem inter splendidiores
triumphos enumeres. Sanguinem, nec sine causa,
nec libenter effundas. Dole quoties illum effuderis
quem lex judicat **50** effundendum. In omnibus reverenter exerce potestatem. Da Deo gloriam, cum
feceris aliquid gloriosum. Super omnia pauperibus

---

(14) *Al.* 59. Scripta circa an. 1123,
(15) Non alius iste comes quam Fulco Richinus (*a*), qui licet a plerisque auctoribus libidinis
effrenatæ et instabilis incusetur, ut qui sæpius de
thoro in thorum adulterino æstu convolarit, aliquo
tamen aut pœnitentiæ aut pietatis sensu ductus,
huic ad S. Jacobum peregrinationi, jam tunc toto
orbe percelebri, se potuit voto astrinxisse. Ipse est
qui, anno 1104, Troanium nobilissimum ditionis

tunc Aquitanorum ducis, quod hic notat Hildeper-
tus, Castrum expugnavit et incendit. Ita Chronic.
S. Albini apud Labbæum.
(16) Epist. 49, ad Paulinum, nov. edit. p. 564.
(17) Ita mss. Roth. et Ebr., non *Thoari*, ut editi.
(18) Edit. habent *successu*, et forte melius; sed
Ebr. et Roth. mss., et plures alii, *sensu.*
(19) Colbert., *meritis.*

(*a*) † Errat D. Beaugendre. Andegavensis comes, cui directa est illa epistola circ. annum 1123, alius est ac Fulco
Richinus, qui obiit anno 1109, seu 1110 (n. s.) die 14 Aprilis. Transmissa videtur epist. ad Fulconem Juniorem, Fulconis Richini filium, Cenomanensem comitem, jure uxoris suæ, Aremburgis nomine, Heliæ comitis filiæ.

adesse memineris, et Ecclesiis, quibus plerumque A tecum in gratiam fœderabunt. Quis igitur finis loquendi clauserit initium diligenter attende. Officiosissima est hominibus gratia Dei, et velut in eorum jurata obsequium, quibus hoc solum tribuit ex quo boni sint, seu per quod boni fieri possint. Quippe quidquid eis tribuit, aut virtus est, aut instrumentum ad virtutem. Ex ipsa autem virtute est ut sint homines boni; ex instrumento vero facultas proxima est qua fiant homines boni. Porro virtus est fides, modestia, continentia, castitas, mansuetudo, et his similia, quibus manifestum est fieri bonos, fieri etiam beatos. Cæterum divitiæ, potestates et cætera in hunc modum quædam subsidia sunt quibus juvamur ad bonum virtutis, tanquam calamis et atramento ad artem scribendi. Opibus abundas? ad officium liberalitatis impensæ sunt. Potens factus es? subjectorum tibi patrocinia destinantur. De familiaritate principum glorianti, facultas oblata est, qua tam multis unus subvenias, quantis obesse decrevit aut potestas sæviens, aut palatinæ licentia clientelæ. Sic omnia mortalibus ad virtutem providentur, et inter tot armamenta justitiæ non esse justum, creaturæ defectus est, non incuria Creatoris. Vult enim bonos fieri homines Deus, quoniam vult omnes homines salvos fieri Deus (*I Tim.* II, 4), et ad excludendum periculosæ excusationis refugium, præparat gratiam suam cui innitamur, distribuit instrumenta quæ suffragentur, offert præmia quibus excitentur, intendit arcum suum, quo pigritantes terreantur. Nihil est quod vacet, quod homini sit inutile, nisi homo ipse. Cum tam diligenter homini procuret omnia Deus, spernitur tamen ab homine tam diligens procurator Deus (25). Nulla ei (26) mentio de se, nulla cura pro se, nulla reverentia in se. Injuriis in proximum debacchatur, in Deum contemptu, **52** in res abusu. Omnia in suum congregat judicium omnium reus. Unde fit ut tanto districtiorem mercamur judicem, quanto majorem bene agendi habuit facultatem. Copiose enim plectitur, copiosius nequam. Copiose puniri procurat cui frustra procurantur opifices ad virtutem.

metuas indignationem, qui circa eosdem pauperes et sanctuarium Dei quidquid impie volunt, inique agunt. Pro hujusmodi bonos principes, sed pravos habentes ministros scriptura (20) nunc Scyllam, nunc Harpias appellat. Etenim Scylla facie humana, sed caninis capitibus accincta describitur. Harpiæ vultum habent virgineum (21), ungues autem rapaces. His quidam boni principes comparantur. Ipsi crudelitatem abhorrentes, de injuriis conquerentes, hominem mansuetudine et misericordia exprimentes. Cæterum ministri eorum, odoratu prædæ, canibus, rapacitate, similes sunt unguibus harpiarum. B Tu itaque pro voto rapacitatem atque exactiones tuorum compesce, quas pauperum clamor et orphanorum gemitus et lacrymæ comitantur viduarum. His tibi, si nescis (22), thesaurizatur ira in die iræ, et revelationis justi judicii Dei, qui reddet unicuique secundum opera sua. Qui enim malum, cum possit, non corrigit, quia malefactori consors est in culpa, consors erit et in pœna. Sicut igitur præsenti pagina commoneris, utere tuorum consilio amicorum, utere meo, domi sedens, subsidiis pauperum insistens, loca sanctorum non desiderans intueri, sed tueri satagens, nec circumferri per memorias lapidum, sed circumferre memoriam virtutum.

EPISTOLA XVI (23).

Diviti cuidam, sed improbo aulico acriter exprobrat C *opum et potestatis abusum, eumque divinæ severitatis intuitu ad resipiscentiam revocare nititur.*

(24) Doleo, frater mi, doleo te sic obnoxium, sic ingratum Creatori. Unus es, qui frustra tot ad virtutem susceperis instrumenta. Invectionem fortassis exspectas, **51** et Philippicam retractari pallidus auspicaris. Talis certe sollicitudo, nec inusitata, flagellat te, nec injusta. Consuetudinis enim est reos formidare supplicia quæ merentur. Hinc est quod linguam meam metuis, qui maledicendi materiam omnibus administras. Verum non ea est scribentis intentio. Neque ego te urgeo maledictis ad laqueum, sed ne malefactis ad laqueum traharis elaboro. Talis nimirum ingredior ad te, qualis medicus ad ægrum, qualis Menedemus ad filium D scortatorem. Tela mea non vitam, sed vitæ turpitudinem prosequuntur. Quæ, si patienter admiseris, putredinem vitiorum elicient, et virtutem

Porro talem tibi damnationis sarcinam pollicetur qui facit judicium et justitiam in Jacob. Ille multos tibi famulos ad virtutem præparavit : divitias loquor et potestatem, cæteraque in hunc modum, quæ vel vacant ad damnum, vel ad virtutem exercentur. Ad coemptas enim possessiones, ad avorum thesauros, ad ambitiosa palatia beatus te natalis invitavit et

---

miseris, putredinem vitiorum elicient, et virtutem

(20) *Id est* historia.
(21) Ebr., *vultum virginem.*
(22) Ebr., *si non reprimantur.*
(23) *Al.* 33. Scripta forsan circa an. 1128.
(24) Nec cui, nec quo tempore scripta sit liquet, nisi forte Stephano de Garlande, uni ex tribus fratribus ejusdem nominis et familiæ, qui Ludovici Crassi tunc temporis gratia abusus, et sive opibus, sive supremis dignitatibus ultra modum auctus, omnium in aula sibi paravit invidiam; ac tandem ipsius Adeleidis reginæ, uxoris domini sui, tantum odium, ut aula pulsus, in proprium dominum insurgens et perduellis, præcipuis dignitatibus spoliatus,

turpiter tandem obierit. Quod contingere potuit circa annum 1128, Hildeberto tunc Turon. archiepiscopo, qui improbos, potentissimos licet et primates, non solitus palpare, libertate et zelo vere pontificali, nefarios ejus ausus, illi non timuit exprobrare. Ipsimet probabiliter secundioris fortunæ culmine prostrato, consolatoriam scripsit epistolam, quæ hanc immediate subsequitur.
(25) *Deus* deest in Ebr. et Vict.; adest in Colb., 2662.
(26) Vict., *nulla enim;* Ebr. et Vict., *nulla ei mentio.*

eduxit. Semen eras informe, nec adhuc ex hac humo materia emerserat, cum tibi servorum familiæ plebescerent, designarentur honores. Jam te quibusdam blandimentis natura delinibat, gratuitis præveniendum censens (27) officiis, quem in suam prævidebat injuriam nasciturum. Cæterum nihil ei cumulatoria profuerunt obsequia, nihil favor sumptuosus. Hactenus ea, nisi fallor, ignoravit tam multis criminibus unam posse sufficere personam. Unde et ipsam mirari suspicor ex quibus involucris universarum prodierit imago furiarum. Quotidie Nero nostris occursat aspectibus; quotidie Tarquinius, quotidie Polymnestor. In dubium venit magisne populus in te Thrasonis gloriam fastidiat, an crudelitatem Dionysii detestetur. Denique quisquis vel naturam flagitio, vel leges contemptu fatigavit, hæredem te suæ reliquit ignominiæ. Quidquid moribus, quidquid honesto, quidquid sacris obviat institutis, ita tibi familiare est, ut te puniendum censeas, quoties gravissime punienda non committis. Quid ergo facturus es, cum sederit Judex tuus, et exarserit in te zelus ultionis, zelus suus? Nunquid non erubesces coram angelis suis, cum perhibuerint testimonium flagitiis et iniquitatibus tuis? Aut quibus argutiis apostolorum suffugies judicium, quorum tibi relicta doctrina, dum frustra monuit innocentiam, dictavit pœnam. Cæterorum quoque patrocinia sanctorum qua tibi promittis audacia, quorum, dum contemnis exemplum, demereris interventum? Considera cœlestis curiæ ordines, attende personas. Inter tam multos nullum reperies advocatum, quia nullum non offensum. Æquum est ut infestos omnes invenias, omnibus infestus. Misera quidem, sed immiserabilis ibi erit causa tua, quam Deus et homo plenam conquerentur injuria sua. Restat **53** tamen adhuc interpellandi locus, et offert se placandum, qui promittit puniturum. Cæterum non miseretur omnium Deus. Ejus enim misericordiam virtutes non requirunt, facinora non

merentur. Ea nec valde bonis necessaria est, nec impetrabilis valde malis. Est inter utrumque vitæ quædam permistio non adeo purgatæ, ut non egeat placato Judice post mortem, nec sic obstrictæ criminibus, ut placatum non mereatur post mortem. Porro talem tibi Judicem polliceri non audeo, donec ipse talem polliceris peccatorem.

EPISTOLA XVII (28).
CONSOLATORIA.

Ad amicum (29), qui cum in aula regia diu per regis ipsius gratiam potentissimus evasisset, ejus postea indignatione ad maximas redactus est angustias.

Quanto desiderio et affectu bonum vestrum et salutem vestram desideremus, ille solus veraciter novit qui secreta cordium solus agnoscit. Nunc autem quia (30) ore ad os præsentialiter loqui non valeo, litteras istas exhortatorias dilectioni vestræ transmitto. Nec scribo vobis causa nostræ necessitatis, sed solo intuitu charitatis. Adversitas enim quæ vobis contigit, etsi mihi abstulit corporalem vestram collocutionem, non tamen, de oratione, vestri memoriam. Ut enim verum fatear, quando missarum solemnia celebramus, omnipotentis Dei clementiam imploramus, quatenus ipse, qui nullius per ignorantiam [obliviscitur], vestri fiat memor per gratiam. Nunc etiam priusquam incipiam exhortationem hanc, præmitto orationem, quatenus gratia Dei admonitionem nostram præveniat atque aures vestri cordis aperiat, ut ea quæ ad veram salutem pertinent, libenter audiat, memoriter **54** teneat, efficaciter compleat. Quid ergo primum [dicam], ut exhortationem incipiam? Volo quidem dominum et amicum meum, ut fidelis servus et verus amicus, ab amore vitæ præsentis avellere, atque ejus desiderium ad amorem sui Creatoris et patriæ cœlestis erigere. Debeo igitur aliquid de contemptu mundi promere, et postmodum ea quæ animum ejus ad amorem Dei excitare possunt subjicere. Sed quia scio vos curis sæcularibus in-

---

(27) Ebr. habet *censuit*; Colb., 2662, et Vict. 272, *censens*.

(28) Nova ex ms. codice Colbertino n. 4017, scripta forte an. 1129.

(29) Non inepte forsan hæc epistola directa videtur Stephano de Garlande ad quem epistola præcedens (a), qui, ut nostri referunt historici, ad Ludovicum Crassum, circa an. 1128, tertium scilicet archiepiscopatus Turonensis Hildeberti annum, ex archidiacono Parisiensi, nimio abusus regis favore, ad cancellarii dignitatem. et post obitum fratris sui Anselini, ad munus dapiferi, seu magni Franciæ senescalli, evectus, tanto ambitionis et insolentiæ furore æstuavit, ut ipsi reginæ Adelæ [seu Adeleidi], regis sponsæ, varias injurias intulerit. Quas cum ipsa ferre impune non potuisset, Stephanus in suæ dignitatis successorem Amalricum, qui sibi Anselmi Stephani fratris filiam ipsiusque neptem desponderat, elegit. Cum vero id omnino rex improbaret, ausus est Stephanus armata manu, ad-

vocato etiam Henrici I, regis Angliæ et Theobaldi Campaniæ comitis auxilio, in regem ipsum insurgere. Verum cum rex ipse arcem de Livry, quam Stephanus cum auxiliariis copiis occupaverat, expugnasset, et accepto etiam in obsidione gravi vulnere delevisset, Stephanum magni Franciæ senescalli dignitate spoliavit. Huic historiæ satis quadrare videtur quod in hac epistola Hildebertus cum eo. cui scribit de sæculi vanitate et fortunæ instabilitate, disserit, cum eum a rege antea impense dilectum et divitiis cumulatum, versa vice, ut hostem odio habitum, reginæ ipsi infensum, cujus imperio, palatia ejus destructa; aurum et argentum prius coacervatum, in belli impensas dissipatum, etc. Quæ omnia nulli convenientius aptari videntur, si temporis et regni circumstantiæ expendantur, quam dicto Stephano, ad quem et epistolam præcedentem scribere potuisse probabile duximus. Vide Dupleix ad Ludovicum Crassum, an. 1129.

(30) Forte tunc Stephanus exsulabat.

(a) *Epistolam XVI et XVII eidem viro directam non opinantur Hist. litter. auctores. In priori nempe Hildebertus tyrannum increpat, eumque a prava vitæ consuetudine retrahere nititur, et sicut ipse loquitur : « ne malefactis ad laqueum traharis, elaboro. » Eritne vir ille Hildeberto nostro amicus conjunctissimus? In posteriori enim epistola illum vocat Hildebertus *dominum et amicum meum,* seipsumque profitetur *fidelem servum et verum amicum.*

cubare, vellem, si possem, admonitionem nostram paucis sermonibus explicare. Salomon igitur sapientissimus primus accedat, et veram sententiam vobis de contemptu mundi exponat, et dicat : *Vanitas vanitatum, vanitas et omnia vanitas* (*Eccle.* I, 1). O domine mi, nunquid intelligis verum esse quod audis? Certe non est quod dubites. Appone autem et intellige veritatem. Aperi oculos, et considera vanitatem. Rogo ut vitæ tuæ cursum diligenter consideres, quia, ni fallor, in ipsa vita tua quam sint vana omnia perfecte cognosces. Recole quanta in tempore prosperitatis tuæ concessa sit tibi sæcularis potentia, quanta divitiarum abundantia, quanta etiam (quod majus est) in dispositione rerum temporalium prudentia. Primus inter aulicos residere solebas, totum Francorum regnum pro tuo libitu disponebas. Quin etiam, secundum hoc quod Salomon se fecisse commemorat, magnus effectus, opera tua magnificasti, turres excelsas et pulchra palatia exstruxisti, vineas plantasti, servos et ancillas, multamque familiam habuisti. Coacervasti tibi argentum et aurum, substantias regum et provinciarum, repletus es deliciis filiorum hominum.

Sed attende paulisper in istis omnibus quanta sit vanitas, quæ instabilitas. Ecce enim ipse rex, de cujus dilectione plurimum confidebas, et juxta quem familiaritatis causa et honoris gradu residere solebas, te velut hostem persequitur, et quidquid Parisius cum **55** magno labore construxeras præcepto reginæ totum destruitur. Argentum et aurum, et pecuniam quam in tranquillitatis tempore congregasti, nunc in tempore guerræ te oportet expendere, et ne inimici tui te incautum opprimant nocte et die sollicite cogitare. Potes itaque, domine mi, in vita tua evidenter cognoscere sententiam, quam Salomon de vanitate protulit, veram esse. Certe iste Salomon regia fuit potestate sublimis, sapientiæ dono incomparabilis, divitiarum opulentia pinguis, et quamvis ei omnia ista affluenter suppeterent, nullam tamen eis attribuit veritatem; sed, quia transeuntia vidit, appellavit proprie vanitatem. Tanto igitur ei melius est credendum, quanto ea quæ dixit, didicit per experimentum. Nisi brevitati studerem, adhuc de contemptu mundi dicere possem quæ animum vestrum ab ejus appetitu non solum rationabiliter revocarent, sed etiam fortiter deterrerent. Quale est illud : *Mundus peribit, et concupiscentia ejus* (*I Joan.* I, 17). Et illud : *Quicunque voluerit esse amicus sæculi hujus, inimicus Dei constituetur* (*Jac.* IV, 4). Formidolosa sententia! Quid terribilius dici potest? quandoquidem inimicus Dei esse convincitur, quicunque sæculi hujus amicus efficitur. Est aliud quare rationalis mens debet mundana ista contemnere, quia et labore maximo acquiruntur, et cum sollicitudine custodiuntur, et cum dolore amittuntur. Scriptum enim est : *Potentes potenter tormenta patientur* (*Sap.* VI, 7); et : *Qui divitias habent, difficile regnum Dei consequentur* (*Luc.* XVIII, 14). *Quid autem prodest ho-*

mini, *si universum mundum lucretur, animæ vero suæ detrimentum patiatur?* (*Matth.* XVI, 26.) Hæc de contemptu mundi dicta sufficiant.

Quod si dilectio vestra ad amorem Dei cupit mentem erigere, debetis frequenter beneficia Dei vobis collata ad memoriam revocare. Cogitate quanta erga vos ejus exstiterit gratia, quanta ejus misericordia : gratia, in hoc quod bona sua vobis gratuito contulit; misericordia, in hoc quod mala vestra æquanimiter pertulit. Certe, si bene vultis attendere, hæc sola causa ad amandum Deum potest vobis sufficere, quod scilicet et per gratiam bona præbuit, ut vos ad amorem suum accenderet; et per misericordiam mala vestra sustinuit, ut vos ad pœnitentiam provocaret. Ad ultimum vero postquam exhibuit pœnitentiam, sicut pius pater dilecto filio, adhibuit disciplinam, ut saltem flagellatus ad patrem redeat qui beneficiis provocatus redire nolebat. Scriptum est enim : *Flagellat Deus omnem filium quem recipit* (*Hebr.* XII, 6). Flagellum quippe est guerra ista quam habetis, et persecutio, quia, etsi inimici **56** vestri persequuntur ex odio, tamen hoc quod faciunt, præcedit occulta et justa Dei dispositio. Nolite ergo de flagello isto contra Deum murmurare, quia durum esset vobis contra stimulum calcitrare. Mementote quia, cum David filii sui Absalom persecutionem fugeret, et Semei quidam pessimus ei malediceret, viri qui erant cum David, regis injuriam doluerunt, et illum Semei interficere voluerunt. Quos tamen David compescuit, dicens : *Dimittite ut maledicat; Dominus enim præcepit ei ut malediceret David, si forte reddat mihi Dominus benedictionem pro maledictione hac hodierna* (*II Reg.* XVI, 10). Rogo pro Deo, diligenter attendite. Etiam sicut David fecit, sic et vos facite. Ecce maledictionem sustinuit, et tamen de eo, cum leviter posset, seipsum ulcisci noluit, et maledictionem illam, non Semei, sed Domino imputavit, cum dixit : *Dominus præcepit ut malediceret David.* Ipse quippe unus de filiis Dei erat, et a pio Patre se flagellari sciebat; nec attendere voluit maledicentis iniquitatem, sed maledictionis utilitatem. Ideoque dicebat : *Si forte reddat mihi Dominus benedictionem pro maledictione hac hodierna.* Puto etiam quia peccata sua præterita ad memoriam revocabat. Puto quia pro adulterio et homicidio graviter in corde dolebat, et ideo filii sui persecutionem, et sui [*f.* Semei. *Utrumque bonum*] maledictionem patientissime tolerabat

Hoc exemplum de David ad hoc proposui, ut et vos peccata vestra aperta et occulta, minima et majora sedule cogitetis, et in persecutione, quam præsentialiter sustinetis, non attendatis inimicorum vestrorum nequissimam voluntatem, sed admonentis Domini misericordissimam pietatem. Audite quid Dominus dicat : *Ego quos amo, arguo et castigo* (*Apoc.* III, 19). Ipse enim idcirco percutit, ut sanet. Ipse idcirco flagellat peccatorem, ut purget. Nolite igitur vocationem Dei aures obstruendo respuere. Nolite flagella Dei obdurato corde suscipere. Nolite in limo profundi, in amore mundi tenaciter et pertinaciter inhærere. Permittite Deum vos de lacu miseriæ et de luto fæcis extrahere. Nolite fieri sicut plaustrum in limo demersum, quod et boves ex anteriore parte fortiter trahunt, et homines ex posteriore parte impellunt, et tamen nec trahendo, nec impellendo illud de luto extrahere possunt. Ecce pius Deus prius vobis prosperitatem concessit, ut traheret; nunc manum adversitatis apposuit, ut impelleret. Cur igitur in conversione vestra Dominum, ut ita dicam, tantum laborare facitis? Videte ne ad iracundiam eum provocetis. *Horrendum est enim incidere in manus Dei viventis (Hebr.* x, 31). Nam **57** si commotus fuerit, quis ei resistat? *Nolite, secundum psalmi sententiam, confidere in principibus, nec in filiis hominum, in quibus non est salus* (*Psal.* cxliii, 2), sed in eo solo qui potest vos de omni angustia liberare. Sed ut modo postponam exhortationem [*f.* modum ponam exhortationi], rogo ut de iis quæ dico vestram consulatis interius rationem. Mirum est enim cur ratio vestra, quæ tantum in provisione et dispositione sæcularium viget, mirum est, inquam, cur ad bona cognoscenda et facienda, quasi mortua jacet. Sed forsitan ratio vestra ea quæ bona sunt per discretionem intelligit, et tamen superbia resistente non perficit. Rationi enim superbia dominatur, et ei lege tyrannica reluctatur. Ratio dicit : Si hoc vel illud faceres, Deo acceptabilis esses. Superbia dicit : Si hoc vel illud faceres, in conspectu hominum vilis esses. O servitus nefanda et detestanda, quando videlicet ratio, quæ debet imperare, ut domina, superbiæ obtemperat ut ancilla! Quæso ut ad debitam libertatem ratio redeat. Superbia vero de corde vestro expulsa exeat, et locum ejus ea quæ Deo chara est humilitas possideat.

BREVE MONITUM.

Præcedentibus epistolis libenter suojecissemus duas alias, quas in uno e mss. Colbertinis post ultimam vere Hildebertinam reperimus; sed cum nonobstante stylo, ut nobis visum est, Hildebertino, primæ illarum litteræ aliquem dubitandi locum præbuerint, ne ex una parte dubia pro certis exhiberemus, neve ex altera, illas lectorum ædificationi subtraheremus, eas, quantumvis pietatis sensu præstantes, post omnes alias per modum appendicis reponendas censuimus.

EPISTOLA XVIII (31).

Hac epistola Hildebertus Adelam uxorem Henrici I (32), regis Angliæ, Normannia in Angliam transfretare paratam, salutans, de sterilitate solatur, asserens nullum illi remedium efficacius charitate et benficentia erga pauperes.

Hildebertus humilis Turonorum archiepiscopus, A. (33) excellentissimæ ac reverendissimæ Anglorum reginæ, salutem et orationum instantiam.

Transfretare tibi, o regina illustris, ut fertur, incumbit, et regno coronæ tuæ, tuo reditu, jucunditatem restituere et exsultationem. Nolumus te de Normannia insalutatam **58** egredi, cujus salutem inter successus Christi pauperes enumerant. Audivimus enim te de illis curam gerere, et eos frequenti benedictione consolari. Optimum hoc et timoratæ mentis consilium. Acturi sumus (34) omnes coram omnium Redemptore simul et Judice. Illuc necesse est nos præveniant, si volumus ut nobis subveniant advocati. Advocati autem illi sunt de quibus in Evangelio Dominus ait : *Facite vobis amicos de mammona iniquitatis, ut cum defeceritis, recipiant vos in æterna tabernacula* (*Luc.* xvi, 19). Amici hujusmodi, amici certi, et in die calamitatis et miseriæ nescii suum nescire cultorem. Hi profecto pauperes intelliguntur. Pauperes autem, ante supremum tribunal, in propulsandis delationibus (35), obtinent principatum. Unde fit ut bene speret de judice Christo quicunque sub Christo pauperum meretur interventum. Pro quo istorum voces convalescunt sententiam non timet capitalem. Hos itaque tibi compares, hos facias advocatos. Illis egentibus, egere Christum crede. Qui te non viderant, in benedictionibus tuis tuum vident affectum. Si non est tibi datum desuper ut Anglorum regi parias, in his absque damno pudicitiæ Regi paries angelorum. Fortassis ideo clausit Dominus uterum tuum, ut progeniem adoptares immortalem. Quod si ita est, attende sterilitatem carnis animæ quæstum esse, non dispendium ; gloriam, non confusionem ; beneficium, non flagellum. Felicius est enim fecundam esse spiritu quam carne, cœlo parere quam sepulcro. Fieri etiam potest ut quam suspiras sobolem subsidiis egenorum adipisci mercaris. Quippe naturam quoque merita mutant, et apud nonnullas invenies abstersum virtute sterilitatis opprobrium. Abraham, quia homines consueverat, angelos hospitari promeruit. Eumdem prærogativa fidei et obedientiæ Scriptura Domino placuisse commemorat. His, o regina, noveris evacuatam Saræ sterilitatem, datumque ei filium, in quo plus egit meritum

---

(31) *Al.* 70. Scripta an. circiter 1150 (*a*).
(32) Qui obiisse fertur an. 1135.
(33) Id est Adelæ, scripta probabiliter circa idem tempus ac superior. Porro de Adelæ sterilitate actum superius, ad epistolam scilicet hujus libri decimam quartam.

(34) Ita Ebr. et Colb. duo scilicet 4017 et 1168 tertium Colb., 2662, *ituri sumus,* Ebr. *acturi sumus,* supp. causam nostram.
(35) Colb., 1168 et 2662, habent *dilationibus;* rectius Ebroic. et Colb., 4017, *delationibus.*

(*a*) † Alford, in *Annal. Eccles. Anglic.* hanc epist. refert ad annum 1125, n° 18.

patris, quam debitum thori, sanctimonia, quam A
natura. Quem videlicet filium cum Abrahæ prædestinasset, ad eum tamen suscipiendum, nonnisi præcedentibus meritis patriarcha pervenit. Quod enim
prædestinatur electis, precibus et meritis obtinetur.
Unde etiam legitur precibus Isaac datum Rebeccæ
conceptum, ut generis multiplicatio, quæ prædestinata in eo fuerat, **59** precibus impleta monstraretur. De quo sic Gregorius in Dialogo ait (36) : « Ipsa
perennis regni prædestinatio, ita est ab omnipotenti
Deo disposita, ut ad hoc electi ex labore orationum
perveniant, quatenus postulando mereantur accipere, quod eis Deus ante sæcula disposuit donare. »
Idem : « Constat quod prædestinatio precibus impletur, quando is, in quo Deus multiplicare semen
Abrahæ prædestinaverat, oratione obtinuit, ut filium B
habere potuisset. » Vale.

EPISTOLA XIX (37).

*Solatur monialem ab aliis quibusdam omnino male
moratis, calumniis impetitam, et, ut apparet, e suo
etiam monasterio ab illis injuste ejectam. Ejus erigit animum ad tolerantiam, et probæ testimonio
conscientiæ et sanctarum mulierum exemplo, se interim ejus innocentiæ patronum spondens apud
summum pontificem, Innocentium scilicet II.*

Celebre solatium est, cum Christus est in causa,
et in ea persecutionem sustinere. Unde nequaquam
decet absorberi a tristitia filiam Christi, cui et
conscientia cedit ad gloriam, et tribulatio ad coronam. Sic et conscientia Apostoli gloria est, qua ipse C
interius confortatus inter ærumnas et persecutiones,
inter famis cruciatus et sitis, inter innumeras falsorum injurias, bonum certamen certavit, cursum
consummavit, fidem servavit (II *Tim.* IV, 7). In
hujusmodi conscientia sacræ virgines et viduæ cal-
cato sexu et mundo, corpora sua exhibuerunt hostiam viventem, sanctam, Deo placentem, suum obsequium rationabile facientes (*Rom.* XII, 1). Hinc est
quod inter ignes Agnes gratias agit, in tortura mam-
millarum suarum Agatha Deum laudat, aliæque virgines sacræ sponsum proprio sanguine quærunt,
eligentes potius Agnum sequi quocunque ierit,
quam hominem quo male vadit. Tales universis
adversitatibus mundi, puram præferunt conscientiam, scientes non esse condignas **60** passiones hujus D
temporis ad futuram gloriam quæ revelabitur in no-

bis (*Rom.* VIII, 18). Earum exemplis assume solatium, gratias Domino Deo agens, quod a filiabus
mundi procul es ad tempus, quarum studium est
reverentiæ derogare pariter, et votis continentiæ
et instrumentis disciplinæ. Tu tamen, confortare et
esto robusta in Domino, sciens quod non relinquet
Dominus virgam peccatorum super sortem justorum.
Exspectamus autem Innocentium papam (39), in
cujus audientia nos, et innocentiam tuam et querimoniam nostram digesturi, de utraque finem amicum justitiæ exspectemus. Tu igitur, interim esto
memor mei, cæteris filiabus Christi, quæ tecum
Domino serviunt, nomine meo suggerens ut in orationibus suis, vel aliquam Deo mentionem mei
faciant. Porro post primam Quadragesimæ septimanam tuum nobis nuntium destinabis, per quem
et tuam nos voluntatem, et tu nostrum possis agnoscere responsum. Vale.

EPISTOLA XX (40).

*Monachis sancti Cuthberti de Dunelmo (41) gratulatur
bonas fieri vias et studia eorum quorum interim
orationes efflagitat, suas illis vicissim offerens ad
altare, ubi, ait, Patri Filius immolatur.*

HILDEBERTUS Cenomanorum humilis minister,
ALGARO (42) priori, totique conventui fratrum monasterii Sancti Cuthberti, de bono principio exitum
bonum.

Ex quo vestram promerui notitiam, desiderio desideravi rursus videre vos ; sed nondum hoc placuit
Domino Deo, quia cum disponat homo viam suam,
Domini tamen est dirigere gressus ejus (*Prov.* XVI, 9).
Quia vero audio bonas fieri vias vestras, gratias
ago Jesu Christo, in quo vobis reposita est corona
justitiæ. Ejus muneris est quod nobis ab Aquilone
panditur bonum quod pro olla succensa, incensa
sanctæ conversationis vestræ relatione adventantium, odoramus. Reficitur inde spiritus meus, Domino Deo gratias agens, et congaudens vobis, quos
audit cantare canticum Graduum, et ascensiones
in corde disponere. **61** Unde et nos tanto confidentius vestrarum suffragio inhæremus orationum,
quanto novimus vos velut e foribus (43) supernam
introspicere (44) Jerusalem, et videre jam Dominum
Deum in Sion. Nos, si quid peccatoris, sed sacerdotis potest oratio, ibi pro vobis fratribus nostris
agemus, ubi Patri Filius immolatur.

etiam corpus ibi asservabatur integrum et flexibile,
repertum an. 1069, post annos scilicet depositioni-
ejus 418 et amplius. Vide Angl. Sacram in Chronico Sanctæ Crucis Edimburgensis ad an. 1069,
pag. 159, et Chronicon de Mailros ad an. 1104,
pag. 163, Angl. Sac. p. 2.

(42) Ita ms. Ebroicense. Is Algarus notatur in
successione priorum Dunelmensium, ordine tertius
ab installatione monach. Vide Angl. Sacram in
Hist. Dunelm., p. 786.

(43) Ebr. *e floribus;* Colb., 2662, Vict. et Fuldic.,
e foribus.

(44) Edit. *interspicere;* Ful. *respicere;* omnes
alii mss. : *introspicere.*

---

(36) Lib. IV, *cap.* 8.

(37) Nova ex *Spicil.* et mss. Ebr. et Bigotiano.
Scripta circa an. 1150 vel 1151.

(38) Ita ms. Vict., n. 272.

(39) Scripta est igitur ultimis Hildeberti Turonensis archiepiscopatus annis. Siquidem hic asserit
se exspectare adventum Innocentii papæ, qui an.
1130, inauguratus est ; ipse vero Hildebertus obiisse
creditur an. 1134 vel circiter.

(40) *Al.* 12. Incerti temporis.

(41) Ita ms. Ebroicense. Porro Dunelmum, vulgo
Anglice Durham, sedes est episcopalis sub archiepiscopatu Eboracensi, in Anglia, olim a Benedictinis administrata, sub invocatione Sancti Cuthberti,
illiu Ecclesiæ titularis et tutelaris patroni, cujus

BREVE MONITUM.

Alia reperitur epistola Hildeberti in ms. codice abbatiæ Fulcardimontis ordinis Cisterciensis, quæ est decima quinta earum quas R. P. Dacherius addendas tom. VI sui Spicilegii monuit, in calce tom. XIII, pag. 272. Hæc autem dirigitur etiam Algaro priori Sancti Cuthberti eodem prorsus sensu quo hæc vigesima hujus libri primi, et pene eisdem et totidem verbis. Cum autem pluribus lineis hæc superior prolixior sit in hoc Fulcardimontensi ms. quam in cæteris, ac etiam in editis, ibique monachum quemdam, Robertum nomine, quem filium et fratrem suum, utpote monachus ipse, vocat, Dunelmensibus commendet, ne lectori curioso excidat, illam totam, prout jacet, priori subjiciendam duximus. Sic autem habet:

—

Algaro priori Sancti Cuthberti quemdam Robertum commendat.

HILDEBERTUS Cenomanensis humilis minister, ALGARO priori totique conventui beati Cuthberti, salutem et orationes.

Benedictus Dominus Deus Israel, qui secundum magnam misericordiam suam bonas facit vias vestras et studia vestra. Ex ejus gratia panditur nobis ab Aquilone bonum, et per ollam succensam incensa conversationis vestræ relationibus adventantium oloramus. Reficitur inde spiritus noster, Domino Deo gratias agens, et congaudens eis, quos audit cantare canticum Graduum, et ascensiones in corde suo disponere. Unde et nos tanto confidentius, vestrarum suffragia deprecamur orationum, quantum novimus vos, velut a foribus, supernam respicere Jerusalem, et jam videre Dominum sanctorum in Sion. Nos quoque si quid peccatoris, sed sacerdotis potest oratio, ibi pro vobis fratribus nostris agemus, ubi Patri Filius immolatur. De cætero fratrem nostrum et filium Robertum sanctitati vestræ commendantes, ut apud vos nostra ei prosit gratia, humiliter imploramus. Valete.

62 EPISTOLA XXI (45).

ATHALISÆ (46) RECLUSÆ (47).

Huic virginitatis propositum gratulatur, cujus encomium eleganter prosequitur, et statum statu nuptarum aut viduarum longe præstantiorem asserit, modo humilitate fulciatur.

Consideranti mihi votum tuum, votum bonum, suborta est de proposito lætitia, de lapsu metus, æmulatio de corona. Lætari oportet animæ Christianæ, quæ mortalis illecebras adversata [f. aversata] conjugii, perennem quærit ex virginitate progeniem. Placet sane quampluribus hæredes procreare, dotales tabulas nuptiali debito promereri. Eas, aliquod somniantes ex prole solatium, vel inanis spes decipit, vel dilatio cruciat exspectantes. Præterea ex nuptiis nulla speratur impune felicitas, quam primo necesse est quadam carnis commistione comparari. Infeliciter ei succedit, quæ successum virginitatis mercatur impendio. Magni soboles emitur, cujus conceptus infestatio est pudicitiæ, partus vitæ. Ea in lucem progrediens, auspicium sollicitu-

dinis est, non materia gaudiorum. Vitiosa quippe progenies odium suscitat. Cum vero bona est, timor nascitur amittendi. Quis autem animo locus est gaudii, qui vel inflammatur odio, vel timore cruciatur? Fortasse dicetur emolumento dotis et variæ supellectilis accessu incommoda præscriptarum (48) suppleri nuptiarum. Cæterum, sicut hujus damni nulla est reformatio, sic omnis compensatio inferior. Impar mercimonium est, brevem quæstum jactura perenni comparare; minus sibi providet quisquis gratiæ virginitatis aliquid anteponit. Virginitati tamen divitiæ præferuntur, sed eis ærugo suspecta est, sed tinea demolitur, sed insidiantur latrunculi, sed timetur majoris violentia potestatis. Earum spe pudoris abjicere venustatem, seipsum persequi est. Magni quippe boni ruina quæritur, unde vitæ nostræ rarus quoque successor invideat. Incomparabili comparatur pretio, quo fur sollicitatur, ut asportet, Dominus ut servet. Nescit a quanta hæreditate decidit quisquis, ut hæredes relinquat, similitudinem deponit angelorum. An nescis **63** quia ii qui neque nubunt neque nubentur, juxta Evangelium, similes sunt angelis Dei? (*Marc.* XII, 25.) An ignoras hujus boni magnitudinem? Nunquid non intelligis sabbatum virginitatis, sabbatum esse consilii, non præcepti; sabbatum quo feriatur ab opere carnis caro (49), quo sapit quiddam supra carnem caro. Nesciunt virgines quid ex maritali licentia muliebris sustineat infirmitas. Nesciunt, inquam, quibus uxor subjiciatur injuriis, quanta fecundam sauciet anxietas, quo sterilis mœrore crucietur. Si formosa est, difficile caret infamia; deformem maritus aspernatur. Nunquam lectus est sine rixa, cujus vel pudet vel tædet conjugalem. Porro consequens est ut ei vir displiceat quæ viro placere non quærit. Quæ non quærit, sagaciores sollicitat aniculas, maleficiis assidet, et, ut acquirat gratiam, projicit innocentiam (50).

Quæ igitur quies est animæ, cui vel maritus est pro supplicio, vel conscientia pro flagello? His accedunt innumeræ formandi seminis molestiæ, quæ conceptum nuptiant, naturam persequuntur. Vultum pallor inficit, caput vertigine fatigatur, renum

(45) *Al.* 36. Incerti temporis.
(46) Ita mss. Colbert., n. 5133.
(47) Mss. Reg., n. 4103, et Ebroic., n. 19, habent simpliciter *A. reclusæ.*
(48) Vict., 272 habet *scriptarum*; omnes alii mss. *præscriptarum.*

(49) Ebr., *carnis, quo*; Reg. vero, 4080 et 4105; Colb., 2662; Vict., 272, et Roth. habent *carnis caro, quo.*
(50) Ebr. Reg., 4080, et Vict. habent *innocentem*; sed Vict., 272, Colb., 1168. et 2662, habent *innocentiam.*

dolor assiduus, stomachi frequens indignatio. Esuritur etiam inter delicias, et quibusdam nubeculis circumvolitantibus oculi tenebrescunt.

Hæc et alia nuptiarum sunt incommoda, quæ numerare longum ducens Apostolus, *tribulationem,* inquit, *sustinebunt hujusmodi* (*I Cor.* VII, 18). Nec tamen nuptiis detraho, sed labori requiem, servituti præfero *libertatem.* Virginitas enim quædam carnis libertas est, nihil illi debens servituti, de qua dicit Apostolus: *Mulier non habet potestatem corporis sui, sed vir* (*I Cor.* VII, 4). Virginitas maritalis ignara negotii, non labores puerperæ, non novi partus spurcitias experitur. Virginitas est curarum silentium, pax carnis, vitiorum redemptio, virtutum principatus. Virginitas vigilias nutricis ignorans, quam multa supellectile, quibusve sorbitiunculis alumnus indigeat, non requirit (51). Virginitas contenta parvo, sollicita est pro natura, non ambitiosa pro matrona. Virginitas angelicam redolens conversationem, cantat canticum novum, canticum felix, canticum quod nemo potest dicere, præter eos qui cum mulieribus non sunt coinquinati (*Apoc.* XIV, 4). Cantat aliquid virgo quod vidua cantare non potest conjugata. Quidquid autem conjugata cantat vel vidua, **64** totum cantare potest et virgo. Porro canticum omnium [*f.* novum] laudem Creatoris et actiones intellige gratiarum. Laudant ergo Christum virgines, Christum laudant viduæ, laudant etiam conjugatæ. Laudant conjugatæ, quia ex eo habent quod vel nubunt præter culpam, vel operibus misericordiæ redimunt, quam nubendo contrahunt culpam. Laudant viduæ, quia ex eo habent quod expertæ nuptias secundum Deum, denuo nubere dedignantur propter Deum. Laudant innuptæ, quia ex eo habent ut quibus licuit hominibus nubere virginibus, spiritu Deo nubere malint (52), et carne virgines et spiritu. Ecce sacrarum virginum canticum sacrum, canticum non vetus, sed novum, non illius scilicet Adæ, in quo et per quem mentis et carnis corrupta est integritas, sed ejus in quo et per quem non solum sanata, sed etiam super angelos glorificata est humanitas. Hujus laus et exaltatio virtutis canticum est quod ignorant viduæ, quod nesciunt conjugatæ. Cæteris nimirum virtutibus exsultare possunt, et agere gratias viduæ bonæ, possunt etiam renuptæ, si tamen bonæ; ex virginitatis autem bono, nec nuptæ possunt, nec viduæ, quamvis bonæ. Solis virginibus virtus ista est a Christo; solis istius præmium virtutis, et a Christo et cum Christo. Cum Christo quippe communem quodammodo sortiuntur coronam virgines Christi, quæ solæ, juxta Joannem, sequuntur Agnum quocunque ierit (*ibid.*).

Hunc Agnum viduitas quidem sequitur, sequitur etiam conjugalitas (53). Cæterum non quocunque

ierit conjugalitas eum sequitur, vel viduitas. Utraque enim, cæterarum virtutum tramite, sequi potest Agnum, quoniam potest imitari Christum. Per virginitatis vero semitam, neutra potest Agnum sequi, quoniam Christum neutra potest imitari. Virginitatis enim reflorationem sperare, naturæ oblivio est. Cantant ergo canticum novum solæ virgines Christi, solæ sequuntur Agnum quocunque ierit. Quippe quibus fuit cum Christo quoddam virginitatis participium, quoddam est et in præmio consortium. Sub hoc autem Sponso fecunditatem non impedit integritas, nec famulante concupiscentia filii procreantur. Beatum sane conjugium, non quotidianis onerosum molestiis, non de crastino sollicitum, non virginitati suspectum. Beata nimirum sponsa, cujus **65** pudor dum concipit non deperit; dum generat, non laborat. Beatissimus autem Sponsus, cui, nisi cohæreat, nulla virgo est; nulla casta, nisi eum diligat; nulla libera, nisi ei serviat. Ejus amore nihil honestius, quo nec regia erubescit sublimitas. Ejus amplexu nihil mirabilius, ex qua parit, nec perit virginitas. Ejus prole nihil vivacius, cum qua nulla propagatur mortalitas. Ejus dote nihil utilius, in quo sufficientiam comitatur æternitas. Is in sponsa sua transitoriam non quærit pulchritudinem, non intexto vestibus auro, non splendore natalium gloriatur. Affectatus decor, et quidquid aliud, quam quod natum est, oculos fascinat intuentes, odium provocat, non gratiam, repudium, non favorem. Ille nimirum deformem non aspernatur, speciosus forma præ filiis hominum (*Psal.* XLIV, 3). Pauperi libens copulatur, dives in omnes qui invocant illum (*Rom.* X, 11); distortas amplectitur et gibbosas, cui simplex oculus totum corpus lucidum faciet (*Luc.* XI, 4). Generosa non attendit nomina; generationem tamen ejus quis enarrabit? (*Isa.* LIII, 8.) In decrepitas ardet anniculas, primogenitus ante omnem creaturam (*Eccli.* XXIV, 5). Nullam sterilitatis arguit, qui habitare facit sterilem in domo, matrem filiorum lætantem (*Psal.* CXII, 9). Unum tamen est quo ille sponsam ablaterat, et propriam diffitetur (54) : hujus etenim ratio dissidii, sola mentis est corruptela. Mentis deformitas offendit virum, sponsalia diripit, abjudicat dotem, eliminat introductam. Mentem tuus amans explorat, et ex ejus qualitate vel dictat repudium, vel maritum pollicetur. Huic autem suspecta est superbia, nec fieri potest ut cum eo in gratiam revertatur. Diversum est utrique hospitium, nec in eodem cohabitant animo, quibus cohabitare non licuit in cœlo. In cœlo nimirum nata est superbia, sed velut immemor qua inde via ceciderit, illuc ultra redire non novit. Ea de supernis corruens, et parentans in terris, omnibus suis apud inferos æternam pepigit mansionem. Ipsa ex purissimis et siu·

---

(51) Roth.; *inquirit;* cæteri, *requirit.*

(52) Ebr. et Roth., *mallent;* Colb. 2662, et Vict. 272, *malint:*

(53) Ebr. Reg., 4103; Vict. 272 et 292, et Roth. habent *jugalitas;* sed Reg., 4080, Colb. 1168 et 2662, habent *conjugalitas.*

(54) *Ablaterat et diffitetur.* Ita Vict., 272; sed Vict., 292, Ebr., Colb., 1158, et Rothom., *ablaterat et propriam diffitetur.*

plicibus orta substantiis, puros adhuc animos inquietat, ausa victoriam sperare de homine, quæ de angelo triumphavit. Vale, et in valle humilitatis divinarum stillicidiis Scripturarum pudicitiæ lilium ne marcescat, irrigare memineris.

66 EPISTOLA XXII (55).

Ad Guillelmum (56) *abbatem Sancti Vincentii* (57).

Guillelmus in abbatem assumptus, optimam sibi contemplationis partem ereptam lugebat. Ipsum ut amicum solatur Hildebertus pluribus e Scripturæ testimoniis, præcipue vero Rachelis et Liæ exemplis, probans non exiguum esse bonum contemplativæ simul et activæ studia vicisssim alternare, eorum interim desidiam deplorando qui neutri (quod ipse de se humiliter luget) vacare satagunt.

Usu pariter et necessitate didicimus vel ad amicos ut consulant, vel ad medicos ut curent confugere vulneratos (58). Ea profecto ratione contritionem spiritus et mentis angustias ad me, frater charissime, detulisti, quæ vel amici consilio penitus abscederent, vel aliquod invenirent ex solatio remedium. Ereptam tibi deploras adoptatæ requiem contemplationis, et activæ sarcinam sollicitudinis invitum sustinere. Ad pedes Domini Jesu cum Maria sedebas, et ecce cum Martha juberis ministrare. Animum tuum Rachelis species illexerat, et nunc subinductæ tibi Liæ morigerari compelleris, cui, licet collatereris (59) ad sobolem, lippam tamen fastidis et deformem. Recordaris quam delinita fuerit sub Rachele jucunditas, quam dura sub sorore provincia. Recordaris, inquam, quas tibi Christus amplectenti pedes ejus epulas ministraret, quibus deliciis animi propulsaret inediam. Sapidiora confiteris fercula, quæ Maria sedens et audiens accipit, quam quæ Martha satagens præparat et apponit. In his etenim panis hominum, in illis autem panis angelorum. In illa divitis mensa, nihil est quod fastidiatur oblatum, quod non desideret saturatus. Ad hanc omnes animæ tuæ sensus, velut quidam convivæ recumbentes, spiritualium varietate satiebantur ferculorum, degustantes inde quod congrueret singulis, quod sufficeret universis. Ibi, mentis 67 auditu, cœlestium hauriebas melodiam canticorum, et in plateis supernæ Sion angelicum tibi resultabat (60) alleluia. Afflabat ibi nares tuas odor vitæ ad vitam (*II Cor.* ii, 16), et aura, flores rosarum et lilia spirans convallium (*Cant.* ii, 2), ver æternum nuntiabat. Ibi etiam panem angelorum manducabas homo (*Psal.* lxxvii, 25), qui de cœlo descendit, et dat vitam mundo (*Joan.* vi, 35). Quanta autem gloria mentis tuæ ostenderetur oculis nemo, nisi qui eam diligit, intelligit. Occurrebat illis dis-

A positissima lex supernæ reipublicæ, quæ de regno Dei sic omnia colligit scandala, ut superiori nemo invideat, nemo parem dedignetur. Videre videbaris insignitas pudicitiæ lilio virgines, martyres rosis, violis confessores. Eorum gloriam cognitione divinitatis dissimilem conjectabas, æternitate coæqualem. In omnium tamen sinu mensuram ita bonam videbas et confertam, ita coagitatam et supereffluentem (*Luc.* vi, 38), ut potius beneficium gratiæ quam virtutis præmium putaretur. Inter hæc ad administratorios spiritus, quantum tibi permissum fuerat, ascendebas, secretiore considerans intuitu quanta Deo charitate cohæreant, qua ei submittantur humilitate, quam officiose discurrant, missi propter eos qui hæreditatem capiunt salutis; et quoniam te legisse non dubito : *Angeli eorum semper vident faciem Patris mei* (*Matth.* xviii, 10), suum unicuique angelum assignabas, tuo de te beatum illud ingerens gaudium, de quo in Evangelio Dominus ait : *Gaudium est angelis Dei super uno peccatore pœnitentiam agente* (*Luc.* xv, 10). Præterea ad mirabiles tormentorum officinas, ubi umbra mortis et nullus ordo, sed sempiternus horror inhabitat (*Job* x, 22), in gemitu recurrebas et luctu, sæpius illud propheticum commemorans : *Quis durare poterit cum ardoribus sempiternis?* (*Isa.* xxxiii, 14.) Augebant devotionem tuam inspecta damnatorum supplicia, nunc præmia beatorum. Sic inferioris et superioris irrigui novus possessor effectus, totus in lacrymas quas prius delictorum conscientia profuderas, dilatione gloriæ diffluebas. Hos tibi contemplatio provocabat affectus. His obtutibus per cœlestes deambulabas mansiones, et dolens animam tuam tam tædiosum cum carne pepigisse hospitium, cum Apostolo cantabas : *Cupio dissolvi et esse cum Christo* (*Philipp.* 1, 23). Nunc autem conquereris ereptas tibi vitales delicias, discursum ad superos interclusum, sublata cœli terræque commercia, quibus sic intereras rebus hominum ut et colloquiis interesses angelorum. Unde tanto tenerius amissæ contemplationis et fructum commemoras et requiem suspiras, quanto in agenda aliorum 68 cura minus invenis securitatis, plus laboris. Sed si sollicite consideras, activa vita materia est ad gloriam, non descensus ad ruinam. Quod ne te velut ignotum transeat, paulo altius, ne tædeat, inchoabo.

Contemplativam vitam, charissime frater, atque activam, aliquando quidem in eodem, aliquando autem in diversis separatas invenies. Quod ut nobis sacræ ac mysticæ demonstrent historiæ, Jacob deducatur in medium, cui Rachel et Lia, typus scilicet

---

(55) *Al.* 37. Incerti temporis.

(56) Ipsemet est quem Hildebertus in epistola ad Engolism. episcopum, S. R. E. legatum, vocat virum consummatæ religionis, a se missum ad monasterium Ebronense reformandum.

(57) Monasterii scilicet Sancti Vincentii, in suburbio urbis Cenomanensis a S. Domnolo episcopo Cenoman., circa an. 572 fundati, tempore Chilperici regis, nunc congregationi Sancti Mauri in Gallia aggregati. Hoc autem S. Domnolus fundavit, suadente et exemplum præferente S. Germano Parisiensi episcopo, ut patet ex charta fundationis, pridie Nonas Martii an. 572, cui subscripsit S. Germanus. Ita Bondonetus, fol. 266

(58) Plures mss. habent *vulnerati*, sed rectius Reg., 4080 *vulneratos*.

(59) Ebr., *collateres*. Rectius Roth. Colb., 2662, et Vict, 272, et alii, *collatereris*.

(60) Ita Roth., Ebr., et editi. Forte *resonabat*.

utriusque vitæ, simul nupsisse comprobantur, etc. (*Gen.* xxx, 1). Christus quoque, nunc docens in campestribus (*Matth.* 16, 5; *Marc.* vi, 32), nunc in montibus orans (*Luc.* vi, 12, ix, 10), suis eos figurabat studiis, in quibus sic invicem præscriptæ consonant professiones, ut nec actio contemplationem nec contemplatio strangulet actionem. Talis Moyses in tabernaculo cum populo, pro populo in excelsis cum Domino loquebatur. Sic Petrus, intermisso pastoralis providentiæ negotio, speculam contemplationis ascenderat, cum ei diceretur : *Macta et manduca* (*Act.* x, 13). Sic et Paulus, universarum sollicitudinibus Ecclesiarum permista secretæ visionis requie subveniens, raptus est in paradisum, et audivit arcana verba, quæ non licet homini loqui (*II Cor.* xii, 4). Cæteri quoque prædicatores sancti, nunc ex secreto speculationis ad publicum doctrinæ prodeunt, nunc ex doctrinæ publico secretum speculativæ repetunt libertatis. Ii profecto quod in administratoria dispensatione delinquunt, in sacrario contemplationis deplorant. Quod autem in contemplatione aspiciunt, prout opus est, ad subditos reportant. Quod autem sola in quibusdam sit actio, in quibusdam vero contemplatio tantum refulgeat, Maria nobis et Martha denuntiant, quarum studiis utramque figurari vitam, sacra nos eloquia docuerunt. Maria quippe sedisse tantum legitur, et audivisse, nec aliquando sorori subvenisse discursanti, licet ejus auxilium, quadam mentis amaritudine, soror anxia postularet, dicens : *Domine, non est tibi curæ quod soror mea reliquit me solam ministrare; dic ergo illi ut me adjuvet* (*Luc.* x, 40). Martha quoque nequaquam memoratur Mariæ partem suo miscuisse obsequio, licet eam Veritas optimam testaretur, dicens : *Maria optimam partem elegit, quæ non auferetur ab ea* (*ibid.*, 42). Per Mariam ergo, quæ sedendi requiem nullo administratorio interrupit negotio, soli vacantes contemplationi, sicut opinor, exprimuntur, qui nostro huic publico speculativam præferentes solitudinem, cum Apostolo dicunt : *Nostra autem conversatio in cœlis est* (*Philipp.* iii, 20). De talibus Propheta : **69** *Elongavi,* inquit, *fugiens, et mansi in solitudine* (*Psal.* liv, 8). Martha vero , cui sola ministrandi credita est dispensatio, nonnullos nostri maxime temporis (61) indicat sacerdotes, quibus occursantium turba negotiorum, sacrarium contemplationis occludit, contriti cordis exstinguit holocaustum , sacrificium desiccat lacrymarum.

Hos in [*f. clarius* : Hi quos in hoc , etc.] hoc magno mari et spatioso, dum reptilia, quorum non est numerus, exagitant, quia in mente velut forenses tumultus sentiunt, ad quietem contemplationis non pertingunt. Neque enim fieri potest ut aliquando loquatur cum Domino, qui etiam silens , cum toto mundo fabulatur. Talem ego miser fabu-

ligerum profiteor (62), talem circumfero sacerdotem , qui cum totam diem conservandis (63) expendo animalibus , nec unum saltem momentum conservandis impendo animabus. Occursant inimica spiritui meo negotia, quæ me sibi totum vindicant, quæ secretum furantur orationum , quæ suis temporibus ecclesiastica defraudant officia, quæ velut modicum diurnis insæviant aculeis, infestant etiam dormientem. Et quod absque lacrymis vix possum confiteri, subrepens et furtiva causarum recordatio, miserum me ad sacra sequitur altaria, ubi dum ejus fugam deprecor, assultu circumvallor. Talium nobis occursus infestationum , volucres illas figurasse reperies, de quibus per Moysen dicitur : *Descenderunt volucres super cadavera , et abigebat eas Abraham* (*Gen.* xv, 11). Has infelix ego cum sacrificante Abraham sacrificans , et ipse perfero ; sed cum abigente nondum datum est abigere , nondum declinare. Væ mihi : *Quis me liberabit de corpore mortis hujus? gratia Dei per Jesum Christum Dominum nostrum.* Sequuntur autem memoratas captivæ mentis occupationes innumera virtutum dispendia, quibus dum miseri subjacemus, nec etiam cum Martha ministramus. Martha quippe ministravit, sed Christo; discurrit, sed pro Christo. Nos vero quis dicat discurrere cum Martha, cum Martha ministrare, qui dum discurrimus, non pro Christo, ministramus, sed non pro Christo? *Omnes nos , ut ait Apostolus, quærimus quæ nostra sunt , non quæ Jesu Christi* (*Philipp.* ii, 21). Si ergo ex ipso Marthæ ministerio quæ tua sunt desideras , si plebiculæ rumusculos aucuparis, si occuparis carnalium lenociniis voluptatum, profecto nec Martha es quod simulas, nec Maria quam suspiras. Inde tibi, charissime frater, justa est conquerendi ratio , justa flendi. Cæterum si Martham simpliciter agis , **70** bene agis. Si inter Liam discurris et Rachelem , melius agis. Si cum Maria sedes et audis , optime agis. Bona enim est actio, cujus instantia, licet contemplationis facultas depereat, frater tamen aberrans a Christo revocatur. Justus in nomine justi suscipitur ; erogatur etiam ille panis qui de cœlo descendit , et dat vitam mundo. Melius tamen est sedendi vicibus, administratoriam distinguere sollicitudinem, et inter tædiosas Liæ noctes, grato Rachelis amplexu respirare. Fit ex hac permistione compendiosus ad superos discursus, cum mens eadem, modo de beatitudine satagit hominum, modo beatitudinem participat angelorum. In illo seminatur quod metatur; in isto quid ex semine speretur, jam videtur. Illud vero cursus est ad bravium, istud calcar est ad cursum. Nam de singulari Mariæ studio quid loquar? cui solum Salvatoris sufficit testimonium dicentis : *Maria optimam partem elegit, quæ non auferetur ab ea* (*Luc.* x, 42)

Bona ergo est Marthæ sollicitudo , sed optima

---

(61) Ebr. *operis.* Roth. et alii *temporis.*
(62) Nota humilitatem Hildeberti.
(63) Colb. 1168, et 2662 habent *conversandis ;*

Ebr. Victor. 272, Roth. et alii plures *conservandis.*

pars Mariæ. Bona illa, quoniam fratri temporale providet subsidium : hæc optima, quoniam quod jam complectitur est æternum. Bona illa, quoniam bonum est seminare; hæc optima, quoniam metere melius. Hæc idcirco dixerim, ne vel nullum, vel parvum putes bonum, diversa sic alternare studia, ut nunc requiescere libeat in contemplatione cœlestium, nunc ad proventum laborare proximorum. Una est et eadem scala, qua Jacob ascendentes angelos vidit, vidit etiam descendentes (*Gen.* xxvill, 12). Ejus summitas dum cœlos tangere describitur, quod ad cœlos per eam sit transitus demonstratur. Per hanc, et tu frater, ascendisti, vidisti quid agatur in civitate Dei nostri, in monte sancto ejus. Nunc autem de descensu conquereris, et qui velut e foribus introspiciens (64), odorabas cœlestis divitias palatii, nunc ad hæc infima devolutus, a longe stas, et licet opulentus aliis ministres, tamen, quia visis opibus non frueris, inopiam non evadis. Sed facessat, quæso, querimonia tua, facessant suspiria tua, quoniam Lia quoque sortitur hæreditatem in prole sua. Non enim vel Rachel sola, vel tantum Lia Jacob ad patriam comitata est revertentem. Comitata est Rachel virum virgo grata propter speciem, comitata est eumdem soror ejus, eidem complexata propter prolem. Comitata est Rachel Jacob in filio uteri sui et filiis ancillæ suæ. Comitata est eumdem Lia in filiis uteri sui et filiis **71** ancillæ suæ. Sic ille patriam revisens : *In baculo meo, transivi Jordanem, et ecce cum duabus turmis regredior* (*Gen.* xxxii, 10). Idem quoque, dum comitantibus regreditur uxoribus, angelum videt, angelum apprehendit, et factus in luctamine superior, arefacti contactu nervi claudicaturus abscessit. *Hæc autem omnia, ut ait Apostolus, in figura contingebant illis* (*I Cor.* x, 11). Unde et eadem : *Ad nostram doctrinam scripta sunt, in quos fines sæculorum devenerunt* (*ibid.*)

Factus itaque Jacob, Liam simul amplecteris et Rachelem, si inter pastoralis excubias sollicitudinis, supernæ (65) tibi claritas arrideat visionis. Factus, inquam, Jacob Rachelem diligis specie, Liam prole, si sic speculationis amplecteris gaudium, ut in exteriori dispensatione fructum quæras animarum. Nec impedit iter patriarchæ laboriosi sarcina conjugii, quoniam reditum ad patriam pastoralium occupatio vigiliarum non abrumpit. Et ne causemur, hac eadem occupatione, contemplationis abscedere facultatem, Jacob angelum videt, dum ad parentes regreditur, quia fidelis servus et prudens, dum terram viventium pio petit desiderio, Deum jam per contemplationem videre, jam complecti promeretur. Hinc est etiam quod, nato Domino, pastores supra gregem vigilantes angelos aspiciunt, quia his qui pie ac sollicite conservandis gregibus

invigilant, sublimia ac divina innotescunt. Cæterum, juxta Apostolum, quamvis sancti, quamvis perfecti, tamen nunc ex parte cognoscimus, nunc ex parte prophetamus (*I Cor.* xiii, 9). Unde et Jacob, dum revertitur, luctamen iniisse cum angelo memoratur. Conditione quippe luctaminis, nunc superior est qui luctatur, nunc succumbit. Nos autem in his, quæ de Deo mente comprehendimus, quodammodo superamus. In his vero quæ comprehendere non possumus, indubitanter subjacemus. Ut igitur verbis utar Gregorii (66), Jacob luctatur, et vincitur angelus, quando intellectu intimo apprehenditur Deus ; luctatur et succumbit, quia lumen incircumscriptum, dum comprehendere nititur, deficit. Qua in lucta, Jacob superante, nervum femoris angelus tangit, et arescit (*Gen.* xxxii, 24), quia dum mens in contemplatione divinas apprehendit delicias, ex earum desiderio carnis affectus emarcescit. Arefacto autem nervo pes unus incolumis manet, alter languet, quia mortificata in nobis carnis concupiscentia, convalescit pes, quo ad Deum dirigimur, infirmatur **72** ille, quo a Deo declinamus. In quo etiam notandum puto quod percussus in femore Jacob sano pedi firmiter innititur ; infirmus autem nec totus hæret terræ, nec a terra totus elevatur. Post exsiccatas quippe hujus quam circumferimus mortalitatis illecebras, interior homo noster pedi divini amoris, qui in eo prævalet, totus incumbit, totus inhæret. Infirmo autem pede partim Jacob sustentatur, et a terra partim suspenditur, quia languente in nobis rerum dilectione sæcularium, parti earum innitimur pro natura, suspendimur a reliquis pro corona. In illa, necessitatis est quod appetimus ; in his, consilii quod vitamus. *Vanitati enim subjecta est creatura non volens, sed propter eum qui subjecit eam in spe* (*Rom.* viii, 10). Et : *Omnis qui in agone contendit, ab omnibus se abstinet* (*I Cor.* ix, 25). Vides ergo, charissime frater, quod etiam Lia, comite Jacob, ad patriam redierit ; quod occurrerit angelus uxorio patriarchæ, nec abhorruerit cum muliere revertentem, qui mulierem super se confitetur exaltatam (67). Est autem cœlum patria tua, patria felix et expetenda gloria sua. Ibi spirituales parentes tui, parentes beati, parentes qui te Christo genuerunt, te præcesserunt ad Christum, pro te supplicant ad Christum. Ad illos tibi, sub Lia quoque, reditus est (ne timeas) præparatus. In via videbis Angelum magni consilii, nec dedignabitur ostendi filio virginis Ecclesiæ, qui dignatus est fieri filius virginis Mariæ. Ejus visionis dulcedine carnis tibi lenocinia displicebunt, arescet malesuasa lumborum concupiscentia. Interior homo tuus a terrenis suspensus, pauca indulgebit naturæ, nulla gulæ. Vale.

—

(64) Sic supra epistola vigesima hujus libri dicebat monachis Sancti Cuthberti : *Novimus vos velut e foribus supernam introspicere Hierusalem.*
(65) Ebr., *fraternæ;* Roth., Colb., 2662 ; Vict., 272, et alii *supernæ.*

(66) D. Greg., lib. ii *in Ezechielem*, homil. 2 novæ edit., pag. 1326.
(67) Alludit ad B. Virginem, quæ exaltata est super choros angelorum.

EPISTOLA XXIII (68).

*Quidam archimandrita (69) Hildebertum consulue-
rat super gravissimam carnis tentationem, qua
dæmon unum e suis monachis, præcipue vero orationis tempore, vexabat. Quid de hac tentatione
censeat, et quibus remediis utendum arbitretur,
aperit illi hac epistola Hildebertus.*

Si vera sunt quæ de commisso tibi fratre asseris, desuper implorandum est ei auxilium, quærenda quibus dimicet arma, rogandus ab illo
triumphus *qui non patietur eum tentari supra id
quod possit, sed faciet cum tentatione etiam proventum,* **73** *ut possit sustinere* (*I Cor.* x, 13). Porro
tentationibus fatigari divinum professos obsequium,
nemo, vel cum audit stupeat, vel desperet cum
tentatur. Scriptum est enim : *Fili, accedens ad servitutem Dei, præpara animam tuam ad tentationem*
(*Eccli.* ii, 1). Hinc est quod exeuntem de Ægypto
Israelem Pharao cum curribus et equis persequitur
(*Exod.* xiv, 9) ; quod Satan egressurus ab eo quem
tenuerat in vinculis ab infantia, discerpit eum gravius, et quasi mortuum derelinquit (*Marc.* ix, 25).
Hæc sunt prælia quæ necesse est præliari tirones
Christi. His, velut quibusdam tyrannis, præfocare
bonum semen inimicus homo conatur, ostendens
quanto illud odit odio, cui et ortum invidet et profectum. Hoc apud fratrem tuum importunus tentator
persequitur; hoc volucres cœli conculcant et comedunt. Hoc eradicare nova et inaudita contendit audacia, siquidem præter cæteras tentationes, quibus
et alii plerumque pulsantur, in illa fratris tui pugna
aliquid esse accepi, quo, sicut illudi viro Dei sine
stupore non audio, sic illusionem sine noxio consensu vix (70) credo sustineri. Dicis enim quod illum
orandi gratia prostratum spiritus nequam aggreditur, manus ad orantis genitalia mittit, non prius
illa vel attrectare, vel carnem carne confricare desistens, quam sic (71) agitatum seminis effusione
compellat maculari. Nec tamen vel cogitatione, vel
in somnis hoc eam fatigat illudio [*f.* hæc eum fatigat illusio]. Totum hoc circa orantem, quasi vera
manus hominis operatur. Quærenti mihi de conversione fratris, respondisti eum virginem esse ; insuper hanc vixisse vitam, ut ignarus parati ignibus
edulii, et menti (72) hostem circumferret et carni.

De hoc igitur quid sentiam, præsens tibi pagina
declarabit. Ex qualitate tentationis et tempore, facile est, nisi fallor, agnosci quid ab illo minister

A mortis extorquere desideret, quibus bonis illius invidia torqueatur, oratione scilicet et virginitate, pro
quibus expugnandis tanta cum mortalibus pertinacia
congreditur, ut eum sæpius vinci non pudeat, dummodo possit una victoria gloriari. Ideo igitur in
orantem grassatur, ut ei vel orationem omnino auferat, vel orationis horas interrumpat. Scit enim
quia Dominus in **74** orationem respicit humilium, et
non spernit preces eorum (*Psal.* ci, 6). Scit quod
immutabilem mutat oratio, quod Judicem convertit
in Patrem, quod colligationes nostrarum dissolvit
impietatum. Scit quod Moyses, oratione divinam
frangit indignationem, quod Josue solis cursum
figit, quod Helias aufert et reddit imbres, quod Ezechiæ quindecim adjiciuntur anni, quod Paulo ducen-
B tæ septuaginta sex animæ condonantur in nave.
Audis quanta sit virtus orationis, quæ non solum
de natura, sed et de Domino naturæ triumphat.
Hanc excuti servo Dei, sequestrem divinæ pacis
amittere est. Porro qua ratione virginem esse dicam ignoro, quem astruis per attrectationem genitalium seminis effusione maculari ? Siquidem tentari potest aliquis nolens, stimulari potest nolens.
Ad hoc autem usque pertrahi nescio quomodo, nisi
volens. Si ergo tentationi tentatus consentit, Satanas habet quo (73) gaudeat, eumque ridet sibi prostratum, quem ad flagitium fornicationis per consensum inclinavit. Quod si frater a consensu immunis est, det gloriam Deo, quia unde hostis victoriam
quærit, inde victus ipse succumbit. Est igitur fra-
C tris illius propriam perscrutari conscientiam, et si se
viriliter pugnasse cognoverit, oret (74) ne cadat. Si
autem senserit emersum ex tentatione consensum,
multo devotius, ut resurgat, est orandum, sacris
insistendum jejuniis, per singulas noctes rigandum
lacrymis (75) stratum suum, suscipienda frequens
et gravis disciplina (76), castigandum cum Paulo
corpus, et in servitutem redigendum. Membra quoque, de quibus hostis præter auditum præsumit, impressione crucis munienda sunt, et salis benedictionibus (77) aspergenda. Opus est armatura multi-
formi, qua multiformes ictus adversariorum retun-
dantur. Promissam nobis agnosce colluctationem
hujusmodi, cum Moysi Josue subrogatus, resistentes
D (78) alienigenas delere niteretur. Noluit enim Dominus hostes omnino deesse Israeli ; sed eis (79)
adversarios dereliquit, quatenus filii eorum mulie-

---

(68) Nova ex Spicilegii Dacheriani t. IV, et ex
mss. Ebroicensi et Rothomagensi. Incerti temporis.

(69) Forte Willelmus abbas Sancti Vincentii, de
quo supra. Qui cum summas in regendis animabus
Hildeberti dotes perspectas haberet, illum libenter
in dubiis suis consulebat.

(70) Colb., 2662, et Vict., 272 non habent dictionem *vix*, quam habet Ebr., quæque videtur magis
ad sensum auctoris.

(71) Colb., 2662, et Vict., 272. nec habent particulam *sic*, quam etiam habet Ebr.

(72) Ebr., *vitiis* ; omnes alii, *menti*, scilicet Colbb.,
4017, 1168; Reg., 4013, et alii.

(73) Sic Colb. et Victorin. Ebr. habet *quod.*

(74) Ebr., *orare.*

(75) Ita Colb., 2662, et Victor., 272, *lacrymis*
deest in Ebr.

(76) Non igitur adeo novus est iste spontaneæ
flagellationis modus, cum jam ejus usus, Hildeberti
tempore, ad carnis reprimendos motus, a sanctis
viris introductus invaluisset.

(77) Sicut nec nova aquæ benedictæ aspersio,
quam salis benedictionem appellat, et ad castitatem
servandam censet maxime idoneam.

(78) Ebr., *resistens* ; Colb. et Victor. melius *resistentes,* ut et Reg., 4103.

(79) Ita Ebr., Colb. et Victor., *ejus.*

brem declinantes inertiam propulsare alienigenas usu præliandi docerentur. Unde et eum noluisse quasdam nationes delere, nec eas tradere in manibus Josue, **75** in primo libro Judicum his invenitur verbis : *Hæ sunt gentes quas Dominus dereliquit ut erudiret in eis Israelem, et omnes qui non noverant bella Chananæorum, ut postea discerent filii eorum pugnare cum hostibus, et haberent consuetudinem præliandi (Judic.* iii, 1). Ista profecto bella colluctationem filiorum Ecclesiæ figurabant, quæ nobis adversus principes et potestates, adversus mundi rectores tenebrarum harum contra spiritualia nequitiæ in cœlestibus est derelicta (*Ephes.* vi, 12). Est enim tanquam arena quædam tota hominis vita, ubi nobis semper imminet continuus et anceps conflictus (80) ; ubi casus frequens et resurgere difficile (81), ubi vulnus innumerum, nec cicatricem ex facili promittens, ubi rara et nunquam secura victoria. Inde est quod in lubrico (82) hujus vitæ nunquam tuta est a lapsu Christiana religio. Semper præsto est quod semitam (83) perturbet, quod neminem transire permittat intentatum. Semper et importune super sacrificium Abrahæ volucres descendunt, semper Pharao mergit in flumine masculos nostros, semper Balaac illecebrarum materiam transeunti populo disponit, semper sacra vasa de templo Domini Baltthazar asportat. Adversus talium insidias et impetus bestiarum, tuus frater orationis instantiam (84) multiplicet ; lacrymis pugnet et suspiriis. In lapsu, spe confortetur, prætendat humilitatem in victoria, post illum clamans toto desiderio, qui suis in Evangelio ait : *Ecce ego vobiscum sum usque ad consummationem sæculi (Matth.* xxviii, 20).

EPISTOLA XXIV (85).

CUIDAM AMICO ECCLESIÆ SUÆ FORTE BENEFACTORI.

Quod ingratos bruta quodammodo animalia accusent (86).

Salutare est canitiem et ætatem sensu pariter et consilio superare. Eos qui obsequiorum sunt immemores, bruta etiam animalia accusant, quæ bene-

factores suos, et devotius sequi manifestum **76** est, et velut in gratiarum actione eis assistere, et blandiri. Quæ profecto te imitari Domino Deo gratias agimus, cujus consilio providisti, ne beneficia vel obsequia illius apud te irremunerata remanerent. Quod ego et laudo, et tibi gratias ago, fidem mecum gerens quia in futurum ei etiam majora providebis. De quo quid fecerim, [*f.* præsentium lator] ipse plenius tibi indicabit, u'pote qui preces meas et consilium ad illos vidit in litteris meis, et legit et intellexit.

EPISTOLA XXV (87).

Amicum edocet discrimen inter amorem Dei et amorem mundi.

Inter amorem hujus mundi et amorem Dei hæc est differentia, quod hujus mundi amor in principio esse dulcis videtur, sed finem habet amarum ; amor vero Dei ab amaritudine incipit, sed ultima ejus dulcedine plena sunt. Quod pulcherrima similitudine evangelicus sermo nobis ostendit, dicens cum de Sponsi nostri nuptiis decantaret : *Omnis homo primum bonum vinum ponit, et cum inebriati fuerint, tunc id quod deterius est. Tu autem servasti bonum vinum usque adhuc (Joan.* ii, 10). Omnis homo, id est carnalis, primum bonum vinum ponit, quia in sua delectatione, falsam quamdam dulcedinem sentit ; sed postquam furor mali desiderii mentem inebriaverit, tunc quod deterius est propinat, quia spina (88) conscientiæ superveniens mentem, quam prius delectabat, graviter cruciat. Sed Sponsus noster postremo vinum bonum porrigit, dum mentem, quam sui dulcedine amoris replere disponit, quadam prius tribulationis compunctione amaricari sinit, ut post gustum (89) amaritudinis, bibatur suavissimum poculum charitatis. Et hoc est primum signum, quod facit Jesus coram discipulis suis, et credunt in eum, quia peccator et pœnitens primum de misericordia Dei fiduciam habere incipit, quod post longa mœroris tædia Spiritus sancti consolatione cor suum relevari sentit.

---

(80) Ita Ebr., Colb., 2662, *ubi semper nobis et anceps conflictus.* Ita et Colbb., 4017 et 1168 ; Reg., 4103 ; Victorin. vero, 272, *ubi nobis semper est anceps conflictus.*

(81) Ita Colb. et Victorin.; Ebr., *difficilis.*

(82) Ebr., *ludicro* ; Colb. et Vict., *lubrico.*

(83) Ebr., *semitam* ; Colb. et Vict., *quod ad vitam.*

(84) Colbb. 1168 et 2662 ; Vict., 272 ; Reg., 4103, *thus super orationis hostiam.* Melius Ebr. et Colb. 4017, *tuus frater orationis instantiam.*

(85) Nova ex Spicilegii tom. IV et mss. pluribus. Incerti temporis.

(86) Ita mss. Reg., 4103 et Victor. 272.

(87) Nova ex Spicil. to. IV et mss. Roth., Ebroic. et aliis. Incerti temporis. In ms. Ebroic., ponitur sine ulla divisione post ultima verba epistolæ Hildeberti ad Honorium papam, ubi agit de frivolis appellationibus ; cum qua cum nullam omnino connexionem habeat, et in Rothom. et aliis inveniatur singulatim posita, eam hic etiam singulatim ponendam duximus.

(88) Deest in Ebroic. ; adest in Rothom., et aliis.

(89) Ebr. habet *tergum* ; Rot., *gustum.*

LIBER SECUNDUS.

77 EPISTOLA PRIMA (90)

(91) G. ARCHIDIACONO.

Quod nulla possit nubere viro, cujus fratri prius nupsit, etsi copula carnalis non intercesserit.

Si fides auctoritati non subtrahitur, conjugium fit consensu voluntatis, non commercio permistionis. Unde Ambrosius ad virginitatis exhortationem : « Non defloratio, » inquit, virginitatis facit conjugium, sed pactio conjugalis. Idem. « Cum puella conjungitur viro, conjugium est, non cum viri admistione cognoscitur. Hæc si diligentius, ut oportuit, attendisses, profecto non iniret puella cum viro conjugium, cujus fratri **78** solennes eam nuptiæ copulaverant, atque consensus inierat, quamvis secreta matrimonii mors inopina præciderit. Inter quos enim tale matrimonium contrahitur, nequaquam tolerantur dispensatione Ecclesiæ, sed justitiæ censura puniuntur. De talibus hæc in concilio Tiburiensi reperies capitulo 10. Quidam desponsavit uxorem, cum qua coire non potuit ; illam frater ejus clam corrupit et gravidam reddidit. Decretum est ut, quamvis nupta esse non potuerit legitimo **79** viro, desponsatam tamen fratri, frater habere non possit. Sed mœchus et mœcha fornicationis quidem vindictam sustineant ; licita vero eis conjugia non negentur. Ex abundanti itaque fuit ad contactum calidi ferri præfatam deducere puellam, tanquam tali probaturam examine cum priore viro nulla se coeundi miscuisse consortia. Etenim frustra lex adducitur, quæ ad urgentis causæ decisionem minime suffragatur. Vale.

EPISTOLA II (92).

Instat Hildebertus apud Sagiensem (93) episcopum, ne conjugium, de quo in præcedenti epistola, perfici patiatur.

Iterare clamorem continuata nos injuria compellit. Ea in promptu est. Galterius (94) de Clincampo (95) duos dicitur filios habuisse. Eorum major, jam virum reddens, puellam sibi desponsavit, imparem viro atque nuptiarum negotiis immaturam. Convenientibus tamen parentibus, virgo solemniter tradita est, dotata est. Celebrata sunt cætera matrimonii sacramenta, peractum conjugium, consensu voluntatis, non debito commistionis. Defuncto autem viro, priusquam convenirent, pater defuncti, præfatæ puellæ facultatem remeandi ad parentes intercludit, alteri filio suo eam, sicut fama est, in uxorem traditurus. Cæterum, si auctoritati defertur, taliter tradita viro atque unita consensu, conjux fuit, quamvis conjugalis concubitus non successit. Unde Ambrosius ad virginitatis exhortationem : « Desponsata, » inquit, « viro conjugis nomen accepit. Cum enim initiatur conjugium, **80** tunc conjugii nomen assumitur. Non enim defloratio virginitatis facit conjugium, sed pactio conjugalis. Denique, cum puella conjungitur, conjugium est, non cum viri admistione cognoscitur. » Isidorus, Etymologiarum libro IX, capitulo 7 : « Conjuges verius appellantur a prima desponsationis fide, quamvis apud eos ignoretur conjugalis concubitus. » De eodem Joannes Chrysostomus : « Matrimonium non facit coitus, sed voluntas. » Attendendum præterea nequaquam satis esse manifestum utrum maritus ita puellam reliquerit immaculatam, sicut incorruptam. Quam si quolibet attactu polluerit frater, fratri non ad conjugium succedet, sed ad incestum. Relinquitur igitur sollicitudini tuæ, vel initiandis obviare nuptiis, vel rescindere initiatas. Memineris etiam puellam parentibus remittendam, quatenus et ea nubat in Christo, et patris hæreditas ad filiam legis beneficio revertatur. Vale, frater, et dilige me diligentem te.

---

(90) Al. 17. Scripta circa an. 1098.

(91) Quem designet littera G. præfixa verbo archidiacono, non liquet. Probabile vero est archidiaconum Sagiensem designasse, quem Hildebertus edocere curat quid in causa cujusdam conjugii sit agendum. Cui tamen is archidiaconus non videtur acquievisse, imo ad illud admittendum, licet illicitum, paratum fuisse. Unde probabiliter Hildebertus iterare clamorem, ut ait epistola sequenti, compulsus est apud Serlonem, tunc episcopum Sagiensem, (ut habent plures mss. non Sergium, ut unus Colbert., n. 5133, cum nullus hoc nomine reperiatur in serie episcoporum Sagiensium,) ut tale conjugium prohiberet. Hinc etiam patet hanc epistolam, quæ in editis et quibusdam mss. septima ponitur, mendose antecedere istam, quæ decima septima collocabatur, quod ex argumenti ratione evincitur.

(92) Al. 7. Scripta eodem anno quo præcedens.

(93) Hæc epistola dirigi debuit Serloni, anno primo episcopatus Hildeberti, siquidem hic inauguratus est an. 1097. Serlo vero inauguratus an. 1091 ; obiit an. 1098, si fides est D. Rob. in Gall. Christiana. *(a)*

(94) Ita omnes mss. non *Gauterius*, ut editiones.

(95) Al. *de Dumcampo*, sed melius Colb. 2662, Ebroic., Rothomag. et alii *de Clincampo*, vulgo *de Clinchamp*. Quod nomen adhuc in finibus Cadomensibus in Northmannia celebratur.

(a) † Serlo, episcopus Sagiensis, non obiit ann. 1098, ut mendose asserit D. Robertus, sed ann. 1122 (MAB. an. 1. 71, n. 24). Istam epist. et præcedentem in Norman. Conc. inseruit D. Bessin, p. 163.

EPISTOLA III (96).
AD EPISCOPUM M. (97)

Canonicus quidam officia Hildeberti flagitaverat apud episcopum Andegavensem, ut ei liceret suo canonicatui nepotem substituere. Quid pro eo egerit, et quos huic negotio obices invenerit, illi indicat Hildebertus, simul et quibus mediis hanc ab episcopo et canonicis sibi adversantibus gratiam obtinere possit, edocet.

Andegavensem pro te conveni pontificem, sedulus quidem, sed inutilis intercessor. Relata est ei promotio sua (98), **81** labor tuus, et confusio tua. Inculcatum quid ei contuleris, quid pertuleris pro eo, ut dum retractatur meritum, ad præmium doceretur. Excanonicari postulabas, tuumque nepotem tibi substitui, moribus insignem, et ad litteralem scientiam coævis excultum disciplinis. Unde et episcopo quid consulerem secretius exploranti, ne differas, inquam, quod rogaris, ut si diligis, satisfiat amico; si non diligis, longe fiat inimicus. Approbanda est commutatio, qua vel augebis devotionem, vel requiem comparabis. Si ergo bene de te meruit, obsequere; si est suspectus, proscribe. Disce vel ingrati cavere nomen, vel insidias amoliri. His ille fractus abscessit, bonam secum reportans voluntatem, qua tibi, non mercede pacis, sed amicitiæ compendio succes-

A sor crearetur. Actum putabam, cum didici spiritum præsulis immutatum, canonicos obnitentes, factu difficile, eos tibi morigerari, quos, cum simules obsequium, injuriis, ut ferunt, exacerbas. Incubuit timor tuus et tuorum super eos, dumque persona arguitur astutiæ, suspecta est universitas parentelæ. Parentare credunt astutiam, et Ulyssis argutiam experti, metuunt Danaos, et dona ferentes. Unde et vix aliquem suscipient pro te, qui propter te præjudicant universis. Si vis ergo pertingere quo tendis, alia eundum est via; dediscendæ si quæ præcesserunt injuriæ; sermo suspendendus, et majorum obsequiis insistendum. Blandiri oportet, non detrahere potestati. His enim temporibus, beneficium non acquirit offensio. Fortunæ gratia opus est ut vel bene promeriti gratiam consequantur. Plerique mortales ingrati sunt obsequiis, et ne cultores suos remunerent, offensos conqueruntur. Super quo, nisi fallor, non Andegavensem accusabis episcopum, si benignum, si filium pacis invenerit.

82 EPISTOLA IV (99).
TURONENSI ARCHIEPISCOPO (100).

Archiepiscopo consulit, ne juvenem (1) non canonice electum consecret (2).

Petitio vestra, qua vocamur ad electi vestri con-

---

(96) Al. 35. Scripta circa an. 1098.

(97) Probabile videtur litteram M. designare Marbodum, (a) qui nondum episcopus, ut postea factus est, Redonensis, sed tantum canonicus et archidiaconus Andegavensis, suo canonicatui substitui cupiebat nepotem suum, virum aliunde probum et doctum, et ad hoc Hildeberti officia apud Andegavensem episcopum, tum Raynaldum de Martigney, cui Hildebertus reconciliatus fuerat, adhiberi postulabat. Porro scripta videtur, ineunte anno 1098, secundo episcopatus Hildeberti, Raynaldi vero primo, utpote qui anno 1099, episcopatus Raynaldi secundo, ex chartulario abbatiæ de Rota ordinis D. Augustini, fertur illius Ecclesiam dedicasse. Quod autem ad episcopum M. notatur scripta, id ab evulgatore, seu amanuensi factum videtur, non ab ipso Hildeberto, qui Marbodo, nonnisi canonico, eam direxerat. Ex hac vero epistola liquet Marbodum nobili jam et potenti familia oriundum; siquidem canonicis Andegavensibus *incubuerat* jam timor Marbodi et suorum, quibus et ejus suspecta erat universitas parentelæ. Nec forsan improbabile videbitur ex antiqua illa stirpe per avos et proavos illustrissimam nunc apud Redones Marbodorum [*vulgo de Marbœuf,*] emanasse familiam, qui etiam nunc summos in Armorico parlamento magistratus exercent, obsequio regis addictissimi, simul et zelantissimi patriæ patroni.

Processu vero temporis gravissimum inter Raynaldum et Marbodum intercessit dissidium. De quo videnda epistola conquestoria Marbodi contra Raynaldum, ad calcem hujus libri relata. Cum enim electioni Raynaldi multi viri graves obstitissent, imprimis vero Hildebertus ipse, qui quod nec ætatem a canonibus sacris in episcopo requisitam attigisset, necdum etiam sacrum ordinem adeptus fuis-

(98) Ita mss. Ebr., Rothom. et alii, non *tua*, ut editi.

(99) Alias 9. Scripta circa an. 1098. Siquidem Raynaldus de Martiniaco, de quo hic agitur, invenitur ex Chartulario abbatiæ de Rota diœcesis Andegavensis, ejus ecclesiam dedicasse XVII Kal. Maii anni 1099. Ita in Gallia Christiana.

(100) Is fuit Radulphus II. qui, teste D. Maan, in sua metropolitana Turonensi inauguratus an. 1086; obiit anno ineunte 1118.

(1) Sc. Raynaldum de Martiniaco (b), cujus electionem, omni ex parte vitiosam, insectatus est Godeffridus Vindocin. lib. III, ep. II ad ipsum Raynaldum, utpote factam *unica muliercula, eaque publica mima clamante,* acclamante infima plebecula, reclamante clero, et populi majori et saniori parte. Unde ibid. testatur Godeffridus, Hildebertum apostolice et evangelice locutum, cum ejus consecrationem, ad quam metropolitano vocatus, ire renuit, vocavit *non consecrationem, sed exsecrationem.*

Ita post Hildebertum locutus est S. Bernardus, epist. 166, n. 1, ad Innocentium papam, dum conquestus est

(2) Ita Reg. 4103, et Victor 272.

(a) † D. Beaugendre suspicatur litteram M. designare Marbodum, anno 1098 nondum consecratum episcopum Redonensem, affirmatque Raynaldum de Martigney tunc temporis episcopum Andegav. Attamen, ut ipse testatur D. Beaugendre (p. 1389) Marbodus Redon. episcopus creatus est ann. 1096, in concilio Turonensi. Raynaldus de Martigney ann. tantum 1101 episcopus Andegav. designatus est et a Radulfo, Turonensi archiepiscopo, sacro imbutus oleo, coram Marbodo episcopo, scripta videtur ista epist. post ann. 1112, non quidem Marbodo, sed alio prælato hucusque ignoto.

(b) † Raynaldus de Martigney ann. 1101 electus est Andeg. episcopus, ac proinde falso data ann. 1098 profertur epist.

secrationem, facilem apud nos inveniret assensum, si eam ratio tueretur. Sed testantur qui adfuerunt quod ad juvenem infra sacros ordines et annos inventum, nec a clero electum, seditiosæ turbatæ turbæ clamor pontificalem extorserit electionem. Asserit etiam decanus cantorem, archidiaconos, et majorem capituli partem, quantum licuerit, obclamasse, simulque talibus ausis assensum substraxisse pro ratione, se ipsum præsentiam pro timore. Quod si ita est, his qui interfuerunt doleo pro excessu, pro justitiæ contemptu. Quis enim non doleret canonicum rigorem tanto conculcatum præjudicio? Quis non miraretur religiosarum prudentiam personarum, in assensum novi declinasse piaculi? Pace vestra loquar. Inexcusabilis esset ille subversor auctoritatis assensus, si eum necessaria dispensatione non putaremus extortum. Nisi enim fallor, timori cessistis, non rationi, nihilque aliud fuit dicere faveo, quam Cæsarem appello. Nemo major Paulo, nemo par Christo. Paulus tamen dum custodiretur Damasci, per fenestram in sporta, demissus est per murum. Christus quoque, quia tulerant lapides Judæi, abscondit se, et exivit de Templo. Uterque dispensatione subfugit. Neuter tamen suo tempore pro veritate mori recusavit. Paulus enim quando oportuit, passus est pro Christo, Christus pro mundo. Si placuit exemplum fugæ, placeat **83** exemplum constantiæ. Timoris lapsum veritatis suppleat assertio. Non cadit turpiter, quisquis post casum fortius congreditur. Non turbetur præ ira oculus patris in filium; sed attendat, juxta Salomonem, meliora esse vulnera amici quam adulantium oscula (*Prov.* xxvii, 6). Ut autem vobis, ut juveni maturius consulatur, manus ei cito non imponatis, ne hoc, vel illi deputetur ad judicium, vel vobis ad lapsum. Quisquis huic negotio ita non providet, invidet. Parcat mihi Pater, quia ego parcam animæ meæ. Frustra, inquam, exspectabitis me, quia manus imponetis sine me.

EPISTOLA V (5):

R. ANDEGAVENSI.

(4) *Raynaldum, in episcopum Andegavensem contra canones electum ab episcopatus susceptione dissuadere conatur.*

Pauca, bone frater, habeo adversum te, sed tamen omnia pro te. Nihil est in eis fuco livoris infectum; nihil quod odio serviat alieno. Æmulor enim te Dei æmulatione. Assume ergo patientiam, et amplectere commonitorium salutis, quod prodiit ex radice charitatis. Si vera sunt quæ dicuntur,

promotionem tuam canonica rejiciunt et dejiciunt instituta. Quippe non elegit te clerus, sed minæ populares intrusere renitenti. Ordines tibi desunt; quos in promovendis cognovimus inquirendos. Est ætas quam rigor canonicus, quia in consecratis metuit, a consecrandis excludit. Hæc si ita se habent, infinitus labor tibi incumbit, nec facile bonos exitus invenient, quæ malo sunt inchoata principio. In summis enim sacerdotibus ætas integra postulatur, unde nec periculum religio metuat, nec reverentiam dignitas amittat. Hinc est quod Ezechieli in trigesimo anno cœli aperiuntur, et videt visiones Dei et prophetat (*Ezech.* 1, 1). Prius ætas prophetæ describitur, ut quibus annis prædicatio committi debeat ostendatur. Christus quoque Joannem supra Petrum dilexit. Petro tamen, non Joanni, concessa est potestas ligandi atque solvendi. Qui enim per Isaiam dixerat: *Auferte offendicula de via populi* **84** *mei* (*Isa.* lvii, 14), coram discipulis offendicula ponere noluit, nec majoribus anteponere juvenem, quamvis eum prærogativa castitatis, sibi præ cæteris fecerat familiarem. Detulit igitur ætati, non meritis; non prætulit conjugatum virgini, sed provectiorem juniori. Denique, Luca docente, didicimus quod beatissima virgo Maria Christum invenerit in templo sedentem in medio doctorum, audientem illos et interrogantem (*Luc.* 11, 46). Donec annorum defuit integritas, doctor omnium fines discipuli non excessit. Ubi vero pleni dies accesserunt, factus est magister pro debito, qui fuerat discipulus pro exemplo. His omnibus impressa est Ecclesiæ forma, quam sequatur, certusque limes ætatis appositus, infra quem fieri episcopum facto cedit ad judicium. Præterea, quisquis in sacris non fuerit ordinibus inventus, ad summum sacerdotium canonicis accedere prohibetur institutis. Nam de electione quid loquar, in qua populo minime licet clerum præcedere, sed assensu persequi eligentem? Scrutare Scripturas, et in hoc ei negotio primum locum reservatum invenies. Unde Cœlestinus papa ad episcopos in Viennensi provincia constitutos, sic ait: [Nullus invitis detur episcopus. Verum cleri, plebis et ordinis consensus et desiderium requiratur.] De eodem in decretis Leonis papæ, capitulo quinto: [Cùm de summi sacerdotis electione tractabitur, ille omnibus præponatur, quem cleri plebisque consensus concorditer postulaverint.] Vides itaque, frater mi, quantus in te conjuret auctoritatum concursus, quam multa te pulsent capitula. Proinde timendum est ut, hac temporali promotione, cum illis ab æter-

---

questus est quosdam episcopos, electum subdole, et contra canones, Lingonensem episcopum non consecrasse, sed *exsecrasse*. Et iterum epist. 235, n. 2,

(5) Al. 12. Scripta circa an. 1098 (*a*).

(4) Variant mss. codices. Ebroic., n. 19, habet pro titulo *Ratt. Andegavensi*; Colb. vero, 2131, *R. Andegavensi*. Per quam litteram *R.* non videtur alius

(*a*) † Vid. not. supra. — Epist. IV, V et VI de Raynaldo, Andegav. episcopo, non fuerunt scriptæ ann. 1098, sed post ann. 1101

---

ad Cœlestinum papam, contra Eboracensis Ecclesiæ invasorem, quem et *execratum* appellat.

designari quam *Raynaldus de Martiniaco*, de quo in præcedenti epistola, quod ex ipso hujus epistolæ contextu conjici, imo probari potest.

nitate decidas, de quibus per Psalmistam dicitur : *Dejecisti eos dum allevarentur* (*Ps.* LXXII, 18). Consule igitur animæ tuæ; consule, dum licet. Non est tibi colluctatio adversus carnem et sanguinem, sed adversus eum qui non ex sanguinibus, neque ex voluntate carnis, neque ex voluntate viri, sed ex Deo natus est. Pro eo religiosos abbates (5), et integri personas nominis, audivi stare adversum te, cum quibus tanto periculosius est congredi, quanto eorum fama sincerior, causa justior, dignitas major. Vale, et hoc ultimum tene: Consilium salutis aspernari, seipsum odisse est.

85 EPISTOLA VI (6).

Eumdem Raynaldum, Andegavensem electum, jamjam consecrandum, iterum ab unctionis sacræ susceptione deterrere pergit.

Fama est episcopos ad tuam convenisse consecrationem. Ei autem quia auctoritate resistitur, necesse est ut misericordia succurratur. Hanc, ut opinor, pronum est impetrari, si oblatam tibi recuses unctionem. Alioqui, creari pontificem, augere est discrimen. Homo es sub potestate constitutus. Illam gravius exasperabis, si quasi per arrogantiam præsumitur, quod inde per misericordiam exspectatur. Facilis est judex ad veniam, cui pauca offeruntur punienda. Eumdem delictorum exasperat multitudo.

EPISTOLA VII (7).

SAGIENSI (8) EPISCOPO (9).

Sagiensem episcopum laudat, ob jus azyli in ecclesia, ab ipso strenue propugnatum, quod D. Augustini testimonio probat inviolatum debere servari.

Audivimus, et valde lætati sumus fraternitatem vestram pro eorum deliberatione, qui ab Ecclesia violenter abstracti sunt, satis episcopaliter desudasse. Cæterum, *qui perseveraverit usque in finem,* hic salvus erit (*Matth.* x, 22). Credimus autem vos perseveraturum, quoniam et honorem Ecclesiæ Christi diligitis, et canonicas non ignoratis sanctiones. In his enim 86 novistis contineri: Reum ad Ecclesiam confugientem, nemo abstrahere audeat, neque inde donare ad pœnam, vel ad mortem, ut honor Ecclesiarum conservetur. Augustinus quoque inter illa quæ fidei adversantur, hanc Ecclesiæ contumeliam ponens, ad Bonifacium comitem, qui de ecclesia hominem abstraxerat, sic scribens, ait (10): « Miror quomodo subito fidei murum aries rupit inimici. Novi enim qua religione semper sis ecclesiam veneratus. Quo instigante furore, hominem de ecclesia rapuisti ? » Idem post pauca : « Ecclesiæ igitur illæsum revoca, quem ut irreligiosus rapuisti. Oblatio vero domus tuæ, a clericis ne suscipiatur, interdixi, communionemque tibi interdico, donec peracto pro ausibus a me diffinito tibimet pœnitentiæ tempore, contrito corde et humiliato, dignum offeras sacrificium Deo. » Porro dictum est nobis quod Gualguenus (11) fidei pollicitatione, promiserit se (nisi eorum licentia) de captione nullatenus exiturum. Quod si etiam verum sit, tamen nec usus habet, nec ratio permittit, ut reus de ecclesia abstrahatur. Qui enim dixit : Reum de ecclesia abstrahere non audeat, nullum omnino exclusit reum, quem salva liceret abstrahi justitia. Nos quoque consuetudinem sequentes, quæ nec rationem impugnat, nec legem, his etiam, qui violenta fidei promissæ reverentia, ad sinum matris ecclesiæ confugiunt, integram egrediendi vindicamus libertatem, aut raptores ecclesiastica punimus disciplina. Qui scilicet raptores, si adversus liberatos læsæ fidei causam moverint, neminem omnino liberatorum ecclesiastica respondere justitia compellit. Valete, et quod cœpistis, strenue peragite.

---

(5) Quos inter Soffredus Vindocin.
(6) Al. 13. Scripta an. circiter 1098.
(7) Al. 49. Scripta circa an. 1099.
(8) Sc. Serloni, qui ex abbate Uticensi, factus est episcopus Sagiensis an. 1091, et a Guillelmo metropolitano Rothomagensi sacratus. De eo fit mentio in Dedicatione Ecclesiæ Uticensis, an. 1099. Vide Ordericum Vitalem, pag. 777. Sic in conciliis Northmanniæ, a D. Pomerayo nostro collectis, notatur *Serlo*, non vero *Herlo*, nec *Sergius*, ut habet mendose ms. Colb., 4017 (*a*).
(9) Ita Reg. ms., n. 4103.
(10) Hæc epistola, ut sancti Augustini ad Bonifacium comitem, ab Hildeberto citata, una est ex iis, quas ut suspectas recentes operum D. Augustini editores, in Appendicem tomi II rejecerunt. Hanc autem ut legitimam citavit Hildebertus, et ut relatam a Gratiano in decreto 16, q. 4, c. *Miror*, motus forte epistola ipsius Bonifacii ad D. Augustinum, quæ Augustinianam immediate subsequitur, qua Bonifacius Augustini correptioni, et ab eo injunctæ pœnitentiæ, humiliter acquiescit. Quantum autem hujusmodi D. Augustini reprehensio, ipsius ferventissimo pro ecclesiarum immunitate zelo conveniat, conjici potest ex alio D. Augustini insigni loco, scilicet e cap. 4 libri primi, De Civitate Dei, ubi S. doctor exprobrans gentilibus imbecillitatem ipsius Junonis, cujus asylum in Troja neminem ab ignibus ferroque Græcorum liberaverat; et ex alia parte, reverentiam enarrans, quam Alaricus Gothorum rex, in ipsa Romæ devastatione, sanctorum apostolorum basilicæ præstiterat, ejus sacra vasa solemni pompa illuc restituens, virginique sacræ quæ illa in custodiam acceperat, cæterisque Christianis qui illi adhæserant tutelam suam exhibens : « Compara nunc, inquit S. Doctor, asylum illud, non cujuslibet Dei gregalis, vel de turba plebis, sed de Jovis ipsius sororis et conjugis, et reginæ omnium deorum, cum memoriis apostolorum. Illuc, incensis templis et diis, erepta spolia portabantur, non reddenda victis, sed dividenda victoribus ; huc autem, et quod alibi ad ea loca compertum est pertinere, cum honore et obsequio religioso reportatum est. Ibi amissa, hic servata libertas ; ibi clausa, hic interdicta captivitas . . . . . . Postremo illud Junonis templum sibi elegerat avaritia et superbia levium Græcorum. Istas Christi basilicas misericordia et humilitas, etiam immanium barbarorum. Nisi forte Græci, » etc.
(11) Ita mss. Victor. 272, Colb. 2662, Ebroic. 19, Colb. 1168, Colb. vero 4017, solus habet *Gualterius*.

(*a*) † Post Robertum in *Gallia Christ.* D. Beaugendre asseruerat Serlonem, episcopum Sagiensem, mortuum ann. 1098 ; epistolam VII nunc affirmat illi directam ann. 1099. Erravit Robertus, somniavitque Beaugendre. Serlo obiit ann. 1122.

87 EPISTOLA VIII (12).

JOANNI ET BENEDICTO (13).

Apud Joannem et Benedictum S. R. E. cardinales, et Paschalis II papæ legatos se excusat Hildebertus, quominus ad concilium ab ipsis Pictavos indictum accedat, nimiis a Cenomanensibus consulibus calamitatibus oppressus.

Sicut frequens tribulationum concursus sacris nos invitat conciliis, sic idem revocat et abducit. Adversa enim quæ turbam querimoniarum nobis offerunt, ita nostram contrivere facultatem, ut unicum superesset solatium, usus ipse patiendi. Ea profecto ante peractum cœpere triennium, quod totum continuis evolutum lamentis, recens vulnus in vulnera quotidie fatigavit. Denique tam modico tempore, sex in Urbe sustinuimus consules, quorum nullos pacificum prætendens ingressum, gladiis et igne curtam sibi vindicavit potestatem. Plebs coacta in favorem, tyrannum suscepit ex necessitate, non ducem ex lege. In susceptum studia simulavit, non exhibuit. Fidem reperit in ea, qui superior. Consul vero tanto gravius dominatus est, quanto brevius. Miles ejus, simulatis usus injuriis, eos scelerum judicavit expertes, quos rerum. Et quia non parcit populis, regnum breve, finem rapinis inopia posuit, non voluntas. Ea clades usque ad sanctuarium Domini devagata est, et primo quidquid extra muros nostræ fuerat potestatis, vel **88** evanuit in favillas, vel dissipatum est in rapinas. Deinde similibus cecidere præjudiciis episcopales Ecclesiæ domus non paucæ. In reliquis, quibus ignis pepercit, æque periclitata est et facultas pauperum, et reverentia sacrorum. Omnia confracta sunt, omnia direpta, omnia contaminata. Nihil eorum manus evasit, qui gratis ad flagitia discurrunt, ad honestum nec pretio. Eisdem clerus affectus injuriis, summam rerum judicat affluentiam, solari naturam; ad necessaria votum restringit, omnibus indigens. Illius angustiæ super dolorem vulnerum nostrorum addiderunt, gravius-

A que confundimur, quod eorum relevare non possumus inopiam, quam quod nemo vult nostram. Præterea longum est enarrare quam constanti tyrannide rex Anglorum in nos sævierit, qui temperantia regis abjecta, decrevit non prius pontifici parcendum, quam pontificem compelleret in sacrilegium. Quia etenim turres Ecclesiæ nostræ dejicere nolumus, transmarinis subjiciendi judiciis, coacti sumus injurias pelagi sustinere, singularem scilicet molestiam in terris, atque unicam humanæ compaginis dissolutionem. Tantis igitur agitati turbinibus, ad apostolorum limina decrevimus proficisci, magnum novæ tribulationis arbitrati remedium, si Romanus pontifex nobis et consilio subvenit et auxilio. Suscipite igitur nostram benevoli excusationem, diligenter attendentes nostros sumptus itineris expensæ, pariterque concilii, sufficere non posse, qui de reliquiis incendiorum, tanquam tabulæ de naufragio, extracti, defectum nobis in via pollicentur.

89 EPISTOLA IX (14).

ANSELMO ARCHIEPISCOPO (15).

In concilio Barensi an. 1098, præsente Urbano II summo pontifice, D. Anselmus Cantuariensis archiepiscopus, Græcorum errorem de processione Spiritus sancti, egregie confutarat. Rogat eum Hildebertus (16) ut quæ in disputatione viva voce protulerat argumenta, scripto ad utilitatem Ecclesiæ mandare non pigeat.

Familiare est sapienti tolerare nescientem. Hinc est quod inscientiam meam aperire non timui, quia erat cum sapiente colloquium. Eam, nisi fallor, et scientia vestra erudiet, et charitas supportabit. Felicem me, inquam, si meruissem vel præsens instrui, vel tanquam familiaris epistolam suscipere destinatam. Hoc autem mihi locus invidit, nec aliter salutationis indulsit obsequium, nisi prius orbis dimidium consultarem. Oportet enim maris et aeris explorare clementiam, si quem judicamus in Anglia salutandum. Cæterum talis incommoda separationis, charitatis copula supplevit, quæ neminem patitur est. Tot igitur exagitatus procellis Hildebertus, Romam, quasi ad portum, fere mendicans contendit ad Paschalem II scilicet summum pontificem, quem tamen ibi non reperit. De his consule Vitam Hildeberti. De Joanne et Benedicto mentio fit in Chronologia Bernardina, ab Horstio et Mabillonio, ad an. 1100. Vide Cangium ad verbum Consul., Gloss., pag. 1191, qui ibi citat epistolas 25 et 26 Hildeberti nostri, ubi sic ait : *Consules in civitatibus, qui in aliis vulgo Scabini vocantur.* Sic statuta Montispeliensia, art. 125, de forma juramenti consulum, id est scabinorum, Gallice *echevins.*

(14) Al. 21. Scripta circiter 1100.

(15) Ita ms. Ebr., *A. archiepiscopo* ; Colb., 2131.

(16) De Hildeberto sic ait Guill. Gemmeticensis, Hist. Northmannorum, lib. vi, cap. 9, pag. 265, ubi agit de Operibus sancti Anselmi : *Confutarat,* inquit, *Græcos Anselmus in concilio Barensi, negantes Spiritum sanctum a Filio procedere.* Unde, sumpta materia, *rogatu Hildeberti Cenomanensis episcopi,* hunc librum composuit. Idem asserunt Ordericus Vit. Hist. Northmann., lib. vi, cap. 9, sicut et Robertus de Monte in additione ad Sigebertum.

(12) Al. 19. Scripta circa an. 1100.

(13) Licet in quibusdam mss., velut Reg., 4103, Colb., 2131, Ebroic., 19, hæc epistola nuncupetur *Joanni Benedicto,* sine conjunctione *et,* hanc tamen, ut patet ex epistola Ivonis Carnot. 87, interseri debuisse videtur. Scripta est enim epistola duobus distinctis cardinalibus, prout revera illis Ivo scribit, *Joanni et Benedicto.* Hi, teste Baronio, ad an. 1100, in Gallias missi, tanquam legati apostolici, Pictavos concilium convocarunt, ubi discussa præsertim causa de illegitimo Philippi I regis Francorum cum Bertrada pellice matrimonio, varii canones conditi sunt, quos videre est dicto loco apud Baronium. Ad illud concilium ire se Hildebertus excusat, propter extremam, ad quam redactus fuerat, inopiam a rege Angliæ (haud dubium quin Guillelmo Rufo), et ejus assentatoribus, variis intra triennium Cenomanensibus consulibus, id est secundum dominum *Du Cange,* Scabinis, seu plebeiis civitatis rectoribus. Cum autem idem Guillelmus Rufus, fortuito sagittæ ictu, secunda die Aug. an. 1099 (a) obierit, videtur hæc epistola scripta, aut eodem anno exeunte, aut ineunte proximo 1100, quo Pictavense istud concilium habitum

(a) † Mendosè. Obiit Guillelmus Rufus ann. 1100 (*Hist. Litt.* XI, p. 291.)

esse absentem nobis, neminem non familiarem. Ea nihil est diffusius. Par enim latitudo est, et charitatis et mundi. Charitas amplectitur quidquid Oceanus. Charitas in sacrario dilectionis, et amicum colligit in Deum, et inimicum propter Deum. Eadem diligere non desinit, cum diligi desinatur. Omnes habet præsentes, omnes affines. Quibus non potest obsequio, subvenit affectu. Absit igitur ut publicum charitatis beneficium mihi maris fluctibus auferatur, cum scriptum sit : *Aquæ multæ non poterunt extinguere charitatem* (*Cant.* viii, 7). Facile enim est ut diversi cultores littoris charitas uniat, quæ unam rempublicam **90** terram fecit et cœlum (17). Hujus itaque fiducia, invecta est mihi præsumptio inquirendi atque postulandi quod impensum non minuit erogantem. Si votorum summa quæritur, sequens illa pagina declarabit. Appulsorum relationibus didici vos in concilio Barensi sermonem habuisse de Spiritu sancto, quem calumniosa Græcorum versutia a Filio minime procedere fabulatur. Quod igitur adversus hanc illorum dementiam in præfato promulgastis concilio, succincto tractatu deprecor adnotari. Et quia ipsi Latinorum Patrum testimonia non suscipiunt, his auctoritatibus opus flagitatum munire non tædebit, quas Græca calliditas et suas fateatur et nostras. Magna quidem, beate Pater, postulo, sed quæ pariter et suscipienti proficiant et danti. Nobilis enim possessio est scientia, quæ distributa suscipit incrementum, et avarum dedignata possessorem, nisi publicetur, elabitur. Conservet nobis Dominus sanctitatem vestram, et videant vos oculi mei, antequam moriar (18).

EPISTOLA X (19).

PRIORI CARNOTENSI (20).

Huic gratulatur quod monachos a primo regularitatis fervore delapsos in melius reformaverit, et ut quod probe incœpit sedulo perficiat pa helice exhortatur.

Non potuit ad nos usque tua non pervenire opinio, quia, juxta Salomonem, *oleum effusum nomen tuum* (*Cant.* i, 2). Ejus odore tuam, mi frater, edocti devotionem, benediximus Domino Deo Israel, quoniam devotio tua, nihil aliud est quam gratia sua. Quis enim, corruptis moribus et monastico ordini conculcato subvenire posset, quis consulere, nisi adjutus ab eo **91** qui dixit : *Sine me nihil potestis facere?*

(17) Ita et Salvianus.

(18) Hic interseri convenit epistolam D. Anselmi ad Hildebertum, quæ est 11 lib. iv ejus epistolarum, edit. Gerberonianæ.

(19) Al. 6. Scripta circa an. 1103.

(20) Ita mss. Reg. 4103, Victor. 272, Colb. 2151. — Cum plura Carnuti exstent monasteria, duo scilicet canonicorum regularium, nempe Sancti Joannis et Sancti Carauni, et duo monachorum Benedictinorum, Sancti scilicet Petri in Valle, et B. Mariæ de Josaphat, non facile liquet cui priori Carnotensi directa fuerit hæc collaudatoria reformationis epistola. Cum tamen inter illa, monasterium Sancti Petri in Valle, primas semper obtinuerit, probabile videtur hanc epistolam prioris Sancti Petri scriptam, cujus tamen nomen ignoratur. Nisi dicamus

(*Joan.* xv, 5). Grave quidem est in pugna tirones animare, gravius autem revocare fugientes. Majori eget studio reddere quam conservare sanitatem. Ita vix est qui dubitet hoc ordine facilius ignaros informari quam reformari perversos. Unde et te splendidior gloria respicit, cui desursum datum est et colligere dispersa, et confracta solidare. Sub te cultore sterilis ficus effloruit, et in gratiam cum suo rediit domino, cujus minas et securim formidabat. Erit itaque tui studii circa commissam tibi arborem fodere, circa mittere stercora. Talis planta facile resilvescit ; et si desinas colere, ejus virentia brevi tempore reputrescunt. Quotidie flat aquilo, non floribus tantum, sed et fructui suspectus et foliis. rogandus est auster ut veniat, ut perflet hortum suum (*Cant.* iv, 16), et efficiatur odor ejus, sicut odor agri pleni, cui benedixit Dominus. Fortassis in publica commoda peccem, si longo sermone morer te ; si quos debes pluribus oculos prolixiore pagina teneamus. Hoc tamen unum nec te legere tædeat, nec fidem dictis adhibere. Vicem mihi rependes, si ames me et ores pro me.

EPISTOLA XI (21).

D. ANSELMI AD HILDEBERTUM.

Anselmus, servus Ecclesiæ Cantuariensis, Hildeberto domino et reverendo coepiscopo Cenomanensi, salutem temporalem et æternam.

Litteræ **92** *vestræ sanctitatis valde me vobis debitorem reddunt, non quia me supra me extollunt, sed quoniam immensam dilectionis erga me sinceritatem ostendunt. Si enim propter Deum, ut illi placeamus, inimicos, multo magis, ne illi displiceamus, diligere debemus amicos. Quapropter, si aut nullam, aut minorem dilectionem vobis tribuo, injustum in mea conscientia me judico. Sicut igitur hanc volo vitare injustitiam, sic vestram amplecti desidero amicitiam. Fateor etiam quia, si mihi esset possibile, vos ad duplum quam me diligatis deberem diligere, quia vos me prævenistis amore, quod probastis munere (22). Nam quoniam immeritum dilexistis, non minus debeo rependere, et sicut datis exemplum, tantumdem gratis debeo impendere. Quoniam si significastis vobis placere hoc, quod de opusculis nostris vidistis, præsumimus vobis mittere quædam quæ, ut puto, nondum vidistis.*

Guillelmo forte directam, quem ex archivis hujus monasterii, constat e monacho Majoris monasterii in abbatem electum an. 1101, decessisse an. 1130. Porro ex iisdem archivis patet hunc ipsum Guillelmum observantiæ regulari, statim ut fuit assumptus, restituendæ, sedulo dictis et exemplis incubuisse, imo et ipsum temporalium statum in melius reformasse. Per temporis ergo et rei ipsius circumstantias, licere videtur, ut hæc illi reformatio et reformationis honor, ab Hildeberto rite tribuatur.

(21) Scripta circa an. 1102. In serie epistolarum D. Anselmi invenitur undecima libri quarti editionis Gerberonianæ.

(22) Flabellum forte, de quo Hildebertus, epistola secunda libri primi intelligit (*a*).

(*a*) † Epist. XI, lib. 2. rectius adduceretur post epist. ii lib. I.

EPISTOLA XII (23).

ROGERIO SALISBURIENSI EPISCOPO (24).

Huic recens, ut videtur, ad Salisburiensem episcopa-
tum promoto, congratulatur Hildebertus; eique
Guidonis, qui ei in Ecclesia Cenomanensi postea
successit, eximias ad obsequium Ecclesiæ dotes
commendat.

Virtuti gratulor, cui, sub solo rege nostro, suam
video non deesse mercedem. Novit ille regiam
manum donativo **93** melius splendere quam sceptro, nec satis esse principi subditos exemplis ad
bene agendum provocare, nisi provocentur et præmiis. Hinc est quod defœcati mores tui, summo
donati sunt sacerdotio, quo nihil convenientius sanctorum vel remuneratio, vel materia est studiorum.
Sane sana regis dispositio, quæ Christi Ecclesiæ
nihil melius providere quam te, cujus et scientia
subjecti proficiunt, et patrocinio virtus exsultat.
Talem te pro nostro Widone (25) rogare decreveram, sed veritus sum ne quod per te facturus es,
precibus extortum putaretur. Gratiora sunt beneficia, quæ non alieno interventu, sed affectu spontaneo proveniunt. Præfatum tamen fratrem filiumque
nostrum eo non debui defraudare testimonio, quod
non minus vita quam litteratura promeruit. Unus
ex nostra Ecclesia excerptus est, cui et ad fructum
scientia et ad exemplum mores exuberant. Unus
ille tibi pro multis erit, quoniam in illo uno multos
magistros invenies. Porro diuturnior ejus apud te
conversatio, pauca me super eo scripsisse conclama-

A bit. Vale, mortemque non pluribus stadiis ab aula
quam a tugurio distare memineris.

EPISTOLA XIII (26).

Gratias agit Hildebertus D. Anselmo pro suscepto
De Spiritu sancto tractatu, quem ab eo superiori
postulaverat epistola (27).

Et dies lætus, et vultus solemnes, cum tuo mihi
tractatu pariter accesserunt. Susceperam prius
benedictionem **94** tuam, servus ego, servus tuus, et
egit gratias Deo et tibi devotus effectus, affectus
meus. Humanum quidem fuit subvenire proximo
per compassionis affectum, sed divinum fidem
Catholicam defendere per inhabitantem in te Spiritum sanctum. Utrumque autem operatus est unus
atque idem Spiritus, volens tibi virtutum exuberare
B gratiam, quem suæ processionis a Filio reservabat
defensorem (28). « In malevolam enim animam non
poterit introire sapientia, nec habitare in corpore
subdito peccatis (*Sap.* i, 4). » Unde dignum fuit ut
advocatus Veritatis exemplum prætenderet religionis. Talis præterea pastoralibus excubiis congruebat, cui nihil deesset ad plenitudinem justitiæ, nihil ad integritatem doctrinæ. Beatum sane pectus,
quod virtutum conventus reverendum sibi penetrale consecravit. Inde velut ex abditis divina prodeunt oracula, nihilque aliud sacra verba profitentur quam cœlestis interpretem voluntatis. Eorum
me sæpius recordantem stupor opprimit; et dum
singula diligenter intueor, omnia Spiritui sancto
confiteor ascribenda, cum Psalmista dicens: *A Do-*

C

(23) Al. 3. Scripta an. 1102.

(24) Ita ms. Reg., 4103. Ms. Ebroic., 19 habet *Ro-*
gerus, non *Rogerius*, et sic nominatur in Anglia
sacra, parte 1. pag. 275, ubi sic de eo : *Rogerus*
episcopus Salisberiæ, *Magnus dictus*, Henrici I
Angliæ regis a secretis, primus post conquestum
cancellarius, deinde episcopus, regni fidelis administer, zelantissimus episcopus, honorum spretor, etc.,
licet honoribus a rege abunde cumulatus. Concilio
Londinensi a S. Anselmo, anno 1102, ut a primate
convocato, adfuit, teste Eadmero, cum aliis episcopis, et Rogerus, sed tantum *investitus*, sicut et alter
Rogerius, etiam *investitus*, episcopus Herifordiensis.
De Salisberiensi Hæpfeldius. sæc. xii, cap. 28, asserit eum eodem tempore fuisse Salisberiensem canonicum et magistrum scholarum, Lincolnien. canonicum, Rothomagensem item canonicum et archidiaconum, et Cenoman. scholiarcham, archipresbyterum et præcentorem. *Nunquam tamen,* inquit, *eum*
sibi tanti honoris subripuit collectio. Sed quis credat
Rogerium tot simul, et vel solo dissitarum regionum
situ, secum invicem repugnantia beneficia possedisse? Quis autem, si vere tot possedit, tot honores
eum sibi ipsi non rapuisse non miretur? Quis demum existimet Hildebertum, virum vel summis
pontificibus, vel regibus adulari nescium, hominem
tot beneficiorum pondere pressum, et oppressum,
ad animæ periculum, tot laudibus celebrasse? Apage
igitur mihi hanc tot beneficiorum simul conservato-
rum fabulam, nullis aliis argumentis nixam, ad
Ecclesiæ scandalum confictam, ut optimi præsulis,
ab aliis auctoribus pietate et officii pastoralis sedulitate celebris, famæ inique detrahentem. Credatur
potius Hildeberto, virum virtute eximium hac epistola prædicanti ; nec tamen amicum potentem pal-
panti, quem tandem monet non pluribus stadiis ab
aula quam a tugurio mortem distare.

Notandum etiam quod in antiquo codice ms. bibliothecæ Sancti Victoris Paris., n. 1044, inter
plures episcoporum diversarum regionum catalo-
gos, ann. circiter quingentorum, invenitur catalogus episcoporum Saresberiensium, quorum ultimus
sic notatur : « Rogerius de Mortuis Vallibus Magnus scientia, et genere nobilis, de quo reperitur,
quia cum devenisset ad eum . . . hæreditas paterna,
et amici, causa prolis, providissent de nobili puella,
ut eam duceret uxorem, et more solito, cum ipse
et illa soli colloquium haberent, Magnus Rogerius
decorem puellæ approbans, dedit ei in consilio,
quatenus Dei Filium acciperet sponsum, ipse vero
alteram non sumeret sponsam, præter virginem
Mariam. Quod consilium illa amicis retulit, et ita
tenuit, quod sanctimonialis effecta, et ipsa, succedenti tempore, præfuit abbatissa, et ipse episcopus
D factus, in Deo diligens eam; licet a longe distarent,
dicebat eam sponsam suam, causa sanctæ castitatis.
Ita supra citatus catalogus.»

(25) Hic Guido non alius esse videtur, quam
Guido de Stampis, (Orderico Guido, et Guiamarus,)
qui, ut patet ex hac epistola, in ecclesia Cenoman.
ab ipso Hildeberto educatus, Rogerio, ut amico, concessus, ut in ecclesia Salisberiæ scholiarcham ageret, deinde ab Hildeberto revocatus, cum idem munus in Ecclesia Cenoman. aliqandiu exercuisset,
demum archypresbyter et præcentor effectus;
tandem Hildeberto in Turonensem archiepiscopatum translato, in ejus Cenomanensem cathedram
suffectus est. Analect. tom. III, in Actis epp. Cenom.

(26) Al. 22. Scripta an. circiter 110.

(27) Hujus libri nona.

(28) Tractatu scilicet illo De processione Spiritus
sancti a Patre et Filio, contra Græcos, de quo
supra.

mino factum est istud, et est mirabile in oculis nostris (*Ps.* cxvii, 23). (29) Vicem mihi, sanctissime Pater, rependes, si tuarum participem me feceris orationum.

95 EPISTOLA XIV (30)

ARCHIEPISCOPO ROTHOMAGENSI (31).

Negat Hildebertus ullum quocunque prætextu conjugium fieri posse legitimum inter consanguineos et affines.

Sicut sanctitatis vestræ, pagina denuntiat, filia Walteri de Meduana (de Mayenne) comitis de Moritonio (Mortaigne, potius *Mortain*) sanguine proxima prædicatur. Prius autem quam præfatas personas matrimonii vinculum astringeret, idem Walterius consanguinatem mihi submurmurans, quid sentirem [*al.* metirer] cautius exploravit, bonum sibi videri, si bellum quo diutius comes in eum desævierat, intervenientis conjugii charitas terminaret. Addidit præterea vos vestrosque comprovinciales ei scripto confirmasse, compendio pacis et quietis tolerandum consanguinatis piaculum. Unde et assensum Cenomanensis Ecclesiæ futuris nuptiis postulavit, ut ejus quoque auctoritate, conjugio

filiæ stabilitatem acquireret, si quando ei libellus repudii scriberetur. 96 Mihi autem nec extorqueri assensus, nec persuaderi potuit, prudentiam vestram in eorum simplicitatem descendisse, quos redarguit Apostolus dicentes : *Faciamus mala ut veniant bona* (*Rom.* iii, 8). Super his ergo quod ad me pertinuit sollicitus fui. Petenti assensum, dissensum nuntiavi, nullius dispensationis intuitu permittens consanguineos aut affines inhibitarum fœdera contrahere nuptiarum. Huic autem connubio usque ad dissidium resistere, illius erit sollicitudinis ad cujus parochiam nupta demigrasse cognoscitur. Conservet vos Dominus, Pater sancte

EPISTOLA XV (32).

Abbatem quemdam elegantioris styli plus æquo studiosum, ad simpliciorem orationis modum revocare conatur, simul et a consuetudine in ejus monasterio antiquitus recepta, qua panis eucharisticus nonnisi intinctus communicaturis porrigebatur.

Promissam beatitudini tuæ paginam satis et super exspectasti(33). Promisi, fateor, sed veritus sum ne rudi

---

(29) Sic desinit hæc epistola in plerisque ms. sc. Colbb. 1168, 4017, 2662; Victorin. 272, 292; et in Ebroic. 19. Attamen ipsa hæc æpistola, quæ inter epistolas sancti Anselmi bis invenitur, in editione Gerberoniana diversimode desinit. Nam prima quidem, quæ habetur, pag. 386, post hæc verba, *oculis nostris*, sic habet : « Vale Sanctissime Pater, sciens quia desiderio desideravit anima mea te videre, non ægre latura ventos aut pelagus, dummodo liceat consilium salutis accipere a te, quod nusquam esse credo, nisi sit apud te.» Altera vero, quæ est pag. 434, post verba, *oculis nostris*, desinit ut superior hic relata, in hæc verba, *vicem mihi rependes*, etc.

(30) Al. 34. Scripta videtur circa an. 1103.

(31) Difficile non est divinari quis ille sit Rothomag. archiepiscopus, quem ms. Ebr. 19, per litteram A., Reg. vero 4103, S. designat; tempore enim episcopatus Hildeberti, tres tantum notantur archiepiscopi Rothom. Primus, Guillelmus, ex monacho et abbate Cadomensi, inauguratus circa an. 1079, qui concilium provinciale habuit 1107. Secundus, Goffridus, ex decano Cenom. qui interfuit concil. Remensi, sub Calixto II, an. 1119, et obiit an. 1128. Tertius, Hugo, ex Cluniaci priore, et primo abbate Radingæ, an. 1130, electus est. Affuit Henrico I regi Angliæ morienti, an. 1135, et eodem anno, rogante Sugerio, oratorium Sancti Romani in basilica S. Dionysii in Francia dedicavit. Obiit autem an. 1164. Ad quem ex tribus scripserit hanc epistolam certum est non alium fuisse quam Guillelmum. Codex quo usus est D. Manguin, eam inscribit Ivoni Carnotensi episcopo; sed nonnisi archiepiscopo videtur inscripta, cum hic comprovinciales nominet: quod solis competit archiepiscopis.

(32) Al. 64. Scripta circa an. 1110.

(33) Probabiliter satis quidam automaverunt hanc epistolam directam Pontio, a fundatione, quinto abbati Cluniacensi, homini utique, ut ex actis ejus liquet, a prædecessorum suorum humilitate et simplicitate jam longius alieno, curioso et ad sæculi vanitates et insanias falsas nimium propenso. Cujus videlicet fastus in concilio Romano, ann. 1116, patuit, cum præsente Paschali II, abbatem abbatum se jactitans, in præjudicium abbatis Cassinensis, turpiter causa cecidit, et titulum illum, judicante summo pontifice, Cassinensi abbati cedere jussus est. Non desunt tamen auctores, qui illi patrocinan-

tur; sed quid in ejus patrocinium, quem Paschalis II in præfato Romano concilio, ut ambitiosum damnavit, et Honorius II in epistola decretali, data Laterani, ad Petrum ven. abbatem Cluniacensem, *ut pertinaciter impœnitentem de malis Cluniaco illatis, honesta sepultura privasset, nisi, ut ait, pro reverentia ejusdem monasterii, cujus monachus fuerat, eam illi indulsisset?* Nil tamen obstat quin reginis sui tempore, tot malis bona quædam inseruerit, quale fuit consilium commendandi posteris eximias prædecessorum suorum virtutes, præcipue vero Sancti Hugonis, cujus monachus fuerat, et cujus vitam ab Hildeberto descriptam, percupierat, quamque tandem illi Hildebertus miserat, et quam ipse *promissam, et tandiu exspectatam* hac epistola vocat *paginam*.

Hanc occasionem arripuit Hildebertus, improbandi consuetudinem Cluniaci observatam, eucharistiam scilicet communicaturis, nonnisi intinctam, præbendi, quam concil. Romanum sub Urbano II an. 1095, prohibuerat, et Paschalis II, epistola decretali secunda ad ipsum Pontium abbatem Cluniacensem, vetuerat : quod non levem præbet conjecturam hanc illi ab Hildeberto epistolam fuisse directam. Quomodo autem intelligat hanc intinctionem vix discerni potest. Duplici quippe modo olim panis eucharisticus intinctus præbebatur, scilicet pane consecrato, aut in vino consecrato, seu sanguine Christi, aut in vino communi intincto. Primum ritum, ut docet E. card. Bona, Rerum Liturgicarum lib. ii cap. 19, art. 3, servabant Græci, et adhuc tradita sibi, inquit, ante aliquot sæcula a majoribus consuetudine, servant. Sic populum etiam ipsum sub utraque specie, non seorsum, sed simul sanguine mista communicando, singulis singulas particulas intinctas, parvo cochleari ori illato, distribuunt. Viguit et in quibusdam Occidentis partibus hic ritus ; sed contradicente Ordine Romano, ait Micrologus, cap. 19, contradixit et concilium Romanum supra relatum, et Braccarense tertium, ne error eorum, qui intinctionem porrigi pro complemento communionis, ulterius serperet. Erat autem et alter modus intinctionis : panis nimirum consecrati in vino non consecrato ; et hic etiamnum viget apud Græcos pro morti proximis, quibus particulas sacras, quas *meridas*, seu communiori vocabulo, *margaritas* vocitant. De quo vide E. card. Bona, ubi

stylo res legenti **97** displiceret. Ratio hæc diuturnum A
mihi silentium imperavit. Cæterum cum Paulus esset in
manibus, et illud ad Philippenses occurreret : *Dum
omnimodo sive per occasionem, sive per veritatem Christus annuntietur, in hoc gaudeo, sed et gaudebo (Philipp.* i, 18). Debitum solvere disposui, et quo scripto
possum improbare, quem approbatis errorem. Periculose delicatus est, quisquis, nisi eum venustas verborum demulceat, doctrinæ præjudicat salutari. Quis
exustus siti oblatam fictilibus aquam projecit? aut quis
ægrotare maluit quam nigra et horrenda manu Æthio-
pis præparatam sumere potionem? Imprimis igitur
attendas judicialem esse pertinaciam, consuetudinem
præferre veritati, nec liber est usus a culpa, cui vel
auctoritatem constat obsistere, vel adversari rationem. Noverat hoc Augustinus in tertio libro de B
unico baptismo, his scribens verbis : (34) *Veritate
manifesta cedat consuetudo rationi : nemo consuetudinem veritati et rationi præponat, quia consuetudinem ratio semper et veritas excludit.* Item in libro
De baptismo (35) : *Qui contempta veritate præsumit
consuetudinem sequi, circa fratres invidus est et malignus quibus veritas revelatur, aut circa Deum ingratus
est, cujus inspiratione ejus Ecclesia instruitur. Nam
Dominus in Evangelio :* «*Ego sum, inquit, veritas (Joan.*
xiv, 65); » *Non dixit : Ego sum consuetudo.* Item (36) :
*Revelatione facta cedat error veritati. Quia et Petrus,
qui circumcidebat, cessit Paulo veritatem prædicanti.*
De eodem Cyprianus (37) : *Consuetudo quantumvis
vetusta, quantumvis vulgata, veritati est omnino post-* C
ponenda; et usus qui veritati est contrarius, abolendus.

His auctoritatibus instructos culpa respicit, si
malunt post consuetudinem deviare quam sectari
veritatem. Quod ideo tibi, charissime frater, exaravi,
ut vel excitatus evigiles, et videas, quam traditioni
sacramentorum altaris, quæ in vestro est celebris
monasterio, nec evangelica consonant, nec decreta
concordant. In eo enim consuetudinis est eucharistiam nulli nisi intinctam dari : quod nec ex Dominica institutione , nec ex **98** sanctionibus authenticis repetitur assumptum. Si Matthæum consulis,
si Marcum, si Lucam, seorsum invenies traditum
panem, seorsum vinum. Unde et sic papa Julius
ait : « Illud quod pro complemento communionis,

D

agit de communione sub unica specie, fusius hæc
narrantem.

Apud Cluniacum autem, uterque ritus servabatur,
ut apparet ex Udalrico, Consuetudinum Cluniacen-
sium lib. ii, cap. 30. Sic ille enim : *Quotquot ipsum
sacrum corpus [sacerdos] dederit,* sc. in missa, *singulis sanguine prius intingit.* Non igitur tantum
solis ministris altaris, sed omnibus, *quotquot* erant
communicandi. De infirmis autem, maxime de
morti proximis : *Interea,* ut ferunt Consuetudines
præfatæ, lib. iii, cap, 28, *curatur ut infirmi bucca
lavetur, recepturi corpus Domini, quod recipit vino
intinctum. Quo potato,* etc.

(34) Cap. sc. 8, pag. 112, et Lib. iv. cap. 5 novæ
edit.. scilicet pag. 124. Idem citatur in conc. Carth.
apud Cyprianum, art. 28.

(35) Lib. iii, cap. 5, n. 8.

(36) Ibid. cap. 6, n. 9

quidam intinctam tradunt eucharistiam populis,
non hoc prolatum ex Evangelio testimonium reperiunt, ubi apostolis corpus et sanguinem suum
Dominus commendavit. Seorsum enim panis et seorsum calicis commendatio commemoratur. Nam
intinctum panem aliis præbuisse Christum non legimus, excepto uno tantum discipulo, quem intincta
buccella Magistri proditorem ostenderet, non quod
hujus sacramenti institutionem significaret. Porro si
quis dicat ex intincto pane, quem traditori Christus
porrexit, præfatam emersisse consuetudinem, tanquam præscripta in eo fuerit forma, qua tradi oporteat communicaturis panem qui de cœlo descendit,
et dat vitam mundo, forsitan illi credendum putarem,
si panem illum Christi corpus fuisse, vel Evangelium,
vel plena fidei reliquisset auctoritas. Cæterum vel tenuiter scienti manifestum est aliud fuisse corpus
Christi, et aliud buccellam panis intinctam, Judam-
que prius ad mortem saginatum corpore quod erat
traditurus, quam buccella panis proderet traditorem.
De qua buccella sic Augustinus super Joannem
scribens (38), ait : Non autem, ut putant quidam negligenter legentes, tunc Judas Christi corpus accepit. Intelligendum est enim quod ante, eis omnibus
distribuerat Dominus sacramentum corporis et
sanguinis sui, ubi et ipse Judas erat, sicut Lucas
evidentissime narrat ; ac deinde ad hoc ventum,
ubi, secundum narrationem Joannis, apertissime
Dominus per buccellam tinctam atque porrectam
suum exprimit traditorem. Fortassis per panis
tinctionem illius significans fictionem. » Hæc tibi,
frater charissime, sufficiant, si veritatis compendia
sequi, quam post longius relinquendæ consuetudinis circuitus aberrare, malueris.

99 EPISTOLA XVI. (39).

(40) C. PRÆNESTINO EPISCOPO.

*Invictam episcopo Prænestino, Cononi scilicet cardi-
nali, et summi pontificis per Orientem et Occidentem legato, in negotiis ecclesiasticis integritatem
gratulatur, et ad perseverantiam hortatur.*

Zelum legis habes, quem tamen cathedra non
contulit, sed apud te invenit. Id ostendunt commissa tibi Ecclesiæ negotia, quæ pariter et inter minas
intrepidus, et integer inter munera, sub capitis

D

(37) *Consuetudo sine veritate vetustas erroris est.*
D. Cyp. ep. 74.

(38) Tract. lxii, in cap. xiii Evang. Joan.

(39) Al. 45. Scripta circa. an. 1110,

(40) Ms. Reg. habet litteram C. *Prænestino episcopo,* per quam haud dubie designat Cononem, seu
Cononem, tunc revera episcopum Prænestinum, cardinalem, et apostolicum Paschalis II, per Orientem
et Occidentem legatum. Hic subscripsit generali
Lateranensi concilio, ubi rescissa est extorta per
vim Henrico V, imperatori, a Paschale II, investiturarum concessio, ad cujus damnationem plura
per varias regiones habita sunt concilia. Vide Baron.
ad annos 1111, 1114, qui et ad an. 1119. asserit Cononem oblatum recusasse summum pontificatum. Huic
viro sane magnanimo Hildebertus ad hoc negotium
intrepide perficiendum animos addit. Ad hunc exstant
Ivonis Carnot, epistolæ 266, 267, et aliæ passim.

discrimine peregisti. Ceterum : *Qui perseveraverit usque in finem, hic salvus erit (Matth.* x, 24). Perseveres, oro, nec aliquando patiaris ut illud purissimum conscientiæ tuæ argentum cujuslibet [muneris] (41) scoria decoloret. Venturus est Satanas ad te qui tentet te, qui dicat : *Hæc omnia tibi dabo, si cadens adoraveris me (Matth.* iv, 9). Sed si bene novi te, sic responsurus es tentatori : *Vade retro Satanas (ibid.,* 10).

EPISTOLA XVII (42).

Quamvis illatam Ecclesiæ in proditoria personæ suæ per comitem Rotrocum, et ejus dapiferum Humbertum , detentione injuriam Hildebertus universis Ecclesiæ filiis pathetice repræsentet (43), libertatem tamen Ecclesiæ, quam pecuniaria sui redemptione lædendam fore censet, vitæ propriæ præferendam apostolico vigore protestatur, indignum asserens se semel Christi sanguine redemptum, ullo pretio redimendum.

Omnibus episcopis, presbyteris, atque universis Ecclesiæ filiis, Hildebertus Cenomanorum sacerdos, vinctus Christi Jesu, salutem.

Feliciter sunt miseri, quos constat non meruisse quæ patiuntur. In adversis siquidem felicitas quædam est, quem reum putas, esse tamen innocentem. Hinc est quod gloriamur in vinculis, quorum causa nobis est pro solatio, non conscientia pro flagello. **100** Gloriamur enim cum Paulo dicentes : *Gloria nostra hæc est testimonium conscientiæ nostræ (II Cor.* i, 12). Qualis autem ea sit, vel quæ fuerit nostrorum causa vinculorum, audiant fratres mei, consacerdotes mei, domini et amici mei. Credo tanto devotius oraturos pro me, quando noverint in me pati Christum, quoniam me propter Christum. Vivit Deus, et Dei Filius, et utriusque Spiritus, quoniam non mentiar. In turre Cenomanensium Rotrocus in vinculis tenebatur. Ad eum metu mortis trepidum vocatus accessi. Deinde mihi confessus est, domui suæ disposuit, testamentum fecit, Ecclesiis distribuit. Quod ut illibatum permaneret, submissis a me precibus impetravit quatenus ego ipse matrem ejus adirem, de testamento testimonium perhiberem, inhiberem ne quis illud minuere præsumeret, ne quis omnino tentaret annullare. Factum est ut comes postulavit. Ivi quo utinam pedem non tulissem. Mater comitis in osculo me suscepit, applausit testamento, gratias agens quod gratia comitis accessissem. Rem taliter factam, nec filius, nec mater diffitetur. Eadem die initum est adversum me consilium ; in crastinum injectæ sunt manus in me. Iteratam diceres Christi traditionem. Quinta enim feria in osculo sum susceptus. Sexta feria, tanquam cum Christo iturus ad crucem, contumeliose captus sum, et positus in custodia publica.

Diviserunt etiam sibi vestimenta mea, equis jam inter eos distributis, qui gratis ad facinus discurrunt, ad honestum nec pretio (44).

Porro in illo castello, in quo hæc acta sunt, Carnotensis erat episcopus (45), venerandæ vir auctoritatis, sed apud sceleris auctores, sine auctoritate fuit auctoritas. Is in spiritu contrito Hubertum conveniens (hoc enim Pharisæorum principi nomen est), primo blanditus est illi bestiæ sed bestia rationem non admittit. Dehinc illum sacrilegii libere arguit , obsecravit opportune, importune increpavit. Postremo tradidit illum Satanæ in interitum carnis, anathematis vinculo quo debuit alligatum. *In omnibus his non est aversus furor ejus, sed adhuc manus ejus extenta (Isa.* v, 15). Religiosi quoque **101** abbates, et consummati anachoretæ nominis ad lapidem convenerunt, et invenerunt lapidem, non eum de quo suscitat Deus filios Abrahæ, sed in quo nihil est humoris, in quo radicem non habet semen verbi Dei. *In omnibus his non est aversus furor ejus, sed adhuc manus ejus extenta.* Missum denique est ad comitem Rotrocum, relata ei captio mea, et confusio et ignominia sua (46). Is primo in corde et corde locutus, tandem dimitti me, et satisfieri Ecclesiæ nuntiavit; ac ne simulatorie loqui putaretur, abcissos de capite suo capillos (47), matri suæ transmisit, addens Hubertum in me non minorem sibi injuriam intulisse quam si reliquos abstulisset. *In omnibus his non est aversus furor ejus, sed adhuc manus ejus extenta.* Ad vos ergo conversio mea, charissimi fratres mei, consacerdotes mei, domini et amici mei. Oro vos orare pro me, curam agere de me, compassione esse juxta me. Nam de redemptione nihil ago. Semel Christi sanguine redemptus, iterum redimi non requiro. Sanguis ille redemptio mea. Sanguis ille pretium meum. Indignum est ut sub pretio redimar, cujus pretium sine pretio est. Præterea infamis est redemptio, qua libertas perit Ecclesiæ, qua servitus comparatur. Necesse est enim ut membra serviant, si caput humilies sub tributo. Necesse est clericum redimi, si episcopum censeas redimendum. Necesse est trepidare subjectos, si juxta comicum, ei opus est patrono, quem paras defensorem. Ego certe tanti vitam non facio, ut brevem diligam et redemptam. Malo periclitari de ea quam pro ea communem conculcare libertatem. Prosit Ecclesiæ mea mors, cui, dum vivens præfui, non profui. Pontificis est, si non vivere, mori saltem universis.

———

(41) Recte editores Paris. et Colon. suppleverunt verbum *muneris,* licet in nullo mss. reperiatur.

(42) Al. 39. Scripta an. circiter. 1110.

(43) De hac Hildeberti incarceratione, vide ejus vitam.

(44) Sic in epitaphio Petri Pictaviensis :
Qui facinus gratis adeunt, bona nemo rogatus.

(45) Sc. Ivo, tunc Carnotensis episcopus.

(46) Ita mss. Ebr., Roth., et alii, *sua,* non *mea,* ut editi.

(47) Hunc locum Hildeberti citat clarissimus Ducangius, ad probandum morem antiquum fidei faciendæ, per voluntariam propriorum capillorum abscissionem. Gloss. Latinum ad verbum *Capilli.*

EPISTOLA XVIII (48).

Amice, sed pathetice, apud Sagiensem episcopum ex-
postulat quod eum in vinculis sine solatio deserat,
hortaturque ut Hubertum Rotroci comitis dapiferum
ipsum in carcere varie vexantem, anathematis gladio
feriat.

Dei gratia Sagiensi episcopo (49) HILDEBERTUS,
vinctus Christi Jesu, salutem.

102 Credimus ignorare te, quod in vinculis tenemur
juxta te (50). Si nosses, tua nequaquam nobis solatia
defuissent. Episcopus enim es, et illud legis et intelligis : *In carcere eram, et venistis ad me* (*Matth.* xxv,
36) Noveris ergo coepiscopum tuum carceri
mancipatum, Christum Dei, militibus iterum traditum, multiplici custodia iterum circumspectum ab
eo exigi quod constat non deberi. Amodo, nisi eum
visites, non ignorantiæ deputabitur, sed culpæ.
Visitet ergo Christus Dei vinctum Jesu Christi. Visitet, non passibus corporis, sed affectu charitatis.
Visitet, non rerum exhibitione, sed precum. Bene
nos visitabis, si anima tua in amaritudine est propter nos. Bene nos visitabis, si ores ne relinquat
Dominus virgam peccatorum super nos. Bene nos
visitabis, si cum Petro, Malchum percutis perse-
quentem Christum apud nos. Non gero docentis personam, sed quærentis. Sicut enim Hieronymus ad
Eustochium ait : « Stultum est docere, quod novit
ille quem doceas. » Duos in cœna fuisse gladios,
hoc quoque legis et intelligis. Unum quidem Petrus
in Malchum vibravit, dum Malchus in Christum
manus extenderet. Alter vero eductus fuisse non
legitur. Apte profecto uterque inventus est apud
discipulos Christi, quia adhuc uterque invenitur in
membris corporis Christi. Membrum enim Christi,
rex ; membrum Christi, sacerdos. Scienti loquor.
Nosti gladium regis. Nosti gladium sacerdotis. Gladius regis, censura curiæ ; gladius sacerdotis, ecclesiasticæ rigor disciplinæ. Ilos evangelistam figurasse
legisti dicentem : *Domine, ecce gladio duo hic* (*Luc.*
xxii, 38). Si esset qui in gladio regni liberaret
me, non peteretur educi gladius sacerdotis propter
me. Cæterum vides quia jam potestas sine causa
gladium portat. In vagina reconditus est ; pellibus
animalium mortuorum tectus est. In Christum Malchus ; in vasa templi Balthazar impune manus extendit. Nemo est quem zelus domus Domini comedat. Nemo est qui cum Moyse minetur, et dicat :
Inebriabo sagittas meas sanguine, et gladius meus de-
vorabit carnes (*Deut.* xxxii, 42). Bonum ergo sperare in Domino, quam sperare in principibus (*Psal.*
cxvii, 9). Unde : *Sicut oculi ancillæ in manibus do-*
minæ suæ, ita oculi nostri ad Dominum Deum nostrum,
donec misereatur nostri (*Psal.* cxxii, 2). Miserebitur

autem nostri Deus. Adhuc ille « Respicit in orationem
humilium, et non spernit preces eorum (*Psal.* ci,
18). » In angelis ejus reposita est spes mea, collocata
anchora mea **103**, ne mergatur procellis fragilis
navicula, navicula mea. Scienti loquor. Angeli Domini, pontifices ejus ; angeli Domini, sacerdotes
ejus. Malachias enim ait : *Labia sacerdotis custo-*
diunt scientiam, quia angelus Domini exercituum est
(*Malach.* iii, 2). Si ergo angelus Domini es, imo
quia angelus ejus es, illum geris gladium, qui apud
Joannem de ore angeli bis acutus exit. Hunc et tu
(quod absit) sine causa portabis, nisi seces et tradas
Satanæ filium mortis ; nisi claudas et obseres reliquiis Adæ paradisum Domini Dei tui. Hoc autem
non dico tanquam mortem peccatoris desiderans,
sed ut ostendas peccatori cauteriatam conscientiam
suam ; sed ut ei cum Propheta dicas : *Arguam te,*
et statuam contra faciem tuam (*Psal.* xlix, 21).
Porro filius ille perditionis Hubertus capreolus est.
Hubertus consilium malignavit adversum me, manus
injecit in me, captum retinet me ; de dapifero comitis,
factus dapes diaboli. Illum enim nihil aliud sapientem quam terram, serpens ille comedit, qui ventre
repit et pectore, cui dictum est ; *Terram comedes*
omnibus diebus vitæ tuæ (*Gen.* iii, 14). Terra hæc
spinas et tribulos germinavit mihi, propinavit vinum
quod non lætificaret cor meum, sed quod inebriavit
spiritum meum amaritudine. In amaritudine enim
scripsi tibi, rogans ut in ea talem inveniam te,
qualem me velles inveniri a te.

EPISTOLA XIX (51).

R. ANDEGAVENSI EPISCOPO (52).

Sacerdotem, qui defectu azymi in pane communi
consecraverat, ad Andegavensem, proprium scilicet
episcopum, remittit puniendum, pro scandalo potius
quam pro delicto.

Sacerdos præsentium lator, dum ministraturus
sacris astaret altaribus, **104** nec in hostiam præparatum panem inveniret, de communi pane sacrificium
se confitetur obtulisse. Qua in re, licet potius consuetudo quam fides impugnetur (53), nos tamen nonnullam in eo culpam attendimus, arbitrantes gravius
puniendum esse scandalum, et sacerdotis incuriam,
quam reatus qualitatem. Quod quia in vestra diœcesi factum est, personam quæ peccavit peccatum
sub vestro statuimus judicio, quatenus ab eo pastore
transgressio puniatur, cujus gregem sacrificii novitas perturbavit. Erit igitur vestræ deliberationis in
sacerdotem qui male græcatus est (54), eam proferre
sententiam, quæ plus habeat patris, quam judicis ;
plus misericordiæ, quam censuræ. Scriptum est enim :
Cum iratus fueris, misericordiæ recordaberis (*Habac.*
iii, 2).

episcopum.

---

(48) Al. 40. Scripta circa an. 1110.

(49) Sicut Rabotio, electo an. 1106, mortuo 1120.

(50) De hac incarceratione Hildeberti, vide Vitam
ejus, ubi supra, et epistolam præcedentem.

(51) Al. 44. Scripta circa an. 1112.

(52) Ita ms. Reg. 4103. R. non alium designat,
quam Raynaldum de Martigney, tunc Andegavensem

(53) Azyma apud Latinos sola invexit consuetudo.
Qui tamen in fermentato consecrat, ob scandalum
est puniendus, sive etiam ob incuriam.

(54) Ita mss. Ebr. et Rothom. non *consecravit*, ut
editi. Alludit ad ritum Græcorum, qui eucharistiam,
nonnisi in fermentato conficiunt.

EPISTOLA XX (55).

Virum ecclesiasticum (56) ad mores corrigendos et officium peragendum lenius iteratis litteris hortatus surdo cecinerat. Hac epistola negligentiam ejus, et cordis duritiam illi acrius exprobrat, minaturque se cum illo, nisi resipiscat, durius acturum, ne pulvillum ejus cubito supposuisse ipse incusetur.

Semper fuit opus bis aut tertio iteratas ad te litteras dirigere, ut vel crebro monitus ageres, quod exsequi spontaneus debuisti. Verum, nec sic aliquando evigilasti, nec suscitatus es ad explendum tuæ professionis officium. Legeras tamen quantum sit obedientiæ bonum, quod apud Deum sacrificiis præfertur et votis. Legeras quod nolle acquiescere, Samuel idololatriam appellet (*I Reg.* xv, 23). Sed neque hoc elapsum tibi credo, quod electus a Domino Saul inobedientiæ piaculo, et ejus gratiam, et regni solium amisit. Quemdam de filiis prophetarum (*III Reg.* xxxvi), quia prohibitus in **105** Samaria panem sumpsit et aquam, leo missus a Domino percussisse memoratur. *Scripta sunt hæc ad correptionem nostram, in quos fines sæculorum devenerunt* (*I Cor.* x, 11). Etenim et sapientibus et insipientibus debitor est Apostolus, ut utrisque contexat, et violatæ supplicium, et custoditæ præmium obedientiæ. Porro nulla virtus est, quæ contempta districtius a Domino puniatur. Non enim ad innocentes usque pertingit reliquorum pœna delictorum. Ezechielem attende sic dicentem : *Anima quæ peccaverit, ipsa morietur* (*Ezech.* xviii, 4). Et illud : *Filius non portabit iniquitatem patris, et pater non portabit iniquitatem filii* (*Ibid.*, 20). Inobedientia vero plerumque reis innoxios miscuit, et facti sunt in pœna similes, dissimiles in culpa. Præceperat lex, ut a viginti et supra numerarentur, qui procedere poterant ad bella, vel aliquo fungi ministerio. Quia vero David infra viginti annos et supra generaliter jussit omnes numerari, indignatus est Dominus, et missa in populo triduana pestilentia, septuaginta millia virorum, percutiente angelo, ceciderunt (*II Reg.* xxiv). Achan filium Charmi de anathemate Jericho præsumpsisse sacra tradit historia (*Josue* vii). Inde factum legitur, ut Israel coram filiis urbis Hai gladio caderet, et [excessum personalem ruina populi sequeretur. Denique protoplasti culpam totus usque hodie luit mundus, et unius inobedientia proscripsit universos. Hæc te, frater,

A oportuit attendere, et de contemptu obedientiæ vereri judicium, si de reverentia præmium non curasti. Scio quidem, scio, te abusum patientia mea, et juxta comicum, lenitatem meam male multa te docuisse. Verum patientiæ meæ et lenitatis meæ locus fuit et tempus, quas præire oportuit inobedientiæ ultionem. Exemplo siquidem docemur et verbo, non statim pœnas excessibus irrogandas. Noluit Dominus in principio exuberantis malitiæ humanum genus aquis delere diluvii ; sed centum viginti annos præfigens eis ad pœnitentiam, tanto generalius iniquitates eorum ultus est, quanto ipsi post carnem carnalius evagati, naturæ legem et ordinem rerum et tempus pœnitentiæ contempserunt. Ad prædicandum Ninivitis Jonam missum accepimus, et juxta verbum prophetæ, peracta satisfactione quadragenaria, super eos divinam quievisse indignationem (*Jonæ* i). De hoc etiam sic Sapientia ait : *Corripe proximum priusquam commineris* (*Eccli.* xix, 17). Salvator quoque noster, instruens apostolos, Simoni Petro ait : *Si peccaverit in te frater tuus, vade, et corripe eum inter te et ipsum solum ; Si te audierit, lucratus es fratrem tuum. Si autem te non audierit, adhibe tibi unum aut* **106** *duos, ut in ore duorum, vel trium testium, stet omne verbum. Quod si eos non audierit, dic Ecclesiæ. Si autem Ecclesiam non audierit, sit tibi sicut ethnicus et publicanus* (*Matth.* xviii, 15-17), His edoctus exemplis conveni te, corripui te, sed inter meipsum et solum te. Corripui quidem, sed non sum lucratus fratrem meum. Adhibui mihi unum, adhibui duos, ut in ore duorum vel trium staret verbum meum, adhibui, sed neque sic lucratus sum fratrem meum. Quid itaque restat, nisi ut Ecclesiam quoque contemnens, sis mihi sicut ethnicus et publicanus? Absit autem ut audiat hoc Ecclesia ! Absit ut revelem pudenda fratris mei ! Confundor enim quoties proximus quod ei ad confusionem cedit operatur. Siquidem citra profectum præsul de sua erubesct offensa, nisi ad offensam erubescat alienam. Ejus est eisdem jaculis per compassionem vulnerari, quibus proximum cognoscit vulneratum. Hinc est quod Apostolus ait : *Quis infirmatur, et ego non infirmor? Quis scandalizatur, et ego non uror?* (*II Cor.* i, 29.) Fortassis illud Corinthiorum dices mihi : *Epistolæ tuæ graves sunt et fortes* (*II Cor.* x, 10). Ad quod ego : Vulneratus eras a latronibus in quos incidit homo descendens ab Jerusalem in Jericho.

---

(55) Al. 74. Scripta post. an. 1112.

(56) *Ecclesiasticum.* Videtur hæc epistola abbati tunc Ebronensi directa, quem Hildebertus, epistola sequenti ad Engolismensem episcopum, tunc Gerardum, S. R. E. legatum, asserit sæpius et personaliter, et litteris convenisse, ut statum monasterii sui omnino depravatum, in melius restituere satageret. Quod cum ei, per improbitatem et imperitiam illius abbatis, non licuisset, legati auctoritatem implorare coactus est, qua fretus, tam in capite, quam in membris, illud posset reformare. Quis autem fuerit abbas ille, non liquet. Liquet tamen abbatem Sanctæ Mariæ Ebronensis, nomine Danielem, subscripsisse

chartæ cujusdam donationis factæ monasterio Sancti Albini, ab Adelardo domino Castrigunterii, per manus Raynaldi de Martiniaco episcopi Andegavensis, an. 1123. Quod quadrat pontificatus Hildeberti, et legationum Gerardi temporibus. Porro hoc monasterium Ebronense, sive Haurion antiquitus dictum, fuisse subjectum olim monasterio Sancti Petri Carnot. patet ex charta restaurationis ejus, qua Robertus comes Blesarum, ejus restaurator, illud subjecit Witberio, abbati Sancti Petri, et ejus monasterio, ubi vocatur monasteriolum, et cœnobiolum. Ita ex veteri Haganone Carnot. citato in Gall. Christiana ad abbatias, pag. 346.

Cum te igitur semivivum offendissem, vulneribus A
tuis cum Samaritano, prius oleum infudi, dehinc
vinum (*Luc.* x). Ut enim vino censoriæ correctionis
vulnus inobedientiæ curaretur, quod curari paternæ
commotionis oleo non potuit, epistolas, quas graves
dicis, ad te dedi. Væ mihi, qui tandiu eas dare dis-
tulerim! Væ mihi, cui nihil est, quo meam possim
purgare tarditatem! Legeram enim (*Ezech.* xiii, 18):
*Væ illis qui ponunt pulvillos sub omni cubito hominum,
et faciunt cervicalia ad capiendas animas!* (*Eccli.* xii,
11). Legeram verba Sapientis : Clavis te in altum
confixi (57). Porro dum blandis et lenibus verbis,
quibus te tibi redderem, indulsi, cubito tuo quasi
pulvillum supposui ; quasi cervical quo capta est
anima tua, feci. Tali pulvillo, talique cervicali circa
filios delinquentes usus est Heli, cum diceret : *Non B
est bona fama, filii mei, cum audio de vobis* (*I Reg.* ii,
24). De hujusmodi correctione Gregorius Nazianzenus
in libro De Epiphaniis, his loquitur verbis : « Heli
sacerdos pro filiorum iniquitate damnatur, quod
eos divina sacrificia temerantes, minus severa animadversione plectebat ; et quidem coercuit, et
quidem corripuit ; sed lenitate et mansuetudine patris, non severitate et auctoritate pontificis. » Ne
igitur eodem plectar excessu, clavis epistolam præsentem confixi, quos in altum confixos ex ulceribus
elicere putredinem pauci ignorant. Siquidem in ea
patrem exuens, indui pontificem, blanditias **107**
increpationibus mutavi, pro lenibus aspera sum
minitatus, ut si contemnis tibi me proximum effici,
ego ipse mihi proximus efficiar. *Surge ergo, qui dormis, et exsurge a mortuis, et illuminabit te Christus.* C
(*Ephes.* vi, 14). Surge cito, surge hodie, quia nimium
morti proximum est, crastinam exspectare medicinam. Surge, inquam, cito ; quia nisi cito surrexeris,
nisi cito egeris pœnitentiam, cito veniet, qui movebit
candelabrum tuum de loco suo, et episcopatum
tuum accipiet alter. Immisericordem sortitur judicem, diutius exspectata, nec aliquando secuta correctio. Forsitan longioris epistolæ tædet animam
tuam, et ea quibus parere refugis, legere fastidis.
Scio quidem, scio, quia timoratus animus et correctionis parcimoniam suscipit, et affectat ubertatem. Iniquo vero quidquid loquitur virtutem, cedit
ad pœnam.

EPISTOLA XXI (58).

*Hac epistola ad amicum directa amare deflet injurias,
ab Henrico V Romanorum imperatore, Paschali II
papæ, totique Romano clero et populo per summam
vim illatas, dum ab eo cum toto clero in carcere
detento et immaniter vexato, jus investiturarum
inique et violenter extorsit.*

In lacrymis effluant eorum oculi, mi dilecte, quos
dolore capitis charitas vulneravit. Ad laudes iterum
te volueram exhortari, sed communis omnium luctus, gaudium impedit singulare. Ecce enim martyrum purpura senescentem rursus ornat Ecclesiam,
et rediviva perfidæ crudelitatis insania, pereuntis
mundi reliquias, filiorum Dei pretiosa morte consummat. Grassatur in plebem Christi funestus satelles, et de pietate pœnas exigit gladius impiorum.
Datur in prædam civitas Romanorum, et apostolici B
sedes fastigii, cruentis Saxonum (59) direptionibus
profanatur. Adducitur papa captivus, et iniquorum
pedibus pontificalis infula conculcatur. Desolata
mœret cathedra Sanctitatis, **108** et cui omnes
tribus et linguæ servierant, Roma redigitur sub
tributo. Polluerunt Ecclesiam Dei canes immundi,
et Germanorum cruda barbaries divinæ legis jugulat
filios et captivat ministros. Ita nimirum in Ecclesia
Dei Scripturæ sacræ vaticinium adimpletur : *Facti
sunt hostes ejus in capite.* (*Thren.* i, 5). Et rursus
dicit in Evangelio : *Percutiam pastorem, et disper-
gentur oves gregis* (*Math.* xxvi, 11). Non ergo sine
periculo Christianæ religionis id obvenisse crediderim, ut rector pariter et magister Ecclesiæ ligare-
tur. Fortiorem hostis percussit, ut postmodum ei
facilior de subjectis esset triumphus. Præcisum est
caput nostrum, et membra cætera non arescunt?
Dux exercitus Christi ligatur, et miles imperterri-
tus sustinebit? Jesu bone, ubi est promissionis tuæ
veritas, si cum Ecclesia tua non permanseris in
æternum? Aut quid prodest oratio tua, si fides Petri deficiat? Confirma, Christe, confirma fidem Ecclesiæ, pro qua tu rogasti. Mane nobiscum sicut
dixisti. Porro tu sollicitus esto in oratione, ne etiam
ipsi circumveniamur a Satana. Ecce enim quem heri
laudum præconiis extollebas, quem dilectionis
prosequebaris officio, duobus in mundo miraculis,
si fas est dici, coruscat. Aut, si tibi displicet, duobus alligatur flagitiis, qualia nec in gentibus sunt D
audita. Quis enim potest præter eum inveniri, qui
patres suos, spiritualem pariter et carnalem, sub-

---

(57) *Verba sapientium sicut stimuli, et quasi clavi
in altum defixi, quæ per magistrorum consilium data
sunt a pastore uno.*

(58) Scripta ann. 1111, quo Paschalis II, ut referunt omnes pene rerum ecclesiasticarum illius ævi
scriptores, ab Henrico V imperatore, in ipsa Sancti
Petri basilica, cum plurimis cardinalibus, et clero
inique captus, per dies plusquam sexaginta detentus,
et dire cruciatus est, nec relaxatus, quin ei jus investiturarum invitus concederet ; quod deinde, diversis habitis conciliis, rescidit, ipsumque imperatorem anathemate percussit. Videndus Baronius ad
ann. 1111 et seq., hæc fuse narrans. Hanc autem
Hildeberti lamentatricem epistolam, sicut et apologeticam sequentem, Dacherius noster in Spicil. t. IV,
p. 215, retulit ex ms. codice, sibi olim a doctissimo
Lanfranco Bigot, Rothomago transmissam. Sed
cum utraque plurimis mendis, sensum ipsum in-
terpolantibus, scateret, easque Dacherius ad scrupulum exactus, et nullum alium ms. præ manibus
habens, aliter quam invenerat eas, luci dare religioni
duxisset, nos illas in ms. Ebroicensi, ex bibliotheca
scilicet Perroniana, castigatores felicius nacti, ad
illius fidem emendatas, ad lectorum utilitatem evul-
gandas censuimus. Deest autem utraque in mss.
regiis 4080, 4103. Colbb. 2131, 4017, 5135, et Victorin. 272 et 292.

(59) *Id est* Germanorum.

lola ceperit factione (60)? Iste est qui præceptis Do- A
minicis in utraque tabula contradicit. Nam, ut de
his quæ actu priora sunt prius dicam, patrem carnis
suæ non honoravit, sed captivavit prius, et deinceps
expulit fraudulenter, et in Deum postmodum et ejus
Ecclesiam insurrexit, et de sede Petri vicarium us-
que in vincula perturbavit. Felix ergo papa Paschalis, et omni devotione diligendus, qui sic apostolicam sedem rexit, ut et Apostolicæ passionis
imitator esse mereretur. Felix vinctus Jesu Christi,
cui licet pedes et manus etiam vinciantur, verbum
tamen Domini nunquam est alligatum. Qui autem
hujus capitis membrum esse voluerit, **109** capiti
suo debet se æstimare conjunctum. Spectat enim
in contumeliam filiorum, si qua patribus irrogetur
injuria. Non est hujus capitis membrum, non est B
hujus patris filius, non est hujus prælati subditus,
qui non sentit, qui non condolet, qui insultat.

EPISTOLA XXII (61).

*Vi ac dolo captus Paschalis II , ab Henrico V
imperatore , primo quidem intentatis quibuslibet
minis, ad etiam vitæ periculum fortiter investiturarum jus exigere conato. restiterat. Verum cardinalium et populi Romani procerum ab imperatore detentorum, et immaniter vexatorum, precibus
motus, jus illarum ei invitus concessit. Sed statim
ac libertate potitus est, quidquid illi violenta manu
fuerat extortum, totum id rescidit. Quod apologetica hac epistola narrat Hildebertus.*

Nunquam felicius ad desiderium meum sortis
adversæ respondit asperitas, quam cum mihi de
papa, de rege et Romanis lamenta quædam con-
scripsisti. Adeo namque me, chare meus, pagina C
tua nodis cujusdam necessitatis astrinxerat, ut si
ad ejus primum vellem impetum respondere, apud
te est quod non vellem regem Saxonum accusare,
aut contra te, quod non deberem illam domi forisque gratiam lædere charitatis. Inter has ergo ja-
ctatus angustias, cum nec dominum tuum ducerem
assentari, nec propter amicum honestum , refellere
quod dicebas, longius mecum quid agerem pertra-
ctavi. Ex imminentis tandem occasione tristitiæ
materiam nactus, ita domesticis angariatus injuriis,
ut de criminibus conqueri non vacaret, interim obtuli tibi pro responsione silentium. Sed ecce, cum
veritas aperitur et erumpit in lucem, canonum
vigor, disciplina justitiæ, schola virtutum et ini- D
quitatis est, si non respondeo, et livoris, si non
collaudo. Cum ergo fatorum vel paulisper injuriæ
siluerunt, et inter angustias licuit respirare, et veritas ipsa suam quæque peragit actionem, et justitiæ
simul morem gerimus et Deo; et te [*f. ut te*] quoque, quem forsitan exacerbavimus, complaceamus
Quis fecerit strages, quis sancta polluerit, quis
profanaverit testamentum, et cum superbia sanctuarium sit ingressus, aut, si hæc quispiam fecerit,
hoc obsecro loco mihi liceat præterire. Quæ singula

sane tam copiose et tam luculenter explanas, et tam
solemnibus vocis tuæ lacrymis complorasti , ut earum me quoque rivulis irrorares , et invitum **110**
tecum raperes in querelas. Licet profecto, licet simul papæ Paschalis tecum præconia non tacere, et
non accusare quos amo. Quam felicem , sicut ais,
papam Paschalem, qui gradus ac nominis sui sic
obtinuit sanctitatem, ut quod et nominis ratio designaret, et ex officii canone mandaretur, usque ad
sanguinem, et docere, et facere non timeret. Benedictus Jesus Christus, qui sic nondum Christianæ
castra militiæ inter hostium cuneos derelinquit, ut
non eis fortem athletam et ducem optimum provideret. Non scortabitur in Israel amor ejus , et de
sortis electæ spoliis pars inimica non gaudebit.
Dum Josue nostri pervigilabit instantia, stabit ad
ejus nobis fixus in æthere sol indefessus imperium ,
et nocturnæ caliginis abiget fœditatem , donec de
vitiis nobilem referat victrix turma trophæum. Sed,
quoniam mundus positus est in maligno, et amaritudinis multum est et livoris in plebe, puto non
deerit qui audeat in hæc verba prorumpere. Ecce
quomodo gloria et honore prosequeris, et ad sidera
laudibus effers, et virtutibus insignibus amplias,
quem nunc vidimus ante congressum in acie trepi-
dantem, tubæ clangorem perferre non posse, deditionem moliri, non sanguinem; fœdus cum hostibus
contra leges et jura ferire, et ad extremum signa
relinquere, detrectare militiam, arma projicere,
fugere et latere; fortis athleta, qui neque in acie
stare, congredi, vincere consuevit. Et hunc vocas
ad præmium et coronam! Hoc persuadere poteras
ignoranti mihi, quem viri fortiter facta non fugiunt. De Achab nunquam efficies Machabæum (62).
Angariis talibus, aut longe majoribus Christum
Domini non ambigimus impetendum; et ipse, qui
mundo spectaculum factus est et angelis ejus, fortiter omnia sustinebit. Nos vero, qui nos filios ejus
profitemur, (in contumeliam siquidem, sicut ais,
respicit filiorum, si qua patribus irrogetur injuria),
in adjutorium ejus, et nos ipsos pro illo periculis
exponentes, festinemus assurgere. Et tanquam
Herculi clavam de manibus extorquentes, assertionibus suis inimicos justitiæ retundamus, ut propriis
scilicet emolumentis [*f. machinamentis*] elisi, gravius confundantur, et reverentius erubescant. Utinam autem sic patienter ad audiendum, aures nobis
patulas præbeant, sicut ardenter ad pungendum,
linguæ stimulos exacuerunt!

Si papa Paschalis pro jure, pro patria, pro testamento sanctorum, pro republica Jesu Christi, sponte
se manibus obtulit impiorum ; si cervicem præbuit
ad securim, quid sanctius, quid melius potuit, debuit?
Quid utilius proximo ? **111** Quid honestius sibi ?
Nonne sic oderat animam suam in hoc mundo , ut

---

(60) Henricus scilicet hic V patrem spiritualem,
scilicet papam Paschalem II et patrem carnalem,
scilicet Henricum IV imperatorem, prædecessorem
suum, in carcerem truserat.

(61) Scripta videtur eodem anno IV, quo præcedens. *Spicil.* t. IV, p. 246, 251.
(62) *Quasi diceret :* De ignavo et timido nunquam facies fortem et intrepidum.

ad vitam servaret æternam? Nunquid ex canone legislatoris attenderat, majoris, ad proximum, locum gratiæ non haberi, quam si pro fratribus animam quis donaret? Quis unquam tribunum accusavit ignaviæ, qui se primum conjecit in vincula, et pro milite postmodum obtulit feriendum? Quod si postmodum cessit injuriæ, et tanquam fugiens, ut a sanctorum sanguine et civium strage, jamjamque vibrantis aciem dexteræ, revocaret, vel ad horam, his quæ rogabantur, asseruit, et tanquam datis induciis, et fœdere collocato [f. collato], donec urbis muros restitueret, machinas collocaret, convocaret exercitum, anticiparet angustias, acies ordinaret, ictus suspendit in aere, ferientis, quid prudentius, quid cautius ducis industria facere posset? Quis imprudentiæ condemnabit, qui sic hostium cuneos exarmavit, sic revocavit ad propria, ut ab his quos acceperat vel minimus non periret? Nunquid non rex David, ille sanctissimus et robustissimus præliator, ne urbis Sanctæ mœnia civium sanguine profanaret, persequentis filii rabiem fugit, exprobrantium injurias æquanimiter ferens, domo Juda, et fortibus Israel postmodum convocatis, ipsum simul et complices ejus acerbius fudit? (*II Reg.* xvi.) Impetus sane properat, at non statim pervenit ad coronam. Impatientia mox prorumpit, at more torrentis, repente siccatur. Tormenta balistæ quo amplius retrahis, fortius feriunt. Quod si, ut aiunt, quod ad horam licuit tolerare, cum voluit, permutavit; si auditum fecit in plebe, et testamentum filiis dereliquit, et quoniam illud, nisi in morte testatoris, non confirmatur, renuntians domo, patriæ, rebus, officio, mortificandus in carne, Pontianam insulam commigravit? Quid, obsecro, quid habet in hac parte, vel improbus livor, ut obloquatur, ut rodat? Si vero inter exempla nobiscum novus infrequens rumor [f. et frequens rumor] obtinuit populi vocibus, et cardinalium lacrymis revocatus in cathedram, apostolici culminis iterum moderatur habenas, vices exercet; si sanctorum synodum cogit, Ecclesiam convocat, cœtum facit, et a domo Dei omnium vult assensu, falce judicii scandala resecare; quod bonum et æquum est ex justitia confirmare; quod differens, ex misericordia tolerare, vel mutare; quod confractum est, discretionis fasciis alligare. Si se cleri plebisque judicio sic commisit, **112** ut ex eorum sententia pendeat an nova capitula cudat, an vetera destruat, aut quæ constituit, roboret, aut temporum ratione sic inconvulsa pertranseat; in cathedra commoretur aut deportetur exsilio, nunquam hoc quoque lingua pravorum sermonis aculeis non formidabit incessere, persequi, condemnare. Noli, noli, obsecro, quisquis es, irrumpere temulenter, Patrum instituta discutere, carpere mores, accusare doctrinam. Argue, sed cum primum rei exitum comprobaveris; accusa, sed cum perpen-

deris aberrasse. Sed et tunc in spiritu lenitatis, multa ex loco, multa ex tempore, multa ex personis, differentius fiunt. Rector Ecclesiæ nonnunquam aut dissimulabit, aut faciet quod accusat; cum viderit malum schismatis imminere, canonum scita mutabit. Debet cessare censura, cum dissolvitur unitas, charitas læditur, pax vacillat. Audisti quod legitur: *Turbati sunt, et moti sunt sicut ebrius* (*Psal.* cvi, 27). Delibutus unguentis, cruentum militem formidinis non accuses. Nescit plerumque quid prohibere aut dissimulare, quid præcipere, quid indulgere debeat dispensator. Servus fidelis et prudens in tempore tritici mensuram conservis præcipitur erogare (*Luc.* xii, 42). Ad mensuram triticum datur, cum eadem charitas, quod rudibus annuit, fortibus negat cum pios exercet et tolerat malos cum, quod nunc ex rigore præceperat, post paululum ex indulgentia relaxabit. Paulus apostolus, evacuator legis, et gratiæ prædicator, libere proclamabat: *Si circumcidamini, Christus vobis nihil proderit* (*Gal.* v, 2). Idem postmodum, quod vetat, fecit. Comam nutriebat, ex voto caput totondit in Chencris (*Act.* xviii, 18).

Nescis, frater, nescis quam diligenter, quam sollicite Patres faciunt quod mireris, quod arguas, quod condemnes. Desine, inquam, spiritualium persequi sanctiones, secreta rimari, decreta damnare. In canonibus legitur (63): « Oves pastorem arguere non præsumant. » Quæcunque nescimus quo animo fiant, interpretemur in melius. Universalis episcopus omnium habet leges et jura rescindere. Ad ipsos venio qui audeant aspirare (64) judicium. Et tu, homo, tu, cinis, secundum Deum fornica, leonem sollicitare non metuis? Differ, differ in tempus opprobria. Sententia Cain damnantur qui patribus injurias irrogarunt. Confitere commissum, pœnitentiam age, concute pectus, offensas luctu et lacrymis lava, et recantatis opprobriis, juxta quod dicitur, **113** palinodiam canta. Tu ipse argue, tu ipse sententiam Judicis anticipare festina. Sed ecce, quid feci? Dum epistolam ordior, historiam texui. Libet igitur, libet hoc loco rei summam paucis et brevibus verbis adnotare, ut quod legentis excursus, seu festinans, seu fastiditus pertransiit, tanquam sub verbis duobus arctatum facili valeat etiam mens occupata lectione complecti. Captus est dux exercitus Christiani, dum armatus hostibus occurrisset. Quisquis es æmulus veritatis, fortunam argue, non tribunum; legem quam tulerat alligatus, absolvit liber factus; quod ante resciderat, resarcivit. Fortis athleta post vulnera, post cruores surgit acerbior, et cautius postmodum ictus excipere, et fortius reddere consuescit. Præformatas leges, et jura et scripta, renuntians omnibus ad secreta migravit. Hæc justitia perfectorum. Reportatur in cathedram vocibus subditorum. Viri,

(63) Hæc verba, et ex falsa decretali, Cornelio papæ tributa, quæ tamen refert Gratian. C. q. 1, Can. Oves.

(64) Ita ms. Ebr., sed forte *exprobrare*, aut etiam melius *asperare*.

quæso, mansuetudinem advertamus. Humilitatis et obedientiæ quod docebat primus in se proponebat exemplum. Egregius prædicator gestabat in manibus gratiam, quam vocis officio filiis erogabat universalis Ecclesiæ, vel commeandi, vel commorandi, seu rescindendi quod fecerat, seu confirmandi publicam monet certamque sententiam, æqui bonique consulit. Satius igitur erit tibi, lingua dolosa, jugi silentio contorpere, quam viri sancti conscientiam, quam nescis, accusare. Tu autem, cor meum (65), et gloria mea, deliciæ regum, principum gratia, decus in clero, amor in populis, exemplar honesti, speculum gratiæ, fidei forma, et nostrorum Orpheus sæculorum, persona fidibus, et modulos dulces vocis adjunge. Age quod agis, prædica virum constantem, discretum, qui sic fugit, ut vinceret, sic vicit, ut victos absolveret. Ita pro subditis se **114** proturbavit in vincula, ut reges traheret vinculatos ad palmam. Posce secretum, coge Pierides, resultantibus organis per varios vocis anfractus ad titulos ejus dulcia laudum cantica moderare. Inter fistulas concrepantes, raucas tibias liceat quæso et calamos quassatos obstrepere. Deliciosa varietas in unam conveniat symphoniam. Tu esto David, et me de numero facito succentorum. Si te per singula sequi non valeo, vel, dum respiras in clausulis, interim plausibus potero personare.

EPISTOLA XXIII (66).

Insectatur hac epistola quemdam hæreticum (67), qui, sicut olim Vigilantius, sanctorum invocationem impugnabat, quod tanto acrius persequitur, quanto impudentius hæreticus iste Hildebertum ejusdem esse secum sententiæ ausus fuerat asserere.

In regno quidem nullus, in errore autem omnis homo sibi consortem quærit. Quod ideo utique fit, quia cuilibet inventioni hominum, consensu multitudinis auctoritas accedit. In ortu suo Ariana suffocaretur impietas, nisi tutores, qui eam educarent, inveniret. Donati schisma perpetuo premeretur silentio, si personam infecisset, non turbam. Tu quoque tanquam doleas oblivione suppressam Vigi-

lantii perversitatem, suscitare eam perhiberis, et tibi socios adhibere, quorum cultu plantatio, quam non plantavit Pater cœlestis, sicca dudum revirescat. His enim, ut aiunt, quid in ista geratur vita sanctorum animas ignorare, atque otiosas ideo esse litanias (68), quibus oramus ut pro nobis orent sancti, quia nec audiunt nos, nec novere quid agatur apud nos. Qua videlicet sanctorum injuria eo gravius anima **115** mea vulneratur, quod quibusdam dixisse diceris, me idipsum sentire, idipsum tenere et docere. In cœlo est Judex meus, quem nec intuentem fallere, nec evadere possum judicantem. Coram eo loquor. Novit ille, qui nunquam in tantum evanui defectum, ut id vel dixerim, vel aliquando senserim quod insensate sentitur, quod periculose creditur, quod casualiter (69) docetur. Ego quidem silere decreveram, et te, quasi non viderim, præterire. Legeram enim illud Apostoli : *Gloria nostra hæc est, testimonium conscientiæ nostræ* (II Cor i, 12). Legeram et Gregorium sic ad Palladium scribentem (70) : « Inter verba laudantium sive vituperantium ad mentem semper recurrendum est; et si in ea non invenitur bonum quod de nobis dicitur, magna tristitia generari debet; » et rursum : « Si in ea non invenitur malum quod de nobis homines loquuntur, in magnam debemus lætitiam prosilire. » Item : « Si nobis testis est in cœlo, testis in corde; » dimitte stultos foris loqui quod volunt. Cæterum, quia suggestum mihi est, alios quoque atramento eodem respersos, assumpsi, et expertum me novitatis hujus ostendere, et refellere professores. Nondum implet episcopum, qui suorum censor, ad vitia silet aliena. Hujusmodi professio delicti arguitur, quoties non arguit delinquentem. Sacerdotis enim est satagere, ne solus Deo placeat, sed socius. Unde et peccare convincitur, nisi bonum quod in seipso diligit, in suo etiam diligat inimico. Hinc est quod ego, frater mi, desidero bonas fieri vias tuas, et studia, tua nec in eorum reperiri numero, quorum sermo sicut cancer serpit, qui narrant fabulationes,

---

(65) Hic forte Marbodum intelligit, et ad laudes Paschalis urget; quippe quem, et charissimum, et poetices, ut ipse, peritissimum (quod plurima ejus carmina testantur) habebat.

(66) *Al.* 51. Scripta circa finem an. 1112 vel initium an. 1113.

(67) Quis fuerit hæreticus ille, prorsus incertum. Libenter in eorum irem sententiam, qui non alium esse putant quam Henricum, quem Roma reversus Hildebertus, profligavit, et a sua diœcesi fugavit. Nullum enim alium hæreticum, cum quo decertaverit, notant Gesta episcoporum Cenomanensium. Quod si hic solum errorem de invocatione sanctorum, et beatarum animarum notitia eorum, quæ hic aguntur, percellat, illum præcipue insectatur, tanquam caput et fontem, a quo cæteri errores ab hæretico Vigilantio exsuscitati, videbantur emanare. Si enim beati in gloria ea quæ apud nos aguntur ignorant, frustra illos colimus, frustra invocamus, frustra illorum imagines, reliquias, passionum instrumenta, etc., veneratione prosequimur. Hanc autem epistolam publicam fecisse, ut apologeticam, probabile est, cum ut fideles, ab hæretico homine delusos, ad veritatem catholicam revocaret, tum

ut suæ ipsius famæ, ut debebat episcopus, consuleret, et scandalum inde, per Sycophantæ impudentissimi calumniam, suis ovibus positum, auferret. Scripta videtur circa an. 1111, vel 1112. De hoc Henrico vide Mabillonium nostrum in Præfatione ad S. Bern. § 6, et quæ de eo diximus in Vita Hildeberti ad an. 1110 et seq.

(68) Erudite notat R. P. Sammarthanus noster, in suis ad epist. 11 S. Gregorii ad Joan. episcopum, Scholiis reg, lib. v, indict. xiii. Solemnes cleri et populi, ad locum pro statione indictum, processiones non raro vocari litanias ab antiquis auctoribus, eo quod in illis litaniæ, seu supplicationes continerentur. Ibi citat, l. xxx Cod. Theodos. *de hæreticis*, ubi Arcadius Augustus interdicit *in omnibus ad litaniam faciendam noctu vel interdiu, profanis coire conventibus.* Sic ipsi Gregorio processio litania vocatur, lib. vi, epist. 34 et 61. Sic nomine Litaniæ hic utitur noster Hildebertus, pro sanctorum invocatione solemni.

(69) Sic Ms. Colb. 4017 et Victor. 292, id est, *casum, seu reatum causando. Al.,* causaliter.

(70) Registri lib. xi, epist. 2, indict. iv.

sed non ut lex Domini Dei. Quibus profecto fabulationibus, memorata jam perversitas accedit, cui resistere constat Ecclesiæ consuetudinem, refragari auctoritatem, deesse rationem. Quod enim universalis Ecclesia litaniis insistat, quod in lacrymis et spiritu contrito dicere consueverit : *Sancta Maria, ora pro nobis*, nec indoctus ignorat, nec doctus, cum audit, impugnat. Nos tamen veritati nequaquam præponimus consuetudinem, scientes quia consuetudini nihil debetur, cui veritas adversatur. Unde et in libro tertio de baptismo parvulorum sic Augustinus ait (71) : « Veritate manifestata, cedat consuetudo veritati. » Item : « Nemo consuetudinem rationi et veritati præponat, quia consuetudinem ratio et veritas semper excludit. » De eodem Cyprianus : « Quælibet consuetudo, quantumvis vetusta, **116** quantumvis vulgata, veritati est omnino postponenda, et usus qui veritati est contrarius abolendus. »

Cæterum, cum veritati consuetudo concurrit, exhibendam consuetudini perhibeo reverentiam, et oportere longiorem usum immobilem custodiri. De quo sic Augustinus in iv lib. De bapt. ait : « (Hoc plane verum est, quia ratio et veritas consuetudini præponenda est, sed, cum consuetudini veritas suffragatur, nihil oportet firmius retinere.) » Fortassis revelatum est tibi desuper Ecclesiam Christi usque ad tua desipuisse tempora, atque Apostolicum illud in te completum : *Si quid aliter sapitis, id quoque Deus vobis revelavit* (*Philipp.* iii, 15). Felix, qui solus Ecclesiæ factus es cœlestium interpres secretorum ! Credebam tantummodo Paulum raptum in paradisum, et audisse arcana verba quæ non licet homini loqui. Sed et tu forsan raptus es illuc, et inde hæc attulisti verba, quæ non licet homini loqui. Sed quod signum ostendis nobis ut credamus tibi ? Quis sanctorum tuæ huic astipulatur doctrinæ ? Nunquid est tibi auctoritas, qua mihi silentium imponas ? Sentio enim, sentio et dico sanctorum animas jam cum Christo regnantes scire quid agatur a nobis et easdem, cum oportet et expedit, orare pro nobis. Non loquor ex spiritu meo. Infirmum et debile testimonium quisque sibi. Habeo mecum plures auctoritatis animas, quas et meritum pastores animarum fecit, et Spiritus Dei omnem docuit veritatem. Decepit me vigilantia tua (72), nisi legeris in xii lib. super Moralia his scribentem verbis (73) : « Sicut hi qui adhuc viventes sunt, mortuorum animas quo loco habeantur ignorant, ita mortui, vita in carne viventium post eos qualiter disponantur nesciunt, quia vita spiritus longe est a vita carnis. Et sicut corporea atque incorporea diversa sunt genere, ita etiam distincta cogi-

tatione. Quod tamen de animabus sanctis sentiendum non est, quia quæ intus omnipotentis Dei claritatem vident, nullomodo credendum est, quia sit foris aliquid, quod ignorent. » Item Gregorius in Moral. : « Sanctorum spiritus interius exteriusque sentiendo distenti sunt, quia ipsum fontem scientiæ contemplantur (74). Quid enim de his quæ scienda sunt nesciunt, qui scientem omnia sciunt ? Eorum itaque scientia, comparatione nostræ valde dilatata est, sed tamen comparatione divinæ scientiæ angusta ; sicut et spiritus mortuorum comparatione quidem nostrorum corporum spiritus sunt, sed comparatione summi et incircumscripti **117** spiritus, corpus (75). » Post hanc itaque Gregorii assertionem, qua temeritate dices spiritus justorum omnino ignorare quid in hac agatur vita, nisi majori dementia dixeris, quia spiritus justorum nulla post hanc omnino sit vita ? Quod de illis, et sentire impium et hæreticum attestari. In hanc enim prolabi insaniam, spem cœlestium evacuat præmiorum, et ei miseriæ addicit, de qua sic Apostolus ait : *Si tantum in hac vita sperantes sumus, miserabiliores sumus omnibus hominibus* (*I Cor.* xv, 12). Porro, quod pro interpellantibus eædem animæ interpellent, ad Vigilantium, cujus pedissequam fecisti animam tuam, Hieronymus scribens, his eum redarguit verbis (76) : « Dicis in libello tuo quod dum vivimus mutuo orare possumus : postquam autem mortui fuerimus, nullius sit pro alio exaudienda oratio, præsertim cum martyres ultionem sui sanguinis obsecrantes, impetrare nequiverint. Si apostoli et martyres in corpore constituti, adhuc possunt orare pro cæteris, quando adhuc de se debent esse solliciti, quanto magis post coronas, victorias et triumphos ? Unus homo Moyses sexcentis millibus hominum impetrat veniam (*Exod.* xii) ; et Stephanus imitator Dei sui, et primus martyr in Christo, pro persecutoribus veniam deprecatur (*Act.* vii) ; et postquam cum Christo esse cœperunt, minus valebunt ? Paulus apostolus ducentas septuaginta sex sibi dicit in navi animas condonatas, et postquam resolutus, esse cœperit cum Christo, tunc ora clausurus est, et pro his qui in toto orbe ad suum Evangelium crediderunt, mutire non poterit ? (*Act.* xxvii.) Præterea Gregorius in Homilia super : *Si quis vult post me venire, abneget semetipsum*, etc., inscitiam tuam his confutat verbis (77) : « Adsunt defensores nostri martyres sancti ; rogari volunt, atque, ut ita dixerim, quærunt ut quærantur. Hos adjutores vestræ orationi quærite ; hos protectores vestri reatus invenite. »

His auctoritatibus consultis, negare non potes, ani-

---

(71) Locis supra citatis ad epistolam 20 hujus libri.

(72) Mss. Reg. 4103, Colb. 1168, Victorin. 272, habent *mea*. Plures habent *tua*. Melius : *Decepit te vigilantia tua, nisi*, etc.

(73) Caq. sc. 21 novæ Edit., pag. 402, ubi pro

distincta cogitatione, habetur *distincta cognitione*.

(74) *Dial.*, l. iv, cap. 55.

(75) Greg. lib. ii *Homiliarum in Evang.* hom. 40 novæ edit., p. 658, t. 1.

(76) Tom. IV, novæ edit., p. 283.

(77) D. Greg. t. 1 edit. novæ, p. 1593.

mas bonorum, vel scire quid agatur a vivis, vel A
eum oportet et expedit, orare pro vivis. Præterea
nimis caligaverunt oculi tui, si non vides rationem
quoque Hieronymi atque Gregorii testimonio suffragari. Nulli enim dubium cæteris virtutibus emi-
nere charitatem. In charitate nimirum tota lex
pendet et prophetæ. Cum juxta Paulum evacuentur
prophetiæ, cum linguæ cessent, cum scientia destruatur, charitas nunquam excidit. Postremo excidit fides, excidit spes, charitas nunquam excidit.
Unde, cum præmisisset Apostolus : *Nunc autem
manent fides, spes, charitas, tria hæc* (I Cor. xiii,
13), subjunxit dicens : *Major autem horum est charitas (ibid.).* **118** Ideo utique major, quia cum
fides evacuetur et spes, charitas manet in æternum.
Manet, inquam, non eo tamen arctata modulo, quo B
diligitur in hac vita proximus et Deus, sed tanto
major, quanto plenius post hanc vitam et in Deo
cognoscitur proximus, et in seipso Deus. Qui enim
plus metent quam seminaverunt, plus quam dile-
xerunt diligent, quia ex debito dilectioni additur,
cum meritum præmio superatur. Hoc incrementum
charitatis Isaias considerabat, cum dicebat : *Dixit
Dominus, cujus ignis est in Sion, et caminus ejus in
Jerusalem* (Isa. xxxi, 9). Nosti, frater mi, Sion *speculam,* Jerusalem vero *visionem pacis* interpretari.
Et quidem sanctorum animæ, dum mortalitatis
hujus circumferunt corpus, in Sion esse dicuntur;
scilicet a longe speculantes, quam sperant et præstolantur mercedem. Sunt autem eædem in Jerusalem, quando, sarcina carnis deposita, facie ad faciem Deum vident, mutantes imperfectum plenitu-
dini, spem muneri, imaginem veritati. In illa Sion
erat Apostolus, cum dicebat : *Videmus nunc per
speculum in ænigmate* (I Cor. xiii, 12). Hanc sibi
Jerusalem promittebat, cum submittebat : *Tunc autem facie ad faciem (ibid.).* Item idem : *Nunc cognosco ex parte; tunc autem cognoscam sicut et
cognitus sum (ibid.).* Est igitur ignis in Sion, et
caminus in Jerusalem, quia fervor charitatis modicus est in hac vita, plurimus in futura. In hac
igniculus, in futura caminus. Hic portio, ibi plenitudo. Veniet enim quod perfectum est, et evacuabitur quod ex parte est. Si id tamen verum est quod
asseris, animæ sanctorum, quos *neque angeli, neque
principatus, neque potestates, neque instantia, neque
futura, neque altitudo, neque profundum, neque
creatura aliqua potuit separare a charitate Christi*
(Rom. viii, 58), charitatem simul exuunt et carnem.
Et qui propter nomen Domini mortificati sunt tota
die, atque æstimati sicut oves occisionis, tunc
desinunt diligere Deum cum præcipue cognoscunt,
quod diligendus sit etiam inimicus propter Deum.
Cum enim, teste Gregorio, nihil foris sit quod
ignorent animæ sanctorum, quæ scientem omnia
sciunt, quis dicet ab eis proximum diligi, qui proximi clamores audiunt, et nunquam exaudiunt;

pulsari sciunt et aperire despiciunt, vel nesciunt,
angustias vident et viscera claudunt? Quid charitati, et eis quibus afflictorum gemitus nullam extorquent compunctionem, nullum lacrymæ momentum,
quæ, inter cæteras supplicationes, principatum sibi
vindicant impetrandi? Quia igitur eis deest dilectio
proximi, deest et Dei; neque enim vel sine proximo
Deus vel sine Deo proximus diligi potest. Testatur **119**
hoc Joannes his scribens verbis : *Qui non diligit fratrem suum quem videt; Deum quem non videt, quomodo potest diligere?* (I Joan. iv, 20). Item : *Hoc
mandatum habemus a Deo, ut qui diligit Deum, diligat et
fratrem suum* (I Joan. iv, 21). Quisquis ergo sanctis
animabus alterum subtrahit, neutrum derelinquit.
Satis jam, nisi fallor, animadvertis, quo tua eva-
getur doctrina, quam lutulentam bibas aquam, ibi
charitatem excidere somnians, ubi charitas nunquam excidit (I Cor. xiii, 8), ubi gaudium est pro
peccatoribus conversis (Luc. xv, 10), ubi, sicut pro
se, sic laudant Deum omnes pro omnibus; ubi Deus
est omnia in omnibus. Resipisce igitur, et si peccatum non invenis apud te, quo necesse sit orare
sanctos ut orent pro te, noli insultare nobis orantibus ut orent sancti pro nobis.

EPISTOLA XXIV (78).

*Cyprianus et Petrus clerici famoso hæresiarchæ
Henrico imprudenter adhæserant. Hos resipiscentes,
et ad saniorem doctrinam Hildeberti suasu rever-
sos, ipse ut sincere Catholicos toti clero commendat.*

Omnibus archiepiscopis et episcopis Hildebertus C
humilis Cenomanorum sacerdos, salutem et orationes in Christo.

Præsentium latores, Cyprianus scilicet et Petrus,
dum disponerent ascensiones in corde suo, descenderunt in lacum mortis, secuti quemdam pseudo-
prophetam, quem qui secuti sunt, persecuti sunt
semetipsos. Henricus is erat (79), magnus diaboli
laqueus et celebris armiger Antichristi. Huic et
habitu religionem et verbis litteraturam simulanti
tandiu præscripti fratres adhæserunt, donec eis et
turpitudo in vita et error innotuit in doctrina. Ubi
enim cognoverunt vias ejus, vias esse non rectas,
prius ad se reversi sunt, dehinc ad nos transierunt,
cujus diœcesim pestis ea sic infecerat, ut renitens
ei clerus vix intra parietes ecclesiæ suam tueretur D
libertatem. Post multas autem tribulationes, Deo
auxiliante, serpens ille crepuit apud nos, patefacta
pariter et ignominia vitæ et veneno doctrinæ. Ex
tunc iidem fratres nostro parentes consilio, ad quod
proposuerunt studium **120** redierunt, vestimento
seductionis, et angelo tenebrarum derelicto. Hæc
ideo, fratres, fraternitati vestræ scripsimus, ne, si
contigerit præfatos juvenes vestras ingredi paro-
chias, ex hujusmodi mutatione aliqua notentur infamia, sed potius utrique congaudeatis, quia uterque mortuus erat, et revixit, perierat et inventus
est (Luc. xv). Valete.

(78) Al. 78. Scripta circa an. 1112.
(79) Is ipse est de quo loquitur in epistola 23

hujus libri, de quo eam consule, et Vitam Hildel-
berti.

EPISTOLA XXV (80).

Monasterii Ebronensis apud Cenomanos depravatum statum, ob abbatis imperitiam et stupiditatem, S. R. E. legato Girardo (81), Engolismensi episcopo, describit, et quid ad ejus reformationem sub ejus auctoritate sit agendum, exposcit.

Dei gratia Engolismensi episcopo, sanctæque Ecclesiæ Romanæ legato, G. I. (82) humilis Cenomanorum minister, salutem, et obedientiæ integritatem.

Est apud nos abbatia (83), quæ dicitur Ebron, possessionibus et re quondam percelebris, vicinisque cœnobiis sola pauperior honestate. Hanc ea, cæteris invidens, inter locupletes redditus, morum mendicat venustatem. Nulla ubi legum custodia, nullus violati censor ordinis invenitur. Cœnobitæ non minus monachum persequuntur, quam si cum turpitudine fœdera pepigissent. Si quid fratrum sumptibus, antecessorum devotione collatum est, in mercedem transit iniquitatis, non in subsidium religionis. Claustrales, quibus conventicula plebis, et sermones otii lex arctior interdicit, plateis pro claustro, scurrilitatibus pro lectione coutuntur. Est eis publica et inexpugnabilis cum mulieribus familiaritas, quibus illæ promissis et præmissis obligatæ munusculis, dies iniquitatis, et noctes infamiæ vindicare comprobantur. Inter tot sacræ professionis injurias, etiam hoc præjudicio respublica premitur, ut quia monachi ab infestatione ordinis non abstinent, ab infestatione monachorum sæculares minime abstineant. Res sanctuarii rapinis expositæ, dispositæ flagitiis, exterius violentia, vinolentia et petulantia interius atteruntur. Tanto rerum pariter, ac morum defectui, **121** pastoris negligentia magnum contulit incrementum. Nihil ei cum abbatis officio, cui nec mores ad exemplum, nec ad doctrinam scientia suffragatur. Primo, quia simplicitate nimia, et cognata stultitia, quid, cui conveniat ignorat. Deinde maturioribus cum personis acquiescere, pertinax et indocilis prohibet improbitas. Ita nec suo sustentatus, nec alieno credens consilio, asininam sibi conformat et exprimit tarditatem. Ille nescius morum revisere officinas, cæteris præsidet ad dispendium sanctimoniæ, non ad judicium culpæ. Neque enim vel occultas explorat offensas, vel manifestis irrogat disciplinam. Quam rarus et inutilis in claustro residet, tam negligens, et in capitulo conticescit. Nam de refectorio quid dicam, de quo sicut ei nulla cura est quid in illo edatur, ita nulla quod [in illo] edatur. Dormitorio quoque tam inexorabile odium indixit, ac si in eo quiescere communiter, materia esset infamiæ,

A non species doctrinæ. Accedit ad hoc ornamentorum ac possessionum distractio, qua nihil relictum est ad decorem domus Domini, nihil ad solatia pauperum, nihil ad conventus alimentum. Dici non potest quoties eum convenerim, quoties præsentibus religiosis abbatibus, hominem increpaverim; nec tamen ideo vel moribus exhibita est reverentia, vel vitiis irrogata disciplina. Porro, ne quid mihi ad ejus correctionem defuisse videretur, sub vestra eum invitavi, et traxi audientia. Ibi, cum negligentiam suam purgare non posset, emendationem promisit, fidem dedit; sed facta sunt novissima hominis illius pejora prioribus (*Luc.* xi). Ut enim de ordine taceatur, quem penitus delictorum exinanivit impunitas, eo usque monachorum substantia declinavit, ut per præfati loci Burgenses, quotidiana stipendia mendicentur. Eo missus abbas Sancti Vincentii (84), vir scilicet consummatæ religionis, quam dilapidatum invenerit ordinem, destinata vobis pagina nuntiavit. Super his ergo, quid vobis placuerit, aut quid in præfatam bestiam statui oporteat, filium vestrum sigillatis apicibus instruatis. Dissipatio fructuum, quos male providus abbas in herbam prævendere consuevit, responsum desiderat festinatum.

122 EPISTOLA XXXI (85).

R. (86) ANDEGAVENSI (87).

Monet episcopum Andegavensem injuste ab illo percussum anathemate quemdam Lisiardum, ob suppositum raptum filiæ Goffridi, cum raptus ille non sit vel verisimilis; imo probat inter eos legitimum intercessisse matrimonium, cum liber utrique intervenerit consensus.

Ne vel deesse justitiæ vel adversus justitiam Lisiardo anathematis videremur immeritam inferre sententiam de sacrilegio et rapina, quorum ipsum arguitis, veritatem diligentius inquirere disposuimus. Itaque secundum tenorem recitati nobis negotii, præfatum Lisiardum nec sacrilegii reum esse manifestum est, nec aliqua filiam Gaufridi impetisse violentia. Quis enim affirmare audeat puellam de monasterio sanctimonialium abstractam, quam maturioris doctrinæ causa sacris admistam virginibus, ad virum egredi pater dictavit, amita eduxit, mater voluit, ipsa consensit? Consensit, inquam, in nullius nisi Lisiardi, sicut ipsa testatur, eo vivente transitura conjugium. Sane consilium sapiens, et maturius suis annis, quo sic harmonia sua legitimis est servata nuptiis, ut eligeretur vir, non infe-

---

(80) Al. 38. Scripta circa an. 1113.

(81) *Girardo*, seu *Gerardo*, continuis pene in Aquitania, et aliis regionibus, sub Paschali II, Gelasio II, Callisto II, et Honorio II, legationibus perfuncto, et octo conciliis ab ipso congregatis, famoso; sed tandem ob negatam sibi ab Innocentio legationem, ad Anacletum antipapam defectionis reo. De quo nihil amplius notandum, ne, quod omnes fere illius ævi sacri scriptores asseruerunt, ad nauseam recantare contingat. Vide Sirmondum ad epistolam 19, 20 et 21. Goffridi Vindocin., et Mabillonium ad epistolam S. Bern. 126.

(82) *I.* Id est Ildebertus, absque H, ut habent quidam mss.

(83) Ipsamet, de qua superius in epistola 20.

(84) Scilicet Guillemus, de quo supra, epistola 10 libri primi.

(85) Al. 42 Scripta circa an. 1113.

(86) Raynaldo de Martigné.

(87) Ita Reg. 4103; et Ebr. episcopo Andegavensi.

rior genere, non conditione abjectior, non minor A potestate. Quantum autem consensus obtineat in matrimonio principatum Nicolaus papa (88), sic Hincmaro demonstrat episcopo sufficiat secundum leges solus eorum consensus, quorum? de conjunctionibus agitur. Qui consensus si solus in nuptiis defuerit, cætera omnia cum ipso coitu frustrantur. De eodem Joannes Chrysostomus : « Matrimonium, inquit, non facit coitus, sed voluntas. » Hoc etiam Urbanus papa non tacuit super Aragonum regem, qui neptem suam cuidam militi se daturum sub fidei promissione firmaverat, canonicum proferens in hæc verba capitulum : « De neptis tuæ conjugio, quam te cuidam militi daturum, necessitatis instante articulo, sub fidei pollicitatione firmasti, hoc æquitate dictante decernimus, ut si illa virum, ut dicitur, omnino renuit, et in eadem voluntatis auctoritate persistit, ut viro illi prorsus se deneget nupturam, nequaquam eam invitam et renitentem, ejusdem viri cogas conjugio sociari. Quorum **123** enim unum corpus est, debet esse et animus, ne forte, cum viro alii invita fuerit copulata, contra Domini Apostolique præceptum, aut reatum dissidii, aut crimen fornicationis incurrat. Cujus videlicet peccati malum in eum redundare constet, qui eam conjunxit in vitam (89-90).

EPISTOLA XXVII (a).

MEMORIENSI EPISCOPO (91).

Cuidam episcopo, ut putatur, Anglo, qui defunctæ reginæ (92) animam Hildeberti precibus commen- C *daverat, promittit huic se et grati animi et charitatis officio non defuturum; simul et illi pollicetur missurum exceptiones decretorum, quas incœperat*

(88) *Sc.* Nicolaus I.
(89-90) Nonnulli autem in præcedentem epistolam irrepsisse videntur errores, sive ab amanuensibus, sive ab ipso (pace tanti viri dixerim) Hildeberto. Et quidem ab amanuensibus, dum in mss. Victorino 272, et Ebroicensi scripserunt *Hicmaro*, et in Colbertinis 2662 et 4017 *Hicmaro;* quod emendantes editionum vulgatores, minus forte intenti posuerunt *Hincmaro.* Ipse vero Hildebertus verba refert Nicolai papæ, quæ in nulla ex ejus epistolis ad aliquem particularem episcopum leguntur, sed quæ desumpta sunt e capite tertio Responsorum dicti Nicolai papæ ad consulta Bulgarorum, id est ad totam gentem, non ad aliquem personaliter episcopum, nec igitur ad Hincmarum. D
Verba etiam D. Joannis Chrysostomi ab Hildeberto relata, citari potuerunt ut ipsius Chrysostomi, quia forte, Hildeberti ætate, nondum patuerat imperfectum opus in Matthæum, unde desumpta sunt , non esse genuinum sancti doctoris fetum.
Denique, quod spectat ad Aragonum regem , de quo hic agitur, nil vetat quin credamus illum ipsum fuisse Sanctium, ad quem Gratian. 32, q. 11, can. *De Neptis*, ait Urbanum II scripsisse, et cujus verba refert ab Hildeberto citata; siquidem Urbanus Romæ sedit ab anno 1087 ad an. 1099. Sanctius vero, sive, ut loquuntur, Sanchez I. Aragonum rex, regnavit ab an. 1087 ad an. 1094. Per quod temporis intervallum , Urbanus II potuit ad Sanctium scripsisse.

(a) † Cfr. *Ann. Eccles. Anglic.* Alford, 118, n° 8.

colligere, statim ac illis supremam manum imposuisset.

Plerumque fit ut ex præteritis, eventum colligamus futurorum. Unde et nos veram amicitiam speramus ex vobis quæ amico sepulto non sepelitur in vobis. Docet hoc animi vestri circa reginam sanctus, et superstes affectus, cui pro ea **124** intervenire non sufficit, nisi ei aliorum etiam impetret interventum. Oratis quidem orari pro ea, sed credimus eam plus posse suis nos adjuvare, quam egere nostris precibus adjuvari. Fateamur enim necesse est eam decessisse Reginam, cui nihil ex opulentioribus deliciis, nihil ex potestatis licentia, nihil ex lenocinio sexus, ad honestatis periculum subrepsit. In ea præter virtutem, nihil virtus invenit. Quem vitæ modum, licet interventu post mortem non egere B noverimus, vestram tamen præcessimus exhortationem, veriti judicium, nisi orationum sedulitatem, quam a nobis Regina promeruit, spontanei potius, quam rogati solveremus. Ingratum coluit, nisi colatur et ipsa pro seipsa. Præterea non solvimur [*al.* solamur] a debito, si interventum nostrum alienus ei comparet interventus. Beneficium namque pro alio remunerare, quam pro seipso, non solvit, sed obligat debitorem. Sane prædestinatis nobis scriniis primo paginæ nostræ capitulo gratias ageremus, nisi sicut in animo, sic et in scripto primum sibi locum regina vindicaret. Sero enim reginæ meminit, quisquis ejus, post aliquid, recordatur. Exceptiones autem Decretorum (93), **125** quas in unum volumen ordinare disposuimus, ad suum finem nondum perductæ sunt. Opus enim hoc liberum curis pectus desiderat, cujus nos epi-

(91) Ita inter duodecim mss. codices solus Reg., n. 4103. Quis fuerit hic *Memoriensis* episcopus, valde videtur obscurum , cum nullibi apud geographos , quod sciam , nec apud quosvis geographiæ peritos, quos accurate consului , aliqua aut urbs, aut provincia, aut episcopatus sic notetur. Probabile satis videtur hunc episcopum transmarinum, aut Anglum, aut Hibernum fuisse, cui piissimæ reginæ charissima fuerat memoria. Forte pro *Memoriensi*, scribendum fuerat *Momoniensi*, seu *Mumoniensi*. In Vita quippe sancti Malachiæ, a sancto Bernardo edita , cap. 4 , *Mumonia* memoratur Hiberniæ pars australis, ubi Malchus de monacho Wintonensi, dicitur assumptus in episcopum, in civitate *Mumoniæ*, nomine *Lesmor*, quæ nunc forte *Limerik*, et huic *Mumoniæ*, cap. 10, dicuntur, ambos reges imperasse. Forsan etiam is Malchus ipse est episcopus, ad quem Hildebertus hanc direxit epistolam; nec enim repugnat ratio temporis. De Momonia consule dictionarium Geographicum Cl. et eruditissimi D. Antonii Baudran, nuper editum , anno 1700, p. 170.
(92) *Reginæ*. Scilicet Mathildis , de qua vide notam ad epist. 4, libri primi. Hæc autem , juxta Ingulphum in Anglia Sacra, obiit an. 1118. Qua defuncta, scripta est hæc epistola.
(93) Exceptiones decretorum, ab Hildeberto inchoatæ, non absolutæ. Mss. Ebr. Roth. et alii habent *Exceptiones*, non *Excerptiones*, ut quidam volunt.
Cum igitur hic Hildebertus expresse Exceptionum, vel, ut quidam dicunt, Excerptionum decretorum ,

 VEN. HILDEBERTI CENOMAN. EPISC.

scopus (94) immunes fecit. Horum tamen jam explevimus partem, atque ad id peragendum quod restat, episcopum deponemus. Peractum vestras veniet in manus, nec opus erit ut pro eo deferendo vester legatus ad nos usque fatigetur. Officii nostri erit vobis illud per nostrum destinari. Vale.

EPISTOLA XXVIII (95).

GIRARDO EPISCOPO (96).

Willelmus de Longeio, seu de Lonleio cuidam Hugoni a Girardo excommunicato, communicans a Gerardi gratia exciderat, in quam tamen, Hildeberto mediante, redierat. Verilus tamen ipse ne injuriæ remissæ non oblitus Girardus, Guillelmum iterum exagitaret, enixe flagitat ab eo indulgentiæ concessæ confirmationem.

Potestati cedit ad gloriam, injurias ulcisci nolle cum possit. Quod fraternitas vestra satis episcopaliter attendens Guillelmo de Longeio (97) induisit, qui pro Hugone, vestro scilicet excommunicato, in Engolimensi concilio (98) agens, dum ejus quæreret gratiam, amisit vestram. In quam licet intercessione nostra redierit, tamen, quia semper suspecta est offensa potestas, adhuc per nos deprecatur **126** sibi in integrum ignosci. Quod eum constabit adeptum, si provectui ejus persona quam offendit non

meminerit, quas nondum perfecerat, non videntur illi facile abjudicandæ, utpote quas saltem inchoaverit, ut ipse in hac epistola testatur, et inter turbas quibus exagitatus est Hildebertus, perficere non potuerit, et quas inchoatas Ivo laboriosus pontifex et studiosus, ad umbilicum deducere susceperit. Alioquin non cadit in sensum, quod duo auctores, locis longe dissiti, eumdem librum, iisdem, et totidem verbis, absque ulla mutua collatione, incœperint, et per plures paginas prosecuti sint. Notandum tamen hoc opus, seu operis initium, in nullo ex plurimis quos vidi mss. Hildeberti reperiri; nec tamen dubitandum sit quin ejus auctor ipse sit, cum id in hac epistola diserte affirmet.

(94) Id est *episcopalis cura.* Ita mss. Ebr. Roth. et alii, non *episcopatus*, ut editi; sicut et hic *episcopum deponemus :* quod majorem habere videtur ἐνεργείαν.

(95) *Al.* 50. Scripta circa an. 1119.

(96) Utique Engolismensi, et tunc legato apostolico. Ita ms. Reg. 4103.

(97) Idem de quo epistola vigesima. Mss. Ebr. 19, *de Lonlegio*, alii *de Lonleyo*.

(98) Tempore Gelasii II habito anno 1118, secundum Labbæum.

(99) Huic igitur interfuit Hildebertus, sed adhuc Cenomanensis episcopus, qui ad Turonensem sedem nonnisi an. 1125 est assumptus.

(100) *Al.* 55. Scripta circa an. 1124. — Porro ex hac epistola, quæ proprie dimissoria est, observare poterit lector, antiquitatis ecclesiasticæ studiosus, necdum Hildeberti temporibus, veterem exolevisse dimissoriarum litterarum usum, pristinamque ab antiquis canonibus sancitam clericorum stabilitatem. Prioribus enim undecim sæculis, quisquis episcopus prior alicui manum imponebat, hunc ita sibi Ecclesiæque suæ vindicabat, ut ab alio episcopo, nec ad ulteriores ordines promoveri, nec alteri Ecclesiæ, nisi de expressa ordinatoris licentia, ascribi posset. *Synodi sententia definitum est*, inquit concilium Taurinense, can. 7, *ut clericum alterius, secundum statuta canonum, nemo suscipiat, neque Ecclesiæ suæ, licet in alio gradu, audeat ordinare.* Idem statuerat concilium Sardicense, pluraque alia eam in rem decreta conciliorum laudari possent. Nec mirum ; quisquis enim clericum ordinabat, hunc sibi suæque

obstat. Absit autem ut sic ad ulsionem remissæ revoletis injuriæ, cujus est, in remittenda ex animo injuria, solem prævenire occidentem. Bis Deo sacrificat offensus et clemens præsul. A tyranno parum differt sacerdos illatæ memor injuriæ. Præterea immeritum persequitur puniens quam remisit offensam. Remisistis autem : Et hoc nobis signum : Guillelmum nobis in præfato commisistis concilio (99), præcipientes ut ex deliberatione nostra super hoc satisfaceret Deo, quod excommunicato vestro communicare præsumpserat. Si quid igitur apud amicum preces amici possunt, sentiat Guillelmus ab animo vestro omnem omnino propulsatum rancorem, quoniam qui potuit offendere, potest et vult offensam devotis redimere obsequiis. Vale.

EPISTOLA XXIX (100).

Gratulatur Ecclesiæ Claromontensis episcopo ob collatum Willelmo viro præstanti archidiaconatum, miraturque apud illam substitutiones hæreditarias invaluisse ad ecclesiasticas dignitates et canonicas, quas illi suadet radicitus exstirpare, ut omnino præceptis legis et gratiæ contrarias.

Reverendissimo ac beatissimo (1) confratri suo, sanctæque Claromontensis **127** Ecclesiæ episcopo,

Ecclesiæ optimo jure comparabat, ordinatioque ipsa velut acquirendi titulus habebatur, adeo ut episcopo, qui prior ordinaverat, aut invito, aut inscio, quidquam ex iis quæ ad divina spectant, agere, vel e diœcesi pedem efferre clerico nefas ; alterique episcopo deinceps ordinanti, velut alienæ possessionis usurpatio esset. Si quando igitur episcopus aliquis dimissorias clerico suo, ut ab altero episcopo ordinaretur, concederet, clericum hunc veluti manumittebat, et quidquid sibi ipse in hunc per ordinationem pepererat, et auctoritatis et juris, alteri episcopo transcribebat. Præclarum hujusce disciplinæ suppeditat exemplum præsens Hildeberti epistola. Guillelmum clericum suum Hildebertus ad subdiaconatum promoverat. Hunc sibi cedi cupiebat Aymericus episcopus Claromontanus, diaconum ab eo ordinandum, Claromontanæque Ecclesiæ sic ascribendum, ut archidiaconi munere in ea fungeretur. Claromontani episcopi votis annuens Hildebertus, hanc ad eum dimissoriam scribit epistolam, qua jus omne quod in Guillelmum per ordinationem comparaverat, transcribit, cumque ad diaconi gradum archidiaconique munus promovendi potestatem Aymerico facit. Similem epistolam Hincmari episcopi Rhemensis ad Eneam episcopum Parisiensem, reperies, tom. I concil. Gall., pag. 669 et 70. Bernonem quemdam ordinaverat Hincmarus. *Quoniam*, inquit Eneas in sua ad Hincmarum epistola, *sine vestra licentia, eum nolumus in nostra Ecclesia diutino tempore immorari, petimus ut de illo nobis canonicas litteras faciatis, quatenus in nostra Ecclesia possimus eum regulariter ordinare.* Dimissoriam rescribens Hincmarus, Bernonem Eneæ concedit, jusque suum in hunc transfert in Eneam, ut eum in Ecclesia Parisiensi ordinare posset. Ea erat dimissoriarum illorum temporum forma, hodiernæ procul dissimilis. Cum enim ab aliquibus sæculis invaluerint vagæ et absolutæ ordinationes sine titulo ecclesiastico, nec jam ordinatio clericum ordinatori mancipet, non sic a proprio episcopo ad ordinationem ab alio recipiendam, dimittitur clericus, ut hujus potestati ac jurisdictioni subjiciatur, illius vero subtrahatur. Imo nil sibi juris, vi dimissoriarum, in ordinatos acquirit episcopus alienus, qui dimissos ordinatione facta, ad proprium episcopum remittere tenetur.

(1) Editi, *benignissimo.* Mss., *beatissimo.*

A. (2) humilis Cenomanorum minister, salutem et A
orationum munus.

Melius me cucurristis, consecutus bravium ad quod
anhelare disponebam. Guillelmo siquidem de Longeio (3) benefacere decreveram, sed aliquid ei melius, providente Domino Jesu Christo, a vobis idem
Guillelmus, audire meruit : *Amice, ascende superius*
(*Luc.* xiv, 10). Sanum profecto consilium, quo factum est ut in Ecclesia Claromontensi archidiaconus
ille assignaretur, cui et ad fructum scientia, et ad
gratiam mores exuberant. Ortus ejus nec lege reparabilis (4), nec abjectus parentela. Ex eo nulla juveni nota inhæsit, nulla ex obscuritate generis confusio. Qui conversatione hominis familiarius usi
sunt, eam intus mansuetam prædicant, et honestam
foris. Integrum et splendidum testimonium. Inde B
factum est ut ad gradum subdiaconatus eum ducerem promovendum, non magis litteraturæ ipsius
deferens quam vitæ. Bonam gero spem quod seipsum
exhibebit vas in honorem, vas ad omne bonum in
domo Domini præparatum. Gratias igitur beatitudini
vestræ de collato agens beneficio, eumdem Guillelmum vobis, et vestræ concedo Ecclesiæ, ab ea, quam
consecratori suo debet obedientia, liberum omnino
et absolutum. Ex abundantia est pro eo intercedere apud vos, quem ultro fecistis non quodlibet
membrum corporis Ecclesiæ, sed oculum. Audivimus autem, et ultra quam credi possit admirati sumus, in vestra matre Ecclesia hæreditario jure canonicas obtineri. Perniciosa hæc et exhæredans hæ- C
reditas. Canonica namque stipendium gratiæ est,
non hæreditatis emolumentum. Perit autem gratia,
ubi hæreditas principatur. Unde et hæreditate canonicum fieri, exire de Ecclesia est, non in Ecclesiam
introire. Qui enim dicunt : *Hæreditate possideamus
sanctuarium Dei* (*Psal.* lxxxii, 13), nec hæredes
sunt Dei, nec cohæredes Jesu Christi. Væ illis
quando judex sedebit cum senatoribus terræ ! Væ,
inquam, illis **128** quos tunc non ex altario vixisse,
sed ex rapto, verbera docebunt, non verba ! obum-
brata enim rapina est, ea quæ electionis, sunt hæ-
reditata vindicari. Fallitur autem quisquis episcopos
tantum electione dixerit assumendos. Electio tam
sub lege quam sub gratia, omnem sanctuarii respicit dignitatem. Deus ipse Moysen, Moyses autem D
ex præcepto Domini septuaginta viros de senioribus
Israel elegit. Non enim præteriit vos, Dominum
Moysi sic locutum : *Congrega mihi septuaginta viros,
quos tu nosti quod senes populi sunt ac magistri, et*

duces eos ad ostium tabernaculi fœderis, faciesque illi
stare tecum, ut descendam et loquar tibi, et auferam
de spiritu tuo, tradamque eis ut sustentent onus populi
tecum, et non solus tu graveris (Num. 11, 16).

Deinde quales et ex qua tribu sacerdotes assumerentur, aut leviæ, seu etiam cæteri, qui tabernaculo
deservirent, non fuit arbitrii, sed præcepti;
non hæreditatis, sed legis. Cum enim solam tribum
Levi Dominus hac sorte dignaretur (*Num.* iii, 17),
nulli tamen ex eadem tribu licuit ultro vel indifferenter ad quam vellet, irrumpere dignitatem, sed
quæ essent vocatæ descripta est proprietas personarum. *Hæc autem omnia*, sicut scribit Apostolus,
in figuram contingebant illis (*II Cor.* x, 11). Lex enim
et præconium gratiæ fuit et exemplum. Inde etiam
est quod universæ dignitates Ecclesiæ suam quærunt
electionem. Si apostolos consideremus, de illis Dominus ait : *Nonne ego duodecim vos elegi* (*Joan.* vi,
71) ; si septuaginta duos, illos etiam a Christo fuisse
designatos Lucas commemorat (*Luc.* x, 1). Siepha-
num et cum eo sex diaconos nulli dubium est apostolos elegisse (*Act.* vi, 5). In his et in eorum successoribus præscripta est Ecclesiæ forma, quam in
electione vel consecratione summorum et inferiorum sacerdotum, seu etiam diaconorum non custodiri, casualis est et vicinus ruinæ provectus.
Cæteros quoque gradus ad minimum usque clericum pro episcoporum deliberatione substituendos
et distribuendos ; judicandos et reformandos canonica **129** censent et prædicant instituta. Perit
autem solis pontificibus collata hæc a Domino potestas, si substituendi canonicum vel aliquid in
Ecclesia disponendi hæreditas alicui facultatem
acquirit. Quid enim episcopo in commissa sibi licebit Ecclesia, in qua clericus arbitrio assignatur
alieno? Quid ibi sacræ poterunt sanctiones, ubi
nascitur, non fit canonicus, ubi plus nuptiis debetur quam meritis, plus genituræ quam gratiæ,
plus foro quam cœlo? Nunquid oblaturus est gratum Deo sacrificium, cui altaria cubile destinat,
cui sacerdotium natales spondent, non mores, parentela, non scientia, laicus generans, non præsul
adoptans? Quem non moveat in Ecclesia Christi
laicum principari, qui, dum in ea substituit canonicum hæredem, pontificis evacuat libertatem. Attamen quod laicis ad disponendas res ecclesiasticas, nullum paraverit auctoritas accessum, Stephanus papa et martyr his ostendit verbis (5) :
« Laicis, quamvis religiosi sint, nulli tamen de eccle-

---

(2) Aymerico, qui ex abbate Casæ-Dei, ad Claromontensis Ecclesiæ sedem promotus est. Vir pius,
et B. Virginis devotissimus cultor.

(3) Ita mss. Colb. 4017, et Victorin. 272, Ebr.
19 *de Lonlegio;* alii *de Lonleyo.* Idem de quo supra
epistola 17 hujus libri.

(4) *Nec lege reparabilis*, id est, *legitimus;* nam
natalium defectus in illegitimis, seu spuriis, ut ad
ordines admittantur, indigent lege, id est ecclesiastica dispensatione reparari.

(5) Locus hic intricatissimus, nec facile enodan-
dus, siquidem Hildebertus citat decretalem, falso

Stephano martyri tributam, et ab Isidoro Mercatore fabricatam. Hanc autem, nec etiam accurate
refert Hildebertus, cujus quidem prima verba,
Laicis, inveniuntur in supposititiis hujus papæ epistolis; sequentia vero, *Si quis*, haud in illis reperiuntur. Et vero Gratianus, 16, q. 7, can. : *Si quis
principum*, illas sub Callisti nomine refert, licet
nec etiam in hujus pontificis falsis decretalibus
inveniantur. Inde contigit quod Hildebertus decretalium compilatione improbe ab Isidoro fabricata
usus fuerit, quod et illi, et pene omnibus illius ævi
scriptoribus, et ipsi etiam Ivoni Carnotensi contigit.

siasticis facultatibus aliquid disponendi legitur unquam attributa facultas, neque deinceps fieri permittimus. Si quis ergo principum laicorum dispositionem seu dominationem rerum sive possessionum ecclesiasticarum sibi vindicaverit, ut sacrilegus judicetur. Clerici vero seu monachi, qui eas per illorum potestatem susceperint, excommunicationi subjiciantur. Porro hæreditariam illam canonicorum substitutionem consuetudine tueri velle, vel ignorare vel persequi est sanctarum tenorem regularum. Nolunt illi noxiam abolere consuetudinem, et irritum fieri usum, cui nec auctoritas adest, nec ratio suffragatur. De hoc Augustinus in quarto libro De baptismo sic ait (6) : « Frustra quidam, qui ratione vincuntur, consuetudinem nobis objiciunt, quasi consuetudo major sit veritate, aut non sit in spiritualibus sequendum, quod in melius fuit a Spiritu sancto revelatum. » Idem in quarto libro **130** De unico baptismo (7) : « Veritate manifestata, cedat consuetudo veritati. Plane quis dubitet veritati manifestæ consuetudinem cedere? » Idem in libro De baptismo : « In Evangelio Dominus : *Ego sum*, inquit, *veritas* (*Joan.* xiv, 6). Non dixit : *Ego sum consuetudo*. Revelatione igitur facta veritatis, cedat error veritati, quia et Petrus qui circumcidebat, cessit Paulo veritatem prædicanti. »

Igitur, cum Christus veritas sit, magis veritatem, quam consuetudinem sequi debemus, quia consuetudinem ratio et veritas semper excludit. De eodem Cyprianus (8) : « Quælibet consuetudo quantumvis vetusta, quantumvis vulgata, veritati omnino est postponenda, et usus qui veritati est contrarius abolendus. » Isidorus in Synonymis, libro secundo (9) : « Usus auctoritati cedat. Pravum usum lex et ratio vincat. » Quia igitur noxiæ consuetudini tam multa resistit auctoritas, vobis, beatissime præsul, incumbit de domo Domini hæreditarium amovere piaculum. In quod negligenter agere pontificem, pontifici cedit ad pœnam. Judicialis enim excessus est, in Ecclesia Christi, vel indebite aliquid præsumere, vel quod præsumptum reperitur, incorrectum derelinqui. Oza, dum titubanti arcæ indebito subveniret obsequio, ab angelo præfocatus expiravit (*I Reg.* xv). Nadab et Abiu filios Aaron ignis egressus a facie Domini ideo devoravit, quoniam thuribulis arreptis ignem alienum offerre præsumpserunt (*Num.* liv). Oziam, quia summi sacerdotis prærogativam usurpavit, lepra percussum

sacra tradit historia (*I Paral.* ii). Core, et qui cum eo thuribula schismatis assumpsere, de tribu Levi descendisse memorantur; eos tamen, quia incensum indebite obtulerunt, terra vivos absorbuit (*Num.* xvi). Hæreant vestris mentibus, charissimi fratres, sublata de incendio thuribula, quæ Dominus, ne quis in Ecclesia sibi arrogaret aliquid indebitum, altari præcepit affigi ad monumentum. Non enim minus prodest iniquitatis pœnam, quam virtutis **131** præmia recenseri. Nimirum pœna timorem generat, qui de servo facit et filium. Quod si filium et hæredem; hæredem quidem Dei, cohæredem autem Jesu Christi. Hoc timore timere, fratres, mementote, qui dum facitis forensem de Ecclesia possessionem, debitum de gratia construitis ædificium, cui nullum suppositum est fundamentum. Super arenam, fratres charissimi (10), ædificatis. Vestrum hoc ædificium Veritatis testimonio ruinam pollicetur. Testimonio Veritatis pluvia descendet, venient flumina, flabunt venti, et irruent in ædificium, et cadet, et erit ruina ejus magna (*Luc.* vi, 49). Nolite, filii, nolite ponere partem vestram cum eis qui dixerunt : *Hæreditate possideamus sanctuarium Dei* (*Psal.* lxxxii, 13). Deus ultionum persequetur illos in tempestate sua, et in ira sua turbabit eos. De vestro quoque, reverendissime præsul, de vestro, inquam, agitur periculo, nisi explantare satagitis plantationem quam non plantavit Pater noster cœlestis (*Matth.* xv), nec assumpta est de ligno cujus *folium non defluet, et omnia quæcunque faciet prosperabuntur* (*Psal.* i, 4). Plantatio hæc, plantatio lethalis, nec suo plantatori perniciosior, quam ei cujus negligentia jam plantata coaluit. Non enim immunis est a malefacto, quisquis antecessoris sui malefactum, cum possit, non corrigit. De hoc enim Hilarius papa sic ait : « Quod quis commisit illicitum, aut a decessoribus suis invenit admissum, si proprium vult vitare periculum, damnabit. » Item idem : « Nos in nullo volumus severitatem exercere, sed qui in causis Dei, vel contumacia, vel aliquo excessu deliquerit, aut ipse quod perperam prædecessor ejus fecit, abolere noluerit, in se, quidquid in alio non resecavit, inveniet. » Porro, si quis eradicantem manum vestram, vel contumacia, vel quolibet ausu (quod absit!) reprimere tentaverit, ipse debitam sacrilegii experietur ultionem. De hujusmodi namque papa Stephanus his scribit verbis : « Sunt quidam qui vel violentia vel favore non permittunt Ecclesias

---

(6) Cap. scilicet 5 novæ editionis, pag. 124.

(7) Ibid.

(8) Apud D. Cyprianum in conc. Carthaginensi, de baptizandis hæreticis, in episcoporum sententia 63 sic habetur : « In hæreticis, sine Ecclesiæ baptismo, admittendis, nemo consuetudinem rationi et veritati præponat; quia consuetudinem ratio et veritas semper excludit. » Edit. Oxon., pag. 240. — Cypriani sensum, non ipsa verba hic refert Hildebertus, ex S. martyris epistolis ad P. Pompeium et Jubajanum.

(9) Cap. 16, ubi sic habetur : « Multa sunt consuetudine vitiata, multa pravo usu præsumpta..... Adime consuetudinem, serva legem. Cedat consuetudo auctoritati. Pravum usum lex et ratio vincat. Inde sane in canonem, dist. ii, a Gratiano invectum : « Usus auctoritati cedat : pravum usum, » etc.

(10) Non igitur soli Aymerico scripta est hæc epistola, sed toti Ecclesiæ Claromontensis clero.

regulariter ordinari. Illos etiam decernimus ut sacrilegos judicandos. » Hæc vobis scripsimus, charissimi fratres, exhortandi potius gratia, quam docendi. Quæ dum exaravimus, exoravimus scrutantem renes et corda, ne pateretur vos in eam declinare opinionem, ut ascriberetis jactantiæ, quod impensum est charitati. Hoc excessu libera est anima mea, **132** licet se gravioribus delictis obnoxiam non audeat diffiteri. Vicem mihi rependetis, si diligitis me, et oratis pro me.

EPISTOLA XXX (11).

HONORIO SUMMO PONTIFICI.

Hildebertus paulo post suam de Cenomanensi episcopatu ad Turonensem archiepiscopatum assumptionem, varios in Armorica sibi ut metropolitano, subjecta detectos abusus exstirpare satagens, anno 1127, cum suffraganeis episcopis apud Nannetes concilium cogit. Hujus statuta ab Honorio summo pontifice confirmari enixe postulat.

Beatitudini vestræ, reverendissime Pater, decrevimus exarandum, quod ex suggestione venerabilis Britannorum comitis, pariterque provincialium consilio episcoporum, in Britanniam descenderimus, ubi præter alias multiformes et abhorrendas enormitates, matrimonia quidem, incestus, sanctuarium autem Domini hæreditaria successio polluebat. Quapropter, convocatis eisdem episcopis et abbatibus, multisque religiosis et sapientibus viris, in urbe Nannetensi triduo sedimus in ea synodum celebrantes, ex qua, largiente Domino, et Ecclesiæ honorem, et populo magnum constat emersisse fructum. Siquidem usque in diem præfati conventus, hujusmodi consuetudo in terra comitis exstiterat, ut decedente marito vel uxore, universa decedentis mobilia in proprietatem potestatis transirent. Præterea quidquid evadebat ex naufragio, totum fiscus lege vindicabat patriæ, passosque naufragium miserabilius violentia principis spoliabat, quam maris rapina, quam procella. Utramque autem exactionem sub oculis totius concilii comes in manu nostra deposuit, postulans in eos excommunicationis gladium extendi, quicunque aliquando vel manumissa repetere, vel manumissionis plenitudinem minuere attentarent. Totus itaque confessus et gratiarum actione beneficium prosecutus est, et persecutus anathemate beneficii distractorem. De incestuosis autem conjugiis hoc universitati considentium placuit, ut episcopi quidem in omnibus suis conventibus, reliqui vero sacerdotes in Ecclesiis suis, talia contrahi matrimonia publice prohiberent, eos **133** quoque excommunicationi subjicerent, quicunque post præsentis actionem synodi scienter inirent incestuosarum fœdera nuptiarum (12). Placuit et hoc universis, et ad incutiendum cæteris

metum, ut filii ex hujusmodi commistione deinceps generati, velut spurii haberentur, et ad legitimos hæredes jus paternum transiret. Porro in ordinibus celebrandis canonicas sanctiones et diligenter attendi jussimus, et inoffense custodiri. Ordinari filios sacerdotum, nisi prius canonici regulares aut monachi fierent assensu communi nobiscum synodus interdixit. His autem, quos jam ordinatos constabat, abolendæ successionis intuitu, in ecclesiis in quibus patres eorum ministraverant, ministrandi abstulimus facultatem. Præbendas et quaslibet Ecclesiæ dignitates rigore quo decuit inhibitum est hæreditate obtineri. His addita sunt, et alia in hunc modum, quibus ex canonicis prodeuntibus institutis præsens synodus et assensum præstitit et servanda decrevit. Hæc igitur vobis, sancte Pater, significanda censuimus, quatenus acta canonice vestra confirmare dignetur auctoritas, et datis ad episcopos litteris, communiter exhortari omnes, ut quæ cum eis facienda sanximus in Christo, et docenda, ipi quoque cum Christo facere studeant et docere. Illam præterea manumissionem de naufragiis et de substantia morientium, quam comes in manu nostra deposuit, vos, beatissime Pater, non gravemini confirmatione apostolica roborare, ac prohibere ne quis omnino eam rescindere, vel aliqua ex parte minuere præsumat. Conservet vos Dominus Ecclesiæ, Pater sancte.

EPISTOLA XXXI (13).

Hac epistola confirmat Honorius II, summus pontifex, quidquid actum didicerat per præcedentem epistolam ab Hildeberto et suffraganeis ejus in concilio Nannetensi.

Honorius episcopus, servus servorum Dei, venerabilibus fratribus Turonensis metropolis suffraganeis episcopis, salutem et apostolicam benedictionem.

Charissimi fratres, Hildebertus Turonensis archiepiscopus, sicut bonus **134** pastor pro grege suo vigilans, convocatis fratribus sapientibus, et aliis religiosis viris, quemadmodum ex suarum litterarum inspectione cognovimus, in Nannetensi civitate de more metropolico concilium celebravit, ibique de incestuosis nuptiis, et spuriis sacerdotum filiis, et de his qui quasi hæreditaria successione ecclesiastica peterent beneficia, pertractans, corrigenda correxit, et statuenda constituit. Universitati ergo vestræ mandamus, quatenus ea quæ ab ipso, juxta sanctorum Patrum decreta, ibi ad honorem Dei et salutem populi statuta esse noscuntur, irrefragabiliter observetis. Sicut enim in humani compage corporis membra famulantur capiti, et obediunt tanquam supremo et provisori, ut sic persona ser-

---

(11) Al. 65. Scriptura anno 1127. Vide Vitam Hildeberti, p. 36 et seq. — Habetur hæc epistola apud Labbæum Concil. tom. X, sicut et sequens Honorii confirmatio. Nec aliquid aliud de hoc Nannetensi concilio, præter duas has epistolas, in quibusvis editionibus Conciliorum invenitur.

(12) Simile quid in concilio Pictaviensi statutum

fuerat anno 1100, ut scilicet filii presbyterorum, et cæteri in fornicatione nati, ad sacros ordines non promoverentur, nisi aut monachi fierent, aut in congregatione canonica regulariter viventes, prælationes vero nullatenus haberent, cap. 1, de ætate et qualitate ordinandorum. Baron. ad ann. 1100.

(13) Al. 66. Scripta anno 1127.

vetur incolumis, ita fidelium mentes unius voluntatis [unius effectæ voluntatis] pro custodienda unitate
fidei et statu Ecclesiæ, suis debent humiliter parere
prælatis. Ad hæc pravas illas cònsuetudines a comite Britanniæ in manu præfati archiepiscopi in
conspectu synodi refutatas, alteram quarum maritis vel uxoribus decedentibus bona eorum mobilia
a potestate sæculari diripiebantur, alteram vero
qua illi, qui naufragium evaserant, et in portu postmodum spoliabantur, damnamus, et ne quis eas
futuris temporibus renovare præsumat auctoritate
apostolica interdicimus. Iniquum enim esse censemus ut quem divinæ clementiæ magnitudo a sævientis pelagi voracitate diverterit, hominum sæva
rapacitas audeat spoliare. Piorum namque imperatorum emanavit auctoritas, etiam ut earum rerum
quæ in tempestate maris, levandæ navis gratia emit-
tuntur, non amittatur dominium. Non enim quis
eas eo animo abjecit, quod habere nolit, sed quod
periculum effugere possit ; et qui res ipsas lucrandi
animo abstulerit, furtum committit.

Datum Laterani, xiii Kal. Junii.

EPISTOLA XXXII (14).

Pro canonicis Sancti Martini apud Honorium II
papam, in cujus indignationem ecclesiæ suæ jura
propugnantes incurrerant, Hildebertus intercedit.

Non (15) paucis declaratur privilegiis, quantum
ecclesiæ Beati Martini **135** Romani detulerunt
pontifices, quantamque providerint libertatem. Quam
dum præfatæ ecclesiæ canonici, salva reverentia
vestra, tueri niterentur, fortassis prolapsi sunt,
suamque dignitatem quærentes obtinere, derogave-
runt alienæ. Eorum transgressionem, sanctissime
Pater, non purgo, non excuso, non minuo, quibus
vel levis error ad judicium cedit, si Romam offendit. Cæterum generaliter ex charitate debemus, ut
supplicemus ad veniam, si frater declinat ad culpam.
Charitas igitur nos compulit ad ostium pulsare misericordiæ, atque pro fratribus interpellare apud
Petrum, cui septuagies septies dimittere præcipitur,
si toties in eum delinquatur (*Matth.* xviii, 22).
Sicut autem prædicti testantur canonici, nihil adversus apostolicam præsumptum est majestatem ;
nihil quod authenticis non purgetur privilegiis. Quæ
si vel auctoritate conferentium, vel processu temporis stabilitatem meruerunt, rogamus ne mater
filiæ subtrahat gratiam, quam contulit ad quietem.
Neque enim dignitatem minuit apostoli libertas impensa confessori. Nec nos ita Martinum venerari

quærimus, ut Petrum conculcemus. Si vero prædicta
minus se defendunt privilegia, parcat filiis Pater,
et indulgeat ex misericordia quod admissum est ex
ignorantia. Conservet nobis Dominus sanctitatem
vestram, et præparent nobis orationes vestræ viam
qua prospero eventu liminibus apostolorum præsentari mereamur.

EPISTOLA XXXIII (16).

Hac epistola, quæ videtur quasi encyclica, cum nulli
nominatim dirigatur, queritur Hildebertus se a rege
Francorum varie pro Ecclesiæ juribus exagitatum
ab omnibus sine subsidio et sine solatio deseri,
maxime vero ab iis quibus ex officio incumbebat
se cum illa tueri. Regi tamen censet non dure, non
pertinaciter, sed placide et cum debita regiæ di-
gnitati reverentia, quod æquum est insinuandum.
Cæterum asserit se in suis ærumnis jactaturum
cogitatum suum in Domino, quem sicut et Joseph
et David fore sibi subsidio nunquam desperabit.

In adversis nonnullum solatium est, tempora sperare lætiora. Diutius spes hæc **136** mihi blandita
est, et velut agricolam messis in herba, sic animum
meum prosperitatis exspectatio confortavit. Cæterum jam nihil est quo serenitatem nimbosi temporis
exspectem, nihil est quo navis, in cujus puppi se-
deo, crebris agitata turbinibus, portum quietis at-
tingat. Silent amici, silent sacerdotes Jesu Christi.
Denique silent et illi quorum suffragio credidi regem
mecum in gratiam rediturum. Credidi quidem, sed
super dolorem vulnerum meorum rex, illis silentibus, adjecit. Eorum tamen erat gravamini Ecclesiæ
canonicis obviare institutis. Eorum erat, si res postulasset, opponere murum pro domo Israel. Verum
apud serenissimum regem opus est exhortatione
potius quam increpatione, consilio quam præcepto,
doctrina quam virga. His ille conveniendus fuit, his
reverenter instruendus, ne sagittas suas in sene
compleret sacerdote, ne sanctiones canonicas evacuaret, ne persequeretur cineres Ecclesiæ jam sepultæ, cineres in quibus ego panem doloris manduco, in quibus bibo calicem luctus, de quibus eripi
et evadere, de morte ad vitam transire est. Inter
has tamen angustias, nunquam de me sic ira triumphavit, ut aliquem super Christo Domini clamorem
deponere vellem, seu pacem ipsius in manu forti et
brachio Ecclesiæ adipisci. Suspecta est pax ad
quam, non amore, sed vi, sublimes veniunt potestates. Ea facile rescindetur, et fiunt aliquando novissima pejora prioribus. Alia est via qua compendiosius ad eam Christo perducente pertingam. Ja-

---

(14) Al. 18. Scripta circa annum 1127.

(15) Non paucis sane, quia revera permultis privilegiis regalem, et Sancti Martini sepulcro insignem Ecclesiam, plures honestarunt summi pontifices, dum adhuc regularis esset, et ibi floreret
monasticus ordo sub Regula sancti Benedicti. Cum
autem monachis canonici successissent, summam
curam adhibuerunt, ut a summis pontificibus, et
Francorum regibus, privilegiis monachis ante concessis, ipsis potiri liceret. Quod et illis ita concessum est, ut usque hodie illis, nemine refragante,
libere fruerentur. De his vide R. P. Badierium in

suo Gallico De sanctitate status monastici, libro,
ubi doctissime et fuse agit de privilegiis basilicæ
Sancti Martini Turonensis.

Præcipuum vero privilegium immunitatis a jurisdictione episcopali concessum est, circa ann. 668,
a Crothberto archiepiscopo Turonensi. Quod deinde,
circa ann. 672, summus pontifex Adeodatus confirmavit, et Ibbo, circa annum 720, ratum habuit et
auxit, ut notat doctissimus noster Mabillonius in
sua Diplomatica, lib. vi, num. 35, p. 487.

(16) Al. 75. Scripta circa ann. 1128. *De qua vide*
ejus Vitam.

ctabo cogitatum meum in Domino, et ipse dabit **A** mihi petitionem cordis mei (*Psal.* LIV, 23). Recordatus est Dominus Joseph, cujus pincerna Pharaonis oblitus, dum prospera succederent, interveniendi pro eo curam abjecit. Recordatus est et David pueri sui, quem a suo etiam filio derelictum, et triumphis extulit, et regni gloria sublimavit. Fortassis recordabitur et mei, atque in desiderato littore navem sistet fluctuantem. Ipse enim est qui respicit in orationem humilium, et non spernit preces eorum (*Psal.* CI, 8). Ipse est in cujus manu corda regum cerea sunt. Quocunque sibi placet, ea solus inclinat, et allevat in quam vult formam. Si invenero gratiam in oculis ejus, gratiam regis vel facile consequar, vel utiliter **137** amittam [*al.* attingam]. Siquidem offendere hominem propter Deum lucrari **B** est gratiam Dei.

EPISTOLA XXXIV (17.)

Legatum apostolicum (18) *obsecrat, ut eum pro iuribus Ecclesiæ a rege Francorum multa passum, ipsi regi reconciliare satagat.*

Ad vestrum, beatissime præsul, ingressum, gaudio magno gavisus est spiritus meus, jucunditatem induens et exsultationem. In eo siquidem mihi suscitata est spes, indignationem præcellentissimi Francorum regis circa me leniri posse, cujus, dum ⁊elor legem Domini, gratiam amisi. Cum enim ex præcepto Romani pontificis de episcopatu Cenomaxensi ad Turonicam metropolim transissem, archidiaconatum in ea et decaniam personis vacantes inveni. Deinde peracto fere in eadem metropoli anno, regis **C** litteras accepi, continentes regem præscriptas dedisse dignitates, atque mihi præcipere quod personas, quibus eas ipse dederat, in sedibus earumdem dignitatum mittere non differrem. Quo audito nolui in causa Dei contra Deum parere potestati, sciens melius esse Deo magis quam hominibus obedire. Attendens tamen oportere conveniri regem, atque ut ab hujusmodi temperaret admoneri, ad eum profectus sum. Cæterum inexorabilem inveni christum Domini. Inveni eum plus quam deceret christum Domini obduratum. Denique nec bonam spem ab eo reportans, agendi cum eo diem suscepi. Adfui statuto die et loco in audientia eorum qui convenerant paratus respondere objectis, et canonicum subire **D** judicium. Dehinc audita utriusque partis causa, cum ego adhuc debitum exspectarem judicium, rex mihi per seipsum prohibuit, ne quidquam de prædictarum reditibus dignitatum aut præsumerem aut ordinarem. Frustra preces attuli, frustra protuli plurima, quibus in manifestis etiam injuriis iratam deceret mitescere potestatem. Arguar mendacii, nisi vene-

rabilis Andegavorum episcopus, nisi non plures cum eo sacerdotes mihi testimonium perhibuerint, quod paratus fuerim judicium exsequi; quod eorum subdidi me judicio, qui de me non habebant judicare. Denique sic egressum a rege secutus est nuntius, qui diceret dixisse regem, ne fructus possessionum Turonensis Ecclesiæ, quos regis potestas attingit, ad præfatam deferrentur Ecclesiam, sed fisco **138** deinceps ascripti regiis usibus deservirent : quod ita factum est. Terra quoque ipsius sic mihi suspecta est, ut eam ingredi non audeam. Nec tamen hoc loquor tanquam vobis clamorem super christo Domini deponens, tanquam postulans ecclesiasticæ rigorem disciplinæ. Subveniri Ecclesiæ et mihi per vestrum deprecor interventum, et regi ex charitate suggeri ne sagittas suas in sene compleat sacerdote, ne contra sanctorum Patrum sanctiones insurgat, ne persequatur cineres Ecclesiæ jam sepultæ, cineres in quibus ego panem doloris manduco, in quibus bibo calicem luctus, de quibus vocari a Domino votis omnibus exopto, precibus Dominum interpello. Et quidem desiderio desideravi vestræ sanctitati occurrere, sed ira regis meum impedivit desiderium. Sicut autem mihi significatum est, vobis in Angliam necesse est transfretare, et prudentiæ vestræ injunctam exsequi legationem. Quod si ita est, de quibusdam negotiis a Romana mihi impositis Ecclesia vobiscum locuturus in Northmannia vobis occurrere disposui, si diem mihi et locum significare **C** dignemini. Eapropter exoro, ut et hoc mihi sigillatis designetis litteris, et regis indignationem, quam pro tuenda justitia incurri, circa meam innocentiam mitigare satagatis.

EPISTOLA XXXV (19).

Agit Hildebertus apud summum pontificem, ne episcopis Dolensibus, suffraganeis scilicet suis, pallium et ejus usum concedat, quippe qui soli Baudrico novissime mortuo a papa personaliter concessus fuerat, non pro Dolensi Ecclesia.

Justum est eos spem de reliquis amittere beneficiis, qui gratiarum actione nec primum prosecuti sunt nec secundum. Unde et ego, quia vobis quas debui gratias non egi de præteritis, minus spero de futuris. Ut autem sperare debeam vestra facit **D** benignitas, cui solemne est benefacere vel ingratis. Præterea vestram non latet prudentiam, venialiter eum esse ingratum, qui cum ex impossibilitate benefactori vicem non reddit, habet plenam reddendi voluntatem. Licet igitur ingratitudinis verear argui, tamen adhuc post christum Domini clamo, post Patrem, Turonensis Ecclesiæ lacrymas sic expono. Baudricus Dolensis Ecclesiæ episcopus

(17) Nova ex Spicil. et mss. Scripta circa an. 1128. Vide præfat.

(18) Gerardum scilicet Engolismensem, tunc per

Galliam Honorii II legatum

(19) *Nova ex Spicil. et mss.* Scripta videtur circa an. 1128 (*a*). Vide Hildeberti Vitam.

(*a*) † Epist. 33, falso data ann. 1128 asseritur. Scripta fuit post mortem Balderici, episcopi Dolensis, qui obiit mense Januario ann. 1130

decessit. Eum indebite pallium habuisse Occidentalis Ecclesia nequaquam ignorat. **139** Docet hoc etiam pontificalium catalogus Ecclesiarum, nullam omnino faciens de Ecclesia Dolensi mentionem. Unde diligentius intuenti manifestum est totam Britanniam inter limites Turonensis Ecclesiæ contineri. Nec ego tamen super hac re aliquam discutiendam suscito querelam, quam dudum in Romana decisam Ecclesia religiosæ noverunt et testantur personæ. Testatur hoc ipsum venerabilis papæ Urbani privilegium Turonensi metropolitanæ collatum, cum totam intelligit Britanniam ei tanquam metropoli suæ subjectam, palliumque non Dolensi Ecclesiæ prærogatum, sed personæ. Quapropter ego cum tota Turonensi Ecclesia vos exoro, quatenus ad debitum præfatæ metropoli respiciatis, eique suam reformare dignemini dignitatem. In quo bene nos cognoscemus exauditos, si ei qui in præfata sede est episcopus eligendus, usum pallii vel omnino denegetis, vel nobis et illi diem ad agendum statuatis. Præterea, præfatis precibus addendum decrevi quatenus Andegavensis episcopus, homo Dei et exemplar Christianæ religionis, in causa sua vos benignum inveniat, in qua credimus eum non aliena quærere, sed Ecclesiæ quod suum est vindicare. De cætero nolumus sanctitatem vestram ignorare Stephanum de Monte Sorello præsentem exuisse vitam, Radulphum tamen decanum, cui ad agendum cum præfato Stephano, vestra sublimitas diem dederat ad apostolorum limina fatigandum, nisi misericordia vestra ei parcendum, et laborem transalpinandi relaxandum decreverit. Super hac igitur petitione quid sanctitati vestræ placuerit, nobis et ei tanquam humillimo filio vestro, vestris litteris significare dignemini.

EPISTOLA XXXVI (20).

Honorium II summum pontificem monet de gravi contumelia canonico suo crudeliter æque ac turpiter illata; quid in hoc negotio egerit eum certiorem facit, et quid deinceps ipse summus pontifex agendum censeat, ipse ab eo requirit.

Non dubitamus contumeliam, de abscissione membrorum canonico nostro illatam, ad aures vestras usque pervenisse. De qua videlicet contumelia, cum ipse demembratus (21) adversus quosdam nobis querelam deposuisset, dicens **140** præfatam injuriam eorum consilio et machinamento sibi illatam, nos illis diem dedimus. Adfuerunt simul utrique, accusator et accusatus. Ceterum, nolente accusatore judicium suscipere, sed moratoriam quærente delationem, nos cum accusatis, nisi prius de nostra et totius Ecclesiæ purgarentur contumelia, communicare nolentes, purgationem utriusque sub septima manu legitimarum suscepimus personarum. De cæ-

A tero vestra noverit sublimitas, de illis qui in canonicum manum misere, illumque demembrare præsumpserunt, nos gravissimam exercere justitiam, eumitemque multipliciter [*f.* deest decrevisse] exorare, quatenus de illis rectitudinem suscipiamus. Cui nos respondere distulimus, donec inde vestrum haberemus consilium. Res enim gravissima est, et ut alii a similibus absterreantur, cautissime providendum. Sunt autem qui dicunt quod ipsi demembrato, adversus malefactores incumbat probare injuriam. Qui autem ita sentiant, illi adhærent judicio, quod Carnotense concilium (22), auctoritate litterarum Calixti papæ, de Cenomanensi vicecomite et Lisiardo promulgavit; quo judicatum est ipsum vicecomitem, proclamantem quod homines Lisiardi de maceria cujusdam ecclesiæ, cui ipse vicecomes, egressus de captione, consurgens ad ecclesiam, inhæserat, debere, contactu calidi ferri, probare se violentia hominum Lisiardi, a maceria abstractum (23).

EPISTOLA XXXVII (24).

Hildebertus præbendam Bracerio cuidam, qui eam culpæ suæ enormitate amiserat, ad summi pontificis commendationem, pœnitenti restituisse nuntiat. Simulque quid iterum ipse in causa Radulphi decani et Nicolai canonici fecerit, quidve de ea Girardus episcopus Engolism. et Romanæ Ecclesiæ legatus, statuerit, monet; rogans ut tandem huic negotio, quod ipsam Ecclesiam Turonensem graviter turbaverat, ultimam auctoritate apostolica manum imponat.

Dei gratia sanctissimo Patri suo, summoque pontifici sanctæ Romanæ Ecclesiæ, HONORIO, HILDEBERTUS, humilis Turonum minister, integræ custodiam obedientiæ.

Factum est, beatissime Pater, quod a nobis dignatio vestra **141** postulavit. Etenim Bracerio præbendam, quam enormitate delictorum amiserat, apostolicus restituit interventus. Radulfus quoque beati Mauricii decanus, vestræ sanctitatis iter ad vos assumpsit, conscientia securus, non via, divino conductu, non humano. Qui, si prosperante Deo ad vestram evaserit audientiam, scietis eum non sua fatigari culpa, sed potius odiis et delationibus quorumdam juvenum, de quibus dubium est an magis attriverint famam suam malefactis, an maledictis alienam. Hinc est quod opinionem decani gratuito persequuntur, qui suæ nec rogati parcere voluerunt. Eidem tamen decano sic data est a nobis in capitulo decania, sic ipse substitutus in sede, ut huic ejus promotioni nemo prorsus aut verbo resisteret, aut opere contrairet. Ad mensam debitæ refectionis æquanimiter sederunt omnes, cum gratiarum actione surrexerunt. Agenti decano aliquandiu impensa est et integritas obedientiæ, et facultas disciplinæ. Hanc autem circa eum reve-

---

(20) *Nova ex Spicil. mss.* Scripta an. 1128. De qua vide Vitam.

(21) Non genitalium minutione, ut quidam probabile duxerunt; sed, ut asserit dominus Maan in sua metropoli Turonen. oculorum effossione; quamvis et in hac, et in epistola sequenti. *abscissio* ex-

presse notetur, licet non cujus membri.

(22) Habitum an. 1128, juxta Labbæum.

(23) Nota jus azyli, ita proprium Ecclesiis, ut et ad loca, et ædificia ipsis adjuncta, extenderetur.

(24) Al. 68. Scripta eodem anno quo superior, de eodem negotio.

rentiam temeritas cujusdam Fulconis fratris ipsius, imminuit. A quo et per quem captus est, abscissusque Nicolaus. De qua scilicet abscissione, qua decanum Nicolaus accusaverit, et quod ipse decanus, adjunctis sibi sex venerabilibus personis (25), jurejurando declararit innocentiam, jam nostrarum inspectione litterarum, beatitudini vestræ veraciter innotuit. Præterea innotuit judicio adfuisse venerabilem Cenomanorum pontificem, abbates quoque quamplures, aliosque religiosos et sapientes viros, quorum omnium ad hoc prona fuit sedulitas, ut non mollirent ex licentia judicis sententiam, sed sequerentur canonicæ rigorem disciplinæ. His taliter peractis, non tamen circa decanum quorumdam quievit invidia, qui cum apud eum dilationis materiam non inveniunt, ipsi fingunt. Hi siquidem sunt, quibus est elegantius damnari de mendacio, quam præmium de veritate promereri. Porro, cum ad aures vestras descendisset, præ irrogata Nicolao contumelia, gravem inter canonicos esse discordiam, Ecclesiæ quoque divinum deesse officium, ob reformandam in ea pacem, dominum Gerardum, Romanæ Ecclesiæ legatum, Turonis usque fatigari jussistis. Ubi cum data esset Nicolao, et amicis decani audientia, singuli, prout quisque pulsabatur, suam exsecuti sunt actionem. Deinde prolatum, juxta consuetudinem provinciæ, judicium, **142** conquestus in eo se gravari Nicolaus, apostolici examinis vigilantiam appellavit. Inde factum ut tunc inter Nicolaum et eos de quibus appellaverat Nicolaus, res indiscussa remaneret. Adhuc autem sedentibus episcopis, qui de causa judicaturi convenerant, legatus ex auctoritate sedis apostolicæ præcepit ut si quis canonicorum vel adversus decanum, vel adversus alium aliquam haberet querelam, in medium proferret, super clamore suo, quidquid justitia dictaret adepturus. Idipsum cum legatus de persona decani specialiter, et Bidonis, iteraret, nullus omnino inventus est, qui sibi aliquid esse adversus eos fateretur. Placuit igitur tam legato quam Cenomanensi et Rhedonensi episcopis, pariterque parvitati nostræ, in accusationem decani, sive Bidonis, neminem illorum deinceps admitti, qui si quid adversus eos haberent jussi proferre, siluerunt. Ita bis jam decisa Nicolai adversus decanum et Bidonem querimonia, legatus canonicos diligenter hortatus est ad pacis unitatem reverti, singulos singulis in ordine suo debitam exhibere reverentiam, conversari sic in domo Domini, ut quos dividebat distinctio graduum uniret æqualitas animorum. Quod ut fieri, Pater beatissime, possit, necesse est vos ultimam manum præfato imponere negotio (26).

—

(25) Vide quid sit jurare in septima manu, in nota ad sequentem epistolam.

(26) Quod non apparet fecisse pontificem ; dum enim Radulphus decanus causam suam acturus,

EPISTOLA XXXVIII (27).

Iterum apud summum pontificem se queritur a Francorum rege varie vexatum, ea vero præcipue de causa, quod alium decanum et alium archidiaconum, ab iis quos rex nominaverat, propter ipsorum incapacitatem, episcopali jure, Ecclesiæ suæ providerit. Enuntiat insuper quid egerit in lite inter Radulphum decanum et Nicolaum canonicum, a decani fratre, ut ipse asserebat, et de ipsius consilio turpiter demembratum.

Honorio Dei gratia reverendissimo Patri suo, sanctæque Romanæ sedis summo pontifici, Hildebertus, humilis Turonum archiepiscopus, debitæ integritatem obedientiæ.

Quantis tribulationum turbinibus Turonensis agitetur Ecclesia, vestram, venerande Pater, latere non credo sanctitatem. Adhuc enim Francorum rex innocentiam meam tanto persequitur studio, ut traducat in gravamen **143** Ecclesiæ odium personæ. Quippe quam dum beati Mauricii curtem præfatæ abstulit Ecclesiæ; et, quod constat esse sanctuarii, fisco ascripsit. Tota quoque terra ipsius, mihi, et his qui mecum sunt in domo, suspecta est et clausa, ut nec ego, nec aliquis illorum in ea pedem ponere audeat. His, aliisque premor angustiis, quia zelo zelatus sum legem Domini Dei, quia non sum transgressus terminos quos patres nostri posuerunt, quia dignitates ecclesiasticas nec ex regis præcepto disposui, nec ei disponendi facultatem indulsi. Sciens enim quia oportet magis Deo obedire quam hominibus, prius elegi qui in exsequendis Ecclesiæ negotiis, pondus diei et æstus portarent. Alteri igitur archidiaconatum, alteri decaniam dedi. Nullus omnino fuit, qui ei, quem in decanum promovi, quando promotus est, aliquid opponeret, seu quando in sede fuit collocatus. Omnes gratiam ipsius habebant, omnium ipse. Sequenti autem tempore contigit, ut quosdam canonicorum, qui sub virga erant propter turpia eorum verba, et reprimendorum enormitates operum, decanus, ex officio decaniæ, ecclesiastica corrigeret disciplina. Quam nimis graviter iidem canonici ferentes, adversus eum inexorabili odio exarserunt. Cui scilicet odio plurimum e quadam discordia est additum, quæ inter eosdem canonicos et fratres decani suscitata, ex verbis ad rixam usque pervenit. Ex occasione hujusmodi, simulque suffugio disciplinæ, præscripti canonici de sua egressi Ecclesia, ad regem Francorum, cujus iram circa decanum noverant implacabilem, transierunt, ipsius indignationem, quibus potuerunt dilacerationibus [*al.* delationibus] in eum cumulantes. Cum autem a rege egressi essent, unus ex eis, nomine Nicolaus, a quodam fratre decani captus est, et aliorum auxilio, tam fratrum ejusdem decani quam amicorum demembratus. De quibus cum mihi frater abscissus, lacrymabilem deponeret clamo-

Romam pergeret, ab adversariis, ut suspicio fuit, trucidatus obiit. Vide Vitam.

(27) Al. 67. Scripta eodem anno quo superior, et de eodem negotio.

rem, addidit ut etiam super oceano proclamaret, dicens : Suggestione et consilio ipsius, membrorum se abscissione minutum, cujus violentia ipse tentus fuit et abscissus. Alterum quoque canonicum Herbertum **144** nomine, simili suspicione Nicolaus de illata sibi pulsavit injuria. Pulsanti utrique, et utrique pulsato, diem dedi competentem, in quo, accitis religiosis et capacibus personis, causam, juvante Domino, canonice terminarem. Omnes statuto die affuerunt. Omnes hoc modo suam exercuerunt actionem. Qui pro Nicolao est locutus, dixit Nicolaum, suggestione et consilio decani, demembratum. Ipsum tamen Nicolaum minime suscepturum judicium. Ad hæc decanus : « Non mea, inquit, suggestione, nec meo consilio, sed nec etiam mea voluntate actum est ut Nicolaus abscinderetur. Ut autem super illato mihi scelere purgarer, meamque monstrarem innocentiam, vocatus a meo archiepiscopo, conventum præsentem ingressus sum, libenter exsecuturus quidquid canonice fuerit adversum me judicatum. Sive itaque Nicolaus judicium suscipere differat, seu omnino dimittat, ego tamen Ecclesiæ et archiepiscopo meo, quam sanctiones canonicæ dictant offero purgationem. His dictis, alter simili capitulo pulsatus, simili responsione suum persecutus est negotium. Et quidem quæsitum est si quos testes adversus accusatos Nicolaus haberet. Cæterum, nullus omnino inventus est, nullus nominatus. Quapropter judicatum est decanum, si non pro Nicolao, quibusdam moratoriis causis quærente, judicium differre, pro Ecclesia tamen eum debere purgari, atque in septima manu ordinis sui (28), suam jurejurando declarare innocentiam. Quod et ita factum est. Et eodem quoque judicio Herbertus in ordine suo similem exhibuit purgationem. Hoc idcirco vobis, Pater sancte, scripsi, quatenus si quis aliud sanctitati vestræ de præfato retulerit negotio, vos ipsam cognoscatis veritatem.

EPISTOLA XXXIX (29).

Amico suo Hildebertus impense commendat Radulphum Turonensem decanum (30) injuste a quibusdam improbis vexatum (a).

Usu pariter et necessitate docemur ad amico-

rum suffragia convolare. **145** Hinc est quod ego non solum in necessitatibus meis ad vos currere compellor, sed etiam in meorum angustiis amicorum. Cum igitur ad vos Radulphus accesserit, scitote in eo me vobis loqui, vos etiam precari, quatenus in eo mihi subveniatis, scientes me pro eo loqui devotius quam pro meipso. Quia vero non est meum vos docere quomodo, vel quam devote eum juvetis, hoc tantum vobis significo hanc meam esse voluntatem ut impensiori studio ei subvenire satagatis quam mihi. Quotquot adversus eum convenerunt, filii sæculi sunt, quærentes ei potius incommodare quam Ecclesiæ provenire vel justitiæ.

(b) EPISTOLA XL (31)

Apud Honorium II summum pontificem Hildebertus se excusat, quod negotium de conjugio Hugonis de Credone illi impositum, et una parte renitente, et Francorum rege ipsum ad filii sui coronationem vocante, conficere nequiverit.

HONORIO, Dei gratia reverendissimo ac sanctissimo Patri suo, sanctæ Romanæ Ecclesiæ summo pontifici, HILDEBERTUS humilis Turonorum minister, integræ perseverantiam obedientiæ.

Litteras ad nos, beatissime Pater, vestra dedit sublimitas, continentes ut causam quæ de conjugio Hugonis de redone, et Agnetis uxoris suæ suscitata fuerat, utraque parte convocata salageremus terminare. Quibus cum diem agendi ex vestro dedissemus præcepto, ipsa Agnes et pro brevitate temporis, et pro loco ad quem suos deducere non poterat advocatos, et maxime Guidonem de Lavalle fratrem suum cum comite guerram habentem, se non posse ad causam venire prætendit. Præterea contigit ut, ante diem quam posueramus, Francorum rex ad coronandum filium suum, et in regem ungendum nos invitaret; et in eadem die, quam utrique dederamus, egredi de nostra sede nos tempore et conditione cogeremur. Porro non exaudire regem, cui postulatum debebamus obsequium, et quem vel sic mitigandum speravimus, et in damnum Ecclesiæ cessurum, et in majorem adversus nos indignationem, nemo est qui dubitet. Cum igitur et excusa-

---

(28) Hoc est, cum sex omni exceptione majoribus presbyteris, secum ejus innocentiam jurejurando attestantibus. De hoc modo, quo olim deficientibus testibus se purgabant accusati, vide Ivonem Carnot. epistola 206, ad Hildebertum ipsum, et D. Du Cange in Gloss. Latino, ad verbum *Manus*, ubi explicat quid sit jurare in tertia, quarta, septima, et vel duodecima manu.

(29) Nova e Spicil. et quibusdam mss. Scripta circa an. 1128.

(30) H e Radulphus, dum Romam contenderet, ut de Nicolai canonici *demembrati* accusatione, coram summo pontifice se purgaret, in itinere trucidatus obiit, non sine suspicione adversus Nicolaum, et ejus asseclas, de ejus internecione; de qua ta-

men convinci non potuerunt, illam in obvios prædones, ut potuerunt, rejicientes. Qui casus occasionem præbuit epistolæ, qua Hildebertus deterret summum pontificem ab appellationibus ad curiam Romanam, utpote plerumque frivolis, et solum, ut vocat, remoratoriis, facilius admittendis.

(31) Scripta anno 1129. Quo scilicet Ludovicus Crassus filium Philippum suum primogenitum, qui paulo post infausto casu exstinctus est, in regem ungi Rhemis procuravit; quo Hildebertus cum cæteris prælatis et regni proceribus a rege vocatus est. Porro de regis indignatione, de qua in hac epistola loquitur Hildebertus, vide quæ in ejus vita retulimus.

(a) † Vid. Muratori, *Analect.* tom. III, p. 113, qui eam deprompsit epist. e codice ms. bibliothecæ Ambros.
(b) † Nova e ms. Ebr. et aliis.

tione Agnetis, **146** et vocatione qua vocati sumus A
a rege, præscripto die causam non possemus terminare, competentem ei obtulimus diem, quem tamen
ipse omnino suscipere recusavit. Quod ideo vobis,
Pater sancte, significandum censuimus, ut si quis
vobis aliter id referret, vos et dilationis causam
cognosceretis, et rei veritatem. Conservet vos Dominus Ecclesiæ suæ, Pater sancte.

EPISTOLA XLI (32).

Libertate vere episcopali, sed summa reverentia expo-
nit Hildebertus summo pontifici quam Ecclesiæ et
bonis moribus periculosum sit quaslibet in curia
Romana admitti indifferenter appellationes (a).

Dei gratia excellentissimo ac reverendissimo Patri
suo, sanctæque Romanæ Ecclesiæ summo pontifici
Honorio, humilis Turonorum minister, debitæ integritatem obedientiæ.

Philosophus ait: « Colere officiis, non exasperare
verbis oportet potestatem. » Ideo cumulatis precibus exoro ne vos, reverende Pater, scriptum præsens exasperet, aut velitis, de necessitate, præsumptionem figurare. Etenim necessitate scripsi, eodem,
quo læsus sum jaculo, lædi metuens Ecclesiæ sospitatem. Bonam spem in sinu meo gero, quod scribens pro justitia, gratiam Patris non amittam.
Quaslibet igitur appellationes in Romana vigere vel
suscipi Ecclesia cis Alpes auditum non est, nec ex
sacris traditum institutis. Quod si forte hujusmodi
novitas emerserit, ut placeat indifferenter omnem
admittere appellationem, pontificalis censura peribit,
et omnino contereretur ecclesiasticæ robur disciplinæ. Quis enim raptor ad solam anathematis comminationem non statim appellabit? Quis clericus aut
presbyter, frustratoriæ appellationis refugio, non
putrebit, aut etiam sepelietur in stercore suo? Quis
episcopus habebit in promptu, non omnem dico, sed
dico, sed aliquam ulcisci inobedientiam? Ejus virgam quævis appellatio quassabit, solvet constantiam, severitatem emolliet, adducens illi silentium,
et reis impunitatem delictorum. Sic fiet ut sacrilegia et rapinæ, fornicationes et adulteria, pernicioso
pullulent incremento. Cum præsul ad superfluas
appellationes **147** clauserit ora, cum desierit persequi piorum persecutores locorum, cum punire
manifestam sacerdotum immunditiam, cum viduarum injurias ulcisci et orphanorum. Dilatione nimi- D
rum censuræ facinora fovebuntur, et venient in
profundum iniquitatis impune delinquentes. Præterea quis evangelicum illud implebit præceptum: *Exi*
cito in plateas et vicos civitatis, et pauperes ac de-
biles, cæcos et claudos compelle intrare? (Luc. xiv,
24.) Quis cæcum et claudum intrare compellet, si
cæcus vel claudus qui compelletur appellet. Denique

pro delicto Heli nullus pontificum punietur, quoniam appellationis excusatione suam quisque defendet offensam. Non erit qui Saulum sævientem percutiat, qui Moysi animadversionem imitetur, qui
gestet gladium Phinees, qui misericordiam et judicium Domino simul cantare prævaleat. Exempla
quidem censuræ supervenient. Æmulatores autem
ejus quælibet appellatio sepeliet et vivos. Sane
parva mihi est et exilis scientia, quasi, juxta Job,
inter aquilas in præruptis habitantes cum pullis,
earum sanguinem lambit (*Job* xxxix, 30). Satis est,
non erubesco meam vel attendere vel profiteri mensuram. Inter cæteros sacerdotes tamen ad me pervenit quas appellationes hactenus Cisalpina suscepit
Ecclesia, quas etiam sine offensione sedis apostolicæ renuit et abjecit. Accepi enim, et universitas
Ecclesiæ prædicat quis gravatis judicio subventus
appellationis debeatur. Accepi quod suspectos habens judices, aut infestos, quod formidans vim temerariæ multitudinis, eodem remedio possint et
debeant sublevari. Unde et in decretis papæ Cornelii, capitulo secundo, taliter Ecclesiæ traditum
est (33): « Si quis judicem adversum sibi senserit,
vocem appellationis exhibeat, quam nulli oportet
negari. » Item in eodem: « Nullus sacerdotum causam suam alieno committat judicio, nisi ad sedem
apostolicam fuerit appellatum, sed unusquisque
comprovinciales judices et notos habeat, nisi aliquam vim temerariæ multitudinis illic timuerit,
aut infestos vel suspectos sibi judices habuerit, pro
quibus causis ad majoris auctoritatis judices, et ad
alias provincias appellare et venire concessum **148**
est. » Audivi autem alias appellationes esse, sed
moratorias, nec alicui recipiendas, de quibus in
sacris legibus his legimus verbis: « Quicunque non
confidentia justæ causæ, sed causa afferendæ moræ,
ne contra eum sententia proferatur, appellaverit,
vel si de facto suo confessus, ne addicatur, appellare voluerit, hujusmodi appellationes non recipiuntur. » Et quidem mihi plures esse talium species
appellationum, quas prudens judex ita necesse est
discernat, ut circa judicandos debitam servet in
omnibus æquitatem. Porro ea quæ prærogativam
appellationis obtinent, sicut parvitati meæ monstravit [*al.*, ministravit] auctoritas, perstrinxi. Quæ si
plura sunt, et usque ad tempus (34) cathedræ vestræ, sub apostolica cucurrere vigilantia, confiteor
non transgrediendum quidem terminos quos Patres
nostri posuerunt. Moratorias autem appellationes
et superfluas omnino a vestra elongandas esse audientia. Non sustinendum plantari in horto Domini
toxicum mortis, toxicum quo subventus afflictorum

(32) Al. 82. Scripta circa an. 1129. Huic epistolæ
occasionem præbuit infausta Radulphi decani cædes
de qua supra ad epistolam 37.
(33) Hæ decretales, Hildeberti tempore, ita pro
legitimis habebantur, ut eas et Ivo Carnot. et Burchardus, et ipse postmodum Gratianus, in suis

compilationibus inseruerint; sed cum tandem ex
eadem Isidori Mercatoris officina, in jus irrepsisse
compertum fuerit, nullius ab eruditis censentur auctoritatis.
(34) Ita ms. Ebr., Roth. et alii; editi vero,
ipsius.

(a) † Invenitur ista epist. in Decretis Eccles. Gallican. auctore Bochel, l. VIII, tit. 25.

morietur, quo pontificalis vigor elanguebit, quo justitiæ parcimonia in nihilum revertetur, incrementum autem suscipiet ubertas delictorum.

EPISTOLA XLII (35).

Quamdam eleemosynam ab Henrico Anglorum rege monasterio Fontis-Ebraldi concessam, et quotannis ex Anglia persolvendam, Hildebertus ut ejusdem monasterii patronus, ab Honorio II summo pontifice confirmari postulat.

Honorio reverendissimo Patri suo, sanctæque Romanæ Ecclesiæ summo pontifici, Hildebertus humilis Turonorum minister, debitæ perseverantiam obedientiæ (36).

Et relatione plurimorum didicimus, et re sumus experti, quod apud vestram, sanctissime Pater, vigilantiam, justæ petitiones debitum inveniant effectum. Unde et nos tam devote quam fiducialiter id expetimus a vobis quod et summum pontificem erogare deceat, et Ecclesiæ prosit erogatum. Serenissimus siquidem Anglorum rex Henricus [*scilicet* I] monasterio de Fonte-Ebraldi quamdam in **149** Anglia providit eleemosynam pro remissione peccatorum suorum eidem loco singulis annis in perpetuum exsolvendam. Quam profecto eleemosynam auctoritate sedis apostolicæ confirmari, vestroque muniri sigillo precibus multiplicatis imploramus. Hanc ad vos, beatissime Pater, interventionem pro virginibus Christi suscepimus, quarum sicut exterior, id est apud homines conversatio; sic apud Deum, prout credimus, puritas innotescit. Eapropter volumus ancillis Christi nostrum non deesse interventum. Quod si non meretur exaudiri a Patre filius, mereatur tamen ex Deo aliquam de pia voluntate mercedem. In sinu tamen nostro spes bona reposita est, a Patre filium exauditum iri, quæ ad promerendam servorum Dei gratiam ipsæ solæ sibi sufficiunt.

EPISTOLA XLIII (37).

Non censet Hildebertus licere sacerdoti occidere latronem, ipsum perimere volentem, imo et actu armata manu ipsum invadentem: quòd tamen ita asserit, ut in pari casu tutius arbitretur summum consulere pontificem.

Hildebertus humilis Turonorum episcopus, A. (38) venerabili Dei gratia Claromontensis Ecclesiæ episcopo (39) suo charissimo amico, salutem.

Sicut parvitatem meam vestra docuit pagina, cum latro quidam portitorem præsentium sacerdotem invaderet, et pannis ejus lancea perforatis, eum vellet occidere, sacerdos latronem lapide percussit, et ictus occasione latro mortuus a quibusdam putatur. Pro quo scilicet delicto, jam per septennium,

ab officio Dominicæ mensæ providentia vestra eumdem suspendit sacerdotem. Sane super hoc dignatus estis meum quærere consilium, ni fallor, id ad vestram rescribi desiderantes inquisitionem; si sacerdoti liceat ad sacrum redire officium, quod ei medicinaliter abstulistis. Consideranti ergo mihi quanta in sacerdote postuletur innocentia, et maxime quam immunis debet esse a sanguine, non videtur sacerdotem reum sanguinis oportere deinceps ministrare, quamvis tuendæ salutis necessitate homicidium incurrerit. Quod enim vir Christianus quærere sibi vitam aliena morte non debeat, Ambrosius his ostendit verbis (40): *Quærunt aliqui si sapiens, in naufragio positus, insipienti* **150** *naufrago tabulam extorquere possit, utrum debeat. Mihi quidem, etsi præstabilius videatur usui sapientem de naufragio, quam insipientem evadere, non tamen videtur quod vir Christianus et sapiens et justus quærere sibi vitam aliena morte debeat, utpote qui etiamsi in latronem armatum inciderit, ferientem referire non possit, ne dum salutem defendit, pietatem contaminet.* De reformatione igitur sacerdotis mihi rem intuenti nihil aliud quam quod supra dictum est videtur. Quod si etiam liceat, non tamen expedit, quoniam et exemplo offendit, et ulciscendi securitatem adducit. Si autem simile quid in parochia mihi commissa contigisset, reum ad apostolicam misissem audientiam, quatenus ex consilio illius et ego instruerer, et peccator de reformatione sententiam susciperet certiorem. Vale.

EPISTOLA XLIV (40').

S. BERNARDI AD HILDEBERTUM.

Quanti sanctus Bernardus fecerit Hildebertum, et qualis momenti ejus in maximo Ecclesiæ negotio censuerit fuisse suffragium, hæc sanctissimi abbatis probat epistola, qua eum ut *magnam Ecclesiæ columnam,* ad fulciendas Innocentii II partes contra Anacletum, pathetice et efficaciter vocavit. Hinc autem quam amice sanctus Bernardus cum Hildeberto egerit, lector uno quasi intuitu perspiciet.

Magno sacerdoti et excelso in verbo gloriæ Hildeberto, Dei gratia Turonensium archiepiscopo, [*Bernardus Claræ-Vallis abbas dictus, in spiritu ambulare, et spiritualiter omnia examinare.*

Ut verbis vos propheticis alloquar; consolatio abscondita est ab oculis, quia mors dividit inter fratres (Ose. XIII, 14). Quidam enim juxta Isaiam videntur fœdus pepigisse cum morte, et cum inferno fecisse pactum (Isa. XXVIII, 15). Ecce namque Christus Domini iste Innocentius positus est in ruinam et

---

(35) Al. 69. Scripta circa an. 1130.

(36) In negotio inter Petrum Pictonum episcopum, et Hildebertum Turonensem, de decimis Condatensium, amice per Gerardum episcopum Engolismensem, Honorii papæ legatum, composito, ita se gessit Hildebertus, ut Petronilla, prima Fontis-Ebraldi antistita, quæ et ipsa in causa erat, ipsum a summo pontifice postulaverit et impetraverit patronum et defensorem; quod officium per hanc epistolam exsequitur, per quam etiam ipsum

jam diu in gratiam Henrici regis Angliæ rediisse patet.

(37) Al. 60. Scripta circa an. 1130.

(38) Aymerico scilicet, ad quem et epistola 29 hujus secundi libri.

(39) Ita ms. Ebr. non *Carnotensis,* ut habet editio Lugdun. post Coloniensem; — et ut legitur in *Hist. Eccles.* auctore Fleury.

(40) *De officiis,* lib. III, cap. 4.

(40') Ex editione Mabilloniana, hæc inter episto-

in resurrectionem **151** multorum. Nam qui Dei sunt, libenter junguntur ei; qui autem ex adverso stat, aut Antichristi est, aut Antichristus (41). Cernitur abominatio stare in loco sancto, quem ut obtineret, incendit sanctuarium Dei. Persequitur Innocentium, et cum eo omnem innocentiam. Fugit ille nimirum a facie leonis, sicut dixit propheta : Leo rugiet, quis non timebit? (Amos. iii, 8.) Fugit secundum præceptum Domini dicentis : Si vos persecuti fuerint in una civitate, fugite in aliam (Matth. x, 13). Fugit, et in hoc vere virum se apostolicum probans, quod apostolica sese forma insignierit. Nec enim Paulus erubuit in sporta dimitti per murum (II Cor. xi, 13), et sic effugere manus quærentium animam suam. Subfugit autem non parcens animæ suæ, sed dans locum iræ; non ut mortem evaderet, sed ut vitam acquireret. Merito Ecclesia Innocentio concedit ipsius vicem, quem per eadem vestigia gradientem cernit.

Nec sane otiosa fuga Innocentii. Laborat quidem, sed honestatur in laboribus suis. Pulsus Urbe, ab orbe suscipitur. A finibus terræ occurritur cum panibus fugienti, etsi furor Semei Girardi Engolismensis, nondum quiescat maledicere David. Velit nolit peccator qui videt et irascitur, magnificatur in conspectu regum portans coronam gloriæ. Nunquid non omnes principes cognoverunt, quia ipse est verus Dei electus? Francorum, Anglorum, Hispanorum, et postremo Romanorum rex Innocentium in papam suscipiunt, et recognoscunt singularem episcopum anima-

rum suarum. Solus adhuc ignorat Achitophel suum jam patefactum consilium. Frustra molitur miser super populum Dei malignare consilium, et cogitare adversus sanctos, sancto firmissime adhærentes, et contemnentes curvare genua ante Baal. Nulla fraude prævalebit parricidæ suo obtinere regnum super Israel, et super civitatem sanctam, quæ est Ecclesia Dei viventis, columna fidei et firmamentum veritatis. Funiculus triplex difficile rumpitur (Eccle. iv, 12). Electio meliorum, approbatio plurium, **152** et, quod his efficacius est, morum attestatio Innocentium apud omnes commendant, summum confirmant pontificem.

Apud quod sane et vestra, Pater, exspectatur, sicut pluvia in vellus, vel sero sententia. Non improbamus tarditatem, quæ gravitatem redolet, levitatis abolet notam. Nam et Maria non statim respondit angelo salutanti, prius cogitans qualis esset ista salutatio. Et Timotheus præcipitur : Nemini cito manum imponere (I Tim. v, 22). Dico tamen ego notus pontifici. Ne quid nimis, dico, ut familiaris et notus : Non plus sapere, quam oportet sapere (Rom. xii, 3). Pudet, fateor, quod serpens vetustissimus, nova audacia, relictis insipientibus mulieribus, etiam robur pectoris vestri visus est attentare, et tantam Ecclesiæ columnam ausus est concutere. Confidimus autem quia etsi concutit, non dejicit, quoniam amicus sponsi stat, et gaudet ad vocem sponsi, vocem exsultationis et salutis, vocem unitatis et pacis.

BREVE MONITUM.

Monitum te velim, candide lector, mentem primo nobis fuisse sequentem epistolam e numero Hildebertinarum omnino expungere. Cum enim attentius recensioni ipsarum vacaremus, nec illam in ullo de duodecim manuscriptis, quos ad id discussimus, invenissemus, primo quidem nobis eo suspectior visa est, quo remotior etiam ab Hildeberti stylo nobis apparuit; ac tandem diligentius inspectam et excussam, ipsam nihil aliud esse deprehendimus, quam fragmentum epistolæ vigesimæ secundæ sancti Hieronymi ad Demetriadem, sub finem, de verbo ad verbum. Quod quidem non advertentes editores Bibliothecæ Patrum, Parisienses anni 1589, nec Colonienses an. 1618, nec etiam recentiores Lugdunenses anni 1677, illud ut veram Hildeberti epistolam, in aliarum serie septuagesimam nonam, bona fide posuere.

Illam igitur libentissime subticuissemus, nisi eruditis amicis et nobis visum fuisset non omnino improbabile fieri potuisse, ut cum Hildebertus pastor vigilantissimus sanctimonialem aliquam ad vagandum extra monasterium suum plus æquo procliviorem advertisset, illamque ad exactiorem clausuram revocare decrevisset, ipseque forsan epistolarum sancti Hieronymi lectioni, cui, ut patet ex cæteris ejus operibus, addictissimus erat, incumberet, **153** hoc sanctissimi doctoris epistolæ fragmentum, ut suo concilio judicaverit aptissimum, nihilque ad avertendam virginem illam ab inconsiderata sua nimia illa vagandi libertate censuerit efficacius, quam ipsissima illa tanti viri ad aliam virginem verba, quæ ad illam ideo sine ulla mutatione transmiserit. Aliquid siquidem ad hoc accedens agit in epistola 3, lib. i, ad Adelam comitissam Blesensem, dum in ejus tota fere tertia parte ipsamet Senecæ verba exacte recitat, sicut et in epistola 12 ejusdem libri ad Henricum I, regem Anglorum, et alibi sæpius

---

EPISTOLA XLV (42). (a)

Improbat Hieronymus virginem usquam, præcipue solam, e monasterio egredi, maxime vero festivis diebus, quibus ut plurimum frequentior fit populi concursus. Illas autem quæ, ut absque arbitris licentius vivant laicorum hospitia quærunt, acriter insectatur.

Quæ vivunt in monasterio, et auarum simul magnus C *est numerus, nunquam solæ, nunquam sine matre procedant. De agmine columbarum crebro accipiter unam separat, quam statim invadat, et laceret, et ex jus carnibus et cruore saturetur. Morbidæ oves suum relinquunt gregem, et luporum faucibus devorantur. Scio ego sanctas virgines, quæ diebus festis, propter populorum frequentiam, pedem domi cohibent, nec tunc*

las sancti Bernardi reperitur centesima vigesima quarta; scripta vero circa annum 1131.

(41) Forte Girardus Engolismensis, qui a parti-

bus Anacleti stabat.

(42) Al. 79.

(a) † Hæc epist. falso tribuitur Hildeberto, Biblioth. Patrum, Colon., Lugdun. et Paris. Vid. D. Liron, in opusculo cui titulus : *Nouvelle littéraire aux savants de France*, 1707.

egrediuntur, quoniam major est adhibenda custodia, et publicum penitus devitandum. Ante annos circiter triginta, de virginitate servanda edidi librum, in quo mihi necesse fuit ire contra vitia, et, propter instructionem virginis quam monebam, diaboli insidias patefacere; qui sermo offendit plurimos, dum unusquisque in se intelligens quod dicebatur, non quasi monitorem libenter audit, sed quasi criminatorem sui operis adversatus est. Verumtamen quid profuit armasse exercitum criminantium, et vulnus conscientiæ dolore monstrasse. Liber manet, et homines perierunt. Scripsi et ad plerasque virgines, ad viduas, plerosque alios, et quiquid dici poterat in illis opusculis defloratum est, ut aut ex superfluo eadem a nobis repetantur, aut neque prætermissa plurimum noceant. Certe, ut beatus Cyprianus egregium de virginitate volumen edidit, et multi alii, tam Latino sermone, quam Græco omniumque gentium litteris atque linguis, præcipueque in ecclesiis, virginis vita laudata est. Sed hoc ad eas pertineat, quæ necdum elegerunt virginitatem, et exhortatione indigent, ut sciant quale sit quod eligere debeant. Nobis electa **154** *servanda sunt, et quasi inter scorpiones et colubros incedendum, ut accincti lumbis, calceatique, et apprehensis manibus baculis, iter per insidias sæculi hujus, et inter venena faciamus, possimusque ad dulces Jordanis pervenire aquas, et terram repromissionis intrare, et ad Dominum ascendere, et dicere cum Propheta :* Domine, dilexi decorem domus tuæ, et locum habitationis gloriæ tuæ (*Psal.* xxv, 8). *Et illud :* Unam petii a Domino, hanc requiram, ut inhabitem in domo Domini, omnibus diebus vitæ meæ (*Psal.* xxvi, 4). *Felix illa conscientia, et beata virginitas, in cujus corde, præter amorem Christi, qui est sapientia, castitas, patientia, atque justitia, cæteræque virtutes, nullus alius versatur amor, nec ad recordationem hominis aliquando suspirare, nec videre desiderat, quem cum viderit, nolit demittere, secundum virginum propositum, et cœlestis angelorumque familiæ gloriam. Quarumdam non bene scilicet agentium, nomen infamat, quibus aperte dicendum est, ut aut nubant, si non possint se continere, aut contineant, si nolunt nubere. Digna res risu, imo planctu, incedentibus dominis, ancilla virgo præcedit ornatior, ut pro nimia consuetudine, quam incomptam videris, dominam suspiceris. Nonnullæ separatæ, absque arbitris, ut vivant licentius, utentur balneis, faciantque quod volunt, et devitent conscientias plurimarum. Hæc videmus et patimur : et si aureus nummus affulserit, inter bona opera reputamus. Finem jungo principio, nec semel monuisse contentus sum. Ama Scripturas sanctas, et amabit te sapientia. Dilige eam, et servabit te ; honora illam, et amplexabitur te. Hæc monilia in pectore, et in auribus tuis hæreant. Nihil aliud noverit lingua, nisi Christum; nihil possit sonare, nisi quod sanctum est ; Aviæ*

tuæ tibi semper ac matris in ore dulcedo versetur, quarum imitatio forma virtutis est.

EPISTOLA XLVI (43).

AD HENRICUM ANGLORUM REGEM.

Anglorum regi, Henrico scilicet I familiariter Hildebertus valetudinis suæ statum exponit, illique gratias agit, quod ad ejus commendationem, rex Francorum quamdam Turonensis Ecclesiæ præposituram quam a quatuor annis detinebat, ingenti licet cum gravamine, ei restituerit.

Dei gratia excellentissimo regi Anglorum, omnique honore et gloria sublimando, Hildebertus, humilis Turonorum archiepiscopus, suis semper devotus obsequiis, salutem.

Exspectans exspectavi misericordiam Domini Jesu Christi, si quando dignaretur in lecto ægritudinis suum visitare servum, et usque ad **155** hoc meam levare infirmitatem, ut possem videre faciem vestram, et consolari in verbis vestris, et in consilio vestro. Cæterum, nondum ei placuit, ut omnino manus sua super me requiesceret, quam tamen ingenti misericordia sua tantum retraxit, ut frigus, quod talem comitatur infirmitatem, non sentiam; calor autem et brevis sit, et spem præstet in sanitatem converti. Porro de his, de quibus vobis quid sentirem scripsi, quia finem acceperunt, et ex vestro completa sunt consilio, scribere supersedi. Audivi autem ex relatione quorumdam quod solum in infirmitate mea mihi cessit ad gaudium, scilicet vos bene esse cum nostro comite, eumque se totum vestro commisisse consilio, ita ut in omnibus quæ ad vos et ad vestram respiciunt filiam, vestram sit secuturus voluntatem. Veritatem autem hujus rei per præsentem nuntium, seu per litteras vestras, mihi precor indicari. Nolo autem vestram latere majestatem, Ecclesiæ nostræ pacem regis redditam, clericos invicem pacificatos, nos in gratiam regis, gravamine ingenti, rediisse, atque præposituram, quam Ecclesiæ nostræ abstulerat, et per quatuor annos retinuerat, quod etiam meum cruciabat spiritum, non tam redditam nobis quam redemptam a nobis. Non enim aliter ea potuit Ecclesiæ nostræ restitui, donec certum et taxatum obsequium nobis regem benignum exhibuit. In hac igitur necessitate, spes mea, serenissime rex, ad vos spectat, clamat post vos totus spiritus meus, ne in præsentibus angustiis, vestrum mihi desit auxilium. Et quidem, cum non egerem, nec aliquid postularem, nisi diligi a vobis, et meum dignari obsequium, vos tamen servo vestro gratuitas et uberes impendistis benedictiones (44).

<hr>

(43) Nova e Spicil. et mss. Scripta circa an 1131. Hac epistola luce clarius apparet Hildebertum non solum in gratiam Henrici I, Anglorum regis, rediisse, sed etiam familiaritatem assecutum esse.

(44) Id est, gratuita et magnifica beneficia.

EPISTOLA XLVII (45).

Apud summum pontificem amare quidem, sed amanter conqueritur, quod a se juste excommunicatos clericos, se inconsulto, absolverit, et amissis dignitatibus restituerit. Illum interim obsecrans, ut se jure suo episcopali libere potiri et uti in sua diœcesi sinat.

Sicut dicit de charissimo Patre filius, sic apud nos de vobis in aure conqueror, quoniam pro obedientia vestra adversariis meis factus sum tota die in derisum, et insultationi eorum expositus ita confundor, tanquam qui omnino **156** amiserim disponendi de commissa mihi Ecclesia facultatem. Quod profecto emerserit ex eo quod corrigendi enormitatem capellaniæ meæ, canonicam, et traditam omnibus episcopis potestatem abstulistis. Accessit etiam ad hoc quod ego satis stupeo quod vehementius quicunque audierint, admirantur, scilicet vos præcepisse excommunicatis meis non solum Ecclesiæ beneficium, quod pro sua amiserunt culpa, reddi, verum etiam communionem altaris, et sacerdotii officium sine satisfactione, sine audientia, sine absolutione restitui. Ego autem, licet gravatus, vestris tamen sum obsecutus præceptis, minus attendens illud apostolicum : *Quæ conventio Christi ad Belial, aut quis consensus templo Dei cum idolis? (II Cor. VI, 15.)* Vestram itaque paternitatem lacrymis et precibus exoro, et tanquam pedibus apostolicis provolutus deposco, ne corporis mei infirmitatem mentis anxietate gravetis, sed dignemini nunc præcipere ut disponendi canonice de capellania mea integram habeam potestatem.

EPISTOLA XLVIII (46).

WILLELMO ARCHIDIACONO (47).

Clericum simoniace diaconatum assecutum ab ordine male suscepto susvendit, et a sacerdotio suscipiendo prohibet.

Fratrem illum, quem diaconatum pretio comparasse significasti, a diaconatu et supra submovendum cognovimus et submovemus. Nullam enim partem, nullam ei sortem concedit Petrus in ordine, quem dum emit, non accepit. Unde et Simoni dictum est : *Pecunia tua tecum sit in perditione. Non enim est tibi pars, neque sors in sermone isto (Act. VIII, 20).* A sacerdotio quoque canonica eum suspendit auctoritas, quo vel nondum, vel male factus diaconus evolavit. Quomodo enim stabit ædificium, cui nullum suppositum est fundamentum. Agitur itaque de periculo tuo, si patiaris præscriptum fratrem, vel in sacerdotio ministrare, quod revera male accepit, vel in diaconatu, quem fortasse non accepit. Nam de ejus reformatione quid loquar, cum morbus hujusmodi nullum penitus inveniatur invenire remedium ?

A Unde et in Decretis Nicolai capitulo sexto ita reperies : « Nullus episcopus sacros ordines vendat a majore usque ad minorem, quia simoniacum est. Quod si quis **157** fecerit, et venditor et emptor omni ecclesiastico privetur officio. De eodem in Chalcedonensi concilio capitulo secundo : « Si quis episcoporum accepta pecunia ordinationem fecerit, et sub pretium deduxerit impretiabilem gratiam, atque ordinaverit per pecunias episcopum, sive presbyterum, sive diaconum, aut quemcunque alium qui connumeratur inter clericos quicunque ergo hoc meditatus fuerit, si convictus fuerit, ipse quidem subeat gradus sui periculum, et qui sic ordinatus fuerit, nullum habeat fructum ex hujusmodi mercimonio, et creatione probrosa, sed sit alienus et dignitatis et sollicitudinis ejus quam per pecunias intravit. Sed et ille qui tam turpibus et illicitis intercessor apparuerit, siquidem clericus fuerit, de proprio decidat gradu. Si vero laicus, sive monachus fuerit, anathema sit.

EPISTOLA XLIX (48).

Abbati (49), ut misericors sit in fratres qui misericordiam postulabant (50). Quam ut pœnitentibus impetret, arripit occasionem Paschatis mox celebrandi, et exemplum Petri et Magdalenæ, qui reatus sui gratiam a Domino pœnitentes obtinuerunt.

Pascha Domini est. In eo et Israel de Ægypto, et animæ justorum de tenebris exierunt. Illuxit nobis hæc dies ad usum, si die utamini ad exemplum. **158** Pascha etenim *transitus*, ut nostis, interpretatur. Pascha igitur est transire in patrem de judice, Pascha est transire in unitatem de conscissione, ad osculum de discordia, ad misericordiam de virga : Fratres qui peccaverunt in vos, in tenebris adhuc sedent, manducantes panem doloris, et aquam tristitiæ bibentes. Percussum satis est quidquid in eis Ægyptum sapiebat. Satis erubuit Sidon in ignominia sua, satis pœnarum dedit. Clamant post vos, clamant post nos. Si misericordiam ignoramus, humanæ salutis viam perdidimus certiorem. Petrum negantem, qua hora flevit, Christus respexit. Nullo se intervallo comitata sunt, et lacrymæ peccatricis, et indulgentia Salvatoris. Doceat itaque nos præsens festivitas ad fratres, qui monasticum suspirant conventum, misericordiæ passu transire, carbones super capita eorum congesturi, si non vincamini a malo, sed vincatis in bono malum.

---

(45) Nova e ms. Ebr. Scripta circa an 1131, quo Hildebertus senio confectus, mortem proximam præstolabatur.

(46) Al. 14. Quo anno scripta non liquet.

(47) Cenomanensi scilicet, siquidem in hac epistola loquitur Hildebertus, quasi propriam jurisdictionem exercens, his verbis : *Submovendum duximus, et submovemus.*

(48) Al. 54. Incerti temporis.

(49) Forte Guillelmo, abbati Sancti Vincentii.

(50) Ms. Ebr. habet : *Ad canonicos suos propter quosdam qui erant extra Ecclesiam.* Quod non videtur convenire *fratribus*, qui *monasticum*, ut ait in hac epistola, *suspirabant conventum*. Ms. Reg. 4105 ; et Victorin. 272 sequimur.

EPISTOLA L (51).

G. (52) ABBATI.

*Quod ovis erratica ad ovile per misericordiam sit re-
vocanda* (53).

Confrater et filius (54) noster G. exiit in regionem
longinquam, ubi cum **159** sine monacho inventum,
ad conventum monui redire monachorum. Credidit
ergo mihi, et prius ad se, dehinc ad monasterium
reversus est. Unde et te, fili mi, oportet gaudere,
quia frater tuus mortuus erat et revixit, perierat et
inventus est. Prius autem quam recederet a me, de-
precatoriam suscepit epistolam ad te. Ad quam cum
oculos inclinaveris, animum quoque ad misericordiam inclines. Misericordia speciosum est humanæ
naturæ ornamentum, cujus expers male degenerat,
et hominem diffitetur. Unde et nescire miseri, cum
feris est habere commercium. Sed absit ut renunties homini, et mansuetudine projecta in animal
silvestre declines. Totus enim hominem redoles,
eumque geris sicut opus naturæ, sic et exemplum
doctrinæ. Suscipe igitur filium tuum in pace, quia
tuæ sollicitudinis est asperitatem legis, intuitu mollire pietatis.

EPISTOLA LI (55).

*Superiorem quemdam regularem increpat, quod le-
vius inordinationis quorumdam sibi subditorum
pertæsus, regimine sibi imposito, in bonorum præjudicium se abdicaverit, et quòd his inconsultis,
alium minus aptum vel invitis subrogaverit.*

Sicut reprimendæ præsumptionis est ad animarum
regimen accedere non vocatum, sic jam susceptum

A deponere; nulli, nisi quem sua dejicit culpa, canonicis permittitur institutis. Unde et apud fratres,
qui sub data tibi professione vitam vivunt communem, gravissimum noveris exortum esse scandalum,
quia eos inconsultos relinquens, et invitis ac reni-
tentibus, procuratorem substituere decrevisti. Qui
postquam se sic dimitti sicut submitti quorumdam
relatione didicerunt, ad nos usque fatigati, gravem
nimis et plenam gemitu deprompsere querelam. In
dubium namque venit, magisne tuum accusent
abscessum, an accessum illius recusent, quem ju-
dicasti subrogandum derelictis. Eum quidem credimus suscepto abrenuntiaturorum negotio, utpote qui
noverit oportere trahi, non ultro ad sarcinam currere pastoralem. Tu autem vehementer, arguen-
B dus **160** es, et durioribus verbis increpandus, qui
sine causa legibus tradita, gregi commisso pastoris
præsidium subtraxisti. Quo in grege, si vel unius,
vel plurimorum perversitas tibi displicuit, Augustinum tamen tua debuit attendere fraternitas ad Vincentium sic scribentem (56) : « Propter malos boni
non sunt deserendi, sed propter bonos mali tolerandi
sunt. » Si vero totus grex, quod absit! vias incedit tortuosas, nec in sermone tuo requiescit inquietus eorum spiritus, prius tamen in auribus nostris
eorum ponenda causa, quam deponenda custodia.
Porro de dimissione hujusmodi idem Augustinus in
tertio libro contra Donatistam Parmenianum sic
ait (57) : « Qui vult corporaliter quasi manifestos
malos deserere, spiritualiter deserit latentes bonos.

(51) Al. 23. Incerti temporis.

(52) Mss. omnes habent litteram *G* optime pictam,
non *C*, ut ex conjectura reposuit Homeyus, in notis ad Hildeberti epistolam 23, pag. 491, qua quidem littera *C* denotari voluit Cæmentarium Joannem, monachum Vindocinensem; de quo Goffridus,
Vindocinensis abbas, scripsit ad Hildebertum epistolas 16, 25, 29 et 30 libri tertii, et ad Paschalem II epistolam tertiam libri primi. Mirum sane
quam parum sibi constare videatur ipse Goffridus
in illis epistolis circa hunc suum monachum, quem
quidem, ut ipse ibi testatur, *Hildeberti petitioni ad
tempus concesserat*, epist. 25, quem *de sua licentia*,
epist. 29, usque ad illud tempus quo scribebat, *cum
illo mansisse*, et epist. ad Paschalem II Hildeberto,
*pro sua necessitate, commendasse, seu commodasse
non diffitetur*. Hunc tamen tanquam pervicacem,
inobedientiæ reum, suæ professionis oblitum, et
fugitivum, ut illum vocat, excommunicat, et epistola 30 quasi encyclica; universis Ecclesiæ filiis
excommunicatum esse denuntiat. Is Joannes, monachus Vindocinus, erat artis cæmentariæ peritus;
quem, ut sibi perutilem ad ædificia perficienda, a
suis prædecessoribus inchoata, vel nova, a se, ut
referunt Gesta episcoporum Cenomanensium, suscepta, Hildeberto Goffridus amice concesserat. Sed
forte fuit, ut illum diutius, quam ipse voluisset, ad
operis perfectionem retineret Hildebertus. Quod tam
ægre passus est Goffridus, ut inde apud Paschalem II
acriter conquestus sit, epistola tertia libri primi,
quod suum monachum, ipso reclamante, *ob artis
suæ utilitatem*, retineret. Sed nihil ad Joannem Cæmentarium attinere hanc Hildeberti epistolam, solus
demonstrat ejus contextus. Hildebertus enim *G.*
illum dicit exiisse in regionem longinquam, et in-

C ventum sine monacho, id est sine halitu monastico.
Quis autem credat ipsum hoc intellexisse de monacho, qui, ut queritur Godeffridus, apud ipsum a
tanto tempore, quasi ejus domesticus, imo et com-
mensalis fuerat. Præterea illum asserit suis monitis
obsecutum, ad se primo, ac denum ad monasterium
rediisse. Frustra igitur illum repetiisset Godeffridus.
Deinde in hac epistola Hildebertus a Godeffrido gratiam petit pro illo monacho. Certe si pro illo Joanne
Cæmentario deprecatus fuisset, ab ipso præcipue
efflagitasset absolutionem ab excommunicatione;
qua ita serio Cæmentarium fcrierat, ut epistola
quasi encyclica, ad fideles omnes eum denuntiaverat
excommunicatum. Ruit ergo levior Homeyi conjectura, in quam cum aliquatenus propendisset oculatissimus et doctissimus Sirmundus, ab ea, ut primos apices litteræ *G* in mss. conspexit, statim
descivit.

(53) Ita ms. Reg. 4103.

D (54) Ita mss. Colb. 2662 et 1668.

(55) Al. 46. Nec cui nominatim, nec quo anno
scriptam fuisse liquet. Nec enim Guillelmo abbati
Sancti Vincentii, ut suspicatus est Homeyus, cum
ejus tempore, in hoc monasterio viguerit observantia regularis, sed abbati probabiliter Benedictino;
siquidem illi exemplum Sancti Benedicti, qui non
prius male morigeratorum monachorum curæ re-
nuntiaverit, quam certo cognovisset nullum ex eis,
monitis suis, ut corrigerentur, obsecuturos. Inde
non contemnenda posset erui conjectura de monachatu Hildeberti Benedictino (a).

(56) Ita D. Aug. epistola 93 ad Vincentium Ro-
gatistam, n. 15. Edit. nov. pag. 237.

(57) Idipsum docet S. Aug. epistola 108 ad Ma-
crobium, pag. 313, n. 16. *Vera*, inquit, *regula,*

(a) Utraque conjectura non facile admittenda, utpote minus fundata.

quos inexpertos et incognitos cogitur accusare, dum
separationem conatur defendere. » De eodem quoque
vir vitæ venerabilis gratia Benedictus et nomine,
amplectendum nobis exemplum proposuit, nequaquam pauculas oves deserens, donec nullam omnino
cui prodesse posset, invenit. Hinc et Gregorius
super Ezechielem sic ait (58) : « Qui animarum
custodes sunt, et pascendi gregis curam susceperunt, mutare loca minime permittuntur. » Memineris igitur summa cum festinatione, ad commissum
tibi gregem reverti, sub districto Judice puniendus,
si vel parere, vel quæ post discessum tuum perperam facta sunt, corrigere distuleris.

EPISTOLA LII (59).

G. PRESBYTERO.

*Sacerdotem quemdam, quem sacripcem vocat, arguit
quod furti sibi facti suspectum severiori quæstione
pro revelatione vexaverit, quod licere dicit curiæ,
non Ecclesiæ.*

Reos tormentis afficere, vel suppliciis veritatem
extorquere, censura curiæ est, non Ecclesiæ disciplina. Unde et ab ejus animadversione abstinere debuisti, quem pecuniam tuam furto suspicaris aspor-
tasse. Neque enim carnifex es, sed sacrifex (60),
pro reis quidem, sed non reos immolare constitutus.
In veris etiam injuriis, decuit hæc mansuetudo sacerdotem, **161** ut habentem malles impunitum
abscedere, quam pro incerto, certis suppliciis debac-
chari. Unde Augustinus ad Macedonium (61) : « Aliquando, inquit, misericordes, et in ipso dubio,
nolunt homini pro incerta pecunia, certa inferre
supplicia. Ad hanc etiam misericordiam vos etiam
provocare nos et exhortari decet. Melius enim, si
habet, amittis, quam, si non habet, excrucias, aut
occidis. » Abhorreas itaque reum cruciatibus et
morti tradere, tu, Christe Dei, pro quo Christus
cruci traditus est et morti. Aut si tam carnaliter
pecuniam suspiras amissam, qualiter eam repetere
te oporteat, ad eumdem Macedonium sic Augustinus
ostendit (62) : « Nolentes reddere quos novimus et
male abstulisse, et unde reddant habere, arguimus,
increpamus, detestamur, quosdam clam, quosdam
palam, sicut diversitas personarum diversam videtur posse recipere medicinam, nec in aliorum perniciem ad majorem insaniam concitari (63). « [Ali-
quando etiam, si res magis curanda non impedit,
sacri altaris communione privamus (64). »

EPISTOLA LIII.

SIVE

*S. (65) Hildeberti Turonensis archiepiscopi, in suas
regularum ecclesiasticarum Exceptiones, de multiplici divinorum præceptorum genere præfatio (66).*

Exceptiones ecclesiasticarum regularum, partim
ex epistolis Romanorum pontificum, partim ex
gestis conciliorum catholicorum episcoporum, partim ex tractatibus orthodoxorum Patrum, partim
ex institutionibus catholicorum regum, nonnullo
labore in unum corpus ordinare [*Juretus*, adunare]
curavi, ut qui scripta illa ex quibus ista sunt excepta ad manum habere non poterit, hinc saltem accipiat, quod ad commodum causæ suæ valere perspe-
xerit. A fundamento igitur Christianæ religionis,
id est a fide, inchoantes, sic ea quæ ad ecclesiastica
sacramenta, sic ea quæ ad instruendos mores, vel
corrigendos, sic ea quæ ad quæque negotia discutienda. **162** vel definienda pertinent, sub generalibus titulis distincta congessimus, ut non sit necesse quærenti totum volumen evolvere, sed tantum
titulum generalem suæ quæstioni congruentem notare, et ei subjecta capitula sine interpolatione [*al.*
interpellatione] transcurrere. In quo prudentem lectorem præmonere congruum duximus, ut si forte
quæ legerit, non ad plenum intellexerit, vel sibi
nova et sibi invicem adversari existimaverit, non
statim reprehendat; sed quid secundum rigorem,
quid secundum moderationem, quid secundum judicium, quid secundum misericordiam dicatur, diligenter attendat. Quæ inter se non dissentire sentiebat qui dicebat : *Misericordiam et judicium cantabo
tibi, Domine (Psal. c, 1)* ; et alibi : *Universæ viæ Domini, misericordia et veritas (Psal. xxiv, 10).* Habet
enim omnis ecclesiastica disciplina principaliter
hanc intentionem, scilicet, omnem ædificationem
adversus scientiam Christi se erigentem destruere,
vel ædificationem donorum virtute et morum [*Jur.*,
ædificationem Dei, fidei veritate, et morum] honestate constantem construere, vel eamdem (si contaminata fuerit) pœnitentiæ remediis emendare [*Jur.*
emundare]. Hujus ædificationis magistra est charitas, quæ saluti proximorum consulens, ad finem
sacris institutionibus convenientem id præcipit aliis
fieri, quod sibi quisque vult ab aliis impendi. Quicunque ergo ecclesiasticus doctor ecclesiasticas
regulas ita interpretatur, aut moderatur, ut ad regulam charitatis, cuncta quæ docuerit, vel expo-

---

*exemplis propheticis atque apostolicis, probat malos
esse potius tolerandos, ne deserantur boni, quam bonos
deserendos, ut separentur mali..*

(58) D. Greg. lib. ii Dial. cap. 3.
(59) Al. 30. Incerti temporis.
(60) Pro *sacerdote*.
(61) August. epistola 105 ad Macedonium, nov.
edit., num. 20, pag. 532.
(62) Ibid., n. 21.
(63) In solis mss. Colbert. 1168 et 2662, post verbum *concitari*, adduntur sequentia : *aliquando etiam
..... communione privamus*, quæ desunt in aliis mss.

et quæ tamen sunt ipsa D. Augustini ibidem conse-
quentia verba.
(64) Vide quæ de his exceptionibus notavimus ad
epistolam hujus libri vicesimam septimam.
(65) Sic in editionibus.
(66) Ita omnes editiones Bibliothecæ Patrum. Juretus vero hanc epistolam ducentesimam octogesi-
mam octavam in serie epistolarum posuit, cum hoc
titulo : *Ivonis Dei gratia Carnotensis Ecclesiæ episcopi
Prologus de intelligentia et dispensatione ecclesiasticæ
disciplinæ.*

suerit, referat; nec peccat, nec errat, cum saluti proximorum consulens, ad finem sacris institutionibus debitum pervenire intendat. Unde dicit beatus Augustinus, de disciplina ecclesiastica tractans : « Habe charitatem, et fac quidquid vis; si corripis, corripe cum charitate ; si parcis, cum charitate parce. » Sed in his adhibenda est summa diligentia, et mundus oculus cordis, quatenus in puniendo vel parcendo, sanandis morbis charitas sincera subveniat, et nemo (venalium medicorum more) quod suum est ibi quærat, ne propheticam illam reprehensionem incurrat : *Mortificabant animas quæ non vivebant, et vivificabant animas quæ non vivebant* (67). Sicut enim corporalis medicinæ ratio, vel depellere morbos, vel curare vulnera, salutem servare vel augere intendit, nec medicus contrarius sibi videtur, cum pro qualitate vel quantitate ægritudinis **163** vel ægrotantis, nunc mordentia, nunc mollientia ægrotanti medicamina apponit, et nunc ferro secat, cui fomento subvenire non poterat; et e converso ei subvenit unguento, quem ferro secare non audebat. Ita spirituales medici, doctores videlicet Ecclesiæ sanctæ; nec a se, nec inter se dissentiunt, cum illicita prohibent; cum necessaria jubent, summa suadent; venialia indulgent, cum secundum duritiam cordis delinquentium, pro correctione eorum, vel cautela cæterorum, severas pœnitentiæ leges imponunt, vel cum secundum devotionem dolentium, et resurgere volentium, considerata fragilitate vasis quod portant, indulgentiæ malagma superponunt. Nam qui indulgent, majoribus morbis amovendis provident, et qui illicita prohibent, a morte deterrent; qui vero in necessariis [*al.* necessaria jubent], salutem cupiunt conservare; qui autem summa suadent, salutem student augere.

Hoc attendens diligens lector intelliget unam faciem esse eloquiorum sacrorum, cum distincte considerabit quid sit admonitio, quid sit præceptum, quid prohibitio, quid remissio ; et hæc, nec se invicem impugnare, nec a seipsis distare, sed in omnibus sanitatis remedium pro sua moderatione et dispensatione [*al.*, dispensare] moderare. Sed singula quid ponderis habeant, quibusve conveniant, quæ sint remissibilia, quæ irremissibilia, et quando, vel quibus de causis sint remittenda, paulo latius distinguendum. Et prima quidem admonitio pœnam non intentat, si quis post eam non eat, sed sibi acquiescentibus præmium pollicetur. Unde Dominus dicit in Evangelio : *Si vis esse perfectus, vade, vende omnia quæ habes; da pauperibus, et habebis thesaurum in cœlo* (*Matth.* xix, 21). Ecce lectio ista evangelica in voluntate hominis perfectionem ponens, non cogit, non minas intentat. Sicut nec illa quæ spadones laudans : *Qui se castraverunt propter regnum cœlorum* (*Matth.* xix, 12), subinfert: *Qui potest*

capere capiat (*ibid.*). Attamen cum ad perfectionem voto se quisque astrinxerit, vel gradum quem nullus ascendere absque magna contentione virtutis [*Jur.*, continentiæ virtute] potest, ascenderit; jam fit necessarium et pœnale, si non teneatur quod ante hanc ascensionem fuerat voluntarium. Unde et Dominus dicit : *Nemo mittens manum ad aratrum, et aspiciens retro, aptus est regno Dei* (*Luc.* ix, 62). Poterat enim fieri ante ascensionem inferior, non tamen deterior; post descensionem vero, inferior et deterior. Hæc de admonitione. Indulgentia vero, quantum nobis videtur, quia meliora non elegit, remedium quidem habet, non præmium; sed ab hoc si quis declinaverit, meretur exitiale judicium. Ut **164** verbi gratia, scimus, sicut ab Apostolo didicimus, humano generi, propter vitandam fornicationem, indultum esse conjugium, cujus violator meretur æternum eodem Apostolo testante, supplicium : dicit enim : *Fornicatores et adulteros judicabit Dominus Deus* (*Hebr.* xiii, 4). Et hic gradus, sicut de admonitione diximus, nullum cogit, nisi eum qui se primitus alligaverit : voluntarius enim est, non necessarius, alioquin transgressor esset quicunque uxorem non duceret. Postquam vero se alligaverit, audiat Apostolum dicentem : *Alligatus es uxori? noli quærere solutionem* (*I Cor.* vii, 27). Idemque Apostolus, cum de nuptiis loqueretur, non dixit, mulier si nupserit, præmium meretur; sed tantum dicit: *Non peccat, si nubat* (*ibid.*, 36). Ita quoque, si quis ad quotidiana jejunia invitet aliquem, invitat quidem ad rem remuneratione dignam, acquiescenti et perseveranti. Sed qui non acquieverit, non fit seipso melior; sed licet maneat facientibus inferior, non fit seipso pejor. Si vero a voto ceciderit, fit seipso inferior ac deterior; si vero infra metas sobrietatis et mensæ frugalis se cohibuerit, summorum præmia non assequitur. Sed si ad comessationes et ebrietates prolapsus fuerit, rem reprehensione et confusione dignam fecisse perhibetur. Isti itaque duo status, unus superior, alius inferior, qui ante votum sunt voluntarii, post votum vero necessarii, habent modos et institutiones suas. Quæ observatæ, sicut jam supra dictum est, aliis remedium, aliis acquirunt supplicium. Observatæ præmium acquirunt; non observatæ vero æternum merentur supplicium. In his itaque ante susceptionem deliberandum est; post susceptionem vero, perseverandum. His itaque prælibatis, de præceptione et prohibitione aliqua nobis dicenda.

Præceptiones itaque et prohibitiones, aliæ sunt mobiles, aliæ sunt immobiles. Præceptiones sunt immobiles, quas lex æterna sanxit, quæ observatæ salutem conferunt, non observatæ eamdem auferunt, qualia sunt : *Diliges Dominum Deum tuum ex toto corde tuo, ex tota anima tua ; et proximum tuum*

---

(67) Aliter in Vulgata : *Cum caperent animas populi mei, vivificabant animas eorum, et violabant me ad populum meum..... ut interficerent animas quæ*

non moriuntur, et vivificarent animas quæ non vivunt (*Ezech.* xiii, 18, 19).

sicut teipsum (*Deut.* x, 12; *Matth.* xi, 37-39); et: *Honora patrem tuum, et matrem tuam* (*Exod.* xx, 12); et si qua sunt similia. Mobiles sunt, quas lex æterna non sanxit sed posteriorum diligentia invenit ratione utilitatis, non ad salutem principaliter obtinendam, sed ad eam tutius inveniendam [*Jur.*, muniendam]. Quale est illud Apostoli : *Hæreticum post primam et secundam correptionem devita* (*Tit.* iii, 10). Non quod eorum colloquium, per se, saluti obesset, sed quod frequentatum, ex obliquo quorumdam simplicitatem corrumpere posset. Et multa reperies in canonicis institutionibus in **165** hunc modum. Similiter immobiles prohibitiones sunt, quæ adversus vitia loquuntur, qualia sunt : *Non occides, non mœchaberis*, etc. (*Exod.* xx, 13, 14.) Hæc sunt illa minima mandata, de quibus Dominus dicit, quia qui ea solverit, et sic docuerit, in regno cœlorum minimus erit (*Matth.* v, 19); qui vero observaverit, non statim dignus erit regno Dei, quia inchoantia sunt hæc, non perficientia. Sunt alia interdicta, quæ si non interdicta fuissent, nec in illis operaretur [*Jur.*, nec mors operaretur], nec salus periclitaretur. Sed hæc sanctorum Patrum auctoritas reverenda, ita decrevit, ut et præsentibus non obesset, et compescendis majoribus malis, vel cavendis sincera charitas provideret : quale est illud, ut clericus post actam de crimine damnabili pœnitentiam, clericus non maneat, vel ad clericatum non accedat. Quod, ut ait beatus Augustinus, dictum est, rigore disciplinæ, non desperatione indulgentiæ. Alioquin contra claves Ecclesiæ disputaretur, de quibus dictum est : *Quodcunque solveritis super terram, erit solutum et in cœlis* (*Matth.* xvi, 19). Sed ne forsitan spe honoris ecclesiastici animus intumesceret, et superbe ageret pœnitentiam, severissime placuit ut post actam pœnitentiam nemo fiat clericus, vel maneat clericus. Quæ posteriorum non est putanda supervacua diligentia, qua ut saluti nihil detrahebatur, humilitati aliquid addiderunt, quo salus tutius muniretur, experti, credo, aliquorum fictas pœnitentias per affectatas honorum potentias [*f.*, appetentias]. Cogunt enim multas medicinas inveniri multorum experimenta morborum. Tale est illud in Evangelio : *Sit sermo vester, est, est : non non. Quod autem his abundantius est, a malo est* (*Matth.* v, 37), non jurantis, sed jurare cogentis. Non quod malum sit jurare in contractibus humanis, ex necessitate; sed quod longius sit a perjurio qui nunquam jurat, quam ille qui qualicunque occasione jurat. Nam de Domino dicitur : *Juravit Dominus* (*Psal.* cix, 4). Et Apostolus dicit : *Omnis controversiæ eorum finis, est juramentum* (*Hebr.* vi, 16). Et idem Apostolus dicit ita jurans : *Est veritas Christi in me* (*II Cor.* xi, 10); et alibi : *Quotidie morior propter* [Vulg., per] *vestram gloriam, fratres* (*I Cor.* xv, 31).

In his ergo, in quibus observatis salus acquiritur, vel in quibus neglectis mors indubitata consequitur, nulla est admittenda dispensatio, sed ita sunt omnia mandata, vel interdicta servanda, sicut sunt æterna lege sancita. In his vero quæ propter rigorem disciplinæ, vel propter minuendam salutem, posteriorum sanxit disciplina [*Jur.*, diligentia], si honesta vel utilis consequatur compensatio, potest procedere dispensatio auctoritate præsidentium diligenter deliberata. Multa enim talia **166** in evangelica historia, in Actibus apostolorum, in Gestis conciliorum et contigisse legimus, et postmodum apostolicorum virorum auctoritate roborata cognovimus. Assumamus itaque primum testimonium de Evangelio. Dominus quippe mittens discipulos ad prædicandum, interdixit eis sacculum et peram. Et quia juxta Domini nostri Jesu Christi in terris disciplinam morum, instante tempore passionis suæ, et peram reddidit eis et sacculum, seipsum primum dans in exemplum, quod in hujusmodi traditionibus necessitati temporis sit cedendum. Similiter Paulus, cum per Corinthios se transiturum promisisset in Macedoniam, et præsensisset hoc eis minime profuturum, mutavit dispositionem suam, non tamen sententiam. Unde se ita excusat : *Cum ergo hoc voluissem, nunquid levitate usus sum, aut quæ cogito secundum carnem cogito, ut sit apud me, est, et non?* (*II Cor.* i, 17.) Non enim sententiam suam se mutasse intelligebat, qui in veniendo ad eos, et non veniendo, salutem eorum quærebat. Unde et in sequentibus dicit : *Ego autem testem Deum invoco in animam meam, quod parcens vobis ultra non veni Corinthum* (*ibid.*, 23). Secundum carnem quoque, dispositionem suam se mutasse non posse intelligebat; quoniam qui secundum Dominum [*Jur.*, carnem] cogitat, tunc non implet quod disponit, quando personis majoribus defert, aut certe lucris aut majoribus apparatibus vincitur. Spiritualis autem tunc propositum implet, quando consulto et communi sententia Jerosolymis confirmatum est, et per Paulum et per Barnabam fratribus per Asiam destinatum, ne quisquam ad fidem veniens circumcisioni legis obnoxius haberetur. Ipse etiam Apostolus ad Galatas scribens, ita dicit : *Si circumcidamini, Christus nihil vobis proderit* (*Gal.* v, 2). Et idem Apostolus, cum Petro restitisset in faciem, quod simulationi quorumdam consensisset Judæorum, qui circumcisionem saluti putabant esse necessariam, tamen necessitati temporis cedens, Timotheum Lystris circumcidit, ut scandalum Judæorum ibidem commorantium devitaret; ostendens actu, quod alibi ait : *Factus sum Judæis tanquam Judæus, ut Judæos lucrifacerem* (*I Cor.* ix, 20). Quod dixisse intelligendum est, non actu metuentis, sed affectu compatientis, cuique ita cupiens subvenire, quemadmodum sibi subveniri vellet, si ita affectus esset. Multa quoque principes Ecclesiarum, pro tenore canonum districtius judicant, multa pro temporum necessitate tolerant, multa pro personarum utilitate vel strage populorum vitanda dispensant, multa etiam a sanctis Patribus imminuta [*Jur.*, immutata] Scripturarum **167** testimoniis comprobantur. Sicut sanctæ Romanæ Ecclesiæ sanctus pontifex Leo, neophytes

ad summum sacerdotium permisit accedere (68), A
quos Paulus publica prædicatione studuit ab hoc negotio removere. Sicut etiam Arianos, priusquam
[*Jur.*, postquam] conversi fuerint, legimus in suis
officiis fuisse susceptos. Inde etiam prætaxatus papa
Leo de stabilitate non mutandorum et discretione
temporum, ita scribit Rustico Narbonensi episcopo :
« Sicut quædam sunt quæ nulla possunt ratione
mutari, ita multa sunt quæ aut pro necessitate temporum, aut pro consideratione ætatum oportet temperari, illa semper consideratione servata, ut in
his quæ dubia fuerint, aut obscura, id noverimus
sequendum, quod nec præceptis evangelicis sit contrarium, nec decretis sanctorum Patrum inveniatur
adversum. » Unde Augustinus, in epistola ad Bonifacium : « In hujusmodi causis nisi per gravis dis-   B
sensionem scissuræ, aut illius aut hujus hominis est
periculum, sed populorum strages subjacent, detrahendum aliquid est severitati, ut majoribus
malis sanandis, charitas sincerius subveniat. »
Idem adversus hæreticos. « Si inquiunt, oportet ut
extra Ecclesiam nos fuisse pœniteat, ut **168** salvi
esse possimus, quomodo post istam pœnitentiam,

apud vos, clerici vel etiam episcopi permaneremus ?
Hoc non fieret, quoniam revera (quod fatendum est)
fieri tamen non deberet, nisi pacis ipsius compassione sanaretur. Sed sibi hoc dicant, et multo
maxime humiliter doleant, qui in tanta morte præ-
cisionis jacent, ut isto quodam vulnere matris catholicæ reviviscant. Cum enim præcisus ramus
inseritur, fit aliud vulnus in arbore, quo possit recipi
ut vivat, qui sine vita radicis peribat. Sed cum receptus recipienti coaluerit, et vigor consequitur, et
fructus; si autem non coaluerit, ille quidem arescit,
sed vita arboris permanebit. Est enim tale mise-
rendi genus, ut nullo præciso ramo qui intus est,
ille qui foris est inseratur, non tamen nullo, sed vel
levissimo arboris vulnere. Ita ergo et isti, cum ad
catholicam radicem veniunt, nec eis quamvis post
erroris sui pœnitentiam honor clericatus aut episcopatus aufertur, fit quidem aliquid tanquam in cortice arboris matris, contra integritatem severitatis.
Verumtamen, *neque qui plantat, est aliquid, neque
qui rigat, sed qui incrementum dat Deus (I Cor.
III, 7).*

(68) Sic Nectarius, adhuc catechumenus, assumptus est ad sedem Constantinopolitanam. Sozom.
lib. VII, c. 10; BARON. ad an. 581.

LIBER TERTIUS.

—

169-170 EPISTOLA PRIMA (69).   C

*Scribit Ranulfo (70), episcopo Dunelmensi, in gratiam
Roberti cujusdam.*

RANULPHO, Dei gratia Dunelmensi episcopo, omni
honore et gratia sublimando, ALDEBERTUS humilis
Cenomanorum sacerdos, salutem et orationes in
Christo.

Credidi me peccaturum in plures, si quos debes
pluribus oculos, prolixiore pagina detinerem. Ut
igitur me totum paucis agnoscas, totum hoc tuum
in me [*supp.*, esse reputa] quidquid alterius potest
esse de me. Unde et mihi vice [*f.*, vicem] rependes,
si et diligas me et ores pro me. Præterea ut præsentium latorem filium vestrum et fratrem Robertum in sacrarium tuæ familiaritatis suscipere,
humiliter implorarem, nisi crederem eum tam [*f.*, jam] D
tibi notum, sibique sufficere, qui gratiam tuam possit, sine interventu alterius, promereri. Precor tamen, ut qui benefacturum te credo pro se, melius
sibi sentiat esse pro me. Vale.

(69) Nova e Spicil. et mss. Fulcardi-montis.
(70) De hoc Ranulpho, seu Randulpho, ad Ecclesiam Dunelmensem a Willelmo Rufo, Angliæ rege,
promoto, anno 1099, consule Historiam episcoporum Dunelmensium, Angliæ sacræ tom. I, pag. 705.
(71) Al. 20. Scripta circa an 1101.
(72) Eamdem comitissam Blesensem, ad quam

EPISTOLA II (71)

*Adelam comitissam de promissa (72) sibi ab ea planeta
monet, eamque sibi rogat erogari.*

Attritæ frontis est egestas ; nihil pudet, dummodo
juvet. Egestas et ad crimen urget et intercedit ad
veniam. Ignosces igitur si quid, ea urgente, supra
meritum postulabo. Doces me sperare majora meritis, quæ meritis majora largiri non desistis. Si
quæris quid, aut qua fiducia postulem. Planeta indigeo. Eam mihi promisisti. Sicut arbitror, non
deseres promissum, quæ etiam non promissa festinas erogare. Vale.

171 EPISTOLA III (73).

*Amicum charius emere, quod ab amico nonnisi precibus
extorquet. Interim quod Exoniensis Ecclesiæ (74)
miraculorum historiam (75) tardius miserit, excusat se quod primum ejus exemplar fuerit amissum.*

Dilectissimo fratri, atque venerando Exoniensis
Ecclesiæ canonico CLAREMBALDO, HILDEBERTUS humi-

epistola sexta libri primi.
(73) Al. 53. Scripta forte circa an. 1102, post
secundum scilicet ex Anglia Hildeberti reditum.
(74) Exoniensis, *Exéter*. Ita mss. omnes. Non
Oxoniensis, *Oxfort*, ut editi.
(75) Huc usque latet hæc historia, nec quacunque
adhibita diligentia, eam detegere potuimus.

lis Cenomanorum sacerdos, plurimam in Domino salutem.

Timeo, charissime frater, timeo, quod negligentiæ arguas me, qui toties rogatus ut miracula quæ in Exoniensi Ecclesia Dominus operari dignatus est juxta fidem destinati mihi exemplaris adnotare non tæderet, satisfacere tibi diutius distuli. Unde et opus flagitatum non gratis exarasse me accusabis, quod et diuturna exspectatione, et innumeris precibus comparasti. Quippe, juxta philosophum, non tulit gratis, qui, cum rogaret, accepit. Et quidem scio quia nullum vendit amicus obsequium ; libenter et gratis et cito subvenit. Nescit preces exspectare, sed velut egentis vaticinetur voluntatem, prævenit rogaturum. Dubitat enim utrum sit obsequium, quod vis precum elicit, quod non accipit improvidus, sed importunus extorquet. Porro ab eo quod a me postulasti obsequio, procul fuisse noveris, quidquid obsequii minuit majestatem [id est, magnitudinem]. Ex quo enim tuum didici desiderium, ex abundanti preces addidisti. Statim statui obsequi, sed exemplar amissum casu, parturientem tenuit voluntatem, quod cum mihi per multa defuisset tempora, postea repertum meisque redditum manibus, in negotium scribendi sopitum excitavit affectum. Finis erat operi cum ingressus ad me nuntius, chartam in tuo nomine protendit, idipsum quod in primo legeram exemplari continentem. Adjecit idem nuntius, idcirco mihi secundum etiam exemplar transmissum, ne prioris amissione, silentium excusarem. Accepta igitur et relecta non semel pagina, movit spiritum relegentis. In ea namque miracula quædam continebantur, quæ in prima ; sed in ea aliter, aliter in prima, quæque non sic attendi diversa, ut adversa sibi judicarem. In his quæ juxta primum exemplar edideram, **172** nil addere decrevi, nil demere, nil mutare. Ejusdem namque rei diversa relatio, nihil veræ præjudicat historiæ. Tuo itaque, frater mi, judicio reservavi opus corrigere, vel omnino supprimere vitiosum, Vices amici geres, si removeas ab oculis quidquid linguas noveris formidare. Hæc ideo tibi, Clarembalde, imo Clare-valde, prælibavi, ne putares voluntate potius quam necessitate dictatum styli obsequium, et me sic tædere, amico scribere, tanquam si et amasse pœniteret. Cæterum cum diverso tenear littore (76) ; cum nec salutare te possim, nisi propitium habeam prius dimidium mundi ; cum multis a te separer aquis, aquæ tamen multæ non poterunt exstinguere charitatem. Vale.

EPISTOLA IV (77).

S. SAGIENSI EPISCOPO (78).

Excusat se apud episcopum, quod ei destinatum, necessitate detentus, distulerit mittere munusculum, seque interim Romam ad concilium profecturum ejus commendat orationibus.

Scimus quidem, beate præsul, dilatione minui beneficii majestatem. Dubitatur enim an sit beneficium, cum dilatio cruciat exspectantem. Cæterum nos apud animum ad virtutem compositum, his etiam beneficiis integram credimus esse gratiam, quibus occurrit necessitas differendi. Hinc est quod munusculo nostro, ejus, cui elaboratum est, favorem speramus adfuturum. Neque enim nos vel ultro distulimus beneficium, vel studuimus homini, qui causas ingratitudinis exquirat. Totus is episcopum vivit, nihil habens odio, quod amare sit melius ; nihil amans quod pudeat confiteri. Talem te, frater charissime, loquitur sermo noster, talem credit spiritus noster, eamdem salutem tibi desiderans, quam sibi. Optamus enim te semper in Christo bene valere, et scire quia vicem rependis nobis si diligis nos et oras pro nobis. Maxime autem hoc tempore orationibus egemus tuis, Romam fatigandi, quo papa Calixtus, Citramontanis episcopis et abbatibus convocatis, generale concilium in urbe est celebraturus (79). Nobis illuc **173** profecturis, tempus hieme suspectum, nivibus Alpes, incrementis aquæ, vinculis imperator, seditionibus civitas, exactione palatium. Sane omnia hæc orationibus evacuari posse credimus, solam vero exactionem nec oratione, nec jejunio, temperari.

EPISTOLA V (80).

EPISCOPO R. (81).

Rogat amicum, ut eorum quæ apostolicæ quas recepit, continent litteræ, ipsum participem faciat.

Ad nos usque decurrit apostolicam te paginam suscepisse. Quæ si tibi mœroris aut lætitiæ calicem ministravit, unus eram cui primo post te fuerat propinandus. In omni fortuna, prudenter ad amicum festinatur. Bonam etenim communicata facit lætitia gratiorem. Adversa vero magnum suscipit ex amici solatio remedium. Hoc sane vitium meum nec exuere possum, nec fateri erubesco. Omnia tam secure loquor cum amico quam mecum. Plenus sum rimarum. Effluit quidquid aut præter, aut propter voluntatem, fortunæ variat audacia. Verum hæc missa facio. Dissimules volo scire me quid (82) apostolica te monimenta docuerunt. Quidquid illud sit,

unquam expleverit.

(76) E Gallia igitur scribebat in Angliam.

(77) Al. epist. 76. Scripta circa an. 1102, quo Calixtus II papa concilium Lateranense Romam convocavit, imperante Henrico V. (a).

(78) Ita Rothom. codex.

(79) Non educitur ex actis Hildeberti, quod illud iter ad concilium Lateranense I, aut susceperit, aut

(80) Al. 29. Scripta circa an. 1105.

(81) Ita Rothom. et Ebr. Forte Raynaldo Andegavensi.

(82) Ita Ebr. et Rothom. Forte melius ad sensum, sic : *Dissimules volo [velle] scire me quid*, etc.

(a) † Non scripta fuit illa epist. ann. 1102, in qua fit mentio papæ Calixti qui anno 1119 sedem apostolicam obtinuit.

iteratum gratius audietur. Redimes igitur accusati A culpam silentii, si ea quæ postulo, tuarum mihi recursus ostenderit litterarum.

EPISTOLA VI (83).

ANSELMO CANTUARIENSI ARCHIEPISCOPO (84).

Amicum urget, ut aut frequentiores, aut prolixiores, utpote illi gratissimas dirigat epistolas.

Commeantium raritas facit ut rariores inter nos epistolæ discurrant. **174** Illa nobis et obsequium salutationis invidet, et amica colloquia. Cæterum epistolarum raritatem pagina potest supplere prolixior. Memineris igitur invigilare aliquid, quod et solatium tuæ sit absentiæ, et oculos meos diutius remoretur. Odi verba, quæ, cum delectare incipiunt desinunt. Tuam vero prolixitatem sic amplector, ut epistolas longiores, et occupatus suscipiam, et invitus deponam. Illæ quidem me otiosum (85) non inveniunt, sed faciunt. Vale, atque id potius age, ut aliquando obliviscaris me, quam ut aliquando cogites de me (86).

EPISTOLA VII (87).

Abbati Cluniacensi (88) gratias agit, quod ejus orationibus Roma rediens, plurima eaque gravissima evaserit pericula, asserens se in ejus sinum fuisse ruiturum, si per Romanum pontificem, pontificalis oneris sarcinam licuisset excutere; commendans interim illi episcopum Andegavensem, quem tironem sancti Benedicti vocat.

Maximum duco atque habeo quod mihi vestræ sacrarium familiaritatis aperuistis. In eo susceptus C multis et magnis expertus sum periculis, quantum valet deprecatio justi assidua (*Jac.* v, 16). Huic et soli debeo quod insidias mihi Roma redeunti dispositas intactus pertransii, quod urgentes et ingentes maris procellas illæsus evasi, quod non incidi in barbaros piratas larvali forma deformes, ferina cru-

delitate hominem diffitentes, super omnia autem gaudentes nulla se cum Christianis habere consortia. Hi catholicæ religionis expertes et hostes, in insulam beati Honorati sacratissimo die Pentecostes in multis navibus delati sunt. Ibi a fundamento monasterio penitus everso (89), plurimi monachorum gladio percussi ceciderunt. Reliquis et latibulis et turre consultum. Eadem die de præfata insula, felix me ventus expulerat. Ita de ipsis pene leonum faucibus avulsus, auspicato cursu **175** Magalonam navigavi. Hæc ideo, sanctissime Pater, apposui, ne quis ignoret quantis oratione vestra periculis ereptum me confitear. Habeo igitur, atque ago vestræ gratias religioni, cujus sinum, quasi reus aram, jamdudum complexus essem, si consultus papa pontificis onus amoliri permisisset. Ille dum me remisit ad laborem, invidit gloriam. Non imputet ei Deus! Interim in umbra alarum tuarum sperabo, donec educar de lacu miseriæ et de luto fæcis, atque dicam : *Ecce venio, ut faciam voluntatem tuam, Deus meus* (*Hebr.* x, 9). De cætero redundantis operæ est super Andegavensi episcopo, tirone scilicet beati Benedicti (90), vos rogare, cujus affectus et singularis est in universis, et universus in singulis. Vale.

EPISTOLA VIII (91).

Adelam Blesensem scilicet comitissam rogat, ut sibi, sicut fecerat episcopo Carnotensi, ad concilium profecturo, conductum provideat.

Absentia mariti, laboriosior tibi cura consulatus incubuit. Ea enim magis animo quam corpore ad diversa te demigrare compellit. Incertus igitur ubi locorum invenirem te, certus autem quod honestatis obsequia ubique invenirem apud te, domi residens ad dominam litteras dedi, quarum summa hæc est : « Episcopo Carnotensi conductum, sicut fertur, providisti ad concilium profecturo (92). Quod si ita

---

(83) Al. 55. Scripta circa an. 1107.

(84) Ita ms. cod. Ebroic. Rothom. habet : *Marbodo*. Sed cum Marbodus esset episcopus Rhedonensis, non videtur inter ipsum et Hildebertum, tantam intercessisse commeantium raritatem. Melius igitur : *Anselmo Cant. archiepiscopo*.

(85) Rothom., *otium*; sed rectius Ebr., *otiosum*.

(86) Forte clarius ad mentem auctoris : *Vale, atque id potius age, ut* [*non*] *aliquando obliviscaris me, quam ut aliquando tantum cogites de me.*

(87) Al. 24. Scripta circa an. 1107.

(88) Sancto scilicet Hugoni, cujus tempore, Hildebertus Roma rediens, tot evasit pericula, anno videlicet 1106 vel 1107, quo Paschali II Romæ non reperto, ipsum convenit in Gallia post concilium, quod Trecis celebraverat, apud Silviniacum, ubi olim Paschalis monachus fuerat. Obiit autem S. Hugo eodem die et anno quo S. Anselmus, anno scilicet 1109. Sicque Hildebertus an. 1107, potuit precibus ejus tribuere miram a tot periculis in itinere suam evasionem.

(89) Nota devastationem monasterii Lirinensis, a nullo alio scriptore, præter Hildebertum, fuisse relatam. Cum tamen tot illam hic circumstantiis munierit, ipsamque, ut testis, etiam sub vitæ periculo, oculatus enarraverit, non videtur de ea jure dubitari posse, sicut nec dubitarunt E. C. Baronius,

et ejus illustrissimus abbreviator Spondanus, qui vel hac sola Hildeberti epistola freti, stragem hanc retulerunt ad an. 1107, III.

(90) *Tyrone B. Benedicti.* Gauffrido scilicet de Meduana, qui ordinatus episcopus Andegavensis anno 1093, circa an. 1098, pontificatu se abdicans, Cluniaci monachus effectus est. Cui deinde successit in episcopatu Raynaldus de Martiniaco. De quo vide notas ad epistolas 3 et 4 libri secundi

(91) Al. 26. Scripta circa an. 1107.

D (92) Temporibus Hildeberti, tot in Galliis congregata sunt concilia, ut ab anno 1097, quo electus est episcopus Cenomanensis, usque ad annum 1134, quo obiit archiepiscopus Turonensis, excreverint, teste Labbæo, conciliorum tom. X, usque ad quadraginta quatuor, quorum magnam partem congregavit Girardus, Engolismensis episcopus, tunc legatus apostolicus. Quis igitur divinare possit de quo concilio fiat hic mentio? Trecense tamen II libenter suspicarer, anni scilicet 1107, cui adfuit Paschalis II, dum esset in Galliis; cui post reditum in Gallias, Hildebertus adesse potuit. Porro Carnotensis episcopus, de quo et hic, non alius fuisse videtur quam Ivo, qui, ut Hildebertus, tam dura passus fuerat, ut uterque bonis spoliatus omnibus, ad iter agendum, conductum ab Adela postulare fuerit coactus (a).

(a) † Non agi videtur de conc. Trecensi II, siquidem in sua epist. loquitur Hildebertus Adelæ, Blesensi comitissæ, de absente sponso, qui quidem obiit quinque annos ante concilium Trecis celebratum, præsente Paschali pp. II.

est, præfatæ gratiæ beneficium mihi communices A
exoro.» Symmachus dicit : « Ex usu venit, ut opem
desiderantes ad suffragia probata confugiant. » Eapropter ad tuum patrocinium transvolavi, quæ tota
super feminam, et exemplum virtutis es et instrumentum. Vivunt in te boni sæculi reliquiæ, per
quam et sexus respirat ad gloriam, et genus ela-
bentem **176** retinet dignitatem. Arguerer mendacii,
nisi cujusque optimi mecum in hoc judicium conveniret.

EPISTOLA IX (93).

*Episcopo Belvacensi (94) pro exhibitis cuidam fami-
liari suo in civitate sua officiis gratias agit.*

Ad votorum plenitudinem accessisse confiteor, cui
gratiæ tuæ limen contigit aperiri. In eo susceptus,
etsi teipsum non videam, video tamen affectum tuum B
in puero meo, cui adventanti Belvacum, defension's
manum quoties oportere attendis, extendis. Splendorem suffragii tui obscurare est, precibus agere,
ne desistas. Non vereor huic te proposito defuturum, cui oppressis concurrere et cathedra facit, ut
velis, et curia ut possis. Interim cumulatas tibi gratias agens, scripto finem pono, dilectioni tuæ finem
minime positurus.

EPISTOLA X (95).

AD S. ROMA REVERSUM (96).

*Cum inter amicos omnia debeant esse communia,
asserit Hildebertus cum illo amico, de cujus Roma
reditu lætatur, omnia itineris incommoda et pericula affectu perpessum.*

Et vultum et diem tuus mihi reditus exhilaravit. C
Fortassis ignoras ; sed tecum fui Romæ, tecum ni-
vium (97) perpessus sum injurias, tecum montes
pertuli, vel lubricos glacie, vel scopulis exasperatos.
Universa tecum pertuli, quæ dolui dum perferres.
Hæc enim est inter amicos animorum concordia,
ut nihil ab altero sit alienum, nihil alteri singulare.
Omnia facit eis unam rempublicam voluntas **177**
una. His amicitiæ legibus actum noveris ut memoria
reverterer ad te, compassione essem juxta te, orationibus agerem pro te. Audivit igitur et exaudivit
Dominus clamorem cordis mei, quoniam, et cum
salutari obsequio ad Ecclesiam, et cum salute reversus es ad amicos. Vale.

EPISTOLA XI (98).

*Anglorum reginæ (99), Mathildi scilicet, gratulatur
bonam valetudinem, quam et legum observantiæ
necessariam, et Ecclesiæ felicitati perutilem asserit.*

Humilis Cenomanorum minister HILDEBERTUS,

MATHILDI venerabili Anglorum reginæ, ad illius stare A
dexteram, a cujus dextris astitit regina in vestitu
deaurato circumdata varietate.

Audita per præsentium latorem, et salute qua incolumis es, et salutatione qua me dignata es, de
primo quidem gaudium subortum est, de secundo
vero nomen mihi et gloria exuberant. In leges enim
et in Ecclesiam peccare convincor, nisi de salute
lætetur et exsultet spiritus meus, cujus incolumitas
et legum reverentiam, et Ecclesiæ statum servat in-
columen. Nihil enim est unde magis oporteat lætari
animam Christianam, quam super eorum incolumitate, quibus et legum integritas, et Ecclesiæ status
incolumis perseverat. Gaudeo igitur, sed et gaudebo,
quoties meas aures aura, quæ te sospitem nuntiet,
afflaverit, quoties audiam vivere reginam et valere,
cui et potestas collata est ad judicium sceleris, et
mores ad exemplar honestatis.

EPISTOLA XII (100).

M. REGINÆ (1).

*Anglorum reginæ, Mathildi scilicet, inviolabilem cha-
ritatis affectum, toto licet marium spatio dissitus,
pollicetur et orationes.*

Locorum vel temporis incommoda sanctus amor
ignorat. Affectus in eo principatur, qui semper sui
juris est, nec ei vis præjudicat aliena. Omni siquidem tempore licet diligere, etsi, quem diligis, videre
non liceat. Hinc est quod mari ac **178** terra separatus a te, in Christo diligo te, illuc mentionem tui
deferens, ubi et honesta cogitatio præmium, et illicita supplicium promeretur. Ad altare quippe Domini tua me comitatur memoria, timentem, ne mihi
cedat ad judicium, si eo interventu te defraudo,
quem beneficiis, regina, comparasti.

EPISTOLA XIII (2).

H. REGI ANGLORUM (3).

*Anglorum regi, Henrico I scilicet, quem magnis effert
laudibus, juniorem episcopi Andegavensis fratrem
plurimum commendat.*

Benedictus Dominus Deus Israel, qui temporibus
vestris, et pauperibus pacem, et Ecclesiis antiquam
reformavit dignitatem ! Divinum munus, et omnium
bonorum votis acclamandum confitemur, vitiis accessisse judicem, moribus fundatorem. Exaltatum
est solium justitiæ, rebusque suus ordo sub rege
D clementissimo restituitur, qui novit reddere quæ
sunt Cæsaris : Cæsari, et quæ sunt Dei Deo: Porro
candidioris fortunæ sortitus est gratiam, quisquis
apud hunc alicui subvenire posse prædicatur. Quod
si non potest, magna tamen gloriæ materia est, quia

(93) Al. 58. Scripta circa an. 1107.
(94) Ita Ebr. cod. et Roth. Forte *Gualoni* seu
Valoni, qui deinde factus episcopus Parisiensis,
obiit an. 1114, cardinalis.
(95) Al. 28. Scripta circa an. 1109.
(96) Ita Rothom. cod. ms. et Ebroic.
(97) Ita Ebr. Rothom., at editi quidam, *universas*,
sed minus bene.
(98) Al. 10. Scripta circa an. 1112.
(99) Eadem scilicet, ad quam direxit epistolam 4
libri primi.
(100) Al. 43. Scripta circa an. 1115.

(1) Ita Rothom. cod. et Ebr.
(2) Al. 32. Scripta saltem post annum 1120, quo
probabile est Hildebertum ab Henrico I in gratiam
receptum ; quod liquet ex epistola quam ad illum
scripsit consolatoriam, de submersione filii, quæ
contigit anno 1120. Episcopus autem hic Andegavensis non videtur alius, quam Raynaldus, qui ad Remensem Ecclesiam non transiit, nisi post Radulphum Viridem, qui obiit, teste Orderico, lib. XII,
anno 1124.
(3) Ita Rothom. cod. et Ebr.

hoc eum posse arbitrantur. Neque enim cuilibet A vester servus in Christo, sicut qui honorem vestrum concessum est regis illius extorquere favorem, qui diem male perditum judicat, in quo pro perditis moribus [*deest forte,* corrigendis] agere non contingit. Magni animi est, et de virtute gloriantis ad votum suum severas inclinare potestates. Hoc autem posse me plurimi somniant; hanc in oculis vestris gratiam consecutum fabulantur. Arbitratur hoc et Andegavensis episcopus, vir nullo genere virtutum vacans, si non crederet plus posse me, quam possum ipse credere de me. Visum est huic eligere servum tuum, et apud te interprete uti, quo fratrem suum militaribus informandum disciplinis, regiæ majestati commendaret. Puero quidem sublimium patebat aditus curiarum, sed sublimiori consilio frater fratri eam providit, in qua sic militiam disceret, ut non B dediscerel honestatem. Missus est igitur ad columen morum, missus est ad militum gloriam, missus est ad serenissimum regem, cui castris, nec **179** obsequium præmio, nec virtus reverentia defraudatur. Vestræ majestati interest episcopi gratia puerum suscipere destinatum, atque utrumque in altero promereri. Ego quidem, si quam mihi merita mea præstant fiduciam, pro eodem decrevi supplicandum. Sed novi regem non attendere merita, cujus est antecedere meritis universos. At si meritum requiritur, ibi de rege bene mereor, ubi Patri filius immolatur. Vale.

EPISTOLA XIV (4).

M. (5) FILIÆ H. REGIS (6).

Mathildem Henrici I Anglorum regis filiam rogat ut per seipsam illum certiorem facere dignetur quid in Anglia agatur, præcipue vero, quis sit patris affectus, circa contumeliam ipsius filiæ illatam.

Nota loquor et usu frequenti comprobata. Sitienti satius est de fonte, quam de rivo sitis ardorem exstinguere. Vina quoque de primo sumpta dolio, nativum saporem prætendunt. Eadem de alio in aliud transfusa degenerant. Sic uberius meum implent desiderium, quæ circa vos aguntur agnoscere pagina vestra quam relatione aliena. Quidquid enim a vobis accipiam de vobis, certius mihi futurum est quam si ad aures meas idipsum vulgi rumor protulerit. Ex quo igitur comperi ventos in vestrum obsequium aspirare, statim litteras ad vos D dedi, ratus advectum de Anglia, qui voluntatem regis nobis aperiret, quive declararet quem affectum de contumelia filiæ patris pectus induerit. Hæc ut merear scire per vos, clamo post vos. Clamo quidem, sed sicut vester amicus in Domino, sicut in principio lætitiæ meæ pono. Quæ igitur tam de rege quam de vobis, amico significanda noveritis, mihi precor aperiri.

180 EPISTOLA XV (7).

Reginoldo D. Augustini monacho gratias agit quod illi historiam Malchi monachi ab ipso metrice scriptam miserit. Hinc cum ipso strictiorem et nusquam desituram inire pollicetur amicitiam, quam mutuis ingenii fetibus fovere cupit ; quosdam autem hic a se editos indigitat.

Humilis Cenomanorum sacerdos HILDEBERTUS, REGINOLDO Beati Augustini monacho, quidquid sibi.

Malchum tuum occupatus quidem suscepi, sed invitus dereliqui. Quem licet ecclesiasticis impeditus negotiis ad finem tamen usque perlegi, in eo et venustatem ordinis admiratus et virtutem. In quo satis competenter poetica evagatus licentia, rei gestæ non solum figmentis subvenisti fabularum, sed et naturæ pariter et veri officia succincto sunt sermone demonstrata. Silvestris oleaster et olea naturalis ita in unum stipitem cohæserunt, ut cum neuter sit idem qui alter, tamen effectu sit unus alter. Unde factum est ut operi tuo laudes debeam, quia dignissimo legi, et auctori gratias, quia dignum me, cui legenda mitterentur judicavit. Habebis ergo me alium Piladem, nisi tu mihi alter Orestes fieri dedigneris. Socium tamen profiteri non audeo, sed amicum promitto. Ad æqualitatem quippe quam notat societas, ascendere mihi non licet ; licet autem ad benevolentiam, quæ amicitiæ fructus est, pervenire, quæ incepta temporaliter, in æternum permanet. Oremus igitur pro invicem, ut salvemur. Ut augeatur quotidie, scriptis frequentioribus colloquamur. Interjecta maria charitatis officium non impediant ; quod terrarum spatio aliquandiu dilatum, manus amica gratius accipiet. Hoc autem me non solum non reprehendere noveris, sed venerari pariter et amplecti, quod aliquas positiones ingenioli mei filias, aut nostrorum **181** particulas versuum tuo te operi inseruisse notasti. Tunc enim placere mihi incipio, cum video scripta mea majoribus minime displicere. Vale, frater, et dilige diligentem te ; scribe scripturo ad te.

EPISTOLA XVI (8).

G. EPISCOPO (9).

Episcopum quemdam rogat ut erga clericum, nomine Guillelmum, se beneficum præstet.

Pro Guillelmo tuo, Pater sancte, supplicandum putarem, nisi ad promerendum favorem tuum tibi solus ipse sufficeret. Præterea superfluum duxi ad

---

(4) Al. 73. Scripta circa an. 1120.

(5) Mathildi. De qua Homeyus in Suppl., p. 541, Mathildi : « Henrico quinto imperatori locata, ex Matth., Paris., an. 1110, et solemniter nupta an. 1114. Quo defuncto, data est Gaufrido Andegavensi comiti, dicto Plantegenest, ex qua suscepit ipse Henricum secundum, Angliæ regem. Desiit vivere anno 1167, cui sequens epitaphium inscriptum est :

Ortu magna, viro major, sed maxima prole;
Hic jacet Henrici filia, sponsa, parens. »

(6) Ita mss. cod. Rothomagensis et Ebr.

(7) Nova e mss. Ebr., Roth. et aliis. (*a*) Scripta circa an. 1122.

(8) Al. 4. Scripta circa an. 1124.

(9) Ita Reg. codex ms. et Rothomagensis. Forte *Girardo Engolismensi.*

(*a*) † Jam edita a D. Mabillon. *Analect.*

beneficium excitare pontificem, qui ante pontificem A
vel immeritis benefacere consuevit. Hoc secum dignitas non attulit, sed invenit. Non itaque vereor ut
præsul beneficentiæ renunties, cui ante privatus te
obligasti. Credo etiam præscriptum fratrem non
indignum, cui gratiæ tuæ limen ultroneus aperias.

EPISTOLA XVII (10).

A. SUBDECANO (11).

*Postquam hospitalitatis virtutem laudibus Hildebertus
extulit, amico gratias agit ob eam quam, nec ab
ipso rogatus, tribus suis clericis exhibuit, non probans tamen, quod vanitatis vitandæ prætextu bonum
hoc opus occultare seu dissimulare tentaverit.*

Fuere qui dicerent inter sex opera misericordiæ,
nihil eorum hospitalitati præferendum. Hos atten-
disse arbitror nonnulla in hospitio reperiri, quibus
diversa susceptorum incommoda propulsari, noscuntur. Idcirco splendidissimam [prædicaverunt] hospitalitatis gratiam, qua **182** Lot et Abraham, quia consueverant homines, angelos etiam hospitari meruerunt.
Præterea velut in ampliorem hujus gratiæ mercedem, alter Sodomæ subversionem evasit, alter filium
de sterili conjuge meruit obtinere. Tibi quoque desuper, ni fallor, accessit, ut dum præfatam frequentas
beneficentiam, tres christos Christi colligeres, et
hospitalitatis hostiam, quam apparatu gratissimam
feceras, hilaritate faceres gratiorem. Sane dum collecti tui transitum Turonis haberent, plane mihi
gratias egerunt, in nomine meo præstitum sibi beneficium asserentes. Recordari tamen non potui quid C
egerim tibi, vel alicui propter te, quo ministrare
mihi deberes, aut alicui propter me. Fieri autem
potuit, ut evitandæ causa jactantiæ, diceres collatum
pro me beneficium, quod eis pro Domino et in Domino contulisti. Verùm minime oportuit piam occultari devotionem, si transitoriæ laudis cupidus ipse
non fuisti. Siquidem laudis hujus contemptores
gravis offensa respicit, si quod bene agunt latere
quam videri malunt. Unde et sic Gregorius ait:
« Quisquis humanam laudem calcare jam sufficit,
pœnaliter peccat, si bona quæ agit occultat (12). »

—

EPISTOLA XVIII (13).
ABBATI CLARÆVALLI (14).

*Sancti Bernardi diffusa per orbem sanctitatis et doctri-
næ fama permotus Hildebertus, in ejus amicitiæ et
familiaritatis sacrarium admitti eleganter et enixe
postulat; illi interim Gebuinum (15) archidiaconum
Trecensem, ut virum moribus et litteris eximium
commendans.*

Balsamum ex odore suo, et arborem ex fructu
cognosci, paucos credimus ignorare. Sic et nobis ex
opinione tua, charissime frater, innotuit, quam sis
et ad sanctimoniam compositus, et integer ad doctrinam. Cum enim locorum intersticio **183** longius a te separemur, ad nos tamen usque pervenit,
quam jucundas noctes cum tua Rachele ducas; quæ
progenies ex Lia tibi exuberet; quam totum te
exhibeas, et cultorem virtutis et hostem carnis. B
Non alium loquuntur te, quicunque loquuntur nobis
de te. Talis est odor olei effusi nominis tui, talia
jam tuorum præmia meritorum. Has ex agro tuo
spicas ante supremam colligis messionem. In hac
enim vita quædam merces virtutis est, conspicuum
et immortale testimonium. Hoc ipsa sibi comparat,
hoc ipsa sibi custodit. Hujus splendor non minuitur
invidia, non exterioribus studiis adjuvatur. Quippe
bona existimatio, sicut falsis delationibus auferri
non potest, ita nec adulatoriis favoribus acquiri.
Penes ipsos est eam vel ubertate virtutum proficere,
vel defectu minorari. Sane de celeberrima opinione
tua, spes in sinu Ecclesiæ reposita est, eam minime
casuram, quoniam fundata creditur supra firmam C
petram. Ex ea nos tuam edocti devotionem, desiderio desideramus in sacrarium tuæ familiaritatis
recipi, ibique recordatione tecum esse, tibi teipsum
furatus colloquiis mortalium, pro mortalibus loqueris cum rege Angelorum. Porro huic desiderio
nostro Gebuinus Trecensis archidiaconus plurimum
adjecit, vir moribus et litteratura conspicuus. Eum
tibi censeremus commendandum, nisi constaret illos
quos tua dignaris gratia, commendatione alia non
egere. Si nescis, illius etiam attestatione didicimus,
te in Ecclesia eum esse, qui ad eruditionem virtutis,
et exemplo sufficias et verbo. Cæterum ne litteris
prolixioribus onereris, scripto ponimus finem, supradictæ petitioni (donec exaudiri mereamur),
finem minime posituri. Quid autem ex hoc animi D
geras, doceri deprecamur tuarum recursu litterarum.

(10) Al. 77. Scripta ante an. 1125.
(11) Scilicet Turonensi, Anselmo nomine. Ita
Rothom. cod.
(12) Paulo aliter habetur in editione nova D. Gregorii Pastoralis, cap. 35. Sic autem ibi : « Quisquis
enim laudis concupiscentiam calcare jam sufficit,
ædificationis fraudem perpetrat, si bona quæ agit,
occultat. »
(13) Al. 72. In editione Operum sancti Bernardi
Mabilloniana, invenitur hæc epistola centesima vigesima secunda, ubi notatur scripta circa an. 1130.
(14) Ita cod. Rothomag. Ebr., et alii.
(15) De Gebuino loquitur D. Bernardus epistola
17, ad Petrum Diaconum, cardinalem : « Aliqui, inquit,
fratres, nonnulla ex his quæ me coram audiere lo-

quentem stylo suo excepere... Quorum unus vobis
præsto est, præcentor videlicet Trecensis, et archidiaconus Gebuinus, et facile potestis habere, si qua
placent, quæ ab illo excerpta sunt. » Ad quam epistolam sic scribit noster Mabillonius : « Gebuinum
moribus et litteratura conspicuum vocat Hildebertus
in epist. 53 [*imo veteris ordinis 72*]. » Ejusdem
eloquentiam et sapientiam prædicat Nicolaus Clarævallensis in epist. 5, ubi ejus sermonem memorat
in illud Evangelii : *Si Filius vos liberaverit*, etc.
Sermonum ipsius volumen exstat in Bibliotheca Vi-
ctorina. Hic est ille cantor Trecensis, cujus flores
petit Joannes Saresberiensis, epist. 76. Confer Petrum Venerabilem in libro II, epistolis 54 et 35.

EPISTOLA XIX (16).

Responsio est sancti Bernardi ad epistolam præcedentem Hildeberti, cui reponit laudum vices,
nihil interim de oblatis laudibus sibi tribuens.

*Bonus homo de bono thesauro cordis sui profert
bonum. Scripta gloriæ tuæ, imo et meæ satis libenter
accepi, vir* **184** *totius reverentiæ, tenens in illis unde te
non immerito glorificem, et ipse non immerito glorier.
Siquidem gloria nostra hæc est, tuæ sublimitatis dignatio, tua, nostræ reputatio parvitatis. Nempe in alto non
altum sapere, sed humilibus consentire (Rom.* xii, 16),
*nil Deo charius, nil rarius apud homines. Quis sapiens,
nisi qui sapientiæ consiliis acquiescit? Ait autem :
Quanto major es, tanto humilia te in omnibus (Eccli.* iii, xx). *Hoc tu mihi exhibuisti, minori major,
senior juniori. Possim proinde et ego tuam probatam
sapientiam non indebitis efferre laudibus, et forte ju-
stioribus his, quibus me dignata est ipsa. Quippe
interest ad dandam rerum certitudinem, quid incerta
jactet opinio, quidque opus evidens reddat indubitatum.
Quod autem certius probamus, hoc et prædicamus
securius. Quæ ergo ad me de me tibi scribere placuit,
videris tu unde probaverit; ego laudum tuarum argumentum teneo minime dubium, ipsas mei laudatrices
litteras tuas, in quibus alium fortasse delectat eruditionis insigne, sermo suavis et purus, oratio luculenta,
gratum laudabileque compendium. Mihi vero præ his
illa ducitur humilitas, qua tantillum tantus prævenire
curasti, et obsequio salutandi, et præconio prædicandi, et precandi reverentia. Sane quod ad me attinet,
lego de me in litteris tuis, non quod sum, sed quod
esse vellem, et quod non esse pudet. Verumtamen
quod sum tuum est, et si quid melius Dei unquam
munere fuero, tuum fore confidito, reverendissime
atque amantissime Pater.*

EPISTOLA XX (17).

*Henricum I Anglorum regem obsecrat ut quoddam
monasterium monialium, ejusque abbatissam sua
protectione tueri et decorare dignetur.*

Suo benefactori et domino.

Quantum liberalitati vestræ simus obnoxii, quan-
tasve beneficiis vestris debeamus gratias, **185** nec
explicare lingua sufficimus, nec opere promereri.
In quantum nobis tamen desuper datum est, æque
pro vestra incolumitate et salute orationes Deo
multiplicabimus, quemadmodum et pro nobis. Quia
vero fortassis (quod sine lacrymis dicere non possumus) faciem vestram ulterius visuri non sumus,

A quod ad salutem vestram pertinet vestræ providentiæ duximus suggerendum. Est obedientia quædam
in terra vestra, ubi sanctimoniales boni testimonii
et probati, Domino servire noscuntur. Unde et
vestram rogamus sublimitatem, quatenus pro salute
animæ vestræ, parentumque vestrorum obedientiam
illam manutenere dignemini. Præfati quoque loci
abbatissam, quæ sibi nomen bonum religione et
vita promeruit, et pro tuitione memoratæ obedientiæ fatigatam usque ad vos, exaudire velitis, Christum in illa, sicut credimus, suscepturi. Denique
transfretaturum vos audivimus, et a nobis longe
recessurum. Sed hoc certum habeatis quod aquæ
multæ non poterunt exstinguere charitatem qua vos
amplectimur, qua Dominum deprecamur ut angelus
B pacis iter vestrum comitetur.

EPISTOLA XXI (18).

GUILLELMO ABBATI S. VINCENTII.

*In dissidio inter monasterium Gemmeticense, seu, ut
loquitur, Gemegense, pro Ecclesiis de Seona et
Cortegaem, testatur Hildebertus sui episcopatus
tempore Gemmeticenses nullam litem movisse, seu
clamorem deposuisse.*

Turonorum humilis archiepiscopus, GUILLELMO
abbati Sancti Vincentii Cenomanensis, salutem et
benedictionem.

Piæ et sanctæ devotionis esse cognovimus, et
nostræ professioni convenire, sacris desideriis assensum debere non negari. Hinc est, o Willelme
frater et abbas Sancti Vincentii quod nos postulationes tuas assensu prosequendas duximus, quibus
ea quæ monasterii tui sunt, ab infestationibus **186**
injustis ita defendi et liberari postulas, ut quod
alterius juris est, aggredi non attentes. Unde ad
præsens et auxilium nostrum postulasti et consilium, super novo quodam et irrationabili clamore
abbatis et monachorum Gemegensis monasterii,
dicentium Ecclesiam de Seona, et Ecclesiam de
Cortegaem cum omnibus ad eam pertinentibus de
jure sui esse monasterii. Cujus rei clamorem post
nostrum e Cenomanensi Ecclesia egressum quatuor annis, modo tandem suscitaverunt, et sub mo-
nitione venerabilis fratris nostri Guidonis episcopi
diem agendi nobiscum susceperunt; sed eos defecisse quidam religiosi etiam nominis omnino affirmant. Quod autem nos de illa debemus et possumus
D attestari causa, illud et dicimus et testamur. In
Cenomanensi Ecclesia, Domino permittente, viginti
et octo sedimus annis. Verum in tanto temporis

---

(16) Addita. Scripta circa an. 1130. Inter epistolas sancti Bernardi, invenitur centesima vigesima
tertia, in editione Mabilloniana.

(17) Nova Spicil. et Ebr. Scripta circa an. 1130.
Hac epistola liquet Hildebertum in gratiam, ab
Henrico I Anglorum rege, non solum receptum, sed
et illi quasi ita familiarem redditum, ut apud ipsum
pro amicis intercedere libere posset. Hanc autem
scripsisse videtur Turonis archiepiscopus, et
extremis vitæ suæ temporibus, postquam a summo
pontifice monasterii Fontebraldensis patronus, monialibus ipsis efflagitantibus, institutus est. Cum vero
hic ordo ab ipso initio longe lateque se diffunderet,
probabile videtur jam usque in Angliam penetrasse,

et Hildebertum, pro aliquo Fontebraldensis ordinis
monasterio, illic jam constructo, apud Henricum I,
ejus jam benefactorem, hac epistola intercessisse.
Sic autem hic loquitur in prima persona, ut sibi
ipsi ascribat quidquid beneficii rex Henricus sanctimonialibus irrogaret; quod nonnisi optimi illarum
patroni erat officium.

(18) Eruta est hæc epistola ex Archivo Sancti
Vincentii Cenomanensis, ubi sic habet superscriptio : *De lite inter nos et monachos Gemegenses.* No-
taturque numero lxxxii. Citatur a D. Bondoneto,
sub hac nota. Scripta anno 1129, quatuor scilicet
annis, ut hic loquitur Hildebertus, post egressum
ejus ab Ecclesia Cenomanensi.

spatio, nos nec a monachis Gemegensis monasterii, nec a suo abbate synodalem habuimus de præfatis Ecclesiis clamorem, sed nec inde clamor nobis audientibus in aliquo factus est concilio. Abbas quoque, vel monachi Sancti Vincentii, quandiu in præfata sedimus Ecclesia, nec vocati ad justitiam defuisse inveniuntur, nec ullum omnino subfugisse judicium. Recordor præterea quod per quinque annos archidiaconus fuerim antequam præsul. Motam autem de præfatis Ecclesiis synodalem querimoniam nec recordor, nec scio.

EPISTOLA XXII (19).

ARCHIDIACONO NANTONENSI R. (20).

Amico charissimo fidem et officia nunquam desitura, maxime vero exsuli pollicetur; gratulatur interim quod ipso in exsilio, et ipsa etiam inter arma litteris incumbat, præsertim poeticis, et illum in armis Cæsarem obstupescit, et in carmine Virgilium.

Justum est ut adversa [*forte* adversis] communicent, qui prosperis coutuntur. Hinc est quod **187** eisdem confodior jaculis quibus te didici vulneratum. Quidquid enim est quo læderis, non unum te persequitur, sed alterum. Omnia tecum sustineo, quæ te doleo sustinere. Porro amicum me, dum serenus esset aer, elegisti, dum nubilus erit, invenies. Infamis quæstus est proximum colere, dum succedit; dum male est, ignorare. Si quid igitur habeo, si quid possum, malo exsuli serviat quam civi. Exsul enim verum probabis amicum, quem civis forsitan ignorares. Hujus autem desolationis tuæ nonnullum mihi remedium est, quod etiam inter arma poetam in integrum profiteris. Liberum curis existimo, cui et sensu locuples et ordine, venustum carmen exuberat. Fieri enim non potest ut idem pectus, et tantarum sollicitudinum, et talium sit officina studiorum. In armis audio te Cæsarem, in carmine Virgilium obstupesco. Donec ita Virgilium exprimes, nec Cæsaris negotia, nec militiæ labores, vel curare credam te, vel sentire. Alioquin majorem mortalibus animum geris, qui tam dissidentibus studiis integer præparatur.

EPISTOLA XXIII (21).

F. DECANO (22).

Veri amici officium est benefactis, amicorum prævenire preces; quod egisse se asserit, et acturum pollicetur, erga incarceratum, ejus ad quem scribit amicum.

Præter officium est quousque rogemur, oppressis A differre subsidium. Hac enim celeritate præstanda sunt beneficia, ut ea potius accipiat improvidus quam importunus extorqueat. Unde et exspectatas preces anteire decrevi, ne si rogatus subvenirem, sero subvenisse judicarer. Vester hoc vinculatus non tacebit, cui spontaneus et hilaris ad omnem me obtuli humanitatem. Illum sæpius in benedictionibus visitavi, diligenter omnia persecutus, quibus vel carcerales angustiæ, vel inopia relevari potuerunt. Sed ne **188** nihil pro eo vestræ preces efficiant, eadem frequentius iterabo. Valete.

EPISTOLA XXIV (23).

Officiali cuidam Romanæ curiæ amicum suum nomine Simonem commendat, et ut eum Ecclesiæ Romanæ familiarem fieri procuret, obsecrat.

Successisse confitebor, si gratiæ vestræ limen mihi contingat aperiri. Ad quod, ni fallor, compendiosam inveni viam, cum Simonem vestrum et colere decreverim et amare. Usus enim habet, ut qui filium diligit, a patre diligatur. Diligo autem præfatum juvenem, cujus indoles et multæ mores gratiæ satis expetunt diligi, plus extolli. Quod ut fiat dilatari vellem ejus notitiam, eumque fieri Romanæ familiarem Ecclesiæ, in qua mores hujusmodi, et gratiam inveniunt et mercedem acquirunt. Multis enim eam frequentasse profuit, qui promotionem quæ pro conditione subtrahitur, pro vita consequuntur.

EPISTOLA XXV (24).

Amico (25) sciscitanti quidnam scripsisset in terra Dominus Jesus, dum ei offerretur mulier adultera, quid circa hoc ex D. Ambrosio didicerit, edisserit.

Totum te mihi significasti (26), cum a me doceri voluisti unde habuerim quod Dominus noster, dum illi a Judæis adultera præsentaretur judicanda, digito in terra scripserit : *Terra, terra, scribe hos viros abdicatos.* Rogasti etiam quod Salvator his idem scripserit, aut etiam aliud quod ad meam pervenisset notitiam, tibi, dulcissime frater, scribere non gravarer. Ego sane nihil aliud inde didici, quam quod de epistolis Ambrosii diligens lector facile potest eliquare. Quid ergo de his parvitati meæ innotuit, tibi perstringere curavi. Manifestum est, ad accusationem **189** adulteræ, Dominum caput inclinasse, et in terra scripsisse. Quid autem scripserit, aut si idem scripserit [*forte deest* aut aliud], seu quid primo

---

(19) Al. 2. Scripta circa an. 1131.

(20) Ita habet codex ms. S. Audoeni Rothom. Forte *Nannetensi.* Regius vero 4103, et Victorinus 292 habent *Roberto.* Quis autem fuerit hic Robertus archidiaconus Nantonensis, seu Nannetensis, vix constat. Homeyus illum esse suspicatur (sed, ut ait, non sine scrupulo), de quo Robertus de Monte, ad annum 1170, ait : *Ad Natale fuit rex Henricus, (I scilicet Angliæ,) in Britannia, scilicet Minori. Apud Nannetas Robertus archidiaconus, consensu regis, factus est episcopus.* Et ad an. 1184 : *Obiit Robertus episcopus Nannetensis, vir magnæ honestatis, et amicus noster, cum rediret de Hierosolyma.* Quod tamen satis quadrat cum annis Hildeberti, qui obiit anno 1134. Quo tempore Robertus, utpote annorum ad minus viginti quinque fuerit, et archidiaconus, nec plusquam septuaginta annorum, obiisse potuerit.

(21) Al 27. Incerti temporis.

(22) Ita Rothomag. codex et Ebroic.

(23) Nova e Spicil. et mss.

(24) Nova e Spicil. et mss. Incerti temporis.

(25) Non liquet quis ille sit amicus, nec quo tempore scripta sit hæc epistola.

(26) Ita mss. Reg. 4103; Colb. 4017, 1168, et 2662. Ms. vero Fulcardimontis, ordinis Cisterciensis, habet : *Notum te mihi significasti,* etc.

scripserit, aut secundo, nihil certum nobis evange- A
lista dereliquit. Ambrosius autem ad Studiosum
scribens, ait (27) : « Cum adulteram reperissent Judæi, obtulerunt eam Salvatori, captantes, ut si absolveret eam, videretur legem solvere, qui dixerat :
Non veni solvere legem, sed adimplere (*Matth.* v, 18);
si damnaret, videretur adversum finem venisse
propositi sui. Hoc igitur prævidens Dominus Jesus,
inclinato capite, scribebat in terra. Quid scribebat,
nisi illud propheticum : *Terra, terra, scribe hos viros
abdicatos* (*Jer.* xxii, 29), quod de Jechonia legitur
in Jeremia propheta ? » Idem ad Irenæum scribens,
de eadem muliere ait (28) : « Oblata erat a Scribis
et Pharisæis Domino Jesu adulterii rea, et hac oblata fraude, ut si eam absolveret, legem solvere videretur ; si vero damnaret, propositum sui mutaret B
adventus, quia peccata omnium remissurus advenit.
Denique supra ait : *Ego non judico quemquam*
(*Joan.* viii, 15). Offerentes ergo eam dixerant :
*Hanc mulierem invenimus publice mœchantem. Scri-
ptum est autem in lege Moysi, omnem mœcham lapidari* (*Levit.* xx, 10). *Tu ergo quid dicis de ea?* Quæ
cum dicerent, Jesus inclinato capite scribebat in
terra. Et cum exspectarent ut audirent eum, erigens caput dixit : *Qui sine peccato est, prior lapidet
eam.* Quid tam divinum quam ista sententia, ut is
peccata puniat qui expers peccati sit? Quomodo
enim feras alieni ultorem, et proprii criminis defensorem? Nonne se magis ipse condemnat, qui in alio
damnat quod ipse committit? Hoc dixit, et scribebat in terra ; Quid utique dicens, nisi : *Festucam
quæ in oculo fratris tui est, vides; trabem autem
quæ in oculo tuo est non vides* (*Luc.* vi, 41). Libido
enim velut festuca est, cito accenditur et propere
consumitur. » Porro sicut evangelistæ testimonio
prudentia tua didicit, peracta scriptione prima,
cum Christus erexisset caput, Judæis exspectantibus
responsum illius, dixit : *Qui sine peccato est vestrum,
primus in illam lapidem mittat* (*Joan.* viii, 7). Post secundam vero scriptionem, elevato iterum capite,
mulieri legitur dixisse : *Mulier, ubi sunt qui te accusabant?* Qua respondente : *Nemo, Domine,* ipse
subtexit : *Nec ego te condemnabo. Vade, et amplius
noli peccare* (*ibid.,* 10, 11). Sane cum Joannes
hoc digessisset, quid tamen scripserit Dominus, D
scribere supersedit. Ex verbis etiam **190** Ambrosii
quid ipse scripserit habemus ; quid tamen primo
scripserit, aut secundo, non habemus. Vale, frater,
et si de his alius aliquid authenticum invenerit,
doceri quæso tuarum obsequio litterarum.

<hr>

(27) Vide epistolam sancti Ambrosii 25, classis
primæ, ad Studium, sive, ut habet ms. Gemmetic.
Studiosum, et 26 ejusdem classis, ultimæ editionis.
Inde enim quod refert circa hoc dubium, desumpsit
Hildebertus. Porro hæc verba : *Terra, terra, terra,*
non inveniuntur expresse, nisi in Septuag. Æquivalenter autem in Vulgata de Jechonia, Jerem. xxii,
29 et 30, sic : *Terra, terra, terra, audi sermonem
Domini. Hæc dicit Dominus : Scribe virum istum
sterilem, virum qui in diebus suis non prosperabitur.*

<hr>

EPISTOLA XXVI (29).

*Amico (30) promittit inviolabilem amicitiæ perseve-
rantiam.*

Si bene tibi est, congratulor ; si secus (quod absit!), compatior. Quippe litteratura es simul et conversatione amplectendus, et in pectore meo perennem meruisti mansionem. Unde licet remotus a me,
memoria tamen totus es apud me. Scias autem
quia a festivitate sancti Laurentii febribus quartanis
afflictus, omnino curas deposui, sustinens quod placet Domino meo me sustinere. Noveris autem me
tuæ voluntati devotum et obsequiis.

EPISTOLA XXVII (31).

*Amico (32) de ejus prosperitate et incolumitate con-
gaudet, illi interim quidquid suum est ex animo
offerens.*

Jucunditas mihi et exsultatio exuberat, quoties obsequio famæ bene vos valere cognosco. Etenim solemne est mihi vos colere, vos amplecti, vestramque
promotionem inter meos assignare successus. Inde
est ut mihi ad plenitudinem gaudii cedant quæ circa
vos prospera sunt, ad cumulum vero vos esse incolumem. Mendacii arguar, si frustra postulatis a
me, quod possit amico, et expediat erogari. Interim
rogo ut ad me vestra transfretet salutis pagina, qua
mysterium vestræ voluntatis agnoscam.

EPISTOLA XXVIII (33).

*Gratias agit Hildebertus cuidam episcopo amico suo,
pro officiis perhumaniter et ultro exhibitis quibusdam e domesticis suis tempestate in itinere jac-
tatis.*

Pueris nostris, quibus navigaturis tempestas mare
clauserat, cum ventorum **191** gratia deesset, vestra non defuit. Qui tandem ingressi navem, cum
jam prope cursum peregissent, a portu jam proximo
temporis perfidia retrorsum jactati, portum in pectore pontificis invenerunt. Ibi quies fatigatis, ibi supplementum earum, quæ defecerant, expensarum.
Attriverat eos diuturnior serenitatis exspectatio,
sed vos ratem ad utendum ventis, et ad exspectandum ventos, eis necessaria providistis. Pulchrum
sane atque prædicandum beneficium ! Nullis redditum est meritis, nulla collatum tristitia, nullis supplicationibus comparatum. Nihil in eo fuit quod
beneficii minuerit majestatem. Ad nomen amici,
non ad preces venit.

EPISTOLA XXIX (34).

*Afflictus Hildebertus luget mortem cujusdam sibi ex
inimico amicissimi.*

Plerumque humanis obrepit mentibus ut aliqua
perstricti levi assensione [*forte* offensione], si non

<hr>

(28) Epistola 26, *cl.* 1, ad Irenæum.
(29) Nova e Spicil. et mss. Incerti temporis.
(30) Forte *Marbodo Redonensi episcopo.*
(31) Incerti temporis.
(32) Forte *Anglo.* Siquidem rogat ut ad eum
transfretet ejus responsio.
(33) Nova e ms. Fulcardimontis, et aliis, et Spicil.,
et aliis. Incerti temporis.
(34) Nova e Spicil. et ms. Fulcardimontis et aliis.
Incerti temporis.

illis cedant pro studio voluntaria, officio destituant.
Quod in alio genere hominum tolerabile, in his vero
qui rei divinæ intendunt, plenum doloris est. Silentium meum rumpit sermo clementiæ tuæ. Doleo,
fateor, dolore acerbo, qui hucusque latueram super
illius obitu, qui tantam devotionem erga Dominum
induerat, atque tanto in me incubuerat affectu, ut
quem antea persequebatur, nunc diligeret; quem
ante ut adversarium repellebat, nunc ut parentem
putaret.

EPISTOLA XXX (35).

*Willelmo episcopo Wincestrensi ingenue fatetur sibi
gratissimum fuisse, quod ab ipso sua opuscula
transmitti petiisset, quæ se ad illum missurum modestissime pollicetur.*

WILLELMO, Dei gratia venerabili Wincestrensi
episcopo, HILDEBERTUS Cenomanorum sacerdos,
salutem et obsequiorum instantiam.

In me bene mihi complacuit, si quid egi quod tuæ
voluntati possit placere. Unde et spiritus meus magno
gavisus est gaudio, cum didici transfretare tuum nuntium adme, per quem postulares aliquid ex me. Postulasti enim exarari tibi opuscula mea, et exarata
transmitti. Quo audito hæsi diutius, **192** vel amicum
offendere metuens, vel risum legentibus suscitare.
Si enim tibi non pareo, delinquo. Si præsumo quod
exigis, ridiculus invenior. Cum autem necesse esset
incidere in alterutrum, malui legentes [movere] in
me, quam in amicum delinquere me. Illud siquidem
incommodum est, hoc vitium. Ibi persona læditur,
hic natura. Docente autem philosopho didici misera-
biliorem esse qui facit, quam qui patitur injuriam.
Ex eo est quod sapiens æquanimiter injurias sustinet, inferre autem vel offensus ignorat. Hanc ergo
pro te, beatissime præsul, indui sapientiam, ut dummodo morigeror amico, nihil lætitiæ meæ detrahant
linguæ gratuito detrahentes. Succensum confiteor,
si gratiam tuam vel his vel aliis promerear obse-

quiis. Hoc autem certum habeas, quod vicem mihi
rependis, si diligis me et ores pro me. Vale.

EPISTOLA XXXI (36).

*Cuidam episcopo (37) sibi amicissimo pro missis ad
se pontificalibus sandaliis gratias agit, illorumque
formam in Ecclesia Gallicana observatam, et rationem aperit, simul et quare textus evangelicus episcopo apertus, cæteris clausus offertur, ostendit.*

Etsi quantas debemus non possumus, quas tamen
possumus vobis gratias agimus, quia calceastis vestros pedes in præparatione Evangelii pacis. Optima enim misistis sandalia, in quibus et ostensa est
amicitia, et oblata doctrina. Ea namque torporem
nostrum secretis excitant stimulis, et quasi quadam
manu pulsant ut evigilemus, et assumamus nobis
pedes evangelizantium bona. Placet nobis exhortatio
hujusmodi, et ex ea sortiuntur sandalia gratiam,
licet sandaliorum non servent formam. Nimirum
consuetudinis est et rationis pertusa desuper esse
sandalia, ut totus appareat pes, nec totus sit cooper-
tus. Prædicator enim nec abscondere omnibus, nec
omnibus evangelica debet aperire sacramenta. Hinc
est quod apostolis Dominus ait: *Vobis datum est
nosse mysterium regni Dei; cæteris autem in parabolis, ut videntes non videant, et audientes non intelligant (Luc.* VIII, 10). Et alibi: *Nolite margaritas
ponere ante porcos (Matth.* VII, 6). Inde etiam est
quod manus ad Ezechielem mittitur, in qua erat involutus liber, qui et expansus coram eo legitur, et
scriptus intus et foris. **193** Ex eo queque traxit
hanc Ecclesia consuetudinem, ut textus quidem
pontifici apertus, cæteris autem clausus ad oscu-
landum deferatur. Nec nos, velut vos doceamus, hæc
loquimur, sed ut pariter et amico significemus et
episcopo, cujusmodi formæ sandaliis Ecclesia utatur
Gallicana (38). Quod si apud te non integram.....
sperem nihilominus in integris, scilicet exprimimus
qua ratione utamur.

BREVE MONITUM.

*Quamvis epistolæ duæ sequentes non videantur ab Hildeberti stylo alienæ, easque ambas invenerimus in
manuscripto Colbertino, numero 4017, immediate post ultimam Hildeberti epistolam, primæ tamen illarum
cujusque litteræ, ita nos in dubium induxerunt utrum essent vere Hildebertinæ, ut eas pene subticendas censeremus. Cum tamen eximia ad vitam spiritualem contineant consilia, fierique potuisse crediderimus ut eas
Hildebertus, dum esset adhuc Cluniaci, alicujus archimandritæ nomine, et rogatu, composuerit, et ad monachos in aliqua obedientia positos direxerit, eas hic pressiori charactere exaratas, ne perirent, ad pii lectoris
utilitatem, duximus inserendas (a).*

EPISTOLA XXXII.

Fratri R. O, sal.

Precor te, charissime frater, quatenus in obedientia tibi commissa, sic te contineas, ut et in vita tua
Deus laudetur, et honoretur, et per bonam famam

tuam nostra Ecclesia exaltetur. Vide ut deforis coram hominibus bonum testimonium habeas, et intus coram Deo de bona conscientia gaudeas. Tunc
autem conscientia erit bona, si nullum malum feceris ex deliberatione, et quodcunque bonum potue-

verbis: *Vos me prævenistis amore, quod probasti
munere.*

58) Ita e ms. Bigotiano Spicilegium, sed mendose. Ebroic. vero et Roth. propius ad sensum:
*Quæ si apud vos integram gerunt speciem, nihil op-
ponimus: sed exprimimus qua ratione utamur pertu-
satis.*

(35) Nova e Spicil. et Ebr. Incerti temporis.
(36) Nova e Spicil. Ebr. et Rothom. Incerti temporis.
(37) Forte sancto Anselmo, cui aliquando flabellum miserat, de quo Hildebertus, epistola 2 libri
primi, et quod sanctus ipse Anselmus notare videtur
in epistola ad Hildebertum, hic 11 libri secundi, his

(a) † Epist. XXXII et XXXIII sunt Odonis, primi abbatis S. Petri Antissiodorensis. Vid. Spicil. d'Achery tom. II.

is, feceris simplici intentione. Alioquin, nisi intentio tua fuerit simplex et recta, nec fama quæ foris est, erit vera, nec conscientia quæ intus est, erit bona. Intentionis autem simplicitas tunc rectissima esse comprobatur, quando ex bono opere penitus laus humana respuitur, et solummodo laus Dei et utilitas proximi quæritur. Itaque ista duo, recta scilicet operatio et simplex intentio, duo faciunt bona, quia simplex intentio per conscientiam bonam operantis mentem intus lætificat, et recta operatio quæ foris ostenditur, ad laudem Dei alios invitans, eos ad bene operandum informat. Dicamus cum Apostolo (si tamen in veritate dicere possumus): *Gloria nostra hæc est testimonium conscientiæ nostræ* (*II Cor.* II, 12). Ille enim solummodo gloriari justissime valet; cui conscientia bona intus testimonium perhibet. Certe, ut mihi videtur, facillime homo decipitur; sed Deus nullatenus irridetur. Homo enim videt in facie; Deus autem in corde. Deo igitur, qui intus videt, conscientia nostra pura et simplex appareat; et hominibus qui vident faciem, ut glorificetur Deus, nostrum opus bonum reluceat. Sic itaque nostra operatio recta, sit intentio simplex et pura, quia incassum ante oculos operatio nostra procedit, si eam bona intentio non **194** præcedit; nec conscientia intus requiem habet, quam vel perpetrata culpa deterret, vel de bono opere laus humana quæsita remordet. Tamen si de conscientia bona veram volumus habere notitiam, necesse est ut præcedat scientia conscientiam. Ubi enim non est scientia, nulla potest esse vel bona, vel mala conscientia. Ubi vero scientia præcedit, mox conscientia utrum bona vel mala sit innotescit. Sunt autem quidam boni, qui propter vitæ munditiam malam non habent conscientiam: semetipsos diligenter per scientiam inquirunt. Sed qui puri sunt et mundi, nullius mali sibi conscii sunt. In istis præcedit scientia, et sequitur bona conscientia. Sunt vero alii, qui mali quidem sunt, sed per scientiam suam malitiam recognoscunt. Isti cognoscendo semetipsos, malam quidem habent conscientiam; sed tamen dolentes et gementes, quandoque convertuntur ad pœnitentiam. Horum scientiam mala conscientia loquitur, sed conscientia per scientiam illustrata, in bonum per pœnitentiam commutatur. Sunt etiam alii pejores et supra dictis multo deteriores, qui propter stultitiam suam, suam non attendunt malitiam. Et quia seipsos per scientiam discutere aut nolunt aut nesciunt, lucem scientiæ non habentes, in peccatis suis quasi in teterrima nocte, periculosissime dormiunt; et tales ad pœnitentiam aut vix, aut nunquam redeunt, quia pœnitentiam, id est scientiam perdiderunt. Scriptum quippe est: *Qui addit scientiam, addit et dolorem* (*Eccle.* I, 18).

Unde liquido patet quia qui nullam scientiam habet, de peccatis suis dolere non valet. Videmus plerosque justos, pro levissimis delictis amarissime flere; et e contrario pessimos, pro horrendis sceleribus nullum dolorem sentire, imo etiam (quod valde dolendum est) lætari et exsultare. De quibus scriptum est: *Qui lætantur cum male fecerint, et exsultant in rebus pessimis* (*Prov.* II, 14). Sed ut quid hoc? nisi quia et justi luce scientiæ illuminati, de minimis quæ in se cognoscunt, semetipsos graviter reprehendunt, et mali, scientiæ lucem non habentes et semetipsos penitus ignorantes, etiam horrenda scelera quæ faciunt pœnitendo plangere nesciunt. Si igitur conscientias nostras, quales sunt, veraciter scire desideramus, necesse est ut scientiæ operam demus, et ad hanc habendam, non de nostra præsumamus industria, sed de sola Dei misericordia et superabundanti ejus gratia. Rogemus itaque Dei misericordiam, et imploremus ejus gratiam, ut det

A nobis scientiam et bonam conscientiam, quatenus et per scientiam nosmetipsos veraciter agnoscamus, et de bona conscientia in conspectu ejus ineffabiliter gaudeamus. Sed væ mihi misero, qui conscientiam bonam non habeo, et tamen de bona conscientia loqui præsumo! Quomodo enim conscientia mea poterit esse bona, qui et multa mala commisi, quæ digne per pœnitentiam non delevi, et bona quæ facere debui, torpens et negligens facere nolui? Aliter enim conscientia bona esse non potest, nisi et mala quæ fecimus, digne per pœnitentiam defleamus, et præveniente nos gratia Dei, bona quæ possumus, faciamus. O conscientia bona, quantum es amabilis et jucunda! O thesaurus magnus, nullis divitiis terrenis comparandus!

Certe nihil in hac vita felicius, nihil jucundius. Sed forsitan dicis: Quomodo scis quod nihil sit felicius, nihil jucundius? Aliquando dicimus cibum esse bonum, quia hoc per experientiam scimus; tu vero, sicut dixisti, conscientiam bonam non habes. Et quomodo quod nihil sit felicius scire **195** potes? Hoc forsitan dicis. Ego autem quid dicam? Non in veritate dicere possum quod Apostolus ait: *Nihil enim mihi conscius sum* (*I Cor.* IV), imo multum conscius sum. Audi tamen similitudinem, et intellige rationem. Certe per oculos multa videmus, quæ tamen non habemus; sic per rationem multa esse bona cognoscimus, quæ tamen non facimus. Et per eamdem rationem de virtutibus multa disserimus, a quibus vacui sumus. Ecce enim ego de bona conscientia loquens, et per rationem multa disserens, quasi per oculum bonum video, quod tamen in memetipso non habeo. Audi et aliud: Plerumque dum gustamus amaritudinem fellis, mellis dulcedinem approbamus. Sic et in paupertate natus, et totus in miseriis enutritus, cum sæculi potentes et divitias obtinentes considerat, illos beatos, se miserum clamat, cum tamen solam miseriam sentiens, eorum beatitudo qualis sit per experientiam nesciat. Sic plerumque esurientes laudamus satietatem, infirmantes bonam esse dicimus sanitatem. Sic et ego ex infelicitate conscientiæ malæ quam sentio, quanta sit felicitas conscientiæ bonæ penso. Et qua per experientiam scio conscientia mala nihil esse tristius, ex ipsa tristitia judico conscientia bona nihil esse jucundius (39). Certe mihi si daretur optio, mallem omnes miserias cum bona conscientia tolerare, quam omnes divitias cum mala conscientia possidere. Sed quia hi, qui foris sunt, conscientias nostras videre non possunt, saltem fama nostra, quæ ad eos potest pervenire, in eorum naribus debet non patere. « Si enim de conscientia nostra confidentes, famam nostram negligimus, sicut ait beatus Augustinus, crudeles sumus. » Imo, ut ego puto, nec conscientiam bonam habemus, si per nostram negligentiam incurramus infamiam. Quod si nos e contrario fama hominum laudat, et conscientia intus vituperat, similes sumus his qui in publico divites prædicantur, et in privato suo paupertatis angustia cruciantur.

Tu igitur, mi frater, appone diligentiam, inquire conscientiam. Testimonium ejus, quale sit, diligenter attende, quid de operibus, quid de verbis, quid etiam de cogitationibus tibi veraciter testetur, intende. Attende, inquam, utrum sit in opere sanctitas, in verbo veritas, in cogitatione puritas, in intentione simplicitas. Si conscientia tua, horum testimonio, sibimetipsi conscia fuerit, illud Apostoli, quod supra dictum est, rectissime dicere poterit: *Gloria nostra hæc est testimonium conscientiæ nostræ* (*II Cor.* I, 12). Si autem exemplo mali operis, aliquem destruxisti, verbo tuo alicui maledixisti, seu convicium intulisti, cogitatione illicita cordis munditiam polluisti, si hoc fecisti, et nondum pœnitendo

(39) Totidem fere verbis hæc ait D. Augustinus, lib. *De bono viduitatis*, cap. 22, t. VI, nov. edit., pag. 385, et hoc fusius.

satisfecisti, puto quod de istis non solum in conscientia non gloriaris, verum et confusione intima cruciaris. Sunt etiam quædam alia, de quibus plerumque nostra confunditur conscientia, id est superbia, ira, tristitia. Quæ omnia pius Deus a nobis auferat, et puram conscientiam conferat. Vale, et ora pro me.

EPISTOLA XXXIII.

Fratri Fr. Fr. O. salutem.

Quando in feriis Pentecostes ad nos, charissime frater, veniebas, vocasti me secreto, atque increpando dixisti : « Vos de me nullam curam habetis, sed me quasi aliquid vile et inutile projecistis. » Cumque diligenter inquirerem quare hoc diceres, respondisti : « Cæteris fratribus litteras vestras consolatorias frequenter dirigitis; mihi vero, qui plus omnibus indigeo, qui tentationes multas sustineo, nullam consolationem **196** penitus exhibetis. » Quod ego audiens, increpationem tuam gratanter accepi, et si mihi vacaret imposterum, aliquam consolationem me facturum esse promisi. Verumtamen scire debes me frequenter tantis occupationibus implicari, tantis curis, quamvis minutis, intus et foris exagitari quod, secundum desiderium meum, non mihi vacat aut lectioni intendere, aut aliquid scribere, aut (quod melius est) orationi vacare. Sed quia per nuntium tuum, ut promissionis meæ memor essem, iterum admonuisti, quamvis, sicut dixi, multis impediar, charitate urgente, faciam breviter quod promisi. Nolo igitur, frater, mireris si varias tentationes pateris. Tentatio est enim vita hominis super terram. Hinc etiam scriptum est : *Fili, accedens ad servitutem Dei, sta in justitia et timore, et præpara cor tuum ad tentationem (Eccli.* II, 1). Ecce evidenter habes in hac sententia quid debeas facere. Jam enim ad Dei servitium accessisti, jam Deo servire, jam religiose vivere promisisti. Stare debes in justitia et timore, et animam tuam ad tentationem, non ad requiem, præparare. Plerique enim, cum ad servitium Dei accedunt, quia pro acquirendis virtutibus laborare refugiunt, Deo permittente, ad priora peccata redeunt. Si ergo tentationum laqueos cupis evadere, oportet te multos labores et cordis, et corporis sustinere. Quis enim potest sine labore, cor suum ad lamenta compungere, proprias voluntates abjicere, et aliorum voluntates bonas in omnibus adimplere? Quis, inquam, potest sine labore magno, studioque continuo, multiplices insidias diaboli plene cognoscere, et cognitas devitare? Magnus est certe labor tentationum, et non contemnendus, sed tamen pro amore Dei patientissime tolerandus. At ne per tentationem cadas in desperationem, audi quid beatus Jacobus apostolus dicat : *Omne gaudium existimate, fratres mei, cum in tentationes varias incideritis (Jac.* I, 2).

Magna est, frater charissime, tentationum utilitas, quia per tentationem vera possidetur humilitas. Multum enim, ut credo, superbia nostra se in altum erigeret, nisi, Deo permittente, eamdem superbiam nostram tentationum pondus deprimeret. Plerumque dum nullas foris tentationes patimur, gravius in corde per elationem periclitamur, et quia iniquitatem nostram considerare negligimus, magna quædam et incomparabilia de nobismetipsis sentiamus, et cæteros quosque in comparatione nostra despicimus. Sed pius Dominus aliquando cum nostram misericorditer respicit elationem, ad correptionem nostram, super nos venire permittit carnis tentationem. Vult enim ut tentatio carnis deprimat elationem cordis. Vult ut infirmitatis nostræ conscii, de nobis abjecta et vilia sentiamus, quatenus minores quosque nobis per humilitatem præponamus. Bonum est etiam ut, quando tentationem

aliquam sustines, professionem quam fecisti, ad memoriam revoces. Professus es castitatem, communionem (40), obedientiam. Quando professionem istam fecisti, diabolum graviter offendisti. Hinc professionem vidit et invidit. Et ideo contra singulas professiones, singulas adhibet tentationes. Contra professionem castitatis suggerit luxuriam carnis, contra communionis professionem alicujus rei accendit cupiditatem, contra virtutem obedientiæ opponit vitium inobedientiæ. Sed tu, frater mi, tene fortiter professionem, et devita caute tentationem. Si diabolus te impugnat, cave ne expugnet, cave ne superet. Resiste fortiter, pugna viriliter. Si intorserit concupiscentiæ jaculum, castitatis oppone clypeum. Si ad memoriam reduxerit præteritas actiones, præteritas delectationes, **197** tu econtra cogita inferni dolores, et pœnas horibiles Si enim ignem gehennæ diligenter attenderis, ignem luxuriæ cito exstingues. Oportet etiam ut et intus conserves cordis affectum, et exterius [*supp.* aspectum], oculorum. Oculorum [*forte Cordis*] enim corruptus affectus, oculorum aciem ad illicita dirigit, et aspectus illicitus intus affectum corrumpit. Atque ideo debes et intus affectum purificare, et foris aspectum per disciplinam restringere. Cogita frequenter quanta sit munditia castitatis, quam grata sit Deo et acceptabilis. Hinc in Evangelio veritas dicit : *Sint lumbi vestri præcincti (Luc.* XII, 15.) Quid enim lumbos præcingere, nisi fluxum luxuriæ castitatis cingulo cohibere? O munda castitas, quantum in alto resides! O immunda luxuria, quantum in imo jaces! Ecce castitas hominem Deo jungit, templum Dei incorruptum custodit. Luxuria vero hominem a Deo separat, diabolo sociat, templum Dei violat. Castitatis ergo virtutem amplectere, luxuriæ vitium perhorresce. Istius ama pulchritudinem, illius fuge turpitudinem. Magna est certe et pulcherrima virtus castitas, si tamen cum castitate teneatur humilitas. Alioqui de sola castitate Deo placere non possumus, nisi etiam cum castitate, humilitatem veraciter habeamus. Imo plerumque magnos tentationum assultus castitas patitur, idcirco quia superbia de corde non expellitur. Si igitur de castitate vis esse securus, esto in humilitate fundatus.

Denique diabolus, quia per virtutem castitatis nos Deo placere considerat, etsi eam auferre non prævalet, tamen hanc inquietare non cessat. Hinc est quod vigilantibus nobis turpes cogitationes, si potest, immittit. Dormientibus vero, ad illusionem nostram [*f.* nocturnam], diversarum specierum formas assumit. Tanta est ejus nequitia, tanta invidia, ut non attendat quid de se faciat, quam vilium rerum formas accipiat, tantum ut nos alliciat, ut nos decipiat. At nos, seu vigilantes, seu dormientes, domini existentes, et ad Dominum tendentes, turpes cogitationes bonis cogitationibus repellamus, et nocturnas illusiones, signo sanctæ crucis muniti, nullatenus timeamus (41). Bonum est etiam ei qui castitatem custodire desiderat, ut in cibo et potu sobrietatem teneat, et orationi frequenter insistat. Postquam enim diabolus naturalis concupiscentiæ ignem ciborum abjectione paululum ardere conspicit, continuo in semetipso spiritum nequitiæ colligit, et ad accendendum concupiscentiæ ignem, toto conatu flatum tentationis emittit. Et ideo bonum est ut ignis concupiscentiæ aqua parcimoniæ exstinguatur, et diaboli flatus orationis spiritu repellatur. Multa sunt quæ ad conservandam castitatem plurimum juvant; sed hæc tibi, frater charissime, sufficiant. Si autem de professione communionis et obedientiæ, adhuc vellem disserere, jam epistola modum excederet, et prolixior sermo lectori fastidium generaret. Hoc tantum breviter dico. Scire te volo quia quicunque post

---

(40) Id est paupertatem, seu proprii abdicationem.

(41) Hoc etiam suadet Hildebertus epistola 20 libri primi.

professionem communionis, aut equum, aut vestimentum, aut, quod minus est, obolum in sua proprietate retinet, nullam cum Deo partem, nullam cum sanctis ejus communionem, nisi digne pœnituerit, habere valet. Similiter qui post promissam **198** obedientiam prælati sui imperio, contumaci superbia renuit obedire, nullatenus Jesu Christi, qui factus est obediens usque ad mortem, cohæres potest existere (42). Et ideo bonum est *ut nullam penitus habeamus proprietatem, ne sanctorum perdamus amabilem societatem, et obedientiam cum Jesu Christo Domino, usque ad mortem teneamus*, ut post mortem, obedientiæ fructum ab eodem Domino recipere valeamus. Vale, et ora pro me.

ª EPISTOLA XXXIV (43.)

Hildeberti episcopi Cenomanensis ad Urbanum II de cœmeterio Sancti Vincentii.

Sanctissimo Patri suo U. Cenomanensis episcopus.

Universis fidelibus, per spatiosum orbem longe lateque diffusis, clarescit antiquos Patres, ad vitandam urbium frequentiam, quædam solitaria loca elegisse, ubi ad honorem Dei corpora fidelium honeste potuissent sepeliri. Ad quorum imitationem, pia et discreta sanctorum antecessorum nostrorum sollicitudo, in suburbio nostræ civitatis, ex possessionibus Cenomanensis Ecclesiæ (44), quamdam abbatiam de Sancto Vincentio fundaverunt, ubi ipsi et successores sui, et canonici, et illi qui consistunt in ea parte civitatis quæ ad feodum episcopi noscitur pertinere, per succedentia tempora sepelirentur, seorsum regulariter parte cœmeterii retenta, ubi clerici ab aliis, sicut ordine, ita sepulturæ differrent dignitate, propter quod monachis illius monasterii, inter alia beneficia in ecclesia nostra, quædam ab antiquo præbenda collata est, ut illi qui pro nostris animabus Domino Deo sacrificia specialius offerebant, firmo charitatis et familiaritatis vinculo nobiscum astringerentur. In eodem itaque cœmeterio, sine controversia, tam episcopi nostri quam canonici, a priscis temporibus, usque in præsentem consecuti sunt sepulturam. Cæterum noviter accidit quod, me absente, quidam canonicus noster moreretur; unde effectum est ut, dum canonici nostri ei debitum fraternitatis obsequium in ecclesia nostra, ut mos exigebat, persolverent, pauci eorum, semper peste discordiæ laborantes, illum adhuc viventem asserebant præcepisse quatenus in cœmeterio **199** de Belloloco sepeliretur. Cæteri vero fideles, qui confessioni ejus et unctioni interfuerant, testabantur illum inter fratres et Patres nostros apud Sanctum Vincentium sepulturam requisivisse; licet alias minime debuisset tumulari, nisi monachus, vel regularis efficeretur. Illi autem qui seditionem concitaverant, corpus defuncti, sancti et religiosi viri, ad instar sacrilegorum, in nostra urbe extra cœmeterium, in terra minime consecrata, sacra usurpantes obsequia, sepulturæ tradiderunt. Monachi vero, nostro adventu cognito, nostram humilitatem suppliciter multoties rogaverunt, ut eis, juxta consuetudinem Ecclesiæ nostræ, corpus canonici nostri redderemus. Super hoc igitur capitulum nostrum frequentius et diligenter misimus, ne nostræ scandalum inferretur **200** Ecclesiæ, fratri suo, contra antiquum morem, solitam denegantes sepulturam. Maxima quidem pars capituli nostri consilio pariter favebat, et præcepto; sed paucorum arrogantia, ut dictum est, rationi resistebat, et omnibus, me tantum excluso, qui corpus defuncti deferrent ad tumulum, minabatur supplicium. Sane monachi se sentientes prægravari, cum suam nec jure, nec prece, possent investituram obtinere, ad sinum misericordiæ vestræ, super his qui eos spoliaverant, appellaverunt. Idcirco, dulcissime Pater, hujus rei seriem veraciter vestræ beatitudini intimamus, humiliter exorantes, quatenus paupertati monachorum jus suum conservare dignemini, et perversorum pertinaciam vestra auctoritate conterere.

BREVE MONITUM,

Licet, antequam venerabilis Hildeberti epistolas prelo committeremus, nihil omiserimus ut omnes oraine quasque suo donaremus, fieri non potuit quin earum aliquæ sive in manuscriptis non relatæ, sive in editionibus omissæ nostram diligentiam effugerent. Has tamen, paucas licet, processu temporis, et diu post cæterarum absolutam impressionem amicorum auxilio satis feliciter recuperavimus, quas minus quidem ordinate cæteris maluimus attexere, quam studiosorum desiderio et utilitati subtrahere. Cum autem earum quædam diplomatum potius quam epistolarum stylum sapiant, veras et sinceras epistolas primo loco, diplomata vero seu chartas posteriori collocandas curavimus, quibus eruditas in quasdam cl. D. Loyauté notas subjecimus.

EPISTOLA XXXV (45).

Turstinum Eboracensem archiepiscopum de sua in eum amicitia certum facit, seque nihil unquam egis- se, nec acturum quo illi ullatenus adversetur in ejus dissidio cum Rodulpho archiepiscopo Cantuariensi.

Turstino Dei gratia venerabili Eboracensi electo,

(42) Hildebertus hic loquitur, quasi verus esset monachus.

(43) Scripta an. 1099. Hanc epistolam suo loco non potuimus collocare, cum nobis tunc solum obtigerit, cum ultima hujus libri epistola actu typis mandaretur. Ipsam autem nobis humaniter ministravit R. P. D. Theodoricus Ruinartius noster, utpote unam ex epistolis, quas prælo proxime commissurus erat, ad Urbanum II directis, et quam non alterius episcopi Cenomanensis esse censuit, quam Hildeberti, cum nullus alius præter ipsum cathedram Cenomanensem occupaverit, ab anno 1097 ad an. 1099, quo hanc epistolam scriptam arbitratus est, et quam novissime et Chartulario abbatiæ Sancti Vincentii Cenomanensis accepit (a.)

(44) Celebris etiam nunc abbatia Benedictina, sub congregatione Sancti Mauri, abbate regulari gaudens.

(45) Hanc epistolam a schedis cl. D. Loyauté. nobis a cl. D. Logé commodatis, eruimus, quam

(a) † Vid. etiam op. Mabillon. tom. II, p. 408.

suo charissimo amico ILDEBERTUS humilis Cenomannorum sacerdos, non facile de amico diffidere.

Sicut Seneca testatur, et omni et nulli credere vitium est. Unde et nonnulla vos respicit culpa, si apposuistis animo vestro sinistrum aliquid de amico prius credere quam probare, prius diffidere de eo quam in eo diffidendi invenire rationem. Mihi siquidem scripsistis in ore multorum esse quod legationem Cantuariensis ad domnum papam susceperim, ut quem flectere ipse non potuit, mea, quæ vel nulla vel modica est, auctoritate flecteretur. Qua relatione vos vel leviter esse motum me non leviter movit. Sic enim significastis quod vel nunquam fuerim quem credebatis amicum, vel turpiter esse destiterim. Cæterum nondum ego hanc assumpsi audaciam, nondum decrevi justitiæ sic adversari, nondum ita persequi meipsum, ut humeros illi supponam oneri : quod portare nec facile est, quia apostolica resistit auctoritas ; nec honestum, quia impedit ratio ; nec utile, quia imminet periculi magnitudo. Quod si nihil horum obstaret, Apostoli tamen memor sum sic dicentis: *Si ea quæ destruxi reædifico, prævaricatorem me constituo* (*Gal.* II, 18). Nolite itaque credere, nolite opinari me esse mutatum, me ab eo qui fuerim dissentire. Veritatem loquor, animum meum loquor. Vivit Deus, et Dei Filius, et utriusque Spiritus, quia nec domnus Cantuariensis, nec pro eo aliquis a me postulavit, ut adversus Eboracensem Ecclesiam, causam ejus vel litteris commendarem, vel pro ea legationem susciperem. Sunt quæ ipse nobis injicavit, unde nostrum quæsivit consilium : sed quæ nihil omnino vestram vel spectant vel impediunt causam. De legatione quam antecessor ejus [*supp. forte* exercuit], sermo mihi et illi fuit, et de aliis quæ a vestro procul sunt negotio, apostolorum limina nequaquam ad præ-

ipse forte eruerat e notis Jureti ad epist. 274. Ivonis Carnotensis, quam ipse ab Ant. Oisello jurisconsulto habuerat, et qui eam in vetustis membranis repererat. Varie autem in variis exemplaribus scribitur *Turstini* nomen; modo enim *Turstinus*, modo *Turstanus*, vel *Tursthannus*. *Turstino* adhæsimus cum Jureto in notis ad præfatam Ivonis epistolam. Huic porro epistolæ occasionem præbuit grave dissidium inter Ecclesiam Cantuariensem et Eboracensem, quam Ecclesiæ suæ Rodulphus Cantuariensis sibi per omnia subjectam contendebat; Eboracensis vero Turstinus, ut archiepiscopus, ab eo liberam suam prætendebat Ecclesiam; qui tandem ita causa cecidit, ut ipse cum suis suffragancis episcopis, et eorum cleris, omnem subjectionem exhibere coactus sit Cantuariensi archiepiscopo, tanquam totius Angliæ primati. De quo vide fusius Matthæum Paris in *Willelmo Conquæstore*, et Juretum, loco citato. In Chronica tamen Mailros apud Ingulphum rerum Anglicarum scriptorem, pag. 164, sic habetur : « An. 1121 Calixtus papa litteris suis regem Anglorum coegit Turstinum archiepiscopum suscipere, et sine exactione professionis in suum mox recipitur archiepiscopatum. » De hoc autem Turstino apud Henr. Knigthon, lib. II *De eventibus Angliæ*, p. 2385, sic habetur: « Thurstinus Eboracensis

A sens visitare disposui. Vicem mihi rependetis, si in nostra perseveratis amicitia. Ego enim nunquam amici immemor, nunquam desertor esse sustinebo. Vale. Epistolas meas mihi mittere nolite differre.

EPISTOLA XXXVI (46) (*a*).

Quod conjugatis qui simul voluntarie continentiam voverunt, a voto non liceat resilire.

M. (47) Dei gratia venerabili Redonensi episcopo, atque W. Andecavensi archidiacono, I. Cenomanensis episcopus, salutem.

De muliere quæ decumbenti viro, atque postulanti habitum monachi, non solum præstitit assensum, sed etiam voto continentiæ oblato, ipsa eum tradidit tonsurandum, nunc autem facti pœnitens, eumdem ad debitum thori postulat reverti, nihil aliud nobis videtur quam quod Augustinus sic ad Ediciam scribens ait (48): « *Quod Domino pari consensu ambo voveratis, perseverantes usque in finem reddere debuistis. A quo proposito si lapsus ille est, tu saltem constantissime persevera. Quod te non exhortarer, nisi quia tibi ad hoc ipsum consenserat. Nam si nunquam tenuisses ejus assensum, numerus te nullus defendisset annorum.* » Sane id quod mulier suam tuetur causam, scilicet quod per ministros Ecclesiæ nec assensum viro dedit, nec promiserit castitatem, ei ad rescindendum continentiæ votum non intelligo suffragari, licet, si per eos fieret, ordinatius factum diceretur. Et hoc beatitudini vestræ scripsi, in eorum sententiam sine disceptatione transiturus quibus id quod melius est Dominus revelabit. Valete.

EPISTOLA XXXVII.

Quomodo intelligatur quod Deus quandoque punit peccatum in quartam et quintam generationem.

R., (49) venerabili magistro I., salutem.

Sententiam quam rogastis, sicut a diversis diversa archiepiscopus eximius fundator monasteriorum Hagustadensis et Fontium, aliorumque octo, susceptoque habitu monachico apud Pontem Fractum in bona senectute obiit, cujus corpus post duos annos repertum est odoriferum et incorruptum. »

(46) E veteri codice ms. S. Albini Andegavensis, et schedis Baluzianis.

(47) Marbodo.

(48) Ep. 262 novæ edit., al. 199.

(49) Licet hanc epistolam in manuscriptis supra quindecim, quibus usi sumus, diligentissime perquisierimus, nec invenerimus, quia tamen illam inter epistolas, quas sagacissimus Antiquitatum indagator doctiss. D. Loyanté ut Hildebertinas collegit, et sicut cæteras sua manu descripsit, illam non omittendam duximus, maxime cum aliquid ad hanc sententiam accedens ex S. Hieronymo referat Hildebertus in suo Tractatu theologico, cap. 34, pag. 1190, ubi explicat quomodo Deus quædam peccata puniat in tertiam et quartam generationem. Quin et ipse etiam pœnas inferni describens, lib. De ordine mundi, versu, 358, pag. 1185, sic ait:

Est ibi caligo meruit quam patris origo,
Quinque per ætates condemnans posteritates.

Unde jure licet inferre hanc epistolam vere esse

(*a*) † Vid. *Spicileg.* tom. XIII. Istam epist. Dacherius tribuit Marbodo, Redonensi episcopo, non autem Hildeberto.

sumpsi, ita vobis intimare disposui, quid melius sit vestræ relinquens rationi. *Omnis qui occiderit Cain, septuplum punietur* (Gen. IV, 15), videlicet in septima generatione. Septem enim generationes a Cain usque Lamech qui occidit eum, fuerunt, qui in septima generatione mortuus est. Sunt et quidam qui hoc active legere volunt, dicentes : *Septimum* [f. *septuplum*] punietur, quia aut pro septem suis peccatis aliquis occisurus erat Cain, aut in septima generatione, ut dictum est. Est et alia sententia. Dixit enim Cain ad Dominum : *Omnis qui invenerit me, occidet me* (ibid., 14). Cui Dominus : non sic; id est, non tam cito vitam finies, nec tam subito pœnas quas meruisti evades; sed omnis qui te invenerit, sciet quod Cain qui occiderit, scilicet, qui fratricidium fecerit, qui tale ac tantum facinus peregerit, septuplum punietur, id est, per septem generationes pœnas patietur. Posuitque Dominus in Cain signum, ne occideretur; vixit enim usque in septimam generationem. Tunc a Lamech, ut dictum est, interfectus est. Potest quoque et alio modo intelligi; quod Cain scilicet, et in anima et in corpore pœnas esset passurus; per tria namque anima, per quatuor vero corpus, siculi alibi bene designatur. Est et adhuc alia. Cain septem dicitur peregisse peccata : Primum, quod non recte diviserit; secundum, quod fratri inviderit; tertium, quod dolose egerit, dicens: Transeamus in campum (ibid., 8); quartum, quod interfecerit; quintum, quod procaciter negaverit, dicens : *Nunquid custos fratris mei sum* (ibid., 9); sextum, quod seipsum damnaverit dum dixit : *Major est iniquitas mea, quam ut veniam merear* (ibid., 13); septimum, quod nec damnatus, non egerit pœnitentiam. Unde recte dictum est: *Septuplum punietur*, quasi pro unoquoque peccato pœnam luiturus. Septem enim pœnas, dum vixit, solvit. Prima, fuit maledictio in eum super A terram; secunda, quod terra ei operanti non reddidit fructus suos; tertia, quia vagus; quarta, quia profugus; quinta, absconsio a facie Domini; sexta, quia in luctu; septima, quia in timore fuit. Hæc vobis summatim scripsi, gavisurus si quid tibi placuerit. Vale.

†

EPISTOLA XXXVIII.

(Ex *Anecdot.* Muratorii tom. III, p. 216.)

Amico cui commendaverat Hildebertus et Stephanum et Radulphum Ecclesiæ Turon. decanum.

Salutem et obsequiorum devotionem.

Novit dilectio vestra Stephanum decessisse cum quo Q. V. Radulphus, noster quidem filius, vester autem decanus, in apostolica acturus erat audientia, apud vestram pro eo interpellamus discretionem, quatenus pro eo impetretis, ne pro causa, qua Romam iturus erat, necesse sit eum ulterius fatigari (50).

†

EPISTOLA XXXIX.

(Ex *Anecdot.* Muratorii tom. III, p. 219.

Ad ignotum quemdam de beneficiorum fideli et grata recordatione.

Salutem, et ætatem pariter, et consilio superare.

Eos qui obsequiorum sunt immemores, bruta etiam accusant, quæ benefactores suos et devotius sequi manifestum est, et velut in gratiarum actione eis assistere et blandiri. Quæ profecto te imitari, Domino Deo gratias ago, cujus consilio providisti ne beneficia vel obsequia ejus apud te irremunerata remanerent. Quod ego et laudo, et tibi gratias ago fidem in eo gerens, quod in futurum et majora providebis. De quo quid ipse plenius tibi indicabit, utpote qui preces meas, et consilium ad illos vidit in litteris meis, et legit, et intellexit.

DIPLOMATA

A VENERABILI HILDEBERTO CONCESSA.

—

I.

(Ex Tabulario S. Albini Andegavensis, an. 1098.)

200 *In gratiam monasterii Sancti Albini Andegavensis pro Ecclesia Sancti Audoeni prope Cenomanos.*

Hildebertus sanctæ Cenomanensis Ecclesiæ devotus sacerdos, dilectis fratribus Girardo abbati Sancti Albini et universæ congregationi sub ejus cura Christo Domino famulanti, salutem et pacem.

Quoniam ipsius veritatis voce proximum omnem D tanquam nos ipsos diligere præcipimur, pias vestræ dilectionis petitiones charitativo suscipimus affectu. Cum enim alio anno miles quidam, nomine Fulcoius de Mortereis, conversationis vestræ propositum eligeret, addidit etiam dare vobis ecclesiam Sancti Audoeni, quæ mœnibus pene contigua est Cenomanicis, quam ipse et præcessores ejus innumeris annis hæreditario jure possederant. Qua in re cum pro ipso religionis incremento omnibus congratulandum sit fidelibus, exoratis tamen nos et supplicationis petitioni annuimus.

Hildebertinam. Quem autem designet littera R. initio præfixa, non alium esse putamus quam Radulphum Dunelmensem episcopum, ad quem epistola 1 lib. III, qui forte, cum Hildebertus illi scribebat hanc epistolam, nondum erat episcopus ; quam dignitatem non est assecutus, nisi anno 1099. Unde hic vocat eum simpliciter magistrum. Vide notas ad epistolam 1 libri III.

(50) Vide notam epist. 39 lib. II.

ces obsecratis ut ipsam laicalem donationem etiam
nostræ consensus auctoritatis corroboret. Bene facitis, et quod debetis facitis, dantes honorem Deo et
nobis, ne ad commissa nostro pastoratui ovilia ri-
gidis vos cervicibus significetis ingressos, præsertim cum ipsa eadem Ecclesia a majoribus nostris
Cenomanensibus episcopis fundata, et monachorum
usibus deputata indubitanter credatur. Unde nostris
temporibus bene actum lætamur, dum quod mortalium varietate monachis ereptum fuerat, nunc monachorum religioni restitutum videmus. Vestræ
igitur bonæ voluntatis paterno animo suscipientes
intuitum, concedimus vobis et universæ posteritati
vestræ jam dictam ecclesiam cum omnibus decimis
et oblationibus et cæteris ad eam pertinentibus, ea
tamen conditione ut canonicis ipsius nostræ matris
ecclesiæ, quorum communis assensus nobiscum pariter in hac re concordat, quinque solidos annui
census in signum debitæ subjectionis exsolvatis.
Qui solidi si ad constitutum terminum, qui est Idibus Decembris, aliqua intercedente occasione red-
diti aliquando non fuerint, infra diem octavum sine
causatione recipientur. Hujus autem concessionis
nostræ præsentem scripturam testem relinquimus,
ut sit memoriale sempiternum omnibus nostris uni-
versisque successoribus, et ut hoc nostræ auctoritatis argumentum inviolabilem obtineat vigorem,
sigillo Ecclesiæ nostræ illud fecimus consignari.
Quod si aliqua forte persona cujuscunque conditionis, cujuscunque auctoritatis post cognitum hoc
nostræ constitutionis præceptum contra illud venire tentaverit, secundo tertiove commonita si non
digna satisfactione emendaverit, honoris proprii seu
potestatis amissionem incurrat, et a sacratissimo
corpore et sanguine Dei ac Domini nostri Jesu
Christi aliena fiat, atque in examine ultimo cum
sinistra parte damnationi subjaceat. Defendentibus
autem et conservantibus sit pax et portio cum capite nostro Jesu Christo, cui est honor cum Patre
et Spiritu sancto in sæcula sempiterna. Amen,
AHHY, [f. AMHN] Amen. Legimus Amen, firmavimus Amen, salvis justitiis et redditibus ecclesiasticis, et duobus solidis synodi, et xviii denariis cir-
catæ.

Signum	Signum
HILDEBERTI	GAUFRIDI
episcopi.	decani.
Signum	Signum
FULCRADI	GAUFRIDI
cantoris.	archidiaconi.
Signum	Signum
HUGONIS	GRADULFI
archidiaconi.	archidiaconi.

Datum Cenomanis per manum Gradulfi cancellarii, xvii Kal. Januarii, anno Incarnationis Dominicæ 1098, indictione vi, episcopatus domni Hildeberti anno ii.

*Hæc exscripta sunt ex tabulario monasterii Sancti
Albini Andegavensis, ex armario prioratus Sancti*

*Audoeni Cenomanensis, et ex eo collatione facta
cum apographo deprompta a R. P. D. Roberto
Hardy tunc monasterii Sancti Albini e congregatione Sancti Mauri priore, ut patuit ex originali
ejus scriptione huic transsumpto apposita.*

II.

*In gratiam Majoris Monasterii, pro Ecclesia de Lu-
piniaco.*

(Ex archivo Majoris Monasterii Turonensis, et schedis
Baluzianis, an. 1118.)

Notum fieri volumus futuris quibusque, sive præsentibus, quod ego Hildebertus, Cenomanorum Dei
gratia episcopus ad petitionem confratris nostri
domni Willelmi, Majoris Monasterii abbatis, seu
cæterorum ejusdem monasterii fratrum, dedi atque
concessi ejusdem Majoris Monasterii ecclesiæ monachis ecclesiam de Lupiniaco, cum omnibus ad eam
pertinentibus, vel quæ in ea Fulco de Marboeto
possederat, et eis, quantum videlicet ad se pertinere
videbatur, donare decreverat atque concesserat,
salvo utique jure Cenomanensis Ecclesiæ.

Actum in capitulo Sanctæ Mariæ Ebronensis cœnobii, anno ab Incarnatione Domini 1118, præsente
et concedente Fulcherio archidiacono nostro, nec
non et ipso Fulcone de Marboeto, qui ecclesiam
ipsam, quam tenuerat, vel potius ejusdem ecclesiæ
beneficia, in manu nostra ibidem reddidit, et eadem
Majoris Monasterii monachis dari rogavit, atque
concessit. Cujus nostræ concessionis præsentem
chartulam, ut firma in perpetuum maneat, sigillo
proprio, ut cernitur, jussi signare.

III.

*Auctoramentum Hildeberti Cenomanensis episcopi, de
ecclesia Sanctæ Mariæ de Meduana, et donum
Roberti Pavonis.*

(Ex Archivo Majoris Monasterii, et schedis Baluzianis, an. 1120.)

Cum multis hujus sæculi voluptatibus diligenti
studio curam impendimus, et ea quæ sunt utilia
corporeis usibus nobis obnoxie suggerimus, non utilitatis animæ immemores esse debemus. Utilitas
quippe animæ est, ubi potestas valet et auctoritas,
justis assentire petitionibus, et beneficia pro redemptione animarum, religiosis locis et fratribus
Deo servientibus collata, concessionis et auctora-
menti munire præsidiis. Quapropter ego Hildebertus,
Dei gratia Cenomanorum episcopus, cujusdam
clerici nostri Roberti, scilicet cognomento Pavonis,
petitionem, quia justa erat et animæ utilis, dignam
impetratione decrevi. Iste quidem Robertus habebat
et possidebat ecclesiam Sanctæ Mariæ parochialem
in burgo Castri, Meduanæ sitam, pro qua timens
periculum animarum, tam suæ quam sibi succedentium, si post suum decessum ad laicalem revertetur, unde, Deo auxiliante, et justitia exigente,
exempta fuerat. Secum igitur aliquandiu volvens
quomodo, ut et periculum vitaretur, et Ecclesia illa
religiosis locis et fratribus locaretur, tandem decrevit et vovit, ut eam Majori Monasterio B. Martini, et fratribus ibidem Deo servientibus condona-

retur, ut per eorum suffragia orationum, mereretur A suorum adipisci redemptionem peccatorum. Recognoscens autem hujusmodi donum non debere fieri, nisi per concessionem pontificalem et auctoritatem, nostram adiit praesentiam humiliter, comitante sibi Herveo monachorum capellano, assistentibus etiam nobis duabus Ecclesiae nostrae personis, domno scilicet Pagano decano, de cujus archidiaconatu illa ecclesia erat, et domno Fulcherio archidiacono, petens et multum rogans, ut ecclesiam illam praedictis fratribus et loco concederem et confirmarem, simul et ea quae habebat in ecclesia de Parriniaco. Tradens igitur ipse eam per quemdam cultellum in manu mea, et dimittens cum caeteris de Parriniaco concedentibus, et auctorizantibus ipso co.lem Roberto et praedictis personis F. archid. et P. de- B cano, ego quidem Hildebertus, tum pro reverentia loci et dilectione fratrum, tum pro salute et utilitate animae ipsius clerici Roberti et meae, dedi et concessi eam Beati Martini Majori Monasterio, et fratribus ejusdem loci, revestiens eos per praed.ctum cultellum (51), quem in manu domni Fromundi prioris posui, salvo quidem jure nostrae Cenomanensis Ecclesiae. Quod donum nostri sigilli munitione firmare decrevi, ut ratum in perpetuum servaretur, interdicens sub anathemate, ne alicujus praesumptione vel violentia solveretur.

Acta sunt haec anno ab Incarnatione Domini 1120, indictione xiii, epacta xviii, anno episcopatus domni Hildeberti xxiv, testibus istis : ipso domno C Hildeberto episcopo, Pagano decano, Fulcherio archidiacono, Herveo capellano ; de monachis : Fromundo priore, Petro Laidez, Joanne Vivenaji priore, Guillelmo Arbenii priore, Gualterio Compendiensi, Guillelmo Meduanae priore.

IV.

(52) *Confirmatio jurium omnium et possessionum monasterii Ebronensis ab Hildeberto Cenomanensi episcopo concessa.*

(Ex archivo monasterii Ebronensis, relata i. Historia ejusdem monasterii nuper scripta.)

I. Cenomanorum episcopus, dilecto fratri DANIELI abbati Ebronensi, ejusque successoribus regulariter substituendis in perpetuum.

Quandiu pastoralem curam gerimus, tuitioni et quieti Ecclesiarum attentius providere nos convenit. Eapropter, frater Daniel in Christo charissime, tuis justis petitionibus clementius annuentes, omnia quae sunt juris monasterii Ebronensis in honorem beatae Mariae constructi, cui Deo auctore praesides, tibi tuisque successoribus, in perpetuum quiete possidenda concedimus, salvo jure episcopali et matricis ecclesiae Cenomanensis, eorum sustentationi et gubernationi, pro quibus oblata sunt modis omnibus profutura, in quibus haec nominatim duximus exprimenda : Primum, abbatiam Sanctae Mariae cum adjacenti burgo, ecclesiam Sancti Martini in ipso burgo sitam cum omnibus suis pertinentiis, aliam quoque ecclesiam Sancti Martini, B quae dicitur in Campis, in eodem burgo sitam, ecclesiam Sancti Petri de Torliaco, ecclesiam Sancti Leodegarii de Vivariis, ecclesiam Sancti Petri de Vulteriaco, ecclesiam Sanctae Susannae, ecclesiam Sancti Dionysii de Orcis, ecclesiam Sancti Martini de Castris, ecclesiam Sancti Vigoris de Nael, ecclesiam Sancti Mar.ini de Montesecuro, ecclesiam Sancti Petri de Chualon, ecclesiam Sancti Venerati, ecclesiam de la Bazogia de Monte Pinsonis, ecclesiam de Campo Aionis, ecclesiam Sanctae Mariae de Bedizio, ecclesiam Sancti Gervasii de Campo Genastoso, ecclesiam Sancti Nicolai de Traulis, capellam de Tilliaco, ecclesiam Sancti Petri de Izziaco, ecclesiam Sancti Martini de Curis, ecclesiam Sancti Sulpitii de Vegia, ecclesiam Sancti Leode- C garii, ecclesiam Sancti Sixti de Capella, ecclesiam Sancti Gervasii de Buziaco, ecclesiam Sancti Paduini de Campis, ecclesiam Sancti Martini de Lunago, ecclesiam Sanctae Gemmae, ecclesiam Sancti Martini de Annone, ecclesiam Sancti Georgii de Gesna, ecclesiam Sancti Frontonis de Megenziaco, ecclesiam Sancti Christophori, ecclesiam Sanctae Mariae de Cambiaco, ecclesiam Sancti Petri in eadem villa sitam, ecclesiam Sancti Germani de la Hatevalla, capellam Sancti Audoeni, capellam sancti Tudisii, capellam Sancti Gerardi, capellam Sanctae Mariae de Barbis, ecclesiam Sancti Cypriani de Bacondria, ecclesiam de Andoliaco, ecclesiam de Intramis, ecclesiam de Valliaca, ecclesiam de

---

(51) Nota donationem olim authentice fieri per D cultelli traditionem.

(52) Plura circa hoc diploma videntur observanda: Primo, ex illo inferri satis probabiliter potest ad meliorem frugem reversum Danielem abbatem Ebronensem, quem epistola 25, lib. ii, adeo sui officii male memorem et stolidum apud Gerardum sedis apostolicae legatum describit Hildebertus, ut eum *bestiam* nominare non dubitaverit; quod et de monachis Ebronensibus praesumendum videtur, quos adeo depravatos in eadem epistola descripserat, ut *nulla apud eos legum servata custodia, coenobitae,* inquit, *non minus monachum, persequerentur, quam si cum turpitudine foedera pepigissent.* Ilos, dum tales essent, bonus et zelantissimus pastor Hildebertus ab ordine et regula, et a seipsis aberrantes, voce et virga ad gregem, et ad seipsos reducere tentavit; quos postea cura sua reductos, ut amantissimus pater, et amplexus est, et fovit: et hac confirmationis charta, quorum ruinam, etiam in temporali- bus, morum dissolutione partam planxerat, horum bona et possessiones, ut et mores, in melius reformata, tota sua pontificali auctoritate confirmat.

Secundo, hac etiam charta firmatur nostra conjectura epistolae 20 lib. ii, in notis apposita, qua virum ecclesiasticum, quem ibi Hildebertus tam acriter corripit, non alium suspicati sumus, quam Danielem, quem hic expresse nominat, et post emendationem, charissimum in Christo fratrem appellat.

Tertio, quamvis Hildebertus in epistola 21 lib. iii, se in Cenomanensi Ecclesia viginti et octo annis sedisse asserat, ni obstat quin dicere potuerit hanc se confirmationis chartam concessise anno pontificatus sui, anno scilicet ineunte proxime sequenti vigesimum octavum, quo Cenomanis praefuerat; imo inde sequitur annum, quo asserebat se ibi praefuisse per viginti et octo annos, esse necessario vigesimum nonum sui pontificatus annum.

Frumentriis, ecclesiam Sancti Symphoriani de Martiniaco, capellam Sancti Nicolai de Cadurcis, ecclesiam Sancti Vigoris de Mengniaco, ecclesiam de duabus Avallis, ecclesiam Sancti Audoeni, ecclesiam Sanctæ Mariæ de Capella, capellam Sanctæ Mariæ de Lynesio, ecclesiam de Moulan, ecclesiam Sancti Petri de Chama, ecclesiam Sancti Stephani de Thorigniaco, tertiam partem de ecclesia de Nova Villula; in supradictis quoque ecclesiis circades, et de synodis episcopalem partem; in parochia Sancti Georgii de Faschal illam decimæ partem quam Radulphus Rufus dedit Ebronensi cœnobio cum filio suo Giraldo; decimam quoque de Masfla quam monachi Ebronenses possident in parochia de Lovernay, et decimam quam habent in parochia de Parendio, et decimam quam habent in parochia de Ameneio, et decimam quam habent in parochia de Tanneia, et decimam quam habent in parochia de Courcite, et decimam quam habent in parochia de Parenzis, et decimam quam habent in parochia de Cyneio, et decimam quam habent in parochia Sancti Joannis super Arnam.

Ecclesias itaque prænominatas cum omnibus illis pertinentiis quas Ebronenses monachi usque hodie legitime possederunt, Ebronensi cœnobio et fratribus ibi Deo servientibus deinceps quiete et pacifice in perpetuum possidendas decrevimus. Præterea quascunque possessiones, quæcunque prædia fratres Ebronenses legitima possessione hactenus obtinuerunt, vel in futurum canonica concessione pontificum acquirere poterunt, eodem tenore fratribus prædictis concedimus. Et ut firma et inconcussa permaneant, decernimus. Statuimus quoque ut nulli unquam hominum idem monasterium liceat perturbare, vel temerariis vexationibus fatigare, vel ipsius possessiones ejusdem minuere, vel ablatas retinere. Si qua igitur in futurum ecclesiastica sæcularisve persona contra hanc nostram institutionem temere contraire voluerit, secundo tertiove commonita tandiu canonicæ ultioni subjaceat, et a sacratissimo corpore et sanguine Domini nostri Jesu Christi aliena fiat, donec de perpetrata iniquitate digne satisfaciat. Cunctis eidem loco justa servantibus sit pax Domini nostri Jesu Christi. Amen. Et ut hæc nostra confirmatio firmior et certior habeatur, sigillo nostro muniri fecimus.

Actum est hoc Cenomanis anno ab Incarnatione 1125, pontificatus nostri anno XXIX, regnante Ludovico rege Francorum.

V.

Pro Monasterio sancti Vincentii Cenomanensis.

(E Chartulario abbatiæ S. Vincentii Cenomanensis.)

H. (53) Turonensis humilis minister, venerabili et dilecto Fratri G. (54) Dei gratia Cenomanensi episcopo, totiusque Ecclesiæ ipsius capitulo, salutem et benedictionem (55).

In memoria habemus quod Herbertus Framgerii, dum Cenomanensi præessemus Ecclesiæ (56), aliquando a nobis excommunicatus fuerit pro primitiis et pro tertiaria quæ presbyteris pertinet, quæ capiebat in ecclesiis de Piaccio (Piacé) et de Juilliaco (Juillé) quæ juris monasterii Sancti Vincentii sunt. Porro infirmitate coactus prædicta ecclesiæ Beati Vincentii reddidit, scilicet primitias illas et tertiariam illam, et insuper duas partes decimationis utriusque parochiæ monachis præfatæ donavit ecclesiæ, exceptis iis quæ ab eodem monachis Majoris Monasterii collata esse dignoscuntur. Nos itaque et redditionem illam, et donum decimarum, quod fecit Herbertus Beato Vincentio, memoriter recordamur, nosque eadem diligenter fratribus illis concessisse memoriter tenemus. Valete.

VI.

Pro monasterio S. Vincentii Cenomanensis.

(E Chartulario abbatiæ S. Vincentii Cenoman.)

200 Dei gratia Turonorum archiepiscopus, G. (57), venerabili Cenomanorum episcopo, et toti capitulo Beati Juliani, salutem et benedictionem.

A memoria vestra non credimus excidisse, quod Josbertus archidiaconus quasdam vineas ecclesiæ Beati Vincentii, et monachis ibidem Deo servientibus moriens donavit ac dimisit. Porro frater ipsius Drogo post mortem ejus vineas ipsas prædictæ ecclesiæ abstulit. Nos vero ipsum et monachos ante nos convocavimus, et utriusque partis rationibus diligenter auditis, monachis Sancti Vincentii vineas illas adjudicavimus. Et quia Drogo quod a nobis judicatum fuerat exsequi noluit, eum cum omni familia sua a liminibus sanctæ Dei Ecclesiæ separavimus. Hæredes vero sui, prout accepimus, in eadem rapina perseverant. Unde dilectionem vestram rogamus, et rogando monemus, ut jam dictæ ecclesiæ et prædictis fratribus super hac re plenam et firmam justitiam faciatis. Valete.

†

VII.

Donum Hildeberti Cenomanensis episcopi de ecclesia S. Georgii de Nemore (58).

Nemo qui nesciat loca divino cultui dedicata pro inhabitantium conversatione vel crescere in melius, vel a sua decidere dignitate. Unde et nos quorumdam clericorum studio singularem vitam professorum ecclesiam S. Georgii de Silva, quæ a Monte Aureo duobus distans millibus a suo statu deciderat, in pristinam sperantes reformari dignitatem et consilium præbuimus et auxilium, nec in aliquo eis

---

(53) Hildebertus.

(54) Guidoni, qui Hildeberto in episcopatu Cenomanensi immediate successit.

(55) Benedictionem cum salute impertit Guidoni, utpote metropolitanus suffraganeo suo.

(56) Hanc igitur chartam concessit post an. 1125, quo ad Turonicam sedem est translatus.

(57) Eidem Guidoni, suo in Ecclesia Cenomanensi successori, proindeque post an. 1125.

(58) † Invenimus hoc diploma inter instrumenta ad calcem Historiæ Majoris Monasterii prope Turones, manuscriptæ, tom. II, p. 64. (Biblioth. urbis Turonicæ.)

defuimus, donec ipsi penitus sibi deesse cœperunt. A Rigor autem propositi eo usque decidit, ut et eorum prælatus, Matthæus nomine, nomen abbatis gerens, sacram contereret professionem, et egressus in regionem dissimilitudines et locum relinqueret et votum. Quia ergo de restauratione præfati loci sub hoc ordine, atque sub his personis omnis nobis spes ablata est, prænominatam ecclesiam, quantum ad nos pertinet, Majori Monasterio concedendam et abbati Willelmo per nostræ manus chartulam tradimus, orantes atque deprecantes, ut monasticum ordinem, qui in ea dudum celebris fuerat, ibi reformare satagat et nitatur. Hoc autem donum ego Hildebertus episcopus feci eis et scripsi, Pagano archidiacono atque Fulcrado cantore assensum præbentibus.

✝

VIII.

Litteræ Hildeberti Cenomanensis episcopi de ecclesiis de Meduana et de Saccio.

(Anno 1120.)

[*Histor. Maj. Mon.* prope Turon., ms., t. II, p. 182.]

Justis petitionibus assensum debere divini muneris est inspiratio et sanctæ auctoritatis et omnium pie sentientium veneranda omnibus approbatio. Quod ego Hildebertus Cenomanensis matris Ecclesiæ indignus episcopus considerans, petitioni Juhelli de Meduana assensum decrevi non negandum. Convocatus ergo ab eodem Juhello, consultus etiam et rogatus et ab ejus matre et sorore, sed et castri C baronibus exoratus, ut capellam suam de eodem castro cum omnibus appenditiis ejus et capellam de Saccio similiter cum ei pertinentibus Majori Monasterio et Monachis S. Martini concederem et firmarem, ego cum personis Ecclesiæ nostræ, quibus id pertinere videbatur, decrevimus tam justis petitionibus assentire. Damus igitur et concedimus præfato monasterio ecclesias supradictas cum omnibus ad eas pertinentibus, salvo jure matris nostræ Cenomanensis Ecclesiæ, assentientibus et confirmantibus, ut supra dictum est, quibus ex nostra parte id pertinere videbatur, et ut hæc aliquis perversus aut impostor in futurum destruere vel etiam infirmare (quod absit!) si conetur, non prævaleat auctoritate nostra et sigillo præsentem chartulam decrevimus muniendam, vinculo anathematis innodantes, quisquis hoc præsumpserit, donec se congrue emendationi subjiciat.

Acta sunt hæc anno ab Incarnatione Domini 1120, indict. XIII, epacta XVIII, anno episcopatus domni Hildeberti XXIV.

✝ S. Hildeberti episcopi. ✝ S. Pagani decani. ✝ S. Fulcherii archidiaconi. ✝ S. Gervasii Paganelii archidiaconi. ✝ S. Guidonis præcentoris. ✝ S. Guarnerii de Meduana. ✝ S. Gradulfi archidiaconi.

—

✝

IX.

In quibus casibus tantum impignorari possint ornamenta Ecclesiæ.

(Ex Chartulario insignis ecclesiæ Cenomanensis quod dicitur *Liber Albus capituli*, num. CCXVIII.)

Qui conservandarum Ecclesiæ rerum quæ pretia sunt peccatorum et patrimonia pauperum, sollicitudinem suscipit et negligit, canonico judicio gradus sui periculum incurrit. Hujus rei consideratione permotus, ego, Hildebertus, Cenomanorum humilis provisor, ad removendam suspectæ petitionis quorumlibet importunitatem, universos qui ornamenta, tam aurea quam argentea, sive serica, ad honorem Dei et decorem domus ejus, largitate fidelium Ce- B nomanensi ecclesiæ collata sive conferenda, ab eadem ecclesia, impignorationis causa, asportaverint, vel ulla alia occasione, nisi necessitate capituli et operis ecclesiæ compellente, vel pro pascendis famelicis pauperibus, tempore famis ingruente, alienare sive removere tentaverint, sub anathematis vinculo pontificali auctoritate constrinxi, et a communione sanctæ Dei Ecclesiæ sequestravi.

✝

X.

Instrumentum de concordia facta inter Cenomanenses canonicos Sancti Juliani et monachos Sancti Vincentii.

(Circa 1100.)

[MARTENE *Ampl. Collect.*, I, 579, ex chartario S. Vincentii Cenoman.]

Sicut totius Ecclesiæ status pacifico charitatis vinculo solidatur, ita nihilominus sanctæ societatis unitas pestifero dissensionis scandalo dissipatur. Quicunque igitur ad æternæ pacis visionem cupiunt pervenire, necesse est ut omni vigilantia cum hominibus, si fieri potest, et maxime cum fratribus pacem studeant custodire. Quapropter nos sanctæ Cenomanensis Ecclesiæ canonici pacem et concordiam diligentes, et de medio nostri malum discordiæ penitus abjicere cupientes, de quadam calumnia atque discordia quam adversum monachos S. Vincentii longo tempore habuimus, talem finem atque concordiam ab eis, mediante charitate, recipimus, D ut decimam de Monte Rainaldi, quam post multum tempus super calumniam nostram tenuerant, nec non et sepulturam, et cæteros reditus qui ad ecclesiam pertinere videntur, nobis pacifice et quiete absque ullo retinaculo dimitterent, atque ibidem ecclesiam secundum beneplacitum nostrum nobis facere, atque perpetuo possidere concederent, vineas etiam Raginaldi cantoris, quas aliquo tempore super calumniam nostram tenuerant, dimiserunt, et obsequium XXX dierum pro singulis defunctis canonicis nostris se facturos promiserunt; et cœmeterium quod antecessores nostri contra morem canonicum cum laicis habuerant [*l.* habebant] ex altera parte monasterii sui in competentiori loco et honestiori, juxta videlicet monachorum cœmetrium transtulerunt. Hoc itaque pacto stabilem cum eis fraternitatis amicitiam firmavimus, et cætera quæ inter nos et ipsos discordiæ causa exstiterant, id est venditiones domorum, quæ in vinea de fonte S. Domnoli sunt, et vi denarios de censu cujusdam domus quæ est in ruha Haraldi, et forisfactum de coliberto nostræ Ecclesiæ, Frogerio scilicet Beloto, quem super nostrum interdictum monachum fecerant, omnino eis remisimus, et quidquid Cenomanensis Ecclesiæ episcopi eorum loco contulerant, eis simpliciter et absque dolo concessimus. Si quid de cætero eidem loco conferre voluerint, gratis et absque ulla datione pecuniæ, salva Ecclesiæ nostræ fidelitate, nos concessuros esse spopondimus. Promisimus quoque illis pro defuncto illorum abbate unum trigesimalem et pro singulis defunctis monachis vii missas et vii vigilias nos esse facturos, eisque in suis negotiis ut amicis et fratribus consilium et auxilium nostrum, pro ut res tempusque permiserit, fideliter exhibituros. Ut autem hæc pacis charitatisque concordia in perpetuum stabilis permaneat, hunc chirographum firmavimus in die festivitatis beatissimi Juliani de transitu, præsente et annuente domno Ildeberto episcopo.

Sig. domni Ildeberti episcopi. S. Gaufridi decani. S. Fulcradi præcentoris. S. Gaufridi Muloti archidiaconi. S. Pagani archidiaconi. S. Gradulfi archidiaconi. S. Orrici. S. Haimerici. S. Ingelbaudi. S. Hilgoti. S. Ernaldi. S. Wilelmi secretarii. S. Gosberti filii cantoris. S. Gervasii. S. Orrici. S. Radulfi episcopi. S. Wilelmi de Marciaco. S. Wilelmi de Belismo. S. Guidonis de Stampiis. S. Raginaldi Rufi magistri. S. Ingelerii. S. Fulcoii filii Gaudrici. S. Warnerii de Meduana. S. Wilelmi fratris sui. S. Godefridi filii Angerii. S. Unfredi capellani. S. Guidonis nepotis Ernaldi. S. Ingelbaudi filii Mariæ. S. Hunaldi. S. Frogerii. S. Theobaudi de Lavarzio. S. Salomonis. S. Roberti de Orta. S. Fulcherii Vindocinensis. S. Gaufridi Gandelberti. S. Gaufridi Ermenerii. S. Hamelini de Asinariis. S. Wilelmi vitrarii. S. Girardi abbatis S. Albini (59), S. Odonis abbatis S. Petri (60), S. Radulfi abbatis Longiledi (61), S. Radulfi abbatis S. Mariæ Ebronis,

✝

XI.

Diploma Hildeberti Cenomanensis episcopi, pro Cenomanensi S. Victoris monasterio. Confirmat monachis concessas a laicis ecclesias.

(Anno 1106.)

[Martene *ibid.* ex eod. chart.]

Quantis quibusve studiis monasteriorum quietem tueri habeat religiosorum devotio pontificum, veneranda nobis Patrum sanctorum tradidit antiquitas. Eorum exemplis indignus ego Cenomanensis Ecclesiæ sacerdos Ildebertus, et provocatus et accensus, fratribus qui in monasterio Sancti Vincentii Domino Deo deserviunt, adversus quorumdam improbitates

(59) Andegavensis.
(60) Cenomanensis, vulgo de Cultura.

tranquillitatem decrevi providendam. Ne qua igitur impudenter calumniantium molestia in præfatum quidquam moliatur monasterium, quarumdam ecclesiarum beneficia, quæ ei fideles contulerant laici in perpetuum possidenda, et concedimus et in præsenti pagina firmamus. His tamen quæ episcopum et archidiaconum seu etiam archipresbyterum contingunt ex integro retentis, videlicet synodis, circadis, et si qua alia in forisfactis, aut in cæteris redditibus, sive etiam in tuitione presbyterorum ad præfatas videntur pertinere personas. Quæ vero illæ sint ecclesiæ subsequens habet inscriptio. Ecclesiæ de Tufi, ecclesia de Campaniaco, ecclesia de *Ver*, ecclesia de Avenis, ecclesia de Curte-lucro, ecclesia de Segona, ecclesia de Luertione, ecclesia de Basilgeriis, ecclesiæ de Aceio, capella S. Audoeni de Baladone, ecclesia S. Leonardi, ecclesia de Curiadodæ, ecclesia de Monasteriolo, ecclesia de Curtismonte, ecclesia de Ham.

Facta est autem hujus assertio concessionis anno ab Incarnatione Domini 1106, episcopatus vero prædicti episcopi, indict. xiv, Philippo rege, Helia comite. Quod quisquis violare præsumpserit, anathemati subjectus maledictionem Dei incurrat.

✝

XII.

Charta Hildeberti episcopi Cenomanensis pro Majori Monasterio.

(Anno 1113.)

[Baluz. *Miscell.* tom. III, edit. Mansi in-fol., p. 63.]

In nomine sanctæ et individuæ Trinitatis Patris et Filii et Spiritus sancti.

Ego Hildebertus Dei gratia Cenomanensium episcopus notum fieri volo omnibus sanctæ Dei Ecclesiæ fidelibus, utriusque ordinis videlicet ac dignitatis, quoniam propter amorem et familiaritatem quibus Cenomanensis et Beati Martini Majoris Monasterii ecclesia dilectionis vinculo ad invicem jungebatur, dedi et concessi ipsi beato Martino et fratribus ejus in majori monasterio Christo in perpetuum servientibus ecclesiam quæ vulgo Vilerx Caroli Magni ab ipsius loci incolis appellatur, cum omnibus ipsi ecclesiæ pertinentibus, salvo jure Cenomanensis Ecclesiæ, præsente et concedente Fulcherio archidiacono cum aliis duobus Ecclesiæ nostræ canonicis, scilicet Gervasio Paganello atque Pagano. Sed et omnia quæcunque jam eis principum largitio, sive fidelium devotio, ibidem contulit seu etiam in crastinum poterunt adipisci, ut eis firma et illibata permaneant, per præsentem hujus nostri privilegii paginam episcopali auctoritate statuimus et ne cujusquam in futuro male invida præsumptione violetur, proprii sigilli munimine in perpetuum confirmamus.

Actum anno ab Incarnatione Domini 1114, apud Majus Monasterium in claustro ante cameram W ... venerabilis abbatis, ipso præsente cum Willelm. priore quondam Redonensi archidiacono, Petro

(61) Vulgo de Loulaio, Gallice *Lonlai*.

quoque bajulo, et Gervasio nepote meo, atque Rainaldo de Castro Gunterii tunc Majoris Monasterii notario.

†

XIII.

Confirmatio Hildeberti Cenomanensis episcopi de ecclesia de Torciaco, vulgo Torcé.

[BALUZ. *ibid.*]

Ego HILDEBERTUS Cenomanorum episcopus omnibus sanctæ Ecclesiæ fidelibus, tam futuris quam præsentibus, notum fieri volo quod monachi Majoris Monasterii nostram præsentiam adierunt petentes ut donum ecclesiæ de Torciaco, quam quorumdam fidelium devotio nostris temporibus eorum loco contulerat, concederem et litterarum nostrarum auctoritate firmarem. Quorum petitionem cum qua decuit benignitate suscepi, eisque ipsam ecclesiam futuris temporibus possidendam concessi, et ut ipse assensus noster atque concessio inviolabilis permaneret, præsentibus litteris et sigilli pontificalis impressione eam roborari præcepi.

Data Cenomanis civitate II Kal. Octobris.

Ad notas cl. viri D. Loyauté in suprema Parlamenti curia doctissimi patroni, in decem et octo epistolas, antiqui scilicet ordinis, V. Hildeberti Cenomanensis episcopi, deinde Turonensis archiepiscopi

BREVE MONITUM

Cum nulli labori parcere decreverimus quominus pro facultate nostra epistolis Hildeberti quælibet lux accederet, non mediocrem illis e doctissimis D. Loyauté observationibus in ejus epistolas eventuram speravimus. Has quippe è benevolentia Cl. D. Logé, celebris in suprema Parisiensi curia patroni feliciter nacti, incompositas licet, et multis ubique rasuris propemodum oblitas (quamvis tardius et diu post absolutam nostram harum epistolarum impressionem nobis concessas), sed eruditas ad nitorem quo ab auctore, naris emunctæ viro, donatæ fuissent, si vixisset, restituere quantum potuimus ad ejus mentem conati sumus, ne ad reipublicæ litterariæ dispendium in tenebris jacerent, et infeliciter omnino deperirent. Nec ultra quidem decimam octavam epistolam illæ notæ productæ luce clarius demonstrant, quantum ex auctoris ipsius doctrina et eruditione lectores profectum eruissent, si omnes, prout decreverat, per vitam diuturniorem illi datum fuisset illustrare. Hæc tamen notarum paucitas ab illis evulgandis nos non deterruit, cum, ut aiebat antiquus scriptor, *Etiam Analecta deorum venerationi sint;* nec nobis pudori futurum speremus, si versatissimi in antiquis rebus Auctoris notæ nostras quantulascunque sint, obfuscare videantur. His igitur, benigne Lector, fruere, et nostros conatus æqui bonique consule.

AD PRIMAM EPISTOLAM. — *Willelmo de Campellis.*

Tandem philosophari decreveris. Bene agendi formulam expressisti. Hoc Seneca philosophorum elegantissimus pene ad verbum expressit. *Ex acquisita philosophorum sententia, morum tibi minime depromens vetustatem.* Oportet enim τὸν βιόν τοῦ φιλοσόφου τῷ λογῷ σύμφρονον εἶναι· ὁ γὰρ λόγος τοῦ φιλοσόφου νόμος αὐθραίρετος καὶ ἴδιος ἐστιν, ait philosophorum elegantissimus Plat. De contr. Stoic. Et e veteribus, religiosus, pro casto atque observantissimo et sese cohibenti certis legibus finibusque. Valerius, 4, cap. 9, Seneca, ipse sibi sit formula.

Ecclesiasticis dignitatibus omissis..... institoriam abdicas lectionem. Sirmondus ad *Ep.* 11, lib. II. Goffridi Vindocin. interpretatur hunc (62) locum. Eadem metaphora utitur Ulgerius ep. Andeg. apud Joannem Salisberiensem, lib. II Metalog., cap. 20. Nam, ut ait Ulgerius, .. venalitio disciplinarum gratiosum ad invicem debet esse verbi commercium, nam in philosophantium foro exsulerat comitas, et verba distrahuntur ad gratiam.

Si tamen exoneratus incesseris. Perstringit Guillelmum plenius et planius Abælardus in historia calamitatum suarum : « Præceptor meus ille Guillelmus Parisiensis archidiaconus habitu pristino commutato ad regularium clericorum ordinem se convertit, ea, ut ferebatur, intentione, ut quo religiosior videretur ad majorem prælationis gradum promoveretur. Id ei in proximo contigit, eo Catalaunensi episcopo facto. »

Ut Christianus doctor abhorreas. Magister dicebatur. Abælardus passim scilicet magister noster Guillelmus. Auctor anonymus apud Duchesnium in notis ad Abælardum, Magister Guillelmus de Campellis. (Neque tamen erat adhuc universitas, neque doctoratus.) *Fert autem fama id tibi persuasum a quibusdam ut ab omni lectione penitus abstineas.* Nec tamen hic suæ conversionis habitus aut ab urbe Parisiaca, aut a consueto philosophiæ studio eum evocavit, sed in ipso quoque monasterio, ad quod se religionis causa contulerat, statim more solito publicas exercuit scholas, ut ait Abælardus in Commentariis suarum calamitatum. Hac forte Hildeberti epistola persuasus, cœpto operi institit Willelmus.

Nihil a vilibus tophis gemmæ differunt. Glossæ veteres πῶρος ὁ λίθος *tofus, tofum,* ασβεστώδης *tofum.* Glossæ mss. *Tofus lapis caudonatus, mollis et mobilis.* V. Salmasium ad historiam Augustam. Virg. Juven. Videndus Scholiastes.

Hildebertus ep. 1, cui sordidus et illiberalis quæstus est propositus ut lucrum institori.

(62) Ad verbum *Navicularium benedictionem,* id est mercenariam, ait institoriam lectionem, dixit

AD EPISTOLAM II [*nunc* 22 *lib*. IV.]
Archidiacono Nannetensi.

(63) De eo non satis liquet. Quid si is fuerit Rivallonus, cujus epigrammata sacra videre aliquando contigit in veteri codice manuario clariss. Menardi? Rivallono archidiacono equidem Nannetensi diserte ascribuntur hæc poematica. Sirmondus in notis ad Goffridum (64) refert epitaphium Marbodi. Is ad quem hanc dedit epistolam Hildebertus, poeta erat suo sæculo summus. *Inter arma poetam profiteri* ait. Deinde: *In carmine Virgilium obstupescit.* Eædem membranæ hac nota nomen præferunt R. neque aliter scriptum reperitur in omnibus pene codicibus mss. Ildeberti quos mecum habeo, uno incomp. Sirmondi asserente *Rualunco*, ex cujus fide lemma hujus epistolæ in integrum etiam post multa sæcula restituimus.

Malo exsuli serviat quam civi. Quo tandem facto patria exactus sit Rualuncus, seu Rivallo, nec suspicione assequi valeo.

Militiæ labores. In aliquo forte bello Britannico seu Armorico.

AD EPISTOLAM III. [*nunc* 12 *lib*. II.] — *Rogero Salisberiensi.*

V. Malmesb. p. 571; Eadmerus; auctor Antiquitatum Eccl. Britanniæ in Anselmo. Anselmus Cantuariæ, IV Idus Augusti, Willelmum Wintoniensem, Rogerum Salisberiensem episcopos consecravit præsentibus Gerardo Eboracensi archiepiscopo, et aliis Ecclesiæ Cantuariensis præsulibus.

Sub solo rege vestro. Rogerus Hocdonenus Annalium parte priore in Guillelmo Juniore de Ranulfo multa refert quæ huic epistolæ lucem fœnerabunt : « Ranulfus contra jus ecclesiasticum et sui gradus ordinem (presbyter enim erat) ad censum primitus abbatiam, dehinc episcopatus quorum Patres e vita discesserant, noviter accepit a rege, et in singulis annis persolvit ei non modicam summam pecuniæ. Et hoc usque ad regis ejusdem obitum. Nam eo die quo occisus periit, Cantuariensem archipræsulatum, Wintoniensem et Salisberiensem præsulatum in sua manu tenuit. Fatis vero concesso Guillelmo Henricus III repudiatis fraternis vitiis crevit, nec est passus diutius ecclesias præsulibus carere ; Salisberiensi quidem præfecit Rogerum virum, si Ildeberto fides est, maximum. Sed præstat audire Ordericum testem oculatum, nec suspectæ fidei. Hic lib. IV De Gestis Reg. Anglorum, ubi de Willelmo II. Hoc auctore (Ranulfo) sacri ecclesiarum honores mortuis pastoribus venum locat; sunt. Audita namque morte cujuslibet episcopi vel abbatis, qui omnia inventa scripto acciperet, omnesque in posterum reditus fisco regio inferret. Interea quærebatur quis idoneus in loco defuncti substitueretur, non pro morum, sed pro nummorum

A experimento. Dabaturque tandem honor, ut ita dicam, nudus, magno tamen emptus. Hæc eo indigniora videbantur, quia tempore patris, post decessum episcopi vel abbatis omnes redditus custodiebantur substituendo pastori resignandi, eligebanturque personæ religione et merito laudabiles.

Novit ille regiam manum. Atqui suos etiam manes passus est Henricus. Quippe mortuo Anselmo, Cantuariensis archiepiscopatus fructus, more majorum, solido quinquennio suos fecit; quod narrat Eadmerus, lib.... Et Willelmus Malmesburiensis, lib. I, De gestis pontificum Anglorum : Postquam, inquit, venerandæ memoriæ Anselmus lutei corporis nodos evadens, huic vitæ valefecit, vacavit archiepiscopatus pleno quinquennio. Hoc toto spatio cum rex admoneretur ut matris suæ Ecclesiæ viduitati consuleret, a miti responso differebat.

Donativo. Proprie glossæ veteres.

Melius splendere quam sceptro.

Cujus et scientia. Qualis tandem fuerit (Guido) quem ut amicum commendabat Ildebertus, docet Ordericus loco a nobis descripto, ut hinc liquido appareat Rogerum non ex animi sententia....αἱ ἔννοιαι δειναὶ δικάσαι τὰς φήρους.

Pro Guidone nostro. Non mediocriter hanc epistolam illustrabit Historia Vitæ Guidonis , quam subjicio ex Gestis pontificum Cenomanensium mss. quorum particulam habet penes se doctiss. et clariss. Menardus, cui invidenda non est gloria servatorum tam illustrium cinerum, cujus hodie nusquam comparet autographum injuria tan...

AD EPISTOLAM IV [*nunc* 16 *lib*. III].

G. episcopo. Ms. cod. hic præfert tantum : *Episcopo.* Sed quis ille G. quem hic inferunt alii codices manu exarati, incertum. Labor ut Goffridum Andegavensem episcopum esse credam, ad quem alter Goffridus Vindocin. abbas scripsit epistolam 1, lib. III. De quo multa Chronicum S. Albini Andeg., cujus verba descripsit in notis doctissimus interpres. Sed quod ordinationem ejus ad annum 1093 falsum esse convincunt tabulæ quædam cartophylacii Ecclesiæ Andegavensis, quarum subscriptio ita se habet : « Actum apud S. Quintinum in virgulto juxta ecclesiam de parte orientali, XVII Kal. Aug. anno Domini 1095, ind. IV, epacta XII, Philippo Francorum rege, Fulcone Juniore Andegavorum comite, Goffrido de Meduana electo in episcopum. » Ordinatus ergo perperam dicitur an. 1093 qui electus tantum appellatur an. 1095. In charta donationis Radulphi vicecomitis de ecclesia S. Nicolai, subscriptio doni Fulconis comitis de Insula Colonnæ episcopo Andegavensi plenius et probe : « Actum Andegavis in camera episcopi, IX

---

(63) Ad marginem hujus notæ sic habetur manu ipsius D. Loyané: *Sed , inquies, Archidiaconus Redonensis. Id forte ex conjectura, non certis indiciis, nec ex professo asseruit Ecclesiæ Redonensis Rivallonem, quem certo certius fuisse archidiaconum Nan. et συγχρόνον Ildeberti.*

(64) Imo Sirmondus ad Epistolam 11 Lib. III. Goffridi sic habet : *Ulgerii opus est epitaphium quod tricenis versibus elegit; incisum est in tumulo Marbodi Redonensis episcopi Juliomagi apud Sanctum Albinum.*

Kal. Julii, vigilia S. Joannis Baptistæ, anno Domini 1096, indictione IV, epacta ..... anno II, quo Urbanus papa Andegaviam visitavit, Philippo regnante super Francos, Fulcone Juniore dominante super Andegavinos, anno dominationis ipsius XXIX, sub Goffrido de Meduana Andegavorum episcopo, anno I ordinationis ipsius. » Accedat auctoritas alterius Chronici ms. S. Albini Andegavensis, quod fert similiter ordinationem Goffridi ad annum 1096 : 1096, *Goffridus de Meduana ordinatur episcopus.* Electus forte anno 1093, quo desiit vivere alter Gauffridus. Idem Chronicon : 1093, *obiit Gaufridus episcopus*, VI *Id. Octobris.* Quod confirmat necrologium Sancti Sergii Andegav. iisdem pene verbis, sed in annum 1093 dilata ordinatio. Egregie errat pro more suo malefidus Annalium Andegavensium conditor Bourdignæus, qui duos hosce Goffridos an Gaufrioles in unum compegit, et res gestas eorum confudit.

Qui ante pontificem. Auctor anonymus Vitæ Guidonis episcopi Cenomanensis : Quamvis Guido ante pontificem adinstar pontificis doctrina conversatione, liberalitate degeret et expensis.

Pro Guillelmo tuo. Hujus nominis plures eo tempore exstitere Andegavensis Ecclesiæ alumni, ut dubitari possit quis hic Guillelmus quem G. episcopo commendat Ildebertus. An Guillelmus Musca? an Guillelmus de Martiniaco? quos canonicos fuisse constat referentibus tabulis majoris ecclesiæ, an. 1105 et 1106, forte beneficio Goffridi. Certe quisquis illorum fuerit archidiaconatum Transligeriensem adeptus in eadem ecclesia, adversus Rainaldum electum Andegavensem Goffridi successorem stetit, ut pluribus ad epist. 12. Cujus tamen suffragio melior et placatior factus, una cum archidiaconatu decanatum Andegavensem, mortuo Stephano, obtinuit. Quod testantur tabulæ præfatæ ecclesiæ, in quibus dicitur decanus et archidiaconus Transligeriensis ad an. 1115 et 1116 (65). Eo forte spectat conquestio Marbodi in epist. ad Rainaldum.

AD EPISTOLAM V [*nunc* 11 *lib.* I].

Variant mss. in inscriptione hujus epistolæ. Codex enim... Cord. vindicat eidem G. cui superior data est, contra Anselmo Cantuariensi archiepiscopo, asserente mss. Sirmondi, cui astipulatur in Anselmi Historia ejus discipulus Eadmerus... libris V a clarissimo Seldeno nuper editis et doctissimis notis illustratis. Descripsit Edmerus lib. III, qui præfixi illius asservantur in Bibliotheca nobilissimi Thuani. Auctor nondum excusus vitæ Anselmi.

Tuam vero prolixitatem. Exstant inter epistolas Anselmi nonnulla ad Ildebertum.

AD EPISTOLAM VI [*nunc* 10 *lib.* II].

Est vetus exemplar quod præfert hanc inscriptionem O. S. *abbati.* Alii nullam agnoscunt. Quid autem

A sibi velit capitalis littera non liquet. Odilo (66) quidem eo tempore.....

Quis enim corruptis moribus. Aristoteles in Eth. de prodigo. Justinianus No. de monachis.

AD EPISTOLAM VII [*nunc* 7 *lib.* II].

Duplex inscriptio hujus epistolæ in libris manuscriptis. Gord. habet : *De incesto conjugio.* Alii inscriptionem tantum quam excudi et epistolæ præligi curavimus.

Episcopo Sagiensi.

Gualterius de Clincampo. Exstat in scriniis Gemmeticensis Ecclesiæ sententia a Roberto Bellismensi. Odo de Clincampo et Gualterius filius Gualterii. Is est Gualterius de Clincampo (*Clinchamp*), ni fallor, de quo fit hic mentio. Is satis arguit annus millesimus octuagesimus sextus. Eum enim vixisse oportet Gualterium præter annum millesimum centesimum, quo Ildebertum scripsisse hanc epistolam conjicio, qui domum suam incestis nuptiis adeoque infamia opplevit. Ex hoc saltem loco constabit claram illa ætate fuisse hanc familiam, clarumque Gualterium non solis pacis muniis, sed etiam belli, cujus nomen retinuit munitissimum castrum Sagiensis provinciæ, Orderio Vitali celebre, dictum Mons seu Motta Gualterii de Clincampo.

Convenientibus tamen parentibus virgo solemniter tradita.

Arnulphus de S. Emmerammo, cap. 3, apprehensam mulieris manum involvit panno, et, ut mor.s est nuptiarum, seni sub testibus eam in matrimonium concessit.

Dotata est. Celebrata sunt cætera matrimonii sacramenta. Mirum non est dotem censeri inter matrimonii sacramenta, quæ more ecclesiastico dabatur a viris pro foribus Ecclesiæ. Charta libertatis Joannis Angliæ regis : « Assignetur viduæ pro dote tertia pars totius terræ mariti sui, quæ sua fuit in vita, nisi de minori dotata sit ad ostium ecclesiæ. » Unde *secundum Ecclesiæ morem* assignari dicitur in veteri charta Ludovici Junioris, quam publici juris fecit Andreas Duchesnius, vir suo merito clarissimus, in Appendice stemmatis domus Drocensis, cujus verba, quæ ad rem faciunt, et rem pene ignotam illustrant, subjicio : « Notum sit universis præsentibus et futuris fratrem meum Robertum in uxorem accepisse Agnetem Brenensem comitissam, et secundum Ecclesiæ morem, ei dotem assignasse.

In titulo dotis et donationis Bertrandi comitis Tolosani apud Entellum ; « Ob amorem tui atque decorem filiorum nobis procreatorum, dono tibi in tuo sponsalitio donatione civitatem Ruteri cum comitatu et episcopio, sicut ... mea est : et insuper dono in dotalitio Viverium civitatem cum comitatu,

(65) Guill. Muscæ mentio fit in Vita Hild., qui fol. 75 verso dicitur ab H. canonicus Cenom. in epist. quadam. In ista describit hist. H..... Non is ergo archidiaconus.

(66) An Odilo de quo Chesnæus ad Abælardum. An Osbertus de quo Gemet. cujus epistolas profert ad Anselm. Guill. An Odo abbas Majoris Monasterii.

quæ de nostra Romana est. Hæc omnia superius A
nominata tibi uxori meæ ad integrum dono quomodo illa habeo vel habere debeo, per ullas voces, in tali pacto deliberationis, ut dum vivi fuerimus, insimul habeamus, teneamus atque possideamus, et si infantes habueris, qui de me Bertrando fuerint procreati, et de te Electa nati, post obitum nostrum ad illos revertatur præscriptus honor; si vero infantes de me non habueris, et mihi supervixeris, habeas et teneas, et post obitum tuum habeant illi quibus tu dare vel dimittere volueris omni tempore. »

Sine libello dotis filii naturales tantum dicebantur formula 54 : « Inter veteris incerti honoris.... » Hanc Epistolam, quam ipse ..... in prædictos filios suos, et quos in bene ingenua femina illa ipsos B generavit, et tamen chartulam dotis ei secundum legem non affirmavit ..... jam dicti filii secundum legem naturales appellabantur.

Ivo, ep. 16, papa Evaristus contubernia non conjugia dicit esse illarum mulierum quæ non sunt a parentibus traditæ, et legibus ditatæ, et a sacerdotibus solemniter benedictæ. Falluntur et fallunt qui Evaristo.....

Auctor Vitæ Ildeberti de Henrico : « Sacrilegos agebat conventus, ubi novum dogma dogmatizabat, quod feminæ quæ minus caste viverent, coram omnibus vestimenta sua cum conjugibus nudæ existentes remanerent, nec aliquis amplius aurum, argentum, vel cæteras possessiones cum uxore acciperet, nec ei dotem tribueret, sed nudus nudam, C et pauper duceret pauperem. »

Alteri filio suo. Roberto de Clincampo, qui subscripsit sententiæ Rotroci concilio una cum aliis proceribus post annum 1126 : quod tibi liquido constabit, si integrum ejusdem exemplum videre vacat, lib. III, c. 6 Historiæ Perticensis clariss. Ægidii Bry.

In uxorem traditurus. Similis argumenti est epist. 17. Ivo Carnot., ep. 148 ad Ildebertum, eamdem pene quæstionem exagitat, cujus scrinia expilare cum non dubitarit Ildebertus de posteritate mulierum..... transcripsit in hanc epistolam dicta Patrum Ambr., Chrysost. et Isidor. ab Ivone laudatorum : quod patebit vel mediocriter intelligenti. Cæterum, D non abs re fuerit hic observare jurisconsultos Græcos.

Cum initiatur conjugium. Synodalis Joannis Xiphilini τῆς νομόμος μνηστείας τοῦ νόμου τάξιν τε καὶ κατάστασιν ἰχύσης. Cum legitima sponsalia matrimonii locum et conditionem obtineant (67); quod solemne non solum sacris, sed et profanis auctoribus, uno aut altero excepto, palam fiet. Vide Balsam. in responsis 6, p. 365.

Immaculatam, sicut incorruptam. Vide Hincm. de divortio Bosonis, de hujusmodi maculis.

Chrysostomus, hom. 16 in Matth.

AD EPISTOLAM VIII [*nunc 2 lib. 1*].

Variant codices mss. Sirm. Eidem scilicet *Serloni* inscribit cod. optimæ notæ; aliique nonnulli *Radulpho archiepiscopo.* Consensum omnium pene codicum sequi malui, nominatim Radulpho attribuendam, de quo plura ad epist. seq.

Flabellum tibi misi. Glossæ Sirmundi manu exaratæ : *Flabellum muscarium.*

Immolantes Domino sacerdotes gravius infestantur. Ad hanc rem Jamblicus apud Eusebium De præparatione evangelica.

Mentibus inopino ingerunt. Alia *inopinato.*
Ad alia atque alia. Ms. *atque aliena.*

AD EPISTOLAM IX [*nunc 4 lib. II*].

Radulpho. De Radulpho Turonensi doctiss. et clariss. Sirm. ad ep. 30, lib. 1 Goffridi Vindoc.... Incertus in addendis ad ep. 108 Ivonis Carnotensis. Libellus restaurationis Majoris Monasterii a Laurentio Bochello editus, testatur eum interfuisse synodo Claromontanæ. Urbanus II papa gloriosus ab urbe Roma veniens, et sola charitatis gratia Gallias invisens, cum in Claromontano concilio in præsentia quingentorum ferme Patrum, archiepiscoporum scilicet, pontificum et abbatum, ipsis universis una cum Radulpho Turonensi archiepiscopo acclamantibus et auctorizantibus privilegia libertatis et immunitatis, quæ ipse papa nobis et ab Urbe miserat.

Goffridus Vindocin. abbas ep. 20, lib. III, *formatam et formosam* appellat litteram hanc epistolam, ni fallor.

Rainaldum. Goffridus Vindoc. ab ep. 11 lib. III. *Ildebertus vir religiosus,* qui post metropolitanum in Provincia primus erat episcopus, non tacuit, inquit, a vestra consecratione, licet a suo metropolitano vocatus, seipsum absentavit, et exsecrationem esse potius quam consecrationem apostolica et evangelica veritate prædicavit.

Petitio vestra qua vocamur. Canon Antiochenus Ecclesiæ universæ 61. Fulbertus epist. 28, 61.

Seditiosus turbatæ turbæ clamor. De eadem electione Raynaldi laudata epist. 11. Rainaldo, ad verbum : « Arreptus tristis a vulgo; et quod ibi factum est, hoc præsumptuosa et perniciosa fecit seditio. » Et mox : « In illa siquidem actione, imo vulgi conspiratione, quam pro electione reputatis, lex inter arma siluit, vox divina locum non habuit. Totum sibi levitas vindicavit et vanitas, ubi mima quædam et mulier publica, quæ vel garruliter acclamabat, amplius potuit, quam plebis maturitas, vel clericalis honestas potuerit. » Ildebertus, ep. 12.

Asserit et decanus. Stephanus. Goff. ep. 11. Mihi soli, sicut arbitror, pro crimine non debet ascribi, quod Stephano decano vestro, et personis quæ adfuerunt potest potius imputari. Omnes utique con-

---

(67) Ivo, ep. 167, *tient qu'une fiancée ne peut être mariée à un autre, et qu'il faut résoudre le mariage suivant.*

tradixerunt illam quam vestram fecisse dicitis electionem, et exprobraverunt. Nec immerito; nam illis invitis et non petentibus accipi fecistis a vulgo. Adi Marbodi epistolam.

Timori cessistis, non ratione. (68) Contra interdicta canonum comes Andegavensis ad hoc eos coegit. Synodus Aurelianensis, can. 11. Nullus invitis detur episcopus; sed nec per oppressionem potentium personarum ad consensum faciendum cives aut clerici inclinentur.

AD EPISTOLAM X [nunc 11 lib. III].

Mathildi. V. G. Mathillidi, ad quam Ivo Carnotensis epist. 107, 142, et 174, quibus liberalitatem illius celebrat, cui succinit Ildebertus, ep. 16.

In leges et in Ecclesiam Christi peccare convincerer, nisi de salute illius lætetur et legum reverentiam, et Ecclesiæ statum incolumem.

AD EPISTOLAM XI [nunc 14 lib. II].

S. Cuthberthi. Codex Cord. legit *Guiberti.* Melius *Cuthberti.* Cœnobium est.

Quo nobis ab Aquilone panditur omne bonum. In simili argumento sui dissimilis et pene contrarius videtur Ildebertus, ep. 66 : « Quotidie flat aquilo, inquit, non floribus tantum, sed et fructui suspectus et foliis; rogandus est auster ut veniat et perflet hortum suum. » Utrobique enim de reformandis monachis, et a turpi et propudiosa vita ad meliorem frugem conversis agitur. Tamen nihil a se discrepat; hic enim aquilo plagam australem cui subjacet designat.

AD EPISTOLAM XII [nunc 5 lib. II].

Commonitorium salutis. Fulbertus, epist. 7 : « Precamur vos illi *commonitorium* scribere ut jam dicto episcopo sua reddat, et eum in pace vivere sinat. » Et 63 : « Exspectandum et *commonitoriis* utendum esse reor, donec illos aut pœnitentia corrigat, aut summa judicis sententia mulctet. » Ordericus Vitalis, lib. x, p. 781 : « Venerandus Serlo abbas commonitorios apices edidit. »

Non elegit te clerus, sed minæ populares intrusere. Improbatur electio Reginaldi multiplici ratione. Prima, quod intrusus diceretur a populo, cujus suffragium quanti faciendum in electione episcoporum docent canones Romanorum ad Gallos episcopos, his verbis : « Meritis et observatione legis ad istiusmodi dignitatis acumen accedant; non simonia, pecunia, vel gratia quis poterit pervenire, aut favore populari. Non enim quid populus velit, sed quid evangelica disciplina perquiritur. Plebs tunc habet testimonium, quoties ad digni alicujus meritum reprehendens (quid si legas perpendens) auram favoris impertit. » Aurea Ecclesiæ sæcula populo jus suffragii liberum in electione pontificum non imminuere voluit, quod vel pueris notum, sed

A ambitiosas vilis plebeculæ preces compressit et pretio comparatas. Acta conciliorum, can. 13, sin. Laodicenæ, περὶ τοῦ μὴ τοῖς ὄχλοις ἐπιτρέπειν τὰς ἐκλογὰς ποιεῖσθαι τῶν μελλόντων καθίστασθαι εἰς ἱερατεῖον. *Quod non sit permittendum turbis electiones eorum facere qui in sacerdotio constituendi sunt.*

In summis sacerdotibus ætas integra. Annorum integritas, id est pleni dies. Canon 17 concilii Agath. Antequam ad viri perfecti ætatem perveniant, seu ante trigesimum . 2 Justell. ad can. Siricius ad Himerium Turon. episcopum, c. 9 : « Longinus presbyterium consequetur, et exinde post decennium episcopi cathedram poterit adipisci. » In Trullo, c. 14; Agathensis, cap. 17 : « Presbyterum vel episcopum ante trigesimum annum, id est antequam ad viri perfecti ætatem pervenerit, nullus ordinare præsumat. » Goffridus, ep. 153 : « Eliminetur ergo de Luxoviensi Ecclesia Ramulfus Dunelmensis episcopus, ut digammia non admittatur. » *Eliminetur*.... ejus, ut *Neophytorum hæresis* exstirpetur, ep. 157, quam jam per plures annos Rannulfus cognomine Flammardus Dunelmensis episcopus inaudito invasionis genere occupavit, qui *duos filios suos vix duodennes,* accepto pastorali baculo a comite Northmannorum, prædictæ Ecclesiæ intrudi fecit ea conditione, ut si primogenitus moreretur, Judaico more in episcopatum alter alteri subrogaretur.

Nec reverentiam dignitas amittat. Virtutibus episcoporum σεμνότητα annumerat Paulus ad Titum, c. II; II ad Timoth., c. III, v. 8.

Detulit ætati, non meritis. Quibus annis prædicatio committi debeat. Prædicatores et doctores episcopi, Bonifacius, epist. 3 ad Fulradum : « Almitatis vestræ prudentiam diligenter in Dei nomine deprecor ut filiolum meum Lucium et coepiscopum, si Deus voluerit, et sic clementiæ vestræ placeat, in hoc ministerium populorum et Ecclesiarum componere, et constituere faciatis prædicatorem et doctorem populorum. » Synes., ep. 105 : « Episcopus νομο διδάσκαλος ὢν καὶ νενοκμισμένα φθεγγόμενος, » *sit legis doctor, atque legi consentanea eloquatur.* V. Procopium Gazæum.

Quisquis in sacris non fuerit ordinibus inventus, ad summum sacerdotium canonicis prohibetur accedere institutis. Synodus Arvernensis a Sirm. ad Goffr. ad hanc rem, ita, a. 5 : Ut nullus laicus, clericus, vel *tantum subdiaconus* in episcopatum eligatur.

Episcopi primitus nonnisi de familia et alumni Ecclesiæ, sed ordine, qui primi nomen dedissent, et gradatim ad archidiaconatum et archipresbyteratum procedente tempore pervenissent, eligebantur. Unde syn., ep. 67, ἀπότροφος ἐκκλησίας ἀγωγὴν ἑτέραν ἡγμένος θυσιαστηρίων ἥψαμεν Θεοῦ. « Extra Ecclesiam educatus, alio disciplinæ genere institu-

---

(68) Hic de investituris laicis agendum. Goffr. p. 117 et 175, De regalia comitum, hoc violenter

ab ipso extortum. Fulb., ep. 39. Vita Guidonis, p. 80.

tus, ad altare Dei accedere non dubitaverim. » A

(69) *Quod multis displicuit, unde et electio introducta.* Auctor commentariorum in Ep. Pauli ad Timoth. inter opera Ambrosii : « Quod acceperint sequentes presbyteri indigni judicati ad primatus tenendos, inventa est electio...... Concilii, ut non ordo, sed meritum crearet episcopum multorum sacerdotum judicio constitutum, ne temere indignus usurparet, et esset multis scandalum. » Cœlestinus in ms. Stellæ.

Zozimus d. δ. Verum etiam in ordinatores ejus, ut carerent eo ordine quem sine ordine, et contra præscripta Patrum crediderunt præsumendum. Concilium Italiæ Theodos. inter epistolas quas juris publici fecit nuper incomp. Sirm. cujus ordinatio quem ordinem habuerit non videmus. Goffr., ep. 10, lib. iii ad Reginaldum ipsum : « Omnes postmodum ordines, sed sine ordine, quia in octo diebus, et non certis temporibus accepistis, propter episcopatus ambitionem. »

De electione quid loquar, in qua minime licet populo clerum præcedere. S. Romanorum synodus.

Cœlestinus papa. Notavit quis ad oram ms. codicis, non esse in impressis.

Concorditer postulaverit. Ea maxime laudata **200**''' electio, quæ uno ac, etc. Ruricius, ep. 30, lib. ii : « Benefacitis, ut hominem, quem communis consensus elegit, ordinetis, sed admonete eum ut veritati studeat, non falsitati, paci, non perturbationi, » etc. C Eucherius, hom. De ordinatione sacerdotis : « Stupeo erga beatissimum antistitem vestrum unam fuisse in tot vocibus vocem, unamque in tot pectoribus voluntatem. » Et mox : « Sed nimirum cunctationem abstulit voluntatum privilegium singulare meritorum. Ubi enim se virtutum non potest ingerere comparatio, studiorum non laborat electio. Longæ deliberationis cessat necessitas, ubi non componat æqualitas ; pati multa discretio moras nescit, ubi inter plures optimus unus excellit. » Quo spectat etiam illud Synesii epist. 76. Καὶ συνήσθην μὲν ἀνδράσιν ἐκ πολλῶν καὶ πάντων ἀγαθῶν ποιουμένοις τὴν αἵρεσιν. Πολὺ δὲ πλέον Ἀντονίῳ συνήσθην τῆς καλοκαγαθίας ὅτι καὶ καλῶν ἔδοξεν εἶναι καλλίων. Ἔστι γὰρ τοῦτον ἡ πάνδημος ψῆφος ἠνέχθη. Προστεθέντων δὲ D καὶ δυοῖν εὐλαβεστάτων ἐπισκόπων τῇ γνώμῃ τοῦ πλήθους, etc. « Atque ego sum quidem hominibus gratulatus, quod e multis iisque bonis omnibus electionem facere, sed multo magis Antonio de sua probitate atque integritate sum gratulatus, quod bonis melior judicatus esset. Etenim in eum commune omnium suffragium collatum est ; cumque se multitudinis sententiæ duo religiosissimi episcopi adjunxissent, » etc. Calculum suum addidit, atque electioni consensit. Hunc vero consensum divinæ gratiæ acceptum fert idem Synesius ep. 67. Quod pluribus explicuit doctiss. Justellus ad canonem Ecclesiæ universæ, cap. 2, conc. Nicæni. Si forte dissentiendo

(69) *De promotis per saltum.* Zozimus.

Patres et populus scinderentur in contraria, tum A sorte controversia omnis dirimebatur. Hujus moris vestigia exstant in Gestis mss. S. Euvertii episcopi Aurelianensis.

Religiosos abbates. Goffridus abbas Vindocinensis, qui infestis signis irruit in Reginaldum, duxque partium factus pluribus epistolis in electionem impegit, quas opere pretium est videre, lib. iii et iv. Guillelmus item abbas S. Florentii Salmuriensis. In his etiam Bernardus abbas S. Sergii in suburbio urbis Andecavæ, ad quos Goffridus scripsit epistolam 8, lib. iv, qui tesseram conspirationis statim ab ipso limine erigens sic ait : « Si veræ charitatis vinculo in invicem alligati sumus, et si fervore Spiritus S. accensi contra tortuosum et subdolum illum Reginaldum, quem nostis, ne animæ nostræ cum populo B Dei pereant, pugnare decrevimus? » Addit Bernerium Bonævallis abbatem. Sirm., ep. 16, lib. iv ad Bernerium, cui libenter assentior. Verumenim vero licet nomini Reginaldi parcet, solitis tamen eum coloribus depingit et prodit.

Integri personas nominis. Stephanus decanus, Guamerius, Guillelmus archidiaconi, et Hubertus archidiaconus et præcantor Ecclesiæ Andegavensis, de quibus ad epist. 10. Quos tempestatem hanc excitasse constabit ex epist. ms. quam transcribere placuit ex chartulario Vindocinensi (70). Ipsa siquidem adeo Goffridum illustrat, ad quem scripta est a Stephano et Guillelmo.

AD EPISTOLAM XIII [*nunc 6 lib. ii*].

Homo es sub potestate constitutus. Supremam potestatem summi pontificis Reginaldo ostentat, de ordinaria metropolitani sui securo. Incassum enim favit pontifex electo. Goffridus epistola sæpius laudata, quam scripsit rebus jam pacatis: *Hæc pauca de multis, quæ forsitan oblivioni tradidistis, vestræ sublimitati dignum duxi ad memoriam revocare, ut unde et quomodo sumpsistis episcopi nomen, vobis ulterius non liceat ignorare. Illa vero sileo quæ dominus papa novit, et indulsit, quia meum non est retractare quod ipse fecit.* Vitam enim vestram nullo genere religionis approbatam noverat, et vos infra annos esse, et nullum penitus ordinem habere fortasse audierat. Perstringit hic modestius nimiam D pontificum Romanorum in convellendis conciliorum Patrumque decretis facilitatem.

AD EPISTOLAM XIV [*nunc 48 lib. ii*].

Willelmo archidiacono. Consentiunt omnes mss. codices in hac inscriptione. Cujus ecclesiæ archidiaconus fuerit non ita proclive est dicere. Difficultatem patimur ad formalia exauctorationis verba, quibus diaconum Simoniacum se gradu *submovere* dicit, a diaconatu et supra submovendum cognovimus et submovemus. Unde elicias censorem et judicem, non consultum [*f.* consiliarium] agere Ildebertum. Nullus porro archidiaconus Cenomanensis hujus nominis occurrit. Existimaverim aliquando illum ipsum

(70) Quam tamen hic non exhibuit D. Loyauté.

esse Guillelmum archidiaconum Andegavensem, de quo supra; nihil tamen decerno.

A sacerdotio quoque canonica eum suspendit auctoritas. Improprie.

Vel nondum vel male. Ait Tertull., contra Marcionem, ea ratione Pacianus de Novatiani consecratione, ep. 2, ad Sempronianum Novatianum : « Sine consecratione legitima episcopum factum, ideoque non factum. »

Agitur de tuo periculo, si patiaris præscriptum fratrem. Archidiaconos spectabat ea maxime cura.

De Simonia. Non absimile illud Salisberiensis in Polycrat., lib. v, c. 11 : « Æquitas alienatur a venditore, licet ad emptorem non transeat; et empta iniquitas sic ad emptorem transit, ut nequaquam a venditore recedat; et, quod in aliis contractibus non experitur, solus ille justitiam vendit qui non habet. »

Malo hujusmodi nullum penitus inveniatur remedium. Segnior ætas mollior extraordinaria remedia reperit, quorum usum frequentiorem indulgentia fecit. Et plenior potestas ad disciplinæ publicæ emendationem data nimium sceleribus [*f.* parcens]... aureorum retro sæculorum politiam pessumdedit. Condonatum fuit aliquando scelus multitudini peccantium. Discimus ex epist. Zachariæ papæ ms.

AD EPISTOLAM XV [*nunc* 7 *lib.* 1].

Matildem. Idem argumentum epistolæ Goffridi ei consequentium.

Oportet judicem mitigent aliqua bona. Mos Persarum a Mureto observatur.

(*Ad epistolam XVI nihil notavit auctor.*)

AD EPISTOLAM XVII [*nunc* 1 *lib.* 11].

G. archidiacono. Is forte Gervasius Paganellus archidiaconus Ecclesiæ Cenomanensis, cujus mentio fit in Vita Ildeberti his verbis : « In his diebus erat in Apulia miles quidam, nomine Gaufridus, filius Gaufridi de Meduana, unus scilicet e nostræ regionis primoribus, argento et auro et magnarum possessionum divitiis, quas in illis partibus acquisierat, opulentus, qui ob amorem et memoriam patriæ suæ capellariam suam, id est quædam pretiosa ornamenta quæ in capella sua habebat, Deo et sanctissimo patrono nostro Juliano voverat se daturum. Is ergo Jerusalem profecturus misit episcopo nostro litteras suas, in quibus continebatur ut aliquos ei de clericis suis mitteret, viros fideles et industrios, quibus ornamenta illa possent et sine aliqua fraudis suspicione committi. Quo episcopus lætus et hilaris effectus, misit illuc duos ex canonicis Ecclesiæ nostræ, *Gervasium* Paganellum archidiaconum, et Hugonem de Lavarzino (71), tunc temporis archipresbyteri officio functum, tradens eis abunde stipendia quæ tanto itineri necessaria videbantur. Qui injunctum sibi negotium strenue peragentes, et omnia sicut ille eis mandaverat absque difficultate recipientes, cum ornamentis illis prospero iti-

A nere ad Ecclesiam nostram, divina gratia comitante, reversi sunt. »

Nequaquam tolerantur dispensatione Ecclesiæ, sed justitiæ censura puniuntur. Concilium Epaunense, can. 30 : « Incestis conjunctionibus nihil prorsus veniæ reservamus, nisi cum adulterium separatione sanaverint. Incestos vero, nec ullo conjugii nomine prævelandos, præter illos quos vel nominare funestum est, hos esse censemus. » Si quis relictam fratris, quæ ejus prius soror exstiterat, carnali conjunctione violaverit, excommunicabantur, nec aliter ad pœnitentiam admittebantur, quam si matrimonium dirimerent. Διὰ τὴν φιλαντρωπίαν ἕξει τὴν μετάνοιαν, « propter humanitatem pœnitentiam habebant, » can. 20 conc. Neocæsariensis.

B *Triburiensi concilio.* Idem canon in hanc rem laudatur ab Ivone, ep. 22.

Desponsatam tamen fratris frater habere non posset. Canon 54 conc. Illiberitani grave crimen vocat sponsalia fingere, quem addita negatione corrupit Gratianus c. : *Is qui,* 31, q. 3, et excommunicationem indicit.

Licita vero conjugia eis non negentur. Incestuosis aliquando secunda matrimonia interdicta. Canon 4 concilii Vermeriensis. V. can. *Quædam cum fratre,* 32, q. 7, et, *Hi vero,* ibid. Burchardus, 17, c. 52 : Cum quibus mitius agit concilium Triburiense.

Ad contactum ferri calidi. Alexander II Rainaldo Cuniano episcopo vulgarem legem ac nulla canonica

C sanctione fultam, ferventis scilicet, sive frigidæ aquæ, ignitique ferri contactum.

Etenim lex frustra adducitur. Puellam cogere ad probationem virginitatis ferri candentis contactu ea ratione improbat Ildebertus, quod per eam nequidem matrimonium liquido constaret. Frustra ergo periculum subiret in probanda virginitate quam contendit talem probationem nil juvare. Quod L. de probationibus juris Romani regulam maxime obtinuisse in judiciis igniti ferri. Auctor veteris fragmenti quod inseruit suis notis Juretus ad Ivonis ep. 74 : « Simoniaci non admittantur ad judicium, si probabiles personæ etiam laicorum vel feminarum pretium se ab eis recepisse testantur; nec aliud est venire ad judicium pro manifestis nisi tentare Do-

D minum. Unde et multoties in talibus [erratur,] quia Deus longe est ab his qui tentant illum. »

AD EPISTOLAM XVIII [*nunc* 32 *lib.* 11].

Viam qua prospero eventu liminibus apostolorum præsentari mereamur. Sic epist. seq. « Tantis agitati turbinibus ad apostolorum limina decernimus proficisci, magnum novæ tribulationis arbitrati remedium, si Romanus pontifex nobis ex consilio subvenerit et auxilio. »

(*Hic desinunt eruditissimæ clarissimi et doctissimi jurisconsulti ad epistolas Hildeberti notæ.*)

Cum tamen nobis a superius laudato cl. D. Logé perhumaniter concessum fuerit, ut quæ præfatus

---

(71) Hic forte nepos Hildeberti.

D. Loyauté ad epistolas Ildeberti paraverat scrutari liceret, occurrerunt nobis duo mss. epistolam Ildeberti ipsi circiter quasi coævi, ad quorum alterius marginem sua ipse manu notulas quasdam, ut credere par est, aliquando, prout ei in animo erat, excudendas exscripserat. Quas cum litteratis non ingratas fore censuerimus, illas litteris licet minutissimis, et visum pene fugientibus exaratas hic etiam adjecimus.

Sic nimirum ad epistolam secundam Ildeberti scribebat : *Rivalloni* (72) scripta hæc ep. lingua Aremorica, quæ Gallica vetus est. Rivallo dicitur rebellis et protervus. Auctor historiæ S. Turiani episcopi Dolensis : Presbyter quidam de primatibus Britanniæ procaci nominis sui usus vocabulo, nam Rivallo dicebatur (quod rebellem significat et protervum) sagitta diaboli ictus est. Inde idiotismus noster retinuit : *Rivaux* qui adversas partes fovent, tuenturque pertinaciter.

Plures eodem tempore ejusdem nominis archidiaconi et diversi videntur mihi. Sic legimus Rivallonem Nannetensem archidiaconum dignitate sua cassum in Ecclesia Nannetensi, in Macloviensi supparem ad Petrum.

Ad epistolam tertiam. Adde versus Baudrici de natione Andeg. quibus evinces magno semper in pretio fuisse litteratos apud Anglos.

Unus e nostra Ecclesia excerptus, scilicet surculus; filii surculi dicebantur. Abbas Callensis, epist. 5 : « Cujus filius fuerit ex primoribus, nec ramusculus ipse a radicis pinguedine paternæ degenerat. » Corippus, lib. II : « Arboris ut matris quæ de radice propago nascitur. »

Ad septimam. *Gualterius de Clincampo*, vulgo *de Clinchamp. Imparem*. Pares vir et uxor.

Tradita est. Acta Alberci : « Inter eos [Marcum et Verum] convenerat, ut stato die Lucius quidem ab Oriente, Antoninus autem Roma venirent Ephesum, et in templo quod ibi erat Dianæ, Antoninus, dea teste, traderet puellam, Lucius vero acciperet.

Ad octavam. *Flabellum*. Anselmus, lib. III, ep. 136 : « Tutius et diligentius puto, ut calix (ne aut muscæ, aut aliquid indecens in illum cadat, quod sæpe contigisse cognovimus), tam opertus quam discoopertus contingentibus immunditiis exponatur. »

Ad nonam. *Petitio vestra*. Ms. Puteanorum miniatis litteris. In hac se excusat ad Andegavenses, qui eum invitaverant ad consecrationem electi sui.

Glossæ Isidori. Rogaterius competitor.

Religiosarum personarum. Abbates. Quando autem primum in electionibus episcoporum suffragii jus habuerint, incertum, et pari jure in electionibus summorum pontificum.

Necessaria dispensatione. Bernaldus presbyter Constantiensis de vitanda excommunicatorum communione, et reconciliatione lapsorum. Leo Magnus scribens ad episcopos Mauritaniæ, etiam neophytos, utpote de laicis in episcopatum maturatos in episcopatu legitur tolerasse. Nusquam tamen sancti Patres ita tempori morem gessisse leguntur, nisi ubi plus Ecclesiæ lenitas, quam canonica severitas proficere videbatur.

Ad judicium. Appellaverunt sedem apostolicam canonici Andegavenses, unde minatur metropolitano suo Ildeberto.

Ad duodecimam. *Commonitorium*. Sigofridus, ep. 6, Gregorio VII : « Quod in *commonitorio* vestro posuistis me vestræ paternitati secretum, imo salutis meæ commisisse consilium, et alia quædam, quasi correctionis limam addidistis, ad castigationem vitæ et morum. » Quod ad commonitorium, Justellus ad canones Africanos.

Sed minæ populares. Non conveniunt viri docti de usu can. conc. Nicæni. Negat Sirm. post conc. Nicænum jus fuisse populo suffragii, eamque potestatem penes episcopos solos fuisse asserit, evincitque quo pollet ingenii acumine ex Basilio et Amphilochio.

Nullum timetis. Hincmarus episcopus ad clerum et plebem Cameracensem ex decretis Leonis, c. 35 : « Nullus invitis et non petentibus ordinetur, ne civibus episcopum non optatum contemnant, aut oderint, et fiat minus religiosa quam convenit [*supp.* electio]; necnon... habere quem noluit. » Et in decreto cleri Laudunensis de Hedenulfo, electo : « Quia cui debet ab omnibus obediri, utique ab omnibus debet eligi. »

Ad decimam quintam. *Ad regis delicias formosa facta es*. Chron. Turon. an. imperatoris Henrici XLVII, et Philippi XLIII. Henricus rex Angliæ duxit in uxorem Mathildem sororem Davidis regis Scotiæ, filiam Melcomi, seu Malcolmi regis, quam suscepit ex S. Margarita regina; et postea genuit rex Henricus ex ea Guillelmum, et duas filias Mathildem et Notham. Wil. Malmesb. De gestis regum Anglorum, pag. 93 et pag. 122, in Guillelmo II; Henricus Huntghondoniensis, Hist. lib. VI, pag. 366; Edmundus filius Edmundi. Hic fuit pater Margaritæ reginæ Scotorum. Margarita vero fuit mater Mathildis reginæ Anglorum et Davidis urbanissimi regis Scotorum. Idem auctor, lib. VII, pag. 380, refert ejus obitum ad an. XIV minuti XVI. Rogerus de Hongthon., pag. 68. Rex Anglorum Henricus minor natu Angliæ congregavit Londoniæ et regis Scotorum Melcolmi, et Margaritæ reginæ filiam Mathildem, nomine sororem..... Edgari, Alexandri et David in Anglia accepit, quam Anselmus Doroberniensis [*seu* Cantuariensis,] archiep. Dominica die festivitatis S. Martini reginam consecravit et coronavit. Inter epistolas varias a Gretsero editas, exstat epistola Henrici imperatoris ad Mathildem Anglorum reginam, quam sic alloquitur : « Sicut nonnullorum relatione didicimus multas grates bonitati tuæ, multa debemus argumenta amicitiæ. Ab eo forte scripta, cum Adelam peteret.

(72) Unde veniat vocabulum *Rival*, seu in plur. *Rivaux*.

VEN. HILDEBERTI

SERMONES

—

201-202 MONITUM

—

Quos e veterum manuscriptorum latebris venerabilis Hildeberti Sermones in lucem primum (tribus tantum exceptis in Bibliothecis Patrum excusis) proferimus, genuinos ipsius fetus nobiscum benevolus lector esse fatebitur, si eos cum epistolis et sermonibus præfatis, et aliis ejusdem auctoris indubitatis operibus jam vulgatis, attente conferre curaverit. In utrisque enim eumdem stylum, lusum eumdem in verbis, similes phrases, easdem verborum derivatorum a simplicibus sub simili sono repetitiones advertat, ita ut nonnisi fontis ejusdem rivuli varii esse comprobentur. Quod ut clarius pateat, pauca quædam e multis, e scilicet ejus epistolis et sermonibus per modum speciminis breviter hic exponere operæ pretium esse duximus.

Sic quippe cum in epistolis, tum in sermonibus ludit in verbis, dum quasi per gradationem verbis utitur derivatis a simplici, ut verbi gratia in epistola 7 lib. ι, agens de ultimo Dei judicio : « Coram angelis, inquit, referet, veritati deferet, terribilia proferet, horribilia inferet. » Et ibidem post pauca : « Idem offensus clementiam promittit, punire prætermittit, pœnitentiam admittit, delicta dimittit, ampliora committit. » Ita in sermone 65 : « Sancti quiescunt, requiescunt, conquiescunt. Primo quidem quiescunt in sexta ætate, quæ est in carne viventium; secundo requiescunt, et quasi iterum quiescunt in septima dormientium; tertio conquiescunt in octava resurgentium. » Et sermone 50 : « Dæmones recenter conversum ideo pertinacius tentant, ut tironem Dei dejiciant, **203-204** vinctum transjiciant, in carcerem projiciant. » Et sic innumera in sermonibus, ut in epistolis.

In epistola vero 2 lib. ι, ad S. Anselmum, volucres quas a victimis abigebat Abraham, dicit figuram esse distractionum nobis vel invitis contingentium, quas et nos ab oratione, et præsertim a S. sacrificio debemus abigere, quod serm. 20, serm. 69, et aliis sæpe docet.

In utrisque vero sæpius superbia dicitur : « Natione cœlestis, sublimiora semper appetens, ut illuc revertatur unde decidit. » Hoc sicut in epistola 10 lib. ι, et aliis, ita in serm. 27, 68, et alibi passim.

Eodem modo in utrisque peccantium casus et errores vocat « regionem dissimilitudinis, ad quam criminaliter declinant peccatores, » dum per peccata sua delent in se imaginem et similitudinem Dei. Sic ep. 4 et 8 lib. ι, serm. 12, 13, et aliis sæpius.

Sic tandem in utrisque phrases et modos loquendi sibi peculiares impendit, verbi gratia, verbum *exuberat* pro *crescit* et *abundat*, ut in epist. 13 lib. ι : *Gaudium mihi exuberat.* Epist. 12 lib. ιι : *Ei et ad fructum scientia, et ad exemplum mores exuberant.* Et epist. sequenti : *Volens tibi virtutum exuberare gratiam.* Ita sermone 15 et 14 : *Gaudium exuberat angelorum.* Sic verbum *sacrifex* pro *sacerdos*, ut in epistola 52 lib. ιι, in poemate De sacramento altaris, et in poemate dicto *Mathematicus*, et passim in sermonibus, et alibi tam in prosa quam in metricis usurpat.

Nimii sane fuerimus, si phrases omnes et loquendi formulas omnino similes, et pares sententias ab Hildeberto tam in epistolis quam in sermonibus, et aliis suis operibus adhibitas, referre velimus. Quibus quasi tesseris ex epistolarum indubitanter Hildebertinarum stylo sermones ejus discrevimus, et aliis atque aliis auctoribus minus considerate tributos, Hildeberto, ut legitimo parenti restituendo censuimus.

Nec parum nos ad hoc æquitatis judicium movit congeries ipsa sermonum, quos in variis mss. deprehendimus, in quorum serie sermones advertimus indubitanter Hildebertinos. Sic in ms. S. Victoris n. 468, ubi plures sermones sine nomine auctoris, primus omnium occurrit sermo qui incipit : *Dicite pusillanimes,* quem omnes editores, ut vere Hildebertinum, sub ejus nomine vulgarunt. Quidni igitur et cæteri, si stylus et sententiarum conformitas suffragentur, ut probare facile possemus, ejusdem dicantur? Sic in ms. nostro Sangermanensi, n. 381, legitur sermo qui incipit : *Spiritu sancto Isaias edoctus,* quem tres optimæ notæ mss. cœvi, aut pene cœvi, noster scilicet Sangermanensis præfatus, Ebroicensis, n. 19, et Victorinus 468, uniformiter Hildeberto tribuunt.

Sed de his satis ad hujus discussionis nostræ probationem nos prælocutos arbitramur in Præfatione nostra generali, ad quam, brevitatis causa, lectorem studiosum invitamus, gratius illi fore sperantes si quid utilitatis vel etiam piæ oblectationis ex Hildeberti nostri sermonibus percipere possit, breviter judicemus; et ea quæ sive ad Ecclesiæ catholicæ dogmata, sive ad antiquos Ecclesiæ ritus et disciplinam, sive tandem quæ ad dirigendos in quocunque statu fidelium mores attinet, in synopsin quasi redacta ab oculos ei ponamus. Unde etiam patebit quam merito Hildebertum, velut pissimum simul et eruditissimum theologum, ut antistitem ecclesiasticæ disciplinæ zelantissimum vindicem, et ut Christianæ, et etiam asceticæ vitæ perspicacissimum magistrum, et tutissimum ducem asseruerimus. Nec nostri tamen fuerit consilii omnia et singula ad id in hoc monitum inferre, cum satis superque futurum sit, si sermones ipsos, unde id erui poterit, indicemus, quos solers lector pro libito consulere poterit. Sit itaque.

205-206 § I. *De iis quæ theologiam et sacra dogmata spectant.*

Immensitas Dei theologice et eleganter descripta, serm. 8.
Immutabilitas Dei docte explicatur, serm. 99.
Trinitatis mysterium docte et subtiliter discussum, serm. 55.

De æterna Verbi generatione, serm. 112.
De missione Verbi divini in mundum, serm. 8.
De missione Spiritus sancti, serm. 51.
Nemo antiquorum in veteri lege salvus factus est, nisi per fidem in Christum venturum, serm. 72.
Incarnationis mysterium egregie descriptum, serm. 9, 55.
Idem contra Judæos propugnatum, serm. 101.
S. Joseph B. Mariam nunquam carnaliter cognovit, serm. 60.
Eucharistiæ sacramentum orthodoxe discussum, serm. 55 et seq. et alibi passim.
Ecclesiæ Catholicæ doctrina de realitate corporis Christi, et verbum TRANSSUBSTANTIATIONIS tum primum ab Hildeberto in usu positum, quo deinceps, et nonnisi post ipsum usi sunt Petrus Cellensis, Stephanus Augustodunensis, et alii; quæ omnia magnam affinitatem habent cum aliis tractatibus Hildeberti de Eucharistia, quos infra dabimus. In iis autem omnibus doctrina habetur omnino opposita erroribus Berengarii, cujus quidem Hildebertus in humanioribus, non in theologicis auditor fuerat, serm. 38, 93.
Legalia Christus suscepit, ut substitueret Evangelium, serm. 57.
Prædestinationis definitio et ordo, serm. 74.
De cruce Christi vide præclara, serm. 71 et 72.
De beatitudine sanctorum, serm. 9, 43, 86.
De beatitudine angelorum et hominum, serm. 43.
De peccato originali, et ejus traductione, serm. 23, 111, 112,
De miseriis hominis ex illo peccato, et ejus reparatione per Christum, serm. 2, 100.
Beatæ Virginis conceptio immaculata innuitur, serm. 62, 70, 101
Ejusdem assumptio in carne et anima asseritur, serm. 59.

—

§ II. De iis quæ ad disciplinam ecclesiasticam, et ad varios Ecclesiæ ritus pertinent.

Abstinentia a carnibus tempore Adventus et Rogationum, serm. 1.
Baptismi parvulorum usus antiquus in Ecclesia, serm. 84.
Festum Epiphaniæ solemnius ipsa Nativitate, serm 15.
Pœnitentes a domo propria pœnitentiæ tempore exsules, serm. 18.
Ejecti ab Ecclesia, et intonsi, serm. 34.
Usus cilicii ad carnem pœnitentibus indictus, cinerum impositio, et publicæ pœnitentiæ usus tempore Hildeberti serm. 56.
Pœnitentes aliquando ex indulgentia ad tempus reconciliati in Cœna Domini, ut ad communionem die Paschæ percipiendam præparentur, non absoluto pœnitentiæ tempore, serm. 54.
Absolutio a gravioribus, solis episcopis et sacerdotibus jure competit; a levioribus **207-208** autem, cuilibet, non per viam auctoritatis, ut sacerdotibus, sed tantum deprecationis, serm. 30.
Prudentissima pœnitentiæ disciplina, serm. 34.
Peccatorum confessio præcedebat olim jejunium quadragesimale, serm. 18.
In diebus jejunii tempore Hildeberti refectio ad vesperam, serm. 85.
Rogationum origo a Vienna, serm. 47. Institutæ ad arcendos lupos, serm. 45. Et ad pestem sedandam, ibid. Mira fidelium in iis austeritas a Patribus indicta, et eadem quæ publice pœnitentibus, etiam pro gravissimis peccatis injungebatur, serm. 45 et seq.
Feria quinta cujuslibet hebdomadæ tempore Silvestri papæ, ob memoriam Ascensionis Dominicæ solemnius celebrata, serm. 49.
Indulgentiarum concessio in dedicatione ecclesiæ, serm. 87.
Tractus in Septuagesima, deposito *Alleluia*, unde sic dictus, et ritus deponendi *Alleluia* in quibusdam Ecclesiis, serm. 111.
Hebdomada quæ incipit a Dominica Palmarum, Hildeberti tempore dicta *Pœnosa*, serm. 42. Quam diabolo pœnosa, serm. 42.
Sanctorum invocatio, serm. 86.
In processione Palmarum deferebantur flores, qui cum palmis benedicebantur. Horum usus ad mores referuntur, serm. 33.
Cereorum gestatio in processione Purificationis a Patribus sancita. Hæc autem erat tota pœnitentialis. Ritus ejus qualis erat, serm. 57.
Ad nomen beatæ Mariæ tempore Hildeberti, ac etiam antea, genu flectebatur, serm. 59.
Oratio propria de Assumptione B. Mariæ notatur, serm. 59.
Hoc festum solemnius celebrandum suasit Hildebertus Guidoni successori suo in sede Cenomanensi, serm. 59.
Generalis commemoratio defunctorum post festum Omnium Sanctorum, tempore Hildeberti celebrata, et in illa jejunium a fidelibus observatum, serm. 85.
Cereus cur ordinanti papæ ab ordinatis utraque manu offerebatur, serm. 90.
Tonsura et tunica talaris clericorum propria, serm. 90.
Sacrorum ministrorum, præcipue vero sacerdotum, obligatio ad continentiam et cælibatum, serm. 76 et alibi sæpe.
Missa olim quotidie a sacerdotibus, etiam infulatis, id est episcopis, tempore Hildeberti celebrata, serm. 97
Simoniæ et investiturarum laicalium insectatio, serm. 92.
Pro sepulturis et missis pretium non est exigendum, serm. 96.
Defensio Paschalis II papæ contra Henricum V imperatorem, investiturarum violentum usurpatorem, sive etiam Innocentii II contra Anacletum antipapam tempore schismatis, serm. 98.
Scholæ olim in monasteriis institutæ, præcipue vero Cluniaci, serm. 5, 15.
Lectiones monasticæ olim in claustro communiter factæ, serm. 65.
Psalmodia olim a monachis stando persoluta, unde variæ ipsorum ad meritum infirmitates; quod et a laicis olim observabatur, serm. 68.
Monachatus Hildeberti e sermonibus supra viginti educitur.

—

§ III. De iis quæ ad mores et ad vitam asceticam pertinent.

Vitæ interioris seu asceticæ monacho præcipue convenientis egregia præcepta, serm. 112 et ubique.
209-210. Vitæ monasticæ laudes, tentationes et defectus graphice depinguntur, et ibidem abstinentia a carnibus notatur, serm. 59.
Vita Christiana et interior continua est militia, serm. 114.
In illa sensuum exteriorum et interiorum se vera custodia et mortificatio continua, quam sit necessaria, serm. 8, 20 et alibi.
Duæ civitates, Dei scilicet et diaboli, in hoc mundo sibi continuo adversantes, serm. 22, 52.
Vitæ activæ et contemplativæ descriptio egregia, serm. 64.
Contemplativorum dotes et præstantia, serm. 12.
Contemplativorum duæ species secundum opera contemplationis propria, serm. 14, 64, 118, 120.
Scholaribus solitudo, ut studiis utilissima, suadetur, serm. 5.
Noe, Daniel et Job, figura prælatorum, conjugatorum et contemplantium, seu pœnitentium, serm. 62.

—

Plura hic adtexere supersedemus, quæ ex indice sedulus lector deprehendere poterit. Hæc autem compendiose retulimus, quibus notum fieret ex horum lectione sermonum non modicam utilitatem percepturos, vitæ vere Christianæ, imo et asceticæ studiosos, necnon curiosos et avidos ipsos antiquitatis sacræ scrutatores, qui nunc inter litteratos quemdam quasi principatum sibi vindicare videntur.

Nec modicum etiam inde percipient oblectamentum et fructum ævi hujus sacri verbi præcones, qui conciones suas, quantum possunt, ex ipsis sacræ Scripturæ verbis concinnare student, cum industriæ illius suæ nunquam satis laudandæ, quasi prodromum et exemplar cum S. Bernardo amico et suppare suo animadvertent Venerabilem Hildebertum. Hæc autem omnia ad calcem cujusque sermonis, prout sese offeret occasio indicare, lectori non morabimur.

SERMONES DE TEMPORE.

—

I.

IN ADVENTU DOMINI SERMO PRIMUS (73).
De utilitatibus adventus Domini.

211 « Dicite, pusillanimes, confortamini, et nolite timere. Ecce Deus vester veniet, et salvabit vos. Tunc aperientur oculi cæcorum, et aures surdorum patebunt. Tunc saliet sicut cervus claudus, et aperta erit lingua mutorum (*Isa.* xxxv, 4-6). »

Ante adventum Domini, fratres charissimi, in tanta caligine genus humanum volvebatur, quod nec Deum cognoscebant, neque verba ejus audire volebant, neque bene operabantur, neque peccata sua confitebantur. Cumque multis animæ infirmitatibus detinerentur, placuit summo medico eos visitare, et suis medicinis eos relevare. Sed notat Isaias propheta in quatuor languoribus eos specialiter laborare. Cæci enim erant, et surdi, et muti, et claudi. Cum [vero] ægritudines eorum sanare vellet, ne miseri desperarent, voluit eis adventum suum prænuntiare; voluit consolationibus suis eos confortare. Vultis audire qui sunt legati? Isaias, et alii prophetæ. Audite quam consolationem legatis injunxit: Vos, ministri mei, dicite miseris qui jacent in doloribus, qui desperant in infirmitatibus: O « pusillanimes, confortamini, quia ecce Deus vester veniet. » Ecce medicina vestra. Ecce salus vestra veniet, et salvabit vos. Eas infirmitates, quibus subjacetis, sanabit. Quia *tunc aperientur oculi cæ-*

A *corum, et aures surdorum patebunt, tunc saliet sicut cervus claudus; et aperta erit lingua mutorum.* Cæci erant, quia Deum ignorabant; surdi, quia verba ejus negligebant; claudi, quia recte per bona opera non incedebant; muti, quia peccata sua tacebant. Hæc surditas, et cæcitas, et alia quæ sequuntur, a primo homine initium sumpserant. Adam enim in primo præcepto sibi a Deo injuncto surdus effectus est. Cum enim dictum sit ei : « In quacunque die de ligno scientiæ boni et mali comederitis, morte moriemini (*Gen.* ii, 17), » non audisse visus est, « morte moriemini, » cum non fuerit observator mandati. Cæcus fuit, cum verba dæmonis intellexit, dicentis : Et eritis sicut dii. Cum enim putaret se fieri Deum, excæcatum jam gerebat animum. Quod B [ei] deinceps **212** Dominus improperavit, dicens : « Ecce Adam factus est quasi unus ex nobis (*Gen.* iii, 22). » Quod deridendo dixit. Qui putavit se futurum Deum, modo invenit se miserum. « Factus est quasi unus ex nobis, » id est similis Patri, et Filio, et Spiritui sancto, id est factus est Deus. Quod sub ironia dictum est, quia se aliter invenit quam putavit. Claudicavit Adam, quia, dum cœpit incedere, id est operari, pravo gressu incessit. Vulneratus est enim aculeo mortis et venenosi serpentis, et male operando claudicavit. Primum quod legitur fecisse, peccatum est. Duos pedes debet habere homo, delectationem [*forte* dilectionem] Dei et

(73) Ex editis et ms. Victorino 600 circiter annorum, n. 468.

proximi. Qui altero eorum caret, claudus est. Adam A vero claudicavit, quia nimium uxorem dilexit, sed ab amore Dei se retraxit. Deum non dilexit, cujus mandatum neglexit. Uxoris amorem Dei amori prætulit, cum libentius uxoris persuasioni quam Dei obedivit voluntati. Itaque claudicavit. Mutus vero fuit in confessione peccati, quia non solum non confessus est peccatum, sed excusare cœpit malefactum, dicens : « Mulier, quam dedisti mihi, dedit mihi de ligno, et comedi (*Gen.* iii, 12). » Cum enim ait : « Mulier, quam dedisti mihi, » in mulierem culpam convertit, et Deum etiam infamare voluit, in hoc verbo quod dedit.

Audistis, fratres, quomodo Adam surdus, cæcus, claudus et mutus effectus est. In hæc eadem vitia genus humanum devolutum erat, antequam Chri- B stus in mundum venisset. Adeo homines excæcati erant, quod idola colerent. Unde Apostolus : « Evanuerunt in cogitationibus suis ; et obscuratum est insipiens cor eorum. Et quia non probaverunt Deum habere in notitia, tradidit illos Deus in reprobum sensum (*Rom.* i, 21, 28). » Surdi erant juxta hoc quod Isaias ait : « Incrassatum est cor populi hujus, et auribus graviter audierunt, et oculos suos clauserunt, nequando oculis videant, et auribus audiant (*Isa.* vi, 10; *Matth.* xiii, 15). » Et iterum : « Domine, quis credidit auditui nostro? (*Rom.* x, 16). » Et Psalmista : « Furor illis secundum similitudinem serpentis, sicut aspidis surdæ et obturantis aures suas (*Psal.* lvii, 5). » Et iterum : « Et non audivit populus meus vocem meam, et Israel non C intendit mihi (*Psal.* lxxx, 2). » Claudicaverunt male **213** operando, juxta illud : « Omnes declinaverunt, simul inutiles facti sunt ; non est qui faciat bonum, non est usque ad unum (*Psal.* xiii, 3).» Et iterum : « Filii alieni mentiti sunt mihi, filii alieni inveterati sunt, et claudicaverunt a semitis suis (*Psal.* xvii, 46).» Multi facti sunt, tacendo peccata, juxta hoc quod de se ait David : « Quoniam tacui, inveteraverunt ossa mea (*Psal.* xxxi, 3).» Hæc omnia, fratres charissimi, sanavit medicus cœlestis. Cæcos illuminavit, cum aperuit sensus hominum ut intelligerent Scripturas, et cum Patrem suum annuntiavit mundo, juxta hoc quod ipse ait : « Pater, manifestavi nomen tuum hominibus (*Joan.* D xvii, 6),» quia primus erat in mundo, et mundus eum non cognovit. Hæc est illuminatio, quam postulat David, dicens : « Illumina oculos meos, ne unquam obdormiam in morte, ne quando dicat inimicus meus : Prævalui adversus eum (*Psal.* xii, 4).» Aures aperuit, cum clamabat : « Qui habet aures audiendi, audiat (*Matth.* vii, 16).» Et gentilis populus habuit aures apertas, cum prædicationem ejus libenter suscepit, juxta hoc quod ipse ait per David : « Populus, quem non cognovi, servivit mihi, in auditu auris obedivit mihi (*Psal.* xvii, 45).» Et hæc sunt quæ promisit propheta, cum ait : *Tunc operientur oculi cæcorum, et aures surdorum patebunt.* Sequitur :

Tunc saliet sicut cervus claudus. Claudi erant, ut diximus, quia recte non incedebant, bonis operibus non vacantes ; sed gressus hominum direxit, cum corda eorum ad viam cœlestis patriæ direxit. Corda directa sunt, cum neque ad dexteram, neque ad sinistram divertunt. Dextera est misericordia Dei. Sinistra autem est desperatio. Unde ait Isaias : « Hæc est via, ambulate in ea, neque ad dexteram, neque ad sinistram divertentes (*Isa.* xxx, 21).» Judas et diabolus, qui desperaverunt, ad sinistram diverterunt. Origenes vero, qui nimium confidendo in misericordia Dei, prædicavit diabolum salvandum esse, idque post mille annos, nimis ad dexteram exorbitavit. Itaque medius callis sequendus est, ut neque desperent homines, neque confidentes in misericordia, licenter peccent. Hujus rei figura est, quod arca fœderis, cum e regno Philisthinorum reduceretur in locum suum, vaccæ duæ divertentes ducebant in plaustro per directam viam, ita quod non declinabant, neque ad dexteram, neque ad sinistram (*II Reg.* vi, 10). Arca est Ecclesia. Duæ vaccæ sunt prædicatores Judæorum et gentilium, qui alios lacte pascunt, et Ecclesiam ducunt. Ideo David ait : « Beneplacitum est Deo super timentes eum, et in eis qui sperant in misericordia ejus (*Psal.* cxlix, 4).» Utrumque posuit, spem et timorem. Spes sine timore præsumptio est ; timor sine spe desperatio est. Timor aufert nimiam securitatem, ne nimis adhæreat dexteræ. **214** De hac via recte ait Joannes : « Parate viam Domini ; rectas facite vias Dei nostri (*Isa.* xl, 4 ; *Luc.* iii, 4).» Sed in hac recta via saliendum est, unde dicitur : *Et saliet sicut cervus claudus.* Cum venerit ad loca spinosa et luctuosa [*f.* lutosa], transiliet. Similiter, peccator, si occurrerit tibi amor divitiarum, quæ pungunt sollicitudine, si tactus amore luxuriæ, vel alicujus voluptatis fetidæ, transiliendo dimitte. Cervus deserit valles, et ascendit montes. Tu desere terrena, et pete cœlestia. Inde ait Dominus per David : « Qui perfecit pedes meos tanquam cervorum, et super excelsa statuens me (*Psal.* xvii, 52).» Cervus senescens devorat serpentem, et tum nimio ardore currit ad fontem, post cujus potum deponit veterem pellem, et cornua, et rejuvenescit. Sic, peccator, occide serpentem, et curre ad fontem, id est ad Christum, et depone veterem hominem, id est superbiam, ut dicas cum David : « Quemadmodum desiderat cervus ad fontes aquarum, ita desiderat anima mea ad te, Deus (*Psal.* xli, 4).» Sequitur : *Et aperta erit lingua mutorum.* Cum enim clamaret Christus : « Agite pœnitentiam (*Matth.* iii, 2),» prius erubescebant confiteri peccata sua, tunc pœnituerunt ; confessione peccata sua detexerunt. Clamavit veniam Maria, quæ prius muta erat. Clamavit veniam latro in cruce, qui prius tacebat. Ecce muta locuta est ; ecce mutus locutus est. Ostendimus quid utilitatis adventus summi medici mundo intulit. Completa est prophetia, venit medicus, ægrotos curavit. Sed quæ utilitas nobis salus aliorum, nisi nobis hæc curatio profuerit. Timendum ne aliquis inter nos adhuc in infirmitate jaceat. Omnium tamen nostrum oculi sunt aperti, quia fideles estis, Deum cognovistis, cæcitas infidelitatis recessit. Sed aliquando surdi estis, quia verbum Dei audire fugitis, aut auditum contemnitis. Cavete ne vobis dicatur : « Propterea vos non auditis, quia ex Deo non estis (*Joan.* viii, 37).» Aliqui enim vestrum claudicant, quia male operantur. Aliqui etiam obmutescunt, quia peccata confiteri erubescunt. Sed modo est tempus confessionis et satisfactionis, quia imminent jejunia. Quid autem est jejunium, nisi satisfactio? Quid autem valet satisfactio, nisi præcedat confessio? Prius dimitte culpam, et recognosce eam, antequam quæras veniam, et sustineas satisfactionis pœnam. Parate ergo vos Domino venienti, et præcinite Domino in confessione peccatorum, ut in die Nativitatis ejus psallatis ei in confessione laudum. Dies enim Adventus non sunt nisi præparatio quædam, ut faciamus quod clamabat Joannes : « Parate viam Domini, rectas facite semitas ejus,» ut videlicet digni simus futura solemnitate, et gaudio Nativitatis **215** nostri Regis. Antiqui Patres contra [*id est* prope] Adventum Christi se præparabant, ut digni essent redemptione futura. Illius temporis figuram gerunt isti dies. Christus quasi nasciturus est. Nativitatem ejus sumus nos repræsentaturi, ut nova nativitate novum gaudium nobis gignetur. Ergo « hora est jam nos de somno surgere. Abjiciamus ergo opera tenebrarum, et induamur arma lucis, sicut in die honeste ambulemus. Non in comessationibus et ebrietatibus (*Rom.* xiii, 11, 12).» Vitate ebrietates, abstinete a carne. Gula vos non inquinet. Amator enim munditiæ et sobrietatis est Dominus quem exspectamus. Nonne domus vestras egregie ornaretis, si ad vos venturus esset imperator temporalis? Ornate corda vestra virtutibus, ut digne recipiatis Regem angelorum. Qui vivit et regnat in sæcula sæculorum. Amen.

II.

IN ADVENTU DOMINI SERMO SECUNDUS (74).

De duobus Christi adventibus.

« Quis mihi tribuat auditorem (75), ut deside-
« rium meum audiat Omnipotens, et librum scribat
« ipse qui judicat, ut in humero meo portem illum,
« et circumdem illum, quasi coronam mihi (*Job*
« xxxi, 35, 36).»

In hac brevitate verborum, si diligenter discutiantur, fratres mei, multa reperiuntur mysteria. Quatuor nimirum ad Christum pertinentia; duos scilicet ejus adventus, et utriusque effectus. Item quatuor ad hominem spectantia, scilicet pressura malorum, defectus bonorum, meritum hominis, et præmium; quæ duo ultima per duos adventus Christi, et eorum effectus complentur; et alia duo, sci-

A licet pressura malorum, et defectus bonorum removentur, ut quatuor contra quatuor respondeant, quæ, secundum expositionis seriem, manifestius patebunt. Demonstrat autem Spiritus sanctus, per beatum Job loquens, quantum desiderium habuerint antiqui Patres videndi Salvatorem, et quantum adventum ejus in carne optaverint, in quo generis humani liberationem, redemptionem et salutem exspectabant. Dicebant enim : « O Sapientia! O Adonai! » et : « Putas, videbo? quando nascetur? » et hujusmodi. Et David : « Excita potentiam tuam, et veni (*Psal.* lxxix, 3);» et : « Ostende nobis, Domine, misericordiam tuam (*Psal.* lxxxiv, 8).» Et de dilatione gemendo : « Tu vero repulisti . . . distulisti Christum tuum (*Psal.* lxxxviii, 39).» Et Isaias:

B « Utinam dirumperes **216** cœlos, et venires! » (*Isa.* lxiv, 1.) Idem et cæteri Patres aliis verbis postulabant, videntes et sentientes humani generis ærumnam, quæ in hoc capitulo sub duobus concluditur : Aderant mala, deerant bona. Pro malis removendis postulat adjutorem [*f.* auditorem]. Pro bonis quæ deerant conferendis, desiderii petit exauditorem. Aderant mala a nobis et a diabolo. Unde : « Ab occultis meis munda me, Domine, et ab alienis parce servo tuo (*Psal.* xviii, 13).» Et Apostolus : « Infelix ego homo! quis me liberabit de corpore mortis hujus? » (*Rom.* vii, 24.) Quis magnus aliquis hoc poterit? Non vires propriæ, sed Dei gratia tantum per Jesum Christum (*ibid.*, 25). David idem optat, dicens : « Dominus opem ferat illi

C super lectum doloris ejus. Universum stratum ejus versasti in infirmitate ejus (*Psal.* xliv, 4).» Opus est adjutore in certamine contra diabolum, contra carnem, per quam maxime [nos] inquietat. Est enim lectus doloris viro justo, qui in eo gemit, cum impius gaudeat. Versatum est stratum quod ante peccatum optime fuerat dispositum. Erat enim in ratione perspicax judicium discernendi, in voluntate rectitudo appetendi, in sensualitate pia severitas obediendi; quod ratio discernebat, voluntas appetebat, sensualitas non contradicebat. Erat intelligentia sine errore, appetitus boni sine difficultate, obedientia in sensualitate, velut si in strato ad suaviter quiescendum. Lectisternium supponebatur;

D post illud, linteamen delicatum; tertio, coopertorium pretiosum.

Nunc autem econtra per peccatum, in ratione ignorantia boni, in voluntate concupiscentia mali, impotentia in carne, vel torpor bene agendi. Sic multipliciter turbatur, et ei quandoque in uno, quandoque in duobus obviatur. Quod ipsa bonum et appetendum judicat, voluntas repudiat, carnalitas impugnat. Quod in alio loco plangebat David, dicens: « Miserere mei, quoniam tribulor; conturbatus est in ira oculus meus, anima mea, et venter meus (*Psal.* xxx, 10);» oculus meus interior, id

legisse *adjutorem*, non *auditorem*. Omnia tamen Bibliorum exemplaria habent *auditorem*, non *adjutorem*.

---

(74) Ex ms. S. Albini Andegavensis, an. circiter 600.

(75) Ex iis quæ sequuntur, videtur Hildebertus

est ratio, in ira præsenti, quam porto; futura, quam timeo; anima mea, id est voluntas mea; et venter meus, id est caro mea. Unde et Jeremias : « Inebriavit me absynthio (*Thren.* III, 15), » quia genus humanum et amara multa recipit, et ut ebrius, non intelligit quod patitur, sed gaudet in terrenis, quasi veris bonis, et exsultat in rebus pessimis. Unde Osee : « Ephraim vitula docta diligere trituram (*Ose.* x, 11), » quoniam etsi liceret vacare laboribus mundi, ex usu se subtrahit, nec cessat a jugo mundanæ servitutis. Et beatus Job : « Pharetram suam aperuit, et afflixit me, et frenum **217** posuit in os meum (*Job* xxx, 11). » Per pharetram, occultum Dei judicium intelligitur. Cum ergo peccata Dominus videt, et tamen manum ad vindictam non commovet, quia clausam pharetram tenet, sed feriendo judicat, quantum ei displicuit in nobis quod diu videndo toleravit, et frenum imposuit, quando jactantiam meritorum, et elationem verborum compressit. Contra mala humana propagata adjutorem petiit, sibi et omnibus necessarium, illum qui est adjutor in opportunitatibus. Unde : « Deus, in adjutorium meum intende (*Psal.* LXIX, 1). » Dicit ergo, vel admirando : *Quis tribuat?* quasi nullius, nisi ejus benignitas hoc conferat; vel optando : Utinam quis, id est aliquis magnus et potens, id est, Deus Pater hoc tribuat, id est, Filium mittat, ut per eum, tanquam mediatorem, *Omnipotens audiat desiderium meum!* Apud Deum orationes faciunt, non verba, sed vota. Et vere orare est amans in compunctione gemitus, non composita verba resonare. Unde : Apud te desiderium meum. Nunquam desinit orare qui nunquam desinit amare. Crescit autem desiderium in dolorem, dum differtur res optata ; sed tanto plenius Deus exaudit, quanto ex dilatione vehementius accendit. Sequitur :

Et librum scribat. Quadripartitus in scripturis liber invenitur. Liber primus, prædestinatio; secundus, liber doctrinæ, vel inspirationis occultæ per Christum, qui est forma vitæ credentibus in eum; tertius, liber Scripturæ, corporalis scilicet; quartus, liber conscientiæ, qui facile locis suis distinguitur. Liber ergo a Job desideratur. Sed quando sibi eum scribi postulat, qui tamen se eum non visurum in carne sciebat? Verumtamen jam in eo spiritu prophetiæ legebat, non pro se corporaliter, sed pro nobis eum scribi rogabat. Hic est liber monimenti, id est memorialis. Unde Isaias : « Verbum abbreviatum fecit Dominus super terram. » Hoc est scriptum, non atramento, sed Spiritu Dei vivi. Vidit Ezechias volumen scriptum intus et foris (*Ezech.* II, 9), quantum ad moralia et mystica, et ad cohibenda carnalia et spiritualia vitia, in quo libro erat carmen, lamentatio et væ. Et Zacharias videt « volumen volans (*Zach.* III, 1), » quia Scriptura dum superioribus loquitur, ad superiora mentis nostræ intentionem levat. In quo omnium peccata erant scripta. In Daniele : « Judicium sedit, et libri aperti sunt (*Dan.* VII, 10). » Sequitur :

Qui judicat, in secundo adventu. Primo enim veniet vagina humilitatis [*f.* humanitatis] tectus; secundo coruscabit lumine piis, terrore impiis, primo in infirmitate, secundo in virtute; primo in nostra parvitate, secundo in sua majestate; **218** primo in mansuetudine, secundo in districtione. Tunc venit ut redimeret, secundo ut remuneret; et tanto severius puniet, quanto hic longanimiter sustinet. Hic talenta prærogat quæ ibi cum censuris [*f.* usuris] requirat. Qui hic mandata commisit, ibi commissorum rationem exiget. Sumus autem de tribus reddituri Deo rationem. Primo, quia homines, id est rationabiles facti [sumus] ad imaginem et similitudinem Dei, secundo, quia redempti, id est Christiani, tertio, quia in partem sortis sanctorum recepti, id est diaconi, presbyteri, et cætera hujusmodi. Cui plus committitur, plus ab eo exigitur; quanto gradus altior, tanto casus periculosior. « Timendum quippe est, ut ait Gregorius, ne nos qui præ cæteris accepisse aliquid cernimur, ab auctore mundi gravius inde judicemur. Cum enim dona crescunt, rationes etiam crescunt donorum. » Ad quid, beate Job, librum scribi postulas? ut in humero portes illum. Ideo ordinandi episcopi humeris liber imponitur, ut ei portando, per ordinationem mancipetur. Quod crux in baptizandi scapulis facta significat. Crux enim in peccatore [*forte* in pectore], fidem in corde; crux in fronte, confessionem in ore; crux in scapulis, exhibitionem operis demonstrat. Unde in benedictionibus Genesis Jacob dicit : « Issachar asinus fortis, vidit requiem quod esset bona, et terram quod optima, et supposuit humerum suum ad portandum (*Gen.* XLIX, 14). » Qui enim ad promissam requiem desiderat [pervenire], mandatorum onera libenter portet. Item Moyses de Benjamin in Deuteronomio : « Amantissimus Dómini habitabit confidenter in eo.... inter humeros illius requiescet (*Deut.* XXXIII, 12). » Per humeros, bona opera cum patientia accipiuntur; in quibus Christus tanto libentius requiescet, quanto quis pro illo durissimos labores toleraverit. Ad quod invitans, ait : « Jugum meum suave est, et onus meum leve (*Matth.* XI, 30). » Sequitur :

Et circumdem illum quasi coronam mihi. David dicit : « Scuto bonæ voluntatis tuæ coronasti nos (*Psal.* v, 13). » In Exodo, mensæ Domini jubetur fieri corona super labium, interrasilis, alta quatuor digitis (*Exod.* xxv, 25). Mensa, divina Scriptura est. Unde : « Parasti in conspectu meo mensam (*Psal.* XXII, 5), » et : « Catuli edunt de mensa dominorum suorum (*Matth.* xv, 27). » Labium autem fit mensæ per circuitum, quia sacra Scriptura cum recte intelligitur, ex omni parte suæ locutionis, claritatem cœlestis Sapientiæ sonat; alta quatuor digitis, id est quatuor Evangelii libris; interrasilis, pro varietate meritorum; et super illam coronam altera aureola fieri jubetur, in qua significatur eorum remuneratio, qui doctrina excellunt. Corona promittitur cum dicitur : « Si vis ad **219** vitam

ingredi, serva mandata (*Matth.* xix, 17). › Aureola superponitur cum dicitur : ‹ Si vis perfectus esse, vende
omnia quæ habes, et veni, sequere me*ibid.*, 21). ›
Item corona prima est, cum Domino, animas egredientes de corpore, æterna præmia recipere. Aureola, quia sublimior gloria servatur in corporum
resurrectione. Liber iste observatur ; non solum
in futuro, sed etiam in præsenti nos undique vallat,
ne leo, qui circuit quærens quem devoret, urbem
bonæ conscientiæ aliquatenus irrumpere possit.
Nec dicit coronam circumdatam capiti, sed *mihi*,
quia toti ; totum enim hominem decor vetustatis
[*f.* novitatis] in alio sæculo vestit, et in isto ornat
et protegit. Nec circumdet, dicit, sed *circumdem*.
Unde : ‹ Cum timore et tremore salutem vestram
operamini (*II Cor.* vii, 15). › Et : ‹ Anima mea in
manibus meis semper (*Psal.* cxviii, 109).› Quamvis
enim gratia nos moveat et protegat, nonnihil tamen
in homine constat, quia regnum cœlorum non est
dantis, sed accipientis. Ecce jam manifesta credimus, quæ ab initio proposuimus. Prius enim adventus ostenditur ubi adjutor desideratur, et desiderii audientia ejus effectus libri scriptura. Secundus adventus, et ejus effectus, ubi judicare dicitur,
pressura malorum, defectus bonorum ex præmissis
satis patent. Meritum hominis in libro portando
consistit, et hoc in primo adventu. Præmium, id
est corona, in secundo exspectatur. Rogemus ergo
libri scriptorem, ut eum nostris inscriptum humeris
superimponat, ut pro eo bene portato coronam
retribuat. Qui vivit et regnat.... Amen.

III.

IN ADVENTU DOMINI SERMO TERTIUS (76).
De Christi variis in mundum adventibus.

‹ Videns vidi afflictionem populi mei... et de-
‹ scendi liberare eos (*Exod.* iii, 7 ; *Act.* vii,
34). ›

Verba Domini, non mea sunt, quæ audistis modo
de ore meo. Verba enim Domini grana sunt, non
paleæ, ideoque masticanda, postea transglutienda,
demum incorporanda. Masticantur, quando historia
bene intelligitur; transglutiuntur, quando spiritualiter intelliguntur ; incorporantur, quando fide per
dilectionem operante adimplentur. Ergo est sensus :
Videns vidi afflictionem populi mei. Videns miserando, vidi compatiendo afflictionem populi mei.
Populus Dei animæ fidelium sunt in terra Ægypti,
id est, in humanis corporibus. Ægyptus mundus est;
terra, corpora humana in quibus quotidie affliguntur
220 concupiscentiis et cæteris hujusmodi. Ad has
vero liberandas venit Dominus in primo adventu in
carne, quem Ecclesia per primam Dominicam designat.
Sed quia tunc a Judæis tantum, nunc vero ab utroque populo gentili scilicet et Judæo in ea fide collecto, duo Domini dies celebrantur. Præter hos
sunt alii adventus, quos Ecclesia non celebrat. Sacra tamen Scriptura eos non tacet, quorum primus

fuit in homines, id est corda prophetarum ; alius
per homines, in uterum Virginis; alius in infernum,
infra [*f.* contra] homines; alius ad homines in fide
credentium; alius supra homines in intellectu Scripturarum ; alius contra homines, in pœna damnatorum. Primus in umbra et fumo fuit ; quantum ad
prophetas, qui in quodam nubilo et umbra Christi
adventum cognoverunt. Secundus in purpura Divinitatis, et sacco humanitatis. Purpura vestis est regia,
in qua deitas ; saccus pœnitentium vestis est, in
qua humanitas intelligitur. Tertius in virga et baculo. In virga, potestas, qua claustra fregit inferni ;
in baculo, justitia, qua diabolum debellavit. Quartus in vino et oleo. In vino, cordis contritio ; in
oleo, misericordia designatur, quia relaxat pœnitentibus peccata. Unde in Evangelio : ‹ Cum jejunas,
unge caput tuum (*Matth.* vi, 17), › id est mentem
tuam, oleo, id est misericordia. In quinto, venit in
charta et calamo, id est in intelligentia Veteris
Testamenti, quod per chartam intelligitur, quia in
tabulis fuit scriptum, et traditum in intelligentia
Novi Testamenti, quod per calamum intelligitur.
Ideo scilicet Spiritus sanctus in corde fidelium illud
scripsit, unde : ‹ Lingua mea calamus scribæ velociter scribentis (*Psal.* xliv, 2). › In sexto adventu
veniet Dominus in igne, quia ignis præcedet faciem
ejus et veniet in gladio verbi, quo malos percutiet,
dicendo : ‹ Ite, maledicti, in ignem æternum (*Matth.*
xxv, 41). › Primus adventus fuit misericordiæ ; secundus, patientiæ; tertius, potentiæ; quartus,
gratiæ ; quintus intelligentiæ; sextus erit justitiæ, ad
quem nos gaudere et lætari faciat, qui vivit et regnat in sæcula sæculorum. Amen.

IV.

IN ADVENTU DOMINI SERMO QUARTUS (77).
De excellentia Hominis-Dei, seu Christi.

‹ Egredimini, filiæ Sion, et videte regem Salo-
‹ monem, in diademate quo coronavit eum mater
‹ sua. (*Cant.* iii, 11.) ›

Sicut ‹ nemo novit, testante Apostolo, **221** quæ
sunt hominis, nisi spiritus hominis, qui in ipso est;
ita et quæ Dei sunt nemo cognovit, nisi Spiritus Dei
(*I Cor.* ii, 11).› Spiritus ergo Dei est, qui per Salomonem hic loquitur de sapientia Dei, quam ‹ nemo
principum hujus sæculi cognovit.

‹ Si enim cognovissent, nunquam eam crucifixissent
(*I Cor.* ii, 8). › Sed qui sunt hi principes? Hostes
utique Ecclesiæ, scilicet philosophi, hæretici, Judæi,
spiritus maligni, qui animarum salutem promittebant, de beatitudine ac justitia præcepta dabant, quam
non conferebant, sed auferebant. Imposturis enim
ac deceptoriis veritatis imaginibus homines seduce-
bant, veritatis ignari [*supp.* spirituali] sapientia
vacui, et [*supp.* carnali] sapientia pleni, imo stultitia. ‹ Sapientia enim hujus mundi, › secundum
Apostolum, ‹ stultitia est apud Deum (*I Cor.* i, 18),›
quam nisi quis abjecerit, sapientiam, quæ desursum

---

(76) E. ms. Andegav. 600 circiter annorum.
(77) E. ms. Sangermani a Pratis, n. 583, 600 circiter annorum.

est non apprehendit. Sapientia enim hujus mundi terrena est, et inimica sapientiæ Dei. Hæc enim sapientia « terrena et animalis est diabolica, » ut ait Jacobus. «Quæ autem desursum est, pudica est, pacifica et modesta (*Jac.* III, 15,17); » de cujus adeptione ne quis diffidat, fructumque ipsius exiguum reputet, audiat ipsam : « Clara est, » inquit, « et nunquam marcescet sapientia, et facile videtur ab his qui diligunt eam, et invenitur ab his qui quærunt eam (*Sap.* VI, 13). » Item : « Cogitare de illa, sensus est consummatus; et qui vigilaverit propter illam, cito erit securus (*ibid.*, 16). » Hac autem sapientia est ille Salomon coronatus. Quanto enim præconio hæc sapientia petenda et quærenda prædicatur, tanta ibi diligentia ad visionem intrati [*f.* mitrati] Salomonis filiæ vocantur. Sed cum facile inveniatur sapientia a quærentibus, videatur Salomon a diligentibus, cur nullus principum sæculi sapientiam cognovit, et Salomonem vidit? Quia nec vere diligitur, nec vere quæritur, id est non egrediuntur, ut videant cum filiabus Jerusalem. Nolunt egredi de tenebris cæcitatis et ignorantiæ ad lucem fidei et veritatis. Nolunt relinquere mundum, ut habeant cœlum; filii tenebrarum permanere disponunt, ut prudentes sint in generatione ista. Nolunt esse filii lucis, ut sapientes [sint] in generatione altera. Nolunt [*f.* volunt] fieri stulti apud se, ut sapientiores sint apud Deum. Unde Apostolus : « Si quis inter vos sapiens esse videtur in hoc sæculo, stultus fiat, » apud se scilicet, « ut sit sapiens, » apud Deum scilicet (*I Cor.* III, 18). Ideo igitur ignorant sapientiam Dei, ut non videant verum Salomonem in diademate, quia de tenebris egredi nolunt, ubi sunt filiæ Jerusalem, quibus proponitur salutaris illa exhortatio :

Egredimini, inquit, filiæ Jerusalem, et videte regem Salomonem in diademate, quo coronavit eum mater sua. Nobis hoc dicitur, **222** qui per fidem, etsi nondum per speciem ambulamus, qui ad visionem supernæ pacis totis desideriis tendere debemus. Egrediamur igitur tanquam veri Hebræi de Ægypto tenebrarum, et fornace tribulationum, id est de vana et perversa ac perniciosa conversatione, quæ mentis oculos claudit, ne plene valeat intelligere mysterium salutis. Pede animæ vincit [*f.* venit], ne jam ad terram promissionis mente ac desiderio redire queat. Circumvallata enim vitiorum turba, populi sui ac domus patris sui non obliviscitur, id est diaboli. Cujus domus est superbia, propter vitia et peccata. Habet ipse duces in exercitu suo, satellites ac plebem. Quatuor sunt duces, quatuor latera in exercitu suo custodientes. Quatuor scilicet illæ corruptelæ, de quibus dicit Joel : « Residuum erucæ comedit locusta; residuum locustæ comedit brucus; residuum bruci comedit rubigo (*Joel* I, 4), » quibus significantur quatuor vitia humanam naturam captivam tenentia, scilicet libido, inanis gloria, gastrimargia, et iracundia præcedunt quasi duces. Hæ quatuor pestes. Qui fugerit unam, aliquando incidit in aliam. Multi nim domant libidinem, sed inde eriguntur in su-

perbiam; de superbia ruunt in gastrimargiam, quæ est ingluvies ventris; inde in iram et furorem. Duces isti crudeles et violenti, noxii et perniciosi, licet quibusdam videantur suaves et blandi, eos tamen captivant more suæ violentiæ et lege malitiæ et illorum imbecillitate, secundum illud Apostoli : « Condelector legi Dei secundum interiorem hominem. Video autem aliam legem repugnantem legi mentis meæ, et captivantem me in lege peccati et mortis (*Rom.* VII, 12). » Multi igitur per hos principes, de pusillo Dominico grege præciduntur, alii trahuntur inviti, alii trahuntur illecti, alii abeunt seducti, alii recedunt spontanei. Ecce qui et quam potentes sunt principes regis Assur, id est diaboli elati ac deprimentis, quia quod potest in Babylonia confusionis tenet, et in interitum æternæ damnationis deprimit, quia, sicut diximus, non modo duces habet, sed et satellites. Qui sunt hi satellites? Septem animi corruptiones. Peccantes enim, id est recedentes a Deo in regione dissimilitudinis septem corruptelæ excipiunt. Prima, negligentia sui, qua incipiunt declinare a via; vitio enim negligentiæ rectitudo viæ deseritur. Deinde curiositas rerum externarum, et ad se non pertinentium, qua quis, omissis propriis, aliena negotia tractat, vel curat. Ex primo vitio, fit piger ad bonum; ex secundo inquietus, et ad sua non sollicitus. De pigro et negligenti dicit Salomon : « Dicit piger : **223** Leo est in via, et leæna in itineribus. Sicut ostium vertitur in cardine suo, ita piger in lecto suo (*Prov.* XXVI, 13). » De curioso vero dicit idem : «Verba susurronis quasi simplicia, et ipsa perveniunt in cordis intima (*ibid.*, 22). » Tertius satelles est concupiscentia carnis, quartus, consensus; quintus, consuetudo; sextus, contemptus; septimus, militia, id est peccati dilectio. Negligentia tardat, curiositas impedit, concupiscentia ligat; consensus constringit et obdurat, consuetudo trahit, quia difficile est consueta repellere, contemptus præcipitat, dilectio iniquitatis incarcerat carcere desperationis.

His igitur septem corruptelis, quasi septem præcipitiis descendit et cadit peccator in profundum, et contemnit. Ut enim testatur Scriptura : « Peccator, cum venerit in profundum malorum, contemnit (*Prov.* XVIII, 3), » et desperat, a quo velut a mortuo perit confessio. Pessimi sunt, et ideo fugiendi illi satellites, qui abeuntibus in consilium impiorum occurrunt obviam, eosque in barathrum perditionis conducunt. Difficillimum est effugere hos quatuor prædictos duces, et hos septem satellites, sed multo difficilius illos expugnare, atque de terra humanæ mentis penitus delere. Sed quid dicemus de turba plebis infinita, quæ post duces et satellites regem sequitur Assur. De hac enim ait Joel : «Gens ascendit super terram meam, fortis et innumerabilis; dentes ejus, ut dentes leonis (*Joel.* I, 6). » Gens innumerabilis regis Assur, infinita est vitiorum multitudo. Illic enim reptilia, quorum non est numerus, quæ ascendit super terram Dei, id est super humanam animam, quia omnis anima Dei est secundum illud : Sicut anima patris, ita et anima filii mea est. Hæc habet dentes quasi leonis, quia adversarius noster, id est diabolus, qui tanquam leo rugiens circuit, quærens quem devoret, suggestor et incen- sor [*f.* incentor] est omnium malorum, de quo Propheta : « Etenim Assur venit cum illis ; facti sunt in adjutorium filiis Lot (*Psal.* LXXXII, 9). » Filii regum sunt filii declinationis. Lot enim *declinans* interpretatur, id est, angeli a potestate, quia a veri- tate declinando, in qua non steterunt, in satellitium diaboli discesserunt. Ergo et Assur venit cum illis spiritualibus nequitiis quas suggerit et accendit, et ipsi sunt ei in adjutorium, et suis, quia eis tanquam armis ad nostram utitur expugnationem. Hic est enim rex Babyloniæ, ut legitur in Isaia : « Occurrunt sibi dæmonia, et ululæ et pilosi saltant ibi (78) (*Isa.* XIII, 21, 22). » Ecce audistis quanta impedimenta, et cu- jusmodi obstacula oporteat filias Jerusalem pertrans- ire, ut videant regem Salomonem, quia nisi de difficul- tatibus egressæ fuerint, nisi de corpore **224** mortis hujus liberatæ, Salomonem coronatum non vident, nec eum loquentem intelligunt. Sic enim Dominus ait Ezechieli : « Surge, egredere in campum, et ibi loquar tecum. Et surgens egressus sum in campum, et ecce tibi gloria Domini stabat (*Ezech.* III, 22). » Non valuit vir Deo plenus videre gloriam Domini, nisi egressus de angustiis vitiorum, quibus mali angu- stiantur in visceribus suis, in campum, id est in dilatatione charitatis et virtutis. Charitas enim dilatationem generat gaudiorum. Angustias vero pa- titur omnis malus secundum illud Apostoli : « Tribu- latio et angustia in omnem animam operantis malum ; gloria vero et pax omni operanti bonum (*Rom.* II, 9). » Sed animæ captivæ et miseræ, quis præstabit egressum ut respiret ab hac morte ad vitam : Audi Apostolum : « Gratia Dei per Jesum Christum (*Rom.* I, 7). » Hic est rex Salomon, qui gratia liberat, non meritis. Ut enim rex ille iniquus retiacula præ- parat, quibus peccantes capiat, et captos occidat, ita rex pacificus instrumenta disponit virtutum, divisio- nes ordinat gratiarum, quibus illius vires enervat, et machinamenta evertit.

Nunc cur [*f.* contra] quatuor præfatos vitiorum duces, scilicet erucam, locustam, brucum, et rubi- ginem, id est libidinem, inanem gloriam, gastrimar- giam et iram, quatuor præcipuas et quasi cardina- les posuit virtutes, scilicet justitiam, fortitudinem, prudentiam, temperantiam, quibus deffensantur et retinentur illi, quos præmissi vitiorum duces de corpore Christi præcidere moliuntur. Illis enim qui inviti trahuntur, necessaria est fortitudo ; illectis temperantia, seductis prudentia, spontaneis pru- dentia [*f.* justitia]. Eximii sunt et invicti principes isti ; adversarios fugant, suos coronant, qui mini- stri sunt Regis pacifici, contra satellites regis Assur in septem mulieribus quasi in septem pedissequis expugnant. De quibus Isaias : « Apprehendent septem mulieres virum unum, dicentes : Panem nostrum

comedemus, et vestimentis nostris operiemur : tan- tummodo invocetur nomen tuum super nos, aufer opprobrium nostrum (*Isa.* IV, 1). » Ac si dicat : Suf- ficientia nobis est atque potestas satellites regis Assur expugnandi, atque de triumpho coronam asportandi si tu [sis] auxiliator. Quæ autem sunt hæ mulieres idem Isaias aperit, dicens : « Requiescet super eum spiritus sapientiæ et intellectus, spiritus consilii et fortitudinis, spiritus scientiæ et pietatis, et replebit eum spiritus timoris Domini (*Isa.* XI, 2). » Hæ septem sanctificationes recte dicuntur mulieres, quia sicut carnalis generatio non fit nisi per mulie- rem, ita spiritualis, nonnisi per Spiritum septifor- mem. Per has igitur septem mulieres devincuntur illæ septem **225** spirituales nequitiæ. Hæ sunt septem columnæ, in quibus Sapientia ædificavit sibi domum (*Prov.* IX, 1). His autem muneribus [*f.* mu- lieribus], et quatuor præfatis principibus additur multitudo magna charismatum, de qua Apostolus ait : « Divisiones gratiarum sunt, idem autem spi- ritus ; et divisiones ministrationum sunt, idem vero Dominus ; et divisiones operationum sunt, idem au- tem Deus qui operatur omnia in omnibus (*I Cor.* XII, 4). »

Ecce acies regis pacifici, quæ præparatur in oc- cursum filiabus Jerusalem, ut liberum habeant egressum ad videndum eum. Bonus est rex iste et sapiens, qui viam pacatam reddit, et securam facit venientibus ad se. Egrediamur igitur confidenter ad eum, etsi videamus insequentes Ægyptios. Qui enim Israelitas ab exterminatore liberavit in san- guine, et ab Ægyptiis in aqua, ipse ad se egredientes liberabit ab angelis iræ, et spiritualibus nequitiis in sanguine testamenti, et aqua baptismi. Ipse enim, ut ait Joannes, venit per aquam et sanguinem li- berare nos (*I Joan.* V, 6), per sanguinem scilicet redemptionis, et per aquam ablutionis. Sanguine redimimur a pœnis, aqua abluimur a culpis. Per- fecta est liberatio, quia incomprehensibilis est li- berator. Hic enim est qui in Evangelio ait : « Si Filius vos liberaverit, vere liberi estis (*Joan.* VIII, 36). » Libertas triplex est, naturæ, gratiæ, et gloriæ. Li- bertas naturæ est libertas a necessitate, quia ante peccatum nulla necessitas, nulla difficultas homini incumbebat. Libertas gratiæ dicitur libertas a pec- cato, quia per ipsam consequimur remissionem peccatorum, sub quorum jugo quasi servi teneba- mur. Libertas gloriæ est illa quæ ab omni liberat corruptione, quæ habebitur in cœlesti beatitudine. Libertas naturæ naturam hominis nobilitat, libertas gratiæ reconciliat, libertas gloriæ sublimat. Satis auditis qualiter rex Salomon egressum nobis ex- pediat, quam libertatem præbeat ad videndam Dei gloriam. Libertas gratiæ libertatem reparat naturæ, et libertatem acquirit gloriæ. Hoc modo prosperum iter facit nobis Deus salutarium nostrorum, scilicet verus Salomon rex pacis, qui fecit utraque unum, qui nos penitus non destruit, sed frequenter per nos transit. De quo mulier Sunamitis ad virum

---

(78) Vulgata : *Pilosi saltabunt ibi, et respondebunt ibi ululæ.*

suum : « Bonus est vir iste qui frequenter per nos transitum facit. Faciamus igitur ei cœnaculum parvum, et ponamus ei in eo lectulum, et mensam, et sellam, et candelabrum (*IV Reg.* iv, 9, 10). » Et inde quid meruit? Cum sterilis esset, concepit et peperit. Mulierem istam et virum, carnem intelligimus et spiritum sibi confitentes [*f.* confidentes] ad bonum, secundum illud : « Cor meum et caro mea exsultaverunt in Deum vivum (*Psal.* lxxxiii, 3). » Vel per virum **226** intelligitur superior portio rationis, quæ est imago et gloria Dei. Mulier autem inferior portio est, quæ est gloria viri, quæ vocatur scientia, et ad temporalium actionem et dispositionem intendit, sicut superior portio, quæ dicitur sapientia, contemplationi cœlestium invigilat. Sapientia consulit veritatem, cujus perceptione delectatur, cujus amplexu gloriatur. Scientia tanquam Martha temporalia administrat, de temporalibus recte agendis sedule cogitat, quæ utique recte gubernat, cum viro suo se humiliter subjicit regendam. Ideoque hæc mulier humilis et devota, ad virum suum tanquam ad caput, consilium et causam refert, dicens : « Vir iste bonus, » etc. Quia Dominus est spiritus noster. Anima tanquam domina, corpus velut servus. Hi tres in domo una cooperantur, et si conveniunt in bono, virum bonum intelligunt. Apostolus orat ut unitatem servent in vinculo pacis, dicens : « Deus pacis sanctificet vos per omnia, ut integer spiritus vester conservetur, et anima et corpus sine querela in die Christi (*I Thess.* v, 13). »

Si igitur in integritatem et sinceritatem servantur, cognoscitur vir bonus, scilicet spiritualis Eliseus, id est Christus, cujus bonitatis non est finis, qui in Evangelio dicit : « Quid me dicis bonum? Nemo bonus nisi solus Deus (*Luc.* xviii, 19). » Non refugit testimonium bonitatis, sed magisterii nomen sine deitatis professione non recipit, et errantem legisperitum ad intelligendam veritatem provocat, quod eum fatetur bonum et non Deum, cum sit idem bonum esse et Deum esse, cujus bonitas non est qualitas, sed natura; non accidens, sed substantia; qui sine initio et bonus et Deus exstitit, sed non magister. Magister esse cœpit, sed non bonus vel Deus. Hic est vir de quo Zacharias : « Ecce vir, Oriens nomen ejus (*Zach.* vi, 12). » Ipse est Oriens quia ortus sine initio, ineffabiliter ortus. Iste frequenter per nos transitum facit. Accedit enim, et recedit, assumit et desinit, quia « cujus vult miseretur, et quem vult indurat (*Rom.* ix, 18). » Accedit ergo gratiam apponendo, recedit subtrahendo. Accessit ad Judam vocando, gratiam dando, sed quia mentem stabilem non invenit, eum deseruit, ut totus et plene esset diaboli. Beatus autem ille est, ad quem mansurus accedit, id est quem non deserit, sed apud eum cum Patre et Spiritu sancto mansionem facit. Ut ergo apud nos indesinenter maneat, faciamus ei cœnaculum. Cœnaculum ei præparatur, cum religionis altitudo in mente ad honorem Dei fabricatur. Cœnaculum enim in alto est. In cœnaculo celebravit Jesus Pascha cum discipulis suis, quia in alto mentis **227** solio virtutum exuberantium varietate, tanquam convivarum consensu [*f.* consessu] spiritualium quiescitur et reficitur. Multi in imo parant Pascha Domino, quia mentes non elevant ad ea quæ sursum sunt, sed cupiditate damnabili in ea quæ sunt super terram inclinantur. « Religio vero munda et immaculata hæc est, visitare pupillos et viduas in tribulatione eorum, et immaculatum se custodire ab hoc sæculo (*Jac.* i, 27). » In duo igitur consistit vera religio, miseratione scilicet et innocentia, ut miserando aliis subveniamus, et innocenter vivendo, nec nobis, nec aliis obsimus. Tale hospitium libenter intrat vir bonus, et inhabitat, si tamen lectulum pacis adhibeat : « Beati enim pacifici, quoniam filii Dei vocabuntur (*Matth.* v, 9). » Et a filiis suis justificatur sapientia, in quibus quasi in lectulo quiescit, quia factus est in pace locus ejus. Sed quia pacem turbat elatio, addenda est humilitatis sella, quia non requiescit spiritus ejus, nisi super humilem et quietum, et trementem sermones ejus. Hanc virtutem præcipue vir bonus nobis commendat, dicens : « Discite a me, quia mitis sum et humilis corde (*Matth.* xi, 29). » Contraria est hæc sella sellæ Heli sacerdotis, de qua retrorsum corruens fractis cervicibus interiit (*I Reg.* i, 4), quia filios non correxit. Ideo facta est ejus sedes sella iniquitatis. Sed quia nemo perfecte quid facit nisi quomodo fieri debeat noverit, addenda est mensa, id est Scripturæ intelligentia, ut sapienter et discrete Domino psallamus, secundum illud : « Psallite sapienter (*Psal.* xlviii, 8), » « ut per patientiam et consolationem Scripturarum spem habeamus (*Rom.* xv, 4). » In hac mensa plura spiritualia inveniuntur fercula ad refectionem interioris hominis necessaria : sed quia non venit lucerna ut ponatur sub modio, sed super candelabrum, ut luceat omnibus qui in domo Ecclesiæ sunt (*Matth.* v, 15,) adducitur candelabrum. « Sapientia enim occulta, et thesaurus absconditus, quæ utilitas in utroque? (*Eccli.* xli, 17). » Nulla. Arguitur et damnatur piger servus, qui acceptum talentum abscondit in sudario, et non dedit ad usuram, ut lucrum referret Domino. In mensa discimus quid, et quomodo, et quando loqui oporteat. In candelabro quod in mensa hausimus [*f.* hausimus], aliis eructamus. In mensa docemur, in candelabro docemus. Addatur igitur mensæ candelabrum, ut fiat in excelso prædicationis verbum.

His ita peractis, anima, quæ prius erat sterilis, concepit et peperit. Concepit volendo, peperit operando. Magnus est et vere bonus vir iste. Imo Salomon, ad quem videndum tanto præconio filiæ Jerusalem invitantur. Hic est Samson ille fortissimus, qui mandibula asini catervas hostium stravit, in cujus figura **228** dictus Issachar asinus fortis ad portandum. Christus enim mira fortitudine peccata nostra portavit in corpore suo super lignum. Ad cujus A vocem persequentes corruerunt. Cum enim venissent ut caperent eum, et quæsisset ab eis : « Quem quæritis ? » Et cum respondissent : « Jesum Nazarenum, » continuo respondit : « Ego sum (*Joan.* xviii, 4). » Et ceciderunt retrorsum virtute vocis, de qua dicitur : « Et dabit voci suæ vocem virtutis (*Psal.* lxvii, 34), » quasi mandibula asini, turbas, gladios et fustes tenentes stravit. De quo in libro Judicum legitur, quod cum Gazam urbem Philisthinorum fuisset ingressus, hoc noscentes, urbem obsidione circumdederunt, et Samson fortissimum comprehendisse gavisi sunt (*Judic.* xvi, 1). Sed ille quid fecit ? Nocte portas civitatis abstulit, et verticem montis conscendit. In Philisthæis Judæi monstrantur, quia Philisthæi, *cadentes potione* interpretantur, et Judæi, potione sæcularis cupiditatis et invidiæ, et diabolicæ suggestionis calice potati, in æternam corruerunt damnationem. In Gaza, infernus; in Samsone, Christus designatur. Samson enim interpretatur *sol eorum*, et Christus est Sol justitiæ, qui est sol non omnium, sed eorum quibus illucescit. Non enim omnem hominem ipse illuminat, sed omnem hominem venientem in hunc mundum, non in hunc inferiorem in maligno positum, sed in hunc superiorem in quo Joannes erat, qui hoc dicebat. Hunc ergo cum vidissent Judæi mortuum, ejusque corpus in sepulcro positum, custodes illico deputaverunt, et eum qui auctor vitæ claruerat, inferni claustris retentum, quasi Samson in Gaza, deprehendisse lætati sunt. Sed sicut Samson nocte C exivit, et portas tulit, ita Christus ante lucem surgens, non solum liber de inferno exivit, sed etiam ipsa inferni claustra dextruxit, portas tulit, et verticem montis subiit, quia et resurgendo inferni portas abstulit, et ascendendo cœlorum regna pe-

netravit. De quo ex persona angelorum admirantium et lætantium dicit Isaias : « Quis est iste qui venit de Edom, tinctis vestibus de Bosra ? » (*Isa.* lxiii, 1.) Quis est, « iste formosus in stola sua, » id est in habitu humanitatis, « gradiens in multitudine virtutis suæ, » id est divinitatis. Angelis tacentibus ipse respondit : « Ego sum qui loquor justitiam, » unicuique reddens secundum merita, « et propugnator sum » dæmonum [*id est*, contra dæmones], « ad salvandum genus humanum (*ibid.*). » Iterum quærunt angeli : Si talis es, « quare rubrum est vestimentum tuum, » id est corpus, « et vestimenta tua, » id est membra, « sicut calcantium in torculari ? » (*Ibid.*, 2.) Illis respondit Christus tam plene, ut non sit necesse amplius quærere, dicens : « Torcular calcavi **229** solus, et de gentibus non est vir mecum (*ibid.*, 3), » cum pressuras crucis sustinui solus sine peccato. Nec ait : Sustinui, sed « calvavi, » quia sustinendo crucem ipse claruit [*f.* calcavit,] id est destruxit mortem. Iste ergo venit de Edom et de Bosra tinctis vestibus. Edom, qui interpretatur *terrenus* et *sanguineus*, mundum significat. Bosra, qui interpretatur *munita* vel *firma*, infernum designat, ubi firmiter quasi sub multis custodibus animæ tenebantur. Venit ergo Christus tinctis vestibus, id est corporeis membris, de Edom, id est de « mundo terreno et sanguineo. » Venit et Bosra, quia de inferno exspoliato victor cum fidelibus suis ascendit, ut speciosus atque formosus apparuit, qui ante sine specie et decore deputatus est a malis.

Et nos igitur qui dicimur filiæ Sion, imitantes vestigia Christi, et quasi crucem post eum ferentes, egrediamur de Edom, id est de mundo terreno et sanguineo, non amantes ipsum, neque ea quæ in mundo sunt (79). De hoc ergo egrediamur, ut regem Salomonem in diademate videre mereamur, id est

---

(79) In præcedentem notam, aliasque similes, (*a*) identidem in his sermonibus dispersas, quæ Hildeberti monachatum videntur innuere, vel astruere, vide quæ diximus in Vita Hildeberti, ubi argumenta in utramque partem attulimus, et sic lectori quid de hoc opinandi liberet, integram permisimus libertatem. Qua vero ipsi concessa, illa ipsa nos uti vicissim, ut speramus, non improbabit æquus ipse lector, dum nostram ad Hildeberti monachatum, saltem probabiliter asserendum, propensionem non diffitebimur. Quæ quidem apud nos eo magis invaluit, quo post D excusum etiam Hildeberti et Marbodi indicem, e nostri ipsius Mabillonii scriptis nobis occurrit, unde sententiæ Quercetani, Hildeberti monachatum asserentis, quam initio Vitæ ejus retulimus, firmius nobis adhærendum crederemus. Narrat enim ipse Mabillonius (quem in senectute bona piissima nuper vita functum, nobiscum lugent, heu! boni omnes, universique litterati) in Præfatione ad *Analectorum* tom. III, quod cum ibidem relatis Gestis Cenomanensium episcoporum evulgandis incumberet : In istis Actis (en ejus verba) deessent Acta novem ab Aldrico episcoporum, quæ mancam, inquit, editionem nostram reddebant, hoc intellecto humanissimus Baluzius, ex celebri, cui præfectus est bibliotheca Colbertina, apographum Chesnianum, quod ex compendiosiori episcoporum Cenomanensium

Historia descriptum est, nobis ultro communicavit, ut ex eo editionis nostræ hiatum suppleremus. Idipsum iterum repetit ejusdem *Analect.* tom. III, pag. 275, ubi notat Acta illa propria Chesnii ipsius manu in illo apographo descripta, incipere a principio episcoporum, et in Guidone desinere, qui Hildeberto in episcopatu Cenomanensi immediate successerat, quique solus inter Cenomanenses episcopos hoc nomine censetur.

Hinc autem certo certius licet Chesnium, seu Quercetanum, apprime Cenomanensium episcoporum historiam calluisse, utpote quam ipse descripserat, et inter alia, quæ Hildebertum Guidonis immediatum prædecessorem spectabant, optime novisse. Ad hanc autem notitiam non devenerat, nisi præcipue e lectione prolixiorum Gestorum Cenomanensium episcoporum, quæ, ut ait Mabillonius, sua manu descripserat, et concinniori brevitate contraxerat, ubi ne vel syllaba de Hildeberti monachatu legitur. Et tamen vir tantus, quem omnes hucusque litterati ut doctissimum et perspicacissimum rerum antiquarum indagatorem suspexerunt, et quem supra laudatus Mabillonius ibidem *alterum historiæ nostræ veluti parentem* vocat, non desiit Hildebertum monachum Cluniacensem, et S. Hugonis discipulum asserere, dum suis notis Cluniacense Chronicon illustrare studuit. Cui sane labori suas

(*a*) Quæ sequuntur ex Addendis ad calcem voluminis positis huc reduximus.

Christum. Et est triplex visio, qua ipse videtur. **A** Prima, in exsilio; secunda erit in judicio; tertia erit in regno. De prima dicitur Thomæ : « Quia vidisti me, Thoma, credidisti. Beati qui non viderunt, et crediderunt (*Joan.* xx, 29). » De secunda dicitur : « Videbit omnis caro salutare Dei (*Luc.* iii, 6). » De tertia : « Non videbit me homo, et vivet (*Exod.* xxxiii, 20). » Et item : « Tollatur impius ne videat gloriam Dei (*Isa.* xxvi, 10).» In prima apparuit mansuetus; in secunda, justus; in tertia, gloriosus. In prima, solvit; in secunda, absolvet; in tertia, perficiet. In prima apparuit amabilis; in secunda apparebit terribilis; in tertia, admirabilis, quia in eum et angeli desiderant prospicere. In prima seminavit fidem; in secunda incutiet terrorem; in tertia dilatabit charitatem. Secundum has tres visiones, tria sortitus est vocabula (80). Salomon, Ecclesiastes, Idida (*IV Reg.* xxii, 1). Salomon *pacificus*, quod vere fuit in prima visione, quando cum his qui oderunt eum pacificus fuit. Ecclesiastes, *concionator*, quando inspicietur in secunda visione, quoniam « advocabit cœlum desursum, et terram, discernere populum suum (*Psal.*

xlix, 4). » Idida, *dilectus* (81); quod erit in tertia visione, quando non ex parte, sed ex toto diligetur, quia ex toto videbitur; tantum enim amabitur, quantum videbitur. In prima visione, viderunt eum boni et mali, non omnes. In secunda videbunt tam mali quam boni, et omnes. In tertia soli boni, et omnes. Ad visionem istam triplicem, sed **230** præcipue ad tertiam hortantur filiæ Sion. Visio exsilii. Illa designatur visione qua apparuit duobus discipulis in via euntibus in castellum Emmaus, in specie peregrini; peregrinus eis videbatur, quia quod erat, eis non revelabatur. Ita et nos hic per speculum contuemur in imagine. In futuro, facie ad faciem videbimus veritatem. Ibi contemplativa [*supp.* vita] visione regnat. Secunda hic fide laborat, nondum habens quod desiderat. Sic ergo eum in hac speculari visione videamus, ut eum in visione speciei noscere valeamus. Et sicut est triplex visio, ita triforme est diadema, novercæ, matris, et patris. **B** Coronavit eum namque noverca, coronavit mater, coronavit pater; sed noverca, corona miseriæ; mater, corona justitiæ; Pater, corona gloriæ. Ejus

---

adeo serias curas non impendisset vir eximius, nisi illud a D. Francisco de Rivo, Cluniacensis monasterii magno priore, et doctore Sorbonico, jussu D. Jacobi de Ambasia, Cluniacensis tunc abbatis, concinnatum, gravissimis rationum momentis, et authenticis monumentis stabilitum perspexisset. Unde illam, quam antequam hanc Mabillonii lucubrationem legissemus, D. Francisco de Rivo, nostra paulo forsan faciliori, alieno, quamvis amicissimo consilio, animi submissione, suspicionis aspersimus notam delere non erubescimus, qua illum ex conjectura tantum et opinone, Hildeberti monachatum asserere potuisse minus considerate diximus in ipso Vitæ Hildeberti initio.

Nimirum sagacissimus Quercetanus non tanti fecit scriptoris Gestorum illorum de Hildeberti monachatu silentium, ut ab ejus abstineret assertione, cum illum longe insigniora Hildeberti Gesta siluisse perspectum haberet, quæ non ideo vera non erant, quia illa scriptor ille tacuerat. Nunquidnam enim notum adeo Hildeberti sub Berengario discipulatum scriptor ille commemoravit, e quo tamen Baronius illum, quasi solutioris vitæ fuisset, insectandi occasionem sumpsit? Nunquid gravissimum illud Hildeberti cum potentissimo rege Ludovico Crasso, pro decanatu et archidiaconatu Turonensi, dissidium, quod illi, a strenuissimi alioquin jurium ecclesiæ vindicis ditione tota, paraverat amandationem? Nunquid et celeberrimam illam Nicolai canonici demembrati litem enarravit, quam nec Gerardus Engolismensis episcopus, legatus ad hoc apostolicus, sedare potuit, quæque Radulphi decani Turonensis injuste accusati, Romam petentis, proditoriæ cædi locum præbuit, et humillimis quidem sed gravissimis Hildeberti exspostulationibus apud summum pontificem adversus faciliorem frivolarum, seu, ut vocat, moratoriarum appellationum a curia Romana susceptionem? Et nunquid tandem et ipsum retulit celeberrimum Nannetense concilium, Ecclesiæ Britannicæ adeo necessarium, imo et toti provinciæ tam opportunum, et ab Honorio II postea comprobatum et confirmatum, scriptor ille retulit? Nimii essemus si quæ ille de gestis Hildeberti etiam insignioribus prætermisit, enumerare vellemus, quæ

tamen indubitate probantur, et ex ejus epistolis, et ex aliis Opusculis, et authenticis monumentis fide dignissimis. Retulit scilicet auctor ille, ut fit, quæ didicit, et circa illa fidem illi adhibendam censemus, et bona fide adhibemus; sed nec falsa, nec omnino dubia credimus quæ non retulit ideo quia non retulit, si aliunde certis, aut saltem probabilibus argumentis constare possint. Idem sensit æquissimus rerum æstimator Quercetanus; ideoque de Hildeberto non credidit, nec asseruit solum que auctor ille scripsit, sed **C** et quæ ex authenticis monumentis didicit. Hoc autem de Hildeberti monachatu quem in Chronico Cluniacensi sufficientibus probatum argumentis et titulis agnovit, quamvis ab illo scriptore omissum, non dubitavit asserere. Præclari igitur hujus antesignani vestigiis, in asserendo saltem probabiliter Hildeberti monachatu, eo potiori jure censuimus insistendum, quo, sive ex ejus epistolis et sermonibus, sive cæteris lucubrationibus, si non invicta argumenta, saltem id innuentia observavimus indicia, quæ, prout sese obtulit occasio, suis locis notare non neglexeimus. Hæc enim positivi quasi vim argumenti habere putavimus, cui major fides haberi debeatur, quam simplicibus argumenti negativi conjecturis, quibus solis nituntur qui monachatum Hildeberti minus modeste (ne quid amplius et ad rem aptius dixerim) chimæram non verentur appellare, ut sacro Cluniacensi, imo et toti Bene- **D** dictino ordini præsulem, sanctitate et doctrina inter ævi sui præcipuos conspicuum, solo quorumdam scriptorum silentio freti, non dubitent abdicare. Et hoc occasione notarum a nobis identidem sermonibus subjectarum, quibus nobis innui videbatur monachatus Hildeberti, quem ante nos cum Quercetano asseruerunt D. Robertus et Sammarthani fratres (*a*) qui eum expressis verbis e claustro Cluniacensi eductum ad scholiarchæ Cenomanensis munus fuisse testantur, ut et recenter ipse adversantis secus, si lubet, opinantis.

(80) Hoc Hildebertus sumpsit ex Commentario sancti Hieronymi in Ecclesiasten, cap. i, in hæc verba : *Verba Ecclesiastæ, filii David regis Jerusalem,* tom. II novæ edit., pag. 715.

(81) *Idida, dilectus Domini.* Ita Hieron. ubi infra.

---

noverca est infidelis Synagoga, quæ eum spineo dia- A
demate coronavit, et intus et extra eum planxit [*f.*
cinxit]. Extra, spina corporali, intrinsecus, spirituali. Extra, spina passionis, intus spina compassionis et compunctionis. Compatiebatur enim nobis,
et compungebatur pro nobis, et ut spinas vitiorum
nostrorum sicut ignis exardescens consumeret,
spineam suscepit coronam. In spinis enim vitia et
peccata significantur. Unde homini in maledictione
dictum est : « Terra germinabit tibi spinas et tribulos (*Gen.* iii, 18). » Et alibi : « Spinæ et tribuli nascuntur in manibus temulenti (*Prov.* xxvi, 9). »
Spinis vero pro nobis voluit pungi, ut nos propter
ipsum similiter spinis nostris interioribus aculeo
pœnitentiæ compungamur. Mater Salomonis est
Virgo beata, quæ eum coronavit corona justitiæ. Co- B
rona ista quasi ex quatuor lapidibus pretiosis constat,
scilicet, quatuor mentis affectionibus, quæ sunt gaudium, amor, tristitia et timor.

Has affectiones Christus de matre suscepit, et or-
dinatas habuit. Unde et Dominus : Coronavit me
corona justitiæ, quia justitia est affectio ordinata.
Gaudium habuit, secundum illud : « Lætatum est
cor meum, et exsultavit lingua mea (*Psal.* xv, 9). »
Amorem habuit, quia cum dilexisset suos, in finem
dilexit eos. Timorem, quia cœpit pavere et tædere.
Tristitiam, quia tristis ejus anima fuit usque ad
mortem. In hac tristitia considerantur tria, scilicet
voluntas Patris, voluntas Spiritus, voluntas carnis.
Voluntas Patris erat dispensationem implere, scilicet per mortem Christi humanum genus redimere; C
voluntas Spiritus, Patri obedire ; voluntas carnis,
mortem vitare, quia caro naturaliter mortem horret. Voluntas Patris honorabat, voluntas Spiritus
coronabat; **231** voluntas carnis diligebat. Unde,
cum Christus dixisset : « Transeat a me calix iste
(*Matth.* xxvi, 39), » humanam exprimens voluntatem, continuo corrigens et diligens subdit : « Verumtamen non sicut ego volo, sed sicut tu vis (*ibid.*). »
Ecce corona justitiæ qua Salomonem mater coronavit. Pater vero coronavit eum corona gloriæ, non
modo gloriæ immortalis, et impassibilis carnis ac
spiritus, sed illius quam habuit apud Patrem antequam mundus fieret, qua gloria utique coronavit
eum, cum tamen ab æterno nascendo acceperit [*f.* D
quam tamen ab æterno nascendo acceperat], cum
sic super terram eum clarificavit, « ut omnis lingua
confiteatur quia Dominus Jesus Christus in gloria
est Dei Patris (*Philipp.* ii, 11). » In primo igitur
diademate fuit contemptibilis ; in secundo, mirabilis ; in tertio, ineffabilis. Monemur ergo nos qui
sumus ex Sion, qui sumus filiæ Jerusalem, ut eum
in diademate matris videamus imitando, et ad instar
ejus, affectiones mentis dirigendo, quatenus ad diadema Patris pervenire valeamus. Quod ipse præstare
dignetur, qui cum Patre et Spiritu sancto vivit et
regnat in sæcula sæculorum. Amen.

V.

De incarnatione Verbi.

« Egredimini, filiæ Sion, et videte regem Salo-
« monem in diademate quo coronavit eum mater
« sua (*Cant.* iii, 11). »

Gloriosa dicta sunt sæpe de gloriosa matre Dei.
Et ego forte, si linguis hominum loquar et angelorum, tamen in irritum cedet labor meus, quia « puteus altus est, et in quo hauriam non habeo (*Joan.*
iv, 11). » Verumtamen, obmutescere non possum,
unde omnis terra loquitur. Utinam jucundum sit ei
eloquium meum, et non erit infructuosum. Quid
gloriosius inter nos, quam videre regem in decore
suo incedere purpuratum, coronatum in diademate ?
Longe gloriosius coronatus est Rex noster hodie in
thalamo matris suæ. Hodie siquidem impletum est
illud Jeremiæ : « Novum faciet Dominus super terram : Mulier circumdabit virum (*Jer.* xxxi, 22). »
Post annuntiationem vero angelicam, « concipies et
paries (*Luc.* i, 31), » et verecundam Virginis concessionem : « Fiat mihi secundum verbum tuum
(*ibid.*, 38), » conceptus est Dei Filius, vel, ut verius
dicam, incœptus est. Non enim ex diversis seminibus similiter captis conceptus est, sed ex sola Virginis carne formatus ; non per intervalla temporum
ut cæteri, sed statim homo in omnibus membris
suis, statim **232** animatus, ejusdem scientiæ, ejusdem potentiæ, cujus erat, dum tricenarius prædicaret. Unde et viri nomine censetur in propheta.
Quomodo autem hodie ibidem coronatus fuerit, nos
hortatur ad intuendum Salomon, dicens : *Egredimini,*
filiæ Sion, et videte. Ad nos præcipue dirigitur sermo,
ad litteratos (83), inquam, quibus datum est nosse
mysteria regni Dei, cæteris autem in parabolis, et
his maxime qui ecclesiasticæ dant operam disciplinæ; qui, postposita facundia et infecunda loquaci-
tate philosophorum, veniunt ut hauriant aquas de
fontibus Salvatoris; qui non immerito per filias Sion
intelliguntur. Per Jerusalem enim et Sion intelligitur
Ecclesia. Filiæ itaque Jerusalem, et filiæ Sion,
sunt filiæ Ecclesiæ. Jerusalem ad litteram interpretatur *visio pacis;* juxta Sion sita est, cujus munici-
pium, quod Mello dicebatur, in Sion positum fuit.
Per filias ergo Jerusalem, laicos, tanquam minus
peritos, et custodia municipii egentes, intelligimus.
Per filias Sion, litteratos, tum propter scientiæ eminentiam, tum propter aliorum custodiam et instructionem, tum quia Sion *speculatio* interpretatur.
Prophetice enim dictum est, et nobis in propheta :
« Fili hominis, speculatorem dedi te domui Israel
(*Ezech.* iii, 17). » Ipsi enim sunt tanquam nani super
humeros gigantium, sicut ebriciones [*f.* ibiciones,
seu ibiculi, *aut* parvæ ibides], super aquilarum alas,
id est expositores sacræ Scripturæ. His, inquam,
dicitur : *Filiæ Sion,* quibus Dominus aperuit sensum, ut intelligerent Scripturas. *Egredimini.* Id-

_____

(82) E ms. Andegavensi.
(83) Forte scholares, ut ipse, Cluniacenses, sub S. Hugone abbate.

ipsum dictum est Abrahæ homini Dei : « Egredere de terra tua, et de cognatione tua, et de domo patris tui (*Gen.* xii, 1). » Tria sunt quæ nos peccare compellunt. Suggestio propriæ carnis, suggestio proximi, suggestio diaboli, vel mundi.

Egrediamur itaque de terra nostra, id est Evam nostram reprimamus ; et de cognatione, id est proximo male suadenti aures claudamus, « sicut homo non audiens, et non habens in ore suo redargutiones (*Psal.* xxxvii, 15); » et de domo patris, id est mundum, et principem ejus diabolum, suis nos allidentem [*f.* allicientem] oblectamentis, fugiamus, confugientes ad Altissimum, ubi scapulis suis obumbret nobis, ut sub pennis ejus speremus. Quod etiamsi Scriptura non moneret nos egredi, ipsius tamen loci importunitas nos egredi compellit. Quis nostrum, si jaceret in luto, non mallet egredi quam manere ? Quid est mundus iste et concupiscentia ejus, nisi lutum et fæces ejus ? Audi quid dicatur de amatoribus mundi : « Computruerunt tanquam jumenta in stercore suo (*Joel.* i, 7). » Audi Apostolum, qui reputat ea tanquam stercora. Quantis autem sordibus sterquilinium hoc cumuletur, in evidentia **233** est. Adam primus et maximus omnium gigas, sordes inobedientiæ super nos evomuit, cujus tanta fuit labes, ut universam posteritatem miserabiliter macularet. Secundus Cain stercus fratricidii injecit ; Lamech fetorem bigamiæ superfudit ; Enam ante diluvium mulieres supergressæ viros, et viri muliebria sui corporis patientes, fæces fæcibus cumularunt. Penset qui potest, quantis usque in hodiernum diem sordidus, hæc vallis usque ad fetorem intolerabilem repleatur. Quocirca, *egredimini*, *filiæ Sion*, ut qui pro croceis amplexabamini stercora, [recordemini quod] homines estis, non sues. Vos quidem qui studere venistis de terra (84), et de cognatione vestra, venientes cum regina Saba audire sapientiam Salomonis ; sed egrediendum est potius mentis affectu quam corporis incessu. Vobis etiam plurimum expedit exire, quia [qui] comedit uvam acerbam, dentes ejus obstupescunt, et frangere non potest panem. Sed quid est in causa ? Nunquid dentes pristinum robur amittentes, mollificati sunt ? Nunquid panis cæteris cibis suavior, jucunditate sua privatus est ? Nequaquam. Stupor est in causa. Ita qui studio militat, si sæcularibus se negotiis implicat, consuetudine obstupescit. Sufficit nobis natura ad studendum suavis est disciplina stupor consuetudinis frangere panem perhorrescit.

Egredimini ergo, et videte regem Salomonem. Salomon trinomius fuit ; dictus est enim Idida, Salo-

mon, Ecclesiastes. Idida *benedictus Domini*, vel *a Domino dilectus*. Hic est Christus. Christus quidem est in principio apud Patrem ; alius apud alium, et fit homousion [ὁμούσιον] cum Patre ; [sed] non videbit [eum] homo, et vivet. Credere potestis, videre non potestis. Neque dico : Videte Ecclesiasten, id est *concionatorem ;* hoc enim adhuc futurum, cum videbit omnis caro salutare Dei, et mutata concione, quibusdam intonabit aspero verbo, dicens : « Ite, maledicti, in ignem æternum, qui paratus est diabolo et angelis ejus (*Matth.* xxv, 41). » Aliis blando subridebit alloquio, dicens : « Venite, benedicti, percipite regnum, quod vobis paratum est ab origine mundi (*ibid.*, xxiv, 34). » Intelligite itaque Ididam, quia est incomprehensibilis ; exspectate Ecclesiasten, quia erit terribilis. Nunc videte Salomonem, quia nunc est **234** placabilis et desiderabilis aspectu. Salomon enim *pacificus*. Hic est Christus homo, qui est pax nostra, qui « fecit utraque unum, parietem inimicitiarum solvens inter nos et Deum (*Ephes.* ii, 14). » Hunc videte ; hic nobis omnibus visus est. Viderunt oculi nostri Salutare Dei ; et licet abjectum et opprobriis saturatum, tamen videte regem, quia simul est in unum dives et pauper. Hodie videte eum in diademate suo. Aliud est diadema, et aliud corona. Corona simplex est circuitus aureus, quo utuntur reges in minoribus solemnitatibus ; diadema est quasi duplex corona, cum ipsi coronæ, quasi alius circuitus, gemmis superpositis, superadditur. Ea ipsa enim, interpretatione nominis Græci, duplicitatem sonat. Coronæ itaque animæ, sunt bona naturalia ; gemmæ vero superpositæ ut faciant diadema, bona sunt gratuita : cum enim naturales animæ affectiones ordinatæ sunt in ea, coronant eam et ornant. Inordinatæ enim sunt ei ludibrium : Unde Salomon : « Mulier pulchra et fatua, circulus aureus est in naribus suis (*Prov.* xi, 22). » Quatuor sane sunt naturales affectiones ; timor, spes, gaudium, dolor. Unde poeta :

Hinc cupiunt, metuunt, gaudentque, dolentque (85).

(*Æneid.*, vi, 733.)

Hæ autem sic ordinari debent, ut caput animæ ornent : Timor est in fronte, initium enim sapientiæ, timor Domini. Spes est in occipite, quia de futuris est tantum, et de his quæ non videntur ; Gaudium est a dextris, ut omne gaudium sit in Domino, qui ponet nos ad dexteram [suam]. Dolor fit a sinistris, pro excessibus enim nobis dolendum est, qui causa sunt positionis hædorum ad sinistram. His autem, ubi superponuntur quatuor virtutes or-

---

(84) Illos forsan alloquitur litteratos, (de quibus et supra), qui, ut ipse, Cluniacum appulerant, ut sacris litteris sub sancto Hugone abbate, darent operam ; cujus quidem sapientiam et scientiam pietati conjunctam suspiciebant, ut regina Saba sapientiam Salomonis.

(85) Eumdem versum citat, et eodem sensu, in epistola 12 libri primi, ad Henricum regem ; quod

ideo notamus, ut hunc sermonem Hildeberti genuinum esse fetum, inde nobis conjicere liceat. Quod etiam confirmari potest per id quod mox eadem habet Hildebertus de modo quo asserit beatam Mariam coronasse Christum filium suum, quem attulerat sermone quarto præcedenti, qui indubitanter Hildebertinus esse censetur.

dinate, diadema sit animæ. Et hæ quidem sunt justitia, prudentia, temperantia, fortitudo. Timori superponenda est justitia, quia, qui timet Deum, faciet bona, et Deo reddit quod suum est et proximo. « Justitia enim est constans, et perpetua voluntas jus suum unicuique tribuens. » Spei superponenda est prudentia. Spes enim duo habet sibi collateralia plurimum timenda; abyssus scilicet desperationis, et « Ceraunia præsumptionis (86), » Sperandum est itaque prudenter, ne quis nimium **235** Dei justitiam attendens, cum Cain dicat : « Major est iniquitas mea quam ut veniam merear (*Gen.* iv, 13). » Vel nimis attendens Dei misericordiam, præsumens dicat : « Etsi obliviscatur mater filii sui, Deus tamen non obliviscetur nostri (*Isa.* xlix, 15). » Gaudio superponenda est temperantia; Semper enim exsultandum est in timore; quod plane innuit Apostolus, qui cum dixisset : « Gaudete in Domino semper, » statim addit : « Modestia vestra nota sit omnibus hominibus (*Philpp.* iv, 5). » Dolori superponenda est fortitudo, ne absorbeat nos profundum doloris, ne puteus urgeat super nos os suum. Et sic ornatur anima per arma justitiæ a dextris et a sinistris. In hac ergo die Dominicæ conceptionis, Christus homo hoc diademate coronatus est in utero Matris, quia et naturalia et gratuita in eo fuerunt ordinatissima. Per hoc autem quod dicitur eum mater sua coronasse, intelligitur quod alius, et alius coronaverit eum. Siquidem coronavit eum noverca sua Synagoga, cum in caput angelis tremendum coronam spineam et ignominiosam tulit. Sed in die resurrectionis ejus coronavit eum Pater suus corona immortalitatis et gloriæ. In die ventilationis extremæ coronabit eum familia sua. Veniet enim cum senatoribus terræ, quia veniet Dominus et omnes sancti ejus cum eo. In medio autem Deus dijudicabit in corona matris suæ, corona misericordiæ; miseratione enim sola suæ voluntatis humanatus est. Corona novercæ, corona fuit miseriæ. Corona autem Patris, fuit, corona gloriæ. Ultima erit corona potentiæ, vel justitiæ. Unde Apostolus : « Reposita est mihi corona justitiæ (*II Tim.* iv, 8). » Veniet enim, « tanquam potens crapulatus a vino (*Psal.* lxxvii, 65). » In corona matris, mutabilis, in corona novercæ, contemptibilis; in corona Patris, admirabilis; in corona familiæ, horribilis. Videant ergo cum filiæ Sion in corona misericordiæ, et compungantur, vel imitentur. Videbunt ergo eum impii in corona potentiæ, et peribunt. Videbunt eum justi in corona gloriæ, et gaudebunt. Agite ergo ne pereamus et nos cum pereuntibus; properemus et nos ad adventum judicis cuncta cernentis. Si enim nos imparatos invenerit, quis poterit nos excusare? Excusabit nos pœnitentia? Sed eam [*supp.* agere] in carne contemnimus. Excusabunt nos bona opera? Sed ea in tempore agenda non agimus. Excusabit nos fragilitas carnis? Sed ex adverso stabunt virgines, quæ in carne carnis fragilitatem vicerunt. Merito dicet nobis : « Ite, maledicti, in ignem æternum (*Matth.* xxv, 41), » ubi ignis non exstinguetur, et ubi vermis non morietur; ubi continuus gemitus, ubi dolor pœnalis sensus erit sempiternus. Ponamus **236** ante oculos quantum malum est cœlestis patriæ extorres fieri, coronis sanctorum privari, mori beatæ vitæ, morti vivere sempiternæ, a qua liberet nos Jesus Christus Dominus noster qui est benedictus in sæcula sæculorum. Amen.

VI.

IN ADVENTU DOMINI, SERMO SEXTUS (87).
De incarnatione.

« Egredimini, filiæ Sion, et videte regem Salomonem in diademate quo coronavit eum mater sua, in die desponsationis ejus, et in die lætitiæ cordis ejus (*Cant.* iii, 11). »

« Qui verba tantum sectatur, Salomone teste, nihil inveniet, custos autem prudentiæ inveniet bona (*Prov.* xix, 8). » In verbis istis, fratres charissimi, videmus [quod] qui tantum carnalia cogitat, nil nisi mortem [inveniet]. Verba enim sola inquirit, et ideo nil invenit nisi litteram occidentem. Nos ergo, fratres, super litteram in verbis istis aliquid spirituale intelligamus. Imo spiritum ipsum qui vivificat, qui alibi dicit per Salomonem : « Qui fortiter premit ubera, butyrum exprimit (*Prov.* xxx, 33). » Ubera sunt duo Testamenta, quæ si quis, non pueriliter litteram sequens, expresserit, inveniet butyrum pingue, et delectabilem cibum. Ad hujusmodi butyrum exprimendum suspendamus intelligentias ad hæc verba Salomonis intelligenda. Dicitur : *Egredimini, filiæ Sion,* etc. Est bonus egressus, et est malus. Malus fuit egressus Judæ, de quo dicitur : « Egressus foras... erat autem nox (*Joan.* xiii, 30). » De malo quoque egressu dicitur : « Egrediebatur foras, et loquebatur in idipsum (*Psal.* xl, 7). » Malus etiam fuit egressus Dinæ, quæ exivit ut videret mulieres regionis illius; et adamavit eam Sichem filius Emor, et corrupit eam. Fuit igitur dolor patris, ignominia gentis, et contumelia fratrum (*Gen.* xxxiv, 1). Hæc est animal vitio curiositatis corrupta. Egreditur, et videt mulieres regionis Emor, scilicet delectationes pravas quas diabolus suggerit, et relicto duce pubertatis suæ, diabolo copulatur, existens in terra peregrinationis, terra scilicet aliena, ubi non potest cantare canticum Domini. Bonus egressus quærendus, est is quo Moyses vult cum Dei populo egredi de Ægypto, ubi populus Dei in luto et latere a Pharaone affligitur; ei cum duris laboribus famulatur, lateres ex luto facti, postea per ignem in duritiam solidantur. Ita peccata prius facilia ad solvendum, postea per consuetudinem quasi durescunt; difficile est enim consueta repellere. Sed videte **237** qualiter Moyses vult

---

(86) Montes Epiri fulminibus obnoxii de quibus Ovid. ii, *De Ponto*, eleg. 6 :
Quam poteram recto transire Ceraunia velo.

Ut fera vitarem saxa, monendus eram.
(87) Et ms. S. Germani a Pratis.

educere populum. Dicit enim : « Ibimus viam trium dierum, ut sacrificemus Deo nostro (*Exod.* v, 3). » Vult [quippe Deus] ut recedas a tenebris peccatorum per tres dies, id est cogitatione, locutione et opere; eodemque trinario [ad servitutem] Pharaonis nos trahunt, qui triplicem viam male agendi nobis ministrat, et eadem triplici via ad servitium Pharaonis recurrant [*f.* retrahant]. Isaac etiam bene egressus est, ut meditaretur in agro; egreditur enim a mundanis, qui vult meditari in agro cœlesti. Ad hunc bonum egressum hortatur nos Salomon dicens :

Egredimini, filiæ Sion, et videte. Videtur Christus tribus modis. Videtur in mundo, videbitur in judicio, videbitur in regno. Prima visio est gratiæ, secunda, justitiæ; tertia, gloriæ. De prima dicitur : « In terris visus est, et cum hominibus conversatus est (*Baruch* iii, 38). » De secunda dicitur : « Et videbit omnis caro salutare Dei (*Luc.* iii, 6). » De tertia dicitur : « Beati mundo corde, quoniam ipsi Deum videbunt (*Matth.* v, 8). Prima visione visus est et a bonis et a malis, tertia a solis bonis. Unde et congrue in figura horum trium Salomon tribus nominibus appellatus est, Edila [*sive* Idida], et Ecclesiastes, et Salomon. Quod enim dicitur Edila, primæ visioni concordat. Ex eo enim meruit a nobis diligi. Quod vero dicitur Ecclesiastes, id est *concionator*, congruit secundæ, quando sedebit ut judicet. Tertiæ vero congruit nomen Salomonis, qui *pacificus* dicitur, quia tunc dabit pacem. Ad hunc igitur videndum egrediuntur filiæ Sion, id est animæ sanctæ per fidem speculantes eum. Tribus quoque nominibus vocata est civitas illa, prius Jebus, postea Salem, tertio Jerusalem. Nunc enim Ecclesia, quam regit Salomon, verus est Jebus (88), prius dum conculcat vitia, et postea Salem (89), dum ex parte vitia sunt purgata; tandem Jerusalem, id est *visio pacis* perfectæ (90). In hanc civitatem tantum Dominus intrat, non in civitatem Cain. Unde : « Ego Dominus, et civitatem non ingredior (*Gen.* xxxiii, 18). » Exeundum est ergo, si vis videre regem Salomonem, extra castra, extra civitatem diaboli. Obliviscere ergo populum tuum et domum patris tui, et concupiscet rex speciem tuam. Unde : « Exite de medio Babylonis, popule meus (*Isa.* xlviii, 20). » Congrue et temperanter dictum est, « de medio. » Omne namque medium duobus vallatur extremis. Prima extremitas Babylonis est peccatum originale, per quod intramus Babylonem. Ultima est veniale peccatum, sine quo non vivimus. Medium est criminale peccatum, per quod vitam perdimus. Si ergo totas extremitates Babylonis fugere non vales, **238** saltem medium ejus declinare poteris. Sequitur in quo debeant videre : *In diademate quo coronavit eum mater sua.* Scilicet,

(88) Jebus, quæ est Jerusalem (*Josue* xviii, 28).
(89) Transivitque in Salem, urbem Sichimorum (*Gen.* xxxiii, 18).
(90) Ascenditque per convallem filii Ennom, ex

caro enim Christi multis nominibus significatur. Dicitur enim tabernaculum, arca et mensa, et hic dicitur diadema. Hoc autem diadema non dicitur mater ejus eum induisse, sed coronasse, quia Deus de pura carnis substantia Virginis sacræ, id est sine virili semine, Verbo Dei comparatione [*f.*, operatione] Spiritus sancti carnem purissimam præbuit. Hoc enim est illud novum quod propheta dicit : « Novum fecit Dominus super terram. Mulier circumdabit virum gremio uteri sui (*Jer.* xxxi, 22). » Hæc est porta de qua in Ezechiele dicitur : « Vir non transibit per eam (*Ezech.* xliv). » Christus enim abscissus est mons [lapis] de monte sine manibus. Bene ergo dicitur hac carne coronatus, quia in carne de diabolo triumphavit, nisi enim carnem habuisset, non eum diabolus aggressus fuisset. Sed occultavit divinitatem exponens ei humanitatem, et dum appeteret escam humanitatis, transfixus est aculeo divinitatis. Coronatus est autem *in die desponsationis cordis ejus, et in die lætitiæ cordis ejus.* Dies desponsationis et lætitiæ est dies incarnationis, quando humana natura Verbo Dei copulata est; quando Virgo lætata est se intactam concepisse Filium Dei, et Spiritum sanctum sibi obumbrasse, qui est omnium nostrum communis lætitia, commune gaudium. Egrediamur ergo a curis mundi, et per fidem contemplemur verum Salomonem, ut in futuro videamus eum per speciem. Hæc est enim vita æterna, videre Patrem, et quem misit Jesum Christum. Quod ipse præstare dignetur, qui vivit et regnat in sæcula sæculorum. Amen.

VII.

IN ADVENTU DOMINI SERMO SEPTIMUS (91).
De mysterio incarnationis.

« Aspiciebam ego in visione noctis, et ecce cum « nubibus cœli quasi Filius hominis veniebat, et « usque ad Antiquum dierum pervenit, et in con« spectu ejus obtulerunt eum : et dedit ei potesta« tem, et honorem et regnum.... Potestas ejus, po« testas æterna quæ non auferetur, et regnum ejus « quod non corrumpetur (*Dan.* vii, 13, 14). »

Cœlestibus desideriis flagrans Daniel, (unde ab angelo ejus intelligentiæ ministro vir desideriorum vocari meruit) accepto divinitus per angelum intellectu, effudit super se animam suam, ut pertranseat in admirabile contemplationis **239** secretum, et inæstimabiles divitias sacramenti a sæculis absconditi in Deo percipiat. Hoc est mysterium incarnationis Verbi, quod erat in principio apud Patrem. De quo Jeremias ait : « Novum faciet Dominus super terram : mulier circumdabit virum (*Jer.* xxxi, 22), » in gremio scilicet uteri sui. Hæc est Virgo sancta, quæ, operante Spiritu sancto, sine viri accessu, Filium Patri homousion, id est consubstantialem de substantia sua concepit et peperit, ut qui erat in

latere Jebusæi ad meridiem : hæc est Jerusalem (*Josue* xv, 8).
(91) E ms. Sancti Germani a Pratis n. 381.

divinitate Dei Filius, fieret in humanitate hominis A [*f.* Virginis] Filius, non duo filii, sed unus homo Christus Jesus. Quod inauditum et ineffabile. Recte igitur vir desideriorum ait, non simpliciter Filius hominis, quia non tantum hominis, sed et Dei Filius. Servata namque utriusque naturæ veritate et proprietate, lumini divinitatis, accessit testa humanæ infirmitatis, ut esset lumen in testa, Verbum in carne, Deus in homine. Hic est lapillus ille parvus de monte sine manibus abscissus, qui crevit in montem magnum, teste Daniele, et occupavit faciem universæ terræ. Hic est lapis adjutorii super quem, levatis manibus, Moyses orasse dicitur et legitur; de quo Zacharias : « Educet Dominus lapidem primarium, et exæquabit gratiam gratiæ ejus (*Zach.* IV, 7). » Ipse enim mediator Dei et hominum lapis dicitur propter firmitatem et soliditatem. Ipse enim est fundamentum, quod positum est, ut ait Apostolus, et nemo mutare potest. De quo Dominus per Isaiam ait : « Mittam in fundamentum Sion lapidem angularem pretiosum, probatum (*Isa.* XXXVIII, 16). » Et alibi : « Ponam in Sion lapidem offensionis et scandali (*Isa.* VIII, 14). » Sed aliis est offensionis et scandali, et aliis adjutorii. Aliis enim præradiat sol justitiæ, præveniente gratia et adjuvante gratia. Aliis quasi obumbrat, a tenebris cæcitatis eos non liberans. Unde ipse ait : « Ego in judicium veni in hunc mundum, ut qui non vident videant, et qui vident cæci fiant (*Joan.* IX, 39). » Merito igitur lapis adjutorii dicitur et offensionis, in quo alii et confoventur et illuminantur, alii colliduntur et excæcantur. « Est quippe positus, « ut ait Simeon, « in ruinam et resurrectionem multorum in Israel (*Luc.* II, 34). » Hic etiam lapis primarius exæquans gratiam gratiæ, vere primarius, quia Primogenitus in multis fratribus, honore scilicet primogeniti præditus inter multos, quos non confunditur vocare fratres. Fratres enim sunt, « quos præscivit Deus conformes fieri imaginis Filii sui (*Rom.* VIII, 29), » id est qui conformantur Filio, qui est Patris genitura, non creatura. Hæc autem conformitas in gemina participatione consistit, quia ipse nobis, et nos ipsi communicamus. Accepit enim de nostro, et dedit nobis de suo ; de nostro quidem accepit naturam et infirmitatem ; de suo dedit gratiam et gloriam.

Hac igitur commutatione contracta est adoptionis fraternitas, non formarum [*id est* naturarum] (*Rom.* VIII, 59) facta æqualitas. Recte ergo dicitur in multis fratribus Primogenitus, eminentiam honoris ac potestatis inter alios habens, et aliis pro voluntate distribuens. Ipse etiam dicitur Primogenitus omnis creaturæ (*Coloss.* I, 15), quia de Patre genitus ante omnem creaturam. Merito igitur lapis primarius dictus est, cui Spiritus sine mensura datus est, in quo divinitatis omnis quoque « plenitudo corporaliter habita rit (*Coloss.* II, 9), »—« et de ejus plenitudine nos omnes accepimus et gratiam pro gratia (*Joan.*

1, 16). Accepimus scilicet gratiam glorificationis pro gratia justificationis ; gratiam patriæ pro gratia viæ ; et huic illa æquatur, quia qui in præsenti donatur majori gratia, in futuro [majori] coruscabit gloria. Pretiosus igitur est et probatus lapis iste, super quem « oculi septem sunt, ut ait Zacharias (*Zach.* IV, 10), quia in eo septiformis gratiæ plenitudo requievit, secundum illud Isaiæ : « Et requiescet super eum spiritus sapientiæ et intellectus (*Isa.* XI, 2). » Hæ sunt septem mulieres, quæ apprehendunt virum unum, id est Christum. Septem dona, quæ mulierum speciem tenent, dum eorum infusione filii adoptionis Deo generantur ; hæ autem dicuntur apprehendere Christum, ut scilicet firmiter teneant et non dimittant. Omnes alios quasi transeunt usque ad Christum, et nullum apprehendunt patriarcharum et prophetarum. Non enim homo alius qui non peccat. In omnibus aliis spiritus tribulationis habet hospitium, non mansionem quietis. Fuit enim in prophetis et in aliis justis ; sed, quia puri erant homines et peccatores, in eis fuit, sed non mansit. Eos inhabitavit, sed non replevit. Ideoque de solo Christo [dicitur] in Evangelio : « Super quem videris Spiritum ascendentem et manentem [super eum], hic est qui baptizat [in Spiritu sancto] (*Joan.* I, 33). » Hic est lapis angularis, qui licet ab ædificatoribus, id est Scribis et Pharisæis suam justitiam constituere volentibus, sit reprobatus, factus est tamen in caput anguli, duos parietes, scilicet Judæorum et gentium in se angulari lapide jungens. Quod bene facere potuit qui est præcisus de monte sine manibus, id est de gente Judæorum natus, non cupidine, sed solo Dei munere. Judaicus enim populus ab antiquo adoptionis prærogativa, quasi populus peculiaris et primogenitus appellatus est, et comparatur monti. Crevitque hic lapillus in montem magnum, et occupavit faciem terræ : de quo Isaias : « Et erit in **241** novissimis diebus præparatus mons domus Domini in vertice montium, et elevabitur super colles, et fluent ad eum omnes gentes (*Isa.* II, 1). » Ut enim Christus dicitur Rex regum, et Sanctus sanctorum, ita et mons montium, omnes consortes suæ gratiæ sapientia et virtute superans, qui de fornace Ægypti ferrea, ubi tribulatione et dolore vexabantur, educere in sanctam solitudinem venit. (92) « Deus Hebræorum vocavit nos, ut eamus viam trium dierum in solitudinem, et sacrificemus Domino Deo nostro, ne forte accidat nobis pestis aut gladius (*Exod.* V, 3). » Filius hominis est Deus Hebræorum, qui et ipse Hebræus, id est *transitor*, pro nobis fieri voluit ; exsultavit enim ut gigas ad currendam viam.

Merito ergo Deus Hebræorum, id est transitor eorum scilicet qui non hærent in via, sed posteriorum obliti in anteriora cum Apostolo se extendunt, qui de Ægypto hujus mundi nos vocavit, ut eamus [viam] trium dierum in solitudinem. Triduo itinere de Ægypto proficiscimur, si dicta, facta, cogita-

(92) Addendum forte est : *Unde Moyses Pharaoni dicebat.*

tiones purificantes, efficiamur mundi corde, ut possimus Deum videre. Princeps vero Ægypti videns se urgeri, ut dimittat populum Dei, cupit hoc saltem impetrare, ut non longe abeat, dicens : At non abeatis (93). Vult enim si non in facto, vel in sermone; si non in sermone, vel in cogitatione. Non vult [ut] a se toto triduo proficiscamur. Vult enim in nobis, vel unum diem habere. In aliis totum triduum possidet. Sed beati qui toto triduo ab eo recedunt. Via etiam trium dierum fides est Trinitatis; vel Christus ipse mortuus, sepultus, resurgens. Vocavit nos ut hac via eamus in solitudinem, et sacrificemus Deo nostro. Non vult nos Filius Dei in carnis ac tenebrarum actibus permanere, sed exire ad eremum, ad locum scilicet perturbationibus et fluctibus sæculi vacuum, et ad quietem silentii. Verba enim sapientiæ in quiete et silentio discuntur. Hic possumus immolare Deo sacrificium, et reddere Altissimo vota nostra. Ne igitur accidat nobis pestis peccaminis, aut gladius æternæ mortis, vocanti nos Deo pareamus, de fluctibus negotiorum, et strepitu vitiorum, et de Egypto, id est de tenebris ignorantiæ, in solitudinem virtutum exeuntes, ut sic lucem scientiæ capiamus. Vir igitur desideriorum, vultus in diversa non mutans, mentis obtutus in hunc, quasi hominis filium, dirigebat, ejus in mundum adventum admirans et toto corde desiderans. Aspiciebat autem *in visione noctis*, non diei vel lucis. Est enim triplex visio, scilicet visio noctis, visio diei, visio lucis. Visio autem nocturna, ante gratiam; visio **242** diurna, sub gratia; visio lucis, in gloria. In visione noctis, vel nocturna, aspiciebant patriarchæ et prophetæ. De quo Propheta : « Locutus es in visione sanctis tuis, et dixisti : Posui adjutorium in potente (*Psal.* LXXXVIII, 19). » Viderunt siquidem sancti prophetæ et patriarchæ adjutorium hominum in potente, id est in brachio Domini positum. De quo : « Et brachium Domini cui revelatum est (*Isa.* LIII, 1). » Sed hi viderunt *in visione noctis*, id est ænigmatica et nubilosa mentis intelligentia. Apostolis vero concessa est Dei visio, sed non lucis, quia eis veritas, sed calceata; divinitas, sed nube operta apparuit, et ignito eloquio cordibus eorum insonuit, atque digito suo in mentibus eorum novam legem superscripsit, a quibus visus est in terris Emmanuel, et cum eis conversatus est, id est *nobiscum Deus*, nobiscum conversatione, nobiscum conformatione, nobiscum participatione carnis, peccati similitudine. Qui per Ezechielem ait (94) : « Inhabitabo in illis, et inter eos ambulabo, et ero illorum Deus, et ipsi erunt mihi populus (*Zach.* XIV, 7). » In futuro autem erit visio lucis, et quasi soluta calceamenti corrigia veritas in specie videbitur sua. Tunc « erit dies una, » teste Zacharia, « quæ nota est Domino, non dies, neque nox, et in tempore vesperi erit lux. » Cum enim tradiderit Christus

regnum Deo et Patri, et fuerit vespera, scilicet finis et consummatio omnium, non erit dies, neque nox (*Apoc.* XXI, 25), sed tantum lux, quia, sicut nec diei, nec noctis erit vicissitudo, sed lucis continuatio, ita nocturna ac diurna cessabit visio. Cessabit enim prophetica, et scientia destruetur, et succedet visio lucis.

Hanc distinctionem nocturnæ ac diurnæ visionis, Veritas in Evangelio distinguit : « Abraham, » inquit, « exsultavit ut videret diem meum, vidit et gavisus est (*Joan.* VIII, 56). » Alibi vero ait : « Multi enim prophetæ et reges voluerunt videre quæ vos videtis, et non viderunt (*Luc.* X, 25), » ac si patenter dicat : Viderunt quidem Abraham et prophetæ fidei oculo diem nativitatis meæ, sed non viderunt quomodo videtis; et cupierunt videre, nec eis datum. Viderunt autem in nocte, vos in die. Hoc enim sacramentum, ut ait Apostolus, non est agnitum aliis generationibus, sicut nec revelatum est sanctis apostolis. Unde in Numeris (*I Tim.* III, 16). « Dixit auditor sermonum Dei.... : Videbo eum, sed non modo : intuebor eum, sed non prope. Orietur stella ex Jacob, et consurget virga ex Israel, et percutiet Dominus Moab (*Num.* XXIV, 16, 17). » Attendite diligenter, qui sermones Dei auditis, ut fidei mysterium mente percipiatis, atque operibus condignis exsequamini. « Omnis enim auditor verbi, et non factor, » ut ait Jacobus, « comparabitur viro consideranti **243** vultum nativitatis suæ in speculo, consideravit enim se, et abiit, et statim oblitus est qualis fuerit (*Isa.* I, 13). » Tales sunt veloces ad audiendum, tardi ad operandum, qui scire volunt et non facere. Speculum nostrum eruditio est sacræ paginæ, ubi primordialis institutionis nostræ dignitas, et ruinæ post secutæ infelicitas, et reparationis per gratiam factæ bonitas, et glorificationis futuræ securitas intimatur. Verum nonnulli hæc considerantes, in malis humiliari, et in bonis gratias agere obliviscuntur, nec merentur, quia « in malevolam animam non introibit sapientia (*Sap.* I, 4), » quæ dicit : Quærent me mali, et non invenient. Oderunt enim sapientiam, quia nisi per obedientiam mandatorum, non venitur ad sapientiam [*f.* scientiam] occultorum. Unde : « Concupisti sapientiam, serva mandata, et Dominus præbebit illam tibi (*Eccli.* I, 35). » Aliquando tibi dicitur : « Altiora te ne quæsieris, et fortiora te ne scrutatus fueris, sed quæ præcipit tibi Dominus, illa cogita semper (*Eccli.* III. 22), « scilicet et antequam percipiatur sapientia ejus, et post perceptam, cujus non erat expers ille Dei sermonis auditor, qui ait : « Videbo eum, sed non modo; intuebor eum, sed non prope (*Num.* XXIV, 27), » ac si dicat : Videbo illum in luce, sed non modo. Quem enim video in nocte, intuebor illum in die, sed non prope. Unde Isaias : « Ecce nomen Domini venit de longinquo, ardens ut

----

(93) *Ite et sacrificate Deo vestro in terra hac* (Exod. VIII, 25). *Verumtamen longius ne abeatis* (v. 28).
(94) Ita citatur a D. Paulo, (*II. Cor.* VI, 16).

ignis furor ejus et gravis ad portandum (*Isa.* xxx, 29). »
Si autem de longinquo, non de propinquo venit nomen Domini, id est Filius, in nomine Patris, qui
est Deus. Adventu quippe suo se Deum esse innotuit.
Hic stella est et virga ex Jacob orta, et de Israel
consurgens. Stella, quia illuminat; virga, quia
percutit, dirigit et sanat. Illuminat quippe cæcos,
dirigit claudos, sanat surdos et mutos, percutit duces Moab, id est principes et potestates tenebrarum.
Unde Isaias : « Ecce oculi cæcorum et aures surdorum patebunt. Tunc saliet sicut cervus claudus,
et aperientur linguæ mutorum (*Isa.* xxxv, 6). »

Multis languoribus premebatur genus humanum,
quos relevare dignatus est cœlestis medicus ad nos
veniens. Cæci utique erant qui duobus oculis care-
bant, morali scilicet et mystico. Moralis dulcior,
mysticus acutior: Unde sponsus ad sponsam ait; Non
cœpisti uno ex oculis tuis (95), quia magis capitur
Deus mystico oculo quam morali. Surdi erant, quia
aures audiendi non habebant, secundum illud Isaiæ :
Locutus sum, et non audistis, et faciebatis malum
in oculis meis, et quæ nolui elegistis (*Isa.* LXV, 12).
Et alibi : « Aure audietis, et non intelligetis
(*Act.* XXVIII, 26). » Claudi erant, gressus fidei et
operis boni non tenentes, vel utriusque Testamenti
doctrina carentes. Titubanti namque vestigio fidei
et doctrinæ, ante adventum **244** Salvatoris, mundus claudicabat. Omnem namque substantiam suam
in medicis non proficientibus erogaverat mulier illa
evangelica (*Luc.* VIII, 43). Tunc enim incisam ungulam non habens, nec ruminans, immundus erat.
Mutus quoque erat, cujus ora Satanas clauserat,
ut in laudem Dei non personaret. Cujus amore et
memoria non confovebatur, ideoque lingua mundi
ardens canticum novum, scilicet carmen Deo nostro
cantare non valebat. Mutus est enim Deo, qui non est
ejus memor. Ut quid enim clamat? ut quid loquitur?
qui canticum Sion, id est canticum novum non sonat. Canticum novum non sonabat, sed canticum
sæculi, quando canticum cœli ignorabat. Sed veniens Emmanuel, et nebulam peccati et ignorantiæ
totam terram tegentem, sicut cinerem spargens,
oculos cæcorum, et aures surdorum utrasque aperuit, et claudos in saltum spiritualem, ut saliant
scilicet de vitiis ad virtutes, de mundo ad cœlum
direxit, et linguam mutorum ad personandas laudes
Dei solvit. Venit in nubibus cœli, et usque ad Antiquum dierum pervenit, et in conspectu ejus obtulerunt eum. Nubes cœli caro est cœlestis, quam non
secum de cœlo attulit; sed in utero Virginis sine
peccati contagio suscepit. Prævenit enim Spiritus
sanctus Virginem, eam etiam totam sanctificans, et
igne charitatis replens, ut ex decima sanctificata
decimam partem summus sacerdos acciperet. Accepit enim primitias nostræ carnis. Unde Isaias :
« Ascendet Dominus super nubem levem, et ingredietur Ægyptum, et commovebuntur simulacra

A Ægypti (*Isa.* XIX, 1). » Nubes enim levis caro est, in
qua apparuit. Nubes, quia nobis præbet refrigerium
contra æstum vitiorum; levis, quia sine corruptione
iniquitatis, quæ in Zacharia legitur « sedere super
talentum plumbi (*Zach.* v, 7). » In hac igitur nube
ingressus est Ægyptum hujus mundi, et simulacra
ejus corruerunt, id est principalia vitiorum vitia
hujus mundi defecerunt in cordibus fidelium. *Pervenit* autem *usque ad Antiquum dierum*, quia licet
in nube minor Patre fuerit cognitus ei æqualis in
deitate, cujus voluntate sicut in utero Virginis est
natus, ita in cruce a Judæis est oblatus. *Qui dedit
ei potestatem et regnum et honorem*, dum mundo innotuit eum genuisse omnipotentem et regem, et ideo
honorandum sicut Patrem. « Qui enim non honorificat Filium, non honorificat Patrem qui misit illum
(*Joan.* v, 29). » *Potestas ejus, potestas æterna, et
regnum ejus quod non corrumpetur.* Regni ejus non
erit finis, quia regnum ejus non est de hoc mundo.
Quod nobis præstare dignetur qui vivit et regnat
per omnia sæcula sæculorum. Amen.

VIII.

245 IN ADVENTU DOMINI SERMO OCTAVUS (96).
De mysterio incarnationis.

« Non auferetur sceptrum de Juda, nec dux de
« femore ejus, donec veniat qui mittendus est, et
« ipse erit exspectatio gentium (*Gen.* XLIX, 10). »
Jacob benedictiones daturus filiis, præsciens in
spiritu de semine suo nasciturum illum in quo fieret
C benedictio omnium gentium, vocavit filios, et ait eis :
« Congregamini, filii Jacob, ut annuntiem vobis quæ
futura sunt diebus novissimis; congregamini, et
audite Israel patrem vestrum (*Gen.* XLIX, 1). » Inde
adjecit : *Non auferetur sceptrum de Juda, nec dux
de femore ejus, donec veniat qui mittendus est, et
ipse erit exspectatio gentium.* Patriarcha Israel mutatione nominis, ampliationem assecutus est virtutis,
reprobato nomine suo, eodemque odioso, a Deo
electus, ac matri dilectus, illo mente capto cujus
nomen est viventis et videntis, factus cum Jeremia
quasi puer nesciens loqui, et cum Moyse tardioris
et impeditioris linguæ, et ob sermonis gracilitatem
ad modicum sonans, cujus magnitudinis non est
finis, illius humilitatis amplectitur pedes, cujus ma-
D jestatis caput attingere non valet. Caput enim Christi
Deus est, et Deus absconditus ipse est. Illius ineffabilis est majestas, cujus tacito præconio extollitur
humanitas. Relinquens igitur deitatis sublimia, quæ
præteritum, vel futurum non novit, quod futurum [erat]
quodam verborum involucro edidit, benedicendis filiis
eum venturum annuntians, cui occurrentes turbæ
clamaverunt: « Benedictus qui venit in nomine Domini
(*Matth.* XXIII, 39). » *Non auferetur sceptrum de Juda,
donec veniat qui mittendus est, et ipse erit exspectatio
gentium.* Tribus Juda regni privilegium habere meruit, quando cæteris tribubus trepidantibus et despe-
rantibus, sola illa, ex præcepto Dei, fiducialiter

(95) *Vulnerasti cor meum in uno oculorum tuorum* (*Cant.* IV, 9).
(96) E ms. Sangerm. 381.

mare Rubrum introivit cum sanctis fidelibus Moyse et Aaron. Unde Osee : Judas autem testis descendit cum Deo, et cum sanctis fidelis (*Ose.* xi, 12). » Recte igitur sceptrum, regiæ dignitatis administratio intelligitur, quæ non est ablata, nec dux de femore Judæ defecit, donec veniat qui mittendus est, id est Christus, qui mittendus erat, quia promissus ; promissus, quia ad hoc electus ante mundi originem. Licet enim in Sedecia, vel Godolia defecerint reges de Juda, non tamen defecerunt sacerdotes, vel duces, regium officium procurantes, donec venit **246** Christus. Sed unde venit Christus, et ad quid venit, et quo venit ? « Ego, » inquit, « exivi a Patre, et veni in hunc mundum (*Joan.* xvi, 28). » Ecce unde et quo venit. Unde Propheta : « A summo cœlo egressio ejus (*Psal.* xviii, 7), » id est ab æqualitate Patris æternaliter est egressus, a quo in orbem terræ temporaliter est introductus. De illo enim evangelista ait : « In mundo erat, et mundus per ipsum factus est, et mundus eum non cognovit (*Joan.* i, 10). » Et addit : » In propria venit, et sui eum non receperunt (*ibid.*, 11). » Si autem in hunc mundum venit, et in mundo erat, illuc ergo venit ubi erat ; illuc missus est, ubi non deerat, quia neque ab oriente, neque ab occidente, neque a desertis montibus absens est, quoniam Deus est. Si autem Deus est, non loco clauditur, nec locali capacitate determinatur, sed ubique et semper, essentialiter et totus est qui ait : « Cœlum et terram ego impleo (*Jer.* xxiii, 24). » Hic est enim Sapientia, quæ « attingit a fine usque ad finem fortiter, et disponit omnia suaviter (*Sap.* viii, 1), » qui ab initio [*supp.* mundi] usque ad Incarnationis tempus, mirifica opera, et scientifica testimonia per Vetus Testamentum fortiter edidit ; ab Incarnatione usque ad finem mundi, suavitatem Evangelii exponit. Attingit autem a fine usque ad finem fortiter, et disponit omnia suaviter, quia ab æterno usque in æternum immutabiliter manens, ubique perfecte cuncta agit et disponit. De quo dicitur : « Omnibus mobilibus mobilior est Sapientia, quæ attingit ubique per suam munditiam (*Sap.* vii, 24). » Hæc non dicitur mobilior mobilibus, eo quod in se moveatur, cum in propheta scriptum sit : « Ego Dominus, et non mutor (*Malach.* iii, 6) ; » sed quia cætera movet, regit et ordinat, quia, cum sit una, omnia potest, et permanens, omnia innovat, ut in libro Sapientiæ legitur (*Sap.* iii, 27). Hujusmodi semper incommutabili voluntate, eademque æternitate, movet per tempus creaturam spiritualem ; movet etiam per tempus et locum creaturam corporalem, ut eo motu naturas quas condidit administret, Cumque tale quid agit, non debemus opinari ejus substantiam, quæ Deus est, corporalibus locisve mobiliorem, cum sit ipsa et interior omni rei, quia in ipsa sunt omnia ; et exterior omni rei, quia ipsa super omnia est ; et antiquior omnibus, quia est ante omnia, et novior omnibus, quia est post omnia. Intelligimus ergo illam sine tempore sempiternam, sine loco ubique totam, sine sui mutatione omnia

mutabilia facientem. Hæc autem mittenda et futura in prophetis dicitur, et venisse in Evangelio legitur. Quomodo ergo intelligenda est hæc missio omnia continentis Sapientiæ, id est Christi ? Quomodo missum in mundum, vel venisse intelligemus ? Debemus **247** de illo sobrie [loqui], quia de illo opinari digna [non] sufficimus, quia ex illo incomprehensibili, inenarrabilique secreto divinæ majestatis, dedit se comprehendendum et videndum hominibus, cum se exinanivit, formam servi accipiens. Unde : « In terris visus est, et cum hominibus conversatus est (*Baruch* iii, 38). »

Non igitur venit in mundum mutando locum, quia in mundo erat, sed induendo carnem, ut congruenter carnalibus appareret sine sui mutatione. Venit ergo Sermo Patris a regalibus sedibus in mundum, forma servi indutus. Sed ad quid venit ? Curare vulnera, suscitare mortuum, sanare semivivum. Hic est ille Samaritanus, qui apparuit vulnerato qui incidit in latrones, descendens de Jerusalem in Jericho, atque vulnera ejus alligavit, quem sacerdos et levita pertransierunt, nullum ei porrigentes subsidium ; id est lex vetus et sacerdotium, quæ hominem a latronibus vulneratum, id est a dæmonibus percussum, liberare non valuerant. Ideoque Samaritanus eadem via descendens, ad eum accessit curandum, quem ille semivivus audierat exspectandum. Samaritanus, id est *custos*, est Christus, qui non dormitans, neque dormiens, custodit Israel, qui per Isaiam ait : « Ad me clamat ex Seir : Custos, quid de nocte, custos quid de nocte ? Dixit custos : Venit mane et nox ; si quæritis, quærite, convertimini, atque venite (*Isa.* xxi, 11). » Seir interpretatur *hispidus* et *pilosus*. Quo humani languoris ærumna significatur, qui vulneratus a latronibus, angebatur, qui nullum adeptus remedium per sacerdotem et levitam de Seir, de loco scilicet horroris et vastæ solitudinis, ubi suppliciis hispidus, et vitiis pilosus jacebat, clamabat ad Samaritanum, quasi cum Apostolo dicens : « Infelix ego homo, quis me liberabit de corpore mortis hujus ? Gratia Dei per Jesum Christum Dominum nostrum (*Rom.* vii, 24), » quia non est qui liberet, nisi Samaritanus, id est custos verus. Ad hunc ergo, quem eadem via descendentem, id est tentatum per omnia pro similitudine absque peccato, clamat, dicens : *Custos quid de nocte ?* vitiorum scilicet et ignorantiæ ; qui de nocte suppliciorum et miseriæ, liberare potes pauperem, cui non est adjutor. Respice agmina nocte [*f. supp.* contra me insurgentia]. Eripe me a latronibus captum, et semivivum relictum. Perdidi enim vitam gratiæ, sed non vitam naturæ. Vita optima est perdita, qua vivit anima Deum laudans. Vita bona est corrupta, qua natura in integritate vivebat. Vita peccati est invecta. Triplex enim est vita, naturæ, gratiæ, vitii. Vitam ergo perditam redde, corruptam restitue, invectam amove. Tempus quod dicitur faciendi, non jam jubendi, quia **248** jussa legum prodesse non potuerunt. Est enim tempus tacendi, et est tempus loquendi (*Eccle.* iii,7). Tempus enim loquendi fuit in lege, ubi erat vox verborum sine operatione gratiæ, et multiplicitas promissorum, sine exhibitione rerum. Sed nunc tempus est tacendi illa legalia, et implendi spiritualia, scilicet ut venias ad liberandum nos, et in palma crucis ascendas, et fructus ejus comedas, peccatum et mortem tollas, et vitam repares. Et dixit custos : *Venit mane et nox*, quod dicitur cum Apostolo : « Nox præcessit, dies autem appropinquavit. Ecce nunc tempus acceptabile, ecce nunc dies salutis (*Rom.* xiii, 22), » in quo exaudiam et juvabo vos, nisi gratiam in vacuum recipiatis. Surgite ergo de somno torporis et ignorantiæ, et abjicite opera tenebrarum, id est mala opera, quæ ex tenebris veniunt et ad tenebras ducunt exteriores, et induimini arma lucis. Ornamini scilicet, et armamini virtutibus contra jacula inimici ignita, ut digni sitis recipere Salvatorem, quem exspectatis, et induimini Jesum Christum, qui reformabit corpus humilitatis vestræ configuratum corpori claritatis suæ, cujus sicut via est impolluta, et mansio incontaminata, qui non habitat in corpore subdito peccatis, nec requiescit nisi super humilem et quietum, et trementem sermones suos. Projicite ergo lapides de plateis vestrorum cordium, frangite idola mentium, redite prævaricatores ad cor, invocate eum in veritate, et invenietis illum. Hoc est ergo quod dicit Samaritanus : *Venit mane et nox*, nox scilicet infidelitatis et ignorantiæ. Nox cæcitatis et vitiorum venit olim, sed modo non est, quia venit mane, quando sedentibus in regione umbræ mortis lux orta est eis. Si ergo quæritis me, quærite toto corde, non verbo et lingua, sed opere et veritate. Convertimini declinantes a malis, et venite ad me facientes bona ; nunc enim propior est vestra salus, quam cum credidistis, id est credere incœpistis. Accepistis responsionum oracula, sicut per Isaiam ait : « Prope est Justus meus, egressus est Salvator meus (*Isa.* li, 5). » Et item : « Non elongabitur, et salus mea non morabitur; dabo in Sion salutem, et in Jerusalem gloriam meam (*Isa.* xlvi, 13). » Quam dulcis et amanda promissio ! Quam' dulcis et suavis sermo, et omni acceptione dignus ! Justus enim ac Salvator Patris [*hoc est* a Patre missus] est Jesus Christus, non utique Patrem justificans vel salvans. A Patre habet quod justificare et salvare potest, qui in Patris nomine venit in hunc mundum peccatores salvos facere; peccatores quidem peccata confitentes, non justos, id est de sua justitia præsumentes, secundum illud : « Non veni vocare justos, sed peccatores ad pœnitentiam (*Luc.* v, 52). » **249** Hoc quoque fidelium mentes plurimum attolit. Quid enim est apud Deum comparandi donato sanitatis, vel prolongatio salutis (*Isa.* xlvi, 13). Unde Pater [*f.* Quid enim est apud Deum comparandum dono sanitatis, vel promulgationi salutis.] ait : « Non elongabitur salus mea, et non morabitur, » ultra horam scilicet ab æterno præfixam, imo : « Dabo in Sion salutem, et in Jerusalem glo-

riam meam (*ibid.*). » Sion *speculatio;* Jerusalem, *visio pacis* interpretatur. Sion ergo præsens est Ecclesia, quæ assultus hostium de longinquo præcavet, in speculo Scripturæ speculatur vultum nativitatis suæ, servans cor suum omni custodia, ostium continentiæ labiis apponens, et vestimenta sua, ne in via nuda ambulet, custodiens secundum illud Habacuc : « Super custodiam meam stabo, et super munitionem figam gradum, et contemplabor, ut quid dicatur mihi videam, et quid respondeam ad arguentem me (*Habac.* ii, 1). » Jerusalem, cœlestis est Ecclesia, quæ visione pacis fruitur, ubi est plena et perfecta pax, sine perturbatione inquietudinis, secundum illud : « Qui posuit fines tuos pacem (*Psal.* cxlvii, 15). » Et alibi : « Dabo pacem in finibus vestris (*Levit.* xxvi, 6). » Samaritanus ergo, id est custos noster, in Sion est salus, et in Jerusalem gloria, quia hic justificando servat, ibi in dextera collocando glorificat. Hic est ille Eliseus, qui baculum misit ad suscitandum filium Sunamitis, qui cum ipse surgere non valeret, tandem venit ipse Eliseus, et contraxit se, et coaptavit mortuo puero, et surrexit mortuus. Eliseus calvus a pueris irrisus est, cum ascenderet in Bethel, clamantibus : « Tolle, tolle, crucifige eum (*Joan.* xix, 15), » qui misit baculum ad suscitandum filium Sunamitis, cum per Moysem dedit legem flagellantem, non juvantem, commonentem, non curantem. Magno enim et profundo judicio legem dedit, priusquam Filium mitteret Deus, ut hominum superbiam domaret, et insufficientiam humanam convinceret, ne sibi justitiam arrogaret, et frustra Christum venisse judicaret. Misso igitur per servum baculo, id est lege per Moysen data, non est justificatus mortuus, quia lege subintrante habitavit delictum. Per legem enim cognitio, non consumptio peccati venit. Igitur Eliseus ipse contraxit se, quia « semetipsum exinanivit, formam servi accipiens. » Non enim exinanitus est evacuatione, vel mutatione formæ divinæ ; sed assumptio formæ servi accessit, non forma Dei discessit. Quasi enim dignitate se exuit, cum forma Dei se vestivit **250** forma hominis, et coaptavit se mortuo puero, quia « in similitudinem hominum factus, et habitu inventus est ut homo (*Philipp.* ii, 7). » Similitudo hic veritatem exprimit. In similitudinem ergo hominis factus est, quia in unitate personæ accessit Verbo anima rationalis et caro. Cum autem esset unicus Dei Filius, non gratia, sed natura, ut etiam esset gratia plenus, factus est hominis Filius Deus ; et homo, non duo Filii Dei sine initio; homo accepto initio minor Patre in forma [*supp.* hominis], æqualis Patri in forma Dei. Qui etiam suo habitu, id est conversatione sua, inventus eum volentibus experiri, ut alius homo bibit, comedit, sedit, et alia humanitatis officia explevit.

Hac igitur conjunctione et coaptatione surrexit mortuus. In Evangelio quoque legitur quod, angelo Domini in piscinam, quæ dicitur Probatica, semel in anno descendente, movebatur aqua, et sanabatur unus qui prior descendebat in piscinam (*Joan.* LVIII, 1). Hic est Angelus magni consilii « in quo omnes thesauri sapientiæ et scientiæ sunt absconditi (*Coloss.* II, 3), » qui descendit in piscinam Probaticam, id est pœnalem, cum venit ad Synagogam carnalem, terrena amantem, et carnalia offerentem. Hæc habebat quinque porticus, in quibus erat multitudo languentium exspectantium aquæ motum (*ibid.*, 2, 3), id est quinque libros Mosaicos, quibus languores prodebantur, non sanabantur. Hic est puer portans quinque panes hordeacos, quibus onerabatur, non alebatur. Sed veniente Angelo, mota est aqua, id est populus ad crucifigendum, dans super eum vocem quasi leo in silva, et ita sanatus est unus per unum. Nemo est inventus qui posset aperire librum, et solvere signacula ejus, nisi leo de tribu Juda. Per hunc non sanatur nisi unus, quia nemo meretur sanari, nisi qui per charitatem Christo compaginatur, tanquam membrum capiti, quia nec filii Jacob hoc mysterium audire meruerunt, nisi congregati in nomine Domini, qui ait : « Ubi duo vel tres congregati fuerint in nomine meo, ibi sum ego in medio eorum (*Matth.* XVIII, 10). » Illis enim congregatis prædixit quod futurum erat novissimis diebus, id est novissima ætate. Nos enim sumus in quos fines sæculorum devenerunt (*I Cor.* X, 11); ut ait apostolus Joannes : Filioli, novissima hora est (*I Joan.* II, 18). » Unde (97) et in vespera carnem Eliæ corvus afferebat, et mane panes (*III Reg.* XVII, 6), quia in vespera mundi, adest Salvator incarnatus ad justitiam, **251** et mane tertii diei panis cœlestis, qui vitam dat mundo, passionis clibano excoctus, in gloria resurrexit. Unde Moyses ait filiis Israel. « Vespere comedetis carnes, et mane saturabimini panibus (*Exod.* XVI, 12). » Hac igitur hora magni consilii Angelus de consessu Patris ad sanandum unum descendit. Descendit et Samaritanus ad alligandum vulneratum. Appropiavit Eliseus ad suscitandum mortuum. Accessit qui matri suæ Ecclesiæ vivificatum reddidit. Unde ei honor et gloria per infinita sæcula sæculorum. Amen.

IX.

IN NATIVITATE DOMINI SERMO PRIMUS (98).

De nativitate Domini.

« Domini est assumptio nostra sancti Israel regis nostri (*Psal.* LXXXVIII, 19). »

Dominus dominantium, Rex regum, cui nomen est Omnipotens, humanæ infirmitatis consortium non aspernatus, nec dedignatus, « semen Abraham, non angelos apprehendit, » ut ait Apostolus (*Hebr.* II, 16). Non enim angelicæ naturæ data est hæc di-

gnitas, ut Deus ei in unam personam jungeretur, sed carnem de Abraham suscepit, ut filios ejus salvaret. Unde Isaias : « Educam de Jacob semen, et de Juda possidentem montes summos, et hæreditabunt hæreditatem mei electi; ibi servi mei habitabunt (*Isa.* LXV, 9). » Hoc est semen Abrahæ promissum, cui est a Domino dictum : « In semine tuo benedicentur omnes gentes (*Gen.* XXII, 18).» Hic est Christus semen dictus Abrahæ, quia semen Abrahæ apprehendit. Non enim secum de cœlo carnem tulit, nec aliunde novam carnem reformavit. Sed de massæ humanæ conspersionis assumpsit nubem sanctificationis, ut esset gigas geminæ substantiæ, biformisque naturæ, in quo humanæ naturæ dignitas, et Dei misericordia et gratia, qua hoc facere dignatus est, et cura quam de nobis habuit, insinuatur; fugientem quippe ante ipsum humanam naturam, et longe fugientem, longe quidem eminus, quia longe a peccatoribus est salus, insecutus apprehendit : quod quia est magnum et mirabile, et stupore plenum, infirmitatem nostræ carnis sic exaltavit, ut Verbo Patris in unitate personæ societur. Hæc est mulier, quæ, ut evangelica tradit parabola, accendit lucernam, et drachmam quæ perdita fuerat, eversa domo reperit. Perdito enim homine in protoplasto, qui fuit origo perditionis, nos autem propago patris, sapientia ut drachmam perditam reperiret, id est hominem nomine **252** regis et imagine inscriptum reperiret, accendit lucernam, id est lumen posuit in testa, quia lumine divinitatis accendit testam humanæ infirmitatis, et eversa domo, id est mundo in malignitate posito, dextera Excelsi in melius mutato, reperta est drachma, et prodigus ille filius, qui perierat, ad patrem de longinqua peregrinatione regrediens, est inventus. Naturæ jura solventur, ubi Deus humanatur; et hic [*f.* et homo] deificatur, ubi natus in matre generatur sine patre. Lætentur ergo cœli, et exsultet terra, quia Verbo sociata est nostra natura, et quæ in terris sunt, et quæ in cœlis restaurata, et pace hominibus in terra data, facta est Deo in excelsis gloria, dum angelicæ ruinæ reparantur dispendia. Unde ab angelis canitur : « Gloria in excelsis Deo (*Luc.* II, 14); » glorificant enim Deum de suæ diminutionis reparatione. Laudant Deum de naturæ reconciliatione, qua cuncta sunt peracta, quia apparuit benignitas et humanitas Salvatoris nostri Dei ; id est, Deus benignus et humanatus apparuit, cum venit quærere et salvum facere quod perierat. Solus Patris Filius, non Pater ipse, vel Spiritus sanctus, carnem assumpsit; ut Deus, qui in sapientia sua mundum condiderat, secundum illud :

---

(97) Ista allusio non videretur admittenda, si ad Vulgatam referretur, cum III Reg., cap. XVII, v. 6, sic habeatur : *Corvi quoque deferebant ei* (scilicet Eliæ), *panem et carnes mane, similiter panem et carnes vesperi, et bibebat de torrente.* Sed optime consonat versioni Septuaginta Interpretum, qua quidam adhuc usus erat Hildeberti tempore, ubi sic

habetur : *Corvi ferebant ei panes mane, et carnes vespere, et de torrente bibebat aquam.* Hinc innuitur Hildebertum, si quando Scripturam citat aliter quam in Vulgata reperitur, hoc inde contigisse, quod sæpe sæpius Versione Septuaginta interpretum, quasi sibi familiari, uteretur.

(98) E. Sangerman. 381.

« Omnia in sapientia fecisti (*Psal.* ciii, 24). » Domine, ut eadem quæ in cœlis sunt et in terris, salvaret, missus eidem [*supp.* mundo] Filius, non Pater, vel Spiritus sanctus, ut alius [ut non alius] in divinitate esset Filius, alius in humanitate. Et ne idem esset Pater qui Filius, si Deus Pater de homine nasceretur; in magno Dei concilio et ineffabili sapientia, non Pater carnem assumpsit, vel Spiritus sanctus, sed Filius tantum, ut qui erat in divinitate Filius Dei, ipse fieret in homine hominis Filius ; natus pro veritate, nasceretur ex homine hominis filius, ut veritas geniti, non adoptione, vel appellatione, sed in utraque nativitate nascendo filii nomen haberet.

Hujus utramque nativitatem Isaias admirans, ultra [*supp.* quam dici potest] profunditatis horrore percussus, et ultra abyssi altitudinem attonitus, ait : « Antequam parturiret, peperit ; antequam veniret partus ejus, peperit masculum. Quis audivit unquam tale, et quis vidit unquam huic simile? » (*Isa.* lxvi, 7, 8.) Mens deficit, vox silet. Idem alibi ait : « Generationem ejus quis enarrabit ? » (*Isa.* liii, 8.) Quod non de æterna generatione tantum, sed etiam de temporali intelligendum est. Nam et Joannes ab utero sanctificatus, quo inter natos mulierum non surrexit major, se et infirmum ostendit incomparabilis generationis explicatione, dicens : « Veniet fortior me post me, cujus non sum dignus solvere corrigiam calceamentorum (*Joan.* 1, 17) ; » id est ligaturam **253** mysterii incarnationis, modum [*f.* nodum] secreti aperire non sufficio. Et recte caro dicitur calceamentum, quia ea quasi calceata ad nos divinitas venit. Sed quod ait : *Antequam parturiret, peperit,* etc. Hoc involucrum interpres veritatis, quasi excutiens, ait : *Antequam parturiret* Virgo, Deus Pater *peperit,* id est Filium genuit, antequam veniret partus ejus, scilicet Mariæ, Deus Pater *peperit masculum,* id est Filium fortem, per quem omnia facta sunt et subsistunt. Unde masculus dicitur, non propter sexuum discretionem, sed ob virtutis magnitudinem, sicut et brachium, de quo : « Et brachium Domini cui revelatum est (*Ps.* lxiii, 1). » Quis autem unquam vel vidit simile, ut idem hic sit natus, et primo de patre sine matre, et secundo de matre sine patre. Ne [igitur] admireris, cum et Patrem peperisse fateamur, cum ipse dicat ! « Nunquid ego qui alios parere facio, ipse non pariam ? » (*Isa.* lxvi, 9.) Peperit ergo Deus Pater, et parturiit Virgo, non duos, sed unum eumdemque Dei Filium. De quo : « Puer natus est nobis, et filius datus est nobis (*Isa.* ix, 6). » Magnus est et excelsus puer iste, cujus ineffabilis est nativitas, de quo Ecclesiasticus ait : « Melior est puer pauper et sapiens rege sene et stulto, qui nescit providere in posterum ; cum de carcere catenisque egrediatur quis ad regnum, et alius natus in regno inopia consumatur (*Eccli.* iv, 13, 14). » Hic est puer electus e millibus, de quo Pater ait : « Ecce puer meus quem elegi (*Isa.* xlii, 1 ; *Matth.* xii, 18). » Hic puer, licet pau-

per, plures habet pueros sibi obtemperantes, propter quos et ipse factus est puer. Cum enim esset dives Deus apud Deum Patrem, per quem omnia facta sunt, factus est pro nobis pauper, ut nostram assumendo paupertatem, nobis suas communicaret divitias. Ut enim se pauperavit, membra cœlestibus donis ditavit. Repletus est enim in quantum homo Spiritu sancto, qui datus est ei sine mensura, et de plenitudine ejus nos omnes accepimus. Sicut humilis factus est ut nos exaltaret, et pauper, ut nobis pauperibus spiritu regnum cœlorum daret, ita et puer ut suos faceret pueros, de quibus Isaias ait : « Ecce ego et pueri mei, quos dedit mihi Dominus (*Isa.* viii, 18). » Sæpe quidem in prophetis dicitur puer propter puritatis privilegium, qui peccatum non fecit, nec inventus est dolus in ore ejus, « qui non abiit in via peccatorum, et in consilio impiorum non stetit, et in cathedra pestilentiæ non sedit (*Psal.* i, 1). » Unde omnes qui volunt esse sui discipuli, pueros fieri oportet, quia, « puerum assumens, statuit [eum] in medio, dicens : Qui non se humiliaverit sicut parvulus iste, non intrabit in regnum cœlorum (*Marc.* ix, 35). » Inde est etiam quod puerorum innocentium primitiæ dedicatæ **254** sunt, qui non loquendo, sed moriendo confessi sunt ipsum, ut his in puritate vitæ conformari studeant, quicunque Deo hostiam offerre volunt. Propter hujuscemodi pueros, ut eos liberaret de manu perditoris, factus est puer, animam et carnem participans, similis eis in pœna, sed non in culpa. Unde Apostolus : « Quia pueri communicaverunt carni et sanguini, et ipse similiter participavit eisdem, ut per mortem suam destrueret eum qui habebat mortis imperium, » id est diabolum, « et liberaret eos qui timore mortis obnoxii erant servituti (*Hebr.* ii, 14, 15). »

Fuit quidem alius modus nostræ liberationis Deo possibilis, sed nullus nostræ miseriæ sanandæ fuit convenientior, ut homo qui per superbiam corruerat, per humilitatem resurgeret, et qui hominem per astutiam atque fallaciam sibi subjugaverat, ab homine per sapientiam et justitiam vinceretur, ut sicut homo hominem perdidit, ita homo hominem de manu diaboli liberaret. Nisi enim homo esset qui diabolum vinceret, non juste, sed violenter homo extolli videretur, qui se illi sponte subjecit ; sed, si homo vicit, iterum diabolus hominem perdidit, et ut homo vincat, necesse est ut Deus sit homo, ne peccare valeat. Si enim per [*f.* pure] se homo esset, vel angelus, in homine facile peccaret cum utramque naturam per se constet cecidisse. Quia ergo pueri *communicaverunt carni et sanguini,* id est homines erant corruptibiles constantes ex corpore et anima, quæ per sanguinem accipitur, sed Christus participavit eisdem, id est carni et animæ ; et hic similiter, quia fuit passibilis, mortalis, « tentatus per omnia pro similitudine absque peccato (*Hebr.* iv, 15), » ut per mortem suam destrueret diabolum, et eos qui illi erant obnoxii liberaret, deletis peccatis, per quæ sub illo captivi eramus. Incideramus enim in principem hujus sæculi, qui eduxit [*f.* seduxit] Adam, eumque fecit suum, et cœpit nos quasi vernaculos possidere. Sed venit Redemptor, et victus est deceptor ; et quid facit Redemptor captivatori nostro? Tetendit ei muscipulam, et posuit ibi quasi escam sanguinem suum. Ille autem fudit sanguinem innocentem, et tunc jussus est recedere a nocentibus. Quia enim manum extendit in eum, in quo nihil juris habuit, merito illos perdidit, in quibus aliquid juris habere videbatur. Non enim tenebat nos nisi vinculis peccatorum nostrorum. Istæ erant catenæ captivorum. Sed venit puer pauper et sapiens, et alligavit fortem vinculis passionis suæ. Intravit in domum ejus, id est in corda eorum, ubi ipse habitabat, et vasa ejus diripuit qui illa amaritudine sua impleverat. Puer autem **255** ea eripiens, et sua faciens, fudit amaritudinem, et replevit ea dulcedine. Sapiens ergo est puer natus et bonus. Melior est utique rege [sene] et stulto. Iste revera bonus, cujus bonitatis non est numerus, cui non aliud est esse bonum, et esse Deum, quia ejus bonitas divina est natura, cujus sapientia divina est essentia. Ipse enim est sapientia quæ ex Altissimi ore prodiit, et primogenita quædam emanatio claritatis omnipotentis sincera, candor lucis æternæ et speculum sine macula Dei majestatis, et imago bonitatis illius. Hic est puer, non faciem, sed posteriora [ostendens,] cujus facies nimio fulgore splendens, invisibilis est mortali oculo, posteriora autem videre possunt. Unde Moysi quærenti faciem ejus videre, respondit : « Non videbit homo faciem meam, et vivet ; » et addidit : « Sta in foramine petræ, et posteriora mea videbis, cum pertransiero (*Exod.* xxxv, 20, et seqq.). » Qui ergo non potest videre faciem veri pueri, videat saltem posteriora, sed in transitu. Facies est divinitatis claritas, posteriora humanæ susceptionis humilitas. Facies est : « In principio erat Verbum, et Verbum erat apud Deum (*Joan.* i, 1); » Posteriora ; « Verbum caro factum est (*ibid.*). » Nemo igitur vivens in his sensibus carnis mortalis, quantumcumque provectus, etiam sicut Moyses, potest videre faciem hujus pueri, id est unitatis et trinitatis mysterium mentis intuitu penetrare. Hoc enim sanctis in futuro reservatur ad gloriam, secundum illud : « Hæc est autem vita æterna, ut cognoscant te, et quem misisti Jesum Christum (*Joan.* xvii, 3), » esse unum solum ac verum Deum. Hæc est magna multitudo dulcedinis Dei, quam abscondit timentibus se. Si autem non potes videre faciem, videas posteriora stans in foramine petræ cum transierit, id est Verbi incarnationem sic intelligas, ut credas eum postea resurrexisse in gloria. Ipse enim per mortem transiit ad vitam, de terra ad cœlum, de mundo ad Patrem. Non enim sufficit mortuum credere ; quod et iniqui fatentur. Sed respondendum est eis in via veritatis, ut in virtute resurrexisse credatur, quod facit ille qui stat fixus in foramine petræ, id est in fide passionis Christi. « Petra enim erat Christus, » ut ait

A Apostolus (*I Cor.* x, 4). Stat ergo in foramine petræ qui Deum credit esse hominem, qui passus est. Non enim inde fides erat credentibus passionem, quia homo credebatur pati sicut videbatur, sed, quia Deus homo credebatur, qui moriebatur. Nec Thomas, cui dictum est : « Quia vidisti me, credidisti (*Joan.* xx, 28), » illud credidit quod vidit ; vidit hominem, et Deum confessus est, dicens : « Dominus meus et Deus meus (*ibid.*, 29). » Humanitatem ergo cernebat, et divinitatem **256** credebat. Qui sic credit, stat in foramine petræ, et videt posteriora pueri in transitu, a quibus usque ad contemplationem faciei ascendit. Etsi enim facies posteriora præcesserit, non tamen a facie ad posteriora, sed ab ipsis ad faciem pervenitur, ut a minoribus ad altiora sit pro-

B gressus.

Hæc sunt vetustissima et nova, quæ projectis veteribus sunt edenda, sicut ait Moyses : « Comedetis vetustissima veterum, et vetera novis supervenientibus projicietis (*Levit.* xxvi, 10). » Tria hic sunt, vetustissima, vetera et nova. Vetustissima semper habuit puer iste, nova incepit, suscepit vetera, id est signa novorum præmisit ; vetustissima sunt immutabilia, non facta, sed facienda ; nova fecit, vetera dixit. Vetustissima ergo sunt geniti cum gignente æqualitas, coæternitas, et consubstantialitas ; nova, temporalis de Virgine nativitas, Vetera, venturi Emmanuel in lege et prophetis signa et præconia. Vetustissima igitur comedenda sunt, quia eorum intelligentia, qui esuriunt et sitiunt justitiam,

C satiabuntur, secundum illud : « Satiabor, cum apparuerit gloria tua (*Psal.* xvi, 15), » vel misericordia. Nova quoque sunt edenda, ut dum hic parvuli sumus, pane angelorum, id est, lacte [*f.* in lac] infantium converso nutriamur. Panem namque angelorum manducavit homo, etsi non in speciei sinceritate qua fruuntur angeli, in nube tamen qua voluit videri. Novis ergo supervenientibus vetera sunt projicienda, quia luce veritatis coruscante, cujus signacula sunt tollenda, quæ erant quasi verba promittentia, tamdiu existit nobis promissor Deus, donec factus est solutor. Ubi implevit pollicitum, mutavit verbum, sustulit lignum. Non ait : Dabo, sed dedi. Non autem dicitur : *Lux fulgebit*, *sed puer natus est*

D *nobis.* Cessat promissio, quia [fit] veritatis exhibitio. Transeunt vetera, quia succedunt nova, secundum illud Apostoli : « Si qua ergo nova in Christo creatura est, vetera transierunt, ecce facta sunt ei omnia nova (*II Cor.* v, 17). » Vetus enim error abiit, quia veritas de terra prodiit ; dedit enim terra fructum [suum,] cum Maria genuit Verbum bonum. Bonus est puer iste pauper et sapiens, et utique melior « rege sene et stulto, qui nescit providere sibi in posterum (*Eccle.* iv, 13). » Quis est iste rex senex et stultus? Ille utique intelligitur, qui merito suæ perversitatis princeps mundi dicitur, de quo puer sapiens ait : « Venit princeps mundi hujus, et in me non habet quidquam (*Joan.* xv, 30). » Et item : « Nunc judicium est mundi, nunc prin-

ceps hujus mundi ejicietur foras (*Joan.* xii, 31). » A men (*Phil.* ii, 9). » Qui enim patiendo apparuit in-
Princeps autem mundi dicitur, non quia mundialis firmus, resurgendo innotuit Deus. Jubilemus **258**
creaturæ Dominus et auctor exstiterit, sed quia ergo, et sapienter psallamus, quia talis puer natus
princeps atque dux mundana amantium. **257** Iste est nobis, de quo ait angelus pastoribus : « Ecce
ergo rex senex stultus est. Rex, quia in regno con- evangelizo vobis gaudium magnum, quod erit omni
ditus, in empyreo cœlo, scilicet igneo. Rabanus populo, quia natus est vobis hodie Salvator, qui est
[ait] quod cœlum nomen habet a splendore, non a Christus Dominus in civitate David (*Luc.* ii, 10) ; »
calore, quia a mundi volubilitate secretum, mox ut scilicet, Bethlehem, quæ interpretatur domus panis,
est creatum, sanctis angelis est repletum, inter quia ibi natus est panis qui de cœlo descendit, qui
quos Lucifer erat, et eminebat. Unde Dominus ait : dat vitam mundo. Ibi reclinatus est in præsepio, ubi
« Ubi eras, cum me laudabant astra matutina, et pascebatur bos cum asino, quia propter hoc digna-
jubilarent omnes filii Dei ? » (*Job* xxxviii, 7.) Astra tus est nasci ut duos populos Deo reconciliaret, ac
matutina vocat angelos in primordio humanæ con- cœlesti pane reficeret. Jubilate ergo scienter, et
ditionis. psallite sapienter. Beatus enim populus, qui scit

Merito ergo et rex dicitur et senex : Rex, quia, jubilationem, id est, qui intelligit rationem et mo-
ut ait Ezechiel, « perfectione plenus et decorus in B dum jubilationis et psalmi. Est enim jubilus gau-
deliciis Dei fuit, et signaculum similitudinis ejus dium ineffabile, quod nec verbis explicari potest,
(*Ezech.* xxviii, 13). » Senex quia, testante Job, ipse nec reticeri valet. Psalmus, operatio bona. Jubilemus
principium viarum Dei (*Job* xl, 14), quia inter prima ergo mente, et psallamus opere, præparantes regi
Dei opera conditus est ; sed stultus quia non providit nostro habitacula pectoris, et lavantes inter inno-
sibi in posterum. Conditus enim in eminentia et centes manus nostras, quia « Domini est assumptio
sublimitate veræ scientiæ, altitudine tantum intu- nostra, et sancti Israel regis nostri (*Psal.* lxxxviii,
muit, ut Altissimo æquari posse præsumpserit. 19) ; » id est nostram suscepit naturam Dominus et
Dixit enim in corde suo, ut Isaias ait : « In cœlum Rex noster, qui nos hic sanctificat, ut in futuro
conscendam, » id est, ad æqualitatem Dei, « super Israel faciat, id est, Deum videntes, qui velociter
astra cœli exaltabo solium meum, » id est super spolia prædoni nostro detraxit ; qui infirmis salutem,
alios angelos, « et similis ero Altissimo (*Isa.* xvi, captivis libertatem, exsulibus hæreditatem donavit,
13, 14), » Sed, quanto magis præsumpsit, tanto ma- atque inimicis destructis pacem nobis dedit, unde
gis corruit. Unde Isaias : « Quomodo cecidisti de sit ei honor et gloria in sæcula sæculorum. Amen.
cœlo, Lucifer, qui mane oriebaris ? Corruisti in ter- C

X

ram, et usque ad infernum detraheris in profundum laci (*ibid.*, xxii, 15). » Veritas in Evangelio
ait : « Videbam Satanam tanquam fulgur de cœlo *De nativitate Domini.*
cadentem (*Luc.* x, 18). » Stultus ergo rex iste, licet Sanctam ac venerabilem, gloriosam et singularem
senex, in posterum non sibi providens, suis non con- solemnitatem, hoc est, Nativitatem Domini nostri
tentus aliena usurpare fuit ausus. Unde suis est Jesu Christi, fratres charissimi, devotione fidelis-
spoliatus, quia aliis angelis splendidior conditus, et sima suscepturi, totis viribus nos debemus cum ip-
ob hoc Lucifer appellatus, suo vitio cadens factus sius adjutorio præparare, et omnes animæ nostræ
est hesperus. De empyreo in caliginem hujus aeris latebras diligenter inspicere, ne forte aliquod pec-
præcipitatus, ad illudendum ei puer pauper et sa- catum sit absconditum, quod et conscientiam no-
piens, de carcere et catenis egressus est ad regnum, stram confundat, et oculos divinæ majestatis offen-
cum ille natus in regno inopia consumatur. Mirare dat. Nam licet Christus Dominus noster post pas-
pueri pauperis sapientiam, et regis senis stultitiam. sionem suam resurrexerit, et in cœlum ascenderit,
Ille enim in regno natus inopia consumitur ; ambulat considerat tamen, ut credimus, et diligenter attendit
enim per loca inaquosa et arida quærens requiem, D qualiter se unusquisque servorum ejus sine avaritia
et non invenit (*Luc.* xi, 24), quia veram requiem et ira, et sine superbia et luxuria, ad celebrandam
deseruit. « Dormit sub umbra calami, et in humen- ejus Nativitatem studeat præparare et componere,
tibus locis (*Job* xl, 16), » teste Job, qui inter cedros Secundum [enim] quod unumquemque bonis mori-
paradisi gloriosus florebat, sed puer pauper et sa- bus viderit, ita illi gratiam suæ misericordiæ dispen-
piens de carcere catenisque ad requiem venit et sabit. Si enim viderit eum charitatis **259** luce
regnum. Captus est enim injuste a Judæis, captus vestitum, justitiæ vel misericordiæ margaritis orna-
atque ligatus ; sed patienter hæc omnia secundum tum, castum, humilem, misericordem, benignum et
voluntatem Patris passus clavis cruci affixus est, sed sobrium ; si talem agnoverit, corpus et sanguinem
per hanc obedientiam regnum est adeptus. « Factus suum ei non ad judicium, sed ad remedium per
est enim principatus ejus super humerum ejus sacerdotum suorum ministerium dispensabit. Si
(*Isa.* ix, 6). » Propter hoc enim « exaltavit illum vero viderit aliquem ebriosum, cupidum, suspicio-
Deus, et dedit illi nomen quod est super omne no- sum, timeo ne illi hoc dicatur quod Dominus in
Evangelio ait : « Amice, quomodo huc intrasti non

(99) E ms. Sancti Victoris Paris. et Lyrano.

habens vestem nuptialem?» (*Matth.* xxii,12.) Et (quod Dominus avertat!) fiat illi quod sequitur : « Ligatis manibus et pedibus projicite eum in tenebras exteriores; ibi erit fletus, et stridor dentium (*ibid.*,13).» Ecce sententiam qualem in die judicii suscipiet qui, sine remedio pœnitentiæ, ad festivitatem Domini vitiorum sordibus iniquinatus accesserit. In Natale enim Domini, quasi in nuptiis spiritualibus , sponsæ suæ, id est Ecclesiæ Christus adjunctus est. Tunc enim « veritas de terra orta est, tunc justitia de cœlo prospexit (*Psal.* lxxxiv, 12), » tunc processit sponsus de thalamo suo, hoc est Verbum Dei Patris de utero virginali ; processit enim cum sponsa sua, id est Ecclesia , [cum] humanam carnem assumpsit. Ad istas ergo tam sanctas nuptias invitati, et ad convivium Patris, et Filii, et Spiritus sancti intraturi, videte quibus indumentis debeamus ornari. Ideo debemus, quantum possumus cum adjutorio Dei, corda simul et corpora nostra præparare, ut cœlestis ille invitator nihil in nobis sordidum, nihil fœdum , nihil obscurum, nihil oculis suis deprehendat indignum.

Hoc igitur , fratres charissimi , non transitorie , sed cum ingenti tremore debemus attendere. Invitati enim sumus ad Dominicas nuptias, ut nos ipsi, si bene agamus, Sponso adhæreamus. Cogitemus ad quales nuptias, ad qualem sponsum, ad quale conjugium invitati sumus. Invitati enim sumus ad mensam , ubi non invenitur cibus hominum, sed panis angelorum. Et ideo videamus ne forte in anima, ubi debemus bonorum operum margaritis ornari, ibi appareamus pannis veteribus involuti, et [ne] quando eos qui boni sunt in oculis Dei, et quos castitas reddidit candidos, tunc eos qui mali sunt, luxuria reddat sordidos. Et ideo quotiescunque aut diebus Natalis Domini, aut festivitatibus reliquis advenientibus, sicut frequenter admonui, non solum ab infelici concubinarum consortio, sed ab ipsis uxoribus abstinere , et ab omni iracundia alienos nos facere debemus, ut præterita peccata per eleemosynas et pœnitentias redimantur. Contra nullum hominem odium in corde teneatur. Quod solebat vanitas per gulam [*f.* superbiam], incipiat justitia per misericordiam erogare pauperibus ; quod **260** luxuria vel gula dispensavit [*f.* dissipavit] in mundo, pietas reponat in cœlo. Et licet expediat ut semper eleemosynas facere debeamus, præcipue tamen in sanctis solemnitatibus secundum vires nostras abundantius erogare debemus; pauperes autem ante omnia frequentius ad convivium revocemus. Non est enim justum ut in sancta solemnitate, in populo Christiano ad unum Deum pertinente, alii inebrientur, alii fame et [vitæ] periculo crucientur. Et nos [enim] et omnis populus unius Dei servi sumus, et si bene agimus ad unam beatitudinem pariter perveniemus. Ergo, fratres, Natalem Domini suscepturi ab omni conscientiæ fæce mundemur. Occurramus [ei] non in sericis vestibus, sed in operibus pre-

tiosis. Vestimenta enim nuda membra operire possunt, conscientiam ornare non possunt nisi quod majoris verecundiæ est, nitidum membris incedere, et pollutum sensibus ambulare.

Interioris igitur hominis prius ornemus affectum, ut exterioris hominis amictus sit ornatior. Spirituales maculas abluamus, ut non carnali fulgeant vestimenta ; sed hæc vestræ charitatis sensibus renatis in ærean , breviter dicta sunt , et quæ brevius iteramus. Hæc enim admonemus, fratres charissimi, quia Natale Domini imminet. [Igitur] tanquam ad nuptiale et cœleste conjugium ab omni luxuria alieni, et bonis operibus adornati, nos per Christi adjutorium præparemus, eleemosynas pauperibus erogemus, iracundiam vel odium, sicut venenum, de cordibus nostris respuamus, castitatem fideliter teneamus. Ad convivium nostrum pauperes frequentius revocemus. Ad vigilias matutinas surgite , in Ecclesia stantes adorate vel psallite. Verba otiosa aut sæcularia, nec ipsi ex ore proferte, et eos qui proferre voluerint castigate; pacem cum omnibus custodite, et quos discordes agnoscitis, ad concordiam revocate. Hæc si fideliter Christo adjuvante volueritis implere, et in [hoc] sæculo Dominicum ad altare secura conscientia poteritis accedere, et in futuro ad æternam beatitudinem fideliter pervenire, præstante Domino nostro Jesu Christo.

XI.

IN NATIVITATE DOMINI SERMO TERTIUS (100).

De nativitate Domini.

« Apparuit benignitas et humanitas Salvatoris « nostri Dei, non ex operibus justitiæ **261** quæ « fecimus nos, sed secundum misericordiam suam « salvos nos fecit (*Tit.* iii, 5). »

Acquisierat sibi, fratres, genus humanum astutia diabolicæ fraudis. Subdiderat [illud] suæ dilectioni [*f.* ditioni] per peccatum primi parentis. Dominus vero, justus judex, qui nec adversario aliquid injustum vult irrogare, sed omnia sive per misericordiam, sive per justitiam facere, sic voluit genus humanum per gratiam redimere, ut nec diabolo injuriam videretur inferre. Cum ergo Satanas contra hominem astute egisset per fallaciam, voluit Dominus contra Satanam propter hominem prudenter agere per sapientiam. Tali igitur consilio egit Dominus de humana reparatione. Necessarium erat ut contra diabolum pugnaturus talis mitteretur, qui nec succumberet, et rationabiliter ageret, et cum sapientia omnia tractaret. Adam purus homo fuit, et ideo ex humana fragilitate tentationibus diabolicis succubuit; et propterea purus homo ad redemptionem mittendus non foret, qui vel per se, vel cum tentaretur, peccare potuisset. Angelus tamen non erat mittendus in hac militia, quia peccare poterat, qui prius peccavit in superbia. Necessario igitur mittendus erat qui peccare non poterat. Sed

nulla creatura est rationabilis quæ peccare non
possit, nisi solus Deus. Quare ergo non est missus Pater, non est missus Spiritus sanctus, sed
solus Filius? Quia, ut superius dictum est, contra
[hostem] astutum agendum erat per sapientiam.
Sapientia autem et prudentia Patris est Filius, per
. . facta sunt et provisa. Quia pru-
. . . ionabiliter, quia sapientia est,
egi apienter; et quia Deus exstitit, peccare non
potuit. Missus est ergo Filius, qui cum esset
prudentia, omnia rationabiliter egit; cum esset
sapientia, sapienter omnia pertractavit; cum esset
Deus peccare non potuit. Sed rationi congruum
erat ut sicut homo superatus captus [f. captivus]
erat, sic homo superando [dæmonem] naturam
humanam liberaret. Non ergo purus homo missus
est, sed Deus et homo; homo qui pugnaret, Deus
qui pugnantem sustentaret. Est et alia ratio. Magna
discordia erat inter Deum et homines per veterem
hominem; facta est concordia per novum mediatorem. Sed, cum mediator esset, dignum erat ut cum
utroque affinitatem haberet. Itaque cum hominem
Deo reconciliaturus erat, qui erat inter utrumque
Deus et homo esse debuit.

Apparuit ergo *benignitas et humanitas Salvatoris
nostri Dei*, id est Deus et homo. *Non* tamen *ex operibus justitiæ quæ fecimus nos, sed secundum misericordiam* **262** *suam salvos nos fecit.* Bene autem
apparuit. Revelata est enim Dei [f. Christi] nativitas
multis modis. Revelata est per angelos pastoribus;
revelata est per stellam regibus. Audivimus enim in
Evangelio, quod « pastores erant in regione eadem
vigilantes, et custodientes vigilias noctis super gregem suum. Et ecce angelus Domini stetit juxta
illos; et timuerunt timore magno. Et dixit eis angelus: Nolite timere. Ecce enim evangelizo vobis
gaudium magnum, quod erit omni populo, quia
natus est vobis hodie Salvator, qui est Christus
Dominus (*Luc.* ii, 8, et seq.). » Et ubi est natus? « In
civitate David, » id est Bethlehem. « Et hoc vobis
signum: Invenietis infantem pannis involutum et
positum in præsepio. Et subito facta est cum angelo
multitudo militiæ cœlestis exercitus laudantium
Deum, et dicentium : Gloria in excelsis Deo, et in
terra pax hominibus bonæ voluntatis (*ibid.*). » Hoc
audientes pastores venerunt usque Bethlehem, et
viderunt sicut dictum fuerat ad illos per angelum.
Merito hoc angelus nuntiavit, quia Rex angelorum
natus erat. Et dignum erat ut cum magna luce
apparuisset angelus, quia solem justitiæ, lumen in
tenebris declaravit exortum. Pastoribus nuntiatum
est, quia natus est ille qui ait: « Ego sum pastor
bonus (*Joan.* x, 11). » Per stellam apparuit regibus,
quia ortus erat Rex et stella. Rex, unde scriptum
est: « Ego autem constitutus sum Rex ab eo (*Psal.*
ii, 6); stella, unde scriptum est: « Orietur stella ex
Jacob (*Num.* xxiv, 17). » Merito itaque apparuit
pastoribus et regibus, quia ipse erat rex et sacerdos natus de regali et sacerdotali genere. De regali

A semine, quia de semine David; de sacerdotali, quia
Maria cognata Elisabeth erat. Satis commendabilis
fuit nuntius, quia angelus, et cum magna voce, de
qua legitur in Evangelio: « Et erat uxor Zachariæ
de filiabus Aaron, et nomen ejus Elisabeth (*Luc.* i,
v). » Sed audite quid attulit: *Ecce evangelizo vobis
gaudium magnum, quia natus est vobis hodie Salvator.*
Vere gaudium magnum. Captivi eramus in carcere,
jacebamus in infirmitate. Natus est medicus. Ecce
gaudium magnum. Multo magis gaudium erat hominibus, cum angeli gauderent, et dicerent: *Gloria in
excelsis Deo.* Gaudium erat apud angelos de restauratione diminuti ordinis. Laudabant Dominum de
reparatione hominum, ad restaurationem angelorum. Et hominibus est pax, quia discordiam cum
Deo et cum angelis habuimus; sed per mediatorem
reconciliati sumus. Quia peccando extranei eramus,
ideo et extraneos nos a suo consortio deputabant
angeli. Adeo angeli vilipendebant homines, quod se
ab eis adorari permittebant. Hinc est enim, quod
Lot et Abraham angelos adorabant, nec ipsi **263**
prohibentur ante adventum Christi. Sed nato Domino, cum Joannes voluit adorare angelum in Apocalypsi, idem angelus ne se debeat adorare compescit,
dicens: « Vide ne feceris, conservus tuus sum, et
fratrum tuorum (*Apoc.* xix, 10). » Prius naturam
humanam despiciebant angeli, ut inferiorem; sed,
postquam eam assumptam super se conspiciunt,
prostratam sibi videre pertimescunt, nec dedignantur hominem socium, qui super se adorant hominem
Deum. Pax nuntiatur hominibus, sed non omnibus,
imo hominibus bonæ voluntatis. Ac si dicerent : Illi
reconciliabuntur, qui habent bonam voluntatem
reconciliandi. Illi vero habent voluntatem reconciliandi qui vovent se Creatori, nec faciunt contrarium
voluntati ejus. Notandum est quare dixit, *bonæ
voluntatis*, et non actionis, quia voluntas bona sufficit, si facultas operationis desit. Itaque bona voluntas
valet aliquando, sine operatione bona; operatio vero
nunquam sine bona voluntate. Maluit ergo dicere,
bonæ voluntatis, quod commune est omnibus salvatis.

Ostendimus, fratres charissimi, quomodo apparuit benignitas et humanitas Salvatoris, sed non est
silendus ordo gloriosæ ejus nativitatis. Prædictus est
adventus ejus, multis et ante temporibus a prophetis præsignatus erat, multis etiam figuris. Ait enim
Isaias : « Egredietur virga de radice Jesse, et flos
de radice ejus ascendet, et requiescet super eum
Spiritus Domini (*Isa.* ii, 1). » Hoc etiam ostensum
est prius in figura Aaron. Dominus enim præcepit
de singulis tribubus virgas afferri. Allatæ sunt virgæ duodecim, inter quas etiam erat una quæ fuerat
Aaron sacerdotis ; positæ sunt a Moysi in tabernaculo testimonii: virga autem Aaron post alterum
diem invenitur produxisse flores et frondes, et
peperisse nuces (*Num.* xvii, 2-8). Ecce prophetia
et figura. Jesse fuit pater David; radix Jesse familia
Judæorum. Virga est Maria, flos filius ejus, super
quem descendit Spiritus sanctus in specie columbæ.

Similiter virgâ Aaron, quæ sine semine produxit nuces [*Vulg.* amygdalas], signat Mariam, quæ sine semine genuit Christum. In nuce, quæ signat Corpus Dominicum, tria sunt : cortex, testa, nucleus. Cortex amarus designat carnem, quæ habuit passionis amaritudinem. Testa significat ossa. Nucleus interior animam virtutibus candidam. Cum his, et his similibus esset hæc nativitas Domini prænuntiata, et præmonstrata, voluit Dominus implere promissa. Missus est itaque Gabriel angelus ad Mariam in Nazareth, et nuntiavit descensum **264** Domini in uterum ejus (*Luc.* i, 26). Dignum erat ut Gabriel, qui *fortitudo Dei* interpretatur, annuntiaret nasciturum Dominum, qui forti manu contra principem hujus mundi pugnaturus erat. Et valde conveniens erat ut Christus qui per florem supradictum præsignatus erat, in Nazareth conciperetur, qui *flos* vel *virgultum* interpretatur. Egregium præcursorem habuit egregius imperator Joannem Baptistam, qui ab utero matris Dominum recognovit, qui per eumdem Gabrielem scilicet nuntiatus est, et contrarius [*f.* contra jus naturæ] naturæ de sterili Elisabeth, videlicet cognata Mariæ, natus est. In sexto mense a conceptione Joannis conceptus est Christus ; quo concepto, abiit Maria in montana cum festinatione, et intravit in domum Zachariæ, et salutavit Elisabeth. Et audita salutatione, exsultatione exsultavit infans in utero Elisabeth (*Luc* i, 39 etc.). Cœpit Joannes esse propheta, antequam nasceretur, et recognovit servus Dominum, conceptus conceptum ; et per gratiam pueri repleta est mater spiritu prophetico, et ait : « Unde hoc mihi, ut veniat mater Domini mei ad me ; et mansit ibi Maria tribus mensibus, et reversa est in domum suam (*ibid.* 43, 56). » Postea contigit Joseph ire in Bethlem cum uxore sua prægnante ; cumque impleti essent dies ut pareret, diverterunt in stabulum, et peperit sine dolore, et pannis eum involvit (*Luc.* ii, 7). Sic divina potentia operante, de Virgine natus est Christus, non aperta porta Virginis, quæ virgo ante partum, virgo in partu, virgo post partum. De hac porta Virginis dixit Dominus ad Ezechielem : « Porta hæc quam vides, clausa erit, et non aperietur, et vir non intrabit per eam (*Ezech.* xliv, 2), » quam ingressus est Dominus Deus Israel, et semper erit clausa. Magnum meritum, magnum donum, magna gratia ! Ancilla peperit Dominum ; creatura Creatorem, filia patrem, filia divinitatis, mater humanitatis. Duas nativitates Domini accepimus, unam divinam, alteram humanam. Illam sine matre, istam sine patre. Hodie, fratres charissimi, celebramus temporalem nativitatem propter nos acceptam. Gaudeamus propter reparationem nostram. Hodie suscepit infirmus sanitatem, hodie captivus libertatem, hodie recuperavit exsul hæreditatem. Suscipiamus ergo hodie Regem venientem, præparemus ei habitacula pectorum contra talem imperatorem, ut nos dignetur suscipere, in cœlesti Jerusalem, qui vivit et regnat per omnia sæcula sæculorum. Amen.

XII.

265 IN FESTO CIRCUMCISIONIS DOMINI SERMO UNICUS (1).

« In monte Sion erit salvatio, et erit Sanctus, et « possidebit domus Jacob eos qui se possederant, « et erit domus Jacob ignis, et domus Joseph « flamma (*Abd.* i, 17). »

Suavis et mitis promissionis buccinâ cordibus fidelium insonuit per prophetam Abdiam, qui velut musica Salvatoris, et harmonia cœlestis, fidelium mentes spirituali exsultatione, atque perfecta dilectione dilataret. *Erit*, inquit, *in monte Sion salvatio, et erit Sanctus.* Ideo scilicet salvatio erit, quia Sanctus. Hic est enim Sanctus sanctorum, quo veniente, cessat unctio Judæorum, qui, antequam conciperetur, vocatus est Jesus, id est Salvator. Quare evangelista docet : « Ipse enim salvum faciet populum suum a peccatis eorum (*Matth.* i, 21). » Merito igitur divinitus Jesus appellatus est, qui suo opere implet rationem vocationis suæ. De quo Joannes ait : « Vidi angelum fortem descendentem de cœlo amictum nube, et iris in capite ejus, et facies ejus erat ut sol, et pedes ejus tanquam columnæ ignis, et habebat in manu sua libellum apertum (*Apoc.* x, 1, 2). » Multa congerit apotheca gratiæ, scilicet sacra Pagina, quod mirari valet, sed non rimari uterque oculus sponsæ, mysticus scilicet et moralis. Ecce enim quem supra sanctum, atque alibi puerum, et alibi prophetam, hic angelum vocat fortem. Est ergo puer et innocentiæ et puritatis prærogativa, et sanctus sanctificationis gratia, et propheta futura prædicando, et angelus præsentia nuntiando. Angelus enim *nuntius* dicitur : Et quis tam vere paternæ voluntatis nuntius exstitit, quam magni consilii Angelus? Recte autem ipse magni consilii Angelus dicitur, qui solus in dispositione rerum Patris, ab æterno fuit consiliarius, et consilium ab æternis temporibus tacitum nobis nuntiavit ; in quo etiam omnes thesauri sapientiæ et scientiæ sunt reconditi. Ipse enim Sapientia, quæ ait : « Dominus possedit me ab initio viarum suarum, antequam quidquam faceret a principio. Ab æterno ordinata sum, antequam terra fieret. Nondum erant abyssi, et ego jam concepta eram ; necdum fontes aquarum eruperant ; necdum montes gravi mole constiterant, ante colles ego parturiebar... Quando præparabat cœlos, aderam, cum eo cuncta componens..... Et delectabar per singulos dies, ludens coram eo omni tempore (*Prov.* viii, 22, etc.). » Secretorum ergo Patris cognitor est hic Angelus ; fortis quoque, licet puer, **266** quia fortem alligavit, aerias potestates debellavit. Propter quod et descendit, non utique locum mutando, sed assumendo servilis formæ habitum. Unde amictus nube dicitur, quia carne amictus mundo apparuit, qui per prophetam ait : « Posuit me sicut sagittam electam; in pharetra sua abscondit me (*Isa.* XLIX, 2). » Hæc pharetra est nubes carnis, in qua latebat virtus deitatis. Caro autem Christi recte nubi comparatur, quia nobis præstat refrigerium contra incendia vitiorum, contra æstus peccatorum, a quibus vir propheticus refrigerari et verberari [*f.* liberari] petit, dicens : « Remitte mihi ut refrigerer priusquam abeam, et amplius non ero (*Psal.* XXXVIII, 14). » Dum enim remiseris ut refrigerer a calore variæ concupiscentiæ, a fervore mundialis illecebræ, ibo quidem de hac vita, sed amplius non ero, in vero scilicet esse.

Nubes ergo ista angelica traducit conscientias, vel obtenebrat intelligentias, sed refrigerium præbet absolutionis animabus nostris, et lumen veræ cognitionis. Exstinguit enim venena vitiorum, et tenebras ignorantiæ pellit. Hic est Angelus ille, qui filios Israel commeantes præcedebat in columna nubis in die, et columna ignis in nocte; qui, cum ante ibat, ipsi sequebantur, et cum stabat, in castris morabantur (*Exod.* XIII, 21). Quid sunt istæ columnæ, nisi duæ angeli formæ, una Dei, altera hominis; una Domini, altera servi. Columna namque nubis, quæ in die præcedebat, forma est humanæ assumptionis, quæ in die, id est in tempore gratiæ nos præcedit in terram promissionis ducens. Mediator autem Dei et hominum homo Christus Jesus, nos quasi in die præcessit, cum in seipso nobis exemplum tradidit, ut sequamur vestigia ejus. Cujus omnis actio nostra est instructio; qui tanquam Princeps noster legem eundi et ad patriam currendi nobis opere et sermone præscripsit, ne recedamus a signis ejus, declinantes ad dexteram, vel ad sinistram, sed ut curramus post eum in odorem unguentorum ejus; qui tanquam sponsus procedens de thalamo suo, exsultavit ut gigas ad currendam viam. Ipse Sponsus recte dicitur, quia a prophetis multoties promissus, et quia habet sponsam, sponsus est. Sicut ergo a sponsione prophetica ipse nominatur Sponsus, ita et ejus sponsa dicitur Ecclesia, ei sæpenumero promissa, ut ibi : « Postula a me, et dabo tibi gentes hæreditatem tuam (*Psal.* II, 8). » Hujus et Sponsi et sponsæ thalamus exstitit virginalis uterus, ubi Angelus magni consilii humanæ naturæ, ut sponsus sponsæ copulatus est, virginalis incorruptionis integritate servata. Descendit quidem sicut pluvia in vellus : aperta comparatio, et [congrua similitudo. Lana enim **267** accipiendo, vel reddendo aquam, non rumpitur, sed integra manet. Sic integritas in Virgine et ante partum, et in partu, et post partum servata est (1*)]. Hæc est enim porta quæ respicit ad orientem, in Ezechiele clausa fuisse legitur, Domino dicente ad eum : « Porta hæc clausa erit, et non aperietur, et vir non transibit per eam, quoniam Dominus Deus Israel ingressus est per eam. Princeps enim per viam portæ ingredietur, et per viam ejus egredietur (*Ezech.* XLIV, 2, 3). » Hic est Princeps de quo

Isaias ait : « Princeps quæ digna sunt principe cogitabit, et ipse super duces stabit (*Isa.* XXXII, 8). » Hic ergo princeps, [quem nullus posset sustinere, si vellet manifesta potestate cognosci, voluit in summa lenitate in uterum Virginis, sine aliquo strepitu, sicut pluvia in vellus descendere]. Hic ergo « exsultavit ut gigas ad currendam viam (*Psal.* XVIII, 6). » Gigas bene ipse dicitur, quia imperturbabilis, irrevocabilis, incomparabili virtute omnes homines superans, ipse cucurrit viam. Non habitavit vel stetit in ea, quia non tenuit eum sæculi illecebra. Quam viam? Ecce « a summo cœlo egressio ejus, et occursus ejus usque ad summum ejus (*ibid.*, 7). »

Hæc est ergo via quam cucurrit gigas fortis geminæ substantiæ, biformisque naturæ, quia ab æqualitate Patris ab æterno egrediens, venit in mundum, carnis nube amictus, et usque ad visibilitatem hominibus cognoscibilis factus; et iterum relinquens mundum, ascendit ad Patrem, non relicto mundo, tanquam in mundo esse desierit. Nec ascendit ad Patrem, tanquam apud eum semper non fuerit. Sed sicut antequam vestiretur nube in mundo erat, et mundus per ipsum factus est; et cum dicitur venisse in mundum cum nube carnis, visibilis apparuit mundo : ita dicitur reliquisse mundum, non propter sui absentiam, sed ob visibilitatis substractionem, et ascendisse ad Patrem, quia ascendendo in cœlum, innotuit Patri æqualis. Sic ergo angelus fortis in columna nubis nos præcessit, quia in tempore gratiæ, velut in nube carnis, nos erudivit, ut abnegantes impietatem et sæcularia desideria, sobrie quantum ad nos, et juste quantum ad proximum, et pie quantum ad Deum, vivamus in hoc sæculo exspectantes beatam spem, et adventum Domini nostri Jesu Christi (*Tit.* II, 12). In nocte vero nos præcessit in columna ignis. Columna ignis forma est deitatis. « Deus enim noster ignis consumens est (*Deut.* IV, 24), » quia tanquam ignis lignum, fenum, stipulam consumit in nobis, qui in fornace tribulationis electos probat, tanquam figulus vasa. De quo Malachias : « Ipse quasi ignis conflans, et quasi herba fullonum, et sedebit conflans, et emundans quasi argentum, et purgabit **268** filios Levi, et colabit eos quasi aurum (*Malach.* III, 2, 3). » Deus enim noster quasi ignis conflans est illis qui gravia peccata committunt, graviorum suppliciorum verberibus visitans excessus. His vero qui levia peccata et parva delicta admittunt, est quasi herba fullonum, ut lotis restituat munditiam, et lavet sordes filiarum Sion. Per filios autem Levi sacerdotalis dignitas intelligitur. At si sacerdotes Domini colandi sunt et purgandi, quid de cæteris dicendum est, cum judicium incipiat a domo Dei? « A sanctis meis, » inquit Dominus per Ezechielem ad angelos ministros vindictæ, « incipite (*Ezech.* IX, 6). « Si ergo judicium incipit hic a filiis, quid facient servi nequissimi? « Si justus vix salvabitur, impius et peccator ubi parebunt? (*I Petr.* IV, 8). »

(1*) Quæ uncis includuntur, eadem e verbo apud Petrum Lombardum edita sunt. (Comm. in Psal. LXVI, p. III, v. 6.—Edit. Patrol.

Merito ergo qui peccatores ita conflat et colat, in columna ignis nos præcedere dicitur, et hoc in nocte peccatorum et vitiorum. Ut enim per diem gratiæ ortus, ita per noctem peccaminum obtenebratio intelligitur, quæ ante adventum Salvatoris præcipue mundum involvit, quia nondum sedentibus in regione umbræ mortis lux orta fuerat. Secunda mors hic intelligitur, quæ erit in inferno, cujus umbra sunt vitia et peccata. Regio ergo umbræ mortis, regnum peccati, regio dissimilitudinis intelligitur. Qui ergo a peccatis resurgunt, qui animas mortificant, in secundam [mortem] non cadunt. Unde Joannes : « Beati qui habent partem in prima resurrectione ; in his secunda mors non habet potestatem (*Apoc.* xx, 6). » Prima resurrectio est animæ a vitiis, secunda erit corporis a morte resurgentis. De prima ait Apostolus : « Surge, qui dormis, et exsurge a mortuis, et illuminabit te Christus (*Ephes.* v, 14). » Et Salomon : « Usquequo, piger, dormis? Usquequo de somno consurges (*Prov.* vi, 9), » de hoc somno, id est de corpore carnalium voluptatum? De nocte vitiorum et ignorantiæ nemo surgit, nisi Domino per gratiam suam eum excitantem et illuminantem. Nam de via iniquitatis dicitur : « Multi ingredientur per eam, et non revertentur. » Ingredientur quidem per se, at non revertentur per se; imo Dei gratia præveniente, et adducente eos.

Merito ergo Angelus fortis in columna ignis filios Israel in nocte præcessisse dicitur, quia virtute divinitatis, vincula peccatorum in electis disrumpit. « Erat Iris in capite ejus (*Apoc.* x, 1), » id est deitas in homine. Deus enim erat in Christo mundum reconcilians sibi, et « facies ejus erat sicut sol, et pedes ejus tanquam columnæ ignis. » Facies angeli intelliguntur illi quibus relucet Dei imago et similitudo, ut in contemplativis, qui sunt ut sol, quia eorum consideratio est in cœlis, qui lucent in medio hujus pravæ et perversæ nationis, tanquam luminaria **269** fixa in firmamento cœli; qui effundentes super animam suam, transeunt per locum tabernaculi admirabilis usque ad domum Dei, in voce exsultationis et confessionis, sono epulantis. Pedes vero dicti sunt firmi in fide, aliorum necessitati ministrantes, fenum jucunditatis et benignitatis suæ procurantes, qui cum Martha solliciti sunt circa ministerium, et turbantur circa plurima, volentes quod non valent, et ideo voluntas, deficiente facultate, pro facto eis computatur. Hi sunt quasi columna ignis, quia Spiritu sancto accensi, aliorum indigentiam relevant, et ad idem alios exemplo suo accendunt. Habebat etiam angelus in manu sua librum apertum; quia sacram Scripturam operatione sua complevit, partim prædicando, partim quæ de se erant dicta, consummando, et tandem sensus ejus aperiendo. Hic omnipotens Sermo Patris, qui dum medium silentium tenerent omnia, et nox in suo cursu medium iter haberet, a regalibus sedibus venit. Tria sunt silentia. Primum fuit

ante legem, secundum sub lege, tertium in gloria erit. Primum fuit ignorantia languoris, secundum desperatio rationis, tertium adeptio sanitatis. Ante legem enim homo non agnoscebat morbum suum, ideoque silebat, non quærens remedium. Ut autem lex subintravit, per quam est cognitio peccati, et ostendit languidis vulnera sua, mox ruptum est silentium, quia cœperunt ægri salutis poscere remedium, sed per opera legis, ubi non est salus; sanari enim volentes, quod quærebant invenire nequibant.

Tandem igitur considerans homo neminem per legem justificari posse, quasi diurnis clamoribus fatigatus, rursum loqui cessavit, de salute desperans, et subsecutum est secundum silentium. Tunc ergo omnipotens Sermo Patris in carne veniens, rupit silentium, locutus est pacem, dedit gratiam, proposuit misericordiam, promisit veniam, et cœperunt ægri accelerare ad medicum, et puritate fidei, veritatisque confessione, quasi magnis clamoribus flagitare remedium. Hoc itaque, invitaque præsentia [*f.* Hac itaque invitatus præsentia], agit homo, ut per Dei gratiam sanitatem recipiat. Sed cum plena venerit sanitas et venturæ immortalitatis dabitur felicitas, non erit amplius quod petat, secundum illud : « In illa die non rogabitis Patrem quidquam (*Joan* xvi, 23). » Et erit tunc tertium consummationis silentium nunquam finiendum. Inter primum et tertium silentium multa verba legis per Moysen data sonuerunt, in qua erat nox verborum, ut ait Apostolus. Inter medium vero et ultimum sonat unum verbum, una gratia, Salvatoris, scilicet benignitas et humanitas. Moyses famulus **270** Dei multa verba et multos sermones protulit. Deus Pater unum verbum, unum sermonem misit. Sermones Moysi multi impotentes fuerunt, quia quod dicebant, efficere non valebant. Unus vero Patris omnipotens fuit, qui non solum dixit, imo quæcunque voluit, fecit. De quo per Isaiam Pater ait : « Verbum meum quod egredietur de ore meo, non revertetur ad me vacuum, sed faciet quæcunque volui, et prosperabitur in his ad quæ misi illud (*Isa* lv, 11). » Hoc verbum adhuc loquitur, dum promissa in suis paulatim operatur. Cum autem omnes promissiones in illo fuerint completæ, quia nihil ultra deerit, felix in sempiternum silentium erit. « Dum ergo medium silentium tenerent omnia (2). » Bene dicit omnia; quia non solum illi desperabant qui sub lege erant, sed illa deficiebant quæ promissa fuerant. « Et nox in suo cursu medium iter teneret, a regalibus sedibus venit (3). » Triplex nox intelligitur, scilicet diabolus, vita præsens, et peccatum. Nox ergo, id est diabolus in suo cursu medium iter habebat; iter, quia pene universum genus humanum tanquam gregem post se trahebat in barathrum perditionis. Præsens vita nox est; vita futura, dies. Nox ista vesperam, dies illa habet auroram. Vespera hujus diei cœpit, cum Adam peccavit. Aurora

beret. (*Sap.* ix, 14).

(3) *Ibid.*

(2) Vulgata habet : *Cum quietum silentium contineret omnia, et nox in suo cursu medium iter ha-*

illius diei fuit, ex quo Christus resurrexit, secundum illud : « Ad vesperum demorabitur fletus, et ad matutinum lætitia (*Psal.* xix, 6). »

Vita ergo ista nox est; sed quis est cursus hujus noctis? Vita mortalis deorsum currit, sicut vita immortalis sursum; illius iter sursum est in cœlis ; istius iter deorsum est in inferis. Iter medium est stadium vitæ præsentis, quod nascendo intravimus, vivendo percurrimus, moriendo eximus. Nox ergo ista in suo cursu hoc medium habet iter, cum mors universos quos reperit in stadio vitæ præsentis ad inferos traxit. Nemo enim mortalium adhuc ad vitam immortalem ascendere poterat. Tertia nox est peccati, quæ ab originali peccato incipiens , per actualia currebat. Quando ergo post originalem culpam , interdicti interminatione , naturalis ac scriptæ legis prævaricatione succedente, peccatum ad summum incrementum venerat, tunc nox quasi medium in suo cursu iter habebat. Unde Apostolus : « Regnavit mors ab Adam usque ad Moysen, etiam in eos qui non peccaverunt in similitudinem prævaricationis Adæ (*Rom.* v, 14). » Nox autem hæc multiplex. Apparente enim luce, mox in occasum cœpit vergere atque decrescere. Videte igitur ordinatissimum divinæ dispensationis consilium. Cum enim omnis recuperandæ [*f. supp.* salutis] spes perierat, et nox omnia secum rapiebat, tunc omnipotens **271** Sermo ad liberandum [*supp.* hominem] mittitur, ut amplius divinæ gratiæ animus [*f. munus*] commendetur. Venit, inquit, unde, et quo? Sermo Altissimi, unicus Patris Filius regis a regalibus sedibus venit, scilicet de consessu Patris, de æqualitate majestatis, de sede regali ad carnem, ad crucem, ad mortem; de lumine cœli usque ad tenebras inferni. Super hoc cœlum stupet, terra miratur, homo contremiscit, angelica revereretur celsitudo. Hoc est enim opus sine exemplo, humilitas sine modo, gratia sine merito, donum sine pretio. Ille enim, cujus magnitudinis non est finis, in tantum pro nobis humiliari dignatus est, ut non solum pro nobis fieret de muliere, sed etiam sub lege fieret, circumcisionis signaculum suscipiens, ut spiritualem in nobis circumcisionem perficeret, et ab onere legis sicut ab aliis pœnis nos solveret. Unde Apostolus : « Ubi venit plenitudo temporis, misit Deus Filium suum natum ex muliere, factum sub lege, ut eos qui sub lege erant redimeret, et adoptionem filiorum reciperemus (*Gal.* iv, 5). »

Octava die ab ortu omnis infans Hebræus circumcidebatur secundum legem ; et Jesus puer, qui non venit legem solvere, sed implere, sui Natalis die octavo, quem hodie celebramus, a parentibus suæ carnis carnale circumcisionis suscepit sacramentum. Factus est ergo sub lege, qui circumcisus est die octavo, et legalis hostia oblata est pro eo die quadragesimo. Qui legalia illa suscepit, non ut ab eis expiaretur, sed ut ex eis liberaret nos, qui eis serviliter tenebamur, sicut mortem sustinuit, ut ab ea nos liberaret, secundum illud : « Ero mors tua,

o mors! morsus tuus ero, inferne! (*Ose.* xiii, 14.) » Suscepit ergo circumcisionis sacramentum, ut carnalem circumcisionem finiret, et spiritualem nobis consummaret [*f.* commendaret], et filius Abrahæ appareret, qui primo præceptum circumcisionis accepit. Fiebat autem circumcisio die octavo nativitatis, et petrino cultello, qui per Christum petram, de quo : « Petra autem erat Christus (*I Cor.* x, 4), » qui tertio die resurrexit. In præsenti circumcidimur a vitiis, et in octava ætate, quæ erit perfecte resurgentium, circumcidemur ab omni corruptione pœnæ et culpæ, quando renovabitur ut aquilæ juventus nostra. Illam generalem futuri temporis circumcisionem spiritualis et interior circumcisio , quæ non modo in exteriori, sed etiam in interiori homine servanda est , nec in una tantum parte corporis, ut illa circumcisio carnalis, sed in singulis membris est exhibenda, ut membra nostra, non arma iniquitatis peccato, sed arma justitiæ Deo exhibeamus. Circumcidamus ergo corda nostra, nec noxia et maligna cogitemus, et oculos, **272** ne vanitatem videamus; aures, ne voces sanguinum audiamus; nares, ne immunditiæ sordibus delectemur; linguam ac labia, ne in verba malitiæ prorumpamus, nec os et linguam ponamus super terram. Circumcidamus et pedes, ne ad effundendum sanguinem sint veloces; et manus, ne ad vetitorum tactum sint porrectæ. Hæc est vera et salubris circumcisio, qua vivificatur homo interior, qua non cutem carnis petrinis cultris abscindimus, sed veterem hominem cum actibus suis exspoliamus, et novum induimus, qui secundum Deum creatus est in justitia et sanctitate veritatis, quam commendat Apostolus, dicens : « Neque quæ in manifesto, in carne est circumcisio, sed qui in abscondito Judæus est, et circumcisio cordis in spiritu , non littera (*Rom.* ii, 28 , 29). » Cessat ergo figura, veritate per Christum impleta, qui factus est sub lege, ut eos qui sub lege erant pressi et rei redimeret. Unde? a diabolo, a peccatis, a perditione, a lege importabili. Unde Petrus ait : Hoc est onus quod nec nos, nec parentes nostri portare potuerunt (*Act.* xv, 10). Factus est etiam ex muliere, ut adoptionem filiorum reciperemus, id est bona gratiæ, per quam filii Dei fiunt. Hinc enim adoptionem recipiemus, quia ille unicus Filius Dei non dedignatus est participationem nostræ naturæ ; factus ex muliere, ut non solum unigenitus esset, et fratres haberet, sed etiam primogenitus in multis fratribus fieret. Unicum Filium Deus habet, quem de sua substantia genuit; non autem nos de sua substantia genuit. Creatura enim sumus, quam non genuit, sed fecit; et ideo ut Christi fratres secundum nostrum modum faceret, adoptavit. Ille natura est Filius, qui est quem genuit Pater. Nos vero beneficio et dignatione filii Dei sumus.

Iste igitur modus, quo nos Deus, cum jam essemus ab ipso non nati, sed conditi, et instituti verbo suo, et quia fecit ut filii ejus essemus, adoptio vocatur. Unde, « dedit eis potestatem filios Dei fieri, lis qui credunt in nomine ejus (*Joan.* 1, 12). » Qui ergo infectus est secundum deitatem, « factus est ex muliere secundum carnem, ut per eum adoptionem filiorum reciperemus (*Gal.* IV, 5). » Non ait acciperemus, sed reciperemus, ut significaret nos commisisse in Adam, ex quo mortales sumus. Hic est ergo factus per quem salvandus erat in monte Sion, id est in illis, qui in eminentia virtutum constituti, revelata facie, gloriam Domini speculantur. Sion enim *speculatio* interpretatur sive *specula*. Et per hoc possidebit domus Jacob eos qui se possederunt. Sicut enim diebus Josue, filii Israel in terram promissionis ingressi, septem populos de terra sancta ejecerunt, sic Verbo Dei **273** veniente, suisque ducatum praebente, domus Jacob, id est fideles vitiorum supplantatores, possederunt eos qui se possederant Christianos effectos. Signum quippe coelestis regis sequentes, atque gladium spiritus accipientes, et in manibus gestantes, mundum vicerunt, secundum illud : « Haec est victoria quae vincit mundum, fides nostra (*I Joan.* III, 4). » Miraculis enim crebrescentibus, terruerunt [*f.* eruerunt] in tenebris sedentem, ac de tenebris ad lucem, de algore vitiorum ad calorem fidei et ignem charitatis, quem venit Dominus mittere in terram, eos vocaverunt. Unde sequitur : *Et erit domus Jacob ignis, et domus Joseph flamma.* Una eademque est domus Jacob et Joseph, id est sancta utraque Ecclesia, cujus pars militat in terris, pars [altera] triumphat in coelis. Sed domus Jacob dicitur secundum partem militantium, et vitia supplantantium; domus Joseph secundum partem triumphantium, et in beatitudine quiescentium. Jacob enim *supplantator*, Joseph *augmentum* dicitur. Hic ergo ignis, ibi flamma erit, quia hic fervet charitas; sed ibi ardebit, ubi ex toto corde, ex tota mente diligetur Deus, secundum illud Isaiae : « Vivit Dominus, cujus ignis in Sion, et caminus in Jerusalem (*Isa.* XXXI, 9). » In Sion enim, id est in speculatione praesentis Ecclesiae, charitas est tanquam ignis. In Jerusalem vero fraterna [*f.* aeterna], id est in visione pacis, erit tanquam caminus et flamma. « Nunc enim ex parte cognoscimus, et ex parte prophetamus : Cum «...em venerit quod perfectum est, tunc evacuabitur quod ex parte est. Nunc videmus per speculum, et in aenigmate, tunc autem facie ad faciem (*Col.* XIII, 10), » cum ad regales sedes, ad coelestem aulam elevati per Angelum magni consilii, perfecte adhaerebimus paci Dei, quae exsuperat omnem sensum, gloria et honore cum rege Salomone decorati. Quod nobis praestare dignetur qui vivit et regnat Deus per omnia saecula saeculorum. Amen.

XIII.

IN EPIPHANIA DOMINI SERMO PRIMUS (5*).

« Congregabuntur filii Juda et filii Israel pariter, « et ponent sibimet caput unum, et ascendent de « terra, quia magnus dies Jesrael (*Ose.* 1, 11). »

Hujus dici solemnitas a prophetis in spiritu prae-

(5*) E San-German., n. 381

visa, prophetica attentione insignis, cordibus fidelium exsultationis et fidei praecipuum ingerit incrementum. Hoc etenim die paries gentium ad parietem Judaeorum cucurrit [*f.* occurrit]. Oves ex alio ovili ad Pastorem convenerunt, ut lapis **274** reprobatus fieret in caput anguli, duos in se parietes conjungens Judaeorum et gentium, et ovibus e diverso [*f.* ex adverso], ad oves accedentibus, fieret utrumque unum ovile et unus Pastor. Exsultat ergo et laetatur solitudo gentium, quae hodie facta est sicut lilium inter spinas, et amica inter filias. Hodie namque Ecclesia gentium olim sterilis coepit parere plurimos, quando suas primitias in tribus Magis Regem regum adorare misit, et quae plures habebat filios, id est Synagoga, coepit infirmari, quae per vaticinium legis et prophetarum edocta hunc esse Christum, quem Magi adorant in Bethlehem natum, non regium honorem ei exhibere, sed hostilem saevitiam in eum exercere ex parte cogitavit. « Audiens enim Herodes » rex, novum regem natum, « turbatus est, et omnis Jerusalem cum illo (*Matth.* II, 3). » Verumtamen et de illo populo Dominus convallem tabernaculorum dimetiens, reliquias salvavit, secundum illud : « Reliquiae salvae fient (*Rom*, IX, 27). » Hodie igitur clarificatus est Filius hominis, atque manifestatus. Unde Epiphaniae dicitur iste dies, id est *manifestationis* vel *apparitionis*, quia manifestatus est Dei Filius, et in stella gentibus revelatus est. In aquis baptismi Patris voce et coeli apertione declaratus est ; in nuptiis, aquae in vinum conversione. His virtutum praeconiis diem istum coruscantem sancti Patres solemnem haberi sanxerunt. Cujus tamen celebrationis atque venerationis prima exstitit causa, quod nova stella ortum veri luminis indicante, tres Magi uno itinere eadem praevia, Christum venerunt adorare, et mystica munera offerre, aurum, thus et myrrham, ut impleretur illud Isaiae : « Omnes de Saba venient, aurum et thus deferentes, et laudem Domino annuntiantes (*Isa.* LX, 6). » Et propheta [David] ait : « Reges Tharsis et insulae munera offerent, reges Arabum et Saba dona adducent (*Psal.* LXXI, 10). » Haec singula verba coelestia spirant mysteria.

Attendite ergo diligenter, fratres, et conferte in unum prophetici et evangelici oraculi verba. Attendite ergo diligenter qui venerint, et quot, quo duce, nec non unde, et quo venerint, et quid obtulerint. Reges venerunt, Magi venerunt, et tres, plures tamen habentes in comitatu. Fuerunt autem Magi non utique nigromantici [necromantici], vel malefici, ut quidam dicunt, sed philosophi Chaldaeorum, de singulis philosophantes, qui ex [eis] significata perpendere didicerant, et ex circumstantiis rerum futuros eventus agnoscere. Et dicuntur fuisse de genere Balaam, et successores doctrinae ipsius qui praedixerat : « Orietur stella ex Jacob, et consurget virga de Israel, et percutiet **275** duces Moab (*Num.* XXIV, 17); » et venisse de terra Persarum, ubi est Saba fluvius, a quo regio.

nominatur : quæ omnia allegoricæ serviunt signifi-
cationi, spiritualemque sensum efflagitant. Spirituales igitùr reges, quales et ipsi erant, in eis signifi-
cati sunt, qui se et alios in virtutibus regunt, qui
cor suum muniunt omni custodia, qui corda suppo-
nunt [f. disponunt] in virtute, id est in charitate,
ut non solum speciem virtutis habeant, sed etiam
virtutem [ipsam,] de quibus ait Scriptura : « Cor
regis in manu Domini, et quocunque voluerit vertet
illud (Prov. xxi, 1). » Ut enim Jeremias ait : « Non
est hominis via ejus, nec viri est ut ambulet, et
dirigat gressus suos (Jer. x, 23). » Reges ergo cœlestes
et spirituales merito dicuntur, qui Regi regum, quem
stella demonstrat, adhærent, quibus Propheta dicit : « Et nunc, reges, intelligite; erudimini, qui
judicatis terram (Psal. ii, 10). » Ac si dicat : Viri
cœlestes, qui jam regnatis in spe, et regnaturi estis
in re futura, quando fulgebitis ut sol in regno Patris, qui judicatis terram, id est accusatis et damnatis in nobis terrena, intelligite illum, scilicet quem
stella declarat, qui Magi estis et philosophi, non
utique secundum terrenam philosophiam quæ decipit, unde ait Apostolus : « Videte ne quis vos decipiat per philosophiam et inanem fallaciam (Col.
ii, 8), » sed per cœlestem theologiam qua cognoscitis
mysterium regni Dei. Qui ergo reges sunt, bene
regant, et recte judicent; et qui Magi sunt, id est
theologi, intelligant quomodo veniant, et unde ad
regem novum, et quot veniant. Veniunt quippe, ut
dictum est, reges et Magi, et tres veniunt, quia in
Christo illa [summa] Trinitas fuerat ab eis adoranda,
et in eis gentes ex tribus filiis Noe disseminatæ, ad
Christum venturæ præsignatæ sunt. Sed quomodo
veniunt? Stella duce. Hæc stella est illuminatio fidei,
quæ est prima rerum suppositarum (4), « et argumentum non apparentium, » ut ait Apostolus, et initium bonorum, per quam in nobis existit Deus, per
quam deificamur ex divinæ substantiæ participatione
[f. ad divinæ substantiæ participationem]. Hæc est
fundamentum positum in cordibus fidelium, quod
nemo mutare potest, fides operans per dilectionem,
posita in fundamento [quæ] neminem sinit perire.
Non lucet stella, nec ducit, si non operatur fides per
dilectionem. « Fides enim sine operibus mortua est
(Jac. ii, 26). » Stella ergo sine luce, fides sine operatione.

Nova autem stella novæ nativitatis nuntia, inter
alias miro fulgore splendebat, quia fides quæ operatur bonum ad omnes, maxime autem ad domesticos fidei, mentes fidelium, pulsis tenebris vitiorum,
mirabili claritate illustrat, ostendens **276** eis viam
qua, et patriam ad quam eant, id est Christum qui
est via qua itur, et veritas et vita ad quam itur. Hæc
est via regia, de qua præceptum est filiis Israel ut
incedant regia via, non declinantes ad dexteram,
vel ad sinistram, quia illi quibus datum est nosse
Deum, debent sequi Christum, ut ab itinere rectitudinis non moveat dextera prosperitatis, vel sinistra

adversitatis, sed per ignem urentis tribulationis, et
per aquam dissolventis dilectionis transeant in refrigerium. Optima est hæc via quam stella insinuat.
Hæc est via de qua ait Jeremias : « State in viis, et
interrogate vias Domini æternales, et quærite quæ
sit via bona (Jer. vi, 1). » Multæ viæ sunt, quibus
bona via quæritur et invenitur. Multæ sunt margaritæ, quibus venitur ad unam pretiosam margaritam.
Viæ igitur æternales sunt apostoli et prophetæ, quorum forma et doctrina invenitur via bona, et margarita pretiosa, scilicet Christus, qui est via in exemplo, veritas in promisso, vita in præmio; via secundum humanitatis humilitatem; veritas et vita
secundum divinitatis celsitudinem. Hæc mysteria
revelavit Magis illa stella, qua illuminati, qua irent
et quo, intellexerunt. Unde et Isaias ad Jerusalem
spiritualem loquens, ait : « Ambulabunt gentes in
lumine tuo, et reges in splendore ortus tui (Isa. lx,
38). » Ecce stella quæ reges antecedebat; ecce lucerna
quæ non venit ut ponatur sub modio, sed super candelabrum, ut luceat omnibus qui in domo sunt,
scilicet fides, in qua tanquam in lumine gentes ambulant ad Christum, habentes duos pedes charitatis
et duorum Testamentorum doctrinam servantes, in
medio quorum cognoscitur veritas, secundum illud :
« In medio duorum animalium cognosceris. » Hos
pedes operatur in gentibus fides, quos gemino pede
dilectionis proficere facit, et duorum Testamentorum intelligentiam parit. Per fidem namque mandatorum assumitur scientia eorum. Unde Isaias : « Nisi
credideris, non intelliges. » Per fidem namque mandatorum mundantur corda, atque servantur oculi
interiores. Hæc est lucerna quæ in testa mentis
humanæ tanquam lux fulget, quæ non est ponenda
submodio humani timoris, sed super candelabrum
sanctæ confessionis, quia sicut corde creditur ad
justitiam, ita ore confessio fit ad salutem. Hic est
splendor ortus in quo reges ambulaverunt, quia
ortum ineffabilem novi regis declaravit eis, quibus
insinuavit utramque Verbi generationem, de qua
Isaias : « Generationem ejus quis enarrabit? (Isa.
xlii, 8). » Hic est splendor, de quo Propheta ait : « Et
sit splendor Domini Dei nostri super nos (Psal. lxxxix,
17). » Et **277** alibi : « Signatum est super nos lumen
vultus tui, Domine (Psal. iv, 7). » Illius enim vultum,
id est speciem, declarat cujus ortum demonstrat,
quia sicut facies illius est invisibilis, ita illius ortus est ineffabilis.

In hoc igitur lumine, in hoc splendore, reges
Tharsis et insulæ, id est gentium Ecclesiæ, quæ in
salo hujus mundi sitæ, fluctibus tribulationum tunduntur, sed non franguntur, ambulant ad Christum.
De Saba venientes, aurum, thus et myrrham Deo
et Filio Dei afferunt. Saba, captivitas vel conversatio interpretatur. Per Saba igitur spiritualis captivitas intelligitur, quia sub diabolo mundus captivus
tenebatur, et vanæ conversationis vetustas, qua
filius prodigus in regione dissimilitudinis dissipavit

(4) Sperandarum substantia rerum (Heb. xi, 1.)

substantiam suam, vivendo luxuriose, et cupiens saturari de reliquis porcorum, adhæsit uni civium regionis illius, id est diabolo et pascebat porcos, quia immundis et lutulentis actibus oblectabatur. Sed stella matutina illucescente, revocato in memoriam Patre spirituum, quem reliquit, cœpit exire de Saba, id est de miseria diabolicæ captivitatis, et vanæ conversationis, et properare ad Patrem quem reliquerat, id est ad Christum (*Luc.* xv, 15, etc.). Iste enim filius prodigus Ecclesia est gentium, filia summi Regis, quæ oblita priori ignominia, de Babylonia confusionum migravit in Jerusalem, id est in visionem pacis, ad quam Propheta : « Audi, filia, et vide, et inclina aurem tuam, et obliviscere populum tuum, et concupiscet Rex decorem tuum, et speciem tuam (*Psal.* xliv, 11).» Item Isaias : « Surge, illuminare Jerusalem, quia venit lumen tuum, et gloria Domini super te orta est (*Isa.* lx, 1). » Ac si dicat : O Ecclesia, quæ cecidisti in Judæis, surge in gentibus; quæ cecidisti per negationem et vitia, surge per confessionem et virtutes; quæ cecidisti per infidelitatem, surge per fidem. Tu ergo quæ taces, quæ dormis, surge et vigila, et sic illuminare, secundum illud Apostoli : « Surge, qui dormis, et exsurge a mortuis, » id est, a peccatis, « et illuminabit te Christus (*Ephes.* v, 14). » Hic est enim lumen qui illuminat omnem hominem venientem in hunc mundum. « Surge ergo, et illuminare, quia venit lumen tuum, id est Dei Filius in hoc mundo apparuit; « et gloria Domini super te orta est (*Isa.* lx, 1), id est [*f.* stella] gloriosi Regis nuntia, ac fidei significativa, qua coruscante, reges Tharsis, id est exemploratores [*f.* exploratores] veri gaudii, cum sancta Jerusalem de Saba surgunt, venientes cum muneribus adorare Dominum, regem cœli, mystica munera offerunt, quibus suam fidem profitentur, scilicet aurum, thus, et myrrham, [quæ] mystica oblatione significant ipsum cui offerunt [esse] regem, Deum, mortalem. In auro **278** enim quod regibus in tributa dari solet, regia nati infantis potentia insinuatur. In thure quod in Dei sacrificio adoletur, divina ejusdem essentia monstratur. In myrrha, qua corpora mortuorum condiuntur, ejusdem mortalis natura significatur. Hæc munera sacramento sunt congrua. His enim tribus intimatur regia potestas, divina majestas, humana mortalitas, quæ in Christi persona fuisse credit et prædicat mater Ecclesia catholica, et ipsum jam in cœlo regnantem, non mysticis vel figurativis muneribus, non inanibus donis porrectis, sed auro, thure, myrrha de cordis nostri apotheca prolatis honorat, atque adorat. Aurum enim Deo offerimus, cum sapientiæ luce resplendemus, et per patientiam, pulsi tribulationibus, non deficimus. Sicut enim aurum excellit inter metalla, ita sapientia inter dona. Aurum quoque mallei tunsione producitur; sic fidelis anima tribulationis patientia ad

meliora provehitur, et est tribulatio, tunsio, profectus, productio. Unde Apostolus : « Tribulatio patientiam operatur; patientia vero probationem, probatio vero spem, spes autem non confundit, quia charitas Dei diffusa est in cordibus nostris (*Rom.* v, 5).» Thus quoque Christo offerimus, cum ejus amore flagrantes per studium devotæ ac sinceræ orationis ei placere contendimus; de quo dicitur : « Dirigatur oratio mea sicut incensum in conspectu tuo (*Psal.* cxl, 2). » Myrrham autem de cordis arcano proferimus, cum Christi amore corpus nostrum a vitiis et concupiscentiis mortificantes, carnis petulantiam districte viventes reprimimus. Hæc est myrrha de qua in Canticis dicit sponsa : « Digiti mei distillaverunt myrrham primam (*Cant.* v, 13).» Myrrha utique prima est castigatio carnis pro cœlesti gloria. Est autem myrrha nec prima, nec vera, mortificatio carnis pro inani gloria. Qui enim laudem temporalem venando, carnem affligit, in angaria portat crucem. Cogitur enim cupidine inanis gloriæ, crucem gestare, myrrhæ quidem tenens speciem, sed non virtutem. Et ideo inter virgines fatuas reputabitur, lampasque ejus, quia oleum, id est spiritum non habet, extinguetur. Habet quidem lumbos præcinctos, sed lucernas ardentes non gestat in manibus; ideoque in tenebras mittetur exteriores. Offeramus ergo myrrham primam cum Apostolo, qui ait : « Castigo corpus meum, et in servitutem redigo, ne cum aliis prædicavero, ipse reprobus efficiar (*I Cor.* ix, 27). » Offeramus et thus sanctæ orationis, et aurum, apertis thesauris cordium, sapientiæ et confessionis. Hæc enim munera in thesauro animi condita proferuntur, cum corde creditur ad justitiam, ore autem confessio fit ad salutem.

279 Veniamus igitur in his muneribus, sed cum myrrha mortificationis vitiorum, thure orationis, auro cœlestis cogitationis, stella fidei prævia, cum regibus Arabum et Saba adorare Salvatorem in Bethlehem Judæ. Ecce qua venerunt in Bethlehem natum Regem inveniunt, quæ antiquitus dicta est Ephrata. Ephrata, *speculum*; Bethlehem, *domus panis* interpretatur. Merito domus panis, in qua dignatus est nasci panis cœlestis, panis angelorum, qui virtutes reficit angelicas, qui non tantum de David in Bethlehem natus est, quia egressus ejus est ab initio, a diebus æternitatis. Egressus est enim a Patre initiali, sed non initialiter, imo æternaliter, quia *a, p, e, u,* et *u, e, a, d,* etc. (4). Non est ergo minima Bethlehem, etsi comparata civitatibus Judæ, ubi multa hominum millia sunt, parvulus vicus videatur, quia Dominicæ nativitatis prærogativa omnibus præstat. Hoc autem Dominicæ gloriæ speculum miro extulit præconio, qui recte Ecclesiæ typum gerit, in qua veritas invenitur, si digne quæratur. Merito ergo eo in loco Christus nasci voluit, qui totius Ecclesiæ

(4) Ita in ms. Forte pro *a* debuit poni *i*, et sic explicari : *In principio erat Verbum et Verbum erat apud Deum.*

typum gerit, et ex nomine innuit Christum pabulum vitæ cunctis [fidelibus]. Ipsa est enim civitas Domini virtutum, in qua sicut audivimus veritatem, sic videmus, quam extra hanc nemo videt vel audit, nemo vere credit, vel laudat. Non est enim locus veri sacrificii extra catholicam Ecclesiam, nec speciosa laus in ore peccatoris, imo, ut ait Salomon, « circulus aureus in naribus suis, mulier speciosa et fatua (*Prov.* x, 22). » Ut ergo jucunda decoraque sit laudatio, ascendamus cum Magis de Saba in Bethlehem, munera deferentes, et sic laudem Domini digne annuntiantes. Qui enim mystica munera offert Domino, sacrificium laudis jam valet offerre, de quo per Prophetam Dominus ait : « Sacrificium laudis honorificabit me (*Psal.* xlix, 15).» Hic est iter, quo ascendens meretur videre salutare Dei. Ideoque sancti Magi munera deferentes, et laudem Domino annuntiantes, eum invenire meruerunt, ut sic impleretur illud Osee, quod supra positum est : « Congregabuntur filii Judæ et filii Israel pariter, etc. (*Ose.* i, 11), » Per filios Judæ, Judæi, per filios Israel gentiles significantur pariter, quia unus eis Dominus, una fides, unum baptisma ; [unum] corpus facti sunt, quia unus erat Spiritus quem perceperunt; unum corpus facti sunt propter societatem, quam fecit Spiritus, scilicet, cum Patre et Filio, quam cum Trinitas faciat, ad Spiritum sanctum pertinere intelligitur. Ipse enim est Spiritus adoptionis filiorum. Ipse est Patris et Filii **280** amor et connexio. Ad ipsum ergo pertinet societas, qua filii Judæ et filii Israel congregantur pariter, ut fiat unum corpus unici Filii Dei. Sicut enim unum corpus hominis multis constat membris, et vegetat omnia membra una anima faciens in oculo ut videat, in aure ut audiat, et sic in cæteris, ita Spiritus sanctus membra corporis Christi, quod est Ecclesia, continet et vegetat. Et sicut humani corporis membrum præcisum, formam quidem, qua cognoscitur, retinet, sed non sequitur, quia Spiritus præter unitatem [non] juvat, sic quicunque a prædictæ pacis unitate divisus est, sacramentum tanquam formam retinet, sed spiritu præter unitatem non vivit. Frustra igitur foris de forma gloriatur, nisi intus spiritus vegetet, qui in cordibus diffunditur. Unguentum est quo fratres habitant vere in unum : sine hac unctione in unum esse nolunt; et si non corpore, tamen mente sunt in unum. Et [*f.* At alii] illi sunt tanquam junctum jumentum inquietum, quod non trahit, sed portat. De quibus in libro Jesu filii Sirach : Præcordia fatui rota carri, fenum portat et semper murmurat (*Eccli.* xxxiii, 5). » Tales in nomine Jesu non sunt congregati, sed qui habent unctionem a Spiritu. De quibus ait Veritas : « Ubi duo vel tres congregati fuerint in nomine meo, ibi sum ego in medio eorum (*Matth.* xviii, 20). » Magnum est quod eis præstatur, dum in medio [eorum] habitat Al-

tissimus, quia congregati sunt in nomine ejus. Nec solum congregari, sed ambulare nos oportet in nomine ejus, secundum illud Amos : « Nunquid ambulabunt duo pariter, nisi eis convenerit? (*Amos* iii, 3.) » Non autem conveniet, nisi in nomine ejus per quem datur spiritus pacis, sine quo non est junctura, sed scissura cordium.

Itaque in nomine ejus et congregamur pariter incipiendo, et ambulamus pariter proficiendo, donec perveniamus amplectendo. Hoc modo congregantur filii Juda et filii Israel, non corpore scilicet tantum, sed fide ac mente. Unde Dominus per Michæam ait : « Congregatione congregabo Jacob totum te : in unum conducam Israel reliquias, pariter ponam illum quasi gregem in ovili, quasi pecus in medio caularum (*Mich.* ii, 12). » Non simpliciter ait, *congregabo*; sed *congregatione congregabo*, ut geminatione vocis monstretur junctura cordis et operis. Per quid autem conjungitur, declaratur, cum subditur : « Et ponent sibi caput unum. » Omnes, scilicet, ponent sibi Christum caput. Unde per Ezechielem Dominus ait : « Et princeps unus in medio (5) eorum (*Ezech.* xlvi, 10). » David servus meus, id est Christus secundum carnem de David natus. « Ipse est » enim, ut ait Apostolus, « corporis, » scilicet « Ecclesiæ **281** principium, primogenitus ex mortuis, in omnibus primatum tenens (*Col.* i, 18), » caput utrique est Ecclesiæ, quia unita est illi Ecclesia gratia et natura, ut capiti corpus. Quia itaque se habet ad Ecclesiam ut caput ad corpus; providet enim Ecclesiæ, et regit eam, et in eo sunt omnes sensus spirituales Ecclesiæ, ut in capite omnes sensus corporis. Sicut enim anima totum corpus nostrum animat et vivificat, sed in capite omnibus sensibus sentit, ideoque capiti sunt omnia subjecta ad operandum; illud autem super locatum est ad consulendum, quia ipsius animæ quæ consulit corpori quodammodo partem gerit caput, in quo omnis sensus apparet, sic universo populo sanctorum, tanquam uni corpori, caput est homo Christus, quos omnes usque ad ultimum justum sapientia Dei illuminat quæ plenius in Christo fuit. Aliter enim cæteri homines sapientes sunt, aliter homo Christus, qui ipsius sapientiæ, qua fiunt sapientes, quicunque homines, non solum beneficium habet, sed etiam partes ipsius gerit veritate et gratia plenus, et idcirco omnium qui de plenitudine ejus accipiunt caput est.

Hoc igitur *caput unum sibi ponentes* filii Juda et filii Israel ascendent de terra, id est, de terrenis et carnalibus desideriis, ascensiones in cordibus suis disponentes, scilicet gradus virtutum, quibus ascendunt proficiendo de virtute in virtutem usque ad videndum Deum deorum in Sion. Et hæc omnia facta sunt per Jezrael, cujus dies magnus est. Magnus, inquit, est dies Jezrael, id est seminis Dei ; Jezrael quippe *semen Dei* interpretatur. Hic est Dei Filius Patri om-

(5) Vulgata habet : *Princeps autem in medio,* non *princeps unus.*

ousion, qui de Patre æternaliter egressus, assumptione carnis semen Abrahæ factus est, in quo benedicentur omnes gentes, quarum ipse fuit exspectatio. Dies ergo ejus non immerito dicitur, non solum quo de Virgine nasci, sed etiam quo stella duce tertio decimo die suæ nativitatis gentibus voluit revelari. Magnus est itaque dies iste Jezrael, quo gentes venerunt adorare Dominum. Summa igitur devotione dies ista celebranda tot prædicta mysteriis. Sanctificatus est [enim] iste dies, ut prædicimus, triplici virtutum prærogativa. Sic enim tertio decimo die suæ nativitatis per stellam magis innotuit; sic et trigesimo suæ ætatis anno, ut omnem justitiam impleret, dignatus est a Joanne in Jordane baptizari, eodemque die, anno revoluto, ad nuptias invitatus, quibus interfuit architriclinus, aquam in vinum mutavit, mystice in nuptiis sponsi et sponsæ significans, et in conversione aquæ in vinum, mutationem legalis observantiæ in spiritualem Evangelii **282** intelligentiam insinuans. Ipse enim ad Joannis baptismum venit, non peccatis mundandis indigens, sed vim regenerativam aquis conferens, non ut servus purgatione indigens, cum a servo Dominus non dedignetur baptizari. Magister a discipulo baptismum recepit, per quem non fiebat peccatorum remissio, sed hominum ad baptismum Christi assuefactio et præparatio. Ibi aperti sunt cœli super eum, et vox Patris intonuit : « Hic est Filius meus dilectus, in quo mihi bene complacui; ipsum audite (*Matth.* iii, 17; xvii, 5). » Ibi in specie columbæ Spiritus sanctus apparuit, quia baptizatis in spiritu janua cœlestis aperitur. Ibi mysterium Trinitatis est insinuatum. Pater in voce, Filius in homine, Spiritus in columba; quia quisquis fidem Trinitatis, quam in baptismo profitetur, dignis operibus prosequitur, eamdem Trinitatem in futuro facie ad faciem contemplari merebitur. Ad quam visionem nos perducat Dominus, qui cum Patre et Spiritu sancto vivit et regnat per omnia sæcula sæculorum. Amen.

XIV.

IN EPIPHANIA DOMINI SERMO SECUNDUS (6).

« Qui sedes super cherubim, appare coram Ephraim « Benjamin et Manasse [*Vulg.* manifestare] (*Psal.* « lxxix, 2). »

Frequenter scripserant nobis prophetæ promissiones de adventu Salvatoris, quasi calamo scribæ velociter scribentis, quasi dicerent : Exspecta, reexspecta. Multi venerant præcones, sed promissis tantum quilibet dives erat. Alius quidem dicebat : « Exspecta Dominum, viriliter age, et confortetur cor tuum, et sustine Dominum (*Psal.* xxvi, 14). » Alius vero sic : « Si moram fecerit, exspecta eum, quia veniens veniet (*Habac.* ii, 3). » Ambo pari consilio de secretario Dei exierant, nil tamen inde nisi promissionem reportantes. Etiam Citharista

(6) E ms. Andegavensi.

A noster, tanquam jam exspectatione fatigatus, quadam obliquatione culpam in Deum referebat, dicens : « Tu vero repulisti et despexisti, distulisti Christum tuum (*Psal.* lxxxviii, 39). » Isaias, vir nobilis et urbanæ eloquentiæ, tanquam indignando dixit : « Utinam dirumperes cœlos, et venires (*Isa.* lxiv, 1). » David jam de optatu prosilierat in imperaturam, dicens: « Inclina cœlos tuos, et descende (*Psal.* cxliii, 5). » In hunc modum totus ille prophetarum conventus, tanquam diutius exspectando pertæsus, nunc optando, nunc imperando, nunc conquerendo, nunc indignando sermones suos variabat. Tandem venit exspectatus, et clausit ora prophetarum. Datum est promissum, et impositum est promittentibus silentium. Sileat **283** ergo legislator, quia linguæ impeditioris est apud Deum. Sileat Isaias, quia polluta se fatetur habere labia. Sileat Jeremias, quia puer est, et nescit loqui. Sileat Ezechiel, quia polluto pane vescitur. Sileat Daniel, quia post visionem graviter infirmatus est. Sileat Osee, quia fornicariam duxit uxorem. Sileat Amos, quia Propheta nön est, sed pastor vellicans sycomoros. Erumpat vox Ecclesiæ, et dicat : Apparuit humanitas, et deitas Salvatoris nostri; venit enim non tantum cum vino et oleo, sed etiam cum purpura et sacco. Christus quidem Deus et homo modo quædam agebat, in quibus apparebat verus homo; modo quædam, in quibus apparebat verus Deus, quia modo histrionum ludens, in varias species se alternatim transformabat; De quo ludo dicit Sapientia : « Delectabar per singulos dies, ludens coram illo in orbe terrarum (*Prov.* viii, 30); » die siquidem nativitatis, apparuit homo Deus. Dicat ergo Ecclesia : Domine Jesu, in Natali tuo inventus es habitus ut homo, paulo minor ab angelis effectus. Hodie vero tu *qui sedes super cherubim*, Dominus angelorum et hominum, *appare coram Ephraim, Benjamin et Manasse.* Ac si dicat : Domine Jesu, jam te vidimus reclinatum in præsepio, pannis involutum, vagientem inter animalia. Vidit te Maria, vidit te Joseph, viderunt te pastores; et nunc tertia decima dies est quod hæc facta sunt. Appare ergo hodie secundum quod sedes etiam super cherubim, et sic factum est.

Tripliciter ergo apparuit ut Deus : non quidem in eadem [specie] nisi per temporum revolutionem. Tertia decima die a nativitate apparuit regibus gentium, stella stante super [ubi] erat puer. Nam et ipsi thus offerendo Domino [Deum] munere confessi sunt. Tricesimo anno eadem die apparuit Joanni Baptistæ et turbis quæ convenerant ad eum, per testimonium Patris. Sequenti anno eadem die apparuit ut Deus coram matre et discipulis et convivis per mutationem aquæ in vinum. Et has tres apparitiones innuunt tria nomina quæ sequuntur Ephraim, Benjamin et Manasse. Sed si ordine retrogrado proferantur, ordinem sequentur historiæ,

Dicamus ergo : *Appare coram Manasse, Benjamin et Ephraim.* Manasses *oblivio* dicitur ; hi sunt gentiles obliti unius Dei, de quibus ut oblitis dicitur : « Reminiscentur et convertentur ad Dominum universæ familiæ gentium [*Vulg.* universi fines terræ] (*Psal.* xxi, 28). » Et alibi : « Intelligite qui obliviscimini Deum (*Psal.* xlix, 22). » Coram his apparuit per stellam. Benjamin, *filius dexteræ*, qui primus amatus dictus est Benjamin [*f.* Benoni], **284** id est *filius doloris*, quia præ labore partus est mortua mater ejus. Hic est Joannes Baptista, Synagogæ vel legis filius, quo recenter nato mortua est, quia « usque ad Joannem lex et prophetæ (*Luc.* xvi, 16). » Sed pater vocavit Benjamin, id est filium dexteræ, id est potentiæ divinæ. Non enim vis humana fuit, quod natus est de senibus et sterilibus, sed divina coram eo apparuit in baptismo. Ephraim, *fructificatio.* Hi sunt discipuli, quibus ipse dixit : « Non me elegistis, sed ego elegi vos (*Joan.* xv, 16).» Coram illis apparuit in convivio. Possunt etiam hæc verba non indecenter aptari Ecclesiæ triumphanti, id est spiritibus beatorum, qui sub throno Dei clamant : Domine Jesu Christe, qui justus, injuste judicatus es coram iniquo judice; qui tanquam ovis coram tondente non aperuisti os tuum, qui visus es vilis, et non habens speciem, tanquam vir leprosus, nunc tandem *manifeste* [*f. manifesta te*], ut alia littera, *coram Ephraim, Benjamin et Manasse*, et sic veniet. Deus enim manifeste veniet, et non silebit (*Psal.* xlix, 3), potens tanquam crapulatus a vino (*Psal.* lxxvii, 65), tanquam judex sine misericordia. Sane in judicio erunt tres ordines hominum, judicandi scilicet, judicantes, judicati. Mediocres judicabuntur, quorum fructus, id est opera discutientur, angelis dicentibus : Ecce homo, et opera ejus cum eo; et hi significantur per Ephraim, quia a fructibus suis judicabuntur. Relinquentes omnia et sequentes David [*f.* Christum], judicabunt, quibus dictum est : « Sedebitis et vos super sedes duodecim, judicantes duodecim tribus Israel [*Matth.* xix, 18). » Hi intelliguntur per Benjamin, quia dextera, id est, potentia judicandi collata est eis. Jam judicati sunt infideles, quorum judicium jam Ecclesiæ notum est, de quibus tanquam de hostibus manifestis non [*f.* nunc] fertur sententia. Hi per Manassem intelliguntur, quibus oblivioni datus est Deus tanquam mortuus a corde. Dicunt ergo animæ beatorum desiderantes diem Domini, ut recipiant duplicia : Domine manifestum [*f.* manifesta te, *seu* manifestare] coram Ephraim, id est, judicandis; et Benjamin, id est judicantibus; et Manasse, id est judicatis. Possunt nihilominus hæc verba esse Ecclesiæ militantis, ac si diceret : Domine Jesu, Verbum

A Patris in tempore ante legem innotuisti quidem, sed paucis, et parum. « Invisibilia enim Dei per ea quæ facta sunt, a creatura mundi intellecta sunt (*Rom.* 1, 20). » Sub lege enim innotuisti, et sub velamine figurarum, sub umbra litteræ occidentis aquosæ, quæ in foliis, non in fructu copiosa facta est juxta illud : « Vitis a scopulis frondosa, vel cujus arbusta cooperuerunt cedros Dei (7).» **285** Nunc autem tempore opportuno manifestare cora. Ephraim, Benjamin et Manasse.

Sub lege nuntiatum tantum, nobis autem manifestum, id est, eructatum. « Eructavit » enim cor Patris « verbum bonum (*Psal.* xliv, 1), » et sic eructatum est de corde Patris in uterum Virginis; de utero Mariæ in gremium Ecclesiæ. Eructatum vero dicitur manifestum, quia quod eructatur saporem secum trahit, scilicet misericordiæ suæ gratiam, tanquam quiddam interius et secretius cæteris. Miserationes enim Domini sunt super omnia opera ejus, et propitiatorium superpositum est arcæ, quia misericordia est super vitas. Venit enim Samaritanus ad vulneratum cum vino correptionis et oleo miserationis. Tu ergo *qui sedes super cherubim*, id est *plenitudinem scientiæ*, manifestare nobis dando singulis, dando universis de illa plenitudine scientiæ; manifestare nobis dando [*suppl.* oleum] in barbam, et a barba usque in oram vestimenti. Appare ergo coram tribu. Hi sunt tres viri quos videt Ezechiel salvandos, « Noe, Daniel, et Job (*Ezech.* xiv, 14). » Conjugati scilicet vel activi per Ephraim intelliguntur, qui fructus, id est opera misericordiæ faciunt; prælati per Benjamin : potentia enim divina, non humana est, non tantum in se vitia exstinguere, sed ab aliis exstirpare; contemplativi per Manassem, qui quandoque obliviscuntur etiam sui, id est eorum quæ exigit eorum natura, quia ad vocem puellæ cantantis grex obliviscitur esus. Sed nota quod tribus Manasse divisa fuit (*Josue* xiv); pars altera quia abundavit in pecudibus, in terra pascuali circa Jordanem remanere præelegit. Hi sunt qui spem ponunt in incerto divitiarum, et exsilium obliti petere, tanquam manentem incolunt civitatem. Pars altera subito transivit Jordanem, ut acciperet sortem sanctificationis sub funiculo distributionis. Hi sunt contemplativi, qui cum Apostolo posteriorum obliti, in anteriora se extendunt. Ergo dicit : *Appare coram Ephraim*, id est activis; *et Benjamin*, id est prælatis; *et Manassem*, id est contemplativis. Sed, secundum duo opera contemplationis, sunt duæ species contemplantium. Duo enim sunt opera ejus exteriora. Sola meditatio interior est. Exteriora, oratio et lectio; et sic contemplantes sunt claustrales, et scholares (8). Claustrales ergo qui sine communibus [*id est, sine propriis*] viventes, communem vitam eligunt, di-

---

(7) Vulgata : *Vitis frondosa Israel, fructus adæquatus est ei, secundum multitudinem fructus sui, multiplicavit altaria (Ose.* x, 1).

(8) Nota hic scholares jungi claustralibus, sive monachis; illos scilicet qui cum ipso (ut par est credere), Cluniaci, sub sancti Hugonis abbatis disciplina et magisterio, sacris litteris multo cum labore et austeritate monasticæ proxima, licet non monachi, dabant operam.

cant : Domine, doce nos orare. Scholares vero in fame et siti, in frigore et nuditate vitam tenuem agentes, **286** dicant : Domine, doce nos lectioni vacare, quoniam suavis est sapientia ; non tamen invenitur in terra suaviter [viventium], sed in terra viventium [*f.* laborantium]. Nec ergo vos huc venisse arbitror ut affluatis deliciis et voluptatibus effluatis, obstinatione [*f.* dissolutione] peressfluatis ; sed ut excitati studeatis in labore et ærumna. Laboris vero merces in præsenti est cordis illuminatio ; in futuro utriusque hominis glorificatio. Quam reddat nobis justus Judex, cum venerit judicare vivos et mortuos, et sæculum per ignem. Amen.

XV.

IN EPIPHANIA DOMINI SERMO TERTIUS (9).

« Cum natus esset Jesus in Bethlehem Judæ in « diebus Herodis regis, ecce Magi ab Oriente ve« nerunt Jerosolymam, dicentes : Ubi est qui natus « est rex Judæorum ? Vidimus enim stellam ejus « in Oriente, et venimus adorare eum (*Matth.* ii, « 1, 2). »

Cum Creator omnium, fratres charissimi, formam servi accipiens pro servis, latenter in mundum venisset, voluit se tribus indiciis homi ibus demonstrare. Hodie enim a Magis in Bethlehem adoratus est. Hodie in Jordane a Joanne baptizatus est. Hodie in nuptiis immutatione aquæ in vinum glorificatus est (10). Prima manifestatio facta est in primo anno nativitatis suæ ; secunda, in tricesimo ; tertia, in sequenti anno post tricesimum. Et tamen divina dispensatione hæ tres manifestationes eodem die. diversis annis contigerunt. Sed modo de prima agamus. Voluit Dominus ostensione novæ stellæ tribus Magis, in Chaldæa positis, nativitatem suam ostendere. Cum enim essent periti astrorum, et novam stellam apparere viderent, experientia artis novum regem intellexerunt. Sed quia quidam propheta multis ante temporibus, scilicet Balaam, apud eos prædixerat : « Orietur stella ex Jacob ; et surget virga ex Israel (*Num.* xxiv, 17), » cum mirabilem stellam, et nulli comparabilem conspicerent, illum de quo Balaam prænuntiaverat natum fuisse crediderunt. Veniunt ergo divina inspiratione in Jerusalem, quæ metropolis erat Judææ ; divertunt ad regem Herodem, quærunt de puero, cumque diverterent ad eum, disparuit eis stella. Herodes vocat scribas ; interrogat ubi Messias, qui promissus erat in lege, nasciturus esset. Dicunt: In Bethlehem : **287** Cumque Herodes alienigena esset, et regnum Judæorum in Romanorum injuriam injuste possideret, cogitavit quomodo puerum posset occidere, timens ne regnum amitteret. Non est igitur ausus cum Magis ire ad quærendum puerum, ne parentes puerum occultarent, cum adventum ejus audirent. Præcepit igitur Magis diligenter puerum inquirere, et sibi renuntiare, et ait se velle adorare eum. Discedunt ergo Magi, et videntes stel-

lam iterum lætantur, et ea prævia veniunt in Bethlehem. Stella vero non erat fixa in cœlo, sed in aere pendebat, et ostendebat manifeste domum ubi erat puer. More Persarum offerunt munera, sacramento tamen congrua, aurum, thus, et myrrham ; auro regem, thure Deum et sacerdotem, myrrha mortalem significantes. Ecce prima apparitio. In tricesimo vero anno venit ad Joannem, qui baptizabat, non in remissionem peccatorum, sed in reparatione baptismatis [*f.* in præparationem baptismatis] Christi. Cumque aquæ prius corpora abluerent, tamen voluit eas sanctificare, ut potestatem mundandi animas haberent. Venit ergo immunis a peccato ; baptizari petit ut aquas sanctificaret, ut omnibus [humilitatis] exemplum donaret. Eo baptizato aperti sunt cœli, et vidit Spiritum in specie columbæ descendentem super se, et vox Patris audita est : « Hic est filius meus dilectus, in quo mihi bene complacui (*Matth.* iii, 17). » Ecce secunda demonstratio. In sequenti vero anno, invitatus est ad nuptias ; vinum defecit, impleri fecit sex hydrias aqua, et mutavit in vinum ; et hoc fuit initium signorum.

His tribus indiciis, fratres charissimi, manifestavit se Christus mundo, et in omnibus Deus esse apparuit : In primo enim adoratur a Magis ut Deus ; in secundo, Patris Filius asseritur ; in tertio, divina potentia per primum miraculum declaratur. Vocatur etiam Theophania, quod *divina apparitio* interpretatur, quia in his omnibus apparuit esse Deus. Audivistis veritatem historiæ, causam etiam nominis didicistis hujus festivitatis. Videamus præterea si quid mysterii in supradictis lateat. Ideo, fratres, stella apparuit, quia lumen esse in tenebris exortum populis significavit. De quo dicitur : « Erat lux vera quæ illuminat omnem hominem venientem in hunc mundum (*Joan.* i, 9). » Ideo gentibus apparuit, quia gentem prænuntiabat lucem fidei recepturam, juxta illud : « Populus qui ambulabat in tenebris, vidit lucem magnam (*Isa.* ix, 2). » In Bethlehem vero voluit nasci, quia Bethlehem *domus panis* interpretatur, et in ea natus est. At in Jerusalem, quæ erat populosa, mortem subiit, quia non quærebat gloriam mundi, **288** sed magister humilitatis, de pauperibus parentibus, in humili loco, in vili præsepio dignatus est nasci. Moriturus elegit populosam urbem, ut in conspectu tot hominum, qui convenerant ad festivitatem, cum majori probro pro nobis susciperet mortem. Dum divertunt ad Herodem, stellam amiserunt præeuntem, quia Herodes est diabolus, ad quem qui divertit, amisso lumine excæcatur ; quem cum dimiserit, statim verum lumen quod amiserat recipit. Domus enim ubi puer erat, significat Ecclesiam. Quicunque Christum quærunt, eum in Ecclesia inveniunt. Ibi eum adorant, et credunt, et colunt. Invento autem Christo quid offerre debeamus in muneribus

(9) E ms. Victorino.

(10) Hoc ipsum in primo de Epiphania sermone dixerat.

didicimus. Myrrham scilicet, quæ competit mortuis, quia inde corpora mortuorum solent inungi, ne vermes ibi oriantur, quia amaritudine ejus vermes exstinguuntur. Homo autem accedens ad Ecclesiam, mortificare debet carnem suam cum vitiis et concupiscentiis, ne vermes peccatorum nascantur. Exstinctis vitiis necessaria est oratio, quæ per thus significatur, quæ impetrat veniam, de qua dicitur : « Dirigatur oratio mea sicut incensum in conspectu tuo (*Psal.* cxl, 2). » In eodem frequenter sequuntur opera charitatis, quæ per aurum designantur. Sicut enim aurum metallis cæteris prævalet, sic inter cæteras virtutes charitas præcellit. Ipsa enim plenitudo legis [est]. Hæc tria ergo necessaria sunt; pœnitentia, quæ per myrrham; oratio, quæ per thus; charitas, quæ per aurum significatur.

In secunda autem manifestatione ostensa sunt sacramenta nostræ salutis. Voluit enim in se ostendere quid baptizatis conferretur. Quando aliquis in baptismo regeneratur, ibi tota Trinitas operatur ; unde tota Trinitas ostensa est, ubi Christus baptizatus est ; Filius in Christo ; Spiritus sanctus in columba ; Pater in voce se revelavit. Spiritus in columba ideo apparuit, quia columba est avis simplicitatis [*supp.* symbolum] : per hanc avem innocentiam voluit significare quam confert regeneratis. Quod Pater dixit : *Hic est Filius meus dilectus, in quo mihi bene complacui,* significat quod baptizati sunt filii Dei, et qui prius displicebant, incipiunt ei placere. Quod aperti sunt cœli, significat reserari baptizatis quod prius per peccatum erat obseratum. Nuptiæ vero, in quibus se tertio manifestavit, significant copulationem Christi et Ecclesiæ, in quibus aqua mutatur in vinum, quia vetus lex conversa est in Evangelium. Lex antiqua comparatur aquæ, quia subjectos sibi ad amorem Dei non inflammavit. Evangelium est vinum, quia fideles in Dei amore per inspirationem **289** Spiritus Sancti facit fervere

Tantis et talibus sacramentis hæc dies, fratres charissimi, consecrata est. Et quodammodo major est festivitas, quam Nativitatis solemnitas. Major est enim, ut ait Augustinus, secunda, quam prima nativitas. In hac enim habuit initium baptismus, qui est regeneratio animarum. In hac aqua [Ecclesia] effecta est mater multorum populorum. Prima nativitas est carnalis, hæc autem spiritualis. Sicut ergo dignior est anima quam caro, sic nativitas animæ dignior est quam carnis. In prima ingressus est in mundum ; in secunda ingressus est in cœlum. Quam opportune hæc tria die uno convenerunt! Stella ducens ad Christum, baptismatis sacramentum, mutatio aquæ in vinum. In hoc ordine instructio vitæ nostræ apparet. Cum enim aliquis convertitur ad fidem, stella, id est lux fidei ducit eum ad Christum; deinde postquam in fide instructus est, ad baptis-

matis sacramentum accedit ; postea potat, et perfectus est per evangelicæ doctrinæ poculum, quoniam ne deficiat siti in via, paratur quotidie potus prædicationis peregrinanti. Ergo, dilectissimi, hæc solemnitas, tot mysteriis plena, summa devotione est celebranda, quoniam hodie gaudetis de nativitate vestra, quæ hodie in baptismo [Christi] sumpsit exordium. Hodie gaudetis de conversione gentium, quarum primitiæ hodie accesserunt ad Christum. Suscipite ad mensas vestras Christum, qui hodie suscepit gentes venientes ad eum. In paupere, Christus suscipitur; in paupere pascitur ; In paupere vestitur. Ipse enim ait : « Quod uni ex minimis meis fecistis, mihi fecistis (*Matth.* xxv, 40). » Si eos recipitis in hoc mundo, recipient vos in cœlo. Unde Dominus dicit : « Facite vobis amicos de mammona iniquitatis, ut, cum defeceritis, recipiant vos in æterna tabernacula (*Luc.* xvi, 9). » Pauper enim fuit in mundo, et pauperes diligit, et pauperibus regnum suum tribuit. Unde : « Beati pauperes [spiritu], quoniam ipsorum est regnum cœlorum (*Matth.* v, 3). » Dominus autem Jesus Christus, qui pro nobis voluit de cœlo descendere, det nobis per incrementum ad cœlestem curiam ascendere. Qui vivit et regnat per omnia sæcula sæculorum. Amen.

XVI.

IN EVANGELIUM DOMINICÆ TERTIÆ POST EPIPHANIAM. SERMO UNICUS (11-12)

« Cum descendisset Jesus de monte, secutæ sunt
« eum turbæ multæ. Et ecce leprosus veniens, ado-
« rabat eum, dicens; Domine, si vis, **290** potes me
« mundare : Et extendens manum Jesus, tetigit eum,
« et dixit : Volo, mundare. Et confestim mundata
« est lepra ejus (*Matth.* viii, 3). »

Quando Christus voluit inter homines habitare, et miraculis potentiam suæ virtutis ostendit, et in factis suis nostram credulitatem mysteriis informavit. Paucis discipulis in monte Dominus prædicavit, nec tunc turbæ multæ ad eum ascenderant. *Descendit Jesus de monte, et secutæ sunt eum turbæ multæ. Et ecce leprosus veniens, adorabat eum, dicens : Domine, si vis, potes me mundare.* O quanta est fides hujus leprosi! Audierat ille quod de Deo dictum fuerat : « Omnia quæcunque voluit, fecit in cœlo et in terra (*Psal.* cxxxiv, 6). » Audierat quod per Elisæum prophetam, Naaman principem Syriæ in Jordane tingens, a lepra Deus mundaverat (*IV Reg.* v); et quia sola voluntate omnia Deus fecit. Ait enim : *Domine, si vis, potes me mundare.* Non oportet te jubere, sed velle, quia voluntatem tuam sequitur potestas. Ergo si vis, potes me mundare. Videns itaque vocantis fidem, voluntatem deprecantis, ait : Cum ergo petas voluntatem, et ores eam, volo, jubeo, manum appono. Cum ait : *Volo,* se velle ostendit; cum ait : *Mundare,* præcipit. Cum legitur : *Extendens manum, tetigit eum,* ostendit quia manum apposuit. Sed quare tetigit leprosum, cum immun-

(11-12) E ms. Victorino.

dus esset, et cum sola voce potuisset mundare? Volebat enim superbiam nostram obtundere; et ideo non abhorruit carnem leprosi, ut prodesset, tractare. Quislibet dives, quislibet superbus, cum infirmum tuæ turpitudine corruptionis horridum abhorret tangere, dedignatur videre nec vult per commiserationem ad eum accedere. Sed hunc Dominus, et dicto, et facto objurgat. Ecce Creator cœli, Rex angelorum, descendit in mundum, ut tangeret leprosum; ac si diceret : Ecce tangere veni per humilitatem, quod vobis sordet per superbiam. Non sit vile servo quod facit imperator. Ait enim Salomon : « Qui despicit pauperem, exprobrat Factori ejus (*Prov.* xiv, 31), » quia « ipse fecit nos, et non ipsi nos (*Psal.* xcix, 3). » Hoc tali dicto increpat nos, et increpabit superbos, quando dicet : « Infirmus fui, et non visitastis me (*Matth.* xxv, 36). » *Et confestim mundata est lepra ejus.*

Fecit et aliud miraculum in Evangelio eodem, ubi magnum [apparet] signum humilitatis. Post leprosi mundationem, venit ad eum centurio, rogans eum, et dicens : « Domine, puer meus jacet in domo paralyticus. Et ait Jesus : Ego veniam, et curabo eum (*Matth.* viii, 7). » Et respondit centurio, et ait : « Domine, non sum dignus ut intres sub tectum meum (*ibid.*). » Gentilis erat iste centurio ; multos milites in potestate sua habebat. Nullam legem habebat, quæ ei condolere **291** proximo præciperet ; et tamen dolet non de filio, non de milite, sed de servo. Christiani principes, si videant servos suos infirmari, despiciunt, vilipendunt, nullam de eis curam habent. Gentilis autem iste curam de servo magnam habens, misit seniores Judæorum ad cœlestem Medicum, rogans eum ut veniret, et sanaret servum ejus. Quia gentilis alienigena erat, non est ausus ad eum accedere corporaliter, ut ait Lucas, sed misit seniores Judæorum quasi domesticos (*Luc.* vii, 3), quasi indigenas, qui securius rogarent ; et qui præsentia non est ausus apparere, accessit tamen fide, et ideo dicitur in hoc Evangelio : Accessit ad eum centurio, si non corpore, saltem fide, rogans per internuntios. Jesus autem ibat cum illis ; et cum jam non esset longe, misit ad eum centurio amicos, dicens : « Noli vexari, non enim sum dignus ut intres sub tectum meum. » Rogaverat eum ut veniret, sed non dicebat hoc de adventu corporis, sed de accessu commiserationis. Remotus erat a gentilibus (13) per idololatriam. Rogat ut accedat, non per justitiam, sed per misericordiam. Legati vero intellexerunt eum dixisse de adventu corporis : « Rogaverunt itaque Judæi ut veniret, dicentes : Quia dignus est, ut hoc illi præstes ; diligit enim gentem nostram, et synagogam ipse ædificavit nobis (*Luc.* vii, 3-5).» Quibus ait Dominus : « Ego veniam, et curabo eum (*ibid.*, 6). » Itaque ibat cum illis. Audiens autem centurio quia veniebat, misit iterum amicos, dicens: « Noli vexari, quia non sum dignus ut intres sub tectum meum. »

(13) Imo a Judæis.

Notate verba fidelis gentilis. Mandat enim tres passiones servi sui, quia jacet, quia paralyticus est, quia male torquetur, ut animæ suæ angustiam demonstraret, et Dominum ad misericordiam commoveret. *Puer*, inquit, *meus jacet in domo.* Si aliquis quærat quare huc non attulisti [eum,] sicut et alii illi, qui paralyticum in lecto attulerunt, respondet, quia non est opus illum in conspectum videntis afferre, cujus potentia est ubique præsens. Itaque mandat ei : *Puer in domo jacet.* Ac si diceret : Non oportet ut [eum] ante te afferam. Cur ergo Dominus ait : *Ego veniam, et curabo eum*, cum non petierit adventum ejus? « Erat quidam regulus, cujus filius infirmabatur Capharnaum, rogabat eum ut descenderet, et sanaret filium ejus (*Joan.* iv, 46). » Cui ait Dominus Jesus : « Vade, filius tuus vivit. » Ad servum non petentis voluit venire, et ad filium regis persuadentis noluit descendere. Quare hoc, fratres? Quia « non est personarum acceptio apud Deum (*Ephes.* vi, 9). » Nos oramus [*l.* curamus] divitias, et ad divites infirmos currimus ; ad pauperes autem ire abhorremus. Ecce Rex regum ad **292** servum non differt ire, et ad filium regis ire contemnit. Pauper fuit Christus, quia pauperes dilexit, ut pauperes divitiis suis ditaret. Dominus itaque voluit ire ad servum, sed centurio mandat ei : *Non sum dignus*, quia alienigena sum. Miles sum gladio accinctus, sanguinem fundens. *Non sum dignus* conspectu tuo. Hoc reveretur gentilis ille, fratres charissimi, quod nullus Christianus, licet immundus, hodie reveretur. Nemo nostrum, cum accedit ad corpus Domini, dicit : *Non sum dignus, ut intres sub tectum meum* ; imo præparat ei sordidum hospitium, et in eo recipit eum. Iste vero : *Non sum dignus, sed tantum dic verbo*, et credo quod salvabitur puer meus. Comparemus utrumque insimul, leprosum et centurionem. Videamus, cum utriusque fides magna esset, quæ major fuisset. Dicit leprosus : *Si vis, potes me mundare.* Ait centurio : *Dic tantum verbo.* Iste orat voluntatem, ille jussionem ; sed subtilius considerat divinam potentiam, qui soli voluntate credit esse potentiam. Majorem fidem habet, qui non solum confidit in jussione, sed in sola voluntate. Et tamen magna est fides centurionis, et mirabilis. Ait enim : Ideo credo quod verbo tuo poteris sanare. Ego enim sum solummodo homo, et tu es Deus. Ego sum habens sub potestate milites ; et tu angelos, qui faciunt mirabilia. Si ergo huic dico : *Vade, et vadit ;* et alii : *Veni, et venit ;* hoc est : Etiam mihi homini parent homines, multo magis tibi Deo angeli parebunt, et tota natura, quia omnia potes. Miratus est Christus fidem illius adeo, quod sequentibus se dixit : « Non inveni tantam fidem in Israel (*Luc.* vii, 9). » Judaicus enim populus, quamvis habuisset prophetas, eum tamen non cognovit, sed dicebant eum omnia miracula facere in Beelzebub. Laicus Israelites princeps, pro filia sua rogans Dominum, non dixit : *Dic verbo, sed « Veni » velo-*

citer, « antequam filia mea moriatur. » Nicodemus A exemplum, ut putet aliquis vestrum in nullo gen-
doctor Israel, de fidei sacramento audiens, ait : tilium cultu esse sequendos, a quibus Christiana
« Quomodo hoc fieri poterit? (*Joan.* iii, 3.) » Maria religio, Christo cogente, nos fecit extraneos. Primum
et Martha dixerunt : « Domine, si fuisses hic, frater cognoscat charitas vestra quoniam ex eorum ritu
meus non fuisset mortuus (*Joan.* xi, 21); » quasi quædam sibi sancta usurpavit **294** Ecclesia, quæ
non absens potuisset eum salvare. Itaque : *Non in-* non carnaliter, sed spiritualiter sunt exsequenda.
veni tantam fidem in Israel. Ait ergo : « Sicut credi- Ex quibus est istud exemplum, quod hodierna
disti, fiat tibi. Et sanatus est puer in hora illa [*supp.* lectio] nobis protulit utilissimum. Stadii si-
(*Matth.* viii, 13). » quidem situs, qui illis ad currendum metitus erat,

   Discite, fratres mei, in istis aliquod exemplum præsentis vitæ terminum significat, qui ad cursum
vitæ nostræ. Descendit Christus de monte, quia salvationis nostræ nobis datus est, dicente et mo-
descendit de cœlo : et postquam inter homines vo- nente Domino : Curre, miser, curre, festina, dum
luit conversari, secutæ sunt eum turbæ multæ, quia tempus habes, ne incidas in mortem. Currebant
vestigia ejus imitanda sunt. Veniat ergo contra enim illi pro temporali et corruptibili bravio ca-
eum, si aliquis leprosus est. Lepra, fratres, crimi- piendo, ut a rege mortali terrena munera caperent.
nalia peccata sunt, quibus anima commaculata B Curramus nos melius pro spiritali et incorruptibili
293 est. Si ergo aliquis vestrum illis irretitus bravio capiendo, ut a Rege regum, qui æternus et
est, accurrat vero medico, et dicat : *Si vis, potes me* immortalis est, æterna et indeficientia munera ca-
mundare. Præceptum enim erat in veteri lege, ut si piamus, audientes exoptabilem vocem illius dicen-
aliquis leprosus esset, extra castra ejiceretur, et, sa- tis : « Venite, qui laboratis, et onerati estis (*Matth.*
nus factus, ostenderet se sacerdoti. Similiter crimi- xi, 18).» Illi abstinebant se a pinguibus cibis, ut
nalibus reus, extra Ecclesiam debet esse, et per expeditiores in cursu redderentur. Abstineamus et
sacerdotem sanus in Ecclesia recipi. Invitat nos nos melius, non tantum a cibis, quantum a vitiis,
Dominus ad humilitatem, cum servum visitare cu- ut ad currendum veloces existamus.
pit. Non [igitur] pauper despiciatur, quia in pau-
pere Dominus honoratur. *Facite vobis amicos de*   Quod autem ex magna juvenum frequentia unus
mammona iniquitatis, ut in futuro *recipiant vos in* bravium capiebat, cæteris incassum currentibus,
æterna tabernacula, juvante Domino nostro Jesu quantum ad nos pertinet, fratres charissimi, valde
Christo, qui cum Patre et Spiritu sancto vivit et re- timendum est, scilicet ne ab uno omnes superemur,
gnat per omnia sæcula sæculorum. Amen. qui pro corona currere disposuimus. Unde monet
                                                    Apostolus : *Sic currite ut comprehendatis.* Et quo-
                       XVII.   C modo illa comprehendere poterimus, qui currere

 nolumus? et si quando currere inchoamus, heu !
                                                    crassitudine vitiorum fatigati, turpiter in cursu de-
   « Nescitis quod ii qui in stadio currunt, omnes ficimus. Nam cum omnis Ecclesia in clericali et
« quidem currunt, sed unus accipit bravium : Sic laicali ordine sit divisa, nemo eorum est qui pro
« currite ut comprehendatis (*I Cor.* ix, 24).» corona gloriæ currat, sed quidam insaturata cupidi-

   Ad cursum spiritualis stadii hodierna die provo- tate solliciti, quidam infrenata voluptate polluti,
cati, qualiter currendum, et a quibus abstinendum quidam elatione sæcularis pompæ tumidi, non so-
sit, fratres dilectissimi, mente sollicita considerare lum currere nolunt, sed etiam ipsos oculos ad ca-
debemus. Stadium namque juxta litteram quarta piendam coronam aperire nesciunt. Unde Psal-
pars milliaris dicitur, quod primum Hercules uno mista : « Omnes declinaverunt, simul inutiles facti
halitu cucurrisse fertur, in cujus fine ponebatur an- sunt (*Psal.* lii, 4).» Et Propheta : « Sicut populus,
tiquitus palus superposita corona de floribus texta, sic sacerdos (*Isa.* xiv, 2).» Adeo enim cæcati et in
ibique propter hanc capiendam expedita juvenum quodam oblivionis puteo detrusi sumus, ut nihil de
cohors currere solebat, ut aliquis eorum primus, si D futuro cogitantes, et præter hanc vitam, in qua
posset velocius currere, bravium, quod nos coro- voluntates nostras exsequimur, aliam non putemus.
nam vocamus, raperet, ac per hoc regis et intuen- Et ut amplius dicam, multi insanientes, dum cupi-
tium laudem, deinde multa donorum præmia spe- dos animos voluptuosis desideriis pascunt, et in
cialiter haberet. Multi enim ad hoc communi animo sibi subjectos more luporum sæviunt, aliam se nun-
tendebant, sed ab uno cuncti superati erant, qui quam velle habere dicunt. Hi enim tales naturam
quia erat cursu velocior, rerum collectione cæteris hominis perdunt, et naturam quadrupedis sequun-
videbatur dignior. Et quanto gaudebat victor regiis tur, qui irrationabiliter et inverecunde veneri et
muneribus ditatus, tanto victi dolebant, non so- libidini semper insistunt. Hominem namque ita
lum donis privati, sed etiam tarditatis suæ verecun- Conditor rerum terrenis præposuit creaturis, ut
dia dehonestati. Abstinebant se quidem a cibis, qui bene utens temporalibus, post mortem frueretur
cursui nocent, sed non æqualiter, quia illius absti- æternis. Quid ex hoc agendum est, fratres? Omnes
nentia fuerat major, qui in cursu erat velocior. enim sumus **295** perditi, nisi divina fuerimus mi-
Ne miremini, fratres, quod ex pagana superstitione sericordia sublevati. Ipsa namque ad currendum
pro tuendis animabus Apostolus imitabile dedit

   (14) E ms. San-Germ., n. 383.

nos provocat, dicens : « Ambulate, dum lucem habetis, ne tenebræ vos comprehendant (*Joan.* xii, 35). » Qua vocante, si cursum iterum repetere volueritis, non uni tantum, sed plurimis fas erit coronam contingere, et sicut non semper idem in omni cursu vincebat, sed qui modo victus erat, modo renovatis viribus victor existebat; ita nos, si hucusque victi sumus, amodo victores esse curemus. Via enim currendi ante oculos posita est, in qua quantum sumus tardiores, tanto possumus esse (si volumus) velociores. Quomodo enim torpentes et pigri in cursu cessare possumus, qui non solum Apostolum ad coronam, sed etiam Salvatorem nostrum ad denarium capiendum monitorem habemus? Ipse namque summus Paterfamilias, qui plantavit vineam, id est sanctam Ecclesiam, nobis qui sero, id est in fine mundi, in vineam laboraturi intravimus, cœlestis remunerationis denarium se daturum promittit, assimilans nos primis colonis, qui a mane usque ad vesperam portaverunt pondus diei et æstus. Audistis siquidem illum proposita vera et congruenti similitudine Evangelii, mane, hora tertia, sexta, nona et undecima ad vineæ suæ culturam operarios invitantem, et æqualem denarium cunctis finito opere reddentem. Et si horarum quas audistis significationes cupitis, discite quia mane fuit ab Adam usque ad Noe; hora tertia a Noe usque ad Abraham; sexta vero ab Abraham usque ad Moysen; nona siquidem a Moyse usque ad Domini et Salvatoris nostri adventum; undecima fuit ab adventu Domini usque ad finem mundi, in qua nos ultimi operarii in vineam intravimus; sed quia desides et tardi in opere sumus, certi de denario esse non possumus.

Studeamus igitur velocius operari, ut de denario possimus esse securi; et quia hodie a summo Patrefamilias vocamur, vocationem ejus non despicientes, in vineam laboraturi intrare studeamus. Ipse namque præsens jejunium ad hoc congrue instituit, ut peccata nostra innumera, quæ carnis delectatione **296** cæteris anni diebus commisimus, in hoc tempore per pœnitentiam et carnis mortificationem tergere possimus. Insuper etiam dies ista, quæ veluti janua jejuniorum existit, et canticum lætitiæ, id Alleluia (15), nobis subtrahit per omnem continuationem sui officii, pœnitentes et plangentes exprimit, docens nos ab immoderata lætitia debere cessare, et in fletu et lacrymis pœnitentiæ manere.

Hac igitur voce sæpius repetito nomine, ipsum *Alleluia* affati sumus, quodammodo illud retinere quasi hospitem cupientes, dicendo illi : Mane apud nos hodie, et cætera; cui etiam ultimum vale fecimus, dicentes : Angelus Domini bonus comitetur te, ut iterum revertaris ad nos, ut sciamus non antea nos perfecte gavisuros, quousque corpore et sanguine Redemptoris nostri renovati, ipsum canticum gaudentes recipiamus. Antiphona siquidem missæ, quæ vulgo Introitus vocatur, cum pœnitentibus plangit, dicens : Circumdederunt me dolores mortis (*Psal.* xvii, 5). » Collecta siquidem cum responso afflictionem pœnitentiæ sonant. Ille denique cantus, quem pro *Alleluia* commutamus, qui Tractus (16) ideo dicitur, quod longos cantus habeat, pœnitentes profundo gemitu ad Dominum clamare docet, et sic cætera verba officii ordinatim digesta, non lætitiam gaudentium, sed luctum et mœrorem videntur exprimere peccatorum. De nomine nempe diei, quæ Septuagesima vocatur, si quæritis, sciatis quia non tam a numero dierum, ut æstimant qui ab ea usque ad paschalem festivitatem tot dies computant, quam a numeri perfectione nomen accepit, a quo isdem numerus initium sumpsit. Constat autem isdem numerus ex denario septies ducto, quorum septenarius ad septem Spiritus sancti dona, denarius vero pertinet ad decem legis præcepta, quæ ita junguntur, ut neque dona Spiritus sancti sine legis præcepto, neque præcepta legis sine Spiritus sancti dono custodiri ab aliquo possint, et qui alterum servaverit, alterum sine dubio habebit. Qui numerus recte pœnitentibus congruit, ut gratiam sancti Spiritus, quam **297** peccando perdiderunt, decem legis præcepta maxime in hoc tempore custodiendo recuperare valeant. Aliter secundum quosdam ad litteram Septuagesima dicitur, eo quod Israeliticus populus in Babylonia tot annis fuerit captivatus, a quo longo tempore post rediens, eodem numero in commemorationem ejusdem liberationis jejunium Deo consecraverit. Sed quia et secundum historiam, et secundum allegoriam pœnitentibus congruit, studeamus nos in hoc tempore peccata nostra deflere, ut animæ nostræ post hanc vitam, quæ septem diebus volvitur, a Babylonia, id est infernali captivitate liberatæ, et donis Spiritus sancti ditatæ, et coronam immarcessibilem pro cursu, et denarium pro diurno labore vineæ a Rege regum possint gaudentes percipere. Amen.

---

(15) E modo isto deponendi canticum Domini *Alleluia*, videntur antiqui, nonnisi ægre, illud deposuisse. Hinc sane in ultimis officii divini periodis Dominicam Septuagesimæ præcedentis mira quarumdam præcipuarum Ecclesiarum *Alleluia* repetitio, in quarum quibusdam fiebat, non solum ad singulos cujusque psalmi versus, verum etiam ad cujusque versus medietatem. Quod in Ecclesiis insignioribus quibusdam, velut Remensi et Silvanectensi, ex eorum Ordinariis observavit eruditus noster Martenius, tract. De divinis officiis, cap. 16, de Septuagesima; specialiter autem et apte ad nostrum Institutum de Cenomanensi, cui Hildebertus

præerat episcopus ; in cujus Ordinario sic habetur : *In medio cujuslibet versus dicitur semel Alleluia, et in fine cujuslibet versus ter Alleluia, et in fine psalmi dicitur Alleluia ; et ita includitur Alleluia.*

(16) Quod autem hic refert de Tractu, quem ideo sic vocatum asserit, quod *longos haberet cantus*, id eo probabilius videtur, quo per hebdomadam Septuagesimæ, lectiones Matutinorum ita protrahebantur, ut in pluribus Ecclesiis per illam hebdomadam totum Pentateuchum in choro legeretur. Cujus consuetudinis plura refert exempla præfatus Martenius, loco supra citato.

XXVIII.

IN CAPITE QUADRAGESIMÆ SERMO UNICUS (17).

De pœnitentia

(18) « Maria (19) soror Moysi peccavit murmurando contra eum, et percussa est lepra. Clamavit itaque Moyses ad Dominum, dicens : Deus,
obsecro, sana eam. Cui respondit Dominus : Separetur septem diebus extra castra, et postea
revocabitur. Exclusa est itaque Maria extra
castra septem diebus, quibus peractis, revocata
est. »

Ultiones, fratres charissimi, Veteris Testamenti
ad correptionem hominum illius temporis factæ
sunt, sed ad nostram castigationem scriptæ. Videamus igitur præter historiam quid Ecclesia Dei
in sorore Moysi utilitatis sibi assumat, et quam
informationem vitæ nobis illa attribuat. Maria illa
quæ peccavit, contra fratrem et ducem suum Moysen murmurando, significat animam cujuslibet, qui
murmurat contra prælatum, cui dedignatur obedire,
et præcepta salutis non vult suscipere, sed cum
sibi graviora videantur, murmurat, et ideo ea
facere recusat. Relinquendo igitur præcepta Domini, lepra peccatorum fœdatur, et apparet, dum
298 culpa ejus publicatur. Sed bonus prælatus
quærens salutem proximi, compatitur peccanti,
et auxilium divinæ medicinæ precibus postulat infirmanti, et clamat quotidie ad Dominum, dicens :
Deus, obsecro, sana eam. Multum autem valent
preces fidelium in Ecclesia, quia eis commotus
Dominus revocat peccatorem a via sua mala. Audivit Dominus Stephani orationem, et convertit ad
pœnitentiam Saulum persecutorem. Respondet igitur Dominus, dum facit quod postulatur, dum
commovet intus mentem peccatoris, dum facit accedere ad medelam confessionis. Et ut extra castra
ejiciatur septem diebus, hoc est, ut peccator dum
pœnitet, *extra domum suam ejectus*, humiliter veniam de peccatis postulet, et peracta pœnitentia
sibi injuncta mundus a lepra criminum reconcilie-
tur, et revocetur. Septem dies tempus pœnitentiæ
designant. Septenarius enim competit pœnitenti,
quia veniam a septiformi Spiritu exspectat. Unde
et sæpe septem anni in pœnitentia dantur. Vos igitur, fratres charissimi, significatum hujus rei com-
plestis. Vos enim peccastis, nolendo Dominicis
obedisse præceptis. Murmuravistis vos, et a lepra

A et immunditia percussi estis. Vos a domo Domini ejici
promeruistis. Nos autem, quorum [est] officium,
rogavimus pro vobis, et Dominus præcepit nob’s
ut extra castra, id est extra Ecclesiæ communionem vos ejiciamus. Sed hæc ejectio est ad salutem,
non ad perniciem ; ad correctionem, non ad perditionem. Hoc modo ejectus est Adam de paradiso,
ut in hoc exsilio miseriæ corrigeretur, ut hac pœna
temporali æterna devitaretur. Quamvis homo peccasset, non deseruit eum Deus, qui ad pœnitentiam eum semper invitat. Post peccatum enim cum
Adam propter erubescentiam latuisset, quod jam
quasi magnum signum et spes pœnitentiæ erat,
cum scilicet peccator de culpa incipit erubescere,
visitare eum dignatus est Dominus, apparens ei
B post meridiem, et eum vocavit : « Adam, ubi es
(*Gen.* III, 9). « Id est, in qua miseria positus es?
Per hoc quod nomine vocat, signum dat, quod ad
pœnitentiam revocat. Per hoc quod requirit :
« Ubi es ? » **299** ostendit quia viam peccatoris ignorat. Suum enim ignorare, reprobare est.
In meridie ostendens quod ab amore peccatoris refrigescit Dominus: Cum in homine exstinguitur [*deest forte* lumen gratiæ], refrigescit fervor
charitatis. Cui Adam respondit; « Vocem tuam audivi, in paradiso, et timui, eo quod nudus essem,
et abscondi me. » Ejecit itaque Adam de paradiso,
et fecit ei et suæ uxori tunicas pelliceas, et induit
eos.

C Hæc omnia, fratres charissimi, hodie in vobis
complentur. Vos eratis in paradiso, quia in Ecclesia
Dei. Dedit præcepta vobis, et transgressi estis.
Audivistis vocem ejus, cum prædicationem vicarii
[ejus] intellexistis. Clamat quotidie ad vos : « Adam,
ubi es ? » cum dicit : « Convertimini ad me in toto
corde vestro, in jejunio, et fletu et planctu (*Joel.*
II, 12). » Vos erubescitis in conspectu ejus, cum
vocem corrigentis in prædicatione audistis. Visitat
vos Dominus, cum corda vestra commovet ad pœnitentiam. Et quisquis nostrum, dum pœnitet, dicat : *Domine, audivi vocem tuam*, id est prædicationis tuæ, *in paradiso*, id est in Ecclesia, et audivi
minas tuas, id est, sententiam, qua peccatoribus
minaris, dicendo : « Erubescant impii, et deducantur
D in infernum (*Psal.* XXX, 18). » Et iterum : « Ite, maledicti, in ignem æternum (*Matth.* XXV, 18). » — « Timui
igitur, « eo quod nudus essem » virtutibus, « et abscondi me, » id est erubui, non audens apparere in

(17) E Victorino codice.
(18) Non sunt ipsa Scripturæ verba, sed historia
summarie desumpta ex cap. XII, v. 1 et seqq. lib.
Num.
(19) Ex ipso hujus sermonis contextu liquet Hildebertum illum habuisse in Capite Quadragesimæ ad
pœnitentes, dum illos solemni ritu ejiceret ex ecclesia ; quod proprium erat episcopi officium, et,
nonnisi ex eorum mandato vel licentia, archidiaco-
norum. Qui quidem ritus adhuc variis in Ecclesiis
viget. De hac ejectione vide nostrum D. Edm. Martenium, fuse disserentem, tractatu De divinis officiis,
cap. 17, de feria tertia, in capite jejunii, pag. 130

et seqq. Plura tamen hinc ad disciplinam licet observare : Primo, pœnitentes non solum ab Ecclesia
ejectos, sed quasi a propria domo exsules, pœnitentiam sibi injunctam exsolvisse, licet hoc nonnisi
ex voluntario fervore, egisse appareat ; secundo,
usum pœnitentiæ plurium annorum, Hildeberti
ætate, fuisse frequentatum ; tertio, confessionem
peccatorum præcessisse jejunium Quadragesimale.
Quo tepiditas plurium hujus ævi fidelium arguitur
qui nonnisi extremis Quadragesimæ, vel etiam Paschatis desinentis diebus, vix ac ne vix quidem ad
pœnitentiam accedunt.

conspectu tuo, juxta filii pœnitentis vocem, qui ait : « Pater, peccavi in cœlum et coram te; jam non sum dignus vocari filius tuus (*Luc.* xv, 18). » Ejiciuntur itaque peccatores de paradiso, dum Ecclesia ad horam eis subtrahitur; induti sunt tunicis pelliceis, id est peccatis [*f.* ciliciis], quia peccatorum obliti [*f.* peccatis onusti] designantur; significant enim pelles mortuorum animalium mortua opera peccatorum. Nolite ergo dolere de hac ejectione, sed eam cum humilitate suscipite ; melius est enim ut ab hac domo præsenti expellamini ad vestram emendationem, quam a cœlesti regno ad perpetuam damnationem. O quam terribilis est sententia, cum peccatores audient : « Nescio vos, discedite a me, omnes qui operamini iniquitatem. Ite, maledicti, in ignem æternum! » (*Matth.* 25, 41.) Iratus veniet, quia Dominus manifeste veniet, et non silebit. Audite quid minatur videns peccata hominum : « Nonne hæc condita sunt apud me, et signata in thesauris meis? Mea est ultio, et ego retribuam in tempore. Reddam ultionem hostibus meis, et his qui oderunt me retribuam (*Deut.* xxxii, 34, et seq.). » Et quia tanta est severitas judicis, placandus est antequam veniat; et quomodo placandus est ait Psalmus : « Præoccupemus eum in confessione (*Psal.* xciv, 2). » Quod dicitur antequam facies ejus appareat in judicio, præveniamus eum, damnando quæ **300** fecimus, ut quando veniet, non inveniat ipse quod damnet. Peccata enim nostra aut ipse judicabit, aut nos. Melius est ergo ut nos judicemus, quia « horrendum est incidere in manus Dei viventis (*Hebr.* x, 3). » Nostrum judicium pœnam brevem donat; judicium ejus æternam : « Introite » igitur « portas ejus in confessione (*Psal.* xcix,4). » — « Confitemini Domino quoniam bonus, quoniam in æternum misericordia ejus (*Psal.* cv, 1), » Vult ut confiteamur, non quod ipse peccata nostra ignoret, sed ut diabolus audiat quod pœnituimus, et ita non habeat unde accuset. Diabolus igitur vult ut taceamus ; Deus vult ut confiteamur. Talis ordo est. Prohibitus est primus homo ante peccatum ne peccaret, et dictum est ei : Confitere peccatum, quia [antea] non habebat quod confiteretur. Secundo homini, id est Cain, qui in fratrem peccavit, dictum est : Peccasti, quiesce. Et nobis per Isaiam : « Quiescite agere perverse (*Isa.* i, 16).» Nec sufficit cessare a malo, nisi præterita peccata confiteamur. Et ideo per David admonemur : *Confitemini Domino quoniam bonus.* Exemplum posuit et dixit : « Confitebor adversum me injustitiam meam Domino, et tu remisisti impietatem peccati mei (*Psal.* xxxi, 5).

His omnibus peractis, necessaria est ultima medicina, id est satisfactio, ne peccatum nostrum maneat impunitum. Unde nos instruit Joannes Baptista, qui vere fuit pœnitentiæ forma dicens : « Agite fructus pœnitentiæ dignos (*Luc.* iii, 8). » Hæc omnia cognoscens diabolus, et sciens quia confessio humiliatio est, ipse qui per superbiam cecidit, vult

ne humiliemur, quia reditum nostrum impedire desiderat. Sic ergo laboravit ut primus homo non servaret quod injunctum est ei, id est non peccare, sic omnibus modis conatur, modo ut homo non servet quod sibi dicitur. Inde pœnitet David non confiteri; ait enim : « Quoniam tandiu tacui, inveteraverunt ossa mea (*Psal.* xxxi, 5), » quia taciturnitas in his magis ac magis corrumpit hominem. Vult diabolus ne dicatis : Peccavi. Et cum homo ad id conatur, ipse os ejus conatur et laborat claudere; vel si detegit peccatum, cum majori peccato Tacit confiteri; facit enim peccatorem se excusare. Duplicatum est igitur peccatum : quia peccavit, et peccatum excusavit. Cum enim castigantur aliqui, et dicitur eis : Quare hoc fecistis? respondent : Quia diabolus fecit. Sed nunquid coegit? suadere potuit, cogere non potuit. Si solus diabolus daret consilium, et Deus taceret, haberet homo quod excusare posset. Sed Deus per rationem, per Scripturas, per prædicatores clamat : Nolite peccare. Deus a dextris, diabolus a sinistris ; homo in medio constitutus est. Deus qui persuadet facere **301** bonum, adversarius dissuadet; homo autem diabolo consentit. Hoc operatus est in primo homine. Adam enim cum accusaretur a Domino, ipse se excusavit per mulierem, [mulier] per serpentem. Hoc devitans periculum, David ait : « Ego dixi : Domine, miserere mei; sana animam meam, quia peccavi tibi (*Psal.* xl, 5). » Audistis modum et ordinem pœnitendi, audite tempus. Ait Salomon : « Non tardes converti ad Dominum, et ne differas de die in diem, subito enim veniet ira Dei in tempore vindictæ, et destruet te [*Vulg.* disperdet te] (*Eccli.* v, 8, 9). »

Ecce, fratres charissimi, ecce nunc tempus acceptabile; ecce nunc dies salutis. Quod in aliis diebus peccastis, in tempore pœnitentiæ luite. Ne ergo differatis, sed quam citius poteritis, pœnitemini. Tunc, quia nescitis diem, neque horam quando veniet. Tunc, quia non debetis jejunare ante confessionem. Quis est ordo ut peccata puniatis antequam confiteamini? Prius sunt confitenda [peccata,] postea punienda. Qui usque ad ultimum diem Quadragesimæ differt confiteri, dat signum quod coactus id facit, quia in peccato delectatur. Promisit Deus veniam pœnitenti, sed non promisit crastinum diem differenti. Cum accesseris ad confessionem, noli ridere, sed peccasse te humiliter profitendo accede. Si potes, ploret oculus; si non, saltem doleat animus. Lacryma enim exterior signum est interioris doloris, et lavat maculam peccati. Voluit enim Deus ut totum corpus operetur in pœnitentia, quia totum corpus reatui subditum erat ; præcepit enim ut cor, oculus, os et totum corpus luerent peccatum. Ait enim Propheta : « Convertimini ad me in toto corde vestro, in jejunio, et fletu et planctu (*Joel.* ii, 12). » Cum præponit *in toto corde*, docet quod ibi est fons pœnitentiæ. Fletus ad oculum, planctus ad os vel animum, jejunium ad totum corpus refértur : oculus vidit vanitatem, os locutum A est mendacium, aures audierunt vana, manus fecerunt homicidia, pedes fuerunt veloces ad effundendum sanguinem, cor mala cogitavit. Ergo cor pœniteat, oculus fleat, os oret, auris audiat prædicationes, manus det eleemosynam, pedes veniant ad ecclesiam. Unde Apostolus : « Sicut exhibuistis membra vestra servire munditiæ et iniquitati ad iniquitatem, ita nunc exhibete membra vestra servire justitiæ in sanctificationem (*Rom.* vi, 19). » Dederat membra hominibus Creator ad sibi serviendum, et fecistis ea servire ejus inimico. Proh dolor ! homines laborant ut bonam vineam habeant, et non laborant ut bonam vitam ducant; laborant ut res eorum sint bonæ, et non laborant ut ipsi sint boni. Plus ergo diligunt res suas quam seipsos, cum res habeant **302** propter seipsos, et pluris est [eis] vinea quam anima. Vineam tamen amittent, at non amittent animam. Illam ergo excolite; spinas vitiorum eradicate, ut palmites vitiorum fructificent in vobis. Veniet enim Dominus vineæ reddere cultoribus secundum merita eorum. Et tunc boni « venientes venient cum exsultatione, portantes manipulos suos (*Psal* cxxv, 6). » Et qui sunt illi qui venient cum exsultatione? « Qui seminant in lacrymis, in exsultatione metent (*ibid.*, 5). » Sumite [*l.* seminate] ergo in lacrymis pœnitentes, ut mereamini in domum Domini intrare gaudentes, præstante Domino nostro Jesu Christo, qui vivit et regnat per omnia sæcula sæculorum. Amen.

XIX.

IN DOMINICA PRIMA QUADRAGESIMÆ SERMO UNICUS (19*).

Sive potius initium sermonis imperfecti.

Tribus modis tentavit diabolus Christum. Per gulam, ubi dixit : « Dic ut lapides isti panes fiant (*Matth*, iv, 3); » per avaritiam, ubi ostendens ei omnia regna mundi, ait : « Hæc omnia tibi dabo, si cadens adoraveris me (*ibid.*, 9); » per vanam gloriam, ubi ait : Si Filius Dei es, mitte te deorsum (*ibid.*, 6). » His tribus modis vicerat primum hominem; et ideo his tribus appetiit Christum, quem mirabatur esse sine peccato; et ideo machinabatur, ut aliquo istorum modorum caperet eum. Nam ex his alia vitia prodeunt, et qui in istis capitur, facile D ad pejora ducitur. Qui enim delectatur suavitate ciborum et potus, comedit aliquando et bibit ad saturitatem. Ex saturitate caro ad libidinem inflammatur. Qui vero stimulis libidinis agitatur, facile corruit in fornicationem et adulterium. Qui autem adulter est, marito adulteræ invidet, odit; interficit, si potest, vel simulat falsam amicitiam; et cum se amicum vultu et verbis exhibet, corde et opere inimicus est. Ecce quomodo ex intemperantia gulæ multa peccata et mala procedunt; et hoc videns callidus hostis, prius tentavit Christum per gulam, cogitans quod si eum in appetitu

cibi caperet, facile ad graviora deduceret. Similiter ex vana gloria et ex avaritia. Ergo ut exaltentur illi, ut dicetur, non recusant committere sacrilegia, homicidia, perjuria, fraudes, proditiones, falsa testimonia; furta etiam et rapinas exercent, et quamlibet turpitudinem subeunt, ut possint adimplere quod optant. Ideo solerter vigilandum est fidelibus contra insidias callidi hostis, ut qui **303** Christiani sunt, more Christi repellant tentatorem. Cum obtulerit honores sæculi, vel laudem humanam, cogitetur ruina ipsius, qui per superbiam corruit. Cum vero per avaritiam tentaverit, quasi de acquirendis necessariis, respondeat ratio : Quia naturæ pauca sufficiunt, avaritiæ nihil. Nam si isti tres aditus claudantur diabolo, facile alios ejus laqueos evademus. « Qui autem minuta contemnit, » testante Salomone, « paulatim in majora decidet (*Eccli.* xix, 1). » Tribus autem modis committitur omne peccatum, cogitatione, verbo et opere. Sunt enim quædam vitia quæ sunt tantum in anima; quædam sunt quæ in anima prius concipiuntur, et postea per corpus exercentur. In anima est infidelitas, invidia, odium, iracundia, indignatio, credulitas, seu prava suspicio, arrogantia, ambitio, avaritia. Hæc continentur in mente, et versantur in cogitatione, sed aliquando per quædam indicia foris apparent, sicut invidia per detractionem, iracundia per contumeliam : et sic cætera, quamvis interius corrumpant animam, per aliqua signa foris prorumpunt ; verbo C enim committitur peccatum in perjuriis, in mendaciis, in falsis testimoniis, in deceptionibus, in maledictionibus, in derisionibus, in contumeliis, in verbis luxuriæ, in scurrilitatibus, in cunctis sermonibus qui pertinent ad persuasionem malorum, vel ad dissuasionem bonorum, in adulationibus, in turpiloquio, in omni verbo otioso, quia dicit Dominus in Evangelio : « Omne verbum otiosum quod locuti fuerint homines, de eo reddent rationem in die judicii (*Matth.* xii, 36). » Opere committitur peccatum, in furtis, in rapinis, in homicidiis, in ebrietatibus, in comessationibus, in fornicatione, in adulterio, in oppressione pauperum, in superflua acquisitione rerum temporalium, in his quæ sunt ad voluptatem carnis, et his quæ sunt ad nocendum aliis et in omnibus quæ prava intentione geruntur; his omnibus modis moritur anima in peccato...... *Hic desinit hic sermo in ms.*

XX.

IN QUADRAGESIMA SERMO PRIMUS (20).

De pœnitentia.

« Dispone [*Vulg.* Præcipe] domui tuæ, quia morieris « tu, et non vives (*IV Reg.* xx, 1). »

Cum Ezechias post incredibiles triumphos elatus fuisset in superbiam, nec dignas **304** Domino gratias egisset, ægrotavit usque ad mortem, et venit Isaias in spiritu, et ait : *Dispone domui tuæ*, id est provide qui succedat tibi in regem; nisi enim de su-

(19*) E Sangerman. 383.

(20) E ms. Andegav.

perbia tua pœnitentiam egeris, morte morieris. Familiaris fuit hæc admonitio, et semel facta per spiritum ad Ezechiam, qui regnabat super Judam et Jerusalem. Generalis est etiam et quotidiana ad quamlibet fidelem animam. Generaliter enim ad unumquemque nostrum de die in diem clamat Spiritus sanctus : *Dispone domui tuæ*, quia nisi disposueris, morte animæ morieris, et postmodum morte æterna. Et non credas Origeni dogmatizanti quod non in æternum irascetur Dominus, imo etiam dæmonum miserebitur, quia non vives, id est nunquam deinceps revocaberis ad vitam. Spiritualis vero et annua in hoc quadragesimali tempore est, in quo certus et brevis numerus ad corrigendas (21) aliorum temporum negligentias nobis constitutus est. Sed videndum est cui patrifamilias loquitur Spiritus sanctus, et de qua domo præcipiat disponenda. Sane quatuor domus leguntur in theologia : domus dæmonis, ubi sunt filii diffidentiæ, vasa iniquitatis, de quibus ipse ait : « Revertar in domum meam, unde exivi (*Luc.* xii, 24). » Sed quia pater ille familias induratus est tanquam lapis, ad eum non dirigitur hæc admonitio. Proinde de tribus aliis considerandum est. Domus itaque hominis est manufacta et visibilis; domus animi creata et rationalis, domus Domini regnatura et spiritualis. Domum suam homo inhabitat, animus dispensat, Dominus illuminat. Homo per necessitatem, animus per naturam, Dominus per gratiam. De domo hominis dictum est a villico iniquitatis : « Ut cum amotus fuero a villicatione mea, recipiant me in domos suas (*Luc.* xvi, 4). » De dispositione hujus domus non creditur esse facta præsens admonitio, cum potius contemnenda præcipiatur quam diligenda, cum Abrahæ dictum sit : « Exi de terra tua et de cognatione tua (*Gen.* xii, 1). » Et sponsæ præceptum est : « Obliviscere populum tuum et domum patris tui (*Ps.* xliv, 11). » Siquidem domus animi est homo ipse, et animum vocat rationem, cui, tanquam patrifamilias, carnis et animæ nostræ credita est custodia, et mandata dispositio.

De hac domo legitur : Tria ejiciunt hominem de domo : fumus, stillicidium, et mala uxor, id est peccatum ignorantiæ, peccatum suggestionis, peccatum propriæ concupiscentiæ, quæ non tantum rationem in domo sua dominari non permittunt, verum et ancillari **305** cogunt. Domus autem Domini est animus ipse, et ita mirum in modum animus Dominus est hominis, et domus Dei. Unde Apostolus : « Caput mulieris vir, caput viri Christus, caput Christi Deus (*I Cor.* xi, 3). » De hac domo legitur : « Sapientia ædificavit sibi domum (*Prov.* ix, 1), » et cum tan-

tum patremfamilias admonere de dispositione suæ domus insipidum esset et vanum, (« Quis enim adjuvit sensum Domini, aut quis consiliarius ejus fuit? » [*Isa.* xl, 13.]) patet quia animo dictum est : *Dispone domui tuæ*. Dispositio autem hæc plurimum difficilis est, et multa indiget diligentia. Ipsi enim per quos fit, indigent dispositione. Sicut enim difficile est invenire custodiam, si custodiendi sunt ipsi custodes, sic disponere, si disponendi sunt ipsi disponentes. Sane virtutes sunt per quas disponit animus domui suæ, ne supra modum silvescant. Potens est autem iste paterfamilias ; clientelam habet multam nimis ; clientes habet exteriores, et ad exteriora discurrentes. Habet et interiores, qui vultui ejus semper assistunt. Exteriores sunt quinque sensus corporis, et membra sensibus deputata, quorum dispositio crebro et de facili legitur in Scriptura. Legitur enim : « Averte oculos meos ne videant vanitatem (*Psal.* cxviii. 17). » — « Cohibe linguam tuam a malo, et labia tua non loquantur dolum (*Psal.* xxxiii, 14). » Obtura aures tuas, ne acceptum habeant opprobrium adversus proximum tuum. Comprime nares, ne peregrinis odoribus quærant delectari. Claude manum tuam, ne accipiat munera super innocentem. Injice pedes tuos in compedes sapientiæ, ne currant ad effundendum sanguinem. Et multa sunt in hunc modum quæ spectant ad eorum dispositionem. Interiores vero clientes præcipue sunt quatuor affectus animi, quorum meminit Virgilius, dicens :

(22) *Hinc cupiunt , metuunt gaudentque, dolentque*
                            [*vicissim.*

(Virg., *Æneid.*, lib. vi, vers. 733.)

Ili, inquam, sunt gaudium et dolor, spes et timor. Quia sicut paterfamilias carere non potest janitore, dapifero, pincerna, cubiculario, ita hi velut in modum eorum ministrantes, assistunt nobis. Etenim timor pro janitore, dolor pro dapifero, gaudium pro pincerna, spes est pro cubiculario. Legitur enim de timore : « Timor supplicii, janua regni. » Et alibi : « Initium sapientiæ, timor Domini (*Psal.* cx, 10). » Iste habet portas, et ostium in medio valvarum, quæ objicere et claudere debet, si forte perversæ cogitationes ad animum velint irruere, **306** quæ abjiciendæ sunt tanquam muscæ morientes, ne perdant suavitatem unguenti (*Eccle.* x, 1), sicut et volucres quas abigebat Abraham (*Gen.* xv, 11). Altera portarum est carere visione Dei; altera est ignis qui non exstinguetur; ostiolum item vermis conscientiæ qui non morietur. Irruentibus ergo hostibus objiciat ista timor, et dicat : Nequaquam intrabitis, ne forte propter vos dominus meus careat visione

(21) Regula S. Benedicti, cap, 49, *De Quadragesimæ observatione.* Ex his Regulæ sancti Benedictini terminis, non levis elici potest conjectura de monachatu, et quidem Benedictino Hildeberti, quos quasi sibi connaturales, ad suum citat institutum.

(22) Nec e versu Virgilii ab ipso in hoc sermone citato, minus probabiliter conjici potest hunc sermo-

nem vere Hildebertinum esse, cum eum, et eumdem, et ad eumdem sensum sæpius citet in aliis sermonibus, et in epistola præcipue duodecima libri primi ad Henricum I, Angliæ regem.

Nota et ad hoc volucres a sacrificio Abrahæ abactas. De quibus et in epistola secunda libri primi.

Dei, igne crucietur æterno, et conscientia propria teste et accusante, pereat. De duabus portis meminit Sophonias : « A prima, inquit, porta erit clamor, et a secunda ululatus (*Soph.* i, 10). » Clamabunt enim impii, cum sua conscientia eos accusabit; ululabunt, cum audient verbum asperum : « Ite, maledicti, in ignem æternum (*Matth.* xxv, 41). » Dicat ergo animus janitori ut vigilet, ne sicut Isboseth, ancilla ostiaria dormiente, a latronibus percutiatur in inguine (*II Reg.* iv, 5, et seq.). Vigilante siquidem janitore, timor sedens et tranquillus vocet dapiferum, et dicat : Pone mensam, præcinge te, et ministra mihi. Acceleret dolor, et primo panes apponat, scilicet lacrymas pro delictis. Hic est panis quotidianus quem pro quotidianis manducare debemus excessibus. Hoc pane vescebatur qui dicebat : « Fuerunt mihi lacrymæ meæ panes die ac nocte (*Psal.* xli, 4). » Et iterum : « Cibabis nos pane lacrymarum (*Psal.* lxxix, 6). »

Dicat autem animus dolori : Puer, nunquid pulmentarium habes ? (*Joan.* xxi, 5.) « Non in solo pane vivit homo (*Matth.* iv, 4), » appone coctionem. Alioquin arida sedebit anima mea. Apponat itaque dolor tria fercula coctionum : primo memoriam nostrarum miseriarum, secundo recordationem exsilii, et patriæ dilationem, tertio difficultatem redeundi. Apponens ergo primum, dicat : « Memento quia cinis es, et in cinerem reverteris (*Gen.* iii, 19).» Et hoc : « Fili, recordare novissima tua, et in æternum non peccabis (*Eccli.* vii, 40). » Apponens secundum, dicat : « Heu tibi, quia incolatus tuus prolongatus est, habitas enim cum habitantibus Cedar; multum incola fuit anima tua (*Psal.* cxix, 5).» Et iterum : «Super flumina Babylonis illic sedes, et debes flere dum recordaris Sion (*Psal.* cxxxvi, 1).» Apponatur tertium, et dicat : «Vix justus salvabitur, et tu miser ubi parebis?» (*I Petr.* iv, 18.) Quid faciet virgula deserti, ubi cedrus Libani concutietur? Durus est dapifer iste et infrunitus, sed fidelis. Asper est cibus, sed salutaris; amarus est gustu, sed cum deglutitus fuerit, dulcorabitur super mel et favum. Condimentum ejus est humilitas, quia ipsa est primogenita filia Regis summi, sal et condimentum reliquarum virtutum. Refectus autem animus tali cibo, vocet pincernam, et dicat : **307** « Sitio (*Joan.* xix, 28). » Misce potum quo exhilaretur facies mea, quia cibus cor meum confortavit, quia scriptum est : « Exsultate, justi, in Domino (*Psal.* xxxii, 1).» Acceleret ergo gaudium, et tria genera potionum propinet. Primum est infusio gratiæ operantis; secundum cooperatio gratiæ subsequentis; tertium perseverantia finalis. Primum apponens, dicat : « Signatum est super te lumen vultus Domini, et ideo dedit lætitiam in corde tuo (*Psal.* iv, 7). » Secundum apponens, dicat : « Cantabiles tibi sunt justificationes Dei, in loco peregrinationis tuæ (*Psal.* cxviii, 54).» Apparens [*f.* apponens] tertium, dicat : « Habe charitatem, et fac quod vis. » Omnia difficilia [*imo facilia*] sunt amanti. Gutta ca-

(25) E ms. Andegav.

vat lapidem. « Exspecta Dominum, viriliter age, et confortetur cor tuum (*Psal.* xxvi, 14). » Hilaris est iste pincerna, et amplectendus. Felix est hæc ebrietas, quæ sobrios reddit. Suspectus est aureus calix Babylonis. Malo sitire. Accedat quartus cliens, spes scilicet, quæ cubiculum struat, et dicat : Edisti, bibistique satis, veni, cuba, quiesce. Ego etiam tria tibi lectisternia paravi, carnis resurrectionem, sanctorum communionem, vitam æternam indubitanter spera, quia hoc mortale induet immortalitatem, hoc corruptibile incorruptionem. Præter hoc gaudium erit singulorum ; non minus gaudebis de bono alieno quam de tuo. Super hæc vita vives beata et immutabili. Audiendus est iste cubicularius, quia stanter [*f.* stratum] quod versaverat homo in infirmitate sua, iste ad debitum ordinem convertit. Felix est animus, si hoc modo disponat domui suæ. Satagamus ergo singuli, satagamus universi, ut de mensa doloris transeamus ad mensam communionis, ut de utraque postmodum transferamur ad mensam Patris, hæredes facti Dei, cohæredes autem Christi qui est Deus benedictus in sæcula sæculorum. Amen.

XXI.

IN QUADRAGESIMA SERMO SECUNDUS (23).

De vera conversione peccatoris, et unitate Christiana.

« Convertimini, filii, revertentes, dicit Dominus, « quia ego, vir vester; et assumam vos, unum de « civitate, et duos de cognatione, et introducam vos « in Sion (*Jer.* iii, 14). »

Non est hoc hominis, sed Spiritus sancti consilium, qui per prophetam Jeremiam nos admonet ad conversionem, nobisque spondet assumptionem, et in Sion introductionem. Verumtamen difficile est valde quod proponit; grave est quod suadet, scilicet ut convertamur ad Dominum **308** revertentes. Multa enim conversionem nostram impediunt; plurima impedimenta nobis occurrunt, quæ mentem peccatis obligatam in libertate respirare non sinunt. Sed omnes franguntur difficultates, si Spiritum ducem habemus, qui sua septiformi gratia septem propulsat obstacula mentem a conversione dehortantia; a quibus egredi, eorumque occupationes defugere, non est humanæ virtutis, sed cœlestis gratiæ. Illi sunt septem spiritus nequiores, quos immundus spiritus ab homine egressus ambulans per loca arida et inaquosa, et requiem non habens, assumit, ut eorum auxiliis, domum sibi vindicet, de qua exierat (*Luc.* xi, 26). Illi sunt septem dæmonia a Domino de Maria Magdalena ejecta (*Luc.* viii, 2), et septem populi terram Israelitis promissam possidentes. Habet enim immundus spiritus soboles plurimas. Prima enim ejus soboles sunt septem principalia vitia, cæteris nequiora, scilicet, inanis gloria, ira, invidia, acedia, philargyria, gastrimargia, luxuria. Inanis gloria inflat, ira conturbat, invidia dissipat, acedia sternit, philargyria pungit et sollicitat, gastrimargia curvat et dehonestat, luxuria de-

colorat et inquinat. Hæ septem passiones, hi septem A
nequam spiritus in homines, id est in animas mansiones suas vindicant, in quibus virtutes cum eis
nequeunt commorari, quia nulla conventio luci ad
tenebras (*II Cor.* vi, 14). Non potest anima tot vitiis
occupata ab immundo recedere spiritu, et ab iis
septem spiritibus cæteris nequioribus erui, nisi ad
spiritualem liberationem Spiritus Domini bonus sua
septiformi gratia adjuvet: ita ut septem spiritualibus nequitiis, quasi septem populis inimicis, a septem virtutibus quasi veris Israelitis fugatis et superatis, atque de terra humanæ mentis expulsis,
eorum loca virtutes sanctæ possideant.

Non igitur diffidamus, non desperemus, quia spiritus adjuvat infirmitatem nostram. Nobis enim ipse
per prophetas loquitur, quia jam filii sumus et amici,
quia ejus gratia regenerati, non servi, quia teste
Apostolo jam non sumus servi, sed filii (*Ephes.* ii,
19). Christus enim ait : « Jam non dicam vos servos,
sed amicos meos ; quia servus nescit quid faciat dominus ejus : vos autem dixi amicos, quia omnia quæ
audivi a Patre meo, nota feci vobis (*Joan.* xv, 15), »
omnia autem nobis notificanda. Non enim omnia ipsi
capere possent. Filii sumus, non servi, si Spiritu Dei
ducimur. « Qui enim Spiritu Dei aguntur, » ut ait
Apostolus, « hi sunt filii Dei (*Rom.* viii, 14). » Nec
parum est esse filios Dei, quia « si filii et hæredes,
hæredes quidem Dei, cohæredes autem Christi (*Rom.*
viii, 27). » Sed ista non assequimur, nisi convertamur et revertamur ad Dominum.

309 Convertamur corde, revertamur opere,
Convertamur declinando a malo ; revertamur faciendo bonum. Sed unde monet nos ut revertamur, et
ad quid? Utique a dissimilitudine ad similitudinem
(24) ; a transmigratione ad honorem. Transmigravit
homo infeliciter. Unde Jeremias : « Audiens audivi
Ephraim transmigrantem. Filius honorabilis mihi
Ephraim, puer delicatus (*Jer.* xxxi, 18). » Diligenter attendenda est hæc transmigratio, quam tanto
propheta commendat studio, dicens : *Audiens au-*
divi Ephraim transmigrantem. Auribus audiendi
audivit propheta. Audivit intus a veritate, et intellexit, et ideo ingeminat : *Audiens audivi.* Audivit de
transmigratione Ephraim, et causam percepit, quam
ex ipso nomine innuit. Ephraim enim interpretatur D
ubertas. Homo enim in ubertate conditus transmigravit, id est in deliciis positus recalcitravit, secundum illud Moysi : « Impinguatus, incrassatus,
dilatatus est dilectus et recalcitravit (*Deut.* xxxi,
15). » Impinguatus, propter amœnitatis locum [*f.*
amœnitatem loci] ; incrassatus, ob conditionis beneficium ; dilatatus, propter gratiæ donum. Ideo recalcitravit propter inobedientiæ vitium. Ex cujus persona, inquit Propheta : « Ego dixi in abundantia
mea : Non movebor in æternum (*Psal.* xxix, 7). »
Hoc dixit Ephraim, id est homo *exuberans* omnibus datis et donis perfectis a Patre luminum descen-

dentibus, quibus homo in paradiso erat præditus,
sed cum esset ei abundantia, ex ubertate crassitu-
dinis eructante super terram dixit : *Non movebor*
in æternum ab hoc bono, sed credidit diabolo dicenti : « Nequaquam moriemini, sed critis sicut dii
scientes bonum et malum (*Gen.* iii, 4, 5). »

Credidit igitur homo diabolo, et ad malum transmigravit a bono. A quo bono? Ad quod malum? A
justitia ad iniquitatem, a quiete ad miseriam ; a
beatitudine in mortem ; ab accepta portione substantiæ, quæ eum contingebat, ad regionem longinquam abiit, scilicet dissimilitudinis, qua elongatur a Deo, non loco, quia ubique totus ipse et æternaliter, adhærens uni civium regionis illius, id est
diabolo, qui est princeps regionis dissimilitudinis,
B qua elongatur a Deo. Cœpit pascere porcos, id est
contaminationis actibus delectari, non abdicans
occulta dedecoris. Nec solum abiit, sed et stetit et
sedit ; abiit consentiendo, stetit defendendo, sedit
docendo. In abeunte levitas ; in stante, pertinacia ;
in sedente, superbia. Pietatem deseruit, quæ est
cultus Dei, constans ex tribus, fide, spe et charitate, quam impietas impugnat per tria, vanitatem,
curiositatem, voluntatem. Hi tres sunt impii, per
quos eam impugnat, diabolus, caro, et spiritus. Tria
310 sunt impietatis arma, et tres sunt ejus ministri, qui convenientes in unum adversus Dominum,
et adversus Christum ejus, dicentes : « Venite, opprimamus virum justum, quia gravis est nobis [etiam]
C ad videndum (*Sap.* ii, 15) ; » quasi symbolum faciunt,
et mortis antidotum conficiunt, ubi singuli aliquid
ponunt, diabolus suggestionem, caro delectationem,
spiritus consensum : et sic transmigravit homo, de
beato factus miser. Infelix transmigratio ! Pessima
et abominabilis Galilæa ! Non est hæc illa Galilæa,
in qua Jesus præcessit apostolos. « Præcedet vos,
inquit, in Galilæam. Ibi eum videbitis (*Matth.* xxviii,
7). » In hac Deus videtur, in illa Dei visio perditur,
quia illic tenebræ et caligo, in hac lux et claritudo.
Illa transmigratur a bonis ad mala ; hæc a malis ad
bona. Transmigrare voluit natus in veritate, ut
nos in eo ad vitam transmigremus, quia transmigravit factus in figura, in quo nos mortui sumus.
« Factus est Ephraim quasi columba seducta, non
D habens cor, » ut ait Osee (*Ose.* vii, 11), cum per
gratiam assumpsit eum quem species columbæ virum
nostrum, id est caput et Dominum declaravit. Qui
per prophetam ait : « Ego vir vester, et assumam
vos, unum de civitate, et duos de cognatione, » ipse
est vir noster, quia caput nostrum. Et caput quidem
nostrum est, quia ei tanquam capiti membra uniuntur gratia et natura, de cujus plenitudine accepimus
gratiam, et ipse de nostra infirmitate accepit naturam, et in quo sunt omnes sensus nostri spirituales, sicut in capite corporales.

Assumpsit itaque nos per gratiam, ut honorem
quem perdidimus, et gloriam quam amisimus, re-

(24) Phrasis Hildeberto familiaris.

stauraret. Deseruit quippe honorem suum, et factus est inglorius, quia « cum in honore esset, non intellexit; comparatus est jumentis insipientibus, et similis factus est illis (*Psal.* XLVIII, 13, 21). » Sed quis ille est honor, quæ gloria illa? Fecit Deus hominem ad imaginem et similitudinem suam. Ecce quantus honor et dignitas hominis. Pretiosum est Dei opus; vilem eum demonstrat terra, sed gloriosum virtus; pretiosum facit imago, quam tenens jure vocatur homo. Cum vero ea neglecta cadit in vitia, hominis nomen amittit, comparatur jumentis insipientibus, secundum illud : « Nolite fieri sicut equus et mulus, quibus non est intellectus (*Psal.* XXXI, 9). » Exutus enim cœlestis imaginis ornamento, hominis etiam perdit nomen, quia gratiam hominis non tenuit. Ideo in Ezechiele geminato nomine dicitur : « Homo, homo (*Ezech.* XIV, 4), » ut qui exterius hominis præfert formam, etiam intus teneat imaginem, scilicet [gratiam,] quæ est imago Dei in homine et in mente rationali, ubi est memoria, intellectus, et **311** dilectio, secundum quam factus est homo ad imaginem Dei, non Patris tantum, vel Filii, vel Spiritus sancti, sed horum trium simul. Unde : « Faciamus hominem ad imaginem et similitudinem nostram (*Gen.* I, 26). » Non ait : Faciam, et meam; sed, Faciamus, ad nostram, professionem consortii ostendens, auferens intellectum singularitatis. Secundum tria ergo est homo imago trium. « Tres enim sunt qui testimonium dant in cœlo, Pater, Verbum, et Spiritus sanctus, et hi tres unum sunt (*I Joan.* V, 8). » Tres sunt hypostases suis proprietatibus distinctæ, sed unum sunt, quia unius essentiæ sunt. Tres res sunt una semper beatissimæ, semper vivæ, quibus fruendum est (25), et sunt una quædam summa res, communisque omnibus fruentibus, ea in quibus est prima similitudo ut prima æqualitas, ita in mente tres proprietates sunt, memoria, intellectus, dilectio, et hæc tria in una substantia sunt, cui substantialiter insunt, id est in mente.

Recte igitur ad ineffabilis Trinitatis imaginem et similitudinem conditus homo dicitur : ad imaginem, scilicet memoriam, intellectum, dilectionem; ad similitudinem, scilicet immortalitatem et animæ innocentiam. Homo ergo conditus in honore, memoria adhæsit Patri; intellectu Filio; dilectione Spiritui sancto. Increata enim Trinitas homini indidit trinitatem creatam, sed transmigrans a Trinitate beata et summa, incidit in trinitatem horrendam et fœdam, quam non fecit ineffabilis Trinitas, sed versipellis Satanas, scilicet in concupiscentiam carnis, concupiscentiam oculorum, superbiam vitæ. Cui trinitati obnoxia sunt omnia mala, sicut summæ

Trinitati omnia bona. Hæc trinitas . . . . . . est regio dissimilitudinis, ubi memoria dissipatur, intellectus cæcatur, voluntas fœdatur. Verumtamen de hac enormi trinitate per aliam trinitatem a summa Trinitate nobis promissam resurgimus. Increata enim Trinitas, trinitatem creationis erigit, infundens trinitatem sanctificationis, scilicet, fidei, spei, et charitatis. « Hæc enim tria sunt, sed major horum est charitas (*I Cor.* XIII, 13). » Ad illam igitur Trinitatem summam, quæ trinitatem de trinitate liberat, per Trinitatem nos reverti monet propheta, dicens : *Convertimini, filii, revertentes.* Per fidem enim illuminato intellectu, ad Patrem; per spem ad sapientiam, id est Filium, memoria solidata; per charitatem, voluntate pacificata, ad Spiritum **312** redire incipimus. *Convertimini,* inquit, et causam subdit, *quia ego vir vester, et assumam vos, unum de civitate, et duos de cognatione, et inducam vos in Sion.* Ecce Trinitas tres assumit; unum et duos, sed unum de civitate, et duos de cognatione. Est civitas bona, et est civitas mala. Civitas mala, mundus in malignitate positus, de qua dicit Dominus per Osee : « Ego Dominus, et civitatem non ingrediar (*Ose.* XI, 9). » Et per Jeremiam : « Ecce ego do coram vobis viam vitæ, et viam mortis (*Jer.* XXI, 8, 9). » Omnis qui habitaverit in urbe hac, morte morietur; et qui egressus fuerit, vivet. Civitas bona, sancta est Ecclesia. Hæc est civitas justi, urbs fidelis, civitas supra montem posita, quæ non potest abscondi. De urbe mala nullus assumitur, imo omnes ibi habitantes moriuntur. De urbe fideli assumitur quidam, sed non nisi unus, qui scilicet pertinet ad unitatem hujus urbis, cujus est unus Deus, una fides, unum baptisma (*Ephes.* IV, 5). Unus, inquam, Deus, quia etsi sunt multi qui dicuntur dii, et domini multi, nobis tamen, si de hac unitate sumus, unus est Deus in sæcula benedictus (*II Cor.* XI, 35). Ita etsi « tres sint qui testimonium dant in cœlo » scilicet, Pater, Verbum, et Spiritus sanctus, tamen hi tres, cum sint tres res quibus fruendum, non fidem nostram extendunt ad triplicem Deum, sed unum (*I Joan.* V, 7). Tres quidem sunt hypostases cœternæ et conbeatæ, proprietatibus suis distinctæ, et hæ unum, sive unus Deus sunt genere essentiæ. Non autem unus ut in fide nostra Pater, Filius, et Spiritus sanctus, testante Hilario (26), « tria sunt per substantiam, unus vero per consonantiam, » sicut nec triplicitas, sed Trinitas.

Una quoque dicitur fides, non numero et genere; alia est enim numero fides, quæ est in me, et in te, vel in illo; una vero similitudine, quia simul in omnibus, sicut duorum idem intelligentium dicitur voluntas una, vel simillimorum facies una, fides ca-

(25) Ita loquitur Petrus Lombardus initio libri primi Sententiarum.

(26) Verba hæc apud D. Hilarium sic inveniuntur, lib. De synodis, n. 29 et 31 : *Ut sint quidem per substantiam tria, per consonantiam vere unum.* Verum non sunt ipsius Hilarii verba, sed concilii Antio-

cheni in Encæniis. Horum tantum interpres est Hilarius. Imo propter ea ipsa verba, fidem hujus concilii suspectam haberi merito posse, num. 31, fatetur, licet eam subinde, num. 32, benevole excuset.

tholica, quia idem jubemur omnes credere, eodem-que modo operari. Unde fides catholica dicitur, id est universalis. Unum etiam dicitur baptisma, quia iterari non valet, quia æque bonum est a quocunque detur. Qui ergo hanc unitatem servat, ex eo non immerito unus, ab uno non repellitur, sed assumitur. Nec solum unus de civitate assumitur, sed etiam duo de cognatione; et ita tres assumuntur, quia trinus est qui assumit. Cognatio autem ista non est carnalis, sed spiritualis, qua **313** non corpora, sed corda junguntur, et multo est sanctior et dignior copula cordium, quam corporum. Hac enim cognatione intelligibili et cœlesti, non solum inter se consortium ad invicem et vinculum charitatis habent fideles, verum etiam capiti membra uniuntur, ut sit unus in omnibus et per omnia Christus. Sicut enim de fratrum unione, quæ fit hac cognatione, Propheta dicit: « Ecce quam bonum et quam jucundum habitare fratres in unum (*Psal.* cxxxi, 1). » Ita de conjunctione capitis et membrorum Dominus ait: « Quicunque fecerit voluntatem Patris mei, qui in cœlis est, ipse meus frater, et soror, et mater est (*Matth.* xii, 50). » Et de utroque simul in Actibus apostolorum legitur : « Multitudinis credentium erat cor unum et anima una, et erant illis omnia communia (*Act.* iv, 32). »

Hæc igitur cognatio sancta geminam facit unionem, quia membra capiti indissolubili nexu copulat, et inter se pia charitate sociat, ut servet unitatem in vinculo pacis. Divina est ista cognatio, qua regnum Christi, quod non est de hoc mundo, compaginatur atque constringitur, ut nihil possit ipsum separare a charitate Dei. De hac cognatione duo assumuntur, quia qui de ea vere sunt, datum est eis duo mandata perficere charitatis, aliorumque onera portare tanquam sua, ut impleant legem Dei. Merito ergo et ideo duo dicuntur, quia non quærunt tantum quæ sua sunt, sed quæ aliorum, bona eis in usum venientia, non ut propria possidentes, sed tanquam communia cunctis, maxime autem domesticis fidei exponentes. Hi sunt qui ædificant argentum, aurum, lapides pretiosos. Iidem qui cogitant quæ Dei sunt, quomodo placeant Deo, non mundo. Sicut in uno significantur qui ædificant ligna, fenum, stipulam, iidem qui cogitant quæ sunt mundi, quomodo placeant mundo, qui non propria relinquere, sed multiplicare quærunt, qui non æternis rebus attendentes, sed terrenis operibus incumbunt, sed terrena fundamenta non præferunt, imo alterutra conditione proposita, mallent eis carere quam Christo, salvi erunt merito fundamenti; sed quasi per ignem. Isti ergo recte significantur in uno, quia quod in usum venit, quasi suum, id est sibi, uxorique filiisque proprium retinent. Verumtamen quia imperfectum nostrum non spreverunt, sed viderunt oculi Altissimi, et ipsi assumuntur, et non relinquentur. Tres ergo assumuntur, et a Trino assumuntur, et Trino trina offerunt. Hi enim sunt tres illi, de quibus Samuel ait ad Saul: « Cum veneris ad quercum Thabor, ibi te invenient tres viri ascen-

dentes ad Deum in Bethel ; unus portans tres **314** hædos, alius portans tres tortas panis, alius lagenam vini. Et hoc signum quod unxerit te Dominus in principem populi (*Reg.* x, 3). » Princeps unctus, qui a tribus ascendentibus in Bethel invenitur, Christus est, « unctus oleo præ participibus suis (*Psal.* xliv, 8); cui Spiritus non est datus ad mensuram (*Joan.* iii, 34); et in quo habitavit plenitudo divinitatis corporaliter (*Coloss.* ii, 9). » Iste ergo invenitur, sed nonnisi a tribus, qui et ascendunt in Bethel, nec nisi apud quercum Thabor. Dignissima et spiritualis est ista quercus, apud quam tantus Princeps invenitur. Non est staturæ proceræ, sed virtutis immensæ. Humilis est arbor, sed inuncto robore sublimis. Hæc est sycomorus illa, in quam ascendit Zachæus ille statura pusillus, ut transeuntem Jesum cerneret; nisi enim quis in hanc arborem ascenderet, Jesum in transitu recte cernere non valeret. Unde ipse ad Moysen ait: « Sta in foramine petræ (*Exod.* xxxiii, 22), » quæ Christus est: « Petra autem erat Christus (*I Cor.* x, 1), quod est ascendere in arborem sycomorum. Foramen enim petræ est passio Christi. Sycomorus arbor crucis; interpretatur enim sycomorus *ficus fatua.* Ficus recte dicitur, quia nobis præbet cibum delectabilem, panem cœlestem refectione interiori; fatua autem, opinione omnium infidelium de Judæis et Græcis. Unde Apostolus: « Prædicamus Christum crucifixum, Judæis quidem scandalum, gentibus vero stultitiam (*I Cor.* i, 23). » Quod enim de cruce Christi et passione prædicatur, scandalum est Judæis, ob ruborem sui sceleris. Et stultitia est gentibus, humana ratione, et sapientia carnis tumentibus, qui nihil æstimant possibile, nisi quod in naturis cernitur; apud quos plus valet series naturæ quam virtus potentiæ divinæ. Et tamen per « istam stultitiam placuit Deo salvos facere credentes, » ut ait Apostolus (*I Cor.* i, 21). Non enim vere est stultitia, sicut videtur incredulis, sed virtus magna, et sapientia, quod revelatur fidelibus. Unde idem Apostolus: « Vocatis autem Judæis atque Græcis prædicamus Christum, Dei virtutem, et Dei sapientiam (*ibid.*, v, 23), » id est Christi passionem, in qua eis apparet Dei virtus, et Dei sapientia, quod vocati sunt ad vitam ea vocatione qua vocati sunt, quæ est sine pœnitentia (*Rom.* ii. 29), id est sine mutatione divini consilii; secundum propositum : « Sine pœnitentia enim sunt dona et vocatio Dei, » ut ait Apostolus (*Rom.* xi, 29). Illis ergo non est sycomorus fatua, nec infirma, sed sapiens et fortissima; fortis quidem, quia diabolum expugnavit, de morte triumphavit, Judæos dissipavit; sapiens, quia humilitatem superbo opposuit, ut humilitatis justitia vinceret, quam fortitudinem potentiæ dicere poterat.

Fortius ergo ac sapientius est hominibus, quod stultum et infirmum Dei **315** videtur, id est plusquam homines possint esse, vel sapere. Non est ergo fatuitas vel stultitia sycomorus ista, sicut im-

piis videtur, sed virtus et gloria. Unde Apostolus : A
« Verbum crucis pereuntibus quidem justitia est,
his autem qui salvi fiunt, id est nobis, virtus Dei est
(*I Cor.* i, 18). » Fortis ergo est hæc arbor, licet sit
humilis. Hæc est domus fulicæ [*seu silicæ*] de qua propheta ait : « Domus fulicæ dux est eorum (*Psal.* ciii,
17) (27). » Fulica enim avis est stagnensis , vel
marina ; nidificat in petra in mari sita. Humilis est
hæc petra, sed fortis, quæ tunsa fluctibus non tangitur [*f.* frangitur], sed frangit eos. Sic et crux Christi
suppliciorum quæstionibus, atque argumentorum
contradictionibus pulsata, non est mota, vel curva-
ta, sed amplius exaltata. In quam nisi quis fidei et
humilitatis passibus ascenderit, veritatem videre
nequit. Quia nisi quis crediderit non intelliget, et
qui se ut parvulus non humiliat, in regnum cœlo- B
rum non intrat. Unde recte dicitur quercus illa
Thabor, quæ *veniens lumen* interpretatur, quia est
quercus venientis luminis. Ab ea namque venit
lumen fidelibus. Hac enim fatuitate atque stultitia
illuminamur sapientia et prudentia ; decoramur
virtute et gratia. In hanc ergo sycomorum cum Za-
chæo ascendamus, ut Jesum cernere valeamus. Ad
hanc quercum Thabor cum tribus viris ascendentibus in Bethel veniamus, ut Regem regum invenire
possimus, qui ab aliis non invenitur, nisi ab his
qui ascendunt in Bethel. Bethel quippe *domus Dei*
interpretatur, et significat Ecclesiam, in qua vere
habitat Deus, qui ait : « Ecce ego vobiscum sum
usque ad consummationem sæculi (*Matth.* xxviii,
20). » Domus ita locus est, de quo evigilans Jacob, C
ait : « Vere Dominus est in loco isto, et ego nesciebam ! Non est hic aliud, nisi domus Dei et porta
cœli (*Gen.* xxviii, 16), » id est per quam ascenditur
in cœlum. Ibi Jacob erigit lapidem in titulum, fundens oleum desuper. Et hic dicitur : *Hoc tibi signum,
quod unxit te Deus in principem populi.* Idem est
ergo lapis in titulum erectus, et oleo delibutus, et
vir in principem populi unctus. Sed quid dicit esse
in signum unctionis et principatus, quod invenitur
a tribus viris, ad quercum Thabor ? Per crucem
enim innotuit Deus, qui ante Deus erat, sed absconditus ? Per crucem meruit exaltari, et nomen
Dei in eo manifestari, quia Dominus regnavit a
ligno, et factus est principatus super humerum ejus, D
qui de se ait : « Cum exaltatus fuero a terra, omnia
traham ad meipsum (*Joan.* xii, 32). » Et item :
« Singulariter sum ego, donec transeam (*Psal.*
cxl, 10). » Ante passionem ergo singulariter fuit,
et ideo princeps populi non apparuit ; sed post
transitum passionis, in resurrectione floruit gloria
immortalitatis. **316** Unde converso planctu in
gaudium, ipsum de Jericho egressum, id est de
mutabilitate et defectibus hujus miseriæ (28).

XXII.
IN QUADRAGESIMA SERMO TERTIUS (29).
De pænitentia.

« Audi, Israel, mandata vitæ, auribus percipe,
« ut scias prudentiam... inveterasti in terra aliena,
« coinquinatus es cum mortuis, deputatus es cum
« his qui in inferno sunt (30) dereliquisti fontem
« aquæ vivæ (*Baruch* iii, 9-11). »

Admonet vos Dominus, fratres charissimi, per
Baruch prophetam, ut audiatis mandata ejus. Increpat vos, quia mortui estis in peccatis vestris,
quia eum deseruistis, vocando vos cum honesto
vocabulo, ut ad memoriam reducat quid esse debetis, dicens : O Israel ! O gens mea, Ecclesia ! quæ
deberes esse Israel, id est videns Deum, et intelligens secreta ejus, quia peculiaris populus ejus es.
Qui usque nunc audisti præcepta mortis, at modo
audi præcepta vitæ, scilicet quæ ducant te ad vitam ;
et qui justitiam hujus mundi discebas, auribus percipe, ut scias prudentiam. Vide quid sis, et ad
quantam miseriam redactus es, qui prius beatus
eras. Miser inveterasti, qui prius renovatus eras in
baptismate per novum hominem, scilicet per Christum. Duo siquidem homines dicuntur esse. Primus
Adam, qui dicitur vetus, quia corruptus in peccato.
De quo Apostolus : « Deponite veterem hominem,
qui corrumpitur secundum desideria erroris (*Ephes.*
iv, 22). » Secundus Adam, scilicet Christus, qui
dicitur novus, quia sine peccato, et etiam alios virtutibus renovat. De quo Apostolus : « Induite novum
hominem, qui secundum Deum creatus est in justitia et sanctitate veritatis (*Ephes.* iv, 15). » Qui
autem peccat, inveterari dicitur, hoc est veterem
hominem imitari. Secundum hoc dicitur : *Inveterasti in peccatis, in terra*, id est in terrenis, sequendo
terrena ; quia primus homo de terra terrenus est,
et desiderat quæ terrena sunt. Secundus homo de
cœlo cœlestis, quæ cœlestia sunt dispensando. *In
terra* dico *aliena.* Non enim hic est patria nostra,
sed cœlestis Jerusalem, quæ est civitas nostra, de
qua per peccatum primi parentis exsulamus. Quomodo autem inveteravit evidentius subjungit : *Coinquinatus es cum mortuis*, id est cum peccatoribus,
qui mortui sunt quantum ad Deum, id est ad mortem æternam tendunt. De quibus dicitur : « Sinite
mortuos sepelire mortuos suos (*Matth.* viii, 22). »
Deputatus es cum his qui in inferno **317** *sunt.* Duæ
civitates sunt, diaboli et Dei, infernus scilicet et
paradisus : et duæ familiæ, justi et injusti. Milites
Dei in libro viventium scribuntur. Milites diaboli
cum his qui in inferno sunt deputantur. De quibus
dicitur : « Deleantur de libro viventium, et cum
justis non scribantur (*Psal.* lxviii, 29). » Et quare ?
Coinquinatus es, et cum mortuis deputatus. Quia
dereliquisti fontem aquæ vivæ, id est Christum, qui

---

(27) Vulgata : *Herodii domus dux est eorum.*
(28) Hic desinit sermo in ms. codice, hic mu-
tilo.

(29) E Victorino codice.
(30) Vulgata habet : *Cum descendentibus in inferum,
dereliquisti fontem sapientiæ.*

est fons æterni boni, de quo aliquis potatus non sitiet in æternum, qui abluit peccata mundi, unde fluit aqua viva, id est copia æternæ vitæ.

Audistis, fratres charissimi, quam terribilis sententia super nos est data. Quia peccavistis, in inferno deputati estis. Heu! quam malum meritum, quam grave præmium! De malo opere fructus malus; de turpi militia, turpis corona. «Stipendia enim peccati» ut ait Apostolus, «mors (*Rom.* vii, 23)» non hæreditaria, non transitoria, sed æterna. Quid ergo, miseri, agetis? Quo fugietis, gens cæca? Vitam deseritis, et in mortem itis. In inferno nulla est redemptio, in inferno nulla est confessio utilis. Unde David: «Quoniam non est in morte qui memor sit tui; in inferno autem quis confitebitur tibi?» (*Psal.* vi, 6.) Utiliter debemus intelligere. Dives enim in inferno peccatum Abrahæ confitebatur, sed inutiliter, quia ibi tantum locus est pœnitentiæ, ubi est locus confessionis. Unde Apostolus: «Operemur bonum, dum tempus habemus (*Gal.* vi, 10.)» Dicit enim Dominus per Isaiam: «Tempore accepto exaudivi te; et in die salutis adjuvi te (*Isa.* xlix, 8).» Sed quanto est tempus illud exauditionis idoneum? «Ecce nunc tempus acceptabile, ecce nunc dies salutis (*II Cor.* vi, 2),» id est in præsenti est tempus acceptabile ad pœnitendum, ad confitendum, ad orandum, ad bene operandum, in quo Dominus exaudiet, et in quo salutem promereri potestis. Dies duo sunt, dies hominum, dies Domini, quandiu vivitur, quia tunc homines in potestate sua sunt, ut ad vitam tendant si velint, vel in mortem se præcipitent. Dies hominum sunt, quia homines in manu hominum sunt, id est sacerdotum, ut modo eos solvant, modo eos ligent. Ultra vero potestas eorum non porrigitur. Unde dicitur: Deus, cui soli competit medicinam præstare post mortem. Itaque post mortem eorum dies Domini est, quia tunc homines in manu ejus sunt, ut non secundum velle eorum, vel ad mortem, vel ad vitam ducantur, sed secundum gratiam, vel justitiam Domini omnia agantur. Dies Domini est, quia tunc Dominus apparet sicuti est. Non videtur in ænigmate per speculum, vel in obscuritate sicut in præsenti. Unde dicitur: «Veniet dies Domini sicut fur (*II Petr.* iii, 10).» Quid ergo exspectamus hic ubi **318** positi sumus ut operemur, ut mereamur in patria Christi esse cohæredes. In præsenti, militia exercetur, in futuro, munus reddetur. In præsenti seritur; in futuro colligetur. Tempus vero breve est, ut ait Apostolus, præterit enim figura hujus mundi. (*I Cor.* vii, 31). Exspectat nos Dominus, qui dicit: «Nolo mortem peccatoris, sed ut convertatur et vivat (*Ezech.* xviii, 35).» Exspectat ut pœniteamus. Sed nisi pœnituerimus, exspectatio illa nobis iram generat, dicente Apostolo: «Ignoras quod bonitas Dei ad pœnitentiam te adducit? Secundum autem duritiam cordis tui et impœnitens cor, thesaurizas tibi iram in die vel iræ, vel judicii (*Rom.* ii, 4, 5). Surge igitur qui dormis,» ut ait Apostolus, «et exsurge a mortuis, et illuminabit te Christus (*Ephes.* v, 14).» Dormimus, quia obliti sumus cœlestis patriæ. Ibi [*f.* Hic] veras divitias per somnum videmur invenisse, sed in morte excitati nihil inveniemus, quia nudi discedemus, dicente Psalmista: «Dives cum interierit, non sumet omnia, neque descendet cum eo gloria ejus (*Psal.* xlviii, 18).» Excitemur ergo in præsenti, comperientes hic non esse veras divitias, quia hora est jam nos de somno surgere, scilicet de somno oblivionis. Sed sunt quidam qui tot et tantis vitiis sunt occupati, quod se veniam habere diffidunt. Hi sunt similes diabolo, qui fastu superbiæ dedignatur pœnitere. Hi sunt conformes Judæ proditori, qui desperans præ magnitudine sceleris, laqueo se suspendit. Contra hos Apostolus: «Venit ira Dei super eos qui diffidunt (*Ephes.* v, 6).» Diffidens dicitur peccare in Spiritum sanctum. Non ergo remittetur ei, neque in præsenti, neque in futuro (*Marc.* iii, 29). Qui ergo desperat, resipiscat, et audiat quid Dominus dicat per Ezechielem: «Si impius pœnitentiam egerit ab omnibus peccatis suis quæ operatus est, et custodierit universa præcepta mea, vita vivet, et non morietur. Omnium iniquitatum ejus non recordabor. Num voluntatis meæ est mors impii, et non ut convertatur a viis suis, et vivat? (*Ezech.* xxxiii, 14 et seq.)» Exemplum do de Ninivitis. Unde scriptum est: «Verte impios, et non erunt (*Prov.* xii, 7).» Non diffisus est latro in cruce; sed pœnitens in ipso [mortis] articulo, vertit meriti sui supplicium in martyrium. O res digna! pœnitentia exhæredatum a regno facit in regno regnare; et qui peccando longe fuerat, pœnitendo appropinquat.

Sed, fratres, non omnis pœnitentia salvat, sed digna tantum justificat. Quæ est ergo digna pœnitentia? Digne pœnitere est mala ante facta deflere, et deflenda non committere. Non est digna pœnitentia pœnitere de præteritis peccatis, nisi de cæteris cessetur peccatis. Unde scriptum est: «Peccasti, quiesce (*Eccli.* xxi, 1).» Et propheta: «Quiescite agere perverse (*Isa.* i, 18).» Sed vos, fratres charissimi, negligentes **319** in pœnitentia estis, quia venientes ad confessionem, non defletis peccata [vestra]. Et tamen plus valent lacrymæ in pœnitentia, quam multi temporis cum gaudio et risu jejunia. Petrus ter negans Dominum, flevit amare. Unde quidam dixit: Lacrymas legi Petri, satisfactionem non legi. Maria mulier peccatrix accessit ad Christum, pedes ejus rigavit lacrymis; et pius medicus vulnera ejus sanavit. Hunc modum pœnitentiæ præcipit Dominus per Joelem prophetam, dicens: «Convertimini ad me in toto corde vestro, in jejunio et fletu, et planctu, et scindite corda vestra (*Joel.* ii, 12). David enim pœnitens ait: «Lavabo per singulas noctes lectum meum, lacrymis meis stratum meum rigabo (*Psal.* 6, 7).» Et alibi: «Exaudivit Dominus vocem fletus mei (*ibid.*, 9).» Hæc secunda ablutio est, prima præcessit in baptismate. Vita etiam præsens pro lacrymis fuit extenta, velut cum dictum esset Ezechiæ: «Morieris tu, et

non vives, et conversus ad parietem flevit A
(*IV Reg.* xiii), » et adjuncti sunt ei quindecim anni.
Si fletus præsentem vitam tribuit, multo magis cœlestem impertit. Flete ergo peccata vestra in præsenti
spontanei, ne defleatis in futuro coacti. Unde scriptum est : « Ibi erit fletus et stridor dentium (*Matth.*
viii, 12) » et ibi est ubi puniuntur peccata ; sed hic
puniuntur ad salutem, ibi ad pœnam. Addendum tamen est jejunium lacrymis, ut cum anima particeps
peccati cruciatur, caro quæ peccavit, per abstinentiam puniatur. Sed jejunium sine eleemosyna nihil
plus valet quam eleemosyna sine jejunio. Jejunium
cum eleemosyna duplex bonum. Jejunium sine eleemosyna nullum bonum est. Et iterum nihil valet abstinere a cibis, nisi abstineatur a peccatis. « Frange
esurienti panem tuum, et... carnem tuam ne de-   B
spexeris (*Isa.* lviii, 7). » Cum Dominus prohibeat in
jejuniis peccare, postea ostendit quid e contrario
faciamus. Scilicet ut solvamus peccata pœnitendo,
confitendo, lacrymando, jejunando, eleemosynam
dando, ut purificati a peccatis in his sanctis jejuniis,
mereamur Dominum recipere corde [puro] in die
resurrectionis, et gaudere cum eo per omnia
sæcula sæculorum. Amen.

XXIII.

IN QUADRAGESIMA SERMO QUARTUS (31).

De pœnitentia.

« Convertere, Israel, ad Dominum Deum tuum ;
« quoniam corruisti iniquitate tua. Tollite vobiscum
« verba, et convertimini ad Dominum ; et dicite ei :
« Omnem aufer iniquitatem, **320** accipe bonum,   C
« et reddemus vitulos labiorum nostrorum (*Ose.*
« xiv, 3).

Hoc est cœleste et salubre consilium, quod Spiritus veritatis qui procedit per Osee prophetam,
insinuat, dicens : *Convertere, Israel, ad Domi-*
num, etc. His verbis aperit Spiritus sanctus unde
et ad quod converti debeat Israel, scilicet ab iniquitate ad Dominum Deum. Quatuor sunt aversiones, quibus infelix et miserabilis anima a Deo se
elongat, exsulans in regione tenebrarum, et umbra
mortis, scilicet mundialis lætitia de prosperitate
hujus sæculi veniens, cunctis ad votum succedentibus in divitiis et honoribus, aliisque consimilibus,
in quibus non dexteræ, sed sinistræ consistit felici- D
tas, quæ est transitoria et mortalis. Bona quidem
sunt illa et a Deo sunt, hisque plures sanctos abundasse inveniuntur. Mortalium rerum possessores
culpantur, [non] ob rerum vitium, sed [ob nimium]
talibus perfruendi desiderium, et quia beatum dixerunt populum cui hæc sunt. Non ergo quia hæc
habent accusantur, sed quia talibus rebus præter-
fluentibus suum affectum interius subjiciunt, et
in illis mentem figunt. Alibi quippe dicit Propheta :
« Divitiæ, si affluant, nolite cor apponere (*Psal.* lxi,
11). » Non damnat Propheta divitias, vel earum
dominos, sed servos, qui eis corda apponunt, re-

condentes, non expendentes, qui in talibus lætantur,
et exsultant cum male fecerint. Hujus gaudii extrema luctus occupabit, et risus iste dolore miscebitur,
quia ante ruinam exaltatur cor. Lætitia igitur
mundialis, quæ duobus modis conspicitur, videlicet
cum temporalium affluentia arridet, vel pessimarum
rerum desideria explentur ; una est et maxima
[via] recedendi a Deo. Altera vero est immoderata tristitia, quæ item ex duobus contrahitur, scilicet ex defectu rerum temporalium, et ex
peccatorum incremento, vitiorumque immoderato
cumulo, scilicet cum aliquis angitur vehementer et
dolet de eo quod non succedunt ei temporalia, quibus
alios abundare videt. Unde Propheta ex persona
cujusdam infirmi ait : « Pene moti sunt pedes mei,
pene effusi sunt gressus mei, quia zelavi super iniquos,
pacem peccatorum videns (*Psal.* lxxii, 2), utique
temporalem, carnalem, animalem, non spiritualem.

Talem ergo pacem videns habere peccatores, in tantum zelavit, id est [*supp.* in tantam tristitiam] incidit
et doluit, quod pene moti sunt pedes mentis [ejus] a
rectitudine, et gressus operis ab æqualitate [*f.* ab in-
æqualitate]. Illa vero tristitia, quæ de peccati univer-
sitate oritur, est cum aliquis perpendit peccata sua,
putans multitudinem divinæ miserationis et misericordiæ vinci atque **321** excedi peccati sui magnitudine, sicque absorbetur a barathro desperationis,
quod est peccatum irremissibile et blasphemia in
Spiritum sanctum, de quo scilicet dicit Joannes :
« Est peccatum ad mortem, non pro eo dico ut
oret quis (*I Joan.* v, 16). » Ecce secunda aversionis causa.

Tertia autem est hypocrisis, quæ aliud foris ostendit, aliud intus tenet, qua quis non vult esse
vel fieri [*id est* æstimari], qualis appetit videri,
osseum et exsanguem vultum præfert, decolorem et
obductam faciem ostendit ; lupum sub ove contegit,
serpentem sub columba abscondit. Similes sunt
hypocritæ sepulcris dealbatis, quæ a foris hominibus lucent, intus plena sunt spurcitiis et ossibus
mortuorum, fetorem mortiferum exhalantia (*Matth.*
xxiii, 17). Ipsi sunt quasi catina foris lota, intus
vitiorum sordibus immunda. Hypocrisis est tanquam
paries dealbatus, de quo dicitur : In pariete non
conjuncto aliis, sed singulariter erecto, si ostium
facias, quisquis intrabit foris est ; paries lucens in
superficie, sed intrinsecus luteus hypocrita est, qui
non aliis glutino charitatis jungitur, sed singulariter
erigitur, id est extollitur, suam quærens gloriam,
non Jesu Christi, utique fecerit ostium imitando,
foris est a charitate. De talibus enim ait Apostolus :
« Formam quidem pietatis habentes, virtutem vero
[ejus] abnegantes (*II Tim.* iii, 5). » Hic est calamus, sub cujus umbra requiescit spiritus immundus. Ut enim ait beatus Job, « Requiescit spiritus
immundus sub umbra calami, et in locis humentibus (*Job* xl, 16). » Calamus intus vacuus, foris

---

(31) E Sangerman., 381.

nitidus hypocrita est, qui specie sanctitatis exterius nitet, intus autem vacuus est virtutibus, cujus umbra est simulatio fallax. Unde Propheta : « Mendaces filii hominum in stateris, ut decipiant ipsi in vanitate in idipsum (*Psal.* LXI, 10), » id est in libra justitiæ, quia falso testimonio, ntuentium oculos fallunt, cum se justitiæ ministros ostendunt, cum sint operarii subdoli. Humentia autem loca sunt corda carnalium labe concupiscentiarum fluida. *Sub umbra* igitur *calami*, id est in mente simulationis specie adumbrata, et hypocrisis vitio cauteriata, atque in cordibus carnalium illecebrarum fluxu humentibus requiescit immundus spiritus, qui in locis inaquosis et aridis requiem non invenit, id est in cordibus sanctorum ab omni noxiæ voluptatis labe castigatis. Ecce tertia aversionis labes, scilicet hypocrisis.

Quarta vero, cæteris difficilior, est superbia, quæ item duobus modis consideratur, in mentis elatione et exteriori gloriatione, aliud est intus intumescere aliud exterius inaniter se jactare. Superbia est amor propriæ excellentiæ, quæ mentem hominis tripliciter percutit, videlicet cum quis **322** bonum quod habet, non Deo, sed sibi tribuit; vel si a Deo se accepisse dicit, meritis suis obtinuisse jactat; aut si gratis accepisse fatetur, super alios se extollit, et non habentibus insultat. Superbia natione cœlestis sublimia semper appetit, sub cinere latitans et cilicio. Hæc est initium peccati, hæc per omnia sævit vitia, postrema vincitur, quæ etiam in benefactis subrepit. Hæc est bestiola, quæ plus consumpsit de exercitu Absalonis quam gladius. Hæc igitur cum cæteris præmissis pestibus est perimenda, veniens de se et super se præsumens, plus videri quam esse aspectat [*f.* affectat], ne sibi arroget quod Dei est, nec suis meritis tribuat quod gratia Dei donat. Intellexisti breviter nostræ aversationis atque elongationis incentiva, et quemadmodum his quatuor modis itur in regionem dissimilitudinis. Ita aliis quatuor modis reditur ad Dei similitudinem, et pervenitur ad terram viventium. Unde in Canticis dicitur ad Synagogam, quæ in Christi passione aberravit : « Sub arbore malo corrupta (*Cant.* VIII, 5), » id est sub arbore crucis cæcata, ex voce sponsi dicitur : « Revertere, revertere, Sunamitis, revertere, revertere ut intueamur te (*ibid.*, 12).» Sunamitis interpretatur *dissona*, vel *amena*, vel *captiva*, ideoque per eam peccatrix et infelix anima intelligitur, quæ dissonæ religionis causa a Deo alienata, laqueis venantium est capta. Unde Sapientia eam reverti monet eisdem pene verbis quibus propheta Israel ad Deum converti hortatur. Sapientia enim per Salomonem ait : *Revertere, Sunamitis*, etc., et Spiritus sanctus per Prophetam : *Convertere, Israel, ad Dominum Deum tuum*, ac si utriusque voce diceretur : O anima infelix! a diabolo captivata, ab homine despecta, et a Deo derelicta, post tot et tantas aversiones et violationes, quibus Salvatoris tui oblita,

sermones ejus retrorsum projecisti, convertere et revertere, inquam, ab infelice et noxia lætitia, et convertere ad spirituale et cœleste gaudium, ut in Domino gaudeas, sicut nos hortatur Apostolus, dicens : « Gaudete in Domino semper, iterum dico : Gaudete (*Philipp.* IV, 4). » In Domino, inquit, non in mundo. Nemo enim potest gaudere in Domino, et in sæculo, sicut non potest duobus dominis servire : « Amicus enim hujus mundi,» ut ait Jacobus, « inimicus Dei constituitur (*Jac.* IV, 4).» Multum inter se hæc duo gaudia differunt, suntque omnino contraria, nec simul in eodem esse possunt. Vincat ergo gaudium in Domino; finiatur gaudium in sæculo. Illud semper augeatur; hoc semper minuatur, donec finiatur. Quid est sæculi gaudium? « nequitia impunita, scilicet, luxuriari, ebrietati ingurgitari, **323** turpitudine fetere, et nihil mali pati, hujusmodi [mala] facere, nec castigari aliqua adversitate, sed omnia in pace carnis, in securitate malæ mentis agere, sæculi lætitia est (32). »

Magnæ ergo misericordiæ [Dei] est nequitiam impunitam non relinquere, ne gaudium sit in sæculo. Bonum est nobis ut subveniat castigando, flagellando, ne in futuro damnet gehennæ incendio. Convertatur ergo Israel a peremptorio gaudio ad salubrem lætitiam, quæ est oleum bonæ conscientiæ, et gloria filiæ Regis, quæ est intrinsecus; de qua Apostolus : « Gloria nostra hæc est, testimonium bonæ conscientiæ (*II Cor.* I, 12).» Revertere etiam, Sunamitis, a damnabili tristitia, et convertere ad fructuosam compunctionem, ut in cubile mentis tuæ de tuis et aliorum peccatis compungaris, et de cœlestis patriæ dilatione. Beati enim qui sic lugent, quoniam ipsi consolabuntur. Revertere quoque a simulatione superstitionis, a figmento hypocrisis, et convertere ad veritatem pietatis, ut non modo os, sed et cor ponas in virtute charitatis; ut non laudem humanam, vel favorem popularem veneris, sed cum Apostolo in Christi cruce glorieris (*Gal.* VI, 14). Revertere etiam a ventosa superbia, ab elationis inflatione, et convertere ad humilitatis plenitudinem, quia « Super quem requiescit Spiritus Domini, nisi super humilem, et quietum, et trementem sermones ejus? » (*Isa.* LXVI, 2.) Ecce his quatuor modis fit reversio a malo, et a Deum conversio; vel forte quater dixit, *revertere, revertere*, propter quatuor principales virtutes, ut anima quæ per quatuor vitia aberravit, per quatuor virtutes illis oppositas, scilicet justitiam, temperantiam, fortitudinem et prudentiam, convertatur ad Dominum. Aliud quoque his verbis notari potest. Forma enim sanctæ vitæ duobus exprimitur verbis in Propheta, scilicet : «Declina a malo, et fac bonum (*Psal.* XXXVI, 27).» Declinatur autem a malo duobus modis, scilicet voluntate et opere; et bonum similiter geritur voluntate et opere; ideoque distinctim bis geminavit, *revertere, revertere*. Ideo ergo pariter conclamat Spiritus sanctus in pro-

---

(32) Ex Augustino, ser. 171, *De verbis Apost. ad Phil.* IV.

pheta: *Convertere, Israel*; et Sapientia Patris in A
rege, *revertere, Sunamitis*, ut quæ divinis obtutibus
indigna eras, dum exsulares, jam digne revertentem,
tanquam nobis placentem, intueamur. Qualiter autem converti debeat ostendit, subdens : *Et corruisti
in iniquitate tua.* Iniquitatibus, fratres, corruimus,
quia in iniquitatibus concepti sumus. In iniquitatibus quidem originalibus vitio parentali concepti
sumus, sed in actualibus proprio vitio corruimus.
Sed ut ab his absolvamur, faciamus **324** quod subdit : *Tollite vobiscum verba, et convertimini ad Dominum, et dicite ei : Omnem aufer iniquitatem, accipe bonum, et reddemus vitulos labiorum nostrorum.*
Modus absolutionis nostræ his verbis exprimitur,
qui nobis præstatur in pœnitentiæ perfectionem.
Perfecta autem pœnitentia in tribus consistit : in
cordis compunctione, in oris confessione, in operis
satisfactione. De cordis gemitu ait Propheta: « Sacrificium Deo spiritus contribulatus; cor contritum et
humiliatum, Deus, non despicies (*Psal.* L, 19). » De
oris confessione alibi etiam dicit Propheta : Dixi :
Confitebor Domino, et tu remisisti impietatem peccati mei (*Psal.* xxxi, 5).» De operis satisfactione
ipse idem alibi ait : « Laboravi in gemitu meo
(*Psal.* vi, 7).» Memorans enim gemitum, et laboris
plenitudinem per gemitum, operis satisfactionem
nomine laboris significavit. Satisfactio autem maxime in tribus consistit, scilicet, jejunio, oratione
et eleemosyna. Jejunium vero duplex est, corporale
et spirituale. Corporale est, quo nos contempera- C
mus a cibis; spirituale, quo abstinemus a vitiis.
Non sufficit, nec valet carnem macerare corporali
parcimonia, nisi intus castificet mentem spirituali
abstinentia, qua vitia caveamus, delicta vitemus.
Similiter est et oratio oris, et oratio cordis. Non
valet clamor labiorum sine labore animorum. Clamor autem cordis, etiam silente exterius voce corporis, a Deo semper auditur. De hoc clamore Dominus ad Moysen tacentem ait : « Quid clamas ad me
de terra? » (*Exod.* xiv, 15). Jacebat Moyses, sicut
ibidem legitur, et Dominus dicit : Clamas. Sed tacebat ore, clamabat corde. Qualiter Susanna de
falso crimine a presbyteris accusata, clamabat ad
Dominum.

Non igitur verbo tenus oremus ad Dominum; sed D
ex intimo cordis affectu, tanquam ex ara sancta,
dirigatur oratio nostra sicut incensum in conspectu
Domini. De illis enim qui orant solis labiis, Veritas
ait : « Non omnis qui dicit mihi, Domine, Domine,
intrabit in regnum cœlorum (*Matth.* vii).» Et per
Isaiam : « Populus hic labiis me honorat; cor autem eorum longe est a me (*Isa.* xxix, 13; *Matth.* xv,
8).» Clamori igitur oris affectus consonet cordis,
ut holocausta medullata ei offeramus. Eleemosyna
quoque gemina est, corporalis et spiritualis. Corporalis manum aperit, egentibus subvenit; spiritualis

(33) Hic aliquid videtur deesse ad denotandum
tertium genus peccatorum; quod forte referri potest ad illa verba : *Omne onus dirumpe;* per quod

autem errantem corrigit, et delinquentem absolvit.
Spiritualis enim eleemosyna est aberrantem fratrem
revocare. Qui enim fratrem delinquentem ab errore
viæ suæ converterit, ut ait Jacobus, animam ejus
et suam salvabit (*Jac.* v, 20). Qui vero fratri in se
peccanti dimittit, non solum septies, sed et septuagies septies, ut sibi dimittatur a Domino promeretur. Alioquin Pater cœlestis **325** non dimittet nobis peccata, nisi nos aliis dimittamus; qua captione
[*f.* cautione, *seu* conditione] astringimur in Dominica oratione, cum dicimus : « Dimitte nobis debita
nostra sicut et nos dimittimus debitoribus nostris
(*Matth.* vi, 12). Omnis igitur eleemosyna duobus
expletur modis, dando scilicet aliis bona nostra, et
dimittendo eis mala sua. Unde Veritas in Evangelio :
« Date, et dabitur vobis; dimittite, et dimittetur
vobis (*Luc.* vi, 38). » Hæc enim sunt duo officia
misericordiæ, scilicet, maleficiis ignoscere, et beneficia erogare; et in nullo ita vincitur inimicus, quemadmodum de misericordia, quæ superexaltat judicium, quia in quocunque repertum fuerit opus misericordiæ, in judicio, etiam si quid cremabile
portat, totum quasi unda misericordiæ delebitur.
Qui ita agunt, jejunium sanctificant, sicut Dominus
per Joel ait : « Sanctificate jejunium (*Joel.* ii, 15);»
quasi sanctum facite jejunium vestrum, si scilicet
non modo a cibis, sed a vitiis nos contineamus, in
nos delinquentibus dimittamus, indigentibus bona
impendamus. Hunc jejunii modum per Isaiam Dominus insinuat, dicens : In die jejunii vestri, invenitur voluntas vestra, et omnes debitores vestros
repetitis. Ecce ad lites jejunatis, et contentiones,
et percutitis pugno impie. Nolite jejunare sicut usque ad hanc diem. » Nunquid tale jejunium elegi ?
Nunquid istud vocavi jejunium ? « Nonne hoc est
magis jejunium quod elegi? Dissolve colligationes
impietatis, solve fasciculos deprimentes, dimitte eos
qui confracti sunt liberos, et omne onus dirumpe.
Frange esurienti panem tuum, et egenos vagosque
induc in domum tuam... Tunc erumpet quasi mane
lumen tuum, et sanitas tua citius orietur, et anteibit
faciem tuam justitia tua, et gloria Domini colliget
te (*Isa.* lviii, 3). »

Sacra est et salutifera hæc doctrina. Tria genera
peccatorum includit, quæ dissolvere præcipit : colligationes impietatis iniquarum cogitationum ac
voluntatum compages intelliguntur, quæ invicem
colligantur, dum pravæ cogitationi alia mala adjunguntur; fasciculi autem deprimentes inutilium verborum fluxus, quibus quasi gravi sarcina deprimi-
mur, quia mors et vita in manibus linguæ (33),
omne peccatum operis intelligitur. Hæc est triplex
via peccandi, scilicet, corde, ore, et opere. Hi sunt
tres mortui, quos suscitavit Dominus, quia his tribus peccatorum generibus pressi, quasi mortui ja-
cemus. Ut igitur ad vitam resurgamus, pœnitentia
posset intelligi peccatum operis, de quo ait : *Quod
omne peccatum operis intelligitur.*

ac jejunio colligationes impiarum cogitationum, et fasciculos malignorum verborum, et onus pravorum operum **326** dissolvamus, et disrumpamus, et eos qui confracti sunt, delinquendo in nos, dimittamus liberos, eis ex corde condonando, frangamus esurientibus panem nostrum, non alienum, non de rapina acquisitum. Qui enim de rapina offert Deo sacrificium, idem facit ac si filium victimet in conspectu patris. Egenos vagosque inducamus in domum nostram, ut hospitales invicem simus, sicut ait Apostolus : « Hospitalitatis et beneficentiæ nolite oblivisci (*Hebr.* XIII, 1). » Simus ergo benefici frangendo panem, hospitales præbendo tectum, ut accipiamus cœlum. Non autem sine causa illa tria posita sunt verba, scilicet : solve, dissolve, disrumpe. His enim tribus perfectæ pœnitentiæ formam præscriptam insinuat, quæ agitur gemitu cordis, confessione oris, satisfactione operis. Quæ tria et illis verbis Osee notantur : *Omnem aufer iniquitatem, et accipe bonum, et reddemus vitulos labiorum nostrorum.* Hi vere pœnitentes, qui Deo dicere debent : *Omnem aufer iniquitatem*, ut nihil languoris, nihil pristinæ ruinæ relinquas, ne mali seminis pullulet rediviva plantatio : quod fit per contritionem et lamentum cordis, qua præcedente quasi fundamento misso in lapide, et per eam ablato malo, id est reatu peccati soluto, poterimus offerre bonum. Unde addit : *Et accipe bonum*, scilicet confessionem peccatorum præter gratiarum actiones, *et reddemus vitulos labiorum nostrorum*, per confessionem scilicet bona opera exhibebimus tibi, opera novæ vitæ, et per sacrificium contritionis et macerationem confessionis. Sacrificium justitiæ offeramus jejunando, eleemosynas faciendo, orando. Inutilis [*f.* In vitulis] enim opera, in labiis ora significantur, quia nec jejunium sine eleemosyna valet, nec oratio cœlum penetrat, nisi duas habeat alas, jejunii scilicet et eleemosynæ. Jejunio carnis desideria in nobis mortificantur, eleemosyna· aliorum indigentias relevamus. Quid enim proficit jejunio tibi aliquid subtrahere, nisi quod [tibi] subtrahis alii non habenti impenderis? Alioquin, jejunas, ut augeas marsupium, ut majorem facias [pecuniæ] cumulum, non ut reficias esurientem pauperem. Frustra expandis in oratione manus ad Deum, testante Sapientia, si eas pro posse ad rogantem pauperem non extendis. Sunt autem nonnulli alii qui in jejuniis affluentiam ciborum potuumque non vitent, sed diutius solito gulositatis suæ impetum non sustinentes, horam prandii solummodo variant, consueti mane surgere **327** ad ebrietatem satiandam. Sicut eis improperat Isaias : « Væ qui consurgitis mane ad ebrietatem sectandam, et potandum usque ad vesperam, ut vino æstuetis (*Isa.* v, 11). » Mutant ergo isti in jejunio tempus, sed non mutant vitium ; mutant horam, sed non vitant culpam; reservant enim ventrem suum ad luxuriosam cœnam. Et hoc eorum vitium alibi redarguit Isaias dicens : « Væ qui potentes estis ad bibendum vinum, et viri fortes ad miscendam

ebrietatem (*Isa.* v, 12). » Supra in eis redarguit duo, scilicet quod tempus præveniunt mane surgendo, et quod ebrietatem sectentur. Hic autem non de temporis anticipatione eos accusat, sed de vitio crapulæ et ebrietatis, quia tempore jejunii luxum commessationis non vitantes, distantiam habent in tempore, non in crimine. Tale jejunium non est continentiæ, sed luxuriæ.

Faciamus igitur duas alas orationi, quibus volet ad Dominum, jejunii scilicet et eleemosynæ, quia sicut aqua ignem, ita eleemosyna exstinguit peccatum. Quæ debet desudare in manu tua, donec invenias pauperem cui des illam. Cum enim debeamus operari bonum ad omnes, sicut hortatur Apostolus, maxime tamen ad domesticos fidei, id est ad illos qui nobis in fide fratres sunt, præcipue vero bobus triturantibus, id est prædicatoribus et doctoribus veritatis. Aliter enim faciendum est bovi trituranti, aliter mendico transeunti. Illi, id est mendico, das, quia scriptum est : « Omni petenti te tribue (*Luc.* vi, 30); » illi vero, scilicet bovi trituranti, dare debes etiam non petenti, quia scriptum est : « Beatus qui intelligit super egenum et pauperem (*Psal.* XL, 1). » Et alibi : « Beatus qui præoccupat vocem petituri (*Sap.* vi, 14). » Omnibus igitur in communi misericordiam conferamus, sed præcipue consortibus nostræ professionis, et inter illos maxime prædicatoribus, qui pro Christo facti sunt servi hominum, verbo veritatis et forma sanctæ conversationis alios instruentes. Scriptum est enim in lege : « Non alligabis os bovi trituranti (*II Cor.* IX, 9); » et in Evangelio : « Dignus est operarius mercede sua (*Luc.* X, 7). » Utroque gladio Apostolus accinctus ait : « Si spiritualia vobis seminavimus, magnum est si carnalia vestra metamus (*I Cor.* IX, 11). » Ecce cautela eleemosynæ, ordo misericordiæ insinuatus est. Muniatur ergo oratio [*f.* eleemosyna] nostra oratione et jejunio, et jejunium ipsum sanctificetur oratione et misericordia, ut sic digna agatur pœnitentia. Quæ est digna pœnitentia? Illa quæ peccatum abolet, quæ scelus corrigit. Illa vero scelus corrigit, quæ odium **328** commissi criminis et committendi cum desiderio satisfaciendi affert. Pœnitentia enim est commissa mala plangere, et plangenda nolle ulterius committere. Non est enim digna pœnitentia, de peccatis dolere, nisi a futuris caveatur peccatis. Unde in Genesi : « Peccasti? Quiesce. » Et Isaias ait : « Quiescite agere perverse, discite benefacere (*Isa.* I, 16). » Et Dominus in Evangelio : « Vade, et amplius noli peccare (*Joan.* VIII, 11). » Non dicit : non pecces, sed, noli, id est non sit tibi peccandi voluntas. Faciamus igitur dignos pœnitentiæ fructus, ut nos hortatur veritas evangelica, ut secundum qualitatem et quantitatem commissi, sit qualitas et quantitas pœnitudinis et satisfactionis, et pro his omnibus, quid tibi sperandum sit relinquetur. Vide quod subditur : « Tunc erumpet quasi mane lumen tuum (*Isa.* LVIII, 8), » quia sicut matutina lux solvit tenebras, ita timentibus nomen Domini, et vere pœnitentibus, oritur sol justitiæ, errorum tenebras fugans, et mentem gratiæ infusione illuminans. « Et sanitas tua citius orietur (*Isa.*LIII), » scilicet omnium peccatorum ablutio, et usque in finem bonæ vitæ observatio; et tandem « gloria Domini colliget te (*ibid.*), » id est Christus, qui est gloria Patris, secundum illud : « Exsurge, gloria mea (*Psal.* LVI, 9), » suscipiet te ad seipsum, secundum illud : « Ubi sum ego, illic et minister meus erit (*Joan.* XII, 26), » ut eum facie ad faciem videas. Quod ipse præstare dignetur qui cum Patre et Spiritu sancto vivit et regnat per omnia sæcula sæculorum. Amen.

XXIV.

IN QUADRAGESIMA SERMO QUINTUS (34).

De pœnitentia.

« Usquequo, piger, dormies? Quando consurges « e somno tuo? Paululum dormies, paululum dormi- « tabis, paululum conseres manus, ut dormias, et « veniet tibi quasi viator egestas, et pauperies « quasi vir armatus (*Prov.* VI, 9-11). »

Sicut vigilantibus promittitur regnum, ita dormientibus Sapientia minatur æternum interitum. Perversa est ista dormitatio, et ideo, fratres, vehementer est fugienda. Non est iste somnus corporis, sed mentis; nec mentis præstat quietem, sed ingerit oppressionem. Ab hoc somno alibi dehortatur Sapientia, dicens : « Ne dederis somnum oculis tuis, neque dormitent palpebræ tuæ (*Prov.* VI, 4). » Somnum quippe dat oculis suis, qui sui vel aliorum curam negligenter **329** agit; dormitat autem qui utique reprehensibilia in se vel in aliis cognoscit, quæ propter mentis tædium digna invectione non corrigit. Talis somnus negligentia est, et dormitatio ista pigritia vel acedia non incongrue dicitur. Avertat Deus ab oculis nostris hujusmodi somnum, talemque dormitationem. Somnus iste atque dormitatio de nocte oritur, non de die, et ideo mentis tenebrat oculos, non illustrat. Unde Apostolus : « Qui enim dormiunt, nocte dormiunt; et qui ebrii sunt, nocte ebrii sunt (*I Thess.* V, 7). » Detestabilis est nox ista, quæ tales parit propagines. Non est ista nox confessionis, in qua surgit sanctus ad confitendum Domino, sed confusionis, in qua bestiæ silvæ et catuli leonum pertranseunt rugientes, ut rapiant. In hac nocte Judas fuit quando tradidit Dominum. De hac nocte quasi de Babylone fugiendum est, quia nox ista vere est Babylon, id est confusio vitiorum ac peccatorum. Qui ergo dormiunt, id est qui in his temporalibus torpent et quiescunt obliti æternæ vitæ, et nocte dormiunt, id est confusio peccatorum et vitiorum attraxit eos. Et qui ebrii sunt, his temporalibus immoderate utendo, ex nocte peccati id agunt. Fugiamus ergo hanc noctem, quæ talem parit dormitationem, quod est fugere de medio Babylonis. Ideoque sicut Jeremias hortatur nos, dicens : « Fugite de medio Babylonis (*Jer.* L, 8), »

ut unusquisque salvet animam suam. Ita et Apostolus hujusmodi dormitationem cavere monet, dicens : « Ut non dormiamus sicut cæteri, sed vigilemus et sobrii simus (*I Thess.* V, 6). » *Vigilemus* cernentes [*f.* spernentes] hæc caduca et transitoria; *sobrii simus*, moderate his utendo et recte.

Cæterum sicuti est somnus malus, ita et bonus. Et sicuti est vigilatio bona, ita et mala. Dormire bonum est mundo, et vigilare Deo. Unde sponsa dixit : « Ego dormio, et cor meum vigilat (*Cant.* V, 2). » Dormiebat enim mundo, non in mundo, et vigilabat Deo, non mundo. Primum est enim vigilare mundo, et dormire Deo. Qui enim dormit Deo in mundo dormit, et non vigilat in mundo, sed mundo. Sicut aliud est vigilare mundo, quam in mundo. Vigilare mundo sapientia carnis est, quæ inimica est Deo; vigilare in mundo prudentia spiritus est, quæ desursum est. Dormire mundo continentia est, quia ab hujus tumultibus atque operibus secernimur, ut spirituale sabbatum in corde agamus. Dormire autem in mundo negligentia est et corporis tarditas, unde provenit maledictio, quia « maledictus est, » ut ait Scriptura, « omnis qui facit opus Dei negligenter [*Vulg.*, fraudulenter]. (*Jer.* XLVIII, 10). »

Si autem maledictus est qui negligenter facit, non caret ille maledictione qui **330** non facit. Sicut piger qui est lapidandus stercore bovis (*Eccli.* XXII, 2), id est pro contemptu et abjectione prædicationis, cujus doctrina et exemplo non incitatur ad malam [vitandum], nec movetur ad bonum [faciendum], sed humi prostratus terrenus terrena sapit et quærit, non quæ sursum sunt excitantium a somno. Et quia celsitudinem æternitatis non penetrat, formicæ paradigma, ut vel sic excitetur, proposuit Sapientia, dicens : « Vade, piger, ad formicam, et considera viam ejus, et disce sapientiam, quæ cum non habeat ducem, parat in æstate cibum sibi, et congregat in messe quod comedat (*Prov.* VI, 6-8). » Quasi diceret : Si te non moveant verba doctoris, disce a formica sapientiam operandi. Si enim tantillum animal principe carens, rationis expers, natura duce sibi providet in posterum, multo magis tu ad imaginem Dei conditus, ad videndam gloriam ejus vocatus, doctorum magisterio adjutus, ipsum Conditorem habens ducem, debes in præsenti fructus bonorum operum congregare, quibus in futuro vivas in æternum. Vita præsens messi comparatur et æstati, quia tunc inter ardores tentationum tempus est colligendi futurorum merita præmiorum. Dies autem judicii comparatur hiemi, quia nulla relinquitur facultas pro vita laborandi, sed tantum cogetur quisquis de horreo priscæ actionis proferre quód recondidit. Surge igitur, piger, de somno torporis. Vigila negligens, et omni custodia serva cor tuum, quia ex ipso vita procedit et mors. Sunt enim nonnulli qui opera faciunt quæ videntur bona, sed non omni diligentia servant corda, negligentia vel intentione prava vitiantes

(34) E. Sangerm. n. 381. Et hunc etiam sermonem habuisse videtur Hildebertus in Capite jejunii, dum solemni ritu pœnitentes de ecclesia ejiceret.

ea. Male dormiunt isti in mundo, sed deterius vigilant mundo. Sicut horum somnum redarguit Sapientia, ita et vigilandi [*f.* ita et vigilantiam], dicens : « Ne delecteris in semitis impiorum, nec tibi placeat malorum via..... non enim dormiunt, nisi malefecerint, et rapitur somnus ab eis, nisi supplantaverint (*Prov.* iv, 14-16). » O quam detestabiles vigiliæ! Ad hoc enim vigilant, ut alios lædant. Nolite igitur sic vigilare, fratres ; potius vigilate Deo, et ipsum mare [*f.* amate, *seu* orate], ne intretis in tentationem. Excutite quoque somnum ab oculis vestris, frontes cordium fricantes manibus bonorum operum. Surgite qui jacetis, sicut ait Apostolus : « Surge qui dormis, et exsurge a mortuis, et illuminabit te Christus (*Ephes.* v, 14). » Hactenus, fratres, satis obdormistis, hucusque pigritati estis, hucusque in voluptatibus vitiorum versati estis. Unde Apostolus quemque nostrum vocat, dicens (35) : O tu qui dormis in [lecto] vitiorum, et negligentia obvolutus, et Dei oblivione confusus, surge per pœnitentiam, **331** ut in interiora te extendens, terrena contemnas, vitia odias, et exsurge per oris confessionem, et operis exhibitionem, ut veterem hominem in teipso mactes, et novum induas, sicut Apostolus hortatur, dicens : « Deponite veterem hominem cum actibus suis, et induite novum, qui secundum Deum creatus est (*Coloss.* iii, 9); » id est exuite formam terreni ac veteris hominis, et induite novum hominem, id est imaginem cœlestis, ut sicut ad instar terreni hucusque terreni fuistis, et terrenam vitam duxistis, secundum carnem ambulantes, sic de cætero studeatis fieri per cœlestem cœlestes. Per ipsum namque jam vobis hora est, id est opportunitas, et facultas surgendi de somno. Abjicite ergo opera tenebrarum, id est opera veteris hominis, quæ in tenebris fiunt, et ad tenebras æternas ducunt, et carnis curam ne feceritis in desideriis. Si enim formam Christi indueritis, non cogemini servire carni in desideriis, etsi in necessariis. Exsurge igitur a mortuis, id est a peccatis, qui quasi mortuus inter mortuos jaces, et illuminabit te Christus, ut ipsum videas in præsenti per speculum et in ænigmate, in futuro autem facie ad faciem. Temporales istæ felicitates quasi somnia sunt dormientium. Amici mundi hujus sunt quasi somniantes thesaurum invenisse. Quidam enim in somniis divitias se habere putant, et evigilantes, se deceptos falsa imagine reperiunt. Ita mundi amatores, temporalia bona amplectentes, verba bona [*f.* vera bona] se accepisse opinantur; sed per mortem evigilantes, falsa bona fuisse intelligunt, dum quæ prius tenebantur, evanescunt. Unde Propheta : « Dormierunt somnum suum, et nihil invenerunt viri divitiarum in manibus suis (*Psal.* lxxv, 6). » Et alibi : « Velut somnium surgentium, Domine, in civitate tua [*supp.* imaginem ipsorum] ad nihilum rediges (*Psal.* lxxii, 20). » Quod autem hæc evane-

scant evidentissime ipse idem Propheta aperit, dicens : « Homo cum interierit, non sumet omnia, neque descendet cum eo gloria ejus (*Psal.* xlviii, 19). »

Surgite ergo, fratres, de tam periculoso et mortifero somno. Redite prævaricatores ad cor, et sequimini illud prophetæ Ezechielis, imo Spiritus sancti consilium, quo nos hortatur, dicens : « Convertimini, et agite pœnitentiam ab omnibus iniquitatibus vestris, et facite vobis cor novum, et spiritum novum, et non moriemini, dicit Dominus, quia nolo mortem morientis, id est peccatoris (*Ezech.* xviii, 30-32). » Revertimini igitur, et vivite. Attendite, fratres, quantæ misericordiæ, quantæ patientiæ est Redemptor noster, qui nos quotidie cadentes incessanter admonet ut surgamus, aberrantes revocat ad vitam [*f.* viam]. Nos [ipsum] deserimus, sed ipse nos non deserit, quos redemit. Nos suos milites fecit, et **332** in signum justitiæ [*f.* militiæ], nobis nomen de suo nomine dedit. Nos autem quid fecimus? Et si tacere velimus, Moyses clamat : « Incrassatus est populus dilectus, et recalcitravit, impinguatus, dilatatus, dereliquit Deum factorem suum, et recessit a Deo salutari suo (*Deut.* xxxii, 15). » Cum enim dedisset ei omnia bona, incrassatus bonis Dei, et petulans factus, recalcitravit contra Deum, deseruit illum qui eum fecerat, et salvaverat. Violavit pactum cum Creatore initum, cui in baptismo promisit renuntiare Satanæ et omnibus pompis ejus. Sed ecce opera Satanæ fecistis, et ei adhæsistis, derelicto Deo. Ideoque mater Ecclesia nos et alios filios suos, in quibus detrimentum se sensisse cognoscit, paterna hodie corripit severitate, ut possit eos medicinali parcimonia reformatos, materna pietate colligere. Invitat sancios ad ostendenda vulnera sua, ne non ostensa et incurata putrescant. Indicit ostendentibus diversa genera curationum, ut, juxta qualitatem et quantitatem vulnerum, adhibeantur congrua fomenta medicaminum. Inde est quod mater Ecclesia lethalibus vulneribus sauciatos, et gravibus criminibus irretitos, medelam tamen pœnitentiæ humiliter implorantes, ad tempus separat a gremio suo, cilicio vestitos, et cinere capita aspersos. Cinis enim humilitatem pœnitentiæ demonstrat, cilicium asperam pungentis peccati conscientiam. Hujus rei documentum habetur ex testimoniis Veteris Testamenti in æternum fundati. Ex illis ergo in initio cognovit [Ecclesia] quod in mysterio hodie facit. In Genesi enim legitur quod propter peccatum prævaricationis et apostasiæ emisit Deus Adam de paradiso voluptatis, ut operaretur terram de qua sumptus est (*Gen.* iii, 19). In Numeris quoque legitur quod Maria soror Moysi peccavit murmurando contra eum, et percussa est lepra. Clamavit quoque Moyses ad Deum, dicens : « Deus, obsecro, sana eam. Cui respondit Dominus : Separetur septem diebus extra castra, et postea revocabitur. Exclusa est igitur septem diebus (*Num.*

---

(35) Hæc verba non inveniuntur in Apostolo, nisi interpretative.

xii, 10 et seq.), > quibus peractis, revocata est. Sed hæc et alia in figuris contingebant illis. Maria enim ista quæ peccavit murmurando contra Moysen fratrem suum, et ducem populi, animam significat, quæ murmurat contra Deum, vel doctorem a Deo sibi datum, cui contemnit obedire, et præcepta salutis ab eo recipere, quæ cum sibi gravia videantur, murmurat, et facere recusat, et sic lepra vitiorum fœdatur, et apparet leprosa, dum ejus publicatur culpa. Sed pius pastor quærens salutem ejus, et compatiens peccanti, et auxilium medicinæ postulans infirmanti, clamat quotidie ad Dominum, **333** dicens : *Obsecro, sana eam.*

Multum itaque valent preces fidelium apud Deum, sicut ait Jacobus : « Multum valet apud Deum deprecatio justi assidua (*Jac.* v, 16). » Et quidem audivit Deus Stephani orationem, et convertit ad pœnitentiam Saulum persecutorem. Respondens ergo Dominus postulanti, jussit eam separari septem diebus extra castra, et postea revocari. Respondet Dominus deprecanti, dum peccatricem animam compungit ad pœnitentiam, sed jubet ut extra castra ejiciatur septem diebus. Ejectio extra castra ad confessionem pertinet. Ejicitur ergo extra castra, qui admonetur ad confitenda peccata, secundum illud : Effundite coram Domino corda vestra, ut venena peccatorum, quæ intus clausa tenebatis, per confessionem foras ejiciatis, ut evacuata vitiorum amaritudine, repleantur gratiarum dulcedine. Quod fit septem diebus. Septenarius enim dierum [numerus] septiformem gratiam significat, quæ vere pœnitentibus præstatur. Unde et septem anni pœnitentiæ dantur. Petrus etiam exivit foras, et flevit amare, sed nonnisi respectus a Domino. Deus igitur patiens, et multum misericors, volens sanare contritos corde, et alligare contritiones eorum per suos pastores, quibus dedit potestatem ligandi atque solvendi in gentibus, inquinatos a peccatis, quasi leprosos, a castris ecclesiasticis ad tempus ejici decrevit, ut rubore sequestrationis, et asperitate satisfactionis, velut quibusdam medicaminibus foti, Capiti suo queant reconciliari, et per ipsum et in ipso glorificari. Non ergo videatur vobis indignum, fratres, quod circa vos agit Ecclesia, sed humilitatis et dilectionis ulnis amplectamini salutis vestræ medelam. Ut enim patienter tolerat ægrotus, cum ejus putridas carnes urit vel secat medicus, sic etiam sunt vobis hæc pœnitentiæ toleranda remedia, quibus etiam in cinere et cilicio extra Ecclesiam positi digne Deo satisfaciatis, ut spiritus vester salvus sit in die resurrectionis. Surge igitur, piger, et de somno evigila, quia, velis nolis, paululum dormies et modicum dormitabis. Repente enim venit judex, qui tua facta trutinet, et repentinus super te veniet interitus. Ideo ne differas de die in diem, neque tardes converti ad Dominum, qui ait : Convertimini, et agite pœni-

tentiam, et facite vobis cor novum et spiritum novum. Revertimini et vivite. Si enim præcedit pœnitentia et innovatio spiritus, sequitur vita. Veræ autem confessionis modum ac pœnitentiæ per Joel prophetam Dominus insinuat, dicens : « Convertimini ad me in toto corde vestro, in jejunio et fletu et planctu, et scindite **334** corda vestra, et non vestimenta vestra (*Joel.* ii, 12). » Quibus verbis illa tria distinguuntur : id est compunctio mentis, confessionis, exhibitio operis, quibus perfecta fit confessio, ac vera expletur pœnitentia. Innovatio vero spiritus quomodo fiat Isaias insinuat, dicens : « Lavamini, mundi estote, auferte malum cogitationum vestrarum ab oculis meis, quiescite agere perverse, discite bene facere (*Isa.* i, 16). » Non enim sufficit lavari, nisi in munditia perseveremus usque in finem. Si vero hoc feceritis, quid inde consequamini attendite. « Si fuerint peccata vestra ut coccinum, quasi nix dealbabuntur; et si fuerint rubra quasi vermiculus, sicut lana alba erunt (*Isa.* i, 18). » In coccino et in vermiculo graviora peccata significantur, sicut est homicidium, adulterium, et hujusmodi. Non solum ergo minora, sed etiam graviora et detestabiliora crimina, pro quibus et pœnitentes hodie ab Ecclesia ejiciuntur, per confessionem et pœnitentiam delebuntur, ita ut vos qui heri infecti atque polluti eratis, jam purgati et quasi nix, et velut lana alba dealbati reperiamini, de qua fiat vestis Christi sine macula et ruga. Ipse autem dixit : « Sine me nihil potestis facere (*Joan.* xv, 5). » [Orate igitur] ut operetur in vobis velle et perficere bonum, et confirmet vos in omni opere bono, ut ei reconciliari, et cum eo regnare valeatis, qui cum Patre et Spiritu sancto vivit et regnat in sæcula sempiterna. Amen.

XXV.

IN QUADRAGESIMA SERMO SEXTUS (36).

De bonis operibus.

« Seminate vobis justitiam in veritate, et metite « in ore misericordiæ. Innovate vobis novale, tem« pus enim requirendi Dominum (37). »

Quoniam illi sunt dies, quos observare summa diligentia debemus, ut ad futurum Domini Pascha purificatis mentibus digni perveniamus, salubriter nos monet Deus per Osee prophetam *seminare in veritate justitiam, et metere in ore misericordiæ, et sic innovare nobis novale,* et causam subdit : quia *tempus est revertendi ad Dominum.* Duo nobis promittit, et spiritualiter [*f.* specialiter] Spiritus Dei commendat ; scilicet, veritatem et misericordiam, quæ sunt universæ viæ Domini. « Universæ viæ Domini, » testante Propheta, sunt « misericordia et veritas (*Psal.* xxiv, 10). » Ipse enim bis iter ad nos faciens, id est in mundum veniens, primo apertam exhibuit misericordiam erogando gratiam, et ostendit veritatem disquirendo **335** merita, et reddendo singulis juxta ea. Ipse est enim ille evangelicus

novate vobis novale : tempus autem requirendi Dominum.

---

(36) E Sangerman., n. 381.

(37) *Ose.* x, 12. In Vulgata sic habetur : *Seminate vobis in justitia, et metite in ore misericordiæ : In-*

homo, qui peregre proficiscens, vocavit servos suos, et tradidit illis bona sua, et uni dedit quinque talenta, alii autem duo, alii vero unum ; » et qui quinque accepit, lucratus est alia quinque ; et qui duo accepit, lucratus est alia duo. Qui autem unum, fodit in terram, et abscondit. Ipse vero rediens, posita cum eis ratione, quos in lucro profecisse reperit, amplissima gloria remuneravit, introducens in gaudium Domini ; malo autem et pigro servo talentum tulit, et in tenebras exteriores, ubi est fletus et stridor dentium, ejici præcepit (*Matth.* xxv, 14, etc.). Cavete vobis, fratres. Ad vos enim hoc spectat, quia propter vos scripta sunt. Pro talento enim nobis imputatur quidquid a Deo nobis creditum valet ad capessendum Dei regnum. Attendite ergo Dei misericordiam et veritatem. Intelligite Dei bonitatem et severitatem in donatione talenti. Pensate misericordiam in exactione lucri. Cernite justitiam ipsius. Peregre profectus est per carnem quam pro nobis accepit. Locus enim carnis proprie terra est, quia ipsa de terra est, secundum illud : « Terra es, et in terram ibis (*Gen.* iii). » Quam vilis res est homo per carnem ; terrenus enim est, et non cœlestis ; pretiosus quidem per animam, ubi est imago et similitudo Dei ; vilem ipsum atque abjectum terra demonstrat, id est caro ; magnum atque sublimem imaginis signaculum declarat. Veruntamen homo infelix, hebes ac stultus carnem præponit spiritui. Quanta abusio! quanta perversio! quanta hebetudo! hic quasi præferre terram cœlo. Duo enim hic in singulis nostrum sunt, caro et spiritus ; et concupivit caro, testante Apostolo, adversus spiritum, et spiritus adversus carnem. Caro autem dicta est concupiscere, quia secundum ipsam agit anima, sicut auris dicitur audire, et oculus videre, cum potius anima per aurem audiat, et per oculum videat. Caro enim nihil nisi per animam concupiscit, sed concupiscere dicitur, cum anima carnali concupiscentia spiritui reluctatur. Carnem igitur concupiscentem dicit delectationem carnalem, quam de carne et a carne spiritus habet adversus delectationem, quam solus habet.

Cum ergo hæc sibi invicem adversantur, pene cuncti, inferiori in hac lucta consentiunt, id est carni, quod dolendum est et lugendum. Potius enim digniori, id est spiritui consentire deberetur. Debitores enim sumus spiritui, non carni, ut ait Apostolus, ut secundum carnem vivamus, etsi ei necessaria ministrare debeamus (*Rom.* viii, 12). « Nemo enim carnem suam odio **336** habuit, sed nutrit eam cibo, et fovet indumento (*Ephes.* v, 19). » Caro enim res bona est, creatura Dei est ut anima ; nec ista est pars Dei, nec illa, sed caro minimum bonum est ; maximum vero, spiritus. Summum vero bonum est Deus. Animæ igitur viventi inter summum et parvum bonum, id est inter Deum et carnem, debitores sumus, quia licet inferior sit Deo, superior est carne. Attende enim opera carnis et spiritus, quæ Apostolus enumerat, et videbis quia spiri-

tui, non carni obtemperare debes. Opera enim carnis sunt fornicatio, immunditia, spurcitia, et hujusmodi. . . . Fructus autem spiritus est charitas, gaudium, pax, patientia, et hujusmodi (*Gal.* v, 18), quæ sicut propter se amanda sunt, et appetenda, quia in illis est custodia recti ; ita opera carnis propter se sunt fugienda et odienda, quia in illis est ignominia et passio mali, secundum illud Apostoli : « Tradidit Deus illos in passiones ignominiæ (*Rom.* i, 36). » Secundum hanc scilicet carnem peregre profectus est Christus, ut diximus, sicut carnem nostram quasi ad peregrina duxit, quando eam in cœlo levavit. Ipse ergo peregre proficiscens, id est in cœlum ascendens, servis tradidit bona sua, quando dedit dona hominibus, et uni dedit quinque talenta, id est hæc temporalia et exteriora quinque sensibus subjecta, eorumque scientiam. Alii vero duo, scilicet intellectum mysticorum, et operationem virtutum ; alii unum, scilicet intellectum. Et qui quinque acceperat, operatus est in eis, et lucratus est alia quinque, dum se a visibilium voluptate custodiens, ab his etiam alios admonendo compescuit. Et qui duo acceperat, lucratus est alia duo, dum prædicando et mira operando tales instruxit, qui inde florent scientia et virtutum operatione. Qui vero unum accepit, abscondit in terram, quia terrenis actibus [se] implicans, lucrum spirituale non quæsivit. Post multum vero temporis, quod est ab ascensione Domini usque ad secundum adventum, venit Dominus illorum, et posuit rationem cum eis, quia singulorum actus discutiens, innocentiam singulorum produxit, accusante singulorum conscientia eorum, vel defendente, et bene multos [*f.* bene usos, *aut* bene meritos] super multa constituens, corona ineffabilium gaudiorum remuneravit ; male meritos vero tenebris et luctui subdidit.

Considerate igitur, fratres, vias Domini, quibus ad nos venire dignatus est. Primo, in misericordia, largiendo nobis dona gratiæ ; secundo, in justitia, exigendo a nobis debita, et per hoc discite timere eum ut Dominum, et diligere ut patrem. Ipse enim nobis est ut pater, misericorditer **337** providendo. Unde Apostolus ait : « Pater misericordiarum, et Deus totius consolationis (*I Cor.* i, 3). » Et est nobis ut Dominus, omnes adinventiones nostras ulciscendo. Unde Propheta : « Propitius es, et ulciscens in omnes adinventiones eorum. (*Psal.* lxviii, 8). » Amandus est igitur, quia Pater, et timendus quia Dominus, sicut per Malachiam ait : « Filius honorat patrem, et servus dominum suum ; Si ergo Pater ego sum, ubi est amor meus? Et si Dominus ego sum, ubi est timor meus? (*Mal.* vii, 6). » Timeamus ergo illum ut Dominum, et diligamus eum ut Patrem. Sed dilectio probatur in observantia mandatorum. Unde vir sapiens nobis consulit, dicens : « Deum time, et mandata ejus observa ; hoc est enim omnis homo (*Eccle.* xii, 13), » id est ad hoc omnis homo intendere debet. In his enim duobus consistit perfectio justitiæ. Hoc est salubre

15

et cœleste sensati viri consilium, ut scilicet Deum timeamus, et ex corde eum diligamus. Hæc est enim scala ascendendi ad vitam. Nec tamen dixit : Deum time et dilige; sed mandata ejus observa, sciens quod probatio dilectionis exhibitio est operis. Unde Veritas in Evangelio ait : « Si quis diligit me, sermonem meum servabit. » Probatur ergo dilectio vera, in mandatorum custodia. Nam et Petro in terna confessionis dilectione [*f.* dilectionis confessione], committitur tertio gregis custodia. Domino enim tertio interrogante : « Simon Joannis, diligis me plus his? » et eo tertio sedente [*f.* reddente, *seu* respondente] : « *Tu scis quia amo te,* » tertio ei commendatur custodia pastoralis a Domino dicente : « Pasce oves meas (*Joan.* xxi, 17). » Unde evidenter ostenditur, quia sicut nullus debet curam pastoralem suscipere, nisi ex Dei dilectione, ita diligens exsecutio operis veritatem et sanctitatem declarat amoris. Nam Joanne in Epistola canonica attestante : « Qui dicit se Deum diligere, et mandata ejus non custodit, mendax est (*I Joan.* ii, 4). » Sed nec Deum quis diligere potest, nisi et proximum diligat. Unde sanctus Joannes ait : « Qui non diligit proximum quem videt, Deum quem non videt, quomodo potest diligere? » (*I Joan.* iv, 20.) Et iterum : « Si quis viderit proximum suum necessitatem habere, et clauserit viscera sua ab eo, quomodo charitas Dei manet in eo? » (*I Joan.* iii, 17.)

Nemo igitur sibi blandiatur, dicens se Deum diligere, si non diligit et proximum; nec proximum se diligere fateatur, quem tanquam seipsum diligere debet, nisi secundum consilium apostolicum « operetur bonum ad omnes, maxime autem ad domesticos fidei (*Gal.* vi, 10), » id est, ad eos qui sunt de familia nostra per fidem, id est ad Christianos. Et quidem omnibus, dilectione, vita æterna est optanda, etsi omnibus non eadem possint exhiberi dilectionis officia, quæ fratribus maxime sunt impendenda , **338** quia faciliores et propensiores in bono aliquo circa fratres esse debemus, cum simus invicem membra. Si enim in cunctos libertatis [*f.* liberalitatis] frena laxantur, maxime in domesticos, id est in Christianos laxari debent, qui habent eumdem Patrem , et ejusdem magistri appellatione censentur. Operemur igitur bonum, dum tempus habemus. Tempus seminandi est vita præsens, quam cernimus. In hac licet nobis quod volumus seminare, cum vero transierit seminandi tempus, auferetur. Unde Veritas in Evangelio ait : « Operamini, dum dies est, veniet nox quando nemo poterit operari (*Joan* ix , 4). » Sed quod præmium operis? Quæ veræ merces dilectionis? Audi et vide. « Qui seminat in spiritu, de spiritu metet vitam æternam; sicut qui seminat in carne, de carne metet corruptionem (*Gal.* vi, 8). » Et iterum : « Qui parce seminat, parce et metet; qui seminat in benedictionibus, de benedictionibus et metet (*II Cor.* ix, 4). » Audistis seminationis spiritualis præmium; dilectionis autem merces in Epistola canonica Joan-

nis insinuatur : « Deus charitas est, et qui manet in charitate, in Deo manet, et Deus in eo (*I Joan.* iv, 16). » Et quantum est manere in Deo, et Deum habere in se manentem, Veritas quoque in Evangelio ait : « Qui diligit me, diligetur a Patre meo, et ad eum veniemus, et mansionem apud eum faciemus (*Joan.* xiv, 23). » Ecce ineffabile bonum et merces sublimis, scilicet, ad eum veniemus, et mansionem apud eum faciemus. Sed de quibus dicit, veniemus? Non de uno solo loquitur; alioquin dixisset : veniam. Sed de tribus. « *Tres* enim *sunt,* » ut ait Joannes in Epistola canonica, « qui testimonium perhibent in cœlo : Pater, Verbum, et Spiritus sanctus (*I Joan.* v, 7).» Isti ergo tres ad eum veniunt, non sicut hospites, qui mox ab eo discedunt, sed mansionem apud eum non faciunt. Ad quosdam enim veniunt, apud quos mansionem non faciunt, quia eos postea deserunt. Sunt enim nonnulli qui in vanum gratiam Dei recipiunt. Unde Apostolus : « Hortamur vos, fratres, ne in vacuum gratiam Dei recipiatis (*II Cor.* vi, 1). » Qui autem in vacuum gratiam Dei recipiunt, idem alibi determinans inquit : « Nolite contristare Spiritum sanctum Dei (*Eph.* iv, 30). » Non quia Spiritus in Trinitate Deus aliqua tristitia vel molestia affici valeat, quia immutabilis est; sed sub metaphora hospitantis loquitur. Qui enim habitatorem de domo sua pellit, ipsum contristat. Qua similitudine dicuntur contristare Spiritum Dei, qui eum de templo suo, quod nos sumus, immunditia vitæ ac morum enormitate fugant. Cum enim bene agimus, gaudet in nobis Spiritus sanctus datus nobis, videns monita sua proficere utilitatibus nostris. Si ergo de eo proficimus, **339** gaudet, id est habitator manet in nobis. Aliter tristatur, id est deserit nos. Non enim, ut dictum est, sic tristatur ut patiatur. Cum enim sit impassibilis, tropica locutione dicitur contristari, cum a nobis recedit. Sicut enim contristatur homo, cum de propria domo expellitur, quam sibi ædificavit, ita Spiritus sanctus contristari dicitur, cum de homine quem sibi mundavit in baptismo, per prava opera ejicitur.

Non ergo frustra, cum dixit : *Veniemus,* addidit Veritas : « *Et mansionem apud eum faciemus,* ut, non temporalem, sed sempiternam notet mansionem, qua nos tota inhabitat Trinitas in præsenti per fidem, in futuro per speciem. Nunc enim per fidem invisibilium ambulamus, id est ad Deum tendimus, et non per speciem, id est per visionis præsentiam, quia « dum sumus in hoc corpore, peregrinamur a Domino (*II Cor.* v, 6). » Sed quomodo peregrinamur, cum ubique sit totus et præsens; et cum alibi scriptum sit : « In ipso vivimus, movemur, et sumus? » (*Act.* xvii, 28.) Sine dubio ubique est, et in ipso sunt omnia; et tamen dicimur hic peregrinari ab eo, quia etsi ubique Deus est, non tamen hic videtur sicut in cœlis. Peregrinamur ergo hic, non fide, sed specie. Et sciendum est quod alius peregrinatur in via, alius peregrinatur extra viam. Qui enim peregrinatur, et per fidem ambulat, nondum est in patria, sed jam est in via. Qui autem non credit, nec in patria est, nec in via. Sic ergo ambulemus tanquam in via, quia ipse Rex patriæ est factus via. Rex patriæ Christus, est et sibi veritas. Hic autem [nobis] via est, quia imus ad Christum, quia imus per Christum. Ipse enim ait : « Ego sum via, veritas et vita (*Joan.* xiv, 6). » Via est illuminatio per fidem, est illuminatio per speciem. Modo per fidem tantum illuminamur, non per speciem; homini enim vitam mortalem agenti, non potest contingere, ut dimoto et discusso omnium phantasiarum corporalium nubilo, serenissima incommutabilis veritatis luce potiatur, et mente penitus a consuetudine hujus vitæ alienata, constanter et indeclinabiliter illi inhæreat.

Expositis igitur, licet ex parte, ac sinceræ dilectionis spiritualis seminationis præmiis, diligite, fratres, toto corde Deum, non mundum, et proximos sicut vosmetipsos, et seminate non in carne, sed in spiritu, non parce, sed in benedictionibus; non deficientes, sed perseverantes, ut tempore suo de benedictionibus metatis supereminentem gloriæ magnitudinem. Sed quid seminandum est, et quomodo, audite : *Seminate vobis in veritate justitiam ;* vobis, inquit Dominus, non mihi, quoniam bonorum **340** vestrorum non egeo. Unde cum omnia benefecerimus, dicamus : Quia servi inutiles sumus, quia quæ debuimus facere fecimus (*Luc.* xvii, 10). Inutiles, quidem non nobis, qui benefaciendo proficimus, sed Deo cui nihil intulimus; qui ex bonis nostris non proficit, nec ex profectu nostro melior fit, vel beatior. Vobis igitur, non illi, seminate justitiam, non iniquitatem, quia dicit Isaias : « Væ qui trahitis iniquitatem in funiculis vanitatis, et quasi vinculum plaustri peccatum (*Isa.* v, 18). » Trahunt iniquitatem in funiculis vanitatis, qui peccata peccatis addentes, quasi restem longam conjiciunt, unde ligatis manibus et pedibus eorum, mittantur in rete, de quo : « Funes peccatorum circumplexi sunt me (*Psal.* cxviii, 61). » Et iterum : « Funibus peccatorum suorum quisque constringitur (*Prov.* v, 22). » Unde merito Achitophel et Judas, quorum alter David, alter Christum prodidit, quasi longo fune trahentes peccata, suspendio interiere. Vacca autem rufa quæ carnem Salvatoris significabat, de cujus cinere fiebat aqua aspersionis, talis assumebatur, quæ jugum non traxerat, nec funiculis alligata fuerat (*Num.* xix, 1), quia funiculis comparatur iniquitas, cui opposita est justitia. Ideo non incongrue ait : *Seminate justitiam.* Spiritualis est ista seminatio, quæ semper fit in lacrymis. Unde : « Beati qui lugent (*Matth.* v, 5). » Messis autem fiet in gaudio, secundum illud : « Qui seminant in lacrymis, in exsultatione metent (*Psal.* cxxv, 5). » Qui vero seminant in carne, in lætitia seminant ; sed postea sequitur luctus, qui « extrema gaudii luctus occupat, » ut ait Salomon, et « risus dolore miscebitur (*Prov.* xiv, 13). » Mala est ista seminatio ; illa vero est salubris, qua seminatur justitia, non rapina, ut

de tua justitia [*f.* substantia], non de alterius injuria Deo oblationem offeras, quia oblatio impiorum, ut ait Scriptura, abominabilis est Deo (*Prov.* xv, 8); et qui de rapina offert Deo sacrificium, ita facit, quasi qui in conspectu patris immolat filium, et sicut ille qui carnem [*f.* carnem suillam] offert Deo in sacrificium. Non igitur rapinam, non iniquitatem, sed justitiam seminate, id est opera bona, opera charitatis, opera pacis; ut detis indigentibus, subveniatis oppressis, judicetis pupillis, defendatis viduas, dimittatis in vos delinquentibus, ut impleatur illud : « Date, et dabitur vobis (*Luc.* vi, 38). » In his sacrificet voluntas, si desit facultas. Noli ergo esse tristis, si est tibi bona voluntas, unde metitur pax. Non enim datur pax in terra divitibus, sed hominibus bonæ voluntatis. Hanc habuit Zachæus. In hac seminavit non minus quam in opere, qui Dominum in hospitio cum gaudio suscipiens, dimidium patrimonii sui dedit pauperibus, et de reliquo his quos fraudaverat quadruplum reddidit. Magna voluntas multum dedit, **341** multum seminavit. Et in hac etiam voluntate paupercula illa vidua in gazophylacium duo mittens minuta, non parum seminavit, imo quantum Zachæus. Minorem quidem facultatem mittebat, sed parem voluntatem habebat. Est et aliud vilius, quo seminato metitur messis æterna, scilicet, calix aquæ frigidæ. Unde Dominus : « Qui dederit calicem aquæ frigidæ, non perdet mercedem suam (*Math.* x, 42). »

Si ergo habens det illi qui non habet, tantum dedit, si de plena charitate dedit, quantum vidua illa in duobus minutis, et Zachæus in dimidio patrimonii sui. Si vero nec hoc habet aliquis, securus sit, cum ei adsit voluntas tantum ; illud timeat, ne habeat, et non tribuat. Si enim habet, et non tribuit, intus gelavit, quia voluntas ejus friguit. Nec seminat iste *in veritate*, nec *in ore misericordiæ.* Multi enim seminant, sed non *in veritate*, quia faciunt opera, sed non recta intentione. Intentionem namque charitas dirigit, et intentio [*f.* actio] sequens opus informat. Sed sicut sunt nonnulli, qui non veritate, sed occasione terrenæ rei prædicant, ita sunt qui seminant opera quæ videntur justitiæ, non in veritate, sed in simulatione, de quibus Veritas admonet : « Attendite a falsis prophetis, qui veniunt ad vos in vestimentis ovium, intrinsecus autem sunt lupi rapaces (*Matth.* vii, 15). » Et per Isaiam : « Populus hic labiis me honorat, cor autem eorum longe est a me (*Isa.* xxix, 13; *Matth.* xv, 8). » Et alibi : « Prope est Deus ori eorum, et longe a renibus eorum (*Jer.* xii, 3), » quia prætendunt in verbis columbæ simplicitatem, et sub labiis habent serpentinam amaritudinem, ac lupinam ferocitatem; qui sunt inter bonos, nomine, non munere; corpore, non mente; numero, non merito; habitu, non affectu. In multis quidem sunt nobiscum, sed non uno, id est in charitate. Et ideo nihil eis prodest quidquid faciunt, quia, inquit Apostolus : « Si distribuero facultates meas in cibos pauperum, et si

tradidero corpus meum ita ut ardeam, charitatem A
autem non habeam, nihil mihi prodest (*I Cor.* xiii,
3). » *Seminate ergo justitiam in veritate,* id est in
charitate non ficta, amore misericordiæ, ut ex
misericordia alios ad idem invitetis, ut sit virtus
justitiæ infixa radici mentis, et pronuntietur voce
justitiæ loquentis, quatenus occulto inspectori placeant arcana intentionis, et proximos juvent officia
locutionis, et ita per misericordiam et veritatem,
quasi quibusdam viis ascendamus ad Dominum, qui
ad nos eisdem descendere voluit, sicut supra dictum est, ut nos ei misericordiam et judicium cantemus, ejusque forma instituti, hæc eadem ei reddamus. Hoc autem ut digne efficiatis : *Innovate
vobis novale,* id **342** est novum cor facite vobis,
vomere compunctionis arbusta criminum conscin-
dentes, ac spinas et tribulos pungentium tricarum
avellentes, quia *nunc est tempus requirendi Dominum,* qui utique non est requirendus verbo tantum
et lingua, quia, « non omnis qui dicit mihi,
Domine, Domine, intrabit in regnum cœlorum;
sed opere et veritate, quia omnis qui quærit, invenit, et qui petit, accipit, et pulsanti aperietur.
Quærite ergo faciem Domini; *Innovate vobis novale.* Ab omni specie mali abstinete vos. » *Seminate justitiam in veritate et in ore misericordiæ,* et
sic metetis quando venientes venietis cum exsultatione portantes manipulos vestros, id est fructus
seminis, scilicet coronam præmiorum et exsultationis. Quod nobis præstet misericors Dominus. Amen. C

XXVI.

IN QUADRAGESIMA. SERMO SEPTIMUS (38).

De pœnitentia.

« Excutere de pulvere, consurge, sede, Jerusa-
« lem, solve vincula colli tui, captiva filia Sion;
« quia hæc dicit Dominus : Gratis venumdati estis,
« et sine argento redimemini (*Isa.* lii, v. 2, 3). »

Audite, fratres charissimi, quam dulciter, quam
affectuose cœlestis sponsus vult sibi reconciliare Ecclesiam. Pius Pater ad salutem hortatur filiam. Illa
in pulvere jacuit, et in captivitate ligata diu excu-
bavit. Modo admonet ut de pulvere surgat, vincula
solvat, de captivitate exeat. Pulvis est humana carnalitas, fragilis, nulla solidata virtute, de qua ait
David : « Humiliata est in pulvere anima mea, ad D
hæsit in terra venter meus (*Psal.* xliii, 25). » Pulvis
etiam sunt temporales divitiæ, quæ leviter transeunt,
et quasi a facie venti fugiunt. In hoc pulvere quærunt
homines beatitudinem, nec inveniunt; sufflant ibi
laborando, et pulvis aufert [*f.* inficit] oculos, quia
cupiditas temporalium mentes excæcat. Quod corripit Apostolus, dum ait : « Quæ sursum sunt quærite, non quæ super terram (*Coloss.* iii, 1); » ac si
diceret : Quid quæritis, miseri, in pulvere. Sursum
est quod quæritis, non in terra; pulverem conci-
tatis, et prosilit vobis in oculos. Quæ supra terram
sunt, sunt vanitas vanitatum, ut ait Salomon, et

omnia vanitas (*Eccli.* i, 4). Hos ergo David arguit,
cum dicit : « Filii hominum, usquequo gravi corde,
ut quid diligitis vanitatem, et quæritis mendacium? »
(*Psal.* iv, 3.) Propterea dicit Dominus per Isaiam :
Excutere, Jerusalem, id est visio pacis, Ecclesia
mea, de pulvere, id est de cordibus [*f.* sordibus]
carnalitatis tuæ. De **343** temporalium carnalitate.
« Qui in carne sunt, » ait Apostolus, « Deo placere
non posunt (*Rom.* viii, 8). » Et de divitiis ait Dominus : « Non potestis Deo servire et mammonæ (*Matth.* vi, 24), » id est divitiis. Excute ergo
a te pulverem mundanarum vanitatum, et postea
consurge; ac si dicat : Prius non poteris surgere,
dum eris gravis in pulvere. Gravant enim animam
peccata, gravant et temporalia. Quod autem gra-
B vatur, demergitur, et dum oneratum est, frustra
surgere conatur. Projiciat ergo onus ut surgat.
Unde lapis et plumbum vocantur peccatores, quia,
dum vivunt in hoc mari, quasi plumbum et quasi
lapis tendunt in profundum. Hinc ait Zacharias
propheta : « Super talentum plumbi sedet iniquitas (*Zach.* v, 7, 8). » Moyses vero ait de peccatoribus : « Abyssi operuerunt eos, descenderunt in
profundum quasi lapis (*Exod.* xv, 5). » Et iterum :
« Submersi sunt quasi plumbum in aquis vehementibus (*ibid.,* 10). » Inde David peccator : « Iniquitates meæ supergressæ sunt caput meum, et sicut
onus grave gravatæ sunt super me (*Psal.* xxxvii,
5). » Habebat aliquid plumbi Petrus in se, dum
vocavit eum ad se Dominus super aquas. Mergi
enim cœpit, quia gravitas dubitationis erat in [ejus]
fide. Unde audivit a Domino : « Modicæ fidei, quare
dubitasti? » (*Matth.* xiv, 31.) Item Dominus ait in
Evangelio : « Venite ad me, omnes qui laboratis et
onerati estis, et ego reficiam vos (*Matth.* xi, 18). »
Ideo Dominus ait in hoc loco : *Excutere, Jerusalem,
de onere pulveris;* et postea : *Surge et sede.* Sedere debemus, non per superbiam, non jacentes, juxta illud
canticum : « Super flumina Babylonis illic sedimus
et flevimus (*Psal.* cxxxvi, 1), » scilicet, super
temporalia hujus mundi, quia Babylonia *confusio*
dicitur, non eis commisti, sed ea conculcantes, debemus sedere pœnitentes et flentes peccata nostra.
Sequitur : *Solve vincula colli tui.* In prima creatione,
D liber factus est homo, sed postea vendidit se diabolo, et quanti se vendidit? Audite quanti. Ait
Dominus postea per Isaiam : *Gratis venundati estis.*
Moneta diaboli sunt peccata, quam emunt homines
[peccando]. Tradidit homo se ei pro tali moneta.
Unde Apostolus in persona peccatoris : « Ego carnalis sum venundatus sub peccato (*Rom.* vii, 14). »
Decepit autem diabolus hominem, promittendo quod
non solvit, dicens : « Eritis sicut dii, scientes bonum et malum (*Gen.* iii, 5). » Obedivit homo, comedit fructum, nec tamen aliud recepit præmium,
nisi peccatum.

Itaque gratis venundatus est. Postquam autem

(38) E Victorino codice.

diabolo se tradidit homo, diabolus emptor tradidit ejus collo vincula. Vultis scire quæ vincula? Agamus ergo de vinculis : Cum homo peccat, addit unum peccatum alteri peccato, et in eodem aliud et aliud : sicut ille qui ut faciat furtum, **344** nocte interficit hominem. Deinde si aliquis est conscius sceleris, timens eum, aliquando veneno illum perimit. De furata autem pecunia, commessationes, ebrietates, libidines exercet. Postquam autem tantorum scelerum fit mens male conscia, ad omnia scelera deinceps promptior redditur, et ita peccata alia aliis concatenando, maximum [sibi] funem facit, et post se magnam [scelerum] caudam trahit. Unde Isaias : « Væ qui trahitis iniquitates in funiculis vanitatis, et quasi vinculum plaustri peccatum (*Isa.* v, 18). » De istis funibus ait David : « Funes peccatorum circumplexi sunt me (*Psal.* cxviii, 51).» Hi sunt illi funes unde homines in fine sæculi ligabuntur. Unde dicitur in Evangelio de eo qui intraverat ad nuptias sine veste nuptiali : « Rex præcepit ministris, ut ligatis manibus et pedibus mitterent eum in tenebras exteriores (*Matth.* xxii. 13). » Non enim utetur Dominus aliis funibus ad homines ligandos, nisi quos ipsi fecerint. Ipsi enim sibi vincula præparaverunt et catenas. Unde scriptum est : « Funibus peccatorum suorum unusquisque constringitur (*Prov.* v, 22). » De his funiculis faciunt diaboli laqueos ad homines capiendos juxta Psalmistam, qui ait : « Et funes extenderunt in laqueum; juxta iter scandalum posuerunt mihi (*Psal.* cxxxix, 6). » Est enim nobis iter ad cœlestem patriam , sed mali aucupes ponunt laqueos juxta viam, ut retrahant quos possunt a via vitæ, et ducant in errorem mortis. Propterea Dominus cum funiculo peccatores ejecit de templo (*Joan.* ii, 15), ut ostenderet funiculum peccatorum , esse damnationem eorum. Hæc sunt vincula quæ injecta sunt collo Jerusalem, et quibus est in captivitate ligata. Sed Dominus qui eam redemit, qui pro ea pretium dedit, quo eam a captivitate, si voluerit exire, liberavit. Clamat igitur ei : *Solve vincula colli tui, captiva filia Sion.* Solve per pœnitentiam, rumpe per satisfactionem, excute collum a jugo diaboli, et submitte jugo Christi, cujus jugum leve, cujus onus ferre suave est. Exi de carcere, de fetore ; et bene exire potes. Datum est enim pretium; non amplius poterit te retinere inimicus tuus, si exire volueris. Rumpe funem qui sequitur te, ne habeat diabolus quo te trahat. Vide plaustrum oneratum peccatis, vel quid est quod modo trahis, misera, quid quod te gravat, ne ascendas ad alta. Justi habent pennas quibus volant ad cœlum, et possunt dicere : Volabo et requiescam; impii autem plaustrum trahunt, et descendunt ad ima. Unde dictum est superius : Væ qui trahitis quasi vinculum mortis, plaustrum peccati. Sequitur :

Hæc dicit Dominus : *Gratis venundati estis, et sine pretio redimemini;* quasi dicat Dominus : Vos

A **345** non merueratis, ut ego vos redimerem , quia pro nihilo vos venundederatis, et tamen redimini : sed quomodo? Argento vestro? Non. Sed sine argento. Argentum enim totius mundi non posset vos redimere, sed pretium sanguinis mei. Quod ait Petrus apertius id exponens. « Non corruptibilibus auro et argento redempti estis de vana vestra conversatione, » id est de vana gloria, « sed sanguine Agni immaculati (*I Pet.* i, 18). » Audistis, fratres charissimi, quomodo Dominus ad salutem sponsam suam invitat. Vos estis illa sponsa redempta; vos estis illi jacentes in pulvere. Vobis dicitur : *Surgite.* Vos estis captivi quibus præcipitur exire. « Ecce nunc tempus acceptabile, ecce nunc dies salutis (*II-Cor.* vi, 2); » ligati estis vinculis peccatorum,
B excæcati estis pulvere divitiarum. Convertimini ad Dominum, quia Dominus solvit compeditos, Dominus illuminat cæcos. Ecce tempus pœnitentium, venite ad medicum, quia præparata est medicina. Vultis scire quæ est medicina? « Quiescite agere perverse, discite benefacere (*Is.* i, 16). » Hæc duo sufficiunt ad salutem. Qui vult sanari, has duas potiones sumat. Verus medicus tempus, curationi hoc tempus statuit. Quadraginta dies enim pertinent pœnitentibus. Illud est spatium quod statuit Dominus Ninivitis peccantibus ut pœniterent. Ait enim : « Adhuc quadraginta dies, et Ninive subvertetur (*Jon.* iii, 4), » ac si diceret : Volo eos subvertere exigentibus meritis eorum; sed tamen adhuc dabo
C inducias quadraginta dierum, et nisi jejunio pœnituerint, subvertetur. Constitutus enim est iste numerus dierum jejunio et orationi. Jejunavit enim Elias quadraginta diebus; jejunavit Moyses totidem diebus. Consecravit quoque hunc numerum jejunio suo Christus. Cum enim ipse, qui est verus Jonas, nobis excidium prædicaret futurum, quod vere, nisi pœniteremus, venisset, voluit pius Pater ad comprimendam superbiam nostram dare satisfactionis exemplum. Quasi Pater pius dixit : Nolite, filii, dedignari pro peccatis vestris satisfacere, quia ego qui peccatum non feci, nec inventus est dolus in ore meo, primus pro peccatis jejunavi, et quadraginta dies satisfeci.

Quia igitur, fratres charissimi, in aliis temporibus
D dormivistis, ecce in hoc expergiscimini, satis jacuistis in vitiis vestris. Ecce hora est jam nos de somno surgere. Somnus vester **346** est caligo vitiorum. Quandiu sumus in vitiis, in tenebris moramur, nec nostram turpitudinem videmus. Veniamus jam ad lucem ; jam de turpitudine nostra erubescamus. Quid enim luxuria ? Quid ebrietas ? Quid scurrilitas ? Quid mendacium ? Quid perjurium ? Quid homicidium ? Quid socium ? Quid Dominum prodere ? Quid usura ? Quid falsa judicia ? Quid detractiones ? Quid æmulationes ? Nisi turpitudo et crudelitas. Unde Apostolus : « Quem fructum habuistis in illis, in quibus nunc erubescitis? » (*Rom.* xiii, 12.) « Abjiciamus ergo opera tenebrarum, et induamur arma lucis, sicut in die honeste ambulemus (*Rom.* xv, 13). »

In die sumus, quia credidimus, quia Christum A suscepimus. Qui autem in die est, et nudus incedit, inhoneste vadit. Assumite ergo indumenta virtutum, ne nudi appareatis in conspectu Domini. « Veniet enim dies Domini sicut fur in nocte (*Thess.* v, 2). » Et vos igitur estote parati, quia qua hora non putatis, Filius hominis veniet, Dies enim Domini, mors est uniuscujusque. Dies ista vocatur et dies salutis, et dies perditionis pro diversitate meritorum. Scitote quia utraque dies appropinquat. Ait enim Apostolus : « Nunc enim propior est nostra salus, quam cum credidimus (*Rom.* xi, 13). » Et Moyses : « Juxta est dies perditionis, et adesse festinant tempora (*Deut.* xxxii, 15); »Quasi dicat : Nolite confidere in vita, quia dies perditionis proxima est. Et si aliquis longo tempore vivat, non tamen B in longitudinem dierum confidat, quia omnia tempora quantuncunque longa sint, adesse festinant, id est ad hoc sunt ut transeant. Unde David : « Homo vanitati similis factus est ; dies ejus sicut umbra transeunt (*Ps.* cxliii, 2). » Audite ergo quid Deus in illa die minetur : « Reddam ultionem hostibus meis, et iis qui oderunt me retribuam. » Quærite ergo Deum, dum inveniri potest; invocate eum, quia velox est ad ignoscendum. In futuro paratus est ad judicandum. Discite exemplo quantum velox sit ad ignoscendum, et dabo exemplum (39). Discite hoc exemplo, fratres charissimi, instigari festinate pœnitentiæ, et converti ad Dominum; fletibus pravas conscientias lavate ; eleemosynis peccata redimite. Excutite pulverem vitiorum, surgite, vincula C rumpite malorum [*f.* vitiorum], ut mereamini Dominum videre in terra viventium, qui vivit et regnat Deus per omnia sæcula sæculorum. Amen.

347 XXVII.

IN QUADRAGESIMA SERMO OCTAVUS (40).

De pœnitentia.

« Nolite diligere mundum , neque ea quæ in
« mundo sunt . . . . . . quoniam omne quod est in
« mundo, concupiscentia carnis est, et concupiscen-
« tia oculorum, et superbia vitæ. . . . Et mundus
« transit et concupiscentia ejus; qui autem facit
« voluntatem Dei, manet in æternum (*I Joan.* ii,
« 16). »

Est quidam inimicus spiritualis, fratres charis- D simi, qui genus humanum excæcat, et falsis bonis allicit , et voluptatibus suis a regni cœlestis amore retrahit. Mundus appellatur, et indigne dicitur mundus, quia mundos non facit, sed immundos. Beatas enim animas, quibus imago Dei impressa est, deturpat, et filios diffidentiæ , quibus dominatur, captivat, et miseros æterna morte damnat, quia quibus dominatur , inimici Dei efficiuntur, dicente Jacobo : « Quicunque voluerit esse amicus hujus mundi, inimicus Dei constituitur (*Jac.* iv, 4). » Ipse est causa quare diabolo serviunt homines. Nemo

enim diabolo servit, quia mundum diligat; sed ideo, quia mundum, cujus est princeps, diligit. Sicut enim si aliquis ancillam iniqui principis ardenter dilexerit, sed eam non posset habere, nisi domino iniquo vellet se subdere, potius patietur illius dominium, quam ancillæ vitaret consortium ; sic amatores mundi principi ejus se subjiciunt, non quia eum, sed quia mundum diligunt. Si quis enim ab amatore mundi quæreret : Diligis diabolum? continuo quamvis ei serviret, responderet : Non diligo. Mundus ergo est quem diligunt, et ideo causa mundi diabolo serviunt. Unde cum in Evangelio Dominus dixisset : «Nemo potest duobus dominis servire, aut enim unum odio habebit , et alterum diliget; aut unum sustinebit, et alterum contemnet (*Matth,* vi, 24), » quasi diceret : Aut diabolum odio habebit, et Deum diliget; aut diabolum sustinebit, et Deum contemnet. Dixit enim diabolum sustiueri, non diligi, et Deum contemni , non odio haberi. Dominium enim diaboli sustinet causa mundi, non diligit. Et Deus odio non habetur, sed contemnitur. Et quia mundus inimicos Dei efficit, et dominio diaboli subjicit, propterea nos, fratres charissimi, Joannes evangelista in Epistola sua ab amore mundi revocat, et ait : *Nolite diligere mundum, nec ea quæ in mundo sunt ;* et quot modis mundus homines alliciat, et in profundum demergat, idem Joannes **348** supposuit : *Quoniam omne quod in mundo est, concupiscentia carnis est, et concupiscentia oculorum, et superbia vitæ.* Agamus ergo de singulis.

Voluptates carnis dicuntur, quas per motum illicitum caro appetit ut gulositas, ebrietas, luxuria, nimia dormitio, vanus risus, etc. Et quia caro nobis vicinior est, per vitia ejus primum nos aggreditur mundus. Quanto familiarior est, tanto perniciosior est hostis, et multi per vitia ejus corruerunt. Adam per gulam, Loth per ebrietatem, Salomon per luxuriam. Gulositati semper per abstinentiam occurrere debemus, quia ipsa fuit nostræ captivitatis initium. Ipsa fomentum aliarum voluptatum, quia inde libido, et inde somnolentia. Ipsa est multoties causa magnarum voluptatum. Ipsa est consumptio magnarum pecuniarum. Ipsa generat in mente opprobrium. De ebrietate quid dicam? Ebrietas sensum aufert, corpus debilitat. De hac scriptum est : « Vinum multam irritationem, iram et ruinas multas facit (*Eccli.* xxxi, 38). »Et alibi : « Ebriosus non locupletabitur. Vinum et mulieres apostatare faciunt sapientes (*Eccli.* xix, 1). » Et de hac Apostolus : « Nolite inebriari vino, in quo est luxuria (*Ephes.* v, 19). » Sed non est aliquod vitium carnis turpius, et perniciosius luxuria. Luxuriosi jumentis putrescentibus in stercore suo comparantur. Unde propheta : « Jumenta putruerunt in stercore suo (*Joel.* i, 17). » Et Salomon : « Mulier fornicaria quasi stercus conculcabitur (*Eccli* ix, 10). » Luxuria corpus et animam

(39) Hinc patet non omnino exacte, prout pronuntiati sunt, transcriptos quosdam ex his sermonibus ; siquidem suadet ut suppleatur exemplum fa-

cilitatis, seu velocitatis Dei ad ignoscendum cito pœnitentibus, in ipso sermone cuarrandum.

(40) E Victorino codice.

coinquinat, et perdit. Unde Salomon : « Non des **A** fornicariis animam tuam in ullo, ne perdas te et hæreditatem tuam (*Eccli.* IX, 6). » Nec solum pecuniam fornicator amittit, sed animam, quæ charior est pecunia. Pigritia et dormitio voluptas iterum carnis est, quam reprehendit Salomon, dicens : « Usquequo, piger, dormies, usquequo de somno non consurgis? parum dormies, parum dormitabis, et veniet tibi quasi viator egestas, et pauperies quasi vir armatus (*Prov.* VI, 10). » De risu vero ait : « Risum reputavi errorem, et gaudio dixi : Quid frustra deciperis (*Eccle.* II, 2). » Et iterum : « Risus dolore miscebitur, et extrema gaudii luctus occupabit (*Prov.* XIV, 13). » Et Dominus : « Væ qui ridetis, quia plorabitis ! » (*Luc.* VI, 25.) Dominus non legitur risisse, flevisse vero super Lazarum et civitatem **B** Jerusalem reperitur. In miseriis sumus, et in miseriis potius plorandum est, quam ridendum. Cum nascitur puer, quid facit? Plorat. Et quare plorat? Quia confitetur se in miseriam natum esse; nascuntur enim filii Adam ad dolorem et ad laborem, juxta quod scriptum est : « Jugum grave supra filios Adam a die exitus de ventre matris eorum, usque in diem sepulturæ eorum in matrem omnium (*Eccli.* XL, 1).» Egimus bene, fratres, de concupiscentia carnis, quæ est primus laqueus mundi **349**.

Secundus laqueus a Joanne dictus est *concupiscentia oculorum*. Dicamus ergo quæ sit concupiscentia oculorum : concupiscentia scilicet rerum exteriorum, videlicet auri et argenti, vel cujuslibet possessionis. Concupiscentia oculorum dicitur, quia **C** per oculos desideria illorum animæ intrinsecus intimantur. Multi sunt quos diabolus per voluntatem [*f.* cupiditatem] carnis non impetit, et tamen per cupiditatem exteriorum, oculos eorum allicit. Pecunia creatura Dei est. Non ergo irascitur Deus quia creatura diligitur, sed quia sibi præponitur. Miraris pulchritudinem creaturæ? Pulchrior est Creator. Si diligis creaturam quia pulchra est, magis debes diligere Creatorem, quia pulchrior est : pretiosa est creatura, pretiosior est Creator. Indignatur quia plus diligitur minus pretiosum quam ipse, qui est pretiosior, et qui creaturam fecit. « Divitiæ, » ut ait Salomon, « non proderunt in die ultionis; justitia liberabit a morte (*Prov.* XI, 4). » Diem ultionis **D** vocat, quando in fine contemptum suum, quo scilicet vilior habitus est hominibus quam creatura sua, ulciscetur; quando divitem « videbunt justi, » ut ait David, « et timebunt, et super eum ridebunt, et dicent : Ecce homo qui non posuit Deum adjutorem suum, sed speravit in multitudine divitiarum suarum (*Psal.* LI, 9). » Non dicent quia habuit divitias, sed quia speravit in eis, et non in Domino. Quid enim vanius est quam plus sperare in mundo quam in Deo. Tertius laqueus est *superbia vitæ.* Cum aliquem justum, nec communi concupiscentia carnis, nec exteriorum cupiditate potuerit subjugare diabolus, post omnem religionis perfectionem jaculo superbiæ percutit. Quod vitium proprium est ejus :

Superbia enim corruit a cœlo. De quo solum puniendus est diabolus. Non enim imputabitur ei adulterium, non vinolentia [*f.* non violentia], non fornicatio, non rapina. Sed tamen invidia comes est superbiæ; unde invidet homini stanti, et eum seducere cupit, et ad id dat operam per superbiam, quod primum ejus vitium est, sicut scriptum est : « Initium omnis peccati est superbia (*Eccli.* X, 15). »

Exposuimus, fratres, tres mundi laqueos. His tribus voluit Dominus tentari, ut vincens doceret [nos] vincere. Ergo jejunandum est contra gulam, quæ est initium nostræ captivitatis, et fomentum aliarum carnalium voluptatum. Jejunium autem quadraginta dierum fuit, quod spatium significat præsentem vitam, ut significaret omni tempore vitæ nostræ abstinendum ad domandam carnem. Jejunavit **350** Christus in deserto, ut doceret volentes abstinere fugere tumultum sæculi. Unde David : « Ecce elongavi fugiens, et mansi in solitudine (*Psal.* LIV, 8). » Non tamen David petiit localiter desertum, sed vacans ab amore sæculi, desertum sibi inter homines fecit. Cum ergo jejunasset quadraginta diebus, et quadraginta noctibus, et esuriisset, accessit ad eum tentator. Potuisset eum abjicere [*seu* abigere], si voluisset, sed voluit tentari et vincere, ut tentationes nos doceret superare. Aggressus est eum diabolus prius per concupiscentiam carnis, incipiendo a gula, ubi dixit : « Dic ut lapides isti panes fiant (*Matth.* IV, 1). » Contra jaculum hostis opposuit clypeum auctoritatis, dicens : « Non in solo pane vivit homo, sed in omni verbo quod procedit de ore Dei (*ibid.*). » Postea, ut refert Lucas (*Luc.* IV, 4, etc.), tentavit concupiscentia exteriorum, ostendens ei omnia regna mundi in monte, et ait : « Hæc omnia tibi dabo, si cadens adoraveris me. » Ipse cum gladio verbi Dei fregit telum inimici, cum ait : « Scriptum est enim : Dominum Deum tuum adorabis, et illi soli servies. » Tandem invasit eum per superbiam, cum assumpsit eum supra pinnaculum templi, et suasit ut mitteret se deorsum. Cui Scriptura obviavit, dicens : « Non tentabis Dominum Deum tuum. » Et sic hoste devicto accesserunt angeli, et ministrabant ei. Hoc docens, fratres charissimi, hoc tempus abstinentiæ nobis statutum esse, ut exemplo Domini pugnetis, et auctoritatibus Scripturarum vincatis. Nullo tempore [pertinacius] tentat hostis, quam tempore abstinentiæ. Tunc plus facit gula, cum domatur. Tunc ardet libido, cum ei resistitur. Tunc cupiditas plus instigat, cum ei obviatur. Unde propheta Isaias : « Ecce in die jejunii vestri inveniuntur voluntates vestræ, et debitores vestros repetitis (*Isa.* LVII, 3). » In hoc ergo tempore, qui sanus est, caveat ne vulneretur. Qui saucius est, studeat ut sanetur. Tu qui peccator es, audi prophetam : Converte te ad Dominum, et relinque peccata tua, et quando supponit, vivus et sanus [*f.* et dum suppetit vivus et sanus] confiteberis. Qui enim [nonnisi] in infirmitate pœnitet et moritur, non securus exit ex

hac vita, ut ait Scriptura : « Cum consummaverit A
homo, tunc incipit (*Eccli.* xviii, 6). » Laborate ergo
dum tempus habetis. Punite peccata, ne Christus
puniat, ne habeat adversarius vester quod in vobis
accuset. Dominus autem qui venit vocare peccatores
ad pœnitentiam, et non vult mortem peccatoris, sed
ut convertatur et vivat, ipse nobis gratiam pœnitentiæ inspiret, qui vivit et regnat per omnia sæcula
sæculorum. Amen.

XXVIII.
IN QUADRAGESIMA. SERMO NONUS (41).
De pœnitentia.

351 « Si quis diligit me, sermones meos servabit,
« et Pater meus diliget eum, et ad eum veniemus,
« et mansionem apud eum faciemus. Qui non diligit
« me, sermones meos non servat (*Joan.* xiv, 23,
« 24). »

Unde psalmus : « Furor illis secundum similitudinem serpentis, sicut aspidis surdæ, et obturantis
aures suas, quæ non exaudiet vocem incantantium,
et venefici incantantis sapienter (*Psal.* lvii, 5). » Et
ecce sermones ejus dicentis per Isaiam in persona
Patris : « Vinea facta est dilecto meo, et sepivit
eam. Et lapides elegit ex ea, et plantavit eam electam, et ædificavit turrim in medio ejus, et torcular
fodit in ea, et exspectavit ut faceret uvas, et non
fecit [et fecit labruscas]... Viri Juda, judicate inter
me et vineam meam. Ecce ostendam vineæ meæ
quid faciam ei. Auferam sepem ejus, et erit in
damnatione [direptionem], et ponam eam desertam,
et non putabitur, et non fodietur, et ascendent super C
eam vepres et spinæ, et nubibus mandabo ne pluant
super eam imbrem (*Isa.* v, 1, etc.). » Vinea Domini Sabaoth, domus Israel est. Hæc sunt verba
Patris quærentis de Ecclesia. Vinea enim facta est
Ecclesia dilecto, id est ad honorem Filii sui, qui
erat dilectus. Unde Pater ipse : « Hic est Filius meus
dilectus in quo mihi bene complacui (*Matth.* xvii, 5).»
Sepivit eam, id est angelica munimina posuit circa
eam, et lapides, id est eos qui habebant corda la-
pidea, id est infideles, removit ab ea, et illam a
massa perditorum plantavit per fidem; et *posuit turrim in medio ejus*, id est Christum, qui est etiam
refugium omnium; *et torcular fodit in ea*, id est
pœnitentiam, quæ torquendo per carnis mortificationem, purificat vinum, id est fideles, qui alios,
prædicando et faciendo terrena oblivisci, inebriant,

ait in Canticis **352** amicus : «Bibi vinum meum cum
lacte meo (*Cant.* v, 1). » Opera enim bona fidelium
Deum delectant et potant; vel torcular significat
martyres, qui patiendo dant aliis exemplum; vel
notat passionem Christi. Unde scriptum est : « Torcular calcavi solus, et de gentibus non est vir mecum (*Isa.* lxiii, 3). » Per uvas, bona opera; per
labruscas, occidua et mala; et erit in direptionem
hominibus et dæmonibus, et diripient eam. Per
maceriam accipit munimentum Scripturarum, quæ
diversis sententiis factæ, cæmento ejusdem fidei
muniuntur. Non putabuntur superflua divitiarum,
nec fodientur abjectis spinis vitiorum. Nubes sunt
apostoli, et alii prælati qui defendentes ab æstu vitiorum, compluunt gratiam divinam peccatoribus.
Unde Isaias : « Qui sunt isti qui ut nubes volant ad B
cœlestia ? » (*Isa.* lx, 8.) Merito Deus de vinea conqueritur, quia corrupti sunt, et abominabiles facti
sunt in studiis suis; non est qui faciat bonum, non
est usque ad unum. Et sicut ait Isaias : « Sicut populus, sic sacerdos; sicut servus, sic dominus;
sicut ancilla, sic domina (*Isa.* xiv, 2). » In monachis
etiam non est perfecta religio, sed sunt similes Simoni Cyrenæo, quem angariaverunt ut portaret
Crucem Domini. Portat crucem, et non moritur, at
vivit mundo; portat crucem, sed coactus. Sic monachi macerant corpus suum; sed coacti aliquando,
et ideo sine fructu. Unde Gregorius : « Crucem
Christi in angaria Simon portat, qui cum ad opus
bonum ex bona voluntate non ducitur, rem justi
sine fructu peccator operatur (42). »

Quid de sacerdotibus? « Dicunt, et non faciunt;
et ideo secundum opera eorum nolite facere (*Matth.*
xxiii, 3). » De quibus et aliis principibus, ait Isaias
in persona Domini : « Principes mei impii, et socii
furum; omnes diligunt munera, et sequuntur retributiones; » ubique venditur Dominus. Quid de falsis judicibus? De illis ait Dominus per Isaiam : « Væ
qui dicitis bonum malum, et malum bonum, ponentes
amarum dulce, et dulce amarum !... Væ qui justificatis
impium pro muneribus, et justitiam justi aufertis ab
eo (*Isa.* v, 20). » Similes sunt Judæ qui vendunt
353 veritatem; veritas autem est Deus. Unde ait :
« Ego sum via, veritas et vita (*Joan.* xiv, 6). » Quid
de divitibus? De illis ait Dominus per Isaiam : « Væ D
vobis qui conjungitis domum ad domum, et agrum
agro copulatis (*Isa.* v, 8). » Et David : « Thesauri-

(41) Ex ms. Victorino. Hic autem sermo unus
forsan est ex iis in quibus, attenta locorum sacræ
Scripturæ repetita citatione, quibus notandis vix
margines fuissent satis videtur potius ministrari in-
digesta materia sermonis ordinatius concinnandi,
quam ipse sermo, ut revera enuntiatus est; cujusmodi nonnullos in hac sermonum serie lector perspicax poterit advertere.

(42) Non ipsa quidem sancti Gregorii verba citat
Hildebertus, quanquam et ab ejus sensu non videatur multum aberrare, cum dicit eum, *qui cum ad
opus bonum ex bona voluntate non ducitur, crucem
Christi, sicut Simon, in angaria portare, et rem
justi sine fructu peccatorem operari.* Sanctus enim
pontifex arguens hypocritas, qui affectata nimia cor-

poris maceratione, vanas hominum laudes captant,
illos comparat Simoni Cyrenæo, Christi crucem in
angaria portanti, qui non ideo in ea moritur, sed
vivere non desinit; et sic sine fructu crucem portat.
Sic autem ait, lib. viii Moral., cap. 44, in caput
viii, B. Job : « Crucem ergo Jesu in angaria portare est, afflictionem abstinentiæ pro alia quam necesse est intentione tolerare. An non Jesu crucem in
angaria portat, qui quasi ad præceptum Domini
carnem domat, sed tamen spiritalem patriam non
amat? Unde et Simon isdem crucem portat, sed
nequaquam moritur, quia omnis hypocrita corpus
quidem per abstinentiam afficit [*f.* alligit] : sed tamen per amorem gloriæ, mundo vivit. »

zat, et ignorat cui congregabit ca (*Psal.* xxxviii, A
13). » Vel : « Ne timueris cum dives factus fuerit
homo, et cum multiplicata fuerit gloria domus ejus,
quoniam cum interierit, non sumet omnia, neque
descendet cum eo gloria ejus (*Psal.* xlviii, 17, 18). »
Item : « Melius est modicum justo, super divitias
peccatorum multas. » Sed, sicut ait Apostolus :
« Tempus breve est, reliquum est ut..... et qui
emunt tanquam non possidentes, et qui utuntur hoc
mundo, tanquam non utantur ; præterit enim figura
hujus mundi (*I Cor.* vii, 29, 57). » Quid de regibus
et principibus? David dicit : « Non salvatur rex
per multam virtutem, et gigas non salvabitur in
multitudine fortitudinis suæ (*Psal.* xxxii, 16).» Item :
« Vidi impium superexaltatum et elevatum sicut
cedros Libani, et transivi, et ecce non erat, et non
est inventus amplius locus ejus (*Psal.* xxxvi, 55). »
Quid de raptoribus? Similes sunt baculo, unde Dominus servum corrigit, et postea dejicitur in ignem.
Confidunt in virtutibus suis, sed « fallax equus ad
salutem ; in abundantia autem virtutis suæ non
salvabitur (*Psal.* xxxii, 17). » Ibi : « Viri sanguinum
et dolosi non dimidiabunt dies suos.(*Psal.* liv, 24). »
Sed quid de habentibus odium Dominus dicit ?
« Diligite inimicos vestros, benefacite his qui
oderunt vos.... Si enim diligitis eos qui vos diligunt,
quam mercedem habebitis? » (*Matth.* v, 44, 46.) Item
Dominus : « Si non dimiseritis hominibus, nec
Pater meus dimittet vobis peccata vestra (*Matth.*
vi, 14). » Iterum : « Si offers munus tuum ante C
altare, vade prius reconciliari fratri tuo, et vade
prius, recognosce fratrem tuum et tunc veniens,
offeres munus tuum (*Matth.* v, 23-24). » Sed, ut ait
Gregorius : Arrogantia facit nos esse in odio. Dicit
enim : « Si jurgium forte contingit cum proximo,
erubescimus priores satisfacere ; sed Deus humilis
prius nos inimicos suos ad reconciliationem invitavit per se, et mittendo nobis legatos, sicut Paulum,
qui dicit : « Obsecro per Christum, reconciliamini
Deo. » Sed contra hos Dominus dicit : « Qui erubue-
rit me et sermones meos, hunc erubescet Filius
hominis in majestate sua (*Luc.* ix, 26). » Joannes
dicit : « Qui odit fratrem suum, homicida est (*I
Joan.* iii, 15). »—« Qui non diligit fratrem suum quem
videt, Deum quem non videt, quomodo potest dili- D
gere ? » (*III Joan.* iii, 10.) Odium contrarium est
charitati, in qua fundari debent omnes virtutes.
Quid de fornicatoribus Paulus dicit ? « An nescitis
quoniam qui adhærent meretrici, unum corpus
efficitur? Tollens ergo membra Christi, faciam
membra meretricis? Absit! » (*I Cor.* vi, 15, 16.)
Item : « Neque fornicator, neque avarus habebunt
hæreditatem Christi (*I Cor.* v, 11). » Quid de adulteris inquit Paulus apostolus? **354** « Viri, diligite
uxores vestras (*Ephes.* v, 25). » Qui enim fornicatur,
contra corpus suum peccat ; erunt enim duo in carne
una, inquit (*Gen.* ii, 24), et ideo « qui uxorem diligit,

diligit seipsum (*Ephes.* v, 28). » Quid de proditoribus?
« Loquuntur pacem cum proximo suo, mala autem
in cordibus eorum (*Psal.* xxvii, 3). » De quibus Salomon ait : « Vir iniquus lactat amicum suum, et
ducit eum per viam non bonam (*Prov.* xvi, 29). »
Et quid per singula ? « Omnes declinaverunt, omnes
inutiles facti sunt, non est qui faciat bonum, non est
usque ad unum (*Psal.* xiii, 3). » Omnes inhiant terrenis ; de illis merito inquit David : « Anni nostri
sicut aranea meditabuntur (*Psal.* lxxxix, 10), quæ faciendo telas, viscera consumit ut capiat vilem prædam, id est muscas. Sic homines se laborando consumunt ut capiant temporalia. Unde Salomon :
« Vanitas vanitatum, et omnia vanitas (*Eccli.* i, 1); »
et quod ultimum crimen est et pejus, non potestis
ferre correptionem. « Non amat pestilens eum qui se
corrigit (*Prov.* xv, 12). » Sed melior correptio
aperta quam amor absconditus, et : « Meliora sunt
vulnera diligentis quam fraudulenta oscula odientis
(*Prov.* xxvii, 6). » Si enim aliquis facit prædicationem, non audiunt. Unde David comparat eos serpenti aspidi, dicens : « Furor illis secundum similitudinem serpentis ; sicut aspidis surdæ, et obturantis
aures suas, quæ non exaudiet vocem incantantium
et venefici incantantis sapienter (*Psal.* lvii, 5, 6).»

Propter hæc et his similia conqueritur Deus de
vinea sua. Sed « omnis arbor quæ non facit fructum bonum, excidetur et in ignem mittetur. Jam
securis ad radicem posita est (*Matth.* iii, 10). » Tria
sunt genera malarum arborum. Sunt siccæ, foliatæ
sine fructu, foliatæ cum amaro fructu. Siccæ significant siccos ab omni gratia Dei, et aperte malos.
Foliatæ designant hypocritas, de quibus Dominus :
« Væ vobis, hypocritæ! Similes estis sepulcris dealbatis mortuorum, quæ foris apparent hominibus
speciosa, intus vero plena sunt ossibus mortuorum
(*Matth.* xxiii, 27). » Tertiæ significant pseudo-
prophetas et hæreticos, de quibus Dominus dicit :
« Attendite a falsis prophetis, qui veniunt ad vos
in vestimentis ovium, intrinsecus autem sunt lupi
rapaces (*Matth.* vii, 15). » Securis est Christus, qui
secat divinitate et parcit humanitate. Quiescite igitur
agere perverse, discite benefacere, et sequimini Deum
dicentem : « Qui vult venire post me, abneget semetipsum (*Matth.* xvi, 24; *Luc.* ix, 23). » Sed quomodo
aliquis possit abnegare se, ita exponit Gregorius (43) :
« Relinquamus nosmetipsos, quales nos peccando
fecimus, et maneamus quales per gratiam facti
sumus ; » ipsi quidem per naturam, sed non ipsi
per malitiam. Unde Apostolus : « Qui furabatur,
jam non furetur. » Scriptum est enim alibi : « Verte
impios, et non erunt (*Prov.* xii, 7). » Gregorius
ait (44) : « Duobus modis crux tollitur, cum aut per
abstinentiam afficitur [*f.*, affligitur] **355** corpus,
aut per compassionem proximi affligitur animus.
Quos duos modos præsignat Apostolus, cum dicit :
« Castigo corpus meum, et in servitutem redigo (*I*

----

(43) Homilia 32 in Lucæ cap. ix.

(44) Ibidem.

Cor. ix, 17). » Et iterum : « Quis infirmatur, et ego non infirmor? Quis scandalizatur, et ego non uror? » (*II Cor.* xi, 29.) Debemus autem scire significationem crucis. Unde Apostolus : « Ut possitis comprehendere quæ sit longitudo, latitudo, sublimitas et profundum crucis (*Ephes.* iii, 16). » Si nosmetipsos abnegamus, et multo magis nostra abnegare debemus. « Malignus enim spiritus, » ut ait Gregorius (45), « nihil in hoc mundo proprium possidet. » Nudi ergo cum nudo luctari debemus. Nam si indutus cum nudo luctetur, citius ad terram dejicitur, quia habet unde-teneatur. » Et si non potestis adeo macerare corpus, et vestra omnino abnegare, pauperibus [saltem] adhæreatis, quia : « Beati pauperes spiritu, quoniam ipsorum est regnum cœlorum (*Matth.* v, 3). » Tria sunt genera pauperum. Coacti, qui vellent multa habere. Alii qui omnia relinquunt. Unde ait Petrus : « Ecce nos reliquimus omnia, et secuti sumus te (*Matth.* xix, 27). » Alii qui ex voluntate sunt pauperes, ut ait David : « Divitiæ si affluant, nolite cor apponere (*Psal.* lxi, 11) ; » et illorum est regnum cœlorum, quia sunt pauperes spiritu. Unde David : « Parcet pauperi et inopi, et animas pauperum salvas faciet (*Psal.* lxxi, 13). » De illis ait Dominus : « Qui vos recipit, me recipit, et qui recipit prophetam in nomine prophetæ, mercedem prophetæ accipiet ; et qui recipit justum in nomine justi, mercedem justi accipiet. Et quicunque dederit uni ex minimis meis calicem aquæ frigidæ tantum in nomine discipuli, amen dico vobis, non perdet mercedem suam (*Matth.* x, 41, 42). » Et Salomon ait : « Fœneratur Domino, qui miseretur pauperi (*Eccli.* xxix, 2) ; » et Christus : « Facite vobis amicos de mammona iniquitatis, ut, cum defeceritis, recipiant vos in æterna tabernacula (*Luc.* xvi, 9). » Quia nihil vilius [*supp.* eleemosyna pauperi facta], nihil charius regno cœlorum, cum possidetur. Tantum est, quantum habes. « Thesaurizate ergo vobis thesauros in cœlo, ubi nec ærugo, nec tinea demolitur, et ubi fures nec effodiunt, nec furantur (*Matth.* vi, 19). » Sed nolite facere eleemosynam propter humanum favorem. « Te enim faciente eleemosynam, nesciat sinistra tua quid faciat dextera tua (*Matth.* vi, 3).» Nesciat favor humanus quid faciat divinorum præceptorum exsecutio. Et nolite despicere paupertatem, quia Dominus ait : « Qui vos spernit me spernit (*Luc.* x, 16). » Et Salomon : « Qui despicit pauperem, exprobrat factori ejus (*Prov.* xvii, 5). » Pensate, fratres, quia vita brevis, et [cito] homines moriuntur. Quis est homo qui non videbit mortem? Sed magis est timenda mors animæ quam corporis. Mortes animæ sunt tres : Cogitatione, opere, perseverantia, quæ per tres mortuos suscitatos a **356** Christo designantur. De cogitatione dicit David : « Filia Babylonis misera... beatus qui tenebit et allidet parvulos suos ad petram (*Psal.* cxxxvi, 8). » Sed beatus vir qui non abiit in consi-

(45) Hom. 32 in Evang.

lio impiorum. In hac autem Quadragesima præcipue parate viam Domino venienti ad vos, ut digne eum recipere possitis, qui vivit et regnat per omnia sæcula sæculorum.

XXIX.

IN DOMINICA PALMARUM, SERMO PRIMUS (46).

« Apprehendent septem mulieres virum unum in « die illa, dicentes : Panem nostrum comedemus, « et vestimentis nostris operiemur : tantummodo « invocetur nomen tuum super nos. »

Ad litteram propheta desolationem Judææ, et paucitatem virorum futuram in spiritu minabatur, sed nondum impletum legitur. Nusquam enim ad tantam raritatem leguntur redacti viri de Israel, mulieribus superstitibus, quod septem mulieres nuberent uni viro. Maledicta enim erat, quæ non faciebat semen in Israel, nec absque viro facere licebat, quia non erat scortum in Israel. Est itaque sensus, quod adeo pauci erant viri, quod necessario septem mulieres erant unius viri ; et cum viri debeant uxoribus vestes providere et alimenta, ne vir illas fugeret expensas, dicitur ei : Sint tua tibi, *panem nostrum comedemus, et vestimentis nostris operiemur, tantum invocetur nomen tuum super nos,* in nomine tuo agnominemur, ut ducitur Sara Abrahæ, et Martia Catonis. In nobis autem impleta est prophetia hæc. Non enim tantum quæ in eis fiebant, sed quæ in eis dicebantur in figura nostra contingebant illis. Jam enim in Ecclesia septem viri apprehendunt virum unum, et adhuc in die illa apprehendent. Sed in die ista apprehendit vir unus, Christus scilicet, vir unus hominem. Unde dictum est : « Mulier circumdabit virum (*Jer.* xxxi, 22), » unus scilicet Deum, qui est invariabilis. In cæteris enim omnibus diversum est esse, et id quod est. Tu autem, Domine, semper idem es, et in eodem statu permanes. Unde : « Audi, Israel : Dominus Deus tuus, Deus unus est (*Deut.* vi, 4). » Inde est quod unitatem diligit Deus, pacem scilicet et concordiam, et maxime inter carnem et spiritum ; dissensiones vero, schismata et hæreses odivit anima ejus, nec est qui faciat bonum, non est, usque dum veniat ad unum, quia « unus Dominus, una fides, unum baptisma (*Ephes.* iv, 5), » « Omnes quidem currunt, sed unus accipit bravium (*I Cor.* ix, 14). » Sicut enim sponsus unus est, sic **357** et sponsa unica unici, cum quo qui non colligit plura in unum, dispergit. Ejus sane est dispersa congregare. « Deus enim noster ignis consumens est (*Deut.* iv, 24). »

Ignis autem a philosopho describitur congregatio homogenæa. Unde [*f.* quod] sane apprehendere non possumus, nisi per unitates procedamus. Octo enim sunt unitates, quas sacra Scriptura distinguit, quarum septem apprehendunt unam. Unde vigilanter dixit Psalmista : « Unam petii a Domino (*Ps.* xxvi, 4), » et non dixit : *unum,* quia septem unitates festinant ad *unam.* Sunt autem unitates octo : Prima,

(46) Ex Andegavensi codice.

carnalis ; secunda, naturalis ; tertia, moralis ; quarta, virtualis ; quinta, personalis ; sexta, socialis ; septima, spiritualis ; suprema, substantialis, vel supersubstantialis. Prima est in conjugio ; secunda, in utero ; tertia, in domo ; quarta, in mundo ; quinta, in Christo ; sexta, in cœlo ; septima, in anima ; octava, in regno. De prima sumus descendentes ; in secunda, incipientes ; in tertia, sociales ; in quarta, fratres ; in quinta, fideles ; in sexta, cives ; in septima, cœlestes ; in ultima, hæredes. De prima dicitur : « Erunt duo in carne una (*Gen.* ii, 24), » ex qua originem trahimus. Secunda est, cum anima infunditur corpori, et dicitur naturalis, quia tunc primo nascitur in utero, secundo nascitur de utero, de qua legitur : « Anima et caro unus est homo. » Tertia est, cum jure consuetudinis [et amicitiæ] congregamur ad simul vivendum ; de qua legitur : « Qui habitare facit unius moris in domo (*Ps.* lxvii, 7). » Quarta est, cum charitate unimur propter Deum, de qua legitur : « Ecce quam bonum et quam jucundum habitare fratres in unum (*Ps.* cxxxii, 1). » Et in Apostolo : « Servantes unitatem spiritus in vinculo pacis (*Ephes.* iv, 3). » Hæc dicitur virtualis, non quia charitas virtus sit, sed quia est forma virtutum. Quinta est in Christo, de qua legitur : « Deus et homo, unus est Christus ; sine qua fide impossibile est placere Deo. » Sextam fecit Christus ; ipse enim fecit utraque unum. Ante Christi adventum, angeli non cognoscebant nos, sed detestabantur nos tanquam cives Babylonis ; sed Christus pax nostra *solvit parietem inimicitiarum inter nos* et ipsos, et ita jam nostra conversatio in cœlis est (*Philipp.* iii, 20). Jam non permittit angelus se adorari a nobis, quia nos concives ejus et conservi Christi. Septima est, cum tota mente, pro modulo vitæ nostræ, Deo adhæremus. De qua legitur : « Qui adhæret Deo, unus spiritus est (*I Cor.* vi, 17) cum eo. » Octava est trium personarum in una essentia, quam apprehendet in regno quisquis per prædictas unitates transibit in exsilio. Sic et filii Israel primo egressi sunt de Ramesse, quæ interpretatur, *commotio*, quod congruit unitati carnali. Deinde **358** profecti sunt in Socoth, quod interpretatur *tabernacula*, cum scilicet anima includitur in corporis tabernaculo. Septima fuit in Assur, quod interpretatur, *cypressus*, qui erectus est et sine... qui septimæ consonat unitati. Has septem unitates designaverunt septem sublimitates in candelabro uni hastili adhærentes. In candelabro enim quatuor erant septena circa unum hastile, septem scilicet summitates, et septem lampades superpositæ, et septem infusoria, et septem calami procedentes ex hastili cum pede septimo portante ipsum hastile. Per septem summitates, ut diximus, designantur septem prætaxatæ unitates, quibus superponuntur septem dona Spiritus sancti, tanquam lampades ut luceant in domo Dei. Ex adverso primæ unitati superponitur primum donum, scilicet, spiritus timoris. Libido enim [primorum] parentum peccatum transfudit in parvulum, et ex illa habitat peccatum in carne nostra mortali. Pro solo autem peccato timemus, quod si non adesset, nec timor. Secundæ unitati superponitur spiritus pietatis. Pietas enim est Dei cultus, quæ Græce dicitur theosebia [θεοσέβεια], ac si tunc diceretur homini : Cæteris animantibus dantur animæ minores sine ratione ; tibi autem datur anima ad imaginem et similitudinem Dei. Tibi ergo incumbit Deum cognoscere, agnitum diligere, et dilectum adorare. Et hæc est pietas, id est divinus cultus, qui ei imponitur. Spiritus autem scientiæ superponitur unitati mortali. Scientia enim est pars inferior rationis, per quam homo res terrenas et negotia sæculi recte dispensat, et administrat, ut recte vivat in medio hujus nationis pravæ, quod mortale esse nullus ignoscat.

Huc usque processerunt philosophi gentium, quorum ingenia usque ad sudorem in his tribus sunt exhausta ; sed quia hic steterunt, cum adhuc restent plura, non dimidiaverunt dies suos. Fidelis vero procedit donec ei ostendatur fons unius, et audiat : Hic Deum adora. Procedamus ergo et nos qui super senes illos intelleximus. Unitati virtuali superponitur spiritus fortitudinis. « Fortis enim est ut mors dilectio (*Cant.* viii, 6). » Quid enim fortius est, quam odio habere patrem et matrem, uxores et filios, imo et animam suam propter Deum. Hoc est illud ferventissimum gluten, quo tincta est arca Noe intus et extra. Unitati spiritali superponitur spiritus consilii. Alto enim consilio Verbum caro factum est. Hoc est mysterium absconditum a sæculis. Pro tempore suo innotuit hominibus et angelis. In hoc enim nullus ejus consiliarius fuit, nec aliquis docuit eum prudentiam. Unitati spiritali **359** superponitur spiritus intelligentiæ. Intellectus enim est vis animæ, qua ipsa percipit invisibilia. Non enim sensus, non imaginatio, non ratio percipit quomodo libera mater nostra, quæ sursum est, genuit nos ad supplementum ruinæ angelicæ. Unitati spirituali superponitur spiritus sapientiæ, illius scilicet sapientiæ quæ dicitur a sapore, de qua dicitur : « In malevolam animam non introibit sapientia (*Sap.* i, 4). » Quæ enim a sapiendo dicitur, malos etiam sapientes facit. Si enim in amore carnali jucunditas est, longe ineffabilior sapor et dulcedo est in spirituali, cum spiritus creatus agglutinatur spiritui increato. Sequitur de septem infusoriis. Hæc est hebdomadarum septuagesima, quam repræsentat Ecclesia, ad designandum septem unitates prædictas, ut earum memoria mentibus nostris infundatur per eam. Propter eos enim qui non legunt, aut non intelligunt Scripturas, quædam in officiis suis visibiliter dispensat Ecclesia, per quæ mens ad invisibilia scienda provehatur. Est enim Septuagesima dierum, quæ protenditur a *Circumdederunt me*, usque ad Sabbatum in Albis, quæ repræsentat captivitatem filiorum Israel sub Chaldæis factam. Est etiam Septuagesima hebdomadarum, id est sunt septem hebdomadæ, quarum prima est, *Circumdederunt me*, ultima, *Lætare*, secundum quas prima Dominica intitulatur Septuagesima secunda, Sexagesima tertia, Quinquagesima quarta, Quadragesima, quæ secundum dierum numerum congruit. Et hæ septem in Ecclesia designantur unitates. Unde et prima carnalis unitatis miserias deplorat, dicens : *Circumdederunt me gemitus mortis*; ultima vero spiritualis unitatis jucunditatem exsultando admiratur, dicens : *Lætare, Jerusalem.* Idipsum papa noster, rosam auream circumferendo, repræsentat. Possunt et mediæ suis unitatibus adaptari. Sed ad sequentia festinemus.

Ex his liquet quia jam septem mulieres apprehenderunt virum unum, quia cum hæ septem hebdomadæ, etiam his quæ legimus et canimus, statum vitæ hujus repræsentent, in duabus quæ sequuntur usque ad Pascha, de solo Christo agit Ecclesia, et de miseriis [*f.* mysteriis] illius lacrymabilis auditur memoria. Nihilominus septem primæ lampades hastili fuerunt, id est Christo, tanquam mulieres apprehendentes virum unum. Ipse enim unctus est præ participibus suis, non habens spiritum ad mensuram. Sed in die illa, de qua dicitur : *Dies illa, dies iræ,* apprehendent [septem unitatum participes] virum unum, id est cognoscent virum illum unum esse cum Patre et Spiritu sancto. Sed hodie in processione solemni apprehendunt **360** septem mulieres virum unum. In processione enim Dominica, quam hodie repræsentamus, quidam præibant, et quidam sequebantur, et utrique clamabant : « Hosannah filio David (*Matth.* xxi, 9). » Erat et ibi jumentum portans Dominum; et hic est septenarius in candelabro calamorum [numerus] cum pede. Prætereuntes enim signabant ad ipsum [eos pertinere,] quia tres calami a sinistris, id est Veteris Testamenti membra percuntia; quæ autem a capite prodierunt ad ortum. Sequentes vero idem significabant, quia tres calami a dextris, id est Patres Novi Testamenti præter apostolos. Et hi quidem et illi clamabant : *Hosannah filio David.* Fides enim eadem est, licet tempora sint variata. Et hi et illi sunt tres viri, quos vidit Ezechiel salvandos, Noe, Daniel, et Job. Noe quidem, id est prælati cædunt ramos de arboribus, id est doctrinam utriusque Testamenti populis explicant. Job, id est activi. vestimenta sua sternunt in via, id est de substantia sua sustentant pauperes sicut Job, qui de velleribus ovium suarum calefecit latera pauperum. Daniel, id est contemplativi clamant : *Hosannah filio David.* Apostoli vero et discipuli, qui cum Domino fuerunt, jumento comparantur, glorificantes et portantes Deum in cordibus suis a mari ad mare, et usque ad terminos orbis terrarum. Hos circumdantes Christum hodie repræsentat Ecclesia, tanquam si in ista die septem mulieres apprehendant virum unum. Cum autem in die ista apprehendemus, dicemus : *Panem nostrum comedemus.* Nunc enim comedimus panem alienum. In terra enim aliena panes nobis comparamus alienos; sed in terra nostra panem nostrum comedemus. Panis alienus panis est doloris. In valle enim plorationis cibat nos Deus pane lacrymarum, ut quan-

doque dicatur nobis : « Surgite, postquam sederitis, qui manducatis panem doloris (*Ps.* cxxvi, 5). » Quatuor enim sunt panes isti, secundum quatuor causas fletus, pro quibus dictum est : « Beati qui nunc fletis. » Flere enim debemus pro peccatis nostris, quomodo flebat David, dicens : « Lavabo per singulas noctes lectum meum, lacrymis meis stratum meum rigabo (*Ps.* vi, 7). » Debemus et flere pro peccatis aliorum, sicut et Dominus flevit Lazarum, et videns civitatem flevit super illam, dicens : « Si cognovisses et tu peccata tua, fleres et tu sicut et ego. » Flendum etiam est pro exsilio in quo sumus, sicut et David flebat, dicens : « Hei mihi quia incolatus meus prolongatus est, habitavi cum habitantibus Cedar, multum incola fuit anima mea (*Ps.* cxix, 5). » Et Apostolus etiam conqueritur, dicens : « Quis me liberabit de corpore mortis hujus ? » Quarto flendum **361** est pro desiderio cœlestis patriæ. Sic et ille flebat qui dicebat : « Super flumina Babylonis illic sedimus et flevimus, dum recordaremur tui Sion (*Ps.* cxxxvi, 1). »

Illi sunt panes doloris quatuor qui offerebantur in lege. Panis coctus in craticula, panis coctus in sartagine, panis coctus in aqua, panis coctus in clibano. Craticula multis est oculata foraminibus, ad instar retis, per quæ ignis subministratus superposita adurit. Ad hunc modum dolor pro nostris excessibus quotquot recordationem habet delictorum, quia tot foraminibus urit et cauteriat conscientiam quam pungit. Panis vero qui frangitur in sartagine non uritur ascendentibus flammis. Ita cum dolemus pro peccatis proximorum, fit frixorium sanctorum. Dolor sane pro exsilii dilatione, panis est coctus in aqua, quia amore fluentis aquæ in voragine hujus exsilii; pereunt mortalia quæque. Irriguum vero superius pro desiderio patriæ, panis est coctus in clibano, id est in fervore illius [ignis] quem Dominus venit mittere in terram, qui veniens de cœlo, inflammavit munera Abel justi. His vescentes panibus panem nostrum sursum comedemus. Panem enim angelorum manducabit homo. Et vestimentis nostris cooperiemur. Duæ sunt partes hominis, anima et caro. Utramque induit Deus veste propria. Immortalitas est vestis corporis, innocentia animæ. Utraque exutus est homo post et propter peccatum. In die illa reddentur nobis, sed quia providus est Pater noster, forte quia indueramus ea, aliquatenus erant fuliginata; reddet autem lota et candidiora. Candidum fuit vestimentum posse non mori; candidum fuit vestimentum posse non peccare. Longe candidius erit, non posse peccare, et sic induti fulgebimus sicut sol in regno Patris nostri. Tantummodo invocetur nomen Christi super nos. Est nomen ejus primum, quod est Christus, et nomen ejus denominative sumptum, quod est Christianus. Nomen hoc sic sumptum in via invocatur super nos; sed in patria, nomine primo vocabimur. Quicunque enim ascendet, dicetur Christus. Nemo enim ascendit in cœlum, nisi qui descendit de cœlo; sed solus Christus descendit. Itaque nonnisi Christus ascendet. Membra enim necesse est sequi quo caput jam præcessit, ut sic totus in omnibus membris suis ibi sit Christus. Non enim os comminuetis ex eo (*Joan* XIX, 36). Ipse solus dum in homine habitaret, cum hominibus Christus fuit, id est in plenitudine unctus; et **362** de capitis unguento, quædam stillæ desudaverunt in barbam, et usque in oram vestimenti ejus. Omnes enim de plenitudine ejus accepimus (*Joan.* I, 16), sed tunc plenitudinem accipientes, vere Christi erimus. ‹ Mensuram enim bonam et confertam, et coagitatam, et supereffluentem reddent in sinum nostrum (*Luc.* VI, 58). › Hanc autem supremam et integram unctionem infundat super nos Dominus Jesus, unctus noster, in die illa, quando apprehendent septem mulieres virum unum, in die, inquam, illa, quando cœli movendi sunt et terra, cum venerit judicare vivos et mortuos, et sæculum per ignem. Amen.

XXX.

IN DOMINICA PALMARUM SERMO SECUNDUS (47).

‹ Ecce odor filii mei sicut odor agri pleni,
‹ cui benedixit Dominus. Det tibi Deus de rore cœli
‹ et de pinguedine terræ, abundantiam frumenti
‹ et vini. ›

Aggratulatur vobis, fratres charissimi, Pater cœlestis, quia sibi ut filii dilectissimi cum tanto gaudio, cum tot floribus, cum tot palmis, cum tanta fragrantia virtutis occurristis, et sentiens vim odoris suavitatis populi sui, ex nimia exsultatione acclamavit : ‹ Ecce odor filii mei, › (48) quia dicit Apostolus, revera filius meus est. Hujus opera sentio quasi suavissimum odorem, et cui odori possit iste comparari postea supponit : Sicut odor agri pleni, ubi sunt multi flores et diversi. Merito odori agri comparavit. Ager enim mundus est, in quo semina sua sparsit Deus, in quo varii virtutum flores relucent. Sed alii sunt flores qui eligunt mundissimam carnis integritatem. Hi sunt lilium in agro Dei. Sunt qui pro Christo sanguinem suum fuderunt; hi sunt rosa in agro Domini. Spina enim floret in agro Domini. Qui enim spinis peccatorum prius horridus erat, per opera charitatis floret, dum pauperes pascit, vestit, hospitatur, visitat, consolatur, spinas suas operit, quia, juxta apostolum, ‹ Charitas operit multitudinem peccatorum (*I Petr.* IV, 8). › Aggratulando ergo merito ait de populo suo Dominus : *Ecce odor filii mei, sicut odor agri pleni.* Sed ne aliquis ex se illas virtutes se habere, dicere præsumat, addit : *Cui benedixit Dominus.* Hæc aggratulatio de vobis, fratres charissimi, in antiquo tempore præfigurata est, in Isaac videlicet, et filiis suis. Cujus historia **363** licet sit multis cognita, tamen est nobis breviter tangenda, ut cum inveneritis mysterium ejus, quod ad vos pertinet

explicetur. Isaac legitur de Rebecca duos filios habuisse, Esau scilicet primogenitum et Jacob (*Gen.* XXV, 25). Et cum Isaac plenus esset annis, et caligassent oculi ejus, vocavit Esau, et dixit ei : ‹ Affer mihi de venatione tua, et fac inde cibos, ut comedam, et benedicam tibi (*Gen.* XXVII, 4). › Eo dicente, mater persuasit Jacob ut sibi duos hædos afferret, ut ipse faceret exinde escas patri suo, et eas sub specie Esau, ipse Jacob patri suo præsentaret, et benedictionem fratris subriperet. Paratis itaque cibis, mater induit Jacob vestibus Esau, quas habebat apud se domi, ut ipse patri suo Jacob præsentaret, et benedictionem fratris subriperet. Sed quia pilosus erat Esau, pellibus hædorum manus et colli nuda protexit. Cumque cibos obtulisset patri, miratus ait : ‹ Quomodo tam cito invenire potuisti, fili mi? Voluntas Dei fuit, inquit Jacob, ut cito mihi occurreret quod volebam (*ibid.*, 20). › Attrectavit igitur eum pater, et invenit pilosas manus, et putavit eum esse Esau. Oblatos itaque cibos comedit, et vinum bibit. Satiatus igitur osculatus est eum, et fragrantia vestimenta sentiens, ait : *Ecce odor filii mei sicut odor agri pleni, cui benedixit Dominus. Det tibi Deus de rore cœli et de pinguedine terræ abundantiam.*

In hac historia, fratres charissimi, magna exsultatio nostra figuratur. Deus, qui per Isaac exprimitur, ab initio mundi tantum duos populos in fide sua generavit, Judaicum et gentilem. Primogenitus filius fuit Judaicus, quia prior cultum unius Dei habuit. Antiquus est Deus, quia æternus; oculi ejus caligaverant, quia in mundo cognitio ejus fidei multum deperierat. De majoris filii venatione satiari cupivit, cum Judaici populi bona operatione pasci desideravit. Sed illo negligente, et in exterioribus bonis, et figuris legis, quasi in venationibus occupato, Rebecca, id est gratia spiritualis, quasi mater nostra, quæ nos generavit et instruxit, et nos, qui gentiles eramus, [facti] sumus filii, posterius generati, ut cibos boni operis Deo nostro offerremus, et benedictionem majoris fratris subriperemus, præcepit ut duos hædos occideremus, id est ut peccata **364** nostra mortificaremus, et originalia et actualia. Vestes majoris filii induimus, quia vitiis mortificatis, præcepta legis, quæ data erant populo antiquo, complendo, bonis operibus ornati sumus; et pelles hædorum, quibus manus et collum protecta sunt, est memoria peccatorum, qua, quamvis peccata in nobis mundata sint, tamen per humilitatem recognoscimus nos colla peccatis submisisse, et manus ad mala direxisse. Quia autem Isaac non recognovit eum, et tamen benedixit eum, est quod ait Psalmista : ‹ Populus, quem non cognovi, servivit mihi, in auditu auris obedivit mihi (*Psal.* XVII, 45). › Non vidit eum, quia non est missus nisi ad oves quæ

---

(47) E Victorino codice.

(48) Hunc locum intricatissimum, et vix, prout jacet, intelligibilem, sic posse restitui censemus : *Ecce odor filii mei. Hujus opera sentio quasi suavis-*

sinum odorem. Unde Apostolus : ‹ Christi bonus odor sumus Deo (*II Cor.* II, 15). › Et cui odori possit odor iste comparari postea supponit : *Sicut odor agri pleni, ubi multi flores,* etc.

perierunt domus Israel. Pater miratus est quod tam cito venationem invenit filius, quia mirabilis fuit tam repentina gentilium conversio. Et voluntas Dei fuit, quod tam cito filius invenit venationem, id est quod tam cito fides Christi mundum replevit. Oblatos sibi cibos Pater comedit, et vino refectus est, quia mortificatione vitiorum nostrorum et fervore bonorum operum Deus delectatus est. Osculatus est Pater Filium, quando Deus sibi reconciliavit gentilem populum. Unde in Canticis : « Osculetur me osculo oris sui (*Cant.* I, 1). » Et sentiens odorem vestimentorum, id est bonorum operum, quibus anima est ornata, aggratulatus est Pater Filio, in hac voce : *Ecce odor filii mei sicut odor agri pleni, cui benedixit Dominus.* Hæc, fratres, aggratulatio in nobis complenda est. Gaudet Pater nostris [bonis] operibus. In hac enim Quadragesima quasi hædos vestros, peccata vestra mactavistis, et quomodo patri vestro cibos virtutum offerentes obviam existis, et odore virtutum, quem mente gerebatis odorem filiorum repræsentavistis. Clamat ergo : *Ecce odor filii mei sicut odor agri pleni.* Sed quam pro istis muneribus vobis Pater vester benedictionem tribuat, audite. *Det tibi Deus de rore cœli, et de pinguedine terræ abundantiam.* Et diversa vobis, et duo optat, quia et diversi, et duo (49) genera hominum in Ecclesia Dei estis. Alii sunt temporalia possidentes, alii mundum pro Deo contemnentes, et hic utrique congregati estis. Hinc pauperes Dei, id est monachi, hinc divites mundi, ut laici. Contemplativis orat rorem cœli dari, sæcularibus **365** vero pinguedinem terræ. Ros cœli, qui dulcis et subtilis est, spiritualis gratia est, quæ mentibus dulcedinem et subtilitatem supernæ contemplationis infundit. Pinguedo terræ est fructificatio bonæ gratiæ, quæ abundat in terrenis bonis. Unde David : « Sicut adipe et pinguedine terræ repleatur anima mea (*Psal.* LXII, 6). » Hanc benedictionem agro suo, id est populo, qui floribus suis eum oblectavit, Dominus exoptat.

Sed cavendum est, fratres charissimi, ne in agro Domini spina nuda sine floribus inveniatur. Si eam inveniet in agro suo Dominus, falce ejus abscindetur, et in ignem mittetur. Spina nuda floribus est peccator nudus ab operatione bona. Proh dolor ! jam plures sunt spinæ in Ecclesia Dei quam rosæ. Una rosa, spinæ multæ, et rosa inter spinas spinis læditur. Unde in Canticis : Sicut rosa inter spinas (50) sic amica mea inter filias. Ecce animæ quæ deberent esse filiæ Dei, dicuntur spinæ. Illæ bonas animas vexant et pungunt, et lacerant. Mali enim cum vident bonos, detrahunt illis, et nec boni esse volunt, nec bonos diligunt. Et licet pacifice in præsentia loquantur, tamen absentibus detrahunt. De

quibus David : « Circumdederunt me sicut apes (*Psal.* CXVII, 12). » Apes in ore mel habent, in aculeo caudæ, vulnus; ita et omnes qui lingua blandiuntur, sed latenter ex malitia serviunt [*f.* feriunt], apes sunt, quia loquendo dulcedinem mellis proponunt ; sed occulte feriendo vulnus inferunt. Sunt alii homines, qui manifeste vexant bonos, sicut illi qui bona Ecclesiæ rapiunt prædantes. De quibus Dominus per Isaiam prophetam dicit : « Vos depasti estis vineam meam, et rapina pauperis in domo vestra (*Isa.* III, 14). » Vineam depascunt qui bona Ecclesiæ devorant. Lædunt et alio modo rosas Domini spinæ. Si videant mali pauperem aut advenam, viduam aut pupillum, in judicio eos præ divitem opprimunt, et munera super innocentem accipiunt. Sed ait David : «Cognovi quia faciet Dominus judicium inopis, et vindictam pauperum (*Psal.* XIX, 13). » « Dominus custodit advenas, pupillum et viduam suscipiet, et vias peccatorum disperdet (*Psal.* CXLV, 9). » Quid de fornicationibus, de homicidiis, de usuris, et de perjuriis, de odiis, et de consentientibus ? de quibus David ait : « Si videbas furem, currebas cum eo, et cum adulteris portionem tuam ponebas (*Psal.* XLIX, 18). » Cum eis currit, et portionem ponit, qui eis consentit. Multis spinis plenus est ager Domini. Propter istas spinas Dominus coronam spineam portavit, quia, ut ait Isaias : « Ipse vulneratus est propter peccata nostra, et attritus est **366** propter scelera nostra (*Isa.* LIII, 5). » Spinæ nostræ punxerunt eum, quia pœnam peccatorum nostrorum, quæ non fecerat, suscepit, juxta illud : « Quæ non rapui tunc exsolvebam (*Psal.* LXV, 8). » Luite merito, fratres, quæ luit Dominus immerito. Vertite spinam vestram in rosam. Rubor rosæ verecundiam significat. Erubescite propter peccata vestra, et rosæ Dei efficiemini. Duæ sunt erubescentiæ, de quibus scriptum est : « Est confusio adducens peccatum, et est confusio adducens gloriam (*Eccli.* V, 25). » Unde increpat Dominus peccatorem per Prophetam : « Frons mulieris meretricis facta est tibi; noluisti erubescere (*Jer.* III, 3). » Erubescite ergo peccata vestra, et confitemini ea sacerdoti. Sunt quidam qui dicunt se posse pœnitere sine ministro Ecclesiæ; sed hoc nullus audet præsumere. Non omnibus data est potestas solvendi, sed solis apostolis et vicariis eorum, quibus dictum est : « Quodcunque ligaveritis super terram, erit ligatum et in cœlis; et quodcunque solveritis super terram, erit solutum et in cœlis (*Matth.* XVIII, 18). » Ibi : « Quorum remiseritis peccata, remittuntur eis, et quorum retinueritis peccata, retenta sunt (*Joan.* XX, 23). » Cum Dominus suscitasset Lazarum, dixit discipulis suis : « Ite, et solvite eum (*Joan.* XI, 24). » Lazarus portat personam et pietate et concionibus, e jussu sanctissimi abbatis, coram ipsis habitis, ita eminebat ut, fama ejus percrebrescente, illum inde ad ecclesiæ suæ Scholiarcham piissimus æque ac zelantissimus Hoellus antistes Cenomanensis avocaverit, quem paucis post annis ad archidiaconatum promovit, ut in ejus Vita retulimus.

(49) Ex his sermonis hujus verbis non levis potest elici conjectura, ipsum ab Hildeberto Cluniaci fuisse habitum, dum ibi ante suam ad munus Scholiarchæ Cenomanensis assumptionem moraretur. Ibi enim erant revera duo hominum genera, laicorum scilicet illuc undique confluentium, et monachorum, qui sub sancto Hugone abbate, solidiori pietati simul et sacris litteris operam dabant ; quos inter Hildebertus

(50) In Vulgata est: *Sicut lilium int. sp. (Cant.* II, 2).

omnium pœnitentium; apostoli personam ministrorum. Lazarus quamvis viveret, non poterat incedere, donec solveretur. Similiter pœnitens, nisi necessitate mortis cogatur, [supp. non] solvendus est a ministro Ecclesiæ. Ideo leprosis sanatis in veteri lege præcipiebatur : « Ite, ostendite vos sacerdotibus. » Jacobus apostolus ait : « Confitemini alterutrum peccata vestra, ut salvemini. (*Jac.* v, 16). » Et David : «Quoniam iniquitatem meam annuntiabo, et confitebor [*al.* cogitabo] pro peccato meo (*Psal.* xxxvii, 19). » Ideo voluit Dominus quod homo ab alio solveretur, ut alius alio egeret, et ita unitas charitatis servaretur, et ne homo in se confideret, et sibi parceret. Ideo hominibus nos sanandos tradere voluit, non angelis, ut fragiles fragilibus condescederent, juxta Apostolum : «Si præoccupatus fuerit homo in aliquo delicto, vos qui spirituales estis, hujusmodi suscipite in spiritu lenitatis (*Gal.* vi, 1). » Secure igitur accedite ad prælatos vestros ; medicis confitemini peccata vestra, ut possitis florere in agro Domini, et reddere Deo Patri vestro odorem suavitatis, ut vobis dicat: *Ecce odor filii mei, sicut odor agri pleni.* Deus autem qui venit vocare peccatores ad pœnitentiam et non vult mortem peccatoris, sed ut convertatur et vivat, [hanc gratiam] vobis condonare dignetur. Qui vivit et regnat in sæcula sæculorum. Amen.

XXXI.

367 IN DOMINICA PALMARUM SERMO TERTIUS (51).

« Dicite filiæ Sion ; Ecce Rex tuus venit tibi « mansuetus, sedens super asinam et pullum filium « subjugalis (*Matth.* xxi, 5). »

Mandat nobis Rex cœlestis, fratres charissimi, per prophetam Zachariam gaudium sui adventus. Venit ad reconciliationem Dominus. Qui primi peccato parenti fuerat alienus, antequam veniret, præmisit legatos prophetas et patriarchas, dicens eis : *Dicite filiæ Sion,* id est annuntiate Ecclesiæ meæ ; quam filiam Sion ideo vocat, quia filia speculationis et dilectionis debet esse. Sion enim, *speculatio* interpretatur; quia a spiritualibus hostibus debet sibi providere. Et quid dicant, subjungit: *Ecce Rex tuus veniet tibi.* Recesserat Dominus per peccatum ab humano genere, qui proximus fuerat ei rationabiliter viventi. Apparet enim Dominum iratum fuisse contra Adam, dum legitur Dominum post peccatum primi hominis deambulasse in paradiso ad auram post meridiem, nisi ut hoc gestu homini misero significaret, quia qui pius et propitius ei fuerat, jam ab eo per culpæ alienationem remotus [esset,] deambulat condolens et dicens : « Adam, ubi es ? » (*Gen.* ii, 12.) Id est in quanta miseria positus es? Aura vero ad quam deambulat, refrigerationem charitatis in mente hominis esse significabat, et quod ipse ab amore hominis refrigerabat. Quæ refrigeratio fuit post meridiem, id est post calorem charitatis a mente hominis discedentem. Sed qui recesserat per justitiam, venit per misericor-

(51) E Victorino codice.

A diam, per viscera scilicet misericordiæ Dei nostri, in quibus visitavit nos oriens ex alto : « Inclinavit cœlos et descendit, et caligo sub pedibus ejus (*Psal.* xvii, 10). » Inclinavit cœlos, id est cœlestia, etiam deitatem et ipsos angelos per commiserationem quam habuit de reparatione generis humani; et ipse descendit, uniendo sibi humanam naturam. Inclinati sunt angeli, cum descendentes ad Dominum, ministrabant ei (*Matth.* iv, 7). Sed quamvis humilis, quamvis particeps nostræ fragilitatis, tamen caligo et obcæcatio mundanorum fuit sub pedibus ejus, id est, [mundus fuit ei] plenarie subjectus. Et cum fortis miles ad pugnam venisset, «in sole posuit tabernaculum suum (*Psal* xviii, 6).»Tabernaculum vero **B** Christi illud intelligitur, in quo militavit Deo Patri. Illud posuit, id est constituit in sole, id est in Virgine, quæ fuit « pulchra ut luna, electa ut sol (*Cant.* vi. 9).» Luna, quæ illuminat tenebras noctis; sol, quæ **368** præ cæteris solo calore Spiritus sancti exarsit.

Parato itaque tabernaculo suo, procedens tanquam sponsus Ecclesiæ factus est per carnis conjunctionem, procedens quasi de thalamo suo, id est de utero Virginis, « Exsultavit ut gigas ad currendam viam (*ibid.*), » id est, ut fortis, ut invincibilis ad currendam viam militiæ suæ. Venit ad bellum contra principem hujus mundi, dicens : « Nunc princeps hujus mundi ejicietur foras (*Joan.* xii, 31), » scilicet a mentibus hominum, in quibus prius regnabat. Elegit paucos secum ac pauperes, sicut ait **C** Apostolus : « Elegit quæ stulta sunt mundi, ut confundat sapientes, et infirma mundi, ut confundat fortia (*I Cor.* i, 17).» Quid enim Petrus, Quid Andræas, nisi insipientes et ignobiles? et tamen de illis paucis unus succubuit, id est Judas qui eum tradidit. Judas enim iste cupidus erat et fur, et loculos habens, ea quæ mittebantur portabat. Iste videns Mariam pretiosum unguentum super caput Domini fudisse, ait : « Ut quid perditio hæc? Potuit enim venundari multo, et dari pauperibus (*Marc.* xiv, 5). » Itaque abiit ad summos sacerdotes, ut proderet eum illis. Infelix Judas ! Damnum quod credebat infusione [*f.* effusione] unguenti, voluit recompensari pretio magistri. Et cum misericordia magister discipulum errantem vellet corrigere, ait : « Qui intingit mecum **D** manum in paropside, hic me traditurus est (*Matth.* xvi, 23),» ut cum sciret eum cognoscere cognationes suas, pœniteret. Aliis autem manum retrahentibus, Judas impudentia sua, qua proditurus erat, manum cum magistro in catino misit, ut audacia sua bonam conscientiam mentiretur. Et cum diceret : « Unus ex vobis me tradet (*Joan.* xiii, 21) ; » et alii dicerent : « Nunquid ego sum, Domine? Nunquid ego sum, Rabbi? (*Matth.* xxvi, 22), » hi vocabant Dominum, ille Magistrum, quo volebat peccatum, quod conceperat, diminuere. Minus enim videbatur tradere Magistrum quam Dominum. Sed et hunc Dominus patientia superavit, qua eum pertulit; et quamvis noverat eum proditorem, tamen ei

lavare pedes non abnuit. Traditus est itaque Judæis A Domini et resurrectio evidentius demonstrantur. Do-
Dominus : quæ traditio in Joseph fuit præsignata.
Jacob autem habuit duodecim filios ; sed super alios
unum dilexit, scilicet, Joseph, cui alii omnes invi-
debant. Quem cum mitteret pater ad visitandos
fratres, et greges, et venisset in Dothaim, dixerunt
alii invicem in, eum inflammati : « Ecce somniator
venit, venite occidamus eum, et videamus quid illi
prosint sua somnia (*Gen.* xxxvii, 19-20). » Somnia-
verat enim quod esset in agro, et manipuli fratrum
adorabant manipulum suum; et iterum, quod sol et
luna, et stellæ undecim adoraverant eum. Consilio
igitur Judæ venditus est Ismaelitis, **369** qui portaverunt eum in Ægyptum.

Hæc omnia, charissimi fratres, mystice de Christo
intellecta sunt. Jacob significabat Deum, qui misit
Filium suum, id est Christum in Dothaim, id est in
mundum, ad visitandos fratres suos, id est Judæos,
ut videret quid agerent ipsi, et greges ipsis commissi. Joseph enim *augmentum* interpretatur, et Dothaim, *defectio*. Potest igitur Dominus per Joseph
significari, qui facit quotidie Ecclesiam virtutibus
augmentari. Et merito mundus Dothaim comparatur, quia per defectum virtutum quotidie minuitur.
Fratres Joseph erant in Dothaim, et pascebant ibi
greges suos. Judæi enim erant sæcularibus intenti,
et alios sæcularibus instruebant. Somniantem enim
vocabant, quia cum invisibilia et inaudita prædicaret, quasi somnia esse videbantur ; quæ tamen somnia habent aliquam figuram. Manipulus Joseph designat Christum, qui ait : « Nisi granum frumenti
cadens in terram mortuum fuerit, ipsum solum manet (*Joan.* xii, 24). » Manipuli aliorum quosque fideles fructificantes, et adorantes Deum significant.
Sol iterum Christum adorat, et luna, et stellæ, et
claritas angelorum, quia eum contremiscunt; et
Ecclesia, id est fideles, ei supplicant et venerantur.
Venditus est Ismaelitis, id est Judæis, a Juda proditore. Et figurans, et figuratus eodem nomine sunt
vocati. Ismaelitæ *auditores* interpretantur. Judæi
vero fuerunt auditores legis, non factores, contra
quos Apostolus : « Estote factores verbi, et non auditores tantum (*Jac.* i, 22). » Qui duxerunt eum
in Ægyptum, id est in tenebras mortis. Ægyptus
enim *tenebræ* interpretantur, dicente David : « Po- D
suerunt me in lacu inferiori, in tenebrosis, et in
umbra mortis (*Psal.* cvi, 10). » Quam mortem expressius postea designavit per Joseph, de quo legitur
quod cum eum adamasset domina sua, et eum allicere sibi vellet ut sibi consentiret, relicto pallio
quo eum volebat tenere, aufugit. Ipsa vero eum accusavit apud dominum suum, quod eam vi voluerat
comprimere et violare. Quapropter missus est in
carcerem tenebrosum cum aliis duobus, scilicet
pincerna regis et pistore, quorum alter, scilicet
pincerna, prædicente Joseph, salvatus est, et liberatus e carcere; alter vero, scilicet pistor, ligno suspensus est. Joseph etiam tandem e carcere solutus,
meruit esse dominus Ægypti. Sub qua figura mors

mina enim illa quæ volebat Joseph sibi allicere,
Synagoga intelligitur, quæ sibi Christum allicere
voluit, dum sibi similem in legis intelligentia facere
studuit. Amassent enim eum Judæi, si carnaliter
vivere et legem intelligere Christus **370** voluisset.
Sed rejecto velamine, id est carnali et litterali intelligentia legis, aufugit a consensu synagogæ. Ipsa
autem apud dominum, id est Pilatum, eum accusavit, quasi cupientem solvere legem, et fecit eum
damnari cum duobus latronibus, quorum alter salvatus est, qui ait : « Memento mei, Domine, dum
veneris in regnum tuum (*Luc.* xxiv, 42), » prædicente et promittente ipso Christo : « Hodie mecum
eris in paradiso (*ibid.*, 43). » Alter vero persistens
in nequitia, mortuus est in ligno non salvatus. O
quam dissimilia merita Christus in medio discernit !
Uterque significat futurum judicium, in quo per crucem quosdam damnaturus, quosdam salvaturus erit.
O quam diversæ viæ ! Alius ascendit in cœlum, alius
descendit in infernum. Pœna consimilis, sed dissimile præmium. Iste est exemplum peccatoribus, ne
desperent, qui in ipso [mortis] articulo, quodam
verbo paradisum promeruit. Ille terror desperanti-
bus, et non pœnitentibus, qui nolentes pœnitere, in
peccatis suis sunt mortui ; et tunc mors Christi
utrisque erit finitima, et utrisque, si vellent, profutura ; mors enim Christi nullum cogit. Hac in hora
exiit Adam de paradiso, in qua latro petiit paradisum. Solutio vero Joseph a carcere liberationem
resurgentis Christi a morte significat. Dominus vero
postea fuit Ægypti, quia gentilem populum qui erat
in tenebris, post resurrectionem illuminavit et convertit. Unde scriptum est : « Populus gentium qui
ambulabat in tenebris, vidit lucem magnam (*Isai.*
ix, 2). » Nec solum gentilium Dominus effectus est,
sed etiam Judæorum. Sunt enim duo parietes in
Ecclesia ; unus Judæorum, alter Gentilium.

Illic ergo, fratres charissimi, adventus Christi,
hæc salvatio utriusque populi in supradicto nuntio
continetur. Inquit enim : *Ecce rex tuus venit tibi*
mansuetus, super pullam asinæ, filium subjugalis.
Rex enim cœli non alienus, sed tuus venit, per assumptam, ut diximus, humanitatem. Et tibi, id est
ad salvationem tuam ; venit enim non sibi, qui non
indiget servo, sed [*supp.* ipse est] quo servus indiget ; sed tibi, quæ egena et exsul eras : « Suscitans
a terra inopem, et de stercore erigens pauperem
(*Psal.* cxii, 1). » Suscitans scilicet sopitos in peccatis,
a terra, id est a terrenis delectationibus, inopes
[verarum] divitiarum, et erigens de stercore vitiorum pauperes virtutum. Unde scriptum est : « Computruerunt jumenta in stercore suo (*Joel* i, 17), » id
est stulti in stercore vitiorum. Venit non iratus,
non terribilis, sed mansuetus et humilis. Humiliavit
autem se usque ad mortem, mortem autem crucis.
Adeo autem fuit humiliatus, quod dicebat : « Ego
autem sum vermis, et non homo; opprobrium hominum, **371** et abjectio plebis (*Psal.* xxi, 7). »

Unde dicebat : « Deus, Deus meus, respice in me, quare me dereliquisti? Longe a salute mea verba delictorum meorum (*Psal.* xxi, 2). » Et item : « Deus meus, clamabo per diem, et non exaudies, et nocte, et non ad insipientiam mihi (*Psal.* xxi, 3). » Sed videndum est quomodo Filius Dei dicit se derelictum a Patre, qui est ei coæqualis et consubstantialis. Deus antiquis Patribus temporalia tantum conferebat, id est copiam frumenti et olei et victoriam de inimicis. Deus autem in mundum veniens, alia bona prædicans et promittens, quæ genus humanum sua culpa amiserat, et ut ostenderet verbo et exemplo ista temporalia non esse vera bona, voluit in mundo esse adeo pauper, quod non habuit Filius hominis ubi caput suum reclinaret, et quod petiit aquam a puella juxta puteum. Ecce homo iste ab hominibus derelictus adeo videbatur, quod egere et tribulari patiebatur; et ideo ait : *Deus, Deus meus, respice in me.* Corrobora me, ne ego deficiam in hac tribulatione iniqua, derelictus a te. Ideo respice in me. Et quare me dereliquisti, id est visus es dereliquisse? Ac si diceret : Alii nesciunt, sed ego cognovi. Ideo me dereliquisti in temporalibus, ut dares æterna. Ipsi nesciunt quare me dereliquisti, sed ego exponam. Ideo scilicet me dereliquisti, quia hoc exigebant peccata populi mei, quæ redimere veni; et hoc est propter verba delictorum meorum, scilicet hominum, longe a salute mea, quia peccata eorum donant [id est exigunt], ut ego pro eis interficiar. Ego sum vermis et non homo, id est conculcatus et vilis sicut vermis, et non reputatus ut homo, sed ut insanus habens dæmonium, opprobrium hominum, in quem homines projiciebant opprobria et abjectio plebis, de quo dicebatur : Nunquam erit iste mundus liber, nisi iste abjiciatur. Quorum alter ait : *Deus meus, clamabo per diem, et non exaudies;* et quod dicitur hoc modo intelligendum est : Duplex voluntas est, una naturalis et altera spiritualis. Naturalis voluntas est vitam præsentem diligere, mortem abhorrere, prospera amare, quæ tamen voluntas non est peccatum, si spirituali consentiat. Spiritualis est cœlestia amare, et mortem sive adversitatem non timere. Utramque voluntatem Christus habere voluit, ut doceret quomodo utraque habenda erat. Timuit enim ex natura carnis, ubi dixit : « Tristis est anima mea usque ad mortem (*Matth.* xxvi, 38); » sed naturalem superavit per spiritualem, et hæc, cum oraret prosperitatem, non est exaudita. Cum illa adversitatem, id est mundi redemptionem [rogaret], exaudita est, et hoc est : *Deus meus, clamabo per diem, et non exaudies.* Per diem, **372** id est per prosperitatem, et non exaudies. In prosperitatem clamavit, quando satiavit quinque millia hominum quinque panibus et duobus piscibus, et voluit eum populus propterea constituere in regem. Vellet hoc caro, sed voluntas animæ superavit, quia cum vidisset Dominus voluntatem populi, fugit in montem ipse solus divertens a populo. Voluit itaque eum, et non est exaudita. Ite-

(52) Homil. 27, in Evang.

rum : *Clamabo in nocte, et non exaudies.* In nocte clamavit, id est in adversitate passionis, cum ait : « Pater, transeat a me calix iste (*Matth.* xxvi, 39), » id est passio ista. Hoc oravit caro abhorrens mortem, et non exaudita est. Iterum clamabo : Sed quid spiritus oravit? « Verumtamen non sicut ego volo, sed sicut tu (*ibid.*). » Ecce pugnabat caro cum spiritu, sed voluntas Dei prælata est humanæ voluntati et exaudita est. Ideo timuit caput martyrum, ne desperarent martyres, cum ex natura passiones timerent. Nisi enim caput timeret, dicerent membra : Non sum de capite [melius de corpore]. Caput unum non timuit. Ecce timet caput, et docet membra non esse peccatum timere; sed tamen timor superatur. Sed videamus quid sequitur

Sedens super asinam et pullum filium subjugalis. Mystice hoc totum dictum est. Non enim realiter potuit hoc impleri, quod super utrumque sederet. Misit quidem, passioni suæ Dominus accedens, ad Jerusalem veniens, duos discipulos in castellum, ubi erat foris in bivio ante januam asina alligata cum pullo suo, et dixit eis : « Solvite et adducite mihi (*Matth.* xviii, 18). » Asina subjugalis significat Judæos, qui erant sub jugo legis, ligati multis prævaricationibus et multis peccatis. Pullus asinæ, populus gentilis; novellus, quia noviter in fide conversus, et pullus asinæ, quia per primitivam Ecclesiam Judæorum et populorum fuerunt conversi. Duo ante januam erant in bivio, quia Christus est janua, sicut ipse ait : « Ego sum ostium (*Joan.* x, 7). » Extra hanc januam uterque erat, dum uterque ligatus peccatis manebat. In bivio erant positi, quia multas errorum vias sectabantur. Missi sunt duo discipuli, quia sunt duo genera prædicatorum, qui directi sunt ad duas gentes : Paulus et Barnabas missi sunt ad gentes; Petrus et alii prædicaverunt in Judæa. Solvit eos. Super illos solutos Dominus sedet, quia per inhabitantem gratiam in cordibus illorum requiem habuit. Similiter, fratres, quotidie sedens super asinam Dominus, et super pullum Jerusalem tendit, quando uniuscujusque fidelis animam regens, jumentum videlicet suum ad visionem pacis perducit. Super jumentum sedet, cum sanctæ Ecclesiæ universali præsidet, eamque in supernæ pacis desiderium accendit. Exeamus ergo **373** ei obviam cum palmis, id est victoriis habitis super diabolo et operibus ejus et cum floribus virtutum. Offerat alius florem dilectionis, quæ principalis est radix omnium virtutum. De qua ait Gregorius (52) : « Sicut multi rami ex una radice prodeunt, sic multæ virtutes ex sola charitate generantur. » Offerat alius florem virginitatis et lilium castitatis. Hæc est illa virtus quam Jesus commendabat in Joanne quem diligebat; quam ipse [Joannes] laudat in Apocalypsi : « Hi sunt qui cum mulieribus non sunt coinquinati, virgines enim sunt (*Apoc.* xiv, 4). » Sit alius flore humilitatis præditus, imitetur eum qui ait : « Discite a me, quia mitis sum et humilis

16

corde (*Matth.* xi, 29). » Alium decoret flos miseri- A
cordiæ, quia « beati misericordes, quoniam ipsi misericordiam consequentur (*Matth.* v, 7). » Alius ramum
pœnitentiæ [*f.* patientiæ] teneat, quia « beati qui
persecutionem patiuntur propter justitiam, quoniam
ipsorum est regnum cœlorum (*Matth.* v, 10). » Alius
concremet thura, id est orationes, dicendo : « Dirigatur oratio mea, sicut incensum in conspectu tuo
(*Psal.* cxl, 1). » Alius Christum in paupere recipiat,
comminiscens illud Evangelii : « Quod uni ex minimis meis fecistis, mihi fecistis (*Matth.* xxv, 40). »
Et ita nullus accedat vacuus ante Dominum, ut
mereamur omnes a Domino equitari, et ut sedens
super nos, ducere nos et regere in supremam Jerusalem dignetur. Qui vivit et regnat in sæcula sæculorum. Amen.

XXXII.

« In Sion levate signum... Congregamini [*Vulg.*
« confortamini]... Ascendit leo de cubili suo, prædo
« gentium se levavit... ut ponat terram... in solitu-
« dinem... Super hoc accingite vos ciliciis, plangite
« et ululate (*Jerem.* iv, 6 et seqq.). »

Verba ista, quibus congregari et levare signum
adversus leonem de cubili ascendentem per Jeremiam nos monet Dominus, spiritus et vita sunt, quia
spiritualiter intellecta corda vivificant, genua soluta
roborant, manus remissas erigunt. Spiritualiter igitur
intelligenda sunt, quia spiritualis non corporalis est
leo, spirituale est signum, spiritualis est Sion. Hic
est enim leo, de quo Petrus ait : « Adversarius
vester diabolus, tanquam leo rugiens circuit quærens
quem devoret (*I Petr.* v, 8). » Circuit, quia insidiis
circumferendo, multiplici fallacia seducendo. Unde
Habacuc : « Expandit sagenam suam, et semper
interficere gentes non cessat (*Habac.* i, 17). » Non
est ista sagena apostolica ex duplici textura Novi et
Veteris Testamenti contexta, quæ a piscatoribus
evangelicis, id est apostolis missa in mari mundi
hujus **374** congregat ex omni genere piscium, id
est hominum ; sed foras malos mittunt, bonos vero
retinent et nutriunt Christi piscatores. Sagena autem
diabolica non congregat, sed dispergit, sicut de ipso
Veritas ait in Evangelio : « Qui non colligit mecum,
dispergit (*Luc.* xi, 23); » non nutrit, sed suffocat; D
non vivificat, sed mortificat. Hic est Pharao rex
Ægypti, qui masculos Hebræos necabat, feminas
vivificabat (*Exod.* i, 16), quia diabolus rex tenebrarum ac tribulationis auctor, virtutes sanctorum
ac virilia opera eorum, qui tanquam veri Hebræi
transeunt ac prætereunt viam mundi hujus sine
hæsione carnalis illecebræ, ad patriam currentes,
suffocare nititur et exstinguere. Feminas vero, id
est infirmorum et carnalium opera auget et conservat. Hæc sagena est contexta, non de rectis, sed de
tortuosis filis, id est variis et multiplicibus fallaciis,
quia mendax est ipse et pater ejus, id est mendacii

auctor; mendacium primus adinvenit, cum superbia
tumens, dixit : « Ero similis Altissimo (*Isa.* xiv, 14). »
Et iterum primis parentibus : « Quacunque hora
comederitis, eritis sicut dii, scientes bonum et malum (*Gen.* iii, 5). » Hanc sagenam expandit, cum
omnes insidiarum dolos ad seducendum hominem et
capiendum exercuit, quod in paradiso hac sagena
cœpit; cum fallaci suggestione eum seduxit, et postea
interficere non cessat. Sicut enim feræ silvarum
semel gustatum sanguinem hominis semper sitiunt,
ita et hic leo rugiens et prædo gentium electo cibo
et crassa dape illectus, totis nisibus studet, ut
semper plures mactet et manducet. Unde Habacuc :
« Incrassata est pars ejus, ut cibus ejus electus (*Hab.* i,
16). » Pretiosas enim et electas quærit iste leo escas,
B cujus major est arrogantia, quam virtus; et major
ejus indignatio, quam fortitudo; qui in tantum se
levavit, ut etiam in verticem humani generis, id est
in Christum manum extenderet, qui in ejus passione etiam discipulos tentavit, secundum illud :
« Ecce Satanas expetivit vos, ut cribraret sicut
triticum (*Luc.* xxii, 3); » et quosdam quidem, qui
magni videbantur, dejecit. Judam utique loculos
portantem in crimen traxit perditionis, et exivit in
barathrum desperationis, et sic eum mactavit et
manducavit, recondidit sagena, et clausum tenuit,
puteo os suum urgente super eum. Petrum quoque
apostolorum principem in negationis reatum præcipitavit, et ita eum mactavit, sed non manducavit,
quia non eum in profundum absorbuit. Respexit
C enim eum Dominus, qui ei dixerat : « Et ego rogabo
pro te ut non deficiat fides tua (*ibid.*, 32), » — « et
exiens foras, flevit amare (*Matth.* xxvi, 75). » Deinde
trinæ negationis culpam, trinæ dilectionis **375**
confessione funditus exstirpavit [*f.* expiavit].

Attendite autem diligenter virtutem et ordinem
gratiæ in istius relevatione, quem, cum esset primus apostolorum, permisit Deus cadere, ut sua
culpa disceret qualiter in aliorum culpis misereri
deberet; et a casu relevavit, ut in eo peccatores
discerent causam et ordinem suæ a lapsu resurrectionis. Professio enim secuta est fletum, fletus
egressum, egressus respectum, quia non exisset
foras, nisi flevisset, nisi Dominus respexisset [eum
qui vere dicere poterat cum Propheta : « Impulsus, »
scilicet a leone, « eversus sum » de quo virtutum
[*f.* de fastigio virtutum], sed « Dominus suscepit me
(*Psal.* cxvii, 19)», [me] respiciendo. Bonus est iste
respectus, quo peccator adjuvatur, non opprimitur;
illustratur, non cæcatur; sanatur, non damnatur.
Iste respectus auxilium est, et lux, non infensi, sed
propitii; non irascentis, sed miserentis. Non sic
vidit Dominus peccatum Sodomorum et Gomorrhæorum. « Descendam, » inquit, « et videbo utrum
clamorem qui venit ad me, opere compleverint,
vel non (*Gen.* xviii, 21). » More irascentis et mi-
nantis loquitur Deus, non dubitantis, cujus ira sine

perturbatione, quia ipse immutabilis est, sed humanæ locutioni se coaptat Deus, ut hominem instruat; ut enim a præcipitatione judicii hominem compesceret, mala Sodomæ prius voluit probare, quam judicare. Illos igitur peccatores videt Deus, sed quasi de longinquo, non de vicino; iratus, non placatus; ad peremptionem, non ad cautionem. Unde Propheta : « Excelsus Dominus, et humilia respicit, et alta a longe cognoscit (*Psal.* cxxxvii, 6). » De vicino autem respexit Petrum, et fecit illum timere, secundum illud : « Qui respicit terram, et facit eam tremere (*Psal.* ciii, 32). » Terra est mens humana, quam respiciens, id est gratia sua tangens et illuminans, facit eam tremere fortitudine[*f.* formidine] peccatorum, dum eam respiciens perturbatur et pavet. Respexit ergo Petrum, ut ille respiceret suum reatum, et inspectione horreret, horrore erubesceret, et erubescendo corrigeret. Salubris est iste respectus, quo peccator statuitur contra faciem suam, ut quod post tergum negligens postposuerat, ante faciem sollicitus ferat. Quod utique non faceret, nisi Dominus respiceret, id est gratia præveniret et juvaret. De via enim iniquitatis scriptum est in Proverbiis : « Omnes qui ingrediuntur per eam, non revertentur, nec apprehendent semitas vitæ (*Prov.* ii, 19). » Quod non ideo dicitur, quia multi post lapsum resurgant, et ab iniquitate redeant, et vitæ semitas teneant, sed non hoc per se faciunt per se enim quidem possunt ingredi **376** ad iniquitatem, per se valent cadere, sed non redire, et in via recta ambulare. Unde Jeremias : « Scio, Domine, quia non est hominis via ejus, nec viri est ut ambulet et dirigat gressus meos (*Jer.* x, 23). » Hinc et Apostolus ait : « Non est volentis, neque currentis, sed miserentis Dei (*Rom.* ix, 16). »

Imploremus igitur, fratres, taliter respici a Domino, ut ejus gratia illustrati cum Petro foras exeamus. Sed quid est foras exire? Vulnus peccati absconditi detegere, morbum occultum prodere, accusare, non defendere. Unde Propheta : « Delictum meum cognitum tibi feci, et injustitiam meam non abscondi (*Psal.* xxxi, 5). » Et alibi : « Effundite coram illo corda vestra (*Psal.* lxi, 9). » Et quid est foras exire ? Veterem hominem cum suis actibus exuere, et novum hominem induere, ut cum Apostolo dicere valeat : « Vivo ego, jam non ego; vivit vero in me Christus (*Gal.* ii, 20). » Nisi enim quemque pœniteat veteris vitæ, novam inchoare non potest, quia non assuitur pannus novus vestimento veteri, ne major fiat scissura; nec vinum novum mittitur in utres veteres, ne rumpantur (*Matth.* ix, 17), nec sponso placet vestis discolor. Sed iterum, quæso, quid est foras exire ? Hoc est a turbulentis tumultibus malarum cogitationum vacare, quibus peccator vigilans [*f.* negligens] verbum Dei audire non valet, neque visionem cernere. In mentis enim quiete, ac tumultuum sæcularium sollicitudine [*f.* solitudine]

Moyses vocem Domini audivit, et visum vidit, qui immistus Ægyptiis, vocem Domini non audiebat, sed exstincto Ægyptio, postquam in desertum fugit, et illic quadraginta annis deguit, quasi ab inquietis terrenorum desideriorum tumultibus obdormivit, et sic divinam vocem percipere meruit, quia per supernam gratiam, quanto magis ab appetitu terrenorum quis corruit, tanto verius ad cognitionem interiorum vigilat. Tunc enim verba Dei mens veracius penetrat, cum se ab externis actionibus et tumultibus separat. Male vero homo vigilat, cum eum sæcularium curarum æstus insolenter inquietat. Aurem enim cordis cogitationum turba perstrepens claudit, quarum sonus quanto magis compescitur, tanto præsidentis judicis vox minus auditur. Non enim perfecte homo sufficit ad utraque divisus, quia, dum exterius implicatur, interius obdurescit. Exeat ergo peccator foras a vetustate, novum hominem induendo; a silentio, peccatum confitendo, a strepenti tumultuositate, quieti solitudinis vacando : et sic flebit amare pro suis et aliorum peccatis quasi ab irriguo inferiori, et pro cœlestis desiderio patriæ tanquam ab irriguo superiori, **377** et inde sequetur trina dilectionis professio, ut quia Deus trinus est, tertio se amare profiteatur ipsum, non ipsos, quia etsi trinus, non est tamen, nisi unus Deus. Et hæc confessio laudis, qua Deum alacriter laudamus, sicut illa quæ est in egressu peccati, qua peccata nostra humiliter plangimus.

Præmissis exemplis jam liquet quam splendidas epulas quærat leo fortis, qui quasi anceps insidiatur, laqueos ponit et pedicas ad capiendos viros, quorum alios mactat et manducat, quos scilicet post lapsum ne resurgant, quasi vinculis plaustri coarctat. Alios mactat, sed non manducat, quos scilicet quasi triticum cribrat, et conterendo præcipitat; sed gratia adjuvans relevat. Unde in Canticis : « Dicam aquiloni : Da; et austro : Noli prohibere. Aquilo immundus spiritus est, durus et frigidus. Auster, spiritus scilicet mitis et placidus igne charitatis algidas mentes calefaciens. Unde : « Surge, Aquilo, et veni, Auster, et perfla hortum sponsæ, ut fluant aromata (53). » Quasi diceret : Discede, immunde spiritus, et tu, sancte Spiritus, recrea. *Dicam ergo Aquiloni : Da*, quia diabolum cohibeo, ne captos tenere valeat; *et Austro*, id est Spiritui sancto : *Noli prohibere*, id est gratiam subtrahere, sine qua non valent redire. Illum ergo compescam, ut desistat; hunc mittam, ut assistat et reducat. Alios nec mactat, nec manducat, quia in criminali macula eorum sinceritatem [*f.* sanctitatem] non labefactat, qui cum Propheta dicere possunt : « Circumdantes circumdederunt me sicut ignis in spinis, et in nomine Domini, quia ultus sum in eos (*Psal.* cxvii, 12); » quia eorum in me insurgentia castra non timui, sed ipsi infirmati sunt et ceciderunt. Isti sunt qui cantant carmen, illi vero la-

<hr>

(53) In Vulgata sic habetur : *Surge, Aquilo, et veni, Auster, perfla hortum meum, et fluant aromata illius (Cant.* iv, 16)

mentum, et alii væ. Vidit enim Ezechiel volumen, ubi scripta erant hæc intus et foris, tria, scilicet : « Carmen, lamentum, et væ. (*Ezech.* ii, 9.) » Et dictum est ei : « Accipe volumen, et devora illud (*Ezech.* iii, 1). » Hoc volumen sacra est Scriptura, quæ spiritualiter intelligentibus intus et foris, id est ante Christi adventum, et post, triplicem vitam hominis depingit. Alia enim habet carmen ; alia, lamentum ; alia, væ. Carmen cantant illi qui a prima hora, gratia præveniente, damnabiles corruptelas criminum devitaverunt, nullis mortalium peccaminum fæcibus polluti, nec arenarum acervis obruti, ut Joannes Baptista, Mater Domini. Alii cantant lamentum, qui, etsi mortaliter peccaverint, per gratiam tamen excitati revixerunt, ut Petrus. Alii, væ, qui crimina lacrymis non diluerunt, sed in profundum venientes contempserunt, secundum illud : « Peccator, cum in profundum venerit, contemnit (*Prov.* xviii, 3). » **378** Et illud : « Non mortui laudabunt te, Domine, neque omnes qui descendunt in infernum (*Psal.* cxiii, 17). » Quam horrenda sunt ista et tremenda, fratres. Horrendum est enim incidere in profundum, ubi væ cantatur. Hoc est enim perire in Ægypto. Nam et filiorum Israel alii in Ægypto perierunt, hi scilicet qui cantant væ. Alii qui in deserto obierunt, scilicet, qui cantant lamentum. Alii in terra sancta, qui scilicet carmen decantant. Ut igitur in Ægypto non pereatis, ut væ perpetuum evadatis, accingite vos ciliciis, et ululate, id est in vehementi cordis compunctione facite dignos pœnitentiæ fructus. Cinis quidem et cilicium sunt arma pœnitentium. Ideo vos accingite, quia *prædo gentium se levavit, ut ponat terminum in solitudinem.*

Hæc est terra sancta, civitas justi, urbs fidelis, quam prædo gentium contaminare et in solitudinem conatur redigere : sed non valet. Unde Ecclesiastes : « Est civitas parva, et pauci in ea viri ; venit contra eam rex magnus, et vallavit eam, extruxitque munitionem per gyrum, et perfecta est obsidio. Inventus est autem in ea vir pauper et sapiens, qui liberavit urbem per sapientiam suam (*Eccle.* ix, 14, 15). » Civitas parva, sancta est Ecclesia, quæ numero, non merito parva est comparatione majoris numeri reproborum. Unde dicitur in Evangelio : « Nolite timere, pusillus grex (*Luc.* xii, 32). » Et alibi : « Multi vocati, pauci vero electi (*Matth.* xxii, 14.) » Parva est per exiguitatem electorum, non ob multitudinem vocatorum. Licet autem sit parva, inexpugnabilis tamen est, et invincibilis, quia firmamentis est munita ; fundamentum enim tenet in petra, id est in Christo : « Petra enim erat Christus (*I Cor.* x, 4). » Unde ad Petrum Dominus ait : « Et ego dico tibi quia tu es Petrus (*Matth.* x, 18), » a me petra ita dictus, et super hanc petram, a qua tu diceris Petrus, et super me, non super te, ædificabo Ecclesiam meam. Hæc est parva civitas

illa, ideo parva, quia pauci in ea viri. Multi quidem in ea carnales et imperiti, ut aliquando videatur obscura luna, id est Ecclesia, sed pauci in ea viri et viriliter agentes. Unde Isaias : « Vidit Dominus quia non est vir, et apporiatus est, quia non est qui occurrat ei (*Isa.* lix, 16), » scilicet interveniens pro aliis, sicut Moyses in deserto, pro fratribus dicens : « Aut dimitte eis hanc noxam, aut dele me de libro vitæ (*Exod.* xxxii, 31). » Pauci sunt in hac civitate tales viri, qui se opponant murum pro domo Israel. Sunt tamen in ea nonnulli. Hæc est enim civitas Jerusalem, ad quam Dominus ait : « Et erunt reges nutritii tui (*Isa.* xlix, 13), » scilicet apostoli et apostolici viri, quorum corda in manu Dei sunt, qui se et alios spiritualiter regunt. Unde Abrahæ dicit Abimelech rex : « Ad Deum **379** tu nobis es (*Gen.* xx). » De talibus alibi Isaias ait : « Qui sperant in Domino, mutabunt fortitudinem, assument pennas sicut aquilæ, current, et non laborabunt ; ambulabunt, et non deficient (*Isa.* xl, 31). » Recte utique dicit : « Sperant in Domino, » non in se, quia « maledictus, » ut Jeremias ait : « qui ponit carnem brachium suum (*Jer.* xvii, 5.) » Mutabunt fortitudinem, quia sicut debiles in mundo, ut fiant fortes in Deo ; sicut stulti apud sæculum, ut sint sapientes apud Deum, secundum illud Apostoli : « Si quis videtur inter vos sapiens in hoc sæculo, stultus sit ut sit sapiens. Sapientia enim hujus mundi stultitia est apud Deum (*I Cor.* iii, 19). » Hi ergo mutabunt fortitudinem ; et hic secundum qualitatem morum, et post mortem, cum fient immortales ; et assument pennas virtutum, quibus volent ad Deum, et requiescant. Unde Propheta : « Quis dabit mihi pennas sicut columbæ, et volabo, et requiescam (*Psal.* liv, 7). » Has pennas hi sument sicut aquilæ, id est innovati. Aquila enim, ut fertur, alliso ad silicem rostro vetustate nimia aduncato renovatur ; sic qui vetustatem peccati, per petram Christum innovati, mortificant, mortui mundo innovantur Deo. Unde : « Renovabitur ut aquilæ juventus tua (*Psal.* cii, 5). »

Hi tales currunt ad Deum pedibus geminæ charitatis ; et non laborabunt, quia omnia facilia sunt amanti. Ambulabunt proficiendo de virtute in virtutem. Et non deficient, donec videant Deum deorum in Sion. Tales sunt viri hujus civitatis, sed pauci sunt. Insuperabiles habent bellatores, qui occidi possunt, flecti nequeunt, quia ducem habent invictum, scilicet domus fulicæ. Unde Propheta : « Fulicæ domus dux est eorum (54) (*Psal.* ciii). » Domus fulicæ, quæ est avis marina, vel stagnensis ; petra est in aqua, quæ tunsa fluctibus frangit eos, sed non frangitur. Fortis est hæc domus, sed non est in excelsis. Hæc est nostra petra, id est Christus, qui tanta passus a Judæis integer mansit, quo nihil fortius, nihil humilius. Elisi sunt in illum Judæi, fracti sunt ; ille integer mansit. Ille ergo merito dux est hujus

---

(54) Vulgata : *Herodii domus dux est eorum.*

urbis civium. D'gnissima est hæc civitas, quæ tali duce regitur, et talibus civibus inhabitatur, quæ fundamentum habet in petra, humili quidem, sed invincibili. Quatuor habet latera : Est enim quadrangula, scilicet quatuor principalium virtutum, quæ sunt justitia, fortitudo, prudentia, temperantia. Unde in Apocalypsi : « Civitas in quadro posita est. Longitudo ejus tanta est quanta et latitudo (*Apoc.* xxi, 16), » quia in quocunque sunt virtutes, pares sunt. Quatuor habet portas, quatuor evangelistas; et duodecim turres, duodecim apostolos, de quibus : « Narrate » Domino « in turribus ejus (*Psal.* xlvii, 13), » id est prædicate in **380** concordia apostolorum. In superioribus autem Spiritus sancti tegmen habet. Tecta enim domorum hujus civitatis, charismata sunt Spiritus sancti, secundum illud : « Qui tegit aquis superiora ejus (*Psal.* ciii).» Hæ sunt aquæ de quibus Veritas ait : « Qui credit in me, flumina de ventre ejus fluent aquæ vivæ (*Joan.* vii, 38). » Quod exponens evangelista subjungit : Hoc autem dixit de Spiritu quem accepturi erant credentes in eum, qui et ipsi domus sunt hujus civitatis, in qua agnoscitur Deus, secundum illud : « Deus in domibus ejus cognoscetur, cum suscipiet eam. (*Psal.* xlvii, 4). » Sed per quid cognoscitur in illis domibus? Per tegmen scilicet, id est per gratiam Spiritus sancti, ut ait Apostolus : « Unicuique datur manifestatio Spiritus ad utilitatem (*I Cor.* xii, 7), » id est gratia Spiritus sancti, per quam apparet Deus in eo.

Gloriosa igitur est hæccivitas. Unde David : « Gloriosa dicta sunt de te, civitas Dei (*Psal.* lxxxvi, 3). » Inexpugnabilis, licet terrena, contra quam venit rex magnus. Hic est rex Babylonis, id est confusionis, quem non sua virtus magnum fecit et fortem, sed infirmitas nostra. Hic multis stipatus spiritualibus nequitiis venit contra civitatem Dei, ut poneret eam in solitudinem. Sed unde venit? De Babylone, cujus rex est. Unde Veritas ait : « Venit enim princeps mundi hujus, et in me non habet quidquam (*Joan.* xiv, 30). » Quasi duæ civitates sunt, Jerusalem et Babylonia, permistæ corpore, sed divisæ mente. Una bonorum, scilicet nostra Jerusalem, cujus princeps Christus est, quæ incipit a primo justo; altera malorum, cujus princeps diabolus est, a qua requiritur omnis sanguis injuste fusus. Et hæc dicitur Babylonia. Hujus cives, cives Jerusalem affligunt et persequuntur. Duo ista regna contraria sunt, et valde adversa. Duæ istæ familiæ sunt plurimum inunitæ et discordantes, justorum scilicet et injustorum. Alia enim tendit in vitam, alia in mortem. Cives Jerusalem in libro viventium scripti sunt. Cives Babylonis, cum his qui in inferno sunt, deputantur : de quibus dicitur : « Deleantur de libro viventium, et cum justis non scribantur (*Psal.* lxviii, 19).» Acquiescite ergo, fratres mei, consilio Jeremiæ dicentis : « Fugite de medio Babylonis, » id est vitiorum et confusionis, ut salvet unusquisque animam suam. Qui enim non recesserit de medio ejus, morietur. In hac enim urbe non est vita, quia in ea non habitat Deus, sed in Jerusalem, id est in civitate justorum, sicut per prophetam Osee ait : « Ego Deus, et non homo, in medio tui sanctus, et non ingredior civitatem (*Ose.* xi, 9), » scilicet malorum, seu Babylonem. In medio ergo Jerusalem, id est civitatis sanctorum, Deus sanctus est et fortis; sed malorum **381** non ingreditur civitatem, quia odit Ecclesiam malignantium. Illa est igitur civitas morientium; hæc autem viventium.

Unde per Jeremiam Dominus ait : « Ecce ego do coram vobis viam vitæ, et viam mortis; qui habitaverit in urbe hac morietur, qui vero egressus fuerit vivet (*Jer.* xxi, 9). » Illa est enim civitas supra quam non venit ros, neque pluvia, sed super Jerusalem urbem fidei; nec ipsa tamen Jerusalem ex toto compluitur, quia in ea sunt Babyloniæ cives, quos imber gratiæ non irrorat. Unde per Amos prophetam Dominus ait : « Plui super unam civitatem, et super alteram civitatem non plui : pars una compluta est, et pars super quam non plui, aruit (*Amos* iv, 7). » Civitas Babylonis est quæ imbre divino non compluitur, quia civitas justi Jerusalem irrigatur; sed ex parte scilicet granorum, non ex parte palearum. Hæc est de qua Amos ait : « Venerunt duæ vel tres civitates ad unam civitatem, ut biberent aquam, et non sunt satiatæ (*ibid.*, 8). » Isti sunt fideles de gentibus et Judæis, vel de tribus filiis Noe orti, qui veniunt ad civitatem unam, scilicet sanctam Ecclesiam, ut bibant aquam vivam salientem in vitam æternam, et non satiantur; hic scilicet, quia qui esuriunt et sitiunt justitiam, non hic, sed in futuro satiabuntur. Quanto enim quis hic amplius bibit, tanto avidius sitit; quanto perfectius gustat, tanto vehementius desiderat. Contra hanc venit Rex magnus, scilicet diabolus, prædo gentium, et posuit obsidionem in gyro, vallans eam septem vitiorum muris, septem spiritibus Domini oppositorum, et exstruens munitiones blandientis prosperitatis ac sævientis adversitatis.

Hæ munitiones sunt portæ inferni, de quibus Dominus, hanc civitatem Petro commendans, ait : « Et portæ inferi non prævalebunt adversus eam (*Matth.* xvi, 18). » Portæ sunt peccata; minæ, blandimenta hæreseos, quibus infirmi ruunt in mortem; qui non supra petram, sed super arenam domum professionis suæ ædificaverunt, quia non simplici et vera intentione Christum sequuntur. Qui enim intimo cordis amore, fidem percepit, omne quod ingerit [*f.* ingruit], facile vincit. Talis longe fit a portis mortis, et locatur in portis vitæ, ut annuntiet Dei laudationes. Unde Propheta : « Qui exaltas me de portis mortis, ut annuntiem omnes laudationes tuas in portis filiæ Sion (*Psal.* ix, 15). » Ecce portæ contra portas; portæ Sion contra portas Babylonis; portæ paradisi contra portas inferi. Hæ enim portæ sunt virtutes, et quæque optima studia, per quæ ad visionem pacis pervenitur. Has nisi propheticus sibi aperiri cupit, dicens : « Aperite mihi portas justitiæ (*Psal.* cxix, 19). » Ad quid? « Ingressus in eas, confitebor Domino, » id est laudem Domini annuntiabo.

382 State ergo in his portis, fratres, et non prævalebunt apud vos portæ inferi, neque capiet vos Rex magnus, scilicet leo ascendens de cubili; imo de cubilibus leonis coronas vobis comparabitis. Unde ad sponsam sponsus ait in Canticis : « Veni de Libano, sponsa mea, veni coronaberis, de cubilibus leonum, de montibus pardorum (*Cant.* iv, 8).» Unde supra memorabatur leo. Hic jam plures non modo leones, sed et pardi nominantur, quibus dæmonum multitudo significatur, qui leonibus ob superbiam vel violentiam; pardis vero propter crudelitatem, vel insidiarum variationem comparantur. Leoni singulariter comparatur Lucifer, inter alios beneficio conditionis gloriosior; sed initio electionis [*f.* defectionis] deformior. De quo Isaias : « Quomodo cecidisti, Lucifer, qui mane oriebaris? » (*Isa.* xiv, 12.) « Omnis lapis pretiosus operimentum tuum (*Ezech.* xxviii, 13).» Et Job : « Ipse est initium viarum Domini (*Job* xl, 14). » Et de eodem : «Draco iste quem formasti ad illudendum ei (*Psal.* ciii, 26). » Hic est enim draco ille qui de cœlo cadens, traxit secum, ut ait Joannes, tertiam partem stellarum (*Apoc.* viii, 12), id est angelorum. Talium leonum et pardorum sunt cubilia montes, id est superba hominum corda : Sed coronatur sponsa de cubilibus eorum, dum ejus prædicatione et industria, illi convertuntur ad Christum, in quibus ante regnabat diabolus, ut eo de cordibus eorum expulso et expugnato, et vero rege Christo ingresso, victoriæ coronam obtineant. Unde Apostolus : « Non est nobis colluctatio adversus carnem et sanguinem, sed adversus principes et potestates tenebrarum harum, contra spiritualia nequitiæ in cœlestibus (*Ephes.* vi, 12). » Hoc non hortatur Apostolus, ut non contra hominem, imo pro illo, sed contra diabolum, qui cum illo operatur et in illo. Oremus, et quidquid possumus faciamus, ut diabolus expellatur cum angelis suis, et homines liberentur. Ipsi enim dæmones quasi equites pugnant in equis [cum] hominibus. Equites igitur occidamus, et equos possideamus, ut simus equitatus salutis. Unde et equitatus ejus salus. Et alibi : « Qui ascendis super equos tuos, et quadrigæ tuæ salvatio (*Habac.* iii, 8). » Habentes igitur equitem Christum, et ascensorem, ducem et rectorem, stemus in acie. Non cedamus quia dicit Sapientia tibi : « Si spiritus potestatem habentis super te ascenderit, locum tuum ne deseras (*Eccle.* x, 4), » et ei ne dimiseris; quod utique potes, auxiliante tibi paupere, qui de manu forti liberavit civitatem, de qua subdit : « Inventus est in ea vir pauper et sapiens, qui liberavit urbem per sapientiam suam (*Eccle.* ix, 15). » Sed quis est vir iste? Iste de quo Zacharias : « Ecce vir, Oriens nomen ejus (*Zach.* vi, 12). » Hic est enim unigenitus Patris Filius, ante tempora de eo ineffabiliter ortus, qui cum esset dives, Deus apud **383** Deum Patrem, per quem

omnia facta sunt, dignatus est fieri pro nobis homo, pauper adeo, ut non haberet ubi caput reclinaret; sed licet pauper, erat tamen sapiens, imo Sapientia ipsa, quæ ex ore Altissimi prodiit, primogenita, quæ attingit a fine usque ad finem fortiter, et disponit omnia suaviter (*Sap.* viii, 1). Hic est pauper ille de quo Zacharias ait : « Exsulta satis, filia Sion, jubila, filia Jerusalem. Ecce Rex tuus venit tibi justus et Salvator, ipse pauper ascendens super asinam et pullum asinæ; loquetur pacem gentibus, et potestas ejus a mari usque ad mare (*Zach.* ix, 9). » Filia Sion et Jerusalem Ecclesia est, quæ nunc per fidem speculatur et videt pacem, quam in futuro videbit. In specie enim dicitur exsultatio et jubilus pro hoc solemnitatis mysterio, quia Salvator noster super asinam ascendens, et Jerusalem veniens, tanquam pauper et mansuetus, a turbis cum ingenti gaudio et gloria est exceptus. Soluto enim a discipulis in castellum missis asino, eoque ad Dominum adducto, eorumque vestibus super eum positis, eoque desuper sedente, plurima occurrit turba, quæ stravit vestimenta sua in via. Alii cædebant ramos de arboribus, et sternebant in via. Qui autem præcedebant, et qui sequebantur, clamabant : « Hosanna filio David; benedictus qui venit in nomine Domini, Hosanna in excelsis (*Matth.* xxi, 9). » Verba Christi et opera quæ corporali exhibuit præsentia, religiose et summa cum veneratione sunt accipienda. Qui enim audit ea aure audiendi, non negligenti, ex Deo natus est. Qui autem contemnit, non ex Deo, sed ex patre diabolo est. Unde Veritas ad Judæos loquens ait : « Qui ex Deo est, verba Dei audit, » id est intelligendo opera quæ facit. « Propterea vos non audistis, quia ex Deo non estis (*Joan.* viii, 37). »

Dominus igitur et Salvator noster, spiritualiter Jerusalem, quæ est *visio pacis*, appropinquavit, et ad Bethphage, quæ interpretatur, *domus buccæ*, venit, quando incarnatus sanctam Ecclesiam, in qua est visio pacis, visitavit, eamque per confessionem sibi reconciliavit. Et misit duos discipulos, id est duos prædicatorum ordines, alterum in gentes, alterum in circumcisionem. Duo autem missi sunt propter scientiam veritatis, et munditiam operis, vel in sacramento geminæ dilectionis, quibus bene fulgere debent Ecclesiæ doctores, et dixit eis : « Ite in castellum quod contra vos est (*Matth.* xxi, 2), » id est penetrate barbara et indocta mundi loca, quasi contra positi castelli mœnia. Erat enim mundus prophetica [*f.* philosophica] ratione, et pharisaica traditione adversus Christum armatus. Et invenietis asinam et pullum cum ea. In asina significantur **384** Judæi jugo legis domini, sed tamen peccatis irretiti. In pullo populus gentium liber et lascivus, cui nullus rationabilium doctorum frenum doctrinæ et correctionis imposuerat. Ideoque vinculis peccatorum irretitus erat, sed apostoli solverunt, peccatorum vincula dissipantes, secundum illud : « Quodcunque solveris super terram, erit solutum et in cœlis (*Matth.* xvi, 19). » Et adduxerunt eum ad Jesum, et imposuerunt vestimenta sua super eum, ut desuper sederet; quia divinis præceptis et gratia spirituali utriusque populi corda prius virtutibus nuda, ac vitiorum squalore aspera ornaverunt, ut Christum [*f. add.* susciperent]... Minor autem turba ponit vestimenta in via. Hi sunt qui corpora sua domant, mortificantes carnem cum vitiis et concupiscentiis, ut Christo iter ad mentem parent, quia non habitat sapientia in terra suaviter viventium, nec in corpore subdito peccatis. Alii cædebant ramos de arboribus, et sternebant in via. Hi sunt qui a sanctis Patribus bona sumentes exempla, aliis etiam normam [bene] vivendi proponunt. « Omnes, et qui præcedebant et qui sequebantur, clamabant : Hosanna filio David (*Matth.* xxi, 9). » Hosanna, id est salus; et præcedentes igitur Patres, et qui moderni fideliter credunt salutem omnibus præstitam in filio David. Nemo enim sine fide Mediatoris Dei et hominum, vel ante incarnationem, vel post, salvus esse potuit. Ipse enim est benedictus, qui a peccato singulariter immunis, et gratia ac veritate plenus, qui venit in nomine Domini, id est Patris, quia non suam singularem, sed Patris gloriam quæsivit. Huic ergo omnes dicunt : *Hosanna*, id est *salva, obsecro*, in excelsis, ut scilicet nos ab inferis ad cœlestia perducat, et angelicæ ruinæ dispendium restituat, terrena conjungens cœlestibus.

Jubilet igitur filia Sion, et exsultent mentes fidelium, quoniam talem habemus Regem, in cujus nomine flectitur omne genu cœlestium, terrestrium et infernorum; qui præcinctus humilitate venit ad nos *pauper*, sed tamen sapiens, qui per sapientiam liberavit urbem. Hic enim fortior ille evangelicus, qui fortem armatum, id est diabolum alligavit, id est a seductione compescuit, et vasa ejus diripuit, quia captivam ducens captivitatem cum triumpho, spolia ejus detraxit, secundum illud : « Lætabor ego sicut qui invenit spolia multa (*Psal.* cxviii, 162). » Ad hoc autem magis usus est sapientia et justitia, quam potentia. Qui enim æquissimo jure, virtute poterat diabolum religare et vincere, postposuit quod potuit, ut ageret quod oportuit. Temperavit potentiam, exhibuit justitiam per suam sapientiam.

385 Sapientia igitur fecit ut justitia vinceretur Rex magnus, non potentia. Diabolus enim vitio suæ perversitatis amator est potentiæ, et desertor oppu-

gnatorque justitiæ, in quo homines magni eum imitantur. Ideo non potentia, sed justitia vincere voluit, ut in hoc homo eum imitari disceret. Sed qua justitia vicit superbum? Ecce. Apparuit Christus infirmus et humilis, in quo cum nihil morte dignum superbus invenerit, cum tamen occidit. Ideoque debitores quos tenebat juste perdidit, liberosque dimisit in eum credentes, quem sine ullo debito occidit. Sapienter itaque et callide tyrannum ac *prædonem gentium* expugnavit, et hominem liberavit. Unde et præsago spiritu, et diaboli et mortis triumphatori, ac vitæ largitori, lactentes infantes, id est simplices et innocentes, ad locum passionis suæ venienti cum palmis occurrentes, imperiales cecinerunt laudes, dicentes : « Benedictus qui venit in nomine Domini Rex Israel (*Matth.* xxi, 9). » Cujus triumphi gloriam hodie sancta recolens Ecclesia, in signo crucis et vexillo celebrat solemnem processionem, virentes arborum ramos ac flores cum palmis post vexillum sanctæ crucis in manibus gestans, ut quæ in figura repræsentat, secundo opere spiritualiter impleat. Habemus igitur virorem immarcescibilis fidei, et flores fulgentium virtutum, et frondes [*f.* fructus] bonorum operum; et sic in simplicitate et innocentia velut pueri, triumphalem Christi passionem efficaci memoria recolentes *in Sion levemus signum*, passionis Christi vestigia imitantes. Hoc est signum, cujus meminit Ezechiel, dicens : « Signum Thau super frontes virorum gementium et dolentium super cunctis abominationibus (*Ezech.* ix, 4). » Thau interpretatur *consummavit*, et habet figuram crucis, ideoque per thau intelligitur signum crucis, in qua est consummatio nostra. Hoc ergo signum levetur, non abscondatur, quia « non venit lucerna ut ponatur sub modio, sed super candelabrum, ut luceat omnibus qui in domo sunt (*Marc.* iv, 11). » Et levetur, inquam, in Sion, id est in anima Deum speculante, quæ **386** gemit et dolet super suis et aliorum abominationibus, ut sicut frontibus signum crucis exterius imprimitur, sic intra animam insinuetur fides passionis, ac studium imitationis; et per hoc consummabitur et perficietur, hic in justitia, in futuro vero in gloria æterna, quam nobis præstet Rex gloriæ. Amen.

XXXIII.

IN DOMINICA PALMARUM SERMO QUINTUS (55-56).

Electione præsentis diei, fratres charissimi, my-

(55-56) E ms. Sangerm. 383. Quidquid in hoc sermone disserit Hildebertus de variis Dominicæ Palmarum nominibus, et de diversis ritibus in ea servatis, hoc totum desumpsisse videtur ex Alcuino, libro De officiis divinis, ubi agit de Dominica Palmarum. Quod ipsum transcripsit incertus auctor, a Wolfango Lazio editus Antuerpiæ anno 1560, sub hoc titulo : *Fragmentum incerti auctoris, De ritibus et cæremoniis Ecclesiæ Romanæ, in antiquo codice repertum.* Hoc autem fragmentum in eodem volumine subnectit alteri fragmento, quod Carolo Magno tribuit, tanquam supplementum eorum quæ desunt in illo Carolino, de iisdem ritibus, et quod exstat etiam inter Alcuini opera. Porro de his omnibus fuse et

erudite admodum egit noster Martenius in tract. De divinis officiis, cap. 20, De Dominica Palmarum, p. 188, ubi, ni fallor, typographi error irrepsit, cum scripsit hoc Pascha vocari *capitularium*, pro forte *capitilavium*, quæ vox magis accedit ad vocem *capitalavantium*, qua utitur hic Alcuinus, et post ipsum Hildebertus. Hoc autem dicebatur etiam Pascha *petitum*, et *competentium*, id est a simul competentibus requisitum, eo quod tunc catechumeni simul petebant de fidei articulis per symbolum edoceri, quod illis concedebatur; *Ut qui*, inquit hic Hildebertus, *ad gratiam Dei percipiendam in Paschali festivitate festinabant, fidem quam confiteri deberent, agnoscerent.*

steria quibus fulget, debetis agnoscere, solliciti ut unde oriuntur lætitiæ gaudia, quæ celebramus extetius, docta mens discutiat interius. Sed ne superfluitas verborum animis vestris gignat tædium, maxime cum hujus diei officium in longissimis protrahatur cantibus, et gratissimis de Deo nostro jubilationibus, de ejusdem nomine, quod diversis vocabulis distinguitur, pauca vobis primum prælibare studebo. Dicitur enim dies Palmarum, sive florum et ramorum, nec non et *Hosanna, Pascha Petitum,* seu *Competentium,* et *Capitalavantium,* quæ licet vulgari more ita nominentur, omnia tamen certam et convenientem retinent significationem. Dies itaque Palmarum ideo vocatur, quia in eo Dominus noster in asello sedens, pro salute generis humani passurus, Jerosolymam perrexit; cui occurrit plurima turba gaudentis populi cum ramis palmarum et diversarum arborum, clamando : « Hosanna, benedictus qui venit in nomine Domini (*Matth.* xxi, 9). » Dies etiam Florum ideo dicitur, eo quod sancta mater Ecclesia, in commemorationem tanti gaudii, hac die præ cæteris, annua revolutione flores benedictos et consecratos cantando portare voluit, ut Redemptori suo gaudens occurrere possit. Nec non etiam dies Ramorum dicitur, quia ob camdem causam non solum palmæ, sed etiam virentes rami ab Ecclesiæ filiis hodie portantur. Hosanna, siquidem hodie vocatur, quia plebs Hebræorum **387** præcedentium et sequentium Dominum, Hosanna, quod interpretatur *salvifica,* eidem Domino cantare videbatur. Pascha Petitum, sive Competentium dicitur, quia hodie symbolum, sive fidei sanctæ credulitas competentibus neophytis tradebatur, ut qui ad Dei gratiam percipiendam in paschali solemnitate festinabant, fidem quam confiteri deberent agnoscerent. Competentes enim dicuntur, quasi simul petentes, id est gratiam Dei petentes. Capitalavantium hunc diem appellat vulgus, quia hodie mos erat lavandi capita infantium, qui ungendi erant Sabbato sancto, « ne forte Quadragesimæ observatione sordidati, accederent ad unctionem. » Hæc hebdomada ideo major dicitur, vel quia major sobrietas in ea servatur, vel quia majus quam in cæteris hebdomadibus officium celebratur.

Hæc de nominibus hujusce diei breviter dicta sufficiant, quorum quædam, ut ad litteram intellecta sunt, ita permanent, quædam aliud allegorice significant. In omni enim scriptura Veteris et Novi Testamenti, palma semper victoriam significat. Per ramos igitur palmarum, illa victoria designatur, qua Dominus noster per mortem suam, mortem animæ nostræ destruxit, et per trophæum crucis principem mortis diabolum superavit. Per flores odor virtutis exprimitur, quo captæ fideles animæ, Regem suum ad Jerusalem, id est sanctam Ecclesiam tendentem comitantur, ut cum eo Pascha, id est transitum celebrantes, cum eo ad cœlestia resurgere mereantur. Per ramos arborum dicta significantur veterum prophetarum, quos ille collectos in via sternit, qui sim-

plicia corda fratrum, et minus erudita, exemplis instruit, ne in via veritatis oberrent. Illud Hosanna toties a plebe repetitum et ingeminatum, fidei nostræ unitatem, qua vivere debemus, significat, quia licet sit in plebe fidelium tam ordinis quam sexus et ætatis diversitas, uno tamen ore, et una confessionis laude, Salvatorem nostrum clamare debemus, dicendo : Hosanna, id est salvifica. Etenim Hebræum verbum, Latine expressum, sonat salvifica, sive salvum fac populum tuum, sive totum mundum. Quia vero huic diei talia nomina ex convenientibus ministrorum [*f.* magistrorum] nostrorum significationibus aptantur, quamlibet breviloquio demonstrandum vobis est quibus operibus nostri Salvatoris illustratur. Etenim sicut sanctus evangelista refert. Ante sex dies veteris Paschæ, qui ab hesterna die computantur, venit Jesus Bethaniam in domo Simonis leprosi, ubi Lazarum suscitaverat, et fecerunt ei cœnam ibi, quo etiam Maria accipiens libram unguenti, **388** unxit pedes Domini, et capillis suis tersit, pro qua re indignante Juda proditore, Jesus in laudem mulieris ita respondit : « Opus bonum operata est in me (*Matth.* xxvi, 10), » et cætera quæ in passione Domini de hujusmodi causa prosequuntur. Quam boni operis consuetudinem sequens vir sanctus Gregorius, hac ipsa die hesterna videlicet se totum dandis eleemosynis, pedibusque pauperum lavandis, occupabat, ut quod devotissima mulier capiti, id est Christo, iste membris ejus, id est pauperibus, faceret. Unde dies eadem absque officio proprio manens, ita intitulatur in Sacramentario : « Sabbatum vacat a statione publica, quando dominus papa eleemosynam facit. » De quo facto si florem allegoriarum capere vultis, scitote quia unguentum justitiam significat, ideoque libra fuisse perhibetur. Qui enim justitiam perfecte servat, pedes Domini sine dubio lavat, et qui misericordiam bene vivendo diligit, pedes illius unguento perungit, et qui abundanter pauperibus tribuunt, capillis suis pedes Domini tergunt. Domus ergo repleta est ex odore unguenti, id est omnis mundus fama tam devotissimæ mulieris, et virtute fidelium illam in talibus imitantium. Nam quod ante sex dies Paschæ Dominus Bethaniam venit, significat quod hominem, quem sexta feria conditum serpentina fraus perdiderat, per Bethaniam, id est domum obedientiæ transiens, eadem sexta feria proprio sanguine redimere properabat. A qua prædicta civitate Bethania exiens crastina die, quinto videlicet die ante Pascha, quæ est hodie, « misit duos discipulos in Jerusalem, dicens eis : Ite in castellum quod contra vos est, et invenietis asinam et pullum; solvite, et adducite mihi. Qui solventes adduxerunt illum ad Jesum, et posuerunt super eos vestimenta sua, et eum desuper sedere fecerunt. Cum audisset [autem] turba quæ venerat ad diem festum, quod Jesus pergeret Jerusalem, acceperunt ramos palmarum, et venerunt obviam ei, et clamabant : « Hosanna, benedictus qui venit in nomine Domini (*Matth.* xxi, 2-9).

Sed quia hæc facta Domini verbis evangelistæ commemorata, ad litteram satis patent, quoniam ita fuerunt, ut sonant, mysticus sensus pro brevitate pandendus est. Duo namque discipuli duos ordines prædicatorum, unum in circumcisione, alterum in gentibus, significant; vel Petrum et Philippum, quos misit Jesus Jerusalem, id est in sanctam Ecclesiam, quorum alter, id est Philippus, Samariam quasi asinam, alter id est Petrus, Cornelium ex gentibus quasi pullum ad fidem Christi perduxit. Item per duo animalia, duo populi, Judaicus **389** scilicet et gentilis, figurantur; quæ in adventu discipulorum ligati erant, quia uterque populus vinculis peccatorum suorum constrictus erat. Vestimenta apostolorum, vel doctrinæ sunt virtutum, vel opera justitiæ; unde Psalmista : ‹ Sacerdotes tui induantur justitiam (*Psal.* cxxxi, 9). › Turba autem plurima, quæ vestimenta sua in via stravit, innumerabilem multitudinem martyrum significat, qui se proprio exuentes vestimento, simplicioribus viam faciunt, qua ad visionem pacis pervenire valeant. Per asellum in quo sedebat Dominus, simplicia gentilitatis corda figurantur, quæ velut indomita, nullis disciplinæ retinaculis ligata manebat, ad simulacra muta, prout ducebatur, incedens, quam Dominus præsidendo et regendo, perducebat ad visionem pacis æternæ. Denique non absque magni causa sacramenti factum esse creditur, quod hac die specialiter Dominus Jerosolymam tendens, ministeria jumentorum sibi adhibuerit, palmarum quoque et ramorum, seu florum varia ornamenta circa se portari, Regemque et Dominum se appellari voluerit, quæ omnia sæpe Jerusalem veniens, antea fieri recusabat. Ideo namque cum tanta gloria est ingressus, ut quia tempus passionis suæ jam instare sciebat, Judæorum animos contra se excitari cogeret, ut per mortem corporis sui mortem animarum nostrarum destrueret. Ergo, fratres dilectissimi, quia passionem illius recolimus; et si pro illo mori non possumus, quia, pacificatis Ecclesiæ calumniatoribus bellum cum eis non habemus, vitia tamen membrorum nostrorum mortificare curemus, ut post luctum passionis, gaudia resurrectionis capientes, cum eo de vitiis ad virtutum celsitudinem resurgere queamus. Amen.

XXXIV.

IN CŒNA DOMINI SERMO PRIMUS (57).

‹ Venite, filii, audite me; timorem Domini docebo
‹ vos (*Psal.* xxxiii, 12). ›

Audistis, fratres charissimi, quam dulci voce, quali affectu revocat vos mitissimus pater; non vos alienat, non exterritat vos, sed patria voce vos ad emendationem invitat. Dum promittit spem veniæ, dat locum pœnitentiæ; hostes provocati estis (58), et tamen vos filios vocat, dicens : *Venite, filii, audite me.* Dum vos vocat filios, vult ut patrem recognoscatis. Dulcis enim Dominus [etiam] inimican-

tibus humiliter loquitur. Judæ enim proditori, cum turba contra Dominum venienti, ait : ‹ Amice, ad quid venisti? › (*Matth.* xxvi, 50.) Simili **390** modo nobis ait : *Filii*, qui hucusque peccando a me recessistis, bene operando *venite*. Discedit enim peccator, dum peccat, sicut ipse dicturus est in fine mundi : ‹ Nescio vos (*Matth.* xxv, 12). › — ‹ Discedite a me, omnes qui operamini iniquitatem (*Matth.* vii, 23). › Et sicut Psalmista ait : ‹ Neque habitabit juxta te malignus, neque permanebunt injusti ante oculos tuos (*Psal.* v, 6). › Et si nescitis viam, *audite me*, quia ego sum via et veritas, et ego *docebo vos timorem Domini.* Quomodo? Si scilicet timeatis Dominum, quia sicut ait Salomon : ‹ Initium sapientiæ, timor Domini : Et qui timet Dominum, faciet bona (*Eccli.* xv, 1). › Ad quem timorem invitat nos Psalmista, cum dicit : ‹ Timete Dominum, omnes sancti ejus, quoniam non est inopia timentibus eum? (*Psal.* xxxiii, 10). › — ‹ Venite, › inquit, et quare venire oportet subjungit : ‹ Quis est homo qui vult vitam, diliget dies videre bonos? › (*Psal.* xxxiii, 13.) Vitam promittit, si veniatis, dies bonos videbitis, si eum timeatis. Non est aliquis vestrum qui totam pecuniam non expenderet, si per aliquot annos vitam suam augmentari posse cognosceret. Si ergo pro vita præsenti, quæ tam fragilis est et tam misera, vestra expendere vultis, quare pro vita æterna vos et vestra non dabitis? Dies vocat bonos, claritatem suam continuam, cui nullæ succedunt tenebræ, de qua ait Psalmista : ‹ Melior est dies unus, id est continua, in atriis tuis supra millia (*Psal.* lxxxiii, 11). › dierum præsentium. Quomodo enim potest nox esse, ubi justi Deum videbunt in terra viventium? Terra quippe viventium est cœlestis patria. Terræ enim tres sunt. Terra viventium est paradisus; terra mortuorum ubi mors perpetua, id est infernus; terra et mortuorum et viventium, scilicet hic mundus, ubi commisti sunt boni et mali. Quomodo autem ad vitam illam, seu ad terram venire possitis, docet, cum ait : ‹ Divertite a malo, et facite bonum (*Psal.* xxxiii, 15). › Duo quippe sunt necessaria ad perfectionem salutis, vitiorum eradicatio, et virtutum ædificatio. Non sufficit enim mundum esse [a vitiis], nisi operationis bonæ addatur meritum. Quod utrumque posuit Psalmista, cum quærit : ‹ Domine, quis habitabit in tabernaculo tuo, aut quis requiescet in monte sancto tuo? Qui ingreditur sine macula, et operatur justitiam (*Psal.* xiv, 1, 2). › Unde Gregorius : ‹ Nec bona accepta Deo sunt, quæ ante oculos Dei malorum admistione maculantur. Idemque per Salomonem dicitur : ‹ Qui in uno offendit, multa bona perdet (*Eccle.* ix, 18). › Hinc Jacobus attestatur, dicens : ‹ Quicunque totam legem servaverit, offendat autem in uno, factus est omnium reus (*Jac.* ii, 10). › Hinc Paulus ait : ‹ Modicum fermentum totam massam corrumpit (*I Cor.* v, 6). ›

Declinate ergo a malis, ne illa imposterum facia-

____
(57) E. Victorino cod.
(58) Id est, ut hostes ejus vos peccando gessistis.

tis. Declinate a malis, de præteritis **391** suspirando, gemendo, et confessione et pœnitentia diluendo. Sed alii facilius pro varietate culparum surgunt; alii vix aut nunquam surgere volunt. De quorum numero sunt qui adulantibus acquiescunt. Linguæ enim adulantium, ut ait Augustinus (59), alligant animas in peccatis. Unde bene per Salomonem dicitur : « Fili mi, si te lactaverint peccatores, non acquiescas eis (*Prov.* i, 10). » Peccatores enim lactant, vel cum perpetrata [*f.* perpetranda] mala blandimentis inferunt, vel cum perpetrata mala favoribus extollunt, sicut ait Psalmista : « Quoniam laudatur peccator in desideriis animæ suæ, et iniquus benedicitur (*Psal.* x, 3). » Unde Dominus, qui tres mortuos suscitavit, cum unus ex discipulis ei diceret : « Domine, permitte me primum ire et sepelire patrem meum (*Matth.* viii, 21), » respondit ei : « Sequere me, et dimitte mortuos sepelire mortuos suos (*ibid.*, 22). » Tres mortuos suscitavit Dominus; quartum nuntiantibus discipulis agnovit, nec tamen resuscitare curavit. Iste mortuus significat illos qui per linguas adulantium in usum pravæ consuetudinis deprimuntur. Quod autem non suscitavit eum, significat quod illi vix a vitiis surgere possunt. Unde bene dicitur : *Dimitte mortuos sepelire mortuos suos.* Mortui mortuos sepeliunt, cum peccatores peccatorem favoribus extollunt. Sed qui peccatorem laudibus persequuntur, exstinctum subter verborum suorum aggere abscondunt. Alii vero sunt suscitati diversis locis. Redemptor enim puellam in domo, juvenem extra portam civitatis, Lazarum autem in sepulcro resuscitavit. Similiter mortuus jacet in domo, qui latet in peccato, cujus scilicet peccatum non est probatum. Extra portam mortuus educitur, cujus iniquitas usque ad verecundiam publicæ perpetrationis aperitur. Sepulturæ aggere premitur qui per interpretationem [*f.* increpationem] suæ consuetudinis pressus gravatur. Sed homo miserator ad vitam revocat [mortuos,] qui divina gratia, non solum in occultis, sed et in apertis iniquitatibus mortuos, et mole consuetudinis pressos, respectu sui luminis illustrat. Et hic evidenter datur intelligere, quia qui in abscondito peccat, absconse per privatam confessionem, sicut puella in domo, resuscitandus est; et qui peccatum publicavit, publice pœnitere debet, sicut adolescens in publico ad vitam restitutus est. Et in resurrectione puellæ jubetur turba exire, exceptis paucis arbitris, scilicet patre et matre, quibus præcipitur ne alicui manifestarent. Similiter de levioribus absconsis **392** peccatis, privata pœnitentia danda est, et tacenda culpa, et quia levior fuit ejus resuscitatio, comparavit dormitioni mortem ejus dicens : « Non enim est mortua puella, sed dormit (*Matth.* ix, 24). » Et facili voce resuscitata est, cum dixit : « Puella, surge (*ibid.*, 25). » Sed juvenis in publico,

A magna turba comitante, resuscitatus (60); Lazarus quatriduanus et jacens in sepulcro a Domino ploratur, lapsis removetur, magna voce clamatur : « Lazare, veni foras (*Joan.* xi, 43). » Non enim facili voce vocandus erat, qui tam longa morte tenebatur. De gravitate peccati dolere nos docet Dominus, cum proximum in consuetudine prava jam fetentem, et alios exempli fetore corrumpentem, videmus mortuum esse. Vocandus est alta voce, quia publice coram Ecclesia redarguendus est, si a consuetudine prava, privatæ vocis correptione non possit revocari. Unde Dominus : « Si peccaverit in te frater tuus, corripe eum inter te et ipsum solum. Si te non audierit, adhibe tecum unum vel duos testes. Quod si non audierit, dic Ecclesiæ (*Matth.* viii, 15, 17).»

B Ili sunt illi leprosi, qui debent ejici extra castra, donec mundati sint. Lepra est morbus occupans, et videns [*f.* nitens]; huic comparatur publicum peccatum, quod alios corrumpit et omnibus innotescit. Unde Dominus in Evangelio præcepit leprosis : « Ite, ostendite vos sacerdotibus (*Luc.* xvii, 14). » Hæc ostensio publicam ostensionem toti Ecclesiæ factam significat. Ideo [publice peccantes] publice debent pœnitere, ut qui alios peccati exemplo contaminaverunt, eosdem publice [pœnitendo] ad pœnitentiam invitent. Non pudeat vos igitur, fratres, quosdam vestrum extra Ecclesiam pœnitere, hoc fit dispensatorie [ut resurgant]. Quod fieri voluit Dominus, vestræ et aliorum utilitati providens. Recognoscentes igitur peccata, cum gemitu veniam postulent.

C Lex enim iniquitatis est peccare, et peccata excusare, sicut Adam, qui non solum peccavit, sed in alium peccatum transferens excusare se voluit, dicens : « Mulier quam dedisti mihi, dedit mihi de ligno, et comedi (*Gen.* iii, 12). » Voluit igitur in mulierem culpam vel torquere, vel vertere, et etiam in Deum. Cum enim dicit : Mulier dedit mihi de ligno, ad mulierem vult refundere culpam; cum subjungit, *quam dedisti mihi*, quasi Deum infamare cupit. Mulier vero in serpentem culpam reflectit, dicens : « Serpens decepit me (*ibid.*, 13). » Hanc excusationem prætenditis, cum dicitis : Diabolus coegit me. Quid aliud est, diabolus me coegit, nisi, *serpens decepit me* ? **393** Ecce illa quæ in peccatum nos submersit, et mortis maculam excusatione sua nobis

D dimisit.

Itaque non humiliter iniquitatem vestram cognoscitis, cum eam aliquantulum a vobis excusationis fastu sublevatis. Non dicitis cum Psalmista : « Quoniam iniquitatem meam ego cognosco, et peccatum meum contra me est semper (*Psal.* l, 5). » Scindite potius corda vestra, et non vestimenta vestra; humiliati prosternite vos quotidie in terram, cadite ante faciem vestram. Duobus modis fit casus, ante scilicet et retro. Retrocadere improborum est, et electo-

---

(59) Tom. IV, in Psalm. ix; nov. edit.

(60) Hic videtur aliquid deesse, quod sic forte posset suppleri : *Juvenis in publico, magna turba comitante, resuscitatus, peccatorem publicum designat, ad cujus resuscitationem Christus coram omnibus tangit loculum, id est salubri verecundia percussum, ex iniquitatis loculo retrahit. Lazarus, etc.*

rum est in faciem cadere, id est de perpetratis malis erubescere. Qui retro cadit, ibi cadit, ubi non videt, sic improbi ruunt in æternam damnationem, nec casum suum provident. Sic Judæi volentes capere Christum, ceciderunt retrorsum, juxta Psalmistam : « Avertantur retrorsum omnes qui oderunt Sion (*Psal.* xxiv, 5). » Sed qui in faciem cadit, videt ubi cadit. Ita Job, anditis multiplicibus adversitatibus suis, corruit in faciem, et adoravit Dominum.

Pensate ergo, fratres charissimi, peccata vestra simpliciter [*f.* humiliter] luere, quia omne peccatum aut in præsenti, aut in futuro punietur. Melius est ergo hic temporaliter puniri quam in futuro sempiterne cruciari. Melius est ergo hic extra Ecclesiam ad tempus quam extra Jerusalem cœlestem exsulari sine tempore. Pœnitentia est medicina animæ, qua puniuntur peccata, proinde vocata pœnitentia quasi punitiva, eo quod homo in se puniat quod male commiserat. Hac de causa qui pœnitentiam agunt, capillos nutriunt et barbam, ut demonstrent abundantiam criminum, quibus caput, id est mens seu anima peccatoris gravatur. Cum enim dicat Apostolus : « Vir, si comam nutriat, ignominia est illi (*I Cor.* ii, 14), » illam ignominiam suscipiunt pœnitentes propter merita peccatorum. In cilicio, quod de capris fit, pœnitentes se cruciant, ut peccatorum memoriam, quæ per capras intelliguntur, habeant. Cinere asperguntur, ut sint memores quia cinis sunt, et in cinerem ibunt. Hodie, fratres charissimi, pœnitentes reconciliantur, ut ad percipiendum corpus Dominicum in Dominica Resurrectione præparentur ; et fuit ideo in hac die a sanctis Patribus reconciliatio **394** constituta pœnitentibus, quia Dominus hodie in cœna sacramentum sui corporis primum confert, ac discipulis suis ad percipiendum tradidit. Cum ergo perceptio Dominici sacramenti usque in diem Paschæ propter gaudium Dominicæ resurrectionis differatur, dignum visum est ut in eo die, quo primum consecratum est corpus Domini, et traditum Judæis, præparentur peccatores ad perceptionem, qui reconciliantur ad redemptionem. Sicut ergo estis parati in exterioribus, ita mentis habitaculum mundum ad Dominum vestrum suscipiendum præparetis, ut vos membra Christi cum capite jungi possitis, et cum eo in aula cœlesti vitæ æternæ participes fieri (61). Sed qui reconciliantur, alii finita pœnitentia parati ad corpus Domini percipiendum ; alii nondum digni sunt sacramentum, quia nondum pœnitentiam finierunt, sed ad gaudium tantæ festivitatis communicandi ex indulgentia ad tempus in Ecclesia vel recipiuntur, ut integrum corpus esse gaudeant, et de peccats resurrectione hujus festivitatis ad superna gaudia pervenire, præstante Domino nostro Jesu Christo, qui cum Patre et Spiritu sancto vivit et regnat in sæcula sæculorum. Amen.

XXXV.

IN COENA DOMINI SERMO SECUNDUS (62)

« Pone mensam, contemplare in specula comedentes, et bibentes ; Surgite, principes, accipite clypeum (*Isa.* xxi, 5). »

Hujus diei sacramentum ingenti cordis devotione, ac corporis moderatione esse celebrandum, utriusque pagina Testamenti contestatur. Isaias namque in spiritu sapientiæ cœnæ Dominicæ providens mysterium, exactissima diligentia ad illius observantiam hortatur, nihilominus accedenti modum insinuans, cum ait : *Pone mensam contemplare in specula comedentes et bibentes. Surgite, principes, accipite clypeum.* Sacra est ista et salubris exhortatio, qua nobis custodienda quatuor indicantur, ut ad tanta sacramenta digni communicare **395** inveniamur, scilicet, mensæ positio, speculæ contemplatio, surrectio et clypei acceptio ; ut his insigniti, non in judicium, sed in vitam edamus et bibamus. Hic ordo mirabilis, plenus doctrinæ et gratiæ elucescit. Prius enim jubemur ponere mensam, inde, contemplari in specula, deinde surgere et accipere gladium et tandem comedere et bibere. Sed quænam est hæc mensa, et quomodo ponitur ? Hæc mensa non est carnalis, sed spiritualis ; intellectualis magis quam visibilis. Fidei hæc mensa, nondum spei ; non figuralis, non umbratilis ; sed vitalis et sanctificabilis. Triplex siquidem mensa nobis commendatur in Scriptura, una in lege, secunda in Evangelio, tertia in cœlo ; prima Moysi, secunda Christi, tertia Dei. Prima fuit in figura, secunda in veritate, tertia erit in claritate. Prima enim docet, secunda perficit, tertia glorificat. Prima in littera, secunda in spiritu, tertia erit in requie. De mensa prima scripsit Moyses, Domino ad eum dicente : « Facies et mensam de lignis setim, et inaurabis eam auro purissimo (*Exod.* xxv, 23). » De secunda ait Apostolus : « Non potestis participari mensæ Christi et dæmoniorum (*I Cor.* x, 21). » De tertia loquitur Veritas in Evangelio, dicens : « Ut edatis et bibatis super mensam meam in regno meo (*Luc.* xxii, 52), » vel Dei.

Mensa igitur quam hic propheta commemorat, Dominica cœna est, ad quam non licet accedere

---

(61) Cum hæc ultima periodus amanuensis, ut videtur oscitantia, sit valde intricata, et vix intelligibilis, ita tamen, ut auctoris sensus diligentius perscrutanti patere videatur, et inde etiam erui possit ex Ecclesiæ indulgentia ad tempus, ob Paschæ reverentiam, eos qui pœnitentiam nondum finierant ad communionem nonnunquam admissos. Ideo eam periodum sic ordinari posse censuimus, et sic emendatiori connexione restitui ; scilicet : « Sed quia ex his qui reconciliantur, alii finita pœnitentia, parati sunt ad corpus Domini percipiendum, alii non sunt digni, quia nondum pœnitentiam finierunt ; tamen ad gladium tantæ festivitatis complendum, et fideles Ecclesiæ corpus integrum esse gaudeant, isti ex indulgentia ad tempus in Ecclesia communicandi recipiuntur, ut de peccatis resurgentes, ab hujus festivitatis gaudiis, ad gaudia superna pervenire mereantur, præstante Domino nostro Jesu Christo, qui cum Patre, » etc.

(62) E. ms Sancti Albini Andegav.

schismaticis, susurronibus, detractoribus, omnibusque tabernaculo carnis deservientibus. De quo Apostolus : « Habemus, » inquit, « altare, de quo non habent potestatem edere, qui tabernaculo deserviunt, sed quorum corpora cremantur extra castra (*Hebr.* XIII, 10). » Veteris legis consuetudinem tangens hic Apostolus, mysterium sacræ intelligentiæ insinuat. Secundum legem enim in festo propitiationis, seu expiationis, inter castra Jerusalem vitulus et hircus immolabantur, quorum carnes extra castra cremabantur, nec erat licitum alicui tabernacula deservienti ex illis edere (*Levit.* XVI, 27 etseq.). Ecce umbra, ecce figura veritatis. Christus enim vitulus est et hircus. Vitulus, quia in virtute et potestate docens, mugitum prædicationis toti mundo edidit, ac gemino cornu crucis et charitatis, vitiorum obstacula propulsavit, duorumque Testamentorum fastigiis, quasi duplici furca rationis hæreticas importunitates, et omnis scientiæ adversus veritatem catholicam se extollentis, blasphemiam conquassavit. Ipse idem est hircus « in similitudinem carnis peccati. » Non enim carnem peccati suscepit, sed similitudinem ejus. Hic ergo in mysterio vitulus et hircus intra castra Jerusalem est immolatus vocibus et judicio Judæorum mortem **596** ejus inclamantium. Unde Marcus eum crucifixum hora tertia dicit (*Marc.* XV, 25), quem alii evangelistæ hora sexta passum nuntiant (*Luc.* XXIII, 44), quia hora tertia linguis Judæorum intra Jerusalem scilicet, hora sexta manibus gentilium militum, extra castra in Calvariæ loco crucifixus est. Ejus itaque carnes igne passionis extra castra in cruce concrematæ sunt. Altare ubi cremabantur carnes, altare est Ecclesiæ, ubi consecratur quotidie corpus Christi et sanguis.

Habemus igitur altare cœleste, scilicet sacrificium corporis et sanguinis in altari consecratum, de quo non habent potestatem, id est licentiam edere, qui tabernaculo, id est corporis voluptatibus ac deliciis deserviunt, id est plene sentiunt facientes curam carnis etiam in desideriis, ut sunt fornicatores, adulteri, ebriosi, cunctique concupiscentiis carnis, terrenisque opinionibus Deo inimicis inservientes. « Qui enim manducat et bibit indigne, judicium sibi manducat et bibit. » Sed his licet edere de hoc altari, quorum corpora cremantur extra castra, id est qui extra [conversionem [*f.* conversationem] sæcularium carnaliumque hominum, fervore Spiritus sancti accensi, consumunt quidquid in ipsis carnale est atque fluidum, et libidinosum, macerando carnem, et mortificando membra sua, pugnantes cum vitiis et concupiscentiis. Nam et Jesus, ut sui exempli forma nos instrueret, extra castra, id est corporis voluntates ac desideria, inde vero extra portam passus est. Porta enim civitatis est sensus corporis, in quo nullo peccavit Christus. Et nos igitur ejus exemplo, ostio sensuum intus clauso, extra carnis desideria patiamur, exeuntes ad eum

imitandum extra castra corporum, et patienter portantes ejus crucis improperium, id est passionis, quæ incredulis improperium est et irrisio, nobis autem sanctificatio et redemptio. Claudamus igitur exterioribus illecebris ostia sensuum, extra castra, id est corporis delicias, exeuntes ; hæ sunt enim fenestræ usque ad quas descendit terra, et per quas mors descendit, nisi eis apponatur custodia, qua repellantur noxia. Unde vir propheticus orat : « Pone, Domine, custodiam ori meo, vel ad litteram, cordi meo, et ostium circumstantiæ, vel continentiæ labiis meis (*Psal.* CXL, 3). » Si enim labiis et oculis, aliisque sensibus apponantur ostia, id est custodia, obicisque repagulum, non avolat cor hominis ab eo, videns in desideriis tumultuosis vanitatem ; sed in unum colligitur, ut ad precandum Deum inveniatur, et inventum apud se, Dei veritatem inveniat in se. Sic enim David : *Inveni cor meum ut orarem ad te, Domine* (63). Vix enim aliquando valet homo cor suum invenire **397** variis avolationibus in diversos ambitus tendens, cui cuncta vana placent, quod insatiabili concupiscentia in plurima fertur, et circa plurima turbatur, non inveniens requiem, quæ non est vera in [terra] morientium, sed in viventium regione.

Igitur corporis ad fenestras imponamus ostium continentiæ atque constantiæ, ut Dei custodia servemus corda nostra. Ostiaria enim non bene custodiente ostium, Isboseth occisus est ab hostibus (*II Reg.* IV, 5, 6). Dina quoque filia Jacob egressa ut videret mulieres regionis Chananæorum, corrupta est a Sichem filio Hemor Hethæi, principe illius terræ, eamque tristem delinivit blanditiis (*Gen.* XXXIV, 1 etseq.). Egreditur autem Dina, ut mulieres externæ regionis videat, cum mens humana honestæ conversationis ac divinæ contemplationis studia negligens, vanitatis negotia curans, atque curiositatis actibus se implicans, extra ordinis rectitudinem evagatur ; quam Sichem princeps terræ opprimit, quia inventam in curis exterioribus ac vagis occupationibus diabolus corrumpit, ac per iniquitatem sibi jungit. Et quia mens a culpa resipiscens, dolore afficitur, et admissum [scelus] flere conatur, corruptor inceptorque [*f.* deceptorque] diabolus tristem delinire nititur blanditiis, dum spem vacuam ac securitatem falsam ante oculos replicat, quatenus utilitatem tristitiæ tollat. Modo enim aliorum graviora facta proponit ; modo nihil esse quod factum est [suadet.] Modo Deum esse misericordem loquitur, et tempus ad pœnitentiam pollicetur, ut dum per hæc mens decepta ducitur, pœnitentia differatur, ut in futuro nulla bona percipiat, quem nunc nulla mala contristant, et tunc plenius absorbeatur suppliciis, qui nunc exsultat in rebus pessimis.

Caveamus, fratres, ne seducamur his portis atque fenestris, quibus in exteriora ducimur, et in interioribus prædam patimur [*f.* prædæ patemus]. Quod sanctus Jeremias deplorat, dicens : « Oculus meus

---

(63) Vulg.: *Invenit servus tuus cor suum ut oraret te (II Reg.* VII, 27).

deprædatus est animam meam *(Thren.* iii, 49). » A et biberitis sanguinem, non habebitis vitam in vobis *(Joan.* vi, 54); » et dixerunt : « Quomodo potest hic nobis dare carnem suam ad manducandum ? Quis potest eum audire ? Durus est hic sermo *(ibid.,* 61). Et abierunt retro.

Alii sunt oculi carnis, qui aperiuntur ad malum ; alii mentis, qui transeunt in unum, ut una mens in unum exsultet Deum. Iste autem oculus qui animam deprædatur, oculus est carnis, cujus officium est quæ foris viderit, intus nuntiare ; oculus tentationis, quia per eum tentamur. Unde : « Qui viderit mulierem ad concupiscendam eam, jam mœchatus est eam in corde suo *(Matth.* v, 26). » Mortis oculus est, quia ex eo mala generatio. Hic ergo oculus deprædatur animam, dum per eum, quæ oculis exterius cernimus, ab interiorum et cœlestium amore, in ea quæ foris sunt concupiscenda egreditur. Maneat igitur Dina nostra, id est anima, apud patrem domi ; non egrediatur **398** curiose tracta de domo mentis videre mulieres alterius regionis, ut omissis virtutibus et [bonis] studiis, mundanis serviat lenociniis. Commendatur namque Jacob in Scriptura, eo quod domi habitabat, Esau fratre venationi vacante. « Factus est, inquit, Esau vir gnarus venandi, et homo agricola : Jacob autem vir simplex, habitabat in tabernaculis *(Gen.* xxv, 27). » Quid in Esau venatione, nisi eorum vitia figurantur, qui in exterioribus voluptatibus fusi, carnem sequuntur ? Qui et agricola esse dicitur, quia amatores hujus sæculi tanto magis exteriora incolunt, quanto interiora sua inculta relinquunt. Jacob vero simplex domi habitare dicitur, quia omnes qui curis exterioribus spargi refugiunt, simplices in cogitatione et conscientiæ habitatione consistunt. Domi enim habitare, est intra mentis claustra se restringere, et non exterius per desideria [se] dispergere, ne dum ad multa foris inhiat, a se ipsis alienatis cogitationibus recedat. Sic ergo extra castra carnis exeamus, et igne spiritus concrememur, ut a cordis claustris, id est a mentis secretis, non recedamus, ibique nos probantes mensam ponamus. Sed quomodo ponenda est hæc mensa cœlestis, et ubi? In corde utique poni debet. Quomodo? Per fidem, ut corde credamus aliud esse quam videatur. Videtur quidem panis et vinum, sed caro Christi est, qui pro nobis pependit in cruce, et sanguis, qui pro nobis fusus est in peccatorum remissionem. Aperte enim Veritas ait : « Accipite ; hoc est corpus meum, quod pro vobis tradetur *(Matth.* xxvi, 26).» Et iterum : « Hic est sanguis Novi Testamenti, qui pro multis effundetur *(ibid.,* 28). » Quasi sacramentum aliquod commodavi [f. commendavi] vobis, ubi aliud videtur, aliud significatur et continetur. « Verba » ergo « quæ locutus sum vobis, spiritus et vita sunt *(Joan.* vi, 64), » id est spiritualiter intellecta, vivificant. Non enim sic sacramentum corporis et sanguinis tribuit in escam, ut naturæ suæ pratiatur [f. patiatur] sectionem, ut morsibus in frusta dilaceretur velut caro quæ in macello venditur, sicut rati sunt carnales, et illi ignari discipuli, qui Veritatem audientes dicentem : « Nisi manducaveritis carnem,

Sermo itaque de tam ineffabili sacramento durus est, sed infidelibus et incredulis, qui mensam Dominicam in cordium penetralibus ponere non potuerunt, dicentes secundum Jeremiam : « Mittamus lignum in panem ejus *(Jer.* ii, 29). » Ipse est enim panis qui de cœlo descendit, qui vitam dat mundo, in quem mittunt lignum, qui ejus veritati atque suavitati, **399** auditu fidei non obsequuntur, sed pertinaci mentis duritia recalcitrant. His durus sermo bonus, quia est eis odor mortis in mortem ; credentibus vero et acquiescentibus, est odor vitæ in vitam, quemadmodum non dijudicantibus corpus Domini, et ad ipsum sine probatione accedentibus judicium est et mors. Ait enim Apostolus : « Qui manducat et bibit indigne, judicium sibi manducat et bibit *(I Cor.* ii, 19). » Indignus est qui in crimine est, qui in voluntate peccandi manet, qui irreverenter tractat, et indevota mente accedit ille reus est, teste Apostolo, corporis et sanguinis Domini, quia de bono male sumpto maculam trahit, quia et quæ sancta sunt, malis obsunt ; et bonis sunt ad salutem, malis ad judicium. Sanctum enim est quod in hac mensa accipimus. Nec ideo reus est qui accipit, quod illa res mala sit quam accipit ; sed quia [f. in sumendo] male malus accipit, quod accipit. In prandio igitur cavendum est male accipere bonum (64), quia male acceptum obest malis, sicut e converso mala patienter supportata prosunt bonis. Ponat ergo unusquisque mensam, id est probet seipsum, amando fidei rectitudinem, purgando se lamento pœnitentiæ, ut si peccata sunt quotidiana, saltem non sint mortifera ; et dimittat confratri accessurus ad altare, dicens : « Dimitte nobis debita nostra, sicut et nos dimittimus debitoribus nostris *(Matth.* vi, 12). » Alioquin judicium damnationis manducat, scilicet sibi, non tibi, si bonus es. Securus ergo tolera malum bonus, ut venias ad præmium bonorum, quia non te valet inquinare malus. Nam et Judas cum Petro conversari potuit, sed eum inquinare non valuit, et ad ipsam cœnam Dominicam pariter accessit ; sed Petrus accessit ad vitam, et Judas ad mortem, quam meretur omnis qui non dijudicat corpus Domini, ab aliis non discernens cibis. Quidam singulari veneratione ac devotionis prærogativa, sed indiscrete sumunt et negligenter. *Pone* igitur *mensam,* fide ac gemino pede charitatis accedendo, ut illumineris. Ait enim Propheta : « Accedite ad eum, et illuminamini *(Psal.* xxxiii, 6); » et hic post mensam subdit: *Contemplare in specula.* Nisi enim quis per fidem mensam in corde posuerit, non meretur contemplari in specula, id est in Scriptura. Ait enim Isaias: « Nisi credideris, non intelliges

<hr>

(64) Phrasis Hildebertina. Vide epistolam 7 lib. i.

(65) (*Isa.* vii, 9). » Fides enim invisibilium et occultorum aperit intelligentiam mysteriorum. Unde vir propheticus : « Bonitatem, et disciplinam et scientiam doce me, quia mandatis tuis credidi (*Psal.* cxviii, 66). » Et alibi : « A mandatis tuis intellexi (*ibid.*, 104). » Non dicit, mandata, sed a mandatis, quia mandatorum custodia parit intelligentiam arcanorum. Unde : « Concupisti **400** sapientiam? Serva mandata, et Dominus præbebit illam tibi (*Eccli.* 1, 33). » Alioquin tibi dicetur : « Altiora te ne quæsieris, et fortiora te ne scrutatus fueris, sed quæ præcipit tibi Dominus cogita semper (*Eccli.* iii, 22), » scilicet, ante perceptam et post perceptam sapientiam. Ante, ut percipias; post plenius percipias. Speculæ autem comparantur Scripturæ, quia sicut de specula longe prospicimus, hostiumque incursus et assultus prævidemus, ita Scripturæ intelligentia, et longe post futura cernimus, et abdita mysteriorum allegoriarumque opacitates, quasi e longinquo adhuc videmus, quia per speculam et in ænigmate, non speciei revelatione intuemur, hostiumque insidias qui nostras anticipant vigilias, Scripturæ inspectu declinamus. Eademque Scriptura etiam speculum dicitur, in quo imago cernitur, quia per Scripturæ sacræ eruditionem, totius nostri status imago, quasi ante oculos nostros versatur. Sed quantæ dignitatis fuerit hominis prima conditio, quantæ calamitatis hominis prævaricatio, quanti honoris legis promulgatio, quantæ gloriæ gratiæ coruscatio, quid dederit ac permiserit Deus, quid abstulerit diabolus, quid ostenderit Decalogus, quid reddiderit Christus? [*Supple :* Quis verbis posset explicare?] Ideoque sanctus Jacobus in speculo Scripturarum insinuans, ait : « Omnis auditor verbi, et non factor, comparabitur viro consideranti vultum nativitatis suæ in speculo; consideravit enim se, et abiit, et statim oblitus est qualis fuerit (*Jac.* 1, 23, 24). »

Ut igitur in hac specula contemplemur, jugiter super eam stemus, ut non intelligenti, qui audit, et non facit; sed diligenti, [qui] audit, et facit, assimilemur, quia « factores legis, et non auditores, » juxta Apostolum, « justificabuntur apud Deum (*Rom.* ii, 13). » Qualiter vero super hanc speculam standum sit, ut profunda contemplemur, Isaias insinuat, dicens : « Super speculam Domini ego sum, stans jugiter per diem; et super custodiam meam ego sum, stans totis noctibus (*Isa.* xxi, 8). » Dignissima est hæc specula, super quam jugiter stat propheta, quia in ea custodienda est retributio multa, quæ non solum specula, sed et custodia et mensa meruit vocari : specula, quia docet et illuminat; custodia, quia custodientes se custodit et protegit; mensa, quia reficit et confortat. De qua dicit Habacuc : « Super custodiam meam stabo, et figam gradum super munitionem, et contemplabor quid dicatur mihi, et quid respondeam ad arguentem me (*Habac.* ii, 1). » Super hanc ergo stare de-

bemus, cum propheta per diem contemplationis, et noctem actionis; seu per diem prosperitatis, et noctem adversitatis, ut sic contemplari valeamus ea quæ in mensa nobis proposita sunt. Non est **401** enim cœlestis illa mensa vacua et inanis, sed pretiosissimis est referta epulis. In hac sunt epulatoria et refectoria fercula, quibus adjuti a spiritualis inediæ fame liberamur, ne oculi mentis præ inopia langueant. Unde Salomon : « Cum sederis ad mensam divitis, vide quæ tibi apponuntur, et scito te similia debere ei præparare (*Prov.* xxiii, 1). » Hoc enim exigit æterni dator convivii. In his verbis vere sonuit spiritus consilii voce suavi et terribili. Vox suavitatis est obedientibus, terroris contemnentibus. Vivent qui recipiunt, peribunt qui rejiciunt : recipientibus præmia, rejicientibus æterna dabuntur supplicia. Obedientes scribentur, inobedientes proscribentur. Sed quis est hic tantus dives? Hic est puer pauper et sapiens, qui cum sit dives Deus apud Deum Patrem, voluit pro nobis pauper fieri, ut sua paupertate nobis divitias cœlestes congereret. Pauper est ergo in nostra infirmitate, dives in sua deitate, Dominus virtutum, Rex gloriæ, qui aufert spiritum principum, terribilis apud reges terræ.

Cum igitur ad hujus tam divitis accesseris mensam, non pedum gressibus, sed fidei et charitatis affectibus, diligenter attende mensæ eminentiam et appositorum gratiam. Mensa quippe hæc tripliciter intelligitur, sacramentam scilicet eucharistiæ, incarnationis mysterium, Scripturæ sacræ doctrina. In his quidem homo interior opulenta cœlestique refectione saginatur, secundum illud : « Replebimur in bonis domus tuæ (*Psal.* lxiv, 5). » Hæc est apotheca gratiæ, cellarium Spiritus sancti, paradisus omnium pomorum, ubi quæque anima reperit quod sibi expedit. In hac igitur mensa dives ille, cujus inæstimabiles divitias Apostolus evangelizat, regia et delicata nobis proposuit fercula super mel et favum, fidelium palatis dulcia fercula, scilicet humilitatis et pacis, dilectionis, obedientiæ, perseverantiæ, prima bonæ comessationis dapes humilitas, tribus contexta funiculis [*f.* ferculis]. Prima enim species, qua subjicitur quis majori, nec præfertur æquali, quæ vocatur sufficiens; secunda, qua subjicitur quis æquali, nec se præfert minori, quæ dicitur abundans; tertia qua subditur quis minori, quæ dicitur consummans atque perfecta. Hanc dives ille implevit, qui non venit ministrari, sed ministrare, et dare animam suam redemptionem pro multis, ad humilitatis virtutem nos provocans verbo et exemplo, ut illius præcipuus magister, cum ait : « Discite a me, » non quod Filius Dei sum, vel quod Rex regum; non quod Patri co æternus et cooperans, sed « quia mitis sum et humilis corde (*Matth.* ii, 19). » Recte utique apposuit corde; quia perfectio et veritas humilitatis, non in habitu **402** exteriori, vel in verbo consistit, sed in cordis affectu, sanctæque actionis usu, qualiter A eamdem dives ille implevit, non solum quando se exinanivit, sed cum linteo præcinxit se, pedesque discipulorum lavit, dicens : « Scitis quid fecerim vobis, ego Dominus et Magister : Lavi pedes vestros, et vos alter alterius lavetis pedes (*Joan.* XIII, 14); » quasi ut non dedignarentur servi id exhibere conservis, quod Magister discipulis, Dominus servis impendit. Non est enim discipulus super magistrum, nec servus super dominum. Sufficit discipulo ut sit sicut magister suus, et servo sicut dominus suus. Hoc igitur cœleste ferculum in mensa divitis sic edamus, ut abjecta cordis oculorumque elatione, in humilitatis statura Christi teneamus formam, retribuentes diviti quod de mensa ejus accepimus. Vera autem humilitas duobus expletur modis ; despectione rerum exteriorum ; abjectione, sive abdicatione propriæ voluntatis. Nisi enim quis exteriora contemnat, sentiens in eis non esse veram felicitatem ; nisi etiam se ipsum abjiciat, considerans opus suum, non alterius, magis in oculo suo trabem quam in alterius oculo festucam attendens ; non præsumens ambulare in mirabilibus super se, ut voluit Simon Magus, ambiens virtutem apostolicam, non vitam, gloriam quærens, non gratiam ; nisi etiam propriam voluntatem abneget, vim [*f.* viam] faciens propriæ perditioni, virtute humilitatis caret. Secundum est ferculum quod dives ille duobus modis in terris, verbo scilicet doctrinæ, et exempli forma, nobis commendavit. Verbo, cum ait : « Beati pacifici, quoniam Filii Dei vocabuntur (*Matth.* v, 9). » C Et alibi : « Sal habete in vobis, et pacem habete inter vos (*Marc.* IX, 49). » Apostolus quoque ait : « Pacem habete cum omnibus, si fieri potest, quod ex vobis est (*Rom.* XII, 18). » Exemplo, quia ipse pacificavit cœlestia et terrestria. Unde Apostolus : « Pacificans ea quæ in cœlis et quæ in terris per sanguinem suum (*Coloss.* I, 20), » qui etiam in se populos duos conjunxit, evangelizans pacem his qui longe sunt, id est gentilibus, et his qui prope, id est Judæis. Unde Apostolus : « Ipse est pax nostra (*Ephes.* II, 14), » quia ipse pacificavit cœlestia et terrestria. Unde Apostolus : « Ipse est qui fecit utraque unum (*ibid.*). » Ideoque in ejus nativitate primo canticum legitur pacis decantatum ab D angelis : « Gloria in excelsis Deo, et in terra pax hominibus bonæ voluntatis (*Luc.* II, 14); » per restaurationem scilicet cœlestium ac terrestrium. Gloria est Deo in excelsis, ubi ab angelis laudatur, quia ruina angelica de hominibus reparatur. Et in tertia : facta est pax hominibus, non aliis, sed his qui sunt bonæ voluntatis. Vel Deo : *Gloria in excelsis, et in terra,* id est ab angelis, quorum numerum reintegravit, **403** et hominibus quos redemit. Et facta est pax hominibus bonæ voluntatis ; vel Deo, id est per Deum, gloria est in excelsis ; *Et in*

terra *pax hominibus,* id est gloriantur angeli in cœlis, et pacem habent homines in terris, sed cum sunt bonæ voluntatis. Unde Propheta : « Orietur in diebus ejus justitia et abundantia pacis (*Psal.* LXXI, 7). » Et alibi Isaias ait : « Dabis pacem super pacem (*Isa.* XXVII, 5). » Et item : « Pacem faciet nobis, » pacem scilicet immortalitatis et glorificationis, [quæ] sequitur pacem reconciliationis, sicut ait [Christus] apostolis : « Pacem meam do vobis ; pacem relinquo vobis (*Joan.* XIV, 27). » Do pervenientibus, relinquo peregrinantibus ; id est dabo triumphantibus, relinquo militantibus ; qui etiam proditori discipulo tantam pacem exhibuit, ut in convivio et in osculo, et in aliis eum non vitaret, sed amicum eum vocaret, dicens : « Amice, ad quid venisti? » (*Matth.* XXVI, 50.) Cui similes [non] sunt hodie, qui verbo tenus aliis pacem offerunt, venenum aspidum sub labiis suis habentes, sub prætextu pacis magis nocentes. In Judam tunc introivit Satanas, ut proderet Magistrum, et quotidie illi similes multos replet, qui fratres rodunt quos conveniunt, et seducunt proximum ; fraudibus, non opitulationibus studentes, qui non dormiunt, nisi male fecerint, et exsultant in rebus pessimis (*Prov.* II, 14).

Horum igitur malignissimam tergiversationem declinantes, ferculo pacis de mensa pacifici divitis, qui cum malediceretur, non maledicebat, vescamur, tripliciter pacem custodientes, ad nos, ad Deum, ad proximum ; sic enim virtus pacis expletur in nobis, si pacem ad nos habemus, misericordes animæ nostræ. Qui enim sibi nequam, cui bonus? Qui sibi hostis, cui amicus? Incipiat ergo pax a nobis. Hostes interiores, id est motus carnis, ipsamque carnem reluctantem lascivientemque dominio rationis coercentes, ut in arca cordis nostri, animalia munda cum immundis quiescant, et Daniel inter leones intrepidus cubet. Ad Deum quoque pacem habeamus. Offendiculis (66) peccavimus, ipsam naturam dulcem, non amaricantem habeamus, et ad proximum, quod nobis fieri nolumus, aliis non facientes, potius quæcunque volumus ut faciant nobis homines, eadem illis faciamus, et cum omnia bene fecerimus, dicamus quia : « Servi inutiles sumus, quod debuimus facere fecimus. (*Luc.* XVII, 10). » Tertium succedit ferculum scilicet dilectionis, quam dives ille convivis proposuit, eam nobis commendans opere virtutis et gratia doctrinæ. « Commendat enim Deus charitatem suam in nobis (*Rom.* v, 8), » ut **404** ait Apostolus, « quoniam cum adhuc peccatores essemus, Christus pro nobis mortuus est (*Rom.* v, 8). » Quo nihil majus, nil excellentius nobis exhibere valuit. Hæc est enim gratia sine merito, opus sine exemplo. « Majorem enim hac dilectionem, » teste Veritate, « nemo habet, quam ut animam suam

---

(66) Hic aliquid supplendum videtur, hoc scilicet modo : *Peccavimus, ergo pœniteamus ; ipsam natu-* *ram non dulcem, sed amaricantem etiam in pœnitendo habeamus.*

ponat quis pro amicis suis (*Joan.* xv, 13). » Veritas dicit pro amicis, discipulis veritatis; Paulus dicit pro inimicis, quia ad hoc Christus pro inimicis posuit animam, ut eos faceret amicos. Posuit ergo animam, non tantum pro amicis, qui tunc erant, sed pro inimicis, ut verteret inimicos in amicos, ut tantum dilectionis exemplum nostros gressus perficeret in semitis suis. Unde Petrus : « Christo igitur in carne passo, et vos eadem cogitatione armamini (*I Petr.* iv, 1). » Et alibi : « Christus passus est pro nobis, vobis relinquens exemplum, ut sequamini vestigia ejus (*I Petr.* ii, 21), » ut scilicet Christo tanquam præceptori chorus fidelium consonando respondeat imitatione, vel gratiarum actione. Quod mysterium illo psalmi titulo insinuatur, ubi dicitur : « Pro Maheleth ad respondendum, intellectus Eman Israelitæ (67). » Maheleth interpretatur *chorus*, quo intelligitur concordia charitatis ; Eman interpretatur *frater ejus*, scilicet Christus. Fratres autem ejus hi sunt qui cum Apostolo in cruce Domini gloriantur, qui sunt veri Israelitæ, id est Deum videntes. Illi ergo intelligunt passionis mysterium a divite celebratum, nobisque propositum ad respondendum, id est ut ei respondeamus imitando et gratias agendo. Sed hoc non valet, nisi fiat in Maheleth, id est in choro, sive in concordia charitatis, secundum illud Apostoli : « Si tradidero corpus meum, ita ut ardeam, charitatem autem non habuero, nihil mihi prodest (*I Cor.* xiii, 3). » Sic igitur respondeamus diviti, cujus odor nos excitat et commulcet sicut odore agri pleni ; de quo Sapientia : « Vidisti virum velocem in operibus suis, coram regibus stabit, nec erit ante ignobiles (*Prov.* xxii, 29). » Quantus est vir iste ! Qualis est hic dives, qui velox in opere stat coram regibus tantum, non coram ignobilibus, quia non videtur nisi a sapiente, cujus oculi in capite ejus ? Justificabitur enim sapientia a filiis suis. Si ergo tu es filius sapientiæ, vidisti virum de quo Zacharias : « Ecce vir, Oriens nomen ejus (*Zach.* vi, 12) ; » id est intellexisti sapientiam quæ ex Patre prodiit, primogenita, contra quam non est sapientia, nec prudentia, nec consilium. Hic est vir velox in opere suo. Alii magis sunt veloces in lingua, quam in opere, qui dicunt et non faciunt ; **405** sed vir iste, id est Christus, prius operis velocitatem ostendit, quam verbi, quia cœpit prius facere quam docere.

Hic ergo velox est et strenuus in opere bono, qui ut gigas inperturbabiliter, irrevocabiliter exsultavit ad currendam viam, qui coram regibus stetit, non ante ignobiles, id est coram apostolis cæterisque fidelibus, de quibus Scriptura : « Cor regis in manu Dei est, et quocunque voluerit vertet [*Vulg.* Inclinabit] illud (*Prov.* xxi, 1). » Et alibi : « Et nunc, reges, intelligite, erudimini qui judicatis terram

(*Psal.* ii, 10). » Et Isaias : « Erunt reges nutritii tui et reginæ nutrices tuæ (*Isa.* xlix, 23). » Et in Hebræo dicitur : « Rex, ad Deum tuum tu nobis es. » Coram talibus stetit, quia eis aperuit aurem, et linguam eruditam, ut sciant lapsum sustentare verbo. Et iterum : « (68) Aperuit mihi aurem, ut audiam. » Quasi magistrum dicitur coram eis merito stetisse, quibus mysterium regni noscere, et opera principe digna facere dedit. Ante ignobiles vero non stetit, id est vitiorum immunditia degeneres, qui non ex Deo nati sunt, sed ex patre diabolo, ut illi quibus Christus dicit : « Vos ex patre diabolo estis, et desideria patris vestri facere vultis (*Joan.* viii, 44). » Magnus est ergo vir velox, qui coram regibus, non coram ignobilibus stetit, quia per eum oculi regum illuminantur, et ignobilium obscurantur. Reges surgunt, et ignobiles ruunt. « Positus est enim hic in ruinam et in resurrectionem multorum (*Luc.* ii, 34). » De quo Isaias : « Princeps quæ digna sunt principe cogitabit, et ipse super duces stabit (*Isa.* xxxii, 8). » Hic ergo princeps principum, et dux ducum, sicut opere charitatis eminentiam nobis commendavit, ita et verbo quasi idem ferculum iterans, nobis in mensa apposuit, dicens : « Mandatum novum do vobis, ut diligatis invicem, sicut dilexi vos (*Joan.* xiii, 34). » Quam salubris jussio, et pietatis plena, qua præcipit ut nos invicem diligamus, *sicut dilexit nos*, id est *ad quod dilexit nos*, scilicet, ut filii simus, ut vitam habeamus ! Omnis quippe homo diligendus est in Deo, vel propter Deum, id est quia justus est, vel ut justus sit. In quantum peccator est, non est diligendus, sed persequendus. In quantum homo est, diligendus est propter Deum. Quatuor enim diligenda nobis commendat catholica doctrina. Unum scilicet quod super nos est, id est Deum ; alterum quod nos sumus, id est nos ipsos ; tertium, quod juxta nos est, id est proximos ; quartum, quod infra nos est, id est corpus nostrum diligere debemus ; magisque animam proximi, **406** quam corpus nostrum, quia supernæ ac summæ beatitudinis animus capax est, non corpus. « Vita namque æterna est, » ut Veritas ait, « cognoscere Patrem, et quem misit Jesum Christum esse unum et solum verum Deum (*Joan.* xvii, 3). » Sed quia amor carnalis et vitiosus, abominabilis est et tartareus, quo se invicem male diligunt [homines,] inter illum et verum amorem distinguens, Veritas ait, non simpliciter, *diligatis* ; sed adjecit : *sicut dilexi vos*, modum diligendi insinuans. Quod vero *novum* dicit *mandatum* charitatis, non est hæc novitas referenda ad temporis instantiam, sed ad charitatis efficientiam. Nam vel in veteri lege idem mandatum continetur. Legitur enim in Deuteronomio : « Diliges Dominum Deum tuum ex toto corde tuo, et ex tota mente tua, et ex tota virtute tua (*Deut.* vi, 5). » Et in

(67) Psal. lxxxvii habetur *Ezrahitæ*, non *Israelitæ*.

(68) In Isaia (iv, 5) sic legitur · *Dominus dedit*

mihi linguam eruditam, ut sciam suscitare eum qui lassus est verbo ; erigit mane, mane arrigit mihi aurem, ut audiam quasi magistrum.

Levitico : « Diliges proximum tuum sicut teipsum (*Levit.* LIX, 18). »

Non igitur novum dicetur conditione novitatis, sed vetustatis consumptione, et Dei imaginis revocatione [*f. renovatione*], quæ filios iræ facit filios gratiæ, filios diaboli, filios Christi; filios tenebrarum, filios lucis. Unde Sapientia : « Sit tibi fons aquæ vivæ, prius cui non communicet alienus (69) (*Prov.* v, 16, 17). » Hic est fons charitatis, quam habere et malus esse nemo potest. Fidem quidem, et scientiam, et prophetiam, et alia dona ac sacramenta potest quis felle malitiæ imbutus habere, sed non charitatem. Hæc est vestis nuptialis, qua induti secure discumbunt convivæ. Hac carens pellitur foras. Hæc est vestis inconsutilis desuper contexta per totum, quæ a militibus non est scissa, sed uni forte [*sorte*] attributa. Hac veste pellitur frigus, quo frigebat Petrus se calefaciens ad prunas Caiphæ. De hac Salomon ait : « Fortis est ut mors dilectio, dura sicut infernus æmulatio (*Cant.* VIII, 6). » Sicut enim mors separat animam a corpore, sic amor Dei a temporalium amore; et sicut infernus [*f. in inferno*] nullus miserorum cruciatus mitigatur, nec a pœnæ severitate reflectitur, ita charitas nullius hostilitatis tentamentis revocari potest a cura nostræ salutis. Hanc speciali laude commendans Apostolus, et cæteris præferens, ait : « Major horum est charitas (*I Cor.* XIII, 13). » Et item : « Adhuc excellentiorem viam vobis demonstro : Si linguis hominum loquar et angelorum, charitatem autem non habuero, factus sum velut æs sonans, aut cymbalum tinniens (*I Cor.* XII, 31 ; XIII, 1). » Et Veritas ait : « In hoc cognoscent omnes, quia discipuli mei estis, si diligitis me, et sermonem meum servabitis (*Joan.* XIII, 35). » Probatio enim dilectionis exhibitio est operis. Attendite igitur, fratres, quam pretiosum, **407** quamque necessarium sit charitatis ferculum, quæ si desit, frustra habentur cætera ; si vero adsit, habentur omnia. Hæc est sola quæ dividit inter filios regni et filios perditionis ; et sicut corpus sine anima mortuum est, sic anima sine charitate mortua deputabitur. Hoc est ergo novum ferculum in mensa evangelica, quod appositum in legali mensa veteri, apposita fiunt fercula, non reficièntia, sed famis incentivum generantia. Unde legis homines canticum vetus cantabant, oculum scilicet pro oculo, dentem pro dente. Christi vero Ecclesia novo exsultat cantico, dicens : « Immisit in os meum canticum novum, carmen Deo nostro (*Psal.* XXXIX, 4). » Canticum scilicet pacis, dilectionis, redemptionis, glorificationis.

Sumamus igitur de mensa divitis hoc ferculum novitatis, quod, sicut panis, cor hominis confirmat, in cujus fortitudine ambulavit Elias quadraginta dierum itinere, nullam passus lassitudinem. Quin-

tum sequitur ferculum, scilicet obedientiæ, quam nobis per Apostolum commendat, dicens : « Obedite præpositis vestris (*Hebr.* XIII, 17). » Item : « Omnis anima potestati subdita sit (*Rom.* XIII, 2). » Et per Samuelem : « Tanquam genus ariolandi est, repugnare ; et quasi scelus idololatriæ, nolle custodire, et nolle acquiescere (*I Reg.* XV, 23). » Ex opposito inobedientiæ malo, intelligitur obedientiæ bonum, quam ut diligentius nobis servandam intimaret, « Christus factus est pro nobis obediens usque ad mortem, » non quamlibet, « sed crucis (*Philipp.* II, 8), » quæ ignominiosior. Grande malum inobedientiæ, et magnum bonum obedientiæ. Per inobedientiam angelus de cœlo corruit, et homo de paradiso exiit. Per obedientiam enim [homo] ad consortium ascendit angelicum, secundum illud : « Suscitans a terra inopem... ut collocet eum cum principibus populi sui (*Psal.* CXI, 7, 8), » id est cum angelis. E contra vero dicitur : « Non habitabit in medio domus meæ qui facit superbiam (*Psal.* C, 7). » Restat ultimum in enumeratione ferculum, in fine, quia ad finem ducit, a divite nobis propositum, scilicet perseverantiæ, quam dives actu nobis proposuit, quia « cum dilexisset suos, in finem dilexit eos (*Joan.* XIII, 1) ; » et verbo per Christum ipsum dicens : « Qui perseveraverit usque in finem, hic salvus erit (*Matth.* XXIV, 13). » Et alibi : « Vincenti dabo edere de ligno vitæ, quod est in paradiso Dei mei (*Apoc.* II, 7). » Qui legitime certaverit, coronabitur. Hæc est vestis polymita et talaris, quam Jacob fecit Joseph filio suo præ cæteris dilecto (*Gen.* XXXVII, 3). Joseph interpretatur *accrescens*, id est quilibet fidelis gratiæ muneribus accrescens ; sed per hoc non coronabitur sine talari tunica, id est **408** perseverantia, quam habet quicunque bonum incipit, nec desistit. Audisti quæ in triplici mensa divitis tibi proposita [sunt fercula]. Ad hanc igitur cum sederis te humilia ad credendum, ut exalteris ad intelligendum. Est enim sessio humilitatis, et exaltationis. « Contemplare in specula (*Isa.* XXI, 5). » Pensa scilicet jugiter, repone fideliter, amplectere fide suaviter « quæ tibi apponuntur, ut similia præpares. Statue cultrum in gutture tuo (*Prov.* XXIII, 2), » sicut Sapientia te docet, dicens : « Cum sederis cum principe ut comedas, diligenter attende quæ sunt apposita ante faciem tuam, et statue cultrum in gutture tuo (*ibid.*). » Guttur pro locutione posuit, quia in gutture vox ; cultrum pro discretione, quia eo secamus. Sedens ergo ad mensam Scripturæ ut comedat, cultrum in gutture statuit, cum his qui sapientiæ eloquia sedulus meditatur, discreta ex ore verba depromit, non alia sæpius in lingua, quam cœlestis oraculi verba volutat (70).

Hoc autem facit qui in potestate habet animam

---

(69) Sic habet textus : *Deriventur fontes tui foras, et in plateis aquas tuas divide. Habeto eas solus nec sint alieni participes tui.*

(70) Aliter : *Cum eorum qui sapientiæ eloquia pro-*

tulerunt, dicta meditatur, et discreta ex ore suo verba depromit, nec alia sæpius lingua quam cœlestis oraculi verba volutat.

suam, id est qui nobilem sapientis animi statum inter errores fallentium et noxia suggerentium eligit et conservat. Si ergo sederis cum principe Christo, ut cœlestis verbi pane reficiaris, diligenter attende quæ scripta sunt, et discretionem sacræ lectionis in tua locutione Deo conserva, si tamen talis es et tam eruditus, quod in potestate habeas animam tuam. Ut autem hoc digne faciatis, *surgite principes, arripite clypeum, comedentes et bibentes.* Principes sunt electi viri spirituales, Deum timentes; hi prius surgunt, deinde clypeum arripiunt, ut sic comedant et bibant. Surgunt autem de tenebris et umbra mortis, deponentes imaginem terreni, assumentes imaginem cœlestis, secundum illud Apostoli : « Sicut portavimus imaginem terreni, portemus et imaginem cœlestis (*I Cor.* xv, 49).» Ita ergo surgentes clypeum arripiamus armaturæ apostolicæ, quo ignea diaboli tela restinguamus. Unde ait : « Accipite armaturam Dei, ut possitis resistere in die malo, et in omnibus perfecti stare (*Ephes.* vi, 13). » Quæ autem et qualis sit illa armatura, consequenter exponit sex virtutum titulis milites Christi muniri ac præarmari describens, scilicet cinctorio continentiæ, qua lumborum, ubi est virtus diaboli, luxuriam refrenamus; lorica justitiæ, qua unicuique quod suum est reddimus, et calceamentis geminæ dilectionis, qua pedes muniuntur nostrorum affectuum, ne terram tangant, ne spinis vitiorum tribulisque hæreticorum dogmatum lacerentur, ut fiducialiter super scorpiones ambulemus. Addit quoque fidem **409** pro scuto, quo velut unico fundamento, aliarumque virtutum munimine, in hoc bello firmiter subsistamus, assultuumque jacula repellamus, ne viscerum nostrorum vitalia confodiant. Tribuit etiam pro galea spem salutis. Hæc caput mentis nostræ obvolvit. Ea enim mens nostra sursum erigitur, ad invisibilia sublevatur, Salvatorem Dominum exspectans in præmium. Talibus armis splendidis et insuperabilibus armati, hosti non cedimus. Ad ipsum vero feriendum fugandumque additur gladius spiritus, id est quem spiritus tribuit; scilicet verbum Dei. Hic est gladius bis acutus, de temporalibus docens, et de æternis illorum consolationem in veteri, istorum perfectionem [*f.* possessionem] in Novo Testamento promittens. Promissio enim temporalium ad unam partem gladii, promissio sempiternarum ad alteram partem gladii pertinet. De hoc gladio Dominus ait : « Non veni pacem mittere, sed gladium. (*Matth.* x, 34). »

Cum igitur surrexerimus, atque Davidicæ turris armaturam assumpserimus, comedamus et bibamus. Talibus enim suavis est et vitalis cibus potus ac Salvatoris. Unde in Cantico : « Guttur tuum sicut vinum optimum dignum dilecto meo ad potandum, labiisque et dentibus illius ad ruminandum (*Cant.* vii, 9). » In gutture, carnis esus Dominicæ; in vino, pretiosi sanguinis potus declarantur. Hunc autem pacem vitæ et intellectus, hunc calicem Salvatoris

dignum dari dilecto ad potandum ruminandumque labiis et dentibus. Non est dignum rem tam sacram, vel possibile dari, nisi dilecto, de quo Pater : « Hic est Filius meus dilectus (*Matth.* iii, 17), » a quo solo est præparatio ejus. In cujus verbo, scilicet : *Hoc est corpus meum;* et : *Hic est sanguis meus,* naturæ convertuntur genera, nec ab aliis digne sumitur, nisi a labiis et a dentibus illius, id est contemplantibus in specula, qui cordis orisque labiis confitentur ac dentibus, fideles investigationis [*f.* investigatores], veritatem repertam in memoriæ alvum trajiciunt. Talibus dicit sponsus : « Comedite, amici, et bibite, et inebriamini, charissimi (*Cant.* v, 1). » Jucundus et liberalis Dominus convivas suos ad epulandum invitat. Attende tibi ipsi, qui hæc audis, et quem ad epulas invitat, qui esuriens ac sitiens a te pasci desiderat. Cum jejunasset, inquit evangelista, esuriit (*Matth.* iv, 1), et Samaritanæ dixit : « Da mihi bibere (*Joan.* iv, 7) » et pendens in cruce, dixit : « Sitio (*Joan.* xix, 28). » Jam diu esurientem et sitientem Dominum nostram salutem, jejunum impudenter reliquimus, cibum desiderabilem ei negavimus quia in malis obstinati ac pertinaces pœnitentiæ remedio errata corrigere negleximus. Tempus est jam nos de somno surgere; nunc enim propior est nostra salus, quam cum credidimus. Jam **410** enim instat dies nostræ redemptionis. Jam incipit solutio nostræ captivitatis. Jam tempus est ut Jacob speciem in nos transfigurantes, de cibis domesticis atque sapidis Isaac nostrum, id est Christum, in cujus nativitate Deus fecit risum Saræ, reficiamus, ne (quod absit !) judicemur arguendi de ingratitudine. Offeramus igitur magno Patrifamilias, cujus convivæ existimus, cibum fidei et justitiæ, humilitatis escam et munificentiæ, quia cum superbo oculo et insatiabili corde non edit. Qui autem sic comedunt et bibunt in mensa divitis, amici sunt jam in præsenti, sed charissimi erunt in futuro, ubi de Jacob fient Israel, id est de luctatoribus Deum videntes ; de fide pervenient ad cognitionem, de via ad patriam, de cursu ad requiem, ubi inebriabuntur ab ubertate domus Dei, ac torrente divinæ voluptatis potabuntur. Quod nobis præstare dignetur qui vivit et regnat per omnia sæcula seculorum. Amen.

XXXVI.

IN CŒNA DOMINI SERMO TERTIUS (71).

« Convertimini, et agite pœnitentiam ab omnibus « inquinamentis vestris, et non erit vobis in ruinam iniquitas; projicite a vobis omnes prævaricationes vestras, et facite vobis cor novum, et « spiritum novum; et quare moriemini, domus « Israel ? Nolo mortem peccatoris [*Vulg. habet* « *morientis*], dicit Dominus. Revertimini, et vivite « (*Ezech.* xviii, 30 32). »

Attendite, fratres, quam dulci voce, quam paterno affectu, revocat nos Pater mitissimus, Pater misericordiarum, Deus totius consolationis, qui

(71) Ex Andegavensi.

alibi per Prophetam dicit : « Venite, filii, audite me, timorem Domini docebo vos (*Psal.* xxxiii, 3). » Fidelis ac divinus sermo alacri devotione suscipiendus! Non vos alienat, non vos exterritat, sed paternali voce ad emendationem invitat ; dat locum pœnitentiæ, dum promittit spem veniæ. Hostes per peccatum fuistis, et tamen vos filios vocat, dicens : *Venite, filii.* Dum filios vocat, vult ut Patrem recognoscatis. Fuistis [filii] Belial, Satanæ habitaculum; et vos tamen domum Israel vocat, dicens : *Quare moriemini, domus Israel ?* Qui scilicet debetis esse filii Israel, Abraham et Jacob, de quibus dicitur : « Non est Deus morientium, sed viventium (*Matth.* xxii, 32). » Inveterastis in terra aliena, cum mortuis deputati estis, et clementissimus Pater novitatem monet, inquiens : *Facite vobis cor novum et spiritum novum.* Ecce quantis titulis suæ in nos dilectionis nos consolatur et erigit. Suavis enim Dominus **411** omnibus invocantibus eum, sed invocantibus eum in veritate, id est propter ipsum, qui est veritas. Non enim eum in veritate invocant, qui ob aliud, non propter ipsum eum quærunt. Mendaces sunt illi instantis [*f.* inconstantes] et vani : sed istis in regione umbræ mortis [sedentibus], ipse tamen vitam promittit dicens : *Revertimini, et venite.* Quod fit per pœnitentiam, sicut mortui fuistis per peccatum. Est enim pœnitentia secunda post naufragium tabula.

Vos ergo, filii, qui hucusque peccando recessistis, pœnitendo, bene operando redite. Descendit enim a Deo qui peccat ; elongat se a Deo, non loco (quia ubique est Deus totus), sed dissimilitudine. Unde in fine talibus dicturus est : « Nescio vos, discedite a me, operarii iniquitatis (*Matth.* xxv, 41). » Et Propheta ait : « Non habitabit juxta te malignus, neque permanebunt injusti ante oculos tuos (*Psal.* v, 6). » Venite ergo, filii, et si nesciatis viam, et modum ascendendi, audite me qui sum via, et ego docebo vos timorem Domini, ut rem utilem, scilicet quomodo Deum timeatis, quia, ut ait Salomon : « Timor Domini, principium sapientiæ. Sapientiam et doctrinam stulti despiciunt (*Prov.* i, 7), » scilicet rectitudinem divini dogmatis, et puritatem sanctæ conversationis. Qui ergo ad sapientiam, spiritualium deliciarum matrem, ascendere cupit, basim divini timoris in corde suo statuat, quia timor Domini initium est sapientiæ. Bonus est scilicet intellectus, sed si intelligatur, sed si intelligibiliter habeatur, ut scilicet sapientiæ sale ac dilectionis igne condiatur, quatenus victima, Dei altaribus digna efficiamur. « Omnis victima, » inquit Veritas, « igne salietur, et omnis victima sale salietur (*Marc.* ix, 48). » Ut enim sale a carnibus vermis arcetur, ita sale sapientiæ ac condimento continentiæ in nobis cohibentur incentiva vitiorum ; et sicut igne consumebatur holocaustum in altari, ita flamma charitatis absumitur quidquid in nobis est noxium. Fortis est enim ut mors dilectio, quia sicut morti nihil resistit, cum

venerit, quin etiam quod ante fuerat, in alium statum convertat, ita charitati, cum venerit, nihil obviare valet, quæ etiam, quod ante fuerat, immutat ; quod vetus fuerat, innovat. De qua Veritas ait : « Ignem veni mittere in terram, » id est, charitatem in corda hominum, « et quid volo, nisi ut accendatur (*Luc.* xii, 14), » intus in affectum, et exterius in effectum. His enim duobus modis ardet ignis dilectionis. Unde sponsus ad sponsam ait : « Pone me ut signaculum super cor tuum, ut signaculum super brachium tuum (*Cant.* viii, 6). » In corde enim cogitatio, et in brachio notatur operatio. Ponimus ergo Christum ut signaculum super cor nostrum, cum **412** ipsius jugem retinemus memoriam, tanquam amore nominis ejus sigillatum sit cor nostrum, ne pravæ suggestionis phantasma subrepat, sicut solet signum aliquod digito vel brachio alligatum circumferri ob frequentiorem alicujus rei memoriam ; ponimus eumdem ut signum super brachium, cum ea quæ fecit et docuit, ita opere implere studemus, quasi vera sint exempla virtutis.

Ad hoc autem faciendum quasi janua est timor Domini. Janua enim conversionis metus est ultionis. « Timete ergo Dominum, quoniam non est inopia timentibus eum (*Psal.* xxxiii, 10). » Inopia scilicet primum spiritualis boni, quia quærentibus primum regnum Dei, Veritatis testimonio, omnia adjiciuntur. Unde et sponsa ait : « Læva ejus sub capite meo, et dextera illius amplexabitur me (*Cant.* ii, 6). » Dextera enim vita æterna intelligitur ; læva, præsentis vitæ subsidia. *Læva ergo ejus est sub capite,* cum corda fidelium per participationem sacramentorum, per pignus Spiritus, per Scripturarum solatia confortantur. *Dextera amplexabitur,* cum post hanc vitam cœlestia præmia recipientur. *Timete igitur Dominum, quoniam non est inopia timentibus eum.* Non mundum timendo *convertimini,* non a quibusdam, sed ab omnibus iniquitatibus vestris, quia, ut ait Jacobus : « Si quis totam legem servaverit, offenderit autem in uno, factus est omnium reus (*Jac.* ii, 10), » quia cætera servata ei ad salutem non prosunt. *Agite* ergo *pœnitentiam,* quod est vere converti *ab omnibus iniquitatibus, et non erit vobis iniquitas in ruinam,* quia ingemiscente peccatore in toto corde suo, omnium iniquitatum ejus non recordatur Deus ad ultionem æternam. *Projicite* ergo a *vobis* pœnitendo, confitendo *omnes prævaricationes vestras,* in quibus prævaricati estis opere, sermone, cogitatione, ut a triplici morbo resurgatis. Unde Dominus tres mortuos resuscitasse legitur tribus locis diversis, ac differentem in eorum resuscitatione impendisse operam, ut peccantium juxta suæ discessionis ordinem, facilior aut difficilior ostenderetur nominatio [*f.* resurrectio, *seu etiam* appellatio]. Puellam namque archisynagogi filiam, in domo ; juvenem viduæ unicum, extra portam ; in sepulcro autem Lazarum resuscitatum ; quibus tribus, omnium mortaliter peccantium species designantur. Omnis enim damnabiliter delinquens aut in domo jacet mortuus, aut in porta, aut in sepulcro. In domo moritur, qui peccato voluptatis occultæ perimitur; in porta, qui delicto oris vel operis publice peccato gravatur. Sepulturæ vero aggere premitur (72), qui usu noxiæ consuetudinis pressus gravatur, atque suarum patentium cicatricum fetore circumjectos corrumpit. **413** Sed hos misericors et miserator Dominus ad vitam revocat, quia divina gratia, non solum occultis, verum et apertis iniquitatibus mortuos, et mole pravæ consuetudinis depressos sui respectu luminis illustrat.

Hinc evidenter datur intelligi, quia publica noxa publico eget remedio, levis autem et secreta, facili et occulta possunt deleri pœnitentia, quia puella in domo jacens paucis arbitris surgit, et eis præcipitur ut nemini dicant; juvenis extra portam, multa turba comitante et vidente; Lazarus de monumento in tantum vocatus intonuit, ut propter hoc multi abirent ex Judæis, et in illum [Jesum] crederent, et turbæ cum palmis Domino occurrerent. Et quia facilius suscitatur qui levius delinquit, puellam paucis alloquitur, qui eam non mortuam, sed dormientem asserit, in quo animam similem cito suscitari demonstrat. Juvenem pluribus corroborat, dicens : « Tibi dico : Surge (*Luc.* vii, 14) ; » quia tales animæ aliquando difficilius reviviscunt. Ad monumentum Lazari fremens turbatur, lacrymatur, magna voce clamat : « Lazare, veni foras (*Joan.* xi, 43). » Similiter longa peccandi consuetudine pressus, vix, et quasi cum multo labore suscitatur. Quartum mortuum nuntiante discipulo Dominus agnovit, nec resuscitare voluit; quo illi significatur qui labiis iniquis ac linguis dolosis libenter acquiescunt, qui vix aut nunquam a vitiis resurgunt, quia oleo peccatorum impinguatis capitibus eorum, consilium Sapientiæ contemnunt, dicentis : « Convertimini ad correctionem meam; en proferam vobis spiritum meum, et ostendam vobis verba mea (*Prov.* i, 23).» Contra adulationis quippe atque dolositatis vitium Sapientia proponit remedium, inquiens : *Vobis proferam spiritum meum, et ostendam verba mea.* Unctio enim Spiritus sancti, quæ docet nos de omnibus, ac Dei verba in remedium esse contra linguas dolosas, vir propheticus erat expertus, cum dicebat : « Quid detur tibi, aut quid apponatur tibi ad linguam dolosam? Sagittæ potentis acutæ, cum carbonibus desolatoriis (*Psal.* cxix, 3). » Sagittæ namque potentis verba sunt Salomonis, quæ cordi humano infixa faciunt in eo vulnus, non livoris, sed amoris, quæ naturaliter virtutis potentia, adulantium superat linguas, si addantur carbones desolatorii, id est exempla sanctorum de iniquitate conversorum; qui recte carbones et desolatorii dicuntur. Ut enim carbones de mortuis carbonibus reviviscunt, et adhibitis aliis alios incendunt, ita sancti prius mortui, igne charitatis calefacti revixerunt, quorum exemplis aliis propositis accenduntur et

ipsi, regnumque peccati in eis destruitur, ac desolatur.

Opponamus igitur labiis iniquis, **414** ac linguis dolosis cœlestium eloquiorum sagittas, atque sanctorum paradigmata, ut unctio Spiritus in nos abundet, et oleum peccatoris exsiccet, ne [cum] quarto mortuo, mortis detenti nexibus sepeliamur. De quo sic respondet Veritas : « Dimitte mortuos sepelire mortuos suos (*Matth.* viii, 22).» Sepeliunt enim mortui mortuum, cum peccatores adulando indignis falsisque laudibus peccantem deliniunt, dumque exstinctum quasi sub verborum suorum aggere abscondunt. Contra quos consulens tibi Sapientia, ait : « Fili mi, si te lactaverint peccatores, ne acquiescas eis. Si dixerint : Veni nobiscum, ne ambules cum eis; pedes enim eorum ad malum currunt (*Prov.* i, 10, 11). » Vide quam materno affectu nos alloquitur Sapientia, monens non acquiescere malis, si nos lactaverint adulando, vel ad non facienda impellendo, vel commissa indignis favoribus extollendo. Tales igitur fugiatis, quorum colloquia perversa bonos mores corrumpunt. Aliter enim agentes tanquam parvulos et stultos arguit Sapientia, dicens : « Usquequo, parvuli, diligitis infantiam, et stulti, quæ noxia sunt, cupitis (*Prov.* i, 22). » Arguit vos qui hactenus dilexistis infantiam. Sapientia corripit vos, et vir justus increpat in misericordia, id est Christus, qui quos amat arguit et castigat, qui post iram miseretur, et post flagella coronat; post passionem sanat, post ejectionem recipit. Ejecit nos extra Ecclesiæ castra, quasi peccati lepra respersos, paternam exercens severitatem; hodie nos recipit; hodie intra castra nos reducit in tabernaculo. Nos recipit quasi a lepræ contagione curatos. Operatur enim ipse in ministris suis, in quibus et loquitur. « Non enim, inquit, vos estis qui loquimini, sed Spiritus Patris vestri qui loquitur in vobis. (*Matth.* x, 20).» Et Apostolus ait : « An experimentum ejus quæritis qui in me loquitur Christus? » (*II Cor.* xiii, 3.) Quod ergo ejus ministri faciunt, non incongrue ipse agere dicitur, qui in eis operatur. Ut ergo olim in Testamento Veteri, per sacerdotes leviticos contaminatos lepra discernebat, et eos a tabernaculo et castris separabat, donec mundati ostenderent se sacerdotibus, ut per eos in tabernaculum introducerentur, offerentes munus secundum legem, ita nunc per evangelicos ministros, eos qui lepra peccati vitiati sunt, ac per eos extra ecclesiam ad pœnitendum missi, per eosdem in ecclesiam introduci pœnitentia mundatos decrevit, ita ut vicariis ejus se ostendant, offerentes pro emundatione munus, non hircorum, aut vitulorum, sed justitiæ sacrificium, hostiam vivam, sanctam, Deo placentem; ut scilicet faciant sibi cor novum et spiritum novum, qui spiritum veterem habuerunt; et portent **415** imaginem novi hominis, qui portaverunt imaginem terreni, ut reconcilientur Altissimo. Ad quod

---

(72) Idem dixit ser. 31.

Vas electionis hortatur, dicens : « Sicut portavimus imaginem terreni, ita portemus imaginem cœlestis (*I Cor.* xv, 49). » Hæc est pia et salutaris exhortatio; hoc utile consilium et salubre remedium, quod nobis Apostolus, imo in eo Spiritus sanctus proponit. Terrenus fuit primus Adam, quia de terra cœlestis [*f.* terrestris]; secundus Adam, id est Christus, quia desursum venit, secundum illud : « Qui desursum venit, super omnes est (*Joan.* iii, 31). » Imago terreni est vetustas, imago cœlestis est novitas. Vetustas autem triplex est, cordis scilicet, oris et operis. Vetustas cordis gemina est; consistit enim in carnalibus et sæcularibus desideriis. Carnalia desideria sunt, quibus ea operantur quæ ad carnis voluptates pertinent, ut luxuriari, comessari, et hujusmodi. Sæcularia sunt, quibus ambimus quæ mundi fastum et elationem perfovent, ut dignitates, potentias, et similia. De carnalibus inquit Petrus : « Carnalia desideria abjicite, quæ militant adversus animam (*I Petr.* ii, 11). » Et Paulus : « Spiritu ambulate, et desideria carnis non perficietis (*Gal.* iii, 16). » De sæcularibus etiam ait idem : « Apparuit gratia Salvatoris nostri Dei omnibus hominibus, erudiens nos, ut abnegantes impietatem et desideria sæcularia, sobrie et juste et pie vivamus in hoc sæculo (*Tit.* ii, 12). » Sobrie in nobis, juste ad proximum, pie ad Deum. Hanc cordis vetustatem in se consumpserat vir propheticus, qui ait : « Factus sum sicut uter in pruina, justificationes tuas non sum oblitus (*Psal.* cxviii, 80). » Uter fit de pelle mortui animalis frigoris, vel caloris sensum non habens. Pruina, vitia sunt et peccata, quibus refrigescit charitas, et succenditur iniquitas. Hæc est enim olla succensa a facie aquilonis.

Fit ergo sicut uter in pruina, qui in se mortificata carnis sæculique cupidine algore vitiorum in charitate non frigescit, sed igneis carbonibus magis ac magis ignescit. Vetustas oris item duplex est. Consistit enim in arrogatione et derogatione, id est in arrogantia et detractione dolosa. Arrogatione in nos peccavimus, derogatione in proximum deliquimus. Arrogatione namque nos extollimus, et jactanter de nobis loquimur; derogatione fratribus detrahimus, eorum bene gesta invertimus. Arrogatione fiunt aliqui susurrones, id est inter fratres discordiam seminantes. Derogatione fiunt aliqui detractores, qui aliorum bona negant vel invertunt, quos Apostolus dicit Deo odibiles, eosdemque Propheta condemnans, ait : « Disperdat Dominus universa labia dolosa, et linguam magniloquam (*Psal.* xi, 4). » Labia dolosa retulit ad derogationem; linguam magniloquam ad arrogationem. Unde et in cantico **416** Annæ legitur : « Recedant vetera de ore vestro (*I Reg.* ii, 3). » Et item : « Nolite multiplicare, loqui sublimia gloriantes (*ibid.*). » Vetera ad derogationem, sublimia ad arrogationem pertinent. Vetustasque operis duplex est, flagitia scilicet et facinora. Flagitia sunt quæ habet homo in corpore proprio, ut luxuries, et hujusmodi; facinora, mala quæ infert proximo. Flagitia ergo sunt, quæ nos maculant; facinora quæ proximos excruciant. Ecce triplex vetustas, quæ est imago terreni. Hoc est iter tridui quo Moyses filios Israel elongare volebat a Pharaone, et educere in solitudinem ad sacrificandum Deo nostro; significans nos tribus modis, quasi tribus diætis, a spirituali Pharaone, id est diabolo, debere recedere, ut nec uno die nos retineat. Et sicut triplex est vetustas, quæ est imago terreni, ita triplex est novitas, quæ est imago cœlestis; cordis scilicet, oris et operis. Novitas cordis, dilectio est gemina, Dei scilicet et proximi, quæ cordis eliminat vetustatem, quia carnalia ac sæcularia desideria evacuat. Ubi est enim dilectio Dei et proximi, carnalis vanique amoris, ac sæcularis excluditur regnum. Novitas oris item gemina est, confessio peccatorum et laudis. Confessio peccatorum nos accusat; confessio laudis Deum glorificat. Confessio peccati exterminat arrogationem; confessio laudis perimit derogationem. Novitas operis item gemina est; continentia scilicet et justitia. Continentia stat contra flagitia, justitia contra facinora. Illa facit declinare a malo; hæc agere bonum. Ad utrumque nos hortatur Apostolus, dicens : « Nolite conformari huic sæculo, » quod pertinet ad continentiam, sed « reformamini in novitate mentis vestræ [*Vulg.* sensus vestri] (*Rom.* xii, 1), » quod pertinet ad justitiam. Continentia exspoliamur vetustate, justitia induimur novitate.

Hoc ergo modo *facite vobis, domus Israel, cor novum et spiritum novum, et non moriemini;* secunda scilicet morte, dicit Dominus, *quia nolo mortem peccatoris,* sed reconciliationem. Audite, fratres, quantæ misericordiæ et patientiæ est Redemptor noster, qui non vult nos in peccato cadere; et si ceciderimus, instanter hortatur surgere. Nos deserimus eum, sed ipse non deserit nos, imo aberrantes revocat ad viam, ac redeuntibus promittit vitam, dicens : *Revertimini, et vivite.* Unde revertimur, et ad quid? A morte ad vitam, a vitiis ad virtutes, a terra ad cœlum, a perditore ad Salvatorem. Hæc est enim dies reconciliationis a sanctis Patribus statuta pœnitentibus, ut præparentur ad percipiendum sacri corporis mysterium in Dominica Resurrectione. Ideo autem hæc dies reconciliationi pœnitentium est assignata, quia Dominus **417** hoc die primum sacri corporis et sanguinis sui mysterium consecravit in cœna, et discipulis percipiendum tradidit. Cum ergo sacramenti Dominici perceptio usque in diem Paschæ, ob gaudium Resurrectionis differatur, non incongrue sancitum est, et traditum [ab] apostolis, [ut] præparentur peccatores ad perceptionem spiritualem, reconcilienturque ad beatam redemptionem. Qui ergo exterius præparari videmini, intus mentis habitaculum adornate, ut Regem regum digne mereamini percipere, et cum eo in aula cœlesti perpetuo regnare. Quod ipse vobis præstare dignetur. Amen.

XXXVII.

IN CŒNA DOMINI SERMO QUARTUS (73).

« Cum intinxisset Dominus Jesus panem, dedit « Judæ Simonis Iscariotis; et post buccellam in- « troivit in eum Satanas; et dixit ei Jesus : Quod « facis, fac citius. Cum ergo accepisset ille buccel- « lam, exivit continuo. Erat autem nox. Cum ergo « exisset, dixit Dominus Jesus discipulis suis : Fi- « lioli, adhuc modicum vobiscum sum. Mandatum « novum do vobis, ut diligatis invicem sicut dilexi « vos (*Joan.* XIII, 27-34). »

Satis novit charitas vestra, fratres charissimi, quod tota perfectio vitæ nostræ et ædificationis, ex Evangelio accipitur, cujus verba, quæ a summo ma- gistro nobis data, pretiosa sunt, et satis vos hortan- tur et ædificant quotidie. Ea modo vobis repræsen- tamus, non quod non bene ea intelligatis, sed ut intellecta ad memoriam reducatis; non ut docea- mus, sed ut monita Domini nostri vobis offeramus, et nos ipsos vobiscum moveamus. In Evangelio, quod ad præsentem diem pertinet, de patientia, de dilectione, de humilitate instruimur, et quantam damnationem incurrat qui non vult corrigi, doce- mur. Cum enim Judam multimodis notificationibus, minis, sacramentis, exemplis et planctu, ad cor- rectionem invitasset, ad ultimum eum manifestavit, et in damnationem ejus et ruinam paratum, quasi jubendo intulit. Cum enim Judas pravam voluntatem suam nulli patere putasset, notificavit eum sine no- mine multoties ante passionem. Velut cum dixit : « Nonne duodecim vos elegi, et unus ex vobis dia- bolus est? » (*Joan.* VI, 70.) Et in cœna, cum dixit : « Qui intingit mecum manum in paropside, hic me tradet (*Matth.* XXVI, 23). » Et post cœnam inquit : « Vos mundi estis, sed non omnes (*Joan.* XIII, 10). » Hoc autem dixit, ut ille a prava cogitatione resipi- sceret, cum eam manifestatam audiret. Minis etiam perterruit, quando ait : « Væ homini illi, per **418** quem Filius hominis tradetur. Bonum erat ei si natus non fuisset homo ille (*Matth.* XXVI, 14). » Sacra- mentis ad dilectionem invitavit, cum ipsi proditori carnem suam et sanguinem suum tradidit. Sacra- mentum enim illud ideo hominibus datur, ut corpus Ecclesiæ capiti coadunetur, et in ipsa specie sacra- menti unitas possit evidenter notari. Sicut enim grana multa faciunt unum panem, et sicut ex mul- tis racemis vinum extrahitur, sic ex multis homini- bus corpus Christi construitur. Obtulit ergo Domi- nus Judæ sacramentum unitatis, ut eum invitaret ad humilitatem [*f.* unitatem] dilectionis. Hortatur etiam ad humilitatem exemplo. Quamvis enim propter alios discipulos illud humilitatis exemplum præbue- rit, tamen ideo dicitur causa inimici ab iniquitate revocandi, tantam condescensionem fecisse specia- liter : quod notat in ipso initio. Ait enim evange- lista : « Et cœna facta, cum diabolus jam misisset in cor, ut traderet eum Judas Iscariotes, sciens quia

A omnia dedit ei Pater in manus, et quia a Deo exivit, et ad Deum vadit, surgit a cœna, et ponit vesti- menta sua, et cum accepisset linteum, præcinxit se; deinde misit aquam in pelvim, et cœpit lavare pedes discipulorum suorum (*Joan.* XIII, 2-5). »

Ideo facta cœna, fecit mentionem de prava vo- luntate proditoris, ut ejus gratia se lavare pedes discipulorum immeret. In hoc facto magnum humi- litatis exemplum Dominus ostendit, quod bonus ex- horruit Petrus. Tantam enim majestatem ante pedes suos inclinari expavit, et ad pedes suos Christum humilem non vult videre, non potest sustinere. In- quit ergo : « Non lavabis mihi pedes in æternum (*Joan.* XIII, 8). » Sed notandum est cur inquit, *cœna facta*, cum post ablutionem pedum legatur Dominus B panis buccellam Judæ porrexisse. Non debemus in- telligere cœnam finitam, cum adhuc panis esset su- per mensam; adhuc enim cœnabatur, cum Dominus surrexit. *Cœna* ergo *facta* dictum est, id est jam parata, et ad mensæ communis usum perducta. Et quanta humilitas fuerit, Christum lavare pedes dis- cipulorum, voluit ostendere Joannes. Prius enim celsitudinem ejus voluit commendare, cum ait : *Sciens Jesus quia omnia dedit ei Pater in manus, et quia a Deo exivit, et ad Deum vadit.* Magna enim potentia ejus exprimitur, cum ei omnia dedisse [Pater] affirmatur. Magna celsitudo ejus prædicatur, cum a Deo exiisse asseritur. Quod cognoscens ille qui dixit : *Tu es Christus, Filius Dei vivi*, expavit pedes suos ab eo lavari. Quid autem mirum si po- C suit vestimenta sua pro discipulis, qui exuit carnem pro inimicis? Et quid mirum si more famuli præ- cinxit se linteo, qui formam servi accipiens, habitu **419** inventus est ut homo? Quid mirum si fudit aquam in pelvim, ut lavaret pedes discipulorum, qui fudit sanguinem propter immunditiam peccato- rum? Sed quæritur quare cum dixisset, *cœpit lavare pedes discipulorum*, addidit postea : « Venit ergo ad Simonem Petrum (*ibid.*, 6). » Videtur [enim hinc] aliis antea pedes discipulorum lavasse. Sed sic in- telligendum est, [quod] cum summam rei bene transcripsisset, dicendo : *Cœpit lavare pedes, et linteo tergere*, rediit ergo ad ordinem postea rei os- tendendum, dicens : *Venit ergo ad Simonem Petrum.* D Dignum etiam inquisitu quidquid postea dicit : « Qui lotus est, non indiget nisi ut pedes lavet, sed est mundus totus (*ibid.*, 10). » Si enim est mundus totus, quare necessarium est ei ut lavet pedes? Hic quippe fit mentio baptismatis. Qui ergo lotus est in bapti- mate, totus per baptismum est lotus. Sed cum ne- cessarium sit ei transire per hunc mundum, et pe- dibus pulvis adhæreat, id est venialia peccata [com- mittat], de quibus apostolus Joannes : « Si dixeri- mus quia peccatum non habemus, nos ipsos sedu- cimus (*I Joan.* I, 8): » sic indiget [quisque] ut pedes, id est transitum hujus mundi a venialibus purget, vel affectus mentis. Unde consuetudo fuit

---

(73) E Victorino codice.

pedes sanctorum hospitio receptorum abluere, ut si quid madidum in via contraxerint, communicatio dilectionis fratrum purificet.

Peracto autem humilitatis officio, docuit [Christus] quare hoc fecisset. « Scitis, inquit, quid fecerim vobis. Vos vocatis me, Magister et Domine, et bene dicitis, sum etenim. Si ergo lavi pedes vestros Dominus et Magister, quanto magis et vos debetis alter alterius lavare pedes (*Joan.* xiii, 12-14). » Quod dicitur : Si sum Magister, discite a Magistro ; si Dominus, non erubescat facere servus quod facit Dominus. « Non est servus major domino suo (*Matth.* x, 24). » Audistis, fratres charissimi, quomodo Dominus discipulum iniquum notificationibus, minis, sacramentis, exemplis revocare voluerit, restat ut audiatis quomodo super eum doluit. Sequitur enim infra : « Cum hoc dixisset, turbatus est spiritu Jesus, et protestatus est, dicens : Amen, Amen dico vobis, quia unus vestrum me tradet (*Joan.* xiii, 21). » Doluit, quia non potuit discipulum corrigere, doluit, quia obstinatum aliis ostensurus erat, et super eum sententiam daturus. Unde omnibus quærentibus quis esset ille, ait : « Ille est cui intinctum panem porrexero ; et cum intinxisset panem, dedit Judæ Simoni Iscarioti (*ibid.*, 26). » Non, ut quidam putant, tunc Judas Christi corpus accepit. Intelligendum est enim quod jam omnibus tribuerat Dominus sacramentum corporis et sanguinis sui, ubi ipse erat, sicut Lucas evidenter ostendit. Panem intinctum voluit porrigere, ut cor intinctum **420** significaret ; et post buccellam, tunc introivit in eum Satanas. Quare cum superius dixisset : *Cum diabolus jam misisset in cor, ut traderet eum Judas Simonis Iscariotis* (*Joan.* xiii, 2), quare modo post buccellam, dicit *in illum Satanam intrasse ?* (*Ibid.*, 27.) Sed superius affectum misit, modo immisit effectum. Nota et quia bona obsunt, et quod mala quandoque prosunt. Corpus enim Domini, quod bonum est, nocet, si indigne sumatur ; stimulus Satanæ datus Paulo, quod est malum, illi profuit. Similiter et panis iste a Christo porrectus, indigne a Juda sumptus, hoc fecit ex merito, ut major esset licentia diabolo super eum, et gravem in eum vindictam fecit. Subtracta enim gratia eum ad male agendum dimisit, juxta hoc quod Dominus dicit per David : « Et dimisit eos secundum desideria cordis eorum, ibunt in adinventionibus suis (*Psal.* lxxx, 13). » Similiter permittendo dicit : *Quod facis, fac citius.* Quod dicit : Cum te non possim revocare a malo, do potestatem ut peragas malum. Nullam in me potestatem posses habere, nisi tibi datum esset desuper. *Cum ergo accepisset ille buccellam, exivit continuo.* Exivit, quia a Deo et consortio bonorum discessit. *Erat autem nox.* Merito hoc tempus datur ei, quia cæcitas mentem ejus caligaverat. Adhibito studio incassum in revocatione pravi discipuli, et purgata quæ residua erat [turba] a consortio impii, in pur-

gationem justorum suos electos confirmat, et prius dilectione eos informat, dicens : *Mandatum novum do vobis, ut diligatis invicem sicut dilexi vos.* Novum erat ideo, quia quatuor modis generantur homines, aut sine matre, ut Eva, aut sine patre et matre, ut Adam, aut ex patre et matre, ut cæteri homines ; quarto modo solus genitus est Christus ex matre sine patre. Novus erat homo qui secundum Deum creatus est, quia Deus et Homo est. Novum regnum prædicare venerat, quia dicebat : « Agite pœnitentiam, appropinquat enim regnum cœlorum (*Matth.* iv, 17) ; » de quo ait : « Regnum meum non est de hoc mundo (*Joan.* xviii, 36). » Et de mundana conversatione [inter] omnes concives quærebat, qui temporalia contemnerent, et cœlestibus inhiarent ; quibus dicitur : « Renovamini spiritu mentis vestræ, et induite novum hominem (*Ephes.* iv, 23). » Talibus novum mandatum dabat. Sed quare dicitur novum mandatum dilectio proximi, cum in veteri lege dictum sit : « Diliges proximum tuum sicut teipsum ? » (*Matth.* xxii, 39.) Ideo novum est, quia usque ad inimicos dilatum est ; in veteri enim lege dictum est : « Et odio habebis inimicum tuum (*Matth.* v, 43). » Et quare de sola dilectione admonuit, et postea supponit : « In hoc cognoscent omnes quia discipuli mei estis, si dilectionem habueritis ad invicem ? » (*Joan.* xiii, 35.) Cæteræ **421** enim virtutes, fides scilicet, oratio, eleemosyna, virginitas, et aliæ virtutes, possunt esse communes bonorum et malorum. Sola dilectio est tantum bonorum ; et ideo hoc signo cauteriatæ sunt oves Domini, quia hoc signo tantum cognoscetur utrum sint de grege Domini Jesu Christi. Diligamus ergo nos invicem, quia charitas ex Deo est, et qui diligit fratrem suum, ex Deo natus est, et Deum videt. Non erubescat alterius pacem alter prior postulare, quia non erubuit Christus nos inimicos suos ad reconciliationem revocare. Ergo ne erubescet facere Christianus, quod fecit pro Christianis Christus ? Reconciliamini igitur, fratres, si aliqua dissensio inter vos est. Deus autem qui facit habitare unius moris in domo, qui est vera pax, qui fecit utraque unum, vos ad pacem, et ad [ejus] custodiam adducat, et in ea usque in finem perseverare faciat. Qui vivit et regnat Deus per omnia sæcula sæculorum. Amen.

XXXVIII.

IN COENA DOMINI SERMO QUINTUS (74).

« Dominus » noster « Jesus » Christus, « in qua « nocte tradebatur, accepit panem, et gratias agens « fregit, et dixit : Accipite et manducate : Hoc est « corpus meum, quod pro vobis tradetur ; hoc fa- « cite in meam commemorationem. Similiter et ca- « licem, postquam cœnavit, dicens : Hic calix no- « vum testamentum est in meo sanguine. Hoc facite « quotiescunque bibetis in meam commemoratio- « nem. Quotiescunque enim manducabitis panem « hunc et calicem bibetis, mortem Domini annun- « tiabitis donec veniat (*I Cor.* xi, 23-26). »

<hr>

(74) E Victorino et Lyrano.

Imminente, fratres charissimi, Dominicæ passionis articulo, quando jam pene erat in traditione Dominus, qui prius legales observantias et sacrificia tenuerat, quæ omnia fuerant figura incarnationis et passionis Christi, veniente veritate, voluit umbram dimittere. Agnus immaculatus in antiqua lege, et aliæ hostiæ verum Agnum immolandum in cruce præfigurabant. Voluit igitur agnum figurativum comedere, et immolare, et umbram rei figuratæ tandu servare, donec immolatio veri Agni fieret. Itaque ante tempus passionis suæ, voluit Pascha vetus cum discipulis suis celebrare, et agnum comedere, deinde veteribus figuris finem dare. Post cœnam igitur agni, novum Pascha finito veteri substituit, et discipulis corpus et sanguinem suum distribuit. Si enim prius dedisset corpus suum, et deinde agnum, non videretur vetus Pascha **422** finivisse per novum. Accepit itaque panem, et benedixit; et dedit illis postea calicem. Et sciendum quod tota natura humana in anima et corpore erat corrupta. Oportuit ergo ut Dominus, qui veniebat utrumque liberare, uniretur utrique, ut anima per animam, corpus per corpus liberaretur. Ideo in altari ad utrumque repræsentandum panem et vinum apponimus, ut per panem corpus factum, et a nobis digne acceptum, nostrum corpus corpori Christi immortalitate et impassibilitate quemque [f. quandoque] conformandum credamus; et similiter per vinum in sanguinem conversum a nobis acceptum, animas nostras animæ Christi conformes futuras in mundo, dum vivimus, et in gloria, dum resurgemus. Et cum anima per aliquod corporeum, sicut corpus per panem, repræsentanda esset, nihil inventum est in omnibus creaturis per quod vicinius repræsentaretur, quam per sanguinem, qui sedes ipsius animæ dicitur. Sed quia per sanguinem sumere quid horribile naturæ humanæ videbatur, ideo vinum pro sanguine positum est, ad significationem [f. ad solamen, seu sustentationem] animæ. Nec tamen intelligendum est quod in sanguinis acceptione solam animam, et non corpus, vel in acceptione corporis solummodo corpus et non animam accipiamus; sed in acceptione sanguinis totum Christum verum Deum et hominem; et in acceptione corporis similiter totum [sumimus]. Et quia bis separatim corpus, et separatim sanguinem, non tamen bis, sed semel Christum accipimus. Sed iste mos ita separatim accipiendi inde in Ecclesia inolevit, quia Christus in cœna discipulis separatim dedit, ut per hoc intelligerent se animæ et corpori Christi debere conformari. Porro aqua in sacramento ideo ponitur cum vino, ut aqua quæ cum sanguine de latere Christi fluxit, repræsentetur. Quæ aqua significat vel populum, vel baptismum, in quo populus per effusionem sanguinis Christi mundatur. Nec dubitare debemus quin panis per sacra verba benedictionis sacerdotis, in verum Domini corpus immutetur, ita ut panis substantia non remaneat, sed colorem et saporem panis voluit [Christus] remanere, et sub illa specie veram cor-

poris Christi substantiam latere, ne si in ea qualitate in qua revera est, appareret, verum hominem animus hominis sumere abhorreret. Unde cum Dominus diceret : « Nisi manducaveritis carnem Filii hominis, et biberitis ejus sanguinem, non habebitis vitam in vobis (Joan. VI, 54), » hæc audientes quidam abierunt retrorsum, abhorrentes, et putantes eum sub ea specie quæ eis apparebat, jubere comedi. Debet autem necessario **423** credere Christianus, manibus sacerdotis cujuslibet tantummodo sacerdotii ordinem habentis, sive boni, sive mali, æqualiter per verba potestativa benedictionis, corpus Domini posse consecrari, et tunc Spiritum sanctum in consecratione illa adesse. In specie vero panis jam Christus voluit corpus suum ostendere, quia ipse est panis vivus, qui de cœlo descendit, et unionem corporis cum capite in specie panis voluit designare, sicut ait Apostolus : « Unus panis, unum corpus multi sumus omnes, qui de uno pane participamus (I Cor. X, 17). » Sicut enim ex diversis granis panis fit, sic ex diversis membris unum corpus Christi in unione spei, fidei, et charitatis efficimur.

Itaque qui corpori Christi sicut membrum vult uniri, pani cœli cum aliis participet. Fregit enim Dominus panem, et [supp. omnibus] dedit; quia quod unum est, ab omnibus voluit participari, dicens : Accipite per conformitatem, et comedite ipsum sacramentum. *Hoc facite in meam commemorationem,* ut accipiendo corpus et sanguinem, habeamus passionis ejus commemorationem; et accipiendo corpus, sicut pro nobis mortuus est, ita pro eo, si necesse sit, moriamur. Et de calice similiter, quem vocavit Novum Testamentum, id est novam promissionem, quia per illum sanguinem non temporalia promittebat, sed æterna. Hæc commemoratio debet fieri donec veniat, id est usque in finem sæculi, quando veniet ad judicium. Sed videte quid sequitur : « Quicunque manducaverit panem, vel biberit calicem Domini indigne, reus erit corporis et sanguinis Domini; probet autem seipsum homo, et sic de pane illo edat, et de calice bibat (I Cor. II, 27, 28). » Indignus ergo est criminali peccato irretitus, id est in voluntate criminalium faciendorum remanens. Probat autem seipsum homo, non comparatione aliorum, sed per se solum qualis fuerit considerans quia « qui manducat et bibit indigne, judicium sibi, » id est damnationem « manducat et bibit. Ideo inter vos multi infirmi sunt et imbecilles (ibid., 29, 50), » et quos Deus, propter corpus suum indigne assumptum, in hac vita febribus et aliis infirmitatibus punit, et qui, quod pejus est, dormiunt multi in mortem, sicut nos adhuc videmus quod post Pascha sæpius accidit mortalitas. Itaque, fratres charissimi, cum ad unitatem custodiendam voluit Dominus corpus suum a nobis assumi et participari, si aliquis ab unitate discedit per iram, per discordiam, vel odium, indigne accipiet corpus Domini, nec participatione ejus poterit cum Christo uniri. Sicut enim charitatis vinculum plures unit ita discordia et odium, quod unum est dividit. Videte ergo, fratres, ne venenum discordiæ **424** inter vos odium generet, et ne dilectionem charitatis in vobis corrumpat. Respicite caput vestrum, respicite causam redemptionis vestræ. Ex sola enim dilectione salvavit nos Christus, dicente Apostolo : « Deus qui dives est in misericordia, propter nimiam charitatem, qua dilexit nos, et cum essemus mortui peccatis, convivificavit nos in Christo, cujus gratia salvati estis. Itaque cum inimici essemus, reconciliati sumus Deo per mortem Filii ejus (*Ephes.* ii, 4, 5). » Majorem hac dilectionem nemo habet, ut animam suam ponat quis pro amicis suis. Christus tamen majorem habuit, quia, ut ait Apostolus : « Cum adhuc impii [*Vulg.* infirmi] essemus, pro impiis mortuus est (*Rom.* v, 6). » Hanc dilectionem nemo alius habuit, ut pro inimicis moriatur. Unde Apostolus : « Pro bono quis audeat mori? » (*Ibid*, 7.)

Antequam igitur dilectionem prædicaret, dilectionem ostendit. Sæpius discipulos ad dilectionem invitavit; in ultimo autem sermone dilectionem in animis discipulorum firmans, exemplo et dictis seminavit [*f.* roboravit]. Inquit enim Joannes, sicut modo audivistis : « Ante diem festum Paschæ, sciens Jesus quia venit hora ejus ut transiret ex hoc mundo ad Patrem, cum dilexisset suos, in finem dilexit eos (*Joan.* xiii, 1). » Discessurus enim a discipulis ad tempus, qui erant in mundo, ne turbarentur, ne ab unitate dividerentur, in fine ostendit eis signum amoris, ne cum derelinquerent causa terroris. Immutavit et coerozavit (75) eos in concordiam, ne eos discinderet discordia. Ecce signum amoris : « Surgit a cœna, et ponit vestimenta sua, et cum accepisset linteum, præcinxit se; deinde mittit aquam in pelvim, et cœpit lavare pedes discipulorum suorum, et extergere linteo quo erat præcinctus (*ibid.*, 4, 5). » Quam humanitatem cum Petrus expavesceret, dixit ei : « Quod ego facio, tu nescis modo; scies autem postea (*ibid.*, 7). » Sic prædicavit in factis suis; quid autem in factis vellet intelligere, postea exposuit. Nam postquam lavit pedes eorum, accipiens vestimenta sua, recubuit, et dixit : « Scitis quid fecerim vobis? Vos vocatis me, magister, et bene dicitis, sum etenim. Si ergo lavi pedes vestros ego Dominus et magister, et vos debetis alter alterius lavare pedes. Exemplum enim dedi vobis, ut quemadmodum ego feci vobis, ita et vos faciatis (*ibid.*, 13-15). » Ecce per facta sua ad dilectionem et humilitatem invitavit, ne amplius aliquis erubescat facere quod Dominus fecit. Unde [si] vile videtur personæ potenti fœdos alicujus lavare pedes; sed modo authenticum est et decorum facere quod Dominus fecit. Itaque illis [suo] corroboratis exemplo, videns figuram mysticam de passione sua in eis

[completam], cœpit in hæc verba consolari, et ad dilectionis **425** vinculum exhortari : « Quo ego vado, non potestis me modo sequi. Mandatum novum do vobis, ut diligatis invicem. In hoc cognoscent omnes quia discipuli mei estis, si dilectionem habueritis ad invicem (*ibid.*, 33-35); » ac si diceret : Discessurus sum a vobis ad tempus, et vado ad Patrem meum, donec murum, qui est inter Deum et hominem, diruam, non potestis venire. Vado in aliam regionem; desero ad præsens familiam meam, et ideo rogo ne iterum inter vos sit ulla dissensio. Nec solum rogo, sed etiam mandatum facio, ne ullus audeat transgredi, et novum voco, ne vobis inveterescat, sed semper in vobis renovetur. Ideo specialius hoc mandatum vobis impono, quia *in hoc cognoscent omnes quia discipuli mei estis, si dilectionem habueritis ad invicem.* Cæteræ virtutes tam bonis quam malis possunt esse communes; sed vera dilectio veris Christianis solis debita est. Posui signum meum in eis, quo possunt discerni ab aliis. In hoc signo cognoscent omnes quia estis mei discipuli. Quam autem dilectionem debeant habere, qua differant a cæteris, exponit ipse, dum ait : *Sicut dilexi vos.* Non eam scilicet qua homines diligunt iniquitatem. Sed qui diligit iniquitatem, odit animam suam. Homines diligunt propter iniquitatem suam, sed non diligunt sicut dilexit Deus, quia Deus non propter utilitatem suam dilexit nos, sed propter nostram. Diligendus est itaque amicus in Deo, et inimicus propter Deum, qui vivit et regnat in sæcula sæculorum. Amen.

XXXIX.

IN COENA DOMINI SERMO SEXTUS (76).

« Cum dilexisset Jesus suos qui erant in mundo, « in finem dilexit eos (*Joan.* xiii, 1). »

Ambigi potest quos vocet Joannes evangelista suos Christi, cum suus sit orbis terrarum, et universi qui habitant in eo. Consuevit tamen sacra Scriptura vocare spiritualiter suos Christi, quos elegit cum Patre a diebus æternitatis fieri conformes claritati suæ. Unde scriptum est : « Novit Dominus qui sunt ejus (77). » Et alibi : « Novit Paterfamilias numerum jumentorum suorum (78). » Quandoque singulariter vocat suos Christi quos de electis præelegit in diebus carnis suæ sub Patre, ut essent ei testes in omni Judæa, Jerusalem et Samaria, etc. De quibus ipse ait : « Pater sancte, serva eos quos dedisti mihi, tui erant, et mihi eos dedisti (*Joan.* xvii, 11). » Etiam tertio modo vocat suos Christi omnes qui idiomate characteris sui, id est signo sanctæ crucis in baptismo sunt insigniti, **426** et nomine ejus agnominati, id est a Christo Christiani, quibus ipse ait : « Audi, popule meus, et loquar tibi (*Psal.* xlix, 7); » qui tamen adhuc simul sunt in area, cum paleis grana, in torculari

---

(75) Id est *conjunxit*, vel *corroboravit*, vel *cordialiter univit.*

(76) E ms. Andegavensi.

(77) *Mane*, inquit, *notum faciet Dominus qui ad*

se pertinent (*Num.* xvi, 5).

(78) *Vulg. Novit justus jumentorum suorum animas* (*Prov.* xii, 10).

oleum cum amurca. Sane de his tribus, scilicet electis, præelectis, Christianis, quod prædictum est, non indecenter exponitur de electis, sic : « Cum dilexisset Jesus, » ab æterno « suos qui erant in mundo, » et adhuc multi eorum de mundo, « in finem dilexit eos, » id est usque in finem temporum, et maxime in fine, id est in hoc tempore gratiæ, in quos fines sæculorum devenerunt. Attende vero quantitatem amoris, sic : Audi quis dilexerit, et quomodo, et quos, et quantum. Quis? Deus. Unde Propheta : « Deus meus es tu (*Psal.* xv, 2). » Quomodo? Gratis. Unde et subdit : « Quoniam bonorum meorum non eges (*ibid.*). » Quos? Inimicos. Unde Apostolus : « Cum inimici essemus, dilexit nos (*Rom.* v, 16). » Quantum? Usque ad mortem. Unde : « Christus factus est pro nobis obediens usque ad mortem (*Philipp.* ii, 8). » De discipulis vero sic potest exponi : Cum dilexisset Jesus suos, id est etiam quadam domestica familiaritate socialis affectionis, qui erant in mundo, sed non jam de mundo, ut ipse testatur, dicens : « Propterea odit vos mundus, quia de mundo non estis (*Joan.* xv, 19); » in finem dilexit eos, usque in finem vitæ suæ, et maxime in fine. Sed attende quis, quomodo, quos, quantum. O quis? Dominus et magister. Quomodo? Tanquam fratres. Unde extendens manus in discipulos suos, ait : « Hi sunt fratres mei (*Matth.* xii, 50). » Quos? piscatores, idiotas, infirma et ignobilia mundi, et quasi peripsema mundi, quibus dignus non erat mundus. Quantum? Venit eis ministrare, et præcipue hodie dilexit. Sciens enim Jesus quia transiret de mundo ad Patrem, et quod ituri essent post eum, sicut et ipse dixerat : « Ubi sum ego, illic et minister meus erit (*Joan.* xii, 26); » recedens ab eis, et iter sequendi ostendit eis, et cibum quo vescerentur in itinere, reliquit, id est viam dedit et viaticum. Sub forma enim panis et vini corpus suum et sanguinem ad edendum dedit, et conficiendum reliquit. Unde et ipse ait : « Hoc facite in meam commemorationem (*Luc.* xii, 19). » Christus enim in cruce fuit pretium, in deserto est viaticum, in cœlo erit præmium. Hic est cibus grandium, qui munit contra adversa, et confert bona, servat collata. Hic est cibus Eliæ, cui dictum est : « Surge, comede; grandis enim tibi restat via (*III Reg.* xix, 7). » Qui dormiens comedit cibum hunc, judicium sibi manducat et bibit. Si evigilans comedit, in fortitudine cibi illius ambulabit quadraginta diebus et quadraginta noctibus, id est toto tempore hujus vitæ suæ usque ad montem Dei. De quo scriptum **427** est : « Quis ascendet in montem Domini? etc. » (*Psal.* xxiii, 3.)

Viam vero ostendit eis in ablutione pedum : hæc via est humilitas. Primi parentes, qui sexu impari, sed pari fastu peccaverunt per superbiam, abierunt in regionem dissimilitudinis ; sed nos per aliam, id est oppositam viam oportet redire in regionem nostram. Quod autem hæc via sit humilitas, audi. Antonius abbas, cum omnes laqueos inimici

A   vidisset in spiritu quasi coram se jactatos, ingemiscens ait : « Quis transibit istos? » Et vox audita est : « Humilitas. » Sane in ablutione pedum humilitatem expressit Jesus Dominus Sabaoth, cui ministrant angeli, linteo præcinctus, et totus in modum ministrantium expeditus ; solo fixis genibus, inclinavit se ad abluendos pedes hominum ; manus quæ creaverunt stellas, contractæ sunt ad tergendas pauperum plantas. Ad tria enim valuit eis hæc ablutio. Fuit eis exemplum, sacramentum, argumentum. Exemplum humilitatis, sacramentum remissionis venialium, argumentum mutuæ dilectionis. De exemplo Jesu sic ait : « Si ego Dominus et magister vester lavi vobis pedes, et vos debetis alterutrum lavare pedes ; exemplum enim dedi vobis, ut et B   vos ita faciatis (*Joan.* xiii, 14-15). » Quod fuerit sacramentum sic accipite : Videns Petrus plastem suum plasmatis sui lutei opificem inclinari ad pedes suos, expavit, et abnuens se lavari audivit : « Si non lavero te, non habebis partem mecum (*ibid.*, 8); » quod de extrinseca ablutione pedum nequaquam intelligi potest, sed est sensus : Nisi etiam manus et caput, id est, prius mortalia non lavero, pedes, id est venialia, non regnabis. Ingredi enim necesse est sine macula etiam veniali. Quod autem argumentum fuerit dilectionis, patet. Signum enim magnæ dilectionis est ad aliquem etiam usque ad abluendos pedes ministrare, ut quod exterius manu, interius fiat verius in affectu. Unde et Dominus, terminata absolutione, ait : « Mandatum novum do vobis, ut diligatis invicem sicut dilexi vos (*ibid.*, 34), » ac si di-
C   ceret : Mandatum hoc per Moysen redegi in scriptis, sæpe verbis iteravi, sed nunc do illud vobis, id est manuali opere repræsento. Superest ut de Christianis exponatur. Verumtamen inveniemus verba sic : Cum diligat Jesus suos, in finem maxime diligit eos. Probatio dilectionis exhibitio est operis. Videamus in quantis diligat nos Deus noster, in quantis nobiscum misericorditer agat. Miserationes enim ejus super omnia opera ejus. Quot exhibet miserationes, tot sunt dilectionis probationes. Noverat hoc qui dicebat : « Miserere mei, Deus, secundum magnam misericordiam tuam (*Psal.* l, 1). » Attende magnam misericordiam ; attende **428** miserationes, tanquam numerum filiarum magnæ miD   sericordiæ. « Misericordia enim Domini plena est terra (*Psal.* cxviii, 64). » Non incongrue vero dicitur magna misericordia, quia est et parva. Parva, est benedictio sinistræ ; magna, benedictio dexteræ ; parva, est læva sub capite ; magna, dextera totum amplexans. Parva, necessaria quæ addicuntur ; magna, regnum quod quæritur. Parvam sitit caro, magnam spiritus. Unde : « Sitivit in te anima mea, quam multipliciter tibi caro mea (*Psal.* lxii, 2). » Clamet ergo caro, et dicat : Miserere mei, Deus, secundum parvam misericordiam tuam. Clamet spiritus, et dicat : Miserere mei, Deus, secundum magnam misericordiam tuam. Illa enim quæ dicitur parva, magna est in se. Magnum est enim immeritis

beneficia præstare; ingratis gratis dare; bona pro A malis retribuere; sed parva dicitur respectu magnæ. Etiam parva est quantum ad id pro quo datur, videlicet ad necessitatem. Audi quam modicum sufficit necessitati. Victum et vestitum habentes, his contenti sitis (79). Et alibi : « Divitias et paupertatem ne dederis mihi, sed tantum victui meo præbe necessaria (*Prov.* xxx, 8). » Philosophus etiam ait : Necessitati modicum sat est, superfluitati nihil. Verumtamen hæc parva magna et magni meriti gignit opera. Filiæ enim hujus misericordiæ sunt opera septem misericordiæ, quorum sex in Evangelio, septimum in Tobia legi. Per beneficium enim ipsius reficimus esurientem, potamus sitientem, colligimus hospitem, operimus nudum, visitamus infirmum, consolamur vinctum, sepelimus mortuos. Multo plures autem et pene innumerabiles sunt filiæ magnæ misericordiæ, sed nos de multis pauca excipiamus [*f.* accipiamus]. Sane est misericordia magna, est major, est maxima. Magna est patientia, major disciplina, maxima justificatio.

Vide quam magna sit Dei patientia. Angelum peccantem non exspectavit ad pœnitentiam; dejecit eum de regione vivorum in regionem umbræ mortis. Unde : « Vidi Satanam sicut fulgur de cœlo cadentem (*Luc.* x, 18). » Primos parentes non exspectavit, etsi cognosceret figmentum eorum, sed sententia maledictionis eos percussit, cujus robur in universam posteritatem quasi hæreditario jure C transfusum est. Nos autem non solum exspectat per diem, mensem et annum, sed usque in senectam et senium patientia ejus exspectat ad pœnitentiam, disciplina examinat ad justitiam, justificatio illuminat ad vitam. Prima est quasi manus extensa et comminans; secunda, quasi manus impressa et colaphisans; tertia, quasi manus supposita, sursum tollens. Prima est ad cautelam, secunda ad medelam, tertia ad tutelam. **429** Primam implorabant sacerdotes inter vestibulum et altare, clamantes : Parce, Domine, parce populo tuo. Secundam Propheta, dicens : « Proba me, Deus, et tenta me, ure renes meos, et carnem meam, [*Vulg.* cor meum], etc. » (*Psal.* xxv, 2.) Tertiam idem alibi dicens : « Amplius lava me ab iniquitate mea D (*Psal.* l, 3). » Sunt autem primæ quasi tres filiæ. Dum enim sustinet nos, monet nos per beneficia, monet per dicta, monet per exempla; per beneficia, ut largitorem diligamus; per dicta, ut ultorem timeamus; per exempla, ut bonos patres imitemur.

Diligamus ergo, sed sine præsumptione timeamus, sed sine desperatione; imitemur, sed sine dissimulatione. Secunda vero, quæ dicitur major, nihilominus tres filias habet. Cum enim flagellat pater filium quem diligit, flagellat aut ad correctionem, aut ad conservationem, aut ad consummationem. Ad correctionem, incipientes; ad conservationem proficientes; ad consummationem pervenientes. Secundum primum modum corripuit Mariam sororem Moysi et Aaron, lepra perfundens eam. Secundum alterum servavit Paulum per stimulum carnis suæ, ne magnitudo revelationum extolleret eum. Secundum tertium consummavit universitatem martyrum. Tertia quidem, quæ maxima dicta est, in duo dividitur. Est enim justificatio prima, et secunda; prima, quæ justum facit; secunda, quam justus facit; non enim sumus tanquam mortuum instrumentum Deo justificanti nos, sicut gladius militi, et dolabrum fabro. Prima vero tres quasi filias habet, quarum prima est gratiæ infusio; secunda arbitrii cooperatio; tertia delicti deletio. Infusio gratuita, cooperatio voluntaria, deletio deifica. Infusio tenebras fugat; cooperatio evellit spinas; deletio extendit rugas. Porro secunda justificatio, et ipsa tres parit. Prima est continuatio in bono; secunda, promotio in meliori; tertia, consummatio in optimo. Ait enim Hieronymus super duodecim prophetas, quia sicut reprobus tollitur e vita in cumulo vitiorum, ita electus in cumulo meritorum, id est in tali articulo, quo, si fieri posset, quod diutius viverent, nec ille tamen deinceps deterior fieret, nec iste melior; et hic est finis in quem Deus præcipue diligit suos, cum **430** per curriculum vitæ, in his quæ prædiximus, diligit eos. Sunt inter hos quidam [*f.* familiares] familiari sui, tanquam secretarii ejus, quos diligit tanquam pupillam oculi sui (80). Ili sunt viri claustrales, qui contempserunt vitam mundi, qui elegerunt abjecti esse in domo Domini magis quam habitare in tabernaculis peccatorum; qui facti sunt abjectio plebis, et opprobrium hominum, quibus servat Deus judiciariam potestatem in alios, sicut ipse ait : « Vos, qui reliquistis omnia, et secuti estis me. . . . cum sederit Filius hominis in sede majestatis suæ, sedebitis et vos super sedes, judicantes duodecim tribus Israel (*Matth.* xix, 27). » Ili sunt filius ille major, qui est in agro, cui pater dixit : Fili, tu semper mecum es, et omnia mea tua sunt; sed summopere caveat iste filius ne velit accipere hædum ad private cum amicis epulandum. Hædus petulcum animal est et olidum, qui in lege offerebatur pro [*f.* dele-

---

(79) *Habentes alimenta et quibus tegamur, his contenti simus* (*I Tim.* vi, 8).

(80) Ex hoc monastici status elogio, simul et monasticorum defectuum insectatione adeo pathetica, non levis elici potest conjectura Hildebertum hunc habuisse sermonem, dum adhuc Cluniaci moraretur, primis Pontii ambitiosi pseudoabbatis temporibus, quibus periclitari cœpit observantia regularis; quæ forte tota deperiisset, nisi, divina favente gratia, Petrus Venerabilis ejus post Hugonem II (qui tantum tribus mensibus Cluniaco præfuit), successor, primitivum tot sanctorum abbatum et monachorum fervorem in pristinum statum restituisset. Inde etiam educi potest Hildebertum vere fuisse monachum, et quidem Benedictinum, cum tantopere monasticam abstinentiam a Regula sancti Benedicti impositam commendet, et tanto zelo defectus in illam contingentes, sollicite vitare suadeat.

tione] declinatione peccati. Hædum itaque comedere cum amicis est cum quadam delectatione peccare. Comedit autem hædum vir claustralis quandoque cum amicis, quandoque in amicis, quandoque pro amicis. Cum amicis, si mente redeat ad cohabitationem et conversationem eorum quos reliquit; vel (quod absit!) si etiam in opere redierit ut canis ad vomitum, tanquam sus ad volutabrum suum. In amicis vero, si saltem mala illorum cognita defenderit, si foverit commendando; si non fleverit, pro eis intercedendo. Pro amicis vero, si etiam manum auxilii apposuerit; si quæ deberet pauperibus, caris suis erogavit; si spoliavit cellam ut vestiat nepotem, quia caro ejus et sanguis est. Verumtamen et propter amicos solitarius hædum edere potest in ipsa vilitate olerum, in ariditate leguminum, in tenuitate piscium potest invenire ollas carnium, si supra facultatem loci sui, eadem velit sibi ministrari [supple, quæ habuisset in sæculo]; si præter usum eorum cum quibus vivit peregrinis salsamentis illa condiat, et a nativa asperitate, in adulterinam suavitatem eam degenerare cogat; si horam communem sine causa præveniat; si supra modum sumat; et in summa in claustro vescitur carnibus hædinis; qui quasi monachus privilegiatus inter alios, vult lautioribus uti cibis, cultioribus uti vestimentis, **431** mollioribus incubare stratis, brevioribus et rarioribus interesse vigiliis, (81) vereor ne iste excludatur ab esu vituli saginati, quem pater filio pœnitenti impertiit. Sed ut et nos digni inveniamur introduci ad esum illius vituli, qui seipsum obtulit pro nobis, diligamus Jesum diligentem nos, diligamus eum, quoniam bonus est nobis, sed maxime quoniam bonus est, ut et ipse diligat nos in finem et maxime in fine, cum venerit judicare vivos et mortuos et sæculum per ignem.

XL.

IN CŒNA DOMINI SERMO SEPTIMUS (82).

« Estote imitatores Dei, sicut filii charissimi, et « ambulate in dilectione sicut et Christus dilexit « nos, et tradidit semetipsum pro nobis oblatio-« nem et hostiam Deo in odorem suavitatis (*Ephes.* « v, 1, 2). »

Admonet vos, fratres charissimi, Apostolus, ut sicut filii Dei estis, a tanto Patre non degeneretis. Ille enim filius dignus est patre, qui bono patri assimilatur. Unde quisque autem recognoscet se Christianum [se filium], si se [exhibeat] Christianum, et Christi filium, a quo etiam Christiani dicuntur. Si autem Christi filius est, et Dei filius est. Cum autem Christiani omnes, et Dei filii sitis : « Estote ergo imitatores Dei (83), » sicut illi qui filii ejus sunt. Unde Joannes : « Videte qualem charitatem dedit nobis Pater, ut filii Dei nominemur, et simus (*I Joan.* iii, 1). » In quo debeatis eum imitari supponit.

Unde Joannes : « Qui dicit se in ipso manere, debet sicut ille ambulavit, et ipse ambulare (*I Joan.* ii, 6). » Nunquam Christus in mundo cessavit, semper ambulavit, nulla eum carnalis voluptas detinuit. Nunquam in vitiis obdormivit. Non jubet nos imitari Patrem in divinitate, quia revera Dii non potestis esse natura, nec participatione deitatis. Non jubet imitari miraculis, sed tantum ambulatione jubet ire; sed quibus pedibus? Non pedibus, sed manibus; non gressibus corporis, sed gressibus mentis. Ascensuri estis altum montem, qui usque ad cœlum erigitur. Scitis quantum moratur quisque in ascensione illius montis. Alius centum annos, quantum scilicet vivit, alius sexaginta, alius quadraginta, alius viginti, alius decem, alius per unum diem. Sed quia forsitan viam nescitis, viam docet Apostolus, cum subdit : *Ambulate in dilectione;* habeatis dilectionem, et in cœlum ascendetis. **432** Ipsa enim habet duas alas quibus homines vehuntur. Diligite enim Deum et proximum. Ecce duæ alæ quæ nos portant in cœlum. His duabus alis ascendit Pater noster. Dilexit enim Deum et proximum. Deum dilexit ut Patrem. Quidquid enim in mundo faciebat, non sibi, sed Patri suo ascribebat. Dicebat enim : « Et sermonem quem audistis non est meus, sed ejus qui misit me Patris (*Joan.* xiv, 24). » Et in oratione passionis cum rogaret ut transiret ab eo calix : « Fiat, inquit, voluntas tua (*Luc.* xxii, 42). » Itaque præposuit voluntatem Patris voluntati suæ. De dilectione proximi quid dicam? Illa admirabilis est, quia, ut ait Apostolus, « Christus dilexit nos, et tradidit semetipsum pro nobis oblationem et hostiam Deo in odorem suavitatis (*Ephes.* v, 2). » O quanta dilectio! Deus immortalis, sicut aliquis agnus, sicut aries immolatus est pro nobis. « Majorem hac dilectionem nemo habet, ut animam suam ponat quis pro amicis suis (*Joan.* xv, 13). » Saltem, fratres charissimi, Patrem imitemur, qui prior nos dilexit, prior viam nobis monstravit, relinquens nobis exemplum, ut sequamur vestigia ejus. Diligamus invicem, quia charitas ex Deo est, et qui diligit fratrem suum, ex Deo natus est, et videt Deum. Charitas enim est regina virtutum. Omnes serviunt charitati. Si aliqua virtus est quæ non sit sub charitate, desinit esse virtus. « Charitas, » ut ait Apostolus, « operit multitudinem peccatorum (*I Petr.* iv, 8); » et quia charitas est sublimior omnibus virtutibus, sola, pereuntibus aliis, in futuro remanebit. *Charitas nunquam excidit.* Hæc sola virtus inter angelos et homines erit in futuro, quia et Deum, et se invicem, ut concives, et filii ejusdem Patris (*Rom.* xiii, 8), ardore nimio diligent.

Igitur diabolus plus laborat odium miscere inter fratres, quam aliud vitium. Quanto enim plures videt colligatos et confœderatos ad bellum, tanto

---

(81) Phrasis Hildebertina.

(82) E Victorino et Lyrano.

(83) Lyranus habet : *Unusquisque recognoscit se Christianum, et Dei filium. A Christo enim Chri-stiani dicuntur. Si autem Christi filius est, et Dei filius est. Cum ergo omnes Christiani et filii Dei estis, estote imitatores,* etc.

ninus contra eos potest; sed si ponat intestina bella, cum foris sit hostis, intus facilius vincit. Nam nascente [discordia], sequitur (84) inde detractio, invidia, contentio, et alia mala. Unde Joannes : « Qui odit fratrem suum, in tenebris est, et in tenebris ambulat, et nescit quo eat, quoniam tenebræ obscuraverunt oculos ejus (*I Joan* II, 11). » Exposuimus, fratres charissimi, viam qua ascendebatur in cœlum; modo videndum est quomodo ambulemus in ea. Ait enim : *Ambulate*, dum lucem habetis, *in dilectione*. Primus gressus hominum accedentium (85) ad Deum, est pœnitentia, et per eam veniam postulare. Veniam autem postulare non potestis , nisi dilectionem **433** proximi habeatis ; et sicut veniam postularetis, proximo contra vos (86) peccanti prius concedatis. Ait enim Dominus : « Si non dimiseritis hominibus peccata eorum, nec Pater vester cœlestis dimittet vobis peccata vestra (*Matth.* VI, 14, 15). » Ecce necessaria est dilectio inimici, si vobis peccata vestra vultis dimitti. Sed dicetis : Ipse aufert res meas ; ipse intulit mihi contumelias. Ecce, fratres, amisistis per peccatum cœlestem hæreditatem; vis illam recuperare ? perde rem tuam temporalem, ut recuperes cœlestem. Vis utramque habere ? indulges tibi nimium. Contumelias condona : Imitare Christum (87), qui dixit, dum occideretur : « Pater, dimitte illis, quia nesciunt quid faciunt (*Luc.* XXIII, 34). » Et iterum : « Estote misericordes, sicut et Pater vester misericors est (*Luc.* VI, 36). » Post pœnitentiam, necessarium est vitare vitia. In hoc dilectio multum utilis est. Dilectio enim malum non operatur. « Charitas enim non æmulatur, non agit perperam, non inflatur, non gaudet super iniquitate (*I Cor.* XV, 4). » Qui fratrem suum diligit, non poterit facere homicidium, non adulterium, non furtum, non perjurium, non falsum testimonium, non rapinam, non invidere, non litigare, nullum malum proximo facere. Post remotionem vitiorum, sequitur virtutis operatio. Ibi satis apparet quantum dilectio valet. Bona enim vita, alia contemplativa, alia activa. Contemplativus est, qui in Deo cogitando et amando immoratur, et studet; sed sine dilectione Dei et proximi esse non potest, juxta Joannem, qui ait : « Si quis dixerit quoniam diligit Deum, et fratrem suum odit, mendax est (*I Joan.* II, 4). » Activa vero vita in dilectione proximi tota est, pauperes pascendo, vestiendo, hospitio receptando, in infirmitate, sive in carcere visitando.

Itaque, fratres charissimi, omnis vita bona est in dilectione fundata. Sed quoddam vitium est inter homines, quod valde dilectionem exstinguit, detractio scilicet. Hoc vitium est abominandum inter fra-

tres ; tales sunt seminatores (88) discordiarum. Hoc est framea (89) diaboli, incendium odii, mors, et sæva perditio animæ. De quibus David : « Qui loquuntur pacem cum proximo suo; mala autem in cordibus eorum (*Psal.* XXVII, 3). » Et Salomon ait : « Susurro, et bilinguis maledictus, turbavit enim pacem habentes; lingua tertia multos commovit (*Eccli.* XXVIII, 15, 16). » Tertius enim est loquens proximo secreto, alium apud eum accusat, et multa fingit quæ non audivit, intimans illi hæc et illa mala illum dixisse de eo, **434** quem veneno linguæ suæ commovens , et sic quem prius diligebat, inimicum reddit, et tamen cum eum videt quem modo accusabat, ei arridet (90), et eum quasi multum diligeret, amplectitur. Facile peccat lingua, et quia est in udo (91), facile labitur. De ea loquitur Jacobus, dicens : « Lingua modicum membrum est, et magna exaltat (*Jac.* III, 5). » Iterum ait : « Ecce quam parvus ignis, quam magnam silvam accendit, et lingua est ignis, et universitas iniquitatis. Lingua constituitur in membris nostris, quæ maculat totum corpus... Linguam nullus hominum potest refrenare (92). Inquietum malum, plena veneno mortifero (*ibid.*, 5-8). » « Si quis autem putat se religiosum esse, non refrenans linguam suam, sed seducens cor suum, hujus vana est religio (*Jac.* I, 26). » Hæc omnia dicit de lingua Jacobus. Ideo, fratres charissimi, ponendum est linguæ frenum, ne detrahat, ne accuset, ne male dicat, juxta David : « Posui ori meo custodiam (*Psal.* CXL, 3). » Nec solum reticendum est os , sed aures obturandæ sunt, ne audiant accusationem. Unde Salomon : « Sepi aures tuas spinis, et noli audire linguam nequam, et ori tuo fac ostia et seras (*Eccli.* XXVIII, 28), » cum præsertim magnum malum sit mentiri. Unde David : « Perdes omnes qui loquuntur mendacium; disperdat Dominus universa labia dolosa, et linguam magniloquam (*Psal.* XI, 4). » Timete, fratres, sententiam Apostoli, qui dicit : « Neque rapaces, neque maledici regnum Dei possidebunt (*I Cor.* VI, 10). » Respicite ad Patrem vestrum, qui cum malediceretur, non maledicebat. Quare juvat (93) viventes, etiam lacessitos, non maledicere. « Nolite ergo, ut ait Jacobus, detrahere invicem (*Jac.* IV, 11). » Nonne plus dilectio valet, et servitus vicaria, quam latens corrosio ? Quid est ergo quod dicit David? « Ecce quam bonum, et quam jucundum habitare fratres in unum (*Psal.* CXXXII, 1). » Bonum est, quia utile est servire alterum (94) alteri. Jucundum est, quia nulla res suavior est quam dilectio, ad quam nos invitans Christus, dedit exemplum humilitatis, quia voluit ministrare, non ministrari, quando lavit pedes discipulorum suorum, et ait : « Scitis quid fecerim vobis (*Joan.* XIII, 12); » quod

---

(84) Lyranus, *Nam nascente radice illa sequitur.*
(85) Lyranus, *homini accedenti.*
(86) Victorin., *Sicut qui veniam postulatis proximo contra vos.* Lyran. *Et sicut veniam vostulatis, veniam proximo contra vos.*
(87) Lyr., *Imitare Petrum.*
(88) Lyr., *hoc est seminatorium.*

(89) Lyr., *flamma.*
(90) Lyr., *sibi assurgit, sibi arridet.*
(91) Lyr., *in humido.*
(92) Lyr. et Vulg. *domare.*
(93) Lyr., *juvat nos etiam.*
(94) Lyr., *alterutrum.*

dicitur : Dedi exemplum humilitatis, quia « si ego *A* Dominus et Magister vester, lavi pedes vestros, quanto magis vos debetis alter alterius lavare pedes?» (*Joan.* XIII, 13.) Surgite ergo, fratres charissimi, exemplum tanti Patris sequamini, auferendo malum de cogitationibus vestris, et de toto corde vestro condonantes alterutrum, si jacet latens in cordibus **435** vestris odium. Deus autem pacis et dilectionis maneat cum omnibus vobis, et pacem det vobis veram, ut per eam consequi possitis vitam æternam (95). Amen.

XLI.

IN PASSIONE DOMINI SERMO PRIMUS (96).

Dominus noster Jesus Christus, fratres charissimi, « ut sanctificaret per suum sanguinem populum, « extra portam passus est : Exeamus igitur ad eum *B* « extra castra, improperium ejus portantes (*Hebr.* « XIII, 12, 13). »

Satis, fratres charissimi, audivistis ordinem redemptionis nostræ; sed dignum est tamen multoties hoc beneficium commemorare. Quanto enim sæpius beneficium memoratur, tanto plus in amore benefactoris animus inflammatur. Recordari igitur debemus quantum improperium pro nobis passus est Dominus, quia scilicet, cum ad turpem mortem duceretur, quasi vilis et contemptibilis extra civitatem ejectus est, et crucem suam portavit, et inter latrones crucifixus est in loco Calvariæ, et ubi rei decollabantur interfectus est. Videbatur enim « opprobrium hominum, » ut ait David, « et abjectio plebis (*Psal.* XXI, 7). » Sed cum prava intentione Judæi ita *C* hæc fecissent, pius Dominus magna dispensatione hoc fieri voluit. Non enim solum hoc genere mortis voluit redemptionem dare hominibus, sed etiam vitam nostram informare. Non enim sine causa voluit potius crucifigi quam lapidari, vel alio genere supplicii; sed quod aliquid debeat in ejectione et crucifixione intelligi, docet Apostolus, cum dicit : *Exeamus ad eum extra castra, improperium ejus portantes.* Videamus ergo quomodo debeamus exire, et e quibus castris, et improperium portare. Quandiu in hoc mortali corpore vivimus, a Domino peregrinamur. Sumus in hoc corpore quasi in castris bellantes contra spiritualem inimicum. Sed in his castris delectandum non est, quia, ut ait Apostolus : *D* « Debitores sumus non carni, ut secundum carnem vivamus. Si enim secundum carnem vixeritis, moriemini (*Rom.* VIII, 12). » Exeundum est ergo ab his castris, ut non subjiciamur [quasi] domino, carni. Debet enim servire, non imperare. Unde Apostolus : « Castigo corpus meum, et in servitutem redigo (*I Cor.* IX, 27), » id est, ut serviat animæ. Hoc exire est illud quod ait Dominus in Evangelio : « Qui vult venire post me, abneget semetipsum (*Matth.* XVI, 24). » Abnegare quippe debemus, non quod in Dominus fecit, sed quod nos ipsi **436** fecimus. Quodcunque bonum habemus, ex Deo est. Quod

malum, ex homine. Ergo qui furabatur, jam non furetur. Audivistis quid est exire extra castra. Modo videamus quid est *improperium Christi portare.* Hoc idem est quod per aliud Dominicum dicitur : « Et tollat crucem suam (*ibid.*). » Dominus voluit hoc genus tormentorum eligere, ut inde sumamus formam vitæ. Sicut enim aliquis crucifixus non potest membra sua ad aliquas actiones dirigere, eodem modo veterem hominem cum vitiis et concupiscentiis debemus crucifigere, ut neque pes, neque manus, neque aliud membrum possit aliquam nequitiam peragere, nec cogitare. Unde Apostolus : « Per quem mihi mundus crucifixus est, et ego mundo (*Gal.* VI, 14). » Tollamus ergo crucem, et in nobis crucifigamus vitia. Duobus autem modis crux tollitur, vel cum caro propter vitia maceratur, vel cum proximo patienti condoletur. Sed non sufficit tollere crucem, nisi sequamur eum. Unde postea subjecit in Evangelio : « Et sequatur me (*Matth.* XVI, 25). » Non omnes qui portant crucem sequuntur Dominum. Ille sequendo Dominum portat crucem, qui se macerat spontanea voluntate, et moritur vitiis. Non enim [similiter] portatores fuerunt crucis Christus et Simon Cyrenæus. Christus sponte portavit, et mortuus est in ea. Simon in angaria, nec mortuus est in ea. Simon significat eos qui non sponte jejunant, nec sponte carnem suam macerant, sed coacti, nec moriuntur vitiis. Christus e contrario. Audivistis improperium Christi propter vos susceptum. Hoc a multis Patribus fuit præfiguratum.

Legitur enim de Eliseo propheta quod cum ascenderet in montem, sequebantur eum quidam pueri male garrientes, et clamabant : Ascende, calve (*IV Reg.* II, 23). » Oratione autem justi viri, venerunt duo ursi de silva, et devoraverunt quadraginta duos pueros. Eliseus vero Christum significat, qui fuit calvus, id est sine vitiis superfluis. Capilli enim, quia sunt sine sensu, superflua significant; pueri, Judæos qui deridebant Christum exaltatum in cruce. Duo ursi de silva, Titum et Vespasianum de gentilitate venientes, qui dissipaverunt Judæos qui nutriti fuerunt [*supp.* in deserto] per quadraginta duos annos. Hoc enim fuit spatium a passione Domini ad destructionem Jerusalem. Sed quamvis dicatur improperium Christi, non quantum ad nos, sed quantum ad Judæos, sic est vocandum. Putaverunt enim maximam esse debilitatem, Christi mortem. Nos autem dicimus esse maximam virtutem Christi, et maximum exemplum patientiæ, **437** et humilitatis, et misericordiæ. Unde ait Apostolus : « Verbum crucis pereuntibus stultitia est, credentibus autem, virtus Dei; (*I Cor.* I, 18). » Nos autem virtutem Dei hoc esse credamus, ne maledictionem subeamus. Legitur enim quod Noe habuit tres filios, Sem, Cham et Japhet. Iste plantavit vineam, et de vino illius inebriatus est, et obdormivit in tabernaculo detectis pudendis. Videns

---

autem Cham filius ejus patrem sic detectum derisit, et illud nuntiavit fratribus suis. Duo autem fratres hoc audientes protexerunt pallio patrem suum, non considerantes nuditatem. Patet autem, ut hoc didicit, maledixit, non Cham, sed Chanaan filium ejus. Ait enim : « Maledictus sit Chanaan, sit servus Sem et fratrum suorum (*Gen.* ix, 25). » Noe, qui interpretatur *requies*, Christum significat, vinea, Judæos, qui dederunt ei vinum passionis, quo obdormivit in cruce, et apparuit nuda et quasi impotens humanitas ejus. Cham significat Judæos, qui deriserant Christum nudum in cruce, et mortuum. Duo fratres sunt credentes de utroque populo, qui excusant infirmitatem Christi. Vindicavit Dominus, non solum in patres, sed etiam in filios, modo faciens eos servos nostros. Egimus, fratres charissimi, vobiscum de improprio Christi. Egimus et de exitu castrorum, et de cruce portanda. Hujus autem mysterii in hac festivitate quamdam speciem repræsentamus. Etenim extra (97) civitatem eximus, crucem materialem portamus. Sicut ergo figuram gerimus, ita rem opere compleamus. Sed quidam nostrum sunt qui nimis in castris pigritantur, quia scilicet carnalibus delectantur. Alii enim sunt solliciti circa divitias, alii vacant libidini, alii gulositati, alii inani gloriæ, et alii aliis vitiis. Sed modo agamus de divitibus. Divites hujus sæculi sunt qui superbiunt, qui extollunt se, et putant se beatos esse; **438** sed, ut ait Augustinus, « nihil est infelicius felicitate peccantium, » et dum de nimia prosperitate lætantur, non prævidentes sempiternam ruinam, excæcantur. Audite quomodo sunt cæci. David enim ait de hujusmodi excæcatis : « Vir insipiens non cognoscet, et stultus non intelliget hæc ; cum exorti fuerint peccatores sicut fenum, et apparuerint omnes qui operantur iniquitatem (*Psal.* xci, 7, 8). » Ut, id est qualiter intereant in sæculum sæculi. Exoriri dicuntur peccatores, quando in magnas divitias provehuntur

vel potentiam appetere dicuntur, qui indumentis insignibus fulgent, sed hæc sicut fenum, quod modo floret, et statim arescit. Sicut ipse alibi dicit : « Homo, sicut fenum dies ejus, sicut flos agri, sic præteribit [*Vulg.* efflorebit]. » Similes sunt hominibus quærentibus argentum, qui invenientes plumbum, reversi sunt in patriam suam. Similes sunt somnianti reperire divitias, et habere eas, qui cum evigilat, invenit se deceptum, ut ait David : « Dormierunt somnum suum, et nihil invenerunt viri divitiarum in manibus suis (*Psal.* lxxv, 6). »

O vos, fratres, timete, quia tempus est, et utramque beatitudinem non potestis habere. Audite quod dictum est diviti ardenti in flamma : « Recordare quia recepisti bona in vita tua, et Lazarus similiter mala. Nunc vero hic consolatur, tu vero cruciaris (*Luc.* xvi, 25), » quia regnum cœlorum datum est pauperibus. Unde ait Dominus : « Beati pauperes spiritu, quoniam ipsorum est regnum cœlorum (*Matth.* v, 3). » Et David : « Parcet pauperi et inopi, et animas pauperum salvas faciet (*Psal.* lxxi, 13).» « Facite » igitur « vobis amicos de mammona iniquitatis, ut cum defeceritis, recipiant vos in æterna tabernacula (*Luc.* vi, 20). » Est aliud genus hominum, qui cum non sint divites, divites esse cupiunt, et bonis aliorum invident, sicut sunt raptores, qui semper miseri, et in futuro miseriores erunt, quia utraque bona amittunt. Sed quid promittit eis Dominus? (98) « Væ qui prædaris, quia tu ipse prædaberis! » (*Isai.* xxxiii, 1.) **439** Qui in præsenti factus est lupus, in futuro erit esca lupo. Isti lupi non solum homines, sed etiam Deum et Domini res aggrediuntur. Domum enim Domino consecratam, ubi corpus et sanguis Domini offertur, ubi orationes effunduntur, violant et incendunt. Sed, ut ait Apostolus : « Qui violaverit templum Dei, disperdet eum Deus (*I Cor.* iii, 17). » Res vero ecclesiasticas pro redemptione peccatorum Deo attributas, eripiunt,

(97) Probabile videtur Hildebertum hunc habuisse sermonem, cum esset episcopus Cenomanensis, feria sexta præcedente Dominicam Ramorum ; qua scilicet, ut notavit noster Martenius, tract. De divinis officiis, cap. 19, num. 26, imaginem Crucifixi, quam feria sexta Parasceves solet clerus et populus adorare, solemni pioque ritu deferunt canonici Cenomanenses ad monasterium S. Vincentii, sequenti Dominica ad matricem ecclesiam cum pompa inde reportandam. Hanc autem, ut refert præfatus Martenius, ita describit ejusdem Ecclesiæ ordinarium : [Feria sexta ante Ramos Palmarum, cum deportatur imago Crucifixi ad S. Vincentium, cooperta pallio, debent esse quatuor sacerdotes, in albis, et stolis revestiti, euntes nudis pedibus cum aliis revestitis usque ad S. Vincentium, ita ut capellanus nostræ ecclesiæ sit ad caput, capellanus de Gordana ad pedes, capellanus S. Michaelis ad dextrum brachium, et capellanus de S. Audoeno ad sinistram, et quatuor pueri cum subdiacono, similiter discalceati ; et cum venerint ad dictam ecclesiam, cantetur responsorium de S. Vincentio ; quo finito, cum oratione et precibus, dimittant ibi Crucifixum usque ad Ramos Palmarum.] Aptissime igitur ad hunc ritum videtur Hildebertus accommodasse ad concionis argumentum verba Apostoli : *Exeamus ad eum extra castra, improperium ejus*, Christi scilicet, *portantes,*

ut auditorum devotionem vivacius excitaret, dum illis hujus ritus mysterium explicans: *Extra civitatem*, inquit, *eximus, crucem materialem portantes. Sicut ergo figuram gerimus, ita rem opere compleamus, etc.*

(98) Quod autem sub hujus sermonis finem, tam acriter in Ecclesiarum deprædatores invehitur, id cadere forte potest in consules, seu, ut vocant, Scabinos Cenomanenses, qui quo tempore Guillelmus Rufus, Angliæ rex, et ejus postea successor, Henricus I ad id Hildebertum adigere tentabant, ut matricis ecclesiæ suæ turres, quasi Arci suæ, ut putabant infestas, dirui sineret, quod ab ipso nunquam obtinere potuerunt. Unde præfati consules, pravi regiæ potestatis assentatores, tantam vim ipsi Domini Sanctuario, ut ait Hildebertus ipse epistola octava libri primi, intulerunt, ut omnibus urbis ecclesiis temeratis et spoliatis, *quidquid esset potestatis episcopalis, ait ipse, vel dissipatum fuerit in rapinas, vel in favillas evanuerit.* Hinc Hildebertus ad tantam rerum omnium inopiam redactus est, ut infulis etiam episcopalibus direptis, ad concilium Trecense, præ nimia egestate, nequiverit accedere, et Romam, nonnisi pene emendicando, ad summum Pontificem confugere compulsus fuerit. Vide supra gesta episcoporum Cenomanensium, et quæ de hoc in Hildeberti Vita retulimus.

et peccata populi comedunt. Illos sacrilegos raptores, istos lupos pastores debent abjicere ab Ecclesia, quia inter oves lupi esse non debent. Si Dominus in futuro damnaturus est illos qui sua non tribuunt, quid ergo facturus est illis qui rapiunt aliena?
Quid amplius dicerem? Diabolica instrumenta sunt,
quibus diabolus Ecclesiam assilit [*f.* affligit] innocentes opprimit. Sunt quasi leo quærens quem devoret, surgit mane cupiens saturare famem suam,
nec habet quod comedat, nisi rapiat. Quid de libidine? Illa omnia contaminat, omnia commiscet. Illa
David et adulterum et homicidam fecit, Salomonem
corrupit, Samsonem interfecit. Hæc coinquinat corpus et animam. Alia scelera sunt horrida, sed ista
est fetida. Hæc vertit homines in reprobum sensum.
Hæc libido adulteria generat, et incestus parit. Non
cavent homines sibi a parentibus, non a commistis,
non a commatre, non a filia spirituali, quod, ut ait
Gregorius, magnum est peccatum.

XLII.

IN PASSIONE DOMINI SERMO SECUNDUS (99).

« Foderunt manus meas et pedes meos, dinume-
« raverunt omnia ossa mea (*Psal.* XXI, 17). »

Septimana præsens, fratres charissimi, ex re nomen habens, vocatur laboriosa, vel ut vulgo loquuntur, a pœna verbo rustico, *pœnosa.* Quod si quæritis
causam hujus impositionis, mementote Dominicæ
Passionis. In hac siquidem septimana passiones Domini recitantur, et pœnæ, quas non pro suis, sed
aliorum peccatis pertulit, populo denuntiantur. Quod
si vultis scire quam pœnam passus est Christus,
attendite ipsum in cruce pendentem, et attendite
eum de ipsa cruce hujuscemodi **440** querimonias
proferentem : « Foderunt manus meas et pedes meos,
dinumeraverunt omnia ossa mea (*Psal.* XXI, 17). »
Istæ tamen querimoniæ non sunt impatientiæ, sed
potius misericordiæ. Non enim dolebat pro se, qui
patiebatur. Quis vero passionem et pœnam Domini
digne considerare, digne enuntiare sufficiat? Ipsemet
quod pertulit dicat, ipse de pœna [sua] testimonium
perhibeat. Ipse qui passus est. « Foderunt [inquit]
manus meas et pedes meos, dinumeraverunt omnia
ossa mea (*Psal.* LXVIII, 12). » Et iterum : « Dederunt
in escam meam fel, et in siti mea potaverunt me
aceto (*ibid.*, 22). » Attendite, quæso, quæ pœna
fuerit, manus et pedes clavis configi, et sic in ipsa
cruce extendi, ut omnia ossa extensa, præ nimia
extensione possint dinumerari. Nolite, fratres, oculos vestros a cruce Christi divertere; nolite aures
vestras a verbis ejus deflectere : ecce de cruce loquitur, et vobis loquitur. Pro quibus patitur, ipsis
loquitur. Obsecro vos ergo, exhibite affectum compassionis, et affectum [*f.* effectum] imitationis. Hoc
etenim sitit, hoc esurit. Auferte a vobis fel iniquitatis, et acetum pessimæ cogitationis. Sit operatio
justa, sit cogitatio munda. Ecce audistis ex parte,
sed tantum minima, quam pœnam Christus passus
sit. Videte postmodum a qualibus, et qualiter, et

(99) E ms. Colbertino n. 1017.

quam patienter passus sit. Audite Psalmistam in
persona Christi dicentem : « Amici mei et proximi
mei adversum me appropinquaverunt, et steterunt,
et qui juxta me erant de longe steterunt (*Psal.*
XXXVII, 12). » O Domine Jesu Christe, quid tibi facient inimici, quandoquidem tibi adversantur amici ?
Male de inimico confidere potest, cui et amicus
contrarius est. Tu tamen Domine Jesu, non certe
impotens, sed prorsus omnipotens. Tu qui a talibus pateris, quid talibus facis? quid talibus dicis?
Scio, Domine, scio quid mihi respondeas. Nihil
omnino facio, nihil omnino dico. Gratanter sustineo passionem, et nullam prorsus nec verbo, nec
facto, rependo ultionem. « Ego enim tanquam surdus non audiebam, et sicut mutus non aperiens
os suum (*Psal.* XXXVII, 14). » Ego sum illa ovis patiens et mitis, de qua scriptum est : « Tanquam
ovis ad occisionem ductus est, et sicut agnus coram tondente se non aperuit os suum (*Isai.* LIII, 7). »
O exemplum patientiæ imitabile et admirabile,
dignum prorsus admiratione et dilectione, dignum
imitatione ! **441** Hoc exemplum attendant, et erubescant impatientes, et impotentes, qui et per impatientiam pati nolunt; et tamen cum patiuntur, propter impotentiam se vindicare non possunt. Miseri
prorsus isti qui et patienter quod volunt ad vindictam, exercere non possunt quam volunt [*f.* qui
quod impatienter volunt, exercere non possunt ad
vindictam quam volunt]. E contrario Christus beatus, qui pœnam libenter sustinuit, et persecutoribus
suis ultionem inferre noluit quam potuit.

Pœna itaque quam Dominus pertulit, huic septimanæ, sicut dictum est, pœnosæ nomen imposuit.
Quod si sit qui diligenter inquirat, inveniet alias
pœnas, pro quibus hoc vocabulum huic septimanæ
non injuste conveniat. Sunt enim duo genera hominum qui hoc tempore graviter affliguntur et pœnam maximam patiuntur, qui idcirco valde laborant,
quia onus maximum portant, et illud quidem onus
aliquando deponere volunt, nec tamen possunt. O
quam exsecranda, et nunquam collo imponenda sarcina, quam qui sibi imponit, portare cogitur, et eam
cum deponere voluerit, aliqua occasione impediente,
non sinitur ! Onera ista, charissimi fratres, sunt
peccata. Sub isto onere laborabat qui in Psalmo
dicebat : « Quoniam iniquitates meæ supergressæ
sunt caput meum et sicut onus grave gravatæ sunt
super me (*Psal.* XXXVII, 5). » Attendite igitur duo
genera hominum, ista onera deponere volentium,
non tamen valentium. Quid est autem onus deponere, nisi peccatum dimittere? Sed qui vult peccatum
dimittere, necesse habet illud sacerdoti confitendo
revelare, sicut scriptum est : « Revela Domino viam
tuam, et spera in eo (*Psal.* XXXVI, 5). » Sed multoties, cum peccator magnitudinem et multitudinem
sui reatus attendit, erubescit confiteri quod fecit, et
quamvis pro peccatis suis graviter doleat; ipsa tamen
intra sinum conscientiæ insipienter contegens, cui

deberet, præ pudore nimio, non revelat. O stulte! cur erubescis homini dicere, quod non erubuisti in conspectu Domini facere? Remove a te pudorem; curre ad sacerdotem, revela secretum et confitere peccatum. Alioquin nihil proderit tibi cordis contritio, si, cum possis, non sequitur oris confessio. Non possum, inquit, hoc facere. Ego quidem libenter peccatum desererem, et pro peccato pœnam maximam mihi ipsi imponerem, si hoc sine confessione utiliter facere possem. Sed quia hoc fieri non potest, malo peccatum celare, et in peccato vitam finire, quam pro tanto reatu verecundiam sustinere. Et plerumque ita evenit sicut dicit, quia superveniente alicujus infirmitatis occasione, moritur sine confessione. Hujusmodi vero peccator, qui præ pudore peccatum non **442** confitetur, ideo plerumque sine fructu pœnitentiæ moritur. Per filium Judæ patriarchæ, Her nomine, aliquatenus figuratur. Her enim, sicut scriptum est, Thamar duxit uxorem, sed quia in conspectu Domini nequam fuit, mortuus est sine liberis (*Gen.* xxxviii, 3, etc). Her quippe pellicitus [*f.* pellitus], Thamar *amaritudo* interpretatur Quid igitur pellicitus significat, nisi peccatorem? Quid Thamar, nisi peccati amaritudinem? Quod enim per pellem peccatum significatur, in Genesi patenter ostenditur, cum Dominus Adam et Evæ post peccatum tunicas pelliceas fecisse legitur (*Gen.* iii, 7), ac si eis postquam peccaverant, Dominus manifeste dixisset : Videte induti pellibus quam pilosi estis exterius, et per hoc solerter perpendite quales peccando facti estis interius. Sicut enim pilus de superfluis humoribus nascitur, sic peccatum, non de ipsa natura, quæ bona est, sed de vitio pravæ voluntatis exoritur. Tunc ergo Her, qui interpretatur pellicitus [pellitus], Thamar ducit uxorem, quando peccator reatum suæ iniquitatis considerans, et semetipsum dijudicans, maximam in corde suo pro eodem reatu suscipit amaritudinem; sed quia præ verecundia peccatum non confitetur, quasi Her accepta Thamar, sine liberis moritur, quia etsi pro peccato suo magnam suscipiat amaritudinem, tamen de eadem amaritudine, pro eo quod non confitetur [peccatum], nullum pœnitentiæ fructum, quasi filium, generat.

Est aliud hominum genus cujus cor in consideratione culpæ suæ, amaritudine magna conficitur, et tamen a confessione ejusdem, non tam pro pudore, quam pro peccati amore compescitur. Sed forsitan quærat aliquis quomodo amaritudo cum delectatione conveniat. Ad hoc breviter respondemus, quia in corde peccatoris diversi sunt affectus, et diversi sunt respectus. Aliquando enim etiam ille qui peccatum diligit, ratione cogente, ad Deum respicit, et dum judicium ejus tremendum considerat, horrescit ei protinus quod delectat, et ipse horror timorem incutit, timor amaritudinem gignit, sicque fit ut eamdem mentem nunc amaritudo pœnalis efficiat [*f.* afficiat], nunc delectatio peccati male blandientis inficiat. Isti itaque qui tantam in se sentiunt pec-

cati delectationem, pro nihilo computant, si irent ad confessionem. Dicunt enim apud se : Quid mihi prodest peccata confitendo dicere, quod scio me præ nimio amore non posse deserere? Hunc itaque qui pro amore peccati ad confessionem non vadit, secundus filius Judæ, videlicet Onan, per significationem exprimit, qui post mortem fratris sui Thamar uxorem accepit. **443** Sed quia semen in terra fundebat, sine liberis mortuus fuit. Quid est enim semen in terram fundere, nisi delectationem suam in terrenis et carnalibus desideriis figere? Tunc enim semen de quo filius procreari posset, in terram funditur, quando affectus cordis, de quo bona opera emergere possent, in terrenis concupiscentiis spargitur. Sed peccator hujusmodi, etsi de peccato aliquando compungitur, et quasi facto connubio Thamar, id est amaritudini jungitur, tamen sine liberis moritur, quia pro amore peccati deserens confessionem, nullum boni operis fructum consequitur. Ecce distinximus duo peccantium genera, quibus hebdomada præsens valde pœnalis est, quia et grandem peccatorum sarcinam ferunt, et tamen partim pro peccati pudore, partim pro peccati amore non confitentes, seipsos alleviare contemnunt. Est adhuc tertium peccantium genus supradictis deterius, quod scilicet et peccatis consentit, et tamen de peccatis nullam amaritudinem sentit. Adeo hujusmodi peccatores ipsa peccandi consuetudine sunt excæcati, ut peccata gravia faciant, et peccare se nesciant, et sunt quasi stupidum membrum in corpore, quod etsi valde infirmum sit, præ nimia tamen infirmitate sentiendi vim amittens, dolorem infirmitatis non sentit. De istis vero qui pro suis peccatis non dolent, sed, quod deterius est, cum malefecerint, gaudent, scriptum est : « Qui lætantur cum malefecerint, et exsultant in rebus pessimis (*Prov.* ii, 14). » Hoc tertium peccantium genus, tertius [est] Judæ filius, id est Sala convenienter figuratur, qui Thamar in conjugium non accepit. Sala quippe interpretatur *dimissus*. Tunc ergo Sala, id est dimissus, Thamar, id est amaritudinem uxorem non ducit, quando peccator Deo deserente cæcatus, et sibi ipsi dimissus, pro peccatis quæ non intelligit, in corde suo nullatenus amarescit. De talibus, qui a Deo dimittuntur, in Psalmo dicitur . « Dimisit eos secundum desideria cordis eorum (*Psal.* lxxx, 13). » Et iterum : « Quorum non es memor amplius, et ipsi de manu tua repulsi sunt (*Ps.* lxxxvii, 5). » Isti peccatores, qui seipsos nesciunt, quia non plorant, plorandi sunt; quia non gemunt, gemendi sunt.

Et sciendum quia hujusmodi peccatores supradictis sunt deteriores, quia etsi illi peccatum pro aliqua occasione non deserunt, tamen peccatores se intelligunt, et pro peccatis suis aliquando intime gemunt, et saluti tanto magis appropinquant, quanto infirmitatis suæ magnitudinem non ignorant. Utilius ergo istis esset seipsos cognoscere, et cognoscendo deflere, quam se nescire, et quasi qui bonam conscien-

tiam habeant, **444** lætari et exsultare. Propter ista A
tria genera hominum, qui vel peccata sua corde cæcati nesciunt, vel etiam, si sciunt, tum pro humana
verecundia, tum pro delectatione peccati, nec confitentur, nec deserunt, tria in passione Domini miracula facta sunt. Sic enim legitur : « Et terra mota
est, et petræ scissæ sunt, et monumenta aperta sunt,
et multa corpora sanctorum, qui dormierant, surrexerunt (*Matth.* xxvii, 51, 52). » Tunc etenim
terra movetur, quando cor peccatoris, cui dictum
est : « Terra es, et in terram ibis (*Gen.* iii, 19). »
reatus sui consideratione concutitur. Tunc petra
scinditur, et monumentum aperitur, quando per Dei
gratiam duritia cordis resolvitur, et os, quod prius
clausum fuerat ad peccati occultationem, postea reseratur ad ejusdem peccati confessionem. Sed quid B
prodest, si monumentum apertum fuerit, et mortuus
non resurgit. Et notandum quia qui resurgit, de
morte ad vitam transit. Et quid est mors, nisi peccatum? Et quid est vita, nisi opus bonum? Quia et
per peccatum anima moritur, et per opus bonum
vivificatur. Necesse est igitur ut aperto monumento
mortuus surgat, et de morte ad vitam transeat, quia
oportet ut peccator post confessionem, et peccatum
quod confessus est deserat, et bonis operibus vigilanter insistat. Ecce tria genera peccatorum discussimus, et duorum pœnam aliqua ex parte descripsimus. Nunc de ipsius diaboli pœna, quam in hac septimana patitur, breviter aliquid dicamus.

Quid enim putatis, fratres charissimi, qua pœna
idem diabolus crucietur, quo livore torqueatur, cum C
eos quos usque modo tanquam suos servos possedit,
de servitute peccati, Christi misericordia ad justitiæ libertatem educit. Magna siquidem pœna est illi,
cum videt peccatorem peccatum suum cognoscere,
cognoscendo gemere, gemendo deflere, deflendo revelare, et post revelationem prorsus deserere. Magna
etiam torquetur invidia, cum videt Christum exaltatum in cruce omnia trahere ad se ipsum. Inæstimabili pœna afficitur, cum ipse fortis armatus, a
fortiore superveniente Judice Christo vincitur, et
universa arma ejus confringuntur et etiam ipsius
spolia de manu ejus ab ipso Christo potenter diri-
piuntur. Ecce de pœna Domini, et de pœna quorumdam peccatorum, et de pœna diaboli mentionem D
fecimus, ut sic septimana præsens, quare pœnosa
dicta sit, ostenderemus. Nos igitur, fratres charissimi, peccantium pœnam, quam supra diximus,
infructuosam judicantes, diaboli pœnam, sicut dignum est, exsecrantes, pœnam Domini, ejusque potentiam attendamus, et videamus, non solum **445**
quam patienter pœnam sustinuit, sed etiam quantam
charitatem in ipsa passione habuit; et quod ejus
charitas, tantummodo patiens, sed et benigna fuit.
Persecutores quippe suos qui eum crucifixerunt, et
toleravit et amavit, et pro ipsis in cruce pendens
oravit, dicens : « Pater, ignosce illis, quia nesciunt

quid faciunt (*Luc.* xxiii, 34). » Christi igitur patientiam, fratres charissimi, imitemur, et ab ejus
tanta charitate, nec tribulatione, nec angustia separemur. Quod ipse præstare dignetur, cujus regnum
et imperium sine fine permanet in sæcula sæculorum. Amen.

XLIII.

« Filius accrescens Joseph, filius accrescens, et
« decorus aspectu; filiæ discurrerunt super murum
« (*Gen.* xlix, 22). »

Israel filiis congregatis benedicens, ac novissim.s
temporibus futura prædicens, Joseph inter alios
sicut eximia dilectione, ita solemni et mystica benedictione in præconium Salvatoris concelebravit, dicens : *Filius accrescens Joseph*, etc. Joseph enim
nominis actionisque ratione, Salvatoris figuravit
personam, qui a fratribus triginta argentorum pretio
Ismaelitis venditus, pro justitia in Ægypto est
sublimatus. Ita et Christus a fratribus suis, Juda
scilicet, aliisque Judæis, eodemque pretio est venditus spiritualibus Ismaelitis, id est Judæis, Ismaeli-
tarum nomen interpretatione mystica tenentibus.
Ismaelitæ enim interpretantur *obedientes sibi*, quasi
non Deo, quia pravas cogitationes suas sequuntur,
nec bonas Dei vias incedunt. Sed hac venditione de
vultu Dei prodeunte, ipsius judicio non est exstinctum nomen ejus, imo super omnem terram magni-
ficata gloria ejus, impleta est illa postulatio, quam
ipse per prophetam ad Patrem interpellat evidenter,
dicens : « De vultu tuo judicium meum prodeat,
oculi tui videant æquitatem (*Psal.* xvi, 2). » Salvator quippe noster, æquitatis ratione magis quam
virtutis ostensione, cum Judæis agens, sub Patris
judicio quasi se constituit, atque pro sua parte
allegans, suamque causam exponens, adversus populum per Michæam loquens, ait : « Popule meus,
quid feci tibi, aut quid molestus fui? Responde
mihi. Quia eduxi te de terra Ægypti, et de domo
servitutis liberavi te (*Mich.* vi, 3). » Diu malitiam
Judæorum Dominus toleraverat; diu eorum 'em conversionem exspectaverat, sicut ipse per prophetam
ait : « Laboravi sustinens (*Jer.* vi, 11); » sed eos
incorrigibiles cernens, ne **446** videretur ab ipso
procedere quod non convertuntur ad veritatem intelligendam, ostendit se potius exhibuisse beneficia
omni amore et obedientia digna, quia non fuit eis
molestus, nihil intulit mali, nisi forte ad correctionem, non ad perniciem. Quasi diceret : Mala tibi
nulla, multa sed bona tibi feci, quia eduxi de terra
Ægypti, et de domo servitutis. Quod autem eis
juxta litteram dicitur, ad nos spiritualiter refertur.
Nos enim sumus spirituales Judæi, si Christum confitemur, quos eduxit de terra Ægypti, id est tenebrarum et tribulationis, et de domo servitutis diaboli, vel peccati. « Qui enim facit peccatum, servus
est peccati (*Joan.* viii, 34). » Non ergo blandiantur

(100) E Sangerm. 381.

[*f.* blandiamur] nobis, tanquam ad nos de Judæis specialiter dicta non pertineant, cum propter nos, ut ait Apostolus, scripta sint, in quos fines sæculorum devenerunt (*I Cor.* x, 11).

Nos igitur in illis arguit, et adversum nos quasi causam agens, bona sine meritis plurima contulisse insinuat. Quasi diceret : Quid ultra debui facere vineæ meæ, et non feci? Cur me non sequimini? Cur mihi non obedistis? Quibus in respondendo deficientibus, ad judicem Deum verba convertit, dicens : « De vultu tuo judicium meum prodeat, oculi tui videant æquitatem (*Psal.* xvi, 2). » Quasi diceret : Judicium quo sui injuste accusatus a Pilato et a Judæis, et quotidie judicor a blasphemis, non de illorum iniquitate, sed de tuo vultu, id est de tuo aspectu, scilicet puritate qua nos aspicis proveniat, ut illud judicium non sit mihi in exstinctionem, sicut intendunt, sed in glorificationem, sicut innocentia mea meruit, quod ejus pia devotio impetravit. Ipse enim contemptus et repulsus a Judæis transiit in apostolis ad gentes, ubi, sicut Joseph in Ægypto (*Gen.* xxxvii), ejus magnificentia super cœlos est exaltata. Ecce venit Joseph a fratribus venditus in Ægypto hujus mundi, exaltatus, postea spretus et contemptus [*f.* spretus et contemptus, postea exaltatus]. Unde vere dicit : *Filius accrescens,* utique accrescens in se, et accrescens in suis. Hic est Joseph, quem Israel diligebat super omnes filios suos, quia in senectute genuisset eum. Israel est Deus Pater, qui multos habet gratiæ filios, unum solum naturæ, quem super omnes diligit tanquam naturalem, tanquam unigenitum ; alios vero tanquam adoptivos ; alios propter istum, istum propter se diligit, qui, secundum Apostolum, est primogenitus in multis fratribus (*Rom.* viii, 29), quia ante omnes genitus, etsi in senectute natus, hæreditatem paternam habens, more primogeniti in sua ditione et aliis pro sua voluntate dispertiens, quia Pater genuit in senectute, et in fine sæculorum incarnari fecit. In senectute mundi natus est de **447** Virgine, qui ante mundum genitus est de Patre. Hunc Pater præ cæteris diligit, sicut ipse ait : « Hic est Filius meus dilectus, in quo mihi bene complacui (*Matth.* xvii, 5). » Hic est ergo Filius Patris dilectus, et *filius accrescens.* Accrescens, incrementi verbum geminat, ut multiplex vocet augmentum. Joseph autem *augmentum* interpretatur ; unde rationi nominis alludens, et Joseph nominans adjunxit : *Accrescens,* et augmenti perfectionem designans geminavit : *Filius accrescens Joseph, filius accrescens,* repetens filii nomen, sicut accrescentis vocabulum ; sicut enim bis natus est secundum duas nativitates, alteram de patre, alteram de matre, ita et dupliciter auctus est, in seipso scilicet, et in membris ; et in seipso duobus modis, scilicet et in anima et in carne. In animæ bono accrevit, quia tristitia conversa est in lætitiam, sicut per Prophetam ait : « Convertisti planctum meum in gaudium mihi, conscidisti saccum meum, et cir-

cumdedisti me lætitia (*Psal.* xxxix, 11). » Planctum, id est tristitiam passionis, de qua Christus ait : « Tristis est anima mea usque ad mortem (*Matth.* xxvi, 38), » convertit Deus in gaudium beatæ resurrectionis; conscisso quoque sacco circumdatus est lætitia, id est immortalitatis gloria. Saccum enim prius ferebat, cilicio induebatur, juxta illud : « Cum mihi molesti essent, induebar cilicio (*Psal.* xxxiv, 13). »

Saccum ergo cilicinum habuit, sed non meritum sacci. Saccus enim est mortalitas, passibilitas, humanique defectus. Infelicitas hujus sacci, meritum est peccati, a quo penitus immunis fuit, in quo peccatum non fuit, nec inventus est dolus in ore ejus. Hæc est enim petra super quam impossibile est reperiri serpentis vestigia. « Petra autem erat Christus (*I Cor.* x, 4), » sicut ait Apostolus. Super hanc igitur petram, a qua dicitur Petrus, quia a Christo dicitur Christianus, impossibile est reperiri colubri vestigia, id est diaboli arma, diabolicæ militiæ signa, vitia scilicet et peccata, quibus tanquam armis utitur hostis noster ad seducendum et debellandum fideles. Hæc autem non habuit, sed in habentibus delevit spiritualis Joseph. De quo per Isaiam Pater ait : « In scientia sua justificabit ipse justus servus meus multos, et iniquitates eorum ipse portabit (*Isa.* liii, 11). » Ecce justus dicitur et servus, sed justus non solum quia sine peccato, et quia gratia plenus, secundum quod homo, sed quia alios justificat ut Deus. Ipse ergo justus, quia justitia et veritate plenus, et ipse est justificans, sed non justificatus, quia non a peccatis mundatus, sed mundans. Ipse servus secundum quod homo, quia Patri obediens usque ad mortem. Hic ergo justificabit multos, non omnes, quia multi vocati, pauci vero electi (*Matth.* xxii, 14), in **448** scientia sua, id est in doctrina veritatis, quæ ignorantiæ tenebras excussit, ac divinæ lucis radiis electos illustravit, atque longe positos in disciplina sua Patri reconciliavit, secundum illud Isaiæ : « Disciplina pacis nostræ super eum (*Isa.* liii, 5). » Vere ejus disciplina pacis est, quia ipse mediator noster est ; mediator autem unius non est, sed duorum, quia autem mediator, discordes ad pacem revocat. Nos autem discordes eramus, nobis, proximo et Deo. Nobis, quia quod nolebamus, agebamus, secundum illud : « Quod nolo, facio, et odi quod facio (*Rom.* vii, 19). » In proximos quoque inimicitiam exercebamus, quia non in viam salutis, sed in barathrum perditionis trahere curabamus, cæci cæcos ; in Deum quoque, quia non eum sicut Dominum glorificabamus, servientes creaturæ [potius] quam Creatori (*Rom.* i, 25). Sed audita disciplina pacis per eum qui est pax nostra, tanquam oves errabundæ, ad eruditum pastorem redimus, qui per Isaiam ait : « Dominus dedit mihi linguam eruditam, ut sciam sustentare eum qui lapsus est verbo (*Isa.* l, 4). »

Hic ergo justus et eruditus multos in scientia sua justificavit, et in fortitudine sua infirmis qui non suut robur multiplicavit, quando conscisso morta-litatis sacco, perennis lætitiæ, atque immortalitatis gloriosæ diadema accepit; quando eminuit [f. emi-nuit] quod saccus integer ante celavit; quando caro deformata refloruit, sicut per prophetam Dominus ait : « Et refloruit caro mea (*Psal.* xvii, 7). » Non ait simpliciter *floruit*, sed *refloruit*. Caro enim humana quam Dei Filius assumpsit, in primo parente florem suæ conditionis amisit, immunitatem namque [f. quippe] culpæ et pœnæ. Prima refulsit hominis conditio [f. homine condito], qui flos decidit in casu prævaricationis, sed est recuperatus in resurrectione Salvatoris, qui præventus est benedictionibus dulce-dinis in conceptu, qui immunis exstitit ab omni labe et reatu, ac resurgens a mortuis, absorpta morte in victoria, atque aculeo mortis attrito, nostra in ca-pite caro refloruit, ut ubi apparuerat nostra infir-mitas, nostra emineret claritas. Per eum ergo recu-peratus est flos feni. Omnis enim caro fenum, et omnis gloria ejus quasi flos feni. « Exsiccatum est fenum, et cecidit flos (*Isa.* xl, 8). » Ipse se feno induit, ut lignum, fenum, stipulam in nobis consumeret, ac vestimentis salutis et gloriæ nos indueret, ut per eum deformitas nostra refloreret. Hæc est virga Aaron quæ fronduit, et amygdalus quæ floruit, de qua Ecclesiastes ait: « Florebit amygdalus, impin-guabitur locusta, dissipabitur capparis, quoniam ibit homo in domum æternitatis suæ (*Eccli.* xii, 5). » Quæ est amygdalus ista quæ floruit, et quando floruit? Hæc amygdalus est *filius accrescens*, scilicet Joseph, id est **449** Christus. Amygdalus namque tria habet, cor-ticem, testam, nucleum ; et Christus in tribus vere subsistit substantiis. In eo quippe est cortex carnis, testa mentis [id est animæ,] nucleus deitatis. Cor-tex habet amaritudinem, testa fortitudinem, nucleus dulcedinem ; et ipse ex carne infirma sentit amari-tudinem, sicut per prophetam ait : « Increpuerunt me renes mei (*Ps.* xv, 7). » Affectu carnis detre-ctavit dispensationem Patris implere ut voluit, spi-ritu vero non hæsitavit, non recusavit, sed prompte voluntatem Patris effecit. Unde ipse dixit : « Spi-ritus quidem promptus est, caro autem infirma (*Matth.* xvi, 41). » Recte igitur in testa figuratur Christi anima, quæ nullo modo revocari, sive re-trahi a proposito humanæ redemptionis valuit. Nucleus vero, qui suavis est ad gustum, qui pellit esuriem, et procurat refectionem, recte Christi dei-tas intelligitur, quæ infinitæ dulcedinis est silen-tibus, quos et sic satiat, ut gustandi desideria re-pleat ipse in quem desiderant angeli prospicere quod semper faciunt, id indesinenter facere cupiunt. Ibi ergo satietas sine fastidio, et desiderium sine suspirio. Nec satietas tædium, nec desiderium inge-rit cruciatum, quia ibi dulcedo sine modo, secun-dum illud : « Gustate et videte quoniam suavis est Dominus (*Ps.* xxxv, 9). » Et alibi : « Satiabor cum apparuerit gloria tua (*Ps.* xvi, 15). » Ecce satietas,

A ecce suavitas. Bonus est iste nucleus, sed abscon-ditus quia secundum Isaiam, ipse est Deus (*Isa.* xliv, 14). Invenitur tamen a quærentibus, et accipi-tur a petentibus, et aperitur pulsantibus, si mihi [f. si tamen] id pie et perseveranter faciant. Sed non eminuit hic nucleus, non resplenduit hic Deus, nisi cortice fracto, et a testa detracto. Non est in-ventum mel in ore leonis vivi, sed mortui (1). Detractus est ergo cortex testæ, non nucleo, vel testa cortex. Et sic mortuo leone, in ejus ore est repertum mel, quia discedente anima a corpore, sed neutrum a verbo Dei. Mortuus est vero leo, sed effusa framea apud inferos, et eductis inde captivis, die tertia cortice sanato leo mel effudit. Cum vero Joseph, volens agnosci a suis fratribus, ait : « Ego

B sum Joseph frater vester, quem vendidistis. Adhuc vi-vit pater meus? (*Gen.* xlv, 5.) » Quasi diceret : Non-dum vivit in vobis, quia nondum ascendi in corde vestro ad Patrem meum postquam venditus, postquam traditus. Sed cognoscite me. Ego sum verus Joseph, Patri æqualis, etsi venditus et occisus. Ecce mel, scilicet multitudo dulcedinis, declaratio veritatis ; sic nucleus ante occultus effulsit, et amygdalus velut arida et sicca floruit. Flos feni, **450** qui deciderat, repullulavit, et amygdalo florente impinguata est lo-custa, et dissipata capparis. In locusta gentiles, in cappari Judaicus populus intelligitur. Locusta enim saltu movetur, nec ambulat nisi saliendo, et inor-dinate fertur. Hæc est gentilitas, quæ olim non

C pedetentim, sed quasi saltu raptabatur per vitia, et nimis inordinate ferebatur, quia mutavit gloriam in-corruptibilis Dei in similitudinem imaginis corrupti-bilis hominis (*Rom.* i, 23). Ecce magnus et inconsi-deratus, et majori hebetudine saliens in deteriora præcipitia mutavit ; postea in similitudinem volu-crum, et inde quadrupedum, deinde serpentium (*ibid.*). Ecce saltus locustæ. Quam amari sunt isti saltus, mortiferi sibi, his lethalibus telis se incidebat locusta, quousque hinnulus, id est Patris Filius, sa-liens in montibus, et transiliens colles, saltus dedit de cœlo in uterum Virginis, de utero in carcerem, de carcere [f. in carnem, de carne], in infernum, de inferno in palmam, secundum illud : « Ascendam in palmam, et comedam [al. apprehendam] fructus

D ejus (*Cant.* vii, 8). » Hi sunt saltus salutis, non per-ditionis. Salire voluit saltibus vitæ, ut locustam retra-heret a saltibus gehennæ. Salivit saltibus hominis, ut locustam retraheret a saltibus pravis; salivit ipse, ut saliret locusta, id est ascensiones atque gradus vir-tutum in corde suo disponat, quibus ad videndum hinnulum cervorum ascendat, id est Christum a patriarchis et prophetis præconisatum, qui fuerunt cervi desiderantes ad fontes aquarum viventium, id est Christum.

Hæc igitur locusta, cum prius esset exanimis et macilenta, solida [f. stolida] et infecunda, florente amygdalo est impinguata, quia post Christi resur-

---

(1) Hoc vix intelligibile. Forte vero : *Detractus est ergo cortex a testa, id est corpus ab anima ; sed neuter a nucleo, id est a Deitate, seu Verbo. Quod patebit ex sequentibus.*

rectionem ab apostolis est visitata. In eis Samson noster, id est Christus, ivit ducere uxorem de alienigenis. Ascendit super equos apostolicos, et quadrigas quatuor evangelistarum direxit ad gentes. Unde Habacuc : « Quia ascendis super equos tuos, et quadrigæ tuæ salvatio (*Habac.* L, 8). » His quadrigis venientibus, impinguata est locusta. Accepto spiritu vitæ, et reddita fecunditate, facta est fecunda in filiis quæ ante [fuerat] sterilis; dilata est septiformis gratiæ muneribus, quæ ante septem subjacebat dæmonibus; pro maledictione gratiam, pro Uri [*f.* pro vindicta] accepit indulgentiam; sed impinguata locusta, capparis est dissipata, quia dum sterilis peperit plurimos, quæ multos habeat filios, infirmata est, id est Synagoga, quæ per capparim recte designatur. Capparis enim petræ hærere dicitur, et renibus valere [*id est forte mederi*]. Per eam intelligitur Israel, qui olim Deo **451** hærebat, cui amicitia junctus erat. Dissipata est ergo capparis, impinguata locusta, quia cæcitas ex parte contigit in Israel, ut plenitudo gentium intraret. Unde Judæis Dominus ait : « Auferetur a vobis regnum Dei, et dabitur genti facienti fructus ejus (*Matth.* XXI, 43). » Et iterum : « Ego in judicium veni in hunc mundum, ut qui non vident, videant, » scilicet gentes, « et qui vident cæci fiant (*Joan.* IX, 39), » scilicet Judæi. Fractis ramis sterilibus, et inserto oleastro sterili [*f.* fertili], impinguata est locusta, et dissipata capparis, quia exclusis filiis et domesticis, peregrini assumuntur. Unde per Isaiam Dominus alloquens Ecclesiam ait : « Adducam filios tuos de longe, et ædificabunt filii peregrinorum muros tuos, et reges eorum ministrabunt tibi (*Isa.* VI, 10). » Quod ad litteram, et spiritualiter cernimus. Principes enim gentium per orbem ecclesias ædificaverunt , sicut Constantinus, qui duodecim Ecclesias Romæ in honorem duodecim apostolorum construxit, et alii plures, qui multas construxerunt Ecclesias, et necessaria [eis] præbuerunt. Allegorice filii peregrinorum sunt martyres, et doctores gentium, quorum fide et virtutibus sancta fundatur Ecclesia. Pro hac ubertate et impinguatione populi virtutum, ad lætitiam provocatur locusta per Isaiam dicentem : « Lætare *Vulg.* lauda] sterilis, quæ non paris; exsulta et lauda quæ non pariebas, quoniam multi filii desertæ, magis quam ejus quæ habet virum (*Isa.* LIV, 1), » id est gentilitatis, quam Synagogæ, scilicet locustæ, quam capparis. Ipse locustæ fecunditatem populi significans, Isaias ait : « Dilata locum tentorii tui, et pelles tabernaculorum tuorum extende (*Is.* LIV, 2). Valde ergo impinguata est locusta, quæ locum tentorii, id est Ecclesiæ per tabernaculum Moysi significatæ, per totum mundum dilatavit et pelles tabernaculorum rubricatas et hyacinthinas, id est prædicatores, virtute martyrii, et contemplationis gratia sublimes, orbe toto extendit. Sed hoc totum inde est, quoniam « ivit homo in domum æternitatis suæ (*Eccl.* XII, 5). » Homo iste Christus est, de quo

Isaias : « Quiescite ab homine, cujus spiritus est in naribus ejus, quia excelsus reputatus est (*Is.* II, 22). » Et Jeremias : « Homo est, et quis cognoscet eum? (*Jer.* XVII, 16 juxt. LXX.) » Vix invenitur qui cognoscat eum, quia licet sicut homo spiret et vivat, excelsus tamen est. Hic ergo ivit in domum æternitatis, quia de hoc mundo transivit ad Patrem, id est ad invisibilia paternæ majestatis; qui transitus Hebraice Pascha dicitur. Unde in Exodo de Agno Paschali : « Et comedetis festinanter. Est enim Pascha, id est transitus Domini (*Exod.* XII, 11.) » Videte umbram , attendite figuram veritatis quam gustamus. Ibi Pascha, id est Agnus, immolabatur in vespera ; hic Pascha nostrum Christus, in vespera mundi **452** oblaturus. Ibi transivit Dominus per Ægyptum , in subjecta creatura; hic transivit Christus in cœlum, in sua forma. Transivit ante, ut nos transeamus. Quo? In Bethlehem cum pastoribus. Et ad quid? Ut videamus verbum quod factum est, quod Dominus ostendit nobis (*Luc.* II, 15). Bonus est iste transitus atque salubris, a quo Pascha nominatur. Ob id enim immolatus est Christus, ut ipse iret *in domum æternitatis*, et nos transiremus in Bethlehem, id est in domum panis. Eadem quippe est domus panis et æternitatis. Qui hic manducatur ut caro agni, ibi sumitur ut panis angelorum. Panem quippe angelorum ibi manducat homo ; hic carnes assas igni, quia panis ille clibano passionis est excoctus. Unde et caro Salvatoris, sub specie panis, hodie a cunctis sumitur fidelibus, ut qui hujus panis veritatis [*melius* veritatem] cum angelis attingere non valemus, saltem speciem teneamus, sacramentum gustemus, ad quod nemo nisi digne accedere debet. Qui enim indigne accedit, sibi mortem manducat et bibit.

Accingamus igitur cingulo continentiæ renes nostros, id est carnis oblectamenta ; et calceamenta, id est exempla sanctorum Patrum, habeamus in pedibus, id est in operibus, et baculos spiritualis custodiæ teneamus in manibus, ut anima nostra semper sit in manibus nostris, et sic comedamus festinanter. Nescimus enim quandiu liceat. Ignoramus enim quid futura dies pariat. Ideo non differamus, ne simus de illis de quibus per Aggæum Dominus ait : « Populus iste dicit : Nondum venit tempus Domus Domini ædificandæ (*Agg.* XVIII, 2). » Qui ergo solemnitatem resurrectionis digne celebrare desiderat, præcepta vitæ festinanter studeat implere : passionem Christi imitari non negligat. Nemo in hujus vitæ itinere torpeat, ne in patria locum perdat. Hic est enim dies in aliis primatum tenens, de quo propheta ait : « Hæc est dies quam fecit Dominus; exsultemus et lætemur in ea (*Psal.* CXVII, 14). » Exsultemus mente, lætemur opere, quia liniti sumus sanguine Agni immaculati in utroque poste. Hæc est dies tertia, qua suscitamur et vivimus, sicut dicit Osee propheta : « Venite, et revertamur ad Dominum, quia ipse cœpit, et sanabit nos. . . . . . vivificavit nos post duos dies : in die tertia suscitabit nos, et vivemus in conspectu ejus; sciemus, sequemurque ut cognoscamus Dominum (*Ose.* vi, 1, etc.). » Celebris est nobis ista dies tertia, qua nobis promittitur resurrectio et vita. Sed quæ est prima? quæ est secunda? Prima, dies passionis; secunda, sepulturæ; tertia ressurrectionis. In prima redimus [*f.* redimimur]; in secunda, sanamur; in tertia, consummamur. Hoc erat triduum ad quod festinabant Moyses et Aaron, dicentes Pharaoni **453** : « Deus Hebræorum vocavit nos, ut eamus viam trium dierum in desertum, ut sacrificemus Deo nostro (*Exod.* v, iii). » Et contradicebat Pharao, dicens : « Non eatis longius. » Nolebat eos pervenire Pharao, id est diabolus, ad mysteria tertiæ diei, tertiæque mansionis, quæ fuit in Ethan, quæ interpretatur *signa eis*, quia ibi audierunt quod Deus antecederet eos per diem in columna nubis, per noctem in columna ignis. Non hoc in Ramesse, quæ fuit prima mansio; nec in Socchoth, quæ fuit secuuda; sed in tertia, id est in Ethan. Ramesse interpretatur *commotio tineæ*; Socchoth, *tabernacula*. Si ergo cupis proficisci de Ægypto, id est obscuros mundi actus, et errorum tenebras relinquere, exi simul de Ramesse, ne thesaurizes ubi tinea exterminat, et fures effodiunt et furantur. Egredere quoque de Socchoth, id est de tabernaculo corporis, cupiens dissolvi, et esse cum Christo, et veni in Ethan, id est ad locum signorum, ubi tertiæ diei mysteriis possis perfrui, ubi te præcedet columna nubis secundum humanitatem; ignis, secundum divinitatem. In nube apparuit, in die præsentis vitæ; in igne apparebit, in nocte futuri judicii, quando erit lumen piis, et assumptionis [*f.* consumptionis] ardor impiis. Modo per nubem carnis refrigerat credentes; tunc per ignem divinitatis bonos illuminabit, impios cremabit. Hos tres dies in Evangelio Dominus commemorat, dicens : « Ecce ejicio dæmonia, et sanitates perficio, hodie et cras; et tertia die consummor (*Luc.* xiii, 32). » Prima die ejicit dæmonia, quia die passionis ejecit foras principem mundi. Secunda die sanitates perficit, quando in infernum descendens, justos qui ibi residebant eduxit, eisque aditum æternæ beatitudinis reseravit. Die tertia consummatur, quia die resurrectionis novissima, inimica mors destruitur, et beatæ immortalitatis gloriâ Dei donata a cunctis fidelibus certissime speratur, atque exspectatur.

« Hæc est » igitur vera « dies quam fecit Dominus (*Psal.* cxvii, 24), » qui tamen et omnes dies creavit, sed hanc eximiis gratiæ laudisque titulis decoravit. Venite igitur, fratres, duobus pedibus charitatis, et revertamur ad Dominum corde, ore et opere, quia ipse cepit semen Abrahæ, non angelos, et curavit nos a vulneribus peccatorum. *Vivificavit nos post duos dies* passionis et sepulturæ, quia *die tertia* resurgens a mortuis, *suscitavit nos* secum jam in spe, et quosdam in re, et *vivemus* et nunc, et in

futuro, *in conspectu ejus.* Quam jucundum est in conspectu ejus vivere ! Ipse est enim decorus aspectu, speciosus forma præ filiis hominum, cujus pulchritudinem sol et luna mirantur, id est cœlestes et terrestres venerantur, cujus **454** intuendi amore ac desiderio, *filiæ super murum discurrerunt.* Audi quia discurrerunt, et super murum. Non valet quidquid facis, nisi super murum stent pedes tui. Murus enim fides est, sine qua impossibile est quemquam placere Deo. Ipsa est fundamentum omnium bonorum, quod positum est, et nemo potest mutare. Super hunc murum ambulet quisque, non lento gressu, nec tardo pede, et non in distortum currat, sed in directum cum Apostolo, qui ait : « Ego sic curro, non quasi in incertum, sic pugno, non quasi aerem verberans (*I Cor.* ix, 26). » In incertum namque currit, qui talia facit, ut ex quibusdam, sperare, ex aliis possit desperare. Aerem verberat in pugna, qui verbis contendit, non rebus, qui lingua se justificat, vita condemnat. Curramus ergo super hunc murum cum filiabus Sion. Non hæreamus mundo, nec capiat nos illecebra sæcularis, nec nos delectet vanitas mundialis, sed cum prætereuntibus, de quibus propheta ait : « Et non dixerunt qui præteribant : Benedictio Domini super vos (*Psal.* cxxviii, 8). » Hujus mundi viam transeamus, eum sequentes qui exsultavit ut gigas ad currendam viam. Addamus opera fidei, quia fides sine operibus mortua est, ut sic impleamus quod sequitur in propheta : « Sciemus, sequemurque, ut cognoscamus Dominum (*Ose.* vi, 3). » Oportet enim nos prius scire Dominum fide, et sequi operis imitatione, ut sic tandem valeamus illum cognoscere in specie, id est facie ad faciem. Quod nobis ipse præstare dignetur, qui cum Patre et Spiritu sancto vivit et regnat in sæcula sæculorum. Amen.

XLIV.

IN DIE SANCTO PASCHÆ. SERMO SECUNDUS (2).

« Pascha nostrum immolatus est Christus (*I Cor.* v; 7). » Ita Paulus apostolus.

Si ergo Pascha Christus, pensandum nobis est quid de Pascha lex loquitur, ut videamus subtilius quæ ante de Christo dicta videantur. Moyses quippe ait : « Sument de sanguine agni, ac ponent super utrumque postem et in superliminaribus domorum, in quibus comedent illum, et edent carnes nocte illa assas igni, et azymos panes cum lactucis agrestibus. Non comedetis ex eo crudum quid, nec coctum aqua, sed assum igni. Caput cum pedibus ejus et intestinis vorabitis, nec remanebit ex eo quidquam usque mane; et si quid residuum fuerit, igne comburetis (*Exod.* xii, 7, etc.). » Ubi et additur : « Sic autem comedetis illum; renes vestros accingetis, et calceamenta habebitis in pedibus vestris, tenentes baculos in manibus, et comedetis festinanter (*ibid.*). » **455** Quæ videlicet cuncta magnam ædificationem pariunt, si fuerint mystica interpretatione discussa. Quis namque sit sanguis agni, jam non audiendo, sed bibendo didicistis. Qui sanguis super utrumque postem ponitur, quando non solum ore corporis, sed ore cordis hauritur. In utroque enim poste agni sanguis ponitur, quando sacramentum passionis illius cum ore ad redemptionem sumitur, vel ad imitationem quoque in tota mente coquitur. Nam qui Redemptoris sui sanguinem [ita] accipit, ut imitari passionem illius necdum velit, uno poste sanguinem potat, cum etiam in superliminaribus domorum ponendus [sit]. Quid enim spiritualiter domus, nisi mentes nostras accipimus, in quibus per cognitionem habitamus? Qui igitur intentionem suæ cogitationis ad imitationem Dominicæ passionis dirigit, in superliminari domus agni sanguinem ponit. Vel certe domus nostræ ipsa sunt corpora, in quibus, dum vivimus, habitamus, et in superliminare domus agni sanguinem ponimus, quia crucem passionis illius in fronte portamus. De quo agno adhuc subditur : *Et edent carnes nocte illa assas igni.* In nocte quippe agnum comedimus, qui modo in sacramento Dominicum corpus accipimus, quando adhuc ad invicem nostras conscientias non videmus; quæ tamen carnes igne assandæ sunt, quia nimium dissolvit quas coxerat aqua, quas modo excoquit ignis, quia cum ipsa vis passionis illius ad resurrectionem valentiorem reddit, atque ad incorruptionem in mente [inducendam] valent, cum videlicet carnes illius obduruerunt. Unde etiam Psalmista dicit : « Aruit tanquam testa virtus mea (*Psal.* xxi, 16). » Quid namque est testa ante ignem, nisi molle lutum? Sed ex igne agitur, ut solidetur. Virtus ergo humanitatis velut testa exaruit, quia ab igne passionis ad virtutem incorruptionis crevit. Sed sola Redemptoris nostri percepta sacramenta ad veram solemnitatem mentis non sufficiunt, nisi quoque etiam bona opera jungantur. Quid enim prodest corpus et sanguinem illius ore percipere, et eis perversis modis contraire? Unde adhuc bene ad comedendum subditur : *Et azymos panes cum lactucis agrestibus.* Panes quippe sine fermento comedit, qui recta opera sine corruptione vanæ gloriæ exercet, qui mandata misericordiæ suæ sine admistione peccati exhibet, ne perverse diripiat, quod quasi recte dispensat. Fermentum quoque peccati bonæ actioni suæ miscuerunt, quibus prophetæ voce Dominus per increpationem dicebat : « Venite ad Bethel, et impie agite (*Amos* iv, 4); » et post pauca : « Et sacrificate de fermentato laudem (*ibid.* 5). » De fermentato namque **456** laudem immolat, qui Deo sacrificium de rapina parat. Lactucæ vero agrestes valde amaræ; carnes autem agni cum lactucis agrestibus sunt edendæ, ut cum corpus [Domini] accipimus, nos pro peccatis nostris in fletibus affligamus. Ipsa amaritudo pœnitentiæ abstergat a mentis stomacho perversæ humorem vitæ. Ubi et subditur :

Non comedetis ex eo crudum quid, nec coctum aqua. Ecce jam verba ista historiæ ipsius nos ab intellectu historico repellunt. Nunquid enim, fratres charissimi, Israeliticus ille populus in Ægypto constitutus comedere consueverat agnum crudum, ut ei lex dicat : *Non comedetis ex eo crudum quid; uti et* additur, *nec coctum aqua?* Sed quid aqua, nisi humanam scientiam designat, juxta hoc quod sub hæreticorum voce dicitur : *Aquæ furtivæ dulciores sunt?* (*Prov.* ix, 17.) Quid crudæ agni carnes, nisi inconsiderata, et sine reverentia cogitatio? Omne quod cogitamus, subtiliter quasi mente coquimus. Sed agni caro nec cruda edenda est, nec in aqua cocta, quia Redemptor noster nec purus homo æstimandus est, neque per humanam sapientiam, qualiter Deus incarnari potuit cogitandum. Omnis enim qui Redemptorem purum hominem credit, quid iste [*f. suppl.* nisi in aqua] coquere per divinitatis intelligentiam voluit? Omnis qui incarnationem ejus juxta humanam sapientiam discutere conatur, carnes agni aqua vult coquere, id est dispensationis ejus mysterium per soluta [*f. melius* per solam] scientiam vult penetrare. Qui igitur Pascha, id est gaudii solemnitatem celebrare desiderat, agnum nec aqua coquat, nec crudum comedat, ut neque per humanam sapientiam profunditatem illius incarnationis penetrare appetat, neque in eum, tanquam in hominem purum, credat, sed omnia dispensari per sancti Spiritus potentiam sciat. De quo adhuc recte subjungitur : *Caput cum pedibus et intestinis vorabitis,* quia Redemptor noster Alpha et Omega, Deus videlicet ante sæcula, et homo in fine sæculorum. Caput ergo agni vorare est divinitatem illius fide percipere; pedes vero agni vorare, est vestigia ejus humanitatis amando et imitando perquirere. Quid vero intestina sunt, nisi verborum illius occulta et mystica mandata, quæ tunc voramus, cum verba vitæ avide sumimus? In quo devorationis verbo, quid aliud quam pigritiæ nostræ reprehendendæ sunt, quia ejus verba et mysteria per nosmetipsos non requirimus, et dicta ab aliis audimus inviti. *Non remanebit ex eo quidquam usque mane,* quia ejus dicta, magna sollicitudine discutienda [sunt], quatenus priusquam dies resurrectionis appareat, in hac præsentis vitæ nocte, mandata omnia ipsius **457** intelligendo et operando penetrent. Sed quia difficile est ut omne sacrum eloquium possit intelligi, et omne mysterium ejus penetretur, subjungitur recte : *Si quid autem remanserit, igne comburetis.* Quod ex agno remanet, igne comburimus, quando hoc quod de mysterio Incarnationis ejus intelligere et penetrare non possumus, potentiæ sancti Spiritus humiliter reservamus. Unde enim superbe quis audeat vel contendere potestati, vel denuntiare hoc quod intelligit [*f.* quod non intelligit]. Sed hoc igni tradit, cum sancto Spiritui reservat. Quia igitur, qualiter edendum sit Pascha, cognovimus, nunc a quibuslibet debeat comedi videamus. Sequitur :

Sic autem comedetis illum; renes vestros accingetis. Quid in renibus, nisi caro accipitur? Unde et Psalmista postulat, dicens : « Ure renes meos et cor meum (*Psal.* xxv, 7). » Si enim voluntatem [*f.* voluptatem] libidinis in renibus esse nesciret, eos

uri minime petiisset. Unde quia potestas diaboli in A
humano genere maxime per luxuriam prævaluit, de
illa voce Dominica dicitur : « Potestas [*Vulg.* forti-
tudo] ejus in lumbis ejus (*Job* XL, 11). » Qui ergo
Pascha comedit, debet renes habere præcinctos, ut
qui Resurrectionis et incorruptionis solemnitatem
agit, corruptioni jam per nulla vitia subjaceat, voluptatem domet, carnem a luxuria restringat. Neque
enim agnovit quæ sit solemnitas incorruptionis, qui
adhuc per incontinentiam corruptioni subjacet. Hæc
quibusdam dura sunt, sed angusta est via quæ ducit ad vitam. Habemus jam multa exempla continentium. Unde et bene adhuc subditur : « Calceamenta habebitis in pedibus. » Quid sunt enim pedes
nostri, nisi opera? Quid vero calceamenta, quæ
sunt ex pellibus animalium mortuorum ex quibus B
pedes nostri muniuntur, nisi antiqui Patres qui nos
ad æternam patriam invitaverunt, quorum dum
exemplum conspicimus, nostri corporis pedes munimus? Calceamenta ergo in pedibus habere est
mortuorum vitam conspicere, et nostra vestigia a
peccati vulnere custodire. *Tenentes baculos in manibus.* Quid lex per baculum, nisi pastoralem custodiam designat ? Et est notandum quod primum præcipimur renes accingere; postea baculos tenere,
quia illi debent curam pastoralem suscipere, qui
jam in corpore sciunt fluxus luxuriæ edomare, ut
cum aliis fortia prædicant , ipsi mollibus desideriis
non succumbant. Bene autem subditur : *Et comedetis festinanter.* Mandata Dei, mysteria Redemptoris,
cœlestis patriæ gaudia cum festinatione cognoscite, C
et præcepta vitæ cum festinatione implere curate,
quia adhuc hodie bene agere licere scimus, utrum
cras liceat, ignoramus. Festinantes ergo Pascha comedite, id est ad solemnitatem **458** patriæ cœlestis
vel ambulate, vel anhelate. Nemo in hoc vitæ itinere tepeat, ne in patria locum perdat. Nemo moram ad petenda studia innectat, sed cœpta perficiat. Nemini liceat implere quod male inchoavit;
sed ut ad amorem Dei pigri non simus adjuvet nos
ipse amantissimus Dominus noster Jesus Christus,
qui cum Patre et Spiritu sancto vivit et regnat in
sæcula sæculorum. Amen.

XLV.

IN ROGATIONIBUS. SERMO PRIMUS (3).

« Bonus est Dominus sperantibus in eum, animæ D
« quærenti illum. Bonum est præstolari cum silentio
« salutare Dei (*Thren.* III, 5, 6). »

Cum faciem Dei nostri semper quærere debeamus,
secundum illud Prophetæ : « Quærite faciem ejus
semper (*Psal.* CIV, 4), » sunt tamen quidam dies
specialiter ad Deum quærendum nobis proposili,
qui dies Litaniarum dicuntur, id est Rogationum,
in quibus peccata confiteri, et jejuniis et eleemosynis præcipue instare debemus, ut sine obstaculo
cœlum penetrare valeat oratio nostra. Ait enim Jeremias : « Opposuisti nubem ne transeat oratio

(*Thren.* III, 44). » Non est ista nubes lucida, qua
impeditur oratio, sed tenebrosa ; non est nubes levis,
sed ponderosa ; talentum plumbi (*Zach.* V, 7), super
quod sedet iniquitas pressa. Ut ergo iniquitatis facies dissolvatur, juxta consilium Jacobi faciamus,
dicentis : « Confitemini alterutrum peccata vestra,
et orate pro invicem, ut salvemini. Si quis autem
ex vobis erraverit a veritate, et converterit quis
eum ab errore viæ suæ, scire debet quoniam salvabit animam ejus a morte, et operiet multitudinem
peccatorum (*Jac.* V, 16, etc.).» Oratio ergo necessaria, sed præmittenda confessio. In qua distinctio
est attendenda. Est confessio venialium, et est confessio mortalium peccatorum. Sunt peccata occulta,
sunt et manifesta. Majora peccata seu delicta illis
confiteri debemus qui claves acceperunt, quibus
dictum est : « Accipite Spiritum sanctum. Quorum
remiseritis peccata, remittuntur eis ; quorum retinueritis, retenta sunt (*Joan.* XX, 23). » Hi sunt
prælati atque doctores sanctæ Ecclesiæ, quibus graviora delicta sunt detegenda, sicut in veteri lege sacerdotibus lepra ostendebatur, juxta quorum arbitrium de ejus mundatione agebatur. Eorum enim
erat de lepra mundanda consulere, vel de mundata
judicare. Sunt autem quædam levia et venialia peccata, quæ coæqualibus confiteri licet, de quibus Jacobus : *Confitemini alterutrum peccata vestra.* Post
confessionem subdit de oratione : *Et orate pro invicem, ut salvemini.* **459** Non enim pura est oratio
sine confessione cordis, vel oris, si habeatur tempus. Unde Sponsus myrrham et thus conjungit, dicens : « Ibo ad montem myrrhæ et ad collem thuris,
et ibi loquar dilectæ meæ : Tota pulchra es amica
mea, et macula non est in te (*Cant.* VI, 7). » Non
vadit sponsus ad sponsam, nec loquitur dilectæ,
nisi in monte myrrhæ et thuris: ibi pulchritudinem
ejus commendat. Habuit quidem uxorem sponsam,
quæ erat pulchra ut luna, electa ut sol, et concupie-
runt eam alieni, et violenter ablatam diu tenuerunt.
Tandem post longam nuntiorum seriem, quos præ-
miserat, venit ipse, et de manu hostium liberavit
eam. Hic est Christus, de quo Joannes : « Qui habet
sponsam, sponsus est (*Joan.* III, 19). » Et Apostolus : « Despondi vos uni viro, virginem castam exhibere Christo (*II Cor.* XI, 2). » Christus est sponsus ; sponsa Ecclesia, quam sibi desponsavit tertio,
sicut per Osee ait : « Sponsabo te mihi in sempiternum , et sponsabo te mihi in justitia et misericordia,
et sponsabo te mihi in fide (*Ose.* II, 20). » Ter dicit,
sponsabit, quia ter eam despondit ; primo in patriarchis, qui annulum suum inviolate habuerunt ; et
dotem legis naturalis et quorumdam cœlestium
præceptorum perceperunt, ut Noe de arca, Abraham
de circumcisione ; secundo, tempore prophetarum,
dans eis pro sponsalibus justificationes et judicia
legis Mosaicæ, quibus addidit misericordiam, monens ad pœnitentiam, ut captivitatis evaderent mi-

(3) E. ms. Andegavensi.

seriam; tertio sponsavit eam in adventu Filii, cum per Evangelium fidem declaravit Trinitatis, ubi in dotem accepit evangelica præcepta ac sacramenta : et tunc liberavit eam de manu hostium, id est dæmonum, qui eam totam constupraverant, id est idololatriæ reatu polluerant. Sed ipse veniens, et tertio sponsans eam, mundavit eam a peccatorum sanguine, et immaculatam exhibuit, sicut per Ezechielem ait : « Lavi te aqua, et emundavi sanguinem tuum ex te, et unxi te oleo, et calceavi te anthino (*sic*), et cinxi te bysso, et ornavi te ornamento, et coronam dedi in capite tuo, et facta es mihi uxor (*Ezech.* xvi, 9, 10). » Ecce quibus ornamentis decoratur sponsa, prius cum multis amatoribus polluta, ut uni ac vero placeat sponso, qui ejus jam concupiscit decorem, cujus ante abominabatur fetorem. Sed præmittitur aqua, qua sanguis mundetur ex ea. Hæc aqua baptismi, aqua compunctionis, qua sanguis, id est peccata abluuntur, ut sic oleum, id est unctio gratiæ spiritualis infundatur.

Lavatur ergo sponsa aqua vivifica, ut veteris prævaricationis aboleatur error; ungitur oleo, ut virtutum infundatur candor; calceatur hyacinthino, id est spe cœlestium, quia hyacinthus habet **460** speciem similem Dei throno. Cingitur bysso, id est castitate, restringente lumbos continentiæ vinculo; ornatur ornamento charitatis; coronatur diademate æterni decoris et ita facta est sponso amabilis. Ornamenta hæc sponsus dilectæ contulit in tertia desponsatione, ubi locutus est ad cor ejus, et hoc in monte myrrhæ et thuris. In myrrha amaritudo pœnitentiæ; in thure, oratio designatur, secundum illud : « Dirigatur oratio mea sicut incensum in conspectu tuo (*Psal.* cxl, 23). » Et sic dirigitur oratio nostra ad Deum velut incensum, si ei addatur amaritudinis myrrha, id est pœnitentia, quæ sine jejunio et eleemosyna non est vera. Addatur ergo orationi jejunium et eleemo yna. Hæc est enim justitia hominis in hac vita, jejunium, eleemosyna et oratio. « Non ejicitur genus dæmoniorum nisi in oratione et jejunio (*Matth.* xvii, 20), » sicut Veritas dicit in Evangelio, nec vincuntur peccata, nisi per eleemosynam, quia sicut aqua exstinguit ignem, ita eleemosyna exstinguit peccatum. Vis orationem tuam volare ad cœlum, et ad Dominum? fac illi duas alas, jejunii et eleemosynæ, quibus volet ad Deum. Jejunium [carnem] castigat, eleemosyna proximum reficit. Aliis ergo da [quod] tibi jejunio denegasti, ne tuo jejunio marsupium augeas, sed fratrem reficias. Ita ergo jejuna, ut alio manducante quod tu pranderes, gaudeas; hilarem enim datorem diligit Deus (*II Cor.* ix, 7). Si panem dederis tristis, tunc et meritum perdidisti. Ergo ex animo fac; hilariter da, et insta orationibus, quia celeriter audiuntur a Deo orationes bene operantium, quibus adhuc loquentibus dicit: Ecce adsum. Quanta jucunditas et exsultatio, de bono nostro, Domino Deo nostro; qui ante adest ad exaudiendum, quam perficiatur vox ad precandum. « Oculi enim Domini super justos, et

aures ejus in preces eorum (*Psal.* xxxiii, 16), » ut quod petunt det, scilicet gratiam pro gratia, gratiam glorificationis pro gratia justificationis, non autem ad preces, sed in preces, ut velocitas audiendi notetur. Vere ergo bonus est Dominus sperantibus in eum, et animæ quærenti illum. Sed videndum quem quærant, et quando quærere debeant, et qua justitia, et quem petere. Quærunt qui adorant, adorare, quærere; sic ergo quærunt, quando adorant, si quando adorare debeant. Veritas docet : « Veri adoratores adorabunt Patrem in spiritu et veritate (*Joan.* iv, 23). » Et David ait : « Prope est omnibus invocantibus eum; » et determinans subdit : « Omnibus invocantibus eum in veritate (*Psal.* cxliv, 18). » Veris ergo adoratoribus prope est Dominus, qui eum adorant in spiritu, id est puro affectu ac munda intentione, et veritate, quia verum bonum quærunt, id est, æternum, non temporale et transitorium. Regnum quærunt cœleste, et quæ ad ipsum ducunt, sicut Veritas in Evangelio loquitur : « Primum quærite regnum Dei et justitiam ejus, et hæc omnia adjicientur vobis (*Luc.* xii, 11). » Non dicit : et post quærite ista, sed, *adjicientur*, aperte ostendens ista non esse petenda tanquam bona nostra, etsi necessaria sint in via. Regnum vero petendum est, et in eo finis noster ponendus. Primum ergo *quærite regnum Dei*, id est regnum Dei, quod est cæteris omnibus pretiosius, solum quærite : *et justitiam ejus*, id est ea quæ ad regnum perducunt, quorum tria trina similitudine Dominus in Evangelio designat, scilicet, panem, piscem, ovum, dicens : « Quis ex vobis patrem petit panem, nunquid lapidem dabit illi? Aut piscem, nunquid serpentem dabit illi? Aut si petierit ovum, nunquid porriget illi scorpionem? » (*Luc.* xi, 11.) Tria ponit quæ Pater cœlestis porrigit filiis, quibus econtrario alia tria objicit quæ ipse dare non novit. Panis Christus est, quia sicut absque pane inops est mensa, ita sine charitate nihil sunt cætera. Cui opponitur lapis, id est duritia cordis, rigor scilicet odiorum. Piscis, fides invisibilium; sicut enim piscis sub tegumento aquarum nascitur et alitur, et maris fluctibus tunsus non frangitur, ita fides de invisibilibus locis rapitur, et tunsa hujus mundi fluctibus non vincitur. Cui contrarius est serpens, id est infidelitatis venenum. In ovo spes accipitur, quia in eo non perfectus fœtus cernitur, sed fovendo speratur. Spei opponitur scorpio, cujus aculeus retro timendus. Spei igitur contrarium est, retro respicere, cum spes in anteriora se debeat extendere. Satis audistis qui Deum quærant, scilicet veri adoratores, et quid petere debeant, scilicet regnum Dei, et justitiam ejus, id est panem, piscem et ovum; et quomodo, scilicet in spiritu et veritate. Spiritus enim Deus est, et eos qui adorant eum, in spiritu et veritate oportet adorare, ut spiritum spiritualiter spirituales, veritatem veri vere adorent. Sed qua instantia Apostolus docet : « Sine intermissione orate (*I Thess.* v, 17). » Et Jacobus : « Multum valet oratio justi assidua (*Jac.* v,

16). ▸ Dominus quoque in parabola de judice iniquitatis, et de vidua, aperte docet, quoniam « oportet semper orare, et non deficere (*Luc.* xviii, 1). ▸ Similiter in illa, ubi amicus amico commodat tres panes, si non propter amicitiam, tamen propter improbitatem ejus. Hic tres exprimuntur panes ; supra unus, quia unus in tres dividitur, dum charitas, quæ una est in Deum, et in amicum, et in inimicum, **462** dilatatur. Oremus ergo assidue et sine intermissione, intus vel extra, ore vel opere. Est enim oratio cordis, oratio oris, oratio operis. Moyses tacens, in Exodo legitur clamasse ad Deum (*Exod.* xiv, 15), quia licet ore sileret, corde tamen clamabat. Ita et Susanna, dum accusaretur a duobus iniquis presbyteris (*Dan.* xiii, 42). Cordis clamor, etiam silente corporis voce, ab eo auditur. Clamor iste est magna cogitationis intentio, quæ fit cogitationis sublimitate, concentuque virtutum. Clamor autem vocis non semper auditur, quia : « Non omnis qui dicit mihi, Domine, Domine, intrabit in regnum cœlorum (*Matth.* vii, 21), ▸ quia non est magnum diligere verbo et lingua, sed opere et veritate. Moyses opere orabat, qui manus graves, sustentantibus Hur et Aaron, ad Deum levabat (*Exod.* xvii, 12). Levatio cordium et manuum, vocem facit audibilem apud Deum. Ideo Jeremias corda cum manibus monet levare, dicens : « Scrutemur vias nostras, et quæremus, et revertamur ad Dominum, et levemus corda nostra cum manibus ad Deum in cœlos (*Thren.* iii, 40, 41). ▸ Qui ergo vult audiri a Deo, cujus sedes cœlum est, magis enitatur levare ad Deum cordis intentionem, et manus operationem, quam vocis clamorem.

Illis ergo tribus modis clamemus ad Dominum, quia trinus est ad quem clamamus, et trina sunt quæ postulantur. Iterum ad instantissimam petitionem tertio nos hortatur, dicens : « Petite et accipietis ; quærite et invenietis ; pulsate et aperietur vobis (*Matth.* vii, 7). ▸ Omnis enim qui sic petit, accipit, quia in nomine Jesu petit. De quo et Veritas dicit : « Quidquid petieritis in nomine meo, fiet vobis (*Joan.* xvi, 23). ▸ Sed in hoc infirmamur, et sæpe erramus, nisi spiritus adjuvet infirmitatem nostram, quia teste Apostolo, nec « quid oramus scimus, nisi Spiritus nos adjuvet, qui postulat pro nobis gemitibus inenarrabilibus (*Rom.* viii, 26). ▸ Ipso ergo pro nobis postulante, id est nos postulare faciente, sine intermissione oremus. Non enim desinit orare, qui non desinit benefacere, et justus esse, et præcipue ubi communis pestis mortalitatis, vel alicujus mali, sive gladius hostium irruit, ad orationis auxilium confugiamus, sicut Ezechias et alii sancti Patres fecisse leguntur. Unde et Litaniæ (4) istæ a Patribus institutæ fuerunt, cum luporum rabie, exigentibus peccatis, Dei populus acriter interimeretur, ut per hoc triduanum jejunium, et triduanas Rogationes, et illi qui tunc erant, a morsibus luporum visibilium, id est dæmonum, liberarentur, et nos a spiritualium luporum, id est dæmonum dentibus eruamur. Unde et hi dies in consuetudinem **463** celebritatis venerunt. Agamus igitur hos dies et nos, juxta Patrum instituta, cum reverentia et devotione, in carnis abstinentia, et cordis humilitate, ut spiritualium luporum tentamenta vincere, et salutare Dei, quod præstolamur, invenire valeamus. Per Dominum nostrum Jesum Christum, qui vivit et regnat per omnia sæcula sæculorum.

XLVI.

IN ROGATIONIBUS. SERMO SECUNDUS (5).

Divina Scriptura, fratres charissimi, aliquando nos ad lacrymas, aliquando ad gaudium invitat. Dicit enim Christus : « Beati qui lugent, quoniam ipsi consolabuntur (*Matth.* v, 5). ▸ Idem ad ultimum subjunxit : « Gaudete et exsultate, quoniam merces vestra multa est in cœlis (*ibid.*, 12). ▸ Sed ordo in his duobus habendus est. Prius dolendum, postea gaudendum est. Prius dixit : *Beati qui lugent ;* postea : *Gaudete et exsultate.* Propterea ait Dominus discipulis suis : « Amen, amen dico vobis, quia plorabitis et flebitis vos ; mundus autem gaudebit ; vos vero contristabimini, sed tristitia vestra vertetur in gaudium (*Joan.* xvi, 20). ▸ Dixit itaque præcedere fletum, postea gaudium sequi. Debet enim peccator prius conscientiam lacrymis mundare, in jejunio, et fletu, et planctu Domino satisfacere, ut veniam mereatur, ut post veniam in familia Domini lætetur. Cum igitur munda erit conscientia, cum factus fidelis servus digne Deo servierit, tunc postea et de conscientia gaudeat, juxta Apostolum : « Gloria nostra hæc est, testimonium conscientiæ nostræ (*II Cor.* i, 12). ▸ Et de spe retributionis, juxta Dominum : *Gaudete et exsultate, quia merces vestra multa est in cœlo.* Secundum hæc duo, fratres, divisa sunt nobis duo tempora ; alia mœroris, alia gaudii. In jejuniis Quadragesimæ ploramus, in die Resurrectionis gaudemus. Hanc in se divisionem temporum Dominus ostendit. Quadraginta diebus ante resurrectionem abstinuit se a cibis ; quadraginta diebus post resurrectionem confortavit discipulos multis modis. Et qui in priori Quadragesima nullum cibum attigit, in secunda cum discipulis aliquando comedit. Peccator ergo in vitiis mortuus, cum nondum per virtutes ad animæ resurrectionem venerit, doleat, et abstineat ab illicitis [*f.* etiam a licitis] ; postquam autem ab operibus mortuis resurrexerit, licet ei gaudere, et postea ad licita redire. Sed tamen tempore gaudii, nemo securus esse præsumat, sed qui stat, videat ne cadat. Diabolus enim cum videt hominem securum, **464** et de securitate factum improvidentem, [illum] aggreditur, improvisa tela ingerit ; et qui prius resurrexerat, moritur, et Chri-

gationum.

(4) Vide quæ de Litaniis notavimus ad Epistolam vigesimam tertiam libri secundi, et hic nota abstinentiam carnis jam tunc institutam diebus Ro-

(5) E Victorino et Lyrano.

stum resurgentem non imitatur; de quo legitur :
« Christus resurgens ex mortuis, jam non moritur
(*Rom.* vi, 9). » Sicut enim Christus resurrexit semel,
et amplius non moritur; sic fidelis anima postquam
semel a vitiis resurrexerit, ad mortem vitiorum non
revertetur, ne merito canis rediens ad vomitum
dicatur.

Ne ergo homines tempore gaudii superbirent, et
de securitate præsumerent, flagellavit Dominus Romanam Ecclesiam matrem nostram pestilentia mortalitatis, ut his temporibus membra timerent. Constituta est igitur Litania major congrue his temporibus per omnes Ecclesias, ut homines gaudio non
evagarentur, sed semper in humilitate consisterent.
Sic igitur merito temporibus lætitiæ dies mœroris
commistus est, qui nos ad timorem invitaret. Est et
alia causa. Solent aliquando contingere his diebus
mortalitates hominibus, quia corpus Domini accipiunt indigne. Unde Apostolus : « Ideo inter vos
multi infirmi et imbecilles, et dormiunt multi (*I Cor.*
x, 30). » Maxime enim iram Dei incitat, qui corpus
Domini in sordido hospitio recipit. Gravius offendit
Regem qui præsumit eum hospitari in immunda
domo, quam ille qui in irreverentia ait : « Non sum
dignus ut intres sub tectum meum. » Utrumque periculosum est, et non accipere, et accipere indigne.
Qui non accipit, audit : « Nisi manducaveritis carnem Filii hominis, et biberitis ejus sanguinem, non
habebitis vitam in vobis (*Joan.* vi, 54). » Qui indigne
accipit, audit : « Qui manducat corpus Domini indigne, et bibit ejus sanguinem, reus erit corporis et
sanguinis Domini, et judicium sibi manducat et
bibit (*I Cor.* xi, 27, 29). » Judicium sibi damnationis in futuro, et aliquando in præsenti temporalem
vel corporalem pœnam incurrit. Unde Apostolus :
*Ideo inter vos multi infirmi et imbecilles, et dormiunt
multi.* Jejunia vero his temporibus facienda sunt et
orationes, ut Dominus offensus populo suo parcat.
Multum enim necessariæ sunt orationes. Placatur
ira Dei oratione. Adoraverat populus Judaicus vitulum conflatilem, et ait Dominus Moysi : « Dimitte
me, ut irascatur contra eos furor meus. » Cui Moyses :
« Quæsumus, Domine, quiescat ira tua, et esto placabilis super malitiam populi tui, et placatus est
Dominus (*Exod.* xxxii, 10 etc.). » Oratione vincuntur
inimici. Cum Moyses oraret in monte, Josye vincebat Amalech. Oratione acquiritur salus, juxta Apostolum. Unde « Orate pro invicem, ut salvemini (*Jac·*
v, 16). » Oratione Ezechias meruit et sanitatem, et
vitæ augmentum. Oratione datur pax : « Rogate quæ
ad pacem sunt Jerusalem **465** (*Psal.* cxxi, 6). »
Quatuor sunt orationis species, quas notat Apostolus, cum ait : « Deprecor primum omnium fieri obsecrationes, orationes, postulationes, gratiarum actiones (*I Tim.* ii, 1). » Obsecrationes sunt, cum per
adjurationes nos a malis liberari petimus. Orationes
sunt, cum nobis aliqua bona dari oramus, ut cum

(6) Vide quæ de Litaniis notavimus ad epist. 23,
lib. ii.

dicimus : « Ut pacem nobis dones, te rogamus, audi
nos. » Postulationes sunt, cum pro aliis rogamus,
ut : « Et omnibus fidelibus defunctis requiem æternam donare digneris. » Gratiarum actiones sunt de
collatis beneficiis. Orate ergo, fratres, pro pace, pro
unitate, pro regibus, pro fructibus, pro prælatis, pro
defunctis (6). Ideo enim Rogationes dicuntur
quia in eis rogandus est Dominus, qui ait : « Petite,
et accipietis; quærite, et invenietis, date, et dabitur vobis (*Joan.* xvi, 24). » Ipse orationes vestras
exaudiat, et ab omni adversitate defendat. Qui
vivit et regnat Deus per omnia sæcula sæculorum.
Amen.

XLVII.

IN ROGATIONIBUS. SERMO TERTIUS (7).

« Quis vestrum habebit amicum, et ibit ad illum
« media nocte, et dicet illi : Amice, commoda mihi
« tres panes, quoniam amicus meus venit de via ad
« me, et non habeo quod ponam ante illum? Et ille
« deintus respondens, dicat : Noli mihi molestus
« esse, jam ostium clausum est, et pueri mei me-
« cum sunt in cubili, non possum surgere, et dare
« tibi. Et si perseveraverit pulsans, dico vobis,
« etsi non dabit illi surgens, eo quod amicus ejus
« sit, propter improbitatem tamen ejus surget, et
« dabit illi quotquot habet necessarios. Et ego dico
« vobis : Petite, et dabitur vobis; quærite, et in-
« venietis; pulsate et aperietur vobis (*Luc.* xi,
« 5, etc.). »

Modo, fratres charissimi, sunt dies Rogationum
et orationum, et ideo dignum ducimus, ut aliquid
vobis de oratione annuntiemus. Videmus, fratres
charissimi, in omnibus adversitatibus et necessitatibus valde necessariam esse orationem. Docet
[Evangelium] per quamdam similitudinem, quod
nulla adeo utilis est, nulla adeo valens [ad auxilium
nostrum] sicut assidua oratio. Unde Jacobus ait in
Epistola sua : « Multum enim valet deprecatio justi
assidua (*Jac.* v, 16). » Dominus igitur loquens hominibus, ut magis per cognita ad incognita perveniant, proponit similitudinem de amico importune
orante, dicens : *Quis vestrum habebit amicum, et
ibit ad illum,* etc. Quæ omnia, quamvis simpliciter
intellecta, assiduam orationem imitando, prodesse
466 possunt, tamen magis spiritualiter accepta
animam pascere possunt. Amicus enim qui venit de
via, noster animus est, qui toties a nobis recedit,
quoties ad appetenda temporalia, foris vagatur.
Redit ergo de via, cœlestique alimonia refici desiderat, cum in se reversus, superna ac spiritualia
incipit meditari. Sed ille cujus animus semper in
interioribus [*f.* exterioribus] vagatur, non habet
quod apponat amico suo refici desideranti, quia in
divinis eloquiis multum hactenus non studuerat.
Vadit ergo in nocte illius ignorantiæ ad amicum
suum, id est ad Dominum, qui amicus noster est,
sicut ipse ait : « Jam non dicam vos servos, sed

(7) E Victorino codice.

amicos meos (*Joan.* xv, 15). » Orat porro commodari sibi tres panes, id est intelligentiam fidei sanctæ Trinitatis, in cujus cogitatione anima reficitur, et per quam in præsentis vitæ labore consolatur. Amicus amicum orat, at ille non vult surgere; quia Deus orantis animæ instantiam vult exspectare. Respondet igitur : *Noli mihi molestus esse; jam ostium clausum est, et pueri mei mecum sunt in cubili; non possum surgere, et dare tibi.* Ostium amici est intelligentia divini sermonis, quod ostium videtur clausum, cum prædicatio cessat. Pueri sui sunt apostoli, et alii prædicatores, quos pane suæ prædicationis pavit; panem illum alii, dum vixerunt, congregaverunt, sed jam mortui sunt, et in lecto cœlestis quietis cum Deo requiescunt.

Cum ergo desit prædicator, non est qui animæ quærenti, intellectum divinorum mysteriorum aperiat; quod videtur dicere Dominus, dum ait : *Ostium clausum est; et pueri*, id est prædicatores animæ, *mecum sunt*, et in lecto cum Deo requiescunt. Si tamen perseveraverit ille in oratione, Dominus, orationibus sine intermissione factis, commotus surget, et mentem ignorantis aperiet, et panes verbi cœlestis, quotquot habet necessarios ad salutem, tribuet. Sed videte quid ex similitudine concludit : *Petite*, inquit, *et dabitur vobis; quærite et invenietis; pulsate et aperietur vobis.* Tria in hac petitione, fratres charissimi, notare debetis, sine quibus ad sanitatem venire non potestis. Petere enim debetis, orando; quærere, recte vivendo; pulsare, perseverando. Non enim sufficit verbis tantummodo Dominum rogare, si non etiam quæsierimus diligentius, qualiter nobis sit vivendum, ut digni simus impetrare quæ poscimus, ipso attestante, qui ait : « Non omnis qui dicit mihi : Domine, Domine, intrabit in regnum cœlorum; sed qui facit voluntatem Patris mei qui in cœlis est, ipse intrabit in regnum cœlorum (*Matth.* vii, 21). » Non valet autem alicui bona inchoare, **467** nisi ad finem inchoata perduxerit; unde dictum est : « Qui perseveraverit usque in finem, hic salvus erit (*Matth.* x, 22). » Sed quærendum est illud, quod ait : *Petite, et dabitur vobis*, quia non omnis qui petit, accipit. Multi enim petunt, qui non accipiunt. Sed quomodo hæc petitio debeat fieri docet alibi, dicens : « Quidquid petieritis Patrem in nomine meo, dabit vobis (*Joan.* xvi, 23). » Promittit ergo, quod si quæratur aliquid in nomine Jesu, qui est Salvator, dabitur ei. Ille enim in nomine Salvatoris petit, qui illud petit quod ad salutem veram pertinet. Unde Dominus apostolis adhuc infirmantibus ait : « Usque modo non petistis quidquam in nomine meo (*ibid.*, 24) : » ac si aperte dicat : Non potestis in nomine Salvatoris petere, qui nescitis quærere æternam salutem. Sed, fratres charissimi, multa sunt quæ in nomine Salvatoris petimus. Petimus temporalia bona, et terrenas prosperitates; non ut Deo diutius serviamus, sed ut delectatio-

nibus carnalibus vocari [vacare] licentius possimus. Alius petit uxorem, alius petit villam, alius petit vestem, alius victum. Et ista quidem petenda sunt, sed tamen non nimium petenda. Cœlestia vero petere debemus continue, et etiam importune. Temporalia vero in necessitate [petenda sunt], sed non continue. Unde Dominus in Evangelio : « Quærite primum regnum Dei, et justitiam ejus, et hæc omnia adjicientur vobis (*Matth.* vi, 11). » Sed adhuc aliquid gravius est, cum aliquis postulat mortem inimici, et quem cum gladio non potest persequi, persequitur oratione. Alius est qui maledicit in mortem, et sic de morte illius cui maledicit, reus tenetur. Jubet Deus ut diligatur inimicus, et rogatur Deus ut occidat inimicum. Alius autem pro peccatis [suis] orat, qui ipse [aliena] minime dimittit. De quibus per Isaiam Dominus ait : « Cum extenderitis manus vestras, avertam oculos meos, et cum multiplicaveritis orationem, non exaudiam. Manus enim vestræ sanguine plenæ sunt (*Isa.* i, 15). » Itaque qui bene loquuntur, et male vivunt, in nomine Christi pereunt [f. non petunt]. Quibus Deus ait : *Quid vocatis me, Magister et Domine, et non facitis quæ dico?* De quibus Salomon in Proverbiis : « Qui declinat aurem suam ne audiat legem, oratio ejus erit exsecrabilis (*Prov.* xxviii, 9). » Item si aliquis habet aliquid adversus proximum sibi, nisi, cum orat, dimittit, male petit. Unde præcipit Dominus in Evangelio : « Cum stabitis ad orandum, dimitte si quid habetis adversus aliquem, ut Pater vester qui in cœlis est, dimittat vobis peccata vestra (*Matth.* vi, 12, etc.). »

Intuendum est ergo quia non omnis qui orare videtur coram hominibus, in conspectu **468** æterni Judicis petere probatur, ut exaudiatur. Neque enim propheta diceret : « Prope est Dominus omnibus invocantibus eum in veritate, » nisi nos cognosceret aliquando non in veritate invocare Dominum. Si autem Dominus in dandis muneribus discretionem habet, quid mirum est, cum homines filiis suis bona dare cognoscant? Unde ait : « Quis ex vobis patrem petit panem, nunquid lapidem dabit illi? Aut piscem; nunquid pro pisce serpentem dabit illi? Aut si petierit ovum, nunquid porriget ei scorpionem? » (*Luc.* xi, 11, etc.) Similiter Deus, cum aliquis orat quæ oranda non sunt, non tribuit quæ non danda sunt. Panis significat charitatem, quia sicut ille est principalis cibus, ita quod sine eo mensa inops videatur, similiter hæc principalis est virtus, cui aliæ virtutes in radice infiguntur. Si ergo aliquis panem, id est dilectionis virtutem a Deo petit, nunquid lapidem, id est odii duritiam, ei tribuet? Piscis autem designat fidem, quia sicut piscis fluctibus crebris tunditur, nec perimitur, ita fides inter tribulationes firma versatur. Si quis autem piscem, id est fidem a Deo postulat, non serpentem venenosum infidelitatis ei porrigit. Ovo spes comparatur, quia in ovo fetus nondum cernitur, sed futuræ avis fetus speratur; et fideles, in præsenti spe, nondum æternam gloriam intuentur, sed sperando futuram præstolantur, et cupiditas et reversio ad terrena comparatur, quia venenum in cauda quæ retro est gerit. Qui autem tendebat ad cœlestia, et postea ad terrena redit [scorpionem imitatur]. Itaque qui a Deo ovum, id est spem cœlestium, quærit, non scorpionem reversum ad terrena dabit.

Nolite ergo, fratres charissimi, petere a Deo quæ petenda non sunt, sed terrena [*supp.* transeunter] in necessitate, et cœlestia assidue. Cum enim ingruit necessitas mortalitatis, vel alicujus pestis, auxilium Dei recurrendum est, sicut in his Rogationibus, quæ pro maxima necessitate inventâ sunt. Cum enim, exigentibus peccatis, Galliarum populi luporum rabie interimerentur, nec hujus flagitii [*f.* flagelli] aliquod remedium inveniri posset, congregati episcopi in urbem Viennam, in commune statuerunt, ut triduanum jejunium facerent. Cumque Dominus pestem misericorditer intulisset [*f.* abstulisset], hi dies in consuetudinem annuæ celebritatis venerunt, ut per Galliarum provincias ante Ascensionem Domini celebrarentur. Agamus igitur et nos hos dies, sicut statutum est in conciliis, cum summa reverentia et devotione (8), cum abstinentia carnis, **469** et humilitate cordis, ut visibilium rabiem luporum evadamus, et invisibilium, id est spirituum immundorum testamenta [*f.* tentamenta], vincere valeamus. Nullus autem his diebus pretiosis vestibus induatur, sed in sacco et cinere lugere a Patribus statutum est. Prohibentur ebrietates, et comessationes. Nemo ibi quis equitare præsumat; sed discalceatis pedibus omnes incedant et cum contritione cordis misericordiam exorent pro peccatis, pro conservatione fructuum, et pro necessitatibus cæteris, ut lacrymis nostris et orationibus, Dei pietas commoveatur. Qui vivit et regnat Deus per omnia sæcula sæculorum Amen.

XLVIII.

IN ROGATIONIBUS. SERMO QUARTUS (9).

« Confitemini alterutrum peccata vestra, et orate
« pro invicem, ut salvemini ..... Si quis ex vobis
« erraverit a veritate, et converterit quis eum,
« scire debet quoniam qui converti fecerit pecca-
« torem ab errore viæ suæ, salvabit animam ejus
« a morte, et operiet multitudinem peccatorum
« (*Jac.* v, 16, 19, 20). »

Cum in aliis diebus, fratres charissimi, ad confessionem et pœnitentiam debeatis invitari, in jejuniis præcipue, quæ [pro] peccatorum piamine inventa sunt, admonemur culpas confiteri. Dicit ergo Jacobus apostolus, qui frater Domini dictus est, quia cognatus ejus erat (Domini enim mater et ejus (10) mater sorores Mariæ fuerunt): *Confite-*

mini alterutrum peccata vestra, et orate pro invicem, ut salvemini. Sed est discretio adhibenda quæ sint peccata, et cui sint confitenda. Non enim cuilibet confitenda, quia non cuilibet data est potestas remittendi peccata, sed illis tantum data est, quibus dictum est : « Accipite Spiritum sanctum; quorum remiseritis peccata, remittuntur eis (*Joan.* xx, 22); » sicut apostolis, et vicem eorum obtinentibus, id est episcopis et sacerdotibus. Si tamen sunt levia peccata, quæ quotidie facimus, illa coæqualibus nostris invicem confiteri possumus, quia orationibus proximorum purgantur. Unde clerici quotidie inter se in Ecclesia, *Confiteor* dicunt, et facta confessione orationes pro se invicem impendunt. De hac confessione ait apostolus Jacobus : *Confitemini alterutrum peccata vestra, et orate pro invicem, ut salvemini.* Sed si graviora sunt peccata, sacerdotibus sunt ostendenda, et juxta arbitrium eorum, jejuniis, orationibus, et eleemosynis punienda, et purificanda. Ista autem graviora peccata, quæ per lepram sunt in antiqua lege designata, ostendi sacerdotibus præcipiebantur. **470** Unde Dominus in Evangelio præcepit leprosis : « Ite, ostendite vos sacerdotibus (*Luc.* xvii, 14). » Nec solum, fratres charissimi, confiteri debetis levia inter vos, et graviora sacerdotibus; sed etiam si noluerit quis confiteri, et ab errore converti, debetis alter alterum a via sua mala reducere, *quoniam qui converti fecerit peccatorem ab errore viæ suæ salvabit animam ejus,* imo et suam. Si enim magnum est eripere carnem, id est proximum a morte temporali, multo magis est liberare animam ejus a morte gehennali. Unusquisque ergo potest esse prædicator proximo suo; unusquisque debet admonere fratrem suum in via, in Ecclesia, in domo, sive verbo, sive exemplo. Admonet enim fratrem converti, cum in conspectu ejus bene agit. Hortatur eleemosynam facere, cum pauperi aliquid tribuit proximo vidente. Cum hospitem recipit, ad hospitalitatem invitat. Nemo solus velit salvari, ne videatur aliorum invidere saluti. Alius alium secum trahat, dum de hoc sterquilinio ad superna festinat. Sicut enim unusquisque vestrum proficisci volens Jerusalem, secum fratrem suum studiose venire invitat et hortatur, ita et desiderabilius vobiscum ad cœlestem Jerusalem, ubi non est angustia, ubi non est timor; sed vera pax et gloria, modis omnibus fratres vestros consepelire [*f.* conducere] debetis. Est enim ad illam Jerusalem parata via per eum qui dicit : « Vado parare vobis locum (*Joan.* xiv, 3). » Non enim [antea] locus erat homini in cœlo; sed Jesus Redemptor noster paravit ei locum pretioso sanguine suo. Positus erat peccatorum murus inter Deum et hominem, et

---

(8) Nota hic eamdem in habitu molestiam, et victus austeritatem, fidelibus in Rogationibus celebrandis indictam, quæ publice pœnitentibus pro gravioribus etiam peccatis, imponebatur; cum hoc tamen discrimine quod pœnitentibus imponebatur

de necessitate, cæteris autem fidelibus suadebatur tantum ex devotione.

(9) E Victorino et Lyrano.

(10) Jacobi scilicet.

ideo non poterat transire ad Deum. Unde ait ante passionem discipulis suis : « Quo ego vado vos non potestis venire modo (*Joan.* xiii, 36), » quod dicitur : Ideo dico, *modo*, quia quando fractus erit murus, venire quo ego vado poteritis. Quod præviderat Spiritus [*f.* David], cum dicit : « Et in Deo meo transgrediar murum (*Psal.* xvii, 30). » Murum destruxit, cum duas nostras mortes sua simplici morte delevit. Mortem enim peccati, quæ erat in anima, et mortem inferni, quæ erat peccati pœna, utramque sua simplici corporali morte exstinxit. Unde Gregorius (11) : « Unam ad nos suam mortem detulit, et duas nostras, quas reperit, solvit. » Simplicem suam duplici nostræ contulit, et duplicem nostram moriens subegit. Unde non immerito in sepulcro uno die et duabus noctibus jacuit, id est tenebras duplicis nostræ mortis exstinxit. Et cum post duas noctes et unum diem quo mortuus erat, ad vitam resurgendo rediisset, ostendit effectum suæ mortis, quæ duas mortes nostras destruendo, vitam a nobis amissam restauravit, et sic amari tulo **471** mortis suæ conversa est in gaudium vitæ. Quod prædixerat apostolis, dum dicebat : « Tristitia implevit cor vestrum, sed tristitia vestra vertetur in gaudium » (*Joan.* xvi, 6), quia prospera tristitia majoris gaudii vicem recompensavit. Jacuit enim mortuus per quadraginta horas, qui in nona sextæ feriæ emisit spiritum, et in prima Dominicæ diei resumpsit corpus suum. Itaque fuit mortuus per quatuor horas in feria sexta, per duodecim horas sequentis noctis, per duodecim horas Sabbati, et per duodecim horas secundæ noctis, quæ omnes faciunt quadraginta. Sed quantum Dominus vicem gaudii recompensavit, propter hoc spatium tristitiæ videamus. Qui fecit per quadraginta horas discipulos contristari moriendo, fecit et eosdem quadraginta diebus resurgendo lætari, vitam mori, diem horæ recompensando. Et quia per hos quadraginta dies in mundo moratus est, gaudio resurrectionis suæ apostolos exhilaravit. Ideo adhuc hos dies cum magno gaudio, remota abstinentia catholica, celebrari constituit Ecclesia. Nec in illis quadraginta diebus, quibus cum discipulis legitur conversari, nec oportet jejunare, nec lugere quia tempus est lætitiæ, non abstinentiæ. Auctoritas enim hæc accepit a Christo testimonium, de quo legitur in Evangelio, quod cum Judæi quærerent, quare discipuli non jejunarent, respondit eis : « Nunquid possunt filii sponsi lugere, quandiu cum illis est sponsus. Venient autem dies, cum auferetur ab eis sponsus, et tunc jejunabunt (*Marc.* ii, 19). »

Itaque ante Ascensionem voluerunt sancti Patres jejuniorum abstinentiam non indicare, sed quibusdam causis cogentibus Litania major in Romana Ecclesia constituta est. Pestis maxima eo tempore homines affligebat, exigente peccatorum magnitu-

dine. Propter impetrandam igitur misericordiam Dei, hoc tempore sancto jejunium stabilitum est, et per universum orbem singulis Ecclesiis fieri illud sancti Patres constituerunt, « non equitando, sed nudis pedibus incedendo, non eo die vestes pretiosas induendo, sed cilicia assumendo, et cinerem capiti aspergendo. » Hæc Litania Græco nomine Rogatio interpretatur (12) quia eo die misericordiam Dei, et suffragia sanctorum implorare debemus, ut a morte æterna liberet nos divina pietas, exorando pro pace, pro peste, et conservatione frugum, et pro cæteris necessitatibus, ut Dominus, qui nobis flagella sua, sive ad vindictam, sive ad correctionem aliquando incutit, non secundum peccata nostra retribuat nobis, **472** sed secundum misericordiam suam nobis parcat. Jejunando etiam debemus a Ninivitis exemplum accipere (*Joan.* iii, 5) quia cum secundum divinam scientiam [*f.* sententiam] ejus civitatis subversio immineret, abjectis copiosis epulis ad jejunia se verterunt, facientes secum jejunare pecudes et pueros. Cum animalia jejunarent, quibus natura preces denegavit, mugitibus suis tamen pœnitentium lacrymas adjuvabant ; pueri ab uberibus matrum separabantur, ut fierent in pœnitentia consortes, qui non fuerant in peccato participes. Debent igitur Christiani pro salute sua facere quod leguntur pecudes pro salute hominum fecisse. Sed nihil valet carnem abstinere a cibis, nisi anima abstineat a peccatis ; nec valet abstinentia, nisi concedatur eleemosyna. Unde Dominus per prophetam : « Nonne hoc est majus jejunium quod elegi : Frange esurienti panem tuum, et egenos, vagosque induc in domum tuam (*Isa.* lviii, 7). » Date igitur pauperi de substantia vestra, ut de beneficiis vobis collatis Deo gratiarum actionem reddatis, et de frugum conservatione spem habeatis, quia qui in benedictionibus seminat, de benedictionibus et metet, concedente Domino, qui vivit et regnat in sæcula sæculorum.

XLIX.

IN ASCENSIONE DOMINI. SERMO PRIMUS (13).

« Elevatus est sol, et luna stetit in ordine « suo (14). »

Hodie, fratres charissimi, Ascensionis Domini jucunda est festivitas ; hodie destructa est humani generis captivitas. Quam Ascensionem Habacuc propheta prævidens ait : *Elevatus est sol, et luna stetit in ordine suo.* Cum enim Dominus in mundo cum apostolis moraretur, apostoli in præsentia Domini sui confidentes, ad cœlestia non aspiciebant ; sed postquam Dominus se ab oculis eorum absentavit, et in cœlum ascendit, quo Dominus ascendit, et milites ascendere inhiando cupiunt. Hæc enim consuetudo inter nos est, ut familia regem præcedentem sequi desideret. Unde Ecclesia in Canticis ait : « Trahe me post te (*Cant.* i, 31). »

---

(11) Lib. iv Moral. in Job, c. 17.
(12) Idem dixit sermone præcedenti.
(13) E Victorino et Lyrano.

(14) Ita secundum Septuaginta Interpretes ; sed secundum Vulgatam : *Sol et luna steterunt in habitaculo suo* (*Habac.* iii, 11).

Trahi enim desiderabat ad Regem ascendentem, postquam caruit consolatione præsenti. Ideo elevatus est sol justitiæ, qui illuminat omnem hominem venientem in hunc mundum, per ascensionem ejus ad cœlestia. Luna vero dicitur Ecclesia. Sed sicut luna recipit lumen **473** a sole, ita Ecclesia illuminata est a Christo; et sicut luna aliquando defectus patitur, sic in suis Ecclesia quandoque defectus tolerat. Sed post ascensionem hæc luna stetit in ordine suo, quia tunc per prædicationem excrevit et ad tribulationem exivit. Tunc Petrus qui voce ostiariæ succubuit, a voce Neronis resistentis non recessit.

Hæc ascensio est unus de saltibus, de quibus Salomon in Canticis : « Ecce iste venit saliens in montibus (*Cant.* i, 8). » Saliens venit, quia veniendo ad redemptionem nostram, quosdam saltus dedit. A cœlo quippe venit in uterum Virginis, de utero in præsepium, de præsepio venit ad crucem, de cruce in sepulcrum, de sepulcro ad inferos, de inferis rediit in cœlum. Unde ait Psalmista : « Exsultavit ut gigas ad currendam viam, a summo cœlo egressio ejus (*Psal.* xviii, 6). » Hanc exsultationem alibi denotavit ipse, dum ait : « De torrente in via bibet, propterea exaltabit caput (*Psal.* cix, 7). » In mundo erat torrens mortis, fluens a peccato primi parentis. De hoc in via bibit, quia mortem in transitu gustavit ; atque ideo exsultavit, quia moriendo corpus posuit in sepulcro, quod resurgendo super angelos levavit. Levavit super angelos per resurrectionem humanam naturam, quæ prius erat minor angelis. Unde scriptum est : « Minuisti eum paulo minus ab angelis (*Psal.* viii, 6). » Quandiu enim fuit passibilis et mortalis, angelica natura, quæ est immortalis, minor fuit ; sed postquam Deus Pater gloria resurrectionis et honore immortalitatis coronavit eum qui prius minor erat, super angelos factus est. Cum igitur angeli humanam naturam sibi esse prælatam viderunt, qui prius se prælatos viderant, qui prius se ab hominibus adorari patiebantur, ab humano genere ita exaltato, se adorari timuerunt. Adoravit angelum Abraham. Tres vidit et unum adoravit, nec adorare prohibuit angelus. Voluit Joannes adorare angelum post resurrectionem, sed ab angelo non est permissus. Respiciebant

hominem **474** [per gratiam] exaltatum, quem culpa sua prius viderant humiliatum. Honorabant naturam hominis, quam videbant super se exaltatam. Sciebant quidem hominem esse factum, ante peccatum ad restaurationem angelicæ legionis, quæ ceciderat, sed redemptionem ejus per Filium Dei ignorabant. In principio enim mundi fecit Deus (15) angelum quemdam præcellentem aliis, valde speciosum et sapientem, de quo dicitur per prophetam : « Tu signaculum similitudinis Dei , plenus sapientia et perfectus decore, in deliciis paradisi Dei fuisti (*Ezech.* xxviii, 12, 13). » In eo enim erat subtilior natura ; in illo, imago Dei similior insinuatur, dum dicitur postea per prophetam : « Omnis lapis pretiosus operimentum tuum (*ibid.*). » Quia novem ordinibus ille primus angelus, ideo ornatus et opertus fuit, dum omnibus agminibus angelorum prælatus est, et ex eorum comparatione clarior fuit ; sed ille versus in superbiam ex nimia claritate, dixit : « Ascendam in cœlum, ponam sedem meam ad Aquilonem, et ero similis Altissimo (*Isa.* xiv, 14). » Fuerunt enim consentientes multi ex angelis aliis, qui dum Deo similes volebant fieri, angelis [*f.* hominibus] minores effecti sunt ; et primus ille angelus, et ejus compares, de cœlo, aliis bonis spiritibus remanentibus, ceciderunt, ita quod de singulis novem ordinibus pars cecidisse creditur, quorum loco supplendo, factus est homo. Nisi [enim] peccassent homines, salvi [*f.* facti] fuissent similes angelis et immortales. Nam si Adam non peccasset, vixisset in paradiso de fructibus arborum, et filios sine concupiscentia generasset, et in terra tamen unusquisque permansisset usque ad terminum constitutum, et tunc accepto fructu de ligno vitæ, et gustato, quod erat in medio paradisi, vivus in cœlo translatus fuisset. Sed, peccante homine, ingressa est mors in mundum, periit immortalitas, periit ascensus in cœlum. Sed Deus summæ misericordiæ hominem homo factus redemit, et per mortem suam mortem nostram destruxit ; **475** per resurrectionem immortalitatem reparavit ; per ascensionem Dominus aditum in cœlum nobis fecit, et ipse *Dominicus homo* locum summi angeli supplevit. Alii vero inferiores homines, inferiorum ordinum ruinam restauraverunt.

Itaque Christus, secundum humanitatem, super

(15) In hoc sermone Hildebertus agens de creatione angelorum, opinari videtur inter ipsos angelum quemdam primo fuisse creatum, et cæteris ordinibus præ excellentiori perfectione ita prælatum, ut quasi se solo particularem constituerit ordinem, cæteris ordinibus *præcellentem, cujus quippe subtilior erat natura, et imago Dei similior,* cujus *operimentum omnis lapis pretiosus* fuit, dum omnibus agminibus angelorum prælatus est, ut ex eorum comparatione clarior exstiterit; unde præ nimia claritate in superbiam versus, ait : *In cœlum ascendam, similis ero Altissimo (Isa.* xiv, 14). Unde et ipse : *Et plures de singulis ordinibus* illi consentientes, ceciderunt et damnati sunt.

Hæc autem sententia conformis omnino videtur assertioni quam protulit Hildebertus in suo, quem e ms. Lyrano recenter deteximus, et infra subjungemus, tractatu theologico, ubi cap. 20, agens de excellentia Luciferi ante lapsum, sic ait : *Ante eos qui ceciderunt, unus fuit excellentior omnibus aliis; et non solum his qui ceciderunt, sed et omnibus eum fuisse excellentiorem videtur auctoritas velle.* Quod, ut probet, iisdem sacræ Scripturæ verbis utitur, quibus in hoc sermone usus est, scilicet : *Omnis lapis pretiosus,* etc. Et ad hoc insuper citat D. Gregorium et Isidorum.

Hinc videtur educi posse probatio reciproca, et quod hic sermo, quem e ms. Victorino, et insuper ex eodem ms. Lyrano, ubi præfatum tractatum theologicum reperimus, eruimus, sit vere Hildebertinus, et quod illius tractatus auctor vere fuerit Hildebertus, quem proinde ut ejus legitimum fetum publica luce donandum censuimus.

omnes creaturas est. Unde Psalmista : « Omnia A subjecisti sub pedibus ejus (*Psal.* viii, 8). » Sed Deus major est et superior eo homine, Pater scilicet et Filius [ipse] secundum divinitatem, sicut et Spiritus sanctus. Unde ait Apostolus : Tunc et ipse Filius « subjectus erit ei qui subjecit sibi omnia (*I Cor.* xv, 28). » Hominum autem illorum alii pro meritis superiores, sunt cum angelis positi. Unde in Evangelio : « In domo Patris mei mansiones multæ sunt (*Joan.* xiv, 2). » Et alibi dicitur : « Erunt homines æquales angelis (*Luc.* xx, 38). » Si quæritis quot salvi erunt, audite Gregorium dicentem (16): « Illuc ascensura creditur tanta multitudo hominum, quanta multitudo angelorum in cœlo remansit, » sicut scriptum est per prophetam : « Statuit terminos gentium secundum numerum filiorum Israel (*Deut.* xxxii, 8). » Hæc est ergo illa dies, fratres charissimi, in qua angelorum militia de consortio hominum lætata est. Hæc est illa festivitas, quæ est finis omnium aliarum festivitatum, sine qua utilitas hominum periret. Nisi enim in cœlum esset ascensurus, cassa passio, inutilis resurrectio esset. Hæc est tanta, quod tempore Sylvestri papæ, in honorem ascensionis erat ita quinta [feria] per singulas hebdomadas celebrata, sicut et Dominica dies in memoriam resurrectionis. Congratulemur igitur angelis, qui hodierna die cum magno gaudio occurrentes regali filio ascendenti ad Patrem, quærunt : « Quis est iste Rex gloriæ? » Et alii invitantes, dixerunt : « Dominus fortis et potens ; Dominus potens in prælio (*Psal.* xxiii, 6). » Et vere exstitit potens in prælio, quia ascendens in altum, captivam duxit captivitatem. Liberatio enim militis, victoria exstitit regis. Sed quid nobis valet liberatio sociorum, nisi efficiamur socii eorum? Laboremus ergo, fratres charissimi, ut, sicut sumus eodem sanguine redempti, ita eodem præmio ascensionis simus **476** remunerati, juvante Domino nostro Jesu Christo, qui cum Patre et Spiritu sancto vivit et regnat in sæcula sæculorum. Amen.

L.

In ascensione Domini. Sermo secundus (17).

« Venite, ascendamus in montem Domini (*Isa.* « ii, 3). »

Jeroboam statuit vitulos aureos in Dan et in Be- D thel, et aras erexit eis, et implevit ibi manus sacerdotum, et obtulit hostias, ut sic revocaret filios

Israel, scilicet decem tribus, ne ascenderent in Jerusalem ad immolandum Domino (*III Reg.* xii, 8). Prophetæ tamen, quos comedebat zelus domus Domini, assidue revocabant eos, dicentes : *Venite, ascendamus ad montem Domini,* etc. Vox hæc non exhortatio tantum, sed dehortatio ; ac si diceret : Nolite ascendere in Dan et in Bethel, sed venite nobiscum ad montem Domini. Pereuntium enim est dicere : Venite ad ignominiam quoque loci. Bethel vocaverunt Bethaven (18). Mons autem Domini est mons Moria, super quem ædificatum est templum et altare Domino, quem elevans oculos procul vidit Abraham, ut ibi filium immolaret (*Gen.* xxii). Ibidem vidit angelum in area Ornan Jebusæi recondentem gladium in vagina, post plagam factam a Domino in Israel. Verumtamen, licet propria fuerit illius temporis exhortatio prædicta, nihilominus est quotidie, et in diebus nostris magis necessaria. Plures vero modo sequantur vias Jeroboam (*I Paral.* xxi), quam in diebus ipsius. Omnes, fere relicta vel potius neglecta Jerusalem, in Dan ascendimus, vel in Bethaven, nec recens error est iste, scissum est regnum Israel. Inchoatus est in principio nascentis mundi, scilicet cum creata est illa nobilis creatura, cum nubilarent [*f.* jubilarent] astra matutina, angelos loquor, Lucifer, qui mane oriebatur, cujus operimentum erat omnis lapis pretiosus, in abundantia virtutis suæ intumuit, et prodiit ex adipe iniquitas ipsius ; **477** et ait : « Ascendam in cœlum, ponam sedem meam ad aquilonem, et similis ero Altissimo (*Isa.* xiv, 14). » Iste ascendit in Bethaven, quod sonat, *domus idoli*, vel *domus inutilis*, vel *vanitas*, per viam superbiæ in montem potentiæ et dominationis [*f.* damnationis]. Adam similiter, pater noster, radix apostolica, ascendit in Dan, quod sonat, *judicium*, id est *discretionem*, credens alii apostatæ, qui ait : « Eritis sicut dii, scientes bonum et malum (*Gen.* iii, 5), » per viam avaritiæ ascendit in montem scientiæ instantis. Sed quia scriptum est : « Ante ruinam exaltabitur cor (*Prov.* xvi, 18), » utriusque exaltationem sequitur ruina. Primus enim apostata de angelo factus est diabolus. De cœlo empyreo lapsus est in hunc aerem caliginosum, qui tanquam carcer deputatus est ei usque in finem temporum, quando mittetur in ignem æternum, qui præparatus est ipsi et angelis ejus.

---

(16) Homil. 34 in Evang.

(17) Ex ms. Andegav. — Ex hoc etiam sermone confirmari potest probatio reciproca, quod et hic sermo vere sit Hildebertinus, sicut et Tractatus theologicus, de quo ad præcedentem sermonem egimus. In utroque nimirum, et fere totidem verbis, et iisdem sacræ Scripturæ testimoniis, angelis prævaricatoribus *aerem caliginosum* pro carcere assignat. Hic quippe ait : *Primus enim apostata ex angelo factus est diabolus, de cœlo empyreo lapsus est in hunc aerem caliginosum, qui tanquam carcer deputatus est ei usque,* etc., ut supra in hoc sermone. In Tractatu vero theologico, eodem vigesimo capite præcitato, sic ait : Quia contra Creatorem suum in tantum superbiit, dejectus est in istum aerem cali-

ginosum cum omnibus illis qui ei consenserant... Non est enim illis concessum habitare in cœlo, quod est clara patria ; nec in terra ne homines nimis infestarent, sed *in aere caliginoso,* qui est eis quasi carcer, usque ad tempus judicii. Tunc enim detrudentur in barathrum inferni, secundum illud : *Ite, maledicti in ignem æternum, qui paratus est diabolo et angelis ejus (Matth. xxv).* Quis non advertat perfectam et sententiarum, et vel ipsorum verborum conformitatem, et in hoc sermone, et in illo theologico Tractatu, et hinc non subodoretur saltem utrumque ejusdem fuisse auctoris?

(18) Ita ms. Forte melius ad sensum, *ad ignominiam loci Bethel, quem vocaverunt Bethaven.*

De casu ipsius legitur : « Videbam Satanam sicut fulgur de cœlo cadentem (*Luc.* x, 18). » Secundus apostata, « cum in honore esset, non intellexit; comparatus est jumentis insipientibus, et similis factus est illis (*Psal.* xlviii, 13). » De horto deliciarum ejectus est in sterquilinium mortalitatis nostræ, tanquam in locum tenebrosum scopulis plenum, confractus est in naturalibus, in gratuitis cæcatus, sordibus criminum involutus. In hunc modum, qui libidine accenduntur dominandi, post Satanam ascendunt in Bethaven. Quicumque scientiam appetunt inflantem, Adam sequuntur in Dan. Quia ergo multitudo palearum Ecclesiæ tales sequitur præambulos, gemunt inter eos grana, et clamant : *Venite, ascendamus in montem Domini* ; ac si dicerent : Non sequimur te, Satan, ascendis ad Aquilonem, qui frigidus est et malus, nomine tamen dexteræ (19), a quo panditur omne malum, a cujus facie vidit Jeremias ollam succensam (*Jer.* i, 13.) Non etiam te sequimur, Adam; nolumus enim sapere plusquam oportet sapere, nec, si te ruperis, illi particeps; sed ascendemus ad montem Domini. Et vos prævaricatores, redite ad cor, et venite nobiscum. Si forte dicant paleæ : Quomodo ibimus vobiscum? Nec quo eundum sit, nec viam scitis [*f.* scimus.]. Quis enim venit qui annuntiet nobis quod oculus non vidit, nec auris audivit? Unde ex desperatione videtur dixisse Propheta : « Quis ascendet in montem Domini? (*Psal.* xxiii, 3). »

Sed non est desperandum, fratres; ducem habemus in via Jesum Christum, qui cum exsultasset ut gigas ad currendam viam, hodie ad montem Domini ascendit, et sedit a dextris virtutis Dei, nobis relinquens exemplum, ut sequamur vestigia ejus. Sed quia **478** ipse ascendit saliens in montibus, transiliens colles, et nos gradatim per viam collium ascendamus ad montem. Si enim in corde nostro ascensiones disposuerimus de valle lacrymarum, in domum Domini ibimus, euntes de virtute in virtutem, donec videatur Deus deorum in Sion. Abscondita est quidem via Domini, sed tu, Domine, vias tuas demonstra nobis, et semitas tuas edoce nos. Primo itaque videamus ascensus Christi Jesu, ut per eosdem sciamus eum imitari. Ex serie Evangelii perpendimus septem fuisse ascensus Domini. Et satis est, quia septenarius numerus est universitatis, et ita per septem universi ejus ascensus intelligi possunt. Ascendit de aqua in desertum; ascendit in montem Thabor, et transfiguratus est ; ascendit in montem solus orare; ascendit in montem, cum apostolos elegit, et tradidit eis legem Evangelii in sermone; ascendit super asinam; ascendit in crucem, ascendit in cœlum. Nec multum attendimus utrum hoc ordine ascenderit, sed potius nostrum ordinemus ascensum. Primo itaque ascendit, ut tentaretur a

diabolo; secundo, ut transfiguraretur ; tertio, ut clarificaretur: orabat enim ut clarificaretur a Patre; quarto, ut intelligeretur; quinto, ut Rex mansuetus nosceretur. Unde : « Dicite filiæ Sion : Ecce rex tuus venit tibi mansuetus, etc. (*Matth.* xxi, 5). » Sexto, ut exaltaretur. Unde ipse ait : « Cum exaltatus fuero a terra, omnia traham ad meipsum. (*Joan.* xii, 32). » Septimo, ut elevaretur. Unde : « Videntibus illis elevatus est (*Act.* i, 9). » In primo vicit, in secundo resplenduit, in tertio supplicavit, in quarto docuit, in quinto disposuit, in sexto redemit, in septimo intercedit. Hæc omnia fecit propter nos; non enim sua interfuit, sed nostra. Primus ejus ascensus fuit nobis ad exemplum, secundus ad solatium, tertius ad refugium, quartus ad documentum, quintus ad subsidium, sextus ad pretium, septimus ad præmium. In hunc modum post Christum ascendere oportet Christianum : ascendere, inquam, per colles ad montem Domini. Colles siquidem dicuntur, quia coli possunt; tempus enim colendi, id est, merendi est, dum ascendimus (20), tempus vero recipiendi in montem. Superest attendere colles qui ducunt ad montem. Primus collis est probationis; secundus, spei; tertius, orationis; quartus, veritatis; quintus, mortificationis; sextus, perfectionis; septimus, glorificationis. Hi septem ascensus vias habent proprias et colles distinctos, de quibus dicit Jeremias : « State in viis vestris (*Jer.* vi, 16). » Et **479** alibi : « Viæ Domini, » id est, « ad Dominum rectæ lætificantes corda (*Ps.* xviii, 9). » Per viam patientiæ ascendimus ad primum collem; per viam timoris, ad secundum; per viam devotionis, ad tertium; per viam meditationis, ad quartum; per viam temperantiæ, ad quintum; per viam obedientiæ, ad sextum; per viam perseverantiæ, ad montem supremum. Ascendens autem per hos ascensus oratione Dominica tanquam comite muniatur. Dulce enim vehiculum est in via oratio, fidelis præcursor ad Dominum, prænuntians ei adventum ascendentis. Unicuique ascensui propriam poterit adaptare petitionem, ut tanquam septem cantica, septem gradibus computetur.

Fidelis itaque post Christum ascendens de aqua baptismi, præparet se ad perferendas tentationes, quia statim occurrent Amalecitæ in deserto, id est, dæmones, statim serpentes igniti, id est carnis incentiva, statim Sehon rex Amorrhæorum ; et Og rex Basan, id est occasiones mundi, ut tironem Dei ejiciant, victum trajiciant, in carcerem projiciant. Sed attendat Christianus primum Christi ascensum, qui ei propositus est in exemplum, ingrediens viam patientiæ, secundum illud : « Fili, cum ascenderis [al. *accesseris*] ad servitutem Dei, sta in justitia et timore, et præpara te ad tentationem (*Prov.* ii, 1). » Vicit Christus, et per eum vincet Christianus, et sic

(19) Verba *nomine tamen dexteræ*, videntur superflua ad sensum.

(20) Hic deest aliquid quod sic non longe ad sensum auctoris potest suppleri, *tempus vero requiescendi cum in montem fuerimus recepti.*

ad primum collem evadet, id est ad probationem; tribulatio enim patientiam operatur; patientia vero probationem. Quod enim fornax auro, quod lima ferro, flagellum grano, id confert tribulatio justo. Ergo in hoc ascensu dicat : Pater, sanctificetur nomen tuum in me. In baptismo nomen sumptum est a nomine tuo, sortitus sum a Christo Christianus. Sanciatur hoc nomen in me immobiliter, firmetur in me, ut sic semper partici_per re sicut nomine semper. Sed ne putet luctam interminabilem, vel inutilem, attendat Christi Transfigurationem, quæ facta est nobis in solamen, ut eamdem gloriam spe certa exspectemus. Configurati enim claritati corporis ejus hæredes Dei erimus, cohæredes autem Christi. Ipse enim ait : « Volo, Pater, ut ibi ego sum, illic sit et minister meus (*Joan.* xii, 28). » Sed quia spes ista parit multitudinem gaudiorum, deambulatoria scilicet sacerdotum, quibus in tribulatione dilatatur, ne secura et torpens sit lætitia, ascendat per viam timoris. Exsultandum enim est Domino cum tremore, secundum illud : « Beatus homo qui semper est pavidus (*Prov.* xviii, 14); » adjunctæ sunt eis molæ spes et timor, inter quas semper molatur Christianus, quas loco pignoris accipi perhibet Moyses. Stans autem in colle spei, oret **480** sibi fieri quod sperat, et dicat : Adveniat regnum tuum, cum tradideris regnum Deo et Patri, ut sit regnum in regno. De servitute exsilii, trahe me ad libertatem regni. Sed ne longa fessus exspectatione dormitet aut dormiat, fugiat ad orationem. Unde dormientibus dictum est : « Vigilate et orate, ut non intretis in tentationem (*Matth.* xxvi, 41). » Si enim oraverit pro vino, pro frumento et oleo, et familia, tot sunt pro quibus orat, quot sunt comites in orando. Sed ad hunc collem per viam devotionis ascendendum est. Indevotus enim, si postulat, judicium sibi postulat, et oratio ejus fiet in peccatum. Et cum oraverit: dicat : « Fiat voluntas tua, sicut in cœlo et in terra (*Matth.* vi, 10). » Hæc est synaxis omnium nostrarum orationum ; possumus [*f.* non possumus] enim pie velle quidquid quod non vult Deus. Sed quia voluntas nostra habet quasi Dei voluntatem, ut juxta eam dirigatur cum oraverit Christianus, et coram Deo effuderit animam suam et cor suum, subdat ut in Christo subdidit : « Verumtamen non sicut ego volo, sed sicut tu vis (*Matth.* xxvi, 39), » sicut fiet a me voluntas tua in cœlo, sic interim fiat in terra. Verum quia orandum est in spiritu et veritate, ascendere restat in collem veritatis, quam et Christus docuit in quarto ascensu, ut sciat Christianus quærere veritatem Novi Testamenti, quæ latebat sub umbra Veteris. Sed ascen-

dendum est per viam meditationis. Unde et illud : « In lege Domini voluntas ejus, meditabitur die ac nocte (*Psal.* i, 2). » Et alibi : « Beati qui scrutantur testimonia ejus (*Psal.* cxviii, 2). » Et iterum : « Os justi meditabitur sapientiam (*Psal.* xxxvi, 30); » et tunc dicat : « Panem nostrum quotidianum da nobis hodie (*Matth.* vi, 11). » Sacra enim Scriptura panis est quo satiatur anima.

Cognita vero veritate dandum est talentum Domini ad usuram, et ut abyssus abyssum invocet, derivandi sunt fontes nostri foras, ut cortina cortinam trahat. Sed cujus vita contemnitur, restat ut ejus sermo contemnatur. Consequens est ergo ut carnem suam mortificet Christianus. Sic ascendebat Apostolus, qui ait : « Castigo corpus meum, et in servitutem redigo, ne forte cum aliis prædicaverim, ipse reprobus efficiar (1 *Cor.* ix, 27). » Ascendendum est autem per viam temperantiæ, ut sicut servierunt membra nostra immundiæ ad iniquitatem, ita temperentur ad serviendum munditiæ ad justitiam. Quæ temperantia aperte traditur, cum dicitur Christiano: « Averte oculos tuos, ne videant vanitatem (*Psal.* cxviii, 37). » Et alibi : « Cohibe linguam tuam a malo, et labia tua, ne loquantur dolum (*Psal.* xxxiii, 14). » In hoc modo, quæ ad coercitionem membrorum pertinent, quam orabat Propheta, dicens : « Confige timore tuo carnes meas, a judiciis enim tuis timui (*Psal.* cxviii, 120); » et sic spiritus liber premens carnem suam tanquam **481** asinam subjugalem, disposita domo sua, per Dei subsidium, ut jure præsit mulieri, dicat : « Dimitte nobis debita nostra, sicut et nos dimittimus debitoribus nostris (*Matth.* vi, 12). » Debita autem sunt peccata, sed præcipue illa quæ e carne sunt.

(21) [Quia enim quodam vectigali naturæ tenemur obligati, dum in carne vivimus, sequi motus carnis, primos admotus, qui in potestate nostra sunt, penitus carni debent, etiam nolentes. Hoc debitum solvebat Apostolus, non volens, cum ait : « Quod nolo, hoc ago (*Rom.* vii, 19). » Hinc : « Vanitati subjecta est natura non volens (*Rom.* viii, 20). » Promissione talium secure orare potest, qui in matutino interficit eos, tanquam peccatores terræ, qui parvulos suos occidit ad petram.] Sane sufficiunt hi ascensus ad ascendendum in montem Domini. Sunt quidam volentes supererogare, non tantum volentes regnare, sed etiam cum Domino judicare. Illi sunt qui omnia relinquentes, sequuntur Dominum, quibus mundus crucifixus est, et ipsi mundo. Illi sunt senatores terræ, cum quibus veniet ad judicium, et sedebit super sedes duodecim, judicantes duodecim tribus Israel; et quia audierunt a Do-

---

(21) Hæc periodus quæ uncis includitur tota descripta est exacte, prout est in ms. Andegav. sed amanuensis vitio ita corrupta est, ut vix intelligi queat. Hanc autem proxime ad sensum auctoris reposuimus, ut sequitur ; videat lector an congrue. *Quia enim quodam vectigali naturæ tenemur, dum in carne vivimus, sequi, etiam nolentes, primos carnis motus qui in potestate nostra non sunt, compellimur;*

illorum tamen tanquam naturæ corruptæ debitorum, remissionem petere debemus. Hoc debitum solvebat Apostolus, cum dicebat : « Quod nolo, hoc ago. » Et : « Vanitati subjecta est creatura non volens. » Pro remissione talium secure orare potest, qui in matutino interficit eos tanquam peccatores terræ, et sicut parvulos allidit ad petram. Sane sufficiunt, etc.

mino : « Si vis perfectus esse, vade, et vende omnia quæ habes, et da pauperibus (*Matth.* xix, 21). » Ascendunt autem per collem obedientiæ ad montem perfectionis. Hæc vero obedientiæ via facilior est, et compendiosior, extra quam vix, aut raro fiunt perfecti. Obedientia enim, tanquam crucis patibulum, omnia membra hominis immobiliter affigit. Non enim potest ambulare cum velit, et posita sit custodia ori ejus. Sic coarctata sunt membra, ne liceat eis debita [*f.* indebita] explere. Victum, habitum, incessum, gustum, sonum, orationem, exhortationem, lectionem, non in suo, sed alterius arbitrio constituit. Tunc in hoc colle positus, incessanter dicat : « Ne nos inducas in tentationem (*Matth.* vi, 13), » id est, induci sinas in tentationem. Contra tales enim adversarius totum se effundit ad tentandum ; omnia artis suæ experitur molimina, nihil quo tentare possit relinquit intactum. Quos enim in mundo quiete possidet, qui tanquam pulvis rapiuntur a facie terræ, non multum impellere laborat ad lapsum. Ipsi enim per se in præcipitium currunt ; sed nititur in vetitum semper, et optimos quosdam persequitur, ut comedat bona terræ, et secundum illud : **482** « Cibus ejus, cibus electus (22). » Et alibi : « Fenum sicut bos comedet, » et fenum tenuissimum. Si aliter nequiverit, saltem ad cumulum virtutum non sinit eam sine impedimento ascendere. Extollit in populo gloriam nominis ejus, ut bono odore nominis sui saltem delectetur. Transcensis his collibus, intret viam perseverantiæ et ascendat in montem Domini. Hæc est via : justi incedunt per eam ; incircumcisus et immundus non sic. Sed Abrahæ filii per eam veniunt cum exsultatione, portantes manipulos suos. Ibi videtur Deus deorum in Sion, non per speculum, sed ad oculum ; non in ænigmate, sed in facie. Ad quam visionem recipiat nos judex et advocatus noster, qui est Deus benedictus in sæcula sæculorum. Amen.

LI.

IN DIE PENTESCOSTES SERMO PRIMUS (23).

« Verbo Domini cœli firmati sunt, et spiritu oris « ejus, omnis virtus eorum (*Psal.* xxxi, 6). »

Scire debetis, fratres charissimi, quæ et quanta sit solemnitas ista, et quare per omnes Ecclesias universaliter sit celebrata. Hodie in discipulos Spiritus sanctus descendit. Hodie corda eorum inflammando roboravit. Quales namque doctores sanctæ Ecclesiæ ante adventum Spiritus sancti fuerint scimus, et post adventum illius cujus fortitudinis facti sunt cognovimus. Certe ipse pastor Ecclesiæ, cui traditæ sunt claves regni cœlorum, cui commissa erat custodia ovium, cui datus erat principatus apostolorum, quantæ debilitatis, vel quantæ fortitudinis ante adventum Spiritus sancti fuerit, in passione Christi non ignoramus. Nam cum dixit

Petro ancilla ostiaria : « Nunquid ex discipulis es hominis istius? » Dixit ille : «Non sum (*Matth.* xxvi, 69). » Ecce una voce mulieris percussus, dum mori timuit, vitam negavit. Tunc Petrus negavit in terra, quem in eadem passione latro in cruce confessus est. Itaque fortior fuit latro quam signifer, fortior seditiosus quam Apostolus. Sed post resurrectionem, ut ait Psalmista : *Verbo Domini cœli firmati sunt, et spiritu oris ejus omnis virtus eorum.* Verbum Domini Filius est Patris, sicut scriptum est : « In principio erat Verbum, **483** et Verbum erat apud Deum, et Deus erat Verbum (*Joan.* i, 1).» Quod ideo dicitur Verbum, quia sicut verbum est manifestatio intellectus latentis, ita Christus in mundum veniens fuit ostensio Patris, quem hominibus ignorantibus manifestavit, ut ipse loquens ad Patrem ait per Psalmistam : « Narrabo nomen tuum fratribus meis (*Psal.* xxi, 13). » Et rursus in Evangelio : « Manifestavi nomen tuum hominibus quos dedisti mihi de mundo (*Joan.* xvii, 6). » Cœli autem dicuntur apostoli, quia sicut cœli compluunt terram ut fructificet, sic apostoli irrigabant mentes aridas infidelium rore prædicationis. Et sicut Deus dicitur in cœlis habitare, ita in mentibus apostolorum per gratiam spiritualem inhabitare dicitur, vel creditur, sicut scriptum est : Dies justorum, sedes sapientiæ ; est autem Christus sapientia Patris. Et alibi : Ecce ego vobiscum sum usque ad consummationem sæculi (*Matth.* xxviii, 20). » Hujusmodi cœli Verbo Domini, id est, post resurrectionem, Verbo Domini firmati sunt, id est corroborati, cum prius in fide debiles essent. Corroboravit increpando, corroboravit juvando : increpando, sicut scriptum est in Evangelio : « Novissime recumbentibus undecim discipulis, apparuit illis Jesus, et exprobravit incredulitatem illorum, et duritiam cordis, quia his qui viderant eum resurrexisse non crediderant (*Marc.* xvi, 14). » Corroboravit juvando, quia insufflavit, et dixit eis : « Accipite Spiritum sanctum ; quorum remiseritis peccata, remittuntur eis, et quorum retinueritis, retenta sunt (*Joan.* xx, 23). » Corroboravit et promittendo auxilia, cum diceret : « Non relinquam vos orphanos, veniam ad vos (*Joan.* xiv, 18). Paracletus autem Spiritus sanctus, quem mittet Pater in nomine meo, ille vos docebit omnia, et suggeret vobis omnia quæcunque dixero vobis. Non turbetur cor vestrum, neque formidet (*ibid.*, 26). »

Audistis, fratres charissimi, quomodo *Verbo Domini cœli firmati sunt.* Placeat etiam audire quomodo *Spiritu oris ejus omnis virtus eorum.* Os Patris iterum Christus dicitur, quia per eum incarnatum mundo locutus est, sicut ipse ait in Evangelio : « Et sermonem quem audistis, non est meus, sed ejus qui misit me Patris (*ibid.*, 24). » Spiritus autem sanctus dicitur esse Patris et Filii, quia ab utroque

(22) *Incrassata est pars ejus, et cibus ejus electus* (*Habac.* i, 16).

(23) E. Victorino codice.

procedit, et [cum] uterque mittit. Mittit Pater, sicut scriptum est : « Spiritus sanctus quem mittet Pater in nomine meo, ille vos docebit omnia (*Joan.* xiv, 26). » Et mittit Filius, ut ipse ait : « Si non abiero, Paracletus non veniet ad vos; si autem abiero, mittam eum ad vos (*Joan.* xvi, 5). » Iste Paracletus, id est Consolator, adveniens hodie, secundum promissionem Filii in specie ignis, inflammavit corda eorum discipulorum, ut, cum prius potestatibus hujus mundi contraire non auderent, inspiratione Spiritus sancti severe omnibus resisterent. **484** Et hæc est *omnis virtus eorum*, id est fortitudo apostolorum, Spiritu oris ejus, id est per Spiritum Filii Patris. Videte fortitudinem Petri, postquam repletus est Spiritu sancto, cum prædicarent apostoli verbum Dei in Jerusalem. Post adventum Spiritus sancti princeps sacerdotum, et omnes qui cum illo erant, repleti sunt zelo, et injecerunt manus in apostolos, et posuerunt eos in carcerem. Angelus autem Domini per noctem aperiens januas, eduxit eos. Exeuntes discipuli iterum in templo prædicaverunt. Princeps vero sacerdotum, evocato concilio miserunt ad carcerem, ut adducerentur. Reversi autem nuntii dixerunt : Carcerem clausum diligenter invenimus, et custodes stantes ad januas ; aspicientes autem neminem vidimus intus. Quidam vero nuntiaverunt quia prædicabant in templo. Illi autem adducti sine vi, quia populum quem jam converterant, timebant. Tunc præcepit eis magistratus ne ulterius prædicarent in nomine Christi. Respondit autem Petrus : « Obedire oportet Deo magis quam hominibus (*Act.* v, 29). » Ecce Petrus, qui vocem muliercullæ ante adventum Spiritus sancti expavit, post adventum ejus ipsi principi resistere non timuit. Sed considerandum est, fratres charissimi, quod Spiritus in specie columbæ super Christum apparuit, et super apostolos in specie ignis descendit. Ideo in specie colombæ [super Christum] apparuit, quia, quamvis sit judex humani generis, tamen in mundum veniens, noluit se severum, sed mitem omnibus præbere. Noluit prius peccatores ferire, sed cum mansuetudine attrahere, quia mansuetudo per columbinam simplicitatem designatur. In igne venit in omnibus [*f.* in hominibus], quia peccata nostra, quæ Dominus prius per mansuetudinem toleravit, nos per zelum rectitudinis, ardore pœnitentiæ debemus cremare. Est alia ratio quare aliquando in columba, aliquando in igne se monstravit, quia quos repleverit, simplices et ardentes facit : simplices, malitia ; ardentes, virtute et doctrina. Unde Dominus in Evangelio : « Estote prudentes sicut serpentes, et simplices sicut columbæ (*Matth.* x, 16). » Serpens enim astutum est animal, ut legitur de aspide, qui sapiens, et aspiciens incantatorem venientem, alligit

unam aurem terræ, et aliam cauda sua obturat, ne vocem incantantis audiat. Itaque nec serpens sine columba, nec columba sine serpente in hominibus esse debent, quatenus et columbæ simplicitatem astutia serpentis attendat, et serpentis astutiam simplicitas columbæ reparet. Septem etiam virtutes in columba esse leguntur, quas spiritus in fidelibus generat. Columba enim super fluenta habitat, ut **485** viso accipitre mergat se ut evadat ; meliora grana eligit, in vico [*f.* in nido] alienos pullos nutrit, rostro non lacerat, felle caret, in cavernis nidificat, gemitum pro cantu habet. Ita sancti viri divinæ Scripturæ fluenta, quibus eorum corda rigantur, inhabitant, ut eorum monimentis [*seu* monitis] incursus diaboli evadant. Meliora grana, id est meliores sententias, non hæreticas, quibus pascantur, eligunt. Alienos pullos, id est homines a Deo prius alienos, ut filios doctrina sua nutriunt et exemplo. Non lacerant rostro, id est bonas [Scripturarum] sententias errore hæreticorum lacerando non pervertunt. In cavernis petræ nidificant, id est in plagis Christi, qui firma petra est, nidum ponunt, id est, fidem et refugium. Gemitum habent pro cantu, quia sicut alii in cantu delectantur, ita in gemitu et tribulatione sancti delectantur. Tali ergo consolatori cordis hospitia præparemus, a vitiis mundemus, virtutibus ornemus, ut eum suscipere mereamur, qui vivit et regnat in sæcula sæculorum. Amen.

LII.

IN DIE PENTECOSTES SERMO SECUNDUS (24).

« Dum complerentur dies Pentecostes, erant « omnes discipuli pariter in eodem loco. Et factus « est repente de cœlo sonus, tanquam advenientis « spiritus vehementis, et replevit totam domum ubi « erant sedentes ; et apparuerunt illis dispertitæ « linguæ tanquam ignis, seditque super singulos « eorum Spiritus sanctus (*Act.* ii, 1). »

Congruum est satis, fratres charissimi, ut in omnibus his diebus conventum in domo Dei faciatis, quoniam in his sancti discipuli Jerusalem in eadem domo convenerunt, et Spiritum sanctum cum multis gratiis, quæ ad officium nostrum pertinent, receperunt. Videamus ergo quid datum est illis, ut in eis discatis quid datum sit nobis. Dederat Dominus apostolis potestatem expellendi dæmones, sanandi infirmitates ; dederat etiam potestatem dimittendi peccata, quando insufflavit, et dixit : « Accipite Spiritum sanctum. Quorum remiseritis peccata, remittuntur eis ; et quorum retinueritis, retenta sunt (*Joan.* xx, 22). » Sed quia ituri erant ad omnes gentes, et prædicaturi per multas persecutiones, juxta hoc quod jussum fuerat : « Euntes in universum mundum, prædicate evangelium omni **486** creaturæ (*Marc.* xvi, 15), prius instruendi et corroborandi

<hr>

(24) E. Victorino codice. — Videtur hic sermo habitus ab Hildeberto, ut episcopo, ad secundos pastores, seu curiones, forte ad synodum congregatos, qui ut plurimum circa hos dies ab episcopis convo-

cari solent. Totus enim est in commendandis consacerdotibus suis quos alloquitur pastoralibus officiis.

erant, et linguæ omnium [eis] conferendæ. Instruendi, ut scirent quid prædicarent; corroborandi, ut prædicare auderent. Linguæ [eis] dandæ, ut variis gentibus linguis eorum prædicare valerent. Hæc enim tria necessaria erant in totius mundi prædicatione, scientia, audacia, et lingua. Si scientiam habuissent, et timuissent, defecissent. Si scientiam habuissent et audaces fuissent, et genere [f. gratia] locutionis caruissent, iterum defecissent. Datus est ergo eis Spiritus sanctus in specie igncarum linguarum. Ignis lucem et ardorem habet : in luce illuminatio doctrinæ, in ardore fervor audaciæ designantur; in forma vero ignis, quæ collata est apostolis spiritus linguarum significatur. In hac illuminatione datum est perfecte [scire] Evangelium, quod perfecte discere non poterant ante Spiritus adventum, juxta id quod ait illis Dominus : « Multa habeo vobis dicere, sed non potestis portare modo (*Joan.* xvi, 12). » Alibi autem dicit : « Paracletus autem Spiritus sanctus, quem mittet Pater in nomine meo, ille vos docebit omnia (*Joan.* xiv, 26). » Nova itaque lex in adventu Spiritus sancti in mentibus apostolorum formata est et inscripta. Inflammati ad audaciam apostoli, quia Petrus, qui prius timuit ad vocem mulieris, post adventum Spiritus sancti, vocem non timuit Neronis, quia « Verbo Domini cœli firmati sunt, et spiritu oris ejus omnis virtus eorum (*Psal.* xxxi, 6). »

Notandum, fratres charissimi, quia cum sono venit Spiritus ; quod significat quod ad sonum prædicationis eos mutaret. Notandum etiam quod esse debebant in cœnaculo congregati. Sedere magistrorum est et judicantium : et ipsi magistri et judices Ecclesiæ futuri erant. Sublimitas cœnaculi, sublimitatem præceptorum et donorum indicat cœlestium; quod congregati erant, unitatem Ecclesiæ significat. Audivistis, fratres charissimi, quæ in his diebus apostolis data sunt, et quare illis data sunt. Modo ista nobis, (qui licet indigni vicarii eorum sumus) (25), ad ædificationem data sunt. Sed quia ista in Testamento Veteri ex magna parte præfigurata sunt, addamus prius aliquid de veteri lege, ut eadem res ex utroque Testamento confirmetur, et tunc a nobis melius scietur. Legitur in Exodo quod quinquagesimo die post exitum de Ægypto, post immolationem agni in Ægypto data est lex in monte Sinai, hoc modo : Descendit Dominus per ignem fumantem in Sinai, et cœperunt audiri tonitrua, et **487** buccina, et machinare fulmina, et nubes operire montem, et prohibitus est populus accedere ad montem, ne videret Dominum, et transiret terminos constitutos. Ascendit autem Moyses et Aaron in montem, et data sunt a Domino omnia præcepta legis (*Exod.* xix). Et ecce quantum conveniunt Vetus et Novum Testamentum. Post immolationem agni, post exitum filiorum Israel de Ægypto, quinquage-

simo die data est lex. Similiter post passionem Christi, post liberationem filiorum Dei de inferno, data est quinquagesimo die apostolis perfecta novæ legis cognitio. Sicut ibi descendit Dominus in igne, sic ibi apparuit Spiritus apostolis in ignis specie; sicut ibi sonitus, sic ibi sonus. Buccina significat prædicationem; tonitrua communicationem [f. comminationem]; fulgura, coruscationem miraculorum ; nubes, legis obscuritatem ; Apostoli enim veritatem prædicaverunt, pœnam gehennæ comminati sunt. Utraque lex data est in alto. Illa in monte, ista in cœnaculo. Moyses et Aaron sunt in monte, et populus in imo separatus a monte, doctores Ecclesiæ ad sublimitatem ascendunt mysteriorum, sed populus altiora scrutari prohibetur. Hæc omnia, fratres charissimi, de utroque Testamento sumpta, nobis etsi per culpam nostram non conveniunt, nihilominus tamen ex officio convenire debent. Nos sacerdotes sumus collocati in cœnaculo (26), nos positi in monte, quia sumus promoti in tanti ordinis sublimitatem, ut gregi Dei quasi speculatores provideamus contra versuti hostis calliditatem. Nos in cœnaculo domus Dei sedemus, quia magistri et judices in domo Dei sumus. Tunc nobis subjectos docere debemus ; sed qui docere debet, scientiam quam docet, habere oportet. Eum ergo igne doctrinæ necessarium est esse illuminatum, qui docendi assumit officium. Magnæ itaque temeritatis est, si accipit sacerdotium, si non habet scientiæ donum. Ili debent in cœnaculo pro apostolis sedere, qui non meruerunt repelli cognitionis lumine. Si judices sumus, juste et audacter judicare debemus. Juste, ne opprimamus pauperem ; audacter, ne timeamus potestatem. Qui ergo in cœnaculo Dei sedet, ignem et fervorem audaciæ accipiat contra rebelles, obediendo ei qui dicit : « Nolite timere eos qui occidunt corpus, etc. (*Matth.* x, 28). » Sic ergo erit in nobis ignis Spiritus sancti, ut lumine scientiæ et fervore audaciæ repleti inveniamur. Repletus erat Moyses zelo justitiæ, quando in populum Dei, qui peccavit, insurrexit. Legitur enim in Exodo, quia cum multos dies moraretur, post multos dies in montibus [f. in monte] mandata legis et figuram a Domino accipiendo, **488** peccavit populus, et adoravit vitulum conflatilem, locutus est Dominus ad Moysen, dicens : « Vade et descende; peccavit populus meus, et adoravit vitulum conflatilem (*Exod.* xxxii, 7). » Venitque Moyses, et destruxit vitulum conflatilem, tribuitque [f. contrivitque] usque ad pulverem, quem sparsit, et dedit ex eo potum filiis Israel, et stans ait « Si quis est Domini, jungatur mihi (*ibid.* 26). » Et adhæserunt ei filii Levi, et ait : « Ponat vir gladium super femur suum. Ite per medium castrorum, et occidat unusquisque fratrem suum, amicum et proximum suum (*ibid.* 27). » Quod sic fecerunt. Iste in fervore justitiæ imitandus est, fratres charissimi. Si peccat populus Domini, accipiant sacerdotes gladios correctionis. — Et prius super femur suum potentissime ponit sacerdos gladium, cum a se prius cupiditatum illecebras abscindit; deinde eat per medium castrorum. Ille per medium castrorum incedit, qui ita judicat, quod nunquam frangatur amore. Et hoc gladio neque fratri, neque amico parcendum est. Frangere etiam prædicator debet corpus idoli, et redigere usque ad pulverem, et deponere in aqua, et dare potum filiis Israel. Corpus idoli, id est, diaboli, sive impii. Hi frangendi sunt a superbia, et in pulverem humilitatis redigendi verbo prædicationis, et in aqua baptismatis abluendi, et corpori fidelium per confirmationem incorporandi. Audivistis quomodo potestis ignem sancti Spiritus habere, quomodo genere [*f. gratia*] linguarum via aptanda est. Cum prædicamus, non est prædicationis unus modus habendus; cum corrigimus, non uno modo corrigere debemus. Aliis enim simplicia, aliis mediocria prædicanda sunt. Similiter alius acrius redarguendus, alius acrius blanditiis alliciendus est. Sunt quasi variæ linguæ. Gratiam linguæ habet qui locutionis modos observare cognovit. Digni ergo critis, fratres charissimi, residere in cœnaculo Dei, si in corde scientiam et fervorem, si in ore moderationis discretionem habueritis. Qui sine scientia vult regere populum Domini, est quasi cæcus qui cæcum ducit. Cogitate, fratres, quantum onus suscepistis, de quo rationem reddere debetis. Vobis commissa sunt duo talenta, id est unum intelligentiæ et aliud operationis. Servate quod habetis et multiplicate quod servatis. Non enim sufficit commissa servare, nisi servata studeatis multiplicare. Deus autem, qui thesaurum suum nobis commisit, quod commisit, in nobis custodiat et custodita multiplicet, ut nos in æterno suo regno, de labore nostro remuneret, Qui vivit et regnat in sæcula sæculorum. Amen.

489 LIII.

IN FESTO SANCTISSIMÆ TRINITATIS SERMO UNICUS (27).

« Fluvius egrediebatur de loco voluptatis ad irri« gandam omnem superficiem terræ, et qui inde di« videbatur in quatuor capita (*Gen.* II, 10). »

Verbum Domini est quod audistis per os meum. Cibus grandium est verbum hoc; cibus solidus et frangi necesse habet et masticari, ut transigatur [transglutiatur]. Per Moysen fecit Dominus verbum hoc, verbum abbreviatum super terram, id est, quantum ad litteræ superficiem; sed grave est et fecundum quantum ad sententiæ medullam. Agitur enim hic de Trinitate principali, de Trinitate primitiva, de Trinitate generali, de Trinitate quam fecit Dominus super terram, quæ quanti ponderis sint, ipso auditu perpenditis. Sane de Trinitate principali eloqui digne non possumus, quia rebus de quibus loquimur cognatos, licet vulgatos, non habemus sermones. Extremæ etiam dementiæ est hominem

velle loqui de ineffabili, quia, ut ait Salomon, sicut qui nimium mel comedit, evomit illud, sic qui scrutator est majestatis, opprimetur a gloria (*Prov.* XXV, 57); nec hujus ignorantiæ pudeat nos, sed pigeat. Scio enim quia caro et sanguis non potest illam revelare; Filius autem potest, quia nemo novit Patrem, nisi Filius, et cui voluerit Filius revelare (*Matth.* XI, 27). Quæramus ergo a Filio ut revelet nobis Patrem, et se, et Spiritum sanctum; sed et dicamus ei : Rabbi, ubi habitas? Veni, inquit, et vide; nescis quia ego in Patre, et Pater in me est; quod alibi planius dicitur : « Ego et Pater unum sumus (*Joan.* X, 30). » Consubstantialitas enim utriusque est alterum in altero esse. De Trinitate vero personarum audi quid dicat inter cæteros magis dilectus : « Tres sunt qui testimonium dant in cœlo, Pater, Verbum, et Spiritus sanctus, et hi tres unum sunt (*I Joan.* V, 7). In Veteri etiam Testamento eosdem duos de Trinitate articulos revelavit patribus nostris, licet paucis, sed longe aliter quam nobis. Illum enim articulum de unitate essentiæ aperte indicavit; alium vero de Trinitate personarum sub velamento rerum et verborum proposuit, magis involvens quam evolvens. Gratias ergo agimus tibi, Domine Jesu, quia abscondisti hæc a prudentibus et sapientibus, et revelasti ea parvulis. Tamen velationis illius causa fuit hæc. Judæi soli in cultu unius Dei in medio nationum habitabant, quæ plurium deorum raptabantur errore. Si ergo audissent et legissent tres personas in divinitate **490** insultassent Judæis de numero deorum. Imo et plures ex Judæis crassæ cervicis, eadem Charybdi de facili absorpti fuissent. Inde fuit quod Septuaginta, qui eorum canonem Veteris Testamenti Regi gentili transtulerunt, ubi de Trinitate occurrit aucteritas, aut eam inextricabiliter obnubilaverunt, aut aliud inserendo mutaverunt, aut penitus prætermiserunt, ne Egyptii plures Deos coli ab Hebræis arbitrarentur. Inde est quod eorum legislator aperte de unitate deitatis dixerit : « Audi Israel, Deus tuus Deus unus est (*Deut.* VI, 4). » De Trinitate involvit, dicens : *Fluvius egrediebatur de loco voluptatis.* Ita quod præceptor academiæ, Platonem loquor, qui totius philosophiæ suæ sublimitatem ad inquisitionem deitatis inclinavit, cum libros Moysi attentius relegisset, gloriatus est se ex hoc maxime loco invenisse unum quod operabatur omnia, et alterum per quod illud operabatur, tertium autem se invenire non posse non diffitetur. Sed eodem spiritu quo scriptum est, revelatum est mihi mysterium Trinitatis. *Fluvius* quippe *egrediens*, Filius est genitus, de quo Propheta : « Deus noster fluvius est gloriosus, exsiliens in terram sitientem, qui et fons dicitur apud Salomonem : « Fons sapientiæ verbum Dei in excelsis (*Eccli.* I, 5); » de quo et Psalmista : *Fluminis impetus*, id est Filii Spiritus, *lætificat civitatem Dei* (*Psal.* XLV, 5). Et iterum : *Domine*, scilicet Pater

---

(27) E ms. Andegavensi.

apud te est fons vitæ (*Psal.* xxxv, 10); apud scilicet vitam vita, sicut alius apud alium; et hic fluvius egreditur de loco, id est de principio suo, id est a Patre, qui est ejus principium. Loca enim principia rerum dicimus, unde et translate principia argumentorum locos vocamus. Sed idem Pater est locus, id est principium voluptatis, id est amoris, scilicet Spiritus sancti. Pater enim, ut ait Augustinus (28), principium est totius Trinitatis; et est sensus: Fluvius egreditur de loco, qui locus etiam est voluptatis, id est, Filius est a Patre principio suo, principio etiam Spiritus sancti. In hoc itaque modice cancillavit Plato, qui locum voluptatis, in imo terram intellexerit, Spiritu sancto id agente, qui prius voluit infundi, quam etiam revelari.

Ecce de Trinitate principali agitur his verbis; de aliis vero trinitatibus sequentibus verbis explicatur. Et hic fluvius irrigat omnem superficiem terræ, non dico terræ supereminentiam tantum, quod etiam ad litteram de fluvio paradisi minus plane intelligeretur; sed est sensus: Irrigat omnem terram, etiam quidquid est super faciem terræ; superficiem enim quandoque, quod super est, appellamus, ut in bifaria divisione domus, cum dicimus, alia pars domus est superficies, alia **491** fundamentum. Per terram ergo accipe in hoc loco mundum cum omnibus utensilibus suis, id est, cœlum, terram, mare et omnia quæ in eis sunt; per superficiem, angelos, qui in cœlo empyreo super faciem mundi sensibilis locum sortiti sunt habitationis. In his duobus omnis creatura colligitur. Irrigat ergo fluvius, id est, regit et fecundat Filius orbem immensum et angelos. Angeli enim sunt trinitas primitiva. In orbe vero trinitas generalis consideratur, quod ut facilius elucescat, altius oriendum est. « In principio creavit Deus cœlum et terram (*Gen.* i, 1); » Ad hunc modum duas voluit esse Deus trinitates. Est enim trinitas in cœlo, est etiam trinitas in terra; sed quælibet istarum trinitatum est trina; id est trinitas trinitatum. Sunt enim tres in cœlo trinitates, et sunt tres in terra. In cœlo est trinitas principalis, vel operans, Deus scilicet trinitas, quæ dicitur operans, quia crealis [*f.* creatrix] principalis, quia ante omnem creaturam. Est in cœlo alia trinitas, quæ dicitur operata, id est creata, vel primitiva, quia cœpit cum tempore, scilicet angelica natura. Est tertia ibidem trinitas, quæ dicitur operum, eorum scilicet, quæ operatur Deus a sæculo in sæculum, quæ dicitur generalis, quia omnibus generationibus admiscetur. Similiter est in terra trinitas trina, de qua infra explicabitur. Cum autem, ut dictum est, tres trinitates sint in cœlo, nihilominus singula earum trinitas est trina, id est in una, quia earum tres sunt trinitates. Sane in trinitate principali, est trinitas in unitate, est trinitas trinitatis, est trinitas trinitatisque unitas. Verba, quia minus vulgata sunt, sicut sanum, ita

pium desiderant auditorem. Trinitas in unitate, trinitas est personarum in unitate essentiæ. Trinitas unitatis est triplex consideratio etiam quo tria sunt unum. Trinitas trinitatis triplex consideratio in quo unum sunt tria. Tota enim consideratio theologorum de trinitate, in his duobus versatur: Aperire in quibus tria sint unum, et in quibus hoc unum tria. Videntes enim philosophicam considerationem non sufficere, qua dicitur: Quæcunque sunt idem esse, idem sunt numero, aut specie, aut genere, altius consideraverunt, dicentes unitatem trium personarum in tribus considerari, scilicet in identitate essentiæ, in cœæqualitate, in cœæternitate. Unde illud Patris, et Filii, et Spiritus sancti: « Una est divinitas, æqualis gloria, cœæterna majestas. » Cum enim aliqua sint ejusdem naturæ, ut pater quilibet et filius ejus, non tamen sunt cœævi et cœæquales. Item cum sint aliqua cœæva, ut ignis et splendor, non sunt tamen **492** ejusdem naturæ, aut cœæquales. Ergo super omnem creaturam est unitas illa, in tribus, ut dictum est, considerata; et hoc est trinitas unitatis, id est consideratio trium, ut ita dicam, naturæ, æqualitatis et æternitatis, in quibus sunt unum tres personæ. In æqualitate vero intelligimus sapientiam, potentiam, justitiam, et cætera. Hinc trinitati quasi ex regione respondet trinitas trinitans triplex, sed consideratio in quo una essentia sit tria; quod consideraverunt similiter theologi posse assignari in tribus; in alternitate, in proprietate, in assignatione. Alter enim non est qui alter, imo alia persona Patris, alia Filii, alia Spiritus sancti. Item alia est proprietas Patris, alia Filii, alia Spiritus sancti. Item aliud est nomen Patris, et Filii nomen; alia assignatio, id est prædicatio Patris, alia Filii, alia Spiritus sancti; et hæc est trinitas trinitans, id est consideratio, quod in tribus potest assignari illud unum esse tria.

Sequitur de trinitate primitiva, id est de angelis; sed hæc trinitas similiter est trina; sunt enim tres ordines angelorum: superior, medius et inferior, quorum quilibet iterum in se habet tres ordines, quod in hierarchia Dionysii plene et plane potest inveniri.

Sequitur de trinitate operum Dei. Tria sunt Dei opera, creatio, reformatio, confirmatio, quæ suis temporibus ordinantur. Est enim mundus iste quasi quidam hortus, et est ipse [Deus] quasi hortulanus. Sicut ergo tria sunt tempora hortulandi, tempus scilicet plantationis, tempus rigationis, tempus maturitatis et collectionis, sic in mundo prius fuit tempus creationis, de quo legitur: « In principio creavit Deus cœlum et terram, etc. (*Gen.* i, 1). » Secutum est tempus reformationis, de quo legitur: « Cum venerit plenitudo temporis, etc. (*Gal.* iv, 4). » Sequitur tempus confirmationis, de quo dicitur: « Ecce ego creabo cœlum novum, et terram novam (*Isa.* lxv, 17). » Sed trinitas operum trina est. Quodlibet enim opus in tribus perficitur. In opere quidem creationis creavit, disposuit, ordinavit. Creavit prima die, disposuit secunda et tertia, ornavit tribus reliquis diebus, quod quia in Genesi planum est, prætermisimus. Similiter in reformando tria fecit. Lavit nos, solidavit, illuminavit. Per peccatum enim corruit homo in lacum fæcis, et quasi super acervum lapidum, et sic sordidus, et confractus est, et etiam in tenebris positus. Sed Christus lavit nos a peccatis in sanguine suo, solidavit nos, cum potentiam pugnandi et resistendi tyranno carnis nostræ nobis dedit. Statuit enim super petram pedes nostros, et a tenebris infidelitatis nos eripuit; quia qui sequitur **493** eum, non ambulat in tenebris, sed habebit lumen vitæ (*Joan.* viii, 12). In confirmando similiter tria nobis confert; nihil deerit, nihil latebit, nihil terrebit; nihil deerit de plenitudine beatitudinis, nihil latebit de mutua conscientiarum cognitione, nihil terrebit de beatitudinis fine: et hoc est trinitas operum triplicata.

Sequitur de trinitate quæ est in terra, quæ nihilominus trina est. Est enim in trinitate trinitas; trinitas scilicet unionis, trinitas testimonii, trinitas officii. Fecerat siquidem Deus hominem ad similitudinem suam; sed cum vidisset imaginem suam in nobis deformatam a nobis, factus est ipse ad imaginem et similitudinem nostram, neque nostram dedignatus est assumere, qui reveriti non sumus suam illius contemnere. Assumpsit itaque nostram, ut imago reparatrix esset imaginis, et similitudo similitudinis. *Fluvius itaque egressus de loco voluptatis, divisus est in quatuor capita*, id est visibilis ex invisibili factus, per quatuor mundi partes divisus est. « In omnem enim terram exivit sonus Apostolorum, et in fines orbis terræ verba eorum (*Psal* xviii 5); » scilicet veniens Apostolus [ad] nos quod viderat, quod quasi in cœlo consueverat, operatus est. Grave enim est consueta repellere. Quia ergo trinitatem trinitatum ibi noverat, similiter tres trinitates operatus est in terra; et hi sunt panes quos commodat nobis amicus; hi fuerunt tria sata farinæ, quæ commiscet mulier donec totum fermentetur; trinitatem scilicet unionis, tanquam ex opposito respondentem trinitati principali. Cum enim in illa sint tres personæ, et una essentia; in unione Verbi et hominis, sunt tres essentiæ et una persona; sed Deus, anima et caro, unus tamen est Christus; et hoc est Trinitas unionis.

Sequitur de Trinitate testimonii, de qua dicit Joannes : Tres sunt qui testimonium perhibent in terra; spiritus, aqua et sanguis (*Joan.* v, 8), id est charitas, baptismus et martyrium. Omnes enim astabimus ante tribunal judicis : ibi apparebit omnis homo, et omnia opera ejus cum eo. Sed væ soli, quia ori unius non credetur, sed in ore duorum vel trium testium stabit omne verbum. Beatus ille qui prædictos testes secum adduxerit; cui charitas habita attestabitur; cujus fides se nutritam in aquis baptismi allegabit, et vox sanguinis clama-

lit pro eo ad Judicem de terra. Verumtamen beatus cui attestabuntur duo ex his, ita duntaxat quod unus ex duobus sit Spiritus; sufficiet enim spiritus et aqua; sufficiet spiritus et sanguis, si aquam non exclusit contemptus religionis, sed articulus necessitatis. Sufficiet etiam spiritus **494** solus, quia testimonium ipsius pondus habet [sufficiens.]

Restat de trinitate officii. Sacerdos noster secundum ordinem Melchisedech in ecclesia sua tres ordines salvandorum ordinavit. Conjugatos, continentes, prælatos. Tres scilicet viros quos videt in spiritu Ezechiel salvandos, Noe, Daniel, et Job (*Ezech.* xiv, 14), qui nihilominus præcesserunt caput, priusquam prodiret ad ortum. Ex hastili enim candelabri tres hinc progrediebantur calami, et tres inde (*Exod.* xxv, 31); et hi tres sunt in domo summi patrisfamilias ministrantes secundum ordinem vicis suæ; primus in mola, secundus in lecto, tertius in agro. Ecce quomodo Deus per trinitates omnia dispensat in cœlo et in terra, ut non minus vere quam eleganter dictum sit : « Numero Deus impare gaudet; » et subaudiendum est primo. Primus enim numerus impar, est numerus trinarius propter has sex trinitates omnia complectentes. Senarius primus perfectus dicitur, ut vere dictum esse per Genesim appareat non ideo senarium perfectum esse quod in eo Deus opera sua perfecerit; sed potius ideo perfecta esse, quia Deus ea in perfecto numero complevit.

Sed quid nostra interest de tot trinitatibus? Plane omnes nobis necessariæ, et sine omnibus his nemini est salus. Sumus quidem in inferiori trinitate officii; nullus enim fidelium est, qui, si velit salvus fieri, non sit vel in arca cum Noe, vel in continentia cum Daniele, vel in conjugio cum Job. Sed a postrema Trinitate transeundum est ad supremam et ad principalem scilicet Trinitatem, cujus cognitio vita est æterna. Per quatuor vero medias ascendendum est quasi quibusdam gradibus insignius a practica marginali in vestibus [*f.* in vestibulo] philosophiæ, usque ad theoricam supereminentem. Ad modum siquidem boni viatoris transimus per eremum vitæ præsentis, qui cum de loco transeat ad locum, cum aliquo transit, cum viatico scilicet aliquo transit, et aeris temperie vel intemperie non retardatur, et justa aliqua transit. Sic et nos a prima trinitate egredimur, cum secunda progredimur. Nisi quis enim aliquos testium secum attulerit, non perveniet quo tendit. Per tertiam ingredimur; Christus enim est via, et sine fide incarnati Verbi ambulans, in invio est, et non in via. Sed quarta transimus. Quidquid enim accidat in operibus Dei, sive foveant [*f.* faveant] nos prospera, sive tentent adversa, humiliato capite sub manu Dei transeundum est, ne lingua blasphemans transeat in terra. Juxta quintam incedimus : Fac, inquit Dominus Moysi, omnia juxta exemplar quod tibi ostensum est in monte **495** (*Exod.* xxv, 40). Angelicam enim vitam oportet ducere in terris, si affectamus cum eis regnare in cœlis. Ad sextam vero et ultimam festinamus. Procedimus ergo a prima cum secunda per tertiam, sub quarta juxta quintam, ad sextam videlicet, ut hac, cum hac, per hanc, sub hac, juxta hanc, ad hanc; et eæ sunt viæ Domini pulchræ, et semitæ ejus pacificæ, pro quibus oremus singuli, oremus universi, et dicamus : « Vias tuas, Domine, demonstra mihi, et semitas tuas edoce me (*Psal.* xxiv, 4). » Orantes autem exaudiat nos Deus Trinitas, Pater, et Filius, et Spiritus sanctus, qui est Deus benedictus in sæcula sæculorum. Amen.

LIV.

IN SANCTISSIMUM EUCHARISTIÆ SACRAMENTUM SERMO UNICUS (29).

Apposita nobis ad manducandum caro Christi, et sanguis ejus ad bibendum non est hominis apparatus, sed Dei; non facinoris, sed mysterii; non temporalis alimenti, sed æterni. Pridie namque quam pateretur Dei Filius, discipulis suis hujus sacramenti formam præscripsit, efficaciam explicuit, idem fieri præcepit. Plenitudo temporis advenerat, in qua secundum dispensationem divini consilii lex Evangelio cedit, et umbra corpori, figura veritati. Erat etiam inclinata jam ad vesperum dies, exhibitura fidelibus et finem legalis observantiæ, et initium gratiæ. Ecce Redemptor noster, cum jam mysticum Pascha fecisset, accipiens panem, benedixit, fregit, deditque discipulis suis, dicens : « Accipite et manducate ex hoc omnes; hoc est enim corpus meum, quod pro vobis tradetur. Hoc facite in meam commemorationem (I *Cor.* ii, 24). » Dehinc accipiens et calicem, simili modo benedixit, deditque discipulis suis, et ait : « Accipite et bibite ex eo omnes : Hic est enim calix sanguinis mei novi et æterni testamenti, qui pro vobis effundetur. Hoc facite in meam commemorationem (*ibid.* 25). » Ecce, fratres mei, Christiani sacrificii traditio. Ecce forma. De mensa panis tollitur et benedicitur, sed panis purus, sed refectio carnis, sed alimonia temporalis. Inter manus autem et verba Christi, fit panis caro Christi, fit cibus animæ, fit æternæ salutis reparatio. Sane mutatio hæc, benedictionis opus est, non originis; obsequium gratiæ, non debitum naturæ; virtus, non usus. Nolite, fratres, nolite quærere qualiter hoc fiat ; nolite dubitare utrum fiat. Nolite irreverenter accedere, ne vobis ad mortem fiat. Deus enim est per quem panis mysterialiter mutatur in carnem ; Deus et homo est qui testatur **496** panem veraciter fieri suam carnem. Vas electionis est qui minatur judicium non dijudicanti tam sanctam carnem. Idipsum, o Christiane ! de vino sentias, id honores in vino. Creator vini est, qui vinum provehit in sanguinem Christi ; Christus ipse est, cujus testimonio bibens hoc vinum, bibit sanguinem Christi. Doctor Gentium est, cujus

assertione mortem bibit, bibens indigne sanguinem Christi. De quibus, ut amplius aliquid loquamur, considerate, fratres, quo ordine Christus discipulis hoc sacramentum tradiderit; quid debeatur digne, quid indigne accedenti. Salvator noster, sicut evangelista testatur : « Non veni legem solvere, sed adimplere (*Matth.* v, 17). » Quapropter ut ipse Pascha faceret, ut agnum legis manducaret, agnus Evangelii parata cœna recubuit. Nec mora, sed adhuc cum cœnaretur, a mensa surrexit, discipulorum pedes lavit universitatis Dominus. Dehinc ad mensam Dominus regressus, ordinavit sacramentum corporis et sanguinis sui, seorsum panem, seorsum tradens et vinum, atque inter tradendum in sui commemorationem idipsum fieri præcipiens. Sane frequenter in divina reperitur pagina, per pedes mentis affectus designari. Propheta zelans super iniquos, et pacem peccatorum videns, clamat : « Mei autem pene moti sunt pedes, pene effusi sunt gressus mei (*Psal.* lxxii, 2). » Et illud : « Convertere, anima mea, in requiem tuam, quia Dominus benefecit tibi, quia eripuit animam meam de morte, oculos meos a lacrymis, pedes meos a lapsu (*Psal.* cxiv, 7). » Ecclesia quoque sponso suo desideranti aperiri sibi, atque dicenti : « Aperi mihi, soror mea sponsa, proxima mea, columba mea, quia caput meum plenum est rore, et cincinni mei guttis noctium (*Cant.* v, 2) ; » in Canticis canticorum respondens, ait : « Exui me tunica mea, quomodo induar illa? Lavi pedes meos, quomodo inquinabo illos? » (*Ibid.*, 3.) Sic per pedes designantur mentis affectus, quia illis vel accedimus ad Dominum, vel a Deo elongamur. Prius itaque discipulorum pedes lavantur, quia [oportet ut] ipsi [prius] panem vitæ manducent, quam vinum immortalitatis bibant. Prius enim emundandus erat animus, quam de illo præsumeret cibo, de quo jam a Domino audierant : « Caro mea vere est cibus, et sanguis meus vere est potus (*Joan.* vi, 56). » Et illi qui jam ab operibus mortuis mundi erant, jam in corpore suo Christum glorificabant, Christum portabant ; interius autem suscitato pulvere cogitationum squalebant, et lavari egebant. Unde et Petro sic Dominus ait : « Qui lotus est, non indiget nisi ut pedes lavet, sed est mundus totus (*Joan.* xiii, 10). » Prælavantur itaque pedes, ut hoc sacramentum suscepturi, cogitationes quoque prælavandas esse docerentur. **497** Et hoc etiam est in quo justitia nostra plus quam scribarum et Pharisæorum abundet necesse est. Abundet, inquam, non circa proximum tantum, sed etiam circa Deum. Eorum circa proximum justitia diligi proximum jubet, inimicum autem odisse permittit. Sic enim lex dicit : « Diliges proximum tuum, sed et odio habebis inimicum tuum (*Matth.* v, 43). » Abundat autem nostra, quam usque ad diligendos extendendam inimicos his verbis ipse ostendit : « Diligite inimicos vestros, benefacite his qui oderunt vos (*ibid.* 44). » Ex eo-

(29) E ms. Ebroic. n. 19.

rum quoque justitia, quæ circa Deum est, agnum legis immolans, accingit renes suos; abundat autem nostra, quæ crucis agnum manducans, et renes simul præcinxit et pectus. Veritatem attendite discipulis dicentem : « Sint lumbi vestri præcincti, et lucernæ ardentes in manibus vestris (*Luc.* xii, 35).» Joannes quoque Filium hominis « vestitum podere vidit, et præcinctum ad mammillas zona aurea (*Apoc.* i, 13).» Jubentur præcingi renes, ut carnis petulantiam reprimere doceantur. Ostenditur discipulo Filius hominis præcinctus ad mammillas zona aurea, ut varias cogitationes coercendas esse cognoscamus. Secundum hanc itaque justitiam justificati discipuli cum Christo redeunt ad cœnam Christi. Tales redeunt, tales accipiunt corpus et sanguinem Christi. Redeunt abluti pedes, et recumbunt ad salutem. Sacramentum accipiunt reverenter, et vitam epulantur. Temporaliter manducant, sed in æternum robur proficiunt. Pascuntur corpore, sed anima saginantur. Dentibus atterunt, sed quod ad mentem integrum perveniat. Et vos ergo quibus in illis dictum est : « Hoc facite in meam commemorationem (*I Cor.* xi, 24),» lavamini mente, si nihil est quod lavandum sit præter pedes. Si jam [*f.* exterius] lota sunt corpora vestra, laventur corda vestra. Apostolus ait : « Qui manducat carnem Domini, et bibit sanguinem ejus indigne, judicium sibi manducat et bibit, non dijudicans corpus Domini (*ibid.*, 29).» — « Durus est hic sermo (*Joan.* vi, 61).» Qui manducat et bibit, judicium sibi manducat et bibit. Durus, inquam, est hic sermo. Durus auditu, sed experientia durior. Durus quidem, sed indigne manducanti, sed indigne bibenti. Quis autem manducet indigne, et indigne bibat, ostendit idem Apostolus, cum subjungit : « Non dijudicans corpus Domini.» Ne igitur manduces indigne, dijudica. Ne bibas indigne, dijudica. Dijudicas autem, si sacramentum hoc a communibus cibis dignitate, fructu, reverentia diversum attendis. Dignitas ejus veritas carnis ipsius Christi; fructus ejus, vita æterna. Reverentia ejus, ab eo elongari criminosum. Attendenda sunt **498** sensibus mentis, non humana ratione pensanda. Unde sic Moyses in Levitico ait : « Qui manducaverit de sanctificatis per ignorantiam, addet quintam partem cum eo et offeret sacerdoti (*Levit.* xxii, 14).» Porro, sicut Catholici Patres senserunt, de sanctificatis (30) ignoranter manducare, est dignitatem non attendere sacramenti, nescire fructum, debita illud reverentia defraudare. Unde quisquis hoc exterioribus attrectat sensibus, addat necesse est etiam interiores. Etenim decet convivis ut hujusmodi cibus in altari præparetur. Eorum quidem alii corporaliter, alii autem spiritualiter manducant. Alii experiuntur quod in pane et in vino natura reservat; alii quod in utroque gratia subministrat.

Ad hanc quippe mensam, quinque sensus corporis, tanquam forinseci convivæ recumbunt, et speciem panis attrectant; de specie profitentur, circa eam temporaliter occupati. Rerum qualitates discernunt; nihil ultra possunt, transitoria sentientes : reliquiis naturæ pascuntur, et quod gratiæ est, quinque sensibus mentis derelinquunt. Gratiæ autem est substantiam panis in carnem converti, secretos adhiberi effectus, viaticum præparari ad patriam, cum angelis hominem convivari, perenne robur acquirere, uniri creaturam Creatori, fœderari advocatum, quo jam pro digne manducantibus agente, mereamur inter agnos inveniri, cum bonis piscibus eligi, cum frumentis in horreo Domini reponi. Spiritualia sunt hæc, et experientiam eorum sibi solus spiritus defendit (31). Solus hæc intuitu quodam contemplatur; audit sine strepitu vocis, de longe odorans, leniter tangens, avide gustans. Hujusmodi quinarium sanctificatis, quæ per ignorantiam manducantur, lex jubet addi. Jubet, inquam, addi, jubet adverti, quatenus dum specie panis homo tenetur exterior, et interior veritatem carnis attendat, et fructu terræ saginetur. Deinde quod additur, sacerdoti jubetur offerri. Cui autem sacerdoti? Illi de quo dicitur in Psalmo : « Tu es Sacerdos in æternum secundum ordinem Melchisedech (*Psal.* cix, 4).» Huic habemus offerre, huic ascribere quidquid in Sacramento divinum sapit, quidquid salutiferum, quidquid reverendum. Audis panem converti in vinum (32); summus hæc sacerdos operatur. Audis in Christo manere manducantem, et in manducante Christum. Quis testatur hoc? Ignorat mentiri Veritas. Audis hinc etiam æternam pervenire vitam. Quis testatur hoc? Ignorat mentiri Veritas. Audis hoc, et credis hoc, sed ad hoc irreverenter accedis; judicatus abscedis. Etenim venturus ad altare, necesse est a te ipso judiceris, **499** aut a Christo. Ideo sic Apostolus ad Corinthios ait : « Probet autem se ipsum homo, et sic de pane illo edat, et de calice bibat (*I Cor.* xi, 28).» Et post pauca : « Si nosmetipsos judicaremus, non utique judicaremur (*ibid.*).» Væ tibi si in Christi judicio prævineris! Væ tibi si Christum tangas dicentem : « Noli me tangere (*Joan.* xx, 17).» Præsumptio hæc peccato peccatum addit, et dictat supplicium. Judas fuit reus et homicida voluntate, cum discipulis accessit, adhuc inter apostolos tolerabatur familiaris et conviva Christi. Ubi autem bonum male suscipiens, non dedit gloriam Deo, exsecutione operis cumulata est culpa voluntatis. Tunc traditor ille diabolo traditus est, tunc expositus, tunc derelictus; tunc incrementum suscepit catena peccatorum, cujus prima causa fuit furti flagitium, secunda parricidii voluntas, tertia sacri cibi contemptus, quarta negotiatio sanguinis, osculum quinta, sexta desperatio, postrema suspendium.

---

(30) *Sanctificatis*, id est corpore et sanguine Christi.

(31) Id est, solus spiritualis homo conciliat.

(32) Hic manifestus error amanuensis, *vinum* ponendo pro *corpus Christi.*

Hujusmodi catena miser ad mortem tractus est; A paucorum crimen populus lueret universus. Heli hac suspensus, crepuit medius. **500** Heli quoque sacerdos de peccato sacrificii filios arguens, ait : « Non est bona fama, filii, quam audio de vobis. Si peccaverit vir in virum, placari ei potest Deus; si autem peccaverit in Deum, quis orabit pro eo? (*I Reg.* ii, 24.) » Et quidem filios suos increpavit, sed sicut auctoritas testatur, lenitate potius patris, quam severitate pontificis. Unde factum est ut Ophni et Phinees gladio percussi perirent, arca Dei raperetur, Israel a facie Philisthiim fugeret, et

paucorum crimen populus lueret universus. Heli quoque de sella corruens, exspiravit, ostendens quanta animadversione contemptus sacrificii puniatur. Supersunt alia quibus manifeste docemur in sacramento Dominicæ mensæ scelerosis nihil esse et saluti. Cæterum, ne quem vestrum sermo gravet prolixior, ea in crastinum differemus. Forsitan aliqui delicatas aures attulerunt, quas quia utili non possumus, brevi necesse est sermone teneamus.

SERMONES DE SANCTIS

—

LV.

De Incarnatione.

« Audita feci tibi nova, et signata sunt quæ « nescis (*Isa.* xlviii, 6) (34). »

Verba sunt ita Spiritus sancti in visione sancto Isaiæ loquenti, ac mysterium a sæculo absconditum revelanti. De quo Jeremias : « Novum fecit Dominus super terram : femina circumdabit virum gremio uteri sui (*Jer.* xxxi, 22). » Hæc mulier Virgo Maria, de qua Isaias : « Ecce virgo concipiet et pariet filium, et vocabitur nomen ejus Emmanuel, quod interpretatur : Nobiscum Deus (*Isa.* vii, 14) ; » quia cum filius Virginis **501** sit verus Deus, de Patre natus ante tempora, nobiscum etiam est naturæ assumptione, et in terris cum hominibus vera conversatione, secundum illud Baruch : « In terris visus est, et cum hominibus conversatus est (*Baruch.* iii, 38). » Et Apostolus ait : « Habitu inventus est ut homo (*Philipp.* ii, 7). » Hoc est igitur novum quod Dominus fecit super terram, scilicet, quod Virgo concepit et peperit sine commistione virilis seminis; ipsa enim « circumdedit virum gremio uteri sui (*Jerem.* xxxi, 22), » quia de solius virginis carne santificata, Spiritus sancti operatione, Dei Filius conceptus est in utero Virginis. Dei igitur Filius in thalamo virginali, hominis factus est filius; sponsus sponsæ unitus, natus secundum veritatem naturæ ex Deo Dei Filius, et secundum veritatem naturæ ex homine D hominis Filius, ut non adoptione, vel appellatione, sed vere in utraque nativitate filii nomen nascendo haberet, et esset verus Deus, et verus homo unus filius, unus Christus; et non duos christos, vel duos filios, sed Deum et hominem unum filium confiteremur quia et propterea unigenitum dicimus manentem in duabus naturis, sive substantiis non confusis,

B neque immistis, et beatam Virginem, non hominis tantum, sed et Dei genitricem profitemur; quia quem Pater genuit ex æternitate, ipsum Virgo conceptum protulit ex tempore, cujus duas nativitates veneramur, unam ex Patre ante sæculum super carnem, et tempus, et naturam, et unam in ultimis factam propter nos [*f. super nos, ut patet ex conseqq.*] et secundum nos, quia propter nostram salutem ; secundum nos, quia natus est ex muliere homo, tempore conceptionis servato; super nos, quia non ex semine, sed ex Spiritu sancto et sancta Virgine conceptus est supra legem conceptionis. Unus igitur atque idem est Dei Filius natus ante sæcula, et natus in sæculo; et utraque nativitas unius est, scilicet, Filii Dei, divina scilicet et humana, cujus utriusque ineffabilitatem Isaias admirans, ait : « Antequam parturiret, » scilicet, Virgo Maria, « peperit. Quis audivit unquam tale, et quis vidit huic simile? (*Isa.* lxvi, 7.) » Hæc sunt quæ nova et in abditis arcanorum Dei signata [sunt;] quæ Spiritus Dei prophetæ ac per prophetam revelavit, et insuper sanctæ Virgini per Gabrielem angelum aperta revelatione nuntiavit, sicut evangelica Veritas ait : « Missus est Gabriel angelus ad Mariam Virginem (*Luc.* i, 26,) » ex Davidica tribu productam, cum evangelizans ait : « Ave gratia plena, Dominus tecum (*ibid.* 28). » Ea vero in sermone [ejus] turbata, dixit ei Angelus : « Ne timeas, Maria, invenisti enim gratiam apud Dominum; ecce concipies et paries filium, et vocabis nomen ejus Jesum (*Ibid.* 31). » Ipsa vero **502** dubitante quomodo fieret hoc, quoniam virum non cognosceret, iterum dixit ad eam Angelus : « Spiritus sanctus superveniet in te, et virtus Altissimi obumbrabit tibi ; ideoque et quod nascetur ex te Sanctum vocabitur Filius Dei. Dixit autem Maria ad Angelum : Ecce ancilla Domini, fiat mihi secundum verbum tuum (*ibid.* 35). »

(33) E Sangermanensi et Victorino.
(34) *Audita feci tibi nova ex tunc, et conservata sunt quæ nescis.*

Post concessum [*f. consensum*] autem sanctæ Virginis, Spiritus sanctus supervenit in ipsam secundum verbum Angeli, purgans eam, et potentiam deitatis Verbi præparans, similiter autem et [*deest forte humanitatis*] generativam, et tunc obumbravit eam Dei Altissimi sapientia, et virtus semper existens, id est Filius Dei Patris homousion, id est *consubstantialis*, et copulavit sibi ex sanctissimis et purissimis Virginis sanguinibus carnem animatam anima rationali et intellectiva, non seminans, sed per se ipsum creans. [Sic] fit hodie porta cœli Virginis uterus, per quam Deus ad homines descendit, ut eis ascensum præberet ad cœlum. Audit beatissima Virgo, miraturque se parituram filium, quæ virilis complexus nescit consortium; sed confortatur, et instruitur ab Angelo, qua virtute possit in ea compleri, quod in aliis feminis non patitur natura fieri. « Ne timeas, inquit, Maria, invenisti enim gratiam apud Dominum (*Luc.* I, 31); ac si diceret : Quod tibi prænuntio non habet vis naturæ, sed donum est incomparabilis gratiæ. Unde subdit : « Spiritus sanctus superveniet in te, et virtus Altissimi obumbrabit tibi (*ibid.*, 35). » Non est arbitrandum, secundum quosdam hæreticos, Spiritum sanctum in Virgine seminis vicem exhibuisse; sed mentem ipsius ita a sorde vitiorum castificavit, et divini amoris dulcedine replevit, ut cœlesti digna fieret partu, et de ejus immaculata carne sibi virtus Altissimi hospitium cœleste in virginali thalamo fabricaret. Unde additur : « Quod enim nascetur ex te sanctum, vocabitur Filius Dei (*ibid.*). » Oportebat esse sanctum [enim] qui pro sanctificatione peccatorum erat offerendus. Decebat ut vitio careret ejus origo, per quem purganda erat filiorum Evæ vitiosa generatio. Tria enim mala sequacibus suis incussit Eva, scilicet viri in feminam dominium, in delicto conceptum, et in dolore partum. In Virginis vero conceptu nulla carnalis concupiscentia se immiscuit, nulla concipienti tristitia, nulla parienti difficultas adfuit. Qui enim lætificare venerat sæculum, contristare non debuit ventris hospitium. Sicut ergo omni corruptione caret iste conceptus, ita, etsi hæretici aliter garriant, in conceptu et partu integer exstitit et intemeratus Virginis uterus. Hæc est enim porta clausa quam Filius hominis, id est Ezechiel, vidit. « Convertit me, inquit, Dominus ad viam **503** portæ, quæ respiciebat ad orientem, et erat clausa, et dixit ad me : Fili hominis, porta hæc clausa erit, et non aperietur, et vir non transibit per eam, quia Dominus Deus Israel ingressus est per eam, eritque clausa (*Ezech.* XLIV, 1j. » Audite, fratres, et gaudete. Hæc est enim prophetia magni-

fica de incorruptione sanctissimæ Virginis, quæ fuit Virgo ante partum, in partu, et post partum. Hic est rubus incombustus, in quo Moysi loquens Deus apparuit, quia Virgo enixa Regem loquentem, visa est pluribus carnaliter [*opinantibus*,] Joseph nupsisse; sed ab omni viri amplexu vere immunis exstitit et aliena. Porta igitur clausa, Virgo est immaculata, quæ nec similem visa est, nec habere sequentem. Via portæ Spiritus sanctus est, qui hanc portam clausit, nobisque revelavit. Oriens ad quem respicit, Christus est, quem Virgo se concepisse cognovit; ideoque via portæ dicitur, quia ipsa ad eam ducit. Ipse enim Spiritus sanctus est illa prophetissa, ad quam accessit Isaias, id est dignum accedendi se exhibuit, ita inquiens : « Accessi ad prophetissam, et concepit, et peperit filium : et dixit Dominus ad me : Voca nomen ejus : Accelera, spolia detrahe, festina prædari (35) (*Isa.* VIII, 3). » Hæc igitur prophetissa Spiritus sanctus est, a quo omnis prophetia, qui apud Græcos dicitur *Pneuma* [πνεῦμα] neutraliter, apud Hebræos *Ruha* femininæ appellationis, apud Latinos Spiritus sanctus masculine. Ad hanc igitur prophetissam mente accessit Isaias, et ipsa concepit et peperit, id est concipere fecit Virginem et parere filium, secundum illud : « Spiritus sanctus superveniet in te, et virtus etc. (*Luc.* I, 35). » Et alibi (36) : *Qui conceptus est de Spiritu sancto, natus ex Maria Virgine.* Vocatumque est nomen ejus *Ecclesia* [*f.* accelera], quia usque in velocitatem currit sermo Dei; et : *Spolia detrahe*, quia « ascendens Christus in altum, captivam duxit captivitatem (*Ephes.* IV, 8); » et : *festina prædari*, quia principes et potestates in semetipso triumphans, infernum exspoliavit. Miranda est igitur et adoranda Virginis conceptio et generatio, quam Dei sapientia commendans, ait : « O quam pulchra et casta generatio cum claritate; immortalis est enim memoria illius, quoniam apud Deum nota est et apud homines ! (*Sap.* IV, 1.) » Casta est itaque, et ideo pulcherrima Virginis generatio et conceptio, quæ sine seminum celebrata est, coagulo, et absque corruptionis consummata est experimento; quod non impossibile vel improbabile **504** videbitur, sicut sapientia hujus mundi, quam Deus infatuavit, arbitratur, si quis de Dei potentia vel operibus, non humano sensu disputat, sed invisibilia Dei intellectu mentis per ea quæ facta sunt, intelligenda conspiciat. Attende enim quia si solis radius crystallum penetrans (37), nec ingrediendo perforat, nec egrediendo dissipat, quanto magis igitur ad ingressum veri et æterni solis, Virginis uterus integer mansit et clausus, in cujus rei præsagium rubus ille ardens et incombustus, quem supra memoravimus, sancto Moysi legitur esse monstra-

---

(35) In Victorino habetur : *Accelera spolia detrahere, festina prædari.*

(36) In Symbolo.

(37) Hanc comparationem solis crystallum penetrantis, nec infringentis, Hildebertus ipse versibus his infra ponendis expressit :

Sol, crystallus, aquæ dant qualemcunque figuram
  Virginei partus, ædificantque fidem.
Si tinguatur aquis, et soli subjiciatur,
  Scintillas profert integer ille lapis.
Si bene uncta notes, aqua, sol, crystallus et ignis,
  Sunt Flamen, Verbum, Virgo Deusque puer, etc.

tis, et Virga Aaron summi sacerdotis, nec radice animata, nec humore fecundata, quem natura habuit, fructus floresque produxit. Cur igitur negat infidelitas Deum, hominem non posse sine viro facere de femina, qui primum hominem nec de viro, nec de femina fecit? Nimirum veram nascentis humanitatem conceptio prodiit [*f.* prodidit] et generatio, ejusdemque veram deitatem novitas probat, et incorruptio continetur [*f.* confitetur]. In hoc conceptu magnum et mirabile sacramentum, conjunctionis scilicet Christi et Ecclesiæ, seu Verbi et animæ. Virgo enim Maria facta est Ecclesia, vel quælibet anima fidelis, quæ incorruptione voluntatis casta et sinceritate fidei virgo est. Unde Apostolus : « Despondi enim vos uni viro virginem castam exhibere Christo (*II Cor.* xi, 2).» Angelo quoque nuntiante quod Maria concepit, prædicator est veritatis, quo evangelizante, mens fidelis concipit Verbum Dei, deinde parit. Concipit quidem credendo, parit, in lucem boni operis producendo. Fides enim sine operibus mortua est; et sicut Virgo post angeli affatum, et Salvatoris conceptum, abiit in montana cum festinatione ; sic fidelis anima, concepto Dei Verbo, posteriorum oblita, in anteriora se extendit, ut ad bravium supernæ vocationis pervenire possit. Gaudete igitur, dilectissimi, iterum dico gaudete, quia novum Virginis conceptum nobis hodierna commendat festivitas, qua nostræ reparationis celebratur exordium, et nobis proponitur divinæ pietatis ac potestatis indicium. Si enim rerum Dominus fugitivos servos requirens, judicium exercere, et non pietatem exhibere veniret, nequaquam vasis lutei fragilitatem, qua nobis compati, et pro nobis pati posset, indueret ; et licet hoc stultum et infirmum , attestante Apostolo, videatur Gentibus, **505** terrenæ inanisque philosophiæ argutiis nitentibus, et secundum leges creaturæ de Creatore judicantibus, quid tamen potentius, quam contra jura naturæ, Virgini conceptum dare, et per mortem carnis assumptæ, mortales ad immortalitatem gloriæ revocare? Unde est illud Apostoli : « Quod infirmum est Dei, fortius est hominibus, et quod stultum est Dei, sapientius est hominibus (*I Cor.* i, 25).»

Sapientes quidem dicuntur corporalium passionum medici, qui noverunt pro qualitate morborum similia similibus apponere, et contraria contrariis appetenter opponere. Sic medicina cœlestis sapientiæ nostris est accommodata vulneribus carnis ac spiritus de quibusdam contrariis, et de quibusdam similibus curavit nos.

Venit enim in similitudinem carnis peccati Salvator, per omnia tentatus pro similitudine absque peccato, quatenus in quo tentaretur et vinceret, vincendi gratiam tentatio de cætero tribueret. Apposuit [*f.* opposuit] etiam novitatem suam vetustati nostræ, justitiam suam injustitiæ nostræ, humilitatem superbiæ, ut qui superbiendo a florigera sede beatorum decideramus, per ejus humilitatem reformati, ad paradisi gaudia redeamus. Serpentis sapientia, id est astutia, decepti sumus, Dei sapientia liberamur; et sicut illa sapientia vocabatur, cum esset stultitia, sic ista quæ vocatur stultitia, sapientia est adeo magna et incomprehensibilis, quoniam vitæ perditæ reparatrix, nobis exstitit medicina. Ecce contraria. Similia vero sunt, quod per feminam deceptos, per feminam natus liberavit, homo homines, mortalis mortales. Potuit quidem lapsibus humanis aliter subvenire divina sapientia. Sed nullus fuit convenientior modus sanandæ nostræ miseriæ. Sic enim et nostram erga se plurimum excitavit dilectionem, et suam nobis commendavit charitatem. Advertite enim, fratres, et interrogate corda vestra, si vobis terrena hæreditate privatis, et in tenebricoso carcere positis, rex, vel quilibet præpotens, regio decore posthabito, vobiscum descenderet, ut quasi unus ex vobis vestræ captivitatis ærumnas toleraret, quatenus opportunitate inventa, vos ab ipsa captivitate liberaret, quomodo posset melius etiam suam vobis dilectionem intimare, et vestram circa se incitare? Veritas enim ait: « Majorem hac dilectionem nemo habet, quam et animam suam ponat quis pro amicis suis (*Joan.* xv, 13). » Sicut ergo Dominus noster, et medicus, et liberator, descendit ad servos suos, ægrotos suos, captivos suos, humilis et sublimis ; humilis , compatiendo ; sublimis , sed a servitute diaboli nos liberando, factusque est, per humilitatem nostræ humanitatis, quasi lac parvulorum, qui in sublimitate **506** suæ deitatis, panis est angelorum ; per carnem enim suximus majestatem ; voluit enim in regione dissimilitudinis nos alere lacte suæ Incarnationis, quo crescere nos faceret ad suavissimum et inæstimabilem gustum suæ divinitatis, quem tamen, quandiu per fidem ambulamus, et non per speciem, nulli, quantumlibet corde mundo, plene conceditur, sed perfectæ satietati in justorum retributione conservatur, cum Domini gloria manifestabitur, quia nullus viatorum potest possidere in peregrinatione, quod ei promittitur in perventione. Quicunque ergo in Christo vocati sumus, nostræ liberationis admiranda nuntia præsenti festivitate nobis ad memoriam reducta, toto corde veneremur, ac debitis obsequiis honoremus, considerantes quanta nobis promittuntur in cœlis, ne ab muro supernæ vocationis, cursum nostrum revocent ea quæ cæcis et cupidis mentibus appetenda videntur in terris. Diligamus misericordiam qua redempti sumus; conservemus castitatem, cujus se amatorem ostendit, qui de Sanctæ Virginis sanguinibus immaculatum sibi corpus adaptavit. Conformemur ei, qui vitam suam posuit in terris regulam Christianæ conversationis ; qui primo adventu suam in nobis reformavit imaginem, in se reformaturus corpus humilitatis nostræ configuratum corpori claritatis suæ Jesus Christus Dominus noster, qui vivit et regnat per infinita sæcula. Amen.

LVI.

IN FESTO PURIFICATIONIS BEATÆ MARIÆ SERMO PRIMUS (38).

« Postquam impleti sunt dies purgationis Mariæ, « secundum legem Moysi, tulerunt Jesum in Jerusalem, ut sisterent eum Domino... et ut darent hostiam, secundum quod dictum est in lege Domini, par turturum, aut duos pullos columbarum (*Luc.* II, 22). »

Consuetudo erat, fratres charissimi, in veteri lege, ut si mulier masculum peperisset, ipsa ab ingressu templi per quadraginta dies abstineret; postea veniens ad templum offerebat cum hostiis filium (*Levit.* XII, 2). Præceperat autem Dominus in lege offerre pro filio agnum, si posset, simul et turturem, vel columbam. Qui vero non sufficeret ad offerendum agnum, duos turtures, aut duos pullos columbarum offerret. Dominus igitur, qui non venerat legem solvere, sed implere, et in omnibus actionibus suis aliquo modo vitam nostram informans, voluit octavo die circumcidi, et in quadragesimo in templo cum **507** hostiis præsentari. Sed quia de paupertate nos instructurus erat, ubique exemplum paupertatis proponebat; et ideo maluit par turturum, aut duos pullos columbarum, quæ erat hostia pauperum, pro se offerri, quam agnum, qui erat hostia divitum. Pauper enim Filius Virginis, in humili loco natus, vilibus pannis involutus, in vili præsepio repositus, in mundo non habens ubi caput suum reclinaret, multa opprobria passus, et in famoso loco turpi morte occisus, per omnia documentum paupertatis et humilitatis, et contemptus omnium præsentium tribuit. Et erat quidam beatus senex, qui desiderans videre diem Domini, « responsum acceperat a Spiritu sancto, non visurum se mortem, nisi videret Christum Domini (*Luc.* II, 25). » Veniens itaque hodie in templum in spiritu, promissionem suam accepturus, vidit quem desideraverat, recepit, portavit, et ait : « Nunc dimittis servum tuum, Domine, secundum verbum tuum in pace (*ibid.* 29), » quem ut te videret, retinebas in vita. *Secundum verbum tuum*, id est promissionem tuam dimittis in pace, quia video pacem. Quare ergo dimittis in pace ? *Quia viderunt oculi mei salutare tuum* (*ibid.* 30).

Hæc est hodie, fratres charissimi, festivitas, quam tanto gaudio celebratis, si non in re, saltem in specie. Lumen in candela Christum de Virgine natum designat. Christus enim exortus est lumen rectis corde. Cera virginitatem Mariæ designat. Virgo est apicula, quæ ceram fabricat, et sine coitu procreavit. De melle enim apes nascuntur. Eamdem speciem virginitatis habet cera, sed sicut gestatis cum [*scilicet* cereum] in specie, ita in mente portate; sed si vultis eum ita portare, etiam turturem et columbam offerte. Columba enim simplicitatem, turtur indicat castitatem. Castitatis enim ita turtur

amator est, ut si conjugem casu perdidit, non aliam ultra quærere curet. Ille igitur columbam offert, qui se innocentem custodit, neminem lædit, nullius odii fel in mente gerit. Turturem vero offert, qui caste vivens cum uxore, ab altera se a mente gerit et abstinet [*f.* ab altera tam mente, quam corpore, abstinentem se gerit]. Vel si uxore caret, ab omni inquinamento luxuriæ se removet. Nec solus justus, sed et peccator turturem vel columbam offert. Utraque avis, quæ gemitum pro cantu edere solet, in hoc sæculo ploratum designat pænitentium. Tunc ergo peccator columbæ vel turturi comparatur, cum peccatorem se recognoscendo, pro nequitiis suis lamentatur. Sed sunt duo genera pænitentium. Alii enim publice, alii in occulto, pro diversitate criminum pænitentiam agunt. Qui enim publice peccant, et malo exemplo alios corrumpunt, publice debent pænitere; et sicut fuerunt exemplum **508** corruptionis, ita sint exemplum correctionis. Cæteri autem privatim puniuntur. Ilæ autem duæ aves utrumque genus pænitentium designant. Nam turtur solivagus gemere consuevit. Columba vero in grege aliarum gemitus suos edit. Turtur itaque eos qui in occulto, columba vero designat publice pænitentes. Hæ ergo aviculæ, fratres charissimi, sunt nobis forma vitæ. Qui libros ignoratis, et in eis quid facere debeatis legite. Creaturæ enim Dei, non solum vobis ad cibum sunt, sed etiam ad exemplum. Doctor enim cœlestis quotidie per creaturas hoc insinuat. In his avibus reperit justus quid imitari debeat; hæ aves docent peccatorem quid faciat. Sed spiritualiter columba nos informans, septem virtutum nobis est exemplum. Felle caret; non vivit de cadavere, nec de vermibus; semine pascitur; meliora germina eligit; gemitum pro cantu habet; alienos sæpe nutrit pullos; super aquas sedet, ut cum viderit umbram venientis accipitris, illum devitet; in foramine petræ, vel in caverna nidificat. In his omnibus, fratres, hæc avis est miranda. Omnis enim fellis amaritudo debet abesse a cordibus nostris; nullum adeo pessimum vitium est sicut odium; nullum martyrium valet, si odium in corde habitet, juxta Apostolum : « Si tradidero corpus meum ita ut ardeam, charitatem autem non habuero, nihil mihi prodest (*I Cor.* XIII, 3). » Nulla oblatio a Deo accipitur, si odium in corde habetur, juxta illud : « Si offers munus tuum ante altare, et recordatus fueris quia frater tuus habet aliquid adversum te, relinque ibi munus tuum ante altare, et vade prius reconciliari fratri tuo, et tunc veniens offeres munus tuum (*Matth.* V, 23). » Nulla remissio peccatorum datur, si odium a corde non expellitur, juxta Dominicam sententiam : « Si non dimiseritis hominibus peccata eorum, nec Pater vester cœlestis dimittet vobis peccata vestra (*Matth.* VI, 14). » Deum expellit odium a mente, juxta illud : « In malevolam animam non introibit sapientia (*Sap.* I, 4). »

<hr>

(38) E Victorino codice.

In hoc igitur columbam imitari debetis, ut omni felle odii careatis. Rursum columba nec cadavera, nec vermes comedit. Sic homo mortuis operibus non debet delectari; vermes, id est pravas conscientias, quæ animum corrodunt, curet devitare. Cadavera enim sunt peccata; vermis, prava conscientia, quæ oritur de peccatis, quæ semper hominem damnat et accusat. Non auderet homo in conspectu hominum apparere, si dicerent sibi homines quod sibi conscientia objicit quotidie. Vitanda igitur sunt peccata, ne puniant cum prava conscientia. Vitanda sunt peccata, quia homo est servus tot dominorum, quot vitiorum. Vitanda sunt peccata, quia *stipendium peccati mors* (*Rom.* vi, 23), æterna, **509** ut ait Apostolus; et, ut ait David, « Longe a peccatoribus salus (*Psal.* cxviii, 155). » Vitanda sunt peccata, quia fetor sunt, et erubescentiam generant. Fetor sunt juxta illud : « Computruerunt jumenta in stercore suo (*Joel.* i. 7). » Erubescentiam generant juxta illud David : « Erubescant impii, et deducantur in infernum (*Psal.* xxx, 18). » Item columba semine pascitur, et meliora grana eligit. Sic justus Dominicis verbis debet satiari. Ait enim Christus : « Non in solo pane vivit homo, sed in omni verbo quod procedit de ore Dei (*Matth.* iv, 4). » Sicut enim in homine duæ sunt substantiæ, id est corpus et anima, sic duo cibi sunt necessarii, id est corporalis, qui corpus pascit, et verbum Dei, quod animam reficit. Sumus in peregrinatione, et ideo viatico indigemus. Hunc panem petimus in Dominica oratione, dum dicimus : « Panem nostrum quotidianum da nobis hodie; et dimitte nobis debita nostra, sicut et nos dimittimus debitoribus nostris (*Matth.* vi, 11), » id est in præsenti vita; quem Dominus donat omnibus, dicens : « Nolo eos dimittere jejunos, ne deficiant in via (*Matth.* xv). » In via deficit, si peccatori cibus prædicationis subtrahitur, vel oblatum tempus Dei officii, fastidio habeatur. A Deo enim non est qui verbum suum renuit. « Qui ex Deo est, verba Dei audit; propterea vos non auditis, quia ex Deo non estis (*Joan.* vii, 37). » Et meliora grana eligere debetis, quia ad potiora præcepta animus est semper intendendus.

Est alià virtus columbarum, quæ multum imitanda est. Nutrit enim alienos pullos. In hoc virtus misericordiæ designatur, qua etiam alienos amare præcipitur, dum dicitur : « Omni præsto te tribue [f. *petenti te da*] (*Luc.* vi, 30). » Quod et alibi : « Estote misericordes, sicut et Pater vester misericors est (*ibid.* 36). » Et alibi : « Si diligitis eos qui vos diligunt, quam mercedem habebitis ? (*Matth.* v, 46) » Ergo alieni sunt diligendi propter Dominum. Et parentes sunt diligendi, sed propter utilitatem [ipsorum] sunt amandi, quia qui dicit : « Diligite inimicos vestros (*ibid.* 44), » dixit etiam : « Honora

patrem tuum et matrem tuam (*Exod* xx, 12). » In omni enim homine naturam suam homo debet cognoscere, et cum viderit eum pati, ex compassione debet suspirare. Unde Apostolus : « Quis infirmatur, et ego non infirmor ? (*II Cor.* ii, 19). » Et iterum propheta : « Cum videris nudum, operi eum, et carnem tuam ne despexeris (*Isa*, lviii, 7). » Debet homo cogitare, quia ejusdem Domini, qui non est acceptor personarum, conservus est; Et si ipse non est causa quare ei benefacias, sit Dominus promittens et jubens quare ei manum extendas. « Feneratur enim Domino, qui pauperi tribuit (*Prov.* xix, 17). » Quinta virtus **510** admirabilis columbæ, est quod juxta fluenta habitat, ut videns umbram venientis accipitris, illum devitet ; quod melius in columba sequendum est. Habemus enim quemdam hostem spiritualem per aera volitantem, qui semper circuit quærens quem devoret (39). Nec omnino inter nos habitat, nec multum a nobis remotus est. Si semper in terra habitaret, vix posset aliquis ejus insidias devitare ; nec tamen debet aliquis securus esse, quia bella movet de proximo. (Unde dæmones aeris potestates nominantur.) Et quanto invisibilior, tanto formidabilior est. Sed umbram ejus videmus in aqua, quia similitudinem astuciarum ejus discimus in Scriptura. Fugiamus ergo ad Scripturam, quoties sentimus tentationem ejus callidam. Si ait nobis : Exerce adulterium, parata est Scriptura, quæ docet : « Non mœchaberis (*Exod.* xx, 14). » Si dicat : Furtum exerce, Scriptura se objicit, quæ prohibet: « Non furtum facies (*ibid.* 15). » Cum irasci dicat, Scriptura minatur : « Qui irascitur fratri suo, reus est judicio (*Matth.* v, 22). » Cum mentiri suadet, Scriptura minatur : « Perdes omnes qui loquuntur mendacium (*Psal.* v, 7). » Persuadet Scriptura, pœnam minatur. Juxta hujusmodi fluenta sedeat fidelis anima, ut notet adventum insidiantis inimici. Gemitum pro cantu habet columba. In hoc aviculam peccator imitari debet. Vertat gaudium in lacrymas. « Beati enim, ait Dominus, qui nunc fletis, quia ridebitis (*Luc.* vi, 21). » Et econtrario : « Væ vobis qui ridetis, quia plorabitis (*Joan.* xvi, 20). Lacrymis peccata lavit Maria. Petrus post peccatum amare flevit, et meruit veniam ; lacrymæ secundo loco lavant [peccata] post baptismum. Nec solum pro nobis, sed et pro miseris proximis sunt lacrymæ fundendæ. Cum Christus non haberet quod [pro se] fleret, pro Lazaro flevit : « Infremuit enim in se, et lacrymatus est (*Joan.* xi, 3). » Jesus flevit pro Jerusalem. Si ergo pro omnibus doluit Dominus, quare aliis non compatimini? Quare vos ipsos non plangitis ? ut ait Propheta : « Lavabo per singulas noctes lectum meum, lacrymis meis stratum meum rigabo (*Psal.* vi, 7). » — « Sacrificium Deo spiritus contribulatus. Cor contritum et humiliatum Deus non de-

- (39) Idem asserit Hildebertus in Sermone primo de Ascensione, et in Theologico Tractatu, cap. 20, dum in utroque aerem caliginosum dæmonibus dicit assignatum pro carcere, ubi detinentur usque in finem temporum, seu, ut explicat, in diem judicii, quo detrudentur *in ignem æternum*, qui, ut ait Christus ipse, *paratus est diabolo et angelis ejus*.

spicies (*Psal.* L, 19). » Noctes vocat peccata ; lectum, conscientiam, in qua requiescit homo, si bona est ; si mala est, cruciatur. Lectus requies sanis est, et labor ægris.

Sequitur ultima virtus. In foraminibus petræ, vel in cavernis maceriæ nidificat. Petra Christus est, supra quam Ecclesia debet nidificare. Nil valet alicui bene operari, si sibi, non gratiæ Dei ascribat, id **511** est, si in se glorietur, et non in Domino. « Bonum quippe est confidere in Domino, quam confidere in homine (*Psal.* cxvii, 8). » Itaque qui salutem habemus per mediatorem, gratias agamus mediatori, cujus sanguineis vulneribus redempti sumus. Foramina petræ sunt vulnera Christi, unde sanguis profluit, pretium redemptionis nostræ. Caverna est latus apertum, unde sacramenta nostræ salutis, scilicet, sanguis et aqua exierunt ; alterum ad redemptionem, alterum ad regenerationem. In omnibus his, fratres charissimi, imitemur columbam. Sic nos in templo columbam offeramus. Quod factum est figuraliter antiquo tempore, modo spiritualiter impleamus. Sequamur vestigia beatæ Mariæ Virginis, quæ se talem exhibuit in mente, qualis erat in præsentatione figuræ. Rogemus beatissimam Reginam, quæ mundi est medicina, et cœli porta, spes miserorum, consolatio peccatorum, ut Filium quem hodie præsentavit in templo, faciat nobis placabilem, et tribuat nobis illam pacem quam senex beatus intellexit, cum ait : « Nunc dimittis servum tuum, Domine, secundum verbum tuum in pace (*Luc.* ii, 29), » ut mereamur videre salutare Dei, de quo ait idem : Et « viderunt oculi mei salutare tuum (*ibid.*, 30). Dominum nostrum Jesum Christum, qui vivit et regnat Deus per omnia sæcula sæculorum. Amen.

LVII

IN FESTO PURIFICATIONIS BEATÆ MARIÆ SERMO SECUNDUS (40).

« Dominus de Sinai venit, et de Seir ortus est « nobis. Apparuit de monte Pharan, et cum eo san-« ctorum millia. In dextera ejus ignea lex (*Deut.* « xxxiii, 2). »

Amantissimus Dei famulus Moyses, qui cum Deo facie ad faciem loqui tanquam homo cum amico suo meruit, hujus solemnitatis mysterium spiritu revelante intelligens, quasi in quodam verborum ænigmate nobis denuntiavit, dicens : *Dominus de Sina* etc. Sina interpretatur *mandatum* vel *tentatio*, Seir, *hispidus*, vel *pilosus*, Pharan, *frugifer*. Per Sina igitur lex Mosaica ; per Seir, prophetia ; per Pharan Evangelium significatur. In lege quidem vox verborum erat, qua tentati sunt a Domino filii Israel. Ipsi enim qui prius dixerant : « Omnia quæcunque dixerit nobis Dominus, faciemus et audiemus, » vocem verborum in Sina audientes, perterriti sunt, non valentes portare quod dicebatur. Unde Apostolus evangelicam suavitatem

512 legali asperitati præferens, ait : « Non accessistis ad caliginem et vocem verborum, quam qui audierunt, excusaverunt se, ne fieret eis verbum. Non enim portabant quod dicebatur ; ideoque dicebant Moysi : Loquere tu nobis, et audiemus non loquatur nobis Dominus, ne forte moriamur (*Hebr.* xii, 18). » Sicut enim ad litteram exterriti sunt, audita voce Domini loquentis in angelo, non valentes perferre vocem angeli præ timore, ita severitatem legis experti, omnes etiam majores et perfecti stupefacti sunt, quia ibi erat præceptum et mandatum sine adjutrice gratia ; ibi erat cognitio peccati, sed non consumptio ; per eam cognoscebat homo morbum suum, sed ex ea non habebat remedium. Unde Apostolus : « Lex subintravit ut abundaret delictum (*Rom.* v, 28). » Vetustas enim litteræ, si desit novitas spiritus, reos homines potius facit cognitione peccati, quam liberet a peccato. Unde Salomon : « Qui apponit scientiam, apponit et dolorem (*Eccle.* i, 18). Non quod lex ipsa malum sit, sed quia mandatum bonum habet tantum in littera demonstrante, non in spiritu adjuvante. De ipsa tamen lege, id est de Sinai Dominus venit, quia non solum Salvatoris adventum præconiali testimonio annuntiavit, inquiens : « Prophetam suscitabit vobis Dominus de fratribus vestris sicut me, ipsum audietis (*Deut.* xviii, 15) ; sed etiam pluribus signis ac sacramentis Christum venturum præsignavit, atque in sui sufficientia quodammodo ad datorem gratiæ direxit ; cum enim sit virtus peccati, quæ non justificat impium, jubens quod sine gratia impleri non valet, satis indicat homini suam infirmitatem, ut ea nota quærat gratiam justificantem. Cum ergo languidum nequit de prævaricatione convictum [*supp.* sanare], mittit eum ad justificantem Christum, atque ita perhibet testimonium Domino Salvatori, dum jubendo et minando, et neminem justificando et juvando inducat gratiam Christi, et non aliter hominem justificari [*f.* indicat gratia Christi indigere]. (41) Recte ergo dicitur Dominus *de Sina venisse*, id est de lege, quia etiam legalia sacramenta suscipere non recusavit, ut vetustatem litteræ finiens, spiritus novitatem in lucem produceret. Ecce enim celebrata Domini Circumsione die octavo, secundum ritum legis, ejusdem Nativitatis die quadragesimo, oblatus est a parentibus cum hostiis in templum, sicut evangelica refert lectio : « Postquam, inquit, impleti sunt dies purgationis ejus, » scilicet Mariæ, vel Christi, « secundum legem Moysi, tulerunt illum in Jerusalem, ut sisterent eum Domino, et ut darent hostiam, secundum quod dictum est in lege Domini, par turturum, aut duos **513** pullos columbarum (*Luc.* ii, 21). » Scriptum erat in lege, ut mulier, quæ suscepto semine, masculum peperisset, ab ingressu templi per quadraginta dies abstineret, postea vero ad templum veniens, filium cum hostiis offerebat (*Levit.* xii, 5).

(40) E Sangerman.
(41) Optime hic per totum explicatur quomodo nova lex veteri successit.

Offerebat autem agnum, si poterat, simul et turturem, et columbam. Qui vero non sufficiebat agnum offerre, duos turtures aut duos pullos columbarum offerebat. Christus ergo qui non venit legem solvere, sed implere, sicut octavo die voluit circumcidi, ita et quadragesimo die in templum cum hostiis voluit offerri, non pro sua, vel matris necessitate, sed pro nostra utilitate, quia nec mater, nec filius hostiis purgari indigebat. Sicut ergo ad baptismum Joannis venit, non ut inde referret, sed ut nobis conferret; non ut sibi proficeret, sed ut nobis consuleret: ita cum hostiis præsentatus in templum, vitam nostram informavit. Humilitatis enim simul et paupertatis formam nobis proponens, non divitum, sed pauperum hostiam pro se offerri voluit, scilicet par turturum, aut duos pullos columbarum, in figura nostri. Filius enim summi Regis, dives, Deus apud Deum Patrem, per quem omnia facta sunt, de pauperibus parentibus [natus], et humilitatis documentum, et sæculi contemptum per omnia docuit. Pro eo ergo consulte utraque avis oblata est, scilicet turtur et columba, ut conversationis nostræ speciem, modumque insinuaret. Turtur enim, quæ perdito sodali, alium non quærit, castitatem significat. Columba significat simplicitatem, quia casta et simplex debet esse justorum conversatio, ut gratum sacrificium offerant Deo. Ille enim columbam offert, qui innocentiam custodit usque in finem, ut nec sibi, nec aliis noceat. Turturem offert qui curam carnis in desideriis non facit; et quia utraque avis gemitum habet pro cantu, merito lacrymosa compunctio significatur. Sunt et duo genera compunctionis, pro irriguo scilicet superiori et inferiori, dum vel malorum recolentes supplicia, timemus; vel desiderio cœlestium ferventes, de dilatione gemimus. Ideoque duo pulli offerri jubentur, unus in holocaustum, quando amore cœlestium inflammamur; alter pro peccato, cum de malis perpetratis gemimus. Haud ergo sine causa, sine ratione celebris mysterii, voluit Dominus venire de Sina, id est de lege, de qua multipliciter eum venisse supra assignatum est; quia eum venturum lex prædixit verbo, præfiguravit sacramento, suique imbecillitate, homines ad eum misit, qui legalia in se suspiciens, legem implevit, vitamque nostram figuris mysticis instituit. De *Seir* quoque ortus est nobis, id est de prophetia, quæ recte per **514** *Seir* intelligitur, qui *hispidus* vel *pilosus* interpretatur, quia prophetæ delinquentem populum aspera increpatione redarguebant, et quæ ventura erant, quasi in ænigmate prædicebant. Sacramenta enim Christi et Ecclesiæ sub velamine denuntiabant, secundum illud: « Tenebrosa [*supp.* aqua] in nubibus aeris (*Psal.* XVII, 12), » id est obscura doctrina in prophetis. Et iterum: « Operuit montes umbra ejus (*Psal.* LXXIX. 11), » id est prophetas, doctores Veteris Testamenti prius luce doctrinæ illuminatos, texit caligo et obscuritas, quia nubibus figurarum, atque integumentorum verborum erant involuta vaticinia eorum, secundum illud

Moysi: « Cœli caligabunt rore (*Deut.* XXXIII, 28); » quia in rore calor, id est in doctrina prophetarum caligo est, et cum de caligine hujus roris, id est de *Seir*, ex prophetico vaticinio ortus est nobis Dominus, quia perhibuerunt prophetæ testimonium Domino, id prænuntiando quod Christi implevit adventus, prænuntiaverunt nobis Christum, « qui factus est nobis sapientia a Deo, et justitia, et sanctificatio, et redemptio (*I Cor.* I, 30). » Denuntiaverunt quoque hujus solemnitatis sacramentum, scilicet repræsentationem Domini in templo, non tanquam in ænigmate, sed evidenti atque expressa attestatione, sicut Malachias, per quem Deus Pater de lumine ac lucerna, id est de verbo ejus præcone, id est Christo et Joanne, ait: « Ecce ego mitto angelum meum, et præparabit viam ante faciem meam, et statim veniet ad templum sanctum suum Dominator quem vos quæritis, et Angelus testamenti quem vos vultis (*Malach.* III, 1). » Facies Patris Filius est, quia imago Patris Filius est, prima similitudo est, et prima æqualitas; unde ipse ait: « Qui videt me, videt et Patrem meum (*Joan.* XIV, 9). » Ante hanc ergo faciem, id est ante ostensionem Filii, misit Dominus angelum præparare viam faciei, id est Joannem Baptistam, qui dicitur angelus, non naturæ societate, ut quidam autumaverunt, sed officii participatione. Angelus enim Græce dicitur *nuntius*. Bene ergo Joannes angelus dicitur, qui non solum Christum prænuntiavit, dicens: « Veniet fortior me post me, cujus non sum dignus corrigiam calceamenti solvere (*Marc.* I, 7), » sed etiam præsentem ostendit, dicens: « Ecce Agnus Dei, ecce qui tollit peccata mundi (*Joan.* I, 29). » Et iterum: « Medius vestrum stetit, quem vos nescitis (*ibid.* 26). » Unde etiam consequenter dicitur: « Et statim veniet ad templum suum Dominator quem vos quæritis (*Malac.* III, 1). » Modico enim tempore præcucurrit sponsus paranymphus; paululum præcessit vox Verbum, id est Joannes Christum. Joannes enim est vox Verbi clamantis in deserto: « Parate viam Domini, rectas facite semitas ejus (*Marc.* I, 3). » Qui statim venit ad templum Dominator quem vos desideratis, scilicet Christus Salvator, qui est omnium **515** Creator; qui sicut hodierna die præsentatus est in templo sancto, secundum legem, ita quotidie ad templum spirituale, de quo ait Apostolus: « Templum enim Dei sanctum est, quod estis vos (*I Cor.* III, 16), » spiritualiter venit, dando gratiam, vel augendo, qui fidelibus suis ait: « Ecce ego vobiscum sum usque ad consummationem sæculi (*Matth.* XXVIII, 10). » Et alibi: « Ubi duo vel tres congregati fuerint in nomine meo, ibi sum ego in medio eorum (*Matth.* XVIII, 20). » Expurgemus ergo templum mentis nostræ, ubi venientem Dominatorem nostrum recipiamus. Præparemus viam Domino, pœnitendo, credendo, prava abjiciendo, et faciamus rectas semitas ejus, operando bonum ad omnes, et hoc pro æternis, et non pro terrenis, ut manus in sancta extollamus, et non ad terrena curvemus;

quia levante Moyse manus super lapidem adjutorii, vincebat Amalech populus Dei, cum vero deponebat, vincebatur (*Exod.* xvii, 11). Levemus ergo corda nostra cum manibus ad Dominum in cœlum, et superabimus Amalech, id est dæmones, sanguinem mortis nostræ sitientes. Paremus nos ipsos templum, et domum Domino, ne nobis dicatur quod per Aggæum prophetam Dominus improperat delinquenti populo : Populus iste dicit : « Nondum venit tempus domus Domini ædificandæ (*Agg.* i, 6); » Et quod eis Dominus comminatur per eumdem, dicens : « Respexisti ad amplius, et ecce factum est minus, et intulistis in domum, et exsufflasti illud, quam ob causam dicit Dominus, quia domus mea deserta est, et vos festinastis unusquisque in domum suam (*ibid.* 9). »

Attendite, fratres, diligenter quam graviter percelluntur a Domino, qui domum suam desertam faciunt, festinantes in proprias domos. Domos suas ædificant, qui tumore mentis inflati, de suis meritis præsumunt, gratiam abjicientes, per quod fiunt alieni a domo Dei; deserentur enim a Deo mens et conscientia eorum, ut jam non templum Dei, non orationis domus, sed spelunca latronum nominetur ; ubi non habet locum Dominator Dominus, qui per Isaiam ait : « Ad quem respiciam, nisi ad pauperculum, et contritum spiritu, et trementem sermones meos (*Isa.* lxvi, 1). » Humilia enim respicit Deus, et in humilibus habitat; alta vero de longe cognoscit, id est superbos, quos videt per notitiam, sed non respicit per gratiam. Superbi igitur et arrogantes, qui [illam] non meruerunt, ad amplius respiciunt, ambulantes in magnis et mirabilibus super se; sed Deo exsufflante, minus fit illud, et quia sibi temerarie spoponderunt, minime assequuntur. Caveamus igitur ne ad instar talium, domum Dei desertam faciamus in nobis, contristantes Spiritum sanctum Dei, qui tanquam inhabitator veri templi, **516** ab Apostolo contristari dicitur, cum ob fœditatem conscientiæ atque operis nostri, a nobis recedit. Sed adornemus thalamum mentis cortinis piarum cogitationum et palliis sanctorum actuum, coram hominibus refulgentium, ut glorificent Patrem [nostrum] qui in cœlis est, ut in mentis nostræ cubiculo, tanquam in decore domus, et in loco habitationis gloriæ Dei, mansionem faciat Dominator Dominus, et Angelus magni consilii, de quo Joannes ait : « Vidi Angelum descendentem de cœlo, haben-

A tem potestatem magnam, et terra illuminata est a gloria ejus, et exclamavit in fortitudine, dicens : Cecidit Babylon magna (*Apoc.* xviii, 1). » Hic est Angelus utriusque testamenti actor [*f.* auctor], qui de æqualitate et invisibilitate paternæ majestatis descendit, seipsum exinaniendo assumptione servilis formæ. Veruntamen potestatem magnam, quam Patri æqualem habebat, non adiment [*f.* **non amisit**] in terra, id est in Ecclesia, quæ, recepto semine, facit fructum tricesimum, sexagesimum, centesimum. Illuminata est, pulsis tenebris vitiorum et ignorantiæ, a gloria ejus, id est a doctrina ejus, et gratia, et exemplo. Hic est enim Dominus ille, quem Isaias vidit sedentem, et regnantem, non modo in omnibus, sed etiam super se exaltatum et elevatum, scilicet in angelis, in quibus sedet, et per quos judicia sua decernit, qui multo celsiores sunt hominibus, super eos elevati eminentia dignitatis. Et plena erat domus ejus, id est Ecclesia. Hæc est domus quam sapiens mulier ædificat, insipiens dissipat a majestate ejus, id est lumine gratiæ ejus. Ipse enim est lux vera quæ illuminat omnem hominem venientem in hunc mundum; de qua Simeon ille senex ait : « Lumen ad revelationem gentium, et gloriam plebis tuæ Israel (*Luc.* ii, 32). » Simeon ille homo justus et timoratus, qui cupiens videre diem Domini, « responsum acceperat a Spiritu sancto non visurum se mortem, nisi videret Christum Domini (*ibid.* 26). » Veniens itaque in templum in spiritu, promissum accepturus, vidit quod desiderabat, accepit eum in ulnas suas, atque portavit quem amabat, dicens : « Nunc (scilicet viso Redemptore) dimittis servum tuum, Domine (*ibid.* 29), » ad mortem carnis, quem, ut te viderem, retinebas in vita; et hoc *secundum verbum tuum* (*ibid.*), id est, promissionem tuam, dimittis ut non videam mortem perpetuam, quia video vitam æternam. « In pace ergo dimittis, quia viderunt oculi mei salutare tuum, quod parasti ante faciem omnium populorum, lumen ad revelationem gentium (*ibid.* 32). » Ecce Angelus consilii, id est Christus, et salutare est et lumen : ipse enim Dominus salvans, et lux illuminans. Hoc lumen grandævus ille **517** Simeon in ulnis suis gestavit. Unde hanc consuetudinem sancti Patres sanxerunt, ut [ad] festivitatem hodiernam lumen manibus deportet sancta Ecclesia (42), in cera illud verum lumen significans « quod paravit Deus ad revelationem

---

(42) Cereorum in manibus delationem perantiquam fuisse pluribus liceret probare, quod hic inserit Hildebertus, qui sæculo undecimo degens, hanc jam a *Patribus sancitam* fuisse asserit, dum ejus mysterium explicat. Hæc porro processio, quam Justinianus imperator, non in Ecclesia primus, ut quidam opinati sunt, sed primum Constantinopoli fieri decrevit, licet nonnihil habeat pii illius gaudii quo beatus senex Simeon in sacris pueri Jesu amplexibus affectus est, tamen *pœnitentialis* aliquatenus fuisse videtur. Hanc enim luis, seu mortalitatis, quæ Urbem vastabat, sedandæ causa, celebrari decrevit pius ille imperator; quæ gratia a Deo solis humilis pœnitentiæ operibus impetrari posse vide-

batur. Id etiam innuit ritus quo olim Romæ celebrabatur hæc supplicatio, ad quam ipsi summi pontifices, cardinales et prælati, adeoque clerus et populus, nonnisi nudis pedibus procedebant. Non effugit hic nudipedalis ritus nostrum Martenium, qui eum in tractatu De divinis officiis, cap. 15, ubi agit de festo Purificationis Beatæ Mariæ, ex Ordine Romano, Cencio auctore, cap. 5, et ex Jacobo Gaetano, cap. 78, refert et probat. Idem educi potest e ritu quo olim in insigni Ecclesia Arelatensi celebrabatur hæc processio. E pontificali enim ejusdem Ecclesiæ anni circiter 500, manuscripto, liquet quod in illa, exceptis duobus pueris sericis cappis indutis, ante crucem præcedentibus, totus clerus, et

gentium, et ad gloriam plebis suæ Israel, › id est ut reveletur cæcis oculis gentilium ille Spiritus Dominici adventus erector, et ut Israel glorietur suum excipiens promissum et desideratum. Nos igitur justum Simeonem imitantes, suscipiamus lumen de lumine, et portemus in ulnis, in duobus scilicet brachiis charitatis, diligentes scilicet Deum propter se, et proximum propter Deum, ut quod vir ille sanctus et timoratus in signo fecit, et in figura operatus est, et nos etiam in spiritu impleamus. Portemus manibus fidei et charitatis candelam, lumen scilicet in cera, id est verbum in carne, Deum in homine, qui in simplicitate suæ divinitatis, in forma Dei lumen est, habitu vero [humano] lucerna est, vel candela, scilicet lumen in testa, sive in cera, id est in servili forma, secundum illud : ‹ Lucerna pedibus meis verbum tuum, et lumen semitis meis (*Psal.* cxviii, 105). › Cera admoto igne lucem generat, et tenebras fugat, ita et humana natura Verbo Dei unita, qui est ignis consumens : ‹ Deus enim noster (*Deut.* iv, 24), › ut ait Apostolus : ‹ Ignis consumens est (*Hebr.* xii, 23), › cæcitatis nostræ et vitiorum tenebras fugavit, ac veræ cognitionis lumen cordibus nostris infudit. Unde : ‹ Exortum est in tenebris lumen rectis corde (*Psal.* cxi, 4). › Ad hoc enim ortus est Christus, qui est lumen verum, ut tenebras amoveat, et rectos [gressus] faciat. Hoc igitur lumen levatis manibus gestemus, quia non venit lucerna ut ponatur sub modio, sed super candelabrum, ut luceat omnibus qui in domo sunt. Repleamus templum sedentis super thronum, nos qui sub eo sumus virtutibus, operibus, exemplis, miraculis, ut omnia quæ intra nos sunt, benedicant sedenti super **518** solium excelsum; et qui erumpunt ad ejus laudes, provocent alios, ut in nobis et in aliis faciamus domum tabernaculi admirabilis, quod utique ex eo possumus, quia domus Ecclesiæ plena est a majestate ejus, et ‹ terra illuminata est a gloria angeli exclamantis in fortitudine : Cecidit Babylon (*Apoc.* xviii, 1), › quia in virtute sua civitatem confusionis evertit, quando intravit in domum fortis, id est diaboli, quem non sua virtus, sed peccata nostra fortem fecerunt; et alligavit eum, compescendo a seductione fidelium, et diripuit vasa ejus, quia quos ille iniquus possidebat, eos retrorsum conversos sibi adjunxit, ut qui prius erant vasa iniquitatis, filii iræ, filii diffidentiæ, facti sunt vasa justitiæ in sanctificationem vitæ, filii gratiæ, filii Dei. Mutata sunt nomina, quia variata sunt merita, secundum illud : ‹ Nec memor ero nominum eorum per labia mea (*Psal.* xv, 4). › Sed quis hoc fecit? Dominus fortis et potens in prælio, quem princeps mundi hujus

A contremiscens, admiratur, dicens : ‹ Quis est iste Rex gloriæ ? › (*Psal.* xxiii, 8.)

Hæc igitur omnia peregit dominator Dominus, qui de Sina venit, et de Seir ortus est nobis, de monte Pharan apparuit, quia Pharan interpretatur *frugifer ;* recte per montem Pharan evangelicæ doctrinæ gratia intelligitur, quam in monte Dominus discipulis tradidit, quando aperiens os suum tanquam thesaurum desiderabilem, quasi puteum aquarum viventium, quasi paradisum omnium pomorum ait : ‹ Beati pauperes spiritu, etc. (*Matth.* v, 3). › Bene in monte tradita est tam excellens doctrina, quæ altitudinem justitiæ, eminentiam gratiæ, consummationem gloriæ continet; ubi est spiritus vivificans, non littera occidens, unde in cordibus fidelium multipliciter fructificet. Hoc est illud verbum, de quo per Isaiam Dominus ait : ‹ Verbum meum quod egredietur de ore meo, non erit vacuum, sed prosperabitur, quia per illud in lætitia, egrediemini, et in pace deducemini (*Isa.* lv, 11). › Ex hoc **519** igitur verbo veritatis, tanquam de monte Pharan apparuit Dominus, qui eis in lege et in prophetis velatus fuit. In Evangelio enim est revelatus, qui in majestate cum Moyse et Elia apparens in monte, tribus discipulis gloriam suæ et nostræ resurrectionis ostendit. Ipse etiam cœnantibus discipulis in nube lucida elevatus est in cœlum, secundum illud Habacuc : ‹ Elevatus est sol in cœlum, et luna stetit in ordine (*Habac.* iii, 11). › Ex his apparet quæ in evidentibus et mirabilibus indiciis in Evangelio revelata est gloria Domini, quæ evacuavit gloriam vultus Moysi, ut Apostolus ait : ‹ Nam quæ claruit in Moyse, nunc clarificata propter excellentem gloriam (*II Cor.* iii, 10), › id est in comparatione excellentis gloriæ, quæ est in Novo Testamento, ubi pure et perspicue videtur gloria Dei, ubi ascendens super occasum Domini, nomen vere habere cognoscitur. De monte igitur Pharan non immerito apparuisse dicitur, *et cum eo sanctorum millia,* quia propalata per Evangelium veritate, confortatus est principatus apostolorum, et semen Abrahæ multiplicatum est sicut stellæ cœli et sicut arena maris. Tot enim turbæ populorum per angustam portam intraverunt, Evangelii jacto semine, ut eorum numerositatem et facilitatem Isaias admirans, in spiritu dicat : ‹ Nunquid parturiet terra in die una, aut parietur gens tota, simulque parturivit et peperit Sion filios suos (*Isa.* lxvi, 8). › *Cum eo* ergo *sanctorum millia,* scilicet, multitudo innumerabilis. Unde Daniel : ‹ Millia millium ministrabant ei, et decies centena millia assistebant ei (*Dan.* vii, 10). › Et per Isaiam Dominus ad primitivam Ecclesiam ait : ‹ Adhuc

---

ipse archiepiscopus cum assistentibus sibi ministris majoribus, laneis tantum cappis indui jubebantur, quas nonnisi post regressum in ecclesiam deponebant, ut archiepiscopus pontificalibus, cæteri pretiosioribus ad majorem missam vestibus induerentur. Ipse tandem color violaceus, quem ad hanc processionem adhibet generaliter Ecclesia, et quo maxime tempore Quadragesimæ utitur, innuit in spiritu compunctionis et pœnitentiæ hanc processionem peragendam esse.

dicent in auribus tuis, filiis sterilitatis tuæ angustus est locus mihi, fac spatium mihi, ut habitem, et dicas in corde tuo : Quis genuit mihi istos? Ego sterilis et non pariens, transmigrata, et captiva : Et istos quis enutrivit? Ego destituta et sola : Et isti ubi erant? (*Isa.* xlix, 20). His verbis miratur Ecclesia, quæ ante sterilitatis subjacebat opprobrio, quomodo et tam cito, et tales et tot genuit, qui apparuerunt cum Domino.

In cujus dextera ignea lex, qui de Sina venit, et de Seir ortus est nobis, et in dextera ejus ignea lex. Habet ipse dexteram et sinistram. Dextera, spiritualia sunt et terrena [*f.* æterna] bona ; sinistra, temporalia. Unde in Canticis sponsa ait : « Læva ejus sub capite meo, et dextera illius amplexabitur me (*Cant.* viii, 3). » Et alibi : « In dextera ejus, anni vitæ; in sinistra, divitiæ et honor (*Prov.* iii, 15); » sed multi hæc alternant, ponentes dexteram pro sinistra, et sinistram pro dextera, ut illi qui dixerunt : Beatus populus cui hæc sunt. In sinistra ergo lex mortis, lex carnis, lex membrorum; in dextera, lex spiritus, lex vitæ, **520** lex nativitatis. In sinistra statuentur hædi peccatores, et reprobi in discrimine futuri judicii. In dextera, oves et agni, id est simplices et boni, qui secundum propositum vocati sunt sancti, in qua sicut Deum sine fine laudabunt, id est cum toto corde amabunt. In qua nos sedere faciat misericors Deus. Amen.

LVIII.

IN FESTO PURIFICATIONIS BEATÆ MARIÆ SERMO TERTIUS (43).

« Adduxit me Dominus in terram Israel, et dimisit me super montem excelsum nimis, super quem erat quasi ædificium civitatis vergentis ad austrum, et introduxit me illuc : et ecce vir cujus erat species, quasi species æris, et funiculus lineus in manu ejus, et calamus mensuræ in manu ejus : stabat autem in porta (*Ezech.* xl, 2). »

Sicut non satiatur oculus visu, nec auris auditu, sic animus noster satiari non potest admirans investigabiles divitias sapientiæ Dei, et sacramenta inscrutabilia mysterii absconditi ab æternis temporibus, quæ Dominus per prophetas suos, licet occulte, aliquibus tamen sacramentis expressit. Hinc est quod Filius Hominis, propheta videlicet Ezechiel, *in montem* ducitur *excelsum nimis, super quem erat quasi ædificium civitatis,* etc. Bene ductus quidem dicitur in montem, ad quem per se non valebat accedere, quia nemo venit ad Filium, nisi Pater traxerit ad eum (*Joan.* vi). Nam mons iste tam altus et excelsus nimis, lapillus est parvulus, qui de monte abscissus sine manibus, crevit in montem magnum, et occupavit superficiem terræ. Hic est mons positus in vertice montium. Solus iste mons est, a quo nobis futurum exspectamus auxilium. Sunt enim multi montes ad quos levamus oculos, dicentes cum Propheta : « Levavi oculos

meos in montes (*Psal.* cxx, 1), » in unum tamen intendentes, « unde veniat auxilium nobis (*ibid.*). » Ad hunc vero specialiter levat oculos Propheta, dicens : « Ad te levavi oculos meos, qui habitas in cœlis (*Psal.* cxxii, 1). » De isto monte varie opinati sunt multi ; alii putantes hunc esse Eliam, alii vero Jeremiam, aut unum ex prophetis. Sed Petrus hunc veraciter confessus est esse Filium Dei. Non est igitur iste ut alii montes, in quibus est spiritus ad mensuram. In nullo enim, sicut in isto, habitavit plenitudo divinitatis corporaliter. Recte ergo dicitur iste mons altus nimis, quia in cœlis habitat. Redarguens igitur David varios errores de isto monte, errantes increpat, dicens : « Ut quid suspicamini montes **521** alios esse [*sup.* præter] hunc montem, » in quo beneplacitum est Deo habitare in eo? » (*Psal.* lxvii, 17.) Ad hunc autem montem ascendere quoquo modo poterimus, si manus nostras non ad terrena opera deprimamus, sed cum Moyse erigamus ad cœlum ; quod quidem aliter non valemus, nisi ipsas manus elevent Hur et Aaron, id est Christus per Spiritum sanctum. Per Hur enim intelligitur Spiritus sanctus, quia Hur interpretatur, *ignis;* per Aaron, Christus, qui dicitur, *habitaculum fortitudinis.* Si ergo vultis ad montem istum ascendere, « ponite corda vestra super vias vestras, » sicut dicit propheta (*Agg.* i, 7). *Ascendite montem, portate ligna, ædificate domum* (*ibid.* 8). Viarum aliæ sunt a quibus declinamus, aliæ ad quas imus, aliæ per quas imus. Dicit enim Propheta : « Cogitavi vias meas, et converti pedes meos in testimonia tua (*Psal.* cxviii). » Viæ a quibus declinamus, peccata sunt, viæ scilicet perversæ, quæ a sinistris sunt. Ut enim ait Salomon : « Viæ perversæ sunt, quæ a sinistris sunt (*Prov.* iv, 27). » Viæ ad quas imus viæ justitiæ sunt, quæ a dextris sunt, quas novit Dominus. Viæ per quas imus, sunt viæ innocentiæ. Prius est ut dimittamus mala, ut sic perveniamus ad justitiæ operationem. Unde dicitur: *Declina a malo, et fac bonum* (*Psal.* xxxvi, 11). Si ergo volumus ad montem istum ascendere, per octo tantum gradus ascendendum est, quos Dominus in Evangelio distinxit, dicens: « Beati pauperes spiritu; beati mites; beati qui lugent; beati misericordes; beati mundo corde; beati pacifici; beati qui esuriunt et sitiunt justitiam; beati qui persecutionem patiuntur propter justitiam (*Math.* v, 3), » quæ dicitur octava virtus.

His ergo gradibus ad montem excelsum nimis ascendere possumus; sed non, nisi portemus lignum, de quo domus Domini sive civitas ædificetur. Hoc lignum est crux Christi, cujus latitudinem et longitudinem, profundum et sublimitatem imitari debemus. Latitudinem, in amplitudine charitatis, ut sicut ipse in cruce positus, pro inimicis oravit, dicens: « Pater, ignosce illis, quia nesciunt quid faciunt! (*Luc.* xxiii, 54); » ita nos quoque ipsum imitando,

<hr>

(43) E Sangermanensi.

[proximum] diligamus. Omnis enim ejus actio nostra fuit institutio. Longitudinem vero in longanimitate charitatis, ut usque ad mortem Deum ex toto corde, et velut nos, proximos diligamus. Sublimitatem vero, ut in spe omnium quæ agimus, sola cœlestia meditemur. Profundum vero, ut super Christi fundamentum, omne bonum nostrum constituamus. Ipse enim est fundamentum quod nemo mutare potest. Hoc ergo lignum oportet nos portare, si volumus ascendere istum montem, et ædificare tabernaculum Domino, juxta quod Moysi in monte monstratum est. Ad similitudinem enim **522** hujus montis agendum est volentibus ædificare domum Domino, ut ad ejus similitudinem patiamur. Ait enim Dominus: « Si quis vult venire post me, abneget semetipsum, et tollat crucem suam, et sequatur me (*Math.* xvi, 24). » Sic ergo per lignum istud poterimus in montem ascendere, super quem est ædificium quasi civitatis, id est Ecclesiæ, quæ non dicitur civitas, sed quasi civitas. Hæc est « Jerusalem quæ ædificatur ut civitas (*Psal.* CLXXXI, 3). » Ut civitas, dixit David, sicut Ezechiel; quasi civitatis ædificium, quia non est civitas Ecclesia, sed civitati similis, sicut nec domus est, licet dicatur domus. Dicitur enim Ecclesia, et domus, et civitas; sed civitas propter multitudinem vocatorum; domus vero pro parvo numero electorum. « Parva est civitas ista, et pauci in ea viri, *sicut dixit Salomon*, contra quam venit Rex magnus, et vallavit eam, exstruxitque munitiones per gyrum, et perfecta est obsidio. Inventusque est in ea vir pauper et sapiens, et liberavit eam per sapientiam suam (*Eccli.* ix, 14). » Rex ille magnus, qui ad obsidionem venit parvulæ civitatis, diabolus est, qui se magnum et fortem [jactat], quem non suæ vires, sed nostra peccata fortem fecerunt. Iste cum suis principibus et innumerabili iniquorum et vitiorum multitudine impugnavit Ecclesiam. Principes intelligas majora vitia, affectiones illas videlicet, quas metaphorice prosequitur Joel propheta, dicens : « Residuum erucæ comedit bruchus, residuum bruchi comedit locusta, residuum locustæ voravit rubigo (*Joel.* i, 4). » Hæc sunt vitia quatuor summis virtutibus adversantia, et cum istis veniunt reptilia, quorum non est numerus, ad expugnationem parvæ civitatis; sed invenitur in ea vir quidem, sed fortis et pauper, de quo propheta: « Aspexi, et intravit vir ; consideravi, nec fuit qui occurreret (*Isa.* LIX, 16). » Fortis est iste vir. Alligavit enim fortem, et vasa ejus diripuit; et pauper, quia cum dives esset apud Deum, pro nobis egenus et pauper factus est, [ita] ut non haberet etiam ubi caput reclinaret. Cum pro nobis hodie in templum oblatus est, noluit pro se nisi pauperum oblationem offerri, par [scilicet] turturum, aut duos pullos columbarum. Fuit etiam sapiens, quia sapientia fundavit terram, et stabilivit cœlos prudentia sua. Hic pauper liberavit civitatem, non per potentiam; non enim violenter oppressit diabolum, sed per sapientiam, quia dum eum ausus est aggredi, in quem nihil juris habuit, perdidit id

A potestatis, quam, licet injuste, super omnes exercebat. Hic *est cujus species, quasi species æris et calamus mensuræ in manu ejus;* potestas scilicet, qua suis electis de sua immensa gratia, dona mensurata **523** largitur, congrue dividens spolia speciei domus.

Stabat autem in porta. Qui stat in porta, partim videtur, partim non videtur : sic Christus visus est ex humanitate, invisibilis manens ex divinitate. In cujus rei significationem constituit hæc Ecclesia, ut in præsenti solemnitate pueri hujus et suæ matris purificationem cereis luminibus repræsentat. In cera enim, quæ videtur, humanitas; in igne, qui naturæ invisibilis est, intelligitur divinitas. *In porta ergo stabat civitatis vergentis ad austrum.* Hæc porta B beata Virgo Maria est, quæ vergit, scilicet, respicit et ducit ad austrum, ubi scilicet plenum est justitiæ lumen ; ad gratiam scilicet Spiritus sancti. Hæc porta, sicut ait Propheta, semper erit clausa, et vir non transibit per eam, quia virgo fuit ante partum, virgo in partu, virgo post partum. Per hanc ergo portam Christus intravit, quæ vergit ad austrum. Unde : Per partum secretiorem, [f. per portam superiorem], quæ respicit ad aquilonem, per cujus portæ viam vidit propheta Ezechiel venientes sex viros, et uniuscujusque vas interitus in manu ejus, vir quoque unus vestitus lineis, et atramentarium scriptoris ad renes ejus, et dixit Dominus ad eum : « Transi per mediam civitatem, et signa Thau super frontes gementium et dolentium (*Ezech.* ix, 2). » C Sex isti viri sunt quilibet homines. Senarius enim est numerus universitatis et generalitatis, quia sex diebus omnia operatus est Deus, septimo requievit. Hi viri ergo descendentes per portam superiorem, id est antiquiorem, sive priorem, scilicet per Evam, quæ respicit ad aquilonem, unde exardescunt mali, id est qui consentiunt diabolo, habent singuli vas interitus in manu sua, quia ab ea porta traxerunt singuli, unde sunt digni morte. Sed vir qui in medio eorum stetit, Christus scilicet, de quo: « Medius vestrum stetit quem vos nescitis (*Joan.* i, 26), » liberavit istos sex viros per mysterium litteræ Thau, id est per passionem crucis suæ. Hic vir vestitus erat lineis, et speciem æris habebat. Idem significatur per æs et linea vestimenta, scilicet humanitatis, qua Verbum indutum est, sed secundum diversos D status; lineis enim dicitur indutus fuisse ante passionem **524** propter immunitatem peccati, et labores passionis. Æris autem speciem dicitur habuisse per gloriam immortalitatis; nullum enim metallum ære durabilius est, et Christus mortuus, imo *resurgens*, jam non moritur. Hic autem secundum vocem sibi a Domino Patre factam signat Thau super vultus tantum dolentium et lugentium; alios autem omnes in matutino generalis resurrectio occidet, secundum illud Prophetæ: « In matutino interficiebam omnes peccatores terræ (*Psal.* c, 8). » Atramentarium scriptoris ad renes ejus. Renes in corpore firmiores partes, et retro sunt quasi sequentes faciem

præcedentem. Sic sancti perfectiores Christum suam
faciem imitantur [*f. sequuntur*], non præcedunt, ne
illud audiant quod Petro dictum est : « Vade retro,
Satanas, non enim sapis quæ Dei sunt (*Math.* xvi,
23). » Sequuntur ergo omnes sancti Christum, non
præcedunt contumaciter, et ideo Salvatoris renes
non irrationabiliter dicuntur. Ad istos renes atramentarium scriptoris est, quia isti sunt lugentes et
gementes, quorum frontes insignivit Christus littera Thau, et per quos fideles cæteros eodem signo
discernit ab aliis, quos omnes transiens vir iste per
medium civitatis, vir ille qui et in porta steterat,
dispersit de ipso civitate Domini omnes operantes
iniquitates. Calamus etiam in manu ipsius est, id est
Spiritus sanctus, qui scribit et dictat præmia sanctorum non visa, incognita et inaudita, secundum
illud scilicet: « Quod nec oculus vidit, nec auris audivit, nec in cor hominis ascendit, quæ præparavit
Deus diligentibus se (*I. Cor.* II, 9). » Quod nobis
ipse præstare dignetur qui vivit et regnat in sæcula
sæculorum. Amen.

LIX.

IN FESTO ASSUMPTIONIS BEATÆ MARIÆ, ET DE LAUDI-
BUS EJUS, SERMO PRIMUS (44).

Pulvis sum ego et cinis, qui loquor vobis. Propterea erubesco et vereor vobis loqui verbum Dei. Erubesco, inquam, quia conversatio vestra in cœlis
525 est; ego autem tanquam jumentum computrui
in stercoribus meis. Vereor autem, ne forte a me
homine muto et elingui fragrantiam sermonis expe-
tatis, qui tot et toties eventilatos audistis sermones.
Magis autem vereor ne mihi dicatur a Domino :
« Quare tu enarras justitias meas, et assumis testamentum meum per os tuum? (*Psal.* xlix, 16.) » Veruntamen quia sæpenumero pulchrum hominem depingit pictor fœdus, sub specie vobis loquar, quia
forte cedet vobis ad sapientiam, cum ad insipientiam
mihi. Tu autem, Domine Sabaoth, aperi os meum, ut
impleas illud. Porro solemnitas præsens de laude
beatæ Mariæ Virginis offert nobis materiam loquendi; cujus laudem indicibilem licet explanare non
sufficiam, etiamsi linguis hominum loquar et angelo-

rum, tamen cum Isaia aliquid dicere possumus in
hunc modum : « Data est ei gloria Libani, decor Carmeli et Saron (*Isa.* xxxv, 2). Salva pace prophetæ,
addamus aliquid verbis ejus. Quod enim prænuntiavit implendum, nos desinicmus impletum. Dicamus
ergo : Data est ei hodie gloria Libani, decor carmeli
et Saron. Ad litteram Libanus, Carmelus et Saron
montes sunt, qui pro sui commoditate, tum in pascuis, tum in arboribus, tum in feris in sacra Scriptura sæpe commendantur. In figura tamen excellentiæ virtutum, quæ in sanctis est; hic autem ad
designationem triplicis coronæ trahi potest, quæ
beatæ Virgini, reposita dum esset in terris, hodie
reddita est ei in cœlis. Tria enim habuit beata Virgo,
quæ singula sicut digna sunt admiratione, ita et singulari retributione. Fuit enim Virgo, Mater, [*supp.*
et Mater] Dei. Magnum quidem est et laudabile
fuisse virginem, sed majus per omnem modum, et
mirabilius in virginitate fuisse fecundam, et post
evacuationem uteri, uterum habere sigillatum. Magnum est et ineffabile fuisse matrem Dei. In memoria horum trium, sapientia Græcorum instituit, ut
in iconiis beatæ Virginis, quas ad imaginem depingit, superscriptio trium nominum poneretur in hunc
modum : Virgo Dei Mater. Tamen apud eos una dictio *Theotocos*, sed apud nos duæ. Quia ergo Virgo
fuit, data est ei gloria Libani; quia Mater, datus
est ei decor Carmeli; quia Mater Dei, datus est ei
decor Saron. Libanus *candidatio* interpretatur; distat **526** autem inter candorem et candidationem
quantum inter genus et speciem. Candor enim proprie dicitur albedo vel naturaliter [*f.* natura] creata
rei candidæ manens. Dum res manet, ut in nive et
lilio, vel etiam accidentaliter adveniens, vel ex artificio. Candidatio vero proprie dicitur solus candor
nativus et manens. Nomine autem candidationis intelligimus candorem nationis, id est nativitatis æter-
ternæ. Per candorem ergo et candidationem, puritas
carnis nostræ designatur. Sed est quædam puritas
carnis nostræ post lapsum, cum quis corruptæ carni
quasi debitum vectigal exsolvens, post amplexus
etiam legitimos carnem suam frenare et continere

---

(44) Ex ms. Andegav. — Probabile est Hildebertum hunc sermonem habuisse non simpliciter ad
populum, sed ad viros eximia pietate insigniores,
quorum, ut ait, *conversatio erat in cœlis;* quales
erant monachi Cluniacenses, sub sancto Hugone cum
ipso degentes, et quibus coram sæpius ex ejus imperio concionabatur, et qui, ut hic asserit, tot et toties
eventilatos ab eo audierunt sermones, et in quorum
comparatione, Hildebertus se *pulverem et cinerem*
humiliter profitebatur. Ex hoc autem sermone liquet
primo, ipsum credidisse assumptionem beatæ Mariæ in cœlum in corpore et anima, quam hic probare
conatur. Secundo, Ecclesiam alia quam nunc oratione propria usam fuisse. Tertio, jam tunc tantam
erga beatissimam Virginem viguisse reverentiam et
devotionem, ut *audito ejus nomine, fideles genua terræ affigerent.* Mirum tamen est quod ipso Hildeberto
ad episcopatum Cenomanensem promoto, licet in
ejus Ecclesia festum Assumptionis celebraretur, ut
testantur antiqua Gesta episcoporum Cenomanensium, a nostro Mabillonio, to. III Analectorum edita,

minus tamen solemniter id ageretur, et, ut ferunt
eadem acta, *uno tantum duplice et thure ad laudes
canonici uterentur.* Quem ritum non legitur Hildebertus, variis forsan et tam adversis ecclesiæ suæ
oneribus obstantibus, immutasse. Id enim agendum
reliquit, et forte suasit successori suo Guidoni, cum
ad Turonensem sedem translatus est. Hic vero, ut
eadem Gesta referunt : *Omnibus canonicis astantibus,
et assensum præbentibus, in suo constituit capitulo,
Assumptionem beatæ Mariæ, quæ ab antiquo usque
ad sua tempora, apud nos minus quam deberet, solemniter colebatur, eodem modo, eodemque honore, sed
majori amodo celebrari, quo solemnitas Sancti Gervasii æstivalis in nostra servatur ecclesia, Et octavas
Assumptionis, sicut festum Sancti Laurentii. Conces-
sitque idem pontifex de censu proprio, unde duplices
fieri, et thus valeat præparari in eadem Assumptione
ad Nocturnos.* Porro de festi hujus institutione consule quæ de illa erudite notavit noster Martenius,
tractatu De divinis officiis, nuper edit. cap. 33, n. .
25, quæ hic brevitatis causa non repetimus.

Instituit, et puritatem carnis quam polluit, deinceps observare. Et hæc puritas merito continentia dicitur, quia frena quæ carni laxaverat, continere laborat. Est alia puritas quasi naturalis et manens cum integritate carnis, quam qui habet beneficio ætatis, semper servat incolumem beneficio virtutis.

Et hæc proprie dicitur virginitas, quasi viror genitus. Hanc vero distinctionem sacra nobis Scriptura insinuat; comparat enim virginitatem lilio, cujus candor nativitatis est manens; continentiam vero comparat bysso. Byssus enim de terra viridi et graminei coloris oritur, sed cruda siccatur, tunditur, coquitur, torquetur, et magno longoque exercitio ad colorem candidum perducitur. Byssinæ enim sunt justificationes sanctorum. Qui enim lapsi sunt prius, non proprie justi, sed justificati; non proprie sancti, sed sanctificati dicuntur. Data est ergo beatæ Virgini non gloria candoris, sed candidationis, id est virginitatis. Sane gloria virginum, quantum ex diversis locis sacræ Scripturæ conjicimus, in tribus est, quibus quasi quibusdam prærogativis inter alios illustrantur. Nec ideo dicimus, quin gloria virginum reliquorum quasi excellens sit et excelsa. Quidam enim conjugati præferuntur virginibus etiam gloria et merito, sed quia in Virgine minoris [*f.* majoris] est gloriæ, quia quasi triumphi [sunt] insignia, prædicantur singulariter. Virginibus nempe fructus centesimus assignatur. Canticum etiam novum solæ virgines dicuntur decantare. Postremo sequuntur Agnum quocunque ierit, virgines enim **527** sunt. In tribus itaque est excellentia virginum; in manipulorum numero, in cantico novo, in itinere cum agno.

Tres siquidem bonæ terræ fructus annumerat Veritas in Evangelio juxta numerum salvandorum, tricesimum in Job, sexagesimum in Noe, centesimum in Daniel. Cur autem superior Virgini ascribatur, non negligendum est inquirere, quia ad sciendum est utile. Secundum Computum Bedæ naturalem, omnes numeri infra centum inveniuntur in læva, quorum quemlibet quando velis designare necesse habes, in læva digitum pro calculo ponere. Si vero centum numerabis, et deinceps de læva transibis ad dexteram. Itaque fructus tricesimus et sexagesimus sunt sinistræ, centesimus [vero] dexteræ, et sic fructum dextræ habent virgines. Læva in nobis naturaliter tarda est, et non est omnibus [*f.* oneribus] apta ferendis, imo ad suscipiendas plagas et percussiones, cum imminent, naturaliter aliis corporis partibus anteponitur, tanquam aptior ictibus suscipiendis et sustinendis. Dextra vero agilior, et ideo magis apta ictibus inferendis. Dextræ ergo non immerito comparatur virginum status, habilior scilicet ad serviendum Deo ; lævæ vero status reliquarum, ponderosior scilicet ad merendum.

Sequitur de decore Carmeli et Saron. Carmelus interpretatur, *vera circumcisio;* dicitur autem vera, id est integra, et hæc est circumcisio octavæ quam exspectamus, [cum] circumcidetur spiritus et caro

ab omni culpa et pœna. Est itaque integra circumcisio in utroque sabbatismo, quod et duo Carmeli non indecenter exprimunt, quorum alter in quo Nabal stultus habitavit, fuit in medio Judææ ; alter vero, in quo Hebal altare Domino ædificavit, et ignem de sublimi habuit in finibus Israel. Ad hunc enim modum sabbatismus animæ, etiam nunc in medio temporis hujus, id est in septima ætate, quæ nunc agitur, datur spiritibus beatorum. Corporis vero sabbatismum in fine sæculorum exspectamus. Hodie autem beata Virgo, et animæ beatitudinem et glorificationem corporis est adepta, quod ne cui veniat in dubium auctoritatibus astruamus. Hodierna clamat oratio : *Nec tamen mortis nexibus deprimi potuit,* etc. Eamdem etiam ad invitationem angelorum in ascensione Domini dicentium : « Quis est iste qui ascendit de Edom? etc. (*Isai.* LXIII, 1.) » Fuit etiam prophetice prædicta de ascensu Virginis : « Quæ est ista quæ ascendit velut aurora coruscans, pulchra ut luna, electa ut sol? (*Cant.* VI, 9.) » Non solet in Scriptura pulchritudo solis et lunæ nisi corporibus **528** proprie aptari. Inde etiam scriptum est : Fecundæ virginis cœlum amplectitur præsentia [*l.* præsentiam], cum mater me. ve. [*f.* mater mediatoris venit]. Et illud : « Elevatus est sol, et luna stetit in ordine suo (*Habac.* III, 11). » Illud autem Davidicum quomodo implebitur : « Adducentur regi virgines post eam (*Psal.* XLIV, 15), » si usque ad communem adductionem [*f.* resurrectionem] dilata est adduci ? Quando autem prius adducentur, nisi hodie, invenire non possumus. Adhuc probabili inductione exempli idipsum probari potest : vir et uxor duo sunt in carne una; expressius autem mater et filius una sunt caro. Sane sunt sancti Patres, qui Spiritu sancto dictante decreta promulgarunt, jus in conjugibus sanxerunt, quod si alter deserens sæculum adhæreat Deo, alter non remaneat in sæculo. Unius enim carnes tam violenter distrahi jus non esse visum est eis. Sic et in cæteris videri debet, si pars altera carnis virgineæ sit in cœlo, et pars altera reddatur solo; parti alteri datum sit non videre corruptionem, et altera solvatur in cinerem. Sicut enim beata Virgo a maledictione mulieris, cui dictum est : « In dolore paries (*Gen.* III, 16), » facta est immunis, quia peperit sine dolore, sic et a communi viri et mulieris maledictione, cui dictum est : In cinerem ibis, facta est immunis. Unde et ab angelo benedicta esse dicitur, quia a primordiali maledicto liberata est. Et sic decor Carmeli, id est integræ circumcisionis, datus est hodie Virgini.

Nihilominus etiam et decor Saron. Saron sona *principatus.* Est itaque decor Saron, decor principatuum, id est angelorum. Non enim adjuncta est angelis, sed in decore suo exaltata est hodie super choros angelorum, tanquam confidens Filio. Si enim Salomon matri ad se venienti pro petitione Adoniæ, thronum sibi collateralem stravit, probabilius est [Christum] matrem statuisse ad dexteram secundum illud : « Astitit Regina a dextris tuis (*Psal.* XLIV,

10). » Et sicut in die Ascensionis Domini : « Dixit A
Dominus Domino meo, Sede a dextris meis (*Psal.*
cix, 1). » Et illud Isaiæ impletum est : « Stabit juvenis cum virgine (*Isa.* lxii, 5). » Nec frustra consuevit Ecclesia intercessionem beatæ Virginis affe-
ctuosius cæteris implorare, ita quod audito ejus nomine genua terræ affigat, imo pro nominis reverentia, quasi mare confragosum sonant vota populorum.
Quod quare fiat, quia in alio sermone dictum est,
hic præterimus. Prosternemur ergo singuli, prosternemur universi ad pedes beatæ Virginis, quæ hodie
facta est splendidior astris, celsior angelis, ut ejus
intercessione videamus matrem cum prole, Filium
et Patrem, qui est benedictus in sæcula. Amen.

529 LX.

IN FESTO ASSUMPTIONIS BEATÆ MARIÆ, ET DE LAUDI-
BUS EJUS, SERMO SECUNDUS (45).

« Converti me ad viam portæ sanctuarii exterio-
« ris, quæ respiciebat ad orientem, et erat clausa,
« et dixit Dominus ad me : Porta hæc clausa erit,
« et non aperietur, et vir non transibit per eam,
« quoniam Dominus Deus Israel ingressus est per
« eam, eritque clausa principi. Princeps ipse sede-
« bit in ea, ut comedat panem coram Domino
« (*Ezech.* xliv, 1). »

Sustinet hic Ezechiel personam generis humani,
de lacu miseriæ, et de luto fæcis evadere cupientis;
ac si diceret : Ego extorris a patria beatitudinis, et
dejectus in hac convalle plorationis, per omnes retro
ætates oculos circumferens, quæsivi viam salutis, et C
non inveni. Non potuit me liberare cœlum, non
terra, non mundus, cum omni supellectili sua, non
homo. Omnes enim sumus coafflicti et coægrotantes.
[Et non reperi ullum] qui [non] potius meum asper-
netur, quam relevet defectum. Sed tandem *converti
me ad viam portæ* [Sanctuarii] *exterioris*, ad partum
beatæ Virginis. Porro nemo sapiens sane ignorat
Dominum Jesum ex duabus, et in duabus naturis
esse. Divina natura sanctuarium interius est. Hanc
[*supp.* intuentur] qui sunt intus, angelos loquor, et
spiritus beatorum, qui jam in patria, jam in palatio,
imo jam in cubiculo quiescunt, torrente voluptatis
suæ eos potante. Humana [*supp.* natura] sanctuarium est exterius, quia Ecclesiam militantem, quæ
adhuc in sole habet tabernaculum suum, [*supp.* Chri- D
stus], reficit participatione corporis et sanguinis sui.
Vel potius illa sanctuarium habuit interius, quia
latet ista ; exterius, quia patet. Trinitatem personarum nempe in unitate essentiæ non videt, sed trinitatem substantiarum in personis, et scimus et
loquimur, et explicamus. Veniens enim Deus ad nos
novam fecit super terram trinitatem, scilicet temporalem, quæ Trinitati æternæ tanquam e contrario
responderet. Sanctuarium itaque interius est Verbum in principio apud Patrem, portans omnia verbo
virtutis suæ. Sanctuarium exterius Verbum caro
factum in tempore, purgationem faciens infirmitatis

nostræ. Interioris porta est Deus Pater, dicente
[Filio :] « Ego exivi a Patre, et veni in mundum
(*Joan.* xvi, 28); » unde Psalmista : « A summo cœlo
egressio ejus (*Psal.* xviii, 7). » Exterioris porta fuit
beata Virgo, per quam in nostram Deus humanatus
ingressus est civitatem, de qua ipse ait : « Non
potest abscondi **530** civitas supra montem posita
(*Matth.* v, 14), » cujus fundamenta in montibus sanctis, quam impetus fluminis Spiritus sancti lætificat.
Hæc est sancta Ecclesia, civitas Regis magni, et hæc
respicit ad orientem. Omnes qui ex complexu, non
sine concupiscentia gravidantur, etsi in lucem partus
suos efferant, tamen quia saccum, et meritum sacci
secum ipsi trahunt, caligine peccati fuliginantur, et
sedent in tenebris et regione umbræ mortis. Solus
Filius Virginis sic editus est in lucem, ut non solum
sit ipse lux, sed illuminet omnem hominem venientem
in hunc mundum.

Et hæc clausa erat, licet de integritate Virginis
nulli veniat in dubium, tamen ut certum fiat, et
certo certius, auctoritatem Domini in assertionem
subdit propheta, dicens : *Et dixit Dominus ad me :
Porta hæc clausa erit, vir non intrabit per eam.* Id
est quod tertio inculcatur. Sane vir hic accipitur,
non pro sexu, sed pro conjuge, ut aliquid expressius
intimetur, quasi diceret, nec etiam vir ejus, id est
Joseph, cognoscet eam. Congrue autem clausa tertio
memoratur, quia et ante partum, et in partu, et
post partum fuisse Virgo non dubitatur. Sequitur :
Et erit clausa principi ; illi nimirum, de quo Dominus ait : « Nunc princeps hujus mundi ejicietur
foras (*Joan.* xxii, 31). » Et iterum : « Venit enim
princeps hujus mundi, et in me non habet quidquam
(*Joan.* xiv, 10). » Verum sicut per id [quod] dictum
est : *Non transibit vir per eam,* notatur integritas
carnis, ita per id quod dicitur : *Non aperietur principi,* notatur integritas mentis, cum omnem malæ
suggestionis consensum eliminavit a mente. Quod
vero supra [additur :] *Princeps sedebit in ea,* de
prænominato principe non est intelligendum. Qui
enim nec intrare permittitur, quomodo in ea sedere
prohibetur [*f.* perhibetur] ? Hic autem ille est de
quo dicitur : Et vocabitur nomen ejus, Admirabilis,
Dei Filius, Princeps pacis. Sessio quidem pro humilitate ponitur, ut ibi : « Tu cognovisti sessionem
meam, et resurrectionem meam (*Psal.* cxxxviii, 1).»
Et iterum : « Surgite postquam sederitis, qui manducatis panem doloris (*Psal.* cxxvi, 8), » id est post
humilitatem, exaltationem sperare. Non modica
quidem fuit Verbi humiliatio, formæ servilis assumptio.

Sequitur : *Ut comedat panem coram Domino.* Ipse
siquidem ait : « Meus cibus est ut faciam voluntatem Patris mei (*Joan.* iv, 34). » Obediens ergo Patri,
reconciliavit nos Deo. In hunc modum comedit
panem coram Domino, voluntate ejus nobis restituens libertatem. Ecce audistis hæc exposita de partu

---

(45) Ex Andegavensi.

Virginis, de integritate ejusdem, de fructu nostræ salutis. Possunt tamen hæc eadem nobis non indecenter aptari, qui *lectioni et studio sacræ Scripturæ* **531** *operam damus*. (46) Nos enim jam ex maxima parte figmenta poetarum, qui ranis loquacibus comparantur, prætermisimus. Præterea navigavimus pallida sophistarum argumenta, qui Deo odibiles dicuntur. Valefecimus pomposis philosophorum opinionibus, qui dum adhuc essent apud nos, conati sunt attollere oculos super cœlos; quorum peritiores, academicos loquor, confessi sunt, veritatem tanquam in puteo abyssi latere. Dimisimus linguam magniloquam, sequentes linguam veriloquam. Quæsivimus enim sapientiam; sed ecce non erat in terra suaviter loquentium, seu viventium. Audivimus eam in Ephrata, id est in speculo, vel specula, id est imagine latentem; sed ecce invenimus eam in campis silvæ, id est in manifestatione et obscuritate Novi et Veteris Testamenti. Unusquisque, inquam, nostrum jam vere dicere potest : *Converti me ad viam portæ sanctuarii exterioris, quæ respicit ad orientem.* Sicut duæ sunt partes Ecclesiæ, militans et triumphans, illa in via, hæc in patria, ita alia est sanctitudo illius, alia hujus. Sanctuarium ergo exterius, id est sanctitas præsentis Ecclesiæ, quæ adhuc extra est, justificatio est per fidem et opera bona. Hujus porta est sacra Scriptura, quæ docet nos recte conversari in medio hujus pravæ nationis, per quam quicunque ingredietur et egredietur, pascua inveniet. Via hujus portæ est charitas. Homo quidem in quadrivio hujus mundi positus, et quasi in umbilico terræ stans, convertere [se] potest ad orientem, ad occidentem, ad austrum, ad aquilonem.

Quatuor enim sunt viæ hominis, via infirmitatis, via necessitatis, via vanitatis, via veritatis. Via infirmitatis humanæ, via Adæ; Jericho, via per quam transit homo in imaginem Dei, more fluentis aquæ, per successiones temporum transiens, donec in pulverem suum revertatur : hæc vergit ad austrum qui calidus est. Quodam enim solare [*f.* calore] vivimus, quo exstincto, aliam viam ingredi necesse est, **532** viam scilicet necessitatis. Hæc est via universæ carnis, per quam transit spiritus vadens, et non rediens. Hæc vergit ad occasum. Via vero vanitatis, est via in peccatis, quæ aptius præcipitium dici potest, per quam ruimus de sanguine in sanguinem,

trahentes longam restem. Hæc est via lata quæ ducit ad mortem, cum per campos licentiæ debacchamur, de qua dicitur : « Via illorum tenebræ et lubricum (*Psal.* xxxiv, 6). » Et iterum : « Via illorum scandalum ipsis (*Psal.* xlviii, 14). » Hæc vergit ad aquilonem, ad illum scilicet qui ait : « Ponam sedem meam in aquilone (*Isa.* xiv, 13). » De quo Salomon : « Aquilo frigidus et durus (*Eccli.* xliii, 22), » nomine tantum dexter, aquas ligans, id est fluenta gratiæ congelans. Via veritatis est charitas, de qua dicit Apostolus : « Adhuc excellentiorem viam vobis demonstro (*I Cor.* xii, 31). » Hæc vergit ad orientem, quia via hæc est arcta via, quæ ducit ad vitam; contendendum est igitur intrare per eam. Per hanc ad sacram Scripturam eundum est. Nec tamen dissimulare possumus [quin] per aliam viam multi incedamus. Quidam, ut multum scientes, alios excellant [*f.* contemnunt], alii ut laudentur, alii ut lucrentur, alii ut seipsos ædificent, alii ut etiam proximos. Sed audi quid super his dixit quidam : Velle scire ut sciamur, superbia est; velle scire ut lucremur, simonia est; velle scire ut ædificemur, prudentia est; velle scire ut ædificemus, charitas est. Sacra vero Scriptura non indecenter portæ comparatur. Sunt enim quatuor in porta : limen super quod transimus. Duo sunt liminaria hinc et inde superposita. Supremus est limes, utrique superliminari supernitens. Ad hunc modum quatuor sunt in sacra Scriptura, [sicut] sunt quatuor pedes in mensa Domini, historia, allegoria, moralitas, anagoge. Historia limen est, quia aliis substernitur, quæ quasi ex tribus lapidibus constans, in tribus operibus Dei continetur. Est enim opus creationis, opus reconciliationis, opus confirmationis. Pater creavit, Filius reconciliavit, Spiritus sanctus confirmavit, unumquodque in tempore **533** suo. De tempore creationis scriptum est : « In principio creavit Deus cœlum et terram, etc. (*Gen.* i, 1). » De tempore reconciliationis dicitur : « Cum venit plenitudo temporis, misit Deus Filium suum (*Galat.* iv, 4); » quando scilicet rorantibus cœlis desuper, et nubibus pluentibus Justum, aperta est terra, et germinavit Salvatorem. « Ipse est pax nostra, qui fecit utraque unum (*Ephes.* ii, 14), » pacificans in sanguine suo, quæ in cœlo, et quæ in terra (*Coloss.* i). Tempus confirmationis futurum est, quando faciet Deus 'cœlum novum et

---

(46) Ex his Hildeberti in hoc sermone verbis, duo conjici posse videntur. Et quidem primo hunc illum habuisse, sicut plures alios in hac collectione relatos, dum Cluniaci cum multis ejusdem instituti viris, lectioni et sacræ Scripturæ studio daret operam, prætermissis jam, ut hic ait, ex maxima parte figmentis poetarum, quos ranis loquacibus comparat. Secundo, cum ait se pallida *sophistarum* Deo odibilium argumenta navigasse, et pomposis philosophorum opinionibus valefecisse, qui dum adhuc essent *apud nos*, inquit, *in prima persona*, conati sunt oculos super cœlos attollere, nil obstare videtur quin id de Berengario intelligatur, cujus antea in humanioribus litteris et philosophia, assiduus fuerat auditor, et cujus magisterium abdicaverat Hildeber-

tus, statim ut ipsum in cœlum os suum ponere animadvertit, cum circa sacram Eucharistiam proprios sensus generali et orthodoxo Ecclesiæ sensui præponere ausus est, et suam hæresim lingua magniloqua et vaniloqua, suisque sophismatibus fidelium animis instillare conatus est. Quod quidem in gratiam Hildeberti jure notandum duximus, cujus circa sacram Eucharistiam orthodoxam, et a prava Berengarii opinione alienam semper fuisse sententiam, tot ejus et sermones, tractatus peculiares, et opuscula testantur, et quem primum, Transubstantiationis verbo ab Ecclesia deinde adoptato, et quasi consecrato, constat usum fuisse. De conjectura nostra judicium sit penes lectorem.

terram novam, et colligentur boni de medio malorum, quibus separatis, apparebit « Deus mirabilis in sanctis suis (*Psal.* LXVII). » Adhuc enim versantur amurca cum oleo, zizania cum tritico, acinum cum vino, palea cum grano. Tempore reconciliationis, dicit Filius : « Pater meus hucusque operatur, et ego operor (*Joan.* v, 17). » Tempore confirmationis, vere potuit dicere Spiritus sanctus, scilicet : Pater hucusque operatur, et ex hoc jam operor ego. Cum scilicet faciet corpora nostra spiritualia, et caro adhæserit spiritui, et spiritus Deo. Moralitas nimirum similiter quasi ex tribus lapidibus est. In tribus enim informantur mores nostri. Est enim schola disciplinæ, schola naturæ, schola gratiæ.

In prima discimus esse inferiores, in secunda pares, in tertia superiores ; hoc est sub alio, cum alio, super alium, vel subesse, coesse, præesse, hoc est discipuli, socii, magistri. In prima sunt qui prælatis humiliter subjiciuntur ; in secunda, qui mores sociorum incompositos patienter ferre consueverunt ; in tertia, qui subjectis verbo et opere sapienter præesse noscantur. Et quamvis naturaliter prior sit schola naturæ, tamen juxta naturam ethicæ, prior est schola disciplinæ ; siquidem natura omnes homines gennit æquales ; sed quod alius alii præponitur, vel supponitur, a Domino Deo est, a quo omnis potestas est, qui imposuit homines super capita nostra. Porro bono, nec per superbiam depravato, facti sunt homines æqualitatis impatientes, contendentes invicem superiores constitui, atque alterutrum supergredi cupientes, invicem provocantes. Et ideo primo omnium morum insolentia domanda est, donec duris et divinis legibus attrita, cervicosa humilietur voluntas. Sane tertiam scholam gratiæ potissimam nominamus, quæ nomen, quod est aliis commune, sibi vindicat spirituale, quia ipsa deliciis affluit, et doctoribus [*f.* dotibus] charitatis, quia plerosque vides sub præceptore quiete vivere, multos etiam sine querela inter pares conversari **534**, et bona mediocritate contentos ; rarissimos antiquos [*f.* alios], si a jugo disciplinæ et societatis absolvas, humiliter et utiliter vides præesse, qui sui obliviscantur, qui non quærant quæ sua sunt, qui non velint dominari in clero. Allegoria est aliud superliminare, quod similiter in tribus consideratur, in sanctis scilicet trium temporum : ante legem, sub lege, sub gratia. Facta enim horum temporum mutua significatione, mystice sese figurant, sicut ejectio pœnitentium in capite Jejunii, significat ejectionem primorum hominum e paradiso, et cætera in hunc modum. Anagoge, quæ superior lapis est, tanquam unus et integer lapis est ; agit enim de Deo, et supercœlestibus. Cæterum porta hæc respicit ad Deum. « Qui-

cunque enim dederit de semine suo idolo Moloch, morte morietur, et lapidabit eum populus terræ (*Levit.* xx, 2). » Semen est verbum Dei, idolum vero Moloch diabolus est, qui non vere, sed quasi dominatur in mundo. Qui ergo verbum Dei pro aliquo emolumento mundano vel addiscit, vel docet, de semine suo dat idolo Moloch, et hic talis morte animæ morietur. Sicut enim anima vita est corporis, ita vita animæ Deus, quo discedente, morietur anima. Non enim societas est Deo cum idolo. Angustus est lectus, breve est pallium, utrumque operire non potest ; nec bene conveniunt, nec in una sede morantur majestas Dei, et amor mundi. Amicus enim hujus mundi, inimicus Dei efficitur. Durum est quod Dominus [jubet], et difficile ad implendum ; sed vobis dictum reputate : « Issachar asinus fortis, accubans inter terminos (doctrinam scilicet utriusque Testamenti), vidit requiem quod esset bona, et terram quod optima, et supposuit humerum ad portandum (*Gen.* XLIX, 12).» Vos itaque, quia jam estis in via, quærite et invenietis ; et quia jam accessistis ad portam, pulsate, et aperietur vobis. Aperiat autem nobis sensum ad intelligendum Scripturas, qui aperuit oculos cæci nati Jesus Christus, Dominus et Magister noster, qui est Deus benedictus in sæcula. Amen.

LXI.

IN FESTO ASSUMPTIONIS BEATÆ MARIÆ, ET DE LAUDIBUS EJUS, SERMO TERTIUS (47).

« Egredimini, filiæ Sion, et videte regem Salomo« nem in diademate quo coronavit eum mater sua. » (*Cant.* III, 11).

535 Qui tantum verba sectatur, nihil inveniet, teste Salomone, et custos prudentiæ inveniet bona, et « qui fortiter premit ubera ut lac inveniat, exprimet butyrum (*Prov.* xxx, 33). » Verba ex quibus nostra alitur infantia, sunt duo Testamenta, quæ fortiter premimus, quando spiritualem intelligentiam salientem et impinguantem, in eis perscrutamur. Hoc ideo dicimus, quia proposita verba Judæos carnaliter sapientes ad Salomonem referre novimus, sed nos meliorem in illo præsignatum Scripturæ auctoritate requirimus. Sermo ergo diriorum [*f.* dirigitur] ad filias Sion, id est animas Deum speculantes, ut egrediantur ad videndum regem Salomonem. Exitus autem duplex est, malus et bonus. Exiit Judas a veritate et periit. Unde egrediebatur foras (48), etc. Exiit Dina filia Jacob, ut videret mulieres regionis, et delinita est et corrupta est ab Hemor ; dum enim anima ad sæculi voluntates [*f.* voluptates] et concupiscentias egreditur, diabolo corrumpenda substernitur. Ecce malus exitus. Bonus autem [est], quo filii Israel exierunt de Ægypto Moyse duce, imo Deo, ubi gravi servitute preme-

(47) Ex Andegav.—Sermo iste magnam habet affinitatem cum sermone sexto De incarnatione, qui incipit per eadem verba : *Egredimini.* Est tamen et alter, et prolixior sexto illo ; quod observandum. Ille porro est ex manuscripto Sangerma-

nensi ; iste vero ex Andegavensi.

(48) De Juda sic ait, Joan. Evang. cap. XIII, v. 30. *Cum ergo accepisset ille buccellam, exivit continuo. Erat autem nox.*

lantur. Unde in tertia mansione, nubem, id est
Spiritus sancti ducatum accipiunt. Abraham etiam
exivit de terra, et de cognatione sua, ut hæreditatem obtineret, et semen sicut stellas cœli. Plurima
de tali exitu Scripturarum occurrunt testimonia.
Unde autem exeundum sit Jeremias, ostendit, dicens : « Exi de medio Babylonis (*Jer.* l, 8). » Babylon est mundi confusio, quæ habet principium,
medium et extremum. Prima extremitas est cum
qua nascimur, id est peccatum originale ; altera,
sine qua non vivimus, id est veniale medium ; criminale, cum quo male vivimus, imo vitam, id est
Deum amittimus, quia *ab eo recedere qui vita est,
non esse est.* Sine ipso quippe non est verum esse.
Unde : « Transivi, et ecce non erat (*Psal.* xxxvi,
16). » Utique illi melius erat non esse, quam sic
esse. Exeamus ergo de medio Babylonis. Originale
peccatum per baptismum evasimus ; in multis minutis offendimus omnes ; criminalia saltem caveamus. Et Zacharias ait : « O, o fugite de terra Aquilonis (*Zach.* ii, 5), » id est de regno diaboli, qui
frigidis, id est iniquis, dominatur. Non enim cantatur canticum Domini in terra aliena. Et in Canticis :
« Si ignoras te, egredere, et abi post vestigia gre-
gum tuorum (*Cant.* i, 7), » id est stultorum, et
pasce hædos tuos, id est motus illicitos et immundos. Non imperat, sed ne egredienti contingat,
prædicit ; ignorans enim egredi, ad prava desideria
concipienda, **536** et perficienda protrahitur. Hæc
est confusio de qua in Psalmo dicitur : « Ex Basan,
id est confusione, convertam (*Psal.* lxvii, 23), » in
profundo mari existentes, in medio Babylonis. Propter hunc exitum ostendendum, extra portam passus est Dominus. Et nos egrediamur ad eum extra
castra. Isaac etiam egressus est ad meditandum in
agro cœlesti, scilicet per contemplationem, inclinata die, id est peccati fervore. Sic egressi videre
poterimus regem Salomonem.

Triplex est autem ejus visio. Visus est in sæculo,
videbitur in judicio, tertio in regno. Prima, visio
gratiæ ; secunda, justitiæ ; tertia [*f. addendum gloriæ*] ab omnibus bonis, a qua tolletur impius. In
prima Idida, id est dilectus per carnem nobis simul
[*f. similis*] factus ; in secunda, concionator, id est
in concione omnium locuturus. In tertia, Salomon
princeps pacis, pastor veræ pacis videtur hic a nobis per fidem, in judicio per carnem, in regno per
spem [*f. speciem*]. Qui per fidem videbit, in concione judicii non timebit, in regno gaudebit. « Beati
pacifici, quoniam ipsi Deum videbunt (*Matth.* v, 9). »
Hæc visio tertia, vita æterna est. Vident autem eum
regem, qui ab eo regi volunt, et ab ejus regimine
discedere non præsumunt, dicentes : « Dominus
regit me, et nihil mihi deerit (*Psal.* xxii, 1); » quos
ipse regit in virga ferrea, id est inflexibili justitia,
ut motibus carnis contradicant ; et virtutum gradibus tanquam mansionibus proficiant, ut Salomonem,
qui per eum hic habent reconciliationem, et mentis
tranquillitatem, in futuro habituri omnimodam

quietem, quæ non potest esse quandiu lucta est justo cum carne ; sed ibi placato utetur regno, quod
exspectant filiæ Sion, id est animæ fideles, gloriam
Domini speculantes. Videmus per speculum in ænigmate, filiæ per gratiam adoptionis, ut spiritualem
sobolem gignant Deo, « cujus ignis in Sion ; et caminus in Jerusalem (*Isa.* xxxi, 9), » ubi regnat
Salomon ; sed prius conculcata per pœnitentiam,
tamen Salem per justitiam, postea Jerusalem per
coronam. Et pulchra collatio, ut tres visiones tribus
nominibus Salomonis, et tribus statibus civitatis
operentur. Item bona connexio. Egrediuntur filiæ
Sion videre regem Salomonem, ut singulæ singulis
conferantur, dictum est qui viderant, id est filiæ
Sion, et per quid, si egrediantur, et quem. Nunc
autem restat in quo, et qui videndus sit. *Videte,* inquam, *in diademate,* id est incarnationem credite, et
ejus beneficium attendite. Caro Christi in divina Scriptura diversis exprimitur similitudinibus, modo
537 per arcam, ubi manna et virga, et tabulæ,
quia in carne anima paternorum secretorum
conscia ; modo per tabernaculum in quo militat :
« In sole posuit tabernaculum suum (*Psal.* xviii,
6). » Item in nube ; unde propheta : « Ascendet
Dominus super nubem levem (*Isa.* xix, 1). » Hic
autem per diadema quo mater sua Maria eum coronavit. Et bene dicitur coronasse, quia « non de
arbore libidinis concepit, nec peccato originali, sicut aliæ solent, deturpavit eum, aut dehonestavit,
sed immaculata, et intacta, et immunis ab omni
peccato Sanctum sanctorum edidit, » munditiæ florem, omnium Redemptorem. Veritas enim de terra
inculta orta est, unde ergo flos campi, et lilium
convallium, id est humilium coronavit, et quasi
circumdedit, juxta illud : « Mulier circumdabit virum (*Jer.* xxxi, 22), » non aliunde, sed ex sua mun-
dissima carne materiam ministrabit, sine manibus
complectentium. Ecce porta Ezechielis in domo
Domini « clausa, et vir non ingredietur per eam
(*Ezech.* xliv, 2). » Hic est panis in Levitico « clausus [*f. coctus*] in clibano (*Levit.* xxiv, 5), » id est
panis vitæ igne Spiritus sancti et opere coctus, in
utero virginali formatus. Hæc caro etiam diadema,
quia causa victoriæ ; nisi enim [Verbum] incarna-
retur, [dæmon] non aggrederetur ; sed dum [ipse]
in ea escam carnis quam videbat, appetiit, transfixus est aculeo divinitatis, quam non prævidit.
Unde Dominus ad Job : « Nunquid extrahere poteris
Leviathan hamo (*Job* xl, 20). » Leviathan *addita-
mentum eorum* dicitur, id est hominum, quibus
semel culpam prævaricationis intulit, et hanc quotidie usque ad mortem pessimis suggestionibus extendit, et commisit vitium suggestionis, ut traheret ad consensum delectationis, quam Dominus
homo extraxit, quia de semine diaboli hamum fecit, assumendo corpus, in quo ille escam suam
mortem carnis appeteret : sed ibi erat divinitas,
quæ faciem raptoris perforaret.

Sequitur : *In die desponsationis suæ.* Duplex hic

desponsatio accipitur, vel matris vel filii Salomonis, scilicet, active vel passive. Mater in die conceptionis, id est qua concepit, Deo desponsata. Unde scriptum est in sermone quodam : « Desponsata sum homini in Deo, et placui summo Deo.» Divina quippe virtute **538** est fecundata, non humano more gravidata. Unde : « Ideo et quod nascetur in te Sanctum vocabitur Filius Dei (*Luc.* I, 35).» Eadem die Salomon noster Jesus Christus desponsavit Ecclesiam, copulando sibi eam per naturam et gratiam. Deus enim humanæ naturæ conjunctus est in utero virginali, unde processit [ut sponsus] de thalamo suo (*Psal.* XVIII). *Coronavit eum etiam mater sua*, id est honestavit *in die lætitiæ cordis*, id est nativitatis, sicut in die conceptionis ; quæ enim sine libidine et viri opere concepit, conceptum etiam sine labore et dolore edidit, virgo in concipiendo, virgo in pariendo, quæ *lætitia* non carnis dicitur, sed *cordis*, id est discretionis. Quæ et quanta lætitia fuit matri edere in lucem omnium lucem ! Lucem [veram,] quæ illuminat omnem hominem venientem in hunc mundum in suam et omnium salutem ; suum et omnium Conditorem, Genitorem et Salvatorem. Si Magi de invento gavisi sunt gaudio magno valde, nonne multo magis ipsa videns in se, et per se, completa prophetarum oracula, quæ longe ante noverat prædicta ? Unde ipsa ait : « Exsultavit spiritus meus in Deo salutari meo (*Luc.* I, 47).» Hujus desponsationis omnes nos consortes esse debemus, quia fideles animæ legitimum habent sponsum Christum, juxta illud : « Despondi vos uni viro virginem castam exhibere Christo (*II Cor.* XI, 2) ; » et participes lætitiæ, quia « Gloria in ex. D. et in t. p. h. b. v. (*Luc.* II, 14) [in excelsis Deo, et in terra pax hominibus bonæ voluntatis].» Audivimus diadema præstitum a matre ; est et aliud datum a Patre. Unde : « Gloria et honore coronasti eum (*Psal.* VIII).» Sicut unitus est natura cum matre, ita unius est majestatis cum Patre et a Patre. Egrediamur ergo ut regem Salomonem videre possimus in decore, ipso præstante, qui vivit et regnat, etc.

LXII.

IN FESTO SANCTÆ GENOVEFÆ SERMO UNICUS (49).

« Dum transiret Elisæus per Sunam civitatem, « tenuit eum mulier Sunamitis, ut comederet pa« nem cum ea ; et præparavit mensam, et sellam, et « lectum, et tabernaculum (*III Reg.* IV, 8) »

---

(49) Ex Andegav. — Hunc sermonem protulisse videtur Hildebertus in ipso regali Sanctæ Genovefæ Parisiensis monasterio, coram ipsis ejusdem percelebris Ecclesiæ canonicis regularibus. Vix enim alios assignare merito possis, quos *hæredes beatæ Virginis Genovefæ* (ut auditores suos vocat), præter viros Deo sub ejusdem sacræ virginis patrocinio dicatos, eosque tunc forsan temporalium, ut ait, tribulatione, et amicorum amissione, vexatos. Qua autem occasione, vel quo tempore Hildebertus Parisios accesserit, non aperte liquet. Nihil tamen obstat quin hunc, dum Cluniaci per plures annos degeret, venisse Parisios aliquando opinemur, ubi

539 Ex superficie verborum vel historiæ, tria commendantur in hac muliere. Virtus hospitalitatis, opus virtutis, merces operis. Virtus hospitalitatis commendatur, cum eum secum sedere coegit. Opus virtutis, cum Elisæo prædicta præparavit, mensam, etc. Merces operis, cum ejus filium suscitavit. Commendabilis est virtus hospitalitatis, cum quivis hospitio suscipitur ; sed commendabilior et gratiosior, cum ad suscipiendum cogitur. Commendatur in Loth virtus hospitalitatis, de quo legitur quod angelos oppido, ad susceptionem hospitii coegit (*Gen.* XIX). Commendatur et in discipulis, qui cum irent in Emmaus, cogebant Dominum manere cum eis (*Luc.* XXIV). Cur ergo non commendaretur in hospitalitate mulier magna Sunamitis ? Magna utique dicitur pro virtute hospitalitatis, vel magna dicitur ad differentiam. Est enim Sunamitis modica, sicut Sunamitis magna. Legitur (*III Reg.* I) enim quod David, cum senuisset, et non posset calefieri, quæsita est ei mulier Sunamitis, puella modica duodennis, et inventa est, et in lectum ejus introducta, ut eum calefaceret. Eam ergo suscepit, nec tamen eam cognovit. Ad litteram ergo, ut ita dicam, duas invenimus Sunamites. Hanc modicam quæ David calefecit, et illam magnam quæ Elisæum suscepit. Tertiam vero legimus a Salomone in Cantico, ubi dicitur : « Revertere, revertere, Sunamitis [*Vulg.* Sulamitis], revertere, revertere, ut intueamur te (*Cant.* VI, 12).» Sed ista est tantum figuralis et non Sunamitis. Tres igitur legimus Sunamites. Prima est Sunamitis modica ; secunda, magna ; tertia in figura. Hæc tertia gentilitatem significat, quam noster pacificus Salomon ad fidem vocat ; licet ergo nobis et possumus reliquas duas Sunamites in figuram accipere. Omnia enim in figuram Judæis contingebant. Prima ergo Sunamitis est Virgo gloriosa. Secunda virgo Genovefa. Tertia, gentilitas conversa, quæ etiam virgo dicitur juxta Apostolum : « Despondi vos uni viro virginem castam exhibere Christo (*II Cor.* XI, 2).» Ex his ergo tribus sermonem nostrum contexemus. Dispositione enim Spiritus sancti, quamvis secreta, intrinsecus [*f.* secutus] est transitus Genovefæ virginis (50) post partum beatæ Virginis Genitricis Dei, et consequitur necessario vocatio gentilitatis in Epiphania. Hoc ordine has solemnitates observamus. Sed quid est quod puero adhuc vagiente in cunabulis interseritur exitus Genovefæ virginis ?

---

cum apud regale monasterium Sancti Martini de Campis, nobilissimum sacri ordinis Cluniacensis asceterium, per aliquod tempus, et ipse jam monachus, et concionibus celebris, ad hunc sermonem erogandum a piissimis canonicis fuerit invitatus. Quod etiam de duobus subsequentibus sermonibus de sanctis Jacobo, Christophoro et Germano sene Parisiensi episcopo, suspicari non putamus absurdum. Conjecturas nostras lector benignus æqui bonique consulat.

(50) Quippe qui tertia die Januarii, die scilicet decimo post sacram Christi Nativitatem, et tribus ante Epiphaniam diebus celebratur.

Quid est quod adhuc transverberatur tenera caro Salvatoris duro cultello circumcisionis, et tamen solemnizamus **540** in honorem Genovefæ virginis? Adhuc defluit sanguis vulnerum, et tertia die celebramus virginis festum. Ut tradunt illi qui agunt de naturis rerum ad minuendos dolores vulnerum, tertia die adhibendum est medicamentum. Sed nunquid indiget Dominus noster, qui summus est medicus, medicamine mortalium? Habuit ipse dolores, causas doloris [*supp.* non habuit]. Certe Christum legi doluisse, sed nunquam risisse. Fuit enim vir doloris, non cachinnosus. Vultis audire quam fuit plenus doloribus? Sui doloris causa sunt nostra peccata. Eum ergo medicat, qui causam doloris ejus elevavit [*f.* levavit].

Hanc causam minuit beata Genovefa. Sed quid est quod dicis? Sua peccata non legi, jejunium legi, suas lacrymas, suas orationes. Cum ergo causa doloris sint peccata, et virgo ista ea non habuerit, et eam causam in se et in aliis minuerit, medicamenta eis adhibuit. Prima ergo Sunamitis, virgo singularis; secunda, virgo generalis; tertia, virgo spiritualis. Prima fuit Mater Dei et filia; secunda, meretrix et sponsa; tertia, pauper et ancilla. Prima David calefecit, secunda ad Deum rediit, tertia Eliseum suscepit. Primam non cognovit David calefacientem se; secunda rediit ad Salomonem vocantem se; tertia suscepit Eliseum hospitem apud se. Prima fuit quæsita; secunda, inventa; tertia, ut David regem calefaceret, in lecto ejus introducta.

Hæc fuit Virgo Maria, quæ fuit virgo modica, id est humilis; legimus enim eam super omnes humilitatem habuisse. Unde et ipsa de humilitate se commendavit, non de alia virtute, dicens : « Quia respexit humilitatem ancillæ suæ (*Luc.* i, 48).» Sed quinam eam quæsierunt? Certe tot eam quæsierunt, quot eam desideraverunt. Audite Isaiam dicentem : Surge « paupercula mulier de Anathoth (*Isa.* x, 30).» Et alibi : « Egredietur virga de radice Jesse (*Isa.* xi, 2).» Et Jeremias ait : « Novum faciet Dominus super terram; mulier circumdabit virum (*Jer.* xxxi, 22).» Et David : « Substantia mea apud te est (*Psal.* xxxviii, 8).» A quibus inventa? Ab angelo Gabriel in Nazareth, a quo sicut præter solitam mulierum inventa, sic præter solitum salutata. « Ave, inquit, gratia plena (*Luc.* i, 28).» Et « a Joseph inventa est habens in utero de Spiritu sancto (*Matth.* i, 18).» Inventa ad David est adducta, qui præ senectute non poterat calefieri, quamvis tegeretur pellibus animalium mortuorum. David indicatur, *manu fortis*. Hic est Dei Filius. Sed nunquam est quod dicatur senuisse, cum sit æternus et incommutabilis, et ordinator temporum, et nunquam per tempora varietur. **541** Dicitur autem ideo senuisse, quia cum sint sex ætates hominum, sicut sex ætates temporum, in sexta nos salus nostra visitavit [*f.* nos ad salutem visitavit], et populum in malitia senescentem ad se revocavit. Vel ideo dicitur senuisse, quod per quinque ætates in cordibus hominum senuerat, et ab eis exciderat, qui venerantes idola nunquam unius Dei recordabantur. Sed quid est quod dicitur pellibus tectus fuisse, nec calefieri potuisse? Pelles enim sunt legalia sacramenta, quibus sicut caro pelle tegitur, sic veritas incarnationis illis tegebatur. Et merito sacramenta legis pelles dicuntur, quia pelles sunt de animalibus mortuis; similiter et sacramenta erant de mortali, id est de lege, quæ potius mortem conferebat, quam vitam, quia lex mortem minabatur. Et dum sacramenta legis operirent veritatem carnis, Christus David noster non poterat calefieri, id est nos incendere ad amorem suum, quia nihil est aliud illum calefieri quam nos qui sumus ejus membra, ad ipsum amandum incitari. Quæsita est ergo, et inventa virgo Sunamitis, quæ cubavit in eodem lecto cum eo, quia Filius Dei Regis mei, qui est in Sancto, in unitate personæ de natura matris [*f.* de natura matris et divinitatis] unitum, nec divinitatis, eum calefecit. Sed de quo igne? Igne utique charitatis calefactus est, de quo ipse ait : « Ignem veni mittere in terram, et quid volo nisi ut ardeat? (*Luc.* xii, 49.) » Et alibi : « Deus noster ignis consumens est (*Deut.* iv, 24). » Hoc igne calefecit eum Virgo. Ante incarnationem oblitus erat generis humani, quia tunc non exercebat opera misericordiæ; sed postquam in eodem lecto dormivit cum Virgine, exercuit opera misericordiæ; magna enim tunc fuit Domini misericordia, ut creator hominum pro salute hominum descenderet, et in sterquilinium de sinu Patris, et in ventrem Virginis de throno cœlorum, in vallem lacrymarum, ubi factus est homo vilis et abjectus, et adeo pauper [ut non haberet] ubi caput reclinaret. Quis enim de humilitate ejus sufficienter loqui sciat? Quanta fuit humilitas, quod caput regibus tremendum, ad pedes discipulorum lavandos se humiliavit! Mirum et admirandum quod se usque ad mortem humiliaverit, per omnia factus obediens Patri. Sic ergo in beata Virgine calefactus est, id est nos in peccato senescentes ad amorem divinum accendit. Sed quia propter hoc venerat, non adhuc quievit, ne sibi imputaretur quod solet homini imputari, quod opus quod incœpit, non consummavit. Ut magis calefieret quædam alia fecit, per quæ magis ad fervorem charitatis nos excitaret, prædicavit, mortem passus est, et multa in hunc modum [fecit], **542** et Ecclesiam Sunamitem mysticam vocavit. Noster enim David, *manu fortis* Christus, quem calefecit Virgo Maria, ipse, id est verus Salomon pacificus, qui vocat Sunamitem in figuram, id est Ecclesiam, dicens : « Revertere, revertere, Sunamitis, revertere, revertere, ut intueamur te (*Cant.* vi, 12). » Notate quia quater vocat Salomon Sunamitem, dicens : « Revertere, revertere, Sunamitis, revertere, revertere; » nec incongrue. Gentilitas enim recesserat a Deo quatuor modis quibus debet omnis fidelis Deo adhærere, quibus

Scriptura præcipit ut quisquis Deum diligat plus- **A** quam se, et seipsum diligat, et carnem suam, et proximum suum sicut seipsum.

Gentilitas his quatuor modis a Deo recesserat; quia gentiles magis venerabantur creaturas, quam Creatorem; serviebant creaturæ, et non Creatori. Seipsos odibant, quia qui diligit iniquitatem, odit animam suam. Primum non diligebant, quia transgrediebantur quod præceptum est, scilicet : « Quod tibi non vis fieri, alteri ne feceris (*Tob.* iv, 16). » Carnem suam odio habebant, quia seipsos interficiebant. Ideo Salomon, id est Christus quater vocavit, quando dixit : Revertere ad dilectionem proximi ; revertere ad dilectionem tuæ carnis. Tertia vero Sunamitis, id est magna suscepit Elisæum. Hæc est beata Dei Genitrix, vel aliqua ei similis, quæ recepit Elisæum, id est Christum, quia idem est Elisæus et Salomon. Et David Christo similis, qui in Calvaria est crucifixus, vel qui in calvo Elisæo est præsignatus. Sed quomodo Sunamitis illa suscepit Elisæum? Paravit et in cœnaculo sellam et lectum, et insuper candelabrum (*IV Reg.* iv). Per mensam vero et sellam, et lectum, intelliguntur tres virorum ordines, qui sunt in Ecclesia : scilicet, prælati, activi, et contemplativi. Hi sunt viri quos vidit Ezechiel sacerdos, Noe, Daniel et Job. Per mensam itaque intelliguntur prælati, qui reficiunt et pascunt alios pabulo divinæ Scripturæ, qui aperiunt thesauros Dei. Per sellam vero intelliguntur activi, qui partim sedent, partim quiescunt, partim laborant. Tales sunt conjugati, qui partim laborant mundo, id est curam habent de liberis, de conjuge, etc., et in illis quiescunt, et parum inhiant cœlestibus. Unde Apostolus : « *Qui habet uxorem et liberos divisus est* (*I Cor.* vii, 33). » Per lectum vero intelliguntur contemplativi, qui jam Sabbato mentis fruuntur, et omnem intentionem suam ponunt in cœlestibus. Beata ergo Genovefa et ei consimilis sic paravit Elisæo mensam, et sellam, et lectum, quia alios reficiebat pane divinæ doctrinæ; et sellam paravit ei, quia pauperes proprio labore

manuum suarum sustentabat, et **543** curam divinorum non prætermittebat. Lectum vero ei paravit, quia quamvis quandoque temporalibus vacaret, ut pasceret pauperes, anima tamen ejus a Dei contemplatione non recedebat, sed Sabbato mentis semper fruebatur. Et insuper candelabrum ei paravit, id est virtutem et auctoritatem miraculorum, quibus ipsa innotuit et fulsit in mundo. Unde dicitur : « Non potest civitas abscondi supra montem posita (*Matth.* v, 14). » Hæc itaque fecit beata Genovefa, vel fecit ei consimilis Elisæo. Sed Elisæus, id est **B** Jesus Christus, quid fecit ei? Filium ejus resuscitavit, id est spiritum ejus, quando post separationem mortuorum membrorum ad vitam æternam suscepit eum. Bene enim per separationem mortuorum membrorum, quia membra nostra ante mortem possunt dici mortalia, sed post mortem tantum mortua. Notate tamen quia Elisæus Sunamiti miserat baculum ad suscitandum filium ejus, quia beata Dei Genitrix, vel ei consimilis, a Domino fuit baculata, et castificata, id est per tribulationem probata, antequam suscitaretur spiritus ejus. Vos autem estis hæredes beatæ virginis Genovefæ, quia vos reliquit imitatores sui. Cavete ergo ne ab imitatione ejus excidatis. Imitetur eam unusquisque prout poterit. Qui potuerit, et noluerit, adhibeat curam temporalibus, ut inde sustentet pauperes. Qui potuerit, et voluerit, vacet psalmodiis et orationibus. Non turbemini temporalium tr- bulatione, non amicorum amissione. Sed virginem **C** imitamini, qui seipsam exemplar bene vivendi proposuit. Ad quod adjuvet nos Christus Dominus noster, qui **544** regit nos, qui reficit nos, qui quiescit in nobis, qui est benedictus in sæcula sæculorum. Amen.

LXIII.

« Vitulus, leo, et agnus morabuntur simul, et « puer parvulus minabit eos (*Isa.* ii, 6). »

---

(51) *Ex ms. Andegav.* — Nonnulla in hoc sermone, sicut et in subsequenti, nobis visa sunt notatu digna. Et primo quidem ipsos ab Hildeberto prolatos fuisse non improbabile videtur in ipso **D** Sancti Germani a Pratis monasterio, coram monachis, ibidem Deo sub Sancti Benedicti Regula famulantibus, eadem forsan occasione, qua præcedentem de Sancta Genovefa in ejus monasterio disseruerat, cum scilicet e Cluniaco identidem Parisios accederet. Observandum secundo Hildebertum, ut vere monachum, monachos allocutum; quod ex eo patet, quod illos compellans, et divum Benedictum nominatim laudans, in prima persona sic ait : « Non immerito prælati nostri abbates dicuntur a beato Benedicto... Patres utique nostri sunt, provident enim nobis non solum administratione temporalium, sed quotidie generant nos per doctrinam spiritualium, etc. » Quæ quidem verba, pluraque subsequentia, et his similia, nulli alii nisi monacho, et quidem Benedictino, convenire videntur. Id evincit etiam monasticorum exercitiorum, sive officiorum, sive etiam locorum claustralium tam accu-

rata descriptio, et etiam moralis eorum applicatio. In qua tamen apparet manifestus amanuensis error, dum scripsit *cancellare* pro *cellerarie*; quod luce clarius ex præcedentibus et sequentibus patet. Ad quid enim in monasterio non *cancellarius*, sed *cancellarus*, qui, ut erudite omnino observavit sagacissimus antiquitatis indagator noster Montfauconius, et ex vetustissimo schemate probavit in Diarii sui Italici octavo cap. pag. 114, is erat qui locum jocis (quales erant olim joci campi Boarii) destinatum, cancellis munire curabat. Hoc tamen verbum in ms. optime pictum, *cancellare*, seu expungere, nobis religio fuit, cujus loco nomen cellerarii apponendum cordatus quilibet lector non dubitaverit.

Nec omnino negligenda nobis videtur quæ hic legitur *Sancti Germani senis* specialis denominatio, quo epitheto ipsum nullibi decoratum legimus; cujus tamen aliquod suspicari vestigium possemus in ecclesia parochiali Parisiis sita, et ubi primum S. Germanum habitasse quidam opinantur, et quam vulgus Gallice vocat *Saint-Germain-le-Vieil.*

Advertendum tandem jam Hildeberti tempore,

Sicut audivimus, sic vidimus in civitate Domini virtutum, in civitate Dei nostri : Ipse fundavit et posuit eam Altissimus. Noe munda et immunda, invia et innumera animantia collegit in arca, ut servaret ea in cataclysmo aquarum (*Gen.* vii). Isaias prophetavit vitulum, leonem et agnum sub ducatu pueri simul moraturos. Petrus etiam vidit in disco reptilia, et non esibilia homini, et audivit : « Surge, Petre, macta et manduca (*Act.* x, 13). » Quod ergo Noe figuravit in opere, quod Isaias prophetavit in sermone, quod Petrus concepit in visione, impletum videmus in temporis plenitudine. Collecta est Ecclesia Dei a finibus terræ ex omni tribu, et lingua, et natione quæ sub cœlo est. Vitulus, leo et agnus morantur simul, et puer parvulus minat eos. Verumtamen possunt hæc tria sirtica [*f.* mystica] esse; possunt enim exponi de generali collectione fidelium in Ecclesiam, de personali trium sanctorum in unum solemnitate, de spirituali virorum claustralium in unam cohabitationem [*f.* in unum cohabitatione]. Ita unicuique **545** proprium verbum assignetur. Primo morabuntur, secundo requiescent, tertio habitabunt. De generali scilicet, vitulo, leo et agnus; id est Judæus, gentilis, et amborum mediator Christus Jesus morabuntur simul; scilicet, paries veniens ex circumcisione, et alter veniens ex præputio in lapide angulari uniuntur, qui facit utraque unum. Sane Judæus similatur vitulo ratione similitudinis, tum propter exercitium operis, tum propter lasciviam ætatis. Vitulus enim ruricola est animal jugo assuetum, et de Judæo dictum est : « Ephraim vitula docta trituram diligere; transivi super pulchritudinem colli ejus; arabit... Judas, et confringet sibi sulcos Jacob (*Ose.* x, 11). » Ipse enim ab adolescentia sua, id est ab exitu Israel de Ægypto, jugum legis portavit. Sed et ipse quandoque lasciviens tanquam vitulus novellus cornua producens et ungulas, ivit post deos alienos, sicut scriptum est : « Reversi sunt ut essent absque jugo, facti sunt ut arcus dolosus (*Ose.* vii, 16). » Et alibi : « Incrassatus est dilectus, impinguatus, dilatatus, et recalcitravit (*Deut.* xxxii, 15). » Leoni similatur gentilis, λέων (52) enim Græce *regem* sonat. Apud autem gentiles, non apud Judæos semper monarchia fuit. Fuerunt et sanguinarii, humanum sanguinem sitientes. Unde : « Nunquid leo in saltu rugiet, si non invenerit prædam? » (*Amos* iii, 4.) Et de rege Babylonis scriptum est : « Leo cepit sufficienter catulis suis, et necavit leænis suis, implevit præda speluncas suas, et cubile suum rapina (*Nahum.* ii, 12). » Tamen quan-

A tum ad hunc locum spectat, expressa similitudo leonis ad gentilem potest exprimi leo potentissimus animalium, cum ad nullius paveat occursum, tamen ignem timet et gallum, maxime si albus fuerit. Nesciebat gentilis peccata punienda æternaliter, nec Deum futurum judicem et ultorem iniquitatum. Audivit gallum, id est evangelistam, qui jacentes excitat et increpat somnolentos, dicentem : « Omnis arbor quæ non facit fructum bonum, excidetur et in ignem mittetur (*Matth.* iii, 10), » et expavit. Unde : « Commoti sunt montes ab eo, contremuit a facie ejus terra et orbis (*Nahum.* i, 5). » Et alibi : « Turbata sunt et commota sunt omnia fundamenta terræ (*Psal.* lxxxi, 5). » Et : « Terribili et ei qui aufert spiritum principum, terribili apud reges terræ (*Psal.* lxxv, 13). » Gallus vero quem timuit, albus fuit, id est bona nuntians : unde et antiqui numerabant dies suos ex lapillis candidis in prosperitate, in adversitate, nigris : et ad ejus admonitionem, « Leo quasi bos comedit paleas (*Isa.* xi, 7). » Hic est leo qui occidit prophetam ad Jeroboam in Bethel (*III Reg.* xiii). Agno similatur Christus, sed propter passionem **546** tantum. Unde : « Agnus qui occisus est ab origine mundi (*Apoc.* xiii, 8); » et alibi : « Sicut agnus coram tondente se obmutuit, et non aperuit os suum (*Isa.* liii. 7). » Et cum Joannes dixisset : *Ecce Agnus Dei,* addidit : *qui tollit peccata mundi* (*Joan.* i, 29). » Per passionem enim ea tulit a nobis et delevit. Ipse ergo in passione fuit agnus, præcipue secundum Latinam interpretationem. Dicitur enim ab agnoscendo. Tradunt enim qui de naturis rerum agunt, quantacunque fuerit pecorum multitudo, agnum matrem suam solo balatu agnoscere. Attende ergo in Christi crucifixione non minima multitudo circumstabat Crucifixum; alii irridebant moventes capita sua et dicentes : « Vah qui destruis templum Dei! (*Matth* xxvii, 40). » Alii flebant super innocentem condemnatum. Alii percutiebant pectora sua, mirantes signa quæ videbant. In tanta tamen multitudine matrem agnovit, quam virginem virgini commendavit. Hi, inquam, morantur simul. Non enim habemus hic manentem civitatem, sed futuram inquirimus et peregrini sumus, sicut omnes patres nostri. Omnis etiam velocitas festinanti animo mora videtur. Moramur ergo in via, qui ad patriam suspiramus. Moram enim facere, est alicubi manere supra debitum. Unde mora secum trahit periculum, vel manere extra voluntatem exspectantis. Unde : « Domine, ne moreris; » et alibi : « Si moram fecerit, exspecta eum (*Habac.* ii, 5); » et : « Moram autem faciente sponso (*Matth.*

B

C

D

---

sæculo scilicet undecimo exeunte, Sancti Germani festum ita celebratum, ut *ab opere servili,* quod ait, sabbatizaretur; quod etsi in honorem Sancti Jacobi eodem die occurrentis, sub præcepto servaretur, celebriori forte cultu, ob reverentiam sancti Germani urbis ipsius patroni, sicut et suburbii, decorabatur, in memoriam miraculosæ corporis ejus translationis, cujus in sequenti sermone Hildebertus

sub finem expresse meminit.

(52) Duo hic amanuensis errores obrepserunt ; primus, dum λέων pro βασιλεῦς posuit, ubi auctor asserit λέων Græce significare *regem.* Alter infra, dum septem leunculos et septem gradus in throno Salomonis posuit, ubi expressus Scripturæ textus sex tantum notavit.

xxv, 3). » Morari sibi videbatur qui aiebat : « Cupio dissolvi et esse cum Christo (*Phil.* i, 23); » et : « Quis me liberabit de corpore mortis hujus? » (*Rom.* vii, 24.)

Sequitur de personali collectione sanctorum in unam solemnitatem. Sane die hodierna trium sanctorum solemnitas observatur, apostoli Jacobi, martyris Christophori, confessoris Germani Senis, etsi specialiter in honorem beati Germani convenimus, arbitror tamen eum nolle sui memoriam fieri, et alios silentio præteriri. Hodie itaque leo, agnus, vitulus requiescunt simul ; id est apostolus, martyr et confessor. Per leonem apostolum intelligimus. Sicut enim apostoli a Christo monte, montes; a fundamento, fundamenta; ita et a leone de tribu Juda, leones, secundum illud : « Erunt reliquiæ Jacob in medio populorum quasi leo in jumentis silvarum et quasi catulus leonis in gregibus pecorum (*Mich.*, v, 8); » et illud : « Leo fortissimus bestiarum ad nullius pavebit occursum (*Prov.* xxx, 30). » Et ipsi primos impetus mundi sustinuerunt. Isti sunt septem leunculi in throno Salomonis : « Fecit et Salomon thronum grandem de ebore. Non fuit opus tale in universis regnis (*III Reg.* xx, 18), in quem **547** septem gradibus ascendebatur, in quorum summitatibus altrinsecus septem leunculi excubabant, fabrefacti tanquam graduum custodes. Ad hunc modum inter medium apostolorum transeundum est, si volumus ascendere de virtute in virtutem ad videndum Deum deorum in Sion, id est per eorum doctrinam, et imitationem, et interventum. Verum scriptum est : « Inter medium montium pertransibunt aquæ (*Psal.* ciii, 10). » Verumtamen ratione quadam similitudinis apostoli similantur leonibus; leo, cum infirmatur, simiam devorat et convalescit. Grandis apostolorum fuit infirmitas, cum transirent ad gentes, quæ omnigenarum deorum monstra coli ab eis invenerunt. Peccata enim proximorum frixorium est, scilicet justorum. Unde : « Quis infirmatur, et ego non infirmor (*II Cor.* xi, 20). » Idola vero, vel verius ipsi idololatræ simiis comparantur. Simia enim, cum homo non sit, tamen imagini plurimorum hominum alludit. Sic et idola viventium lineamenta tantum habent, et non sensum. Unde : « Os habent et non loquuntur; oculos habent et non vident. Similes fiunt eis qui colunt ea (*Psal.* cxiii, 5). » Mutum enim est quod laudes Dei non sonat. Sunt ergo quasi simiæ animantium idola, idololatræ quasi simiæ; idolorum hujusmodi simias incorporaverunt apostoli, et convaluerunt.

Per vitulum martyr exprimitur. Vitulus enim principalis fuit hostia in lege, quam scilicet sacerdos et princeps Synagogæ pro declaratione peccati sui offerebant. Sane quisque fidelis offert se hostiam vivam, sanctam, Deo placentem. Gloriosior vero est hostia quæ per calicem passionis consummatur. De quibus scriptum est : « Et imponent super altare tuum vitulos (*Psal.* L, 21). » Est et alia ratio similitudinis vituli ad martyrem. Vitulus non tantum utilis est in ruricolando dum vivit, sed et mortuus

valet, quia caro ejus esibilis est, corium vero, cum ad multa sit utile, tria hæc sufficere possunt. Ex eo fiunt calceamenta et utres quibus feruntur liquores per arida et inaquosa, ad refocillandas animas sitientium. Fiunt et quædam vasa aquaria apud Æthiopes, quæ cum impleverint aqua, descendunt in cavernas draconum in ipsis visceribus terræ latentium, et percutientes hydraulia [hydraulica] cum virgis corallinis, terribilem sonum efficiunt, quo excitati, dracones ascendunt, et per aera ducunt in Ægyptum, ut eorum carnes edant. Turpe est enim eis nuptias regum celebrari sine carnibus draconis. Sane de utilitate martyrum dum viverent, in legendis eorum actibus, satis exaratum est. Cum vero paterentur, carnes suas quasi ad edendum, tradiderunt præsentibus, cum exemplum patiendi pro Christo eis præsentabant. Posteris autem **548** quasi convivium utile reliquerunt, memoriam scilicet sui et reliquias patrocinantes. Exemplis quidem eorum calceati, super serpentes et scorpiones illæsi calcamus; sitientibus exemplum vitæ salutaris ex eis propinamus; meritis et precibus eorum, dæmones de obsessis corporibus, ut dracones ex abditis, evocamus.

Per agnum confessorem intelligimus, secundum Græcam interpretationem ; ἄγνος enim Græce sonat pium [sive *castum*]. Confessores vero sunt viri Dei, qui assistunt Dominatori universæ terræ. Qui primo miserentes sui, et nobiscum fecerunt misericordiam verbo et exemplo. Qui placentes Deo, in tempore iracundiæ facti sunt reconciliatio. Est et aliud cur agno confessor similatur. In lege, juge fiebat sacrificium de agno (*Num.* xxviii), nec poterat fieri de alio animali, cum aliæ oblationes poterant immutari, secundum quod manus offerentis poterat invenire. Illud autem sacrificium confessionem Ecclesiæ figuravit. Sed est confessio peccati, secundum quam dicitur confitens. Est et laudis, secundum quam confessor dicitur. Hanc vero jugiter obtulerunt confessores in via et patria, tanquam mane et vespere Deo confitentes. Hi tres hodie simul requiescunt, id est requiei suæ memoriam nobis reliquerunt. « Cum enim hodie ab opere servili sabbatizamus, » requiem eorum repræsentamus interminabilem. Pulchre vero dictum est : Requiescent. Sancti enim quiescunt, requiescunt, conquiescunt. Primo quiescunt in sexta ætate, quæ est in carne viventium; secundo requiescunt, quasi iterum quiescunt in septima dormientium ; tertio, conquiescunt in octava resurgentium. Sancti enim in tribulationibus spe gaudentes, inter pressuras Sabbatum pectoris habent, et in ipsis quiescunt operibus, gaudentes quod digni habiti sunt pro nomine Jesu contumeliam pati ; sed cum de carceribus corporum evolant, ab operibus requiescunt, juxta illud : « Amodo jam dicit Spiritus ut requiescant a laboribus suis (*Apoc.* xiv, 13). » Cum vero mortale hoc induet immortalitatem, in utroque sabbatismo conquiescunt, induti diploide glorificationis.

Sequitur de tertia collectione claustralium in unam cohabitationem. In cœnobiis leo, vitulus et agnus habitant simul; unde : « Ecce quam bonum et quam jucundum habitare fratres in unum (*Psal.* cxxxii, 1) ; » videlicet pastor, quem Hebraice *abbatem*, Latine *patrem* dicunt ; dispensator, qui *apothicarius* dici potest, qui tantum particularia bona fratrum colligit et reponit, ut dividat eis necessaria in tempore opportuno conventus; qui in his quæ ad Deum sunt invigilans, meditationi, lectioni et orationi vacat. Per leonem pastor intelligitur, secundum illud : Nobilis ira leonis; abbatis enim **549** quasi proprium est

Parcere subjectis, et debellare superbos.

(Virg., *Æneid.*)

Per vitulum dispensator similatur, cujus labore, cibaria conventui comparantur. Est et aliud, si dissimulare nolumus, cur vitulo dispensator similatur. Cum enim vitulus *granum* et paleam labore suo conferat, sola contentus est palea, granum Domino suo relinquens. Ita in hunc modum bonus est dispensator, qui modica et vilia sibi apponens, meliora quæque conventui subministrat, secundum illud Gregorii : « Optimus dispensator est qui nihil sibi reservat. » Si vero, quod absit ! ex sibi creditis peculium sibi compilare voluerit, non sine grandi peccato hoc facere potest, et de vitulo factus est hericius, qui, si invenerit poma in terram prostrata, involvit se super ea, et beneficio aculeorum onustus, regreditur in speluncam. Spinæ hominis sunt peccata, secundum illud : Terra tua « spinas et tribulos germinabit tibi (*Gen.* iii, 18). » Non ergo sine hujusmodi spinis dispensator bona fratrum inspeluncare potest, ut vere de eo dici possit : Attendite a falsis ministris, qui veniunt ad vos in vestimentis vitulorum [*f.* ovium], intrinsecus vero sunt hericii rapaces. Per ovem non incongrue conventus signatur, qui contempto mundo, quasi lana deposita, nudus grex tonsarum, nudum sequitur Christum.

Præterea quatuor sunt ovium genera. Infirmæ, fœtæ, validæ, vagæ. Attende similia in conventu, in quo sunt incipientes, proficientes, pervenientes, errantes. Primi indigent eruditione; secundi exhortatione; tertii congratulatione; quarti revocatione, ut incipientes proficiant, proficientes perveniant, pervenientes perseverent, errantes redeant. Inde est quod in claustris conventuum quatuor loca quasi propriis deputantur officiis. In latere claustri occidentali est subjectio scholaris ; in eo quod contingit Ecclesiam, lectio moralis; in ipsa Ecclesia, meditatio spiritualis; ad orientem in capitulo, correctio materialis. Per subjectionem comparatur humilitas ; per lectionem tenetur veritas; per meditationem gustatur Dei suavitas; per correctionem reparatur integritas. Hinc satis elucet quomodo loca hæc quatuor distinctionibus fratrum respondeant. Habitant

itaque fideles simul, modo in Ecclesiis, claustrales in cœnobiis, et puer parvulus minat eos; ille scilicet de quo scriptum est : « Puer natus est nobis (*Isa.* ix, 6), » qui a puritate puer dici potest, vel ab officio obedientiæ. Unde Pater de eo inquit : Ecce puer meus electus (*Matth.* xii). Parvulus vero dicitur ob humilitatem, quia quovis humili humilior fuit **550** Christus. Erit autem nunc puer parvulus, veniet Judex maximus, tanquam potens crapulatus a vino, nemini parcens. Veniet autem ut separet simul modo habitantes, quia « tunc erunt duo in agro, unus assumetur, alter relinquetur, » etc. (*Luc.* xvii, 34.) Tunc veniet plenus dierum, cujus capilli similes albæ lanæ, « et pedes similes aurichalco (*Apoc.* ii, 18), » et tenebit ventilabrum in manu sua, et separabit grana a paleis, pisces grandes a minimis, oves ab hædis. In qua ventilatione statuat nos cum ovibus a dextris Jesus Christus, Dominus noster, Judex noster, cum veniret judicare vivos et mortuos, et sæculum per ignem.

LXIV.

IN FESTO SANCTI JACOBI APOSTOLI, SANCTI CHRISTOPHORI MARTYRIS, ET SANCTI GERMANI SENIS EPISCOPI PARISIENSIS SERMO SECUNDUS (53).

« Fili, sedisti ad mensam divitis, vide quæ tibi « apponuntur, et scito debere te præparare simi- « lia (54). »

In hac verborum superficie manifeste ostenditur quod pater ad filium loquitur. Sunt duo patres, scilicet carnalis et spiritualis. Sicut enim a carnali patre per carnalem generationem sunt filii contracti [*f.* procreati], sic per Spiritum sanctum baptismi regeneratione filii sunt innovati. Quis pater ergo hic loquitur? Carnalis, an spiritualis? Certe non sic alloquitur filium pater carnalis; imo diceret : Fili, si sederis ad mensam divitis, vide ut supponas pulvinaria cubito suo; adulare ei; ride cum ridebit; lauda eum cum malefecerit, ut tibi recompenset. Talis ergo pater hic non loquitur, sed pater spiritualis, quod ex sequentibus potuit perpendi. Sed habet pater iste (Christum loquor) duos filios, unum minorem, alterum majorem. Minor est activus; major est contemplativus. Minor est vagus, discurrens huc illuc; in partes est divisus; partim cogitat quæ Dei sunt; partim quæ sunt mundi. Nunc providet liberis, nunc fratri, nunc uxori. Ecce divisus est iste et vagus. Sed alius est stationarius; hic soli divinæ contemplationi est deditus; hic figit pedem; hic non movetur. Primus ergo turbatur et satagit; major pascitur et quiescit. Minor est Martha, quæ turbatur et satagit circa plurima. Major est Maria, quæ sedens ad pedes Domini, pascitur lectione divina ; et quiescit in contemplatione suprema. Ad **551** minorem dicitur : « Labores manuum tuarum quia manducabis, beatus es, et bene tibi erit (*Psal.* cxxvii, 2). » Sed major audet dicere: « Quis dabit mihi pennas sicut columbæ? Et volabo

---

(53) E ms. Andegav.
(54) Vulg. : *Quando sederis ut comedas cum prin-*   *cipe, diligenter attende quæ apposita sunt ante faciem*   *tuam (Prov.* xxiii, 1).

et requiescam (*Psal.* LIV, 7). » Item primus dicit :
« Tenuisti manum dexteram meam, et in voluntate
tua deduxisti me, et cum gloria suscepisti me (*Psal.*
LXXII, 24). » Sed major dicit :« Posuisti pedes meos
tanquam cervorum, et super excelsa statues me
(*Habac.* III, 19; *Psal.* XVII, 34). » Quamvis autem
uterque sit filius patris, contemplativus tamen filius
hic loquitur. Vobis ergo loquor, fratres; non enim
estis per particulas divisi, sed sola contemplatione
contenti. Dicit ergo : *Fili, sedisti ad mensam divitis,* etc. Revera vos sedetis ad mensam divitis,
quia in obedientia estis; (55) fratres, non immerito
prælati nostri abbates dicuntur a beato Benedicto,
quod interpretatur Patres ; unde clamamus : « Abba,
Pater (*Marc.* XIV, 36). » Patres utique nostri sunt;
provident enim nobis non solum in administratione
temporalium, sed quotidie generant nos per doctrinam spiritualium et per instructionem moralium.
Audito ergo nomine abbatis, statim nominis filii
recordari debetis, ut ejus filii sitis, id est vere obedientes. Recte ergo quia filii estis vobis pater loquitur. Sed quid per mensam hic significetur sancti
doctores nobis exponunt, quorum expositionem
mutare non possumus.

Mensa ergo ista est Eucharistia nobis in mensa
altaris proposita, id est corpus et sanguis Dominicus, qui in cruce pro nobis effusus est. Vos ergo ad
hanc mensam sedere debetis, id est parati esse debetis suscipere digne quod in mensa altaris vobis
proponitur, et debetis ei similia præparare, ut sicut
suum sanguinem pro vobis effudit, sic et vos pro
nomine ejus parati sitis [vestrum] effundere, etsi
tantummodo non sit locus Deo gratias effundendi,
tamen sitis corde et animo parati hanc habere.
Quam durus (56) est hic sermo ! revera durus. Quis
enim vestrum adeo perfectus, quod si venerit spiculator gladio evaginato super cervicem, et dicat,
non dico negandum [Deum] (quod inauditum est)
sed : Pecca criminaliter (quod certe idem est), vel :
Ingredere ad hanc mulierem; vel : Profer mendacium. Quis, inquam, est qui respondeat ei, et
dicat : Percute, spiculator ; « nunquam faciam
membrum Christi, membrum meretricis, quia qui
adhæret meretrici unum corpus efficitur cum ea
(*I Cor.* VI, 15); » nunquam polluam os meum proferendo mendacium. Quis, inquam, hoc dicat? Nullus; ergo nullus ei præparat similia. Nullus ergo
videtur sedere **552** ad mensam divitis, cum nullus
videatur esse paratus subire martyrium pro nomine
Christi. Quid ergo dicemus ad hæc? Nolite, fratres
timere. Prius enim Pater vester vobis fecit remedium. Cum enim ob multiplices causas sanguis et
aqua de ejus latere dicantur exiisse, hæc tamen una
fuit causa, ut qui non poterant pro nomine ejus pati,
et sanguinem fundere, saltem haberent aquam,
quam significavit aqua exiens cum sanguine de ejus

A latere, quæ possit martyrio æquivalere. Sed aquæ
tria sunt genera : aqua lacrymarum, aqua sudoris,
aqua fontis. Prima est contritionis; secunda, mortificationis vel laboris; tertia, refectionis. De prima
dicitur : « Lavabo per singulas noctes lectum meum,
lacrymis meis stratum meum rigabo (*Psal.* VI, 7).
Et alibi : « Fuerunt mihi lacrymæ meæ panes die
ac nocte (*Psal.* XLI, 4). » De secunda dicitur : « In
sudore vultus tui vesceris pane tuo (*Gen.* III, 19). »
De tertia dicitur : « Haurietis aquas in gaudio de
fontibus Salvatoris (*Isa.* XII, 3). » Aquam vero lacrymarum habere potestis, quæ, si venerit de contritione, valet martyrium, quod non potestis subire.
Hoc etiam possumus perpendere ex verbis quæ dicit
Dominus in Evangelio. Cum enim mater filiorum
Zebedæi Dominum rogaret, ut filiorum suorum
unus ad dexteram, alter ad sinistram sederet, dixit
ei Dominus : « Potestis bibere calicem, quem ego
bibiturus sum? Qui responderunt : Possumus; et
ait : Calicem quidem meum bibetis (*Matth.* XX, 21).»
Et de Jacobo quidem verum est, qui ab Herode interfectus est; Joannes vero in quiete vitam finivit.
Quid est ergo quod dictum est eis a Domino : Calicem quidem meum bibetis, nisi quod aqua lacrymarum et voluntas Joannis æquipollet, sive reputatur pro martyrio? Hinc etiam est quod, cum Dominus etiam unum iota in Ecclesia fieri non sinat
sine ratione, quod cum festivitas Jacobi et Christophori celebretur, non immerito et festivitas confessoris, scilicet beati Germani, celebretur, ut quasi
diceretur ei a Jacobo : Ne timeas, Germane, quamvis enim sanguis tuus non sit martyrio effusus,
tamen aliquam voluntatem habuisti, per quam
æquipolles martyrio, quod inde patet quod tuam
festivitatem cum nostra voluit celebrari. Ergo,
fratres, etsi quidem martyrium subire non potestis,
saltem aquam lacrymarum habere potestis, ut sic ad
mensam divitis sedeatis, et per aquam contritionis
ei similia præparetis; id est sicut aquam [e latere]
pro vobis effudit, sic et vos pro eo aquam lacrymarum habeatis. Sed tamen, fratres, **553** quamvis
locus iste sic exponatur, sine hujus expositionis
præjudicio, non derogantes sanctorum auctoritatibus, aliter præsumimus exponere, nec tamen mutabitur quin sit sermo patris ad filium. Sed quæ sequuntur aliter exponemus.

Quantum ergo ex sacris locis sacræ Scripturæ
possumus perpendere, mensa quinque modis accipitur. Est itaque prima mensa, pauperis; secunda,
orbis; tertia, dæmonis; quarta, divitis; quinta, patris. Item : prima est necessitatis; secunda, vanitatis; tertia, iniquitatis; quarta, veritatis; quinta,
consummationis. Videte eorum differentias. Primam ponit natura; secundam, avaritia; tertiam,
perfidia; quartam, gratia; quintam, vita. Item,
prima refocillat, secunda irritat, tertia suffocat,

---

(55) Nonnisi ut verus monachus hic loquitur Hildebertus, sicut et in seqq., at præcipue sub finem.

(56) Locus omnino intricatus, qui sic posset restitui : *Et si autem non sit locus illius effundendi,
sitis tamen corde et animo ad illum pro Deo fundon-
dum parati. Quam durus,* etc.

quarta satiat, quinta consummat. Item, ad primam **A** sedent pecudes; ad secundam, serpentes; ad tertiam, canes; ad quartam, volucres, ad quintam hæredes. De prima habes in Evangelio : Nonne « catelli edunt de micis quæ cadunt de mensa dominorum suorum ? » (*Marc.* vii, 28.) De secunda in Isaia (57) : « Mensa Babylonis, calix autem est in illa. » De tertia habes in Apostolo : « Non potestis participare mensæ dæmoniorum (*I Cor.* x, 21). » De quarta habes hic : *Fili, sedisti ad mensam divitis.* De quinta in Evangelio : « Cum sederitis ad mensam Patris (*Luc.* xxii, 39). »

Pauperes, quorum est mensa prima, genus est humanum, quia pauper et inops, quia sibi non sufficit, et alieno indiget auxilio. In illa tria fercula ponuntur ; panis, sal, et aqua, vel panis, pulmentum et potus. Nomine enim salis, pulmentum intelligimus, nomine aquæ potum. Quod autem nomine salis, pulmentum intelligatur, habes in Esdra, ubi legitur quod cum principes Israelitarum reædificarent muros civitatis Jerusalem, nuntiatum est a vicinis Artaxerxi regi Persarum et Medorum, quod ita filii Israel reædificarent muros, a quibus subjungitur : « Putas tu quod immemores simus salis quod comedimus in aula tua (58)? » Ecce quod nomine salis accipitur pulmentum. Quod per aquam potus, habes ubi Abraham Agar vas aquæ imposuit (*Gen.* xxi). Et Moyses : « Cum transiremus desertum, emimus aquam in auro et argento (*Deut.* ii, 6). » Hæc ergo tria ad refocillandum, quia naturalia sunt, **C** et bene hæc tria primæ mensæ congruunt; mensa enim a mensura dicitur. Dædalus enim adinventor mensæ et sellæ fuit. Mensam enim fecit tripodem ad mensuram. Vidit enim inter homines quosdam infirmos, quosdam sanos; et qui infirmi erant ; non poterant convivari **554** cum aliis, et propter hoc fecit mensam tripodem ad mensuram hominis unius, ut qui more aliorum non poterat convivari, sic refocillaretur. Sic prius extensa est in superfluitatem, quæ tantum facta fuit ad necessitatem, et pluribus quam tribus pedibus sustentatur. Et certe modo quibusdam non sufficiunt tria fercula prædicta ; modo enim rogatur pistor ut omnem industriam et attentionem ponat ad faciendum panem inauditum ; pisces maris, volatilia cœli non sufficiunt cum bestiis terræ. Vinum diversis speciebus **D** confusum, pristinum mutat colorem. Ubi talia ponuntur, potius est immensa, quam mensa ; superfluitatis, quam necessitatis ; gulæ, quam naturæ. Ad primam, ut dictum est, sederunt pecudes, homines scilicet in sensualitate pecudibus similes, secundum carnem sicut pecudes insatiabiles, non secundum spiritum, cujus cibus [*f.* non ita qui secundum spiritum ambulant, quibus cibus, etc.] est

divina contemplatio. Sed hanc mensam vos attenuatis ; minus enim accipitis quam ibi positum sit, ut pauperibus erogetur. In secunda, quæ est vanitatis et orbis, quinque apponuntur, quæ semper suadent vana, ad quam sedent serpentes. Illa enim Boetius enumerat in libro De consolatione. Ea enim sunt favor humanus, opes, dignitates, gloria, potentia. Sed hæc irritant, non satiant, sed potius famem provocant ; quod ex simili patebit. Sint enim quinque homines, et ponatur unus supra pinnaculum, et habeat in manu flabellum, et ut refocilletur auram trahat, quid de isto dices? Certe plus esurit quam prius. Talis ergo est deridendus. Item ponatur alter in arena, et ut famem restinguat, arenam masticet et evomat ; et iste potius famem irritat quam reficiat. Ponatur tertius in ardentem fornacem, et scintillas transglutire cupiat, et iste animo inardescit. Quartus lambat gemmas, putans humorem attrahere ; nec famem expellet : potius obest quam prosit. Lambat quintus singula membra, non ideo coarctatur [*f.* satiatur]. Per auram ergo humanum intelligit favorem ; per arenam, cupiditatem opum, per scintillas potestatum optionem [*f.* appetitionem], ad quam ardent qui deprimunt alios ; per gemmas, gloriam divitiarum ; per membra, voluptatem luxuriæ et vitiorum. Videte ergo si hæc satiant; imo [*supp.* si non] irritant. Ad hæc sedent serpentes, id est qui serpunt, qui captant ut ad gradum altiorem ascendant, divitiis abundent, et hujusmodi. In tertia apponuntur tria, quæ est dæmonis, et suffocat, ut seneciæ, siliquæ, **555** quisquiliæ. Sene est animal immundum; inde seneciæ, quilibet cibi immundi. Nec vos moveat illud quod in prologo in Ezechiel a quibusdam corrigitur dicentibus debere ibi esse sinantias, non senecias ; aliud enim sinantia, aliud senecia est. Sinantia namque est quædam pellicula in ore, quam solent semper Indi manducare. Senecia vero dictus est quilibet cibus immundus, ut idolotitum. Siliquæ vero est quoddam genus leguminum latos habens folliculos, sed intus vacuos. Quisquiliæ vero sunt purgamenta canabi et lini. Seneciæ ergo sunt cibi gentilium idolotita comedentium. Siliquæ, Judæorum cortici litteræ adhærentium, nihil spiritualis sensus habentium. Quisquiliæ, hæreticorum, qui veras sententias dimittunt, quæ sunt verum lumen animarum, et quisquilias, id est pravas sententias ad suum errorem eligunt. Seneciæ ergo sunt, siliquæ (59) sunt superficies litteræ [Judæorum]. Quisquiliæ hæreticorum errores. Ad hanc mensam sedent canes immundi, id est gentiles, Judæi, et hæretici, qui suffocantur, qui merito istorum tendunt in infernum. In quinta, quæ est mensa divitis tria apponuntur ; vitulus saginatus, bona terræ, medulla tritici. Vitulus saginatus est corpus et san-

(57) Non invenitur in Isaia, sed in Jeremia, cap. li, 7. *Calix aureus Babylonis in manu Domini, inebrians omnem terram.*

(58) Sic apud Septuaginta I Esdr. iv, 14. In Vulgata autem sic habetur : *Noe autem memores salis*

quod in palatio tuo comedimus.

(59) Hic esse videtur sensus aliquis hiatus, qui sic, attentis prædictis, suppleri posse videtur : *Seneciæ sunt deliramenta idola colentium. Siliquæ, etc.*

guis Dominicus. Hic est ille vitulus saginatus, quem A mino (*Psal.* xxvi, 4), » non plus. Vos ergo qui no-
interfecit pater pro filio redeunte de longinqua re-
gione. Bona terræ sunt lectio. Unde Moyses : « Vetustissima veterum comedetis, et novis supervenientibus vetera projicietis (*Levit.* xxvi, 10). » Vetustissima veterum, naturalia et moralia sunt præcepta,
quæ servando manducamus. Vetera, id est legalia
projicietis venientibus novis, id est gratia Evangelii.
Ecce bona terræ. Medulla tritici est illa purgatis-
sima farina, quæ in sacrificiis ponebatur. Hæc autem est oratio. Hæc autem tria apponit Dominus
nobis contra alia tria ; contra carnem, contra mundum, contra diabolum.

Contra carnis incentiva dat Dominus vitulum saginatum, id est corpus et sanguinem Domini. Debemus igitur esse parati suscipere divinum corpus in B
quolibet [tempore]. Si sacerdotes estis, ita carnem
vestram domare debetis, ut nihil impediat quin
semper et in omni tempore possitis digne suscipere.
Similiter et aliis inferioris ordinis. Aliter non sedebitis ad mensam divitis. Deinde apponit lectionem
contra mundum. Sæpe enim dicit nobis mundus :
Vah! tota die es in claustro, ubi aer est inclusus :
bonum esset tibi ut foras exires, et ires ad aliquam
obedientiam, ubi haberes aerem secretum [*f.* sere-
num], **556** et hujusmodi. Responde, frater : Vade
retro, Satanas, non exeam, melius est enim in claustro legere, quam foras exire. Contra dæmonem
appone rationem. Multoties enim aggreditur diabolus tentare nos, cum non potest nos extrahere ab
oratione, et præcipue prælatum, et alios qui habent C
curam fratrum. Cum enim videt eos diabolus orare,
suggillat eos : Quid facis hic, et quare oras ? Quid
manducabunt hodie, fratres ? Surge, vade, tu præ-
late, et tu cancellare [cellerarie] ; tibi commissum
est, compara quod manducent. Non. Vade retro,
Satana. Est tempus orandi, est tempus admini-
strandi. Similiter aggreditur simplicem claustralem.
Cum enim videt eum prolixe orantem, suggerit ei :
Quid valet hæc ruminatio psalmorum ; tota die
psalmos ruminas. Brevis oratio penetrat cœlos.
Nonne debes orare sicut Dominus docuit in illa oratione brevi et compendiosa. Non exibo certe (dices),
quia tu mihi semper insidiaris, et me tentas ; et
ideo quia non desistis a tentatione, non cessabo ab D
oratione. Ad hanc mensam divitis sedent volucres,
id est sancti homines sperantes se volare ab hac
quarta ad quintam. Dives iste Christus, qui simul
in unum dives et pauper. Dives, quia Deus ; pauper,
quia homo. Vos estis qui ad hanc mensam sedetis,
qui primam [*f.* primam mensam per jejunia vestra]
attenuatis, carnem propriam domatis, mundo abre-
nuntiatis, cum diabolo pugnatis. In ultima, quæ est
Patris, ad quam sedent hæredes, unum tantum apponitur, non plus, visio Dei. Unde et Marthæ dictum est : « Porro unum est necessarium (*Luc.*
x, 42), » non plus ; et David : « Unam petii a Do-

biscum ad primam mensam communiter estis, et
præcipue ad quartam sedetis exspectantes sedere
ut hæredes ad quintam, orate ut meritis beati Germani, cujus translationem hodie celebramus, mereamini sedere ut hæredes ad mensam Patris, cujus
est regnum et imperium in sæcula sæculorum.

LXV.

IN FESTO NATIVITATIS SANCTI JOANNIS BAPTISTÆ SERMO
UNICUS (60).

« Ubi venit plenitudo temporis, misit Deus Fi-
« lium suum natum ex muliere, factum sub lege,
« ut eos qui sub lege erant redimeret [*Vulg.* fa-
« ctum]. »

Fratres charissimi, magna dispensatione voluit Dominus humanum genus redimere, **557**
et quodam mirabili exemplo humilitatis Filium
suum ad nostram liberationem mittere providit.
Diligenti consilio idonea missio fuit, postquam
homines essent convicti [quod] nihil salutis
ex se possent habere, neque per naturalem legem,
neque per legem scriptam. Permisit enim duo tempora transire, scilicet ante legem, et sub lege. Et
in tempore gratiæ ante scriptam legem lex naturalis, et ducatus rationis, quo nequaquam potuit genus humanum salvari, quia pro fragilitate hominum
cœpit excæcari, et ad idololatriam converti. Lex
vero scripta postea data, ipsa potius cœpit nocere,
quam juvare. Nam prohibendo peccata : « Non occides ; non mœchaberis (*Exod.* xx, 13) » [etc.],
magis animos hominum ad ea peccata inflammabat.
Ubi vero venit plenitudo temporis, seu adimpletio
temporis, quod Deus providerat, misit Filium suum,
ut quod neutra lex facere poterat, gratia Christi suppleret, id est humanum genus liberaret ; et cum
multis temporibus exspectatus et prænuntiatus esset, tandem venturus, præmissus est Joannes præcursor tanti imperatoris adventum nuntiaturus.
Audite ordinem, audite dispositionem.

Filius Dei veniebat contra diabolum et mundum
sibi pugnaturus [*f.* in se pugnaturum]. Præmisit
fortem militem, qui mundum invaderet, et denun-
tiando adventum ejus, regis inimicos deterreret, et
quoscunque posset Domino [*f.* dominio] alliceret suo
fortis princeps, fortis miles, et per fortem militem uterque prænuntiatus est. Angelus enim Gabriel, qui *fortitudo Dei* interpretatur, adventum utriusque prænuntiavit (*Luc.* 1). Fortes erant, et fortia facere veniebant,
et fortitudinem Dei, id est Gabrielem nuntium habebant. Natus est miles, et multi in nativitate ejus
gavisi sunt. Sed o quantum gaudium futurum erat
in nativitate imperatoris, cum tantum præmittebatur in nativitate præcursoris! Audivistis gaudium
nascentis, audite gaudium præcurrentis.

Venit Joannes in desertum Judææ, prædicans,
et dicens : « Pœnitentiam agite, appropinquavit
enim regnum cœlorum (*Matth.* iii, 2). » Ideo in de-

sertum venire dicitur, quia deserti erant a Deo quos hortatur. Dum pœnitentiam agere præcipit, non deterret eos, sed Domino suo allicit; allicit [autem] modum reconciliationis promittendo, cum dicit : « Appropinquabit enim regnum cœlorum; » ac si diceret : Appropinquabit enim regnum vitæ. Ita quosdam alliciebat. Audite quomodo inimicos deterrebat. Videns Pharisæos, dixit eis : « Progenies viperarum, quis demonstravit vobis fugere a ventura ira? » (ibid., 7.) Ecce quomodo Domino suo viam præparabat, alios deterrendo, alios attrahendo. De hoc dictum **558** est per prophetam : « Vox clamantis in deserto : Parate viam Domini, rectas facite semitas Dei nostri (Isa. XL, 2). » Via est lata, semita stricta. Via significat latiora præcepta scientiæ, ubi consilio vel conjugio, et mundanis rebus licite utentur sæculares; semita designat strictiorem viam, ut est monachorum et eremitarum; utramque jubet parari Domino, et viam et semitam, quia et per activam et per contemplativam itur ad Dominum. Jam hortatur prædicatione homines, et prædicationem suam decorabat operibus bonis et vita. Ecce qualia opera habebat : « Vestimentum de pilis camelorum, et zonam pelliceam circa lumbos suos (Matth. III, 4). » Zona pellicea erat de pelle animalis mortui. « Esca autem erant ei locustæ et mel silvestre (ibid.); » asperis vestibus induebatur, qui asperis carnem domabat, et asperis correctionibus impios refragabat [seu refutabat]. Lumbos cingebat, quia luxuriam, quæ in lumbis morabatur, castitatis continentia confringebat. Locustæ sunt muta animalia per agros silentia, quorum alacer volatus, et cito deciduus. Mel comedebat, quia prædicatio auditoribus sapuit dulciter; locustas edebat, quia dum prædicabat, Christus putabatur esse. Quærebant enim : «Esne tu Christus? » (Joan. I, 20.) Ecce volando exaltabatur sicut locusta; sed respondens : « Non sum ego Christus (ibid.), » ab illa exaltatione cito decidebat sicut locusta, quæ volando cito decidit. Itaque in tanto prædicatore exemplum vitæ nostræ possumus reperire. Cum asperis induitur, ad domandam carnem laboribus informat. Cum lumbos zona cingit, ad castitatem invitat. Cum se Christum non recognoscit, et inferiorem se prædicat, dicens : « Non sum dignus solvere corrigiam calceamenti ejus (Marc. I, 7), » humiliare nos insinuat. Cum aliis prædicando laborat, ad salutem fratrum acquirendam nos invitat. Cum fugit in desertum, hinc nos exuere mundum invitat. Et quis est perfectior Joanne, testante Domino, qui ait : « Inter natos mulierum non surrexit major Joanne Baptista (Matth. II, 11). » Christus enim natus mulieris non est, sed virginis. Et ideo non asseritur Christus minor vel par fuisse, sed major. Unde dicitur in Evangelio : « Qui autem minor est in regno cœlorum, major est illo (ibid.). » Christus enim fuit in præsenti Ecclesia, quæ est regnum cœlorum, quia in eo regnat Deus per humilitatem, quia ipse venerat, non ministrari, sed ministrare. Major vero fuit Joanne potentia, et virtutis Dei dignitate. Gaudeamus igitur in nativitate tanti præcursoris, ut dictum est : « Et multi in nativitate ejus gaudebunt (Luc. I, 14), » ut Joannes, qui *gratia Dei* interpretatur, gratiam Dei suis meritis nobis conferat, morbos repellat, tempestates dimoveat, et fructuum copiam **559** tribuat, auxiliante Domino Jesu Christo, qui cum Patre et Spiritu sancto vivit et regnat.

LXVI.

IN FESTO SS. PETRI ET PAULI SERMO PRIMUS (61).

« Vidi et ecce candelabrum totum aureum, et
« duæ olivæ erant super illud; una a dextris et
« altera a sinistris; et dixit mihi angelus qui lo-
« quebatur ad me : Scis quid sunt hæc? Et dixi :
« Nescio. Et ait : Hi sunt duo filii olei, assistentes
« Dominatori universæ terræ (Zach. IV, 1 et seqq.). »

Zacharias propheta hanc visionem vidit, cujus partem exposuit angelus. Dominum vidit. Magnus ergo fuit qui vidit, major qui ostendit, maximus quem vidit. Scilicet Christus homo : quod ergo angelus exposuit, ne exponas. In parabolis enim quas Dominus exposuit, in jussionibus angelus explanavit. Nullus sanctorum Patrum aliter ausus est exponere, neque addere, immutare, vel minuere. Quod autem relinquitur intactum, prælatis est ad exponendum reservatum. Dixit ergo angelus : *Candelabrum totum aureum* est Dominator universæ terræ. *Duæ olivæ* sunt duo viri, vel *filii olei, assistentes ei*, Petrus scilicet et Paulus. Dominator siquidem universæ terræ Christus est. Postquam enim surrexit, discipulis apparens, ait : « Nolite timere, ego vici mundum. Tradita est mihi omnis potestas in cœlo et in terra (Joan. XVI, 33). » Quod merito candelabrum dicitur. Candelabrum enim duo in se habet : materiam et formam, aurum scilicet et figuram sibi impressam. Sic et Christus in duabus naturis. Per aurum divinitas significatur; per formam, humana natura designatur, sub qua

---

(61) E ms. Andegav. — Hic sermo ex illis videtur esse, in quibus materia potius sermonis continetur, quam ipse sermo, prout ab auctore prolatus est; licet enim forte Hildebertus ipse non aliter illum scripserit, fieri potuit, ut cum, sive natura, sive arte, disertissimus esset, paratam prius a se concionis materiam, ex tempore exactius enarrandam reservaret. Cæterum ad Benedictinos monachos ab ipsomet monacho Benedictino habitum, ex sermonis ipsius fine, nemo est qui non concludat, idque, ut probabile videtur, Cluniaci, cujus celeberrimum monasterium et stupenda arte Basilica, sub invocatione et patrocinio sanctorum apostolorum Petri et Pauli, ab initio dicata fuerant. Inde Cluniacenses quos alloquitur, gloriari asserit, a quibus nimirum sacri sui ordinis *Seminarium*, et ortum asserit accepisse, sicut et progressum, qui tantus ab exordio ipso fuit, ut sub quinque primis abbatibus, per universas pene Europæ provincias, hic arbor vitæ suos palmites extenderit, sub quibus innumeri prope monachi primævam Benedictinæ Regulæ observantiam aut hauserunt, aut collapsam reparaverunt.

latuit divinitas. Calceata enim venit ad nos divini- A
tas, et habitu inventus ut homo. Hoc candelabrum
totum aureum est. Aurum tria significat divinitatem, sapientiam, et charitatem. Si per aurum
divinitas intelligatur, totum aureum est. Plenitudo enim divinitatis in eo habitavit corporaliter
(*Coloss.* ii). Si etiam per aurum sapientiam intelligas, totum aureum est. Ipse siquidem plenus est
sapientia, super quem scilicet requievit Spiritus
sapientiæ **560** et intellectus. Ipse nimirum est sapientia Patris. Demum, si per aurum sapientiam
significes, et sic totus aureus est, quia plenus fuit
charitate. Sola enim charitate, de secreto deitatis,
de sinu Patris egressus, in mundum venit, et humanum genus redemit. Huic Dominatori dixit angelus, duos filios olei assistere, cujus rei quia causam non docuit angelus, moveri possumus cur hos
ei dixit assistere, et silentio præteriit decies centena millia ei assistentia. Hoc est discutiendum et
prius, quia et ab angelo hoc fuit intactum. Filii
olei, vel viri misericordiæ dicti sunt Petrus et Paulus, ad notandum plenitudinem, id est plenitudinem
misericordiæ sicut solemus dicere : alabastrum unguenti, lagenas vini, cadum olei. Ad quod intelligendum, sciendum est quod in generalitate hoc
nomen oleum designat unitatem gratiarum, ut ibi :
« Unxit te Deus, Deus tuus oleo lætitiæ præ consortibus tuis (*Psal.* xliv, 8). » — « Inveni, dicit Pater, David servum meum (*Psal.* lxxxviii, 23), » id
est Christum, usque ad mortem obedientem, *oleo*, C
id est Spiritu sancto subdit, *meo*, id est a me procedente, *unxi eum;* super ipsum namque requievit
Spiritus sanctus. Plenitudinem quippe donorum in
se habuit. In specialitate vero hoc nomen *oleum*,
quantum ex sacris Scripturis colligi potest, sex
designat gratias; duas secundum sui naturam, et
quatuor secundum efficientiam et usum. Naturaliter
oleum levitatem habet et pinguedinem. Per levitatem, misericordiam intelligimus; per pinguedinem, charitas significatur. Quod autem per oleum
misericordia intelligatur, habetur in illa parabola
stabularii, qui vulnerato vinum et oleum apposuit
(*Luc.* x). Stabularius, id est Christus, humanum genus vulneratum sanavit [*supp.* oleo], id est misericordia, et vino, id est veritate. Veritas enim de terra
orta est, id est Christus de virgine Maria, et misericordia, et veritas obviaverunt sibi. Quod vero per
pinguedinem charitas significetur, habetur ibi :
« Inveni David servum meum, oleo sancto meo unxi
eum (*Psal.* lxxxviii, 21), » Et præcipitur : « Omnis
adeps Domini erit (*Levit.* iii, 18). »

Tria sunt genera adipis. Est adeps intestinorum,
jecoris et renum; secundum duplicem charitatem, est
charitas ad Deum, est charitas ad nos ipsos, est
561 charitas ad proximum. Omnis ergo adeps Domini tantum est, quia nulla eleemosyna, nulla operatio fructuosa est sine charitate. Videndum est
quare dicantur hi viri pleni misericordiæ. Annon ideo

hoc dictum est quia misericorditer actum est cum
eis? Hoc quidem verum est. Apostolus enim ait :
« Blasphemus fui et persecutor, nunc autem misericordiam consecutus sum (*I Tim.* i, 13). » Similiter
et cum Petro misericorditer actum est, qui licet fidem negaverit, tamen veniam meruit. Maxime tamen misericordiæ viri sunt, quia misericorditer
egerunt nobiscum, instruendo, prædicando, ad fidem nos trahendo. Inquiramus ergo si pleni fuerint
charitate. Producamus Apostolum; ætatem habet,
pro se loquatur. Ipse de se dicit, quia « neque mors,
neque vita separabunt me a charitate Christi (*Rom.*
viii, 35). » Sed quia sæpe particularia proferebat, quæ
minus utilia, sicut : « Domine, si oportuerit me mori
tecum, non te negabo (*Matth.* xxvi, 35); » audiamus Christum ei testimonium perhibentem : « Simon, diligis me plus his? » (*Joan.* xxi, 15.) Secundum effectum quatuor genera [*f.* officia] designantur
in oleo. Oleum enim valet nautis, cum in abysso aliquid perscrutari volunt; valet et ad cibos condiendos; utile est ad lucernam, et ad medicinam. Primum est in aquis, secundum in lagena, tertium in
lucerna, quartum in medicina. Primum effunditur,
secundum reservatur, tertium accenditur, quartum
conficitur. Primum exilit, secundum reficit, tertium illuminat, quartum medelam præstat. Primum est confessionis, secundum prædicationis,
tertium virtutis, quartum intercessionis. De oleo
confessionis dicit : Salomon : « Non deficiat oleum
de capite tuo (*Eccle.* ix, 8), » id est non absit confessio cordi tuo. Si bonus es, confitere laudes; si malus
es, confitere peccata. Et hoc oleum contrarium est
oleo adulationis, de quo dicitur : « Oleum peccatoris
non impinguet caput meum (*Psal.* cxl, 5). » De
oleo prædicationis dicitur in Canticis : « Oleum effusum nomen tuum (*Cant.* i, 2). » — « In omnem terram exivit sonus eorum (*Psal.* xviii, 15), » De oleo
virtutis, id est operationis miraculorum, legitur in
Veteri Testamento : « Oleo enim ungebantur manus
sacerdotis in dextro pollice, simul cum sanguine
arietis consecrationis (*Levit.* xviii, 14). » In manibus autem intelliguntur operationes miraculorum.
De oleo intercessionis dicitur in Evangelio : « Date
nobis de oleo vestro, quia lampades nostræ exstin-
guntur (*Matth.* xxv, 8), » id est intercedite pro nobis.
Videamus si Petrus et Paulus habuerint oleum confessionis. Audiamus itaque Apostolum confitentem
quando Dominus apparuit ei in via, et dicentem :
« Domine, quid me vis facere? » (*Act.* ix, 6.) Ecce qui
prius notaverat Christum blasphemiis, et qui persecutus fuerat ipsum, jam vocat ipsum, **562** Dominum; promittit se non amodo secundum propriam
voluntatem vivere, dicens : «Domine, quid me vis facere? » Audi et Petrum confitentem et dicentem :
« Ecce nos reliquimus omnia, et secuti sumus te
(*Matth.* xxix, 27). » Non est cursim prætereun-
dum de confessione Petri et Pauli et Ecclesiæ. Si
Petrus fervore dilectionis minus circonspectæ, soli-

tus fuit dicere : « Ecce nos reliquimus omnia; » quæ sunt hæc omnia quæ dicit se reliquisse? Legitur quod « charitas omnia credit (*I Cor.* xiii, 7). » Sine his quæ creduntur non potest esse salus; hæc non reliquit. Legitur et de aliis : « In omnibus exhibeamus nosmetipsos sicut Dei ministros (*II Cor.* vi, 4). » Nunquid illa reliquit? Sunt et omnia de quibus dicitur : « Primum quærite regnum Dei et justitiam ejus, et hæc omnia adjicientur vobis (*Matth.* vi, 35). » Sed sine his non potest vita humana subsistere. Sed ecce jam inveniemus quæ omnia reliquit. Illa scilicet de quibus dicitur in Ecclesiaste : « Vanitas vanitatum, et omnia vanitas (*Eccle.* i, 2). » Hæc omnia reliquerat, scilicet amorem mundi, concupiscentias sæculi. Item, cum Petrus solus loqueretur, quare dixit : « Ecce nos reliquimus omnia (*Matth.* xxix, 27). » Quoniam duo sunt in homine: caro et anima. Aliquando caro [dicit] : Omnia relinquo, sed non anima. At e Gregorio : « Non est sufficiens hæc relictio. » Dicit ergo : « Reliquimus omnia, homo interior et exterior, quasi unus eorum loqueretur. Ego exterior simul cum interiore omnia reliquimus. » Quod vero oleo prædicationis pleni fuerint manifestum est. Nonne Paulus dicit : « Transivi a Jerusalem in Illyricum mare, prædicando : Et vere plus omnibus laboravi (*I Cor.* xv, 10). » De Petro legitur in Actibus apostolorum quod ad prædicationem ejus una die « ceciderunt [crediderunt] tria millia, et in alia die quinque millia (*Act.* ii, 42). »

De oleo virtutis, id est operationis miraculorum quibus eminuerunt, quid attinet dicere? Nonne legitur quod ad umbram Petri sanabantur infirmi? (*Act.* v.) Non legitur hoc de Christo. Salva reverentia Christi majora fecit Petrus quam Christus. In Petro adimpletum est quod Christus dixit : « Et hoc quod facio facietis, et majora horum facietis (*Joan.* xiv). » De Paulo, ut reliqua quibus fulgebat nunc omittamus, ex Scripturis certum habemus, quod quoscunque excommunicabat, diabolus illico eos vexabat. Quod autem gratia intercessionis specialiter attribuebatur eis, mirum est in oculis nostris; cum et mediator Dei et hominum sit noster ibi advocatus, et gloriosa Virgo, nec non et beatus Joannes, quo major non surrexit, ut scriptum est, inter natos mulierum, pro nobis intercedant. Tamen Petrus et Paulus tenerius pro nobis et arctius supplicant, quia et ipsi gravissime peccaverunt. Nonne Paulus fuit blasphemus, **563** et persecutor Ecclesiæ manifestus? Petrus quoque factus est coram Domino [noster intercessor], sed fidem suam negavit. Nullus ergo gravius peccavit. Quanto fortius experti sunt nostros excessus, tanto exactius implorant Dominum pro nobis. Sicut legitur Dido Æneæ inter cætera dixisse :

Non ignara mali, miseris succurrere disco
(Virg., *Æneid.*)

Inde est quod specialiter dicuntur hic ei assistere, licet multa millia angelorum et spirituum sancto-

rum assistent ei. Christus enim tanquam imperator, unum habet judicem, scilicet Petrum, et alterum doctorem, scilicet Paulum. Petro quidem traditæ sunt claves regni cœlorum. Petrus aperit eos, et claudit eos. Sententiam Petri sequitur sententia Christi. Dictum est enim ei : « Quodcunque ligaveris super terram, erit ligatum et in cœlis (*Matth.* xvi, 19). » Non est dictum : Quodcunque ligaverit Christus, sed : [Quodcunque] ligaverit Petrus. Hos igitur habet assessores, hos habemus fidelissimos intercessores. Sed, si pro omnibus preces Domino fundunt, tamen pro claustralibus, pro viris religiosis, pro vobis ad quos loquor propensius intercedunt. Vos quidem de Benedicto et aliis gloriamini, a quibus ordinis vestri suscepistis religionem. Sed de his maxime potestis et debetis gloriari et confidere, a quibus accepistis ordinis vestri seminarium et ordinem. Tria enim sunt in ordine vestro, ortus, progressus, et finis. Ortus, est mundi contemptus; progressus, obedientia; finis, ad Dominum præsenti usque in finem. A Paulo habetis progressum, ubi dicitur : « Domine, quid me vis facere? » (*Act.* ix, 6.) A Petro habetis ortum, ubi dicitur : « Ecce nos reliquimus omnia; » finem, ubi dicitur : « Et secuti sumus te (*Matth.* xix, 27); » scilicet, usque in finem perseverantiam habuimus. Quod ipse præstare dignetur, qui vivit et regnat per omnia sæcula sæculorum. Amen.

LXVII.

« Fac tibi duas tubas ductiles argenteas ad convocandum populum (*Num.* x, 2). »

Magna est, domini mei et fratres, diei hujus solemnitas; magna est hodierna celebritas, in qua Petri et Pauli passionem recolit Ecclesia. Post Domini nostri solemnitatem et beatæ Virginis jure præfertur aliis hæc solemnitas quam nobis facit Petri apostolorum principis in cruce extensio, et Pauli, qui vas electionis est, decollatio. **564** Alii claves regni cœlorum leguntur commissæ, qui propter fidei constantiam a Domino audire meruit: « Tu es Petrus, et super hanc petram ædificabo Ecclesiam meam (*Matth.* xvi, 18). » Et iterum : « Petre, amas me? pasce oves meas (*Joan.* xxi, 17). » Alteri post gloriosam Domini ascensionem, revelata est gloria Domini, quæ ipsum sic totum illustravit, quod eum strenuum domus Domini speculatorem ordinavit. Hic idem ait : « Novissime autem tanquam abortivo visus est et mihi Dominus (*I Cor.* xv, 8). » Petro commissum est Evangelium circumcisionis; Paulo præputium. Petrus factus est prædicator Judæorum; Paulus errantis gentilitatis pius ad vitam exstitit revocator. Hi sunt fidei nostræ fundamentum, sanctæ Ecclesiæ sustentamentum. Horum eruditionibus in structura firma consistit Ecclesia. Horum sonus tanquam tubæ clangor exivit in omnem terram; horum doctrina fulget Ecclesia ut sole luna. Fides crevit Petro doctore. Judæa etiam in parte Christum cognovit ; Paulo docente, gentilitas a squalore infidelitatis in lucem veritatis prodiit. Unde idem ait : « Qui operatus est Petro in apostolatum, operatus est et mihi inter gentes (*Galat.* n, 8). » Bene istis convenit, quod in libro Numeri Moysi dictum est : *Fac tibi duas tubas argenteas ductiles ad convocandum populum.* Considerandum ergo a quo tubæ istæ factæ sunt, et quomodo, et ad quem usum. Ad populum Dei scilicet convocandum. Tubæ istæ significant sanctos prædicatores, eos siquidem quorum est hodierna festivitas, et hi non meritis propriis ad prædicationem sunt electi, sed virtute ex alto induti, a Moyse, id est a Domino Jesu prædicatores sunt constituti. Unde bene dicitur : *Fac tibi duas tubas.* Has tubas Moyses, id est Christus, facit, et sibi, id est ad suum honorem, ut eis longe lateque clangentibus hæredes habeat, quibus æternæ jucunditatis largiatur benedictionem. Et cum in multis Moyses Dominum designet, spiritualiter ipsius nominis interpretatione, ipsum potest designare; interpretatur enim Moyses *ab aqua sumptus.* Et noster Moyses, id est Christus, ab aqua sumitur, dum a sacræ Scripturæ intelligentia ad ipsum cognoscendum homo sublimatur. Nec incongrue Scripturam aquæ comparamus, quæ tanquam aqua lavat, reficit et refrigerat nos. Lavat dum ea quibus animi sordes absterguntur, jugiter nobis insinuat; nos etiam lavat, dum ne quid in nobis intersum remaneat, clamat : « Pœnitentiam agite, appropinquat enim regnum cœlorum (*Matth.* III, 2). » Et iterum : « Sicut aqua exstinguit ignem, ita eleemosyna exstinguit peccatum (*Eccle.* III, 33).» Nos reficit, dum quod præmii in cœlestibus exspectamus, nos oblivisci non sinit. Nos sustentat in via, dum **565** mentibus nostris imprimit quibus donariis donandi simus in patria, ut est illud : « Fulgebunt justi, et tanquam scintillæ in arundineto discurrent (*Sap.* III, 7). » Nos refrigerat, dum exemplis sanctorum nos in nobis exstinguere monet vitiorum incitamenta.

Moyses ab aquis assumptus, a filia Pháraonis est nutritus. Sic Jesus Christus, dum a fideli anima suscipitur, ipsam nutrit, et in ea nutritur. Hæc prius infidelitati subjecta, tali suscepto habitatore, exsultat ad fidem intrans, infidelitate abjecta. In hac Deus crescit, dum de die in diem magis ac magis in ejus amorem in omnis anima inardescit. Qui enim immensus, et ubique totus non in se potest crescere, sed in nobis major potest esse. Ad clangorem tubarum ceciderunt muri Jericho. Jericho enim interpretatur *luna,* et significat hunc mundum, qui semper est in defectu, nunquam in eodem statu permanet. « Præterit enim figura hujus mundi (*I Cor.* VII, 51). » In aliis oritur, et in aliis moritur. Septem muri Je-

A richo septem sunt principalia vitia, quæ clangentibus tubis, id est prædicatoribus sanctis, in pluribus sunt exstincta. Hi muri septimo clangore penitus concident. In mundi enim fine, sive in extremo examine, sic tollentur vitia, quod de cætero nullum movebunt. De his tubis etiam legitur, quod Gedeon Madianitas expugnaturus, tubas accepit, cum tubis lagunculas, in lagunculis laternas. Mirabilis hic modus pugnandi cum hostibus. Pugna indicitur, et neglectis armis bellicis, tubæ, lagunculæ et lampades accipiuntur. Mirabilis hæc pugna, mirabilior quæ hanc pugnam sequitur victoria. Nulla coruscant arma, et hostes fugantur, sine armis armati subjugantur inermibus, Gedeon contra Madianitas contrivit. Gedeon interpretatur *circuiens munitio,* et significat Christum, qui in utero virginali consistens, cœlum et terram circuivit. Sic in Virgine fuit, quod in cœlo non defuit. Madianita interpretatur *circuiens munitio,* et significat Christum, qui in utero virginali consistens, in desperationem decidunt, et dum de salute diffidunt, a malo in pejus (63). Tales Gedeon, id est Deus, insequitur et **566** vincit tubarum clangore, lagenarum confractione, et lampadarum expositione. Sancti enim prædicatores, dum lagenas confringunt, id est dum corpora cruciatibus exponunt, exerunt lampades, quibus resistentes vincunt. Gloriosa enim mirabilia quæ in eorum sequuntur passione, multos converti faciunt, ad fidem vocant, et, ut in fide firmi sint, corroborant. Istæ sunt tubæ ductiles argenteæ, quæ per crebras mundi tunsiones, per multas passionum amaritudines, quo plus tunduntur, eo magis in Dei dilectionem extenduntur. Hæ tubæ argenteæ sunt; doctores enim in divinis eloquiis debent esse instructi, ne ad docendum quod fieri volunt inveniantur indocti. Unde illud : « Eloquia Domini, eloquia casta, argentum igne examinatum (*Psal.* II, 7). » Tales tubæ ductiles et argenteæ ad hunc usum sunt ut convocent populum Dei. Sancti enim prædicatores ad hoc studere debent, ut ad fidei unitatem convocent dispersos. Et notandum quod in lege veteri, tubæ illæ, quæ spiritualium tubarum figuræ erant, ad hæc quatuor constitutæ sunt; ut populum ad bellum, ad progrediendum, ad epulum, et ad festum convocarent. Similiter et nostræ tubæ ad bellum nos vocant, dum monent (64) ut in virtutibus progrediamur; ad epulum nos vocant, dum qua religione, qua mentis puritate ad mensam Domini sit accedendum, verbo docent, monstrant exemplo. Ad festum nos vocant, dum qualiter festivitatibus temporalibus interesse debemus, docent, quibus ita devote interesse debemus, ut festivitatibus angelorum adesse mereamur. Quod nobis præstare dignetur qui vivit et regnat Deus per omnia sæcula sæculorum. Amen.

---

(63) Locus aperto ab amanuensi vitiatus, qui sic restitui posset : *Madian interpretatur* judicium, *seu litigans. Significat autem criminum reos, qui dum de extremo judicio et salute sua diffidunt, a malo in pejus ruentes in desperationem decidunt.*

(64) Hic aliquid deesse videtur, quod sic suppleri potest : *Ad bellum nos vocant, cum ad pugnam contra tentationes nos accendunt. Ad progrediendum, dum monent ut in virtutibus progrediamur. Ad epulum,* etc.

LXVIII.

IN FESTO S. PETRI APOSTOLI SERMO TERTIUS (65).

« Nunc scio vere quia misit Dominus angelum « suum, et eripuit me de manu Herodis, et de omni « exspectatione plebis Judæorum (*Act.* xii, 11). »

Legitur in annalibus (66) quod Caius Cæsar **567** Herodem Tetrarcham, qui Joannem decollavit, cum uxore Herodiade relegavit in exsilium Lugduni; Herodem vero Agrippam fratrem Herodiadis non solum tetrarchia Galilææ donavit, imo et regem Hierosolymorum instituit. Hic volens sibi conciliare animos Judæorum Jacobum Zebedæi occidit: Petrum in diebus azymorum misit in carcerem, ut post Pascha ad populi arbitrium vitam ejus suppliciis terminaret. Petrus vero solutus per angelum in actionem gratiarum prorupit, dicens: *Nunc scio vere*, etc. Historia hæc sæpe repetitur in Ecclesia, quia dupliciter nos ædificat. Primo ex superficie litteræ nos instruit; secundo spirituali intelligentia tanquam medulla tritici nos pascit. Item secundum litteram dupliciter nos informat: primo, ut omnem spem in Domino ponentes bona nostra sibi attribuamus; secundo, ut juxta Sapientem in principio sermonis unusquisque sit accusator sui. Petrus, quia speravit in Domino, liberatus est, nec tamen elatus est, sed Deum prosecutus est gratiarum actione. In hunc modum et nos cum tribulamur, ad ipsum clamemus, et exaudiet nos, et in tribulatione nostra liberabit nos. « Filii Israel cum tribularentur, de necessitatibus suis clamaverunt ad Dominum, et sanavit eos (*Psal.* cvi, 15). » Clamavit Jonas de ventre ceti, et evomitus est (*Jon.* ii). Clamavit Daniel, et clausa sunt ora leonum (*Dan.* xiv). Clamaverunt pueri, et sublatus est ignis de fornace. Clamavit Petrus de carcere, et ceciderunt catenæ de manibus ejus (*Act.* xii). Sed quomodo in hac gratiarum actione Petrus accusavit se non elucet, nisi forte tacite se accusaverit in principio sermonis sui, cum dixit: *Nunc scio vere*, quasi aliquid inculcando. Singula pondus habent ac si diceret: Dum mihi videbar sciolus, deprehensus sum in insipientia mea; quædam quasi vera asserui, et inventus sum mendax; sed nunc scio vere quæ dico, hic non inveniet quid in me reprehendat Dominus et Magister meus; sed unde hoc mihi quod clavicularium cœli, judicem mundi, vicarium Christi, principem cœtus apostolici, insipientem et mendacem audeam profiteri. Secure hoc audeo ego, nam hæc de eo scripta sunt. Ne quis pro immanitate peccati desperet; temerarie locutus est iste Petrus, scilicet, cum ait: « Exi a me, Domine, quia homo peccator sum ego (*Luc.* v, 8), » non differt a voce phrenetici qui ait: Exi a me, medice,

quia homo infirmus sum. Insipienter locutus est, cum ait: « Bonum est nos hic esse, etc. » (*Luc.* ix, 33.) Unde Evangelista: Siquidem nesciebat quid diceret (*Luc.* xii). A pusillanimitate locutus est cum ait: « Abi a te, Domine, non fiet istud; » Unde redargutus a Domino audivit: « Vade **568** retro, Satanas (*Marc.* viii, 33). » Ex consuetudine hominum locutus est: « Domine, ecce nos reliquimus omnia, et secuti sumus te, quid ergo erit nobis? » (*Matth.* xix, 27.) Familiare enim est filiis Adæ quærere commoda sua. Quid vero attinet dicere, quam præsumptuose locutus est, cum ait: « Etsi oportuerit me mori tecum, non te negabo (*Matth.* xxvi, 35). » Ecce in quo cortex litteræ nos instruit. Copiosius vero nos spiritualis nucleus dat intelligere; sub uno scilicet cortice triplex nucleus invenitur. Scrutemur ergo litteræ parietem, et inveniemus thesaurum intelligentiæ desiderabilem. Latet quidem hic intelligentia generalis, specialis, finalis, id est de Ecclesia, de viro contemplativo, de spiritu humano. Sane Ecclesia lavacro regenerationis lota, fonte baptismatis aspersa, quasi stans in littore maris, inde videns Pharaonem et Ægyptios submersos, sicut Moyses in Canticum eorum, ita et ipsa in laudem Dei prorumpit, dicens: *Nunc scio vere quia misit Dominus*, etc. *Nunc* enim pro tempore gratiæ solet poni, ut ibi: Ecce nunc tempus acceptabile. De angelo vero quem misit Dominus videamus.

Legitur in Theologia de quatuor generibus angelorum. Est enim angelus Satanæ, angelus pacis, angelus mysterii, angelus consilii. Primus colaphizat, secundus ædificat, tertius confortat, quartus liberat, id est dæmones, homines, supernæ virtutes, Emmanuel. De primo dicit Apostolus: « Datus est mihi stimulus carnis meæ angelus Satanæ, qui me colaphizet (*II Cor.* xii, 7). » De secundo ibi: « Angeli pacis amare flebunt (*Isa.* xxxiii, 7). » De tertio ibi: « Qui facit angelos suos spiritus (*Psal.* ciii, 4); » et ibi: « Omnes sunt administratorii spiritus in ministerium missi (*Hebr.* i, 14). » De quarto ibi: « Et vocabitur magni consilii Angelus (*Isa.* ix, 7). » Hic solus liberat; unde in Evangelio: « Si Filius vos liberaverit, vere liberi eritis (*Joan.* viii, 36). » De hoc dicit Ecclesia: *Misit Dominus Pater Angelum suum*, id est sibi consubstantialem, *et eripuit me de manu Herodis.* Herodes *pellicius* interpretatur a pellicio, quod est decipio. Hic est Leviathan qui sedet in insidiis, ut interficiat innocentes, serpens callidior cunctis animantibus, malleus universæ terræ, ventus validus quo cœperat mergi Petrus. Hanc ereptionem plane ostendimus, cum catechizando dicimus [*sc.* ad baptismum]: *Exi ab eo, spiritus im-*

---

(65) E ms. Andegav. — Hic sermo fuisse videtur aliqua potius familiaris exhortatio, intra claustrum habita coram canonicis regularibus, quos expresse nominat, aut coram monachis, quorum notat victus austeritatem, quam concio publice coram plebe Christiana pronuntiata. Ad quid enim plebi Christianæ defectuum claustralium ad minutias usque, tam exacta descriptio. Cum autem adeo expresse canonicum regularem hic appellat, probabilius est Hildebertum hanc habuisse coram canonicis regularibus, quorum olim vita nec minus arctata votis obedientiæ et abdicationis proprii, nec multo minus victu et labore austera, quam monachorum erat.

(66) Joseph., *Antiq.* xviii, 9.

munde; et modum liberationis cum dicimus: *Abrenuntias Satanæ et operibus ejus?* Sed nota quia dicit Ecclesia se ereptam de manu, non de manibus. Diabolus enim sinistram habet et dexteram, et sicut victor captivum hostem cum sinistra trahit, cum dextra colaphizat, ut expeditius eat, sic ante adventum Christi diabolus genus humanum captivum trahebat, et ad libitum suum flagellabat, quia etiam **569** quosdam vivos legitur rapuisse in infernum. Eripuit autem nos Christus de manu trahente, non de flagellante; adhuc enim super dorsum Ecclesiæ fabricant, vel flagellant peccatores; adhuc justus intus malleum [sentit] et incudem; adhuc impugnant dæmones Ecclesiam, sicut et expugnaverunt a juventute sua; sed hæc manus dextera est, non sibi, sed nobis; flagellat enim filium quem vult recipere; operatur enim in nobis patientiam, probationem, spem.

Subditur : *Et de omni exspectatione plebis Judæorum.* Judæi confitentur Herodem regem? Non senatus, non populus, non cives, sed plebs dicuntur, juxta illud : « Lepusculus plebs invalida (*Prov.* xxx, 26). » (67) Hæc sunt omnia crimina, quæ tamen epistola canonica sub tribus includit. Periculosum est esse cum plebe hac. Lutum enim inquinat, limus ligat, profundum devorat. Concupiscentiam enim oculorum quasi armamentarium [*f.* atramentarium] scriptoris fert secum plenum vanitatibus, quia quot vanitatibus hominem afficit, tot maculis denigrantibus eum inficit. Concupiscentia vero carnis limus est, id est lutum viscosum; quem enim arripit, quasi inseparabiliter eum sibi conglutinat. Inde est quod caro potius dicta est facta de limo, quam de luto, vel de terra, ut in hoc fervens ipsius insinuaretur glutem. Adeo enim glutinosa est caro nostra, quod spiritus noster ad imaginem Dei factus in summa puritate, conglutinatus est ei, ut, si fieri posset, nunquam vellet ab ea separari, sed superindui. Superbia vero vitæ profundum est in quod traxit secum Lucifer tertiam partem angelorum, vel stellarum. De luto gratulabatur Propheta ereptum, dicens : « Eripuit me de lacu miseriæ, et de luto fæcis (*Psal.* xxxix, 3). » Adhuc se esse in limo carnis conquerebatur Propheta, dicens : « Infixus sum in limo profundi, et non est substantia (*Psal.* lxviii, 3). » Ne autem profundo superbiæ absorberetur, clamabat : « Non me demergat tempestas aquæ, neque absorbeat me profundum (*ibid.*, 16). » Ecclesia ergo erepta est de luto, limo, et profundo; erepta est de omni exspectatione plebis Judæorum. Est eadem vox, ut diximus, viri speculantis claustra [*f.* in claustro], qui assumptis pennis columbæ fugit in solitudinem,

potius animi, quam eremi; qui inter homines vivit super homines, quia angelum vivit in terris; nec tamen cujuslibet claustris hæc vox est, nec enim semper Petri fuit; **570** sed cum jam trinomius esset, nominatus est Simon, cognominatus Barjona, id est *filius Joannis*, agnominatus est Petrus, et donec transiit primam et secundam custodiam, et portam ferream, non se exaltavit. In hunc modum vero spiritualiter transit primam custodiam, si fuerit Simon, id est *obediens;* jam [*f.* secundam] si fuerit Barjona, id est *filius columbæ;* portam ferream, si fuerit Petrus, id est *firmus.* Est enim prima custodia vinculum consuetudinis; secunda, porta ferrea, species vanitatis. Prima ligat, secunda cruciat, tertia necat. Prima est pellenda, quia quamvis

Naturam expellas furca, tamen usque recurret; secunda sustinenda, tertia fugienda. Quam durus sit transitus primæ custodiæ novit ille qui in libro experientiæ dicit : Simus et nos quia difficile est consueta repellere; dura est ista transitio, et alicujus probitatis transire de comessationibus ad jejunia, de carnalibus ad olera, de sericis ad cilicia, de pulvinaribus ad stramenta, de impunitate ad verbera, et, ut in summa dicam, de propria voluntate ad jugum obedientiæ. Vere hæc mutatio dexteræ Excelsi. Quid enim mirabilius, quid dignius hac immutatione? Immutatur enim homo de amurca in oleum, de fæce in vinum, de palea in granum, et ut usitatius dicam, de trunco in vitulum. Qui enim olim truncus erat, scilicet inutile lignum, factus est vitulus novellus, cornua producens et ungulas, positus super altare Domini in holocaustum suavissimi odoris. Hanc custodiam transit vir claustralis duce et comite obedientia. Ad omnes enim insultus consuetudinis objicit votum religionis, et dicit : « Non sequar te, consuetudo; votum vovi Domino. Illum sequar quocunque ierit. » Edomita consuetudine sequitur impetus tentationis, torrens, id est inundans, leo impetu iræ suæ. Aggrediuntur enim eum morbi inusitati; frequens oculis dolor ex vigiliis, tussis ex frigore, tremor tibiarum ex longinqua statione in choro, thubam (68) genuum ex crebra genuum inflexione, coarctatio arteriarum ex ciborum ariditate, etc., in hunc modum. At quod difficilius est, detractio fratrum, qui cum vident prolixius orantem, crebrius vigilantem, arctius et rarius edentem, aiunt : Hic frater noster **571** somniavit mortem abbatis; ideo faciem suam demolitur, ut oculos intuentium illudat; et cum transit coram eis, insultant ei, et dicunt : « Ecce somniator venit (*Gen.* xxxvii, 19); » erit abbas noster; vel forte aliis ipse invidebit, vel æmulabitur perfectionem aliorum, et conabitur [*f.* onerabitur]

---

(67) Hic aliquid deesse videtur. Non enim notantur crimina illa, quæ tamen dicit auctor esse omnia crimina, quæ canonica epistola, ut ait, sub tribus includit. Hæc libenter esse censerem, quæ Joannes Evang. Epistola prima, cap. ii, v. 16, recenset, nimirum concupiscentiam carnis, concupiscentiam oculorum, et superbiam vitæ, quibus

invalida plebs inficitur; et quibus notatis, rite subditur ab auctore (quod probabiliter oscitans amanuensis omisit). *Hæc sunt omnia crimina,* etc. Hoc autem ex sequentibus elucidari et probari videtur.

(68) Forte *tubera,* Gallice *enflures, loupes.*

supra vires. Difficilior est transitus hujus custodiæ; hæc enim posito homine in via, supplantavit gressus ejus. Hæc omne fundamentum, quod jecerat homo, concutit, et sæpe evertit. Hic est ventus qui obruit domum super filios Job convivantes. Non transibit homo hanc, nisi fuerit patiens et humilis Barjona. Unde legitur de Antonio quod cum vidisset in spiritu omnes laqueos tentationum dæmonis, in stupore et ejulatu magno clamavit : « Quis transibit istos? » Facta est ei vox de cœlo, dicens : « Humilitas. »

Sane restat adhuc porta ferrea; transitus tertiæ irremediabilis, species scilicet veritatis. Videns enim diabolus per duo prædicta se nihil profecisse, aggreditur eum sub specie recti tanquam consiliarius salutis, tanquam fidelis a secretis, et circumvallat eum quasi quatuor quaternionibus militum, unum collocans ad caput, unum ad pedes, alium ante, alium retro. Inferior ergo quaternio est cura carnis; superior, superbia ex virtutibus; posterior, memoria relictorum; anterior, instantia tribulationum. Primus enim ligat, secundus inflat, tertius sublimat, quartus suffocat. Accedit ergo primus incessu modesto, capite demisso, et ait : « Pax vobis (*Joan.* xx, 21).» Cui ille : « Estne pacificus ingressus tuus? » — « Pacificus est, » ait. Ab hoc maxime cavendum est; non enim de facili hostis cavetur, cum ingressus pacificus exspectatur. Tandem sic incipit : « Curam carnis agere debes; nemo enim carnem suam odio habuit (*Ephes.* v, 29). » Hoc enim quartum quod diligere debes ex charitate. Hoc jumentum commissum est tibi; et sicut onus et virga, sic cibarium jumento debetur. Caro tua est quasi chorda in cithara. Psallentes enim in choro admodum citharæ dulce melos resonantis in aure cantoris. Tendere ergo debes chordam tuam, non rumpere, quia si ruperis eam, nonne injurius eris citharæ fratrum et cui citharizas? Legitur quoque : « Alatur civis ut expellatur hostis.» Et illud : « Ecce dedi vobis cibos herbam terræ, et animam viventem super terram. » Cibi enim regulares, quibus uteris, potius obruunt te quam nutriant. Caseus enim datus, pessimus est; ova contemptibilia, legumina inflantia; aqua stomachum stringit; de piscibus dicerem, sed caro tibi apponatur. Cave et vide quam subdolus est iste mundus. Ergo esto Petrus, et constanter responde : Vade, Satana, non in solo pane **572** vivit homo (*Matth.* iv, 4). Ego cibum habeo manducare quem tu nescis; non vivo intus ut comedam, imo comedo ut vivam; tantum apponitur cibarii jumento meo, quod de reliquiis ipsis potest satiari; panis et aqua vita beata. « In fortitudine cibi hujus ambulavit Elias quadraginta diebus usque ad montem Dei Oreb (*III Reg.* xix, 8); » et cum dixeris hæc, ora ad Dominum, et dic : « Confige, Domine, timore tuo carnes meas (*Psal.* cxviii, 120). » Hoc effugato accedit quaternio superior, non minus versipellis, et ait : « Nobilis es, litteratus, longo usus studio novisti omnes ordinis tui articu-

los; sciolus es in exterioribus. Quid ergo sedes hic tota die otiosus? Cur abscondis talentum Domini in sudario? Nonne melius quovis prælato tuo servares rigorem ordinis incolumem? Faciliorem haberes ascensum [*f.* accessum] ad principes per amicos tuos; facilius impetrares. Vade, fac tibi amicos de fratribus; sollicite scrutare secreta abbatis, unde possis eum pulsare et expulsare; discurre ad charos tuos, ut pro te discurrant. Fac te omnia in omnibus, ut baculum (*sc.* pedum pastorale) tibi lucrifacias. » Cave, vir bone. Vide quam pessimus est iste. Non vult te esse discipulum Christi, qui ait : « Discite a me quia mitis sum et humilis corde (*Matth.* xi, 29); » sed illius qui ait : « Ponam sedem meam ad aquilonem, et ero similis Altissimo (*Isa.* xiv, 14). » Hæc est illa quæ ut imprudenti invenitur [*f.* invehitur], unam de decem virtutibus interfecit. Hæc est turris quæ cecidit super decem et octo viros qui eam ædificabant. Hæc est superbia natione cœlestis, quæ sublimium mentes inhabitat, et quia ad proprios ortus revolans ad dignitatem irrumpit hominum, in qua ad dignitatem prorumpit angelorum [*f.* ut ad dignitatem prorumpat angelorum]. Esto et hic Petrus, et dic : « Ex ore tuo te judico, serve nequam (*Luc.* xix, 22). » Tu promittis me fieri sublimem, sed in prælatione facerem me contemptibilem. Unde Apostolus : « Si sæcularia habetis judicia, contemptibiles qui sunt inter vos eligite (*I Cor.* vi, 4). » Sic, novi ordinem, ergo secundum ordinem, quanto sum altior, tanto debeo me in omnibus humiliare. « Lavi pedes meos, quomodo inquinabo illos (*Cant.* v, 3), » et cum hoc dixeris, ora ad Dominum : Domine, non veniat mihi pes superbiæ, non sit exaltatum cor meum, neque elati sint oculi mei. Hoc autem in fugam converso, posterior accedit quaternio, qui ait : Lunaticus tempestive [*f. ad sensum auctoris* intempestive] egressus es de mundo, cognitis vanitatibus quæ sunt sub sole, tutius esses in religione, cognita enim melius caventur. Etiam scire debes quæ circa charos tuos aguntur. « Qui enim, ut ait Apostolus, curam suorum non habet, deterior est infideli (*II Tim.* v, 8). » Vade ad tuos, et de proprio largas facies eleemosynas, quod hic non potes. Quod si rumusculos populi times, etiam manens in habitu tuo, poteris **573** Hierosolymam ire, visitare loca sancta, ubi steterunt pedes Domini, visitare summa [limina] apostolorum Petri et Pauli.

In diebus senectutis tuæ, redibis ad claustra; finis enim, non pugna coronat, et Dominus judicat fines terræ. Cave, vir bone, vult te esse circumcursorem [*f.* circumcursorem], non canonicum regularem. Vult te mutare in statuam salis. Vult ut sis opprobrium hominum, et abjectio plebis, ut dicatur de te : « Hic homo cœpit ædificare, et non potuit consummare (*Luc.* xiv, 30). » Esto Petrus, et dic ei : Non sum canis ut redeam ad vomitum (*II Petr.* ii) : posteriora oblitus cum Apostolo, ad anteriora me extendo. Dominus meus Jesus Christus non descendit de cruce, cum diceretur ei : Descende, et credimus tibi (*Matth.* xxvii). Mortuus est in cruce propter me, et ego moriar in cruce obedientiæ propter ipsum, et propter me. Et cum hæc dixeris, ora ad Dominum, et dic : « Confirma hoc Deus quod operatus es in me (*Psal.* lxvii, 29). » Hoc facto, accedit anterior quaternio, et ait : Ecce omnia bona cœnobii hujus fere perierunt, vineæ grandinatæ sunt, spem mentita seges, bos est enectus arando. Unde vives? quo indueris? Nihil est promissio Domini. « Quærite primum regnum Dei, et hæc omnia adjicientur vobis (*Luc.* xii, 31). » In contrarium res lapsa est, fodere non vales, mendicare erubescis. Si sapias, curam tui habe. Sane, vir bone, esto Petrus, et dic : « Non vidi justum derelictum, nec semen ejus quærens panem (*Psal.* xxxvi, 25). » Et : Timentibus Deum nihil deest : novit Deus medicus cui me commisi, quando danda, quando subtrahenda sunt hæc, « Dominus dedit, Dominus abstulit ; sit nomen Domini benedictum (*Job* i, 21). » Non negabit pater filio viaticum, qui dat jumentis escam ipsorum, et pullis corvorum invocantibus eum. Et cum hæc dixeris, ora, dicens : « Divitias et paupertatem ne dederis mihi, sed tantum victui meo tribue necessaria (*Prov.* xxx, 8). » Itaque, cum transieris hanc portam ferream, licebit exclamare : *Nunc scio vere quia misit Dominus Angelum suum, et eripuit me de manu pellicii* (69-70), id est mundi, et de omni exspectatione plebis Judæorum. Exspectatio plebis dicitur per simile, quia sicut qui obsidet castrum, multa facit inutiliter, et dicit : Adhuc unum addam, et exspectabo ut videam si prosit. Sic et isti, quasi post primam et secundam custodiam, extremæ sunt exspectationes Herodis, quibus frustratis, desinit obsidere. Est vox eadem, ut dixi, spiritus humani in die obitus sui, quando scilicet evolat de corpore mortis hujus, tanquam liber de carcere, et clamat : *Nunc scio vere*, etc., *et eripuit me de manu Herodis*, id est *pellicii*, id est corporis ; pellicius enim dicitur a pelle, et de omni exspectatione plebis Judæorum, id est membrorum, **574** quibus ministris militat caro adversus me ; eripuit enim oculos meos a lacrymis, pedes meos a lapsu, aures a fabulis, linguam a mendacio, manus a rapina. Primam sane ereptionem a peccatis hujusmodi in baptismo ; secundam a tentationibus paulatim agimus in eremo ; tertiam ab omni corruptela exspectamus in cœlo. Qui ergo primo eripuit, secundo eripiet, tertio eripiat Jesus Christus, Dominus noster, Angelus noster, cum venerit judicare vivos et mortuos, et sæculum per ignem.

LXIX.

IN FESTO SANCTÆ MAGDALENÆ SERMO UNICUS (71).

« Super tribus sceleribus Moab, et super quatuor « non convertam eum, eo quod incenderit ossa « regis Idumææ usque ad cinerem (*Amos* ii, 1) »

Amos Thecuites vir propheta fuit, sed sermonis absconditi. Ipse quidem se non esse prophetam testatur, id est nec de genere, nec de officio et doctrina fuisse prophetarum ; sed, cum esset pastor vellicans sycomoros, misit eum Dominus in Israel tanquam virum elinguem et incompotem sui sermonis, ut adversum vaccas pingues Samariæ prophetaret. Inde est quod veritatem quam accepit a spiritu, adeo incompositis sermonibus, et quasi nolentibus intelligi edidit, ac si non edidisset in verbis suis quæ prædiximus ad litteram ; irrevocabilem Domini vindictam adversus Moab prophetavit, pro eo quod regem Idumææ, quem persecutus fuerat vivum, non cessavit persequi mortuum, tumulum ejus evertit, ossa combussit, cineres ventilavit. Potest tamen hæc prophetica comminatio trahi ad consequentiam prohibitionis, quam fecit Deus Mariæ Magdalenæ, et ad consequentiam exhortationis, quam doctor gentium scriptam nobis reliquit, scilicet : « Non plus sapere quam oportet sapere, sed sapere ad sobrietatem (*Rom.* xii, 3). » Cum enim Dominus resurrexisset a mortuis, et apparuisset Magdalenæ, more solito pedes ejus deosculari voluit et tangere ; sed prohibita est ab eo in hunc modum : « Noli me tangere, nondum enim ascendi ad Patrem (*Joan.* xx, 17). » Sed movere potest nos hæc prohibitio, quare mulier tam dilecta et diligens prohibita sit a contactu diligentis et dilecti. Possumus enim cum Domino prohibente conferre in hoc modo : Memento, Domine Jesu, quia hæc mulier quam diligebas, illa quam cum vidisses flentem, et tu flevisti. Hæc est illa cui testimonium attentionis discretæ dederas, dicens : « Maria optimam partem elegit, quæ **575** non auferetur ab ea (*Luc.* x, 42). » Hæc est illa quæ, Petro negante, qui dixerat : « Etsi oportet me mori tecum, non te negabo (*Matth.* xxvi, 35) ; » Thoma longe facto, qui aiebat : « Eamus commori ei. » Ipsa minas Judæorum non muliebriter timens usque ad tumulum aperto planctu et gemitu miserabili tuam persecuta est passionem. Hæc est illa quæ non invento corpore tuo tanto tabescebat dolore, quod inclinans et reclinans se uberioribus lacrymis rigavit monumentum, quam rigaverat pedes tuos. Quid est, Domine Jesu, quod discipulos stultos et tardos corde ad credendum, ad contactum manuum et lateris compellis, et hanc tam affectuose quærentem te, a contactu longe facis ? Si dicturus eras : « Noli me tangere (*Joan.* xx, 17), » cur dixisti : « Maria, noli flere ? » (*Luc.* vii, 13.) Cur, inquam, prohibita est a fletu, si prohibenda fuit a contactu ? Quid factum tibi fuit apud inferos, ut rediens ad nos fons pietatis aresceres? Unde hæc tam repentina mutatio ? Qui inter alapas, flagella, clavos et lanceam misereri hostium non es oblitus, sed orasti Patrem ignoscere illis, quia nesciebant, nunc resurgens et impassibilis abjicis quærentem te ? An de novo consilio judices acquiescendum Pharisæis, et exsecrari incipis contactum peccatricis ? Quid est,

---

inquam, Domine Jesu? Aperi nobis. Huic non indebitæ hæsitationi nostræ Dominus satisfaciens, inquit : *Super tribus sceleribus Moab, et super quatuor non convertam eam* ; ac si diceret : Convertam eam a tribus et quatuor sceleribus, sed sententiam veniæ quam dederam, revocabo, omnium miseriarum [*f.* misericordiarum], quas ei feceram, non recordabor, si in corde ejus non ascendero ad Patrem, si *ossa regis Idumææ accenderit usque ad cineres.* Moab siquidem interpretatur *ex patre*, et congruit publice peccanti, qui non solum peccare non erubescit, sed etiam exsultat cum male fecerit, et gloriatur in rebus pessimis.

Condictum est hoc ad usum forensium instrumentorum, quæ quosdam filios dicunt sine patre, quosdam ex patre. Filius scorti dicitur *sine patre*, quia pater ejus incertus est, quia etiamsi certus sit, lex tamen ignorat, unde ad hæreditatem non vocatur. Legitimus autem *ex patre* est, quia certi hæreditatem patris exspectat. Et in hunc modum Magdalena *ex patre* erat, patrem suum in ore omnium circumferens, cujus opera publice faciebat; patrem, inquam, illum de quo et Dominus Judæis dixit : « Vos ex patre diabolo estis (*Joan*. VIII, 44). » Hæc est enim mulier illa, quæ erat in civitate peccatrix, adeo quod publice prostituta, vili contenta pretio, mollia sui corporis patiebatur, a qua Dominus septem dæmonia, id est quatuor et tria scelera. Sanctuarium enim Domini dæmones **576** obtinebant, et futurum templum Virginis filio, jam factum erat templum Veneris, ut de ea posset conqueri Propheta, dicens : « Omnes venerunt dæmones in hæreditatem tuam, polluerunt templum sanctum tuum; posuerunt morticinia in pomorum custodiam (*Psal.* LXXVIII, 1). » Nec nos pudeat ejus ignominiam dicere, nec vos pudeat audire, quia hæc ignominia est ei ad gloriam, et nobis ad doctrinam. Ipsa enim nigredinem flagitiorum ita operuit pulchritudine virtutum, ut angelis respondere queat : « Nigra sum, sed formosa (*Cant.* I, 4). » Ab hac itaque ejecit patrem ejus, cum oblitâ est populum suum, id est septem vitia quæ in Propheta distincta sunt per tria et quatuor. Ideo quia præcedunt tria genera scelerum, sub quibus includitur omne peccatum. Subsequenter autem quandoque quatuor quasi comitantia, et his adjuncta. Sunt autem tria hæc, cogitatio mala, locutio perversa, operatio prava, quorum facilis, et quasi in unum redacta est enumeratio. Sed plurimum nostra interest, si distinxerimus quot modis peccatur corde, et quot modis convertimur a scelere cordis ; et similiter de aliis duobus modis. Itaque peccamus corde, abjiciendo cogitationes descendentes, et recipiendo ascendentes. Quia ergo non sufficimus cogitare aliquid boni ex nobis quasi ex nobis, descendunt ad nos bonæ cogitationes a Deo, quia « Omne donum optimum, et omne donum perfectum est descendens a Patre luminum (*Jac.* I, 17). » Malæ autem a nobis surgunt; unde Dominus euntibus in Emmaus ait : « Cur ascendunt

cogitationes in corda vestra ? » (*Luc.* XXIV, 38.) Quam multiplices et improbæ ex abundanti est dicere : Novit enim quisque nostrum, et in libro experientiæ didicit quod veneniferas potiones ingerat in alveolo mentis nostræ spiritus nequam. Quot varias et inutiles rerum imagines in thalamo cordis nostri depingat, quæ tanquam minutissimi bibones in ipsos oculos mentis involvant [*f.* involant], et super ministros Dei usque ad altare Domini virtutum prosequantur, ut brevem ibi memoriam Christi in cruce pendentis abripiant vel conturbent. Hæ sunt muscæ morientes, quæ perdunt suavitatem unguenti ; hæ sunt « volucres quas abigebat Abraham usque ad occasum solis (*Gen.* XV, 11). » Elias quoque, qui cœlum verbo clauserat, his animum non clausit, cum cogitaret se solum relictum ; unde redargutus est a Domino, faciliusque invenit claudere cœlum quam animum, ab his cogitationibus quæ male a nobis surgunt.

Ab hoc scelere cordis convertit nos Deus tribus modis. Prima conversio est redire ad cor; secunda, ascendere in cor; tertia, excedere scilicet de corde. In prima est cor **577** humile; in secunda mediocre; in tertia cor altum. De prima dicit propheta : « Redite, prævaricatores, ad cor (*Isa.* XLVI, 8); » nec est contemnenda sententia, quia de cœlo descendit. « Nosce te ipsum, homo. » Quod est quando cognoscit homo quid sibi debeat, quid Creatori, quid proximo, quid corpori suo. Secundo ascendit spiritualiter de virtute in virtutem, donec videatur « Deus deorum in Sion (*Psal.* LXXXIII, 8), » id est in specula contemplationis. De hac dicit Propheta : « Ascensiones in corde suo disposuit (*ibid.*, 6). » In tertia excedimus quandoque ad videndum Deum; unde Apostolus : « Sive mente excedimus Deo (*II Cor.* V, 13), » et Psalmista : « Accedet homo ad cor altum (*Psal.* LXIII, 7). » Ad primam trahitur servus per spiritum timoris ; ad secundam vocatur mercenarius per spiritum consilii ; ad tertiam levatur filius per spiritum sapientiæ ; et sic meretur ascendere quandoque super cor, id est ad id « quod oculus non vidit, nec auris audivit, nec in cor ascendit (*I Cor.* II, 9). » Ore similiter peccamus duobus modis, loquendo mala, et silendo a bonis ; loquimur autem mala sex modis. Est enim verbum falsum, de quo dicitur : « Perdes omnes qui loquuntur mendacium (*Psal.* V, 7). » Est verbum vanum, de quo scriptum est : « Vana locuti sunt unusquisque ad proximum suum (*Psal.* XI, 3). » Et est verbum impudicum, de quo dictum est : « Turpis sermo de ore vestro non procedat (*Ephes.* IV, 19). » Est verbum excusatorium, de quo Psalmista : « Non declinet cor meum in verba malitiæ, ad excusandas excusationes in peccatis (*Psal.* CXL, 4). » Est verbum dolosum, de quo idem : « Disperdat Dominus universa labia dolosa (*Psal.* XI, 4). » Est verbum otiosum, de quo ipse Dominus : « De omni verbo otioso quod locuti fuerint homines, reddent rationem in die judicii (*Matth.* XII, 36). » Et si qua alia sunt genera sceleris hujus. Lingua est membrum inquietum, morti-

terum; ad loquendum facilis, ad obloquendum pro-
clivis. Ab hac convertimur, si posuerimus ori nostro
custodiam, si a prædictis compescimus labellum.
Bona autem tribus modis loquimur. Loquimur enim
de nobis, loquimur de proximo, loquimur de Deo.
Sermo de nobis sit in accusatione, de proximo in
ædificatione, de Deo in laude. Sapiens enim in principio sermonis, accusator est sui; unde Dominus
per Isaiam : « Dic tu iniquitates tuas ut justificeris
(*Isa.* xliii, 26). » Sic loquebatur de se David : « In
iniquitatibus conceptus sum, et in peccatis concepit
me mater mea : tibi soli peccavi, et malum coram
te feci (*Psal.* l, 6). » Ad proximum sit sermo ædificans et indesinens; unde Apostolus : « Insta opportune, importune, argue, obsecra (*II Tim.* iv, 2). »
De Deo in laude, ad quam hortatur animam suam
Propheta : « Lauda, anima mea, Dominum, laudabo
Dominum in vita mea, psallam Deo meo quandiu
fuero (*Psal.* cxlv, 1). »

Opere similiter peccamus duobus modis, declinando a bono, et faciendo **578** malum. Fit autem
malum tribus modis; contumelia, blasphemia, iniquitate. Et est contumelia quando peccamus in nos
ipsos, contumeliis afficientes corpora nostra per
passiones ignominiæ. Blasphemia, cum peccamus in
ipsum Deum, seu in religione fidei; unde dicitur :
« Nomen Dei blasphematur per vos inter gentes
(*Isa.* lii, v). » Iniquitas est in proximum; æquitas
enim debetur proximo. Peccatum ergo in eum est
iniquitas, id est non æquitas, sive contra æquitatem.
Ab hoc scelere convertimur, si cum Martha satagamus solliciti esse circa frequens ministerium, vel
cum Maria sedentes, gustamus et videmus quoniam
suavis est Dominus. Cum Martha operamur, agentes
opera misericordiæ, quorum sex numerat Dominus
in Evangelio (*Matth.* xxv), septem leguntur in Tobia
(*Tob.* xxi), quæ sunt hæc : Esurientem cibare, sitientem potare, nudum operire, hospitem colligere,
infirmum visitare, in carcere positum consolari,
mortuum sepelire. Cum Maria quiescimus, vacantes
operibus contemplationis, quæ sunt quatuor, meditatio, lectio, oratio, gratiarum actio, quod planius
erit in futuro. Ab his sceleribus conversa est Magdalena, quod ostensum est signis, et testimonio Domini
confirmatum. Signum conversionis a corde perverso,
fuit ubertas lacrymarum; ab ore, frequens deoscu-
latio pedum; ab opere, unctio pedum et capitis.

Sequitur de quatuor sceleribus, quæ sequuntur.
Primum est extenuatio peccati; secundum, exsultatio post peccatum; tertium, diffusio per exemplum;
quartum, continuatio per contemptum. Extenuant
enim quidam, vel defendunt sua peccata per fatum,
vel per constellationem; per modum complexionis
suæ. Quod quam detestabile sit advertamus. Hoc
enim est quasi cum Domino guerram movere. Quod
enim Deus detestatur et odit, hic approbat et diligit,

et nostem Dei recipit, et munitionem ei præstat;
imo in ipsum auctorem fati et stellarum, et complexionis humanæ, crimen quadam obligatione refundit, nec attendit illud comminatorium Isaiæ :
« Væ his qui dicunt bonum malum, amarum dulce,
lucem tenebras (*Isa.* v, 20). » Sunt et qui exsultant cum male fecerint; unde dicitur : Nihil sic
offendit Deum, quam post peccata erecta cervix.
Quatuor enim sunt exsultationes, quas detestatur
sacra Scriptura. Exsultationem scilicet in mundo,
in corpore proprio, in spiritu maligno, in spiritu
humano. In mundo, cum nobis arrident prospera;
in corpore, cum libenter implentur carnis desideria;
in spiritu nostro, cum nos inflat sine charitate
scientia; in spiritu maligno, cum applaudimus nobis
quod voluntatem dæmonis implevimus, **579** vel
cum de malis proximorum exsultamus. Una vero
laudabilis est exsultatio in Spiritu sancto, de qua
dicitur : « Exsultate justi in Domino (*Psal.* xxxii,
1). » Sunt etiam qui verbo, vel exemplo alios in
peccatum trahunt. Hæc est sane cathedra pestilentiæ, quam non novit qui docet hominem scientiam;
quibus comminatur propheta : « Væ eis qui trahunt
peccata tanquam restem longam (72). » Hi sunt qui
sanguini sanguinem commiscent; nec sufficit eis ut
intereant in sæculum sæculi, nisi alios secum tra-
hant in interitum sempiternum. Sunt etiam qui in
omnibus his perseverant. Hic peccator absorptus
est, et clausit super eum puteus os suum; non levat
oculos suos ad cœlum, non recordatur judiciorum
Dei, vinctus est in sepulcro, et ideo tanquam a
mortuo perit confessio. « Cum enim venerit in profundum contemnit (*Prov.* xviii, 3). » Ecce quomodo
convertat Dominus Moab a tribus et quatuor sceleribus; sed factum est, cum vidisset hæc mulier
Dominum morientem et mortuum, purum hominem
reputans, desiit credere esse Deum; vel forte sic
diligebat eum humanitus, quod ejus præsentia carere nollet, et mallet homini ministrare in terris,
quam Deum adorare in cœlis. De quo et apostolis
dictum est : « Expedit vobis ut ego vadam (*Joan.*
xvi, 7); » etsi ista totum affectum suum habens
erga hominem Christum, *ossa regis Idumeæ* redige-
bat *in cinerem.* Idumæa enim *terrena* interpretatur.
Christus ergo est rex Idumeæ, qui dominabatur
omnium finium terræ, et in mari longe. Dicitur
etiam Idumæa *sanguinea,* quod nihilominus Christo
convenit, quia regnavit a ligno, cujus vestimentum
in cruce factum est tanquam vestimentum in torculari, et sic tanquam rex Idumææ, ascendit de Edom
tinctis vestibus. Ossa ejus divinitas est; sicut enim
ossa sunt robur carnis, sic divinitas robur humanitatis. Quid est ergo aliud ossa in cinerem redigere,
quam divinam naturam in humanam confundere?
quam, qui Deus est, hominem tantum reputare?
Non ergo desineret hominem purum credere, nisi

(72) Vulg. *Væ qui trahitis iniquitatem in funiculis vanitatis, et quasi vinculum plaustri peccatum* (*Isa.* v,
18).

Christus ad æqualitatem Patris in corde ejus ascenderet, nec ei conversio præstita sibi prodesset (73). Et hoc est *super sceleribus non convertam* eam, id est conversio mea sibi non proderit, *eo quod accenderit ossa regis Idumææ usque ad cinerem,* id est dum accensa amore meæ humanitatis, immemor fuit meæ divinitatis.

Sequitur ut assignemus quomodo congruat et nobis qui sacræ Scripturæ lectioni operam damus. Hortatur nos propheta ne de articulis fidei impudenter disputemus. Quidam enim in philosophicis facultatibus **580** quamdam subtilitatem inutilem, vel inutilitatem quærentes, quibusdam minutiis verborum in cavillatione respondentes utuntur, quibus in disputatione uti, ossa Christi est incinerare. Quod ne fiat Apostolus monet, dicens : « Non plus sapere quam oportet sapere, sed sapere ad sobrietatem (*Rom.* xii, 3). » Etsi enim Deus convertit [*consentit*] nos artium liberalium phantasmatibus uti, si in hac Scripturæ voluerimus similiter sophistice incedere, odibiles Deo erimus, strepitum ranarum Ægypti in terram Gessen traducere molientes. Rogemus ergo beatam illam pœnitentem, cujus hodie solemnis dies est, et suavis recordatio, quæ digne in memoriam vertitur hominum, quia ad gaudium transiit angelorum, ut interpellet pro nobis ad Dominum, ut det nobis in Spiritu sancto recta sapere. Nec parvipendendum est patrocinium hujus pœnitentis quæ, sicut æquivocatur beatæ Virgini in vocabulo, sic etiam quodammodo confertur ei in exemplo ; nec dedignatur ancillæ Domina, adolescentulæ regina, Dei Genitrix, ei quæ fuerat peccatrix, æquivocari. Utraque siquidem Maria vocatur, quod sonat *maris stella,* quod propter earum exemplum eis congruit. In hoc enim mari magno et spatioso, utraque nobis ducatum luminis prævium præstat. Illa nobis est exemplum pudicitiæ, ista pœnitentiæ. Illa vitæ immaculatæ, ista post maculam dealbatæ. Et licet illa sit luminare majus, et hæc minus, tamen (salva pace Virginis loquor) difficilius est exemplum hujus, quam illius. Plures enim sunt in Ecclesia qui errata correxerunt, quam qui errare non noverunt : plures, inquam, justificati quam justi. Plures ergo proficiunt exemplo hujus. De auxilio vero utriusque eloquar, an sileam ? Indubitanter verum est quia singulare est beatæ Virginis auxilium, quia plus omnibus mater potest apud filium ; sed, quia non novit peccatum, non sensit in se fomitem exstinctum, non experimento novit vel scivit quam intolerabile certamen est, quo accingitur homo contra se ipsum, quam difficilis victoria, ubi idem vincit et vincitur, quasi e quodam sublimi fastigio pro

nobis intercedit. Hæc vero quæ novit figmentum nostrum, totam se effundit in preces, tota provolvitur ad pedes Domini, nec pudet eam vel improbe petere, donec obtinuerit. Interpellet ergo pro nobis ad Dominum, ut det nobis auxilium de tribulatione, intellectum in lectione, præmium pro labore Jesus Christus Dominus et magister noster, qui est Deus benedictus in sæcula sæculorum. Amen.

LXX.

581 IN FESTO SANCTI PETRI AD VINCULA SERMO UNICUS (74).

« Petrus quidem servabatur in carcere. Oratio « autem fiebat sine intermissione ab Ecclesia ad « Deum pro eo (*Act.* xii, 5). »

Herodes Agrippa, qui septimo anno regni sui miserabiliter percussus est ab Angelo, cum occidisset Jacobum fratrem Joannis gladio, videns quia placeret Judæis, apposuit ut apprehenderet et Petrum in diebus Azymorum, et posuit in carcerem, tradens quatuor quaternionibus militum vinctum catenis duabus, quem Angelus, percusso latere ejus, liberavit. Quæcunque scripta sunt, ad nostram doctrinam scripta sunt. Doctrina vero panis legentium est ; panis, quia confortat cor hominis. Itaque scriptura vinculorum Petri panis noster est, nec est quilibet panis ; non est crustulum, quod tantum crusta est ; non est laganum, quod tantum mica est, sed solidus panis, crustum habens et micam, id est historiæ superficiem et intelligentiam spiritualem, et cibat nos utraque crusta ; in duobus nos reficit, in diligentia suffragii, et in certitudine spei. Leguntur enim duæ collationes. Prima est Petri et Ecclesiæ. Petrus enim in carcere, et Ecclesia in assidua oratione. Secunda, plebs Judæorum et angeli ; plebs Judæorum, in sanguinis exspectatione ; Angelus satagens in ejus liberatione. Itaque, si contingat Ecclesiam pati, et maxime pastorem ipsius vinculari, omnibus modis satagamus ut liberentur, et præcipue orando specialiter pro eo. Non enim debemus esse quasi mortuum instrumentum Deo, nihil agentes, nec divinum solummodo implorantes auxilium, cum non desit humanum, cum scriptum sit : « Non tentabis Dominum Deum tuum (*Deut.* vi, 16). » Verumtamen tota spes liberationis in Deo posita est, non in homine, quia Angelus liberavit, quia secundum Jeremiam : « Maledictus homo qui spem ponit in homine, et qui ponit carnem brachium suum (*Jer.* xvii, 5). » Post crustæ refectionem videamus in quo et mica reficiat nos, quod nec cursim transeundum est. Mica enim suavior est et plenior. Unde Sponsus ad Sponsam : « Vulnerasti me in uno oculorum tuorum, et in uno crine colli

(73) Hic Hildebertus opinatus videtur a Magdalena, Christum dilectum ut hominem, non ut Deum.

(74) E ms. Andegav. — Et hic sermo videtur habitus fuisse coram monachis, iisque Benedictinis, a Benedictino monacho. In exercitiorum quippe monasticorum descriptione ipsis Regulæ Sancti

Benedicti cap. 35, utitur, dum *hebdomadarium coquinæ nominat.*

Inde etiam colligi potest tunc abbates fuisse perpetuos, dum illorum occupationem asserit esse continuam, et inde vere distinctam a cæteris, quas solum temporarias, et ad abbatis arbitrium mutandas asserit.

mi (*Cant.* IV, 9).» Superficies enim historiæ corda A penetrat audientium et movet, **582** sed longe penetrabilior est spiritualis intelligentia ; magis movet et ad unaquæque descendit. Tunc enim sermo vivus est et efficax, et penetrabilior omni gladio. Quæramus ergo carcerem spiritualem, quaterniones et catenas spirituales, et latus Petri spirituale, quo percusso liberatur. Sane tres sunt carceres, legalis, naturalis, regularis. Primus publica custodia est, in qua secundum legis instituta recluduntur rei. Secundus est corpus humanum, quod aggravat animam, et deprimit sensum multa cogitantem. Tertius est claustralis, quo sepium vias [fugiens] vir contemplativus nectit pedes suos in compedes ejus. Primus est ad supplicium ; secundus ad exercitium ; tertius ad otium. Per supplicium cohibemur a malo ; per exercitium proficimus in bono ; per otium quiescimus in optimo.

De primo scriptum est : « Elevavit Evilmerodach Joachim de carcere (*Jer.* LII, 31).» Et Joseph in carcerem positus legitur (*Gen.* XXXIX), et invenisse gratiam apud dominum carceris. De secundo legitur : Hi sunt qui de corporibus, tanquam de carceribus evolarunt. Et alibi : « Intrent in conspectu tuo gemitus compeditorum (*Psal.* LXXVIII, 11).» De tertio dicitur ad incarceratum : Sede, quiesce. Aperuisti os tuum, ne pertranseas. Et ipse incarceratus dicit : « Confige timore tuo carnes meas, Domine, a judiciis enim tuis timui (*Psal.* CXVIII, 120).» De his carceribus prosequamur. Et quia Petrus diversis modis legitur a Domino vocatus, quinque scilicet Petrus Græce vel Latine ; quinque Cephas Hebraice et Syriace ; quinque paraphrasticos Simon Joannis, utamur et nos his nominibus in hunc modum : Petrus servabatur in carcere ; Cephas humiliabatur in carcere ; Simon Joannis philosophabatur in carcere. De custodia Petri in carcere legali supra dictum est. Videamus de naturali. Cephas Petrum, id est *firmum* sonat. Hic est spiritus humanus, qui immortalis, indissolubilis, comparatione carnis firmus dicitur, ut vere dici possit : « Spiritus quidem promptus est, caro autem infirma (*Matth.* XXVI, 41).» Vel secundum allusionem græci nominis Cephalon [κεφαλὴ] Cephas *caput* dicitur, quia spiritus caput carnis est et dicitur, juxta illud : « Caput mulieris est vir (*Ephes.* V, 23).» Cephas iste humiliatur in carcere, unde et dicitur : « Humiliatus est in terra spiritus meus, anima mea et venter meus (*Psal.* XXX, 10).» Humiliatus est enim ibi a Domino, qui ait : « Omnem flatum ego feci, propter iniquitatem suam modicum contristavi eum (*Isa.* LVII, 16).» Sed qui sunt quatuor quaterniones custodientes spiritum humanum, et quæ sunt catenæ **583** duæ ipsum vincientes. Quaternio dicitur miles habens sub se quatuor milites, sicut centurio qui centum, decurio qui decem. Quatuor itaque elementa in corpore humano dum vigilant, id est dum proportionales et phisitales [*f.* physici, *seu* naturales] eorum nodi vigent, quasi fidi custodes

depositum servant spiritum, quorum quilibet quatuor quasi milites habet. Ut enim tradunt, quos agitat mundi labor, quatuor sunt hominis ætates, quatuor ejusdem humores, et quatuor horum qualitates. Quodlibet autem elementum et propriam habet qualitatem, et proprium humorem, et ætatem et tempus. Sane catenæ duæ sunt naturalis dilectio, et Creatoris præceptio. De dilectione dicitur : « Nemo carnem suam odio habuit (*Ephes.* VI, 29).» Et Apostolus de eodem : Quamvis « gravati corpore, nolumus exspoliari, sed supervestiri (*II Cor.* V, 4),» si fieri potest etiam ibidem est spiritus ex præcepto ipsius qui creavit eum. Cum enim quatuor sint homini ex præcepto diligenda, quartum et ultimum est caro. B Antea quoque ait : Præceptum est homini : « Non occides (*Exod.* XX, 13),» ubi et ei præcipitur ne injiciat sibi manus.

Injurius enim esset domino carceris, si egrederetur præter nutum ejus qui inclusit eum. Percusso latere Petri, sopitis custodibus, evolat spiritus. Latus conjunctionem notare solet ; nam et complices potentum bona latera, vel prava dici solent. Etiam mulier de latere viri facta est, ad significandam conjunctionem quæ futura erat : « Et erunt duo in carne una (*Gen.* II, 24).» Latus itaque hominis conjunctio animæ ad carnem, qua soluta sopiuntur custodes, id est pondere suo ad suum principium C revertuntur, secundum illud : « Terra es, et in terram ibis (*Gen.* III, 19). » Spiritus vero, ut legitur in Sapientia, redit ad eum qui creavit eum. Cadunt enim catenæ de manibus ejus, liber est a præcepto, nec jam ei ad vitam placet corporis habitatio ; quod probatur ex responsione capitis inventi a viro eremita, qui cum a mortuo multa didicisset de pœnis infernalibus, addidit utrum vellet precibus ei impetrari a Domino quod resurgeret, et baptizaretur, et salvus fieri posset. At ille : « Oportet me mori denuo? » Cui sanctus : « Utique.» — « Nolo, inquit, suscitari.» Non tamen inficiendum est quin spiritus triumphantes adhuc diligant carnem suam. Unde sub throno Dei dicuntur clamare : « Judica, Domine, sanguinem sanctorum tuorum, qui effusus est (*Apoc.* VI, 10) ; » sed non talem recipere volunt, D qualem reliquerunt ; supplicatur tamen pro ea, ac si dicerent : Hospitiolum quod habui in terra, mecum fecit misericordiam ; utinam retribuat ei Dominus pro me. Et sic liberatus est Cephas a carcere. Pro qua liberatione quotidie orat Ecclesia ad Deum pro eo. Finaliter **584** enim in oratione Dominica clamamus : « Libera nos a malo (*Matth.* VI, 13),» id est a corruptela et mole corporis, pro qua et Apostolus clamabat : « Quis me liberabit de corpore mortis hujus? » (*Rom.* VII, 24.) Superest de carcere regulari. Simon Joannis philosophatur in hoc carcere. Simon interpretatur *obediens*, Joannes, *Dei gratia*, vel in quo est gratia. Verum, cum omnes teneamur obedire Deo, quia « melior est obedientia quam victimæ (*I Reg.* XV, 22) ; » antonomasticæ tamen vir claustralis obediens dicitur, quia A aperuit os suum ad votum, et dixit : « Portio mea, Domine, dixi custodire legem tuam (*Psal.* cxviii, 57).» Et : « Juravi et statui custodire judicia justitiæ tuæ (*ibid.* 106).» Et philosophatur contemplando, secundum quod de Moyse dictum est, quod philosophatus est cum Domino quadraginta diebus et quadraginta noctibus. Quaterniones sunt quatuor occupationes, circa quas jugiter occupari debet. Evagari enim sibi fas non est , ne cum Dina vagus inventus opprimatur. Sunt autem hæ occupationes lectio, oratio, meditatio, regularis exercitatio. Attende quoque sub singula istorum quatuor. Lectio enim sacra est sicut mensa quadrupes in domo Domini. Historiam habet, allegoriam, tropologiam et anagogen. De Jerusalem historice legitur : « Jerusalem, quæ occidis prophetas, et lapidas eos qui ad te missi sunt (*Matth.* xxiii, 37). » Allegorice : « Surge, et illuminare, Jerusalem, quia venit lumen tuum, et gloria Domini super te orta est (*Isa.* lx, 1).» Tropologice : « Jerusalem, quæ ædificatur ut civitas, cujus participatio ejus in idipsum (*Psal.* cxxi, 3).» Anagogice : « Jerusalem, quæ sursum est, libera est, quæ est mater nostra (*Gal.* iv, 26).»

Oratio similiter habet quatuor : Debet esse verecunda, ut illius, qui non audens oculos tollere ad Deum, dicebat : « Deus, propitius esto mihi peccatori (*Luc.* xviii, 13).» Pura, scilicet, pro his tantum quæ ad nomen Domini Jesu pertinent, id est pro æternis; unde : « Primum quærite regnum Dei (*Matth.* vi, 33); » et etiam solum, quia hæc omnia adjicientur vobis; et cum Deus spiritus sit, orandum est in spiritu et veritate, id est pro spiritualibus et æternis bonis. Unde Apostolus : « Levantes puras manus (*I Tim.* ii, 8) » in oratione. Ampla quoque, quia usque ad inimicos porrigenda. Unde : « Orate pro persequentibus vos (*Matth.* v, 44).» Sic oravit in cruce Christus : « Pater, ignosce illis, quia nesciunt quid faciunt (*Luc.* xxiii, 34). » Et primicerius martyr flexis genibus oravit : « Domine, ne statuas illis hoc peccatum (*Act.* vii, 60).» Devota quoque si non fuerit, victima est sine adipe, nec offertur in odorem suavissimum Domino. Scriptum est enim : « Holocausta medullata offeram tibi cum incenso arietum (*Psal.* lxv, 15).» Meditatio etiam ejusdem nihilominus quadruplex est, ut meditetur scilicet quid fuit, quid est, quid erit, quid esset; quid fuit, ut speret; quid est, ut doleat; quid erit, **585** ut gaudeat; quid esset, ut timeat. De prima scriptum est : « Cogitavi dies antiquos, et annos æternos in mente habui (*Isa.* lxxvi, 6); » de secunda autem : « Recogitabo omnes annos meos in amaritudine animæ meæ (*Isa.* xxxviii, 15); » de tertia : « Super flumina Babylonis illic sedimus, et flevimus, dum recordaremur tui, Sion (*Psal.* cxxxvi, 1); de quarta : « Nisi quia Dominus erat in nobis,

dicat nunc Israel, nisi quia Dominus erat in nobis, cum irasceretur furor eorum in nos, forsitan aqua absorbuisset nos (*Psal.* cxxiii, 1). »

Regularis quoque exercitatio quadripartita est : alia ephemerina, id est diurna; alia hebdomadaria, alia interpolata, alia continua. Diurnam dico qua certis diebus et horis ad aliquem laborem manuum Regula eum mittit; hebdomadaria est, quæ hebdomadarium coquinæ facit (75), vel lectoris in mensa, et hujusmodi. Interpolata, ut est officium sacristæ, apothecarii, et hujusmodi, quibus, quem vult, et quando vult abbas ligat, vel solvens cum eis misericordiam facit. Continua est quam habet dux gregis, abbatem loquor, et pro his dicitur ei : « Labores manuum tuarum manducabis, beatus es, et bene B tibi erit. »

Præterea duabus vinctus est catenis. Prima est professio obeditionis; secunda, amor sui ordinis. Aperuit os suum ad votum et obligavit se. Jumenta enim funibus, homines verbis ligantur. Verum si ordinem suum non amaverit, jam non est Simon Joannis. Simon est Cyreneus, quem angariaverunt ut tolleret crucem Jesu. Rota carri est quæ fenum portat et semper murmurat. Sane latus ejus omnis consuetudo vivendi in propria voluntate, quod quidem maximum vinculum est. In vita enim difficile est consueta relinquere, quæ si percussa fuerint, id est si stupor dentium, qui ex comestione uvæ acerbæ obvenerat, solutus fuerit, cadunt catenæ de manibus ejus; non dico, non sunt, sed jam eum non C premunt; jam versa sunt vincula in ornamenta. Unde de Sapientia dictum est : « Injice pedes tuos in compedes ejus (*Eccli.* vi, 25), et fient tibi ornamenta; » jam carcer versus est ei in domum, ubi dicat : « Hæc requies mea in sæculum sæculi, hic habitabo quoniam elegi eam (*Psal.* cxxxii, 14). » Si quis evocet eum, dicet : Non sequor te; « lavi pedes meos, quomodo inquinabo illos? » (*Cant.* v, 3.) Mavult sedere in claustro , quam deambulare in foro; legere sub silentio, quam defabulari in cachinno; orare vel meditari in Ecclesia, quam spectatum iri in platea; et sic quodammodo solutus est a carcere et catenis. Tamen adhuc est in carcere naturali. Dum enim peregrinamur a D Domino, exsilium sustinemus, insuper et vincula et carceres. Exspectare vero debet spiritus, viriliter agere et confortari, donec veniat **586** qui inclusit eum, qui stans ad ostium carceris, pulset et dicat : « Lazare, veni foras (*Joan.* xi, 43); » Amice, ascende superius (*Luc.* xiv, 10). » Et cum ingressus fuerit, audiet a Domino : « Euge, serve bone et fidelis, quia super pauca fuisti fidelis, supra multa te constituam; intra in gaudium Domini tui (*Matth.* xxv, 21). » Ad quod gaudium introducat nos vobiscum Jesus Christus Dominus noster, cum venerit judicare vivos et mortuos et sæculum per ignem.

---

(75) De hebdomadariis coquinæ, Reg. S. Bened.,cap. 35.

LXXI.

IN FESTO EXALTATIONIS SANCTÆ CRUCIS SERMO UNICUS (76).

« Verbum crucis pereuntibus quidem stultitia est ; iis autem qui salvi fiunt, id est nobis, Dei virtus est (*I Cor.* 1, 18). »

Quia fidelibus, fratres charissimi, de mysterio crucis locuturi sumus, ideo non credimus vos stultitiam judicaturos, Deum vobis crucifixum prædicare ; infidelibus autem, quibus Deus consilii sui arcana non revelavit, iis *quidem pereuntibus*, ut ait Apostolus, *stultitia est*, Deum omnium creatorem et immortalem, mortuum esse prædicare, et in tam vili supplicio, sicut crux erat eo tempore, suspensum fuisse affirmare. Sed *his qui salvi fiunt, id est* fidelibus, quibus per Spiritum sanctum Deus misericordiæ suæ majestatem cognoscere præbuit, non solum non dedecus, sed etiam maxima *virtus Dei, verbum crucis* esse videtur. Quod autem dedecus, et scandalum, et stultitia infidelibus videbatur crux Domini, audite iterum Apostolum dicentem : « Nos quidem prædicamus Christum crucifixum, Judæis quidem scandalum, gentibus autem stultitiam (*I Cor.* 1, 23). » Judæis scandalum erat, quoniam Dominum suum crucifixisse dicebantur, cum a gentibus deridebantur. Gentibus autem stultitia reputabatur, quia eis impossibile videbatur Deum mori. Quanta autem virtus Dei fuisset, tantum se pro nobis humiliasse, et quam necessarium, audiamus. Facta erat quædam mutatio inter Deum et homines, peccato primi hominis ; quia cum homo prius similis esset Deo videndo innocue, factus est dissimilis a crimine ; et quia vetus homo postea malus fuit, jumentis similis factus est, dicente Psalmista : « Homo, cum in honore esset, non intellexit : comparatus est jumentis insipientibus, et similis factus est illis (*Psal.* XLVIII, 13). » In honore erat homo, cum esset similis Deo. Non intellexit, quando peccavit. Similis igitur factus est jumentis, quando peccando factus est irrationalis. Duæ creaturæ peccaverant, scilicet, diabolus et homo ; sed alius per se, alius per alterum. Quia igitur **587** per se diabolus peccavit, reparari non meruit, præsertim cum tam subtilis et spiritualis essentiæ persisteret ; homo, quia de limo factus est, cum a tam callido tentatore deceptus [fuerit], spem veniæ non amisit. Cum igitur ita essent Deus et homo contrarii, nec spes veniæ ac redemptionis a tam justo judice deberet negari, consideravit divina providentia æquissimum modum reconciliationis. Ratio enim exigebat, ut qui duo contraria vult conjungere, tale medium ponat, quod affinitatem habeat cum utroque. Cum autem ex una parte tantus Deus esset, ex altera parte tam parvus homo, ita erant reconciliandi, et per talem mediatorem, qui esset Deus et homo. Itaque justo judicio Deus volens genus humanum reconciliare, factus est homo. Si voluisset angelos

redimere, angelicam naturam assumpsisset, sed quia solos homines dignos redemptione judicavit, humanam naturam, servilem personam rationabiliter assumpsit. Hæc autem divina dispensatione ordinavit ; prius enim multis præfiguravit adventum suum [symbolis], in multis prophetiis prænuntiavit, ut auctorabilis esset tantis temporibus præsignatus. Sed de multis aliis dicamus, et fidem nobis majorem per vetera augeamus. Cum filii Israel propter peccata sua in deserto ab igneis serpentibus urgerentur et interimerentur, jussit Dominus serpentem æneum fieri et in virga exaltari ante filios Israel, quem qui respiciebant ab aliis serpentibus vulnerati, auxilio illius restituebantur sanitati (*Num.* XXI). Quod autem per hanc figuram Dominus voluisset intelligi, se manifestat, cum dicit in Evangelio : « Sicut exaltavit Moyses serpentem in deserto, ita exaltari oportet Filium hominis (*Joan.* III, 14). »

Serpens duplicem significationem continet. Venenosum est animal et astutum. Caput enim abscondit, cum percutitur, et ne venefici vocem audiat, unam aurem terræ affigit, alteram cauda obturat. In bona significatione accipitur, cum dicitur : « Estote prudentes sicut serpentes (*Matth.* X, 16) ; » et in mala, cum dicitur Judæis : « Genimina viperarum, quis demonstravit vobis fugere a ventura ira? » (*Luc.* III, 7.) Itaque serpens Dominum significat in quantum prudens est, quia ipse est sapientia Patris ; diabolum significat, in quantum venenosus est. Voluit enim Dominus per serpentem designari, quia contra serpentes spirituales erat pugnaturus. Per æris materiam fortitudo Christi describitur. Serpens æneus fuit, quia duo sunt necessaria in bello, fortitudo et prudentia. Cum ergo ipse esset verus David, id est *manu fortis*, qui pugnaturus erat contra Goliath, id est diabolum, merito æneus ut fortis, merito **588** dicitur serpens, ut prudens describitur. In summitate virgæ ponitur, id est in altitudine crucis suspenditur. Vulnerati ab aliis serpentibus, id est dæmonibus, peccando, respiciunt ad verum serpentem, id est prudentem, credendo et bene operando salvantur liberati a peccatorum venenis. Audite etiam figuram evidentius mysterium Incarnationis designantem. Unicus filius erat Abrahæ, id est Isaac, quem Dominus tentans præcepit immolare in monte quem monstraret ei. Abraham stravit asinum suum, ducens secum duos juvenes, et Isaac collegit ligna, et tandem tertia die pervenit ad locum. Tunc dixit ad pueros suos : « Exspectate hic cum asino, et postquam adoraverimus, revertemur ad vos. Tulit itaque ligna, et posuit super filium suum, ipse vero portabat ignem et gladium (*Gen.* XXII, 5). » Cumque paravisset filium suum, posuit super struem lignorum, et ei volenti filium suum immolare ait Angelus : « Non extendas manum tuam super puerum (*ibid.*, 12). »

---

(76) E Victorino.

Tunc Abraham respiciens vidit arietem inter vepres hærentem cornibus, quem immolavit pro filio suo. Abraham Deum Patrem significat, qui immolavit Filium suum, mittendo [eum] et tradendo. Unde Apostolus : « Qui Filio suo non pepercit, sed morti tradidit illum (*Rom.* viii, 32). » Abraham *multarum gentium* [pater] interpretatur. Isaac Christum significat, qui interpretatur *gaudium*. Christus vero est gaudium hominum et angelorum. Duo juvenes qui secum ibant, sunt populus Judæorum, qui ideo duo dicuntur, quia post mortem Salomonis divisus est in duo regna : in decem videlicet tribus Israel, quibus Jeroboam imperavit; et in duas alias tribus, scilicet Benjamin et Juda, super quas Roboam filius Salomonis regnavit. Asinus vero designat stultitiam Judæorum; ligna, crucem; tertia dies, venturum eum ad locum, quia in tertio tempore mundi sub gratia immolatus est Christus. Isaac tulit ligna : et [Christus] crucem suam gestavit. Judæi adhuc exspectant cum asino, quia manentes in stultitia sua non potuerunt accedere ad sanctæ Trinitatis intelligentiam. Nec immolatus est Isaac, quia non est immolata divinitas, id est Filius Dei [seu Verbum æternum], sed aries, id est caro Christi, quæ hærebat vepribus, id est tribulationibus, cornibus, id est, brachiis extensis in cruce. Hæc crux tot temporalibus [figuris] præsignata, tandem salus mundi effecta est; et est ratio quare voluit Dominus hoc genus supplicii potius quam aliud : hinc quadrifaria est, quasi amplectens quatuor mundi partes; et hinc etiam alia significatio in partibus ejus continetur. Altitudo spem salutis, quam habemus in cœlestibus, significat ; **589** latitudo, charitatem, quæ extensa est usque ad inimicos; longitudo, perseverantiam bonorum operum ; profunditas, id est illa pars quæ latet, profunda mysteria judiciorum Dei. Unde Apostolus : « Incomprehensibilia sunt judicia tua, Domine (*Rom.* xi, 33). » Hoc mysterium innuit Apostolus cum dicit : « Ut possitis intelligere cum omnibus sanctis, quæ sit longitudo, latitudo et sublimitas et profundum (*Ephes.* iii, 18). » Hanc igitur crucem debemus omnes venerari, in qua pependit pretium mundi. Datum est pretium pro omnibus nobis, si volumus exire a vitiis. Hodie exaltata est in Jerusalem. Nos similiter exaltemus eam in singulis ecclesiis, ut nobis sit communiter salus, juvante Domino nostro Jesu Christo, qui cum Patre et Spiritu sancto vivit et regnat in sæcula sæculorum. Amen.

LXXII.

DE LAUDIBUS SANCTÆ CRUCIS SERMO UNICUS (77).

« Si ego exaltatus fuero, omnia traham ad me « ipsum (*Joan.* xii, 32). »

Humilis et mansuetus David, *manu fortis*, et aspectu desiderabilis, et a fratribus ante exaltationem contemptus, scilicet Christus Dominus a Judæis spretus hoc dicit, significans qua morte esset mori-

turus, morte scilicet crucis; qui alibi ait : « Sicut exaltavit Moyses serpentem in deserto, ita exaltari oportet Filium hominis (*Joan.* iii, 14); » legalis historiæ umbram tangens, mysterium, sensumque insinuat spiritualem. Refert enim Moyses in Numeris (cap. xxi), quod cum filii Israel ab ignitis serpentibus percuterentur in deserto, sibi a Domino consultum erigere serpentem æneum in ligno, quem intuentes a morsibus serpentum sanarentur. Serpens in ligno suspensus, hic est Christus ; serpens, quia mortalis ; æneus, quia immortalis ; sed mortalis secundum hominem , immortalis secundum Deum. Persuasione quippe serpentis homo in damnationem mortis excidit [f. cecidit]. Convenienter ergo ad significationem ipsius mortis serpens exaltatus est in ligno. Quid ergo ibi pependit, nisi mors Domini ? Hic est serpens Moysi, qui devoravit serpentes magorum Pharaonis (*Exod.* iv). Hic est serpens quem expavit Moyses et fugit. Domino enim jubente projecit virgam in terram, qua conversa in colubrum fugit ; sed iterum, præcipiente Domino, tenuit caudam ejus quæ reversa est in virgam. Virga, divinitatis est potestas, serpens Christi mortalitas. Quia enim per serpentem mors intravit, per eumdem recte mortalitas significatur. Virga ergo in serpente, Christus est in morte. Expavit Moyses et fugit, quia mortuo **590** Christo expaverunt discipuli, a spe, in qua fuerant, recedentes, secundum illud : « Defecerunt oculi mei a sperando in Deo meo (*Psal.* lxviii, 4, sec. *LXX*). » Et iterum : « Considerabam ad dexteram, et videbam, et non erat qui cognosceret me (*Psal.* cxli, 5). » Et Isaias : « Torcular calcavi solus, et de gentibus non est vir mecum (*Isa.* lxiii, 3). » Sed apprehensa cauda, redit serpens in virgam, quia qui primo occisus, postea patratis omnibus ad id quod prius fuerat resurgendo reversus est ; quia per resurrectionem innotuit Deus, ubi per vitam morte consumpta, nihil in eo serpentis apparuit. Unde post resurrectionem ait : « Data est mihi omnis potestas in cœlo et in terra (*Matth.* xviii, 28). » Et Apostolus ob humilitatem passionis eum exaltatum dicens : « Et donavit illi nomen, quod est super omne nomen (*Phil.* ii, 9). » Nomen, non quia ante et ante [non] habuerit nomen, omnemque potestatem ; sed hoc quod ante habebat in occulto, post resurrectionem positum est in evidenti. Et sic serpens rediit in virgam, quia mortuus innotuit Deus. Ergo serpens erat mortalitate, et æneus, vel virga deitatis, incommutabilitate. Hæc virga projecta in terra, et serpens facta devoravit serpentes magorum Ægytiorum, quia Dei Filius caro factus, post gloriæ dignitatem factus obediens usque ad mortem, per ipsam carnis mortem serpentem diri vulneris evacuavit [f, dirum serpentis vulnus evacuavit], et mortem, mortisque aculeum consumpsit, secundum illud : « Ero mors tua, o mors ! Morsus tuus ero, o inferne ! » (*Ose.* xiii, 14.) Potest et virga Moysi, qua Ægyptus subjicitur, et Pharao superatur, crux

Christi intelligi, qua mundus vincitur, et princeps A mundi cum principatibus et potestatibus expugnatur. Serpens enim pro sapientia et prudentia poni solet. Unde : « Estote prudentes sicut serpentes (*Matth.* x, 16). » Et alibi : « Serpens erat prudentior [*Vulg.* callidior) cunctis animantibus (*Gen.* iii, 1). » Virga igitur projecta fit serpens , et devorat magorum Ægyptiorum serpentes, quia crux Christi, cujus prædicatio stulta videbatur, quam Moyses, id est lex continet, secundum illud : « De me enim ille scripsit (*Joan.* v, 46) » conversa est in sapientiam et tantam, quod omnem sapientiam Ægyptiorum, id est hujus mundi, devorat. Intuemini eam, quoniam stultam fecit Deus sapientiam hujus mundi, postquam manifestavit Christum crucifixum Dei virtutem et Dei sapientiam, qui dixit : « Comprehendam sapientes in astutia eorum. (78) Ubi est litteratus? Ubi verba legi præponderans? Ubi doctor parvulorum? » (*I Cor.* i, 19.) Stulti facti sunt principes Taneos; consiliarii Pharaonis infatuati sunt. Bona fuit talis conversio, qua virga in serpentem transiit, et serpens in virgam rediit, quam tamen perfidi non intelligentes, in opprobria proruperunt, secundum illud : « Exprobraverunt inimici **591** tui, Domine; exprobraverunt commutationem Christi (*Psal.* lxxxviii, 52). » Exprobraverunt scilicet, quod mortuus est Christus, quod tamen non est [exprobrandum, sed venerandum. Hoc est enim mutari a temporali vita ad æternam vitam, a terra ad cœlum, a Judæis ad gentes. Hæc est mutatio dexteræ Excelsi. Oportebat C ergo vitam [*l.* virgam] converti in serpentem, et postea redire in virgam, quia oportebat Christum pati, et resurgere a mortuis ; pati propter peccata nostra et resurgere a mortuis; pati propter peccata nostra delenda, et resurgere propter justificationem nostram complendam, sicut dicit Isaias : « Vulneratus est propter iniquitates nostras; attritus est propter scelera nostra (*Isa.* liii, 5). » Et iterum : « Livore ejus sanati sumus (*ibid.*). » Ecce verus Isaac cum lignis, et Abraham cum ariete inter vepres hærente. Isaac enim deitas est; Abraham, Deus Pater ; aries, humanitas; ligna, crux; virga, vepres Judaicæ malitiæ; spinæ de quibus Propheta : « Exarserunt sicut ignis in spinis (*Psal.* cxvii, 12), » quia invidiæ facibus accensi et malitiæ errore cæcati D æstuaverunt in Christum. Aries vero inter vepres hærens pro Isaac. Isaac non est oblatus, quia non divinitas, sed humanitas voluntate Dei est oblata inter vepres Judaicæ malitiæ laborans. Christus ergo serpens est et aries secundum carnem ; serpens autem, quia mortalis; aries, quia oblatus, et quia in cornibus crucis aereas potestates debellavit, de quibus : « Cornua in manibus ejus, ibi abscondita est fortitudo ejus (*Habac.* iii, 4). » In cornibus quippe crucis non defecit fortitudo ejus, sed abscondita fuit. Latenter enim vicit, qui foris victus apparuit. Unde Ambrosius ait : « Clamat caro peritura sepa-

ratione divinitatis. » Nam mors ibi esse non poterat, nisi vita abscederet. Non autem dicitur separata inde divinitas, quantum ad naturalem unionem quæ erat inter Deum et hominem, sed quantum ad divinæ potentiæ ostensionem. Ibi enim divinam potentiam non ostendit, sed abscondit, quia testante Isaia : « Sicut ovis ad occisionem ductus est, et quasi agnus coram tondente se obmutuit; et non aperuit os suum (*Isa.* liii, 7). » Non exercuit ibi fortitudinem, sed occultavit, opponens eis carnem, in quam sævirent, mortalem. « Si enim cognovissent, ut ait Apostolus, nunquam Dominum gloriæ crucifixissent (*I Cor.* ii, 8). » Cognoverunt tamen aliqui Judæorum de eo, sicut quidam dæmones de eo quædam non ignoraverunt. Noverunt quidem tam dæmones, quam sapientes Judæorum ipsum esse Messiam in lege et in prophetis prænuntiatum, sed nescierunt ipsum esse Deum, vel Dei Filium. Non præscierunt dæmones per ejus mortem se amissuros potestatem, nec Judæi locum et gentem. **592 Non** animadverterunt se vinci, ubi putaverunt se vincere. Minores vero nec ipsum esse Messiam noverunt. Cæcati sunt omnes, quia veritatem oderunt, nec ipsam veritatem intellexerunt, ut novissima providerent.

Meruit hoc superbia voluntatis eorum, quorum voluntas sic superba erat, ut sibi negarent necessarium divinum auxilium. Sed de illa cæcitate quidam sunt illuminati; de illa gentium perditionis massa aliqui sunt liberati, et a Domino misericorditer respecti; illi scilicet pro quibus oravit in cruce, dicens : « Pater, ignosce illis, quia nesciunt quid faciunt (*Luc.* xxiii, 34). » Minores hi erant de illo populo, qui non ex invidia, sed ex zelo Dominum persequebantur, zelum Dei habentes, sed non secundum scientiam. Arbitrabantur enim obsequium se præstare Deo, de quibus ait Petrus : « Scio quia per ignorantiam hoc egistis, fratres (*Act.* iii, 17); » hi ergo de illa pessima generalitate discreti sunt, cum pro eis Dominus orare dignatus est, implens quod tradiderat : « Orate, inquit, pro persequentibus et calumniantibus vos (*Matth.* v, 44). » Ecce magna charitas, ingens pietas, bona pro malis retribuere, benedictionem pro maledictione. Cum enim sint differentiæ sex in reddendis bonis pro malis, inter omnes alias duæ excellunt, et inter omnes una. Duæ nimirum sunt, reddere bona pro bonis et mala pro malis. Item aliæ duæ sunt, non reddere bona pro bonis et reddere mala pro bonis. Item aliæ duæ sunt, non reddere mala pro malis, et reddere bona pro malis, quæ inter alias eminent; sed inter omnes illa eminet, qua redditur bonum pro malo, quod Christus fecit. Pro persecutoribus in cruce deprecatus est, cum sceleratis deputatus, pro peccatoribus crucifixus. Quod per Prophetam ait : « Pro eo ut me diligerent, detrahebant mihi inimici mei; ego autem orabam (*Psal.* cvii, 4). » Non immerito igitur dicitur separata divinitas, quia ibi sæ-

(78) Sensum Apostoli, non verba refert.

fortitudinis brachium, divinitatisque lumen non declaravit. Ibi apparuit quod assumpsit de matre et abscondit quod assumpsit de Patre. In hujus rei figuram præceptum est in Levitico (cap. xvi) summo sacerdoti, assumere duos hircos, unum immolatitium et alterum apopompeium, id est emissarium, quem statuat vivum coram Domino, ut fundata [seu facta] prece super eum, emittat eum in solitudinem. In duobus hircis utraque Christi natura insinuatur. In hirco immolatitio, humana ; in apopompeio, divina. Ille hircus immolatitius ; hic cum peccatis populi, fusis precibus super eum, in desertum mittitur, quia Christus secundum alteram naturam crucifigitur, secundum alteram precibus exoratur ut iniquitatibus nostris propitietur, et in solitudinem graditur, **593** id est in sinu Patris, quo nullus accedit, nisi ipse et Spiritus sanctus. Abiit ergo in solitudinem, id est operandi virtutem cohibuit et abscondit, et nostras iniquitates portavit, non ut haberet, sed ut consumeret. « Deus enim noster ignis consumens est (*Deut.* iv, 24). » In solitudinem igitur, id est in cœlum divinitas tempore passionis abiisse dicitur, non locum mutans, sed quodammodo virtutem cohibens, ut possent impii consummare passionem. Visi sunt ergo Judæi temporaliter prævaluisse, sed vere victi sunt. « Introierunt enim in inferiora terræ, ut ait Propheta', et partes vulpium facti sunt (*Psal.* lxii, 11) ; » quia intus cæcati sunt, et foris captivati sunt ; intus terrenæ cupiditatis voragine absorpti sunt ; foris principibus sæculi, qui vulpibus comparantur, secundum illud : « Dicite vulpi illi (*Luc.* xiii, 32), » misera servitute subacti sunt. Crucis igitur abscondita fortitudine percussi sunt Judæi, qui se vicisse gratulabantur, sicut Jacob luctatus cum angelo (*Gen.* xxxii), adversus eum prævaluit, sed ab eodem in femore percussus claudicavit ; emarcuit enim femoris ejus nervus, quia populus Judaicus de Jacob ortus, adversus Christum videtur prævaluisse corporaliter ; sed percusso nervo claudicavit, quia excæcatis mentibus rectos fidei et veritatis gressus amisit. Victi ergo Judæi sunt in cornibus crucis ; mors enim ibi destructa et diabolus est expugnatus. Unde in eodem Cantico sequitur : « Ante faciem ejus ibit mors (*Habac.* iii, 4). » Et item : « Egredietur diabolus ante pedes ejus (*ibid.*). » Attendite victoriam Redemptoris, quam abscondita virtute crucis procreavit [*f.* procuravit]. Uno enim congressu tria hostium genera debellavit, secundum illud : « Percussisti caput de domo impii (*ibid.*, xiii). » Mortem destruxit, juxta illud : « Ero mors tua, o mors ! (*Ose.* xiii, 14) » qui contra superbum Goliath, id est diabolum dimicaturus non expavit, sed ad luctam quasi gratulabundus properans, et velut castra adversus fortem procedendo movens, a summo cœlo egressus, et « in sole posuit tabernaculum suum » (*Psal.* xviii, 6), quia ab æqualitate Patris ante tempora ineffabiliter egressus, in mundum venit, cum forti præliaturus a Patre exiit, ipsum non deserens venit in mundum, non mutans

locum. Quod ait : « Ego exivi a Patre , et veni in mundum (*Joan.* xvi, 28). » Venit ubi erat, quia in mundo erat, et mundus per ipsum factus est ; sed visibilis apparuit, ubi ante non apparebat. Veniens autem locum sibi providit ad pugnandum accommodum. « Posuit » enim « in sole tabernaculum suum (*Psal.* xviii, 6), » scilicet, carnis dispensationem , in qua venit expugnare errores hujus mundi et belligerare adversus principem mundi. Tabernaculum enim est habitaculum militare, et Dei Filius in carne militans adversus **594** principem tenebrarum, non in tenebris, sed « in sole posuit tabernaculum suum. » Sol tria facit : urit, lucet, tempora distinguit. In ustione labor, id est anxietas passionis ; in luce manifestatio ; in distinctione temporum temporalis alteratio insinuatur. Posuit igitur Christus tabernaculum suæ carnis in sole, id est in labore, in manifesto, sub temporali vicissitudine, secundum illud : « Laboravi sustinens (*Jer.* vi, 11). » Et iterum : « Laboravi clamans (*Psal.* lxviii, 4) ; » in manifesto, quia non venit lucerna ut abscondatur sub modio, sed super candelabrum , ut luceat omnibus qui in domo sunt. Sub temporali varietate, quia per ætatum incrementa profecit, secundum illud : « Proficiebat Jesus ætate et sapientia (*Luc.* ii, 52). »

Sic igitur « in sole posuit tabernaculum suum » pugnaturus contra Goliath superbum, id est diabolum, cum quo certamen iniit, ut liberaret pauperem a potente, et pauperem cui non erat adjutor, id est humanum genus erueret de manu diaboli, quem non sua virtus, sed peccata nostra fortem fecerant, qui dominium super nos usurpavit, non sua virtute, sed ex nostra infirmitate, id est ex nostri desiderii pravitate, secundum illud : « Ne tradas me, Domine, a desiderio meo peccatori (*Psal.* cxxxix, 9) ; » ab illo potente in cruce liberavit pauperem, cui non erat adjutor, quia nec angelus, nec patriarcha, nec aliquis hominum pauperem a potente liberare valuit, nisi ex millibus electus, scilicet, leo de tribu Juda, qui in ara crucis regis simul et sacerdotis officium explevit ; regis, quia expugnavit, et vicit ; sacerdotis, quia obtulit et placavit, nec aliam a se hostiam obtulit, nec alium a se Deum placavit ; offerendo pugnavit, pugnando se obtulit ; et se offerendo, inopem, egenum et pauperem de manu fortiorum ejus, id est diabolicarum potestatum eripuit : scilicet humanum genus, quod est quasi unus homo inops, quia moraliter egenus, quia in labore et sudore panem suum quærit ; pauper, quia de puritate sapientiæ ejectus, inanem et umbratilem habuit sapientiam. Oportuit ergo Filium hominis exaltari in ligno, non solum ut diabolum vinceret, sed ut omnia ad se traheret, ad se utique diligendum, imitandum, secumque regnandum ; diligendum, quia ipse prior dilexit nos, ut nos diligamus eum ; dilexit nos ante mundi constitutionem suæ charitatis dulcedine, quique in tempore præcipuum exhibuit charitatis affectum, ponens animam pro multorum redemptione. « Majorem enim hac dilectionem nemo habet, quam ut animam suam ponat quis pro amicis suis (*Joan.* xv, 13). » Ponendo ergo animam tanquam saluberrimam exempli formam, nos in sui amorem traxit. **595** Ad se quoque imitandum suæ mortis genere nos instituit. Qui enim mortuus est quia voluit et quando voluit, mortuus quoque est quomodo voluit. Hoc enim genus mortis non frustra Salvator elegit, cui alio modo de vita exire licuit. In cujus enim potestate erat mori, vel non mori, et sic vel sic mori, crucem non frustra elegit, ut nos huic mundo crucifigeret, qui dixit : Tolle crucem tuam, et sequere me. Quandiu enim evacuatur corpus peccati, tandiu exterior homo corrumpitur, ut interior renovetur, nobis est tempus crucis.

Semper igitur in hac vita pendere debet Christianus in cruce, non corpore, sed spiritu ; non carne, sed mente; ut spiritualibus præceptorum Dei clavis membra confixa habeamus, ne ad mala moveantur, a quibus ita perfecte quiescere debemus, ut nec eorum visio, nec memoria mentes nostras contingat. Quidquid ergo gestum est in cruce, in sepultura ita gestum est, ut his rebus configuretur vita Christiana. Caligaverunt in cruce oculi Christi, ut avertantur oculi nostri ne videant vanitatem; blasphemiis et conviciis patuerunt ejus aures, ut ad clamores pauperum aures nostræ pateant. Gustavit Christus in cruce acetum et fel, ut amaritudinem passionis fortes simus ad ferendum, malosque nobiscum patienter toleremus, nec eis conformemur, quia et Christus, cum gustasset, noluit bibere, insinuans tales, scilicet, veteres et malos esse ferendos, sed non imitandos. In hoc quoque significavit fortitudine [*f.* formidine] tribulationis non esse obmutescendum a verbo prædicationis. In cruce manus Christi sunt expansæ, ut sua egenis largiri et inimicis addiscerent manus contractæ, manus nostræ [*f.* ut sua egenis largiri addiscerent manus nostræ, nec illis unquam esse contractæ, vel etiam inimicis]. Pedes in cruce clavis sunt affixi, ut in via Dei dirigerentur pedes extorti, pedes nostri. Exaltari ergo voluit in cruce, non frustra, sed ut juxta quatuor crucis distinctiones, quibus quatuor mundi significantur partes, omnia traheret ad se diligendum, imitandum et conregnandum. Omnia, non utique lapides et ligna, sed omnia hominum genera, omnium ætatum populos. Omnes enim et qui præcedebant, et qui sequebantur, clamabant : « Hosanna in excelsis. (*Marc.* xi, 10), » quia nemo præcedentium vel sequentium Incarnationem, sine fide mediatoris Dei et hominum salvari potuit. Ipse enim est vir qui in Ezechiele signat thau- in frontibus virorum omnium qui salvi fiunt. « Veniebant, inquit, sex viri de via portæ Superioris, quæ respicit ad aquilonem, et unusquisque vas interitus in sua manu habebat. Vir quoque unus de medio eorum vestitus lineis, et atramentarium scriptoris ad renes **596** ejus, cui Dominus dixit : Transi per mediam civitatem, et signa thau super frontes virorum gementium et dolentium super cunctis abomi-

nationibus; et dixit sequentibus : Transite per mediam civitatem, et percutite. Omnem autem super quem videritis thau, ne occidatis (*Ezech.* ix, 2). »

Attendite diligenter, fratres, quantus sit vir iste, qui alios signat, et qui sint illi sex viri, qui ad eum veniunt. Sex viri sunt sex ætatum populi, qui veniunt de via portæ superioris. Porta est lex Domini, qua homo dirigitur atque docetur semitas justitiæ, ut intret ad vitam. Unde Propheta : « Aperite mihi portas justitiæ : hæc porta Domini, justi intrabunt in eam (*Psal.* cxvii, 19). » Est autem porta inferior et est porta superior. Porta superior, id est anterior, est lex naturalis ; porta inferior, id est posterior, est lex scripta, quæ respicit ad aquilonem, quæ ab aquilone non liberat. Legis naturalis transgressor primus parens exstitit. Lex autem scripta omnes sub maledicto conclusit. Cumque primus parens sibi omnium primo peccando nocuit per inobedientiam et prævaricationem, universam etiam posteritatem damnavit, mortique usque ad adventum [*sc.* Christi] subjecit : « Regnavit enim mors, ut ait Apostolus, ab Adam usque ad Moysen (*Rom.* v, 14), id est usque ad legem, id est etiam sub lege, quia nec lex naturalis, nec lex scripta mortis valuit auferre dominium. Venerunt ergo sex viri de via portæ Superioris, id est sex ætatum populi, de via legis naturalis, non solum scriptæ, quærentes salutem quam in neutra lege invenerant ; et habebat unusquisque in manu sua vas interitus, id est mœroris, quia non patebat introitus ad cœlum ; et peccati, quia non modo in apostatica radice vitiati erant, verum etiam propria addiderant delicta. « Omnes enim peccaverunt, ut ait Apostolus, et egent gloria Dei (*Rom.* iii, 13). » Unde Jacob canos suos deducendos cum dolore ad inferos plangit. Venit autem unus inter eos vir vestitus lineis usque ad talos, id est Christus, qui sexta ætate venit ad mundi redemptionem, qui quadam singulari virtute a cæteris discernitur, de quo Propheta : « Nunquid Sion dicet : Homo, et homo natus est in ea, et ipse fundavit eam Altissimus (*Psal.* lxxxvi, 5). » Non est homo qui possit dicere, id est persuadere Sion, id est Synagogæ, scilicet quod homo sit in ea natus, et ipse fundaverit eam Altissimus. Non hoc recipit perfida Synagoga. Hic tamen est ille unus, de quo inquit Moyses : « Audi, Israel, Dominus Deus, Deus unus est (*Deut.* vi, 4). » Et Apostolus : « Unus Deus, una fides, unum baptisma (*Ephes.* iv, 5). » Hic unus erat vestitus lineis usque ad talos, in quo munditia humanitatis ac perfectio designatur. Talus quippe **597** est extrema pars hominis; finis est corporis. Talaris igitur linea Christi est humanitas perfecta, quæ ab omni vitio immunis, veritatis et gratiæ plena exstitit, quæque ad hominis redemptionem sufficiens hostia fuit. Unde Propheta ait : « Corpus autem perfecisti mihi. » Hæc est vitula [*seu* vacca] rufa (*Num.* xix), in qua nulla macula erat, quæ jugum non traxerat, quæ cremabatur extra castra, de cujus cinere fiebat aqua aspersionis in emundationem immundorum. Vitula rufa, caro Christi est infirma, sanguine passionis rubricata. Unde : « Quare rubrum est indumentum tuum, et vestimenta tua sicut calcantium in torculari? » (*Isa.* LXIII, 2.) Interrogantibus sic angelis respondet Christus : « Torcular calcavi solus, et de gentibus non est vir mecum (*Isa.* LXXXIII, 3). » Torcular est pressio passionis, quam hominis Filius, non sustinuisse, sed calcasse dicitur. In calcationis verbo duo insinuans, sustinentiam scilicet et victoriam. Sic enim ipse mortem sustinuit, quod sustinendo, eam vicit et destruxit. Unde in Threnis : « Torcular calcavit Dominus virgini filiæ Juda (*Thren.* I, 15). » Merito igitur juvenca erat rufa, quia sanguine passionis tincta. Unde in benedictione Judæ in figura Christi Jacob ait : « Lavabit in vino stolam suam, et in sanguine uvæ pallium suum (*Gen.* XLIX, 11). » Hæc extra castra combusta est, quia extra portam civitatis in loco Calvariæ crucifixa. De hujus cinere fiebat aqua aspersionis, per quam significabatur baptisma, qua mundabantur homines a contactu mortuorum, quia ab iniquitate hujus moribundæ vitæ ac morticinæ per baptismum Christi mundamur, et hyssopo, quæ humilitatem passionis Christi significabat, aspergebatur illa aqua, quia ex fide passionis, et aqua ablutionis completur redemptio nostra. Unde Joannes in Epistola canonica ait : « Ipse est qui venit per aquam et sanguinem Jesus Christus (*I Joan.* v, 6). » Sicut enim per sanguinem agni, et transitum maris Rubri, liberati sunt Israelitæ ab exterminatore angelo, ita his sacramentis præcipue sanguinis et aquæ salvatur Ecclesia. Unde in passione de latere Christi in cruce dormientis profluxerunt sanguis et aqua, sanguis redemptionis et aqua ablutionis, quæ sunt mysteria nostræ salutis. Aqua igitur aspersionis, quæ sortitur virtutem de sanguine redemptionis, fit purificatio contaminationis. Hæc est aqua torrentis quæ in Ezechiele sanat aquas mortui maris et vivificat omnia ad quæ pervenit. Ait enim: « Aquæ descendebant in latus templi dextrum, ad meridiem altaris (*Ezech.* XLVII, 1). » Aquæ istæ intrabant mare Mortuum, et exibant, et sanabantur aquæ, et vivent omnia ad quæ veniet torrens, et erunt pisces multi; post ipsa venerunt istæ aquæ illuc. Miro modo **598** aquis evangelicis atque vivis, aquæ sanantur mortuæ atque intolerabiles, aquæ sine substantia, in quibus nihil potest vivere, quia non noverunt eum qui dicit : « Ego sum vita (*Joan.* XIV, 6), » cujus torrente aquæ creatæ atque mortuæ multos habent pisces, et vivunt omnia ad quæ pervenerint, quia salit ille torrens in vitam æternam, de quo Zacharias : « In die illa egredietur aqua de Jerusalem, et medium ejus in mare primum, hoc est mare Mortuum (79). » Et Ezechiel : « Aquæ ejus egredientur de sanctuario, et erit fructus ejus in cibum, et folia ejus in medicinam (*Ezech.* XLVII, 12).» Miræ virtutis est aqua aspersionis quæ sanat, cibat,

vivificat, quia fit de cinere vitulæ rufæ, id est carnis Dominicæ pretioso sanguine rubricatæ. Ecce vestis talaris, qua vestitus erat ille vir unus, qui habebat ad renes atramentarium scriptoris. Renes posterius sunt homines, [qui] tanquam sequi videntur. Unde et ipsi merito sequaces veritatis significantur, quos ab æterno Deus elegit, præsciens illos futuros conformes imagini Filii sui. Atramentarium ergo scriptoris, doctrina est Dei Patris, quam Christus portavit ad renes, quia eam officio humanitatis exhibuit universo populo, cui per Prophetam dicitur : « Accingere gladio tuo super femur tuum, potentissime (*Psal.* XLIV, 4). » Et ipse in Evangelio ait : « Non veni mittere pacem, sed gladium (*Matth.* x, 14). » Doctrina ergo veritatis gladius dicitur, quia secat carnalia a spiritualibus; et atramentarium, quia spiritualiter scribitur in cordibus fidelium, et scriptoris, id est Dei Patris. Unde ipse ait : « Doctrina mea, non est mea, sed ejus qui misit me Patris (*Joan.* VII, 16). » Et alibi : « Ego a me ipso non loquor (*Joan.* XIV, 10); » qui enim non est a se, non operatur a se, sed ab eo loquitur, a quo est. Quod Domino ad eum dicente : Transivit per civitatem, et signavit thau super frontes virorum gementium et dolentium super cunctis abominationibus : ipse enim juxta voluntatem Patris omnia fecit. Ideoque Patre dicente per civitatem : « Signa thau super frontes virorum gementium et dolentium super cunctis abominationibus (*Ezech.* IX, 4). » Ipse signavit qui signatus est a Patre, secundum illud : « Hunc enim signavit Deus Pater (*Joan.* VI, 17), » ut alios signaret. Signavit autem thau, qui speciem crucis tenet, unde in thau salutare signum crucis intelligitur.

Quod signum [ponit] super frontes virorum gementium, etc., super frontes scilicet corporis et cordis, ut signum crucis super frontes radiet tam corporis quam mentis, ut foris appareat operis exhibitione, et intus resplendeat fidei veritate. Hi sunt duo postes, qui sanguine paschalis agni in Exodo liniuntur, ut ab exterminatore angelo salventur. « Sumus, **599** inquit, de sanguine agni, ac pones super utrumque postem, et in superliminaribus domorum (*Exod.* XII, 7). » Sanguis super utrumque postem ponitur, cum non solum ore corporis, sed et ore mentis hauritur, et ad intentionem [f. ad instructionem, vel imitationem] intenta mente cogitatur. Qui enim sic Redemptoris sanguinem accipit, ut imitari passionem ejus necdum velit, in uno poste sanguinem ponit, qui et in superliminaribus domorum ponendus est. Domus mentes nostræ sunt, in quibus per cogitationem habitamus. Superliminare vero intentio est, quæ præeminet cogitationi et actioni. Qui ergo intentionem cogitationis, ad imitationem dirigit passionis, in superliminari domus agni sanguinem ponit. Idem ergo mysterium tenet sanguis agni super postes Israelitarum positus,

---

(79) Apud Zachariam, cap. XIV, v. 8, sic habetur: *Et erit in die illa: Exibunt aquæ vivæ de Jerusalem,*

medium earum ad mare Orientale, et medium earum ad mare novissimum.

quod Thau signatum super frontes virorum gementium ; et sicut illi per sanguinem, ab exterminatore,
ita hi per Thau a transeuntium percussione salvati
sunt. Ait enim : « Omnem super quem videritis
Thau, ne occidatis (*Ezech.* ix, 6). » Qui hoc signum
non recipiunt, æterna morte pereunt. Qui autem
recipiunt, ab exterminatore liberati perpetuo vivere merentur. Hoc est signum, de quo Propheta
ait : « Signatum est super nos lumen vultus tui,
Domine (*Psal.* iv, 7). » Sed qui hoc lumine signantur? Qui signantis accipiunt testimonium, qui ejus
fide sua signant, id est insigniunt corda, secundum
illud : « Qui desursum [venit], super omnes est ;
qui accipit testimonium ejus, signavit quia Deus
verax est (*Joan.* iii, 31). » Posuit enim in corde
suo quasi speciale signum, hoc est verum Deum, qui
desursum venit ad salutem hominum : Quos ergo
signat qui de cœlo venit, illius charactere mentem
suam signant quo fugent inimicos. Isti sunt duodecim millia in Apocalypsi de tribubus singulis signati.
Illos ad se traxit serpens æneus in ligno exaltatus.
Hoc est lignum in quo botrus de terra sancta portatur a duobus (*Num.* xiii, 15). Hoc est lignum quod
misit Elisæus in aquam ad quærendam securim de
mensa [*f.* de manubrio], quod natavit ad lignum
(*IV Reg.* vi, 5). Hoc est lignum vitæ, lignum dulce,
quod siccavit [*f.* secavit] lignum mortis. In hoc igitur ligno exaltatus est Deus homo, ut qui super omnes est omnia traheret ad semetipsum, diligendum
scilicet, imitandum et videndum, non qualis apparuit in forma servi, sed qualis est in forma Dei, quam
visionem latroni confitenti concessit, dicens : « Hodie mecum eris in paradiso (*Luc.* xxiii, 43), » per
speciem cum me ipsum tibi manifestabo , quod
est (80) esse in paradiso. Esse enim cum eo qui est
vita, hoc esse vere in paradiso. Unde pro magno
munere suis spondet esse secum, dicens : « Pater,
quos dedisti mihi, volo ut ubi ego sum, et illi sint
mecum (*Joan.* xvii, 24). » Non dicit **600** simpliciter : Ubi ego sum, et illi sint, quia ipse ubique est;
sed addidit mecum, quia et miseri possunt esse, ubi
ille est qui nusquam deest, sed non cum illo, quia
non fruuntur eo : Soli enim beati sunt cum illo, qui
soli fruuntur illo ; vident illum sicuti est, quia non
sunt beati, nisi ex eo qui est beatitudo, et vita
æterna ; quam ipse nobis præstare dignetur. Amen.

LXXIII.

IN FESTO OMNIUM SANCTORUM SERMO PRIMUS (81).

« Levavi oculos meos in montes, unde veniet
« auxilium mihi (*Psal.* cxx, 1). »

Non dormit qui oculos levat; laborat qui auxilium
exspectat. Vigilantis igitur et laborantis est ista
vox, quam audistis per os meum. Canticum enim
graduum est, id est canticum ascendentis. Sed quis
est qui ascendit, et unde ascendit? Quare ascendit,
et quo ascendit? De valle lacrymarum ascendit, de

loco quem posuit ei Dominus. Ascendit de virtute in
virtutem (*Psal.* lxxxiii); has enim ascensiones in corde
suo disposuit. Ad triumphalem Ecclesiam ascendet,
[*supp.* militans] filia ad liberam matrem quæ est
in cœlis, donec videat cum illa Deum deorum in
Sion (*ibid.*) Nomine quippe graduum, significatur
ascensus. Qui enim ascendit ad eum, qui omnia fecit in pondere, numero et mensura, cujus ordinatione perseverat dies; necesse est ut gradatim et ordinate ascendat. Qui vero descendit ab illo, ruinam
invenit et præcipitium et non gradus. Unde et legio dæmonum missa in porcos, præceps ruit in mare
(*Matth.* viii). Sane lamentum descendentis esse potest. Inclinavi oculos meos in stercora, unde veniet
judicium mihi. Stercora dicuntur superflua temporalium. Necessaria enim sunt benedictiones dexteræ Domini, quibus pascit homines et jumenta. Hæc
sunt læva ejus sub capite meo. De superfluis autem
dicit Apostolus : « Arbitratus sum ea ut stercora
(*Philipp.* iii, 8). » Et propheta : « Et quid amplexamini stercora pro croceis (*Thren.* iv, 5). » Hæc
enim inquinant et gravant, etiam cum sumas cibum,
ut naturaliter ventrem reficias. Si quid superfluum
infuderis, aut injucundum erit, aut noxium. De superfluis dictum est a Sapiente : Acquiruntur cum
labore , possidentur cum tremore, amittuntur cum
dolore. Cæterum canticum quidem ascendentis
promisimus , [quod] proprium esse potest hodiernæ solemnitatis, ac si diceret Ecclesia : Per
totum anni circulum certis et determinatis diebus levo oculos meos ad aliquem, vel aliquos montium , **601** unde veniet refugium intercessionis
mihi. Hodie levavi oculos meos ad omnes montes,
unde tandem veniet auxilium mihi. Dulce quidem
auxilium in tribulatione. Cum ergo venerit dies illa,
dies iræ, dies calamitatis et miseriæ, liberabunt me
ab auditione mala et a verbo aspero. Quos hæres
enim mundi cœlestis nunc patres habere gaudet, in
fine exspectat judices, ut judicent pupillo et humili,
ne apponat homo ultra magnificare se super terram.
Notandum autem est quod multi montes circumstant Ecclesiam ascendentem; quidam sunt boni,
quidam mali. Ad quosdam fugiendum, et fugiendum
est a quibusdam. Quod ut manifestius fiat, de multis montibus qui in sacra Scriptura leguntur quatuor tantum excipimus, qui quasi circumstant Ecclesiam militantem ab oriente et occidente, ab
austro et aquilone. Et quia prius est quod carnale
est , et postea quod spirituale, ab aquilone inchoe-
mus. Sit itaque mons Gelboe ab aquilone ; mons
Samariæ ab occidente; mons Armeniæ ab austro ;
mons Israel ab oriente. Mons Gelboe sunt aeriæ potestates; mons Samariæ, hypocritæ tristes; mons
Armeniæ, veri pastores; mons Israel, sancti intercessores. Primus est mundus frigidus; secundus,
tepidus; tertius, calidus; quartus, lucidus. Primus

---

(80) F. id est : *Et quem nunc vides tantum per speciem, hodie me ipsum facie ad faciem manifestabo
tibi, quod est, etc.*

(81) Ex Andegavensi.

est lupus; secundus, mercenarius; tertius, pastor bonus; quartus, judex propitius. Primus enim rapit, ut mactet; secundus ducit, ut comedat; tertius satagit, ut custodiat; quartus intercedit, ut ad se trahat. Primus igitur est fugiendus; secundus, tolerandus; tertius, audiendus; quartus, implorandus. Fugiendus est [primus], quia dicit Zacharias : « O, o fugite de terra aquilonis, dicit Dominus (*Zach.* II, 6); » [secundus] tolerandus est, quia dicit Veritas : « Quæ dicunt, facite; et quæ faciunt, nolite facere (*Matth.* XXIII, 3); » [tertius] audiendus, quia Moyses dicit : « Interroga patres tuos, et dicent tibi; majores tuos, et annuntiabunt tibi (*Deut.* XXXII, 7); » implorandus [quartus], quia dicit Propheta : « Laudate Deum in sanctis ejus (*Psal.* CL, 1).» Sed quia Angelus Satanæ sæpenumero transfigurat se in angelum lucis, ut paries dealbatus oculos fallit intuentium, magna diligentia adhibenda est in eorum cognitione. Sed audivimus Veritatem docentem nos et dicentem : « A fructibus eorum cognoscetis eos (*Matth.* VII, 20), » id est ab eventibus transactis et operibus quotidianis. De eventibus legimus in historiis, sed de operibus in libro experientiæ legimus quod in montibus Gelboe Philisthæi prævaluerunt adversus populum Dei, et Saul et Jonathas amabiles valde ceciderunt in illo, et fortes Israel et inclyti **602** pariter interfecti sunt (*I Reg.* XXXI). Hic labor est dæmonum, ut dejiciant populum Dei, cum primi parentes adhuc dicere poterant : Nos duo turba sumus, invasit eos terror ab aquilone, ita ut facere sibi perizomata cogerentur (*Gen.* III). Regum maxime et sacerdotum sanguinem quærit, ut percusso pastore dissipet oves de facili; hausto enim fonte, spem habet ut influat Jordanis in os ejus : « Cibus enim ejus, cibus electus, fenum tenuissimum quasi bos comedit (*Job* XL, 10). » De montibus Samariæ legitur quod vaccæ pingues Samariæ pascebantur super eos (*Ose.* X), qui vitulos aureos fabricaverunt in Dan et Bethel, qui averterunt cor populi ut iret post deos alienos. Hi sunt qui super cathedram Moysi sederunt, alligantes populo onera importabilia, ipsi autem digito suo nolunt ea movere, qui de grege Domini lac quærunt et lanam, sed de salute animarum est in eorum pectore cura minor. Quod infirmum est non visitant, quod fractum non consolidant, quod erroneum non revocant. Si quid autem validum, mactant. De quibus Dominus per Amos prophetam ait : « Væ vobis qui opulenti estis in Sion, qui confiditis in montem Samariæ, optimates, capita populorum, ingredientes pompatice domum Israel (*Amos* VI, 1).» Super montes Armeniæ requievit arca Noe, dum adhuc aquæ diluvii inundarent super terram. Hi sunt pastores veri, parati ponere animas suas pro ovibus suis; qui objiciunt se murum pro domo Israel; arca Noe in quo sunt adhuc mundo cum immundis mista communibus, in mediis fluctibus portant, donec cessante omni inundatione egrediantur octo animæ, quæ cum eo salvantur, id

est quotquot ad octavam benedictionis præordinati sunt.

In vertice montium Israel est mons Moria, in quo fabricatum est templum, ubi est altare, sanctuarium, et sanctuarii sanctuarium [*f. sancta sanctorum*], arca fœderis, propitiatorium et cherubim, rex et sacerdos, ephod et diadema et universum sanctum sæculare. Hi sunt spiritus beati, qui cum Domino regnant, templum scilicet admirabile, quod fecit ille qui fabricavit auroram et solem, quorum exemplari, et umbræ, levitici servierunt et sacerdotes. Consideratis autem eventibus montium antiquis, opera eorum quotidiana licet intueri, quæ visis eorum sessoribus innotescunt. Super enim primum montem sederunt quatuor fabri periculosi; super secundum, quatuor viri ridiculosi; super tertium, quatuor viri gloriosi; super quartum, rex gloriæ, non jam pedibus et facie velatis, sicut vidit eum Isaias, sed revelata facie vident eum qui in eum crediderunt. Vidit equidem Zacharias (cap. I) quatuor cornua, quæ venerant **603** ut ventilarent Judam et Jerusalem, et quatuor fabros ad comminuenda cornua. Nos autem, salva pace prophetæ, fabros ventilantes Judam et Jerusalem interpretamur, de quibus Ecclesia dicit : « Supra dorsum meum fabricaverunt peccatores, prolongaverunt iniquitatem suam (*Psal.* CXXVIII, 3). » A principio enim latentis Ecclesiæ, posita est inter malleum et incudem, et a sanguine Abel justi, usque ad finem mundi, non defuit, aut deerit iniquitas premens, et justitia patiens; quam periculosi sint fabri isti, a flatibus eorum perpendimus. Primus enim emittit spiritum ignis; secundus, spiritum sulphuris; tertius, spiritum caliginis; quartus, spiritum procellarum, qui omnes etsi nunquam spirare intermiserint, præcipue tamen tempore martyrum, spiritus ignis nocuit terræ et mari, cum viri fideles proscribebantur in exsiliis, vexabantur tormentis, occidebantur mortibus exquisitis. Hæreticorum vero tempore desævit spiritus sulphuris, quia hæretici pessimis exhalationibus totum aera fere infecerunt, de quibus scriptum est : « Sepulcrum patens est guttur eorum, linguis suis dolose agebant, venenum aspidum sub labiis eorum (*Psal.* V, 11). » Tempore vero falsorum fratrum, quod nunc agitur, dominatur spiritus caliginis, dum genimina viperarum latrant in visceribus, latera matris concutiunt, speciem quidem pietatis habentes, operibus impietatis vacant; nomen Christianum confitentes, vel profitentes, sed unitatem Christianitatis, quantum in ipsis est, abrumpunt; putrida membra in Ecclesia, pro quorum putredine timendum est ne pars sincera trahatur. In diebus vero Antichristi flabit spiritus procellarum, id est persecutio ex omnibus istis composita, in qua, si fieri posset, movebuntur etiam electi.

Quatuor viros sedentes super montes Samariæ vidit quidam Patrum in spiritu : Vidi, inquit, spiritum, qui buccis tumentibus maritimam masticabat arenam. Secundus, fornaci accensæ incubans, scintillas ex ea volantes faucibus suis influebat. Tertius super pinnaculum templi sedens, spiritum lenis auræ patulo ore suscipere lætabatur, et ut magis influeret, manu et flabello aera concitabat. Quartus ridebat singulos, non minus ab aliis deridendus; carnes enim membrorum suorum sugere laborabat, nunc manum, nunc brachium, nunc pedem, nunc tibiam ori applicans; accedensque propius, facies eorum terribiles aspectu, propter eorum maciem incomparabilem, contemplabar et sciscitabar cur hoc agerent. Fame indicibili accepi eos laborare, et occurrit mihi illud Prophetæ : « Aruit tanquam testa virtus mea (*Psal.* xxi, 16), quia oblitus sum comedere panem meum. » Fames **604** istorum indicibilis est cupiditas quadripartita, opum, bonorum, inanis gloriæ, voluptatum. Naturalis fames multum per cibum refocillari potest, licet non exstingui. Sed ista semper pandit novos hiatus. Avidus opum nunquam dicit : Sufficit. Hic est qui arenam masticat. Tyrannus potens tanquam sanguisuga invincibiliter semper sanguinem sitit; et hic scintillas sibi influit cupidus inanis gloriæ, ut totum sorbeat aera, nullum sustinebat remedium. Voluptati deditum etiam philosophus (82) gentium contemptibilem prædicavit, et suibus comparandum. Amatores talium in montibus Samariæ etiam sub cinere et cilicio inveniuntur. Sunt de curribus, qui super montes Armeniæ requiescunt, scilicet currus Helpe [*f.* Eliæ], currus Aminadab, plaustrum novum, super quem relata est arca Domini de terra Philisthinorum : « Currus Dei decem millibus multiplex, millia lætantium, Dominus in eis, in Sina, in sancto (*Psal.* lxvii, 18). » Ii sunt virgines continentes post lapsum, prælati, conjugati. Virgineus enim currus igneus est sursum ferens, quia vehit igneum, id est sidereum; imo angelicum est vivere in carne supra carnem; esse in carne, non agere quæ carnis sunt, ubi homo sibi injuriam facit, ubi natura patitur repulsam. Currus autem Aminadab, quod sonat *spontaneus Domini*, sunt qui post lapsum voto se astringunt continentiæ, pro quibus dicit sponsam animam suam turbari timore; sed de his primum timendum est ne revocent [*f.* revocentur, *vel* revolent] ad consueta. Grave enim est relinquere consueta, et fere est impossibile triumphare de carne, si de nobis ipsa prius triumphaverit. Plaustrum novum, quod traxerunt vaccæ mugientes usque ad agrum Josue Bethlehemites (*I Reg.* vi), doctores sunt ecclesiastici, qui mugitibus suis replent cardines terræ, donec Ecclesiam quam vehunt, non declinantes ad dextram vel ad sinistram, in agrum Josue introducant : scilicet donec fideles fiant hæredes Dei, cohæredes autem Christi, sicut ipse ait : « Volo, Pater, ut ubi ego sum, illic sit et minister meus (*Joan.* xii, 26). » Currus autem Dei decem millibus multiplex, sunt conju-

gati, quorum copiosa multitudo in Ecclesia Dei, qui etiam multiplicationi hominum student, juxta id quod dictum est a principio : « Crescite et multiplicamini, et replete terram (*Gen.* i, 22). » Super montes Israel sedet noster [*supp.* Salvator, *seu* fons] irrigans, irrigans eos de superioribus suis, et mittens ex eis quædam stillicidia stillantia super terram, quibus quasi leviter irrorata Ecclesia ascendens, quid de circumstantibus montibus sentiat, inter medium montium exclamat, dicens : Averti oculos meos a montibus Gelboe, unde venit naufragium mihi. Inclinavi **605** oculos meos ad montes Armeniæ, unde venit quandoque auxilium mihi. Intendi oculos meos ad montes Armeniæ, unde venit solatium mihi. *Levavi oculos meos ad montes Israel, unde veniet auxilium mihi.* Potest etiam canticum istud esse spirituale. Responsio contemplativi viri et claustralis contra irrisores alicujus degentis in sæculo, et insultantis ei de abjectione sua, qua elegit esse in domo Domini, magis quam habitare in tabernaculis peccatorum. Ego enim spem ponens in incerto divitiarum, cujus Deus venter, et gloria in confusione, pauperem monachum insultationibus non ferendis aggredior, dicens : Utquid contemnis divitias hujus mundi? Nescis Job gregibus et armentis abundantem, singulariter a Domino commendatum in hunc modum? « Considerasti servum meum Job, quod non sit ei similis in terra? » (*Job* i, 8.) Exceditne a memoria tua David rex et propheta, qui super omnes temporis illius opibus abundavit; de quo dixit Dominus : « Inveni virum secundum cor meum? » Ignoras opes esse materiam eleemosynarum, quas Dominus præceptis affectans, ait : « Date eleemosynam, et ecce omnia munda sunt vobis? » (*Luc.* ii, 41.) Audi præcursorem Domini, cum ad ipsum baptizantem peccantium conflueret multitudo, quærentium quid igitur facto opus esset, non ait : Jejunate, vigilate, orate, elongate fugientes, et manete in solitudine, sed ait : « Qui habet duas tunicas, det non habenti (*Luc.* iii, 11), » et de escis similiter faciat.

Præterea, quid in conjugio damnas, frater? Utquid abhorres conjugium, Adæ tanquam primitias omnium sacramentorum recenter facto commendatum? Videtur Satanas quasi latenter introduxisse continentiam, ut Pentapolim sibi viscera restauraret. Senex fidelis persona, Abraham loquitur, in conjugio placuit Deo, adeo ut filium susciperet contra spem, in spem futuræ benedictionis. Per ipsum Jacob de multiplicatione liberorum commendatur, in septuaginta animabus ingressus Ægyptum. Christus etiam de virgine nasci noluit, nisi conjugata. Ab his cur fugis communem hominum cohabitationem? Si militaveris Deo, luceant bona opera tua coram hominibus, ut glorificent Patrem tuum, qui in cœlis est. Adversus hæc, vir claustralis, noli contendere verbis, sed modeste, ut decet,

---

(82) *Forte* Seneca.

subjunge : Frater, vera proponis ; multiplices viæ sunt ad Deum, sed aliæ aliis tutiores. Valles sunt et colles per quos longo itinere ire doces; compendia quæro, et idcirco *levari oculos meos in montes, unde veniet auxilium mihi.* Duos enim montes ostendit primipilus meus Christus cæteris eminentiores, humilitatem scilicet et obedientiam. Audi **606** eminentiam humilitatis : « Qui vult esse major inter vos, sit omnium minister (*Matth.* xx, 26). » Et alibi : « Quanto minor eris in oculis tuis, tanto major eris in oculis meis, » dicit Dominus. Adverte de obedientia, quia « factus est Dominus obediens usque ad mortem, mortem autem crucis, propter quod et Deus exaltavit illum, et dedit illi nomen quod est super omne nomen (*Phil.* ii, 8). » Per hos montes præcelsos exsultavit Christus ad currendam viam ; expeditius volo sequi currentem. Bonæ sunt opes, sed onerosæ. Alexander Macedo, ut expeditius hostem insequeretur, opes onerosas dejecit in eremo. In conjugio sane, sicut et in parva Segor, possum salvari, sed attendo Lot potius ascendere montes ut salvaret animam suam. Adhuc tamen ego insulto viro claustrali : Bona sunt quæ dicis, nisi quod in futuro tantum spem pones tibi, cum dicis : *Unde veniet auxilium mihi.* Veniet, vox dilatoria est, vox corvina. Bonum est etiam præsentium participatione lætari, quia in usus nostros cavet Deus. Et tu, vir claustralis, ad hoc responde : Nolo in his gaudere, cum audiam : « Væ vobis qui ridetis ; beati qui nunc fletis (*Luc.* vi, 21). » Christum quem nunc sequor, flevisse lego, risisse nunquam lego. Dilatio vero auget desiderium, quia quanto crescit, tanto crescit et meritum. Unde : « Exspecta Dominum, viriliter age, et confortetur cor tuum, et sustine Dominum (*Psal.* xxvi, 14). » Si ego tecum modo non oneror opibus, non vehor equis et curribus, non operior pellibus, non saginor pinguibus, non foveor amplexibus, non delector confabulationibus : scio cui credidi, reposita est mihi corona justitiæ ; induar duplicibus, cum apparuerit gloria Domini. Si sic locutus fueris mihi, vir bone, opilabis os meum, et ego apponam digitum ori meo, et pro modulo meo tentabo tecum levare oculos meos ad montes. Verumtamen quia ardua est via quæ ducit ad vitam, levemus singuli, levemus universi oculos ad montes, unde veniet auxilium nobis, quorum meritis et precibus levet nos ab infimis ad dexteram Patris Jesus Christus Dominus noster, Judex noster, cum venerit judicare vivos et mortuos et sæculum per ignem. Amen.

LXXIV.

IN FESTO OMNIUM SANCTORUM SERMO SECUNDUS (85).

« Omnia vasa quæ fecit Hiram regi Salomoni de aurichalco erant. In campestri regione Jordanis fudit ea rex in argillosa terra (*III Reg.* vii, 45). »

Spiritu sancto docente per Salomonem, fratres

(85) E ms. Andegav.

mei, didicimus quod : « Mala aurea **607** in lectis argenteis, qui loquitur verbum in tempore suo (*Prov.* xxv, 11). » Verbum Dei tempore competenti in omnium sanctorum honorem dicere proposuimus. Lectos argenteos, id est auditores divinis eloquiis eruditos et capaces, adesse conspicimus, in quibus tanquam lectis argenteis doctrina veritatis requiescat, et in spiritu exhibendæ operationis se suscipi gaudeat. Tempus competit, capacitas non deest, locus non discrepat. Mala aurea, id est perfectas sapientiæ sententias nobis deesse profitemur ; sed utinam aliquid vel modicum auditu vestro non indignum, et tempori congruum proferre valeamus. Horum vero verborum quæ proposuimus brevitate, si subtilius inquirantur, sanctorum præsens et futura excellentia demonstratur, et multiplex gratia ipsorum profectu et præmio declaratur. Dicitur quippe ad litteram, quod Hiram fecit regi Salomoni vasa templi ex ære [*seu* aurichalco] mundissimo in ornatum domus Domini. Salomon interpretatur *pacificus*, et nostrum pacificum significat, id est Dominum Jesum, qui soluto pariete inimicitiarum, pacem fecit et his qui prope, et his qui longe, id est Judæis et gentibus ; qui super pacem reconciliationis, dabit pacem immortalitatis. Qui etiam Idida, id est *dilectus*, dicitur Dei Patris. Unde : « Hic est Filius meus dilectus, in quo mihi bene complacui (*Matth.* xii, 18). » Et Ecclesiastes, id est *concionator*, qui ex dilectione et gratia concionem fidelium colligit et alloquitur, et per carnis nostræ susceptionem visibilis mundo apparens de cœtu fidelium per se et per ministros suos domum Domino construere studuit, quam in futuro præsentia suæ visionis et habitationis illustrabit. Qui fideles bene dicuntur vasa in honorem, non in contumeliam, fortia, non fictilia, et ideo ex ære mundissimo perhibentur facta. Æs quippe fortissimum est metallum et durabile, quod nulla consumitur rubigine et sonorum valde. Sancti autem et hic peccatorum, sive laudis confessionem resonant, ut hymnos cœlestes in futuro plenius cantabunt, et tunc secundum corpus fortissimi erunt, nulla vetustate rubiginis consumendi. Ii etiam student pro viribus et carne, et spiritu mundari, et nulla tribulationis tempestate ab amore Dei valent separari. Occidi possunt, sed flecti nequeunt. Unde Apostolus : « Neque mors, neque vita, neque aliud separabit nos a charitate Christi (*Rom.* viii, 39). » Hæc vasa in auxilium regis Salomonis Hiram fudit artifex egregius et admirabilis. Hiram interpretatur, *excelse vivens*, et figurat Spiritum sanctum, qui sicut postulat, id est postulantes facit, ita excelse viventes reddit, quorum scilicet conversatio in **608** cœlis est. Ita facit vasa ex ære, imo elegantius dicitur fundere, quia Deus noster ignis consumens est. « Lapis enim solutus calore, dicit Job, in æs vertitur (*Job* xxviii, 2), » dum qui frigidus erat per infidelitatem, et durus per insensibilitatem, igne

Dei liquefactus, in veram mutatur fortitudinem ; A et qui prius fortis erat in malo, insuperabilis fit in bono. Ecce vas pretiosum in donaria Dei separatum. Talis fuit Paulus vas electionis appellatus. Mirabilis artifex iste implet citharistam puerum, et Psalmistam reddidit ; implet continentem puerum, id est Danielem, et facit judicem senum [incontinentium]. Implet opilionemsi comoros vellicantem, id est Amos [pastorem de Thecue], ac prophetantem dirigit. Hæc est mutatio dexteræ Excelsi, id est excelse viventis, scilicet Hiram. Fundit autem in terra fornacem, id est tribulationis laborem. Unde : « Da nobis auxilium de tribulatione (*Psal.* LIX, 13), » id est tribulationem in perfectum [*f.* profectum] convertit, quoniam « vas figuli probat fornax, et homines justos probat tentatio tribulationis (*Eccli.* XXVII, 6) ; » tribulatio patientiam operatur, patientia, probationem ; probatio vero spem ; spes autem non confundit (*Rom.* V, 5), » quia per tribulationem patientia exercetur, exercitio probatur, ut spes proximi cumuletur. Vas ita formatum ad modum æris clariorem reddit sonum, quem ad Deum beatus Job orbitate filiorum et damno rerum percussus, non in blasphemias, sed in divinæ laudis professionem prorumpit, dicens : « Dominus dedit, Dominus abstulit ; sit nomen Domini benedictum (*Job* I, 21). »

Hæc autem vasa per nostri artificis industriam formantur in terra argillosa, de qua factæ sunt formæ ad fundenda vasa, sed ipsas formas Hiram facit. Per has formas divina Scriptura sanctorum continens exempla demonstratur, qui secundum corpora fuerunt terra, et terra fructuosa, faciens fructum tricesimum, sexagesimum et centesimum : unde in Job dicitur : « Terra de qua egrediebatur [*Vulg.* oriebatur] panis (*Job* XXVIII, 5), » id est doctrina refectionis. Hæc autem dicitur argillosa : argilla quippe mollis, et formis quibuslibet imprimendis vel faciendis est idonea. Per quod sanctorum mandatis divinis exsequendi promptior monstratur obedientia. De quorum exemplis formula, id est regula bene vivendi nobis præparatur, donec formetur Christus in nobis. Dicitur ergo [quod] Hiram, id est Spiritus sanctus condidit terram et argillosam, et de ipsa formam ad alia vasa formanda, D quia tales ab initio mundi instituit sanctos priores, ad quorum similitudinem per ejus gratiam informaren ur sequentes. Ipsæ autem formæ inter quas formantur vasa, igne postea formatæ fuerunt, quia sancti Patres invincibiles in tribulationibus perstiterunt. **609** Æs autem igne liquefactum argillæ formas ingreditur, ut possit vas aptum ministeriis cœlestibus effici, cum ipsi salubriter humiliati, et flamma divinæ charitatis, vel humanæ adversitatis emolliti, viam Patrum bene operando intrant, ut ad eorum præmia bene currendo perveniant. Sicut enim non semper vasa in formis argillæ tenebantur inclusa, ita sanctos regulis bene operandi non semper necesse est arctari, sed completa operatione

bona, palma beatæ retributionis debet separari [*f.* præmiari]. Quemadmodum postquam vasa ad perfectionem venerunt, fractis formarum claustris producuntur in lucem, et [*f.* ita] bene in opere facili latens, et secreta, et efficax ostenditur gratia Spiritus sancti, quam sapientia artificis in metallo fluenti pene sine adminiculo interius dignoscitur operari ; ut quia [*f.* quasi] subito vas speciosum de latenti artificio proferatur in medio. Unde : « Spiritus ubi vult spirat, et vocem ejus audis, et nescis unde veniat, aut quo vadat ; sic est omnis qui natus est ex spiritu (*Joan.* III, 8), » qui quando vult et ubi vult et prout vult spirat et erudit, replet et instruit. Invisibilis enim invisibiliter operatur. « Spiritus enim Deus est, et eos qui adorant eum, in spiritu et B veritate oportet adorare (*Joan.* IV, 14). » Hic est ignis quem Dominus misit in terram, et voluit vehementer. accendi, ad formanda vasa domus Domini. Hinc alii constituuntur apostoli, alii pastores et doctores, diaconi, presbyteri, episcopi et cæteri, quos distinguit Spiritus sanctus speciei domus, dividens singulis prout vult. Et hæc quidem opera sanctorum tanquam formæ confractæ finem habent quantum ad laborem, quia ubi coronam justitiæ acceperint, cessabunt officia laboriosæ operationis, sed nihilominus, imo perfectius Spiritus sanctus per charitatem in electis regnabit. Nec tacendum est quod et in formis minus argillosis formantur solidiora, id est ærea, juxta illud : « Aruit tanquam testa C virtus mea (*Psal.* XXI, 16). » Cumque sancti Novi Testamenti perfectiores fuerint sanctis Veteris Testamenti, juxta illud : « Nos primitias Spiritus habentes (*Rom.* VIII, 23) ; » et : « Multi reges et prophetæ voluerunt videre, et non viderunt ; audire, et non audierunt (*Luc.* X, 24). » Tamen quia multo major erit sanctorum in futuro soliditas, quam in præsenti, sicut æs multo solidius terra esse constat, formantur hæc omnia in regione Jordanis. Jordanis interpretatur *descensus*, in quo celebratus est baptismus. Baptizatos autem a tumore superbiæ oportet humiliari ; et antiqui baptismum futurum crediderunt. Nos vidimus exhibitum et exhiberi. In illis præcessit **610** figura [eorum] qui in Moysi et in mari baptizati sunt : Nobis autem data est veritas D quæ salvat ; et ideo illi quasi ultra Jordanem, nos vero citra Jordanem subsistimus. Quod bene significatum est in duabus tribubus et dimidia quæ ultra Jordanem terræ portionem acceperunt, et in reliquis quæ citra Jordanem hæreditatem habuerunt. Et illi habebant pecora multa, isti pauca : quia illi plus intendebant temporalibus, isti autem relictis omnibus nudi nudum sequuntur Christum. Dicitur etiam regio campestris, quia populus fidelis colligitur ex gentibus, non solum ex Judæis in mundi latitudine conversis. Unde : « Audivimus eam in Ephrata, invenimus eam in campis silvæ (*Psal.* CXXXI, 8). » Nec vacat mysterio quod in constructione templi Salomoniaci, David pater Salomonis [in] sumptus et impensas copiam auri et argenti dicitur præparasse ;

et Hiram eidem Salomoni in artificio et aliis quibusdam auxilium præbuisse. David enim in hoc loco figuram Dei Patris tenet, qui Pater est nostri Salomonis; et *manu fortis*, quia per manum, id est Filium potenter operatur, qui ad Ecclesiæ constructionem quæque necessaria ab æterno præparavit, et electorum numerum et meritum æterna dispositione et electione prævenit, quatenus ita fieret in tempore, sicut erat ante tempora in ejus voluntate. Hiram, ut præmissum est, significat Spiritum sanctum; Salomon, Christum. Et hi tres unum sunt, et sibi cooperantur, quia individua sunt opera Trinitatis. Quæcunque Pater facit, hoc et Filius, hoc et Spiritus sanctus. Unde : « Verbo Domini cœli firmati sunt, et spiritu oris ejus omnis virtus eorum (*Psal.* xxxi, 6). » Dicitur autem David necessaria præparasse Salomoni; Hiram fudisse vasa Salomoni; omnia enim spectant ad honorem Christi, per quem gloriosus in carne apparuit, et sponsam, id est Ecclesiam, natura et gratia sibi copulavit. Unde Isaias : « Omnibus his tanquam vestimento vestieris (*Isa.* xlix, 18). » Item Hiram amicus David et Salomonis exivit, quia Spiritus sanctus amor est Patris et Filii, amborum vinculum et connexio. Item rex David memoratur, et Salomon et Hiram similiter. Hi tres, non tres reges, sed unus rex qui nos hic regit ad justitiam, in futuro ducturus ad gloriam. Unde : « Dominus regit me, et nihil mihi deerit, in loco pascuæ ibi me collocavit (*Psal.* xxii, 1). » Ecce audivimus qualiter et per quem sanctis, quorum hodie solemnia celebramus, tanta præstita [fuerit] gloria. Ad quorum consortium, eorumdem suffragantibus meritis, perducat nos qui vivit et regnat in sæcula sæculorum. Amen.

611 LXXV

IN FESTO OMNIUM SANCTORUM SERMO TERTIUS (84).

« Descendi in hortum nucum, ut viderem poma « convallium, et inspicerem si floruisset vinea et « germinassent mala punica (*Cant.* vi, 10). »

Dignum valde est, fratres mei, in festivitate omnium sanctorum pro parvitate nostra aliquid nos loqui ad eorum gloriam et ædificationem nostram. Justum quippe est quantum possumus eos attollere præcóniis, quorum jugiter fulciri postulamus suffragiis; et si cuilibet sancto debitum honorem nos convenit impendere, omnibus sub una celebritate collectis, quid dignum possumus exhibere? Quanto enim erga nos cumulantur beneficia, tanto erga ipsos propensior debet esse affectio nostra. Ita demum nobilis fiet eorum memoria, si ipsorum exemplis et meritis augeantur bona nostra. Nec dubitandum est hanc solemnitatem divina inspiratione institutam, ut qui per anni circulos singulorum sanctorum natales, vel propter desidiam, vel propter ignorantiam, vel rei sæcularis occupationem, seu ex aliis causis minus honoramus, quod in illis minus et male factum est, in hac pro posse compensare satagamus. Sicut autem in Veteri Testamento, in aliis festivitatibus de diversis fructibus, vel frugibus, vel animalibus competentia sacrificia offerebantur; verbi gratia, in Pascha agnus cum lactucis agrestibus, et spicæ coctæ; in Pentecoste, panes primitiarum, et sic in cæteris juxta legis decretum quædam propria sumebantur et Deo offerebantur; in scenopegia vero, de omnibus fructibus terræ vel anni : ita in aliis festis, modo unius apostoli, aut martyris, aut confessoris, aut virginis, vel plurium virtutes recolimus; in ista autem omnium communiter festa memoramus. Constat ergo si numerus, vel nubes peccatorum non obstat, non solum angelorum frequentiam, sed et divinam majestatem nostræ interesse devotioni, sicut Spiritus sanctus per Salomonem in Cantico canticorum testatur, dicens : *Descendi in hortum nucum.* Sed quomodo descendit qui ubique est, aut quo ascendit qui nusquam deest, juxta illud : « Si ascendero in cœlum, tu illic es; si descendero in infernum, ades (*Psal.* cxxxviii, 8).» Et : « Neque ab oriente, neque ab occidente, neque a desertis montibus ? » (*Psal.* lxxiv, 7.) Descendere tamen dicitur quatuor modis. Est descensus animadversionis, ut ad Sodomam puniendam. Est et protectionis, ut ad Hebræos de terra Ægypti **612** liberandos. Est et Incarnationis. Unde : « Inclinavit cœlos, et descendit (*Psal.* xvii, 20). » Et demum visitationis, ut hic. Hoc ultimum etiam quatuor modis fit descensionis genus. Descendit enim errantes corrigendo, infirmos sublevando, bene agentes confirmando, maturos in requiem collocando. Sic descendit in hortum, id est Ecclesiam, qui cum alibi aliis figuris, ut in aera [*f.* arce, *seu* area], domo, tabernaculo, templo exprimatur, multo elegantius totius universitatis decor in horto intelligitur. In quo quatuor maxime considerantur. Fons irrigans, id est baptismus vel doctrina salutaris; deinde herbæ unde unguenta parantur, id est dona Spiritus sancti, quæ sunt prima virtutum fomenta. Inde arbores, id est fideles in altum proficientes; postea fructus, id est manna, unde spiritus reficitur. Hæc autem quatuor, quatuor præcedentibus convenienter aptantur; fons, id est doctrina corrigendi datur; unguentis infirmi sublevantur; arbores, id est proficientes conformantur [*f.* confortantur]; fructus in requie collocantur. Hortus iste unicum [*f.* nucum] præcipue est. Nux quatuor habet; tres cortices, et nucleum, qui cum illis aut non comeditur, aut minus dulciter sumitur. Est cortex exterior nativus terrestris, amarus, cum quo nucleus non comeditur, a corrigente peccatum, cum quo nemo salvatur, aut Christo incorporatur. Secundus cortex, ligneus et durus, cum quo idem nucleus non comeditur, id est criminale peccatum, quod nisi tollatur, nemo ad salutem admittitur. Tertius cortex interior tenuis, id est veniale peccatum, quod nisi auferatur, nucleus minus sapide manducatur. Ut ergo in sua dulcedine

---

(84) E ms. Andegavensi.

nucleus sumatur, diligenter ab his tribus emun- A detur.

Sequitur : *Ut viderem poma convallium.* Duplex vallis duplicem humilitatem significat, id est cordis et corporis. Poma confessores designant, fidei, spei et charitatis, et cæterarum virtutum odore Deo placentes. Qui enim virtutes sine humilitate congregat, in ventum pulverem portat.

Et inspicerem si floruisset vinea. Per floris candorem, munditiam et odorem, decor virginitatis decenter exprimitur. Floribus enim Ecclesiæ, nec rosæ, nec lilia desunt. Flos iste vineæ vel vitis est, id est de gratia Christi et ejus imitatione procedit. Per *mala punica* martyres denotantur propter rubeum corticem, multa grana interius continentem. Nullus enim sine multarum virtutum merito ad palmam martyrii pertingit. Et notanda est verborum proprietas. Poma videntur; flores et mala punica tanquam diligentius inspiciuntur. Istæ sunt pelles rubricatæ et hyacinthinæ tabernaculo suppositæ [*f.* superpositæ] (*Exod.* xxv). Saga et cortinæ, et cætera **613** hujusmodi terram, vel prope terram tangunt, quod non ista duo. Nam martyr in tormentis positus omnia mundana relinquere, et ad videndum [Dominum] mundi desiderat pervenire, id est ad Christum, qui est flos virginum, corona martyrum, gratia continentium. Virgines vero dum carnalem copulam intuitu majoris præmii transcendunt, altiorem cæteris fidelibus sibi sedem eligant. Profecto, ut dicit Hieronymus : « In carne præter carnem vivere, C non terrena vita est, sed cœlestis. » — « Hi sequuntur [Agnum] quocunque ierit (*Apoc.* xiv, 4). » Ecce quanta et qualis est præsentis diei solemnitas, quæ tantis et talibus patronis constat honestata; et sicut olim perscenopegiam præfigurata videtur, ita futuræ vitæ statum plenius festivitatibus cæteris depingit. Aderunt enim collecti de omnibus mundi partibus sancti, quotquot fuerunt, aut futuri sunt, et venientes venient cum exsultatione portantes manipulos suos, cum absterget Deus omnem lacrymam ab oculis sanctorum, et abstulerit sordes filiarum Sion, et conferet eis «quod nec oculus vidit, nec auris audivit (*I Cor.* ii, 9), » ut qui interim [*f.* olim] dispersi fuerant, et miseriis expetiti, tunc in unum collecti, recumbant cum Abraham et Isaac et Jacob in regno cœlorum. Quanta gloria, qualis venustas, cujusmodi decor, cum singulorum facies fulgebit sicut sol! Et hæc modica gloria ad comparationem divinitatis, quæ est vita æterna. Habebit utraque natura jucunditatem suam. Oculi corporei, Christi et omnium sanctorum glorificatam carnem ad videndum, oculi interiores adipem frumenti, id est ipsam deitatem ad fruendum. De qua cum nulla lingua dicere sufficiat, nec meditatio cordis humani plene possit intelligere priusquam videat, ne temeritatis arguamur, divino potius hoc consilio relinquemus. Quia vero non prodest interesse festis hominum, si

deesse contingat festis angelorum, ad ipsos vota et orationes convertamus, ut ad eos, de quibus loquimur, pervenire mereamur, præstante Domino nostro Jesu Christo, qui vivit et regnat in sæcula sæculorum. Amen.

LXXVI.

IN FESTO SANCTI NICOLAI SERMO UNICUS (84*).

De continentia.

« Sint lumbi vestri præcincti, et lucernæ ardentes « in manibus vestris (*Luc.* xii, 35). »

Omnia quæ dicuntur, fratres mei, non solum ex sermone qui dicitur, consideranda **614** sunt, sed etiam ex persona dicentis. Verbi gratia : Si puer loquitur, animos nostros ad auditum puerilis eloquii aptamus. Si autem loquitur vir, pensamus si viro digna sunt quæ dicuntur. Similiter si idiota loquitur, vel eruditus, distinguimus. Hæc autem quæ proposuimus, non quilibet sapiens, id est, angelus, vel propheta, vel sarcerdos, sed ipsa Dei sapientia de Patre genita, nobiscum in carne morata locuta est. Cujus verba tanto studiosius pensanda sunt, quanto sine periculo contemni non possunt. Verbum Moysi contemnens lapidatur. Qui verbum Dei conculcaverit deteriora supplicia meretur, præsertim cum in his verbis forma et ordo sanctitatis contineantur. Scire enim quid agendum sit, et non quo ordine, non est perfecta scientia ; cum etiam bona, si præter ordinem gerantur, reprehensione non careant. Unde in Canticis : « Ordinavit in me charitatem (*Cant.* ii, 4). » Et : « Psallite sapienter (*Psal.* xlvi, 8). » Primo ergo carnis et mentis munditia, id est castitas per Salvatorem proponitur, ut eam postmodum utilis operum perseverantia comitetur. Unde Paulus : « Pacem sectamini et sanctimoniam, » id est continentiam, «sine qua nemo videbit Deum (*Hebr.* xii, 14). » Attendamus ergo Veritatem dicentem : *Sint lumbi vestri præcincti;* quod vasa libidinis viris sint in lumbis, mulieribus in umbilico, non solum sæculares, sed etiam divinæ Scripturæ testantur. Ut Job : « Virtus ejus, » id est Behemoth, « in lumbis ejus, et in umbilico ventris ejus (*Job* iv, 11).» Cum præmisisset: « Fenum quasi bos comedet (*ibid.*, 10), » id est carnales, quia omnis caro fenum, et eos maxime qui mundi videntur, de sordibus enim non multum curat. Sic bos fenum immundum avidius manducat, quia escæ ejus electæ, qualiter talibus prævaleat, innotescit, ut quo apertius hostis cognoscitur, facilius superetur. Uterque enim sexus ei valde ex infirmitate luxuriæ substruitur [*f.* substernitur], et hoc maxime peccato a diabolo superatur. Sed hoc Dominus a digniori sexu utrumque significavit. Behemoth, *animal* bene interpretatur. Bestialibus siquidem et brutis tanquam pecoribus dominatur hoc modo. Coitus enim nobis cum pecoribus communis est ; unde quinto præcepto : « Non mœchaberis (*Exod.* xx, 14). » Quinta plaga, id est mors pecorum ipsis præparatur, et qui libidini,

---

more pecorum, frena laxaverit, mortem æternam procul dubio incurrit. Tenes vel contines tu, homo, quod pecus non potest, et speras quod pecus non potest. Laboras in continendo, non pecus. Gaudebis in æternum, non pecus; si opus fatigat, merces consolatur. Sed forte eligis libera libidine vagari, nulla lege frenari ; non times culpam ? **615** Cave plagam, si pecus es, mori time. Unde : « Nolite fieri sicut equus et mulus, quibus non est intellectus (*Psal.* xxxi, 9). » Manducaturis Pascha dicitur : « Renes vestros accingetis (*Exod.* xii, 11). » In renibus, carnis delectatio. Unde : « Ure renes meos et cor meum (*Psal.* xxv, 7). » Inde Gregorius : « Qui Pascha celebrat, renes accingat, ut qui solemnitatem incorruptionis celebrat, corruptioni libidinis nequaquam subjaceat. » Sed econtra, ut dicit Job : « Oculus adulteri observat caliginem, dicens : Non me videbit oculus ; et operiet vultum suum (*Job* xxiv, 15).» Tanto securius rem illicitam facit, quanto videri non timuit. Et iterum : « Balteum regum dissolvit, » id est continentiam superbientium Dominus solvi permittit, « et præcingit fune renes eorum (*Job* xii, 18), » id est peccati obligatione; unde ligatis manibus et pedibus mittuntur in tenebras exteriores. Inde etiam est quod in Exodo (cap. xxviii) primo sacerdoti feminalia linea proponuntur, quæ nulli invito imponuntur, sed voluntarie Deo debent offerri, quia non omnes capiunt hoc verbum, nisi forte qui sponte fecerit votum, qui quandoque cogendus est ad solvendum. Est autem quasi votum facere ordines sacros, quibus hoc debetur, suscipere, sine quo ad sacerdotium, vel ad altaris ministerium [nemo] dignus est accedere. Quæ bene linea dicuntur ; linum enim multo labore et attritione vix tandem terrestrem et nativum deponit colorem, et recipit candorem. (85) Propter idem tunica linea est, quæ totius corporis, id est generalem significat continentiam, sicut feminalia genitalium proprie partium repressionem, quæ affiguntur balteo de quatuor coloribus facto, etc. (*Exod.* xxxix), tunica poderis [*f.* pedalis], id est talaris, usque ad pedes descendens, id est usque ad finem permanens.

Nobis in sacris ordinibus constitutis indicta est necessitas continendi. Nihil medium ; aut in monte, aut in Sodomis erimus. Lot de Sodomis egressum in montem angeli deducere volebant. Angeli convenienter ad angelicam vitam invitabant, dicentes : « In monte salvum te fac (*Gen.* xix, 17). » Et ille : « Non possum, inquit, in monte salvari. Est autem civitas parva Segor (*ibid.*, 19), » id est vita conjugalis, quæ indulgetur laicis. In Sodomis esse, est incendio libidinis perire. In monte, est sublimitatem continentiæ servare. Ardentem Sodomam fugere, est incendia criminalia devitare. Fugienda est fornicatio cum cæteris vitiis. Grave est in igne esse, et non comburi. Qui autem fornicatur, in suum corpus peccat, quia etiam corpus maculat. Econtra est quod Pau-

lus : « Nescitis quia corpora vestra templa sunt Spiritus sancti (*I Cor.* vi, 29).» Ei debemus servitium, cujus est templum, et periculosum est talem hospitem de templo suo fugare. Si non vis **616** tibi parcere, debes illi. Ideo ad cæteros instruendos, in pœna Sodomorum Deus maculam criminis demonstravit, dum sulphure et igne perire fecit. Sulphur fetet, ignis ardet, ut quid ad perversa desideria carnis fetore arserunt, sulphur et ignem paterentur, et ex ista pœna discerent, quid injusto desiderio fecissent. Item limbus cum cauda sacerdoti deputatur, ut castitas usque ad finem roboretur. Beatus Job a crimine luxuriæ deterrere volens; et ob hoc illud proprie definiens ait : « Ignis est usque ad perditionem devorans, et omnia eradicans genimina (*Job* ii, 12), » id est animæ operationes bonas, quia si huic malo non resistitur, illa etiam pereunt quæ bona videbantur.

Et notandum quod non dicit Veritas, lumbus, sed lumbi pluraliter, ut mentis et corporis munditiam intimaret. Serpenti dicitur : Pectore et ventre repes. Ventre repit quando per humana membra luxuriam opere exercet ; pectore, quando polluit in cogitatione ; et quia per cogitationem venitur ad opus, prius ponitur pectore ; unde quia Job cogitationem munivit, una custodia pectus et ventrem superavit, dicens : « Pepigi fœdus cum oculis meis, ut ne cogitarem quidem de virgine (*Job* xxxi, 1),» Ut enim cogitationem caste servare potuisset, fœdus cum oculis pepigit, ne prius incaute aspiceret quod postmodum invitus amaret, quia mors per fenestras sensuum intrat; eos extra custodit, ne per eos anima exteriora cupiat. Non debet intueri, quod non licet concupisci, unde dicit : « Si secutus est oculus meus cor meum (*ibid.*, 7). « Sicut enim tentatio per oculos trahitur, sic nonnunquam concepta intrinsecus, compellit sibi extrinsecus oculos deservire. Ac si dicat : Nec videre volui quod concupiscerem, nec videndo secutus sum quæ concupivi. « Quam enim partem haberet Deus desuper in me (*ibid.*, 2),» quia [ei] cætera bona sine munditia non placent. Unde : « Omnes bestiæ agri ludunt ibi, et sub umbra dormit in secreto calami in locis humentibus (*Job* xl, 15). » Dormire in cordibus sanctorum non potest, quia si quando in eis ad breve momentum se collocat, cum cœlestium desideriorum æstus fatigat, et quasi toties ut recedat pungitur, quoties ab eis amore intimo ad æterna suspiratur. Loca humentia sunt membra genitalia, per quæ luxuria perpetratur. Per calamum gloria superbiæ. Hæc duo nimis in homine dominantur, unum spiritus, alterum carnis. Ibi quasi quietus dormit ; sic absorbet fluvium, et non miratur, id est humani generis multitudinem ; in laicis quidem pro parvo reputat, sed habet fiduciam quod Jordanis influat in os ejus, qui interpretatur, *descensus*, scilicet qui vias veritatis per humilitatis habitum, et

---

(85) Ad eumdem sensum Hildebertus, in tractatu De sacris vestibus, loquitur de alba, seu veste talari sacerdotis.

617 litterarum scientiam profitetur, influat in os A
ejus. Animal est diabolus, dum per luxuriam tentat;
serpens dum per malitiam ; avis, dum per superbiam.
Unde Deus ad Job : « Illudes ei quasi avi (*Job* XL,
24). » Propter hanc continentiam commendandam
Ezechiel videt hominem cinctum ad renes. Joannes,
circa mamillas, quia in Veteri Testamento opus, in
Novo etiam animus castigatur. Unde : « Qui viderit
mulierem ad concupiscendam eam, jam mœchatus est
eam in corde suo (*Matth.* v, 28). » Et indumenta sacerdotalia fiunt de bysso retorta. Byssus retorquetur, quando castitas geminatur. Et rex Sodomorum ad Abraham
ait : « Da mihi animas, cætera tolle tibi (*Gen.* XIV,
21). » Dæmones enim præcipue animas capere
quærunt. Non enim mundus est, cujus immunda est
conscientia. Si triplici funiculo diabolus potest illa- B
queare, id est cogitatione, locutione et opere gaudet. Sin autem, ad minus vel uno tenere conatur.
De corde exeunt cogitationes malæ, quæ coinqui-
nant hominem. Hostis enim cum ab effectu operis
excluditur, secreta cogitationis polluere molitur ;
sed *toto triduo* recedendum est ab eo. Propter speciem mulierum multi perierunt. Vidit David Bet-
sabee lavantem se, et concupivit. Salomon, quia
alienigenis mulieribus latera inclinavit, per hoc
ad idololatriam corruit. Ad hanc pudicitiam servandam plurimum valet abstinentia. Unde Apostolus : « Nolite inebriari vino, in quo est
luxuria (*Ephes.* v, 19). » Et Salomon : « Vinum et
mulieres apostatare faciunt sapientes (*Eccli.* XIX, C
2). » Idem : « Vigilia, et tortura, et cholera viro in-
frunito. Somnus sanitatis in homine parco (*Eccli.*
XXXI, 23). » Et : « Scortum vix est unius panis (*Prov.*
VI, 27). » Panis enim diurnam expellit famem; frequentia magis accendit libidinem. Noe ebrietate fe-
mora nudavit. Lot ebrietate incestum commisit.
Peccatum Sodomorum, saturitas panis. Et : « Sedit
populus manducare et bibere, et surrexerunt ludere
(*Exod.* XXXII, 6). » Quia ut dicit Hieronymus, « venter et genitalia sunt vicina ; venter mero æstuans
despumat in libidines. » Hoc sciebat Balaam, cujus
consilio ornatæ mulieres immissæ sunt Israelitis.
Vicit libido quos arma non poterant. Ferrum virorum pulchritudo mulierum captivavit. Vincebat antea populus, non viribus propriis, sed pudicitiam D
conservando. Victus est, non virtute militum, sed
decore feminarum. Phinees laudari et remunerari
meruit, quia coeuntes pugione per loca genitalia
transfixit. Sit ergo, ut dicit Salomon, uniuscujusque
ensis super femur, id est carnis petulantiam [coer-
ceat]. Item in Cantico : « Averte oculos tuos, » id
est lasciviæ et petulantiæ, « quia ipsi me avolare
fecerunt (*Cant.* VI, 4). » Et Jeremias : « Oculus
meus deprædatus est animam meam (*Thren.* III, 5). »
Qui enim delectationem **618** carnis in occulto
celat, facile in culpam pravæ actionis exorbitat.
Quis his exemplis et monitis instructus assidue

continenter vivit, juge sacrificium Deo reddit, quod
non offerunt qui conjugio serviunt, sed illi qui perpetuæ devoti sunt castitati. Hac prima et quotidiana
festivitate secundum legem , id est jugi delectatur Deus. Hoc præmisso quasi fundamento, lucernæ
ardentes sunt in manibus vestris. Lucernæ, id est
bona opera coram proximo debent lucere, ut videntes glorificent Patrem qui in cœlis est, qui dat nobis
et bonum velle et perficere. Et hæc fuit in manibus,
id est continui operis exercitio. Hac, quam satis
commendavimus, carnis et mentis munditia, et operum sanctitate beatus Nicolaus, sicut vitæ ejus
gesta continent, gloriosus emicuit, et tam hominibus, quam Deo cordis inspectori placuit. Ad cujus
conformitatem et gloriæ participationem desiderium
nostrum dirigat Dominus Jesus Christus.

LXXVII.

« Fac tibi duas tubas argenteas ductiles, quibus
« convocare possis multitudinem, quando movenda
« sunt castra (*Num.* x, 2). »

Dicit Dominus in Deuteronomio : « Si ambulans
per viam in arbore, vel in terra nidum avis invene-
ris, et matrem pullis vel ovis desuper incubantem,
non tenebis eam cum filiis, sed abire patieris, captivos tenens filios (*Deut.* XXII, 6). » Per viam imus,
quando divinam Scripturam, quæ via salutis est,
percurrimus ; nidum invenimus, id est sententiam
aliquam ; in terra, id est pertinentem ad activam ;
in arbore, ad contemplativam. Matrem dicit, historiam ; ova, sensus est occultus ; pullus vel fetus,
sensus manifestus, unde refici valemus. Matrem ergo, id est historiam abjiciamus ; sensum spiritualem et moralem teneamus, ut eum exsequendo, in
æternum vivamus. Juxta litteram præcipitur Moysi
in libro Numerorum, ut *faciat duas tubas argenteas*
ad convocandum populum. Judæi sibi habeant litteram ; nos quæramus spiritualem intellectum. Moyses ergo gerit hic personam Christi, quem filia Pharaonis, id est Ecclesia, vel anima fidelis, prius
diaboli filia', in aquis vel de aquis baptismi, vel
doctrinæ spiritualis, suscipit, et in aula, id est latitudine cordis nutrit. Crescit enim non in se, sed
in nobis Christus. Fides Christi, Christus est in
corde **619** suo, quem semper crescere decet. Iste
liberat populum ab Ægypto, id est fideles a diabolo
et mundo. Ad quod complendum, ex Dei Patris
mandato et æterno consilio facit tubas, id est prædicatores, quos mittit binos, ut prædicent duo
mandata charitatis. Quæ et argenteæ, ut prædicatorum verba eloquii nitore refulgeant, et auditorum
mentem nulla sui obscuritate confundant. *Ductiles*,
quia necesse est ut qui venturam iram prædicant,
per tribulationum tunsiones crescant, et tanto dul-
ciorem Deo sonum reddant, quanto sub malleo universæ terræ duriora perferunt. Unde : « Ibant apostoli gaudentes a conspectu concilii, quoniam digni

habiti sunt pro nomine Christi contumeliam pati
(*Act.* v, 41). » Item in Actibus apostolorum prohibiti ne prædicarent in nomine Jesu, audi quid dicunt : « Obedire oportet Deo magis quam hominibus (*ibid.* 29). » Et Paulus : « Cum infirmor, tunc potens sum (*II Cor.* xii, 10). » Et : « Beati qui persecutionem patiuntur propter justitiam (*Matth.* v, 10). » Apostolo enim testante : « Hoc leve et momentaneum tribulationis æternæ gloriæ pondus operatur (*II Cor.* iv, 17). » Hic dolantur ligna. Hic poliuntur lapides in ædificio Dei reponendi. Plano ferro, non erit opus lima. Sancti ergo feriendo producuntur. Mali sicut et diabolus amplius stringuntur. Unde in Job : « Indurabitur cor ejus tanquam lapis, et stringetur quasi malleatoris incus (*Job* xli, 15). » Idem de eodem : « Stringet caudam suam quasi cedrus (*Job* xl, 12). » Tales tubæ divino eloquio lucidæ, vita et sanctitate probatæ valent ad convocandum populum. Possunt enim clangore suo mœnia Jericho destruere. His verius noster Josue septem principalia vitia, id est superbiam et cætera diruit septimo die, id est septem dierum peracta revolutione omnino cadent. Tubarum istarum usus erat in Jubilæo, quia sancti omnia repromissione et æterna quiete [*supp.* digna] faciunt. Gedeon etiam, qui interpretatur *circuiens munitio* [*mutatio*], id est Dominus Jesus, talibus tubis armatus et lagunculis cum lampadibus, Madianitas fugavit (*Jud.* vii). Tubæ sonuerunt ; lagenæ, id est corpora fracta sunt pro veritate, unde lampades, id est miracula coruscaverunt. « Pretiosa in conspectu Domini mors sanctorum ejus (*Psal.* cxv, 15). » Per mortem enim ad vitam transeunt. Unde Salomon in Proverbiis : « Malum est, malum est, dicit omnis emptor, sed cum recesserit, gloriatur (*Prov.* xx, 14), » qui æterna præmia in cœlo comparare desiderat. Malum est amarum, quod in præsenti sustinere debuerat, ut cum per mortem de mundo recesserit, glorietur, aperte conspiciens quod non sunt condignæ passiones hujus temporis ad futuram gloriam quæ revelabitur in nobis. Hac spe sustinet dura. « Disciplina enim quando est amara, ut ait Apostolus, in præsenti, **620** fine fructum habet pacatissimum ; videtur enim omnis disciplina non esse gaudii sed mœroris (*Hebr.* xii, 11). » Item : « Si recusatis disciplinam Patris, adulteri estis. » Vocant tales tubæ populum, modo ad bellum contra hostes, modo ad epulum, sive convivium, modo ad festum. Ad bellum vocant [contra] diabolum, et contra spiritualia nequitiæ. Sic : « Resistite diabolo, et fugiet a vobis (*Jac.* iv, 7) ; » et in fine ad dæmones judicandos vocabunt : Unde « Nescitis quia angelos judicabimus. » Et : « Sancti tanquam scintillæ in arundineto discurrent (*Sap.* iii, 7). » Vocant etiam ad bellum contra hostem domesticum, id est carnem, quæ concupiscit adversus spiritum, hoc modo : « Carnis curam ne feceritis in desideriis (*Rom.* xiii, 14). » Et : « Fugite fornicationem, ut resistatis concupiscentiis ejus (*I Cor.* vi, 18). » Invitant etiam

hæ tubæ populum ad epulum divinæ lectionis, ut nutriamur de verbo Dei et de pane angelorum in præsenti. Beatus enim qui audit verba Dei, et facit ea, ut per hoc convivium levemur ad æternam satietatem, ubi torrente voluptatis potabimur. Vocant similiter ad festum præsens, ut reliquiæ cogitationis diem festum agant Deo, et tunc veniemus, et mansionem apud eum faciemus. Magna festivitas, habere Deum in cordis hospitio. Bene celebrat Sabbatum qui bonis operibus intendit. Unde in Exodo : Observa diem Sabbati et cæteras festivitates quæ servandæ sunt a nobis, non carnaliter, sed spiritualiter. Per has venietur ad æternam solemnitatem, ubi « in voce exsultationis et confessionis erit sonus epulantis (*Psal.* xli, 5). » Ibi erunt æterna solemnitas, cœtus atque collectæ, ubi Deum in sæcula sæculorum laudemus et verius jubilemus. Vocant præterea ad castra movenda et faciendas mansiones, quæ gradus et profectus justorum significant, quales ostendit Paulus, dicens : « Eorum quæ retro sunt, oblitus, ad anteriora me extendo (*Phil.* iii, 13). » Et Psalmista : « Ascensiones in corde suo disposuit (*Psal.* lxxxiii, 13), » ubi gratia pro gratia cumuletur. Et notanda sacramentorum convenientia. Moyses de aquis sumptus facit tubas argenteas ad convocandum populum. Dominus ambulans juxta mare Galilææ duos fratres facit piscatores hominum, qui retibus Evangelii de mari hujus mundi educant homines ad salutis portum. Primo tamen hæc tuba nostra, id est beatus Andreas, cujus festum hodie colimus, vocat fratrem suum Simonem, dicens : « Invenimus Messiam (*Joan.* i, 41). » Ecce bene sonans tuba ; abyssus abyssum invocat. Cortina cortinam ducit ; et qui audit, dicit : Veni. Vera in isto fraternitas, vera charitas ; thesaurum inventum ostendit fratri. Vera in illo humilitas ; minorem posteriorem [*f.* posterius] non dedignatur sequi. Sequuntur autem **621** passibus corporis et mentis, relictis retibus et navi. Sed quantum uterque reliquit, qui pene nihil habuit ? Multum reliquit, qui hoc tantillum quod habebat, totum deseruit, qui voluntatem habendi prius posuit. Tanta a sequente dimissa sunt, quanta antea a sequente [*f.* a non sequente] concupisci potuerunt. Deus enim non pensat quantum, sed ex quanto offeras, in cujus sacrificio facilius contemnitur sacculus quam voluntas. Multum reliquit, qui cum amore mundi curam corporis abjecit. Unde : « Qui non odit patrem et matrem, adhuc autem et animam suam, non est me dignus (*Joan.* xii, 25). » Secuti sunt autem non solum ut alii, calicem Domini bibendo, id est pro eo moriendo, sed etiam idem genus mortis, id est crucem sustinendo. Vera in istis germanitas, quos eadem fides et passio vere fecit esse germanos. Inde in Cantico : « Vir affert pro fructu ejus, id est vineæ mille argenteos (*Cant.* viii, 11), » id est, perfectum pretium, quidquid illud sit. Regnum cœlorum tantum valet, quantum habes ; re minima ut maxima emitur, quia quod minimum est in quantitate, maximum

est in devotione, etiam calix aquæ frigidæ. Nemo
se excuset de pretio; tanti est quanti et tu; te da, et
accipe illud. Quidquid aliud dederis, si te subtrahis,
nihil egisti. Unde : « In me sunt vota tua (*Psal.* LV,
12). » Cain recte obtulit, sed non rite divisit, quia
quod charius erat subtraxit. Quid, o homo! causaris
de paupertate? Voluntas sola perfectio reputatur.
Videant pauperes et lætentur. Et : « Reddemus
vitulos labiorum nostrorum. (*Osee* XIV, 5). » Vidua
in duobus minutis plus omnibus obtulit. Nos vero
si nondum horum apostolorum exemplo volumus vel
possumus animam pro Domino dare, saltem discamus nostra dimittere. Si nondum volumus omnia,
saltem aliqua, vel superflua pauperibus debemus
erogare. Sed quomodo dabit se ipsum, qui non vult
dare nummum? Sed « Regnum cœlorum vim pati-
tur, et violenti diripiunt illud (*Matth.* XI, 12). » Vim
ergo nobis faciamus. Andræas, qui *virilis* interpretatur, per prædicationem viriliter animæ suæ fecit
vim; et ideo hic centuplum, in alio sæculo vitam
æternam accepit, quam etiam ejus interventu nobis
conferat qui vivit et regnat Deus in sæcula sæculorum. Amen.

LXXVIII.

IN FESTO SANCTI STEPHANI PROTOMARTYRIS SERMO PRIMUS (87).

« Auditum audivimus a Domino, et legatum mi-
« sit ad gentes. Surgite, et consurgamus adversum
« Edom in prælium (*Abd.* 1, 1). »

622 Sicut non satiatur oculus visu, nec auris
auditu, ita nec nos satiari possumus, audiendo
quæ scripta sunt de Domino, considerando quibus
modis nos ædificet et instruat, et contra noxia
erigat. Audistis enim hic verba Spiritus sancti in
Abdia propheta loquentis de duce et rege nostro,
cujus sermonibus ut major fides addatur, et reverentia adhibeatur; jungens enim se aliis prophetis,
qui de abditis consiliorum Dei hauserunt, auditum
a Domino se audivisse dicit; qui oculos aperit interiores, et aures reserat ad percipiendum secreta
consilii sui, aperit etiam os, ut loquatur verbum
bonum. Unde Apostolus : « Ut detur mihi, inquit,
sermo in apertione oris mei (*Ephes.* VI, 19). » Elisæus quoque oculorum apertionem in libro Regum
a Domino postulat, dicens : « Aperi, Domine,
oculos pueri tui, ut videat quia plures nobiscum
sunt, [quam cum ipsis] (*IV Reg.* VI, 17). » Item in
eodem libro, aurium et oculorum apertio a Domino
dari perhibetur, ut legitur : Dominus aperiet mihi
aures, ut « aperuit oculos Agar, et vidit puteum
aquæ vivæ (*Gen.* XXI, 19). » Constat ergo quia nec
aures aperiuntur ad audienda bona, nec ad intelligenda salubria, nec os ad loquendum cœlestia,
nisi a Deo. Nam et Propheta ait : « Inclina cor
meum, Deus, in testimonia tua, et non in avaritiam (*Psal.* CXVIII, 36). » Eorum vero qui iniqua
cogitant et loquuntur, oculos, auresque et ora

(87) E San-Germanensi.

laxat diabolus, sicut oculos et aures Judæ aperuit
Satanas, quando intravit in illum, et immisit in
cor ejus, ut traderet Dominum. Os etiam aperuit,
ut loqueretur cum Pharisæis quomodo eum traderet, accepta pecunia. Eorum ergo qui verba Dei
loquuntur, Deus os aperit. Eorum vero qui non
Dei verba loquuntur, sed scurrilitates et turpitudi-
nes, diabolus os aperit. Item eorum qui vana audientes recipiunt ea, contra legem quæ dicit : Non
recipies auditum vanum, et qui auditum a veritate
avertunt, ad fabulas autem convertuntur, aures
aperit diabolus. Tales a Domino audiri nequeunt,
secundum illud : « Propterea vos non auditis, quia
ex Deo non estis (*Joan.* VIII, 47). » De talibus dicit
Isaias : « Incrassatum est cor populi hujus, et auribus graviter audierunt, et oculos suos clauserunt,
ne quando oculis suis videant, et auribus audiant
(*Isa.* VI, 9; *Matth.* XIII, 14). » Et Psalmista : « Furor illis secundum similitudinem serpentis, sicut
aspidis surdæ et obturantis aures suas (*Psal.* LVII,
5). » Et item : « Et non audivit populus meus vocem meam, et Israel non intendit mihi (*Psal* LXXX,
12). » Eorum qui avertunt aures, ne vocem sanguinis audiant, et eorum qui arcana Dei audiunt
cum Apostolo qui raptus est usque ad tertium polum
[*f.* cœlum], et audiunt arcana verba, quæ non licet
homini loqui, aures aperit, sicut servi sui Abdiæ
623 *aperuit aures, ut auditum audiret a Domino,*
ut cum David dicere possit : «Audiam quid loquatur
in me Dominus Deus (*Psal.* LXXXIV, 9). » Quid vero
audierit a Domino, consequenter aperit; rem utique
grandem audivit, scilicet, quod : *Legatum misit
Dominus ad gentes.* Hic est legatus qui per Jeremiam ait : « Auditum audivi a Domino, et legatus
missus sum. Congregamini, et venite contra Idumæam, et consurgamus in prælium (*Jer.* XLIII, 14).»
Ecce et ipse legatus auditum audivit a Domino;
aliter enim non venisset, nisi in voluntate Patris
ita præfixum cognovisset, cujus cum eo est una
voluntas, sicut una est majestas et potestas. Audisse autem ab eo se dicit, quia non Pater a Filio,
sed Filius a Patre est, et ab eo habet quidquid habet. Auditum ergo audivit a Patre, cujus consiliarius est : « Nemo enim novit Patrem nisi Filius, et
cui Filius voluerit revelare; et nemo novit Filium
nisi Pater, et cui Pater voluerit revelare (*Luc.* X,
22). » Filius namque et se et Patrem revelat. Unde
et splendor gloriæ dicitur, quia homo factus Patrem
declaravit, ut radius solem, juxta illud : « Pater,
manifestavi nomen tuum hominibus (*Joan.* XVII, 6).»
Et iterum : « Ego te clarificavi super terram
(*ibid.* 4). » Dignissimus atque mirabilis est iste legatus; pulchritudine namque præcellit, sapientia præeminet, virtute præstat universis. Est
enim speciosus præ filiis hominum (*Psal.* XLIV,
3); » quia a peccato [*supp.* immunis], et gratiarum venustate specialiter insignis; sed quia non

sufficit pulchritudo ad consummationem sine sapientia et eloquentia, de eo legitur, quia « diffusa est gratia in labiis ejus (*ibid.*); » eo enim loquente gratiam reconciliationis accepit. Sed item quia species et eloquentia perfectum non faciunt legatum sine bellandi strenuitate, ad bella quoque doctissimus ostenditur, cum subditur : « Accingere gladio tuo super femur tuum, potentissime (*ibid.* 4). » Et iterum : « Sagittæ tuæ acutæ, populi sub te cadent in corda inimicorum regis (*ibid.* 6). » Gladium iste legatus habet et sagittas, ut de vicino et de longinquo hostes feriat. Sagittas enim eminus in adversarios jaculatur, gladio de prope eos cecidit. Inde est enim gladius et sagitta. Hic est gladius bis acutus, utroque Testamento incidens; hinc carnalia, inde spiritualia amputat vitia. Legatus iste potentissimus est homo Christus Jesus, qui a Patre missus est ad gentes, qui etiam sua præsentia prius venit ad oves quæ perierunt domus Israel; deinde in apostolis transivit ad gentes. Sed ibi sensit aquam contradictionis, eo quod suos hortatur milites ad pugnam, dicens : « Surgite, congregamini,'et venite contra Idumæam, et consurgamus in prælium adversus eam (*Jer.* xlix, 14). » Sapiens et potens legatos suos alloquitur, et hortatur duces itineris sui equitatus. **624** Habet enim equitatum et equos; unde : « Equitatus tuus salus. » Et item : « Qui ascendes super equos tuos (*Habac.* iii, 8). » Hortatur ergo suos, luctam eis imminere videns. Surgite, quasi, qui dormitis in pace. Surgite ad pressuras, ne timeatis inire gravem pugnam, et ne solliciti sitis : me primum habebitis in aciem. Ego qui apparui Josue tenens gladium, cui dixi : Non te deseram, neque derelinquam. Et qui Amalech in crucis meæ vexillo, Moyse pugnante, superavi, ero vobiscum, pro vobis ego pugnabo. Ecce fortis et invincibilis Samson, qui mandibula asini catervas hominum stravit, id est gladio spiritus, quod est verbum Dei, corda apostolorum percussit, ut sub eo caderent humiliati. Samson quippe *sol eorum* interpretatur. Hic est Christus sol justitiæ, et sanitas in pennis ejus, de quo mali in libro Sapientiæ : « Erravimus a via veritatis, et sol justitiæ non illuxit nobis (*Sap.* v, 6). » Hic est Samson ille, qui cum iret uxorem ducere de alienigenis, occurrit leo superveniens; sed dissipavit eum ut hædum caprarum ; cumque rediret, invenit favum mellis in ore leonis mortui, et dixit quasi in proverbium : « De comedente exivit cibus, et de forti egressa est dulcedo (*Jud.* xiv, 5). » Samson noster, id est Christus, ivit uxorem ducere de alienigenis, cum, relicta domo sua et hæreditate dimissa, in apostolis transivit ad gentes, sicut per Jeremiam ait : « Reliqui domum meam, dimisi hæreditatem meam (*Jer.* xii, 7); » cui occurrit leo fremens, id est populus gentium contradicens, et subsannando inquiens : Qui sunt isti annuntiatores novorum dæmoniorum? Quænam sunt portenta quæ nobis commendant? Nescio quem

mortuum prædicant nobis Deum. Sed dissipavit eum Samson noster ut hædum caprarum, id est in quantum erat hædus caprarum, id est languidus peccator. Hædus enim, quia in lege pro peccato offerebatur, populum gentium deliciis languidum significat. Dissipatus est ergo leo sicut hædus cum fœditate vitiorum, ac sævitia contradicentium deposita peccator ille populus justificatus est, secundum illud : Converte impium, et non erit; et in ore illius leonis jam mortui peccato, viventis autem Deo, dulcedo vel favus invenitur, id est, divinorum dulcedo eloquiorum, quæ fidei palato sunt super mel et favum. Talem enim decebat summi Regis legatum, cujus mira species, inæstimabilis virtus, ineffabilis sapientia, qui non inconsiderate ac dissolute ad bellum procedit, sed suos in unum colligit, ut hostium cuneos facilius dirumpat, dicens suis : « Congregamini, et venite contra Idumæam in prælium (*Jer.* xlix, 14); » cum suis congregatis in prælium vadit, de quibus in **625** Evangelio ait : « Ubi duo vel tres congregati fuerint in nomine meo, ibi sum ego in medio eorum (*Matth.* xviii, 20). » Si enim Deus pro nobis, quis contra nos stare potest? Caput ergo cum membris ad certamen properat.

Totus Christus pugnat velut dux aciei; sequuntur membra, imitantes ejus vestigia, ad quem homo vel exercitus sciens non posse persistere in certamine sine ejus auxilio, clamat : « Apprehende arma et et scutum, et exsurge in adjutorium mihi (*Psal.* xxxiv, 2). » In scuto, protectio bonæ ejus voluntatis intelligitur; arma autem ejus nos sumus, quia ut nos ab eo, ita ipse armatur de nobis, nobis utens velut armis ad bellandum [*J.* debellandos] hostes. Gravis est igitur congressus, quem tanta deliberatione, tam diligenti provisione init totus Christus. Consurgit enim in prælium adversus Edom. Trinomius fuit. Exauditus est Seir et Edom, qui interpretatur *sanguineus,* vel *terrenus,* per quem omnis contradicentium conspiratio intelligitur. Est enim nobis rebellio a carne, ab hoste visibili et invisibili. Unde Apostolus ait : « Non est nobis colluctatio adversus carnem et sanguinem tantum (*Ephes.* vi, 12), » id est contra homines, qui visibiles sunt et fragiles, vel contra vitia, quæ ex carne oriuntur sed *adversus principes et potestates, rectores tenebrarum harum, contra spiritualia nequitiæ.* Adversus tales nobis est lucta, contra quos habemus perpetuam inimicitiam, quia etiam quos patimur homines importunos quos Apostolus vocat, illi faciunt; instigant enim et inflammant eos, et tanquam vasa sua movent, et velut organa tangunt; sicut enim [eos,] qui lux sunt, Christus gubernat et regit, sic eos, qui tenebræ sunt, ad omne malum diabolus præcipitat et instigat. Non ergo contra hominem malum, imo pro illo, sed contra diabolum, qui cum illo operatur, et in illo oremus, et quidquid possumus faciamus, ut diabolus expellatur, et angeli ejus, et homines [ab eis] liberentur. Ipsi enim dæmones pugnant, quasi equites in equis, et [in] hominibus. Equites ergo occidamus, ut equos pos sideamus. Davidicam ergo armaturam pugnaturi non omittamus, ut sicut ille triumphalem gloriam victo superbo Goliath est adeptus, ita et contra hos expugnatis principibus et potestatibus, puerum David, id est Christum, qui est *manu fortis*, et visu desiderabilis, in quem etiam desiderant angeli prospicere, gloriam triumphi, tanquam legitime certantes obtineamus. David enim in libro Regum (*I Reg.* xvii), humilis ac pusillus statura, contra magnum et superbum Goliam dimicavit, rejectis Saul armis, quia nimis gravia erant. Assumpsit vero quinque lapides de torrente, quos posuit in peram **626** pastoralem, ubi lac mulgere solebat, tulitque fundam in manu sua, et sic armatus processit adversus Philisthæum. Tres lapides adversus eum projecit, uno eum percussit et dejecit, et currens super eum proprio gladio caput ejus abscidit. David iste totus Christus est; Goliath superbus diabolus est; superbus, quia magnus in oculis suis, adversus quem martyres sancti congressuri arma Saul abjiciunt, dum omnia carnalia, atque terrena contemnunt, ipsamque carnalem velut fundam in manibus impiorum tradunt, non timentes « eos qui occidunt corpus, sed eum qui potest et animam et corpus perdere in gehennam (*Matth.* x, 28). » Assumunt autem fundam in manu, id est fidem in opere, quia « fides sine operibus mortua' est (*Jac.* ii, 26), » et quinque lapides de torrente mittunt in peram, et in vas pastorale, ubi lac mulgebatur; lapides quinque, lex [enim] est in quinque libris Moysi disposita. Torrens eos insinuat qui mundum labentem ac transeuntem insequuntur et amant, quibus lex est inutilis et supervacua, quia ea, per quam lex impletur, carent gratia. Plenitudo ergo legis est charitas, quæ in vase pastorali intelligitur, qua Deum toto corde et proximum sicut nos diligimus. Tres lapides misit, et uno stravit, quia fide Trinitatis et unitatis hostes superantur. In fronte percussit, quia videlicet in ea signum Christi, id est Tau in fronte non habuit, quo « super frontem virorum, » ut ait Ezechiel (ix), « gementium et dolentium » signato liberantur ipsi ab angelo vindictæ ministro, a quo occiduntur qui carent hoc signo.

Talibus armis sancti Dei muniti adversus hostes agonizant, eosque expugnant, sicut iste protomartyr Stephanus, cujus triumphalis passionis festivitas hodie celebratur. Habuit quidem fundam in manu, id est fidem per dilectionem operantem; qui cum aliis septem diaconis ab apostolis fuit electus mensis ministrare. Habuit pastoralem [peram,] id est Dei et proximi charitatem, qui in ipsa passione pro persequentibus orabat, dicens: « Domine, ne statuas illis hoc peccatum (*Act.* vii, 59). » Habuit ergo latitudinem charitatis, quam usque ad inimicos diligendos extendit. Habuit et altitudinem, quia Deum

A   in præmium postulavit dicens : « Suscipe, Domine, spiritum meum (*ibid.*, 58). » Habuit et longitudinem in charitate, quia in ea perseveravit usque in finem, unde meruit cœlos apertos videre et Jesum stantem a dextris virtutis Dei. Quod alibi legitur sedere [Christum] ad dexteram Patris, non hac diversitate verborum localis passionis insinuatur varietas; sed dum sedere legitur, cujus [hujus] quies et regnum intimatur, cum vero stare, ejus patrocinium **627** commendatur. Vidit ergo eum stantem, quia in passione eum habuit adjutorem. Si igitur hostes expugnare volumus, si cœlos apertos et Jesum stantem a dextris virtutis Dei, præscriptas teneamus armaturas, habentes fundam in manu, id est fidem in operibus, et quinque lapides in pera pastorali;

B   omnia ad regnum charitatis referentes, nihil propter gloriam mundialem, vel intuitu terrenæ rei facientes, dilatemus charitatem usque ad inimicos [diligendos,] plus eorum dolentes flagitia, quàm nostra flagella; plus de eorum tabescentes impietate, quam de nostra passione ac morte, atque ita adversus rectores tenebrarum procedamus legitime certantes. Hoc est unum prælium; alterum cuique in semetipso [est] ubi pugnat contra carnem, et hoc grave bellum est et molestius, in quo quisquis exstiterit, invisibiles inimicos, id est principes mundi separabit, quibus victis, [eos] qui sunt principes malitiæ tunc facile poterimus superare, id est omnes eorum ministros. Superato enim principe, exercitus facile fugatur. Holoferno principe militiæ

C   interempto multitudinem exercituum in fugam versam, et a Judæis superatam legimus (*Judith* xv.) Exemplo hujus agonistæ, hujus fortis Dei athletæ, nos præeunte forti legato surgamus in prælium adversus Edom, scilicet adversus carnem, adversus principes tenebrarum. Tres lapides de pera pastorali contra furorem lapidantium cum bono protomartyre mittentes, ut congregationem malorum, a qua requiretur omnis sanguis justus, qui effusus est a sanguine Abel justi usque ad sanguinem Zachariæ occisi inter templum et altare, cum Jeremia dispergamus, et evellamus, et plantemus, atque ædificemus, ut sic eradicata plantatione, quam non plantavit Pater cœlestis, generatio rectorum ædificetur,

D   qua ad domum cœlestem, in qua sunt divitiæ et gloria expugnata [*f.* æterna], cum Deo pervenire mereamur. Quod nobis præstet Deus qui vivit et regnat per omnia sæcula sæculorum. Amen.

LXXXIX.

IN FESTO SANCTI STEPHANI PROTOMARTYRIS
SERMO SECUNDUS (88).

« Diligite inimicos vestros, benefacite iis qui « oderunt vos, ut sitis filii Patris vestri qui in « cœlis est (*Matth.* v, 44). »

Dominus ac Redemptor noster, fratres charissimi, venerat in mundum ex sola dilectione; et ideo voluit suos in dilectione confirmare. In Veteri Tes-

---

(88) E Victorino.

tamento pro fragilitate **628** rudis populi præcipie- A batur : « Diliges proximum tuum, et odio habebis inimicum tuum (*ibid.* 43). » Ecce jam dilatatur [præceptum illud]. Jam inimici sub dilectione includuntur; nec solum vero præcepit, sed quod præcepit, implevit; ductus est ad passionnem; fuit derisus et flagellatus. In ipsa tamen passione oravit pro persequentibus, dicens : Domine « Pater, ignosce eis, quia nesciunt quid faciunt (*Luc.* xxiii, 34). » Sed dicet aliquis : Grandis est labor inimicos diligere, pro persequentibus supplicare. Nec nos negamus. Non est parvus labor in hoc sæculo; sed grande præmium in futuro. Audi quantum præmium. Stephanus, cujus hodie festivitas celebratur, unus de septem diaconibus ab apostolis ordinatus intravit in synagogam, et cœpit cum Judæis disputare, et nullus spiritui, qui loquebatur, poterat resistere. Ejecerunt autem eum extra civitatem, et lapidabant eum. Ipse vero aspiciens in cœlum, ait : « Video cœlos apertos, et Jesum stantem a dextris Dei (*Act.* vii, 55). » Et unde hoc præmium ? Quia positis genibus clamabat, dicens : « Domine, ne statuas illis hoc peccatum (*ibid.*, 59). » Vidit cœlos apertos, quia via erat parata, et Christus erat paratus ad recipiendum, ad auxiliandum, unde ei assurrexerit, quia vidit eum stantem. Sedere est judicantis et regnantis; stare vero, auxiliantis. Cum ergo clamemus quotidie : « Qui sedes ad dexteram Patris, miserere nobis, » modo Stephanus videt eum stantem, quia honorem martyri suo volebat deferre, et ad auxiliandum se paratum esse ostendere. Stephanus primus martyr fuit post ascensionem ejus, et primus secutus est eum orando pro inimicis cum imitatione. Oravit Dominus in passione pro persequentibus; oravit Stephanus pro lapidantibus. In illa ruina lapidum, quando alius oblivisci poterat charissimos, ille Domino commendabat inimicos. Voluit Dominus primo martyri cœlos patenter aperire, ut sequaces ejus securi essent de remuneratione. Voluit stans videri, ut omnes posteri crederent se similiter a Domino adjuvari; nec fuit ejus inaudita oratio, quia quidam de persequentibus, conversi sunt ad Dominum. Saulus enim, qui et modo Paulus dicitur, pessimus persecutor custodiebat vestimenta omnium, ut participaret sceleribus omnium ferientium : Qui D postea conversus est, et de lupo factus est agnus, de inimico amicus, de persecutore pessimo prædicator fidelissimus. Ecce Paulus cum Stephano Christi claritate perfruitur; cum Stephano exsultat et cum eo regnat. Iste dat exemplum orandi pro persecutoribus; ille dat exemplum veniæ convertentibus. Hujus, fratres charissimi, celebranda solemnitas, **629** præcellit meritis, magna devotione martyris, quia præcellit in exemplis. Cui sancto legitur unquam datum fuisse sex mortuos post mortem resuscitasse? Suscitavit enim beatus Stephanus post mortem in Africa, sicut beato Augustino

referente didicimus, sex mortuos; primo quemdam presbyterum, deinde puerum, postea quamdam sanctimonialem, dehinc quamdam puellam, postea juvenem, ac denique quemdam infantulum (89). Eucharius etiam presbyter, veteri morbo calculi laborabat; per memoriam vero hujus martyris salvus factus est; ipse vero postea, morbo alio prævalescente, mortuus est, sed tunica hujus presbyteri postquam ad memoriam ejusdem martyris delata est et reportata, et super mortui jacentis corpus posita est, meritis beati martyris resuscitatus est. De puero vero legimus quia, cum in area luderet, exorbitantes boves qui vehiculum trahebant, rotis eum obtriverunt, et confestim palpitans exspiravit. Hunc mater arreptum ad eamdem memoriam posuit, et non solum revixit, verum etiam illæsus apparuit. Sanctimonialis vero cum ægritudine laboraret, ad eam memoriam tunica sanctimonialis allata est; sed antequam tunica reportaretur, illa defuncta est. Hac tamen tunica operuerunt parentes cadaver ejus, et, recepto spiritu, salva facta est. Quadam autem die, cum banus quidam Syrus ad memoriam ejusdem martyris pro filia ægrotante oraret, et vestem puellæ huc detulisset, ecce duo pueri de domo accurrerunt ei, qui mortuam nuntiaverunt; sed amici qui erant cum eo, prohibuerunt pueros illi dicere, ne per publicum plangeret; qui, cum domum rediisset, nimio dolore commotus, mortuæ filiæ puellæ vestem quam ferebat, super eam projecit, et vitæ reddita est. Filius iterum cujusdam exstinctus erat, cujus corpus amici oleo perunxerunt martyris et statim revixit. Sextus vero qui superest, hoc modo suscitatus est : Eleusius vir tribunicius, habens infantulum infirmitate mortuum, [illum] super memoriam martyris posuit, et post multam orationem cum lacrymis fusam, juvenem levavit. Hæc et alia similia Dominus per martyrem operatus est. Sed de multis ista legimus, quia majora esse videntur. In hac ergo tanti patroni festivitate, fratres, gaudeamus. Oremus eum, ut, sicut oravit pro inimicis, ita pro nobis oret amicis. Imitemur charitatem ejus, ut virtutis consortes simus et præmii participes. Imitemur eum, qui plus dolebat persequentium peccata, quam vulnera sua, plus illorum impietatem quam suam mortem. Et recte plus. In illorum quippe iniquitate multa **630** erant quæ poterant plangi. In illius morte nil erat quod debuisset doleri. Illorum impietatem mors sequebatur æterna; hujus autem mortem vita perpetua. Imitemur ergo saltem in aliquo hujus tam præclari magistri dilectionem. Diligamus in Ecclesia hoc animo fratres nostros, quo ille tunc dilexit inimicos suos. Scitis enim quia sine dilectione nulla virtus valet. Ait enim Joannes : « Omnis qui non diligit fratrem suum, manet in morte (*I Joan.* iii, 14). » Et verum : « Qui oderit fratrem suum, homicida est (*ibid.* 15). » Charitas est radix omnium virtutum. Pereunte itaque

---

(89) Hæc ipsa, sed fusius narrat D. Augustinus lib. xxii *De civitate Dei*, cap. 28, edit. novæ pag. 668.

radice, pereunt et rami... Nihil martyrium valet A
sine dilectione, nihil eleemosyna sine ea. Unde Apostolus : « Si tradidero corpus meum ita ut ardeam,
et si distribuero facultates meas in cibos pauperum,
charitatem autem non habuero, nihil mihi prodest
(*I Cor.* xiii, 3). » Deus autem qui prior dilexit nos,
ipse inspiret eam in cordibus nostris. Amen.

LXXX.

IN FESTO SANCTI JOANNIS EVANGELISTÆ SERMO
PRIMUS (90).

« Secundum dies ligni erunt dies populi mei...
« quia semen benedictorum Domini est, et nepotes
« eorum cum eis, eritque, antequam clament, ego
« exaudiam (*Isa.* lxv, 22). »

His verbis Spiritus sanctus per Isaiam humilium
corda erigit, superborum ora obstruit, pauperibus B
spiritu magnam spem exhibuit, amicorum mundi
hujus præsumptionem retundit, dum ligni vitæ similitudinem, et ante clamoris vocem desiderii exaudi-
tionem pollicetur, dicens : *Secundum dies ligni erunt
dies populi mei, et antequam clament, ego exaudiam.*
O quam grata, quam dulcis, quam magna est ista
promissio, qua semini benedictorum et nepotibus
eorum similitudo ligni promittitur! Non est hoc
lignum scientiæ boni et mali, in quo cecidimus, sed
lignum vitæ in medio paradisi plantatum. Lignum
scientiæ boni et mali quasi instrumentum fuit diaboli, ut hominem dejiceret (*Gen.* iii), dum homini
interdictum temerarie consuluit, adjectione falsæ
pollicitationis. Occasione quippe accepta per lignum
operatus est serpens callidus in homine concupi- C
scentiæ vitium. Misit enim hamum, sagenam et
rete, et universum cepit genus humanum; sed in
uno homine radicabiliter constitutum. Unde in
Habacuc : « Totum in hamo sublevavit, traxit illum
in sagena sua, et congregavit in rete suum ; super
hoc lætabitur et exsultavit (*Habac.* i, 15); sed
« veniens veniet , et non tardabit, et qui incredulus
est, non erit recta anima ejus in semetipso (*Habac.*
ii, 3). » Attendite diligenter **631** quanta [industria]
atque sagacitate diabolus hominem circumvenit.
Nam quasi hamum misit, cum fraudulenter ad mulierem accedens, interrogavit : « Cur præcepit vobis
Dominus ut non comederetis de omni ligno paradisi ?
Cui respondit mulier : De fructu lignorum paradisi D
vescimur ; de ligno vero quod est in medio paradisi
præcepit nobis ne comederemus, ne forte moriamur
(*Gen.* iii, 1).» Explorato igitur, per hamum versutæ
interrogationis, quid mulier timeret, et illud per
falsæ negationis sagenam removit, addens : « Nequaquam moriemini (*ibid.* 4); » et ut facilius quod
intendebat persuaderet, fraudulentæ pollicitationis
addidit rete, [dicens :] « Quocunque die comederitis,
aperientur oculi vestri, et eritis sicut dii scientes
bonum et malum. Tulit igitur mulier de fructu ejus,
et comedit (*ibid.* 5). » Satis perspicuum est qualiter
commentator fraudis hominem per lignum præcipi-

tavit; unde lætatus est et exsultavit; sed qui ligni
occasione hominem vicit, ligni virtute succubuit;
et homo qui per lignum sublimitatis corruit, per
lignum humilitatis resurrexit. De quo addit : « Veniens veniet, et non tardabit, et qui incredulus est,
non erit recta anima ejus in semetipso (*Habac.* ii,
3). » Quis est iste, cujus adventum tanto præconio
tantoque tripudio propheta annuntiat ? Hic est lignum vitæ. « Sapientia enim » [Patris,] ut ait Salomon, « lignum vitæ est omnibus amplexantibus
eam, et qui tenuerit eam beatus (*Prov.* iii, 18). »
Hoc ergo ligno confracta est astuti hostis sævitia ;
hoc eodem restituta nobis bona, fallacia diaboli detecta. Hoc lignum per humilitatem exaltatum est :
lignum mortis per superbiam est humiliatum ; hoc
lignum prius sterilitate aruit, sed post ubertate
fructuum mirabiliter fronduit, siccato viridi ligno.
Unde Dominus per Ezechielem : « Ego Dominus
humiliavi lignum sublime, et siccavi lignum viride,
et frondere feci lignum aridum (*Ezech.* xvii, 24). »
Hoc est lignum quod Elizæus misit in aquam ad
quærendam securim, et natavit ferrum ad lignum.
Filiis namque prophetarum ligna cædentibus secus
aquam, ferrum securis de manubrio in aquam cecidit. Ideoque vocaverunt Elizæum, qui veniens
manubrium super aquam tetendit, et mox de aqua
ferrum in manubrium resiliit (*IV Reg.* vi). Ferrum
quod a manubrio in aquam decidit, genus humanum
intelligitur, quod a Deo recedens per delictum primæ
prævaricationis decidit in fluxum atque decursum
hujus miseriæ atque labilitatis. Hoc est flumen Cho-
bar, juxta quod mœrens sedebat [*f.* dolet] Ezechiel
inter captivos. Hoc est de fluminibus Babylonis, de
quibus Propheta ait : « Super flumina Babylonis,
illic sedimus et flevimus (*Psal.* cxxxvi, 1). » Hoc
est mare Mortuum, unde non profluit aqua vivens
in **632** vitam æternam salutis, de qua bibens non
sitiet in æternum. Aqua illa sitim generat, hæc exstinguit. In illam vero aquam turbulentum et amarum ferrum humani generis decidit per peccatum
primi hominis, et venit noster Eli:æus, id est Christus, precibus prophetarum vocatus, lignumque in
aquam misit, ad quod ferrum rediit, quia seipsum,
quod est lignum, in similitudine carnis peccati exhibens mundo, de torrente in via bibit, quia amaritudinem passionis et mortis gustavit, aceto ei cum
felle in potum a Judæis propinato; et sic ferrum
enatavit ad lignum, id est homo rediit ad Deum,
servus ad dominum , ovis ad pastorem, natus prodigus ad patrem, et sic lignum humile frunduit arefacto ligno sublimi, id est « percusso capite de domo
impii, sceptrisque ejus maledictis (*Habac.* iii, 13). »
Domus impii, id est impietatis, caput suum habet,
id est diabolum, et sceptra ejus sunt, qui in malitia
pejores sunt, et qui « veniunt ut turbo ad disper-
gendum Dei domum (*ibid.* 14), » sed non potest
moveri, quia fundamentum habet in petra et caput

(90) E ms. San-Germanensi.

in cœlo, quod est caput omnis principatus et potestatis. Hoc est igitur caput [quod Christus] percussit de domo impii, cum male congregata ei detraxit, et [illam ipse] ad se reduxit. Unde Habacuc : « Væ ei qui congregat non sua, et repente consurget qui mordeat eum (91). » Et Jeremias clamat : « Perdix [*Vulg.* fovit] congregavit quæ non peperit; fecit divitias, non cum judicio, et in dimidio dierum suorum derelinquet eas, et in novissimis suis erit insipiens (*Jer.* xvii, 11). » Perdici stultæ aviculæ comparatur diabolus, qui fecit divitias non cum judicio, cum alienum servum sibi subdidit in mendacio, sed in dimidio dierum suorum derelictus est, cum percusso capite infirmantur impii, eoque relicto, ad caput rediit de domo Dei ; sed in novissimis suis reperietur insipiens, cum evacuato ejus principatu, in ignem sibi suisque paratum mittetur. Arefecit ergo lignum sublime Dominus, et exsiccavit cum fronduit lignum humile, scilicet cum virga Aaron fronduit et peperit amygdala. Cum lignum plantatum secus decursus aquarum, dedit fructum suum in tempore suo (*Psal.* i). Hoc est lignum vitæ, id est Sapientia Patris, quæ plantata est secus decursus aquarum, et in medio paradisi plantata est ; secus decursus aquarum, quia humanatus est Dei Filius secundum operationem Spiritus sancti, cujus gratia æstus peccati exstinguitur, sicut sitis aqua, et in medio paradisi, quia Christus in medio Ecclesiæ tanquam caput et princeps. Hic hastile candelabri in tabernaculo Domini, habens tria brachia hinc et tria inde. In Christo enim, quasi in vite palmites, tres ordines fidelium, qui fuerunt **633** ante gratiam, et qui tunc sub gratia fundati sunt. Hi sunt tres viri quos Ezechiel salvandos vidit, Noe scilicet, Daniel et Job, id est conjugati, continentes, rectores, [seu prælati]. Hunc ergo fructum protulit lignum vitæ in tempore suo, [dum] duodenos fructus gratiæ dedit, scilicet apostolos, « benedictos, et semen benedictorum, et nepotes eorum (*Isa.* lxv, 23). »

Tripartita est hic distinctio, scilicet benedictio, et semen benedictorum, et nepotes eorum. Ecce fructus ligni vitæ, de quo sanctus Job ait : « Lignum si præcisum fuerit, rursus virescit, et pullulant rami ejus (*Job* xiv, 7). » Hoc est lignum vitæ scilicet Christus Dominus, quo morte præciso, pullulaverunt rami ejus, sicut in Evangelio ait : « Cum exaltatus fuero a terra, omnia traham ad me ipsum (*Joan.* viii, 28). » Et iterum : « Nisi granum frumenti cadens in terram mortuum fuerit, ipsum solum manet ; si autem mortuum fuerit, multum fructum affert (*Joan.* xii, 24). » Et per Prophetam : « Singulariter sum ego donec transeam (*Psal.* cxl, 10). » Quasi enim singularis fuerit Christus Dominus, per mortem transivit de terra ad cœlum, de mundo ad Patrem. Sed eo transeunte, atque de Je-

richo descendente, duodecim secuti sunt eum clamantes, id est duo populi Judæorum et gentium, credendo, ad Dominum clamaverunt, et sobrie, et pie, et juste vivendo, secuti sunt vestigia ejus. Tunc mulier hemoroissa stans retro, fimbriam vestimenti ejus tetigit. Tunc denique tanta multitudo credidit, ut Isaias, quasi stupore plenus, admiretur, dicens : « Nunquid parturiet terra in die una, aut parietur gens similis ? » (*Isa.* lxvi, 8.) Et Osee : « Israel germinabit sicut lilium, et erumpet radix ejus ut Libani ; ibunt rami ejus, et erit quasi oliva gloria ejus (*Ose.* xiv, 6). » Pretiosum est ergo hoc lignum, cujus præcisione tanta pullulaverunt dilatatione rami, cujus talis ac tantus est fructus, sicut per Osee ait : « Ego sicut juniperus condensa, ex me fructus inventus est (*ibid.* 9). » Qualis autem sit ille fructus præmissis Isaiæ verbis Dominus ostendit : *Secundum dies ligni, erunt dies populi mei.* Deinde ipsum populum distinguit in tres ordines præfatos, scilicet benedictos, semen eorum ac nepotes eorum : *Antequam clament exaudiam eos.* Benedicti ergo merito intelliguntur apostoli, qui benedictionis atque gratiæ primitias perceperunt. Semen eorum sunt ei quos in fide genuerunt. Nepotes vero eorum, qui ab eorum filiis in fide geniti sunt. Unde in parabolis : « Bonus reliquit hæredes filios atque nepotes, et custoditur justo substantia peccatoris (*Prov.* xiii, 22). » Bonus iste ipse est, qui et lignum vitæ intelligitur, scilicet Christus, comparatione cujus nemo bonus. Hic habet hæredes filios et nepotes. Qui enim ab ipso, vel ab apostolis sunt geniti, hæredes quidem **634** Dei, cohæredes autem Christi erunt. Ii sunt « quos præscivit Deus conformes fieri imaginis Filii sui (*Rom.* viii, 29). » Inter autem [filios], scilicet benedictos Domini, eminet sanctissimus evangelista Joannes, cujus hodie festivitas celebratur, virginitatis gratia, dilectionis singularis privilegio, immensæ sapientiæ dono. Hic est enim discipulus ille, quem Dominus de fluctivaga nuptiarum tempestate vocavit (92), ut virgo Virginem sequeretur, cui etiam de cruce matrem Virginem commendavit, dicens matri de discipulo : « Ecce filius tuus; » ad discipulum autem de matre : « Ecce mater tua (*Joan.* xix, 26). » Hic est discipulus ille quem diligebat Jesus valde, non forte ferventius cæteris, sed familiarius, quia ei sicut affinitate, ita carnis integritate propinquus ; qui imminente suæ recessionis die, convocatis fratribus, in defossum sepulturæ locum descendit, valeque eis dicens, obdormivit in Domino. Tam extraneus a mortis dolore, quam alienus a carnis corruptione erat. Hic est discipulus ille, qui supra pectus Domini in cœna recubuit, qui de fonte Dominici pectoris, spiritualis sapientiæ plenitudinem hausit, qua inebriatus, in vocem theologam tanti ponderis plenam erupit, ut ipso Paulo altius intonuerit, ac totus mundus eum capere non

---

(91) *Væ ei qui congregat avaritiam malam domui suæ, ut sit in excelso nidus ejus, et liberari se putat de manu mali.* Sic habet Vulgata, Habac. c. ii, v. 9.

(92) Videtur hic Hildebertus opinatus Joannem fuisse sponsum nuptiarum Cana.

potuerit, cum ait : « In principio erat Verbum, et Verbum erat apud Deum (*Joan.* 1, 1). » Unde et aquilæ volanti merito comparatur, qui irreverberatis luminibus, aciem solis intuitus est. Sic Joannes inconcussa mentis acie, verum lumen, id est Christi divinitatem, æternitatem, cum Patre æqualitatem contemplatus est, cujus tanquam personante buccina, vulva hæreticorum sine liberis est facta, et verba eorum facta sunt arentia. Joanne enim, id est gratia Dei, evangelizante verita:em, oppilata sunt ora contra veritatem obstrepentium, et revelata est malitia magistrorum mendacium inobscurato rectos corde sagittantium [*f.* obscurato corde in rectos sagittantium], qui non dormiunt, nisi cum male fecerint, et exsultant in rebus pessimis. De quibus Osee ait : « Da eis, Domine ; quid dabis eis? vulvam sine liberis, et ubera arentia (*Ose.* IX, 14). » Hujus optationis impletio facta est in Joanne apostolo, qui exaltans vocem suam tanquam tuba, peccantium mentes perterruit, eorum qui bella volunt hæreticorum linguas præcipitavit et dissipavit, atque iniquorum linguas oppilavit, perditos liberavit. De qua turba Isaias ait: « Clangetur in tuba magna, et venient qui perditi fuerant de terra Assyriorum, et de terra Ægypti, et adorabunt Dominum in monte sancto in Jerusalem (*Isa.* XXVII, 13). » Optima est hæc tuba, non tantum cornea, sed argentea et aurea. Cornea quidem est, quia sicut cornu carnem excedit, et eam superat, **635** ita discipulus dilectus a Domino affectus carnis superavit, et libidines, quæ sursum sunt sapiens, non quæ super terram, in carne ambulans, sed non secundum carnem militans, ut cornu carni inhæret et eam excedit. Argentea quoque est et aurea hæc tuba, quia eloquii venustate resplenduit, et sensum profunditatis [*f.* sensuum profunditate.] eminuit. In auro enim sapientia intelligitur, in argento eloquentia. Ductilis quoque est hæc tuba, quia tundendo non frangitur, sed producitur. Malleis sive enim tribulationum non defecit examinatus, sed profecit, in ferventis olei dolio missus, sicut corpore, ita mente exivit illæsus. Hac igitur tuba clangente, qui perditi fuerant, venerunt de terra Assyriorum, et de terra Ægypti, id est ab elatione hæreticorum, a tribulatione malorum, et dolore. Assyrium enim *dirigentes*, Ægyptus *tribulatio* vel *tenebræ* interpretatur. Tales fructus profert lignum vitæ, per quod triumphant de adversariis suis, qui antequam clament ore, exaudiuntur, clamantes corde, *quorum dies erunt sicut dies ligni vitæ.* Quia sicut Christus jam non moritur, mors illi ultra non dominabitur, sed in æternum cum Patre regnat : sic « benedicti Domini, et semen eorum, et nepotes eorum cum eis in æternum gaudebunt (*Isa.* LXV, 23), » fulgentes sicut sol in regno Patris. Quod nobis præstare dignetur qui vivit et regnat in sæcula sæculorum. Amen.

(93) Σ Victorino.

LXXXI.

IN FESTO SANCTI JOANNIS EVANGELISTÆ. SERMO SECUNDUS (93).

« Vulpes foveas habent, et volucres cœli nidos; « Filius autem hominis non habet ubi caput recli- « net (*Matth.* VIII, 20). »

De impietate hominum Dominus et Redemptor noster, fratres, querimoniam faciens, nobiscum hospitari quærit, nec ullum habitaculum invenit. Nolunt homines hospitari eum; malunt recipere adversarios Dei. Et qui sunt adversarii Dei? Vulpes et volucres cœli. Ait enim : *Vulpes foveas habent, et volucres cœli nidos.* Vulpes enim fraudulentum est animal, et ideo fraudulentiam significat. Volucres superbiæ et elationis significationem gerunt. Superbus enim volat alis jactantiæ se sublimando ad astra. Foveas vocat pectora hominum, in quibus pravæ cogitationes parant aliis præcipitium. Nidi volucrum sunt similiter in eorum animis, quia pulli, id est opera superbiæ ibi nutriuntur et elationes. Aliud autem est superbia, aliud elatio. Superbia est, quando **636** aliquis super omnes desiderat esse; elatio est, quando aliquis superioribus laborat se parificare. Superbus Pompeius, qui nolebat habere priorem. Inveniunt itaque in nobis receptacula fraus et superbia. Filius autem hominis, id est Virginis, non habet ubi, id est non invenit ubi se, qui est caput nostrum, reclinet, quia « Dominus de cœlo prospexit super filios hominum, ut videat si est intelligens, aut requirens Deum. Omnes declinaverunt, simul inutiles facti sunt (*Psal.* XIII, 2). » Agamus ergo nunc de fraude, et videamus si in aliquo hominum locum inveniatur habere. Fraus est cum aliud agitur et aliud simulatur. Unde ergo fraudulenter agunt homines, de quibus Psalmista ait : « Qui loquuntur pacem cum proximo suo, mala autem in cordibus eorum (*Psal.* XXVII, 3). » Et iterum : « Vana locuti sunt unusquisque ad proximum suum, labia dolosa in corde et corde locuti sunt (*Psal.* XI, 3). » Gemina corda videntur habere, qui aliud promittunt, aliud faciunt. Et iterum dicit : « Non est in ore eorum veritas, cor eorum vanum est (*Psal.* V, 10). » Nonne, fratres charissimi, hoc genus odii usitatum est inter homines, ut quanto magis odio [quis] fratrem habet, tanto magis in reconciliationem festinet, non ut eum diligat, sed ut astutius decipiendo opprimat? Uberius enim potest ei nocere, cum ejus consilii conscius factus est. Est et aliud genus fraudis. Juramenta secure faciunt, quod fidem servent amicis, et tunc melius nocent et fœdius improvisis. Juramento se negant habere quod acceperunt, nec sufficit semel perjurare, sed bis et perjuri redduntur de eadem re. Omnia faciunt libenter illis quos volunt decipere, ut sibi dominus ab homine suo, non præcaveat, et homo suo domino maleficium facilius irroget. Itaque perit fides, perit reverentia. Nec patri filius, nec pater filio servat fidem, et cum omnia mala amici amicis attulerunt, sub juramento se innoxios asserere parati sunt. « Narraverunt » itaque « ut absconderent laqueos, dixerunt : Quis videbit eos? (*Psal.* LXIII, 6). » Est iterum aliud genus fraudis, quod vocatur hypocrisis. Quidam sunt qui jejunant et affligunt se coram hominibus, ut boni videantur, et hoc nomine gaudent, cum ab eo omnino deviant. Hæc breviter de fraude perstrinximus. Nunc ad superbiam transeamus. Superbia est origo omnium vitiorum. Hæc enim de cœlo angelum præcipitavit, cum se æqualem Deo facere voluit. Hæc facit hominem suæ fragilitatis oblivisci. Hæc facit eum ultro se extendere. Hæc facit omnia ad laudes fieri. Hæc vult omnia videri. Hæc in omnibus manum ponit. Si sapiens est, gloriatur, contra quos propheta : « Væ qui sapientes estis in oculis vestris, et coram vobismetipsis **637** prudentes (*Isa.* v, 21) ; » sed potentiam vestram malefaciendi habere gloriamini. Contra quos Psalmista : « Quid gloriaris in malitia, qui potens es in iniquitate ? » (*Psal.* LI, 3.) Hi gloriantur in factis [pessimis,] et de magnis majora loquuntur, quos arguit Scriptura, dicens : « Nolite multiplicare loqui sublimia gloriantes (*I Reg.* II, 3). » Audet et superbia contra Deum et servos ejus. Negligunt enim intrare ecclesiam, et parvipendunt divinum officium. Sacerdotes Domini viles deputant. Omnis habitus religionis a superbis conculcatur ; et, ut ait Apostolus, « tanquam purgamenta hujus mundi facti sumus (*I Cor.* IV). » Sed consolatur nos Deus qui dixit : « Si mundus vos odit, scitote quia me priorem odio habuit. Si me persecuti sunt, et vos persequentur (*Joan.* xv, 18). » Sed sciatis quia « qui vos spernit, et me spernit (*Luc.* x, 16). »

Non est curandus contemptus iste patientibus, sed facientibus, quia Dominus vindictam faciet de contumelia sua et suorum. Refert Lucas Dominum dixisse quamdam parobolam de vindicta suorum. Ait enim : « Judex quidam erat in quadam civitate, qui Deum non timebat, et hominem non reverebatur. Vidua autem erat in civitate illa, et veniebat ad eum, dicens : Vindica me de adversario meo ; et nolebat per multum tempus. Post hæc autem dixit judex intra se : Etsi Deum non timeo, nec hominem revereor, tamen quia violenta [al. molesta] est mihi hæc vidua, vindicabo illam. Hæc fecit judex iniquitatis, et Deus non faciet vindictam electorum suorum? Dico vobis quia cito faciet vindictam suorum (*Luc.* XVIII, 2). » Hæc est parabola quam Dominus ait de ultione suorum. Ipse enim deponet potentes de sede, et exaltabit humiles (*Luc.* I). Exaltavit enim David humilem, et deposuit Saul superbum. Non est aliquod vitium adeo odiosum Deo et hominibus, ut superbia. Frangit enim Deus omnem superbum. Est et aliud vitium, quod valde omnes Christianos occupat et polluit : libido scilicet, quæ utrumque sexum invadit, et florem illum virginitatis aufert, quo omnis anima Deo placet, quo iste Joannes, de quo hodie festivitas celebratur, a Deo dilectus est. Hunc enim, quia virgo erat, Dominus præ cæteris familiarem habebat. Ex quadam enim familiaritate super pectus Domini in cœna recubuit. Commendavit etiam ei matrem, quasi Virginem virgini. Adeo dilexit eum, et charum habuit discipulum incorruptum, **638** quod cum omnes alii apostoli occumberent martyrio, solus Joannes ad Dominum migravit suaviter, et sine sanguine, sicut Dominus in Evangelio promiserat ei. Cum enim ait Petro : « Sequere me (*Joan.* XXI, 19), » id est imitare me moriendo in cruce, conversus Petrus vidit illum discipulum sequentem se, et ait : « Domine, hic autem quid ? (*ibid.* 21) » id est quid faciet, qua morte morietur ? Dicit ei Jesus : « Sic eum volo manere donec veniam (*ibid.* 22), » et vivum et integrum volo eum esse donec ei cum aliis fratribus appaream. Profert enim historia quod cum Joannes nonaginta septem annorum esset, apparuit ei Dominus cum discipulis suis, et dixit ei : « Veni ad me, quia jam tempus est ut epuleris mecum in convivio cum fratribus tuis. » Surgens autem Joannes, cœpit ire. Sed Dominus dixit ei : « Dominica die post septem dies, quæ est futura, ita venies ad me, et cum hoc dixisset, receptus est in cœlum. » Veniente itaque Dominica die, convenit universa multitudo in Ecclesiam, et a primo gallorum cantu agens mysteria Domini, omnem populum usque ad horam tertiam allocutus est, et confortavit, et instruxit eum. Finito sermone, oravit pro populo suo, et cum omnia complesset, fecit sibi dari panem, et respiciens in cœlum, benedixit eum, et fractum erogavit omnibus, dicens : « Pars mea sit vobiscum, et vestra mecum, » et tunc fecit parari foveam tumuli sui, et stravit vestimenta sua ibi. Tunc apparuit lux tanta super populum per unam fere horam, ut nullus posset eam ferre, et signans se totum astitit, et ait : « Tu mecum, Domine Jesu, solus ; » et projecit se super tumulum, et benedicens omnes, se deposuit in sepulcro suo, et jussit se operiri, et statim reddidit spiritum. Et protinus manna exiens de sepulcro apparuit, quod usque hodie glunit (94) locus ille. Hunc igitur, fratres, studete imitari, ut possitis cum aliis virginibus canticum novum psallere, et Agnum sequi quocunque ierit. Hic est ille cujus caro nulla pollutione contaminata est. Et in juventute cum vellet nubere, dixit ei Dominus : « Necessarius es mihi, Joannes, operam tuam quæro. » Et iterum, cum alia vice nubere vellet, intulit ei infirmitatem qua eum revocavit. Hunc ergo habere patronum vestrum, ut cum

<hr>

(94) Hanc vocem ut obsoletam, in nullo quem viderimus auctore, seu in nullo dictionario reperire potuimus ; quid autem hic significet, nihil aliud nobis e conjecturis occurrit, nisi quod locus ille, de quo loquitur Hildebertus, in quo erat sepulcrum Joannis evangelistæ, servabat adhuc hoc manna de sepulcro ejus exiens, vel forte quod ex illo loco manabat adhuc illud pretiosum manna. Judicium sit penes lectorem.

eo in cœlo regnare possitis, juvante Domino nostro A
Jesu Christo. Amen.

639 LXXXII.

IN DEDICATIONE ECCLESIÆ SERMO PRIMUS (95).

« Facta sunt encænia in Hierosolymis, et hiems
« erat, et ambulabat Jesus in templo, in porticu Sa-
« lomonis, et circumdederunt eum Judæi.... et dixit
« eis : Vos non creditis, quia non estis de ovibus
« meis. Oves meæ vocem meam audiunt, et ego co-
« gnosco eas, et sequuntur me, et ego vitam æter-
« nam do eis (*Joan.* x, 22). »

Fratres charissimi, ædificavit Salomon templum
Domini in Jerusalem, quod multum aureo opere ditavit, multis gemmis pretiosis decoravit, et constru-
ctum magna solemnitate dedicavit, et dedicationes
suas, quæ Græce *encænia* vocantur, per singulos B
annos celebravit, et per successiones celebrari præcepit. Hæc encænia, dum quadam vice in Jerusalem
agerentur, voluit Christus festivitatem illam sua
præsentia honorare, voluit etiam ad populum sermonem habere. Si ergo templum illud, in quo tantum sanguis animalium effundebatur, erat tanta
reverentia dignum, multo majorem exigit venerationem præsens Ecclesia, ubi quotidie vera consecratur hostia ; et si illi festivitati divina voluit esse
præsentia, non est dubitandum dedicationem ecclesiæ suæ divina visitari gratia. Et quia in die dedicationis voluit Dominus sermonem habere ad populum, dignum visum est, ut nos vicarii ejus (96),
capitis nostri sequeremur exemplum, quod de ver- C
bis Domini comprehendere debemus. Sed videte
qvid Dominus dixerit in prædicatione sua, ut de
doctrina verborum suorum nostra informetur vita.
Adversarios comprehendit [*f.* reprehendit], et suos
laudavit [discipulos]. Adversariis enim ait : *Vos
mihi non creditis, quia non estis de ovibus meis.* De
suis autem dixit : *Oves meæ vocem meam audiunt,
et ego cognosco eas, et sequuntur me, et ego vitam
æternam do eis.* Ecce, fratres charissimi, convenistis ad dedicationem ecclesiæ. Cogitate an sitis de
adversariis, vel de ovibus Domini. Cognoscit enim
Dominus suos, sicut ibidem dicit : *Cognosco eas.* Docuit ergo nos per distinctionem ovium eas cognoscere, [si vocem ejus audiant,] dum dicit : *Oves
meæ vocem meam audiunt.* Sed quia non sufficit vo- D
cem [ejus] audire, nisi **640** auditor velit eam opere complere, juxta apostolum Jacobum dicentem :
« Estote factores verbi, et non auditores tantum
(*Jac.* i, 22), » ait : *Et sequuntur me.* Sequitur autem
Dominum, qui sicut Dominus ambulavit, ita et ipse
ambulat. Non præcepit Dominus præire, sed sequi.
Primus enim vadum pertentavit, primus viam præ-
monstravit, primus baptizatus fuit, primus jejunavit,

primus pauper fuit, primus prædicavit, primus contumelias suscepit, primus pro inimicis oravit ; primus
pro ovibus suis animam suam posuit. Qui enim ad
contemptum mundi nos invitavit, dicens : « Omnis
qui non renuntiat omnibus quæ possidet, non potest
meus esse discipulus (*Luc.* xiv, 33). » Jam in deserto jejunans, omnia regna mundi contempserat,
cum sibi diabolus diceret : « Hæc omnia tibi dabo,
si cadens adoraveris me (*Matth.* iv, 9); » cui ait
Dominus : « Vade, et fuge, Satanas, » id est adversarius es, qui terrena diligere doces. Similiter
et Dominus, cum de quinque panibus et duobus piscibus homines pavisset, voluerunt « eum rapere,
ut eum regem facerent ; » ipse vero « fugit in montem ipse solus (*Joan.* vi, 15). » Adeo etiam pauper
fuit, ut Filius hominis non haberet ubi reclinaret
caput suum ; de quo ait Apostolus : « Scitis quoniam Dominus propter nos pauper factus est, ut cum
esset dives, vos illius inopia divites essetis (*II Cor.*
viii, 9). » Fatigatus etiam ex itinere, sitiens quæsivit aquam de Samaritana muliere. Comedebat etiam
in via aliquando. Ibi enim ei ad puteum obtulerunt
discipuli cibum quem emerant in civitate. Scriptum
est enim : « Discipuli ejus abierunt in civitatem,
ut cibos emerent (*Joan.* iv, 8) ; » et postea in eodem
Evangelio dicitur : « Rogabant eum discipuli, dicentes : Rabbi, manduca (*ibid.* 31). » Ecce Dominus
non vinum quærebat ad sitim exstinguendam ; non
domum ad cibos edendos semper postulabat. Discipuli etiam Domini adeo pauperes erant, quód præ
fame spicas de satis vellebant et manducabant. Scriptum est enim : « Discipuli autem ejus esurientes
cœperunt vellere spicas et manducare (*Matth.*
xii, 1). » Noluit Dominus in præsenti habere divitias,
nec hic [quidquam] possidere, ne ad amorem divitiarum alios invitaret. Voluit quod divitiæ tantum
nobis essent in viaticum, quia in peregrinatione sumus, et ad patriam tendimus ; quia hic civitatem
manentem non habemus, et quia dum vivimus, a
Deo peregrinamur. Non deferamus itaque pondus
divitiarum in dorso nostro, ne pondus **641** opprimat nos in via. Restat angusta via, per quam non
potest camelus intrare. Camelus gibbosus est dives,
cui onus pecuniæ dorsum inflat. Exonerate vos
dando pauperibus, quia tenacitas avaritiæ non erit
impunita. Cumulus pecuniæ non dat vitam æternam ;
unde Dominus ait : « Videte et cavete ab omni avaritia, quia non in abundantia cujusque erit vita ejus
ex his quæ possidet (*Luc.* xii, 15). » Cumque eos
Dominus ita increpasset ab avaritia, dixit similitudinem cujusdam hominis divitis, [qui dicebat :]
« Quid faciam, quia non habeo quo congregem fructus meos ? Et dixit : Hoc faciam : Destruam hor-

---

(95) E Victorino et Lyrano. Videtur hic sermo non
fuisse absolutus, aut saltem ab amanuensi non ex
integro descriptus. Habitum autem conjicio ab ipso
Hildeberto, cum jam esset episcopus ; cum hic se
Christi vicarium profiteatur. Idque in percelebri
illa dedicatione Cenomanensis Ecclesiæ, quam suis

curis et expensis magnifice perfecerat, præsentibus
illustrioribus provinciæ Turonensis prælatis : de qua
vide vitam ejus ad an. 1120. Potuit autem hunc
etiam sermonem protulisse in anniversario ejusdem
dedicationis, sicut et subsequentes.

(96) quod episcoporum proprius est titulus.

rea mea, et majora faciam, et illuc congregabo omnia quæ nata sunt mihi, et bona mea, et dicam animæ meæ: Anima, habes multa bona posita in annos plurimos. Requiesce, comede, bibe, epulare. Dixit autem illi Deus: Stulte, hac nocte animam tuam repetunt a te; quæ autem parasti, cujus erunt? (*ibid.* 17) » Damnatus est iste, non pro rapina, sed pro tenacitate...

LXXXIII.

IN DEDICATIONE ECCLESIÆ SERMO SECUNDUS (97).

De cœlesti ædificio, et qui ad illud apti sint.

« Fundamenta ejus in montibus sanctis. Diligit Dominus portas Sion, super omnia tabernacula Jacob; gloriosa dicta sunt de te, civitas Dei (*Psal.* LXXXVI, 1). »

Gloriosam super omnia tabernacula Jacob, fratres charissimi, civitatem cœpit ab initio mundi ædificare Dominus, necdum tamen consummata est. Voluit namque habere, in qua habitaret; voluit etiam familiam habere quæ ei serviret; non quia ipse indigeret, sed ut sibi servientibus causam benefaciendi inveniret. Sed quia rex ditior et sublimior omnibus dominantibus erat, quia per Sapientiam ipse ait: « Per me reges regnant (*Prov.* VIII, 15), » voluit mirabiliorem et sublimiorem domum habere, ut qui æternus erat, æternam sibi civitatem ædificaret. Ut autem esset æterna, stabile ejus ædificium voluit, et ideo *fundamenta ejus in montibus sanctis;* portæ etiam illius civitatis, meliores quam omnia tabernacula Judæorum, quia huic domui non potest templum Salomonis comparari. De hac civitate Dei multa gloriosa dicta sunt, et dicuntur, quæ multi prophetæ et apostoli dixerunt. Hæc est civitas multis nominibus nuncupata, Sion, Jerusalem, regnum cœlorum, Ecclesia, et aliis nominibus appellatur. Hæc in cœlo ædificatur, sed in terra lapides quadrantur, et postea **642** ad cœlum sublevantur. Laborant omnes angeli in ædificatione ejus, quia hoc ministerium usque in finem sæculi eis est injunctum, ut ea perfecta in æternum ibi Deum glorificent. Cœmentarii multi, et operarii hujusmodi in mundo locuti [*f.* locati] sunt; et qui bene operantur, non pecuniam, sed regnum sibi acquirunt; qui vero male, in carcere æterno religantur. Archiepiscopi, episcopi et sacerdotes, hujus ædificii artifices constituti sunt; ab angelis quotidie visitantur, et quos lapides præparant, ad alta præcepta deferunt. Dominus dedit [eos] in terra, quibus operarii instruantur. Et qui aliter operatur, a summo Judice vel in præsenti corripitur, vel in futuro damnatur. Non fuit conventio cum operariis, ut laborarent una die, sed spatio unius diei præsentis. Tota enim vita est una dies. Ferramentum quo fit operatio, nunquam frangitur, sed operarius desidia sæpe fatigatur. Sed summus Rex, qui tot operarios habet, qui tot angelos laborare facit, qui artifices suos tot præceptis instruit, multos adversarios ha-

A bet, qui illud ædificium conantur destruere, et præparatores student omnibus modis impedire, et multoties ipsos majores artifices captivos ducunt, et lapides quos præparabant destruunt. Nec tamen potest adversarius aliquem capere, sed insidiatur ut rapiat pauperem, dum attrahit eum. Allicit enim blande dum falsa bona promittit; et ita ab opere Dei removet, et secum miserum ducit, et deceptum morte perpetua occidit. Quotidie inter artifices et adversarios Dei est conflictatio, et aliquando adversarii fugiunt, aliquando artifices succumbunt. Nec tamen ideo desistunt, quin aliquos lapides præparent; et ita quotidie ædificatio crescit. Civitas hæc, fratres charissimi, de qua locuti sumus, nihil aliud est quam collectio beatorum, quæ Jerusalem vocatur, quia ibi in cœlo veram pacem, id est Deum contemplantur. De hac civitate ait David: Jerusalem quæ ædificatur ut civitas, cujus participatio ejus in idipsum (*Psal.* CXXI, 3). » Ædificatur civitas, dum ad cœlum animæ beatæ transferuntur, et numerus beatorum augmentatur. Fundamenta ejus ideo dicuntur sancti montes esse, quia apostoli et prophetæ sunt fundamenta Ecclesiæ, quia eorum fide, et prædicatione, et Scripturis fundata est tota Ecclesia; unde Apostolus: « Superædificati supra fundamentum apostolorum et prophetarum (*Ephes.* II, 20). » Portæ illius civitatis sunt fides et baptismus, quia post baptismum relapsis est pœnitentia, et confessio et satisfactio, quæ sunt meliores quam omnia tabernacula Jacob, id est quam omnia legalia Judaici populi instituta. Lapides hujus civitatis sunt singuli fideles, **643** qui hic præparantur bonis operibus, ut postea in collectionem sanctorum super cœlos collocentur. Artifices sunt prædicatores, qui quasi ferramento prædicationis, mentes hominum molliunt, superflua rescindendo: sicut autem ait apostolus Paulus: « Dei adjutores sumus; Dei ædificatio estis; secundum gratiam Dei, quæ data est mihi, ut sapiens architectus fundamentum posui (*I Cor.* III, 9). » Angeli ministri sunt hujus civitatis, quia deputati sunt ad custodiam nostram, et animas beatorum ad cœlos deferunt. Unde ait Apostolus: « Nonne sunt omnes administratorii spiritus in ministerium missi propter eos qui hæreditatem capiunt salutis? » (*Hebr.* I, 14.) Adversarii sunt dæmones qui impediunt prælatos Ecclesiæ, ne aliquos ad regnum cœlorum præparent, et ipsos etiam ducunt captivos, et ipsos lapides destruunt, ne in ædificationem ponantur. Sed prius agamus de impedimento adversariorum, et postea de civitate Dei, de qua incœpimus, revertemur.

Scitis, dilectissimi, quia quando ad Dominum accessistis, et fidem ejus suscepistis, quæsitum est a vobis: *Abrenuntias Satanæ, et omnibus operibus ejus?* Et vestra responsio fuit: *Abrenuntio.* Quæ fuit hæc promissio? Nonne omnia peccata vos de-

(97) E Victorino.

vitare promisistis? Nonne dæmoni abrenuntiavistis, et Christo adhærere ulterius spopondistis? Sed diabolus qui de cœlo repulsus, redeuntibus ad cœlum invidet, promissum vestrum conatur violare, aut promissionis vestræ facit vos oblivisci. Cum enim videat se a cordibus vestris pulsum, Deum ibi regnare, juxta illum qui ait : « Exaltare, Deus, in finibus inimicorum meorum (*Psal.* vii, 7), » id est in cordibus impiorum, qui erant fines, et habitacula dæmonum, inquit : « Revertar in domum meam, unde exivi, et veniens invenit eam vacantem, scopis mundatam et ornatam (*Matth.* xii, 14), » id est mundatam a vitiis et ornatam virtutibus; tunc assumpsit septem spiritus nequiores se, id est criminalia vitia contra septem principales virtutes, et venientes habitant ibi, et fiunt novissima hominis illius pejora prioribus. Melius est enim veritatem non agnoscere quam post agnitam retro abire; quia tunc facit labi in unum peccatum, deinde in aliud, et sic vertit in consuetudinem. Accidit ergo illud quod ait Salomon : « Peccator, cum in profundum vitiorum venit, contemnit (*Prov.* xviii, 3), » quia tunc non erubescit pro peccatis, nec patitur correctionem, et sic induratur cor ejus, quod non curat pœnitere, sed vertitur in desperationem. Iste lapis non poterit poliri, nec poni in ædificio Domini. Est aliud genus hominum, quos adeo amor sæcularium amplectitur, ut audita quidem prædicatione **644** emollescant; sed fumus [*f. funis*] consuetudinis eos retrahit, et collectam pecuniam non possunt negligere. Unde Dominus : « Difficile est divitem intrare in regnum cœlorum (*Matth.* xix, 23), » et propterea camelo comparatur; quia sicut camelus non potest deponere gibbum naturalem, sic dives vix potest relinquere amorem collectæ pecuniæ; sicut nec camelus per acus foramen transire, nec dives per arctum viæ tramitem. De quo dicitur : « Arcta est via, quæ ducit ad vitam (*Matth.* vii, 14). » Multum autem relinquit, qui amorem pecuniæ relinquit. Unde Petrus : « Ecce nos reliquimus omnia, et secuti sumus te (*Matth.* xix, 27). » Multum reliquit, qui sibi nihil retinuit. Non vituperat Apostolus illos qui sunt divites, sed illos qui volunt esse divites, id est qui amant divitias. Unde ait : « Qui volunt fieri divites, incidunt in tentationem, et desideria multa et noxia, quæ mergunt hominem in interitum (*I Tim.* vi, 9) » et perditionem, quia cupiditas est radix omnium malorum. Perjuria enim, usuræ, adulationes, deceptiones, simoniæ, furta, homicidia, superbia, sacrilegia, adulteria pro pecunia fiunt. Propterea ait David : « Divitiæ si affluant, nolite cor apponere (*Psal.* lxi, 11). » Illi vix possunt poliri ad hoc, ut possint poni in templo Dei. Sunt alii quos retinet aliqua voluptas carnis; hi nec curant pecuniam, sed adeo fragiles sunt, quod tentationi gulæ et luxuriæ vix possunt resistere· imo tota die, vel in

A comessationibus et ebrietatibus delectantur, vel in lupanaribus cum meretricibus demorantur, vel domum suam faciunt lupanar. Hi multoties pœnitent, et tamen ad eadem revolvuntur, et sic augmentant peccatum, cum ad vomitum redeunt. Ili jumentis comparantur, quia quasi jumenta computruerunt in stercore suo. De quibus Apostolus : « Non in commessationibus et impudicitiis (*Rom.* xiii, 13). » Et iterum : « Nolite inebriari vino, in quo est luxuria (*Ephes.* v, 18). » De meretricibus ait : « Qui adhæret meretrici, unum corpus efficitur (*I Cor.* vi, 16). » Inde incestus, adulteria et abominabilia genera luxuriæ. Tales sunt qui nec divites sunt, nec luxuriæ dediti, sed pleni sunt iniquitate, et quasi sub spiritu probitatis, homicidiis student. De quibus David : « Viri sanguinum et dolosi non dimidiabunt dies suos (*Psal.* liv, 24). » His cibus est effusio sanguinis. De quibus David : « Quid gloriaris in malitia, qui potens es in iniquitate? (*Psal.* li, 1.) » Tales vix possunt retrahi ab homicidiis. Sunt alii homines qui non possunt nocere manifeste, nec possunt esse divites, sed divitibus invident et detrahunt, et tacite accusant, et semper illis mala machinantur, cum tamen de illis coram bene loquantur. De quibus David : « Qui loquuntur pacem cum proximo suo, mala autem in cordibus eorum (*Psal.* xxvii, 3). »

645 LXXXIV.

IN DEDICATIONE ECCLESIÆ SERMO TERTIUS (98).
De reverentia ecclesiis exhibenda.

Inquit apostolus Paulus : « Christus dilexit Ecclesiam, et se ipsum tradidit pro ea, ut illam sanctificaret, mundans lavacro aquæ in verbo vitæ; ut exhiberet ipse sibi gloriosam Ecclesiam, non habentem maculam, aut rugam, aut aliquid hujusmodi, sed ut sit sancta et immaculata (*Ephes.* v, 25). »

Audite, fratres charissimi, Paulum apostolum, nuntium vestræ exaltationis, præconem vestræ dignitatis. Audite quanto vel quali amore Christus conjunctus sit Ecclesiæ, quantam gratiam ostendat suæ misericordiæ. Ait enim Apostolus : *Christus dilexit Ecclesiam* ex gratuita bonitate, non ex meritorum præcessione, quia prior dilexit nos. Et quantum dilexit? Audite quantum. *Se ipsum tradidit pro nobis,* id est pro redemptione nostra. Non misit prophetam, non angelum, non archangelum, sed, ut bonus pastor, animam suam posuit pro ovibus suis (*Joan.* x), ut se humiliando, ad humilitatem suos invitaret. Humiliavit enim se usque ad mortem, mortem autem crucis (*Philipp.* ii), id est mortem latronis. Ideo prius se tradidit, ut postea [eam] *sanctificaret lavacro,* aqua scilicet baptismatis. Nihil enim potest accipere unda baptismalis, nisi ex confusione [*f. ex effusione*] sanguinis aqua sanctificetur in officium purgationis. Dicitur ergo natam esse Ecclesiam ex latere Christi. Quod mysterium ab

---

(98) E Victorino.

initio mundi fuit in Adam præfiguratum. « Immisit A quippe Dominus soporem in Adam, et tulit unam de costis ejus, et fecit mulierem (*Gen.* II, 21). » Dormitio Adæ mortem Christi in cruce significabat, quo in cruce pendente sanguis et aqua de latere ejus fluxerunt. Quæ duo sunt ortus Ecclesiæ sacramentorum. Noe faciens arcam in diluvio, in latere ostium fabricavit, quia arca, id est Ecclesia, ostium fidei et salutis de latere Christi habuit; unde Dominus ad Ecclesiam in Canticis ait : « Surge, amica mea, et veni, columba mea, in foraminibus petræ (*Cant.* II, 14). » Surge a corpore vitiorum, et veni per bonam operationem, confidens in foraminibus. Foramina petræ sunt vulnera Christi, qui est petra, id est firmitas Ecclesiæ; unde Apostolus : « Petra autem erat Christus (*I Cor.* X, 4). » Ideo igitur præmisit Apostolus, quod Dominus tradidit se, et postea subjunxit : *Ut sanctificaret lavacro*, unda baptismatis. Sequitur : *In verbo vitæ*, quia nobis redemptis baptismate, verbum vitæ, id est præcepta Domini necessaria **646** sunt; quæ sunt vitæ, quia « non in solo pane vivit homo, sed in omni verbo Dei (*Matth.* IV, 4). » Ideo ad ostium tabernaculi posita erat mensa propositionis, super quam erant septem panes ; quia ingredientibus ecclesiam necessaria erat sacra doctrina, et mensa divitum [*f.* divinarum] Scripturarum, in quibus sententiæ duodecim apostolorum continentur, qui per duodecim panes significantur; et ideo significavit [*f.* subjunxit] : « Ut exhiberet sibi gloriosam Ecclesiam » per immortalitatem. *Non habentem maculam :* magni peccati, aut rugam alicujus levioris, *sed ut sit sancta* in virtutibus, *et immaculata* a vitiis. Vult enim Dominus habitare in aula munda, decore virtutum ornata. Unde per Psalmistam : « Dilexi decorem domus tuæ (*Psal.* XXV, 8). » Et alibi ait David ad Ecclesiam : « Et concupiscet rex decorem tuum (*Psal.* XLIV, 12). » Habuit autem Ecclesia dilecta, ut Domino desponsante thalamum et domum constituerit [illi] Deus, in qua sponsa sua delectaretur propter prædicationis doctrinam, et lapsa reconciliaretur per confessionem et pœnitentiam.

Hic est ille locus, fratres charissimi, in quo modo convenistis, qui vocatur ecclesia, seu basilica. Ecclesia, *convocatio* interpretatur, quia hic omnes con- D vocantur, ut designetur quia omnes in eadem fide et dilectione uniti, unum corpus sunt. Basilica, quia regalis domus est. Basileus enim Græce *rex* [dicitur]. Hic est autem inhabitatio veri Regis. Ipsa vero compositio domus [mentes] vestras ad vestram instructionem commonet recordandam. Sunt enim in ædificio hujus materialis domus, ecclesiæ diversa membra, quæ aliquid in nobis notare videntur. Est enim in hac ecclesia turris cum campanis, columnis sustentatæ [*f.* columnæ sustentantes], fenestræ, ostium, duo parietes, singuli lapides colligati cum

cæmento; quæ omnia mystice aliquid in nobis designant. Caput (99) enim Christum significat, quia « est caput Ecclesiæ, » ut ait Apostolus (*Ephes.* V, 23), » in quo thesaurus divinorum secretorum reconditur. Caput ideo humilius est corpore, quia Christus humiliavit se, carnem servi accipiens (*Philipp.* II), adeo quod minor esset angelis secundum humanitatem, quandiu fuit passibilis effectus. Sed post resurrectionem elevatus est super omnes angelos. Quod utrumque designat David, dicens : « Minuisti eum paulo minus ab angelis (*Psal.* VIII, 6). » Quia natura humana passibilis, corruptibilis et mortalis, angelica natura minor erat. Sed post resurrectionem, « gloria immortalitatis, et honore coronasti eum, et constituisti eum super omnia B opera manuum tuarum (*ibid.*, 7), » id est angelos, et super omnes qui proprie opera Dei induuntur [*f.* dicuntur] propter dignitatem suam, quia rationabiles sunt; quasi Deus propriis manibus eos creasset.

647 Turris est confessio et pœnitentia, ad quam captivi refugium habent. Cymbala sunt sacerdotes, qui sunt præcones Ecclesiæ, qui ad confessionem homines invitant; unde Dominus per Isaiam admonet : « Clama, ne cesses, quasi tuba exalta vocem tuam (*Isa.* LVIII, 1). » Et iterum : « Audies verba mea ab eis. » Columnæ Ecclesiæ sunt pastores, qui prædicatione sua et correctione sua domum Dei sustentant; unde in Canticis : « Columnas ejus fecit argenteas (*Cant.* III, 10). » Argentum est metallum nitidum et sonorum; sic pastores sono prædicationis domum Dei retinent [*f.* sustinent], dicente David: C « Eloquia Domini casta, argentum igne examinatum (*Psal.* XI, 7). » Fenestræ, divinæ Scripturæ accipiuntur, per quas Sol justitiæ, id est Christus, nobis lucet, nec tamen in præsenti aperte videmus; unde Apostolus : « Nunc videmus per speculum et in ænigmate (*I Cor.* XIII, 12), » id est in obscuritate; unde Ecclesia in Canticis : « Dilectus meus respiciens me per fenestras (*Cant.* II, 9), » id est apertas (100) sententias. Ostium est fides, quia per eam ingrediuntur homines ad Ecclesiam. Duo parietes sunt duo populi, id est Judaicus et gentilis, de quibus conversis constituta est Ecclesia; unde Apostolus : « Servantes unitatem fidei in vinculo pacis (*Ephes.* IV, 1). » Itaque non solum valet locus iste ad sacra peragenda, sed utilis est ad ædificationem, et præterea valde venerabilis est, quia corpus et sanguis Domini ibi ad salutem nostram sanctificantur. Ibi pueri baptizantur. Ibi peccatores reconciliantur. Ibi animæ pascuntur. Ibi orationes funduntur; unde scriptum est : « Domus mea, domus orationis vocabitur (*Matth.* XXI, 13). » Quid in ea faciendum sit David præmisit, dicens : « Introibo in domum tuam, adorabo ad templum sanctum tuum, et confitebor nomini tuo, Domine (*Psal.* V, 8). » Adeo enim venerabilis est, quod Dominus ingrediens Jerusalem,

---

(99) Forte ea pars, quæ Gallice vocatur *le chevet.*

(100) Forte non apertas, si attendatur ad proxime posita.

semper divertebat ad templum, dans nobis exemplum, quia quando ingredimur civitatem, prius ecclesia petenda est; unde **648** dicitur in Evangelio : Cum introisset Jesus Jerusalem, introivit in templum, et vindicavit domum suam in officium orationis, et vendentes et ementes de templo ejecit, dicens : « Domus mea, domus orationis vocabitur (*Matth.* xxi, 13). » Qua occasione a Judæis tentus, et crucifixus est. Cum enim Judæi vidissent eum tantam habuisse potestatem in omnes, quod funiculo ejecisset eos de templo, conspiraverunt in eum; unde David : « Zelus domus tuæ comedit me (*Psal.* lxviii, 10), » scilicet, amor Ecclesiæ meæ quam defendi, comedit me, id est fuit causa mortis meæ. Sic diabolus per filios suos et per membra sua, Ecclesiam omnibus modis infestat; filios etiam Ecclesiæ, quos [ipsa] generavit, quos nutrivit, contra matrem suam incitat; unde conqueritur mater in Canticis, dicens : « Filii matris meæ pugnaverunt contra me (*Cant.* i, 5). » Et alibi scriptum est : « Filios enutrivi et exaltavi, ipsi autem spreverunt me (*Isa.* i, 2). » Quæ major despectio? quæ major violatio? quæ major temeritas, quam in loco sancto et in aula Dei, id est in Ecclesia Dei, in templo Spiritus sancti, ministris ecclesiæ insidiari? Eis clamat Apostolus : « Qui violaverit templum Dei, disperdet illum Deus (*I Cor.* iii, 17). Amen.

LXXXV.

IN DEDICATIONE ECCLESIÆ SERMO QUARTUS (1).

« Jerusalem, quæ ædificatur ut civitas, cujus « participatio ejus in idipsum (*Psal.* cxxi, 3). »

In sacra Scriptura Jerusalem denominatur ad tria. Dicitur enim Jerusalem, sanguinaria illa civitas, de qua dictum est :« Non capit prophetam perire extra Jerusalem (*Luc.* xiii, 53). » Cui et Dominus ait : « Jerusalem, quæ occidis prophetas qui ad te missi sunt (*Matth.* xxiii, 37). » Dicitur etiam quandoque Jerusalem, militans Ecclesia, quæ adhuc habet tabernaculum suum sub **649** sole, quæ modo sub Domino militat in terris, ut quandoque cum Domino regnet in excelsis, ut ibi : «Surge, illuminare, Jerusalem, quia venit lumen

A tuum, et gloria Domini super te orta est (*Isa.* lxvi, 1). » Dicitur etiam Jerusalem, Ecclesia triumphans, quæ constat ex angelis et spiritibus beatorum, de qua dicit Apostolus : « Jerusalem, quæ sursum est, libera est, quæ est mater nostra (*Galat.* iv, 26). » Et Propheta ad eam : « Lauda, Jerusalem, Dominum ; lauda Deum tuum, Sion (*Psal.* cxlvii, 1).» Solum enim et totum officium ejus est, Dominum laudare. Unde alibi : « Beati qui habitant in domo tua, Domine ; in sæcula sæculorum laudabunt te (*Psal.* lxxxiii, 5).» Sane de Ecclesia triumphanti loquitur hic Propheta, quod ex duobus quæ sequuntur concipi potest. Addidit enim : *Ut civitas.* Ipsa quidem civitas non est ratione nominis, sed est ut civitas ratione similitudinis. Proprie enim civitas congregatio est hominum

B jure viventium (2). Ipsa vero non tantum hominum, sed et hominum congregatio est et angelorum. Quid vero sit : *Cujus participatio erit in idipsum,* ipsi soli convenire habet. Ecclesiæ enim militantis, et uniuscujusque civitatis participatio, id est habitatio est in eo quod est in idipsum, id est invariabile, et in eodem statu permanens. Superest videre qua ratione similitudinis *ædificetur ut civitas.*

In ædificatione civitatis tria concurrunt, primo, violenter extrahuntur lapides de lapidicina, malleis et vectibus ferreis, in multo labore hominum et sudore ; secundo, cum celte, bipenni et regula poliuntur, eruderantur, quadrantur; tertio, per manus artificis in locis suis disponuntur. Ad hunc modum

C in ædificatione cœlestis Jerusalem tria considerantur, separatio, politio, positio. Separatio est violenta ; politio, purgatoria ; positio, æterna. Primum est in angustia et afflictione ; secundum, in patientia et exspectatione ; tertium, in gloria et exsultatione. Per primum sciebatur [*f.* cribratur] homo sicut triticum ; in secundo examinatur homo sicut argentum ; in tertio reponitur in thesaurum. Siquidem vivi lapides sunt, de quibus ædificatur, spiritus scilicet illorum quos prævidit Deus conformes fieri imaginis claritatis suæ. Hi dum sunt in corporibus, adhuc sunt in lapidicina. Moles enim corporis tenacissime eos premit et arctat. Unde dictum est :

(1) Ex Andegavensi.—Probabile est V. Hildebertum hunc sermonem habuisse ad monachos ordinis Sancti Benedicti, cujus hic nomen exprimit, et specialem gloriam illis commendat. Cluniacenses autem Cluniacensis ipse videtur alloqui, divitum terræ liberalitate adeo ditatos, ut etiam reges gentium quasi tributarios habuerint, qualis fuit Alphonsi regis Hispaniæ parens, qui sacro Cluniacensi monasterio censum annuum assignaverat, quem ipse Alphonsus, insignis officii sibi a sancto Hugone abbate in gravissimo negotio exhibiti memor, duplicari jussit. Hinc Hildebertus occasionem sumit monachis benefactores suos commendandi, asserendique ipsos, ut divitibus terræ ob singularem beneficentiam obnoxios, non tantum sibi, sed et suis benefactoribus mereri debere, ut iis quorum temporalibus foverentur, spiritualia sua ad salutem proficere curarent. Plura autem in hoc sermone notatu digna occurrunt. Verbi gratia, quod adhuc Hildeberti tempore,

D ut etiam pluribus post annis, jejunia usque ad vesperam protraherentur, cum eos hic redarguat, qui idcirco per diem jejunabant, ut *ad vespertinam cœnam* lautius epularentur, quod nunc ut plurimum faciunt nostri temporis heterodoxi. Ibi etiam Hildebertus utitur verbo composito *cœnophagizandi,* cum describit *superplenitudinem gaudii* quo potientur simul in futura vita beati, ubi, inquit, cum Domino cœnophagizabunt, cum videlicet, ut ait B. Joannes evangelista. Apoc. cap. xix, v. 17, *congregabuntur ad cœnam magnam Dei,* ubi se cum illis cœnaturum, et illos secum cœnaturos spondet. Apoc. cap. iii, v. 20.

Ibi denique videtur innuere jejunium a fidelibus observatum die Commemorationis defunctorum, ad subsidium animarum expiatorio igne purgandarum ; quam commemorationem sanctus Odo in suis monasteriis nuper agendam instituerat, et quam postea universalis Ecclesia recepit, et pie celebravit.

(2) Id est, sub una lege et eodem jure viventium.

« Corpus quod corrumpitur, aggravat animam, et terrena inhabitatio deprimit sensum multa cogitantem (*Sap.* IX, 15). » Ab hac extrahi desiderabat, qui dicebat : « Quis me liberabit de corpore mortis hujus? (*Rom.* VII, 24.)» Multis autem concussionibus necesse est nos agitari, ut inde extrahamur idonei. **650** Per multas enim tribulationes oportet nos introire regnum Dei. De quibus experto credite dicenti : « In vigiliis multis, in laboribus supra modum, in fame et siti, in frigore et nuditate, etc. (*II Cor.* XI, 27). » De molestia vero separationis, audite Prophetam : « Circumdederunt me gemitus mortis, dolores inferni circumdederunt me (*Psal.* XVII, 5).» Quam intolerabilis etiam sit illa separatio, quando scilicet nodi ficales (3) solvuntur, proportionalia rumpuntur. In libro experientiæ legant de illo, qui ab Antonio resuscitari noluit, ne iterum oporteret eum mori. Post hanc separationem, si qui statim inveniuntur idonei, quod rarum est, sublevantur. Sicut domnus Benedictus, cujus via ad cœlos etiam a quibusdam tendere visa est. Nos vero secundum minorem [*f.* majorem] partem loquimur, qui cum ligno, feno et stipula transeunt, et in purgatorio poliuntur. De quo dicit Apostolus : « Si cujus opus arserit, detrimentum patietur, ipse vero salvus erit, sic tamen quasi per ignem (*I Cor.* III, 15). » Post politionem autem sustolluntur, suisque aptantur locis per manum artificis, disponuntur permansuri sacris ædificiis. Sane tria hæc singulis annis repræsentat Ecclesia ; in vigilia Omnium sanctorum, separationem ; in solemnitate eorumdem, positionem ; in Memoria mortuorum, politionem. Dies enim jejuniorum, dies afflictionis est. Unde Dominus ait : « Prima die septimi mensis affligetis animas vestras (4) (*Levit.* XVI, 29). » Non enim verum habet jejunium, qui ad luxuriosam cœnam servat ventrem suum, qui non parcius solito comedit et aridius, qui jejunio alas suas non facit eleemosynas et orationes. Dies vero solemnis, quæ superplenitudinem gaudii significat, in quo sancti cum Domino cenophagizant. Tertio, Memoria mortuorum agitur, ut hi qui in purgatorio poliuntur, plenam consequantur absolutionem, vel pœnæ mitigationem. Et sic tria hæc repræsentat Ecclesia circa spiritus beatorum, unde transeunt, quo transeunt, [qua transeunt.] Verumtamen in hac expositione videor injuriosus esse angelis, qui primatum tenent in ædificio spirituali. Quocirca possumus aliter hanc ædificationem assignare, ne angelorum immemores esse videamur. In sacra Scriptura sæpenumero hoc nomen prolatum, civitas, simpliciter terrenam Jerusalem antonomastice significat, ut ibi : « Videns Dominus civitatem, flevit super eam (*Luc.* XIX, 41); » et in Michæa (VI) Dominus clamat ad civitatem. Jerusalem ergo cœlestis ædificatur, sicut Jerusalem reædificata fuit. Post Babylonicam enim destructionem sub Jesu magno

A sacerdote Zorobabel duce cœpit **651** reædificari, et sub Nehemia reædificata est in hunc modum : Primo septem portæ locatæ sunt, deinde intercapedines muri a porta usque ad portam extensæ. Nec moveat nos quod in Esdra plures his portæ leguntur (*II Esdr.* IV). Sic enim in civitatibus minores portæ sub principalibus inveniuntur. Nomina vero portarum sunt hæc : Porta vetus, porta fontis, porta equorum, porta gregis, porta sterquilinii, porta piscium, porta vallis. Ad hunc modum Faber ille, qui fabricatus est auroram et solem, in sua spirituali civitate jam fundavit septem portas quas Matthæus prosequitur, dicens : « Beati pauperes, beati mites, etc. (*Matth.* V. 3). » Octava est quasi intercapedo inter portas murorum, cum subditur : « Beati eritis, cum maledixerint vobis homines, et persecuti vos fuerint, etc. (*ibid.*, 11). » In ordine vero quædam plenius explicantur, ubi dicitur cœlestium virtutum, et beatorum patrum, prophetarum, apostolorum, martyrum, confessorum et virginum. Quod autem sequitur, omnium electorum, ad intercapedinem muri pertinet. Prima ergo porta sunt angeli ; secunda, patriarchæ ; tertia, prophetæ ; quarta, apostoli ; quinta, martyres ; sexta, confessores ; septima, virgines. Prima, cœlestis ; secunda, fidelis ; tertia, umbratilis ; quarta, judicialis ; quinta, terribilis ; sexta, exemplaris ; septima, admirabilis. Ad litteram porta vetus dicta est, quæ in principio nascentis Jerusalem fundata est, cum adhuc Salem vel Solyma vocaretur, in diebus Abrahæ, vel Melchisedech regis æterni (*Gen.* 14). Ad hunc modum Deus Pater per Filium « in principio creavit cœlum et terram (*Gen.* I, 1), » id est angelos et omnem corpoream materiam. Unde quia angeli sunt creatura primordialis, non immerito dicuntur porta vetus et cœlestis. Unde Jacob visis angelis evigilans ait : « Hic domus Dei est, et porta cœli (*Gen.* XXVIII, 19).» Dicta est etiam civitas Salem, quæ interpretatur *pax.* Dejecto enim Lucifero cum sequacibus, consummata est pax in reliquis, cum accusator fratrum suorum ejectus est. Ad litteram porta fontis erat, per quam transitus erat ad fontem Gihon, super quam unctus est Salomon in regem. Per hanc significantur patriarchæ ; ab his [enim] fides et cultus Dei habuit originem, et ad nos tanquam a fonte per rivulos derivata est. Primus enim Abraham nomen unius Dei publice prædicavit ; de quo dictum est : Senex fidelis, prima credendi via est. Cujus temporibus Dominus, circumcisione, quasi quodam charactere, gregem suum ab aliis separavit nationibus. Ad litteram porta gregis juxta templum erat per quam introducebantur animalia ad offerendum destinata, super quam erat turris **652** Opher, id est nebulosa, propter altitudinem suam sic vocata. Per hanc figurati sunt prophetæ. Primus enim Samuel habitare fecit homines unius moris in domo, quibus

---

(3) Forte *finales*, id est illi nodi corporis et animæ finaliter per mortem solvuntur.

(4) In Vulgata sic habetur : *Mense septimo, decima die mensis, affligetis animas vestras.*

cunia communia erant ad modum cœnobitarum, qui diu noctuque hymnis et canticis divinis invigilabant, et hunc quasi gregem Dominicum prophetarum Samuel appellavit.

Hæc autem porta umbratilis dicitur, qui sub figuris operum, et in tegumentis verborum prophetaverunt. Ad litteram porta equorum dicta est in qua dimittebant equos qui ascendebant ad templum, ultra quod equitando procedere non licebat. Per hanc figurati sunt apostoli. Frequenter tamen in sacra Scriptura equus in malo solet accipi, indignatione [f. in designationem] superbiæ, quia erecta cervice incedit ; unde dictum est : « Fallax equus ad salutem (Psal. xxxii, 17). » Propter hoc etiam prohibitum est filiis Israel ne multiplicarent sibi equos. Legitur tamen quandoque equus in bono, ut ubi : « Equitatus tuus salus. » Et sic legitur Zacharias (vi) vidisse de medio montium egredientes currus, et equos rubeos et nigros, ita similiter et albos. Non incongrue ergo apostoli equis comparantur pro sua velocitate. Dictum est [enim] eis a Domino : Ite in universum terrarum orbem ; illi autem abeuntes, prædicaverunt ubique, et inæstimabili celeritate in omnem terram exivit sonus eorum (Psal. xviii, 5), » ut tanquam equi, Christum equitem celeriter circumferrent. Hæc porta dicitur judicialis, quia sunt judices a Domino [constituti,] cum ait : « Sedebitis super sedes duodecim, judicantes duodecim tribus Israel (Matth. xix, 28). » Unde et aggratulando, dicit eis Ecclesia : Vos sæculi justi judices, et vera mundi lumina. Ad litteram porta sterquilinii erat, per quam sordes civitatis undecunque collectæ effluebant. Per hanc figurati sunt martyres, quorum corpora reputata sunt tanquam stercora, quorum sanguis ita viliter, et abunde tanquam aqua effusus est ; unde scriptum est : « Effuderunt sanguinem servorum tuorum tanquam aquam in circuitu Jerusalem. Posuerunt mortalia servorum tuorum escas volatilibus cœli, carnes sanctorum tuorum bestiis terræ (Psal. lxxviii, 3). » Hæc porta dicitur terribilis. Ipsi enim lapidati sunt, secti sunt, in occisione gladii mortui sunt, pro Christo succensi flammis, extensi in eculeis, suspensi in patibulis, asiscati [f. dissecati] ungulis. Quæ tormentorum unanimitas [f. universitas] non solum terribilis fuit ad videndum, verum etiam recordatio eorum horribilis est ad audiendum. Porta piscium erat, quæ respiciebat mare Mediterraneum, per quam mercimonia piscium deferebantur in urbem. Per hanc figurati sunt confessores, qui in media vitiorum voragine vivunt, qui contra fluctuum **653** impetus feruntur, qui procellis circumsonantibus feriuntur, sed non dejiciuntur. Hæc porta dicitur exemplaris, quia cum verbo doctrinæ, ministrant nobis exemplum vitæ.

Porta vallis erat quæ ducebat ad vallem Josaphat. Per hanc figurantur virgines. Per vallem enim figuratur humilitas. Collactaneæ enim virtutes sunt virginitas et humilitas ; unde beata Virgo solam humilitatem memoravit, dicens : « Quia respexit humilitatem ancillæ suæ (Luc. 1, 48). » Hæc porta dicitur admirabilis. Quid enim admirabilius est, quam angelicam vitam ducere in terris, in carne non solum præter carnem vivere, sed etiam contra carnem ? Cæterum, cum audio virgines dici portam Josaphat, totus horrore contremisco. Josaphat enim ex interpretatione judicium sonat. Timeo autem ne forte viri a virginibus judicentur, comparatione, non auctoritate, quia per duo, scilicet per fragilitatem carnis et ignorantiam mentis, putabam nos invenire solatium excusationis ante tribunal Judicis. Vereor autem ne objiciat nobis virgines, quarum sexus fragilior, et animus naturaliter minus sensatus, ut in prædictis duobus nullum habeamus excusationis refugium. Hæ septem portæ quas diximus, in cœlesti Jerusalem jam immobiliter fundatæ sunt, unde ad consummationem usque sæculi murorum intercapedines ædificabuntur. Muri vero planities ex duobus conficitur. In utraque namque superficie muri, lapides quadrati ponuntur et prominentes. In meditullio vero, lapidum fragmenta vilia et inordinata reconduntur. Per hæc duo figurantur activi et contemplativi. Activi enim, ut ait Ambrosius, non habent merita sibi sufficientia ad vitam ; unde necesse habent ut faciant sibi spirituales amicos de mammona iniquitatis, qui recipiant eos secum in æterna tabernacula, sicut lapides litterales [f. laterales] medullium secum sursum ferunt. Considerate ergo vos quibus loquor, quanta vobis incumbat sollicitudo. Non enim sufficit vobis habere merita tantum sufficientia vobis ad vitam, nisi habeatis et abundantiam meritorum ad eos qui vos fecerunt sibi obnoxios. Huic enim cœnobio, sicut et cæteris, reges gentium, divites terrarum prædia sua et possessiones contulerunt, quibus sustentarentur pauperes Christi, qui divino manciparentur servitio. Duplex itaque vobis incumbit sollicitudo, sufficientiæ meritorum in vos, et abundantiam in illos. Deus autem qui dat semen serenti, et panem comedenti in abundantia, det vobis et nobis sufficientiam hanc et abundantiam, et nos, et illos quos vobiscum trahitis, recipiat in æterna tabernacula Jesus Christus, **654** Dominus noster, cum venerit judicare vivos et mortuos, et sæculum per ignem. Amen.

LXXXVI.

« Vere Dominus est in loco isto, et ego nesciebam (Gen. xxviii, 16). »

In templi dedicatione, fratres mei, Ecclesia propositum verbum frequentare consuevit. Idcirco diligentius ejus perquirenda est intelligentia, ut ex ea reficiatur intus devotio vestra. Videndum est ergo quis hæc verba dixerit, et ubi, et quando, et quare. Quis? Jacob patriarcha legitur in Genesi (ibid) hæc protulisse. Ubi? In Bethel. Quando? Cum exiret de

---

(5) E ms. Andegav.

Bersabee, et pergeret in Aram [*Vulg.* Haran]. Quare? Ostensa sunt angelica visione. Cum enim egressus de Bersabee pergeret in Aram, volens nocte quiescere in quodam loco, supposuit lapidem capiti suo, et vidit in somnis scalam et angelos ascendentes et descendentes, et Dominum innixum scalæ. Cumque evigilasset, ait : *Vere Dominus est in loco isto.* [Unde patet] quatenus angelicam societatem quis possit ingredi, egrediendum est primo a corporis voluptatibus et carnis corruptibilis affectibus, juxta illud dictum a Domino Abrahæ : « Egredere de terra tua, et de cognatione tua (*Gen.* xii, 1). » Et Moyses inquit in Exodo : « Transibo, et videbo [*Vulg.* vadam et videbo, etc.] visionem hanc magnam (*Exod.* iii, 3). » Transeundum quippe est, ut videri valeat visio magna. Et David : « Effudi animam meam; ingrediar [*Vulg.* transibo] in locum tabernaculi admirabilis usque ad domum Dei (*Psal.* xli, 3). » Jacob *supplantator* interpretatur; Bersabee *puteus.* In hoc autem itinere Jacob, vita Christiani exprimitur, scilicet unde incipere, qualiter proficere, et quo debeat pervenire. Ibidem fidelium principium, et progressus, et finis demonstrantur. Est autem puteus bonus, et puteus malus : puteus bonus satietatis, profunditatis et ubertatis, de quo salientes aquæ in vitam æternam, et hic puteus altus est, de cujus aqua qui biberit, non sitiet iterum. Hæc est gratia Spiritus septiformis, vel scriptura Spiritu septiformi edita. Quem puteum foderunt principes, et excluderunt duces [*Vulg.* paraverunt duces], ut legitur in libro Numeri (*cap.* xxi). Est et puteus diaboli, puteus voraginis, et iniquitatis, et desperationis. De quo justus orat : « Non urgeat super me puteus os suum (*Psal.* lxviii, 16). » Puteus etiam cupiditatis est, de quo qui biberit, sitiet iterum. Cupiditas enim non satiatur habitu, sed magis inhiat ad quærendum. Per hunc puteum venitur in puteum interitus, et est iste contrarius præcedenti ; **655** puteus contra puteum, id est septem spiritus nequiores, virtutes septem a Deo datas impugnantes. De hoc puteo egreditur, et recedit, quicunque virtutum passibus spirituale iter ingredi proponit. Ita egressus est Abraham avus nostri mediatoris de Ur Chaldæorum, id est de potestate dæmonum, et incendio vitiorum. Profectus itaque de Bersabee pergebat Aram, quod interpretatur *sublimis*, et vitam cœlestem significat, ad quam bonus viator pervenire desiderat. Sed laborans inter eundum, pausat et dormit in loco qui dicitur Bethel, id est *domus Dei*, quæ significat Ecclesiam præsentem, id est militantem, de qua venitur ad futuram, id est triumphantem. In itinere autem dormire est, in præsentis vitæ transitu, a rerum temporalium amore quiescere, et in dierum labentium cursu, ab appetitu visibilium claudere mentis oculos, quos ante peccatum bene clausos, primis parentibus seductor aperuit. Culpa enim concupiscentiæ reseravit oculos, quos innocentia tenebat clausos.

Angelos ascendentes et descendentes cernere est, supernæ patriæ cives contemplari, quanto amore auctori suo inhæreant, vel quanta compassione charitatis, nostris infirmitatibus condescendant. Ex quorum similitudine debemus formam nostram [sumere] et pro posse [proximorum] sublevare miseriam. Notandum autem quod angelos ille dormiens conspicit, qui in lapide caput ponit, quia ab exterioribus cessans, interiora penetrat is qui intenta mente imitationem Redemptoris observat. Caput ponit in lapide, qui Christo inhæret mente. Qui enim a præsentis vitæ actione remoti sunt, et ad superna non intendunt, dormire possunt, sed videre angelos nequeunt, quia caput, non in lapide, sed in terra posuerunt. Plerumque enim, quanto securius ab exterioribus cessant, tanto latius immundæ sibi cogitationis strepitum cumulant [*f.* tumulant, *seu* comprimunt]. Unde vere de Synagoga : « Viderunt eam hostes, et deriserunt Sabbata ejus (*Thren.* i, 7). » Hostes, id est dæmones, quorumdam derident Sabbata, cum ipsas vacationes pertrahunt ad illicita. Sancti autem laboriosius dormiunt, quam vigilant, quia in eo quod actiones sæculi deserentes superant, quotidie contra se ipsos pugnant, ne mens per negligentiam torpeat ; ne sub arcto otio ad desideria superna frigescat; ne ipsis plus justo deserviat ; ne sub discretionis specie sibi parcendo, a perfectione languescat. Unde in Cantico canticorum : « Ego dormio, et cor meum vigilat (*Cant.* v, 2). » Et : « Si dedero somnum oculis meis, et palpebris meis dormitationem (*Psal.* cxxxi, 4). » Videt etiam Dominum innixum scalæ, quia quælibet contemplatio in errorem **656** tendit, nisi eam Dominus moderetur et regat. Istud quoque iter designat exitus Hebræi populi ex Ægypto. Hebræus enim *transitor* interpretatur, Ægyptus, *tenebræ.* De Ægypto venit in desertum, ubi fabricatur tabernaculum. Bonus viator, excussis tenebris erroris et peccati, mente petens cœlum, mundum istum sibi reputat desertum, non thalamum, sed stabulum, tanquam non habens hic manentem civitatem, sed futuram inquirens. Habet hic tabernaculum quod frequentat, id est Ecclesiam, ubi Deo militat, extra quam non est locus veri sacrificii; ubi Trinitas digne et pure colitur, et per fidem mundato corde videtur. Hoc est desertum Idumeæ, sicut in titulo psalmi legitur, id est terrenæ, sæculi videlicet, ubi sititur et esuritur; sed protectione et umbraculo tabernaculi transitur. Fit tabernaculum de lignis sethim, similibus albæ spinæ, dolatis et planatis, id est sanctis, in præsenti ab omni asperitate et enormitate peccati mundatis, tabulis erectis, vectibus et aliis modis contextis, cortinis, sagis et pellibus suppositis [*f.* superpositis], quæ præter diversitatem et virtutum decorem significat, et erat mutabile et portabile. Sumus enim advenæ et peregrini, ubi auditur sonitus mallei et securis, dum tanquam mare confragosum sonant diversa vota populorum. Inde sub Josue venerunt in terram promissionis, ubi templum ædificatum est de lapidibus quadratis, politis, clavis et cæmento conjunctis, ubi nec securis, nec malleus audita sunt; et hoc immobile. Sanctis enim in resurrectione plene mundatis, et in æternum victuris, sine labore et sine miseria, omnia pacifica erunt et tranquilla, et nulla deinceps inquietudine perturbanda; utrumque ædificium, domus Dei, et utrumque consecratum et inunctum. Facta sunt hæc duo ad litteram ab antiquo populo. Fiunt etiam hodie templa materialia a Christiano [populo,] et consecrantur et dedicantur in quibus Deo serviant sicut in illis, licet excellentiori modo. In ipsa autem dedicatione multa mystice aguntur, litterarum scilicet inscriptionibus, aspersionibus, et aliis multis. Sed tam ista quam illa facta sunt propter homines. « Non enim homines propter Sabbatum, sed Sabbatum propter homines (*Marc.* II, 27); » et ideo et illa destructa sunt, et hæc destruentur, ut alia, id est spiritualia, construantur. De his Apostolus : « Templum Dei sanctum est (*I Cor.* III, 17). » Et alibi : « Dei ædificatio est (*ibid.,* 9). » Et : Anima justi sedes est sapientiæ; hæc est vere domus Dei, et locus Dei, in quo vere est Dominus. Unde in Psalmista : « Dominus in templo sancto suo (*Psal.* XLVII, 1). » Et : « Magnus Dominus et laudabilis nimis, in civitate Dei nostri, in **657** loco [*Vulg.* monte] sancto ejus (*Psal.* CXLIV, 3). » Sed qui ubique est essentialiter et veraciter, quare hic vere dicitur esse? Hic est gratuiter; hic est salubriter; hic est perseveranter, juxta illud: « Mansionem apud eum faciemus (*Joan.* XIV, 13); » quod non in his qui ad tempus credunt, et in tempore tentationis recedunt. Ideo his vere Dominus; ille enim vere est dominus qui ejus est servus; alii, non. Unde in Malachia (*cap.* I, 6): « Si ego Dominus, ubi est timor meus? » Unde : « Beata gens, cujus Dominus Deus ejus (*Psal.* XXXI, 12). » Beatus populus de ejus dominio; beatus nihilominus de ejus servitio, cui servire regnare est. Nec est pertranseundum quod iste viator de Jacob fit Israel. Per quid? Quia prævaluit angelo in lucta. Angelus est sermo angelicus, id est divinus, id est lex Dei, quæ voluptatibus carnis contradicit, cui prævalet in lucta, quia convalescit ad implenda mandata, ut pro eis postpositis nihil formidet de pœna. Qui etiam victori benedicit, quia ei benedictionem æternam acquirit. Sed tacto femore claudicat, quia dum ad dexteram, id est ad superna ardenter anhelat, de sinistro, id est temporalibus minus curat. Inde etiam fit Israel in futuro, id est videns Deum per speciem, quia hic intuebatur per fidem. In Aram vel Jerusalem est Israel, qui hic fuit Jacob dum pugnaret, ut ibi dicat : *Vere Dominus est in loco isto,* quando Deus erit omnia in omnibus in abscondito faciei suæ a contradictione, vel conturbatione hominum. Unde addi convenienter potest, quia evigilans hoc dicit, quoniam qui in hac vita a strepitu mundi dormivit, in resurrectione vel morte evigilans, quam jucundum sit Deum videre et ab eo inhabitari perfecte cognoscit. Unde : « Satiabor cum apparuerit

(6) E Victorino.

gloria tua (*Psal.* XVI, 15). » Dominus autem templi sui ædificator, consecrator et inhabitator, sine quo nihil sumus aut possumus, talem in præsenti de nobis et in nobis sibi faciat domum, quam ad gloriam suæ visionis et æternæ mansionis perducat qui vivit et regnat in sæcula sæculorum. Amen.

LXXXVII.

IN DEDICATIONE ECCLESIÆ SANCTI NICOLAI. SERMO SEXTUS (6).

(7) « Salomon ædificavit domum Domini in Jerusalem septem annis, et dedicaverunt eam in octavo « rex et filii Israel. Fecit ergo Salomon in die illo « festivitatem celebrem, et omnis Israel constituta « est multitudo magna, et oravit rex ad Dominum, « dicens : Exaudi, Domine, vocem orationis, quam « orat ad te servus tuus in loco isto, ut exaudias orationem **658** populi tui Israel, quodcunque oraverit « in loco isto. Et cum exaudieris, propitius eris. « Quod si peccaverint tibi (non enim est homo qui « non peccet) et egerint pœnitentiam, et adoraverint te, propitiaberis populo tuo, qui peccavit tibi. « Dixitque Dominus ad eum : Exaudivi orationem « tuam, quam deprecatus es coram me (*II Par.* VI, « 7). »

Omnia, fratres charissimi, facta antiquæ legis sunt figura novæ, et propter nos memoriæ commendata. Templum autem Domini antiquitus factum figura fuit Ecclesiæ, et dedicatio ejus, nostræ dedicationis exemplum. Si domus Domini vocata est ubi sacrificia et hostiæ offerebantur, multo magis orationis domus, in qua carnis et sanguinis ejus celebrantur sacramenta, [domus] Domini vocanda est; et si Dominus orationem populi sui in illa se promisit audire, quanto magis preces nostræ recipientur in ista, ubi sunt veri oratores [*f.* adoratores] passionis Dominicæ? Et si festivitas in dedicatione ejus templi, quod erat umbratile et figurativum, celebrata est, quantum gaudium in nostræ matris [Ecclesiæ] consecratione agendum est? Quod autem septem annis ædificasse, et in octavo dedicationem celebrasse dicitur, non sine figura credendum est. Septem enim annis, id est per totum tempus hujus vitæ, quod septem diebus agitur, structura Ecclesiæ, id est fidelium, qui templum Domini sunt, [consurgere] non desinit, dicente Apostolo: « Nescitis quia templum Domini estis, et inhabitatio Spiritus sancti (*I Cor.* III, 16). » Et iterum scriptum est: « Anima justi sedes est sapientiæ. » In octavo autem anno facta est festivitas, quia in die Resurrectionis, quæ dicitur octava, quæ est post tempus hujus vitæ, quod per septem annos designatur. Hæc autem festivitas nostræ dedicationis gaudium significat tantæ festivitatis [*f.* celebritatis], ut animo teneamus memoriam futuræ resurrectionis, et in gaudio nostræ matris, omnes filii ejus debent convenire, lætari, et sanctificationi matris suæ gratulari. Sed quia de multis partibus veniunt filii, et multo la-

(7) Non textum ipsum exprimit, sed ex textu historiam.

bore occurrunt matri, de tanta festivitate discedere
non debent irremunerati: statutum est a sanctis
Patribus quod in dedicatione sanctæ Ecclesiæ fiat
venia peccatorum, ut cum in aliis temporibus fit in
ea ablutio [*f.* abolitio] criminum, in festivitate ejus
potius matris sentiant auxilium. Quod autem hæc
festivitas veneranda sit, ipse Dominus ostendit, qui
dignatus est festivitati dedicationis interesse, sicut
scriptum est in Evangelio: « Facta sunt encænia in
Hierosolymis, et ambulabat Jesus in porticu Salomonis (*Joan.* x, 22). » Encænia autem vocantur solemnia dedicationis. Hæc etiam dedicatio præfigurata est temporibus **659** Jacob. Cum enim Jacob,
relicto patre, et fugiens fratrem suum Esau, iret ad
Laban petiturus uxorem, in itinere tulit de lapidibus, qui in terra jacebant, et supponens capiti suo,
dormivit in eodem loco, et vidit in somnis scalam
usque ad cœlum directam, et angelos ascendentes
et descendentes, surgensque tulit lapidem, et erexit
in titulum, et fundens oleum desuper, fecit altare
Domino, dicens: « Non est hic aliud nisi domus Dei,
et porta cœli (*Gen.* xxviii, 17). » Ecce iste antiquus, sine lege, sine scriptura, sanctificavit Domino
altare, et domum Dei vocavit, quia per Spiritum
sanctum tabernaculum Dei ibi futurum præsciebat.
Hæc omnia tantum figura fuerunt. Jacob Christum
significat, qui, quasi relicto Patre, dum carnem assumpsit, cœlum deseruit, parentibus relictis, id est
Judæis, de quibus carnem assumpserat; et relicta
patria, id est Judæa, perrexit ad gentes, ducturus
sponsam. Dormitio Jacob in itinere mortem Christi
significat in cruce. Lapis quem capiti suo supposuit,
humanitatem Christi junctam divinitati designat.
Divinitas autem caput Christi est, sicut ait Apostolus : Caput Christi, Deus. Scala directa ad cœlum,
est via et ascensio graduum virtutum. Ascenditur
enim ad cœlum, id est ad cœlestem vitam gradibus
diversarum virtutum.

Angeli descendentes et ascendentes sunt prædicatores qui nuntiant nobis regnum Dei, qui ascendunt et descendunt, cum aliquando sublimiora, aliquando humiliora prædicant. Ascendit Joannes, cum
dicit : « In principio erat Verbum (*Joan* i, 1). » Descendit Paulus, cum dicit : « Nos prædicamus Christum, et hunc crucifixum (*I Cor.* ii, 1). » Et idem
qui descendit, aliquando ascendit; et qui ascendit,
aliquando descendit. Descendit Joannes, dicens :
« Verbum caro factum est (*Joan.* i, 14); » ascendit
Paulus, cum ait : « Nos prædicamus Christum Dei
virtutem, et Dei sapientiam (*I Cor.* i, 24). » Domum
Dei vocat [Jacob] lapidem, quia Christus spiritualiter fuit inhabitatio Spiritus sancti ; unde scriptum
est: « Plenus Spiritu sancto rediit a Jordane (*Luc.*
iv, 1). » Propterea etiam dictum est Jacob fudisse
oleum super lapidem, quia Christus unctus est oleo
Spiritus sancti in regem et sacerdotem. In regem,
sicut scriptum est: « Ego autem constitutus sum rex
ab eo super Sion montem sanctum ejus (*Psal.* ii,
6); » in sacerdotem, sicut scriptum est: « Tu es sa-

cerdos in æternum, secundum ordinem Melchisedech
(*Psal.* cix, 4). » De unctione ejus testatus est David,
dicens : « Propterea unxit te Deus, Deus tuus oleo
lætitiæ præ consortibus tuis (*Psal.* xliv, 8). » Porta
cœli, quia Christus est ostium paradisi, sicut ipse
ait : « Ego sum ostium ; per me si quis introierit,
salvabitur (*Joan.* x, 7). » Sed cum vobis venia ex
labore, fratres charissimi, et congratulatio **660**
festivitatis hujus debeatur, scire tamen debetis quia
non quælibet peccata vobis relaxantur hic, sed illa
de quibus pœnituistis et confessi fuistis. Si enim
vult peccator sibi relaxari peccatum; si vult [sua]
vulnera sanari, ea medico celare non debet. Prius
debet peccator culpam recognoscere, postea ostendere, et postea sibi medicinam rogare. Prius dicat :
« Quoniam iniquitatem meam ego cognosco, et peccatum meum contra me est semper (*Psal.* l, 5); »
deinde subjungat : « Delictum meum cognitum tibi
feci, et injustitiam meam non abscondi (*Psal.* xxxi,
5) ; » ad ultimum dicat : « Miserere mei, Domine,
quoniam infirmus sum (*Psal.* vi, 2). » Sicut diversæ herbæ multis infirmitatibus conveniunt, sic diversæ medicinæ morbis peccatorum. Alius in conjugio salvatur, alius in virginitate, alius in viduitate.
Alius in tumultu mundi contra mundum et diabolum
pugnat. Alius extra mundi strepitum fugiens, hostem spiritualem debellat ; sed super alias est vita
contemplativa , id est vita monacalis, vita eremita-
lis. Hi mundum exuerunt ; hi vilibus induendo se,
spreverunt ; hi obedientiam sectantes dilectionem
ostenderunt. Tres virtutes specialiter in eum [mun-
dum] regnant [*f.* pugnant] : charitas, humilitas,
obedientia, in quorum habitatione fraternitas ostenditur. Si juxta Psalmistam : « Ecce quam bonum et
quam jucundum, habitare fratres in unum (*Psal.*
cxxxii, 1). » Humilitas in vilitate vestimentorum
præmonstratur. Obedientia, in libenti servitute,
dum parent voluntati fratrum, declaratur. Hi sunt
illi qui spoliant Ægyptum. Cum vellet Dominus filios Israel de Ægypto educere (*Exod.* xii), præcepit
omnibus accipere mutuo a vicinis vasa aurea et argentea, et omnia quæcunque possent, latenter effugere [*f.* auferre], et sic spoliare Ægyptum. Filii Israel
sunt monachi qui fugiunt Ægyptum, id est tenebras
hujus mundi. Ægyptus enim *tenebræ* interpretatur;
a vicinis vasa subripiunt, dum a mundanis, inter
quos habitant, aliquos secum attrahunt, et Ægyptum, id est mundum spoliant. Et quia semper cupiunt Ægyptum spoliare Deo, monasterium suum
inter mundanos ædificant, non suæ, sed publicæ
utilitati providentes. Collocare malunt domum suam
juxta mare, ut aliquos pisces extrahant de locis servitutis, id est peccatores de profundo maris , et ut
alios salvent, quam in montibus habitare, et nullum
secum salvare. Sed, fratres charissimi, cum omnis
Ecclesia veneranda sit, quia mater est, sunt specialiter illæ ecclesiæ frequentandæ, ubi pignora sanctorum , ubi sanctorum habentur reliquiæ. Hæc
ergo ecclesia ab omnibus fidelibus veneranda

est, ubi tam pretiosi confessoris memoria habetur, **661** videlicet beati et venerabilis sancti Nicolai (8), qui ab infantia Deo servire cœpit, qui in papilla repugnans legi naturæ, jejunia observavit. Præterea est quædam prærogativa hujus ecclesiæ, quare reverentiam et honorem ei præcipue debeatis, et ei servire, quia beatus Petrus per suum scilicet vicarium papam Romanæ Ecclesiæ eam visitavit, eam sanctificavit, eam dedicavit, et perpetuam veniam **662** per singulos annos hujus benedictionis festivitatem colentibus indixit [f. indulsit]. Pensate, fratres charissimi, pensate, fideles, sanctos Dei intercessores habere, et præcipue pretiosum confessorem Nicolaum, ut ejus meritis æternam patriam mereri possitis, juvante Domino nostro Jesu Christo, qui vivit et regnat in sæcula sæculorum. Amen.

(8) Probabile est hic designari ecclesiam Sancti Nicolai Andegavensis, quæ ab Urbano secundo, tunc in Gallias agente, traditur fuisse consecrata, anno scilicet 1096, ut habetur in *Gallia Christiana*

D. Roberti ad episcopos Andegavenses, pagina 229, ad Gaufridum juniorem; et in cujus dedicatione hæc concio videtur habita.

SERMONES DE DIVERSIS.

—

LXXXVIII [*De diversis* I].

(9) SYNODICUS AD PASTORES IN ILLUD LUCÆ XII : « CUI MULTUM DATUM EST, MULTUM QUÆRETUR AB EO. »

Quantas commissis vobis ovibus debeatis excubias, evangelica vos docet assertio, dicens : Cui plus committitur, plus ab eo exigitur. Ab illo autem tria vobis commissa sunt, « a quo omne datum optimum, et omne donum perfectum est (*Jac.* I, 17). » « Quid enim habes quod non accepisti? » (*Rom.* IV, 7.) Et : « Nos omnes, ut ait Evangelista, de plenitudine ejus accepimus (*Joan.* I, 16). » De ejus, inquam, plenitudine, de quo habetis et vos, quod Christiani estis; quod sacerdotes estis, quod pastores estis. Quod Christiani estis, propter vos est; quod sacerdotes estis, propter Deum est; quod pastores estis, propter oves est. Ex eo enim quod Christum **663** profitemini, fidem debetis custodire; ex officio sacerdotis, Deum placare; ex cura pastoris, gregem pascere. Denique, ex primo nomen geritis Christi; ex secundo et tertio vices agitis Christi : de quibus, ut (juvante Domino) aliquid ad nostram protrahamus eruditionem, plenius singula persequamur. Meminisse vos oportet vestram, fratres, quam fecistis in baptismate promissionem; cui, et sub quo vos obligastis testimonio. Promissio vestra fides catholica est; cui fidem pepigistis, Pater, et Filius, et Spiritus sanctus est, testis pacti Ecclesia est. Testatur autem Apostolus, « quod fides sine operibus mortua est (*Jac.* II, 26); » ideo mortua, quia non vivit in ea vegetatio actionis; ideo mortua, quia non movet aut regit animam ad gaudia patriæ cœlestis. Fide hujusmodi dæmones insigniti sunt, et tamen a consortio bonorum spirituum separantur.

Credunt, et nihilominus eis æternum incendium præparatur. Quippe fides sine opere, flos est sine fructu, manipulus sine grano, moneta sine argento. Ex hoc manipulo nihil excutitur unde anima pascatur. Ex hac moneta panis emi non potest, qui de cœlo descendit, et dat vitam mundo. Cum in domo Domini multæ mansiones sint, nulla prorsus hujusmodi moneta comparatur. Alia profecto moneta est, quæ in civitate Domini nostri in pretio est. Per hanc mortalibus quoddam cum superis commercium est; per hanc fit una respublica, conventus hominum, et conventus angelorum. In hac moneta rex imagini suæ applaudit; pro hac regnum cœli cuilibet venale exponit. Vultis eo pane refici, post quem nullus esurit? Proferte hanc monetam, et satiabit vos. Vultis invenire judicem placatum, quando sedebit cum senatoribus terræ? Proferte hanc monetam, et a dextris ordinabit vos. Vultis ad cœnam nuptiarum Agni suscipi? Proferte hanc monetam, et intromittet vos. Vultis videre bona Domini in terra viventium? Proferte hanc monetam, et non latebunt vos. Porro tam accepta et tam fulgens moneta, fides Christiana est; cæterum non ea fides, quæ operum expers est, sed cui operis structura superposita est. Vult et exigit a nobis Dominus hujusmodi fidem, sicut ab emptore venditor monetam puram, monetam pretiosam. Hanc ei fidem (si bene recolitis) promisistis: hac fide cum eo fœdus percussistis : hujus fidei vos Trinitati debitores fecistis. Cum enim interrogaremini : « Credis in Deum Patrem omnipotentem, creatorem cœli et terræ? » responderitis : « Credo, » Patri vos obligastis. Cum a vobis quæreretur : « Credis et in Jesum Christum,

(9) Ex editis, sed ad ms. Ebr. recensitus et emendatus. — Hunc sermonem in omnibus editionibus invenimus, sed parum abfuit quin illum inter epistolas exhibuerimus, cum illum in optimo Ebroicensi, seu Peroniano manuscripto codice in ipsa epistolarum serie deprehenderimus, et id nobis suadere videntur ipsius sermonis textus, etiam in editis, cum ibidem *præsens pagina* vocatur. Cum tamen a *sermo synodicus* fuerit evulgatus, fieri potuit ut a Hildeberto revera fuerit in synodo pronuntiatus, ac deinde in gratiam absentium descriptus, et ad illos postea quasi epistola encyclica transmissus. Illum porro e præfato manuscripto, plus quam triginta locis emendatum, exhibemus.

Filium ejus unicum Dominum **664** nostrum? » et fatigari populus Domini? Quæ sunt istæ tres diætæ, quibus peractis, offertur beneplacitum Deo sacrificium? Prima sane diæta a malo declinare est; secunda, bene agere est; tertia, ascensiones in corde disponere est. De prima Apostolus sic ait : « Qui furabatur, jam non furetur (*Ephes.* iv, 28). » De secunda idem dicit : « Induite vos armamenta [armaturam] Dei, ut possitis stare adversus insidias diaboli (*Ephes.* vi, 11). » Tertiam Salomon in Canticis canticorum admirans, ait : « Quæ est illa quæ progreditur sicut aurora consurgens?» (*Cant.* vi, 9.) Si ergo secundum Apostolum, carnis renuntiatis operibus, primam fecistis diætam. Si juxta eumdem, novum induitis hominem, qui secundum Deum creatus est in justitia et sanctitate verus, secundam fecistis diætam. Si Prophetam secuti, ascensiones in corde vestro disposuistis, tertiam fecistis diætam. His igitur expletis, placebunt Domino sacrificia vestra. His Dominus exercituum exaudiet vota vestra. In his enim fit Judæa sanctificatio ejus. In his Israel fit potestas ejus. Ista triplex diæta, quia præ cæteris vobis incumbit, præ cæteris exigitur a vobis. Hinc est quod sacrificantes Domino sacerdotes, hujusmodi diætarum mentionem faciunt, dicentes : « Unde et memores nos tui servi, sed et plebs tua sancta ejusdem Domini nostri Jesu Christi tam beatæ passionis, necnon et ab inferis resurrectionis, sed et in cœlos gloriosæ ascensionis, offerimus præclaræ majestati tuæ de tuis donis ac datis hostiam puram et certam. » Sic enim reminisci debent mortis et crucis Jesu Christi, ut ejus gratia mortificent et crucifigant carnem suam cum vitiis et concupiscentiis suis; sic recolere renovationem resurrectionis, ut ejus exemplo aspirent ad animæ resurrectionem; sic recordari gloriosæ ad cœlos ascensionis, ut illum imitantes, scalam quam vidit Jacob, ascendere laborent.

subjiceretis : « Credo, » Filio vos obligastis. Cum vobis diceretur : « Credis et in Spiritum sanctum? » et superponeretis : « Credo, » Spiritui sancto vos obligastis. Grave nimis est a pactione hujusmodi resilire. Si enim Patri mentimini, nihil vobis et ea proderit quæ promittitur filiis hæreditas; si Filio, non proderit vobis assumpta pro vobis humanitas; si Spiritui sancto, exstinguetur quæ diffusa est in cordibus vestris charitas. Quia igitur fidei hujus promissio facta est, quia fundamentum positum est, superædificate lapides rutilos, lapides pretiosos. Eorum structura nihil patietur periculi, quando « Deus manifeste veniet (*Psal.* xlix, 3); » nihil exustionis, cum « ignis in conspectu ejus exardescet (*ibid.*); » nihil commotionis, cum « in circuitu ejus tempestas valida (*ibid.*) » desæviet.

His itaque decursis, quæ ex Christiana fide vestra debet fraternitas, id quod ex sacerdote debetis, sequens pagina vos docebit. Offensus primo Deus transgressione originali, frequenter offenditur actuali. Illa semel commissa, deleta est Christo semel in cruce passo. Hæc acta, quotidie deletur Christo quotidie in altari immolato. Ut illa evacuaretur, missus est in mundum Christus, Deus et homo, hostia et sacerdos; ut evacuaretur ista, ordinatur in Ecclesia minister altaris, non Deus, sed homo; non hostia, sed sacerdos. Itaque professionis vestræ est cœlestem sacrificiis placare indignationem; vestrum spectat ministerium per mysterium Dominici corporis peccatores in divinam revocare gratiam. Non omnes tamen apud Deum impetrant, quicunque pro aliis interpellant, neque enim omnes Deum placant qui Deo immolant. Immolat facinorosus; sed per Isaiam (*cap.* lxvi, 3) Dominus sic ait : « Facinorosus qui mihi sacrificat, tanquam qui canem occidat (10).» Immolat iniquus; sed, teste Sapientia, « non respicit Altissimus in oblationes iniquorum, nec in multitudine sacrificiorum propitiabitur peccatis eorum (*Eccli.* xxxiv, 23). » Et Propheta : « Iniquitatem si aspexi in corde meo, non exaudiet Dominus (*Psal.* lxv, 18). » Credite mihi, credite, fratres, credite, consacerdotes, non placatur talibus votis Deus. Eo teste loquor; amplius aliquid loquor. Exacerbatur hostiis impiorum Deus. Si mihi non creditis, majori credite auctoritati. Gregorius enim dicit : « Cum is qui displicet, ad intercedendum mittitur, judicis animus ad iracundiam provocatur. » Exacerbant itaque Dominum sacrificia vestra, si displicet illi vita vestra; placabitur autem ipse et aliis pro vobis, si prius viam trium dierum feceritis, sacrificetur ei a vobis. Quam scilicet viam Moyses ad Pharaonem loquens, his ostendit verbis : « Ibimus viam trium dierum in solitudinem, ut **665** sacrificemus Domino Deo nostro (*Exod.* viii, 27). » Quænam est hæc via, charissimi fratres, quam priusquam sacrificet, jubetur

Hæc profecto sunt quæ respicit professio sacerdotum. Ex eo autem quod pastores estis, oves pascere debetis. Hinc est quod Ezechieli Dominus dicit : Fili hominis, propheta super pastores Israel, nunquid non oves pascunt pastores? » (*Ezech.* xxxiv, 2.) Ecce testimonio Domini non se pascunt pastores, sed oves. Pastoris enim est quærere non quæ sua sunt, sed quæ Jesu Christi (*I Cor.* xiii); non commoda temporalium rerum, sed salutem animarum. De his autem qui se ipsos pascunt, et oves negligunt, quid Spiritus sanctus per eumdem prophetam dicat, audiamus : « Lac, inquit, consumitis, et lanis vos tegitis, et quod infirmum est, non confortastis; quod ægrotum, non corroborastis; quod perierat, non requisistis; quod forte fuit, confregistis, et **666** dispersæ sunt oves meæ, eo quod non sit pastor (*Ezech.* xxxiv, 3). » Arguuntur his verbis pastores, qui se pascunt, et non oves. Qui sunt qui se ipsos pascunt? De quibus ait Apostolus: « Omnes quærunt quæ sua sunt, non quæ Jesu

---

(10) *Qui mactat pecus, quasi qui excerebrat canem.*

Christi (*Philipp.* II, 21). » Qui sunt qui sua quærunt? Qui lac ovium comedunt, qui lanis se induunt.
Qui sunt isti qui non quærunt ea quæ sunt Jesu
Christi? Qui quod infirmum est, non confortant;
quod ægrotum est, non corroborant; quod perit,
non quærunt; quod forte est et pingue, confringunt.
Lac omnium ovium est quidquid ad sustentandam
temporalem necessitatem prælatis exhibent subjecti.
Exhibent decimas et primitias : decimæ et primitiæ
lac ovium sunt. Exhibent oblationes altarium, et
eleemosynas defunctorum : oblationes et eleemosynæ lac ovium sunt. Et cum diximus quid sit lac
ovium, dicemus et quid sit lana. Qui lac præbet,
potum præbet; qui lanam præbet, honorem præbet:
lana enim est honori corpori. Tegitur inde nuditas
ejus, tegitur infirmitas et confusio ejus. Est itaque
lana quidquid honoris a subjectis prælatis impenditur. Cum ergo exhibentur primi recubitus in cœnis,
cum primæ cathedræ in synagogis, lana præbetur.
Cum salutantur in foro, et eis dicitur : « Ave, Rabbi
(*Matth.* xxvi, 49), » lana præbetur. Hæc sunt quæ
pastores quærunt, qui se ipsos pascunt, et oves negligunt. Commodum scilicet supplendæ necessitatis,
et aura favoris et laudis. Sed fortassis ad hæc dicitis : Nunquid non illi altario vivunt, qui altario deserviunt? « Quis plantavit vineam, et de fructu ejus
non comedit? Quis alligavit os bovi trituranti?» (*I Cor.*
x, 7.) « Ita, inquit, dignus est operarius mercede sua (*Luc.* x, 7). » Licet vobis ovium lacte vesci,
licet lacte ovium potari, licet et indui lana, cum
unam quærere nec liceat, nec expediat. Cæterum
his tantum licet, qui cum lacte et lana temporalem
sustentent necessitatem, ovium non negligunt infirmitatem. Si enim non confortatis ovem infirmam,
si non roboratis ægrotam, si non requiritis erro-
neam, perniciose lac consumitis ovium, quia vos
ipsos pascitis, et oves contemnitis. Quæ autem sunt
oves, quæ ægrotæ, quæ erroneæ, quæ infirmæ? Si
nescitis, discite; si scitis, scire vos operibus ostendite.
Oves sunt, sed infirmæ, qui ad tempus credunt, et in
tempore tentationis recedunt; oves sunt, sed infirmæ, qui cum intelligant super egenum et pauperem,
cum bonas faciant vias suas et studia sua, cedunt
tamen imminentibus adversis, cedunt amissione sobolis, cedunt damno rei temporalis. Petrus ovis infirma fuit, cum in Caiphæ atrio, ad vocem ostiariæ
Christum negavit (11). Ovis infirma fuit Marcellinus
papa, qui tempore persecutionis **667** thus idolis
adplevit. Cum igitur ovem pastor senserit infirmam,
cum flagella timentem, debitum confortationis adhibens solatium, dicat : « Fili, præpara animam
tuam ad tentationes (*Eccli.* II, 1). » Cum temporalis
tribulatio aderit, proferat : « Diligit pater filium
quem corrigit. » Habet et hoc quod subjungat :
« Oportet vos per multas tribulationes intrare in
regnum Dei. » Et illud : « Fidelis Deus est, qui non
patietur vos tentari supra id quod potestis; sed fa-

A ciet cum tentatione proventum, ut possitis sustinere (*I Cor.* x, 13). » Sed hæc et his similia infirmæ ovi dicere, ovem confortare est infirmam. Adsit
igitur infirmis ovibus præscriptum confortationis
auxilium. Adsit et corroboratio ægrotis. Oves ægrotæ sunt, « viri sanguinum et dolosi, quorum os loquitur vanitatem, et dextra eorum dextra est iniquitatis (*Psal.* cxliii, 8). » Oves ægrotæ sunt filii tenebrarum, impliciti carnalibus desideriis, quæ militant adversus animam. Denique miserabili ægritudine laborant, de quibus Apostolus ait : « Nolite errare, Deus non irridetur; neque adulteri, neque
fornicatores, neque masculorum concubitores, neque avari, neque rapaces regnum Dei possidebunt
(*Galat.* vi, 7). » Omnes hujusmodi velut ægroti ja-
B cent, velut quadam paralysi torpentes languent.
Unde et animas has paralysi resolutas, ille paralyticus figurasse legitur, qui delatus ad Christum per
apertum tectum demissus est ante Christum. Anima
siquidem, quæ diversis aggravata vitiis, enitendi ad
meliora vires amisit, quid aliud est, quam male
torpens paralyticus, et omnino viribus corporis de-
stitutus? Porro vestrum est hujusmodi paralyticum
quasi quibusdam scapulis deferre, tectum ei domus
aperire, medico eum præsentare. Animæ enim hujusmodi ægritudine decumbenti, compassionis humerum supponere vos convenit; ea infirmante, infirmari; ea scandalizante uri, ut cum Apostolo dicatis : « Quis infirmatur, et ego non infirmor? Quis
scandalizatur, et ego non uror? » (*II Cor.* xi, 49.)

C Sed fortassis tantus desperat ægrotus; fortassis
suum nescit medicum; nescit quo manum dante
surgat; nescit quo curante convalescat. Necesse est
ei tectum domus aperiri : nisi aperiatur tectum, non
demittetur paralyticus ante Christum. Tectum domus Scripturarum est intellectus. Latet ibi gratia
medici, latet benignitas, latet potestas. Cum igitur
ægrota ovis desperat, aperite prophetam sic dicentem : « Spera in Domino, et fac bonum, et inhabita-
bis terram, et pasceris in divitiis ejus (*Psal.* xxxvi, 3).»
Cum de benignitate medici diffidit, discat quid medicus
dicat : « Nolo mortem peccatoris, sed ut convertatur,
et vivat (*Ezech.* xxxiii, 11). » Cum medici potestatem
ignorat, a pastore audiat : « Omnia quæcunque voluit
D **668** Dominus, fecit in cœlo et in terra, in mari et
in omnibus abyssis (*Psal.* cxxxiv, 6). » Hæc et alia
hujusmodi dicere, tectum est aperire. Tecti autem
apertione dimittetur [*f.* demittetur] paralyticus
ante medicum, peccator ante Christum. Si hanc
curam omnibus ægrotis impenditis, oves ægrotas
roboratis. Incumbit et vobis oves requirere pereuntes. Ovis errat, et periit, quæ perversitatibus
hæreticorum fallitur; quæ ab unitate Ecclesiæ separatur. In his ab errore revocandis, estote vos
pastores solliciti, estote importuni. Audite Apostolum dicentem : « Prædica verbum; insta opportune
et importune (*I Tim.* iv, 2). » Quibus opportune et

---

(11) Petrus negans ovis infirma fuit ; sic et Marcellinus papa.

quibus importune?. Opportune quidem volentibus, **A** et æstu, nec somnum capiebant oculi mei. » Si res ita se habet, de mortua ove, pastor, bonam reddidisti rationem. Si arguisti, si increpasti, animam tuam redemisti. Si autem mentiris, scrutator cordium falli non potest; pellis excusationis liberare te non potest. Si, inquam, mentiris, væ tibi, quia siluisti; quia quod erraverat, non revocasti; quod perierat, non requisisti. Audi quid Spiritus per Ezechielem loquitur :« Si me dicente ad impium : Impie, morte morieris : si non fueris locutus ut se custodiat impius a via sua, ipse impius in impietate sua morietur, sanguinem autem ejus de manu tua requiram (*Ezech.* xxxiii, 8). » Silentium si ergo tam gravem damnationem meretur, quid mereatur exemplum? Si sic punitur taciturnitas vestra, qua indignatione punienda est publica iniquitas vestra? Hanc, fratres, indignationem in confessione et pœnitentia prævenite. Versetur vestris in cordibus futuri forma judicii. Hæreat ibi tremendi tempestas et terror diei. Venturus est paterfamilias, ut oves ab hædis separet, ut ad littus trahat sagenam suam, ut emundet a paleis aream suam. Væ pastoribus ovium tunc inter hædos numerandis! Væ piscatoribus animarum tunc inter malos pisces foras projiciendis! Væ operariis Dominicæ messis tunc igne perpetua cum palea sine consumptione consumendis! Rogate, fratres, rogate Dominum messis, ut in die ventilationis ex misericordia recondat vos in horrea sua. Quod neminem credimus assequi ex merito suo. Dominus noster Jesus dignetur Christus hanc vobiscum facere misericordiam. Dignetur vos agnoscere et amplecti familiam suam, cum venerit judicare vivos et mortuos, et sæculum per ignem.

importune autem nolentibus. Sunt enim oves quæ revocatæ redeunt; sunt et quæ redire nolunt; quæ perire diligunt. Has præcipue pastor bonus requirit. Bonus pastor pro his animam ponit, cum inquirentem vepres damnorum pungant, cum spinæ persecutionum fatigent, cum terreat insania principum, cum laniet varietas tormentorum. Pastor tunc bonus revocat errantem, requirit pereuntem; sic revocat errantem, sic requirit pereuntem. Si post Arium ovis aberrat, si cum Ario Filium a Patre separat, ovis a pastore audit illud Filii : « Ego et Pater unum sumus (*Joan.* x, 30). » Si decepta ovis fabulatur cum Eutyche duas in Christo personas, reprimitur Athanasii auctoritate, sic de Christo dicentis (12) : « Licet Deus sit et homo, non tamen duo, sed unus est **B** Christus. » Item : « Unus omnino, unus non confusione substantiæ, sed unitate personæ. » Si gestat ovis notam Sabellii, si characterem Donati, si cæterorum cauterium hæreticorum : afferat pastor prophetas, innitatur Evangelio, pugnet cum Apostolo. His atque aliis authenticis paginis revocet errantem, requirat pereuntem. Cui et hæc ratio est, qua revocet errantem, qua requirat pereuntem; quia timet et negligit revocare errantem, et requirere pereuntem. Hoc quod forte est, confringat; quod crassum est, occidat. Hoc enim quod sequitur : « Et quod forte fuit confregistis. » Ovis ea fortis est, quæ in catholica fide permanet, quæ ab unitate fidei non recedit, quæ Petri retia non rumpit. Hanc tamen **C** pastor confringit, hanc occidit, si non revocat errantem, si non requirit pereuntem. Quæ enim fortis non est, nullum credit periculum in errando, nullum in pereundo, cum videt pastorem silentem, cum videt negligentem, cum remissum circa errantes, circa pereuntes. Unde fit ut et ipsa non vereatur errare, non vereatur perire. Dicit enim apud se : Si malum esset in hæresim labi; si sequi Arium, si imitari Donatum, pastores contra loquerentur, revocarent errantes, **669** requirerent pereuntes. Quia itaque silent, post illos ire, cum illis credere, suo me docent silentio. Cum igitur pastor silet, non revocans errantem, non requirens pereuntem, pastoris negligentia ovis quæ est fortis, confringitur; quia qui catholicus est, hæreticorum perfidiæ sociatur. **D**

Ecce patet, charissimi fratres, solius silentii culpam esse, non exempli; quod non confortatur ovis infirma, quod non roboratur ægrota, quod aberrans non revocatur, quod fortis confringitur. Sed fortassis pastor nitetur tam noxium purgare silentium; fortassis deferet ad Dominum pellem ovis, mortuæ ovis. Increpatus enim, quia ad ovem errantem siluerit, quod silens confregerit, fortem et occiderit : excusationem de morte ovis quasi quamdam pellem patrifamilias sic assignabit : « Monui ne aberraret, et non audivit vocem meam; docui ne fornicaretur abs te, et contempsit doctrinam meam; urebar gelu

670 LXXXIX [*De diversis* II].

SYNODICUS AD PASTORES (13).

De bonorum pastorum officiis.

« Ego sum pastor bonus; bonus pastor animam suam « dat pro ovibus suis; mercenarius autem pastor, et « qui non est pastor, cujus non sunt oves pro-« priæ..... fugit, etc. » (*Joan.* x, 11.)

Dominus Jesus Christus, pastor bonus et verus, demonstrat exemplo quod docuerat verbo; animam suam posuit pro ovibus suis; sustinuit ipse mortem, ut oves suas liberaret a morte; præbuit exemplum humilitatis, ut superbiam condemnaret; pertulit patienter illatas injurias, crucem, clavos, lanceam, sputa, alapas et irrisiones, contumelias, ut virtutem patientiæ commendaret. Insinuavit pastoribus quam humiliter, quam diligenter debeant providere gregibus suis. Condemnavit mercenarios, qui ex pastorali officio lucra terrena sectantur; qui simulant se esse pastores, sed in necessitatibus ovium deteguntur. Invadunt regimen ecclesiarum, quasi debeant oves Dominicas custodire; sed postquam vident lupum venientem, dimittunt oves, et fugiunt, quia non curant de salute ovium, quærentes « quæ sua sunt, non quæ Jesu Christi (*Philip.* ii, 21). » Volunt præ-

---

(12) In Symbolo.

(13) E ms. San-Germanensi, n. 383.

esse, non ut velint prodesse, sed ut possint consequi gloriam sæculi, et lucrum. Ubi major incumbit necessitas, ubi magis opus est cura pastorali, obliviscuntur se esse pastores; irruentibus lupis solatium subtrahunt; non opponunt sese pro defensione ovium; non opponunt murum pro domo Israel, non accenduntur zelo rectitudinis, non exercent rigorem severitatis; formidant minas principum, timent inimicitias tyrannorum, metuunt amittere temporalia commoda, verentur audire verba contumeliosa, damna fugiunt, opprobria perhorrescunt, nescientes quidquam pro justitia pati, nec sequentes vestigia Christi, qui passus est pro ovibus suis, relinquens pastoribus exempla patiendi.

Habete, fratres, in memoria quod dicit Dominus per Isaiam prophetam : « Audite me, qui scitis justum..... Nolite timere opprobria hominum, et blasphemias eorum ne timueritis; quia sicut vestimentum, sic comedet eos vermis, et sicut lanam sic comedet eos tinea, salus autem mea in æternum erit (*Isa.* LI, 7). » His verbis Dominus confortat nos ad toleranda æquanimiter opprobria, quæ pro justitia inferuntur, ut non curemus de contumeliis reproborum, sed constanter annuntiemus veritatem, et viriliter **671** defendamus justitiam, quicunque increpet, quicunque contumelias vel irrisiones inferat. De contumeliis sibi illatis gloriabatur Psalmista, dicens ad Dominum: « Opprobrium insipienti dedisti me (*Psal.* XVIII, 9). » Et de apostolis dictum est : « Ibant a conspectu consilii gaudentes, quoniam digni habiti sunt pro nomine Jesu contumeliam pati (*Act.* v, 41). »

Debetis attendere, fratres, quod sicut luna aliquando clara est, aliquando obscura, ita sancta Ecclesia, quæ gerit similitudinem lunæ, quæ, illuminata a sole justitiæ, illuminat noctem hujus sæculi, aliquando clara est, et resplendet tranquillitate et luce prosperitatis, aliquando adversitatum turbinibus offuscatur; sed offuscata adversis, non tamen vilior est, nec deformior in conspectu recte viventium, vel recte intuentium, quæ etiam dicit : « Nigra sum, sed formosa; filiæ Jerusalem, nolite me considerare quod fusca sim (*Cant.* IV, 5). » Similiter boni pastores et boni prælati ecclesiarum nullatenus vilescunt apud Deum, vel apud illos qui recte considerant quando pro justitia despiciuntur ab improbis hominibus, vel etiam conculcantur et indigne tractantur; sed æque jucundum debet eis esse, ac si honorentur atque laudentur. Tanta enim constantia, et tanta fortitudo debet inesse bonis pastoribus, ut neque pro laudibus hominum atque blanditiis a veritate flectantur, nec pro conviciis moveantur. Quod ostendit Dominus, dicens ad prophetam : « Ut adamantem, et ut silicem dedi faciem tuam (*Ezech.* III, 9). » Utriusque lapidis scilicet et silicis duritia magna est; sed unus, id est adamas, in pretio habetur; alter, scilicet silex, frequenter pedibus conculcatur. Est ergo sicut adamas bonus pastor Ecclesiæ, quando honoratur ab hominibus et laudatur, nec tamen laude humana, vel adulatione deflectitur. Est etiam facies boni pastoris sicut duritia silicis, quando pro justitia despicitur ab improbis, vel etiam conculcatur et indigne tractatur; nec tamen lassatur, aut diffidit [*f.* deficit], sed invicta virtute restitit, et in defensione justitiæ immobiliter perseverat. Horum nihil habent mercenarii, nihil scientes sustinere pro nomine Christi, contendentes aliquando et irascentes, non pro periculo Dominicarum ovium, sed pro amissione temporalium commodorum.

Videte, fratres, ne sitis in Ecclesia Dei sicut mercenarii, cum serviatis Domino. Videte ne sicut mercenarii serviatis ei, cum exercetis ecclesiastica officia. Videte ne sit in vestra intentione merces terrena. Videte ne sit in desiderio vestro temporalis recompensatio, sed æterna; nec desperetis de necessariis vitæ, quia si pura simplicitate quæsieritis regnum Dei et justitiam **672** ejus, sine dubio cætera adjicientur vobis ea quibus indigetis. Excubate secure super greges vestros; resistite fortiter lupis visibilibus et invisibilibus; defendite subditos vestros quantum potueritis, et a temporalibus damnis et a spiritualibus detrimentis. Visibiles lupi sunt raptores, qui inferunt hominibus temporalia damna. Invisibiles lupi sunt dæmones, qui machinantur animabus spiritualia detrimenta, suggerentes adulteria, fornicationes, homicidia, furta, rapinas, fraudes, usuras, perjuria, scurrilitates, lenocinia; boni pastores contra utrosque lupos vigilanter obsistunt, sed mercenarii nec istis, nec illis defensionem opponunt. Vos autem, fratres, nitimini ut resistatis utrisque. Removete, quantum potestis, damna temporalia, sed maxime cavete detrimenta spiritualia. Gravius enim est amittere æterna, quam transitoria; cœlestia, quam terrena, ut defendatis oves vestras a violentia luporum visibilium, a malitia et crudelitate tyrannorum. Ne sitis timidi et torpentes in facienda justitia, in exercenda severitate ecclesiastica, ut eruatis oves vestras a morsibus luporum invisibilium. Insistite prædicationi, exhortationi, correctioni. Corripite delinquentes, ut a malis desistant; exhortamini bene agentes, ut in bonis proficiant, ut de bonis ad meliora se extendant, et semper de virtute ad virtutem ascendant. Componite mores vestros, ut omnes videntes vos et audientes accipiant a vobis exemplum sanctitatis, et formam bonæ conversationis. Si demonstratis opere quod docetis sermone, sic erit prædicatio vestra utilis audientibus et grata et dulcis. Quod ostendit Ezechiel propheta, dicens : « Et comedi, et factum est in ore meo sicut mel dulce (*Ezech.* III, 3). » De ore eorum dulcis est prædicatio, quorum vita non est contraria prædicationi, quia sicut dicebat beatus Gregorius : « Sermo illius dulcedinem non habet, quem pro vita reproba conscientia remordet. » Ideo et beatus Paulus, prædicator egregius, prædicatores instruens, et quod bonis prædicatoribus conveniret insinuans, dicebat : « Sed castigo corpus meum, et in servitutem redigo, ne forte cum aliis prædico, ipse reprobus efficiar (*I Cor.* XVI, 19). » Et vos, fratres, castigate corpora vestra, et in servitutem redigite. Date operam ut resplendeant opera vestra coram Domino, ut luceant opera vestra coram hominibus, ut utilis, et grata, et dulcis sit prædicatio vestra, ut oves vestræ libenter audiant vocem vestram, et vos præcedentes per semitam justitiæ alacrius subsequentur. Ad hoc vigilate, ad hoc attendite, ad hoc laborate, fratres, quatenus pro labore pastoralis officii mercedem recipiatis **673** æternam, largiente æterno pastore Domino nostro Jesu Christo, cui est honor et gloria per omnia sæcula sæculorum. Amen.

XC [*De diversis III*].

SYNODICUS AD PASTORES (14).

« Non vos me elegistis, sed ego elegi vos, ut « eatis, et fructum afferatis, et fructus vester ma- « neat (*Joan.* xv, 16). »

Et a quo dictum est hoc scitis, et quibus dictum est scitis. A Domino dictum est, et discipulis ejus dictum est. Verumtamen non tantum illis, sed et vobis quos vocavit in partem potestatis et sollicitudinis eorum. Sicut enim potestatis, sic voluit nos esse participes exhortationis. Justum est enim ut quem delectat dignitas potestatis, laborem officii non subterfugiat. Delicatus est qui potestate uti vult, et administratione potestatis dissimulat exerceri. Imo merito se privat honore, qui honorem affectat sine onere. Vobis enim, qui pastores estis animarum, loquitur Pastor bonus et Dominus pastorum, dicens : *Non vos me elegistis, sed ego elegi vos, ut eatis, et fructum afferatis, et fructus vester maneat.* In his, quatuor vobis attendenda reliquit, scilicet dignitatem vestram, officium, cautelam, constantiam. Dignitatem, ubi dicit : *Elegi vos;* officium, ubi dicit : *Ut eatis;* cautelam, cum subjungit : *et fructum afferatis;* constantiam, cum addit : *et fructus vester maneat.* Dignitas est in electione, officium est in munere; cautela in fructificatione, constantia in continuatione. Magnum enim est quod elegit vos, qui non fallitur dum eligit. Majus est quod electum opus est ad quod elegit : maximum, quia inter cæteros præelegit. Est enim sensus talis : Non vos me elegistis, id est nullo genere electionis elegistis, sed ego omni modo eligendi elegi vos. Sunt enim tres modi eligendi : electio, subelectio, præelectio. Electio est, quando de multitudine bonorum et malorum eliguntur boni, de acervo granum, de torculari oleum separatur. Subelectio est, quando de bonis electis eliguntur meliores. Præelectio est, quando de melioribus eliguntur optimi. In hunc ordinem electus est Aaron et filii ejus, ut sacerdotio fungerentur coram Domino. Primo enim Dominus ex omni natione quæ sub cœlo erat, filios Israel elegit in populum peculiarem sibi. De his autem subelegit filios Levi, qui tanquam ministri spirituales, in tabernaculo Domino **674** deserviunt ritu perpetuo. De quibus nihilominus præelegit Aaron et filios ejus in sacer-

dotes, qui precibus et oblationibus suis, indignationem Domini in populum placarent. Ad hunc modum sane elegit nos, cum per aquam et Spiritum sanctum ab uberibus infidelitatis separavit nos. Subelegit autem, cum in sortem sanctorum vocavit nos, et in ordinem clericatus promovens characteristica quadam capitis tonsura, a communi grege fidelium segregavit. Præelegit autem, cum posuit vos super capita hominum dispensatores familiæ suæ, ut detis illi cibum in tempore opportuno. Magnum est utique quod elegit, majus quod subelegit, maximum quod præelegit. Quantum enim est quod ad elevationem manuum nostrarum inclinantur capita regum. Quod si benefici et majores inter homines reges hominum et regna sunt, munera vobis offerunt; omnis enim Ecclesia Patres vos confitetur, et exspectat intercessores. In præmium privilegiati amoris datum est Petro et dictum est : « Pasce oves meas (*Joan.* xxi, 17). » In singularitatem potestatis datum est apostolis, et dictum est : « Quæcunque ligaveritis super terram, erunt ligata et in cœlis, et quæcunque solveritis super terram, erunt soluta et in cœlis (*Matth.* xvi, 19). » Pensate quantum est hoc maximum, etiamsi ad ligationem [*f.* legationem] angelorum, ascensus est hominum. Quantum ergo est, si ad arbitrium hominum ascensus inclinatur angelorum? Sed væ illis (quod Deus avertat) qui, cum fuerint in capite, relabuntur in caudam, cum sint primi, fiunt novissimi. Qui cum fuerint lapides sanctuarii, dispersi sunt in capite omnium platearum. Væ, inquam, piscatoribus animarum, si inter malos pisces in mare projiciendi sunt! Væ pastoribus ovium si inter hædos numerandi sunt! Væ operariis divinæ messis, si sicut palea sunt arsuri! Sequitur de officio. Posui vos ut eatis. Hac positione volo vos spiritualiter uti sicut et ambulatione. Quatuor, inquam, sunt hominum positiones. Accubitus, sessio, statio, ambulatio. Omnis enim [homo] sic in loco positus est, quod aut jacet, aut sedet, aut stat, aut incedit. Hæc autem inter se differunt in hunc modum. Cum jacet, omnes corporis ejus partes quiescunt; cum vero sedet, inferiores quidem partes quiescunt, superiores vero in sui erectione laborant; cum autem stat, totus laborat homo, erigens se, quia naturaliter pondere suo ad ima refertur [*f.* defertur]; cum ambulat, additur labor gravis ex motu, et fatigatio. Ad hunc modum, quatuor sunt hominum status in Ecclesia Dei. Fidelium enim alii boni, alii mali. Numerum malorum non distinguimus, **675** quia multiplicati sunt super numerum, quorum confusio distinctionem non admittit. Bonorum [vero] status, sicut ordinem, sic etiam recipit distinctionem. Sane bonorum alii sunt activi, alii contemplativi, alii utrisque prælati; et sic unum est malorum genus, et tria sunt bonorum genera fidelium. Mali ergo sunt jacentes, id

---

(14) E Victorino et Andegavensi.

est in mundo quiescentes, qui totam spem et jucunditatem ponunt in mundo divitiarum ; quorum deus venter est, nec posuerunt Deum adjutorem suum ; qui dicunt : « Anima, habes bona reposita in annos plurimos, epulare, bibe, quiesce (*Luc.* xii, 19). »

Bonum castrum servat qui se ipsum servat. Hi tales prostrati jacent, nocte dormiunt, nocte ebrii sunt. Inter bonos vero sunt boni conjugati, qui bene utuntur licitis ; sed tales divisi sunt : partim mundo, partim serviunt Deo, ut ait Apostolus. Honorant enim Deum de sua substantia, operibus misericordiæ intenti, faciunt sibi amicos de mammona iniquitatis, sed tamen soll'citi sunt de uxoribus et liberis, de agris, vineis, olivetis, et hujusmodi. Interim etiam in hac sollicitudine quandoque transeunt, portantes secum lignum, fenum, stipulam ; et quia isti partim delectantur in mundo, quia partim in bonis operibus exercentur, ideo sedere dicuntur, quia in superioribus laboribus et infimis quiescunt. Sunt alii contemplativi, quorum conversatio in cœlis est, quia pacem in Deo ponunt, in mundo autem pressuras [habent,] quibus vivere in mundo mors est, et mori lucrum, dicentes cum Apostolo : « Quis me liberabit de corpore mortis hujus ? » (*Rom.* vii, 24.) Ii dicuntur stare ; militant enim et laborant super terram, ut ita dicam, super ipsos pedum articulos innitentes, et quasi superioris auræ levitate [*f.* lenitate] reficiuntur. Alii autem sunt prælati ; istis incumbit ambulare, id est inter prædicta hominum genera discurrere, nunc his, nunc illis, nunc aliis, increpationem, exhortationem, consolationem, tanquam annonam verbi Dei irrogare. « Ambulans siquidem Jesus juxta mare Galilææ, vocavit discipulos (*Matth.* iv, 18), » quibus postea dixit : « Ite in universum orbem, prædicate evangelium omni creaturæ (*Marc.* xvi, 15). » Electi ergo estis ut eatis, ergo periculosum est tantum stare, perniciosum est sedere. Ite ergo, excitate jacentes, et dicite : « Surge, qui dormis, et exsurge a mortuis, et illuminabit te Christus (*Ephes.* v, 14). » Hora est jam te de somno surgere, ne fur veniat, tentet et perfodiat domum tuam. Si autem gravi somno oppressus, ad vocem tangentis non evigilaverit, « clama, ne cesses (*Isa.* lviii, 1), » exalta vocem tuam, quia Dominus magna voce clamavit, suscitans quatriduanum. Adhibe et minas, et terrores **676** judicii, quorum purgationibus lethargus excitetur. Dura punctio est dicere quomodo transibunt de aquis in ignem, quod ignis eorum non exstinguetur, et vermis eorum non morietur. « Ibi erit fletus et stridor dentium (*Matth.* xxii, 13). » Ab his transite ad sedentes, exhortantes eos ut ad meliora proficiant, et dicite : « Super flumina Baby-

A lonis sedete [*f.* sedentes], flete dum recordamini Sion (*Psal.* cxxxvi, 1) : » porrigite manum pauperi, ut oblivioni detur dextera vestra. Frustra enim manus ad Dominum tendit, qui pro posse suo, eas ad pauperem non extendit. Si vero qui sedet, aliquando stare voluerit, apponite manum innitenti, et dicite : Surge postquam sederis, qui manducasti panem doloris (*Psal.* cxxvi, 2). Stantibus enim promissum est sedere super sedes duodecim, judicantes duodecim tribus Israel. Ab his transeundum est ad stantes. His necessaria est consolatio in labore. Istis dicendum est : State in viis vestris, viriliter agite, et confortetur cor vestrum, et sustinete Dominum (*Psal.* xxx). Modicum enim, et videbitis eum. Et illud : « Regnum cœlorum vim patitur, et violenti possi-

B dent [*Vulg.* rapiunt] illud (*Matth.* xi, 12). » Hic est labor officii vestri. Non enim incongrue Ecclesia Dei, quam ipso auctore regitis, naviculæ comparatur, quæ fluctibus concutitur, sed non submergitur. Hic mundus est mare magnum et spatiosum. Illic reptilia, quorum non est numerus. Per aquam enim multiplex est transitus. Quidam enim transeunt vado, quidam navigio, quidam ponte ; alii submersi latent in fluctibus. Hi sunt illi status quatuor, quos supra notavimus. Jacentes enim, viam civitatis non invenientes, voragine fluctuum submersi sunt. Conjugati vada transeunt, in mediis fluctibus sunt, vestes suas conspirantibus, vel nodis [*f.* conspirantibus nothis, vel undis], humidas fecerunt ; pedes autem habent calculis incisos, cœno vero in-

C volutos. Qui cum transierint, quod humidum erit in eis, igne purgatorio siccabitur, et salvi erunt quasi per ignem. Contemplativi ponte transeunt, arctam et eminentiorem viam eligentes, quibus mundus mortuus est, et ipsi mundo, a longe mundi turbinem exspectantes, qui sicco flumine transeunt in fame et siti, in frigore et nuditate, in vigiliis multis, in laboribus plurimis. Vos autem navigio transitis, in mediis fluctibus sicci permanentes ; vobis ergo incumbit subvenire cæteris, ne quis de ponte corruat, quin elevetis eum ; ne quis in vado titubet, aut aberret, quin dextram auxilii porrigatis, et submersos undis validioribus extrahatis.

Sequitur de cautela. Videte ergo qualiter ambu-

D letis ; caute enim ambulandum, scilicet ut fructum afferatis. Tres memorantur fructus **677** in Evangelio (*Matth.* xiii). Tricesimus, sexagesimus, centesimus. Centesimus virginum est, de quo alibi diximus (15). Tricesimus subditorum, tricenarius enim surgit ex denario et ternario in se ductis. In fide Trinitatis et observatione decalogi subditi salvantur. Sexagenarius est [*supp.* prælatorum], id est fructus duplicatus. Non enim sufficit prælato se ipsum immaculatum custodire ab hoc sæculo, nisi

---

(15) Hic innuere videtur Hildebertus librum De virginitate, quem inter plura alia opuscula edidisse se asserit, ep. 45, lib. ii, quem quacunque diligentia adhibita, nullibi reperire potuimus. Vide notas nostras ad illam epistolam. Quod autem hic 'sub finem notat de vestibus sacris, quibus sacerdos

altari ministraturus induitur, fere totidem verbis explicat in Tractatu de vestibus sacris, quem infra inter opuscula referemus ; unde probationem reciprocam sumimus quod et hic sermo, et tractatus ille vere sint Hildebertini.

et ad ipsum [vitandum], et subditos instruat. Non sufficit si bonus est in se, nisi et alios, quantum in se est, bonos faciat. Serta enim ter denis alios coronant aucta crementis, sed duplicata prælatos, nec sine causa, de in reor [*f.* dici reor] : « Sint lucernæ ardentes in manibus vestris (*Luc.* xii, 35). » Sufficit subditis lucerna in manibus, quia pro se tantum reddituri sunt rationem Judici cuncta cernenti. Prælatis vero non sufficit, nisi utraque manu ferant. Inde est quod dominus papa, [cum] aliquem ordinat in sacerdotem, qui ordinatur in utraque manu cereum ardentem offert ordinatori suo, designans quod curam sui et suorum summo pastori præsentabit. Manipulum ferebat Paulus in una manu, dicens : « Nihil mihi conscius sum (*1 Cor.* iv, 4); » manipulum in altera, dicens : « Circuivi ab Illyrico mari usque in Jerusalem (16). » Sequitur de constantia. Finis enim pugnam coronat, et Dominus judicat fines terræ. *Fructus ergo vester maneat*, id est permaneat. Præceptum est enim vobis hostiæ caudam offerre Domino suo in odorem suavitatis. Ad hoc significandum, data est vobis tunica talaris, ut in præcepto [*f.* proposito] perseveretis, ne forte dicatur de vobis : « Hic homo cœpit ædificare, et non potuit consummare (*Luc.* xiv, 13). » Ecce quanta præ aliis sublimitas major volis in honore, tanto major in administrationis onere difficultas, quia quot graduum culmen ascenditis, tot rationum vinculis alligati estis. Quis enim tot vinculis alligatur, quot sacerdos vestibus induitur ministraturus ? Primo amictu circumdante ligatur, deinde vittis circumdatis sub ascellis pectus stringit ; tertio, renes arctat succinctorio, ac si dicatur ei : Stringe fauces, et pone custodiam ori tuo ; stringe, id est crucifige carnem tuam cum vitiis et concupiscentiis. Hoc facite, et vivetis ; beati eritis, et bene vobis erit. Verumtamen orate illum, sine quo nihil potestis facere, ut sicut elegit vos, sic juvet vos, ut eatis, et fructum **678** afferatis, Jesus Christus, qui est benedictus in sæcula. Amen.

XCI [*De diversis* IV].

SYNODICUS AD SACERDOTES (17).

(18) « Locutus est Dominus ad Moysen, dicens : « Sacerdos qui habuerit maculam, non offerat « hostias Deo, nec accedet ad ministerium ejus. « Si cæcus fuerit, si claudus, si parvo et grandi et « torto naso, si fracto pede... Si fuerit gibbosus, « si lippus, si albuginem habens in oculo, si sca- « biem in unguem... Omnis qui habuerit macu- « lam, non accedat offerre hostias Domino... Homo « qui fuerit leprosus, non vescetur de his quæ san- « ctificata sunt Domino (*Levit.* xxi, 17; xxii, 4). »

Omnia, fratres charissimi, quæ in veteri lege de sacerdotio jubentur, ad nostrum sacerdotium spiritualiter intellecta pertinere videntur, Ibi vitiositas carnis in sacerdote damnatur. Hic vitiositas mentis per vitia significata indicatur. Videamus per singula quomodo vitiositas mentis a sacerdotio removeri præcipiente Domino cogit. In primis jubet quod *sacerdos cæcus non offerat hostias* Domino. Cæcus sacerdos est qui Scripturæ scientiam non intelligit, et quo se gressus doctrinæ, vel operis extendat, per ignorantiam nescit. De talibus scriptum est per Isaiam : « Speculatores Jerusalem cæci omnes (*Isa.* lvi, 10), » scilicet, qui deberent Ecclesiæ Dei providere, et cæteros ducere, cæci sunt, id est ignorantes Domini præcepta. Quam digne isti a sacerdotio removentur, qui populum Dei regere nesciunt, nec quid docere debeant cognoscunt ! Ait enim Dominus : « Si cæcus cæcum ducat, ambo in foveam cadunt (*Matth.* xv, 14). » In præcipitium peccati ambo cadunt, quia ambo viam veritatis ignorant. Quare de pastoribus Dominus in Evangelio ait : « Vos estis cæci et duces cæcorum (*ibid.*). »

Sacerdotes Dei debent esse prudentes in Scripturis, unde gregem Domini pascant, et unde contra lupum spiritualem se muniant. Inde Salomon in Canticis laudando oculos Ecclesiæ dicit : « Oculi ejus sicut columbæ super rivulos aquarum (*Cant.* v, 12). » Oculi, sunt pastores, qui debent excubare circa gregem Domini. Columbæ debent esse, quia innocentes et simplices debent esse in consideratione Scripturarum, **679** ne sanum intellectum aliqua hæretica sententia corrumpant. Super rivos aquarum esse describitur. Per rivulos aquarum exuberans scientia Scripturarum intelligitur. Diversi rivuli, diversæ sententiæ sunt. Natura columbæ est juxta fluenta habitare, ut veniente accipitre, se in unda mergendo insidias ejus possit evadere. Eodem modo pastores ad munitionem Scripturarum contra diaboli insidias debent recurrere.

Sequitur : *Si claudus fuerit*, non offeret Deo hostias. Claudus unum pedem habet rectum, et alio claudicat. Huic claudo pastores illi comparantur, qui partim recte Scripturas intelligunt, partim intelligendo recte pergunt, sed in parte male prædicant, et in fide aliqua male sentiendo claudicant. Hanc autem claudicationem mentis, Jacob in corpore claudus præfiguravit, quia populus Israel veniente Christo in mundum, claudicavit mente. Sentiebant enim bene de Christo, cum hominem putarent, sed male, cum Deum non intelligerent. Qui autem claudicant in fide, sunt a sacerdotio removendi, ne alios quos regere debent, claudicare faciant in eodem vitio.

Sequitur : *Si parvo naso sint*, hostias Deo non offerant. Nasus in divina pagina discretionem significat. Naso enim bonus odor et malus discernitur. Unde Salomon in Canticis describens Ecclesiam : « Nasus tuus sicut turris Libani, quæ respicit contra Damascum (*Cant.* vii, 4). » Nasus Ecclesiæ sunt doctores sancti, qui noverunt redolentem catholicæ fidei

---

(16) Rom. xv, 19. Vulg. habet : *Ita ut a Jerusalem per circuitum usque in Illyricum repleverim Evangelium Christi.*

(17) E Victorino.
(18) Paulo aliter habetur in Vulgata sed tamen ad eumdem sensum.

doctrinam discutere ab hæreticæ pravitatis fetore. *Sicut turris Libani*. Libanus mons est qui interpretatur *candidatio*. Libanus Ecclesiam significat, quia in virtutibus candidata est. Turris Libani significat doctores Ecclesiæ, quia defensio et refugium sunt fidelibus. *Quæ respicit contra Damascum*. Damascus interpretatur *potus sanguinis*. Sanguis voluntates corporis designat. Damascus igitur mundum designat vel figurat, qui sanguine, id est voluptatibus corporis delectantur; turris vero illa, id est sancti doctores mundo contrarii sunt, et ideo contra Damascum dicuntur respicere. Sed redeamus ad propositum. Si aliquis *parvo naso*, id est parva discretione fuerit, scilicet ut non bene discernat in ministerio quid faciendum et quid non faciendum, et non bene discernat quo spiritu unumquodque agatur, sive bono, sive malo, non est dignus sacerdotio. Putabit quædam bona esse, quæ mala sunt, si vera discretione caruerit. De hac discretione dicit Apostolus : « Alii datur discretio spirituum (*I Cor.* xii, 10). » Si grandi et torto naso fuerit, non offerat hostias Deo. Grandem **680** nasum habet qui non moderata discretione evagatur. Sunt enim quidam, qui ultra modum singula perscrutantur, quibus ait Apostolus : « Non plus sapere quam oportet sapere, sed sapere ad sobrietatem (*Rom.* xii, 3). » Dum enim aliquis ultra modum divina arcana scrutatur, incidit in errorem, dum non potest adipisci intellectu quod investigabat. Sed, ut ait Dominus : « Si quid residuum fuerit, igne comburetur (*Exod.* xii, 10); » scilicet, illud quod sciri non poterit, Spiritui sancto tradetur. Si *fracto pede vel manu fuerit*, non offerat hostias Deo. Duobus pedibus dicitur incedere fidelis, et in via Domini ambulare, dum quod docet ore, studet opere perficere. Habet autem fractam manum, qui vel prædicat, et opere non complet; vel opere complet, et aliis non prædicat. Uterque enim a sacerdotio removendus est, cujus vita discernitur a dictis, qui bene prædicant, et male vivunt. Hos notat Dominus in Evangelio, cum dicit : « Dicunt, et non faciunt. » Sacerdoti autem qui prædicare cessat, ita Dominus per Ezechielem minatur : « Fili hominis, dedi te speculatorem domui Israel. Audies de ore meo verba mea, et annuntiabis eis de me. Si dicente me ad impium : Morte morieris, non annuntiaveris ei, ut avertatur a via sua pessima, ipse impius in iniquitate sua morietur, sanguinem autem ejus de manu tua requiram. Si autem annuntiante te ad impium ut a viis suis convertatur, non fuerit conversus a via sua, ipse in iniquitate sua morietur. Porro tu animam tuam liberasti (*Ezech.* xxxiii, 7). » Idem significat manus quod pes. Manus enim operari, pes ambulare designat. Ambulare enim et operari in divina pagina idem est.

Sequitur : *Si gibbosus erit, hostias non offerat*. Gibbosus est sacerdos, quem terrenæ cupiditatis

pondus deprimit, et tardius ad superna intendit. Dum enim ad infima inhiat incurvus, gravitatem sollicitudinis quasi pondus sustinet. Quod vero dives et inhians terrenis gibbosus est; ideo divitem auro [*f.* camelo] comparavit, dicens : « Facilius est camelum per foramen acus transire, quam divitem intrare in regnum cœlorum (*Marc.* x, 25). » Quod vero omnes sacerdotes studeant avaritiæ, dicit Jeremias : « A minore usque ad majorem omnes avaritiæ student, et a propheta usque ad sacerdotem cuncti faciunt dolum (*Jer.* vi, 13). » Sequitur : *Si lippus fuerit, non offerat hostias Deo*. Lippus est ingenium, quod quidem ad agnitionem veritatis emicat, sed carnaliter vivendo obscurat. Sunt enim quidam, qui bene possent studere divinæ paginæ, et bene intelligere si vellent, sed intenti voluptatibus ingenium obscurant, et vivendo in sordibus, lumen, id est ingenium deturpant. *Albuginem* habet **681** *in oculo*, qui cum sapiens sit, arrogantia sapientiæ vel justitiæ nebulam ante oculum ingenii ponit, et computat videri cæcus et insipiens, ascribendo sibi quod nondum novit. Vel ille habet *maculam in oculo*, qui intentus est terrenæ sapientiæ, non divinæ, et putat se sapientem esse, cum sit insipiens. Unde scriptum est : « Sapientia hujus mundi stultitia est apud Deum (*I Cor.* iii, 19). » *Jugem scabiem* habet, qui de criminalibus non pœnitet, et inde fœdatus est. Omnes istos, fratres charissimi, ab officio sacerdotii jubet Dominus removeri : vos autem qui sacerdotii nomen habetis, cavete ne omnibus istis dignitatibus et officiis inveniamini indigni.

XCII [*De diversis* V].

AD CLERUM IN SYNODO FORTE HABITUS (19).

« In omnibus, fratres charissimi, exhibeamus « nosmetipsos sicut Dei ministros in multa patien- « tia, in tribulatione, in necessitate, in castitate, « in scientia, in suavitate, in charitate non ficta, « in verbo veritatis; nemini dantes ullam offen- « sionem, ut non vituperetur ministerium nostrum « (*II Cor.* vi, 4). »

Dominus et Redemptor noster per gratiam suam, fratres charissimi et dilectissimi, ministros suos in palatio suo, in domo sua elegit; ipse enim ait : « Non vos me elegistis, sed ego elegi vos (*Joan.* xv, 16). » Unde et clerici, id est divina sorte electi vocamini. Clerus enim Græce *sors* interpretatur, quia sorte, id est divina electione ab aliis segregati estis. Propterea sorte Mathias electus fuit. Unde hoc vocabulum habuit initium. Nos ita per misericordiam suam voluit Dominus electos esse suos ministros. Sicut ait Apostolus : « Sic nos existimet homo, ut ministros Christi et dispensatores mysteriorum Dei (*I Cor.* iv, 1). » Cum ergo ministri simus, ministrare debemus. Sed cum ministri simus, in omnibus sicut Dei ministros nosmetipsos [exhibere debemus.] Sic enim Christus fuit minister noster, sicut ipse

(19) E Victorino.

ait : « Non veni ministrari, sed ministrare (*Matth.* xx, 28). » Multo magis nos, qui servi sumus, servire debemus. Servi Domini dicuntur, qui non ad oculum serviunt, sed qui voluntati Domini in omnibus fideliter obediunt, et tunc in tantam familiaritatem Dei (20) promoventur, terreno commodo, non pro hominum salute, et cum judicantur specialius servire Deo, serviunt nummo. Illi jam receperunt mercedem suam, **682** quia duobus dominis non possumus servire, Deo et mammonæ (*Matth.* vi). Sed objiciunt forte quidam nobis : Gratis non accepimus, nec gratis [igitur] dare debemus, quia ordines quidam pretio accipiunt, et per pecuniam in Ecclesiæ prælationes et in promotiones introeunt. Malus introitus, mala excusatio ; quia male introeunt, et male vendunt, duplicem damnationem incurrunt. Qui emit, cum Simone Mago damnatus est, cui Petrus dixit : « Pecunia tua tecum sit in perditione (*Act.* viii, 20) ; » qui pretium exigit, Giezita est, et lepram Giezi suscipit. Cum enim Eliseus mundasset Naaman principem Syriæ in Jordane a lepra (*IV Reg.* v), rediens Naaman obtulit prophetæ multa munera. Sed ille noluit recipere. Qui cum discessisset, secutus est eum Giezi discipulus ejus, exigens ab eo munera ; quibus acceptis, propheta omnia per Spiritum videns eum redarguit, et lepra eum percussit. Itaque Simoniacus et Giezita est, qui emit Spiritus sancti dona, et postea vendit. Cumque tanquam fur in domum Domini sit ingressus, tanquam fur a domo Domini repellendus est. « Qui enim non intrat per ostium in ovile ovium, sed ascendit aliunde, ille fur est et latro (*Joan.* xvi, 1). » Aliunde [autem] intrat, qui non Christum, sed nummum facit ostium. Repellendus est, quia ementes et vendentes ejecit Dominus de templo. Repellendus est, quia leprosi a castris ejici jubentur. Omnes vero Giezitæ, Giezi lepra percussi sunt. Iterum non intrat per ostium qui per laicalem manum intrat. Non enim laicis spiritualia tradita sunt, sed vicariis Domini. Vicarii vero Domini sunt, qui apostolorum vicem tenent. Castella sua et villas suas laici dispensent, non castra Domini ; temporalia, non ecclesiastica. Qui ergo per alium, quam per vicarium Domini intrat, per ostium non intrat. Canonici itaque non emant, neque vendant præbendas, neque sacerdotibus introitum ecclesiarum ; nec a manu laicali recipiant, neque laicum altaris participem esse permittant ; ait enim Apostolus : « Qui altari serviunt, de altari participent (*I Cor.* ix, 13). » Sed redeamus ad propositum.

Præcipitur, ut dictum est, per Apostolum, ut *in omnibus exhibeamus nosmetipsos sicut Dei ministros.* Sequitur : *In multa patientia, in tribulatione, in necessitate, in castitate, in suavitate, in charitate non ficta, in verbo veritatis.* Docet nos Apostolus quomodo poterimus nos exhibere sicut Dei ministros. Si persecutiones veniant, non deficiamus, sed patiamur. Si necessitates paupertatis **683** contingant, non desperemus, sed in Domino confidamus. Ait enim ministris suis : « Si me persecuti sunt, et vos persequentur ; non est servus major domino suo (*Joan.* xv, 20) ; » sed « Beati qui persecutionem patiuntur propter justitiam (*Matth.* v, 10). » Audite ergo quomodo Dominus indigentiam patientis consolatur, dicens : « Nolite solliciti esse dicentes : Quid manducabimus, et quid bibemus, aut quo operiemur ? Scit enim Pater vester, quia his omnibus indigetis. Quærite ergo primum regnum Dei, et justitiam ejus, et hæc omnia adjicientur vobis (*Matth.* vi, 31). » Sequitur : *In castitate* exhibeamus nosmetipsos. Hæc est illa virtus, fratres charissimi, quæ valde necessaria est in ordine nostro. Hæc est illa quæ nos commendat, quæ destructa mundo nos vilificat. Nos sumus vas electionis ; nos sumus « genus electum, regale sacerdotium, gens sancta, populus acquisitionis (*I Petr.* ii, 9). » Nos deferimus vasa Domini, nobis clamat Scriptura : « Mundamini, qui fertis vasa Domini (*Isa.* lii, 11). » Nos corrigit Apostolus, dicens : « Fornicatio et omnis immunditia nec nominetur in vobis (*Ephes.* v, 3). » Non dicit : Non sit ; sed : *Nec nominetur.* Non solum a vobis removenda est fornicatio et immunditia, sed et utriusque suspectio falsa. Non enim debemus habitare cum mulieribus, nisi sint linea sanguinis proxima conjunctæ. Non enim debemus loqui cum eis, nisi coram testibus legitimis, ut omnino suspectio [*f.* suspicio] removeatur. « Vos estis lux mundi ; luceat lux vestra coram hominibus (*Matth.* v, 14). » Duo posuit Apostolus, fornicationem et immunditiam. Sed prius de fornicatione, postea de immunditia. Fornicatio naturalis est concubitus, sed illicitus. Fornicatio est cum meretrice ; mulier vero, sive adultera, sive concubina, meretrix vocatur. Fornicatio, fratres charissimi, ideo nobis interdicitur, quia cum simus ministri Domini, membra ejus sumus : « Qui vero, ut ait Apostolus, adhæret meretrici, unum corpus efficitur. Tollam ergo membra Christi et faciam membra meretricis ? Absit ! » (*I Cor.* vi, 15.) Quam turpe est clericum duci a meretrice captivum, ut efficiatur meretricis membrum. Si enim conjugium nobis prohibetur, quantum crimen in nobis fornicationis judicabitur. Quia, cum laicis conjugatis ad tempus abstinere præcipiatur, ut vacent orationi ; et cum gradibus inferioribus continentia præcipiatur, quanto magis sacerdotibus munditia custodienda, qui corpus Domini tractant et consecrant. Quibus Apostolus præcipit, « ut unusquisque sciat vas suum possidere in sanctificatione (*I Thess.* iv, 4). » Venit quadam die David ad Abimelech sacerdotem, esuriens, et ait : Da mihi aliquid cibi. At ille : Non habeo,

---

(20) Hic manifestus est hiatus in sensu, quem sic posse suppleri censemus : *Promoventur, ut nihil nisi propter eum agant. Alii vero non fideles servi,*

sed mercenarii, pro terreno commodo, non pro hominum salute l..borant ; et cum, etc.

inquit, panes laicales ad manum, sed tantum panem sanctum. Dic mihi, sunt mundi pueri **684** tui a mulieribus? Sunt, [inquit David] ab heri et nudiustertius, et fuerunt vasa puerorum munda et sancta. Dedit ergo ei sacerdos sanctificatum panem (*I Reg.* xxi, 4). Si igitur sacerdos interrogavit utrum mundi essent a mulieribus in die illo propter panem propositionis accipiendum, quid sacerdotes facere debent assidue propter corpus Christi accipiendum? Audivistis de fornicatione quantum peccatum sit; audite modo de immunditia.

Immunditia est illa turpitudo quam masculi in masculos faciunt, quæ merito immunditia vocatur, quia est nimia mentis et corporis spurcitia; et hæc immunditia non solum est peccatum, sed et pœna peccati. Cum enim Dominus videat se mutuo contemnentes, et mandata ejus conculcantes, vertit eos in reprobum sensum, ut illam abominabilem turpitudinem exerceant, et intelligant, et animadvertunt [*f.* nec intelligunt, nec animadvertunt]. Ait enim Apostolus : « Qui non probaverunt Dominum habere in notitia, tradidit eos in reprobum sensum, et tradidit eos in passiones ignominiæ. Nam masculi, relicto naturali usu feminæ, exarserunt in desideriis suis, masculi in masculos turpitudinem operantes (*Rom.* 1, 4). » O quam abominabile, quod membrum Christi non solum fornicetur, sed et meretrix efficiatur! Hæc est illa immunditia quam acriter Dominus in duabus civitatibus vindicavit. Ait enim Scriptura : « Erant homines Sodomitæ pessimi, et peccatores coram Domino (*Gen.* xiii, 13). » Dicitur ille peccator *coram Domino,* cujus peccatum Deus non dimittit impunitum, et tamen diu differens pœnam, tandem ait: « Clamor Sodomorum et Gomorrhæorum multiplicatus est, et peccatum eorum aggravatum est nimis (*Gen.* xviii, 20). » Clamor dicitur peccatum, quando non solum cogitatur, et ad actum perducitur, sed in consuetudine multiplicatur. Et tunc pluit ignis et sulphur de cœlo, et combustæ et subversæ sunt civitates. Merito per sulphureum ignem destructæ sunt, quia ferventi luxuria ardebant. Similiter omnes Sodomitæ sequaces eorum, si non in præsenti, saltem in futuro, igne peribunt, propter ignominiam quam in præsenti patiuntur. Sequitur: *Exhibeamus nosmetipsos in scientia et suavitate,* ut studentes simus in Scripturis, et suaves, id est affabiles et mites; unde dicitur : « Beati mites (*Matth.* v, 5). » *In charitate non ficta.* Hæc est virtus, quæ est consummatio et perfectio virtutum. Si enim essetis unanimes in dilectione, membra nunquam laborarent. Sicut odium dissipat Ecclesiam, ita vinculum dilectionis ædificat eam. Odium generat detractionem et invidiam, quæ sunt pestilentia et pernicies Ecclesiæ. Per odium amittitur utilitas et jucunditas illa, de qua ait David: « Ecce quam bonum, **685** et quam jucundum habitare fratres in

A unum (*Psal.* cxxxii, 1). » Per illud expellitur Christus, qui est vera Sapientia, quia in malevolam animam non introibit Spiritus, vel Sapientia. Notate quod dicit: *In charitate non ficta,* propter illos dictum est, qui habent [*al.* loquuntur] pacem cum proximo suo, mala autem in cordibus eorum. Sequitur: *In verbo veritatis.* Verbum veritatis amate, fratres, propter quod dicit Apostolus : « Deponentes malitiam et mendacium, loquimini veritatem (*Ephes.* iv, 25). » Nam filii diaboli, omnes filii mendacii, sicut ait Dominus in Evangelio : « Cum loquitur mendacium, de propriis loquitur, quia mendax est et pater ejus (*Joan.* viii, 44). » Et : « Dominus perdet omnes qui loquuntur mendacium (*Psal.* v, 7). » In omnibus istis, fratres charissimi, ministros Dei vos exhibete, ut non vituperetur ministerium nostrum. « Per nos » enim, ut ait Apostolus, «blasphematur Verbum Dei inter gentes (*Tit.* ii, 5; *Rom.* ii, 24). » Accipiunt quippe laici a nobis exemplum; et qui deberemus esse [illis] odor vitæ, sumus odor mortis. De cætero, fratres charissimi, corrigite viam vestram; sit sermo pudicus, incessus honestus, vultus humilis, lingua affabilis, mens plena dilectione, et manus operatione. Juvante Domino Jesu Christo, sine quo nihil potestis facere. Qui vivit et regnat in sæcula sæculorum. Amen.

XCIII [*De diversis* VI].

SYNODICUS AD SACERDOTES (21).

« In manibus [*V.* in manu] prophetarum assimilatus sum, dicit Dominus (*Ose.* xii, 10). »

Quis Dominus? Dominus prophetarum, ac si diceret : In manibus prophetarum meorum assimilatus sum. Quis putas est Dominus prophetarum? Pater, Filius, et Spiritus sanctus. Prophetæ sui sunt Patres, quia ab eo missi sunt, secundum illud : « Qui locutus est per prophetas suos de Filio suo (*Rom.* 1, 2). » Sui sunt filii, quia de eo locuti sunt, secundum illud : « Ut impleantur quæ scripta sunt in lege, et prophetis, et psalmis de me (*Luc.* xxiv, 44). » Sui sunt Spiritus sanctus, quia eo inspirante locuti sunt, imo ipse in eis locutus est, juxta illud : « Non enim vos estis qui loquimini, sed Spiritus Patris vestri, qui loquitur in vobis (*Matth.* x, 19). » Verumtamen ibi spiritualiter Dominus prophetarum dictus est filius, sui enim sunt secundum utramque sui naturam. Secundum Deum sui sunt, tanquam creatura Creatoris, ministri, præceptoris. Secundum hominem sui sunt tanquam contribuli et proximi ejus. Factus est enim Deo Patri ex semine David secundum carnem. Et si vera est Hebræorum traditio, quod Manasses filiam **686** Isaiæ duxerit uxorem, et ex ea suscepit Amon, de femore Isaiæ egressus est Christus. Itaque in manibus prophetarum suorum assimilatus est Christus, quia est non solum verbis eorum prænuntiatus, verum etiam in operibus temporum [*f.* ipsorum] quadam ratione

(21) E Victorino et Andegav.

similitudinis præfiguratus est. Ut enim pauca de pluribus excipiamus, quando David inter Ziphæos latuit (*I Reg.* xxiii), adventum Christi in carne latentis, ad oves [domus] Israel quæ perierant, præsignavit; cum tympanizavit ad ostia civitatis, extensionem Christi in cruce, ubi dinumerabilia facta sunt ossa ejus. Cum latuit in spelunca, quietem sepulturæ, quia post secundam unctionem hostes non habuit, hoc est « quod Christus resurgens ex mortuis, jam non moritur, mors illi ultra non dominabitur (*Rom.* vi, 9). » Prophetæ vero evangelici sunt sacerdotes, quorum labia custodiunt sapientiam, et de ore eorum requirent alii scientiam; quorum oculi in capite eorum, id est in Christo abscondita Scripturarum vident; qui eruderantes patrum suorum puteos, inveniunt aquam salientem in vitam æternam; qui vident res sacramentorum sub velamine imaginum latentes. Putasne nunquid non lynceos habeat oculos, qui videt sub folio fructum, sub testa nucleum, sub cortice medullam, thesaurum trans parietem, id est sub littera occidente spiritum vivificantem, rotam in medio rotæ, angelos ascendentes [et descendentes] per scalam. Quocirca cum tanta, et tantum videant, non incongrue prophetæ, id est providentes dici possunt. Unde et lecto Evangelio codex evangelicus apertus datur sacerdoti osculandus, cæteris vero clausus. Ac si ipso tempore dicatur ei : Tibi « datum est nosse mysterium regni Dei cæteris vero in parabolis, (*Luc.* viii). » Porro in manibus sacerdotum assimilatur Christus. Assimilatur autem duobus modis, sacramento, et operis vestigio. Cum enim in altari verbis sacerdotum ex creaturis caro et sanguis Creatoris conficitur, manibus eorum contrectatur, ore sumitur, aliis dispensatur, in manibus eorum assimilatur, id est sub similitudine panis et vini tractatur. Cæterum *in manibus*, id est in operibus eorum nihilominus assimilari debet. Vicarii Christi similitudinem Christi circumferre debent. Non enim soli apostoli, principes, sed principes Zabulon, principes Nephthali, vicarii Christi dicendi sunt ; imo sicut sagittæ in manu potentis, ita sunt filii excussorum; sicut Omnipotens discipulos direxit in orbem universum, ita pro patribus mittuntur filii nati, ubi in se imaginent Christum. Unde : « Imitatores mei estote, sicut et ego **687** Christi (*Philip.* i, 17). » Sane in multis effigiatur in eis. Si Christus mons, et ipsi montes. Si Christus fundamentum, et ipsi fundamenta. Si Christus pastor, et ipsi pastores. Revera, quod ipse est ostium, nulli contradidit. Tamen (brevitatis studio [dicam]) quatuor opera Christi definire possumus, a quorum vestigio sacerdoti non licet exorbitare. Prædicavit Christus, sicut ipse ait : « Constitutus sum rex ab eo super Sion montem sanctum ejus; prædicans præceptum ejus (*Psal.* ii, 5). » [Hinc] etiam infatigabiliter prædicavit; unde : « Raucæ factæ sunt fauces meæ (*Psal.* lxviii, 4). »

In hunc modum, officium est sacerdotis prædicare, quia dictum est ei : « Clama, ne cesses (*Isa.*

A   LVIII, 1). » Et alibi : « Deriventur fontes tui foras, et aquas tuas in plateis divide (*Prov.* v, 16). » Præterea Christus pro peccatoribus intercessit, dicens : « Pater, ignosce illis, quia nesciunt quid faciunt (*Luc.* xxiii, 34). » Similiter sacerdotis est precibus placare Dei indignationem. Ob hoc enim peccata populi comedunt; unde et scriptum est : « Si anima de populo peccaverit, offerat pro declinatione peccati, et orabit pro ea sacerdos, et propitius erit ei Dominus (*Levit.* iv, 14). » Ad hoc corpus suum et sanguinem discipulis dedit, et sacerdotibus dispensandum injunxit, dicens : « Hoc facite in meam commemorationem (*Luc.* xxii, 19). » Postremo Christus nobis reliquit exemplum, ut sequamini vestigia ejus. In quem modum debet sacerdos præcedere B alios, tanquam dux ad exemplum, quia scriptum est : « Luceat lux vestra coram hominibus, ut videant opera vestra bona, et glorificent Patrem vestrum, qui in cœlis est (*Matth.* v, 16). » Attende ergo in manibus sacerdotis quatuor Christi assimilationes : prædicationem, intercessionem, sacram communionem, exemplarem conversationem. Et ex his, sacerdotis nomine censetur, quia in quolibet istorum sacrum dat. In prædicando, sacrum de Deo dat nobis. In intercedendo, sacrum dat Deo pro nobis. In communicando, sacrum dat, dum Deum habitare facit in nobis. In præcedendo, et alios post se trahendo, sacrificium Deo dat de nobis. Pro his quatuor ter dictum est Petro : « Pasce oves meas (*Joan.* xxi, 17); » pasce verbo, pasce communican-
C do, pasce exemplo. Verbum enim prædicationem et intercessionem comprehendit. Cæterum, quia leviticus sacerdos non sine libamentis suis offerebat, debet et evangelicus sacerdos unicuique horum sacrificiorum sua servare libamenta. Offerebat autem prædicationem cum vino et oleo; intercessionem cum rosa et lilio; sacram communionem cum igne et gladio; exemplarem conversationem cum pondere et mensura, et numero. Prædicatio quiddam vini habet in comminatione suppliciorum, lenitatem olei in pollicitatione præmiorum; austeritatem **688** in increpatione, lenitatem in charitate. Ex radice enim charitatis procedere debet sarculus correctionis. Audi de vino apud Apostolum : « Corripite inquietos (*I Thessal.* v, 14). » Audi et subsequentem de oleo : D « In spiritu lenitatis (*Galat.* vi, 1), » et mansuetudinis. Intercessio rosam habet in compassione. Non enim sola sanguinis effusio pro Christo, rosæ operatio, sed et carnis mortificatio, et proximi compassio. Offerebat rosam Apostolus, cum dicebat : « Quis infirmatur, et ego non infirmor ? Quis scandalizatur, et ego non uror ? » (*II Cor.* xi, 29.) Lilium habet intercessio in munditia intercedentis; munda debet esse manus, si vas sordidum mundare desiderat; sine offensa vivat, qui pro offensis judicem interpellat, ne si offensus [*f.* offendens] intercedat, potius iram provocet, quam compescat; ne cum dixerit : « Ave, Rex Judæorum (*Matth.* xxvii, 29), » caput ejus arundine percutiat. In communicando, necessarius

est ignis et gladius; gladius in carne, ignis in spiritu. Circumcidat sacerdos omne præputium carnis suæ a singulis membris suis, amputet opprobria Ægypti, avertat oculos suos, ne videant vanitatem; aures, ne audiant judicium sanguinis (*Psal.* cxviii). Cohibeat linguam suam a malo; et labia sua, ne loquantur dolum. Excutiat manus suas ab omni munere; nec ad brevem contactum cuticulæ alienæ infelix animus hilarescat. Pedes, ne, si viderit furem, currat cum eo, et cum adulteris portionem suam ponat. Super hæc ignis necessarius est, sed non quicunque, imo ignis de cœlo, ignis ad cœlum, ignis pro cœlo; videlicet ignis Dominus, ignis Domini, ignis Domino; id est Spiritus sancti illustratio, hostiæ sursum missio, cordis contribulati humiliatio. Spiritus quidem ignis est, juxta illud : « Deus noster ignis consumens est (*Deut.* iv, 24); » et est de cœlo, juxta illud : « Ignem veni mittere in terram (*Matth.* xii, 49). » Ministerium vero mittendi hostiam per manus angeli, in sublime altare Domini, ignis Domini est, secundum illud : « Qui facit ministros suos flammam ignis (*Psal.* ciii, 4), » id est ad cœlum intuentes. Natura enim ignis est sursum ferri, et quod cremat, secum sursum ferre. In hunc modum sacerdos hostiam sursum mittit, quam cum miserit, infert : *Ite, missa est.* Ignis Domino hic est de quo scriptum est : « Sacrificium Deo spiritus contribulatus (*Psal.* l, 19). »

Præterea opera sacerdotis, quæ aliis sunt ad exemplum, agenda sunt cum pondere dispensationis, ut si quando fiat ab eo dispensatio, ad minus respondeat ei æquilibrata recompensatio, et cum mensura propriæ facultatis, quia metiri se quemque suo modulo [justum est,] et cum numero circumspectæ discretionis. His libaminibus circa hostiam eucharistiæ placatur Deus. **689** Sine his oblata hostia non aperit ostium, sed hostem facit. Sed ad hæc dicetur : Quid est quod jugum fere importabile prædicas, cum Dominus dixerit, onus suum leve, et jugum suave? Ad quod dici potest, quod omnia difficilia, facillima sunt amanti. Attendamus, quod in diebus vicis suæ impositum fuerit levitico sacerdoti munditia carnis, abstinere a vino et sicera, et omni potu qui inebriare potest, et ad publica hominum colloquia non exire. Primum sacerdoti evangelico injungitur; reliqua duo indulgentur. Sed forte dicent mihi : « Medice, cura te ipsum. » Onera gravia et importabilia nobis imponis, digito autem tuo non vis ea movere? Ad quod ego : « Grave quidem videtur quod dico, sed verum, et dissimulare non licet. » Cum intro ad altare Dei, spectaculum factus sum Deo, et angelis, et hominibus; si pollutus sto carne et spiritu, quam abominabilis sum! Attendamus. Antiochus Epiphanes idolum posuit in templo Domini, ob quam abominationem non licuit sacrificare in templo donec initiatum fuerit. In hunc modum, si fuero vas incontinentiæ et libidinis, in

altari juxta filium Virginis statuo filium Veneris. Cum profero verba Canonis, et verbum transsubstantiationis (22), et os meum plenum est contradictione, et amaritudine, et dolo, quamvis cum honorem labiis, tamen spuo in faciem Salvatoris. Cum præsumo sumere Dominum meum, et panem in os meum sic pollutum, levius esset si projicerem eum in lutum platearum. Itaque mundamini, qui fertis vasa Domini; mundamini, qui refertis verba Domini; mundamini, qui offertis hostiam Domini; mundamini, qui defertis aliis corpus Domini, ut mundati, quod nunc similitudine geritis, quandoque rerum veritate capiatis. Per Christum Dominum nostrum, id est judicem nostrum, qui vivit et regnat per omnia sæcula sæculorum. Amen.

XCIV [*De diversis* VII].

SYNODICUS AD SACERDOTES, SEU PASTORES (23).

« Posuit Moyses in tabernaculo labrum æneum, « in quo lavarentur Aaron et filii ejus, cum ingre« derentur in Sancta sanctorum, quod fecit de spe« culis mulierum, quæ excubabant in ostio taberna« culi (*Exod.* xxxviii, 8). »

Hujus rei figura, o vos sacerdotes, ad vos pertinet, docens quomodo in domo Domini purgari debeatis. Quidquid enim sub lege antiqua in templo efficiebatur, aliquid futurum præsignabat, quod in Ecclesia Dei sub figura tegebatur. Moyses, **690** ut dictum est, posuit labrum, secundum quosdam de ære factum, in tabernaculum Domini, in quo lavabat se Aaron, qui erat summus sacerdos, et filii ejus, qui erant inferioris gradus, quod fecit de speculis mulierum, quæ excubabant in ostio tabernaculi. Non enim intrabant mulieres in tabernaculum, sed stabant ante ostium tabernaculi. Aaron ille summus sacerdos summos sacerdotes Ecclesiæ præfiguravit, et filii ejus alios sacerdotes minores. Per labrum æneum lex Christi intelligitur, in qua tam sacerdotes, quam episcopi, studendo et legendo, et opere complendo, in munditiam cordis per compunctionem mundari debent, ut ad Sancta sanctorum, id est ad secreta Dei penetranda, per purificationem digni inveniantur. Specula vero mulierum sunt præcepta Dei. Mulieres vero, animæ sanctorum. Speculis ideo præcepta Domini comparantur, quia sicut mulieres per speculum pulchritudinem et fœditatem faciei deprehendunt, ita sanctæ animæ in Dei præceptis intelligunt si quid in actibus earum reprehensibile, vel si quid fecerint dignum laude, quandiu in hac vita sunt. Æternum tabernaculum, id est æternam gloriam ingredi nequeunt, sed tamen [*f.* tantum] ad ostia tabernaculi mulieres excubant, quia sanctæ animæ cum infirmitate adhuc carnis gravantur, amore continuo ingressum æterni tabernaculi observant. Ecce, fratres charissimi, habetis vas paratum, in quo oportet vos fœditatem mentis abluere, et abstractione vitiorum munditiam animæ et nitorem temperare [*f.* comparare]. Lex

<hr>

enim Domini exposita est omnibus, quæ doceat vos a vitiis mundari, et virtutibus decorari. Legite ergo Scripturas, vacate lectioni, et ut vobis ædificationem inveniatis, et pascua copiosa gregi vestro suggeratis : « Quæcunque enim, ut ait Apostolus, scripta sunt, ad nostram doctrinam scripta sunt (*Rom.* xv, 4). » Non enim tantopere antiqui Patres præterita voluissent scriptis memoriæ commendare; nisi laborassent posteros per exemplum ædificare. Aliter, sicut ait Dominus, eritis cæci duces cæcorum (*Matth.* xv, 4), nisi viam cognoscatis qua fiat ducatus ovium. « Et valde periculosum est, ut ait Gregorius, ut qui nescit tenere moderamina vitæ suæ, judex fiat alienæ. » Cæcitate enim in viis [*f. unius*] multitudo cæcorum peribit. Nam, « si cæcus cæcum ducat, ambo in foveam cadunt (*id., ibid.*). » Ecce fovea, ecce præcipitium ante faciem vestram. Ecce inimicus spiritualis quotidie vobis ruinam machinatur, et vos tenebras erroris vestri discendo, legendo, non curatis expellere. Proh dolor! cum deberetis esse exemplum bonitatis, estis exempla erroris. Nam, si sacerdos cadit, quanto **691** magis populus peribit? Unde in Job legitur : « Si Deus in angelis suis reperit pravitatem, quanto magis hi qui habitant domos luteas, qui terrenum habent fundamentum, consumentur velut a tinea? (*Job* iv, 19.) » Hic per angelos Dei intelliguntur sacerdotes, qui salutem hominibus nuntiant : angelus enim *nuntius* interpretatur. Quod sacerdos angelus dicatur, audite Malachiam dicentem : « Labia sacerdotis custodiunt scientiam, et legem requirent ex ore ejus, quia angelus Domini exercituum est (*Malac.* ii, 7). » Sæculares autem homines domos luteas habitare dicuntur, quia corpora eorum luto vitiorum omnino fœdantur; et si Dominus in angelis suis reperit pravitatem, quanto magis hi qui habitant domos luteas, videlicet sæculares homines, consumentur velut a tinea vitiorum.

Tinea de veste nascitur, et eamdem vestem de qua nascitur rodendo corrumpit. Eodem modo caro vestis est animæ. Sed hæc vestis habet tineam suam, quia de ipsa vitium nascitur, quo caro jugiter laniatur. Itaque oportet ut sacerdotes, bene vivendo, sibi caveant, ne male vivendo sibi et aliis noceant. Nam, si negligenti providentia eorum, vel mala exhortatione oves Domini pereant, dignum est ut « oculum pro oculo » amittant, ut præceptum est in lege (*Levit.* xxiv, 20). Quomodo autem in Ecclesia oculus pro oculo datur, scire debetis. Sacerdos oculus est et provisor commissæ Ecclesiæ, ne lupus, subitis morsibus oves Domini dilaniet; sed, cum oculum intelligentiæ alicujus simplicis et idiotæ, vel falsa prædicando, vel male vivendo prævertit [*seu pervertit*], debet et suum oculum amittere, id est provisionis officium, nec oculus Ecclesiæ esse permittitur ulterius. Itaque desinat esse oculus aliorum, qui exstinxit oculos subjectorum. Si enim est aliquis ignarus et idiota, non debet falsa prædicatione perturbari, sed debet ad meliora converti, vel

instrui. Unde scriptum est in lege : « Non maledicas surdo, nec coram cæco pones offendiculum (*Levit.* xix, 14). » Surdo maledicit, qui absenti detrahit; cæco offendiculum ponit, qui aliquem ignorantem et ignarum falsa prædicando offendit. Unde alibi Moyses ait : « Non seres agrum diverso semine (*ibid.*, 19). » Ager est Ecclesia Dei, quem prædicatores semine verbi reficiunt, ut ait Apostolus, ad subjectos Dei. Agrum autem Dei serit diverso semine, qui falsa commiscet veritati in prædicatione. Quales autem sacerdotes esse convenit, quam fortes, quam audaces circa agrum Domini custodiendum describit Salomon in Canticis suis, dicens : « Lectulum Salomonis sexaginta fortes ambiunt, ex fortissimis Israel, omnes tenentes gladios, et ad bella doctissimi. Uniuscujusque ensis super femur **692** suum, propter timores nocturnos (*Cant.* iii, 7). » Verus Salomon Christus esse intelligitur, quia revera pacificus est, qui Patrem suum cum omnibus [*supp.* hominibus] pacificavit, ut ait Apostolus : « Cum inimici essemus, reconciliati sumus Deo per mortem Filii sui (*Rom.* v, 10). » Salomon autem interpretatur *pacificus*. Lectulus Salomonis congregatio fidelium est, in qua Dominus habitat et requiescit. Lectulum vero ambiunt sexaginta fortes, scilicet prælati Ecclesiæ et sacerdotes, qui defendendo circumeunt civitatem Domini, et nituntur contra vitia et contra spirituales inimicos, qui ideo sexaginta dicuntur esse, quia perfecti veniunt in præceptorum Domini observatione. Sexaginta ex senario et denario conficiuntur. Senarius vero perfectionem designat, quia sex diebus opera sua perfecit Deus, et septimo requievit. Denarius vero decem præcepta legis significat. Itaque per sexagenarium numerum, perfecti in præsenti intelliguntur. Illi accepti sunt de fortissimis Israel. Omnes fideles Israel appellantur tanquam Deum videntes. Israel autem, *vir videns Deum* interpretatur. Fortissimi Israel Ecclesiam tuentur prædicando, et ab incursu dæmonum, et ab impugnatione hæreticorum defendere noverunt.

Sequitur : *Omnes gladios tenentes*, id est spirituale verbum Dei. Verbum Dei ideo gladius vocatur, quia sicut gladius hostes impugnat, et ex utraque parte secat, sic et verbum Dei spiritualibus inimicis objicitur, et vitia prædicantis pariter secat et audientis. Ad bella sunt fortissimi, quia necesse est ut spiritualis prælii arte sint instructi, qui adversus spirituales hostes sunt pugnaturi. Sequitur : *Uniuscujusque ensis super femur suum.* Per femur, carnales voluptates intelliguntur. Sacerdotes enim super femur enses tenent, quia non solum verbo Dei subjectos debent defendere, sed etiam voluptates, quæ in eis dominantur, eodem modo opprimere; et hæc omnia sunt propter timores nocturnos, id est propter occultas insidias maligni spiritus, qui nocte hujus sæculi sanctis, maxime qui in Ecclesia præeminent, insidiantur, ut illis deceptis, lectulum Salomonis, id est requiem sanctorum fœdare possint.

XCV [*De diversis* VIII]

SYNODICUS AD PASTORES DIŒCESANOS (24).

« Homo quidam peregre proficiscens, vocavit ser« vos suos, et tradidit illis bona sua; et uni dedit « quinque talenta, alii duo, alii unum. Hic vero qui « quinque talenta acceperat, lucratus est alia quin« que; et qui duo, **693** alia duo; sed is qui unum « acceperat, abiens fodit in terram, et abscondit « pecuniam domini sui (*Matth.* xxv, 14). »

Hæc parabola, fratres charissimi, dicta a Domino discipulis, non solum pertinet ad priores, sed et ad posteros. Homo quippe ille qui peregre profectus est, Redemptor noster est, qui, assumpta carne in mundo, relictis hic servis suis, id est apostolis, peregre profectus est, quando ascendit ad Patrem. Cœlum enim erat ei quasi peregrinum quantum ad carnem, cujus naturaliter terra patria est; sed abiens noluit servos suos esse otiosos, sed tradidit eis thesaurum, quem lucrando multiplicarent. Thesaurus autem ille sunt spiritualia dona, de quo ait Apostolus : « Habemus thesaurum absconditum in vasis fictilibus (*II Cor.* iv, 7); » *et tradidit illis quinque talenta.* Per quinque talenta designatur exteriorum scientia; per quinque enim sensus exteriora comprehenduntur; et hoc donum maxime activis pertinet, atque iste multiplicavit quod acceperat. Sunt enim nonnulli qui, etsi non possunt mystica intelligere, tamen per exteriorem scientiam, ut possunt, acquirunt, et quantitatem promissæ [*f.* commissæ] pecuniæ sibi et aliis proficiendo congeminant. Duo vero significant intellectum et operationem. Nonnulli enim subtilitatem Scripturarum intelligunt, et quod comprehendunt, aliis verbo et exemplo insinuant, et ita duplicatum lucrum de negotio reportant. Duplicatum vero dicitur esse, vel quia sibi et aliis proficiunt, vel quia utrumque servum ad Dominum convertunt. Ille vero qui solum talentum in terra abscondit, non lucrando duplicavit : formam illius gerit qui acceptum a Deo ingenium in terrenis expendit et implicat, nec lucrum spirituale quærit, nec cor a terrenis cogitationibus levat. De quibus per prophetam dicitur : « Sapientes sunt ut faciant mala, bene autem facere nesciunt (*Jerem.* iv, 22). » Vos estis, fratres charissimi, illi Domini servi, quibus thesaurum sapientiæ tradens, ait : « Negotiamini dum venio (*Luc.* xix, 13), » ut usuram commissæ pecuniæ persolvatis. Ecce traditæ sunt vobis oves Domini, thesaurus prædicationis, quem in eis multiplicetis. Noluit enim Dominus oves suas in deserto hujus mundi sine pascuis esse, ne deficerent in via; unde ait in Evangelio : « Nolo dimittere eos jejunos, ne deficiant in via (*Marc.* viii, 3). » Deficient enim homines in hac via vitæ præsentis, nisi reficiantur cœlesti pane.

Unde Ecclesia gratulatur, dicens : « Dominus regit me, et nihil mihi deerit; in loco pascuæ ibi me collocavit (*Psal.* xxii, 1). » *In loco pascuæ*, id est in Scripturis sanctis, quæ pastum animæ continent, *me collocavit.* Hæc pascua tradidit vobis Dominus, **694** ut oves suas inde pascatis. Sed audite quomodo Dominus de contemptibili pastorum scientia conqueritur per prophetam, dicens : « Cum vos pastores purissimam aquam biberetis, reliquam pedibus vestris turbabatis : et oves meæ, his quæ conculcata fuerant pedibus vestris, pascebantur, et quæ pedes vestri turbaverant, hæc bibebant (*Ezech.* xxxiv, 18). » Aquam purissimam bibunt, cum fluenta veritatis recte intelligentes hauriunt; sed tamen aquam pedibus perturbare est, sanctæ mediationis studia male vivendo corrumpere. Aquam turbatam pedibus eorum oves bibunt, cum subjecti quique non sectantur verba quæ audiunt, sed sola quæ concupiscunt exempla pravitatis imitantur. Qui cum dicta [non] faciunt, quæ per opera pervertuntur, quasi corruptis fontibus, in pedibus lutum sumunt. Debet autem pastor prius prædicare opere quam voce. Unde dicitur ei per prophetam : « Super montem excelsum ascende, tu qui evangelizas Sion (*Isa.* xl, 9). » Ascende in eminentiam virtutum, antequam Sion, id est Ecclesiæ, aliquid evangelizes. Voluit Dominus aliis alios prælatos esse, quamvis unius essent naturæ : cum enim omnes homines natura genuisset æquales, variante ordine meritorum, culpa hominum alios aliis præposuit; ipsa autem adversitas [*f.* diversitas], quæ accessit ex vitio, divino judicio dispensatur; ut quia omnis homo æque stare non valet, alter ab altero regatur; unde cuncti qui præsunt, non in se debent potestatem ordinis pensare, sed æqualitate conditionis non præesse gaudeant, sed prodesse. Antiqui enim Patres nostri, non reges hominum, sed pastores pecorum memorantur. Et cum Noe filiisque ejus diceret Dominus : « Crescite et multiplicamini, et replete terram, » protinus adjunxit : « Et terror vester, et tremor sit super animalia terræ (*Gen.* ix, 1). » Et tamen necesse est ut rectores a subditis timeantur, quando ab eis minime timeri Deum deprehenduntur, ut humana saltem formidine peccare metuant, qui divina judicia non formidant. Ideo enim qui metum sibi a perverse viventibus exigunt, quasi non hominibus, sed animalibus dominantur. Cum ergo bonus erit, sis ei æqualis; cum peccaverit, velis dominari. Petrus namque princeps Ecclesiæ, a Cornelio bene agente immoderatius venerari recusavit, seque illi similem recognovit, dicens : « Surge, ne feceris, et ego ipse homo sum (*Act.* x, 16). » Sed, cum Ananiæ et Saphiræ crimen repetiit [*f.* reprehendit], quanta potentia super cæteros eminuisset, ostendit. Hinc namque est quod, docente Veritate, per Samaritani studium semivivus in stabulum ducitur, et vinum atque oleum vulneribus

(24) E Victorino et Lyrano. Forte in synodo.

ejus adhibetur, ut per vinum scilicet mordeantur A vulnera, et per **695** oleum foveantur. Necesse est enim pastori ut in vino aliquando morsum doloris adhibeat, et in oleo mollitiem pietatis.

Sed timeo quod dicitur de vobis, quod non solum non reprehenditis vitia, sed etiam applauditis eis lingua vestra adulterina, nec consideratis quod dicitur per prophetam : « Væ qui consuunt pulvillos sub omni cubito manus, et faciunt cervicalia sub capite universæ ætatis ad capiendas animas (*Ezech.* XIII, 18). » Pulvillos sub omni cubito manus consuere est cadentes a sua rectitudine animas, atque in hujus mundi dilectionem reclinantes, blanda adulatione refovere. Quasi enim pulvillo cubitus, et cervicalibus caput excipitur, cum correctionis duritia peccanti subtrahitur. Dicit ergo Paulus : « Insta opportune » præmisit « importune (*I Tim.* IV, 2), » quia scilicet apud auditoris mentem ipsa sui vilitate se destruit, ubi habere importunus opportunitatem nescit (25). Contra nolentes enim redarguere ait propheta : « Canes muti, non valentes latrare (*Isa.* LVI, 10). » Canes sunt, quia debent vigilare circa gregem Domini ; sed non valent latrare, quia, veniente lupo, fugiunt vel obmutescunt. Propterea dicit : « Non ascendistis ex adverso, neque opposuistis murum pro domo Israel, ut staretis in prælio in die domini (*Ezech.* XIII, 5). » Ex adverso ascendere, est pro defensione gregis voce libera hujus mundi potestatibus contraire ; et in die Domini in prælio stare, est pravis decertantibus, ex amore justitiæ resistere. Propterea etiam, cum deberes C pravum tibi incorporare, ipse potius te vitæ suæ applicat ; vox est omnium communis : « corruptus est mundus, ubi pecuniosus. Contra hos homines Psalmista ait : « Noli æmulari in malignantibus, neque zelaveris facientes iniquitatem, quoniam tanquam fenum velociter arescent, et quemadmodum olera herbarum cito decident (*Psal.* XXXVI, 1). » Audite etiam quid illis gravius minatur : « Quoniam qui malignantur, exterminabuntur ; sustinentes autem Dominum, ipsi hæreditabunt terram (*ibid.* 9). » Et : « Adhuc pusillus, et non erit peccator (*ibid.* 10). » Conquerimini de divitiis, sed audite quid dicat : « Melius est modicum justo, super divitias peccatorum multas (*ibid.* 16). » Et Paulus : D « Nemo militans Deo implicat se sæcularibus negotiis (*II Tim.* II, 4). » Quanto enim intolerabilius est, si dux aliorum decidat, quam si [erret] ovis infirma ? Cogitate quantæ nobilitatis sitis, de quibus ait Petrus : « Vos autem genus electum, regale sacerdotium (*I Petr.* II, 9). » Si regales estis, regere debetis. Si sacerdotes, vos facere placabiles hostias Domino, et pro peccatis populi orare, non ea augmentare debetis.

696 Vobis quidem data sunt duo talenta, ut diximus ; sed audite quid dominus servis dicat,

rediens de peregrinatione. Ait enim servo reddenti quinque talenta duplicata, et reddenti duo geminata similiter. « Euge, serve bone et fidelis, quia super pauca fuisti fidelis, supra multa te constituam ; intra in gaudium domini tui (*Matth.* XXV, 23). » Servus autem, qui operari de talento noluit, ad Dominum cum verbis excusationis redit, dicens : « domine, scio quia durus es ; metis ubi non seminasti, congregas ubi non sparsisti, et timens abii, et abscondi talentum tuum in terra. Ecce habes quod tuum est (*Matth.* XV, 24). »

Notandum est quod inutilis servus dominum suum durum vocat, cui tamen ad lucrum deservire dissimulat, et timuisse se dicit in lucrum talentum expendere, qui hoc solum timere debuerat, ne hoc B sine lucro ad Dominum reportaret. Sunt plerique inter sanctæ Ecclesiæ ministros, quorum iste servus imaginem tenet, qui melioris vitæ vias aggredi metuunt, et tamen jacere in sui corporis ignavia non pertimescunt. Dicit ergo dominus : « Serve nequam et piger, sciebas quia meto ubi non seminavi, et congrego ubi non sparsi : oportuit ergo te dare pecuniam meam nummulariis ; et ego veniens, recepissem utique quod meum est cum usura (*Matth.* XXV, 26). » Durus est Dominus, quia dura præcipit. Metit ubi non seminat, quia vindictam accipit de gentibus, in quibus Deus non seminavit legem. Congregat etiam quosdam de illis gentibus, ubi non sparsit semina legis, et ex verbis suis constringuntur, ac si dicat : Si, juxta sententiam tuam, illud exquiro quod C non dedi, quanto magis, ait, quod ad erogandum dedi. Pecuniam vero nummulariis dare, est eis scientiam prædicationis impendere qui valeant hanc operibus exercere. De hoc ergo servo Dominus hanc ultionem accepit. Ait enim : « Tollite ab eo talentum, et date ei qui habet decem talenta (*ibid.* 28). » Dignius esse videtur, quod talentum ablatum daretur illi qui minus habebat, quam [illi] qui plus, id est habenti duo. Non habenti decem dari deberet. Sed subtiliter consideranti, plus est habere duo, id est intellectum et operationem, quam quinque, seu exteriorum scientiam. Dignum est igitur ut qui unum talentum habet, id est intellectum Scripturarum, et eum negligit, dum in sæcularibus desipit, divina ultione [illud] amittat. Et sæpius evenit ut D qui fideliter in scientia exteriorum servit, intellectum mysticorum mereatur. Sequitur : « Omni enim habenti dabitur, et abundabit ; ei autem qui non habet, **697** et quod videtur habere, auferetur ab eo (*ibid.* 29). » Habenti namque charitatem, dantur alia spiritualia dona ; qui autem non habet charitatem, et quod percepisse videbatur, amittit. Multi enim sapientes et naturaliter acuti, si sunt desides, perdunt bonum naturæ, et præmium quod eis erat promissum. Videtur autem transire ad illos, qui quod minus habent per naturam, acquirunt per indu-

---

(25) Forte clarius : *Insta opportune, importune. Opportune præmisit, subjunxit importune, quia scilicet apud auditoris mentem, ipsa sua severitate, correctio*

se destruit, ubi importunus opportunitatem habere seu adhibere nescit.

striam. Vel qui habet fidem et bonam voluntatem, si minus habet in opere, dabitur a bono judice. Sed qui fidem non habet, sine qua non sunt virtutes, etiam virtutes, quas habet naturaliter, perdit. Vel, qui habet amorem verbi, datur ei sensus intelligendi; qui vero non habet charitatem, amittit omne bonum quod habet. Sequitur gravior sententia : « Et inutilem servum ejicite in tenebras exteriores; ibi erit fletus et stridor dentium (*Matth.* xxv, 30). » Considerate ergo, fratres charissimi, si talentum commissum aliquis vestrum fodit in terra. Timete judicem venturum et vobiscum rationem de commissa pecunia positurum. Videte quia damnabilis est servus piger, quia in præsenti damnatur, et in futuro in tenebras exteriores destruitur [*f.* detruditur]. Ante adventum ejus, de ponenda ratione vigilemus, ut servos in commissa pecunia fideles, in cœlo cum aliis [*f.* angelis] remuneret Dominus noster Jesus Christus, qui vivit et regnat in sæcula sæculorum. Amen.

XCVI [*De diversis* IX].

CONTRA SIMONIACOS (26).

« Locutus est Dominus ad Moysen, dicens : Homo « de semine Aaron, qui fuerit leprosus..... non ve« scetur de his quæ sanctificata sunt (*Levit.* xxii, 4). « Quicunque maculatus fuerit lepra, et separatus « est ad arbitrium sacerdotis, habebit vestimenta « dissuta, caput nudum, os veste contectum, con« taminatum ac sordidum se clamabit, omni tem« pore quo leprosus erit, et immundus, solus habi« tabit extra castra (*Levit.* xiii, 44). »

Timeo, fratres charissimi, ne quosdam nostrum tangat hæc sententia. Timeo ne aliquem nostrum contaminet hæc lepra. Præcipiuntur leprosi a sanctificatis Domino se continere : præcipiuntur a castris exire. Qui ergo sunt illi quos lepra contaminat, [nisi] hæretici, qui variis coloribus hæreticæ pravitatis notantur? Sunt etiam quidam in Ecclesia, quos simoniaca occupat lepra. Simoniaci illi omnes dicti sunt a Simone Mago, qui dona Spiritus sancti pecunia conabatur comparare (*Act.* viii). Nondum enim est mortuus Simon ille Magus, quia multos complices et imitatores in Ecclesia **698** Dei adhuc retinet. Alii enim emunt gradus ordinum; alii curam animarum, per pecuniam facti pastores Ecclesiarum; alii consortium canonicorum. Quod genus hominum omnino ab his qui sanctificantur Domino, id est a corpore et sanguine Domini, et etiam extra castra, id est extra Ecclesiam sunt removendi. Si ergo sunt removendi a sacramentis, quomodo sacramenta audent celebrare? Si a castris debent exire, quomodo audent inter castra habitare? Sunt tamen quidam præsumptuosi, qui hujus sceleris sibi sunt conscii; ostendunt quod non sunt, quia videri sacerdotes volunt. Sed, ait Gregorius : « Si non ante humanos oculos, ante Dei oculos sacerdotio privantur. » Ecce, fratres, non estis sacerdotes, si hac lepra fueritis

interius turpes. Nec solum illi qui emunt, ejiciendi sunt ab Ecclesia, sed multo magis illi prælati qui vendunt, quibus dictum est a Domino : « Gratis sumpsistis, gratis impendite (*Matth.* x, 8). » Qui emunt, non ex ea voluntate emunt, sed quia aliter habere non possunt. Qui vendunt, emptores Simoniacos, gratis dare nolentes, faciunt. Omnes [vero] ab Ecclesia ejiciendos, non verbo, sed facto docui Dominus. Ingressus enim templum, flagello funiculario facto, vendentes columbas, prius cathedras prævertendo, ejecit (*Matth.* xxi, 12). Qui sunt qui columbas vendunt, nisi qui de manuum impositione pecuniam accipiunt, et qui dona Spiritus sancti, quæ per columbas significantur, vendunt? Prius cathedras eorum evertit, et postea de templo ejecit; quia prius eos a cathedra honoris sui deponendos præcipit, et postea a numero Catholicorum separandos : nec solum ejecit, sed et flagellavit; quia Dominus non solum in præsenti damnat, removendo ab aliorum consortio, sed etiam in futuro cruciat, damnando æterno supplicio. Sed notandum quod dicit : *Habebit vestimenta dissuta, caput nudum, os veste contectum.* Dissutis debet esse tunicis, quia omnium consilia de errore ejus debent esse manifesta, et ut omnes quare ejiciuntur sciant, et ultionem videntes, timorem habeant. Caput ejus mens est et voluntas, quæ regit hominem, sicut corpus caput, denudatum sit omnibus. Os vero sit contectum, ne ulterius impia doceat, et alios in eumdem errorem inducat. Est etiam aliud genus Simoniæ, quia complures sacramenta vendunt, et dimissis baptisteriis, confessionibus, prædicationibus, de sepulturis pretium exigunt. Qui autem missam vendunt, corpus Domini venale faciunt, et comparabiles Judæ se faciunt. Ille pro triginta nummis [Christum] tradidit; hi pro uno vendunt. « Gens absque consilio est, » ut ait **699** Moyses, « et sine prudentia; utinam saperent et intelligerent, ac novissima providerent! (*Deut.* xxxii, 28.) » Novissima vestra novisssime videte, quia quos eadem culpa alligat, eadem etiam culpa constringit. Quia de baptisterio et confessione pretium exigunt, Giezi discipulo Elisæi comparabiles sunt. Cum enim Elisæus Naaman principem Syriæ a lepra in amnem Jordanis septies demersum mundasset (*IV Reg.* v), et princeps ei munera obtulisset, renuit propheta; Giezi vero discipulus ejus, currens, nesciente domino, post principem discedentem, munus ab eo quasi sub specie domini postulavit; quem reversum, et de scelere quod fecerat convictum, ait propheta : « Quia accepisti argentum a Naaman, lepra Naaman adhærebit tibi et semini tuo, et egressus est ab eo leprosus (*IV Reg.* v, 26). » Naaman leprosus mundatus in Jordano per septenariam mersionem significat peccatorem baptizatum et mundatum a lepra hæreticæ pravitatis per septiformem gratiam. Giezi vero significat sacerdotes hæreticos, qui de sacramento baptismatis munera exigunt, et ideo damnantur ad lepram, quia damnatus est Giezi et semen ejus, id est sequaces ejus, qui dicuntur Giezitæ.

Hoc potestis dicere [hinc potestis discere] quam grave est de sacramentis baptisterii pretium exigere. De confessione vero nullatenus dubitandum est, quia remuneratio non est quærenda. Præcepit enim Dominus in lege : « Si attenuatus fuerit frater tuus, et infirmus manu, et susceperis eum quasi advenam et peregrinum, et vixerit tecum, non accipias ab eo usuras (*Levit.* xxv, 35); » id est : Si attenuatus in bono opere aliquis peccator, et infirmus manu, id est in operatione peccando, et susceperis eum in domum tuam, id est in defensionem tuam, prædicando, hortando, pœnitentiam dando, non exigas usuras pecuniæ in remunerationem. « Quicunque autem, ut ait Gregorius, ideo prædicat, ut hic vel laudis, vel muneris mercedem recipiat, æterna sine dubio mercede se privat; et hujusmodi pseudoprædicator columbina [*f.* concubina] Domini in Canticis vocatur, **700** cum dicitur : « Salomonis sunt sexaginta reginæ, et octoginta concubinæ (*Cant.* vi, 7). » Reginæ sunt doctores Ecclesiæ, qui merito fidei et scientiæ toro Regis æterni appropinquant, et spirituales filios Dei pariunt. Sexaginta vero sunt, quia numerus iste ex denario et senario multiplicato conficitur, quod significat eos qui in præceptis legis perfecti sunt. Senarius enim perfectionem significat, quia sex diebus Dominus omnia complevit. Concubinæ vero sunt falsi prædicatores, qui non sincere ipsum prædicant, sed propter lucra temporalia. Non sunt uxores, quia licet Deo aliquando prædicando pariant filios, tamen non ex voluntate, sed ex utilitate terrenæ commoditatis; qui merito sunt octoginta, quia octogenarius ex decem et octo multiplicatus constat, et ex quatuor primus quaternarius quatuor elementa significat, ex quibus omnia terrena facta sunt. Secundus, quatuor tempora anni. Itaque terrena temporalia per octo intelliguntur. Nunc de Scriptura. Cum Sara uxor Abrahæ mortua esset (27), Abraham rogavit Ephron, ut, accepta pecunia, locum sepulturæ ad mortuam uxorem tumulandam, sibi venderet (*Gen.* xxiii). Ephron vero noluit inde pecuniam accipere, sed terram gratis dare; coactus tamen accepit, et vocatus est postea Ephran, qui prius dicebatur Ephron. Ephron autem interpretatur *confirmatus*, vel *perfectus;* Ephran vero *infirmus*, vel *imperfectus.* Si ergo ille, qui, licet invitus, tamen quodammodo adduci potuit,

ut pretium de sepultura acciperet, nominis immutatione damnatus est, et dictus Ephran, id est *imperfectus*, quid de istis dicetur, qui non coguntur, sed ipsi sponte exigunt? Nonne magis damnabuntur, et inter imperfectos annuntiabuntur [*f.* annumerabuntur]? Omnia ista, fratres charissimi, vos admonent, ut ab hac lepra abstineatis, ne similes supra dictis, eamdem damnationem incurratis. Quod ille avertere dignetur, qui vivit et regnat Deus in sæcula sæculorum. Amen.

XCVII [*De diversis* X].

DE EXCELLENTIA ECCLESIÆ ET SACERDOTII CHRISTIANI (28).

701 Spiritu sancto Isaias edoctus : « In anno, inquit, quo mortuus est rex Ozias, vidi Dominum sedentem super solium excelsum et elevatum, et plena erat omnis terra majestate ejus, et ea quæ sub ipso erant, replebant templum (*Isa.* vi, 1). » Oziam regem Juda (*II Par.* xxvi, 19), quoniam de sacerdotio præsumens, indebitum obtulit incensum, lepra percussum in fronte sacra docet historia. Is cæremonias legis evacuans, templum Domini scelerum contagione polluit, iniquitatem malignantium potius exemplis augens, quam lege damnans. Ideo vivente leproso rege illo, *super solium excelsum* Dominus sedisse legitur, quoniam Dominus ab eis [se] elongat, in quibus peccatum regnat. « Quæ enim conventio Christi ad Belial? Aut quis consensus templo Dei cum idolis? » (*II Cor.* vi, 15.) Veritas quoque dicit: « Non potestis servire Deo et mammonæ (*Matth.* vi, 24). » Hinc est etiam quod cum Judæa verbum vitæ repellit, ad gentes discipuli convertuntur, scientes apud illos non esse Christum, qui jam circumferebant Antichristum. Mortuo autem rege nequam, Dominus super solium sedet, quoniam ex quo in nobis peccatum moritur, Dominus in nobis regnat, in nobis principatur. Unde mortuo Pharaone, et egresso populo de Ægypto, fit « Judæa sanctificatio ejus, » fit « Israel potestas ejus (*Psal.* cxiii, 2). » Porro solium super quod per prophetam Dominus sedens ostenditur, Ecclesia est Christi Jesu Salvatoris nostri, fidelium corda sunt. Quippe sedes Domini est anima justi. In anima justi Dominus habitat, Dominus requiescit, Dominus regnat. Attendite Prophetam sic dicentem : « Elegit Dominus Sion, elegit eam in habitationem sibi (*Psal.* cxxxi, 3). » Et Dominus ipse : « Super quem, inquit, requiescet Spiritus

(27) Hoc sumpsit e D. Hieronymi libro Quæstionum Hebraicarum in Genesim, cap. xxiii, vers. 16. Sic autem habet : *Et audivit Abraham Ephron, et appendit Abraham Ephron argentum, quod locutum est in auribus filiorum Heth.* In Hebræo, sicut hic posuimus, primum nomen ejus scribitur *Ephron*, secundum *Ephran*. Postquam enim pretio victus est, ut sepulcrum venderet argento, licet cogente Abraham, *vau* littera, quæ apud illos *o* legitur, ablata de ejus nomine est, et pro Ephron appellatus est Ephran, significante Scriptura non eum fuisse consummatæ perfectæque virtutis, qui potuerit memorias vendere mortuorum. Sciant igitur qui sepulcra venditant, et non coguntur ut accipiant pretium, sed a nolentibus quoque extorquent, immutari nomen suum, et perire quid de merito eorum, cum etiam ille reprehendatur occulte, qui invitus acceperit. Ita D. Hieron. lib. Quæstionum Hebraicarum in Genesim. Quo loco notat Martianæus noster, quod eodem modo nunc legitur Ephron, עפרון, et Ephran, עפרן, sine littera *vau*, ut erat in Hebræis exemplaribus sancti Hieronymi.

(28) E. ms Ebr. Peroniano 19, Victor. 272, Germ. 381.

meus, nisi super quietum et humilem, et trementem verba mea? (*Psal.* LXVI, 2.) » Hanc profecto sedem rex Ozias multis diebus obtinuit. Multo tempore super hanc in magna superbia sedit. Per Oziam namque, qui interpretatur *Domini fortitudo*, princeps tenebrarum intelligitur convenienter, et diabolus apte figuratur. Ipse namque ad expugnandas infelices animas fortis est. Ipsum per hominem ab homine vinci difficile est. Quod autem fortis est, non ipsius, sed Domini est. Nil enim prævalet ex se, qui hoc ipsum quod spiritus est, ex Deo habet, non ex se. De fortitudine autem ejus, sic legitur in Evangelio : « Cum fortis armatus custodit **702** atrium suum, in pace sunt omnia quæ possidet (*Luc.* XI, 21). » Iste igitur fortis armatus super solium Domini fraudulenter ascendit, superbe sedit, exactorie regnavit. Siquidem primos patres nostros astutia circumvenit, dolo vicit, non vi, consilium simulans, non arma promens. Quos itaque violentia non potuit, fraude sibi substravit, gloriosum ratus triumphum, filios in parentibus quocunque modo superare. Sedit autem in magna superbia, quoniam tanto factus est ex victoria elatior, quanto non de qualibet creatura, sed de imagine et similitudine Creatoris triumphavit. Exactorie principatus est, quia cum sibi duas tantum personas substravit, universis eorum filiis extorsit libertatem. Regnavit autem a ligno usque ad lignum ; a ligno scientiæ boni et mali, usque ad lignum crucis ; a gustu pomi, quod erat pulchrum visu et ad vescendum suave, usque ad amaritudinem passionis. At, ubi venit plenitudo temporis, in quo misit Deus Filium suum in quo visitavit nos Oriens ex alto , mortuus est leprosus Ozias, attritæ sunt vires ejus, debilitata fortitudo ipsius. Tunc autem caput antiqui serpentis contritum est ; tunc malleus universæ terræ confractus est; tunc fortis armatus, qui custodiebat atrium suum, superveniente illo fortiore, victus est. Tunc ablata ei arma sua. Tunc distributa spolia sua. Testatur hoc ipse Redemptor, qui instante articulo suæ passionis, dixit : « Nunc judicium est mundi ; nunc princeps hujus mundi ejicietur foras (*Joan.* XII, 31). » Ejecto itaque foras hoc principe, et expulso de solio Domini exactore mundi, videt propheta *Dominum sedentem super solium excelsum et elevatum ;* videt plenam *majestate ejus* omnem terram , et videt ex his quæ sub ipso erant templum repleri.

Diligenter attendite, fratres, Ecclesiam Dei *solium* dici. Verum non absolute solium, sed cum adjectione, solium *excelsum ;* nec solum solium excelsum, sed etiam solium *elevatum.* In quo sicut exiguitati nostræ videtur, triplex altitudo Ecclesiæ declaratur. Tota siquidem solium est, id est sublimis et eminens , dignitate fundamenti. Eadem solium excelsum est, unctione sacerdotum ; solium elevatum est prærogativa meritorum. Attendite Paulum dicentem : « Fundamentum aliud nemo potest ponere, præter id quod positum est, quod est Christus Jesus (*I Cor.* III, 11). Fundamentum igitur Ecclesiæ

nullum aliud est, nisi Christus Jesus. Hujus fundamenti positio est baptizari baptismo Christi. Cum autem baptizamur baptismo Christi, surgimus in solium Christi ; nec solum in solium Christi, sed etiam in templum Christi. Tunc enim Christus et nobis [*f.* et in nobis] **703** præsidere incipit, et apud nos facere mansionem. Amplius aliquid loquemur. Tunc nos cum Abraham tres angelos recipimus hospitio, qui spiritui nostro de subacta veteri carne et sterili, promittunt Isaac nasciturum , scilicet risum, non qui dolore miscetur, sed quo sic Apostolus ait : « Fructus autem spiritus , gaudium , pax , patientia, longanimitas, bonitas, benignitas, et cætera, adversus quæ non est lex (*Galat.* III , 22). » O vere præclara, vere sublimis Ecclesia , quam fidei fundamentum sic extollit, ut ipsa et solium Domini fiat, et templum ! Nec absolute solium, sed sicut dictum meminimus, et solium excelsum. Porro hujusmodi celsitudo, sacerdotalis est unctionis. Eminet hæc in Ecclesia Christi, lux et sol Ecclesiæ, testimonio ipsius Christi. Eminet , inquam , et administratione sacramentorum, et excubiis animarum. O novam et divinam potestatem, cujus ministerio panis angelorum mortalibus quotidie præparatur ! O gradum cum timore et tremore profitendum, quem non filius hominum, sed Filius hominis ovium suarum cura dignatur ! O præcelsum et insigne solium, in quo propheta , sicut in excelso throno, videt sedere virum, quem adorat multitudo angelorum ! Videt , inquam, sedere virum, quoniam videt sedere Christum, videt Christum principari, videt Christum jam regnantis speciem gerere, jam vices agere judicantis. In his enim ministris Ecclesiæ suæ Christus ante judicium judicat, ante supremam ventilationem ventilat, ante impletionem sagenæ bonos pisces colligit, malos autem foras mittit. Judicat enim non judicio curiæ, sed Ecclesiæ ; non forenses causas, sed cœlestes ; non corpora, sed animas. Ventilat idem, ventilat, inquam, quia per eosdem ministros paleas iniquorum projicit ab aera [*f.* area] Ecclesiæ ventilabro disciplinæ. Bonos pisces colligit, malos autem foras mittit. Nemo est nisi Christus, qui pisces colligat, qui pisces foras mittat. Nondum sagena Petri plena est. Nondum ad littus educta est. Implebitur, et ad littus educetur. Quando autem futura sint ista, Filius hominis se nescire confitetur ; unde et ipse dicit : « De die autem illa et hora nemo scit, neque angelus, neque Filius hominis, nisi solus Pater (*Marc.* XIII, 32). » Ipse tamen interim bonos pisces colligit, malos foras mittit. Verum nihil horum per se ipsum, sed per ministros altaris quotidie utrumque facit. Ex hoc enim magno mari et spatioso, ubi reptilia, quorum non est numerus, educit bonos pisces qui colligantur et serventur. Educit et malos, qui projiciantur, et a bestiis conculcentur. Vocat enim justos, et colligit ad gloriam ; vocat injustos, et destinat ad gehennam. **704** O præcelsa, et omni potestate sæculari sublimior dignitas, per quam Dominus jam omnia hæc operatur ! Quibus enim regibus a Domino dicitur : « Vos estis lux mundi? (*Matth.* v, 14.) » Quibus, inquam, dicitur : « Qui vos tangit, tangit pupillam oculi mei? (*Zach.* ii, 8.)»

Non imperatorum linguæ, sed sacerdotum, claves cœli facti sunt. Soli sacerdotes cum Christo aperiunt, et nemo claudit; claudunt, et nemo aperit. Sacerdotum consilio subvenitur infirmis animabus, franguntur compedes, via patet ad superos, uniuntur terrena cœlestibus, homines angelis, creatura Creatori. Honor igitur ingens, honor sacerdotii. Sed grave periculum honoris istius. Quippe gradus iste, gradus causalis [*f.* casualis] est, nisi illustretur meritis dignitas unctionis. Tunc enim sacerdos efficax est intercessor, cum pro reis ex officio sic agit, ut gratiam Judicis et merito vitæ provocet, et verbo doctrinæ. Hæc tria [*f.* hæc duo] sacerdotem perfectum creant. Ex his tribus [et his duobus] sacerdoti præstatur potestas, præstatur et gratia. Siquidem ex unctione sortitur persona potestatem consecrandi substantias consecrandas. Sortitur efficaciam benedicendi substantias benedicendas. Ex vita autem et doctrina promeretur sacerdos gratiam Domini sui; consequitur dilectionem Christi salutaris sui. Etenim pro exemplo sobrie, et juste, et pie vivendi, et pro studio seminandi *semen* verbi Dei, bono et fideli servo Dominus dicit: « Euge, serve bone et fidelis, quia super pauca fuisti fidelis, supra multa te constituam, intra in gaudium domini tui (*Matth.* xxv, 22). »

Jam, dilectissimi fratres, jam vobis, nisi fallimur, innotuit, cur *solium* Domini, quod propheta dixerat *excelsum*, subsequenter dicat etiam *elevatum*. Videlicet, propter vitam, propter doctrinam; vitam, quam sanctimonia illustret; doctrinam, quam charitas exornet. Hæc enim sunt, quibus ad cœlum sacerdos elevatur, quibus ex luteis domibus ad æthereas subsidit mansiones. Hæc universis præferuntur votis. Hæc Domino sunt omnibus hostiis gratiora. Hæc si forte defuerint, sacerdotis excelsum quidem solium est, sed adhuc elevatum solium non est. Quippe sacerdotem sine sanctimonia Deus nescit; sacerdotem sine doctrina lex occidit. Apostoli testimonio: « Sine sanctimonia nemo unquam videbit Deum (*Hebr.* xii, 14). » Censura legis moritur sacerdos ad Sancta sanctorum sine tintinnabulis accedens. Sanctimonia Deo vim facit, efficacior omni sacrificio cœlestem frangere indignationem. Ad vocem sacerdotalium tubarum muri Jericho ceciderunt, ut ostenderetur ad prædicationem Ecclesiæ, altitudinem superbiæ sæcularis inclinandam. Deinde ad eminentiam sanctimoniæ credimus **705** per prophetam vocari sacerdotem, cum dicit : « Super montem excelsum ascende, tu qui evangelizas Sion (*Psal.* xl, 9).» *Super montem,* inquit, *ascende.* Moyses, ut legem Domini acciperet, ascendit in montem. Mariam, concepto Dei Filio, statim ad montana transisse Lucas commemorat. Christus et orandi consuetudinem fecisse in montibus, et transfiguratus in monte reperitur.

Idem quoque, cum ad redimendum genus humanum, sicut Leo papa testatur, multa ei suppeterent, ad nostram tamen reparationem, crucis ascensum elegit. Quibus profecto monstratur quod sublimis debeat esse vita sacerdotis, qui populo Domini factus est legislator, qui prædicat imitatione gestandum, quem Maria carne gestavit; qui suscipit orationem pro reis agere; qui transfigurandus est in omnes, propter omnes, ut omnibus omnia fiat; qui non bajulantes crucem Christi, denuntiat non posse fieri discipulos Christi. Judiciale est terrenis inhærere talis negotii professorem. Vult enim Dominus ut altaris minister professioni suæ sit similis, et sublime prætendat meritum, sublimibus officiis consecratus. Vult illum spiritu ambulare, cui etiam spiritus immundos ipse subjecit. Vult denique eumdem fieri vas purum, vas mundum, quoniam de sacerdotibus per prophetam dicitur : « Mundamini, qui fertis vasa Domini (*Isa.* lii, 11). » Sacerdotes sunt, qui vasa Domini ferunt, qui scilicet sacerdotalis ministrationis exsecutione, in cœleste gazophylacium fideles animas introducunt. Unde necesse est, ut qui vasa Domini portant, vasa Domini fiant, verum non vasa fictilia, sed aurea; non vasa in contumeliam, sed in honorem]; non in quibus bibat Balthazar cum concubinis suis, sed in quibus bibat Redemptor de genimine vitis cum discipulis suis in regno Patris sui; videlicet non vasa in quibus delectatur diabolus cum his quos ipse sibi ad omnia subjecit flagitia, quibus ad omnem utitur iniquitatem ; sed vasa in quibus is qui discipulis ait : « Ego sum vitis, vos palmites (*Joan.* xv, 5), » cum eisdem bibat de genimine vitis, id est gaudeat et exsultat de effusione sanguinis sui, per quem sibi tam pretiosa vasa comparaverit, per quem eadem jura diaboli in propriam redegerit potestatem. Ut autem sacerdotes in hujusmodi vasa proficiant, tribus agi diebus sacra docet historia. In ea siquidem Moyses, ex præcepto Domini, ad Pharaonem loquens, ait : « Ibimus viam trium dierum in solitudine, ut sacrificemus Domino Deo nostro (*Exod.* v, 3). Non potest Moyses, non potest populus sacrificare Domino in solitudine, nisi prius trium dierum via peragatur. Via autem illa, fides est, qua corde creditur ad justitiam. **706** Confessio, quam credentes faciunt ad salutem. Sola fides ista via est, qua de terris itur ad cœlum, qua de Ægypto ad terram promissionis transitur, qua regina austri a finibus terræ venit audire sapientiam Salomonis. Cæterum diætæ tres in ista facienda sunt via, quibus peractis, offeretur beneplacitum Deo sacrificium. Porro desinere a malo, prima diæta est ; facere bonum, secunda diæta est ; ascensiones in corde suo disponere, tertia diæta est. Quisquis igitur, credens in Patrem, et Filium, et Spiritum sanctum, induit armaturam Dei, ut possit stare adversus insidias diaboli, in via est, et facit secundam diætam. Quisquis credens in Patrem, et Filium, et Spiritum sanctum, sequitur beatam animam illam, de qua in Canticis canticorum Salomon ait : « Quæ est ista quæ ascendit per desertum sicut virgulta fumi ex aromatibus myrrhæ et thuris ? (*Cant.* iii, 6.) » in via est, et tertiam facit diætam. Talium profecto diætarum sacerdos quotidie mentionem facit, quoties Domino sacrificans, dicit : [Unde et memores nos servi tui, sed et plebs tua sancta ejusdem Domini nostri Jesu Christi tam beatæ passionis, nec non et ab inferis resurrectionis, sed et in cœlos gloriosæ ascensionis, offerimus præclaræ majestati tuæ, de tuis donis ac datis hostiam puram, etc.]

Nulli dubium in præsenti capitulo mortis Christi, et resurrectionis, atque etiam ascensionis, infulatum recordari sacerdotem (29). Recordatio ista, recordatio salutaris, si cum Christo moriente sacerdos commoritur peccato, carnem suam cum vitiis et concupiscentiis crucifigens, quod est in Catholica [*supp.* Ecclesia] primam facere diætam. Vere recordatio salutaris, si cum Christo a morte carnis resurgente, sacerdos a morte spiritus resurgat, induens novum hominem, qui secundum Deum creatus est in justitia et sanctitate veritatis; quod est in catholica secundam facere diætam. Recordatio, inquam, salutaris, si cum Christo ascendente ad Patrem, sacerdos per scalam Jacob ascendat; si cantet canticum graduum cum propheta ; quod est in Catholica tertiam facere diætam. Ecce, fratres, ecce viam, extra quam esse, evagari procul a patria est. Esse tamen in ea, non statim est ad patriam proficisci. « Fides enim sine operibus mortua est (*Jacob* ii, 26).» Unde et in sacerdote fides sine opere, via sine diætis est. Hanc ingressos viam adversarius noster, diabolus, ita plerumque retardat, ut in prima etiam diæta deficiant. Ipse siquidem hostis, ille est, quem nec Filius Virginis **707** intentatus transivit. Ipse hostis ille est, cujus pharetra nunquam hauritur [*f.* exhauritur], cum tela promere non desistat. Ipse hostis ille est, qui cum semper lædere non possit, semper velit. Ipse hostis ille est, de quo rara, et nunquam secura, victoria. Si confisi viribus nostris, cum eo congredimur, sub eo credimus [*f.* cedimus], quoniam leo ovibus fortior est. Si speramus in fuga, facile nos consequitur, quoniam aquilis velocior est. Si quærimus eum fallere, fallimur, quoniam serpentibus astutior est. Imo ipse serpens ille est, qui ventre repit et pectore, qui terram comedit omnibus diebus vitæ suæ, qui mulieris calcaneo insidiari non desistit. Ipse serpens ille est, qui veneno suo tabificavit omnes, præter eum qui sub ficu vidit omnes. Habemus autem advocatum in cœlis Dominum nostrum Jesum Christum, in quo promittitur nobis de serpente victoria, de ejus infestatione quies, de vulneribus medicina. Ad eum igitur tota mentis intentione festinemus, quoniam ipse refugium nostrum et virtus est; ipse adjutor in tribulationibus, quæ invenerunt nos nimis. Humiliemus ei animas nostras, quoniam respexit in orationem humilium,

et non sprevit precem eorum. Imploremus lacrymis et gemitu, ut ipse conterat Satanam sub pedibus nostris, ne prævaleat nobis in via, ne usque ad victoriam salutaribus diætis adversetur, ne vasa in honorem minister vetustæ sordis incrustet, ne super solium Domini leprosus Ozias rursus obrepat. In eo Christus christos suos exaudire dignetur, in eo ministrare auxilium gratiæ suæ. Qui vivit et regnat per omnia sæcula sæculorum. Amen.

XCVIII [*De diversis* XI].

DE PACE IN ECCLESIA SUB SUMMO PONTIFICE IN PERSECUTIONE CONSTANTER SERVANDA (30).

« Non est potestas nisi a Deo. Quæ autem a Deo « sunt, ordinatæ sunt. Itaque qui resistit potestati, « Dei ordinationi resistit (*Rom.* xiii, 1). »

Audite, fratres charissimi, quid Apostolus Domini clamat nobis. Non sunt, inquit, contemnendæ potestates, sive mundi, sive Ecclesiæ, quia omnes ordinatæ sunt a Deo, et qui ordinatis a Deo contradicit et resistit, ordinatori contumeliam facit. Oportet igitur nos Dominum papam prælatum nostrum, consiliatorem nostrum visitare, quia consiliator est ; venerari, quia pastor est. Sunt enim episcopi Ecclesiæ venerandi sicut magistri, sicut vicarii Domini. Tanta reverentia voluit Dominus sacerdotes suos venerari et timeri, **708** quod in Deuteronomio minatus est, dicens : « Homo quicunque fecerit in superbia, ut non exaudiat sacerdotem, aut judicem, morietur (31). » Idem ad Samuelem, cum a Judæis sperneretur, Deus dicit : [Non te spreverunt, sed me. Et Dominus quoque in Evangelio : « Qui vos,» inquit, « audit, me audit, et eum qui me misit; et qui vos spernit, me spernit (*Luc.* x, 16). » Et cum leprosum mundasset : « Vade, inquit, ostende te sacerdoti (*Matth.* viii, 4). » Et cum postea tempore Passionis alapam accepisset a servo sacerdotis, cumque ei dixisset : Sic respondes adversus pontificem ? Dominus nihil contumeliose dixit, nec quidquam de sacerdotis honore detraxit. Sed innocentiam suam magis asserens et ostendens : « Si male, inquit, locutus sum, testimonium perhibe de malo; si autem bene, quid me cædis? » (*Joan.* xviii, 23.) Item, in Actibus apostolorum, beatus apostolus Paulus, cum ei dictum esset : « summum sacerdotem Dei maledicis? » Quamvis eorum tempore sacerdotium Judæorum crucifixo Domino destructum esset, quod deinde ad Christianos tantum [devolutum esset,] ipsum [tamen,] quamvis inane nomen, Paulus venerans, ait : « Nesciebam, fratres, quia pontifex esset. Scriptum est enim : Principi plebis tuæ non maledices (*Act.* xxiii, 4). » Cum igitur antiquum sacerdotium legis veteris in tanta auctoritate haberetur, ut [ei] resistentibus Dominus minaretur mortem, quales putabis eos, qui contra sacerdotium novæ legis hostes, et contra Ecclesiam Dei rebelles sunt, nec præeminentis Domini comminatione, nec futuri judicii ultione terrentur [*f.* nec

---

(29) Id est episcopum.
(30) E Victorino et Lyrano.

(31) *Deut.* xvii, 12. Non sunt verba sed sensus.

præsentis, seu præsenti Domini comminatione, nec futuri judicii ultione terrentur]. Chore, Dathan et Abiron, qui contra legem, [Moysen, et sacerdotem, sacrificandi licentiam sibi vindicare conati sunt, pœnas statim pro suis conatibus impenderunt. Terra enim compagibus profundum sinum aperuit, stantes atque viventes recedentis soli hiatus absorbuit, nec tamen eos qui auctores fuerant, Dei indignantis ira percussit, sed cæteros ducentos (32) participes ejus furoris [f. sceleris] exiens a Domino ignis, comprobata ultione consumpsit. Admonens scilicet, et ostendens contra Deum fieri, quod fecerant ad eruendam [f. evertendam] ordinationem Deo humana voluntate conati. Sed et Ozias rex, cum thuribulum ferens, et contra legem Dei sacrificium violenter assumens, resistente Zacharia sacerdote, obedire nollet Ecclesiæ, divina indignatione confusus, et lepræ varietate maculatus est in fronte, ea parte notatus offenso Domino, ubi signantur qui Deum promerentur.

Cavendum est igitur, fratres charissimi, ne contra sacerdotes Dei aliquis audeat insurgere, ne Dominus illos, qui vice sua funguntur, velit aspere vindicare. Hi autem positi 709 sunt in Ecclesia ad humilitatem [f. utilitatem] nostram, ut nobis provideant, et Deo rationem pro salute nostra reddant, et unitatem Ecclesiæ custodiant (33). De qua unitate voluit nos Deus esse sollicitos, ne de via recedentes, aut schismata facientes, per diversos errores ab unitate fidei divisi essemus. Sicut enim unus Dominus est et unus pastor, sic voluit unam familiam et unum esse gregem. Unde Dominus dicit in Evangelio : « Et erit unus grex, et unus Dominus (*Joan.* x. 16). » Et ad Israel in veteri lege ait : « Dominus Deus tuus, Deus unus est (*Deut.* vi, 4). » Quod unus Deus sit, evidentius ostendit in Evangelio, dicens : « Ego et Pater unum sumus (*Joan.* xvii, 22). » Et iterum de Patre, Filio et Spiritu sancto scriptum est : « Et hi tres unum sunt (*I Joan.* v, 7). » Voluit ergo Dominus suos similes sibi existere, ut sicut unus erat, ita Ecclesia una esset. Unde Dominus in Canticis ad Ecclesiam ait : « Una est columba mea, una est perfecta mea (*Cant.* vi, 8). » Hoc unitatis sacramentum tunica Domini inconsutilis figurat, de qua scriptum est in Evangelio, quia milites qui crucifixerunt eum, eo quod de superiori parte non consutilis, sed per totum textilis fuerat, dixerunt ad invicem : « Non scindamus eam, sed sortiamur de illa cujus sit (*Joan.* xix, 24). » Indumentum Christi de superiori parte erat integrum, quia [Ecclesia Christi unitatem de cœlo, id est a Patre et Filio venientem, et solidam firmitatem fidei inseparabilite obtinet. Noluit Dominus scindi vestem suam inconsutilem, quia non patitur Ecclesiæ violari unitatem. Præcepit igitur Paulus de hoc unitate. « Obsecro vos, inquit, fratres, propter nomen Domini nostri Jesu Christi, ut idipsum dicatis omnes, et non sint in vobis schismata (*I Cor.* i, 10). » Et iterum : « Servate unitatem spiritus in vinculo pacis (*Ephes.* iv, 3). « Quomodo enim multi sunt solis radii, sed lumen unum ; rami arboris multi, sed robur unum tenaci radice fundatum; et cum de eodem fonte rivi plurimi defluunt, numerositas licet diffusa videatur exundantis copiæ largitate, unitas tamen servatur in origine. Divelle 710 radium solis, divisionem lucis unitas non capit. Ab arbore frange ramum, fractus germinare non potest. De fonte præscinde rivum, præcisus arescit. Sic Ecclesia Dei luce perfusa per totum orbem, radices suos porrigit; unum tamen lumen, quod ubique diffunditur, nec unitas corporis separatur. Ramos suos per universam terram copia ubertatis ostendit, profluentes largiter rivos latius expandit. Unum caput est et origo una, et unanimiter deitatis successibus copiosa propter hanc unitatem servandam. Agamus nunc de veteri lege. Qui in figura Christi occiditur, in domo una editur. Dominus in veteri lege præcepit, dicens : « In una domo comedetur; non ejicietur de carnibus ejus foras (*Exod.* xiii, 46). » Carnem Christi et Sanctum Domini ejicere non potestis foras, nec ulla alia credentibus, præter unam Ecclesiam, domus est. Hanc domum, hoc unitatis hospitium designat, et denuntiat Spiritus sanctus in Psalmis, dicens : « Deus, qui inhabitare facis unius moris in domo (*Psal.* lxvii, 7), id est unanimi moris in domo. In domo Dei, id est in Ecclesia unanimes habitant, qui concordes et simplices perseverant. Hujus igitur unitatis observatione, fratres charissimi, voluit Dominus super unum ædi-

---

(32) *Num.* xvi, 32, habet *ducentos quinquaginta.*

(33) Hunc sermonem ab Hildeberto suspicarer habitum, cum jam esset archiepiscopus Turonensis, occasione schismatis Ecclesiam tunc varias in partes scindentis, ob vitiosam electionem Petri Leonis, seu Anacleti, cui maxime favebat Gerardus ille, Engolismensis nequam episcopus, tot legationibus, et in Galliis conciliis celebris, et misero tandem genere mortis ex ultione divina mulctatus. Et quidem Anacleti partibus initio adhæserat Hildebertus ipse, utpote cui plura suffragia favisse acceperat; sed a D. Bernardo amice de re monitus, statim transiit ad Innocentium II ad cujus partes Hildebertus, ut metropolitanus Turonensis, totam Armoricam cum suis suffraganeis et primatibus amicis feliciter traxit.

Non absurde tamen referri posset hic sermo ad annum circiter 1111 dum adhuc Hildebertus esset Cenomanensis episcopus; quo circiter anno scripsit amico cuidam suo, (forte Marbodo, episcopo Redonensi), epistolam xxii, lib. 2, qua deflet summam vim summo pontifici Paschali II ab Henrico V, imperatore, ad extorquendum Investiturarum laicalium jus, ei et toti Romano clero crudeliter illatam, excusando interim epistola sequenti (xxii scilicet ejusdem libri 2), quidquid idem Paschalis, illis in angustiis positus, precibus ipsius cleri Romani, adeo turpiter incarcerati et vexati, gesserat. Quas epistolas consulas velim cum notis paginis 107 et 109. Vide et Baronium ad annum 1111 ubi hæc omnia fuse narrat, et rescissionem ejusdem Paschalis illius extortæ concessionis in proximo coacto ad id concilio, ubi et Henricum ipsum anathemate percussit.

ficare Ecclesiam suam; super illum scilicet, de quo ait : « Tu es Petrus, et super hanc petram ædificabo Ecclesiam meam, et tibi dabo claves regni cœlorum; et quodcunque solveris super terram, erit solutum et in cœlis. Et tu, aliquando conversus, confirma fratres tuos (*Matth.* xvi, 18). » Petrus ergo est fundamentum cui unitur Ecclesia; fide enim illius omnia membra Ecclesiæ adhærent. Magister enim et princeps apostolorum idem factus est, et pastor fidelium, quia in fide prævaluit. Cum enim Dominus de fide suorum investigaret, dicens : « Vos autem quem me esse dicitis? » respondit Petrus sicut robustior in fide : « Tu es Christus Filius Dei vivi (*ibid.* 15); » et audita fidei ejus fortitudine, Dominus dedit ei ut esset fundamentum ejus [Ecclesiæ,] **711** et ad cœlos aspirare potens. Oportet ergo ut aliquando conversus ad nos, cum periclitabimur [nos] confirmet. Pro eo enim rogavit Dominus ne deficeret fides ejus. Quia igitur, fratres, magister noster est Petrus, Dominus noster est vicarius ejus, ideo nos oportet audire luminaria [*f.* adire limina] apostolorum, et dominum nostrum papam visitare, [et ab eo] consilium quærere, quomodo Ecclesiam Domini in tot et tantis fluctibus hujus mundi possimus sine periculo gubernare. Insurgunt enim quotidie tempestates in Ecclesia Dei, quia vellent [quidam] ejus unitatem dissipare, et discordias seminando, unionem pacis exstinguere. Aggrediuntur pastores Ecclesiæ, ut caput ferientes, membra terrore commoveantur (34). Nec solum enim ab extraneis patitur Ecclesia, sed etiam a domesticis et fratribus suis; et pejora sunt bella intestina, a quibus non cavetur, quam forinseca, quæ prævidentur. Inter mundi invia [*f.* initia] Abel justum occidit frater, Jacob fugientem persecutus est Esau frater ejus. Joseph venundatus est a fratribus, et a discipulo traditus est Dominus. Sed nobis non est ignominia pati a fratribus, quod passus est Christus, nec illis gloria est facere quod fecit Judas. Convicia eorum, quibus se et vitam suam quotidie lacerant (35), non timemus; fustes, et lapides, et gladios, quos verbis parricidalibus jactant, non perhorrescimus. Quid de illis [dicemus?] Homicidæ sunt apud Deum; necare tamen non possunt, nisi eos Dominus necare permiserit; et cum nobis semel moriendum sit, illi tamen odio et verbis, et delictis suis nos quotidie perimunt: nec ideo nos a proposito justitiæ movebimur; quia propter timorem ecclesiastica disciplina non est relinquenda, nec sacerdotali censura solvenda. Similes sunt patri suo, qui statim postquam creatus est, in Creatorem suum creatus, [*f.* erectus] ait : « In cœlum ascendam, super astra Dei ponam sedem meam; sedebo in monte testamenti, in lateribus aquilonis, ascendam super altitudinem nubium, et ero similis Altissimo (*Isa.* xiii,

14). Illi enim qui sacerdotes Dei inquietant, in cœlum ascendunt, super astra Dei volunt ascendere, super montem Testamenti sedem ponere, qui super episcopos volunt regnare. Episcopi enim sunt cœli, astra Dei, mons testamenti nubes, latera aquilonis. Cœli, quia continent arcana Dei; unde David: « Cœli enarrant gloriam Dei (*Psal.* xviii, 2). » Astra, quia Dominus de his ait : « Vos estis lux mundi (*Matth.* v, 14). » Nubes, quia prædicationis rore nubes [*f.* mentes] fidelium compluunt, de quibus dicitur : « Qui sunt isti qui ut nubes volant? (*Isa.* lx, 8). » Latera **712** sunt aquilonis, quia finitimi sunt peccatoribus, qui frigidi in peccatis perseverant, vel latera præbent ad patiendum Aquiloni, id est diabolo, qui frigus peccati hominibus infert. De quo in Canticis : « Surge, aquilo, perfla hortum meum (*Cant.* iv, 16); » id est tenta Ecclesiam meam, ut ex victoria de te habita accipiat gloriam. Mons testamenti sunt, quia in eis est altitudo scientiæ utriusque Testamenti. Sed vos, qui filii estis Ecclesiæ, defendite Ecclesiam. Nemo seducat vos inanibus verbis. Adulterari [non potest Ecclesia Christi. Incorrupta, pudica est. Non pertinet [*f.* perveniet] ad præmia Christi, qui relinquit sponsam Christi. Habere jam non potest Deum Patrem, qui non habet Ecclesiam matrem. Ecclesiam qui vult dividere, vestem Christi vult discindere. Nemo bonus Ecclesiam Dei deserit, nec a familia Dei discedit. Veræ, ut ait Dominus, cognoscunt eum oves, omnibusque clamat : « Qui non est mecum, contra me est: et qui non colligit mecum, dispergit (*Luc.* xi, 13). » Triticum non reperit ventus, nec arborem secura radice fundatam procella subvertit. Inanes paleæ tempestate jactantur; invalidæ arbores turbinis incursione evertuntur. Appareant filii Dei, ut eos stantes in fide cœlestis Pater remuneret, ut in cœlis, ubi unus Dominus, una Ecclesia efficiantur (36) in sæcula sæculorum. Amen.

XCIX [*De diversis* XII].

DE PRÆCLARIS [IN NOS CHRISTI BENEFICIIS (37).

« Spiritus oris nostri Christus Dominus captus est in peccatis nostris, cui diximus : In umbra tua vivemus in gentibus (*Thren.* iv, 20). »

Hæc sunt verba Jeremiæ in Threnis, imo Spiritus sancti in propheta loquentis, quibus utriusque naturæ veritas in Christo exprimitur, et divinæ charitatis eminentia nobis commendatur. Cum enim Dominus et Salvator noster spiritus dicitur, Deus esse indubitanter monstratur. Spiritus quippe Deus est, sicut et charitas [*f.* veritas], « et eos qui adorant eum, in spiritu et veritate adorare oportet (*Joan.* iv, 24). » *In spiritu*, ut sincero affectu et immaculata mente ipsum adorent; *et veritate*, ut non vana et transitoria, sed vera et indeficientia bona ab eo poscant. Cum vero additur *Christus*,

---

(34) Forte hoc ad tumultus ab imperatoribus Henrico IV et V contra Paschalem II excitatos.

(35) Id est Paschalem II et vitam ejus. Nota Hildeberti zelum pro ecclesiastica disciplina.

(36) Lyranus, *una Ecclesia, unum corpus efficiamur.*

(37) Ex Andegavensi.

verus homo ostenditur; atque, dum subditur : *Captus est pro peccatis nostris,* ejusdem erga nos eximia et ineffabilis declaratur dilectio. Christus enim *unctus* dicitur, *Messias* quidem Hebraice, *Christus* Græce, Latine **713** *unctus a chrismate,* qui dicitur Christus, id est ab unctione unctus. Chrisma enim Græce, Latine dicitur *unctio.* In hujus uncti, id est Christi signum ungebantur in Veteri Testamento reges et sacerdotes. [Ilis vero figurabatur] verus ac spiritualis [Rex et sacerdos,] qui fuit unctus, non visibili vel corporali oleo, [sed] spirituali et intelligibili Spiritus sancti plenitudine, qui datus est ei sine mensura. Aliis quidem ad mensuram datur; illi autem non est datus ad mensuram, « in quo omnis plenitudo divinitatis corporaliter habitavit (*Col.* ii, 9), » id est solide et perfecte, non umbratiliter, sed vere, juxta illud : « Plenum gratiæ et veritatis, de cujus plenitudine omnes nos accepimus, quod est, gratiam pro gratia (*Joan.* i, 14), » gratiam utique justificationis, et pro ea gratiam glorificationis; gratiam reconciliationis, et pro ea gratiam æternæ visionis. Coronat enim Deus in nobis dona sua, suamque gratiam in nostrum convertit meritum; unde vita æterna, non solum merces est pro justitia, sed et gratia pro gratia dicitur, et ab illo igitur sine mensura unctio tanquam a capite, unctionis gratia in membra effluxit, secundum illud : « Sicut unguentum in capite, quod descendit in barbam, barbam Aaron, usque in oram vestimenti ejus (*Psal.* cxxxii, 2). » Aaron, qui interpretatur *habitaculum fortitudinis,* Christus Dominus, qui in brachio suæ fortitudinis superbum debellavit, principem mundi expugnavit adversus eum usus virtute, non æreis telis, quibus inimici jacula exstingueret. Hoc præcipue humilitatis pugione superbi hostis confodit vitalia, qui, ut omnem impleret humilitatem, in tantum nos dilexit, quod non solum pro nobis temporalem suscepit nativitatem, sed etiam passionis acetum, ac mortis sal gustavit. « Cum enim in forma Dei esset, » ut ait Apostolus, « exinanivit semetipsum, formam servi accipiens, humiliavit semetipsum, factus obediens usque ad mortem, mortem autem crucis (*Philip.* ii, 8). » O quantæ dilectionis indicium ! quantæ charitatis experimentum ! Per hoc enim « commendat Deus charitatem suam in nobis, ut ait Apostolus, quoniam cum adhuc peccatores essemus, Christus pro nobis mortuus est, cujus sanguine justificati, salvi erimus ab ira per ipsum (*Rom.* v, 8). » Id superius propheticus sermo continet.

Captus est, inquit, *in peccatis nostris,* id est pro peccatis : non quod nostra peccata ejus meruerint mortem, ad quod etiam bona nostra non sufficiunt, sed postulabant nostra peccata et delicta ejus sanctissimam mortem, nostra scilicet maledictio suam benedictionem, ut mors benedicti maledictorum solveret mortem, secundum illud Osee : « Ero mors tua, o mors ! morsus tuus **714** ero, o inferne (*Ose.,* xiii, 14)! » ejusque gratia nostra tolleret de-

licta, qui solvit quæ non rapuit. Rapuit enim Adam, usurpando lignum vetitum, prævaricando mandatum, declinando ad impiorum consilium, ambiendo fieri dominum. Solus autem Christus, pro lapsu reparationem, pretium pro rei justificatione, obtulit seipsum. Unde Apostolus : « Et vos, cum essetis mortui in delictis, vivificavit Christo, scilicet donans vobis omnia delicta, delens chirographum decreti, quod erat contrarium nobis, affigens illud cruci, exspolians principatus et potestates, traduxit confidenter, palam triumphans eos in semetipso (*Coloss.* ii, 14). » Ecce quantus nobis de morte Christi fructus ; peccata nostra donavit, et convivificavit ; fide nos justificans, spe dirigens, charitate accendens, ne qua vitiorum macula nostra pollueret corda, ut jam in novitate vitæ ambulemus, chirographum decreti tulit. Decretum fuit, lex homini in paradiso indicta, ne comederet scilicet de ligno scientiæ boni et mali. Hoc decretum dedit Deus homini, ut ejus probaretur obedientia, exhibitaque æternitatis corona remuneraretur. Homo vero, cum esset in abundantia divitiarum, libratis [*f.* libertatis] arbitrii divitiis exuberans, diabolicæ persuasioni elatione superba acquiescens, a Deo *in regione dissimilitudinis* abiit, a bono declinans, malo adhæsit. Illius decreti violati chirographum erat memoria illius prævaricationis, qua scientia [*f.* conscientia] nostra et antiquus hostis in nostri accusationem et condemnationem consurgebant. Sed hoc per crucem delevit Christus, ac de medio tulit, ut jam nec conscientia nostra timeat, nec diabolus inveniat quod objiciat. Vetus quippe noster homo, secundum Apostolum, cum illo crucifixus est, id est peccatum, quo veteres eramus, per ipsius crucem deletum est, ita ut destruatur corpus peccati, id est congeries peccatorum, ut jam non dominetur peccatum in nostro mortali corpore ; etsi ibi sit, dominium tamen per crucis mysterium perdidit, ne per liberi arbitrii consensum in suum revertatur dominatum. Caveamus ergo, ne hosti inermi, in crucis trophæo expugnato, vires reddamus, sponte a malo [*f.* ad malum] declinando. Ipse idem etiam Christus exspoliavit principatus et potestates, infernales scilicet, quando fortior descendit in domum fortis, et alligavit eum, et diripuit vasa ejus, Christus scilicet, qui est super omnes fortis et potens, in domum diaboli, id est in infernum, ubi est domus principis tenebrarum, quem non sua virtus, sed peccata hominum fortem fecerunt ; sed [quem] homo fortior superveniens alligavit, ejus minuens virtutem, confidenter **715** et palam triumphans eum in semetipso, id est in præsentia suæ majestatis, et diripuit vasa ejus, id est justos, qui Dei sententia usquequo soluta ad inferos descendebant, inde eduxit eos, eversa domo, exspoliato scilicet inferno, cujus ad inferos descendentis cum angelicis legionibus virtutem potestatemque sentientes principes tenebrarum declamaverunt : « Quis est iste [Rex gloriæ ? » (*Psal.* xxiii, 8.) Quibus respondentes virtutes

Christum præeuntes, dixerunt : « Dominus fortis in A panis qui pro nobis via, veritas et vita [factus est.]
rebus, et potens omnia quæ vult, potens in prælio Illa in [*f.* via in] exemplo, veritas in promisso, vita
(*Psal.* xxiii, 8),» ubi contra principem vestrum cer- in præmio. Vos ergo qui auditis, attendite diligen-
tavit, in crucis vexillo eum expugnans. Fuso enim ter, amplectimini suaviter, reponite fideliter quæ
sanguine sine culpa, omnium culparum chirographa reponuntur de hærili [*f.* herede] Filio, de summi
deleta sunt, de quibus debitores, qui [in] eum cre- Patris unigenito. In tali enim relatu non desunt
dunt, a diabolo ante tenebantur. Unde illud Evan- quæ corda moveant, quæ mentes penetrent, quæ
gelii : « Qui pro multis effundetur (*Matth.* xxvi, 28).» animos leniant, quæ ad diligendum Salvatorem ac-
Exspolians igitur principatus et potestates inferna- cendant. Non enim sine ratione tanta difficultate
les, alios, quos ante tenebat, traduxit, suos scilicet redimere voluit, qui omnia verbo portans virtutis
longe ab illo regno ad alterum duxit, id est ad cœ- suæ, solo poterat imperio liberare; sed vidit Domi-
lum : « Ascendens enim in altum,» ut ait Propheta, nus humanæ malitiæ magnitudinem, attendit ho-
« captivam duxit captivitatem (*Psal.* lxvii, 19),» ut minis ingratitudinem; ideoque, ne homo qui primæ
quos diabolus misere captivaverat, et inferni capti- conditionis ingratus exstiterat, Redemptionem
vos fecerat, Christus feliciter captivaret. quoque parvipenderet, eam sapientia in multa dif-
    Hæc sunt spolia triumphi, quæ victor Christus ficultate et amaritudine procreavit [*f.* procuravit].
debellans, principibus tenebrarum detraxit. Unde B Non dedignatus est enim ipse, qui est sapientia
per Prophetam ait : « Lætabor ego sicut qui invenit Patris, qui est beatitudo ac vita cœlestium spiri-
spolia multa (*Psal.* cxviii, 62).» Ecce in his Dei tuum, super nostrum defectum et malitiæ incre-
charitas nobis commendatur, qui nos tanti fecit, mentum, aporiantis suscipere personam, sicut Isaias
ut pro nobis Filium suum unigenitum daret in ait : « Vidit Dominus, et malum apparuit in oculis
mortem; qui cum in forma Dei esset,» id est in ejus, et vidit quia non est vir; et aporiatus est, quia
plena essentia, et ex æqualitate Patris, « exina- non est qui occurrat (*Psal.* lix, 15).»
nivit semetipsum : » quomodo? Non substantiam   Attendite, fratres, modum visionis, ac rationem
evacuans, non formam Dei mutans, sed « formam aporiationis. Dicitur enim vidisse malum nostrum,
servi accipiens (*Philip.* ii); » forma servi accessit, cujus oculis omnia nuda sunt et aperta; dicitur
non forma Dei discessit. Ad majorem humilitatis aporiatus, in quo nullus mutationis cadit motus,
commendationem humiliavit semetipsum, causa apud quem, teste Jacobo, non est transmutatio, nec
aliorum factus obediens Patri, non solum susti- vicissitudinis obumbratio. In illius enim ineffabili
nendo convicia et opprobria, alapas et sputa, sed C simplicitate essentiæ incircumspectæ (38), et totius
etiam usque ad mortem. Quanta humilitas! Humi- ubique, non est localis transmutatio, quia attingit
liavit se Deus gloriæ usque ad incarnationem, usque a fine usque ad finem fortiter, et disponit omnia
ad mortalitatis participationem, usque ad populi suaviter (*Sap.* viii) ; » inter omnia non inclusa, ex-
irrisionem, usque ad sputa, et vincula, et alapas, et tra omnia non exlusa; sed nec temporalis permu-
flagella, usque ad mortem; et, si parum est, hoc ge- tationis alteratio. Sicut enim locali motu non va-
nere mortis addendum est, non quamlibet mortem, riatur, ita nec affectuum vicissitudine alteratur,
sed mortem crucis, quæ ignominiosior est. Ecce tanquam gaudio succedat in eo tristitia, vel ira-
habemus humilitatis exemplum, superbiæ medica- cundiæ tranquillitas, et ejusmodi, qui per pro-
mentum. Ecce perfecta obedientia, summa chari- phetam Osee ait : « Ego Deus, et non mutas, grandis humilitas. Hæc alto consilio suscipere tor, et civitatem non ingrediar (39). » Vel
voluit Altissimus pro nostra utilitate, non pro sua non est apud eum transmutatio in essentia, sed
necessitate. Duo sunt miranda; exinanitionis, scili- **717** nec vicissitudinis obumbratio in operibus, ut
cet modus et ejusdem fructus, qui non fuit simplex quædam bene, alia male faciat. Unde enim ipse
et modicus, sed multiplex et maximus. Modus **716** semper est bonus, et nunquam malus; ita bona sem-
enim exinanitionis triplex; Filius Dei descendit ad D per, et nunquam mala operatur. Eum tamen apo-
carnem, ad crucem, ad mortem. Super hoc stupet riatum propheta ait et videre malum. Nostra enim
cœlum, terra miratur, homo contremiscit, ange- omnia sunt ei pervia, de quo Apostolus : « Vivus
lica reveretur celsitudo. Opus sine exemplo, humi- est Dei sermo, et efficax, et penetrabilior omni
litas sine modo, donum sine pretio, gratia sine gladio ancipiti, et pertingens usque ad divisionem
merito. Et voluit nobis Altissimus cooptari, ut di- animæ et spiritus, et non est ulla creatura invisi-
taremur; humiliari, ut sublimaremur, cujus omnis bilis in conspectu ejus (*Hebr.* iv, 12). » Sermo iste
actio nostra est locutio [*f.* instructio]; vita Christi, non est vocalis, sed substantialis, manens, non
nobis regula vivendi; mors Christi, nostra est a transiens. Hoc est verbum in principio apud Deum
morte-redemptio et liberatio. Vita Christi nostram Patrem, splendor gloriæ, et figura substantiæ ejus,
instruxit; mors Christi nostram destruxit. Pro- qui a Patre est ei coæternus, ut splendor ab igne, et
pter nos dignatus est Christus esse aqua sitiens, coæquus [*f.* coæqualis], Patrem glorificans atque

<hr>

(38) Idem dicit in Prosa.
(39) *Ego Deus, et non homo : in medio tui sanctus, et non ingrediar civitatem* (*Ose.* xi, 9).

notificans, ut radius solem, a quo tamen alius est
in persona, sicut figura ab eo differt [*seu distinguitur*], cujus est figura. Hic ergo sermo est vere vivus, quia ipse est vita et omnia vivificans; ipse
vita, cujus non est aliud esse, aliud vivere, et aliud
bene vivere; sed quod illi est essentia, hoc illi vita, hoc idem beatitudo. Totum quod in eo est, unum
est, vita est, lux est. Ipse ergo qui est, vita est
omnia vivificans, quia per ipsum facta sunt, et
omne quod per ipsum factum est, in ipso vita erat.
Vivus est ergo iste sermo et efficax, scilicet potens
facere quod vult; et ideo potest damnare vel salvare, si vult. Et cum sit potens, est etiam sapiens,
quia est penetrabilior, et acutior, et perspicacior
omni gladio ancipiti, id est omni ingenio carnali,
vel spirituali. Anceps enim gladius est hominis animus; de quo propheta : « Profundum est [*Vulg.*
pravum est] cor hominis, et inscrutabile, et quis
cognoscet illud ? » (*Jer.* xvii, 9.) Et est pertingens
cognitione ineffabili, usque ad divisionem animæ
ac spiritus, id est sensualitatis et rationis. Scit
enim quomodo dividatur sensualitas a ratione, et
ipsa a se, dum pluribus dedita, infimus rebus inferior, vel ab his revocata dignior est. Videt etiam
quomodo a se ipsa ratio dividatur, dum vel in
Deum inhiat, vel inferius cœlestia considerat, vel in
terra de mundanis recte agendis pertractat. Videt
etiam quomodo a sensualitate discernatur, dum
quod se inferius est superat, quod in illa altius est
(40).... Videt ergo sermo Dei ubi terminetur in
anima sensualitas, et ubi incipiat ratio, et, ut generaliter dicam, nulla creatura est ei invisibilis;
omnia enim videt, quia omnia condidit. Unde per
Jeremiam ait : « Putasne? Deus e vicino ego sum,
et non Deus de longe. Si occultabitur vir in absconditis, et ego non videbo eum? Nunquid non cœlum
et terram ego impleo, dicit Dominus?» (*Jer.* xxiii,
23 et 24). Hic est puteus aquarum viventium, habens nomen videntis et viventis. Unde in Genesi :
718 « Deambulabat Isaac per viam quæ ducit ad
puteum, cujus nomen est videntis et viventis; habitabat enim in Australi terra (*Gen.* xxiv, 62). » Cui
datur habitare in hac terra, in qua flat ventus calidus, id est spiritus veritatis, viam habet eminentiorem, quæ ducit ad puteum, cui nomen visus, id
est charitatem, quæ ducit ad visionem videntis et
viventis. De quo per Jeremiam ait : « Duo mala
peccavit populus iste. Me dereliquerunt fontem
aquæ vivæ, et foderunt sibi cisternas veteres, quæ
continere non valent aquas vivas (*Isa.* ii, 13). »
Dominus ergo vivens et videns, omnia videt, et malum apparuit in oculis ejus. Videre dicitur Deus
multipliciter. Videt enim cognoscendo, quomodo
omnia videt; videt approbando, qualiter respicit
humilia; videt ad puniendum, ut respexit Sodomam; videt ad miserandum, ut respexit afflictionem populi sui qui erat in Ægypto. Videt ergo

malum nostrum, non approbando, nec noviter cognoscendo, sed puniendo, vel miserando. Qui enim
percutit, ipse medetur, sicut ipse ait : « Ego occi-
dam, et ego vivere faciam; percutiam, et ego sanabo (*Deut.* xxxii, 39). » Prius ergo percussit in
justitia; deinde sanavit per misericordiam; præcessit justitia ulciscentis, secuta est pietas miserentis,
juxta illud : « Cum iratus fueris, misericordiæ recordaberis (*Habac.* iii, 2). Vidit igitur misericorditer malum nostrum, non ut damnaret, sed ut ab
eo expiaret; et *vidit quia non est vir*, scilicet qui
non indigeat gloria sua. « Omnes enim peccaverunt, ut ait Apostolus, et egent gloria Dei (*Rom.* i,
23), » id est misericordia, per quam gloriosus apparet Deus. Videt ergo, quia non est vir sibi sufficiens ad justitiam [vel] ad salutem, quia nemo potest dare placationem pro se, vel pro alio, nisi Christus. Unde Propheta : « Frater non redimit, redimet homo (*Psal.* xlviii, 8) » ; quia si frater, id est
Christus, qui est primogenitus in multis fratribus,
non redimit, redimet alius [*f.* non redimet alius]
homo, quia alius « non dabit placationem suam, et
pretium redemptionis animæ suæ (*ibid.*). » Tantum
enim erat peccatum humani generis, ut per aliam
hostiam non posset dimitti, nisi unigenitus Dei
Filius moreretur pro nobis debitoribus mortis. *Aporiatus* est igitur Dei sermo, id est contristatus est,
quia *non est qui occurrat*, id est tristitiam assumpsit, non in deitate, sed in humanitate; non necessitate suæ conditionis, sed voluntate suæ miserationis ; quia non est angelus, vel homo qui occurrat
Deo Patri, placationem dando, id est pretium redemptionis offerendo. Ideo leo de tribu Juda aporiatus est; tristitiam enim nostram assumpsit,
quomodo carnem nostram. Tristis enim fuit, qui in
Evangelio ait : « Tristis est anima mea usque ad
mortem (*Matth.* xxvi, 38). » Qui naturam hominis
veram suscepit, ejus idiomata **719** suscipere non
dedignatus fuit.

Vere est igitur aporiatus [*id est* infirmatus],
scilicet juxta hominis naturam, cui ait Jeremias :
« Quasi colonus futurus est in terra, et quasi viator declinans ad manendum (*Jer.* xiv, 8). » In terris enim visus est, et cum hominibus conversatus
est, ubi tamen non velut civis habitavit, sed ut
viator pertransivit tendens ad civitatem habitationis, quia in via peccatorum non stetit, sed « exsultavit ut gigas ad currendam viam (*Psal.* xviii, 6); »
qui prospera declinavit, adversis se exposuit; regnum etiam hujus mundi fugit, morti occurrit, quia
regnum ejus non est de hoc mundo. Factus est
quasi homo vagus, qui non possit salvare, tanquam
non habens certitudinem loci, seu verbi. Instabilis
enim locali mansione videbatur, qui non habuit
ubi caput reclinaret; inconstans etiam verbo putabatur, dum contraria tradere videretur. Qui enim
dixerat : « Nisi **720** manducaveritis carnem meam,

---

(40) Hic aliquid deesse videtur, v. g. *suspicit*, aut *miratur*.

et biberitis sanguinem meum, non habebitis vitam in vobis (*Joan.* VI, 54); » ipse idem ait : « Non hoc corpus quod videtis, manducaturi estis; nec bibituri illum sanguinem, quem fusuri sunt qui me crucifigent (41). » Quæ tamen sane intellecta nullatenus sibi contradicunt. Ut enim ait : *Nisi manducaveritis carnem*, etc., de spirituali carne ait , quam nemo sumit injuste, nemo sumit ad mortem, nemo manducat nisi bonus ; de qua ait : « Quid paras dentem et ventrem? Crede, et manducasti (42). » Hoc igitur carnem spiritualiter manducare, in ipso manere, in ipsum credere, sicut ipse ait : « Qui manducat meam carnem, et bibit meum sanguinem, ipse in me manet, et ego in eo (*ibid.* 56). Spiritualiter enim manducat, qui in unitate Christi et Ecclesiæ, quam ipsum sacramentum significat, manet. Qui autem discordat a Christo, non carnem Christi manducat mysticam, nec sanguinem bibit, **721** et si tantæ rei sacramentum quotidie accipit ad judicium. Ubi vero ait : *Non hoc corpus quod vides*, etc. de sacramentali manducatione ait, quia boni et mali corpus Christi sumunt et sanguinem;

A sed illi bene, isti male; boni in vitam, mali in judicium. Qui enim corpus Domini sumit indigne, judicium sibi manducat et bibit, quia non est dijudicans corpus Domini (*I Cor.* XI), id est non discernit ab aliis cibis, sed indiscrete et negligenter sumit, venerationem singulariter debitam non exhibens, ad cujus communionem devotissime accedendum est. Hoc enim manna cœleste, panis angelorum (est,) quo grandi cibo vescuntur angeli, satiantur archangeli, in quem desiderant prospicere sublimes virtutes. Purificatis ergo mentibus, nosmetipsos dijudicantes, de illo pane edamus, et calice bibamus, quia, si absque nostri dijudicatione accedere præsumamus, a Domino dijudicabimur.

B Qui enim indigne sumit, reus erit corporis et sanguinis Domini. Terribilis sententia! Mortis enim Christi pœnas dabit, quia punietur ac si ipse occidisset (eum) qui pro nobis factus est quasi « vir vagus, qui non possit salvare (*Jer.* XIV); » quia enim a cruce non est ereptus, a perfidis reputatus est non posse salvare. Unde in ejus derisionem dicebant: « Alios salvos fecit, se ipsum non potest salvum fa-

(41) Ad hæc verba hærebit fortasse catholicus lector, mirabiturque Hildebertum adeo catholicum, et sacræ Scripturæ peritum, verba referre quasi ipsius Christi, quæ revera ejus esse non apparet ex evangelico textu, et ex quibus heterodoxi novissimi, suos errores de sacra Eucharistia propugnandi ansam sumere posse prima fronte viderentur. Verum, si considerentur attentius, ut ea ipsa verba retulit S. Augustinus, et ut illa ipse explicavit in ps. XCVIII, nullomodo derogare videntur doctrinæ toti orthodoxæ de reali corporis et sanguinis Christi in sacra Eucharistia præsentia, quam semper tenuit, et quasi pro aris et focis, totis viribus asseruit et propugnavit Hildebertus. Quod quidem ex innumeris propemodum, seu sermonum, seu aliorum ejus opusculorum locis probari potest. Verbi gratia ex ser. 33, secundo in Cœna Domini, ubi sic loquitur : *Videtur quidem panis et vinum, sed caro Christi est, qui pro nobis pependit in cruce, et sanguis qui pro nobis effusus est in remissionem peccatorum.* Ibidem redarguit stupiditatem et infidelitatem Capharnaitarum, qui putantes quod Christus præcisurus esset particulas quasdam de corpore suo, et illis daturus, abierunt retro, dicentes : *Durus est hic sermo, et quis potest eum audire?* Idem etiam asserit sermone 58, quinto in Cœna Domini, pag. 422, ubi fuse doctrinam suam proferens de sacra Eucharistia, sic concludit : *Nec dubitare debemus quin panis per sacra verba benedictionis sacerdotis, in* VERUM *Domini corpus immutetur, ita ut panis* SUBSTANTIA *non remaneat, sed colorem et saporem panis voluit Christus remanere, et sub illa specie* VERAM CORPORIS SUI SUBSTANTIAM *latere, ne, si in ea qualitate,* IN QUA REVERA EST, *appareret,* VERUM *hominem animus hominis sumere abhorreret.* Idem, ser. 54, in Festo sanctissimi Eucharistiæ sacramenti, pag. 495. *Inter manus et verba Christi, fit panis caro Christi, fit cibus animæ..... Nolite, fratres, nolite quærere qualiter hoc fiat; nolite dubitare utrum fiat.... Deus et homo est, qui testatur panem veraciter fieri suam carnem... Idipsum, o Christiane, de vino sentias, id honores in vino. Creator vini est, qui vinum provehit in sanguinem.*

Pauca de pluribus, imo paucissima de pene innumeris Hildeberti de reali existentia corporis et sanguinis Christi, testimonia proferimus, quibus vel minimam heterodoxiæ labem, de lectoris animo abstergamus a viro doctissimo, qui ut illam assereret, tractatus integros, et prosa et metro edidit, quos inferius lector æquus reperiet, et qui primus, ad statuendam divinam illam et realem panis et vini mutationem in verum corpus et sanguinem Christi, usus est verbo TRANSSUBSTANTIATIONIS, quo nonnisi post eum, quippe qui uno fere sæculo posteriores, Petrus Blesensis (serm. 84 et alibi), et Ste-C phanus Augustodunensis, quos nonnulli viri eruditi ejus primos auctores censuere, sunt usi.

Qui vero inter plures tractatus quod edidit, attentius legerit Tractatum eximium quem expresse edidit de sacramento altaris, nobiscum certe consentiet nil efficacius, nil expressius, vel doctius ad excludendum ex sacra Eucharistia figuræ commentum, et statuendam in ea realitatem corporis et sanguinis Christi, inter orthodoxorum Opera legi posse. Ibi enim utitur ubique verbis id evincentibus, qualia sunt hæc : *Nec homo solum in spiritu suo, sed et in carne sua.* Item : *Corpus quod apud nos est, et in cœlis est, apud nos quoque diversis locis, in altaribus diversis, non diverso tempore.* Ibidem : *Nec phantasticum corpus est, sed verum, nec solum in sacramento, sed et in semetipso.* Ibidem : *Est igitur ibi corporaliter propter veram corporis naturam.* Sic cum agit in eodem tractatu de existentia corporis Christi diversis in locis, ait sub qualibet partiD cula remanere *corpus integrum et immensum;* et ideo sacramento in partes diviso, *non tamen corpus in partes scindi.* Denique, in hoc tractatu tam lucide exponit quidquid ad realitatis corporis Christi circumstantias attinet, ut licet hunc tantum edidisset, id ad abstergendam ab eo cujuscunque erroris labem, plus æquo sufficeret.

Absit ergo ab æqui lectoris mente vel levissima de Hildeberti fide suspicio, qui verba prædicta retulit, ut objectionem sibi ipsi suscitet, quam statim Augustiniano sensu et ipsissimis quasi sancti doctoris verbis dissolvat; nec magis ex illis verbis nostri novatores quidquam in erroris sui defensionem assumant, quam ex ipsa sancti Augustini doctrina, qua semper incassum abuti hucusque conati sunt !

(42) Ipsa D. Augustini verba, tract. XXV, in *Joan.* v. 57.

cere (*Matth.* xxvii, 42). » Unde reputaverunt eum virorum novissimum, et quasi leprosum, id est peccatis pollutum, et a Deo percussum pro peccatis suis; sed ipse vulneratus est propter iniquitates nostras, attritus est propter scelera nostra; pro nobis factus est maledictum, ut nos a maledicto liberaret. Posuit Dominus in eo iniquitates omnium nostrum, id est pœnas iniquitatum nostrarum, et ipse peccata multorum tulit, ut ait Isaias (*cap.* liii), et pro transgressoribus rogavit, dicens : « Pater, ignosce illis, quia nesciunt quid faciunt (*Luc.* xxiii, 34). » Ad quam vocem, secundum Evangelium Nazaræorum (43), multa millia Judæorum, circa crucem astantium, crediderunt. Non enim impotens fuit salvare seipsum, qui alios salvos fecit. Non ei fuit insipientia, vel verecundia, quod ipse non est exauditus, cum pro aliis auditus sit. Vos autem non moveamini, si eum dicimus pro se non exauditum, cum ipse per Prophetam dixerit : « Clamabo per diem et noctem, et non exaudies (*Psal.* xxi, 2). » Per diem clamavit Christus, id est in luce virtutum, quia in eo nullæ tenebræ vitiorum [erant]. Et nocte, id est in angustia passionis, dicens : « Pater, si possibile est, transeat a me calix iste (*Matth.* xxvi, 35), » id est : si est alia hostia per quam fieri redemptio possit, transeat a me passio, quæ dicitur calix, quia placita hostia potio [est]. « Oblatus est enim, ut ait Isaias, **722** quia ipse voluit (*Joan.* liii, 7). » Si vero non est alia hostia per quam homo redimi possit, fiat voluntas tua, non mea, id est voluntas nostræ Divinitatis impleatur, non voluntas meæ humanitatis; voluntas meæ rationis fiat, non voluntas meæ sensualitatis. Cum ergo sic orasset, non est exauditus, ad corporalem scilicet salutem. Ipse enim ait : « Et non exaudies (*Habac.* i), » sed Apostolus dicit quod « exauditus est pro sua reverentia (*Hebr.* v, 7). » Nunquid ergo Magistro discipulus contradicit? Ille inquit : *Non exaudies*, hic, *exauditus est.* Sed Veritas verum loquitur, et Veritatis discipulus non mentitur. Non est enim exauditus ut non moreretur, sed est exauditus ut resurgeret. In hoc est exauditus, et non in illo; et quod non in illo, non est illi ad insipientiam. Videtur quidem insipientia, videtur nimis alienum Deo. Stultitia reputatur a gentibus, scandalum est Judæis. Unde Isaias : « Alienum est opus ejus, ut operetur opus suum, peregrinum est opus ejus ab eo (*Isa.* xxviii, 21). » Alienum enim videtur ut Deus patiatur, et nimis peregrinum ut Deus moriatur. Ipse quidem venit ut faciat opus suum, id est redimat genus humanum; sed ab ipso alienum est opus, quia non convenit Deitati flagellari, conspui, crucifigi. Hoc non est ei ad insipientiam, quod non est exauditus, sed crucifixus atque sepultus, imo ad sapientiam, ut sic sapienter redimeret genus humanum. Sic victus est hostis callidus et superbus, et liberatus est mundus; dato pretio, captivi redempti sunt, Judæi ac gen-

tiles. Immensum fuit pretium, sed grandis acquisitio. Unde Isaias : « Dabit impios pro sepultura, et divitem pro morte sua (*Isa.* liii, 9). » Impios, id est gentiles, qui erant sine theosebia, id est sine pietate divini cultus; et divites, id est Judæos, divitias legis et prophetarum gloriantes, dabit Patri suo pro morte sua, et sepultura, id est per mortem et sepulturam.

Ecce quis modus aporiationis, id est examinationis, et quantus fructus, captivorum scilicet solutio, et regni præparatio, id est gratia et gloria in angustia et difficultate multa homini a Deo præparata, ut quem fecit ingratum facilitas primæ conditionis, redderet obnoxium difficultas inauditæ restaurationis. *Spiritus enim oris vestri Christus Dominus captus est in peccatis.* Spiritus dicitur et Christus, et utriusque naturæ veritas in eo monstratur. Ipse est enim gigas geminæ substantiæ, biformisque naturæ ex æterna generatione. Spiritus ex temporali spiritus. Christus vero simpliciter dicitur Spiritus, sed additur oris nostri, quia in eum credere eumque confiteri debemus. Corde enim creditur ad justitiam, ore autem confessio fit ad salutem. Cui diximus : *In umbra* **723** *tua vivemus.* Umbra Christi gratia est, per quam nobis fit umbraculum et refrigerium intus contra legem membrorum; et foris contra æstus tribulationum, secundum illud : « Obumbrasti super caput meum in die belli (*Psal.* cxxxix, 8). » Et alibi : « Sub umbra alarum tuarum protege me (*Psal.* xvi, 8). » Hæc est umbra juniperi, sub qua sponsus requiescit cum sponsa. De qua ad Mariam angelus : « Spiritus sanctus superveniet in te, et virtus Altissimi obumbrabit tibi (*Luc.* i, 35). » Hac umbra cupiebat refoveri vir propheticus, dicens : « Remitte mihi ut refrigerer priusquam abeam, et amplius non ero (*Psal.* xxxviii, 14); » ac si diceret : Æstus patior, incentivis peccaminum uror, sed remittendo, refrigera priusquam de hac vita abeam, quia, si non remiseris, abibo quidem, sed amplius non ero in vero esse. Bona est et salubris hæc umbra, quia, depulsis noxiis, verum esse præstat. Hac igitur refrigerati ac recreati, vivemus non vita mortali vel temporali, sed immortali atque perenni, quam nobis tribuat misericors Dominus. Amen.

C [*De diversis* XIII].

DE CHRISTO UT HUMANÆ SALUTIS POST LAPSUM ADÆ REPARATORE (44).

« Cantate Domino canticum novum, quia mirabilia fecit (*Psal.* xcvii, 1). »

Hortatur nos Propheta canticum Domino cantare laudis, canticum non vetus, sed novum; non quo per Moysen dictum est Israel : « Diliges proximum tuum, et odio habebis inimicum tuum (*Matth.* v, 43); » sed quo Christus iis nos instruit verbis : « Diligite inimicos vestros, benefacite iis qui oderunt vos (*ibid.* xliv). » Hujusmodi canticum postulat

---

(43) Nota Evangelium Nazaræorum.

(44) E ms. Ebr. 19.

a nobis, qui fecit mirabilia pro nobis. Mirabilis Deus in sanctis suis, quia mirabilis in omnibus operibus suis. Idem mirabilior in seipso, quia mirabiliora fecit de se ipso. Ipse enim, cum Deus esset, homo factus est. Morte Domini servus vivificatus est; princeps hujus mundi foras ejectus est. Ecce mirabilia Domini Dei. Ecce beneficia salutaris sui. Cedunt his cætera mirabilia ejus, quoniam miserationes ejus super omnia opera ejus. De quibus ut aliquid plenius loquamur, loquimini oratione ad Dominum singuli, loquimini universi. Fortassis dabitur nobis, ut de Domino et in Domino loquamur, quo proficiat aliquis, etsi non proficiant universi. Attendat igitur omnis homo, quia pro nobis factus est Deus homo. O magnum et inenarrabile sacramentum! O gratia, qua, sicut Leo testatur, (44'), sanctus propinquat ad palmam, peccator invitatur ad veniam, gentilis vocatur ad vitam! Hac uniuntur terrena cœlestibus, **724** temporalia sempiternis, humana divinis. Hac accensa mulier lucerna dragmam quam perdiderat quæsivit, quæsitam invenit; qua inventa convocavit amicas et vicinas, dicens illis : « Congratulamini mihi omnes, quia inveni dragmam, quam perdideram (*Luc.* xv, 9). » Ex gratia enim justitiæ sol ex laterna carnis nostræ resplenduit, quo creatrix omnium Sapientia diligenter et velut accensa lucerna quæreret dragmam suam, naturam nostram ab illo et cum illo deductam in exterminium, cui consenserat ad peccatum. In ipsius autem inventione congratulatæ sunt virtutes cœlorum atque angelicæ potestates, juxta illud quod Veritatis ore dicitur : « Gaudium est in cœlo coram angelis Dei super uno peccatore pœnitentiam agente (*Luc.* vii, 10). » O unicum hominis provectum, cui Deus Deum non invidit! O cumulate felicem, de cujus formatione gaudium exuberat angelorum! Gaudeat hinc homo cum angelis, imo et præ angelis. Cum enim Deus paulo minus ab angelis minoratus est, homo super angelos exaltatus est. Gaudeat, inquam, et cantet canticum novum, de homine veteri provectus in hominem novum. Ecce, fratres nostri, ecce perstricta est prima propositi nostri partitio. Deversa est Dei et hominis incommista et indivisa counio. Nisi fallor, secundam assumptæ propositionis particulam exspectatis. Ex silentio vestrum perpendimus affectum. Ea utique, si bene recolitis, hæc est. Quippe cuidam patrifamilias unicus erat servus, sed contumax, et nequam servus. Is in languorem decidit, medicum quæsivit, non invenit. Erat in parentibus causa, quæ tanquam jus hæreditarium valetudinem filio reliquerat. Valetudo coæva servo, nata cum servo, incrementum suscipit cum servo. Unde et curari tanto difficilior fuit, quanto ei propinquior origine, diuturnior tempore, numerosior qualitate. Sane, quanta fuerit hæc infirmitas, ipse etiam decumbentis lectus ostendit.

Lectus ita sordidus squallebat, ut eum videre vel ipse servus abhorreret; ita putrefactus egestionibus, ut vix jacentem sustineret. Quippe de illo egredi cum urgeret necessitas, impossibile; inter spurcitias et vermes jacere diutius, importabile. Dura lecti conditio, qui suas injurias suis vindicabat injuriis! Miserabiles decumbentis angustiæ, cujus vita, sine exsequiis, exsequiæ! Abiere dies et dies, anni et anni, nec fuit qui curam ejus ageret. Medicus nullus, qui ei profuturus assideret. O mirandam circa servum Domini charitatem! Dominus ejus misericordiæ recordatus est. Intravit domum, sed in domo nullus angulus expers fetoris inventus est. Servus putrebat in sordibus, **725** sed nec sic eum Dominus aspernatus est. Ut enim cum [servo] suo familiarius loqueretur, ingredi lectum non abhorruit; dehinc amplexatus eum lenius, cognosci se postulavit. Proh dolor! Non cognovit servus Dominum, cum propius accederet; non intellexit, cum in eodem lecto jacentem videret. Cum diceret : « Tuus sum Dominus, » in faciem conspuit; cum subjiceret : « Novi medicinam, » irrisit; avertit auditum, cum ei describeret [*f.* præscriberet] diætam salutarem; exhorruit obsequium, cum detegeret saniem defluentem. Denique nullas egit gratias, cum promitteret se facturum incolumem, de infirmo sanum, de extraneo cohæredem, de servo liberum. Dominus tamen, nec injuriis indignatus est, nec aversantem aversatus est. Et quidem lectus illi molestus, sed lecti molestam sine molestia toleravit. Squalor gravis et fetor, sed voluntarie, sed gratis utrumque sustinuit. Tam dura tamen fuerunt hæc et alia lecti incommoda, ut eorum difficultate Dominus spiritum exhalaret. Tam suavis anhelitus et tam dulcis comitatus est spiritum egredientem, ut odor ejus ægro salutem reformaret. O infirmitatis, o medicinæ genus mirabile! Dominus charitate compatitur et moritur; servus morientis anhelitu perfunditur et sanatur. Accessit ad cumulum beneficii, non solum confirmata morte Domini [*supp.* servi] libertas, sed etiam communicata est filiis hæreditas. Attendite, fratres, attendite quid mysticum gerat hæc propositio nostra. Noveritis itaque totam protoplasti successionem nomine servi designari. « Omnis enim qui facit peccatum, servus est peccati (*Joan.* viii, 34). » — « Nos autem si dixerimus quia peccatum non habemus, nos ipsos seducimus, et veritas in nobis non est (*I Joan.* i, 8). » Quia itaque cum peccato est omnis homo, peccati servus est omnis homo. Hujusmodi servus in hæreditarium languorem decidit, quia successioni suæ primus parens mortis vulnus inflixit. Vulnus illud, vulnus animæ; vulnus quo ei sua excussa est incolumitas, ingesta mortalitas, ablata libertas. Hæc anima moriens non moritur, imminuta non minuitur, consumpta non consumitur. Latuit in ficu, descendit ex

---

(44') S. Leo, serm. 1, *De nat. Domini.*

ficu, pertransivit in omnes, præter eum qui sub ficu A vidit omnes. Audite Apostolum dicentem : « Per hominem in hunc mundum intravit peccatum, et per peccatum mors (*Rom.* v, 12). » Unus ille homo Adam, qui mortem traduxit in omnes per peccatum. Si peccatum ignoratis, transgressio fuit obedientiæ; si mortem, amissio gratiæ. Susceperat mandatum homo ne lignum tangeret commendatum ; tetigit, et prævaricator mandati remansit; comedit, et gratia Dei privatus est. Quem enim Creator **726** præcepti contemptorem reperit, indignum gratia judicavit. Animæ autem deesse gratiam, est deesse et vitam. Hæc est ea infirmitas, qua diutius omnis anima decubuit, qua lectum suum multiplici sorde perfudit. Lectus ejus, habitaculum carnis ejus. De hoc lecto Joannes, cum in Apocalypsi figurate de Jezabel loqueretur, ait : « Ecce dimittam eam in lectum, et qui mœchantur cum ea (*Apoc.* ii, 22). » O infelicem lectum, in quem prævaricationis adhuc pœna desævit! Etenim gratiam pariter amiserunt et spiritus consentiens, et caro manducans. Unde et in eam data est sententia cui nec finis finem imponit. Sub ea nascimur omnes, puniendi etiam in sepulcro.

Considerate miserias carnis; attendite cineres, vectigalia sunt peccati. Vectigal peccati est quod inedia et siti deficimus, quod in incommodum morborum decidimus, quod ad mortem mortibus innumeris pervenimus. Parva loquor, lectum quoque sordes inficiunt ; earum fetor latius diffunditur et longius. Sordes lecti, peccata carnis; peccata autem carnis, fornicatio et immunditia, crapula et ebrietas, cæteraque in hunc modum. De quibus per prophetam dicitur : « Putruerunt jumenta in stercore suo (*Joel.* i, 17). » Et Dominus in Evangelio : « De corde enim exeunt cogitationes malæ, adulteria, fornicationes, furta, falsa testimonia, blasphemiæ (*Matth.* xv, 19). » Talium fetor longe lateque diffusus est, quia totus mundus in maligno positus est. Totus exemplis iniquitatis fetet, totus cum Lazaro quatriduanus est. Sane hæc omnia primi hominis excessum secuta sunt. Omnia enim peccata quæ peccamus, sordes ex sorde sunt. Ex qua autem sorde, nisi ex ea quam dicit Scriptura : « Nemo mundus a sorde, nec infans, cujus est vita diei unius super terram (45). » Hac infectum genus humanum neminem qui lavaret invenit. Hac accensam Creatoris indignationem, non meritis homo, non administratione angelus, non sacrificiis lex exstinxit. Unde et in Apocalypsi Joannes ait : « Nemo poterat, neque in cœlo, neque in terra, neque subtus terram aperire librum, neque respicere illum (*Apoc.* v, 3). » Et per Isaiam his Dominus loquitur verbis : « Quo mihi multitudo victimarum vestrarum? plenus sum. Holocausta arietum, et adipem pinguium, et sanguinem vitulorum et hircorum nolui (*Isa.* i, 11). » Per Psalmistam quoque Filius ad Patrem : « Sacrificium, inquit, et oblationem noluisti; » ac deinde subjungens ait : « Holocaustum et pro peccato non postulasti; tunc dixi : Ecce venio, ut faciam voluntatem tuam, Deus meus, volui, etc.(*Psal.* xxxix, 7, 8). » Voluntas autem ejus [erat] ut moreretur pro servo Filius ejus. Declinavit itaque Dominus in domum servi, quia descendit in mundum factor mundi ; quia **727** quod perierat venit salvum facere salutare Dei nostri.

Declinavit, inquam, Dominus, quia qui non fecit peccatum, factus est pro nobis peccatum Sanctus ille sanctorum. Declinavit, quia minoratus est paulominus ab angelis creator angelorum. Hoc enim impendendum congruebat remediis, ut videndus ab infirmo medicus, infirmo visibilis appareret. Congruebat hoc ut infirmo compassurus, infirmo se passibilem exhiberet. Ideo lectum servi Dominus ingressus est, quia veram hominis carnem Rex regum et Dominus dominantium indutus est. Ut enim Deus invisibilis a nobis videretur, ut immortalis moreretur a nobis [pro nobis], « Verbum caro factum est, et habitavit in nobis (*Joan.* i, 14). » Hoc Verbum obumbratum carne, quam assumpsit ex nobis, in assumpta sustinuit incommoda nostra, sine peccato carnis portans in carne peccata nostra. In ea siquidem laboravit requies, eguit sufficientia, lux caligavit, infirmata est incolumitas, puniti mores, inclinata celsitudo. Denique in ea completum est quod de hoc Verbo Isaias ait : « Verbum Deus misit in Jacob, et cecidit in Israel (*Isa.* ix, 8). » Missum est Verbum in Jacob, quia incarnatum est Verbum ex domo Jacob propter domum Jacob [propter domum Israel]. Unde et sic ipsa Veritas ait : « Non veni nisi ad oves quæ perierant domus Israel (*Matth.* xv, 24). » Et Paulus cæcitatem Judæorum increpans : « Vobis, inquit, oportuit primum prædicari verbum Dei, sed quia repulistis illud, ecce convertimur ad gentes (*Act.* xiii, 46). » Repulerunt enim. Quippe verbum missum in Jacob cecidit in Israel, quia viluit, quia tanquam nihilum et inane reputatum est ab Israel. Cum dico Israel, Pharisæos et Scribas loquor. Doctores legis et summos sacerdotes attendo. Jactabant isti se scientiam legis habere, colloquiis assuetos angelorum, veros esse Israelitas, et videre Deum deorum in Sion. Etenim graviores tenebræ operuerunt eos, quam Ægyptum propter eos. « Non enim crediderunt in Deum, nec speraverunt in salutari ejus (*Psal.* lxxvii, 22). » Excæcavit eos malitia sua, palpantes in meridie, atque abalienantes Sanctum Israel, qui eos de lacu miseriæ, et de luto fæcis educere satagebat. Viluit apud eos pretium totius mundi, descivit a Creatore creatura, magistrum discipulus erubuit, æger medicum detestatus est, reus pulsavit advocatum, vas figulum increpavit, panem fastidivit esuriens, fontem lutulentus exhorruit, abjectus gloriam, sepultus resurrectionem. Curabat hic infirmos, et operanti bona opera dictum est : « Non est hic homo a Deo, qui Sabbatum non custodit

(45) *Job.* xiv, 4. Ita fere citatur a D. Cypriano, *Testimoniorum* lib. iii, n. 54.

(*Joan.* ix, 46). » Imperabat dæmonibus, et in ejus A
blasphemiam clamatum est : « In Beelzebub principe
dæmoniorum ejicit dæmonia (*Luc.* xi, 15). » Mortuos
728 suscitabat, et inter ipsa divinitatis insignia ei
sic patibulum peractum est [*f.* paratum est] : « Mittamus lignum in panem ejus, et eradamus eum de
terra viventium (*Jer.* xi, 19). » Dehinc oblatus [*f.*
obrutus] sputis, et spectaculo crucis addictus, inter
contumelias, quas pro servo pertulit, exspiravit. Ex
habitu autem morientis languentem servum tam lenis odor afflavit, ut ejus perfusione salus ei redddere-
tur. O beatum et medicinalem halitum, cujus attractu servo reparata est via [*f.* vita], collata libertas,
communicata cum filiis hæreditas! Hoc halitu divinitatem Christi scitote figurari. Unde et sic locutus
Job ait : « Halitum meum exhorruit uxor mea (*Job* B
xix, 17). » Exhorruit enim Judæa divinitatem in
Christo, detestata precem [*f.* pacem] cum Deo Christo. Hinc ea benefactori suo detraxit. Hinc in illum
lapides tulit. Hinc etiam clamavit : « Nos legem habemus, et secundum legem debet mori, quia Filium
Dei se fecit (*Joan.* xix, 7). » Hac profecto divinitate
factum est, ut esset accepta Deo Patri hostia Filii,
ne frustra mediator Dei et hominum supplicaret pro
culpa, in quo Dei et hominis erat natura sine culpa.
Illis duabus naturis excessus tuus, o homo, chirographum de indulgentia suscepit, de gloria confusio,
de libertate servitus, eliminium de patria, mors de
vita. Illis personaliter unitis confectum est collyrium,
quod cæci nati tenebras abstersit. His exortum illud
oleum, a cujus facie jugum exactoris computruit. C
Illis scala Jacob erecta, qua jam possis ad consortium conscendere angelorum. Illis amotus a paradiso
gladius, ut ad paradisum, vel sero, redeas, et comedas, et vivas in æternum. His denique princeps
hujus mundi foras ejectus est, in filios adoptionis
nullam deinceps accepturus potestatem, nisi si quis
ei se ipsum sponte subdiderit. Agat igitur homo
gratias Homini Deo, quia ipse est qui cum divinitatis
participio donavit, qui servitutis ejus jugum contrivit, qui clausos ejus aperuit oculos, Jesus Christus,
Dominus noster, cui est honor et gloria in sæcula
sæculorum. Amen.

CI [*De diversis* XIV].

CONTRA JUDÆOS. DE INCARNATIONE (46).

Sentio, fratres charissimi, sentio cum Sapiente
illo, qui ait : « Gratior est fructus, quem spes productior edit. » Unde et fructus divini cum hominibus
colloquii tanto nobis debet esse jucundior, quanto
fuit exspectatio ipsius diuturnior, exhibitio mirabilior, **729** experientia dulcior, usus major.
Præmissi sunt autem nuntii, qui sacrosanctum edicerent colloquium, homines ad illud invitarent,
venturis quidem præmia, nolentibus autem venire,
pœnam pollicerentur æternam. Hi prophetæ fuerunt, qui colloquium illud non solum verbis prædocuisse, sed etiam actibus præfigurasse noscuntur.

Sic enim Moyses ait : « Prophetam suscitabit Dominus de medio vestri, tanquam me, ipsum audite
(*Deut.* xviii, 15). » Et Isaias : « Ecce, inquit, Virgo
concipiet, et pariet filium, et vocabitur nomen ejus
Emmanuel (*Isa.* vii, 34). » Fuerunt, in quorum actibus præfati colloquii prophetiam fuisse Scriptura
commemorat. Hinc est quod Jeremias cum nudatur
prophetat, David cum se ipsum propriis manibus
gerit, Daniel cum in lacu leonum mittitur, Osee
cum fornicariam ducit uxorem, Jonas cum tribus
diebus et tribus noctibus in ventre ceti tenetur. Has
Apostolus prophetias et præcessisse perstringens,
et ostendens completum in Christo colloquium, sic
ad Hebræos scribens, ait : « Multifariam, multisque
modis olim Deus loquens patribus in prophetis, novissime diebus istis locutus est nobis in Filio (*Hebr.*
i, 1). » Locutus est, inquit, nobis in Filio, quia locutus est nobis in Christo. Quomodo Deus locutus
est nobis, invisibilis et incognitus nobis? Ut videri
posset et cognosci a nobis, « Verbum caro factum
est, et habitavit in nobis (*Joan.* i, 14). » Verbum
Dei, Filius Dei nobis in carne visus est; in carne
nobiscum de nobis locutus est. Locutus autem de
pacificando homine cum angelis, de collocando inter
angelos, de provehendo super angelos. Locutus est,
inquam, de commutanda dissimilitudine nostra ia
similitudinem suam, de confusione nostra in gloriam suam, de morte nostra in vitam suam. De his
omnibus omnium creator ante omnia tempora secum habuit consilium, cum homine colloquium in
tempore. Ut autem secretum illud consilium aperiretur, missi sunt duo angeli in mundum; unus qui
consilium detegeret, alter qui detectum adimpleret.
Unus qui Mariæ Virgini nuntiaret nasciturum de
Maria virgine sequestrem nostrum. Alter qui in
carne sumpta de Virgine, profiteretur advocatum
nostrum. Porro sequester ille et advocatus noster
hodie natus est nobis, quem sic Isaias promisit
nobis : « Puer [parvulus], inquit, natus est nobis,
et filius datus est nobis (*Isa.* ix, 6). » Puer, inquit,
natus est; puer autem iste Deus et homo est. Deus
et homo, præfati consilii negotium exsecutus est.
Nulli fides desit cum denuntiatur in matre virginitas. Gestum quidem utrumque contra naturam,
D sed propter naturam; utrumque enim opus gratiæ,
sed officium naturæ. Utrumque novum, **730** sed
oraculum repromissum. Utrumque beneficium, sed
usum diversum. Siquidem pudor Matris gloria est
personæ; divinitas Filii, provectus est naturæ.
Pudor in Matre servatus est, testificaturus Filium
ejus Hominem Deum. Divinitas unita est homini,
unitura Deo credentes in Hominem Deum. Erubescat Judæus infelix; confundatur infelicior Helvidius. Derogat Judæus divinitati Christi; uterque
perpetuæ virginitati matris Christi. Debacchatur
Judæus, cum dicitur : « Verbum caro factum est,
et habitavit in nobis (*Joan.* i, 14). » Idem quoque

(46) E ms. Ebroic. n, 19.

aurem avertit, cum advertit : « Ecce Virgo concipiet, et pariet filium (*Isa.* vii, 14) ;» et in Ezechiele : « Porta hæc quam vides, non aperietur, et homo non transiet per eam, sed clausa erit in æternum (*Ezech.* xliv, 2). » Porta ista, Virgo nostra, sed clausa porta in æternum. Hæc ideo porta, quia per eam Christus ingressus est in mundum, sed per clausam in æternum. Bene clausam in æternum, quoniam clausam ante partum, clausam in partu, clausam post partum. Facessat perfidia Judæi, fabulantis ex Joseph conceptum Christum. Facessat Helvidii spurcitia, garrientis filios Virgini natos post natum Christum. Sed nobis ad te adhuc, o Judæe, sermo est. Adhuc enim apud te facies Moysi velata est, nondum tibi tuæ legis splendor illuxit, nondum mysteria prophetarum. Densiores tenebræ operiunt te, quam Ægyptios propter te. Opes tibi exuberant, et egestate torqueris. Appositus est esculentior apparatus, et fame deficis. In spica frumentum portas, et quam suave sit nondum prægustasti, nondum sensisti. Pueri David per sata transeuntes, spicas fricabant et manducabant; sacerdotes templi panes propositionis frangebant et comedebant; frica et tu spicam legis, frange hordeum legis, et invenies siliginem legis. Invenies enim sub palea præfocante medullam satiantem, sub occidente littera spiritum vivificantem. Aperi cisternas, prophetarum puteos, o Judæe, et occurret tibi fons David salientis aquam in vitam æternam. Sed tu, miser, venas aquæ limpidioris obturas, tu cum allophylis imples puteos, quos fodiunt pueri Isaac. Opponis enim fumum, cum tibi fulgor legis exprimitur. Insultas gratiæ Dei, cum Maria virgo concepisse, virgo peperisse perhibetur.

In patriarchis et filiis eorum opera gratiæ audis et credis, veneraris et extollis; in Creatore autem prophetarum, cur ita naturam amplecteris, ut gratiam persequaris? Abrahæ Sara filium peperit, cum eis sterilitas et senium spem prolis abstulissent (*Gen.* xvii). Inficiari, o Judæe, non potes Saram in Isaac plus debuisse promissioni, quam nuptiis, et gratiæ **731** quam naturæ. Ante Moysen visus ardere rubus nullum patiebatur ex igne dispendium (*Exod.* iii). Inficiari, Judæe, non potes opus hoc signi potius fuisse quam rubi, gratiæ quam naturæ. Sitiebat in deserto Israel, et sitis angustias impatienter sustinebat; accessit Moyses ad petram, et ea bis percussa, egressæ sunt aquæ largissimæ, ita ut populus biberet et jumenta. Inficiari non potes, o Judæe, hoc opus signi potius fuisse quam lapidis, gratiæ quam naturæ. Rem loquar manifestam. Paucos esse credo, qui lapidem crystallum ignorent. Lapis iste, lapis splendidissimi coloris et candidi. Hunc aqua perfusum, ac deinde ferventi suppositum soli, scintillas emittere celebre est. Nulla tamen ex his scissura lapidis, nulla sui exitus vestigia scintillæ relinquunt. In crystallo eadem integritas, idem splendor perseverat. Egreditur inde quod humani usibus prosit, ut quod lapidis interpollet claritatem; idem tamen, si sol ei aut aqua defuerit, non invenitur emittendo igni idoneus. Ubi autem ambo concurrunt, ex utroque simul in crystallo conficitur, quod competenter conceptum Virginis imaginetur, et partum. Cui enim sacratissima Virgo rectius quam crystallo comparatur, in qua, velut ad cumulandam cæterarum plenitudinem virtutum, perpetuæ virginitatis candor effulsit. Ea divinis præparanda mysteriis, velut aqua perfunditur, ampliorem susceptura gratiam, qua mirabiliter quidem admitteret Filium Dei Deum, mirabilius autem emitteret eumdem Hominem Deum. A natura siquidem minus alienum videtur, cœlesti virtute Virginem impleri, quam de virgine veram hominis exire substantiam. Fortassis autem, Judæe, moveris, quanam aqua virginem præscripsi perfusam. Aquæ nomine, sanctum intellige Spiritum. De hujusmodi aqua Dominus per Joelem sic locutus, ait : « Effundam de Spiritu meo super omnem carnem, et prophetabunt filii vestri, et filiæ vestræ (*Joel.* ii, 28). » Et per Ezechielem : « Effundam, inquit, super vos aquam mundam, et mundabimini ab omnibus inquinamentis vestris (*Ezech.* xxvi, 25). » Hac profecto aqua dum Virgo perfunditur, ad admittendum Solem justitiæ invisibiliter præparatur. Præparatur, inquam, quia Spiritus sanctus ab omni æstu carnalis concupiscentiæ obumbrando eam protexit. Unde ad incrementum et plenitudinem gratiæ Virgini nostræ accessit, ut ingressurus eam Dei Filius, et « purgatam inveniret a reatu alieno, » et immunem a proprio. In malevolam enim animam non poterat introire sapientia, nec habitare in corpore subdito peccatis (*Sap.* i, 4).

CII [*De diversis* XV].
DE LIBRO VITÆ (47).

« **732** Audi, Israel, præcepta vitæ, et scribe ea in « corde tuo, et dabo tibi terram fluentem lac et mel « (*Deut.* iv, 1). »

Diligenter attendere debetis, fratres, verba ista. Quæ enim proposui non sunt mea, sed Domini verba. Non vobis ea inventor offero, sed tanquam nuntius refero, in serie quorum tria proponuntur nobis a Domino, scilicet, quo nomine vocemur, et quid facere teneamur; tertio, quid primum [*f.* quod præmium] consequamur. Primo enim debemus inspicere cujus nominis sortiamur honorem. Vocamur enim Christiani. Quid autem pulchrius, quid honorabilius homini, quam nomine sui Creatoris censeri? Cujus si participamus nomine, participemus et re. Qui enim dicit se Christianum esse, debet quemadmodum Christus ambulavit, et ipse ambulare, et sic erimus Israel vere. Israel enim interpretatur *videns Deum*, quod absque dubio consequemur, qui Christum imitabimur. Sed quomodo

(47) Ex Andegavensi et Victorino.

hoc poterit esse, ut Deum mereamur videre, quibus A possint peccare forsan, aliis cessantibus ; vel si alicui
nec animas, nec angelos contingit perspicere, et præcipitur pro satisfactione pauperibus dare, dicunt
cum dicat Scriptura : « Deum nemo vidit unquam sua ad tot eleemosynas non sibi sufficere, quibus
(*Joan.* 1, 18); » et Dominus ad Moysen : « Non vi- tamen ad perpetranda mala nihil videtur deesse;
debit me homo, et vivet (*Exod.* xxxiii, 20). » Pro- et talibus non est jugum Domini leve, quia non di-
pter quod sciendum est quoniam homo habet ligunt, nec desiderant cor mundum habere. Unde
oculos exteriores, qui sunt corporis; et oculos in- nullum bonum in talibus potest diu durare.
teriores, qui sunt mentis, quibus spiritualibus oculis
vero Christiano contingit Deum videre. Hic, dum   Post mundationem istam cum pumice orationum
sumus in via, per fidem; in patria vero facie ad et eleemosynarum, pili, id est venialia peccata sunt
faciem. Hic consideratur procul in ænigmate; ibi removenda, quæ sunt in nimietate risus, sive in
cognoscetur prout est in re, quod est vita æterna. superfluitate cibi, vel in dilectatione fabularum,
« Hæc est enim vita æterna, ut cognoscant te, et vel rumorum, quæ omnia, si in usum vertantur,
quem misisti Jesum Christum (*Joan.* xvii, 3). » criminalia sunt. Præter hoc regulam cordi nostro
Qualiter autem ipsum sequi debeamus, ipsemet oportet apponere, et sic ordinem in scribendo pos-
nobis declarat, dicens : *Audi, Israel, præcepta vitæ;* sumus servare. Quidam enim nostrum cor habent
B distortum. Cum enim sunt in prosperitate, laudant
ac si dicat : O Christiane, qui es videns Deum per Deum, de quibus dicitur : « Confitebitur tibi cum
fidem, audi præcepta vitæ, quorum observatione tu benefeceris ei (*Psal.* xlviii, 19). » Cum vero aliqua
servaris æternitati! Sed quoniam ea quæ audiuntur contingit adversitas, blasphemant, dicentes : Deum
facile mens humana obliviscitur, illa vero quæ non esse æquum, et non est æqua via Domini, nec
Scripturæ commendantur, ipsa revocante ad me- benignum, cum econtra valde bonus videatur rectis ;
moriam, diutius conservantur, addit Dominus : *Et* unde Propheta : « Quam bonus Israel Deus his **734**
scribe ea. Ad quod forsan dicetis : Nos qui litteras qui recto sunt corde! » (*Psal.* lxxii, 1.) Ut itaque
non didicimus, nec scribere scimus, quomodo scri- Deus nobis semper, sive in adversitate, sive in pro-
bere poterimus? Aures advertite [*f.* aperite]; pandam speritate sit rectus, regulam cordi nostro, id est
et quomodo sciatis librum scribere, et qualiter in vitas sanctorum Patrum, quibus nos regamus, eas
illo legere; quem librum semper poteritis habere imitando apponere debemus, ut illius athletæ, boni
vobiscum absque aliquo onere, et per ejus doctri- scilicet Job, et multorum aliorum, ut Pauli, Martini
nam sapientes eritis, quantum cito habere pote- et Laurentii. Consideremus quia pater filium, quem
ritis. **733** Hic est pretiosior auro, quem potestis C diligit, corrigit. Habe ergo cor rectum, in omnibus
habere absque nummo et obolo. Scitis quid scriptor benedicens Dominum, sciens quia si immisit tibi
solet facere. Primo, cum rasorio [incipit] pergame- adversitatem, ad correctionem est pro peccato.
num purgare de pinguedine, et sordes magnas au- Si prosperitatem, ut alii tribuas, [et opera miseri-
ferre; deinde cum pumice pilos et nervos omnino cordiæ facias]. Dic ergo semper cum Propheta :
abstergere; quod si non faceret, littera imposita « Benedicam Dominum in omni tempore, semper
nec valeret, nec diu durare posset. Postea regulam laus ejus in ore meo. — Lætamini in Domino, et ex-
apponit, ut ordinem in scribendo servare possit. sultate, justi, et gloriamini, omnes recti corde (*Psal.*
Quæ omnia et vos facere debetis, si librum quem xxxiii, 1 ; xxxi, 11). » Cum ergo cor paratum habueris,
vobis proposui habere vultis. Hujus libri pergame- nil restat nisi ut te doceam quid scribas. In primo folio
num erit cor vestrum, quod ex verbis Domini ha- et prima regula scribe : « Deus tuus, Deus unus est
betis, si sequentia prospiciatis. Postquam enim dixit : (*Deut.* vi, 4), id est crede Patrem omnipotentem, et
Scribe ea, addidit, *in corde tuo,* per hoc declarans dilige eum. In secunda regula ejusdem folii scribe :
manifeste cor nostrum ad suscipienda præcepta Dei « Non accipies nomen Dei tui in vanum (*Exod.* xx,
fore pergamenum, quod prius est purgandum, et 7). » id est crede Filium in nullo minorem esse
sordes cum acumine scindentis rasorii removendæ. D Patre secundum divinitatem, sed æqualem Patri, et
Unde Dominus dicit in Evangelio : « Beati mundo dilige eum. Inhonorat enim Patrem qui credit eum
corde, quoniam ipsi Deum videbunt (*Matth.* v, 8). » habere Filium minorem se, tanquam invidum, vel
Quod et Propheta petit, dicens : « Cor mundum crea impotentem gignere Filium sibi æqualem; unde
in me, Deus (*Psal.* l, 12). » Rasorium cordis est etiam prohibet credere de Filio quæ de se ipso non
pœnitentia, per quam removentur crimina, quæ sunt credenda, et pejerare, vel inaniter jurare,
consistit in tribus, scilicet, in contritione cordis, in quod magnum peccatum est. In tertia regula ejus-
confessione oris, in satisfactione operis; quæ quidem dem folii scribe : « Serva diem Sabbati, » id est
incipientibus est gravis et operosa, sed diligentibus crede in Spiritum sanctum, quoniam ipse est requies
suavis et non onerosa. Unde : Jugum meum suave et consolatio nostra, et in præsenti, ut in via, et
est, et onus meum leve (*Matth.* xi, 30). » Quidam in futuro, ut in patria. Sabbatum enim interpre-
vero vestrum, utpote non cupientes cor mundum tatur *requies,* per quod intelligimus Spiritum san-
habere, cum aliqua satisfactio eis injungitur, semper ctum. Illum vero dicitur observare, qui eum non
excusationem volunt prætendere, dicentes : Quo- offendit. Ecce in hoc folio primo scribuntur ea quæ
modo possum jejunare aliis comedentibus? et tamen pertinent ad dilectionem Dei proprie, et exprimitur

hic Trinitas. In secundo folio scribes ea quæ pertinent ad dilectionem proximi. Quorum primum est : « Honora patrem et matrem (*Exod.* xx, 12), » non solum verbis deferendo, sed eis necessaria tribuendo, vel ministrando. Nos autem non exhibemus quantam debemus reverentiam, vel necessaria tribuimus, sed rebus propriis spoliamus, dum

Filius ante diem patrios inquirit in annos.

Attamen subnectitur fructus, cum dicitur : « Ut sis longævus super terram (*ibid.*), » non tamen in terra morientium, ubi diligentibus parentes suos multa bona conferri aperte videmus, sed etiam in terra viventium, ubi nullus fluis exspectabitur, et æternis bonis remunerabuntur. Morientium **735** dicitur terra ista, ubi nullus venit qui non moriatur, vel mortuus sit. Sed quomodo alienos diligunt, qui suos contemnunt, quorum, ut alia omittam, caro et sanguis est. Sequitur : « Non occides (*ibid.*, 13), » quo prohibetur homicidium tam corporis quam animæ. Possunt enim esse homicidia hominis actu et voluntate etiam viventis et mecum ambulantis, et animæ sola exempli corruptione, cum proximum in errorem mali deducimus. Sextum est Dei mandatum : « Non mœchaberis (*ibid.*, 14), » ubi prohibetur omnis illicitus concubitus. Illicitus enim, et peccatum criminale est, omnis concubitus, præter eum qui est cum legitima uxore, in quo etiam potest esse excessus et peccatum. Septimum est : « Non furaberis (*ibid.*, 15), » in quo prohibetur omnis rapina, omne furtum et omne genus usuræ. Quis enim magis fur et raptor debet appellari, quam ille qui me dormiente et me vigilante, latenter, non nunc tantum, sed assidue mihi me [*f.* mea] subtrahit et aufert ? Octavum est : « Non falsum testimonium dices (*ibid.*, 16). » Hic prohibetur mendacium et perjurium. Nonum est : « Non concupisces uxorem proximi tui (*ibid.*, 17) » ubi prohibetur concupiscentia alienæ uxoris. Sed nonne hoc superius dixerat, cum Dominus prohibuit mœchari ? Sed quia ibi prohibetur actus, hic vero voluntas : « Si quis enim viderit mulierem ad concupiscendam eam, jam mœchatus est eam in corde suo (*Matth.* v, 18). »

Sequitur decimum mandatum, id est : « Non concupisces rem proximi tui, non servum, non ancillam, nec omnia quæ illius sunt (*ibid.*); » in quo prohibentur non tantum rapina et furtum, sed etiam cupiditas et voluntas habendi aliena. Ecce Deus [*f.* vides] quid oporteat scribere, quæ omnia postquam erunt in corde tuo scripta, necesse est hunc librum servare, ne alicui hosti liceat inspicere, vel sordes injiciendo delere, vel alia his contraria loco eorum subscribere [*f.* superscribere]. Adversarius enim noster diabolus nobis semper insidiatur, et quantumcunque potest delet ista, et scribit opposita, scilicet criminalia peccata. Est enim unicuique istorum aliud contrarium. Primo præcepto contraria est subreptio ; subripitur enim animus vanis cogi-

tationibus, ut veritatem deserat, et falsitati adhæreat, idolorum falsitatem sectans ; secundo, error ; tertio, amor sæculi ; quarto, impietas ; quinto, crudelitas ; sexto, fornicatio ; septimo, rapacitas ; octavo, falsitas ; nono, adulterium ; decimo, cupiditas ; et ista sunt diaboli. Unde pro certo sciatis, si aliquid istorum in vestro corde inveneritis, illud non Dei fore præceptum, sed potius diaboli. Huic itaque libro serrarium debemus appōnere, scilicet, Dei gratiam contra inimici astutiam, **736** quæ præsto est omnibus sese illi sperantibus [*f.* præparantibus]. Hac adepta firmatura procul fugit impostura, quæ se statim ingerit, cum gratia deserit. Hunc librum habebitis ; in eo legere poteritis ubique etiam clausis oculis. Si quæritis præmium quo remunerabuntur illi qui hunc in corde scribent, et qui his Domini præceptis obsequuntur, audite Dominum, qui neminem fallit, nec fallet, et cujus omnia dicta vera sunt : *Dabo tibi terram fluentem lac et mel.* Optima est terra ista, in qua rivos invenies lacte et melle manantes ; sed quid est quod dicitur, « lacte et melle manantem. » Per lac, quod est de carne et sanguine animalis, et est candidum et nutritium corporis, intelligitur claritas et glorificatio nostræ carnis. Tunc enim erunt nostra corpora sicut sol fulgentia. Per mel vero, quod est dulce gustantibus, et est confectum ex rore cœlitus misso et floribus, beatitudo cœlestium nostrarum intelligitur animarum : est igitur terra ista cœlestis patria, ubi plenarie erimus beati, corpore simul et anima, accipientes geminam stolam, scilicet, corporis agilitatem, immortalitatem, fulgorem, et impassibilitatem, et plenam [*supp.* in anima] Dei cognitionem, quam repromisit Deus diligentibus se. Ad quam ipse nos ducere dignetur Dominus noster Jesus Christus, qui vivit et regnat per omnia sæcula sæculorum. Amen.

CIII [*De diversis* XVI].

AD PASTORES. DE PRÆDICATIONE VERBI DIVINI (48).

« Oculum qui subsannat patrem, et qui despicit « partum matris suæ, effodiant eum corvi de tor« rentibus, et comedant eum filii aquilæ (*Prov.* xxx, « 17). »

Invenietis, [fratres charissimi, in Scripturis sacris,] flores varios et mirabiles, quibus pascantur oves Dominicæ, quibus reficiantur fideles animæ jucunda et spiritali refectione, et habebitis sufficienter unde oves morbidæ curentur, et unde famelicæ saturentur. Hinc agnoscetis historiarum simplicitatem, et intelligetis allegoriarum mysteria ; hinc percipietis dulcedinem moralitatis, unde colligetis præcepta modestiæ, documenta veræ et mundæ religionis, exempla sanctæ et piæ conversationis ; videbitis unde doceatis veritatem catholicæ fidei, unde persuadeatis integritatem morum, et ostendatis ordinem recte vivendi ; perpendetis quid conveniat diversis personis, quid diversis locis, **737** quid diversis temporibus, ut pro diversitate personarum, pro necessitate temporum, pro opportunitate locorum, universis proficere valeatis, et singulis quæ sunt utilia et necessaria ministretis, triturantes in area Domini, sicut boves ruminantes, et ungulam findentes. Vos enim debetis exercere ruminationem, hoc est assiduam meditationem Scripturæ sacræ, cum fixura [*f.* fissura] ungulæ, id est cum discretione, ut diligenter discernatis quæ quibus dicenda sint in prædicatione, quia non omnia dicenda sunt omnibus; et sicut dicit Moyses, non arandum in bove et asino (*Deut.* xxii, 20); ita non est eadem prædicatio facienda doctis et indoctis; sed juxta diversitatem personarum, juxta capacitatem auditorum, modificandus est et mutandus sermo rectorum. Unde et de quatuor fluviis, quibus significantur quatuor virtutes Ecclesiæ, quartus dicitur Phison, et interpretatur *oris mutatio*, quia una de quatuor principalibus virtutibus, hoc est prudentia, mutari facit ora pastorum, juxta capacitatem auditorum, ut in pastu divini sermonis illud recipiat unusquisque quo maxime indiget; minus docti recipiant ædificationem fidei et morum; mœsti recipiant gaudium consolationis; negligentes, correptionem; tepidi, exhortationem; discordantes, unanimitatem et amorem fraternitatis; errantes revocentur; delinquentes redarguantur; pœnitentes et supplices misericordiam consequantur; persistentes in malitia sua acriter confutentur; insurgentes contra doctrinam Christi, et auctoritatem matris Ecclesiæ, et quasi suæ subtilitatis oculum ostentantes, confundantur et confodiantur, sicut admonet Propheta, dicens: *Oculum qui subsannat patrem, et despicit partum matris suæ, effodiant illum corvi de torrentibus.* Corvi de torrentibus venientes, sunt boni pastores, boni presbyteri, fluentis sacrarum Scripturarum imbuti, qui appellantur corvi, id est nigri et despicabiles in conspectu hominum, quamvis sint decori et venerabiles ante conspectum Dei, sicut dicitur in Canticis canticorum in persona Ecclesiæ: « Nigra sum, sed formosa, filiæ Jerusalem (*Cant.* i, 5). »

Corvi de torrentibus debent effodere *oculum qui subsannat patrem, et qui despicit partum matris suæ,* quia boni sacerdotes, boni prælati auctoritatibus sacrarum Scripturarum, jaculis, id est sagittis sententiarum debent confodere, convincere et confutare non solum Judæos et infideles, verum etiam schismaticos (49), et falsos Christianos, qui in sua astutia confidentes, et de suæ subtilitatis oculo gloriantes subsannant **738** patrem suum, deridendo simplicitatem mandatorum Christi, qui eos in fide genuit, et despiciunt partum matris suæ, contemnentes auctoritatem et fecunditatem matris Ecclesiæ, quæ novos quotidie filios, et in catechismo concipit, et in baptismo parit. Ad hæc omnia observanda opus est magna scientia, magna diligentia, magna cautela, his qui sortiuntur magisterium animarum, quia

valde difficile est non offendere in verbo doctrinæ; et sicut dicit beatus Jacobus: « Si quis in verbo non offendit, hic perfectus est vir (*Jac.* iii, 2). » In verbo enim offenditur, non solum quando turpia et noxia et malitiosa, vel contumeliosa dicuntur, sed etiam quoties otiosa et inania verba proferuntur. In verbo offenditur, quando datur sanctum canibus et margaritæ ante porcos projiciuntur. In verbo offenditur, quando talentum verbi Dei, quod debet erogari pauperibus, absconditur in terra, et mensura spiritualis tritici subtrahitur familiæ Christi. Unde Psalmista in persona Idithun, hoc est *transilientis,* qui ad cœlestia tendendo, jam mundana transilierat, et tamen offendere, et in loquendo, et in tacendo metuebat, quasi in anxietate positus, et undique periculum conspiciens, custodiebat os suum, dicens: « Dixi : Custodiam vias meas, ut non delinquam in lingua mea. Posui ori meo custodiam, cum consisteret peccator adversum me. Obmutui, et silui a bonis, et dolor meus renovatus est (*Psal.* xxxviii, 1). » Videns peccatorem adversum se consistentem, et quærentem calumniam in verbis, ut posset redarguere et insultare, tacuit et obmutuit, ne daret sanctum canibus, ne margaritas projiceret porcis. Rursum videns quod loquendo verbum Dei, potuisset aliquibus profuisse, dolebat quod siluisset a bonis annuntiandis.

Ecce videtis, fratres, quanta perfectio est non offendere in verbo, in quo offenditur, et quando dicuntur quæ dici non oportet, et quando non dicuntur quæ dici oportet. Nam cui commendatur thesaurus verbi Dei, nec debet esse prodigus, ut incaute expendat; nec debet esse avarus, ut cum prodesse possit, abscondat. Quod si tantopere cavendum est magistris ecclesiarum, ut non offendant in verbo, quanto studio providendum est ut non offendant suæ conversationis exemplo. Si quis presbyter aut prælatus subditos suos male vivendo offendit, præbens eis exemplum avaritiæ et superbiæ, vel luxuriæ, vel lasciviæ, vel scurrilitatis, vel gulositatis, vel superfluitatis, vel ambitionis, vel elationis, vel contentionis, vel detractionis, vel discordiæ, **739** vel iracundiæ, vel otii; si quis, inquam, in his vel in aliis vitiis subditos suos malæ conversationis suæ exemplo corrumpit, quid prodest pascere verbo quos occidit exemplo? Ideo dicebat Dominus Scribis et Pharisæis : « Væ vobis qui neque intratis, neque alios intrare permittitis (*Matth.* xxiii, 13), » quia ipsi male viventes, doctrinam suam contemptibilem faciebant; quos debebant introducere ad vitam bene docendo, retrahebant male vivendo. Propterea monebat B. Jacobus apostolus, non plures magistros fieri, quia difficillimum est non offendere, periculosum est offendere, et maxime magistris, quorum offensiones gravius accipiuntur. Cogitate, fratres, officium vestrum; cogitate quod facti estis magistri animarum. Cogitate quia grave periculum

(49) Non videtur hic sermo habitus nisi ab episcopo, et hoc in synodo.

sit suscepisse officium, et non intendere, nec cogitare, nec laborare ad illud implendum. Evigilate et nolite torpescere ; gerite curam vobis injunctam ; studete et laborate, ut impleatis officium vestrum, ut sit in vobis scientia, diligentia, cautela, circumspectio, castitas, humilitas, continentia, modestia, et omnis temperantia, ut bene viventes et bene docentes et in neutro offendentes, perducatis greges vobis commissos ad supernum ovile, ad caulas regni cœlorum, ubi luporum rabies sævitiam non exercet, ubi plenum est gaudium, et secura tranquillitas, ad quam nos perducere dignetur Pastor bonus Jesus Christus Dominus noster, qui cum Patre et Spiritu sancto vivit et regnat per omnia sæcula sæculorum. Amen.

CIV [*De diversis* XVII].

DE VERBO DEI SEDULE AUDIENDO (50).

« Venite ad me, omnes qui laboratis, et onerati « estis, et ego reficiam vos (*Matth.* xi, 28). »

Audite, fratres charissimi, quantum affectum dilectionis ostendit nobis Dominus, qui nos laborantes in mundanis negotiis, qui nos oneratos multorum peccatorum oneribus, revocat sicut pastor amissas oves, et vos in deserto hujus mundi sitientes et esurientes reficere promittit, dicens : Vos *qui laboratis* in tumultu rerum sæcularium, *venite ad me* per fidem et bonam operationem, et ego ponam vos in requiem sempiternam ; *et qui onerati estis* ponderibus peccatorum, venite ad me, *et ego* alleviabo vos, dimittendo peccata, et insuper *reficiam vos* virtutibus, et bona **740** prædicatione, juxta illud : « Non in solo pane vivit homo, sed in omni verbo Dei (*Matth.* iv, 4). » Hanc refectionem facit Deus per prædicatores suos. Quando enim prædicant, [auditores] Deus reficit. Unde dicitur in Evangelio : « Qui accipit quem misero, me accipit (*Joan.* xiii, 20). » Et iterum : « Qui vos spernit, me spernit (*Luc.* x, 16). » Ecce, fratres charissimi, affero vobis refectionem illam ; vos autem toto corde accipite illam. Dominus dicit in Evangelio : « Qui ex Deo est, verba Dei audit (*Joan.* vii, 17). » Inimicis autem dicit : « Propterea vos non auditis, quia ex Deo non estis (*Luc.* viii, 47). » Et iterum : « Qui audit mandata [Qui habet mandata, etc.] mea, et servat ea, ille est qui diligit me, et ego diligam eum, et manifestabo illi me ipsum (*Joan.* xiv, 21). » Videte, fratres, quantum sit [bonum] audire mandata Dei et servare illa, quia per mandatorum Dei observationem Deus nobis manifestatur. Non enim potestis habere de Deo cognitionem, nisi audiendo mandata ejus sæpius. Sed non sufficit audire, nisi servemus. Unde ait apostolus [Jacobus] : « Estote ergo factores verbi, et non auditores tantum, fallentes vosmetipsos (*Jac.* i, 22). » Sed satis scio quod inimicus vester diabolus semper vobis insidiatur, ut auferat verbum Dei de corde vestro, ne audita possitis opere complere ; et estis forsan illi de quibus Dominus in

Evangelio : « Aliud semen cecidit secus viam, et conculcatum est, et volucres cœli comederunt illud (*Luc.* viii, 5). » Semen est verbum Dei ; quod autem cadit secus viam, significat illos qui audiunt verbum Dei ; deinde venit diabolus, qui significatur per volucres cœli, id est aeris, et tollit verbum de corde eorum, ne credentes salvi fiant. Ergo contra talem insidiatorem arma sunt accipienda, ut ait Apostolus : « Abjiciamus ergo opera tenebrarum, et induamur arma lucis (*Rom.* xiii, 12). » Opera tenebrarum sunt criminalia peccata, quæ ducunt homines « in tenebras exteriores, ubi erit fletus et stridor dentium (*Matth.* viii, 12), » ubi ignis inexstinguibilis, ubi vermis immortalis, ubi sitis perpetua, ubi fames insatiabilis ; ubi dolor [insanabilis] ; [ubi] creatura Dei, quæ ad imaginem et similitudinem Dei facta est, pro qua Creator dignatus est fieri creatura, et tantam contumeliam pati, quod, sicut ait Apostolus, « humiliavit se ipsum, factus obediens usque ad mortem, mortem autem crucis (*Philipp.* ii, 8), » Creatorem suum amittat, et in æternum supplicium detrudatur. Nolite igitur errare, scitote quia « neque fornicarii, neque adulteri, neque avari, neque fures, neque rapaces, neque maledici regnum Dei possidebunt (*I Cor.* vi, 10) (51). »

741 CV [*De diversis* XVIII]

ALLEGORIÆ DE ISAAC ET REBECCA, UT FIGURA CHRISTI ET ECCLESIÆ (52).

Dum de mysteriis sacramenti ad Abraham per puerum et requirendæ uxoris Isaac filio tractaretur (*Gen.* xxiv), adjunctum est : « Pone manum tuam subter femur meum, ut adjurem te per Dominum Deum cœli et terræ, ut non accipias uxorem filio meo de filiabus Chananæorum, inter quos habito, sed ad terram et cognationem meam proficiscaris, et inde accipias uxorem filio meo Isaac. » Libet perstrictim quædam de Abrahæ et Isaac historia ad medium deducere, ut possimus in ipsis quæ secundum allegoriam sunt, aptius demonstrare. Abraham quippe puerum vocat, et ut subter femur ejus manum ponere debeat, præcipit, et, sicut habet vetusta translatio, per Dominum Deum cœli jusjurandum præbere. Cui statim ne Isaac filio suo uxorem de filiabus Chananæorum accipiat jubet, sed ut ad ejus cognationem pergat, atque inde ei uxorem deducat. Qui ita ut præceptum est, manum sub femore Abrahæ posuit, et juravit, atque ex bonis omnibus domini sui tulit, et Mesopotamiam perrexit ; atque stans juxta fontem aquæ, orando proposuit quod puella cui diceret : « Inclina hydriam tuam, ut bibam ; » et illa responderet : « Bibe, quin et camelis tuis dabo potum ; » ipsa esset uxor domini sui Isaac. Protinus Rebecca egreditur, quæ puero aquam petenti respondit : Bibe, domine mi ; et celeriter hydriam suam super ulnam deposuit, potum dedit, quin etiam camelis aquam haurivit et præbuit. Cui puer protulit inaures aureas appendentes

(50) E Victorino.
(51) Mancus videtur hic sermo.

(52) E. Remigiano , in quo inscribitur, *Aldeberto Cenomanensi episcopo*.

siclos duos, et armillas pondo siclorum decem. Quæ
requisita, et genus dixit, et quia in domo patris
ejus esset locus spatiosus ad manendum, et quod
palearum ac feni plurimum haberet, indicavit. Cui
Rebeccæ frater erat nomine Laban, qui festivus
egressus est, et inaures atque armillas sororis videns, intus puerum vocavit, eique paleas et fenum
dedit, aquam ad lavandos pedes camelorum et virorum qui cum eo erant, præbuit, panem in conspectu
ejus apposuit. Sed puer comedere recusat, nisi
prius causam conjugii filio domini sui obtineat. Qui
mox ut causam obtinuit, prolatis vasis aureis et argenteis ac vestibus, Rebeccæ munera auxit : fratribus autem et matri dona obtulit. Rebecca autem
et puellæ illius ascensis camelis, virum secutæ sunt.
Qui festinus ad domum suam reversus est **742.** Eo
autem tempore Isaac ambulabat per viam quæ ducit
ad puteum, cujus nomen est *Viventis* et *Videntis*;
habitabat vero in terra australi, egressusque fuerat
ad meditandum in agro, inclinata jam die. Sed mox
ut Rebecca Isaac vidit, de camelo descendit, pue-
rumque requirit quis ille homo esset, qui per agrum
veniret. Cui ille respondit : Ipse est dominus meus.
At illa cito pallium tulit, sese operuit. Quam Isaac
in tabernaculum Saræ matris introduxit et accepit
uxorem ; et in tantum dilexit, ut dolorem qui ex
morte matris accesserat, temperaret. Quid est quod
Abraham puerum jubet sub femore suo manum ponere, et per cœli Dominum jurare, nisi quod illius
caro per illud membrum descensura erat, qui et
Abrahæ filius esset ex humanitate, et Dominus ex
divinitate? Sic itaque puero dicitur : Pone manum
sub femore meo, et jura per Deum cœli; ac si
aperte diceretur : Tange filium meum et jura per
Deum meum. Unde nec super femur, sed sub femore manum ponere jubetur; quia ex illo femore
ille descensurus erat, qui homo quidem, sed super
omnes homines veniret. Unde dignum non fuit ut
manum super femur poneret, quia nulla caro super
illam carnem est, quam in redemptione nostra sibj
Patris Unigenitus univit. Quid est quod Isaac dilecto
filio uxor de filiabus Chananæorum duci prohibetur,
nisi quod illi, de quo scriptum est : « Hic est Filius
meus dilectus, in quo mihi complacui (*Matth.* iii,
17), » nullæ reprobæ animæ conjunguntur? De cognatione autem uxorem filio deducere servus præcipitur, quia sola sancta electorum Ecclesia unigenito Filio copulanda erat, quam ipse Unigenitus ex
prædestinatione jam, et præscientia, extraneam non
habebat. Quis vero est puer, qui ad ducendum
uxorem mittitur, nisi prophetarum ordo, atque
apostolorum, omniumque doctorum, qui dum verbum prædicationis bonis mentibus faciunt, ad unamquamque animam unigenito Filio conjungendam,
quasi provisores fiunt ? Qui pergens, secum de
bonis omnibus domini sui detulit, quia in his quæ
de Domino loquuntur, in semetipsis virtutum divitias ostendunt; ut tanto citius ad sequendum Deum
pertrahant, quanto auditoribus suis in semetipsis

monstrant quæ narrant. Atque idem puer juxta fontem stetit, atque ex præfixa sententia, quæ puella
eligenda esset, proposuit : quia prædicatores sancti
sacri eloquii fluenta considerant, atque ex ipsis col-
ligunt quæ, vel quibus prædicationis suæ verba
committant, ex quibus auditoribus fiduciam certi-
tudinis assumant. Potum vero petit, quia prædicator omnis animam **743** sui auditoris sitit. Sed
Rebecca potum præbuit, quia sancta electorum Ecclesia prædicatorum suorum desiderio ex virtute
suæ fidei satisfecit, quæ enim Deum quem audivit
confessa est, prædicatori suo aquam refectionis obtulit, ejusque animum refrigeravit.'

Et notandum quod hydriam ab humero in ulnas
posuit, quia illa est placita confessio, quæ a bono
opere procedit. Vel certe aquam præbuit, quia in eo
quod credidit, vacua non remansit : nam mox prædicare studuit quod audivit, et docendo multos, ex
se prædicatores protulit. Aqua quippe in hydria, est
scientia prædicationis in mensura, quia sancta Ecclesia studet « non plus sapere quam oportet sapere, sed sapere ad sobrietatem (*Rom.* xii, 3). » Et
hydria aquæ in ulnas, est doctrina prædicationis in
opere. Quæ non solum ejus comitibus, sed potum
etiam camelis præbuit, quia verbum vitæ non solum
prudentibus, sed etiam stultis prædicat, juxta Pauli
vocem dicentis : « Sapientibus et insipientibus debitor sum (*Rom.* 1, 14). » Vel certe aqua etiam jumentis
datur, quando cura carnis quomodo sit habenda dis-
ponitur; ut ex voluntate impendi non debeat, et
tamen in necessitatibus non vagetur, sicut scriptum
est : « Carnis curam ne feceritis in desideriis (*Rom.*
xiii, 14).» Qui enim hanc in desideriis fieri prohibet, procul dubio in necessitate concedit, juxta
quod rursum dicitur : « Nemo carnem suam odio
habuit, sed nutrit et fovet eam (*Ephes.* v, 29).» Puer
autem Rebeccæ inaures et armillas dedit; quia prædicator quisque, et auditum [sanctæ Ecclesiæ per
obedientiam, et manus per bonæ operationis meritum exornat. Sed inaures duorum siclorum sunt,
armillæ autem siclorum decem; quia prima virtus
obedientiæ in charitate est, quæ videlicet charitas in
duobus præceptis distinguitur, ut Deus et proximus
diligatur; et recta operatio ex Decalogi completione
perficitur, ut cum bona agi cœperint, mala jam
nulla perpetrentur. Rebecca autem esse in domo
patris sui locum spatiosum ad manendum perhibuit,
quia a priori jam populo naturæ legem sancta Ecclesia se scisse monstravit, et prædicationis verba
in amplo charitatis gremio suscepit. Doctori enim
spatiosus ad manendum locus est in auditoris corde
latitudo bonitatis. Unde et quibusdam dicitur :
«Capite nos, neminem læsimus, neminem corrupi-
mus (*II Cor.* vii, 2) ;»—« Non angustiamini in nobis,
angustiamini autem in visceribus vestris (*II Cor.*
vi, 12); ac si eis aperte diceretur : Ad suscipiendam
doctrinam spatiosum locum mentis facite; sed ad
cogitanda carnalia angusti remanete. Quod palearum et feni plurimum haberet, indicavit; quia

sancta Ecclesia verba vitæ audiens, terrena stipendia prædicatoribus reddidit. Quæ dum Paulus **744**
quasi pro nihilo acciperet, dixit : « Si nos vobis spiritalia seminavimus, magnum non est si a vobis
carnalia metamus (*I Cor.* IX, 11). » Frater autem
Rebeccæ erat Laban, qui concite egressus, inaures
et armillas sororis aspiciens, intus puerum vocavit,
quia sunt carnales qui [*f.* quidam] fidelibus conjuncti, qui dum spiritalium dona conspiciunt, in
admiratione suspensi, etsi non usque ad opera, tamen in animam usque ad suscipiendam fidem verbum prædicationis admittunt. Quia enim bonos sæpe
fulci [*f.* fulgere] miraculis considerant, et [*f.* ea]
quæ de æternitate audiant [*f.* audiunt], non recusant, quamvis sanctam electorum Ecclesiam moribus
non sequentes, in carnali operatione remaneant.
Qui Laban paleas, fenum, aquam, panem obtulit ;
sed puer, nisi causam prius conjugii obtineret, ac-
cepturum se esse recusavit, quia sunt plerique qui
doctores suos ex temporalibus stipendiis continere
parati sunt ; sed prædicatores sancti percipere nolunt
temporalia, nisi prius obtineant æterna : si enim in
animabus fructum non inveniunt, sumere stipendia
corporibus contemnunt. Nec pedes aqua lavant, quia
laborem sui desiderii nulla consolatione relevant.
Mox vero ut causam conjugii domini sui puer obtinuit,
vasa aurea atque argentea ac vestes protulit, quas
Rebeccæ dedit, quia doctores sui sanctæ Ecclesiæ
tot ornamenta præbent, quot virtutum bona docue-
rint. Quæ enim prius inaures et armillas acceperat,
jam nunc vasa aurea et argentea ac vestes accepit,
excrescens postmodum ad spiritalia dona convalescit, ut prophetiæ spiritu et virtutum gratia repleta,
ampliatis jam muneribus ditescat. Puer vero matri
ejus et fratribus dona obtulit ; quia gentilitas ex quo
Ecclesia ad fidem venit, post conversionem ejus, in
gloria temporali convaluit, sicut et nunc cernimus,
quia ubique Christiani afflictionem sentiunt, et gentiles quique in terrena virtute gloriantur. Sed et
fratres ejus dona percipiunt ; quia hi qui in ea fidem
verbo tenus tenent, sed tamen professionem suam
moribus non sequentes, carnaliter vivunt, benigne a
fidelibus honorari solent, pro eo quod esse fideles
videntur. Mater ergo et fratres dona percipiunt, a
sorte tamen hæreditatis alieni ; quia sive infideles,
sive carnales, qui intra fidei professionem tenentur, ad hæreditatis æternæ sortem non veniunt, sed
supernæ largitatis gloriam temporaliter consequuntur. Rebecca autem cum puellis suis virum secuta
est ; quia sancta Ecclesia habet secum minoris meriti animas sodales suas, tametsi in quibusdam per
ascensus mentis in toro contemplationis non habet :
quæ videlicet tales animæ, quasi puellæ Rebeccæ
745 sunt, quia sequuntur moribus, sed tamen ad
contemplationis torum minime ascendunt. Nam et
isdem puer quosdam habuit in comitatu ; quia et
cum sanctis prophetis fuerunt quidam qui bene
viverent et prophetiæ spiritum non haberent ; et
cum beatis apostolis atque doctoribus fuere pleri-

que, qui vitam moribus tenerent, sed prædicationis
verba non promerent. Festinus autem puer ad domum redit ; quia prædicatores sancti eum prædicando vitam audientium obtinent, illi mox gratias
reddunt, de cujus munere præceperunt [*f.* percepe-
runt], ut sibi in ea operatione nil tribuant, sed
auctori. Eo autem tempore Isaac deambulabat per
viam quæ ducit ad puteum, cujus nomen est Viventis et Videntis. Quis est vivens et videns, nisi
omnipotens Deus ? de quo scriptum est : « Vivo ego
in æternum, dicit Dominus (*Deut.* XXXII, 40). »
De quo rursum dicitur : « Omnia nuda et aperta
sunt oculis ejus (*Hebr.* IV, 13). » Puteus vero viventis et videntis, est sacræ Scripturæ profunditas,
quam nobis ad irrigationem mentis præbuit omnipotens Deus. Quæ est autem via quæ ducit ad puteum viventis et videntis, nisi humilitas passionis
Unigeniti, per quam nobis apertum est hoc quod
prius latenter Scripturæ sacræ fluenta loquebantur ?
Nisi enim unigenitus Dei Filius incarnatus, tentatus, apprehensus, colaphis cæsus, sputis illitus,
crucifixus ac mortuus fuisset, nobis hujus fidei, id
est Scripturæ sacræ profunditas non pateret. Quid
ergo fidelibus humilitas passionis ejus facta est,
nisi clavis apertionis, per quam ministeriorum
[*f.* mysteriorum] Dei puteum invenimus, ut aquam
scientiæ de profundo libemus ? Incarnationem
quippe, passionem, mortem, resurrectionem atque
ascensionem illius sacræ paginæ eloquuntur, quæ
quia facta cognovimus, jam nunc intelligimus audita. Hæc autem prius legi poterant ; sed quia necdum evenerant, intelligi non valebant. Unde et per
Joannem dicitur : « Vicit leo de tribu Juda aperire
librum, et solvere signacula ejus (*Apoc.* V, 5). »
Signacula illius solvit, qui nascendo, moriendo,
resurgendo, atque ad cœlos ascendendo, Scripturæ
sacræ nobis arcana patefecit.

Et notandum quod non dicitur, ambulabat per
viam quæ ducit ad puteum, sed deambulabat ; deambulabat quippe per viam per quam ambulat, qui
eam eundo et redeundo conculcat. In humilitate
autem passionis Dominus deambulavit, quia modo
a Judæis verborum contumelias, modo contra se
falsum testimonium, modo alapas, modo sputa,
modo spineam coronam, modo crucem tolerando
sustinuit. Deambulasse ergo in humilitate passionis
est, tot adversitates et probra diversis modis iterando pertulisse. **746** Isaac autem Rebecca veniente in terra Australi habitat, quia unigenitus
Dominus ac Redemptor noster, veniente ad se Ecclesia, in illorum mentibus mansit. Ex illo quippe
populo Anna prophetissa, ex illa Simeon exstitit,
qui in ulnas Dominum accepit. Egressus autem fuerat ad meditandum in agro. Quod ager mundus accipitur, ipse per se Dominus exponit, dicens : « Ager autem est mundus (*Matth.* XIII, 38) ; qui in hoc egressus
est, quod visibilis apparere dignatus est, sicut scriptum est : « Existi in salutem tui populi, ut salvos facias
christos tuos. » Solent exerti [electi, *vel* exercitandi]

Juvenes in armorum usum meditari : Isaac ergo ad meditandum in agro exiit, quia Redemptor noster se sequentibus formam humilitatis præbens, per exercitum [*f.* exercitium] longanimitatis suæ passionis in se et patientiæ exemplum monstravit. Meditatio quippe armorum est frequentatio passionum. Qui enim verba [*f.* verbera], manum, lanceam, crucem pertulit, passionem suam usque ad mortem in se frequentari permisit. Passionis vero arma didicimus, quia per ipsa ab adversario occulte liberamur; sicut per semetipsum Dominus dicit : « In patientia vestra possidebitis animas vestras (*Luc.* xxi, 19). » Qui ad meditandum in agro inclinata jam die exiit, quia per passionum exercitia juxta finem mundi suscepit, sicut Psalmista de crucifixionis suæ expositione loquitur, dicens : « Elevatio manuum mearum, sacrificium vespertinum (*Psal.* cxl, 2). » Quid est autem quod Rebecca ad Isaac dorso cameli deducitur, nisi quod per Rebeccam, sicut præfati sumus, Ecclesiam, et per camelum, qui præsidet, tortius moribus, atque onustus idolorum cultibus gentilis populus designatur? Qui enim ex semetipsis sibi invenerunt deos quos colerent, quasi a semetipsis ei onus [*f.* eis onus] in dorso excreverat, quod portarent. Rebecca ergo ad Isaac veniens, dorso cameli deducitur; quia ad Christum ex gentilitate Ecclesia properans, in tortis vitiosisque vitæ veteris conversationibus invenitur. Quæ ut Isaac vidit, de camelo descendit; quia sancta Ecclesia, quanto Redemptorem suum subtilius agnoscit, tanto carnalis vitæ studia humilius deserit, atque in semetipsa tortitudini vitiosæ contradicit. Isaac ergo viso descendit, quia Domino cognito vitia sua gentilitas deseruit, et ab elato celsitudinis, ima humilitatis petiit. Quid est autem quod Isaac in camelo sedens Rebecca conspexit, nisi quod Redemptorem suum Ecclesia ex gentibus veniens, dum adhuc vitiis esset innixa, et necdum spiritalibus moribus adhæreret, attendit? Nec movere debet quod puer quoque cum camelis venerat, in quibus sui domini divitias ferebat, quia ipsi quoque **747** prædicatores sancti, quamvis jam ad superiora intelligenda atque proferenda et intellectu et vita emicent, adhuc tamen in semetipsis contradictionem carnis sentiunt. Nam vident aliam legem in membris suis repugnantem legi mentis suæ, et captivos se ducentem in lege peccati (*Rom.* vii, 23): et divitias in camelis portant, quia ne magnitudo revelationum extollat eos, datur eis stimulus carnis suæ (*II Cor.* xii, 7); habent enim thesaurum istum in vasis fictilibus (*II Cor.* iv, 7), ut sublimitas sit virtutis Dei, et non ex eis.

Qui ergo per carnem sublimia loquuntur, et tamen adhuc in carne contradictionem de vitio sentiunt, quid aliud quam super tortuosa camelorum dorsa divitias ferunt? Rebecca vero, Isaac viso, quis ille homo sit requisito puero cognoscit, quia quo-

tidie sancta Ecclesia adhuc per prophetaram atque apostolorum dicta, quid de suo Redemptore credere debet, intelligit. Quæ sese mox pallio operuit, quia quanto subtilius Salvatoris sui mysteria penetrat, tanto altius de ante acta vita confunditur : et quia perverse egerit, verecundatur. Pallio se operire curavit, quia, viso Domino, infirmitatem suæ actionis erubuit, et illa quæ prius in camelo libere gestabatur, descendens postmodum verecundia tegitur. Unde eidem Ecclesiæ a priore elatione conversæ, per apostolicam vocem, quasi Rebeccæ de camelo descendenti, sibique pallium superducenti, dicitur: « Quem enim fructum habuistis tunc in illis, in quibus nunc erubescitis? » (*Rom.* vi, 21.) Quam Isaac in tabernaculo suæ matris introduxit atque uxorem accepit; quia loco Synagogæ Dominus, ex qua per carnem natus est, sanctam Ecclesiam diligit, eamque sibi in amore et contemplatione conjungit, ut quæ prius proxima ex cognatione, id est cognata per prædestinationem fuerat, postmodum jam conjuncta in amore, continuo uxor fiat. Quam in tantum dilexit, ut dolorem, qui ex morte matris accesserat, temperaret, quia ex lucro sanctæ Ecclesiæ Redemptor noster eam, quæ ex perditione Synagogæ accidere potuit, tristitiam detersit. Dum enim Rebecca conjungitur, dolor de matris morte amputatur, quia dum sancta Ecclesia ex gentilitate veniens usque ad torum contemplationis perducitur, Judæa pro nihilo habetur. Quod si interpretari ipsa eorum nomina curamus, Isaac *risus*, Rebecca autem *patientia* dicitur : risus vero de lætitia est, patientia autem de tribulatione. Et quamvis sancta Ecclesia jam in cœlestis sit gaudii contemplatione suspensa, habet tamen adhuc quod triste de mortalis carnis pondere toleret. Isaac vero et Rebecca jungitur, id est risus et patientia permiscetur; quia fit in sancta Ecclesia **748** quod scriptum est : « Spe gaudentes, in tribulatione patientes (*Rom.* xii, 12), » ut hanc et prospera de contemplatione lætificent, et adhuc adversa de tribulatione perturbent.

CVI [*De diversis* XIX].

DE GRATITUDINE ERGA DEUM, ET VERA AD IPSUM CONVERSIONE (55).

« Popule meus, quid feci tibi, aut quid molestus fui tibi? Responde mihi. Quia eduxi te de terra Ægypti, et de domo servientium liberavi te (*Mich.* vi, 3) ? »

Reduc me in memoriam, ut non judicemur simul. Narra, si quid habes, ut justificeris. Pater tuus primus peccavit, et interpretes diu prævaricati sunt in me. Diu, fratres charissimi, toleravit nos Dominus; diu distulit pœnam, invitans nos ad pœnitentiam. Cum autem videat se frustra exspectare, nec suos corrigi velle, invitat nos ad causam, quærens per prophetam Michæam : *Popule meus, quid feci tibi?* Cur me derelinquis? Cur mihi non obedis?

---

(55) E Victorino et Lyrano.

Responde causam, quare negligis meam obedientiam? Nihil mali *feci tibi*, nec etiam *molestus fui*; et si aliquid feci, ad correctionem, non ad perniciem feci. Mala nulla sunt, bona vero multa, quæ feci. *Quia eduxi te de terra Ægypti*, id est de terra tenebrarum; liberavi te de terra servitutis diaboli, qui te a patria tua captivaverat. Reduc in memoriam, si quid habes quod juste respondeas. Libenter recipiam ut judicemur simul, et arguas me non fecisse quod facere debui. Narra ergo si quid habes ut justificeris, quod dicitur : Ego non loquor prior contra te, ne oppressum te dicas multiplicatione sermonum. Sed tu, si quid habes pro te, ipse loquere, quia si quid antea boni feci tibi, non ob meritum tuum, neque parentum tuorum id feci; quia pater tuus primus peccavit, et interpretes tui, id est doctores tui, ipsi etiam prævaricati sunt in me. Audistis, fratres charissimi, quod Dominus juste iratus contra vos dixit. Sed tamen, quamvis magnus sit Dominus, quamvis omnipotens, tamen iram temperat, et ne nos de eo conqueramur, cum ultionem de nobis acceperit, prius voluit nos, si quid haberemus, respondere. Cogitet ergo unusquisque quomodo respondeat, ego vero non video quid tanto benefactori respondere possimus. Si placeat, audiamus beneficia, saltem parce, quia non omnia possumus memorare. « Nunquid non, » ait Moyses, « ipse est pater tuus, qui possedit te, et fecit, et creavit te? (*Deut.* xxxii, 6.) » David similiter : « Ipse fecit nos, et non ipsi nos (*Psal.* xcix, 3). » Ecce primum, **749** quomodo nobis attulit esse nostrum.

Quid referam de temporalibus beneficiis quæ quotidie facit? « Ipse solem suum oriri facit super bonos et malos, et pluit super justos et injustos (*Matth.* v, 45). » — « Domini est terra, et plenitudo ejus, orbis terrarum, et qui habitant in eo (*Psal.* xxiii, 1). » Ipse est qui dat nobis escas in tempore opportuno. Sed quia ista sunt temporalia, aliud insigne videamus, et spirituale beneficium. « Scitis enim, » ut ait Apostolus, « gratiam Domini nostri Jesu Christi, quoniam propter vos egenus factus est, cum esset dives, ut illius inopia vos divites essetis (*II Cor.* viii, 9). » Venit pastor per desertum hujus mundi ovem perditam, raptam a lupis quærere; quam inventam, propriis humeris reportavit ad gregem, et per multas tribulationes eam liberavit. Ipse enim propter ovem, ut ait Isaias, « tanquam ovis ad occisionem ductus est, et non aperuit os suum (*Isa.* liii, 7), » quoniam quando vellus suæ carnis Judæi ad interficiendum abstulerunt, non rebellabat coram eis, non clamabat; in monte orabat pro eis : « Pater, ignosce illis, quia nesciunt quid faciunt (*Luc.* xxiii, 34). » Et quando percutiebant eum, dicentes : « Prophetiza, quis est qui te percussit (*Luc.* xxii, 64)? » at ipse tacebat. Itaque, ut ait Isaias : « Oblatus est, quia ipse voluit, et non aperuit os suum (*Isa.* liii, 7); » non contradixit, sed patienter tulit. Et quando clamabat in cruce : « Sitio (*Joan.* xvii, 28), » non

tam corporalem potum, quam salutem eorum, ut ait ipse Christus per David : « Dederunt in escam meam fel, et in siti mea potaverunt me aceto (*Psal.* lxviii, 22). » Cum enim quæreret ab eis quasi cibum, cibos ei amaros præbuerunt ut fel, et inveteratos, et vetustate vitiorum acidos, ut acetum. Qua autem causa, quo crimine hoc passus est, audite quod ait Isaias : « Ipse vulneratus est propter peccata nostra, attritus est propter iniquitates nostras; et posuit in eo omnes iniquitates omnium nostrum, et livore ejus sanati sumus (*Isa.* liii, 5). » De eo iterum inquit David : « Quæ non rapui, tunc exsolvebam (*Psal.* lxviii, 5). » Luit enim quod non commiserat. Itaque pœnam peccati sustulit, « qui peccatum non fecit, nec inventus est dolus in ore ejus (*Isa.* liii 9; *I Petr.* ii, 22). » Quin et dolores nostros ipse portavit. Ipse enim, ut ait Moyses, expandit alas, et assumpsit eos atque portavit in humeris suis (*Deut.* xxxii). His omnibus tribulationibus, cum solus esset Filius [*supp.* naturalis] Dei, voluit et nos fieri filios Dei adoptivos, ut essemus ejus fratres. Unde Joannes : « Quotquot autem receperunt eum, dedit eis potestatem filios Dei fieri, his qui credunt in nomine ejus (*Joan.* i, 12). » Et Dominus per Prophetam : « Narrabo nomen tuum fratribus meis (*Psal.* xxi, 23). » Et Paulus : « Ut essemus hæredes Dei, cohæredes autem Christi (*Rom.* viii, 17). » Et Christus ipse in Evangelio : « Ubi sum ego, et minister meus erit (*Joan.* xii, 26). » Et volens nos angelico honore nobilitare, ait : « Erunt homines similes angelis. »

Ecce, fratres charissimi, **750** particulam tantorum beneficiorum Dei tanquam notatam, quæ tamen innumerabilia sunt, retulimus. Dicat ergo unusquisque cum David : « Quid retribuam Domino, pro omnibus quæ retribuit mihi? » (*Psal.* cxv, 12.) Scitis satis, quia pro tantis beneficiis sibi obnoxii, obedientes esse debetis. Si non solvitis, audite quid dicat Dominus : « Filios enutrivi, et exaltavi; ipsi autem spreverunt me (*Isa.* i, 2). » Et iterum per David : « Non audivit populus meus vocem meam, et Israel non intendit mihi. Et dimisi eos secundum desideria cordis eorum, ibunt in adinventionibus suis (*Psal.* lxxxvi, 13). » Magna enim grandisque pœna, cum Dominus subtrahit gratiam, et dimittit miserum in vita [*f.* in vitia] præcipitari. Unde per Moysen Dominus ait : « Abscondam faciem meam ab eis, et considerabo novissima eorum (*Deut.* xxxii, 20). » Quod dicitur : Videbo, et transferam præsentiam meam ab eis, et nuntiabo eis novissima eorum, id est ad quem exitum eos opera sua ducent. Ecce Dominus nos contemptores suos vocat; sed revera, nonne eum contemnitis, cum audita verba repudiatis? « Servus sciens, » ut dicit Dominus in Evangelio, « voluntatem domini sui, et non faciens eam, plagis vapulabit multis (*Luc.* xii, 47). » Videmus plura præcepta Domini, videamus utrum illa compleamus. Præcipit Deus non occidere; sed quot sunt nostrum, quorum, dum mente quos oderunt interficiunt, manus sanguine plenæ sunt, quorum pedes veloces sunt ad effundendum sanguinem; siquidem, ut ait apostolus Joannes: « Qui odit fratrem suum, homicida est (*I Joan.* III, 17). » Præcipitur : « Non mœchaberis (*Exod.* XX, 14); » Et Apostolus : « Viri, diligite uxores vestras (*Ephes.* V, 25); » sed nonne aliqui vestrûm diligunt uxores aliorum plus quam suas? quare dupliciter peccant, et in proximum, et in uxorem suam. Dominus præcipit per David : « Rapinas nolite concupiscere (*Psal.* LXI, 31). » Quod autem contra hoc præceptum faciatis, ipse Dominus per Isaiam ait [principibus populi sui] : « Vos depasti estis vineam, et rapina pauperis in domo vestra; quare atteritis populum meum, et facies pauperum commolitis? (*Isa.* III, 14, 15). » In hac auctoritate duplex natura, simplex sacrilegium [*f.* simplex natura, duplex sacrilegium]. Cum dicit : « Depasti estis vineam » id est Ecclesiam meam, tangit illos qui Ecclesiæ opibus abutuntur in deliciis corporis, quæ ad sustentationem pauperum datæ sunt, vel sibi reservant, vel propinquis distribuunt, et aliorum inopiam, suas suorumque faciunt esse divitias; et hoc sacrilegium. Cum dicit : « Rapina pauperum est in domo vestra, » notat rapinam illam, quando quibus jubentur dare sua, auferunt aliena; [et hoc sacrilegium aliud]. Quod vero subposuit : « Quare atteritis populum meum ? » refert ad principes, qui substantiam plebis injuste atterunt, **751** et opprimunt. Quod de usuris, de falsis judiciis, de adulatione, de dolis, de perjuriis, de transgressionibus fidei, et de aliis peccatis : omnia ista sunt retributiones, quas pro beneficiis Deo solvitis. Vos igitur increpet Moyses, cum dicit : « Generatio prava, atque perversa, hæccine reddis Domino, popule stulte et insipiens? (*Deut.* XXXII, 6.) » Cum ergo Dominus tot beneficia, fratres charissimi, vobis fecerit, et vos ita ingrati fueritis, et mala pro bonis resolveritis, quid dicetis? Venietis cum eo ad causam? Certe non est justum, quia Apostolus ait : « O homo! tu quis es qui respondeas Deo? » (*Rom.* IX, 20.)

Cum ergo venire ad judicium non audeatis, accipite consilium quid faciatis. Ait enim Moyses [in persona Dei] : « Levabo ad cœlos manum meam, et dicam : Vivo ego in æternum. Si acuero ut fulgur gladium meum, et arripuerit judicium manus mea, reddam ultionem hostibus meis; et his qui oderunt me, retribuam (*Deut.* XXXII, 40). » Quod dicitur per simile. Juraturus [ait] : *Levabo ad cœlum manum meam, et dicam* : Sicut verum est quod *ego vivo in æternum* ; sic verum illud erit : *Si acuero, sicut revera faciam, gladium meum,* qui huc usque visus est hostis [*f.* visus est obtusus], quandiu differebam ultionem. Quod autem accipiat gladium, subponit, id est : « Si manus mea, » seu Filius meus, « arripuerit judicium, » quod per gladium significatur, « reddam ultionem hostibus meis. » Mystice levare ma-

num ad cœlum, est exaltari Filium hominis in die ascensionis, ut tandem ad judicium veniat et ultionem faciat. Dabo igitur, fratres charissimi, sanum consilium, per quod minas istas evadere possitis, nec cogat vos ut ad causam cum eo veniatis. Nec tamen consilium hoc meum est, sed David prophetæ, qui expertus est illud. Ait enim : « Introite portas ejus in confessione (*Psal.* XCIX, 4); » quasi diceret : Vos qui extra domum Dei per peccata vestra estis, nolite stare foris, ubi maligni spiritus sunt, ubi lupus excubat, sed excusate [*f.* accusate vos] et intrate ad Dominum. Scitis quomodo? In confessione. Confitemini, et agite pœnitentiam, et dimittet vobis Dominus peccata vestra, et ne dubitetis; ait enim David : Accipite a me exemplum : « Dixi : Confitebor adversum me injustitiam meam Domino, et tu remisisti impietatem peccati mei. Pro hac orabit ad te omnis sanctus in tempore opportuno (*Psal.* XXXI, 5). »

Scitis quam commendabilis est confessio. Non est adeo sanctus qui non peccat, et ideo omnes quærunt confessionem. Etiam et sancti in hoc mundo indigent ea. Hæc est ultima medicina, hoc ultimum peccatoribus remedium. Hæc est turris, ad quam omnes oppressi fugiunt, **752** in qua vulnerati fugitivi sanantur. Per hanc Maria Magdalena salvata est. Per hanc Petrus post negationem, apostolatum recuperavit. Per hanc latro sub ipso mortis articulo in cruce meruit audire : « Hodie mecum eris in paradiso (*Luc.* XXIII, 43). » Unde autem ista utilitas? Ex sola Dei bonitate, ut ait David : « Confitemini Domino, quoniam bonus, quoniam in sæculum misericordia ejus (*Psal.* CV, 1). » Secure igitur veniam postulare possumus, quia ipse patiens est, et multum misericors. Suavis Dominus universis, et miserationes ejus super omnia opera ejus. Unde Propheta ait : « Confitemini, filii revertentes, et ego sanabo contritiones vestras. (*Ose.* XIV, 5). » Et David : « Nunquid qui cadit non adjiciet ut resurgat (*Psal.* XL, 9). » Præcinite ergo Domino in confessione, quia « prope est Dominus invocantibus eum, omnibus invocantibus eum in veritate (*Psal.* CXLIV, 18). » Ipse, qui miseretur vere pœnitenti. Hoc est illud consilium, de quo dixeram vobis. Aliter Deo reconciliari non potestis, et ideo non est differenda pœnitentia, quia non est diu promissa præsens vita. Currite unusquisque ad prælatum suum, et facite cum Deo pacem, non cras, sed hodie, quia, ut ait Joannes Baptista : Jam securis posita est ad radicem arboris, ut vos feriat, nisi vos properetis emendare. Non desperet aliquis propter turpissimam vitam, quando possit adipisci veniam, [(54-55) Da nunc exemplum de aliquo peccatore ad fidem converso atque salvato et dato exemplum ad hoc et aliorum multorum, qui desperantes, ad salutis tamen viam regressi sunt, et conversi ad Dominum.] Et vos similiter, fratres charissimi, non ducat in

---

(54-55) Nota inde sermones quosdam non exacte descriptos, sed tantum illorum materiam indigestam.

desperationem aliquod horribile peccatum, quia non est aliqua tam gravis culpa, quæ non habeat veniam. Pensate ergo, fratres charissimi, pensate extremum vitæ diem; præparate vos, quia veniet, et non tardabit. Quid estis dicturi, cum stabitis ante tribunal Christi? Vix justus et per multas tribulationes et tentationes salvabitur, id est cum magna difficultate, quia hinc dæmones, hinc caro, hinc mundus eum expugnant, et cum [tamen] oportet tot hostibus resistere. Impii qui diligunt prospera, qui hos labores vitant, qui vitiis non resistunt, ubi parebunt? Cæci estis, ebrii estis, dormitis qui hæc non cognoscitis. O miseri, miseri! divitiæ sæculi vos excæcant. In hoc apparet quod peccatores estis, quia divitias amatis. Quod ait David : « Ecce ipsi peccatores, et abundantes in sæculo, obtinuerunt divitias (*Psal.* LXXI, 12). » Sed « Relinquent alienis divitias suas, et sepulcra illorum, domus illorum in æternum (*Psal.* XLVIII, 11). » Thesaurizate ergo vobis, fratres, **753** thesauros in cœlo, ubi nec ærugo, nec tinea demolitur, ubi in æternum floreatis, ubi in æternum gaudeatis, adjuvante Domino nostro Jesu Christo, qui cum Patre et Spiritu sancto vivit et regnat in sæcula sæculorum. Amen.

CVII [*De diversis* XX].
DE DILECTIONE PROXIMI (56).

« Sciens Jesus quia venit hora ejus, ut transeat « de hoc mundo ad Patrem, cum dilexisset suos qui « erant in mundo, in finem dilexit eos (*Joan.* XIII, « 1). »

Vos autem, fratres charissimi, gratia Dei intelligitis quæ a Domino nobis præcipiuntur, quia quotidie in audientia vestra legitur. Non oportet vos doceri, sed admoneri. Tamen officium est nostrum, ut quod intelligitis, in memoriam reducamus vobis. Scitis quanta discordia erat culpa nostra inter nos et Deum ; sed pius et misericors Dominus voluit Patri suo reconciliare genus humanum. Dilexit creaturam, non per meritum [ejus,] sed per misericordiam suam. Missus itaque a Patre, implevit obedientiam usque ad mortem, et cum accederet ad mortem, voluit invitare nos ad dilectionem. Mors enim ejus erat reconciliatio Dei et hominum. Homines autem non poterant cum Deo reconciliari, nisi prius inter se reconciliarentur. Itaque pridie quam pateretur, verbo et facto suos in amore colligavit. Modo videamus factum et postea verbum. Videbat Dominus quod servitium et humilitas sint fomes et forma dilectionis. Voluit ergo Dominus per exemplum prius nos invitare ad serviendum, ut post fomitem [*f.* sementem] verbi facilius seminaret in eis dilectionis amorem. Hoc autem servitium humilitatis fuit, quo Dominus assumpsit personam servientis. Ait enim evangelista de Domino : « Surgit a cœna, et ponit vestimenta sua ; et cum accepisset linteum, præcinxit se ; deinde misit aquam in pel-

vim, et cœpit lavare pedes discipulorum suorum, et extergere linteo quo erat præcinctus (*Joan.* XIII, 4). » Peracta autem ablutione pedum ostendit quare hoc fecisset. « Scitis, « inquit, « quid fecerim vobis? Vos vocatis me, Magister et Domine, et bene dicitis, sum etenim. Si ergo lavi pedes vestros, ego Dominus et Magister, et vos debetis alter alterius lavare pedes Exemplum enim dedi vobis, ut quemadmodum ego feci vobis, ita et vos faciatis (*ibid.*, 12). » Ecce patet quia pro se non abluebat, sed quod sic alios ad exemplum [humilitatis] invitabat, ut non erubescerent facere quod Dominus in se voluit monstrare. Præmisso fomite dilectionis, **754** secutus aggreditur, dicens : « Quo ego vado vos non potestis venire modo ; et ideo dico modo, quia mandatum novum do vobis (*ibid.*, 33). » Discessurus erat Dominus, et paraturus locum, sicut alibi dicit : « Vado parare vobis locum (*Joan.* XIV, 2). » Nondum via aperta erat, nondum murus fractus, de quo scriptum est : « Et in Deo meo transgrediar murum (*Psal.* XVII, 32). » Sed postquam mortem morte sua peremit, et captivam ducens captivitatem, infernum spoliavit, sicut de eo scriptum erat : « O mors ! ero mors tua ; morsus tuus ero, o inferne (*Ose.* XIII, 14) ! » tunc fuit completum quod de eo prædictum ante mortem fuit : « Iterum veniam, et accipiam vos ad me ipsum, ut ubi ego sum, et vos sitis (*Joan.* XIV, 3). » Sed iterum Dominus discedens, voluit pacem et concordiam in familia sua ponere, ut ex dilectione se consolarentur, qui de absentia diu desolarentur ; et quare hoc mandatum eis specialiter injungit, ostendit : « In hoc, inquit, cognoscent omnes, quia discipuli mei estis, si dilectionem habueritis ad invicem (*ibid.*). » ac si diceret : Meæ oves sunt in præsenti cum ovibus diaboli commistæ. Pono signum ; pono cauterium, quo aliæ ab aliis discernantur. Cæteræ virtutes communes sunt tam bonis, quam malis ; sed dilectio vera solis bonis [competit.] Vera quippe dilectio habet duos ramos, scilicet, dilectionem Dei et proximi. Hæc virtus, radix omnium virtutum. Aliæ virtutes sine dilectione nihil valent, ut ait Apostolus : « Si distribuero omnes facultates meas in cibos pauperum, et si tradidero corpus meum ita ut ardeam, charitatem autem non habeam, nihil mihi prodest (*I Cor.* XIII, 3). » Qui habet dilectionem, habet cæteras virtutes, quia in hoc pendent lex et prophetæ. Hæc est illa virtus quæ dirigit palmites suos usque ad inimicos ; unde præcipitur : « Diligite inimicos vestros, benefacite iis qui oderunt vos (*Matth.* V, 44). » Et propterea vocatur latum mandatum ; unde ait David : « Omnis consummationis vidi finem, latum mandatum tuum nimis (*Psal.* CXVIII, 96), » quia dilectio est terminus totius perfectionis. In veteri enim lege præcipiebatur odio haberi inimicos : « Diliges, inquit, proximum tuum sicut te ipsum (*Matth.* XXII, 39). » Multa autem commoda ex dilectione proveniunt, velut re-

---

(56) E Victorino

missio peccatorum, prælatio in Ecclesia, vita æter- A
na. Quod enim dictum est de Maria : « Dimittuntur
ei peccata multa, quoniam dilexit multum (*Luc.* vii,
47). » Quod dictum est Petro : « Petre, amas me?
Etiam Domine : Pasce oves meas, pasce agnos meos
(*Joan.* xxi, 16). » Quod de discipulo quem diligebat
Jesus : « Veni, dilecte mi, ad me, quia tempus est
ut epuleris in convivio meo cum fratribus tuis. »

Itaque, fratres charissimi, amplectamini dilectionem, diligite concordiam, pacem servate, si vultis
cum Deo pacem habere; **755** pax enim custodia
omnis virtutis dicitur. Pacem nuntiavit angelus, cum
dixit : « Gloria in excelsis Deo, et in terra pax hominibus bonæ voluntatis (*Luc.* ii, 14); » pacem et
Apostolus, cum ait : « Cum omnibus, quod ex vobis
est, pacem habete (*Rom.* xii, 18) ; » Christus, cum B
ait : « Pacem relinquo vobis, pacem meam do vobis
(*Joan.* xiv, 17); » et quando ingrediebatur ad discipulos, dicebat : « Pax vobis (*Luc.* xxiv, 56); » et
præcepit apostolis : « In quamcunque domum intra-
veritis, primum dicite : Pax huic domui (*Luc.* x, v).»
Cum ergo et angelica et apostolica et Dominica
prædicatione nobis pax injungitur, tam authenticis
præceptis obtemperandum est. Non enim minima
præsumptio est tam commendabile præceptum transgredi. Verumtamen scimus quia a quibusdam nostrum grave est diligere inimicos, sed necessarium
est emendare hoc solum in dilectione, quod non est
malis commune, et non aliter ex dilectione præmium accipietis, nisi inimicos dilexeritis; quia, ut C
ait Dominus : « Si amicos diligitis, quam mercedem
habebitis ? Hoc similiter faciunt ethnici et publicani
(*Matth.* v, 46). » Adjicite ergo animum, ut veniam
inimicis præbeatis, quia, ut ait Dominus : « Si non
dimiseritis hominibus peccata eorum, nec Pater
vester dimittet vobis peccata vestra (*Matth.* vi, 15).»
Concludi igitur poterit, quia pro nihilo a Domino
veniam exspectatis, nisi proximo condonetis ; et sic
de nullis peccatis pœnitere poteritis, quia de nullis
venia daretur vobis, nisi veniam daretis inimicis
vestris. Pensate ergo, fratres charissimi, hoc inevitabile præceptum custodire. Pellite a vobis, si est in
vobis, venenum odii. Pacem inter vos habete, quia
fratres estis, quia veniam vobis a Domino quæritis.
Reducite in memoriam, quia hodie Dominus inimi- D
cum osculatus est Judam, et vocavit proditorem,
amicum , dicens : « Amice, ad quid venisti ? »
(*Matth.* xxvi , 50.) Date igitur reconciliationis
osculum, non proditionis figmentum. Qui ficte
osculatur inimicum, socius erit Judæ. Deus autem
pacis et dilectionis, pacem vobis tribuat, qui vivit et
regnat in sæcula sæculorum. Amen.

CVIII [*De diversis* XXI].

DE OPERIBUS MISERICORDIÆ (57).

Noli æmulari in malignantibus, neque zelaveris
« facientes iniquitatem ; quoniam tanquam fenum

(57) E Victorino.

« velociter arescent, et quemadmodum olera herba-
« rum cito decident (*Psal.* xxxvi, 1). »

Multi in mundo sunt, fratres charissimi, qui cum
videant homines hujus sæculi florere, et omnibus
bonis temporalibus abundare, quantumlibet peccatores, **756** quantumlibet scelerosos, bonos autem
videant a sæculo esse despectos, omnibus malis
subjectos indignantur, et credunt malos esse beatos,
bonos vero miseros. Unde etiam multi mali efficiuntur, et malos imitantur, ut cum malis in hoc sæculo
prosperentur. De talibus loquitur David Psalmista,
et eos consolatur, dicens : O tu fidelis ! qui vides
indignos prosperari, *noli æmulari*, id est indignari,
in malignantibus, id est de male agentibus, si prosperentur; neque zelaveris, id est amaveris, neque
imitatus fueris propterea facientes iniquitatem, ut
quasi faciendo iniquitatem possis prosperari. Ne
cures si videas illos florentes, potentes, alios contemnentes, gloriosos, magni nominis, præ cæteros
veneratos, ab omnibus honoratos, quia certe *tanquam fenum arescent ;* quia hodie floret fenum, et
cras in clibanum mittitur. Similiter potens, qui
modo floret, in momento deflorescit, quia aut totum
amittit, aut morte a bonis privatur, et *quemadmodum olera herbarum cito decidit.* Olera herbarum
vilia sunt, et non habent altam radicem, quia in
hieme virent, in æstate arescunt. Hiems est præsens
sæculum, ubi frigescit peccatis genus humanum.
Æstas est dies judicii, ubi fulgebunt justi sicut sol;
et cum videas temporalia cito labentia, et ipsos possidentes cito perituros, noli sperare in præsentibus
bonis, sed « spera in Domino, et fac bonitatem, et
inhabita terram, et pasceris in divitiis ejus (*ibid.*, 3).»
Quid dicit : *Spera in Domino*, quod dabit vera bona ;
et ut illa possis sperare, *fac bonitatem*, quia frustra
sperat qui bene non agit ; et ut possis bene operari,
inhabita terram. Terra hominis quam debes excolere, est corpus. In hoc mortali corpore peregrinamur, et tamen quandiu sumus in ea, eam excolere
debemus. In hoc mortali corpore, dum vacat, pere-
grinemur, spinas vitiorum avellendo, ut postea bonitatem Dei seminare possimus ; et sic, ut possis
bene operari, et vitia exstirpare, *pasceris in divitiis
ejus*, id est in Scripturis ejus, ubi est thesaurus sapientiæ. Insuper necessaria est perseverantia, quam
ut habeas, « delectare in Domino (*ibid.*, 4), » et spreta
jucunditate mundi, eum solum ames, eum ample-
ctaris. Et ita tandem « dabit tibi petitiones (*ibid.*), »
non carnis, quæ amat præsentia, sed cordis tui,
quod diligit æterna. Si autem peccator es, modo
dabo tibi bonum consilium. « Revela Domino viam
tuam (*ibid.*, 5), » id est pravam viam, et spera in eo,
et ipse faciet; quasi dicat : Judica per pœnitentiam peccata tua, et spera quod Deus ea tibi dimittat, et ipse revera faciet. Quasi in eodem diceret ille : Cito morientur, quia forsitan in futuro
757 similiter prosperabuntur. Ad hoc autem

respondet : « Qui malignantur, exterminabuntur a regno Dei. Sustinentes autem, ipsi hæredes erunt in terra viventium (*Psal.* xxxvi, 9). » Ergo « expecta Dominum, viriliter age, et confortetur cor tuum, et sustine Dominum (*Psal.* xxvi, 14).» Parum durabit iste, qui modo te despicit, quoniam « adhuc pusillum, et non erit peccator, quæres locum ejus, et non invenies (*Psal.* xxxvi, 10). » Modo habet locum in præsenti, ut purget justos flagellis et opprobriis; sed tunc, nullum usum habebit, postquam ab hoc mundo remotus erit. Propterea non respicias ad magnitudinem divitiarum ejus, quoniam « melius est modicum justo, super divitias peccatorum multas (*ibid.*, 16).» Est fortis? ne cura, quoniam « brachia peccatorum conterentur (*ibid.*, 17).» Portant gladium? noli timere, quia « gladius eorum intrabit in corda ipsorum, et arcus eorum confringetur (*ibid.*, 15).» Patiuntur justi confusionem et opprobria? ne cures, quia « non confundentur in tempore malo, et in diebus famis saturabuntur, quia peccatores peribunt (*ibid.*, 19). »

Peccatores vero confundentur et erubescent, cum dicetur eis : « Ite, maledicti, in ignem æternum (*Matth.* xxv, 4); » sed « justus ab auditione mala non timebit (*Psal.* cxi, 7),» quia non audiet maledictionem illam. Stulti tamen qui non intelligunt vera bona, judicant illos beatos, « quorum os locutum est vanitatem, et dextera eorum, dextera iniquitatis; quorum filii » ita sunt pulchri et teneri, « sicut novellæ plantationes in juventute sua, filiæ eorum compositæ ut similitudo templi,» quia pannis ornatæ sunt tanquam aliquod templum; « promptuaria eorum plena, eructantia ex hoc » vase « in aliud » vas; « oves eorum fetosæ, abundantes in egressibus suis; boves eorum crassæ : » quando enim egrediuntur de ovilibus suis, muti fetus sequuntur eas : « non est ruina maceriæ, » quia fortes et marmoreæ sunt domus eorum, « neque transitus, neque clamor in plateis eorum, » quando dormiunt : tantæ sunt divitiæ eorum, et ideo stulti « beatum dixerunt populum, cui hæc sunt; » sed certe non sunt beati, imo : « Beatus populus, cujus Dominus Deus ejus (*Psal.* cxliii, 11-15.)»

His modis disserit, fratres charissimi, David de divitiis hujus sæculi, probans vanas esse, nec facere beatos, quæ ideo non prohibentur, ut non valeant adjuvare eum; sed ut non faciant homines eas sibi dominari (58). Unde avaritia vocatur « idolorum servitus (*Ephes.* v, 5).» Idolum enim colit, qui aurum, qui argentum sibi summum bonum facit, qui propter eas superbit, et spem suam in eis ponit. Unde Paulus ait Timotheo : « Divitibus hujus sæculi præcipe non sublime sapere, non sperare in incerto divitiarum, sed in Deo vero, qui præstat omnia abunde ad fruendum (*II Tim.* vi, 17).» **758** Sunt enim multi homines, qui eas ita diligunt, qui etiam possent vocari custodes [cultores] earum, plus quam

Dei. Gaudent contemplari nummos in arca. Propterea voluit Dominus pauper esse in mundo, ut divitias contemptibiles redderet, et alias quærendas esse doceret. Unde ait : « Regnum meum non est de hoc mundo (*Joan.* xviii, 36); » et discipulis ait : « Vos de hoc mundo non estis; si de hoc mundo fuissetis, mundus quod suum erat diligeret (*Joan.* xv, 19); » et ideo nolite mirari si odit vos mundus. Ut autem pretiosa vestimenta sibi non placere ostenderet, ait : « Qui mollibus vestiuntur, in domibus regum sunt (*Matth.* xi, 8); » quasi dicat : Mollibus induti, sunt non de curia summi Regis, sed de curia terrenorum regum. Ut autem pauperes beatos ostenderet, non divites, ait : « Beati pauperes spiritu, quoniam ipsorum est regnum cœlorum (*Matth.* v, 3); » illis scilicet aperui regnum meum; illos feci consiliarios domesticos meos. Sed tamen, ne divites desperarent, dedit eis consilium, ut cum eorum non esset regnum cœlorum, jussit ut sibi facerent amicos de mammona iniquitatis, ut eos recipiant in æterna tabernacula. Et iterum : « Qui recipit justum in nomine justi, mercedem justi accipiet (*Matth.* x, 41).» Qui enim justum sustentat, erit particeps retributionis justi. Iterum dicit Isaias : « Beatus qui habet in Sion semen suum, et domesticos in Jerusalem.» Seminate ergo, fratres charissimi, in Sion, id est in cœlo, ubi de omnibus quæ ibi seminaveritis, centuplum promittitur; ibi multiplicate pecuniam vestram. Tradite eam in manibus Domini; qui enim pauperibus tribuit, Domino tribuit, qui dixit : « Quod uni ex minimis meis fecistis, mihi fecistis (*Matth.* xxv, 40).» Si enim posueritis ibi thesaurum vestrum, ibi habitabit cor vestrum. « Ubi enim est thesaurus vester, ibi est et cor vestrum (*Matth.* vi, 26).»

Ne dubitetis rem vestram tali Domino committere, qui nescit, nec potest fallere, quia verax est in promissis, discite in Martino, quam bonum est pauperem vestire. Cum enim pallium medium egeno partitus fuisset, apparuit ei Christus in nocte, eadem veste indutus, dicens : « Martinus adhuc catechumenus hac me veste contexit.» Quidam etiam paterfamilias solitus singulis diebus pauperes hospitio recipere, quadam die inter alios etiam Christum recipit. Volebat enim Dominus ostendere ei, quia quod membris suis, hoc sibi faciebat. Cum ergo inter alios aquam manibus ejus quis infundere vellet, disparuit. Nocte vero illa apparuit ei Christus, et ait : « Cæteris diebus me recepisti in membris meis; hodie me recepisti in persona mea propria.» Ergo Christum in domibus **759** vestris recipite; Christum ad mensas vestras ponite. Christum induite; et hoc est jejunium quod Dominus elegit. « Frange esurienti panem tuum, et egenos, vagosque induc in domum tuam; cum videris nudum, operi eum, et carnem tuam ne despexeris (*Isa.* lviii, 7).» Ecce fratres, ecce caro pauperis, caro

(58) Sic videtur restituenda hæc periodus : *Quæ non ita prohibentur ut non valeant amari; sed ita ut non sinant homines eas sibi dominari.*

nostra est. Eadem enim est natura. Quomodo ergo potestis sine compassione videre eam nudam? Vis a Deo habere misericordiam? fac huic misericordiam. « Beati enim misericordes, quoniam ipsi misericordiam consequentur (*Matth.* v, 7). » — « Estote misericordes, sicut et Pater vester misericors est (*Luc.* vi, 36). » Non neglexeris ignem peccati. Vis hunc ignem exstinguere? Geris aquam, qua illum exstinguas. Eleemosyna est aqua : sicut enim aqua exstinguit ignem, ita eleemosyna exstinguit peccatum. Vis mundare cor tuum? Fac eleemosynam. Audi quod ait Dominus Pharisæis : « Facite eleemosynam, et ecce omnia munda sunt vobis (*Luc.* xi, 41). » Hoc consilium dedit Daniel Nabuchodonosor regi : « Redime, inquit, rex, peccata tua eleemosynis (*Dan.* iv, 24). » Ergo, fratres charissimi, si vere divites esse cupitis, veras divitias amate. Per pecuniam Deum amisistis, per pecuniam ei reconciliamini, ut vobis locum inter suos pauperes præparet. Deus autem pacis, qui nos a morte redemit, optet vos in omni opere bono, ut faciatis ejus voluntatem, cui est honor et gloria in sæcula sæculorum. Amen.

CIX [*De diversis* XXII].

DE OPERIBUS MISERICORDIÆ (59).

Dominus noster nolens aliquem nostrum perire, et in Ecclesia sua , velut in agro suo, quærens fructum de arboribus suis, antequam tempus putationis veniat, cui necesse erit infructuosas arbores amputare, non cessat admonere nos, ut cum tempus est, et cum Dei adjutorio in nostra potestate consistit, bona opera faciamus. Cum enim transeat tempus bene operandi, non restat nisi resipiendi. Nemo tibi dicturus est tunc : Vesti nudum, ubi omnium tunica erit immortalitas. Nemo tibi dicturus est : Suscipe peregrinum, ubi omnes in patria sua vivunt; nam modo sumus in eodem [mundo] peregrini. Nemo dicet : Visita ægrum, ubi sanitas sempiterna est; nemo dicet : Sepeli mortuum, ubi mors non est. Ista omnia misericordiæ officia in vita æterna necessaria non erunt, ubi sola pax erit, et lætitia sempiterna. Isto autem tempore non quærimus [*id est*, scimus] quantum nobis Deus commendat opera misericordiæ, et ipsos **760** suos sanctos facit amare [*id est* pauperes adjuvare], ut faciamus [nobis] hic amicos de mammona iniquitatis, ut cum defecerimus, recipiant nos in æterna tabernacula ; quia cum servi Dei, dum jugiter invocant Deum, aliquoties indigent illis qui habent mundi divitias, et eleemosynas largiuntur, quomodo principes faciunt de terrena substantia, ut cum illis partem habere mereantur in remuneratione. Hoc dixi propter lætitiam regnorum , quam primo audivimus. Nunquid non Deus fecit servum [*f.* corvum] suum pascere Eliam ? (*III Reg.* xvii). Nonne illi cum deerant homines, alites ministrabant? Nonne illi afferebat panes mane corvus, et ad vesperam car-

nes. Ostendit ergo Deus, quia unde voluerit, et quomodo voluerit, potest pascere servos suos, et tamen, ut pascere possit eum religiosa vidua, fecit eum egere. Egestas igitur [Eliæ] in abundantiam versa est animæ religiosæ, et quæ non poterat Elias [de suo] viduæ dare, de misericordia Dei in longum dedit ei. Hinc quippe manifestum est quod aliquando servi Dei non habent, ut probentur qui habent. Vidua illa nihil habebat; quod ei reliquerat vir suus, finitum erat, et cum filiis suis moritura erat. Processit ergo colligere duo ligna ut faceret sibi panem, et tunc eam vidit Elias : tunc eam homo Dei videbat, quando illa duo ligna quærebat. Mulier illa typum gerebat Ecclesiæ; duo ligna crucem faciunt; quærebat moritura , unde semper esset victura. Adumbrato igitur mysterio, Elias currit ad eam quam audivit egere. Narrat illa dispositionem suam ; morituram se dicit, cum consummaverit quod remansit. Ubi est ergo quod dixit Dominus Eliæ : « Vade in Sarepta Sidoniorum ; ibi enim mandavi viduæ ut pascat te ? » (*III Reg.* xvii, 9.) Videtis quemadmodum mandat Deus non in aure, sed in corde. Nunquid legitur missus aliquis propheta ad illam mulierem, et dictum esse ei : Ecce, dicit Dominus, venturus est ad te servus meus esuriens; ex eo quod habes ministra illi. Inopiam noli timere, ego supplebo quod dederis? hoc ei dictum esse non legimus. Nec legimus quod in somnis missus ei fuerit angelus, et prænuntiaverit Eliam esse venturum , aut de illo pascendo aliquis mulierem admonuerit ; sed mandat Deus miris modis : quibus loquitur in cogitatione Dominus, mandasse dicitur loquendo, in corde suggerendo, quod opus erat pro anima viduæ. Sic etiam in prophetia [Jonæ (*cap.* vii)] legimus quod Dominus mandavit vermi, ut roderet radicem cucurbitæ. Quid est mandavit? nisi quod cor præparavit. Inspiratione itaque Dei vidua illa mulier cor præparatum habebat ad **761** obediendum. Talis venerat ; talis cum Elia vocabatur; qui erat in Elia ut præciperet, ipse erat in vidua ut obediret. Vade, inquit, mihi fac prius de egestate tua; non deficient divitiæ tuæ. Patrimonium enim viduæ erat modicum farinæ, et modicum olei, et non defecit. Quis habet talem villam? Latenter vidua servum Dei pascebat, cujus patrimonium in clavo pendebat. Quid felicius hac paupertate? Sibi talia accepit, qualia in finem speravit. Ideo hoc dixi ut seminationis nostræ mercedem non isto tempore speremus, quo seminaverimus. Hic enim bonorum operum messem cum labore serimus, sed in futuro fructus illius colligemus, secundum illud quod dictum est : « Euntes ibant, et flebant mittentes semina sua; venientes autem venient cum exsultatione, portantes manipulos suos (*Psal.* cxxv, 6). » Illud enim pro signo factum est, non pro domo. Nam vidua illa, quæ pavit hominem Dei, hoc recepit. Non magnum est quod seminavit, nec [*f. et*] magnam segetem mes-

---

(59) E Victorino.

suit. Temporale est quod non defecit farina, nec A diminutum est oleum, quousque daret Dominus pluviam in faciem terræ; at sic tunc cœpit magis egere, quando dignatus est Dominus pluere. Tunc laboratura erat, non exspectatura, sed agri fructus collectura; quando autem non pluebat, victus ejus de facili non (60) veniebat: Signum hoc quod Deus illi non ad paucos dies præstiterat, signum erat futuræ vitæ, ubi merces nostra nescit deficere. Farina nostra Deus est. Quomodo illa per annos illos non defecerat, sic ille non deficiet in æternum. Talem mercedem speremus, quando facimus [eleemosynam.] Nec forte aliquis remoretur tali cogitatione, et dicat: Pascam aliquem servum Dei esurientem, et lagena mea non deficiet; oleum in cuppa mea semper plenum inveniam. Noli hoc inquirere. Semina securus; messis tua, sive serius, sive tardius veniet; sed cum venerit, finem non habebit.

CX [*De diversis* XXIII].

DE QUINQUE SENSUUM MORTIFICATIONE (61).

« Scitote, fratres charissimi, quia vetus homo « noster crucifixus est, ut destruatur corpus pec- « cati, ut ultra non serviamus peccato (*Rom.* « vi, 6). »

Lætum nuntium nobis Apostolus affert, charissimi; et quia commune bonum est, omnes communiter invitat ad audiendum. Hostem pessimum animæ habebatis; totum orbem subvertit, et cum esset ancilla, dominam tamen sibi servire cogebat. Et quæ erat ancilla illa? Caro scilicet, de qua **762** ait Apostolus: «Caro concupiscit adversus spiritum, spiritus autem adversus carnem (*Gal.* v, 17); » adversantur enim sibi hæc duo; adeo omnes corrumpunt, quod vix aliqui voluntati ejus resistere poterant; imo omnes Satanæ vendiderat. Unde in persona carnali loquitur Apostolus: « Ego autem carnalis sum, venumdatus sub peccato (*Rom.* vii, 14). » Nulla pugna gravior illa, scilicet, quando inimicum suum pascit, quando de domo ejus [est] qui impugnat eum, quando omnia bona ei facit, et ipse ei mala retribuit. Talis est caro, quæ quanto magis nutritur, tanto magis gloriatur, tanto magis in animam insurgit. Quinque ministros habet, scilicet quinque sensus corporis, quibus animam captivam ducebat. Quando enim aliquis peccat, vel D videndo decipitur, vel audiendo attrahitur, vel odorando illicita allicit, vel comedendo delectatur, vel manibus male operatur. His quinque viribus caro superavit primum hominem, et homo succubuit, quamvis positus in paradiso. Sed prius aggressa est mulierem, ut debiliorem partem. Audite de muliere quomodo quinque sensibus corporis peccavit. Auribus persuasionem diaboli percepit et consensit, cum ille talia intimavit, dicens: « In quacunque die comederitis ex eo, aperientur oculi vestri, et eritis sicut dii, scientes bonum et malum (*Gen.* iii,

5). » Ecce quomodo mulier per auditum succubuit. Modo attendite quomodo odoratu et visu decepta est, ut ait Scriptura: « Vidit mulier quod bonum esset lignum, et ad vescendum suave, et pulchrum oculis, et aspectu delectabile (*ibid.*, 6). » Cum dicit *suave*, capta est odoratu; cùm ait *pulchrum oculis*, illa est capta visu. Adhuc sunt duo ministri, qui totum scelus perpetraverunt, tactus et gustus. Vide ergo quomodo per illos caro incœptum suum consummavit. Scriptum est autem: « Et tulit de fructu ejus, et comedit (*ibid.*). » Tactus ergo ministravit, gustus peccatum consummavit. Prostrata igitur origine omnium hominum, mundum deinceps illi ministri subjugaverunt. Videns ergo Dominus, ac Redemptor noster, quod caro mundum ita expugnabat, quia ancilla dominam suam sibi subjugaverat, habuit cum misericordia sua consilium, quod ab hac captivitate liberaret mundum. Inimicam nostram induit, ut eam expugnaret, et eam comprimeret, et suos ministros debilitaret, ut deinceps sui ei possent resistere, et domina suam familiam gubernaret. Elegit itaque competentem pœnam, id est crucem, in qua hostem nostrum crucifigeret, et sensus nostros puniret. Oculi turpitudinem pœnæ, et insultantes viderunt, et tenebras mortis senserunt; aures opprobria turpissima audierunt; os: « Sitio (*Joan.* xvii, 28), » **763** ait, et fellis et aceti amaritudinem gustavit; manus crucifixæ sunt, et tota caro ibi perpessa est, ut tota nobis subjaceret, et amplius animæ obediret. Hoc est nuntium quod C asserit Apostolus, dicens: *Scitote*, fratres charissimi, *quia vetus homo noster crucifixus est*, id est caro debilitata in cruce. Vos igitur non habetis amplius excusationem pugnandi cum ea. Ecce enim subjacet victa; ecce ancilla flagellata est. Nolite amplius eam nutrire, ne iterum superbiat, iterum vos in peccatis alliciat, quia ideo Dominus eam crucifixit, *ut destruatur corpus peccati, et ut ultra non serviamus peccato.* Hæc est victoria, hæc est crucifixio, quæ designata est per Josue. Legitur enim in Veteri Testamento quod, quando, mortuo Moyse, Josue in terram promissionis populum Israel introduxit, gentes illius regionis alias distribuebat [*f.* disturbabat], alias sibi timore avertebat. Contigit autem quod Dominus cujusdam magnæ civitatis, quæ Gabaon vocabatur, cum Josue fœderatus esset (*Josue* ix); audientes autem quinque reges illius regionis quia Gabaonitæ cum Josue fœdus iniissent, ascenderunt ut pugnarent contra Gabaon. Miserunt ergo Gabaonitæ ad Josue, ut ferret eis præsidium. Aggressus est igitur Josue quinque reges, et conturbavit eos a facie Israel, misitque super eos lapides magnos de cœlo, et plures mortui sunt lapidibus grandinis. Oravit autem Josue Dominum ut sol contra Gabaon staret, et luna, et non moverentur, donec filii Israel plenarie de hostibus suis se ulciscerentur. Stetit itaque sol in medio

(60) Forte particula *non* videtur superflua ad legitimum sensum.

(61) E Victorino.

cœli, et non festinavit occumbere spatio unius diei. A
Nec fuit ante, nec fuit postea tam longa dies, obe-
diente Domino voci hominis. Fugerunt itaque
quinque reges, et absconderunt se in spelunca.
Nuntiatum est autem Josue quod in spelunca latuerant. Devictis ergo cæteris fugientibus, præcepit
extrahi reges de spelunca, et ait ad principes exercitus sui : « Ite, et ponite pedes super colla regum
istorum (*Josue* x, 24); » quo facto, suspendit eos in
quinque stipitibus, et interfecit eos, tueruntque
suspensi usque ad vesperam. Cumque occumberet
sol, præcepit sociis ut deponerent eos de patibulis,
et projicerent eos in spelunca in qua latuerant, et
posuerunt super eos saxa ingentia.

Hæc est figura pugnæ nostræ, fratres charissimi;
Josue est Christus, quia et ipse Josue vocatur Jesus,
ut qui eum significabat, nominis etiam particeps B
esset; populum vero Israel, id est fideles, in terram
viventium Jesus noster introduxit, quando venit in
mundum, ut nos vocaret, et inimicos nostros debellaret, et ad regnum cœlorum nos liberatos reduceret. Gabaonitæ significant **764** peccatores,
qui per fidem et bona opera Christo associantur.
Quinque reges sunt quinque sensus corporis, qui
animas fideles subjugare conantur; qui Christo
per fidem et bona opera conciliantur, pugnam sentiunt, et ut fideles ad auxilium Christi confugiunt.
Christus vero, et sui prædicatores quinque reges
aggressi sunt, Christus resistendo, et auxilium
dando, doctores vero admonendo; lapides vero qui
de cœlo veniebant, sunt flagella quibus homines C
corrigit, carnem domat, et voluptates sensuum
comprimendo debilitat. Sol et luna steterunt spatio
unius diei, quia antequam Christus in mundum veniret, luna, id est Ecclesia, deficiebat, et ad occasum tendebat, quia pauci erant fideles Christi. Sol,
id est Christus, transibat, quia peccaverant, et in
omnibus fere occidebat. Sed in tempore gratiæ
stetit, dum mentes hominum ardore fidei suæ inflammavit; et status ille erit unius diei, id est toto
tempore gratiæ. Quinque reges latuerunt in spelunca, quia quinque sensus semper in terrenis de-
merguntur, et actibus corporis, non servitio Dei
innituntur. Sed eos extrahit Deus a terrenis, dum
animæ servire cogit, et bonæ operationi studere. D
Præcepit ducibus ut colla regum pedibus suppo-
nant, quando prædicatoribus et doctoribus injungit, ut carnales voluptates, et in se, et in aliis re-
frenent, et non amplius caro tantam potestatem in
nobis exerceat. Suspendit reges in stipitibus, quia
veterem hominem secum crucifixit; circa vesperam
depositi sunt reges de patibulis, et conclusi sunt in
spelunca, quia in vespere membra Christi sunt deposita, et in sepulcro, immisso lapide est ostium
monumenti, reposita.

Audivistis, fratres charissimi, qualiter virtus
hostium nostrorum per crucem est infirmata. Unde
Apostolus : « Absit mihi gloriari nisi in cruce Domini nostri Jesu Christi, per quem mihi mundus

crucifixus est, et ego mundo! » (*Galat.* vi, 14.) Parate igitur vos ad prædam, securi de victoria, ad
quam nos invitat Salomon, cum ait : « Fili, accedens ad servitutem Dei præpara animam tuam ad
tentationem (*Eccli.* ii, 1). » Claude ostia corporis,
si vis erui a laqueo tentationis. Audi quid dicat
Dominus in Evangelio : « Cum oraveris, intra in
cubiculum tuum (*Matth.* vi, 6). » Intret in cubiculum, qui exterioribus delectari desinit, et ad mentem refugiat, et ostia quinque sensuum claudat. Si
vis desideria carnis despicere, memorare cineris;
memorare qualis futurus sis, et quo iturus sis.
Recordare quod dictum est homini : « Cinis es, et
in cinerem reverteris. » Habe in memoria quod Job
ait : « Qui quasi putredo consumendus sum, et
quasi vestimentum quod comeditur a tinea (*Job*
xiii, 28). » Iste Job **765** egregie miseriam hominis,
et brevitatem [vitæ ejus] describit, cum ait: « Homo
natus de muliere, brevi vivens tempore, repletur
multis miseriis (*Job* xiv, 1). » Qui enim timet de
morte, [illi] semper timendum est de mala operatione. Unde Salomon : « Memorare novissima tua,
et in æternum non peccabis (*Eccli.* vii, 40). » Quid
exspectas in hac militia? Quia militia est vita hominis super terram. Exspectate bona æterna, et
non horaria. Exspectate resurgere cum Christo in
gloria. Dicite cum beato Job : « Cunctis diebus,
quibus nunc milito, exspecto donec veniat immu-
tatio mea; vocabis me, et ego respondebo tibi (*Job*
xiv, 14). » Cum oculus, auris, manus, et naris aliquid [vetitum] persuadebunt, nolite eis acquiescere;
sed cogitate quia erunt esca vermium, et in pulverem redigentur; et quia de cinere sunt, et in cinerem revertentur. Si aliquando peccator in cinere
pœnitere deberet, juxta Job qui ait : « Me repre-
hendo, et ago pœnitentiam in favilla et cinere (*Job*
xlii, 6), » congruum est ut cinis in cinere pœniteat. Si ergo cinis est, si putredo est homo, « quid
superbit terra et cinis? (*Eccli.* x, 9.) » — « Quid
gloriaris in malitia, qui potens es in iniquitate? »
(*Psal.* li, 1.) Florebunt miseri in divitiis. Ecce
ipsi peccatores, et abundantes in sæculo obtinuerunt divitias. Sed hoc cum pauperes Christi vident,
et super eos rident. Et ut David ait : « Videbunt
eum justi, et super eum ridebunt, et dicent : Ecce
homo, qui non posuit Deum adjutorem suum, sed
speravit in multitudine divitiarum suarum, et prævaluit in vanitate sua (*ibid.*, 6). » Sed quia promptuaria eorum plena, eructantia ex hoc in illud,
ideo beatum dixerunt populum cui hæc sunt. Sed
falsum est, inquit David, quod ideo sint beati;
imo : « Beatus populus, cujus Dominus Deus ejus
(*Psal.* cxliii, 15).

Docuimus, fratres, quomodo carni et membris
ejus resistatis, memoranda unde sint, et in quibus
redigantur. Sed super omnia est quædam spiritualis
clavis, qua et omnia debent observari, scilicet,
vexillum crucis, memoria passionis Christi. Signum crucis, quoties tentationes mundi occurrunt,

fac in membra tua, ut per quam sunt debilitata, signo ejus adhuc refrenentur. Qua in re Moyses præcepit in Ægypto sanguine liniri duos postes et superliminare, ne angelus exterminator intraret (*Exod.* xi). Duo postes sunt corpus et anima, quæ sunt sanguine Christi munienda. Corpus per sacramenti sumptionem; anima per conformitatem. Superliminare est, fratres, quod semper signo crucis debet muniri. Sed si corporis ostia observentur [*f.* obserentur], angelus exterminator non admittetur. Ad hanc crucem, fratres, ad passionem suscipiendam, quia ita de hostibus nostris triumphavit, et vexillo suo nos custodit, **766** venit hodie Dominus in Jerusalem. Exeamus ergo, et crucifigamus carnem nostram, cum vitiis et concupiscentiis; suscipiamus improperium ejus, moriamur pro eo peccatis, ut sicut pro nobis mortem accepit, ita pro eo mortem accipiamus; quia Ecclesiæ [*f. deest* rite administrandæ] aliter non comparabimur, nisi prius peccatis moriamur. Unde præceptum est Petro in visione, quando vas plenum immundis animalibus sibi est oblatum : Macta et manduca quod sunt, et fac tibi similes. Ut autem nos mactemus cohortatur nos Apostolus, dicens : « Obsecro vos per misericordiam Dei, ut exhibeatis corpora vestra, hostiam viventem, sanctam, Deo placentem (*Rom.* xii, 1). » Deo ergo nos sacrificemus, gemendo, plorando. « Sacrificium Deo spiritus contribulatus, cor contritum et humiliatum Deus non despiciet (*Psal.* i, 19). » Duo sunt genera sacrificii; unum occultum, alterum manifestum. Unde dictum est filiis Zebedæi Jacobo et Joanni : « Calicem quidem meum bibetis (*Matth.* xx, 23); » cum tamen Jacobus [*deest* solus] gladio mortuus sit, quod est manifestum martyrium; alter autem vitam finivit sine effusione sanguinis, sed tum jejunando, tum laborando, occultum martyrium perpessus est. Quo modo præcepit Dominus portare crucem, cum ait : « Qui vult venire post me, abneget semetipsum, et tollat crucem suam, et sequatur me (*Matth.* xvi, 24). » Hic est calix passionis, de quo David : « Quid retribuam Domino pro omnibus quæ retribuit mihi? Calicem salutaris accipiam, et nomen Domini invocabo (*Psal.* cxv, 13); » calicem scilicet passionis. Christus autem, qui, cum peccatores essemus, pro nobis mortuus est, per gratiam suam nos efficiat peccato mortuos, ut anima nostra in virtutibus resurgat. Qui vivit et regnat in sæcula sæculorum. Amen.

CXI [*De diversis* XXIV].

DE ADÆ PECCATO, NOSTRAQUE INDE CAPTIVITATE (62).

« In Ægyptum descendit populus meus in prin-
« cipio, ut colonus esset ibi, et Assur absque causa
« calumniatus est eum..... Ablatus est populus
« meus gratis, dominatores ejus inique agunt,
« dicit Dominus (*Isa.* lii, 4). »

Dolendum est primi hominis casum, totiusque in eo posteritatis ruinam prophetico ejulatu Pater misericordiarum, et Deus totius consolationis more plangentis et conquerentis insinuat, dicens : *In Ægyptum descendit populus meus,* etc. Hoc dicit ille, qui « videns civitatem, flevit super illam, dicens : Quia si cognovisses et tu quæ ad pacem tibi; nunc autem abscondita sunt ab oculis tuis (*Luc.* xix, 41). » — « Jerusalem, Jerusalem..... quoties **767** volui congregare filios tuos, quemadmodum gallina congregat pullos suos sub alas, et noluisti? (*Matth.* xxiii, 37.) » Quam multitudo dulcedinis clementissimi Patris his verbis insinuatur, quibus Omnipotentis voluntas beneplacens et perfecta, non inanis et inexpleta perhibetur; dicens namque : *Volui congregare filios tuos, et noluisti,* nequaquam fore infectum quod voluit Omnipotens, qui omnia quæcunque voluit, fecit in cœlo et in terra, sed effectui mancipatur, terrena licet Jerusalem nolente et contradicente, ostendit. *Volui* ergo, inquit, *congregare filios tuos, et noluisti;* id est quotquot congregavi voluntate tua semper affici obstinate feci. Hæc est enim carnalis illa civitas, a qua requiritur omnis sanguis justus, qui effusus est a sanguine Abel justi, usque ad sanguinem filii Barachiæ. Hæc est aqua contradictionis, id est populus contradicens, qui in principio in *Ægyptum descendit,* quia in primis parentibus in profundum corruit, quia non cognovit. Quid non cognovit? Dolum tentatoris non animadvertit, tentati casum non prævidit. Si enim cognovisset hostis fraudem, suamque cladem, interdicta nullatenus remorasset; non fuit præscius sui casus, non discretor insidiarum hostilium; et ideo de Jerusalem descendit in Jericho, in Ægyptum de paradiso, in mortem prævaricationis, de vita contemplationis, in miseriam gehennæ, de beatitudine gloriæ angelicæ. Descendit autem tribus modis. Prima descensio fuit contactus ligni vetiti, legem præscriptam violare contemnendo. Secunda, quando de paradiso est ejectus, in locum, quem sibi peccando posuit, id est in hanc vallem lacrymarum et plorationis. Tertia, quando post mortem ad inferna descendit. Prima ergo descensio est in trangressione; secunda in dissolutione; tertia in damnatione. Prima a justitia ad iniquitatem, secunda a quiete ad miseriam, tertia a miseria in carcerem infernalem. In prima ligata est anima, in secunda soluta est caro, in tertia utraque mulctatur. Tribus his modis cecidit in Ægyptum *in principio,* id est in primis parentibus populus Dei, a Deo scilicet sine omni vitio conditus, in ubertate boni, in plenitudine divitiarum locatus. Tulit enim Deus hominem quem formaverat, et posuit in paradiso voluptatis, ut operaretur et custodiret illum; positus est homo in deliciis, sed ut operaretur et custodiret; scilicet, ut perficeret [*f.* proficeret], et non deficeret. Operatur enim qui proficit, custodit qui non deficit; operatur qui agit bonum quod præci-

----

(62) E Sangerman.

pitur; custodit qui cavet malum quod prohibetur. Quia ergo bona quæ jubentur prodesse nequeunt, **768** nisi mala caveantur quæ inhibentur, magna dispensatione dictum est, ut operaretur et custodiret; perit enim omne quod agitur, nisi sollicite custodiatur. Non custodit bonum quod operatur, nisi subrepat malum quod prohibetur. Vestis namque discolor cœlesti sponso non placet. Oportet igitur nos semper bona agere, et in ipsis nos caute custodire, quia in bonis mala subrepunt, cum eadem bona quæ agimus, sic mentem elevant, ut non actori [*f.* actioni], sed elationi militent. Quod significatur in libro Machabæorum, ubi legitur (*I Mach.* vi, 46), quod Eleazar in prælio elephantem feriens, stravit [quidem,] sub ipso vero occubuit, qui sunt nonnulli qui bona quidem agunt, sed in ipsis superbiendo deficiunt; quia et in benefactis subrepit superbia. Hæc est bestiola quæ plus consumpsit exercitum Absalonis, quam gladius. Hæc est maximum delictum, id est cœleste vitium, primum recedentibus et ultimum redeuntibus [*f.* incipientibus, et ultimum desinentibus]. Hoc igitur primus homo, cum esset in deliciis paradisi locatus, de bono elatus ad malum transmigravit, de quo Jeremias : « Audiens audivi Ephraim transmigrantem; Filius honorabilis mihi Ephraim, puer delicatus (*Jer.* xxxi, 8); » Ephraim, *fructificatio* vel *ubertas* interpretatur. Hic est primus homo sine peccato conditus; nam per conditionem naturæ in eo omnes homines exstiterunt, sicut in eo omnes peccaverunt. Ipse recte Ephraim, quia abundantia et ubertate plenitudinis et scientiæ virtutis et gratiæ eminuit, et ideo *filius honorabilis, et puer delicatus* exstitit. Honore quippe similitudinis Dei, et signaculo imaginis ejus præditus, in deliciis paradisi enutritus quidem fuit, et ideo *delicatus puer* dicitur. Sed, cum in honore esset et in abundantia, non intellexit. Dixit enim : « Non movebor in æternum (*Psal.* xxix, 7); » et ideo « comparatus est jumentis insipientibus, et similis factus est illis (*Psal.* xlviii, 13). » Filius ergo honorabilis Ephraim, puer delicatus, transmigravit ab imagine et similitudine Dei, in qua conditus erat, in dissimilitudinis regionem, quasi de Jerusalem, quæ est *visio pacis*, in Babyloniam confusionis, et in Ægyptum tenebrarum, et tribulationis. Interpretatur enim Babylonia, *confusio*; Ægyptus vero *tenebræ*, vel *tribulatio*.

† 'Ex adipe igitur protoplasti prodiit iniquitas, unde sicut crassitudo terræ erupta est super terram; quia, sicut crassa terra ob pinguedinis ubertatem luxurians, spinas et tribulos germinat, ita Adam præditus libero arbitrio, et abundantia boni spinas prævaricationis, et tribulos maledictionis germinavit, quibus universam posteritatem obligavit. Grave enim onus super filios Adam, et per hoc factus est tanquam ariolus **769** idololatra. Teste enim Samuele, quasi ariolandi genus est repugnare, et quasi scelus ido-

lolatriæ est nolle acquiescere. Contradixit Adam, et non acquievit Deo dicenti : « De omni ligno paradisi comede, de ligno autem scientiæ boni et mali ne comedas (*Gen.* ii, 16). » Duo præcepit, unum in opere, alterum in custodia. Ad opus pertinebat, ut de omnibus aliis vesceretur : Ad custodiam, ne lignum scientiæ boni et mali tangeret. Sed, quia prætermisit, atque neglexit id consequi ad quod in paradiso positus fuit, id est quia oblitus fuit comedere panem suum; inde transmigravit, et factus est captivus. Mala est ista transmigratio et horrenda; hæc transmigratio non est revelatio, sed obtenebratio. Non est Galilæa, ad quam præcessit Christus discipulos dicens, : « Præcedam vos in Galilæam (*Matth.* xxvi, 32); sed est Galilæa, id est *volutabrum*, ad quod Adam præcessit posteros. Ipse enim est origo, nos miseriæ propago sumus. Hujus noxiæ transmigrationis modum per Isaiam exprimit Dominus, dicens : In Ægyptum descendit populus meus, ut esset colonus ibi. Hac enim transmigratione factus est colonus Ægypti habitator mundi, civis Babylonis, qui fuerat incola paradisi, socius angeli, speculator Dei. Hujus autem transmigrationis causa fuit verbum primis parentibus dictum in paradiso : « Quacunque scilicet die comederitis, eritis scientes bonum et malum (*Gen.* iii, 5), » sicut verbum dictum in aula Nabuchodonosor, exterminii Judæorum causa fuit, ubi cum diceretur quod omnes gentes deberent ei subjici, adjectum est, quod soli Judæi rebellarent. Unde commotus Assur [*sive* Assyrius], collecto exercitu, contra Jerusalem venit, eaque eversa, populum Dei captivavit. Sicut ergo illius captivitatis figuralis causa fuit prædictum verbum in aula Nabuchodonosor prolatum, ita spiritualis nostræ captivitatis causa fuit verbum serpentis primis parentibus in paradiso dictum; scilicet : « Quacunque hora comederitis, eritis sicut dii, scientes bonum et malum. » Huic seductoriæ pollicitationi acquievit homo; unde periit *in Ægyptum* descendens. Triplici deceptione hominem serpens seduxit, eumque tanquam triplici fune alligavit, et omnia quæ in mundo sunt fallaciter ei promisit; quibus homo illectus, [terrenis] cœlestia postposuit. In mundo enim tria sunt non amanda, sicut ait Joannes : « Filioli, nolite diligere mundum, neque ea quæ in mundo sunt quia nihil est in mundo, nisi concupiscentia carnis, et concupiscentia oculorum, et superbia vitæ (*Joan.* ii, 16); » quæ sunt tria principalia, et quasi capitalia vitia, scilicet voluptas, concupiscentia [*f.* avaritia], et inanis gloria. His **770** tribus traxit diabolus hominem in regionem dissimilitudinis, qui Dei similitudinem, in qua conditus fuerat, tribus aliis tenebat, scilicet memoria, intellectu, dilectione. Tria ergo tentator proposuit, ut hominem, qui tribus virtutibus Deo adhærebat, tribus a Deo elongaret, ut qui per Trinitatem Trinitati erat similis, per trinitatem fieret ei dissimilis.

Hæc est trinitas vitiorum, quæ tribus verbis illis

notatur « comederitis, eritis sicut dii, scientes bonum et malum. » De gula siquidem tentavit, dicens : *Quacunque die comederitis;* de superbia, *eritis sicut dii;* de avaritia, vel concupiscentia, *scientes bonum et malum.* Hac mendaci, hac fraudulenta promissione, quasi triformi jaculo, humanum genus in protoplaste vulneravit, in quo omnes peccaverunt, ut ait Apostolus. Hanc triplicem decipulam virulenti serpentis Habacuc propheta non sine dolore ac gemitu notat, [dum ait :] « Totum in hamo sublevavit; traxit illud in sagena sua et congregavit in rete suum; super hoc lætabitur, et exsultabit. (*Habac.* i, 15). » Lætatur enim, et exsultat diabolus hostis sævus, et leo rugiens, qui circuit quærens quem devoret, cum hominem comprehendit, et in terram conculcat vitam ejus. Ingenti igitur gaudio exsultavit, cum in apostatica radice cunctos ramos vitiavit, vilique pretio noxiæ voluptatis sibi hominem obligavit. Adæ quippe prævaricatione, atque damnosa negotiatione, fraudulentaque comestione venditi sumus; omnem prolem suam, serpentis persuasione, unus ille seductus illicita perceptione perpetuæ servituti addixit. Solet hic mos inter vendentes ementesque servari, ut qui alieno se mancipat dominio, primo pretium pro jactura propriæ libertatis, et additione propriæ servitutis perpetuæ, ab emptore accipiat. Quod inter Adam et serpentem utique intercessit. Ille enim pretium libertatis noxiæ a mortifero serpente accepit, a naturali libertate discedens, illius servituti se dedit, a quo lethale pomi pretium accepit. Unde omnem progeniem potestatis ejus subdidit famulatui cujus effectus est servus. Creatus urat rectus, sine culpa, sine vitio; sed ipse non rectum se fecit, quia deseruit imperatorem, et divertit ad desertorem, cadensque a manu figuli, vas [testaceum] fractum est; quod Deus permisit, ut miseria sua probaret quod sine Deo boni nihil potest. Vendere enim se potuit, sed redimere non valuit. Vendidit se per liberum arbitrium sub dominante iniquitate, et accepit pro pretio exiguam de arbore vetita voluptatem, et sic factus captivus, dicit : « Ego autem carnalis sum, et venundatus sub peccato (*Rom.* vii, 14). » **771** Quod recolens atque deflens in eo vitiata propago, per Prophetam ait : Cogitavi dies antiquos, et annos æternos in mente habui (*Psal.* lxxvi, 6). » Usurpans enim lignum vetitum boni et mali, discretionem miseriæ, ac beatitudinis differentiam habuit, novitque homo per experientiam malum [*f.* mali], quod ante non noverat, nec per prudentiam, nec per experientiam boni. Hæc enim duo aliter sciuntur per prudentiam boni, aliter per experientiam mali. Per prudentiam boni bonum scitur, et sentitur malum ; per experientiam mali malum scitur et sentitur bonum, scitur et amittitur ; quod enim amiserit, sentit, cui amisso bono male erit. Homo igitur lapsus cogitavit dies antiquos, et annos æternos in mente habuit, quia per experientiam deprehendit bona quæ perdidit, et mala quæ invenit, quantum distarent dies

antiqui, id est antiquati scilicet, et veteres, et mensurabiles, qui merito peccati sunt ei positi, secundum illud : Veteres et mensurabiles posuisti dies meos ab annis æternis, quorum dulcedinem jam prælibaverat, plenius si staret fruiturus intellexit, ab animali vita in spiritualem transferendus, Unde non immerito dicta est illa arbor scientiæ boni et mali quia homo tangendo vetitum, discreturus erat bonum a malo per experimentum. Ex contrariis enim contraria noscuntur, ut ex plenitudine inanitas, et ex silentio auditus ; ita ex vita, quæ primis parentibus inerat, cognosci potuit ejusdem vitæ privatio, quæ nunc mors vocatur. Vita autem illa dulcis erat, quam amittere devitabant. Unde peccatum ejus non persuaderetur, nisi ex illo non essent morituri, et quod amabant amissuri. Sed fefellit eos diabolus per mandatum, et per illud occidit, quando hamum voluptatis, sagenam elationis, rete cupiditatis misit, quibus homo irretitus *in Ægyptum descendit;* ibique *inveteravit, factus ibi colonus,* secundum illud Baruch : « Audi, Israel, mandata vitæ, auribus percipe prudentiam, inveterasti in terra aliena, coinquinatus es cum mortuis, deputatus cum his qui in inferno sunt, dereliquisti fontem aquæ vivæ (*Baruch.* iii, 9).

His verbis admonet nos Dominus per Baruch prophetam, et arguit mandata quidem, mandata vitæ audire auribus audiendi, quibus audiamus quid Spiritus dicat. Unde Joannes in Apocalypsi : « Qui habet aures audiendi audiat quid Spiritus dicat Ecclesiis (*Apoc.* ii, 7). » His auribus interioribus audiebat Propheta, qui ait : « Audiam quid loquatur in me Dominus Deus (*Psal.* lxxxiv, 9). » Illis auribus verba vitæ audiuntur, quæ qui audiunt interius vivunt, qui vero non audiunt, vel aure corporis tantum audiunt, inveteraverunt **772** *in terra aliena.* Hæc est terra maledictionis, cui maledixit Dominus propter peccatum Adæ, dicens : « Maledicta terra in opere tuo, spinas et tribulos germinabit tibi (*Gen.* iii, 18). » Hæc est terra carnis humanæ, quæ ante peccatum spiritum non impediebat ad bonum, nec impellebat ad malum, sed post peccatum versus est status hominis infirmi, carne concupiscente adversus spiritum, et spiritu adversus carnem, ut non quæcunque volumus illa faciamus ; ideoque spiritus propheticus hominem, qui in terram alienam, id est in regionem dissimilitudinis abscesserat, honorata appellatione revocat ad prudentiam, dicens : *O Israel,* scilicet, conditione mea, gratiæ largitione, mea scilicet Ecclesia, quæ debet Israel esse, id est, videns Deum, quæ hactenus audisti verba mortis, modo *audi mandata vitæ,* scilicet, quæ te ducant ad vitam, quia modo sunt dies vitæ, dies salutis, nemini dantes ullam offensionem. Tu ergo quæ erraveras sicut ovis quæ periit, revertere de terra aliena, cui maledixit Dominus, ad terram benedictionis, de qua est : « Benedixisti, Domine, terram tuam (*Psal.* lxxxiv, 2). » Hæc est terra sancta, in qua nemo stat, « nisi tollat cum Moyse calceamenta

de pedibus suis (*Exod.* III, 5), » id est exempla mortuorum operum de affectibus suis : et qui olim respexisti ad insanias falsas, nunc percipe prudentiam,
ut scias unde cecideris, et in quid ; scilicet, a quanto
bono ad quam miseriam sis redactus. Tu enim',
qui prius in bono conditus, in beatitudine locatus,
inveterasti miseria, inveterasti culpa, factus membrum veteris hominis, et postea gratia novi hominis reparatus, ac reconciliatus, quotidie cadis, nec
sic tamen gratia auxiliatrix te deserit. *Inveterasti*
ergo *in terra aliena*, id est in peccatis et in terrenis, amando terrena quæ transeunt. Hæc est terra
aliena, quia non est hic patria nostra in his, sed in
cœlestibus, unde peccato primi hominis [*supp.*
expulsi sumus]. Quomodo autem inveteravit in terra
aliena, ostenditur per id quod dicitur : *Coinquina-*
tus es cum mortuis, id est cum peccatoribus, qui per
peccatum mortui sunt in anima. Sicut enim anima vita corporis est, ita animæ vita Deus est, et
sine Deo anima quasi cadaver est. Fides enim ut
spes vitæ immortalis, est vita vitæ mortalis. Sicut e converso mors est infidelitas, et quælibet
noxia superstitio. Unde [Christus :]« Dimitte mortuos sepelire mortuos suos (*Matth.* VIII, 22) ; » Et
alibi : « Qui crediderit in me, transibit de morte ad
vitam (*Joan.* V), » a morte scilicet infidelitatis ad
vitam fidei. Qui ergo cum mortuis coinquinatur, *eum*
his qui in inferno sunt deputatur; de quibus Propheta
ait : « Deleantur de libro viventium, et cum justis
773 non scribantur (*Psal.* LXVIII, 29). » Terribilis
ac tremenda sententia in peccantes data, quia nisi
per pœnitentiam surgant, in inferno deputantur.
Ecce qui finis pravi operis, quæ temporalis militiæ merces : « Stipendia enim peccati, testante Apostolo, mors est (*Rom.* VI, 23), » non temporalis, non
transitoria, sed æterna; in inferno enim nulla est
redemptio, et nulla utilis confessio, secundum
illud : « Non est in morte qui memor sit tui, in
inferno autem quis confitebitur tibi ? » (*Psal.* VI, 6.)
Horrenda est ista comminatio ; non est ibi locus
pœnitentiæ, vel confessionis utilis, sed recompensa-
tionis meritorum. Post hanc vitam recipimus quod
hic promeremur, quia nemo meretur, nisi dum est in
corpore. Unde Apostolus : « Nos omnes oportet manifestari ante tribunal Christi, ut referat unusquisque propria corporis, prout gessit, sive bonum
sive malum (*II Cor.* V, 10); » secundum vero ea
judicabitur, in quibus in fine reperietur, secundum
illud : « Judicabit Dominus fines terræ (*I Reg.* II,
10).» Qualis enim quisque de hac vita exierit, talis in
judicio judicabitur. Ideoque serpens insidiatur calcaneo, id est fini, ut in æternum interitum dejiciat in fine iniquitatum. Sed quare inquinatus es, et
cum mortuis deputatus? Quia *dereliquisti fontem aquæ*
vivæ, scilicet Christum, qui est fons aquarum viventium salientium in vitam æternam, de quibus
quibibit, non sitiet in æternum. Hoc fonte abluuntur
sordes, rigantur montes, labuntur hostes. Quid
ergo, miseri, agitis? Quo fugitis, cæci? Vitam dese-

ritis, et in mortem tenditis; fontem vivum relin-
quitis, et cisternas veteres foditis, non continentes
aquas vivas. Ideo inveteravit *populus meus in terra*
aliena, quando *in Ægyptum descendit, ut colonus*
esset ibi ; et Assur absque ulla causa calumniatus est
eum. Assur enim *dirigens*, vel *elatus* interpretatur.
Hic est diabolus, qui super astra cœli voluit exaltare solium suum, ut fieret similis Altissimo; qui
Dei populum calumniatus est in Adam, cum eum
fallaci promissione seduxit, sed absque ulla causa,
quia homo ei nihil nocuerat, quare [eum] in peccatum traheret. *Ablatus est ergo populus meus gratis,*
quia non meruit seductionis fraudem. Ideoque
dominatores ejus inique agunt, dum simplicem et
innocentem pervertentes, in servitutem peccati
trahunt, atque de paradisi patria in hujus peregrinationis incolatum ducunt toto tempore vitæ præsentis, quæ septem dierum repetitione agitur, et
tanquam septuaginta annis exsulare faciunt. Unde
Salomon : « Grave jugum super filios Adam, a die
exitus de ventre matris eorum, usque in diem re-
versionis eorum in matrem omnium (*Eccli.* XL, 1).»
Sic rex Assyriorum in Babylonem filios Israel captivos
duxit, calumniam eis **774** faciens ; quorum captivitas actualis [f. corporalis] figura fuit nostræ spiritualis captivitatis, et utriusque nostræ Septuagesimæ est repræsentativa, quæ septuaginta diebus
observatur, scilicet, a [Dominica] « Circumdederunt me (*II Reg.* XXII, 5), » usque ad Sabbatum in
albis; quia et filii Israel septuaginta annis detenti
sunt in captivitate Babylonica : et nos in hujus sæculi exsilio, quasi in aliena terra captivi tenemur
toto septenario hujus vitæ sedentes, et flentes super
flumina Babylonis, non cantantes ibi canticum novum. Unde in hac Septuagesima, quam observat
Ecclesia, lætitiæ et exsultationis cantica subticentur,
et *Alleluia* et *Gloria in excelsis Deo*; et quoniam a
Deo filiis Israel ante septuaginta annos indulta est
licentia revertendi, ex quo cœperunt redire ; completis vero septuaginta annis sub Jesu sacerdote
magno, pleniter de Babylonia in Jerusalem redierunt : ita et nobis ante finem Septuagesimæ nostræ,
id est hujus septenarii, per Jesum Christum sacerdotem magnum novissima ætate venientem, parata
est nobis facultas de Babylonia hujus sæculi ad
cœlestem Jerusalem revertendi. Redemit enim nos
sacerdos noster pretio sanguinis immaculati, de
potestate Assyrii. Unde Habacuc: » Veniens veniet,
et non tardabit, » qui mordet eum, et « qui incredulus est, non erit recta anima ejus » cum ipso
(*Habac.* II, 3). Et Isaias : « Nunquid tolletur a forti
præda, et quod captum fuerit a robusto, salvum,
esse poterit? Quia hæc dicit, Dominus : Equidem et
captivitas a forti tolletur (*Isa.* XLVII, 24). » Quia fortior Christus superveniens fortem diabolum alligavit, et fuso ejus sanguine in remissionem peccatorum, de manu robusti liberata est captivitas; sed
in mente, non carne, exspectamus redemptionem
corporis nostri, nec in anima ex toto facta est libe-

ratio, quia est peccatum, etsi non in nobis. Cœ- **A** pimus ergo jam redire sub Jesu duce nostro, quia cœpimus [eum] diligere. Incipit enim de Babylonia proficisci, qui incipit Deum amare. Ad exeundum enim charitas pedem movet, quæ reversio consummabitur peracto hujus vitæ septenario, quod Ecclesia in hac Septuagesima satis apte insinuat, dum prope hujus finem, id est in Sabbato Paschali, ubi nostræ redemptionis sacramenta geruntur, decantat *Alleluia*, quia ex parte redempta est, et ideo læta est; sed, quia adhuc longa restat via, longinqui tractus laboris superest. Sed quare tractus, id est *Laudate*, ac tota sequenti septimana cum Graduali cantatur *Alleluia?* Quia in via hujus vitæ gradientes [sumus,] et ideo laborantes, variaque discrimina metuentes, ex parte lætamur, ex parte tristamur **B** partim redempti, partim redimendi. Gaudemus **775** in spe, gemimus in re. « Omnis enim creatura, ut ait Apostolus, ingemiscit, et parturit usque adhuc (*Rom.* viii, 22) . » Sabbato vero in albis, ubi hæc Septuagesima determinatur, cantatur duplex *Alleluia*, quo geminæ glorificationis nostræ gaudium exprimitur. Completo etenim hujus exsilii septenario, quo quandiu sumus in corpore, peregrinamur a Domino, utraque nostra natura glorificata, quasi gemino sabbatismo potiti, in dextra Dei locabimur, eumque pro gemina stola sine fine gaudentes laudabimus. Quod ipse præstare dignetur, qui vivit et regnat in sæcula sæculorum. Amen.

CXII [*De diversis* XXV].

DE VARIIS ANIMÆ EGRESSIBUS, UT AD DEUM PERVENIAT (63).

« Egredere de terra tua, et de cognatione tua, et « de domo patris tui, et veni in terram quam « monstrabo tibi..... erisque benedictus (*Gen.* xii, 1). »

Magnum quidem est et difficile, ad quod nos Dominus hortatur sub figura Abrahæ, sed utile observantibus et salubre. Quod enim patri multarum gentium, id est Abrahæ, secundum historiam dicitur hoc in mysterio filiis ejus prædicatur, id est nobis, qui sumus filii ejus, non carne, sed fide. Non enim reputantur in semine Abrahæ, qui ex carne, sed qui ex fide sunt. Quisque ergo nostrum, fratres, in Abraham monetur de spirituali Ægypto **D** exire, et manna absconditum esurire, totisque studiis quærere, quia omnis qui quærit, invenit; et qui petit, accipit : si tamen quærit et petit in nomine Jesu, sicut ille evangelicus negotiator, qui quærens bonas margaritas, et inventa una pretiosa, vendidit omnia quæ habebat, et emit eam. Ecce omnes profitemini eam quærere. Quis est enim homo qui [non] vult vitam, et [non] diligit dies videre bonos ? Omnes quidem fatentur se [velle]vitam, et diligere videre dies bonos; sed non vere diligunt, et margaritam pretiosam, ac manna absconditum non inveniunt, quia non sic quærunt, ut illi

qui inveniunt. Optimam quidem rem quærunt et cupiunt, sed non in sua regione quærunt eam, ideoque non inveniunt, nec accipiunt. Ipsa enim pretiosa margarita, id est sapientia, quæ in altissimis habitat, non in terra suaviter viventium, de se ait : Quærent me mali, et non invenient; quia quærunt verbis, non operibus. Multi, ut ait Apostolus, verbis « fatentur se nosse Deum, factis autem negant (*Tit.* ii, 16). « Quomodo igitur quærenda **776** est illa pretiosa margarita, illud absconditum manna, ipsa te docet Sapientia, sic dicens : « Concupisti sapientiam? serva mandata, et Dominus præbebit illam tibi (64). » Alioquin alibi dicitur : « Altiora te ne quæsieris, et fortiora te ne scrutatus fueris, sed quæ præcepit Dominus, illa cogita semper (*Eccli.* iii, 22). » Quærite ergo, fratres, pretiosam margaritam, sicut ipsa docet, scilicet observando mandata, et invenietis eam. Nam et Veritas in Evangelio ait : « Si quis diligit me, sermones meos servabit, et Pater meus diliget eum, et ad eum veniemus, et mansionem apud eum faciemus (*Joan.* xiv, 23); » ego scilicet cum Patre ac Spiritu sancto; ac si diceret : Pretiosam margaritam inveniet, et manna absconditum accipiet, si me dilexerit, et sermones meos servaverit. Diligite igitur, fratres, Dominum, et custodite verba ejus, ut sic perveniatis ad unum verbum, quod est manna absconditum, scilicet Verbum in principio apud Deum, quod semel locutus est Deus, id est æternaliter et immutabiliter de se ipso suum genuit Verbum, sibi coæquale, coæternum et consubstantiale; non præcedit genitor genitum æternitate, nec excedit magnitudine, nec excellit potestate; Filium genuit quem non præcessit. Non enim ante fuit Pater quam Filius; nascendo tamen, a Patre accepit non solum ut Filius esset, sed etiam ut esset, et Deus esset. Sed forte subrepet tibi: Si nascendo accepit ut Filius esset, et esset in nativitate, ergo non erat, nec Filius erat. Pater vero qui generabat, erat; ergo Pater sine Filio erat, vel ante Filium; hoc autem pia fides repudiat. In illa enim generatione, sicut in Spiritus sancti processione, nulla cogitanda sunt tempora; non est ibi ante et post; non ibi quærenda est permutatio præteriti et futuri, nec vicissitudinis obumbratio, sed primæ æqualitatis, atque similitudinis veritas est credenda. Filius enim nascendo accepit a Patre esse, et Filium esse, et Spiritus sanctus procedendo ab utroque. Tamen nec Filius nascendo esse cœpit, nec Spiritus sanctus procedendo; sed Filius, semper Filius ; et Spiritus sanctus semper, Spiritus sanctus. Scilicet, sicut Filii generatio est inenarrabilis, sic Spiritus sancti processio est ineffabilis. Hoc est ergo manna absconditum, et pretiosa margarita, quam oculus non vidit, nec auris audivit, nec in cor hominis ascendit (*I Cor.* ii), » quam, ut prætaxatum est, plurimi quærere ac diligere profitentur, qui tamen non in-

---

(63) E Sangermanensi.
(64) *Fili, concupiscens sapientiam, conserva justitiam, et Deus præbebit illam tibi* (*Eccli.* i, 33.)

veniunt, quia si invenirent, et emerent, nec videretur nimis cara, nec aliquod pretium negaretur pro ipsa comparanda. O quam parum proficit, qui multiplici labore distractus, nondum in-
777 venit quod quærit, nondum novit quod profitetur, nondum habet quod desideratur, quia ibi quæritur ubi inveniri non potest! Ubi? in exterioribus,
cum Dominus dicat : « Regnum Dei intra vos est
(*Luc.* xvii, 21). » Cur ergo extra vos quæritis, quod
extra vos invenire non potestis? Cum igitur intra
vos est quod quæritis, prope vos est. Sed quam
prope Apostolus docet : « Prope est verbum in ore
tuo, et in corde tuo (*Rom.* x, 8). » Audistis ubi sit
margarita quam quæritis? Venite itaque, et emite
illam. Venite, emite et comedite manna absconditum,
sicut Isaias ait : « Omnes sitientes, venite ad aquas »
vivas, scilicet veteris ac novæ legis, « et qui non
habetis argentum (*Isa.* lv, 1). » Tullianæ scilicet
eloquentiæ, et philosophicæ industriæ, properate
fide, absque argento terrenæ philosophiæ, atque
inanis fallaciæ. « Quare appenditis argentum, et
non in panibus; et laborem vestrum, et non in saturitate (*ibid.*, 2). » Quare industriam ingenii vestri,
et studium laboris expenditis, non in spiritualibus
panibus, ubi refectio est et vita, sed in foliis verborum, et in versutiis inanium quæstionum, quæ
animum prætervolant, et animam non satiant. Usquequo diligitis, id est voto amplexamini, et quæritis
cum labore vanitatem et mendacium, id est felicitatem in his temporalibus quæ vana sunt et mendacia, quæ transeunt, nec efficiunt quod promittunt.
Potius quærite, et emite manna absconditum pretio
fidei et boni operis. Per fidem enim creditur quod non
videtur, et per patientiam exspectatur quod non
habetur. « Videmus enim nunc per speculum, et in
ænigmate, tunc autem facie ad faciem (*I Cor.* xiii,
12); » et ita est in nobis quodammodo illud manna
absconditum, et quadam ratione non est in nobis.
Est utique in nobis per fidem et spem, quia « fides
est substantia sperandarum rerum, argumentum non
apparentium (*Hebr.* xi, 1); » sed non est in nobis
per speciem. Per fidem enim ambulamus, inquit
Apostolus, et non per speciem, quia « dum sumus
in corpore, peregrinamur a Domino « (*II Cor.* v,
6), » cum ipse sit totus ubique et præsens; nam
etsi præsens sit, non capimus ejus præsentiam, nec
ejus cernimus speciem. Ideoque in Evangelio ait
Dominus de discipulis et aliis electis : « Ut ubi sum
ego, et illi sint mecum (*Joan.* xiv). » Non simpliciter
ait : Ubi sum ego, et illi sint, quia et mali sunt ubi
præsens est qui nunquam deest; sed mali non sunt
ubi ipse est, quia ei non adhærent. Boni vero illic
non (65) sunt ubi ipse est, et cum eo, quia ei cohærent
in præsenti fide, ac mendacia vitæ [similitudine
vitæ]; in futuro autem specie, cum fidei veritas,
et spei res succedet, ubi manna absconditum revelabitur, quod erit in terra viventium, in terra desi-

derabili, ad quam nos vocat spiritus Dei, dicens :
« Egredere **778** de terra, et de cognatione tua, et
de domo patris tui. » Spirituales enim Hebræi nos
sumus, quibus triplicis generis egressus de terra
maledictionis indicitur, sicut filiis Israel de Ægypto,
Moyse dicente : « Dominus Deus Hebræorum vocavit
nos de Ægypto, ut eamus viam trium dierum in solitudinem, et sacrificemus Deo nostro (*Exod.* iii, 18). »

Via trium dierum intelligitur Christus, qui per
trium dierum sacramenta, id est passionis, sepulturæ et resurrectionis, populi sui procuravit salutem. Via quoque trium dierum fides Trinitatis intelligitur, per quam de Ægypto vitiorum eximus. Via
etiam trium dierum triplex deficiendi via, ac triplex
proficiendi forma intelligitur. Sicut enim tribus modis a Deo receditur in regionem dissimilitudinis,
scilicet cogitatu, verbo et opere malo, ita tribus
modis in contrarium versis proficitur, et ad Dei similitudinem revertitur, scilicet cogitando bonum, loquendo et operando. Ideoque sicut triplex est differentia terræ malæ super quam cadit semen; aliud
enim cadit secus viam, aliud super petrosa, aliud
inter spinas : sic tripartita est distinctio fructus
terræ bonæ, quia semen cadens in terram, aliud
protulit tricesimum, aliud sexagesimum, et aliud
centesimum. Eamus igitur iter trium dierum in solitudine, id est in fide passionis, sepulturæ et resurrectionis Christi; in fide sanctæ Trinitatis, et triplici forma insigniti, de Ægypto, id est de tenebris
vitiorum et ignorantiæ, Deo nos interius vocante,
exeamus in solitudinem, ubi non duobus dominis,
sed uni serviamus, ut nesciat sinistra quid faciat
dextera, ut muscæ morientes non exterminent suavitatem unguenti, id est puræ orationis. Bona est ista
solitudo, in qua sacrificium justitiæ et laudis offertur
Deo. Non est enim speciosa laus in ore peccatoris,
cujus actus sunt in multis [vitiosi]. Prava est et
perniciosa illa solitudo, de qua dicitur : « Væ soli
(*Eccli.* iv, 10), » id est charitatem non habenti.
Solus enim est qui a Deo derelictus est. Hac igitur
via gradiamur, et perveniamus ad terram desiderabilem, ubi edemus manna absconditum. Egrediamur
ergo de terra, et de cognatione nostra, et de domo
patris nostri. Fugienda sunt hæc tria, ut per alia
tria ad Trinitatis veniamus margaritam, et quasi
[per] aliam viam cum magis redeamus in regionem
nostram. Primum igitur *egredere de terra tua.* Terra
hominis est voluntas carnis, quia de terra et in
terram it, cum terrenis subjicitur voluptatibus, et
carnalibus servit desideriis. Exuat ergo homo voluptates carnis, et spiritu ambulans, carnalia amputet
desideria, si ad terram desiderabilem voluerit pertingere. Unde Apostolus : **779** « Spiritu ambulate,
et desideria carnis non perficietis (*Gal.* v, 16). »
Et Petrus : « Abjicite carnalia desideria, quæ militant adversus animam (*I Petr.* ii, 11). » Mala est
hæc terra, quæ talia parit germina. De hac dictum

---

(65) Hæc negatio videtur superflua, et contra sensum.

est : « Maledicta terra in opere tuo, spinas et tribulos germinabit tibi (*Gen.* iii, 18). » Hæc est carnis
voluptas, ex primæ prævaricationis maledictione
inflicta, vitiorum incentiva, passionum ignominiam
tanquam spinas et tribulos animæ germinans. Hæc
terra non nutrit, sed dissolvit. Hæc est aqua sine
substantia; unde propheta : « Forsitan pertransisset
anima nostra aquam intolerabilem (*Psal.* cxxiii, 5). »

Aqua sine substantia, est dulcedo hujus vitæ, vitiis
et peccatis infecta. Hæc inopiam habet, non substantiam; egestatem, non subsistentiam, quia non
vere sunt quæ talem pariunt dulcedinem, sed transeunt omnia sine fructu; ut verbi gratia qui peccando lucrantur aurum, et hujusmodi. Sine substantia est, quia et hic fidem amittit, et in infernum
descendens hæc secum non portat. « Homo enim,
cum interierit, non sumet omnia, neque descendet
cum eo gloria ejus (*Psal.* xlviii, 13). » Majus ergo
amisit, ut minus lucraretur; pecuniam auxit, et
fidem minuit, vel exstinxit; abundat nescio quid in
arca, sed quiddam multo majus diminutum est in
corde. De arca gaudes, de corde non plangis. In
hac aqua sine substantia perdidit ille prodigus filius
substantiam suam (*Luc.* **xv**), quam a Patre acceperat, et uni civium regionis adhæsit, scilicet, regionis dissimilitudinis, id est diabolo, pascens porcos, id est terrenis et immundis actibus delectatus,
et desiderans siliquas porcorum, quæ ventrem
implent, et non satiant; ita voluptatis carnalis dulcedo perniciosa, etsi ad horam delectat, tamen satietatem non præstat, sed totius boni indigentiam
ingerit. Hæc etiam in errorem ovem invexit cente-
simam, quam pius pastor in Evangelio lætatur quæsisse, relictis nonaginta novem in deserto; sed, antequam reduceret, quasi a longe comminatus est
baculo legis Mosaicæ, et virga prophetici oraculi, ut
ovicula se exivisse [*f.* errasse] cognoscens pertime-
sceret, et sic redire volens, sed per se non valens,
reductorem humiliter quæreret, qui eam vivifica
baptismi aqua lotam, consortio unde ceciderat angelico redderet, prodigumque filium longa necessitate
confectum, diu exsulem et peregrinum patri reconciliaret. Maledicta ergo terra illa, et ideo fugienda,
quæ tali rigatur aqua. Non est hæc « aqua viva,
quam Dominus Samaritanæ promisit, de qua bibens
non sitiet in æternum (*Joan.* iv, 10). » Illa est de
fluminibus aquæ salientis in vitam æternam; hæc
autem de fluminibus Babylonis, super quæ sancti
viri sedent et flent, non habentes hic manentem **780**
civitatem, sed futuram inquirentes, redemptionem
corporis exspectantes. Super illa igitur flumina
sancti sedent, non se illis immiscent, quia posteriora
obliti, quæ velut stercora arbitrantur, in anteriora
se extendunt, conversantes in cœlestibus, habentes
[*f.* habitantes] et in carne viventes, sed non secundum carnem ambulantes. Egredere ergo de terra

A maledictionis, ut pertingas ad terram benedictionis,
cui benedixit Dominus : Exi de terra morientium,
quæ est deserta, quia ibi nullus sanctorum habitat;
et invia, quia non est ibi Christus, qui est via, veritas, et vita; et inaquosa, quia eam fluminis impetus
non lætificat, ut pervenias ad terram viventium.

Egredere et de cognatione tua. Cognatio hominis
est curiositas, quæ post voluptatem recte ponitur;
quia quisquis dat operam voluptatibus carnis, et
desideriis carnalibus inservit, necesse est ut curiositati per multa subjiciatur, ut verbi gratia, si quis
libidini vacet, nonne curiose sollicitatur quomodo
placeat mulieri, et quomodo alliciat eam ?. Si ingluviei, nonne undique rapit et extorquet, ut gulæ
B satisfaciat? Hoc vitium curiositatis, humanæ infirmitati vicinum est et cognatum, contra quod nos vigilare monet Dominus in Evangelio, dicens : « Nolite
solliciti esse animæ vestræ quid manducetis, neque
corpori vestro quid induamini (*Luc.* xi, 22). » Et
alibi : « Nolite solliciti esse de crastino, sufficit enim
diei malitia sua (*Matth.* vi, 34). » Mala est ergo
cognatio talis, quæ non præstat solatium, sed parit
tristitiam. Porro tristitia viri mortem operatur. Hæc
cognatio in plura distrahit animam, ut ad unam
petendam non dirigatur cum Propheta (66), sed per
multos sæcularium rerum amores dividatur, atque
multiplici rerum mundanarum cura infideliter occu-
petur. Nihil enim laboriosius est, quam terrenis
desideriis æstuare. Nihil est majoris anxietatis, at-
C que calamitatis, quam terrenorum cupiditate, relictis superioribus, ad exteriora rapi. At nihil quietius,
nihil divinius, quam in sæculo nihil appetere. Ideo
Israeliticus populus custodiam Sabbati accipit in
munere. Ægyptus vero percussa est muscarum multitudine. Qui enim Deum sequitur, accipit Sabbatum, id est requiem mentis, ut non fatigetur appetitu desiderii carnalis; Ægyptus vero, id est, mundus muscis percutitur, id est desideriorum curis in-
solentibus. Unde Salomon : « Muscæ morientes perdunt suavitatem unguenti (*Eccli.* x, 1); » quia cogitationes superfluæ, quæ in animo carnali cogitante
nascuntur, et deficiunt [*f.* destruunt] suavitatem, qua
quisquis intus per Spiritum unctus est; perdunt, quia
integritate ejus frui non sinunt. Unde in Evangelio legi-
D tur, **781** quod cum turba ejecta esset de domo
Archisynagogi, intravit Jesus domum, et tenuit manum puellæ, et surrexit (*Marc.* v). Foras ergo turba
ejicitur, ut puella suscitetur, quia prius a secretis
cordium expellitur multitudo curarum et sollicitudinum, et sic anima, quæ intrinsecus jacet mortua,
surgit vivificata. Dum enim se quisque per innumeras desideriorum cogitationes spargit, ad cogitationes sui nullatenus se colligit, nec sapientiam,
quæ Deus est, plene recipit, ut qui ab omni se carnalium cogitationum fluctuatione plene retrahit.
Unde Salomon (67) : « Sapientia scribæ in tempore

(66) *Unam petii a Domino, hanc requiram.*
(67) In originali manuscripto Sangermanensi sic
habebatur per errorem amanuensis : *Sapientia au-*

tem Scribæ interpretatur otii, et qui minoratur actu,
actu percipiet eam. Quod restituimus ut in Vulgata.

vacuitatis, et qui minoratur actu, sapientiam percipiet (*Eccli.* xxxviii, 25). » Et alibi : « Ne sint in
multis actus (*Eccli,* xi, 12). » Et per Prophetam Dominus ait : « Vacate et videte, quoniam ego sum
Deus (*Psal.* xlv, 11); quia nisi a tumultibus sæculi
quis vacaverit, et terrenorum amorem velut pulverem ab oculo mentis excusserit, incircumscriptam
deitatis simplicitatem intueri non sufficit. Fugienda
est igitur tam pessima curiositatis cognatio, ne
amittatur suavissima spiritus amplexatio. « Melior
est enim, » ut ait Salomon, « sapientia cunctis opibus pretiosissimis, et omne desiderabile non potest
ei comparari, » quæ dicit : « Ego sapientia inhabito
in consilio, et eruditis intersum cogitationibus. Per
me reges regnant, et legum conditores justa decer-
nunt. Per me principes imperant, et potentes decer-
nunt justitiam (*Prov.* viii, 11). » Reges sunt apostoli, et alii sancti, qui se ipsos primo, deinde Ecclesiam sibi subditam bene regere sciunt. Legum
conditores sunt utriusque Testamenti actores [*f.*
doctores], et sequentes Ecclesiæ scriptores; principes et potentes, cæteri fidelium doctores ac rectores, qui utique nisi per sapientiam aliquid boni
non habent. Ipsa enim ait : « Sine me nihil potestis
facere (*Joan.* xv, 5). » Et Apostolus ait : « Neque
volentis, neque currentis, sed miserentis Dei (*Rom.*
ix, 16). » Egrediamur ergo de illa pessima cognatione, ubi sapientia non habitat, nec dat vocem
suam; cujus fructus melior est auro et lapide pretioso, et genimina ejus meliora argento electo. Accipite igitur, fratres, ut docet Salomon, disciplinam
sapientiæ, et non pecuniam; doctrinam magis quam
thesaurum eligite; quod ut facias, de cognatione
tua egredere, id est ab occupationibus et implica-
tionibus sæculi te retrahe, quia « nemo militans
Deo implicat se sæcularibus negotiis (*II Tim.* ii, 4). »
Egredere etiam de domo patris tui. Pater malorum
diabolus est, secundum illud : « Vos ex patre diabolo
estis, et desideria patris vestri facitis (*Joan.* viii,
44). » Pater autem malorum dicitur diabolus, non
per naturam (quam **782** non malam Deus creavit,
ut Manichæus credidit), sed quam Deus in omnibus
bonam condidit, imo per imitationem; quod Veritas
in verbis præmissis aperte declarat : « Et desideria
patris vestri facitis; » ac si diceret : In hoc dico
vos esse ex patre diabolo, qui desideria ejus facitis.
Fiunt autem filii diaboli duobus modis, lege conceptionis, lege imitationis. Concipiuntur enim in peccatis et iniquitatibus. Unde Propheta : « In iniquitatibus conceptus sum, et in peccatis concepit me
mater mea (*Psal.* l, 7). » Quia enim parentum concubitus non est sine libidine, ideo filiorum ex eorum
carne nascentium non potest sine peccato fieri conceptus, ubi peccatum in parvulos non transmittit propago, sed libido; nec fecunditas humanæ naturæ facit
homines cum peccato nasci, sed fœditas libidinis,
quam homines habent, ex primi justissima condem-
natione peccati. Ideo David, quamvis de legitimo et
justo conjugio natus, in quo scilicet, nec infidelitatis

culpa, nec macula poterat inveniri, tamen propter
originale peccatum, quo naturaliter filii obstricti
sunt iræ, non modo impiorum filii, sed omnes etiam
qui de justorum sanctificata carne nascuntur, exclamat : « Ecce enim in iniquitatibus conceptus sum,
et in peccatis concepit me mater mea (*Psal.* l, 7). »
Sanctus etiam Job dicit mundum a sorde non esse
hominem, « nec si unius diei sit ejus vita super terram. » Ideo Apostolus ait : « Eramus et nos natura
filii iræ (*Ephes.* ii, 13), quia merito peccati originalis a patribus vitiosa lege conceptionis nostræ
traducti, debitores nascimur vitæ [*f.* pœnæ] æternæ,
et filii diaboli. Per imitationem quoque filii diaboli
efficiuntur aliqui, scilicet, filii diffidentiæ, qui ejus
desideria faciunt. Unde in libro Sapientiæ : « Invidia diaboli mors intravit in orbem terrarum (*Sap,*
ii, 24); » et quia vult intelligi hoc esse factum imitatione, non propagatione, adjungit : « Imitantur
autem eum, qui sunt ex parte ipsius (*ibid.*, 25).
Quatuor autem modis fiunt aliqui filii Dei, scilicet,
prædestinatione, vocatione, justificatione, magnificatione. Unde Apostolus : Quod præscivit, et prædestinavit conformes fieri imaginis Filii sui. Quos
autem prædestinavit, hos et vocavit; et quos vocavit, hos et justificavit; quos autem justificavit, illos
et magnificavit [glorificavit] (*Rom.* viii, 29). » Et
est prædestinatio non existentium, vocatio aversan-
tium, justificatio peccantium, magnificatio perve-
nientium. Et cum sint hic quatuor commemorata,
unum est in Deo, et tria in nobis. Prædestinatio
enim nostra non est in nobis, sed in occulto apud
Deum. Tria vero reliqua in nobis sunt, **783** scilicet vocatio, justificatio et magnificatio, quæ sunt
effectus prædestinationis, non causa. Prædestinatio
namque est gratiæ præparatio, cujus effectus est
appositio gratiæ. Magnum est fieri filium tanti, ac
tam benigni Patris, qui omnia dat gratis, qui dedit
potestatem filios Dei fieri, his qui credunt in nomine
ejus. Extremum autem miseriæ est, fieri filium iniquitatis, id est diaboli. Sicut enim qui ex Deo nascitur, nascitur ad justitiam et vitam, ita qui ex diabolo nascitur, ad iniquitatem nascitur, et mortem.
Audi Apostolum utrumque contemplantem. « Sicut
inquit, exhibuistis membra vestra ad iniquitatem,
ita nunc exhibete membra vestra servire justitiæ in
sanctificationem (*Rom.* vi, 19). » Filii diaboli generantur ex patre diabolo, et matre Babylonia, sicut
filii [Dei] ex patre Christo, et matre Jerusalem, id
est Ecclesia. Sed : Filia Babylonis misera, ut ait
Propheta, quidnam potest præstare misera, nisi miseriam? Miseri ergo sunt filii ejus, qui eam amant,
qui eam sequuntur. Sed beatus qui retribuit ei retributionem, quam ipsa retribuit. Ipsa enim filium
Ecclesiæ, quem tanquam mulier in tristitia filios
parit, ex Deo natum subtrahit matri suæ, et quasi
proprium apponit uberibus suis, et suarum lenociniis voluptatum, lactat ad opus diaboli; sed beatus
qui retribuit ei retributionem suam, id est qui parvulos ejus, antequam in robur malitiæ crescant,

rapit, et ablactat, alliditque ad petram Christum; et beatus ille qui de tali domo in domum Domini migrat. Ad quod hortatur Propheta humanam animam, dicens : « Audi filia, et vide, et inclina aurem tuam, et obliviscere populum tuum, et domum patris tui (*Psal.* xliv, 11), » et ritus [*f.* risus] Babyloniæ postpone, et domum diaboli fuge. Habet enim diabolus domum quasi propriam, scilicet, superbiam. In hac conversatur. In hac elegit sibi sedem, cum superbia mentis intumescens, dixit : « Exaltabo solium meum a lateribus aquilonis, et ero similis Altissimo (*Isa.* xiv, 14).

Superbia a Dei cœpit injuria, quæ natione cœlestis sublimium mentes inhabitat, sub cinere et cilicio latitans. Hæc bene dicitur diaboli domus, quia sicut requiescit Spiritus Domini super humilem et quietum, ita spiritus malignus super contumacem et superbum. Si igitur ad terram desiderabilem pertingere vultis, si ad manna absconditum pervenire, egredimini de terra voluptatis, et de cognatione inquietæ curiositatis, et de domo impia superbi patris. Sed forte dicitis : « Durus est hic sermo et quis potest eum audire? (*Joan.* vi, 60.) » Quibus respondet Veritas : « Tollite jugum meum super vos... (quia) jugum meum suave est, et onus meum leve (*Matth.* xi, 29), » sed amantibus et gustantibus. **784** quæ enim gravia sunt et importabilia, facilia ac prope nulla facit charitas, et experientia dulcedinis. Durum igitur forte videbitur vobis, quia nondum gustastis dulcedinem verbi Dei, quam abscondit timentibus se. Gustate igitur et videte, quoniam suavis est Dominus, qui ait : Venite ad me omnes qui laboratis et onerati estis, et ego reficiam vos (*Matth.* xi, 28). » Refectio autem non est defectus, sed consolationis et profectus. Redi ergo, prævaricator, ad cor tuum. Etiam ratio te docet quod dico; ratio naturalis te vincit. Vide quia delectaris in carne meretricis, sed nonne delectabilior est caro Christi? Ingluviem sequeris quasi rem dulcem, sed nonne multo dulcior est sobrietas? Superbia te erigit, sed multo potior est humilitas. Absit ut indumentum diaboli sanguine concretum melius Christi veste reputes, quæ est sine macula aut ruga. Ut autem vestimentum diaboli deponas, præmissa tria devita. In illis enim tribus, velut in suis capitibus, omnia vitia conjuncta sunt et confœderata. Unde Joannes dicit : Filioli, nolite diligere mundum, nec ea quæ in mundo sunt, quia nihil est in mundo, nisi concupiscentia carnis, concupiscentia oculorum, et superbia vitæ; et transit mundus, et concupiscentia ejus (*I Joan.* ii, 16), » id est concupiscentia carnis, id est voluptas, concupiscentia oculorum, id est curiositas. Labentem igitur mundum, atque desideria ejus declinemus, ne cum labente pariter cadamus; et sicut illa tria abdicanda sunt, et declinanda, ita de illis exeunti tria proponuntur, quibus ad terram desiderabilem ducitur, scilicet hortum, cellarium, cubiculum. Inducit enim nos Dominus, primo in

hortum, inde in cellarium, postremo in cubiculum, ubi requiescentes de fructu terræ desiderabilis satiabimur. Hæc tria in Canticis commemorantur. De horto enim sponsa ait : « Dilectus meus descendit in hortum suum, ad areolam aromatum, ut pascatur in hortis, et lilia colligat (*Cant.* vi, 1). » De cellario sponsa dicit : « Introduxit me rex in cellaria sua, ordinavit in me charitatem (*Cant.* i, 3). » Et de lecto ait : « Lectus noster floridus (*ibid.*, 15).» Hortus autem intelligitur Ecclesia, quæ est « hortus conclusus, fons signatus (*Cant.* iv, 12), » scilicet, activa vita, ubi tanquam in horto redolent flores virtutum, et pullulant germina bonorum operum, ut videntes ea, glorificent Patrem qui in cœlis est. Unde Apostolus : « Christi bonus odor sumus Deo in iis qui salvi fiunt, et in iis qui pereunt (*II Cor.* ii, 15). » Hic est odor de quo Isaac ait : Ecce odor filii mei, sicut odor agri pleni, cui benedixit Dominus (*Gen.* xxvii, 27). » Flores igitur arborum hujus horti o'orem suavissimum emittunt, et fructus pretiosos pariunt, in præsenti fiduciam, et in futuro **785** vitam. Qui ergo primo diei itinere in hortum introducti sumus, superest ut secunda die introducamur in cellam vinariam. Cellarium autem intelligitur divina Scriptura, vel contemplatio divina, ubi dulcedine gratiæ recreamur inebriati tanquam vini meri odore, et poculo referti, ab amore terrenorum transferimur in contemplationem cœlestium et supernorum; et grata talis ebrietas, quæ sic inebriat, ut sobrios reddat; quæ non gravat, sed relevat, et usque ad domum Dei elevat. « In voce exsultationis et confessionis sonus epulantis (*Psal.* xli, 5). » De cœlesti namque domo insonat animæ cœlestia contemplanti quidam canor, et dulce [melos] unde mulceatur, et sicut cervus desideret ad fontes aquarum, id est ipsum Deum, qui est fons aquarum viventium in vitam æternam salientium. Ipsa quoque Scriptura recte cellæ vinariæ comparatur, ubi multiplicis intelligentiæ gustu recreamur ac refovemur. Si enim morum doctrinam, si allegoriarum intelligentiam, si historiarum veritatem, si anagoges revelationem requirimus, totum ibi reperimus. Ipsa est apotheca Spiritus sancti, paradisus pomorum omnium, ubi quæque anima invenit quod sibi expedit. Jam nunc restat ut tertio diei itinere introducat nos in cubiculum rex noster; sed hucusque quasi sobrii fuimus, et tanquam humanum propter infirmitatem vestram diximus. De lectulo vero non sine excessu mentis, qui fit a Deo, loqui valemus. Unde Apostolus : « Sive excedimus, Deo; sive sobrii simus, vobis (*II Cor.* v, 13). » Magnum et inscrutabile mysterium, ad quod vestræ mentis acies nec aliquatenus aspirat. Lectulus namque iste locum habet inter lævam Dei et dexteram; habet enim Deus dexteram et lævam, secundum illud Salomonis: « Læva ejus sub capite meo, et dextera illius amplexabitur me (*Cant.* vii, 6). » Et alibi : « In dextera ipsius anni vitæ, et in sinistra divitiæ et honor (68).»

(68) Longitudo dierum in dextera ejus et in sinistra illius divitiæ et gloria.

Ili sunt duo cleri inter quos dormiunt pennæ columbæ, id est doctores Ecclesiæ, secundum illud propheticum : « Si dormiatis inter medios cleros, pennæ columbæ deargentatæ (*Psal.* LXVII, 14).»

Columba dicitur Ecclesia propter simplicitatem, secundum illud : « Una est columba mea, una est amica mea (*Cant.* VI, 8), » et ipsa dicitur deargentata, quia divinis eloquiis est erudita; pennæ autem columbæ sunt doctores et prælati Ecclesiæ, quorum prædicatio in cœlum fertur; gloria Ecclesiæ cleri sortes sunt. Clerus enim Græce, Latine dicitur *sors;* unde Clerónomia, id est hæreditas, quæ etiam *sors* dicitur, quia sorte datur, id est divina electione. Dormiunt **786** ergo pennæ columbæ inter medios cleros, id est quiescunt in medio hæreditatum, scilicet inter lævam Dei et dexteram. Per lævam enim intelligitur Christi humilitas; per dextram divinitas. Humilitas humanitatis capiti nostro supponitur in præsenti, per quam consolamur, spe erigimur, et ad eum ascensum habemus. Divinitas vero in futuro nos amplexabitur. Hæc est gemina refectio nostra, qua de fructu virginalis uteri reficimur in terris, et de fructu paterni uteri satiabimur in cœlis, ubi utriusque formæ visio atque perfruitio, divinæ scilicet et humanæ, nos lætificabit et glorificabit. Ipse est enim « in quem desiderant angeli prospicere (*I Petr.* I, 12). » Prospiciunt quidem in eum, et cum desiderio, quia quæ habent desiderant, et quæ desiderant habent. Si enim desiderarent, et illud non obtinerent, esset in desiderio anxietas, et ita pœna. Si autem haberent, et non cuperent, videretur fastidium sequi satietatem. Ne autem sit in desiderio anxietas, vel in satietate fastidium, desiderantes satiantur, et satiati desiderant. Desiderant ergo sine labore, quia desiderium satietas comitatur, et satiantur sine fastidio, quia satietas semper est in desiderio. Suavissimus et amœnissimus lectulus iste, et desiderabilis valde, inter medios cleros positus, ubi geminæ gloriæ visione satiabimur. Quid enim desiderabilius, quid securius, quid suavius, quam inter lævam Dei et dexteram quiescere? Ecce posita sunt tria, de quibus egrediendum, et alia tria, quibus ad terram desiderabilem est ascendendum. Conferantur ergo singula singulis, ut clavus clavum expellat. Hortus etenim Domini terram tuam evacuat. Sic et Domini cellarium omnem terræ cognationem, id est quæ te angit curiositatem, exterminat. Nec minus lectulus inter dexteram et lævam Dei locatus, domum impii subvertit. Ideoque justa attentione dæmon et Spiritus Dei inquirunt. *Egredere de terra tua, et de cognatione tua, et de domo patris tui, et veni gressibus mentis, pedibus geminæ charitatis in terram quam monstrabo tibi.* Nemo enim videre poterit, nisi Spiritu sancto revelante, quod nec carnalis oculus vidit, nec auris audit quæ præparavit Deus diligentibus se (*I Cor.* II), id est terram viventium : ibique *benedicam tibi* in anima glorifi-

cata, *erisque benedictus* in corpore glorificato. Item benedicam tibi contemplatione divinitatis, erisque benedictus visione humanitatis; ad quam benedictionem perducat nos Deus omnipotens. Amen.

CXIII [*De diversis* XXVI].

DE DUABUS CIVITATIBUS DEI ET DIABOLI (69).

787 « Exite, popule meus, de Babylonia, ut ne « participes sitis delictorum ejus, et de plagis ejus « non accipiatis, quoniam pervenerunt peccata ejus « usque ad cœlum, et recordatus est Dominus ini- « quitatum ejus (*Apoc.* XVIII, 4). »

Sunt ergo, fratres charissimi, in mundo duo regna, duo principes, et duæ familiæ. Alterum enim regnum Dei est; alterum diaboli. Familiæ utriusque regni sibi semper adversantur, ab initio mundi. Regnum diaboli Babylonia nuncupatur. Regnum Dei, Jerusalem dicitur. Babylonia enim *confusio* interpretatur. Jerusalem autem, *visio pacis.* Sed de civitate Dei prius agamus : in hac civitate est fortis murus, de quo ait Propheta : « Urbs fortitudinis [nostræ] Sion, Salvator ponetur in ea murus (*Isa.* XXVI, 1) ; » et duodecim portæ, sicut ostensum est Joannis in visione. Ait enim : « Et ostendit mihi angelus civitatem sanctam Jerusalem, quæ habebat murum magnum, habentem portas duodecim (*Apoc.* XXI, 12). » Fundata est hæc civitas supra montes. Unde David : « Fundamenta ejus in montibus sanctis (*Psal.* LXXXVI, 1). » Turris est ibi maxima, ad quam omnes habent refugium. De qua Salomon ait : « Turris David ædificata est cum propugnaculis; mille clypei pendent in ea (*Cant.* IV, 4). » Turris illa tangit cœlos. Sunt et aliæ multæ turres, sed inferiores, de quibus ait David : « Fiat pax in virtute tua, et abundantia in turribus tuis, Jerusalem (*Psal.* CXXI, 7). » Nunquam est ibi nox, sed semper dies. Ait enim Joannes : « Non erit in ea nox (*Apoc.* XXI, 25), » sed semper sunt ibi vigiles speculatores, de quibus Ecclesia in Canticis : « Invenerunt me vigiles, qui custodiunt civitatem (*Cant.* III, 3). » Ipse etiam Dominus facit civitatem, et facit excubias, quia : « Nisi Dominus custodierit civitatem, frustra vigilat qui custodit eam (*Psal.* CXXVI, 2). » Nullæ sordes in ea. Omnia munda et lucida; omnia florent, omnia redolent. Nulla ira, nulla discordia nulla probra, sed quædam communio dilectionis. Tam bene cives illius civitatis curant aliena, sicut et sua. Invicem sibi provident, invicem admonent; aliorum damna sunt sua, aliorum dolorem sentiunt et relevant. Sunt ibi assidui præcones, qui eos sibi providere assidue hortantur. Nullum renuunt qui ad eos fugiat, sed tuentur. Omnes sibi alliciunt quos possunt. Nesciunt aliena vel accipere, vel concupiscere, sed sua passim tribuere. Nihil patiuntur nisi a civibus Babylonis, [cum quibus] semper est pugna. Inter eos cum quibus habitant, semper est pax Dei. Cibus eorum est, voluntati Domini sui obedire, et quæ sit voluntas ejus **788** quærere. Fercula eorum sunt Domini præ-

(69) E Victorino.

cepta, desiderabilia eis super aurum et topazion ; et memores mandatorum ejus ad faciendum ea. Ardent in absentes, et eos diligunt. Imitari boni virtutem, et non invidere desiderant. Nullus moratur in ea nisi miles, quia militia est vita hominis super terram. Omnes semper armati, quia semper necesse est pugnare, cum hostes nesciant cessare, sed semper aut insidientur aut pugnent. Audivistis, fratres, descriptionem civitatis, audivistis mores civium ; sed ad majorem intelligentiam ejus est exponenda descriptio. Murus civitatis est custodia angelorum, quæ nobis deputata est ad tutelam. Ipsa civitas est Ecclesia ; duodecim portæ sunt duodecim apostoli, qui prædicatione, vel scripto, credentibus aditum ad Deum dederunt. Fundata est super montes, quia fundata est super fundamentum apostolorum et prophetarum. Turris est refugii [Deus ipse,] de quo David : « Esto mihi in Deum protectorem , et in domum refugii in locum munitum (*Psal.* xxx, iii). » Aliæ turres sunt quilibet sancti virtutibus eminentes, et alios verbo et exemplo moventes. Non est ibi nox infidelitatis, de qua ait Apostolus : « Nox præcessit, dies autem appropinquavit (*Rom.* xiii, 12). » Vigiles sunt episcopi, sacerdotes, et alii prælati, qui circa oves Domini vigilant. Præcones sunt prædicatores, quibus dicitur : « Clama, ne cesses , quasi tuba exalta vocem tuam, et annuntia populo meo scelera eorum (*Psal.* lviii, 1). » Babylonia vero habet murum, legionem scilicet angelorum, id est malignorum spirituum ; et quinque portas, id est quinque sensus corporis, quibus intratur ad confusionem. De quibus dicit David : « Qui exaltas me de portis mortis (*Psal.* ix, 15). » Non habet turrem, sed foveam tenebrosam, quæ est desperatio, de qua cives Jerusalem neminem possunt eripere, et de qua scriptum est : « Peccator, cum venerit in profundum peccatorum, contemnit (*Prov.* xviii, 3). » In hoc profundum cecidit prior diabolus. In hoc cecidit Judas et Judæi, qui sunt omnino excæcati et obstinati. In Babylonia semper est nox, id est cæcitas cordis. Mores civium hujusmodi sunt : Amant et acquirunt divitias hujus mundi omnibus modis , furto, rapina, usura, sanguine, dolo. Student commessationibus, ebrietatibus, luxuriis. Nulla fides inter eos. Gaudent decipere non solum cives Jerusalem, etiam suos, et se ipsos. Omnibus ditioribus se invident. Gaudent damnis aliorum ; nesciunt misereri. Loquuntur pacem cum proximo suo, mala autem in cordibus eorum. Mutuatur peccator, et non solvit. Non est in ore eorum veritas ; cor eorum vanum est. Jurant proximo suo malum, et decipiunt, et munera super innocentem **789** accipiunt. Hi in curribus, et hi in equis. Omnes declinaverunt ; simul inutiles facti sunt. Non est qui faciat bonum, non est usque ad unum. In hac Babylonia omnes impii demorantur. Hi semper laborant, ut cives Jerusalem capiant, et multos ad se rapiunt. His clamat Dominus, dicens : *Exite populo meus, de Babylonia.* Sed, quia in eo duæ familiæ permistæ sunt, quia boni et mali in mundo corporaliter versantur, determinati [*f.* indeterminati, *seu* dubii] [manent] quomodo exibunt, non corpore, sed mentis dissimilitudine. Et hoc est quod ait : *Et ne participes sitis delictorum ejus,* quoniam, si vitaveritis peccata, vitabitis et peccatorum tormenta. Et hoc est : *Et de plagis ejus ne accipiatis,* quia multa sunt flagella peccatoris, si non in præsenti, tamen in futuro. Sed alia sunt ad correctionem, alia sunt ad vindictam.

Infirmitates corporales, damna rerum sunt ad correctionem. Mors vero æterna, ad vindictam. « Stipendium enim peccati, » ut ait Apostolus, « mors » æterna (*Rom.* vi, 23). Cum autem ait : « De plagis ejus non accipietis, » de pœnis infernalibus intelligendum est, quia temporales communes sunt. Hæc autem Babylonia revera plagas recipit, quia pervenerunt peccata ejus usque ad cœlum, id est usque ad notitiam Dei. Dicitur Deus ignorare peccata, quando non punit ea. Dicitur recordari, quando pro culpis datur pœna. Propterea ait : « Recordatus est Deus iniquitatum ejus. » Vos ergo, fratres charissimi, qui a principibus Babyloniæ et a civibus ejus decepti estis, et in captivitatem ibi redacti, exite per pœnitentiam. Rumpe vincula colli tui, captiva filia Sion, et quare, domus Israel, moriemini ? Datum est pretium redemptionis tuæ ; effusus est sanguis Christi , et tu in carcere demoraris ! Ostendunt tibi Babylonii falsas divitias, ut [eas] diligas, et Creatorem tuum deseras. Audi quomodo increpet te Moyses : « Deum qui te genuit dereliquisti , et oblitus es Domini Creatoris tui (*Deut.* xxxii, 18). » Derelinquat impius viam suam, et vir iniquus cogitationes suas , et revertatur ad Dominum , et miserebitur ejus. Recordare, quia « omnis caro fenum, et omnis gloria ejus sicut flos agri (*Isa.* xl, 6). » Et quomodo caro sit fenum, determinat David, cum ait : « Mane floreat, et transeat ; vespere decidat , induret et arescat (*Psal.* lxxxix, 6). » Quod dicitur : Homo mane, id est in pueritia, et in juventute floret ; sed in vespere decidit. Indurat in cadavere, adhæret [*f.* arescit] in pulvere ; quia post hominem cadaver, post cadaver vermis, post vermem cinis efficitur. Hoc ad hominem dicitur. Quid autem de labore **790** quem exercemus in temporalibus ? « Anni [nostri] sicut araneæ meditabuntur (*Psal.* lxxxix, 10), » id est nos viventes annis araneæ comparamur. Quid facit aranea ? Viscera sua consumit ut faciat telam, et in ea tantum laborat, ut capiat vilem prædam, scilicet muscas. Similiter homines hujus mundi corpora consumunt, laborando, eundo per multa pericula, et vilem mercedem acquirendo, id est transeuntia. O miseri ! Relinquent alienis divitias suas, et sepulcra eorum domus illorum in æternum, quoniam cum dives interierit, non sumet omnia, neque descendet cum eo gloria ejus. Ostendimus, fratres, quia homo, et res humanæ transitoriæ sunt ; et ideo a Babyloniis per falsas divitias nolite decipi, sed [ab eis] exite per pœnitentiam, nec de uno solo peccato pœniteamini, sed de omnibus. Qui plura peccata habet, nisi omnia præter unum dimittit, similis A est ei qui ligatus multis catenis, omnes præter unam rumpit, et tamen illa sola ad illum ligandum sufficit. Similis est etiam naviganti, qui habet multa foramina in navi, nisi omnia præter unum obturet, per illud aqua submittitur, et ad ima deducit. Similis est et illi qui habet multas sagittas in corde, si aliis extractis, una remaneat, illa sola erit causa mortis. Sic qui habet multa criminalia peccata, nisi omnia dimittat præter unum, illud solum est causa damnationis. Valet quidem quædam dimittere, ut leviorem pœnam in inferno recipiat, sed non valet ut ad salutem veniat. Ita qui quædam dimittit, et non omnia, non exit de Babylonia, sed tamen portæ quasi vicinus est, et [ad egrediendum] paratior. Multa peccaverat Maria, et multum flevit, et di- B missa sunt ei peccata multa, quoniam dilexit multum (*Luc.* vii). In uno peccavit Petrus, quia Dominum negavit, et unum flevit. Tantum ergo plora quantum deliquisti. Si unum, unum, si multa, multa. Vis solvi? rumpe catenas. Redime te postea eleemosynis. Voluit enim Dominus, ut alii divites, alii pauperes essent. Si omnes divites essent, in quibus peccata sua redimerent homines non haberent. Positus est Lazarus ante januam divitis, ut videat in quo peccata redimat. Manet ergo inexcusabilis, cum nihil pauperi tribuit. Lavabis te in flumine misericordiæ, ut qui exis de Babylonia, in Jerusalem merearis recipi. Dominus autem qui habitat in Jerusalem, mittat nobis auxilium de san- C cto, et de Sion tueatur nos. Qui vivit et regnat Deus per omnia sæcula sæculorum. Amen.

791 CXIV [*De diversis* XXVII].

DE MILITIA CHRISTIANA (70).

‹ Militia est vita hominis super terram (*Job* vii, 1).›

Oportet, fratres charissimi, strenuum Christi militem fortissimam in se civitatem Ninivem subvertere, et ejus superbum regem, id est diabolum superare, qui quam fortissimus est. Idcirco magno labore, magno conatu insistendum est ei, ut ipse dejiciatur, et ejus civitas subvertatur. Vincit enim omnia labor improbus, et conscendit ad ardua virtus. Hujus militiæ formam beatus Job in se ostendit et docet, qui hujus hostis graves tentationes et D rebelliones, damno rerum amissarum, filiorum orbitate, propriæ carnis maceratione expertus est. Experto igitur credendum est, qui tam exteriorem quam interiorem cum eo habuit pugnam. Instigavit enim in eum diabolus interiorem et domesticum hostem, scilicet, uxorem suam, qui cum verbis suis in desperationem duceret, cum dicebat : ‹ Benedic Deo et morere, cum verba solatoria, et dolorem viri sui mitigantia potius proferre debuisset.› Sed miles Christi asperitate verborum non movetur,

nec in desperationem trahitur, quod ex ejus tali apparet responsione : ‹ Si bona suscepimus de manu Domini, mala autem quare non sustineamus ?› (*Job* ii, 10.) ‹ Et quia dedit, et quia abstulit, sit nomen Domini benedictum (*Job* i, 21).› Item cum per conjugem diabolus eum superare non posset, alios interiores et familiares incitavit hostes, scilicet amicos suos, qui ad eum venientes ut consolarentur eum, ad increpandum proruperunt. Unde idem vir dixit illis : ‹ Ad increpandum verba componitis, et subvertere nitimini amicum vestrum (*Job* vi, 26).› Et quæ pestis efficacior quam falsus amicus? Licet autem tot certamina intus et extra sustinuerit, nulla tamen eum a sanctitatis proposito movere potuerunt, quoniam ‹ in omnibus his non peccavit Job labiis suis (*Job* i, 22).› Sed talem militem quicunque in Christi militia vult exerceri, satagat imitari, et ut expeditius militet, mole terrenorum non impediatur negotiorum, quia juxta illud Apostoli : ‹ Qui in agone contendit, ab omnibus se abstinet (*I Cor.* ix, 15).› Et alibi : ‹ Nemo militans Deo implicat se sæcularibus negotiis (*II Tim.* ii, 4),› Ut autem perfecta sequatur victoria, quatuor oportet eum habere, scilicet, hostem contra quem decertet, arma quibus se muniat, et quibus hostem dejiciat, **792** stipendia quibus se sustentet, donaria pro quibus dimicet. Hostis autem alius interior, ut caro ipsa, alius exterior, ut ipse diabolus. Hostis iste, ut dicit Petrus, ‹ tanquam leo rugiens circuit quærens quem devoret (*I Petr.* v, 8).› Hostis iste antiquus est, et diu in tali exercitatus certamine, ab initio nos impugnavit, ab initio nos occidere quærit, unde scriptum est : ‹ Ille homicida erat ab initio (*Joan.* viii, 44).› Et quoniam, sicut dictum est, antiquus est, et ideo magis exercitatus, vere majori vigilantia opus est in resistendo. Item invisibilis et occultus est nobis, quoniam spiritualis. Unde Paulus : ‹ Non est nobis colluctatio adversus carnem et sanguinem, sed adversus principatus et potestates, contra spiritalia nequitiæ in cœlestibus (*Ephes.* vi, 12).› Item hostis iste de prope nos impugnat, non est a nobis remotus. Habemus enim semper calcaneum a latere; habitat quidem in hoc caliginoso aere (71). Unde, cum dixisset Paulus : *Contra spiritalia nequitiæ,* addidit : *in cœlestibus,* id est in aere, et ideo nobis vicinus. Et quoniam, sicut dictum est, antiquus est hostis iste, ideo magis exercitatus. Et quoniam occultus, ideo gravior ejus pugna, et idcirco magis cavendus. Item habet miles iste interiorem hostem, carnem videlicet suam, quæ adversus spiritum concupiscit, de qua dicitur in Osee : ‹ Ab ea quæ dormit in sinu tuo custodi claustra oris tui (*Mich.* vii, 5).› Hunc hostem semper habemus, cum hoc nobis est juge et indesinens certamen. Unde Gregorius : ‹ Ex carnis vitio pro-

<hr>

(70) E ms. Andegav.

(71) Nota Hildebertum hic asserere dæmones habitare in hoc caliginoso aere, quod et asserit in tractatu theologico, cap. 2, et in sermone secundo de Ascensione, et in primo de Nativitate Domini, et aliis. Inde probatio reciproca desumi potest, et quod hi sermones, et quod ille tractatus sint genuini Hildeberti fetus

pagati, in nobis ipsis gerimus unde certamina habeamus.» Oportet ergo eum habere arma quibus se muniat, et quibus hostem dejiciat. Oportet enim primum habere scutum fidei, in quo possit omnia tela nequissimi ignea exstinguere, id est vitiorum incentiva. Quia, ut dicit Prudentius :

Prima pe it campum, dubia si sorte duelli
Pugnatura fides. . . .

De hoc scuto fidei dicit David : « Scuto bonæ voluntatis tuæ coronasti nos (*Psal.* v, 13).» Et quoniam ipsius certaminis prolixitas et gravitas, et etiam regni dilatio posset eum in desperationem ducere, oportet « eum galeam salutis (*Ephes.* vi, 17),» id est spiritus, quæ totum caput, id est mentem obnubilat et tutatur, ne prædictis periculis in desperationem ducatur. Item oportet eum habere « loricam justitiæ (*ibid.* 14),» id est charitatem, quæ hinc et inde totum corpus tegat et muniat. Unde Paulus : « Per arma justitiæ a dextris et a sinistris (*ibid.*, 11).» Charitas **793** dicitur lorica justitiæ, quia per charitatem facimus unicuique quod suum est. Hami hujus loricæ sunt opera misericordiæ, sicut vestire nudum, pascere egenos, et similia. Hæc lorica circa renes, et circa lumbos debet esse. Hinc et mens, ne sua fides vel spes in aliquo titubet. Per loricam charitatis vitalia nostra obvoluta et munita, illæsa serventur, ne per illam irrumpenti hosti detur locus. Hujus loricæ hami perplexi sunt et continui, quando opera charitatis perplexa sunt et connexa. Habet itaque miles Christi hæc arma ad se muniendum, scilicet, scutum fidei, et galeam salutis, scilicet, spem, et loricam justitiæ, scilicet, charitatem.

Ad dejiciendum ergo hostem oportet eum habere gladium, quo de prope feriat, et lanceam qua de longe percutiat. Gladius est verbum Evangelii, de quo Apostolus : « Et gladium spiritus, quod est verbum Dei (*ibid.* xvii). » Habeat hastam, qua de longe percutiat, scilicet, legis testimonium. Hasta enim habet lignum et ferrum ; lignum quo teneatur, ferrum quo incidat. Similiter lex habet litteram, juxta quam teneatur ; habet spiritualem intelligentiam, qua secet et dividat. Hunc gladium quidam habent in ore, sed nolunt eo accingi. Student enim aliena peccata cohibere, sua vero nolunt mactare, imo fovere ; cum tamen prius in se quisque debeat boni operis exemplum proponere, et postea alios docere, ne forte, ut dicit Paulus, cum aliis prædicaverint, ipsi reprobi efficiantur. Accingatur ergo miles Christi tali gladio, pravos in se [motus] cohibendo. Unde David : « Accingere gladio tuo super femur tuum, potentissime (*Psal.* xliv, 4). » Et in Evangelio : « Sint lumbi vestri præcincti, et lucernæ ardentes in manibus vestris (*Luc.* xii, 35). » Et in lege præcipitur : « Renes vestros accingetis (*Exod.* xii, 11). » Et David : « Ure renes meos et cor meum (*Psal.* xxv, 7). » Per renes carnalia vitia intelliguntur, ut luxuria, ebrietas, et hujusmodi. Per cor, spiritalia,

ut invidia, superbia. Item oportet hunc militem habere calceamenta, id est quibus pedes muniat, ne a spinis peccatorum, et scorpionibus quos calcaturus est, lædatur. Unde Apostolus : « Calceati pedes in præparationem Evangelii pacis (*Ephes.* vi, 16). » Calceamenta quippe fiunt ex pellibus mortuorum animalium. Sicut enim ex pelle una fiunt calceamenta pluribus, et non uni tantum, ita plures patris exemplo muniri et erudiri possunt. Hæc autem calceamenta ad terram deorsum convenit esse tecta, desuper aperta, qualia leguntur hujus fuisse apostoli (72), per quæ datur intelligi, quod prædicatio nostra terram tangere non debet, id est propter aliquid terrenum facienda non est ; sed [quod] solus Deus tam operis, quam prædicationis finis constituatur. Hujus militis **794** equus est corpus nostrum, quoniam spiritualis est miles, quem depingimus. Equus iste domandus est, ne nimis lasciviat, et superbiat, et sic dominum suum præcipitet. Equum suum bonus iste miles domabat qui dicebat : « Castigo corpus meum, et in servitutem redigo (*I Cor.* ix, 27), » id est retro ago ne extollatur, sed imperantis Domini voluntati obtemperet. Hunc equum frenare et arguere continentiæ freno docebat David, dicens : « In chamo et freno maxillas eorum constringe (*Psal.* xxxi, 9). » Sed ne iste equus retro abeat, vel stet, quia stare quodammodo est recedere, necessaria sunt ei calcaria, id est monita Patrum, quibus equus urgeatur, et boni operis gressibus proficiendo, ad anteriora se extendat ; quia, ut dicit Salomon : « Verba sapientium sunt quasi stimuli in altum defixi (*Eccle.* xii, 11). » Ecce quibus armis miles iste se muniat, et quibus hostem dejiciat. Oportet autem eum habere stipendia, quibus sustentetur in hac militia, quæ tamen debet habere, non ad superfluitatem, sed ad necessitatem, juxta illud : « Habentes alimenta, et quibus tegamur, his contenti sumus (*I Tim.* vi, 8). » Unde Joannes militibus quærentibus : Quid faciemus ? Respondit : « Estote contenti stipendiis vestris (*Luc.* iii, 14). » Neque etiam quærendis necessariis debet esse sollicitus miles Christi, cum noverit Dominum suum scire quia his omnibus indigeat. Unde Dominus : « Nolite solliciti esse, dicentes : Quid manducabimus, aut quid bibemus? » (*Matth.* vi, 31.) Non debet sollicitus esse de cibo, qui militat pro regno. Non autem tollimus providentiam, sed sollicitudinem removemus. Iterum oportet hunc militem esse certum de donativo pro quo certat. Certitudo enim considerantis præmii laborem militiæ minuit, quoniam dura libens tolerat, quisquis sublimia sperat. Hoc autem donativum quantum sit, nullus plane cognoscit in via, sed cognoscet in patria. Plus enim perveniens inveniet, quam veniens possit æstimare. Hoc munus, ut breviter dicam, est perfecta Dei cognitio, quod habebimus cum Deum sicut est videbimus. Unde : « Satiabor, cum apparuerit gloria tua

(72) Calceamenta apostoli tecta deorsum, sursum aperta. Idem notat et eodem sensu Hildebertus, *epist.* 31, lib. i.

(*Psal.* xvi, 15). » Pro hoc acquirendo, militia est vita hominis super terram, sicut autem homo temporaliter accipitur, sic et vita. Dicitur autem homo per naturam, ut hic : « Quid est homo quod memor es ejus? » (*Psal.* viii 5.) Homo per culpam, ut, homo natus de muliere, brevi vivit tempore. Homo per gratiam, ut illuminat omnem hominem venientem in hunc mundum. Vita naturæ est qua spirat homo. Vita culpæ qua vivit peccatum in nobis. Vita gratiæ qua vivit Christus in corde. Duæ sunt a Deo; tertia ab homine. De his omnibus dicit David : « Deus, vitam meam annuntiavi tibi (*Psal.* lv, 9). » Nam et illas quæ sunt naturæ vel gratiæ, Deo annuntiat, quia a **795** Deo eas se confitetur habere. Tertiam, quæ est peccati, confitetur aliqualiter [*f.* humiliter] Apostolus, qui dicebat : « Qui fui blasphemus (*I Tim.* i, 12). » Vita gratiæ est super terram; vita naturæ in terra; vita culpæ subtus terram. Unde Paulus [de vita gratiæ] : « Nostra autem conversatio in cœlis est (*Phil.* iii, 20). » Vita naturæ in terra est, ubi nascitur homo ad laborem. Unde Job : « Homo nascitur ad laborem, et avis ad volatum (*Job* v, 7). » Vita culpæ subtus terram; cujus autem vita fuit in culpa, merito in futuro mors erit in pœna. Oportet igitur nos milites esse Christi, ut cum eo vivamus in gloria, quoniam equitatus ejus nostra salvatio, et tota vita ejus in militia fuit super terram. Unde : « Contristatus sum in exercitatione mea (*Psal.* liv, 3). » Et ejus vita, nostra debet esse disciplina; passus est enim pro nobis, nobis relinquens exemplum, ut sequamur vestigia ejus. Qui vivit et regnat per omnia sæcula sæculorum. Amen.

CXV [*De diversis* XXVIII].

DE VIGILANTIA CHRISTIANA (73).

« Statue tibi speculam, pone tibi amaritudines, « dirige cor tuum in viam rectam (*Jer.* xxxi, 21). »

Pia et salutaris est ista exhortatio, qua nos monet Spiritus Dei per Jeremiam prophetam, statuere nobis *speculam*, *et ponere nobis amaritudines*, *et dirigere cor in viam rectam*. Quandiu enim sumus in corpore, secundum Apostolum, peregrinamur a Domino, ambulantes per fidem, et nondum per speciem. In exsilio sumus, et in agone. Militia enim est et tentatio vita hominis super terram, sicut ait Scriptura, Unde Sapientia ait : « Fili, accedens ad servitutem Dei, sta in justitia et timore, et præpara animam tuam ad tentationem (*Eccli.* ii, 1). » Disponentes enim se divinæ virtuti subjicere, multiplex excipit tentatio. Tentantur blandis, tentantur duris. Nam et filios Israel egredientes de Ægypto olim cum Ægyptiis consecutus est Pharao (*Exod.* xv). Ita diabolus cum deseritur, solito asperiores immittit tentationes, qui rugiens circuit, quærens quem devoret (*I Petr.* v). Necessaria igitur nobis est specula, unde hostium insidias declinare possimus. In specula enim eminentiores stamus, et inde lon-

gius prospicimus hostium assultus, et amicorum succursus prævidemus. De specula fructus custodiuntur, aliis verba diriguntur. Bona est hæc specula, et ideo in penetrali mentis statuenda, quæ tam multiplicem tenet usum. Hæc est specula contemplationis et discretionis. Contemplatio nos munit, discretio nos custodit. Specula ergo ista gemina est; custodia scilicet et munitio. **796** Unde Habacuc : « Super custodiam meam stabo, et super munitionem figam gradum, et contemplabor, ut videam quid dicatur mihi, et quid respondeam ad arguentem me (*Habac.* ii, 1). » Nisi enim esset eruditus discretione quæ custodit, et munitus arte contemplationis, non posset contemplari quæ ei dicuntur a Domino, nec respondere arguenti; obtunderetur intellectus ejus in contemplationis radio, deficeret sermo ; in reddendo responso mens obtupesceret, labia contremiscerent. Moyses ille legislator, ex quo verba Dei audire cœpit, humana infirmitate se gravatum novit, ut non modo ad respondendum Domino, sed ad loquendum cum eo se profiteretur imbecillem. « Obsecro, inquit, Domine, non sum eloquens ab heri, et nudiustertius; et ex quo locutus es ad servum tuum, impeditioris et tardioris sum linguæ (*Exod.* iv, 10). » Cum enim omni sapientia Ægyptiorum eruditus esset, tamen ubi vocem Domini audivit, et eloquia suscepit, sentiit vocem suam exilem et gracilem, tardamque et impeditam linguam, et mutum se pronuntiat, cum Verbum quod est in principio apud Deum, considerat. Digna est ergo specula, quam sibi statuens custoditur et custodit, et munitur et munit, et quid sibi dicatur, et quid respondeat contemplatur. Non ignorat quid sibi dicat Deus, quid homo suadeat, quid diabolus consulat. Deus, sancta; homo, duplicia; unde : Corde et corde locuti sunt ; caro, blanda; diabolus, magniloqua. Soli ergo Deo credamus, et in eo solo spem ponamus; non homini, non carni, non diabolo acquiescamus. Unde Michæas : « Nolite credere amico, nolite confidere in duce ; ab ea quæ dormit in sinu tuo custodi claustra oris tui, quia filius patri contumeliam facit (*Mich.* vii, 5), » et inimici hominis, domestici ejus. Stemus ergo super speculam discretionis et contemplationis, fructus bonorum operum, et vestimenta virtutum custodientes, ne nudi et vacui in via ambulemus. Caveamus a versutiis hostium spiritualium, qui anticipant vigilias nostras, et supra iter scandala ponunt nobis. Contemplemur quo animo ad nos veniant, qui fratrum speciem obtendunt, et amicorum faciem ostendunt. Et nunc enim falsi fratres (74) subintrant sub habitu pacis et religionis, volentes explorare libertatem nostram, quam habemus in Christo Jesu sub ovina pelle lupinum gestantes animum, mel portantes in ore, aculeum in dorso. Simus ergo semper in specula. Circumspiciamus nobis undique, quia undique scandala, undique insidiæ; pertrans-

cum versipellem, quem e diœcesi Cenomanensi expulit.

---

(73) E Sangerman. 581.

(74) Forte hoc dixit adversus Henricum hæreti-

eunt et bestiæ silvæ rugientes, et catuli leonum, ut A
apiant et quærant escam sibi; quorum esca terra
est, id est vita est pecoris, **797** quia dictum est
serpenti in maledictione : « Ventre et pectore
repes, et cunctis diebus terram comedes (75). » Caveamus igitur ne in nobis escam inveniant bestiæ,
et catuli leonum, scilicet dæmones, id est vitam
malam, vitam peccatoris, qua delectantur et pascuntur; quorum alii comparantur leonibus, scilicet majores; alii catulis, scilicet minores. Sunt enim inter
eos principatus et potestates et virtutes, adversus
quos est nobis certamen, non modo adversus carnem. Unde Apostolus : « Non est nobis colluctatio
adversus carnem et sanguinem, » tantum scilicet,
« sed adversus principatus, et potestates; tenebrarum
harum, contra spiritualia nequitiæ in cœlestibus
(*Ephes.* vi, 12). » Valde igitur necessaria est nobis
specula, quibus tam difficilis et multiplex imminet
lucta. Certamen enim suscepimus, cum ad serviendum Deo accessimus adversus carnem nostram et
adversus sanguinem, id est homines, qui proximi
nostri sunt, sed legem non servant quia [non] prodesse proximo, sed nocere laborant; et adversus
spiritualia nequitiæ, scilicet dæmones invisibiles et
nequam, et ideo vehementer timendi sunt et cavendi.
Et præter hæc omnia hostium genera, est quidam
spiritualis inimicus, qui populos excæcat, falsisque
allicit bonis, et suis voluptatibus et oblectamentis
ab amore retrahit regni cœlestis...... (76)

CXVI [*De diversis* XXIX].
AD MONACHOS (77).

« Ecce quam bonum et quam jucundum habitare
« fratres in unum (*Psal.* cxxxii, 1). »

Sic gratulatur (78), dilectissimi, David fraternitati vestræ, [sicque] conventus nostros, quos de
longinquo per spiritum prævidebat, magna exsultatione collaudat, dicens: *Ecce quam bonum, et quam
jucundum habitare fratres in unum.* Duo posuit, bonum et jucundum. Non enim bonum est omne quod
jucundum est. Nec jucundum omne quod bonum
est. Bonum est martyrium, sed non est jucundum.
Jucunda est [*supp.* propria, *seu* voluptas] voluntas, sed non est bona. Sed communio fratrum bona
est, et jucunditatem præstat. Sed quorum fratrum D
laudat cohabitationem? Spiritualium, non carnalium. Jacob et Esau carnales fratres fuerunt, et
ideo eorum cohabitatio jucunda non fuit. Spiritualium autem fratrum communis cohabitatio jucunda
est, [quia] tendit in unum. Habent enim unum
propositum, unum animum, unum cibum, unum
summum bonum quærunt. Unusquisque eorum unam
rem petit, scilicet, **798** in cœlesti Jerusalem habitare in æternum cum reliquis fidelibus, et cum an-

gelis, dicendo cum Propheta : « Unam petii a Domino, hanc requiram, ut inhabitem in domo Domini
omnibus diebus vitæ meæ (*Psal.* xxvi, 4), » scilicet,
diebus æternitatis, quæ proprie vita debet vocari.
Vita enim præsens mors est, quia plena miseriis,
quia non est in patria, sed in exsilio, unde suspirat
Propheta, dicens : « Heu mihi, quia incolatus meus
prolongatus est, habitavi cum habitantibus Cedar,
multum incola fuit anima mea (*Psal.* cxix, 5). » Cedar,
id est *tenebræ*, scilicet, cum impiis nimis incola fuit
anima mea. Et Apostolus ait : « Omnis creatura
ingemiscit et parturit (*Rom.* viii, 22), » sed inter
gemitus, tamen fructus bonæ operationis parit. Sed
quænam est consolatio inter gemitus? Prius videamus causas gemitus, deinde ad consolationem redeamus. Quatuor sunt causæ nostri doloris. Flemus
propter peccata, propter miserias hujus sæculi,
propter compassionem proximi, propter dilectionem [*l.* dilationem] præmii. Propter peccata flebat qui dicebat : « Lavabo per singulas noctes
lectum meum, lacrymis meis stratum meum rigabo (*Psal.* vi, 7). » Idem de miseriis gemuit, cum
dicit : « Heu mihi, quia incolatus meus prolongatus
est, multum incola fuit anima mea (*Psal.* cxix, 5). »
Apostolus, qui præcipit flere cum flentibus, gaudere cum gaudentibus, per compassionem dolebat,
dicens : « Quis infirmatur, et ego non infirmor?
Quis scandalizatur, et ego non uror? » (*II Cor.*
xi, 29.) Et Dominus super Lazarum flevit et videns civitatem, flevit super illam. De dilatione præmii flent justi, dicentes : « Super flumina Babylonis, illic sedimus et flevimus, dum recordaremur
tui Sion (*Psal.* cxxxvi, 1). » Quasi dicat : Nos
existentes nunc in fluminibus, id est in fluxu confusionis, sed super, quia omnia in mundo vel mundana superavimus. *Illic sedimus,* quia nec erecti
per superbiam, nec jacentes per ruinam; *et flevimus;* sed quare? Quia non sumus in patria; et hoc
est *dum recordaremur tui, Sion* cœlestis. Ecce causæ
gemitus. Quæ ergo consolatio? Quod superius diximus : « Ecce quam bonum, et quam jucundum habitare fratres in unum. » Spirituales enim fratres
supernæ Jerusalem sunt cives, et exsilio eodem
participant; invicem consolantur, de patria sua
colloquentes, et de spe recuperandæ hæreditatis
congaudentes, juxta illud : « Exsultate, justi, in
Domino; rectos decet collaudatio (*Psal.* xxxii, 1). »
Ideo autem habitare fratres in unum bonum est,
quia Christus dilexit unitatem. Quod ait in Canticis : « Una est columba mea, una immaculata mea
(*Cant.* vi, 8). » Item in Evangelio : « Ubi duo vel
tres congregati fuerint in nomine meo, ibi sum in
medio eorum (*Joan.* xvii, 11). » De unitate suorum
oravit Patrem : « Non pro his tantum rogo, sed

---

(75) *Super pectus tuum gradieris, et terram comedes cunctis diebus vitæ tuæ* (*Gen.* iii, 14).

(76) Sic desinit hic sermo, qui ideo imperfectus
videtur esse.

' (77) E Victorino et Lyrano. Habitus forte dum
Cluniaci moraretur.

(78) Lyranus : *Aggratulatur scilicet monasticos et
suos.*

pro his qui credituri sunt per verbum eorum **799** in me, ut unum sint, sicut et nos unum sumus (*Joan.* XIX, 24). › Hanc unitatem in corpore suo tunica sua designavit. Cum enim milites fregissent crura latronum, venientes ad Jesum, non fregerunt ejus crura, ut impleretur quod scriptum est : « Os non comminuetis ex eo (*ibid.*, 36). »

Corpus Christi figurat Ecclesiam. Integritatem corporis voluit servare, ut unitatem Ecclesiæ figuraret. Eodem modo de tunica, quæ erat inconsutilis, desuper contexta per totum. Hæc non est divisa, sed sortita. Noluit eam dividi, quia tunica est Ecclesia, qua Christus quasi ornamento vestitur; quæ integra est et sortita, id est divina sorte electa. Hanc unitatem statim post ascensionem primitiva Ecclesia servavit. Legimus enim in Actibus apostolorum, quia « Multitudinis credentium erat cor unum et anima una (*Act.* IV, 32). » Hæc unitas, fratres charissimi, nisi sola dilectione et pacis vinculo haberi non potest. Dilectio est spiritualis et propria virtus sanctorum. Unde Dominus : « In hoc cognoscent omnes, quia discipuli mei estis, si dilectionem habueritis ad invicem ; pacem relinquo vobis, pacem meam do vobis (*Joan.* XIII, 35). » Et Apostolus : « Pacem sequimini cum omnibus, sine qua nemo videbit Deum (*Hebr.* XII, 14). » Et Dominus : « Beati pacifici, quoniam ipsi Deum videbunt (*Matth.* V, 9). » Debent esse justi sicut [de se] ait David : « Ego autem sicut oliva fructifera in domo Domini (*Psal.* LI, 10). » Oliva est arbor pacis, virens hieme et æstate. Si ergo justus stare vult in domo Domini, sit oliva ; sit pacificus et fructificans prosperitate et adversitate, ne incipiat esse oleaster. Nulla graviora bella quam intestina. Ibi periculum grave est, cum foris et intus sunt pugnæ. Sed qui justus est, fortis perseveret, ne per scandala possit dissipari. Simplices quidem conturbantur; seminatores vero discordiarum damnantur. Unde Dominus : « Væ illi per quem scandalum venit (*Matth.* XVIII, 7). » Quod autem perfecti per scandalum non dissipentur, ait per Salomonem Dominus : « Sicut lilium inter spinas, sic amica mea inter filias (*Cant.* II, 2). » Filiæ enim Jerusalem, id est fideles multoties nolunt turbare Ecclesiam, id est in perfecto candore virtutum perseverant, inter tribulationes earum. Quod in sacrificio Abrahæ præfiguratum est. Præcepit Dominus Abrahæ : « Sume vaccam, et capram, et arietem trium annorum, turturem quoque et columbam. Qui accipiens universa hæc, divisit quadrupedes per medium, et partes extrinsecus posuit; aves autem non divisit : descenderuntque volucres super cadavera , et abigebat eas Abraham. Cumque occubuisset sol, **800** facta est caligo tenebrosa, et apparuit lampas ignis, transiens inter divisiones illas (*Gen.* XV, 29). » Per quadru-

pedes, carnales homines designantur. (79) Sive principes sæculi sunt qui per arietem notantur, sive prælati Ecclesiæ qui alios sanctæ prædicationis, alii quos capra significat. Omnes trium annorum, quia omnes in fide sanctæ Trinitatis oportet permanere ; turturem et columbam, quia aves sunt quæ castitate et simplicitate perfectos justos exprimunt. Carnales itaque per lites et scandala dividuntur, et alii in alios insurgunt; justi vero incorrupti perseverant, et constantes non dividuntur. Volucres descendentes super cadavera, sunt dæmones, quorum cibus est discordia carnalium. Abraham abigens volucres, significat aliquam correctionem, qua justus ab eis dæmones abigit manu sanctæ increpationis. Occubitus solis significat, quod litigantibus occidit sol justitiæ. Unde Apostolus : « Sol non occidat super iracundiam vestram (*Ephes.* IV, 26). » Et, recedente sole, sequitur caligo, et cæcitas mentis in præsenti. Turbatur enim a furore oculus mentis, et in futuro tempore ignis gehennalis. Audivistis, fratres, constantiam bonorum, et audistis pœnam discordantium. Timenda est cæcitas mentis ; timenda est pœna gehennalis. Nihil turpius quam lis inter religiosos, qui deberent lucere quasi luminaria in mundo. Hæ autem contentiones ex invidia et detractione solent oriri. Sed si detractio est in claustro, ubi taciturnitas regularis? Quid ait Apostolus? « Si quis putat se religiosum esse, et non refrenat linguam suam, hujus vana est religio (*Jac.* I, 26). » — « Prohibe » ergo, ut ait David, « linguam tuam a malo, et labia tua, ne loquantur dolum (*Psal.* XXXIII, 14). » Videte unde venistis et ad quid venistis. De mundo existis et ad castra Dei fugistis. Divitias temporales possedistis [f. reliquistis], qui ad cœlestes promerendas venistis ; et ideo paupertatem elegistis, ut dicat unusquisque vestrum : « Elegi abjectus esse in domo Domini, magis quam habitare in tabernaculis peccatorum (*Psal.* LXXXVIII, 11). »

Lot et uxor ejus exierunt de Sodomis. Lot non rexpexit ; uxor ejus negligens respexit, et mutata est [in statuam salis (*Gen.* XXVI).] Hi duo genera fugientium mundum intelliguntur. Qui virilis est animi, non respicit ad posteriora. Qui effeminatus est, ut canis redit ad vomitum, et animus ejus indurescit. Oblivioni ergo tradenda sunt quæ deseruistis, et spe cœlestium desiderio inebriati esse debetis. Est in Ecclesia potus inebrians; sed quam præclarus est! Etenim inebriabuntur ab **801** ubertate domus tuæ homines considerantes ubertatem cœlestis Jerusalem. Inebriantur, id est ex desiderio [ejus ? parentes, filios, uxores, agros, divitias obliviscuntur et honores. Nolite alii aliis præferri, sed qui major est vestrum, fiat minister vester. Dimittite conventicula conspirationis et detractionis. Audite

---

(79) Hic locus intricatissimus ab amanuensi, sic ad auctoris mentem reduci posse censemus : [Sive principes sæculi sint qui per arietem notantur, sive prælati, qui per vaccam, cum alios sanctæ prædicationis lacte pascunt, sive sacerdotes, qui per capram signantur, quippe qui alios virtutibus præcedunt, et exemplo suo, quasi carne propria nutriunt.]

quid dicit perfectus in Psalmo : « Non sedi cum concilio vanitatis, et cum iniqua gerentibus non introibo. Odivi Ecclesiam malignantium, et cum impiis non sedebo (*Psal.* xxv, 4). » Nec tamen prohibetur si quid est in Ecclesia quod vobis scandalum faciat, quod pacem Ecclesiæ turbet, quin a domino | *id est* prælato] discutiatur et, sicut dignum est, emendetur. Et pax Dei, quæ exsuperat omnem sensum, custodiat corda vestra et intelligentias vestras in Christo Jesu Domino nostro, qui cum Patre et Spiritu sancto vivit et regnat in sæcula sæculorum. Amen.

CXVII [*De diversis* XXX].

AD MONACHOS BENEDICTINOS (80).

« Aperi, Libane, portas tuas, et comedat ignis « cedros tuas (*Zach.* xi, 1). »

Zacharias, undecimus prophetarum, post destructionem civitatis sanctæ jam factam, aliam per Romanos prædicit futuram. Inter reædificationis templi cunabula, prophetiæ spiritu vindictam Dominicæ passionis prænuntiat, plebis destructionem, civitalis eversionem, templi dejectionem. Idem etiam prophetans Dominum ipsam civitatem in mansuetudine visitaturum ait : « Exsulta satis, filia Sion ; ecce rex tuus venit tibi, justus et salvator, sedens super asinum pullum, filium asinæ (*Zach.* ix, 9). » Potest etiam de Spiritus sancti missione accipi hoc Zachariæ quod præmisimus testimonium, qui in die Pentecostes super discipulos in cœnaculo congregatos descendit, corda eorum ignis sui fervore accendens. Tetrasyrticon [*f.* tetrasticon] verbum hoc Zachariæ est trahi idoneum secundum historiam ad templi eversionem ; ad eam quæ die Pentecostes facta est Spiritus sancti missionem ; ad eam quæ fit quotidie ejusdem Spiritus sancti inspirationem ; et ad perfectam quæ in perfectioribus elucet supernæ gratiæ infusionem. Primo modo expositum pertinet ad comminationem ; secundo ad exhortationem ; tertio ad congratulationem ; quarto ad perfectionem. Prima expositio est singularis ; secunda, particularis ; tertia, generalis ; quarta, specialis. Comminans ergo secundum historiæ superficiem, propheta ait : *Aperi, Libane, portas tuas, et comedat ignis cedros* **802** *tuas.* Libanus est in Judæa mons Phœniciæ, præ omnibus altus, cedris altissimis fecundus. Recte ergo per ipsum templum accipitur, structura excelsum, ornatu fulgens in oculos hominum ; unde Michæas vocat ipsum turrim nebulosam (81), vel quia universa quæ in templo lignea inveniebantur, de lignis erant cedrinis, sicut tabulata et trabes et hujusmodi. Recte per Libanum templum accipitur. Dirigens ergo ad templum vocem propheta ait : *Aperi, Libane, portas tuas, et comedat ignis cedros tuas.* Ignis scilicet Romanorum, per quem ad terram prosterneris in vindictam Salvatoris. Romanus exercitus civitati circumfusus, Domino permittente, victoriam obtinuit, et victorum consuetudine, universa quæ oculos sua tangebant plenitudine, violenter rapuit, cæsis et in captivitatem redactis hostibus, argentum et aurum, quod tabulis erat affixum clavis aureis et argenteis in modum digiti spissum abraserunt, ipsas tabulas, ut Joseph refert, incenderunt, ut ligno incinerato rivuli de argento efflucrent, clavis in liquidum resolutis. Secundum historiam exponitur, ut audistis, quod præmisimus. Nunc quomodo primitivæ Ecclesiæ adaptari queat videamus : *Aperi,* inquit, *Libane, portas tuas, et comedat ignis cedros tuas.* Tum in bona, tum in mala significatione ponitur, et hoc propter duas quas habet interpretationes. Interpretatur enim [Libanus] *candor,* vel *candidatio.* Candor est naturalis ; candidatio quandoque latenti turpitudini falso solet superduci, ut extra appareat pulchrum quod intus est sordidum. Unde Dominus in Evangelio quosdam comparat sepulcris foris dealbatis, intus omni spurcitia plenis (*Matth.* xxiii). Per Libanum intelligitur Christus propter virtutum decorem, propter incomparabilem vitæ perfectionem. Unde David : « Speciosus forma præ filiis hominum (*Psal.* xliv, 3).» Et illud in Cantico amoris : « Dilectus meus candidus et rubicundus, electus ex millibus (*Cant.* v, 10). » Hic est « gradiens in stola sua, » cujus « oculi vino pulchriores, dentes lacte candidiores (*Gen.* xlix, 12). » Huic propheta loquens ait : *Aperi, Libane, portas tuas.* Per portas apostoli accipiuntur, quorum corda Deus aperuit, cum ea rore suæ gratiæ perfudit. Hæ sunt portæ de quibus legitur in Psalmo : « Aperite [Introite] portas ejus in confessione, atria ejus in hymnis, confitemini illi (*Psal.* xcix, 4). » De his portis Joannes in sua Apocalypsi (cap. xxi) ait : Duodecim erant portæ : tres ad Orientem, tres ad Occidentem, tres ad Austrum, tres ad Septentrionem. Vel, ut nominis etymologiæ attendamus, congrue apostoli per portas accipiuntur. Dicitur enim porta a portando, et apostolica doctrina nos portante in via, sustentamur a via, ad **803** patriam sublevamur. Mos antiquorum erat sulco aratri construendæ civitati locum præsignare, et ubi ventum erat ad locum ubi portæ debebant fieri, aratrum sublevare, unde dicta est porta.

Sequitur : *Et comburat ignis cedros tuas.* Per cedros idem quod et per portas intelligi datur, scilicet apostoli, de quibus dici possit quod eos comedit Dominus, dum per Spiritum sanctum incorporavit. Unde dictum est Petro : « Macta et manduca (*Act.* xi, 7). » Dicimus autem has cedros Dominum decorasse, id est in ipsis aliquos. Ignorantiam enim prius habebant et timorem. Dato Paracleto timor cessit constantiæ ; exclusit scientia tenebras ignorantiæ. Aperta sunt corda eorum ad intelligendas Scripturas. Animata est ad prædicandum timiditas. Timebant quia dictum audierant : « Ecce ego mitto vos sicut oves in medio luporum (*Matth.* x, 16). » Nec mirum si timebant pauci infinitos, inermes armatos, simplices astutos, idiotæ peritos, plebeii

(80) E ms. Andegav.
(81) *Et in turris gregis nubilosa filiæ Sion* (*Mich.* iv, 8).

tyrannos. Potest et sic exponi, ut universali conveniat Ecclesiæ ex circumcisione et præputio in unum angularem lapidem collectæ. Non incongrue nomine Libani vocatur Ecclesia, de cujus pulchritudine in Cantico amoris dicit sponsus : « Tota pulchra es, amica mea, et macula non est in te (*Cant.* iv, 7). » Hinc per prophetam a Domino dicitur : *Aperi, Libane, portas tuas,* etc. Tres sunt portæ, quibus Domino aperitur, et per quas ad ipsum itur. Ad quod significandum tria circa templum erant atria. Hæ tres portæ sunt tres timores, servilis, initialis, filialis. Prima porta exit servus, secunda discipulus, tertia filius. Servus trahitur timore supplicii ; discipulus sequitur amore magistri ; filius occurrit desiderio patris sui. Has portas aperit Ecclesia pro varietate filiorum, quosdam excitans ad cor humile, quosdam ad cor mediocre, quosdam ad cor sublime. Ad cor humile, sicut ubi : « Redite, prævaricatores, ad cor (*Isa.* xlvi, 8) ; » ad cor mediocre, ut ibi : « Timete Dominum, omnes sancti ejus (*Psal.* xxxiii, 8). » Et : « Ascensiones in corde suo disposuit in valle lacrymarum (*Psal.* lxxxiii, 6) ; » ad cor sublime, ut ubi dicitur : « Estote perfecti sicut et Pater vester cœlestis perfectus est (*Matth.* v, 48). » Et : « Accedet homo ad cor altum, et exaltabitur Deus (*Psal.* lxiii, 7). » Et comedet ignis cedros tuas, id est Spiritus sanctus ampliori dono gratiæ suæ perfectos sublimabit. Quos enim commendat singularis obedientia, hos extollit privilegiata donorum gratia. Quarta expositio ad perfectos pertinet, prælatos scilicet claustrales, qui quanto perfectiores, tanto inveniuntur pauciores. Sed dicet aliquis : Quomodo potes congrue Libani nomine censere virum claustralem, quem ostendunt vestes incultum, jejunia macilentum, vigiliæ pallidum ? **804** Sic quærenti sic potest responderi : Nescis considerare ; non enim sufficis [*f.* suspicis, *seu* inspicis] quæ intus lateat jucunditas, quæ et quanta mentem exhilaret spiritualium donorum fecunditas ; stercora ficulneæ apposita attendis ; ficulneæ fecunditatem non respicis. Judicare non potes oculo exteriori de pulchritudine interiori. Talium animæ bonis Dei saginantur in via, satiabuntur in patria. Tales legimus fuisse Macharios, Paulos, Antonios, quorum conversatio in cœlis erat, tanto Deo proxima, quanto a tumultu sæculi remota. Ad hanc perfectionem sancti [*f.* sanctitatis] significandam, summus pontifex mantum fert rubeum, ut in ipso et per ipsum perfectionis elucescat exemplum. Sic perfectis et perfectorum cuilibet [dicitur :] Aperi, Libane, portas tuas latenti et teneræ adhuc Ecclesiæ. Tria Deus instituit, per quæ perfectionis summa in vobis, fratres, consistit. Ne putetis divum Benedictum vestræ conversationis jecisse fundamentum : Dominus Jesus vitæ vestræ sanctitatem, quando Ecclesiam fundavit, in tribus præordinavit ; scilicet in dilectione fraterna, in communi sub-

stantia, in humili obedientia. De dilectione fraterna scriptum legitur : « Credentium erat cor unum et anima una (*Act.* iv, 32). » De communi substantia dictum invenitur : « Et nullus eorum aliquid dicebat suum, sed omnia erant eis communia (*ibid.*) ; » de humilitate obedientium dicitur : « Qui major est inter vos, erit minister vester (*Marc.* x, 43). » Verum est beatum Benedictum beatæ vitæ principium non primo invenisse, sed quædam appendentia addidisse, sicut in siccitate ciborum, in asperitate vestium, in partibus jejuniorum, in horis orationum. In prima porta Judas periit, qui factus apostata, a fraterna dilectione decidit. In secunda Ananias et Saphira, qui aliquod proprium servare voluerunt. In tertia Simon Magus, qui obedire noluit, et ideo cum reatu mortis decessit.

Et comedet ignis cedros tuas. In hac lectione, cedri in mala significatione accipiuntur, et apponuntur cedri malæ portis hominis ; fraternæ scilicet dilectioni invidentia, communi substantiæ proprietas, indebita obedientiæ inobedientia. Aperite, fratres, portas Domino, invicem diligendo, nihil proprium possidendo, et ignis, id est Spiritus sanctus comedet vestras cedros, id est omnem mentis absterget lacrymam. Ecce illud Zachariæ quod promisimus pro modulo nostro quatuor exponendi modis exsecuti sumus. Rogemus ergo singuli, ut Spiritus sanctus quod in nobis est luteum emundet, quod tenebrosum illustret, quod imperfectum consummet ; et quia ignis est natura sursum ferri, et secum incensa trahere, oremus ut nos rapiat obviam Domino **805** nostro, judici nostro, qui vivit et regnat in sæcula sæculorum. Amen.

CXVIII [*De diversis* XXXI].
DE PERFECTIONE MONASTICA (82).

Cum egrederetur Lot de Sodomis, locuti sunt ad eum angeli, dicendo : « Salva animam tuam, ne respicias post tergum. Quibus ait Lot : Est civitas parva, ad quam possum fugere, quæ vocata est Segor. Cui angeli : In monte salvum te fac (*Gen.* xix, 17). »

Novistis, fratres charissimi, quia Lot nepos [seu frater] Abrahæ inter pessimos in Sodoma et Gomorrha moratus est : quas civitates volens subvertere Dominus, misit angelos, qui eum et uxorem ejus et filias exire facerent de locis impiorum, ne cum impiis perirent. Qui cum exirent, dixerunt angeli ad eum : *Salva animam tuam ; noli respicere post tergum, nec stes in omni circa regione. Uxor* vero mutata est in statuam salis, quia retro post tergum respexit. In Lot et uxore ejus duo genera hominum designantur, mundum relinquentium, quorum aliud deserit mundum, aliud respiciendo [retro] venit ad mortem. Per Sodomam vero et Gomorrham mundus intelligitur, quia Sodoma *muta sacitas*, Gomorrha *asperitas* interpretatur. Mundus enim mutus est, id est irrationabilis et mutis ani-

(82) E Victorino

malibus comparabilis. Unde Psalmista : « Homo cum in honore esset, non intellexit, comparatus est jumentis insipientibus, et similis factus est illis (*Psal.* xlviii, 13). » Asperi sunt homines et feroces quia seipsos et justos persequuntur. Mittantur ergo multoties angeli, id est nuntii, scilicet prædicatores, qui extrahant quosdam de mundo, quibus præcipiunt salvare animas suas, et fugere incendium Gomorrhæ, id est libidinis et cupiditatibus sæculi abrenuntiare. Quibus præcipitur, ne post tergum respiciant, quia omnes post perceptam gratiam vias vitæ ingressi, non debent ad ea, quæ deseruerunt, redire. Melius est enim non agnovisse veritatem, quam post agnitam retroire. Alii respiciunt et mutantur, alii nec respiciunt, nec mutantur. Femina respicit et mutatur in statuam salis, quia effeminati et non virilis animi est, ad sæculi fetorem redire, et redeuntes fiunt sal, quia condimentum aliis ne talia faciant, et talia patiantur, edocendo [faciunt]. Lot vero præcipiunt angeli, ut *in monte se salvum faciat.* Mons iste est vita contemplativa, ad quam accedere, relictis omnibus sæcularibus curis, exiens de mundo præcipitur. Hæc est illa contemplativa vita, de qua **806** legitur in Evangelio : Quidam adolescens dixit Domino : « Magister, quid boni faciam ut habeam vitam æternam? Qui dixit : Si vis ad vitam ingredi, serva mandata. Dixit illi : Quæ? Jesus autem dixit : Non homicidium facies, non adulterabis, non facies furtum, non falsum testimonium dices ; honora patrem tuum et matrem tuam, et diliges proximum tuum sicut te ipsum. » Hæc omnia ad vitam activam pertinent. Postea dixit adolescens : « Omnia hæc custodivi, quid adhuc mihi deest? Ait illi Jesus : Si vis perfectus esse, vade, et vende omnia quæ habes, et da pauperibus, et habebis thesaurum in cœlo, et veni, sequere me (*Matth.* xix, 16). » Sed Lot videns non posse se ascendere ad hunc montem, ait : « Est civitas parva, ad quam possum ascendere, quæ est Segor. » Civitas illa parva, activam vitam significat, ad quam fugit qui non potest ascendere montem. Segor enim interpretatur *parvula.* Melius est enim ut in Segor, id est in parvula vita, laicali conversione [*f.* conversatione], conjugio sit contentus, quam post arreptum montem virtutum, ad humilia, id est ad sæcularia redeat. Tamen in sequentibus legitur : « Ascendit Lot de Segor, et mansit in monte (*Gen.* xix, 30). » Est scilicet illi conveniens ascensus, ut de hac vita [*f.* de activa vita] ascendatur ad contemplativam. Dicit enim Dominus in Evangelio : « Qui reliquerit patrem, aut matrem, aut uxorem, aut filios, aut agros, propter nomen meum, centuplum accipiet (*Matth.* xix, 29). »

Fratres charissimi, quæcunque scripta sunt, ad nostram doctrinam scripta sunt. Vos Sodomam et Gomorrham deseruistis; vos incendium libidinis, et curam sæcularium voluptatum effugistis; vos in monte jam ascendistis. Cavete, dilectissimi, ne post tergum respiciatis. Vilescant postposita, quæ sunt fallacia bona et transitoria. Amate cœlestia quæ sunt vera et perpetua bona. Vos estis veri pauperes, quia omnia exuistis, ut veræ beatitudinis participes essetis. De vobis dictum est : « Beati pauperes spiritu, quoniam ipsorum est regnum cœlorum (*Matth.* v, 3). » Spiritu dicit, quia pauperes coactione, non mente, nequaquam beati sunt. Vos estis Christum secuti, dicentes : « Ecce nos reliquimus omnia, et secuti sumus te (*Matth.* xix, 27). » Vos emistis thesaurum Domini, de quo scriptum est : « Simile est regnum cœlorum thesauro abscondito in agro, quem qui invenit homo, abscondit, et præ gaudio illius vadit, et vendit universa quæ habet, et emit agrum illum (*Matth.* xiii, 44). » Thesaurus iste est regnum cœlorum : ager vero iste est divina disciplina, id est scientia evangelica et divina. Thesaurus absconditus est, quia per doctrinam divinam regnum cœlorum addiscitur et acquiritur. Quem qui invenit homo, abscondit. Ideo abscondit bonus [homo,] **807** ut servetur a malignis spiritibus et hominum laudibus. Dum enim jactat se esse bonum (quia qui publice ostendit thesaurum, deprædari desiderat), vadit, et vendit quæ habet. Tunc incipit ire, cum incipit diligere ; vendit omnia quæ habet, cum postponit quæ retinet ; emit agrum illum, cum venit ad cœlestis disciplinæ studium. Regnum cœlorum venale omnibus exponitur, quia nihil vilius, inquit Gregorius, cum emitur; nihil charius, cum possidetur, quia tanti est, quantum habes. Qui ergo pro illo, omnia vendidistis, laborate ut quod optatis habeatis. Non enim coronabitur, nisi qui legitime certaverit. « Qui perseveraverit usque in finem, hic salvus erit (*Matth.* x, 22). » In mundo in libera potestate fuistis. Ecce pro Deo jugo Dei submissi estis, ut sublata scientia peccandi, catena obedientiæ in bono proposito possitis retineri. Sed cum nihil proficiat bene operari ex coactione, nihil faciatis nisi ex voluntate. Qui enim coacti bene faciunt, Simoni Cyrenæo, quem Judæi angariaverunt, ut portaret crucem Jesu, comparantur. Crucem Cyrenæus portat et non moritur : angariatur, sed sine fructu. Similiter monachi cruciant corpus vigiliis, jejuniis et laboribus, sed multoties coacti. Unde Gregorius : « Crucem Christi in angaria portat, qui cum ad bonum opus ex voluntate non ducitur, rem justi sine fructu peccator operatur. » Crucem portat et non moritur, qui corpus macerat et mundo vivit. Estote ergo ex voluntate subjecti, obedite magistris vestris in Domino. Nihil enim est majus obedientia. Sicut enim inobedientia nocet, ita obedientia valet. Adam periit, quia inobediens fuit. Christus resurrexit, quia usque ad mortem Patri obedivit. Unde Apostolus : « Sicut per inobedientiam unius hominis, peccatores constituti sunt multi, ita per obedientiam unius, justi constituentur multi (*Rom.* v, 19). » Jonas fuit inobediens, et a ceto absorptus est. Saul fuit inobediens, et a dæmone correptus est. Legitur in vitis Patrum, quod quidam ex Patribus in exstasi positus, vidit quatuor ordines ante Deum. Primus ordo erat hominum infirmantium et gratias agentium Deo. Secundus vero erat eorum qui hospitalitatem sectantur, et in hoc ministrant. Tertius erat illorum qui solitudinem sectantur. Quartus vero eorum qui propter Deum in obedientia subjecti sunt Patribus. Erat ergo illis tribus ordinibus hic ordo superior, qui obedientiam exhibebat, et habebat torquem auream, et majorem gloriam præ cæteris possidebat. Dixit autem senex ei qui in exstasi sibi hoc demonstrabat : Quia alii omnes habebant aliquam requiem, ad adimplendas proprias voluntates, **808** hi vero qui obedientiam exercent, omnes voluntates relinquunt. Totus [hic ordo] Patris jubentis pendet in voluntate, et ideo majorem gloriam præ cæteris sortitus est.

CXIX [De diversis XXXII].
AD MONACHOS BENEDICTINOS (83)

« Tulit Isai asinum plenum panibus.... et hædum de capris, et per manum filii sui David misit Sauli (I Reg. XVI, 20). »

Cum agitaretur Saul a spiritu maligno, inventus est David sciens psallere in cithara, et requisitus a Patre [f. a rege Saul], et misit eum cum muneribus pater ad mitigandam iram regis. Historia nota est, sed quoniam omnia contingebant illis in figura, sub velatione istorum verborum, ut credo, conceptio Salvatoris a Samuele est prophetata, ab aliis tamen satis plane est prænuntiata. Sed ex quibus, vel in quibus fuerit, non plene fuit præcognita. Satis plene prophetata fuerat ab Isaia, dicente : « Ecce Virgo concipiet, et pariet Filium, etc. (Isa. VII, 14). » Et Jeremias : « Novum faciet Dominus super terram, mulier circumdabit virum (Jer. XXXI, 22). » Et Isaias : « Antequam parturiret, peperit masculum (Isa. LXVI, 7). » Et clamabant antiqui : « Emitte Agnum, Domine, dominatorem terræ (Isa. XVI, 1). » Nec prædixerunt tamen illi ex quibus fieret illa conceptio. Quædam supplevit Samuel verbis prætaxatis. Illis enim plene ostendit ex quibus habeat esse conceptio Salvatoris, ad cujus intelligentiam nos mittit, quando dicit asinum plenum panibus, et non onustum. Si enim aliquid mysticum non intellexisset, ridiculus hæc dicendo videretur. Prædicit ergo conceptionem Salvatoris, quia sicut est ineffabilis [f. inenarrabilis ejus generatio], ita ejus conceptio est ineffabilis, imo innaturalis. Quia igitur ejus conceptionem prædicit, salva pace historiæ, possumus addere hodie, et dicere : Hodie tulit Isai asinum plenum panibus, quos per manum filii misit Sauli. Hæc Salvatoris conceptio longe alia est ab humana conceptione. Nam humana ex duobus tantum habet subsistere. Salvatoris vero conceptio ex tribus. Illa fit ex duobus sanguinibus in carne, scilicet

(83) E ms. Andegav.

anima et corpore. Postea in homine quadraginta dierum revolutione, existit caro sine anima, lineamenta corporis suscipiens. Hæc sine virili semine fit ex tribus, anima, carne et verbo. Quæ sicut nova et inaudita, ita novo genere verborum et inaudito prænuntiata. Quis enim audierat alicujus conceptionem ex asino, et hædo, et verbo fieri? Nullus. Hæc conceptio facta est miro et ineffabili modo. Sicut enim rivulus **809** per canalem fistulantem, ita descendit Filius Dei in Virginis uterum, ut de ipsa sumeret rivulum fistulatum. Per asinum ergo animam Christi intellige. Asinus enim est jumentum imbelle et mansuetum. Ude pro sua mansuetudine huic jumento homo primum legitur insedisse; unde asinus a sedendo dictus est. Humile est, inquam, hoc jumentum præ cæteris; dentibus enim non vorat, cornibus non ventilat, unguibus non laniat, pedibus non conculcat. Hic est humilis Christi spiritus, cui plenitudo divinitatis corporaliter, id est solide insedit; humilis et mansuetus, quia sicut ovis coram tondente se obmutuit, et humiliatus est usque ad mortem. Talis dignus est plena Dei habitatione. Super quem enim habitat Deus, nisi super humilem et quietum et trementem verba sua ? Asinus iste plenus fuit panibus. Mira res ! De quibus panibus loquatur vix intelligo. Si singulariter plenus pane dixisset, satis esset facilis interpretatio. Nam panis ille qui de cœlo descendit, plene animam Christi reficit, quam plene inhabitat, et quam ineffabiliter sibi univit ; sed particulariter dicit : panibus. Removet ergo nos ab intelligentia divini panis. Mira res ! Legi Pharaonem panes arte pistoria compositos comedisse, qui sunt peccata argumentosis deceptionibus illata. Sed nunquam panibus istis plenus fuit asinus Dei. Etiam panes offertorios, quorum quidam excoquebantur in clibano, quidam in sartagine, quidam in craticula, quidam in aqua. Panes isti sunt memoria et recordatio peccatorum, qui in mentis nostræ clibano decoquuntur. Sed nunquid ipse habuit recordationem peccatorum ? Absit ! Ipse enim est « qui peccatum non fecit (I Petr. II, 22), » — « nec inventus est dolus in ore ejus (Matth. XV, 36). » Legimus etiam septem panes evangelicos, quibus ipse satiavit septem millia hominum, et replevit, qui sunt septiformes gratiæ Spiritus sancti. Sic panibus istis ejus animam Dominus esse repletam [voluit,] quoniam ipsi dedit scientiæ plenitudinem. Sed hanc scientiam habuit ipse antequam animam assumeret, quod notum est omnibus. Oportet ergo ut aliorum panum quæramus plenitudinem. Sicut enim, secundum quod Deus plenitudinem habuit scientiæ [supp. increatæ,] secundum hominem habuit plenitudinem scientiæ creatæ, alterius non est secundum quod Deus, et alterius [secundum quod] apparuit incarnatus. Unde et aliis panibus quam evangelicis in anima fuit plenus. Hi sunt panes laboris, panes do

loris, panes propositionis, panes fortitudinis. Legimus enim eum laborasse prædicando. Unde dicitur : « Laboravi sustinens [*al.* clamans]; raucæ
factæ sunt fauces **810** meæ (*Psal.* LXVIII, 4). »
Legimus doluisse; flevit enim super Lazarum,
flevit super civitatem et super mulieres. Isaias
etiam : « Vidimus eum plenum doloribus, non habentem speciem, neque decorem. » De panibus propositionis, in Levitico, de quibus non licebat, comedere, nisi sacerdotibus solis; de quarto legimus
quod Elias in fortitudine panis unius, jejunavit
quadraginta diebus. Laboravit igitur in prædicatione, doluit in compassione, exemplum dedit in
operatione, passus est in fortitudine. Prædicavit ut
instrueret, compassus est ut prodesset, operatus
est ut exemplum daret, passus est ut redimeret ;
sed quarto pane, scilicet passionis, potius plenus
fuit, quam aliis et nobis fuit utilior. Nam panis passionis non solum nobis fuit redemptio, sed perfectio. Nam in ara crucis fuit pretium ; in altari ferculum, sive poculum, in morte viaticum, in cœlo præmium. Ecce quibus panibus plenus fuit noster sanctus Asinus. Similiter et hædus de capris; hædo
solet comparari corpus Christi, quia per hædum
solet peccatum figurari, et ipse carnem similem peccati assumpsit. Et sicut duo sunt in nobis, culpa et
pœna, et in uno illorum nobis assimilatur, et non in
altero, videlicet in pœna, et non in culpa, ita sunt
quædam in hædo, et in quibusdam illorum illi assimilatur, et non in aliis. Est enim hædus animal olidum, et petulcum, et asperum; et per hæc tria genera designantur vitiorum consuetudo, lascivia et
instabilitas. Fetor est in consuetudine, petulantia in
instabilitate, asperitas in corruptione. De fetore
dicitur : « Putruerunt, vel putuerunt cicatrices
meæ (*Psal.* XXXVII, 6). » Et alibi : « Computruerunt
sicut jumenta in stercore suo (*Joel* I, 17). » De instabilitate dicitur: « Non sic impii, non sic, sed tanquam pulvis quem projicit ventus a facie terræ.
(*Psal.* I, 4). » Ascendunt et descendunt campi in
locum quem fundasti eis. De ariditate [*f.* asperitate]
dicitur : « Terra spinas et tribulos germinabit tibi.
(*Gen.* III, 18). » In his non assimilatur caro Christi
hædo, sed in aliis. Hædus amaris pascitur, pascendo
in altum erigitur. Alta et invia ab eo transcendun-
tur. Et amaris pastus est Christus. Nam in horto
fuit tentus, inde ad Caipham tractus, flagella expertus, opprobriis saturatus, in cruce mortuus, post
mortem lanceatus. Christus in altum se erexit.
Quamvis enim de natura sensualitatis horreret mortem, tamen, ratione duce, suam voluntatem voluntati divinæ supposuit, dicens : « Non sicut ego volo,
sed sicut tu (*Matth.* XXVI, 39). » Ima et alta transcendit, cum nubes clara eum, videntibus discipulis,
in cœlum levavit. Unde dicitur : « Videntibus illis
elevatus est, et nubes suscepit eum ab oculis eorum
(*Act.* I, 9). » Similiter de capris, id est de media
perversitate **811** Judæorum, quæ per capras solet
figurari. Boni Judæi fuerunt in patriarchis et pro-

phetis; mali in Scribis et Pharisæis. Boni fuerunt
in primitiva Ecclesia, id est in apostolis. Boni erunt
in fine mundi, quando corda filiorum convertentur
ad patres.

De capris natus est Christus, quia tempore perversorum incarnatus est. *Tulit ergo Isai,* id est Deus
Pater, creavit *asinum et hædum,* id est animam et
carnem Christi, *per manum Filii sui,* id est per Filium suum, qui manus ejus dicitur. Unde : Et manus
Dei confortant me. Sicut enim per Filium omnia
fecit, sic per Christum animam et carnem creavit
et creando sibi univit. Sed mirum est, inquies,
quod tu dicis, per asinum animam Christi significari.
In conceptione enim hominis, solet corpus animam
præcedere. Ergo si ordinem hunc propheta sequi
vellet, hædus asino præponi debuisset. Sed mira Dei
dispositione, et alto Dei consilio, ita ordinavit propheta, ne tu intelligeres esse in conceptione Christi
sicut et in aliis. In sua enim conceptione, nec corpus
animam, nec anima corpus præcessit. Hunc igitur
Filium sic conceptum misit Pater suus Sauli, id est
morti. Per Saulem enim mortem solemus intelligere.
Sed mirum est quod dicis : Ipse enim conceptus est
in vitam, non in mortem; tamen eadem die qua
conceptus est, revolutione triginta duorum annorum
et dimidii, mortuus est ; et inde est quod cum in
carnem missus est, in mortem mitti dictus est. Quod
prævidens Moyses, ait : « Non coques hædum in
lacte matris suæ (*Exod.* XXXIV, 26), » id est non
interficies Christum eadem die qua conceptus est,
cujus præcepti transgressores tenentur Judæi. Quamvis ista sic possint exponi de conceptione Salvatoris, sicut prædiximus, tamen si acutius, si subtilius verba illa attendere volumus, vobis ad quos
loquor, sunt proposita. Dicitur ergo de vobis :
Tulit Isai per manum filii sui asinum, quia et vos
tradidit morti. « Filium enim Benedicti appello dispositionem, id est consilium, sive deliberationem,
qua ipse deliberavit Regulam, et conversationis
vestræ ordinem. » Manus enim filii est illius scriptura, in qua vobis tradidit quod in mente conceperat, et illa scripta est manu filii, per quem vos
morti tradidit. Si enim observatores illius fueritis,
quia mortui eritis mundo, sicut mortuus non videt
quæ in mundo aguntur, nec audit homines cum fabulantur, sic omnia promittentem relinquit. Et vos
mundum reliquistis, nec homines videtis, nec
eorum fabulas audire debetis, quia sicut mortuus
sepelitur, ne visibus pateat humanis, sic et vos inter
terminos claustrales quasi sepulti, ne visibus hominum, **812** quorum colloquia fugere debetis, appareatis. Sicut etiam mortuus circumvolvitur sudario,
et ligatur institis, et sic sepelitur, « sic et vos cir-
cumvoluti colobio, et ligati cingulo, etiam dormire
debetis. » Id in tribus fratribus potestis perpendere,
quorum alius erat dives in sæculo, alius pauper in
eremo, alius migraverat e mundo. Venit ergo qui
dives fuerat ad pauperem ut eum juvaret; qui ait :
« Vade ad fratrem meum ut te adjuvet. » Et ille

« Cur derides me? nonne ipse mortuus est? Quomodo ergo potest me juvare? » — « Similiter, inquit, et ego mortuus sum, et te juvare non possum. » Sic et vos mortui estis mundo. « Vos estis asinus et hædus Benedicti. Sed ne pigeat vos, quod asinum vos voco; » vobis enim præcipue Dominus insidet, vobiscum semper est, et vos cum illo. Unde Propheta : « Ut jumentum factus sum apud te, et ego semper tecum (*Psal.* LXXII, 13). » Vos estis asinus ille, cui dixit Jacob : « Issachar asinus fortis, accubans inter terminos (*Gen.* XLIX, 14), » super humeros onera portans. « Pater enim vester terminos vobis imposuit, quos non debetis transgredi » in manducando, legendo, dormiendo, loquendo. « Etsi enim estis fastiditi, non licet vobis cum aliis non ire ad mensam. » Si vultis vigilare, cum aliis tamen oportet vos dormitorium intrare; et si dormire, oportet vos cum aliis vigilare; si loqui, cum aliis tacere; si legere, cum aliis cessare, et verba mutua quandoque dare; et sic accubatis in terminis, et humeros vestros supposuistis oneribus ferendis. Sed quam sint bona illa unusquisque vestrum novit in libro experientiæ, et ideo melius novit quod, ut scimus, præ cæteris humeros vestros onerat : « Votum scilicet. Dixistis enim : Juravi, et statui custodire judicia justitiæ tuæ. » Sed quibus panibus plenus est asinus talis? scilicet, monachum non decet, nisi lamenta. Si monachus est, totus debet esse in orationibus et lacrymis, non in exsultationibus et cachinnis. Monachus siquidem custos unius dicitur. Qui custos est sui, repletus est panibus. Qui sunt panes isti? Lacrymæ pro peccatis propriis. Unde illud : « Surgite postquam sederitis, qui manducatis panem doloris (*Psal.* CXXVI, 2). » Et ibi : « Lavabo per singulas noctes lectum meum, lacrymis meis stratum meum rigabo (*Psal.* VI, 7). » Et ibi : « Fuerunt mihi lacrymæ meæ panes die ac nocte (*Psal.* XLI, 4). » Pro peccatis proximorum, ut Dominus super Lazarum, et super civitatem : « Quia si cognovisses, et tu, etc. (*Luc.* XIX, 42). » Peccata enim proximorum sunt frixoria justorum. Pro longitudine exsilii, ut David : « Heu mihi! quia incolatus meus prolongatus est (*Psal.* CXIX, 5). » Pro desiderio regni. Unde dicitur : « Super flumina Babylonis, illic sedimus et flevimus (*Psal.* CXXXVI, 1). » His panibus debetis esse pleni. Vos estis hædus sumptus de capris, id est de domo hujus pravæ **813** et perversæ nationis. Hædus enim asperitatem habet in pilis. Sic vos debetis habere asperitatem, id est vilitatem in vestibus. Vestis enim vestra debet esse hædina, sive monastica, id est, sordidas et viles vestes debetis habere, et asperas, quæ significantur per pilos hædorum, qui asperi sunt et viles. Vultis breviter audire quæ debeat esse conver-

satio monachi? Vultus ejus debet esse pertusus lacrymis, pectus raucum suspiriis, victus tenuis, lectus difficilis, somnus brevis, oratio jugis, lectio moralis, incessus humilis. Hæ sunt sordes quas debet habere monachus. Qui has sordes negligit, fecunditatem non habebit. Hæc sunt stercora et sordes, quæ ponebat Pater vester Benedictus infusione ficulneæ, ut eam secundaret. De eodem alibi dicitur : De stercore boum lapidabitur piger (*Eccli.* XXII), id est, qui piger est in his, non consequetur fructum. Ecce vos estis asinus plenus panibus, et hædus sumptus de capris, quos tulit Isai, id est Pater vester Benedictus, et per manum filii sui misit Sauli. Filius ejus consiliarius est ejus et deliberans. Prius enim deliberavit Regulam et rigorem ordinis vestri, et post in scripto redegit; quod scriptum est, manus est filii, et per hanc manum filii sui, vos Sauli, id est morti, misit, quia non licet vobis transgredi quæ in scripto reliquit. Vos igitur qui jam mortui estis mundo, commoriamini Christo, quem misit Pater ad moriendum pro populo, (84) ut tandem occurramus ei obviam in aera, accepturi benedictionem æternam ab eo, quando venerit ipse judex, Dominus noster Jesus Christus, judicare vivos et mortuos, et sæculum per ignem. Amen.

CXX [*De diversis* XXXIII].

AD MONACHOS BENEDICTINOS. DE PERFECTIONE (85).

Legitur, fratres charissimi, quod Jacob habuit duas uxores (*Gen.* XXIX), Liam videlicet et Rachel; alteram lippis oculis, alteram clare videntem; alteram in filiis fecundam, alteram vix habentem duos filios. Et septem annis servivit pro Lia, septem pro Rachel. Hæc sunt figura Veteris Testamenti. Novum Testamentum diligit veritatem, quamvis involutam, quam sub umbra sua latentem obtinuit, et cum **814** ipsa nobis præsentatur, mens intelligentis interiora perscrutantis, et sapore spirituali intellectus satiatur. Jacob iste, quem audivistis, Deum Patrem cœlestem figurat, qui sibi per adoptionem quotidie filios generat. Duæ uxores, duæ vitæ, quibus homines degunt, intelliguntur, activa scilicet et contemplativa. Lia activam, Rachel contemplativam significat. Lia enim *laborans* interpretatur, quia activa vita in labore hujus mundi, Deo tamen serviendo, sudat. Deo quippe servit dum pauperes recipit, visitat, consolatur, sepelit, et eis cætera opera misericordiæ exhibet. Sudat dum sibi et filiis, et uxori acquirit unde vivat, et unde pauperes Christi pascantur. Lippa est Lia, quia quandiu in sæcularibus sumus, clare videre Deum non possumus; est tamen fecunda filiis, quia plures activi, pauci contemplativi inveniuntur. Rachel vero *ovis*, vel *videns principium* interpretatur, quia contemplativi sim-

---

(84) Non spernendam, imo quasi indubitatam ex hoc sermone monachatus Hildeberti probationem desumi posse videtur, in quo toties, aut sancti Benedicti, aut ejus sanctæ Regulæ, et monasticorum exercitiorum facit mentionem; licet enim monachos coram quibus loquebatur, in secunda persona ad vir-

tutes monasticas adhortetur, quæ dicit sibi ipsi applicat, dum ita in prima et propria persona concludit : *Ut tandem occurramus ei obviam in aera accepturi benedictionem æternam ab eo*, etc.

(85) E Victorino.

plices et innocentes sunt ut oves, et a tumultu sæculi expediti, ut soli divinæ contemplationi vacantes,
videant clarius illum qui ait : « Ego sum principium,
qui et loquor vobis (*Joan.* VIII, 25). » Unde non
lippa, sed formosa, et clare videns describitur. Duos
filios habet, quia duo sunt genera contemplantium.
Alii enim vivunt in communi. Alii solitarii, ab hominibus segregati. Unde duorum alter Joseph vocatur, alter Benjamin appellatur. Joseph enim, qui
augmentum interpretatur, similitudinem simul viventium exprimit; Benjamin autem, id est *filius
dexteræ*, solum Deum viventem, et solatium dexteræ Dei habentem, non hominis, significat. Septem
anni septem vitas, quæ septem diebus volvuntur,
designant, in quibus homo activam vel contemplativam acquirit, sed magis beatorum et perfectorum
est contemplativa, quam activa. Unde Dominus in
Evangelio : « Si vis perfectus esse, vade, et vende
omnia quæ habes, et da pauperibus (*Matth.* XIX,
21). » Et de Maria ait : « Maria optimam partem
elegit, quæ non auferetur ab ea (*Luc.* X, 42). » Sed
notandum est quod ait : *Quæ non auferetur ab ea.*
Activa enim auferetur, sed contemplativa semper
perseverat. Activa tantum in præsenti est ; contemplativa hic incipit, sed in cœlo perficietur, quia ibi
Deum videbimus facie ad faciem. Quem enim hic
per speculum et in ænigmate consideramus, ibi in
Dei laudibus perdurabimus, juxta Psalmistam :
« Beati qui habitant in domo tua, Domine, in sæculum sæculi laudabunt te (*Psal.* LXXXIII, 5). » Sed
815 quæ est illa domus? Domus regni cœlestis, de
qua David, cum consilium nostræ redemptionis ei
revelatum fuisset, exsultans ait : « Lætatus sum in
his, quæ dicta sunt mihi; in domum Domini ibimus
(*Psal.* CXXI, 1); » quasi aliquis, quid audivisset,
quid sibi revelatum fuisset, nobis consilium divinum detexit, dicens : *In domum Domini ibimus* ;
et quæ esset domus Dei postea describit, dicens :
« Jerusalem, quæ ædificatur ut civitas, cujus participatio ejus in idipsum (*ibid.*, 3). » Non enim superna Jerusalem est civitas, sed quasi civitas ædificatur, dum fideles, qui sunt lapides vivi, et cæmento dilectionis colligati, in ædificationem illius ponuntur, et semper usque ad ultimum justum aug-
mentabitur. Sed activa non [illuc] usque extenditur, quia ibi opera misericordiæ non impediuntur
[f. non impenduntur]. Quomodo enim misericordia
exhibetur, ubi nullus miser invenitur? Quomodo
pauperem pascet, ubi nullus esurit, ubi panis intus
[f. vitæ] omnes reficit? Cui potum dabit, ubi nullus
sitit, sed foris æternus vivus [f. rivus[1] omnium sitim exstinguit?

Vos autem, fratres charissimi, optimam partem
elegistis, dum contemnere mundum disposuistis.
Maluistis terrena despicere, quam cœlestia, pro brevi et fugitiva gloria, amittere. Cumque duplex vita
sit, sicut diximus, Deo vacantium, saniori consilio,
vitam tutiorem aggressi estis, jucunditatem com-
municationis intelligentes illius de qua humilis Pro-

pheta ait : « Ecce quam bonum, et quam jucundum
habitare fratres in unum (*Psal.* CXXXI, 1). » Tutior
quidem hæc vita, et dulcior, ubi alius alium tuetur
ne cadat, vel si corruit, sublevat ; ubi alius alium
cohortatur, ubi alter alterius exemplo inflammatur.
Hoc non ignorabat sapientissimus Salomon, qui ait :
« Væ soli, quia si ceciderit, non habet sublevantem
se (*Eccle.* IV, 10). » Unde vita pœnitentium, vita
contra mundum pugnantium, vita ad Deum fugientium, vita filiorum, qui erraverant, ad patrem re-
deuntium. Hæc est domus ubi reconciliatur patri
filius, qui portionem substantiæ contempserat, vivendo luxuriose. In illo filio, ut novit charitas vestra, conveniens parabola peccatoris continetur.
Sicut enim filius ille peregre profectus est in regionem longinquam (*Luc.* XV), et ibi dissipavit luxuriose vivendo substantiam suam : sic peccator, dum
carnales voluptates diligit, a Domino peregrinatur,
et quanto peccando fit dissimilior, tanto magis a
Domino elongatur. Substantia hominis est omne
quod vivus cogitat, sapit, loquitur, quam Deus æque
dividit omnibus ; quam substantiam peccator consumit, dum et scientiam, et vitam, et cogitationes,
et verba sua in temporalibus actionibus impendit.
De filio dicitur, quia **816** cœpit egere, et adhæsit
uni civium regionis illius, et misit illum in villam
suam, ut pasceret porcos, et cupiebat implere ventrem suum de siliquis, quas porci manducabant, et
nemo illi dabat. Eget enim peccator verbo bono [f.
vero bono], et virtutum cibo. Unde dicitur in David :
« Divites eguerunt, et esurierunt ; inquirentes autem
Dominum, non minuentur omni bono (*Psal.* XXXIII,
11), » id est vero bono, quod est omne bonum. Adhæsit uni civium, quia adhæsit uni de principibus
hujus mundi, id est diabolo, juxta Apostolum :
« Non est nobis colluctatio adversus carnem et sanguinem, sed adversus principes et potestates, et
adversus mundi rectores (*Ephes.* IX, 1). » Et Dominus vocat principes hujus mundi, dicens : « Nunc
princeps hujus mundi ejicietur foras (*Joan.* XII, 31).»
Porcus est immundum animal, quod sordibus delectatur, et ideo porcis dæmones comparantur, quia
sordibus peccatorum satiantur. Illos pascit peccator
sordibus criminum suorum, et ipse fit cibus eorum.
Siliquæ sunt cibus porcorum ; fornicatio et ebrietas,
gulositas, et hujusmodi, cibus [sunt] dæmonum.
De siliquis cupit peccator impleri, et nemo dat ad
satietatem, quia voluntas [f. voluptas] semper habet
famem sui ; et diabolus multoties non dat homini
desiderium et facultatem sui, cum suum eum facit
jam esse mortuum. Sed visitans Deum Patrem peccator miser ait : « Surgam [f. *melius :* Sed pœnitens peccator, visitans Deum Patrem, ait : *Surgam*,
etc.], et ibo ad patrem meum, et dicam illi : « Pater,
peccavi in cœlum, et coram te ; jam non sum dignus vocari filius tuus (*Luc.* XV, 18). » Surgit qui in
peccatis jacuit, dum peccata recognoscit, et dicit :
« Delictum meum cognitum tibi feci, et injustitiam
meam non abscondi (*Psal.* XXXIX, 11). » Sed Pater

quid fecit? Misericordia motus super eum, occurrit ei, et cecidit super collum ejus, et osculatus est eum, dixitque ad servos suos : « Cito proferte stolam primam, et induite illum, et date annulum in manum ejus, et calceamenta in pedibus ejus, et adducite vitulum saginatum, et occidite eum, ut manducemus, quia hic filius meus mortuus erat, et revixit; perierat, et inventus est (*Psal.* xxxix, 22). » Tunc Pater cœlestis videt errantem, cum ad pœnitentiam movet; unde dicitur in Evangelio, quod cum Petrus ter Dominum negasset, conversus Dominus respexit Petrum, et recordatus est Petrus verbi Domini, et « egressus foras, flevit amare (*Matth.* xxvi, 75). » Cum eum respiceret, mentem illius visitavit, et statim amare flevit. Occurrit, quia peccator non potest per se ad Deum accedere, nisi sibi Deus subveniat; unde dicitur : « Et misericordia tua subsequetur me (*Psal.* xxii, 6). » Et iterum : « Convertimini ad me, et ego convertar ad vos (*Zach.* i, 3). » Injecit se super collum [ejus,] quia onus suum sibi [*f.* ei] imponit, de quo ait : « Tollite jugum meum super vos... Jugum enim meum suave est, et **817** onus meum leve (*Matth.* xi, 29, 30).» Osculatur eum, quando uberiori dulcedine sua delectat peccatorem, juxta illud verbum Ecclesiæ : « Osculetur me osculo oris sui (*Cant.* i, 1). » Hæc est domus, fratres charissimi, ubi peccatori onus suum [Dominus] imposuit, quando juxta Regulam sanctorum Patrum eum vivere facit. Hic osculatur eum, quando quotidie verbis prædicationis, per nos eum reficit. Vos estis illi servi, quibus præcipit Dominus : « Proferte stolam primam, et induite eum (*Luc.* xv, 22). »

Duæ stolæ sunt, Una videlicet, quando in præsenti anima indumento virtutum vestitur. Alia vero stola immortalitatis, quando corpus in fine sæculi resuscitabitur. Hæ duæ stolæ duæ sunt resurrectiones. Altera animæ, quando a vitiis in quibus mortua jacebat, resuscitatur. Altera corporis, quando corpus nostrum configuratum corpori claritatis Christi, in die judicii reformabitur. Prima stola est induere Christum per conformitatem, et immutationem. Unde Apostolus : « Induite novum hominem, qui secundum Deum creatus est (*Ephes.* iv, 24). » Et iterum : « Nolite conformari huic sæculo, sed reformamini in spiritu [*al.* novitate] sensus vestri (*Rom.* xii, 2). » Hac veste peccatorem induitis, quando admonitionibus et exemplo, conformem Christo redditis. Vel aliter, ut distinguatur vestis ab annulo, per stolam Spiritum sanctum (cujus obumbratione peccator regitur) accipiamus, et recens vestis illa munditia data per Spiritum dicitur. Annulus vero, conformitas Christi. Annulum vero Christi in manum ejus datis, quando signaculum similitudinis Christi in ejus operibus comprimitis [*f.* imprimitis]. In annulo enim est imago regia, quæ designat similitudinem Christi, quam debemus portasse in operibus nostris, quæ per manum designantur. Ille ergo an-

nulum in manu portat, qui in nullo opere a Christo deviat. Vos iterum datis calceamenta in pedibus ejus, quia exemplis sanctorum Patrum, qui a mundo discesserunt [vitiosas] affectiones ejus minuitis. Calceamenta enim, quæ de pellibus mortuorum fiunt animalium, exempla sanctorum, qui jam mortui sunt, significant Patrum : pedes designant affectiones, quibus sive ad bona, sive ad mala itur. Illis ergo calceamentis sunt pedes affectionum immittendi, ne terram sentiant, vel serpens juxta viam insidians, eos aliquo modo nudos inveniat. Vobis rursum præcipitur adducere vitulum saginatum, et occidere eum. Quis est vitulus [iste] nisi Christus, qui pro nobis immolatus est in ara crucis? Qui saginatus est, quia gratia Spiritus sancti repletus. Hunc adducitis, hunc iterum immolatis, cum quotidie in sacramento altaris passionem ejus repræsentatis. Peccator **818** enim pœnitens, stola virtutum indutus, ad altare debet accedere, et corpore et sanguine [ejus] refectus, se capiti suo convenire [*f.* unire].

Sequitur postea : *Et manducemus.* Manducat vobiscum Deus, quando in operibus vestris delectatur. Cibus enim ejus est, ut faciatis voluntatem Patris sui. Convivium pro peccatore est gaudium, quod in cœlo [de] conversione ejus habetur. De quo gaudio ait in Evangelio : « Majus est gaudium in cœlo super uno peccatore pœnitentiam agente, quam supra nonaginta novem justis, qui non indigent pœnitentia (*Luc.* vii, 10). » Quotidie, fratres charissimi, inter nos hujusmodi convivium celebratur. Quotidie adest frequentia angelorum, qui gaudent de conversione peccatorum. Cogitate igitur dignitatem ordinis nostri. Cogitate ad quid venistis. Locus non facit sanctum, sed operatio. Peccavit angelus in cœlo; peccavit Adam in paradiso : tamen nullus locus sanctorum illis [profuit]. Si loca habitatorem tueri possent, nec homo, nec angelus a dignitate sua corruissent. Pensate quid *vestis nigra*, *quid corona suadeant.* Vilitas vestis contemptum mundi denuntiat; capilli rasi de vertice, superfluitatem criminum ablatam de mente significant. O quam admirabile est, et reprehensibile, et dolore dignum, si sub tali habitu lateat superbia; si vilis vili invideat; si despectis sæcularibus iterum mens ad cupiditatem recurrat; si futuram cum præsenti vitam amittat! Necessaria igitur nobis est humilitas, quæ designatur per vestem; et charitas, quæ designatur per communicationem (86-87); et obedientia, quæ intelligitur per subjectionem; et disciplina, quæ intelligitur per baculi acutionem. Deus autem, qui facit habitare unius moris in domo construat [*f.* constituat], et corroboret vos in omni opere bono, ut vos secum collocare dignetur in cœlo. Qui vivit et regnat Deus per omnia sæcula sæculorum. Amen.

(86-87) Id est, communem bonorum temporalium usum.

CXXI [*De diversis* XXXIV].

AD MONACHOS (88).

« Surge, aquilo, et veni, auster, et perfla hortum, « et fluent aromata illius (*Cant.* iv, 16). » — « Hor- « tus conclusus, fons signatus (*ibid.*, 12). »

Videndum est quis loquitur, et quibus loquitur, et de quo loquatur. Quis loquitur? Christus. Quibus? aquiloni et austro. De quo? De horto. Propter quid? Ut fluant aromata. Qui ergo hic loquitur, hortula- nus est. Ipse enim est qui hortum voluptatis, id est paradisum plantavit a principio. Unde non longe erat a veritate **819** mulier, cum eum hortulanum dixit, inquiens : « Domine, si tu sustulisti eum, dicito mihi ubi posuisti eum (*Joan.* xx, 15). » Et revera hortulanus est, quia in horto natus, in horto detentus, in horto sepultus. Ipse hortum plan- tavit, hortum disponit et hortum regit. Iste talis hic loquitur ad aquilonem et ad austrum. Aquilo ventus est septentrionalis; auster, meridionalis. Aquilo nomine tantum dexter dicitur; nubibus enim ne pluant, occurrit et eas impedit, unde aquilo quasi ligans aquas dicitur. Auster vero calidus est ventus, ad nutriendum germina hortorum aptus, et ideo dicitur hortulanus. *Surge, aquilo*, id est re- cede, *et veni, auster, et perfla hortum, et fluent aromata.* Ecce quatuor sunt hic posita. Primum, imperium; secundum, confabulatio; tertium, coo- peratio; quartum, consummatio. Imperat enim aquiloni, ut recedat; austro, id est Spiritui sancto confabulatur, quasi monens et persuadens ut veniat in horto, et cooperetur ei, ut fructum afferat.

Præter hæc attendendum est quod in sacra Scri- ptura quinque horti leguntur. Primus est principa- lis; secundus, particularis; tertius, generalis; quartus, singularis; quintus, spiritualis. Item primus est ad inserendum; secundus ad testificandum; tertius ad cognoscendum; quartus ad quiescendum; quintus ad deambulandum. Hortus igitur principa- lis est uterus beatæ Virginis, de quo processit ille flos regalis. Unde Isaias : « Egredietur virga de radice Jesse, et flos de radice ejus ascendet (*Isa.* ii, 1). » Hunc elegit Dominus ad inserendum; de radice enim horti truncus processit, cujus Dominus surculum nobilioris generis inseruit, id est in utero Virginis carnem assumpsit. Secundus hortus, quem particularem diximus, et quem Dominus ad testifi- candum elegit, est primitiva Ecclesia discipulorum Domini, super quos descendit Spiritus sanctus in lingua et igne, qui particularis erat, quia nondum erat erectus alter paries gentilium, qui eorum præ- dicatione erectus est. De hoc habetis in Evangelio : « Pater meus agricola est, et vos palmites (*Joan.* xv, 1), » qui invitat vos ut eatis, et fructum affe- ratis, et fructus vester maneat. Ad testificandum elegit eos, sicut ipse dicit : « Eritis mihi testes in Judæam et in Jerusalem (*Act.* i, 8). » Tertius, qui generalis dicitur ad cognoscendum, generalis est

A Ecclesia de utroque populo collecta. De quo Isaias : Scitis quid fecerim. Feci mihi hortum in Judæa et gentibus, et hunc hortum feci ad cognoscendum, ubi ipsum et Patrem et Spiritum sanctum cogno- scemus unum Deum. Quartus, qui singularis est, est anima cujuslibet justi, quem singularem fecit Dominus ad **820** quiescendum. Unde dicitur : « Su- per quem requiescet Spiritus meus, nisi super hu- milem et quietum, et trementem Deum? (*Isa.* lxvi, 2). » Quintus, qui est spiritualis, et ad deambulan- dum fit, cœnobitæ sunt quos Deus specialiter sibi elegit, et in illis quasi deambulat et spatiatur, ad quem significandum dicitur : « Deambulabat Deus in paradiso (*Gen.* iii, 8). » Hos itaque hortos facit

B Dominus, colit et regit; et idcirco dicit : *Surge, aquilo,* id est recede impedimentum ab hortis, *et veni, auster,* id est Spiritus sanctus, cujus gratia etiam dulcior est australi dulcedine, *et perfla hor- tum,* ut sicut per magnum venti flatum paleæ excu- tiuntur a granis, sic omne impedimentum recedat ab his hortis, veniente gratia Spiritus sancti. Re- spondet namque istorum [*f.* justorum] numerus eo- rumdem impedimentis. Habet enim unusquisque hortus suum impedimentum. Primus hortus habet suum impedimentum, videlicet originale peccatum, cui Dominus dicit : *Surge, aquilo,* id est o tu con- cupiscentia! recede de hoc horto. « A Deo enim mundata fuit caro Virginis, quod nec etiam primos motus sensit. » *Et veni, auster,* id est Spiritus

C sancte. Non enim est imperium, sed collocutio. Non enim præcipit Filius Spiritui sancto, sed sic solent colloqui ad invicem. Unde in Genesi : « Fa- ciamus hominem ad similitudinem nostram (*Gen.* i, 26), » et hic veni, auster, et perfla hortum, ut nec etiam primos motus sentiat et fluant aromata.

Hortus particularis suum similiter habet aquilo- nem, scilicet imperitiam et timorem. Idiotæ enim electi sunt in prædicatores. Unde dicitur : « Infirma mundi elegit Deus (*I Cor.* i, 27). » Timorem quoque habebant. Dixerat enim eis Dominus : « Ecce ego mitto vos in medio luporum (*Matth.* x, 16). » Valde ergo timendum erat eis, quia ipsi mittendi erant ut prædicarent coram regibus et principibus; quasi dicerent : Quomodo ergo ibimus, quia imperiti su-

D mus et indocti coram audientibus nos? Propter hoc dicit Dominus : *Surge, aquilo,* id est recede, om- nis ignorantia et timor. *Et veni, auster,* id est Spi- ritus sancte, *et perfla hortum,* dando plenam scien- tiam et perfectam charitatem, quæ repellit timorem, *et fluent aromata.* Tertius hortus habet suum aqui- lonem, id est diabolum, qui dicit : « Ponam sedem meam ad aquilonem, et ero similis Altissimo (*Isa.* xiv, 14). » Aquilo enim iste impedimento erat pri- mitivæ Ecclesiæ ante ejus mortem. Huic ergo aqui- loni dicit Dominus : *Surge, aquilo,* id est recede, diabole, ne sis impedimento horto meo, et ejus perfectioni; *et veni, auster,* id est Spiritus sancte,

(88) E ms. Anglegav.

et perfla hortum, id est reple gratia tua. Quarti horti impedimentum est imperfectio. Nemo enim adeo est perfectus, **821** qui Deum nisi per speculum, et in ænigmate cognoscat. In futuro autem facie ad faciem videbimus, ut etsi hic possit dici: *Surge, aquilo*, tamen in futuro verius dicetur, quia (cum venerit quod perfectum est, evacuabitur quod ex parte est (*I Cor.* xiii, 10).) Quintum impedimentum est tentatio. Plus enim sentiunt tentationes cœnobitæ quam alii; quanto enim plus dissentit a tentatione, tanto plus sentit tentationem, qui se talem præparat, ut ei non consentiat. Imo antequam veniat, facit id propter quod venire debuerat. Nos ergo qui omnia reliquimus (89), patrem et matrem, et mundum, imo carnem nostram odio habuimus, aggreditur diabolus ut tentet. Ad quem Dominus: *Surge, aquilo*, id est recede, tentator, nec quietum tentes, ne hortus meus tibi succumbat, et ideo veni, *auster, et perfla hortum*, id est, fac ne tentationibus succumbat. His itaque recedentibus, et veniente Spiritu sancto, flant [*f.* fluunt] a singulis hortis singula aromata. Aroma enim dicitur quasi aerioma, ab aere odorato, unde pigmentum aroma dicitur. A primo igitur horto aroma profluit, id est Christo, cujus odore omnes replemur. Hunc namque odorem sentiens Isaac, cum benediceret Jacob, dixit: (Ecce odor filii mei sicut odor agri pleni (*Gen.* xxvii, 27).) Secundum aroma est prædicatio. Suis enim apostolis præcepit Dominus: (Ite, prædicate Evangelium omni creaturæ (*Marc.* xvi, 15).) Tertii horti aroma sunt virtutes, quibus odorata sancta Ecclesia Deo est accepta. Quartum aroma est perfectio utriusque partis in futuro. Quintum, regularium ministeria, devotiones, sacræ orationes. Præter hæc, unusquisque hortus est, (hortus conclusus, fons signatus (*Cant.* iv, 12);) conclusus est itaque primus, quia nulli hominum patuit ingressui. Hæc enim est illa porta, quam vidit Ezechiel, quæ semper erat clausa, et nemo eam aperiebat; fons signatus crucis signaculo. Tertius erat conclusus angelorum tegmine, signatus in fide. Quartus in corpore signatur Dei imagine. Unde Propheta: (Signatum est super nos lumen vultus tui, Domine (*Psal.* iv, 7).) Quintus conclusus domibus et muro, et regula et voto; fons signatus, alter sancti Benedicti sigillo, alter vero beati Augustini signaculo. Clamemus ergo unanimiter et dicamus: *Surge, aquilo, et veni, auster, et perfla hortum, et fluent aromata.* Quod facere dignetur qui venturus est in Spiritu sancto judicare vivos et mortuos, et sæculum per ignem. Amen.

822 CXXII [*De diversis* XXXV].

AD MONACHOS (90).

(Si quis vult post me venire, abneget semetipsum, et tollat crucem suam, et sequatur me (*Matth.* xvi, 24).)

Præcedentis atque hortantis est vox ista; nisi

(89) Sic loquitur ut monachus.

enim præcederet, pro nihilo diceret: Qui vult post me venire, etc. Qui enim sequitur, dicit: Exspecta me; qui vero cum aliis vadit, dicit: Eamus; qui præcedit alios, dicit: Sequimini. Sed videndum est quis est iste qui dicit: *Qui vult venire post me*, et quibus dicat, et quo eat, et qua via eat. Christus quidem est qui hoc dixit: Et quibus? Volentibus et pie iter salutis amplexantibus. Non enim diligit coacta servitia, sed spontanea. Quo eat? Ad Christum, qui est via, veritas et vita. Qua via? Per charitatem, qua quisque potest sequi Christum Dominum. Non enim alia via incedendum. Notandum vero est quatuor esse vias per quas incedit homo. Alia ad austrum, alia ad occidentem, alia ad aquilonem, alia ad orientem. Quatuor enim sunt partes mundi. Via quæ incedit ad austrum, infirmitas est humanæ naturæ. Auster enim calidus est ventus, et nostra infirmitas ex calore est, scilicet, et ex sanguine. Via ad occidentem, mortis est necessitas, de qua dicitur: (Memento, homo, quia cinis es, et in cinerem reverteris (*Gen.* iii, 19).) Et Psalmista: (Homo est spiritus vadens et non rediens (*Psal.* lxxvii, 57).) Alia via est ad aquilonem. Aquilo ventus est frigidus, et significat diabolum, qui est incentor peccati. Peccatum enim via est eundi ad aquilonem, id est diaboli ad gehennam, ubi mors sine fine et dolor continuus. Unde: In inferno nulla est redemptio. Via ad orientem est charitas, qua itur ad Deum. Hac via quisque Christianus debet incedere, in cujus designatione, quando oramus, manus et vultum ad orientem vertimus, significantes quia illuc ire et tendere volumus. Quando etiam sepelimus mortuos, ita sepelimus eos, ut pedes versus orientem, et caput versus occidentem sint; illinc scilicet ad orientem caput tendere. [*deest forte*, debere significantes].

Nota quod duo sunt quæ onerant et impediunt gradientes ad Christum. Peccata scilicet et divitiæ. De peccatis inquit Propheta: (Multiplicatæ sunt iniquitates meæ, supergressæ sunt caput meum,) id est mentem, (et sicut onus grave gravatæ sunt super me (*Psal.* xxxvii, 5).) De divitiis ait Dominus: (Venite ad me omnes qui laboratis et onerati estis, et ego reficiam vos (*Matth.* xi, 28).) Has siquidem divitias philosophi contempserunt, et velut **823** onera importabilia deputaverunt. Quidam enim philosophus omnem suam vendidit hæreditatem, et accepta pecunia intravit mare, et quando fuit in profundo maris, projecit pecunias vel divitias in mare, dicens: (Ite pessum, opes pessimæ. Ego vos mergo, ne mergatis me.) Item in hoc quod dicitur: *Qui vult post me venire*, duo debetis attendere; scilicet, quod quidam sequuntur Christum de longe, quidam vero de prope sequuntur. De longe sequuntur, qui nondum temporalia ex toto dimiserunt. Illi autem de prope sequuntur, qui mente et corpore mundo renuntiaverunt, et seipsos abnegaverunt,

(90) E ms. Andegav.

quibus convenit quod Dominus ait: « Qui vult venire A
post me, abneget semetipsum, et sequatur me. »
Ille qui est in cruce, ita membra habet affixa cruci,
quod illis uti non valet ad illicita. Similiter ille qui
se cruci affixit, ea non extendit ad illicita et inhonesta, imo sui potestatem non habet; quod maxime
vobis religiosis viris convenit, qui et linguam cruci
affixam habetis, quod Christus non habuit. In cruce
enim positus et elevatus, loquebatur et orabat, quod
non audet monachus. Nota quod quatuor crucem
portaverunt. Christus, et duo latrones, et Simon
Cyrenæus, quem Judæi angariaverunt, ut tolleret
crucem Jesu. Sed dissimiliter. Christus enim portavit
crucem obedientiæ. Fuit enim Patri obediens usque
ad mortem. Alius crucem pœnitentiæ, scilicet latro,
quem pœnituit de peccatis, dicens: « Memento mei,
dum veneris in regnum tuum (*Luc.* xxiii, 42). » B
Alius portavit crucem coactionis, scilicet latro qui
noluit converti, sed in perfidia permansit. Alius
crucem simulationis, sicut Simon Cyrenæus. Similiter in claustris et locis religiosis, sunt quidam qui
crucem obedientiæ portant, ad similitudinem Christi, obedientes Deo et suis prælatis. Alii crucem
pœnitentiæ portant. Pœnitent enim de peccatis suis
sicut latro, rogando Dominum de venia. Alii coacte
crucem portant. Contingit enim eis verberari, flagellari et diffamari, et non sinat esse irreligiosos
[*f.* ita ut non sinantur esse irreligiosi]. Alii simulatorie portant crucem. Simulant enim se religiosos
esse, ut ita promoveantur in abbates, et hujusmodi.
Isti duo non bene portant crucem; alii vero duo
bene portant. Sed nota quod Christo dicunt Judæi:
« Si Filius Dei es, descende de cruce (*Matth.* xxvii,
40). » Similiter viris religiosis dicit diabolus : Descende de cruce, o juvenis ! et fac voluntatem carnis,
satis jejunabis, et cætera hujusmodi. Aliis vero qui
sunt perfectæ ætatis, dicit : Aggrega pecuniam, ut
quando senueris, habeas unde te possis procurare,
quia ita non eris ingratus abbati. Et aliis multis modis
dicit : **824** Descende, cui contra dicere debetis:
Non descendam. Hic stabo in cruce, donec Christus
veniat, et dicat spiritui vestro : Exi foras, veni ad
me, remunerabo te ; quod ipse præstare dignetur,
qui vivit et regnat per omnia sæcula sæculorum.
Amen.

CXXIII [*De diversis* XXXVI].
AD MONACHOS (91).

« Quæsivi dilectum meum, et non inveni; in-
« venerunt me custodes, qui circuibant civita-
« tem, percusserunt me, et vulneraverunt me;
« tulerunt pallium meum mihi custodes murorum
« (*Cant.* v, 6). »

Hæc verba, fratres charissimi, sunt Ecclesiæ [*f.*
animæ] contemplativæ, a terrenis exutæ ; cujus vestigia, Dei gratia juvante, secuti estis, ejus verba
audire debetis, ut quos instruxit exemplo, doceat et
verbo. Audite quomodo, et quo auxilio ad contem-

plativam vitam pervenit, ut eodem opere et vos
perveniatis. Ait in Canticis, quia quandiu erat in
mundanis, quærens amicum suum, id est Christum,
implicata sæcularibus [curis,] non potuit eum invenire, non potuit ejus desiderio vacare. Sed forte
audivit doctores Ecclesiæ prædicantes contemptum
mundi, quia scilicet « nemo potest duobus dominis
servire, Deo et mammonæ (*Matth.* vi, 24), » id est
divitiis. Non eos quærebat; sed cum fortasse audisset, vel scripta eorum legisset, id est Augustini,
Gregorii, Hieronymi, et cæterorum, ipsi invenerunt
eam, non illa eos. Cumque talia prædicarent, percusserunt eam timore, ne propter mundum amitteret cœlestem sponsum, et vulneraverunt cor ejus
amore et desiderio amici sui, id est Christi; et ita
custodes murorum, id est doctores, qui defendunt
muros Ecclesiæ, et dant illi munimenta prædicatione sua, ne possit a spiritualibus [imo, carnalibus]
hominibus vel hæreticis quassari, *tulerunt*, id est
abstulerunt ei pallium suum, id est ornamentum
terrenorum, quo implicata erat ; postposuit enim
omnia sæcularia, et soli divinæ contemplationi nuda
a terrenis vacavit. Hanc viam, fratres charissimi,
prælegistis, et pallium vestrum exuistis, ut cœlesti
sponso cum Petro dicatis: « Ecce nos reliquimus
omnia, et secuti sumus te (*Matth.* xix, 17). » Si multi vestrum multas divitias non deseruerunt, quia
inutiles non habuerunt, tamen multum reliquerunt,
quia amorem omnium sæcularium postposuerunt.
Petrus piscator erat, cibos arte quærebat, et tamen
dicit: *Nos reliquimus omnia.* Multum relinquit qui
nihil sibi retinet ; sed quia hoc idem fecit **825**
Socrates et Diogenes, et alii philosophi, terrena
vilipendentes, ait: Et secuti sumus te, imitando pro
facultate nostra (92).

Si quid possumus assequi, parificari non possumus. Sed cum sequimur, alii sunt propinquiores,
alii remotiores ; propinquior Maria quam Martha. Hæc
ministrabat, divinis verbis illa vacabat. Nec tamen
[*f.* neutra tamen] male agebat, imo bene Martha ; sed
Maria melius ; scriptum est enim : « Maria optimam
partem elegit, quæ non auferetur ab ea (*Luc.* x, 43). »
Cum dicit : *Optimam partem*, ostendit et Marthæ
partem esse bonam. Ideo optima est, quia perfectum facit, sicut ait Dominus : « Si vis perfectus esse,
vade, vende quæ habes, et da pauperibus (*Matth.* xix,
21). » Et iterum : « Omnis qui reliquerit patrem,
aut matrem, aut uxorem, aut filios, aut agros, propter nomen meum, centuplum accipiet, et vitam
æternam possidebit (*ibid.*, 29). » Vos complevistis, et
voluntate, et actione, quod Dominus dixerat : « Omnis ex vobis qui non renuntiat omnibus quæ possidet, non potest meus esse discipulus (*Luc.* xiv, 33). »
Alii renuntiant voluntate, sicut ait David : « Divitiæ si affluant, nolite cor apponere (*Psal.* lxi, 11). »
Vos autem ipsis renuntiavistis. Cum ergo exuti sitis
et expediti a pondere, paratiores estis ad cursum

---

(91) E Victorino.
(92) Loquitur hic in prima persona ut vere monachus.

peragendum, sicut ait Apostolus : « Omnis qui in
agone contendit, ab omnibus se abstinet (*I Cor.* IX,
25). » Vos autem estis in agone. Certe non coronabitur, nisi qui legitime certaverit. Est enim multiplex colluctatio fidelibus in hoc mundo ; pugnat
enim fidelis contra carnem, ut dictum est : « Caro
concupiscit adversus spiritum (*Gal.* III, 17). » Et
iterum : « Video legem in membris meis, repugnantem legi mentis meæ, et captivantem me in lege
peccati (*Rom.* VII, 13). » Pugnat item fidelis contra
impios. De quibus ait Dominus : « Eritis odio omnibus hominibus propter nomen meum. Si me persecuti sunt, et vos persequentur (*Matth.* X, 12). » Et
David : « Considerat peccator justum, et quærit
mortificare eum (*Psal.* XXXVI, 32). » Habet tertium
inimicum asperiorem et callidiorem, de quo ait
Apostolus : « Non est nobis colluctatio adversus
carnem et sanguinem, sed adversus principes et
potestates, adversus rectores tenebrarum harum,
contra spiritualia nequitiæ in cœlestibus (*Ephes.* VI,
12), » id est contra spirituales nequitias in cœlo,
id est in aere conversantes (95). Primus hostis caro
nocet, illicitos motus incitando. Secundus tyrannus
[*supp.* mundus], tribulationem inferendo. Tertius,
id est diabolus, tentationes suggerendo. Primus vincendus est jejuniis, vigiliis et laboribus domando,
sicut de se ait Apostolus : « Castigo corpus meum,
et in servitutem redigo (*I Cor.* IX, 27). » Et alibi :
« Mortificate membra vestra quæ sunt super terram
(*Coloss.* III, 15), » **826** quia sumus debitores non
carni, ut secundum carnem vivamus. « Qui in carne
sunt, Deo placere non possunt (*Rom.* VIII, 8). » Et
si secundum carnem vixeritis, moriemini. Secundus
vero vincendus est patiendo. Unde Dominus : « Nolite timere eos qui occidunt corpus, animam autem
non possunt occidere (*Matth.* X, 8). » Et alibi :
« Diligite inimicos vestros ; benefacite iis qui oderunt vos (*Matth.* V, 44). » Et Apostolus : « Non
vosmetipsos defendentes, charissimi ; scriptum est
enim : Mihi vindicta, et ego retribuam, dicit Dominus (*Rom.* XII, 19). » Si esurierit inimicus tuus,
ciba illum ; si sitit, potum da illi. Et Dominus : « Si
quis percusserit te in dexteram maxillam, præbe
ei et alteram (*Matth.* V, 39). » Tertius repellendus est,
suggestionibus [ejus] non consentiendo ; unde Apostolus : « Nolite locum dare diabolo (*Ephes.* IV, 19), »
sed gladio Spiritus sancti, id est verbo Dei, et auctoritatibus Scripturarum, destruite jacula ejus.
Cum enim hostis dixerit : Exerce adulterium, respondeas econtrario, quia scriptum est : « Non
mœchaberis : non furtum facies, etc. (*Exod.* XX,
14). » Ita singulis vitiis singula præcepta, auctoritate [Scripturæ] opponite. Quod et Dominus in sua
tentatione nos docuit, qui singulis admonitionibus
diaboli aliquid de Scripturæ auctoritatibus objecit :
diabolo enim præcipienti ut de lapidibus panes fa-

(95) Eamdem de dæmonum in aere habitatione
sententiam asserit Hildebertus, sermone primo de
Ascensione Domini, sermone de Purificatione beatæ

ceret, ait : « Non in solo pane vivit homo, sed in
omni verbo quod procedit de ore Dei (*Matth.*, IV, 4). »
Iterum admonenti ut daret se præcipitem de pinnaculo
templi, respondit : « Non tentabis Dominum Deum
tuum (*ibid.*, 7). » Rursum suadenti ut se pronus
adoret, objecit : « Scriptum est : Dominum Deum
tuum adorabis, et illi soli servies (*ibid.*, 10). »

His igitur armis instruit nos Dominus, ut quoties
insistunt tentationes, quæramus a divinis sententiis
defensiones, et quando tentatio diabolica incipiet
oriri in mente, statim opprimamus illam, ne vertatur in delectationem ; [nam] si in delectationem
vertatur, peccatum est ; si obruatur statim, victoria
est. Unde dictum est ad serpentem : « Mulier con-
teret caput tuum, et tu insidiaberis calcaneo ejus
(*Gen.* III, 15). » Caput serpentis, id est diaboli suggestio dicitur, quia est origo peccati. Calcaneus
finem significat, quia ultima pars hominis est. Mulier conterit caput serpentis, quando fidelis anima
orientem suggestionem exstinguit. Ipse insidiatur
calcaneo, quando fini hominum tendit insidias ; et
si in fine potest hominem decipere, ducit ad perditionem. Nec solum Christus in defensione et remo-
tione vitiorum sequendus est, sed etiam in exsecutione virtutum. Nulla enim virtus est quæ non præcesserit in eo. Ait quippe **827** : « Beati pauperes (*Matth.*
V, 3) ; » ipse autem pauper factus est, cum esset
dives. Ait : « Beati mites (*ibid.*, 4) ; » ipse vero mitis
est, qui de se ait : « Discite a me, quia mitis sum,
et humilis corde (*Matth.* XI, 29). » — « Beati qui
lugent (*Matth.* V, 5) ; » ipse vero flevit super Jerusalem, et super Lazarum. Ait : « Beati qui esuriunt et
sitiunt justitiam (*ibid.*, 6) ; » ipse vero de se ait :
« Meus cibus est ut faciam voluntatem ejus qui
misit me (*Joan.* IV, 34). » — « Beati misericordes
(*Matth.*, V, 7) ; » ipse vero super latronem et Mariam
peccatricem ductus est misericordia. Ait : « Beati
mundo corde (*ibid.*, 8) ; » ipse vero ille est « qui peccatum non fecit, nec inventus est dolus in ore ejus
(*I Petr.* II, 22). » Ait : « Beati pacifici (*Matth.* V, 9) ; »
ipse vero pro persecutoribus oravit, dicens : « Pater, ignosce illis ; quia nesciunt quid faciunt (*Luc.*
XXIII, 34) ; » et tanquam ovis ad occisionem ductus
est. Ait : « Beati qui persecutionem patiuntur propter justitiam (*Matth.* V, 10) ; » ipse vero passus est
pro nobis, « nobis relinquens exemplum, ut sequamur vestigia ejus (*I Petr.* II, 21). » Itaque septem beatitudines completæ sunt in eum. In istis
omnibus potestis eum sequi, ut dicatis : « Ecce nos
reliquimus omnia, et secuti sumus te (*Matth.* XIX,
27). » Sed super omnia quatuor virtutes necessariæ
sunt huic ordini : Charitas, humilitas, obedientia,
disciplina. Communicatio cibi charitatem designat.
Vilitas vestimentorum humilitatem significat. Quod
etiam invicem prælatis paretis, obedientiam. Quod
magistrum habuistis, disciplinam. Charitas radix
est omnium virtutum. Colligatio omnium fratrum,

Mariæ, sermone de Militia christiana, et infra in
Tractatu theologico, capite vicesimo.

ubi est charitas et dilectio, ibi est sanctorum aggregatio. « Ecce quam bonum, et quam jucundum habitare fratres in unum (*Psal.* cxxxii, 1). » Unde est jucunditas, nisi ex charitate? Hæc est illa virtus quæ dabit Christum cohabitatorem, sicut ipse ait : « Ubi sunt duo vel tres congregati in nomine meo, ibi sum ego in medio eorum (*Matth.* xviii, 20). » Christus semper diligit unitatem suorum; unde ad Patrem oravit : « Pater, serva eos in nomine meo, quos dedisti mihi, ut sint unum sicut et nos (*Joan.* xvii, 11). » Humilitas est servatrix omnium virtutum; superbia dissipatrix. Hæc est illa virtus, quam Dominus exemplo ostendit et verbo, jugiter prædicando. Exemplo, cum pedes lavaret; verbo, cum ait : « Discite a me (*Matth.* xi, 29), » non mundum fabricare, aut mortuos suscitare, sed « quia mitis sum, et humilis corde (*ibid.*). » O salutarem doctrinam! o fidelem magistrum! Noluit jubere quod ipse non faceret. Mors fuit de poculo superbiæ propinata; vita de humilitate orta. Excelsus Dominus humilia respicit, diligendo; excelsa a longe cognoscit, reprobando, quia « qui se exaltat, humiliabitur, et qui se humiliat, exaltabitur (*Luc.* xiv, 11). » Exaltatus est humilis publicanus, humiliatus est superbus Pharisæus. Hæc est illa virtus, quæ commendavit **828** centurionem, dicentem : « Domine non sum dignus ut intres sub tectum meum (*Matth.* viii, 8). » Obedientia est incitatrix virtutis. Vicaria enim servitus ardorem dilectionis incendit; humilitate subserviendo, generat obedientiam. Sicut inobedientia primi hominis generavit mortem, ita obedientia secundi Adæ generavit vitam; fuit enim obediens Patri usque ad mortem. De hac ait Samuel : « Melior est obedientia quam victimæ (*I Reg.* xv, 22). » Disciplina est emendatrix, quæ non est vilipendenda. Ait enim David : « Apprehendite disciplinam, ne quando irascatur Dominus, et pereatis de via justa (*Psal.* ii, 12). » Iterum scriptum est : « Disciplinam qui abjicit, infelix est (*Sap.* iii, 11). » Et Salomon : « Fili, non neglexeris disciplinam Domini; ne defeceris, cum ab eo argueris; quem enim diligit Deus corrigit (*Prov.* iii, 11). » Itaque necessariæ sunt hæ quatuor virtutes, charitas radix, humilitas servatrix, obedientia incitatrix, disciplina emendatrix. Deus autem qui facit habitare unius moris in domo, confirmet et corroboret vos in omni virtute, et patientia, ut peracto cursu, gaudeatis perpetim cum eo, qui vivit et regnat in sæcula sæculorum. Amen.

CXXIV [*De diversis* XXXVII].
(94) AD SANCTIMONIALES (95).

« Omnis gloria ejus filiæ regis ab intus, in fim-
« briis aureis circumamicta varietate. Adducentur
« regi virgines post eam; proximæ ejus afferentur
« tibi (*Psal.* xliv, 14). »

(94) E Victorino et Lyrano.
(95) Forte Fontebraldenses, quarum Hildebertus erat patronus et director a summo pontifice designatus.

A In hoc versu prophetico, filiæ dilectissimæ, gloria Domini nostri describitur, et meritum vestrum non silebitur. Hæc filia regis et mater est. Mater humanitatis, et filia divinitatis. Rex enim cælorum de filia sua natus est. Creavit enim sibi matrem in qua conciperetur, et de qua nasceretur. Sicut enim civitatem sibi fundavit, de qua ait : « Homo natus est in ea, et ipse fundavit eam Altissimus (*Psal.* lxxxvi, 5), » id est in ea natus est homo, et eam fundavit ut Deus altissimus. Sic enim ibi matrem creavit, de qua nasceretur ut homo, et eam creavit ut Deus. Vocat itaque David filiam regis, cujus gloriam ita describit : Cæteræ mulieres, et filiæ regales in exteriori pulchritudine gloriantur, sed gloria istius filiæ est ab intus, de qua ait Apostolus : « Gloria nostra hæc est, testimonium conscientiæ nostræ (*II Cor.* i, 12). » Maluit enim in conscientia habere pulchritudinem mentis, quam fragilem, et transitoriam, et imam [*f.* inanem] corporis formam, quæ est tentatio oculorum. Et illa **829** gloria fuit *in fimbriis aureis*, in perseverantia bonorum operum. Fimbriæ enim, quæ sunt in fine vestimenti, perseverantiam designant. Aurum, bona opera, et luce claritatis decorata; et quamvis in occulto latebat gloria innocentiæ, tamen ipsa erat circumamicta varietatibus multarum virtutum. Quod enim gerebat in corde, ostendebat in corporis exhibitione.

Dominus quidem præcepit : « Cavete ne justitiam vestram faciatis coram hominibus, ut videntes opera vestra, glorificent vos (*Matth.* vi, 1). » Prohibetur enim, non operum apparitio, sed inanis gloriæ intentio. Cujus autem fuit mens purior, vultus humilior, sermo dulcior [*supp.* quam Mariæ]? Quæ virgo castior? Hæc fuit exemplum totius bonitatis. Hæc se semper ancillam vocabat. « Ecce, inquit, ancilla Domini, fiat mihi secundum verbum tuum (*Luc.* i, 38). » Et iterum : « Quia respexit humilitatem ancillæ suæ (*ibid.*, 48). » Pulchra fuit ut luna, electa ut sol. Quid per singula? Nec primam similem visa est, nec habere sequentem. Hæc in primo loco adducta est Domino, quia hanc præ aliis elegit, quam Spiritus sanctus obumbravit, ne ignem alicujus malæ voluntatis sentiret. Adducentur regi virgines (96), obtinet, quia nulla sibi parificari potest. Certe sequi possunt, assequi non possunt. Sequentes, non comites esse possunt. Itaque adducentur, scilicet, post eam virgines. Sed quæ virgines? Non quælibet, sed quæ erunt proximæ, consanguineæ, id est imitatrices illius singulares. Sunt enim quædam virgines casti corporis, sed corruptæ mentis. Istæ non sunt proximæ; istæ non sequuntur. Istæ non adducentur tibi, o Domine! Nihil enim valet integritas carnis, sine integritate mentis. Sunt aliæ virgines, quæ gloriam continentiæ non quærunt, sed laudem humanam, pretium virginitatis

(96) Hic hiatus, qui sic suppleri potest : *Virgines post eam, quia ipsa primum locum obtinet, quia nulla,* etc.

suæ concupiscunt ; sed quia harum gloria non est ab intus, et hoc modo non adducentur. Sequuntur filiæ superius descriptæ. Illæ sunt fatuæ virgines, quæ non habent oleum in vasis suis. Lampades in manibus sunt opera. Vasa vero, uniuscujusque conscientia. Oleum est operum gloria. Prudentes virgines habent oleum in vasis, et gloriam habent in conscientiis ; fatuæ vero quærunt gloriam ab humano favore, et ideo secum non habent quod quærunt aliunde. Sed veniente sponso istæ habebunt lucentes lampades. Illarum vero lampades exstinguuntur, quia tunc apparebit non esse clara opera, quæ inanis gloriæ fuerunt. Sunt autem virgines, quæ etsi castæ sint, et immunes ab immunda voluntate [f. voluptate], tamen aliis vitiis sunt occupatæ. Elevat enim quarumdam mentes **830** superbia, vel quia sunt doctiores, vel quia nobiliores, vel quia prudentiores. Istæ non imitantur illam, quæ se potius ancillam dicit, quam dominam. At quæ non imitantur illam, non adducentur [regi] post eam. Quamvis enim regina cœli •Regem cœli genuerat, quamvis Creatorem suum portaverat, tamen semper cogitabat illud Salomonis : « Quanto major es, humilia te in omnibus (Eccli. III, 20). » Humilis enim Filius, qui « non venit ministrari, sed ministrare (Matth. XX, 28), » dixit : « Discite a me quia mitis sum et humilis corde (Matth. XI, 29);» voluit habere humilem matrem, vult et habere humiles filias. Qui non est humilis, non est filius Patris, qui in cœlis est. Ipsa etiam ait in cantico suo : « Deposuit potentes de sede, et exaltavit humiles (Luc. I, 12). »

Sunt virgines quæ libenter foris vagantur et demorantur, et si corpus in claustro demoretur, animus tamen foris vagatur. Istæ sunt dissimiles illi quæ abiit in montana cum festinatione, non demorando in eis, non curiosa de visis, non detenta colloquiis ; sed in quibus detenta ? In mysteriis quæ videbat et audiebat. Ait enim in Scriptura : « Maria autem conservabat omnia verba hæc, conferens in corde suo (Luc. II, 19). » Sunt aliæ virgines, quæ delectantur confabulationibus vanis, detractionibus et risibus ; non student in divinis laudibus. Hæc non sunt proximæ ejus, quæ quando cum cognata sua locuta est, non de inanibus agens, sed de cœli secretis laudans et magnificans Deum, in his verbis erumpebat : « Magnificat anima mea Dominum (Luc. I, 12). » Si ergo, filiæ charissimæ, Regina vestra, Domina vestra, nec solum vestra, sed et nostra et angelorum, exemplum et forma omnibus nobis, mundum fugit, ut Deo soli vacare contingat, [illam imitari satagite.] Qui diligunt ea quæ in mundo sunt, sollicitudinem mundi habent. Vobis clamat Apostolus : « Præterit figura hujus mundi. Volo vos sine sollicitudine esse. Quæ sine viro est, sollicita est quomodo placeat Deo. Mulier innupta et virgo, cogitat quæ Domini sunt, ut sit sancta corpore et spiritu ; quæ autem nupta est, cogitat quæ sunt mundi, quomodò placeat viro (I Cor. VII, 31). » Vos habetis summum regem in sponsum, cujus pulchritudinem sol et luna mirantur. Cavete ne spiritualis adulter vobis suggerat aliquid in aure cordis, quod commoveat vobis sponsum vestrum in iram. Audite comminationem [ejus] per Prophetam suum : « Perdidisti omnes qui fornicantur abs te (Psal. LXXII, 27). » Docet ergo ipse quid unaquæque vestrum debeat confiteri : « Mihi adhærere Deo bonum est, ponere in Domino Deo spem meam (Psal. LXXII, 28). » Adhærete ergo ei, totam spem vestram, non in parentibus, **831** sed in eo tantum ponentes. Cogitate quæ sit voluntas ejus ; bona sponsa scrutatur voluntatem mariti sui, ut possit servire voluntati ejus. Hæc est [autem] illa voluntas ejus, ut sitis castæ et animo et corpore, et ut sitis humiles et ejus collatæ [f. recollectæ] ancillæ juxta professionem vestram, qua dixistis in consecratione vestra : « Ancilla Christi sum, ideo me ostendo servilem personam (97). » Hæc est voluntas Dei, ut prava colloquia devitetis. « Corrumpunt enim, juxta Apostolum, bonos mores colloquia mala (I Cor. XV, 33). » Iniqui collocutores sunt legati ; et prolocutores, et nuntii spiritualis adulteri, scilicet dæmonis, qui per eos vult templum Spiritus sancti, quod estis vos, violare. Ideo ergo in claustro estis, ut clausæ sitis, ne nuntius intret diaboli, qui vos tentet decipere. Claudite ergo non solum claustra, sed et corda. Cavete a tentatione oculorum, dicente David : « Averte oculos meos, ne videant vanitatem (Psal. CXVIII, 37). » Rursus hæc est voluntas sponsi vestri, ut si aliqua impudenter se egerit, non gravetur disciplinæ subjici. Ait enim David : « Apprehendite disciplinam, nequando irascatur Dominus (Psal. II, 12). » Ideo enim « a Domino corripimur, ut non cum hoc mundo damnemur (I Cor. XI, 32). » Melius est enim vobis flagellari in præsenti manu abbatissæ præsidentis, quam damnari in futuro voce Dei judicantis. Hæc est voluntas Dei, ut si paupertas vos coarctet, communiter patiamini. Non enim ille qui pauper factus est, in divitiis vos vocavit, sed in paupertate, quia pauper sponsus voluit habere pauperem sponsam in præsenti, quia habitavit vobiscum in futuro, [ubi] illo vero bono, quod est omne bonum, et quod edent pauperes, saturabuntur. Hoc est illud bonum de quo ait David : « Timentes Dominum non minuentur omni bono (Psal. XXXIII, 11). » Hæc est voluntas Dei, quod nulla invidia, nulla detractio sit inter vos, sed sola dilectio. Tunc erit Deus in medio vestrum. Nolite contristari si abjectæ estis, quia reginæ cum Rege vestro regnabitis. Ergo filiæ Sion exsultent in rege suo. Audite quid ait David : « Elegi abjectus esse in domo Dei mei, magis quam habitare in tabernaculis peccatorum (Psal. LXXXIII, 11). » Nigredo vestis vilitatem et humilitatem designat. Quam turpe est

(97) Pontif. Rom., *De consecrat. virginum.*

et abominabile, si sub hac veste superbia lateat. Pensate ergo cui sponso serviatis, qui omnium conscientias novit, et omnium peccata damnat. Amate misericordem, timete judicem. Sit mens pudica, vultus humilis, sermo mitis, incessus **832** honestus, vita per omnia irreprehensibilis, ut cum sponso vestro in cœlo regnetis, cooperante Domino nostro Jesu Christo, qui vivit et regnat in sæcula sæculorum. Amen.

CXXV [*De diversis* XXXVIII].

(98) AD SANCTIMONIALES (99). DE VERBO DEI RITE AUDIENDO.

« Audi, filia, et vide, inclina aurem tuam, et obliviscere populum tuum, et domum patris tui, et concupiscet rex decorem tuum (*Psal.* XLIV, 12). »

Tres legimus divini verbi auditores; pigros, activos, contemplativos. Pigri audiunt, et audita contemnunt. Activi audiunt et auditis obediunt. Contemplativi audiunt et in amplexu obdormiunt. Pigri torpent; activi laborant; contemplativi quiescunt. De pigro scriptum est : « Abscondit piger manum sub ascella (*Prov.* XXVI, 15). » Activo dicitur : « Labores manuum tuarum quia manducabis, beatus es, et bene tibi erit (*Psal.* CXXVII, 2). » De contemplativo legitur : « Quis dabit mihi pennas sicut columbæ, et volabo, et requiescam? (*Psal.* LIV, 7). » Pigri sunt debiles; activi, fortes; contemplativi, vacantes. Et est triplex pigrorum debilitas, quia sunt oculis cæci; in manibus contracti, quia congregant, et non distribuunt; in pedibus claudi, quia ad vicina erroris latera declinantes, rectam salutis viam non arripiunt. Pigri torpent Deo, sed non sæculo. In multis enim laboribus thesaurizant sibi divitias sæculi, et iram Dei in die iræ. Activi vero torpent sæculo, non Deo. Isti thesaurizant sibi divitias sæculi, et misericordiam Dei. Contemplativi torpent sæculo, sed non Deo. Isti thesaurizant sibi divitias æterni sæculi et beatitudinem æterni Dei, memoriter tenentes quod Veritas jubet : « Thesaurizate vobis thesauros in cœlis, ubi nec ærugo, nec tinea demolitur (*Matth.* VI, 19). » Audi ergo, filia, et vide; sic audias ut videas, quia tenebrosa sunt corda, ubi doctrinam non sequitur vita. Melius est enim veritatem non agnoscere, quam post agnitam retroire, quia non audientium et minor est culpa, et tolerabilior pœna. Audientium et non facientium et major est culpa et gravis pœna. Audientium et facientium et remittitur culpa, et lætantur in gloria. Væ ergo illis qui audiunt, et non faciunt, audientes in doctrina, **833** destruentes in vita. « Comparantur enim viro insipienti, consideranti vultum nativitatis suæ in speculo (*Jac.* I, 23); » considerat qui, qualiter, et ad quid sit natus ad memoriam revocat. Speculum in quo considerat, est mens, ex qua est ut contracta discernat, quia sicut imago in speculo, est cognitio in animo; et sicut speculum figuram omnium repræsentat, sic in animo cogitantis omnis imago [cogitati] resultat. Præterit figura in speculo, cum nulla est rei repræsentatio; et perit imago in animo, cum nulla est rei recordatio. Vultum ergo nativitatis suæ considerat in speculo, qui, qualiter, et ad quid natus sit, recordatur in animo. Et tunc nihil aliud esse considerat, nisi terram, quam terra supportat, et sic ad æterna mentem erigit, quia terrena nihil esse sua ratione deprehendit, et ad horam compungitur, quandiu suæ miseriæ recordatur. Sed vir insipiens, cum transierit, obliviscitur qualis fuerit.

Vir insipiens transit, cum stulte ad transitoria redit, et qualis fuerit obliviscitur, cum terrenis curis immergitur, vel per gaudia terrena irretitur. Sic est omnis qui audit verbum divinum, et non facit, quia cum doctrinam verbi audit, se nihil esse recognoscit, et sic terrena germinare [*f.* contemnere] incipit. Sed cum vox docentis transit, lacrymantis animi compunctio perit, et sic germen ad fructus maturitatem non pervenit. Hoc est enim semen quod cecidit inter spinas, et spinæ crescentes suffocaverunt illud. Spinæ sunt punctiones, seu delectationes sæculi, quæ sæpe impediunt semen verbi cœlestis, ne fructum faciat in animo auditoris. Sed quid in diversa distrahimur? « Unum est necessarium. » Unde dicitur : « Martha, Martha, sollicita es (*Luc.* X, 42). » Bis Marthæ nomen ponitur, ut attentius a sollicitudine revocetur. Porro est unum ei necessarium. In multis est sollicitudo, ei in uno consummatio; unde et peccatrici dimissa sunt multa, quia dilexit multum. Non multa multum dilexit, sed unum multum dilexit. Si multa multum dilexisset, nihil ei esset dimissum. Sic ergo filia, id est fidelis anima multa audiat, ut per multa unum custodiat. Filiam vocat, cujus se patrem esse commemorat. Tres siquidem sunt status animæ fidelis. Sub primo est captiva, sub secundo est libera, sub tertio beata. Captiva sub servitute peccati opprimitur; libera sub duce justitiæ præliatur; beata in plenitudine gaudii gloriatur. Captivæ dicitur : « Revertere, revertere, Sunamitis (*Cant.* VI, 12), » ut de captiva fias libera. Liberæ dicitur : « Viriliter age, et confortetur cor tuum (*Psal.* XXVI, 14), » ut de libera fias beata. Beatæ dicitur : « Canite Deo in Sion (*Joel* II, 1), » — « jubilate Deo in voce exsultationis (*Psal.* XLVI, 2). » Sub primo **834** statu est ancilla; sub secundo est filia; sub tertio est amica. Ancilla timet, filia diligit, amica amplectitur. Ancillæ dicitur : « Revertere ad dominam tuam, et humiliare

---

(98) Ex ms. Andegav.

(99) Forte *Fontebraldenses*. Hic sermo videtur potius materia sermonis præmeditata, quam sermo revera, ut hic jacet, pronuntiatus. Hoc evincunt tot divisiones et subdivisiones, quibus fere totus contextus est, quas probabile non est concionatorem sic in globo sine prolixiori explicatione protulisse. Hunc autem sermonem coram Sanctimonialibus Fontebraldensibus prolatum ab Hildeberto, sicut et præcedentem, satis probabile videtur; quo tempore, ipsum pro patrono et directore a summo pontifice obtinuerunt.

sub manu ejus (*Gen.* XVI, 9), » ut de ancilla fias filia. Filiæ dicitur, filia mea libera : « Beatus qui retribuet tibi (*Psal.* XXXVI, 8),» ut de filia fias amica. Amicæ dicitur : « Quam pulchra es, amica mea, quam pulchra es! oculi tui columbarum (*Cant.* I, 14). » Tu ergo, filia, si summi Regis amplexus desideras, prius audias, et ut amicum tuum postea videas, obliviscere populum tuum. Hæc sunt verba quæ pater [filiam] audire desiderat, et filiam custodire oportet. Sed populum istum difficile obliviscimur, qui quanto magis repellitur, tanto durius obsistere conatur, et quanto se nobis frequentius ingerit, tanto nos intra acrius lædit. Et sunt tres populi, qui fideli animæ minitantur. Primus est sæcularis, secundus carnalis, tertius spiritualis. Primus populus, homines sunt mali, qui a bono retrahunt; secundus, desideria carnis, quæ mala suggerunt; tertius, cogitationes mentis, quæ peccare cogunt. De primo populo scriptum est : Si d. m. t. s. t. a. esse pro De secundo : « Abstinete vos a carnalibus desideriis, quæ militant adversus animam (*I Petr.* II, 11). » De tertio legitur : « Dies mei transierunt, cogitationes meæ dissipatæ sunt, torquentes cor meum (*Job.* XVII, 11). »

Primus populus est amicus sæculi, et inimicus Dei constituitur. Secundus est amicus carnis, et inimicus hominis, juxta illud : « Et inimici hominis domestici ejus (*Matth.* X, 36). » Tertius amicus mentis, et inimicus quietis, juxta illud : « Muscæ morientes perdunt suavitatem unguenti (*Eccle.* X, 11). » Primus populus est malus, secundus est malum, tertius peccatum. Est autem quartus, quod peccatis inimicatur, quem filia oblivisci præcipitur; unde subdit : *Et obliviscere domum patris tui.* Longe alius est iste pater, qui vitari præcipitur, ab illo qui præcipit ut vitetur. Sunt enim tres patres hominis. Primus hominem gignit, secundus capit, tertius requirit. Primus gignit ad vitam carnis, secundus rapit ad pœnam mentis, tertius requirit ad gaudium æternitatis. Primus pater est homo, secundus diabolus, tertius est Deus. Primus notatur ibi : « Crescite, et multiplicamini, et replete terram (*Gen.* I, 28). » Secundus ibi : « Vos ex patre diabolo estis (*Joan.* VIII, 44). » Tertius ibi : « Pater noster qui es in cœlis (*Matth.* VI, 9). » Sub primo sumus, sub secundo male sumus, sub tertio beate sumus. Sub primo carnaliter vivimus, sub secundo mortaliter delinquimus, sub tertio feliciter regnamus. Ideo manet Pater tertius, ut deseratur primus, et non imitetur secundus. Ut filia totum impleat quod audit, obliviscatur populum suum, et domum patris sui; et ita quatuor superat, **835** mundum, carnem, mentem et diabolum. Bella mundi sunt forinseca, bella carnis sunt domestica, bella mentis sunt fraudulenta; difficile acquiritur victoria, ubi tanta est resistentium turba, ubi non vincit homo, nisi se prius vincat. Domesticum est bellum, et non plus [*f.* ideo plus]

A metuendum. Confidat ergo ancilla in Domino, filia in patre, amica in dilecto, qui potens est de lapidibus istis suscitare filios Abrahæ; etsi terrent bellorum certamina, alliciant vincentis præmia. Grave quidem bellum indicitur, sed gloriosum est quod vincenti promittitur: *Et concupiscet rex decorem tuum.* Et est triplex decor. Decor est in voce, decor in facie, decor in corde. Decor in voce, quia pulchra loquitur; decor in facie, qui bona operatur; decor in corde, quia sancta meditatur. Unde dilectus, tanto dilectæ suæ labori compatiens, et amore tactus, ultra non sustinens, in amoris verba prorumpit : « Vulnerasti cor meum, soror mea, vulnerasti cor meum (*Cant.* IV, 9). » — « Tota enim pulchra es amica mea, et macula non est in te (*ibid.* 7). » Exsurge a labore in requiem; a miseria ad gloriam; a victoria ad coronam, et veni in thalamum nuptialem, ubi erit sine fine amicus in amplexu, et amico in lecto, in quo requiem nobis tribuat, qui sine fine vivit et regnat Deus per omnia sæcula sæculorum. Amen.

CXXVI [*De diversis* XXXIX].

(100) DE VERBO DEI PIE AUDIENDO, ET FIDUCIA IN DEUM HABENDA.

« Nemo mittit vinum novum in utres veteres, « alioquin rumpet vinum novum utres, et ipsum « effundetur, et utres peribunt; sed vinum novum « in utres novos mitti debet (*Luc.* V, 37). »

Dominus Jesus Christus, fratres charissimi, loquens hominibus, aliquando per similitudinem, aliquando per figuras, aliquando aperte verbum vitæ seminavit. Hanc autem similitudinem contra illos protulit qui in immundis vasis prædicationis verbum recipiunt, et dulcedinem supernæ gratiæ effundunt. Vos enim, dilectissimi, cum verbum spirituale auditis, mundo corde recipere debetis. Audite enim quid Dominus in Evangelio ait : *Nemo mittit,* id est mittere debet *vinum novum,* id est novæ legis gratiam, *in utres veteres,* id est in vasa peccati, quia si corruptione inveterata fuerint, vinum novum effunditur; quia « qui ex Deo est, verba Dei audit (*Joan.* VIII, 37) ; » et Apostolus ait : « Homo malignus [*Vulg.* animalis homo] non percipit ea quæ Dei sunt (*I Cor.* II, 14). » Sed audite quæ pernicies, quæ pœna sit non recipientibus verbum Dei. Sequitur enim : **836** *Et utres peribunt;* negligentibus enim verbum prædicationis, est ipsum verbum damnationis; unde Dominus in Evangelio : « Si non venissem, et locutus eis non fuissem, peccatum non haberent : nunc autem excusationem non habent de peccato suo (*Joan.* XV, 22). » Sed ut ait Apostolus : « Illis qui non acquiescunt veritati, ira et indignatio, et in omnem animam operantis malum (*Rom.* II, 8). » Quare ergo, fratres, non apparet in vobis aliquod seminarium correctionis? Turba vero cogitationum sæcularium vos impedit venire ad Christum. Vos estis similes paralytico, de quo dicitur in Evangelio : « Venerunt ad Jesum ferentes paralyticum, qui a quatuor portabatur; et cum non possent eum offerre Jesu præ turba, nudaverunt tectum ubi erat, et patefacientes submiserunt grabatum, in quo paralyticus jacebat; et cum vidisset Jesus fidem illorum, dixit paralytico : Fili, dimittuntur tibi peccata. » Deinde subjunxit : « Tolle grabatum tuum, et ambula (*Marc.* ii, 3-5). » Curatio hæc paralytici salvationem designat animæ, post diuturnas illecebras carnalis inertiæ ad Christum suspirantis. Ministri vero qui portabant, doctores sunt Ecclesiæ, qui prædicando, corrigendo, orando, peccatorem Deo offerunt et attrahunt. Qui bene quatuor fuisse leguntur, quia quatuor Evangelii libris omnis prædicationis virtus et sermo firmatur. Vel quatuor sunt virtutes, quibus ad promerendam sospitatem fiducia mentis erigitur, quæ sunt prudentia, temperantia, justitia [fortitudo,] quæ desiderant paralyticum Christo offerre; sed turba cogitationum impediens aciem mentis, ne Christus videatur impedit; prava enim consuetudo mundi retardat. Sed cum ministri laborant ad salutem ducere, sæcularia negotia conantur impedire. Sed quid faciunt portantes? Non in infimis exterius morantur, quia turbæ tumultuantur; sed tectum domus, in qua Christus docet, ascendunt. Tectum illud sublimitatem Scripturæ significat. Illam infirmo patefaciunt doctores, dum velamen obscuritatis exponendo subtrahunt. Nullus tam sicut per [*f.* Nullus tamen, nisi per] documenta Scripturarum corrigi potest; unde Psalmista quærens : « In quo corrigit [adolescentior] viam suam? » subjungit : « In custodiendo sermones tuos (*Psal.* cxviii, 9). » Reserato itaque tecto æger ante Jesum submittitur, quia ad notitiam Christi cum humilitate per Scripturæ revelationem pervenitur. Quod autem cum grabato deponitur infirmus, significat quod ab homine in ista adhuc carne constituto Christus debet cognosci. Postquam vero ad Dei cognitionem perventum est, primo peccatorum vincula dissolvit, ut ostenderet animam non posse salvari, vel sanari, et **837** mundari a paralysi peccatorum, nisi Deus ex gratia misericordiæ suæ homini peccata dimittat. Intuendum sane quantum propria fides cujusque apud Deum valeat, ubi tantum valuit aliena. Ideo vero curaturus hominem a paralysi Dominus, prius peccata dimisit, quam corpus sanaret, ut ostenderet eum, ob nexum peccati, a tali dissolutione damnatum. Quandoque vero sunt causæ, quare Dominus hominibus molestias ingerit; aliquando enim Dominus suos tribulari permittit, ut per patientiam, majorem coronam mercantur, ut Job. Aliquando ad custodiam virtutum, ne boni in superbiam extollantur, sicut Apostolus de se ait : « Ne magnitudo revelationum extollat me, datus est mihi stimulus carnis meæ, angelus Satanæ, qui me colaphizet (*II Cor.* xii, 7). » Aliquando propter peccata sua homines patiuntur mala ad correctionem, sicut iste paralyticus, vel sicut David, qui propter uxorem Uriæ persecutionem passus est a filio. Aliquando

datur morbus alicui, ut per sanationem ejus, sive per Deum, sive per famulos ejus collatam, Deus glorificetur. Sicut ille qui natus est cæcus, de quo dicitur in Evangelio : « Neque ipse peccavit, neque parentes ejus, sed ut manifestentur opera Dei in illo (*Joan.* ix, 3). » Aliquando ad inchoationem damnationis æternæ, ut in hac vita mala recipiant, ut jam in præsenti [*f.* ut qui in hac vita, mala perpetrarunt, jam in præsenti, etc.] pœna eorum incipiat, et in futuro perduret. Hoc [pertulit] Herodes, qui omnibus membris dissolutus est, et ita mortuus est.

Sequitur : *Surge, tolle grabatum tuum, et ambula, et vade in domum tuam.* Surgere de grabato, est animam a carnalibus desideriis levare. Grabatum tollere, est ipsam carnem per continentiæ frena, a terra, id est a terrenis sublevare. Domum ire, est ad paradisum intrare, seu redire. Ideo, dilectissimi, hoc incœpi, ut turbam sæcularium vanitatum, et impedientium cogitationum sciatis vobis obstare, ne ad Dominum possitis pervenire. Et sicut isti paralytico, ex infirmitate vitiorum, dissolutio membrorum contigit, ita propter peccata vestra adversitates contingunt. Pacem cupitis, nec pacem tenetis, quia intestina discordia generat vobis bella exteriora. Mentes vitiis turbatæ, turbationes congerunt terræ. Sed sicut ait Dominus per Psalmistam : « Si populus meus audisset me, Israël si in viis meis ambulasset, pro nihilo forsitan inimicos eorum humiliassem (*Psal.* lxxx, 14). » Non enim potest haberi vera pax, nisi ab illo qui dixit : « Pacem meam do vobis, pacem relinquo vobis (*Joan.* xiv, 27). » Orate igitur Dominum ut mittat auxilium de Sancto, quia qui ad eum confugit, ab hostibus eum defendit. Audite quantam misericordiam Dominus filiis Israel in Samaria obsessis **838** contulit, tempore Elisæi, et Joram regis Israel. Congregavit Benadad rex Syriæ exercitum contra Joram regem Israel, et obsedit eum in Samaria. Facta est autem tanta fames in Samaria, quod cauda [*Vulg.* caput] asini venderetur octoginta argenteis. Cumque rex transiret quadam die per murum, mulier quædam exclamavit, dicens : Salva me, domine rex; qui ait : Non te salvat Dominus; unde te possum salvare? de area, vel de torculari? Quid tibi vis? Quæ respondit : Ego et altera mulier fecimus pactum, ut hodie comederemus filium meum, et cras suum. Comedimus ergo meum, ipsa vero abscondit suum. Scidit ergo vestimenta sua rex, et iratus contra Elisæum prophetam, quia non rogabat Dominum ut eos salvaret, et minatus, et machinatus est ei necem, præmittens ei nuntium. Elisæus vero sedebat in domo sua cum senibus aliis, et cognoscens, ut propheta, machinationem regis, fecit obserari ostium. Rex autem veniens ait prophetæ : Ecce tantum malum a Domino; quid amplius exspectabo a Domino? Dixit autem Elisæus : Audite verbum Domini, hæc dicit Dominus : In tempore hoc cras, modius similæ uno statere erit, et duo modii hordei statere uno in porta Samariæ. Respondens autem unus de ducibus super cujus manum rex incumbebat : Si Dominus etiam fecerit cataractas in cœlo, nunquid poterit esse quod loqueris? Qui ait : Videbis oculis tuis, et inde non comedes. Hoc prædicto, quatuor leprosi Samariæ, fame morientes, qui erant juxta introitum civitatis, dixerunt : Quid hic stamus? Eamus in castra hostium. Si pepercerint nobis, vivemus; si nos occiderint, quæ cura, si morituri sumus hic! Surgentes igitur nocte venerunt ad castra Syriæ, et, ut Dominus volebat, malum [*m.* nullum] invenerunt, quia Dominus audiri quemdam sonum fecerat in castris Syriæ circuitus equorum, et innumerabilium hominum, et putaverunt quod rex Israel audisset [*f.* adduxisset] Ægyptios, et alios mercede conductos. Relinquentes igitur asinos, equos et divitias in castris, [*supp.* fugerunt] cupientes salvare animas tantum. Ingressi sunt itaque leprosi castra, et comederunt, et biberunt, et multas divitias absconderunt rapientes. Venientes autem cum gaudio, nuntiaverunt civibus suis quæ invenerant. Portarii vero currentes ad regem, retulerunt quæ audierant. Rex vero timens fraudulentiam eorum, ne fugam simulantes, laterent in foveis, misit quinque viros super equos quinque, qui tantum supererant, ad explorandum. Quibus certificatis diripuerunt castra Syriæ, invenientes innumerabilem pecuniam, et copiam tantæ **839** annonæ, quod modius similæ fuit uno statere, et duo modii hordei similiter, juxta verbum prophetæ. Porro rex ducem, de quo prophetavera Elisæus, constituit ad portam, et conculcavit eun turba; et impletum est quod dixerat propheta : Videbit oculus tuus, et inde non comedes. (*IV Reg* vi,vii) Ecce, fratres charissimi, quanta fiducia, quant spes ponenda est in Domino. « Bonum est enim confi dere in Domino (*Psal.* cxvii, 8). » Et iterum : « Beat qui timent Dominum (*Psal.* cxxvii, 1). » Sperate erg in Domino, ut dicatis cum Psalmista : « Domine Deu meus, in te speravi, salvum me fac ex omnibu persequentibus me, et libera me (*Psal.* vii, 2). » Cui honor in sæcula sæculorum. Amen.

BREVE MONITUM.

Ne mireris, benevole lector, si quidam e sermonibus qui sequuntur, non fuerint in ordine debito collocati. Casu quippe nobis non obtigerunt, nisi postquam præcedentes jam fuerant excusi; nec eos ideo, utpot vere Hildebertinos, censuimus omittendos, in quibus nonnulla ad veteres illius ævi ritus pertinentia, et ali deprehendimus utilitati lectorum profutura.

CXXVII [*De diversis* XL].
IN SOLEMNITATE PASCHALI (1).

Paulus apostolus ait : « Etenim Pascha nostrum immolatus est Christus (*I Cor.* v, 7). » Si ergo Pascha Christus, pensandum nobis est quid de Pascha lex loquitur, ut videamus subtilius, an de Christo dicta videantur. Moyses quippe ait : « Sument de sanguine agni, et ponent super utrumque postem, et in superliminaribus domorum, in quibus comedent illum, et edent carnes nocte illa assas igni, et azymos panes cum lactucis agrestibus ; non comedetis ex eo crudum quid, nec coctum aqua, sed tantum assum igni; caput cum pedibus ejus et intestinis vorabitis, nec remanebit ex eo quidquam usque mane ; quidquid reliquum fuerit igne comburetis (*Exod.* xii, 7). Et additur : « Sic autem comedetis illum : Renes vestros accingetis, et calceamenta habebitis in pedibus, tenentes baculos in manibus, et comedetis festinanter (*ibid.* 11). » Quæ videlicet cuncta magnam nobis ædificationem pariunt, si fuerint mystica interpretatione discussa. Quis namque sit sanguis agni, non jam audiendo, sed bibendo didicistis, qui sanguis super utrumque postem ponitur, quando non solum ore corporis, sed etiam ore cordis hauritur. In utroque etenim poste agni sanguis est positus, quia sacramentum passionis illius cum ore ad redemptionem sumitur, ad imitationem quoque in **840** tota mente cogitatur. Nam qui sic Redemptoris sui sanguinem accipit, ut imitari passionem illius necdum velit, super un tantum poste sanguinem posuit, qui etiam in su perliminaribus domorum est ponendus. Quid eni spiritualiter domus, nisi mentes nostras accipimus in quibus per cogitationem habitemus. Cujus domu superliminare est ipsa intentio, quæ præemine actioni. Qui igitur intentionem cogitationis su ad imitationem Dominicæ passionis dirigit, in su perliminari domus agni sanguinem ponit. Vel cert domus nostræ ipsa sunt corpora, in quibus, quous que vivimus habitamus ; et in superliminari do mus agni sanguinem ponimus, quia crucem pas sionis illius in fronte portamus. De quo adhuc agn subditur : *Et edent carnes illas assas igni.* In noct quippe agnum comedimus, qui in sacramento mo Dominicum corpus accipimus, quando adhuc ad invi cem nostras conscientias non videmus : quæ tame carnes agni assandæ sunt, qui nimirum dissolvi carnes [*supp.* ignis], quas aqua coxerit; quas ver ignis sine aqua excoquit et roborat. Carnes itaqu agni nostri ignis excoxit, quia etiam ipsa vis pas sionis illius [hominem] ad resurrectionem valentio rem reddidit, atque ad incorruptionem, ex mort convaluit, videlicet, cum carnes illius ab igne du ruerunt. Unde etiam Psalmista dicit : « Exaruit vel ut testa virtus mea (*Psal.* xxi, 16). » Quid enim es testa ante ignem nisi molle lutum, sed igne agitu ut solidetur. Virtus ergo humanitatis ejus velut test exaruit, quia ab igne passionis ad virtutem incorr

(1) E Lyrano.

ptionis crevit. Sed sola Redemptoris nostri percepta A sacramenta ad veram soliditatem mentis non sufficiunt, nisi etiam bona opera jungantur. Quid enim prodest corpus et sanguinem illius ore percipere, et ei perversis moribus contraire? Unde bene adhuc ad comedendum subditur : *Et azymos panes cum lactucis agrestibus.* Panes quippe sine fermento comedit, qui recta opera sine corruptione vanæ gloriæ exercet, qui mandata misericordiæ sine peccati admistione exhibet, ne perverse diripiat quod quasi recte dispensat. Hoc quoque peccati fermentum bonæ suæ actioni miscuerant, quibus voce prophetæ per increpationem Dominus dicebat : « Venite ad Bethel, et impie agite (*Amos* iv, 3) ; » atque post pauca : « Et sacrificate de fermentato laudem (*ibid.* 6). » De fermentato namque laudem immolat, qui Deo sacrificium de rapina parat. Lactucæ vero agrestes valde amaræ sunt. Carnes ergo agni cum lactucis agrestibus sunt edendæ, ut cum corpus Redemptoris accipimus, nos pro peccatis nostris in fletibus affligamus, quatenus ipsa amaritudo pœnitentiæ abstergat **841** a nostro stomacho perversæ humorem vitæ ; ubi et subditur : *Non comedetis ex eo crudum quid, nec coctum aqua.* Ecce jam nos ipsa verba historiæ ab intellectu historiæ repellunt. Sed quid, fratres charissimi, Israeliticus ille populus, et in Ægypto constitutus comedere agnum crudum consueverat, ut ei lex dicat : *Non comedetis ex eo crudum quid,* ubi additur : *nec coctum aqua?* Sed quid aqua, nisi humanam scientiam designat, juxta hoc quod per Salomonem sub voce hæreticorum dicitur : « Aquæ furtivæ dulciores sunt? (*Prov.* ix, 17). » Quid crudæ agni carnes, nisi inconsideratæ et sine reverentia cogitationes, relicta illius humilitate? Omne enim quod subtiliter cogitamus, quasi mente coquimus. Sed agni caro nec cruda edenda est, nec cocta aqua, quia Redemptor noster, nec purus homo æstimandus, neque per humanam sapientiam qualiter incarnari Deus potuit cogitandus. Omnis enim qui Redemptorem nostrum purum hominem credit, quid iste aliud quam agni carnes crudas comedit, quas videlicet coquere per divinitatis intelligentiam noluit. Omnis vero qui Incarnationis mysteria juxta humanam sapientiam discutere conatur, carnes agni aqua vult coquere, id est D dispensationis ejus mysterium per dissolutam vult scientiam penetrare. Qui igitur Paschalis gaudii solemnitatem celebrare desiderat, agnum nec aqua coquat, nec crudum comedat, ut neque per humanam sapientiam profunditatem illius Incarnationis penetrare appetat, neque in eum tanquam in purum hominem credat. Assas igni carnes comedat, ut dispensari omnia per sancti Spiritus potentiam sciat. De quo adhuc recte subjungitur : *Caput cum pedibus et intestinis vorabitis;* quia Redemptor noster est Alpha et Omega, Deus videlicet ante sæcula, et homo in fine sæculorum. Caput ergo agni est devorare, divinitatem illius in fide percipere. Pedes vero agni vorare, est vestigia ejus humanitatis

amando et imitando perquirere. Quid vero sunt intestina, nisi verborum illius occulta et mystica mandata, quæ tunc voramus, cum verba vitæ cum aviditate sumimus? In quo devorationis verbo, quid aliud quam nostræ pigritiæ torpor reprehenditur, quia ejus verba et mysteria per nosmetipsos non requirimus, et dicta ab aliis audimus inviti.

Non remanebit ex eo quidquam usque mane ; quia ejus dicta magna sunt sollicitudine discutienda, quatenus priusquam dies resurrectionis appareat, in hac præsentis vitæ nocte omnia mandata illius intelligendo et operando penetrentur. Sed quia valde est difficile, ut omne sacrum eloquium possit intelligi, **842** et omne ejus mysterium possit penetrari, recte subjungitur : *Si quid autem remanserit,* B *igne comburetis,* quia quod ex agno remanet igne comburimus, quando hoc quod de mysterio Incarnationis ejus intelligere et penetrare non possumus, potestati sancti Spiritus humiliter reservamus, ut non superbe quis audeat vel contemnere, vel denuntiare quod intelligit [*f.* quod non intelligit], sed hoc igni tradat, cum Spiritui sancto reservat. Quia igitur qualiter edendum sit Pascha cognovimus, nunc qualiter edi debeat agnoscamus.

Sequitur : *Sic autem comedetis illum : renes vestros accingetis.* Quid in renibus, nisi delectatio carnis accipitur? Unde et Psalmista postulat, dicens : « Ure renes meos (*Psal.* xxv, 7). » Si enim voluptatem libidinis in renibus esse nesciret, eos minime uri petiisset. Unde quia potestas diaboli in humano genere maxime per luxuriam prævaluit, de illa voce Dominica dicitur : « Potestas [*Vulg.* fortitudo] in lumbis ejus (*Job.* xl, 11). » Qui ergo Pascha comedit, habere renes accinctos debet, ut qui solemnitatem resurrectionis et incorruptionis agit, corruptioni jam per nulla vitia subjaceat ; voluptates edomet, et carnem a luxuria restringat. Neque enim cognovit quæ sit solemnitas incorruptionis, qui adhuc per incontinentiam corruptioni subjacet. Hæc quibusdam dura, sed « angusta est porta quæ ducit ad vitam (*Matth.* vii, 14). » Et hactenus jam multa exempla continentium. Unde et bene adhuc subditur : *Calceamenta habebitis in pedibus vestris.* Quid sunt enim pedes nostri, nisi bona opera? Quid vero calceamenta, nisi pelles mortuorum animalium? Calceamenta autem pedes muniunt. Quæ sunt mortua animalia, ex quorum pellibus pedes nostri muniuntur, nisi antiqui Patres, qui nos ad æternam patriam præcesserunt, quorum dum exempla conspicimus, nostri operis munimus pedes? Calceamenta ergo in pedibus habere, est mortuorum vitam conspicere, et nostra vestigia a peccati vulnere custodire. *Tenentes baculos in manibus.* Quid lex per baculum, nisi pastoralem custodiam designat? Et notandum quod prius præcipimur renes accingere, postmodum baculos tenere, quia illi [soli] debent pastoralem curam suscipere, qui jam in suo corpore sciunt fluxa luxuriæ

edomare, ut cum aliis fortia prædicant, ipsi deside- A
riis mollibus enerventur et succumbant. Bene autem subditur : *Et comedetis festinanter.* Notate,
fratres, notate quod dicitur : *festinanter.* Mandata
Dei, mysteria Redemptoris, cœlestis patriæ gaudia
cum festinatione cognoscite, et præcepta vitæ cum
festinatione implere curate. Quia enim adhuc hodie
licet, bene agere scimus ; utrum cras liceat, ignoramus. Festinanter ergo Pascha comedite, **843** id
est ad solemnitatem patriæ cœlestis anhelate. Nemo
in hujus vitæ itinere torpeat, ne in patria locum
perdat ; nemo moras ad appetenda studia innectat,
sed cœpta perficiat, ne minime liceat implere quod
male inchoat. Si ad amorem Dei pigri non sumus,
adjuvat ipse quem amamus Jesus Christus Dominus
noster, qui vivit et regnat in sæcula sæculorum. B
Amen

CXXVIII [*De diversis* XLI].

SYNODUS AD PASTORES (2).

« Factum est verbum Domini ad Ezechielem,
« dicens : Fili hominis, propheta de pastoribus Israel,
« et dices eis : Væ pastoribus qui pascebant semet-
« ipsos. Nonne greges pascuntur a pastoribus ?
« Lac comedebatis, et lanis operiebamini ; et quod
« crassum erat, occidebatis ; gregem autem meam
« non pascebatis ; quod infirmum erat, non conso-
« lidabatis, etc. Sed cum austeritate imperabatis
« eis et cum potentia, et dispersæ sunt oves meæ.
« Sed ego super pastores requiram gregem meum,
« de manu eorum (*Ezech.* XXXIV, 1). »

Vos, fratres, estis pastores Israel, et fideles in
Ecclesia Christi pascere debetis. De vobis conqueritur Dominus per prophetam suum, et væ maximum, id est destructionem et perniciem comminatur ; quia cum pastores sitis, pascere gregem suum
non vultis verbo, nec exemplo, imo vos ipsos pascitis. Sed sicut dicit Dominus in Evangelio : « Clau-
ditis regnum cœlorum ante homines ; vos non in-
troitis, nec introeuntes sinitis introire (*Matth.* XXIII,
13). » Non estis similes Job, qui ait : « Oculus fui
cæco, et pes claudo (*Job* XXIX, 15). » Oculus est
cæco, qui tenebras aufert ignorantiæ, et infundit
virtutis prædicationem. Pes est claudo, qui vias non
omnino ignorantes confirmat, et dubitantes auctoritatibus roborat. Sed quomodo fidem aliorum cor- D
roboratis, qui fidem vestram corroborare nescitis ?
Audite quod ait Psalmista : « Beatus vir qui non
abiit in consilio impiorum..., sed in lege Domini
meditatur die ac nocte (*Psal.* I, 1). » Ecce quomodo
David describit virum beatum. Primum ostendit
bonum in persona sua, postea studentem in divinis
Scripturis, ut doceat alios. Tres in beato dicit beatitudines, contra tres mortes quæ sunt in misero.
Peccat miser in cogitatione, et actione, et consuetudine ; sed beatus qui non abiit in consilio, quia non
mala cogitat ; nec stat in via peccatorum, quia non
in actione moratur, nec in cathedra pestilentiæ

sedet, nec alios docet peccare. Itaque qui tales non
estis, non pascitis oves Domini. Mercenarii **844**
sunt, non pastores, qui quæ sua sunt, quærunt,
non quæ Jesu Christi ; amant gloriam hujus mundi,
non supernam ; amant primos recubitus in cœnis,
et primas cathedras in synagogis, et salutationes in
foro, et vocari ab hominibus Rabbi. Nonne humilitatem vertitis in superbiam, ait Dominus per
Isaiam : « Principes mei impii, et socii furum ;
omnes diligunt munera, et sequuntur retributiones
(*Isa.* I, 23). »

Quomodo pascunt semet'psos subjungit : *Lac comedebatis, et lanis operiebamini ; et quod crassum
erat, occidebatis.* Per lac victum, per lanam vestitum intelligit. Habent itaque ex ovibus victum et
vestitum, et tamen non faciunt quod debent. Sed
pejus est quod sequitur : *Et quod crassum erat, occidebatis.* Crassum divitem hic vocat. Divitem quidem interimitis, dum pro ejus peccatis condonan-
dis pecuniam accipitis. *Quod infirmum erat, non con-
solidabatis ;* id est quod ægrotum erat, non sanastis,
Infirmum vocat illum de quo Apostolus ait : « Infirmum in fide accipite [*Vulg.* assumite] (*Rom.* XIV,
1), » et cum dilectione ejus fidem solidate. Nullus
vestrum est qui multoties non audierit fidem esse
multorum laicorum, quod Dominus descendens ad
inferos, omnes adduxit [*f.* eduxit] tam fideles
quam infideles, et infernum evacuavit. Quæ antiquitus hæresis multum inter hæreticos pullulavit,
et adhuc inter multos errorem generat. In hunc errorem adducti sunt hæretici, quod dicitur in Evangelio : « Cum exaltatus fuero a terra, omnia traham ad me ipsum (*Joan.* VIII, 28). » Unde Gregorius : Sunt hæretici qui dicunt Dominum in infernum descendisse, et omnibus post mortem se nun-
tiasse et convertisse, et confessos salvatos esse, cum
hoc sit contrarium, dicente propheta David : « In
inferno autem quis confitebitur tibi ? (*Psal.* VI, 6.) »
Et Apostolus : « Quotquot sine lege peccaverunt,
sine lege peribunt (*Rom.* XII, 2). » Et propheta :
« O mors, ero mors tua ! Morsus tuus ero, inferne
(*Ose.* XIII, 14). » Si morsus fuit, particulam sumpsit et plus dimisit. Quod autem scriptum est : Omnia traham, electa [*f.* de electis] intelligendum est,
ut ait Gregorius. Et præterea multi in fide aliarum
rerum debilitati sunt, nec tamen solidantur prædicatione vestra. Non estis similes Domino nostro
Jesu Christo, de quo scriptum est per Isaiam : « Arundinem quassatam non confringet, et linum fumigans non exstinguet (*Matth.* XII, 20). » Arundinem
quassatam confringit, qui peccanti non porrigit
manum, nec portat onus fratris ; et linum fumigans
exstinguit, qui scintillam fidei jam fumigantem,
jam signum ignis in se crescentis et latentis osten-
dentem, in parvulis contemnit. *Et quod ægrotum, non sanastis.* Non sanat ægrotum, qui proximi sanitatem non curat. Contra quos ait Job
de se « Oculus videns testimonium reddebat **845**

mihi quod liberassem pauperem vociferantem, et tribuere, ardorem fidei habere; sed et adhuc lacrymarum gratiam non habent. Oportet ergo ut vel amore cœlestis regni, vel timore supplicii, peccata, sine quibus vivere non possumus, quotidie plorare [conentur]. Irriguum vero superius accipit animal; cum pro amore superioris regni plorat. Inferius vero habet quæ pro timore inferni deflet. Hanc tantam gratiam amittunt ex austeritate doctorum. Propterea etiam vertuntur in desperationem ex nimia duritia regentium, dum scientiam suam moderari nesciunt; et ita illi qui alliciendi sunt, pereunt. Quod notatur in filiis Jacob. Dinam filiam Jacob egressam de domo patris sui amavit Sichem princeps, et rapuit; dormivit cum illa, et vi oppressit (*Gen.* xxxiv). Quo audito, filii Jacob vehementer irati sunt. Fecerunt vero pacem Sichem, et filii Jacob, e pacto sororem concedentes, ut ille et omnes mares circumciderentur. Circumcisis autem omnibus maribus, non suffecit filiis Jacob; sed Simeon et Levi, arreptis gladiis, ingressi sunt urbem; interfectis omnibus masculis, interfecerunt Sichem, et abstulerunt sororem suam.

Dina, filia Jacob, significat animam filiam Christi, quam vagantem in exterioribus, id est in vitiis, corrumpit Sichem, id est diabolus, princeps hujus mundi, vel aliquis tyrannus. Contra quem sæviunt doctores Ecclesiæ, qui per filios Jacob significantur, ut non dimittant eum, nec coadjutores ejus, donec circumcidantur, id est donec culpam suam a se abscindant, et voluntatem carnis in dolorem vertant. Sed ministri Ecclesiæ, dum zelum suum moderari nesciunt, post vitia resecata, adhuc sæviunt, et duriores existunt; et dum nimis in asperitate disciplinæ persistunt, miseros in desperationem vertentes, gladio justitiæ intolerabilius interimunt. Iis et aliis similibus ait Dominus : *Et dispersæ sunt oves meæ, sed ego requiram eas de manu pastorum.* Pensate ergo, fratres charissimi, qua diligentia servandus et regendus est populus Domini, et quantum periculum vestrum est; mortem enim eorum qui sic pereunt, requiret Dominus de manu vestra, et peribitis non pro solis vestris, sed omnium [*f.* ovium] peccatis. Sed Dominus qui est verus Pastor, qui animam suam posuit pro ovibus suis, ipse tribuat vobis virtutem et fortitudinem contra lupos spirituales, et prudentiam circa plebem suam custodiendam, ut puram offeratis ei in die judicii; qui vivit et regnat in sæcula sæculorum. Amen.

mihi quod liberassem pauperem vociferantem, et rupillum, cui non erat adjutor. Benedictio perituri veniebat super me, et cor viduæ consolatus sum. .. Conterebam molas iniqui, et de dentibus illius auferebam prædam (*Job.* xxix, 11). › Quomodo ægrotum sanabant, qui vivum mortificant? ut ait propheta : ‹ Mortificabant animas quæ non moriuntur, et vivificabant animas quæ non vivunt (*Ezech.* xiii, 19). › Non mori niem mortificat, qui justum damnat, et non victurum vivificare nititur, qui reum a supplicio absolvere conatur. Videndum est quæ culpa sit, aut quæ pœnitentia post culpam. Nam sæpe agitur ut sacerdos damnet immeritos, ut ligatos digne, indigne solvat. Unde ait Gregorius : ‹ Absolvendi et ligandi potestate se privat, qui hanc pro suis voluntatibus, non pro subditorum moribus exercet. Sed cum austeritate imperabatis eis, et cum potentia. › Contra hos austeros ait Apostolus : ‹ Si præoccupatus fuerit homo in aliquo delicto, vos qui spirituales estis, instruite illum in spiritu lenitatis (*Gal.* vi, 1). › Sequi debent discipuli Magistrum, qui ait : ‹ Discite a me, quia mitis sum et humilis corde (*Matth.* xi, 29). › Non enim sunt peccatores cum austeritate tentandi [*f.* terrendi], sed vocandi et alliciendi quærendo opportunitates, sicut ait Apostolus : ‹ Redimentes tempus (*Coloss.* iv, 5). › Redimere tempus est, quando aliquis quærendo opportunitatem temporis, quo possit peccatorem reducere, convenienter admonere, sive comedendo cum eo, sive eundo cum eo, sive eum visitando, frangit aliquod propositum suum, sive [*f.* non] jejunandi, sive missam cantandi, quod postea redimit orationibus et eleemosynis. Apostolus : ‹ Argue, obsecra, increpa in omni patientia et doctrina (*II Tim.* iv, 2). › Argue rebelles publice, obsecra obedientes, increpa minus obedientes. ‹ Seniores obsecra ut patres, juvenes ut fratres, anus ut matres, juvenculas ut sorores, viduas honora (*I Tim.* v, 2). › Invitandi sunt peccatores dulcibus verbis ad lacrymas.

Duo sunt genera compunctionis; unum quo æternas pœnas metuit; aliud quod cœlestibus præmiis inspirat, quia Deum sentiens anima, prius timore compungitur, postea amore. Itaque plorat pro timore supplicii, plorat pro dilatione præmii; quæ duo genera designantur in quadam historia. Legitur enim quia Axa, filia Chaleb, sedebat super asinam, suspirans. Cui dixit pater suus : ‹ Quid habes? At illa respondit : Da mihi benedictionem : Terram australem et arentem dedisti mihi, junge et irriguam, et dedit illi pater suus irriguum superius, et irriguum inferius (*Job.* xv, 18). › Axa igitur significat animam, quæ super asinam sedet, id est super irrationabiles motus carnis suæ, quæ suspirans, a patre terram irriguam petit, quia a Creatore nostro quærenda est gratia **846** lacrymarum. Sunt namque nonnulli, qui jam in dono percipiunt libere pro justitia eloqui, oppressos tueri, egenis propria

847 CXXIX [*De diversis* XLII].

DE REGNO DEI DESIDERANDO ET QUÆRENDO (3).

‹ Quærite primum regnum Dei, et justitiam ejus ‹ (*Matth.* vi, 33). ›

Magnum quid et difficile est nostrum propositum, fratres; ostendere enim volumus manna absconditum, quod præsto est, sed videri non potest, nisi oculis mentium. Hæc est illa pretiosa margarita, quam negotiator ille evangelicus invenit, et venditis

<hr>

(3) E ms. Sangerm. n. 583. In hoc sermone monachos monachus ipse videtur allocutus.

omnibus quæ habebat, emit eam. Ecce vos omnes eam profitemini quærere, sed nondum eam invenistis, quia si invenissetis, emeretis eam, nec videretur nimis cara, nec aliquod pretium negaretur pro ea comparanda. O quam parum adhuc profecit ille tantus, ille diuturnus, ille multiplex labor vester, qui non invenistis quod quæritis, nondum novistis quod profiteamini, nondum habetis quod desideratis! Absconditum est, non dico omnibus, sed illud quærentibus ubi invenire non possunt. Ubinam? In exterioribus, cum Dominus dicat : « Regnum Dei intra vos est (*Luc.* xvii, 21). » Si ergo intra vos est, cur illud extra quæritis, quod extra invenire non potestis ? Erratis. Quod recognovit ille qui ait : « Erravi sicut ovis quæ periit (*Psal.* cxviii, 176). » Errat homo, errat ; sed, Jesu bone, quære servum tuum, ne pereat. Cum igitur intra vos est quod quæritis, prope vos est ; sed prope est, quia prope vos ipsi estis. Unde Apostolus : « Prope est verbum in ore tuo, et in corde tuo (*Rom.* x, 8). » Non enim loquimur de eo « quod oculus non vidit, nec in cor hominis ascendit (*I Cor.* ii), » sed de eo quod in hac vita haberi potest. Audistis ubi sit margarita quam quæritis? Venite itaque, et emite illam. « Malum, malum, dicit omnis emptor, sed cum abierit, tunc gloriabitur (*Prov.* xx, 14). » Hoc vero commercium contrahi impossibile est sine pretio fidei. Fides autem ex auditu. Vos auditis; quid restat nisi ut obediatis? Quod si feceritis, sapientia, quam quæritis, obviabit vobis, sicut mater honorificata. Honorificatur enim, cum in auditu auris obeditur ei, quia fides non est [ejus] quod videtur, et fides non habet meritum ubi humana ratio præbet experimentum. Qui credere incipit, non dicam, desiderat, sed desiderare concupiscit cum Propheta, qui ait : « Concupivit anima mea desiderare justificationes tuas (*Psal.* cxviii, 20). » Quis ergo est qui credit? Quis est homo qui vult vitam, diligit dies videre bonos, non solum futuræ, sed etiam præsentis vitæ? **848** Sunt enim tabernacula Domini, sunt et mansiones Domini. Sunt autem tabernacula militantium : « Vita vero hominis militia est super terram (*Job* vii). » Unde : « Quam dilecta tabernacula tua, Domine virtutum (*Psal.* lxxxiii, 1). » Non enim solum domus Domini æterna, sed etiam tabernacula in præsenti sunt diligenda ac desideranda. Unde Propheta : « Concupiscit et deficit spiritus meus in atria tua (*ibid.*, 3). » Atria dicit, non domum. In præsenti enim in atriis sumus; in futuro autem aulam ingrediemur. Sed qui dicebat · *Deficit spiritus meus in atria tua,* amore quodam et desiderio languebat. Unde in Canticis : « Fulcite me floribus, stipate me malis, quia amore langueo (*Cant.* ii, 5). » Nec mirum, si desiderantur atria Domini, quia « melior est dies una in atriis tuis super millia (*Psal.* lxxxiii, 11). » Si autem quæritis viam ad atria illa, audite quid Dominus dicat ad Abraham : « Exi de terra tua, et de cognatione tua, et de domo patris tui et veni in terram quam monstrabo tibi

(*Gen.* xii, 1). » Terra hominis, voluptas suæ carnis. Exeat ergo homo de voluptatibus carnis suæ , si voluerit ad terram desiderabilem venire.

Sequitur : *Et de cognatione tua.* Cognatio ista curiositas est. Quisquis enim dat operam voluptatibus carnis , necesse est ut curiosus sit in multis. Verbi gratia : Si quis servit libidini, nonne curiosus est quomodo placeat mulieri, et quomodo eam alliciat ? Si ingluviei, nonne undequaque extorquet. ut gulæ suæ satisfaciat?

Additur . *Et de domo patris tui.* Pater malorum est diabolus ; unde in Evangelio : « Vos ex patre diabolo estis, et opera patris vestri facitis (*Joan.* viii, 44). » Sicut enim qui a Deo nascitur, ad justitiam nascitur, et ad vitam ; ita qui ex diabolo nascitur , ad iniquitatem nascitur, et ad mortem. Sed filia Babylonis misera. Quid autem potest præstare misera, nisi miseriam? Miseri ergo sunt qui sequuntur eam ; at beatus qui retribuit retributionem, quam ipsa retribuit ; ipsa enim filium matris Ecclesiæ, quem ipsa Deo peperit, subtrahit matri suæ, et tanquam proprium apponit uberibus suis, et lactat eum ad opus diaboli. Hoc autem non semel et bis, sed sæpe sæpius Babylonia matri nostræ, sanctæ videlicet Ecclesiæ retribuit; sed beatus qui retribuit ei retributionem quam ipsa retribuit, id est qui parvulos ejus, antequam evadant in robur malitiæ, rapit, et ablactat, et allidit ad petram, id est ad Christum. Pater hujus civitatis diabolus domum habet propriam, videlicet voluptatem. In hac conversatur diabolus. In hac elegit sibi sedem; in hac invenit quod suum est. Qui enim, posposita voluntate Dei , propriam sequitur **849** voluntatem , inde incidit in confidentiam ; confidentia generat superbiam, et hoc vanitas est. Qui ergo ad terram, ad quam nos [vocat], venire voluerit, exeat de voluntate carnis, exeat de curiositate, exeat de nativitate [*f. vanitate*]. Sed dicitis : « Durus est hic sermo, quis potest eum audire? (*Joan.* vi, 61).» Durus quidem videtur vobis, quia nondum gustastis dulcedinem ejus, quam abscondit Dominus timentibus se. « Gustate ergo, et videte quoniam suavis est Dominus (*Psal.* xxxiii, 9).» Nonne fidelis Dominus in omnibus verbis suis, qui ait : « Jugum meum suave est, et onus meum leve? (*Matth.* xi, 30).» Nonne idem fidelis est, in omnibus promissis suis, qui ait : « Venite ad me omnes qui laboratis et onerati estis, et ego reficiam vos? (*ibid.* 28).» Refectio enim est, non defectus, quod non ego dico, sed Dominus, sed ei dico qui non gustavit, nec sapit quod dico. Quid ergo faciam ? quo me vertam ? quomodo ei manna absconditum ostendam, ut sic saltem te convincam? Video te delectari in carne meretricis ; sed nonne delectabilior est caro Christi? Ingluviem sequeris tanquam rem dulcem ; sed nonne multo dulcior est sobrietas? Superbia tanquam aliquo bono erigeris ; sed nonne multo melior humilitas! Absit ut vestis diaboli melior sit veste Christi ! Nec enim ratio hoc suggerit. A contrariis

argumentor, quia a contrariis melius cognosco. Redite ergo ad cor, redite qui aberrastis. Iter trium
dierum ibimus, ut ostendatur nobis terra desiderabilis. Tria enim sunt quæ in terram desiderabilem
nos inducunt. Inducit enim nos Dominus in hortum
suum, deinde in cellarium suum, ad extremum in
cubiculum suum, ubi cum requieverimus, terram
desiderabilem videbimus, fructum ejus comedemus,
et ipsam possidebimus. Prima ergo diæta nostra est
in hortum introire, id est virtutes amare: hortus
enim Domini, amor virtutum est. Qui bene hortus
dicitur. Sicut enim in horto diversæ sunt arbores
fructiferæ, et herbæ odoriferæ, ita hic diversæ virtutes suum proferunt fructum et odorem suavissimum. Quis enim major fructus quam qui provenit
e virtutibus; securitas videlicet in præsenti, in futuro vita æterna? Quis odor suavior? Unde : « Bonus odor sumus Deo (*II Cor.* ii, 15).» Qui ergo
primo diei itinere in hortum intraturi sumus, superest ut secunda die in cellarium introducamur.
Est autem cellarium, ubi optima quæ nascuntur in
agro, reconduntur. Cellarium Domini, divina
Scriptura; ibi enim quidquid natum est in horto
virtutum, ad opus vestrum invenietis repositum,
sed . . . (4).

CXXX [*De diversis* XLIII].
AD POPULUM (5).

850 « Fili hominis, speculatorem dedi te domui
« Israel, et audies de ore meo verbum, et annuntia-
« bis eis ex me (*Ezech.* xxxiii, 7).»

Videtis, fratres, talem fuisse voluntatem Domini
nostri, ut me, licet indignum peccatorem, non per
merita mea, sed per misericordiam suam, ad regendam Ecclesiam istam constituerit, et mihi custodiam vestram, et aliorum ad hanc sedem pertinentium commendaverit. Debet enim quisque episcopus,
vel archiepiscopus, populos sibi commissos attente
custodire, in mandatis Domini erudire, actiones
singulorum, quantum possibile est, diligenter inspicere et cognoscere, ut bene agentes approbet et
confortet, male agentes ad viam veritatis et justitiæ
revocet. Ideo dicit Dominus per Prophetam : *Speculatorem dedi te domui Israel* ; quasi diceret :
Tu qui inter alios sublimiorem locum es sortitus,
quasi in specula positus, ut in altiori loco collocatus, inferiorum vitam consideres, saluti eorum provideas, mala quæ egerint reprehendas, ignorantibus
semitam æquitatis, et lucernam veritatis ostendas.
Audies verbum de ore meo, et annuntiabis eis ex me,
quia leges meas leges, et cognosces in Scripturis
voluntatem meam ; et non tua præcepta, sed mea
loqueris ad eos. Itaque præcipit Dominus episcopis
servare subditos suos. Si autem neglexerit episcopus
curam subditorum, luet pœnas pro peccatis suis,
et pro peccatis aliorum, secundum sententiam Domini dicentis per eumdem prophetam : « Si dicente
me ad impium : Morte morieris, et non annuntia-

veris ei, neque fueris locutus, ut avertatur a via
sua impia, ipse quidem in iniquitate sua morietur;
animam autem ejus de manu tua requiram. » Si autem tu « annuntiaveris impio, et ille non fuerit conversus ab iniquitate sua, ipse quidem in iniquitate
sua morietur; tu autem liberasti animam tuam
(*ibid.*, 8).»

Ecce potestis intelligere quantum peccatum imminet nobis, nisi pro salute [*supp.* vestra] laboremus et vigilemus, nisi ad bene vivendum vos admo-
neamus et instruamus, vestra autem damnatio erit,
si non custodiatis quæ dixerimus vobis. Nostrum
est mandata Dei annuntiare; vos oportet implere
annuntiata. Nostrum est providere quæ vobis sunt
necessaria et salutaria; vos oportet nostris, imo
Dominicis obedire mandatis. Nos debemus timere
quod dicit Apostolus : « Væ mihi si non evangeliza-
vero (*I Cor.* ix, 16),» et quod legitur in Veteri Testamento : « Audiatur **851** sonitus, quando ingreditur sacerdos sanctuarium in conspectu Domini, ut
non moriatur (*Exod.* xxviii, 35).» Sacerdos namque
moritur, si de eo sonitus non audiatur, quia iram
Dei in se excitat, si in prædicatione per negligentiam cessat. Vos debetis respicere quod Dominus
dixit : « Super cathedram Moysi sederunt Scribæ
et Pharisæi ; quæcunque ergo dixerint vobis servate
et facite (*Matth.* xxiii, 2); » quæcunque dico quæ ad
cathedram pertinent. Nam si contra justitiam jus-
serint vobis, non debetis implere. Et iterum dicit
Dominus : « Qui vos spernit, me spernit, et qui vos
recipit, me recipit (*Luc.* x, 16).» Bene debetis perpendere cum quanto honore et gaudio doctrinam
episcoporum aut sacerdotum suscipere debeatis,
cum in ipsis ipsum Dominum aut suscipiatis, aut
spernatis, est autem Christiana doctrina maxime in
fide et vita. In fide, ut sciatis quid vos oporteat
credere, nam « sine fide impossibile est quemquam
placere Deo (*Hebr.* xi, 6).» In vita, ut sciatis qualiter secundum Christianam fidem vivere debeatis.
De fide vere omnes scitis quia oportet credere Patrem, et Filium, et Spiritum sanctum esse tres
personas, unum Deum omnipotentem, sine initio,
sine fine, factorem omnium creaturarum, dominatorem omnium potestatum, omnia videntem, omnia
judicantem.

Præterea creditis, et credere debetis Filium Dei
carnem nostram de Virgine suscepisse, et in hac
vita per annos triginta tres conversatum fuisse, et
quod interim discipulos collegit, et docuit quid prædicarent, et quomodo docerent populos, et prædicatione divini verbi, et exemplo bene vivendi, tandem discipulis cœlesti doctrina instructis, permisit
se capi a Judæis, et crucifigi, sepultus tertia die
resurrexit, ascendit in cœlum, videntibus discipulis, die quadragesimo post resurrectionem. In die
Pentecostes misit Spiritum sanctum, quo confirmati apostoli, non timuerunt reges et tyrannos, sed

---

(4) Hic mutilus desinit sermo.

(5) E ms. Sangerm. n. 585.

ubique nomen Christi constanter prædicaverunt, et A
ubique terrarum ecclesias constituerunt. Item oportet credere in baptismo omnia peccata dimitti, in
altari verum corpus et sanguinem Christi a sacerdotibus offerri. Item oportet credere secundum adventum Domini nostri Jesu Christi ad judicium, et
resurrectionem omnium hominum in eadem carne
in qua ante vixerunt, ut justi in corpore et anima
beatificentur, mali in corpore et anima crucientur.
Hæc sunt prima documenta fidei Christianæ. Hæc
est tenera doctrina, quam possunt capere etiam
parvuli. In hac fide suos parochianos presbyteri debent instruere, et patres filios suos. Hæc fides sufficit ad salutem, his qui non habent spatium bene
operandi. **852** Sed qui spatium habet, oportet eum
cum sana fide mundam et rectam vitam deducere ;
nam « fides sine operibus mortua est (*Jac.* ii, 26). »
Ideo diximus fideles instruendos esse, et ad recte
credendum, et ad bene vivendum. Bene vivit qui
mandata Dei custodit. Mandata Dei sunt, diligere
Deum ut Patrem, timere ut Dominum, non facere
alicui quod non vult fieri sibi, servare castitatem
mentis et corporis, vel in virginitate, vel in conjugio, vel in viduitate. Ut possit castitas servari, adhibenda est mediocritas cibi et potus. Nam venter
vino æstuans facile libidinem generat, propter quod
dicit Scriptura : « Attendite ne graventur corda
vestra in crapula et ebrietate (*Luc.* xxi, 34).» Quæ
vero per mediocritatem non expenduntur in cibo et
potu, non sunt avide reservanda, sed [inde] lar- C
giendæ sunt eleemosynæ, colligendi hospites, nudi
vestiendi, visitandi infirmi, in quibus hæc omnia
suscipit Christus. Unde dicitur : « Beati misericordes, quoniam ipsi misericordiam consequuntur
(*Matth.* v, 7).» Judicium enim sine misericordia
fiet illi qui non facit misericordiam. Quod si illi
judicantur et damnantur, qui sua pro Christo non
tribuunt, quid fiet illis qui aliena diripiunt? Ideo,
fratres, fugite avaritiam, ne superflua congregetis,
ne injuste etiam necessaria acquiratis, scilicet per
fraudem, per furtum, per usuram, per mendacium,
per rapinam. « Radix [enim] omnium malorum cupiditas est (*I Tim.* vi, 10).» Per cupiditatem geruntur bella, perpetrantur homicidia, exercentur latro-
cinia, fiunt fraudes atque perjuria, appetuntur ra- D
pinæ, violatur pax. Pax autem placet Deo, ita ut
amatores pacis filii Dei reputentur. Unde dictum
est : « Beati pacifici, quoniam filii Dei vocabuntur
(*Matth.* v, 9).» Unde et Apostolus : « Si fieri potest,
quod ex vobis est, cum omnibus hominibus pacem
habentes (*Rom.* xii, 18).» Nam de rapinis dicit propheta : « Qui offert Deo de rapinis pauperis, quasi
qui mactat filium in conspectu patris (*Eccli.* xxxiv,
24).» Diligite ergo pacem et mansuetudinem; nam
si perfecti essetis, nec contra inimicos vindica-
retis, cum Dominus dicat : « Diligite inimicos
vestros. Benefacite iis qui oderunt vos (*Matth.* v,

44).» Et Apostolus : « Nolite locum dare diabolo
(*Ephes.* iv, 27). » — « sed date locum iræ (*Rom.* xii,
19).» Locum diabolo in se dat, qui commotus ad iracundiam, vindicat. Ideo debemus dare *locum iræ,* id
est iratos adversus nos tolerare. Unde Apostolus :
« Noli vinci a malo, sed vince in bono malum (*Rom.*
xii, 21).» A malo vincitur, qui læsus, ad nocendum
alii commovetur; vincit in bono malum, qui per
patientiam sustinens, non sequitur diabolum provo-
cantem se ad iram. Si autem prædictas virtutes
habueritis, oportet ut superbiam devitetis, ne pro
aliqua virtute extollatur animus, ne vos aliis præ-
feratis, **853** ne bona vestra vobis, sed Domino re-
feratis. Superbia enim est primum vitium recedentibus a Deo, ultimum vero redeuntibus ad Dominum.
B Si de bonis operibus superbiatis, quidquid acquisitum erat amittitis. Unde Apostolus : « Modicum
fermentum totam massam corrumpit (*I Cor.* v, 6).»
Et propheta : « Qui congregavit mercedes, misit eas
in saccum pertusum (*Agg.* i, 6).» De pertuso quippe
sacco aliunde exit quod aliunde infunditur, quia
indiscretæ mentes mercedem quæ ex bono opere
acquiritur, non aspiciunt, quomodo ex malo opere
perdatur. Hoc retinete, fratres, et versate in cordibus vestris. Hæc est enim via, quæ ducit ad vitam
æternam, ipso præstante virtutem, qui vivit et regnat in sæcula sæculorum. Amen.

CXXXI [*De diversis* XLIV].
SYNODICUS AD PASTORES (6).

« Fecit Deus duo luminaria magna : luminare
« majus, ut præesset diei; et luminare minus, ut
« præesset nocti; et stellas; et posuit eas in firma-
« mento cœli, ut lucerent super terram, et præes-
« sent diei ac nocti, et dividerent lucem et tene-
« bras..... Dixit etiam Deus : Producant aquæ
« reptile animæ viventis, et volatile super terram,
« sub firmamento cœli (*Gen.* i, 16 et seqq.). »

Sic voluit Deus, fratres charissimi, facere creaturas mundi, ut in modo creationis aliquid nobis
significaret mysterii. Videamus quid in luminari-
bus, quid in die ac nocte, quid in firmamento, quid
in terra nobis præfiguratum est, et imitemur si
quid in eis imitandum est. Ad nos enim, fratres,
pertinet hæc figura, quia nos sumus illa firmamenti
D luminaria. Quid firmamentum, nisi Scriptura, super
quam firmata est Ecclesia? Quid luminaria firmamenti, nisi pastores Ecclesiæ, qui eam illuminant,
exponendo eam aliis? Cum Evangelium Dei expo-
nitis, quid aliud facitis, nisi firmamentum cœli, id
est Scripturam dilucidatis? Et duo sunt luminaria,
id est majus et minus, videlicet sapientes figurat
[*f. supp.* dies], et nox insipientes. Potest majus lumen dici, quia sapientes doctores magis [*f. minus*]
capaces instruunt. Quid Augustinus, nisi sol in Ecclesia? Et quibus loquitur, nisi sapientibus? Vos
autem sacerdotes minus scientes, minus lumen
estis; vos præestis nocti, id est laicis, qui nesciunt

(6) E Lyrano.

Scripturas ; sed qualecunque lumen sitis, lumen tamen estis; vobis dicitur : « Vos estis lux mundi (*Matth.* v, 14); » vos in medio nationis pravæ lucetis quasi luminaria. Cæteri clerici, qui prælationem super populum **854** Dei non habent, stellæ dicuntur, quia quamvis non præsint, cum doctrina et opere lucent super terram, id est Ecclesiam; ut luminaria dividunt [*supp.* diem et noctem], quia capacitatem singulorum discernunt, ut carnalibus humilia , spiritualibus profunda prædicent. Dixit etiam Deus : *Producant aquæ reptile animæ viventis, et volatile super terram.* Cum pastores Ecclesiæ præfigurasset, sequenti die officium eorum demonstravit. Creavit enim pisces et aves de aquis. Per aquas baptismum intelligit. Per pisces et aves, duo genera fidelium baptismate regeneratorum designavit. Alii enim sunt amantes sæcularia, et lata itinera hujus mundi sectantes, qui pisces dicuntur, de quibus David : « Volucres cœli, et pisces maris, qui perambulant semitas maris (*Psal.* viii, 9). » Mare est mundus; semitæ maris sunt lata itinera hujus mundi. Alii sunt volucres, id est ad cœlestia volantes pennis virtutum. De utroque genere hominum inveniuntur baptismate regenerati; unde vobis regenerationis officium commissum est. Vos filios Dei generatis. In hac generatione Spiritus sanctus est pater, et aqua mater. Unde ait Nicodemo Dominus : « Nisi quis renatus fuerit ex aqua et Spiritu sancto, non potest introire regnum Dei (*Joan.* iii, 5). » Prima generatio ex patre carnali carnales facit; secunda ex spiritu spirituales reddit. Unde ait Nicodemo : « Quod natum est ex carne, caro est; et quod natum est ex spiritu, spiritus est (*ibid.* 6). » Sicut carnaliter nascuntur homines in mundo, sic nascuntur spiritualiter, ut intrent in cœlum; vos autem estis ministri hujus introitus; vos facitis filios diaboli filios Dei. Ecce porta cœli vobis credita est; sed cavete ne sitis similes aquæ baptismatis. Aqua abluit peccata, et postea descendit in loca fœtida. Pravus similiter sacerdos per officium homines solvit, et per pravitatem meretur ut ad inferna corruat. Vobis dicitur quod apostolis dicitur : « Quæcunque ligaveritis super terram, erunt ligata et in cœlis (*Matth.* xviii, 18).» Duæ sunt claves, altera claudendi, altera aperiendi. Una pœnitentibus aperit, altera non pœnitentes repellit. Non est officium ex merito, nec meritum ex officio. Multi intrant qui non habent claves, et multi habent claves qui non intrant. Oves intrant, et pastores ejiciuntur. Dominus autem cum vendentes et ementes ejecisset de templo, accesserunt ad eum cæci et claudi, et sanavit eos, quia indignos sacerdotes de domo sua ejecit, et cæcos in scientia, et claudos in operatione, id est peccatores, plerosque legis ignaros accedentes per pœnitentiam in templo recipit, dum populum laicum inspiravit, et sapientes litteratos excæcavit. Pastores columbis comparantur, **855** quia simpliciter et innocenter aliis providere debent; volare debent ad cœlestia, ut viam ostendant exemplo. Fenestræ sunt Scripturæ, per quas vident Deum, aliisque provident. « Luceat lux vestra coram hominibus (*Matth.* v, 16). » Sal ut condiatis prædicatione vestra, ut vermes, id est peccatores exstinguatis. Hæc tria vobis necessaria sunt : Lux bonæ operationis, oculus discretionis, sal prædicationis. Qui bene prædicant et male vivunt, sunt quidem sal, sed non sunt lux. Dominus per Ezechielem ait : « Sacerdotes contempserunt legem meam , et polluerunt sanctuaria mea; inter sanctum et profanum non habuerunt distantiam, et inter pollutum et immundum non intellexerunt (*Ezech.* xxii, 26). » Sunt alii qui nesciunt prædicare, quibus dicitur : « Canes muti, non valentes latrare (*Isa.* lvi, 10). » Si oculum discretionis non habet, indigne solvit et ligat. Si non est sal, canis est circa gregem Domini, sed lupum latratu prædicationis non fugat. Si non est lux, alios introducit, sed non intrat. Hæc ergo tria vobis necessaria sunt, si unum eorum deest, populum Domini periculose servatis. Considerate ergo onus vestrum. Clamat vobis propheta Osee : « Audite hoc, sacerdotes, et attendite, domus Israel, quia vobis judicium est (*Osee* v, 1); » et unde judicium exspectent, supponit : « Quoniam laqueus facti estis Sion (*ibid.*), » et rete expansum, quod dicitur : Vos qui alios expedire debetis, malo exemplo vestro alios illaqueatis. Pensate ergo qui l estis. Vobis tradidit Deus pecuniam suam, dicens : « Negotiamini dum venio (*Luc.* xix , 13). » Dominus autem qui dixit : « Ego sum pastor bonus (*Joan.* xi, 14), » pastores suos et greges conservet eos, ut in cœlestem Jerusalem, ubi est pax, et gaudium, et vita, perducat. Qui vivit et regnat, etc.

CXXXII [*De diversis* XLV].

IN ORDINATIONE CLERICORUM (7).

« Designavit Dominus Jesus, et alios septuaginta « duos, et misit illos ante faciem suam in omnem « civitatem, et locum quo erat ipse venturus. Et « dicebat illis : Messis quidem multa, operarii au- « tem pauci (*Luc.* x, 1). »

Elegit, fratres charissimi, in primitiva Eccles.a duodecim apostolos, qui alios converterent, et alios gubernarent. Sed **856** cum Ecclesia cœpisset multiplicari, voluit et pastores augeri, et alios septuaginta duos addidit. Locum duodecim apostolorum tenent in Ecclesia hodie episcopi et archiepiscopi. Locum autem septuaginta duorum alii sacerdotes funguntur. Similiter in antiqua lege fuit diversus gradus sacerdotum; alii superiores, alii inferiores et ordo presbyterorum exordium sumpsit a filiis Aaron; qui enim sacerdotes in Veteri Testamento vocabantur (*Lev.* viii), hi sunt qui nunc appellantur presbyteri ; et qui tunc princeps sacerdotum, nunc episcopus vocatur. *Presbyter* enim Græce *senior* appellatur,

_____
(7) E Lyrano.

non pro ætate, sed propter honorem, et dignitatem, et doctrinam sapientiæ, quam qui accipiunt, presbyteri nominantur. Sacerdotes autem vocantur, quia sacrum dant in confectione divini corporis, et in baptismate, et in officio prædicandi. Summum locum sacerdotii tenuit Aaron in veteri [lege.] Filii autem ipsius in inferiori gradum sacerdotii tenebant. Eodem modo superiores sunt episcopi sacerdotibus, et quamvis omnes in sacerdotio conveniant, tamen majora sacramenta episcopi habent quam presbyteri. Episcopi frontem chrismate signant, dedicant, ordinant, vasa ecclesiastica et altaria consecrant. Alii tantum corpus et sanguinem [Christi] consecrant, baptizant, et absolvunt, et conjugium benedicunt. Sed nunc de dignitate vestri ordinis aliquid dicemus, ut sciatis quid potestatis recipiatis, et quomodo *intrare* debeatis. (8) Sancitum est in sanctis canonibus, ut presbyter ante tricesimum ætatis suæ annum non ordinetur, licet valde sit dignus. Nam Dominus noster tricesimo ætatis suæ baptizatus est, et sic cœpit prædicare. Nullus ex laicis, nullus bigamus, nullus qui sit viduæ maritus ordinetur, sed irreprehensibilis, sicut ait Apostolus : « Oportet episcopum irreprehensibilem esse, unius uxoris virum, sobrium, prudentem, ornatum, pudicum, hospitalem, doctorem, non vinolentum, non percussorem, sed modestum, non litigiosum, non cupidum, suæ domui bene præpositum. Oportet autem illum et testimonium habere bonum ab iis qui foris sunt (*I Tim.* iii, 2). » Consuetudo est Apostoli vocare presbyterum episcopum, sicut in Epistola Philippensium Paulus scribit episcopis, qui sunt Philippis, et diaconibus. Per episcopos voluit intelligere presbyteros, **857** cum in una civitate non possent plures episcopi esse. Bigamos prohibuit esse, cum dicit, « unius uxoris virum (*I Tim.* iii. 2). » Maritus viduæ ab hoc ordine removetur, quia præceptum erat in lege « quod virginem accipiat sacerdos (*Levit.* xxi, 13) » uxorem. Rursus prospiciendum est, ut litteras noscat, aut non careat aliqua parte, vel etiam ex pœnitentibus publice pro vilitate ministerium [*f.* pro dignitate ministrantium]; et nihil vitiosum prorsus offerre Deo legalia præcepta sanxerunt. In antiquo vero sacerdotio licitum erat sacerdoti habere uxorem virginem, et unam propter sobolis successionem, quia non de alia tribu assumebatur sacerdos. In novo sacerdotio non sic, sed genus [*f.* purum].... sed munda electio requiritur, et conjugium abnegatur. Etenim antiqui sacerdotes cessabant a conjuge anno vicis suæ, et a templo non discedebant, sicut de Zacharia legimus (*Luc.* i). Si ergo veteres cessabant ab uxoribus suis quando sacerdotio vacabant,

A quanto magis hi sacerdotes et levitæ pudicitiam ex debito ordinationis suæ servare debent? Nam si Paulus ad Corinthios scribit, dicens : « Abstinete vos ad tempus, ut vacetis orationi (*I Cor.* vii, 5); » et hoc ad laicos, multo magis sacerdotes, quibus orandi et sacrificandi juge officium est. Ideo tanta diligentia et tanta munditia huic ministerio congruit. Præcepit Dominus, dicens : « Hoc facite in meam commemorationem (*Luc.* xxii, 19). » Datur ergo sacerdoti corpus facere Christi. Baptismus prius pura aqua ; sed per benedictionem vertitur in sacramentum ; et cum prius aqua tantum corpus potest mundare, modo per benedictionem sacerdotis potest et animam lavare. Benedictio etiam sacerdotis unit in conjugio duas personas nubentium: Datur et postea a Domino sacerdotibus quoddam divinum dominium, quod soli Deo erat proprium. Dixit enim : « Accipite Spiritum sanctum : Quorum remiseritis peccata, remittentur eis (*Joan.* xx, 23). » Quantum meritum! Quantum donum! Homo homines potest absolvere. Homo hominum peccata potest remittere; et quia quamdam prærogativam potestatem super alios recipit, is consecrationem digniorem præ aliis habet. Unctio enim sancta in manibus eorum infunditur, ut sanctus Spiritus, qui per oleum designatur, in operibus consecrationis eorum descendit. Alba eorum, qua induti sunt, quæ de lino est, munditiam continentiæ designat, quæ cincta debet esse, quia propositum suum firmum debet retinere. Unde Dominus : « Sint lumbi vestri præcincti (*Luc.* xii, 35). » Mappulam defert, quia unus de conviviis dominicis, ut superius dictum est, et principalis conviva ostenditur. Orarium defert, id est stolam, quia jugum orandi et prædicandi recipit. Orarium collum et **858** pectus tangit, quia jugum orationis et prædicationis ex ratione [*f.* ex intimo] pectoris exerceri debet, ut quod ore profert, mente obtineat, ut ait Apostolus : « Orabo spiritu, orabo et mente; psallam spiritu, psallam et mente (*I Cor.* xiv, 15). » Casula vero charitatem designat, quia sicut casula aliis vestimentis supereminet, et [illa] continet, eodem modo omnes virtutes in charitate continentur. Magnum est, fratres, ministerium vestrum, magnum donum, magna gratia. Oportet ergo ut vasa sint munda, ubi talia reponuntur. Oportet ergo ut quasi candelabra luceatis in domo Domini. Vobis enim dicitur : « Vos estis lux mundi (*Matth.* v, 14). » Lucere ergo in mundo debetis, et errores fugare. Iterum vobis dicitur : « Vos estis sal terræ (*ibid.* 13). » Condire debetis sale doctrinæ. Et vobis dicit Dominus : « Negotiamini dum venio (*Luc.* xix, 13). »

---

(8) Hinc probatur quod Martenius noster asseruit lib. i De antiquis Ecclesiæ ritibus, cap. viii, art. 3, num. 4, nimirum decreta conciliorum, quibus sancitum erat, ne presbyter, etiamsi, ut ait hic Hildebertus, dignus, ante tricesimum ætatis annum ordinaretur, adhuc sæculo xi viguisse; cujus rei insigne refert exemplum in sancto Bennone, qui post-

ea Misnensis fuit episcopus, quique leviticam benedictionem, non nisi anno ætatis suæ vicesimo quinto, presbyteralem vero, nonnisi tricesimo suscepisse traditur, in ejus vita apud Surium, 16 Junii. Multa autem ad id decreta fuse refert præfatus Martenius loco supra citato.

CXXXIII [De diversis XLVI].

AD PASTORES (9).

« Venite, filii, audite me; timorem Domini docebo vos (Psal. xxxiii, 12). »

Timor Domini, testante Propheta, est initium et primus gradus quo venitur ad sapientiam. Timor autem et spes ad invicem sese comitantur, nec debet esse in aliquo timor sine spe, nec spes sine timore. Hæ enim sunt duæ molæ, inter quas in præsenti molitur Christianus, ut panis Christi efficiatur. In quo Christi sacerdotes et cæteros prælatos, quibus animarum causa committitur, valde sibi providere oportet, ne alterum sine altero doceant. De hoc enim in lege scriptum est : « Ne accipias pro pignore superiorem, vel inferiorem molam ab aliquo (Deut. xxiv, 6). » Qui sic Deum prædicat districtum judicem, ut faciat eum [sc. peccatorem] desperare de venia. Ille vero accipit inferiorem molam, qui sic Deum prædicat misericordem, ut justi judicis auferat timorem. De talibus dicitur : « Mortificant animas quæ non moriuntur, et vivificant animas quæ non vivunt (Ezech. xiii, 19); » cum ipsi potius imitari deberent Elisæum, coaptantes se super mortuum, id est super peccatorem, ad resuscitandum. Oportet enim unumquemque prælatum gregi sibi commisso se coaptare, ut scilicet os super os, et oculos super oculos, aures super aures, et cætera membra super membra gregis sibi commissi imponat, quatenus sua prædicatione, et bonorum operum attestatione, gregem sibi commissum possit custodire. Paulus apostolus, prædicator egregius, os super os gregis sibi commissi posuit, cum dixit : « Os nostrum patet ad vos, o Corinthii, cor nostrum dilatatum est (II Cor. vi, 11). » Oculos super oculos gregis **859** sui imposuit Propheta, cum dixit : « Oculi nostri semper ad Dominum (Psal. cxxii, 2). » Manus super manus imposuit, cum sua prædicatione, et suo exemplo manus subditorum coarctavit, ne ad sanguinis effusionem diffluerent. Ut igitur, fratres, mortuo puero, id est alicui in peccatis irretito, vos coaptare possitis, audite Prophetam dicentem : « Buccinate in Neomenia tuba, in insigni die solemnitatis vestræ (Psal. lxxx, 4); » hoc est, non solum vobis, sed etiam aliis nuntiate multa et sonora prædicatione; et hoc in Neomenia tuba, id est in nova luna, per quam nova vita designatur, in qua et ad quam Deo est buccinandum. Sed quomodo buccinabunt illi sacerdotes, qui Evangelia et Epistolas, Symbolum et Dominicam orationem exponere nesciunt. Unde, sicut Apostolus præcepit Timotheo, dicens : « Attende lectioni, exhortationi, doctrinæ (I Tim. iv, 13); » sic et nos vestram dilectionem rogamus, ut divinæ Scripturæ operam detis, ut in vobis abundet sermo divinus, unde alios ædificetis. Scimus enim, fratres, quia docendo, monendo, increpando aliquando leniter, aliquando severe, bonus Pastor et studiosus sacerdos teneros nutrit et lactat, aversos revocat, pigros exspectat [f. excitat], præcipitatos

ut redeant castigat, ne diabolus extra castra aliquem errantem inveniat. Scitis præterea, fratres, præceptum esse sacerdoti in lege (Exod. xxix), ut munda habeat vestimenta, et in ejusdem vestibus habeat tintinnabula cum malis punicis, et sic aptatus, inferat sanguinem in Sancta sanctorum. Aliter præsumens, morietur. Per tintinnabula debemus intelligere sonum et vocem orationis, quam Deus exposcit ab anima sacerdotis, dicens : « Fac me audire vocem tuam. » Et : « Vox tua dulcis sonet in auribus meis (Cant. ii, 14). » Nam, ut Apostolus dicit (Hebr. v), sacerdos qui circumdatus est infirmitate, necesse habet primum pro se orare, deinde pro populo. Hoc enim præcipuum est, et pro quo sacerdos constituitur. Sed quia inutilis est vox, quam bona devotio non comitatur, merito tintinnabulis mala punica interseruntur, quia vox illa libentius a Deo exauditur, quam pietas, fraternus amor, et crucis Christi compassio comitatur. Illis qui sic orant dicit Dominus per Isaiam : « Adhuc te loquente dicam : Ecce adsum (Isa. lviii, 9). » Ascendamus itaque, fratres, ad domum sapientiæ, quæ subnixa est septem columnis a timore incipientes, qui est initium sapientiæ, ut per spiritum timoris simus pauperes spiritu, per spiritum pietatis simus mites, per spiritum scientiæ simus lugentes nostra peccata, per spiritum fortitudinis esuriamus justitiam, per spiritum consilii simus misericordes, per spiritum intellectus mundi, per spiritum sapientiæ **860** pacifici; et ita sapientia vincet malitiam, « et pax Dei, quæ exsuperat omnem sensum, custodiet corda vestra et intelligentias vestras in Christo Jesu (Philipp. iv, 7), » Domino nostro, qui vivit, etc

CXXXIV [De diversis XLVII].

AD PASTORES. CONTRA SIMONIACOS (10).

« Audite hoc, sacerdotes; attendite, domus Israel; « auscultate, domus regis, quia judicium Domini « est; quoniam laqueus facti estis speculationi, et « rete expansum super Thabor, et declinastis victi- « mas in profundum (Ose. v, 1). »

Ilis verbis Osee propheta, cum redarguat omnes male viventes, maxime increpat domum regis, id est familiam Christi, scilicet clericos, sacerdotes et monachos, qui sunt specialis familia Christi, qui debent Christo regi specialius in sancta Ecclesia militare, quia sunt ecclesiasticis officiis deputati. Ilis præcipue propheta judicium Domini comminatur, supponens causam judicii et damnationis eorum, dum dicit : Quoniam laqueus facti estis speculationi, et rete expansum super Thabor, et declinastis victimas in profundum. Sacerdotes male viventes, et splendorem sacerdotalis ordinis offuscantes, imo gloriam et dignitatem suam in ignominiam et opprobrium convertentes, facti sunt laqueus speculationi, quia cum sint dati speculatores domui Israel, et provisores sanctæ Ecclesiæ, subditos suos quibus debent ad salutem providere, quos debent verbo et exemplo a peccatis retrahere; ipsi invitant eos, et illaqueant

<hr>

(9) E Sangerman.

(10) E Sangerm.

ad peccandum; dando exempla peccandi; et dum in conspectu eorum male vivunt, faciunt eos in immunditiam flagitiorum, et crudelitatem facinorum corruere, et sic in laqueos diaboli devenire. Nam quomodo quilibet laicus, vel quilibet illitteratus mandata Dei revereatur, quem viderit a sacerdote contemni? Quomodo peccata horrescet, quæ agnoverit a sacerdotibus et clericis irreverenter perpetrari? Quomodo laici abhorreant immunditiam carnis, cum audiant quosdam clericos, vel quosdam sacerdotes infamia fornicationis respersos? Quomodo laici servent humilitatem mentis, vel prætendant in habitu suo signa humilitatis, cum in clericis et sacerdotibus notaverint signa elationis et superbiæ in indumentis, in calceamentis, in tonsura, in juramentis, in jocis alearum, in scurrilitatibus, in superfluitatibus, **861** in lascivis et jocosis sermonibus, in vultu, in gestu, in incessu, in habitu, et inanis gloriæ appetitu? Quomodo laici declinent avaritiam, vel terrena contemnant, cum videant clericos, sacerdotes, et monachos, et abbates terrenis commodis inhiantes, temporalia lucra sectantes, et quasi neglectis cœlestibus, quibus debent intendere, cupiditati terrenarum rerum modis omnibus incumbentes? His et aliis similibus male viventes quidam clerici, quidam monachi, quidam sacerdotes facti sunt laqueus speculationi, id est laicis, qui vitam illorum speculantes corrumpuntur exemplo, et illaqueantur illecebris vitiorum, et quasi exhortationem et doctrinam male vivendi accipiunt ab illis a quibus oportuerat eos ad bene vivendum verbis et operibus informari, et eos qui januas regni cœlestis deberent suis precibus aperire, claudunt eas et sibi et aliis, dum nec ipsi intrant, nec aliis sinunt introire, sicut dicit Dom. in Evang. : « Væ vobis, Scribæ et Pharisæi, qui neque intratis, neque alios intrare permittitis (*Matth.* xxiii, 13). »

Alteram causam judicii et damnationis subdit propheta, cum dicit : *Et rete expansum super Thabor.* Thabor est mons Galilææ, in quo venationes frequenter exercentur, et ad capiendas aves retia expanduntur. Thabor interpretatur *veniens lumen.* Per Thabor intelligitur Ecclesia, quæ illuminatur a sole justitiæ, et hujus sæculi noctem illuminat. Unde in Psalmo ; « Thabor et Hermon in nomine tuo exsultabunt, tuum brachium cum potentia (*Psal.* lxxxviii, 13). » Super Thabor, id est sanctam Ecclesiam rete expanditur, dum hi qui in sancta Ecclesia præsident, ad decipiendos simplices, ad opprimendos pauperes machinantur, dolosa verba componunt, fallacias excogitant, fraudes innectunt, quibus aliorum jura subripiant; vel etiam simulant sanctitatem, ut ad ecclesiasticas dignitates ascendant. Hæc omnia, fratres, in sancta Ecclesia (unde maxime dolendum est) videtis abundare. Jam fere omnes quasi venatores et aucupes, alii aliis laqueos deceptionis intendunt. Tertia causa est quam adjecit propheta, dicens : *Et declinastis victimas in profundum.* Victimæ sunt sacra missarum

solemnia, vel sacræ orationes, vel quælibet ecclesiastica officia, vel etiam eleemosynæ, jejunia, vigiliæ, et quæcunque in sancta Ecclesia Domino offeruntur. Hæc omnia declinant in profundum, qui exercent ea non pro cœlestibus, quæ sursum sunt, sed pro his quæ habentur in imo, scilicet in terra, quæ est infima elementorum; victimas in profundum declinant, qui de spiritualibus officiis temporalia commoda appetunt, vel laudes hominum, vel favores. **862** vel qui de gratia divinitus sibi collata, non Deo, sed hominibus placere desiderant; quorum ossa dissipantur, id est virtutes, quæ debent esse ossa animæ, destruuntur, quia vitiorum impugnationibus resistere non valent, et quidquid boni videntur habere amittunt; et dum quærunt placere hominibus, Deo contemptibiles fiunt, sicut in Psalmo dicitur : « Dissipavit Dominus ossa eorum qui hominibus placent; confusi sunt quoniam Deus sprevit eos (*Psal.* lii, 6). » Pura enim intentione colendus est Deus. Serviendum est Deo propter ipsum. Ipse Deus magnum et incomparabile præmium est servitus sui [*f.* servitutis suæ]. Ideoque, fratres, servite ipsi propter ipsum, non propter temporale lucrum, vel gloriam sæculi. Hæc fuit intentio Simonis Magi, qui voluit emere donum Spiritus sancti, ut inde consequeretur lucrum et gloriam sæculi. Bonum esset si desideraret Spiritum sanctum, ut sanctificaretur per eum, sed ab apostolis quærebat Spiritum sanctum, non propter amorem Spiritus sancti, non propter studium sanctificationis, sed ut imponens manus ægrotis, majorem pecuniam lucraretur, et sic consequeretur lucrum et gloriam. Itaque videtis, fratres, ut hi qui sacros ordines accipiunt, vel qui ecclesiastica officia faciunt, ut lucrum et gloriam consequantur, accedunt ad imitationem Simonis, nec omnino liberi sunt a radicibus Simoniacæ pravitatis. Hæ enim sunt radices Simoniæ velle temporalia lucra, et velle ab hominibus glorificari. Hæc duo Simon Magus per dona spiritualia intendebat acquirere, et ideo non fuit dignus gratiam spiritualem quam credebat venalem, percipere. Sed cum muneribus suis quæ offerebat reprobatus est, et æternaliter damnatus, dicente Petro : « Pecunia tua tecum sit in perditione (*Act.* viii, 20). » Vos autem perpendite quam detestabilis est Simonia, quam turpe et quam abominabile est Simoniacum esse, et inter hæreticos deputari. Mementote quia vendentes et ementes ejecit Dominus de templo (*Joan.* ii), illos scilicet qui domum orationis faciebant domum negotiationis. Hodie, fratres, domum Dei faciunt domum negotiationis, non solum qui pro sacris ordinibus largiuntur dona, vel accipiunt, sed et omnis qui commissa sibi ecclesiastica officia pro temporalibus exercet, et quicunque in Ecclesia Dei « quærunt quæ sua sunt, non quæ Jesu Christi (*Philipp.* ii, 21). » Omnes hi damnantur a Domino, et ejiciuntur de templo. Non dicimus [tamen] quod debeatis recusare temporalia beneficia, si offerantur; sed dicimus quod non debetis celebrare divina

officia, ea intentione ut temporalia expetantur, quia
serviendum est Deo propter **863** ipsum Deum.
Exercenda sunt divina servitia, non propter temporalium commodorum, sed propter exspectationem
cœlestium præmiorum, sicut dicit Dominus in Evangelio : « Primum quærite regnum Dei et justitiam
ejus, et hæc omnia adjicientur vobis (*Matth.* vi, 33). »
Itaque, fratres, terrena contemnite; mentes vestras
ad cœlestia sublevate, a scurrilitatibus et vanitatibus, a lasciviis et fallaciis, ab immunditia et inani
gloria abstinete. Bona gerenda coram Deo et hominibus providete. Subditis vestris lucis exempla
monstrate; præbete exemplum continentiæ et castitatis, patientiæ et humilitatis, misericordiæ et
mansuetudinis, ne efficiamini *laqueus speculationi*,
mala exempla præbendo, ne *expandatis rete super
Thabor*, minus cautos circumveniendo; ne *declinetis
victimas in profundum*, de spiritualibus temporalia
appetendo, ne judicium quod propheta minatus
est, incurratis; sed potius bene viventes, et recte
docentes subditos vestros pro vestris, et pro ipsorum meritis in summo judicio remunerationem
æternam, ut immarcessibilem coronam percipiatis;
quam ipse præstare dignetur qui vivit et regnat
trinus et unus Deus in sæcula sæculorum. Amen.

CXXXV [*De diversis* XLVIII].

AD PASTORES. CONTRA SIMONIACOS (11).

Heri, fratres, aliquantulum diximus de radicibus
Simoniacæ hæreseos, ad quam exstirpandam, et ab
agro, cui benedixit Dominus, evellendam sancti Patres multo studio laboraverunt, pullulantes ramos
asperis increpationibus, gehennæ comminationibus,
ac reorum depositionibus, quasi quibusdam falcibus
et sarculis succidentes, ipsasque radices subtilitate
doctrinæ, et auctoritate sacrarum Scripturarum,
quasi vivacibus ignibus persequentes. Sed cum in
exordio primitivæ Ecclesiæ pestis hæc exorta fuisset, et inchoata in Simone Mago (*Act.* viii), ac statim damnata et exsecrata a Simone Petro, quamvis
tempore apostolorum vel martyrum non multum
creverit, nec et tempore confessorum Augustini,
Hieronymi, Ambrosii, Gregorii, Eusebii, Hilarii et
aliorum sapientum, qui in sancta Ecclesia doctores
egregii floruerunt, qui contra hæreticorum importunitates pro defensione veritatis Catholicæ studiose
et viriliter decertarunt, quamvis eorum tempore
non multum potuerit Simonia ramos suos extendere,
864 tamen semper remanserunt radices, ex quibus
jam in istis temporibus multi rami procedunt, et
longe lateque diffunduntur propagines, quæ totam
fere vineam Domini occupant, et bonorum palmitum opprimunt fructus. Videtis quod fere in omnibus est terreni lucri, gloriæque sæcularis intentio;
fere omnes delectantur in favore hominum, et veneratione sibi impensa. Propterea qui divites sunt
clerici vel potentes, ecclesiasticos honores vel per

pecuniam appetunt, vel per violentiam invadunt.
Qui vero sunt in paupertate, sacris ordinibus desiderant ampliari, non ex desiderio ut Deo serviant,
sed ea intentione ut per sacra officia divites fiant,
et per acquisitas divitias ad potentiam et bonorum
sublimitatem ascendant. Quidam sentientes se ordinatione indignos, vel non habentes honestatem generis, vel non adornati moribus vel scientia, vel
etiam respersi infamia, tamen impudenter se ingerunt, et per pecuniam, vel privatam amicitiam, vel
per aliquod temporale servitium, vel per favorem
indebitum recipiuntur ad clerum, vel etiam sacris
ordinibus provehuntur. Quidam ordinatione suscepta canonice (12) divina officia pactione pecuniæ
exercent (13). Quidam presbyteros canonice ordinatos, honeste viventes, ab ecclesiis, quibus assignati sunt et attitulati, per pecuniam et invasionem
expellunt. Quidam dedignantes ordinari, beneficia
capellarum, quæ nonnisi sacerdotibus competunt,
sibi usurpant. Alii de sepultura vel de aliis ecclesiasticis officiis pretium impudenter requirunt,
et violenter extorquent. Alii contemptis minoribus ecclesiis, in quibus ordinati sunt, ad majores
et ditiores ecclesias, non per canonicam vocationem, sed per Simoniacam ambitionem transiliunt.
Alii præbendas ecclesiarum, quæ *canonicæ* vocantur, vel præposituras facta pactione mercantur, et
dicunt se non spiritualia beneficia, sed temporalia
sola mercari, cum in præsenti Ecclesia conjuncta
sint temporalia et spiritualia beneficia, sicut in homine conjunguntur corpus et anima, et qui unum
emit, alterum inemptum non relinquit, sicut in
canonicis Decretis plane demonstratur his verbis :
« Si quis objecerit non ipsas consecrationes emi,
sed res quæ ex consecratione proveniunt, plane
desipere probatur. » Nam corporalis Ecclesia, aut
episcopus, aut abbas, aut tale aliquid sine rebus
corporalibus et exterioribus in nullo proficiet, sicut
nec anima sine corpore corporaliter vivit; qui unum
vendit, sine quo nec alterum provenit, neutrum vendere derelinquit. Sed et terribile valde est quod post
865 pauca subjicitur : « Quis non videat quod hujusmodi sacerdotum, vel clericorum missæ, vel orationes Deum ad iracundiam provocent, quem placari
talibus credunt? » Cogitate igitur, fratres, quam
pessimum est Simoniæ flagellum, quam horribile
scelus, quam detestabile malum, quod fidem corrumpit, et inter hæreses computatur. Cavete a supra
dictis ramis, qui ab illa iniquitate procedunt. Evellite ipsas radices, contemnendo lucrum et gloriam
sæculi. Custodite vosmetipsos, ne hoc veneno inficiamini. Custodite commissas vobis ecclesias, ne
corrumpantur hac peste. Exstirpate et alia vitia, ut
per sinceritatem et munditiam digna Deo reddantur
obsequia. Constituti estis cultores vineæ Domini;
videte ne inculta remaneat. Videte ne per incuriam

----

(11) E Sangerm.
(12) Forte *canonicæ*, id est, ut infra et alibi loquitur Hildebertus, canonicæ dignitatis.

(13) Sic jam fere in cathedralibus omnibus et
collegiatis divitibus non nisi impudenter de sepulturis et officiis ecclesiasticis pretium exigitur.

vestram, producat labruscas pro uvis, ne proferat
amaritudinem pro dulcedine, ne reddatur asperitas
tormentorum pro jucunditate cœlestium præmiorum. Insistite prædicationi, correctioni, admoni-
tioni. Corrigite mala quæ superabundant. Ubique
fraudes et perjuria; ubique rapinæ et furta; ubique
usura et cupiditates; ubique luxuriæ et ebrietates;
ubique homicidia et adulteria; ubique fornicationes; ubique invidia et detractiones. Dicite subditis
vestris cum Osee propheta : « Quia judicium Domino cum habitatoribus terræ; non est enim veritas, non est scientia Dei in terra, non est misericordia; maledictum, mendacium, furtum, adulterium, homicidium inundaverunt, et sanguis sanguinem tetigit (Osee IV, 2). » Annuntiate populo scelera
eorum, ne requirat Deus de manibus vestris, pro
taciturnitate vestra, peccata eorum. Admonete ut
bona bono animo faciant, ut justa juste exsequan-
tur, scilicet non pro humana laude, non pro terrena mercede, sed pro cœlesti retributione, quam
ipse vobis præstare dignetur, qui vivit et regnat
trinus et unus Deus in sæcula sæculorum. Amen.

CXXXVI [De diversis XLIX].

Studete, fratres charissimi, qui vestras animas a
peccato mundare cupitis, ne ab hac via jejuniorum
et emendationis, **866** quam tenendam suscepistis,
aliquo turpitudinis diverticulo recedatis. (15) Est
enim quibusdam vestrum, ex deceptione antiqui
hostis, in hac die quædam invecta consuetudo, non
tantum sequenda, quantum despicienda, quod pro
solo carnis cibo, qui vobis hodie non tollitur, puta-

tis vos omnem corporis delectationem, et quæque
turpia posse licentius operari. Hac inventa occasione, ut quia licitum est vobis carnibus vesci, licitum sit etiam carnis voluptatibus uti. Hæc enim
opera Christianorum non sunt, sed paganorum.
Pagani enim, qui et gentiles vocantur, deorum suorum, id est Jovis, Saturni, Minervæ et Veneris,
festivitatem colentes, post immensam cibi et potus
voracitatem, turpesque commessationes, ad theatrum, quod et lupanar vocatur, foras civitatem con-
veniebant, ibique primum jocis universi generis, ad
ultimum cum meretricibus, quæ in cavernis ejusdem
theatri latebant, luxuriando corpora fatigabant. Ad
hanc igitur turpitudinis immunditiam, ut Paulus
Orosius narrat, ideo diabolus quem colebant, illos
provocabat, ut cui solvebant sacrificium de victimis
animalium, solverent etiam sacrificium de viribus
propriorum corporum. Diabolus enim pollutus et
immundus, pollutum et immundum sibi requirit sacrificium : unde pollens, id est *pellis gloria*, interpretatur, quia multum luxuria delectatur, quæ pellis
pulchritudine excitatur. Sed quantum distat inter
servitutem Dei et diaboli, tantum distat inter vitam
illorum qui a Christo Christiani dicuntur, et eorum
qui diabolo subditi, ei in omnibus famulantur. Propter hoc cessandum est, fratres, ab hac et ab omni
mala consuetudine præsenti die, quoniam hæc dies
non solum caput est jejuniorum, sed etiam sæculorum. Est itaque magno cultu et religione veneranda, et non libidinosis voluptatibus polluenda,
quia et nomine, et mysterio præ cæteris videtur
esse sacrata. Vocatur autem specialiter dies Domi-

---

(14) E Sangerm.

(15) Nonnulla videntur in hoc sermone observanda. Primo, zelus Hildeberti ad avertendos populos
sibi commissos a profanis illis solemnitatibus, a
quibus sacrum ipsum Quadragesimale tempus or-
diebantur, ipso sacro die primæ Dominicæ Quadragesimæ. Hujus porro mali, quacunque diligentia
sint usi pastores Ecclesiæ, non omnino videntur
evulsæ radices, cum etiamnum pluribus in orbis
Christiani regionibus, scurrilitatibus deturpetur illa
prima Quadragesimæ Dominica, quam ob festivas
faces quas accendunt, vulgo vocant *le Dimanche
des brandons*; quæ, licet in illa usus carnium non
concedatur, ut olim, adeo profanis gaudiis insignitur,
ut etiam in antiquis contractibus civilibus pro solemni termino solutionum assignetur, et ut in quibusdam locis ab infima plebe hic abusus usque ad
tertiam Quadragesimæ Dominicam protrahatur.

Notandum etiam ex hoc sermone jejunium Quadragesimale olim non ultra triginta sex dies observatum; quem dierum numerum, ut decimam anni
partem, Deo, quasi pro decimis, fideles offerebant.
Cujus observantiæ discussionem hic ab Hildeberto
relatam, ipse probabiliter ex homilia 16 sancti
Gregorii Papæ in Evangelium desumpserat. Ibi enim
sic ait sanctissimus pontifex : [A præsenti die, (id
est a prima Dominica Quadragesimæ) usque ad Paschalis festivitatis gaudia, sex hebdomadæ veniunt,
quarum videlicet dies quadraginta et duo fiunt. Ex
quibus, dum sex dies Dominici ab abstinentia sub-
trahuntur, non plus in abstinentia quam dies sex
et triginta remanent. Dum vero per trecentos et
sexaginta dies annus ducitur, nos autem per triginta

et sex dies affligimur, quasi anni nostri decimas Deo
damus; ut qui nobismetipsis per acceptum annum
viximus, auctori nostro nos in ejus decimis per abstinentiam mortificemur.]

Observandum etiam quatuor dies præcedentes primam Quadragesimæ Dominicam, ut scilicet sacratus
ab ipso Christo quadraginta dierum in jejunio numerus adimpleatur, aliis triginta sex, non nisi diu
post S. Gregorium adjunctos, et ut plures censent
eruditi, non nisi sæculo circiter octavo, vel nono, nec
etiam hoc ipsum in omnibus generaliter ecclesiis
observatum, cum hanc quatuor dierum additionem
nec adhuc receperit Ecclesia Mediolanensis, quæ
etiam hodie Quadragesimam incipit a Dominica
sexta ante Pascha, triginta sex diebus tantum jejunare contenta, id approbante S. Carolo in concilio
I provinciali.

Ex hoc etiam sermone liquet non solum in Quadragesima a carnibus indictam abstinentiam, sed
etiam a debito conjugii, et quibuscunque deliciarum
generibus, velut a vino, a vehiculis, a venatione, a
litibus, et vel etiam ab armis, quæ ita stricte pro-
hibebantur, ut inter causas exauctorationis Ludovici
Pii imperatoris, illi præcipue fuerit exprobratum,
quod, [contra Christianam Religionem et votum
suum, sine utilitate ulla publica, aut certa necessitate, ut habent Acta ejusdem exauctorationis, cap.
3. pravorum consilio delusus, *in diebus Quadragesimæ* expeditionem fieri jussisset.] De quibus omnibus fuse et erudite admodum egit noster Martenius
in tractatu De antiqua Ecclesiæ disciplina in d.vinis
officiis, nuper edito, cap. VIII.

nica, quod eam in ordine dierum primam posuit, et quod superata morte, quam pro nobis indignus suscepit, victoque inimico, de cujus potestate nos rapuit, in ea, potenter a mortuis resurrexit, et in honorem suæ resurrectionis, nobis illam colendam constituit. Quomodo igitur cupimus a morte animæ **867** resurgere, si diem resurrectionis nolumus honorare? Et qua ratione putamus mentes nostras per jejunia purgare, si per portam jejunii polluti volumus intrare? Fortasse mortalia castiganti, et mea peccata cum aliorum iniquitatibus reprehendenti, respondebit aliquis effrenatus, plus voluptatibus corporis, quam legi Dei obediens : Tu, qui naturalem masculi et feminæ conjunctionem, et amoris vinculum a principio constitutum prædicas diligendum, quomodo impossibilia et inutilia rogas? ut aliquo jejunio a muliere, quæ mea caro est, tanquam a cibis, abstineam. Cui ego, quamvis peccator, facili dictu respondebo : Quia Deus bona sæculi non dedit, ut iis abutantur, sed ut juste illis utantur. Conjugium etenim, sicut et cæteræ divitiæ mundi, dum recte tenetur, bonum est; si vero injuste, vertitur in peccatum. Unde Gregorius (16) : « Quidquid ad usum vitæ accipimus, ad usum vitiorum reflectimus. » Nec ego prædico tam sacræ societatis separationem, sed ad breve tempus triginta sex dierum indico abstinentiam. Nam quid prodest abstinere a carnibus, et carnalia opera non deponere? Qui enim toto anno in his et aliis deliciis vixisti, saltem in hoc parvo spatio pro Deo cessare debes. Cur enim vir, a virtute corporis, vocaris, si hanc virtutem in animo non habueris, ut pro Deo qui tibi cuncta dedit, et a quo quotidie majora petis, decima parte annumerare non possis [f. decimam partem, seu decima parte carere non possis]? Nam quisquis subtiliter intuetur, non amplius quam triginta sex dies, qui sunt decimæ anni, in eadem abstinentia reperientur. Cum enim annus integer trecentis sexaginta sex diebus constet, si subtrahantur de trecentis triginta, **868** et de sexaginta sex, totidem quot dixi dies jejunio consecrantur. Horum ergo sex dierum, qui etiam cum suis noctibus centum quinquaginta horis constant, decima pars quindecim horæ sunt. Sed, quia ex ipsis integram diem cum sequenti nocte colligere non valemus, quam præfato numero addentes, jejunio mancipemus; usus ecclesiasticus statuit, ut quod in illa non redditur, in diebus Dominicis ejusdem temporis, a carne et a carnalibus voluptatibus jejunando, adimpleatur. In his enim, quia ipso Dei nomini sacrati sunt, refrigerium cibi impenditur, et licentia peccandi subtrahitur. Datur nobis quod vitam affert, et melius est; subtrahitur nobis quod mortem affert, et pejus est. Quod si de vitiis et carnalibus inquinamentis nos non pollueremus, profecto ex his integri anni plenas decimas restauramus. Sed, quoniam nobis sacro fonte rege-

A neratis, et non jam figurarum, sed veri agni carnez degustantibus, dictum est ab ipso Domino : « Nisi abundaverit justitia vestra plusquam Scribarum et Pharisæorum, non intrabitis in regnum cœlorum (Matth. v, 20); » statuit Christiana religio, ut non solum triginta sex dies, propter anni decimas, sed etiam cum his quatuor, qui a capite jejunii inchoant, propter tanti mysterii perfectionem, quadraginta dies in jejunium mutaret. Hoc etenim quadragesimale jejunium magnam auctoritatem habet, et a lege, et a prophetis, et ab Evangelio. Nam legislator Moyses, ut legem acciperet, quadraginta diebus jejunavit. Elias, maximus prophetarum, qui curru igneo rapi meruit in cœlum, quem persequebatur Jezabel, angelico primum pastus cibo, **869** postea

B totidem ab omni esca abstinuit . . . (17).

CXXXVII [De diversis L].

IN NATIVITATE SANCTI JOANNIS BAPTISTÆ (18)

« Ubi venit plenitudo temporis, misit Deus Filium « suum natum ex muliere, factum sub lege, ut eos, « qui sub lege erant, redimeret (Gal. iv, 4). »

Magna dispensatione, fratres charissimi, voluit Deus hominem redimere et mirabili exemplo humilitatis Filium proprium ad nostram liberationem mittere. Providerat diligenti consilio idoneum tempus missionis, per quod homines essent convicti, nihil salutis ex se habere posse, neque per legem naturalem, neque per legem scriptam. Permisit enim duo tempora transire, scilicet, ante legem et sub

C lege, ut veniret in tempore gratiæ. Ante legem scriptam lex naturalis erat, id est ducatus rationis, quæ non fuit saluti. Lex vero scripta postea data, ipsa potius cœpit nocere, quam juvare. Non prohibendo peccata : « Non occides; non mœchaberis (Exod. xx, 13), » magis animos hominum ad eadem peccata inflammabat. Ubi vero venit plenitudo temporis quod Deus providerat, misit Filium suum, ut quod neutra lex facere poterat, gratia Christi suppleret. Et cum multis temporibus exspectatus et prænuntiatus esset, tandem venturo præmissus est Joannes præcursor, tanti imperatoris adventum nuntiaturus. Audite ordinem : Filius veniebat contra diabolum; præmisit fortem militem, qui mundum invaderet, et inimicos regis deterreret, et quoscun-

D que posset Domino suo alliceret. Fortis princeps, fortis miles, et [supp. per] fortem militem uterque prænuntiatus est. Angelus enim Gabriel, qui fortitudo Dei interpretatur, adventum utriusque prænuntiavit. Fortes erant, et fortia facere veniebant. Natus est miles, et multi in nativitate ejus gavisi sunt. O quantum gaudium futurum erat in nativitate imperatoris, cum tantum præmittebatur in nativitate præcursoris! Audistis gaudium nascentis; audite officium præcurrentis. Venit Joannes in desertum, prædicans, et dicens : « Pœnitentiam agite, appropinquavit enim regnum cœlorum (Matth. iii, 2). »

---

(16) Lib. xxvi in Job, c. xix.
(17) Non aliter desinit iste sermo, qui mutilus ideo videtur
(18) Idem qui sub num. 65, sed aliter.

Ideo in desertum venire dicitur, quia deserti erant a Deo quos hortabatur. Nam pœnitentiam agere præcipiebat. Non deterret eos, sed Domino suo allicit, fructum prómittendo, cum dicit : *Appropinquavit enim regnum cœlorum*. Ita quosdam alliciebat. Audite quomodo inimicos deterrebat. Videns Pharisæos dicit eis : « Progenies viperarum, quis ostendit vobis fugere **870** a ventura ira?» (*Ibid.* vii.) Ecce quomodo viam Domini præparabat, alios attrahendo, alios deterrendo. De his dictum est per prophetam : « Vox clamantis in deserto : Parate viam Domini, rectas facite semitas Dei nostri (*Isa* xl, 3). » Via est lata, semita stricta. Via significat latiora præcepta, sicut et uti conjugio, et mundanis rebus licite. Semita strictiorem vitam, id est monachorum et eremitarum. Utraque videtur parari Domino. Ideo hortabatur prædicatione homines, et prædicationem suam decorabat opéribus vitæ. Ecce opera. Habebat vestimentum de pilis camelorum, et zonam pelliceam circa lumbos suos. Esca vero ejus erant locustæ et mel silvestre. Asperis induebatur, et asperis correptionibus impios refrangebat. Lumbos stringebat, quia luxuriam constringebat. Locustæ sunt minuta animalia per agros salientia, quorum alacer volatus, sed cito deciduus. Mel comedebat, quia prædicatio ejus auditoribus sapiebat dulce. Locustas edebat, quia dum prædicabat Christus putabatur. Quærebant enim : « Es tu Christus? » (*Joan.* i, 20.) Ecce volando exaltabatur sicut locusta, sed respondens : « Non sum ego Christus (*ibid.*), » ab illa exaltatione decidebat cito sicut locusta, quæ volando cito decidit. Itaque in tanto prædicatore exemplum vitæ nostræ possumus reperire. Cum asperis induitur, ad domandam carnem laboribus nos informat. Cum lumbos zona cingit, ad castitatem invitat. Cum se Christum non recognoscit, sed inferiorem se prædicat, dicens : « Non sum dignus solvere corrigiam calceamenti ejus (*Luc.* iii, 26), » humiliare nos insinuat. Cum aliis prædicando laborat, ad salutem fratrum acquirendam nos invitat. Cum fugit in desertum, his nos exuere suadet mundum. Et quis perfectior Joanne? Testante Domino, « inter natos mulierum non surrexit major Joanne Baptista (*Matth.* xi, 11). » Christus enim non fuit natus mulieris, sed virginis; non enim asseritur Christo minor, ut par fuisse [*supp.* credatur], sed ut major [*supp.* angelis]. Unde dicitur in Evangelio : « Qui autem minor est in regno cœlorum, major est illo (*ibid.*). » Christus enim fuit in præsenti Ecclesia, quæ est regnum cœlorum, quia in ea regnat Deus minor per humanitatem, quia « non venit ministrari, sed ministrare (*Matth.* xx, 28). » Major vero fuit Joanne potentia et virtutis dignitate. Gaudeamus ergo in nativitate tanti præcursoris, de quo dictum est : « In nativitate ejus multi gaudebunt (*Luc.* i, 14), » ut Joannes, qui *gratia Dei* interpretatur, gratiam Dei suis meritis nobis conferat, morbos repellat, tem-

A pestates removeat, frugum copiam tribuat, auxiliante Domino nostro Jesu Christo, qui vivit et regnat in sæcula sæculorum. Amen.

CXXXVIII [*De diversis* LI].

DE PERFECTA ANIMÆ CONVERSIONE (19).

871 « Dominus eduxit filios Israel de Ægypto, et « transierunt illi per mare Rubrum, et peragrantes « desertum, comederunt manna. Post longós autem « labores, tandem pervenerunt ad Jordanem; et « cum transissent fluvium, secundo se circumcide- « runt, et dictum est illis : Hodie abstulit a vobis « Dominus opprobrium Ægypti. Manserunt autem « in castris, donec sanarentur; et vocatum est no- « men loci illius Galgala. Egressi tandem de castris, « comederunt de fructibus terræ, et defecit eis « manna (*Josue* v, 8). »

Res hæc gesta, fratres charissimi, magnum nostri profectus insinuat sacramentum. Ægyptus enim, de quo Dominus populum suum educit, peccatum est, quod bene interpretatur *tenebræ*. Nam peccata tenebræ sunt interiores, quæ ducunt ad exteriores, infernum videlicet. Nec legitur Dominus duxisse filios Israel in Ægyptum, sed eduxisse. Vestrum enim est in peccatum induci, Dei liberare. Populus Dei egressus de Ægypto transit mare. In mari duo sunt, aqua scilicet et amaritudo. Per aquam lacrymas pœnitentiæ, per amaritudinem, cordis contritionem intelligimus, quia non sufficit peccatum dimittere, nisi cor contritum habeamus, et dignos fructus pœnitentiæ agamus. Sed nec in mari remanere debemus, sed transire, et in desertum venire. Non enim semper lugendum est pro peccatis, sed peracta pœnitentia veniendum est ad sanctam et religiosam, quæ est Christianorum, vitam. Quæ bene per desertum significatur. Illa enim a multis deseritur. Unde dictum est a Domino : « Arcta est via quæ ducit ad vitam, et pauci ingrediuntur per eam (*Matth.* vii, 14). » Via illa arcta est et solitaria; arida, quia aridis, et vere solitaria, quia in Ægypto habet magnos comitatus, in deserto vero paucos habebit socios, aut nullos. Unde Psalmista : « Singulariter sum ego, donec transeam (*Psal.* cxl, 10), » quia ex quo transierit, multos habebit socios, angelicos videlicet cœtus, et universos sanctos. Est etiam Ægyptus terra plana, pulchra aspectu, sed plena paludibus. Ita et illa quæ ducit ad mortem, non est ardua, sed delectabilis, et plena paludibus, id est immunditiis. In deserto pasti sunt filii Israel manna, quæ pluit illis de cœlo; et populus Christianus, dum tendit ad sibi promissam hæreditatem, sustentatur verbo Dei. Et hic est panis qui de cœlo descendit, de quo ait Dominus : « Non in solo pane vivit **872** homo, sed in omni verbo, quod procedit de ore Dei (*Matth.* iv, 4). » Tribus autem modis reficit hic panis populum Dei. Deterret a vitiis minitando pœnas inferni; blanditur promissis, quæ dum differuntur, reserat quædam arcana, ne deficiant in via. Sed, quia ver-

---

(19) E. Sangerm.

bum Dei, sacra scilicet Scriptura, Tulliano non quærit fulciri ornatu, sua satis firma veritate, sunt qui fastidio hujus panis affecti dicunt : « Revertamur in Ægyptum ad ollas carnium (*Exod.* xvi, 3), » id est ad sæculares scripturas nostrum applicemus studium. Qui autem non deficiunt, proficiscuntur, et tandem ad Jordanem perveniunt, qui est prope terram promissam.

Audistis, fratres charissimi, quia egredientes de Ægypto mare transierunt filii Israel. Iidem appropinquantes terræ promissæ veniunt ad Jordanem, quem et transeunt. Desertum enim illud, per quod transeunt illi qui tendunt ad terram promissam, ager est quem filia Caleb petiit a patre suo habentem irriguum superius, et irriguum inferius. Qui enim tendit ad promissa sibi vitæ æternæ gaudia, in principio itineris sui compungitur, et flet de peccatis suis ab his rebus inferioribus contractis. Post peractam autem pœnitentiam, juste et pie conversatur in hoc sæculo, quod est transire desertum cum multo labore, sed multis vexatus laboribus, considerans etiam res hujus mundi caducas et transitorias, his carere cupit, et habere æterna. Unde Apostolus : « Cupio dissolvi, et esse cum Christo (*Phil.* 1, 23); sed, quia differuntur, prorumpit in fletum. Situs etiam loci huic mysterio congruit, quia mare Rubrum secundum situm Ægypti inferius est, Jordanis vero per situm terræ pro superiore est. Jordane transito, secundo se circumciderunt. Circumcisio, quæ octavo die petrino cultello fiebat, significabat sordium depositionem per Christum fieri, pro æterna beatitudine quam consecuturi sumus in octavo die resurrectionis. Sed sordium depositio ordinem quemdam requirit. Nemo enim repente fit pulcherrimus. Primo igitur, id est in egressu de Ægypto, turpes actus deponimus. Motus enim illiciti adhuc vigent in carne nostra fragili. Visu enim mulierum, dulcedine ciborum, gloria mundi, etsi ab his [se] contineant, solent moveri sancti, donec tantum profecerint, ut cœlestium dulcedine capti, nihil terrenum curent, nec moveantur ad aspectum vel contactum rerum mundanarum, sed morantur in castris donec sanentur. Dum enim motus illos sentiunt sancti, continent se ab aspectu mulierum, et comestione delectabilium ciborum, a mollitie vestium, a quibus tandem per diuturnam abstinentiam desueti egrediuntur ad visum **873** mulierum, dulces cibos comedunt, vestibus quibuslibet induuntur, nec delectatione eorum capiuntur. Quod cum fecissent, *abstulit Dominus ab eis opprobrium Ægypti.* In Ægypto enim opprobrium

susceptum est, quod comitatur sanctos per hujus vitæ desertum, scilicet, concupiscentia, quæ est mater omnium malorum. Qui vero superatis carnis illecebris cœlestia tantum desiderat, visitatur a Deo, et intellectum ab eo accipit, arcana cœli revelantur ei, secundum illud Psalmistæ : « Psallam et intelligam in via immaculata, quando venies ad me (*Psal.* c. 2). » Unde et locus secundæ circumcisionis Galgala dictus est, id est *revelatio.* Deinde comeditur de fructibus terræ. Qui enim tantam adeptus est perfectionem, ut pro amore cœlestium nihil pendat terrena, quantum ad præsentis vitæ statum de fructu terræ, id est Ecclesiæ potest comedere, quia corpori et sanguini Christi secure potest communicare. Nec comederunt solummodo de fructu palmarum, sed de aliarum fructibus arborum. Quod innuit nos non solum accepturos a Domino quod meremur, sed multo plus. « Non » enim « condignæ sunt passiones hujus temporis ad futuram gloriam; quæ revelabitur in nobis (*Rom.* viii, 18). » Quod autem manna defecit postquam comederunt de fructibus terræ, significat Scripturas, quæ sunt nostra refectio, in via cessaturas, postquam erimus in patria. Unde alibi : « Plicabitur cœlum sicut liber (20). » Hoc cœlum, id est divina Scriptura fit de pellibus mortuorum animalium, quæ modo extenduntur, et postea plicabuntur. Animalia ista mortua sunt Patres Veteris Testamenti et Novi, quorum fides et justitia proposita est nobis in Scripturis, ut sint nobis quasi exemplaria credendi et bene operandi. Unde dictum est : « In medio duorum animalium cognosceris. »

CXXXIX [*De diversis* LII].

DE VERA ANIMÆ CHRISTIANÆ LIBERTATE (21).

« Si Filius vos liberaverit, vere liberi eritis « (*Joan.* viii, 36). »

(22) Triplex invenitur libertas in sacra Scriptura. Una est naturæ, altera gratiæ, tertia gloriæ; prima liberat a necessitate, secunda a peccato, tertia ab omni pœnalitate et miseria. Primam contulit creatio, qua conditi **874** sumus immunes ab omni necessitate, nobilis in Deo creatura. In secunda regeneramur per gratiam et baptisma, nova in Christo creatura; in tertia coronabimur ad salutem gloriosa in spiritu creatura. A prima incœpimus, per secundam procedimus, in tertia consummabimur. Per primam subjecti sumus Deo, lege creationis; per secundam subjecimus nobis carnem lege recreationis; per tertiam superabimus mortem virtute glorificationis. Post primam necessaria fuit secunda ad justitiam, quoniam jam prima erat obsoleta per culpam; nec ad tertiam nisi per secundam possemus pertingere,

(20) *Complicabuntur sicut liber cœli* (*Isa.* xxxiv, 4).
(21) E. Sangerm.
(22) Adverte Hildebertum idem de triplici libertate naturæ, gratiæ et gloriæ, et eodem sensu disseruisse in Ser. 4, de Adventu Domini, pag. 225, et fere totidem verbis, qui, ut indubitanter est Hildeberti, hunc etiam ejusdem auctoris esse censemus; quod etiam evinci posse videtur ex allegoria certa-

minis Jacob cum angelo, hic contemplativis applicata, quam eodem modo et sensu attulit Hildebertus epistola 22, lib. 1, ad Guillelmum abbatem sancti Vincentii Cenomanensis, et quam sæpius in sermonibus usurpat, dum de contemplatione loquitur. Si igitur inde concludi potest hunc sermonem vere Hildebertinum esse, cur non et cæteri in eodem manuscripto collecti ?

quia nemo venit ad Patrem nisi per Filium. De hac A
secunda et tertia liberatione Veritas ait : « Si Filius
vos liberaverit, vere liberi eritis. » Quomodo autem
facta est hæc liberatio per Filium ? « Exinanivit se
Filius, formam servi accipiens (*Phil.* ii, 7), » et
fecit primum gradum humilitatis in carnem, secundum in crucem, tertium in mortem. Ejus tota vita
doctrina nostra est, et omnis actio est nostra lectio.
Nec solum ejus dicta vel facta, sed singula membra
illius viam salutis et liberationis nostræ nobis loquuntur et ostendunt, veluti pedes, manus, pectus,
caput. Pedes vero sunt misericordia et judicium,
quia unum non valet sine altero. Nam misericordia
per se faceret negligentes, judicium per se desperantes. Si quis enim solam misericordiam attendit,
quia suavis est et multum misericors, et misericordia
Domini plena est terra, et non justitiam, qua debita
vicissitudine, præmia meritis respondent, secure
deinceps peccavit, promittendo sibi impunitatem omnium peccatorum suorum. Si vero justitiam solam
pensaret, dicens : « Terribilis apud omnes reges
terræ, qui aufert spiritum principum, qui tangit
montes, et fumigant (*Psal.* lxxi, 13), » facile in
periculum desperationis labetur. Nunc autem hæc
duo junguntur, ut misericordia spem consolidet, et
judicium timorem incutiat. Ad hos pedes, pœnitentes
per humilitatem cum Maria peccatrice procumbunt,
qui lacrymis pœnitentiæ peccata sua abstergunt, et
debita satisfactione veniam exposcunt ; deinde, morbo
peccatorum curato, decet naturam cibo et potu con- C
fortari ; nec habet languidus quo se reficiat, qui
nihil sibi præter peccata corrogaverat. Esurit ergo
virtutes, quibus possit et de cætero sibi melius cavere, et bonis **875** operibus liberius insistere.
« Beati qui esuriunt et sitiunt justitiam, quoniam
ipsi saturabuntur (*Matth.* v, 6). » Necesse est ut
esurienti populo, quem Dominus pavit in deserto,
ad manus Domini mendicus, tanquam eleemosynam
accepturus, accedat, dicens : « Manus tuæ, Domine,
fecerunt me, et plasmaverunt me (*Psal.* cxviii, 75) ; »
opera manuum tuarum ne despicias.

Hæ manus duæ sunt munificentia et benevolentia,
quarum altera sine altera non sufficeret. Est aliquis
munificus, sed non benevolus, et e converso. Sed
Deus, qui habet omne quod est, et vult omne quod D
bonum est, manu munifica et benigna nos reficit,
dum proprium corpus et sanguinem suum nobis
communicat. Christus dedit pro nobis sanguinem
suum, in cruce pretium, in altari poculum, in peregrinatione viaticum, in exitu de Ægypto conductum,
in patria advocatum. Hic sanguis cum aqua ex latere
Domini profluxit, ex quibus sacramentis confectum
est collyrium, quod oculos cæci nati abstergeret ;
paratum est lixorium, quod maculam peccaminum
emundaret ; extortum est illud sacratissimum oleum,
per quod jugum diabolicæ potestatis penitus compu-
tresceret. Hæc manus captivam Esther, ingredien-

tem ad regem, aurea virga protexit, ingressam in
amplexus recepit, et in solio regni reginam constituit. Esther anima justa est, quæ peregrinatur a
patria ; captiva est, circumquaque habet hostes vitiorum. His armis vitia debellamus, virtutes corroga-
mus. Sic muniti, apti efficimur ut cum Joanne super
pectus Domini recumbamus, ut nobis effundatur
quod aliis effundamus ; hoc est sacrarium cœlestis
armarii, in quo omnes thesauri sapientiæ et scientiæ sunt absconditi. Penitus nihil habet, qui de hac
plenitudine aliquid non habet. Inde ad caput Domini
cum Maria justificata per contemplationem ascendimus, dum mens virtutibus pennata, erigit se super
se, et terrenam habitationem exosa, vel penitus
oblita, dicit cum Moyse : « Domine, si inveni gra- B
tiam in oculis tuis, ostende mihi te ipsum (*Exod.*
xxxiii, 13). » Ascendit et hæc anima in montem
contemplationis cum Abraham et puero, relictis in
valle servis cum asino (*Gen.* xxii). Abraham est
ratio, puer intellectus, vel innocentia, quæ cum ratione montem contemplationis ascendit ; famulis, id
est curis et desideriis carnis in valle hac miseriæ et
mortalitatis, cum asino, id est carne tarda, relictis,
llic est mons, in quo beneplacitum est Deo habitare
in eo, in quo Dominus habuit consilium cum Moyse
et Elia. Tunc dicemus cum Petro : « Bonum est nos
hic esse (*Marc.* ix, 5) ; » tunc audiemus cum Paulo
arcana verba, et dicemus cum Isaia : « Secretum
876 meum mihi, secretum meum mihi (*Isa.* xxiv,
16). » Tunc accipiemus benedictionem cum Jacob,
superiores effecti in certamine, nec erit amplius
nomen nostrum Jacob, sed appellabimur Israel,
postquam in femore percussi, ubi notatur lasciviæ
carnalis excessus, uno pede tantum incedemus, id
est uno affectu postponentes carnalia, uno pede sequentes cœlestia, ubi ingens desiderium nostrum,
pia devotio, prædulcis affectus terrena respuit, et
dicit : « Mihi adhærere Deo bonum est (*Psal.* lxxii,
28). » Adhæretur autem Deo tribus modis ; per imitationem, per contemplationem, per fruitionem.
Prima adhæsio laboriosa est, secunda affectuosa,
tertia deliciosa. Prima et secunda in hac vita ; hic
enim labor actionis, et affectus contemplationis :
tertia erit in futuro. Ibi videbimus facie ad faciem,
quod nunc in speculo et in ænigmate. Quod ipse
nobis præstare dignetur, etc.'

CXL [*De diversis* LIII].

IN DOMINICA PASSIONIS (23).

Recedente jam Quadragesimæ tempore, et appro-
pinquantibus sacratissimæ resurrectionis gaudiis,
mentio Dominicæ passionis nobis, dilectissimi fratres, annuatim occurrit, quæ universalem Ecclesiam
hodie lacrymoso relatu percellit. Et quamvis plurimi dies supersint ab hac usque ad illam, quæ auctorem suum crucifixum specialiter videre meruit,
tamen a sanctis Patribus per hos dies qui sequuntur recitanda nobis eadem Passio committitur ;

(23) E Sangerm.

maxime autem a beato Gregorio, qui in omnibus ecclesiasticis officiis, diurnis scilicet et nocturnis, hinc usque ad Paschale festum verba et luctum passionis inducit, insinuans nos pro illo debere flere, sine quo nullam perfecte lætitiam possumus habere. Quicunque ergo membra Redemptoris nostri fore confidimus, dolorem et injuriam tanti capitis sentiamus. Unde Propheta : « Omne caput languidum, et omne cor mœrens : A planta pedis usque ad verticem non est in eo sanitas (*Isa.* i, v). » Et Apostolus : « Si patitur unum membrum, compatiantur et cætera membra (*I Cor.* xii, 26). » Quia vero altius et honorabilius membrum, Christum videlicet, qui caput et vertex noster est, passum fuisse agnoscimus, nos membra inferiora cum eo patiamur. Maxime cum non qualibet commissi sui culpa, sed etiam pro nostra redemptione pati voluerit, ut nos ab antiqua diaboli servitute redimeret, et patriæ cœlestis, a qua captivi excludebamur, perpetuos incolas faceret. Ipse namque ineffabiliter misericors, non **877** auro, seu cujuslibet metalli genere, vel pulchræ varietatis spoliis, nec etiam cæsorum animalium victimis, sed proprio corpore in ara crucis immolato, et pretiosissimo sanguine fuso, peccata nostra atque iniquitates nostras purgare voluit. « Vere languores nostros ipse tulit, et dolores nostros ipse portavit (*Isa.* liii, 4) ; » et ipse mediator noster ad Patrem dixit : « Holocaustum et pro peccato non postulasti ; tunc dixi : Ecce venio (*Psal.* xlix, 7). » Et est sensus : O Deus Pater ! quia pro humani generis redemptione non vidi te holocaustum animalium captare [*f.* capere], statim dixi : Ecce venio, ut immoler pro populi mei salute. Ecce, fratres charissimi, Christum pro nobis immolatum audivimus. Unde admodum gaudere et tristari debemus. Gaudere, quia felix culpa quæ talem habere meruit Redemptorem ; tristari, quia nullum videmus tantæ passionis imitatorem. Ipse namque corporaliter mortuus, non solum de corporis nostri morte, si necesse est, sed de vitæ emendatione et spiritus humiliatione sacrificium requirit, scilicet, ut spiritus noster ex tam magna et ineffabili Conditoris sui humilitate admirans contremiscat, et carnis illecebras superans cum ipso passo quamdam compassionem habeat. Unde : « Sacrificium Deo, spiritus contribulatus (*Psal.* l, 19) ; » et licet impossibile sit nostram corporalem fragilitatem sequi immensam illius deitatem, bene tamen pro modulo humanitatis sequimur, si vitia corporis per jejunium et vigilias mactemus, si mundi et nitidi coram ejus oculos manere gaudemus. Unde propheta : « Lavamini, mundi estote, etc. (*Isa.* i, 16). »

Sed quomodo, imminente rabie persecutionis, vitam pro eo posituri sumus, qui pro ejus passione, saltem parvo tempore, a vitiis, et quibuslibet cibis jejunare non possumus? In quo ergo passionem ejus imitamur, qui a nullis spurcitiis corpora prohibemus? Insuper etiam, quod pejus est, præceptis illius fortiter repugnantes, quasi inimico contrarii sumus. Nam, clamante eo in Veteri Testamento : « Non occides ; non furtum facies (*Exod.* xx, 14), » et cætera legis præcepta, veluti iram illius contra nos provocantes, insani et amentes mœchamur, et occidimus, et furtum facimus ; insuper et omnia vitia, quo magis nobis prohibita sunt, eo amplius sequi et amare curamus. Similiter, minitante eo in Novo Evangelii Testamento : « Omnis qui dixerit fratri suo : Racha ; et qui dixerit : Fatue, reus erit gehennæ ignis (*Matth.* v, 22), » nos econtra zelo invidiæ tacti, omnia improperiorum convicia, fratribus nostris superbe et contumaciter ingerimus. Unde a talibus, et ab his similibus mentem cohibere debemus, si redemptionis illius participes esse speramus. Ipse enim verus sacerdos, **878** et pontifex futurorum bonorum, qui Deo Patri suo, non sanguinem hircorum et taurorum, sed semetipsum, agnum videlicet immaculatum obtulit, mundans conscientiam nostram ab operibus mortuis, id est peccatis, et per hoc introivit semel in sancta, ut appareat vultui Dei pro nobis. Alii namque sacerdotes, mactatis animalium carnibus, juxta morem veteris legis, singulis annis semel introibant in Sancta ; iste sacerdos in æternum, qui non venit legem solvere, sed adimplere, non singulis, sed ultimo vitæ suæ anno, mactato se ipso, in ara crucis semel introivit in Sancta, id est in cœlum, ut famulis sequentibus se per fidem, arcana Patris reseraret, quæ post finem ipsis possidenda conferat. Alii sacerdotes, expleto sacrificii tempore, ad templum sequenti anno reversuri, ad propria reverti curabant ; isto, peracto passionis et resurrectionis suæ mysterio, ad propria cœli palatia ascendens, reversurus est, non sequenti anno, sed in fine sæculi, ut bonorum et malorum merita recto examine discutiat, et bonis præmia, et malis supplicia reddat. Quid in illa die acturi sumus, fratres, in qua non solum de operibus malis, sed insuper etiam de otiosis sermonibus, rationem reddituri sumus? Etsi omnes linguæ culpas, quæ pro nihilo ducuntur, senserimus, quid de cæteris membris timendum est? manibus scilicet et pedibus, aliisque, quæ sine dubio multa illicita fecisse cognoscimus. Nam, si de omnibus culpis, quas fecimus, pœnas solverimus, æternaliter damnati et perditi sumus. Ergo modo unusquisque nostrum, quanto animam suam diligit, tanto peccata præterita per pœnitentiam deleat, et curet ne ipsa reiteret, et quod semel per gratiam Dei exstinxit, amplius non accendat. Qui enim quod jam ingemuit, reiterat, Deum sibi ad iram provocat, ut eum vocatus non audiat. Unde per Salomonem dicit : « Vocavi, et renuistis, despexistis omne consilium meum, et increpationes meas neglexistis ; ego autem in interitu vestro ridebo, et subsannabo, cum vobis quod timebatis evenerit (*Prov.* i, 24). »

Quam formidanda vox, fratres dilectissimi, qua Redemptor noster de interitu nostro se risurum minatur. Quamobrem aures mentis nostræ præceptis illius assidue pandamus, ut eum non terribilem, sed blandum videamus. Et quomodo illum terribilem et iratum contra nos ferre poterimus, qui in præsenti vita coruscationem, aut tonitruum illius vix præ pavore tolerare possumus? Et, si motu creaturæ unius ad tempus terremur, qua fortitudine Creatorem cum igne ad judicandum venientem, et non solum terras, sed et **879** cœlos concutientem, exspectare poterimus? Nam, ut Psalmista dicit : « Ignis in conspectu ejus exardescet, et in circuitu ejus tempestas valida (*Psal.* XLII, 3), » Et ipse judex per prophetam dicit : *Adhuc semel et ego movebo non solum terram, sed et cœlum* (24). Pertimescite, fratres, illius adventum Judicis, in cujus determinato **880** judicio non erit spatium redemptionis. Cessate a pravis moribus, et mala consuetudine præsentis vitæ, et compati Redemptori vestro studete, ut cum illo de tumulis vitiorum possitis ad cœlestia regna post judicium feliciter ascendere. Amen.

CXLI.

880 SERMO IN DOMINICA PALMARUM.

De infirmitate legis Moysi ad hominis reparationem, et virtute legis Christi ad eam perficiendam.

David in spiritu prævidens : Liberavit, » inquit, « Dominus pauperem a potente, et pauperem, cui « non erat adjutor (*Psal.* LXXI, 12). »

Non omnium est scientia; ignorant aliqui pauperem istum, ignorant pauperem illum. Scientes hortamur, ignorantes instruimus. Pauper ille, primus parens noster, et ejus successio est; potens iste, diabolus est : primus parens in paradiso dives, extra paradisum pauper; primus parens, liber ante culpam, servus post culpam. Magnæ hujus divitiæ, quia abundavit omnibus quæ voluit, quandiu voluit quæ Deus jussit; vera hujus libertas, quia sub solo Dei fuit dominio, quandiu bene libero usus est arbitrio : ubi autem voluit quod Deus noluit, dives eguit, liber servivit; eguit medico, servivit peccato. Ex tunc pro gloria sortitus est ignominiam, pro tranquillitate sollicitudinem, pro colloquio angelorum murmur et tumultum vitiorum. Ex tunc fecit illum princeps hujus mundi regnum suum, et fortis armatus atrium suum, pater tenebrarum obcæcatum suum. Adversus hujusmodi potentem, nullum pauperi nostro adjutorium ex se, nullum ex ratione, nullum ex lege. Quia enim natus est de corrupto corruptus, de subacto subactus, de debitore debitor, de peccatore peccator, ad liberandum se non potuit sufficere per se. Potuit quidem ratio conferre filius Adæ ut non peccarent ad mortem; sanare autem non potuit quam ex parte contraxerant mortem. Fuit enim illis de futuro cautela, non de præterito medicina. Saturata est lex, non quæ sanaret plagam, sed quæ factores legis præpararet ad gratiam. Nec « lex adducit ad perfectum imperfectum (*Hebr.* VII, 19) » nostrum, nec ad paradisum reducit ejectum nostrum, nec ad

vitam reducit mortuum nostrum. Ad suscitandum filium Sunamitis, Giezi præcedens Elizæum (*1 Reg.* IV,) portavit baculum, domum intravit, superpositus est puero baculus; sed non erat puero nec vox, nec sensus. Merito itaque mater pueri pedes Elizæi tenuit, merito ab Elizæo non discessit, merito in Elizæo speravit, dicens : « Vivit Dominus, et vivit anima tua, non dimittam te (*1 Reg.* I, 26). » Audivit et exaudivit Elizæus deprecantem, descendit et intravit, totum se super puerum mortuum expandit, et mortuum suscitavit. Attendite historiæ figuram, nescientes; increpentur negligentes. Primus parens a Dei gratia derelictus, hinc animæ defectus est, hinc animæ mors est. Moritur caro, cum ab anima destituitur; moritur anima, cum a Deo separatur. Hæc mors homini promissa est ante peccatum, illata propter peccatum, ablata per eum qui non habuit peccatum. Sic enim homini dictum legisti : « Qua die comederis, morte morieris (*Gen.* II, 17). » Pro humano igitur genere tali morte mortuo, supplicavit mater pia, mater sancta, mater, de qua sic Apostolus ait : « Illa autem quæ sursum est, libera est, quæ est mater nostra (*Galat.* IV, 26); » mater profecto non carnis opere, sed dilectionis exhibitione : mater, quia tempore nos præcedit, oratione propter nos intercedit : mater, inquam, quia maternus est ei erga nos affectus, quoniam gratissimus ei inde est profectus. Noverat hoc qui dicebat : « Gaudium est in cœlo coram angelis Dei super uno peccatore pœnitentiam agente (*Luc* XV, 10). » Postulavit illa manumissionem nostram, postulavit vitam nostram; postulavit, inquam, non labiorum motu, sed charitatis affectu. Exaudita est illa mater nostra, et curatum est de vita nostra. Ut enim homo erudiretur ad promerendum divitias gloriæ Dei, ut præpararetur ad susceptionem medicinalis gratiæ Dei, Giezi prophetam præcessit cum baculo, quia Moyses præcurrit cum legali testamento. Baculus importabilis, onus legis. Lex illa, lex peccare docens, non justificans; lex puniens, non coronans; lex plus habens censuræ, quam misericordiæ. Occidis? occidi juberis. Abscindis? abscindi juberis. Sabbato lignum colligis? lapidari juberis. Huic baculo suppositus est infirmus noster, gravatus est mortuus noster. Non est evacuata mors nostra, neque sanata plaga nostra. Oportuit ut ad suscitandum mortuum ipse accederet Elizæus, quia necesse fuit ut antidotum vitæ præpararet homini Homo Deus. Expansus est ille in lectulo super mortuum, extensus est hic in patibulo propter mortuum. Spiritus vitæ redditus est inspirante Elizæo, quia gratia reddita est homini moriente homine Deo. Vivificatus puer rediit ad gremium matris; homo justificatus ad consortium supernæ civitatis ascendit. Recolat igitur et veneretur purus homo quod memoratur hodie egisse pro homine Deus homo. Hodie quippe noster Elizæus domum in qua repositus erat mortuo baculus,

(24) Vulg. *Adhuc unum modicum est, et commovebo cœlum et terram* (*Agg.* II, 8).

intravit, quia missa salus Dei nostri hodie civitatem Jerusalem, in qua oves quæ perierant domus Israel, legis pondere gravabantur, humilis ascendit. Attendat, inquam, homo qua humilitate verus propheta redemptionis nostræ officium intraverit, quanta patientia tulerit, quam mirabili charitate nos ad se traxerit. Si humilitatem ignoras, servili forma Dominus universitatis indutus est, de paupercula virgine natus est, in præsepio collocatus est. Idem, cum liber esset a lege, circumcisus ex lege, sine querela conversatus est in lege; denique, cum peccatoribus et publicanis cibum sumpsit; ad locum passionis accedens, asino insedit; discipulorum, quos elegerat ex plebe, pedes lavit; hoc ab ortu usque ad finem vitæ satagens, ut sicut in matre specialis et sine exemplo fuit integritas, sic et in filio singularis et unica esset humilitas. Quod si de patientia quæritur, « sicut ovis ad occisionem ductus est (*Isa.* LIII, 7), » spectaculo crucis addictus est, propter iniquitates nostras vulneratus est, et cum iniquis deputatus est. Quæ scilicet præjudicia, ne potius impotentiæ resistendi ascribas, quam patientiæ, suppetebant ei « plus quam duodecim legiones angelorum (*Matth.* XXVI, 53), » quibus posset etiam sacrilegorum manus evadere ministrorum. Ideo autem patienter præfatas tulit injurias, quia (sicut Leo papa testatur) neminem salvaret illæsus, qui pro omnium salute venerat moriturus. Nam de charitate quid loquar, cum hoc solum sufficiat ad testimonium, quod cum crucifigeret eum Judæus, orabat ut indulgeret illi Deus? Charitas ista, charitas admiranda; dum clavi manibus, lancea lateri, fel ori admoveretur ab inimicis, manus, et latus, et os agebant pro inimicis. Sanguine quippe lavabatur delictum quod crucifigens aliunde contraxerat, et oratione quod crucifigens committebat. Ostensa non sunt arma fortia, arma victricia, arma quibus pugnatur « adversus principatus et potestates, adversus mundi rectores, tenebrarum harum contra spiritalia nequitiæ in cœlestibus (*Ephes.* VI, 12). » His armis accinctus advocatus tuus, hodie campum pugnaturus intravit. Sexta feria fortiter dimicavit, prima Sabbati triumphavit. Sub his armis actum est pro causa tua, pugnatum pro libertate tua, triumphatum pro gloria tua. Quid itaque reddes huic advocato tuo pro tam magno negotio tuo? Magnum quidem est pretium quod impendit pro te; sed parabile est, et ad manum habes quod postulat a te. Postulat enim ne auferas ei jus suum; postulat ne alieno domino assignes servum suum. Jus ipsius anima tua est; servus illius corpus tuum est. Jus suum fecit animam tuam, quando pro ea posuit animam suam; servum suum fecit corpus tuum, quando pro eo in mortem tradidit corpus suum. Toto se comparavit totum te. Attende igitur quid exigit a spiritu tuo, quid a corpore tuo, utroque servo suo. « Dilige eum ex toto corde tuo (*Deut.* VI, 5). » Exsolutum est quod exigit a spiritu tuo. Impende totum te membris suis, et so-

lutum est quod exigit a membris tuis. Caligaverunt in mortem oculi sui, ut averterentur ne viderent vanitatem oculi vagi, oculi tui. Conviciis et blasphemiis patuerunt aures suæ, ut non obturarentur ad clamorem pauperis aures suæ, aures tuæ: felle et aceto potatum est os suum, ut loqueretur veritatem et judicium os mendax, os tuum. Extensæ sunt in cruce manus suæ, ut extenderentur inopi manus contractæ, manus tuæ: crucifixi sunt clavis pedes sui, ut dirigerentur in semitas rectas pedes distorti, pedes tui: angustias mortis pertulit corpus suum, ut ejus corporis membrum fieret putridum corpus, corpus tuum. Ecce quæ Domino Deo placent in te, pro quibus emit te, quæ postulat a te. In arbitrio tuo posuit Dominus tuus, ut ab eo merearis supplicium, aut præmium. Nescit ille parcere, si nequam servus es; nescit parce remunerare, si bonus servus es. Si nequam te servum invenerit, cum malignis spiritibus invenies indignationem suam; si fidelem, cum angelis et electis intrabis cœlestem Hierusalem civitatem suam. Porro beatus ille introitus designatur per pueros Hebræorum; designatur per eos resurrectio dormientium beatorum. Ingrediente siquidem Domino in sanctam civitatem Hebræorum, pueri resurrectionem vitæ denuntiantes, cum ramis palmarum clamabant: « Hosanna in excelsis (*Matth.* XXI, 9). » Quid, fratres charissimi, quid aliud præsenti responsorio decantatur, quam futuræ resurrectionis qualitas, quam capacitas, et membrorum beatitudo sempiterna? Quid prænuntiant egressi de domibus pueri, nisi fideles de sepulcris egressuros? Quid occursu eo declaratur, nisi quod ait Apostolus: « Nos qui vivimus, qui relinquimur, rapiemur cum Christo in aera, et sic semper cum Domino erimus (*I Thess.* IV, 16). » Erimus quidem cum Domino; sed, si nos Dominus, non spiritu, sed malitia pueros invenerit, si palmas in manibus, si flores inspexerit. Rami palmarum signa victoriæ sunt; in floribus virtutum jucunditas ostenditur. Hanc patriarcha Jacob de longe odorabatur, cum dicebat: « Ecce odor filii mei, sicut odor agri pleni, cui benedixit Dominus (*Gen.* XXVII, 27). » Venienti ergo Salvatori pueri cum palmarum ramis occurrisse memorantur, quia venturo ad judicium Christo egressi fideles de sepulcris vitiorum, apparere præmonentur. Sed quia necesse est sic illis deesse quod Judex judicet, ut inveniat quod coronet, iidem pueri flores gerunt in manibus, quia fideles nonnisi in virtutum decore placituri describuntur. Unde etiam dictum est: « Desine a malo, et fac bonum (*Psal.* XXXVI, 27). » Vos igitur, fratres charissimi, humilitatem nostri Salvatoris attendentes, imitantes patientiam, amplectentes charitatem, contra vitiorum potentiam constantes insurgite; cum odore virtutum in judicio occurrere satagite, ut eum laudare, et cum eo regnare valeatis; qui vivit et regnat per omnia sæcula sæculorum. Amen.

MONITUM IN SERMONES SEQUENTES.

(Anecdota quæ de Ambrosianæ bibliothecæ codicibus nunc primum eruit Ludovicus Antonius MURATORIUS, serenissimi Raynaldi I, Mutinæ, etc., ducis bibliothecarius. Tomus tertius, pag. 214, Patavii, typis seminarii, 1713, 4°.)

—

Subsequuntur in codice Ambrosiano characteribus exarato Hildeberti ævo convenientibus, sermones duo, quorum alterum promuntiatum in Carnotensi concilio, ac deinde expositum ab auctore, contemnendum non puto. Quandonam habita fuerit Carnotensis illa synodus, quæ hic memoratur, facile non affirmem. Attamen habitam an. Ch. 1124 divinare possumus, quippe in Chronico Malleacensi scriptum est, Labbeo teste, tom. X, pag. 906, Collect. Concilior.: « Anno 1124 fuit concilium Carnoti. » Cæterum non deerunt, qui cogitabundi, et anxia consideratione intuebuntur in hoc eodem sermone tria tantum enumerari sacramenta, quorum primum est conjugium, secundum baptismus, tertium Dominicæ mensæ sacra libatio. Cum de reliquis Ecclesiæ sacramentis ibi taceatur, continuo ingeretur suspicio, ne sermonis auctor nostrorum temporum novatoribus arma ministret, eaque tria tantummodo sacramenta probet. At animadvertendum non adeo sollicitos fuisse veteres ecclesiasticos scriptores, ut cum de sacramentis agebant, septem semper commemorarent. Profecto neque plura, neque pauciora quam septem, semper habuit agnovitque Ecclesia catholica. Singillatim de iis egere Patres, ut ex theologiæ dogmaticæ illustratoribus constat ; rarum vero aut neminem fortasse apud illos reperias, qui de omnibus, hoc est de septem, Ecclesiæ sacramentis, sermonem ex professo instituerit. Petro præsertim Lombardo, Magistro, ut aiunt, Sententiarum, debemus præter alia theologica argumenta in unum congesta Tractatum de septem sacramentis plenum, et ea methodo digestum, quam tenuere postea successores scholæ theologi. Et revera sermonis hujus auctor ita de tribus sacramentis loquitur, ut reliqua non excludat ; imo satis prodit, alia sacramenta in ecclesia haberi, cum scribit: « Tria sunt in civitate Dei nostri sacramenta, quæ et tempore CÆTERA præcesserunt, et in reparatione filiorum Dei PRINCIPATUM obtinere noscuntur. » Quibus ex verbis intelligimus, ipsum de iis tribus duntaxat ab ipso putarentur, et institutione sacramentis cæteris essent priora. Quod superest, postquam hic scriptor pollicitus est in exordio, se de matrimonio, baptismo, et eucharistia locuturum, cum deinde unius matrimonii materiem persequatur, conjicere cogimur, imperfectum ac mutilum in calce ad nos pervenisse sermonem ipsum.

CXLII.

880 SERMO IN ADVENTU DOMINI.

Sentio, fratres charissimi, sentio cum sapiente illo, qui dicit :

Gratior est fructus, quem spes productior edit.

Unde et fructus divini cum hominibus colloquii tanto vobis debet esse jucundior, quanto fuit exspectatio ipsius diuturnior, exhibitio mirabilior, experientia dulcior, usus major. Præmissi sunt autem nuntii, qui sacrosanctum edicerent colloquium, homines ad illud invitarent, venturis quidem præmia, nolentibus autem pœnam pollicerentur æternam. Hi prophetæ fuerunt, qui colloquium illud non solum verbis prædocuisse, sed actibus etiam figurasse noscuntur. Sic enim Moyses ait : « Prophetam suscitabit vobis Dominus de medio vestri; tanquam me ipsum audite (*Deut.* XVIII, 15).» Et Isaias : « Ecce, inquit, virgo concipiet et pariet filium, et vocabitur nomen ejus Emmanuel (*Isa.* VII, 14). » Fuerunt etiam, quorum actus præfati colloquii prophetiam fuisse Scriptura commemorat. Hinc est quod Jeremias, cum nudatur, prophetat ; David, cum se ipsum propriis manibus gerit ; Daniel, cum in lacuna leonum mittitur; Osee, cum fornicariam duxit uxorem ; Jonas, cum tribus diebus et noctibus in ventre ceti tenetur. Has Apostolus prophetias et præcessisse perstringens, et ostendens completum in Christo colloquium, sic ad Hebræos scribens ait : « Multifariam, multisque modis olim Deus loquens patribus et prophetis, novissime diebus istis locutus est nobis in Filio (*Hebr.* I, 1). » Locutus est, inquit, nobis in Filio, quod locutus est nobis in Christo. Quomodo Deus locutus est nobis invisibilis et inco-

A gnitus nobis ? Ut videri posset et cognosci a nobis. Verbum caro factum est, et habitavit in nobis (*Joan.* I, 14). » Verbum Dei, Filius nobis in carne visus est, in carne nobiscum de nobis locutus est. Locutus est autem de pacificando homine cum angelis, de collocando inter angelos, de provehendo super angelos. Locutus est, inquam, de commutanda dissimilitudine nostra in similitudinem suam, de morte nostra in vitam suam, de confusione nostra in gloriam suam. De his omnibus omnium Creator ante omnia tempora habuit secum consilium, colloquium cum homine in tempore. Ut autem secretum illud consilium aperiretur, missi sunt duo angeli in mundum, unus qui consilium detegeret, alter, qui detectum adimpleret. Unus, qui Mariæ

B virgini nuntiaret nasciturum de Maria virgine sequestrem nostrum, alter qui in carne sumpta de virgine proferretur advocatum nostrum. Porro sequester ille et advocatus noster hodie natus est nobis. Quare sic Isaias promisit nobis : « Puer natus est nobis, et filius datus est nobis (*Isa.* IX, 6). » Puer, inquit, natus est ; puer autem iste Deus et homo est. Deus et homo præfati consilii negotium exsecutus est. Nulli fides desit, cum denuntiatur in matre virginitas, nulli spes, cum prædicatur in prole divinitas. Gestum quidem utrumque contra naturam; utrumque etenim opus gratiæ, sed officium naturæ; utrumque novum, sed oraculis repromissum ; utrumque beneficium, sed usu diversum. Siquidem pudor matris gloria est personæ, divinitas Filii profectus

C naturæ. Pudor in matre servatus est, testificatur Filium ejus hominem Deum. Divinitas homini unita est, unitura Deo credentes in Deo homines.

Erubescat Judæus infelix, confundatur infelicior

Helvidius. Derogat Judæus divinitati Christi, uterque perpetuæ virginitati matris Christi. Debacchatur Judæus; et uritur, cum dicitur : « Verbum caro factum est, et habitavit in nobis (*Joan.* i, 14). » Idem quoque aurem avertit et Isaiam pervertit, cum scriptum advertit : « Ecce virgo concipiet et pariet filium (*Isa.* vii, 14); » et in Ezechiele : « Porta hæc, quam vides, non aperietur, et homo non transiet per eam, sed clausa erit in æternum (*Ezech.* xliv, 2). » Hæc ideo porta, quod per eam Christus ingressus est in mundum, sed per clausam in æternum. Bene clausam in æternum, quoniam clausam ante partum, clausam in partu et clausam post partum. Facescat perfidia Judæi fabulantis ex Joseph conceptum Christum. Facescat Helvidii spurcitia garrientis filios Virgini natos post Christum natum. Sed adhuc, o Judæe, sermo nobis ad te est, adhuc enim apud te facies Moysi velata est; nondum tibi tuæ legis splendor illuxit, nondum mysteria prophetarum. Densiores tenebræ operiunt te, quam Ægyptios propter te. Opes tibi exuberant, et egestate torqueris. Appositus est esculentior apparatus, et fame deficis. In spica frumentum portas, et quam suave sit nondum gustasti, nondum sensisti. Pueri David per sata transeuntes spicas fricabant et manducabant. Frica et tu spicam legis, frange hordeum legis, et invenies siliginem legis. Invenies enim sub pal a præfocante medullam satiantem, sub occidente littera spiritum vivificantem. Aperi cisternas prophetarum, puteos erudera, et occurret tibi fons David, fons aquæ salientis in vitam æternam. Sed tu, miser, venas aquæ limpidioris obturas, tu cum allophylis puteos imples, quos foderunt pueri Isaac. Opponis enim firmum, cum tibi fulgor legis exprimitur; insultas gratiæ Dei, cum Maria virgo concepisse, virgo peperisse perhibetur. In patriarchis et in filiis eorum opera gratiæ audis et credis, veneraris et extollis; in Creatore autem prophetarum cur ita naturam amplecteris, ut gratiam persequaris? Abrahæ Sara filium peperit, cum eis sterilitas et senium spem prolis abstulissent. Inficiari, Judæe, non potes, Saram in Isaac plus debuisse permissioni quam nuptiis, gratiæ quam naturæ. Ante Moysen visus ardere rubus nullum patiebatur ex igne dispendium. Inficiari, Judæe, non potes, opus hoc signi potius fuisse quam rubi, gratiæ quam naturæ. Sitiebat in deserto Israel, et sitis angustias impatienter sustinebat. Accessit Moyses ad petram, et ea bis percussa, egressæ sunt aquæ largissimæ, ita ut populus biberet, et jumenta. Judæe, inficiari non potes opus hoc signi potius fuisse quam lapidis, gratiæ quam naturæ. Rem loquar manifestam ; paucos esse credo qui lapidem crystallum ignorent. Lapis iste lapis splendidissimi coloris et candidi; hunc aqua perfusum, ac deinde ferventi suppositum soli scintillulas emittere celebre est. Nulla tamen ex his scissura lapidis, nulla sui exitus vestigia scintillæ derelinquunt. In crystallo eadem integritas, idem splendor perseverat. Egreditur inde quod humanis usibus prosit, non quod lapidis interpolet c'aritatem. Idem tamen si ei aut sol, aut aqua defuerit, non invenitur emittendo igni idoneus. Ubi autem ambo concurrunt, ex utroque simul in crystallo conficitur, quod competenter et conceptum Virginis imaginetur, et partum. Cui enim sacratissima Virgo rectius quam crystallo comparatur, in qua, velut ad cumulandam cæterarum plenitudinem virtutum, perpetuæ virginitatis splendor effulsit? Ea divinis præparanda mysteriis velut aqua perfunditur ampliorem susceptura gratiam, qua mirabiliter quidem admitteret Filium Dei Deum, mirabilius autem emitteret eumdem hominem Deum. A natura siquidem minus alienum videtur cœlesti virtute Virginem impleri, quam de Virgine veram hominis exire substantiam. Fortassis autem, Judæe, mover s. quanam aqua Virginem perscripsi perfusam. Aquæ nomine sanctum intellige Spiritum. De hujusmodi aqua Dominus per Joelem loquens sic ait : « Effundam de spiritu meo super omnem carnem, et prophetabunt filii vestri et filiæ vestræ (*Joel* ii, 28). » Et per Ezechielem : « Effundam, inquit, super vos aquam mundam, et mundabimini ab omnibus inquinamentis vestris (*Ezech.* xxxvi, 25). » Hac profecto aqua dum Virgo perfunditur, ad admittendum solem justitiæ invisibiliter præparatur. Præparatur, inquam, quod eam Spiritus sanctus ab omni æstu concupiscentiæ carnalis obumbrando protexit. Unde ad incrementum et plenitudinem gratiæ Virgini nostræ accessit, ut ingressurus eam Dei Filius, et purgatam inveniret a reatu alieno, et immunem a proprio. In malivolam enim animam non poterat intrare sapientia, nec habitare in corpore subdito peccatis.

CXLIII.

880" SERMO IN CARNOTENSI CONCILIO

Sermonem quem in Carnotensi scriptum concilio terminari superveniens prohibuit causa, ut ad minorem eruditionem exarare non gravarer, nonnullos præsidentium postulasse recordor. Quod et vos, fratres charissimi, flagitantes, adjecistis plurima, quibus styli nostri somnolentiam excitari posse credidistis. Scilicet sic oportet episcopum vivere, ut etiam sepultus exemplo vivat omnibus aut verbo; esse apud Deum inferiorem populo sacerdotem, cujus nec doctrina in benedictione est, nec vita. Ex abundanti, fratres, hoc addidistis, scientes quod pepegerim mecum vos honorare, vos diligere in Christo, vobis in his omnibus morigerari, quæ vel amicum postulare conveniat, vel facere possim postulatus. Unde et votis vestris adfuturum me promisi, quod utinam minime promisissem, siquidem mendacii arguar, nisi solvam quod spopondi; si stylo indulgeam, ridiculus scriptor inveniar. In silentio itaque delictum est, in pagina confusio. Malui tamen ingenium defectu, quam sacerdotem mendacio accusari. Hinc est, quod operi manum apposui, rogans ipsum fieri procul ab oculis hominum, si sentitis ipsum linguas hominum formidare. In quo, si forte reperiar addidisse aliquid, aut dempsisse, si non eumdem tenuisse ordinem : scitote, quod scribere decreverim, non prædicare, et corrigere scripto, si quid fuit in sermone peccatum.

Nisi fallor, præsens capitulum sermonis initium fuit : « Oculi sapientes in capite ejus, stultus autem in tenebris ambulat (*Eccl.* ii, 14). » In superficie hujus litteræ nihil, quod ad fidem erudiat, nihil quod moribus prosit, invenitur, sive enim sapiens homo sit, sive insipiens, oculi ejus nusquam nisi in capite ejus. Necesse ergo est intellectum quæri altiorem. Latet fructus in foliis, os putei clausum est. Tollite folia, et invenietis fructum pretiosiorem cunctis operibus, et omnia, quæ desiderantur, huic non valent comparari. Eruderate puteum, et occurret vobis fons aquæ salientis in vitam æternam. Apostolus dicit : « Caput mulieris vir, caput autem viri Christus (*I Cor.* xi, 3). » Caput istud, caput, de quo descendit unguentum in barbam, barbam Aaron. Ex isto capite totum corpus Ecclesiæ subsistit, totum sentit, totum vegetatur, totum regitur. Caput ergo Ecclesiæ Christus. In hujusmodi capite Scriptura sapientis oculos esse commemorat. Verum non sapientis sapientia hujus mundi, quæ stultitia est apud Deum; quia sapientes sunt homines ut faciant mala, bene autem facere nescierunt. Alia vere et longe alia est sapientia, ea scilicet, qua thesaurizamus thesauros in cœlo, qua miserentes pauperi Deum feneramus, qua facimus nobis amicos de mammona iniquitatis, cum defecerimus, in æterna nos tabernacula recepturos. Hujusmodi sapientiam sapiens in Christo capite suo intentis oculis figat, is in ipso legat, quod a nullo salus absque ipso. Is ipsum sequitur propter ipsum, si arduam, et arctam metitur viam, cum Psalmista dicens : « Propter verba labiorum tuorum ego custodivi vias duras (*Psal.* xvi, 4). » Vobis etiam, quorum professio est sacerdotium ; vobis, inquam, præ cæteris id ipsum incumbit, nam et vestrum caput ipse Christus est. A Christo autem mentis lumina avertere, in tenebris ambulare est. Ne ergo vos tenebræ comprehendant, in eo sint lumina cordis vestri. Lux enim de luce Christus. Christus liber vitæ est, sed liber scriptus foris, et intus; si dirigantur in hanc lucem lumina vestra, bonæ fient viæ vestræ, et studia vestra. Si libro huic inhæserint oculi vestri, foris in eo temporalia videbitis, intus autem spiritualia. Foris enim cum Maria cernetis Christum in muneribus a magis adoratum, cum Anna susceptum in templo, cum discipulis a discipulo traditum Judæis, cum Joanne clavis, et lancea perforatum. Foris, inquam, aspicietis obsequio Joseph eumdem exhibitum sepulcro, custoditum a militibus in sepulcro, testibus angelis suscitatum de sepulcro. Intus autem adorabitis unigenitum Dei Filium, quotidie audientem a Patre : « Filius meus es tu, ego hodie genui te (*Psal.* ii, 7). » Intus contemplabimini sapientiam, qua erupere abyssi, et nubes rore concrescunt. Intus amplectemini reformationem vestram.

« Verbum caro factum est, et habitavit in nobis (*Joan.* i, 14). » Præterea, cum his omnibus docebimini, sacerdotem debere gloriam Deo, sibi censuram, vitiis odium, confœderationem moribus, doctrinam populo, reverentiam sacramentis, quorum scilicet sacramentorum contemptus judicium * de his ergo rogatus scribere, quia sacerdotibus obsequor, oratione sacerdotum inde precor subveniri. Pulsantibus ad ostium misericordiæ fortassis aperietur, et ex eorum potero suffragiis, quod me nec ingenio, nec meritis posse confido.

Tria itaque sunt in civitate Dei nostri sacramenta, quæ et tempore cætera præcesserunt, et in reparatione filiorum Dei principatum obtinere noscuntur. Eorum primum est conjugium, secundum baptismus, tertium Dominicæ mensæ sacra libatio. His in juventute mundi forma est divinitus impressa, certi fines assignati, quos excedere, quia non expedit, auctoritas non permittit. Quippe Christiani formam conjugii primæ parentis nuptiæ prætenderunt. Baptismum diluvii ablutio expressit. In sacrificio, Melchisedech præfixum est altaris Christi sacramentum. De quibus nos amplius aliquid auxiliante Domino locuturi singula necesse est percurramus. In illo igitur primorum parentum conjugio masculum et feminam communis assensus astrinxit. Ætas amborum suscitandæ proli conveniens. Conjux una sub uno marito. Secretiore tori licentia vir uxorem cognovit. Indivisum usque ad mortem matrimonium. Ecce formam, ecce primi terminos conjugii. Nos tamen excedere, atque uti carne carnalius necessitas, et proles, et duritia docuerunt. Constat enim necessitate factum, ut ad negotium nuptiale, frater sorori cohæreret, et propinquitatum nomina nominibus matrimonii jungerentur. Dehinc amore prolis vir unus ad plures intravit uxores. Divortium autem contractum est duritia maritorum. Quid de Jacob Dominus dixerit audiamus : « Jacob dilexi, Esau autem odio habui (*Mal.* i, 3). » Ille tamen ante partum electus, dilectus ante meritum, patriarcha ex patriarchis, ex Jacob Israel, ex pecudum custode cœlestis militiæ contemplator, inter Liam et Rachelem discurrit, utique conjugium debitum persolvens. Helcana cum ei Phenenna filios generaret, Samuelem ex Anna suscepit. Fuerunt et alii viri sancti, qui non ad liberas tantum, sed simul ad ancillas etiam ingressi, benedictionem filiorum ex carne præter carnem quæsierunt. Quorum tales cum talibus commistiones si divinam traherent indignationem, Augustinus nuptias Abrahæ non his commendaret verbis : « Sicut non est impar meritum patientiæ in Petro, qui passus est, et in Joanne, qui passus non est, sic non est impar meritum continentiæ in Joanne, qui nullas expertus est nuptias, et in Abraham, qui duos filios generavit. Illius enim cœlibatus et hujus conjugium Domino pro tempore militaverunt. » Porro quod virorum duritia repudii libellum dictaverit, Salvator sic ad Judæos loquens ostendit : « Moyses ad duritiam cordis vestri uxores vestras dimittere permisit. Ab initio autem non fuit sic (*Matth.* xix, 8). » Intra terminos itaque primi conjugii necessitate suscepta est consanguinitas, prolis affectu multiplex uxor, virorum duritia dissidium. « At ubi venit plenitudo temporis, misit Filium suum in mundum factum ex muliere, factum sub lege, ut eos qui sub lege erant redimeret, ut adoptionem filiorum reciperemus (*Gal.* iv, 4) ; » adventus ejus sub priore forma sacramentum restrinxit nuptiarum. Ex tunc a matrimonio exclusa est cum affinitate consanguinitas, remotus uxorum numerus, Evangelii inhibitum lege divortium. Etenim, quia « novus homo venit in mundum, nova præcepta dedit mundo, Mandatum, » inquit, « novum do vobis, ut diligatis invicem sicut dilexi vos (*Joan.* xiii, 35). » Et illud : « In hoc cognoscent omnes, quia discipuli mei eritis, si dilectionem habueritis ad invicem (*ibid.*, 35). » Sancta et sine exemplo hujus novi hominis, et vita simul, et doctrina. Qui enim charitate venit ad homines, doctrina simul, et vita dilatavit inter homines charitatem. Si quidem sub eo discitur inimicos etiam diligendos, ut charitas dilatetur. Discitur bonum pro malo reddendum, ut charitas dilatetur. Discitur inter extraneos tantum contrahendas esse nuptias, ut charitas dilatetur. Magnum in hoc etiam, et celebre conjugii bonum : amici fiunt inde, qui nascuntur Inimici. Inde est, ut carne quidem maritus et uxor uniantur, animo autem universa eorum parentela. A Christianis autem nuptiis ideo multa uxor exclusa est sub gratia, quia Salvatore nato, quærendi potius erant spirituales filii, quam carnales. Nec tam Jacob imitandus generans, qui generarent Christum, quam Joannes generare renuens propter Christum. Unde et sic Apostolus ait : « Volo omnes homines esse, sicut et ego sum (*I Cor.* vii, 7). » Ne igitur homo fieret « sicut equus, et mulus, quibus non est intellectus (*Tob.* vi, 17). » licentia contendi conjugibus obliterata est. Ne fornicationis uretur incendio, una uni indulta est. De quo etiam Apostolus his loquitur verbis : « Unusquisque suam habeat propter fornicationem, et unaquæque suum. Hoc autem dico non secundum imperium, sed secundum indulgentiam (*I Cor.* vii, 6). » Præterea quidem Deus erat, qui ad procreandum genus humanum, mulieri uni conjugavit unam carnem ; Lamec autem homo, et peccator ; qui primus in duas uxores divisit unam carnem. In quo jam tunc evacuatum est quoddam conjugii bonum, scilicet fides qua sicut uxor ad alterum vivente viro, sic et vir ad alteram, dum superstes est conjux, ingredi prohibetur. Ne igitur vel hujusmodi boni Christianum defraudaretur matrimonium, unitati pluralitas cessit. Cessit etiam stabilitati divortium, in qua sacramentum esse conjugii sic Augustinus ostendit : « Omne nuptiarum bonum impletum est in parentibus Christi, proles, fides, sacramentum. Plene cognoscimus ipsum Dominum ; fidem, quia nullum adulterium; sacramentum, quia nullum divortium. »

Porro nullum divortium esse nihil aliud est, quam usque ad alterius mortem conjugium stabile, et firmum perdurare, sane quod aliis omnibus omissis, quæ in legitimo exiguntur matrimonio, ipsius stabilitati sacramentum Augustinus ascribit, prærogative potius, quam singulariter dictum, quidam non imprudens, sicut opinor, dixerit; sacramentum enim sacræ rei signum esse, non contemnenda tradidit auctoritas. Quod autem sub nubilibus annis celebrandæ sunt nuptiæ, sacræ rei signum est. Quod assensu viri simul et mulieris, sacræ rei signum est. Quod unus uni tantum conjungatur, sacræ rei signum est. Quod indulgetur invicem genitivo usui, et honesto, sacræ rei signum est. Quod separari non possint in Domino conjuncti, sacræ rei signum est. Idcirco, cum Apostolus de conjugio loqueretur : « Magnum, inquit, hoc sacramentum ; dico autem in Christo, et in Ecclesia (*Ephes.* v, 32). » Nimirum sponsus Ecclesiæ Christus, sponsa Christi Ecclesia.

Hora, qua fons super fontem sedit, tempus fuit nuptiarum, hora autem illa hora quasi sexta. Ostendit hoc evangelista, cum dicit : « Jesus fatigatus ex itinere sedebat super fontem, hora erat quasi sexta (*Joan.* iv, 6). » Si fides præstatur auctoritati, sexta hora sexta ætas. In hac ætate celebrari nuptias oportuit, ætas enim illa plenitudo temporis est, in qua nubilis facta est Ecclesia, et viro paratior. Ante hoc tempus parvula fuit, et ubera nondum habebat. Ubi ad hoc temporis ventum est, in uberibus inventa est, et viro paratior. Quod Augustinus in lib. De tempore Christianæ religionis his ostendit verbis : « Dicimus tunc voluisse hominibus apparere Christum, et apud eos prædicari doctrinam suam, quando sciebat, et ubi sciebat esse, qui in eum fuerant credituri. His enim temporibus, et his locis, quibus Evangelium non est prædicatum, tales omnes in ejus prædicatione futuros esse præsciebat, quales non quidem omnes, sed tamen multi in ejus præsentia corporali fuerunt, qui in eum nec suscitatis ab eo mortuis voluerunt credere. Quales etiam nunc multos videmus, cum tanta manifestatione de illo compleantur præconia prophetarum, nolle adhuc credere, et malle humana astutia resistere, quam tam claræ atque perspicuæ, tamque sublimi et sublimiter diffamatæ divinæ credere auctoritati, quandiu parvus et infirmus est intellectus hominis divinæ credere veritati. Quid ergo mirum, si tam infidelibus plenum orbem terrarum Christus in prioribus sæculis noverat, ut eis apparere, vel prædicari merito nollet, quos nec verbis nec miraculis suis credituros esse præsciebat ? » His itaque præmissis, consultum est infirmitati mortalium, et medicamine congruo, et tempore opportuno. Hora ideo sexta sedit supra puteum Jesus, sciens hora sexta venturam ad fontem Samaritanam ; unde et ipsa ad fontem venit, et vivum fontem invenit. Sitiebat fons, et sibi dari libere postulavit; acquievit Samaritana, dedit de fonte fonti, ipsa susceptura fontem aquæ salientis in vitam æternam. Sexta igitur hora Christus potum petit, sexta hora sitienti Samaritana ministravit. Tempus hoc tempus opportunum; in quo nuptias filio suo paterfamilias faceret, in quo Christus Ecclesiam oscularetur osculo oris sui, in quo inter ubera Virginis sponsæ sponsus Virgo commorari, et quiescere lætaretur. Tempus, inquam, opportunum, in quo generaret filios adoptionis, in quo lacte quidem parvulos aleret, robustos autem pane confirmaret doctrinæ. Hanc itaque temporis plenitudinem, quæ ad celebrandas spirituales nuptias desuper ordinata est, et exspectata diutius ille concurrens annorum mystice signat, qui in contractu carnalium expetitur nuptiarum. Unde et ipse sacramentum est, quia sacræ rei signum est.

CXLIV.

DE COMMUNI CONSENSU.

880 Quod animum ipsum, et Ecclesiam spontaneus, et communis consensus astruxerit, operæ pretium est non tacere. Ecclesiam Christus elegit, electam dilexit usque in finem, cum dilecta permansurus etiam post finem. De hac electione sic ipse discipulis loquens ait: « Ego vos elegi de mundo, ut eatis, et fructum afferatis, et fructus vester maneat (*Joan.* xv, 19). » « Elegit, inquit, Dominus Sion, elegit eam in habitationem sibi (*Psal.* cxxxi, 13). » Eisdem quoque discipulis dilectionem suam ipse insinuans dicit: « Jam non dicam vos servos, quia servus nescit quid faciat Dominus ejus. Vos autem dixi amicos, quia omnia, quæcunque a Patre meo audivi, nota feci vobis (*Joan.* xv, 15). » Hujus dilectionis magnitudinem evangelista perstringens: « Cum dilexisset, inquit, suos, qui erant in mundo, in finem dilexit eos (*Joan.* xiii, 1). » Scilicet in tantum dilexit eos, ut temporalem vitam finiret propter eos. O vere beatam atque imitandam dilectionem! cœpit hæc ante crucem, deduxit ad crucem; permansura est post crucem. Mittens enim discipulos Dominus ad prædicandum, sicut agnos inter lupos, dicit: « Nolite timere; ecce ego vobiscum sum usque ad consummationem sæculi (*Matth.* xxviii, 20). » Qui sic ergo Ecclesiam elegit, qui electam dilexit usque ad mortem, dubium non est ipsum nuptiis ejus dedisse assensum. Quod autem sponsa hæc eligenti, ac diligenti sponso consenserit, sapientibus testimoniis declaratur. « Ambulans Jesus juxta mare Galileæ vidit duos fratres, Simonem, qui dicitur Petrus, et Andream fratrem ejus mittentes retia in mare; erant enim piscatores (*Matth.* iv, 18). » Quare « ait illis: Venite post me; faciam vos piscatores hominum. Qui, statim relictis retibus et navi, secuti sunt eum. Et progressus inde vidit alios duos fratres Jacobum Zebedæi, et Joannem fratrem ejus cum Zebedæo patre eorum, reficientes retia sua, et ait illis: Venite post me. Qui, statim relictis retibus et patre, secuti sunt eum (*ibid.* 19). » Vidit et Matthæum sedentem in telonio, cui et dixit: « Sequere me; qui statim secutus est eum (*Matth.* ix, 9). » Secuti sunt et alii, quos etiam Scriptura dixisse commemorat: « Domine, ecce nos reliquimus omnia, et secuti sumus te. Quid ergo erit nobis? (*Matth.* xix, 27). » Vocantur isti, et in modica supellectile totum mundum pro Christo derelinquunt; ad nuptias veniunt, de convivis in sponsam transituri. Deponunt retia, fructuosius homines piscaturi quam pisces. Fastidiunt carnalis illecebras conjugii, felicius cœlo generaturi, quam sepulcro. Forensibus negotiis abrenuntiant, veras divitias fallacibus præponentes. Dubitari non potest has Ecclesiæ primitias assensum præstitisse vocanti, quæ statim vocantem secutæ sunt. Vocatur etiam quotidie diaboli concubina, cujus menstrua dum lavantur fonte Christi, fit et ipsa sponsa Christi. Quotidie filia Chananeæ fide matris a dæmonio liberatur. Quotidie regina austri venit a finibus terræ audire sapientiam Salomonis. Quotidie noster Osee meretricem ducit uxorem. Quanto autem amore sponsa hujusmodi ferveat, audiamus. Flagellantur in Actibus apostolorum discipuli, cæsisque denuntiatur, ne loquantur in nomine Jesu. Ipsi tamen gratias agunt, et gaudent, « quoniam digni habiti sunt pro nomine Jesu contumeliam pati (*Act.* v, 41). » Idem faciunt extra Synagogam, dum confitentur Christum. Ponuntur in custodia publica, dicentes, « quia non est in alio aliquo salus (*Act.* iv, 12). » Ipsi tamen gratias agunt, et gaudent, « quoniam digni habiti sunt pro nomine Jesu contumeliam pati. » Ducitur extra civitatem lapidandus a Judæis Stephanus. Mittit Herodes qui quosdam de Ecclesia affligerent, tradit et Petrum carceri, volens post Pascha producere eum populo. Ipsi tamen gratias agunt, et gaudent, « quoniam digni habiti sunt pro nomine Jesu contumeliam pati. »

Ter virgis cæditur pro Christo Paulus, semel lapidatur pro Christo, ter pro Christo naufragium facit. Ipse tamen in laboribus plurimis, in carceribus abundantius, in plagis supra modum clamat: « Quis nos separabit a charitate Christi? » (*Rom.* viii, 35.) Alii ludibria experiuntur et verbera, nullam suscipiunt redemptionem, a communibus excluduntur beneficiis, circumeunt in melotis, in pellibus caprinis, hominibus spectaculum, et quasi peripsema fiunt. Ipsi tamen inter flammas, et furentium dentes bestiarum cum Paulo dicunt: « Quis nos separabit a charitate Christi? » Denique propter Christum mortificatur tota die Ecclesia, propter Christum æstimatur quasi ovis occisionis, id experta, quod suis Dominus dicit: « Venit hora, ut omnis, qui interficit vos, arbitretur obsequium se præstare Deo (*Joan.* xvi, 2). » Ipsa tamen inter mille mortes cum Paulo exsultat, cum Paulo clamat: « Quis nos separabit a charitate Christi? » Hujus amore calebat, quæ per Salomonem dicebat: « Filiæ Hierusalem, nuntiate dilecto, quia amore langueo (*Cant.* ii, 5). »

Ecce sacer et plenus gratiæ consensus. Hoc inter Christum et Ecclesiam contractæ sunt nuptiæ, quibus parit, non perit virginitas. Generantur filii, quibus sepulcrum non pollicetur hæreditaria mortalitas. Hoc itaque mysticus ille signat consensus, qui in contactu carnalium expetitur nuptiarum; unde et ipse sacramentum est, quia sacræ rei signum est. Sed nec illud a mysterio vacat, quod diximus unam uni conjungendam; una enim est Sponsa Christi, quoniam una est Ecclesia Jesu Christi. De differentibus membris unum corpus est sub capite Christo. De duobus gregibus unum ovile sub pastore Christo. Unde per Salomonem Dominus ipse sic loquitur : « Una columba mea, perfecta mea, una est matri suæ, una genitrici suæ (*Cant.* vi, 8). »

De eodem Cyprianus adversus Novatianum : « Ecclesia, inquit, una est, quæ in multitudinem latius incremento fecunditatis extenditur, quomodo solis multi radii sunt, lumen unum, et rami arboris multi sunt, robur unum tenaci radice fundatum. » Idem : « Hoc unitatis sacramentum, hoc vinculum concordiæ inseparabiliter cohærentis ostenditur, quando in Evangelio tunica Domini non dividitur omnino, nec scinditur, sed sortientibus de veste Christi, qui Christum potius indueret, integra vestis accipitur. » Ideo loquitur ad Moysen Deus dicens : « In domo una comedetur, non ejicietis de domo carnem foras (*Exod.* xii, 46). » Caro Christi, et semen Domini ejici foras non potest, nec alia ulla credentibus præter unam Ecclesiam domus est. Descivit ad hac unitate Synagoga, quæ præventa sponsalibus Christi degeneravit in adulteram Antichristi. Jam tunc ea legitimum sponsum adversata est, quando in excelsis cum lapide, et cum ligno fornicata est. Misit ad eam vir suus, qui dicerent : « Revertere, et non est reversa (*Jer.* iii, 7). » Novissime venit et ipse, venit, inquam, venit ad eam, et in menstruis invenit eam. Obtulit annulum in manu ejus, murenulas aureas, et vermiculatas argento faciens auribus ejus. Denique gratiam suam revertenti promittens ait : « Revertere, et non est reversa. » Proh dolor ! ea tunc in suis sordibus derelicta est, quia dereliquit fontem David patentem in ablutionem ignominiæ suæ. Tunc in lecto prostitutionis dimissa est, quia non cognovit tempus visitationis suæ. Tunc repudii libellum promeruit, quia verum abdicavit sponsum, maledicens cæco nato, et dicens : « Ex discipulis illius es, nos autem Moysi discipuli sumus (*Joan.* ix, 28). » Tunc accepit, quia rejecit suave jugum ejus, et onus ejus leve, quando clamavit : « Non habemus regem, nisi Cæsarem (*Joan.* xix, 15). » Erit tamen, erit, inquam, tempus, in quo illa de contemptu in gratiam redeat, in dilectam de repudiata convertatur, de meretrice proficiat in virginem. Tunc et ipsa fiet sponsa Christi, non quidem altera, sed una et ipsa, et columba Jesus Christi. Sicut autem sponsa Christi sponsa una, sic et sponsus Ecclesiæ sponsus unus. Unum habet ea sponsum, unum diligit, unum cognoscit, uni generat, uni lactat, unus ille Sanctus sanctorum est. Idem Deus et homo est. Sanctum hunc sanctorum multi præcesserunt electi, multi etiam secuti sunt. Sicut sacra refert historia, præmissa est manus et brachium,

cum Jacob ex Rebecca nasceretur. Deinde edito capite cœtera membra in lucem novissime prodierunt. Tenebat autem manus præmissa plantam pedis Esau præegressi, sic ea caput antecessit nasciturum, sed ipsa membrum capitis nascituri : reliquæ partes natum caput secutæ sunt, sed partes ipsæ membra capitis jam nati. Sicut autem illa, et ista membra corpus unum, ita caput corporis hujus caput unum. Sic et Christum prophetæ præcesserunt, sic Elias, et Eliseus, sic plerique Veteris æmulatores Testamenti. Qui scilicet, ne populus duræ cervicis, et incircumcisus corde post deos alienos ambularet, aut sequeretur viam latam et spatiosam, quæ ducit ad mortem, Pentateucho Moysi tanquam vinculis quinque digitorum pedes ejus ligasse, ac tenuisse noscuntur. Ubi autem veritas de terra orta est, secuti sunt apostoli veritatem, secuti sunt martyres, secuti sunt ii, quos undecima hora in vineam patrisfamilias venisse Matthæus commemorat. Illi quidem sub lege Christum in tempore præcessere, sed fide facti sunt membra nati Christi. Sicut autem illa, et ista membra corpus unum, et Ecclesia una, sic unius corporis caput unum Christus, et unius Ecclesiæ sponsus unus Christus. Attende Moysen ; præco sponsi non sponsus fuit. Considera plusquam prophetam, indignum se esse confitetur, qui solvat corrigiam calceamentorum sponsi. Paulum respice. Dictum est a sponso, quia oportet eum pati multa pro nomine sponsi. Intuere Petrum et Andream, percurre discipulos ; domestici quidem sponsi fuerunt, nullus autem sponsus. Vides igitur sponsam Christi unam esse Ecclesiam, et sponsum Ecclesiæ unum esse Christum. Utriusque autem unitatis signum est earum unitas personarum, quæ in contactu carnalis conjugii singulæ requiruntur : unde et ipsa sacramentum est, quia sacræ rei signum est.

Nuptialis autem, et contemplatione prolis indulta commistio cum sit necessaria suscitando semini, magnum etiam in ea est sacramentum. Esse namque duas generationes Veritas his declarat verbis : « Quod natum est ex carne, caro est (*Joan.* iii, 6), » quare quod natum est ex spiritu, spiritus est. Porro carnalis generatio tota carnaliter agitur; spiritualis autem tota spiritualiter impletur. Aquam vides, vides catechumenum, vides ministrum ; id autem quod in aqua fit, non vides, quod apud catechumenum, quod per ministrum. * Purum vides elementum, sed signo crucis, atque virtute verborum vim secretam acquirit. Obligatus diabolo puer in fontem descendit; sed suus, et Christi liber egreditur. Profert verba minister, sed Agnus baptizat, qui tollit peccata mundi. Generatio hæc ex veteri materia novam progeniem creat, non mutuans substantiam, sed tollens culpam. Purgat enim ab antiquo personam contagio, inserens eam corpori Christi, et cœlestem de terrena efficiens. Generatur illa generatione prima primus Adam, secundus in ista renascitur. Generatur ex illa diabolus, quod per istam dispendium redintegrat angelorum. Unde et ea, quæ in carne generat, sacramentum est, quia istius, quæ generat in spiritu, sacrum signum est.

Legimus autem Dominum super his, quibus invicem de conjugio complacuit sic dicentem : « Quod Deus conjunxit, homo non separet (*Matth.* xiv, 6). » Hinc est, quod nisi in morte alterius dirimi non potest copula conjugalis. De quo sic Apostolus ad Corinthios scribens ait : « Mulier alligata est, quanto tempore vir ejus vivit. Quod si dormierit vir ejus, liberata est a lege viri. Cui vult nubat, tantum in Domino (*I Cor.* vii, 39). » Utroque igitur superstite, superstes et inconvulsa matrimonii lex existit. Sic et spirituale conjugium Christi, et Ecclesiæ nunquam dirimitur, nunquam solvitur, quia nunquam Christus, nunquam Sponsa Christi moritur. « Christus enim resurgens ex mortuis jam non moritur ; mors illi ultra non dominabitur (*Rom.* vi, 9). » Et Apostolus : « Si terrestris, inquit, domus nostra dissolvitur, habemus domum non manufactam, sed æternam in cœlis (*II Cor.* v, 5). » In cœlis igitur uterque vivit, in cœlis alter alteri congaudet. Vivit sponsus in cœlis, anima simul et corpore consummatus. Vivit sponsa in cœlis, nequaquam felicior de glorificato spiritu, quia de glorificanda carne securior. Congaudet sponsus sponsæ, quia abstersit Deus omnem lacrymam ab oculis ejus, et introduxit eam in cubiculum suum. Congaudet sponsa sponso, quoniam sedet ad dexteram majestatis in excelsis, et regnum ejus regnum omnium sæculorum. Hanc profecto congaudendi vicissitudinem charitas docuit, charitas movit, charitas, ea charitas inexstinguibilis, et transire nesciens cum tempore.

De charitate ista sic Isaias ait : « Dixit Dominus, cujus ignis est in Sion, et caminus in Hierusalem (*Isa.* xxxi, 9). » Nostis, fratres charissimi, Sion speculam, Hierusalem vero visionem pacis interpretari. Quare quidem sanctorum animæ, dum mortalitatis hujus circumferunt corpus, in Sion esse dicuntur, scilicet a longe speculantes, qui sperant, et præstolantur mercedem. Erunt autem eædem in Hierusalem, quando, duplici stola suscepta, facie ad faciem Deum videbunt, mutantes imperfectum plenitudine, spem munere, imaginem veritate. In illa Sion erat Apostolus, cum dicebat : « Videmus nunc per speculum in ænigmate (*I Cor.* xiii, 12). » Hanc sibi Hierusalem promittebat, cum submittebat : « Tunc autem facie ad faciem (*ibid.*). » Item idem : « Nunc cognosco ex parte, tunc autem cognoscam, sicut et cognitus sum (*ibid.*). » Est igitur ignis in Sion, et caminus in Hierusalem, quia charitatis fervor modicus est in hac vita, plurimus in futura. In hac igniculus, in futura caminus. Hic portio, ibi plenitudo. « Veniet enim quod perfectum est, et evacuabitur quod ex parte est (*ibid.*). » Porro sicut nunquam Christus, nunquam Ecclesia moritur, ita nunquam tam beata inter eos exstinguitur, aut exstinguetur charitas ; nunquam solvitur, aut solvetur eorum beatissimum, et spirituale conjugium. Hujus tamen sacratæ perennitatem copulæ ea stabilitas carnalis conjugii designat, quam viventi viro, et uxori, non homo, sed Deus, non fori lex assignavit, sed poli. Unde et stabilitas hæc sacramentum est, quia sacræ rei signum est.

VEN. HILDEBERTI OPUSCULA.

MONITUM.

Quæ de variis venerabilis Hildeberti Opusculis in nostra generali præfatione notavimus, hic iterum retractare supervacaneum esset. Hoc solum te, benevole lector, monitum velimus ita frequenter Hildebertum in epistolis de suis opusculis sermonem habuisse, ut nullum relinquat dubium, quin longe plura scripserit, quam quæ hucusque juris publici facta sunt, quæve hic nostro studio recenter comparata illi proveniunt. Sic nimirum in epistola 2, lib. iii, ad Clarembaldum Exoniensis Ecclesiæ canonicum, diserte asserit se *Historiam miraculorum ejusdem Ecclesiæ* scripsisse, quam ad secundum exemplar ei ab hoc canonico transmissum se spondet alio stylo retractaturum ; quam Historiam ex Anglia detegere, per hodiernas turbas nobis non licuit. Præterea epistola 15 ejusdem libri iii, Reginaldum divi Augustini monachum sic affatur sub finem : *Noveris me venerari pariter et amplecti quod aliquas positiones ingenioli mei filias, aut nostrorum particulas versuum tuo te operi inseruisse notasti. Tunc enim placere mihi incipio, cum video scripta mea majoribus minime displicere.* Quod indicat jam tunc Hildeberti lucubrationes apud litteratos non modico fuisse in pretio. Epistola etiam 30 ejusdem libri iii, ad Willelmum Wincestrensem episcopum, sic ad ipsum : *Postulasti enim exarari tibi opuscula mea, et exarata transmitti. Quo audito hæsi diutius, vel amicum offendere metuens, vel risum legentibus suscitare.* Ita humillimus auc'or opera propria vilipendit, quæ doctiores tanti pendebant, ut eorum fragmentis ornare sua scripta non dubitarent.

Porro, utrum exceptiones, seu excerptiones Juris, quas huc usque editores omnes Bibliothecæ Patrum nostro tribuerunt Hildeberto, et quas hic pro epistola 53 lib. ii, damus, eæ ipsæ sint quæ totidem verbis Præfationem Ivonis in suum Decretum inchoant, perspicacior judicet Lector. Nos interea compertum habemus ex ejusdem Hildeberti epistola 27 lib. ii ipsum Exceptiones Decretorum, quas in unum volumen, ut ait, *ordinare disposuerat, et quarum jam partem expleverat,* inchoasse : quas quidem per curas episcopales non illi licuit absolvere, sed quas iis, quantocius posset, excussis ibidem se spondet ad umbilicum deducturum.

Quæ autem opuscula hic damus, et manuscriptis codicibus optimæ notæ, iisque pro majori parte cœvis, qua potuimus sagacitate et diligentia eruimus, et quos ad cujusque opusculi caput indicare curavimus. His fruere, benevole Lector, et, si quid minus exacte discretum forte deprehenderis, cum idipsum, quodcunque sit illud, nihil nisi orthodoxum, et bonis moribus consonum offerat, nostros saltem conatus tua, obsecro, benegnitas excuset.

PROLOGUS IN VITAM S. RADEGUNDIS.

FRANCORUM REGINÆ (25-26). (a).

—

881-886 1. Sapientis est metiri vires, nec aliquid ultra profiteri. Hanc mihi providentiam dilectio tua, charissime Scimane (27), excussit,

(25-26) Hanc sanctæ Radegundis Vitam, ad nostrum R. P. Mabillonium a R. P. D. Claudio Stephanotio, rerum antiquarum studiosissimo, olim transmissam ipse Mabillonius, cum se quandoque offerret occasio, juris publici facturum proposuerat. Verum gravioribus intentus studiis, solum interim in illam V. Hildeberti Prologum, t. I. Analectorum suorum inseruit, et Opusculum ipsum nobis, Hildeberti lucubrationes quaquaversum investigantibus, evulgandum amice dimisit. Hanc autem sanctæ Reginæ Vitam præfatus Stephanotius e duobus optimæ notæ mss. codicibus Regalis Ecclesiæ collegiatæ sanctæ Radegundis Pictavensis eruerat, in quorum antiquiore, pagina prima, depictus cernitur episcopus, sacris vestibus indutus, qui flexis genibus librum offert sanctæ Radegundi coronatæ, nigra veste et sanctimoniali indutæ, et sedenti, quæ et ipsius capiti infulato coronam imponit, supra quam scriptum est antiquo charactere vocabulum hoc : HILDEBERTUS EP. Circa caput autem beatæ Reginæ, sic scriptum est : S. RADEGUNDIS REGINA. Assistunt autem ei duæ sanctimoniales, nigris vestibus similiter indutæ, cum his vocibus : S. AGNES. S. DISCIOLA. Subtus autem, in Iconis margine, leguntur hi duo versus :

Crimina pastoris tanti mercede laboris
Christus condonat, et eum regina coronat.

Quænam autem fuerint sanctimoniales, sanctæ quia malui ridiculus scriptor, quam tibi inobediens inveniri Tuis nimirum exhortationibus Vitam beatissimæ Radegundis ausus sum describere, cum

Radegundi assistentes, discimus e Gregorio Turonensi : et quidem de S. Disciola, historiæ Francorum lib. vi, n. 9, ubi pretiosa ejus mors enarratur; de S. autem Agnete, lib. ix, n. 42 ubi in suo diplomate ibi relato S. Radegundis, eam a S. Germano Paris. episcopo, in abbatissam benedictam fuisse asserit. Utramque vero ut sanctam, coli in Ecclesia Pictaviensi in Idus Maias, notat noster Ruinartius in suis ad Gregorium Turon. notis, et ut sanctas invocari in litaniis Pictonicis, quæ ab Henrico Ludovico Castaneo, episcopo Pictaviensi, vulgatæ sunt.

Hanc autem Iconem, ut eximium antiquitatis monumentum, graphice ad originale descriptam, et a nobis, quam exacte fieri potuit, insculpi jussam, ad paginæ præcedentis caput lectori censuimus exhibendam.

(27) Mabillonius tomo I veterum Analectorum pag. 296 hunc eumdem pro *Seimano* appellat *Seimarum*, et in indice ejusdem tomi illum cognominat *Pictavensem*. Ignoramus an Mabillonius ei istud cognomen tribuat a loco natali, utrum ab aliqua dignitate, quam in urbe Pictaviensi habebat. Saltem inter episcopos Pictavienses nullum hujus nominis aut temporis præsulem reperimus. Sed ex hoc prologo patet, fuisse virum magnæ auctoritatis, cum huic Hildebertus præsul tam prompte obtemperaverit, eique opusculum suum corrigendum aut supprimendum commiserit. BOLL.

.(a) † Huic novissimæ editioni vitæ B. Radegundis addita : 1° capitum distinctio cum argumentis; 2° notæ, ex Act. SS. Bolland., tom. III, mens. Aug.

dare operam studio non magis tarditas ingenii, quam pontificalis administrationis occupatio (28) prohiberent. De ejus tamen gratia præsumens, qui linguas infantium facit disertas, ad Fortunati simul et Baudoniviæ sanctimonialis scripta recurri (29) quorum uterque præfatam prosecutus vitam, de pretioso apparatu pretiosa parum (30), sicut tibi videtur, fercula confecerunt. Eorum scriptis diligenter **887-888** evolutis, Fortunatum sequi disposui, cui non minus ex vita, quam ex dignitate pontificis (31) plurimum auctoritatis accedit. Quædam tamen miracula, quorum Fortunatus quidem nullum attigit, sanctimonialis vero memoriæ reperitur

(28) Ex isto loquendi modo liquet hanc Vitam S. Radegundis ab Hildeberto concinnatam esse, quando jam erat præsul, adeoque post annum Christi 1197. At nondum scimus, utrum eo tempore Cenomanensem Ecclesiam, an Turonensem gubernaret.

(29) Hinc confirmatur fides Actorum qua sub nomine Fortunati et Baudoniviæ exhibuimus, cum utraque illa lucubratio venerabili Hildeberto præluxerit. BOLL.

(30) Hildebertus hoc loco Fortunati et Baudoniviæ appellat *pretiosa parum fercula*, eo quod obscuro ac difficiliori stylo composita sint, quamvis autem Hildebertus scabrum utriusque hujus auctoris stylum subinde limaverit, tamen nonnulla æque ac obscura reliquit, ut Mabillonius tom. I veterum

commendasse, superaddere disposui ; nec tamen omnia, sed ea solummodo quæ relatu digniora beatissimæ mulieris et meritum declarant et præmium. Cætera nosse cupientem volumina Baudoniviæ revolvere non tædebit. Tu itaque laboratum tibi consules opusculum, nec prius in aliorum manus incidet, quam tuo examine vel rejiciendum supprimi, vel approbatum publicis aspectibus offerri mereatur. Magna mihi rependes præmia, si subducas ab oculis hominum quidquid senseris eorum linguas formidare. Erit igitur non solum tui arbitrii, sed eorum etiam quos decreveris admittendos, vel correctum producere, vel penitus occultare vitiosum.

Analectorum p. 298, conqueritur his verbis : « Sperabam istius ope libelli illustratum iri quasdam voces obscurissimas, quæ apud Fortunatum in Vita ejusdem Radegundis occurrunt; at, comparatis Hildeberti et Fortunati scriptis, deprehendi Hildebertum aut loca scabrosa præteriisse, aut easdem voces obscuras retulisse, nihilque f. re præter styli elegantiam apud Hildebertum inveniri, quod in Fortunati et Baudoniviæ libris non habeatur. » Quædam voces barbaræ de quibus conqueritur doctus J. Mabillonius elucidatæ inveniuntur Act. SS. notis ad Vitam B. Radegundis, auct. Fortunato et Baudonivia, tom. III, Aug. pag. 57-83. BOLL.

(31) Hinc etiam refellitur opinio eorum qui S. Fortunato dignitatem episcopalem denegarunt. BOLL.

INCIPIT VITA

SANCTÆ RADEGUNDIS REGINÆ,

EDITA A DOMNO HILDEBERTO CENOMANENSI EPISCOPO.

—

CAPUT PRIMUM.

Sanctæ patria, regium genus, captivitas, educatio in Galia et pia opera, quæ usque ad nubilem ætatem exercuit.

2. Sicut sacra Evangelii testatur auctoritas : « Beati mites, quoniam ipsi possidebunt terram (*Matth.* v, 4), » illam scilicet terram, quam Propheta suspirans : « Portio mea, inquit, Domine, sit in terra viventium (*Psal.* cxviii, 57). » Hujus spe gloriosa et venerabilis regina beata Radegundis exsilii sui consolata molestias, dum temporalem dimisit hæreditatem, meruit sempiternam. Ex natione Toringa, vultu elegans, natalibus insignis, moribus insignior fuisse prædicatur. Non nova illam nobilitas, sed a priscis derivata parentibus illustravit. Avus ejus nomine Bessinus (32), pater vero Berectarius (33) regiam uterque attigit dignitatem. Ex his beata virgo sublimem ducens originem, multo clarius enituit virtutum facibus, quam fascibus dignitatum.

3. Porro cum jam cunas evasisset, et Francis

irruentibus devastata regione Toringa, cum reliquis et ipsa captiva adduceretur, captivis [*f.* captivitatis] sorte præda regi Clotario cessit, non magis ejus thalamo donatura conjugio, quam profutura moribus et exemplo. Hoc eventu puella patriam egressa Veromandis jussu regis deportatur in villa, cui Ateias nomen, aliquandiu nutrienda. Adhibentur ei honestissimæ vitæ et clarissimi custodes nominis, sub quibus ita litteraturam disceret, ne dedisceret honestatem; nec fuit arduum rudimentis illam liberalibus informari, cujus annos et sexum non minus acumen ingenii, quam castitatis insignia superabant. Præludebat jam in virgine morosa quædam senectus, et ascensiones **889** in corde suo disponenti sola ætatis infirmitas obsistebat. Inter illos tamen temporis et sexus aculeos inexorabiliter abhorrebat pudoris dispendia, solam morum suspirans venustatem. Unde et inter cæteros virtutum provectus, quibus tenera fervebat infantia, subvenire pauperibus, ecclesias frequentare, ac divinis satagebat interesse officiis.

(32) Hic rex Thuringiæ a Gregorio Turon. in Histor. Franc. lib. ii, cap. 12. *Bisinus*; ab aliis *Basinus* appellatur. BOLL.

(33) Genitor sanctæ nostræ a quibusdam *Beretharius* vocatur, ut patet ex textu Gregorii Turon. BOLL.

4. Erat etiam ejus consuetudinis aliquid semper de quotidiano sibi subtrahere edulio, et egenis largiores reliquias providere. Has diligenter coadunatas, abjecto fastu regio, puella collectis pauperibus erogabat. Commendabatur humilitate sedulitas, præmium devotione cumulabatur, cum ingenua virgo, lotis prius singulorum capitibus, eorum manibus aquam funderet, ipsa administraret cibaria, ne quid deesset alicui lumina circumferret. Dehinc Ecclesiam senili reverentia cum suis adibat coætaneis, in qua et hymnum solveret, et suam Deo commendaret castitatem. Ac ne illius Evangelii : « Qui non bajulat crucem suam et sequitur me, non potest meus esse discipulus (*Luc.* xiv, 27), » aliquando subriperet oblivio, signum crucis jubebat anteferri, quod suus ei clericus ex lignis in hos usus compingere consueverat, et ipse deferre (34). Facta autem oratione, veste quidem emundabat pavimentum, faciergio autem jacentem circa sacraria pulverem reverenter excutiebat, evehens quidquid ibi sordis aut pulveris habitantium incuria reliquisset.

5. Hæc fuere ludicra virginis ; hos mores tenera illius induit infantia ; benignus ei circa pauperes affectus, circa afflictos mira compassio. Procul ab ea mutabilis mulieris inconstantia, procul decor mutuatus. Nihil artis in vultu, nihil in sermone vanitatis. Incessus non industriæ fuit, sed naturæ. Raro mensæ, raro cultui ejus aliquid supra necessitatem accessit ; quod si quando contigit, conditioni delatum est, non satisfactum voluptati. Sic in deliciis delicias ignorans, nihil fuit honestati suspectum, nihil quod moribus defectum minaretur.

6. Ea profecto, cum necdum nubiles annos attigisset, modicum jam putabat virginitatis præmium, nisi illud martyrii gloria cumularet. Quo dum pertingere tenerrima virgo desiderat, multa præter, et propter justitiam a domesticis pertulisse memoratur. Imminente autem tempore quo eam prædictus rex Clotarius conjugio sibi sociare disposuerat, nocte cum paucis ab Atteias (*Athiés en Vermandois*) aufugit, illam generis successionem alto declinans consilio, cujus conceptus infestatio est pudicitiæ, partus vitæ. Tandem virgo reperta Suessionis deducitur, ibi quidem mortali nuptura regi, sed gratiam non amissura sempiterni.

890 CAPUT II.

Nuptiæ ejus cum rege Clotario, et pia vita quam tempore conjugii in aula duxit.

7. Igitur sociata specie tenus terreno principi, nobilis regina cœlestis cœpit effici, plus quam terrena. Nuptiis enim in Domino celebratis, animus ejus non humana extollitur gloria, non voluptate frangitur, non illecebris inclinatur. Idem sæculi contemptus, eadem in regina permansit humilitas. De moribus ejus nihil sibi secreta conjugii, nihil imperium, nihil opes vindicarunt. Usus istorum reginæ citra libuit (35), quam licuit. Denique hæc tria instrumenta virtutum convertit, cum impatientiam viri castitatis exemplo temperaret, reis adesset potentia, pauperibus divitiis subveniret. Sic offendicula morum sine offensione femina præteriens, non sibi, sed regno, non voluptati vixit, sed virtuti.

8. Fuit autem prima ejus a virginitate sua dispositio, ut quidquid sibi a tributis accessisset, quidquid lege donationis, totum necessitati deserviret egenorum. Eorum vero quæ supererant partem quidem Ecclesiæ, partem sibi cultus corporis vindicabat. Is etiam, si reginæ conditionem attendas, usui potius famulatus est quam decori. Perscrutabatur sollicite quo in loco infirmi decumberent, quibus, aut quid deesset cœnobitis, quam incolerent eremita solitudinem. Quos istorum non potuit præsentia, multimodis benedictionibus (36) visitavit. Aliis vestes ipsa consuit, aliis largiora transmisit alimenta. Quibus afflictis regina non adfuit? Quis inhorruit frigore, nec reginæ velleribus est calefactus? Quis clamavit post reginam, nec exauditus abscessit? Quid a regina pauperi potius exortum est, quam libenter oblatum? Quem diem non judicavit perditum, quo pro perditis moribus non egerit? Quando cultu detenta est corporis, ne causis interesset orphanorum? Et quoniam legerat : « Labia sacerdotis custodiunt scientiam, quia Angelus Domini exercituum est (*Mal.* vii, 7), » sacerdotum doctrinis adesse, sacerdotum se orationibus commendare satagebat. Eorum nullus exactione gravabatur, nullus regiæ licentia potestatis ; nullus inops, nisi cujus inopiam regina misericors ignorasset. Nimirum cedere sibi credebat ad judicium, si regina divite, angeli Domini mendicarent.

9. Porro inter tanta virtutum præconia, Atteiam domum instituens, hospitio eam pauperum dicavit feminarum ; disposuit et ministros, quorum diligentia, ne quid deesset pauperibus, procuraret. Innumera ibi vestimentorum mutatoria, et aptus tam vivis quam defunctis apparatus. Aliquid opibus misericordiæ regina deesse credebat, nisi quorum famulabatur vitæ, famularetur etiam sepulturæ. Ad præfatam domum sæpius ingressa, ministrare discumbentibus, **891** decumbentibus assidere, scaturientem ex ulceribus infirmorum saniem linteis abstergere, et ipsa lavare ulcera consueverat. Inclinabatur etiam ad abluenda debilium capita salutiferis decoctionibus, et unguentis ea demulcens quæ et horrenda visu, et tactu formidanda judicares. Quibus autem neces-

---

(34) Ex hac constructione saltem intelligimus, quid velit Fortunatus qui eamdem rem luxata et obscura phrasi narrat. Boll.

(35) Videtur hoc loco Hildebertus istud adverbium *citra* usurpare pro *minus*, quantum ex sensu colligere possumus, nisi pro *libuit* legendum sit

licuit ; ita ut sensus sit, usuum istorum reginæ *citra* (id est *ulterius* vel *magis*) licuisse, quam libuisse. Boll.

(36) *Benedictiones* hic accipiuntur pro donis vel munusculis, quæ alibi *eulogiæ* appellantur. Boll.

sarium erat diligentius obsequium, balnea eis re- A
gina pedissequa præparabat, multa patienter ex
infirmo sustinens incommoda, quæ nauseam cuilibet
ancillulæ suscitarent. Egressis inde, pocula ex consuetudine offerebat, quos solutos balneis sumpta
potio confortaret.

10. His regina instans officiis, malebat in obsoleta
domo servire pauperibus, quam in palatio dominari.
Quod si ea quæ cura maritum gerebant (37) nosse
desideras, ita morigerata est conjugi, ne displiceret
Creatori. Thalami ejus officinæ pudoris, et ignarum
turpitudinis ac flagitii domicilium. Ibi non conventus
juvenum, non infesta virtuti colloquia. Famulæ
castimoniam potius exemplis docebantur, quam
flagellis. Earum vita, tanquam sinu illius mores
suos regina peperisset. Sudabat in manu reginæ B
psalterium, et quousque illud in lacrymis et gemitu
decantasset, cibum regina sumere differebat. Ad
mensam vero accedens, exaudire naturam consueverat, non exaudire voluptatem. Nam quia deliciarum experientiam delictorum noverat esse confi-
nium, aquam vino, legumina regiis dapibus præferebat. Legumina fidelis famulus ei præsentabat
occultius, quibus præsumptis, jejunium potius solvere videbatur, quam propulsare inediam. Dici non
potest quoties a mensis jejuna surrexerit, arbitrata
Christo fieri injuriam, si Christi pauperibus nondum
pransis, prandere regina præsumeret. Occasione
quoque accepta, post buccellam panis, mensam
sæpius deseruit, vel hymnum Deo, vel debitum C
pauperibus exhibitura famulatum.

11. Nam de consortio tori quid loquar? Ad quod
ipsa semper ideo accessit, ut maritum lucrifaceret,
non ut lenocinantem expleret voluptatem. Quippe
ne Satanas maritum tentaret, marito debitum solvit,
non exegit (58). In quo si quidquam, vel ejus gratia,
vel voluptatis admistione peccatum est, statim non
lacrymis tantum, sed et multo corporis cruciatu
delere properavit. Fingens enim causam qua surgeret, hispidum pavimento superponebat cilicium, cui
nuda tandiu inhærebat, quousque percussis frigore
medullis, pene spiritum exhalaret. Sic regina pariter et conjugio deferens, et pudorem conservans,
nec maritum reverentia defraudavit, nec libidine
bonum minuit nuptiarum. Fuere qui dicerent **892** D
monacham potius ascitam regi uxorem, quam lai-
cam. Ipse etiam rex propositum pietatis ægro ferens
animo, uxorem simulatæ religionis arguebat, adji-
ciens illam nuptiis minime convenire severitatem,
mollius et uxorem viro, et virum uxori licere morigerari. Quibus Christi filia nequaquam a sacro revocata proposito, regis amaritudinem blandis sermonibus indulcabat.

12. Porro Quadragesimali tempore, diutius sacri

insistens vigiliis, tormenta tormentis cumulabat,
quibus erudita caro, spiritui servire cogeretur.
Pallebant ora jejuniis, et artus hispido vulnerati
cilicio, requiem inter tormenta nesciebant. Erat illi
quædam monacha familiaris, devotione pariter et
nomine Pia, quæ ei occulte præfatum mittere indumentum consueverat, quo semper interius inhæ-
rente, desuper amictu regio Christi filia tegebatur.
Fuit autem ejus consuetudinis, eo præcipue tempore,
vicinas sanctorum circumire memorias, providere
diligenter ne vel ornamentis ecclesiæ, vel ecclesiarum ministri sumptibus indigerent. Satagebat
etiam singulis altaribus proferre luminaria, quæ
propriis ipsa manibus recuperare ferebatur. Hora
vero qua sacrificia sacerdos immolabat, Dominicæ
passionis memoriam quadam mentis passione pertransiens, contriti spiritus gratum Deo cremabat
holocaustum. Tantis enim cœlum pulsabat suspiriis,
tanto lacrymarum torrente rigabatur, ac si Judæorum manibus Christum rursus teneri, rursus videretur crucifigi.

13. Expleto autem salutari officio, non prius ad
palatium revertebatur, quam pia curiositate circumcirca jacentes infirmos, paucis comitata, visitaret.
Illa non temporis importunitatem causari noverat,
non pluviis aut nivibus detineri. Nullis omnino
movebatur incommodis, dummodo commodis pauperum deserviret. Aliis regina, sed humilis, abluit
capita, nonnullis balnea temperavit. Quibus aut
nullus, aut durior lectus aderat, his apposito stra-
mine vel plumis, mollior parabatur. Talibus diem
claudebat studiis, sera nocte reditura. Porro dum
ea, tam beatis occupata negotiis, prolixiores moras
innecteret, missis a rege nuntiis, qui promptius eam
reverti commonerent, regem sedere ad mensam,
proceres exspectare, regiæ jussioni pauperum prætulit famulatum, nolens ante regredi quam quod
cœperat explevisset. Quod rex audiens, et graviter
tulisse memoratur, et ultra quam decuit increpasse
reginam tardius revertentem. Idem tamen postea
pœnitens, veniam supplex exoravit, se ipsum constanter accusans, quod Spiritum sanctum contrista-
verit, et ejus templum **893** contristare præsumpsisset. Addidit etiam largiora precibus munera, quæ
velut in redemptionem maritalis excessus, fidelis et
devota Deo uxor pauperibus erogaret. Quo facto, ita
regis indignatio quievit, ut ipse de tanta devotione
conjugis, et Deo gratias ageret, et quo abundantius
necessitati subveniret egenorum, largiores expensas
ei juberet præparari.

14. Adventantibus autem ad palatium Christi sacerdotibus, et prout exigebat imminens causa, regium
implorantibus auxilium, tanto exsultabat gaudio, ac
si ipsam Christi constaret adesse præsentiam. Hos

---

(37) Hunc sensum in textu reliquimus, prout invenimus; sed pro *quæ cura maritum gerebant*, putamus legendum, *quæ circa maritum gerebant*. Hac
exigua mutatione sensus recte intelligitur, ut consideranti manifestum fiet, et ad commodiorem le-

ctoris usum notavimus. BOLL.

(58) Hæc clara Hildeberti phrasis omnino repugnat virginitati quam sancta regina in conjugio
conservasse dicitur ab aliquibus scriptoribus. BOLL.

honore quo decuit susceptos, et loquentes audivit devotius, et discumbentibus humiliter ministravit. Nec erat promptum discerni utrum Martham potius exhiberet quam Mariam. Omnium causis aderat, omnium gravaminibus gravari se querebatur; nulli ejus benedictio, nulli postulatum defuit auxilium. Hoc solum quod in eorum transibat obsequium, propriis usibus assignatum fatebatur. Ejus circa eos sedulitati nihil domus dispensatio, nihil regni negotia detrahebant. Discedentes vero flens prosequebatur, et orans ut ibi sui memores fieri dignarentur, ubi Patri Filius immolatur (39).

15. Nec minor ei circa reos adfuit sollicitudo, qui propriis sceleribus, vel in carcerem, vel ad supplicium trahebantur. Pro eorum salute cursitabat, per singulos universis supplicabat, frequenter commemorans rei sanguinis oportere misereri, cum pro reis etiam sanguis fuerit effusus Redemptoris. Ac ne pietatis conatus in irritum duceretur, non ante cessabat blandimentis animum mulcere principis, quam qui sententiam protulerat justitiæ, proferret misericordiæ. In hac autem damnatorum solutione, tantam Christus ei gratiam contulit, ut ad nomen ejus obserati paterent carceres, ferri vincula solverentur, exirent illæsi, quibus censura curiæ mortem dictaverat, aut tormenta.

16. Cum enim in villa quæ Perona nominatur, matura securitate perambularet, rei qui in proximo carcere damnatione tenebantur addicti, clamare cœperunt ut eis regina subvenire dignaretur. Quo audito, quidnam esse, et quare clamaretur, Christi filia diligenter inquirit. Mentiuntur custodes carceris adesse pauperum multitudinem, et eos alimoniam postulare. Credidit regina ministris, et quam peti simulant, clamantibus eleemosyna destinatur; qua rei accepta, ne ulterius clamarent minis et verberibus custodum coerciti, siluerunt. Meruere tamen exaudiri, devotius animo clamantes quam verbo. Sequenti enim nocte, dum regina solitis insisteret orationibus, nutu divino, reseratus **894** carcer patuit, disrupta sunt vincula, egrediuntur incolumes qui pœnis servabantur et morti. Et ne tanto viderentur ingrati beneficio, beatæ mulieris genibus advoluti, gratias agunt, sacris ejus meritis ereptos de vinculis se publice prædicantes.

17. Divulgato autem miraculo, filia Christi non illa erigitur gloria, sed ad ejus relationem, profusis rubore vultibus, indignam se testabatur, pro qua Dominus suis servis præfatum dignatus esset impendere beneficium. In humilitate ergo persistens, teneros artus multiplicatis atterebat disciplinis (40), circa pauperes et Ecclesias Christi tanto facta diffusior, quanto jam de mercede securior. Unde cum in festis diebus, prout reginæ conditio merebatur,

auratis uteretur indumentis, et a circumstantibus puellis laudaretur, ex alto suspirans, indignam se tali veste deplorabat, eamque statim exuens, cujuslibet ecclesiæ cultui dedicabat et honori. Præterea si quid ei gemmarum accessisset, si quid purpuræ, si quid cultus pretiosi, totum sacris altaribus, aut ecclesiasticis assignabat ornamentis.

CAPUT III.

Monastica sanctæ professio, liberalitas erga ecclesias, fundatio parthenonis Pictaviensis, ex quo rex eam ad conjugium retrahere frustra nititur.

18. Ascendit autem eo usque reginæ propositum, ut abjectis insignibus potestatis, et conculcata mundi gloria, pauperem Christum pauper sequi peroptaret. Quod ut implere mereretur, ad beatum profecta Medardum, sanctimonialis ab eo et vestem expetiit et benedictionem. Cujus petitioni nequaquam pontifex acquiescens : « Non patitur, inquit, sacra lex conjugii, ut uxore simul et marito superstite legitimarum (41) solvantur fœdera nuptiarum. » Instat beata mulier, et largiore fletu verecundam perfusa faciem, velari se deprecatur. Fit tumultus in ecclesia, votisque reginæ concordi sententia clerus resistit et populus. Eam sacris altaribus se ingerentem proceres retrahunt, pontifici ne reginæ manus præsumeret imponere constanter inhibentes. Quæ cum videret tam primates quam plebem suis obniti consiliis, sacrarium ingreditur, et animo in novum confirmato propositum capiti suo religionis habitum imposuit. Dehinc ad pontificem regressa : « Requirat, inquit, Dominus Deus animam meam de manu tua, si magis regem hominum quam Regem timueris angelorum. » His auditis, ei manus imposuit, non magis ejus obsecratione perterritus, quam constantia superatus.

19. Beata itaque Radegundis, arduam ingressa viam, divitias et regios apparatus, qui illi ex hoc mari magno et spatioso feliciter egressæ remanserant, pauperibus et ecclesiis larga manu distribuit. Mox enim ubi reginam penitus abjecit, indumenta quibus coronata utebatur Dominicæ mensæ supposuit, scilicet, **895** acceptum Deo et plenum gratiæ holocaustum. Zonam quoque auream, et armillas et inaures, omnia pretiosis insignita margaritis, confregisse et pauperibus distribuisse memoratur. Inde progressa et ingressa cujusdam sancti cellulam, tapetibus, vittis, fibulis et manicis intexto gravidis auro sacra oneravit et honoravit altaria. Deinde non minora diversis distribuit cœnobiis, quorum opinio sub reverendis patribus, scilicet Dadone venerabili, sanctoque Gundulfo, consummata et insignis habebatur. Inde Turonum felici navigio delata, quantum se officiosam circa beati Martini sepulcrum præstiterit, quanta lacrymarum obtulerit

---

(39) Phrasis Hildeberto familiaris.

(40) *Disciplinæ* hoc loco non accipiuntur pro ontaneis corporis flagellationibus, quarum usus antum sæculo XI invaluit. Sed *disciplina* apud riptores ecclesiasticos antiquioris ætatis usurpatur pro qualibet corporis afflictatione, ut in Glossario Cangii ad vocem *Disciplina* videre est. Boll.

(41) Igitur etiam Hildebertus judicavit matrimonium sanctæ cum rege Clotario fuisse validum et legitimum. Boll.

holocausta, quibus suspiriis cœlum pulsaverit, vix animus comprehendere, vix lingua sufficit explicare. Testata sunt ejus devotionem, non magis oblata singulis altaribus ornamenta, quam profundi gemitus, et humidum lacrymis pavimentum.

20. Facta autem oratione Caudatam (*Cande*) pervenit, ibi quoque Dominicæ mensæ locupletes offerens apparatus, ubi gloriosissimus Christi confessor et pontifex Martinus beatum cœlo reddidit spiritum. Erat haud procul inde villa quædam Suedas (vulgo *Saiz*) nomine, quæ ei lege donationis accesserat, ad quam cum beata sanctimonialis declinasset, et aliquot diebus in ea moraretur, delatum est ad aures ejus regem velle eam revocare ad palatium, graviter conqueri tantæ mulieris consilio et sapientia desolatam esse regni majestatem. Iis auditis, Deo devota mulier intremuit, totaque ad Deum conversa, ne sæcularibus illecebris rursus eam pateretur involvi, nocte ac die fletu profusa deprecatur. Disposuit etiam teneros artus gravioribus atteri suppliciis, ut si parum prece proficeret cruciatu saltem votorum mereretur effectum.

21. Erat tunc temporis in castro Cainone (*Chinon*) vir justus et timoratus, nomine Joannes (42), quem gravissimo reclusum ergastulo conspicuum religio fecerat et famosum. Huic non modici pretiosum felte aureum, gemmis et margaritis mirabiliter ornatum, in quo erant aureorum mille solidi, quod adhuc illi supererat ex regalibus ornamentis, beata Radegundis per fideles nuntios **896** transmisit, orans et orari pro se, et incunctanter sibi aperiri, si quid de præfata regis dispositione vel certo disceret nuntio vel spiritu prævideret. Quibus auditis, vir Dei proximam noctem in vigiliis et orationibus expendit. Mane autem facto, quæ sibi divina innotuere clementia illi propere nuntiavit, scilicet regi minime permissum ut rursus eam suo assignaret conjugio, licet hoc multiplici nisu perficere conaretur. Vestem quoque cilicinam, qua rebellis caro graviori disciplina frangeretur, Christi filiæ, sicut ipsa postulaverat, destinavit.

22. Suscepto igitur et munere et nuntio, beata sanctimonialis Deo gratias agens Pictaviis læta discessit. Nec mora litteris ad regem destinatis, juxta præfatæ mœnia civitatis fieri sibi oratorium postulavit; exauditum est ejus votum, et jubente rege Pientius (43) eo tempore Pictavensis episcopus, et dux Ostrapius monasterium brevi tempore consum-

marunt; suscepta in eo virginum multitudo centesimi fructus præmium doctrinis beatissimæ sanctimonialis adepta est et exemplis. Sub præfati quippe loci abbatissa (44), quæ ex ejus electione gubernaculum suscepit animarum, sic illa vivere studuit, ut humilior omnibus, omnibus abjectior haberetur. Omnibus obsequio quidem subesse, sanctimonia vero præesse decertabat.

23. Sed quoniam pie vivere volentes persecutionem necesse est patiantur, ad desideratum susceptæ navigationis portum beatæ mulieri quiete non licuit pervenire. Quod enim ipsa dudum formidaverat, rex quorumdam consiliis facturum se disposuit, scilicet ut a sacris illam abstraheret officinis, et vinculum renodaret nuptiarum. Ut igitur impie perageret quod sacrilega mente conceperat, assumpto secum filio suo Sigeberto, sanctoque Germano Parisiensi episcopo, Pictavium proficisci decrevit. Cum autem jam Turonum pervenisset, et hujusmodi rumor totam peragrasset provinciam, sanctimonialis illa præfato pontifici plenos... (45) apices destinavit, orans ne pateretur susceptæ contemplationis requiem molestiis aliquibus infestari; fieri non posse ut ipsa regem hominum Regi præferret angelorum.

897 24. Decursis episcopus litteris, pedibus regis advolvitur, implorat ut a suo desistat proposito, manus a consecrata Christo abstineat; impendat Spiritui sancto reverentiam, qui in vase fragili propriam fecerat mansionem. Exauditur pontifex interpellans, et quia vim paverat, non erubuit delictum confiteri. Supplicat ad veniam potestas, et cujus conjugium non meruit, ejus precibus adjuvari deprecatur. Ne quis autem deinceps in eosdem conatus regem præviis excitaret consiliis, gravis illos depopulata est ultio, quorum persuasionibus eam rex ad nuptiale debitum disposuerat revocare. Qualem enim blasphemus et infelix Arius proprii furoris exitum invenit, talem illi visceribus egestis divinam experti sunt indignationem.

CAPUT IV.

Austera sanctæ abstinentia, dira corporis afflictatio, aliæque virtutes monasticæ, quibus tunc votissimum Pictavii fulsit.

25. Exinde sanctissima mulier omnem metum projiciens, cursum feliciter consummavit, fidem servavit, repositam sibi a Domino Deo coronam justitiæ exspectans. Fuit autem ejus intentio se

---

(42) Is erat presbyter, natione Brito, inquit Gregorius Turonensis, lib. De gloria confess. cap. 23, in summa religione degens, qui se arctius in cellula quadam recluserat, prope oratorium sive capellam, quæ postea sub titulo Sanctæ-Radegundis erecta est, et in qua etiamnum visitur tumulus præfati Joannis, sanctitate etiam post mortem, et miraculis clari, sed vacuus ab anno 1565 quo Calviniani corpus ejus exhumatum profano consumpserunt incendio. Ita Ruinartius noster in notis ad hoc capitulum.

(43) Cujus ut sancti episcopi festum Pictavi celebratur 13 Maii. De quo et de Ostropio sive Austropio duce, Greg. Tur. lib. IV Hist. Franc., cap. 18.

(44) Sancta scilicet Agnete, de qua supra, quam ipsa S. Radegundis elegerat, et institui curaverat, ut patet ex ejus ad episcopos epistola, a Greg. Turon. relata Hist. Franc. IX, n. 42, et cui ipsa, ut superiori suæ, se subdidit et humiliter obedivit.

(45) Hic vox aliqua deest, quæ tamen facile suppleri potest ex phrasi Baudoniviæ, quæ illos *plenos firmi propositi* aut *intrepidæ constantiæ apices* supra vocavit *sacramentales litteras*, cujus epitheti significationem ibidem in adnotatis explicuimus. BOLL.

ipsam constanter affligere, pauperibus indefesse famulari, legem conventus inoffense custodire. In tot affectus una et mulier divisa, sic in singulis tota fuit, ut videretur unicuique curam præstare singularem. Ex eo enim die quo palatii gloriam penitus abdicavit, de parcissimo quo sustentabatur edulio bonam sibi studuit adimere portionem. Extunc nullam coquorum peritiam, nullum gulæ novit irritamentum. Extunc etiam communes aspernata delicias, necessitati legumine consuluit et herbis; talibus quoque mensis nullum olei, nullum salis accessit condimentum. Adfuit ei et panis, sed hordaceus, sed quem coxit. Hic in die semel sumptus jejunium solvit, non removit esuriem. Sitim, quam nimia panis accendit ariditas, vel aquæ mulsæ, vel piratii haustu mitigavit. Nam vini, seu cervisiæ nullam fecit omnino mentionem. Pectus ejus induratum cineribus, et injecto desuper cilicio, crucem spondebat non quietem.

26. Sane et cum tot et tam gravibus suppliciis vix tenera mulieris membra sufficerent, diebus tamen Quadragesimæ mulier addidit ad pœnam, Dominus ad coronam. Toto siquidem tempore illo, præter Dominicam diem, ab omni pane penitus abstinuit. Toto tempore illo, tenui refectione radicum sustentata est et herbarum. Earum austeritatem nulla salis aut olei temperavit adjectio. Per idem tempus, ardorem sitis tactu simplicis aquæ mitigavit. Ea enim solis diebus præfatæ refectionis, et tam parce sumebatur, ut laceratis ariditate labiis, pristinam cantandi psalmos amitteret facultatem; ab illorum tamen modulatione nullo desistens incommodo, cursum, prout poterat explere, **898** non cessabat. Inter hæc præjudicia carnis et tortores cruciatus, continuata oratione noctem sæpe duxit insomnem. Comes ejus vigiliis uber fletus, et cœlestium meditatio gaudiorum. Ad hæc illa quodam volatu mentis ascendens, ita rebus intererat hominum, ut et rebus interesset angelorum; gustabat et videbat quam suavis sit Dominus, suspirabat et dicebat: « Misericordiæ [*Vulg.* sapientiæ] ejus non est numerus (*Psal.* cxlvi, 5). »

27. Et quoniam spiritu quoque docebatur, quia qui plus laborat, plus mercedis accipiet, jejuniorum atque vigiliarum laboribus novum carnis addidit cruciatum. Facta enim ad pœnas ingeniosa, laminam de auricalco (46) sibi fabricari præcepit. Hanc ignibus calefactam teneris membris altius imprimere consuevit, ne [*f.* ut], si quid voluptate deliquisset, cruciatu sequente purgaretur. Hoc tormentum carni sæpius infixit, hostiliter persecuta se ipsam, quia, fortasse cum nollet, placuerat ad culpam. Una quoque Quadragesimarum, cum ad promerendam Domini gratiam prædicti labores minus sibi sufficere viderentur, brachia simul et collum ferreis astrinxit circulis, reliquum corpus triplici

catena circumcingens. Solum ferri pondus grave supplicium, sed gravius altior carnis incisio. Ea ferro superducta, secretum tulit et sine teste martyrium. Transierat jam Quadragesimalis observatio, cum ferrum profundius inclusum suprema coegit educi necessitas. Hoc igitur vix educto, tantum sanguinis ex lacero corpore defluxit, ut exhaustis vitali substantia præcordiis, pene spiritum exhalaret. Sic illa se ipsam de die in diem persequens, sibi vixit ad supplicium, reliquis ad exemplum.

28. Alia deinde Quadragesima, aliud adversum fatigata toties membra tormenti genus innovavit. Æneum quippe vas ardenti plenum carbone sibi præcipiens apponi, familiares egredi jubet, obserat cellulam, cilicio exuitur, et femina supra feminam fortis, armatur ad pœnam. Parum sibi videbatur cor contritum quotidie Deo offerre, nisi et carnem in spontaneum cremaret holocaustum. Præparato ergo ad crucem animo, in ignem se projicit; carbo quæritur ardentior, et versatis desuper artubus, cutem et carnem quæsitum rumpit et penetrat incendium. Mora in igne longior, tenerum corpus altiori vulnere persequitur. Candens æs advolvitur membris, intima fervore consumuntur. Agitur ne quid incombustum remaneat, tanquam si ipsa partibus incombustis invideret. Adjicitur cruciatui, velut alter cruciatus, ipsa combustæ carnis incuria. Latere credidit gloriosam femina victoriam, sed putrefacta caro secretum fetore prodidit martyrium; **899** sanguis quoque toto defluens corpore, quod lingua tacuit indicavit.

29. Quis audeat Radegundi præmium derogare martyrii? Quis gladium, quis percussorem defuisse fabuletur? Quis ibi martyrium neget, ubi tortor est femina, instrumentum flamma, Christus causa? Si percussorem quæras, nemo alteri crudelior quam ipsa sibi. Si gladium, quot carbones, tot gladios invenies. Si causam, Christum lucrari conabatur. Sentiant alii quod voluerint, ego affirmare non verebor Radegundim, hispido vulneratam cilicio, continuis afflictam jejuniis, ferri pondere maceratam, carbonibus et candenti ustulatam ære, præmium martyris (47) et meruisse in terris, et in cœlis obtinere.

30. Putabit fortasse aliquis illam mirabilem feminam, tot fatigatam cruciatibus, ad opera misericordiæ tardius accessisse. Cujus profecto in hac virtute devotionem si quis nosse desiderat, paginam decurrat subsequentem. Ex quo illa reginam exuit, et humilem induit monacham, omni tempore, quinta feria et Sabbato, collectis pauperibus, et balnea, et communem præparavit refectionem. His in diversorio susceptis, suis ipsa manibus capita lavit, unguibus abrasit scabiem, putredines abstersit, eduxit vermes ulceribus, admovit oleum; et quibuslibet ancillulis humilior, nullis eorum necessitatibus eru-

---

(46) Alii scribunt *orichalcum* vel *aurichalcum*, quod est genus metalli passim notum. Boll.

(47) Forsan propter hoc aut simile ratiocinium

Boninus Mombritius Actis S. Radegundis titulum *martyris* præfixit. Boll.

buit famulari. Infirmas etiam mulieres, quas hujusmodi cura egere sentiebat, balneis deponere, squalentes confricare humeros, et singulis membris congruum studebat exhibere obsequium.

31. Perscrutabatur diligenter quæ quibus essent necessaria, pannos et sotulares (48) prout indigebant, omnibus administrans. Illis taliter non ponere sedilia, nec mappas afferre, nec offerre aquam manibus abluendis gravabatur. Apponebat et fercula, cibos lautiores providens infirmis, et dispensans. Si quis gravioribus incommodis urgeretur, huic ipsa panem, ipsa carnes incidebat. Nonnullos suis ipsa manibus pavit. Pendebat ab humero linteum, quo vel ab ore debilium, vel a cochlearibus cadentia tergebantur. Aderant puellæ comites, sed earum nulla famulantis vices excepit. Radegundis curam qua tempus egebat, agebat; sicut necessitas occurrebat, discurrebat. Radegundis ante jacentes inclinata est, ante sedentes stetit, jejunavit ante comedentes. Nullus ibi tumultus, Radegundi monasticum quodammodo indicente silentium. Peracto denique convivio, in cellulam festinabat, orans ut cuncta ejus operatio, et a Deo semper inciperet, et per Deum cœpta finiretur. Omni quoque Dominica, sicut in præfatis diebus, egenis convivium procuravit. Cæterum, quia eo **900** die celebratior instabat missarum solemnitas, post distributa prima fercula, per [post] oblatum semel omnibus poculum, festinantius ad monasterium revertebatur, relictis ante pauperes puellis, quæ cœptum sollicite peragerent servitium.

32. Erat et etiam circa leprosos tam devota sedulitas, ac si ipsum adesse Christum minime dubitaret; quibus benigne susceptis, ipsa eorum manus aqua repente lavabat, suspenso tactu laceram cutem fovere non abhorrens. Mulieres autem, quarum vultus præfata valitudo terribilis vulneraverat, non amplexari verebatur, non arctius osculari. Apposita deinde mensa, ne vel durius, vel pede pendulo sederent, stratis mollioribus et scabellis agebatur. Quis neget Radegundem susceptis ministrasse leprosis? Quis dicere audeat commissum alii plenum copiosa mercede negotium? Nunquid abhorruit offerre poculum, quam conferre osculum minime fastidivit? Nemo credat Radegundim tam tepide coronam dilexisse, ut oblatam verita sit promereri. Imperfecte sollicita esset de præmio, nam hujus obsequium præmium aliis invidet. Invidit autem quæ succincta fastidiosum sine fastidio explebat officium. Cum autem jam pransi surgerent, necessaria eis largiebatur indimenta, discedentium manibus et osculum porrigens, et argentum. Ubicunque autem vel febribus, vel quibuslibet morbis afflictos decumbere noverat, quæ illis salutaria essent, quæ manducarent libentius, quas appeterent delicias cu-

riosius inquirebat. Nullius votis defuit, dummodo tempori concordarent. Plerumque accidit ut quos diutius languisse constabat, ejus eulogiis (49) amissam reciperent sanitatem. Stupebant omnes ejus munificentiam, mirabantur unde tot divitiæ, nescientes jam solvi Dominicum illud promissum : « Date et dabitur vobis (*Luc.* VI, 38). »

33. Hinc illa pauperibus locuples se ipsam sub gravi paupertate coercuit. Mollem cultum inexorabili persecuta est odio, quibus cilicium tegeretur, vestes induta grossiores. His etiam, cum posset pretiosis abundare, sæpius eguit, inter virtutes sciens esse paupertatem, quam necessitas non adducit, sed voluntas. Unde cum ei tempore quodam manicæ defuissent, unam de caligis suis in operimentum divisit brachiorum. Beata mulier, quæ sic abundare noluit, ut nullam sentiret egestatem. Nondum sibi verus pauper videretur, nisi cum paupertate spiritus rerum quoque penuriam sustineret.

34. Porro inter has circa pauperes curas et quotidianos carnis cruciatus, ad Matutinas surgere prima; prima statutis adesse horis; prima, quæ forte jubebantur, implere festinabat. **901** Quod si cæteris tardius vel inchoasset, aliquod bonum vel egisset, statim se negligentiæ arguebat, tanquam si pœnaliter deliquisset, veniam postulare non differens. In iis autem administrandis quæ unicuique legibus ordinis imponuntur, aliis ipsa plerumque successit, nullam sibi [non] otiose diem transactam credidit, nisi labore suo labores aliarum relevaret. Factura coquinam, nullum causata est incommodum, nullam prætendit excusationem. Hanc ingressa, sordes non erubuit ejicere, quas videre quælibet ancilla fastidiret. Dehinc ipsa de puteo aquam hausit, ipsa tulit, ipsa focum accendit, scultellas mundavit, incidit olera, curam leguminibus adhibens, et coquendi sufficienter et congrue dispensandi. Sic illa monasticis obsecuta legibus, cœptam sine querela septimanam complevit. Totum præterea monasterii pavimentum, atque officinas, seu etiam penetralia tam submisse mundare consuevit, ut nec plenos sordibus cophinos efferre, nec fetorem sustinere recusaret. Dummodo pateretur pro Christo, paupertas illi divitiæ, labor quies, opprobrium gloria videbatur.

35. Porro ad communem sedenti mensam ponebantur eadem quæ cæteris, sed non eadem sumebantur, superpositam quippe secundo pani (50) similam, velut commessura labiis admovebat, cum saporem palato penitus sentire fastidiret. Ne tamen omnino deficeret ex hordaceo pane, sumpta est prope jejuna refectio. Denique surgens a mensis, hymnum Deo solvebat reliquo tempore vel lectioni deputato, vel psalmis. Cum enim a psalmorum modiæ ætatis pro donis vel munusculis usurpatur. BOLL.

(48) *Sotulares* apud scriptores medii ævi etiam dicuntur *subtalares*, et accipiuntur pro calceis, ut in Glossario Cangii videre est. BOLL.

(49) Hildebertus pro *eulogiis* supra posuerat *benedictiones*, quæ utraque vox apud auctores me-

(50) Vocatur a Latinis *panis secundus*, cui aliquid furfuris admistum est. BOLL.

dulatione desisteret, aliqua monacharum aderat, quæ divinarum recitaret oracula Scripturarum, quas illa studiosius audiens, aliis persuadebat ut legentem diligenter attenderent, et de interiori habitu speculum consulerent animarum. Quoties obscurum offendebat locum, nescientibus exponebat, increpabat negligentes.

36. Diæta igitur tam beatis transacta negotiis, cum jam cæteræ dormirent, ipsa singularum soculares tergebat et ungebat, diligentius intuens quæ novis indigerent. Dehinc accedebat ad lectum, quo sicut nihil humilius, ita nihil minus aptum voluptati. Eo quoque tempore lectrix aderat, ut beata sanctimonialis etiam a somno evigilans, spiritualibus deliciis aleretur. Si quando illa sileret, opinata quiescere fatigatam, ac dormire, statim audiebat : « Quid taces? Lege, ne cesses. » Præterea, ne cor ejus vigilasse dubitetur, cum membra modico sopore quiescerent, psalmos etiam dormiens cantitabat, dictura veraciter cum Propheta : « Meditatio cordis mei in conspectu tuo semper (*Psal.* xviii, 15). »

37. Surgebat autem media nocte, **902** et quousque congregatio monasterium adiret, in lacrymis et gemitu psalmis instans et contemplationi. Contemplatio quippe sibi sic ejus animum vindicavit, ut, licet absens corpore, spiritu tamen illam tantum civitatem frequentaret, cujus plateæ sonant laudes de die in diem. Tota illius deliciis tenebatur, nec aliud cor eructare poterat, quam cœlestium nectar, et gratiam gaudiorum. Unde, cum quadam die prætereuntem juxta se posticariam nominare vellet, et ei aliquid imponere negotii, pro ejus nomine protulit Alleluia. Idem sæpius felix error incurrit. Ubi erat thesaurus suus, ibi erat et cor suum.

38. Quid autem loquar de ægrotis sanctimonialibus, quibus omni die visitatis, delicatiores cibos jejuna Radegundis præparabat? Ipsa nullum vel infirmitatis, vel sexus abhorrens incommodum, languentes levabat et lavabat, efferebat et referebat. Ipsa eis sorbicinunculas, ipsa decoctiones procurabat, nihil eorum prætermittens quæ decumbentium valetudo postulasse:. In colligendis quoque hospitibus non minor sedulitas, non minor et devotio fuit. Iis in Christo susceptis ipsa pedes lavit, ipsa pransuris aquam porrexit. Denique ipsa ministravit omnia quibus hospitum necessitati subvenitur. Quod si contigisset religiosam suscipi personam, de moribus hominis, de studio, de vita secretius inquirebat; si eum sub arctioribus disciplinis vivere didicisset, ejusdem se subdebat institutis, ejus exemplis ad virtutum utebatur incrementum. Infra perfectum se credebat profecisse, nisi in actibus suis actus omnium refulgerent perfectorum. Hos ejus opera loquebantur, hos ipsa Christi virginibus commendabat, hos prædicabat imitandos. Nihil tamen suggerebat aliis quod non magis exemplo doceret quam verbo.

39. Tota ejus vita loquebatur sanctimoniam. Tota Christum redolebat. Præter odium nihil illi cum vitiis fuit. Zelus legis, et jugis in lege meditatio virtutum introduxit conventum. De his nihil sinister, nihil felix eventus imminuit. In omni statu secura fuit apud mulierem justitia. Ea nullam de splendore natalium, nullam fecit de gloria conjugii mentionem. Regis amplexus, quibus nec etiam captiva capta est, admissos potius doluit quam dimissos. Illos experta, dispendium pudoris prærogativa supplevit meritorum. Attende mores, actus considera, jugem inspice pœnitentiam, fatearis necesse nullam sanctimoniali defuisse virtutem. Nisi enim ei esset prudentia, nec salutaria noxiis, nec fugiendis appetenda prætulisset. Fortitudine autem atque temperantia semper sibi constans facta est et æqualis.

903 40. Inter hæc vero principatum quemdam obtinuit servata usque in finem humilitas. Humilitatem quoque nemo patet pauperi defuisse, quæ sceptra tenens superbiam ignoravit. Si de abstinentia quæritur, pauca indulsit naturæ, nulla gulæ. Nemo illa mansuetior, quæ regina, et offensa, nullam quæsivit ultionem. In omni actione et verbo modum discretione posuit, attendit tempora, rerum terminos observavit. In suis quidem gratias egit, alterius vero flevit injuriis. Læsa, promptior fuit offerre veniam, quam qui læsisset, postulare. Irasci Christum timuit, si irata solem videret occidentem. Ante illam nemo alteri impune detraxit. Deficiam necesse est, si singulas ejus virtutes explicare tentavero. Reclusa est hæc in cellula, donec Deo spiritum redderet. Corporis sui pia carnifex et sacrifex fuit; ibi usque ad injuriam naturæ, longis instans jejuniis, cilicio vulnerata, secretis afflicta cruciatibus, ad Deum pro universis Ecclesiæ gradibus intercessit. Ejus sanctissimis precibus et litteris, inter discordantes principes, pro concordia destinatis, parta est ecclesiis requies, pax patriæ restituta.

CAPUT V.
Diversa miracula quæ Deus per intercessionem hujus sanctæ patravit.

41. Tantam præterea a Deo consecuta est gratiam, ut ad ejus nomen sanarentur infirmi, quiescerent maria, vita defunctis redderetur. Plerumque siquidem contigit longævo decumbentes incommodo, susceptis ejus eulogiis, in pristinam convalescere sanitatem. Nonnulli quoque, gustatis arborum foliis, quibus ea sacras manus admoverat, quartanas, atque alias infirmitates evaseserunt.

42. Erat eo tempore matrona quædam in Francia, cujus oculi diuturna cæcitate caligaverant. Hæc, audita sanctæ mulieris opinione, Pictavium manibus suorum deducta est servulorum. Rogata sanctimonialis ut signum crucis illius oculis imprimeret, indignam se proclamavit, cujus tactus morborum remedia sperarentur. Tandem exaudiuntur

qui devote pro misera supplicabant. Sed quia illorum quæ per eam divina operabatur gratia, testem malebat esse nullum, quam populum, sera nocte mulier adduci jubetur, adducta genibus sanctimonialis advolvitur, signum crucis imprimitur oculis, et fugata cæcitate visus illius reformatur.

43. Puella, nomine Fraiffidis, a dæmonio mirabiliter torquebatur, quæ inter beatas manus Deo devotæ feminæ. et liberari et quiescere promeruit.

Aliam quoque gravissima vexabat infirmitas, verme interiora scapularum corrodente. Pro qua dum devotius Christum Christi filia precaretur, ruptâ cute vermis exsiliit, intra paucos dies integra ei sanitate restituta.

Monacharum quædam tanta vi febrium tenebatur, ut nunc igne **904** consumpta nunc frigore, de vita penitus desperaret. Hanc sex mensibus in lecto decubantem præsentari sibi Christi sponsa præcepit; præcepit etiam calefieri aquas, et calefactas in cellulam deportari. Complentur sine mora quæ beata sanctimonialis præceperat; deinde remotis omnibus ipsa febricitantem deponit in balneum, pio membra contrectat obsequio, cœlum pariter et gemitu pulsans et fletu. Ecce salus desperata subsequitur, et tanquam si tactum formidaret infirmitas, eodem momento sub beatis manibus abscessit. Sed illa in pristinam reformata salutem, dum remedium suscepit, meritum declaravit.

44. Incredi cujusdam uxor sterilem sortita fecunditatem, sepulcro parere consueverat, non marito; concepta in utero progenies ad exsequias potius quam ad cunas parentes invitabat. Ex quo illa mater extunc ille funeris procurator venter male fecundus, cum hominem promitteret, non hominem exhibebat. Quid ultra? Pariendi tempus advenerat, et ecce mater in lucem sine luce protulit infantem defunctum priusquam genitum. Accusans pater naturam, occurrit ad gratiam; fide quidem plenus, et in sola Radegundi spem sibi reponens hæredis, cilicio ejus cadaver involvit exanime. Beata præsumptio felicem exitum promeruit; tacta etenim veste, puer oculos aperit, lethalem exuit colorem, vitæque redditus ad maternum refertur gremium, qui de gremio prodierat ad sepulcrum. Susceptus infans et partus angustias, et mortis mœrorem mitigavit.

45. Monacharum famulus, nomine Floreius, jussu beatæ Radegundis navem piscaturus ascenderat. Is cum in altum duceret, oborta cœpit tempestate periclitari. Insurgens undique ventus et unda, cacumen altius erigens, in naufragium jurasse videbantur. Perterritus his Floreius ad nomen Radegundis frequentius recurrit; Radegundim invocat,

A sæpius iterans : « Subveni, sanctissima, nobis, dum tuo paremus imperio. » Ad ejus nomen vis ventorum resedit, quievere maria, Floreius ad portum votis potitus pervenit.

46. Magna sunt quæ præcedunt, sed nequaquam minora quæ sequuntur : evelli speciosam laurum, et ante suam plantari cellulam filia Christi præceperat; quo facto, radix recusans humum degenerem, transplantata protinus exaruit. Quod ubi abbatissa comperit, jocando beatæ locuta feminæ : « Donec, » inquit, « hoc impetres a Deo ut terræ sicca laurus inhæreat, a cibo te suspendo. » Quod etsi joculariter abbatissa protulerit, illa tamen quasi seria loquenti, plenam exhibuit abbatissæ obedientiam. Facta siquidem oratione, continuo **905** laurus virore induitur, novis operitur foliis, et altius actis radicibus, fecunditatem quam violentia perdidit, gratia acquisivit.

47. Pro cujusdam quoque Carpentarii uxore, quam malignus invaserat spiritus, abbatissa jocose potius quam serio, beatæ sic locuta est Radegundi : « Excommunico te, mater, nisi obsessa a dæmonio muliercula infra triduum liberata quieverit. » Sed et hoc non inaniter dictum, fralex (51) effectus est indilate subsecutus. Sequenti enim die, dum sanctimonialis interventu prolixiore pro misera precaretur, per aurem dæmon egrediens, vasculum reliquit liberum, quod diutius solita præsumptione fatigarat.

C   Offertur ei et alia quædam miserrima, cui simili præjudicio vexatæ, nequam spiritus quietem mentis extorserat et carnis. Putares inimicum præsentiam beatæ mulieris formidare, cui nisi summa vi non potuit exhiberi. Præsentata tamen muliercula pavimento jubetur prosterni, non inde prius amovenda, quam et ipsi salus, et amicis ipsa redderetur. Hanc enim sacræ preces habuerunt efficaciam, ut eum super arreptitiæ cervicem sanctissima mulier pedem poneret, per meatus immundos immundus egrediens spiritus, mulierem desereret incolumem.

48. Quædam præterea monialium, beatæ familiaris feminæ, oculo superficies (sic), contectum visum deplorabat amissum. Sed et hæc sanitatem promeruit absinthium, quod, prout lenius haberet, pectori suo sancta mulier admoverat, oculo superponens. Apposita siquidem herba statim dolorem fugavit, et sanguinem, mulieri gaudio pariter et visu restitutis.

Quadam autem die, dum sanctimonialis oraret in cellula, quasi dolentis populi voces audivit. Sciscitanti quidnam esset, unam obiisse monacharum respondetur, ejusque funeri reliquas humanitatis affectu exhibere officium. His auditis, exanime corpus deferri præcipitur, et ei in cellula præsentari. Nulla in medium mora, et ecce præsentato cada

---

(51) Nescimus quid proprie significet illa vox *fralex*, eamque in variis lexicis frustra quæsivimus. Quid si sit error typothetæ vel amanuensis, et pro *tralex* fuerit *felix?* Certe in hanc Hildeberti lucubrationem non pauca menda irrepserunt, sed ea sphalmata non nisi ex conjectura corrigere possumus, cum Acta illa S. Radegundis tantummodo in hac unica editione habeamus. Boll.

vere, qui defunctum intulerant, longius abscedere compelluntur. Remotis igitur arbitris, oratura mulier, cellulam obserat. Humi genita (52) deponitur, precibus cœlum pulsat et gemitu, lacrymis invitat vitam, præsumens id ex gratia, quod non sperabat ex natura. Imperiosa res vera religio, quæ leges et statuta rerum immutat. Religione actum est ut nihil inaniter a Christo Christi filia postularet. Sed neque in hoc piis illa frustrata desideriis, tantam invenit apud Deum gratiam, ut ejus meritis redderetur vitæ destinata sepulturæ. Stupentibus iis qui cadaver intulerant, monacha incolumis egreditur, comitata sorores ad conventum, **906** quæ illam præcedebant ad sepulcrum.

49. Quædam monacharum, nomine Animia, lethalis tumuerat hydrops (53) et vocati frustra medici, nihil aliud quam vicinas promittebant exsequias. Quæ dum pene spiritum exhalaret, visum ei est in somnis, quod decumbentem beata Radegundis cum sua visitaret abbatissa, visitatam demitteret in balneis, oleo membra perungeret, ac postremo candidis operiret indumentis. Excitata a somno monacha, mitigatum sensit incommodum. Deinde cum dies plenior illuxisset, aquis lethalibus exsiccans, tumefactus recedit uterus, eodem die sic in suum regressus modulum (54) ut morbi nulla penitus vestigia remanerent.

50. Magnum Radegundis meritum, quæ hoc etiam obtinuit a Domino, ut opera manuum suarum quamdam præ cæteris sortirentur dignitatem. Glomus quippe, quem beati neverant digiti, dum morsu sorex vellet atterere, præfocatus exspiravit. Nulli dubium meritis hoc accidisse mulieris, cujus labores, dum vermis (55) appetit, gratia conservavit.

Puellam præterea, nomine Godam, tantum febris urgebat incendium, ut nihil aliud quam mortem diuturna promitteret anxietas. Hæc inaniter erogata in medicos substantia, sicut a nullo eorum sanari, sic a nullo sanctorum exaudiri promeruit. Compulsa igitur ad probatum recurrere auxilium, candelam ad modum corporis sui factam, in honore ac nomine beatæ mulieris accendi præcepit. Quo facto, tanquam si ignis morbi materiam consumpsisset, eodem tempore consumpta est infirmitas, quo candela. Surrexit mulier incolumis, et sanctissimæ debens feminæ, quo sanitati restituta, non prius hujus mundi procellas evasit, quam professa monacham, mores in melius commutaret.

51. Porro beata Radegundis inter cætera gratiarum præconia, quibus Christi Ecclesiam illustravit, puro affectu veram amplexata est paupertatem, ut de rebus quas ipsa monasterio delegaverat, nihil proprium duxerit, nihil omnino alieni dederit absque suæ licentia abbatissæ. Quapropter vinarium vas octo ferme modiorum usui ejus abbatissa destinavit, unde quibus vellet larga dispensatrix ministraret. Huic autem vasi tantam Dominus infudit abundantiam, ut exhaustum non minueretur, non deficeret erogatum. Certamen iniisse videbantur et evacuando mulier, et gratia refundendo.

52. Conatus inanis conatus meus, si singula quæ per illam Dominus operari dignatus est, memoriæ studeam commendare. Supersunt enim plurima, quibus non solum vivens, sed et dormiens in Christo latius claruisse memoratur. Ea sane, dum dilatione præmii **907** longa traheret suspiria, totaque desiderio cœlestium tabesceret gaudiorum, juvenis ei apparuit, statura eminens, et in vultu divinam præferens venustatem ; quem propius accedentem dum mulier sanctissima formidaret, ejusque blanditiem vereretur, Quid, inquit, tantis me gemitibus interpellas? Quid mei desiderio sic tabescis? Ignoras quæ reposita tibi sint apud me præmia. In diademate capitis mei noveris te primam esse gemmam. Iis dictis juvenis evanuit, in exstasi pariter et gaudio beata muliere derelicta. Quam profecto visionem duabus tantum sibi familiaribus indicavit, adjurans ne secretum Domini Dei sui revelare præsumerent, quandiu fragilis mundi legibus obnoxia teneretur.

55. Accedente autem diu suspirato, diu exspectato vocationis suæ articulo, beata mulier hujus maris magni et spatiosi tempestates illæsa pertransiens, fatigatos artus et naturam profitentes cineri et cilicio commendavit. Conturbata subito casu virginum multitudo, cellulam querulis gemitibus implet, pulsat et lamentis. Fluunt lacrymæ, nulla penitus invenientes solatia. Tandem beatissima mulier, erectis in cœlum luminibus, exsilium patriæ, laborem quieti felici transitu commutavit. Obiit autem primo Idus Augusti, relicto gregi sacro profutura patrocinio, cui præfuerat et doctrinis et exemplo. Neque enim credi fas est apud Christum Christi filiam pro suis inaniter supplicare, cujus meritis suscitatos constat mortuos, expulsos dæmones, turbata quievisse maria, variis oppressos languoribus, in pristinam revocatos sanitatem, operante per eam sponso suo Domino Jesu Christo, qui cum Patre et Spiritu sancto vivit et regnat Deus per omnia sæcula sæculorum. Amen (56).

---

(52) Hildebertus videtur hoc verbum *genita* œduxisse aut composuisse a substantivo *genu*, ut ex sensu patet, qui evidenter indicat sanctam tunc prostratam aut genuflexam orasse. BOLL.

(53) Certe in hac periodo aliquid luxatum est : ut enim syntaxis valeat, pro *lethalis hydrops* legendum est *lethali hydrope* vel *hydropisi*. Quod si forte Hildebertus verbum *tumuerat* active pro *tumefecerat* usus fuerit, tunc pro *quædam* substituendum est *quamdam*; ita ut talis sit sensus : « Quamdam monacharum lethalis tumefecerat hydrops, » etc. BOLL.

(54) *Modulus* hic usurpatur pro mensura, ita ut Hildebertus significare velit uterum, antea hydropisi tumefactum, ad pristinam formam sive mensuram eodem die rediisse. BOLL.

(55) Mirum quod hic ab Hildeberto *vermis* vocetur animal istud, quod supra ab ipso *sorex* appellatum fuit. BOLL.

(56) Hic occurrunt nonnullæ voces exoticæ, quæ lectorem forte minus eruditum remorari possent, et quarum hic explicationem, a nobis Mabillonii nostri in vitam S. Radegundis, t. I Actorum Ord.

Huic autem de Vita sanctæ Radegundis opusculo ex altero manuscriptorum Pictaviensium desumpto, non abs re fore censuimus, si illi attexeremus præfationem quæ legitur in **908** *altero, nobis amice transmisso a nostro D. Leonardo Senemaud, monasterii Sancti Cypriani Pictaviensis nostræ congregationis monacho, a quo et iconem sanctæ Radegundis in initio positam, et ejus cura graphice descriptam habuimus, quique post Stephanotium præfatos manuscriptos iterum exactissime recensuit. Hæc autem præfatio favere videtur celebri apud Pictavos traditioni de miraculo avenarum, quæ, ut tradunt, et ut hic narratur, ita subito miraculose excreverunt, ut inter eas abdita fuerit sancta Radegundis, dum regem Chlotocarium, sive Clotarium, illam e monasterio ad palatium et pristinum conjugium revocare cupientem fugeret. Cum tamen hujus circumstantiæ neque Gregorius Turonensis meminerit, neque Fortunatus sanctæ reginæ amicissimus, neque Baudonivia ipsi æqualis et familiaris monacha, qui ad minutias usque vitam ejus descripserunt, sed neque post ipsos noster Hildebertus, videat lector quid de hujusmodi traditione judicet. Sic autem se habet ista præfatio.*

—

Quia sanctorum miracula fidelibus ad ædificationem habentur recolenda, non debent esse oneri recitata, cum imitata exonerationem faciant a peccatis, neque temeritati aut præsumptioni debet imputari, si neglecta, vel per inertiam prætermissa, dum tamen obediendo fiat, conscribantur. Igitur operæ pretium est minime reticere qualiter beatissima Radegundis regina, assumpto velamine a beato Medardo Noviomensi episcopo, transitum fecerit Turonis una cum charissimis et familiaribus suis Agnete et Disciola ; ibique limina beati Martini Turonorum archiepiscopi cum summa devotione, et ex residuo vestium regalium, quas antea in palatio ferre solebat, perlustraverit. Dehinc Condalensem veniens, omnique nisu locum videre anhelans in quo Christi confessor Martinus sublatus est de modio. Postremo, cum in villa Suedas in **909** territorio Pictaviensi sita accederet, nuntiatum est ei quod rex eam vellet suo revocare conjugio. Et, sicut ex antiquorum relatu compertum est, ipsa

A beata confestim iter arripiens, obvium quemdam habuit agricultorem, avenam ferentem, quem his verbis ita affata est : « Si a quoquam interrogatus fueris an nudiustertius ibi aliquem transitum facientem perspexeris, firmiter responde quod nemo ab hora illa in hujusmodi pertransierit itinere, cum hanc seminares avenam. » Et nutu divino ipsa avena subito est aucta, ut præfatam reginam in eamdem liceret abscondere. Moxque rex prælibatus, cum **910** ad prædictum pervenisset locum, eumdem interrogavit agricolam, qui serie tenus cuncta quæ a beata regina audierat, sagaciter enarravit. Tunc rex accepto ab agricultore responso, intuensque miraculi seriem, terga versus est, malens uxorem dimittere propriam, quam Dei offendere clementiam. Nam non multis interpositis diebus, beata B regina Pictavium ingressa est. Cujus talem constat fuisse vitam, ut nemo qui gesta de ea noverit composita, hæsitare debeat, quin ei exeunti de hac vita cœlestis patriæ patuerit ingressus.

Cætera omnino ut in altero manuscripto.

S. Benedicti desumptam, hic transcribendam esse duximus, ut sunt, verbi gratia, felte, posticaria, piratium. Felte autem, seu feltrum, filtrum, pannus est, seu vestis ex lana, et pilis coacta, non texta, ad cujus similitudinem vestis auro ac gemmis fusa, felis dici videtur. Mabill. post eruditiss. D. Ducangium. Posticaria, seu Posticiaria, dicitur a Postico, quod est, inquit Papeas in Vocabul., *latens ostium, sic dictum, quod remotum sit a publico*. Posticiaria autem est quæ curam habet recipiendi ea quæ in monasterium deportantur, et transmittendi quæ transmittuntur, quæ vulgo apud moniales dicitur *la tourière*, ut probat Menardus noster in Concord. Regul. cap. 61, § 14. Piratium liquor e piris ex-

C pressus, quem Normanni vulgo vocant *du poiré*. Ita Ducangius.

Cum autem dicit Hildebertus sanctam hanc reginam carnem suam multiplicatis attrivisse disciplinis, non inferendum inde voluntariam per disciplinas flagellationem, jam tunc ævo S. Radegundis in usu fuisse, quæ pro certo, nonnisi undecimo sæculo, a Dominico Loricato et Petro Damiani, ortum accepit. Hoc igitur verbo utitur, ut suadeat beatam reginam nullam artem prætermisisse, qua carnem rebellem attereret ; sed nec etiam *disciplinam*, quam ipse epistola 23 lib. 1, frequentem et gravem suadet adhibendam ad refrenandos effrenos concupiscentiæ motus.

VITA SANCTI HUGONIS

ABBATIS CLUNIACENSIS

AB HILDEBERTO CONSCRIPTA.

(Hanc Vitam ex Actis sanctorum Bolland. jam dedimus. *Patrologiæ* tom. CLIX, col. 857, in S. Hugone Cluniac.)

—

VEN. HILDEBERTI

LIBER

DE QUERIMONIA ET CONFLICTU

CARNIS ET SPIRITUS SEU ANIMÆ.

MONITUM.

Librum hunc de querimonia et conflictu carnis et spiritus, seu animæ, primus, quem sciam, typis commendatum publici juris fecit an. 1684 R. P. Jac. Homeyus, Augustinianus, communitatis, ut aiunt, Bituricensis. Hunc autem eruerat e ms. codice Regio, num. 223, quem nobis videre non licuit; licuit autem alterum ex eadem bibliotheca Regia, num. 4103, quem cum San-Victorino, numero 272 et Peroniano bibliothecæ monasterii Sancti Taurini Ebroicensis, num. 19, diligenter contulimus, et cujus varias lectiones infra referimus. Quin vero liber iste sit vere Hildebertinus dubitaverit nemo, qui in aliorum ejus operum, sive sint epistolæ, sive sint sermones, vel mediocriter fuerit lectione versatus. Id enim et phrases, et modi loquendi, et ipsi sensus pene iidem ubique, et eamdem Hildeberti facundiam sapientes, indubitanter evincunt. Hunc autem inter opuscula dubia Hugonis Dufoliet recensuit eruditissimus Dupinius in Indice auctorum ecclesiasticorum sæculi XII, suæ Historiæ part. II, pag. 951. Quod sane vir perspicacissimus non fecisset, si copiam habuisset manuscripti nostri Corbeiensis, satis ampli, in fol., sexcentorum ad minus annorum, ubi continentur opera istius Hugonis, inter quæ nullum omnino reperitur quod, nec vel titulo, ad conflictum hunc carnis et spiritus accedat. Porro tantum abest ut fuerit monachus Corbeiensis, ut nec unquam monachum fuisse, nec Benedictinum ipsa ejus opuscula clament, sed ubique canonicum regularem Sancti Augustini, cujus capite *De temperantia* sibi et suis regulam tenendam asserit. Quod vero ad hunc librum attinet, primum illi locum assignavit Homeyus inter fragmenta opusculorum Hildeberti, cujus nullum in Supplemento suo Patrum evulgavit, quod non in manuscriptis Hildeberti, et quidem bene multis et optimis, non invenerimus. Illum autem sub titulo *Conflictus carnis et animæ*, potius quam *spiritus*, censuimus evulgandum, cum illam in feminino genere, non illum in masculino semper interloquentem introducat. Hoc autem forte opusculum edidit Hildebertus post devastationem ecclesiæ Cenomanensi, domibusque et prædiis episcopalibus a consulibus Cenomanensibus, Guillelmi Rufi assentatoribus, *gladiis*, ut loquitur, *et igne* illatam, et dum præfati jussu regis in teterrimo carcere pedes manusque ferro constrictus teneretur. Unde librum hunc ad solatium suum partim prosa, partim metro composuit, sicut Boetius in angustiis positus suum *De consolatione philosophiæ* librum olim ediderat. Hinc Hildebertus librum hunc sic incipit (a).

———

Incendio domus mea corruerat, et reficiendi sollicitus anhelabam; ligna cædi præceperam, quadrari, et expensas operi provideri; totus eram in hoc, et omissis pontificalibus negotiis, quo in loco ponerem fundamenta, quantum palatia extenderem, nunc intuitu, nunc arundine metiebar. Quæ dum curiosus geometer insisterem, quædam ante meos oculos, lugentis habitum gerens, et velut præter votum aliquid accidisset, similis conquerenti. Forma ejus inenarrabilis, incognita magnitudo, mira ei vivacitas, et quam crederes immortalitatem **945** polliceri. Vultus non semper idem; terram tristis, cœlum intuebatur hilarior; cœlos ea tenerius respicere, cœlos desiderare, et invita mecum morari videbatur. Ipsa quidem primo nive candidior apparuit, et regiis apta complexibus, inæstimabilem, sed precariam, sed aliunde, sicut opinor, acquisitam præferebat venustatem; dehinc autem quibusdam visa est squallere sordibus, quibus abluendis aquas esse necessarias minime dubitares. In manu ejus libellum, in libello autem poeticum illud scriptum fuisse reminiscor :

Gaudeas an doleas, cupias metuasve, quid ad rem?

Obstupui, fateor, et quid diceret, quid ageret, sub silentio præstolari disposui. Tum illa : Miror, inquit, te sic oblitum mei sic longævæ sodalitatis imme-

———

(a) † Inter mss. codices Biblioth. reg. Angl. reperitur codex nᵒ 32, p. 239, cui titulus : « Hildeberti episcopi Cenomanensis dialogus de conflictu spiritus et carnis, partim metricus partim prosaicus; » idem sane opus quod inscribitur « Hildeberti Turonensis archiepiscopi de dissensione interioris et exterioris hominis » inter opera mss. quæ dedit abbatiæ Beccensi Philippus Bajocensis episcopus.

morem, nullum mihi domicilium providere, hospi- A
tam tamen esse me noveras [1], et quod apostolico [2]
didiceras testimonio, « manentem hic non habere
civitatem (*Hebr.* XIII, 14). » Hæc enim domus, in
qua tædiosas et carcerales patior angustias, quod
solvenda sit [3], novi; quando autem, non novi : ex
luto compacta est, et materiæ privilegio ruinam
profitetur. Casu pendet ancipiti quidquid ex hujusmodi construitur apparatu. Ego quidem luteum ingressa tentorium, non statim leges ejus intellexi,
non attendi ruinas imminentes. Ignoravi enim quam
servili conditione [4] domina premeretur, quæ continuos incursus illorum sustineret hostium, quos evadere, gloriose triumphare est: Tandem autem, more
hospitis, quæ secreta [5] domini diuturnior edocet
conversatio, magis magisque singula patuerunt, B
displicuerunt universa, confusas ibi leges, et præ-
posteros animadverti principatus, servire scilicet
matremfamilias, pedissequamque dominari. Pedissequa male potens, tam imperiosis incantationibus
meam fascinaverat [6] libertatem, ut obedirem quælibet imperanti, sequerer ad omnia præcedentem. Ea
nimirum procax, et sincero suspecta præposito [7],
suis a me [*id est* præter me] lenociniis infames admisit amatores, et dum substernor flagitio quod
suggessit, ipsa quoque flagitium non evasit. Ex quo
itaque tam probrosum mihi fœdus innotuit, pudere
cœpit illusionis, hospitii tædere; nec tamen legendi
fas erat, et admissos evadere corruptores. Indolui,
fateor, et tristissimum exosa dominium, tibi, cui C
neminem æque familiarem habeo, duras relegi meæ [8]
confusionis historias. Nunquid non recolis quam la-
crymabili querimonia dudum te flagitaverim? Quibus anxia gemitibus male perditam deploraverim
946 libertatem? Fortasse tibi tua quoque suspiria
exciderunt, nec recordaris quam largo fletu sepul-
tam amiseris hilaritatem, quoties inter cætera cubiculi tui secreta miserabilem tibi servitutem retra-
ctabam. Attende, quæso, quid supplicanti promiseris, qua spe lacrymarum siccaveris ubertatem; cum
remotis procul arbitris, quid paterer, aut quid in
futurum metuerem, talibus tibi questibus indicabam:
Angustæ fragilisque domus, jam jamque ruentis,
  Hospita, servili conditione premor :
Et tanquam gravibus vinclis, seu carcere clausæ,
  Spem libertatis vix superesse licet.
Triste jugum cervice gero, gravibusque catènis,
  Proh dolor! ad mortem non moritura trahor.

Magna satis, reminiscor enim, sperare solebam, A
  Dum non alter amans, Christe, sed unus eras.
Integritas, species, vestis nova, digna fuere
  Sublimis sponsi dote, favore, toro.
Dos celebris, favor æternus, torus immaculatus,
  Fructus in his, et honor, paxque perennis erat.
Tota placens, quia tota recens, quia candida cultu,
  Sperabam cœlos pacta pudore Deum,
Ad superos iter arripui, via multa patebat,
  Qui comitaretur, quique præiret, erat.
Hei mihi! quam docilis falli, quam prompta subire
  Turpia, quam velox ad mea damna fui!
Hospitium sponsus mira fabricaverat arte,
  Quo suscepta, brevi tempore casta fui.
Nam mihi versutus, sed origine clarus adulter B
  Illusit; famula subreserante fores.
Illius lenocinio periisse pudorem,
  Flagitiisque ream succubuisse fleo.
Si male contemptum sponsi suspiro favorem,
  Ad primumque gemens mente recurro virum,
Mussitat, obloquitur, præsentibus imperat uti
  Deliciis, opibus, nomine lactat heram.
Ilis perversa modis, cœptum pervertit honestum,
  Et miseram, quo vult, imperiosa trahit.
Hospitii lex ista mei est, his exsul ad horam
  Obligor; hoc fœdus solvet amara dies.
Egrediar, sed nescio quo, sed nescio quando;
  Et fortasse dies iste supremus erit.
Est igitur ponenda domus, qua libera tristi
  Carcere, perpetuo jure manere queam C
Talia deflenti te respondisse recordor,
  Singultu voces impediente tuas.
Chara comes, depone metum, desiste querelis,
  Ecce quod affectas, quæque precaris agam.
Quos igitur quadres lapides? Quæ ligna secari
  Præcipis? In manibus virga quid ista facit?
Quam suspiro domum non sculpto marmore surgit,
  Nec mista sabulo calce ligatur opus [9].
Non abies trabibus, non sunt ea saxa columnis
  Apta, nihil prorsus quod veterescat habet
Omnis enim.... sed vana cano, sed inania ventis
  Verba, precesque ferunt, vivit in æde lapis.
Ut video monitus, mens curis plena [10] refundit :
  Non satis hoc tempus, ad mea vota facit.
Ilis deploratis [11] obmutuit, aliquid amplius, ut D
opinor, locutura, nisi me susceptis occupatum ne-
gotiis circumjectu comperisset [12] oculorum. Occu-
patus enim eram, nec a cœptis præsentibus accu-

[1] Hospitam *tamen* esse.					Hospitam esse me noveras.
[2] Et *quod* apostolico.					Et *quæ* apostolico.
[3] Quod *solvenda* sit.					Quod sit.
[4] Quam *servili* conditione.					Quam *servi* conditione.
[5] Hospitis *quæ* secreta.					Hospitis *quem* secreta.
[6] Meam *fascinaverat*.					Meam *fascinavit*.
[7] Et *sincero* suspecta *præposito*.					Et suspecta *præposito*.
[8] Duras *relegi* meæ.					Duras *elegi* meæ
[9] Calce *ligatur* opus.					Calce *locatur* opus.
[10] Mens *curis* pletia.					Mens *circum* plena.
[11] His deplorans.					His *illa* deplorans.
[12] *Circumjectu* comperisset.					*Circumjecturis* comperisset.

satrix oratio totum revocabat affectum. Quænam A tamen foret hæc, admirari tacitus cœpi, **947** quæ mea se jactaret familiaritate, quæ fastidiret carcerem, quæ palatia somniaret. Tandem reductis ad eam luminibus, tali mœstam percunctor alloquio. Multa mihi quæsitu digna tuus offert habitus, multa vultus mœstitudo; nihil horum negligenter, opinor, transeundum : si tamen quæ sis, aut quod nomen tibi sit, prius te monstrante didicero. Hæc abs te doceri desiderans, vigilantissimum paciscor auditorem; arrectæ aures, et defixus in te oculus animum disciplinam suscepisse nuntiabunt; et ne supersint aliqua distractæ mentis indicia [13], virgam hanc projicio, diffusum recolligo spiritum, clientibus edico diurnarum libertatem ferarium [14]; quidquid est id quo sollicitus detinebar, in crasti- B num differtur. Age ergo, et dum vacat, prius quæ sis, deinde quidquid male te habet, explicare non differas. Ad hæc illa velut indignata, quia eam non statim cognoverim, et oculis et voce meam sic increpavit tarditatem : Quærebar equidem quod hospitæ mihi, janjamque tabernaculum peregrinationis hujus egressuræ, nullam prorsus domum præparares, nullum provideres refugium. Cæterum gravior querela restabat et justior, quia tibi sic elapsa est cœtanea familiaritatis memoria, tanquam si, juxta poetarum deliramenta, supernorum recordationem infernalis tibi Lethes extorsit. Quæris etiam quæ sim, velut oblivio meritorum parva tibi videatur injuria, nisi et ipse fatearis tuum te ignorare culto- C rem. Hei mihi! quo abierunt nata tecum obsequia? Quo illa declinavit sodalitas, quæ humano, nec incœpta, nec solvenda est arbitrio? Quorsum fœdus evanuit, quod dictavit natura, quod secretissima lex ordinavit, quod ante ortum percussimus, quod matri prius innotuit, quam filiis? Quis apud instabiles amicos, et fortunam explorantes, tam infidam expertus est fidem? Denique non nosse me, quæ nunquam fuerim sine te, quid est aliud quam vivere bestiam, et hominem diffiteri? Ostende, si potes, quid egeris sine me, quid disposueris ignorante me; novi cogitationis tui, novi secreta cubiculi tui; si scribis, articulos moveo; si loqueris, os aperio; statuta domus et expensæ, pariterque delinquentium leges famulorum inveniuntur penes me, pro- D mulgantur ex me. Quod si diligentius tua tibi obsequitur familia, meæ noveris esse reverentiæ, non fidei clientelæ; fides ejus me recedente recedet; et qui sepeliendus veram inde somniabas amicitiam, nec simulatam sepultus invenies; nihil eorum manus evadet, qui nunc tibi blandiuntur, nunc assident ægrotanti. Attamen ne nullum ab eis speres **948**

obsequium, hi te sepelient ad ostendendum quoque vacui contemptum cadaveris; æque recedent et a pectore memoria, et ab oculo sepultura. Fortassis autem flebunt, non quia tam cito, sed quia tam sero abs te discesserim; flebunt quidem; cæterum non tam propter te, quam quia quæ diripiant, non invenient circa te; flebunt, inquam; sed si eos populus aspexerit, si viderit ille quem putabunt successorem. Nec mireris eos quibus fortasse durus fuisti dominus, marcida et languente sollicitudine tuis ministraturos exsequiis [15]; ex quo egredior, veris etiam amicis afferes tædium, vermibus alimentum. Nemo tibi tam proximus est, quem non tædeat aspecti post triduum cadaveris. Offensionis materia est tam infelicis amici reliquias intueri. Agnoscis igitur me, qui nunquam domum, nunquam cubiculum ingrederis sine me? agnoscis, inquam, tam præsentem tibi socium, tam amicum, tam unitum? Agnoscis eam quæ totum te implet, totum regit et possidet? Agnosce, sodes, agnosce me, cujus est quod nondum in famem contabescis [16]. Inhumanus es, si tot ac tanta diffiteris obsequia; supra bestiam desipis, si tam proxime proximum ignoras. Quod si ratio sic exstincta est apud te, sic strangulata benignitas, quid aliud restat, nisi ut et virtutis funus debitis prosequamur exsequiis?

> Heu! quam turpe nefas, quam reprimendum,
> Quam discors animæ, quamque pudendum!
> Mundi cura, movens pectoris æstum,
> Infestare docet jus et honestum.
> Res abjecta nimis, parque pudori
> Virtus est homini, crimen honori [17],
> Virtus vilis apex, dos sine fructu,
> Vix impune places, vix sine luctu.
> Tu venale bonum, iners, onerosa
> Merx, tantum superis ambitiosa,
> Disponi facilis, dura resumi,
> Vanescis veluti virgula fumi.
> Non est cui placeas simplice voto,
> Qui læsam doleat teste remoto,
> Qui te gratis amet, vel tueatur,
> Qui patrocinium polliceatur.
> Laus sublimis, opes, crimen egestas,
> Præpollet facinus, sordet honestas.
> Ha! nunc innocuis jura minantur,
> Ausi flagitium sceptra lucrantur.
> Ha! quam sollicito quisque labore,
> Occursat medico, carnis amore.
> De morbis animæ nulla querela;
> Ægrotam sequitur [18] tarda medela.
> Quo tam fida comes sim reditura,
> Quam tristem calicem tunc bibitura,

---

[13] Mentis *indicia*.
[14] *Diurnarum* libertatem feriarum.
[15] Ministraturos *exsequiis*.
[16] Nondum *in famem* contabescis.
[17] Virtus est *homini*. crimen honori.
[18] *Ægrotam* sequitur.

Mentis *judicio*.
Diurnam libertatem feriarum.
Ministraturos *obsequiis*.
Nondum *infamia* contabescis.
Hic versus per lacunam deest in Ebroicensi. — Virtus est *omni* crimen honori. Cod. Victorin., 272.
Egressam sequitur.

Non attendis homo; quodque fateris,
Nec nosti sociam, nec revereris.
Sic nunc, sic etiam [19] sunt tibi nota,
Nec prosunt animæ tot sua vota,
Esto præmonitus, ædibus istis [20]
Succedet propere mansio tristis.

Et egregie, inquam [21], novi te, pudetque **949** tarditatis meæ, qua ad cognoscendum unicam [vel amicam] meam familiaribus indiciis oportuit excitari, ex quibus et hoc agnovi, quid tibi serenitatem vultus excusserit, quam desideras [22] mansionem. Novi enim quod interior homo noster in amaritudine est, et, sicut ait Apostolus, « Ingemiscens parturit, donec liberetur a servitute corruptionis, et transeat in libertatem gloriæ filiorum Dei (*Rom.* viii, 21). » Idem quoque, quia terrestris domus ista corrumpitur, domum quærit incorruptibilem, « domum non manufactam, sed æternam in excelsis (*II Cor.* v, 1); » quæ scilicet, quam beata sit, et quam festivo resultet gaudio, nec præsentis est temporis, nec nostræ facultatis est evolvere. Porro illud edisseras velim, cur istum quem circumfers humunculum tam graviter accuses, cujusve pedissequæ lenociniis, et delusam te doleas, et corruptam. Nec modo id percunctor, quare tibi vetus hoc et ruinosum displiceat ergastulum, vel cur ab his excarcerari desideres angustiis. Scio enim, et bene scio, quod amplissimam speres mansionem, quod promissa tibi sit civitas spatiosissima et speciosissima, latissima et lætissima, sacratissima et secretissima, ordinatissima et pacatissima, firmissima et tutissima, opulentissima et luminosissima; ejus suspensa desiderio, carnales fastidis officinas; demum suspiras in diem, mihi submurmurans : « Cupio dissolvi, et esse cum Christo (*Phil.* i, 23); » cum Christo esse multo melius. Hinc autem specialiter moveor, quia totam corruptionis tuæ causam exteriori ascribis homini, visa sic ex carnis familiaritate conqueri ac dolere, quemadmodum Hercules ex toxicato novercæ indumento. Sed aliter ille mortem, aliter tu carnali tegmine sortita es [23] corruptelam; ille nimirum nullam viam nocendi, nullam veneni originem vestimento ministravit; quod Alcidem [24] prosterneret, aliunde accessit, non processit ab Alcide. Tu autem ad ea quæ [25] tibi ipsi sunt noxia, ita ministro uteris corpore, sicut servo dominus, sicut artifex instrumento. Nunquid non ipsa professa es hunc

A asseclam tuum vivificari ex te, moveri ad omnia per te, saniem esse ac cinerem sine te? Annon tuum est, ratione quæ potiora sunt eligere, velle ac nolle, amare et odisse, atque pro his affectibus ad ea quæ sunt bona seu mala movere ac circumferre fidelem servum tuum? Quis tam desperate delirat, ut januas domus aut facinoris arguat, aut flagitii, quia per eas dominus egreditur ad sacrilegium, egreditur ad furtum? Cur itaque tui fuco criminis [26] alienam inficis innocentiam? Quid est quod præsentis tam male de malo meo, tuum autem tam paterne dissimulas, **950** tam triste commemoras, tam misericorditer excusas? Attamen Salomonem legisti, de his quæ bona sua, seu mala aliter pensant, aliter aliena, sic dicentem : « Pondus et pon-

B dus, statera et statera [*Vulg.* mensura et mensura], utrumque abominabile est ante Deum (*Prov.* xx, 10). » Quænam itaque sit adversum me querimonia, vel quomodo carneum hoc hospitium spirituale inquinet puritatem, sollicitus audire desidero. Plurima sunt quæ tibi de me melius innotescunt; ea quæcunque sunt discere malo atque corrigere, quam mihi de falsa blandiri atque applaudere justitia. Ego enim meum errorem libenter audio, sed ab eo qui errorem recitat non libenter; amicus ille est, et quærit abolere vitium, non insultare vitioso. Si quæ ergo tibi ratio suffragatur, in medium veniat, nec dilatio cruciet exspectantem; longa enim omnis mora, qua doctrina differtur honestatis. Tunc illa

C velut ad patientiam me provocans, tali sollicitum demulsit cantilena.

Multa duces Latii pro libertate tulere,
Exsilio sobolem, gladio caput exposuere.
Felices, si triste jugum sic excuteretur,
Nec miseros quidquam miserabilius sequeretur.
Sed grave servitium male libera colla premebat,
Et dominos centum sua crimina quisque ferebat.
Vivere sub vera si libertate [27] placeret,
Non homini, sed peccato servire puderet.
Illud enim transit, et saltem morte levatur,
Hoc est æternum, nec finem fine lucratur.
Quid dices igitur non æqua mente [28] ferendum,
Dummodo detractes dominum, jugumque [29] tremen-
                             [dum?

D Hunc Dominum ne quando feras, me ferre me-
                             [mento,
Sitque tibi Petri patientia pro documento.
Contulerat Petro petra summum pontificatum,

---

[19] *Sic nunc*, sic etiam.   *Si nec* sic etiam.
[20] *Ædibus* istis.   *Sedibus* istis.
[21] *Et* egregie, inquam.   Egregie, inquam.
[22] Quam *desideras*.   Quam *desideret*.
[23] Sed aliter ille *mortem*, aliter tu *carnali* tegmine sortita es.   Sed aliter ille, *imo* tu aliter *carnato* tegmine sortita es.
[24] *Quod* Alcidem.   *Quæ* Alcidem.
[25] Autem ad ea quæ.   Autem ad *ista* ea quæ.
[26] Tui *fuco* criminis.   Tui *succo* criminis.
[27] Vivere *sub* vera si libertate.   Vivere *si* vera *pro* libertate.
[28] Non *æqua* mente.   Non *æque* mente.
[29] Dummodo *detractes dominum jugumque*.   Dummodo *detrectes dominumque jugum*.

Et gregis excubias, et cœli clavigeratum.
Petrus apostolico jam sublimatus honore,
Clarebat merito, signis, virtutibus, ore,.
Reddita jam claudo vestigia, vita Thabitæ :
Saphira jam luerat crimen discrimine vitæ :
Jam morbos vestis, jam morbos umbra fugarat [30],
Jamque paralyticos oratio sacra levarat.
Huic tamen, huic Petro placuit correctio Pauli,
Nec Paulo Petrus objecit crimina Sauli [31].
Ergo dum doceo quæ corruptela trahatur,
Quæ mihi mors ex te; patienter utrumque feratur.
Moribus alludit non ægre ferre docentem,
Hunc aspernari fecundat crimine mentem.

Sicut video, minus ægre decantatam sustinuisti querimoniam, idque tibi rugam traxit, quod carnali huic hospitio, tot calamitates meas ascripserim, quod illud turpium arguerim voluptatum, quod ejus atramento oblitam illacrymaverim libertatem. Quorum te auctorem dici ideo stomacharis et obstupescis; quia videor tibi non aliter ad ea ministro uti corpore, quam vel dominus servo, vel artifex instrumento. Cæterum longe alia senserunt **951** et sanxerunt Christianæ fidei splendidissimi fundatores. Facile disces consideratis eorum testimoniis, quis in culpa prior sit, quantum reatus alteri singulariter, quantum utrique conveniat imputandum; et ne talium te primordia calamitatum velut ignota prætereant, et paulo altius, nisi tædeat [32], inchoabo. Antequam vitalis edictum jejunii [33] mortifero solveretur edulio, cultores paradisi nullam in paradiso pertulere molestiam, nihilque erat ex carne quod animam infestaret, nihil ex anima quod offenderet Creatorem; nihil, inquam, nihil omnino, quo vel eorum minuerentur deliciæ, vel innocentia frangeretur. De quorum profectu et gloria, pariter et justitia Augustinus De civitate Dei (57) : « Vivebat, inquit, homo in paradiso sicut volebat, quamdiu hoc volebat quod Deus jusserat; vivebat fruens Deo, ex quo bono erat bonus; vivebat sine ulla egestate, ita semper vivere habens in potestate. » Idem quoque contra Julianum : « Absit, ait, ut credamus aliquid fuisse unde sensum nostrum, sive intrinsecus, sive extrinsecus, aut dolor pungeret, aut labor fatigaret, aut pudor confunderet, aut ardor ureret, aut algor stringeret, aut horror offenderet ! » Ecce vides illis habitatoribus paradisi nihil intrinsecus innatum, nihil oblatum extrinsecus, quod vel a gloria creaturæ, vel a reverentia declinaret Creatoris. Cæterum adversus istam carnis ac spiritus concordiam, adversus confluentes undique beatitudines, forinsecæ quædam insurrexerunt illecebræ; serpens scilicet callidior omnibus animantibus, pomumque pulchrum visu, et ad vescendum suave.

His hostibus et fragilior natura tentata est, et sexus ad resistendum debilior [34]; tentata est enim caro nostra, tentata est mulier, et in eadem persona explorata est conditio, quæ vel fame cederet, vel simplicitate falleretur. Laboriosum fuit [35] tot persuasionibus unam circumveniri et feminam, cum adversus eam et cibus ageret, et astutia peroraret. Caro itaque novis delectata et excitata consiliis, novam sibi ascivit audaciam; qua ipsa jam provocata ad edendum, spiritum provocavit ad consensum. Inde factum catholica testatur auctoritas, ut ex subigente carne, et subacto spiritu velut ex marito et conjuge, primum illud gigneretur delictum, quo nec infans mundus asseritur, cujus est unius diei vita super **952** terram. Ex eo igitur tempore, perennem cum carne familiaritatem carnales illecebræ pepigerunt. Vetus hæc, et in paradiso [36] cœpta societas, stabilis et tam firma cohæsit, ut adhuc ejus vinculis tota astricta teneatur posteritas. Vix de voluptate triumphat [37], de quo semel voluptas triumphavit; unde ei difficile resistitur, quoniam facta est in primo conflictu superior : hostes enim ex successibus animantur, aliamque trahit victoriam fuisse victorem. Præterea si quid usu jucundum est, ad id sane gratuito declinatur [38]; hinc est quod caro carnalia suspirat oblectamenta, quorum quanto experientia gratior est, tanto intemperantior appetitus. Hanc membrorum legem nec baptismus oblitterat, nec tempus destruit, nec voluntas abradit : indissolubili scripta est atramento (58), ejusque decretum filii non sponte perferunt, cui parentes sponte se subdiderunt. Illius quidem reatui sacra medetur ablutio; sed quod ipsa permaneat, gemitus et querimoniæ sanctarum testantur animarum. « Raptus usque ad tertium cœlum, et audiens arcana verba, quæ non licet homini loqui (II Cor. xii, 4), »—« sentire se tamen conqueritur hanc legem in membris suis, repugnantem legi mentis suæ, et captivum eum trahentem sub lege peccati (Rom. vii, 23). »

(57) Lib. xiv, c. 26, et alibi fuse.
(58) Homeyus in notis : « Alludit, inquit, ad illud Job xiii : *Scribis enim contra me amaritudines.* In quæ verba D. Greg. *Mor.* c. 23 : « Quod loquimur transit, quod scribimus manet. »

---

[30] Morbos umbra *fugarat.* — Morbos umbra *fugarant.*
[31] Crimina *Sauli.* — Crimina *Pauli.*
[32] Altius *nisi* tædeat. — Altius *nec* tædeat.
[33] *Vitalis* edictum jejunii. — *Vitale* edictum jejunii.
[34] Ad resistendum *debilior.* — Ad resistendum *fragilior.*
[35] Laboriosum fuit. — *Nec* laboriosum fuit.
[36] Vetus *hæc* et in paradiso. — Vetus *homo* et in paradiso.
[37] *Vix* de voluptate triumphat. — *Unde* de voluptate triumphat.
[38] Ad id sane *gratuito* declinatur. — Ad id sane *gratuitum* declinatur.

De hac eadem lege familiaris ille tuus Augustinus (59) contra hæreticum Julianum sic loquitur : « Lex ista peccati, quæ in membris est corporis mortis hujus, et remissa est generatione spirituali, et manet in carne mortali; remissa scilicet, quia reatus ejus solutus est sacramento, quo renascuntur infideles; manet autem, quia operantur desideria, contra quæ dimicant et fideles. » Ut igitur Aristotelem sophismatibus, argutiis Ulyssem, Simonem (60) fallaciis antecedas, frustra tamen persuadere conaberis hoc te liberam lenocinio, cujus veneres, et naturæ debito sustinentur, et refrenantur auxilio gratiæ. De ejus tamen reatu nulla mihi adversum te querimonia; de morbo etenim conqueri, cui plenum in sacro fonte provisum est remedium, salutiferæ est derogare medicinæ. De quotidianis autem infestationibus tuis, de dissoluta pudentia tua si dolere me negavero, secreti gemitus, et trahentia fletum suspiria, quorum melior testis nullus est quam populus, mendacem [39] me conclamabunt. Queror enim, tuoque gravis onere, non quod volo faciens, sed quod nolo illud agens, cum Paulo quotidie deploro : **953** « Infelix ego homo, quis me liberabit de corpore mortis hujus? » (*Rom.* vii, 24.)

Hanc profecto ea ætate penitus ignoravi, quia pariter et stimulus peccati, et usus delituit rationis. Virgo sponsa de sponso virgine gloriabar, qui quando vellet ad illas me vocaret nuptias, ubi sedet paranymphus apostolorum chorus, ubi psaltes est David, ubi organa resonant angelorum. Parabatur, et sperabatur mihi quietus ille custosque pudoris thalamus, ubi casta proles est [40], nec mariti gratiam furatur ignium multitudo, ubi nullus repudii libellus, ubi tam pudice sponsam sibi sponsus astringit, ut ignoret et amplexus concupiscentiam, et contactus corruptelam. Me miseram! Dum talis ad solemnia talium succingerer nuptiarum, factus es mihi tu, tu, inquam, mihi factus es « lapis offensionis, et petra scandali (*I Petr.* ii, 8;) »—« Factus es coluber in via, et cerastes in semita (*Gen.* xlix, 17). » Ex quo enim consopitum evigilavit arbitrium, sicut sues volutabro, sic se tibi libidinum contemptus obtulit [41], sic involvit; eis te nimis hospitalem, nimis officiosum præstitisti; totus earum congratulatus es adventui; diffuse morigeratus priscæ illi amicitiæ, quam cum ipsis et sub ficu pepigeras, et decreto firmaveras inconcusso. Hujus fœderatæ tuæ memores, sicut ad sentinam stillicida,

sic undique ad hanc infimam et infirmam carnis lasciviam concurrere didicerunt; unde et aliæ quidem per corporeos sensus, aliæ vero per occursantes cogitationum imagines irregressibiles ad te fecerunt irruptionem; turbatum inde carnale hoc lutenuique diversorium, quemdam versati cœni fetorem in me, proh pudor! exhalavit: nec potui non sentire pestilentem auram exagitati volutabri, communem mihi cum spurcis porcis inhabitans mansionem. Præterea carcer iste ex ea compactus est materia, cui facile inhæreat admotarum flamma voluptatum. Quis igitur ejus incarceratum calefieri dubitet, in quem cineres et favillas vicinum jaculatur incendium? Vides igitur quæ concupiscentia, quasi masculam moveat carnem, qua improbitate consensum spiritus talis sibi maritus extorqueat, quæ progenies ab utroque generetur. Vides, inquam, quomodo fetor afflet alienus, quos vapores ex admoto sustineam incendio. Vides hoc, et indignaris si de frixorio carnis conqueror, in quo pinguedinis meæ vigor exsiccatus est, et « ossa mea sicut cremium aruerunt (*Psal.* ci, 4, sec. LXX). » Quid mirum, si de lascivia tua [42], in qua cum lutulentis suibus ingredi vereor, egredi volo? « Volo enim, cupioque dissolvi, et esse cum Christo (*Philipp.* xii, 3); » quia cum Christo esse, multo melius. Porro meliores animas id affectasse reperies, easque **954** testimonium meis assertionibus, et experimento perhibuisse, et verbo. Quid enim David aliud petebat, cum diceret : « Tribulationes cordis mei multiplicatæ sunt, de necessitatibus meis erue me (*Psal.* xxiv, 12), » nisi ut naturaliter concupiscentem adversus spiritum carnem, quia voluntas non poterat, gratia refrenaret? Quid apertius eo quod dicit Apostolus : « Caro concupiscit adversus spiritum, spiritus adversus carnem? » (*Galat.* v, 19.) Hic itaque tuus adversum me conflictus, quot et quantum beatos actus meos evacuet, aut quæ gaudia frequentibus molestiis interrumpat, supradictis addere non tædebit. Ac ne male deliciosus prosam fastidias longiorem, promissa mea metrico persolvam compendio. Illud autem quod dicis meum esse ratione [43] quæ sunt potiora eligere, velle ac nolle, amare et odisse, atque propriis affectibus [44] ad ea quæ bona sunt, seu mala, movere, ac circumferre fidelem servum meum; si vigilantius attendas, ingratitudinis et impatientiæ arguit te, cui totum illud non aliter ad salutem operatur aut famulatur, quam vel ægre

---

(59) Sic Hildebertus sibi familiarem fuisse gratulatur D. Augustinum; quod præcipue probant frequentissimæ ejus citationes in Tractatu theologico infra subjiciendo, quibus totam fere suam fulcire gestit doctrinam.

(60) Ad hoc suspicatur Homeyus fieri mentionem Simonis Sophistæ, de quo Aristophanes : « Ut simonem evaserint, lupi confestimevadunt. »

---

[39] Quorum *melior* testis nullus est *quam populus.*   Quorum *melius* testis est nullus *mendacem.*
[40] Ubi casta *proles* est.   Ubi casta *pellex* est.
[41] Contemptus *obtulit.*   Contemptus *oblitteravit.*
[42] Si de *lascivia* tua.   Si de *lacuna* tua.
[43] Quod *dicis meum* esse ratione quæ.   Quod *dicit* esse ratione quæ.
[44] Atque *propriis* affectibus.   Atque *pro his* affectibus.

A dicta [45], vel superbæ conjugi severior et morosa mariti correctio. Inde etenim adversus occursantium venena voluptatum, quædam tibi mandata præveniunt, describuntur noxia, salutaria nuntiantur. Si ergo inter hujus vitæ limites [46], appetitum coerceas, bona et convertibilis valetudo [47] perennem promittit et jurat apud te mansionem. Si vero vel concessa recuses, vel immineas interdictis, neque te corruptibile hoc « induet incorruptionem, neque immortale hoc immortalitatem (*I Cor.* xv, 53); » de quo si nondum tibi satisfactum est, alio tempore plenius respondebo sciscitanti.

Vis animæ humanæ septem tibi vindicat actus.
Vivificat, sentit, varias amplectitur artes,
Corrigit excessus, virtutibus instat, in ipsam
Dirigit intuitum Deitatem, gaudet in illa.
Seminibus quoque primus inest, animalia bruta
Participant alium, duo, nostræ proprietatis
Tres sunt, et [*f.* ad] superum, superi tamen [48*] ante
                                    [feruntur.
Ex actu primo vegetantur corpora, crescunt,
Provenit inde vigor, nexus, complexio, motus
Et status, et species, et convenientia quædam.
Ex alio tangit, videt, audit, gustat, odorat,
Odit, amat, petit apta sibi, contraria vitat,
Solvitur in somnos, in somnia mente vagatur,
Præteriti meminit, venturis instat, agitque
Plurima, quæ non sensu, sed ratione [48] geruntur.
Tertius ingenuas, aliasque perambulat artes
Quæque vel ingenium, vel disciplina ministrat,
Colligit, et vario provectu mentibus hæret.
Quartus ab illicitis, necnon quoscunque reatus [49]
Abjurare docet; extunc agnoscere sese
Incipit, inque novum niti, ac transire decorem.
Discimus ex quinto naturæ lege teneri,
Res inconcessas virtutis amore cavere,
Concessis aliquot, et sine teste [50] carere.
Sextus in aspectum solis, lucisque supremæ,
Pene parem superis animam rapit immaculatam.
955 Septimus astringit, stabilique subarctat
                                    [amore,
Collataque Deo [51], quam dotem jam speculetur,
Quos thalamos, quis cultus eam, quæ festa serenent.
Quis dicat : Speciosa veni [52] ; dixere beatæ
Majoresque animæ, nec eis tamen aut ea virtus,
  ut ea lingua fuit, quibus hoc aperire liceret,
  xcedit sensum, meritumque recondita merces.
  Hos actus si negas carnis impediri desideriis,

B profecto vel penitus infra hominem defecisti, vel supra hominem profecisti, qui solus tam libere beatus es, ut eam nescias concupiscentiam, quæ adversus præfatos actus, et numeroso militat exercitu, et diverso triumphat affectu [53]; neque enim in omnes animas par licentia est ei, sed unaquæque sicut occursantibus aut resistit, aut favet illecebris, ita suam vel conservat, vel amittit libertatem. Ipsi quoque actus non eodem tempore omnes, nec omni [54] infestantur molestia; alii quippe in ortu quasi seges in gramine præfocantur; alii vero jam provecti, velut in spicis grana, quæ fervor nimius exurit, marcescunt [55]. Est etiam quod illos impugnet intrinsecus, quod extrinsecus illos evacuet : quæ ut tibi manifestius innotescant, infestationes ac ruinas singulorum, prout mihi desursum dabitur, aperire non tædebit. Primus itaque noster actus vivificatio est; secundus, sensus; tertius, ars; quartus, correctio; quintus, virtus; sextus, contemplatio; septimus, quies. Hæc illis nomina indidit vim singulorum perscrutata diligentius antiquitas. Eorum primus, quanto carni gratior est, tanto a carnis inquietudine securior; caro enim vivificationis amat officium, tantamque cum eo pepigit pacem, ut si quid ei contrarium noverit, et implacabili abhorreat odio, et curiosa sollicitudine adversetur. Hinc est quod illi quoque qui cum Paulo clamant : « Cupio dissolvi, et esse cum Christo (*Philip.* 1, 23), » mortem tamen ideo formidant, quia caro naturaliter hoc animæ lætatur officio. Christus mori venerat, C et tamen dicebat : « Pater, si fieri potest, transeat a me calix iste (*Matth.* xxvi, 38). » Idem quoque, cum remotus a discipulis prolixius oraret, usque ad sudorem sanguinis anxietate passionis commovit semetipsum [56]; in cujus profecto verbo, nihil **956** aliud intelligendum reverenda tradidit auctoritas, nisi quamdam carnis convivificationem, quæ sic inerat lege naturæ, ut tamen bonum non impediret obedientiæ. Quæ cum ita sint, tantum tuum amorem, tamque germanum fœdus plerumque supervenientes irrumpunt molestiæ, quibus caro excitata ad vivificationis odium, spiritum sollicitat ad consensum; ea quippe sicut illecebrarum desiderio, sic anxietate sollicitudinum perniciose commovetur, D quibus dum venatrix illa deliciarum diu subesse, diuque fatigari formidat, paulatim tædere incipit vita, placetque vivificationis abjurare gratiam, cujus obsequia permistis amarescunt incommodis. Inde

---

[45] Vel *ægre* dicta. — Vel *equo* dicta.
[46] Hujus *vitæ* limites. — Hujus *dietæ* limites
[47] *Convertibilis* valetudo. — *Inconvertibile.*
[48] Plurima quæ *non sensu, sed ratione.* — Plurima quæ *sensu, non et ratio.*
[48*] Superi *tamen.* — Superi *non.*
[49] Illicitis *necnon quoscunque* reatus. — Illicitis *revocat residesque* reatus.
[50] Aliquot et sine teste. — Aliquot *etiam* sine teste.
[51] *Collataque* Deo. — *Collateraque* Deo.
[52] Quis dicat *speciosa* veni. — Quis dicat *tu sponsa* veni.
[53] Triumphat *affectu.* — Triumphat *effectu.*
[54] Tempore omnes, nec *omni.* — Tempore omnes, nec *omnes.*
[55] Exurit *marcescunt.* — Exurit *inanescunt.*
[56] Anxietate *passionis commovit se ipsum,* — Anxietate *turbatus est passionis.*

fit ut ea vitæ odiis accensa, quasdam velut faculas in hospitem vaporet animam, quibus ipsa quoque eodem concaleat, et coæstuet incendio. Sentinæ fetorem vix aut nunquam navis gubernator evadet, minus est affectum [87], quo summe plena est corporis navicula, ad rectum spiritum minime pervenire, quo perfusus ipse tam carnaliter carnis morigeratur imperiis, ut per eam vivificationem impugnare magnum putet obsequium, cui vivere magnum putet supplicium. Nascitur inde turpis et ridiculosus mortis appetitus, ac nequam progenies, quæ more viperæ suos plerumque suffocat, et exstinguit genitores. Nonnullos tua quoque tempora habuerunt, quos vel in aquas, vel ad laqueum amissæ dolor egit pecuniæ. Nam de veteribus quid loquar, quo-

rum simili provocati insania [88], veridicis assertionibus [89] poetæ nequaquam tacuerunt? Nunquid non recolis idem te attestatum, cum affeciæ mortis originem suppositis decantares versiculis?

Cum placeat carni quod vivificatur, ametque
Hoc animæ obsequium, tamen evenit ut diuturnis
Fracta malis, vitam fastidiat, abdicet annos,
Malit obire semel, quam sæpius, atque suprema
Morte rapi, quam tot pereuntibus esse superstes.
Sed licet his instet, non est homicida voluntas,
Donec declinet faveatque uxorius illi [60]
Spiritus, hoc stimulis, et blanda lite subacto,
Gignitur excessus, quia dum caro clamat, eamque
Spiritus exaudit, consensu culpa creatur,
Inque creando nefas, caro fit vir, spiritus uxor.

[87] Minus est affectum.
[88] Quorum simili *provocati* insania.
[89] Insania *veridicis* assertionibus.
[60] Faveatque *uxorius* illi.

Minus *difficile* est affectum.
Quorum *mortes* simili *provocatus* insania.
Insania *vindicis* assertionibus
Faveatque *uxoribus* illi.

VEN. HILDEBERTI

CENOMANENSIS EPISCOPI

MORALIS PHILOSOPHIA

DE HONESTO ET UTILI,

Multo quam antea auctior atque emendatior ex Bibliothecæ seminarii Patavini manuscripto codice edita ac notis illustrata

—

CLARISSIMO VIRO
JOSEPHO VALENTINELLI BIBLIOTHECÆ D. MARCI VENETIARUM PRÆFECTO
HOC VENERABILIS HILDEBERTI
OPUSCULUM
E MEMBRANIS BIBLIOTHECÆ SEMINARII PATAVINI ERUTUM
LUBENTISSIME D. D. D. VINCENTIUS DE VIT.

—

PRÆFATIO AD LECTOREM.

—

Quod in animo erat, nunc demum occasionem nactus opportunam, promissum exsolvo et integrum tibi, benevole Lector, ob oculos sisto Venerabilis Hildeberti opusculum, quod *Moralis Philosophia de honesto et utili* inscribitur, cujus specimen jam undecim abhinc annis exhibui ex eodem isto codice fere ad verbum exscriptum, ex quo Varronianæ quædam sententiæ fuerunt desumptæ ac typis a me jamdudum vulgatæ (61).

Quæ ibi tam de codice isto, quam de hoc Hildeberti opusculo præfatus fueram, breviter hic resumam, et nostræ hujus editionis merita præ cæteris explicabo.

Fuerat olim hic codex, ut postmodum mihi innotuit, Conradi Celtis cujusdam, viri litterati, a quo in potestatem venerat Antonii Querengo, in cujus ædibus jam viderat et consuluerat celeber amanuensis

(61) *V. sententias M. Terentii Varronis majori a parte ineditas ex cod. ms. bibliothecæ seminarii Patavini editas et commentario illustratas*, etc. Patavii, 1843, typis seminarii, in 8°, ubi a pag. 82-94, paucis præmissis, specimen hoc reperies ex capite de fortitudine et de securitate desumptum, et cum editione collatum.

Joannes de Rhodo (62); denique cum aliis multis cessit in bibliothecam seminarii Pativini, ubi adhuc asservatur sub n. CI. Ejus ætas, ut ibi quoque ediximus, ad sæculum decimum tertium refertur. Forma characteris ad rotundum Romanum proxime accedit, et litteræ ab initio capitum, tituli et signa apposita ad horum capitum finem coloribus rubro et cæruleo depicta sunt. Sic iisdem pariter coloribus pro lubitu scribuntur nomina auctorum, quorum verba referuntur.

Plura continet hic codex ex variis Latinis scriptoribus partim excerpta, partim ex integro pene descripta, quorum seriem ibi pariter recensuimus, inter quæ initio statim principem locum tenet opus quod inscribitur : *Isagoge ad moralem philosophiam*. Quod opus, quanquam hic, et hujusmodi inscriptione et sine nomine auctoris exhibeatur, illud tamen esse quod ab aliis *Moralis Philosophiæ*, ut supra retulimus, *De honesto et utili* dicitur, et ejusdem auctoris, nempe venerabilis illius episcopi Hildeberti cujus alia plura habemus opera, argumentis satis firmis ostendit clarissimus Operum ejusdem editor (63), cujus *Monitum* hic quoque repetendum duximus, ut bonitas nostri codicis dein clarius patefiat.

———

Monitum primi editoris huic opusculo præmissum

‹ **959-960** Tractatum hunc eruimus ex optimo manuscripto Colbertino, num. 2662, sexcentorum circiter
‹ annorum, in quo continebantur Venerabilis Hildeberti epistolæ, post quarum ultimam immediate, et eadem
‹ manu et charactere sequebatur, et quem habita styli ratione, et modis loquendi quibus in epistolis
‹ passim utitur Hildebertus, censuimus esse veram ejus lucubrationem, et illam ipsam esse de qua lo-
‹ quitur Hildebertus in epistola 12 lib. 1, ad Henricum I Anglorum regem, qua illum de infelici filiorum
‹ suorum submersione solari conatur. Ibi enim illum ad constantiam hortatus, fuse et eleganter veri
‹ sapientis instituta describit : *Quæ videlicet instituta*, inquit, *cum ad me traducibus paginis pervenirent,*
‹ *publicis conspectibus exponenda decrevi, veritus invidiam posterorum, si ea posteris inviderem. Hæc igitur*
‹ *illis exaravi, qui nec prosperis reverenter utuntur, nec immoti dura pertranseunt.* His collimat, quod in
‹ epistola 3 ejusdem libri 1 scribit ad Adelam Stephani Blesensis comitis palatini conjugem, ut eam
‹ comitatus Blesensis clavum in absentia mariti tenentem, ad clementiam, quam vel sola humana ratio
‹ suadet, adhortetur, asserens rationem ipsam *de clementia compendiosa principibus Senecæ capitula*
‹ *vulgasse, in quibus ideo brevitatem dilexit non obscuram, ut magnis occupatos legere non tæderet.* In hoc
‹ autem tractatu præ cæteris auctoribus Senecæ potissimum sententiis e libro de clementia desumptis
‹ utitur Hildebertus. Illum vero concinnasse e plurium profanorum libris credimus, dum adhuc juve-
‹ nis humanioribus litteris daret operam, et illorum libros præ manibus haberet, quod e frequentioribus
‹ poetarum citationibus evinci potest. Hunc porro tractatum contulimus cum altero manuscripto e celebri
‹ bibliotheca Sancti Victoris Parisiensis, num. 759, a quo Colbertinum non aliter discrepare comperi-
‹ mus, nisi quod paulo amplior est, et quod quibusdam in locis, sed admodum paucis, quædam profa-
‹ norum scriptorum sententias nonnullis sacræ Scripturæ testimoniis gavisi sumus stabiliri, et quodam-
‹ modo consecrari. Illi insuper eo libentius adhæsimus, quo etiam majorem eum opinati sumus affinitatem
‹ habere cum tractatu metrico : De quatuor virtutibus vitæ honestæ, quem inter opuscula poetica Hildeberti
‹ reperimus in manuscripto perantiquo Colbertino, num. 6327, et quem isti De honesto et utili libro im-
‹ mediate duximus esse subjungendum.
‹ Quem autem designet littera R, per quam notat virum optimum et sublimem, ad quem hunc mittit
‹ tractatum, decernere non ausim; non tamen sine probabilitate suspicarer eum esse Reginoldum
‹ Beati Augustini monachum, ad quem epistolam 15 libri III direxit Hildebertus, gratias illi referens,
‹ quod *aliquas positiones ingenioli*, ut ait, *sui filias* benigne accepisset, et etiam suis operibus inter-
‹ seruisset.
‹ Cæterum non dubium quin ex frequenti lectione Senecæ, Ciceronis, Sallustii, et aliorum priscæ ætatis
‹ eloquentiæ principum, quos Hildebertus adhuc juvenis assidue versaverat, et quorum in hoc tractatu
‹ præcipuas sententias, ut et ex celebrioribus poetis collegerat, illum sibi formaverit concisum et elegan-
‹ tem stylum, multa paucis disserentem, et bonos sales ubique spargentem, quem in ejus operibus, sed
‹ præsertim in epistolis, mirati sunt hucusque omnes eruditi. ›

———

Hactenus cl. editor. Veniamus nunc ad nostrum codicem.

Quod ille suspicatus fuerat, nempe Hildebertum *e plurimis profanorum libris tractatum istum concinnasse*, hoc plane innotescit ex simplici codicis nostri inspectione, in quo videre est verba ipsius auctoris pauca admodum esse et integrum opus ex dictis vel sententiis veterum auctorum elucubratum (64), scilicet Ciceronis, Sallustii, Senecæ, Boethii ex libris De consolatione, Isidori, et poetarum Horatii, Terentii, Juvenalis, Persii et Lucani. Citat etiam Platonem, non tamen ex textu Græco sed ex interpretatione Ciceronis, cujus verbis utitur. Ex SS. Bibliis citat D. Pauli Epistolas, et Salomonem ex Proverbiorum, Ecclesiastici et Sapientiæ libris. Porro hæc auctorum nomina, ut diximus, distincto characterum colore in codice exhibentur, atque ubi sua verba Hildebertus interponit, iisdem præmittit vocabulum Auctor, distincto pariter charactere.

Monendum tamen est hæc nomina auctorum non semper verbis allatis in codice respondere, et aliquando uni tribui quæ ad alium spectant. Sic etiam ad Senecam referuntur sententiæ plures quæ in collectione Publii Syri, ut vulgo traditur, inveniuntur, licet non dubitamus has quoque ex Senecæ libris majorem partem concinnatas fuisse. Sic pariter auctori ipsi plura accenseutur quæ ad aliquem ex citatis pertinent.

(62) Consule Thomasinum *De biblioth. Patav. mss.*, p. 87, et Valentinelli, *Della biblioteca del seminario di Padova*, p. 32, nec non Varronis sententias mox citatas quibus fusior hujus codicis descriptio præmititur, a pag. 12-15.

(63) En titulus hujusce editionis, quem in nostram contulimus : *Venerabilis Hildeberti primo Cenomanensis episcopi, deinde Turonensis archiepiscopi opera tam edita, quam inedita. Accesserunt Marbodi Redonensis episcopi ipsius Hildeberti supparis opuscula*, etc., *studio D. Antonii Beaugendre presbyteri et monachi, e congregatione S. Mauri.* Parisiis, 1708, in-f° magno. Opus allatum habetur in hac editione, quam solam citabimus, a pag. 959 et seqq.

(64) Hoc ipse Hildebertus clare fatetur initio statim. Cf. n. 1 et 2.

Hinc conjicimus hanc nominum auctorum designationem in codice nostro ab aliquo operis hujus exscriptore, viro quidem litterato et in classicis auctoribus evolvendis aliquantisper instructo, non autem ab ipso auctore provenisse, qui profecto in hunc errorem minime incidisset. Quare nos nomina hæc auctorum, ubi orationis series illa expostulare vel saltem pati videbatur retinentes, pluries tamen omisimus et inter notas subtus rejecimus, in quibus loca allata in textu ipso requirentes auctoris nomine designavimus.

Loca vero poetarum quæ tum in codice nostro, tum in editione, unico Horatii loco, ubi diversa ætatum studia describit, excepto, plena linearum serie descripta sunt, nos, ut in poetarum ipsorum editionibus fit, versum a versu distinguentes, præbuimus varias in notis lectiones commonentes, quæ aliquando minime spernendæ sunt; præsertim illæ quæ in Horatianis locis quibusdam leguntur, quæ aliquo pretio haberi possent a novis ejus editoribus. Quod æque dictum volumus de paucis aliis reliquorum auctorum.

Quod porro attinet ad loca eorum qui prosa oratione scripserunt, ea sic referuntur a nostro, ut nonnisi paululum immutata in editis reperias. Et hæc pariter nos cum textu auctorum illorum contulimus et infra adnotavimus, pauca si excipias, quæ unde fuerint deprompta nos adhuc latet.

Cæterum non una hæc est dos codicis nostri cum editione collati. Nam textus ipse in eo, ut notas, quæ in margine plures habentur, omittam, mirum quantum discrepat ab edito, nec solum in verbis, sed et in rebus; multo enim est auctior, et quandoque correctior, ut patuit ex specimine illo quod exhibuimus, et clarius quoque patebit ex hac ipsa integra quam paravimus editione (65).

Restat nunc ut pauca quædam disseramus de viro illo cui hoc opus ab Hildeberto dicatum fuit. Cl. editor, ut supra vidimus, ex littera ꞧ quam in codice Colbertino repererat, suspicatus est hoc opus *Reginaldo* cuidam Beati Augustini monacho, dicatum fuisse : codex noster econtra *Henrico* cuidam præstantissimo viro dicatum refert clarissimis hisce verbis: *Moralium dogma philosophorum per multa dispersum volumina tuo quidem instinctu,* VIR OPTIME ATQUE LIBERALIS, HENRICE, *contrahere conabar.*

Quæ cum vidissem, statim mihi in mentem occurrit Henricus I, rex Angliæ ac Normandiæ dux, vir bonis litteris a pueritia excultus ac militia clarus, qui jam ab anno 1106 Normandiam, incuria fratris sui Willelmi II in plures dominos distractam, bello subegit, quique reipsa cum sapientia, tum pietate ab antiquis scriptoribus quampluribus laudatur (66), eodem Hildeberto nostro non omisso, qui licet ei aliquando minus gratus fuisse tradatur (67), nihilominus post modum ita in ejus gratiam venerat, ut tanquam familiaris apud eumdem pro amicis suis intercedere posset, ut hujus epistolæ testantur ad eum intra annos 1120-1130 exaratæ (68); quibus addendum esset elogium quod in hoc ipso tractatu exstat initio his verbis: *Te autem puto huic honestatis formæ non parvam impendere diligentiam; adeo namque arcto atque insolubili nexu inhæres honesto, quod nec vehemens tumultus hujus perniciossimæ seditionis honestatis curam tibi excutit. Licet enim temporis necessitas ad flagitia te pertrahat, mens tamen tua contradicit et reclamat.* Quæ omnia in eam me sententiam adduxerunt ut hoc opus Henrico isti inscriptum esse ab Hildeberto affirmarem. Quæ quidem sententia, quanquam non adeo invictis argumentis probari potest, ut omnis alia debeat prorsus excludi, satis tamen ex auctoritate codicis nostri probabilis esse videtur.

Hæc sunt, benevole Lector, quæ majoris momenti præmonenda curavi, cætera minoris ponderis tibi excutienda relinquo. Interea vale, et hoc meum quaelcunque opus æqui bonique facias etiam atque etiam rogo.

(65) In edit. hoc opus desinit his verbis : *Exercitationem desiderat. Explicit liber moralium.* In nostro autem hæc formula deest, et post *desiderat* adjungitur locus ex Boethio, qui tractatui finem imponit.
(66) Vide Natalem Alex. in *Hist. eccl. ad sæc.* XI et XII, cap. 12, art. 6.
(67). In Vita venerab. Hildeberti, ejus operibus præmissa.
(68) Vide epist. 12 lib. I, et epist. 13 et 20 lib. III.

MORALIS PHILOSOPHIA

DE

HONESTO ET UTILI.

—

PRÆFATIO.

961-962 1. Moralium dogma philosophorum per multa dispersum volumina tuo quidem instinctu, vir optime atque liberalis HENRICE, contrahere meditabar (70), dumque primo conticinii (71) silentio super hac re scrutabundus memoriam consulerem, repente somnus obrepsit; et ecce vir sobrio decore laudabilis quasdam personas non minus matura A gravitate reverendas antecedebat, statimque, ut fit, solo animi augurio primum illum esse Latinæ eloquentiæ auctorem Tullium mihi innotuit; post quem ille moralitatis eruditor elegantissimus Seneca cum quibusdam aliis, quos tibi eorum verba deinceps significabunt (72), se agebat.

2. Una igitur conferentes, arbitrabar descriptiocinium a *conticescendo* et pro prima noctis parte accipitur. *V. Lex.* Forcell. ad h. v.

(69) Codex noster habet : *Incipiunt Isagogæ ad moralem philosophiam.*
(70) In cod. *conabar.*
(71) Male edit. habet *canticinium,* est enim conti-
(72) In cod. *declarabunt.*

nibus distinctionibusque moralem philosophiam quasi in artem eos (73) colligere, mihique ipsi fas esse, quæ ab aliis vel ab his audiveram, proverbia interponere. Ego expergefactus igitur officio stili audita designans (74) insistere brevitati decrevi; primum quia de singulis, ut ait SENECA, « fragilis est memoria, et rerum turbæ non sufficiens. Deinde ne memoria emittat recepta, et ne recentibus obruat antiqua (75). » Unde HORATIUS :

Quidquid præcipies, esto brevis; ut cito dicta
Percipiant animi dociles, teneantque fideles.
Omne supervacuum pleno de pectore manat (76).

Præterea hæc tua diligens instantia a me polliciti tam sæpe operis consummationem poscebat instanter, quod illud expertus sum, quia animo desideranti nil satis festinatur et desiderio celeritas est mora. Ipsius præterea operis fructus cellula memoriali reponendus non se diffusius tractari permittebat (77). TULLIUS : « Nulla enim vitæ pars neque in publicis, neque in privatis, neque in forensibus, neque domesticis in rebus morali philosophia vacare potest. In hac excolenda sita est omnis vitæ honestas, et in ea negligenda est turpitudo (78). » De ea igitur accipe compendiosam particulam ac si

de magno flumine cyathum sorbillandum (79) ti: i quis propinet. Te autem puto huic honestatis formæ non parvam impendere diligentiam; adeo namque insolubili nexu (80) inhæres honesto, quod nec vehemens tumultus hujus perniciosissimæ seditionis honestatis curam tibi excutit. Licet enim temporis necessitas ad flagitia te pertrahat, mens tamen tua contradicit et reclamat.

3. TULLIUS : (81) Triplex est capiendi consilii deliberatio. Prima est de honesto tantum, secunda de utili tantum, tertia de conflictu utriusque. Prima subdividitur in duas, dubitamus enim utrum honestum an turpe sit de quo agitur (82) et de duobus honestis propositis, quod eorum honestius. Secunda quoque dividitur in duas; deliberatur enim utrum aliquid sit utile, vel non; et de duobus utilibus (83), quod eorum sit utilius. Tertia manet indivisa. Sunt igitur quinque consultationes. Prima quid sit honestum, secunda de collatione honestorum, tertia quid utile, quarta de comparatione utilium; quinta, quando id quod videtur honestum pugnare videtur cum eo quod videtur utile (84). De horum quolibet secundum enuntiatum ordinem uberrime disseremus, ac primo de honesto.

QUÆSTIO I.

DE HONESTO.

4. TULLIUS : « Honestum est quod sua vi nos trahit et sua dignitate nos allicit. — Virtus vero est habitus animi in modum naturæ homini consentaneus (85). » Virtus igitur et honestum nomina sunt diversa, res autem subjecta prorsus est eadem. SENECA : « Adeo gratiosa virtus est, ut insitum sit et malis probare meliora. Quis enim est qui non inter scelera bonitatis opinionem affectet? ... Neminem reperies qui nequitiæ præmiis sine nequitia frui non malit (86). » Exoritur igitur honestum quatuor ex fontibus : prudentia, justitia, fortitu-

dine, temperantia. Prudentia est boni malive discretio cum appetitu boni et detestatione mali, vel rerum bonarum et malarum et utrarumque inter se discretio; justitia est virtus jus suum cuique conferens; **963** fortitudo est periculorum laborumque atque utriusque fortunæ æqua perpessio; temperantia est virtus motus animi illicitos cohibens suasu prosperitatis in nos impetum facientes (87).

DE PRUDENTIA.

5. Has omnes præcedit prudentia quasi lucerna, tanquam viam aliis monstrans; ejus enim est

---

(73) In edit. *nos*, rectius autem dixerim *eos*, ut in nostro codice, nam postea de se statim loquitur auctor dicens : *mihique ipsi*, etc.

(74) Sic Boethius *Cons. phil.* 1, pr. 1, dixit *querimoniam stili officio designare.*

(75) Senec. VII *Benef.*, 28, paucis mutatis.

(76) Horat., *Art.* p. 335 seqq. In edit. loco verborum, *unde Horatius*, habentur : *Ideo egregie scriptorem formare videtur qui dicit : Quidquid*, etc.

(77) In edit. *diligenter reponendus nullatenus diffusius se tractari permitteret.*

(78) Cic. 1 *Off.*, 2, ubi loco *morali philosophia* legitur *officio.* In cæteris consonat.

(79) Modus dicendi Terentianus in *Adelphis* IV, 2, in fine.

(80) In edit., *arcto atque insolubili complexu.*

(81) Cic. 1 *Off.*, 3. In toto hoc capite auctor sequitur Ciceronem non in verbis, sed in sententiis. Hinc insuper patet doctrinam ejus de officiis in compendium redegisse, servata a Cicerone ipso proposita divisione.

(82) *Dubitamus namque utrum honestum, an tempore sit factum.* Ita edit.; et in margine : *supp. f.*

convenienti, *scilicet tempore.* Falsa hæc lectio ex Cicerone diluitur, ubi *l. c.* traditur : *Nec enim solum utrum honestum, an turpe sit deliberari solet, sed etiam duobus propositis honestis, utrum honestius.*

(83) *Inquiritur enim de duobus utilibus propositis, utrum eorum utilius sit.* Ita edit.

(84) *Quinta consultatio quando videntur utile et honestum sibi adversari.* Ita edit.

(85) Cic. II *Invent.*, 53, habet : *Est quiddam quod sua vi nos allicit ad sese, ... trahens sua dignitate.* Et cap. 54 : *Virtus est enim habitus, naturæ modo consentaneus.* Cæterum hæc secunda periodus in edit. desideratur.

(86) Senec. IV *Benef.*, 17.

(87) Hic pariter sequitur Ciceronem in fontibus honesti; sed in definitionibus nonnihil discrepat. Ciceroni prudentia *l. c.* est *rerum bonarum et malarum, neutrarumque scientia* vel *nec bonarum nec malarum*, ut habet III, *d. n.* 15, aut denique *rerum expetendarum fugiendarumque scientia*, ut *Off. n.* 3. Sic dicas de reliquis ap. eum. *ll. cc.* et alibi. — In edit. vero nostri auctoris secunda tantum habetur prudentiæ definitio, priori omissa.

consulere, cæterarum agere. Consilium autem præire debet actum. SALLUSTIUS : « Priusquam incipias, consulta, et postquam consulueris mature, facto opus est (88). » SALOMON : « Palpebræ egressus tuos præcedant (89). » Consilia præveniant tuos actus. Prudentiam sequitur justitia, sed ejus officium duo sunt affectus, scilicet timor et amor vel cupiditas ; et duæ fortunæ, adversa scilicet et prospera, præpediunt. Sit enim aliquis quem sapientia beneficio tuo dignum faciat, sed aliquis tibi dicat, quod si præfatum sapientem tibi adjungas, alicujus potentis odium incurris : ecce timor ab officio justitiæ faciet te cessare. Rursus sit aliquis erga quem debeas esse munificus, tunc si cupis servare quod habes, qua tibi utile videtur, et quia non facile recuperatur, cupiditas justitiæ obviat ; idcirco justitiam duabus columnis fulciri oportet, scilicet fortitudine contra timorem, temperantia contra cupiditatem. In fortunis patet cur prosperitati opponenda est temperantia, fortitudo adversitati ; illa enim extolleret, hæc dejiceret.

6. Prudentia igitur mala a bonis et bona et mala mutuo discernit. Cum ergo virtus ista sua vi nos trahat, sub honesto continetur. TULLIUS : « Omnes enim trahimur et ducimur ad cognitionis cupiditatem, in qua excellere pulchrum putamus. Labi autem, errare, decipi, nescire malum et turpe putamus (90). » Hujus partes sunt : providentia, circumspectio, cautio, docilitas.

De providentia.

7. Providentia est præsens notitia futurorum tentans (91) eventum. Hujus autem est officium, per præsentia futura præmunire, calamitatem imminentem consilio prævenire. BOETHIUS : « Neque enim hoc quod ante oculos situm est sufficit intueri. Prudentia rerum exitum metitur (92). » TULLIUS : « Illud est et magni ingenii præcipere cogitatione futura, et ante constituere quid in utramque partem possit accidere, et quid agendum sit, cum quid evenerit ; neque prætermittere, ut non dicatur aliquando : *Non putaram* (93). » SENECA : « Consiliatoris autem est officium efficere ne homo suæ felicitati credat, stultam fiduciam potentiæ semper illi permansuræ discutere, docere, et omnia casu

data mobilia esse et cursu velociore fugere quam eveniant (94). » BOETHIUS : « Nunquam tua faciet esse fortuna, quæ a te natura rerum fecit aliena (95). » SENECA : Nec iisdem gradibus, quibus ventum est ad summum, retroiri, sed inter summam et ultimam fortunam nihil interesse (96). » — « Falsi vero amici pro consilio adulationem afferunt, et una est eorum contentio, quis blandissime fallat (97). » TULLIUS : « Tales enim nos tunc esse putamus, ut jure laudemur ; ex quo innumerabilia peccata nascuntur, cum homines suis inflati opinionibus, turpiter irridentur, et in maximis versantur erroribus (98). » JUVENALIS :

...... *Nihil est, quod credere de se*

Non possit, cum laudatur diis æqua potestas (99). SENECA : « Idcirco plerique vires suas nescientes, dum se tam magnos quam audiunt credunt, bella suscipiunt in discrimina perventura (100). » De assentatoribus autem facile fallentibus et vero consiliatore istud sufficiat exemplum. — Medorum rex Xerxes Græcis bellum indixit, cui familiarium alius dicebat : Græcos nuntium non exspectaturos, sed ad primam adventus ejus famam terga versuros. Alius dicebat : Græciam non vinci, sed obrui mole exercitus. Alius dicebat : timendum esse ne urbes desertas et vacuas invenirent, non habiturum regem ubi tantas vires exercere posset. Alius naturam rerum vix illi sufficere posse, angusta esse classibus maria, militibus castra, explicandis copiis equestribus campestria, vix patere cœlum sagittis. Dum in hunc modum nimia regem existimatione ferventem concitarent, dixit Demaratus : Multitudo, quæ tibi placet, metuenda est tibi ; **964** verum est enim immoderata nunquam posse regi, nec diu durare quod regi non potest. Nihil tam magnum quod et perire non possit. Acciderunt quæ Demaratus dixerat (1). — Apparet igitur plus esse providentiæ veris consiliatoribus, quam assentatoribus.

De circumspectione.

8. Circumspectio est contrariorum vitiorum cautela. Hujus officium est frugalitatem sic servare, ut avaritiæ fuga non incurrat dissipationem, et sic a temeritate recedere ut timorem non incurrat. Hujus officium persuadebat SALOMON : « Omni custodia serva cor tuum (2), » dicturus enim *custodia præ-*

---

(88) Sallust. *Catil.* 1. Loco nominis hujus auctoris in edit. legitur : *Unde ait poeta : Priusquam*, etc., quod sane editoris imperitiam in antiquis evolvendis scriptoribus demonstrat. Sic et alibi, ut videre erit in seqq. adnotationibus.

(89) Apud Vulg. interpr. in Proverb. iv, 25, ubi : *palpebræ tuæ præcedant gressus tuos.* Verba autem quæ sequuntur explicationis causa addita videntur, coll. cod. Eccli. xxxvii. 20 : *Ante omnem actum consilium stabile* (præcedat). Et reipsa in edit. post verba Salomonis sic reperitur : *id autem est, quod consilia actus tuos præveniant, prudentia scilicet justitiam.*

(90) Cic. i, *Off.* 6. Prudentiæ porro partes aliter habet ii, *Invent.* 54, nempe *memoriam, intelligentiam, providentiam ;* quam postremam sic definit : *Providentia est per quam futurum aliquid videt ante-*

quam factum sit.

(91) *Pertractans* in edit., rectius tamen *tentans.*

(92) Boeth. *Cons. phil.* ii, prosa 1.

(93) Cic. i *Off.*, 23.

(94) Senec. vi *Benef.*, 33.

(95) Boeth. *l. c.*, pr. 5.

(96) Senec. *l. c.*

(97) Idem *ibid.*, c. 30.

(98) Cic. *ibid.*, 26.

(99) Juvenal, n. 70. In edit. legitur loco Juvenalis : *unde poeta*, etc.

(100) Senec. *De benef.* vi, 20 et 31. Exemplum ab auctore prolatum pariter ex hoc Senecæ libro fere ad verbum desumptum est.

(1) *Democritus* in edit., sic et paulo supra, sed in codice nostro et ap. Senecam *Demaratus.*

(2) Apud Vulg. interpr. in Prov. ii, 23.

misit *omni*, ne hinc hostibus fores claudas, illinc aditum pandas. Horatius :

In vitium culpæ ducit fuga, si caret arte,
Dum stulti vitant vitia, in contraria currunt (3).

De cautione.

9. Cautio est a virtutibus discernere vitia speciem virtutis præferentia. Ad hujus officia ducit nos Isidorus, dicens : « Quædam vitia virtutum speciem præferunt, unde perniciosius suos fallunt sectatores, qui virtutis se velamine tegunt. Nam sub prætextu justitiæ credulitas agitur, et remissa segnities mansuetudo creditur (4). » Cicero : « Nullæ sunt pejores insidiæ quam hæ quæ in similitudine officii latent (5). » Nam Trojanos ideo fefellit equus, quia Minervæ formam est mentitus.

De docilitate.

10. Docilitas est prudentia docendi imperitos. Hujus autem officium est, ut prius homo se ipsum informet, deinceps alios juxta illud Salomonis : « Fili, bibe aquam de cisterna tua et fontes tuos sparge foras (6). » *Bibere* autem *aquam de cisterna* est haurire sapientiam de mente propria. Terentius :

Ita comparata est hominum natura omnium
Aliena ut melius videant, et dijudicent,
Quam sua. Quod ideo fit, quia in re nostra aut
                                    [*gaudio*
Sumus præpediti nimio aut ægritudine (7).

Spargere fontes est alios docere (8). Tullius : « Circa virtutem istam duo sunt evitanda : unum, ne ignota pro notis habeamus, hisque temere assentiamur [hoc est enim præsumptio]; quod vitium effugere qui volet (omnes autem velle debent), adhibebit tempus studendi atque diligentiæ meditationem; alterum est, nimis magnum studium multamque operam in res obscuras atque difficiles et non necessarias conferre (9). » Hoc vitium curiositas dicitur, eo quod parvæ utilitati nimia opera impendatur, sicut accidit si, morali philosophia relicta, astrologiæ, geometriæ, quibusdam etiam dialecticæ vanitatibus nimis intendas. Seneca : « Melius enim est si pauca præcepta sapientiæ memoria teneas, et illa sint tibi in usu et in promptu, quam si multa didiceris et ea in promptu non sint. Quemadmodum magnus luctator est, non qui omnes nexus didicit, usus quorum rarus est, sed qui in quibusdam se diligenter exercuit; non enim refert quam multa sciat, si scit quantum victoriæ satis est : sic in disciplinis multa delectant, pauca **965** juvant. Licet nescias quæ ratio effundat Oceanum, et quid gemellorum conceptum separet, partum jungat, cur

simul natis diversa fata sint , non multum nocebit transire, quæ nec scire licet, nec prodest (10).

DE JUSTITIA.

11. Justitia est virtus humanæ societatis et communis utilitatis conservatrix , quæ omnium hominum cohabitationes tibi conservat, ut unus agros et facultates teneat, quibus alius eget. Concitarentur igitur invidia et seditio, nisi adesset justitia, quæ jus suum cuique confert. Vitæ autem communitatem [id est negotia] sic observat dum eumdem modum vivendi, ut mercaturam vel militiam plures assequentur, quæstus unius minuit lucrum alterius, quæ res moveret livorem nisi justitia æquitatis custos adesset. Hæc etiam virtus omnia aspera transcendit. « Nemo enim potest esse justus, qui mortem, exsilium, dolorem, egestatem timet, aut qui ea, quæ sunt his contraria, æquitati anteponit; itaque, mea quidem sententia, omnis vitæ institutio adjumenta hominum desiderat, quæ per justitiam parantur, ut in primis habeat homo familiares, cum quibus possit conferre sermones, atque his, qui vendunt, emunt, conducunt, locant, et qui contrahendis negotiis implicantur, necessaria est justitia, cujus tanta est vis, ut etiam illi, qui maleficio et scelere pascuntur, non possint sine ulla justitiæ particula vivere. Nam qui eorum cuipiam, qui una latrocinantur, furatur aliquid, aut eripit, is nec latrocinio sibi locum relinquit. Archipirata, si non æqualiter prædam dispertiat, aut interficitur a sociis aut relinquitur (11). »

De severitate.

12. Dividitur autem justitia in severitatem et liberalitatem. Severitas est virtus debito supplicio coercens injuriam. « Primum ergo severitatis est officium, ut ne quis alicui noceat, nisi primum lacessitur injuria. Secundum est communibus uti pro communibus, privatis pro privatis. Sunt autem privata nulla natura : sed aut veteri occupatione, ut qui quondam in vacua venerunt : aut victoria, ut qui bello potiti sunt : aut lege, ut qui testamento patrum hæredes facti sunt. Fiunt etiam privata pactione, conditione, sorte; ex quo fit ut quisquis teneat suum id, eorum quæ natura fuerant communia, quod sibi contingit. Ulterius, si quis plus appetit, violabit jus humanæ societatis (12). » Inde omnis seditio oritur, quia in tuum usum mea privata conaris transferre. Seneca : « Quietissime viverent homines **966** nisi essent duo verba, scilicet meum ac tuum (13). » — « Tertium severitatis est offi-

---

(3) Horat. *Poet.* 31.

(4) Isidorus, scil. Hispalensis, in lib. II Sententiar., c. 35.

(5) Ciceronis locus iste mihi incompertus. In edit. legitur : *Nullæ sunt, ait Cicero, occultiores insidiæ,* etc. Periodum vero quæ sequitur, auctoris nostri esse monet codex.

(6) Apud Vulg. interpr. in Proverb. v, 15, 16. Edit. sic integrum locum affert : *Fili mi, bibe aquam de cisterna tua et fluenta putei tui : Deriventur fontes tui foras* (pro quibus codex noster *et fontes tuos sparge foras,* fortasse ex Itala versione antiquissima), *et in plateis aquas sparge* (pro quo Vulg. habet *divide*).

(7) Terent. *Heaut.* III, 1, in fin.

(8) Edit. addit.: « *Fontes foras derivare* est scientias in alios transfundere. »

(9) Cic. I *Off.*, 6. Uncis inclusa non sunt Ciceronis, sed auctoris nostri.

(10) Senec. VII, *Benef.* 1.

(11) Cic. II *Off.*, 11.

(12) Id. I *Off.*, 7. Porro in edit. mancus est hic locus.

(13) Est inter sententias Publianas n. 763, ubi loco *nisi essent* legitur *si tollerent*. Particula autem *scilicet* addita est, puto, ab Hildeberto.

cium, ex hominum communitate exterminare pestiferum genus hominum; ut enim quædam amputantur membra, si sanguine et spiritu carere cœperint, ne noceant cæteris, sic ista figura hominis sive feritatis et immanitatis belluæ a communi vita segreganda est; sunt enim homines non re, sed nomine (14). › Nam quid refert utrum ex homine quis in belluam se convertat, aut sub hominis figura immanitatem belluæ ferat? SENECA : Talibus ergo non est parcendum, nam « judex damnatur, cum necens absolvitur (15). › — « Cavenda tamen est maxime ira in puniendo, cum qua nemo tenebit illam mediocritatem, quæ est inter nimium et parum (16). ›

De liberalitate.

13. Liberalitas est virtus animi beneficiorum erogatrix, quam eamdem pro affectu benignitatem, pro effectu beneficentiam appellamus (17). Hæc virtus tota in distribuendo [et retribuendo] consistit. In tribuendo cave ne sis durus. SENECA : « Quis enim homo contentus fuit aut leviter aut semel rogari? quis, cum a se prævidit peti aliquid, frontem non abduxit, vultum non avertit, occupationes non simulavit? Eodem animo debetur beneficium, quo datur (18). › Hilarem enim datorem diligit Deus (19). « Idcirco non est negligenter dandum beneficium. Nemo autem debet, quod non accepit, sed extorsit (20). › Secundo cave dilationem : « Cum laudabilis benefaciendi datur occasio, illico rapiatur : quia dilatio gloriam fugat, et jus comprehendit. Errat, qui sperat eum sibi responsurum, quem dilatione lassavit, exspectatione extorsit (21).› — « Ingratum est enim beneficium, quod diu inter dantis manus hæsit; proximus enim est neganti, qui diu distulit : qui tarde fecit, diu noluit. Tantum gratiæ demis, quantum dilationi adjicis, cum mihi roganti suffundatur rubor. Qui hoc remittit, munus suum multiplicat. Optimum est antecedere desiderium cujusque, proximum sequi. Non tulit gratis, qui cum rogaret, accepit. Nihil enim charius emitur, quam quod precibus extorquetur, nam molestum verbum et onerosum et demisso vultu dicendum est : rogo. Omne beneficium victurum, quod obviam venit. Gratius est quod de facili statim, quam quod tarde sumitur de plena manu, nam actori detrahit, quisquis post illum rogandus est, Nihil æque amarum, quam diu pendere. Æquiori animo ferunt quidam spem suam præscindi,

A quam diu protrahi (22). › Tertio cave ne beneficium obsit quibus datur vel aliis. « Qui enim cuipiam dant, quo obsit, non benefici, neque liberales, sed perniciosi assentatores judicandi sunt.... Sunt autem multi tam gloriæ cupidi, quod aliis plus eripiunt, quam quod aliis largiantur. Id vero tantum abest ab officio liberalitatis, ut nil sit magis contrarium (23). › SENECA : Ille enim ambitioni dedit, non mihi. TULLIUS : « Ea ergo utamur liberalitate, quæ prosit quibus datur, nemini **967** noceat (23). › Quarto cave ne beneficium sit majus tua facultate. « Nam in tali liberalitate sæpe inest cupiditas rapiendi, ut ad largiendum suppetant copiæ. Præterea liberis vel propinquis fit injuria, quibus æquius est copias suppeditari et relinqui, et non in alios transferri (25).› Quinto cave exprobrationem uam. « Inter duos lex est beneficii, quod alter statim debet oblivisci dati, alter memor esse accepti. Nunquam vir bonus cogitat data, nisi admonitus a reddente. Multum obligavit se, qui accipere se putavit, cum daret; dedit tanquam recipiens, recepit tanquam non dedisset. Graves exprobrationes et leves, quos paulo post beneficii pœnitet ; gratiam omnem corrumpunt, quibus dicitur : O superbia, nihil a te recipere libet, quidquid das corrumpis (26). › Sexto cave ne habeas malitiosam astutiam inficiandi. « Dixit Antigonus Cynico petenti talentum, plus esse quam Cynicum deceat petere. Petenti vero nummum dixit, minus esse quam deceat regem dare. Ecce malitiose negabat. Nam poterat dare talentum, quia rex erat, poterat nummum, quia Cynicus ille erat. — Melius Alexander, qui cum daret civitatem cuidam dicenti civitatem non convenire humili fortunæ suæ, respondit : Non quæro quod te oporteat accipere, sed quod me dare (27). › Septimo cave ne queraris de ingrato. « Meliorem facies ingratum ferendo, pejorem conquerendo. Dubiam verecundiam, vox conviciantis clarior, vincit. Nemo timet id quod jam videtur esse. Deprehensus pudor amittitur.... Non est illo qualem speravimus, simus quales fuimus, ei dissimiles (28). › — « Ingratus est erga unum beneficium, erga secundum non erit. Duorum oblitus est, tertium memoriam dabit eorum quæ a memoria exciderant (29). › Quæ ratio est eum exacerbare, in quem multa contuleris, ut ex amico fiat inimicus (30)? Sis munificus in dando, non acerbus in exigendo (31). Nam cum altius injuriæ quam merita

---

(14) Cic. III Off., 6, in fin. extrema verba tamen sunt ex I ibid., 30.

(15) Est pariter inter sententias Publianas, n. 388.

(16) Cic. I Off., 25.

(17) Cf. Cic. ibid., 7.

(18) Senec. I Benef., 1.

(19) S. Paulus II Corinth. IX, 7.

(20) Senec. l. c.

(21) Idem l. c. In edit. omittitur integra periodus inter cave dilationem et errat.

(22) Senec. II Benef., 1-5, ubi præscidi et trahi loco præscindi et protrahi.

(23) Cic. I Off., 14.

(24) Id. ibid.

(25) Id. ibid. Deest in edit. secunda periodus.

(26) Senec. II Benef., 10-13; parva sunt membra in unum collecta ab auctore nostro. Notandum tamen priori capite citato legi inter quos lex est, quod σφάλμα esse nemo non videt, legendum cum nostro inter duos, ut sensus expostulat.

(27) Senec. II Benef., 18, et ibid. 16.

(28) Idem VII ibid., 28 et 29.

(29) Item I Benef., 3.

(30) Idem VII Benef., 30.

(31) Cic. II Off., 18.

descendant, quid exspectaret qui offendit [dum obligat]? Officium itaque liberalitatis est dare omni petenti, ac deos imitari. « Si deos imitaris, da ergo et ingratis, quia et sceleratis oritur sol, et piratis patent maria... — Dii [ait *Seneca*] omnium rerum optimi auctores, ignorantibus beneficia dare incipiunt, ingratis perseverant. Non cessant dii beneficia congerere, unam sortiti intentionem, ut prodesse velint. Illos imitemur; demus ergo, licet multa in irritum data sint. Ingratus non mihi injuriam fecit, sed sibi. Nam gratum semper delectat beneficium, ingratum semel. Non est magni animi beneficium dare et perdere, perdere autem et dare magni animi est (32). » — « Virtus est dare beneficia non utique reditura. Malim non accipere, quam non dare ; qui non dat quod promittit ingrati vitium antecedit (33). » Dare enim ut accipias est vendere libertatem. **968** Ideo si promittis indigno, da, non ut prosis, sed ut dictum tuum redimas. Quamvis omni petenti dare debeas, « in beneficio tamen habendus est delectus dignitatis : in quo et spectandi sunt mores ejus cui datur, et animus gratus erga nos, et cohabitatio, et vitæ societas, et ad nostras utilitates beneficia ante collata .... Et si non vivitur cum perfectis, sed cum simulacra virtutis habentibus, neminem puto negligendum esse, in quo virtutis signa appareant. Colendus est quisquis præsertim in quantum lenioribus virtutibus, scilicet temperantia, modestia, ornatior erit. Nam fortis animus, et magnus in homine non perfecto, nec sapiente plurimum ferventior est quam debeat. In primis plurimum tribuamus ei, a quo plurimum diligamur, ponderandumque est quo quisque animi studio et benevolentia steterit erga nos. Multi enim multa faciunt temeritate quadam sine judicio vel morbo, vel repentino quasi vento, concitati impetu animi, quæ beneficia neque magna non sunt habenda, sicut ea quæ judicio considerate constanterque sunt delata (34). » — « Item qui calamitate premitur, alia est ejus causa, alia ejus qui res fieri meliores quærit nullis suis rebus adversis. Propensior debetur benignitas in calamitosos, nisi forte calamitate sint digni. In iis tamen, qui altiorem gradum ascendere volunt, omnino restricti esse non debemus (35). Item apud bonos pauperes melius quam divites beneficia collocantur. Nam qui locupletes sunt, beneficio nolunt (36) obligari, sed cum accipiunt beneficium quamvis magnum, se dedisse putant, aut aliquid ab se suspicantur exspectari.... Item si malo benefacias opulento, in illo uno aut forte in ejus familia gratia manet; si autem inopi bono benefacias, omnes boni inopes præsidium sibi vident paratum, et [cum

A bono inopi benefacis] se spectari, non suam fortunam arbitrantur. Ideo, si in contentionem veniat res, sequere Themistoclem qui ait : *Malo virum qui pecunia egeat, quam pecuniam quæ viro* (37). » Dabimus munera non supervacua. Mulieri non dabis arma militaria, nec ebrio vina, sed cuicunque dabis munera suum morbum expulsura (38). Nulla munera tam pretiosa quam rara munera duratura quæramus, quia nunquam admonere debemus. Hactenus hæc attribuentes.

De retributione quæ continetur sub justitia.

14. « Nullum officium referenda gratia est magis necessarium. Nam si jubet Hesiodus majore mensura reddere quam acceperis, quid debemus agere beneficio provocati? Imitari agros fertiles, qui plus reddunt quam acceperunt. Verum si non dubitamus his beneficia conferre, quos speramus nobis profuturos, quales debemus esse in eos qui jam profuerunt? Nam demus vel non demus in nostra est potestate; non reddere, bono viro licet, si id sine injuria facere non possit (39); » cave **969** ergo primo ne obliviscaris beneficii. « Omnes enim oderunt immemorem beneficii, eamque injuriam sibi etiam fieri putant in liberalitate deterrenda (40). » « Nam ingratus est qui negat se accepisse beneficium; ingratus est qui dissimulat, ingratus est qui non reddit, ingratissimus omnium qui est oblitus. Nunquam gratus potest fieri, cui totum beneficium elapsum est memoria. Apparet illum non sæpe de reddendo cogitasse, cui oblivio obrepsit. Nunquam voluit esse gratus, qui beneficium tam longe projecit, et extra conspectum suum posuit. Memoria nihil perdit, nisi ad quod non sæpe respexit. Ideo dico : Ne obliviscaris præteriti beneficii. Ad præterita beneficia pauci animum retorquent. Nemo enim quod fuit in præterito, in pretio ponit, sed tanquam perdito. Si ad judicem te vocat, incipit non esse beneficium, sed creditum, et cum res honestissima sit referre gratiam, desinit esse honesta, si est necessaria (41). » Secundo cave ne cum injuria ad beneficium accedas; « sunt enim quidam minus grati. Ili aliquid incommodi precari solent his, quibus sunt obligati, ut probent affectum beneficii memorem. Horum affectus est similis pravo amore flagrantibus; illi enim amasiæ optant exsilium, ut fugientem comitentur; optant inopiam, ut magis desideranti donent; optant morbum, ut assideant, et quidquid optaret inimicus, amantes vovent. Fere idem est exitus odii et amoris insani; sed iniquum est mergere, ut extrahas, evertere, ut suscites, includere, ut emittas. Non

---

(32) Senec. iv *Benef*, 26, et 7 *ibid.* extr.
(33) Idem i *Benef.*, 1.
(34) Cic. i *Off.*, 14 et 15. Ultima periodus in edit. desideratur.
(35) Id. ii *Off.*, 18.
(36) In edit., male, *volunt*.
(37) Cic. ii *Off.*, 20. Uncis inclusa omnino redundant ex præcedentibus.

(38) In edit. legitur : *Dabimus munera non exprobrantia cuique morbum suum.*
(39) Cic. i *Off.*, 15.
(40) Id. ii *Off.*, 18.
(41) Senec. iii *Benef.*, 1-7. Totidem sunt sententiæ in unum allatæ. Minus recte in edit. exhibentur.

enim est beneficii finis injuria, nec est meritum detraxisse, quod qui detraxit, intulerat. » Tertio cave ne festines nimis ostendere te gratum. « Qui antecedit tempus retribuendi æque peccat, sicut qui non sequitur. Quod apud te non vis morari, onus judicas, non munus. Rejiciendi munus signum est aliquod invicem mittere et munere munus expugnare. Pœnitet accepti beneficii quem piget non reddidisse (42). » Quarto cave ne clam gratiam rependas. « Ingratus est qui, remotis arbitris, gratias agit. In primis autem conserva hoc, ut benigne accipias ; quia si benigne accipis, gratiam retulisti, non ut solutum reputes, sed ut securior reddas. Voluntate enim voluntati satisfaciemus, et re rei (43). »

De beneficientia.

15. « Rursus beneficientia alia est operæ, alia pecuniæ. Facilior est hæc posterior, præsertim locupleti : prima splendidior et viro bono dignior (44), ac nulli perclusa. De illa scriptum est : SENECA : Virtus omnibus patet, non quærit domum, non censum, nudo contenta est homine (45). « Et quamvis utraque virtus gratum hominem faciat, altera tamen ex arca, altera ex virtute depromitur. Item ea, quæ est pecuniæ **970** materiam suam exhaurit. Itaque benignitate tollitur benignitas [donandi]. Hæc quo in plures usus es, eo minus in multos uti possis. Altera consuetudine benefaciendi paratiores ad benefaciendum et exercitatiores facit. Dum Macedonum favorem pecunia captaret Alexander, scripsit ad eum pater suus Philippus hæc verba : *Quis error in hanc spem te rapuit, ut eos tibi fideles putes, quos pecunia corruperis? Agis ita, ut Macedones te non regem, sed ministrum et præbitorem suum putent.* Fit quidem deterior qui accipit et ad exspectandum paratior. — Hoc genus benignitatis tamen non est omnino refutandum ; nam indigentibus idoneis sæpe de re familiari impertiendum est, sed diligenter, et moderate. Multi enim effuderunt patrimonia inconsulte largiendo. Nihil autem stultius est quam id curare, quod diutius facere non possis, cum libenter facias. Largitiones etiam rapina sequitur, cum enim dando cœperint egere ut et palam alienis bonis manus inferre cogantur, et majora eorum odia, quibus ademerunt assequantur, quam eorum favores quibus largiuntur. Quam ob rem res familiaris non est ita claudenda ut eam benignitas aperire non possit, nec ita reseranda, ut pateat omnibus. Idcirco largiendi modus referatur ad facultates ; largitio enim fundum non habet, nam qui consueverunt et alii semper desiderant (46). »

De argitione.

16. « Largorum duo sunt genera, nam alii dissipatores et alii liberales. Dissipatores, qui epulis et muneribus histrionum et lenonum copias diffundunt, memoriam quarum aut brevem aut nullam omnino sunt relicturi. Liberales sunt qui suis facultatibus aut captos a prædonibus redimunt, aut pauperis amici causa alienum æs suscipiunt, aut amicos in filiarum collatione adjuvant, aut in alia re quærenda vel augenda (47). » Modo diximus de beneficientia pecuniæ.

De beneficientia operæ.

17. « Beneficientia operæ exercetur juvando consilio, defendendo in causis eloquio. Sed admonendi sunt homines ne cum alios juvare velint, alios offendant. Sæpe enim aut eos lædunt quos non debent, aut eos quos non expedit. Si imprudenter, negligentiæ est ; si prudenter, temeritatis. Utendum est etiam excusatione quacunque possis apud eos quos invitus offenderis, cum aliter facere non potueris, certisque officiis id, quod violatum est, recompensandum erit (48). » TULLIUS : « Sed cum accusatione et defensione constet causa, laudabilior est defensio. Accusatio tamen persæpe probanda est, quam semel tantum et non sæpe suscipere debemus..... Duri enim hominis est, vel potius vix hominis esse videtur periculum capitis inferre multis, sordidum et ad famam, committere, ut accusator nomineris..... Diligenter quoque tenendum est, ne innocentem judicio capitis accuses, quod absque scelere fieri nequit. Nihil est inhumanius, quam eloquentiam ad hominum salutem datam in bonorum perniciem convertere.... Judicis officium est semper verum sequi ; patroni vero nonnunquam verisimile, licet minus sit **971** verum, defendere (49). » SALLUSTIUS : « Omnes homines autem, qui de rebus dubiis consultant, odio, ira, amicitia, misericordia vacuos esse decet. Animus haud facile verum providet, ubi officiunt illa (50). » TULLIUS : Nam judices propter invidiam adimunt diviti, propter misericordiam addunt pauperi. Deponit autem quisque personam amici, cum induit personam judicis. Videat et judex ne sermo moribus vitium indicet inesse cum studiose de absentibus detrahendi causa aut per ridiculum aut maledice dicitur aliquid (51). TULLIUS : Curandum est etiam ut eos, cum quibus confovimus sermones, vereri et diligere videamur. Objurgationes incidunt nonnunquam necessariæ, in quibus utendum est et vocis contentione et verborum acriori gravitate. Curandum etiam ne videamur ea facere irati, sed ut ad urendum et

---

(42) In duobus hisce articulis quoque habentur sententiæ ex eodem auctore fortasse desumptæ, locis tamen mihi incompertis.

(43) Senec. II *Benef.*, 23 et 35. In edit. minus recte hic postrema leguntur.

(44) Cic. II *Off.*, 15.

(45) Ex quo loco Senecæ ducta sit hæc sententia, non reperi.

(46) Cic. II *Off.*, 15, paucis mutatis vel omissis.

Cæterum in edit. postrema desiderantur.

(47) Id. *ibid.*, 16.

(48) Id. *ibid.*, 19.

(49) Id. *ibid.*, 14.

(50) Sallust. *Cat.* 51, init.

(51) Quæ hic et infra sub nomine Tullii afferuntur, fortasse Senecæ sunt ; locis tamen mihi ignotis. In edit. vero pauca quædam desiderantur.

secandum, sic ad hoc genus castigandi rari atque A
inviti veniemus. Sed tamen ira procul absit, cum
qua nil recte, nil considerate fieri potest. Significandum est etiam ut id acerbitatis, quod habet
objurgatio, sit susceptum causa illius cui fit. In
contentionibus etiam quæ fiunt cum inimicis, si et
audiamus nobis indigna, rectum est gravitatem retinere, iram pellere. Nam quæ perturbatione fiunt,
ea nec constanter fieri possunt, nec ab his qui adsunt probari. Deforme est etiam de se ipso prædicare, præsertim falsa, et cum irrisione audientium
imitari militem gloriosum. « In his omnibus mores
hominum non fortunam sequi oportebit. Sed quis
est, qui causæ inopis et boni hominis non ante-
ponat gratiam fortunati et potentis? A quo enim expeditior remuneratio videtur, in eum est voluntas
nostra propensior (52). »

De benignitate.

18. Alia benignitatis est partitio, quæcunque
enim virtutes bonis hominibus debitum reddunt,
ejusdem benignitatis partes sunt. Reddit enim. Deo
jus suum religio, pietas parentibus, innocentia minoribus, amicitia vero æqualibus, concordia civibus,
reverentia majoribus, misericordia egenis.

De religione.

19. Religio est virtus Divinitati curam et cere-
moniam offerens (53). Hujus officium est, primum
[TULLIUS] : Perpetrati sceleris pœnitere. [Scelerum
si bene pœnitet, eradenda pravæ cupiditatis sunt
elementa] et teneræ nimis mentes asperioribus in-
formandæ sunt disciplinis. — Secundum |ideo quia
religionis officium est], temporalium mutabilitatem
parvipendere. HORATIUS : ·

Truditur dies die
   Novæque pergunt interire lunæ.....

Immortalia ne speres monet annus et almum
   Quæ rapit hora diem.
Damna tamen celeres reparant cœlestia lunæ :
   Nos ubi decidimus.
Quo pius Æneas, quo Tullus dives et Ancus,
   Pulvis et umbra sumus.....

Debemur morti nos nostraque (54).
Tertium officium est vitam nostram ex toto Deo
committere juxta illud **972** poetæ JUVENALIS :

   Si consilium vis,
Permittes]ipsis expendere numinibus, quid
Convenial nobis, rebusque sit utile nostris.
Nam pro jucundis aptissima quæque dabunt dii
Charior est illis homo, quam sibi.....
Orandum est, ut sit mens sana in corpore sano (55).

« Non tamen votis muliebribus deorum auxilia pa
rantur : sed vigilando, agendo, bene consulendo

B
prospera omnia cedunt. Ubi socordiæ atque ignaviæ te tradideris, nequaquam deos implores; sunt
enim tunc irati et infesti (56). » — « Tunc scito. te
omnibus cupiditatibus solutum, cum eo perveneris,
ut nihil Deum roges, nisi quod rogare possis palam. Nunc enim quanta est hominum dementia!
Turpissima vota diis insusurrant, et si quis aures
admoverit, conticescent, et a Deo petunt quod scire
homines nolunt. Tu vero cum hominibus sic vive,
tanquam Deus videat; sic loquere cum Deo, tanquam homines audiant (57). » Quartum [religionis
officium] est veritatem observare. SENECA : « Nam
liberi et servi personam veritas separat, mendacium jungit (58). » TULLIUS : « Ideo hanc virtutem
putant [stoici], fidem appellatam, eo quod per eam
fiat dictum. Non sunt autem promissa quæcunque
observanda, ea scilicet quæ, quibus promiseris,
inutilia sunt, vel quæ plus sunt nocitura tibi quam
quibus promiseris profutura. Nam contra officium est
damnum majus anteponi minori, ut si cuipiam constitueris te advocatum in illius causam venturum,
atque interim filius tuus graviter ægrotare cœperit,
hoc casu non est contra officium, non facere quod
dixeris. Nec deposita semper sunt reddenda. Si quis
enim gladium apud te sana mente deposuerit, sed
insanus repetierit, contra officium est reddere. Si
quis quoque apud te pecuniam deposuerit, ut bellum
inferat patriæ, hoc casu depositum non reddas,
quia faceres contra rempublicam quæ tibi debet esse
charissima. Sic ea quæ natura videntur honesta,
temporibus fiunt inhonesta (59). »

C

De pietate.

20. « Pietas est per quam sanguine conjunctis et
patriæ benevolis officium et diligens tribuitur
cultus (60). » In hujus officia nos ducit ipsa natura.
SENECA : « Quemadmodum enim in amorem sui
nemo est concitandus : sic nec lex jubet amare
parentes, indulgere liberis. Supervacuum enim est
in id, quod animus nobis dat, nos impelli (61). »
Quocirca plus cavendum est, ne aliquam nostris
moliamur injuriam. SALLUSTIUS : « Quem enim alienum invenires tibi fidum, si tuis fueris hostis (62)? »
TERENTIUS : Qui patrem audebit fallere, qualis erit
in cæteros (63)?

D

De innocentia.

21. Innocentia est animæ puritas omnem injuriæ
abhorrens illationem. Hac virtute placantur dii.
HORATIUS :

   Immunis aram si tetigit manus
   Non sumptuosa blandior hostia
   Mollibit adversos penates (64).

---

(52) Cic. II *Off.*, 20.
(53) Id. II *Inv.*, 53, sic habet : *Religio est, quæ su-*
perioris cujusdam naturæ, quam divinam vocant,
curam cæremoniamque affert. In cod. nostro legitur *afferunt.* — Quæ sequuntur minus sana sunt,
neque Tulli qui hic citatur locum reper.
  (54) Horat. II *Od.* 18; IV, *ibid.*, 7. — *Art. poet.* 63.
  (55) Juvenal X *Sat.* 346-350 et 356.
  (56) Sallust. *Cat.*, 52.
  (57) Senec. *Epist.*, 10.

(58) Sententia hæc quo loco habeatur, me latet.
(59) Cic., I *Off.*, 7 et 10, coll. III, *ibid.*, 25.
(60) Est definitio Cic. II *Inv.*, 54.
(61) Senec. IV *Benef.*, 17.
(62) Sallust. *Jug.*, 10.
(63) Terent. *Ad.* 1, 1, 30, ubi sic habet :
   Nam qui mentiri, aut fallere insuevit patrem,
   Aut audebit, tanto magis audebit cæteros.
(64) Horat. III *Od.*, 23.

Hanc servare qui volet, omnia scelera, licet parva, **973** magna putabit. HORATIUS :

Nam vitiis nemo sine nascitur : optimus ille est
Qui minimis urgetur (65).

JUVENALIS :

Nemo satis credit tantum delinquere, quantum
Permittas ; adeo indulgent sibi latius omnes (66).

Hujus est officium multos allicere nullius læsione. SENECA : « Nam multis minatur, qui unum offendit (67). » Aliud est officium, ultionem non quærere. SENECA : « Ridiculum est enim odio nocentis innocentiam perdere (68). » Neque scelus est scelere vindicandum. SALLUSTIUS : « Multos pessumdedit, quod suas injurias acerbius ulcisci voluit (69).»

De amicitia.

22. « Amicitia est bona voluntas erga illum qui diligitur causa illius (70).» Hujus officium est idem velle in honestis rebus, et idem nolle. Alterum officium est secreto admonere amicum, palam laudare. TULLIUS : Hæc quidem est lex amicitiæ, ut neque rogemus res turpes, neque rogati faciamus. SENECA : Atera lex est, « ut cum amico cuncta deliberes ; sed prius de ipso (71). » Tertia est, ne labores nosse quod ipse vult latere. Dissimulare enim est magis humanum, quam dare operam id scire per quod nos oderit amicus. Quarta est ne asperitas amicitiam dirimat, juxta illud poetæ LUCANI :

Adversis non deesse decet, sed læta secutos
Nulla fides unquam miseros elegit amicos (72).

SENECA : « Si autem vis amari, ama (73). »

De reverentia.

23. Reverentia est gravibus personis vel aliqua prærogativa sublimatis debitæ honorificationis exhibens cultum (74). Hujus est officium majores imitari. « Optimum enim est vestigia majorum imitari, si recta præcedant (75). » — « Eligendus est nobis vir bonus, et ante oculos semper habendus, ut sic, tanquam illo spectante, vivamus, et omnia, tanquam illo vidente, faciamus.... Major enim peccatorum pars tollitur, si peccatis testis assistit (76). »—« Ideo nullum locum putaveris esse sine teste (77). »

De concordia.

24. Concordia est virtus concives et compatriotas et in eodem jure cohabitantes ultro conjungens. Hujus hæc officia sunt, ut præclare scriptum est a PLATONE : « Non nobis nati sumus solum, ortusque nostri partem patria vindicat, partem amici ; atque (ut stoicis placet) omnia ad hominis usum creantur, et homines hominum causa creantur, ut ipsi inter se alii aliis prosint. Ideo in hoc naturam sequi ducem debemus, communes utilitates in medium afferre, devincire hominum inter homines societatem mutatione officiorum, dando, accipiendo tum actibus, tum facultatibus, tum opera (78), »— « tum multa multis de suo jure cedendo. Est enim non modo liberale, sed etiam interdum fructuosum paululum de suo jure decedere (79).» — « Nam concordia parvæ res crescunt, discordia maximæ dilabuntur (79*). »

De misericordia.

25. Misericordia est virtus per quam animus super calamitate movetur afflictorum. « Hæc virtus nihil humani a se putat alienum (80) ; » juxta illud Pauli apostoli : *Quis infirmatur et ego non infirmor (81)?* Aliorum incommoda vel damna exstimat sua. « Qui in calamitosum misericors est, sui meminit (82). » — « Est tamen difficilis cura rerum alienarum (83). »

De truculentia et negligentia.

974 26. Duobus præfatis justitiæ generibus, scilicet severitati et liberalitati, duo opposita justitiæ genera cavere oportet, scilicet truculentia et negligentia. Truculentia est justitia non meritam injuriam inferens : negligentia est non propulsare injuriam cum possit et debeat. Est autem negligentia severitati contraria. Contraponuntur enim defendere et defensionem contemnere. Similiter truculentia liberalitati repugnat ; repugnant enim beneficium dare et injuriam irrogare. Causæ truculentiæ sunt metus, avaritia, ambitio. Metus, cum is qui nocere alteri cogitat, timet ne, nisi id fecerit, ipse afficiatur incommodo. Avaritia est cum homines aggrediuntur injuriam, ut adipiscantur ea quæ cupiunt. SALLUSTIUS : « Ambitio quoque [id est prælationum amor] multos mortales fieri falsos coegit ; aliud clausum in pectore, aliud in lingua promptum habere : amicitias, inimicitiasque non ex re, sed ex commodo, æstimare ; magisque vultum quam ingenium bonum habere (84).» Est autem in hoc

(65) Horat. I *Sat.*, 3, 6, 8.
(66) Juvenal. XIV, 2, 33, ubi loco *omnes* legitur *ipsi.* Varia lectio non spernenda.
(67) Senec. sive Publ. Syrus in *Mimis* n. 485, ubi pro *qui unum offenditur* legitur : *qui uni facit injuriam.*
(68) Idem *ibid.*, n. 834.
(69) Sallust. *Jug.*, 42.
(70) Cic. II *Inv.*, 55, ubi : *Amicitia voluntas erga aliquem rerum bonarum, illius ipsius causa, quem diligit, cum ejus pari voluntate.*
(71) Senec. *Epist.*, 3.
(72) Lucan. VIII, 534, 535.
(73) Senec. *Epist.*, 9.
(74) Cfr Cic. II *Inv.*, 55, ubi aliis prorsus verbis *observantia* dicitur, *per quam homines aliqua dignitate antecedentes, cultu quodam et honore dignantur.*
(75) Senec. sive P. Syr. in *Mim.* n. 613, ubi habes : *Optimum est majorum vestigia sequi si recte præcesserint.*
(76) Id., *Ep.*, 11, ubi pro *peccatis* legitur *peccaturis.*
(77) Id., sive P. Syrus in *Mim.* n. 574.
(78) Plato, scilicet ap. Cic. I *Off.*, 7.
(79) Id. II *ibid.*, 18.
(79*) Sallust. *Jug.*, 10.
(80) Cic. I *Off.*, 9 sic habet : *Est difficilis cura rerum alienarum, quanquam Terentianus ille Chremes « humani nihil a se alienum putat. »* Porro Terent. *Heaut.* I, 1, 25 dixit :
Homo sum : humani nihil a me alienum puto.
(81) Paulus II Corinth. XI, 29.
(82) Hæc inter sententias Publianas locum habere possent. Unde sumpta incompertum.
(83) Ex Cic. loco nuper citato.
(84) Sallust. *Cat.*, 10, ubi legitur *subegit* loco *coegit*, uti in nostro codice. Male vero in edit. legitur *nullum loco vultum.*

genere molestum, quod in magnanimis et munificis A saepius incidit potentiae cupiditas. Magnanimitas autem promptiores facit ad impugnandum, munificentia vero plura dat illi auxilia, unde ex eorum ambitione majus provenit flagitium quam ex ambitione pauperum. Propterea verum est illud Lucani :

Nulla fides regni sociis, omnisque potestas
Impatiens consortis erit.
       Proh! cæcus et amens
Ambitione furor !
Nulla fides, pietasque viris, qui castra sequuntur,
Venalesque manus : ibi fas , ubi maxima mer-
                [ces (85).

Dividitur autem truculentia in vim et fraudem. Fraus quasi vulpeculæ, vis leonis videtur; utrumque ab homine alienissimum est: sed fraus est odio B digna majore; totius enim injustitiæ nulla pestis capitalior est, quam eorum qui, maxime cum fallunt, id agunt ut viri boni videantur. Idcirco HORATIUS :

Nunquam te fallant animi sub vulpe latentes (86).

Et JUVENALIS :

Hispida membra quidem, duræ ast in corpore setæ,
Promittunt atrocem animum.

Fronti nulla fides. Quis enim non vicus abundat
Tristibus, obscenis (87)?

Prætermittendæ autem defensionis, id est negligentiæ, hæ sunt causæ. Nam aut inimicitias aut laborem sumptus suscipere nolunt, aut suis occupationibus sic detinentur, aut odio ita elongantur, ut eos quos tueri debent, desertos esse patiantur. C Tutius autem est bonum hominem, quam malum negligere : bonus tantummodo fit segnior, ubi negligas, malus improbior. Tutius quoque est negligere locupletem, quam calamitosum. TERENTIUS :

Omnes quibus res sunt minus secundæ, magis sunt,
               [nescio quomodo,
Suspiciosi, ad contumeliam omnia accipiunt magis,
Propter suam impotentiam se semper credunt ne-
                 [gligi (88).

In omni autem injustitia multum interest, **975** utrum animi perturbatione an consulto fiat injuria, perturbatio est enim plerumque brevis et ad tempus : ideo leviora sunt quæ repentino motu accidunt quam ea quæ præmeditata inferuntur.

DE FORTITUDINE.

27. Fortitudo est virtus impetus fortunæ retundens. Hujus autem partes sunt hæ : magnanimitas, fiducia, securitas, magnificentia, constantia, patientia. Magnanimitas est spontanea et rationabilis D difficilium aggressio ; fiducia est certa spes animi perducendi ad finem rem inchoatam ; securitas est incommoditates imminentes et inchoatæ rei non formidare finem ; magnificentia est difficilium et præclarorum consummatio , constantia est stabilitas animi firma et in proposito perseverans ; patientia est contumeliarum et omnis adversitatis æquanimis tolerantia (89).

De magnanimitate.

28. Ad magnanimitatis officia persuadet dicens poeta :

      . . . . *componite mentes*
Ad magnum virtutis opus summosque labores (90).

Et alius poeta :

  Virtus recludens immeritis mori,
  Cœlum, negata tentat iter via,
  Cœtusque vulgares et udam
  Spernit humum fugiente penna (91).

TULLIUS : « Hæc virtus, cum ad aspera ineunda aliquem promptum faciat, communem utilitatem quam suam potius attendit. Sicut enim scientia, quæ est remota a justitia, potius quam sapientia est appellanda calliditas; sic animus ad pericula paratus, si sua cupiditate non communi utilitate impellitur, temeritatis potius nomen quam fortitudinis habet (92). » Hæc virtus torporem sic excitat. LUCANUS :

Tolle moras, semper nocuit differre paratis (93).

HORATIUS :

Incipe : vivendi qui recte prorogat horam
Rusticus exspectat dum defluat amnis, at ille
Labitur et labetur in omne volubilis ævum (94).

PERSIUS :

Cras fiet. Idem cras fiet, quid? Quasi magnum
Nempe diem donas, sed cum lux altera venit,
Jam cras hesternum consumimus : ecce aliud cras
Egerit hos annos, et semper paulum erit ultra (95).

Hujus officium signat philosophus TULLIUS : « Magnanimi sunt habendi non qui non faciunt, sed qui propulsant injuriam (96). » In hac virtute prima sit cautela avaritiæ. « Non est enim consentaneum qui metu non frangitur, illum cupiditate frangi ; nec qui invictum se a labore præstitit, cum voluptate vel cupiditate vinci (97). » Secunda est cautela ambitionis; per difficultates enim quæritur claritudo. « Quo aliquid difficilius, eo præclarius; vix enim invenitur qui , laboribus susceptis , non quasi mercedem desideret gloriam (98). » Virtutis autem fructum sapiens in conscientia, stultus in gloria ponit. Per gloriam enim ad prælationes se arbitrantur ascensuros. « Vera autem magnitudo se magis vult esse principem quam videri. Qui au-

---

(85) Lucan. i, 92 ; x, 147, 407.
(86) Horat. *Art. poet.*, 437.
(87) Juvenal. ii , 11, ubi prior versus :
Hispida membra quidem et duræ per bracchia setæ.
Et ita quoque in edit. — Et *ibid.* paulo supra.
(88) Terent. in *Adelph.* IV, iii, 14-16.
(89) Hæ definitiones conferendæ sunt cum illis, quas tradit Cic. ii *Inv.*, 54. Variat in pluribus editio. Sic in fine legit : *Patientia est virtus contumeliarum et omnis adversitatis impetus æquaminiter portans.*
(90) Lucan. ix, 380.

(91) Horat. iii *Od.* 2, 21 seqq.
(92) Cic. i *Off.*, 19, levibus mutationibus.
(93) Lucan. i, 281. Locus iste desideratur in edit., sicut etiam quatuor alia, quæ sequuntur ex ordine.
(94) Horat. i *Epist.*, 2, 41-43, ubi : *qui recte vivendi.*
(95) Pers. v, 66-69.
(96) Cic. *ibid.*, ubi *non* secundo loco desideratur.
(97) Idem *ibid.*, c. 20.
(98) Idem *ibid.*, c. 19.

tem errore multitudinis imperitæ pendet, in magnis A viris non est habendus (99). » Per gloriam ideo non sunt quærendi honores. Verum est enim illud poetæ :

Virtus repulsæ nescia sordidæ
Intaminatis fulget honoribus,
Nec sumit aut ponit secures
Arbitrio popularis auræ (100).

Tertia est cautela temeritatis. « Temere **976** namque in acie versari et manu cum hoste confligere immane quiddam est et belluarum simile. Si tamen necessitas postulaverit, decertandum erit et mors turpitudini anteponenda... Nunquam enim fugæ periculi committendum est, ut imbecilles et timidi videamur (1). » Unde verum est illud Lu-CANI :

Ignavum scelus est tantum fuga (2).

TULLIUS : « Fugiendum tamen est, ut nos morti vel periculis sine causa non offeramus, quo nihil est stultius. In adeundis ergo periculis medicorum consuetudinem imitemur : illi enim leviter ægrotantes leviter curant, gravioribus autem morbis ancipites curationes adhibere coguntur. Quare in tranquillo tempestatem adversam optare, dementis est ; subvenire autem tempestati quavis ratione, sapientis, eoque magis si plus adipiscaris, re explicata, boni, quam formidata, mali (3). » Verum est enim quod in poeta legitur :

Vis consilii expers mole ruit sua.
Vim temperatam dii quoque provehunt
In majus : iidem odere vires
Omne nefas animo moventes (4).

De fiducia.

29. Fiduciæ officium est ad consummationem rei festinare.

Nil credens actum, cum quid superesset agen-
                                [dum (5).

Nil enim minus decens provectis quam non pervenire ad ulteriora.

De securitate.

30. Securitatis est officium contra fortunæ aspera solatium dare. Juxta id HORATIUS :

Sperat infestis, metuit secundis
Alteram sortem bene præparatum
Pectus : informes hiemes reducit
        Jupiter, idem
Summovet, non si male nunc et olim
Sic erit. . . . . .
Grata superveniet quæ non sperabitur hora (6).

(99) Cic. *l. c.* In edit. legitur *principem se esse malult quam videri.* In nota vero marginali loco *errore* emendat *ex ore,* quod non improbandum.

(100) Horat. III *Od.,* 2.

(1) Id. *ibid ,* c. 23 et 24 init.

(2) Lucan. IX, 283.

(3) Cic. 1 *Off.* 24, ubi variæ perpendendæ sunt lectiones. Sic *in advertendis periculis* legitur loco *in adeundis.*

(4) Horat. III *Od.,* 4.

(5) Lucan. II, 657.

(6) Horat. II *Od.,* 10 — 1 *Epist.,* 4, 14.

(7) Inter Excerpta Senecæ, quibus titulus est : *De remediis fortuitorum liber,* quem alii Martino Bracarensi tribuunt, hic dialogus pariter invenitur, sed fingitur inter *Sensum* et *Rationem.* Hoc opus pleri-

---

Contra hanc virtutem timor sic confligit.

DIALOGUS INTER SECURITATEM ET TIMOREM (7).

31. TIMOR inquit : Morieris.

SECURITAS : Ista est hominis natura non pœna. Hac conditione intravi ut exirem.

TI. Morieris.

SEC. Lex gentium est reddere quod acceperis.

TI. Morieris.

SEC. Vita hominis est peregrinatio : cum multam ambulaveris, demum est redeundum.

TI. Morieris.

SEC. Stultum est timere quod vitare non possum.

TI. Morieris.

SEC. Putabam te aliquid novi dare ; ad hoc veni, B hoc ago, huc me ducunt singuli dies. Mihi nascenti hunc in mundo terminum natura proposuit. Quid habeo quod indigner ?

TI. Morieris.

SEC. LUCANUS :

. . . . . mors ultima pœna
Non metuenda viris (8).

TI. Morieris.

SEC. Mortem non effugit etiam qui distulit.

TI. Morieris.

SEC. Nec primus nec ultimus ; multi me antecesserunt, multi sequentur.

TI. Morieris.

SEC. Hic est finis humani officii.

C   TI. Morieris.

SEC. Scio me esse animal rationale et mortale.

TI. Morieris.

SEC. Nil grave, quod semel.

TIM. Morieris.

SEC. Hac conditione omnia gignuntur, ut quidquid cœpit desinat.

TI. Morieris.

SEC. Nemo mortalium istud mihi minari potest.

TI. Morieris, decollaberis.

SEC. Nil refert an cæsim moriar, an punctim.

TI. Sæpe ferieris, et multi gladii convertentur in te.

SEC. Nil refert quam multa sint vulnera, unum D solum est mortiferum.

TI. Peregre morieris.

SEC. Unicuique ad cœlos una est via (9).

que Senecæ abjudicant, licet omnia illius esse conclament, ex variis scilicet locis ex ejus libris desumptis consarcinatum ; ut videre erit si singula reapse expendantur. Fatendum tamen est quædam etiam ex aliis auctoribus accessisse ; præsertim in nostro, ut ex lectione compertum erit. In codice insuper nostro distincte interlocutores afferuntur ; et plura quoque habentur, quæ in editis desiderantur.

(8) Lucan. VIII, 355. Desideratur in editis Senecæ Excerptorum.

(9) In editis Senecæ : *Undecunque ad inferos una est via.* In nostra vero editione alia responsio subditur interrogationi : *Peregre morieris,* scilicet : *Non gravior foris, quam domi somnus.* Reliqua omittuntur usque ad locum Juvenalis.

Ti. Peregre morieris.

Sec. Ego paratus sum persolvere ubicunque appellaverit fœnerator.

Ti. Peregre morieris.

Sec. Nulla terra aliena morti.

Ti. Juvenis morieris.

Sec. Hoc unum æquat juvenem seni.

Ti. Juvenis morieris.

Sec. Optimum est mori, quam vivere juvat.

Ti. Juvenis morieris.

Sec. Optimum est mori priusquam optes, ut ait Juvenalis :

Hæc data pœna diu viventibus, ut renovata
Semper clade domus multis in luctibus, inque
Perpetuo mœrore, et nigra veste senescant (10).

Et Lucanus :

Nonnisi summa dies pariter cum fine bonorum
Adfuit, et celeri prævertit tristia letho,
Dedecori est fortuna prior. Quisquamne secundis
Tradere se fatis audet, nisi morte parata (11)?

Ti. Juvenis morieris. **977**

Sec. Fortasse alicui me malo fortuna subducit ut nulli alii certe vel senectuti.

Non præmaturi cineres, non funus acerbum
Luxuriæ, sed morte magis metuenda senectus (12).

Ti. Juvenis morieris

Sec. Non refert quot annos habeam, sed quot acceperim; si plus vivere non possum , hæc est nostra senecta; quicunque ad extremum sui fati venit senex moritur.

Ti. Insepultus jacebis.

Sec.   *. . . . facilis jactura sepulcri* (13).

. . . . . Tabesne cadavera solvat,
An rogus, haud refert : placido natura receptat
Cuncta sinu, finemque suum sibi corpora debent....
Libera fortunæ mors est : capit omnia tellus
Quæ genuit : cœlo tegitur , qui non habet urnam (14).

Ti. Insepultus jacebis.

Sec. Si nihil sensero, non pertinet ad me jactura corporis insepulti. Si sensero, omnis sepultura tormentum est.

Ti. Insepultus jacebis.

Sec. Nihil refert an ignis, an fera, an tellus (15) me consumat. Ultima omnium sepultura est.

Ti. Insepultus jacebis.

Sec. Quid jure tutissima trepidas (16)?

Ti. Insepultus jacebis.

Sec. Non defunctorum causa, sed vivorum inventa est sepultura, ut corpora visu et odore fœda removeantur, in quo parcitur nostris oculis.

Ti. Ægrotabis.

Sec. Venit tempus, quo experimentum mei capiam. Non in mari tantum aut in prælio vir fortis apparet ; exhibetur et in lectulo virtus.

Ti. Ægrotabis.

Sec. Aut ego febrem, aut ipsa me relinquet, cum morbo mihi est res; aut vincet, aut vincetur; semper esse non possum.

Ti. Male de te loquentur homines.

Sec. Moverer, si judicio hoc facerent, nunc morbo faciunt; qui enim nesciunt bene loqui, faciunt, non quod mereor, sed quod solent. Æquo animo audienda sunt imperitorum convicia et ad honesta vadenti contemnendus est iste contemptus.

Ti. Exsulabis (17).

Sec. Erras : cum omnia fecerim, patriam relinquere non possum ; omnium una est patria, extra quam nemo proficisci potest.

Ti. Exsulabis.

Sec. In quamcunque terram venero, in meam venio. Nulla terra exsilium, sed altera patria.

Ti. Non eris in patria.

Sec. In patria sum, ubicunque bene sum. Id autem, per quod bene es, in homine est, non in loco.

Ti. Dolor imminet.

Sec. Si exiguus est, feramus, quia levis est patientia; si gravis, feramus, quia non levis est gloria.

Ti. Dura res dolor.

Sec. Immobilis, si adest patientia (18).

Ti. Pauci possunt ferre dolorem.

Sec. Simus ex illis paucis.

Ti. Imbecillis naturæ sumus.

Sec. Naturam infamare noli. Illa nos fortes genuit.

Ti. Suavis est mihi paupertas.

Sec. Imo tu paupertati, non in paupertate vitium est, sed in paupere.

Ti. Pauper sum.

Sec. Non es pauper, sed videris. Nihil deest avibus, pecora in diem vivunt. Grandis pecunia, grandis superbia.

Ti. Non sum potens.

Sec. Gaude, non eris impotens.

Ti. Grandem pecuniam habet ille.

Sec. Hominem illum esse judicas? Arca plena est; ille, quem putas dominum pecuniæ, loculus est.

Ti. Multum habet ille.

Sec. Si est avarus non habet, si est prodigus, non habebit. Ille quem felicem credis, sæpe dolet, sæpe suspirat.

---

(10) Juvenal x, 245.
(11) Lucan. viii, 29. Prior versus sic legitur :
    Imperio nisi summa dies cum fine bonorum.
(12) Juvenal xi, 44.
(13) Virgil. ii *Æn.*, 646.
(14) Lucan. vii, 909-911 et 918, 919. In edit. tantum ex hoc loco verba leguntur :
    Cœlo tegitur, qui non habet urnam.

(15) Cod., rectius, *tempus.* Porro in edit. quinque lineæ sequentes desiderantur.
(16) Hoc sibi ipsi respondet Securitas.
(17) In edit. desiderantur octo lineæ quæ sequuntur.
(18) In edit. loco *immobilis* legitur : *Imo tu mollis.*

Ti. Multi comitantur illum.

Sec. Mel muscæ sequuntur, cadavera lupi, frumenta formicæ; prædam sequitur ista turba, non hominem.

Ti. Pecuniam perdidi.

Sec. Fortasse te illa perdidisset.

Ti. Pecuniam perdidi.

Sec. Habebis in munus perdere.

Ti. Pecuniam perdidi.

Sec. O te felicem! Si cum illa avaritiam perdidisti..... sed si manet illa apud te, felicior es tamen, cum materia subducta est tuo malo.

Ti. Pecuniam perdidi.

Sec. Illam perdidit alius, ut tu haberes.

Ti. Pecuniam perdidi.

Sec. In via eris expeditior, domi tutior.

Ti. Oculos perdidi.

Sec. Sed habet et non voluptates suas. **978**

Ti. Oculos perdidi.

Sec. Habet mens oculos suos, per quam multis cupiditatibus via est pretiosa. Multis rebus carebis, quas ne videres eruendi erant. Pars innocentiæ est cæcitas. Huic oculi monstrant adulterium, huic domum quam concupiscat, huic urbem.

T:. Liberos perdidi.

Sec. Stultus qui mortalium deflet mortem, perierunt perituri, recepit eos Deus, non abstulit. In hunc modum nunquam fidele consilium daturus timor cum virtute bellum finivit.

32. Verum est quod legitur in Horatio :

Justum et tenacem propositi virum
Non civium ardor prava jubentium,
Non vultus instantis tyranni
Mente quatit solida (19).

Lucanus :

..... Multos in summa pericula misit
Venturi timor ipse mali ; fortissimus ille est,
Qui promptus metuenda pati (20).

« Fortis et constantis animi est, non perturbari in rebus adversis, nec tumultuantem de gradu dejici, sed præsente uti consilio nec a ratione discedere (21). » Plura enim sunt quæ nos terrent, quæ nos premunt, et sæpius opinione quam re laboramus; ideo ne sis miser ante tempus, cum ista, quæ velut imminentia expavisti, fortasse nunquam ventura sint.

De magnificentia.

33. Magnificentiæ officia partim sunt pacata, partim bellica. In pacatis duo præcepta Platonis tenenda sunt prælatis : « unum ut utilitatem civium sic tueantur, ut quæcunque agunt, ad eam referant, suorum obliti commodorum : alterum, ut to-

A tum corpus civitatis curent ne, dum aliquam partem tuentur, reliquas deserant.... Qui enim parti consulunt, partem deserunt, perniciosam seditionem in civitatem inducunt.... Caveant et contentionem. Dicit enim Plato, eos similiter facere, qui inter se contendunt uter potius civitatem ministret; ut si nautæ decertarent quis eorum navem potissimum gubernaret (22). » In bellicis autem officiis illud est primum, « bellum ex intentione suscipere, ut sine injuria in pace vivatur (23). » Secundum, « priusquam aggrediare, adhibere diligentiæ præparationem (24). » Longa enim belli præparatio celerem affert victoriam. Hic autem præparatus in quatuor cernitur rebus : in clientelis, municipiis, sumptibus et verbis.

B Terentius :

Omnia prius experiri verbis, quam armis sapientem
[decet.
Malo ego nos prospicere, quam hunc ulcisci accepta
[injuria (25).

Tertium officium est, « ne desperes propter ignaviam, aut nimis confidas propter cupiditatem (26). » Ducit enim in pericula immoderatus amor habendi. Juxta id Horatius :

Aurum per medios ire satellites
Et perrumpere amat saxa potentius
Ictu fulmineo...
            munera...
Sævos illaqueant duces (27).

Quartum est plus turpitudinem quam mortem horrere; plus ad honestatem quam ad salutem vel C ad alia commoda spectare. Quintum est corpus suum crebris exercere laboribus

Vanam semper dant otia mentem (28).

Sextum est, postquam **979** ad bellandum ventum est, hortando bonam indolem erigere, modo laudibus animus efferre, monitionibus desidiam discutere. Septimum est in concursu ad primos impetus accurrere, inclinatis opem ferre, labantes ope fulcire. Octavum est, « eos parta victoria conservare, qui nec crudeles, nec immanes fuerunt (29). » Nonum vero fœdera servare et promissa, nec his est acquiescendum dicentibus : Nil refert an dolo an virtute hostes quis vincat (30). « Indicat hoc Regulus, qui captus a Pœnis, cum de captivis commutandis D Romam missus esset, juravit se rediturum. Hic Romam ubi venit, non censuit captivos esse reddendos : dein cum retineretur ab amicis, maluit ad supplicium redire, quam fidem datam fallere (31). » « Cum autem plures arbitrantur res bellicas esse majores quam urbanas, minuenda est hæc opinio; multi enim bella quæsierunt propter gloriæ cupiditatem... Si autem velimus vere judicare... parvi sunt,

---

(19) Horat. iii *Od.*, 3.
(20) Lucan. vii, 104.
(21) Cic. i *Off.*, 23.
(22) Id. *ibid.*, 25.
(23) Id. *ibid.*, 11.
(24) Id. *ibid.*, 21, in fin.
(25) Terent. *Eun.*, IV, viii, 19; IV, vi, 25.
(26) Cic. i *Off.*, 21.

(27) Horat. iii *Od.*, 16.
(28) Lucan. iv, 704. Ubi *variam*; sed etiam alii cum nostro sunt qui ibidem legant *vanam*.
(29) Cic. i *Offic.*, 11.
(30) In edit. legitur: *Non enim acquiescendum est qui dicunt:*
Dolus an virtus quis in hoste requirat?
(31) *Ibid.*, 13, seqq.

armă foris, si non sit consilium domi (32). » Contra A tales, Sallustius : « Omnis homines, qui sese student præstare cæteris animalibus, summa ope niti decet, ne transeant vitam silentio, veluti pecora. Sed omnis naturæ vis sita est animo et corpore, animi imperio, servitio corporis magis utimur. Rectius videtur ingenii, quam virium opibus gloriam quærere (33). » « Omnino enim id honestum, quod animo excelso quærimus, animi efficitur, non corporis viribus; exercendum est tamen corpus, ut obedire consilio et rationi possit (34). »

De constantia.

34. Constantiæ vero est officium in utraque fortuna gravitatem tenere. « Præclara enim est in omni vita eadem frons et idem vultus; nam argumentum bene compositæ mentis est posse consistere, et secum morari (35). » Unde Horatius : B

Æquam mementc rebus in arduis
Servare mentem, non secus in bonis
Ab insolenti temperatam
Lætitia.

Item :

Rebus angustis animosus atque
Fortis apparet; sapientior idem
Contrahes vento nimium secundo
    Turgida vela (36).

Hæc quidem lex est constantiæ, ut nec in malis constantes, nec in bonis vagi simus. Est enim in malis constantia, quæ non est virtus.

Unde Horatius :

Pars hominum vitiis gaudet constanter, et urget
Propositum : pars multa natat, modo recta capescens C
Interdum pravis obnoxia (37).

Et Juvenalis :

Mobilis et varia est semper natura malorum :
Cum scelus admittunt, superest constantia. Quid fas,
Atque nefas, tandem incipiunt sentire peractis
Criminibus; tamen ad mores natura recurrit
Damnatos, fixa et mutari nescia. Nam quis
Peccandi finem posuit sibi, quando recepit
Ejectum semel attrita de fronte ruborem ?
Quisquam hominum est, quem tu contemptum videris
                                    [uno
Flagitio (38) ?....

980 Huic virtuti contraponitur inconstantia, quæ est motus animi circa varias occupationes. In quo vitio adeo sine intermissione laborant quidam, ut dicatur eorum constantia esse instabilis. « Sunt enim qui rebus in contrariis parum sibi constent : voluptatem severissime contemnant, in dolore sint molliores : gloriam negligant, frangantur infa- D

mia (39). » Hoc vitium arguit poeta Horatius :

... Quid mea cum pugnat sententia secum :
Quod petiit, spernit; repetit quod nuper omisit
Æstuat, et vitæ disconvenit ordine toto :
Diruit, ædificat, mutat quadrata rotundis (40) ?

Idem :

Romæ Tibur amem ventosus, Tibure Romam. —
In culpa est animus, qui se non effugit unquam,....
Cælum non animum mutant qui trans mare currunt...
Quo teneam nodo mutantem Protea vultus (41).

Ex hoc uno oritur quod nemo sua sorte contentus vivat, sed laudet diversa sequentes; unde Horatius :

Optat ephippia bos piger, optat arare caballus.
Quam scit uterque, libens, censebo, exerceat artem,
Metiri se quemque suo modulo, ac pede, verum est (42).

De patientia.

35. Patientiæ monstrat officium qui dicit Lucanus :

                    Gaudet patientia duris.
Lætius est, magno quoties sibi constat, honestum (43).

Hæc virtus est remedium injuriarum. Nam

                Levius fit patientia,
    Quidquid corrigere est nefas (44).

sicut econtra impatientia sortem exacerbabis cum mutare non possis. Idem Terentius :

Quod fors feret, feremus æquo animo.
.... Inscitia est,
Adversum stimulum calces (45).

Seneca : « Asperum medium intemperans facit æger. » Adde hoc : « Nulla res est tam facilis, quæ non fiat difficilis, si facias invitus. »

DE TEMPERANTIA.

36. « Temperantia est dominium rationis in libidinem et in alios motus importunos (46). Hæc quidem virtus totius vitæ ornatus est, omniumque perturbationum sedatio. Hanc suadet Horatius :

Sincerum est nisi vas, quodcunque infundis, acescit.
Sperne voluptates : nocet empta dolore voluptas.
Semper avarus eget; certum voto pete finem.
Invidus alterius macrescit rebus opimis.
.... Qui non moderabitur iræ,
Infectum volet esse, dolor quod suaserit, et mens.
Ira furor brevis est; animum rege, qui nisi paret,
Imperat : hunc frenis, hunc tu compesce catena (47).

Hujus autem partes sunt, quæ in fœdis motibus dominantur, scilicet modestia, verecundia, abstinentia, honestas, moderantia, parcitas, sobrietas, pudicitia.

De modestia.

37. Modestia est virtus conservans cultum et om-

---

(32) Cic., I *Off.* 22.
(33) Sallust., *Cat.* init. In edit. legitur : *De talibus audi poetam dicentem : Omnes homines,* etc.
(34) Cic., I *Off.* 23.
(35) Senec., *Epist.* 2. Prior tamen periodus hic non habetur; fortasse huc transtulit auctor ex alia Senecæ epistola vel ex alio libro.
(36) Horat., II *Od.* 3; *ibid.* 10.
(37) Idem, II *Sat.* 7, 6.
(38) Juvenal., XIII, 13, 236-244. Ubi legitur *ferme* loco *semper.*
(39) Cic., I *Off.* 21.
(40) Horat., I *Epist.* 1, 97-100.
(41) Idem I *Epist.* 8, 11. — *Ibia.* 14, 15. —

Ibid. 11, 27.—*Ibid.* 1, 90. Ubi legitur : *Quo teneam vultus mutantem Protea nodo ?*
(42) Horat., I *Epist.* 14, 43. — *Ibid.* 7, 98.
(43) Lucan., IX, 403.
(44) Horat., I *Od.* 24, *in fin.*
(45) Terent., *Phorm.* I, II, 88. — *Ibid. v.* 27. In edit. *Inscitia est enim adversus stimulum ut calcitres.* Quæ sequuntur duæ sunt sententiæ ex Senecæ excerptis locis mihi incompertis.
(46) Cic., II *Inv.* 54, ubi tamen partes ejus tantum tres statuit, scilicet continentiam, clementiam et modestiam. Alias addidit auctor noster.
(47) Horat., I *Epist.* 2, 54-63.

nem motum et nostram occupationem ultra defe- **A**
ctum et citra excessum, **981** De hac dicit Ho-
RATIUS :

> *Est modus in rebus : sunt certi denique fines,*
> *Quos ultra citraque nequit consistere rectum* (48).

TULLIUS : « In cultu autem observandum est ut a
forma hominis removeatur omnis viro indignus ornatus (49). » SENECA : « Malus exterior ornatus malæ
compositæ mentis est nuntius. » TULLIUS : « Adhibenda est munditia non odiosa, nec nimis exquisita ; tantum quæ fugiat agrestem et inhumanam
negligentiam. Motuum alius est corporis, alius
animi. In corporeo cavendum est ne tardationibus
adeo molli egressu utamur, ut pomparum ferculis
similes esse videamur, aut in festinationibus non
suscipiamus nimias celeritates ; quæ cum fiunt, **B**
anhelitus moventur, vultus mutantur, ora torquen-
tur ; ex quibus significatur constantia non adesse.
Motus autem animorum duplices sunt ; cogitatio rationis et appetitus. Voluntatis cogitatio in vero ex-
quirendo exercetur, appetitus impellit ad agendum.
Curandum igitur est ut ratio præsit, appetitus obtemperet. Si enim appetitus non parent rationi, cui
sunt subjecti lege naturæ, non modo animi pertur-
bantur, sed etiam corpora. Licet ora ipsa cernere
iratorum, aut eorum, qui metu commoti sunt, aut
voluptate gestiunt ; quorum omnium vultus, voces,
motus, status mutantur (50). » Nam iræ flammis cor
accensum palpitat, corpus fremit, lingua se protendit, facies ignescit, oculi exasperantur et non re-
cognoscuntur noti, unde JUVENALIS : **C**

> *Deprendas animi tormenta latentis in ægro*
> *Corpore, deprendas et gaudia, sumit utrumque*
> *Inde habitum facies* (51).

Ex quibus intelligitur omnes appetitus esse con-
trahendos et sedandos.

38. Occupationes autem pro diversitate morum,
ætatum, negotiorum variæ sunt. Quemadmodum
enim in corporibus multæ sunt dissimilitudines ;
nam alios videres velociores ad usum, alios viribus ad luctandum valere, sic in animis majores sun'
morum varietates. Quibusdam enim lepos inest, et
fandi urbanitas ; his hilaritas, illis securitas ; alios
vero videres callidos ad simulandum et ad celan-
dum ; sunt alii simplices et aperti, qui nihil in **D**
occulto, nihil insidiis agendum putant ; veritatis
cultores, fraudis inimici. Quid singula memorem ?
PERSIUS :

> *Mille hominum species, et rerum discolor usus :*
> *Velle suum cuique est, nec voto vivitur uno* (52).

TERENTIUS :

> *Quot homines, tot sententiæ, suus cuique mos* (53).

(48) Horat., I *Sat.* 1, 109.
(49) Cic., I *Off.* 36.
(50) Id., *ibid.* — *Ibid.* 29.
(51) Juvenal., IX, 18.
(52) Pers , V, 52.
(53) Terent., *Phorm.* II, IV, 14.
(54) Cic., I *Off.* 21, non tamen eodem ordine,

TULLIUS : « Ad quas igitur vel erimus magis
apti in his potissimum occupati simus... Et licet
alia meliora et graviora sint, tamen nos studia naturæ regula metiamur... »

Verbi gratia, si debilis et corpore, ingeniosus et
vivacis memoriæ, non militiam sed litterarum studia sectabere. **982** Si autem validus et hebes, militiam non studium litterarum...

« Neque enim attinet naturæ illud sequi, quod nequeas assequi... si vero necessitas nos trahit ad ea,
quæ nostri non erunt ingenii, omnis cura erit adhibenda, ut ea, si non decore, saltum parum indecore
faciamus ; nec est tam enitendum ut bona, quæ nobis data non sunt, sequamur, quam ut vitia fugiamus (54). »

39. Ætatum propria compendiose pandit HORA-
TIUS :

> *Reddere qui voces jam scit puer et pede certo*
> *Signat humum, gestit paribus colludere, et iram*
> *Colligit ac ponit temere, et mutatur in horas.*
> *Imberbis juvenis, tandem custode remoto,*
> *Gaudet equis canibusque et aprici gramine campi,*
> *Cereus in vitium flecti, monitoribus asper,*
> *Utilium tardus provisor, prodigus æris*
> *Sublimis, cupidusque et amata relinquere pernix.*
> *Conversis studiis ætas animusque virilis*
> *Quærit opes et amicitias, inservit honori,*
> *Commisisse cavet quod mox mutare laboret.*
> *Multa senem circumveniunt incommoda : vel quod*
> *Quærit et inventis miser abstinet, ac timet uti :*
> *Vel quod res omnes gelide timideque ministrat,*
> *Dilator, spe longus, iners avidusque futuri,*
> *Difficilis, querulus, laudator temporis acti*
> *Se puero, censor castigatorque minorum* (55).

Ideo vere

> *Laudat præteritis, præsentes despicit annos*

Quia in nostra vita continuum est detrimentum
quod alibi idem poeta monstrat :

> *Damnosa quid non imminuit dies ?*
> *Ætas parentum, pejor avis, tulit*
> *Nos nequiores, mox daturos*
> *Progeniem vitiosiorem* (56).

40. His ita se habentibus, « adolescentis sit officium majores natu vereri atque ex his deligere
probatissimos, consilio quorum utatur, ineuntis
enim ætatis inscitia senum regenda est prudentia
(57) ; » Juvenis enim, ut ait TERENTIUS :

> *Dum in dubio est animus paullo momento huc illuc*
>   *[impellitur* (58).

TULLIUS : « Nam ineunte adolescentia maxima est
imbecillitas consilii cum quisquis genus vitæ sibi
constituat, quod maxime adamavit. Itaque prius
implicatur aliquo cursu vivendi, quam potuerit judicare, quis optimus esset (59) ; » idcirco juvenis sit
officium (TERENTIUS) :

> *Suspicere, tanquam in speculum in vitas omnium,*

nec ipsissimis verbis. Uncis inclusa addita fuerunt
explicationis gratia ab auctore nostro.

(55) Horat., *Art. poet.* 158-174.
(56) Idem III *Od.* 6, *in fin.*
(57) Cic., I *Off.* 34.
(58) Terent., *Andr.* I, VI, 52.
(59) Cic., I *Off.* 32.

.... *atque ex aliis sumere exemplum sibi* (60).

SENECA : « Bonum [enim] est fugienda aspicere in alieno malo (61). »

TULLIUS : « Maxime autem hæc ætas a libidinibus est arcenda (62), » juxta illud JUVENALIS :

.... *Breve sit quod turpiter audes*
Quædam cum prima vescentur crimina barba (63).

HORATIUS :

Ludus enim gennit trepidum certamen et iram,
Ira truces inimicitias et funebre bellum (64).

TULLIUS : « Exercenda in labore animi et corporis ætas adolescentium, ut eorum in bellicis ac civilibus officiis valeat industria (65). » **983** Unde Horatius :

Angustam, amici, pauperiem pati
Robustus acri militia puer
Condiscat.

et alibi :

.... Nunc te melioribus offer.
Quo semel est imbuta recens servabit odorem
Testa diu (66).

PERSIUS :

Contemnere: sonat vitium percussa, maligne
Respondet viridi non cocta fidelia limo.
Udum et molle lutum es, nunc nunc properandus et
                       [*acri*
Fingendus sine fine rota (67).

TULLIUS : « Atque etiam cum relaxare volent animos et dare voluptati, caveant intemperantiam, meminerint verecundiæ ; quod erit facilius, si suis ludis majores natu velint interesse. Ludo quidem et joco licet uti sed sicut somno et quietibus, tunc scilicet cum satisfecerimus seriis rebus. Non enim facti sumus ad ludum, sed ad severitatem (68). » Unde HORATIUS :

Nimirum sapere est abjectis utile nugis
Et tempestivum pueris concedere ludum (69).

TULLIUS : « Duplex est omnino jocandi genus, unum illiberale, petulans, flagitiosum, obscenum ; alterum, elegans, urbanum, ingeniosum, facetum (70). »

41. Viri vero sunt officia ea quæ superius poeta numeravit, in quibus nihil est aliqua lege corrigendum. TULLIUS : « Senibus autem corporis labores sunt minuendi, animi vero exercitationes augendæ videntur (71). » TERENTIUS :

Nunquam ita quisquam bene subducta ratione ad
                     [*vitam fuit,*

A *Quin res, ætas, usus semper aliquid apportet novi,*
Aliquid moneat : ut illa quæ te scire credas, nescias,
Et quæ tibi putaris prima, in experivndo ut repu-
                     [*dies* (72).

TULLIUS : « Danda enim opera est senibus ut amicos et juventutem consilio juvent. Maxime autem cavendum est seni ne se languori desidiæque det (73), » alioquin dicetur ei :

Invidiam placare paras virtute relicta (74) ?

TULLIUS : « Luxuria cum omni ætati sit turpis, tum fœdissima est senectuti. Nam si libidinum accesserit intemperantia, duplex malum est ; quod et ipsa senectus concipit dedecus et intemperantiam juvenum facit impudentiorem (75) . » JUVENALIS :

B   *....... Velocius et citius nos*
Corrumpunt vitiorum exempla domestica...
           ... dociles imitandis
Turpibus ac pravis omnes sumus (76).

42. Magistratuum quoque diversa sunt officia. Prælati quidem officium est, ut ait TULLIUS, æstimare « se gerere personam civitatis, retinere decus, servare leges, et meminisse eas suæ fidei commissas. Privati vero est officium pari jure cum civibus vivere non nimis se efferentem, non nimis submissum, non nimis abjectum : ea velle in republica, quæ tranquilla et honesta sunt (77). » Caveat ne in eum cadat illud SALLUSTII : « Semper in civitate aliqui sunt, quibus opes nullæ sunt, bonis invident, malos extollunt, mutari omnia student (78). »

C TULLIUS : « Peregrini vero est officium nil præter suum negotium agere, nil de alio inquirere, de aliena republica non esse curiosum. Sordidum est officium eorum qui emunt a mercatoribus quod statim vendunt. Nil enim proficiunt, nisi admodum mentiantur, nec vero quidquam ea vanitate turpius. ... Ideo res familiaris debet **984** quæri quæstibus, a quibus turpitudo absit· conservari vero parcimonia (79). » OVIDIUS :

Nec minor est virtus, quam quærere, parta tueri (80).

SENECA : « Nullus enim tantus quæstus est quam, quod habeas, parcere (81). » Sic tamen quæri debet, ut imitemur eum de quo legitur : « Demetrius noster sic vivit non tanquam omnia contempserit, sed

D tanquam aliis habenda permiserit (82). » TULLIUS : « Medicina et architectura honestæ sunt, quibus conveniunt. Mercatura autem, si tenuis est, putanda

---

(60) Terent., *Adelph.* III, III, 62.
(61) Senec., in *Proverb.* sive in *Mimis Publianis* quos vide sub litt. *B.*
(62) Cic., I *Off.* 34.
(63) Juvenal. VIII, 165.
(64) Horat., I *Epist.* 19, 48.
(65) Cic. *l. c.*
(66) Horat., III *Od.* 2. — I *Epist.* 2, 68.
(67) Pers. III, 21, *sqq.*
(68) Cic. *l. c.* — et *ibid.* 29, non autem ad verbum.
(69) Horat., II *Ep.* 2, 141. Hic in codice habentur luo versus ejusdem auctoris ex I *Ep.* 19, quos prout in editione habebantur, supra retulimus.

(70) Cic., I *Off.* 29.
(71) Id., *ibid.* 34.
(72) Terent., *Adelph.* V, IV, 1 *sqq.*
(73) Cic. *l. c.*
(74) Horat., II *Sat.* 3, 13
(75) Cic. *l. c.*
(76) Juvenal., XIV, 51-52 et v. 40-41.
(77) Cic. *l. c.*
(78) Sallust., *Cat.* 37.
(79) Cic., *l. c.* et c. 42, et 2 *ibid.* 24.
(80) Ovid., *Art.* II, 13.
(81) Seneca sive Publ. in *Mim.* n. 577.
(82) Id., *Epist.* 62.

est soraida ; si magna et copiosa multaque undique
apportans multisque sine vanitate impertiens, non
est admodum vituperanda. Agricultura nil melius,
nil uberius, nil libero homine dignius (83). » Hanc
laudat poeta HORATIUS in verbis :

Beatus ille, qui procul negotiis,
(Ut prisca gens mortalium)
Paterna rura bobus exercet suis,
Solutus omni fenore (84).

De verecundia.

43. Verecundia est in gestu, in verbo, in vultu
servare honestatem. TULLIUS : « In compositione namque corporis magnam rationem videtur habuisse
natura. Figuram enim nostram in qua est honesta
species in aperto posuit; partes autem ad necessitates naturæ datas ideo abdidit, quia deformem
aspectum erant habituræ. Hanc diligentem naturæ
fabricam imitata est hominum verecundia. Quæ
enim natura occultavit, removent ab oculis omnes
sanam mentem habentes; dant etiam operam ut
quam occultissime pareant necessitati, parciusque
partium usus sint necessarii nec eas partes, nec
usus propriis nominibus appellant. Vitiosum quoque
est in re severa delicatum inferre sermonem. Cum
collegæ in prætura Pericles et Sophocles de communi officio convenissent et casu formosus puer
transiret, dixit Sophocles : O Pericle, pulchrum
puerum! prætorem decet. Pericles autem respondit :
Prætorem decet non tantum manus sed et oculos
habere abstinentes. Si Sophocles in convivio id
dixisset, justa carnisset reprehensione (85). » De
hac verborum verecundia dicit HORATIUS :

.... *Tristia mœstum*
Vultum verba decent, iratum plena minarum;
Ludentem lasciva, severum seria dictu.
Format enim natura prius nos intus ad omnem
Fortunarum habitum, juvat aut impellit ad iram
Aut ad humum mœrore gravi deducit et angit :
Post effert animi motus interprete lingua.
Si dicentis erunt fortunis absona dicta
Romani tollent equites, peditesque cachinnum.
Intererit multum Davus ne loquatur an audax
Pythias emuncto lucrata, Simone talentum,
Maturusne senex an adhuc florente juventa
Fervidus; an matrona potens, an sedula nutrix;
Mercatorne vagus cultorne virentis agelli (86).

Quartum vero officium tradit ubi dicit HORATIUS :

Arcanum neque tu scrutaberis illius unquam (87).

985 Quintum vero subdit :

Commissumque teges et vino tortus et ira...
Quid de quoque viro, et cui dicas, sæpe videto.

(83) Cic., 1 *Off.* 42.
(84) Horat. *Epod.* 2 *init.*
(85) Cic., 1 *Off.* 35 et 40.
(86) Horat., *Art poet.* 105 *sqq.* versus *Pythias
emuncto* huc translatus ex vers. 238, *ibid.* Porro hic
locus Horatii ab interpretibus maxime exagitatus
lucem aliquam inde accipere potest.
(87) Horat., 1 *Epist.* 18, 37.
(88) Id. *ibid.*, v. 381 — et 18-71. Postremus versus sic in edit. Horatii legitur :
Et semel emissum volat irrevocabile verbum.
Sed et nostra lectio non est spernenda.

Percontatorem fugito, nam garrulus idem est.
Nec retinent patulæ commissa fideliter aures :
Evolat emissum semel irrevocabile verbum (88).
Idcirco garrulo arcanum minime aperies; non enim
potes ab alio exigere silentium, si tibi non præsti-
teris. Si enim garrulum accuses, respondet TEREN-
TIUS :

Plenus rimarum sum, hac atque illac perfluo (89).
Idcirco in hoc incumbe ut libentius audias quam
loquaris. Summo autem opere fugito jurgia. Nam
contra parem contendere anceps est, cum superiore
furiosum, cum inferiore vel fatuo sordidum. « Absentem lædit qui cum ebrio litigat (90) »

De abstinentia.

44. Abstinentia vero et honestas, moderantia et
parcitas eduliorum irritamenta coercet. Horum
autem primum est tempus prandii prævenire statutum, secundum lautiores cibos quærere. Primum
arguit JUVENALIS :

Exsul ab octava Marius bibit, et fruitur diis
Iratis (91).

Secundum ubi dicit :

. . . . *Buccæ*
Noscenda est mensura tuæ, spectandaque rebus
In summis minimisque, etiam cum piscis emetur,
Nec mullum cupias, cum sit tibi gobio tantum
In loculis (92).

Tertium est vitium in accurato apparatu operam
dare, quod arguit JUVENALIS :

....*Nec minimo sane discrimine refert.*
Quo gestu lepores et quo gallina secetur (93).

Et LUCANUS :

O prodiga rerum
Luxuries ! nunquam parvo contenta paratu,
Et quæsitorum terra pelagoque ciborum
Ambitiosa fames, et tantæ gloria mensæ,
Discite quam parvo liceat producere vitam,
Et quantum natura petat....
.....*Satis est populis fluviusque Ceresque* (94).

Quartum est nimio appetitu inhiare. Quintum mensuram refectionis excedere, quod intelligit ubi dicit
HORATIUS :

...... *Male verum examinat omnis*
Corruptus judex.
Nempe inamarescunt epulæ sine fine petitæ (95).

Est ergo abstinentia prandendi tempus statutum non
prævenire. Hæc enim voluptas usum reddit gratiorem. JUVENALIS :

Voluptates commendat rarior usus (96).

SENECA : « Nihil est jucundum, nisi quod varietas
reficit (97) ; » unde HORATIUS :

Jejunus raro stomachus vulgaria temnit (98).

(89) Terent., *Eun.* 1, 11, 25.
(90) Inter Publianas sententias n. 6 , ad quas re-
ferendæ pariter, ut puto, quæ præcesserunt, licet
hucusque non repererim.,
(91) Juvenal. 1, 49.
(92) Idem 111, 34.
(93) Idem v, 123.
(94) Lucan., iv, 373 et 381.
(95) Horat., 11 *Sat.* 2, 8. — *Ibid.* vii, 107
(96) Juvenal., 11 *extr.*
(97) Seneca seu potius P. Lysus in *Mimis*, n. 387.
(98) Horat., 11 *Sat.* 2, 38.

De honestate.

45. Honestas est nec lautiores cibos quærere, nec nimio in apparatu operam dare. Hæc virtus commendatur ab Horatio :

> *Plerumque gratæ divitibus vices,*
> *Mundæque parvo sub lare pauperum*
> *Cœnæ, sine auleis et ostro,*
> *Sollicitam explicuere frontem* (99).

De moderantia.

46. Moderantia est nimium ciborum appetitum rationis imperio revocare.

De parcitate.

47. Parcitas est mensuram refectionis non excedere, juxta id Lucani :

> *Huic epulæ, vicisse tamen* (100).

De sobrietate.

48. Sobrietas est excessum in potu cohibere. Hujus est officium, ebrietatis mala coercere. **986** Quod pandit his verbis Horatius :

> *Quid non ebrietas designat? operta recludit :*
> *Spes jubet esse ratas : in prælia trudit inermem.*
> *Sollicitis animis onus eximit : addocet artes.*
> *Fecundi calices quem non fecere disertum* (1)?

De pudicitia.

49. Pudicitia est moderamine roboris petulantiam domare. Sallustius : « Si libido animum possidet ac dominatur, animus nil valet. Nemo enim unquam libidini simul paruit et usui (2). » Seneca : « Voluptas

A enim fragilis et brevis est et abjecta fastidit : quo avidius est hausta, citius in contrarium recidens, cujus subinde necesse est aut pœniteat aut pudeat. In qua nihil magnificum est, aut quod naturam deceat hominis diis proximi. Res humilis, membrorum turpium ac vilium ministeria veniens, exitu fœda (3). » Abominabile quidem est propter fœtidum scortum et ignominiosam corporis partem animæ libertatem in servitutem declinare, et suum laborem alienas delicias facere. Tullius : « Ideo semper in promptu habeat vir fortis quantum hominis natura brutis antecedat. Illa nil sentiunt nisi voluptatem, ad eamque omni feruntur impetu ; hominis autem mens alitur discendo, meditando. Quocirca si quis est ad voluptatem propensior, caveat ne sit ex pecudum genere. Ex quo intelligitur corporis voluptatem non esse dignam hominis præstantia, cum latebras quærit. Si quis est enim paulo evectior, quamvis voluptate capiatur, occultat appetitum voluptatis propter verecundiam (4). » Idcirco fugiamus blandæ voluptatis dominium. « Nam voluptates, blandissimæ dominæ, maximam partem a virtute detorquent (5). » Ovidius :

> *Nam venus et vinum sublimia pectora fregit* (6).

Item « vinum et mulieres apostatare faciunt sapientes (7). »

QUÆSTIO II.

DE COMPARATIONE HONESTORUM.

50. Restat secundam quæstionem, quæ est de comparatione honestorum, pertractare. Cum pertineat ad cognitionem prudentia, reliquæ tres [scilicet, justitia, fortitudo, temperantia], ad actionem pertinent. Cognitioni anteponenda est actio. Hoc autem probari potest. Tullius : « Sit enim aliquis vehementer cupidus in cognoscenda rerum natura. Huic, dum contemplabitur res cognitione dignissimas, nuntiet aliquis patriæ cui opitulari ipse possit, discrimen imminere ; nonne omne studium suum abjiciet, etiamsi æstimet se posse numerare stellas, et mundi magnitudinem metiri (8) ? » Prudentia ergo est posterior tribus reliquis, in quibus autem præferenda est temperantia reliquis duabus. Homo enim temperantia se ipsum regit, fortitudine vero et justitia familiam et civitatem ; sed melius est homini suum dominium quam extraneum **987**, juxta id Horatius :

> *Latius regnes avidum domando*
> *Spiritum quam si Libyam remotis*
> *Sedibus jungas : et uterque Pœnus*
> *Serviat uni* (9).

Unde Seneca : « Si vis omnia tibi subjicere, te subjice rationi. » Et Tullius : « Multos reges si ratio te rexerit (10). » Ubi enim est homini bonum sine se bono ? Nunquam autem amore aliarum virtutum contra temperantiam est agendum. « Sunt enim quædam ita fœda, ita flagitiosa, ut nec causa conservandæ patriæ sapiens ea sit facturus, quædam et sunt dictu obscena (11), » ut interficere filium et abrenuntiare fidei. Fortitudine autem melior est justitia. « Magnitudo autem animi, si a communi utilitate sit remota, feritas quædam erit et immanitas (12) ; » in ipsa autem justitia sunt gradus officiorum. « Prima enim officia diis immortalibus debentur, secunda patriæ, tertia parentibus, reliqua deinceps gradatim (13). »

Hactenus pars honestatis confecta est, hoc autem quod nunc agimus, ad ipsum, quod utile dicitur, pertinet.

(99) Horat., III *Od.* 29, 13 *seqq.*
(100) Lucan., II, 384, ubi de Catonis moribus et vitæ institutis. Locus iste infra quoque laudatur.
(1) Horat., I *Epist.* 5, 16 *seqq.*
(2) Sallust., *Cat.* 54, paucis mutatis.
(3) Senec., VII *Benef.* 2.
(4) Cic., I *Off.* 30.
(5) Id. II *ibid.* 10. Quæ sequuntur desunt in edit.
(6) Ovid., *Fast.* I, 301. Sed hic legitur *non* loco
nam, ut expostulat contextus.
(7) Vulg. interpr. *Eccli.* XIX, 2.
(8) Cic., I *Off.* 43, paucis mutatis.
(9) Horat., II *Od.* 2.
(10) Sententiæ istæ ex locis mihi adhuc ignotis.
(11) Cic., I *Off.* 45.
(12) Id. *ibid.* 44.
(13) Id. *ibid.* 45.

QUÆSTIO III.

DE UTILI.

—

51. Utile est quod præter fructum est expetendum ; hoc autem in bona animi, in bona corporis,
et in bona fortunæ quidam distribuunt. Animi bona
in scientias et virtutes disperguntur, de quibus
agentes de honesto disseruimus. Corporis vero bona
sunt pulchritudo, nobilitas, velocitas, robur, magnitudo, valetudo, quæ sæpe plus incommodi afferunt
quam fructus, dum bonos mores auferunt, juxta
JUVENALEM :

... Rara est adeo concordia formæ
Atque pudicitiæ (14).

OVIDIUS :

Casta est quam nemo rogavit (15).

Nobilitas quoque plus ignominiæ quam laudis
degenerantibus solet afferre. SALLUSTIUS : « Quanto
majorum vita præclarior, tanto posterorum socordia
flagitiosior. Et profecto ita res se habet. Majorum
enim gloria est quasi lumen quoddam posteris,
quod nec bona nec mala in occulto patitur esse. —
Qui autem in obscuro demissi vitam agunt, si quid
iracundia deliquere, pauci sciunt, quorum fortuna
et fama sunt pares (16). » Ad hoc JUVENALIS
Omne animi vitium tanto conspectius in se
Crimen habet, major quanto qui peccat habetur (17).
Si autem veram requiris nobilitatem, audi poetam
JUVENALEM :

Nobilitas [animi] sola est atque unica virtus (18).
Nobilitas enim est sola quæ animum moribus ornat;
unde idem poeta :

Prima mihi debes animi bona...
.... Quis enim generosum dixerit hunc, qui
Indignus genere, et præclaro nomine tantum
Insignis?....
Miserum est aliorum incumbere famæ....
Malo pater tibi sit Thersites dummodo tu sis
Heacidæ similis, Vulcaniaque arma capessas,
Quam te Thersitæ similem producat Achilles (19).

Quod si in hac nobilitate aliquis fructus est, profecto hic est, quem monstrat TULLIUS his verbis :
« Optima hæreditas a patribus traditur liberis, omnique patrimonio præstantior, scilicet gloria virtutis
et gestarum rerum, cui dedecori esse nefas judicandum est (20). » In aliis autem **988** commodis corporis, quis fructus est homini, quem in eisdem bestiæ
præeunt? BOETIUS : « Non enim elephantes mole,
tauros robore, tigres velocitate præibitis (21). » Ut
testatur JUVENALIS :

Mors sola fatetur
Quantula sint hominum corpuscula (22).

De fortunæ bonis.

52. Fortunæ autem bona sunt opulentia, prælatio,
gloria. Ad opulentiam referuntur prædia, clientelæ,
peculium, thesaurus, ornatus. In prædiis vero ædificia et agri numerantur. TULLIUS : « Cavendum est
autem ne, si ædifices, extra modum sumptus prodeat; observanda est enim in ædificando mediocritas (23). » Unde idem HORATIUS :

Auream quisquis mediocritatem
Diligit, tutus caret obsoleti,
Sordibus tecti, caret invidenda
Sobrius aula (24).

Unde TULLIUS : « Ornanda est dignitas domo, non
ex domo tota quærenda est dignitas, nec domo
dominus, sed domus domino debet honestari. Ampla
domus, si in ea est solitudo, dedecori est domino,
maxime si ab alio posita est domino frequentar'.
Odiosum enim est, cum a prætereuntibus dicitur :
O domus antiqua, heu! quam dispari dominare do-
mino (25) ! » Ideo audi poetam HORATIUM :

Quem res plus nimio delectavere secundæ,
Mutatæ quatient : si quid mirabere, pones
Invitus : fuge magna : licet sub paupere tecto
Reyes et regum vita præcurrere amicos (26).

Et LUCANUS :

..... O vitæ tuta facultas
Pauperis, angustique lares ! o munera nondum
Intellecta deum (27)!

Idcirco in ædificio sequamur Catonis temperantiam de quo legitur LUCANUS :

Huic epulæ, vicisse famem : magnique penates,
Submovisse hiemem tecto (28) :

Laudabilis est enim curta supellex sub lare parva.
HORATIUS inde dicit :

Exilis domus est, ubi non et multa supersunt
Et Dominum fallunt, et prosunt furibus (29).

Magnitudo enim domus sollicitudines non expedit.
HORATIUS :

Intactis opulentior
Thesauris Arabum, et divitis Indiæ,
Cæmentis licet occupes
Tyrrhenum omne tuis, et mare Ponticum :
Si figit adamantinos
Summis verticibus diva necessitas
Clares : non animum metu
Non mortis laqueis expedies caput...
Divesne prisco natus ab Inacho
Nil interest, an pauper et infima
De gente sub dio moveris,
Victima nil miserantis Orci.
Omnes eodem cogimur : omnium
Versatur urna, serius. ocius
Sors exitura...

(14) Juvenal., x *Sat.* 297.
(15) Ovid., *Amor* 1, 8, 43. Hic locus in edit. desideratur.
(16) Sallust., *Jug.* 85 *a med.* — et *Cat.* 51, *post*
init.
(17) Juvenal., viii *Sat.* 140, ubi *quanto major.*
(18) Id. *ibid.*, v. 19.
(19) Id. *ibid.*, v. 20-30-32-76 et 268-270.
(20) Cic., 1 *Off.* 33.

(21) Boet., *Cons. Phil.* iii, *pr.* 8.
(22) Juvenal., x, 173.
(23) Cic., *Off.* 39, non tamen ad verbum.
(24) Horat., ii *Od.* x, 5.
(25) Cic., *l. c.*
(26) Horat., 1 *Epist.* 10, 30 *seqq.*
(27) Lucan., v, 527.
(28) Idem ii, 384. Vide et supra.
(29) Horat., 1 *Epist.* 6, 45.

Non domus et fundus, non æris acervus et auri
Ægroto domini deduxit corpore febres,
Non animo curas; valeat possessor oportet
Si comportatis rebus bene cogitat uti.
Qui cupit aut metuit, juvat illum sic domus, aut res,
Ut lippum pictæ tabulæ, fomenta podagram.

. . . . .
Pallida mors æquo pulsat pede pauperum tabernas
Regumque turres (30).

53. In clientelis primum officium sit dominum necessaria præbere, secundum opera exigere. Seneca : « Errat dominus, si existimat servitutem in totum hominem descendere; pars ejus melior in anima excepta est. **989** Corpora sunt obnoxia dominis, mens sui juris est adeo libera et vaga, ut ne in carcere quo inclusa est, teneri possit, quominus impetu quo utatur et agat ingentia et in infinitum comes excessibus exeat. Ideo sic cum inferiore vivas, quemadmodum superiorem tecum vivere velles; et quoties in mentem venerit, quantum tibi liceat in servum, veniat similiter in mentem tantumdem in te domino tuo licere (31). »

54. Primum officium familiaris domini est suos ad mores domini sui reducere, quod insinuat Horatius his verbis :

Dulcis inexpertis cultura potentis amici :
Expertus metuit ; tu, cum tua navis in alto est
Hoc age, ne mutata retrorsum te ferat aura.
Oderunt hilarem tristes, tristemque jocosi;
Sedatum celeres ; agilem gnavumque remissi.
Potores bibuli media de nocte Falerni
Oderunt porrecta negantem pocula : quamvis
Nocturnos jures te formidare vapores.
Deme supercilio nubem, plerumque modestus
Occupat obscuri speciem, taciturnus acerbi...
Consentire suis studiis qui crediderit te,
Fautor utroque tuum laudabit pollice ludum (32).

Secundum officium est dignos domino commendare ; unde Horatius :

Qualem commendes, etiam atque etiam aspice : ne
                                                [mox
Incutiant aliena tibi peccata pudorem.
Fallimur, et quondam non dignum tradimus ; ergo
Quem sua culpa premet, deceptos omitte tueri :
Ut penitus notum, si tentent crimina, serves,
Tuterisque tuo fidentem præsidio...
Nam tua res agitur, paries cum proximus ardet :
Et neglecta solent incendia sumere vires (33).

Tertium est cohibere avaritiam et libidinem ; unde idem Horatius :

Non te semper inops agitet vexetque cupido...
Non ancilla tuum jecur ulceret ulla, puerve
Intra marmoreum venerandi limen amici (34)

Quartum est abjicere elationem juxta illud Horatii :

Nec tua laudabis stuata aut aliena reprendes.......
...... Tu cede potentis amici
Lenibus imperiis (35).

Quintum est supersedere querimoniis, unde idem Horatius :

Coram rege suo de paupertate tacentes
Plus poscente ferent ; distat sumasne pudenter
An rapias.......
Nam tacitus pasci si posset corvus haberet
Plus dapis, et rixæ multo minus invidiæque (36).

Quare autem ista studiose sint observanda docet idem Horatius :

Principibus placuisse viris non ultima laus est (37).

Sextum autem officium est, quidquid a domino exigitur, complere nec alicua penuria gravari. Lucanus :

Non sibi, sed domino gravis est, quæ servit ege-
                                                [stas (38).

Summo opere caveat garrulitatem. Juvenalis :
Lingua mali pars pessima servi (39).

Talem autem, si fas est, eligat dominum, cui servire non sit dedecori, dignitate enim dominantium honestantur obsequia servorum.

55. De peculio vero thesauro, **990** ornatu, quæ communi nomine divitiæ dicuntur, est illud philosophi satis eleganter dictum. Tullius : « Nihil, inquam, est tam angusti animi, tamque parvi, quam amare divitias (40). » Ideo magnus est, qui sic utitur auro, ut fictilibus, nec minor ille est, qui sicut fictilibus, utitur auro. Tullius : « Nihil honestius magnificentiusque **991** quam pecuniam contemnere, si non habeas : si habeas, ad liberalitatem conferre (41). » Nimis enim liberalis videtur fuisse qui dixit : Terentius :

Ego spem pretio non emo (42)

56. A cujus rei desiderio his causis revocari debemus. Prima est quia hominis brevis est vita. Horatius :

Vitæ summa brevis spem nos vetat inchoare longam.
Quis scit, an adjiciant hodiernæ crastina summæ
Tempora dii superi ?
Quid sit futurum cras, fuge quærere
Prudens futuri temporis exitum
Caliginosa nocte premit deus;
Ridetque si mortalis ultra
Fas trepidat ; quod adest memento
Componere æquus......
.... ille potens sui
Lætusque deget, cui licet in diem,
Dixisse : Vixi : cras vel atra
Nube polum pater occupato,
Vel sole puro
Lætus in præsens animus, quod ultra est
Oderit curare : et amara læto
Temperet risu. Nihil est ab omni
Parte beatum.
Abstulit clarum cita mors Achillem ;
Longa Tithonum minuit senectus
Et mihi forsan, tibi quod negavit,
Porriget hora (43).

---

(30) Horat., III *Od.* 24. — II *ibid.* 3. — I *Epist.* 2, 47 seqq. — I *Od.* 4.
(31) Senec., I *De benef.*, 20. — Id., *epist.* 47 a med., paucis mutatis vel omissis.
(32) Horat., I *Epist.* 18, 86-95. — *Ibid.*, v. 65-66.
(33) Idem, *ibid.*, v. 76-85.
(34) Idem, *ibid.*, v. 98. — *Ibid.*, 72 et 73.
(35) Idem, *ibid.*, v. 39, et v. 44-45.
(36) Idem, *ibid.* 17, 43-45, et v. 50-51.

(37) Idem, *ibid.*, v. 35.
(38) Lucan., III, 152.
(39) Juvenal., IX, 120.
(40) Cic., I *Off.* 20.
(41) Id., *l. c.*
(42) Terent., *Adelph.* II, II, 11. Proverbium est de iis qui rem incertam certa jactura quærunt.
(43) Horat., I *Od.* 4, 15. — IV *ibid.* 7, 18. — I *ibid.* 9, 13. — III *ibid.* 29. — II *ibid.* 16.

SENECA : « In hoc quidem omnes fallimur, quod A mortem non prospicimus. Magna pars ejus jam præteriit; quidquid ætatis retro est, mors tenet (44). » Ideo fige in animo te sine aliqua intermissione quotidie mori.

57. Secunda causa est, quia amor habendi virtutes investit HORATIUS :

Perdidit arma, locum virtutis deseruit, qui
Semper in augenda festinat, et obruitur re.....
Nam neque divitibus contingunt gaudia solis :
Nec vixit male, qui natus moriensque fefellit (45)

Sicut dicit avarus. JUVENALIS :

Unde habeas, quærit nemo, sed oportet habere (46).

HORATIUS :

Et genus et virtus, nisi cum re, vilior alga est (47).

Nihil est satis cum tanti quantum habeas sis, B inquit JUVENALIS :

Quantum quisque sua nummorum servat in arca
Tantum habet et fidei.....
Nil habet infelix paupertas durius in se
Quam quod ridiculos homines facit (48).

HORATIUS :

Magnum pauperies opprobrium jubet-
   Quidvis et facere et pati
Et genus et formam regina pecunia donat
Virtus, fama, decus, divina humanaque pulchris
Divitiis parent, quas qui construxerit, ille
Clarus erit, fortis, justus, sapiens etiam, et rex (49).

58. Sed totum hoc in contrarium dedit illi; pro virtutibus enim affert pecunia vitium et infamiam, quæ est tertia causa contemnendi eam, audias poetam JUVENALEM :

Prima peregrinos obsequia pecunia mores
Intulit, et turpi fregerunt sæcula luxu
Divitiæ molles 50).

LUCANUS :

          .... secunda virorum
Paupertas fugitur (51).

HORATIUS :

Fecunda culpæ sæcula nuptias
Primum inquinavere et genus et domos (52).

Quod nobilitas sit nulla ex pecunia, monstrat qui dicit HORATIUS :

Licet superbus ambules pecunia,
Fortuna non mutat genus (53).

59. Quarta causa est quia amorem habendi nullus satiat quæstus, nam, ut habet HORATIUS :

          ..... superbæ
Crescunt divitiæ, tamen
Curtæ nescio quid semper abest rei
Crescentem sequitur cura pecuniam
       Majorque fames...
Quanto quisque sibi plura negaverit,
A diis plura feret : nil cupientium

Nudus castra peto, et transfuga divitum
Partes linquere gestio.......
...... bene est, cui deus obtulit
Parca, quod satis est, manu
Pauper enim non est, cui rerum suppetit usus,
Si ventri bene, si lateri est, pedibusque tuis nil
Divitiæ poterunt regales addere majus (54).

JUVENALIS :

Crescit amor nummi quantum ipsa pecunia crescit,
Et minus hanc optat, qui non habet.....
.... nam dives qui fieri vult
Et cito vult fieri (55).

60. Quinta causa est timor, quem invehit pecunia. JUVENALIS :

Pauca licet portes argenti vascula puri,
Nocte iter ingressus gladium contumque timebis,
Et motæ ad lunam trepidabis arundinis umbram
Cantabit vacuus coram latrone viator...
..... Misera est magni custodia census (56).

61. Sexta causa est, quia vult servitutem quærentis. Unde HORATIUS :

Imperat aut servit collecta pecunia cuique,
Totum digna sequi potius, quam ducere funem (57).

Idcirco assentior dicenti :

Et mihi res, non me rebus supponere conor (58).

Quæ cum ita sint :

Non possidentem multa vocaveris
Recte beatum; rectius occupat
   Nomen beati, qui deorum
   Muneribus sapienter uti,
Duramque callet pauperiem pati
Pejusque letho flagitium timet (59).

SENECA : « Honesta enim res est læta paupertas; C illa vero non est paupertas, si læta est. Cui cum paupertate bene convenit, dives est. Pauper est, non qui parum habet, sed qui plura cupit. » Si vis dives fieri non est pecuniæ adjiciendum, sed cupiditati est detrahendum. — « Brevissima enim via ad divitias est divitiarum contemptus. » Contemnere namque omnia aliquis potest, habere non potest. — « Ideo locupletior erat Diogenes vacuus, omnia possidente Alexandro. Plus enim erat, quod hic nollet accipere, quam quod iste posset dare. Quid refert quantum illi in arca, quantum in horreis jaceat, si alieno imminet, si non quæsita sed quærenda computat? Quis sit divitiarum modus, quæris? Primus, habere quod necesse est; proximus, quod satis est. — Parabile autem et appositum est quod D natura desiderat : ad supervacua sudatur..... Ad manum est, quod satis est (60). »

BOETIUS : « Paucis enim minimisque natura contenta est (61). »

(44) Senec. *Epist.* 1, *post init.*
(45) Horat., *Epist.* 16, 67, et *ibid.* 17, 9.
(46) Juvenal., xiv, 206.
(47) Horat., ii, *Sat.* 5, 8.
(48) Juvenal., iii, 145 et 152.
(49) Horat., iii *Od.* 24. — i *Epist.* 6, 36. — ii *Sat.* 5, 95.
(50) Juvenal., vi, 298.
(51) Lucan., i, 165.
(52) Horat., iii *Od.* 6.
(53) Idem, *Epod.* 4, 5.
(54) Idem, iii *Od.* 24. — iii *ibid.* 16. — i *Epist.* 12 *init.*
(55) Juvenal. xiv, 138 et 175

(56) Idem x, 19 *seqq.* — xiv, 303.
(57) Horat., i *Epist.* 10, 46.
(58) Idem, *ibid.* 1, 19, ubi *submittere* habes.
(59) Idem, iv *Od.* 9.
(60) Senec., *Epist.* 2, *sub fin.* — *Epist.* 62. — *De benef.* v, 4. — *Epist.* 2 cit. — *Epist.* 4 *ad fin.*, ubi loco *appositum* legitur *expositum.* Locus medius ejusdem Senecæ esse videtur, etsi mihi incompertus. Confer tamen illum cum *Varronis sententia*, n. 108 : « Vis esse dives? Nil cogitando tibi addas, sed aliis demas. » Cfr. quoque Excerpta Senecæ, quibus titulus : *De paupertate liber.*
(61) Boet., *Cons. phil.* ii, pr. 5 circ. med.

De prælationibus.

62. Prælationum contemperandus est appetitus; gravior enim est casus altitudinis. Verum quidem **992** de iis legitur. JUVENALIS :

Quosdam præcipitat subjecta potentia magnæ
Invidiæ, mergit longa atque insignis honorum ;
Pagina (62).

LUCANUS :

Invida fatorum sævies, summisque negatum
Stare diu ; nimioque graves sub pondere lapsus...
In se magna ruunt, lætis hunc numina rebus
Crescendi posuere modum...
O faciles dare summa deos, eademque tueri
Difficiles (63)!

SENECA : « Fortunam [enim] citius recipias, quam retineas (64). » Hinc HORATIUS :

Sæpius ventis agitatur ingens
Pinus : et celsæ graviore casu
Decidunt turres : feriuntque summos
    Fulmina montes...
Fortuna sævo læta negotio et
Ludum insolentem ludere pertinax
Transmutat incertos honores,
Nunc mihi nunc alii benigna.
Laudo manentem : si celeres quatit
Pennas, resigno quæ dedit, et meo
Virtute me inveho, probamque
Pauperiem sine dote quæro (65).

TERENTIUS :

O fortuna, ut nunquam perpetuo es bona (66)!

Secunda est quæstionis causa, quæ simulatio nem appetit. SALLUSTIUS : « Illis enim difficile est in potestatibus obtemperare, qui per ambitionem sese probos simulavere (67). » Sunt enim multi non ex animo sed fortuna humiles, modo elati. TERENTIUS ·

...Profecto sic est ut puto
Omnibus nobis ut res dant sese, ita magni atque
    [humiles sumus (68).

Itaque prælati officium sit studia multitudinis ad suas utilitates allicere. TULLIUS : « Omnium enim rerum nec aptius quidquam ad prælationes tenendas, quam diligi, nec alienius quam timeri (69). » SALLUSTIUS : « Tutius enim est volentibus, quam coactis imperitare (70). » TULLLIUS : « Subjecti enim *quem metuunt oderunt, et quem quisque oderit, periisse expetit... Malus enim custos diuturnitati, metus (71).* » Hinc JUVENALIS :

Ad granum Cereris sine cæde et sanguine pauci
Ascendunt reges, et sicca morte tyranni (72).

TULLIUS : « Econtra benevolentia fidelis custos est etiam ad perpetuitatem ; [præconio enim laudis defunctum perennem facit.] Qui se metui volunt a quibus timentur, eosdem metuant ipsi necesse est (73). » Unde BOETIUS : « Potentem censes, qui satellite latus ambit : qui quos terret ipse plus metuit (74)? » TULLIUS : « Dionysius cultros metuens tonsorios candente carbone sibi adurebat capillos, Alexander Chergæus ex epulis in cubiculum veniens ad uxorem præmittebat stipatores suos qui scrutarentur arcas muliebres, ne aliquod in vestibus telum absconderent (75). » Meminerit prælatus se privatum esse ; nam sæpe spes improbissimas amplectuntur insperata assecuti. TERENTIUS :

Deteriores omnes sumus licentia (76).

Prælatos torquent, ut ait HORATIUS :

        ... Miseri tumultus
    mentis cur et laqueata circum
      Tecta volantes (77).
Et quos non gravior mortalibus addita cura est
Spes ubi longa venit.

De Gloria

63. Gloria est alicujus magnifici vel bonæ artis late patens præconium. Ad hanc ideo spectat humana intentio, quia absque ea nostra virtus non multis innotescit. HORATIUS :

Paulum sepultæ distat inertiæ
    Celata virtus (78).

Præterea ut perhibeat qui de magnis majora loquuntur, secundam vitam dat gloria, ut ait poeta HORATIUS :

Dignum laude virum musa vetat mori (79)

Quam rem, ut demonstraret se serio non dixisse alibi posuit :

        Cum bene notum
Porticus Agrippæ, et via te conspexerit Appi,
Ire tamen restat, Numa quo devenit et Ancus (80)

BOETIUS :

Mors spernit altam gloriam.
Involvit humile pariter et celsum caput,
Æqualque summis infima (81) .

Gloriam ideo immoderato affectu quærimus, quod boni magis videri quam esse; mali autem magis esse, quam videri, volumus. **993** Verum est enim illud poetæ HORATII :

Falsus honor juvat, et mendax infamia terret
Quem , nisi mendosum et mendacem (82)?

BOETIUS : « Gloriæ autem fructus persæpe fuit superbia ; unde Græcus tragicus exclamat : « Gloria in millibus mortalium, nil aliud facta, quam aurium inflatio magna (83). » In qua nil fructus esse si

(62) Juvenal., 10, 56.
(63) Lucan., I, 70, *ibid.* 81 et 510.
(64) Seneca sive Publius Syrus in *Mimis*, n. 252, ubi *fortunam citius reperias.*
(65) Horat., II *Od.* 2; et III *ibid.* 29.
(66) Terent., *Hec.* III, III, 46.
(67) Sallust., *Jug.* 85, *post init*
(68) Terent., *Hec.* III, 3, 20.
(69) Cic., II *Off.* 7, ubi loco *prælationes* legitur *opes.*
(70) Sallust , *Jug.* 102.
(71) Cic., *l. c.* sed rectius Ennius ap. Cic., *l. c.*
(72) Juvenal., 10, 112, ubi loco *sanguine* legitur *vulnere*
(73) Cic., *l. c.* Uncis inclusa non sunt Ciceronis.
(74) Boet., *Cons. phil.* III, pr. 5.
(75) Cic , *l. c.*

(76) Terent,, *Heart.* III, I, 74.
(77) Horat., II *Od.* 16, 10.
(78) Id., IV *Od.* 9, 29.
(79) Id. *ibid. Od.* 8, 28.
(80) Id. *Epist.* I, 6, 25-27.
(81) Boet., *l. c.*, II, metr. 7
(82) Horat., I *Ep.* 16, 39.
(83) Boet., *l. c.*, III, pr. 6, qui sic habet : « Gloria vero quam fallax sæpe, quam turpis est ! » Unde non injuria tragicus exclamat :

Ὦ δόξα, δόξα, μυρίοισι δὴ βροτῶν
Οὐδὲν γεγῶσι, βίοτον ὤγκωκας μέγαν.

Hoc est : *O gloria, gloria, decies mille hominibus, cum nihil sint, animum tumidum reddis !* Porro duo versus sunt Euripidis in *Androm.*

aliis bonis destituta sit, monstrat quod dicit Juve- A
NALIS :

Gloria quanta .roet, quid erit, si gloria tantum est (84).

TULLIUS : « Si quis autem ad gloriam assequendam laboret, talem se efficiat qualem vult haberi :

quod si in ostentatione inani, et ficto sermone vel vultu stabilem se gloriam consequi posse opinatur, vehementer errat. Vera gloria radices agit ficta autem omnia celeriter, tanquam stipulæ decidunt, nec simulatum quidquam potest esse diuturnum (85). »

QUÆSTIO IV.

DE COMPARATIONE UTILIUM.

64. Quarta quæstio est de comparatione utilium quæ hoc modo tractatur. « Nam commoda corporis cum externis conferuntur hoc modo : Valere ut malis, quam dives esse. Rursus externa sic præferuntur bonis corporis; ut malis dives esse, quam maximis corporis viribus uti. Ea quoque, quæ sunt B bona corporis sibi invicem comparantur : nam bona valetudo melior est magnitudine, et vires celeritate. Externa quoque sibi invicem comparantur; melior est gloria divitiis , vectigalia urbana rusticis (86).»

QUÆSTIO V.

DE PUGNA UTILITATIS ET HONESTATIS.

65. Quintam capiendi consilii investigationem nos siquidem prædiximus esse quæstionem de pugna utilitatis et honestatis; si enim est utile ad se contrahere, honestum vero aliis erogare, persæpe in deliberando animus noster habet ancipitem cogitandi curam, utrum scilicet, spreta utilitate, honesto adhæreat vel e contrario. Horum duorum oppositionem Ptolemæo regi persuadere nitebatur qui sic perorabat apud LUCANUM :

Jus et fas multos faciunt, Ptolemæe, nocentes
Dat pœnas laudata fides, cum sustinet illos,
Quos Fortuna premit. Fatis accede deisque,
Et iste felices, miseros fuge; sidera terra
Ut distant, ut flamma mari sic utile recto.
Sceptrorum vis tota perit si perdere justa
Incipit : evertitque arces respectus honesti.
Libertas scelerum est, quæ regna invisa tuetur,
Sublatusque modus gladiis. Facere omnia sæve
Non impune licet nisi dum facis. Exeat aula
Qui vult esse pius. Virtus et summa potestas
Non coeunt : semper metuet, quem sæva pudebunt (87).

66. Summa vero auctoritate philosophi TULLII , tria hæc, scilicet bonum, honestum, utile, sic permiscentur, ut quidquid bonum est, id et utile censeatur, quidquid honestum est id et utile asseratur, **994** unde sequitur omne honestum utile esse (88). Firmissime itaque tene et nullatenus titubes ita honestum utile esse, quod nihil sit utile nisi sit honestum ;- nec dico ista duo numero differre, sed tota proprietate. Verbi gratia : Hic homo et hoc animal non discrepant, quia hic homo est hoc animal et nihil est hoc animal nisi hic homo. Tum etiam quia ad hoc ut fit hoc animal non exigitur, nisi substantia cum animatione et sensibilitate; ad hoc autem ut sit hic homo oportet esse rationalitatem cum mora-

ntate, quæ proprietates dicuntur discrepare. Similis ratio est utilis et honesti; cum enim idem sint numero, ad hoc ut aliquid sit utile exigitur, quod fructum habeat, ad hoc vero ut honestum, requiritur ut sua dignitate nos alliciat. Cum igitur unum e idem sint, sequitur nullius rei utilem esse usum, qui a virtutibus discrepet. Idcirco nulla est omnino utilis et honesti oppositio.

67. Quia vero vu'gus quemcunque temporalium usum utilem credit, illicitum vero honesto obviat, ideo de controversia utilis et honesti proposita est quæstio. TULLIUS : « Sed videtur utile homini incommodo alterius suum commodum augere et alteri aliquid detrahere. Hoc autem magis est contra na- C turam, quam paupertas, quam mors, quam dolor. Nam principio conjunctum hominem tollit. Si enim hæc affectio nobis insit, ut quisque propter suum emolumentum spoliet aut videt alium; necesse est societatem disrumpi humani generis quæ est secundum naturam. Ut si unumquodque membrum putaret se plus valere si proximi membri valetudinem ad se transduxisset, debilitari et interire totum corpus necesse esset. Ita et in humana societate. Nam sicut concessum est ut quisque malit sibi acquirere, quod ad usum vitæ suæ pertineat, quam alteri, et hoc, natura non repugnante, ita non patitur natura ut aliorum spoliis nostras facultates augeamus. Sed sicut contra naturam magis est detrahere alteri causa sui commodi, quam mors, quam dolor, ita D magis est secundum naturam pro omnibus si fieri posset, labores et molestias suscipere, quam vivere sine molestiis in magnis voluptatibus. Præterea cum alium violat, ut ipse aliquid commodi assequa-

---

(84) Juvenal., VII, 81

(85) Cic., II *Offic.* 12, fere omnia ad verbum.

(86) Id., *ibid. extr.*

(87) Lucan., VIII. 481 - 495. Sunt porro verba

Pothini. magnæ in aula Ægyptii regis auctoritatis, quibus Ptolemæo suadet ut Pompeium occidat.

(88) Desumpta hæc sunt ex Cic., II *Off.* 3.

tur aut nihil existimat se facere contra naturam, aut censet magis fugiendam paupertatem, quam facere iniquam injuriam si nos æstimat se facere contra naturam, inhumanus est, si censet facere injuriam malum esse, sed deterius paupertatem vel mortem [pati], errat. Gravius est enim vitium animi, quam mors et paupertas (89). »

995 68. Forsitan quispiam dixerit : « Nonne igitur sapiens, si fame ipse conficiatur, abstulerit cibum alteri, homini ad nullam rem utili? minime, inquam. Non enim est mihi vita utilior, quam talis affectio animi, scilicet ut neminem violem causa mei commodi. » [Dum enim vita perditur, corruptio corporis scilicet mors incurritur ; si vero hanc affectionem abjiciam, vitium animi incurram : et sicut est gravius animi quam corporis vitium, sic melius est animi quam corporis bonum, virtus scilicet, quam vita.] « Præterea non cædit in bonum virum mentiri, criminari, corripere, fallere, causa sui emolumenti. Est ergo nulla res tanti, aut commodum nullum tam expetendum, ut boni viri nomen non amittas. Quid est, quod afferre tantum ista, opus dicitur utilitas, possit, quantum auferre, si boni viri nomen eripuerit, fidem justitiamque detraxerit? Quare ergo homines emolumenta rerum vident, pœnam vero non tantum legum, sed turpitudinis, quæ acerbissima est, non vident ? Quamobrem hæc deliberatio testatur de medio, deliberant utrum id sequantur, quod honestum esse videant, an scientes se scelere polluant in ipsa quidem dubitatione facinus inest, etsi ad id non pervenerint. Ergo deliberanda omnino non sunt, in quibus turpis est deliberatio, atque ex omni deliberatione celandi spes removenda est. Satis enim persuasum nobis esse debet, etsi deos omnes celare possimus, nihil tamen orare, nihil libidinose, nihil inconvenienter esse faciendum. Non enim utile potest esse factum, tot vitiis inquinatum. Etsi vir sapiens annulum habeat hujus efficaciæ, ut eum invisibilem reddat non tamen sibi plus licere putet, quam si non haberet; honesta enim bonis viris, non multa quæruntur (90) ; » nec quidquam audebit vir bonus velle, quod non audeat prædicare. Quod si a flagitio ideo te revocas, quod hoc homines non laterct, non bonitatem diligis, sed pœnam metuis atque in hoc ferarum imitaris naturam. Horatius :

Cautus enim metuit foveam lupus, accipiterque
Suspectos laqueos et opertum milvius hamum.
Oderunt peccare mali formidine pœnæ,
Oderunt peccare boni virtutis amore (91).

69. Cum ex prædictis pateat solum honestum utile esse, « si aliqua tibi abjecta sit utilitatis species, cui, dum intenderis animum, videas turpitudinem adjunctam ; non quod illa utilitas dico tunc, sit relinquenda, sed intelligendum est, ubi turpitudo sit, ibi utilitatem esse non posse (92). » Vere autem si volumus judicare, quoties utilitatis speciem præfert turpitudo ; eventus ipsius rei solet redargui. Videmus enim quando id quod honestum est, inutile videtur, ad hunc tamen finem reduci ut ex eo insperatum **996** veniat commodum, ut ecce de Damone et Pythia, « quos hoc animo inter se fuisse ferunt, ut cum alteri eorum Dionysius tyrannus diem necis destinasset, et is, qui morti addictus esset, causa disponendi super suis rebus paucos dies postulasset interim vades factus est alter, causa illius sistendi hac conditione, ut si ille non rediisset, ipsi, moriendum esset. Cum autem ad diem ille se recepisset, admiratus illorum fidem tyrannus, petiit ab eis, ut se in amicitiam testium reciperent (93). » Vide quomodo utile fuit et hunc pro amico remansisse, et illum pro amico rediisse, licet utrumque primo periculosum crederetur sic super juxta terminum dispositionem utilem et insperatum exitum habet honestas. Turpitudo autem tam perniciosum quam inhonestum habet actum. « Idcirco semper dum id, quod utile videtur cum eo, quod honestum est comparatum, utilitatis species jaceat honestatis valeat (94). »

70. Hæc præscripta servantem (95) licet in tranquillo honestatis vivere, et ad normam rationis vitam traducere. Tullius : « Ut enim in fidibus aut in tibiis, quamvis paullum discrepent, tamen id ab artifice animadverti solet ; sic nobis ducenda vita, ne forte aliquid discrepet, vel et multo magis, in quantum melior est actionum, quam sonorum concentus. Itaque, ut in fidibus musicorum aures minima discrimina sentiunt, sic nos, si volumus acres morum esse animadvertores, magna sæpe intelligemus ex parvis. Ex oculorum obtutu et ex remissis aut contractis superciliis, ex mœstitia, ex hilaritate, ex visu, ex locutione, ex contentione vocis, ex submissione et ex cæteris similibus facile judicabimus, quid eorum apte fiat, quidve ab officio discrepet. Quo in genere non est incommodum, quale quidque eorum sit, ex aliis judicare: ut si quid in aliis dedecent, vitemus et ipsi. Fit enim nescio quomodo, ut magis in aliis cernamus, si quid delin-

nisi velis illam enatum exse quenti ipsius Horatii :
Tu nihil admittes in te formidine pœnæ.
Cæterum Hildeberti editio secundum versum ita legit:
Suspensos laqueos et opertum præcavet hamum ;
Viderint eruditi viri.

(89) Totum hoc caput contractum est ex capite 5 *Offic.* Cic., lib. III, et iisdem fere verbis.

(90) Et hoc caput præter ea, quæ uncis inclusa sunt, tanquam præcedentium certior explicatio, desumpta sunt ex lib. III B, Cic., c. 6, c. 20, — c. 8, c. 14 *in fin.* et c. 9. Hoc postremo loco Cicero mentionem facit annuli Gygis, de quo multa fabulati sunt veteres.

(91) Horat., I *Epist.* 16, 50-52. Codex noster hic exhibet varias lectiones minime spernendas, et fortasse etiam versum ineditum nempe tertium :
Oderunt peccare mali formidine pœnæ,

(92) Cic., III *Off.* 8.
(93) Cic. *ibid.*, 10.
(94) Cic., *ibid.* 11.
(95) Modus dicendi Ciceronianus ex I *Off.* 26, *in fin.*

quitur, quam in nobis ipsis (96). » Unde poeta Horatius :

Cum tua pervideas oculis mala lippus inunctis
Cur in amicorum vitiis tam cernis acutum ? (97)

71. His ergo præceptis vir amator honestatis crebrum et assiduum adhibeat usum. Fere enim omnium moralium doctorum elegantiora verba hæc angusta particula comprehendit; unde hic facilius intueri ea poteris, quam si per multorum volumina vagando dispersa colligas. Seneca : « Multorum enim auctorum lectio et omnis generis voluminum aliquod vagum et instabile habet. Verum est namque quod nusquam est, qui ubique est. Vitam in peregrinatione agentibus hoc evenit, ut multa habeant hospitia, paucas amicitias. Idem accidat necesse est iis, qui nullis ingeniis familiariter se applicant, sed omnia **997** cursim et properanter transcurrunt. Non prodest cibus, nec corpori accedit, qui statim sumptus emittitur. Nihil æque sanitatem impedit, quam remediorum crebra mutatio. Non venit vulnus ad cicatricem in quo medicamenta tentantur. Non convalescit planta, quæ sæpius transfertur, nihilque tam utile est, quod in transitu prosit; distrahit multitudo librorum. Itaque cum

legere non possis quantum habeas, satis est habere, quantum legas. Fastidientis enim stomachi est multa degustare quæ varia sunt et diversa, inquinant, non alunt. Probatos itaque semper lege et si quandoque ad alios divertere libuerit, ad priores redi, et cum multa percurreris, unum excerpe, quod illo die concoquas (98). » Illud enim bonum curandum est, quod voluptate fit melius.

998 72. Præter hæc etiam ea quæ de moribus præcepta videbis re ipsa et actu complere incessanter satage. Tullius : « Ut enim medici vel oratores, quamvis præcepta perceperint, quidquam dignum laude sine usu consequi nequeunt, sic præcepta officii servandi causa traduntur illa quidem, ut facimus, ipsi, sed rei magnitudo usum quoque et exercitationem desiderat (99). » « Adversamini vitio, ut ait Boetius in libro *De consolatione*, virtutes colite, ad superna spe animos sublevate, humiles preces in excelsa porrigite: quæ si rectæ sunt, inefficaces esse non possunt magna siquidem vobis est, si dissimulare non vultis, necessitas indicta probitatis, cum ante oculos versemini judicis cuncta cernentis (100). »

(96) Cic., 1 *Off.* 40 et 41. Sunt quædam variæ lectiones minime spernendæ.
(97) Horat., 1 *Sat.* 3, 25-26.
(98) Senec., *Ep.* 2, paucis mutatis aut prætermissis.
(99) Cic., 1 *Off.* 18.

(100) Extrem. cap. paucis mutatis, inter quæ notamus : *Adversami vitio*, loco *adversamini vitia, et ad superna spe animos sublevate* loco *ad rectas spes animum subl.* Hic locus Boetii deest in editione ubi post *desiderat* additur in fine : *Explicit liber Moralium.*

VEN. HILDEBERTI

LIBELLUS

DE QUATUOR VIRTUTIBUS VITÆ HONESTÆ.

(*E ms. Colbertino, n. 6327. Nondum editus.*)

—

MONITUM.

Satis superque fuerit solerti lectori præmissam Moralem de honesto et utili V. Hildeberti Philosophiam perlegisse, ut subsequens poema De quatuor virtutibus vitæ honestæ nihil aliud esse deprehendat, quam synopsim sententiarum et præceptorum moralium ab ipso in præcedenti tractatu collectorum ad suum ipsius commodum, aut etiam ad institutionem juvenum, quibus ejus lucubrationes ad mores informandos tradebantur; quod quidem de se testatur Petrus Blesensis, epist. 102, ad R. archidiaconum Nannetensem de puerorum institutione, his verbis : « Profuit mihi quod epistolas Hildeberti Cenomanensis episcopi, styli elegantia, et suavi urbanitate præcipuas firmare et cordetenus reddere adolescentulus compellebar. » Quidni ergo et ejus carmina ad juvandam puerorum memoriam composita, et quæ, teste Orderico Vitali ecclesiasticæ historiæ lib. x, pag. 770, non solum in Gallias spargebantur, sed etiam Romam « transferebantur, et dicacium scholis, » ut ait, « et Didascalis Quiritum admiranda videbantur; » et etiam illis fortasse memoriter discenda imponebantur. Hoc autem poema eruimus e manuscripto Colbertino n. 6327, annorum circiter quingentorum, quod ex subjecti similitudine præcedenti libro duximus immediate subjungendum. Nihil autem hic ad marginem notavimus, quia quot versus, tot fere sententiæ.

—

999 Quatuor eximias virtutum proprietates
  Complures docti disseruere viri;
Quarum se formis si mens humana coaptet,

Perfectum faciet integra vita virum.
  Officiis igitur propriis descripsimus illas,
    Fiat ut his apte morigeratus homo.

DE PRUDENTIA.

Qui cupis ergo tuos regat ut prudentia mores,
  Visque sequi quo te duxerit ista comes,
Tunc poteris vitam componere per rationem,
  Si penses meritis singula quæque suis.
Nec te multorum seducat opinio, sed res
  Ut natura sua continet appretia.
Sunt etenim quædam quæ creduntur bona, nec sunt,
  Sunt quæ creduntur, constat et esse bona.
Non mireris opes, quas amissurus habebis,
  Nec magni pendas quidquid abire potest.
Non tua sic serves, tanquam custos alieni,
  Sed tanquam Dominus, utere rite tuis.
Si sapiens fueris, te semper habebis eumdem,
  Et cum res variant, tu tamen ipse mane.
Utque manet varius rerum, vel temporis ordo,
  Sic tu non mutes, sed magis aptifices.
Clausa manus pugnum, palmam compescit aperte,
  Et diversa gerens, est tamen ipsa manus.
Sic sapiens sese diversis rebus adaptat,
  Nec tamen hinc mores alterat ipse suos.
Esto subtilis discretor consiliorum,
  Nec cito falsa levi credulitate probes.
De dubiis temere cito diffinire cavebis,
  Ne sententia te præcipitata notet.
Nil affirmandum, quia quæque simillima veris,
  Non et continue vera probata liquent.
Sicut ab adverso quæ primo falsa putati,
  Sæpe fit ut post hæc vera fuisse probes.
Sæpe quidem veri speciem sibi falsa coaptant,
  Sæpeque sub falsi tegmine vera latent.
Levis adulantem frons aspera celat amicum;
  Sic rerum formis fallimur ambiguis.
Sed qui prudens est, inter tot nubila rerum,
  Cautus inoffenso calle tenebit iter.
Si fueris prudens, venientes prospice casus,
  Proponens oculis quæque futura tuis.
Nil tibi sit subitum, sed quæ contingere possunt.
  Omnia sint animo præmeditata tuo.
Prudens non dicit : Non hæc ventura putabam
  Sed velut exspectans, atque paratus adest.
Præstolatur enim, non ut suspecta veretur,
  Ne tanquam dubitet, sed quasi certa cavet.
Inde fit ut nequeant venientia lædere mentem,
  Quæ ventura prius cura cavere fuit.
Incœpturus opus summam spectare memento
  Incipe; sed læta percipienda manu (1).
Ultima concordent primis, nam sine sinistro
  Sunt quædam, quæ nec cœpta fuisse decet.
Falli non poterit sapiens, nec fallere quæret.
  Hinc male versutus, inde vocatus hebes.
Sic a judiciis sapientis opinio distet,
  Quodque putat debet legis habere vicem.
Dedignare tuos quasi quædam somnia sensus
  Ludere, nec mentis sint vana pensa tuæ.
Quorum ludibriis si delectaris ineptis,
  Omnia disponens, tædia sola feres.

(1) Forte, *lenta perficienda manu.*

A Sed rata sint et certa tuæ molimina mentis,
  Inque aliquid solida se gravitate premant.
Seu tua mens quærat, deliberet, aspiciatve,
  A veri nunquam tramite flectat iter.
Quin nec sermo tuus fluxu distillet inani,
  Sed sit quod dicis, utile pondus habens.
Suadeat, aut moneat, scletur, præcipiatve,
  Nil vacuum sit, nil utilitate carens.
Laudandi parcus, culpandi parcior esto;
  Peccatur, si non adsit utrinque modus.
Laude tua quemquam meritum non gratia donet,
  Laude tua careat, non homo, sed vitium.
Causis, non studiis testem te convenit esse.
  Non quis homo, sed quæ causa sit inspicias.
Ad promittendum noli festinus haberi,
B Promissoque decet largius ut sit opus.
Rarior in verbis, in factis amplior esto,
  Et nisi consilio præduce nulla geras.
Per tria tempora se dispensat mens sapientis,
  Præteritum, præsens, posteriusque sequens.
Præteritum recolas, quæ sunt ventura videto,
  Quæ præsentia sunt cum ratione gere.
Perdit enim vitam qui negligit anteriora,
  Venturi negligens, captus uterque ruit.
Proponet vero sibimet solertia prudens,
  Hinc bona venturi temporis, inde mala.
Ut mala respectu fiant leviora bonorum,
  Et bona respectis sint moderata malis,
Non indiscrete semper verseris in actu,
C Sed requiem menti des aliquando tuæ.
Non tamen illa situ requies torpescat inani,
  Sed tua sint studiis otia plena probis.
Nam sapiens nunquam manere per otia novit·
  Laxat, non solvit corda rigore suo.
Tarda citat, sedat turbata, ligata resolvit;
  Ardua complanat, aspera blanda facit.
Novit enim quid, quaque via tentare sit aptum
  Et quæ sit cœptis summa futura suis.
Omnia stultorum molimina consiliorum
  Mente videt celeri, destruit arte levi.
1000 Per partem totum capit, ex propiore remo-
  Abdita de patulis, grandia de minimis.   [tum,]
Non te permoveat grandis persona loquentis,
  Nec tam quis, quam quid prædicet, ipse vide.
D Non quantis placeas, sed quibus suspiciendum·
  Paucorum potius gratia sæpe decet.
Quære quod invenias, quod possis discere disce,
  Appete quod deceat appetiisse bonos.
In tam sublimi nunquam te culmine ponas,
  In quo stando tremas, et regradando cadas.
Ardua sunt semper suspecta timore ruinæ;
  Tutius in plano calle tenetur iter.
Cum tibi prosperitas arriserit undique rerum,
  Tunc cautela tibi major habenda venit.
Tunc velut insidiis hostilibus undique septo
  Uti consiliis sit tibi cura bonis.
Ut motus animi stricta modereris habena,

Ne des impetui libera frena tuo.
Et quasi qui tremulo vadit per lubrica gressu,
　Sic passu cauto siste premendo pedem.
Ut circumspiciens qua vel quo progrediaris,
　Evadas vitæ multa pericla tuæ.

DE FORTITUDINE.

Si cui vere subest animi constantia fortis,
　Fidenter vivit, liber et intrepidus.
Libertas alacrem faciens, fiducia firmum,
　Et bene conscia mens haud trepidare sinit.
Grande bonum mentis firmæ, bene quæ sibi constans,
　Vivendi finem sustinet absque metu.
Si sis magnanimus, lædi te posse negabis,
　Pectore qui forti cuncta sinistra premes.
Deludes ridens quando deserviet (2) hostis;
　Dices : Non læsit, lædere sed voluit.
Cumque tuis manibus fuerit contraditus ille,
　Et tibi vindictæ videris esse locum,
Ultio sufficiens erit ulcisci potuisse;
　Nam satis est hosti parcere posse tuo.
Nobile vindictæ genus est ignoscere victo;
　Si veniam tribuas, jam satis ultus eris.
Nullum subfodias, nullum sub murmure rodas,
　Oderis insidias egrediere palam.
Prælia non facies, si non indixeris ante;
　Invalidum siquidem furta dolique decent.
Non est magnanimum temere subiisse pericla,
　Nec rursus pavido pertimuisse metu.
Nam nisi mens fuerit corruptæ conscia vitæ,
　Nil est unde sibi possit inesse timor.

DE TEMPERANTIA.

Nunc tibi virtutis dabimus præcepta molestæ,
　Quæ motus animi temperat atque premit.
Quam si sectaris, fluitantia quæque recide,
　Et desideriis insere frena tuis.
Perspice quid natura petat, quid avara cupido,
　Illi cedatur, hanc cohibere decet.
Si moderatus sis, illo venturus es usque,
　Ut possis etiam tu satis esse tibi.
Qui satis est sibimet, dives natus fuit ille,
　Ille suas secum detulit ortus opes.
Has nec prædo sibi, nec fur auferre valebit,
His quantum vivet perfruiturus erit.
Sit modus optandi, modus et lex sit cupiendi,
　Restringant libitus addita frena vagos.
1001 Absint blanditiæ, quibus irretita voluptas
　Occultis animum pertrahit illecebris.
Non indigeries unquam subrepat edenti,
　Non se potanti misceat ebrietas.
Inter convivas hoc observare memento,
　Ne quem forte graves sobrietate tua.
Ne quasi sanctior his, illos damnans, videaris,
　Dum simili vita non imitaris eos.
Non nimium sis deliciis præsentibus hærens,
　Et quæ non adsunt, non inhiando petas.
Mensa tibi parvo constet, non inde voluptas

(2) Forte *desæviet.*
(3) Sic in tractatu præcedenti de honesto et utili :
Nec domo Dominus, sed Domino domus debet hone-

A　Est quærenda tibi, sed cohibenda fames.
　Non sapor, imo fames debet pulsare palatum,
　　Nec se distendi vult stomachus, sed ali.
　Quam minimo poteris redimatur dira cupido
　　Quæ magis ut non sit, debet adesse labor.
　Et sit divinum quasi conformatus ad instar,
　　In quantum fas est exue carnis onus.
　Si bene sobrius es, non sit tua splendida cultu,
　　Sed præstans frugi commoditate domus (3).
　Nec vult sobrietas, sed nec decet ut domus addat
　　Notitiam Domino, sed Dominus domui.
　Non tibi sit studii quod non sis velle videri,
　　Nec te plus quam sis finxeris esse quod es.
　Observa ne sit tibi parcimonia sordens,
　　Ne sit paupertas squalida, munda parum,
B　Ne sit simplicitas torpens hebetudine stulta,
　　Ne mansuetudo languiditate tepens.
　Non sint angustæ tibi res, licet exiguæ sint.
　　Paupertas hilaris ditia regna valet.
　Non tua parva tibi, nec grandia sint aliena;
　　Sit gratum quod habes, sufficiensque tibi,
　Turpia vitabis prius ac contingere possint,
　　Plusque tibi quam tu; nemo verendus erit.
　Cuncta ferenda tibi, nisi quæ sint turpia, crede.
　　Turpia sunt autem læditur unde pudor.
　Nec solum moneo te turpia facta cavere
　　Turpia sunt etiam verba cavenda tibi.
　Quorum si laxet perversa licentia frena,
　　Paulatim fracto vita pudore fluet.
C　In verbis phaleras non quære, sed utilitatem,
　　Tectaque mellitis sint tibi grata magis
　Amittanda (4) tibi joca sunt post seria quædam,
　　Sed tamen et dignis ipsa gerenda modis.
　Ne se majestas, ne se reverentia læsam
　　Sentiat, aut damnum perferat inde pudor.
　Nam culpabilis est risus, si vel nimius sit,
　　Vel puerile fluens, vel muliebre sonans.
　Sunt etiam risus quos gratia non comitatur,
　　Et quibus invisus efficiatur homo.
　Scilicet aut clarus dans meritis signa superbe (5),
　　Aut furtim factus corda maligna notans,
　Aut a deliciis rivo deductus iniquo,
　　Quem solet alterius sæpe creare dolor.
　Si videas igitur joca convenientia rebus,
D　Cautus in his etiam te reverenter habe.
　Ut te nec quisquam nimiæ notet asperitatis,
　　Nec tanquam vilem spernere jure queat.
　Urbanus non histrio sis, mediique leporis;
　　Dente sales careant, scurrilitate joci.
　Sermo clamorem vitet, risusque cachinnum,
　　Incessus strepitum, cuncta modestus age.
　Si tempus moneat curas laxare quiete,
　　'Illa quies sane non tibi torpor erit.
　Cumque jocis alii sese ludisque resolvunt,
　　Tu sancti quidquam, vel pietatis agas.
　Si bene sobrius es, prorsus vitetur adulans,

stari, cap. *De temperantia.*
(4) Forte *admiscenda,* vel *admittenda.*
(5) Forte *mentis signa superbæ.*

Cum tibi dicit ave, sicut ab hoste cave.

Grandis adulantum labor est vitare susurros,
    Nec male molliti carminis arte capi.

Vix quisquam tam sobrius est, tam durus et asper,
    Horum blanditias ut superare queat.

1002 Quæ veluti quadam modulaminis arte po-
                                            [tentes.
    Instar Syrenum fortia corda premunt.

A quoquam turpi tam sit tibi turpe probari,
    Ac si te propter turpia quisque probet.

Assentando tuum nullus mereatur amorem,
    Nullius simili tu mereare modo.

Non audacia te levis, aut jactantia culpet,
    Hæc ultra metam sobrietatis eunt.

Tu moneare libens, patienter corripiare,
    Quidquid adesse potest utilitatis ama.

Si quis te merito quia peccasti reprehendit,
    Scire debes quoniam profuit ille tibi.

Quod si non merito non peccantem reprehendit,
    Emendare tamen te voluisse puta.

Levia culpator fera verba ministrat amarus ;
    Levia plus semper quam fera verba time.

Exsulta quoties pravis infestus haberis,
    Nec parcunt famam dilaniare tuam.

Summa tibi sit laus a pravis vituperari ;
    Grande boni signum displicuisse malis,

Ipse quidem studeas vitio fore liber ab omni,
    Et vitæ custos providus esse tuæ.

Alterius vero nec scrutator curiosus,
    Nec si delinquat censor acerbus eris.

Imo corripies non exprobrando reatum,
    Jucundis semper aspera præveniens.

Nec sit difficilis clementia corripientis,
    Correpto veniæ pandere velle suum.

Sobrius id solum cupiat quod prosit habere,
    Id solum discat quod sibi scire juvat.

Quædam profuerit, quædam didicisse juvabit
    Sunt quæ non prosunt, imo nocere solent.

Nec sustolle nimis, nimium nec deprime quemquam,
    Sanius est digno ponere quemque loco.

Cum dicent alii studeas audire libenter ;
    Dum monitus fueris, dicere promptus eris.

Non sis difficilis vel respondere roganti,
    Nec contendenti cedere difficilis.

Expedit interdum pravis quoque cedere dictis.
    Ne lis insurgat deteriore malo.

Corporis aut mentis motus ne sint inhonesti,
    Pervigil incumbat sollicitudo tibi.

Nec quia præter te testis non assidet alter,
    Idcirco tibi sit cura pudorque minor.

Nescio cur alium potius quam te verearis,
    Nil refert an tu videris, an populus.

Tu tibi sis populus, tu curia, tuque theatrum,
    Sit tibi coram te, turpia velle, pudor.

Nobile, non leve cor, constans, non saxea mens sit,
    Nec bona cognatis sint vitiata malis.

Ut cognata sibi sunt virgultum, foliumque,

A   Mobile stat tamen hoc, illud inane fluit.

Sic immobilitas est, non constantia saxo' ;
    Utraque sed speciem mutuat alterius.

Ergo devitet constans immobilitatem,
    Mobilis observet, ne levitate fluat.

Mobilitas constans, constantia mobilis esto,
    Sic erit alterius utraque quadra bonis.

Omnibus æqua te, nec contemnendo minores
    Nec majores te, recta gerendo, timens.

Nullis blanditor, sed cunctis esto benignus
    Privatus paucis, omnibus æquus eris.

Muneris impensi videas ne sis repetitor,
    Redditor accepti negligus esse cave.

Judicium tibi sermone severius, atque
    Vita, quam vultu durior asperitas.

B   Vindicta clemens, detestans impietatem,
    Irasci tardus, parcere promptus eris.

Non tibi sit studio propriam diffundere laudem,
    Nec sit supplicio laus aliena tibi.

Crimina, rumores, morsusque et suspiciones,
    Non tibi sint ulla suscipienda fide.

1003 Maxime spernantur, qui ficta simplicitate
    Ut noceant aliis tecta venena ferunt.

Firmus in adversis, humilis, cautusque secundis
    Utere, propositum non variare tuum.

Tector virtutum sis, ut quidam vitiorum,
    Nec magni valeat gloria vana tibi.

Nullius inscitiam spernas, patiensque loquentum
                                            [(6),
C   Rarius ipse loqui disce, tacere magis.

Non spernas hilares, quamvis sis serius ipse
    Præbe te docilem, discere semper ama.

Nec te jactando quæ nosti pande libenter.
    Hæc vetet ut discat non tibi nota, pudor.

DE JUSTITIA.

Quid nisi naturæ tacitum perpendere fœdus,
    Justitiæ nomen nos ratioque docet ?

Quo rationales connexi fœdere cœtus,
    Alterna junctum se tueantur ope.

Hoc igitur fœdus, quo nos natura ligavit,
    Quo status humanæ pacis et ordo manet.

Quoque Deus colitur, quo et homo reverenter ama-
                                            [tur,
    Nil nisi justitiam jure vocare decet.

D   Hic non est quod quis dijudicet, expediatve,
    Expediet quidquid illa monebit agi.

Hanc igitur quisquis sectando vis adispici,
    In primis metuas, hortor, amesque Deum,

Cujus amore calens, ex hoc imitaberis illum,
    Ut nulli noceas, imo juvare velis.

Et tunc vir justus populo diceris ab omni,
    Tunc charus cunctis et venerandus eris.

Justus enim quo sis, non solum lædere nullum,
    Imo lædentes ipse juvare stude.

Nondum justitiæ laus est non esse nocentem,
    Hinc tamen incipitur ad meliora gradus ;

Scilicet ut prodesse velis, ubi lædere cessas,

(6) Forte *loquendi*.

Raptores cohibens, reddere rapta jubens.
De dubie dictis ne cures nectere litem,
   Sed mens dicentis inspicienda magis.
Nil firmare majus tibi quam jurare ratum sit,
   Vim sacramenti debet habere fides.
De causa veri quoties tractatur apud te,
   Est servanda fides, religioque tibi.
Nam licet ipse Deum nolis jurando vocare,
   Verba tamen verax ad tua testis adest.
Si minus hoc etiam, nec sic fuerit, tamen æquum,
   Ut præter verum justitiamque geras.
Si salvare fidem nequeas, nisi falsa loquendo,
   Sic quoque (7) salvandam dicimus esse fidem.
Excusare magis debes, quam fallere dici,
   Dum constat redimi falsa loquendo fidem.
Nam cum causa subest quæ digna silentia poscit,
   Justus secretum desepelire cavet ;
Quippe tacenda tacet, dici debentia dicit :
   Sic sibi congrua pax, sic sibi tuta quies
Dumque alios vincunt, alii vincuntur ab illo,
   Et solida regnans mentis in arce sedet.
Hæc igitur vigili consectans sedulitate,
   Supremum poteris lætus adire diem.
Mundi mœsta videns hilaris, labentia firmus,
   Turbida tranquillus, ultima non metuens:
      De mensuris singularum virtutum.
His igitur formis virtutes commemoratas,
   Perfectum constat reddere posse virum,
1004 Si studeat certo vivendi fine tenere
   Singula quem virtus debet habere modum.

DE PRUDENTIA.

Jam si transiliat proprios prudentia fines ;
   Fies suspectæ calliditatis homo.
Diceris hinc secretorum scrutator avarus,
   Quique nimis noxas discere quasque velis.
Attonitus, semper meditans et suspiciosus,
   Invisa cunctis aspiciere nota ;
Cujus et alta nimis versutia suspiciosum,
   Audet ut admissum quodlibet inveniat,
Protenso digito plenus monstraberis astu,
   Tergiversator duplicitate potens.
Invertens verum, debellans simplicitatem,
   Crimina commentans artificante dolo.
Denique conquires tam detestabile nomen,
   Ut malus a tota gente voceris homo.

A His igitur maculis prudentia jure vocatur,
   Si non legitimum norit habere modum.
Est autem modus hic libra meditatus utraque,
   Ut nil versutum, nil in ea sit hebes.

DE MAGNANIMITATE.

Magnanimum si te nimium fiducia tollat,
   Redditur inflatus, turbidus atque minax ;
Neglectoque modo quo se composuit honestas,
   In nimis altum se voce manuque rapit.
Sub rectisque superciliis, truculentus agendo,
   Pacem perturbans, hinc ferit, inde fugat.
Sed licet impugnet perrupto quælibet ausu,
   Expugnare tamen non sibi cuncta licet.
Incurret quædam, quorum nimis aspera moles
   Illius vires in graviore premat.
B Scilicet et durum finem miserandus obibit,
   Vel lugubris illi fama superstes erit.
Ergo magnanimum (8) cordis mensura tenetur.
   Nec nimis audendo, nec metuendo nimis

DE SOBRIETATE

Sobrietas vero caveat ne parca nimis sit,
   Nec timidam stricto contrahat ungue manum.
Ut speculum membris ipsis adhibendo, quibusque,
   Circumcisa nimis feteat integritas.
Sobrietas igitur medio se calle coercens,
   Vitet luxuriam, vitet avaritiam.
Ne vel luxuries dissolvat prodiga quemquam,
   Vel per avaritiam sordida vita notet.

DE JUSTITIA.

Justitiæ virtus vitiis obsessa duobus,
C   Inter mollitiem sævitiamque sedet.
Cura sit ergo vigil, ne vel ferus esse timendo,
   Indulgens nimium prava licere sinas.
Vel dum ferventi studio delicta recidis,
   Nulli curantem parcere nullus amet.
Sed tunc justitiæ censura videbitur apta ,
   Et tali fiet regula recta modo.
Si disciplinam nec lenta remissio vilem,
   Nec ferus invisam fecerit esse rigor.
Qui vult ergo suam digne componere vitam.
   Ut sibi vel multis utilis esse queat,
Hæc præscriptarum virtutum formula cordi
   Adsit discreta lege tenenda sibi.
Ut cum personis causas, loca, tempora pensans,
   Curet ad hæc aptis se variare modis.

(7) Forte leg. Caute accipe et *sic neque.*

(8) Forte *magnamini.*]

IN TRACTATUM SEQUENTEM MONITUM 1005-1006

Licet hunc Tractatum in optimo codice manuscripto monasterii B. Mariæ de Lyra in provincia Normanniæ sexcentorum circiter annorum sub nota E. invenerimus medium inter plura Venerabilis Hildeberti indubitata opera, et eadem, ut apparet, manu exaratum, indeque illum ut genuinum illius opusculum censere potuerimus, unica tamen lineola ipsi in præfato manuscripto præfixa, quominus illum publicæ luci daremus, nonnihil remorata est. Illa scilicet ipsa est quæ ad caput Elucidarii sancti Anselmi inter Opera ejus a nostro Gerberonio plures ante annos edita sic legitur : *Sæpius rogatus a coudiscipulis meis quasdam quæstiunculas enodare, importunitati illorum non fuit facultas. . . .* Sed, cum in præfato manuscripto Lyrano sit illa linea per aliam lineam superductam deleta, illam ab aliquo forte amanuensi Elucidarium S. Anselmi describere parato, suumque statim mutante consilium appositam, et ab ipsomet expunctam censemus, ut hunc Hildeberti Tractatum, quem ad manum habebat, eidem membranæ demandaret. Nostrum igitur ad hunc scrupulum, ut minus legitimum, libenter excussimus, nec talem putandum qui deberet obsistere quominus eximium hunc tractatum et Hildebertinum censeremus, et dignum qui ad publicam commodum prælo committeretur, si modo aliunde id posset evinci.

Hoc autem plurimis e capitibus non infeliciter nos putavimus assecutos. Et primo quidem e collatione hujus theologici Tractatus cum illo S. Anselmi Elucidario, quod præfatus Gerberonius (qui cum e duobus manuscriptis Anglicanis, altero scilicet e bibliothecæ Mortoniensis Oxonii rotulo, et altero collegii Sancti Benedicti Cantabrigiensis, desumpserat) ut sancto Anselmo indignum, et næniis, ut ait ipse, refertum in Appendicem rejecit, cum e contra noster his Hildeberti Tractatus optimam ubique, solidam et orthodoxam contineat doctrinam. Secundo, id evicimus e conformitate doctrinæ in hoc Theologico Tractatu contentæ, cum ea quæ pluribus in sermonibus ejusdem Hildeberti passim legitur, et quidem adeo similiter enuntiata, ut sæpius totidem quasi verbis in utrisque explicetur, et iisdem argumentis et auctoritatibus fulciatur. Sic, verbi gratia, hujus Tractatus cap. 20, dum de dæmonibus loquitur : *Quia,* inquit, *contra Creatorem suum in tantum superbiit, dejectus est in istum caliginosum aerem . . . . . Non est ei concessum habitare in cœlo, quod est clara patria ; nec in terra, ne homines nimis infestaret, sed in aere caliginoso, qui est ei carcer usque ad tempus judicii. Tunc enim detrudetur in barathrum inferni, secundum illud : Ite, maledicti, in ignem æternum, qui paratus est diabolo et angelis ejus.* Quod idem et totidem pene verbis asserit sermone secundo de Ascensione Domini, quem non solum e manuscripto Victorino, sed et ex Lyrano, e quo et hunc Tractatum, eruimus, ubi sic habetur : *De cœlo empyreo lapsus est in hunc aerem caliginosum, qui tanquam carcer deputatus est ei usque in finem temporum, quando mittetur in ignem æternum, qui præparatus est ipsi et angelis ejus.* Eamdem autem de dæmonibus doctrinam tradit, et iisdem pene verbis explicat, et auctoritatibus probat sermone 1 in Nativitate Domini, sermone 1 de Purificatione B. Mariæ, sermone de militia Christiana ad monachos, et alibi passim.

Similiter, cum agit Tractatus hujus cap. 5 de immensitate Dei, dicit eam « *ubique sine loco veraciter esse, sicut sempiternus est sine tempore.* » Sic Sermone 8, de mysterio Incarnationis, *Dei substantiam, quæ Deus est, dicit esse sine tempore sempiternam, sine loco ubique totam, sine sui mutatione omnia mutabilia facientem.* Idem repetit, et iisdem verbis sermone de Christi in nos beneficiis, et pluribus aliis.

Idem, nisi nimii videremur, dicere possemus de immutabilitate Dei, et cæteris ejus attributis, de quibus Hildebertus in sermonibus suis eodem modo, et iisdem ut plurimum terminis loquitur ac in hoc Tractatu ; unde et conjicere posse putavimus hoc opusculum veram et genuinam illius esse lucubrationem.

Nec igitur omnino temere inde possemus conjicere theologiæ scholasticæ illius ævi auctores non modicum ab hoc Tractatu subsidium, sive illorum doctrinæ substantia spectetur, sive etiam ordo attendatur, desumere potuisse. Et vel ipsum etiam scholasticæ theologiæ quasi primipilum, Petrum dico Lombardum Magistri Sententiarum nomine merito decoratum, cum pluribus annis vixerit Hildeberto posterior, utpote qui anno tantum 1164 obierit, Hildebertus vero anno circiter 1152 e vivis excesserit, triginta scilicet annis et amplius ante præfatum Lombardum.

1007-1008 Cum vero idem Petrus Lombardus pro totius suæ Theologiæ quasi fundamento asserat res quasdam esse quibus fruendum, alias quibus utendum, et ad id probandum eamdem beati Augustini ex lib. 1 *De doctrina Christiana,* cap. 4, auctoritatem adducat, quam in hoc Tractatu totidem verbis citat Hildebertus, non immerito conjici potest id Lombardum ex Hildeberti Tractatu desumpsisse.

Sed nec ipsum Robertum Pullum cardinalem, cui nonnulli scholasticæ theologiæ primatum etiam ascribunt, ambigerem, si ratio temporis habeatur, aliquatenus ex Hildeberti nostri studiis profecisse. Ipse enim Hildebertus scholiarcha Cenomanensis est institutus circa annum 1087, post annos circiter octo Cluniaci sub sancto Hugone exactos. Potuit autem Hildebertus hunc Tractatum elaborasse Cluniaci circa annum 1084, quo tempore Pullus, qui academiam Oxoniensem non restituisse fertur nisi an 1133, vix annos adolescentiæ attigerat, cum nonnisi anno 1150 obierit, et Petrus ipse Lombardus, qui nonnisi anno 1164 e vivis excessit, pueriles tantum, aut saltem primos adolescentiæ transigeret annos. Si igitur temporum rationem spectemus, probabile est et Pullum et Lombardum ex Hildeberti se antiquioris studiis potius profecisse, quam Hildebertum de illorum se juniorum lucubrationibus quidquam desumpsisse. Sicut et ipse plura de sancti Anselmi senioris sui didicisse potuit, ut revera ipse testatur epistola 13 lib. ii, alias 22, ubi illi gratias agit quod ipsi suum de processione Spiritus sancti librum benigne transmisisset. Quod autem Hildebertus hunc Tractatum adhuc juvenis, id est, circa vicesimum quintum aut amplius annum ediderit, id conjici potest e terminis quibus initio hujus Tractatus utitur, cum ait se nonnisi *cum modestia et timore* de fide et spe sua rationem redditurum ; quod non doctorem quasi e cathedra docentem, sed juvenem ingenuum potius condiscipulos, quibuscum agebat, allo quentem maxime decebat.

Quod autem de Petro Lombardo magistro Sententiarum diximus, tantum abest ut inde debile sacris celeberrimi antistitis laboribus honori quidquam detrahi velimus, quin potius nobis ejus memoria summæ semper venerationi fuerit, et diligentia commendanda ; utpote qui quidquid ad illustrandam sacræ theologiæ doctrinam conducere poterat, tam sedulo, tam luculenter undecunque, publicam ad utilitatem, colligere, et in ordinem redigere curaverit, nec indignum eruditione et percelebri sua fama forte putaverit, ut ab Hildeberto se antiquiore, ac theologo jam tunc inter litteratos nominatissimo, plura suis et discipulorum suorum studiis commodaverit.

Attendat interea solers lector scholasticos illius ævi theologos, non aliam in suis assertionibus observasse methodum, quam quæ in hoc Hildeberti Tractatu Theologo deprehenditur, licet diversis plerumque sint usi terminis. Sicut enim in exponenda doctrina sua, ut propositiones suas probet, utitur sacræ Scripturæ testimoniis, et sanctorum Patrum et Ecclesiæ doctorum auctoritatibus; deinde quæ possent illi objici quolibet in articulo seu capite, ipse refert sub verbis, *Quæritur, Solet quæri, Opponitur,* et similibus, quæ deinde docte omnino et solide solvere non omittit : sic theologi scholastici, postquam suas assertiones exposuerunt et probaverunt, sibiipsis ad majorem discussionem et intelligentiam objectiones suscitant sub hac epigraphe : *Objicies,* quas postea ad sua principia reducunt et diluunt.

Porro, cum suam doctrinam Hildebertus sanctorum Patrum auctoritatibus præcipue fulciat, nec tamen illas exacte de verbo ad verbum semper retulerit, nos illas pro majori parte ad Lectoris commodum, quanta potuimus diligentia, perquisivimus et notavimus. Cum vero præcipue nitatur auctoritatibus B. Augustini, qui, ut ipse ait in lib. *De conflictus carnis et animæ,* illi familiarior erat, illis præcipue investigandis, non sine tædioso labore, incubuimus, ita tamen ut, cum ipsamet verba difficilius fuerit invenire, alia ejusdem sanctissimi doctoris, eumdem sensum exhibentia, ad marginem suppleverimus. Aliorum vero Patrum sententias cum rarius citaverit, illarum investigationem curiosi Lectoris diligentiæ dimisimus, existimantes Hildebertum dignum esse cui in cæteris indubitata fides adhibeatur, cum eum adeo fidelem in innumeris pene S. Augustini citationibus animadverterimus, ut in nulla prorsus sententia a sanctissimi doctoris mente discesserit, præter eam qua hujus Tractatus capite vicesimo, angelos sine virtute et vitio creatos opinatus est; quod ut alienum a S. Augustini doctrina notare suo loco non omisimus.

Cæterum, licet ad adjudicandum Hildeberto hunc Tractatum, alia et plura a prædictis argumenta afferre potuissemus, non ii tamen sumus qui eruditi Lectoris judicium ad nostram velimus cogere sententiam; quam non ut absolute certam, sed ut e relatis conjecturis valde probabilem censuimus, non ingratum interim illi fore sperantes, quod eximium hoc et antiquum theologiæ monimentum, inter alia indubitata venerabilis Hildeberti opuscula medium repertum, ac e blattis et tineis a nobis non modico labore vindicatum, utilitati publicæ dicaverimus.

VEN. HILDEBERTI

CENOMANENSIS EPISCOPI

TRACTATUS THEOLOGICUS

(*E ms. Lyrano 600 circiter annorum. Nondum editus.*)

—

PROLOGUS.

1009-1010 De fide et spe quæ in nobis est *omni poscenti reddere rationem,* ut ait Petrus in epistola sua, *parati esse debemus cum modestia et timore* (*II Petr.* III, 15). Itaque ut pariter serventur modestia in timore, et timor in assertione, *profanas verborum novitates,* ut Apostolus præcipit, *vitemus* (*I Tim.* VI, 20), et in nullam partem præcipiti assertione declinemus. Melius est enim non loqui magna, ut sine periculo non erretur, quam definire contraria; sed utcunque possumus, auctoritatum vestigia [*f.* vestigiis] innitemur, et ubi certa deest auctoritas; his potissimum assentire studeamus, qui maxime auctoribus accedunt, et non de sensu nostro præsumentes, Scripturas ex pietate interpretemur. Scriptura enim, ut ait beatus Augustinus (7*), *altitudine superbos irridet, profunditate attentos tenet, magnos veritate, parvos ins. ruit affabilitate.* Si quæ igitur obscura nobis occurrerint, sit nostri propositi ad auctoritates confugere, deinde quid nostri temporis sapientes inde sentiant, in medium conferre, et cur potius hos quam illos imitari placeat; et ratione, et auctoritate simul concurrentibus, pro facultate nostra in lucem ponere.

CAPUT PRIMUM.

De fide.

Et quoniam fide tanquam mensura omnia mode-

(8*) Lib. V *De Gen. ad litteram,* cap. 3, num. 8.

A randa sunt, ne quid ut superfluum diffluat, dicente Apostolo : « Unicuique sicut Deus divisit mensuram fidei (*Rom.* XII, 5), » de ea inprimis est videndum, quid sit, et quas partes habeat. « Fides, » ut ait Apostolus, est « sperandarum substantia rerum, argumentum non apparentium (*Hebr.* XI, 1). » Substantia rerum sperandarum, quia in nobis subsistunt. Speranda vocat bona illa æterna quæ desideramus, ut immortalitas, etc. quæ in nobis per fidem jam subsistunt, in futuro per experientiam [*f. supp.* possidebimus]. Argumentum enim apparentium, id est probatio; quia si quis dubitat inde posse aliquando probari humana ratione; ut si quis quærat : Unde scis partum Virginis, futurum etiam statum electorum? non habeo aliud argumentum, nisi : Credo indubitanter quod prophetæ, et alii, qui per Spiritum sanctum sunt locuti, inde dixerunt; quod Deus illos nullomodo falleret, cum in eis loqueretur, et miracula faceret; et cum ex maxima parte quæ dixerun videam impleta, cætera non dubito complenda. Es igitur fides sperandarum substantia rerum, quantum ad nos; argumentum non apparentium, quantum ad alios. Sed hac deffinitione magis ostenditur effctus fidei, quam quod sit ipsa, nec etiam omnes partes fidei comprehendit, cum speranda non præterita sed tantum futura contineat. Quare sic deffiniri potest fides : Est voluntaria certitudo absentium supr opinionem et infra scientiam constituta. Voluntaria, quia non cogitur; absentium, id est **1011** sensibus corporis non subjacentium; supra opinionem, quia plus est credere, quam opinari; infra scientiam, quia minus est credere, quam scire. Ideo enim credimus, ut aliquando sciamus.

De fide oritur spes, quæ sic definiri potest : spes est fiducia futurorum bonorum ex gratia Dei et bona conscientia. De fide et spe, secundum quosdam, oritur charitas, quæ est amor Dei propter ipsum, et proximi propter Deum. De fide tanquam fundamento omnium bonorum, spes et charitas [*supp.* oriuntur], quia non potest sperari, vel speratum amari, nisi prius credatur; credi autem potest quod non speratur, vel amatur; licet tempore simul sint, et non prius fides meritum habeat, quam spes et charitas, tamen in causa fides præcedit spem et charitatem, quia inde speramus et diligimus, quia credimus. Similiter ex spe charitas, quia ideo diligimus futura bona, quia speramus. Quod autem speramus nos adepturos, illud diligimus : sed quia, sicut auctoritas dicit, spes est certitudo veniens ex præcedentibus meritis, item sine meritis aliquid sperare, non spes, sed præsumptio debet dici, et sine charitate nullum est meritum, videtur quibusdam quod ex fide et charitate spes oritur. Ut enim dicit Augustinus, de fide et operibus (cap. 16.) [*supp. f.* spei], fides quæ per dilectionem operatur, fundamentum est, non fides dæmonum, qua ipsi credunt et contremiscunt; et si spes est ex fide operante per dilectionem, tunc ex fide et charitate [*f.* spes oritur]. Siquidem auctores frequenter hunc ordinem ponunt, fides, spes, charitas (*1 Cor.* xiii, 13). Hoc ideo fit, ut dicitur, quia charitas major est. Illa tamen opinio, ut mihi videtur, sic potest solvi. Spes est certitudo ex præcedentibus meritis, quod non debet intelligi ex meritis præcedentibus ipsam spem, quia nullum meritum spem præcedit, sed præcedentibus illud quod sperat. Hoc distat inter fidem et spem, quia fides de præteritis, ut nativitas et passio Christi; et præsentibus, ut in altari verum corpus Christi; et futuris, ut immortalitas, etc. Spes autem de futuris tantum. Item fides de bonis et malis; spes de bonis tantum adipiscendis. Spes quippe alicujus incommodi magis debet desperatio a bonis, quam spes appellari.

Illud quoque sciendum est quod fides est tantummodo de his quæ non videntur. Gregorius in homilia quadam (9) : Apparentia non habent fidem, sed agnitionem. Item ibidem : Cum Paulus dicat : « Fides est sperandarum substantia rerum, id est non apparentium (*Hebr.* xi, 1), » hoc veraciter dicitur credi, quod non valet videri; nam credi jam non potest, quod videri potest. Thomas **1012** aliud vidit, aliud credidit; hominem vidit, et Deum confessus est, dicens : « Dominus meus et Deus meus (*Psal.* xxxiv,

23). » Augustinus (9*) : Credimus ut cognoscamus, non cognoscimus ut credamus. Quid est enim fides, nisi credere quod non vides? Fides ergo est quod non vides credere; veritas, quod non credidisti, videre. Videntur enim quædam auctoritates velle quod fides, etiam de iis quæ videntur, sit, ut in Joanne : « Nunc autem dico vobis priusquam fiat, ut cum factum fuerit, credatis (*Joan.* xiv, 29). » Unde Augustinus (10) : Quid sibi vult : ut cum factum fuerit, credatis? Nam et ille cui dictum est : « Quod vidisti, credidisti (*Joan.* xx, 29), » non hoc credidit, quod vidit; cernebat carnem, Deum credebat in carne latentem. Sed dicimus credi quæ videntur, sicut dicit unusquisque se oculis suis credidisse. Non tamen ipsa est quæ in nobis ædificatur fides, sed ex rebus quas videmus, agitur in nobis, ut ea credantur quæ non videntur. Idem Augustinus in lib. Quæstionum evangelicarum (10*): Est etiam fides, quando non verbis, sed rebus ipsis præsentibus creditur, cum jam per speciem manifestam, se contemplandam præbebit sanctis ipsa sapientia Dei. De qua fide rerum lucisque ipsius præsentia forsitan Paulus dicit : « Justitia enim Dei revelatur in eo ex fide in fidem (*Rom.* 1, 17). » Sed potest dici quod Augustinus [*f.* Apostolus] hoc dicat non de sacramento fidei, sed de re fidei. Est enim ipsa fides, qua Deum nunc in ænigmate per speculum cernimus in sacramentum illius futuræ visionis, qua Deum facie ad faciem, sicut nunc [*f.* non, sicuti nunc, videmus], non videmus.

Potest quæri : Si Petrus habuit fidem passionis Christi, quam oculis suis vidit, cum fides non sit [*f.* cum fides sit non apparentium] apparentium ? Ad quod potest dici : Non fidem, sed agnitionem habuit, nisi ut solet abusive dici · Credo oculis meis; sed in hoc quod vidit nullum meritum habuit, si credidit, sed in hoc quod illum credebat Deum esse, quem videbat in ligno pendere. Fides itaque, quæ est ad ædificationem, de apparentibus non est.

Solet quæri de fide utrum sit virtus? Prosper ex dictis Augustini : Tres sunt summæ virtutes, fides, spes, charitas. Apostolus etiam : « Credidit Abraham Deo, et reputatum est ei ad justitiam (*Rom.* iv, 3). » Item fides habet meritum; sed nihil habet meritum nisi virtus. Quidam tamen dicunt quod non sit virtus per illud Apostoli : « Si habuero omnem fidem, charitatem autem non habeam, nihil sum (*1 Cor.* xiii, 2). » Ubi innuit quod fides sine charitate possit haberi, sed nulla virtus sine charitate potest esse. Sane tamen potest dici fides operans per dilectionem; sic virtus sine dilectione non est virtus. Si **1013** opponis : Tunc sunt duæ fides; non tamen duæ sunt, sed eadem aucta. Unde illud : « Adauge nobis fidem (*Luc.* xvii, 5). » Ut enim Hieronymus dicit : Quantum credimus, tantum diligimus, et e converso.

---

(9) Hom. 16, in Evang.
(9*) *In Joan. Evang.* cap. viii, Tract. 40.

(10) Tract. lxxix *in Joan.*
(10*) Simile quid ser. 242, in Psal. sub finem.

CAPUT II.

De fide antiquorum.

Supra dictis addendum est de cognitione fidei quam antiqui habuerunt, et quomodo aucta sit per legem Moysi, et per legem Evangelii; et est fides aliquando parva cognitione, et magna constantia et devotione; ut in muliere, cui dictum est : «O mulier! magna est fides tua (*Matth.* xv, 28); » aliquando magna cognitione, et parva constantia, ut in Petro, qui negavit; et in nobis etiam, quæ non adeo [*f.* ideo] Deo placet; et quia non potest esse fides penitus sine cognitione licet non perfecta, Deus ab initio notitiam suam sic temperavit, ut sicut nunquam totus potuit comprehendi, sic nunquam totus potuit ignorari. Ideo non totus voluit comprehendi, ut fides haberet meritum; nec totus occultari, ut infidelitas de ignorantia non excusaretur. Et est quædam cognitio fidei, sine qua nullo tempore potuit salus esse, scilicet, cognoscere Deum esse, et remuneratorem sperantium in se, juxta illud Apostoli: « Oportet accedentem ad Deum, credere quia est, et quod remunerator est sperantium in se (11). » Sed, cum Deus invisibilis sit, juxta illud evangelistæ Joannis : « Deum nemo vidit unquam (*I Joan.* v, 12), » quomodo indicari potuit? Partim humana ratione, partim divina revelatione, quem utrumque modum Apostolus ostendit. Ut enim dicit : « Quod notum est Dei, manifestum est in illis (*Rom.* i, 19). » et dum dicit : « Manifestum in illis, » plane ostendit quod in illis erat, unde noscere Deum poterant; Cum vero subjungit: « Deus illis manifestavit (*ibid.*), » ostendit quod ratio humana per se insufficiens esset, nisi ratio [*f.* revelatio] divina in adjutorium illi esset.

Revelatio [autem] divina duobus modis fit : interna aspiratione [*f.* inspiratione], et disciplinæ eruditione, quæ foris fit per facta vel dicta. Humana ratione poterant scire Deum esse. Cum enim humana mens se non possit ignorare, scit se aliquando cœpisse. Nec hoc ignorare potest, quoniam cum non fuit, sibi ut esset, substantiam dare non potuit. Ut ergo esset, ab alio facta est, quem idcirco non cœpisse constat; quia, si ab alio cœpisset, primus omnibus existendi auctor esse non posset. Administratione etiam visibilium et gubernatione, divinam sapientiam et bonitatem **1014** poterant deprehendere, Apparet itaque quod etiam ante legem per ea quæ facta sunt, invisibilia Dei a creatura mundi conspici potuerunt.

Per legem scriptam cœpit crescere cognitio fidei. Tunc enim ille cœpit promitti, per quem fieret liberatio, scilicet, Messias, non tamen modus redemptionis plene cognoscebatur. Semper tamen et ante legem, et in tempore legis fuerunt aliqui, quibus fides Incarnationis revelata fuit, qui velut columnæ Ecclesiæ crediderunt.

Quæritur de illis simplicibus, quibus non erat

(14) Heb. xi, 6. *Et inquirentibus se remunerator sit.* Vulg.

A facta revelatio, credebant tamen Deum esse, et remuneratorem sperantium in se, utrum salvati sint. Quidam dicunt eos non esse salvatos propter istas auctoritates. Augustinus ad Optatum : Illa tantum fides salvat, qua credimus nullum hominem liberari a contagione mortis, quam de prima nativitate contraxit, nisi per unum mediatorem, cujus hominis ejusdemque Dei saluberrima fide etiam illi salvi facti sunt, qui priusquam veniret in carne, crediderunt venturum in carne. Eadem namque fides est nostra et illorum, quoniam illi crediderunt futurum quod nos credimus factum. Idem in lib. De correptione et gratia : Nemo liberatur a damnatione quæ facta est per Adam, nisi per fidem Jesu Christi. Gregorius super Ezechielem : Et qui præibant, et qui sequebantur, clamabant, dicentes : Hosanna filio David, etc. (11*) Quia omnes electi, qui in Judæa esse potuerunt, sive qui nunc in Ecclesia sunt, in mediatorem Dei et hominum crediderunt, et credunt. Augustinus de nuptiis et concupiscentia (lib. ii, cap. 12) : Eadem fides mediatoris salvos justos faciebat antiquos, pusillos cum magnis; quia sicut credimus nos Christum in carne venisse, ita illi venturum; sicut nos mortuum, ita illi moriturum; sicut nos resurrexisse, ita illi resurrecturum; et nos et illi ad judicium mortuorum venturum. Et ideo dicunt isti quod nullus antiquorum potuit salvari, nisi ista quatuor ad minus crederent, scilicet, venturum, moriturum, resurrecturum et judicaturum. Sed, quibus non erat revelatio facta, hoc penitus ignorabant. Quomodo ergo hoc crediderunt? Alii, quibus magis assentimur, dicunt eos fidem Christi velatam in mysterio habuisse; et quod aliqui quibus revelatio erat facta, sciebant et credebant, hoc isti, etsi nescirent, credebant. Commiserant enim illis fidem suam. Unde in Job : « Boves arabant, et asinæ pascebantur juxta eos (*Job* i, 14); » illi erant asinæ pascentes juxta boves, sicut hodie in Ecclesia multi simplices, etsi ita distincte nesciant Trinitatem assignare, **1015** credunt tamen, quia in fide et humilitate adhærent illis qui hoc et faciunt et credunt.

Opponitur : Cum hoc esset habere fidem Christi velatam in mysterio, credere scilicet Deum esse, et remuneratorem sperantium in se, et philosophi hoc crederent, tunc habebant fidem Christi velatam in mysterio; sed auctoritas dicit eos non posse humana ratione fidem Incarnationis habuisse; sed, ut jam diximus, hoc credere, scilicet, Deum esse, et remuneratorem sperantium in se per humilitatem adhærendo bobus arantibus, qui illud et sciebant et credebant, erat habere fidem Christi velatam in mysterio; quales putamus fuisse quosdam gentiles, ut vidua Sareptana, Job etiam gentilis fuit, et ita dicimus simplices illius temporis credidisse omnia quæ nos credimus, quia credebant scientibus et credentibus omnia. Sed in tempore gratiæ jam non

(11*) Idem innuit xxiv, in Job ii.

sufficit credere Deum esse, et remuneratorem sperantium in se, sicut tunc, quia manifestatio veritatis jam facta est. Secundum tempora enim profectus et mensura fidei [contigit]. Cornelius enim habebat fidem, sed non quæ sufficit ad salutem. Unde Augustinus (12) : Dictum est ab angelo Cornelio : Acceptæ sunt eleemosynæ et orationes tuæ, antequam in Christum crederet, nec tamen sine aliqua fide donabat 'et orabat. Nam quomodo invocabat , in quem non crediderat? Sed, si posset sine fide Christi esse salvus, non ad eum mitterétur architectus Ecclesiæ Petrus. Ex qua auctoritate apparet, quod Cornelius licet crederet hoc quod illi simplices antiqui, tamen propter temporis qualitatem jam non sufficiebat.

CAPUT III.

De partibus fidei, sive de unitate Dei, et ejus in omnibus existentia.

Post supradicta partes fidei prosequamur. Duo sunt in quibus maxime consistit fides. Mysterium divinitatis, et sacramentum Incarnationis. Ac primum de illa parte fidei quæ pertinet ad unitatem Divinæ substantiæ. Sicut ratio approbavit Deum esse, ita et unum esse, ut principium omnium unum esset et finis. Si enim duo essent, vel utrumque insufficiens esset, vel alterum superfluum, quia, si aliquid deesset uni, quod haberet aliud, non summe perfectum [esset]. Si vero nihil uni deesset, quod haberet aliud, cum in uno omnia [essent], alterum superflueret. Est ergo unum principium, unus auctor **1016** omnium quod videtur [f. quæ videntur] ut ratio et multæ auctoritates probant, ut in prophetia : « Audi, Israel, Deus tuus, Deus unus est (*Deut.* vi, 4). » et ideo vere unus est, quia incommutabilis et invariabilis. Apud eum quippe nulla est permutatio, nec vicissitudinis obumbratio, quia non est aliud esse, quam sapientem esse, esse immensum, æternum, bonum , justum. Cum antem dicitur justus, sapiens , etc., non diversitatem proprietatum ostendimus, quæ in Deo nulla est, sed diversos effectus, quos Deus in creaturis operatur. Cum enim dicitur justus intelligimus quia juste judicat ; sapiens, quia sapienter omnia facit , et gubernat ; misericors quando dicitur, intelligimus quia misericorditer parcit peccatoribus. Augustinus contra Arium (12') : Intelligamus Deum quantum possumus sine qualitate bonum, sine quantitate magnum, sine indigentia creatorem , sine situ præsentem, sine loco ubique totum , sine tempore sempiternum , sine commutatione mutabilia facientem, nihil patientem. Quod si quis Deum cogitat, et nondum potest omnino invenire quid sit, pie tamen cavet quantum potest aliquid de illo sentire quod non sit. Hæc divina substantia ubique tota, et in ipsa omnia, quia in ipsa omnia, sicut Joannes testatur dicens : « Omnia in ipso vita erant (*Joan.* i, 4), » id est immutabiliter, quia eorum dispositio et ordo in ipso fuit

ab æterno ; non enim in Deo cœperunt esse, quæ in actu et ortum habent et mutabilitatem. Quod Deus ubique et in omni creatura sit, ipse ait per prophetam : « Cœlum et terram ego impleo (*Jer.* xxiii, 24). » Et alibi : « Si ascendero in cœlum, tu illic es; si descendero in infernum, ades (*Psal.* cxxxviii, 8). Item : « Sapientia a fine usque ad finem pertingit (*Sap.* viii, 1), » id est a minima creatura usque ad maximam, ab una extremitate usque ad aliam. Sed aliter omnia in Deo, aliter Deus in omnibus. Omnia in Deo, non per essentiam, quia, ut Augustinus dicit : Quidquid in Deo est, Deus est; sed, ut diximus, per dispositionem ; quia, ut Augustinus super Joannem dicit : Sicut arca, antequam fiat, est in mente artificis, ita sunt omnia in Deo ab æterno. Nec ideo sequitur, ergo ab æterno fuerunt, si in Deo ab æterno ; quia si in Deo cœpissent, jam in Deo esset mutatio.

Solet opponi : Si creaturæ sunt in Deo, quia a Deo sciuntur antequam fiant, ergo mala [sunt] in Deo, quia sciuntur ab eo antequam fiant. Sed, ut diximus, creaturæ in Deo sunt, quia dispositio earum est in eo, etc., malorum vero non est auctor Deus. Ut ostendimus, creaturæ non sunt in Deo per essentiam, Deus vero est in omni creatura per essentiam. Quidam vero **1017** veritatis calumniatores dicunt eum per potentiam, et non per essentiam esse ubique, quasi eum contingere possent inquinationes sordium , si ubique esset essentialiter, quod tam frivolum est, ut nec responsione sit dignum, cum etiam spiritus creatus sordibus corporis etsi leprosi, vel quantumcunque polluti inquinari non possit.

Postremo, quæratur ab eis quid potius de Deo concedendum sit, vel quod nusquam per essentiam sit, vel ubique, vel quod alicubi, ita quod non ubique. Si quis audeat dicere quod nusquam divina essentia sit, quid est quod alicubi, et non ubique ? Si enim ita alicubi divina substantia, quid non ubique? Ergo localis? Concedant ergo quod ubique essentialiter est. Auctoritas namque quam solent inducere, illorum errorem, potius quam juvet, destruit, hoc scilicet : Deus ubique est, non locis, sed actionibus. Ut errorem foveant, fures veritatis efficiuntur [f. fucos veritati officiunt]. Sic namque est in auctoritate illa : Ubique est Deus, cui non locis, sed actionibus appropinquamus. Fatendum est itaque Deum in omni loco veraciter esse et essentialiter, nec tamen loco comprehenditur ullo, quia incircumscriptibilis est. Augustinus ad Dardanum : Non quasi speciosa [spatiosa] magnitudine opinemur Deum per cuncta diffundi, sicut fumus aut lux ista diffunditur, sed ita potius sicut est sapientia in duobus, quorum neuter sit sapientior, si idem corpore grandior ; una sapientia in utroque est, in majore non major, in minore non minor, in uno quæ in duobus; ita et Deus sine labore regens,

---

(12) Lib. *De prædestinatione sanctorum*, cap. 7, n. 12.

(12') Epist. 120, ad Consentium, num. 13

sine onere continens [*f.* sustinens] mundum, in cœlo totus, in terra totus, et in utroque absens. Ideo totus, quia non uni parti partem suam præsentem exhibet, et alteri alteram partem. In se ipso, quia non continetur eis in quibus præsens est, tanquam sine illis esse non possit. Nam spatia corporum tolle corporibus, corpora non erunt. Tolle ipsa corpora qualitatibus, non erunt ubi sunt, et ideo necesse est ut non sint.

Opponitur : Hodie sit nova creatura, sicut anima. Prius nihil erat ipsa, quia de nihilo facta ; non erat Deus in ea, cum nihil erat ; modo est in ea : ergo est ubi non erat prius, igitur mutabilis est. Sed, quemadmodum, si nubes opponitur radio solis, non est tamen alibi radius quam prius, nubes vero est ubi non erat ; sed radius, non quia nubes ubi radius erat, ibi cœpit esse : ita Deus, cum, antequam creatura illa esset, ubique foret, ibidem erat, ubi illa facta est. Non ergo modo alibi quam prius. Ita etiam dicimus de mundo, et de omnibus creaturis, quod licet non semper fuerint, tamen auctoritas dicat **1018** Deum in singulis esse, non tamen ubi non erat, quia ubique sine loco veraciter est, sicut sempiternus sine tempore, ut Augustinus dicit : Quamvis igitur ad plenum discutere nondum sufficimus, indubitanter tamen credimus Deum ubique essentialiter esse. Sine eo non potest aliquid subsistere (etiam per momentum) ex omnibus quæ fecit, quia omnia continet et penetrat, et a nullo continetur, quia non potest comprehendi pro sui immensitate, nec pro sui puritate maculari, nec pro sui simplicitate dividi. Augustinus ad Dardanum : Non solum universitati creaturæ, verum et cuilibet ejus parti totus pariter adest. In eodem : Fatendum est ubique Deum esse per præsentiam divinitatis, sed non ubique per habitationis gratiam. Propter hanc enim inhabitationem, ubi procul dubio gratia dilectionis ejus agnoscitur, non dicimus : Pater noster, qui es ubique, cum et hoc verum sit, sed qui es in cœlis. Dicamus igitur Deum in omnibus creaturis esse, et æqualiter esse per præsentiam deitatis, sive per essentiam ; per inhabitantem gratiam, non in omnibus, sed in bonis tantum, nec æqualiter, quia quanto meliores, tanto abundantius in eis habitat, id est perfectius cognoscitur et diligitur ab illis. Sicut anima, ut Augustinus dicit in epistola ad Hieronymum de origine animæ, per omnes particulas corporis tota simul adest, nec minor in minoribus, nec major in majoribus ; sed tamen in aliis intensius, in aliis remissius effectus suos exercet, cum in singulis partibus corporis essentialiter sit. In malis non est Deus per gratiam inhabitantem, quia non illuminantur ab eo, unde : «Lux in tenebris lucet, et tenebræ eam non comprehenderunt (*Joan.* I, 5), » sicut lux solis perfundit oculos cæci, sed non capitur ab eo. Bonos vero illuminat lux ista, sed non æqualiter. Augustinus ad Dardanum : Cum Deus, qui ubique est, non in omnibus habitet, etiam

in quibus habitat, non æqualiter habitat. Nam unde est illud quod Elizæus poposcit (*IV Reg.* II), ut dupliciter staret in eo Spiritus Dei, qui erat in Elia ; et unde in omnibus sanctis alii sunt sanctiores, nisi habeant abundantius Deum inhabitatorem? Hique ab eo longe dicuntur esse, quia peccando dissimillimi facti sunt, et hi ei appropinquare, qui similitudinem ejus bene vivendo recipiunt. Est ergo ubique Deus per præsentiam, sive per essentiam, et æqualiter in omni loco, sed non est in loco, id est non est localis.

De spiritu creato quæritur utrum in loco sit, vel illocalis sit. Quidam dicunt quod non sit localis, vel in loco, nimis inhærentes auctoritati Augustini super **1019** Genesim : Corporalis creatura movetur per tempora et loca ; Spiritualis creatura movetur tantum per tempora, movetur per affectiones, ut de tristitia in gaudium, discendo etiam quæ nescit, ut in angelis, in hoc enim prius et posterius consideratur. Deus nec per tempora, nec per loca. Sed ubi Augustinus dicit quod spiritualis creatura non movetur per loca, hoc intellexit : Non habet localem circumscriptionem. Ea enim quæ dimensionem habent, loco circumscribuntur, quoniam eis secundum locum, principium, medium, et finis assignantur, spiritus vero creatus non habet dimensionem, et tamen, quia terminum habet, quia ita est ibi, quod alibi [*f.* quod non alibi] localis est, licet non faciat in loco distantiam, quia etsi multi spiritus essent hic, locum non angustarent, ut minus de corporibus continerent. Solus igitur Deus, quia intra se omnia continet, juxta illud : « In quo vivimus, movemur, et sumus (*Act.* XVII, 28), » non habet terminum, in loco non continetur, sed quidquid habet terminum, secundum aliquid est locale. Ambrosius in libro De fide ad Gratianum imperatorem : Sic enim dixit Isaias : « Quia missus est ad me unus de seraphim (*Isa.* VI). » Et spiritus quidem dicitur missus, sed seraphim ad unum, Spiritus ad omnes. Seraphim mittitur in ministerium ; seraphim operatur ministerium. Seraphim de loco ad locum transit, non enim complet omnia, sed ipsum repletur a Spiritu. Hic plane dicit Ambrosius, quod angeli locales sunt.

CAPUT IV.

De Trinitate.

His consideratis, restat de his videre quæ ad distinctionem Trinitatis pertinent. Et prius testimonia auctoritatis inducamus. In Genesi : « Faciamus hominem ad imaginem et similitudinem nostram (*Gen.* I, 26).» Per pluralem Trinitatem ostendit. Psalmista : «Dominus dixit ad me : Filius meus es tu ; ego hodie genui te (*Psal.* II, 7). » In Evangelio : «In principio erat Verbum, et Verbum erat apud Deum (*Joan.* I, 1). » Hujus quoque vestigationis et considerationis habet ratio quædam exemplaria in his quæ facta sunt. Deus enim qui in se videri non potest, in opere suo manifestatus est,

Nam, sicut sapientia hominis non videtur, nisi ab ipso homine, nisi manifestetur per verbum, ita sapientia Dei non potuit agnosci, donec manifestata est per opus suum, quod est quasi extrinsecus verbum, sapientiam Dei quodammodo revelans, sicut per verbum oris manifestatur verbum cordis, id est cogitatio **1020** mentis. Et, quia inter omnes creaturas magis accedit ad similitudinem Dei rationalis creatura, ea enim sola ad imaginem et similitudinem Dei facta est, in se ipsa potuit humana mens vestigium Trinitatis invenire evidentius quam in cæteris, vidit enim quod in seipsa nascitur sapientia, quæ est ipsa, et quoniam ipsa diligit sapientiam suam, et ita procedit sapientia ex mente, et de mente et sapientia procedit amor, quo ipsa mens diligit sapientiam genitam a se, et sunt simul hæc tria, mens, amor, sapientia; et sunt tria, et tamen una substantia, in qua hæc tria, scilicet mens, amor, sapientia, inter se distincta, quoniam mens non est sapientia vel amor, nec sapientia mens vel amor, et tamen unitas substantiæ non recedit. Et conscendit mens ab ipsis ad Creatorem suum, et considerat eum sapientiam habere, et quomodo nunquam sine sapientia fuit; considerat etiam quod sapientiam suam semper dilexerit, et quod amorem ad eam semper habuerit, et est amor coæternus æterno, et coæternæ sapientiæ ipsius. Rursus considerat quod non potest in Deo aliquid diversum esse a Deo, et ita sapientia Dei Deus est, et amor Dei Deus, et ideo unitas manet in trinitate, et hæc trinitas est Pater, qui a nullo est, et sapientia Patris, quæ a Patre genita est, et Spiritus sanctus, qui a Patre procedit, qui sæpissime in divina Scriptura amor Patris et Filii appellatur; et sunt istæ tres personæ distinctæ, quia Pater non est Filius, nec Spiritus sanctus, nec Filius est Pater, vel Spiritus sanctus; et tamen istæ tres personæ una substantia, unus Deus est. Augustinus, lib. *De Trinitate:* Tres personas, vel ejusdem essentiæ, vel tres personas unam essentiam dicimus, tres personas ex eadem essentia non dicimus, quasi aliud quid essentia, aliud persona.

Hic videndum est quare in sancta Trinitate illa persona quæ a nullo est, appellatur Pater? Ideo scilicet quia de sua substantia genuit Filium, [qui] Sapientia Patris, seu Verbum dicitur, quia genita ab ipso Patre. Unde in Psalmo: « Eructavit cor meum Verbum (*Psal.* xciv, 1). » Qui a Patre et Filio procedit, dictus est Spiritus sanctus, quia inspiratur a Patre et Filio ad sanctificandum, et non tamen venit sine Patre et Filio, quia trinitas indivisa est; sed inspirari a Patre et Filio, hoc illi est esse a Patre et Filio, quod æternum illi est, qui datur ex tempore, et accipitur. Sic Spiritus sanctus donum est Patris et Filii, et cum datur, ex tempore datur, et dari a Patre et Filio, non aliud illi est, quam cum datur, esse a Patre et Filio, quod æternum illi est, **1021** et intemporale, qui datur ex tempore. Sicut quod Spiritus est Patris et Filii, æternum illi ex tempore inspiratur a Patre et Filio. Beda in homilia Dominicæ primæ post ascensionem : Cum Spiritus gratia datur hominibus, profecto Spiritus mittitur a Patre, mittitur et a Filio; procedit a Patre, procedit et a Filio, quia ejus missio est ipsa processio, quia ex Patre et Filio procedit. Augustinus lib. v De civitate, ait : Procedit non quomodo datus. Quod autem datum est, et ad eum qui dedit refertur, et ad eos quibus dedit. Item, si non procedit, nisi cum datur, nec procederet utique priusquam esset quibus daretur. Nam donum potest esse, et antequam detur. Donatum [*f.* donum] autem nisi datum fuerit, nullomodo dici potest.

Hic magna oritur quæstio, quare illa tria quæ in anima sunt, non dicantur tres personæ, sicut illa quæ horum similitudine in Deitate reperta sunt, tres personæ dicuntur, et sunt. Ad quod dici potest quod ideo non sunt personæ, quia sunt affectiones mutabiles circa animam. Aliquando enim anima est sine notitia et amore. Nec potest dici : Notitia hominis est homo, amor hominis est homo ; sed sapientia Dei Deus est, amor Dei Deus est, quia non est in Deo, aliud ab ipso. Tres igitur personæ unus Deus, una substantia, una natura ; istæ tres personæ, Pater et Filius, et Spiritus sanctus. Pater a nullo est. Unde Augustinus dicit (lib. iv, n. 29) : Pater est principium Trinitatis, hoc est in Trinitate, quia non est principium sui ipsius, sed ab eo Filius et Spiritus sanctus, ipse a nullo.

Quod a Filio procedat Spiritus sanctus auctoritates multas habemus. Apostolus : « Dominus misit Spiritum Filii sui clamantem in corda nostra : Abba, Pater (*Gal.* iv, 6). » Et in Evangelio : « Virtus Dei exibat de illo (*Luc.* vi, 19). » Græci tamen dicunt Spiritum sanctum procedere tantum a Patre, et non a Filio. Hoc ideo dicunt, quia in Symbolo apostolorum nulla fit inde mentio, hoc est, in Credo minori, nec in Symbolo quod fuit datum in Nicæna synodo, in fine cujus habetur qualiter dixerit : Anathema sit, quod nos ita exponimus, quasi aliter, id est contrarium. Sed, cum istud non sit affirmatum ibi, vel negatum, non dicimus illi Symbolo contrarium.

1022 CAPUT V.

De variis nominibus personas Trinitatis per proprietates distinguentibus.

His præmissis videndum est quod in sancta Trinitate sunt quædam nomina distinguentia personas. Sunt et alia unitatem naturæ vel substantiæ significantia, ut hæc nomina : Deus, omnipotens, æternus, immensus, et dicuntur secundum substantiam, non enim est aliud naturæ esse, quam Deum esse, omnipotentem, esse æternum, immensum, esse sapientem, justum et similia. Et ideo sicut una essentia, et non tres : ita unus Deus et non tres, unus Deus, omnipotens, æternus, immensus, sapiens, etc. Augustinus in libro septimo De Trinitate (cap. i, num. 1) : Quia hoc est illi Deum esse quod esse, tam tres essentias quam tres deos dici fas non est.

Sunt alia nomina quibus distinguitur Trinitas. Pater, ingenitus, genitor. Et hæc conveniunt Patri tantum. Filio soli conveniunt hæc alia nomina : Filius, genitus, natus, Verbum, et alia similia. Spiritui sancto hæc alia : Spiritus sanctus, donum, procedens a Patre et Filio, et hæc nomina significant proprietates, quibus personæ distinguuntur. Solius namque Patris est principium [*supp.* esse], esse Patrem, esse ingenitum, quia a nullo est. Proprium Filii esse genitum a Patre. Proprium Spiritus sancti a Patre et Filio procedere ; sed in hoc quod Pater est Deus, omnipotens, sapiens, justus, etc., non distinguitur a Filio et Spiritu sancto, quia et Filius Deus est, et omnipotens, et similia ; et Spiritus sanctus similiter.

Quæritur, cum Spiritu sancto non conveniat genitum esse, si esse ingenitus dici possit? Augustinus ad Orosium (13) : Spiritum sanctum, nec genitum, nec ingenitum fides certa declarat, quia, si dixerimus ingenitum, duos patres affirmare videbimur : Si autem genitum, duos filios credere culpamur. Item Orosius ad Augustinum : Voluntate Pater genuit Filium, vel necessitate. Augustinus : Nec voluntate, nec necessitate, quia necessitas in Deo non est ; parturire voluntas sapientiam non potest. Nam quidam nostrum, cum eum interrogasset hæreticus, utrum volens an nolens Filium Pater genuerit, laudabiliter respondisse refertur : Dic igitur et tu, hæretice, Deus Pater necessitate Deus, an voluntate? Si dixisset : necessitate, grandis sequebatur absurditas ; si voluntate, respondebatur illi : Ergo voluntate Deus **1023** est non natura ; ita sicut Pater natura est Deus, natura genuit Filium ; et hæc genitura æterna et ineffabilis est. Unde propheta : « Generationem ejus quis enarrabit? (*Isa.* LIII, 8.) »

Solent quidam sic opponere : Non est aliud Filium gigni a Patre, quam esse a Patre ; non hoc [*f.* sed hoc] convenit Spiritui sancto, esse scilicet a Patre ; quare convenit ei gigni a Patre. Ad quod dicimus, quod cum Filius et Spiritus sanctus a Patre sunt, aliter tamen Filius a Patre, et aliter Spiritus sanctus. Augustinus (13') : Spiritus quoque a Patre est, sed non quomodo natus, imo quomodo datus. Filius etiam a Patre procedit, ut ipse ostendit in Joanne, dicens : « Ego ex Deo processi et veni (*Joan.* VIII, 42). » Et Filius a Patre est procedendo et nascendo. Spiritus a Patre non nascendo, sed procedendo ; uterque enim procedit a Patre, sed ineffabili et dissimili modo. Non est itaque Spiritus sanctus genitus, quia cum sit a Patre et Filio, si genitus esset, jam haberet duos patres, et sic in Trinitate esset confusio, in qua et duo patres, et duo filii essent. Quid autem sit gigni, quid sit procedere, in hac vita sciri non potest. Augustinus tamen in libro *De Trinitate* secundo de hac

genitura dicit (cap. 1, num. 3) : Non aliter est illi esse de Patre, id est nasci de Patre, quam videre Patrem ; aut aliud videre Patrem operantem, quam pariter operari ; sed quis hoc intelligit? Ambrosius de Trinitate : Quomodo Filius a Patre sit genitus, impossibile est scire : mens deficit, vox silet, nec hominis tantum, sed et angelorum ; super angelos, super cherubim, super omnem sensum est. Credere jubemur, discutere non permittimur. Aufer argumenta ubi fides quæritur. Id enim licet scire quod natus sit Filius ; non autem licet scire et discutere quemadmodum sit natus. Quidam tamen de ingenio suo præsumentes, dicunt se non nescire hæc, et hujusmodi, adhærentes illi auctoritati Hieronymi super Ecclesiasten, qui in sacris Scripturis sæpissime non pro impossibili, sed pro difficili ponitur, ut ibi ; « Generationem ejus quis enarrabit? » Sed hoc intellexit Hieronymus de generatione quæ est secundum carnem, quæ aliquo modo enarrari potest.

Quæri solet, cum generatio Filii a Patre nec principium habeat, nec finem, quia æterna est, utrum debeat dici [Pater] semper generans, vel [Filius] semper genitus? Gregorius super Job : Dominus Deus Jesus Christus, in eo quod virtus est et sapientia Dei, de Patre ante tempora natus est, vel potius quia nec cœpit nasci, nec desiit, dicamus verius : Semper natus [est]. Non autem possumus dicere : Semper nascitur, ne imperfectus esse videatur. **1024** At vero, ut æternus designari valeat, et perfectus, et semper dicatur natus, quatenus et natus ad perfectionem pertineat, et semper ad æternitatem. Quamvis hoc ipsum quod perfectum dicimus, multum ab illius veritatis expressione devenimus, quia quod factum non est nec potest dici perfectum, et tamen infirmitatis nostræ verbis Dominus condescendens : « Estote, inquit, perfecti, sicut et Pater vester in cœlis perfectus est (*Matth.* V, 48). » In Psalmo quoque dicitur : « Ego hodie genui te (*Psal.* II, 7). » Hodie dixit, quia non præterit illa generatio ; *genui*, quia initio caret.

CAPUT VI.

De æqualitate Patris, et Filii, et Spiritus sancti.

Supra dictis adjiciendum est, quod licet Filius [sit] de Patre, non tamen posterior [est] vel inferior, sed coæternus, coomnipotens consubstantialis, [et] coæqualis Patri, et Patri et Filio Spiritus sanctus. Augustinus in lib. *De Trinitate* (lib. II, cap. 14, num. 6 et seqq.) : Sic coæternus Patri Filius, sicut splendor coævus igni, ei esset æternus, si ignis esset æternus. Et est notandum quod Filius est æqualis Patri secundum substantiam, non secundum proprietatem qua distinguitur a Patre. In eo enim quod Filius est, unus Deus cum Patre, una natura, una substantia, æqualis est Patri. Si secundum quod de Patre est genitus non est æqualis, ergo inæqualis, quod non est verum, quia secundum

(13) [illegible] ...orium Orosii, et lib. Augu-

(13') Lib. II *contra Maximinum Arianum*, n. 1, [illegible] VIII.

hoc quod Pater est ingenitus, Filius genitus, nec æqualitas [*f.* nec inæqualitas] consideratur; idem et de Spiritu sancto. Augustinus de Trinitate : Quod vero Filius a relative ad Patrem dicitur, non secundum quod ad Patrem dicitur Filius, æqualis est Patri Filius, sed secundum quod ad se dicitur, æqualis est Patri Filius. Quidquid autem ad se dicitur, secundum substantiam dicitur. Restat ergo ut secundum substantiam æqualis sit Patri : eadem ergo utriusque substantia. Hujus sanctæ Trinitatis non debet dici pars una de tribus personis. Tota etenim Trinitas est una substantia simplex, et individua. Nec sunt aliquid majus duæ partes quam una, vel tres quam duæ. Cum enim unaquæque illarum sit divina substantia, et illæ tres eadem illa substantia, non sunt duæ, tres, quid majus quam una. Augustinus : In Trinitate, quæ Deus est, Pater est Deus, Filius est Deus, Spiritus sanctus est Deus, et hi tres unus Deus ; nec hujus trinitatis tertia pars est unus, nec majus aliquid sunt omnes quam singulæ personæ, quia spiritualis, non **1025** corporalis est magnitudo. Idem : Quoniam Deus Trinitas est, non ideo putandus est triplex, alioquin minor esset in singulis, quam in tribus. Pariter hoc etiam considerandum est quod de sancta Trinitate nihil dicitur secundum accidens ; quod enim secundum accidens dicitur, mutabile est, sed in Deo nihil mutabile.

Non tamen omne quod dicitur de Deo, secundum substantiam dicitur, quia quædam secundum relationem vel proprietatem dicuntur, ut Pater, Filius. Augustinus in lib. v *De Trinitate* (cap. 4, num. 5) : Accidens dici non solet, nisi quod aliqua mutatione rei cui accidit, amitti potest ; in Deo autem secundum accidens nihil dicitur, quia ei nihil accidit ; nec tamen omne quod dicitur secundum substantiam subesse dicitur, quia sine aliquo respectu relationis dicitur, vel quia unitatem divinæ substantiæ exprimit, ut Deus, omnipotens, et similia. Et hæc omnia, ut ait Augustinus (14), de singulis dicuntur personis, et non pluraliter, sed singulariter de tribus simul dicitur. Sicut enim Pater Deus, omnipotens, sapiens, justus, et similia, ita Filius Deus, omnipotens, etc., et Spiritus sanctus similiter, et hi tres unus Deus, omnipotens et unus Deus, sapiens, etc. Sic de omnibus quæ secundum substantiam dicuntur, excepto hoc nomine, persona. Cum enim hoc nomen, persona, secundum substantiam dicatur, de singulis potest enuntiari personis : Pater est persona, Filius persona, Spiritus sanctus persona ; non tamen potest dici : Isti tres una persona. Augustinus : Persona a se dicitur, sicut Deus, et similia. Hoc autem solum nomen est, quod cum dicatur de singulis, ad se pluraliter, non singulariter accipitur. In summa, inventum est hoc nomen, persona, ut ait Augustinus, ut cum quæreretur : Quid tres, vel quid tria, uno nomine responderetur : Tres personæ. Au-

gustinus : Ideo dicimus tres personas, ut non aliqua intelligatur essentiæ diversitas, sed ut uno vocabulo responderi possit, cum dicitur : Quid tres, vel quid tria, dicitur : Pater, et Filius, et Spiritus sanctus. Dictum est, tres personæ, quo nomine non diversitatem intelligi voluit, sed singularitatem voluit, ut non solum ibi unitas intelligatur, sed Trinitas. In unitate namque non est diversitas, quia qualis Pater, talis Filius, sed distinctio, nec singularis, dicens : Est Deus, quia jam non esset persona. Augustinus, Quæstionum veteris et novæ legis : Unus quidem, sed non singularis habet exterius in mysterio alterum qui sit cum altero. Ambrosius De fide ad Gratianum imperatorem : Quod unius est substantiæ, separari non potest, etsi non sit singularitatis, **1026** sed unitatis. Singularitas ad personam pertinet, unitas ad naturam.

Hic non parva oritur quæstio, cur cum hoc nomen, persona, testante Augustino, secundum substantiam dicatur ; et cum hæc sit definitio personæ : Persona est rationalis substantiæ individua natura. Quomodo sit intelligendum : Filius est alia persona a Patre, hoc enim sane potest dici : Pater est persona, id est rationalis substantia ; sed, cum dicitur : Est alia persona, non audemus dicere : Est alia rationalis substantia. Item, cum dicimus : Pater, et Filius, et Spiritus sanctus sunt tres personæ, non possumus dicere : Tres rationales substantiæ? Ad quod potest dici : Quando per se dicitur : Pater est persona, Filius est persona, id est rationalis substantia ; sed per adjectionem restringitur significatio : Filius est alia persona, id est discreta per aliam proprietatem ; Pater, et Filius, et Spiritus sanctus sunt tres personæ, id est discreti per tres proprietates. Sicut enim cum dicitur : Filius est Deus, non distinguitur a Patre, sed cum additur : Filius est Deus de Deo, jam fit distinctio : ita, cum dicitur : Pater est persona, Filius est persona, sed nondum fit distinctio ; sed, cum additur alia persona, vel per pluralem, sunt tres personæ, jam distinctio notatur. Si quis tamen hanc quæstionem convenientius potest solvere, ego nulli præjudico. Præterea est unum nomen, scilicet, Trinitas, quod de nulla persona singillatim dicitur, sed de omnibus simul ; nec est substantiale, sed pluralitatem designat personarum, et ita quædam nomina sunt in sancta Trinitate, quæ dicuntur singillatim, et non communiter, ut Pater, Filius, et Spiritus sanctus ad proprietatem referuntur ; quædam conjunctim, et non singillatim, ut Deus, omnipotens, et similia [*supp.* quæ ad naturam].

CAPUT VII.

De distinctione personarum sanctissimæ Trinitatis per singulares determinationes.

Post supradicta istud considerandum est, quod illa nomina quæ ad unitatem divinæ substantiæ pertinent per determinationes quinque, etiam sine de-

---

(14) Collatione cum Maximino Ariano, num. 11.

terminatione accipiuntur in personarum distinctione, ut sapientia, bonitas, ad substantiam referuntur, quia tres personæ una sapientia, una bonitas ; et tamen cum dicitur sapientia Patris ad Filium tantum, bonitas Patris et Filii ad Spiritum sanctum, similiter charitas. Tota enim Trinitas, unus spiritus, una charitas. Sed, cum additur, Spiritus sanctus, cum etiam dicitur charitas Patris et Filii, solummodo ad Spiritum sanctum refertur. Pater **1027** enim spiritus, Pater etiam sanctus, sed non Spiritus sanctus. Solent etiam sine determinationibus appositis personas significare hæc nomina, ut per sapientiam intelligatur Filius, ut in Proverbiis Salomonis sæpissime invenitur, per bonitatem Spiritus sanctus. Hoc etiam nomine usus est sæpe Hieronymus in significatione personarum, sic dicens : In psalmo confessionis (14*) tres spiritus postulat David, dicens : « Spiritu principali confirma me; spiritum rectum innova in visceribus meis; Spiritum sanctum tuum ne auferas a me. » Qui sunt isti tres spiritus? Spiritus principalis; Pater est. Rectus, Christus est; sanctus, Spiritus sanctus est. Ecce quod Hieronymus dicit tres spiritus, id est tres personas. Augustinus quoque lib. 1 *De doctrina Christiana* (cap. 4, num. 4, 5) : tres res dixit, ad pluralitatem personarum respiciens. Ait quippe sic : (15) Res aliæ sunt quibus fruendum est; aliæ quibus utendum. Illæ, quibus fruendum est, nos beatos efficiunt; illis, quibus utendum est, tendentes ad beatitudinem adjuvamur, si redire in patriam volumus. Utendum est modo, non fruendum ; frui enim est inhærere alicui rei propter se ipsam. Res igitur quibus fruendum, est Pater, Filius, et Spiritus sanctus, eademque Trinitas una quædam res est ; communisque omnibus fruentibus ea. Patet itaque quod eadem nomina modo ad unitatem substantiæ, modo ad pluralitatem personarum significandam ponuntur. Similiter hæc nomina : Potentia, sapientia, bonitas, nomina substantiæ sunt, et singulis personis æqualiter conveniunt, et tamen sæpissime in sacra Scriptura per potentiam Pater, per sapientiam Filius, per bonitatem Spiritus sanctus [*supp.* intelligitur]; et quare hoc fiat, non est inutile vel quærere, vel quærenti satisfacere; cum hæc nomina, Pater, Filius, Spiritus, translata sint a creaturis ad Creatorem ipsum, ne videantur quod in nobis significant in Deo significare, attribuitur Patri potentia, Filio sapientia ; in hominibus enim pater prior est filio, filius posterior; et ex antiquitate in patre defectus, ex posteriori ætate in filio imperfectio sensus notari potest. Attribuitur ergo Patri potentia, ne videatur prior Filio, et tamen minus potens; Filio sapientia,

A ne videatur posterior, et minus sapiens Patre, vel inferior; nec dicitur Filius sapientia, quasi ipse solus sapiens [sit,] cum tota Trinitas una sapientia [sit.] Nec Pater potentia, quasi ipse sit solus potens, cum tota Trinitas una sit omnipotentia; sed **1028** ibi magis dicendum, ubi plus dubitari potuit. Unde in Symbolo dicitur : *Credo in Deum Patrem omnipotentem.* Spiritus etiam solet poni ad significandum rigorem, et crudelem solet denotare (15*); et ideo bonitas et benignitas frequentius appellatur.

Hic oritur quæstio difficillima. Si in Deo tres personæ dicuntur esse, quia sapiens, et potens, et benignus est, quare non potius quatuor, vel quinque, vel multo plures, cum sit fortis, justus, misericors, B pius, etc. Ad quod dici potest quod quæcunque dicuntur de Deo, et creduntur veraciter, ad hæc tria referuntur. Si enim fortis dicitur, incorruptus, incommutabilis, et similia, totum hoc potentiæ est. Si providus, inspector, intelligens, totum sapientiæ est. Si pius, mansuetus, misericors, hoc bonitatis est. Et in his tribus summa perfectio est. Ubi enim occurrunt ista tria, posse, scire, velle, quod est benignitas, nihil deest. Si aliquod horum tollas, non est summa perfectio. Est ergo Trinitas perfecta, quæ nec potest minui, nec augeri. In creaturis quoque hujus sanctæ et individuæ Trinitatis signa apparent. Signum potentiæ est rerum immensitas; sapientiæ, pulchritudo; bonitatis, utilitas; et per hæc, quæ foris sunt, invisibilia cognoscuntur a rationali crea- C tura.

Sicut nomina substantialia, de quibus prius diximus, dicuntur de singulis personis, similiter illa nomina, quæ respectu creaturæ competunt Deo temporaliter, velut hæc nomina, id est Deus, creator, misericors. Ut enim Augustinus ait in lib. *De Trinitate* (lib. v, cap. 6, nu. 17), quod non fuit ante Dominus, quam servus esset. Itaque temporaliter cœpit esse Dominus, quando creatura in tempore cœpit ei subservire (16). Similiter cœpit Deus creator esse in tempore, ex quo fecit creaturam, non enim creavit eas ab æterno, nec Creatori sunt coæternæ; et cum Pater sit Deus creator, et similiter Filius, et Spiritus sanctus, non tres Domini, sed unus, non tres D [sunt] creatores, sed unus. Quod aliqua temporaliter dicantur de Deo, et sine minutione sui, Augustinus ostendit per similitudinem rei, quæ incipit esse pretium, sine sui mutatione. In quarto de Trinitate : Nummus cum dicitur pretium, relative dicitur, nec tamen mutatus est cum esse cœpit pretium, neque dicitur pignus, et si quæ similia. Si ergo nummus sine sui mutatione potest relative dici pretium,

---

(14*) Id est in psalmo pœnitentiali L, sciilicet *Miserere.*

(15) Hinc conjici posse videtur Petrum Lombardum libri primi Sententiarum exordium desumpsisse. Ibi siquidem, quasi pro fundamento suæ Theologiæ, asserit quædam esse quibus fruendum, quædam quibus utendum, et in suæ sententiæ probationem, ipsissima B. Augustini verba assumit quibus

hic utitur Hildebertus.

(15*) Imo *ad amorem significandum, nec crudelem solet denotare, et ideo,* etc. Manifestus hic amanuensis error.

(16) *Deus... ideo verus est Dominus, qui servo non indiget, et quo servus indiget.* AUG. epistola 138, ad Marcellinum num. 6.

1029 quanto magis ac incommutabili substantia Dei accipiendum est, ut quamvis temporaliter incipiat dici, non tamen substantiæ Dei dicatur aliquid accidisse, vel intelligatur, sed illi creaturæ ad quam dicitur. Quod ergo incipit temporaliter dici, quod ante non dicebatur, manifestum est relative dici non secundum accidens quod ei acciderit, sed secundum ejus accidens ad quod dicitur, patet. Itaque Deus et ex tempore Creator et Dominus; et tamen verum est: Dominus omnium est ab æterno, Creator est ab æterno, sed tamen ab æterno Dominus, non ab æterno Creator.

CAPUT VIII.

Utrum proprietates personarum sint ipsæ personæ.

Post alia videtur inquirendum utrum proprietates illæ quibus distinguuntur personæ, [sint] ipsæ personæ. Quod personæ distinguantur per proprietates, habetur in illa auctoritate, in essentia unitas, in personis proprietas, et in aliis multis auctoritatibus. Quidam voluerunt dicere quod proprietates illæ non essent ipsæ personæ, opponentes ita : Si per eas distinguuntur personæ, quomodo sunt ipsæ personæ? Quos auctoritas et ratio confutat. Dicit enim Augustinus (17) : Quidquid in Deo est, Deus est, ergo proprietas Patris Deus est ; sicut Pater Deus est, ita proprietas Patris Deus est, quia proprietas Patris ipse Pater est ; non tamen dicitur ita simpliciter : Proprietas est Deus, vel est Pater, sed proprietas Patris. Sicut non dicitur : Voluntas est Deus ita absolute, sed voluntas Dei est Deus. Quid enim est proprietas Patris, proprietas Filii, proprietas Spiritus sancti, nisi ipsæ personæ inter se distinctæ et discretæ. Hieronymus in epistola De explanatione fidei ad Damasum papam : Confundentes Arium, unam eamdemque substantiam Trinitatis dicimus. Impietatem Sabellii designantes, tres personas sub proprietate distinguimus. Item : Non enim nomina tantummodo, sed etiam nominum proprietates, id est personas, vel ut Græci exprimunt, hypostases confitemur. Ecce quod Hieronymus dicit proprietates et personas. Isidorus dicit : Ideo Deus simplex dicitur, sive non amittendo quod habet, seu quia non est aliud ipse, et aliud quod in ipso est. Ratione etiam potest ei obviari hoc modo : Si tres proprietates vel relationes in Deo sunt quæ non sunt, ipsa divina substantia apparet non fuisse solam ab æterno divinam essentiam quæ Trinitas **1030** est ; sed sola Trinitas est quæ ab æterno, quæ et unus Deus est. Fateamur igitur tres personas, vel tres illarum proprietates unum Deum, unam substantiam, et illas tres personas esse proprietates, quæ, quamvis longe sint a sensibus nostris, et ab humana ratione, indubitanter tamen credi oportet. Ut enim ait beatus Gregorius : Fides non habet meritum, cui humana ratio præbet experimentum ; non enim est fides contra rationem, sed super rationem : et ideo

qui nihil credere vult, nisi quod ratione comprehendit, ut philosophi, non habet meritum fides sua ; sed, qui illud quod non est rationi contrarium, et tamen est supra rationem, credit. Unde Apostolus : « Prope est verbum in ore tuo, et in corde tuo, hoc est verbum fidei (*Rom.* x, 8).» Propter quod non est contrarium rationi, sed super eam.

Quid sit proprium Patris supra assignatum est, scilicet esse ingenitum, quod est esse Patrem. Nec turbet quod Augustinus dicit (18):Non est [*supp.*idem] ingenitum dicere, quod Patrem dicere, quia Pater dicitur ad Filium ; sed ingenitus nullam rationem notat : Et ideo non est idem dicere Patrem esse ingenitum, et esse Patrem ; sed idem est et in sancta Trinitate esse ingenitum, et esse Patrem, sicut idem est esse sapientiam Patris, et esse Filium ejus, et esse Verbum Patris, sed tamen illud nomen, scilicet Filius, et notat relationem, et non illud Verbum, et Sapientia. Augustinus in lib. *De Trinitate* : Non est idem ingenitum dicere, quod est Patrem dicere, quia, etsi Filium non genuisset, nihil prohiberet eum ingenitum dicere, quia nec ideo quisque Pater, quia ingenitus, nec ingenitus ideo, quia Pater. Ideo non ad aliquid, sed ad se ingenitus dicitur; genitus vero non potest dici, nisi ad aliquid. Ideo quippe Filius, quia genitus, et quia Filius, utique genitus. Sicut autem Filius ad Patrem, sic genitus ad genitorem. Sicut Pater ad Filium, sic genitor ad genitum.

In hoc loco notandum est quod, cum Filius sit Sapientia genita de Patre, et Pater sit sapiens sapientia sua, utrum Pater sit sapiens Sapientia genita de se. Augustinus dicit hoc non esse concedendum. Si enim esset sapiens Sapientia genita ex se, cum ei sit esse, quod est sapientem esse, jam Pater a Filio haberet esse non Filius a Patre. Non ergo est sapiens Pater sapientia ex se genita, sed sapientia ingenita quæ ipse est. Pater enim est sapientia ingenita.

Si opponatur : Cum Pater sit sapiens sapientia vel genita, vel alia, non est verum, quia una (19) sapientia tota Trinitas, **1031** sed in Patre ingenita, in Filio genita ; sicut dicitur : Filius est Deus de Deo, lumen de lumine, principium de principio. Pater non est Deus de Deo, ergo aliud, non est principium de principio, ergo aliud. [Quod] non est verum, quia unus Deus cum Filio, et unum principium creaturarum omnium. Pater enim est principium Filii, quia de Deo Filius ; Pater enim et Filius principium Spiritus sancti. Tota tamen Trinitas unum principium creaturarum. Similiter licet Pater non sit sapiens Sapientia genita ex se, non tamen alia sapientia sapiens est. Augustinus in lib. *De Trinitate* (lib. vii cap. 2, num. 3): Si solus intelligit Filius sibi, et Patri, et Spiritui sancto, illud consequitur, ut Pater non sit sapiens de se ipso,

(17) Hoc passim, et sæpius in lib. *De Trinitate.*
(18) Ep. 238, ad Pascentium.

(19) Leg. *sapiens est sapientia genita, vel alia, quod non est verum, quia una,* etc.

sed de Filio, nec Sapientia Sapientiam genuit, si ea Sapientia Pater dicatur sapiens esse quam genuit. Ubi enim non est intelligentia, nec sapientia potest esse; ac per hoc Pater si non ipse sibi intelligit, et Filius intelligit Patri, profecto Filius Patrem sapientem facit : et si hoc est Deo esse quod sapere, et illi ea essentia quæ sapientia, non Filius a Patre, quod verum est, sed a Filio potius Pater habet essentiam, quod falsum est. Est ergo Deus Pater sapiens ea, quæ ipse est, sapientia sua, et Filius sapientia Patris.

Solet a quibusdam talis quæstio fieri : Deus Pater genuit Deum Filium, et ita Deus genuit Deum; quod sane potest concedi. Legitur enim de Filio : Deus de Deo, lumen de lumine. Si Deus genuit Deum, vel se, vel alium, quorum neutrum concedendum est. Quod non genuit alium Deum manifestum est, quia non est nisi unus Deus. Quod non sit concedendum : Deus genuit se, Augustinus ostendit in lib. *De Trinitate*, dicens : Qui putat hoc potentiæ, Deum ut se ipse genuerit; eo plus errat, quod non solum Deus ita non est, sed nec spiritualis creatura, nec corporalis; nulla enim omnino res est quæ se ipsam gignat, et ideo non debet dici : Deus genuit se ; non enim divina substantia se ipsam, nec etiam divinam aliam substantiam, sed persona Patris genuit personam Filii.

Præterea sciendum est, quod sicut Trinitas inseparabilis est, ita operatur inseparabiliter ; quidquid operatur Pater, hoc idem Filius, et Spiritus sanctus. Opponitur : Soli Filio competit assumpsisse carnem ; sed hoc est quædam operatio : igitur aliquid [operatur] Filius, quod non Pater, quod non Spiritus sanctus. Ad quod dicitur : Quod licet inseparabiliter operetur Pater, Filius et Spiritus sanctus, tamen aliquid convenit uni quod non alii ; quod per similitudinem ostendunt sancti. **1032** In radio namque solis sibi inseparabiliter adjunguntur splendor et calor. Splendor illuminat, calor exsiccat, nec calor illuminat, nec splendor exsiccat. Similiter in sancta Trinitate tota Trinitas operata est Incarnationem Filii ; tota Trinitas operata est ut ille homo esset, et ut Verbo uniretur, sed non ut toti Trinitati uniretur. Ergo illa operatio non magis Filii, quam Patris, sed unio Filii, et non Patris, sicut solius Patris vox de nube audita est : « Hic est Filius meus, in quo mihi bene complacui (*Matth.* xvii, 5).» Si enim esset vox Filii, vel Spiritus sancti, falsum esset : « Hic est Filius meus, etc.» Non enim Filius sui ipsius, vel Filius Spiritus sancti; et tamen tota Trinitas operata est illam vocem ; sed soli Patri convenit, quia solus Pater per illam vocem significatus est : sicut etiam solus Spiritus sanctus in columba apparuit, cum tota Trinitas eam operata sit ; sed solus Spiritus sanctus in ea apparuit, quia solus Spiritus sanctus per eam significatur.

Solet quæri si aliter Spiritus in columba illa, quam in aliis creaturis? Non aliter quantum ad præsentiam, vel essentiam Divinitatis, sicut jam diximus, quoniam omnibus creaturis æqualiter, sed quantum ad significandum aliter.

CAPUT IX.
De præscientia prædestinationis.

Cum omnium quæ operatur Trinitas, præscientia ejus, dispositio, et voluntas actum præcedat, oboritur hic investigatio de præscientia Dei, et de providentia et prædestinatione, de voluntate Dei, et potestate. Et est sciendum quod sapientia Dei propter diversos effectus pluribus appellatur nominibus, scientia, providentia, prædestinatio, dispositio. Scientia existentium, præscientia futurorum, providentia gubernandorum, dispositio faciendorum, prædestinatio salvandorum.

De præscientia solet quæri, utrum ipsa sit causa rerum, vel ipsæ res sint causa præscientiæ. Sed, ut Boetius in libro De consolatione ostendit, neutrum est concedendum. Si enim quia præsciuntur [res] a Deo, ideo essent, cum et mala præsciantur, jam esset præscientia causa malorum, quod penitus caret ratione. Item, si res, quia futuræ sunt, ideo præsciuntur a Deo, tunc quod temporale [est] causa est [ejus] quod æternum est. Origenes tamen super Epistolam ad Romanos dicit : Non propterea aliquid erit, quia id scit Deus futurum, sed quia hoc futurum est scitur **1033** a Deo antequam fiat. Quod sic potest exponi : Quia futurum est, id est quod futurum est, ut ibi non notetur causa. Sicut enim Isaias prædixit cæcitatem Judæorum futuram, dicens : « Dedit eis Deus oculos ut non videant, etc. (*Isa.* vi. 10),» nec tamen ideo facta est, quia ille prædixit, sed quod futurum erat ille prædixit : ita Deus ab æterno illam præscivit cæcitatem, sed non ideo facta est quia præscivit, sed quia futura erat præscivit, quem nihil potest latere.

Præscientia autem improprie dicitur in Deo ; apud eum namque, nihil futurum, præteritum nihil. In eo neque prius est, neque posterius, sed quantum ad res quæ nobis futuræ sunt, dicimus eum futura præscire, quod, quantum ad eum, est ea tanquam præsentia scire. Dicit auctoritas, quod scientia ejus non potest augeri, non potest minui. Nec enim plus potest scire qui omnia scit, nec minus qui non potest oblivisci. Opponitur de hoc quod Hieronymus dicit super Habacuc. Absurdum est ad hoc Dei deducere majestatem, ut sciat per momenta singula quot nascuntur culices, quotve moriantur ; quæ pulicum et muscarum sit multitudo, quotve nascent [*f.* natent] pisces in aquis, et similia. Non sumus tam facti [*f.* faceti, seu falsi] adulatores Dei, ut dum potentiam Dei ad ima detrudimus, in nos ipsos injuriosi simus, eamdem rationabilium et irrationabilium providentiam esse dicentes. Quod quidam ita exponunt : Absurdum est ad hoc Dei majestatem, etc. Scit quidem quia eum nihil potest latere, sed non per momenta, ut nos, qui simul omnia non possumus scire. Alii sic exponunt : Absurdum est, etc., ut sciat quod culices, etc., ita quod habeat inde curam, ut enim dicit Apostolus : « Non est Deo cura de bobus (*I Cor*. ix, 9). » De hominibus est Deo cura, quia ad custodiam eorum angelos delegat, unde illud : « Angeli eorum semper vident faciem Patris (*Matth*. xviii, 10). » Potest et alia dissimilis [*f*. non dissimilis] hic oppositio fieri. Est aliquis qui nunquam lecturus est; posset tamen esse ut ipse legeret. Quæritur utrum Deus hunc lecturum sciat, vel non ; non possumus dicere scire eum lecturum, quia hoc falsum est, quod sit ipse lecturus. Augustinus in lib. ad Renatum : Quid quod ipsa existimatur omnino præscientia, si quid præscitur et non erit, quomodo recte præsciri dicitur futurum, quod non est futurum ? Si dixerimus (20) : Non eum scit lecturum, opponitur : Potest esse ut iste legat ; quod si esset, utique sciretur a Deo, et hoc potest esse : ergo potest esse ut sciatur a Deo, ergo plus potest scire quam sciat; quod penitus falsum est. Hujus quæstionis solutionem aliorum judicio relinquimus ; mihi tamen videtur quod neutra illarum **1034** sit concedenda. Si quis enim quærit : Scit hunc lecturum? non dicam : Scit eum lecturum, vel nescit eum lecturum, vel scit eum non esse lecturum. Nunquam enim nescit hoc, vel nescit hoc, cum eum nihil lateat, dicendum est : Hoc distat inter præscientiam et prædestinationem, quod præscientia de salvandis et damnandis, prædestinatio de salvandis tantum. De prædestina is malus potest damnari ; de reprobis nullus potest salvari. Reprobi sunt præsciti ad mortem ; prædestinati prævisi ad vitam. Augustinus in libro *De correptione et gratia* (cap. xiii, num. 39) : In Apocalypsi dicitur : « Tene quod habes, ne alius arripiat coronam tuam (*Apoc*. iii, 11). » Si enim alius non est accepturus, nisi iste perdiderit, certus est electorum numerus, id est prædestinatus electorum numerus, nec potest augeri, nec minui. Opponitur quod possit minui, quia omnes damnari possent. Quicunque enim salvatur, ex gratia salvatur, et quod gratis datur, potest non dari. Similiter probatur quod posset augeri, quia omnes possent salvari ; nisi enim possent salvari, non imputandum esset eis quod damnantur ; sed ideo verum est non posse augeri numerum prædestinatorum, quia non potest hoc esse ut aliquis salvetur, qui non sit prædestinatus ; non potest minui, quia non potest hoc esse, ut aliquis prædestinatus sit et damnetur. Per se enim verum est : iste potest damnari, quia ideo verum est, quia posset non esse prædestinatus ; sed non est verum : iste prædestinatus potest damnari, quia non potest utrumque esse, ut prædestinatus sit et damnetur. Similiter verum est : iste potest salvari, sed non est verum : iste reprobus potest salvari, quia non potest hoc esse, ut reprobus sit et salvetur.

De præscientia sic solet opponi : Deus præscivit hunc lecturum, vel aliquid hujusmodi ; sed potest esse ut iste non legat : ergo potest non esse quod Deus præscivit, igitur potest falli Dei præscientia. Sed, sicut dicimus de aliqua re futura, si hoc futurum est, scilicet quod iste legat, non potest quin illud sit. Non enim potest esse ut futurum sit et non eveniat, et tamen hoc quod futurum est non evenire potest, quia ita futurum est, ut possit non esse illud futurum esse. Similiter, si præscitum est, non potest non evenire, quia non potest esse ut præscitum sit, et non eveniat, et tamen hoc quod præscitum est, potest non evenire ; quod ideo verum est, quia posset non esse præscitum ; nec inde sequitur : Ergo potest falli præscientia Dei, quia tunc falleretur si utrumque esset, scilicet, et quod præscitum est, esset evenire, et non eveniret.

1035 Cum prædestinatio sit divina electio, juxta illud Apostoli : « Quos elegit ante mundi constitutionem (*Ephes*. i, 4), » solet quæri quare hunc elegit Deus magis quam illum, ut de Jacob et Esau. Quidam dicunt : Hunc elegit, quia talem futurum eum esse præscivit, qui in eum crederet, et ei serviret. Sed hoc Augustinus retractat in lib. Retractationum (lib. i, cap. 52, num. 2), plane ostendens quod si propter opera futura electus esset, jam non ex gratia esset electio. Si enim ex operibus, ut ait Apostolus, jam non ex gratia. Idem in lib. *De prædestinatione* : Non quia futuros tales non esse præscivit ideo elegit, sed ut essemus tales per ipsam electionem gratiæ suæ, qua gratificavit nos in dilecto Filio suo. Cum ergo nos prædestinavit, opus suum præscivit (21). Idem tamen Augustinus super locum illum in Malachia propheta : « Jacob dilexi, Esau autem odio habui (*Mal*. i, 3), » dicit : « Cui vult, miseretur ; et quem vult, indurat (22) (*Rom*. ix, 18). » Sed hæc voluntas Dei non potest esse injusta, venit enim de occultis meritis, quia et ipsi peccatores, cum propter generale peccatum unam massam fecerint, non tamen inter eos est ulla diversitas ; præcedit ergo aliquid in peccatoribus, quo, quamvis nondum sint justificati, digni efficiuntur justificatione ; et idem præcedit in peccatoribus aliis, quo digni sint obtusione [*f*. induratione]. Sed quid intelligere voluerit nescimus, nisi forte dixerimus hoc intellexisse, quod supra diximus [*sc*. B. Augustinum] eum retractasse.

CAPUT X.
De voluntate Dei.

Nunc de voluntate Dei restat videre. Voluntas Dei prima causa est omnium, et ideo immutabilis. Aliæ enim causæ mutabiles sunt, quia non sunt primæ, et ideo sæpe falluntur ; sed hæc, quia non habet causam ante se, falli non potest, vel mutari ; et, quia voluntas Dei prima causa est omnium, cum dicitur : Hoc ideo est quia Deus voluit, non est quærendum quare Deus voluit. Primæ enim causæ nulla causa est. Cum voluntas Dei una sit, quæ est ipse

(20) Quid simile lib. v *De civit*., cap. 10, n. 2.
(21) Idem asserit Augustinus lib. iii. *De libero arbitrio*, cap. 21, n. 9.
(22) Et hoc ubi supra. *De lib. arb.*

Deus, propter diversos tamen effectus dicuntur plures ejus voluntates. Unde Propheta : « Magna opera Domini, exquisita in omnes voluntates ejus (*Psal.* cx, 2). » Sicut idem Propheta propter effectus misericordiæ et justitiæ pluraliter dicit : « Misericordias Domini in æternum cantabo (*Psal.* lxxxviii, 2); » et alibi : « Justitiæ Domini rectæ, lætificantes corda (*Psal.* xviii, 9), » cum tamen quantum ad ipsum Deum una sit misericordia, una sit justitia, quæ est quod ipse ; sic et de voluntate. Nam voluntas **1036** Dei in sacra Scriptura aliquando accipitur ipsa quæ idem est cum Deo, et ipsi coæterna est, et hæc voluntas semper impletur. De hac dicit Apostolus : « Voluntati ejus quis resistit ? » (*Rom.* ix, 19.) Et alibi : « Ut probemus quæ sit voluntas Dei bona, et beneplacens, et perfecta (*Rom.* xii, 2). » Et potest hæc voluntas beneplacitum Dei, vel dispositio appellari. Unde Propheta : « Quæcunque voluit fecit (*Psal.* cxiii, 3), » id est, quæcunque disposuit se facturum. Aliquando præceptio vel prohibitio dicitur voluntas Dei, quia sunt signa voluntatis Dei, ut signa iræ appellantur, ira; et signa dilectionis, dilectio. Et dicitur irasci Deus, et tamen non est ira in eo; sed signum tantum quod foris fit, quo Deus iratus ostenditur, ira appellatur, ut in Ægyptiis submersis. Ita præceptio vel prohibitio, quia indicant nobis quid Deus velit, voluntas Dei nominantur. De qua Dominus in Evangelio : « Fiat voluntas tua sicut in cœlo et in terra (*Matth.* vi, 19). » Et alibi : « Qui facit voluntatem Patris mei, qui in cœlis est, ipse meus frater, et soror, et mater est (*Matth.* vii, 20). » Contra hanc voluntatem multa fiunt. Augustinus lib. *De spiritu et littera* (cap. 33, num. 58) : Infideles quidem contra Dei voluntatem multa faciunt, cum ejus Evangelio non credunt.

Sicut præceptio et prohibitio sunt signa voluntatis divinæ, ita operatio et permissio ; et ideo sæpe voluntas [Dei] in sacra Scriptura appellantur. Unde illud Apostoli : « Vult omnes salvos fieri (*I Tim.* ii, 4), » id est nos facit velle. Ecce qualiter illa quæ operatur in nobis, voluntas Dei nominatur. Similiter et promissio; unde item illud Apostoli : « Quem vult indurat (*Rom.* ix, 18). » Et Augustinus in Enchiridio : Non fit aliquid, nisi Omnipotens fieri velit, vel sinendo ut fiat, vel ipse faciendo ; nec dubitandum est Deum bene facere, etiam sinendo fieri quæcunque fiunt patenter male. Non enim hæc nisi justo judicio fiunt; et profecto bonum est id omne quod justum est.

Habemus igitur quatuor signa divinæ voluntatis. Hæc sunt præceptio, prohibitio, operatio, permissio, cum Dei voluntas una sit et immutabilis. Quare diligenter est intuendum, ubi loquitur Scriptura de ipso beneplacito Dei, ubi etiam de signo beneplaciti. Cum enim invenitur : Vult Deus bonum, non vult malum, de beneplacito Dei intelligitur. Vult bonum, id est approbat, judicat sibi concordare; non vult malum, non approbat, non judicat sui similia [*f.* et his simi-

lia]; et quamvis non velit mala, tamen vult mala esse. Ad quod videndum quod quædam sunt bona in se, et ad aliud, quædam bona ad aliud, et non in se; quædam etiam bona in se, et non ad aliud. Ea quæ sunt bona in se et ad aliud vult Deus, id est vult et approbat ea esse, **1037** quia ad aliud bona, sicuti omnia bona quæ fiunt bona in se, et non ad aliud, ut bona quæ possunt fieri, et non fiunt; ea vult Deus, quia vult omne bonum, id est approbat, et si non vult ea esse, id est non approbat ea esse, quia non sunt bona ad aliud quæ fiunt mala in se, et ad aliud bona, sicut mala quæ fiunt ea non vult Deus, id est non approbat, et tamen vult ea esse; nisi enim vellet ut mala essent, nullo modo esse potuissent : Si enim vellet ea non esse, et non posset hoc efficere, impotens esset, sicut et nos sumus, qui quod volumus, quandoque non possumus. Itaque non possent esse mala, nisi vellet ea esse, eo namque invito, quomodo aliquid fieret ? cum dicat Scriptura : « Voluntati ejus quis resistit ? (*Rom.* ix, 19.) » Cum Deus igitur ab æterno in sapientia sua omnia tam bona, quam mala præviderit, inter illa omnia vidit quædam, quæ, si essent bona in se, essent et ad aliud, et ea non solum voluit, sed etiam esse voluit. Vidit et alia, quæ si essent, licet in se bona essent, non tamen ad aliud; et ideo si ea approbet, qui sine causa nihil vult esse, noluit ea esse. Item, cum vidit alia, quæ in se mala sunt, et ad aliud bona, voluit ea esse. Quid enim melius est esse, vel ea quæ sunt bona in se tantum, aut ea, quæ, etsi non sunt bona in se, tamen ad aliud sunt bona, ea utique quæ ad aliud sunt bona ? Nec tamen concedemus, si vult ea esse, et vult ea; nec illud, si sunt bona ad aliud, tunc sunt bona.

Cum ergo aliquis peccat, contra voluntatem Dei facit, quia contra præceptum ejus, et quia non vult Deus quod facit, et tamen facit quod Deus vult esse : verbi gratia, Judæi tunc voluntatem Dei fecerunt, Christum occidendo, et tamen volebat Deus illud malum esse, quia ad aliud bonum [*supp.* erat].

Solent quidam sic opponere : Voluit Deus Pater Christum pati, et mori ; ergo voluit ut Judæi flagellarent et occiderent eum, et ita fecerunt quod volebat Deus. Quod non est concedendum, quia, cum illorum actus malus esset, non placebat Deo, qui nullum malum vult, etsi placeret Deo ut esset actus ille. Ita enim solent accipi hæc verba : iste facit quod vult Deus, id est qui facit [*f.* factum] remunerat, gratum habet. Patet igitur quod Deus vult malum esse, et tamen non vult malum, nec vult ut aliquis faciat malum, qui non inde remunerat, imo punit, sed bonum vult esse, et ut homines faciant, quia gratum habet, et remunerat : et hoc est quod Augustinus dicit in Enchiridio : Voluntas Dei semper impletur, aut de nobis, aut a nobis, aut in nobis de nobis, sed non **1038** tamen eam implemus cum peccamus. A nobis impletur, quando bonum facimus ; ideo enim facimus, quia scimus Deo placere. Augustinus (23) : « Hæc sunt magna opera Dei ex-

(23) Hæc omnia ad litteram ex *Enchiridii* cap. 100, n 26.

quisita in omnes voluntates ejus, et tam sapienter exquisita, ut cum angelica et humana creatura peccasset, id est quod non ille, sed quod voluit illa fecisset, etiam per eamdem creaturæ voluntatem, qua factum est quod Creator noluit, impleretur illud quod voluit, bene utens, et malis tanquam summe bonis ad eorum damnationem quos juste prædestinavit ad pœnam, et ad eorum salutem quos benigne prædestinavit ad gratiam. Quantum enim ad ipsos attinet, quod Deus voluit fecerunt. Quantum vero ad omnipotentiam Dei, nullo modo id efficere voluerunt. Hoc enim ipso quod contra voluntatem ejus fecerunt, de ipsis facta est voluntas ejus. Propterea namque *Opera Domini exquisita in omnes voluntates ejus* (*Psal.* cx, 2), ut miro et ineffabili modo non fiat præter voluntatem, et quod etiam sit contra voluntatem ejus, quia non fieret si non sineret, nec utique nolens sinit, sed volens, nec sineret bonus fieri male, nisi omnipotens, et de malo facere posset bene. » Multi voluntatem Dei peragunt, unde mutare contendunt, et consilio ejus resistentes obsequuntur, quia hoc ejus dispositioni militat, quod per humanum studium resultat.

Potest hoc modo opponi : Bonum est malum esse, sed omnis boni Deus est auctor; ergo facit malum esse : quod non est concedendum, quia non fiunt mala eo auctore. Sed potest dici, quod facit malum esse sicut bonum; ipse enim operatur malum in bonum.

De præceptione et prohibitione solet ita opponi : Præcepit Deus quod non vult esse, quia multis præcipiuntur bona quæ ipsi non faciunt, ut Judæis sæpissime præcepit quod non fecerunt; sed non erat in beneplacito Dei quod illa facerent, vel quod illa essent, quia, sicut jam diximus, quidquid vult Deus esse, cum omnia possit, illud totum est [factum est]; alioquin impotens esset, si vellet aliquid esse, et illud non esset. Similiter malum prohibet facere alicui, ut eisdem Judæis sæpissime, et cum faceret illud, volebat illud Deus esse, quia nihil potest esse, nisi Deus velit illud esse. Unde apparet, quod præcepit alicui quod vult esse, et prohibet quod vult esse [f. vult non esse]; sed, si vult esse, quare prohibet? et si non vult esse, quare præcipit? Ad quod potest dici, quod ideo præcipit illud, quia bonum est, et domini est præcipere servo quod bonum est in se, et quod bonum est illi cui præcipit, et si placet juvare servum **1039** ut illud faciat, misericordia est; si non placet juvare, justitia est. Similiter prohibet malum servo, quia in se malum, et illi malum cui prohibet, et domini est servum a malo prohibere, ut non habeat inde excusationem.

Est et hic videndum, quod licet bonum sit isti quod præcipitur ei, non tamen bonum [est] universitati, et quod prohibet ei, licet ei malum, bonum est universitati; et quod majus bonum est, quod totius quam quod partis, et minus malum quod unius partis, et majus quod totius : ideo quod bonum est uni, et non universitati, non vult esse, et quod malum est uni, et bonum universitati, vult esse, ne bonum universitatis impediatur; nihil enim [*supp.* facit, aut permittit] quod universitati bonum non sit, quamvis judicia Dei nobis occulta sint; sed, ut dicitur in Job : « Nec folium de arbore sine causa cadit (*Job* v, 6). »

CAPUT XI.
De omnipotentia Dei.

Nunc de potestate Dei dicendum est. Quod Deus omnia possit, multæ auctoritates dicunt. Augustinus in lib. *Quæstionum veteris et novæ legis* (24) : Omnia quidem potest Deus, sed non facit nisi quod conveniat veritati ejus et justitiæ. In eodem : Potuit Deus simul cuncta facere, sed ratio prohibuit : fatendum est ergo omnia Deum posse. Sed opponitur quod dicit in lib. De spiritu et littera Augustinus : Omnipotens non dicitur Deus, quod omnia possit facere, sed quia potest perficere quidquid vult, ita ut nihil possit resistere voluntati ejus quin compleatur, aut aliquo modo impedire eam. Ad quod potest dici quod Augustinus, ubi dicit : Omnipotens Deus non dicitur quod omnia possit tam large, accipit omnia, ut ibi comprehenderet et mala, quæ non vult Deus, nec potest. Idem in lib. De Symbolo : Deus omnipotens non potest mori, non potest falli, non potest miser fieri, non potest vinci. Hæc itaque et hujusmodi ut possit omnipotens, ac per hoc non solum ostendit veritas omnipotentem esse, quod ista non possit, sed etiam cogit veritas [fateri] omnipotentem non esse qui hoc possit. Patet itaque quod est omnipotens, quia potest omnia quæ vult; absolute etiam potest dici quod omnia possit, neque tamen potest peccare, quia hoc non est aliquid de omnibus. Sed, si opponitur de actionibus nostris, ut ambulare, etc., potest dici quod ad potentiam ejus pertineant, licet in se habere non possit. Non **1040** enim potest ambulare, et tamen potest facere ut ambuletur.

Considerandum arbitror, si Deus plura possit facere quam velit facere, vel faciat. Augustinus in Enchiridio : Omnipotentis voluntas multa facere potest, quæ nec vult, nec facit. Potuit enim facere ut duodecim legiones angelorum pugnarent contra illos qui eum ceperunt. In Evangelio Matthæi : « An putas quia non possim rogare Patrem meum, et exhibebit mihi modo plusquam duodecim legiones angelorum ? (*Matth.* xxvi, 53.) » In eodem : Tunc in clarissima luce sapientiæ videbitur, quod nunc piorum fides habet, quam immutabilis et efficacissima sit voluntas Dei; quam multa possit, et non velit, nihil autem velit quod non possit. His auctoritatibus patet quod multa possit Deus quæ non vult. Ratione id potest probari. Non vult Deus omnes justificare, et tamen quis dubitat eum posse ? Augustinus in libro De natura et gratia : Dominus Lazarum suscitavit in corpore; nunquid dicendum : Non potuit

(24) In Appendice t. III, parte II.

Judam suscitare in mente? Potuit quidem, sed noluit. Ad illud quod dicimus Deum posse facere quædam quæ non vult facere, opponitur illud quod Augustinus dicit in lib. De Symbolo : Hoc solum non potest facere Deus quod non vult, et ita videtur quod non possit facere aliquid quod non vult. Sed ita exponendum est illud : Hoc solum non potest facere quod non vult, id est nihil potest facere nolens. Non enim potest esse ut nolens faciat aliquid, qui cogi non potest.

Item opponitur : Quidquid potest Deus facere, potest velle. Sed quiddam potest facere quod non vult : potest igitur velle quod non vult; et, si potest velle quod non vult, mutabilis est voluntas sua, nec est æterna, sed incipit aliud velle quod prius non volebat. Augustinus in lib. *Confessionum* (lib. VII, cap. 4) loquens ad Deum, ait : Nec cogeris invitus ad aliquid, quia voluntas tua non major quam potentia. Esset autem major, si te ipso tu esses major. Unde videtur quod non possit Deus facere aliquid quod vult facere. Ad quod potest dici : Quod voluntas Dei accipitur multis modis, ut supra assignatum est : aliquando pro effectu divinæ voluntatis, aliquando pro ea quæ in Deo est, quæ est ipse Deus. Cum ergo Augustinus dicit : Multa potest facere Deus quæ non vult, ad affectum respexit, id est quæ non operatur, potest operari. Non enim ex impotentia dimittit, et secundum hoc potest dici : Potest Deus velle quod non vult. Sed, si de ipsa Dei voluntate loquimur quæ est hoc quod ipse, nihil potest facere nisi hoc quod vult, nihil potest velle nisi quod vult. Idem enim est velle, **1041** quod esse; idem etiam velle, quod posse : et ideo Augustinus dicit : Non est major voluntas quam potentia. Vel hoc vel alio modo competenti potest prædicta contrarietas solvi.

Non est hic prætermittendum quosdam scientia inflatos dicere Deum non posse facere aliud quam fecit, vel dimittere aliquid de his quæ facit, quod ita volunt astruere : Quidquid Deus facit, bonum est fieri et justum, non enim potest facere nisi quod justum est, et quod bonum est fieri, nec debere non fieri. Igitur Deus non debet non facere ea quæ fecit; at quod non debet non potest; non potest ergo facere quæ facit. Similiter probant quod non debet facere aliud quam facit, hoc modo : Quod non facit non debet fieri, quia, si deberet fieri, illud faceret; at quod non debet fieri a Deo non potest ab eo fieri : ergo non potest facere ea quæ dimittit facere. Sed, ut mihi videtur, sub hoc verbo *debet* latet omne venenum. Si enim dicimus : Non debet illa facere Deus, infertur : Ergo non potest facere; si dicimus : Debet ea facere, ergo non potest dimittere quin faciat; sed neutrum de Deo est concedendum. Ut enim dicit Augustinus : Fuit alius modus

possibilis Deo, sed nullus miseriæ nostræ sanandæ convenientior, nec tamen dicemus : Debuit alio modo redemisse mundum, vel non debuit, quia nihil ex debito, sed sola bonitate facit; homines ex debito faciunt, qui meliores inde fiunt, vel deteriores si non faciunt.

Solent dicere quidam quod ea quæ facit Deus non potest meliora facere, quia, si posset, faceret, et si non posset invidus esset. Augustinus in lib. Quæstionum octoginta trium : Deus quem genuit, quoniam meliorem se generare non potuit, (nihil enim Deo melius) genuit æqualem. Si enim potuit, et noluit, invidus est. Et ex hoc volunt dicere quod si posset Deus rem meliorem facere, et non faceret, invidus esset, sed [(25) non valet simile, quia Filium genuit ex substantia sua Filium genuit, si posset idem æqualem facere, et non faceret, invidus esset. Alia quidem, quæ non de substantia sua fecit, potuit meliora facere.] Augustinus super Genesim : Talem potuit Deus hominem fecisse qui nec peccare posset, nec vellet; et, si talem fecisset, quis dubitat eum meliorem fuisse? Quærendum est qualiter intelligant rem non posse esse meliorem, si ideo non potest esse melior, quia majus bonum quod ei deest, ipsa capere non potest. Quod si **1042** ita est, potest esse melior si fiat capax majoris boni, quod et ipse qui fecit potest. Illa tamen locutio est ambigua : Deus potest melius, melius facere. Si enim ita exponatur : Potest melius, id est meliori sapientia aliquid facere, falsa est, quia non potest augeri sua sapientia; sed hoc modo vera est : Potest melius, id est meliorem rem facere.

CAPUT XII.
De fide Incarnationis.

Nunc de illa parte fidei est agendum, quæ ad sacramentum Incarnationis pertinet. Ut ait Apostolus : « Misit Deus Filium suum in similitudinem carnis peccati, ut de peccato damnaret peccatum (*Rom.* VIII, 3). » Quibus verbis ex parte aperit mysterium Incarnationis. Ad hoc enim venit in mundum, ut damnaret diabolum, et hominem liberaret. Sed, cum in mundo esset Filius Dei, qui ubique est, quomodo venit in mundum? Venit, quia invisibilis apparuit (26).

Solet quæri quare non Pater, nec Spiritus sanctus carnem assumpsit, sed solus Filius. Ad quod potest dici : Quod Patrem non decuit, quia ei non convenit mitti, cum non sit ab alio; nec Spiritum sanctum, ne alius esset Filius in humanitate, et alius in divinitate, et ita essent duo Filii in Trinitate. Est igitur persona Filii incarnata, ut idem qui erat Filius in divinitate esset Filius in humanitate. Erat etiam decens ut, sicut per sapientiam suam Pater mundum fecit, ita per eamdem redimeret; et

---

(25) Intricatissima hæc, ex amanuensis oscitantia, periodus sic forte felicius redigi posse videtur : *Non valet simile, quia Filium genuit ex substantia sua, quem si æqualem sibi facere potuisset, prout poterat, et ei essentialiter necessarium erat, nec fecisset, invidus fuisset, præcipue cum de substantia sua meliorem non potuisset.*

(26) Id est, qui prius erat invisibilis, visibilis apparuit.

quia in homine utraque natura corrupta erat, scilicet anima et corpus, utramque suscepit ut utramque liberaret, nec tamen personam hominis suscepit; naturam namque suscepit, et non personam. Augustinus in lib. De fide ad Petrum : Deus enim Verbum non accepit personam hominis, sed naturam. In Christo enim duæ naturæ sunt, divina et humana, et tres substantiæ, caro, anima, verbum, sed non duæ personæ. Alia enim natura, Deus; alia, homo; sed non alia persona Deus, et alia ille homo. Ut enim Augustinus dicit ad Felicianum : Aliud Dei Filius, aliud hominis Filius, sed non alius. Item Filius Dei, aliud de Patre, aliud de matre, sed non alius. Ad illud quod dicitur non assumpsisse personam, opponitur sic : Animam et corpus suscepit, sed hoc facit una persona [f. unam personam], igitur **1043** suscepit personam. Quod ita solvunt quidam : Illa duo simul juncta sunt una persona; sed antequam assumerentur a Verbo, non erant simul juncta, illa enim assumendo univit, et veniendo [f. uniendo] assumpsit : sed iterum potest opponi, quod anima est substantia rationalis individuæ naturæ, quod est distinctio personæ; igitur assumpsit naturam et personam, quod utique sequeretur, si prius esset anima illa quam assumeretur; est namque anima persona, sicut angelus. Quid enim est homo, nisi anima hominis, et corpus? Sed ideo non assumpsit personam, quia non erat persona quod assumpsit, animam namque creando assumpsit, et assumendo creavit. Eadem oppositio fieret sic : Filius Dei hominem assumpsit, sed nullus homo est qui non sit persona; quod satis concedimus, sed, ut diximus, non erat homo ille priusquam assumeretur. Licet enim corpus esset prius, non tamen anima; itaque non assumpsit hominem qui prius esset, sed quem assumendo creavit. Unde non videtur concedendum : assumpsit aliquem hominem, sed simpliciter hominem; quod tamen sic probari posse videtur; assumpsit hominem, qui in cruce pependit, qui de Spiritu sancto conceptus est, ergo aliquem; quod videtur sophisticum esse, ut istud aliud : in præterito anno vidi illum qui est episcopus, ergo aliquem episcopum. Sed, quidquid in hujusmodi controversia concedatur, hoc indubitanter teneamus, quod non assumpsit personam. Ut enim dicit Augustinus (27) : Cum de rebus constat, in verbis non est habenda controversia.

Prædictæ namque quæstioni rursus potest istud adjungi : Si ideo non est persona assumpta, quia non fuit homo ille antequam assumeretur a Verbo, tunc ille homo, ex quo fuit assumptus, persona fuit, et si homo assumptus a Verbo est persona, cum homo ille sit unitus Verbo, persona est unita Verbo, et sic persona unita est personæ; quod non est concedendum. Non enim est alia persona homo assumptus a Verbo, sed una persona est cum Verbo. Legitur namque : Homo assumptus est in unionem

personæ, non naturæ, quia non est una natura cum Verbo, id est una persona : sicut enim anima et caro unus est homo, ita Deus et homo unus est Christus, quamvis multo major unio sit inter Deum et hominem, quam inter animam et carnem; major quippe unio inter spiritualem naturam et spiritualem (28) [f. spiritum] potest esse, quam inter spiritualem et corporalem. Deus vero spiritualis natura, et homo spiritualis natura; unde tanta est unio inter Deum et hominem, ut homo **1044** dicatur Deus et homo. Sed nec anima caro dicitur, nec caro anima. Item de illa persona dici potest : Christus est verus Deus, verus homo; sed non potest dici : Homo est caro, homo est anima, homo est Deus. Sic autem exponitur : Id est unitus Deo Deus et homo; sic unitus homini Deus est homo, quam expositionem ego non improbo; sed tamen mihi videtur quod plus in verbis illis contineatur. Si enim aliud non dicitur his verbis : Homo est Deus, nisi homo unitus est Deo, quare non potest dici : Caro est anima, cum [caro] sit unita animæ; vel anima est Deus, cum sit unita Deo? Ideo itaque dicitur : Homo est Deus, Deus est homo, et qui homo, est et Deus. Unde in Propheta : « Homo natus est in ea, et ipse fundavit eam Altissimus (Psal. LXXXVI, 5). » Et in Joanne : « Nemo ascendit in cœlum, nisi qui descendit de cœlo (Joan. III, 13). » Ut enim Gregorius dicit : Ipse est temporalis ex matre, ipse æternus ex Patre; ipse qui fecit, ipse factus est.

De hoc solet quæri utrum sit concedendum quod homo assumptus est Deus. Sed cum Augustinus dicat : Homo assumptus est unigenitus Dei Filius, non video qua fronte negari possit. Quidam tamen negativam concedunt : Homo assumptus non est Deus, id est humana natura non est divina, et quod hunc sensum habeant, probant auctoritate Hieronymi, qui ait : Verbum est Deus, non caro assumpta. Quæ auctoritas nihil contra nos facit. Nullus enim concedit hæc verba : Caro assumpta est Deus, vel humana natura est Deus; licet enim idem sit homo assumptus et humana natura, differentiam tamen faciunt in modo loquendi, sicut : Deus non est aliud quam divinitas, et cum dicatur : Homo est Deus, non tamen dicitur : Homo est divinitas; hoc enim esset dicere : Homo est divina natura; ut enim dicit Ambrosius : Non versibilitate naturæ, sed unione personæ et homo Deus, et Deus homo est.

CAPUT XIII.

De iis quæ Christum spectant ut inter homines conversantem.

Propterea hoc indubitanter est concedendum quod non prius carnem, ut quidam dixerunt, et deinde animam assumpsit, sed simul univit sibi Verbum Dei carnem et animam. In hoc vero differentiæ inveniuntur. Sapientes quidam dicunt quod caro illa quam de Maria suscepit, quadraginta diebus formata sit, et ea jam formata, scilicet lineamenta hominis

(27) Epist. 238, n. 4.

(28) Ita ms. cod.

habente. **1045** Verbum Dei simul univit sibi carnem et animam; et hoc volunt dicere ex auctoritate
Augustini super Joannem, ubi dicitur : « Solvite
templum hoc, et in tribus diebus excitabo illud
(*Joan.* ii, 19). » Super locum hunc dicit Augustinus : Hic numerus convenit perfectioni Dominici
corporis, quia, ut dicunt physici, tot diebus forma
humani corporis perficitur. Alii volunt dicere quod
quam cito per Spiritum sanctum separata est illa
caro, habuit aliquam distinctionem membrorum,
sed adeo parvam quod oculis non subjaceret, sed
per illos quadraginta dies, de quibus loquitur Augustinus, perfecta et notabilis fuit, et in ipso momento separationis carnem et animam simul suscepit, et istis magis assentiunt auctoritates. Gregorius
Junior : Angelo nuntiante, adveniente Spiritu mox
Verbum in utero, mox intra uterum Verbum caro.
Augustinus in lib. De Trinitate : Non esset Dei hominumque mediator, nisi idem Deus, homo, idem
in utroque et unus esset et verus; quam servilem
formam a solo Filio susceptam tota Trinitas, cujus
una est voluntas et opera, fecit. Non autem in utero
Virginis caro prius concepta est, et postmodum divinitas venit in carnem, sed mox ut Verbum venit
in uterum, servata veritate propriæ naturæ, factum
est caro, et perfectus homo, id est veritate carnis
et animæ natus est de carne illa cui unitum est Verbum.

Quæritur utrum (29)....... Quod ita fuisse Augustinus dicit, sed ipsa separatione per Spiritum sanctum mundata fuit, et a peccato, et a fomite peccati. Mariam totam a peccato, non a fomite liberavit, quem tamen sic debilitavit, quod postea non
peccasse creditur. Augustinus De natura et gratia :
Excepta sancta Virgine Maria, de qua propter honorem Domini nullam prorsus, cum de peccatis agitur, haberi volo quæstionem; inde enim scimus,
quod ei plus gratiæ sit collatum ad vincendum
omni ex parte peccatum, quia concipere ac parere
meruit quem constat nullum habuisse peccatum.
Hac ergo Virgine excepta, si omnes sancti et sanctæ
congregari possent, quid responderent nisi quod
Joannes ait : « Si dixerimus quia peccatum non habemus, nosmetipsos seducimus (*I Joan.* i, 8). » Sed,
si caro Christi in Maria, et in aliis de quibus descendit, fuit obnoxia peccato, quomodo solvetur illud : « Levi decimatus est in Abraham (*Hebr.* vii,
9). » Christus enim decimatus est in Abraham.
Quod ita solvit Augustinus : Levi decimatus est in
Abraham, quia inde per concupiscentiam descendit,
Christus non est in eo decimatus, quia caro Christi
non descendit inde per concupiscentiam; sed nonne
in David **1046** et in Maria per concupiscentiam
eadem caro descendit? Non tamen caro Christi,
quia hoc esset dicere quod in Christum descendisset
per concupiscentiam, quod penitus falsum est.

Quidam volunt dicere, quod sicut in Adam ante

peccatum fuit illa particula munda et sancta, ita
post peccatum, et in ipso Adam, et in omnibus successoribus recta linea usque ad Mariam conservata
est, et hoc dicunt a Gregorio se habere. Quod homo
ille ab ipsa conceptione plenus [fuit] gratiæ et veritatis, et quod tantam habuerit sapientiam, quæ augeri non posset, multæ auctoritates contestantur.
Jeremias : « Novam rem faciet Dominus super terram : femina circumdabit virum gremio uteri sui
(*Jer.* xxxii, 22). » Quid est hoc : Femina circumdabit virum, nisi quia ab ipsa conceptione perfectus
homo [*supp.* fuit] secundum sapientiam, licet non
secundum quantitatem corporis, ut voluerunt quidam, scilicet, quod tantus in utero, quantus in
cruce? Ab ipsa enim conceptione unxit eum Deus
oleo lætitiæ præ participibus suis. Sed ad hoc videtur
oppositum illud quod dicitur in Evangelio : « Jesus
proficiebat ætate et sapientia apud Deum et homines
(*Luc.* ii, 52); » sed potest dici quod si non in se
proficiebat sapientia, proficiebat tamen in hominibus, qui scilicet de sapientia ejus proficiebant, et
meliores fiebant, sicut solet dici : Proficit iste in
episcopatu suo, non quod ipse aliquando sapientior
fiat, sed, quia bene instruit alios; apud Deum, id est
ad honorem Dei et ad profectum hominum. Beda
super Lucam : Recte dicitur plenus sapientia, non
per intervalla temporum proficiendo in sapientia,
qua semper plenus fuit ab hora conceptionis, quoniam « in ipso, ut ait Apostolus, habitat omnis plenitudo divinitatis corporaliter (*Col.* ii, 9). »

Solet a quibusdam quæri utrum anima Christi habuerit omnium rerum sapientiam [*f.* scientiam], vel
habeat. Dicunt quidam quod habuit [*f.* quod non ha-
buit] omnem scientiam, nec omnia scivit quæ Deus
scit. Quod ita volunt probare. Anima illa creata est,
sed et in nullo æquatur creatura Creatori; non igitur scivit quæ Deus scit. Item, si anima illa cum
Deo æqualem sapientiam habet, falsum erit Deum
in omni bono majorem habere sufficientiam, quam
ejus creaturam. Item dicit Apostolus : « Solus Spiritus Dei scrutatur omnia profunda Dei (*I Cor.* ii,
10); » igitur anima illa non potest scire omnia. Ad
quod dici potest, quod licet anima illa juncta Verbo
Dei, sciat quidquid ipsum Verbum, non tamen
æquatur ei in scientia, quia Verbo inest per naturam
illa scientia, illi animæ per gratiam. Item quod
opponunt : Deus in omni bono majorem habet
sufficientiam **1047** quam creatura ejus. Hoc
ibi dictum esse scias, ubi aliud creaturæ bonum
a bono Creatoris invenitur; sed, cum sapient a
animæ illius non sit aliud quam divina sapientia
quomodo potest ibi comparatio fieri? Indubitanter
namque dicendum est quod alia sapientia, præter
divinam sapientiam, non fuit in anima Christi; si
enim alia esset a divina sapientia, minor esset; si
minor esset sapientia illius animæ, quomodo illud
totum comprehenderet; minus ergo sciret ille homo

---

(29) Hic lacuna in ms. Forte, *utrum caro Christi fuerit a peccato immunis*

quam Deus. Ideo ut istam veritatem firmiter teneamus, quod illa anima nihil ignoravit, sed omnia scivit, dicendum est quod non alia sapientia erat illa anima sapiens, sed in Deo per naturam, in illa per gratiam. Quod dicunt : « Solus Spiritus Dei scrutatur omnia, » magis facit contra eos ; statim enim subjungit Apostolus : « Nos autem Spiritum Christi habemus (*I Cor.* ii, 16). » Sed illa anima præ omnibus Spiritum Dei [*f.* Christi] habuit. Contra illorum pravitatem dicit Joannes evangelista : « Spiritus ad mensuram datur aliis, sed Christo non est ad mensuram datus (*Joan.* iii, 34). » Sed, cum in Christo duæ sint naturæ, videamus cujus spiritus, vel divinæ, vel humanæ. Divinæ non convenit dari, sed dare. Est ergo humanæ naturæ datus sine mensura, sed ubi non est mensura, non est terminus ; ergo anima illa scivit omnia. Si enim quædam scivit, quædam non cum mensura scivit, terminum non habuit scientia ejus. Fulgentius etiam multa opponit contra illum errorem, asserens quod omnium rerum scientiam habuit anima illa auctoritate Apostoli, ubi ait : « In quo sunt omnes thesauri sapientiæ et scientiæ Dei absconditi (*Coloss.* ii, 3). » Ratione quoque potest id probari hoc modo : Nihil scit aliquis quod ejus anima nesciat ; sed hoc est quod omnes concedunt quod Christus scivit omnia ; ergo anima ejus omnia scivit. Sed, quamvis supra dictis respondere nequeant, adhuc nobis tamen opponunt : Si anima illa scit omnia, quia juncta est scienti omnia, ergo dici debet omnipotens, quia juncta est omnipotenti. Ad quod potest dici quod anima naturaliter capax est scientiæ, et illud ei collatum est sine mensura, cujus ipsa naturaliter capax est ; sed, cum idem sit Deum esse quod omnipotentem esse, non potuit illud conferre creaturæ.

CAPUT XIV.

Quosnam humanæ naturæ defectus Christus assumendo naturam susceperit.

Post supradicta videndum est quod, ut dicit Leo Papa, Dominus noster **1048** Jesus Christus suscepit omnia infirmitatis nostræ præter peccatum ; ut probaret [se] verum corpus habere, suscepit defectus corporis, famem, sitim, et cætera ; ut probaret [se] habere veram animam, suscepit defectus animæ, tristitiam, timorem, et hujusmodi. Hic potest opponi quod ignorantiam non habuit, et tamen ignorantia non est peccatum ; non omnia ergo nostræ infirmitatis suscepit. Ad quod potest dici quod, sicuti concupiscentia peccatum est, et tamen post remedium sacramenti non imputatur, nisi consentiatur illi motui ; ita ignorantia peccatum est, et tamen non imputatur, nisi ex negligentia sit, de qua dicitur ab Apostolo : « Qui ignorat, ignorabitur (*I Cor.* xiv, 38), » sed invincibilis ignorantia non imputatur ; est tamen, ut assignamus, peccatum ; omne enim quod separat inter nos et Deum dicitur peccatum,

sed per ista dissimiles Deo sumus, et ab eo recedimus, et ideo dicitur peccatum. Si opponitur quod non habuit pœnitentiam, hæc non est aliquid inter omnia infirmitatis nostræ. Quod tristitiam habuit, et timorem, hoc habemus ex Evangelio : « Tristis est anima mea usque ad mortem (*Matth.* xxvi, 38). » Et alibi : « Cœpit Jesus pavere et tædere (*Marc.* xiv, 33). » Augustinus : Tristitiam sic assumpsit, quomodo carnem. Si enim non habuit, cur Evangelium dicit : « Tristis est anima mea usque ad mortem ? » Ergo et quando dicit Evangelium : Dormivit, non dormivit ? Jesus ergo tristis fuit, sed voluntate, non necessitate suscepit tristitiam veram. Ambrosius : Suscepit tristitiam meam, suscepit voluntatem meam. Confidenter tristitiam nomino, qui crucem prædico. Inveniuntur tamen aliæ auctoritates, quæ tristitiam et timorem a Salvatore videntur removere. Hieronymus : Ne passio illius animo dominaretur, pro passione contristari cœpit, et aliud incipere contristari [*f.* et ob aliud incœpit constristari]. Item : Erubescant qui putant Salvatorem timuisse mortem, et passionis pavore dixisse : « Pater, si fieri potest, transeat a me calix iste (*Matth.* xxvi, 39). » Augustinus : In se præsignans infirmos, ait : « Transeat a me calix iste. » Non enim vere metuebat Christus pati tertia die resurrecturus, cum adderet Paulus : « Cupio dissolvi, et esse cum Christo (*Phil.* i, 23). » Ad quod dicendum est quod est quædam tristitia, et quidam timor, qui in tantum dominatur animo, et subjugat rationem concepto Domini præcepto, ut ducat in peccatum, sicuti Petrus timore negavit ; et de hujusmodi loquuntur auctores, quando Christum dicunt non timuisse : sed est quidam timor moderatus, qui naturaliter inest homini, et sine peccato est, sicut fames et sitis, et ille fuit in Christo ; horruit quippe mortem. Et notandum quod in Christo **1049** fuerunt duæ voluntates. Dicit namque Augustinus : Non est alia voluntas Patris quam Filii, et secundum illam voluntatem, voluit Christus pati, et mori, sicut et Pater volebat ; sed est alia voluntas, quæ naturalis appetitus potest dici, cujus est nolle mori, et juxta hanc voluntatem dictum est : « Non mea voluntas, sed tua fiat (*Luc.* xxii, 42). » Et alibi : « Non veni facere voluntatem meam, sed ejus qui misit me (*Joan.* v, 50) ; » sed in eo semper prævaluit voluntas rationis, qua idem volebat cum Patre. Quod duæ voluntates fuissent in Christo, habemus a metropolitana synodo (30), in qua Macharius episcopus fuit damnatus, qui asserebat duas in Christo voluntates non fuisse.

Solet etiam quæri utrum aliquid oraret, vel desideraret quod non impetraret. Quidam volunt dicere quod non sit exaudita illa oratio, qua ipse orabat : « Pater, si fieri potest, transeat a me calix iste (*Matth.* xxvi, 39), » quia ex infirmitate illud orabat. Similiter volunt dicere, quod ipse secundum humanum affectum voluerit salutem omnium ; unde

---

(30) Sc. Constantinopolitana tertia, an. 680.

illud : « In siti mea potaverunt me aceto (*Psal.* LXVIII, 22),» id est cum desiderarem fidem illorum. Sed, cum ipse dicat in Joanne : Non pro his rogo qui sunt de mundo, non videtur quod ipse oraverit, nisi pro salvandis. Non enim videtur conveniens, quod ejus oratio exaudita non fuerit, vel quod ipse aliquid oraverit, quod Patri sciret non placere, cum ipse omnia sciret.

A quibusdam solet quæri utrum sit concedendum : Christus est creatura. Non videtur per se concedendum. Nam, si creatura est, habet initium ; sed Christus est ab æterno, hoc itaque sequeretur inde : Si est creatura, habet initium ; si habet initium, non fuit semper. Sed cum determinatione potest concedi : Christus est creatura secundum quod homo, quia secundum quod homo, habet initium : nec tamen per se concedendum est : Christus habet initium. Ambrosius quoque multis argumentis probat adversus Arium, quod non est creatura Christus, vel Filius adoptivus. Quamvis enim non sit Filius Dei per naturam secundum quod homo, quia non est unius substantiæ cum Patre secundum quod homo, non tamen est adoptivus. Adoptivus enim est qui cum prius esset non filius, adoptatur postea in filium ; sed non prius homo ille quam Filius Dei fuit. Si ergo quæratur a me : Est Christus Filius Dei per naturam, concedam, sed cum determinatione : Christus (secundum quod homo), est Filius Dei per naturam vel adoptionem, neutrum concedo, sed per unionem. Unde Apostolus : « Qui prædestinatus est Filius Dei in virtute, etc. (*Rom.* IV, 1).» Prædestinatio enim non secundum quod Deus, **1050** sed secundum quod homo, ei convenit. De hoc quod dicit Ambrosius : Quidquid habet Filius Dei per naturam, habet Filius hominis per gratiam. Solet opponi : Deus immensus, æternus, immortalis, ergo homo ille æternus, etc. Sed homo ille ex tempore mortalis, passibilis. Ad quod potest dici, quod, sicut dicitur Deus passus, mortuus, crucifixus ; unde Apostolus : « Deum [*Vulg.* Dominum] gloriæ crucifixerunt (*I Cor.* II, 8), » et tamen Deus in natura sua non potest mori, non potest pati ; sed per unionem Verbi dicuntur de Deo hæc omnia : ita et quæ Dei sunt dicuntur de homine illo per unionem Verbi. Unde in Propheta : « Homo natus est in ea, et ipse fundavit eam Altissimus (*Psal.* LXXXVI, 5).» Et in Joanne . « Nemo ascendit in cœlum, nisi Filius hominis, qui descendit de cœlo (*Joan.* III, 13).» Sed opponitur : Si homo ille est æternus, ergo caret initio, quod falsum est, habet enim initium ex tempore ; sed non sequitur de homine ut æternus [sit,] et careat initio, quia prima est figurativa locutio, sicut non sequeretur : Deus crucifigitur et moritur, ergo desinit vivere. Ut enim dicit Augustinus : Videndum quod secundum quid dicatur.

Quæri etiam solet, si Christus habuerit fidem, spem et charitatem. De charitate certum est. Ipse

A enim ex charitate animam suam posuit pro fratribus. Quod spem habuerit, habemus in Psalmo, ubi dicit : « Conserva me, Domine, quoniam speravi in te (*Psal.* XV, 2).» Et in alio : « In te, Domine, speravi (*Psal.* XXX, 1).» Quos psalmos de Christo exponunt auctores. Sed Apostolus dicit : « Spes quæ videtur, non est spes ; quod enim videt quis, quid sperat? (*Rom.* VIII, 24.) » Christus autem omnia videbat. Sed illud dicit Apostolus secundum id quod in nobis est. Quod fidem habuerit, non est concedendum.

Quæritur etiam si aliquid meruerit sibi ; certum est enim quod membris meruerit. Quod sibi etiam meruit Apostolus dicit, ubi ait : « Propter quod et Deus exaltavit illum (*Phil.* II, 9). » Et in Psalmo : « De torrente in via bibet, propterea exaltabit caput (*Psal.* CIX, 7).» Meruit namque corpori suo immortalitatem, et impassibilitatem. Sed, cum ipse innocens esset, hoc totum debebatur sibi, et ita non ex merito hoc habuit. Potest tamen aliquis promereri quod sibi debetur, ut filius, cui debetur hæreditas patris, promeretur eam patri serviendo. Quod animæ nihil promeruit Christus multi dicunt, et quod animæ ejus nihil accreverit ; perfecte enim, ut dicunt, beata erat, ut Joannes dicit : « Hæc est vita æterna, ut cognoscant te, et quem misisti Jesum Christum (*Joan.* XVII, 3).» Gregorius quoque dicit quod non habuerit anima Christi, in quo proficere posset. Probari tamen potest quod etiam animæ promeruerit, et quod animæ accrevit aliquid post passionem : **1051** prius enim timorem habuit et justitiam ; sed post passionem nec tristari potuit, nec turbari. Accrevit ergo animæ impassibilitas, ut jam pati non posset ; quare non solum corpori, sed animæ etiam promeruit glorificationem, impassibilitatem, etc. Sed quod dicit Gregorius : Non habuit anima Christi, in quo proficere posset, intelligendum est de scientia et de dilectione. Non enim poterat ejus scientia augeri, vel dilectio. Illud quoque sciendum est, quod illius personæ, quæ est Christus, non est una pars Deus, et alia homo. Si enim partes integrales essent illius personæ (31), tunc augmentata esset illa persona, propter assumptum hominem. Augustinus : Christus una persona est geminæ substantiæ, nec tamen Deus pars hujus personæ dici potest. Alioquin Filius Dei, antequam formam Dei susceperit, non erat totus, et crevit, cum homo divinitati ejus accessisset.

CAPUT XV.

Utrum Christus peccare potuerit.

Solet quæri utrum Christus peccare potuerit. Quod quidam volunt probare illa auctoritate : « Potuit transgredi, et non est transgressus, facere mala, et non fecit (*Eccli.* XXXI, 10).» Sed hoc non putamus de Christo, sed de sanctis hominibus. Item opponunt : Christus habuit liberum arbitrium, ergo in utramque partem potuit flecti. Sed hoc non valet,

(31) Apollinaristæ tres partes in Christo asserebant, quod D. Aug. vanum et hæreticum affirmat, lib. *De dono perseverantiæ*, cap. 24, n. 67.

cum et angeli habeant liberum arbitrium, et tamen ita sunt confirmati per gratiam, quod peccare non possunt. Sed multo magis credimus hominem illum Deo unitum per gratiam, confirmatum esse ab ipsa conceptione. Item opponitur : Homo ille potuit non esse unitus Verbo, et si non esset unitus Verbo, peccaret sicut alii homines, ergo peccare potuit homo ille. Sed hoc non negamus, quin peccare posset, peccaret enim si non esset unitus Verbo; sed postquam fuit unitus Verbo, peccare non potuit. Et damnari potuit, quia peccatum sequitur damnatio. Sed quid absurdius, quam quod Filius [Dei,] quod erat homo ille, damnari posset?

Hic notandum est tres esse status hominis, et quod de unoquoque suscep t Filius Dei. Primus status ante peccatum, in quo fuit homo conditus. Secundus status, ad quem per peccatum lapsus est. Tertius status, ad quem transferendus est post resurrectionem. Primus status possibilitatem moriendi habuit, non necessitatem. Poterat enim mori, poterat non mori. Secundus **1052** status necessitatem moriendi habet, necessario enim moritur. Tertius locus [f. status] non necessitatem habet moriendi ut secundus, nec possibilitatem moriendi, vel peccandi, ut primus. De primo statu habuit Christus posse mori, posse non mori, sola namque voluntate mortuus est : unde etiam dicitur a quibusdam voluntate mortalis, natura immortalis; quia, cum esset sine peccato, quod est causa mortis, nunquam moreretur, si vellet [f. nisi vellet]. De secundo statu habuit defectus istos, famem, sitim, etc. De tertio statu habuit non posse peccare. Potest quæri, cum posset Christus mori morte non illata ab aliis, et in ea redimere humanum genus, quare voluit mori tali morte, in qua facta est multorum damnatio, sicut Judæ et aliorum. [Responderi potest] ut nos traheret ad dilectionem sui. Quanto enim graviorem mortem pro nobis sustinuit, tanto magis eum diligere debemus.

CAPUT XVI.

Utrum in morte Christi separata sit divinitas ab humanitate.

Præterea solet quæri utrum in morte separata sit divinitas ab humanitate. Quidam volunt dicere quod a carne separata sit divinitas, non ab anima. Quibus non est credendum, cum dicat Leo Papa : Ex quo hominem assumpsit, non deposuit. Et hoc omnes religiosi tenent, quia nec ab anima, nec a carne separata sit divinitas, post illam ineffabilem unionem. Non enim divinitas bis incarnata est, non bis assumpsit carnem. Indubitanter ergo dicimus : Ex quo Dei Filius factus est homo, semper Deus homo, et homo Deus. Anima enim separata est a carne, sed divinitas a neutro. Et ita exponit Augustinus verba illa : « Potestatem habeo ponendi animam meam, et iterum sumendi eam (*Joan.* x, 18). » Non divinitas animam deposuit, sed caro et animam posuit in

morte, et animam resumpsit in resurrectione. Idem in libro ad Felicianum dicit Augustinus (32) : Sic in sepulcro carnem suam commoriendo non deseruit, sicut in utero Virginis connascendo formavit. Sic ergo non discedente vita mortuus est, sicut passus, non pereunte in se potentia. Erat uno eodemque tempore totus in inferno, totus in cœlo. Erat apud inferos resurrectio potentior, erat super cœlos vita viventium [f. vivacior]; vere mortuus, vere vivus, in quo et mortem susceptio mortalitatis excepit, et vitam divinitas servata non perdidit. Opponitur : Si Filius Dei non est separatus ab homine in ipsa morte, **1053** ergo non tunc desiit esse homo; sed mortuus homo non est homo, nec igitur tunc erat homo. Quod quam frivolum sit cuilibet manifestum est. Ita enim posset dici : Homo non est homo, quia non est rationale mortale, quod penitus falsum est. Cum enim dicunt : Homo mortuus non est homo, vel est animal rationale mortale, loquebantur de homine secundum hunc statum. Item opponitur : Si erat homo, vel mortalis, vel immortalis; mortalis, non, quia mortuus, immortalis nondum, quia post resurrectionem tantum'; quod nos satis concedimus. Quod tamen mortalis nec immortalis, objiciunt auctoritate Anastasii. Hanc scilicet : Maledictus qui hunc totum hominem, id est et animam et corpus quod assumpsit denuo assumptum vel liberatum post tertiam diem a mortuis resurrexisse non confitetur : Fiat, fiat. Ad quod dicimus Anastasium tunc loqui contra eos qui negabant ejus resurrectionem, et putabant quod in morte detineretur ille qui solus inter mortuos liber [est,] et ideo dixit hominem denuo assumptum, id est a morte liberatum. Item Ambrosius super Lucam : « Clamavit Jesus voce magna, dicens : Deus, Deus meus, respice in me, quare me dereliquisti ? (*Matth.* xxvii, 46.) » Clamat homo separatione divinitatis mortuus. Nam, cum divinitas mortis libera sit, utique mors esse non poterat, nisi vita discederet, quia vita divinitas est. Sed Ambrosius intellexit divinitatem separari ab homine illo hoc quod morti exposuit hominem illum sicut in Psalmo : « Quare me dereliquisti (*Psal.* xxi, 1), » id est morti exposuisti? non quod derelictus sit, vel ab eo divinitas separata sit deserendo eum. Videbatur enim derelinqui a Deo, vel ab eo divinitas recedere, cum non ostendit potentiam suam.

CAPUT XVII.

De angelis. Quandonam creati fuerint.

Tractatis partibus fidei adjiciendum videtur de prima rerum creatione. Cum Plato dixerit tria esse principia, materiam, formam et opificem, fides Catholica unum principium omnium credit esse Deum, cujus scilicet bonitas omnium rerum causa fuit. Cum enim summe bonus et perfecte beatus æternaliter esset, voluit alios participes esse suæ beatitudinis; et, quia non potest ejus beatitudo participari nisi per intellectum, et quanto magis intelligitur,

____
(32) Idem docet D. Aug. tract. 47 *in Joan*; in ps, iv, n. 2, et alibi passim.

tanto magis habetur, fecit rationalem creaturam, ut intelligeret, intelligendo amaret, amando possideret, **1054** possidendo frueretur, et eam hoc modo distinxit, ut pars in sui puritatem permaneret, scilicet angeli, pars corpori jungeretur ut [f. et] animæ.

Quæritur cur ita factum sit, cum majoris dignitatis esset anima, si in sui puritate permaneret. Ad quod potest dici, quod licet anima dignior esset suo corpore, tamen eam corpori voluit Deus associari, ut in humana conditione ostenderet novum exemplum æternæ unionis, quæ est inter spiritum et Deum. Videbatur enim creaturam non posse uniri suo Creatori. Sed, cum spiritus, qui est excellentior creatura, tam infimæ creaturæ, sicut est corpus, in tanta dilectione uniatur, ut non possit coarctari ad hoc, ut velit eam relinquere, patet spiritum creatum eodem modo tam summo bono uniri et posse, et animæ fecit sociare corporibus, ut in eis (33) Deo famularentur, et verum et summum bonum promererentur. Cum itaque, et in angelos et in homines distincta sit rationalis creatura, primum de angelis agendum videtur; de quibus considerandum est quando creati fuerint, ubi facti fuerint, quales etiam facti fuerint.

Quædam auctoritates videntur velle, quod ante omnem creaturam facti sunt angeli, ut illud : « Primo omnium creata est sapientia (*Eccli.* 1, 4), » quod de angelis dictum est ; cui videtur convenire quod dicitur in Genesi : « In principio creavit Deus cœlum et terram (*Gen.* 1, 1). » Si enim hæc in principio facta sunt, nihil ante cœlum et terram factum est. Et in Psalmo : « Initio tu, Domine, terram fundasti, et opera manuum tuarum sunt cœli (*Psal.* ci, 26). » Quare dicendum videtur quod simul creata sunt et angelica natura et corporalis. Unde illud Salomonis : « Qui vivit in æternum, creavit omnia simul (*Eccli.* xviii, 1). » Omnia, id est spiritualem et corporalem naturam, et ita non prius tempore creati sunt angeli, quam illa materia quatuor elementorum. Tamen primo omnium creata est sapientia, quia si non tempore, præcedit dignitate. Hieronymus tamen in Epistolam ad Titum videtur aliud sentire, dicens : Sex millia needum nostri temporis implentur anni, et quantas sæculorum æternitates fuisse arbitrandum est, in quibus angeli, throni, dominationes servierunt Deo, et absque temporum vicibus atque mensuris, Deo jubente, substiterunt. Cui auctoritati quidam adhærentes dicunt cum mundo tempus cœpisse, quoniam non fuit mutabilitas ante mundum, et tamen fuisse angelos astruunt ante mun-

dum immutabiliter, intemporaliter. Nos tamen quod dictum est prius magis approbamus, et quod Hieronymus dicit, ex dictis Origenis fuit, nec asserendo dictum est, sed dubitando **1055** dixit, et inquirendo : Quantas æternitates, etc., arbitrandum est prius fuisse, etc.

CAPUT XVIII.
Quo loco creati sunt angeli.

Ubi facti sint angeli quæritur. Videntur auctores velle eos fuisse factos in cœlo. Unde in Evangelio : « Videbam Satanam sicut fulgur de cœlo cadentem (*Luc.* x, 18). » Nec appellamus hic cœlum firmamentum, quod die secunda factum est, sed cœlum empyreum splendidum, quod statim repletum est angelis, illam scilicet partem superiorem usque ad quod machina illa elementorum adhuc indistincta porrigebatur. Simul enim, ut diximus, creati sunt angeli et illa corporea materia. Unde Augustinus exponit ita locum illum (34) : « In principio creavit Deus cœlum et terram ; » cœlum, id est angelos ; terram, totam illam machinam corpoream, in cujus superiori parte facti sunt angeli ; sed, si in cœlo erant, quomodo ut legitur in Isaia, diceret Lucifer : « Ascendam in cœlum ; ponam sedem meam ad Aquilonem, ero similis Altissimo? (*Isa.* xiv, 13).» Ibi vocat cœlum sublimitatem Divinitatis. Ascendam in cœlum, id est ad æqualitatem Deitatis.

CAPUT XIX.
Quales in creatione facti fuerint angeli.

Deinde restat dicere quales facti fuerint angeli. In prima conditione tria videntur [eis] esse attributa. Essentia indivisibilis et immaterialis, et ideo indeficiens per rationem naturaliter insitam ; intelligentia spiritualis ; liberum quoque arbitrium, quo poterant sine violentia ad utrumlibet propria voluntate deflecti. Solet a quibusdam quæri, utrum boni, vel mali ; justi vel injusti ; liberi vel miseri creati fuerint. (35) Eos fuisse bonos in primo exordio creationis constare debet, id est sine vitio. Non enim Creator optimus poterat auctor esse mali. Sed nec justi, nec injusti tunc fuerunt, nec aliquam virtutem tunc habuerunt. Est enim omnis virtus **1056** meritum, et omne meritum ex libero arbitrio ; sed liberum arbitrium semper est ad futurum, non ad præsens, vel præteritum ; quod non est, non potest tunc non esse, et quod non est non potest tunc esse, et ideo in potestate liberi arbitrii non est. Non igitur erat liberi arbitrii, ut tunc essent boni, quod erat ex creatione, vel mali, quod non erat ; sed inposterum tantum, sicut aliquis sedens in potestate habet ut stet, sed non tunc ; non enim po-

---

(33) Forte leg. *Voluit spiritum creatum eodem modo tam summo beno uniri, ut eum possideret, et animas fecit sociari corporibus, ut in eis,* etc.

(34) Lib. *De Genesi ad litt.* n. 7.

(35) Videtur Hildebertus hoc in loco deseruisse D. Augustinum, cui in omnibus aliis tam firmiter adhæret, cum S. Augustinus, lib. xii De civitate, cap. 11, n. 2 diserte affirmet, quod *Deus angelos cum bona voluntate, id est cum amore casto, quo illi adhærerent, creavit, simul eis et condens naturam, et* largiens gratiam. Unde, inquit, *sine bona voluntate, hoc est Dei amore, nunquam sanctos angelos fuisse credendum est.* Ita ipsemet, lib. ii *De Gen. ad litteram,* cap. 8 asserit eos, *ex quo creati sunt, ipsa Verbi æternitate, sancta et pia contemplatione perfruitos esse.* Et lib. ii contra Julianum, cap. 8, num. 43 : *Catholica,* ait, *fides dicit non prolatum esse malum, nisi de bono, et iniquum, nisi de justo. Quia prius angelus et homo, de quibus ista prolata sunt, boni erant utique et justi.*

test ut tunc stet, sed in futurum, et inde dicimus eos in principio creationis non habuisse aliquam virtutem, vel justitiam, vel aliam, nisi acceperimus aliquam virtutem naturalem, ut ratio, ingenium, et hujusmodi. Nec possumus dicere quod injusti essent, quia sine vitio erant; et cum essent sine vitio, non erant miseri, cum pœna non præcedat culpam. Nec tamen beati, quia non sunt creati in beatitudine, sed ad beatitudinem. Si tamem aliqua auctoritas dicat eos in ipsa creatione justos vel beatos fuisse, beatitudinem, vel justitiam vocat statum illum sine miseria, et sine vitio.

Opponitur a quibusdam hoc modo. Si in principio creationis suæ non habuerunt virtutes, vel beatitudinem, tunc fecit eos Deus imperfectos. Sed non decuit eum, qui summe potens est et perfecte bonus, aliquid facere imperfectum; sed dici potest quod perfecti erant, quia habebant quidquid tunc habere debebant. Dicitur namque perfectum tribus modis : secundum tempus, secundum naturam, et universaliter perfectum. Secundum tempus perfectum [est] quod habet quidquid tempus requirit, et convenit secundum tempus habendi, et hoc modo erant perfecti angeli; secundum naturam [perfectum est] quod habet quidquid debitum est, vel expedit naturæ suæ ad glorificationem, et hoc modo perfecti [fuerunt] angeli post confirmationem [in gratia,] et sancti post resurrectionem. Universaliter, et summe perfectum, cui nihil deest quod est solius Dei.

Quales fuerint angeli in creatione, hoc diximus. Statim [vero] post creationem, quidam sunt conversi ad Creatorem suum, quidam aversi. Converti [autem] ad Deum, fuit diligere; averti, odio habere. In conversis, quasi in speculo relucere **1057** cœpit Dei sapientia, qua ipsi illuminati sunt. Aversi excæcati sunt, nec reluxit in eis divina sapientia, quia aversi sunt a lumine, tanquam speculum a facie videntis. Illis stantibus, et illis ruentibus discrevit Deus lucem a tenebris. Lucem fecit et discrevit, quia quod boni erant, ejus donum fuit. Tenebras non fecit, sed ab eis lucem discrevit, et ita angeli prius creati. Unde dictum est : « In principio creavit Deus cœlum et terram (*Gen.* I, 1), » id est angelos; deinde formati, quando scilicet ad Creatorem conversi sunt. Unde dictum est : « Fiat lux (*ibid.* 3). »

Sed potest quæri utrum aliquid collatum sit eis post creationem, per quod diligerent; quod ita est, scilicet gratia cooperans, sine qua non potest proficere rationalis creatura. Cadere enim potest, sed non proficere sine gratia cooperante. Unde nihil potest, quod non sit imputandum illis qui ceciderunt. Sine gratia enim (36) cooperante proficere non poterant; sed illa non est illis data, nec culpa eorum fuit quod non est data, quia in eis nulla culpa adhuc præcesserat. Ad quod potest dici, quod quibus data est illa gratia, non fuit data ex merito, quia adhuc nullum meritum erat; sed quod aliis non est data, culpa eorum fuit, non quod præcesserit tempore, sed in causa; quia sicut in eis gratia est causa meriti, et tempore non præcessit meritum ipsum, ita in istis culpa fuit causa, quare ex judicio Dei justo gratia non daretur; et tamen tempore, hoc non præcessit illud, quia, cum Deo omnia sint præsentia, nec eget alicujus testimonio, quam cito aliquis peccat, juste potest eum judicare, non post, sed simul. Quod si placet differre, misericordia est. Illorum culpa in hoc potest considerari, quia licet sine gratia cooperante, quam nondum acceperant, non possent proficere, tamen per id quod eis collatum fuerat ex gratia creatrice, poterant non cadere. Nihil enim erat in eis quod ad hoc posset eos compellere, et si non declinarent propria voluntate, quod datum est aliis, daretur et istis.

Quæritur utrum aliqua mora fuerit inter creationem eorum et casum. Ad quod **1058** dici potest quod non fuerit mora, et tamen prius istud est, illud posterius, sed sine intervallo. Non enim semper fuerunt mali, ut quidam dicere volunt, pro illa auctoritate : « Ab initio homicida fuit, et in veritate non stetit (*Joan.* VIII, 44). » Sed non dicitur : In initio homicida, sed *ab initio*, id est statim post initium, *et in veritate non stetit*, id est non permansit, non quin in ea fuerit. Homicida potest dici sui ipsius, quia et ipse appellatur homo, ut ibi : « Inimicus homo hoc fecit (*Matth.* XIII, 28); » vel ut Augustinus exponit (37) : Ab initio, id est ex quo homo fuit homicida fuit, quia per invidiam in mortem præcipitavit. Item dicit Augustinus super Genesim : Non frustra putari potest ab initio temporis diabolum cecidisse superbia, nec fuisse tempus, quo cum angelis sanctis pacatus vixerit et beatus; sed ab ipso primordio creaturæ apostatasse, quia, ut ait Dominus, non stetit, et hoc ab initio ex quo ipse creatus est, qui staret si stare voluisset; quæ auctoritas supra dicto modo exponi potest.

CAPUT XX.

De excellentia Luciferi ante lapsum, et ruina post lapsum.

Ante eos qui ceciderunt unus fuit (38) excellen-iisdem Evangelii testimoniis, et eodem modo explicatis, utitur. Unde et illum sermonem, et hunc tractatum Hildeberti genuinos fetus esse censuimus. Quod etiam confirmari potest per ea quæ de malis angelis dicit Hildebertus, dum quasi totidem hujus capitis verbis, *aerem caliginosum asserit esse carcerem dæmonum, usque dum detrudantur in illum ignem æternum, qui paratus est diabolo et angelis ejus.* Idem reperit, Serm. 1 De Purificatione Beatæ Mariæ, et

---

(36) Forte intelligibilius, habita ratione ad id quod sequitur : *Unde nihil est quod sit imputandum illis qui ceciderunt ; sine gratia enim,* etc.

(37) Tract. 42 *in Joan.* n. 11.

(38) Idem asserit Hildebertus in serm. 2 De Ascensione Domini, quem non solum e ms. Victorino eruimus, sed et e Lyrano, e quo et hunc tractatum theologicum eduximus. In illo autem sermone, et in hoc tractatu, ad sententiæ suæ probationem,

tior omnibus aliis, et non solum his qui ceciderunt, sed et omnibus eum fuisse excellentiorem videntur auctoritates velle, quemadmodum Job dicit : «Ipse est principium viarum Dei (*Job* XL, 14). » Et in Ezechiele : «Tu signaculum similitudinis, plenus scientia, et perfectione decorus, in deliciis paradisi fuisti (*Ezech.* XXVIII, 12). » Quod Gregorius sic exponit (39) : Quanto in eo sublimior est natura, eo in illo imago Dei sublimius insinuatur expressa. Item in Ezechiele : «Omnis lapis pretiosus operimentum ejus (*Ezech.* XXVIII, 13). » Omnis lapis pretiosus, id est omnes angeli, operimentum ejus, quia ut dicit Gregorius : Illorum comparatione cunctis clarior fuit, unde appellatus est Lucifer, qui non unus ordo, sed unus spiritus putandus est, qui ut dicit Isidorus, postquam creatus est absque ullo intervallo, profunditatem suæ scientiæ **1059** perpendens, in suum Creatorem superbiit, et ut dicitur in Isaia, Deo æquari voluit. «In cœlum conscendam, super astra cœli exaltabo solium meum, et ero similis Altissimo (*Isa.* XIV, 13). » Similis voluit esse, non per imitationem, sed per æqualitatem; et non solum æqualis, sed etiam quod superior esse voluit, illa auctoritas velle videtur : «Extollitur supra omne quod dicitur aut quod colitur Deus (*II Thess.* II, 4); » et quia contra Creatorem suum in tantum superbivit, dejectus est in istum caliginosum aerem cum omnibus illis qui ei consenserunt, et hoc ad nostram probationem, ut sint nobis adminiculum exercitationis. Non est eis concessum habitare in cœlo, quod est clara patria, nec in terra, ne homines nimis infestarent, sed «in aere caliginoso, qui est eis quasi carcer» usque ad tempus judicii. Tunc enim detrudentur in barathrum inferni, secundum illud : «Ite, maledicti, in ignem æternum, qui paratus est diabolo et angelis ejus (*Matth.* XXV, 42). » Et, sicut majoris scientiæ sunt vel minoris, ita habent majores vel minores prælationes, quia quidam uni provinciæ, quidam uni vitio, unde dicitur spiritus superbiæ, spiritus luxuriæ. De hoc autem dubitatio est, utrum modo omnes in isto aere sint usque ad judicium, an aliqui in inferno inferiori jam sint, quod de auctoritate non multum certum habemus. Quidam tamen volunt dicere, quod Lucifer, qui plus cæteris peccavit, statim illuc demersus sit, et quidam ex aliis. Origenes etiam dicit quod illi qui a sanctis, et juste, et pie viventibus vincuntur, non habent potestatem amplius tentandi alios, sed statim illuc demergantur. Quod satis verissimile est. Origenes : Puto etiam sane quod sancti repugnantes adversus istos incentores, et vincentes eos, minuunt exercitum [eorum,] vel ut quamplurimos eorum interimant, nec ultra fas sit illum spi-

Ser. de militia Christiana, et alibi passim. Hoc autem conformiter ad doctrinam D. Augustini, qui Enchiridii cap. 28, n. 9, asserit angelos aliquos impia superbia dejectos, et *in hujus aeris imam caliginem de superna cœlesti habitatione detrusos*; et in Epistola 102 ad Deo gratias, num. 20 : *In hoc*, inquit,

ritum, qui a sancto caste et pudice vivente victus est, impugnare iterum alium hominem.

Sciendum quoque est quod boni angeli ita sunt confirmati per gratiam [in bono,] quod peccare non possint, mali [vero] obstinati per malitiam facere bonum non possint. Ad hoc opponitur quod liberum arbitrium habent, ergo in utramque partem possunt flecti. Sed non inde dicitur liberum, ut in hoc loco ostendemus, si liberum, id est voluntarium, et boni non necessitate cogente, sed libera voluntate a malo abstinent, similiter et mali a bono. Item opponitur de hoc quod Hieronymus dicit : Solus Deus est in quem peccatum cadere non potest. Cæteri, cum sint liberi, in utramque partem suam possunt flectere voluntatem. Sed qualiter hoc intelligendum sit ex his verbis Isidori conjicere **1060** possumus; angeli mutabiles natura, et immutabiles gratia [sunt.] Unde videtur concedendum [quod] boni angeli possunt peccare ex natura sua, id est eorum natura ad hoc non repugnat, nec tamen concedendum est [quod] boni angeli possunt peccare, sed potius non possunt peccare, id est gratia per quam confirmati sunt, ad hoc repugnat; et quanquam mali per malitiam sint obstinati, tamen vivacem sensum non amiserunt, quia, ut dicit Isidorus, triplici acumine scientiæ vigent, subtilitate naturæ, experientia temporum, revelatione superiorum potestatum. Augustinus (40) : Spiritibus malis quædam verba de temporalibus rebus nosse permittuntur, partim subtilitate sensus, partim experientia temporum calidiore, propter tam magnam longitudinem vitæ, partim sanctis angelis quod ipsi ab omnipotente Deo discunt, et jussu ejus, sibi renuntiantibus. Aliquando autem nefandi spiritus, etiam quod ipsi acturi sunt, velut divinando prædicunt.

Quæritur utrum præscii fuerint sui casus. Sed, si suum lapsum præsciverunt, aut vitare noluerunt, et ita stulti et maligni erant ante lapsum, aut vitare voluerunt, sed non potuerunt, et ita erant miseri antequam caderent. Propter hæc inconvenientia dicit Augustinus super Genesim eos sui casus non præscios [fuisse.]

CAPUT XXI.
De ordinum distinctione.

Post supradicta videndum est, quod Scriptura novem ordines angelorum esse testatur in pluribus locis, et inveniuntur in ordinibus istis tria terna esse, et in unoquoque tres ordines, ut Trinitatis similitudo in eis præ aliis creaturis insinuetur impressa. Sunt enim tres superiores, tres inferiores, tres medii. Superiores, seraphim, cherubim, throni; medii, dominationes, principatus, potestates; inferiores, virtutes, archangeli, angeli.

proximo et caliginoso cœlo habitant, tanquam in aerio carcere suo.
(39) Homil. 34 in Evang.
(40) Lib. *De divinatione dæmonum*, cap. 4, num. 8 et seqq.

Hic videndum est quid appellemus ordinem, et utrum a creatione fuerit illa ordinum distinctio. Ordo angelorum dicitur multitudo spirituum qui inter se præ aliis assimilantur; ut seraphim, qui præ aliis ardent charitate; seraphim enim interpretatur *ardens*. Cherubim, qui præ aliis in scientia eminent; cherubim namque interpretatur *plenitudo scientiæ*. Thronus interpretatur *sedes*. Throni vocantur, ut Gregorius ait, qui tanta divinitus gratia replentur, ut in eis sedeat Deus, et per eos judicia sua decernat. Potestates, qui **1061** potestates principatuum transcenderunt. Principatus vocantur, qui sibi subjectis, dum quæ sunt agenda disponunt, eis ad explenda divina ministeria principantur. Potestates ii, qui hoc potentius cæteris in suo ordine acceperunt, ut virtutes adversæ eis subjectæ refrenentur potestate, ne homines tentare valeant, quantum desiderant. Virtutes, per quos signa et miracula frequentius fiunt. Archangeli, qui majora nuntiant. Angeli, qui minora; et quia majus donum est charitas quam scientia, ideo superior ordo a digniori nomen accepit. Item majus est scire quam judicare; scientia namque informat judicium. Sic et de aliis, et ita secundum excellentiam donorum assignatur excellentia ordinum. Tamen, sicut Gregorius ait, illa dona omnibus sunt communia; omnes enim ardentes charitate et scientia pleni sunt, sed quanto superiores, tanto excellentiores præ aliis eam possident. Gregorius : In illa summa civitate quisquis ordo ejus [*supp*. rei] nomine censetur, quam in munere plenius accepit.

Hic oritur quæstio hujusmodi : Si quis ordo plenius possidet illud donum a quo nominatur, tunc cherubim in scientia præeminent omnibus, sed quia qui magis diligunt, plus cognoscunt, tantum enim cognoscitur Deus, quantum diligitur. Itaque seraphim non solum charitate, sed etiam in scientia præeminent. Unde quidam sic exponunt auctoritatem illam : Ejus rei nomine quisque censetur ordo, quam in munere plenius accepit, plenius enim ad omnes, scilicet, ad inferiores intelligitur. Vel nos possumus dicere quod illa comparatio fiat, non ad angelos, sed ad alia dona. Sicut enim in hominibus, cum idem habeat plures virtutes, tamen unam plenius aliis [possidet] ut Job patientiam, David humilitatem, ita et in angelis. Unde sic exponi potest illa auctoritas : Ejus rei nomine censetur quam in munere plenius accepit, non plenius aliis angelis omnibus, sed aliis donis.

Hic restat quærere, si ordines isti a prima creatione fuerint : quod ita fuisse constat, cum auctoritas dicat de singulis ordinibus aliquos cecidisse; sed ex illa parte non potest dici quod tunc charitate arderent; non ergo videtur quod tunc essent seraphim. Ad quod dici potest, quod, quamvis a principio creationis non arderent charitate, tamen

in hoc erat ille ordo discretus ab aliis, quia ad diligendum cæteris habilior erat. Sicut enim videmus in corporibus, quod in sui natura, quædam sunt aliis magis solida et firma, magis **1062** etiam aliis et munda et clara, sic et in illis spiritualibus naturis convenientes suæ puritati et excellentiæ, et in essentia, et in forma differentiæ gradus, et in ipso exordio conditionis potuerunt esse, quibus alii superiores, alii inferiores : superiores, qui natura magis subtiles, et sapientia amplius perspicaces; inferiores, qui natura minus subtiles, et sapientia minus perspicaces conditi sunt. Sed istas discretiones invisibiles invisibilium solus ponderare potuit, qui omnia in numero, et pondere, et mensura fecit.

Quæritur si omnes ejusdem ordinis pares sint et æquales. Quod quibusdam visum est. Sed illud non potest stare, cum Scriptura dicat Luciferum cunctis aliis excellentiorem, quem constat fuisse de ordine superiorum, et tamen in illo ordine excellentiorem. Sicut enim omnes virgines unius ordinis unus excellit alium in virginitate; sic etiam in angelis potest esse. Legimus quod decimus ordo de hominibus compleri debeat; mali namque angeli cum de singulis ordinibus caderent, fecerunt unum ordinem, quia in malitia similes, licet improprie in eis dicatur ordo, et ille de hominibus restauratur. Unde Scriptura decimum ordinem compleri ex hominibus [indicat]. Sed cum Gregorius dicat assumendos esse homines in ordines angelorum, quidam in ordinem superiorum, qui scilicet magis ardent charitate; quidam in ordinem inferiorum, qui scilicet minus perfecti sunt, non videtur quod de hominibus decimus ordo fiat, sed novem tantum remaneant. Ad quod potest dici quod secundum convenientiam donorum quam habent angeli, dicuntur assumendi (41) in ordines angelorum, sed secundum naturam quam habent differentem ab illis, alium ordinem dicuntur facturi; et quamvis de hominibus restauretur quod lapsum est in angelis, propter quod ait Apostolus : « Instaurare omnia in Christo quæ in cœlis sunt, et quæ in terris (*Ephes.* i, 10), » non tamen est intelligendum quod solummodo pro illis qui ceciderunt factus sit homo. Licet enim angeli non cecidissent, homo non minus factus esset. Unde Gregorius dicit, quod non sunt homines electi juxta numerum eorum qui ceciderunt, sed juxta numerum eorum qui permanserunt. Gregorius : Quod enim superna illa civitas ex angelis et hominibus constat, ad quam tantum [*f.* tantos] humani generis ascendere, quantos illic contigit angelos remansisse, sicut scriptum est : « Statuit terminos gentium juxta numerum angelorum (*Deut.* xxxii, 8, *juxta LXX*) [42]. »

---

(41) Forte, *quod non secundum convenientiam donorum quam habent cum angelis, dicuntur assumendi*, etc.

(42) Ubi Vulg. habet : *Constituit terminos populorum juxta numerum filiorum Israel.*

1063 CAPUT XXII.

De missione angelorum.

Videntur quædam auctoritates velle quod non omnes angeli mittantur, ut in Daniele : « Millia millium ministrabant ei, et decies centena millia assistebant ei (*Dan.* VII, 10). » Item Dionysius in Hierarchia : Superiora illa agmina ab intimis nunquam recedunt, quoniam ea quæ permanent, usum exterioris officii nunquam habent. Hierarchia *episcopatus* interpretatur, quia de prælatione angelorum ibi agitur. Istis auctoritatibus dicunt quidam quod non mittuntur nisi inferiores. Sed illud opponitur quod Isaias dicit : « Volavit ad me unus de seraphim (*Isa.* VI, 6). » Quod ita solvit Dionysius : Hi spiritus qui mittuntur, percipiunt eorum vocabulum quorum gerunt officium : unde dicunt illum angelum qui missus est ad Isaiam ut mundaret labia prophetæ, fuisse de ordine inferiorum ; sed ideo appellatur seraphim, quia veniebat incendere et consumere delicta prophetæ. Item dicit Apostolus : « Omnes sunt administratorii spiritus in ministerium missi (*Hebr.* I, 14). » Unde videtur quibusdam quod omnes mittantur, et quod ille qui missus est ad nuntiandum Sanctum sanctorum fuerit de superiori ordine. Sed opponitur : Quare ergo non omnes appellantur angeli, sed duo tantum ordines inferiores ? Respondetur : Quia sæpius, et quasi ex officio injuncto hoc habent illi duo ordines ; nec debet indignum videri si etiam superiores mittuntur, cum ille, qui Creator est omnium ad hæc inferiora descenderit. Unde videtur quod Michael, Gabriel, Raphael de superiori ordine sint, nec sunt nomina ordinum, sed spirituum (43). Michael, *quis ut Deus?* Gabriel, *fortitudo Dei.* Raphael, *medicina Dei.* Dicit Scriptura quod angeli sunt deputati ad custodiam hominum, ut in Evangelio : « Angeli eorum semper vident faciem Patris (*Matth.* XVIII, 20). » Gregorius etiam dicit quod quisque habet unum bonum angelum sibi ad custodiam deputatum, unum malum ad exercitandum. Cum enim boni angeli desiderent bonum nostrum, et communiter saluti omnium studeant, ille tamen qui deputatus est alicui ad custodiam, cum specialiter ad bonum hortatur. Sicut legimus de angelo Tobiæ, de angelo Petri in Actibus apostolorum. Similiter et mali angeli, cum desiderent malum omnium, tamen magis infestat eum malus angelus qui permissus est ei ad tentandum ; sed hoc dubium nobis est, nec de Scriptura habemus determinatum (44). Utrum vero pluribus **1064** unus datus sit ad custodiam, an singuli singulis. Sed, cum electi tot sint, quot et boni angeli sunt, plures constat esse inter bonos et malos homines, quam boni angeli sunt, quomodo sunt singuli et boni et mali, homines habentes singulos sibi ad custodiam delegatos?

Præterea, sciendum quod cognitio angelorum

A usque ad judicium augeri potest ; unde illud quod in Isaia Domino ascendente angeli quærunt : « Quis est iste qui venit de Edom, tinctis vestibus de Bosra? (*Isa.* LXIII, 1.) » Et in Psalmo : « Quis est iste rex gloriæ? (*Psal.* XIII, 10.) » Ita dici potest quod eorum cognitio non decrescit, quia nihil obliviscuntur, cum sint confirmati per gratiam ; sed crescere potest usque ad consummationem futuram, quando fixi et immobiles erunt in eo quod scient, ut nec plus nec minus scire possint. Ad hoc quod dicimus cognitionem angelorum augeri posse, videtur oppositum quod dicit Isidorus : Angeli in verbo Dei omnia sciunt antequam fiant. Gregorius in libro Dialogorum (45) : « Quid est quod ibi nesciant, ubi scientem omnia sciunt? » Sed potest dici quod si videant,

B imo habeant eum in quo omnes thesauri sapientiæ sunt, non tamen ibi cognoscunt, nisi quantum [eis ipse] vult aperire, et tamen dicuntur omnia scire, id est nihil ignorare. Nihil enim ignorat, qui scit quodcunque debet scire, et quidquid tunc vult scire. Per omnia namque voluntas eorum divinæ concordat voluntati, nec aliud volunt scire, nisi quod cognoscunt Deum velle. Meritum angelorum dicitur esse in hoc quod desiderant bonum nostrum, et nostro profectui student. Unde Apostolus : « Et angeli vestri sunt. »

CAPUT XXIII.

De operibus sex dierum.

Sicut diximus : In principio creaturarum creavit Deus cœlum, id est angelos ; et terram, scilicet,

C illam materiam quatuor elementorum confusam adhuc, quæ dicta est chaos, et hoc fuit ante omnem diem. Restat igitur videre quomodo per sex dies illam materiam distinxit. Sicut in Genesi dicitur : Prima die facta est lux (*Gen.* I *per totum*). Quidam expositores dicunt, quod lux illa fuerit splendidum quoddam corpus, quasi lucida nubes quædam, quæ, sicut sol modo, circumferebatur, ortu et occasu, noctem et diem faciens. Alii vero dicunt, quod lux illa quæ facta est prima die, fuerit angelica natura ad Creatorem conversa, sicut jam diximus. « Secunda die factum est firmamentum, ut divideret **1065** aquas ab aquis. Beda dicit quod firmamentum sit de aquis consolidatis quasi crystallus lapis ;

D quod satis verisimile est, cum et color ejus hoc indicet. Quidam tamen expositores videntur velle quod igneæ naturæ sit. Quod super firmamentum aquæ fuerint, et in Genesi habetur, et in Propheta : « Aquæ quæ super cœlos sunt, benedicunt Deo (*Psal.* CXLVIII, 4). » Quales [autem] aquæ istæ sint non est nobis certum, sed, ut dicunt expositores, vel glacialiter solidatæ sunt, aut vaporaliter suspensæ ad similitudinem vaporis, scilicet fumi, quod verisimilius est. Tertia die congregatæ sunt aquæ in unum locum, et apparuit arida. Quarta die facta sunt luminaria, ut essent in signa et tempora, id est ut per ea fieret

---

(43) De his fere D. Greg. hom. 34 in Evang.
(44) Vide D. Greg., IV, *in Job.* XXV, et XXXIX, *in Job.* XV.

(45) Idem dicit Greg., II, *in Job.* II.

distinctio temporum. Ex quo enim creatura fuit, et tempus fuit, quia creatura esse non potuit sine mutabilitate, et ubicunque motus est, ibi prius et posterius, nec aliud est tempus nisi mora de illo quod est prius in id quod est posterius ; sed ante luminaria non erat ista distinctio temporis, quomodo est per solem et lunam, et stellas alias. Quinta die produxit aqua pisces et volatilia, unde est illud : Partim remittis gurgiti, partim levas in aera. Sexta die produxit terra animalia diversi generis, et in ea die post omnia factus est homo ad imaginem et similitudinem Dei ; et merito post omnia factus est qui omnibus præferendus erat. Sicut processimus videtur ipsa series, et plures expositores velle, quod scilicet ante omnem diem materies facta fuerit, sicut diximus, simul cum angelis ; postmodum per sex dies ex illa materia genera rerum sunt distincta. Quibusdam tamen videtur, quod non per intervalla temporum factæ sunt istæ distinctiones rerum, sed simul. Sed, cum Moyses loqueretur rudi populo et carnali, oportebat eum loqui de Deo sicut de aliquo homine, qui opera sua per moras temporum format et perficit. Unde Augustinus dicit : Quod a Deo simul potuit fieri, ab homine non potuit dici ; nec negamus quin Deus potuisset fecisse, si ei placuisset (46) ; nec Augustinus illud asserit, sed dicit : Potuit simul fieri. Item Augustinus : Quia illud unde fit aliquid, etsi non tempore, tamen origine prius est quam illud quod inde fit, potuit dividere Scriptura temporibus quod Deus faciendi temporibus non divisit. Qui istis auctoritatibus adhærent, illos sex dies appellant, sex operum distinctiones, quæ secundum Deum factæ sunt simul, sed ordine dici oportuit. Prima tamen sententia multo probabilior est. Septima die « requievit Deus ab omni opere suo quod patrarat (*Gen.* ii, 2), » quia nihil fecit post omnia genera rerum. Sed opponitur illud quod dicitur **1066** in Evangelio : « Pater meus usque modo operatur, et ego operor (*Joan.* v, 17). » Operatur enim quotidie, novas animas creando, propagando etiam unum de alio. Sed non est hoc facere nova genera rerum ; licet enim modo creetur nova anima, tamen nihil novum addit, cum et prius anima fuerit.

Alia littera dicit in Genesi : « Requievit Deus die sexta, » etc., sed utrumque verum est, et quod dicitur : « Sexta requievit, » quia die sexta consummata, et septima inchoata a generibus rerum distinguendis cessavit.

Hic potest quæri : Cum in sex diebus omnia compleverit opera, et post illos sex dies nihil novi addiderit, quare procedimus numerando dies usque ad septimam. Si dicitur : Quia septima est alia ab illis, sic et octava alia ab illis, et nona, et sic de aliis. Sed non sunt aliæ in distinctione rerum. Similiter et septima non fuit alia in distinctione rerum, quia non fuit in ea alicujus operis distinctio facta, sicut in aliis sex diebus. Facere enim septimam diem, non fuit facere aliud genus rerum, quia jam præcesserat dies. Ad quod potest dici, quod licet in septima die non fuerit aliquod opus factum, tamen fuit ibi alius status rerum, scilicet consummatio omnium, et ideo usque ad eam procedimus, et postea statim reincipimus.

CAPUT XXIV.
De creatione hominis.

His excursis, de creatione hominis restat agere, et de lapsu ejus et de reparatione. In Genesi dicitur : « Faciamus hominem ad imaginem et similitudinem nostram (*Gen.* i, 26). » Ad imaginem Dei factus est homo secundum animam. Sicut enim imago cernitur in speculo, ita anima in sua ratione Deum cognoscere potest. Unde illud : « Signatum est super nos lumen vultus tui, Domine (*Psal.* iv, 7). » Ut enim in facie cognoscitur homo, ita in ipsa ratione, tanquam in sua imagine, cognoscitur Deus. Homo itaque imago Dei est per rationem. Unde Apostolus : « Vir est imago et gloria Dei (*I Cor.* xi, 7). » Et *ad imaginem*, quia non est ei usquequaque similis. Filius imago Patris [est,] et non ad imaginem, quia quidquid habet Pater, totum habet Filius per naturam. Homo vero ita est imago Dei, quod ad imaginem, quia non per naturam, sed per participationem, vel imitationem. Habet enim ea quæ Deitatis sunt. Deus namque est ipsa justitia, sapientia, bonitas ; homo non est ipsa sapientia, justitia, bonitas, sed potest esse sapiens, justus, bonus, et **1067** similia. Augustinus in lib. *De Trinitate* (lib. xii, c. 7) : « Homo est imago Dei, et ad imaginem, quia non est æqualis Patri, sed quadam similitudine accedit. Filius imago, et non ad imaginem; quia æqualis est Patri. »

Et est notandum quod non solum ad imaginem Patris, sed totius Trinitatis factus est homo, cum scriptum sit : « Faciamus hominem ad imaginem et similitudinem nostram (*Gen.* i, 26). » Nostram, id est totius Trinitatis. Et notandum est quod imago appellatur ipsa imago impressa in re aliqua, et res in qua imprimitur. Unde et ipsa ratio imago dicitur, quia tanquam sigillum impressa est animæ, et homo imago Dei dicitur. Augustinus in libro *De civitate Dei* (lib. xi, c. 26, 28) : Aliud est Trinitas res ipsa, aliud imago Trinitatis in re aliqua. Propter quam imaginem, similiter et illud in qua ipsa impressa est, imago dicitur. Sic imago dicitur simul et tabula, et quod in ea pictum est, [non propter tabulam ipsam,] sed propter picturam quæ in ea est. Ad similitudinem Dei factus est homo, quia innocens et sine vitio factus est.

De angelis solet quæri utrum ad imaginem Dei (cum id nunquam legatur) sint facti. Sed licet non sit scriptum, non est tamen dubitandum ; quod enim de homine dixit, et de angelis intelligi voluit.

Dicitur et aliter homo ad imaginem Dei, quia, sic-

---

(46) *Qualis illa sit lux, et quo alternante motu.... remotum est a sensibus nostris, nec ita ut est, intelligi a* nobis potest ; *quod tamen sine ulla hæsitatione credendum est.* Ita D. Aug. lib. ii *De civitate Dei*, cap. 7.

ut ex Deo omnia, ita ex Adam omnes homines. Sed hoc modo esse ad imaginem Dei, non convenit, nisi primo homini. In hoc potest dici anima ad similitudinem Dei, quia immortalis et indissolubilis. Augustinus in lib. *De quantitate animæ* (cap. 2, num. 3) : Anima facta est Deo similis, quia immortalem et indissolubilem fecit eam Deus. Nec de substantia sua, ut quidam hæretici voluerunt, fecit eam Deus, sed ex nihilo. Augustinus : Quod de Deo est, necesse est ut ejusdem naturæ sit cujus ipse est, ac per hoc etiam immutabile sit ; anima vero mutabilis est, non ergo est de ipso. Si autem de nulla re alia facta est, procul dubio de nihilo facta est, sed ab ipso Deo. Corpus vero formavit de limo terræ, cui inspiravit animam. Unde in Genesi : « Insufflavit [*Vulg.* inspiravit] in faciem ejus spiraculum vitæ (*Gen.* ii, 7), » id est ei animam inspiravit. Sed utrum in corpore, vel extra corpus creata sit, non multum de auctoritate certum habemus. Augustinus tamen super Genesim : De anima primi hominis videtur quod extra corpus facta fuerit, et propria voluntate illud intraverit. Sed, sicut ipsemet dicit, magis quærendo super Genesim, quam asserendo, locutus fuit (47). Sed quidquid de anima primi hominis dicatur, de aliis verisimilius est, ut in corpore **1068** creentur. Si quæratur in qua ætate factus fuerit homo, Augustinus dicit : Adam continuo factus est sine ullo progressu membrorum, in ætate virili, ut virga de manu Moysi continuo versa est in draconem.

CAPUT XXV.

De formatione mulieris.

Sicut in Genesi dicitur : « Misit Deus soporem in Adam, et tulit unam de costis (*Gen.* ii, 21), » et inde mulierem formavit. Hic potest quæri quare non creavit Deus simul omnes homines, sicut et angelos ? Quia [scilicet] voluit ut unum esset principium humani generis, ad retundendam superbiam diaboli. Ut enim ejus elatio confunderetur, hoc homo accepit, quod diabolus per superbiam appetiit, scilicet esse principium, ut sicut Deus omnibus rebus existit principium creationis, ita homo esset omnibus hominibus principium generationis. Est et alia causa quare ex uno Deus voluit esse omnes, ut dum cognoscerent se ab uno [esse,] se quasi unum diligerent. In quo facto mysterium Christi et Ecclesiæ significatum est. Sicut enim mulier de latere viri dormientis formata est, sic Ecclesia sacramentis [*f.* sic Ecclesiæ sacramenta], quæ de latere Christi dormientis in cruce profluxerunt, scilicet sanguis et aqua. Sanguine redemit fideles, aqua abluit peccata in baptismo.

Solet quæri utrum cum additione rei extrinsecus sumptæ de costa illa facta sit mulier ; quod quidam solent dicere ; sed si ad perficiendum de costa illa corpus mulieris Deus extrinsecus augmentum addidit, cum illud quod addebatur majus fuerit quam

illa costa, potius de illo mulierem factam dicere debuit, unde scilicet plures substantiæ suæ partes acceperit. Restat ergo ut dicamus costam illam in semetipsam multiplicatam, et ex illa mulierem formatam, nullo additamento extrinsecus sumpto. Majus enim fuit de nihilo aliquid facere, quam parvam substantiam in semetipsam multiplicare. Idem dicimus de illis quinque panibus evangelicis.

Quæritur utrum natura illius costæ esset ut inde fieret mulier ? Ad hoc videndum est, quod omnium rerum quæ fiunt, causæ in Deo ab æterno fuerunt. Ut enim homo sic fieret, vel equus, et similia, in Dei dispositione ab æterno fuit, et istæ dicuntur in Scriptura primordiales causæ ; quia istas aliæ non præcedunt ; et quamvis una sit omnium causa, dispositio scilicet divina, quæ non est aliud quam ipse Deus, tamen propter effectus plures, pluraliter **1069** dicit Augustinus (48) primordiales causas omnium rerum in Deo esse. Unde etiam inducit similitudinem artificis, in cujus dispositione est qualis futura sit arca, quadrata vel oblonga, et hæc dispositio æternaliter processit. In creaturis vero quarumdam rerum et non omnium causæ procedunt. Inseruit namque Deus, ut Augustinus ait, quasdam causas rebus, secundum quas aliquæ ex eis proveniunt, ut de hoc semine tale germen, de hac arbore talis fructus ; ut qui juvenis modo est, tali tempore senescat, et similia : et hæ quoque appellantur primordiales causæ, licet non multum proprie dicantur ; habent enim causas ante se, quæ in Deo æternaliter fuerunt : quæ autem in creaturis sunt, et universaliter primæ non sunt, sed tamen in suo genere primæ sunt, [quia] ad posteriora primæ, et ideo istæ etiam primordiales dicuntur, quia in prima editione rerum, quæ facta est in sex diebus, eas Deus inseruit rebus, et sicut creaturæ mutabiles sunt, ita et hæ causæ mutabiles sunt. Cum etiam sit in natura juvenis, ut aliquando senescat, mutari tamen potest ; sed illæ quæ in Deo sunt, et increatæ, immutabiles sunt. Dispositio enim Dei mutari non potest, quia Deus immutabilis est. Apparet itaque ex illis, quod omnium rerum causæ in Deo sunt, quarumdam vero in natura, rerum, sicut ostendimus de semine et arbore, et hæc dicuntur fieri secundum naturam, id est secundum usitatum cursum rerum. Aliarum vero in solo Deo, et non in naturis rerum causæ consistunt, ut illud quod virga arida floruit, quod asina locuta fuit, et similia ; et hæc dicuntur fieri per miraculum, quia contra naturam ipsarum fiunt, id est non secundum causas illis rebus a Deo insertas. Inter hæc illud ponit Augustinus, quod de costa facta est mulier ; non enim erat in costa causaliter, ut de ea fieret mulier, sed in Dei potentia, qui non alligavit numeris [*f.* naturis] rerum potentiam suam. Augustinus super Genesim : Alius modus est ergo quo illa herba sic germinat,

<hr>

(47) Idem lib. ix *De libero arbitrio*, cap. 21, n. 59.

(48) Lib. iii *De Trin.*, cap. 9, n. 16. Vide etiam

ad hæc D. August. lib. vi *De Gen. ad litteram*, cap. 15, num. 26 et 29.

sic illa ætas parit, illa vero non ; homo loquitur, pecus non potest. Horum et talium modorum rationes non tantum in Deo sunt, sed ab illo etiam in rebus recreatis [*f.* æque ac creatis]. atque creatæ Ut autem lignum aridum floreat, et fructum gignat ; ut femina in juventute sterilis in senectute pariat ; ut asina loquatur, et similia, dedit quidem naturis quas creavit, ut ex eis et hæc fieri possent, non ut haberent in naturali motu. Habet ergo Dominus in semetipso absconditas quorumdam factorum causas, quas rebus creatis non inseruit easque implet, non illo opere prudentiæ, quo naturas substituit **1070** ut sint, sed illo quo eas administrat ut voluerit, quas ut voluit condidit. Quorum unum erat, quod ita mulier facta est de latere viri dormientis. Inde habuit hoc prima rerum conditio, ut femina omnino sic fieret ; sed tantum hoc habuit, quia sic fieri posset. Sicut corpus mulieris de corpore viri traductum fuit, ita voluerunt quidam, quod anima ipsius Evæ de anima viri propagata esset, et omnes animæ post primam de traduce essent, sicut et corpora. Sed Hieronymus sub anathemate prohibet, inducens hanc auctoritatem Prophetæ : « Qui finxit sigillatim corda eorum (*Psal.* XXXI, 15), » ubi satis innuit, quod non animam de anima creat Deus, sed sigillatim de nihilo eas fecit. Augustinus vero nihil inde asserit, sed quærendo refert de anima diversorum sententias ; quorum quidam voluerunt quod simul omnes creatæ essent, quidam quod non simul, sed de traduce ; alii quod nec simul, nec de traduce, quorum sententiam Hieronymus asserit.

CAPUT XXVI.

De statu hominis ante peccatum

« Tulit Deus hominem, et posuit in paradiso voluptatis (*Gen.* II, 15). » Quibus verbis plane ostendit Moyses, quod extra paradisum creatus [est,] et postmodum in paradiso positus. Quod ideo factum dicitur, quod non erat in eo permansurus, vel ne beneficium Dei imputaret naturæ, sed gratiæ. Paradisus in parte orientali a sanctis refertur locus eminentissimus, ut nec aquæ diluvii illuc pertingere possent, in quo erant ligna diversi generis : lignum vitæ, lignum scientiæ boni et mali, et alia plura. Lignum vitæ appellatum est, quia talis naturæ erat ejus fructus, ut defenderet a mortis defectu, et omnis infirmitatis molestia. Aliud erat lignum scientiæ, quod non a natura nomen habuerit, ut conferret scientiam, sed ex prohibitione hoc inde consecutum erat ; ut qui cito comederet de fructu ejus, sciret per experientiam mali quid distaret inter bonum quod reliquerat, et malum quod invenerat. Habuit namque prius scientiam boni et mali : boni, per experientiam, et non per scientiam ; mali, per scientiam tantum, et non per experientiam. Hic videndum [*f. supp.* quis fuerit status hominis ante, etc.] hominis ante peccatum. Sicut Apostolus dicit : « Primus

Adam factus est in animam viventem (*I Cor.* XV, 45), » id est corpus sensificantem, quod adhuc erat animale ; egebat enim alimonia ciborum : mortale etiam habebat corpus ; poterat enim mori, poterat non mori ; poterat **1071** peccare, poterat non peccare. Sed completo numero, transferret ad illum statum [*f.* completo certo annorum numero, transferendus ad illum statum, etc.], in quo nec mori posset, nec peccare. Erat igitur ante peccatum immortalis, scilicet poterat non mori, non [ita] immortalis, quod non posset mori. Et si non [*sc.* Adam et Eva] peccassent, ut Augustinus dicit, esset in paradiso torus immaculatus, conceptus sine libidine, partus sine dolore.

Quales vero, si non peccassent, nascerentur eorum filii ; utrum mox et ambulare, et loqui, et cætera facere possent, nobis de auctoritate certum non est. Augustinus tamen videtur velle quod quam cito nati essent, hæc prædicta possent, sic dicens (49) : Movet si primi homines non peccassent, utrum tales filios habituri essent, qui nec lingua, nec manibus uterentur. Nam propter necessitatem uteri, fortasse necesse erat nasci parvulos, quamvis cum exigua pars sit corporis costa, non tamen propter hoc parvulam viro conjugem fecit Deus. Unde et ejus filios poterat omnipotentia Creatoris mox editos grandes facere ; sed ut hoc omittam, poterat certe, quia multis animalibus præstitit, quorum pulli, quamvis sint parvuli, tamen, mox ut nascuntur, currunt, et matres sequuntur : contra homini nato nec ad incessum pedes sunt idonei, nec manus saltem ad carpendum habiles, et juxta se jacentibus mammis, magis possunt esurientes flere, quam surgere [*f.* sugere]. Proinde infirmitati mentis congruit hæc omnino infirmitas carnis. Sed cum Augustinus in hoc nihil asserendo dicat, non absurde videtur quibusdam, quod et tunc exspectaretur ætas ad illa facienda, et similia, non quod ex vitio esset, cum non peccassent, sed ex conditione naturæ ; sicut a cibo non penitus abstinere poterant, nec tamen illud erat ex vitio, sed ex natura conditionis [*f.* sed ex naturæ conditione]. Hic potest sic opponi : Si non peccarent (50), nunquam morerentur ; igitur etsi non comederent, nisi peccarent, nunquam morerentur. Poterant itaque sine alimonia vivere. Ad quod dicimus, quod non solum peccarent, si de ligno vetito comederent, sed etiam si concessis non uterentur, cum naturaliter appeterent. In hoc enim facerent contra naturalem rationem, quæ ad hoc data erat, ut licitis uterentur. Item opponitur : Cum fames sit peccati, nisi peccassent famem non paterentur, sed sine fame superfluum videtur comedere. Ad quod dicitur, quod licet non peccassent, appetitum comedendi haberent, quo habito, ut famen prævenirent, concessis uterentur, et ille appetitus naturalis est et moderatus ; fames vero immoderatus comedendi appetitus loquendi sæpe usitatus ab Hildeberto, quod et in sequentibus observandum.

---

(49) De hoc vide D. Aug. *Operis Imperf. contra Julian.* lib. III, num. 198.

(50) *Peccarent* pro *peccassent*, et similia, modus

est. De hoc statu quem ostendimus, erat transferendus **1072** homo cum omni prole sua, sine mortis dolore, ad illud summum bonum, quod scilicet ei præparatum fuerat. Sicut enim duæ naturæ sunt in homine, corporalis et spiritualis, ita duo bona præparaverat ei Deus, temporale, et æternum; et quia prius quod animale, deinde quod est spirituale, temporale prius datum fuit : alterum, id est æternum, non tunc datum, sed propositum fuit. Ad illius quod dederat custodiam, præceptum naturæ apposuit Deus. Præceptio naturalis fuit discretio, per quam ei inspiratum est quæ essent naturæ suæ necessaria, et quæ noxia. Ad illud quod proposuerat promerendum, præceptum obedientiæ dedit, dicens : « De ligno scientiæ boni et mali ne comedas, etc. (*Gen.* II, 17). » Videns ergo diabolus quod homo per obedientiam illuc ascenderet unde ipse per superbiam ceciderat, invidit ei, et qui prius per superbiam fuerat diabolus, id est *deorsum fluens*, per invidiam factus est Satan, id est *adversarius*, unde mulierem tentavit, in qua minus quam in viro rationem vigere sciebat; sed, ne illa tentatio minus occulta fieret, et ideo caveri non posset, nonnisi per serpentem tentare permissus fuit, ut per indumentum quod foris erat, versutiam advertere posset. Augustinus super Genesim (51) : Cum accederet ad tentandum diabolus, nec posset, nisi permissus, non per aliud potuit, nisi per quod mittebatur.

Quæritur quare mulier non horruerit serpentem? Respondetur quod cum noviter creatus esset, officium loquendi accepisse a Deo putatur. Hoc autem modo tentatio facta est : primum interrogatione [illam] aggressus est, ut ex responsione ejus colligeret qualiter eam de cætero alloqui deberet : «Cur non comeditis de ligno scientiæ boni et mali? » (*Gen.* III, 3.) Ad quem mulier : « Ne forte moriamur etc. (*ibid.*), » in quo verbo dedit locum tentandi, cum dixit : « Ne forte, » etc. Unde diabolus mox dixit : « Comedite, et eritis sicut dii scientes bonum et malum (*ibid.*, 5). » Per tria tentavit : per gulam, cum dixit : « Comedite : » per vanam gloriam, cum dixit : « Eritis sicut dii ; » per avaritiam, cum dixit : « Scientes bonum et malum. » Gula est immoderatus appetitus edendi ; vana gloria, amor propriæ laudis ; avaritia, immoderatus amor habendi. Cum tentatio alia sit interior, alia exterior, exteriori tentatione homo tentatus est. Tentatio exterior foris fit signo vel verbo, ut ille cui fit, ad consensum peccati inclinetur. Tentatio interior est motus pravæ delectationis, per quem animus ad peccatum impellitur, et multo difficilius vincitur. Homo igitur qui exteriori tentatione pulsatus est, cecidit, tanto **1073** gravius puniendus, quanto leviori impulsu fuerit prostratus.

CAPUT XXVII.

De peccato primi hominis.

In hoc loco videtur inquirendum quæ fuerit origo et radix illius peccati. Augustinus super Genesim

(51) Lib. XI *De Gen. ad litteram*, cap. 13, num. 16.
(52) *Eia superbia ! nunquid dixit : Peccati ? Habet*

A (lib. XI, cap. 5, n. 7), dicit : Non esset hominem dejecturus tentator, nisi in animo ejus præcessisset elatio (52). Unde quidam volunt quod antequam cederet tentationi habuit illam elationem ; sed, cum elatio vitium sit, inde sequeretur quod ante peccavit quam cum elationi [*f.* tentationi] cederet. Non igitur suggestione prius peccavit, cum auctoritas dicat quod ideo peccatum diaboli inexcusabile est, quia non suggestione, sed propria superbia cecidit; homo vero, qui non per se cecidit, sed per alium, surgere potuit per mediatorem. Et ideo illa auctoritas sic potest exponi : Non erat tentator hominem dejecturus, scilicet in has miserias, nisi in animo ejus præcessisset elatio. Si enim diceremus : Non erat hominem dejecturus in peccatum, nisi elatio præcessisset, tunc antequam peccaret, elationem habuisset. Potest etiam dici quod non erat hominem dejecturus in auctum [*f.* actum] illius peccati, ut scilicet pomum vetitum comederet, nisi elatio præcessisset. Est enim superbia radix vel causa omnis peccati. Audiens vero mulier : « Eritis sicut dii etc., (*Gen.* III, 5), » elata est in superbiam, quæ superbia erat comprimenda per pœnas illud peccatum secutas. Sed, cum natura hominis esset sine vitio, solet quæri unde ille consensus ad malum processerit. Ad quod videndum est, quod Deus in primo homine duos posuerit appetitus, videlicet appetitum justi, et appetitum commodi. Appetitum justi secundum voluntatem, ut in eo homo promereri posset, sive bonum retinendo, cum deserere posset ; sive malum retinendo, cum deserere posset. Appetitum commodi secundum necessitatem ; non enim potest homo non appetere commodum suum, et ideo istum cum necessitate posuit Deus in homine, ut in eo remuneraretur homo. Unde hæc erit impiorum maxima pœna in inferno, quia semper appetent commodum suum, et nunquam assequi poterunt ; sicut augmentum gloriæ bonis, qui ab amore habiti commodi tepescere non poterunt. Et in hoc appetitu commodi mensuram posuit Deus, ut quæ appetenda essent, et quando, et quomodo appeteret homo ; sed, quia ultra mensuram commodum appetiit, scilicet esse sicut Deum, justi appetitum deseruit, **1074** et in hoc peccavit quod justitiam deseruit. Non enim peccavit, quia commodum appetiit, sed quod illud appetendo justitiam deseruit : quod fuit appetere commodum ultra mensuram. Justitia namque est mensura in appetitu commodi. Fuit igitur peccatum primi hominis desertio justitiæ, quod Apostolus vocat « inobedientiam (*Rom.* v, 19). »

Quæritur utrum voluntas illud peccatum præcesserit ; sed non videtur quod voluisset aut deliberasset justitiam deserere. Voluit tamen illud videlicet appetere, propter quod justitiam deseruit, nec tamen volebat quod justitiam desereret, sed volebat illud propter quod justitiam deserebat. Voluntate enim justitiam deseruit, non quod voluntas in tempore *confusionis deformitatem, non habet confessionis humilitatem.* Lib. XI *De Gen. ad litt.*, cap. 35, num. 47.

illud præcederet; non enim verum est quod omne **A** peccatum voluntas tempore præcedat, cum et ipsa voluntas mali peccatum sit, sed de actu illud dicitur, quod omne malum ex voluntate procedit, sicut ille actus, videlicet comestio pomi, quod a quibusdam dicitur primum peccatum hominis, quod satis potest concedi. In uno enim peccato et reatus est et actus, nec dicuntur peccata duo, sed unum, ut qui habet voluntatem homicidii perpetrandi, et postea perpetratur, nec tunc aliud peccatum facit, sed quod habebat in voluntate prius, tunc facit in opere.

Quæritur quis eorum plus peccaverit, scilicet Adam, vel Eva. Sed, sicut dicit Apostolus : « Adam non est seductus, sed mulier (*I Tim.* ii, 14). » Unde etiam in Genesi mulier interrogata inquit : « Serpens **B** seduxit me. » Vir autem interrogatus non ait : Seduxit me, sed : « Dedit mihi de ligno, et comedi. » Mulier dicitur, in hoc seducta, quod auditis verbis illis : « Eritis sicut dii, » etc., adeo intumuit, ut crederet verum esse quod dicebatur; Adam vero non est seductus, quia, ut Augustinus dicit (53), non credidit illud verum esse, sed putavit utrumque fieri posse, et ut uxori morem gereret, et per pœnitentiam Deo satisfaceret; minus ergo peccavit, qui de venia cogitavit. Ex quibus verbis apparet, quod major superbia fuerit in muliere, quam in viro; igitur et majus peccatum. Mulier quoque peccavit in Deum et proximum; vir in Deum tantum. Item mulier magis punita fuit, cui dictum est : « In dolore **C** paries filios tuos, » etc. Unde apparet quod plus peccavit. Opponitur de hoc quod dicit Isidorus : Tribus modis peccatum geritur, ignorantia, infirmitate, industria. Ignorantia peccavit Eva, quia, ut Apostolus ait, seducta fuit. Adam industria peccavit, quia non seductus, sed sciens et prudens peccavit. Petrus infirmitate deliquit. Gravius est infirmitate quam ignorantia peccare, et **1075** gravius industria quam infirmitate. Industria peccat, qui studio et deliberatione malum perpetratur; infirmitate, qui casu vel turbatione delinquit. Ex his verbis videtur asseri quod plus peccavit vir quam mulier. Ad quod potest dici quod secundum aliquid plus peccavit : in hoc scilicet quod videtur major fuisse deliberatio in viro quam in muliere, et quod majoris erat scientiæ, **D** et cui plus committitur, plus ab eo exigitur. Nec tamen dicemus absolute quod plus peccavit sicut de aliquo presbytero vel laico diceremus, si committerent homicidium. Laicus ex longo odio, presbyter ex subita ira, non posset absolute dici quod ille ordinatus plus peccaverit, et tamen secundum aliquid plus peccavit, in hoc scilicet quod fecit contra ordinem.

Solet quæri cur Deus tentari hominem permiserit, quem tentanti cessurum esse præsciebat. Augustinus (54): Non mihi videtur magnæ laudis futurum hominem, si propterea posset bene vivere, quia nemo male vivere suaderet, cum et in natura posse, et in potestate habere velle non consentire suadenti, Deo adjuvante.

Illud quoque solet quæri quare creavit Deus hominem, quem præsciebat esse casurum, cum sit summe pius (55). Eadem est quæstio de angelis qui ceciderunt. Augustinus super Genesim : Cum per injustos justi, et per impios pii proficiunt, frustra dicitur, ut non crearet Deus quos præsciebat malos bonis profuturos. Cur enim non crearet quos præsciebat bonis profuturos, qui sicut prævidit quod mali essent futuri, sic etiam prævidit de malefactis eorum quid boni essent facturi.

CAPUT XXVIII.
De gratia habita ante peccatum.

Nunc restat inquirere quam gratiam homo ante casum habuerit: utrum per eam potuerit stare, vel non ? Ad quod videndum est, quod sine apposita gratia proficere non potuerit, sicut de angelis diximus, sed non declinare ab eo quod acceperat per gratiam sibi in creatione collatam, poterat. Aliud enim est facere bonum, aliud declinare a malo. Per illud adjutorium gratiæ, quod acceperat in creatione, poterat declinare a malo; sed sine super apposita, non poterat facere bonum. Augustinus in lib. *De correptione et gratia* (cap. 11, num. 32 et seqq.) : Si hoc adjutorium, vel angelo, vel homini, cum primum facti sunt, defuisset, quoniam non talis natura facta erat ut sine divino adjutorio posset manere, **1076** si vellet, non utique sua culpa cecidisset; adjutorium quippe defuisset, sine quo manere non posset. In eodem : Dederat Deus homini bonam voluntatem. In illa quippe eum fecerat rectum : dederat ei adjutorium, sine quo in ea non posset permanere, si vellet, et per quod posset [*f. supp.* si vellet.] Ut autem vellet, reliquit in ejus arbitrio. In eodem : Acceperat posse, si vellet, sed non habuit velle quo posset. Nam, si habuisset, perseverasset. Istis auctoritatibus patet, quod homo poterat per id quod acceperat in creatione, non cedere tentanti. Nisi enim talis factus esset, quod posset non cadere, et tentanti resistere, sicut Augustinus ait, non sua culpa cecidisset. Opponitur : Quod sine gratia cooperante poterat perficere, hoc modo per illud adjutorium creatricis gratiæ poterat non consentire suadenti; sed hoc esset meritum, et omne meritum profectus est, ergo per eam proficere poterat. Ad quod dicimus, quod illum non consentire malo non est meritum, sed hoc quod a malo declinando, diligitur bonum.

---

(53) *Magis crediderunt Deum posse peccantibus ignoscere, quam patienter tulerunt non cognoscere quidnam esset, vel cur eos inde cibum sumere vetuisset.* Lib. xi *De Gen. ad litt.* cap. 31, num. 41.

(54) *Cur [Deus] non permitteret tentari hominem, illa tentatione probandum, convincendum, puniendum, cum* superba concupiscentia propriæ potestatis, quod conceperat, pareret, etc. Lib. xi *De Gen. ad litt.* cap. 11, num. 15.

(55) *Deus malos futuros prævidens creavit tamen ad utilitatem sanctorum* Lib. xi *De Gen. ad litt.* cap. 22, num. 29. *Idipsum in eodem lib. pluries repetit.*

Non enim est meritum in hoc quod declinat a malo, sed in hoc quod declinando a malo fit bonum; nec tamen unum sine altero potest esse. Ita dicimus, quod si homo, vel angelus declinasset a malo, haberet utique meritum, et proficeret, sed non in hoc quod a malo declinaret, sed in hoc quod declinando a malo bonum diligeret; ad quod egebat gratia cooperante. Ad illud vero primum sufficiebat adjutorium creatricis gratiæ. Habebat enim homo ante peccatum ex libero arbitrio, et ex illo adjutorio gratiæ, posse non peccare, id est vitare malum; sed, ut diximus, egebat gratia cooperante ad faciendum bonum. Post lapsum vero non solum cooperante, sed etiam operante gratia eget. Operans gratia facit a peccatis surgere, facit etiam velle bonum. Cooperans gratia volenti cooperatur ut faciat bonum: sed ante lapsum non egebat, nisi cooperante. Nondum enim ceciderat, et ideo non egebat gratia, per quam surgeret, sed ea sola per quam proficeret. Post lapsum operans præcedit, quæ movet et excitat cor. De qua dicit Propheta : « Et gratia ejus præveniet me [*Vulg.* Misericordia ejus præveniet me] (*Psal.* LVIII, 11). » Hæc inspirando prævenit, illa adjuvando prosequitur. Prius enim gratia operatur sine nobis, et ibi nihil meretur homo, quia tunc accipit bonum velle; sed post utitur accepta voluntate, et cooperatur gratiæ, in quo meritum hominis est. Non enim meritum hominis est in hoc quod accipit bonam voluntatem, quia ibi nihil facit, sed in hoc quod accepta utitur. Unde Apostolus : « Gratia Dei sum id quod sum, et gratia ejus in me vacua non fuit (*I Cor.* XV, 10). » **1077** Hoc etiam in simili potest videri. Prius fit ferramentum, ut per illud homo aliquid faciat quod non per se incidit, sed ducente manu artificis. Ita voluntas prius erigitur operante gratia, qua erecta ad bene operandum juvatur et ducitur per cooperantem gratiam. Unde in Apostolo : « Velle adjacet mihi, perficere autem non invenio (*Rom.* VII, 18), » sed gratia operatur velle et perficere, et cooperatur velle. Hoc ad operantem perficere, hoc ad cooperantem.

Solet quæri utrum homo ante lapsum habuerit virtutes. Quidam dicunt quod non habuit; quod sic ostendere volunt. Fortitudinem non habuit; quia cessit pravæ suggestioni : nec justitiam, quia contempsit præceptum Dei. Prudentiam non habuit, quia sibi non cavit. Temperantiam, quia aliena appetiit [*f.* alimenta indebite appetiit]. Sed illud satis concedimus, quia tunc non habuit, quando scilicet peccavit, sed quod post non habuerit, non est concedendum, cum Augustinus dicat in quadam homilia : Adam perdita charitate malus inventus est. Item princeps vitiorum, dum vicit Adam de limo terræ ad imaginem Dei factum, pudicitia armatum [*f.* ornatum], temperantia compositum, charitate splendidum, primos parentes illis donis ac

A tantis bonis exspoliavit, pariterque peremit. Ambrosius ad Sabinum : Quando Adam solus erat, non est prævaricatus, quia mens ejus adhærebat Deo. Quidam vero asserentes, quod ex quo aliquis habet charitatem, non potest eam amittere, opponunt sic : Ad illud quod diximus : Augustinus ad Julianum comitem : Charitas, quæ deseri potest, nunquam vera fuit. Ad quod dicimus, quod vera fuit duobus modis : et quantum ad permanentiam, et quantum ad subsistentiam. Non fuit vera, id est permanens et constans. Item : Sit tibi fons proprius, cui non communicet alienus, etc. Sed non dicitur qui futurus est alienus, id est malus, sed qui tunc est alienus. Deum enim malus est, non potest habere charitatem; tamen qui futurus est malus, potest modo [illam] habere : vel, qui modo est malus, potest alio tempore habere [charitatem.] Stultum namque videtur dicere, quod in hac vita aliquis ita confirmatus sit, quod non possit malus fieri, quod in alia vita tantum promittitur. Fatemur itaque eum charitatem habuisse, et postea perdidisse. Nec tamen aliquis putet nos dicere, quod in ipso exordio creationis suæ habuerit, sicut supra de angelis diximus, sed per aliquam moram in paradiso fuit, cum Scriptura dicat soporatum eum fuisse, animalia etiam ante eum adducta, quibus nomina imposuit.

1078 Quæritur utrum fuerit præscius sui casus. Ad quod dicimus quod non, sicut et de angelo diximus, et hoc eadem ratione quam induximus. Augustinus super Genesim dicit : In pœnam hujus peccati ejectus est Adam de paradiso in locum istum miseriarum, sicut ibi dicitur : Ejecit eum de paradiso voluptatis, ne forte comedat de ligno vitæ, et vivat in æternum (56). Hæc verba videntur velle quod si postea comedissent, nunquam morerentur. Sed ex alia parte propter peccatum factus est mortalis, quomodo ergo peccato permanente non moreretur? Ad quod dicitur: Si non puniretur ista pœna mortis, puniretur graviori, quia nunquam finirentur miseriæ, quomodo finiuntur (57), sicut et miseriæ diaboli nunquam finientur; sed quia hoc certum de auctoritate non habemus, volunt dicere quidam, quod etsi comedissent postea, non conferret ei immortalitatem, et sub tali sensu exponunt verba ista : « Ne comedat de ligno vitæ (*Gen.* III, 22), » id est indignus est illo ligno vesci, quod prius conferret immortalitatem; et ideo ne posset accedere, posita est ante paradisum quædam ignea custodia, scilicet flammeus gladius versatilis, quia in ministerio cherubim ante paradisum volvebatur. Gladius ille tribulationes significabat hujus præsentis vitæ, quæ ad tempus et transitoriæ sunt. Cherubim est plenitudo scientiæ, et significat charitatem. Ad esum itaque ligni vitæ per tribulationes, et per charitatem, quæ est plenitudo scientiæ, post peccatum

___

(56) De hac ejectione vide quæ dicit Aug. lib. XI *De Gen. ad litteram*, cap. 40, num. 54, ubi et Adam tanquam excommunicatum fuisse asserit.
(57) Scilicet per mortem.

redire fuit necesse. Cum enim cherubim cum flam-
meo gladio sit ante ostium paradisi (*Gen.* III), non
potest homo ad illud ingredi, nisi transierit per
flammeum gladium.

Solet quæri utrum prius de ligno vitæ comedis-
set. Augustinus, *De baptismo parvulorum* : Recte
profecto intelligitur ante malignam diaboli persuasionem abstinuisse cibo vetito, atque usos fuisse
concessis, et præcipue ligno vitæ ; sed hoc non videtur sub auctoritate dicendum.

CAPUT XXIX.

De libero arbitrio.

Præter alias pœnalitates pro peccato illo incurrit
homo pœnam de passione [*f.* amissione] liberi arbitrii. Ut enim Augustinus dicit in Enchiridion
(cap. 30, n. 9) : Homo male utens libero arbitrio,
et se perdidit et ipsum. Videndum est itaque quid
sit liberum arbitrium, et quale ante peccatum
[fuerit], et qualiter depressum sit per peccatum.
Sic potest definiri : Liberum arbitrium est **1079**
habilitas rationalis voluntatis, qua bonum eligitur
gratia cooperante, vel malum ea deserente, et
consistit in duobus, scilicet in voluntate et ratione ; liberum namque dicitur quantum ad voluntatem, arbitrium quantum ad rationem. Rationis
est videre quid sit eligendum, vel non ; voluntatis
est appetere ; et ita ratio tanquam pedissequa
monstrat viam, consulendo illud quod videt faciendum, dissuadendo contrarium. Voluntas, tanquam
domina, ducit secum rationem ad quodcunque fuerit
inclinata. Non enim trahitur voluntas a ratione, sed
solum monstrat ratio quid appetere debeat voluntas ; ratio vero trahitur a voluntate, et ducitur etiam
illis quæ fiunt contra rationem. Naturaliter namque
ratio contradicit, hoc est non esse illud faciendum
judicat, et tamen vincitur et consentit ; et quoniam
in istis duobus consistit liberum arbitrium, soli
rationali creaturæ datum est. Ea enim sola inter
creaturas voluntatem habet et rationem. Bruta animalia sensum habent et appetitum, videlicet sensualitatis, sed voluntate et ratione carent, et ideo liberum arbitrium non habent. Cum itaque habeamus
communem cum pecoribus sensum et appetitum,
liberum arbitrium nos ab eis discernit, penes quod
omne meritum consistit. Cum enim nulla vi,
nulla necessitate cogatur, non merito beatitudi-
nem seu miseriam promeretur, | sensus autem et
appetitus, nec beatum, nec miserum faciunt.
Alioquin bruta animalia beatitudinis vel miseriæ
possent fieri participia. Ingenium quoque et memoria, vel cuncta similia nec justum, nec injustum
constituunt ; sic nec tantum ingenium, nec memoria labilis imputatur. Sola itaque voluntas, quæ
semper libera est, et nunquam cogi potest, merito
apud Deum judicatur ; ea semper a necessitate libera est. Ubi enim necessitas, ibi non est libertas ;
ubi non est libertas, nec voluntas, et ideo nec meritum.

Præterea sciendum est quod liberum arbitrium
solummodo ad futura se habet ; quod enim præsens
est, non est in potestate nostra utrum sit, vel non
sit ; sed utrum ita se habeat, vel non, in potestate
est liberi arbitrii. Nec ad omnia futura se habet,
sed ad ea tantum quæ possunt fieri et non fieri.

Nunc videndum est quale fuerit ante peccatum. Et
possunt in homine quatuor status liberi arbitrii
considerari. Ante peccatum ad bonum nihil impediebat, ad malum nihil compellebat. Tunc sine errore ratio judicabat, sine difficultate voluntas **1080**
bonum appetebat. Post peccatum vero, antequam per
gratiam sit reparatum, premitur a concupiscentia
et vincitur. Post reparationem ante confirmationem, quæ erit in futuro, premitur, sed non vincitur. Post confirmationem nec poterit premi, nec
vinci. Est namque triplex libertas : a necessitate,
a peccato, a miseria. A necessitate et ante peccatum, et post peccatum æqualiter liberum est. Sicut
enim tunc cogi non poterat, ita et modo est. Hæc
libertas æqualiter est in omnibus, non minor in
malis quam in bonis ; tam plena est post peccatum,
quam ante peccatum. Est alia libertas, a peccato
scilicet, de qua dicit Apostolus : « Ubi Spiritus
Domini, ibi libertas (*II Cor.* III, 17). » Et alibi :
« Cum servi essetis peccati, liberi fuistis justitiæ . . . Nunc autem liberati a peccato, servi autem
facti Deo, habetis fructum vestrum in santificatio-
nem (*Rom.* VI, 20). » Istam libertatem homo peccando amisit, et hoc est quod Augustinus ait :
Homo male utens libero arbitrio se perdidit et
ipsum. Non est amissa libertas a necessitate, sed
libertas a peccato. « Qui enim facit peccatum, servus est peccati (*Joan.* VIII, 34).» Hanc libertatem,
quæ est a peccato, illi soli habent qui per gratiam
reparantur, non quod penitus sine peccato sint, sed
quod non dominatur eis peccatum ; et hoc proprie
appellatur libertas.

In malo faciendo non proprie dicitur liberum arbitrium, quia ratio ibi discordat a voluntate. Judicat namque ratio non esse faciendum quod voluntas
appetit. In bono concordat ratio voluntati, eique
non contradicens servit. Unde dicit Augustinus in
Enchiridion (58) : Ipsa autem est vera libertas
propter *recte faciendi* licentiam, et pia servitus propter præcepti obedientiam ; et ita apparet quod in
bonis et malis voluntas libera est a necessitate, sed
in solis bonis libera est a peccato. Unde Augustinus
in libro De gratia et libero arbitrio (cap. 15, num.
31) : Semper in nobis voluntas libera est, sed non
semper bona. Aut enim justitia libera est [*f.* a
justitia libera est], quando servit peccato, et tunc
mala est ; aut a peccato libera est quando servit
justitiæ, et tunc bona est. Est iterum libertas a
miseria, de qua inquit Apostolus : « Et ipsa creatura liberabitur a servitute corruptionis in libertatem gloriæ filiorum Dei (*Rom.* VIII, 21).» Hanc libertatem in præsenti vita nullus habet. Potest

(58) Cap. 30, num. 9, ubi novi editores nostri putant legendum *recti facti*, t. VI, pag. 207.

enim in præsenti vita liber esse a peccato; quia, ut supra diximus, quamvis sine peccato nullus sit, tamen ex quo non regnat peccatum in homine, liber est a peccato; sed a pœna peccati nullus liberabitur in præsenti.

1081 CAPUT XXX.

In quo per peccatum imminutum sit liberum arbitrium.

Ex prædictis constat in quo per peccatum imminutum sit liberum arbitrium, quia tunc nulla difficultas ad recte vivendum [*f.* volendum], nullum impedimentum de lege membrorum ad proficiendum ; sed tamen antequam per gratiam liberatum sit a peccato, nec velle nec perficere bonum potest, sicut diceremus de aliquo compedito : Non potest hic ambulare, id est in potestate sua non hoc habet, et tamen concedimus : Possibile est hunc ambulare, quia potest evenire ut solvatur et ambulet. Hunc nostrum defectum Apostolus memorat, inquiens : « Velle adjacet mihi, perficere autem non invenio (*Rom.* vii, 18). » Nisi enim liberetur per gratiam intus operantem et excitantem cor, non potest arbitrium ipsum erigi ad bonum. Unde : « Si Filius vos liberaverit, vere liberi eritis (*Joan.* viii, 36). » Et postquam liberaverit, nisi juvetur per gratiam cooperantem, non potest perficere bonum, et ita indiget modo operante gratia, per quam liberetur, et cooperante per quam ad promerendum juvetur, cum ante peccatum, sicut supra diximus, sola cooperante indigeret ; prius enim quam caderet non indigebat liberatore, sed cooperatore.

Sed hic opponitur hoc modo : Antequam aliquis reparatum habeat liberum arbitrium, donec, scilicet, in peccatis est, habet ipse liberum arbitrium ; si habet liberum arbitrium, potest in utramque partem flecti ; itaque liberum arbitrium non est liberum, vel si est liberum et cum in peccatis adhuc est, potest ipse [homo] velle bonum, et ita videtur quod antequam detur gratia possit bonum velle ; sed ita est hic sicut in compedito illo, qui scilicet non potest ambulare antequam solvatur, et tamen per se verum est : Possibile est hunc ambulare, vel hic potest ambulare in eodem sensu. Similiter non negamus de illo peccatore, vel pagano, vel quovis alio, quin possibile sit eum velle bonum, vel quin possit bonum velle ; sed nonnisi hoc modo, scilicet, nisi detur gratia per quam liberetur, et quæ ei cooperetur. Aliud est velle simpliciter, aliud est velle bonum sicut est ; aliud est timere simpliciter, aliud est timere Deum ; aliud amare, aliud Deum amare. Timere et amare simpliciter prolata affectiones sunt, cum additamento virtutes sunt. Velle est nobis per naturam, velle bonum per gratiam. 1082 Simplices enim affectiones sunt in nobis naturaliter tanquam ex nobis ; additamenta ex gratia. Unde Augustinus, lib. De corrept. et grat.

A Quædam sunt magna bona, quædam media, quædam minima. Virtutes, quibus recte vivitur, sunt magna bona. Species quorumlibet corporum, sine quibus recte vivi potest, minima bona sunt (59). Potentiæ animi, sine quibus recte vivi non potest, media bona sunt. Virtutibus nemo male utitur ; cæteris autem bonis, id est mediis et minimis, non solum bene, sed male quisque uti potest : et ideo virtute nemo male utitur, quia opus virtutis est bonus usus istorum, quibus etiam non bene uti possumus. In mediis bonis reperitur liberum arbitrium, quia et male uti possumus illo, sed tale est ut sine illo recte vivere nequeamus. Bonus autem usus ejus jam virtus est, quod in magnis reperitur bonis, quibus male nemo uti potest. Ex hac auctoritate B apparet quod voluntas inter media bona sit ; bona voluntas inter magna bona, quæ non per naturam, sed per gratiam inest nobis ; et tamen potest dici quod etiam mali naturaliter volunt bonum, et ita videtur quod ante susceptam gratiam aliquis habeat bonum velle. Nihil [autem] aliud est naturaliter velle bonum, quam per rationem judicare illud bonum esse, sicut aliquis tyrannus dicit : Ego vellem esse bonus monachus, exire de sæculo, et similia. Iste naturaliter appetit bonum, sed cum non delectat bonum ; unde nec proprie dici potest : Vult bonum, nec habet meritum illud tale velle ; sed illud quod est cum delectatione boni, quando, scilicet, placet ei bonum, et in proposito habet. Unde Apostolus : « Deus qui operatur in nobis et velle et perC ficere pro bona voluntate (*Phil.* ii, 13). » Prius est voluntas bona per naturam, quæ non habet meritum, sed postea fit bona per gratiam, et tunc habet meritum.

Præterea sciendum est, quod non ideo dicitur liberum arbitrium quod æqualiter se habeat ad utrumque, scilicet ad bonum et ad malum, cum per se quisque possit cadere ; sed per se non potest surgere, nisi juvetur a gratia Dei. Per se enim sufficit ad malum liberum arbitrium, sed ad bonum non sufficit per se. Etiam boni angeli non carent libero arbitrio, et tamen ita confirmati sunt, ut non possint esse mali. Similiter et mali angeli non carent libero arbitrio, cum ita sint obstinati, ut non D possint esse boni. Liberum itaque arbitrium ex eo dicitur, quia est voluntarium. Quod enim boni angeli non possint mali esse, non facit necessitas, sed confirmata per gratiam voluntas. Quod mali non possint boni esse, non facit aliqua coactio, 1083 sed voluntas obstinata in malo, et tamen isti et illi mutabiles sunt. Unde Hieronymus : Solus Deus est in quem peccatum cadere non potest. Cæteri, cum sint liberi arbitrii, in utramque partem possunt flecti. De Deo etiam legitur quod habeat liberum arbitrium. Ambrosius ad Gratianum : « Spiritus ubi vult spirat (*Joan.* iii, 8). » Apostolus quoque

(59) *Virtutes quibus recte vivitur, magna bona sunt ; species autem quorumlibet corporum, sine quibus recte vivi potest, media bona sunt : potentiæ vero animi, sine quibus recte vivi non potest, minima bona sunt. Ita D. Aug. l. ii De libero arbitrio, cap. 19, num. 50.*

dicit : « Quia omnia operatur unus atque idem spiritus, dividens singulis prout vult (*I Cor.* xii, 11). » Prout vult, inquit, id est pro liberæ voluntatis arbitrio, non pro necessitatis obsequio; nec est aliud arbitrium in Deo nisi divina voluntas, quæ non necessitate, sed bonitate omnia facit. Ejus enim natura bonitas.

CAPUT XXXI.

Quare peccatum primi hominis imputetur posteris.

Postquam assignavimus peccatum primi hominis, et pœnam quam inde invenit, videndum est quare imputetur posteritati ejus. Omnes enim qui ab eo per concupiscentiam descendunt, obnoxii sunt illi peccato, et pro illo rei sunt originalis peccati. Ad quod potest dici, quod ideo imputatur omnibus, quia omnes illud commiserunt. Unde Apostolus dicit : « In quo omnes peccaverunt (*Rom.* v, 12). » Quod ita potest exponi : In eo omnes peccaverunt, id est in peccato ejus rei tenentur. Ut enim dicit Apostolus : « Per unius inobedientiam peccatores constituuntur multi (*ibid.*, 19); » quod inde est, quia per legem peccati ab eo descendunt; non ideo imputatur eis, quia in eo tunc fuerunt originaliter, cum et Christus secundum carnem in eo tunc fuerit. Sed per concupiscentiam, quæ venit de peccato illo, inde descenderunt, ita potest dici, quod ideo peccatum imputatur toti posteritati, quia in effectu hujus peccati, id est in lege peccati de hoc veniente, concipiuntur, videlicet in concupiscentiam, furtum, homicidium, etc. Non imputantur posteritati, quia non sit ipsa generatio secundum effectus illorum, id est secundum motum de illis venientem. Solet autem a **1084** quibusdam prædicta quæstio sic solvi : Ideo illud peccatum omnibus imputatur posteris, et non alia, quia illud peccatum in paradiso commissum gravissimum fuit, quia non ignorantia induxit eum ad peccandum, nec fragilitas carnis, quia ante peccatum neutrum in eo fuit; unde adeo fuit maximum illud peccatum, quod etiam naturam mutavit. Tota enim hominis natura per peccatum illud corrupta fuit. Augustinus De quantitate Dei (60) : Tanto majori injustitia violatum est illud mandatum, quanto faciliore potuit observantia custodiri. Nondum voluntati cupiditas resistebat, quod de pœna transgressionis postea secutum est. Sed non videtur absolute concedendum, quod illud peccatum gravius omnibus aliis fuerit, cum legatur : « Qui peccat in Spiritum sanctum non remittetur ei, nec in hoc

A sæculo, nec in futuro (*Matth.* xii, 32). » Sed illud peccatum constat in primis parentibus condonatum fuisse, ut dicunt auctores (61). Augustinus lib. De baptismo parvulorum : Sicut illi primi homines postea juste vivendo, unde merito creduntur per Domini sanguinem ab extremo liberati supplicio, non tamen in illa vita meruerunt ad paradisum revocari, sic et caro peccati, etiamsi, remissis peccatis, homo in ea juste vixerit, non continuo meretur eam mortem non perpeti, quam traxit a propagine peccati.

Ad hoc quod diximus in Adam fuisse omnes, solet sic opponi : Si omnes qui descenderunt a Cham fuerunt in Adam, per illam substantiam quam accepit Cham a primis parentibus, ibi exstiterunt; sed in illa particula quæ fuit propagata in Chain [*f.* Cham], non tot fuerunt atomi, quot homines ab eo descenderunt, unde non videtur verum, quod substantia uniuscujusque in primo parente fuerit. Ad quod potest dici quod quamvis illa particula primum fuerit valde parva, tamen nulla substantia exteriori in eam transeunte augmentata est, et facta est magna, tanta scilicet, quanta in resurrectione erit; fermentum enim habet a cibis, sed non transeunt cibi in ipsam humanam substantiam; quod ita probari potest : Puer qui ea die in qua natus est moritur, in illa **1085** statura resurget quam habiturus erat, si vixisset usque ad plenam ætatem, nulla ægritudine vel vitio corporis impediente. Unde apparet quod etiam si viveret, non aliunde sumerentur partes illius substantiæ, sed in se augmentarentur, sicut costa de qua facta est mulier, et sicut quinque panes evangelici. Nec tamen negamus quin cibi et in humores, et in carnem transeant, unde quidam crassiores sunt quam esse debeant; sed illa superfluitas non erit in resurrectione, quia non est de veritate humanæ naturæ. Veritas [*autem*] humanæ substantiæ [*f. id est naturæ*] dicitur, quod in primis parentibus fuit; et illud solum erit in resurrectione : sed illæ partes quæ de cibis fiunt, et in quas transeunt, tanquam superflua deponentur.

CAPUT XXXII.

Quid sit peccatum originale.

Deinceps inquirendum est quid sit originale peccatum, et quare originale dicatur. Quidam dicunt quod originale peccatum sit debitum quo tenentur omnes pro peccato primi hominis, quia pro illo de-

---

(60) Quisnam sit iste tractatus De quantitate Dei, nec ex Indiculo Possidii, nec ex ullo alio operum D. Augustini indice liquet. Errorem fuisse suspicatus fuerim amanuensis, qui pro *animæ* oscitanter posuerat *Dei*; sed cum in toto lib. De quantitate animæ nihil sit quod ad Adæ peccatum pertineat, lectori satisfactum iri arbitratus sum, si monuero D. Augustinum pluribus in locis id asserere, quod hic Hildebertus de gravitate peccati Adæ, e facilitate qua potuerat tentationi resistere. Sic lib. De correp. et gratia, cap. 12, n. 35. *Ille* (Adam) *et terrente nullo, et insuper contra Dei terrentis imperium, libero usus arbitrio, non stetit in tanta felici-*

tate, in tanta non peccandi facilitate. Item lib. ii, Operis imperfecti contra Julianum, n. 17. *Ei* (Adæ) *valde liberum fuit ab eo quod prave appetiverat abstinere, quia nondum erat vitium, quo caro concupisceret adversus spiritum.... nondum positus in carne peccati, ullum necessarium habebat auxilium de similitudine carnis peccati.* Plura similia afferri possent, sed hæc sufficiant, ut advertat lector Hildebertum nil asseruisse, quam quod ab ipso S. Augustino didicerat.

(61) *Carni peccati debita mors est.* D. Aug. *Exposit. Epist. ad Rom.* num. 48.

betur pœna æterna, nisi per gratiam liberentur. Illi A dicunt, quod originale peccatum non sit peccatum ; sed si quandoque Scriptura vocat illud peccatum , astruunt quod ibi peccatum pro pœna peccati ponitur, et sicut pro peccato parentis quandoque exsulant filii, secundum justitiam sæculi, ita ex justitia Dei tenentur omnes rei pro illo peccato ; et ita secundum istos, in anima pueri nullum peccatum est, quia dicunt ipsi : Si nunquam peccavit, non est in ea peccatum, et tamen concedunt, quod in ea est originale peccatum, quia tenetur debito peccati. Sed contra Apostolum plane loquuntur isti, cum Apostolus dicat : « Per inobedientiam unius peccatores constituti sunt multi (*Rom.* v, 19). » Ecce quod Apostolus vocat eos peccatores, antequam regenerentur. Sed si tantum esset pœna peccati ante culpam in istis, ut ipsi aiunt, non essent peccatores. Item dicit Apostolus : « Per unum hominem mors intravit in mundum, et per peccatum mors (*ibid.* 12).» Aliud peccatum quod intravit, aliud ipsa pœna in verbis Apostoli innuitur.

Alii dicunt quod originale peccatum sit inobedientia, et hæc inobedientia in omnibus est antequam renascantur; sed non videtur quod puer sit inobediens, quia nunquam fuit ei imperatum ; at qui nondum ratione uti potest, quomodo aut obediens, aut inobediens dici potest? Inobedientia quippe voluntatis est; et sicut obedientia **1086** voluntaria est, sic et inobedientia. Sed peccatum originale non est voluntarium. His itaque omissis, dici potest originale peccatum concupiscentia mali, et ignorantia boni. Unde Augustinus in lib. De corrept. et grat. C Sunt omni homini duo ista pœnalia, ignorantia et difficultas. Ex ignorantia error, ut probet falsa pro veris. Ex difficultate cruciatus (62), ut, resistente et torquente dolore carnalis vinculi, non possent a libidine temperari. Sed potest opponi : Cum anima pueri nondum aliquid velit, vel nolit, quomodo concupiscentiam mali habet ? Sed sicut in oculo cæci in nocte vitium cæcitatis est, sed non apparet, nec discernitur inter videntem et cæcum, nisi luce veniente, sic in puero vitium est, sed non apparet ; sed veniente tempore in quo debet bonum concupiscere, malum ignorare, bonum ignorat, et concupiscit malum. Item opponitur : In baptismo remitti- D tur peccatum originale ; sed post baptismum remanet concupiscentia mali, etc. et ita non videtur quod baptismo remittatur originale peccatum. Sed, ut dicit Augustinus (63), licet remaneat concupiscentia post baptismum, non tamen quoad reatum, quia his qui renati sunt, non imputatur, et hoc est remitti peccatum originis, non imputari ; licet enim concupiscentia carnis sit in baptizato, tamen non imputatur, nisi eat post concupiscentias, quod si jam fiat, non jam originale , sed actuale est. Augustinus De

nuptiis et concupiscentia : Ex hac concupiscentia, quæ licet in regeneratis jam non deputetur in peccatum quisque nascitur, proles obligata est originali peccato. Et paulo post : Dimittitur concupiscentia carnis in baptismo, non ut non sit, sed ut in peccatum non imputetur. Hoc est enim non habere peccatum, non esse reum peccati. Item : Quomodo alia peccata præterierunt actu, et remanent reatu, ut homicidium, et similia, ita econtratio fieri potest ut concupiscentia præterierit reatu, et maneat actu. Ecce ex his auctoritatibus patet concupiscentiam mali esse originale peccatum, sub qua continetur ignorantia boni, et inde est, quod quandoque reperitur in sacra Scriptura pluraliter peccatum originale, quia, sicut diximus, unum istorum ex altero B est, unde et sub eo, et in eo continetur.

CAPUT XXXIII.
Quare dicitur originale.

Post hoc videndum est quare peccatum illud dicatur originale. Ideo scilicet, **1087** quia ab origine contrahitur, id est a parentibus ; quando [enim] generatur aliquis, traducitur ipsum peccatum. Unde David : « In peccatis concepit me mater mea (*Psal.* L, 6). » Hic potest opponi hoc modo : Cum generatur [homo,] sola caro a parentibus per propaginem [trahitur,] quoniam, ut superius ostendimus, animæ non sunt ex traduce, et ipsa propagatione carnis nondum infunditur anima, ut physici dicunt, sed jam effigiato corpore; quod Moyses in Exodo manifeste ostendit, dicens : « Si quis percusserit mulierem, et abortiverit, si adhuc informe fuerit multabitur pecunia. Quod si formatum fuerit, reddet animam pro anima (*Exod.* xxi, 22). » Formatum intelligitur animatum. Et si in ipsa propagatione transmittitur a parentibus peccatum, videtur, ait Gregorius, quod in eo sit originale peccatum, quod propagatum est. Sed illud adhuc inanimatum est, et omne peccatum animæ est. Quomodo igitur in illo semine peccatum esse potest? Sicut enim omnis virtus in anima est, ita et omne peccatum. Ad quod potest dici, quod non solum anima obnoxia est vinculo peccati. Gregorius : Sed etiam caro, non quod in carne sit illud peccatum, sed ex corruptione carnis illud contrahit anima ; nisi enim caro in concupiscentia traduceretur, illo peccato anima non teneretur. Unde invenitur quod Christus non habuit carnem peccatricem, sed similem carni peccati, quoniam illa caro non ex concupiscentia viri de matre fuit propagata, sed operatione Spiritus sancti. Cæteri habent carnem peccatricem, non quod in carne sit peccatum, sed causa peccati. Augustinus De fide ad Petrum : Dum sibi vir et mulier invicem miscentur ut filios generent, sine libidine non est parentum concubitus (64). Ob hoc filiorum ex eadem carne nascentium, non potest esse sine peccato con-

(62) *Sunt revera omni peccanti animæ duo ista pœnalia, ignorantia, et difficultas. Ex ignorantia dehonestat error, ex difficultate cruciatus affligit.* D. Aug. lib. De natura et gratia, cap. 67, num. 81.
(63) *Quandiu remanet lex concupiscentialiter in*

membris, *manente ipsa, reatus ejus solvitur , sed ei solvitur qui sacramentum regenerationis accepit.* Ita D. Aug. lib. II *De peccat. meritis,* cap. 28, num. 45. Idem et alibi passim.
(64) *Conjuges dum se non continent, debitum ab*

ceptus, ubi peccatum in parvulos transmittit, non propagatio, sed libido. Apparet itaque quod in ipsa conceptione transmittitur peccatum originale, quia nisi conceptio in carne sic fieret, anima ex carnis mistione concupiscentiam non contraheret.

Si quæratur quid sit illa corruptio, quam in carne diximus esse, utrum peccatum sit, vel non? potest dici peccatum, id est pœna peccati; sed sicut solemus accipere peccatum, culpam scilicet, non dicetur ipsa peccatum, si quid in carne corruptio peccati sit, per effectum potest sciri, ut in vase scitur esse vitium, per hoc quod reddit vinum acidum.

Item solet quæri : Cum parentes alicujus per baptismum mundati sint a peccato originali, quomodo potest filius ab illis contrahere peccatum illud (65)? Quod Augustinus **1088** in libro De baptismo parvulorum his similitudinibus ostendit. Quomodo præputium [quod] per circumcisionem aufertur, manet in eo quem genuerunt circumcisi ? Quomodo etiam palea, quæ opere humano tanta violentia separatur, manet tamen in fructu qui de purgato tritico nascitur; ita peccatum quod mundatur per baptismum manet in eis quos genuerunt baptizati. Item in eodem : Et hoc enim gignit quod adhuc vetustum contrahit, non in eo quod in novitate promovit cum inter filios Dei. Non enim generant parentes filios secundum illam generationem qua denuo sunt nati, sed potius secundum eam qua carnaliter et ipsi primum sunt generati.

Præterea quæri solet qua justitia teneatur peccato illo anima innocens a Deo creata, cum non sit in potestate sua illud vitare. Non enim est in potestate liberi arbitrii illud vitare, vel non, cum nondum utatur libero arbitrio, et cum non sit prius in corpore illo, quam sit obnoxia illi peccato. Quod ita solvunt quidam : ideo anima illa, quamvis ex traduce non sit, sed noviter a Deo creata et munda, rea est illius peccati, quia cum infunditur corpori, invenit illud corpus aptum ad peccandum et idoneum, et in hoc delectatur, et ex hac ac tali delectatione contrahit peccatum illud. Sed si hoc esset, non originale, sed actuale dici deberet. Si enim ex delectatione est hoc peccatum, non est alienum, sed propriæ voluntatis, cum Augustinus et aliqui vocent illud alienum. Augustinus in lib. De baptismo parvulorum : Manifestum est alia esse propria unicuique peccata, in quibus hi tantum peccant quorum sunt peccata. Aliud illud unum in quo omnes peccaverunt. Itaque dicendum putamus occultam esse Dei justitiam, qua illius peccati anima tenetur rea, quod non est in sua potestate vitare, et quod ipsa propria voluntate non commisit. Ut enim Apostolus dicit : « Incomprehensibilia sunt judicia Dei, et investigabiles viæ ejus (*Rom.* xi, 15). »

Solet etiam quæri utrum voluntarium sit, vel ne-

cessarium illud peccatum. Sed quod non sit voluntarium constat per supradicta. Item si dicatur necessarium, non debet imputari. Et ideo volunt dicere quidam, quod nec voluntarium sit, nec necessarium. Propheta tamen dicit : « De necessitatibus meis erue me (*Psal.* xxiv, 17). » Unde videtur absonum, licet [*f.* ut non] dicatur necessarium. Si enim quis quærit utrum cum Deus, qui fecit animam ipsam immaculatam, sciat eam ex corpore maculam peccati contrahere, et quando antequam separetur morte a corpore, et sic damnari, quare eam corpori **1089** conjungit ? Respondemus hoc idem quod superius, scilicet, occultam esse Dei justitiam. Solent sic quidam opponere : Cum anima in corpore creetur, nec prius sit in corpore quam illo peccato teneatur, igitur quam cito est, maculam peccati habet. Itaque nunquam talis est, qualis creatur a Deo. Creator namque a Deo innocens, sed nunquam innocens est, cum sit maculata quam cito est. Sed non est aliud : creat Deus eam mundam, id est ex creatione nullam habet maculam, et ita talis est quantum ad creationem, qualem creat illam Deus. Semper enim est bona et munda quantum ad creationem.

Præterea solet quæri si omnes animæ ex creatione æquales sint, vel aliæ sint aliis excellentiores, sicut et in angelis fuit, et videtur pluribus, quod ex ipsa creatione nulla sit habilior ad intelligendum, vel ad memoriter retinendum, quam alia, quod satis probabile est. Opponitur : Quod si discedunt a corpore ante baptismum, æqualem habent pœnam, si statim post baptismum æqualem coronam ; et ita videtur, quod in ipsa creatione indifferentes sint. Sed, sicut nos jam diximus in tractatu De libero arbitrio, ea quæ sunt ex prima creatione, ut ingenium et memoria, nec minus beatum constituunt, vel pœna dignum.

CAPUT XXXIV
De peccatis actualibus.

Postquam de originali peccato diximus, dicendum videtur de actualibus. De quibus primum videndum est quod non imputentur posteris, juxta illud Ezechielis : « Non ultra erit istud proverbium in Israel : Patres comederunt uvam acerbam, et dentes filiorum obstupuerunt. Anima quæ peccaverit, ipsa morietur : Filius non portabit iniquitatem patris (*Ezech.* xviii, 2). » Ad hoc videtur contrarium quod dicitur in Exodo : « Ego reddam iniquitatem patrum in filios in tertiam et quartam generationem his qui oderunt me (*Exod.* xx, 5). » Sed, sicut Hieronymus dicit, hoc dictum est de filiis imitantibus mala patrum, quod innuitur per finem hujus auctoritatis, « his qui oderunt me. » Si enim filius non imitatur peccata patris, non inde punitur. Opponitur : Si de imitantibus illud intelligendum est, quare solum-

---

alterutro carnis exposcunt, non voluntate propaginis sed libidinis voluptate; quæ tamen voluptas non propter nuptias cadit in culpam, sed propter nuptias accipit veniam. Lib. i *De nuptiis, et concupisc.,* cap. 14, num. 16.

(65) Hæc erat Juliani Pelagiani objectio contra traductionem peccati originalis, cui prolixe respondet Augustinus varjis in locis.

modo usque in tertiam et quartam generationem A Deum. Tunc autem homo nihil facit, cum per peccatum recedit a Deo. Illud potest dici opus hominis imitantis Deum, quod operando homo non recedit a Deo, ut domum, et similia. Quod si subtiliter volumus hoc pensare, potest dici quia quidquid est, sit opus Dei. Operatur namque Deus duobus modis : quaedam per se, sicut naturalia; quaedam per servos suos, sicut artificialia. Cum ergo per servos suos illa faciat, constat eum ipsa facere. Unde potest dici quod, quidquid est, opus Dei est, sed malum non est opus Dei, nec igitur aliquid. Sed cum malum non sit aliquid, quomodo potest bonum corrumpere? Abstinere a cibo non est aliqua substantia, et tamen substantia corporis, si omnino abstineatur a cibo, languescit et frangitur. Sic peccatum non est substantia, sed Deus substantia est, et verus cibus rationalis creaturæ. Sed cum malum dicatur privatio boni, videndum est cujus boni. Ad quod videndum est, quod bonum differenter dicitur. Deus est summum bonum, et omne bonum, cujus essentia bonitas est. Idem enim est ei bonum esse, quod esse. Itaque sicut non potest non esse, cum ipse principio careat et fine, sic non potest non esse bonus, cum ejus essentia bonitas sit, et ideo hujus boni nulla potest esse privatio. Creaturæ dicuntur bonæ participatione, et ideo possunt privari bono suo, et sicut duæ sunt creaturæ, spiritualis et corporalis, ita duplex bonum creaturæ. Aliud namque bonum spiritualis creaturæ, aliud corporalis.
C Bonum spiritualis creaturæ in duobus consistit, in cognitione veritatis, et in amore virtutis. Bonum corporalis creaturæ, vel in ipsa, vel extra ipsam. Bonum in ipsa integritas est sensuum et affectionum, secundum quinque sensus. Bonum extra ipsam est ordinata distributio in creaturis. Quod enim corrumpitur vel emendatur, pro homine est; et quidquid bonum vel malum, homini bonum est vel malum. Triplex itaque est bonum hominis. Aliud est extra ipsum, quod scilicet est in creaturis; aliud est in ipso, et quod in ipso; aliud in anima, aliud in corpore. Ita triplicia sunt mala. Universaliter enim cujuslibet boni privatio malum dicitur, sive illius boni quod est in corpore, sive illius quod est in creaturis. Sed cum unumquodque istorum malum
D sit, aliud est culpa, aliud pœna, et non culpa, aliud nec culpa, nec pœna, sed ad pœnam. Illius namque boni quod est in anima corruptio, et peccatum est et culpa. Boni siquidem **1092** hujus incorruptione unimur Deo, corruptione elongamur a Deo. Sicut diximus bonum animæ in duobus præcipue consistit, quæ sunt cognitio veritatis, amor virtutis. Cognitionis corruptio ignorantia potest dici. De qua Apostolus : Qui ignorat, ignorabitur (*I Cor.* xiv, 38). » Amoris corruptio, cupiditas, quæ « est radix omnium malorum (*I Tim.* vi, 10). » Et quanto

dicitur, cum omnes qui imitantur peccata patrum in quantalibet generatione sint, illis teneantur? Quod sancti ita solvunt : ideo dictum est in tertiam et quartam, quia usque ad quartam magis solet evenire hoc **1090** ut filii imitentur facta patrum, cum adhuc eis nota et velut præsentia sint. Augustinus de temporali pœna illud exponit, quia in ultionem parentum puniuntur sæpe filii temporaliter pro peccatis parentum, ut cæci nascantur, vel post ortum fiant vel claudi, vel quavis alia pœna afficiantur. Sed in futuro, sicut Apostolus ait : « Unusquisque onus suum portabit (*Galat.* vi, 5). » Hieronymus super Ezechielem dicit in nobis esse quasi patrem suggestionem carnis, primum filium quasi pulsum cognitionis ad peccandum, et hæc est prima proles. Nepos si decreverit facere, vel si opere
B compleverit; pronepos si non solum fecerit quod malum est, sed etiam in suo scelere glorietur, et hæc est quarta generatio, non quod tres præcedant generationes, sed dicitur quatuor, quia quarto loco a primo motu, quia est quasi pater posita. Deus ergo primum et secundum stimulum, scilicet cogniliones, sine quibus non potest esse, non punit ad damnationem, sed tertiam et quartam generationem, quia sunt peccata ad mortem. Ad probationem cujus rei, quod scilicet primus motus non punitur, Cham peccante dum irrideret nuditatem patris, non ipse qui risit, sed filius sententiam suscepit. « Maledictus, ait, Chanaan, servus [*Vulg.* servus servorum erit fratribus suis] erit fratrum suorum (*Gen.*
C ix, 25). » Quæ enim justitia est, ut pater peccaverit, et in filium sententia proferatur, nisi fieret hujusmodi significatione?

CAPUT XXXV

Quæ sit causa peccati.

Assignavimus differentiam inter originale et actuale peccatum. Nunc indifferenter de peccato agendum est. De quo hæc quatuor inquirenda sunt : Quæ sit causa peccati; quid dicatur peccatum esse, et in qua re, et quibus modis dicatur fieri. Causa omnis peccati [est] voluntas a Deo deficiens. Augustinus (66) : Omnium bonarum rerum causa est Dei bonitas; malorum vero causa est a Deo deficiens mutabilis voluntas, prius angeli, postea hominis.

CAPUT XXXVI.

Quid sit peccatum.

Si quæritur quid sit peccatum et malum, potest responderi : Nihil, juxta illud : « Omnia per ipsum facta sunt, et sine ipso factum est nihil (*Joan.* i, 3). » Ut enim dicit Augustinus (67) : Malum nihil est aliud quam privatio **1091** boni. Itaque malum non est aliquid, sed alicujus privatio (68). Quidquid enim est, vel est opus Dei, vel est opus hominis imitantis

---

(66) *Enchirid.* cap. 25, 8.
(67) *Conf.* l. iii, c. 7, n. 12.
(68) *Totum illud quod dicitur malum nihil est*

aliud quam corruptio. D. Aug. contra *Epistolam Manichæi,* cap. 35, num. 39.

magis crescit hæc ignorantia et cupiditas, tanto magis bonum animæ corrumpitur, et secundum hoc anima corrumpi dicitur. Cum enim anima sit substantia incorporea, secundum substantiam sui non potest corrumpi, sed secundum bonum quod participat.

Hic potest quæri in quo amplius corrumpi potest anima, postquam caret illis duobus, cognitione scilicet veritatis et amore virtutis. Cum enim sit ibi substantia ipsa, et vitium sicut in dæmonibus, et in malis hominibus, cum iterum peccat, cujus boni corruptio dicetur ipsum peccatum? Aliud [enim] bonum non est ibi, nisi ipsa natura, quæ deformata est; sed ipsa non potest corrumpi secundum essentiam, quia simplex est et incorporea. Nec in ea virtus est quæ corrumpi possit : unde ergo privari potest? Oculus namque postquam semel privatus [est] visione, non potest amplius [illa] privari. Ad quod dici potest quod quanto magis diligit injustitiam, tanto magis privatur justitia, non amittendo, justitiam, quam non habet, sed habilitatem recuperandi eam, quæ utique bonum est. Quanto enim injustior, tanto magis recedit a justitia. Ita et in aliis. Sicut aliquis infirmus, quanto magis infirmatur, tanto amplius sanitate privatur, non amittendo sanitatem, quam non habet, sed quia amplius ab ea elongatur. Illa etiam bona naturalia, quæ adhuc habet anima, ut ratio, ingenium, memoria, etc., tanto amplius deteruntur et obtenebrantur, quanto magis anima peccatis deformatur.

CAPUT XXXVII

In qua natura sit peccatum.

Nunc videtur dicendum in qua natura peccatum esse dicatur, utrum in spirituali, vel in corporali, vel in utraque. Sed, ut jam diximus, non quælibet corruptio boni peccatum est, sed illius boni tantum quod est in spirituali natura. Apparet itaque quod in sola spirituali natura culpa, vel peccatum esse potest, nec negamus quin in corporea natura malum sit. Unde in propheta : « Non est malum in civitate, quod non Dominus fecerit (*Amos* iii, 6). » Sed malum vocat pœnam, **1903** non culpam, ut infirmitates, et hujusmodi. Et cum omnis natura bona sit, sive corporalis, sive spiritualis, constat non esse malum nisi ubi est bonum. Unde Augustinus (69). Nullum est quod dicitur malum, quod simul sit bonum; nec malum potest esse, nisi ubi est aliquid bonum. Item Augustinus : Quid est malus homo, nisi mala natura? Quod si homo natura est, et sic homo aliquod bonum est, quia natura est, quid est malus homo, nisi malum bonum? Sed bonum, quia homo, malum, quia iniquus. Qui ergo dicit quod malum est hominem esse, aut quod bonum est iniquum esse, incidit in illud, ut quis dicat : « Bonum est malum, et malum est bonum (*Isa.* v, 20).

Hic videndum est utrum mali actus debeant dici peccata, vel non. Quidam dicunt quod omnes actus indifferentes sunt, ut nec boni, nec mali dicantur esse quantum ad se, sed dicitur bonus actus, quia fit bona intentione, malus, quia mala intentione, ut occidere hominem zelo justitiæ bonum est, ex odio malum est; per se nec bonum, nec malum. Unde Ambrosius : Affectus tuus nomen operi tuo imponat. Cui sententiæ ita opponunt quidam : Si omnis actus indifferens est, tunc et adulterari et pejerare; sed isti actus non possunt esse nisi mali. Non igitur omnis actus indifferens est. Quod ita ipsi exponunt. Adulterari et pejerare, non tantum actum notant, sed et vitium; et ideo quamvis hæc non sint indifferentia, non tamen minus actus illi, scilicet agere cum muliere, et jurare, indifferentes sunt. Itaque secundum istos actus, non sunt peccata. Nec ideo dicitur occidere hominem malus actus, quia peccatum est, sed quia a mala intentione procedit. Sic etiam in aliis. Sane tamen potest dici quod mala actio peccatum sit, sub hoc sensu : Occidere hominem, peccatum est, id est actus peccati. Duo enim, ut dicit Augustinus, considerantur in peccato, actus et reatus; actus in opere, reatus in voluntate, ut in hoc peccato, quod est homicidium, reatus est ipsa iniquitas, vel vitium voluntatis, quo manente, homo reus est; sive actus sit, sive nondum fuerit, sive jam præteritus fuerit, utrumque vocatur homicidium consuetudine loquendi, et usu scripturæ, nec sunt duo peccata, vel duo homicidia, sed unum et idem, licet diversis modis, scilicet voluntate et actu. Duobus namque modis dicitur malum, substantive et active [*f.* adjective]. Ipsa corruptio, vel privatio boni quæ fit in anima, non solum mala est, sed et ipsum malum, id est malitia, ut injustitia et similia. Actio dicitur mala, non quod sit ipsum malum, sed mali exhibitio.

1094 CAPUT XXXVIII.

Qui sint modi peccandi, seu quibus modis peccatum fiat.

Duobus modis peccatum committitur, ut dicit Isiderus, cupiditate scilicet et timore, dum vel quisque vult adipisci quod cupit, vel timet ne incurrat quod metuit. Item peccat homo in se, in Deum, in proximum. Illud quod fit in Deum, dicitur delictum : ut perjurium, indigna participatio sacramentorum, quæ peccata in Deum dicuntur fieri, quia in istis major fit Dei contemptus. Alia quæ fiunt in nos, vel in proximum, non delicta, sed peccata dicuntur. Delictum quoque appellatur quando relinquimus facere quod jubemur; peccatum, quando facimus quod prohibemur, et non indifferenter alterum pro altero ponitur. Item, ut Gregorius dicit (70), septem sunt vitia capitalia, ex quibus oriuntur omnia alia mala. Nullum enim est quod a nullo eorum [non] sit exortum. Superbia est amor propriæ excellentiæ; nec vitium est quod excellentiam amamus, sed quod illud quod bonum est, scilicet excellentiam, participatione usurpare nobis contendimus, num. 19.

---

(69) Idem insinuat loco citato *contra epist. Manichæi*, cap. 35, num. 39. Vide *De gratia Christi*, 18.

(70) Lib. xxiii *in Job*, cap. 17.

quasi singulari possessione. Sunt autem quatuor A species superbiæ, ut Gregorius dicit (71). Prima est cum homo bonum quod habet attribuit sibi. Secunda, cum credit a Deo datum esse, sed tamen pro suis meritis. Tertia est cum se jactat habere quod non habet. Quarta, cum cæteris despectis, singulariter vult videri. Hæc ultima species vicinius approximat diabolo, qui præ angelis esse voluit. Ex superbia primo loco nascitur invidia, quæ est odium alienæ felicitatis. Cum enim superbus videat proximum in eodem bono æqualiter vel per se exaltatum, incipit invidere illi, et inde ex levi injuria incitatur ad iram contra proximum. Ira est interni doloris impatientia. Ista tria omni interiori bono hominem spoliant. Tria enim sunt diligenda, Deus, proximus et nos ipsi. Superbia tollit Deum; invidia proximum; ira se ipsum. Deinde sequitur acedia, quæ est mentis confusio, sive interna tristitia; et quia mens humana sine aliquo gaudio vivere non potest, amisso interiori evagatur ad exteriora, quod facit avaritia, quæ est immoderatus amor habendi; et cum jam exterioribus delectatur, prius delectatur vitio quod proximum naturæ est, scilicet gula, quæ est immoderatus amor edendi; et inde luxuria, quæ est libidinosæ voluptatis appetitus. **1095** Superbiæ supponuntur cætera, non quod de illis prædicetur, sed post eam ponuntur ut matrem aliorum. Est enim superbia radix omnium malorum. Sed iterum legitur : « Cupiditas est radix omnium malorum (*I Tim.* iv, 10), igitur et superbiæ; non C itaque superbia radix est omnium malorum. Ad quod potest dici quod superbia et avaritia cum superbia sit [*f.* fiunt] amor excellentiæ propriæ. Ut enim ait Augustinus : Quid avarius illo cui Deus non sufficit? Vel potest dici superbia radix omnium malorum, id est malarum affectionum; cupiditas omnium malorum, id est malarum actionum.

CAPUT XXXIX.

Quæ sit differentia inter virtutes.

Contra illa septem vitia septem virtutes opponuntur, quas pariunt septem dona Spiritus sancti. Inter dona et virtutes hæc est differentia, quod dona sunt primi motus in corde quasi quædam semina virtutum jacta super terram cordis nostri; virtutes quasi seges, quæ ex ipsis consurgit : sicut enim effectus donorum, et habitus quidam boni jam confirmati, et dicuntur septem dona, septem spiritus. Unde in Apocalypsi (*cap.* v) vidit Joannes septem spiritus discurrentes ante thronum Dei. Spiritus dicuntur aspirationes quæ præcedunt virtutes, et sunt dona solummodo, et non merita; virtutes vero sunt dona et merita. In illis enim operatur Deus sine nobis, in istis operatur nobiscum. Ex timore, quod est initium sapientiæ, nascitur humilitas: ex spiritu

pietatis, mansuetudo nascitur, et ita per singula quæ numerantur ibi : « Beati pauperes, (*Matth.* v, 3, » etc.

Hic videndum est quatuor esse timores, ut ait Augustinus : servilis, mundanus, initialis, filialis. Servilis cessare [facit] a malo pro pœna ab homine instanti, retenta tamen voluntate mali; mundanus est, cessare a bono, pro pœna quæ timetur ab homine, ut in Petro fuit; est præterea divinus timor, timere Deum propter pœnam præsentem vel gehennalem, sed tamen timet Deum sine dilectione boni; angorem et pœnæ tormentum habet, quod scilicet malorum est, et servilis est timor iste. Si tamen timet adjuncta jucunditate boni, initialis est, et hic timor est initium sapientiæ, quando homo incipit sapere et gustare Deum, ubi timor et B spes se invicem comitantur (72). Unde legitur : Timor **1096** non est sine spe, et quanto plus bona voluntas crescit, id est charitas, tanto magis timor pœnæ decrescit. Si vero sola sit dilectio, fit filialis et castus, qui permanet in sæculum sæculi. Constat igitur quod timor initialis non est in charitate, non dico perfecta, sed inchoativa. Unde Joannes in Epistola sua dicit : « Perfecta charitas foras mittit timorem (*I Joan.* iv, 18), » scilicet initialem, ubi innuit quod licet nondum perfecta, est tamen charitas in timore initiali. Servilem et mundanum timorem prohibet Christus, dicens : « Nolite timere eos qui corpus tantum occidunt, animæ vero non habent quid faciant (*Matth.* x, 28). » Post, de iniC tiali timore supponit, dicens : « Sed eum timete qui corpus et animam potest mittere in gehennam (*ibid.*), » quem non præciperet, nisi in eo charitas etsi nondum perfecta esset. Et notandum quod aliquando in divina Scriptura iste timor appellatur servilis, quia servilis est affectus, et quia et ibi timor pœnæ cessatur et hic. Sed timor ille facit cessare a malo opere, sed non voluntate; iste et opere et voluntate. Beda super parabolas dicit quod uterque timor cessabit in futuro. Cui videtur contraire quod dicit Psalmista : « Timor Domini sanctus, permanens in sæculum sæculi (*Psal.* xviii, 10). » Sed potest sic exponi quod dicit Beda : Uterque timor cessabit, id est uterque affectus timoris, affectus initialis timoris, timere puniri. Affectus filialis est timere separari. Augustinus : Timor castus gratis amat, non timens puniri, sed separari (73). Non enim timent perfecti puniri gehennali pœna, sed separari in præsenti per aliquam pœnam. In futuro vero nec puniri, nec separari timebunt, et tamen erit ibi timor, sed reverentia [*f.* sed reverentiæ]. Duo enim in ipso Deo attendent, majestatem et pietatem. Ex majestate, reverentia; ex pietate dilectio. Itaque majestatem timebunt, id est ei cum reverentia subditi erunt (74).

---

(71) Lib. xxiii *in Job*, cap. 4.
(72) *Nisi timore incipiat homo Deum colere, non perveniet ad amorem.* D. Aug. *in psal.* cxlix, et post pauca : *Cœpisti a timore, consummeris ad sapientiam.*
(73) *Castus timor est quo timetur offendi qui amatur. Aliter quippe timet adultera virum suum, aliter*

casta; *adultera ne veniat, casta ne deserat.* Aug. *in Psal.* cxviii, ser. 12, num. 4.
(74) Hic videtur hiatus, qui forte ad sensum auctoris sic posset suppleri : *Pietatem experientur, et diligent.*

Solet quæri utrum in Christo uterque timor fuerit. Quod filialis in eo fuerit constat. Reverentiam enim Deo exhibebat secundum humanitatem. Initialis, ut quidam dicunt, in eo non fuit. De illo quippe dicit Joannes in Epistola : « Perfecta charitas foras mittit timorem (*I Joan.* IV, 18). » Sed quis dubitat Christum summe perfectum habuisse charitatem ? Item timor initialis timor est gehennæ, sed Christus non timuit gehennam, fuit enim immunis ab omni peccato ; unde certus erat quod illæ pœnæ nullomodo comprehenderent eum. Sed opponitur quod Isaias enumerat septem dona in eo fuisse, dicens : « Requiescet super eum spiritus **1097** sapientiæ et intellectus... et replebit eum spiritus timoris Domini (*Isa.* XI, 3). » Sed, ut dicunt : Quod est membrorum attribuitur Christo. Non enim habuit illud donum Christus in se, sed in corpore suo. Item opponitur ab eis quod in Christo [fuit] plenitudo omnium donorum, ergo et istud donum. Quod ipsi ita solvunt : Non habuit Christus singula dona, cum non habuerit pœnitentiam pro peccatis, quæ quidem donum Dei est, et cum plenitudinem omnium donorum habuerit, quia ei nihil ad perfectionem defuit ; sed si timorem initialem, vel pœnitentiam, vel alia consimilia, quæ etsi dona sint, et imperfectorum tamen sunt, habuisset, sine dubio non perfectionem darent, sed vitæ perfectæ initium facerent. Aliis videtur quod in Christo fuit illud donum, quod est timor initialis, nec tamen credendum est quod in Christo fuit timor initialis. Timor namque Domini unum donum est de illis septem, non duo, sed duos habet effectus, secundum unum dicitur initialis ; secundum alterum dicitur castus et filialis, et secundum hunc effectum fuit in Christo ; fuit igitur in illo donum quod est in aliis timor initialis, et non tamen in Christo timor initialis, quia non secundum illum effectum habuit Christus timorem, sicut sunt duo quorum unus habet fidem imperfectam, alius perfectam et constantem ; unam eos dicimus habere fidem, unam virtutem ; nec enim inde sequitur si habent eamdem, et iste imperfectam, igitur et ille imperfectam. Et istud probabilius videtur quam quod prius diximus. Quidam tamen concedunt hæc verba : Christus habuit timorem initialem, et gehennam timuit, et tamen certus fuit quod non posset eum comprehendere, ut aliquis in magna turri positus timet præcipitium ex quodam horrore, quamvis certus esset quod non rueret.

CAPUT XL.

De sacramentis

Contra peccata, tam originalia quam actualia, de quibus jam diximus, inventa sunt sacramentorum remedia. De quibus hæc tria consideranda sunt ; quid sit sacramentum, quare institutum ; et in quibus consistat. Augustinus : Sacramentum est sacræ rei signum, id est sacramentum est invisibilis gratiæ visibilis forma, ut in sacramento baptismi significatur ablutio vitiorum, per illam exteriorem visibi-

lem. Unumquodque enim sacramentum, ejus rei similitudinem debet habere **1098** cujus est sacramentum. Unde Augustinus : Si enim sacramenta quamdam similitudinem earum rerum, quarum sacramenta sunt, non haberent, omnino sacramenta non essent. Opponitur quod prædicta distinctio non solum convenit sacramentis, cum ante significationem congruat aquæ ut sit visibilis forma invisibilis gratiæ, quia sicut aqua auferuntur sordes corporis, ita per gratiam sordes animæ, sed ut solis sacramentis competat, sic intelligendum est. Sacramentum est visibilis forma invisibilis gratiæ in eo collatæ, quam scilicet confert ipsum sacramentum ; non enim solummodo est signum sacræ rei, sed etiam efficientia ; et hoc est quod distat inter signum et sacramentum, quia ad hoc ut sit signum non aliud exigit, nisi ut illud significet, cujus perhibetur signum, non ut conferat. Sacramentum vero non solum significat, sed et confert illud cujus est signum. Item hoc interest, quod signum potest esse pro sola significatione, quamvis careat similitudine, ut circulus vini [*supp.* venalis]. Sed sacramentum non solum ex institutione significat, sed etiam ex similitudine repræsentat. Sicut enim jam diximus, sacramentum debet habere semper aliquam similitudinem rei cujus dicitur sacramentum. Sciendum quoque est quod sacramentum appellatur quandoque in sacra Scriptura res sacra et mystica, ut sacramentum Incarnationis.

Deinde videndum est quare sacramenta sint instituta. Tria sunt propter quæ instituta sunt. Propter eruditionem, humiliationem, exercitationem. Propter eruditionem, quia cum homo ante peccatum haberet cognitionem veritatis, et tunc sine medio posset videre Deum, per superbiam excæcatus est ; et ut ad agnitionem redeat necessaria sunt hæc visibilia, per quæ eruditur mens ad intelligenda invisibilia. Propter humiliationem, quia cum rationalis creatura tantæ dignitatis erat, ut non ipsa sibi bonum esset, sed id solum quod est summum bonum, cum aliis rebus, hoc quod sunt, sit suum bonum, ut lapidi, ligno ; ut illud obtineret ante peccatum, non aliud oportebat, nisi ut desideraret, quia si desideraret, cognosceret suum bonum esse ; si autem sciret suum bonum esse, sciret illud esse melius se, quia quidquid est bonum alterius extra ipsum, melius est eo ; quod si sciret esse melius se, subjiceret se ei, et hoc desiderio haberet illud, quia tantæ libertatis est rationalis natura, ut nunquam possit illud bonum habere nisi volens. Unde ipsa sola in judicium venit. Sed per superbiam homo illud bonum amisit, per humilitatem recuperare oportet. Sed non sufficit **1099** in hoc solo humiliari ut subjiciatur Deo, quia et hoc ante peccatum debebat, post quod oportet plus facere ; ideo sunt infinita [*f.* instituta] sacramenta, ut non solum Deo subjiciamur, sed etiam inferioris naturæ, ut in istis quærat homo salutem, sed non ab istis ; magna enim humilitatis exhibitio est in istis visibilibus, et ho-

mine multum inferioribus salutem quærere. Propter
exercitationem sunt instituta [sacramenta,] quia,
cum non possit homo esse sine exercitatione, ut
removeretur a mala exercitatione et superflua, et
exerceretur in bona, instituit Deus sacramenta et
eorum certa loca; ut in Ecclesia audiatur missa, et in ipsa sacerdoti confessio fiat, et similia.

Tria sunt exercitationum genera. Unum ad ædificationem animæ pertinet, secundum ad corpus,
tertium ad animæ subversionem. Primum [Deus]
indixit, secundum concessit, ultimum prohibuit.
Tria sunt in quibus consistit sacramentum; rebus,
factis, dictis: rebus, ut aqua, oleum; factis, ut submersio [seu immersio], insufflatio; dictis, ut invoca-
catio Trinitatis.

Hic potest quæri, cum in istis sacramentis præcipue constet salus hominis, quare ab initio non
fuerint instituta, ut ab initio esset sacramentum
baptismi, confirmationis, etc. Ad quod potest dici,
quod sicuti paulatim crevit per intervalla temporum
agnitio fidei, ita congruebat ut tunc essent obscura
sacramenta; modo, quia in lucem venerat, manifesta.
Cum enim circumcisio et baptismus signa sint ejusdem gratiæ, intus a peccato liberantis, manifestius
hæc in baptismo significatur, « qui abluit totum
corpus (75), » quam in circumcisione, quæ unius
partis tantum particulam auferebat. Itaque ab initio
mundi, et in tempore legis naturalis, et in tempore
legis scriptæ, contra peccata originalia et actualia
fuerunt sacramentorum remedia. Prius sacrificia, ut
hostia Abel, Noe et aliorum fidelium. Postea non
solum sacrificia, sed etiam circumcisio, quæ fuit
tempore Abrahæ imperata. Gregorius Junior: Quod
apud nos valet aqua baptismatis, hoc egit apud veteres, vel pro parvulis sola fides, vel pro majoribus
fides sacrificii, vel pro his qui de stirpe Abrahæ
prodierant, ministerium circumcisionis. Sed cum
etiam pro parvulis sacrificia offerrentur, 1100
quomodo verum erit quod Gregorius dicit: Pro parvulis sola fides. Ad quod potest dici, quod per sola,
non excluduntur sacrificia; sed dicitur sola fides,
id est nudam, et mysteria velantem fuisse in parvulis, id est in his quibus non erat revelatio facta
futuræ Incarnationis. Pro majoribus virtus sacrificii,
quia perfecti, quibus revelatum fuerat mysterium Incarnationis, virtutem sacrificiorum intel-
ligebant, quid scilicet significarent illa sacrificia.

Circumcisio Abrahæ imperata fuit, quæ octavo
die fiebat, et lapideis cultris in carne præputium

[supp. f. auferebatur]; ideo est jussa fieri, quia in
remedium instituta est contra originale peccatum,
quod a parentibus contrahimus, propagati in concupiscentia, quæ in parte illa magis dominatur, et significabat circumcisio carnis circumcisionem mentis, qua mundatur anima a vitiis. Octavo die fiebat,
quia per octavam significatur resurrectio, quæ erit
post hanc vitam, quæ volvitur septem diebus; et
ibi erit perfecta circumcisio, quia liberabitur caro
a servitute corrupti hominis. Duplex itaque erat
illius sacramenti circumcisio a peccatis, quæ est in
anima, et circumcisio, et a peccatis, et ab omni
pœna peccatorum, quæ erit in resurrectione, et in
anima, et in corpore. Constat itaque tres esse circumcisiones: prima est sacramentum, et duæ sunt
res illius sacramenti. Cultri lapidei Christum significabant, de quo Apostolus: « Petra autem erat
Christus (I Cor. x), qui « scilicet « tollit peccata mundi
(Joan. i, 29). »

De mulieribus quæritur quod remedium habebant
contra peccatum. Resp. : Fidem, et sacramenta, et
oblationes. Solet quæri etiam de parvulis, qui morie-
bantur ante octavum diem, quod remedium haberent, vel utrum damnarentur. Beda videtur dicere
quod damnarentur, dicens : Qui nunc per Evangelium terribiliter et salubriter clamat: « Nisi quis
renatus fuerit ex aqua et Spiritu sancto, non potest
intrare in regnum Dei (Joan. iii, 5), » ipse dudum
per legem suam clamabat: « Masculus, cujus præ-
putii caro non fuerit circumcisa, peribit anima illa
de populo suo, quia pactum meum irritum fecit
(Gen. xvii, 14). » Sed melius videtur hoc relinquendum Dei judicio, quam temere aliquid definire.

Quæritur quid distet inter circumcisionem et
baptismum, quantum ad efficaciam. 1101 Beda:
Idem salutiferæ curationis auxilium circumcisio in
lege contra originale peccati vulnus agebat, quod
nunc baptismus revelatæ gratiæ tempore consuevit,
excepto quod regni januam necdum intrare poterant, tantum in sinu Abrahæ post mortem beata
requie consolati, supernæ pacis ingressum spe felici
exspectabant.

CAPUT XLI.

De decem præceptis, seu de lege scripta

Dicto quæ fuissent remedia ante legem contra
peccata, restat videre quæ sint superaddita per ipsam legem. De quo ista consideranda sunt, quare
sit data, et quibus, et quando, et ubi. Lex scripta
ideo data est, ut repararet legem naturalem, et re-
viviscere faceret [eam], quæ per peccatum obsoleta

---

(75) De variis baptismi ritibus videsis nostrum
Martenium, de antiquis Ecclesiæ ritibus lib. i,
cap. 1, art. 14, n. 5 et seqq. ubi fuse de variis
immersionibus, et earum ritu et numero, quas ubique in usu fuisse opinatur ad sæculum usque circiter decimum tertium, nec antea licitam, seu usitatam fuisse infusionem, seu perfusionem, nisi in
casu extremæ necessitatis. Hic autem Hildeberti
locus ejus favet sententiæ, qua baptizandos toto
corpore nudos in baptisterium immersos asserit.
Quomodo autem, et qua diligentia in hoc baptismi
administrando sacramento tunc honestati utriusque sexus consultum fuerit, prolixe, et ex optimis auctoritatibus, erudite omnino ibidem disserit, quas hic transcribere forte lectori tædio fuisset.

erat, et ut populum rudem legalibus figuris ad futuram veritatem præpararet. Primum effecit per naturalia decem præcepta; secundum per figurativa, ut de agno paschali et similia. Quibus data est? Semini Abrahæ in duodecim tribus, quæ a duodecim filiis Israel processerunt.

Ilic potest quæri quare istis solis? Ad quod dici potest, quod ideo illi populo, et non alteri sit data, quia in figura fuit proposita. Unde Apostolus: « Omnia in figura contingebant illis (*I Cor.* x, 11), » et sufficiebat in uno ostendere, quod causa figuræ et exempli proponebatur a Deo. Sed nova lex omnibus imperatur, quæ non figura, sed res ipsa figurata erat; et cum essent in populo illo aliqui perfecti, mediocres, pessimi, perfectis in signum fuit data; mediocribus in pædagogum, ut facienda doceret, vitanda prohiberet, errata puniendo corrigeret; pessimis ab irato Judice in vindictam data est, ut qui in sordibus est, amplius sordesceret. Contra bonis a pio Patre provisa est, ut qui justus est, justificetur amplius. Quando data est? Quinquagesimo die ab exitu de Ægypto, et immolatione agni paschalis. Sic et nova lex data **1102** est apostolis, id est spiritus scribens in corde, quinquagesimo die post immolationem veri Agni, id est Christi. Ubi? In monte Sina, sicut sermo perfectionem Novi Testamenti continens, quem fecit Christus in monte. In Veteri Testamento sicut in Novo, tria continentur; promissa, sacramenta, præcepta. Promissa Veteris, temporalia bona, unde et Vetus dicitur, in quibus tamen, licet obscure, figurabantur æterna promissa Novi, et beatitudo æterna. Sacramenta illius, ut circumcisio, quæ et ante legem, et observantia Sabbati, sacrificia multa veri Agni Paschalis et similia, quæ cum non essent prius, superaddita sunt in lege, per quam etiam futura veritas manifestius quam prius monstrabatur, etsi adhuc occulta. Sacramenta Novi [Testamenti] baptismus, etc. Ideo autem bruta animalia sibi Deus immolari voluit, ut populum in suo cultu exerceret, et eos ab idololatria removeret, ne scilicet ea dæmoniis immolaret. Nunc de præceptis restat dicere. In præceptis comprehenduntur naturalia et figurativa. Naturalia dicuntur illa decem, quæ a naturali lege manant, nec sunt in scripta lege inchoata, sed renovata, quia per peccata erant deleta. Hæc sunt illa decem mandata, quæ et moralia dicuntur, nec sunt terminata in nova lege, imo perfectius adimpleta. Figurativa ad tempus data sunt, ad futuram veritatem præsignandam provisa a Deo, et veritate adimpleta, finem acceperunt. In illis decem præceptis dilectio Dei et proximi imperatur; tria quæ in prima tabula, ad dilectionem Dei; septem alia, quæ in secunda tabula, quæ ad dilectionem proximi referuntur (76).

---

(76) In hæc verba desinit manuscriptus codex Lyranus, sub ultima ultimæ paginæ linea apposita, quasi ad proxime sequentem paginam referenda, quæ deest, et quam probabiliter aliæ secutæ fuerant ad hujus tractatus integritatem; quod, ut ex præcedentibus conjici potest, nonnisi ad magnum legentium, et vel etiam ipsius Catholicæ doctrinæ contigit dispendium.

VEN. HILDEBERTI

BREVIS TRACTATUS

·DE SACRAMENTO ALTARIS.

(*Ex ms. Colbertino, n. 2262. Nunquam editus*

—

1103 Quis capiat intellectus qualiter caro Christi quotidie de cœlis ad nos in altare, et ab altari in nos venit, nec tamen cœlos deserit unde venit? Ut enim a cœlis prius venit ad nos Christi divinitas, sic et nunc inde venit ad nos ejus humanitas; utque e cœlis venit divinitate, nec tamen discessit inde, sic et nunc e cœlis venit humanitate, quæ tamen semper ibidem persistit. Et sicut divinitas venit per humanitatem, ita et humanitas inde venit per divinitatem. Deus tum per humanitatem suam manifeste, et homo nunc per suam deitatem occulte. Tunc Deus sensibiliter, nunc homo insensibiliter. Tunc Deus humane, et nunc homo divine. Nec *homo solum in spiritu suo, sed et in carne sua,* nec sine divinitate sua, sed cum sua, et in sua, et ex sua divinitate, et ideo totum geritur divine. Quid enim divinius quam *quod Christi corpus, cum caro sit,* et non spiritus, cibus tamen est non carnis et corporis, sed spiritus et mentis. Cibus quidem interioris hominis est, nec tamen humanus, sed divinus spiritualiter et divine in spiritum vadens, *non se in spiritum convertens,* sed spiritum spiritualiter et divine pascens, spiritualiter intrans, spiritualiter operans. Via spirituali a cœlis adveniens, via spirituali ad cœlum rediens. *Quod corpus cum apud nos est, et in cœlis est;* apud nos quoque diversis in locis, in altaribus diversis, tempore non diverso. Nec per partes divisum, sed in altaribus singulis totum et integrum; nec alterum et alterum, sed numero unum. *Nec phantasticum, sed verum*, nec solum in sacramento, sed in semetipso. Ipsum enim uno tantum est loco modo naturali, pluribus autem in locis modo virtuali. In uno per naturam, in pluribus per gratiam et virtutem divinam. In uno corporali modo, in pluribus modo spirituali. Non enim corporis est ut in pluribus locis simul esse possit, sed spiritus, nec spiritus fortasse alterius nisi divini, id est increati et incircumscripti; non etiam spiritus creati, et ideo circumscripti. Evenit autem quiddam simile, licet per contrarium **1104** in spiritu divino, vel si potius dicendum est, in spiritu Deo. Quemadmodum enim corpus hoc a Deo assumptum, et corpus Dei effectum, et ideo quodammodo deificatum atque divinum in uno subsistens loco corporaliter et naturaliter, in pluribus tamen est spiritualiter atque virtualiter, sic et contra ipse Deus, quamvis in locis plurimis, imo in omnibus sit spiritualiter et essentialiter, secundum modum tamen aliquem existendi, id est personaliter in uno tantum est loco, in ipso videlicet homine assumpto per gratiam divinæ plenitudinis, ut ait Apostolus (*Coloss.* ii, 9), habitans corporaliter, quod corporis est assumens, et quod suum est corpori tribuens, non mutans, sed socians. Non enim sic intelligendum est spiritum summum alicubi habitare corporaliter, vel corpus suum [*f. summum*] esse alicubi spiritualiter, quasi vel spiritus alicubi fiat corpus, vel corpus alicubi fiat spiritus; sed quia quod spiritus ille incircumscriptus alicubi juxta quemdam modum existendi, id est per unionem personæ habitat circumscribiliter, id est ita ibi ut nusquam sit alibi. Hoc fit ad corpus, cujus modus natura est circumscribi. Quod autem corpus hoc simul totum est, in locis pluribus sit ad modum spiritus. Quod ergo dictum corporaliter et spiritualiter, non naturas significat subsistentium, sed subsistendi modos. Non enim propter naturam Dei inhabitantis, sed propter inhabitandi modum ait Apostolus in Christo esse omnem plenitudinem divinitatis corporaliter (*ibid.*). Corpus vero Christi non solum ad spiritus modum simul totum est in diversis locis, id est in altaribus multis, sed et in singulis quoque, nonnullatenus spiritualem quemdam habet existendi modum. Quamvis enim ubique pro corporis varietate ipsum in se ipso sit sensibile, nobis tamen in altari præsens *juxta speciem suam* existit insensibile. Unde ipsum et sensibiliter dici potest esse ibi, et insensibiliter. Sensibiliter quidem, propter *veram corporis sensibilitatem*, et propter sacramenti formam sensibus subjectam; insensibiliter vero quantum **1105** ad speciem, et sensus nostri perceptionem. Non enim ita ibi est, ut ibi in specie sua, infirmis nostris sensibus percipi possit. Est igitur se-

cundum aliquid ibi *corporaliter propter veram, corporis naturam*, et sacramenti, ut dictum est, formam, et propter quemdam existendi modum; secundum aliquid vero incorporaliter, quantum videlicet ad actum sentiendi, et modum quemdam existendi. Quod enim sic est in altari, quod vere dici potest, quia in hac parte altaris est, et in illa parte non est. In ea enim est, in qua sacramentum est ipsius, et in illa non est, in qua ejus sacramentum non est, in hoc ad modum corporis in loco circumscribiliter est. Quod vero non sic est in hoc altari, quin eodem tempore, et modo eodem totum sit alibi, id est in alio quolibet altari, in hoc incircumscribiliter existit, atque in hanc communem corporum naturam, et subsistendi modum longe transcendit. Nec solum forsitan corporum, sed et spirituum quoque creator in hoc non parum excedit naturam, et subsistendi vincit potentiam. Non ergo in modum subsistendi, quem habet corpus hoc, non ex natura, nec secundum naturam investiges naturam, sed virtutem magis attendas divinam. Non consulas quid soleat et possit facere creata et minus potens natura, sed potius cogites quidnam possit [*non post se* (77)] gratia et virtus divina, quæ increata et omnipotens est natura, natura innata, unde est omnis tam natura quam potentia. Non igitur hominis ratio solita, solitam sequi naturam, circa hoc insolitum atque divinum, solitas suas afferat, vel recipiat quæstiunculas. Non enim hic habent locum investigationes de illis quæ adjacent modis existendi in loco naturalibus, non autem virtualibus [*f. naturaliter, non autem virtualiter*]. Hi siquidem illos longe excedunt, et ab illis procul distantes sunt. Non ergo quidquam hic quærere (quod alias quærit) præsumat sensus, cum [*f. cur*] corpus Domini scilicet sit in altari, vel in illo quæ ipsius pars, in quo non sit loco. Quæ corporis pars, sub qua sit sacramenti parte, vel quomodo partes sint dispositæ. Quæ sursum, quæ deorsum, quæ dextrorsum, quæ sinistrorsum, quæ ante, et quæ retro, et utrum majorem locum occupet pars corporis major, et minorem minor, cum singulis sub sacramenti partibus, non sint corporis partes singulæ, *sed æque sub singulis, ut sub universis partes universæ*; id est non sub una parte unum membrum, et sub altera alterum, sed sub unaquaque singula *corpus integrum et immensum*. Ideo enim et sacramento per partes diviso, *non tamen corpus in partes scinditur*, ut et ipsum divisim, et per partes sumatur, **1106** sed sub partibus divisis, et in partibus singulis a singulis percipientibus *ipsum percipitur totum atque indivisum*. Nulla etiam inferat ratio, quia si corpus hoc totum est alicubi, non est totum alibi, vel si hoc corpore minor est locus, non capit corpus hoc, quod ipso est majus. Vera siquidem sunt hæc, non solum in corporibus aliis, sed et circa corpus hoc juxta modum existendi, qui comitatur naturam, non autem circa eum qui vir-

(77) Videntur hæc verba ab amanuensi inutiliter inserta.

lutem sequitur divinam. Quemadmodum verum est, si qua peperit, cum viro concubuit, verum autem circa pariendi vel concipiendi modum, quem novit natura, non autem verum circa modum quem naturæ non insertum supra naturam penes se habet auctor et institutor naturæ. Ut autem virtus Dei et immensa valde transgreditur communem naturæ modum, ita et sensum, præcipue vero humanum corruptum atque infirmum, nec in ullo quidem effectu virtutis divinæ, æque ut in Dominici corporis et sanguinis sacramento, deficere videtur vis rationis humanæ. In aliis fortasse aliquid potest, hic vero quid? Nunquid ei capabile est *qualiter substantia panis et vini in substantiam corporis et sanguinis Domini conversa, non tamen conversa sunt pariter, sed manent immutata, sine panis et sine vini substantia,* tam panis quam vini accidentia? Quomodo accidentia sine subjecto, vel hæc accidentia in quo nata sint sine subjecto? Via in istis est ignota rationi, sed non penitus ignota fidei. *Ratio hic totum ignorat, sed fides præsumit quod ratio non capit.* Ex rationis defectu proficit fides. Novit fides per gratiam, quod ratio per nullam scire potest experientiam. Quo autem hic ratio infirmior, eo fides fortior. Quo ratio hic minus vel nihil operatur, eo fides plus vel totum operans amplius meretur. Libenter igitur ratio hic succumbat, ut fidei meritum accrescat. Non invideat fidei merito, quia quod fides meretur, non meretur sibi ipsi, sed potius rationi. Fides enim evacuabitur [*supp. forte* charitas, aut ratio], permanebit et merito fidei promovebitur. Fides nonnisi in via, ratio autem erit et in patria, et ibi plena. Fides seminat, sed ratio metet. Pro merito fidei ratio remunerabitur, quia ad meritum quodammodo cooperatur, et nonnihil, imo multum meretur. Meritum enim rationis est, quia se simplicitati non præfert fidei ; non nititur præcedere, sed sequi. Quod si hoc non potest, non tamen contradicit, non innititur suæ virtuti, sed gratiæ Dei. Cedit gratiæ, palmam concedit fidei ; dat gloriam Deo confitens ipsum potest facere [*f. melius* ipsum posse facere] quod ipsa non potest capere. Potissimum vero circa hoc sacramentum suum **1107** experitur et agnovit defectum omnimodo, nisi quia vel hoc videt esse rationabile, ut in Dei secretis homini ad credendum traditis, **1108** quod penetrari non potest ratione, non tamen excidat a fide.

IN LIBRUM SEQUENTEM BREVE MONITUM.

Librum hunc De expositione missæ eruimus e manuscripto Colbertino, optimæ notæ et sexcentorum circiter, ut conjicere potuimus, annorum, n. 6101. Ex hoc autem initium Expositionis missæ, a Melchiore Hittorpio Coloniæ editæ anno 1568, e vetustis codicibus, quos non designat, desumptum esse manifestum sit, ex verbis scilicet ejusdem ipsissimis, usque ad Introitum missæ, a quo sunt omnia omnino diversa. Hanc autem eo probabilius Hildeberto tribuendam esse duximus, quo magis allegorias Hildeberto familiares sapit, et majorem habere videtur affinitatem cum cæteris ejus de sacra eucharistia poematibus, quorum præcipuo (quod huic Expositioni consequenter alleximus), et indubitanter Hildeberto in omnibus editionibus, et etiam ab ipso Hittorpio tributo, in sua illa auctorum de divinis officiis collectione, immediate subjungebatur in præfato manuscripto Colbertino 6101. Hanc porro præparationis methodum ad finem hujus ms. positam, ut ad rem opportunius, in ipso initio ponendam esse duximus.

VEN. HILDEBERTI

LIBER

DE EXPOSITIONE MISSÆ.

(E. ms. Colbertino, n. 6101. Nondum editus.)

—

Qualiter se præparare debeant sacerdotes, qui ad efficiendum corpus et sanguinem Domini accedunt.

Fugienda est sacerdotibus, qui ad efficiendum corpus et sanguinem Domini accedunt, superbia, invidia, detractio, murmuratio, odium, cupiditas, avaritia. Unde dicit Apostolus, quoniam qui talia agunt, « regnum Dei non possidebunt (*I Cor.* vi, 10). » Vitanda sunt et levia, et venialia peccata, inquantum possibile est humanæ naturæ, et præstiterit gratia divina. Debent summopere amplecti castitatem, et continentiæ studere. Si laicus, ut quicunque fidelis orare non potest, nisi careat officio conjugali; dicit enim Apostolus : « Nolite fraudare invicem, nisi ad tempus, ut vacetis orationi (*I Cor.* vii, 5); » ergo sacerdoti, cui semper pro populo offerenda sunt sacrificia, semper orandum est; ergo laico semper carendum matrimonio.

« Qui enim manducat et bibit indigne, judicium

sibi manducat et bibit, non dijudicans corpus Domini (*I Cor.* xi, 29). » Augustinus (78) : Talis erat Judas, et tamen cum sanctis apostolis Christi intrabat et exibat. Ad ipsam cœnam Dominicam pariter accessit. Conversari cum eis potuit; eos inquinare non potuit. De uno pane et Petrus accepit, et Judas; et tamen quæ pars fideli cum infideli ? Petrus enim accepit ad vitam; Judas ad mortem. Sicut ergo odor bonus, ita et cibus bonus. Bonos vivificat, malos mortificat. Sicut enim Judas, cui buccellam tradidit Dominus, non malum accipiendo, sed male [bonum] accipiendo, locum in se diabolo præbuit (79), sic indigne quisque sumens Dominicum sacramentum, non efficit, non quia ipse malus, malum sit, aut quia non ad salutem accepit, nihil accepit. Corpus enim Domini et sanguis nihilominus erat, etiam cum illis, quibus dicebat Apostolus : « Qui manducat indigne, judicium sibi manducat et bibit (*I Cor.* xi, 29) » Quisquis autem in hac Ecclesia bene vixerit, nihil ei judicant [præjudicant] aliena peccata, quia unusquisque in ea proprium onus portabit. Et quisquis in ea corpus Christi manducaverit indigne, judicium sibi manducat et bibit.

1109 *Ordo de vestimentis sacris, et in primis de amictu.*

Amictus est primum vestimentum quo collum undique cingimus. In collo namque vox est; ideo per collum, loquendi usus exprimitur. Per amictum, intelligimus custodiam vocis, de qua Psalmista ait : « Dixi: Custodiam vias meas (*Psal.* xxxvii, 1). » Et : « Posui ori meo custodiam (*ibid.;* 2). » In isto primo vestimento admonetur castigatio vocis (80).

De alba.

Postea camisiam induimus, quam albam vocamus, quæ debet manus ac brachia stringere sacerdotis, ne quid nisi utile faciat; pectus, ne quid inane cogitet; ventrem, ne ultra modum delicias appetendo, se gulosum facere præsumat; subjecta ventri membra, ne lasciviendo, totam sacerdotalis habitus pulchritudinem corrumpat; genua, ne ab orationis instantia torpeant; tibias et pedes, ne ad malum currant. Induantur ergo sic sacerdotes, ut et corpus ab iniquis operibus, et mentem a pravis cogitationibus compescant.

De cingulo.

Camisia cingulo continentiæ constringitur, præcipiente Domino : « Sint lumbi vestri præcincti (*Luc.* xii, 35), » ut per duas virtutes, id est obedientiam Dei, et naturalem disputationem [*f.* naturalium mortificationem], constringatur omnis voluptas.

De stola.

Per stolam designatur onus leve et suave, de quo dicit Dominus : « Tollite jugum meum super vos (*Matth.* xi, 29). » Et : « Jugum enim meum suave est (*ibid.,* 30). » In eo quod stola ad genua tendit,

quæ solent curvari, causam humilitatis intelligimus, de qua Dominus dicit : « Discite a me, quia mitis sum, et humilis corde (*Matth.* xi, 29). »

De casula.

Casula quidem pertinet ad omnes clericos generaliter. Significat opera quæ pertinent ad omnes. Hæc enim sunt fames, sitis, vigiliæ, nuditas, lectio, psalmodia, oratio, labor operandi, doctrina, silentium, et cætera hujusmodi. Qui istis operibus vestitur, casula indutus est.

De sudario [seu *manipulo.*]

Sudarium, quod manipulum vocamus, **1110** significat studium mundæ cogitationis, quo naturales, et velut ingenitas nostras delectationes studemus stringere. In manu sinistra portatur, ut ostendatur in temporali vita tædium nos pati superflui humoris, hoc est carnalis delectationis. Habet etiam mens aliquoties tædium, dicente Psalmista : « Dormitavit anima mea præ tædio (*Psal.* cxviii, 28). » Per sudarium, intelligimus mundas cogitationes, de quibus detergimus molestias animi, et infirmitates corporis.

De missa.

Missa pro multis causis celebratur. Prima, ut rogemus Deum; secunda, ut suscipiat Deus preces nostras et oblationes; tertia, pro offerentibus et defunctis; quarta, pro osculo pacis; quinta, ut sanctificata sit oblatio; sexta, ut confirmetur per Spiritum sanctum oblatio corporis et sanguinis Christi ; septima, ut cantetur *Pater noster* (*Matth.* vi, 12), in quo continentur septem petitiones, id est tres spirituales, et quatuor temporales. Hanc orationem prius docuit Dominus discipulos et apostolos suos; de qua dicit propheta : « Quicunque invocaverit nomen Domini, salvus erit (*Joel.* ii, 32). » Septem sunt numero, pro septem donis Spiritus sancti, vel pro septem gradibus Ecclesiæ. Cur quotidie iteretur ista oblatio, cum Christus salvaverit mundum per passionem suam, et mors illi ultra non dominetur? Pro multis est causis. Prima, eo quod peccamus quotidie ; secunda, eo quod corpus Christi pœnitentibus post peccata offerre jubeatur, ut salutem per corpus Christi inveniant, atque exeant post pœnitentiam ; tertia, ut magnum beneficium passionis Domini oblivioni non tradatur; quarta, ut similet diem judicii in Ecclesia, in quo justi ab injustis separabuntur.

De Introitu.

Introitus missæ dicitur eo quod per eum introitus fiat ad missæ ejusdem officium. Versus cantatur eo quod per eum revertatur ad introitum. *Gloria* cantatur, ut ostendatur Patrem, et Filium, et Spiritum sanctum æqualem habere gloriam, et cœternam majestatem. In principio, et nunc, et semper, et in sæcula sæculorum. Amen; id est in præterito, præsenti, et futuro tempore.

---

(78) D. Aug. in cap. vi *Evang. S. Joan.,* tract. 36, et in cap. xiii, *tr.* 71

(79) *Enar. in ps.* iii.

(80) Ita pontificale Romanum in ordinatione subdiaconi.

De Kyrie eleison.

Kyrie eleison celebratur, ut Pater, qui **1111** tradidit Filium suum unicum pro nobis, eruat nos a pœnis inferni. *Christe eleison*, ut et Filius Dominus noster Jesus Christus una cum Patre liberatis a pœnis perpetuis, det nobis vitam æternam, ut ipse ait : « Volo, Pater, ut ubi ego sum, illic sit et minister meus (*Joan.* xii, 26). » Kyrie *Domine ;* eleison *miserere* interpretatur.

De Gloria.

Gloria in excelsis Deo cantatur, ut ostendatur nato Christo gloriam in excelsis esse angelis, qui nunquam peccaverunt, nec discordiam cum Deo habuerunt; et pax a Christo Jesu in omnibus hominibus facta bonæ voluntatis, qui usque ad nativitatem Christi propter sua peccata discordiam cum Deo et cum angelis habuerunt.

De oratione.

Oratio dicitur ab orando, eo quod per ipsam orantur bona populo; Collecta vero, eo quod colligitur populus in unum ad orandum.

De epistola.

Epistola legitur, ut ostendatur per Evangelium Christum prope venturum. Epistola enim *supramissa* dicitur eo quod sit missa ab apostolis super legem Moysi, et super prophetas. Significat autem Joannis prophetiam, qui Christum prope esse annuntiabat.

De graduali.

Responsorium dicitur a respondendo, eo quod uni inchoanti nititur, ut laudem universus referat populus. Quod graduale dicitur ab aliorum responsoriorum distinctione, quia hunc gradibus psallunt, et uno cessante hoc ipsum cæteri respondent. Sequitur versus. In versu necesse est ut suas cogitationes cantor ad se trahat, et secum cogitet quomodo, aut quid a magistro didicerit.

De tractu (81).

Tractus aliquando tribulationem, ut est *De profundis*, et *Commovisti ;* aliquando lætitiam sonat, ut *Jubilate*, et *Laudate*.

De Alleluia.

Alleluia lætitiam, sive laudem Domino sonat in recordatione æternæ gloriæ. Versus tangit cantorem, ut interius cogitet in quo habeat laudare Deum, aut in quo lætari. Alleluia dicitur : *Laus tibi,* **1112** *æterne* [*supp.* Deus]. Lu. *Laus tibi, lucis* [*supp.* auctor]. Laus tibi, illuminatio lucis. Illa jubilatio, quam Sequentiam vocamus, illum statum ad Dominum Deum nostrum dicit, quando non erit necessaria locutio verborum, sed sola cogitatio mentis internæ monstrabit quod retinet in se.

De evangelio.

Evangelium dicitur *bonum nuntium*, quia annuntiat nobis nativitatem Christi, improperia, passionem, sepulturam, resurrectionem, in cœlum ascensionem, in fine mundi ad judicandum adventum;

A annuntiat quoque nobis in futuro vitam post mortem, requiem post laborem, regnum post servitium. Legitur evangelium post epistolam, ut per ipsum populo ejus prædicatio annuntietur.

De Symbolo.

Cantatur *Credo in unum Deum*, ut quia audivit populus Christum in analogio prædicantem, ostendat qua credulitate accipiat ejus doctrinam.

De offerenda.

Offerentibus hominibus cantus celebratur, ut ostendatur homines debere gratias et laudes Deo referre, dum manibus cæterisque membris agere satagunt et operari, quibus valeant ei placere.

De officio missæ.

Solent quærere quidam simplices a quo loco totius officii missa inchoetur, ut si forte ad totum officium non occurrerint, possint scire quibus officiis se repræsentare debeant, sine retractatione. Missa igitur vocatur ab eo loco ubi incipit sacerdos Deo sacrificium offerre, usque ad *Ite missa est*. Celebratio denique hujus officii ita currit, ut ostendatur quod illo in tempore actum sit circa passionem Domini, ejusque sepulturam, et quomodo nos id ad memoriam reducere debeamus per obsequium nostrum, quod pro nobis actum est. De offerenda in libro Paralipomenon scriptum est : « Ingressi sunt sacerdotes ad Ezechiam regem, dixeruntque ei : Sanctificavimus altare, et omnem domum Domini et holocausti (*II Par.* xxix, 18). » Et post pauca : « Consurgens rex Ezechias adunavit omnes principes civitatis, et ascendit domum Domini, obtuleruntque simul tauros septem, et arietes septem, et agnos septem, et hircos septem pro peccato, pro regno, pro sanctuario, pro populo, dixitque sacerdotibus filiis **1113** Aaron ut offerrent super altare Domino. Constituit quoque levitas in domo Domini cum cymbalis, et psalteriis, et citharis secundum dispositionem David. Cumque offerretur holocaustum, cœperunt laudes canere Domino, et clangere tubis, atque in diversis organis quæ rex David præceperat concrepare. Omni autem turba adorante, cantores, qui tenebant tubas, erant in officio suo, donec impleretur holocaustum. Cumque finita esset oblatio, incurvatus est rex, et omnes qui erant cum illo, et adoraverunt (*ibid.* 20 et seqq.). » Similiter nunc in ecclesia lecto evangelio populus offert, chorus cantat, sacerdos suscipit, Deoque corde, et ore, et manibus repræsentat, et incurvatur et orat. Officium igitur quod nos dicimus Offerendam ab eo loco inchoatur ubi post evangelium sacerdos dicit: *Dominus vobiscum*, et finitur in eo loco ubi excelsa voce dicit: *Per omnia sæcula sæculorum*. Ideoque quod novissimum est, excelsa voce profertur, ut audiatur a populo, et populi responsione confirmetur oratio. Christus enim dignatus est venire Jerusalem die Palmarum, et ibi exspectare diem immolationis suæ, descendit de monte Oliveti, turba multa

---

(81) De *tractu* et *alleluia* vide supra sermonem 111, sub finem.

veniente illi obviam, et salutatum etiam secundum
bonum morem antiquæ in Judaismo traditionis.
Quapropter salutat sacerdos populum, dicens : *Do-*
minus vobiscum. Postea dicit : *Oremus*, hos admonens ut unusquisque offerentium ad suam conscientiam revertatur. Si quis habet ad immolandum,
immolet, id est si quis conscius est proprii vitii,
roget ut mucrone invisibili nunc moriatur. Si quis
habet voluntarium sacrificium, sive pro quacunque
re id precetur antequam de manu ejus exeat, ut
acceptabile sit Domino, ne despiciatur, sicut despe-
ctus est Cain, quia non recte offerebat.

De corporali.

. Interim ponitur syndo [*seu* syndon] in altari, quam
solemus corporale nominare. Admonentur omnes,
populus scilicet, et ministri, et ipse sacerdos, ut
sicut illud linteum castigatum est ab omni viriditate et humore naturali, ita sit mens offerentium
ab omni carnali cupiditate. Dum sacerdos suscipit
oblationes, cantores cantant, quia quandiu turba
cantabat : *Hosanna in excelsis*, Christus eorum vota
suscipiebat Puritas lintei, puritatem mentium eorum signat qui Domino cantabant.

Item de officio.

Sacerdos, suscepta oblatione eorum **1114** quibus licitum est offerre, redit ad altare, ut in eo disponat oblationes coram Domino, quas illi immola-
turus est in sequentibus missæ. Christus enim post
accepta vota cantantium Jerusalem et templum Domini intravit, in quo erat altare, ibique præsentavit
se ad immolationem futuram. Cantante interim
choro vadit sacerdos ad altare, et orat, quod cæteros præmonet facere, ubi dicit : *Oremus;* quod facit
ipse. Orat enim prius pro delictis suis, ut dignus sit
ad altare accedere, et ad tactum [ejus,] ne fiat illi
quod factum est Bethsamitis, qui timere viderunt
arcam Domini; de quo scribitur in libro Samuel :
« Quia percussit de populo septuaginta viros, et
quinquaginta millia plebis (*I Reg.* vi, 19). »

De thuribulo.

Ex thuribulo quod super ipsum sacerdos post
orationem demonstrat, per quem ei propitiari dignetur Dominus, videlicet, per Dominum nostrum Jesum Christum, cujus corpus designat thuribulum,
de quo scriptum est in Exodo : « Ut offeratur in
eo thymiama Domino, ne forte moriatur (*Exod.*
xxx, 20). »

Tunc versus sacerdos ad populum, dicit : *Orate*
pro me, fratres, etc.

Oratio secreta dicatur.

Secreta ideo nominatur, quia secreto dicitur, et
solius est sacerdotis soli Deo offerre sacrificium.
Nam ideo quia cogitationibus Deo loquimur, non
est necessaria vox reboans, sed verba tantum, ut
eisdem admoneatur sacerdos quid cogitare debeat.
Dicit etiam sacerdos secretam, ut secreta Christi,
quæ illo tempore agebantur; nobis ad memoriam
reducantur. Agnus quippe Paschalis latebat in Christo qui immolandus erat. Hoc secretum erat apo-

stolis. Erat secretum cæteris fidelibus qui cum eo
erant, usque ad diem Cœnæ, quo ipse aperiens manifestare dignatus est passionem suam. Erat secretum populo Judæorum et spiritibus malignis. De
quibus dicit Apostolus : « Quod si Deum cognovissent, nunquam Dominum gloriæ crucifixissent (*I Cor.*
ii, 8). » *Per omnia sæcula sæculorum.* Respondet
populus ejus confirmans orationem : *Amen.* Et sacerdos dicit : *Dominus vobiscum.* Salutat sacerdos
populum, deprecando ut Dominus sit cum illis. Populus econtra orat pro sacerdote; ut simul cum suo
spiritu sit Dominus : *Et cum spiritu tuo.* Et sacerdos : *Sursum corda.* ℞. *Habemus ad Dominum.* Unde
beatus Augustinus : Nos, inquit, visum [*f.* versum
terram] adhuc sumus; sed cum cogitamus **1115**
quomodo in cœlo laudetur Deus, cor ibi habeamus,
et non sine causa audiamus : *Sursum corda.* Levemus cor sursum, ne putrescat in terra. *Gratias*
agamus Domino Deo nostro, pro tantis donis auditores confirmat. ℞. *Dignum et justum est.* Hic necessario extollitur vox. Clamat, inquam, sacerdos ad
populum, ut quod ipse jam habet, habeat et ille ;
hoc est, sursum corda; ac deinde ut gratias agat
Deo pro serenitate mentis. Quod omnibus licet agere simul, id est gratias referre Deo, hoc acclama-
tur. Quod ad sacerdotem solum pertinet, id est immolatio panis et vini; secreto agitur. Hoc vero officium præfatio, sive præparatio dicitur, quia præparat fratrum mentes ad honestatem in conventu reverendo sanctorum angelorum, qui solent adesse
consecrationi corporis Christi ; et ideo excelsa voce
cantatur. Inchoatur autem a salutatione, quando
dicitur ante *Sursum corda*, et finitur in hymno *San-*
ctus, sanctus, sanctus, etc. Præses hic officium illud
nobis ad memoriam reducit, quando Christus ascendit in cœnaculum magnum stratum, et ibi multa locutus est cum discipulis suis, et hymnum retulit
Deo Patri, quem Joannes commemorat, usque dum
exiret in montem Oliveti, ubi gratias egit Deo Patri.
Ibi hymnum cantavit, in quo precatus est Patrem,
ut discipulos suos liberaret a malo, et quæ sequuntur in eodem Evangelio. Altare igitur est mensa
Domini, in qua cum discipulis convivabatur. Corporale, linteum quo erat præcinctus ; sudarium, labor
de Juda proditore. Ascendit igitur in cœnaculum
vice Christi, quando dicitur : *Sursum corda.* Auditores respondent : *Habemus ad Dominum*, etc. Sequitur : *Vere dignum et justum est, æquum et salu-*
tare, nos tibi semper et ubique gratias agere, Do-
mine sancte, Pater omnipotens, æterne Deus, per
Christum Dominum nostrum. Ait Apostolus Paulus
(*Ephes.* i) instaurari omnia in Christo, quæ in cœlis
sunt, id est quod inde lapsum est in angelis, ex
hominibus redintegratur. Instaurantur autem quæ
in terris sunt, cum ipsi homines, qui prædestinati
sunt in æternam vitam, et a corruptionis vetustate
renovantur; ideoque sacerdos dicit : *Per quem ma-*
jestatem tuam laudant angeli. Hic etiam ordo ar-
changelorum subintelligitur. *Adorant dominationes*,

comprehendit hic etiam sanctorum spirituum principatus. *Tremunt potestates, cæli cælorumque virtutes.* Per cœlos, qui sedes Dei sunt, throni intelliguntur, quibus ad exercendum judicium suum Deus omnipotens semper **1116** præsidet. *Ac beata seraphim socia exsultatione concelebrant.* Per seraphim quoque et cherubim intelligitur ordo, scilicet vicinus ei et proximus. De his novem ordinibus beatus Gregorius papa (82) satis in quadam homilia Evangelii disseruit; quod in suis, qui vult, inveniet locis. Horum igitur novem ordinum angelorum in divinis laudibus assiduitas, acceptabile Deo sacrificium intelligitur, eisdemque ordinibus prælibatis ordo decimus conditionis humanæ annexus est, et ex ejus voce dicit sacerdos : *Cum quibus et nostras voces ut admitti jubeas deprecamur, supplici confessione dicentes : Sanctus, sanctus, sanctus.* Sequitur hymnus ; et ideo dicitur hymnus, quia refertus est gratiarum actione, et laudibus angelorum. Hic hymnus additus est a Sixto papa. Ordo in unum dicit : *Hosanna in excelsis ! Benedictus qui venit in nomine Domini. Hosanna in excelsis !*

Hinc Isidorus : Hosanna, inquit, in alterius linguæ interpretationem ex toto transire non potest. Osi enim *salvifica* interpretatur. Anna interjectio est, motum animi significans sub deprecantis affectu. Integre autem dicitur Osianna, quod nos correpta vocali *i*, Osanna dicimus (83). Interpretatur autem *salvifica*, subaudiendo vel populum tuum, vel totum mundum. Hanc partem hymni cantavit turba die Palmarum, præcedens Dominum Jesum. Diaconi vero, vel subdiaconi, cæterique ministri, qui circumdant sacerdotem, repræsentant eos qui cum Christo fuerunt in cœnaculo magno strato, eique astiterunt per ministerium corporale. Repræsentantur etiam mulieres quæ, discipulis fugientibus, perseveraverunt in passione Domini.

Post finitum hymnum : *Sanctus, sanctus, sanctus,* inclinant se circumstantes, venerando divinam majestatem cum angelis, et Domini incarnationem cum turbis, et inclinati perseverant, usque dum finiatur omnis præsens oratio, id est usquequo dicatur post orationem Dominicam : *sed libera nos a malo.* Hic ergo repræsentantur illi, quibus in Evangelio Dominus dicit : « Vos estis qui permansistis mecum in tentationibus meis (*Luc.* xxii, 28). »

Te igitur, clementissime Pater, per Jesum Christum, Filium tuum, Dominum nostrum, supplices rogamus per piam a te cogitationem, *ac petimus* per bonorum operum exsecutionem, *uti accepta habeas,* bonam voluntatem nostram præveniendo, *et benedicas,* in bonis actibus subsequendo, *hæc dona* panis, ubi farina et aqua sunt, *hæc munera,* **1117** ubi vinum et aqua sunt quibus donemur in æterna beatitudine, et quibus muniamur in præsenti vita contra diaboli persecutionem : *hæc sancta sacrificia illibata,* id est

per quæ sanctificemur ; et per repræsentationem horum visibilium, sacrificemus tibi coram te in altari tuo sublimi, corde contrito, et humiliato spiritu, per hæc illibati, id est incontaminati a maculis hujus vitæ.

Hic sacerdotes tres orationes exercent, sicut Dominus fecit postquam exivit in montem Oliveti ante traditionem suam (*Matth.* xxvi). Primam pro universali Ecclesia cum suis rectoribus ; secundam, pro specialibus fratribus, quorum eleemosynam susceperunt aut munus, aut quorum sponsores facti sunt, vel quorum præsentia tuentur in officio missæ, quorum sacrificium laus est ; tertiam pro seipsis sacerdotibus et ministris, qui communicant sanctæ Mariæ et ipsis apostolis in uno Domino, id est, exemplo illorum sacrificium visibiliter et invisibiliter offerentium, ut in omnibus protectione Domini muniantur.

Docti enim sumus in Veteri Testamento pro quibus offerre debeamus sacrificia ; scilicet pro votis, pro spontaneis, pro peccato, pro regno, pro sanctuario, pro Juda [*id est f.* pro inimicis]. Quando adimplemus ea quæ in tribulatione promisimus, pro votis facimus. Quando gratias agimus de perceptis, pro spontaneis. Quando compungimur de commissis, pro peccato. Quando erecti corde petimus, pro regno, pro regibus. Quando pro stabilitate sacrorum graduum, pro sanctuario. Quando pro pace et unitate populi, pro Juda. Ubi fit sacrificium pro papa, pro rege, pro antistite, pro cæteris rectoribus, ex Pauli institutione agitur, qui de hoc Timotheum instituit, dicens : « Obsecro primum omnium fieri obsecrationes, orationes, postulationes, gratiarum actiones pro omnibus hominibus, » etc. (*I Tim.* ii, 1.

In primis quæ tibi offerimus pro Ecclesia tua sancta catholica, quam pacificare, custodire, compescens visibiles inimicos, dans virtutem contra spiritalia nequitiæ in cœlestibus, *adunare et regere,* propriam ad te conversationem et mutuam in invicem charitatem ; et regere, ne a via veritatis declinemus, et ne ad tempus credamus, et in tempore tentationis, *digneris toto orbe terrarum, una cum papa nostro N. et antistite nostro N. et omnibus orthodoxis, atque catholicæ et apostolicæ fidei cultoribus.*

Memento, Domine, famulorum **1118** *famularumque tuarum, et omnium circumstantium.* Ubi dicitur omnium circumstantium, ex auctoritate canonum præcipitur quod presbyter nullomodo debet solus missam celebrare, nullus etiam debet hoc tempore orationis, (84) si imbecillitas ejus corporis manet, *sedere, sed circum astare omnes* et orare. *Quorum tibi fides cognita est,* in oculis tuis credendo ; *et nota devotio,* pia opera exsequendo, *pro quibus tibi offerimus,* id est quorum charitate et rogatu ad

<hr>

(82) Hom. 34 in Evang.

(83) Vide Serm. in Dominica Palmarum. Unde etiam probari potest hunc Tractatum esse Hilde-

bertinum.

(84) Error amanuensis, pro *nisi imbecillitas ejus corporis obstet.*

hoc altare cum oblatione accedimus, *vel qui tibi offe-* A
runt hoc sacrificium laudis, id est, qui per nos tibi
offerunt, qui inopiam et necessitatem carnis sustentant, et ministris tuis dant temporalia, ut metant
spiritalia : *pro se suisque omnibus.* Hæc qua intentione
faciant sequentia exponunt. Non pro lucris temporalibus, aut pompis hujus sæculi, sed *pro redem-*
ptione animarum suarum, id est *pro spe salutis* per-
cipiendæ cum sanctis, *et incolumitatis suæ* in corporibus, ut sanitas corporum transeat ad salutem animarum ; *tibique reddunt vota sua,* id est quod voverunt corde, reddunt opere, *æterno Deo vivo et vero,*
quia præter te non est Deus, et quoniam qui dicuntur
dii, falsi sunt et sine anima, nec sibi, nec aliis prosunt.

Communicantes, id est offerimus tibi ista desiderantes et quærentes per hæc quæ omnes actus no- B
stros excedunt, ut communionem et partem habeamus in perenni beatitudine cum eis qui se suaque
corde , ore et opere tibi obtulerunt in suam salutem,
et hujus sacrificii exemplum et confirmationem. *Et*
memoriam venerantes. Ideo venerantes eorum memoriam agimus , exemplo eorum tibi quotidie sacrificamus, ne salutis tantæ effectus a fragili nostra
memoria excidat ; gratiarum actiones tibi Deo referentes et eis, quia es institutor tanti sacramenti, et
largitor totius boni, eis qui faciendo præcesserunt,
et intercedendo subveniunt.

In primis gloriosæ semperque Virginis Mariæ, Ge-
nitricis Dei et Domini nostri Jesu Christi, sed et bea-
torum apostolorum ac martyrum tuorum Petri et
Pauli, Andreæ , Jacobi, Joannis, Thomæ, Jacobi, C
Philippi, Bartholomæi, Matthæi, Simonis et Thadæi,
Lini, Cleti, Clementis, Sixti, Cornelii, Cypriani, Lau-
rentii, Chrysogoni, Joannis et Pauli, Cosmæ et Da-
miani, « (85) necnon illorum, quorum solemnitas
hodie in conspectu majestatis **1119** tuæ celebratur, *et omnium sanctorum tuorum , quorum meritis*
precibusque concedas ut in omnibus protectionis tuæ
muniamur auxilio, per eumdem. .... Per eum accedimus ad te Deum Patrem, qui Mediator existens,
assistit vultui tuo, pro nobis dirigentibus per illum
preces nostras ad te. Unde Paulus ait : « Accedens
per semetipsum ad Deum, semper vivens ad inter-
pellandum pro nobis (*Hebr.* vii, 15). »

Hanc oblationem servitutis nostræ, sed et cunctæ D

A *familiæ tuæ, quæsumus, Domine, ut placatus acci-*
pias. Hic fit oratio ad Deum, ut dignetur vota electorum suorum suscipere, atque ideo ei præsentatur
per nomen demonstrativum, dicendo : *Hanc igitur*
oblationem, etc. Quod postea subjungitur, additum
est a S. Gregorio : *Diesque nostros in tua pace dispo-*
nas, atque ab æterna damnatione nos eripi, et in ele-
ctorum tuorum jubeas grege numerari. Ostendit nullum securum esse posse in præsenti sæculo de sua
stabilitate, quamvis perfectus esse videatur, ac ideo
necesse fore ut semper deprecetur in pace disponi
dies suos in præsenti sæculo, remotis visibilibus et
invisibilibus inimicis, ut sic adnumeretur in grege
electorum.

A te igitur, clementissime Pater, usque huc celebratur sacrific'um electorum, qui non habent in carne
quod eis repugnet, neque in conscientia quod turbet.
Sicut enim erant duo altaria in tabernaculo Moysi,
sive in templo Salomonis, unum thymiamatis, alterum holocausti, ita sunt duo sacrificia sanctæ Ecclesiæ ; unum est, in quo omnes carnales motus
sopiti sunt , quod celebratur ab initio orationis
usque ad oblationem *Tu Deus,* ubi commemorantur
qui jam regnant cum Deo, et quibus Ecclesia, etsi
non in omnibus, tamen in multis membris suis unitur et concorporatur. Alterum est, in quo necesse est
quotidie carnales **1120** motus mactare, quod agit
sacerdos, descendens ad universale sacrificium, et
immolationem Christi, quod celebratur ab hoc loco :
Quam oblationem usque *Nobis quoque peccatoribus.*

Quam oblationem tu, Deus, in omnibus, quæsumus,
benedictam, per quam hic et in æternum benedicamus;
ascriptam, per quam omnes in consortio sanctorum
conscribantur ; *ratam,* id est distinctam a cunctis
oblationibus, quæ falso falsis et vanis idolis immo-
lantur, ubi nihil ratum est ; *rationabilem,* per quam
a bestiali sensu excitamur et intelligimus qua ratione, vel quo respectu salutis agamus; *acceptabilem,*
ut qui ex nobis displicemus, per hanc acceptabiles
tibi placeamus, *facere digneris, ut nobis* (86) *cor* †
pus et san † *guis fiat dilectissimi Filii tui Domini*
nostri Jesu Christi. Qui pridie quam pateretur acce-
pit panem in sanctas ac venerabiles manus suas, et
elevatis oculis in cœlum ad te Deum Patrem suum
omnipotentem, tibi gratias agens, benedixit, fregit.

---

(85) Verba *necnon illorum... celebratur* non habentur in canone quo nunc utimur in missa. Notat
autem Martenius noster similia olim in variis canonum
libris post sanctorum adnotata nomina, memorata
generatim fuisse nomina eorum *quorum solemnitas illa*
die celebratur. Sic in vetustissimo codice bibliothecæ
Regiæ annorum circiter nongentorum, post nomina
Dionysii , Rustici et Eleutherii , Hilarii , Martinii
Augustini, Gregorii, Hieronymi, Benedicti, additur :
Necnon et illorum quorum hodie in conspectu gloriæ
tuæ gloriosus celebratur triumphus. Quæ verba, inquit Berno, Augiensis abbas, libello de Ritibus missæ,
addita sunt a Gregorio III papa, de quo et liber
Pontificalis : *In canone missæ,* inquit, *hoc adjecit ita*
a sacerdote dicendum : Quorum solemnitas hodie in
conspectu tuæ majestatis celebratur. In antiquo sacramentario Gallicano hæc adduntur : *Et omnium san-*

ctorum tuorum qui per universum mundum passi sunt
propter nomen tuum, Domine, seu confessorum tuo-
rum, quorum meritis, etc. Videsis Martenium ipsum
lib. i *De antiquis Ecclesiæ ritibus,* cap. 4, art. 8
Hic porro Hildeberti locus non parum ejus assertioni suffragatur.

(86) Ex eodem ms. — *De duabus crucibus.* Sacerdos facit cruces duas super oblata, juxta calicem,
ut doceat Christum esse depositum de cruce, quia
pro duobus populis crucifixus est.

De cruce quæ fit super calicem. Crux quæ formatur super calicem, particula oblata, ipsum corpus
ante oculos nobis proscribit, quia pro nobis crucifixum est. Ideo tangit sacerdos quatuor latera calicis de corpore, quia per illud humanum genus a
quatuor plagis terræ, ad unitatem corporis accessit,
et ad pacem Ecclesiæ catholicæ rediit.

Fregit ipsemet et panem quem porrigere discipulis A
debebat, ut ostenderet corporis sui fractionem et
passionem absque sua voluntate non venturam, sicut ipse antea prædixerat : « Potestatem habeo ponendi animam meam (*Joan.* x, 18). »

*Dedit discipulis suis, dicens : Accipite et mandu-
cate ex hoc omnes,* HOC EST CORPUS MEUM. Nam sicut
caro Christi, quam assumpsit in utero virginali, verum corpus ejus est, et pro nostra salute occisum,
ita panis quem Christus tradidit discipulis suis, et
quem quotidie consecrant sacerdotes in Ecclesia,
cum virtute divinitatis, quæ illum replet, *verum corpus est Christi.* Nec sunt duo corpora illa caro quam
assumpsit et iste panis, sed *unum et verum corpus
sunt Christi,* in tantum ut dum hic frangitur et comeditur, Christus immoletur et comedatur, et tamen B
integer et vivus permaneat.

1121 *Simili modo postquam cœnatum est, accipiens et hunc* (87) *præclarum calicem in sanctas ac
venerabiles manus suas; item tibi gratias agens, benedixit, dedit discipulis suis, dicens: Accipite et bibite
ex eo omnes:* HIC EST ENIM CALIX SANGUINIS MEI *novi
Testamenti et æterni.* Subaudi confirmator. Novi testamenti dicitur ad distinctionem veteris, quod confirmatum est sanguine hircorum et taurorum, sicut
habetur in Exodo (XXIX, 8), cum collegit Moyses hunc
sanguinem, et aspersit populum, dicens: « Hic est
sanguis Testamenti quod mandavit ad vos Deus. »
Similiter novum Testamentum, id est Evangelium,
ubi continentur promissiones æternæ vitæ et patriæ C
cœlestis, confirmatum est sanguine passionis Christi,
qui quotidie celebratur in Ecclesia. Omne enim testamentum in morte confirmatur testatoris. Æterni
vero Testamenti ideo dictum est, quia Testamentum
quod scripsit Moyses, et diversorum animalium sanguine aspersit, et confirmavit, usque ad tempus correctionis fuit impositum, sicut Paulus qui ad Hæ-
breos dicit (IX) : Et in adventu Christi resolutum est,
quia quod tunc agebatur in diversis pecoribus, hoc
ab adventu Christi in oblatione panis et vini, et in
sanctis probisque moribus agitur, in morte [Christi
confirmatum est ; æternum est juxta illud Psalmistæ : « Tu es Sacerdos in æternum, secundum ordinem Melchisedech (*Psal.* CIX, 4). » A passione enim
Domini nostri Jesu Christi, usque ad consummatio- D
nem sæculi, juxta ritum Melchisedech, offeruntur

panis et vinum in altari, et quod ibi videtur, et
creditur, et intelligitur, nunquam mutabitur.

Mysterium fidei. Panis et vinum mysterium sunt,
id est sacramentum, vel designatio ejusdem fidei,
ejusdem spei, ejusdem charitatis nostræ. Sicut enim
de multis granis unus panis, et de diversis racemis
unum vinum efficiuntur, ita per fidem integram, per
spem perfectam, per charitatem intimam Dei et proximi, unum in Christo effici debemus, juxta **1122**
illud in Evangelio : « Pater, volo... ut omnes unum
sint (*Joan.* XVII, 21). » Et alibi : « Erat eis cor
unum, » etc. (*Act.* IV, 32.)

*Qui pro vobis, et pro multis effundetur in remis-
sionem peccatorum,* utique pro electis, et pro illis qui
fervore charitatis, vestigia passionis meæ sequi voluerint (88).

*Hæc quotiescunque feceritis, in mei memoriam fa-
cietis.* Dominus nobis hoc sacramentum salutiferum
relinquens, ut illud infigeret cordibus et menti nostræ, egit more alicujus hominis, qui proximus
morti, munus aliquod pretiosum dimittit amico suo,
dicens: Habe hoc cum omni diligentia penes te in
memoriam mei, ut quotiescunque illud videris, mei
recorderis. Hic igitur relictum munus suscipiens,
non potest non dolere et tristari de funere amici,
quotiescunque hoc aspexerit, si illum toto animo
dilexerit. Similiter et nos quotiescunque accedimus
ad consortium [*f.* conficiendum], consecrandum,
vel percipiendum sacramentum muneris æterni,
quod nobis Dominus in memoriam sui dimisit tenendum, cum timore et compunctione cordis, omnique reverentia debemus accedere, recolentes quanto amore dilexit nos, qui pro nobis se ipsum obtulit
ut nos redimeret.

*Unde et memores, Domine, nos servi tui, sed et
plebs tua sancta ejusdem Filii tui Domini nostri tam
beatæ passionis, necnon et ab inferis resurrectionis,
sed et in cœlos gloriosæ ascensionis, offerimus præclaræ majestati tuæ de tuis donis ac datis.* Dona
sunt gratiæ divinæ, quando per invisibilem contriti
cordis immolationem fideles se Christo offerunt. *Ac
datis.* Data sunt in opere temporali, quando hæc
visibilia pia frequentatione exsequuntur. *Hostiam
puram,* ut conscientias purificet; *hostiam sanctam,*
ut in bonis operibus ad exemplum aliorum sanctificet et confirmet· *hostiam immaculatam,* ut ne in

---

(87) (*a*) *De præsentia angelorum tempore sacrificii.*
Quomodo posito in sepulcro corpore Salvatoris, angeli astitisse leguntur, ita etiam celebran·lis ejusdem sanctissimi corporis] mysteriis, tempore consecrationis assistere credendi sunt. ,

(88) *De elevatione calicis.* Christi depositionem de
cruce monstrat elevatio sacerdotis et diaconi. Diaconus qui elevat calicem de altari, et involvit sudario ab aure [*f.* ora] calicis, usque ad aurem [*f.*
oram], repræsentat Joseph, qui audacter introivit ad
Pilatum, et petiit corpus Jesu, et mercatus, syndo-
ne involvit illud.

De his qui portant vasa Domini. Acolythus tenet

patenam involutam linteo, subdiaconus nudam; unde
liquido apparet quod consecrata vasa a consecratis
tantum clericis merito debeant attingi, sicut Esdras
antiquitus instituit, et decreta præcipiunt.

De erectione subdiaconi. Quando vero subdiaconi
erecti in opus presbyteri intuentur, repræsentant
amicos et proximos, de quibus, explicata passionis
suæ serie, Patri conqueritur, dicens: « Elongasti a
me amicum et proximum (*Psal.* LXXXVII, 19). »
Quando præsentant se cum patena, affectum sanctarum feminarum commemorant circa sepulcrum Domini.

(*a*) Hæ notæ ex ejusdem ms. margine sunt desumptæ.

lapsum mortiferum incidamus, et immaculatos nos conservet; *panem sanctum vitæ æternæ*, qui per finem in Deo jam facit subsistere in hoc fragili corpore, vitam **1123** æternam contemplando, meditando, desiderando ; *et calicem salutis perpetuæ*, quo animarum nostrarum infirmitas fideliter et salubriter potata, non ad tempus, sed perpetuo salvatur. A *Quam oblationem* usque *salutis perpetuæ* commemoratur ordo Dominicæ incarnationis et passionis, quo ordine egerit, et hoc sacramentum nobis instituerit. Quod autem foras agitur, signaculum est illius quod intrinsecus latet, juxta illud Apostoli : « Mortificatus carne, vivificatus autem spiritu (*I Petr.* iii, 18). Sequitur :

Supra quæ propitio ac sereno vultu respicere digneris, et accepta habeas, sicut habere dignatus es munera pueri tui| justi Abel. Hoc factum est , cum despecto munere fratris ejus Cain , ad munera ipsius [Abel] Dominus respexit (*Gen.* iv), et sicut beatus Augustinus ait, ut ipsius hostiam sibi acceptam ostenderet, ignem de cœlo misit, qui etiam eam totam inflammaret atque consumeret. Nam Cain hoc modo suum esse despectum, illius vero sacrificium Domino beneplacitum esse cognovit.

Et sacrificium patriarchæ nostri Abrahæ (*Gen.* xv). Aug. ex Tract. in psal. ciii : Dictum est de illo sacrificio satis mystico, cum ex responso Domini accepit tria animalia, arietem triennem, vaccam triennem , et turturem et columbam. Divisit arietem , divisit capram, divisit vaccam, aves autem non divisit. Sicut hoc. Hoc scilicet, quia quandiù homines animales sunt et carnales, divisibiles sunt. Facile in schismata, in sectas, in hæreses ducuntur. Sed aves, id est spirituales, qui virtutum alis ad cœlestia transvolant, non habent divisionem, non cogitant schismata. Pax est in eis, custodiunt et in cæteris quantum possunt. Ubi in aliis ipsa deficit, in se tenent, implentes illud Apostoli : « Quod ex vobis est, cum omnibus pacem habentes (*Rom.* xii, 18).»

Et quod tibi obtulit summus sacerdos tuus Melchisedech sanctum sacrificium , immaculatam hostiam. Hic Abrahæ revertenti a cæde hostium , panem et vinum obtulisse legitur (*Gen.* xiv), sed Domino obtulisse non legitur. Credendum tamen quod ipsum panem et vinum prius Domino obtulisset, cum summus sacerdos Domini dictus fuisset. In hac vero præcedenti ,oratione intelligitur populus , qui dat oblationem suam, id est panem et vinum, juxta ordinem Melchisedech : et hoc exprimit pia desideria intrinsecus latentia, sive sint pro gratiarum actione, juxta altare thymiamatis, sive pro peccato , juxta altare holocausti. Sacrificium enim visibile invisibilis sacrificii sacramentum , **1124** id est sacrum signum est. Unde Augustinus : Orantes atque laudantes, ad eum dirigimus sacrificantes voces, cui res ipsas quas sacrificamus in corde offerimus; et ita sacrificantes, non alteri visibile sacrificium offerendum esse noverimus, quam illi , cujus in cor-

(89) Ex eodem ms.—*De exaltatione vocis.* Quando

dibus nostris invisibile sacrificium esse nos ipsi debemus. In hoc etiam sacrificio , quod Christus manibus suis instituit, commemorantur Abel, Abraham , Melchisedech , ubi Dominicum sacramentum longe ante præsignatum confirmatur, et tantorum virorum merita et intercessiones intelliguntur. Inseritur quoque mira fides sanctæ Ecclesiæ, ubi subjungitur :

Supplices te rogamus, omnipotens Deus, jube hæc perferri per manus sancti angeli tui in sublime altare tuum. Corpus Christi non merito consecrantis, sed in verbo efficitur Creatoris et virtute Spiritus sancti. Sicut enim Deus est qui baptizat, ita ipse Deus est, qui per Spiritum sanctum hunc panem suam efficit carnem, et hoc vinum suum efficit sanguinem. Ut quid enim sacerdos in conspectu majestatis divinæ deferri ea deposuit [*f.* disposuit,] nisi ut intelligatur quod in eo sacerdotio ista fiant ?

Ut quotquot ex hac altaris participatione, sacrosanctum Filii tui corpus et sanguinem sumpserimus, benedictione cœlesti et gratia repleamur. Sacerdos oculis spiritualibus videt quod mortalibus non potest. Videt enim et credit sacrificium præsens per angelorum manus deferri, et sentit mandendum esse ab humano ore corpus Domini, et bibendum sanguinem, cœlestique benedictione et gratia repleri animas sumentium. Nec vero mira fides , et pia ministrantium devotio obtinet, ut natura panis et vini vertantur in naturam rationabilem corporis et sanguinis Christi , ubi delentur peccata eorum, qui contrito corde et humiliato spiritu agunt et intersunt. Inseritur et commemoratio pro universis defunctis, quando dicitur:

Memento etiam, Domine, famulorum famularumque tuarum N. et omnium qui nos præcesserunt cum signo fidei, et dormiunt in somno pacis. Ipsis, Domine, et omnibus in Christo quiescentibus, etc. Quia pro incredulis impiisque defunctis illicitum est orare , sicut et pro malignis spiritibus. *Locum refrigerii, lucis et pacis ut indulgeas, deprecamur, per Christum Dominum nostrum. Locum...* juxta B. Augustinum. Cum sacrificia sive altaris , sive quarumcunque eleemosynarum pro baptizatis defunctis **1125** omnibus offeruntur, pro valde bonis actiones gratiarum sunt, pro non valde malis propitiationes sunt, pro valde malis, etsi non sunt ulla adjuvamenta mortuorum, qualescunque sunt consolationes vivorum. Quibus autem prosunt, aut ad hoc prosunt ut sit plena remissio, aut certe ut tolerabilior fiat ipsa damnatio. Sequitur:

Nobis quoque peccatoribus famulis tuis, de multitudine miserationum tuarum sperantibus , partem aliquam et societatem donare digneris cum tuis sanctis apostolis et martyribus, cum Joanne, Stephano, Mathia, Barnaba, Ignatio, Alexandro, Marcellino, Petro, Felicitate, Perpetua, Agatha, Lucia, Agnete, Cæcilia , Anastasia, et cum omnibus sanctis tuis. [(89) Determinato sacrificio quasi super altare holosacerdos exaltat vocem suam, dicendo : *Nobis quoque*

causti, et pio pœnitentium prælibato affectu, ministri A et circumstantes multitudinem peccatorum suorum considerant, et multitudinem miserationum Dei, et nondum sopitis motibus carnis, sicut in priori sacrificio, quod est thymiamatis, id est laudis, conscii de sua infirmitate humiliter petunt, ut cum sanctis qui in fide hujus sacramenti præcesserunt, habeant partem aliquam, et illorum vitam imitando, habeant societatem cum eis, in æterna beatitudine regnando; quod exponunt verba sequentia : *Intra quorum nos consortium, non æstimator meriti, sed veniæ, quæsumus, largitor, admitte, per Christum.* Quia major est potentia tui summi medici, quam infirmitas cujuslibet ægroti. *Per quem hæc omnia semper bona creas, sanctificas, creas,* panem et vinum ut terra concipiat et proferat : *sanctificas,* simplicem naturam B hujus panis et vini in naturam tui corporis et sanguinis transferas : *vivificas,* quia vivum et verum tuum efficis corpus, per hoc interiorem hominem nostrum vivere faciens; et quomodo sanctificas et vivificas, *benedicis.* Primum enim consecratur panis, et benedicitur a sacerdotibus et Spiritu sancto; et deinde licet panis videatur, tamen fit in veritate corpus Christi. Unde ait B. Augustinus : Non omnis panis, sed panis accipiens benedictionem Christi fit corpus Christi. *Et præstas nobis,* ut his fruamur. Dominus enim et Redemptor noster consulens nostræ fragilitati, quia cognovit nos pronos esse ad peccatum, tradidit nobis hoc sacramentum, ut quia **1026** ipse jam non potest mori, et nos quotidie peccamus, C habeamus verum sacrificium, quo possimus expiari *per ipsum,* quia Christus, secundum perfectam deitatem, cum Patre largitor est totius boni cum eo : *et cum ipso,* quia Christus præcessit testis fidelis in cœlo, et homines ut secum sint trahit : *et in ipso,* quoniam cooperante Spiritu sancto extra ipsum, non est locus veri sacrificii : *est tibi Deo Patri omnipotenti,* qui hæc largiris *in unitate Spiritus sancti, omnis honor* a nobis, id est exhibitio divini cultus, *et gloria,* id est mundæ conscientiæ te glorificantis puritas, *per omnia sæcula sæculorum. Amen.* Sequitur :

Oremus. Præceptis salutaribus moniti. Præcepta salutaria constant in evangelica doctrina; *et divina institutione formati.* Institutio intelligitur traditio quam ipse dignatus est tradere et instituere interficiendo [*f.* in perficiendo] corporis et sanguinis sui D sacramento. Ubi notandum quod non est præsumptuose intrandum ad eam, sed cum reverentia et corde serenato *audemus dicere : Pater noster, qui es in cœlis.* Invenimus Patrem in cœlis; attendamus [igitur] quemadmodum vivamus in terris. Sic enim debet vivere qui invenit talem patrem, ut dignus sit venire ad ejus hæreditatem. Intelligant ergo se esse fratres, quando habent unum Patrem, et non dedignetur parem habere servum suum dominus ejus, quem fratrem voluit habere Dominus Christus.

peccatoribus, repræsentatur centurio, qui ex intimo cordis affectu dixit : *Vere hic homo justus erat.* Gentiles quippe, moriente Christo, Deum timentes,

Sanctificetur nomen tuum. Sanctificatio nominis est Dei, qua nos efficimur sancti. Nam nomen ejus semper est sanctum. *Adveniat regnum tuum.* Optamus etiam venire regnum ejus : veniet, etsi nolimus; sed optare et orare ut veniat regnum ejus, nihil est aliud quam optare ab illo, ut dignos nos faciat regno suo. Cum ergo oramus, et dicimus : *Adveniat regnum tuum,* optamus ut nobis veniat. *Fiat voluntas tua sicut in cœlo et in terra.* Serviunt tibi angeli in cœlo, nos tibi serviamus in terra. Non te offendunt angeli in cœlo, non te offendamus in terra. Aliter. Cœlo enim comparatur spiritus noster, terræ autem caro nostra. Quod est ergo, *Fiat voluntas tua sicut in cœlo et in terra,* ut quomodo menti nostræ placet tua jussio, sic et consentiat caro nostra. Aliter. Ut cœlum ponamus Ecclesiam, quæ portat Deum; terram vero infideles, quibus dictum est : ‹ Terra es, et in terram ibis (*Gen.* III). › Quando ergo oramus **1127** pro inimicis Ecclesiæ, hoc oramus, ut fiat voluntas ejus sicut in cœlo et in terra. Hoc est, sicut in tuis fidelibus, sic et in tuis blasphematoribus, ut cœlum fiant.

Panem nostrum quotidianum da nobis hodie. Potest simpliciter accipi orationem istam nos fundere pro victu quotidiano, ut abundet nobis; et si non abundet, non desit nobis. Aliter. Panem nostrum, id est Eucharistiam tuam, hoc est corpus, tuum da nobis quotidianum cibum. Ergo *Panem nostrum quotidianum* quid est? Id est sic vivamus ut ab altari tuo non separemur. Et hoc ergo petimus simpliciter, et quidquid animæ nostræ carnique in hac vita necessarium est, quotidiano pane concluditur : ‹ Probet autem seipsum homo, et sic de pane illo edat, et de calice bibat. › (*I Cor.* XI.) Unde B. Augustinus dicit (90): Videte ergo, fratres : panem cœlestem spiritaliter manducate; innocentiam ad altare portate. Peccata, etsi sint quotidiana, vel non sint mortifera, antequam ad altare accedatis, attendite quid dicatis : *Dimitte nobis debita nostra, sicut et nos dimittimus debitoribus nostris.* Dimittis, dimittetur tibi. Securus accede; panis est, non venenum. Sed vide si dimittis; nam si non dimittis, mentiris, et ei mentiris quem non fallis. Mentiri Deo potes, Deum fallere non potes. Intus te videt, intus te examinat, intus aut damnat, aut remunerat.

Et ne nos inducas in tentationem. Duæ enim sunt tentationes : una probationis et altera seductionis; sed ne in hanc inducatur quilibet fidelis, Patrem suum deprecatur, dicens : *Et ne nos inducas in tentationem,* id est ne nos patiaris induci ab eo qui nos tentat pravitatis auctore. *Sed libera nos a malo.* Qui vult liberari a malo, testatur quia in malo est. Ideo ‹ declina a malo, et fac bonum; quære pacem, et sequere eam (*Psal.* XXXVI, 47), › ut impleatur quod orasti, libera nos a malo. *Amen.* Omnem igitur precem nostram Magister noster salutari sermone brevi

aperta voce confessionis Deum glorificant. Judæi solum percutientes pectora, silentes redeunt.

(90) Tract. 26 in Joan.

viavit in hac oratione. Sequens quippe oratio, *libera nos, quæsumus, Domine*, expositio est hujus novissimæ petitionis, id est, *ab omnibus malis... A quibus malis?* Scilicet, *præteritis, præsentibus, et futuris*. Et remota omni perturbatione malorum, pacis quies a Deo petitur, cum dicitur : *Et intercedente beata et gloriosa semper Virgine Maria, et beatis apostolis Petro* **1128** *et Paulo, atque Andrea, cum omnibus sanctis, da propitius pacem in diebus nostris*. Nulla pax tutior, quam obedire Domini præceptis, declinare a malo, et facere bonum, et quia nihil humanis meritis potest tribui, subditur : *Ut ope misericordiæ tuæ adjuti*; ac deinde aptius a quo, *et a peccato simus semper liberi*; et quia pacem precamur, adjungit : *Et ab omni perturbatione securi. Per Dominum nostrum Jesum Christum Filium tuum, qui tecum vivit et regnat in unitate Spiritus sancti Deus per omnia sæcula sæculorum. ℞. Amen*. Sequitur : *Pax Domini sit semper vobiscum. ℞. Et cum spiritu tuo*. Per pacem constat populum ad omnia quæ in mysteriis aguntur atque in Ecclesia celebrantur, præbuisse consensum, ac finita esse demonstrantur signaculo pacis concludentis. Quod vero corpus Christi in altari permanet, donec tres compleantur orationes, id est, *Præceptis salutaribus moniti*, et ipsa oratio Dominica, et *Libera nos, quæsumus, Domine*, significat corpus Christi tribus diebus quievisse in sepulcro. Post tres autem orationes de altari corpus Christi auferunt, eo quod pro sepulcro in hac significatione accipitur, quia post tres dies corpus Christi de sepulcro surrexit (91).

Agnus Dei, qui tollis peccata mundi, miserere nobis, duabus vicibus; ad finem vero, *dona nobis pacem*. Est enim deprecatio pro populo, qui sumpturus est corpus Domini, ut misericordia innocentis Agni peccata subitanea et irruentia auferantur, scilicet cogitationum et verborum. Sicut passione sua totius mundi tulit peccata, ita et nunc Ecclesiæ, quæ eum susceptura est per Eucharistiam.

De communione [f. *De postcommunione*]. Antiphona sequens, id est, vox reciproca jura fraternitatis custodit, ubi unusquisque alterius utilitati studeat, et curet provocare ad gaudia resurrectionis. Quem typum gesserant illi duo qui Dominum cognoverunt in fractione panis, et illico perrexerunt in Jerusalem, et invenerunt congregatos undecim, etc. Illi nempe cantaverunt antiphonam, quam usitato [nomine] vocamus Postcommunionem

De collecta post communionem. Ultimam benedictionem, quam orationem vocamus, dat sacerdos, quia Dominus ante ascensionem suam in cœlos, duxit **1129** discipulos suos in Bethaniam, ibique benedixit eos. Hunc morem tenet sacerdos, quando post

consummata sacramenta dat benedictionem solemnem.

De *Ite, missa est*. Tunc demum a diacono dicitur : *Ite, missa est*, id est Ite in pace in domos vestras. Quia tamen missa est pro vobis oratio ad Deum, et per angelos, qui nuntii dicuntur, allata est in divinæ conspectu majestatis. Respondens populus dicit : *Deo gratias*. Quia apostoli post Ascensionem adorantes Dominum, regressi sunt in Jerusalem cum gaudio magno, et erant semper in templo laudantes Deum et benedicentes Dominum. Altera benedictio, seu *Collecta super populum in Quadragesima*. Hæc frequentatur Quadragesimali tempore, post illam continuatim ponitur, in qua spiritualis refectio commendatur; hic enim militum Christi commendantur pugnæ contra antiquum hostem. Antiqui vero sancti Patres in novissimo benedixerunt sanctos. Quando autem familiarem affatum habemus cum servis Dei, « more religionis nostræ (92), » antequam separemur ab illis in ultimo benedictionem petimus.

De ordine crucum.

Sex sunt ordines crucum in Canone; quorum primus, ubi dicitur : *Et benedic hæc dona*, propter legem videlicet naturalem, id est, quod tibi fieri non vis alteri ne facias, quæ fuit ab Adam usque ad Moysen, quia etsi ipsius temporis sancti Patres non viderint crucem Domini, cruciatum tamen carnis pro ejus amore tulerunt. Secundus, ubi *Quam oblationem tu, Deus, benedictam*, ob legem per Moysen datam ; sub ipsa enim sancti Patres ob Christi desiderium, ejus cruciatum toleraverunt. Tertius ubi : *Et accipiens panem in sanctas ac venerabiles manus suas*, propter prophetarum præconia, quæ fuerunt a Samuele propheta, usque ad Joannem Baptistam, qui etiam adhuc vivus eum manibus tangebat. Quartus, ubi *hostiam puram* propter Evangelium quod Christus tempore suo evangelizavit, quia ipsis diebus cruciatum Christi ferentes sancti, ejus corpus adunaverunt. Quintus, ubi *sanctificas, vivificas*, gentilium ecclesias tangens, quia corpus Christi tumulantes, ejus cruciatum perpessi sunt. *Per ipsum et cum ipso* ob in fine sæculi gentium et Israel salutem, qui complentes simul Christi corpus, maxime Christi crucem, hoc est cruciatum, patientur. Senarius enim numerus **1130** partibus suis computatus primus [f. minus] perfectus est sine altero. Quinque ordines crucum quæ fiunt ante sextum, quando cum oblata tangitur calix, quinque sunt sæculi ætates usque ad Christi adventum. Sextus ordo sexta est ætas a Christi adventu usque in finem sæculi.

---

(91) Ex eodem ms. — *De corpore Domini tripartito*. Per particulam oblatæ missæ in calicem, ostenditur corpus Christi, quod jam surrexit a mortuis. Per comestam a sacerdote, vel a populo, ambulans adhuc super terram. Per relictam in altari, jacens in sepulcro.

(92) Nota morem antiquum benedictionis, quam monachi etiamnum plurimi a superioribus suis in accessu et discessu e monasterio solent accipere ; unde et monachatus Hildeberti posset probabiliter evinci.

De diversitate crucum.

Quæ solent diverso modo fieri super panem et vinum, non est quid dicatur ex aliqua auctoritate Scripturæ cur taliter et in tali loco figurantur, vel quare ab aliis plures, ab aliis pauciores fiant. Si semel sacerdos crucem faceret super panem et vinum, posset sufficere, quia semel crucifixus est Dominus. Sed, sicut ait Apostolus, unusquisque in suo sensu abundet, et quod fit ex pia devotione, et ad aliquod mysterium respicit, non videatur otiosum. Quando enim sacerdos facit quinque cruces super panem et vinum, et circa calicem, mittit nos ad reconciliationem, seu recordationem quinque vulnerum quæ pro nobis passus est Jesus Christus. Quando vero tres, sanctæ Trinitatis nobis fidem insinuat. Et his omnibus debemus muniri supra et infra, et circa et intra. Ex verbis deinde sancti Augustini in libro De doctrina Christiana : Quidquid ex testimonio Scripturarum potest aptari quod non sit absurdum, a catholico intellectu non est respuendum. Quando autem Dominus benedixit panem et vinum, si fecit crucis signaculum, norunt qui interfuerunt, præsertim cum necdum esset erectum sanctæ crucis vexillum. Sed post passionem Domini, sicut dicit B. Augustinus in expositione Evangelii Joannis, si non adhibeat hoc signum sive in frontibus credentium, sive chrismali, sive sacrificio, sive aqua baptismatis, nihil horum rite perficitur; et quod ex pia devotione fit sæpius, vel iteratur in confectione illius mysterii, virtutem tanti sacramenti nobis accumulat. Beatus vero Ambrosius dicit : Ad quamcunque Ecclesiam veneris, ejus morem sequere, si non vis pati, aut facere scandalum.

Cur canon secreto dicatur, et oratio Dominica alta voce.

Notandum cur canon secreto dicatur, et Dominica oratio alta voce. Scilicet, Christus in Evangelio dicit : « Tu autem, cum oras, intra in cubiculum tuum, etc. (*Matth.* vi, 6). » Et Jeremias propheta dicit : « In sensu [*f.* in spiritu] debet adorari Deus (93). » Et alibi : « Si absconditus fuerit **1131** homo in absconditis, ego non videbo eum? Nonne cœlum et terram ego impleo? » (*Jer.* xxiii, 24.) Ex hoc secretis verbis canon pronuntiatur; et etiam alio respectu, videlicet ut habito circumquaque silentio, ministri et circumstantes se ipsos infra ipsum canonem recolligant, vimque et rationem tanti sacramenti advertant quatenus eis proficiat. Oratio vero Dominica brevi sermone conclusa excelsa voce canitur, quatenus per ejus pronuntiationem et efficaciam omnes præsentes excitentur ad fidem tanti mysterii, et ex præcedentibus in canone, et ex sequentibus post dictam orationem. Apostoli denique in fractione panis nihil plus quam orationem Dominicam leguntur dixisse.

 Quod septem petitiones sacri canonis conveniunt septem petitionibus Dominicæ orationis.

Notandus est ordo supradicti canonis. Septem sunt quippe petitiones in canone sicut et in Dominica oratione. Tres ab initio usque ad *Quam oblationem.* Prima pro universali Ecclesia. Secunda pro specialibus fratribus. Tertia pro sacerdotibus, vel ministris, vel circumstantibus. Quarta a *Quam oblationem* usque *Nobis quoque peccatoribus.* Scilicet, ordo Dominicæ passionis, tum ejus resurrectionis et ascensionis memoria primo ponitur. Secundo, Abel, Abraham, Melchisedech in Dominici sacramenti confirmatione cum sua oblatione inseruntur. Tertio, mira fides Ecclesiæ in conficiendis corpore et sanguine Domini manifestatur. Quarto, pro universis defunctis memoria agitur. Legitur prima petitio in oratione Dominica. *Sanctificetur nomen tuum* convenit universali Ecclesiæ, quæ nescit aliud nomen sub cœlo, nisi nomen Domini. Secunda : *Adveniat regnum tuum* respondet specialibus fratribus, qui reddunt vota, et oblationes faciunt, ut regnet in eis Deus. Tertia : *Fiat voluntas tua sicut in cœlo et in terra* congruit sacerdotibus et ministris, qui beatæ Mariæ, et apostolis, sanctisque aliis volunt et desiderant uniri et incorporari. Quarta, *Panem nostrum quotidianum da nobis hodie* aptatur ordini passionis, resurrectionis et ascensionis, quia ipse est panis vivus qui de cœlo descendit. Quinta : *Dimitte nobis debita nostra, sicut et nos dimittimus debitoribus nostris* conjungitur sanctis viris, Abel, Abraham, Melchisedech, qui ad agnitionem promptissimi, et præsignatores dominici sacramenti, per fidem et mansuetudinem obtinuerunt gratiam Dei. Sexta : *Et ne nos inducas in tentationem* apponitur miræ fidei sanctæ Ecclesiæ, quæ orat ne **1132** inducantur in tentationes hæreticorum. Septima : *Sed libera nos a malo* omnium defunctorum memoriæ concordat, ubi viventes orant, ut cum omnibus fidelibus defunctis liberentur a malo.

Quod nonnisi jejuni debeant corpus Domini accipere.

Liquido patet quando primum acceperunt discipuli corpus et sanguinem Domini, non eos accepisse jejunos. Dicitur enim in Evangelio, quia cum illi manducarent, accepit Jesus panem, et benedixit, cum etiam superius dixisset : « Cum sero factum esset, recumbebat cum duodecim, et manducantibus dixit : Quoniam unus ex vobis tradet me (*Matth.* xxvi), » et postea tradidit sacramentum. Nunquid tamen propterea calumniandum est universæ Ecclesiæ institutum quo a jejunis semper accipitur. Ex hoc enim placuit Spiritui sancto, ut honore tanti sacramenti in os Christiani prius Dominicum corpus intret, quam cæteri cibi. Nam ideo per universum orbem mos iste servatur. Neque enim quia post cibos dedit Dominus, ideo pransi, aut post

(93) Non invenitur apud Jeremiam, nisi forte æquivalenter.

cœnam fratres ad illud accipiendum convenire debent, aut sic faciebant quos Apostolus arguit et emendat mensis sanctis ista miscere. Salvator namque quo vehementius commendaret mysterii illius altitudinem, ultimum hoc voluit infigere cordibus et memoriæ discipulorum, a quibus ad passionem digressurus erat, non præcepit, et ideo quo deinceps ordine sumerent, ut apostoli, per quos Ecclesias dispositurus erat, servarent hunc locum [*f. ritum*].

Utrum quotidie sumenda sit Eucharistia.

Dixerit aliquis non quotidie accipiendam eucharistiam. Quæsieris quare? Quoniam, inquit, eligendi sunt dies in quibus homo purius continentiusque vivat, quo ad tantum sacramentum dignius accedat. « Qui enim manducat et bibit indigne, judicium sibi manducat et bibit (*I Cor.* xi, 29). » Alius e contra. Imo, inquit, si tanta est plaga peccati, atque impetus morbi, ut medicamenta talia differenda sint, auctoritate antistitis debet quisque ab altario removeri ad agendam pœnitentiam, et eadem auctoritate reconciliari. Hoc est enim indigne accipere, si eo tempore accipiat quo debet agere pœnitentiam, non ut arbitrio suo, cum libet, auferat se communioni, vel reddat. Cæterum si tanta non sunt ut excommunicandus quisque judicetur, non se debere a quotidiana medicina Dominici corporis separare. Rectius inter eos fortasse quisque dirimit litem, **1133** qui monet ut præcipue in Christi pace permaneant; faciat autem unusquisque quod secundum fidem suam pie credit faciendum. Neuter enim eorum exhorret corpus et sanguinem Domini, sed saluberrimum sacramentum certatim honorare credunt. Neque enim litigaverunt inter se, aut quisque eorum se alteri præposuit Zachæus et ille centurio, cum unus eorum gaudens in domum suam susceperit Dominum, alter dixerit : « Non sum dignus ut sub tectum meum intres (*Matth.* viii, 8). » Ambo Salvatorem honorificantes diverso et quasi contrario modo; ambo peccatis miseri; **1134** ambo misericordiam consecuti. Valet etiam ad hanc similitudinem quod in primo populo unicuique eorum secundum propriam voluntatem manna in ore sapiebat. Sic in ore uniuscujusque Christiani sacramentum illud, quo subjugatus est mundus. Nam ille honorando non audet quotidie sumere, et ille honorando non audet ullo die prætermittere. Contemptum solum non vult cibus iste, sicut manna fastidium. Inde enim et Apostolus indigne dicit acceptum ab eis qui non discernebant a cæteris cibis veneratione singulariter debita.

Explicit liber expositionis missæ.

IN SEQUENS POEMA BREVE MONITUM.

Varios in variis codicibus manuscriptis et editionibus titulos sortitur hoc poema. Editio Parisiensis an. 1548 habet : De concordia veteris ac novi sacrificii. Antuerpiana an. 1560 a Wolfangio Lazio, et quidam manuscripti : Versus de mysterio missæ. Ebroicensis codex : Incipit liber Hildeberti de missa. Coloniensis et nova Lugdunensis an. 1677 : Hildeberti Turonensis archiepiscopi versus de mysterio missæ. Qui quidem titulus innuere videtur Hildebertum hoc non edidisse poema, nisi cum Turonicæ sedi præesset, post annum scilicet ætatis suæ septuagesimum, et annum Christi 1125, quod, habita ratione senectutis ejus, et gravissimorum negotiorum quibus statim post suam in Turonensem sedem instaurationem incumbere compulsus est, minus probabile videtur. Probabilius autem est illud composuisse, vel cum adhuc sub sancto Hugone Cluniaci moraretur, vel cum scholiarcha Cenomanensis effectus est, tum cum illum multum intererat, ut ab erroribus Berengarii, cujus in humanioribus auditor fuerat, immunem omnino se præstaret, et scripto etiam publico probaret; quod et duobus præcedentibus tractatibus, et præsenti, subsequentique poemate effecit. Cæterum, cum nec illorum titulorum varietas, nec temporis periodus, qua illa edidit, magni sit ad rem momenti, nihil ad hanc discussionem Lectorem morabimur, id solum monentes quod hoc poema ad sex manuscriptos optimæ notæ codices recensitum et emendatum, et quinquaginta versibus e manuscripto Colbertino 6101 auctum damus, quodque summaria in editionibus pluribus, et in nova ipsa Lugdunensi omissa, et in editione Parisiensi, ut in manuscripto codice Ebroicensi notata duximus hic inserenda. Porro in manuscripto Majoris-Monasterii, num. 103, sic pro titulo habetur : Libellus metrice compositus domni Hildeberti Cenomanensis episcopi, de concordia veteris ac novi sacrificii divini. Incipit. Deinde :

Fratris Petri Paillardi (94) Cenomanensis, in Concordiam veteris ac novi sacrificii divini, elegium carmen.

Hildebertus adest Cenomanus, perlege, lector,
 Hoc opus ingenio, moribus eximium.
Moribus eximium deerat meminisse libellum
 Quo Christi cœnæ mystica sancta leges.
Mystica sancta leges, missam, solemnia vota,
 Hic credas verum semper adesse Deum.
Semper adesse Deum summa est clementia, cœ os
 Christicolis confert hostia sacra suis.
1135-36 Hostia sacra suis vitam præstare supernam
 Est potis, hanc veniam poscimus ante Deum.
Poscimus ante Deum pellatur ut horrida tabes,
 Qua genus humanum labitur, atque cadit.
Labitur, atque cadit peccator, justus ubique
 Lucida cœlorum spiritus astra petit.
Spiritus astra petit, felicis gaudia vitæ
 Conferat æterni gratia sancta Dei.

(94) Is erat Petrus Paillardi monachus Majoris Monasterii, suppar Hildeberti.

Hæc de officio missæ per Hildebertum episcopum Cenomanensem.

In altero ejusdem monasterii ms. num. 121, deest titulus, sed ejus loco hi versus habentur :

APOLOGIA.

Cum te veter, lector, cum te novus implicet error,
Obsecro, dans veniam scriptori, collige causam.
Tollere quæ potui, mendacia plura reliqui.
Dum studeo sterilem, cursum [*f.* cursim] transire laborem,
Pagina nulla capit quot sint mala quæ manus auxit,
Dum loquor, aut nugis oculus vacat, aut patet auris.
Proderit ad veniam forsan cognoscere culpam.
Excedunt numerum, latuit correctio quorum.
Et nunc usque latent, quamvis quæsita fuissent.
Unde precor, misero scriptori parce coacto,
Ut meliora volens faceret tam perdita nolens.
Talibus auditis, si condescendere non vis,
Incertusque mihi benedicere, primitus audi.
Denique, Davus ego, tu, si potes, OEdipus esto.

VEN. HILDEBERTI

VERSUS

DE MYSTERIO MISSÆ.

Scribere proposui quid mystica sacra priorum
  Missa repræsentet, quidve minister agat.
Pro multis una, pro quotidie repetitis
  Est oblata semel hostia vera Deus [1].
Involucrum legis Christus patefecit, ovemque
  Significativam vera removit ovis.
Presbyter hanc offert, et in hac cessare figuras,
  Remque figurarum testificatur agi.
Sic etenim templi, sic et crucis exprimit aram,
  Ut sacra commemoret illius, hujus agat.
Ergo quid in missa vel agatur, vel memoretur
  Quæ quibus assimiles, sub brevitate canam.

      De introitu missæ.

Turba prophetarum venturi nuntia Christi,
  Mysterium fertur præcinuisse crucis.
Hunc desideriis, hunc laudibus, hunc prece multa
  Præsuspiravit, extulit, expetiit.
Hæc tria commemorat, similique sub ordine ponit
  Introitus missæ, quem chorus ante canit.
Ante recensentur suspiria, postea laudes,
  Inde preces, in quo quæque notentur, habes.
Exprimit officium suspiria, gloria, laudes ;
  Kyrie eleyson ter triplicata preces.

      De adventu sacerdotis ad altare.

Interea veniens in sacra veste sacerdos,
  Altaris dextram, dona daturus, adit.
Illius adventus, quibus, o Judæa, revisit
  Te tuus Emmanuel, tempora plena notat.
Secreta siquidem procedit ab æde minister,

A Ortu secreto (95) venit ad ima Deus.
  Vestibus ille sacris tegitur, texit caro Verbum,
    Tota carens macula, tota sacrata Deo.
1137 Ille stat a dextris, quia quæsiit auctor inanes
    Exsecrata deos gens, quasi dextra fuit.
      De Gloria in excelsis.
Angelicum post hæc sacrifex Pater incipit hymnum,
  Incœptum complet vociferando chorus.
Incipiens memorat quæ Salvatoris in ortu,
  Gaudia pastores angelus edocuit.
Cantica quæ post hunc superi cecinere, recenset.
  Gloria, quam complet vociferando chorus.
      De Oratione.
Hinc (96) oraturus, alios hortatur ut orent,
  Discipulis Christus jussit, et egit idem :
B Nam turbas in monte docens, oravit, et ipsis
    Orandi formam fratribus instituit [2].
      De Epistola.
Lectio quæ sequitur, doctrinam signat eorum,
  Qui sunt præmissi septuaginta duo [3].
      De Graduali.
Illorum monitis, dum responsoria cantat,
  Edocet assensum se tribuisse chorus.
      De Alleluia.
Alleluia sequens memorat quæ gloria mentis,
  Quam pia laus oris sit comitata fidem
      De Evangelio.
Inde sinistrorsum Domini sacra verba leguntur :
  Plebs (97) baculos ponit, stat, retegitque caput.

---

(95) Ebr., *Ortu secreto.* Alii mss., *Ortus secreto.*
(96) Reg. 4103 : *Hinc sacrifex orans, alios.*
(97) Hic alludere videtur ad veterem fidelium consuetudinem, qua etiam laici divinis officiis adsunt nonnisi stantes, sed quibus indulgebatur bacu-

lorum gestatio, ut prolixioribus solemnitatibus assistentes, baculis innixi minus fatigarentur ; quem ritum, ut notavit auctor modernus Vitæ piissimi D. de Chasteuil, etiamnum observant Maronitæ, in quorum ecclesiis ad introitum præsto sunt plures bacu-

---

[1] *Hebr.* IX.   [2] *Math.* VI.   [3] *Luc.* XX.

Neve superveniens zizania seminet hostis [4].
     Frontibus imprimitur mystica forma crucis.
Rejiciente fidem Judæa, gratia Christi
     Transiit ad gentes; Israel errat adhuc [5].
Transitus is, quoties Evangelium recitatur,
     Mentibus occurrit, exprimiturque loco.
Ad lævam legitur, quia quo transivit aberrans,
     Et velut a læva gens idololatra fuit.
Ut sis attentus, patiens, erectus in hostem,
     Et caput, et baculus, et status ipse docet.
Quippe caput retegens, attente audire moneris,
     Parcere, cum baculum rejicis, instrueris.
(98) Doctrinam verbi simulas affingere cordi,
     Cum super astringis pectus utraque manu.
Stans discis, quoniam stantes pugnare solemus,
     Quod te pugna gravis sub vigili hoste manet.

1138 *De Symbolo.*

Succinit ecce chorus fidei compendia nostræ,
     Assensum Verbo se tribuisse docens.
Hic etenim monstrat, quantum profecerit, in quem
     Crediderit, quæ sit, quidve datura fides.
Ordo bonus, quoniam quo rex vocat atque ma-
                       [gister,
     Respondet miles discipulusque : Sequor.
Quamque notam pastor novit [6], propriamque fa-
                       [tetur,
     Hac se signatam testificatur ovis.
Quæque probant opifex, et signifer, et caput idem,
His opus, his proceres, his sua membra fovent.

De Offertorio.

Sic confessa fidem pia plebs, orare monetur,
     Ut sit in hac stabilis, insuper aptet opus.
Effectum spondet chorus offertoria cantans :
     Tanquam si dicat : Credo, fatebor, agam.
Hinc est quod post hæc offert sacranda minister
     Dona, dehinc populus, quod sibi lege licet.
Ordo decens; Evangelium præcedere cernis,
     Pone fidem pandi, dona deinde dari.
Audis, ut credas; et credis, ut hostia fias.
     Taliter incipimus esse, sumusque Dei.
Præterea donis, quæ plebs devotior offert,
     Dona domus Judæ commemorare licet.
Cum Salomon templum, Salomon altare sacraret [7],
     Oblata a populo victima multa fuit,

A Exemplo, Judæa, tuo plebs usa fidelis,
     Altari dat se, dat sua, tu neutrum.

De Oblatione panis, vini et aquæ.

Non sine mysterio, sine re, vel panis ad aram (99),
     Vel vinum fertur, cui superaddis aquam.
Utraque danda Deo præsignavere figuræ,
     Traditio docuit, sanctior usus habet.
Utraque sub typico ritu, formaque futuri,
     Melchisedech Domino sacrificasse ferunt [8].
Utraque discipulis cœnantibus ipse Redemptor
     Tradidit in corpus utraque versa suum [9].
Usus et ipse placet, quo sic mactetur in imis,
     Ut sit in excelsis inviolata caro
Admistum vino laticem miraris, at ipsum
     Grande sacramentum est, nec ratione vacat.
B Unda fluens, homo præteriens : ea mista liæo,
     Est Christo, Christi sanguine, junctus homo.
Dividit unitos, vel aquam, vel vina ministrans,
     Et caput a membris separat ipse suis.
Præterea nil fons sine sanguine, nil sine fonte
     Sanguis, utrumque simul salvat, utrumque sa-
                       [crat.

1139 Cum rimaretur pendentis viscera Christi
     Lancea, manavit sanguis et unda simul [10] :
Sicut utrumque simul fluxit, simul offer utrumque :
     Unum deme, crucis non imitaris opus.

[(100) *Qualiter calix et hostia sint super altare po-*
                nenda.

Ista sacramenta modo vario ponuntur in ara;
C   Oblati panis dextra tenet calicem,
In cruce pendentis quoniam latus Omnipotentis
     Dextrum sanguineam vulnere fudit aquam.
Sic super altare litat hoc memorando sacerdos
     Hostia sicque jugis scelera nostra lavat.
Non reprehendendum si panis in anteriori
     Parte locatur, habens posterius calicem,
Illius ordo prior tenet intuitum rationis,
     Posteriorque favet usibus Ecclesiæ.]

De Secreta.

His ita præmissis, secreto presbyter orat,
     Secretas memorans, assimilansque preces,
Quas egit Christus, cum te jam, Juda, remoto,
     Abscessit modicum, terque precatus, ait :

---

lorum fasces, e quibus quilibet ingrediens unum sumit, ut stans ad officium secundum illorum consuetudinem, minus fatigetur ; quos tamen ad Evangelium, et ad sacræ hostiæ elevationem deponunt.
Nam, ut notat Tertullianus *De oratione*, cap. 12, *in
conspectu Dei vivi assidere, angelo adhuc orationis
astante, irreligiosissimum est, nisi, ut ait, exprobra-
mus Deo quod nos oratio fatigaverit.* Hunc porro
stationis ritum, monachorum proprium fuisse ipse
Hildebertus innuit, dum sermone 3 in festo S. Petri, inter molestias, quas ad meritum illis ferendas
esse suadet, numerat ægritudines *e longinqua in
choro statione* provenientes. De qua in choro statione

D etiam clericis imposita vide **Martenium** nostrum,
tract. De divinis officiis, cap. 3, num. 12, ubi de hoc
fuse et erudite.

(98) Hic duo versus desunt in editis et aliis mss.,
leguntur autem in ms. Regio 4103, et in Victorino
27, et in Colb. 6101.

(99) Sine re, *vel* panis; Reg. 4103, sine re *tibi*
panis.

(100) Hic in editis et in pluribus manuscriptis
desunt decem versus, quos e ms. Colb. 6101 hic
supplevimus, cum epigraphe ad marginem inventa.

---

[4] *Matth.* xiii.   [5] *Act.* xiii.   [6] *Joan.* x.   [7] *II Paral.* iv.   [8] *Gen.* xiv.   [9] *Matth.* xxvi, *Marc.* xiv, *Luc.* xii.
[10] *Joan.* xix.

In exemplari (1) *manuscripto erant hic inserta verba*
hæc (2) *minio descripta:* (3) *Pater, si fieri potest,*
transeat a me calix iste. (*Ea ipsa metro sic reddi*
poterant:

Velle tuo salvo poterit sic rite precari:
    Alme Parens, a me transeat iste calix [11]).
Iis precibus veluti labiorum victima quædam
    Est oblata, typum legis et ipsa gerens.
Pro se, pro populo, pro principibusque sacerdos
    Supremus Domino mystica dona dedit.
Nam sua, nam populi, nam pontificum malefacta
    Portarunt aries, et caper, et vitulus.
Pontificum vitulus, populi mala pertulit hircus,
    Ipsius excessum dux gregis ipse luit [12].
Hæc tria Salvator triplici prece commemoravit,
    Jam tunc pro nobis omnibus unus (4) agens.
Nam ter humi strato contritio cordis, et ille
    Sanguineus sudor [13], crux fuit ante crucem.
Jam tunc anxietas, finem spondentibus umbris,
    Et veteri ritu gratior unda [una] fuit.

De Præfatione.

His actis, populum sublimi voce salutat
    Presbyter, et sursum corda levare monet.
Inde Patri grates per Christum semper agendas
    Asserit, et post hæc dona sacranda sacrat.
Si bene cuncta notes, hoc totum Filius egit,
    A prece discipulos, inde petendo crucem.
1140 Primum jussit eos vigilare, statimque pre-
                          [cari,
    Post dormire, dehinc (5) Agnus et ara tulit.
Nimirum dum dicit eis: Vigilate [14], salutat;
    Quippe salus animæ, si vigilemus, adest.
Dum jubet orari, sursum cor suadet habere,
    Orari siquidem sola superna jubet.
Dum tandem vocat ad requiem, monet edere grates.
    Mentis enim requie gratificamur ei.
Nam grates agere, est Domino nos reddere gratos,
    Quod facit a vitiis, mens, manus, osque vacans.
Ut talis fiat quisquis sub judice Christo
    Sacrificat, sub quo justus et ipse tremit.
'um superum cantu, quos aræ constat adesse,
    Admitti proprias postulat ille preces.
    Cum quibus et nostras voces ut admitti, etc.
ostulat ut sua vox laudi concordet eorum,
    Quos astare sacris pagina multa docet.

A   Si verbis hominis, quem nectar ubique supernum
    Eructasse liquet, vis adhibere fidem.
Tempore quo supplex assistit presbyter aris,
    Mactaturque Patri Filius ipse manens:
Æthra patent, cœlestis adest chorus, ima supernis
    Junguntur; fiunt auctor [*f.* actor] et actus idem.
Cœtibus his dum mens, dum vox, dum vita ministri,
    Concordant, grates indubitanter agit.

Sanctus, Sanctus, Sanctus.

Hinc bene (6) cum populo, ter Sanctus, quæque se-
                          [quuntur,
    Antea quam sacret mystica dona, canit.
Credimus has laudes assumptas ex Isaia [15],
    In quibus innuitur trinus et unus apex.
B   Ter positum Sanctus, trinum notat esse; sed **unum**
    Declamat Dominus atque Deus Sabaoth
His tribus, huic uni sacrifex litat, angelus offert.
    Ascribit clerus, plebs veneratur idem.
Et quia percipiunt in sacro munere quidam,
    Pro sacro Dominum munere glorificant.
Laudibus his venerantur eum, quibus æthra resul-
                          [tant,
    Quas duo de seraphim nocte dieque canunt.
Has pro perceptis quasi grates rite rependunt,
    Nequando frustra percipienda petant.

(7) *Qualiter vetus sacrificium cum novo condito con-*
               cordat.

Hactenus explicui quid repræsentet in ipso
    Officio missæ, quidve minister agat:
C   Ex quibus hoc totum, quod in æde priore jubetur
    Offerri, coram commemorare licet.
1141 Quidquid enim fit in Ecclesia, tantummodo
                          [prosit
    Moribus aut fidei, victima grata Deo est.
Offerimus vitulos linguæ, mactamus et hircos
    Solvimus in cineres thus, oviumque virum (7') [16].
Dum canimus!, vel dum legimus, quod prava re-
                          [frenet,
    Quod populum, quod nos ad meliora vocet:
Tunc etiam vitulus, tunc sacrificatur et hircus,
    Cum fastum calcas, luxuriamque premis.
Agnus ab innocuis, a simplicibusque columba,
    Turtur ab his qui flent, gaudia summa procul [17].
In clibano coctos panes altaribus offers,

---

(1) Non designat quis fuerit ille ms. codex, qui
orte fuit Colb. 6327, ubi revera hæc verba minio
unt descripta.

(2) In ms. Ebr. hæc verba leguntur minio picta:
Dehinc inclinat se sacerdos ante altare, ut orans:
n spiritu humilitatis. Dehinc monet populum se-
reto ut oret pro eo, dicens: Orate pro me, fra-
res.]

(3) Hæc verba desunt in Reg. 4103; sunt autem
n Victorino.

(4) Post hunc versum Colb. 6104 solus sic habet:
Oravit, pro se petiit, quia clarificavit,
    Proque suis sibi quos ipse Pater dederat,

D   Hostibus, et veniam quærens, pro principe poscit;
    Plebis enim princeps jussit eum perimi.
Stratus humi trinus, contritio cordis, et ille
    Sanguineus sudor, crux fuit ante crucem,
Anxietas habita, finem spondentibus umbris,
    Supremo Patri victima grata fuit].

(5) Ita editi. Ebr., *et ara Dei.* Reg. 4103; Colb.
6327 et 6104, et Victorin., *ara fuit:* Ebr., *ara*
Dei.

(6) Victorin., *pro proprio.*

(7) Sic habetur in Ebroic. pro summario.

(7') *Id est,* masculum seu arietem.

---

[11] *Matth.* xxvi; *Marc.* xiv; *Luc.* xxii.   [12] *Levit.* xvi.   [13] *Luc.* xxii.   [14] *Matth.* xxvi; *Marc.* xiv; *Luc.* xii.   [15] *Isa.* vi.   [16] *Levit.* ix.   [17] *Levit.* v.

Si robur mentis nulla flagella movent :
Conspersos oleo, si jus pietas moderetur,
  Inque reos infra, quam (8) liceat, libeat.
Non fermentatos, si mens tibi purior adit,
  Excoquat et carnis fluxa supernus amor.
Offers et similam, si quos diviserat error,
  Colligis, inque fidem jungis, idemque facis.
Hoc catechizans, mollis; in baptismate mergens,
  Unis informans aspera ferre, coquis.
Sic eadem moresque docent, Christumque figu-
                                         [rant,
  Sic geminos usus cætera legis habent.
Quod vero missæ superest, ita sacra recenset
  Legis, ut exhibeat sub cruce sacra crucis.
Quippe recensentur quidquid lex præco futuri,
  Intra sanctorum Sancta jubebat agi.
Hæc aperire labor, quia metro, nominibusque
  Ignaris metri, materiaque premor.
Da (9) veniam, lector; rem tantum pandere et
                                         [usum,
  Non speciem, nostris versibus esse sat est.
Non tamen exspectes ut singula verba vel actus
  Quoslibet aggrediar clarificare tibi.
Ad summam rerum curret stylus, et quibus um-
                                         [bram
  Legis, opusque crucis exprimat ara, canam.
Et semel, et soli sanctorum Sancta patebant
  Pontifici [18], precibus plebe vacante foris.
Angulus is velo distabat ab æde priori,
  Adventu superum, colloquioque sacer.
Idem thuribulo, simul et thymiamatis ara,
  Et testamenti fœdere clarus erat.
Clarus et insigni tabula, quæ præminet arcæ,
  Quam super obnubilat pronus uterque cherub.
Summus eo præsul semel accedebat in anno,
  Pro se, pro populo mystica dona ferens.
Scilicet illius hirci vitulique cruorem,
  Quos proles Aaron immolat ante fores,
Carbonesque simul, quos desuper exteriorem
  Sumendos aram pagina sacra docet,
Hos in thuribulo ponit, tantumque sacerdos
  Thus cremat, ut fumus uber obumbret eum.
Aspergit tabulam, post hæc aspergit et aram
  Exterius sacram sanguine pacifico.
Hinc redit ad populum, vestem lavat, attamen
                                         [idem,
  Nonnisi sub sero vespere, mundus erat.
Hic locus, hic sacrifex, ea munera signa fuere;
  Signa recesserunt, significata manent.
Exprimit Ecclesiam prior ædes, altera cœlum,
  Antistes Christum, sanguis, amara crucis,
Carbones, summam virtutum, Christe, tuarum,
  Thuribulum, carnem, thura cremata, preces.

(8) Reg. 4103, et Victorin., liceat, feriat; cæteri, liceat, libeat.
(9) Post hæc verba, ista habentur in Victorino :
Veniam petit expositor, si quid minus dixerit.

[18] Levit. xvi, Hebr. ix.   [19] Levit. iv.

A Summa tabella Patrem, cœlestes ara cohortes,
  Veste notatur homo, vespere mors hominis.
Hæc perstricta tibi rerum velamina pandunt,
  His ea, sed veluti semiretecta, vides.
1142 Ex his non aliter fit res tibi pervia, quam si
  E foribus spectes interiora domus.
Interiora sacri, te, Christe, docente, patebunt,
  Cujus morte patent interiora poli.
Quas igitur partes perstringere nitor, easdem,
  Sicut habet series canonis, exposui.
Sic levius disces quod opus, quæ verba ministri :
  Quid reminiscantur, legis agantve crucis.
  Te igitur, clementissime Pater, usque illibata.
Intrabat præsul vitulorum sanguine sacrum,
  Intravit proprio Christus et ipse polum.
B Intrat agens sacrifex in sanguine semper ad aram,
  Effusi semper sanguinis ipse memor.
Nam quoties fusum, verbo, cruce, mente retractat,
  Hunc specie toties in sacrosancta gerit.
Quippe velut quidam cruor est meminisse cruoris,
  Hujus nos memores crux iterata facit.
Mentio mortis adest, ubicunque perennibus escis
  Imprimit uncta manus mystica signa crucis :
Sic Aaron, Christumque sequens, altare frequentat
  Presbyter; hunc haustum sanguinis ipse gerit.
In primo siquidem versu vexilla salutis
  Ter super appositas prærogat ille dapes.
In quo jam mortis, mitisque piusque recordans,
  Appellat triplici nomine munus idem.
C Dona vocat primum, mox munera nuncupat escas,
  Post sacrificii nomine censet eas.
Dona vocat, quoniam Deus has donavit, ut inde
  Sustentaretur lege modoque caro.
Munera sunt, quoniam Deus his donatur, et inde
  Munerat auctorem, cui dedit auctor eas.
(10) Nam quod sacrifici censentur nomine, monstrat
  Qua ratione prius munera dicat eas.
Scilicet idcirco, quia sacrificantur, et apte
  Munerat auctorem, qui data reddit ei.
Sic eadem quæ dona vocat, cum sacrificantur
  Munera sunt, quoniam munerat inde Deum.
His quoque nominibus pulchre satis hostia triplex
  Innuitur, scripto jam recitata meo.
Hoc etenim totum quod spondebatur in illis,
D Completum memorant, sub specieque gerunt.
Nam quod speravit prius in vervece sacerdos,
  in capro populus, in vituloque duces [19] :
Crux dedit, esca sapit, totum canit esse tributum,
  Nominibus trinis hæc tria sacra notans.

In primis quæ tibi offerimus, usque antistite nostro.
Memento, Domine, famulorum, usque Deo vivo .t
                                         vero.

Ingrediens sacra sanctorum leviticus, orat

(10) Ita editi et manuscripti Colbert. 6102, 6527
et Victorin.; Ebr. vero : Jam quod, Reg. 4103:
Namque.

Pro se, proque suo principe, gente, domo[10].
Ante crucem Christus rogat, et se clarificari[11],
  Et custodiri quos dedit ipse Deus.
In cœlis etiam semper pro plebe sacerdos,
  Pro servo dominus, pro grege pastor agit.
Noster in hoc sacrifex Aaron, Christumque se-[cutus,
  Pro tota primum supplicat Ecclesia.
Hinc etiam pro pontificis, regisque salute,
  Pro reliquis infra sicut oportet agens.

1143 *Communicantes et memoriam, usque munia-mur auxilio.*

Lege jubebatur sumptos altaris ab igne
  Carbones vivos in sacrosancta geri[12].
Lege jubebatur Aaron festinus eisdem
  Thuribulo positis thus adolere Deo.
Thuribulum carnis tanquam carbone refertum
  Virtutum cumulo Christus ad astra tulit.
Hos ex igne Deo quo mentis fluxa cremantur,
  Quo laxæ carnis lubrica sumpsit homo.
Tanquam carbones inter (11) sacrosancta sacerdos,
  Nomina sanctorum commemorando gerit.
Hos etenim vivis carbonibus assimilamus,
  Qui splendent actu, juris amore calent.
Denique qui sequitur quod lex jubet, umbra fi-[gurat;
  Dum litat, hunc ignem mente minister habet.
Ingrediens etenim sanctorum Sancta sacerdos[13]
  Pectore gestabat nomina scripta patrum.
Scilicet insinuans exempla, fidemque priorum,
  His imitanda, quibus mystica mensa patet.
Nec satis esse Deo, verbis meminisse bonorum,
  Si non exhibeas moribus ipse bonos.
Sic sacrifex, intusque calens, extraque coruscans,
  Carbones carbo factus et ipse gerit.
Sic bene contexit multorum nomina patrum,
  Sic meritis multos exprimit ipse patres.

Hanc igitur oblationem, usque numerari. Per Christum. Qui pridie quam pateretur, usque Hoc est enim corpus meum. Simili modo postquam cœnatum est, usque memoriam facietis. Unde et memores, Domine, usque immaculatam hostiam.

Hac nebula fumi regitur leviticus orans,
  Ut pateat nulli, dum thymiama cremat[14].
Hac prece pro nobis, hac sedulitate precatur
  Christus, ut angelicum transeat intuitum[15].
Nescitur quantum sumptæ præsentia carnis,
  Possit apud Patrem, quid sine voce preces.
His precibus cedit quidquid leviticus offert,
  Et quocunque modo, tempore, sive gradu.
His Patrem precibus dediscere judicis (12) iras,
  Et flecti constat, et meminisse Patris.
Tanquam sub nebula sacra dona frequentat et offert

(11) Ita Colb. 6101 et 6327; Reg. 4103 et Victor., *sanctorum Sancta.*; Ebr., *sacrorum Sancta.*
(12) Colb. 6101, Ebr., 19, ita habent. Colb. 6327, *iram.*; Reg. 4103 et Victorin., *discedere judicis iras.*

A   Quisquis agit Christi, (13) Christus et ipse, vices.
  Hæc etenim virtus, hæc efficientia Verbi,
    Et crucis est, ut mens linguaque cedat eis.
Nescit homo, latet et Superos, quo provehat escas
    Gratia verborum, mysteriumque crucis.
[(14) Dum super oblata sacrifex expansus obum-[brat,
  Pennatum cherubim denotat et seraphim.
Cum super obnubit sacram thymiamatis aram,
  Ad quam pontificis est semel introitus.]
Incipit his verbis supplex instare sacerdos,
  Quæ, salva specie, munus utrumque novant.

1144 Incipit, et toto contritus corde, cremans-[que

  Thuribulo mentis lucida thura precum.
B   *Quæsumus ut placatus.*
Orat ut accipiat placatus dona, suaque
  Ordinet in pace tempora nostra Deus
Orat ut accipiat de massa perditionis,
  Inter et electos nos numerare velit.
Orat ut hic idem benedicat quas dedit escas :
  Orat ut ascriptas atque ratas faciat.
Orat ut hoc altaris opus ratione geratur,
  Sitque quod acceptet, quod probet ipse Deus.
Dum rogat ut Dominus, quæ condidit, hæc bene-[dicat,
  Ut novet in melius, promoveatque rogat.
Dum rogat ascribi, quod eam sibi præroget escam,
  Atque dicet propriam, sanctificando rogat.
C Dum rogat esse ratam, ne frustra speret in illa,
  Sed sit quæ prosit, sint rata vota rogat.
Dum rogat hanc ratione geri, quæ munera recte
  Offert, ut recte dividat, ipse rogat.
Istius ergo dapis benedictio, gratia major,
  Uberior fructus, perpetuansque vigor.
Hoc sane totum verbis confertur in illis,
  Quæ subdit sacrifex, non sua, sed Domini.
Quippe recensurus, quæ protulit ille, vel egit,
  Cum cœnans idem[16], cœna beata fuit.
    Qui pridie quam pateretur, accepit panem.
Panis in hoc verbo, sed adhuc communis, ab ara
  Sumitur, et sumptum tollit utraque manu.
Presbyter hinc idem, cum pervenit ad *benedixit*[17],
  Imprimit elato mystica signa crucis.
D Nec prius in mensam demittit, quam tua, Christe
  Verba repræsentans explicet ista super.
    Accipite et manducate ex hoc omnes.
Hinc levat et calicem, signatque, nec ante reponit
  Quam super auctoris verba retractet ita :
Accipite et bibite ex eo omnes, usque in remissione peccatorum.
Si qua fides patribus, quos vita beata perennat

(13) Ebr., *Christi præsul*; cæteri, *Christus.*
(14) Hic in Colb. 6101 inveniuntur hi quatuor versus, qui non sunt in editis, nec in pluribus aliis manuscriptis.

---

[10] *Levit.* XVI, *Hebr.* IX.   [11] *Joan.* XVII.   [12] *Levit.* XVI.   [13] *Ibid.*   [14] *Ibid.*   [15] *Luc.* XXII.   [16] *Matth.* XXVI.
[17] *Matth.* XXVI; *Marc.* XIV; *Luc.* XXII.

Esca fit hæc animæ, quæ modo carnis erat.
His verbis utrumque novas acquirere vires,
    Majoresque suis scripta probata docent.
Sub cruce, sub verbo natura novatur, et aram
    Panis honorificat carne, cruore calix.
Presbyter idcirco, cum verba venitur ad illa,
    In quibus altari gratia tanta datur;
Tollit utrumque, notans quod sit communibus escis
    Altior, et quiddam majus utrumque (15) gerat.
Quæque parans animæ, carnis fomenta paravit,
    Omnia sacratis inferiora cibis.
Et quondam quoties libaverit ista sacerdos,
    Christus eum memorem præcipit esse sui.
Hoc sacramento nos commemorare fatemur,
    Quod mortem tulerit omnicreator homo.
1145 Quod surgens cœlos ascenderit, hæc tria
                                           [sane,
    Qualem sacrificem vult cibus ille, notant :
Scilicet, ut (16) carne moriatur, mente resurgat,
    Ter quinis gradibus templa superna petat.
Sic memores passi, surgentis, ad astra volantis
                                       [meantis [18].
    Et nos et pariter plebs tua, magne Deus.
De *donis* propriisque *datis* tibi munera pura,
    Munera sancta, sed et immaculata damus.
Dona quidem nobis Domino data : nam quod in
                                         [escam
    Donat, nos ipsa sacrificando damus.
Pura damus . quoniam non his est mista [admista]
                                       [vetustas,
    Aut ad salvandum non ope legis egent.
Sancta damus, quia qui sacras dijudicat escas,
    Proficit, et libans sanctificatur eis.
Immaculata damus, quia quod fuit immaculata
    Hostia, quodque dedit, nostra sit [fit,] et dat
                                            [idem.
Presbyter insistens implorat, ut illa serenus
    Respiciat clemens, ac beet [approbet] illa Deus.
Nec minus hæc placeant, quam quod puer obtulit
                                        [Abel [19].
    Quam quod Abraham, quam quod rex, sacrifexque
                                        [Salem.
His tribus innuitur variorum forma sacrorum,
    Quæ ratio, quæ lex (17) quæ sacra cœna dedit,
Lex naturalis, lex tradita, lex breviata,
    Placavere Deum munere quæque suo.
Et tamen impariter, quia speque, fideque supreme
    Dicitur in reliquis plena fuisse salus.

A Hæc sibi sufficiens, nec eget perfecta futuris,
    Nec de præteritis, unde juvetur, habet.

*Supplices te rogamus. Memento etiam, Domine. No-
bis quoque peccatoribus, usque omnis honor et
gloria.*

Aspergi tabulam lex, umbra jubebat et aram. [20]
    Exteriusque sacrum sanguine pacifico.
Filius asseritur toties aspergere Patrem,
    Asperso quoties sanguine placat eum.
(18) Aspergit semper (19) superos, quia semper
                                            eorum
    Asperso [f. aspersum] reparat, restituitque gre-
                                            [gem.
Aspergit semperque homines, quia semper et ipsos
    Aspersos renovat, conciliatque Patri.
B Hos astans aris aspergit, et ipse sacerdos,
    Cum memor aspersi sanguinis, unit eos.
Unit eos placando Deum, supplendo ruinam
    Spirituum, vitam restituendo reis.
Vita (20) Deus moriens, hoc totum præstitit orbi,
    Hoc per eum mortis mentio præstat adhuc.
Tunc igitur sacrifex aspergit sanguine Patrem,
    Cum semel aspersi mentio placat eum.
Tunc idem cœtus aspergit cœlicolarum,
    Cum semel aspersi mentio (21) supplet eos.
Tunc aspergit et hos, quos abluit unda salutis,
    Cum semel aspersi mentio purgat eos,
1146 Presbyter hæc satagens, sumpta sibi sup
                                        [plice forma,
C   In sublime geri mystica dona rogat.
Addit et erectus, ut participatio mensæ,
    Quotquot eam sument, prosit, et intus alat.
    Memento etiam, Domine, famulorum, etc.
Neve sepultorum pia mentio prætereatur,
    Et bene defunctis, et sibi poscit idem.
Poscit idem sibi, dum sanctis rogat associari,
    Quos et nominibus nominat [exprimit] ipse suis.
Angelus is, cujus manibus sacer ille minister
    In sublime geri munus utrumque rogat.
Angelus est ejus, vel quos reverenda vetustas
    Desursum missos dicit adesse sacris.
Ara superna, Dei conspectus, eo sacra ferri,
    Est etiam meritis sacra placere Deo.
Angelicas ea ferre manus, est plaudere nostro
D   Affectu superos, mysteriisque sacris.
Quæ tam secreto plausu perlata feruntur
    In sublime ; placant, pacificantque Deum.
Ergo pius sacrifex aspergit sanguine Patrem,

(15) Colb. 6101 utrumque *gerit*; Colb. 6327 *ge-rat.* Sic et Reg. 4103, et Victor. Ebr., *ferat.*
(16) Ita Editi, Reg. 4103 et Victor. 272 ; Colb. vero 6101, 6327 et Ebr., *carni*, quod melius.
(17) Editiones etiam Lugdun. nova, sed mendose habebant, *quæ lex tradita, lex breviata*, omnes autem mss. ad unum, *quæ sacra cœna dedit*, ut ibi posuimus.
(18) Hujus aspersionis intra canonem ipsum nul-lam mentionem, nec vel vestigium invenimus, evo-

lutis licet ad hoc, qua potuimus diligentia, liturgi rum auctoribus. Nec aliud nobis e conjecturis in occurrit, nisi quod forte fuerit particularis ritu Ecclesiæ Cenomanensis, quem tamen nec ipse Ma tenius, indefessus rituum ecclesiasticorum inves: gator, indicavit : mera ergo est allegoria.
(19) Editi et plures mss., *superos* ; Ebr., solus *servos*, quod forte melius.
(20) Ebr, *dehinc.*
(21) Reg., *purgat.*

[18] *Matth.* xxviii.   [19] *Gen.* iv.   [20] *Levit.* iv.

Cum sic aspersi mentio placat eum.

Cum vivis veniam, refrigeriumque sepultis,
    Impetrat, et partem, quam petit ipse sibi,
Et superos et mortales aspergere fertur :
    Nam quæ nos purgat mentio, supplet eos.
Porro cum sacrifex sublimem nominat aram,
    Quo supplex orat dona sacrata geri.
Commemorat liquido velaminis interiora,
    Quo semel intrabat pontificalis apex [31].
Cum sacra perferri sursum rogat, innuit hircum,
    Quem lex deserti vasta subire jubet.
Quippe duos foribus templi lex applicat hircos,
    Uni desertum destinat, alter obit.
Christus diversis respectibus hircus uterque :
    Nam tulit in ligno, vivit in arce poli, •
Vivit et hic humilis, deserto regnat in illo,
    Quo propriis humeris ipse (22) reduxit ovem [32].
Sic meminit legis, meminit crucis ipse sacerdos,
    In sublime vehi munus utrumque petens.
      Nobis quoque peccatoribus famulis tuis.
Idem dum memorat sanctos, humerale recenset [33],
    Quod bis sena patrum nomina scripta gerit.
Pectus enim logion, scapulas humerale tegebat.
    Præsulis intrantis interiora sacri.
Hic in utroque gerens gemmis insculpta priorum
    Nomina, venturi præco, typusque fuit.
Nos etenim gerimus logion, cum nomina patrum
    Circa principium canonis exprimimus,
Nos humeralis onus gerimus, cum nomina patrum
    Hac in parte sacri canonis inserimus.
Tunc etiam logion, tunc fert humerale minister,
    Cum mores patrum, cum labor ipse placet.

1147 *Per quem hæc omnia, Domine, bona
         creas, etc.*

Ecce subinfertur, quod tu, bone Conditor orbis,
    Per Christum *semper hæc bona cuncta creas.*
Sanctificas et vivificas, idem benedicis,
    Glorificans primæ conditionis opus.
Nam quia sic homini Verbum Deus hæret, et una
    Sint persona, creans atque creatus homo,
Quidquid per verbum Deus ordinat aut operatur, [34]
    Per Christum fieri dicitur illud idem.
Ergo per Christum rerum natura novatur,
    Communisque cibus fit speciale bonum.
Per Christum quoque *sanctificat* Deus unus utrum-
               [que
    Vivificat pariter et *benedicit* idem.
Sanctificat, quoniam datur hæc quoque gratia
               [rebus,
    Ut bene percipiens, sanctificetur eis.
[(23) Vivificat quoniam datur hæc vegetatio rebus,
    Ut moriens intus vivificetur eis.]
Hinc idem benedicit eas quia provenit inde,

    (22) Ebr. 19, Colb. 6101 et Colb. 6327, *revexit
ovem.*
    (23) Hi duo versus desunt in mss. Colb. ; sunt
autem in Ebroicensi.
    (24) Colb. 6101 et 6327 habent *menstrua.*

A   Ut benedicatur qui bene sumit eas.

Est honor, est etiam *per Christum* gloria Patri,
    Per quem cuncta Pater glorificanda facit.
Est et *cum Christo,* quia glorificatur et ipse,
    Cum quo cuncta Pater glorificanda facit.
Est simul *in Christo,* quoniam Deus unus uterque,
    Et quod in hoc uno est, est in utroque simul.
*Oremus. Præceptis. Pater noster. Libera nos, quæsu-
         mus, etc*
Ad populum regredi, vestesque lavare supremum
    Pontificem [35], legis mystica jussa volunt.
Ipse tamen mundus (eadem sic jussa cavebant)
    Nonnisi, cum jam sol occubuisset, erat.
Ecclesiæ Christus, quàm non, abeundo, reliquit,
    Subveniens, ad eam compatiendo redit.
B Hæc ejus vestes in vivis abluit undis,
    Fons qui perpetuo (24) vulnera nostra sanat.
Fons tamen illa lavans, donec famulabitur orbi
    Sol, velut immundus, atque lavandus erit.
Ejus enim membris, dum sol aget iste labores,
    Hærebunt maculæ, quodque lavetur, erit.
Dicitur ad populum tanquam remeare sacerdos,
    Pro populo rursum multiplicando preces.
Jamque velut foris est, cum vocem mutat, et
               [orans
    Admonet, ut pariter oret et ipse chorus.
Admonet orandi formam [36], sublime retractans,
    Quam statuit Christus, edocuitque suos [37].
       Pater noster, qui es in cœlis.
Talibus officiis (25), interventuque sacrorum,
C   Et simul intinctu sanctificantis aquæ.
Ipse lavans populum, sua vestimenta lavare [38]
    Fertur, et apta Deo reddere fonte precum.
Est tamen immundus, donec sol occidat, idem ;
    Nam dum vivit, habet, quod lavet, omnis homo. •
Sic sacrifex remeans, ut dignus percipiendis,
    Fiat, et ad vitam sumat utrumque simul.

1148 Jam quasi cum populo septem sibi dona
               [precatur,
    Quæ voluit Christus, instituitque peti.
Illorum tria prima quidem sine fine manebunt.
    Sed reliquis finem spondet amare dies.
Semper enim sanctum nomen Patris, idque beato
    Quod metuat, quod amet, quod (26) vereatur,
               [erit.
D Semper et ipse bonus, regnum Patris, unde pro-
               [fecto
    Scandala cuncta procul, quodque resistat, erit.
Semper ut in cælo, sic in tellure voluntas
    Fiet, et in neutro, quod reprobetur, erit.
Fit vero pariter in utroque paterna voluntas,
    Cum quod amat, quod vult angelus, hoc et
               [homo.

    (25) Ita Editi et mss. Colb. 6101 et Ebroic.; Colb.
vero 6327, officiis *agit inter utrumque.* Regius autem
4103 et Victorin., officiis *stans inter utrumque.*
    (26) Colb. 6101, *mercatur,* erit.

---

[31] *Levit.* xvi. [31] *Luc.* xv. [32] *Exod.* xxxix. [34] *Joan.* i. [33] *Levit.* xvi. [36] *Matth.* vi. [37] *Luc.* xi. [38] *Levit.* xvi.

Præterea, sicut quidam sensere priorum,
 Terra, caro; cœlum, spiritus accipitur.
Consummatur in his pariter divina voluntas,
 Cum caro subjicitur, spirituique favet.
Hæc tria nunc justo variis eventibus adsunt,
 Post mundi finem nescia finis erunt.
Quatnor esse sinent : nam pasci nullus egebit,
 Cuive remittantur debita, nullus erit.
Tentari nemo poterit ; mala nulla deinceps,
 A quibus electos liberet auctor, erunt.
Nam Verbum vitæ, panem puto quotidianum,
 Sive sacramentum, quo viget intus homo.
Tunc neque doctrina, neque ea dape justus egebit,
 (27) Qui sciet omne bonum, cui Deus ipse cibus.
   Libera nos, quæsumus, Domine.
Et quia præteriti meminit, præsente gravatur ;
 Venturum metuit presbyter ipse malum.
Ut prece sanctorum Deus illum liberet, utque
 Pax data tranquillet tempora nostra, rogat.
Officit Ecclesiæ, cum perturbatio fervet ;
 Pax in spe fructus semina jacta fovet.
Hinc sequitur panis infractio tradita nobis
 A Domino, quiddam legis et ipsa gerens.
Legis præcepto minui similago jubetur[20],
 Nonnisi frustratim sacrificanda Deo.
Sic sacrum panem cœnans fregisse Redemptor
 Dicitur, et fractum distribuisse suis.
Nos quoque non frustra legem, Christumque se-
        [quentes,
 Apte partimur dona dicata Deo.
Nam tres Ecclesiæ sunt partes, una laborat
 In terris, partem jam fovet alta quies.
Partem quæ restat, clementior excoquit ignis,
 Excoctæque patet transitus ad requiem.
Diversas meritis, diversas sorte locorum.
 Tres istas partes hostia fracta notat.
Pars intincta mero, vivis aptatur, opusque
 Sanguinis et carnis expiat ipsa caro.
Pro bene defunctis, quorum purgatior unus
 Hoc interventu non eget, alter eget.
Offerri reliquas ratio jubet [docet,] obtinet usus ;
 Nec tamen hic idem fructus utrique datur.
Nam dum pro justo sacris assistitur aris,
 Pro justo grates ipse minister agit.
Cum pro solvendis (28) nunc pœnam temperat
         [ultor,
 Nunc et plena quies acceleratur eis,
Ilis epulis epulas illius sumimus Agni,
 Quem lex præcinuit, crux tulit, ara sapit.
1149 [(29) Non crudus, nec coctus aquis, sed ab
        [ignibus ustus,
 Hic decet Agnus edi, plebibus et tribui.

(27) Melius Colb. 6101, Reg. 4103, Victor. 272, Ebr., *Qui.;* Colb. 6327, *Cui.*
(28) Colb. 6101 et 6327, pro *salvandis.*
(29) Ilos decem versus solus ms. Colb. 1601 habet, qui desunt tam in editionibus quam in aliis mss.
(30) Ita ms. Ebr., et Colb. 6327, et editi Colb. 6110, sic habet : Cum *partem* ad dextram *cedit.*

[20] *Levit.* xxviii.

A Crudo purus humo, Jesus cocto quoque lymphis
 Schisma notatur, idem scinditur Emmanuel.
Usta caro prunis assatur et ossibus hæret :
 Cœlitus astricta est sic caro nostra Deo.
Nec sine lactucis hoc debet agrestibus uti
 Quisquis agit supplex sacrificantis opus.
Lactucæ agrestes, humilis compunctio **cordis,**
 Qua commissa pie flendo, gemendo luat.]
Presbyter hunc in mysterio sumpturus ab ipso,
 Tam sibi quam populo munera trina petit.
Inter eos siquidem primum rogat enumerari,
 Quos in carne pudet turbine carnis agi.
Hinc in eo regno petit idem glorificari,
 Quo sua membra caput glorificanda trahit.
B Postremo, quia spiritui caro lenta resistit.
 Cedit et infelix spiritus, ipse caro.
Implorat pacem, qua fiat uterque quod alter,
 Concordesque velint, atque sequantur idem.
Nam nisi te bene composita, non justificatur
 Nunc, nec in æternum justificatur homo.
Hoc intellectu distinguit prisca vetustas,
 Quod clerus triplici voce precatur ita.
Ad Christi reditura fidem Judæa notatur,
 Cum (30) Pater ad dextram cedit et explet opus.
[(31) Interea unanimis plebs his communicat escis
 Unde chorus reddit cantica digna Deo.
Hinc sacrifex versus clerum populumque salutat,
 Et rogat ut supplices hæc sacrosancta juvent.
Subditur *Ite,* quia nostra est devotio missa
C Angelicis manibus sedibus æthereis.]
[(32) Est ratio cur altaris pars tertia missæ
Principium finemque tenet, mediumque sinistra ;
Dextera Judæos, gentiles læva figurat.
Cœpit ab his, defertur ad hos, refertur ad illos
Nostra fides, et erunt sub mundi fine fideles.]
[(33) Ecclesiæ partes credunt tres esse fideles :
Angelicum cœtum Domino semper comitatum,
Atque viros sanctos merito jam semibeatos ;
Tertia torquetur pars, sed vexata piatur.
Ex hoc cœlestis fit mystica fractio panis.
Pars major partem designat jure peractam,
Altera de panibus, quæ sicca tenenda jubetur,
Pars designat eos quos dixi semibeatos.
D Tertia, quam mos est positam cum sanguine sumi,
Præsentis vitæ signat positos in agone,
Quam simul adhuc retinet, donec sententia purget.]
Tollimur e medio fatis urgentibus omnes.
 Et trahimur quo nos vita peracta vocat.
Ili nunquam, hi semper, alii plectuntur ad horam,
 Purgatisque datur transitus ad requiem.
Hanc illis altare sacrum, vel criminis expers
 Vita, vel obsequiis emptus amicus emit.

(31) Sex hos versus solus habet Colb. 6101.
(32) Hos quinque versus hexametros habent Colb. 1168, Reg. 4103, Victorin. 272, cum hoc titulo : *Quid significet utraque pars altaris.*
(33) Undecim hos versus habet solus Colb. 1168, qui in omnibus aliis desunt; et immediate subjunguntur versui qui desunt in verba : *Explet opus.*

Perfectos, valdeque malos nil vota suorum,
  Nil impensa precum, nil holocausta juvant.
Nam nec justus eget, nec pessimus ista meretur
  In medio est, veniam cui sacra mensa parat.
1150 Ipsa tamen vivos a vitæ calle vagantes,
  Ut redeant, saltem sero juvare solet.
Unde fit ut sacris quoties assistitur aris,
  Particulis cedat hostia fracta tribus.
Pars intincta mero pro vivis orat, opusque
  Sanguinis et carnis expiat ipsa caro.
Pro bene defunctis, quorum purgatior unus
  Hoc interventu non eget, alter eget.
Offerimus tibi, Summe, duas, sed propter eosdem
  Oblatæ pariter non operantur idem.
Nam pars pro sanctis, pars est pro sanctificandis ;
  [(34) Illa refert grates, supplicat ista Deo.
Hostia pro justis laus est, pro justificandis
  Vota precum ut citius detur eis requies.
At reliquis, quorum mala mors ac improba vita

A Promeruit pœnam, non favet hæc venia.]
Fit cibus hic ex pane caro, Deus ex elemento,
  Mysterio simplex, utilitate triplex.
Fit cibus hic ovis in ligno, leo fortis in urna,
  Ales ad astra volans, rex super astra sedens.
Neve putes illi tumulumve crucemve deesse,
  Ipse calix tumulum denotat, ara crucem.
[(35) Ara crucis, tumulique calix, lapidisque pa-
                  [tena
Sindonis officium, candida byssus habet.]
Utque fides adsit, terrorque recedat, et horror,
  Fit cibus ipse caro, panis imago manet.
    † *De mutatione locorum in missa.*
Est ratio quod pars altaris dextera missæ
Principium finemque tenet, mediumque sinistra.
B Dextera Judæos, gentiles læva figurat,
  Cœpit ab his, transfertur ad illos, refertur ad illos
Nostra fides, et erunt sub mundi fine fideles.

Post hos versus, in editione Parisiensi Claudii Chevallonii, an. 1518, subsequuntur immediate sequentes hi hexametri, qui in aliis desunt editionibus. Inveniuntur autem in solo manuscripto Majoris-Monasterii, num. 103, et ibi tribuuntur Hildeberto.

    De sacramento altaris alii versus.
Panis (36) in altari verbi virtute sacratus,
Fit caro divina nostri medicina reatus.
Non alius celebrat, quamvis alius videatur.
Mysterium sacrum Verbum Deus hoc operatur.
Verbum namque caro factum sacra verba ma-
                  [gistrat,
Et per sacrificem (37) carnem de pane ministrat.
Hic opus, hic opifex Deus est ; sacrat atque sa-
                  [cratur,
Fitque creatura, per quem res cuncta creatur.
Nam res, cui panis pridem substantia mansit,
In Christi carnem Deitatis munere transit.
Nescit homo, nescit ; stupet angelus hoc ita factum,
Arcanique sacri pavet inscrutabile pactum.
Nescit quo modulo, quo virtutis documento
Rex elementa creans prodit Deus ex elemento.
Sed dextræ Domini talis mutatio cedit,
Quo viget omne quod est, cui mundus et æther ob-
                  [edit.
A nostris oculis ideo sunt ista remota,
Hæc penitus nobis nisi mentis lumine nota,
1151 Ut sic nostra fides ad justitiam doceatur,
Et fidei merces major exinde sequatur.

    Ejusdem de novo sacrificio vetus abrogante.

(E ms. Colb. 6327, Reg. 4103, Ebr. 19, et aliis.
        Nondum editi.)
Melchisedech Domino panem vinumque litavit ;

Christus idem statuens, pactum vetus evacuavit.
Inter utrumque diu fuit alter sacrificandi
Ritus, et obtinuit vim qualemcunque piandi ;
Agnus enim legis carnales expiat actus,
Agnum designans qui nos lavat hostia factus.
Hoc semel oblato cursum prior ille peregit,
Quodque fuit signum præsens effectus abegit.
Quis locus auroræ, postquam sol venit ad ortum ?
Quis locus est votis, teneat cum navita portum ?
C Lex aurora fuit, bos et capra vota fuere ;
Crux sol, crux portus, hæc est ea [*f. et cætera*]
                  [præteriere.
Sub cruce cessat ephod, et deficit unctio regis.
1152 Crux clausit templum, crux solvit ænigmata
                  [legis.
Hircus, ovis, passer, vervex et adeps vitulorum
Nil præconantur, Deus hostia finis eorum.
Parcat Hebræus ovi ; crux carnes abstulit aræ ;
Est pecudum pecudes post Christum sacrificare.
Mortuus ille semel, licet ultra non moriatur,
Idem quotidie sine vulnere sacrificatur.
Panis in altari Deus in cruce, nil dubitetur.
Hoc vitæ verbo fieri vita ipsa fatetur,
Quæ vegetet mentem, nec Christus inania sanxit.
D In Christi carnem panis substantia transit ;
Hac in carne nihil carnale nihilque cruentum ;
Spiritus hanc tangit, videt, accipit ad monimentum
Ordo sacer, pia traditio, pia victima panis,
Qua veteris ritus cruor horridus exstat inanis.
Secretum felix, nova virtus, utile sacrum,

---

(34) Varie in mss. aut locantur, aut etiam omittuntur plures e sequentibus versibus. In mss. Colb. 6101 leguntur prout hic posuimus. In Ebr. et in editis, post verbum *sanctificandis,* sic habetur : *Mentio pro reliquis causam agit alterius, qui est* etiam in Colb. 6327.

(35) Hi duo in editis erant ad marginem, quos, ut eumdem sensum exprimentes, inter alios inferendos duximus, licet in nullis mss. eos legerimus.
(36) Hi duo versus sumpti sunt e libro De eucharistia proxime sequenti.
(37) Nota verbum Hildeberto familiare.

Quo factus sanguis, liquor est vitale lavacrum.
Nam quia peccantes medicina semper egemus,
Hanc pro peccatis medicinam semper habemus.
Hæc datur ad vitam, sed si reus hanc verearis,

A Qui Patris ad dextram sedet et mactatur in aris.
Ecce vides in lege typos et signa perisse,
Ad propriumque caput tria sacramenta redisse,

IN LIBRUM SEQUENTEM BREVE MONITUM.

Hunc librum De sacra eucharistia e manuscripto Colb. 6327 erutum, vere Hildebertinum esse suadent allegoriæ, phrases et dictiones Hildeberto familiares, et intermisti etiam versus integri indubitanter Hildebertini: v. g. In Natale sacro, etc., qui in omnibus manuscriptis illi tribuuntur; et Panis in altari, etc., qui sunt eorum primi, qui in editione Parisiensi an. 1548 immediate subjiciuntur poemati ejus De sacrificio missæ. Nec mirandum quod Hildebertus bis, vel etiam pluries de sacra eucharistia metrice tractaverit, cum id diversis forte temporibus præstiterit, nec sit inusitatum ut idem auctor pro varia opportunitate, vel occasione de eodem argumento sæpius egerit.

VEN. HILDEBERTI
LIBER
DE SACRA EUCHARISTIA.

(E ms. Colbertino, num. 6327. Nondum editus. Omnia summaria sunt in ms. minio picta.)

§ UNICUS. *Cur panis et vinum in sacramento corporis et sanguinis Domini offeratur, et cur aqua admisceatur.*

Si Deus elegit tria quæ sibi sacrificentur,
Nolo tamen quod sacra Dei diversa putentur;
Unus enim Deus est, unum quod sacrificatur,
Quamvis diversum pro temporibus videatur.
Nulla docet ratio, cum vere sit Deus unus,
Quòd cupiat varium, vel commutabile munus;
Ipse voluntatem non permutans aliquando,
Consuluit nobis, solum ritum variando;
Solus enim ritus, res vero non variatur;
His etenim rebus, Domino quibus ante litatur
Agnum primus Abel, vitulum lex sacrificavit,
Gratia, quæ superat, panem vinumque litavit.
Hæc tria sola Deo creduntur grata fuisse;
Qui coluere Deum, dicuntur in his coluisse.
Ante datam legem præcessit lex rationis,
Tertia lex venit perfectæ religionis,
1153 Ergo duæ leges, quæ nostram præveme-
[bant,
Quod sit in Ecclesia præsignificando docebant.
Illa prior creditur sacros patres habuisse,
Hæc circumcisos in carne Deo placuisse:
Illa sacramentum, quod Christus verius egit,
Altaris nostri sub eisdem patribus egit.
Hoc sub Abel, sub Melchisedech, sub Abram vi-
[guisse
Fertur, eosque novi sacri speciem tenuisse;
Quorum Melchisedech, quamvis non esse legatur
Progenies, tamen his non inferior numeratur.
Lex in qua Domino caro circumcisa placebat,

B Pontifices unctos unius stirpis habebat.
Unctio talis erat, quæ Christum significaret,
Qui verus sacrifex mundi peccata piaret.
Sed tribus illa Levi, quia pontifices tribuebat,
Sola sacerdotum jus officiumque gerebat;
Et pro peccatis, et victima pacificorum
Nonnisi de manibus acceptabatur eorum.
Nullus in his arcem capiebat pontificatus,
Ni foret ex Aaron generis a stirpe creatus.
Hic semel et solus intrabat Sacra sacrorum:
Intrans hircorum cum sanguine, vel vitulorum;
Ipse duos (38) lapides humeris hinc inde gerebat,
Nomina scripta patrum quibus insignita ferebat [**]:
Ergo tribus omnes humero gestabat utroque,
Sacrificans, oransque Deum pro se populoque.
C Hæc dixi breviter veteri de more litandi,
Ut de more novo major sit copia fandi.
Prævidit Dominus prius orbem quam fabricaret,
Quomodo peccatum primi patris evacuaret.
Non peccarat Adam, Dominus præviderat ante
Quod sit holocausto redimendus quo velit ante;
Sed Domino placuit posthac monstrare figuris
Posset ut esse fides magis indubitata futuris.
Agnum primus Abel mactavit filius Adæ,
Agnus et ipse Dei, peccatum diluit Adæ:
Idem quippe Deus, et præsul, et hostia factus
Prævaricantis Adæ, nostros quoque diluit actus.
Agnus Abel, Christum Patris agnum significavit;
Frater eum, sic et Dominum Judæa necavit,
D Ergo videre potes quod Abel, agnique figura,
Venturi Christi signabant sacra futura.
Melchisedech legitur panem vinumque dedisse,

---

(38) Pro duodecim.

[**] *Exod.* XXVIII.

Sed nusquam legitur lympham simul apposuisse.
Ut quid Melchisedech partem de parte recidit,
Nonne sacranda Deo posthac tria munera vidit?
Ergo figura novi, si tunc ea sacra fuerunt,
Quam simul offerimus cur lympham non habuerunt?
Et Dominus Jesus, qui mundi crimina lavit,
Ante crucem panem cum vino sacrificavit;
Sed nusquam legitur quod aquam simul ipse bibisset,
Vel quod discipulis aliud quam vina dedisset.
Ergo quid est illud quod aquam vino sociamus,
Nec vinum, nec aquam per se, sed utrumque sa-
        [cramus?
Quando Melchisedech, nec aquam praesignificasse,
Nec Deus in cœna scribatur eam statuisse.
Si videas quid aqua, quid vino significetur,
Quaestio lucebit, quae nunc obscura videtur.
Non aliud Patri quam Filius ipse litatur
Per quem nostra Deo natura reconciliatur :
Panis enim qui nunc super aram sanctificatur,
Corporis esse sui *substantia* non dubitatur.
Illud idem corpus, quod nos de Virgine natum,
Quodque super cœlos jam credimus esse levatum;
Et vinum calicis, quod sanctificatur in ara,
Est cruor effusus pro nobis in crucis ara :
Dixit enim panem corpus quod sumpserat esse,
Et calicem potum fundendi sanguinis esse.
Admiscemus aquam, quae labitur et fluit : illa
1154 Significatur homo, res labilis atque favilla.
Ergo suo capiti reliquum corpus sociatur,
Cum mea cum Christo substantia sanctificatur ;
Humanatùs enim noster verus mediator,
Naturam nostram velut ejus conciliator.
Si disjungis aquam, Christo nos dissociasti ;
Si vinum demas, nihil est quod sacrificasti.
Sed cur Melchisedech panem tribuendo, merumque,
Praetermisit aquam, nec praeformavit utrumque?
Tempus erat quo nec Christus de Virgine natus,
Nec peccator homo fuerat per eum reparatus;
Nec tunc uniri cum Christo merueramus,
A quo, peccato primi patris excideramus :
Nam nec Melchisedech, et quotquot sacrificarunt,
Nos a peccato primi patris exspoliarunt.
Non igitur potuit nos Christo consociare
Quos constabat ei non posse reconciliare.
Exspectabatur verissimus ille litator,
Quo vetus antiquum jus perderet exspoliator,
Qui mirabiliter mortales morte redemit,
Et justus juste, quod habebat iniquus, ademit.
Forsitan hunc ipsum miraris sanctificasse
Panem cum vino, nec aquam vino sociasse,
Quamvis inciperent in eadem traditione
Quae nos perpetua servamus religione.
Praesertim cum jam lex esset, et umbra remota;
Et subeunte nova, caderet vetus hostia tota;
Cum Deus esset homo, qui nos homines redimebat,
Et quod Melchisedech praevenerat, instituebat.

A Sed videas quam dispositissimus ordo geratur,
Quomodo quaeque suo sub tempore distribuantur :
Scimus enim quia nox in qua Deus haec statuebat,
Lucem qua fuerat passurus praeveniebat.
Ergo mortalis, passibilis et moriturus,
Haec sacra constituit, mox hostia vera futurus.
Et tu credis, homo, quod non redimi potuisti,
Nec reparandus eras, nisi fuso sanguine Christi.
Sed nec sanguis erat fusus, nec tu reparatus.
Propter id in cœna non es Christo sociatus.
Sic Deus in cœna panem vinumque sacravit,
Sed quae te designat aquam non associavit,
Nam consummari prius omnia conveniebat.
Quae de morte crucis lex atque propheta canebat.
Ergo sacramento jam Christi morte peracto,
B Principe peccati mirando jure subacto,
Nos quibus antiquum raptorem despoliavit,
Sicut jure suos Christus sibi consociavit.
Quod nec Abel, nec Melchisedech, nec victima legis
Fecerat, hoc fecit nostri victoria regis.
Idem quippe Deus et praesul et hostia factus,
Praevaricantis Adae dissolvit et expiat actus.
Crux altare fuit ubi Christus sacrificatur ;
Sanguis et unda fluunt, homo Christo consociatur.
Hic et chirographum nostrae necis evacuatur [41],
Perfidus occumbit, genus humanum reparatur.
Sic ubi providit nostrae Deus ipse saluti,
Nos a peccati miseranda lege soluti,
Ejus praeceptum simul exemplumque secuti,
Hujus holocausti serie decrevimus uti;
C Nam quoties panem vinumque sacramus in ara,
Admiscemus aquam quam miscuit in crucis ara.
Sicque quod in cœna, quod et in cruce sanctificavit,
Ne disjungat homo sibi quod Deus associavit.
Ergo, fidelis homo, panem quem sanctificatum
Sumis, crede Deum pro nobis sacrificatum.
Ipse Deo Patri cum sit semel hostia factus,
Quotidie nostros, dum sumitur, expiat actus;
Semper apud Patrem sit noster promediator
Nosque repraesentat verissimus auxiliator.
1155 Pastor oves portat, ut eas ad ovile reponat.
Hic interpellat Patrem, qui cum Patre donat.
Hoc igitur sacrum gaudentes accipiamus,
Ut Deus, in nobis, et nos in eo maneamus :
Namque quod in terris quasi quoddam pignus ha-
D   [bemus
Ipsius in regno perfectius accipiemus.
  Cur tres missæ celebrentur in Natale Domini.
(39) In Natale sacrosanctae solemnia missæ
 Quid signent, aut cur tres celebrentur, habe.
Nocte prior sub luce sequens in luce suprema
 Sub Noe, subque David, sub cruce sacra notant.
Sub Noe, sub David, sub Christo sacra fuere ;
 Nox, aurora, dies, umbra, figura Deus.
   Incipit prologus operis sequentis.
Quisquis nostri Redemptoris vestiris imagine,

(39) Hos versus omnes omnino ms. tribuunt Hildeberto, et hic inveniuntur in hoc ms.

41 *Coloss.* II.

Et divinæ sacramentis delectaris paginæ,
Nostrum lege codicellum, in quo scripsi breviter
Quid de Christi sit tenendum corpore salubriter.
Hæc scriptura cum sit cunctis valde necessaria,
Illis magis est tenenda qui colunt altaria.
Ilis ut discant, nec ignorent quid debetur homini
Qui cum Juda male rodit sacramenta Domini.
Ergo cibum atque potum æternæ dulcedinis
Degustet interioris intellectus hominis,
Ut palatum bonæ mentis in legendo sapiat
Quantum esca salutaris ad vitam proficiat.

§ 1. *Quod vera eademque caro quæ nunc in altari
consecratur, est illa quæ de Virgine nata, et in
cruce creditur passa.*

[(40) Panis in altari verbi virtute sacratus,
Fit divina caro nostri medicina reatus.]
Fit caro non alia quam Christi nos redimentis
Plena sacramento, cibus et vegetatio mentis.
Hæc caro quotidie, quamvis caro non videatur,
Panis habens speciem, pro mundo sacrificatur.
Hæret rerum natura, stupet ordo sacratum
De modico panis quondam de Virgine natum :
Horret quod Verbum caro factum fit caro rursum ;
Quod naturalem mutat res concita cursum,
Et tamen est eadem caro tunc de Virgine nata,
Et caro nunc verbo vitæ de pane sacrata.
Propter nos homines dignatus tunc homo nasci ;
Nunc pius ille suo nos optat corpore pasci.
Est effectus homo nos ut lapsos relevaret ;
Est ideo vitæ panis datus, ut satiaret.
Quid datus a cœlo vitæ panis valuisset,
Si redimendus homo patiendo fame perisset ?
Non igitur nasci satis est de corpore Christum,
Si suus esuriens homo non incorporet istum.

§ 2. *Quod mundo fame Verbi periclitanti Christus
panis angelorum innotuit.*

Verbi dira fames homines aliquando premebat,
Esuriens nec homo quid manducaret habebat ;
Angelicus panis de cœlis venit ad ima,
Cum jamjam mundum succideret ultima lima,
Qui carnis nostræ palea sua numina velans,
Innotuit mundo, Deitatis signa revelans.
Noluit ergo suum pius actor plasma perire,
1156 Descendens ut homo sua posset ad astra
　　　　　　　　　　　　　|[redire.

Totus corruerat homo, totus erat labefactus ;
Occurrit Dominus pereunti victima factus,
Victima sed sancta, sed viva, sed immaculata ;
Victima quæ maculas fugat ex se sanctificata ;
Victima qua major offerri nulla valebat,
Quæque satisfacere pro nobis sufficiebat.

§ III. *Quod non alius præter Christum pro peccato
Adæ satisfacere poterat ; et cum secundum divinitatem immortalis esset, semper [f. semel] secundum humanitatis naturam sponte pro nobis mortuus est.*

Hostia nulla valens, aut sufficiens satis esset

A Quæ deleret Adæ culpam, si Christus abesset ;
Nam debebat Adam, nec Adam tam pauper habebat
Unde satisfaceret, quem culpa gravis prohibebat.
Ipse Deus potuit, nec debuit, ergo necesse
Est ut homo Deus hoc faciat, sine quo nequit esse.
Hinc quia cuncta potest Deus, hinc et homo quia
　　　　　　　　　　　　　　　　[debet,
Materiam tali facto res utraque præbet ;
Fit de naturis eadem persona duabus,
Corporibus nostris medens, nec non animabus ;
Nec Deus hic vel homo duo sunt, unus quia
　　　　　　　　　　　　　　　　[Christus :
Alter in alterius natura non male mistus,
Qui cum natura foret immortalis utraque,
Majestate sua servata justitiaque,
B Sponte crucem subiit, nisi vellet non moriturus
Sorte sua vitam nobis sine fine daturus,
Quodque Deus verus non debuit ex Deitate,
Hicque beatus homo pro justitiæ veritate
Sustinuit tandem fieri divina voluntas,
Quæ res perpetuo disponit numine cunctas.
Creditur in ligno Christus crucis hostia viva,
Per quem mortalis fieret substantia diva ;
Hostia qua felix, qua mundus et æthra replentur,
De qua qui comedunt, æternum non morientur.
Hic verus cibus est, hæc vera refectio panis,
Quem qui non novit, fiet spes ejus inanis.
Hæc est vera caro veri qua pascimur Agni,
Per quem sulphurei tepuit violentia stagni.

C § IV. *Quod agnus immolatus in lege assus, et a populo Israelitico comestus, Christi typum gessit ; succedente vero gratia, et vero sacrificio apparente,
legales cessaverunt cæremoniæ.*

Jam non per Moysen agnus populo datur assus,
Agnus Christus adest pro nobis in cruce passus.
Hujus venturi prior exstitit ille figura ;
Umbra recessit, adest lux, fit Deus hostia pura :
Hostia solemnis Christus modo sacrificatur,
Mors tamen huic passo semel ultra non dominatur.
Gratia successit, disparuit illa vetus lex,
Et mundo nova lex, nova lux, novus enituit rex.
Nil modo placat ovis, nil agit sanguis vitulorum,
Nil holocausta boum, periit vetus ordo sacrorum.
Jamjam desistit pecudes mactare minister,
Ex quo mactandus venit pius ipse magister :
D Ergo legem lex, agnum Deus agnus abegit,
Quodque figurabat vetus, hoc novus ipse peregit.
Quem velut igne sacro dum passio coxit amara,
1157 Hostia viva Patri crucis est oblatus in ara.
Hujus utrumque domus signamus sanguine postem,
Et procul a nostris arcemus finibus hostem,
Dum labiis et corde crucis sacra commemoramus,
Corpus et ipsius cum sanguine participamus.

§ V. *Quod integer, licet diversis locis, immoletur ;
agnus perseverat, totusque in escam sumitur a populo fidelium.*

Qui quamvis totum per mundum sacrificetur,

(40) Duo iidem qui col. 1193.

Integer in regno manet, unus semper habetur;
Et cum distribui per particulas videatur,
Sumitur hic totus, cœlo totus veneratur.
Astra, solumque replens manet unus semper ubique,
Nunquam deficiens cibus omnis et omnia cuique;
Istum nempe cibum cibus olim significavit,
Quo Deus Israelem deserta per avia pavit.
Manna fuit populis cibus omnibus omnis in ore [*],
Pro variis animis vario existente sapore;
De quo qui modicum tanquam qui plus capiebat,
Et saturabatur, quia cunctis sufficiebat.
Mysterium magnum nostro sub tempore tandem
Enituit, causamque parit res mystica grandem.
Manna quidem Dominus de Virgine matre creatur,
Cujus in altari corpus de pane sacratur.
Sed quam dissimiles sunt hic cibus, et cibus ille!
Nam cibus hic Deus est, cibus alter ut umbra favillæ.
Ille cibus periit, et edentes hunc periere,
Qui panem vitæ Christum non esuriere.
O panis sacer, et fidei laudabile munus!
Omnibus omnis adest, et sufficit omnibus unus.

§ VI. *Quod caro Christi non in merito consecrantis,
sed in verbo Creatoris, et quod non a bono majus,
nec a malo minus percipitur.*

Angelus hunc panem sitit, esurit, hoc recreatur,
Hoc dum vivit, adhuc peregrinus homo vegetatur.
Quam felix panis! caro felix! hostia dives!
In terris homines, qui pascit in æthera cives;
Non cupit hinc majus bonus; aut minus hinc homo
[nequam,
Christus namque sui partem facit omnibus æquam;
Sed male sumentem trahit ad mortem sua noxa,
Sumentem digne sublimat in æthere doxa (41).
Hic panis dum presbyteri benedicitur ore,
Non valet in parvo minus, aut magis in potiore.
Sit licet immundus, qui sacræ præsidet aræ,
Sorde tamen nulla valet hoc sacrum maculare,
Par ubi virtus est, licet impar vita sacrantis,
Nec creat illud opus homo, sed vis cuncta creantis.

§ VII. *Quod sacerdos dum ad altare stat, Christi similitudinem gerat, Christumque offerat; ipse quoque
Christus vivus et crucifixus dicatur.*

Assistens aræ pro sacris presbyter orat,
Manna cœleste Deus hic implet, gratia rorat,
Cum pluit a superis divina potentia totum
Quidquid presbyteri sacrat admirabile votum.
1158 Nil aliud *sacrifex* est quam Christi simula-
[crum,
Dum tractat corpus Christi cum sanguine sacrum,
Dumque suos oculos in cœlum, cordaque figit,
Extendendo manus et brachia se crucifigit,
Et dum quæ fuerit mors Christi flendo retractat,
Facta suæ carnis Domino velut in cruce mactat.
Sic Christum Christus offert homo victima factus,
Sicque crucem patitur, dum commemorat crucis
[actus,

Qui rite Christus, quoniam crucifixus et unctus,
Per fidei [f. fidem] membrum cum Christi corpore
[junctus.

§ VIII. *Quod solus Omnipotens sanctificator et admi-
nistrator sit sacrificii, presbyter vero tantum minister, quodque eodem verbo caro sit in altari, quo
creata est in utero virginali.*

Non alius celebrat, quamvis alius videatur,
Mysterium sacrum Verbum Deus hoc operatur,
Verbum namque caro factum sacra verba ministrat,
Et per *sacrificem* verbum de pane magistrat.
Hic opus, hic opifex Deus est; sacrat atque sacratur,
Fitque creatura per quem res cuncta creatur;
Nam res cui panis per idem substantia mansit,
In Christi carnem Deitatis munere transit.
Nescit homo, nescit, stupet angelus hoc ita factum,
Arcanique sacri pavet inscrutabile pactum :
Nescit quo modulo, quo virtutis documento
Rex elementa creans prodit Deus ex elemento;
Sed dextræ Excelsi talis mutatio cedit,
Quo viget omne quod est, cui mundus et æther obedit.

§ IX. *Quod cœlestium figulus vasorum potens est modicam panis portionem in melius, hoc est, in carnis
suæ gloriam demutare, qui humanitatis nostræ
testam assumptam, igne passionis suæ decoctam, de
morte potuit ad vitam reformare.*

Possibile est illi qui novit cuncta creare,
Ex alio rursus aliud quoddam revocare;
Molle lutum figulus cum vult et quomodo tornat,
Et nova vasa creans ea scalpit et aptius ornat.
Paret opus Domino cui præeminet illa potestas,
Ut reparare queat quas vult dissolvere testas.
Illius ergo Dei virtus quæ Patris manifesta
Ad nos descendit, quem texit carnea testa.
Aruit hæc testa crucis in clibano bene cocta,
Arte sui figuli de morte resurgere docta;
Sed sane cocta est quam non aqua varia mollit,
Quæ mundi maculas, et nostra superflua tollit.
Dura nimis testa, quæ tartara fortia fregit,
Et redimens hominem cruce, mortem morte subegit.
Manat ab hac testa summæ bonitatis olivum,
Quod fugat in lavacro baptismatis omne nocivum.
Testa quidem felix, quæ vitæ fonte repleta,
Corpora nostra fovet, animas quoque pace quieta;
Hac simul in testa divina lucerna resplendet,
Unde sacræ mensæ dapibus benedictio pendet.
Et quia nostra fides rem censet prorsus inanem
In sacra cœna sine vino sumere panem,
A Domino vinum percepto pane petamus,

Quidque sacramenti sit in illo perspiciamus.
Nil comedisse prius prodest, si quando sitimus,
1159 Nulla parte sitim nostram compescere qui-
[mus :
Sunt desiderii post escas pocula magni,
Præsertim carnes assas, quia sumpsimus Agni,
Assa caro nobis facit ora magis sitibunda,

---

(41) ...a est, gloria.

[*] *Exod.* xvi.

Quam tenerae carnes quas mollis decoquit unda :
Ergo, favente Deo, mentis de fonte propino
Quidquid mysterii de sacro sentio vino.

§ X. *Quod idcirco vinum cum pane in sacrificio offertur, quia nec caro sine sanguine, nec sanguis sine carne recte communicatur.*

Fertur ad altare vinum, cum pane litatur.

Munus utrumque Deo, cum pascha novum celebratur,
Gaudet utroque Deus, laudans acceptat utrumque,
Per quod mortalem Christum liquet esse Deumque :
Esse Deum, quia se Christus sub utroque reformat;
Mortalem, quoniam mortem crucis inde reformat.
Illa duo de se tellus et vinea profert,
Presbyterique manu genitori Filius offert;
Quod per Melchisedech fuit olim significatum,
Libantem Domino panem vinumque sacratum.
Hujus in historiis pariter reperire nequimus,
Cujus nec patrem, nec avorum nomina scimus.
Quis signatur eo nisi Christus homo sine patre
Natus ab aeterno de Patre Deo sine matre?
Hunc ego pontificem summum [43] probo jure Deum-
                      [que (42),
Qui penetrat coelos, et donat ab aethere legem.
Panis confirmans hic est et vitis abundans,
Laetificans animas, et eas a crimine mundans.
Hunc panem vitemque sacrans flos virginitatis
Edidit huic mundo fructu plenus Deitatis [*f.* fructum
                      [plenum Deitatis.]
Hoc de pane caro, de vite sacer cruor exit,
Quae male ne videant homines, sapientia texit,
Arcanum coeli Dominus pro tempore celat,
Et poscente fide, cui vult, et quando, revelat.

§ XI. *Profunda sacramentorum coelestium Dominus ideo occultari voluit, ut et perfidis celarentur, et fidelibus fidei meritum cresceret.*

Nostris [*f.* ex] non oculis ideo sunt ista remota,
Nec penitus nobis nisi mentis lumine nota,
Ut sic nostra fides ad justitiam doceatur,
Et fidei major merces exinde sequatur;
Aut ideo voluit Deus haec arcana latere,
Ex hoc ne posset risum Judaea movere,
Si caesi carnes hominis crudas ederemus,
Sanguinis et calicem crudi crudum biberemus.
Ergo cibi potusque sacri ratione fruamur;
Perque fidem, non per speciem, sursum gradiamur;
Quae quia corporeo visu gustuque nequimus,
Qualia sunt inde discernere mente velimus :
Mens satiata Deo gustu probet interiori
Quod jus [*f.* visus], quod lingua sensu nequit exte-
                      [rieri.
Nec modus aut species panis sunt inspicienda,
Imo sacramenti virtus est corde tenenda.
Sed neque de vino quisquam nisi prospera speret;
1160 Nam menti sanguis, vinum conspectibus
                      [haeret,

(42) Forte *regemque*, ut sequentis carminis fini
consonet.
(43) Alludit ad ritum sacrificii veteris , in quo

A Quod quamvis vini videatur habere saporem,
Subveniente fide, sacrum liquet esse cruorem.
Hic est ille cruor qui Christi vulnere fusus,
Ore sacerdotis animarum transit in usus.
Utque sacramento res possit nulla deesse,
Debet in altari vino fons vivus inesse.

§ XII. *Aqua pariter sanguini admiscetur, quia utrumque simul in cruce de latere Salvatoris manavit; sanguis videlicet redemptionis, et unda baptismatis, per quam Ecclesia figuratur.*

Immiscetur aqua vino, qua significamur,
Nos qui salvificis alimentis vivificamur.
Significantur aqua populi quos gratia munit,
Quos quasi membra suo capiti Christi cruor unit.
Porro si vinum Domino sine fonte litatur,
B Passio quod Christi fuerit pro gente negatur.
Nam si quod redimi deberet plasma deesset,
Cur effectus homo Deus, aut cur mortuus esset ?
Econtra si fons fuerit vini sine misto,
Monstratur quoniam gens sola manet sine Christo;
Et sine fonte sacro vinum nihil hic operatur,
Nec fons salvificus sine sanguine propitiatur :
Sicut utrumque sacro fluxit de vulnere Christi,
Sic et utrumque simul decet in libamine sisti,
Sitis vera Deus, fons vitae Christus habetur;
Fons de fonte, cruor de vite venire videtur.
Quare non aliud alio sine sacrificatur,
Dum sic ad plenum sacra passio commemoratur.

§ XIII. *In consecratione Dominici calicis aquam vino mistam non legimus ; sed ut in hoc sacramento nihil ad commemorationem passionis deesset, apostoli postmodum ita fieri decreverunt.*

C Hoc in natali calicis non est celebratum,
Quando pascha novum vetus est post pascha dica-
                      [tum :
Nam panem tantum Dominus vinique liquorem
In propriam mutans carnem, sacrumque cruorem,
Discipulis legitur coenantibus attribuisse;
Utque sui memores faciamus, idem docuisse.
Mira Dei virtus quae coenat ! Coena fit idem,
Coenans quotidie nobiscum sicut ibidem.
Et quoniam lateris de vulnere sanguis et unda
Effluxere simul, ablutio nostra secunda,
Decrevit patrum veterum censura modesta,
Ut sint illa duo simul ad paschalia festa,
D Ut quod in altari factum crucis esse videtur,
Hoc in honore crucis nunc a nobis iteretur.
Implent mysterium sacrum tria, fons, caro, sanguis,
Quae tria nos redimunt, et ab his tribus interit an-
                      [guis.
Vinum de tribus his qui sacrae subtrahit arae,
Non digne poterit sine (43) cauda sacrificare.

---

hostia cum cauda jubebatur offerri. *Offerent de pacificorum hostia sacrificium Domino : adipem, et caudam totam (Levit.* III, 9).

1161 § XIV. *Quod licet vinum et aqua ante conse-*
crationem typice misceantur, post (eam) nonnisi
sanguis bibitur, quia aqua in sanguinem vertitur,
ut populus qui per aquam figuratur, in melius se
consummatum intelligat.

Sed licet in mensa Domini tria constituantur
Munera, sunt tantum duo postquam sacrificantur.
Est aqua mista prius vino, sed quando sacratur,
Nonnisi sanguis erit, quo spiritus intus alatur.
Mystica res data, quam Christi cruor ebibit illam;
Nam transfert nostram Deus in sua membra fa-
                     [villam ;
Transfert, quando suum per corpus ei sociamur,
Perque fidem tanto capiti nova membra creamur.
Transfert et pridem, cum chrismatis unctio sacri
Nos populos facit esse novos in fonte lavacri,
Sed lavacri fontem fons vulneris esse figurat,
Et per utrumque Deus animarum vulnera curat;
Quorum corda facit prius in baptismate munda,
Post lavacrum lapsos emundat sanguinis unda :
Ergo duo tantum, cruor et caro percipiuntur,
Tertia res typus est populorum qui redimuntur.
Altera res saturat, sed inebriat altera mentem.
Catholicamque Deo confœderat utraque gentem.
Illis geminis gemina substantia nostra resultat,
Quam per Adam veterem mortis sententia multat,
Sanguine vita calet, gaudet caro carne refecta ;
Gaudet utroque bono refici mundana senecta.
His renovatur homo peccatis inveteratus,
Hisque reviviscit fidei virtute renatus,
His humana suum natura resumpsit honorem,
His serpentinum gaudet superasse furorem.

§ XV. *Quod hujus sacramenti perceptione, et saluti-*
feræ crucis virtute, paradisus homini reseratur,
et diabolus superatur.

Jam paradisiacam repetit vetus incola sedem,
Jamque redemptus homo cœlum sibi vindicat
                     [ædem ;
Crux facit hoc, cujus rutilans super omnia splendor
Hostes humani generis prosternit in (44) Endor.
Crux Domini thronus est cœli, barathrique catena,
Crux cœli clavis, via vitæ, mortis habena,
Crux penetrat cœlos, replet orbem, scindit abys-
                     [sum ;
Frontibus in nostris crux impressit crucifixum.
Jamque Thau scriptum nullius fronte videmus,
Ex quo signa crucis nobis impressa tenemus.
Mystica signa crucis sacer ille caracter habebat,
Qui gladium mortis pestemque malam prohibebat.
Nunc quia nos redimit vitalis gratia ligni,
Deletur typici sub signo littera signi ;
Crux patefecit iter tendentibus ad paradisum ;
Namque, quod obstabat, jus est fatale recisum.
Ensifer ille Dei cherubim, aditu patefacto,
Christicolas intrare modo sinit, ense retracto,
Flammivomus gladius, versatilis ille quiescit,

A Lætaque Christicolis paradisi porta patescit.
Intrat quisquis amat : a tempore namque Joannis
Baptistæ, patet hæc sacra janua clausa tot annis.
1162 Cœlum vim patitur, rapiunt illud vio-
                     [lenti [a],
Ex quo successit post legem gratia genti.
Gaudet cœlorum Rex prædicari super astra,
Armaque prædoni dat, ut his adeat sua castra;
Nec jam pro regno certanti damna minatur,
Imo vincenti dat præmia qui superatur.
Utile certamen! Felix violentia talis!
Cum sua prædoni prædatio fit venialis,
Et cum devictus victori præstat honorem,
Tunc victo victor se clamitat inferiorem.

B § XVI. *Quod ante legem, et in lege patribus sanctis*
regni janua clausa fuerit, post datam vero gratiam
latroni pœnitenti, et peccatoribus pateat.

Primitus obtrusa patriarchis atque prophetis,
Nunc est facta patens latroni porta quietis ;
Cui clypeum virtus, mors vitam, spes bona telum,
Contulit arma fides, Christi confessio cœlum.
Porta vere patens, æstus pondusque diei
Pervolat iste latro prior ad sedem requiei :
Illos ad regnum non induxere priora
Plurima sæcla, sed hunc introduxit brevis hora.
Vexavit Moysen in lege labor diuturnus,
Nunc hunc denarius, tamen æquat utrumque diur-
                     [nus.
Quoque prophetarum patres prius et genitrices
C Non poterant, intrant modo fures et meretrices.
Ecce latro pede post Christi vestigia fixo,
Introit ad regnum, crucifixus cum crucifixo.
Illa vocata canis credens intrat Chananæa :
Vinea dicta Dei gens retrocedis? Hebræa
Perfida, tu refugis intrare, latrasque retrorsum,
Nec cessas operi pietatis figere morsum.
Cumque Dei pietas hos suscipiat mala flentes,
Exacuis dentes in eum pietate carentes.
Pone tuam rabiem, quia præteriere priora
Tempora, per Christum succedunt prosperiora.
Quos tua lex lapidare solet, ferroque necare,
Gratia nunc Christi studet ad vitam revocare,
Gratia nunc melior quam littera quæ perimebat,
Sub qua justitia seu sol sub nube latebat.
D Gratia Messiam jamjam venisse prophetat,
Aspera quæ legis removet juga, nosque quietat;
Et tamen exspectas alium ; sed disce, require
Scripta prophetarum : Christum potes hic reperire,
Quem præmonstrarunt lex, angelus atque pro-
                     [pheta,
Christus adest, Christi sunt omnia laude repleta :
Hunc venisse Deum simul acclamant elementa :
Non elementorum tamen attendis documenta;
Nam cœli Regem natum monstrat nova stella.

---

(44) Alludit ad victorias Josue, de quibus Psalmista ait : *Disperierunt in Endor facti sunt ut stercus*
terræ (*Psal.* LXXXII, 11).

[a] *Matth.* XI.

Nuncque Deum perhibet præbens aqua vina no-
[vella.
Vita defunctos, ægrosque salute beavit,
Cujus sub pedibus mare se calcabile stravit :
Denique cum moritur, sol lunaque sunt tenebrati,
Terra pavens tremuit, surrexerunt tumulati ;
Hos quoque quos dudum male captivarat avernus,
Reddidit ad superos, cum Rex redit ille supernus,
Et velum templi, lapides, crucis hostia scindit ;
Sed nondum saxum quod habes in corde rescindit.
Visis tot signis non tu, Judæa, moveris?
Perfidiæ sed adhuc tenebris male cæca teneris.
Ecce quid exspectas, sunt mystica quæque retecta ,
1163 Verum Messiam vel per miracula specta.
Et quia nuda patent velaminis interiora,
Intra nobiscum, crucifixi numen adora ;
Pone tui Moysi densum velamen ab ore :
Cultus disce novos, cultu cessante priore.

§ XVII. *Quod Christus verus sit Moyses, qui ereptis
nobis a servitute diaboli, agnus paschalis immolatus
est, quique per hujus mundi desertum ad regnum
promissum nos introducit.*

Qui Moysen quæris, Moysen jam respice Christum :
Nil Pharaonis onus oberit tibi, si colis istum.
Ille fuit typicus, verus nos iste redemit,
Et Pharaonicam gentem crucis ense peremit.
Sic verus Moyses nos duxit per mare Rubrum,
In fidei lavacro veterem perimendo colubrum.
Hic paschale sacrum melius statuit celebrari
Agnus se passus pro nobis sacrificari.
Pascha tuum quondam fuit umbra figuraque veri :
Sol Deus effulsit , tenebrasque monet removeri,
Qui nos mundani deserti per regionem
Pascit, et ad lactis mellisque trahit stationem.
Pascit in Ecclesia, quoties Evangeliorum
Verba recensentur nobis, virtusque sacrorum
Pascit in altari dum munificis alimentis,
Esurientis cum reficit pia viscera mentis.
Pascit nempe domi, quando post spirituales
Donat abundanter nobis escas cereales ;
Pascit et in cœlo, dum mens super æthera rapta
Hæret tota Deo, superum dulcedine rapta ;
Sic vitæ panis Christus nos pascit ubique,
Civibus angelicis escam præbens hominique.
Perfida gens igitur Patrum caligine fusca
Ut sis uva ferax, desistas esse labrusca ;
Molliat imbre sacro te Christi gratia, demum
Ut pinguem facias in vitæ vile racemum.
Me quia detinuit paulum digressio facta
Propter Judæam, modo, penna, priora retracta
Ut valet [*f.* vacat] in petra frumenti spargere gra-
[num,
Sic quod Judææ Christum sero, judico vanum ;
Et semen Christum, Judæam petra figurat
Fertilitate carens, quæ semper saxea durat.

—

A § XVIII. *Quod Dominus noster Jesus Christus ipse
sit granum frumenti, quod cadens in terra mortuum, et resurgendo in sacramento vitæ multiplicatum sit ; de quo grano multa fidelium grana
orta sunt, quæ cum illo unum nunc panem efficiunt
in Ecclesia.*

Hoc est frumenti granum quod terra fidelis
Germinat assidue, reddens sua semina cœlis ;
Hoc grano cœli sunt horrea multiplicata,
Urbs sacra Jerusalem pinguescit eo satiata.
Hoc est frumenti granum quod ab æthere venit,
Cujus adeps animas nostras et corpora lenit,
Illud sponte cadens in terra mortificandum
Est prius, atque per hoc surrexit multiplicandum,
Ex uno multis affluit copia granis,
De quibus efficitur nunc unus in æthere panis ;
B Nam quoties Christo crescente fide generamur,
Ex uno grano quasi plurima grana creamur,
Cujus dum sapimus carnes, et sanguinis haustum,
Unus fit panis, vinumque fit hoc holocaustum,
Una sic in carne duo simul esse leguntur,
1164 Christus et Ecclesia sic unum constituuntur.
Sic Deus in nobis, et in illo nos habitamus,
Dum caput hic nobis, nos illi membra paramus.

§ XIX. *Ne quisquam membrum diaboli factus, ad
corpus Christi, more Judæ, accedere præsumat,
quem non tam prioris culpæ conscientia damnavit,
quam quod adhuc peccator et immundus ad sacram
mensam præsumptuose accessit.*

Huic tanto capiti membrum quodcunque cohæret,
In Christi semper se vivere corpore speret :
C Nec semel huic hærens turpi se labe relidat,
Aut membrum Christi meretricis falce recidat
Non valet hoc membrum Christi de corpore dici,
Quod servit Satanæ, quod subjicitur meretrici.
Immaculatus amat sponsus sponsam immaculatam
Fœdere virgineo sibi cœlitus associatam.
Quapropter quisquis non es de corpore Christi,
Dum sordescis adhuc, et non pœnituisti,
Ad Domini mensam non est iter accelerare,
Ne, si præsumas, Judæ similis videare.
Judas omnimodis se deliquisse sciebat,
Et tamen a sacris epulis non se retrahebat,
Dupliciter reus hic, tam crimine proditionis,
Quam de contemptu violatæ religionis.
D Quare judicio Domini mala tanta sequente
Introivit Satanas in eum cum pane repente.
Ergo punit eum sententia pœnaque duplex,
Cui non profecit Domini correctio supplex [*f.* sim-
[plex].
Præbet in Ecclesia Judas exempla futuris,
Ne corpus Domini tractent animis nisi puris :
Nam qui cum Juda male percipit, excipietur.
Qui bene cum Petro capit, ad Christi populum re-
[feretur.

§ XX. *Nulli fidelium ignorare licet Domini corporis et sanguinis sacramentum, quod in Ecclesia quotidie celebratur, ne forte ex eo quod
ignorat, ad illud percipiendum censeatur indignus.*

Percipiunt multi, sed quid quoque percipiatur

Ignorant penitus, quibus ultio divina minatur :
Omnis id ignorans ignoratur, quia nescit
Unde salus oritur, veniæ fons unde patescit
Ignoratur : homo comedens de sanctificatis,
Sicut ait Moyses, pœnam feret inscietatis.
Additur hic Salomon sacrum formans paradigma [45],
In quo mysterii sacri præfulget ænigma :
Quando sedes, inquit, ad prandia celsa potentis,
Quos comedes attende cibos discrimine mentis.
Nam quid proficiat menti caro vivificatrix,
Scire prius debet ratio virtutis amatrix.
Nos movet hinc psalmus regis simul atque Pro-
[phetæ,
Est quoniam suavis Dominus, gustate, videte [46].
Unde patet quoniam non ulli presbyterorum
Ignorare licet virtutem mysteriorum.
Si bene quæ virtus viget in sacris homo sciret,
Mensam cœlestem nunquam nisi mundus adiret;
Hunc [f. Hoc] quia non didicit, sacra percipit irre-
[verenter,
Judiciumque sibi sumit, mortemque patenter;
Sicque fit ut Christi caro quæ datur ad medicinam
Protinus huic mortis laqueum parat atque ruinam.
1165 Nam quamvis aliquis vitæ sit religiosæ,
Dum nescit quid agat, vivit sibi perniciose,
Quomodo mysterii sacri defendat honorem
Ejus qui nondum gustavit mente saporem ?
Ergo qui nescit sacra, discat, et hæc veneretur,
Ne contemptoris multa quandoque gravetur.]

§ XXI. *Sacramenta Dominica presbyterum quemque
decet scire, quibus subjectum sibi populum erudiat,
et informet ad fidem, sine quibus sacerdotio fungi
digne non poterit.*

Scire velit primum quid victima sit generalis,
Quid lignum vitæ, quid panis spiritualis ;
Quidve sit ara, calix, quid in his aqua fusa, me-
[rumque ;
Quæ duo sunt unum, postquam sacratur utrumque.
Scire velit quid diluvii tulit, abstulit unda,
Unda profunda quidem, sed et ipsa figura profunda
Denique cur calicem crux signat, crux aret aram
Agni pro nobis occisi sanguine claram,
Cur baptismali fit chrismatis unctio fonti,
Quidque renatorum crux conferat illita fronti.
Sed quid sacrorum Domini penetramus abyssum ?
Omnia scire velit sacrifex quibus itur ad ipsum.
Talia qui nescit post culpæ quodque gravamen,
Nec sibi, nec populo conferre valet medicamen,
Quin etiam cæcus cæcorum dux male cedit,
Quem sua cum reliquis gravis ignorantia lædit ;
Qui vero didicit quæ scire per omnia debet,
Recte presbyter est, et lucis iter bene præbet.

§ XXII. *Sacerdos post vestigia Christi gradiens, verbumque vitæ populo annuntians et Christus Domini
et angelus ipsius dicitur ; dumque proximum ad
agnitionem Dei amoremque cœlestium inflammat,
seraphicam sortitur dignitatem.*

Presbyter est recte, vitæ cujus sacra norma

A Subjecto populo fit vivendi pia forma,
Cujus vita calens veræ virtutis amore,
Dum recte Christum factis imitatur et ore,
Angelus est Domini, sed et ejus Christus habetur,
Qui portare crucem, Christumque referre videtur,
Ipse tamen Christus Deus, ut patet ex Isaia,
Angelus est summus, natus de matre Maria,
Angelus ille quidem per se bonus exstat abunde,
Angelus hic ab eo factus, bonus est aliunde.
Nuntius hic debet mandata fidelia cœli
A Domino missus populo deferre fideli ;
Inde etiam populi flentisque gravamina terræ
Ad Dominum remeans quasi noster præco referre.
Qui stans in templo speculum fideique lucerna
Contemplando Deum meditandoque superna
Frigida corda gregis culpæ fuligine nigra,
B Quæ pridem fuerant ad vitæ gaudia pigra
Ad superos revocans, fidei facit igne calere,
Et succensa Deo vitæ candore nitere.
Hic talis merito facie splendet seraphina
Proximus unde calet culpæ fugiente pruina.

1166 § XXIII. *Quod idem sit carbo lucens qui et seraphim. Nam dum in Ecclesia rectores sancti populum
Dei peccatorum tenebris exstinctum verbo salutis et
exemplo bonæ actionis ad superna reaccendunt,
profecto carbones alios succendere perhibentur.*

Hic populos fidei sua post vestigia ducens,
Carbones vivos facit illos carbo relucens.
Sed quid in Ecclesia carbonibus est faciendum ?
Thus operum, thymiama precum, et cor his adolen-
[dum,
C Thuribulo carnis mentisque cremetur utrumque.
Victima quæ placet duplex hominemque Deum-
[que ;
Nunc de carbonum multorum divite massa,
Statim lingua duos mea dic ad cætera lassa :
Ardens carbo fuit Laurentius ignis in igne,
Cui palmam grates mors contulit æthera digne.
Carbo fuit Domini Nicolaus præsul honestus,
Virtutum cujus splendor procul est manifestus.
Ille cruore rubens carbo carbonibus assus,
Hic meritis ardens olei pinguedine crassus,
Quos dudum genitos nigros errore paterno
Succendi voluit Deus ignis ab igne superno.
Quem non alterius succendat pugna virilis,
D Alterius moveat pietas etiam puerilis ?
Illius exemplo mereamur sanguine laurum,
Hujus purgatæ vitæ Domino demus aurum.
Miles uterque Dei, dispensatorque fidelis
Ore, manu studuit thesauros condere cœlis.
Hos exemplares fidei propono magistros,
Ut doceam per eos altaris quosque ministros
Esse pios, largos, fortes, castos, sapientes,
Rebus in adversis pro justitia patientes :
Tales sunt digni de ligno sumere vitæ,
Quos non excludit sententia mortis avitæ.
Tales ferre Deo libamina ferre merentur,

[45] *Prov.* XXIII.   [46] *Psal.* XXXIII.

Et Domini sacris assistere non prohibentur.

§ XXIV. *Quod terribile sit valde ad sacramenta altä-*
ris accedere, ubi inter angelorum hominumque
frequentiam, ipse summus pontifex et sacerdos Chri-
stus seipsum singulis in escam vitæ aut mortis por-
rigit, singulorumque merita subtiliter discernit.

Ergo sacramentum vitæ prudens homo disce,
Judiciumque Dei dum percipis, illa, tremisce.
Terribilis res est, et quam multum verearis,
Corpore quod Christi, Christo præsente, cibaris.
Nam si forte fidem Scripturis vis adhibere,
Quæ nos sæpe solent de Christo vera docere,
Tempore quo Christus Genitori victima chara
Presbyteri manibus sublimi offertur in ara
Sanctorum chorus omnis adest, polus hic reseratur,
Præsentemque Deum grex angelicus comitatur.
Hic vere Christus præsens auctorque sacrorum,
Justorum mentes dijudicans atque majorum,
Novit enim planeque videt quis debeat uti
Pane salutari, seu vana vel apta secuti.
Et licet assistat carnalis presbyter aræ,
Summus pontificum sacra dicitur hic celebrare ;
Hic panem frangit, hic porrigit, hic benedicit,
Corpus id esse suum quod dat cum sanguine dicit.

1167 Eia [*f.* Et tu] præsumis peccator homo nisi
[dignus,
Ad Domini mensam, vitæque accedere pignus.
Discite quam primum quid sis, et quid caro Christi,
Et quo vase velis divina stipendia sisti.
Vas nisi sincerum fuerit quo suscipiuntur
Illi perditio male quod rapit efficiuntur.
Unde monet Paulus primum se quisque probare,
Et sic ad panem calicemque sacrum properare.
Quisquis enim corpus Domini dijudicat ante
Quid sit quod recipit [47], quantumve Deo rese-
[rante,
Illud securus comedat, tamen ante probatus,
Quem non accusat capitalis causa reatus.
Nam quamvis aliquem culpent peccata minora,
Dum sine peccato nec in una vivitur hora,
Non tamen a sacris epulis reor hunc removendum :
Imo quod assidue nocet illi, est redimendum.
Et quia quotidie peccati mole gravamur,
Talibus assidue medicamentis relevamur ;
Dispensative sapientia Cunctipotentis
Providet unde queant curari vulnera mentis.

§ XXV. *Quod pro diversitate meritorum Christus in*
Ecclesia agnus et hædus, ut in lege præsignatum
est, immolatur, ut, sicut ait Hieronymus, carni-
bus Agni perfectiores, peccatores vero et impie agen-
tes penitus hædo pascuntur.

Præparet ergo Deo sua pectora quisque fidelis,
Fiat ut illius in mundis mansio cœlis.

(45) Id est in ara.

[47] *I Cor.* XI.   [48] *Levit.* XVI.

A Corda fugit Dominus torpentia, plenaque sorde,
Cujus semper inest in mundo gratia corde,
Et quem pauper adhuc animus compellit egere,
Esuriemque bonam ne quid [*f.* nequit] agni carne
[replere :
Saltem manducet sacri de carnibus hædi,
Qui pro peccato populi solet hostia cædi.
Non homines docet esse pares vetus ordo sacrorum.
Nec petit hoc ratio, nec disparitas meritorum.
Hinc hædum Moyses jubet agni morte litari,
Dum sub utroque typo vult Christum significari.
Hædus non tamen est, hædos qui damnat et odit.

1168 Sed quid sit quod quisque sacri discrimine
[prodit,
Agnum mactamus, cum justitiam retinemus ;
B Hædum cum veniam poscentes crimina flemus.
Nec reor absurdum quod in hædo significatur
Christus, qui caper aut hircus plerumque litatur [48] ;
Lex siquidem geminos hircos altaribus offert,
Quod quia sit gemina Christo substantia profert.
Pro foribus templi plebs unum sacrificabant,
In caput alterius sua crimina multiplicabant ;
Hunc unum populique sui peccata ferentem
Sic emittebant eremi deserta petentem.
Christus uterque caper : nam cæditur in cruce pen-
[dens,
Desertumque petit, cum surgit ad æthera tendens,
Qui mala nostra tulit ligno suspensus, ovemque
Inventam retulit ad nonaginta novemque ;
C Qui Patris in dextra pollens Deitatis honore
Regnat et in mundo replet aras carne, cruore ;
Qui semel occisus licet ultra non moriatur,
Mors tamen ad vitam nobis ejus renovatur.
Christum quotidie devotio presbyterorum
Mactat in altari celebratio jure sacrorum ;
Nam quod in altari panis vinumque sacratur
In cruce suspensus Salvator connumeratur.
Ara crucis lignum, signatque calix monumentum ;
Hic obit, hic dormit, dat utrumque sacrum moni-
[mentum,
Agnus in hac (45), leo fortis ab hoc (46) surrexit,
[et ales
Astra petens aquila trahit ad se spirituales.

CONCLUSIO. *Quod sacerdos et quisque fidelis capiti*
D *suo, quod est Christus, conformari debet, et eum*
sequi spiritualiter ad cœlos.

Ergo prius sacrifex quoties hæc sacra recenset,
Ut se conformet Christo carnis cruce penset,
Cum vitiis crucifixa caro prius emoriatur,
Vivificata Deo mens surgat, eumque sequatur.
Sic bene cum moritur consurgit, ei quoque vivit ;
Sicque redemptus abit homo quo suus actor abivit.

(46) Id est monumento.

IN SEQUENTIA CARMINA BREVE MONITUM.

Hoc poema, sicut et plura alia subsequentia quæ locis convenientibus designabimus, ex manuscripto codice quingentorum circiter annorum eruimus. Is autem codex e bibliotheca percelebris abbatiæ Sancti Amandi in Pabula seu Elnonensis, translatus est in bibliothecam Regiam, ubi nunc exstat sub num. 247, cumque præferat diserte nomen Hildeberti, quin genuina sit ejus lucubratio nullus videtur esse ambigendi locus. Illa autem poemata eo libentius prelo commisimus, quo rerum omnium etiam temporalium et inanimataru creationem ad fidelium ædificationem ad sensus spirituales et morales pro more suo subtilius et ingeniosiu trahit et adaptat.

(47) ILDEBERTUS CYNOMANENSIS

DE

OPERIBUS SEX DIERUM.

(Gen. I-II.)

—

1169 DIES PRIMUS.

Omnipotens in principio cœlumque solumque
  Fecit; principium Filius ejus erat.
Fecit in hoc cœlum, qui cœlica mente requirunt,
  Et terram, nimium terrea qui cupiunt.
Tellurem vacuam Scriptura refert et inanem :
  Sic vacui fiunt terrea qui cupiunt.
Quæ densis tenebris adoperta refertur abyssus,
  Peccati tenebris nubila corda notat.
Ille ferebatur super undas spiritus almus;
  Nam firmat mentes, vivificatque vagas.
Ilisque notabatur verbis baptisma quod ipse
  Sacraturus erat temporibus fidei.
Et dixit Dominus : Fiat lux, factaque lux est;
  Nam baptisma sacrum lux fidei sequitur.
Jureque prima fidem lux signat : nam prior illa
  Virtus est omni qui venit ad Dominum.
Post hæc divisit tenebras lucemque Creator,
  Et tenebræ nox est, luxque vocata dies.
Per tenebras pravos, per lucem concipe justos,
  Præscia divisit quos meritis Deitas.

DIES SECUNDUS.

Hinc firmamentum, quod luce sequente creatur,
  Dicunt Scripturam significare sacram,
Quæ post baptismum fidei splendere nitentes
  Confirmans, hostis munit ab insidiis.
Hinc divisit aquas ab aquis Deus, inter utrasque
  Hoc firmamentum constituens medium.
Has per aquas hominum genus angelicumque notatur,
  Divisum meritis, conditione, locis;
In medio quorum Scriptura sacrata locata
  Nobis præfertur, spiritibusque subest :
Nam lex divinis non est descripta ministris [*i. e.* an-
                                        [gelis,]
  Qui plene cernunt littera quod tetigit.

(47) Ita præfatus codex sine II.

A Est data lex homini, qua spiritualia carnis
  Sicut aquas ab aquis, dividit a vitiis.

DIES TERTIUS.

Tertia lux aderat, cum humor confluxit in unum,
  Fit mare; quæ latuit arida sic patuit.
Ventosum pravos mare signat, et arida justos,
  Qui donec vivunt, justitiam sitiunt.
Hinc herbam viridem, fructumque ferentia ligna
  Doctores, quos non frangere dura queunt.
Hæc cum seminibus producere terra jubetur
  Quæ sunt verba Dei, factaque justitiæ.
Quæ qui mente tenent, et fratribus illa ministrant,
  Semine producunt hoc genus illa suum.
Arida dicta prius est postea terra vocata ;
B Sic nos amotis terra vocamur aquis :
Nam nos a vitiis per aquarum fluxa notatis
  Si sejungamur, terra ferax erimus.
Et Domino fructum reddemus multiplicatum,
  Justitiæ splendens, et pietatis opus.

1170 DIES QUARTUS.

Quarta luce Deus fecit duo lumina magna,
  Per quæ signantur Christus et Ecclesia.
In firmamento Scripturæ qui renitentes
  Maxima credenti lumina dant populo :
Et velut illustrat proprio sol lumine lunam,
  Luce sua Christus sic replet Ecclesiam.
Lunaque nocturnas ut pellit luce tenebras,
  Sic tenebras nostras effugat Ecclesia.
C In firmamento stellas intellige justos [vel sanctos],
  Qui Scripturæ hærent, atraque nostra fugant.
Et bene terra prius cum lignis protulit herbas,
  Postea fulserunt lumina clara polo ;
Nam tunc quisque nitet virtutum luce fidelis,
  Quodvis laudandum cum prius egit opus.

DIES QUINTUS.

Quæ reptant in aquis, volitantque per aera pennis,
  Dicitur in quinta luce creasse Deus.
Suscepto Christi mens lumine nostra jubetur
  In cordis pelago noxia discutere.
Quæque velut repunt, tenebrisque teguntur abyssi,
  Protinus admoto pellere judicio.
Quæ quasi summa petunt, et fiunt proxima cœlo,
  Hæc retinens animo servet alatque suo.
Quod vidisse bonum Deus affirmatur utrumque,
  Hanc causam reddunt mystica qui capiunt.
Sunt mala quæ tacite repunt in corde bonorum;
  Nam nituntur eos ad mala pertrahere.
Sed cum pelluntur, sanctique per illa probantur,
  Sunt bona, sanctorum quod cumulant meritum.
Hinc vidisse bonum, sed non fecisse refertur
  Hæc Deus, illa bonos posse juvare videns.

DIES SEXTUS.

Sexta luce Deo produxit terra jubente
  Reptile, jumentum, cumque fera pecudem.
Hæc motus hominis designant exterioris,
  Qui prædictorum terrea more petunt.
Quod mare produxit hominis notat interioris
  Sensus, quos, piscis more, profunda tegunt.
At motus hominis designant exterioris
  Terreni fetus, utraque nempe patent.
Hocque nota, quod nil ubi signat littera carnis
  Motus, productum quod voles invenies.
Nam caro nostra gravis, naturaque semper ad ima
  Nos trahit, et terram sic quasi nata petit.
Sic jam completis prædictis omnibus istis,
  Ornatum mundo quæ speciemque dabant,
Quæque figuratum, quæ mundum ornare minorem
  Possent, innuerent, Conditor orbis ait :
Plasmemus hominem, quem nostra venustet imago
  Et similitudo. Munera quanta dedit,
Cuncta creans homini si dantis jussa teneret,
  Et nisi peccando par pecudi fieret !
1171 Non tamen hæc homini data credas exteriori,
  Interior solus hæc homo dona tenet.
Hinc invisibilis, immortalisque creatus,
  Est rationalis, sicque Deo similis.
In nobis ratio quædam Deitatis imago est,
  Et nostri tantum pars videt illa Deum.
Præferimur sola mutis animantibus illa,
  Quique regit cœlum quærimus hujus ope.
Est similitudo Deitatis, nos imitari
  Justitia et morum nobilitate Deum.
Est aliud quod habet humana creatio dignum,
  Quod bene verba Dei mystica significant.
Dixerat in reliquis : Fiat; Deus hic : Faciamus,
  Dixit; consilio res quasi digna fuit.
Jureque trina simul Deitas hunc est operata,
  Quem solum propriam fecit ad effigiem ;
Adjecitque Deus : Terræ dominetur, et illis
  Quæ mare, quæ tellus, quæ levis aer habent.
Dignius hoc animal Deitatis imagine clarum,
  Præficitur reliquis, voce creantis, homo,
Non vi, qua potius pollent animalia plura,

A   Sed ratione, Dei quæ tenet effigiem.
Qua bene dum fruitur, merito præponitur illis,
  Dum male, jumentis efficitur similis.
Sic Deitas hominem, censuræ pondere quodam
  Consilioque, suam fecit ad effigiem.
Dum dicit nostram, Deitas est trina notanda ;
  Nam nostram solus dicere non poterat.
  ecit ad effigiem, repetendo : Dei, Deus, illum,
  Non tres credendos innuit esse deos,
Subditur his quod mas fuerit et femina facta,
  Dicatur factus cum prius unus homo;
Nam mas feminei retinebat semina sexus,
  Et fuit ex costa femina facta maris.
Unde volens hominis benedicere posteritati ,
  Ex una quoniam non poterat fieri,
B Vox Domini merito geminis benedixit in uno,
  Ut fecisse Deus Melchisedech legitur :
In lumbis Abrahæ, qui tunc benedixit Aaron,
  Cum decimas, rediens victor ab hoste, daret.
Hinc homo primus erat duo, carne prophetabat una,
  Cum de se factam susciperet sociam.
Vult et in hoc geminos quod sic benedicit in uno,
  Commendare Deus vincula conjugii.
Inde Dei sequitur benedictio, quæ datur omni
  Qui cura vigili quæ jubet illa facit :
Crescite, multiplici tellurem prole replete,
  Et vobis illam subdite; dicta nota.
Præsitisque maris animantibus alitibusque,
  His quoque quæ varii terra creat generis
C Crescere justitia nos vult et multiplicari,
  Doctrinæque bonis corda repleri hominum.
1172 Corporis et nostri terram macerando subactam
  Subdere nos animæ præcipit imperio,
Et cordis nostri dominari, corporis atque
  Motibus illicitis, ut prius edocuit.
Quod cunctas herbas, fructumque ferentia ligna
  Dat Deus, his escas sic potes accipere.
Parvos et magnos, herbas et ligna, fideles
  Accipe, qui patribus dant alimenta sacris;
Nec solum patribus, sed et illa bonisque malisque
  Præbent, quos pecudes significant et aves.
Nam Christi pietas posse dare præcipit omni
  Qui petit, at sanctis præcipue patribus.
Vidit cuncta Deus quæ fecerat, et bona valde
D (Mox infertur) erant; respice dicta prius.
In reliquis vidisse bonum per singula dictum est,
  At non formato dicitur hoc homine.
Non vidisse bonum, vox mystica, sed bona dicit,
  Non per se laudans hunc, nisi cum reliquis.
Spiritus ille Dei, per quem sunt ista relata,
  Hic peccaturum noverat esse hominem.
Noluit hunc ergo solum laudare, creantis
  Qui solus jussum postpositurus erat;
Atque inter pecudum laudes laus dicitur ejus,
  Qui peccans pecudi par meruit fieri.
Ergo die sexta mundus formatus, et omnis
  Illius ornatus est, operante Deo.
Perfecto numero facta est perfectio mundi,
  Disponente bono taliter artifice.

Complevitque suum septena luce Creator
  Quod patrarat opus; cautius ista vide.
Nil fecisse die Dominus narratur in ista,
  Et dicit quod in hac luce peregit opus.
Si tamen attente spectes, duo facta videbis ;
  Namque diem fecit et benedixit eum :
Et bene cuncta Deus numero complevit in isto,
  Per quem circuitus tempora semper agunt.
Hac in luce Deus requievit ab omnibus illis
  Quæ perpetrarat ; hæc quoque dicta nota.
Non Deus humano defessus more quievit,

A Et quia vera quies est, labor hunc domuit,
  Non sic, sed Domini cessare quiescere dicit :
  Nam nova cessavit condere tunc opera.
Quod si perspicias animo subtilius ista,
  Quod dici possit altius invenies.
Nos operamur, ob hoc operum mercede juvati,
  Ut requiescamus ; sed Deitas aliter.
Nempe Deus mundum sola bonitate creavit,
  Indiguit mundi non tamen ille bonis.
Et nec in his, sed ab his requievit, nullius horum
  Indigus ; et tribuens, non requiem accipiens.

INCIPIT

HILDEBERTI

CENOMANENSIS EPISCOPI

PHYSIOLOGUS.

(*E ms. Regio 274, olim Elnonensi. Nondum editus.*)

—

1173 DE LEONE.

Tres leo naturas et tres habet inde figuras,
Quas ego, Christe, tibi bis seno carmine scripsi.
Altera divini memorant animalia libri,
De quibus apposui quæ rursus mystica novi,
Tentans diversis si possem scribere metris.
Nec numerum nostrum complent simul addita so-
                                        [lum ;
Nam leo stans fortis super alta cacumina montis
Qualicunque via descendit vallis ad ima,
Si venatorem per notum sentit odorem,
Cauda cuncta linit, quæ pes vestigia figit,
Quatenus inde suum non possit quærere lustrum.
Natus non vigilat dum sol se tertio gyrat,
Sed dans rugitum pater ejus suscitat illum.
Tunc quasi vivescit, tunc sensus quinque capescit,
Et quoties dormit sua nunquam lumina claudit.
Sic tibi qui summi resides in culmine cœli,
Cum libuit tandem terrenam visere partem,
Ut genus humanum relevares crimine lapsum ,
Non penitus notum fuit ulli dæmoniorum
Viscera Mariæ tibi, Christe, fuisse cubile.
Et qui te genuit, triduum post surgere fecit,
Cum mortis vindex, mortem crucis ipse subires.
Tu nos custodis, tu nullo tempore dormis,
Ne demat quemquam proprio lupus e grege ra-
                                        [ptum.

DE AQUILA.

Esse ferunt aquilam super omne volatile primam,
  Quæ se sic renovat quando senecta gravat.
Fons ubi sit quærit qui nunquam currere desit,
  Et super hunc cœlo fitque propinqua Deo.

B Tunc sibi sol ambas incendit fervidus alas,
  Et minuit grandes, alleviatque graves.
Tunc quoque caligo consumitur igne propinquo
  Quam confert oculis vita vetusta suis.
Mox ruit, et liquidis fontis se mergit in undis,
  Utque cadit nido, sic nova fit subito.
Est autem rostrum quo carpitur esca retortum
  Vix valet ex aliquo sumere pauca cibo.
Sed feriens petram, vel mordens ut solet escam
  Atterit obliquum ; sic capit inde cibum.
Est homo peccatis quæ sunt ab origine matris
  Qualis idem est aquila ; sed renovatur ita.
Nubem transcendit, solisque incendia sentit,
  Mundum cum pompis despiciendo suis.
Fit novus in Christo ter mersus gurgite vivo (48).
  De se : Sum vivus fons, ait ille pius.
Os terit obliquum per verba precantia Christum
  Quod Christus petra sit, littera sæpe tulit.

1174 Jam novus est panis super omnia mella
                                        [suavis :
  Panis is est Christus, fit sine morte cibus.

DE COLUBRO.

Jam senex serpens novus esse gaudet,
  Atque jejunans macie perhorret.
Pellis effeta tremit ; ossa, non vis,
                                Sola manetis.
Quærit angustum lapidis foramen,
  Vix movens sese, veniensque tandem
Inde pertransit, spoliatque carnem
                                Pelle vetusta.
D Quos libet rivos repetens aquarum
  Ut sitim perdat jacit ante virus :

(48) Nota baptismum per immersionem.

In aquis ergo minus hunc timebo
    Absque veneno.
Si virum quemquam sine veste spectat,
Longius serpens ut ab igne cessat;
At videns illum qui gerit amictum,
    Surgit in illum.
Quem vir ut vincit, sequiturque multum
Negligit corpus, facit inde scutum,
Verticis usque tenet ille curam
    Ne moriatur.
Fonte qui sacro semel innovatur,
Denuo si peccas, silicernus exstas :
Ergo sis semper imitator anguis
    Cum veterascis.
Sit cibus parcus, minuanturque artus :
Unde non mandis, miseros juvabis,
Pœnitens defle, Dominoque sæpe
    Dic : Miserere.
Signat hunc callem lapidis foramen,
Signat et Christum petra : nam per ipsum
Fit novus quisquam, capit atque vitam
    Fine carentem.
Cujus ad celsum veniendo templum,
Ut bibas sacrum beatumque verbum
Evomas primum quod habes venenum,
    Corde nocivum.
Corde sunt iræ magis angue nigræ,
Et velut matres odium creantes ;
Corde sunt rixæ bene non amicæ,
    Invidiæque.
Corde conceptis furiis superbis,
Nam coæquales superosque temnis.
Plena sunt istis aliisque multis
    Corda venenis.
His quidem purus quasi veste nudus
Dæmones anguis typicus fugabis,
Noctis ut cæcas deprimit tenebras
    Orbita solis.
1175 Sed tamen multas patiere pugnas,
Atque dum vives in agone fies.
Unde serpentes imitare prudens
    Verticis auctor.
Vis novus vitam sine fine dignam?
Semper illæsum caput est habendum :
Hoc caput dico quod habes in ipso
    Principe Christo.

DE FORMICA.

Exemplum nobis præbet formica laboris,
    Quando suo solitum portat in ore cibum
Isque suis factis res monstrat spirituales,
    Quas quia Judæus non amat, inde reus.
Ut valeat brumæ fieri secura futuræ,
    Est calor, interea non requlescit ea.
Nosque laboremus, fratres, dum tempus habemus,
    Securi fieri tempore judicii.
Hæc frumenta legit, si comperit ; hordea spernit :
    Ipse novam legem colligo, non veterem.

(49) Imo odit.

[a] *Luc.* XIII.

Sed ne de pluviis aspersum germinet udis,
    Aut ea non pereat, esse quod hinc nequeat,
Granum quodque legit, prudens formica bipertit ;
    Hoc est quod binas lex habet inde vias.
Quæ terrena sonat, simul et cœlestia monstrat ;
    Nunc mentem pascit, et modo corpus alit.
Nos uter ut repleat, famis ut formido recedat
    Tempore judicii, quod simile est hiemi.

DE VULPE.

Plena dolis multis vocitatur subdola vulpis ;
    Hanc amat (49) agricola quod rapit altilia
Sin habet illa famem quia desunt, invenit artem
    Qua sibi cracantes prendere possit aves.
In terram fusam se tendit atque supinam,
    Et quasi mortua sit, flamina nulla trahit.
Cornix aut ater corvus putat esse cadaver,
    Insidet ut comedat, morsibus excoriat.
Illa levis surgit, subitoque volatile sumit,
    Dentibus et tristem reddit edendo vicem.
Inde tenet duplam quam prodest nosse figuram,
    Nunc zabulo similis, par aliquando viris.
Mortuus est vere qui mortem fecit habere ;
    Hoc est dissimulat quod mala non faciat.
Cujus edit carnem quisquis rem fingit inanem,
    Hoc est peccatum quodlibet atque malum.
Quem quasi deglutit, cum secum ad tartara ducit
    Dæmon ab insidiis vulpeculæ similis.
Sic cum fraude viri sunt vulpis nomine digni,
    Quales hoc plures tempore sunt homines.
Herodesque fuit qui Christum quærere jussit [a] :
    Credere se simulans, perdere dissimulans.

DE CERVO.

Cervus habere duas naturas atque figuras
    Dicitur a Physio, cum docet inde, Logo.
Nam quosvis grandes cum naribus extrahit angues
    De caveis terræ, de latebrisve petræ.
Quos vorat, et tetro mox fervescente veneno
    Æstuat ad liquidas pergere fontis aquas.
Quas cum forte bibit, his plenus toxica vincit
                  [*f. id est* vomit.]
    Se juvenemque facit, cornua quando jacit.
Nos quoque compressi serpentis fraude maligni
    Virus contrahimus, urimur et facibus.
Hæc est luxuria, quam fert, odiumque vel ira,
    Aut etiam nimia est æris avaritia.
Ad fontem vivum debemus currere Christum,
    Qui cum nos udat, sumpta venena fugat.
1176 Et sumus his demptis juvenes, fractisque
                  |superbis,
    Quæ quasi cornua sunt, cum miseros feriunt.
Cornua sunt oneri, quæ portant vertice cervi,
    Sed non dedecori inde videntur heri.
Si fluvios sternant pariter, pariterque peragrant,
    Longius et pergunt pascua quando petunt.
Portant suspensum gradientes ordine mentum,
    Alter in alterius clunibus impositus.
Hunc retinent usum, si sint vel in ordine centum,

Sed qui præcedit fessus ad ima redit.
Sic se vertentes cuncti, mutuoque ferentes
     Nunquam deficiunt, sicque viam peragunt.
Per tales mores alienos ferre labores
     Cum pietate monent, atque juvare docent.
Sic lex est Christi nostri complenda magistri,
     Cujus, qui faciet, pascua reperiet.

DE ARANEO.

Vermis araneus plurima fila nec assiduus
Quæ texere studet artifice retia, ea sunt tibi,
                            [musca,
Ut volitans capiaris ibi, dulcis es et utilis esca sibi.
Placet opus tenue, sed sibi nil valet ut fragile.
Quælibet aura trahit patulam; rumpitur et cadit in
                            [nihilum.
Hos sequitur homo vermiculos, despiciendo suos
                            [inimicos,
Quos comedit faciens miseros; et placet sibi nimium
Quando potest nocere alium : illud tamen male est
                            [quod facit.
Cum moritur quasi tela cadit, quam modo dictus
                            [Araneus agit.

DE CETO.

Est super omne pecus quod vivit in æquore cetus,
     Monstrum grande satis, cum superexstat aquis.
Prospiciens illum, montem putat esse marinum,
     Aut quod in Oceanum insula sit medium.
Hic si quando famem, quam fert sæpissime grandem,
     Alleviare velit, callidus os aperit.
Unde velut hamum se flatus reddit odoris
     Ad se pisciculos ut trahat exiguos.
Exiguos tantum, quoniam comprendere magnum
     Perfectumque nequit, sed nec in ore premit.
Piscis pisciculos claudit, conglutit et illos
     Non sic, non sic jam sorbuit ille Jonam.
Si sit tempestas, cum vadit vel venit æstas,
     Et pelagus fundum turbidat ille suum,
Continuo summas se tollit cetus ad undas :
     Est promontorium cernere non modicum.
Hinc religare citam pro tempestate carinam
     Nautæ festinant, utque foris saliant.
Accendunt vigilem quem navis portitat ignem
     Ut se calefaciant, aut comedenda coquant.
Ille focum sentit, tunc se fugiendo remergit
     Unde prius venit, sicque carina perit.
Viribus est zabulus quasi cetus corpore magnus,
     Ut monstrant magni quos facit ille magi.
Mentes cunctorum qui sunt ubique virorum
     Esurit atque sitit, quosque potest perimit.
Sed modicos fidei trahit in dulcedine verbi,
     Namque fide firmos non trahit ille viros.
In quo confidit quisque, vel spem sibi mittit,
     Ad Stiga mox rapitur, sic quoque decipitur.

DE SIRENIS ET HOMOCENTAURO.

Sirenes sunt monstra maris resonantia magnis
1177 Vocibus, et modulis cantus formantia multis,
Ad quas incauti veniunt sæpissime nautæ,
Quæ faciunt sonitum nimia dulcedine vocum,
Et modo naufragium, modo dant mortale periclum ;
Quod qui fugerunt hi tales esse tulerunt.
Ex umbilico constat pulcherrima virgo,
Quodque facit monstrum volucres sunt inde deor-
                            [sum.
Est homocentaurus itidem natura biformis,
In quibus est asinus in humano corpore mistus.
Quamplures homines sic sunt nunc ore biformes,
Unum dicentes, aliud tibi mox facientes;
Qui foris, ut fantur, sic intus non operantur.
Utpote sunt multi qui de virtute locuti
Opibus indulgent. His o quam pulpita fulgent (50).

DE ELEPHANTE.

Corpore tam grandes apud Indos sunt elephantes
     Ut bene firmares montibus esse pares.
Ili simul incedunt, ut oves pascua quærunt,
     Adversi coeunt, cum sibi conveniunt;
Ilique semel pariunt, quamvis tot tempora vivunt,
     Hoc est trecentum, nec faciunt geminum.
Ast unum generans, et per duo tempora gestans,
     Cum parit, in magna, ne cadat, exstat aqua.
Non habet ut surgat, quia nunquam crura re-
                            [curvat :
     Si qua forte ruit hoc genitrix metuit.
Cum vult pausare, vel somno se recreare,
     Incumbit ligno arboris exiguo,
Quam notat atque secat venator, et obice celat,
     Clamque sedens spectat dum requiem repetat.
Ille velut quondam securus ad arboris umbram
     Cum venit, incumbit, cumque ruente ruit.
Sin homo non aderit gemit, et tunc denique barrit;
     Tunc anus currit, qui relevare cupit,
Sed nequit et satagit : cum plorans hic quoque
                            [barrit,
     Multi vel magni tunc veniunt alii.
Cum nequeunt omnes, contendunt mittere voces,
     Ad quas fit subitus, parvulus et minimus.
Cujus (et est mirum) promuscida sublevat illum,
     Et sic prædictas effugit insidias.
De pilis hujus sistit sub domate fumus,
     Serpentes cedunt, quæque venena gerunt.
Sic homo primus Adam per lignum, sic cecidit jam
     Quem Moyses voluit tollere, nec potuit.
Post hunc prophetæ voluerunt, nec potuere ;
     Ipsorum precibus venit ad hoc Dominus.
Qui cum sit parvus, quoniam Deus est homo factus,
     Sic relevavit eum pro comedendo reum,
Cujus odor, plenus de verbis scilicet hujus,

---

(50) † Hic quædam corrigenda, ex nota in tom. XI nova edit. *Histor. litter.* Legendum *humano,* loco *in humano,* et *turpibus,* loco *opibus.* Minus recte dicitur *homocentauris,* loco *onocentauris,* Gallice *l'onocentaure.* Ista verborum restitutio dubia non erit cuicunque attenderit ad textum S. Hieronymi *in Isaiam* vi, 13, 22 : « Porro, ait, onocentauri nomen ex asinis centaurisque compositum, etc. » Ipse propheta de onocentauro loquitur cap. xxxiv, vers. 14. Item nominatur onocentaurus ab Æliano, *De nat. animal.* xvii, 9; ab Isidoro, *Etym.* xi, 3; a Man. Phile, *De animal. propriet.,* cap. 40.

Sicut rite venit, inde beatus erit.
1178 Omne quidem vitium fugiet de corde per
[ipsum;
Causa dehinc lethi nulla nocebit ei.

DE TURTURE.

Turtur inane nescit amare;
Nam semel uni nupta marito,
Nocte dieque juncta manebit.
Absque marito nemo videbit :
Sed viduata si caret ipso,
Non tamen ultra nubet amico.
Sola volabit, sola sedebit,
Et quasi vivum semper tenebit,
Operiensque casta manebit.
Sic est anima quæque fidelis,
Facta virili fœderę felix :
Namque Christus est sibi maritus,
Cum sua de se pectora replet :
Et bene vivens semper adhæret,
Non alienum quærit amicum.
Quamlibet orcus sumpserit illum,
Quem superesse credit in æthre,
Inde futurum spectat eumdem,
Ut microcosmum judicet omnem.

DE PANTHERE.

Est quadrupes panther, quo nunquam pulchrior
[alter,

A Qui niger ex albo conspargitur orbiculato.
Diversis pastus venatibus et satiatus,
Se recipit, dormitque cavo prostratus in antro.
Post vero surgit triduum, tunc denique rugit.
Exit odor talis de gutture, tamque suavis,
Ut virtute sua superet vel aromata cuncta.
Ad quem mox tendit quæ vocem bellua sentit,
Atque secuta illum flatum dulcedine plenum.
Sic faciunt omnes; soli panthera dracones
Cum sonat, aut fugiunt, aut segnes corpore fiunt,
In caveisque latent, nec in ipso tempore parent.
Est autem dictus panther allegorice Christus,
Qui super est homines forma collatus ad omnes :
At satur ille fuit, quia quot vult, tot sibi sumit,
Et somnum cepit, cum nos moriendo redemit :
B Rugitum misit postquam de morte revixit.
Cœlos ascendens, ubi regnat cum Patre præsens,
Quem gentes cunctæ sic sunt credendo secutæ.
Aut fugit atque latet, nec in ipso tempore paret,
Serpens antiquus qui nobis est inimicus.
Namque palam, nullos licet, audet fallere multos.
Nos hinc defendat qui sæcla per omnia regnat.
Carmine finito, sit laus et gloria Christo.
Cui si non alii placeant hæc metra, Tibaldi.

1179 *Cujus supra* [51]

DE ORDINE MUNDI.

MONITUM.

Sequens poema eo justius Hildeberto tribuitur, quo majorem vel ex ipso titulo videtur affinitatem habere cum ejusdem præcedente poemati De opere sex dierum. Imo hoc quasi illius continuationem dixeris, siquidem incipit hoc ubi præcedens desiit. Illud enim ad formationem hominis die sexto desinit, nec ultra progreditur; hoc autem ab Adæ peccato incipit, et sic per tempora legis naturæ, deinde legis scriptæ quasi ad legem novam et Evangelium mentes legentium præparat ad Verbi divini Incarnationem, ac demum ad apostolorum prædicationem, et ipsam Ecclesiæ Romanæ per beatum Petrum fundationem, sacram prosequitur historiam.

PROLOGUS, SEU INVOCATIO.

Maxime sanctorum sitiunt quem vota piorum
Adventum cujus fæx temporis exigit hujus
Comple quod de te sancti cecinere prophetæ;
Pone modum mundo veniens in te furibundo.
Cernis ut ærumnis pressus bonus ingemit omnis,
Hinc te quisquis amat te toto pectore clamat.
Audi clamantes, regnum cœleste vocantes;
Exorate veni regni collator amœni,
Falcem censuræ terris immitte futuræ,
Huc messore dato pro messibus accelerato
Culmis defessis quia sternitur arida messis,

C Messi depressæ præsens digneris adesse :
Ignorant terræ tibi gramina grata referre.
Quæ modo gignit humus sunt hæc zizania, dumus :
Ergo cunctorum compensator meritorum,
Huc te fer absque mora, quia tempus poscit et hora.
Olim damnatum de sacra Virgine natum
Nascendi causam fidei non antea clausam,
Metro complebam, te præmonstrante retexam.
Qui facis os muti cum vis sermonibus uti.
Arbore sub quadam protoplastus corruit Adam [55],
Pomi lege data, petulanter ea violata
Suasu serpentis pœnam subit ipse nocentis,

(51) Ita ms. codex olim Elnonensis, nunc Regius, n. 274, ann. circ. 500.

[55] *Gen.* III.

Pœnam peccati dans cunctæ posteritati,
Qua mortis moles luit omnis posthuma proles.
Nam patre deciso detruditur a paradiso.
Et patriam sedem, patriam quóque perdidit ædem.
Exsulat omnis homo gustato cum patre pomo.
Hæc sibi prima Ceres postquam fit criminis hæres;
Perque patris donum fit ad omnia pessima primum.
Proh dolor! in pejus stirps semper defluit ejus;
Hunc quasi communem gestarunt sæcula funem,
Traxit ad infernas, per quem, mors cuncta cavernas.
Hæc est eclipsis, quæ patribus accidit ipsis,
Sanguine de quorum genus effluxit populorum.

  Cum soboles crevit, vitiosa silex inolevit,
Invidiæque faces humanæ mentis edaces
In eam accensæ suadet utatur ut ense.
Utitur, ardescit, fratrisque cruore madescit [51].
Quam vesana manus! vel quam fuit ille profanus
Qui primus pressit capulum quo talia gessit!
Omnis et exertus crudeliter ille lacertus,
Quo feriente, caro ruit icta fratris amaro.

1180 Iste cruor primus Genesi velut indice scimus
Late diffusum similem processit in usum,
Exemplo tali mortalibus exitiali;
Nec frater fratri, nec parcunt pignora patri,
Pignoribusve pater, nec pignoribus sua mater.
Dextras serviles juguli patiuntur heriles.
Si quæ sunt iræ, mox suggerit ira ferire.
Istum si verbis exasperat alter acerbis,
Exerit ultorem gladium, funditque cruorem.
Pro vili lucro madet omnis sanguine mucro.
His ergo morbis dum primus desipit orbis,
Semper peccatis plus accumulans cumulatis,
Miscens humanis cœlestia, fana profanis,
Duriter offensus quem nescit claudere sensus,
Carnes immundas ultrices cogit ad undas,
Navigio docto justus Noe liberat octo [51].
Formula baptismi quibus unda fuit cataclysmi.
His paucis mundi reparantur damna secundi,
Inque suum cursum volvebat tempora rursum.

  Jam patrissabant, hoc est geniti generabant,
Gignunturque viri magno de corpore miri,
In turri quorum variatur vox labiorum.

  Sordentes turbæ gemina lactantur in urbe (51')
Luxuriæ mamma, quos ussit cœlica flamma;
Sed meritis justum Lot conservavit inustum [53].

  Lucebat Phœbus sub eisdem forte diebus,
Non Phœbus cœli, sed Abraham, qui mente fideli
Terris splendorem fidei dedit atque calorem.
Unam namque fidem tribus in pueris colit idem,
In Deitate pari non tardans tres venerari.
Fit primus donis divinæ religionis,
Quæ libatores pascunt decimis seniores
Lege prius bella fuit idem primus Apella (52).
Jam typicum credit, cui damno carnis obedit :

  (51') Sodoma et Gomorrha.
  (52) Id est circumcisus.

A Ergo fide clarus, Dominoque per omnia charus,
Pro fidei pacto, naturæ jure subacto,
Accepit natum rugosa matre creatum [54].
Hunc, licet esset ei spes unica progeniei,
Jussus pene litat, sed idem revocamine vitat. [55]
Uno spectatus facto, piusque sceleratus,
Sed sceleris nullam conflat dilectio bullam.
De spinis raptus, mactatur laniger aptus
Pro puero vincto, nequaquam sanguine tincto.
Id quoque vir prudens typicum sub pectore cudens,
Quod dictis celat, recte faciendo revelat.
O meriti quanti pater exstitit ille Tonanti!

1181 Sunt cujus gentes, post se, de se venientes,
Stellis collatæ, vel arenis annumeratæ,
Et quasi depictæ, quod in ipso sunt benedictæ.

B   Ex ista planta seritur generatio tanta,
Quam numeris clare nequit Habacuc æquiparare.
Hujus erat sortis Jacob luctamine fortis,
Cui dat per fraudem nostram benedictio laudem.
Hinc Deus in scala cum cœlite visitur ala [56],
Alternans nomen venturæ stirpis ad omen;
Unde satis scite dicti sunt Israelitæ.

  Nati deinde seni patriarchæ sunt duodeni :
Junior ætate, grandævus fit pietate.
Quem sol et luna venerantur nocte sub una,
Cum stellis totidem, quod fratribus accidit idem,
Hunc plaga Memphitis suscepit ab Ismaelitis.
Cum fugit incestum Joseph [57], parat hunc sibi quæstum,
Ut regat Ægyptum [58], velut est in codice scriptum.

C Præfectusque bonis dispensator Pharaonis,
Somnia dum solvit quæ saga mente resolvit.
Temperiem duram famis indicat esse futuram ;
Temperies tristis septem duravit aristis.

  Desunt annonæ vetuli Jacob in regione [59]
Ut fugiat cladem, patria discedit eadem.
Cœli Majestas jubet hoc, et cogit egestas.
Cum turba parva mox intrat Mempheos arva :
Natus adoratur : sic visio verificatur.

  Ampla datur tellus [60], nec sufficit iste popellus,
Sed generans tandem genitis implevit eamdem,
Qui quasi calones et despecti ciniflones [61],
Per multos annos coguntur obire tyrannos (53) :
Quorum mœrorem miserans Deus atque laborem,
Binos elegit, quibus ipsis pondus abegit.

D Signa dedit per quæ decertet frater uterque,
Aaron facundus, Moyses ad signa secundus [61];
Hic labiis comptus, hic ad miracula promptus.

  Astant ergo boni coram Pharaone patroni,
Plebis ductores, mandatorumque datores.
Rex, facto verbo, subsannat corde superbo,
Aspernando Deum [63], populum qui poscit Hebræum.
Ne videatur hebes, non vult dimittere plebes.
Ad primum martem magicam pugnatur in artem.
Alma fides certe potis hic monstratis aperte !

  (53) **Pro** *obedire tyrannis.*

---

[51] *Gen.* IV.   [51] *Gen.* VI.   [53] *Gen.* XIX.   [54] *Gen.* XXI.   [55] *Gen.* XXII.   [56] *Gen.* XXVIII.   [57] *Gen.* XXXIX.
[58] *Gen.* XLI.   [59] *Gen.* XLII.   [60] *Gen.* XLVII.   [61] *Exod.* I.   [62] *Exod.* III.   [63] *Exod.* V.

Nam quia non langues, it ligneus anguis in angues, A Ægyptus plangit, Judæos urget et angit
Multiplicans signum, fit serpens denuo lignum [64].   Uti calle cito toties per signa petito,
     Cedere dum nescis, rex, deteriora lacescis.   Post hiemes multas datur his exire facultas.
Victis quippe magis, cruciatur patria plagis.   Surgunt haud lenti rebus variis opulenti,
Ne biberent, sorde cruor aufert [f. implet] flumina,   Illi locupletati, sunt indigenæ spoliati,
                                          [fontes.   Dudum captiva plebs discedit fugitiva.
Omne genus piscis peregrina morte fatiscis.   Urget eum terror recidivus quem facit error,
     Cedere dum nescis, rex, deteriora lacescis.   Acriter instat ei rex diræ barbariei.
Jussæ deinde rudes ranas genuere paludes,   Adducit vires ut sub juga dira redires :
Cuncta replentur eis, solis vacatur Hebræis   Sed fidens esto tibi nulla pericula præsto,
Et domus et furnus, lectus quoque regis eburnus   Es cujus cultor, mirabilis hic erit ultor.
Ranarum follis cum cocto fervet in ollis.   Cur te, rex, fallis ? Periturus parce caballis,
     Cedere dum nescis, rex, deteriora lacescis.   Cautius est vere moderantia lora tenere,
Tactu virgulti ciniphes de pulvere multi   Ni flectas retro, sorbebere gurgite tetro ;
Et pecus et gentem vexant ea rura tenentem.   Qui populos urges, urgebit te quoque gurges.
     Cedere dum nescis, rex, deteriora lacescis.   B Omnia tempus habent, modo florent quæ modo
Muscæ, venistis, tormentaque multa dedistis.   [tabent.
     Cedere dum nescis, rex, deteriora lacescis.   Jam mare laxatum per virgam pandit hiatum
Ecce dolor quintus furit a foffis et furit intus ;   Nutu divino [65], ...
Morte ruit subita pecualis morbida vita :   Illis cumulat pœnas, hic siccas sternit arenas.
Sternitur omne pecus, sed adhuc rex pectore cæcus.   Hic eques, hic magnus currus natat atque tyrannus.
     Cedere dum nescis, rex, deteriora lacescis.   Israel hoc transit, sed turba nefanda remansit.
Jussu divino cineres præbente camino,   Israel salvatur, salvator glorificatur.
Vulneribus mille spargit dum signifer ille,   Huic ergo genti per desertum gradienti
Vesicæ turgent, homines, jumenta perurgent.   Polluxit victus, et conservavit amictus,
     Cedere dum nescis, rex, deteriora lacescis.   Mannaque præ castris velut imber fluxit ab astris.
Ut Deus ipse jubes densantur in aere nubes ;   Dum sitit e saxo potatur flumine laxo.
Dat tonitrus sonitum quem nescit patria ritum ;   Per testamentum sumit vitæ documentum.
1182 Imber multarum subito distillat aquarum ;   Vivere prudenter lex indicat, et reverenter ;
Ignea fit grando, perit interitu miserando   Pectore vel sacris non curvari simulacris ;
Grandineis flagris quodcunque remansit in agris   C Sabbata servando feriari, nil operando ;
Deperit et gramen, facit et quo femina stamen.   Vitam mercari, si patres vult venerari.
     Cedere dum nescis, rex, deteriora lacescis.   Id quoque discernat, ne quem manus impia sternat ;
Ecce locusta gravis, quam ventus et aura suavis,   Legis ei culter minitat ne fiat adulter [66] ;
Juxta sermonem Moysi, fert per regionem,   Esse vetat fures, quia pendent in cruce plures ;
Ad cumulum luctus, quæ rodit ab arbore fructus ;   Ad contestandum nil falso teste probandum,
Et quodcunque viret, non fortius igne periret.   Ad bene vivendum prope nati (54) nil cupiendum.
     Cedere dum nescis, rex, deteriora lacescis.   Hæc et quæ restant, Israel, tibi terrea præstant.
Lampade subtracta, nimia caligine facta   Sic in eis vives ut sis in tempore dives ;
Gens involvuntur, triduana nocte premuntur ;   Incustoditis mox ad tormenta venitis ;
Soleque privati tanquam sint exoculati,   Si quisquam nutat mox lumen lumine mutat ;
Quærunt palpatus alienos atque ducatus,   Deus dentem tollit, sic iram littera mollit.
Tectis inclusi nulli sunt gressibus usi.   Imperfectus eris quisquis sub lege teneris,
Nox involvit eos, sed non involvit Hebræos ;   Legis enim strictum te condemnat maledictum,
Cultor enim veri nescit sub nocte teneri.   Uno pro iota cum sit transgressio tota.
     Cedere dum nescis, rex, deteriora lacescis.   D 1183 Omnes ergo ligat quos præcipiendo fatigat.
Littera sit testis qualis fuit ultima pestis ;   Hujus mandati, quasi quodam fune ligati
Mira magis miris succedunt, diraque diris,   Nulli sanctorum scandebant regna polorum.
Omnia lamentis complet manus Omnipotentis   Ludibrium facti sunt quidam verbere tacti [67],
Corpora cunctorum sternens primogenitorum.   Justitiam fassi sunt quidam vincula passi,
In pecudum caulis mors regnat, regnat in aulis,   Dicere jus ausi sunt quidam carcere clausi,
Plenaque nocturnis luget casa quælibet urnis :   Serris affecti sunt quidam tergora secti,
Ultio divina grandis, grandisque ruina.   Quidam tentati, quidam quoque sunt lapidati,
Mors involvit eos, sed non involvit Hebræos ;   Ictu lictoris pensant in damna cruoris ;
Namque typo magni cruor est in postibus agni.   Hi sub speluncis latitant anfractibus, uncis ;

(54) Id est proximi.

———

[64] Exod. VII et seqq.   [65] Exod. XIV et seqq.   [66] Exod. XX.   [67] Hebr. XI.

Solivagis saltus placet et mons quilibet altus ;
Non texto filo tecti, sed tegmine vili;
Quod capræ vilis paupertas texuit illis ;
Rebus enim nudi sunt ad contraria crudi,
Nil affectantes, venturum corde vocantes;
Per spem credebant quæ mente futura videbant,
Crimine non fusci, signorum luce corusci.
Lepras curando, defunctos huc revocando,
Cæcos et mutos, surdos mentisque solutos.
Mundus, ut audistis, quid dignius attulit istis ?
Sed nec ob hoc tuti quando sunt carne soluti.
Teste probo charta, quia nondum gloria parta,
Ob primi crimen dilexit janua limen
Extractæ costæ quod persuadetur ab hoste.
Linquimus intactos, nunquam certamine fractos
Heroes fortes, multas pro lege cohortes,
Qui tectos parmis straverunt fortibus armis.

     Præterco David, cujus manus improba stravit
Israel damnantem lauto nimis ore gigantem [68],
Inque Philisthæis fuit usus mille trophæis.
Nomen Psalmistæ meruit quoque belliger iste,
Cui cantant psalmi dant organa Pneumatis almi,
Ut numero quodam de Christo texeret odam.
Inventus præco cui mundus consonet echo,
Nam psallens ordo magis utitur hoc decachordo,
Quod fidei ternæ mysteria more lucernæ
Irradiet cunctis a Christo nomine functis,
Et formando preces animæ valet abdere fæces.

     Laudibus includam Machabæos; sed mage Judam,
Qui, patris exemplo, vacat omni tempore templo.
Et pro lege patrum potitur solamine fratrum,
Ense giganteo pro scito pugnat Hebræo ;
Immotus postis quem nullus territat hostis,
Circuit insomnis, ut perfuga corruit omnis,
Impugnatorum populatus castra suorum.
Incircumcisi si sunt cum robore visi,
Rege manu digna portans mavortia signa
Dat lituo rauco signum cum milite pauco,
Pugnæ tanta sitis pro legibus instat avitis,
Contra mucronem impellit, sicut ira leonem,
Et velut insignis sarmentis pascitur ignis.
Sic in Marte furens, ut tædas ignis adurens,
Per mare distortus ceu poscit navita portus,
Pro causis mille famosior exstat Achille.
Maluit ergo mori, quam lex raperetur honori.

     Jam velut alludit notissima femina Judith
Inque beatorum titulis vult esse virorum.
Quemque suum noscit, vulgari carmine poscit
Dextera virtutis fuerit cum causa salutis.
Cum quibus est dextra non vult fore laudibus extra,
Carminis indago te claudet honesta virago,
Quæ carmen nostrum quoddam decorabit ut ostrum,
Officium linguæ si det facundia pingue,
Laude queat culta paucis ut claudere multa.
Major erat veris hujus sensus mulieris,
Quæ fit bellatrix, et prudens consiliatrix.
Tempore quo spernis, Bethulia, jus Holofernis,

A Quodam decreto facto non alite læto,
Cum se subdendum populo foret, aut moriendum.
Nam supra montes non sunt putei neque fontes.
1184 Vota sacerdotis melioribus incita votis,
Cautius enervat, populi quoque millia servat.
Mox viduum cultum, mox mutat sedula vultum :
Sumit ad ornatum quidquid putat esse beatum :
Interulam qualem pretium probat haud venialem,
Ut decet hunc sexum, crinem cohibet mitra pexum,
Sumit sufflamen croceum capitis religamen,
Pectus non vilis claudit quoque gemma monilis,
Brachia constringit, quæ vestis linea cingit,
Quæ cum crispatur, vix unguibus accumulatur,
Serica resplendet quæ subtus suppara pendet,
Orbes armillæ crisos genuere favillæ,
B Et digitis munus dedit annulus unus et unus.
Verrit et incessus pretioso syrmate gressus ;
Nec minus extollo quæ pendet fistula collo.
Ancillæ testes has comunt undique vestes,
Ne sint rugosæ, vel disparitate perosæ.
Pro radio lucis facies non est lita succis,
Nam facie munda nulli valet esse secunda ;
Callide perspector formæ paris atque revector,
Hanc si tu nosses raptam, nil dicere posses.
Indole sub vita non sic fuit ipsa polita
Cum præfiniti polleret in ore mariti :
Nec dedit hanc normam, non hanc lascivia formam
Sensus astuti, sed sic vult viribus uti.
Conferat ut bellum cum principe sola duellum,
C Et pereat princeps reparet ne bella deinceps,
Cum cordis nido figet sua tela cupido.
Feminea vitta non certior ulla sagitta.
Sic pane velamus quo pisces attrahat hamus,
Cum volucrem mulces dat fistula dulces.

     De montis pyrgo descenderat ut nova virgo,
Perque cavam vallem carpebat femina callem,
Mox iter enixa venit ad tentoria fixa.
Assyrii properant, quæ vel quid ut ordine quærant;
Quo propius veniunt, plus ac plus obstupefiunt,
Utque novæ stellæ radium mirando puellæ,
O, si me velles, fert secum quisque satelles !
Sic non auditos omnes habet illa maritos.
Judith mente bona plebis vallante corona
Cum duce sic fatur, genibusque minor veneratur.
D Optime majorum, clarum decus Assyriorum,
Gloria cui floret, quem supplex mundus adoret,
Cui fera silvestris. cui bestia servit agrestis,
Mitia cum sævis, metuit quem bellua quævis,
Omneque pennatum, vel dat quibus unda natatum,
Apta tuæ laudi dignanter, si placet, audi.
Hic populus demens, cui non tua gratia clemens,
Non habet armorum spes ullas aut clypeorum,
Montibus aut muris non fidit corruituris,
Nec tutus falli, quia cingitur aggere valli.
Altera spes illis majoribus atque pusillis;
Hoc est munimen nullum committere crimen;
Si peccat nullus, per te non corruet ullus.

---

[68] *I Reg.* XVII.   [69] *Judith.* 1.

Ilis est salvator, qui legifer atque creator.
Et poteris frustra consumere plurima lustra
Pugnans incassum pugnantem reddere lassum.
Sed fiet verum sub tempore quinque dierum,
Quod mihi monstravit, qui cuncta creata creavit.
Jam culpas discunt, satis [f. sitis] æstu namque fa-
                                        [tiscunt.
Ob sitis ardorem, damnatum lege cruorem
Jam non discernunt, et ob hoc animalia sternunt;
Quem si forte bibunt, offendent atque peribunt.
Ut bos sub cultro, plebs omnis corruet ultro.
Qui justos munit, facientes crimina punit.
Sic tibi trudendi stipulæ sunt more terendi,
Nec damni fragmen patietur militis agmen.
Ancillæ dictum non est, dux optime, fictum.
Qui sedet astra super præmisit me tibi nuper ;
Nuntia missa fero, tantumque salubria quæro :
Huc tecum de re tua vult ancilla manere.

1185 Mox secum plaudit, cum talia barbarus
                                        audit,
Impatiensque moræ subito cæcatur amore;
Et stupri totum versans in pectore votum,
Laxius extensa fit lætus divite mensa;
In ventrisque lacum non cessat fundere Bacchum.
Plus solito plenus, Judith fuit igne serenus.
Nox trahit in somnum toto cum milite domum.
Femina digna satis dans formam virginitatis,
Stat ducis ante torum spirantem membra duorum.
Dextra victrici jugulum feriens inimici,
Ad somnum villi somnum mortis dedit illi:
Ense caput sectum maculavit sanguine lectum.
Tali morte data, Judith redit intemerata,
Collaudatque Deum, referens ex hoste trophæum.
    Tales athletas olim vetus attulit ætas,
Per quos evulsi sunt hostes atque repulsi,
Quos laus æternat, quos modo gloria vernat;
Nam spe præclari regni cœlestis avari,
Mundi tormentum reputabant grande talentum
Sed nec ob hoc tuti, quando sunt carne soluti :
Pro patrum noxa differtur cœlica doxa,
Pro patrum thecnis caruerunt sæcula regnis,
Pro radice patrum sorbebat sæcla barathrum.
Impius et sanctus dabat hoc sub carcere planctus,
Armatus fortis, quos traxit ad atria mortis.
Sunt ibi mœrores, sunt fletus atque dolores,
Stridor dentalis, pædor quoque perpetualis.
Et ibi caligo, meruit quam patris origo,
Quinque per ætates condemnans posteritates :
Sed mortis metas dedit ultima temporis ætas.
    Hanc abolens molem, dans verum cernere solem,
Solem de stella, Christum de matre puella.
At pudor est salvus pariat cum Virginis alvus,
Excedens morem propter Deitatis honorem.
Est ubi conceptus de cœlo semen adeptus,
Angelici vernæ jussum sermone supernæ,
Concipit a cœlis, dum sumit ave Gabrielis [70].
Hæc est illa fides quam falso, perfide, rides,

A Contra naturam parientem credere puram.
Pristina signa roga quæ veneratur Synagoga,
Credere cogeris nunc perfidus unde teneris :
Nam rubus ardebat, sed frondis honore virebat;
Pertulit ardorem, nec perdidit ipse virorem.
Cum radix non det, tamen arida virgula frondet,
Frondibus allatis decus addens virginitatis.
Imbre madet vellus, cum non madet arida tellus;
Terra madet stilla, cum vellus non madet illa.
Matre Deo digna sunt hæc pro Virgine signa :
Quod dedit insolitum monstrat Deus hic repetitum.
Virgineus partus divinos dum parit artus,
Nullo sulcatum dat florem vomere partum.
Porta serata poli Domino fit prævia soli,
Florem munditiæ parit alvus clausa Mariæ,
B Integra gignendo, velut integra concipiendo :
Virginis ergo torus quanta fit dote decorus,
Cœli præcones docuerunt opiliones.
Moxque novum sidus, ceu quidam vernula fidus,
Cum prece donorum vocat illuc corda magorum.
Miris unde modis rabies insanit Herodis,
Ac bimos mactat quos mater femina lactat.
Hunc mactando gregem, puerum vult perdere re-
                                        [gem ;
Sed suus illæsum pædagogus servat Iesum,
Sedul.tate pia fugiens cum matre Maria.
Lacque puer suxit quod matris ab ubere fluxit,
Et quasi peccator mammas bibit Omnicreator,
Sed cœlo plenas, claustroque pudoris amœnas.
C Quæ legi debet carnis præputia præbet :
Turture mundatur, quo mundi culpa lavatur :
Vestitur pannis, victu vegetatur et annis ;
1186 Et velut addiscens, elementaque prima dehi-
                                        [scens,
Audit doctores, interrogat et seniores :
Et fuit industris legi sex suffore lustris
Inscriptam gypso quam sumpserat orbis ad ipso.
Pro nostris damnis lavat hunc Jordanicus amnis,
Diluat ut nævum quem severat Eva per ævum.
    Tentat eum dæmon [71], sed sustinet ipse Palæmon.
In se lymphantes fugit impia saxa minantes :
Esurit et stertit, sub pectore tristia vertit :
Discipulum plantis deservit more lavantis.
Id vero totum fuit a Deitate remotum ;
D Naturam namque plenam monstravit utramque :
Signis patratis jubar emicuit Deitatis.
    Principio magnum mustum jubet edere stagnum,
Dat quoque mirari vinum sine vite creari [72].
Quos nox damnavit visus hominum reparavit :
Ut lepram purget, placidis hanc tactibus urget,
Et reddit putres animabus corporis utres.
Actu privatos facit artus consolidatos :
Quo corpus marcet fluxum quoque seminis [f. san-
                                        [guinis] arcet:
Panibus augmentum fauces dedit inter edentum,
Qui nos sacravit, qui millia quina cibavit.
Ventos sedavit, fluctus tumidos peragravit

<hr>

[70] *Luc.* I.   [71] *Matth.* IV.   [72] *Joan.* II.

Quas tenor enervat linguas, ad verba reformat :
Ad voces sulcos auris surdebat hiulcos,
Febris et algores, febris tulit atque calores.

 Post hæc, comprensus, clavis fuit in cruce ten-
            [sus,
Conscendit palmam quam fecit fructibus almam :
In cujus ramo Deitatis perforat hamo
Leviathan malas, et mortis syncopat alas.
Serpens sublimis serpentibus obviat imis,
Dirus pugnator quod contrahat inde viator.
Vita subit lethum, dulcedo potat acetum,
Non homo, sed vermis, armatum vincit inermis,
Agnus prædonem, vitulus, moriendo, leonem.
Virginis agnus oves lavat orbem crimine quovis.
Hostia præclara starioc (55) fit Christus in ara.
Vitæ libamen lateris dedit inde foramen,
Patrem placatum dans mundo conciliatum.
Unda, caro, sanguis, nequam pius expiat anguis.
Hæc tria nostra salus, qua marcet pristina malus
          [(56) :
Hic pretii nummus redimit quo terrea summus,
Quoque Deo Patri reparatur præda barathri.
Exsul et antiquus quem suasor inescat iniquus,
Absorpta tegna (57), liber redit ad sua regna.
Hac rude donati remearunt quique beati.
Implet promissum spolians crucifixus abyssum.

 Clausa tenet fossa pretiosi corporis ossa :
Ergo die trita [i. e. tertia] de busto carne petita,
Surgit, multorum cineres reparando piorum.
Postea tangendum se præbet atque videndum ;
Et jam, non scorto, mulieri visus in horto,
Mortis ab ærumnis apparet liber alumnis.
Verba dat et mandit; Didymo sua vulnera pandit,
Palmas atque latus; magis ut foret indubitatus.
His argumentis solidato robore mentis,
Crimina laxandi jus tradidit atque ligandi,
Ad meritique modum, dat texum solvere nodum.
Mittens ut mundum doceant natale secundum,
Fonteque divino purgent sub nomine trino,
Voce jubet viva depellere cuncta nociva.

 Omnibus expletis ex codice sicut habetis,
Victrici palma cœli repetivit agalma.
Æthera conscendit caro quæ crucifixa pependit,
Scandit jucunde Christus descenderat unde,
Et pius et durus judex in fine futurus.
Par sibi majestas est cum Patre, parque potestas,
Est honor æqualis, virtus et apex socialis.
Cum Patre regnante Deus unus et insuperator :
Spiritus amborum paritate refulget honorum ; ,
Nam Patris ac Nati semper par est Deitati.
Hæ tres personæ Deitatis religione

A **1187** Non secernuntur, sed ut unum jure colun-
           [tur.
Ecclesiæ flamen docet unum credere numen.

 Hinc varias hæreses, peccati sordide præses,
Atque novum schisma conflas, torquendo sophisma.
Idola monstrasti, fanorum sede locasti,
Quæ stultæ gentes coluerunt sacra ferentes.
Sic cum Neptuno Thetis est dea, cum Jove Juno,
Numina digna luto ; sic et Proserpina, Pluto :
Intonsus collo deus est mendosus Apollo.
Quid de silvana dicam triviaque Diana ?
Quid de Latona magnum fugiente Pythona ?
Scylleique canes non sunt Deitatis inanes.
Impedit esse deam meretricem quid Erythræam ?
Non sunt mortales Pan, vel Scylleius ales.
B Num circa lymphas non est fas quærere Nymphas ?
Sæpe madent divi qui sunt in gurgite rivi,
Quos melius dices mœchos fore vel meretrices.
Illos errores primi fecere timores.
Facta tyrannorum nomen rapuere deorum.
Ad regum nutum litat orbis datque tributum.
Sed Factor rerum, cum posceret ordo dierum,
His ponens finem, tulit hanc erroris Erinnem,
Bis senos (58) vernas mittens inferre lucernas
Mentibus humanis, quos nos [f. quas nox] damnavit
          [inanis.
Cœlitus excocti, sacro quoque Flamine docti,
1188 Vadunt carnales verbo sulcare novales.

 Mox Petrus in Roma fidei diffudit aroma,
C Sacrilegum ritum trudens ex Urbe Quiritum.
Ad cujus voces sua curvant colla feroces.
Urbs regina senis submittere gaudet habenis
Altam cervicem tot regnorum domitricem,
Quam bellare vafer non vicerat æmulus Afer
Non aliter Pœnus Romano sanguine plenus,
Totaque Carthago, sibi quondam magna vorago,
Quæ reges terræ sibi vectigalia ferre
Fortiter impegit, dum mundi clima subegit,
Vincitur a Petro, sua ponens idola retro.
Diruit omne nefas vertex in vertice Cephas,
Flammantes aræ desistunt exta vorare,
Arens ad ritum non ructuat idolothytum,
Fibris caprinæ nec vexat fata saginæ,
Non bove, non porco ventura requirit ab orco,
C Fortunæ casum non consulit augur omasum.
Nil quoque pennivago sortitur ab alite sago,
A Numaque datum saliatem Roma beatum.
Non canit Ancilis, quia jam sibi fabula vilis :
Jam theatri plausus sub desuetudine clausus,
Gymnasii ludos [f. nudos] fastidit cernere ludos :
Ad luctam tingui vult nemo lampade pingui.

<hr>

(55) Error amanuensis, qui pro f. σταυρῶ, id est *crucis*, posuit *starioc*.
(56) Sive arbor, sc. vetita.

(57) Forte techna, seu fraude.
(58) Id est apostolos.

MONITUM IN OPUSCULUM SEQUENS.

Quantum arte poetica valuerit Hildebertus vel hoc solo poemate liquet; licet enim ibi metri leges aliquando paulo liberius transgressus fuerit, hoc quantulumcunque vitium sensuum nobilitas, ludus in verbis, et licita poetis orationis oblectamenta abunde compensant, quibus tamen more suo lectorum mentes a terrenis ad cœlestia conetur erigere. Hoc autem e manuscripto Colbertino num. 3019 eruimus, ubi sub Hildeberti nomine transcriptum dicebatur e manuscripto codice num. 4 monasterii Brennensis diœcesis Suessionensis ordinis Præmonstratensis.

DE ORNATU MUNDI.

Mundi ornatum depingit, et periturum demonstrat, ac proinde ad immarcessibiles cœli delicias invitat.

Erige, Clio, stylum cultum sermonis inaura,
  Os resperge meum nectaris imbre tui.
Hanc imitator apem, cujus prudentia ceram
  Jejunam mellis non sinit esse suam.
Mella nisi dederis, mea cera favum sitit, ergo
  Ros mihi mellifluo stillet ab ore tuo.
Est nemus unde loquor, nemus ausum tangere nu-
                           [bes,
  Hic locus æmulus est, o paradise! tuus.
Hic experta fuit natura quid ars sua posset,
  Et, quanto potuit, pinxit honore locum.
Nam stillavit in hæc loca quædam gloria rerum,
  Sed quasi cum nimbo copia fluxit opum.
Spirat ibi nardus, nascuntur aromata, nectar
  Conficitur, sudant balsama, mella fluunt.
Poma rubus, lautus bacchas, oleaster olivam,
  Spina rosas gignit, lac pecus, uva merum.
Quælibet arbor ibi geminum sortitur honorem,
  Rami parturiunt, palliat umbra solum.
Ramorum populus et fructu gaudet et umbra,
  Pellitur inde fames, tollitur inde calor.
Hic videas ulmum quam non sinit esse pudicam
  Vitis. et in fructum postulat ejus opem.
Quodam conjugio sibi nubunt vitis et ulmus,
  Vitis quippe merum concipit, ulmus alit.
Surgit, floret, olet ibi cedrus, palma, cypressus ;
  Stat cedrus, floret palma, cypressus olet.
Malus, oliva, pirus rubet, hinc viret, hinc tumet
                           [inde
  Hæc pomis, illa frondibus, illa piris.
Ut neque de vulgo lignorum mentio fiat,
  Excedent numerum cætera ligna tamen.
Melle vel uva, thure vel herba silva superbit ;
  Mel fluit, uva madet, thus olet, herba viret.
Hæc duo commendat sapor, illa duo vigor, illa
1189 Convivæ sapiunt, febribus illa valent.
Pellit ab ore sitim, tollit de corpore febrem
  Ille vel ille sapor, ille vel ille vigor.
Rupis dorsa tument, ubi parvis saucia rimis
  In medio rimæ gurgitis instar habent.
Fonticulus foris erumpens singultat in ore,

A   Gurgitis hinc videas ludere fontis aquam.
  Ultima pars rupis rostri mentita figuram,
    Quæ de rupe fluunt suscipit hospes aquas.
Fodit in hoc rostro geminum natura foramen,
  Ut foris emungat utraque maris aquam.
O quam lascivus fons! quam lascivia dulcis!
  Hinc aqua ludit, et hinc garrit, et inde salit.
Dulcis odore, fluens humore, colore nigrescens,
  In ripa redolent cassia, myrrha, piper.
Vox avium, dulcor specierum, purpura florum
  Dulce canit, nares allicit, ornat humum.
Perflat ibi Zephyrus, non Eurus ; aromata sudant,
  Non glacies ; ibi ver, non ibi regnat hiems.
Nardus, flos, ales spirat, ridet, modulatur ;
  Hinc erumpit odor, hinc decor, inde melos.
B Flagrat enim nardus, rosa vernat, avis canit ;
                         [ista
  Naribus, hæc oculis, auribus illa placent.
Rivus, olor, pavo suadet, demulcet, adumbrat ;
  Somno littus, aquas murmure, pavo rota.
Rivus garrit, olor citharizat, pavo superbit ;
  Murmure rivus, olor gutture, pavo rota.
Ludens hædus, avis vaga, lætus piscis in herba
  Sallitat in nudo [f. in udo], cantat, in amne natat.
Cervus lascivit, gaudet leo, dama jocatur ;
  Cervus fronte, leo robore, dama pede.
Cursitat hic vitulus, salit hinnulus, accubat hic bos.
  Ludit, captat olus, itque reditque lepus.
Non onus hic, non hic laqueos, non ille ruinam,
  Non hic insidias, non timet ille canem.
C Inter tot rerum præclara monilia, pratum
  Imminet hic speculum, silva jocosa, tuum.
De tot deliciis, de tot titulis sibi grandem
  Laudis fasciculum vindicat iste locus.
Argis nonnullis, Narcissis pluribus, Orpheis
  Innumeris humus hæc vernat, abundat, olet.
Stellifer Argus ibi, Narcissus floriger, Orpheus ;
  Plectriger hic rutilat, hic decet, ille canit.
Argum pavo gerit, Narcissum flos, olor Orpheum ;
  Hunc oculi decor, hunc sua plectra decent.
Astris scintillat pavonis cauda decorem,

Flos gerit in folio, cygnus in ore lyram.
Contemnens humilem regali vertice vulgum
   Audet in astra caput condere cedrus ibi.
Hæc inter reliquas titulum sortitur honoris.
   Nec sibi dignatur quamlibet esse parem.
Non ibi conspirant in cedri damna sagittæ,
   Non imber, torpor frigoris, ira Noti.
Fullo novus viridi tunica vel fronde virenti
   Adversus brumæ vim tunicavit eam.
Densa nitens, viridis est ramus cortice, fronde
   Ramis densa nitens, cortice, fronde, virens.
Ramus sub foliis, truncus sub cortice, radix
   Sub pede condit aves, nutrit apes, dat aquas.
Ramus aves sub fronte tegit, sub cortice truncus
   Nutrit apes, radix sub pede sudat aquas.
Alludunt trunco quasi quædam ludicra rimis;
   Truncus hiat, rimam pompa frequentat apum.
Duplex nodus ibi duo porrigit ubera, nectar
   Mellifluum stillat utraque mamma foras.
Natura digitis crater tornatilis ambos
   Absorbet nodos, sugere mella parat.
Rivus qui garrit sub cedrino pede spectat]
   Donec melle fluat amphora plena sibi.
Plenum vas in aquam mel transjicit, et quasi quod-
                           [dam

1190 Electrum faciunt hæc duo mista simul.
Mel liquor alliciet sibi potu, murmure nectar,
   Potus in ore sapit, murmur in ore melos.
Hinc aviam pompam quasi junctis valle choreis
   Ludere tunc favor cum rosa pinget humum.
Hic præponit hiems, abit, hic assumit, adest
                          [ver;
   Concludunt aliæ, succinit ergo chorus.
Laudes exercent celebres philomela jocatrix,
   Flens olor, ormella lenis, alauda levis.
Ipsis alludunt avibus sua nomina quorum
   Vox tibi mel sapiet, si bene verba notes.
Hoc, Philomela, sonas, quod filia lucis amœna es;
   Nomine monstrat olor, quod gerat ore lyram.
Quod canit ore melos ormella vocatur; alauda
   Quod sit avis digna laude probare potest.
O volucrum lasciva cohors! o pompa jocosa!
   O moduli dulces! o paradise Dei!
Singula complectens inter duo brachia murus,
   Instar habens zonæ colligit omne nemus.
Amnis in ingressi zonam diffibulat istam,
   A nodo solvens brachia juncta suo.
Pons super intextus lignis et marmore valli
   Damna resarcitur, fibula factus ei.
Pontis utrumque caput vallum fuit inde vel inde,
   Et licet juncto gurgite nodat opus.
Porta stat in medio sublimi vertice, nostris
   Ex oculis vertex ejus ad astra fugit.

A Si quis vult portæ texturam discere pinu,
   Mulcifer et cedro texuit illud opus.
Si quis vestiget quis inauret eam decor, illam
   Guttis vermiculant quatuor ista suis.
Lacteus argenti decor, auri flammeus ardor,
   Ignea gemmarum lux, elephantis ebur.
Argenti radius postes insignit ibidem,
   Per loca scintillans aurea flamma natat.
Limen utrumque micat gemmarum lumine; rimæ
   Quas ibi limavit sculptor inalbat ebur.
Singula cerne, nitet argentum, fulgurat aurum,
   Gemmæ scintillant, nobile ridet ebur.
Totus in hoc opere sudavit Mulciber; artis
   Nobilitas summa laude refulsit ibi.
Ne quid Vulcanus forsan delinqueret, omnis
B Cyclopum legio fluxit ad illud opus.
Quædam de lignis majestas palliat auri,
   Naturamque nedem (sic) ditat honore suo.
Bis sex gemmarum stellis ibi rutilat arcus,
   Et quasi signifero circuit orbe fores.
Sicut mentiri valet ars, volat ales in auro,
   Nant pisces, rutilant sidera, vivit homo.
In porta rutilat crocus, ardet flamma pyropi,
   Purpurat ille flores, ille serenat opus.
Cedere dedignans radiis stellantibus Irim
   Cœli mentiri nititur ille color.
Arcus ætherei (salvo titulo loquar) iste
   Clarior est illo, plusque nitoris habet.
Ille micare potest ope Phœbi, munere nubis;
C Ilic sine sole micat, et sine nubis ope.
Ille quidem fallit oculos, hic allicit, ille
   Fulgurat ad tempus, permanet iste diu.
Hæc est natura, nisi fallor, regia, vernans
   Tot titulis, tot opum plena, tot ampla bonis.
Hic [f. his] studeo, sum totus in his; oculos decor,
                         [aures
   Cantus, odor nares allicit, ora sapor.
Si quæras quid agat descriptio quam legis, istud
   Depinget breviter littera nostra tibi.
Dum nemus hoc veluti quædam mundi rosa, toto
   Floreat orbe, tamen transiet iste decor.
Et quia flos mundi cito transit et aret, ad illam
   Quæ nunquam marcet currite, quæso, rosam.
Est rosa quæ dicit: Ego flos campi; rosa certe
D Aurea, principii nescia, fine carens.
Ut gustaret olus homo debilis, hæc rosa sancta
   Pro nobis olus est facta manens quod erat.
Floruit in cœlis, in mundo marcuit; illic
   Semper olens, istic pallida facta parum.
Hunc florem paradisus habet, seraphim videt,
                         [orbis
   Non capit, infernus nescit, adorat homo.

1191-92 VEN. HILDEBERTI

CARMEN

IN LIBROS REGUM.

(E codice ms. quingentorum ad minus annorum, monasterii S. Mariani Antissiod., ordinis Præmonstratensis.)

IN LIBRUM PRIMUM.

Helcana de Ramatha Phenennæ sponsus et Annæ
   Venerat in Silo sacra Deo facere [73].
Fert epuli partes Phenenna, sui quoque nati,
   Una cibi pars est, Anna, tibi sterili.
Anna sacerdoti reputatur Heli temulenta,
   Cum tacet in templo, flensque movet labia.
Flebilis Anna suos quia vultus non variavit,
   Ut breve post tempus conciperet meruit.
Anna petit natum, Samuelem dat Deus illi,
   Qui puer in Silo discipulus fit Heli.
Quos generavit Heli, Phinees dicuntur et Ophni,
   Cum quibus ipse perit dum minus hos reprimit.
Hi comedunt adipem, quem jussit lex adoleri,
   Et coeunt scortis ante domum Domini.
A Domino Samuel dum dormit ter vocitatus,
   Promptus Heli ter adest, hunc vocitare ratus :
Non voco, dixit Heli. Post hoc aliquo vocitante
   Ne venias, sed dic: Audio, dic, Domine.
Adveniens Dominus Samuelem quarto vocatum
   Edocet hoc quod Heli prævidet ipse malum.
Insiliunt hostes, gerit obvius Israel arcam,
   Et fore victorem se reputat per eam.
Israel it fugiens, Phineesque necantur et Ophni,
   Vique Philisthæa tollitur arca Dei.
Dicitur in Silo quod ab hostibus arca feratur,
   Et retro de sella lapsus Heli moritur.
Hostis in Azoto juxta Dagon locat arcam;
   Mane jacet Dagon, sicut adoret eam :
Erigitur Dagon; jacet hic diluculo truncus,
   Cæsa super limen sunt caput atque manus.
Civibus Azoti putrescunt omnibus ani.
   Et subiti mures diripiunt segetes.
Accaron in Gazam, Geth mittit in Ascalon arcam,
   Et simul extalis putridus exit eis.
Aurea dona Deo mures mittuntur et ani,
   Atque super plaustrum ponitur arca Dei.
Utraque vacca rudis mugit vitulo remanente,
   Junctaque fert arcam Bethsamis absque duce.
A Samuele Joel, nec non fuit ortus Abia,
   Quos populus quæritur vendere judicia.
Ut det eis regem poscunt populi Samuelem,
   Quod Dominus reprobat, cum fieri jubeat.
Cis patris amissas Saul in Suph quærit asellas,

A Cui Samuel regnum donat, et ungit eum.
Quosque Jabes Galaad, nisi dextris privet ocellis,
   Nulla Naas dare vult fœdera pacis eis.
Hoc Saul audito, veniens cum bobus ab agro
   Compatiendo Jabes, mactat utrosque boves.
Frusta boum mittens Saul agmina quando vocavit :
   Sic faciam bobus non venientis, ait.
Israel et Judæ Saul in Bezec agmina ducit,
   Atque Naas cæso rex populo placuit.
Sol micat, et Samuel prece dat tonitrum pluviasque,
   Plebsque probat regem se petiisse male.
Innumeras ducens super Israel arva catervas,
   Castra Philisthæus collocat in Machmas.
Rex Saul et Jonathas habet ensem filius ejus,
B   Sed populo non est lancea vel gladius.
In spatio quod arat bos binus luce sub una,
   Allophylos sternit quinque quater Jonatha.
Quos Jonathas sternit, quoniam necat armiger
                   [unus,
   A Domino factum prædicat hoc populus.
Dum fugat Allophylos, ne quisquam prandia su-
                 [mat
   Rex Saul in populum dans maledicta, vetat.
Esuriens Jonathas sumptum mel ab arbore mandit;
   Ne Saul hunc perimat plebs rogitando facit.
Obsequium Samuel Saul injungit properandum,
   Ut perimens Amalech deleat omne suum.
Ex Amalech pereunt quæ vilia visa fuerunt,
   Pingue pecus restat, rex quoque pinguis Agag.
C **1193** Obsequium Deitas omni præfert holocausto,
   Hæc Samuel perhibens, cedit Agag gladio.
Dum Samuel Jesse petit ædem Bethleemitæ,
   Ut simulet sacrum, ducit eo vitulum.
Filius est Jesse pastor qui nomine David,
   Israel unctus rex a Samuele fuit.
More sacerdotis Saul offert rex holocaustum,
   Cumque placere [f. placare] cupit, provocat inde
                 [Deum.
Frunda jacit lapidem, ruit icta fronte Golias.
   Tuque suo gladio, David, eum jugulas.
Mille Saul dantur, sed David millia dena.
   Displicet inde Saul cantio feminea.
Causa potens canor est, quia dum David citharizat,
   Spiritus abscedit qui Saul exagitat.

---

[73] Reg. I.

Rex Saul astantem vult hasta figere David,
  Qui cadit incassum dum procul iste salit.
Cum Saul a David centum præputia poscat,
Hic perimens hostes, pro Michol hæc duplicat.
Ad Saul ut David producant mane necandum,
  Invigilant equites intus et ante domum.
Pelle tegens statuam Michol inquit David adesse,
  Quaque fenestra fuit, fecit eum fugere.
Achimelech David panes gladiumque paravit,
  Quod referente Doeg, rex necat Achimelech.
Quando ruens David spumans quatit ostia portæ,
  Non necat Achis eum, nam putat hunc furere.
Dum Saul in fovea relevat ventris gravitatem,
  David ibi latitans curtat ei clamydem.
Quando Nabal David pueris alimenta negarat,
  Nescit Abigail quæ Nabal uxor erat.
David ut iratus venit ad Nabal interimendum,
  Abigail gestans munera, placat eum.
Cum Nabal audisset quod conjux dona dedisset,
  Ipse dolore petit, quod sua perdiderit.
Mortuus est Samuel, populorum flente caterva,
  Cumque suis patribus conditur in Ramatha.
Quando Saul dormit, pateram fert David et hastam :
  Cædere posset eum, sed dat ei veniam.
Achis erat rex Geth, qui David eo fugienti
  Attribuit Siceleg, quo requiescat ibi.
In Saul ad bellum vult Achis ducere David,
  Sed proceres nolunt, huncque redire facit.
Adveniunt hostes, et terras Israel intrant,
  Rex Saul et populi quique sui trepidant.
Rex Saul unius Pythonissæ petit ædem,
  Et rogat hanc ut ei suscitet exanimem.
Exanimem, mulier, Samuelem surgere cogis :
  Et Samuel : Mecum cras, Saul, inquit, eris.
Gelboe non debet pluvia, nec rore rigari,
  Nam Saul et Jonathas interimuntur ibi.
Ex Amalech cunei captam Siceleg simul urunt,
  Cum geminis David conjugibus redeunt.
Ut properans David cuneos Amalech superavit,
  Conjuge cum gemina lætus adit propria.
Proh dolor ! in Bethsan suspensa Saul Jonathæque
  Corpora murus habet, truncaque sunt capite.
Turma Jabes tendit nocturno tempore Bethsam,
  Atque petens murum, fert Saul et Jonatham.

—

IN LIBRUM SECUNDUM.

Fert Amalechites quoniam Saul ipse peremit,
  Protinus in Siceleg David eum perimit.
Ungitur a Juda rex David versus in Ebron,
  Ejus et imperio dux Joab est equitum.
Israel in regem natum Saul Isboseth ungit;
  Atque suos cuneos inclytus Abner agit.
In Gabaon veniunt Joab, Abner et agmina bina,
  Et prope piscinam parte sedent varia.
Bis pueri bis sex dum jussi ludere ludunt,
  Per latus alterno vulnere se perimunt.
1194 Agmina confligunt, fit utrimque gravissima
                        [cædes ;

A   Abner abit fugiens, atque sui comites.
  Est Asael velox cursu, compar caprearum ;
    Ille sequens Abner currit et urget eum.
Abner ait : Pueros, Asael, spolia fugientes
  Cædere te nolo, frater enim Joab es.
Impatiens Asael premit Abner, at iste sequentem
  Inguine percusso projicit exanimem.
Respha Saul pellex coit Abner ; at Isboseth illum
  Arguit : inde minax deserit Abner eum.
Primo Saul David Michol uxorem sociarat,
  Post adimens illi Phaltiel hanc dederat.
Phaltiel ablatam ducens Michol, Abner in Ebron
  Reddit eam David pacis ad indicium.
David et Abner edunt ; Abner cum pace recedit,
  Moxque dolo revocans hunc Joab interimit.
B Isboseth obdormit, sua sunt nec ostia firma,
  Clamque necant gladiis hunc Recab et Banaa.
A Recab et Banaa sumens caput Isboseth, ambos
  Interimit David, præmia ferre ratos.
A tribubus cunctis David rex Israel unctus,
  Conterit allophylos belliger egregius.
Jerusalem capiens, Jebusæos inde fugavit,
  Atque caput regni David eam statuit.
Per vallem Raphaim venit hostis, et omnia vastat ;
  Inque Baalpharasim David eum superat.
A Domino doctus David non obviat hosti,
  Gyrat, et a tergo perniciem dat ei.
A Cariathiarim quæ dudum venerat arca,
  Est apud Aminadab qui manet in Gabaa.
C David agi plaustrum ponique super jubet arcam,
  Atque boves jungens, ducere cœpit eam.
Quando regunt plaustrum quos Aminadab gene-
                        [ravit,
  Oza sequens arcam, prævius Ahio regit.
Arca Dei fertur ; rex ludit et Israel omnis ;
  Tympana, sistra sonant, listraque cum cytharis.
Arca Dei labi bove calcitrante videtur,
  Oza manu tenet hanc, moxque cadens moritur.
Ulterius David timet arcam ducere secum,
  Atque Gethæus eam detinet Obededom.
Divitias augens Deus Obededom benedixit,
  Cujus in æde tribus mensibus arca fuit.
David ad Obededom citharizans atria venit,
  Unde ferens arcam Jerusalem rediit.
D Quando Michol David videt ante Deum salientem,
  Despicit hunc ; ideo non peperit sobolem.
David Ebron degens Ammon primo generavit,
  Edita Jesrael hunc Achinoem peperit.
Filius est David puer Absalon, et speciosis
  Israel et Judæ pulchrior est pueris.
Pulchra nimis Thamar soror Absalon est uterina
  Ex genita regis Tholomai Maaca.
Ut faceret templum David Nathan insinuarat ;
  Mane Nathan rediens ædificare vetat.
Ex Lodabar Machir est, et qui manet ejus in æde
  Miphiboseth claudus filius est Jonathæ.
A Lodabar ductus, nec non bona patris adeptus,
  Cum pueris David Miphiboseth comedit.
Pace Naas David connexus rex fuit Ammon ;

Hic obit et regnat filius ejus Hanon.
David Hanon servos ut dent solamina misit,
  Seque quod explorent rex furibundus ait :
Usque nates ab Hanon mox vestis quæque rescissa,
  Rasaque legatis barba fuit media.
Regis Hanon fuit urbs celeberrima, nomine Rabba ;
  Ut populetur eam dux Joab accelerat.
Ut tueatur Hanon veniunt cum gente quaterna
  Rex Rohob, Istob rex, rex Soba, rex Maacha.
Ante fores Rabba pugnant Joab Abisaique,
  Et fugiunt victis regibus indigenæ.
Dum manet Urias prope Rabbad in obsidione,
  1195 Jerusalem conjux est sua Bersabee.
Bersabeen secum David dormire coegit,
  Protinus illa domum, sed gravidata redit.
A Joab Urias fert regi nuntia belli :
  Ire domum jusso rex epulas dat ei.
Nonnisi cum servis Urias vult recubare,
  Nec domus allicit hunc pulchrave Bersabee.
Post reditum quare cum conjuge non requievit
  Rex rogat Uriam ; virque severus ait :
Absit ut Uriam demulceat ulla voluptas,
  Dum Joab armorum prægravat asperitas.
Rex ait Uriæ : Sero cœnabis apud me ;
  Quas Joab ostendas cras dabo litterulas.
Ut digitus David signa quæ verba notavit,
  Fert manus Uriæ signa necis propriæ.
Cæditur Urias densos ubi pugnat in hostes,
  Dante Joab signum dum fugiunt comites.
Dum David ex Rabbath non vult sibi sumere pal-
                                          [mam,
  David adire facit, qui cito cœpit eam.
David Hanon perimens, fert illius diadema,
  Jerusalemque redit, multa gerens spolia.
Ut cibet infirmum Thamar soror intrat ad Ammon ;
Cumque cibare parat, cogitur ut coeat.
In Baasor pransum deduxerat Absalon Ammon,
  Quem fecit interimi dum putat hic refici.
Absalon in Gessur tribus annis est fugitivus,
  Rex ibi Tholomai ; tunc viget ejus avus.
Insinuante Joab ducens puerum Thecuitis
  Aggreditur David talibus eloquiis :
Filius alter arat quem filius iste peremit.
  Hunc lapidare volunt, sic mihi nullus erit.
Filius hic vivet rex David ait Thecuiti,
  Nec patiar tibi bis mœstitiam fieri.
Mortuus est Ammon, dixit regi Thecuitis,
  Absalon ut perdas, hunc reparare nequis.
Admonitus cauto Thecuitis famine David
  Absalon a Gessur mox remeare facit.
Jerusalem mœstus geminis manet Absalon annis,
  Cum faciem nunquam possit adire patris.
Absalon ire facit legatos, et Joab orat,
  Ut veniens illi colloquium faciat.
Absalon iratus segetes Joab igne cremavit ;
  Ire prius renuens tunc Joab hunc adiit.
Efficiente Joab rex Absalon oscula præbet,
  Et sibi præsentem cum velit esse jubet.
Absalon est in Ebron stipatus milite multo,
  Hic et ab Achitopel rex fit et a populo.

A Jerusalem David pede nudo flensque reliquit,
  Sed remanet Cusai David amicus ibi.
Achitophel bis sex hominum millibus ire,
  Et profugum David vult cito percutere.
Accelerant servi post Achimaam Jonathamque,
  Atque volunt illos in Bahurim capere.
Dat mulier ptisanas super os putei quasi siccet,
  In puteo Jonathas Achimaasque latet.
A puteo Bahurim Jonathas salit, Achimaasque ;
  Atque monent David longius aufugere.
Quod Cusai monuit quia credulus Absalon egit,
  Achitophel merito se perimit laqueo.
Per Bahurim collem regi David fugienti
  Exprobrat, et lapides mittit in hunc Semei.
Principibus trinis committens agmina David,
B Absalon ut servent in Galaad monuit.
Absalon impugnant Ethai, Joab Abisaique,
  Et populi cædes magna fit in nemore.
Absalon it mulo, ramo caput illius hæret,
  Ejus abit mulus, pendulus ipse manet.
A Joab Absalon est triplex data lancea cordi ;
  Palpitat, huncque necant quinque bis armigeri.
Israel in David duce Siba bella paravit.
  Sed reparans regnum Juda reduxit cum.
1196 Præcipiens Amasæ quo multum regeret
                                          [agmen,
  Vult Amasam David pro Joab esse ducem.
Dum simulas Amasæ Joab oscula, dextera mentum
  Sustinet et læva das lateri gladium.
Ut caperet Sibam Joab oppugnabat Abelam,
C Quem mulier flexit quæ bene consuluit.
Docta caput Sibæ mulier projecit Abelæ,
  Quod Joab a muro suscipit, itque retro.
Inde fames durat tribus annis tempore David,
  Quod populus Gabaa per Saul occubuit.
A Gabaonitis de stirpe Saul cruce fixi
  Sunt juvenes septem, sic abit ira Dei.
In cruce dum pendent Armoni Miphibosethque
  Respha parens servat corpora nocte, die.
Respha die volucres, noctuque feras abigebat,
  Rex jubet, et natos Respha suos tumulat.
Jesbibenob pugnans vult lassum cædere David,
  Protinus Abisai Jesbibenob perimit.
Castra Philisthæus Bethleem posuit prope portam,
  Unde dari sitiens vult sibi David aquam.
D Per medios hostes est Bethleem porta petita,
  Fortibus a trinis, haustaque fertur aqua.
Absit ut ipse sitim relevem de sanguine vestro,
  Rex ait, et fundens libat aquam Domino.
Israel et Judæ David populos numeravit,
  Gadque propheta Dei convenienter ait :
Trina dies pestis, vel erunt septem famis anni,
  Vel fuga tres menses toleranda tibi.
Malo, refert David, Domini me dextera tangat,
  Quam manus hostilis me profugum faciat.
Trina dies agitur, cum morti septuaginta
  Millia de populo dat manus angelica.
Proxima Jerusalem fuit area quam prope David
  Angelus apparet qui populum perimit.

Area cum bobus, plaustrum, juga sunt Areunæ,
  Gratis et hæc regi vult Areuna dare.
Tradita cum bobus pretio fuit area regi,
  Quos ibi rex adolet, fitque salus populi.

—

IN LIBRUM TERTIUM.

Frigidus est David, quod fecit pigra senecta,
  Nec calidus fieri veste potest aliqua.
Virginibus pulchris præstans Abisag Sunamitis
  Cum sene rege jacet, quem cibat atque fovet.
Plebs, Joab, Abiathar regem faciunt Adoniam ;
  David, ut agnovit, ne fieret vetuit.
Et jubet in regem sibi substitui Salomonem.
  Ducitur ille Gihon, rex ibi fit Salomon.
Dum tenet altaris cornu trepidans Adonias,
  Mandat ei Salomon : Fac bene, ne timeas.
Ductus ad extremum David jubet hoc Salomoni,
  Ut gladio tandem det Joab et Semei.
Mortuus est David; flet Juda, flet Israel illum ;
  Hunc et in urbe sua rex sepelit Salomon.
Quatenus uxorem ducas Abisag Sunamitem
  A Salomone petis, mox Adonia peris.
Jussus ab altari postquam Joab ire recusat,
  Hunc ibi Banaias rege jubente necat.
Rex prohibet Semei de Jerusalem proficisci ;
  In Gath abit Semei, rex jubet hunc perimi.
In Gabaon Deus in somnis visus Salomoni :
  Tu pete, quodque petes, hoc dabo, dixit ei.
Ut Salomon petiit sibi quo sapientia detur ;
  Hæc et opes, nec non gloria summa datur.
Dum, mulier, dormis, tibi subripit altera vivum,
  Clamque suum tibi fert exanimem puerum.
Bina petit puerum mulier, Salomonque necari
  Hunc jubet, et medium censet utrique dari.
Una monet fieri, vetat altera. Rex, ea, dixit,
1197 Est pueri mater, quæ perimi vetuit.
Facta fuit talis Domini domus a Salomone,
  Ut fieri nullum possit opus simile.
Materia lapidum Domini domus ædificatur,
  Et sonitus ferri nullus ibi capitur.
Lata quater quinis et ter denis fuit alta,
  Sex decies cubitis longa domus fabrica.
Ligna tegunt abiegna solum, murum tegit intus
  Cedrus, et ex cedro fit laquearis opus
Ligna videt nemo, sed purum cernitur aurum,
  Quo tegitur laquear, murus et omne solum.
Est cubitis denis geminus cherub altus, et alas
  Per cubitos denos pandit uterque duas.
Factus olivarum lignis geminus cherub intus,
  Omnibus est membris aureus exterius.
Ala cherub gemini sic murum tangit, ut alæ
  In medio templi sint sibi contiguæ.
Tanta datur Domino, Salomon dum dedicat aram,
  Hostia per populum, ne numerare queam.
Millia bina boum, vicenaque per Salomonem ;
  Ast ovium centum sunt data bisque decem.
Non minus est aries tibi quam centenus ad esum
  Cum bove ter deno quoque die, Salomon.

A Nullus aves, pisces, cervos, capreas numerabit,
  Sive feras alias, quas Salomon comedit.
Millia quadrupedum duodena quibusque diebus
  Rex Salomon pascit congrua militibus.
Millia dena quater sunt quadrupedum Salomonis,
  Quæ cibat assidue, curribus apta suis.
Arma quibus Salomon tribuit vestesque, cibosque,
  Sunt equitum bis sex millia quaque die.
Cuncta domat mulier, quia te (sapientia) vincit.
  Quando deos Salomon victus amore colit.
Sidoniam Astarthen, Chamos Moab, et Moloch
                      [Ammon ,
  Quos sua nupta deos ipse colit Salomon.
Ut chlamydis bis sex scissuras fecit Achias,
  Jussit ut inde decem, Jeroboam, capias.
B Rex Salomon moritur, sepelit natus suus illum,
  Qui Roboam dictus fert diadema suum.
Israel it cum Jeroboam ; Roboam quoque poscit
  Ut levet ipse jugum, quod Salomon posuit.
A Roboam quæsita senum sententia suadet
  Ut placeat populis, et juga dura levet.
Insinuant juvenes non esse jugum relevandum,
  Et Roboam credit consiliis juvenum.
Vos, Roboam profert, flagris pater ante cecidit ;
  Sed mihi pro flagris, scorpio multus erit.
Sola tribus Judæ regi Roboam famulatur ;
  Dena tribus regem Jeroboam sequitur.
Vult Aduram missus Roboam deferre tributum,
  Sed lapidat veniens Israel omnis eum.
C Accelerant centum simul octogena virorum
  Millia cum Roboam perdere Jeroboam.
Nomine Semeias vates fuit; ille catervas
  Ut tot abire videt, sic ad eas perhibet :
Integritas regni pro David erat Salomoni,
  Sed Roboam fit honor pro Salomone minor.
Juda revertatur; non Israel interimatur,
  Sed sedeat proprio Jeroboam solio.
Hoc simul audivit, regressus Juda quievit ;
  Post tamen est factus Jeroboam reprobus.
Ad Domini templum quod Jerusalem micat auro
  Conveniunt plures Israel ex populo.
Jeroboam metuit ne regno sit cariturus,
  Si suus ad Roboam conveniat populus.
Artis opus miræ vitulos facit, et jubet ire
D Jeroboam populos, ut recolant vitulos.
Aureus in Bethel vitulus est, par suus in Dan ;
  Hoc opus, hique dii, sunt tibi Jeroboam.
Festa dies agitur, qua cogit pergere secum]
  Jeroboam Bethel multiplicem populum.
1198 Thurificat vitulum rex Jeroboam super
                      [aram :
  Ecce vir ex Juda clamat at hoc in eam.
Vir domui David Josias nomine surget,
  Qui super hanc aram pontifices perimat.
Hoc aderit signum : Scindetur protinus ara,
  Et cadet in terram qui cinis est in ea.
Rex levat inde manum, citiusque capi jubet illum ;
  Mox manus arida fit, nec retrahi potuit.
Scinditur ara eico, sicut vir dixerat ille,

Et populi cinerem conspiciunt cadere.
Jeroboam rogitat vir ut auxilium sibi poscat,
     Qui petiit Dominum restituitque manum.
Inde vir ex Juda pergit, sequiturque propheta
     Unus, eumque rogat quo rediens comedat.
Vir Domini profert : Dum Bethel pergere jussit
     Me Dominus, Bethel ne comedam vetuit.
Ille propheta refert : Fuit angelus ecce locutus,
     Utque cibum tibi dem sum per eum monitus.
Vir redit et comedit, sed qui deceperat illum
     Dum resident clamat vaticinans ad eum :
Tu nec obedisti, nec jam poteris sepeliri
     Cum propriis patr.bus, sic loquitur Dominus.
Vir residens asino pergit, leo mox necat illum,
     Inde nihil comedens, nec perimens asinum.
Conspicitur medio projectum calle cadaver,
     Et stat asellus ibi, statque leo pariter.
Hoc ubi cognovit, petit ille propheta necatum, -
     Flensque suum Bethel hunc vehit ad tumulum.
Jeroboam natus jacet æger Abia vocatus;
     Atque quiete carens luget uterque parens.
Rex jubet ut pergens sua consulat uxor Achiam,
     An subeat mortem natus Abia citam.
Fecerat hoc ætas, oculis nil cernit Achias;
     Hic manet in Silo vera videns animo.
Se simulans aliam petit hunc regina, sed ille :
     Jeroboam conjux (protulit) ingredere.
Jeroboam peccat, vitulos quos fecit adorat; .
     Et tibi missus ego nuntia dura fero.
Æger Abia jacens, quem Jeroboam generavit,
     Quando domum venies exanimatus erit.
Jeroboam generis tumulabitur amodo nullus,
     Solus erit tumulo vester Abia datus.
Jeroboam generis si quis moriatur in agris.
     Hunc comedent volucres; si quis in urbe, canes.
Et veniens Thersam regina domum penetravit,
     Natus Abia suus mox anima caruit.
Juda Dei legem, Roboamque tenet tribus annis,
     Nullus et interea prævalet hostis eis.
Jerusalem Sesac rex Ægypti spoliavit,
     Quando Deum Roboam Judaque deseruit.
Post tamen a Roboam Judaque fuit rogitatus,
     Atque retro Sesac facit abire Deus.
Mortuus est Roboam, quo cum Salomone sepulto;
     Natus Abia suus fungitur imperio.
Jeroboam veniens terras invadit Abiæ,
     Et penitus Judam nititur atterere.
Ad Dominum clamans dum rex confligit Abia,
     Jeroboam fugiens vix redit ad propria.
Jeroboam moritur; Nadab autem filius ejus
     Israel a populo Sceptriger erigitur.
Civibus Allophylis urbs Gebbethon est habitata,
     Dum Nabad obsidet Hana cædit eum Baasa.
Agmina fugerunt, volucresque Nadab lacerarunt,
     Et fuit Thersa rex positus Baasa
Ense perit Baasæ dum Jeroboam genus omne;
     Scitur, Achia, tuus sermo fuisse ratus.
A populo Judæ postquam sepelitur Abia,
     Sceptrifer efficitur filius ejus Asa.

A Perpetuum bellum fuit inter Asam Baasamque;
     Verus Asæ Deus est; sed vitulus Baasæ.
Sæpe propheta Jehu Baasæ mala vaticinatur,
     Inde neci Baasa percutiente datur.
1199 Ut nociturus Asæ dominetur per loca Judæ
     Ædificare Rama proposuit Baasa.
Sceptrigero Benadab qui fert diadema Syrorum,
     Rex Asa munera dans expetit auxilium.
Auxilio Benadad fiunt Baasæ mala multa;
     Sic per eum non est ædificata Rama.
Ut sepelit Baasam regem facit Israel Helam
     Qui Baasæ patris moribus est similis.
Militiæ princeps obsedit Getbethon Amri;
     Hela suos cuneos stare jubebat ibi.
Dum bibit in Thersa rex Israel ebrius Hela,
B   Servus eum Zambri tradidit ense neci.
Obtinuit Thersam Zambri, rex Israel, atque
     Illius ense cadit tota domus Baasæ.
Aggreditur Thersam factus rex Israel Amri,
     Puniat ut servum qui dominatur ibi.
Israel adveniens circumdat mœnia Thersæ,
     Viribus et totis vult ea destruere.
Quando videt Zambri quod sit capiendus ab Amri,
     Ingrediens aulam, se cremat hic et eam.
Somer erat princeps qui montem vendidit Amri;
     Rex nova Samariæ mœnia fecit ibi.
Mortuus est Amri; quo Samariæ tumulato,
     Filius ejus Achab ponitur in solio.
Rex Achab uxorem pravam Jezabel sibi jungit,
C   Et sequitur Baalim quem sua nupta colit.
Sydonius rex est qui Mechabaal vocitatur,
     Hic Jezabel pater est', et Baalim sequitur.
Asserit Elias quoniam nisi proferat ipse,
     Nec populis rores, nec venient pluviæ.
Est prope Jordanem torrens, qui nomine Charit
     Dicitur; Elias hic sedet, inde bibit.
Dante Deo, panem corvi carnesque ministrant;
     Inde bis Eliam quaque die reparant.
Dum nimis imbre caret, torrens decrescit et aret;
     Tum pater Elias quærit aquas alias.
Sidonius locus est; veteres dixere Sarepta :
     Huc venit Elias, suscipit hunc vidua.
Exiguum viduæ vas cernitur esse farinæ;
     Restat ei tantum vas olei modicum.
D Nil olei minus est, non est tenuata farina;
     His tamen Elias utitur et vidua.
Natus obit viduæ, jacet Elias super illum,
     Et precibus fusis vivificat puerum.
Tres abeunt anni cum seno mense, nec ulla
     Omnibus in terris conspicitur pluvia.
Rex Achab Eliam quærens, non invenit illum;
     Invenit Abdias, hocque refert ad eum :
Rex Achab in varias te quæri præcipit oras,
     Et fieri tecum vult sibi colloquium.
Protinus Elias Abdiam pergere jussit :
     Ille vocat regem, rex properando venit.
Mons prope Jesrael est, Carmeli nomine dictus.
     Hunc petit Elias, rex Achab et populus.
Ecce quater centum quinquagenique prophetæ

Sunt ibi qui perhibent se Baalim colere.
Conspicit Elias tot pontifices statuarum,
  Nec dubitavit eis hoc dare propositum :
Ara sit una Baal, sit bos positus super unus,
  Araque sit Domini, bosque super positus ;
Appositis lignis supponatur nihil ignis :
  Sic Baal atque meus se probet igne Deus.
Pontifices clament : Et si Baal est Deus, ignem
  Mittat, et ipse suum devoret igne bovem.
Si Dominus Deus est, ego vociferabor ad illum,
  Atque bovem Dominus devoret igne suum.
Inde super binam bos binus ponitur Aram,
  Satque datur ligni, sed nihil ignis ibi.
Pontifices clamant, et cædunt corpora cultris;
  Nec Baal audit eos, nec datur ignis eis.
Tunc petit Elias ut det Dominus Deus ignem;
  Nec mora, consumit cœlica flamma bovem.
1200 Præcipit Elias comprendi quosque pro-
  [phetas,
  Atque Cison ductos ense peremit eos.
Jezrael Elias regem monet ocius ire,
  Ne redeuntis iter præpediant pluviæ.
Postulat Elias Carmeli vertice pronus,
  Moxque dedit nubes et pluvias Dominus.
Jezrael ad Jezabel veniens Achab omnia narrat
  Qualiter Elias hæc operatus erat.
Nuntiat Eliæ, quia perdidit ipse prophetas,
  Per famulum Jezabel, sic faciam tibi cras.
Dum fugit Elias, sub juniperum venienti
  Appetitur sibi mors, atque sopor fit ei.
Angelus hunc vocat ut comedat, qui surgit, et ecce
  Azymus hic panis, vasque videtur aquæ.
Prandit et obdormit, vocat angelus hunc ad eden-
  [dum,
  Qui comedit panem quem videt appositum.
Luxque dena [f. Luce dena] quater totidem cum no-
  [ctibus ivit,
  Cum nihil Elias prandet Horebque venit.
Montis Horeb qnædam spelunca videtur, et intus
  Dum manet Elias, inquit ei Dominus :
Egrediens stabis coram Domino veniente,
  Tunc ibi prævenient res ita terrificæ.
Spiritus est grandis fortisque, nec est Deus illic.
  Motio svbsequitur mira, nec est Deus hic.
Maximus est ignis, Deus est prope, non tamen hic
  [est;
  Sibilat aura levis, hic veniens Deus est.
Contegit Elias dum palliolo sibi vultum,
  Quid facis hic, inquit cœlica vox ad eum?
Ille refert : Zelo zelatus sum, quia pergit
  Post Balaam populus, teque sequi renuit
Israel [f. Jezabel] ense tuum percussit quemque
  [prophetam,
  Me superesse dolens quærit ut inteream.
Inquit ei Dominus : Perges, Elia, tuoque
  Victus erit studio rex Asael Syriæ.
Unge Levi regem super Israel ; ast Elisæus
  Unctus erit pro te, sitque propheta meus.
Rex Syriæ Benadad vult ter denis geminisque

A Regibus adductis Samariam capere.
  Rex Achab Israel est ; hic inter mœnia clausus
    Deficit et trepidat Samariæ populus.
  Rex Benadad jubet hoc ; argenti quidquid et auri
    Hic habet, uxores et genitos det ei.
  Territus iste refert : Ego sum tuus, et mea quæque,
    Ut mihi mandasti, sunt tua, mi domine.
  Mandat ei Benadad : Servos ego cras tibi mittam,
    Quodque placebit eis Samariæ capiam.
  Mittit Achab Benadad, sibi quem videt insidiari,
    Hoc nimis est durum, non patiar fieri.
  Rex Achab et Benadad pugnant in vertice montis;?
    Terga Syri vertunt, Israel instat eis.
  Rex Benadad fugiens, ubi videt se superatum,
    Dixit Achab regem montis habere Deum.
B Annus abit, Benadad reparat currus equitesque,
    Atque redit sperans Israel opprimere.
  Cernitur in campis ab Achab Benadad superatus,
    Et Dominus fortis scitur ubique Deus.
  Urbs vocitatur Aphec ; Benadad conclusus in urbe
    Sic latet ut nunquam se putet aufugere.
  Membra tegunt saccis, et sic ad Achab venientes
    Quæ Benadad mittit verba ferunt proceres.
  Servus erit Benadad tuus, et quæcunque jubebis
    Efficiet, vitam tu sibi si dederis.
  Inquit Achab : Volo; sit Benadad mihi fœdere
    [junctus,
    Et vigeat frater; tempus in omne meus.
  Tunc humilis Benadad demisso vertice venit,
    Inque suo curru rex Achab hunc posuit.
C Ecce propheta suo comiti, me percute, dixit;
    At fore percussor, qui comes est, renuit.
  Ille refert comiti quoniam leo perderet ipsum.
  1201 It comes, et veniens mox leo perdit eum.
  Vir venit alter; ei, me percute, dixit; at ille
    Percutit, et sanguis labitur a capite.
  Inde propheta sibi tegit omnem pulvere vultum,
    Et veniens ad Achab, tale dat eloquium :
  Dummodo pugna fuit, quidam cepit fugientem,
    Et mihi commisit lege sub hac hominem.
  Hunc nisi restituas, argenti solve talentum,
    Vel mihi pro capto da caput ipse tuum.
  At mihi commissus fugiens evasit, et ille
    Qui mihi commisit, jus petit inde grave.
D Aut hominem reddes, aut argentum dabis illi
    Rex ait, aut debes judice te perimi.
  Ut facie tersa fuit agnitus esse propheta,
    Dixit Achab plane judicium simile.
  Rex Benadad merito fuerat vir mortis; at illi
    Tu dator es vitæ, dignus es inde mori.
  Vinea Nabod erat, fuit hæc in Jezrael urbe;
    Rex Achab appetit hanc, et sibi vult emere.
  Vinea, Nabod ait, patrum fuit ista meorum,
    Sitque meæ prolis; non capiam pretium.
  Hoc Achab audito, dat tristia membra cubili·
    Nec comedit panem, vultque dolore mori.
  Ut Jezabel ponit notulas, ponitque sigillum.
    Jezrael has mittens, triste dat imperium.
  Imperio Jezabel duo crimen testificati

Sunt ibi, quo Nabot debeat interimi.
Dicitur a Nabod : Rex atque Deus benedictus;
    Inde videns testes, hunc lapidat populus.
Hoc Achab ut novit gavisus, Jezrael intrat;
    Obvius Elias sic ad eum loquitur :
Perditor illius es cujus bona diripuisti ;
    Ira Dei vindex te dabit inde neci.
Fusus erit sanguis tuus', ac linget canis illum
    Nabod ubi cruor est linctus ab ore canum ;
Atque canes comedent Jezabel : utrumque peribit
    Sic genus, ut Baasæ tota domus periit.
Induitur sacco, jejunat, luget, humique
    Sternitur, et flexo pergit Achab capite.
Protulit Eliæ Deus : Hocne vides, quia plangit
    Rex Achab, et veniam nocte dieque petit.
Dic Achab : Illius dare quod mala nolo diebus,
    Post, mala sunt toti danda suæ domui.
Rex Asa mortuus est, tumulat genitus suus illum
    Nomine qui Josaphat suscipit imperium.
Rex Achab et Josaphat valido sibi fœdere juncti,
    Samariam veniunt, atque loquuntur ibi.
Esse Ramoth Galaad debet mea, rex Achab, inquit.
    Huc Josaphat secum protinus ire petit.
Ibo, refert Josaphat, sed consule, quæso, prophetas
    An valeat nobis affore prosperitas.
Ecce quadringenti veniunt, et quisque prophetat
    Velle Deum reges ire Ramoth Galaad.
Ferrea dat propriæ Sedechias cornua fronti ;
    Et veniens ad Achab, talia dixit ei :
Perge Ramoth Galaad, subito capturus es illam,
    Atque fugans perdes cornibus his Syriam.
Israel in terra superest aliusne propheta,
    Rex Josaphat quærit. Tunc Achab istud ait :
Prospera qui nunquam, sed semper dura prophetat,
    Est prope Michæas. Exigit hunc Josaphat.
Mittitur eunuchus, qui pergens advocat illum ;
    Et cito Michæas ducitur in medium.
Visne Ramoth Galaad nos pergere? Rex Achab inquit :
    Pergite, Michæas, et bene cedet, ait.
Rex Achab adjurat Domini sub nomine verum
    Dicere Michæam. Tunc ait hic ad eum :
Israel est visus, veluti pastore carentes
    Ire solent sparsim per juga montis oves.
1202 In sollo celso residens Deus est mihi visus;
    Multus et astabat spirituum numerus :
Præcipiet [*melius* Decipiet] quis Achab vestrum
       [Deus omnibus inquit?
    Hunc ego decipiam, spiritus unus ait.
A Domino jussus per quem tu decipiaris?
    Spiritus est mendax vatibus esse tuis (59).
Mox ubi Michææ maxilla manu Sedechiæ
    Acriter icta fuit, percutiens vir ait :
Mene, Deus, spreto, fuit hæc tibi verba locutus?
    Ast alapam patiens, protulit intrepidus :
Quando petens latebras geminum conclave subibis,
    An fuerim verax scire coactus eris.
Præcipitur tristi Michæam carcere claudi ;
    Itque Ramoth Galaad rex Achab et Josaphat.

A Rex Achab ut Syriæ regem videt appropiare
    Qualiter incedat sic docuit Josaphat :
Vestibus insignis, curru, regalibus armis
    Ibis, erisque meo conspicuus populo.
Tunc Achab omnino se regem dissimulavit,
    Et modico curru sic quasi miles abit.
Rex Syriæ cuneos quos fortes aspicit orat,
    Ut reliquis spretis, rex Achab intereat.
Præcipuus Syriæ cuneus credens Achab esse,
    Aggrediens Josaphat, præcipitare parat.
Ut Josaphat clamans, quod non esset Achab patefecit,
    Transit eum cuneus; sic Josaphat viguit.
Israel atque Syri duro certamine pugnant,
    Estque diu dubium qui superare queant.
Ivit in incertum, casuque sagitta volavit,
B   Qua prope pulmonem fixus Achab periit.
Quando fuit notum quia vincunt arma Syrorum,
    Aufugitans Josaphat Jerusalem remeat.
Quem generavit Achab rex Israel, est Ochozias,
    Qui similis patris est, atque colit statuas.

--

IN LIBRUM QUARTUM.

Lapsus in æde tua per cancellos, Ochozia,
    Membra movere nequis, atque mori metuis.
Accaron ire facis famulos, Ochozia, jubesque
    Beelzebub an prope sit mors tua consulere.
Angelus Eliam famulis occurrere jussit,
    Et quod eis verbum diceret edocuit.
C Obvius Elias famulis ait : Est Deus unus,
    Qui Deus Israel est, nec Deus est alius.
Beelzebub esse Deus quia creditus est Ochoziæ,
    Et quia misit vos hunc modo consulere,
Dicite quod nequeat succurrere Beelzebub illi,
    Sed Domini jussu mors prope fiet ei.
Famen ut Eliæ famuli referunt Ochoziæ
    Rex homines [*f.* milites] mittit, huncque venire
                [petit.
Cum decies quinis princeps properavit eorum,
    Qui vocat Eliam regis ad alloquium.
Ammovet [Admonet] Eliam princeps puerum quasi
                [vilem,
    Despiciensque Dei nominat hunc hominem.
Cœlitus Elias fecit descendere flammas,
D   Unde perit princeps atque sui comites.
Cum totidem princeps venit alter, quos cremat ignis :
    Tertius est salvus; nam fuit hic humilis.
Hic ait Eliæ : Ne me, pater, obsecro perdas
    Pronus et inquit ei : Rex petit ut venias.
Ut venit Elias, profert : Ochozia peribis ;
    Amodo de lecto surgere non poteris.
Samariæ cives regem tumulant Ochoziam,
    Atque suo fratri sceptra dedere Joram.
Palliolo quodam Jordanis percutit undam.
    Taliter Elias dividit ejus aquas.
Tunc pater Elias fluvium sicco pede transit,
    Atque sequens illum tunc Elisæus abit.
1203 Protulit Elias : Pete quod tibi vis, Elisæe :

(59) Forte : *Spiritus et mendax vatibus ero tuis.*

Tollar et ante , volo quod cupies facere.
Spiritus Eliæ tibi duplex ut tribuatur,
  Hunc, Elisæe, rogas; optima res petitur.
Tunc ait Elias : Licet hæc sit difficilis res ,
  Dum ferar, hanc, si me videris, accipies.
Res veniunt miræ, quibus est divisus uterque,
  Scilicet ex igni currus adest et equi.
Dum Deus Eliam cum turbine tollit in auras ,
  Hunc Elisæe videns : Mi pater, ingeminas.
Palliolum cadit Eliæ, sed aquas Elisæus
  Percutit hoc, et non dividitur fluvius.
Ille Deum vocat Eliæ, Jordanis et undas
  Percutit, et cito dissociavit aquas.
Dum Jericho cuncti fontes biberentur,
  Expetiit curam plebs, Elisæe, tuam.
Sal jacis in fontes , Dominumque vocas, Elisæe,
  Et Jericho dulces inde bibuntur aquæ.
Ligna puer cædis , ferrum Jordanis in undis
  Labitur, hocque puer mutuo detuleras.
Vir Domini lignum præcisum ponit in undis,
  Moxque natat ferrum , quod puer inde trahis.
Fit dolor in turba , mors exclamatur in olla ,
  Cum coloquintida sit, quæ male missa fuit.
Tu moderans herbam, misces, Elisæe, farinam,
  Inde salutiferum præbuit olla cibum.
Dum pueri Bethel dicunt : Ascendite , calve;
  Ludibrium reputas hoc , Elisæe, grave;
Tu maledicis eis. Ursi duo quos petierunt,
  Hosque quater denos atque duos perimunt.
Creditor in servos viduæ vult tollere natos;
  Ast olei tantum possidet illa parum :
Hinc, Elisæe , jubes fundi per plurima vasa.
  Sic olei guttis vasa replet vidua.
Quinque quater modicos in pera fert homo panes ,
  Distribui turbæ , quos , Elisæe , jubes.
Cumque viris centum dubitans puer inde minister,
  Mox saturos omnes et superesse videt.
Quæ Sunamitis erat mulier cernens Elisæum,
  Præbet ei panem, præstat et hospitium.
Acriter illa dolet quia filius est sibi nullus ,
  Atque maritus ei jam nimis est vetulus.
Asseruit vates huic post annum fore partum :
  Et simul annus abit, et peperit puerum.
Crevit, et in messem venit ad patrem puer ille ,
  Et dolor in tenero fit pueri capite.
Mittitur ad matrem , genibus quem sustinet illa ,
  Atque repente die mortuus est media.
Gressibus it promptis in Carmelum Sunamitis.
  Hic Elisæus erat, quem videt atque rogat.
Procidit hæc lacrymans, complexa pedes Elisæi ,
  Quam removere suus vult famulus Giezi.
Vir Domini profert : Noli, quia mœror acerbus
  Hanc premit, et mihi non protulit hoc Dominus.
Inde suum baculum Giezi dat, quem properantem
  Sic monet : Hunc pueri pone super faciem.
Mœsta virum Domini non dimittit Sunamitis ,
  Et Giezi missum non putat esse satis.
Est baculus positus, sed non est vox neque sensus.
  Nuntiat hoc Giezi, virque venit Domini,
Aspiciens puerum , super hunc cubas , Elisæe ,

A Mortua nec dubitas membra tuis premere.
  Jungitur os labiis , oculi junguntur ocellis ,
  Atque manus manibus; fitque puer calidus.
Ut reparando precem, semel is , Elisæe , per ædem,
  Ad puerum remeas , et super hunc recubas ,
Tunc vicibus septem puer oscitat, et Sunamitis
  Læta tulit puerum , qui viget incolumis.
A Syria veniens Naaman princeps , Elisæum
  Poscit ut a lepræ vulnere curet eum.
Utque propheta jubet , Naaman Jordanis in unda
  Est vicibus septem lotus , abitque lepra.
1204 Post Naaman currens, argenti bina talenta
  Sumit ab hoc Giezi, quæ tegit ut propria.
Munus avaritiæ non vult Elisæus haberi.
  Qui jubet , et Naaman lepra datur Giezi.
B Samariæ cives ut possint illaqueari ,
  Insidias ponunt per loca multa Syri.
Samariæ regi loca nuntiat hæc Elisæus.
  Sic Syriæ semper decipitur populus.
Rex Syriæ quærit quis proditor est famulorum.
  Tunc famulus quidam protulit hoc ad eum :
Samariæ regi narrat vates Elisæus
  In thalamo quidquid consilii capimus.
Rex Syriæ noctu jubet agminibus properare ,
  Atque virum Domini qui Dothan est capere.
Mane puer surgens prope muros agmina cernit ,
  Flensque viro Domini : Quid faciemus, ait?
Vir sacer angelico montem videt agmine plenum
  Stare Deus facit hoc ejus ad auxilium.
C Luminibus pueri nequit ignea turma videri ,
  Moxque precante viro, visa fuit puero.
Aspiciens hostes , maledicit eis Elisæus ,
  Et petit ut visum demat eis Dominus.
Tunc ad eos veniens , dedit illis talia verba :
  Urbs Dothan hæc non est, vestra nec ista via;
Dux ego vester ero , vos accelerate sequendo;
  Me duce cernetis, cernere quem cupitis.
Accelerant hostes , præcedit dux Elisæus
  Donec eos clausit Samariæ foribus.
Mœnibus inclusos rex Samariæ videt hostes ,
  Totque necare parat belligeros homines.
Sufficienter eis Elisæus prandia præbet;
  Ad Syriæ regem post remeare jubet.
Terra Moab debet pecudum præbere quotannis.
D Millia bis centum Samariæ populis.
Sesa Moab rex est, prohibetque venire tributum:
  Inde Joram Josaphat ducit in auxilium.
Rex comitatur Edom; sic tres reges abierunt,
  Atque Moab regem præcipitare volunt.
Septima lux tenet hos in desertis Idumææ;
  Flumen abest et fons, et lacus, et pluviæ.
In varias oras homines, jumentaque tendunt ,
  Fertur aquæ modicum quod procul inveniunt.
Tres veniunt reges, vatemque rogant Elisæum
  Quatenus his Dominus donet aquas per eum.
Vir Domini psaltem fecit prope se modulari ,
  Estque super vatem facta manus Domini.
Tunc per agros jussit fieri fossas Elisæus ,
  Et populo dixit : Sic loquitur Dominus.

A populo visus non ventus, non erit imber,
  Et tamen omnis aquas fossus habebit ager.
Cuncta trium regum cum surgunt agmina mane,
  Et per agros manant fluminis instar aquæ,
Ex tot aquis crescens fluvius, terram madefacit,
  Et rubeus torrens sic quasi sanguis erat.
Tres pariter reges pugnasse Moab reputavit,
  Sanguineumque ratus currere flumen, ait:
I Moab ad prædam, quoniam tuus occidit hostis,
  Jam locuples fies illius ex spoliis.
It Moab; at illum fugat Israel, et Moab urbem
  Aggreditur quamdam plus aliis celebrem.
Rex Moab aspiciens tres reges prævaluisse,
  Sic timet, ut facinus perpetret horribile.
Chara nimis proles regis Moab est puer unus,
  Qui patrii regni debet habere decus.
Aspiciunt reges, et triste ferens holocaustum,
  Immolat in muro rex Moab hunc puerum.
Gentibus in reges fuit indignatio magna,
  Qui Moab indulgent, et repetunt propria.
Maxima castra locans, valido circumdedit hoste
  Rex Syriæ Benadad mœnia Samariæ.
Clausus in urbe Joram confligere non valet hosti,
  Atque fame pereunt Samariæ populi.

1205 Vix pretium carni poterat dare plebs
                                        [asininæ,
  Atque columbarum stercora vix emere.
Samariæ regem muliercula pauper adivit,
  Judiciumque petens, talia proposuit:
Ista meum natum consumpsit femina mecum;
  Ecce suum tollit, mandere quem pepigit.
Rex nimis inde dolens : Elisæus jam morietur,
  Jurat, et ut necet hunc accelerans graditur.
Utque Joram frendens Elisæi limen adivit,
  Aspiciens illum, sic Elisæus ait :
Samariæ fiet cras copia magna farinæ,
  Sic, stater ut pretium sit modii similæ.
Unus adest princeps, rex incumbit super illum,
  Ipse viro Domini tale dat eloquium :
Si Dominus nobis reseret cœli cataractas,
  Non poterit fieri quod fore significas.
Vir Domini profert : Similam quam dico videbis,
  Inde tamen gustum sumere non poteris.
Angelicæ noctu veniunt in castra phalanges,
  Armaque dant sonitus undique terribiles.
Esse putat Benadad Pharium regem vel Hethæum
  Civibus obsessis qui ferat auxilium.
Mox Benadad fugiens in castris cuncta relinquit,
  Atque suas animas salvificare cupit.
Bis gemini noctu veniunt in castra leprosi,
  Inveniuntur opes, nemo videtur ibi.
Civibus hi referunt, quoniam discesserit hostis,
  Castraque cernuntur plena quibusque bonis.
Samariæ cives properant in castra Syrorum,
  Et capiuntur opes quæ superant numerum.
Insuper a populis affertur tanta farina,
  Ut pateat verax vox, Elisæe, tua.

A Ille malus princeps Elisæum qui reprobavit,
  Samariæ custos, rege jubente, fuit.
Hic miser a turba similam gestante gravatus
  Occidit in porta sub populi pedibus.
Mortuus est Josaphat, qui fertur patris ad urnam,
  Atque suus natus fert diadema Joram.
Hic statuas coluit, cujus genitrix Athalia
  Exstitit; hæc Amri rege fuit genita.
Iste Baal sacris, et fratrum cæde suorum,
  Regis Edom meruit perdere servitium.
Hic tamen aggrediens insurgentes Idumæos,
  In Seira pugnans nocte fugavit eos.
Juda Joram sepelit. Post illum filius ejus
  Est Aasias [Ochozias] rex, qui nimis est re-
                                        [probus.
B Hic Baal est cultor, docet hunc genitrix Athalia,
  Quæ Baalim sequitur, regis Achab genita.
Vir Domini venit Benadad languente Damasci.
  Tunc Hazael princeps protulit hoc ad eum :
Me Benadad mittens an sit prope mors sua, quærit;
  Vir Domini profert : Dic quia sospes erit.
Scire tamen volo te Benadad subito moriturum,
  Atque tibi Dominus dat diadema suum.
Inde sequente die Benadad fuit exanimatus,
  Ejus et in solio rex Azael positus.
Tunc, Elisæe, jubes puerum cito pergere quemdam,
  Et facis hunc olei tollere lenticulam.
Cumque Ramoth Galaad puerum facis accelerare,
  Taliter insinuas quid placet hunc facere.
C Quando Jehum cernens hunc in conclave.....
                                        [f. deduces.]
  Et quod ei facies non referas aliis.
Unge Jehum regem ; rex Israel ipse futurus
  Percutiat Jezabel; sic Achab omne genus.
Destruat ipse Baal; quicunque Baal veneratur
  Ense Jehu pereat. Sic Dominus loquitur.
Protinus accelerat, regemque Jehum puer ungit;
  Quid faciat profert, egrediensque fugit [74].
Quæritur a servis : Tibi quid fecit puer ille?
  Idque Jehu cunctis protulit intrepide :
Unctus ab hoc ego sum rex Israel. Hoc Elisæus
1206 Annuit, et regem me fore vult Dominus.
Inde Jehum regem populi venerantur, et illi
  Subjiciunt vestes in speciem solii.
D Vulnera facta Joram sunt regi Samaritano,
  Sumpserat hæc pugnans cum Syriæ populo.
Jezrael ille jacet, sed cum quem visere tendis,
  Jezrael a Juda rex Ahazia venis.
Rex Jehus ut reges audivit, Jezrael esse,
  Agmen eo ducens quærit eos capere.
In gemino curru geminus rex Jezrael exit,
  Pacificumque Jehum dum putat, obvius it.
Ordine dispositam cogit Jehus ire catervam,
  Atque regit cuneum prævius ipse suum.
Estne, Joram profert, mihi pax? Non est, Jehus
                                        [inquit,
  Cum Jezabel meretrix, atque venefica sit.

----

[74] I Reg. II.

Cumque Joram fugiens verso curru gradiretur,
   Hunc Jehus in quodam Nabot agro sequitur.
Tunc Jehus arcitenens facit accelerare sagittam,
   Quam voluit Dominus cor penetrare Joram.
Protinus a curru dux Badacer ejicit illum,
   Atque Joram maculat sanguine Nabot agrum.
Ut videt insidias currit fugiens Ahazias [Ochozias];
   Saucius hic rediit, mox tamen interiit.
Jezrael ingrediens Jehus, illos percutit ense
   Quos vidit ex toto regis Achab genere.
Cernit in arce malam Jezabel rex, perque fene-
                [stram
   Hanc jubet eunuchis præcipitare suis.
Exanimem Jezabel sic ungula trivit equorum,
   Ejus ut ex membris nil pene sit reliquum.
Cernitur ex illa capitis solummodo testa,
   Summaque pars manuum, pars quoque summa
                [pedum.
Egregio cultu quos servant Samaritani,
   Sunt decies septem regis Achab geniti.
Samariæ cives illorum septuaginta
   Jezrael ante Jehum cæsa ferunt capita.
Rex Jehus ut geminos capitum conspexit acervos,
   Jezrael abscedit, Samariamque petit.
Aspicit hic fratres, Aasia [Ochozia], tuos ve-
                [nientes,
   Hosque quater denos percutit atque duos.
Samariam veniens monuit Jehus accelerare,
   Quosque Baal servos et Baalim colere.
Et referens quod Achab modicum Baal est famu-
                [latus,
   Se famulaturum dixit eis potius.
Sacrificare Baal se velle Jehus simulavit,
   Sacrilegisque domus tota repleta fuit.
Ingrediensque domum facit offerri sibi vestes,
   Atque Baal jubet has sumere pontifices.
Utque Baal servos vidit Baalim famulari,
   Fecit eos omnes ensibus interimi.
Inde Baal statuam, fanum succendit et aram,
   Fitque latrina loco, quo fuit ara modo.
Israel in regno necat omnes rex Jehus illos
   Stirpis Achaz regis quos videt esse viros.
Samariam venit, Domino mittente, propheta,
   Talia qui regi protulit eloquia :
Hoc bene fecisti, Baalim quod comminuisti,
   Et quod Achab regis perditor es generis.
Sed quoniam populus vitulis offert holocausta,
   Grata parum Domino sunt benefacta tua.
Samariæ reges nascentur quatuor ex te,
   Post alii surgent ex alio genere.
Samariæ populus, qui membra Jehu tumulavit,
   Sceptrigerum Joachaz pro patre constituit.
Jerusalem regnum cupiens Athalia peremit,
   Semine de regum perdere quos potuit.
Perderet illa Joas, qui filius est Aaziæ [Ochoziæ],
   Sed Josabeth furans clam studet hunc alere.
Joiada præsul erat, cujus Josabeth fuit uxor,
   1207 Sed tua parte patris, rex Aazia [Ochozia],
                [soror.
Imperium Judæ sex annis est Athaliæ,

A   Atque Baal servit, quem Jezabel coluit.
Cumque Joas pueri fieret jam septimus annus,
   Arma dedit præsul Joiada militibus.
Præsul eos Domini templum servare rogavit,
   Et fore custodes Jerusalem monuit.
Utque vocans proceres sibi fœdere copulat omnes,
   Non dubitat totum pandere consilium.
Nam superesse Joas genitum profert Ahaziæ
                [Ochoziæ],
   Et quia patris ei vult diadema dare.
Consilium laudant proceres, nimis exhilarati,
   Atque Joas regem præcipiunt fieri.
Inde Joas ducens in templum Joiada pergit,
   Atque coronat eum, sceptrigerumque facit.
Fit canor in templo, manuum strepit undique
B   [plausus,
   Atque Joas regi clamat, ave, populus.
Intrat, et insidias profert Athalia parari,
   Joiada projiciens quam facit interimi.
Inde sacerdotem disperdit nomine Mathan,
   Atque Baal fanum conterit et statuam.
Sceptriger inde Joas in regum ducitur ædes,
   Et populis laute dantur ubique dapes.
Sæpius in templo rex offert maxima dona,
   Plebsque dat altari munera sæpe sua.
Illa sacerdotes rex aspicit omnia ferre
   Et Domini templum quod vetus est tuere.
Protinus in templo rex poni præcipit arcam,
   Et populus jugi munere replet eam.
Præsulis arbitrio fabris hoc traditur omne,
C   Egregio templum qui reparant opere.
Rex timuit Dominum dum præsul Joiada vixit,
   Præsule defuncto rex statuas coluit.
Joiada quem genuit, reprobat scelus Zacharias,
   Quem lapidat populus præcipiente Joas.
Ense Joas perimunt servi ; tunc filius ejus
   Est Amasias rex Jerusalem positus.
Hic Amalec populos et Edom regem superavit,
   Atque deos Amalec diripiens coluit.
Rex Hazael Syriæ super Israel agmina ducit,
   Qui Joachaz populos effugat et perimit.
Jam Joachaz currus superest solummodo denus,
   Et decies tantum millia sunt peditum.
Vim patiens Joachaz Dominum cœpit venerari,
D   Et petiit supplex auxilium Domini.
Auxiliante Deo rex Israel inde quievit,
   Nec Joachaz regno rex Hazael nocuit.
Rex Joachaz moritur, qui Samariæ sepelitur,
   Atque Joaz patrio ponitur in solio.
Visitat infirmum rex quando Joaz Elisæum,
   Se miserum clamat, si pater hic obeat.
Tunc patris imperio manibus rex accipit arcum,
   Atque pater super has ponit utramque manum.
Utque sagitta Joaz transitque fenestram,
   Hac, Elisæus ait, percuties Syriam.
Percute, rex, terram jaculo, profert Elisæus ;
   Rex vicibus terram percutit inde tribus.
Ille refert : Terram si sex vicibus tetigisses,
   Sex vicibus Syriam belliger attereres.

Sed quia ter tangens cessasti tangere terram,
  Amodo nonnisi tot percuties Syriam.
Israel a populis Elisæus dum tumulatur
  Latro peremptus erat, qui super hunc jacitur.
Mortuus ut tangit sanctos artus Elisæi,
  Vivificant illum membra viri Domini.
Rex Benadad Syriæ per terras Israel ivit,
  Sed superante Joaz, ter fugiens abiit.
Inde Joaz regem, vecors Amasia, lacessis,
  Qui tibi succenset talibus eloquiis :
Carduus in Libano præsumpsit mittere cedro,
  Fac tua sit nati filia nupta mei.
1208 Plurima confestim super illum bestia venit,
  Et gravitate pedum carduus occubuit.
Iis monitis dictis Amasias non requievit.
  Inque Joas Judam ducere non timuit.
Congrediente Joas, capitur fugiens Amasias,
  Huncque Joas vinxit Jerusalemque petit.
Cumque secare caput parat ense Joas Amasiæ,
  Jerusalem cives hoc facit aspicere.
Civibus inde jubet reserare fores Amazias,
  Jerusalemque manet rex dominusque Joas.
Jerusalem totum pro velle suo tulit aurum,
  Perque quadringentos fregit eam cubitos.
Obsidibus sumptis Amasiæ vincula solvit ;
  Inde Joas clarus Samariam rediit.
Accelerant gladiis Amasiam cædere servi,
  Et diadema patris fertur, Ozia, tibi.
Jerusalem muros veteres reparavit Ozias ;
  Hos etiam quos rex diruit ante Joas.
Ille Palæstinos Ammonitasque subegit,
  Atque tributa sibi solvere constituit.
Sunt hominum regis ter centum millia septem,
  Quamlibet armiferi qui superant aciem.
Geth penitus delens Jamniam fregit Ozias,
  Atque neci cunctos tradidit indigenas.
Ex opibus nimiis elatus, Ozia, fuisti,
  Pluraque dum bona sunt, plus nocuere tibi.
More sacerdotis dare thus præsumis, Ozia,
  Atque tuæ fronti lepra datur subita.
Jerusalem populus postquam sepelivit Oziam,
  Pro patre substituit sceptriferum Joatham.
Jerusalem cives Joatham rex blandus amabat,
  Atque tyrannorum victor acerbus erat.
Ille domus Domini portam sic ædificavit,
  Omnibus ut portis celsior hæc fuerit.
Membra Joas regis postquam gestantur ad urnam,
  Sceptrifer efficitur pro patre Jeroboam.
Jeroboam Benadad regem Syriæ superavit,
  Et loca Samariæ perdita restituit.
Jeroboam regem tumularunt Samaritani,
  Et patris imperium dant, Zacharia, tibi
Aggrediens Sellum gladio perimit Zachariam,
  Rexque brevi tenuit tempore Samariam.
Samariam venit Manahem, Sellumque necavit,
  Et populus regem constituit Manahem.
Samariæ populus postquam Manahem tumulavit,
  Pro patre Phaceiam sceptrigerum posuit.
Insidians Phacee Phaceiam perdit, et illi

A Sceptrigero parent Samariæ populi.
  Rex obiit Joatham, populus quem vexit ad urnam,
  Et reprobus regnat filius ejus Achad.
Illo suum studuit flammis comburere natum,
  Sculptilibusque suis sacrificavit eum.
Rex Syriæ Rasin, Phacee rex Israel ; isti
  Jerusalem veniunt, hanc spoliare rati.
Rex Achaz Assyrio dans Theglathphalasar aurum,
  In geminos reges postulat auxilium.
Rex venit Assyrius, qui Rasin percutit ense,
  Interimens multos ex populis Phacee.
Assyrius pugnans capit ingrediturque Damascum ;
  Rex Achaz huc veniens munera fert ad eum
Rex Achaz aspiciens quam pulchra sit ara Damasci.
  Consimilem jussit Jerusalem fieri.
B Sacrificat vitulos et oves Achaz hanc super aram,
  Sicque deos sequitur quos coluit Chanaan.
Ille domus Domini portas jubet undique claudi,
  Ne populi vere dent holocausta Deo.
Insiliens Osee Phaceem simul ense peremit :
  Hunc populus regem Samariæ statuit.
Salmanasar rex Assyrius super Israel ivit,
  Samariamque petens, obtinet atque capit.
Ille Oseem claudens in carcere, Samaritanos
  Vinxit, et adducens vertit in Assyrios.
1209 Corpus Achaz regis proceres faciunt sepe-
                                    [liri,
  Atque patris regnum dant, Ezechia, tibi.
Æneus est serpens, Moyses erexerat illum,
  Stultaque thurificans plebs veneratur eum.
C Depositum frangit serpentem rex Ezechias,
  Fanaque succendens comminuit statuas.
Per loca Judææ lucos excelsaque delet,
  At Domino soli sacrificare jubet.
Sennacherib rex Assyrius locat agmina Lachis ;
  Sicque parat bellum Jerusalem populis.
Rabsacis est nomen legati, qui prope murum
  Jerusalem populis hoc facit eloquium :
Jerusalem cives, ne fallat vos Ezechias,
  Qui putat ut Domini salvet eum pietas.
Nec poterit vobis rex vester ferre salutem,
  Nec Dominus regi ferre valebit opem.
Vel bibet urinas hæc gens, et stercora mandet,
  Vel pedibus se se Sennacherib subiget.
D Indicat Isaiæ per legatos Ezechias
  De Domino verbum Rabsacis, atque minas.
Est, ait Isaias, Ezechiæ nil metuendum ;
  Nam Dominus vobis conferet auxilium.
Jerusalem sperans evertere, jam prope Lobnam
  Sennacherib gentem duxerat Assyriam.
Millia sunt centum simul octogena virorum ;
  Angelus hos perimit nox ubi facta fuit.
Sennacherib populos tot cernens mane peremptos,
  In Niniven remeat, ne pariter pereat.
Sennacherib supplex in templo Nefrat [Nesroch]
                                    [adorat,
  Quem suus Adramelech filius ense necat.
Vota Deo confert Ezechias exhilaratus,
  Thurificatque Deo Jerusalem populus.

Dum pater Isaias Ezechiam visitat ægrum,
  Hunc dare juncta jubet, vaticinans obitum.
Tunc abit Isaias ; sed poscit flens Ezechias
  Mortis ei tempus differat ut Dominus.
Regreditur vates, qui regi protinus inquit :
  Quod Dominus voces illius audierit.
Hoc etiam quod rex ter quinis viveret annis,
  Postque dies ternas pergeret incolumis.
Rex ait Isaiæ : Quo credam me fore sanum,
  Fac, precor, ut Dominus præbeat indicium.
Protulit Isaias : Signum mirabile fiet,
  Sol alius radios retro vel ante feret.
Rex dubitans, inquit : Cito sol petit æquoris undam :
  Sed, rogo, fac solem retro tenere viam.
Maxima cernere plebs horologium properavit,
  Solque decem gradibus retro viam tenuit.
Postque dies ternas sospes gradiens Ezechias,
  Immolat in templo thurificans Domino.
Post etiam felix rex vixit quinque ter annis,
  Et populus Judæ constitit in requie.
Rex Merodach [Berodach] Baladan mittens proceres
                           [Babylonis,
  Jerusalem fecit pergere cum notulis ;
Qui simul ascendunt Ezechiæ regis in aulam,
  Atque sui referunt regis amicitiam.
Sumptibus egregiis Ezechias suscipit illos,
  Multiplici necnon munere ditat eos.
Omne quod in templo vel in gazis est pretiosum,
  Nescius ostendit rex oculis procerum.
Ingemit Isaias, qui conveniens Ezechiam,
  Sic voluit mentem promere vaticinam :
Rex Babylonis erit, qui surgens agmina ducet,
  Atque gravi bello Jerusalem capiet.
Hic spolians templum, gemmas portabit et aurum,
  Transferet in servos Jerusalem populos.
Tristis ut ad tumbam populus defert Ezechiam,
  Impie Manasses, sceptra parentis habes.
Militiæ cœli Manasses thurificavit,
  Auguribusque favens, ariolos petiit.
1210 Jerusalem justos occidit quosque prophetas,
  Inque domo Domini constituit statuas.
Ille suum natum comburens, sacrificavit,
  Et Baalim sicut Metabaal coluit.
Obtulit in lucis et in excelsis holocausta,
  Et populos Judæ duxit ad hæc scelera.
A populis Judæ (60) Manasses creditur antro,
  Qui statuunt Ammon patris in imperio.
Proditus a famulis, ubi rex Ammon sepelitur,
  A patre Josias sceptriger efficitur.
Aspiciens templum Josias jam prope ruptum,
  Affore prudentes præcipit artifices ;
Atque petens aurum quod det renovantibus ædem,
  Hoc jubet Helciam quærere pontificem.
Dum pater Helcias in gazis colligit aurum,
  Contigit ut Moysi tolleret inde librum.
Præcipit in templo Josias hunc aperiri,

Et facit hunc, populo percipiente, legi.
Illic legitur sacra lex, quæ mortem judicat illis
  Sculptile qui faciunt, thuraque dant statuis.
Rex propriam vestem scindit mœrore coactus,
  Quod statuas coleret Jerusalem populus.
Rex etiam fœdus coram Domino celebravit,
  Ut teneat legem quam Moyses docuit ;
Et populi jurant, ne legem transgrediantur,
  Sed faciant libro sicut in hoc legitur.
Illico Josias statuarum destruit aras,
  Quas pater ante suus, quasque colebat avus.
Astaroth et Melchon, Chamos, Baal igne perurit,
  Vasaque tradita diis (61) omnia comminuit.
Solis equos aufert quos ante Dei videt ædem,
  Ariolis infert auguribusque necem.
B Quidquid in excelsis aut lucis ædificarat
  Jerusalem populus, diruit atque cremat.
Dextera Josiæ cunctos ibi percutit ense
  Idola qui faciunt, atque deos recolunt.
Protinus in Bethel Josias acceleravit,
  Et statuas delet quotquot ibi reperit.
Pontifices perimit rex Josias super aram,
  Rex ubi thura dedit pristina Jeroboam.
Ossa sepulcrorum super aram præcipit uri,
  Et penitus fecit hanc in cinerem redigi.
Aspiciens tumbam, cujus fuit illa requirit,
  Atque senex regi taliter unus ait :
Qui fuit ex Juda, jacet hic, bonus ille propheta
  Qui fore prædixit quod tua dextra facit.
C Illius ossa viri prohibet rex inde moveri,
  Ossa viri necnon qui sepelivit eum.
Samariæ cives Josias admonet omnes,
  Ut statuas spernant, atque Deum recolant.
Sculptile quod vidit Josias diruit omne,
  Et facit inquiri ne lateant statuæ.
Jerusalem rediens Phase Josias celebravit ;
  Non Phase clarius hoc a Samuele fuit.
Dum Pharao Necao terras petit Assyriorum,
  Per loca Josiæ ducere vult populum.
Agmina Josias disponens in Necaonem,
  Finibus a propriis pellere vult aciem.
Sed puero quodam jaciente, sagitta cucurrit,
  Plagaque Josiæ facta repente fuit
Jerusalem vehitur Josias, et sepelitur,
D Atque Joad [Joachaz] patrio fungitur imperio.
Rex Necao veniens cepit Joad [Joachaz], atque liga-
                           [tum
  Transtulit, et Pharao carcere clausit eum.
Inde Joad fratrem Judæ voluit fore regem ;
  Hic erat Eliacim, sed vocat hunc Joachim.
Jerusalem populi Joachim faciunt sepeliri,
  Et Joachim nato dant diadema suo.
Rex Babylonius est, Nabuchodonosorque vocatur ;
  Hic populos Judæ belliger aggreditur.
Rex Nabuchodonosor Joachim capit, et ligat illum,
  Et Joachim patruo tradidit imperium.

(60) Forte, et melius : *A populis Syriæ*, siquidem lib. II Paralip., c. xxxiii, sic habetur : *Idcirco superinduxit eis principes exercitus regis Assyriorum, ceperuntque Manassen, et vinctum catenis atque compedibus duxerunt in Babylonem.*

(61) Forte *vota* vel *vasa dicata diis.*

1211 Hunc populus Judæ modo Matthania voca-
                 [batur,
   Quem Nabuchodonosor nunc Sedecia vocat.
A Nabuchodonosor Sedecias inde recessit.
   Jerusalem capta, captus et ipse fuit.
Rex jugulare jubet famulis natos Sedeciæ,
   Post oculos ejus præcipit effodere.
Rex Nabuchodonosor Sedeciam carcere clausit,
   Sicque decus regni Jerusalem periit.

A **1212** A Babylone fuit missus princeps Nabuzar-
                 [dan,
   Jerusalem veniens ut spoliaret eam.
Hic Domini templum succendens, diruit arces
   Quas tenuere prius Jerusalem proceres.
Inde ferens gemmas, aurum transvexit, et omne
   Materia clarum quod fuit, aut opere.
Transtulit hic tales geminas ex ære columnas,
   Ut similes orbis non habeat geminas.

VEN. HILDEBERTI

CENOMANENSIS EPISCOPI

DIVERSORUM SACRÆ SCRIPTURÆ LOCORUM

APPLICATIO MORALIS

EX VETERI TESTAMENTO

AB IPSO EXCOGITATA ET METRICE REDDITA.

(E ms. codice monasterii S. Mariani Antissiodorensis ord. Præmonstratensis.)

§ I. *Vocavitque Deus firmamentum cœlum (Gen.
        1, 8).*
      (Exstat et in Colbert. n. 1367.)
Cœlum factum firmamentum mystica res est,
Nam cœlum bonus angelus est, qui postea factus
Est firmamentum; firmatus ne queat ultra
Jam labi; quoniam stetit hic, dum labitur [*Colb.* hic
         [dilabitur] alter.
    § II. *Similitudo paradisi et Ecclesiæ.*
    (E duobus Gemmeticensibus 77 et 98.)
Denotat Ecclesiam paradisus; et in paradiso
   Est lignum vitæ, Christus in Ecclesia.
Cætera ligna, viri justi; fructus, bonus actus.
   Quatuor ex uno flumina fonte fluunt.
Sic Evangelii sunt libri quatuor; horum
   Nos doctrina rigat, fructiferosque facit.
Lignum per quod Adam quæ sint bona, quæ mala
              [novit,
   Libertas nostri dicitur arbitrii.
§ III. *Deus cor respicit, non munus ipsum (Gen.
        iv, 4).*
      (In Gemmeticensi.)
Respexit Deus ad Abel, respexit ad ejus
Munera; plus placet affectus, quam munera dantis.
Unde prius dantem respexit, postea munus;
Nam per munus Abel, per Abel sunt munera grata.
§ IV. *Quid significent diversæ contignationes Arcæ
       Noe (Gen. vi, 14).*
     (Exstat in supradicto Colb. 1367.)
   Arca Noe sursum fuit arcta, sed ampla deorsum,
In cubito perfecta; deorsum bruta locantur,

B Et post hæc homines, volucres super : arca figurat
Ecclesiam; multos in ea cognoscimus esse
Irrationales [*Colb.* irrationabiles]; sic dilatatur in
             [illis,
Sunt homines in ea, sed pauci qui sua quærunt
Et peccare cavent, sic angustatur in istis.
Sunt in ea rari quibus est spernere mundum,
Virtutum pennis, ut aves, tolluntur ad astra;
Hi juxta cubitum resident in parte superna.
Nam bene pro meritis loca distinguntur eorum.
Christum designat cubitus; spes tendit ad illum
Ecclesiæ, quo perveniens nil appetit ultra.

     § V. *Arcum meum ponam, etc. (Gen. ix, 13.)*
   Judicium per aquam transivit, eritque per ignem.
Cæruleus color et rubeus notat istud in arcu;
C Cæruleus color est in aqua, rubicundus in igne.

§ VI. *Quid significet Abraham patriam deserens (Gen.
       xii, 1).*
   Est Abrahæ dictum : Terramque tuosque relinque
Cognatos; magnæ gentis dux constitueris.
Terra, caro; cognatio nostra, gens vitiorum.
Exit ab ambobus, qui carnem mortificavit
Cum vitiis; datur huic gens maxima, plurima
             [virtus.

1213 § VII. *De eodem (Gen. xii, 1).*
      (E Gemmetic.)
Terra, caro; cognatio nostra, genus vitiorum.
Exit ab hac terra, qui carnem mortificavit
Cum vitiis; datur huic gens maxima, plurima vir-
             [tus.

§ VIII. *Cur Sodomitæ domum Lot ingredi nequi-*
verint (Gen. xix, 1).

Vult intrare, nequit fera gens Sodomitæ, domum
[Lot.
Vitam justorum cupiunt reprehendere pravi,
Sed non inveniunt aditus; qua parte subintrent
Obstat ejs paries firmissimus hospite sancto.

§ IX. *Lot fugiens Sodomam, vir castus (Gen.*
xix, 4).

Lot fugit ardentem Sodomam, montesque requirit;
Vir fugiens Venerem, mundæ petit ardua vitæ.

§ X. *Immolatio Isaac, figura sacrificii Christi*
(Gen. xxii, 5.)

(E Gemmeticensibus etiam 77 et 98.)

Est Abraham Pater; est Isaac Christus; duo
[servi,
Divisus populus sub regum sorte duorum;
Stultitia est asinus. Isaac ad sacrificandum
Ducitur; exspectant servi, retinentque jumentum.
Sic cum stultitia remanent, nec adesse merentur
Sacro mysterio, Christum nec credere passum.
Exspectant potius venturum, donec ad illos
Ipse revertatur, cum circa tempora mundi
Ultima suscipient verbum, fientque fideles.
Ligna puer, Christusque crucem portasse feruntur,
Sic tamen est aries, non infans sacrificatus;
Sic Christi caro, non Deitas, est in cruce passa.

† *Aliter codex Turon. 117.*

Patrem significat Abraham, sua victima Christum,
Israel et Judam duo servi, bestia bruta
Stultitiam. Puer est ductus, remanentque clientes
Et retinent asinum; Christi comes esse recusat
Insipiens populus, remanens sub lege vacante.
Ligna puer, etc.

§ XI. *Rebecca figura Ecclesiæ (Gen. xxiv, 15).*
Cum sponsum Rebecca videret vecta camelo,
Descendit, faciemque suam suffusa rubore
Velavit. Sponsus Christum, Rebecca figurat
Ecclesiam de gentibus. Hæc erat in vitiosis
Moribus et tortis; ut Christum novit, ad ipsum
Tendens, de fastu mundi descendit, et actus
Præteritos recolens patitur confusa pudorem,

§ XII. *Sara in duplici spelunca sepulta, typus vitæ*
contemplativæ et activæ (Gen. xxv, 19).

Spelunca duplici Saram sepelisse vir ejus
Fertur. Fossa duplex vitam designat utramque,
Activam, contemplativam; virque magistrum
Ecclesiæ, conjux animam, quæ mortua mundo
In duplici via sepeliri debet, ut hic sit

1214 Contemplatorque activus, vitiisque sepul-
[tus.

§ XIII. *Quid odor filii sicut odor agri pleni (Gen.*
xxvii, 21).
(In Gemmeticensi.)

Plenus ager florum plenum virtutibus orbem,
Pocula doctrinæ, flos violæ quæ serpit in imo,
Illos significat qui vitant culmen honoris.
Sic tanquam flores redolent exempla bonorum.
Filius est populus gentilis; cumque per orbem
Sparsus jam credit, odor illius est odor agri.

§ XIV. *Occasio peccati fugienda (Gen. xxxiv, 1).*
Exiit ignotas mulieres Dina videre,
Opprimit hanc Sichem dux terræ; mulcet eamdem
Blanditiis; animam designat digna [f. multa] vagan-
[tem.
Extra propositum; corrumpit protinus illam
Spiritus immundus, qui princeps dicitur hujus
Mundi. Si velit hæc resipiscens crimina flere,
Blanditiis mulcet corruptor; gaudia mundi
Opponens, multisque modis retinere laborat.

§ XV. *Quid significat historia Joseph (Gen.*
xxxvii, 2).
(E Gemmeticensi.)

Per Jacob Patrem, per Joseph respice Christum,
Per fratres ejus Judæos. A Patre Joseph
Fratribus est missus; Judæis a patre Christus.
Hi sunt in Dothain: Dothain defectus utrique.
Sunt in defectu; fratres fratri machinantur
Mortem; Judæi Christo. Spoliatur uterque;
Joseph veste sua, carnali tegmine Christus.
Ingreditur Joseph cisternam, Christus avernum;
Venditur Ismaelitis hic, et gentibus ille
Per sacræ fidei commercia; ductus Ægyptum
Est Joseph, Christique fides est nota per orbem.
Hic dominatur ibi, Christus dominatur in orbe.

§ XVI. *Virga Moysi in serpentem versa quid figuret*
(Exod. iv, 3).
(In Gemmeticensi.)

Israel est Moyses, et virga superna potestas;
Serpens, mortalis hominum natura; per illam
Mors venit; Moyses virgam tenet; Israel olim
Virtutem Domini sensit protectus ab illa.
In terram projecit eam, Dominumque prophetæ
Incarnandum prædixerunt; virga fit anguis,
Factus homo Deus est; Moyses fugit, impia Chri-
[stum.
Plebs fugit, atque negat; serpentis postea caudam
Hic tenet Ecclesiæ quæ Christi corpus habetur.
Extremam partem credens Judæa tenebit.
Vertitur in virgam coluber, qui venerat ante
Mortalis Deus, apparebit crimina damnans.

§ XVII. *Quid significat exitus Israel de Ægyp.*
(Exod. xiv, 11).
(E Gemmeticensi.)

Israelitæ, nos; Pharao, Satan; orbis, Ægyptus;
Baptismus, rubrum mare; rex submergitur undis,
Et regnum Satanæ perit in baptismate; tendit
Jerusalem populus, sed per deserta vagatur;
1215 Nos per desertum mundi vivendo vagantes
Tendimus ad patriam cœlestem; plurima restant
His carnalia prælia, spiritualia nobis.

§ XVIII. *Quid significat quod, Domino loquente, in*
monte fumante stetit Moyses de longe, et Moyses
accessit ad caliginem in qua erat Deus (Exod.
xx, 21).

Mons fumat, Deus hic loquitur, stat turba deor-
[sum;
Accessit Moyses, idiotæ, turba, magistri,
Dux populi, fumus obscura parabola fertur.
Cum Deus in sacra Scriptura mystica profert,

Stant hebetes longe, cupientes exteriora;
Accedunt docti, scrutantur et interiora.

§ XIX. *Perimuntur a Levitis adoratores vituli (Exod.*
xxxii, 27).

Accinctus [*f.* Accinctos] gladio de porta præcipit
[ire.
Ad portam Moyses, fratres occidere. Res est
Mystica : nam gladius est verbum, portaque cri-
[men.
Culpa per hanc ad nos intrat, cum crimina doctor
Persequitur verbo, per singula transit
Accinctus gladio, de porta perveniendo
Ad portam, fratrem perimit, cum crimen in illo
Exstinguit ; perit hic vitio, cui vixerat ante.

§ XX. *Quid Moyses videns posteriora Dei (Exod.*
xxxiii, 23).

Cum staret Moyses in petra, prætereuntis
Terga videt, non ora Dei. Petra Christus, in illa
Stat Moyses cum gens permaxima credit in istum.
Non videt ora Dei; præsentem noscere Christum
Noluit hic populus; videt ejus posteriora,
Post mortem cognovit eum pars maxima credens.

§ XXI. *Explicatio mystica vasorum templi (Exod.*
xxxvii, 16).

In mensa Domini phialæ cyathique parantur.
Per mensam pastus doctrinæ significantur;
Per phialas, verbi facundia maxima sacri.
Est cyathus mensura minor, minor ergo vocatur
Per cyathos verbi mensura : det utraque doctor;
Perfectis phialas, cyathosque minoribus, ut qui
Plus capiunt, plus inde bibant, minus inde minores.
In base sunt cherubim, sunt et bos et leo sculpti.
Ordo sacerdotum basis hæc, fert pondera templi.
Hic onus Ecclesiæ, cherubimque scientia plena.
Sic in presbytero perfecta scientia debet
Esse, bovis mansuetudo feritasque leonis.
Virtutes plantet doctrina, nutriat illas
Mansuetudine, peccatum feritate repellat.

1216 § XXII. *Explicatio mystica vestium sacer-*
dotalium (Exod. xxxix, 1).

Aurea pontifici pendebant incita vesti
Tintinnabula, malaque punica; mystica res est.
Vestis opus designat ; tintinnabula, verbum ;
Punica mala, fidem, quæ plurima grana sub uno
Cortice conjungunt; sic plurima corda bonorum
Una fides nectit. Simul hæc tria quisque sacerdos
Debet habere, fidem, doctrinam, religionem.

§ XXIII. *Cedrus et hyssopus in sacrificio (Levit.*
xiv, sec. LXX).

Mactatam vitulam comitantur cedrus, hyssopus,
Coccus bis tinctus. Dum carnem mortificamus,
Mactamus vitulam. Per hyssopum significatur
Vera fides Christo. Petra Christus ; Apostolus in-
[quit.
Æternæ vitæ corrumpi nescia cedrus
Spem mihi designat; coccus rubicundus, amoris
Flammam, qua pia mens ardet; bis tinctus utram-
[que,
Et per quam Deus, et per quam vicinus amatur.
Dum caro mactatur, virtus hæc trina sequatur.

§ XXIV. *Diffidentia vitanda (Num. xiii, 1).*

Exploratores Jericho tardasse diebus
Quadraginta dicuntur : cum castra redissent,
Judæis laudant regionis fertilitatem.
Non credunt, Deus arguit hos incredulitatis;
Quotque dies habuit legatio, jure tot annis
Differtur populo dubitanti fertile regnum.

§ XXV. *Avaritia punita (Num. xxxii, 1).*

Cum multas pecudes habuissent, pascua quærunt
Extra Jordanem, nec amant habitacula terræ :
Promissæ Ruben, Gad, dimidiusque Manasses.
Sic nimis intenti terrenis rebus avari
Extra cœlestem patriam remanere merentur.

§ XXVI. *Non indueris vestimento quod ex lana lino-*
que contextum est (Deut. xxii, 11).

Vestem contextam lana linoque recusa.
Interius tegitur linum sub tegmine lanæ.
Accipe propter ovem per lanam simplicitatem,
Quam foris ostendit, retinens in pectore fraudem.
Lanam et linum qui fert veste, duplexque notatur
Qui prius in verbo fraudes animo meditatur.

§ XXVII. *Quid significat irriguum superius et inferius*
(Josue xv, 19).

Nata Caleph nobis animam designat ; asellus,
Irritationales motus; asinum regit Axa.
Hæc regit, is regitur, animæ vis dignior illi.
Irriguum pater inferius dedit atque supernum.
1217 Sic suspiranti lacrymasque timore gehennæ
Dat Deus, et lacrymas patriæ cœlestis amore.

§ XXVIII. *Quid significat quod, Axa sedens super*
asinum flens et suspirans petiit a Caleb (Ju-
dic, 1, 15).

(In Gemmeticensi.)

Ut tradunt patres, animam notat Axa ; jumentum,
Irrationabiles motus; regit Axa jumentum,
Et regit hos motus animæ vis dignior illis
Irriguum pater inferius dedit, atque supernum.
Sic suspiranti lacrymasque timore gehennæ
Dat Deus, et lacrymas patriæ cœlestis amore.

§ XXIX. *Quid significet Samson concutiendo columnas*
templum evertens (Judic. xvi, 27).

Samson significat Christum ; subversio templi
Corporis occasum : Multos in morte peremit
Samson ; post mortem Christi, dum crescit in orbe
Religio, vitiis moriuntur quique fideles.

§ XXX. *De trina Samuelis a Deo appellatione*
(I Reg. iii, 4).

Quare ter Samuelem vox divina vocavit,
Cum tamen audiret sub prima voce vocantem;
Officium trinum notat ista vocatio trina,
Namque propheta, sacerdos, dux erat ille futurus.
Sicque ducem, sic pontificem vocat atque prophe-
[tam.

§ XXXI. *Lenitas sermonis iratos placat*
(I Reg. xvi, 23).

David per citharam potuit lenire furorem
Regis, nos iram blando sermone potentum.

§ XXXII. *Quid significat Abner a Joab in inguine per-*
cussus (II Reg. iii, 27).

Abner presbyteros signat sermone Latino.

Lux patris est Abner, Deus est pater, et pater illos
Dat tam doctrina, quam vita et lumine mundo.
Inguine percussit Joab hunc. Joab hostis apud nos
Dicitur, et generis humani denotat hostem.
Quando sacerdotes prosternit subdolis hostis
Telo luxuriæ, Joab inguine percutit Abner.

§ XXXIII. *Quid signent Bersabee, David et Urias*
(*II Reg.* XI, 5).

(In Gemmeticensi.)

Bersabee lex est, rex David Christus, Urias
  Judæi. Regi nuda puella placet.
Nuda placet Christo lex non vestita figuris ;
  Aufert Judæis hanc, sociatque sibi.
Vir non vult intrare domum, nec spiritualem
  Intellectum plebs Israel ingreditur.
Scripta gerit, per scripta perit deceptus Urias ;
  Sic et Judæus scripta sequendo perit.

1218 § XXXIV. *Appareus injustitia, fit quandoque justitia* (*II Reg.* XVI, 4).

Terram Miphiboseth David divisit inique
Inter eum servumque suum Siba. Reddidit illi
Pro meritis Deus hoc in potestate receptis.
Inter Jeroboam servum Roboamque nepotem
David, divisit regnum Deus : ultio digna.

§ XXXV. *Quid significet puer ab Elisæo suscitatus*
(*IV Reg.* IV, 29).

(E duobus etiam mss. Gemmeticensibus.)

Defuncto puero fertur misisse propheta
  Per famulum virgam ; profuit illa nihil.
Sic [f. sed] venit ad formam pueri se mensus,
               [eumdem
  Ad vitam revocat; denotat hoc aliud.
Legem virga, cliens Moysen, Dominumque pro-
               [pheta.
Mortuus omnes nos significare potest.
Lex data per Moysen, peccati morte sepultum
  Non valet humanum vivificare genus.
Se Deus ad formam servi contraxit, et ad nos
  Convenit ; humanum suscitat inde genus.

§ XXXVI. *Quid sagittæ a Joas Elisæi jussu directæ*
(*IV Reg.* XIII, 14).

(E duobus etiam Gemmeticensibus.)

Regi præcepit Elisæus ut afferat arcum,
Atque sagittas ; rex affert ; aperire fenestram
Jussit ; rex aperit : Jace, dixit ; at ille sagittam
Jecit. Mystica res hæc est, aliudque notatur.
Utraque lex arcus cornu, vetus et nova chorda ;
Corda rigens cornu flectit, veterisque rigorem
Legis. Ab historia nova flectit ad allegoriam :
Verba sagittæ sunt ; rex, doctor ; aperta fenestra,
Doctrinæ lux est. Prius hæc respondeat intus,
Post doceat doctor, jaciatque docendo sagittam.

§ XXXVII. *Nabuzardan, typus Satanæ gastrimargiam suadentis* (*IV Reg.* XXV, 8).

Per Nabuzardan destruxit rex Babylonis
Muros Jerusalem, princeps erat ille coquorum.
Est Babylonis rex Satanas, princepsque coquo-
               [rum
Venter ; Jerusalem cœlestis mœnia, justi.

Unde Petrus : Vivos lapides vos ædificatos.
Spiritus immundus per ventrem sæpe fefellit.

§ XXXVIII. *Job testa saniem radens. Pœnitentia*
(*Job* II, 8).
(E Gemmetic.)

Peccatum sanies ; sanies hæc defluit extra
Cum crimen de corde foras confessio mittit.
Asperitas vitæ per testam significatur.
Job saniem radit testa, cum crimina quisque
Confessus, tergit, dure vivendo, reatum.

1219 § XXXIX. *Quid Behemoth absorbens fluvium*
(*Job* XL, 18).

(E Gemmet.)

Absorbet fluvium Behemoth, speratque quod ori
Influat illius Jordanis. Mystica verba.
Humanum genus hic Behemoth absorbuit ante
Baptismum ; modo baptizatos tentat habere.

§ XL. *Quid significat quod dicitur Job : Nunquid extrahere poteris Leviathan hamo?* (*Job* XL, 20.)

Piscator Pater est ; mare, mundus ; Filius, hamus;
Esca, caro ; Deitas, ferrum ; generatio Christi,
Linea. Leviathan piscis dum devorat escam
Occidens carnem, captus Deitate tenetur.

§ XLI. *Quid ignis in Sion, et caminus in Jerusalem*
(*Isai.* XXXI, 9).

In Sion ignis, in Jerusalemque caminus ;
Visio Jerusalem, pacis speculatio Sion ;
Sion Ecclesiam præsentem denotat, unum
Mens quasi de longe Dominum speculatur ; in ista
Ignis amoris adest, sed non plenus ; sed in illa
Jerusalem plenus ubi parsque [f. paxque] Deus-
               [que videtur.
Unde propheta refert : Hic ignis, ibique caminus.

§ XLII. *Quid significet in Ezechiel stans et sublimis
et terribilis rota* (*Ezech.* I, 18).
(E Gemmet.)

Scripturam rota, stans quia mores dirigit ; alta
Cœlum promittens, terribilisque minans.

§ XLIII. *Quid luctus, carmen et væ* (*Ezech.* II, 9).
Mentis in excessu datus est liber Ezechieli.
In libro luctum, carmen, væ scripta videbat.
Pagina sancta liber, qui prædicat hæc tria nobis ;
In terra luctum compunctis, in paradiso
Carmen lætitiæ, reprobis mala, væque gehennæ.

§ XLIV. *Quid aqua tenebrosa in nubibus aeris*
(*Psal.* XVII, 12).

Doctrinam per aquam, per nubes sume prophe-
               [tas,
Ut Psalmista refert, in nubibus est tenebrosa
Hæc aqua : nam scribunt obscure multa prophetæ.

1220 § XLV. *Organa in salicibus a populo Dei
suspensa* (*Psal.* CXXXVI, 2).

Ut fertur, salices sunt in medio Babylonis.
Hæc arbor sterilis steriles notat, actio quorum
Fructum non affert, sed sunt confusio mundi.
Doctrinam tales fugiunt : quapropter in illis
Organa suspendunt, maluntque tacere magistri,
Quam sanctum canibus, quam gemmas tradere
               [porcis.

§ XLVI. *In tympano et choro laudare Deum*
(Psal. CL, *4).*

Exprimitur per tympana mortificatio carnis :
In cantu chorus est concors, cum religiosus
Mortificat carnem, discors a moribus horum
Cum quibus est, laudat Dominum per tympana, sed
                        [non
Voce chori. Laudes in utroque referre jubetur,
Ut se mortificans concors cum fratribus adsit.

§ XLVII. *Frustra jacitur rete ante oculos pennato-*
          rum (Prov. 1, *17).*

Coram pennatis tenduntur retia frustra.
Virtutes pennas, pennatos accipe justos.
Retia, peccati laqueos a dæmone structos,
Ilis opponuntur frustra, quia talia vitant.

§ XLVIII. *Circulus aureus in naribus suis* [seu porci]
     mulier pulchra et fatua (Prov. XI, *22).*

   Stulta decensque simul mulier, quasi circulus
                        [auri
Est in nare suis, quæ cœno volvitur; aurum
In cœno decor est in stulto corpore; cœnum
Sordidat aurum, sordidat insipientia formam.

A

§ XLIX *Salomon a matre coronatur (Cant.* III, *11).*

Quomodo suscepit Salomon a matre coronam.
Est Salomon Christus, mater Synagoga ; corona
Spinea de spinis Christo dedit illa coronam.

† § L. *Quid significat quod solemnitas Paschæ celebra-*
         batur per XL *dies.*

Ad plus octo solent celebrari festa diebus,
Pascha quater denis, cur hoc sit quæritur, audi .
Per quadraginta morti se tradidit horas
Tam cruce quam tumulo Christus , totidemque
                       [diebus
Festa resurgentis celebramus ad ejus honorem.

† § LI. *Quid significat quod populus cum libertate ad*
    victum frugem recepit, cum vero ad semen factus
    est servus.

B

Accepit fruges ad semen servus, ad esum
Liber in Ægypto populus, res ista notanda.
Est liber cui multa licent, cui regula laxa ;
Si sacro verbo pascatur, liber ad esum
Accepit frugem, si verbi semina quærit.
Et fieri doctor, Domini sit servus oportet.

(61 ') # S. HILDEBERTI

CENOMANENSIS EPISCOPI

IN PRIMUM CAPUT ECCLESIASTES.

(E ms. olim Elnonensi, nunc Regio, n. 274, ann. circ. 500.)

—

1221 **§ I.** *Vanitas vanitatum, dixit Ecclesiastes, et*
    omnia vanitas (v. 2).

Rex Salomon clarus, sapiendi semper avarus
Ingenii lima rimatus summa vel ima,
Cum mutare statum discerneret omne creatum,
Sive per augmentum, vel quodlibet interimentum
              [f. impedimentum],
Voce satis sana percensuit omnia vana.
Vanum clamavit, mutabile significavit;
Omnia clausa locis tenet hujus regula vocis.
Atque per ætatem quidquid capit alteritatem,
Ut loquar expresse, quidquid, quod non erat, esse
Vanum censetur, quia quodam fine tenetur :
Est quoque finalis, cum sit quandoque localis
Ordo supernorum gradibus qui crescit honorum.
Et tunc mutatur cum nobis officiatur ;
Sed genus humanum multo magis autumo vanum :
Est vanum plane, quia fit per corpus inane,
Quod sua putredo sorbet ceu ligna teredo.

§ II. *Quid habet amplius homo de universo labore*
    suo quo laborat super terram (v. 3).

Ergo cum talis natura sit andropodalis,
Ut quid multarum sibi fiscus divitiarum?

   (61 ') Sic in ipso ms.
   (62) Forte *zinzaros,* et, ut suspicor, hac ab ipso

C

Quid mundi flores, quid falsos ambit honores?
Quod male servavit, vel quod stulte cumulavit,
Hæres disperget· mors hunc sub tartara merget :
Nil tollit secum nisi pectus crimine cæcum.

§ III. *Generatio præterit, et generatio advenit ; terra*
    autem in æternum stat (v .4).

Omne genus gentis, velut undæ more fluentis,
Nunc sibi nascendo succedit, nunc moriendo.
Gens gentem trudit sua quam generatio fudit :
Quos nunc præsentes, mox cernis deficientes.
Rex cœli demum dabit ignem, quando supremum,
Ut Patres scribunt, elementa quaterna peribunt;
Non sic ne plus sint, sed scilicet ut melius sint.
A cladum morbis postquam purgabitur orbis.
Incipiet vere tunc terra piata manere.

D

§ IV. *Oritur sol et occidit, et ad locum suum reverti-*
    tur (v. 5).

Cursu solari voluit Deus ista probari,
Et per majoris legem monstrare minoris.
Sol oriendo quidem semper redit alter et idem :
Nunc premit auroram, nunc occiduam tenet oram.
Hic nunc emergens, nec ad declivia vergens,
1222 Accelerat rursus zinzivas (62) visere cursus.
inventa dictione orbicularis solis recursus voluit in-
telligi.

Ipsius occasus homini cuidam quasi suasus,
Rerum naturas ut cogitet interituras.

§ V. *Ibique renascens gyrat per meridiem, et flectitur
ad aquilonem, etc. (v. 6).*

Pneuma vocat solem, quia verno tempore molem
Vivificans terræ, calefactat germina ferre :
Nunc manet obliquus, ne rebus fiat iniquus;
Sic faciens namque zonam moderatur utramque,
Ne sint algores nimii, nimiique calores.

Cum se sustollit, borealia frigora mollit.

Post hiemes mœstas tunc omnia recreat æstas.

Brumali plaustro cum fit divexus in austro,
Hunc confert quæstum, quod rebus temperat æstum.

Telluris fessæ quasi partus ejus esse
Venter cessaret, per idem si cuncta gravaret.

§ VI. *Omnia flumina intrant mare, et mare non redundat. Ad locum unde, etc. (V. 7.)*

Quamvis cunctarum labens decursus aquarum
In mare se fundant, nunquam tamen inde redun-
[dant,

Quas physici cuncti dicunt salsugine ponti
Estu siccatas a sæclis esse voratas,
Non affirmamus, nec certo teste probamus.

Nam si deficerent, recreari rursus haberent;
Sed postquam Plastes, ut post probat Ecclesiastes,
Sabbata sacravit, mundo nova nulla creavit.

Extunc ætatis nil est ortum novitatis :
Stirps durat rerum quas sex dedit ordo dierum ;
Durat origo vetus, factor manet ipse quietus.

Ergo fluunt rivi, refluunt verum recidivi,
Ortus ad sedem lymphæ revocantur eædem;
In mare fluxere, vadunt, veniunt redivivæ.

A factore datus patet in tellure meatus
Nomine terra maris ; per aquas homo significaris,
Defluis in terram, nec imples ejus acerram.

Suscipit e primo formata cadavera limo
In sæcli meta ; nunquam tamen ipsa repleta;
Sed genus absorptum meliorem reddit ad ortum ;
Hoc corruptivum quando surget redivivum.

§ VII. *Cunctæ res difficiles, non potest eas homo explicare sermone : Non saturatur, etc. (V. 8.)*

Leges occultas rerum fit nulla facultas,
1223 Vel linguæ nisu fari, vel cernere visu,
Auris non audit, nec homo quis pectore claudit.

Nulli mandritæ præsentis tempore vitæ
Naturæ causas conceditur edere clausas.

Cuncta per ænigma modo discimus aut paradigma ;
Nam modo per partes rerum cognoscimus artes.

A Sed pia quando Dei vestræ facies faciei
In re parebit, tunc nobis omne patebit.
Tunc homo vere dabit condensa videre.

§ VIII. *Quid est quod fuit ? Ipsum quod futurum est;
nil sub sole novum, etc. (V. 9 et 10.)*

Redditur huic mundo quod abiit jam pereundo,
Et nascetur idem quod habebant sæcula pridem.

Nam res sublatæ sunt semine reciprocatæ,
Nempe per ætatem conservant posteritatem ;
Omni quippe rei stat linea progeniei.

Sic præsens disco fuerat quod tempore prisco
Exponendo modum brevis occet quæstio nodum.

Mors hominem stravit, genus et species reparavit
Diversum numero, sed eumdem nomine vero ;
Nomen enim verum dat diffinitio rerum.

B Hæc, quæ distentat res materialis identat.

Per cujus munus plures homines velut unus
Unica res essent, si circumstantia cessent
Dissociata locis, et euntis passio vocis.

Hic est mortalis ratione vigens animalis,
Alter ad id natus ratione vigens animatus ;
Sed non est talis, quia res individualis.

Unum noscetur si diffinitio detur,
Univocum nomen rationis suscipit omen :
Unum sunt ergo ; quod si per cætera pergo,
Lege pari functa veniet substantia cuncta
Arboreæ plantæ species est quæ fuit ante
Arbor, et arbor abit, generis successio stabit.

Herbæ marcescunt, sed per semen revirescunt.

C Sæcli vorago, quod prima creavit origo,
Ceu matris permen refovet per tempora semen,
Quod Deus æternat, quod multiplicando gubernat.

§ IX. *Jam enim præcessit ante nos. Non est priorum
memoria, etc. (V. 10 et 11.)*

Non est gestorum memoratio præteritorum
Nec sunt visuri præsentia nostra futuri.

Ecce silent anni quod commisere tyranni,
Magnificas pompas cum nunc, oblivio rumpas,
Sunt tituli stulti, stulta cum carne sepulti,
Mundi tetrarchæ, prætores atque monarchæ.

Reges patricum (63) sub claxendice (64) silentum.
Vilior est pulvis quorum ripensibus ulvis;
Spernit enim tales per quem non esurit ales.

Sic bene mundana pronuntiat omnia vana :
D Ergo regalis sententia stat generalis.

§ X. *Ego Ecclesiastes fui rex Israel in Jerusalem
(v. 12).*

Post patrem David Salomon rex induperavit,
1224 In rebus gestis ut notat scedula testis,

---

(63) Forte *patriciorum,* seu illustrium avorum
suorum.

(64) *Claxendice.* Claxendix a D. Ducange in Glossario Latino dicitur classicum, seu tuba militaris
unde in Vita S. Wilfridi, cap. 25,

Claxendix tonuit, comites rex promptulus auxit.

Potest etiam dici classici ipsius tegumentum. Unde
Priscil. lib. v. Claxendix est concha, qua signum regitur. Ibid. Ducangius citat Glossam ms. S. Germani a Pratis, ubi sic habetur : χλασσίνὃξ quasi
καλχσσίνὃξ a καλέω voco; vel custodia tubæ, id est

concha qua tegitur tuba, seu vexillum parvum quod
illi adhæret. Sic igitur, ut putamus, possent intelligi hi versus :

Sunt tituli stulti stulta tum carne sepulti.

Id est stulti memoria cum ipsomet sepelitur, nec
hujus oblivionis sunt expertes ipsi etiam tetrarchæ,
reges, etc. qui aliam oblivioni, ut majores sui, quo
in altum silentium quasi sub claxendice, id est
ultima oblivione ita sepeliuntur, ut tandem processu
temporum nulla de ipsis fiat memoria.

Quem Deus eximia plus andropodale sophia (65)
Cœlitus instaurat, mundi quoque rebus inaurat;
Cui res jucundæ fluxerunt semper abunde;
Qui magnus sensu, magnus quoque divite censu,
Præcessit cunctos etiam diademate functos.
§ XI. *Et proposui in animo meo quærere, etc. Hanc*
occupationem pessimam (v. 13).
In mundi gyro quæ fiunt ordine miro,
Cum rex ignorat, sapienter scire laborat
Nutu divino, casuve labent inopino.
Cur teneros artus ipso quoque tempore partus
Dæmonis ira liget, vel discerpendo fatiget;
Æquus cum nequam cur cladem perferat æquam,
Naufragioque pius pereat, ceu sortis alius;
Cur animas mundas, Deus, hæc in corpora fundas,
Per quæ probrosæ, perque fiunt varirosæ (66).

Res has mundanas, aut istis assimilandas
Carne morans ullus non indagabit omullus (67),
Cum maneant illo Deitatis clausa sigillo.
Quæ si decernat fieri, qui cuncta gubernat,
Mensura, numero veniunt et pondere vero.
Si sors credatur, provisio summa negatur.
Talibus intendens, et in hoc quasi se reprehendens,
In semet discit quod ad hoc homo quisque fatiscit,
Cum se cassari videt ista minus penetrari;
Mox quoque compescit qui talia cuncta capescit.
Comprimit audaces qui tentant esse capaces,
Pessima pœnalis cum sit præsumptio talis.
Nam Deus offensus reprobos incurrere sensus
Dat permittendo, qui perstant discutiendo.
Detestandus eris qui talia noscere quæris.

EX NOVO TESTAMENTO.

§ I. *Cur Christus de desponsata nasci voluit* (Matth.
1, 20).
(In Gemmetic.)
Cur voluit de desponsata Virgine nasci
Christus; causa fuit quia si foret innuba prægnans
Mox lapidaretur, pariensque clientis agebat [f. con-
[sortis egebat];
Et ne dæmonibus manifestus Virginis esset
Partus, desponsata fuit; seriemque parentum
Per Joseph, non per matrem Scriptura referret.
§ II. *Quid significent tria Magorum munera* (Matth.
II, 11).
(In Gemmeticensi.
Dat magus aurum, thus, myrrham; rex suscipit au-
[rum;
Thura, Deus; myrrham, qui moriturus erat.
Thus orando damus, aurum sapiendo superna,
Myrrham dum carnis mortificamus opus.
1225 § III. *Semen varie cadens* (Matth. XIII, 18).
Petra capit semen, via, sentes, optima terra;
Aret, aves comedunt, suffocant, fructificavit.
Verbum, semen; ager, mundus; petra, qui bene
[cœpit,
Sed radice caret, cui deficit humor et aret.
Est via, cum verbum venit ad cor et illico transit.
Hoc volucres comedunt, hoc nequam spiritus au-
[fert.
Spinæ suffocant semen, cum divitiarum
Sollicitudo, Dei verbum de pectore tollit.
Ter denum fructum Domino fert copula casta,
Est duplus viduæ, centenus virginitatis.
§ IV. *Una merces variis horis ad vineam laborantibus*
(Matth. xx, 8).
(In Gemmeticensi.)
Vinea culta Dei plebs est. Infantia, mane;

Flamma juventutis, quasi tertia; nona, virilis
Ætas jam frigescens; undecimamque, senectam
Accipimus. Dum mane puer, juvenisque sub æstu,
Vir circa nonam, veteranus vespere fiunt
Cultores, pretium datur unum, vita perennis.
§ V. *Duo cæci de Jericho a Christo sanati quid desi-*
gnent (Matth. xx, 29).
Exit de Jericho Christus, cæcisque duobus
Dat lumen. Jericho mundus; moriendo relinquens
Mundum, Judæo, gentili lumina Christus
Dat fidei, quos fecerat ignorantia cæcos.
Aliter de eodem.
(E Gemmetic.)
Exit de Jericho Christus, dat lumen utrique
Cæco; de mundo moriens exivit, utrique
Dat fidei lumen, gentilibus, Israelitis.
§ VI. *Nummus Christo oblatus quid significet* (Matth.
xxii, 20).
(In Gemmetic.)
Quale metallum sit, quod pondus, cujus imago
Quæritur in nummo; sic in doctore metallum,
Sermo, figura, patris sententia, pondus, honestas.
§ VII. *Quid unum, duo et quinque talenta* (Matth.
xxv, 15).
Dat dominus servis unum. duo, quinque ta-
[lenta.
Quinque talenta figurant sensus quinque; duobus
Designantur et actus et intellectus; in uno
Intellectus; in intellectu quisque peritus,
Peccat, cum per doctrinam nihil ipse lucratur.
Qui sua pauperibus tribuit, qui quinque paravit
Sensibus, hic domino lucra fert de quinque ta-
[lentis.
Qui verbo et vita prodest, fert lucra duorum.

___

(65) Forte id est, eximia supra capacitatem humanam sapientia ditaverat.
(66) Id est forte maculosæ, dictione composita a
dictione Vari rorum quæ maculas faciem deturpan-
tes significat.
(67) Forte *homullus*, sive *homuncio*.

§ VIII. *Cur Christus tres discipulos secum oraturus*
   assumpserit (Matth. xxvi, 37).
Cum, tribus assumptis, ter Patrem Filius orat,
  Orandum nobis pro tribus insinuat;
Hoc est præteritis, instantibus atque futuris,
  1226 Quæ vel contraxit mens mala, lingua, ma-
                [nus.
Sis igitur prudens, sis fortis, nec tibi quidquam,
  Imo Deo totum, quod dedit attribuas.
Hoc Petrus agnoscens, supplantans Jacobus, isque
  Cujus commendat gratia nomen (68), agit.

§ IX. *Quid significat quod in passione Domini ager*
   emptus est triginta argenteis in sepulturam pere-
   grinorum (Matth. xxvii, 7).
            (Gemmet.)
Ecclesiam notat emptus ager mercede cruoris.
Empta cruore Dei fuit hæc, datur ad tumulandum.
Sic ager hospitibus qui mundum deserit hospes
Est, et defunctus mundo; talisque sub ara
Ecclesiæ requiescit ad exteriora sepultus.

§ X. *Angelus candidus et fulgurans quid significet*
        (Matth. xxviii, 3).
Angelus in cultu candorem, fulgur in ore
Fert.. Hoc significans, quod justis blandus, ini-
                [quis.
Terribilis veniet, quem vivere nuntiat ille.

§ XI. *Quid designet piscatio apostolorum (Marc.*
          i, 17).
Piscator Pater est; mare, munaus; Filius, ha-
                [mus;
Esca, caro; Deitas, ferrum; generatio Christi,
Linea; Leviathan piscis dum devorat escam.
Occidens carnem, captus Deitate tenetur.

§ XII. *Granum et semen acceptum quid designet*
        (Marc. iv, 26).
Accepit fruges ad semen servus; ad esum
Liber in Ægypto populus. Res ista notanda.
Est liber cui multa licent, cui regula laxa.
Si sacro verbo pascatur, liber ad esum
Accipiet frugem; si verbi semina quærit,
Et fieri doctor, Domini sit servus oportet.

§ XIII. *Quid sindonis rejectio (Marc. xiv, 52).*
Qui res mundanas (69) pro religione relinquit,
Effugit hic hostes abjecta sindone nudus.

§ XIV. *Turtur et columba in sacrificio quid desi-*
          gneut (Luc. ii, 24).
        (Exstat in ms. Colb. n. 1367.)
Hostia turturis atque columbæ, mystica res
                [est.
Est turtur castus, simplexque columba pudore.
Sit tua mens turtur, sit simplicitate columba.
Sic accepta Deo, sic fides hostia sancta,

§ XV. *Vanæ invitatorum excusationes (Luc. xiv,*
          20).
Villa, boves, uxor cœnam clausere vocatis;
Mundus, cura, caro claudunt æterna renatis.

§ XVI. *Quid ovis et drachma recuperatæ*
        (Luc. xv, 4).
Pastor ovem, drachmam mulier cum lumine te-
                [stæ (70).
  Quærit, et invento gaudet uterque suo.
Pastor, lux; testa, mulier, Verbum caro factum.
  Est ovis, est idem drachma redemptus homo.
Hinc cœli gaudent, quorum supplere ruinam
  Cernitur inventus, sicque reductus homo.

§ XVII. *Varius divitis et Lazari vitæ exitus (Luc.*
        xvi, 21).
Dives, pauper, habet, quærit, negat, exit uterque,
  Dives ad interitum, Lazarus ad requiem.
Hic micam petit, hic digitum; sed mica negatur:
  Ergo nec accepit lingua refrigerium.
Illum circumdant arsurum purpura, byssus;
  Hunc nudum vitæ suscipit ecce sinus.

§ XVIII. *Quid significat quod discipuli cognoverunt*
        Dominum in fractione panis (Luc. xxiv, 35).
Panis significat Scripturam, frangere panem,
Est exponere Scripturas, cognoscitur inde
Christus cum sensus aperitur spiritualis.

§ XIX. *Quid sex nuptiarum hydriæ designent (Joan.*
        ii, 6).
Sunt hydriæ mentes doctrinæ fonte repletæ.
Historicus sensus, aqua; vinum, spiritualis.
Cum nos historiam revocamus ad allegoriam,
Tunc aqua fit vinum. Quia sex ætatibus orbis
Volvitur, has hydrias scribit sex esse Joannes.

§ XX. *Quinque viri Samaritanæ et sextus non illius*
        vir, quid innuant (Joan. iv, 9).
Quinque viros habuisse refert Jesus Samaritanam
  Ad puteum, nec vir sextus, ait, tuus est.
Quinque viros Moysi libros licet iniuearis,
  Israel, hic primo subditus ille fuit.
Sed dum carnalem sensum, Judæa, requiris,
  Hic tibi jam sextus vir tuus esse nequit.
Hoc tibi dicebat bonus ille magister et auctor,
  Dona suis tribuens vivificantis aquæ.
Si, lector sensum moralem quæris in istis,
  Quinque viros sensus corporis accipias.
His si te credis tanquam rectoribus, erras.
  Error et hic sextus, non tamen ille vir est.

§ XXI. *Quinque panes multiplicati (Joan. vi, 9).*
Panes quinque, duos pisces dat quinque virorum
  Millibus, et satiat Deus hos, aliudque notavit.
Quinque libri Moysi sunt panes quinque; pro-
                [phetæ
Et psalmi, pisces duo, millia quinque figurant
Perfectos homines, qui sensus quinque refrenant
1228 Ne per eos peccent. Qui fert, Hebreorum
Est populus, qui fert legem, sed nec sibi panes
Ille, nec iste sibi legem fert; pane reali
Turbæ pascuntur, nos vero spirituali.

§ XXII. *Cæcus sanatus missus ad Siloe quid signi-*
        ficet (Joan. ix, 7).
Cæcus abit, lavat, isque videt, quid significatur?

(68) Id est *Joannes.*
(69) Gemmet., *humanas,* et mox *hostes evadit* pro
eff. h. hostes.
   (70) Id est lucernæ fictilis.

Unctus collyrio mittitur ad Siloe.

Terra, saliva, caro, verbum, baptismatis unda,
   Fons Siloe, cæcus lumine mentis egens.
Hunc, tradendo fidem, linis, mergendo sub unda
   Ablnis, hic donas lampade justitiæ.

§ XXIII. *Quid Lazarus et ejus tumulus denotent*
              (Joan. xi, 59)..

Mors mala, mors intus; malus actus, mors foris
                       [usus,
Tumba, puella, puer, Lazarus ista notant.
Dixi quid tumulus designat quatriduani,
   Dicam quid tumuli singula quæque dies.
Prima dies, Adæ peccatum; lex rationis,
   Altera; lex vetus est tertia; quarta, nova.
Dum tres transgredior leges in crimine natus,
   Est per quatriduum Lazarus in tumulo.

§ XXIV. *Trina Petri negatio, trina confessio (Joan.*
               xxi, 15).

Ter Dominus Petrum rogat an se diligat, an
                     [non.
Ter Dominum Petrus se prorsus amare fatetur.
Non sine re fuit hoc; sicut damnaverat illum
Trina negatio, sic confessio trina piavit.

Aliter Gemmeticensis duos primos versus sic ha-
bet :
Scit Dominus, rogat ille tamen si diligat ipsum.
Petrus, ter rogat ille, ter iste fatetur amare.
Non sine re, etc.

§ XXV. *Quid significent tres mortui a Domino resu-*
   scitati et quid quatuor dies quatriduani.
              (Gemmetic.)

Mors mala, etc., *ut supra* § 23.

§ XXVI. *Templum Dei estis (1 Cor.* iii, 16).

   Fundamenta, fides; paries, dilectio duplex,
Tectum, spes : templum pectoris efficiunt.

—

1229 ALIA VERSUUM ARGUMENTA.
     (Ex eodem S. Mariani ms.)

§ I. *Ecclesia Dei mysticus est paradisus.*

Spirat odor florum, tactus spiramine quorum,
Etsi non fessus, tamen hic volo sistere gressus,
Ut recreem visum spatiando per hunc paradisum.
Denotat Ecclesiam paradisus, et in paradiso
   Est lignum vitæ, Christus in Ecclesia.
Cætera ligna, viri justi; fructus, bonus actus.
   Quatuor ex uno flumina fonte cadunt.
Sic Evangelii sunt libri quatuor; horum
   Nos doctrina regit, fructiferosque facit.
Lignum per quod Adam quæ sunt bona, quæ mala
                     [novit,
Libertas nostri dicitur arbitrii.

§ II. *De justa justitiæ administratione.*

   Quando facit mihi justitiam pro munere judex,
Exsequitur justum non juste. Cum facit idem
Justitiam pro justitia sine munere, justum
Exsequitur juste. Duo commendantur in illo,
Mens et opus: mentem Deus, et plebs approbat
                     [actum.

§ III. *De judicio interiori.*
   (E duobus Gemmeticensibus.)

   Sunt in judicio personæ quatuor : una
Est accusator; reus altera; tertia testis;
Judex quarta : manus tortoris crimina punit.
Has in me video personas, sum reus ipse;
Accusatrix est meditatio, conscia [conscientia] tes-
                        [tis :
Mens, ratio, judex, torquet me terror averni.

§ IV. *Quid divisio corporis Christi in tres partes si-*
             gnificet.

   Signant tres partes Christi de corpore; prima
Ipsius carnem, sanctosque secunda sepultos :
Aut defunctorum purgatos, prima; secunda
Qui purgantur adhuc; viventes tertia, sanguis
Martyrii pars est; in sanguine tertia tincta.
Martyrii calicem gustant in carne fideles.

   Exstat et in Colb. 1367, *sed brevius, hoc modo :*
   Tres partes factæ de Christi corpore signant.
Prima suam carnem, sanctosque secunda sepultos :
Tertia viventes; hæc est in sanguine tincta.
Martyrium [f. martyrii] calicem gustant in carne
                      [fideles.

§ V. *Quid variæ stationes ad altare.*

   Quid statio dextra signet, vel parte sinistra,
Vel quid per medium signetur, quæ sit ad aram
Noscat qui poterit, sed notum postea prosit.
Nos in principio Dominum fecisse beatos
Dextera designat, breviterque manemus in illa :
1230 Cedimus ad partem, culpa ducente, si-
                   [nistram.
Hic evangelicus credentibus ordo refertur.
Rursus per mediam mediator noster ad urbem
Olim semirutam, proprium fundendo cruorem,
Ducit conservos in dextra parte locandos.

§ VI. *Vetus Adam a tribus victus.*

   Vicit Adam veterem gula, gloria, vana cupido.
Dum comedit vetitum, gula vincit; gloria, dum
                   [vult
Ut Deus esse ; cupido, dum vult omnia scire.

§ VII. *Quid nos faciat peccare.*
         (Gemmet.)

   Quatuor esse reum faciunt ; suggestio primum,
Delectatio, consensus, defensio : dæmon
Suggerit, et caro delectatur; spiritus illi
Consentit ; culpam defendit lingua proterva.
Sic suasit serpens, est delectata virago;
Adam consensit, nisus defendere culpam (71).

§ VIII. *Quid significet tonsura clericalis.*
     (Exstat in Colb. n. 1367.)

   Ut capitis rasura refert [*Colb.* docet], rex atque
                   [sacerdos
Clericus est : præsul fert mitram, rexque coronam.
Accipitur quasi mitra quod est in vertice rasum ;
Qui subtus remanent, sunt ipsa corona, capilli.

§ IX. *Cur tempus paschale per dies quadraginta*
          celebretur.

   Ad plus octo solent celebrari festa diebus;

(71) Illi duo versiculi, nondum editi, reperiuntur in ms. codice Turon. n. 115.

Pascha quater denis. Cur hoc sit quæritur ; audi.
Per q'adraginta morti se tradidit horas,
Tam cruce quam tumulo Christus ; totidemque
                    [diebus
Festa resurgentis celebramus ad ejus honorem.

§ X. *Quid significat quod solemnitas Paschæ per qua-*
         draginta dies celebratur.

Cum soleant actis compleri festa diebus,
Cur complent quadraginta dies solemnia Paschæ ?
Christus mortuus est horis quadraginta ; quot horis
Discipuli fuerant tristes de morte, resurgens
Lætificat totidem famulorum corda diebus.

§ XI. *Noe, Job et Daniel significant tres in Ecclesia*
         ordines.

      (Habetur et in ms. Colb. 1367.)

Job, Daniel, Noe sunt salvandi, teste propheta,
Trinus in Ecclesia viget ordo vocatus in istis.
Uxoratos Job, Daniel se mortificantes,
Rectores Noe significat. Fuit ille maritus,

A Carnem mortificans Daniel, Noe rector in arca
Pristinum [*f.* Pistrinum] : lectus, ager assignantur
                    [eisdem
Ordinibus ; mola signat mundana ; quietem
Lectus ; ager populum, mola sponsus [*Colb.* sponsis
                    [est data lectus
Contemplativis, agricultura magistris.
Ordo quisque duos reprobum gerit atque fidelem.
1231 Hic manet ad pœnam raptus ; capit ille co-
                    [ronam.

§ XII. *Judæi Barabbam Chisto præferentes, culicem*
         liquant.

Cum poscunt solvi Barabbam , Christumque ne-
                    [cari
Judæi, culicemque liquant, sorbentque camelum.
B Accipe per culicem Barabbam , quia læditur , utque
  Ore culex, Barabbas gladio, Christumque camelus
1232 Signat ; fert onus hic, et mundi crimina
                    [Christus

§ XIII. *De Nativitate et passione Domini*

Preco	Puella	Deus	Grex	Pastor	Stella	Sabæus
Fert,	parit,	irrotat,	stupet,	audit,	ducit,	adorat;
Hic Genitrix	Joseph		Christus	Nicodemus		amicus
Cernit	deponit		deportat	abstrahit		hic flet
Natum,	doctorem ,		crucem,	clavos,		tristis amicum.

VEN. HILDEBERTI

CENOMANENSIS EPISCOPI

INSCRIPTIONUM CHRISTIANARUM

LIBELLUS

E ms. codice n° 117 mod. et 164 vet. Turon. Biblioth. xii sæcul. primum editus a
J.-J. Bourassé canonico Turon.

—

1232 I. *Dei æternitas.*
Majestas Domini non est obnoxia fini ;
Nescit finiri, sic nescivit oriri.

      II. *Adæ peccatum.*
Exsul homo felice domo vescens male pomo,
  Ob culpæ meritum venit ad interitum.

    III. *Quid significat quod Dominus dixit serpenti*
      « Pectore et ventre repes. »

Antiquus serpens mihi serpit pectore, si quid
Cogito luxuriæ ; si rem perfecero ventre,

    IV. *Veteris Testamenti patriarchæ.*
Dux in aquis Arcæ prior, et alii patriarchæ
Sicut sunt nati, sunt ordine quique notati.

    V. *Vir sanctus Job.*
Vir fuit in terra, Job nomine, vir sine guerra.

    VI. *Moises percutit petram in deserto.*
Bis silicem virga dux perculit atque propheta.
Ictio bina ducis sunt duo ligna crucis.

C   VII. *Virga Jesse.*
Virga parit florem, licet arida, flosque saporem.
Sic Deus ex Jesse cœpit carnaliter esse.

      VII bis. *De Virgine Deipara.*
Virginitas peperit ; sed si quis quomodo quærit,
  Non est nosse meum, sed scio posse Deum.

VIII. *Angeli pastoribus Salvatorem natum nuntiant.*
Turmas pastorum vox exhilarat superorum.

      IX. *Christus infans in præsepe.*
Virgineum partum præsepe capit satis arctum.

      X. *De duplici Christi natura.*
Nostræ naturæ deitas unita refertur ;
  In Christo sic sunt dives egensque simul.

    XI. *Christus infans a Virgine lactatur.*
Res nova lactatur super æthera qui dominatur.
D   Factor factus homo gaudeat omnis homo.

      XII. *Magi ab Oriente veniunt.*
Ad præsepe Dei veniunt reges Nabathæi.

XIII. *Magi Christum adorant.*
Ternum fit munus, homo, rex, Deus, hinc patet unus.
XIV. *Magi coram Herode.*
Reges exlegem prohibentur visere regem.
XV. *Pastores Salvatorem adorant.*
Regem cœlorum chorus hic condiscipulorum
Sic admiratus laudat, tremit et veneratur.
XVI. *B. Elisabeth Mariam salutat.*
Salve, stirps Jesse, soboles tua vult Deus esse.
XVII. *Elisabeth visitat B. Virgo Maria.*
Infans exsultat, matrem cum Virgo salutat.
XVIII. *Pharisæus et Publicanus.*
Glorior elatus; descendo minorificatus.
Heu, miser! axe teror; lætus ad alta feror.
XIX. *Arcta via quæ ducit ad cœlum.*
Arduus est callis cui subjacet aurea vallis.
1232" XX. *Christus peccata remittit mulieris in adulterium deprehensæ.*
Parcit peccatis mulieris fons pietatis.
Discant austeri patres miseris misereri.
XXI. *Christus languidos sanat. Piscina Syloe.*
Hac in piscina datur infirmis medicina.
XXII. *Paralyticus a Christo sanatus.*
Rex per te, Christe, surgit paralyticus iste,
Quem tu sanatum jussisti ferre grabatum.
XXIII. *Surgit a sepulcro Lazarus.*
Flet Deus et flendo Lazarum vocat e monumento.
XXIV. *Christus Hierusalem triumphans ingreditur.*
Turba Redemptorem venerans et in ejus honorem
Tripudians magna cum voce frequentat: hosanna.
XXV. *Christus sacra communione Apostolos in cœnaculo pascens.*
Hic in pane datur Deus, hic famulis famulatur.
XXVI. *Christus in cœnaculo pedes abluit discipulorum.*
Vivit propter me qui me bibit et comedit me;
Non est pars in me tibi, te nisi lavero Petre.
XXVII. *Christus a Juda proditur.*
Sub pacis signo Christus livore maligno
Traditur a famulo Judaico populo.
XXVIII. *Christi passio.*
Vincula, sputa, minas, probra, verbera, vulnera, [spinas
Pro te sustineo, ne moriaris homo.
XXXI. *Mulieres ad Christi sepulcrum.*
Portant unguentum mulieres ad monimentum.
XXX. *Morte sua Christus homines liberat a morte æterna.*
Testes sunt clavi per quos tua vulnera lavi
Quod crucis in pœna necis est confracta catena.
XXXI. *Mors morte Christi devicta.*
Vivificum funus pro cunctis rex obit unus
Et vi divina fit mors mortis medicina.
XXXII. *Ubi Christi pingitur imago.*
Nec Deus est nec homo, præsens quam cernis [imago,
Sed Deus est et homo quem sacra figurat imago.
XXXIII. *Juxta crucem stans virgo Mater Christi.*
Pande precor, care fili, pendes ita quare?
Pendeo sic, Mater, serpens spolietur ut ater.

A Mater : quid nate? cur fles? — Quia segregor a te
Amodo solamen quis erit mihi, quisve levamen?
XXXIV. *De Christo in cruce pendenti.*
In cruce languores nostros tulit atque dolores
Qui sic damnatur ne plasma suum moriatur.
XXXV. *Redemptus homo per Christi mortem.*
Cur homo miraris? morior ne tu moriaris.
XXXVI. *Crux sanguine Christi madida.*
Abluit hic sanguis quod in Eva polluit anguis.
XXXII. *Christus ad hominem redemptum.*
Dum te plasmavi non hac in sede locavi.
Ad mea regna redi, quia te moriendo redemi.
XXXVIII. *De Messia, Virginis filio*
Maria natus de Virgine nos reparavit.
XXXIX. *Vicit leo de tribu Juda.*
B Mortem morte leo de stirpe David superavit.
XL. *Deo reconciliavit peccatores.*
Nos Deus ipse Deo pia victima conciliavit.
LIX. *Christus æterni Patris Filius.*
Corde patris natus Messias cuncta creavit.
XLII. *De cruce Christi.*
Morsus Adæ mortem duram sub judice sortem
Impressit natis et totius posteritatis.
Sed protoplastorum mortem miserando suorum
Mortem gustavit, mortem Deus evacuavit;
Et nos morte crucis transvexit ad atria lucis.
Hoc præfert lignum crucis admirabile signum,
Per quam vita datur, per quam mors evacuatur.
XLIII. *Subter Christi imaginem.*
C Christi majestas cui par est nulla potestas,
In modico gyro describitur ordine miro.
XLIV. *Duodecim apostoli.*
Discipuli bis sex, quibus est commissa Dei lex.
Sunt lapides bis sex, quos in diademate fert rex.
XLV. *Christus ad apostolos.*
Omnibus exutos nos et tua jussa secutos
Quæ maneat merces, dic rex, qui cuncta coerces?
Ante meum vultum cum nil remanebit inultum,
Judicium meum tractabitis omnibus æquum
XLVI. *Sancti in paradiso.*
Vivitur in cœlo concorditer et sine zelo.
XLVII. *De Eucharistia.*
Hæc caro quam comedis te salvat, si bene credis;
At male si credis, judicium comedis.
D XLVIII. *De communione sacra.*
Fons est de petra populo datus absque metreta,
Larga salus omni corpore de Domini.
Pocula dojvitæ, sitientes ergo venite.
Sed jubet ipse Deus ne bibat inde reus.
XLIX. *De somno.*
Quod caret alterna requie durabile non est.
L. *De senectute.*
O me manu factum consumit longa vetustas.
LI. *Contra pravos habitus.*
Et neglecta solent incendia sumere vires.
LII. *De fiducia inter pericula.*
Non semper feriet quodcunque minabitur arcus.
LIII. *In vestimentis modestia.*
In vestimentis non est ornatio mentis.

LIV. *De humana conditione.*

Nos cinis et pulvis sumus et de pulvere facti
Adæ stirpe sati, de cujus vulnere tacti
Exsilium patimur, vitiorum labe subacti.
Nos germen nequam, vitam non ducimus æquam,
Fæx, pedor, vermis, res vilis, inanis, inermis,
Veste sub hac vili curemus mente virili
Ne pro vere brevi longo careamus Aprili.
Hujus amor mundi brevis est et ad ima profundi
Nos vocat. Ut fenum, sic mundi transit amœnum,
Haud dubia mente credo ratione carere
Qui longum sperat cum mundi flore manere.'
        (*Postea sequitur vita S. Thaisidis.*)

1232 LV. *Ex dictis beati Gregorii.*

Quando facit mihi justitiam pro munere judex,
Exsequitur justum non juste cum facit idem
Justitiam pro justitia sine munere, justum
Exsequitur juste; duo commendantur in illo,
Mens et opus, mentem Deus, et plebs approbat
                                    [actum.

LVI. *De conceptione beatæ Mariæ.*
    (Inedit., e cod. Turon. n. 117.)

Credula promisso cœli spiramine misso
Virgo concepit Verbum quod in aure recepit.
Florigerum pectus Deus intrat, virgine tectus,
Intrat in ancillam quia rex aptaverat illam,
Visceribus cujus majestas clauditur hujus
Res nova, natura perdit carnalia jura
Quæ coitum nescit, sine semine virgo tumescit.
Gaude fecundans dono deitatis abundans,
Ventre geris prolem quæ vincit lumine solem.
Mens tua lætetur, quia quod geris intus, habetur
Filius atque Pater, tu filia, tu sibi mater,
Atque per hoc verbum jus perdidit hostis acerbum
Quod matris sæve morsus commiserat Evæ.
O felix partus, qui matris non premit artus :
Ut radius solis, sic est egressio prolis.
Hac de prole pia mater lætare Maria !
Gaude, stella maris, quæ dum Deitate bearis
Absque labore paris, post partum virgo probaris.
O quantis votis monet officium pietatis,
His gaudere datis, quod consilium Deitatis
Nos in tormentis per prima facta parentis
Abstulit a fatis, per matrem virginitatis.
Hinc hymni resonent, hinc cuncti seria donent
Tanto natali, quod liberat exitiali
Servos a pœna, dans gaudia lucis amœna.
Ecce prophetiæ complentur nunc Isaiæ,
Fructus lætitiæ dedit alvus casta Mariæ.
Nunc omnino reus fiat confusus Hebræus
Dicens : sacratum templum matris violatum
Parturiens istum Joseph de semine Christum,
Gens rea, quo traheris? Cur crimina non revereris?
Quis furor est mentis? De Virgine cur male sentis
Noscere vera datur, nam cui nil posse negatur
Matre puellari sine patre potest generari.
Exemplo credas tamen ut convicta recedas,
Elisabeth sterilem videas, sponsumque senilem,
Naturæ metas istorum clauserat ætas,

A Dum puer in sterili generatur patre senili,
Cumque sit in morem, parientem ferre dolorem,
Converso more, virgo parit absque dolore.
His argumentis credat titubatio mentis
Ut duo qui donat Deus integritate coronat
Ingressum matris, nascens sine semine patris
Hujus natalis cum fiat apex specialis
His quæ monstrantur, tamen imis alta probantur
Hinc assume fidem Judæa rebellis eidem
Fæcundat sterilis, non opprimit ortus herilis
Maternos artus; exit sine semine partus;
Sic vi divina fiunt miracula trina.
In nobis vivat qua se plebi impia privat
Ista fides Christi, pia Virgo quém genuisti.

B Ad vitæ portus nos pertrahat istius ortus,
Qui veteris morbi medicinam contulit orbi
Huic, mater, præsto pro te venerantibus esto;
Reddens pacatum nobis prece supplice natum.
O Rosa vernalis, super omnes flos specialis,
Virgo regalis, via vitæ spiritualis,
Ante Deum talis fias quod sit venialis
Indulgendo malis discussio judicialis.

LVII. *Versus Hildeberti ad beatam Mariam.*
    (Ms. 3550, biblioth. imper. Paris.)

Sancta parens, caro labe carens et dulcis odoris,
Stella maris, cui nulla paris fuit orta decoris.
Digna coli, Regina poli, flos imperialis
Cella Dei, speculum fidei, virgo specialis,
Melle fluens, pietate cluens, dulcedine manans

C Læsa fovens, morbos removens, languentia sanans,
Spes veniæ, via lætitiæ, stirps inclita Jesse,
Supplicibus famuli precibus digneris adesse.
Tartareis quod me laqueis draco præpedit ater.
Criminibus nexum gravibus, pia, respice, mater.
Solve reum, pondusque meum relevare labora,
Ut veniam reus inveniam, pro me, precor, ora,
Ne Stygiæ mihi malitiæ sint cognita castra
Imo Dei pietate vehi merear super astra.

    *Hic notandum quod versiculi præscripti hexametri,
sunt etiam consonis syllabis ornati, atque insuper legi
possunt ut sequitur :*

D
    1. Sancta Parens,
        Caro labe carens
        Et dulcis odoris;
    2. Stella Maris,
        Cui nulla paris
        Fuit orta decoris.
    3. Digna coli,
        Regina poli,
        Flos imperialis.
    4. Cella Dei,
        Speculum fidei,
        Virgo specialis.
    5. Melle fluens,
        Pietate cluens,
        Dulcedine manans;
    6. Læsa fovens,
        Morbos removens,

Languentia sanans.
7. Spes veniæ,
   Via lætitiæ,
   Stirps inclita Jesse;
8. Supplicibus
   Famuli precibus
   Digneris adesse
9. Tartareis
   Quod me laqueis
   Draco præpedit ater,
10. Criminibus
   Nexum gravibus,
   Pia, respice, mater.
11. Solve reum,
   Pondusque meum
   Relevare labora.
12. Ut veniam
   Reus inveniam
   Pro me, precor, ora.
13. Ne Stygiæ
   Mihi malitiæ
   Sint cognita castra.
14. Immo Dei,
   Pietate vehi
   Merear super astra.

LVIII. *Hieronymus in annalibus Hebræorum de XV signis quindecim dierum ante diem judicii.*
Cognitio talis fiet finis generalis
Omnibus in rebus ter quinis ante diebus :
Atque dies unus dans mundi cernere funus,
Testes horroris tot habens dirique furoris,
Est ostendendus per signa tremenda tremendus.

  I. Æquor inundabit montesque tumens superabit,
Ter quinis cubitis excrescens altius istis,
Non involvendo sed fluctibus alta petendo.

  II. Rursum summissum subterfluet æquor abyssum,
Ut vix cernatur quo cursus et unda feratur.

  III. Antiquusque status posthinc fuerit reparatus.

  IV. Quidquid aquis tegitur vita sensuque potitur
Æquora nudabunt, incertaque voce sonabunt,
  V. Aera linquentes, in campis convenientes,
Voce sua plangent volucres nec pascua tangent.
  VI. Solis ab occasu crebro labentia casu
Fulgura, splendentem pertransibunt orientem.
  VII. Sidera flammabunt et longo crine micabunt.
  VIII. Motus terra dabit : animal nullum pede stabit.
  IX. Saxaque vis scindet partem pars, altera findet.
  X. Lignaque viventum nemorum genus omne
                                   [virentum
Sanguinis in morem, sudabunt omnia rorem.
  XI. Montes solventur quasi pulvis et efficientur
Quodque laboravit, nuper labor ædificavit
Tunc confundetur, tunc in nihilum redigetur.
  XII. Abdita silvarum fugiet genus omne ferarum,
Venturum metum resonans communeque lethum.
  XIII. Bustis confractis ac omnino patefactis,
Surgere nitentur quæ corpora clausa tenentur.
  XIV. Urbibus exibunt homines properanter et
                                   [ibunt
Passim plangentes, sine sensu nilque loquentes.
  XV. Summa dies rerum post hæc erit atque
                                   [dierum,
Qua quotquot vivent morientur; moxque resurget
Mundi defuncti, necnon et ab origine cuncti
Ii quo salventur, ii perpetuo crucientur.
Hujus terrorem quis diceret atque laborem !
Quam tot portentis conturbatis elementis
Cœlum, terra, mare monstrabunt appropiare
Dantia majorum multo documenta dolorum
Istius horrorem timeamus, amemus honorem.
Quo se noscendum plane dans atque videndum
Justis præbebit; secreti nilque latebit
Quod non cernatur ac in Deitate sciatur ;
In qua gaudebunt qui pura mente nitebunt
Et bene gaudebunt, quia gaudia sine carebunt.

VEN. HILDEBERTI

CENOMANENSIS EPISCOPI

VERSUS DE SANCTA SUSANNA.

(E manuscripto codice Maoris Monasterii an. plus 500, et altero v. cl. D. Jacobi Dupuirier Turonis doct. medici, ann. 400.)

—

1232 ···· Hactenus arrisit Susannæ gratia formæ;
Hactenus in populo floruit ejus honor.
Fama serena fuit, sed nubila facta lucernam
  Exstingunt famæ, nec rutilare sinunt.
  Laudis famosæ vix rutilare sinunt.
Nam jubar exiguum de famæ lampade duces,
  Ex oleo morum si nihil intus habes.

Vel quis erit fructus, si te flores nominis ornent,
Et de fruge boni nil tua vita metat.
Omne quod est rutilum, nomen non accipit auri.
Non aurum dico quidquid fulgore superbit,
  Nec favus esse solet
  Non appello favum quidquid in ore sapit.
Auri nobilitas luteam si vestiat ollam,

Non ideo sequitur hanc minus esse lutum.
Sic et Susannam si famæ candor inaurat ,
  Non ideo sequitur hanc minus esse ream.
        immotuit
Nobis enituit quod 'mœcha sit, et quod iniqua
  Sprevit mœcha virum, læsit iniqua Deum.
Virtuti vitium, sinceris turpia, legi
  Illecebram, fidei prætulit illa dolum.
Nos urit graviter res hæc , opus hoc, scelus istud
  Res deformis, opus flebile, triste scelus.
Juris enim nostri est, tales evellere plantas,
  Ne pariat fructus arbor iniqua malos.
  Prava
Parva quidem cito fructificant , at fertilis arbor
  Tædius urtica crescere semper habet.
Lex igitur poscit, et res ut in arboris hujus
        judex
  Radicem vindex nostra securis eat.
Sed donec nobis clarescant omnia, parvam
  Pœnæ concessit ultio nostra moram.
Ergo revolvatur res ordine ducta, rotamque
  Linguæ currentis auris habena reget.
Cum sol hesternum libraret tempus, et urbis
  Librasset causas statera nostra diu.
Surgimus, egredimur, Joachim nos excipit hortus,
  Floridus ut recreet tædia nostra locus.
Nostro blanditur locus, arridetque labori.
  Ridentem reddunt quatuor ista locum.
Hæc sunt : Arbor humus , et fons, et avis ; viret
                                    [arbor ,
  Vernat humus, garrit fons, citharizat avis.
Arbor fronde viret, pubescit germine tellus,
  Murmure fons garrit, gutture ludit avis.
Flos oculos pascit, nardus nares, avis aures ;
  Hic placet, hæc redolet, exprimit illa melos.
Sedimus hic igitur fallendo sub arbore solem,
  Ut juvenescat nostra senecta parum.
Dumque locum nostri metitur luminis error,
  Fors in Susannam lumina nostra tulit.
Pulsat posticam, paruit pulsata, patentem
  Ingreditur, graditur, acceleratque scelus.
Et quales optat lasciva libido, latenti
  Dilecto tales obtulit illa genas.
Intrat enim succincta dolis, discincta puellis,
  Picta genis, pedibus nuda, venusta comis.
        socias
Excludens famulas, sine teste fuit obvia : nemo
  Delinquens oculos testis amare solet.
Arte suam pinxit faciem, quia pectus amantis
  Prædari citius forma polita solet.
Turpem prodebat habitus quæsitus amorem,
  Deformisque notæ testis et obses erat.
Signis sive notis, etsi non voce, reatum
  Impuræ mentis hæc potuere loqui.
Frons stellata rosis, pictæ lascivia zonæ,
  Collum corque tumens, auris in ore nitens (72).
Pes levis et vestis rugis impacta superbis,
  Et coma dedignans vincula magistra pati.

A Cur sic ? Ut placeat magis , et magis urat aman-
                                    [tem.
  Plus igitur placuit, plus et inarsit amans.
Arsit et exsiliit, rapit hanc ; manui manus, ori
  Jungitur os ; pudor est ordine cuncta sequi.
Currimus ; hi fugiunt ; sequimur, foris evolat ille.
  Illa stat, ille ruit, tardior illa fuit.
1233 Adsumus, illa stupet ; loquimur, rubet illa ;
                                    [minamur,
  Illa dolet ; causam quærimus, illa tacet.
Nos quasi subsannans oculo Susanna superbo
  Quæsitum surda præterit aure scelus.
Indicat ipsa tamen vel fronte, vel ore reatum.
  Frons rubet, ecce pudor ; os silet, ecce favor [f.
                                    [pavor.
B Elucet quæ sit Susanna, nec esse sepultum
  Pertulit hoc facinus judicis [*al.* vindicis] ira Dei,
Nec fallit sermo vulgi tam tritus in ore :
  Donec fracturam sentiat olla, natat.
Quæ modo naufragium nesciret, si prius esset
Hæc nec naufragium mundi sensisset in undis,
  Remigio fidei sponsa secuta virum.
  Si mores esset sponsa secuta viri.
Sed multum distant sibi vir pius, uxor iniqua,
  Vir fidus sponsæ, sponsa dolosa viro.
Sponsæ culpa tamen Joachim non torqueat ex hac,
  Ecce nihil maculæ contrahit ille sibi.
Non ideo reus est, si vir suus est, quia damni
  Nil oleum patitur, si societur aquæ.
Causa relata patet, nec testibus indiget : ergo
C Torqueat et cruciet ultio digna ream.

DEFENSIO DANIELIS.

Quis turbo turbam turbavit ? Quis sonus urbem
  Impulit ? Unde fragor intonat, unde dolor ?
State, viri, torquete reos, absolvite justam ;
  Hos sua culpa ligat, hanc sua causa juvat.
Pondere non æquo Susannæ causa pependit.
  Non timuit mendax esse statera senum.
Canities etiam mentiri novit, et albam
  Non semper retinet alba senecta fidem.
Ergo potest ipsis irasci moribus ætas,
  Quæ stupet in senio non senuisse senes.
Albi temporibus, nigri sunt moribus ; æquant
  Tempora cana nivem, corda dolosa picem.
D Pingues ut vitulos, vetulos admiror amantes,
                                    corde
  Amentesque, graves corpore, mente leves.
Hos gradus insignit, sed vita pressit, honoris
  Summos attingit infima vita gradus.
Ambo presbyteri, sed non præbent iter ulli
  Ambo videntes, sed sine jure, Dei.
(73) Cumque regant alios, tamen a dulcedine mo-
                                    [rum
  Jejunus remanet tantus honoris apex.
Verbis frondescunt, sed non est fructus in actu ;
  Ore pluunt aliis, sed sine rore sibi.

---

(72) Forte *gemma per ora nitens.*
(73) Versus uncis inclusi desunt in ms. Maj. Monasterii.

Ore docent, et non exemplo, sed documentis
　Non redimit mores aurea lingua malos.
Qui docet et peccat, lyra sed delira vel ille est,
　Unda sed immunda, vel rosa, rosa tamen.
Dum tibi blanditur lyra, dum verbi pluit unda,
　Dum te demulcet laudis odore rosa (74).
Sed quia delinquit, quasi delirat, quasi sordet,
　Et quasi cor roseum verme cor intus habet.
Talis uterque docet, nocet, ungit, pungit : obesse
　Plus, prodesse minus, nostis utrumque tamen.
Cum doceant alios, se non hortantur, et instar
　Candelæ faciunt in sua damna jubar.
Proficit hæc aliis, sibi soli deficit ipsi ;
　Proficiunt aliis, deficiuntque sibi.
Vis tibi depingi brevius præmissa, sequuntur
Ut breviore stylo claudam prædicta, sequuntur
　Utres seu ventres, dolia sive dolos
Ut populi loculos nummis emungere possint,
　Proh dolor ! in populos vendit uterque dolos.
Curant non aras, sed arcas ; non vera, sed æra ;
　Non æquum, sed equos ; non inopes, sed opes.
Hærent sed vanis, sed vinis, sive venenis ;
1234 Quærunt vana, colunt vina, venena
　　　　[spuunt.
Libras, non libros relegunt ; parentque monetis,
　Non monitis ; pretio, non prece quemque juvant.
Non alleluia ructare, sed allia norunt :
　Plus in Solmone quam Salomone legunt.
Talibus ergo fides inclinet [f. non præstet] nostra
　　　　[favorem,
　Non quia fallaces non meruere fidem,
Fingunt quod vestris infundant auribus ; iste
　　　　viri
　Non est ordo rei quem docuere rei.
Sed nihil Intexet mea vox de stamine falsi,
　Remque sequar breviter, sed sine nube doli.
Æstus erat, calor instabat, sol flammeus undas
　Jusserat immemores frigoris esse sui.
Rivus qui ludens Joachim lascivit in horto,
　Lampadis ejusdem vi tepefactus erat.
Illuc invitant Susannam balnea ; surgit,
　Huc properat, fraudem nescit inesse loco.
Tentat aquam, laudat tentatam ; nuda subintrat :
　Laudatam nudam vidit uterque senum :
Vidit et incaluit ; conceptæ pabula flammæ,
　Ejus utræque genæ sunt in utroque sene.
Hinc species, inde spes, hinc venus, unde venustas,
　　　　cor rapuere senum.
　Hinc color, unde calor urit utrumque senem.
Igni dant vires oculi, lux ignea, cervix
　Lactea, cæsaries aurea, frontis honor.
Res nova ! decrepitis audax amor imperat, igni
O res mira ! senex amat, exstinctus cinis ardet,
　　Exsangu.s stipulæ dant alimenta nova
　Spina vetus redolens, arida planta virens.
Non errant simili puerique, senexque reatu ;

　　　　　　sicut
　Errat amando puer, sævit amando senex.
[Excusat juvenum scelus ætas florida ; non est
　Respectu veniæ digna libido senum (74*).]
[Flamma senum rorem veniæ non impetrat horum.
　Sedari fornax non sine fonte potest.
Exstingui levius puerilis culpa meretur ;
　Parvo rore premi flamma novella potest.]
Quid sero plura ? Senes captivat forma, trahuntur
　Illecebra ; celeres ad sua vota volant.
Ergo preces fundunt, ergo dant, ergo minantur.
　Nil prece, nil donis, nil valuere minis.
Cumque nihil possunt venari retibus istis,
　Aures innocuas his tetigere sonis :
Effectus nostro si non arridet amori,
　Crimen fingemus ad tua damna novum.
Te sponsi fœdus læsisse fatebimur ; istud
　　　　　　querela
　In medio vu.gi nostra loquela seret.
　　　　　nutat
Pensans et metuens fluitat Susanna ; ministrat
　Spem divinus amor.
　.Mens bene conscia spem, lingua dolosa metum.
Mens trahitur veloque spei, ventoque timoris,
　Spemque metumque sequens, inter utrumque
　　　　[natat.
Devotaque volans ad cœlum mente, loquelam
　Fletibus undantem misit in ora senum.
Navis quo fugiet geminis impulsa procellis ?
　Hinc mihi nulla salus ; hinc fuga nulla mihi :
Syrtes incurret fugiens, mea cymba Carybdim ;
　Et mea fata cavens, in mea fata ferar.
Peccem ? peccantem me puniet ira gehennæ :
　Clamem ? clamantem puniet ira senum.
Sed quia vestra, senes, manus in me sæviet, iram
　Leniet inferni verbere trita caro.
Ut damnum carnis animam lucretur, ematque
　Portum cœlestem, naufraga vita mihi.
Si caro spiritui, si Saræ serviat Agar,
　Et lucrum mentis, passio carnis erit.
1235 Dixit, et obsistit ; sic prævalet una duobus
　Sævis blanda viris, femina justa reis.
Non vincunt quam convincunt, quia nil adamanti
　Malleus hic uncus.... nocere potest.
Ut mea vox populi sit digna fide, locus istos
　Separet, et ratio judicet acta senum.
Die, frontose senex, dic quem fuit ardor amoris (75)
　Conscia ; respondet : Æstimo, prinus erat.
1236 Dicat et hic ad quem non ista loquela vo-
　　　　[larat,
　Quis fuit arbor ; ait : æstimo schinus erat.
　　　　convincit
Quid plura ? Condemnat sua lingua reos : docet iste
　Quod negat ille ; negat iste quod ille docet.
Nil restat nisi crux ; sua pœna redundet in illos ;
　Vapulet et virgis doctor uterque suis (76).

---

(74) Ili sex versus desunt in ms. D. du Poirier.
(74*) Ili duo versus non sunt in ms. D. du Poirier,
quorum loco sunt quatuor seqq. qui desunt in. ms.
Majoris Monasterii.

(75) Forte *quæ fuit arbor amoris conscia.*
(76) Sic desinit in utroque ms. poema de Susanna.

DE MACHABÆIS.

(Ex eodem manuscripto Sancti Mariani Antissiodorensis.)

—

BREVE MONITUM. — Inter poemata Marbodi episcopi Redonensis invenitur poema ejusdem argumenti, quod inscribitur : *Certamina septem fratrum Machabæorum.* Sic autem incipit : *Antiquæ legis jus solvens jussio regis.* Sic autem desinit : *Certamine major.* Est autem omnino discretum ab hoc Hildeberti poemate.

—

(77) Regnum Persarum quod per tot sæcula clarum
Floruerat late felici nobilitate,
Postquam confregit Macedo, Dariumque subegit,
Elatæ mentis ruit in populos Orientis.
Tædia nulla moræ passus, modicoque labore
Per Lyricum littus rediens, Oriente potitus
Consulit Ammonem ; post hæc rediens Babylonem
Vita discessit, post tot quæ tam cito gessit ;
Morteque vicina, cum nullius medicina
Jam sibi prodesset, nec jam nisi mors superesset,
Nutritos pueros ad se [*f.* secum] vocat inclytus
        [heros.
Ad quos sic inquit : Scio quod me vita relinquit ;
Astra volunt superi nostra virtute tueri :
Me super astra ferunt, quia pro Jove ponere quæ-
        [runt.
Forsan ad incursus et tela Typhæa recursus
Jupiter expavit, qui me super astra vocavit.
Si vos, o proceres ! quoniam meus inclytus hæres
Ætatis teneræ non posset regna tenere,
Vos virtus quorum me collocat arce polorum,
Testor in hæredes. Divisit et illico sedes,
Juraque regnorum, quæ quisque teneret eorum.
Inprimis ab eo datur Ægyptus Ptolemæo,
Regnaque Lisymacum jussit disponere Thracum ;
Insuper et Ponti Syriam dat Laomedonti.
Provenit Antigono Phrygiæ pars maxima dono.
Sumpsit Cassander Chariam, Lybiamque Menan-
        [der.
Gentes ignotæ Cilicum cessere Phylotæ ;
Regnaque magnorum Phylo suscipit Illyriorum ;
Medos majores Tropatus, Perdica minores,
Et stipatores servosque suos propiores.
Filius Antipatri cessit Macedonia fratri,
Primatemque ducum jubet esse ducem Seleucum,
Summam castrorum sibi dans, equitumque suo-
        [rum,
Adjungens donis etiam regnum Babylonis.
Hinc propagatus fuit Antiochus sceleratus ;
Ex hoc processit, qui tot mala tantaque gessit ;
Radix peccati, par nullius impietati,
Iræ cœlestis gladius, Judaica pestis.
Istius impietas sibi nescia ponere metas.
Quidquid inhumanum, quidquid grave, turpe, pro-
        [fanum,

Aut dici posset, aut experientia nosset,
In Judæorum gentem, veritam nihil horum,
Præcepit fieri, legemque jubens aboleri
Libros combussit, cujus lex impia jussit
Illos perquiri, qui si possent reperiri,
Absconsor legis caderet quasi victima gregis,
Justaque non justa lex lege fuisset adusta.
Sed quibus ex causis, vel quam crudelibus ausis
Antiochi regis fuit hæc abjectio legis,
Templi vel terræ, placet, incaluique referre.
Delator patriæ quidam Simon hostis Oniæ
Fraude sed occulta faciebat pessima multa,
Incolumique statu sub Oniæ pontificatu
Pax inter cives erat, et Jerosolyma dives,
Et multis rebus fuit illis clara diebus ;
Sed Simon ingratus putat hanc pacem cruciatus,
Et delatori requies erat illa labori,
Gaudia mœrori, summo pia vota pudori
Ille videns quoniam superare nequiret Oniam,
Sed fraudes varias ejus vitaret Onias,
Cum duce Phœnicis, patriæque loquens inimicis,
In propriam cladem cura miser armat eadem,
Qua bonus et quanta civis reprimit mala tanta,
Detulit ergo duci regis cuidam Seleuci
Non cumulasse parum Judæos divitiarum
More sed et veteri docet in templo coateri
Multum multarum, multumque supervacuarum,
Quæ si tollantur velati quæ nil operantur,
Utilitas regis sit, non injuria legis.
Fit regi totum quod dixerat ordine notum ;
Gratia fit Simoni, sed damnum religioni.
Rex thesaurorum cupidus vocat Heliodorum :
Dicit et ostendit sua quo sententia tendit,
Se sciat offensum nisi deferat illico censum.
Heliodorus abit, vacuusque tamen remeabit.
Quæ sit causa viæ veniens declarat Oniæ,
Illeque confusus : Non tales, inquit, in usus
Templo collocatas liquet esse Deoque sacratas.
Res ibi congestas habet hic communis egestas,
Debilibus turbis servantur et orbis et urbis,
Quas sic exponi satis obstat religioni.
Heu dolor ! immensus si diripitur modo census,
Spes pupillorum, viduæ cibus et miserorum ;
Sentiet hoc facinus tam civis quam peregrinus.
Dixit. At ille minis instare, diemque rapinis

(77) Vide Machab. I, 11.

Præfixit certum, quo dissipet omne repertum.
Ad quos rumores et Onias et seniores,
Quæ cito succurrunt, pietatis ad arma recurrunt.
1237 Præsul humi stratus, punit prior ipse reatus,
Et cum lamentis veniam rogat Omnipotentis,
Ne decus antiquum violet modo vulgus iniquum,
Ne conculcari templum sinat aut violari,
Vel commune bonum sub jura venire leonum.
Lux aderat luctus. Venit ergo tyrannide ductus,
Armatasque manus secum trahit ille profanus ;
Sed color alter ei, status alter erat faciei,
Ex habituque viri poterant sua viscera sciri,
In facieque foris notissima signa timoris,
Signa dabant mentis magnum quiddam metuentis,
Menteque percussa dat adhuc tamen impia jussa,
Pendet ad eventum mens anxia convenientum,
Sed pius errori Deus obstat Heliodori.
Quem simul accessit, tali virtute repressit :
Terribili vultu, subitoque venire tumultu
Admirantur equum. Super hunc eques, et duo secum
Vultu spectati juvenes, servire parati.
Arma fuere viro fulgore micantia miro,
Ut nemo sciret quis esset, et unde veniret ;
Qui circumstantum nulli nocuit, nisi tantum
Auctori sceleris, quem spes armaverat æris.
Hunc conculcatum, pueris illis laceratum
Quos adducebat tradit, cædique jubebat.
Terræ prostratus pœnas dabat ergo reatus,
Quem populus tantæ virtutis viderat ante,
Jam salvo censu sine luce videt, sine sensu.
Tunc inimicitias declinans regis Onias,
Qui turbaretur, si tantus homo moreretur,
Et nolens iræ causas gravioris inire,
Ne fieret pejus, pro vita supplicat ejus.
Quod simul explevit, et vindicis ira quievit.
Vita salusque redit misero, sanusque recedit.
Tunc eques inquit ei : Memor istius este diei,
Et vitæ propriæ non sis ingratus Oniæ.
Totius ergo chorus populi, sed et Heliodorus
Laudis in exemplum venit ad memorabile templum,
Dansque Deo grates, lacrymis lavat impietates.
Orat ut oretur pro se, culpamque fatetur ;
Spondet ab hac hora se facturum meliora ;
Sicque vale facto plebi, votoque peracto,
Per Celesyriam lætus redit Antiochiam.
Et regi relegit vel quæ vel qualiter egit ;
Qualiter evasit, templumque timere suasit.
Subridens, oro, dic, rex, ait Heliodoro
Quem decet ut mittam ? Quem vis amittere vitam ?
Et qui delinquit, talis sit nuntius, inquit.
Simon ad hæc sævit, nec adhuc a fraude quievit,
Pontificemque bonum legis patriæque patronum
Perfidiæ telis pulsat, falsisque querelis
Detrahit, infamat, per singula compita clamat
Quod facit in patriam totum fieri per Oniam.
Ast ubi tantarum laqueos inimicitiarum
Atque tot insidias poni sibi vidit Onias,
Nec nisi per regem jam posse resistere legem,
Defensor patriæ se contulit Antiochiæ,

A Illic private vivens vixitque beate.
Hunc habuisse ferunt fratres ; duo quippe fuerunt,
Sed non æquales meritis ejus, neque tales
Qualis et ante pater Simon exstitit, et modo frater ;
Sed jam Græcarum consortes luxuriarum,
Menteque jam cæca dederant sibi nomina Græca,
Et contra patrias leges Menelaus Onias
Est appellatus ; major Jesus ante vocatus
Spreto felici Jason audet nomine dici.
Hostis naturæ, qui cladis origo futuræ,
Et jam vicinæ fuit urbi causa ruinæ.
Per quem tot cædes, per quem sacra diruta sedes,
Leges pollutæ, genus et locus absque salute.
Respuit et mutat, nomenque salubre refutat.
1238 Mutatum nomen signum fuit et velut omen
B Temporibus Jasonis mutandæ relligionis.
  Mos erat antiquus, qui pessimus est et iniquus,
Ut refugæ legum peterent solatia regum,
Ut quia perversæ nequeant res vertere per se,
Pervertant reges, ut pervertant ita leges.
Talibus intentus fallax Jason atque cruentus,
Ut cognovisset quod rex Seleucus obisset,
Et successisset frater sibi, rexque fuisset
Antiochus factus, tunc pessima [*al.* optima] tem-
                              [pora nactus,
Contrahit immensum per amicos undique censum.
Quo sibi collato, legumque statu vacuato,
Detulit ad regem se velle relinquere legem,
Idque licere sibi rogat ex imagine scribi,
Judæosque rogat quod in hæc opprobria cogat,
C Addicatque neci, nisi vivant quomodo Græci ;
Ut quibus idem rex, etiam sit eis eadem lex.
Quo sibi concesso, miser iste, pudore represso,
Adversus Patrum fecit decreta theatrum.
Insuper in ludis ludens cum corpore nudis,
Ne circumcisus juvenum sit in agmine visus,
Celat et arte tegit, populusque quod egerat egit.
Res sacramenti specialiter huic data genti,
Quam nullis annis violaverat ulla tyrannis,
Sub refuga vili perit excessu juvenili.
Insuper adjecit, et ephebeiam sibi fecit,
Moreque Græcorum quicunque sibi puerorum
Usibus his aptus visus foret, illico raptus,
Ad turpes usus erat, heu pudor ! intra reclusus.
D Quid non audebit ? Quis vero timenda timebit ?
Aut quid turpe putat, qui non hoc turpe refutat ?
Qui scelus hoc audet, cordis quibus ostia claudet ?
Qui licitos credis coitus Jovis et Ganymedis,
Cuncta licere puta, nihil excipe, nilque refuta,
Nil fuge, nulla time gentis connubia primæ,
Nec reverere pecus, fac quidlibet et pene cæcus.
Scimus et hoc factum, nec quemquam fulmine ta-
                              [ctum ;
Occisusque pater legitur, vitiataque mater,
Nec tamen inde reos ferit ultio Pentapolæos,
Nec turpis cœnæ culpa periere Micenæ :
Sed liquet et scitis quid contigerit Sodomitis ;
Fulminis ignaras liquet esse Busiridis aras.
Pro nece fraterna furit in Cain ira superna :

Non arsit vivus tamen, immo fuit fugitivus.
Lot gravis incestus Sodomæ non pertulit æstus :
In venerem venter fugientis ab igne recenter
Spumat et illicite, sed non perit ut Sodomitæ :
Solus fit salvus, per quem natæ tumet alvus.
Inde patet liquido quam sit gravis ista libido,
Respectu cujus pietas scelus exstitit hujus.
Quis peccatorum fuit imber, ut imber eorum?
Vel quis, vel quorum gladius velut Sodomorum?
Soli sunt digni quos sulphure perdat et igni
Custos naturæ, stabili per sæcula jure.

    Creverat in tantum contagio luxuriantum,
Ut velut edicto naturæ jure relicto,
In res præruptas ferret sua quemque voluptas.
Non erat ergo bonus, nisi qui foret ad mala pronus,
Qui male lascivus, qui turpiter et male vivus.
Tu bonus es civis ; decus est inhiare nocivis.
Usibus obscenis se conformant alienis.
Nil cantilenis Jerosolyma debet Athenis.
Cella lupanaris colitur solemnius aris.
De pueris claris ibi multus inatricularis
Non erat ; at juvenum cœtu tantummodo plenum.
Sed se quisque senum facit, exhibet Antiochenum.
Hæc est summa mali, causa Jerosolyma tali
Rege sub hostili fuit opprobrio data vili.
Hac fuit ex causa veniæ spes et via clausa,
Urbeque polluta, gravis est nimis ira secuta,
Antiochoque datur cujus gladio feriatur.

1239 Exemplo cujus Jerosolyma vixerat, hujus
Est experta fidem, jubet hoc et puniet idem.
Regum quotquot erunt, sunt et modo, sive fuerunt,
Rex plus crudelis fuit iste, minusque fidelis,
Fraudibus atque dolis sibi gloria vincere solis.
Hic quasi pacificus, velutique nepotis amicus,
Et visurus eum Memphim venit Ptolemæum,
Clara parens cujus soror Antiochi fuit hujus.
Deque Philometore fuit Antiochique sorore
Natus, et ex more regnabat pro genitore.
Vis erat infantis rebus male congrua tantis :
Ætas digna regi non est bona justaque regi;
Sed patruus pueri tutor rogat ejus haberi,
Cordeque fallaci dans verba simillima paci,
Se provisurum puero, patremque futurum,
Viribus et totis defendere regna nepotis,
Jurat. Cedit ei gravitas procerum Ptolemæi :
Regno suscipitur pueri, sed fraus aperitur.
Nam compos voti parat arma necemque nepoti,
Fraudeque comperta, sibi bella parantur aperta.
Pelusio belli graviter tulit urbe repelli,
Quam si cepisset, totum sibi succubuisset.
Fraudibus exclusus, belli transfertur ad usus :
Obsidet infantem ; sed in obsidione morantem
Roma legatus veniens ex parte senatus :
Roma salutiferum caput et defensio rerum,
Terræ concessæ contentum finibus esse,
Et nihil obsessæ plebi se mandat obesse.
In nos delinquis, nisi nos et nostra relinquis,
Et Romam lædis, nisi cominus inde recedis.
Audio quid dicis, rex subjungit : Sed amicis

A   Quid respondendum tibi sit, foret inde loquendum.
Circulus a lena baculo fit mox in arena,
Quo cingit regem, proponit et hanc sibi legem :
Hunc si transibis, nisi des responsa, peribis.
Pauca sibi quædam rex infert : Ergo recedam ·
Et post hæc dicta fugit, obsidione relicta.
Jerusalemque redit, quoniam timet, et quia credit
Ut rebus notis, vilescat compatriotis,
Et tali causa sibi sit Jerosolyma clausa,
Et sic Judæi cedant regno Ptolemæi.
Quos ex converso sibi congaudere reverso
Vidit, et in portis occurrere vernula mortis.
Ergo receptus, totumque quod optat adeptus,
Perditor horrendus, nunquam nisi pace timendus,
Cujus blanda minæ, pax bellum, dona rapinæ,
B Ad solitum morem redit, ingenitumque furorem
Fœderis oblitus, simul ac fuit urbe potitus,
Ostendit quid erat, vel quid jam denique quærat.
Civibus arma parat, qui se civem simularat,
Cædibus insanit, et viros rebus inanit,
Mandat in imbelles sua sumat ut arma satelles,
Et quoscunque videt sibi displicuisse trucidet.
Fit vehemens cædes, sine luctu non erat ædes;
Cæsa jacent ab eis truncataque membra plateis :
Relligio, pietas, lex, officium, locus, ætas,
Nullos protexit, neque movit eos, neque flexit,
Sed nec ab æde manus templi tenet ipse profanus,
Gente sed armata ruit ad loca sanctificata,
Incendensque fores, aditus petit interiores.
Et quidquid clarum ratus est ibi divitiarum,
C Dividit in prædam, veluti communia quædam.
Omnibus abrasis cum mensa divite vasis,
Arcem munivit, regnumque suum repetivit,
Gente quasi victa, tristi sub lege relicta.
Ad quam defendam dimisit adhuc ibi quemdam
Qui Phrygia natus Philippus erat vocitatus,
Antiocho gratus, quia non modicum sceleratus :
Phryx a natura, Phryx moribus atque figura,
Rege suo dignus, quia fallax atque malignus.
Perfidiæ rursum providet interrumpere cursum.
1240 Rex, ut erat moris, dirumpit frena pudoris,
Atque volens gentem delere locumque potentem,
Hoc scelus horrendum dat Apollonio peragendum ;
Instructumque satis de moribus impietatis
D Millibus armatis sex quinque quater sociatis
Illum tantillum, quod vix evaserat illum,
Mittit destructum, luctu renovans ita luctum.
Deleat ut reliquum rex mittit iniquus iniquum.
Hic bona prætendens, regisque scelus reprehen-
                               [dens,
Pace dedit ficta populis minus aspera dicta,
Spemque dedit vitæ, nil primo jubens nisi mite.
Nil super accrevit, sed sic tolerando quievit,
Ne gens aspiret, donec lux festa rediret.
Lux septena redit, pietas simulata recedit.
Legibus imbelles petit impius ense satelles;
Intentos festis manibus fera turba scelestis
Abstrahit et mactat, variisque malis male tractat
Et de Judæi solemnis honore diei

Atque timore Dei de more vacant requiei ;
Amentes, stulti, gratis pereunt et inulti,
Justaque causa necis fiunt sua Sabbata cæcis.
His aliisque malis furor addidit imperialis
Jussa nefanda senis, quem miserat huc ab Athenis.
Primus ab altari statuam Jovis ille levari.
In temploque dari sibi thura, suumque [f. Deum-
						[que] vocari
Imperat edicto ; patrumque tenore relicto
Ad libitum regis, ardere volumina legis,
Sabbata quassavit, festosque dies reprobavit.
Quod fuit immundum fieri jubet amodo mundum.
Lex quasi non esset, sit ; circumcisio cesset ;
Antiochisque deis fit in omnibus ara plateis.
De vetitis rebus ibi quemque quibusque diebus
Sacrificare volunt ; et eos qui talia nolunt,
Atque reformidant tam turpia jussa, trucidant.
Qui generis clari, qui claræ laudis avari,
Qui firmi, stabiles animos habuere viriles,
Qui post virtutem, non carnis iere salutem ;
Qui patrum mores, patresque sequendo priores,
Et peccatores, et temporis hujus honores
Nonnihili pendunt solummodo, sed reprehendunt.
Tales abjecti, quia non poterant male flecti,
Sunt interfecti ; sed ob hoc super æthera vecti
Sub sene crudeli meruere palatia cœli.
Nec tolerant illi, sed merces corde pusilli,
Qui sunt in mundo veluti paleæ, vel arundo,
Exsultantque novis, et aguntur turbine quovis ;
Qui radice carent, et cum sol æstuat arent.
Hi cito mutati cesserunt impietati,
Gentiles facti, modo sponte, modoque coacti
Facti gentiles, refugæ per sæcula viles.
	Nec patitur tantum furor et rabies dominantum
Taliter oppressæ mala legis in urbibus esse :
Vicos, castella circumsonat ista procella.
Ad causas tales statuunt foris officiales
Qui multa cura perquirant singula rura
Quærere per vicos legem vel legis amicos.
Quadam vero die Modin vicum Mathathiæ (78)
Venit Apellenus judex homo dæmone plenus ;
Et quia de villæ dominis erat optimus ille,
Advocat atque monet ut thura Jovi sua donet.
Quas immunditias execratus Mathathias,
Subridens, inquit : Si legem quisque relinquit
Non ego dimittam ; tanti non æstimo vitam,
Ut pro servanda conserver ad ista nefanda.
Tu simulacra coles, sed non ego vel mea proles.
Hic homo cum natis studio fervens pietatis
Flebat quotidie venisse dies Jeremiæ,
Cum paucisque bonis pro damno relligionis
Tamque repentina patriæ templique ruina.
Multiplices quæstus dabat utpote civis honestus,
Sed cum fautores et amicitias et honores
1241 Illi sponderent, nec plus quam saxa move-
						[rent.
Quidam de vita metuens miser Israelita

A Astitit altari, voluitque Jovem venerari ;
	Quem leges patrias violare videns Mathathias
	Obviat offensæ, miserumque reverberat ense,
	Laudeque præclara mactantem mactat in ara,
	Et de sacrilegis aliquos, cum judice regis
	Falsaque falsorum frangens simulacra deorum.
	His hortamentis animos solidat sibi gentis :
	Cui decus est curæ, cui lex, cui vivere jure,
	Amodo jungatur mihi, meque meosque sequatur.
	Prosilit his dictis, rebus patriaque relictis,
	Cumque domo . . . . . :
	Se sociare seni gaudent plures alieni.
	Talibus auditis, qui præfuerant Samaritis,
	Omnibus accitis, etiam ducibus Solomitis,
	Irati multum veniunt hoc dedecus ultum,
B Sed modicæ genti, quæ fessa labore recenti,
	Tot fuerat pœnis afflicta locis alienis
	Ob causas multas. Tunc non erat ulla facultas
	Bella pati gentis tantæ modo, tamque potentis.
	Ergo diffusi fugiunt, caveisque reclusi
	Extunc mille fere proceres se continuere.
	Quos ibi compertos adit hostis, ibique repertos,
	Dumque jure colunt, offendere Sabbata nolunt,
	Compulit igne mori, vitæque dedit meliori.
	Illis ita defunctis, lex est data postea cunctis
	Sabbata ne servent, contra quos hæc mala fervent,
	Sed sicut vellent, adversus bella rebellent,
	Proque suis rebus festis pugnare diebus.
	Illius Hebræi sic hostia sancta diei,
C Legis legitimum sunt ausi rumpere primum.
	Gentis relliquias revocans iterum Mathathias,
	Exstinxit, planxit, servandaque Sabbata sanxit ;
	Utque labor esset, sed si bellis opus esset,
	Bella licere putant ; pro tempore tempora mutant :
	Exemploque patrum teneant vestigia fratrum,
	Ut pro lege mori, summo reputetur honori,
	Parque pari zelo reddatur gloria cœlo.
	Tunc fortes quique, propter mala gentis utraque,
	Jungi quotidie festinabant Mathathiæ ;
	Quos amor internus pietatis, amorque paternus
	Fortes, securos ita fecerat, ac ita duros,
	Ut requie spreta, vili tenuique dieta,
	Summum quisque bonum, patriam putat esse leonum.
	Nil erat escarum, domus et torus, antra ferarum ;
D Nectar præclarum reputantur aquæ pluviarum,
	Fit nigra sole caro, sitis est ingens, aqua raro
	Crinibus excoctis modo sole, gelu modo noctis,
	Pœna multiplici legum cruciantur amici :
	Nec tamen ex istis oritur querimonia tristis,
	Cordeque blasphemo male murmurat ob mala nemo,
	Felix antidotum sanat patientia totum.
	Tales ergo vias populum docuit Mathathias,
1242 Talia dum vixit fecit, faciendaque dixit.
	Hic summam rerum, spirans, extrema dierum,
	Dimisit natis, quos de cultu pietatis
	Sic prius instruxit, et ad hæc exempla reduxit.
	Tota mali moles nos respicit, o mea proles !

---

(78) *Modin vicum Mathathiæ,* id est ubi habitabat Mathathias.

Castus amor legum movet in nos prælia regum,
Regibus iratis, confidite, ne timeatis;
Fortis bellator Deus vobis auxiliator.
Gens mea, ne spernas ritus legesque paternas,
Sæcula perlustra; tunc cognosces quia frustra
Nemo Deum credit, nec ab ejus lege recedit.
Abraham tentatus fuit, et tentando probatus :
Joseph mendicus, patiens tamen atque quietus,
Peccatum sprevit, sed ob hoc sua gloria crevit.
De Phinees nostis, quia luxuriæ fuit hostis,
Quo confirmatus fuerit sibi pontificatus.
Jesus confortans populum, requiemque reportans,
Plus aliis vixit, solemque sua prece fixit.
Dum bene confidit, fieri Caleb omnia vidit.
Eliæ pietas falsos perimendo prophetas,
Dum zelat velum, meruit conscendere cœlum.
Quis Deus est vester Deus approbat; indicat Esther
In libris, veterum vivit pietas mulierum.
His informati, mea dulcia pignora, nati,
Aspera quæque pati sitis pro lege parati,
Consiliique boni primatum do Simeoni,
Delectusque meus fera bella gerat Machabæus.
Dispositis rebus, consummatisque diebus,
Vir justus moritur, juxtaque patrem sepelitur.
Cum planctu magno legum custode sepulto,

A Judas surrexit, qui plebem pro patre rexit,
Relligione sacer, qui bello claruit acer :
Corpore robustus, vultusque decore venustus,
Mortis contemptor, generis patriæque redemptor,
Qui dedit, ut legimus, spem posse resurgere primus.
Armis bellantum succinctus more gigantum,
Sumpsit loricam, gentemque minax inimicam
Stravit, submersit, patriæque suæ probra tersit.
Cujus vita brevis, sed strenua, sed sine nævis,
Nomen in æternum transvexit ad astra paternum.
Hujus conatus ut Apollonius sceleratus
Primum cognovit, in eum tentoria movit,
Judam cum gente sperans delere repente.
Judas præscivit, gentem parat, obvius ivit,
Pugnaque conseritur; gladiis hinc inde feritur :
B Vicit vero Deus, milesque Dei Machabæus.
Cæsa malignorum pars maxima, dux et eorum,
Quem Judas stravit, gladioque suo spoliavit,
Ac in eo princeps cœpit pugnare deinceps,
Duxque Seron tristis judex successibus istis,
Finitimis cunctis prece vel pretio sibi junctis,
Morte ducis clari properabat glorificari;
Cumque propinquasset Bethoron, et castra locasset,
Surgit in occursum Judas, et gens sua sursum.

1243 INCIPIUNT VERSUS DE S. VINCENTIO.

(E. ms. codice monasterii S. Mariani Antissiodorensis ord. Præmonstratensis, ann. circiter quingentorum.)

Quam nimis insanus præses fuerit Dacianus,
Ex scelerum gestis illius scire potestis.
Hic apud Hispanos ritus recolendo profanos
Jusserat inquiri si forte queant reperiri
Qui Christum credant, nec ab hoc errore recedant.
Hos graviter plecti præceperat ac [f. aut] cito flecti.
Lex quæ celatur nihil est, valet ut videatur
Utque magis præsit communis, et in medio sit.
Lumen erat mundi Vincentius : iste recondi
Turpe nefasque putat, ideoque latere refutat.
Sic voluit dici Deus, utpote nomen amici.
Nam vere vicit sicut passio sua dicit,
Cum satis attritam solvit sine sanguine vitam,
A lecto molli meruit super æthera tolli.
Notitiam Christi dederat Valerius isti,
Quo doctore bono, duce, præsule, patre, patrono
Vincendum didicit mundum quem postea vicit.
Doctrina clarus, sapiens, et ob hoc sibi carus,
Accepta cura super ecclesiastica jura
Pro sene supplebat quod de sene deficiebat.
Cæsaris Augusta, quæ relligione vetusta
Propter factorem retinet factoris honorem,

C Tantis tamque bonis floret munita patronis.
His igitur tentis, sicut jubet ira furentis,
Et pater et juvenis properant occurrere pœnis.
Illis oblatis ait arbiter impietatis :
Ergo vos estis per quos venit hæc nova pestis,
Et scelerum morbis errans confunditur orbis?
Inde suis fatur : Properanter uterque trahatur,
Hosque catena liget gravis, et via longa fatiget,
Et scelus hoc ausos Valentia carcere clausos
Conservet nobis; servate quod impero vobis;
Quos fortasse mori pœna metuens leviori,
Mole catenarum, nimioque labore viarum
Ne consummentur, nisi primo diu crucientur.
Concitus ascendit, et eo cum milite tendit.
Hujus ad adventum rabies insana furentum
D Se gaudens profert, et eos uti jusserat offert.
Ut videt hos, inquit : Qui numina nostra relin-
[quit,
Occisumque colit, video quia vivere nolit :
Sic certi sitis, nisi sacrificare velitis,
Vos debere mori nece qua potero graviori;
Sed dum sic estis, quod adhuc licet atque potestis,

Auctoris vitæ Jovis ad simulacra venite.

   Tunc pius antistes : Tu respondendo resistes;
Vincenti fili, virtute vigens juvenili,
Summus inest ardor fidei, sed voce retardor,
Carneque confecta, carni dominante senecta.
Tu etsi tantorum est data cura ministeriorum ;
Qui potes et nosti, dic quid fieri licet hosti.
Tunc gaudens prorsus sic est Vincentius orsus :
Nos servos Christi violare fidem monuisti,
Et micas thuris vestris adolere figuris ;
Sed nimis in vanum, quoniam liquet esse profanum
In statuis mutis munus sperare salutis :
Præpono saxis quem cœli non capit axis.
Dic, judex, inquam, die qua ratione relinquam,
Qua ratione negem qui regnat in æthere Regem,
Et sequar errorem, lapidesque precer vel adorem.
1244 Quoslibet ista mone, quia nos pro relligione
Ad tua jussa pati volumusque sumusque parati.

   Tunc judex tristis : Contemnimur, inquit, ab istis.
Nil agimus verbis, gravibus pœnis et acerbis
Debent torqueri ; nolunt nisi fuste moveri.
Hic miser annosus, sermone superstitiosus
Exsul, decrepitæ ferat infortunia vitæ.
Discipulusque senis aptabitur amodo pœnis ;
Et stimulis iræ jubet hunc tormenta subire.
Primo suspensus, per membraque singula tensus,
Dum torqueretur, graviterque satis pateretur
Clamabat : O tortor ! torque crudelius, hortor ;
Quid cessas ? Quid agis ? restat locus et caro plagis.
Quæso, ne cesses ; utinam nunc fortior esses!
Acrius ergo feri, ne forte velis misereri.
Præses pallescit ; quid agat mens anxia nescit.
Victum torquentem vicisse stupet patientem,
Carnificumque manus languere videt Dacianus.
Inquit : Ubi vires animi, dextræque viriles ?
Quis tuus hic languor ? Doleo vehementer et angor
Quod miser iste videt quod vincimur, indeque ridet.
Sed modo respira, dum sit tua fortior ira.
Differ, et exspecta, donec virtute refecta,
Quæ per verba rogas, fieri per verbera cogas.
Ut peragat cursum surgunt ad verbera rursum,
Et fractis costis, in viscera convolat hostis.
Spiritus invictus, qui non tamen hos timet ictus,
Perstat in athleta securus, mensque quieta.
Artificemque mali tunc increpat ordine tali :
Confusum plane jam te video, Daciane,
Nam modo sublimis quid agas contemptor in imis,
Stansque super mundum mundi contemno profun-
                                         [dum.
Quidlibet exerce, quævis faciendo coerce ;
Te, qui torquebis, modo me plus posse videbis.

   Talibus insanus respondet ei Dacianus;
Fatur ad hæc rursus dux infrendens velut ursus :
Desine, Vincenti, sic respondere potenti ;
Contra torrentem validum nec dirigo mentem ;
Solvet ab his curis cito me Romana securis.
Obviat offensis, et punit eos meus ensis.
Sed tibi providi, leviterque monendo cecidi.
Parco juventuti nolens gravioribus uti ;

A Dum clementer ago Jovis attollatur imago,
Facque Jovi magno votum, vel thure vel agno.
Quod si parcentis das verba salubria ventis,
Restat ut absque mora fiant tibi deteriora.

   Martyr ad hæc fatur : Frustra toties replicatur
Ut tormentorum, Daciane, timore tuorum
Propositum mutem contra fas atque salutem.
Fortis agonistæ nunquam fuit exitus iste ;
Sicut enim vixi, vel me tibi vivere dixi,
Sic exspecto mori, nulli cedendo dolori ;
Nam pro morte bona mihi restat [habenda] honesta
                                         [corona,
Quæ vestram laurum præcellit, et est super aurum,
Quam modo contemnis ; tibi vero pœna perennis.
Hæsit ad ista parum meditans dux nequitiarum.
B In partes mille quid agat dum discutit ille,
1245 Elegit demum quasi fortius atque supremum,
Impositum laminis vivum comburere flammis.
Ut peragat cursum, fit ferrea machina rursum
Serratis costis, sicut dictaverat hostis,
Accumulantque faces subtus, flammasque voraces :
Et jussum solvi judex jubet hunc ibi volvi ;
Sed prius affligit sale quem per vulnera figit.
Hunc ita tractatum legimus, patre consule, natum :
Nec flos ætatis, nec gloria nobilitatis
In laqueos scelerum tulit hunc, nec copia rerum.
Carnem compescens sapienter, adhuc adolescens,
Mundum devovit ; cor ab hoc oculosque removit :
Præponensque sequi doctrinam totius æqui,
C Et nudus fieri, ne posset ab hoste teneri.
Inter conflictus carnis rejecit amictus,
Evasitque manus hostis, sine sindone sanus
Evasit pestem, sed servat adultera vestem
Deliciosa caro, licet edita sit patre claro
Maluit ista pati, quam vanæ prosperitati
Corpore submisso pateretur in ignis abysso.
Ecce modo torrent homines hominem, nec abhorrent,
Flamma cruenta furit, caro stridet, sal crepat, urit,
Et tamen immotus manet, et super æthera totus,
Quoque valet nisu cœlis inhians prece, visu
Ostendit gestu, quorum mens æstuet æstu,
Atque Deo grates super has agit anxietates.
Interea, quid erit, judex de martyre, quærit
Quem referunt sanum redeuntes ad Dacianum.
D Insuper et tantæ virtutis adhuc velut ante,
Quod nec adhuc cesset, sed adhuc magis improbus
                                         [esset,
Obstupet et dicit : Magus est qui talia vicit,
Sed superanda mago restat membrosa vorago,
Tartareusque lacus, carcer fœtens et opacus,
Qui lucem nescit, nec ibi sine nocte diescit :
Vermis edax intus, meus hic alter labyrinthus
Hic mihi servetur, qui jam melius moreretur.
Vivat, et in nullo quidquam sibi subveniatur :
Sit cibus et potus, sit homo procul atque remotus ;
Vivere sic, mortis genus est grave : sit modo fortis.
Semper in hoc vellem nostrum durare rebellem ;
Nam viventis ita, nihil est nisi mors sua vita.
Insolitas testas superaddat iniqua potestas,

Quarum fragmentis doleat caro læsa jacentis,
Mutantíque latus foret undique mucro paratus.
  Jussus ibi claudi, quid cernat et audiat audi.
Hic locus invisus fit continuo paradisus,
·Luceque cœlesti lucent aditus inhonesti,
Angelicus cœtus, locus est candore repletus :
Obsequio quorum, fugiente dolore malorum,
Audit ab angelici cœtus modulamine dici :
Perspice,.Vincenti, cujus virtute potenti
·His in tormentis data sit constantia mentis :
Qui tibi virtutem dedit, in pœnisque salutem,
Palmam victori spondet, finemque labori :
,Esto securus, noster cómes ecce futurus.   -
Prosilit ad tantum custodia territa cantum;
Mente sed incerta ne porta fuisset aperta,
Citius implorant, visoque quid esset adorant.
Fit locus horroris fidei domus, aula decoris.
Conveniunt turbæ, totaque fideliter urbe.
Quos diffundit amor, laudum ferit æthera clamor,
Irrumpuntque fores; sed qui veniunt propiores
Gaudent cum lacrymis oculos infigere rimis ;
Quos attendentes propiusque videre volentes
Taliter affatur sanctus : Deus hæc operatur.
Qui fuerat pœnæ locus, est modo sedis amœnæ. .
Pro fetore gravi satiamur odore suavi.
Hic vernant violæ ; lux clarior est mea sole.
Curia cœlestis, sicut modo scire potestis,
1246 Hic manet hic habitat, mihi servit,et hæc loca
                                             [ditat.
Hæc igitur mando de me referenda nefando [tyranno].
Nunc commentetur, vigilet modo ne superetur;
Quo magis ardescet, mea laus et gloria crescet,
Ut nihil inde cadat; si quid valet aut habet, addat.
Jussio fit statim, narratur ei seriatim
Lux ibi quanta micat, vel quæ martyr sibi dicat.
Inquit ad hoc dictum judex : Scio me modo victum;
Attamen ad lectum referatur, ibique refectum
Subdemus pœnæ post dona quietis amœnæ,
Reddita pauxillum requies mihi molliat illum,
Utque dolor crescat caro recrucianda quiescat.
Quid mens cæca furis fallacibus anxia curis?
Quid tractas tecum cor ab omni lumine cæcum ?
Quid male suspiras ? Quis in has furor impulit iras?
Aspera promittis ; Deus autem mitia mitis.
Tu lacerum funus ; sed non ita trinus et unus.
Namque quiete data resolutus morte beata
Tollitur ad superos noster celeberrimus heros.
Sic athleta Dei datus a requie requiei
A lecto molli meruit super æthera tolli.
Ilis divulgatis, studio nimiæ pietatis
Menteque devota ruit illuc patria tota.
Dulces effectus, quod non moveant grave pectus?
Vel mentem cujus non flectat amor gregis hujus?
Hic venit ut plangat ; juvat hunc ut vulnera tangat.
Hic astans plorat ; procul hic male conscius orat.
Illius instantis dat amor pius oscula plantis.
Hic de veste parum rapit in spem relliquiarum,
Quod pro thesauro servandum ducit in auro;
Quod cruor infecit, pia cura sacrum sibi fecit.

A Judicis horrorem super his, nimiumque dolorem
Quis nunc exponet verbis? Quæ prospera donet?
Intumet aura gravis ; fuge, ne pereas, mea navis;
Littora nota tene, ne, si laxentur habenæ,
Prævaleant undæ graviores atque profundæ.
Alnus parva minus tolerat, quam ferrea pinus.
Qui nequeo ferre, fluctus maris, hæreo terræ.
Terra vicina currat mea parva carina;
Ut non delinquam gravius, graviora relinquam.
Dicam quid restat, portus prope spem mihi præstat.
  Jam quid agat nescit, nec adhuc judex requiescit.
Horridus, exsanguis, quasi fractis dentibus anguis
Huc illucque furit miser, utpote quem furor urit.
Everso vultu replet atria tota tumultu,
Horrendumque fremens resonabat talia demens :
B Me miserum! quid agam, quis fecit quam gero pla-
                                             [gam?
Donandumque neci potuque ciboque refeci ;
Insuper adjeci, lectoque quiescere feci ;
Estque meum munus quod habet laudabile funus.
Quæ fuit hæc mea mens? Miser o ego stultus et amens,
Quid decet ignoro ! qui quod lex damnat honoro.
Quodque meæ legi nunquam conceditur egi.
Qua potero fronte defunctum cernere sponte ?
Omnem sacrilegum damnat moderatio legum.
Qui legem novi, contra legem male fovi.
Sed quia mente bona sibi non sunt hæc data dona,
Et contra votum quia contigit hoc mihi totum,
Restat ut ostendam quo propitio Jove tendam.
Esset inhumanum corpus sepelire profanum.
C Ergo sit esca canum, qui lætificent Dacianum.
Terris exclusum rapiat fera ventris ad usum.
Lege licet nostra corvos ibi figere rostra ;
Rores nocturnos ferat, ardoresque diurnos;
Carneque corrupta, rapiat fera viscera rupta.
Durus odor prodat miserum, quem bestia rodat,
Et lupus attentus, quid promittat sibi ventus
1247 Dirigat hic cursus, laceret leo, dissipet ursus.
Quidlibet ergo licet, quia nil caro mortua dicet,
In quamvis partem cedet quæ perdidit artem.
? Quid miser insanis? Furor hic fallax et inanis.
Quid male disponis, mala mens, expers rationis?
Ut quid posse feras quod non potes improbe speras?
Imperat hic stellis cui tu vis esse rebellis.
D Hic ea quæ desunt vocat atque videt quasi quæ sunt.
Imperat iste feris quem tu modo non revereris.
Factor factura Deus utitur ad sua jura.
Vertit in omne bonum rabiemque famemque leonum.
Corvus servorum servus solet esse suorum.
Quod ratione caret sibi subditur et sibi paret ;
Tu tamen obsistis, ratio quem prætulit istis.
Cum quo bella gerit, servos ejus sibi quærit
Frustra servire furor immoderabilis iræ ;
Nam divina manus quodcunque parat Dacianus,
Et quodcunque putat se facturum, cito mutat.
Expositosque foris titulo cumulabat honoris.
Qui nocuit mundo corvus lavat ecce secundo,
Qui juvit justos dapifer prius et modo custos.
Juxta namque sedens avis ista, nec inde recedens

Pro custode datur, servit, timet et veneratur,
Atque super sanctum dolet, atque facit quasi plan-
                                                [ctum,
Terribilesque feræ fragilem corvum timuere.
Terret eos alis, custodia spiritualis.
Hunc lupus immanis, quem venter agebat inanis,
Ut caput aspexit, procul ejus in ora reflexit,
Et caput in morem curvans facientis honorem,
Extra naturam, gessit pro corpore curam.
1248 Sed nequit ista pati mens perfida, mens sce-
                                                [lerati,
Nec favet huic parti, sed totum deputat arti ;
Et quoniam terræ pugnam nequit amodo ferre,
Bella parabat aquæ, pugna superandus utraque.
Claruerant signis tellus, aer, furor ignis ;
Hic liquor est quartus, qui restat ut abluat artus.
Debet confundi per singula corpora mundi,
Ut contra stultum nil deserat orbis inultum.
Pressum mole gravi, jubet hunc imponere navi
Exanimisque viri corpus pelago sepeliri,
Ut quia corvina rabies nequit atque ferina,

A Plus ope divina possunt vel monstra marina.
Sed non procedit, nec enim sibi pontus obedit,
Et pelago mersus, prior est citiusque reversus
Navi, quam ventus juvat, impellitque juventus :
Quod potuisse virum post mortem non puto mirum,
Cum si cœlica vis sit ventus, navita navis.
Expletumque scelus, properabat iniqua phaselus
Allabens terræ quasi gaudia magna referre.
Insultat lictor, sed martyr et hic quoque victor,
Quem putat absorptum, jam præscierat sibi portum.
Femina, res fragilis, fidei solet esse virilis.
Rusticus admonitus per somnum poscere littus,
Et vili fossa tumulo dare martyris ossa,
Dum timet et dubitat, fideique negotia vitat,
Dum timet indignus venerabile tollere pignus,
B Martyr matronæ pollenti relligione
Adstat, apparet, quid agat docet, illaque paret.
Quod vir non audet, pia femina quærere gaudet :
Nocte sub obscura vigili venit ad mare cura,
Quærit et inventum rapit, et dat ei monumentum,

INCIPIT

PASSIO SANCTÆ AGNETIS

VIRGINIS ET MARTYRIS.

(Ex præfato manuscripto Sancti Mariani Antissiodorensis.)

BREVE MONITUM.

*Invenitur typis edita Francofurti an. 1624, typis scilicet Wechelianis apud Danielem et Davidem Au-
rios et Clementem Schleichium. Idque in libro trigesimo adversariorum commentariorum Gaspari Barthii
col. 1448, sed prolixius eo quod exstat in manuscripto Sancti Mariani Antissiodorensis, cui ex undecim
capitibus, in quæ in Barthiano dividitur, desunt fere duo ultima capita quæ huic Sam Mariano subjunximus. Porro Barthius hoc poema accepisse se monet ab Heriberto Rosweydo S. J. presbytero eruditissimo, qui
illius auctorem esse asserebat Hildebertum Cenomanensem episcopum, quod ex hoc manuscripto Sancti Mariani confirmari merito potest. Quominus igitur hoc poema tribuatur Hildeberto non debet obstare quod
Operibus Philippi Bonæ-Spei abbatis editis Duaci an. 1630 sub finem attexatur, cum ibidem plura alia carmina inserta fuerint, quæ ad fidem multorum optimæ notæ manuscriptorum indubitanter sunt Hildeberti,
cui specialiter in pluribus optimæ notæ mss. tribuitur.*

1249 CAPUT PRIMUM (79).

Agnes sacra sui pennam scriptoris inauret,
   Linguam nectareo compluat imbre meam.
¹⁶ Cujus martyrium metricis depingere tento

(79) In editione Barthii hoc poema dividitur in
duodecim capita. — Varias lectiones Barthianæ edi-

C Floribus, ut doceat passio sacra fidem.
Floruit urbs Romæ præmissæ virginis ortu,
   Et velut hoc speculo tota refulsit humus.
Orta puella novo respersit lumine Romam,

tionis ab hac nostra e Marianensi codice desumpta,
hic notandas duximus.

¹⁶⁻¹⁶ *Ejus*

Inclyta stirpe, decens ore, decora fide.
Ut stellas sepelit radians vibratio lunæ,
 Sic socias roseo virgo decore premit.
Tot dotes in eam naturæ gratia fudit,
 Quod quasi mendicans post sua dona fuit.
Astra ligustra, rosas imitatur, reddit, adæquat,
 Ignea, clara, rubens lumine, fronte, genis.
Præfulgent oculi velut astra, caput velut Iris,
 Frons quasi nix, facies ut rosa, dens ut ebur.
Præter tot specula dotum præfulgida cunctis,
 Nobilior fidei gemma beavit eam :
Virgo quidem sexu, vir in actu, flava capillis,
 Sensu cana, brevis corpore, magna fide.

CAPUT II.

Pro fidei titulo, cum Romam purpurat ejus
 Passio, post [77] denum tertius annus erat.
Quæ [78] postquam a studiis reditum parat, hæret in
                                              [illam
 Lumine præfecti filius ; illa placet :
Alliciunt juvenem flos oris, lux oculorum,
 Frontis lana, genæ purpura, dentis ebur.
Intuitum juvenis decor iste reverberat, intus
 Verberat ; inde sibi pabula sumit amor.
Curarum murmur in pectore serpit, amoris
 [79] Vulnere frustrata mens rationis hebet,
Succinctusque dolis, verbis et munere, carnis
 Lilia virgineæ carpere tentat amans.
Hanc prece [80] tentat amans, donis adit, arte fatigat ;
 Nil prece, nil dolis, nil amor arte valet.
[81] Præmia promittit, formam jactat, genus effert ;
 Non habuere locum [82] præmia, forma, genus.
Hic amat, hæc odit ; hic supplicat, illa repugnat·
 Ille dat, hæc spernit ; hic cupit, illa negat.
Omnis conspirat rabies [83] in damna pudoris ;
 Sed manet absque nota floridus ille pudor.
Stat pudor immotus, fit amor delusus amantis :
 Spreverat auditum talibus illa sonis.

CAPUT III.

O turbo pacis ! o dux necis ! o pudor orbis !
 Supprime verba, moras rumpe, recede procul.
1250 Quid das ? quid [84] spectas ? quid stulte petis
                                           [sine lucro ?
 Munera sunt sine re spes, sine messe labor.
Me ligat alter amans, quem [85] præponunt tibi stirpis
 Nobilitas, formæ gratia, culmen opum :
Ex cujus digitis gemmas mihi vindico , cujus
 Ex oculis lumen, cujus ab ore favum.
In thalamis ejus, in mensis ejus, in aulis
 Ejus plectra canunt, mel fluit, [86] ostra micant.
Ridet, olet, garrit, flos, thus, avis ; ejus in hortis
 Ridet flos, redolet thus, citharizat avis.
Hic est de cujus specie lunæ rota, solis
 Circulus, astrorum flamma stupere solent.

A Lunares radios et solis fulgur, et omnes
 Cœli candelas cereus iste premit.
Omnia stellarum præclara monilia sumunt
 Ex ejus speculo quidquid honoris habent.
Hic mea ditavit armillis brachia, pectus
 Crystallis, collum torque, decore genas,
Cyclade membra , manum gemmis, [87] caput, aures
 [88] Sapphiris, mensam nectare, flore torum.
Hic est qui cœlum stellis, qui gramine terram,
 Alite ditavit aera, pisce fretum.
Cujus odor, cujus tactus, cujus [89] decor ægros
 Sanat, defunctos suscitat, astra premit.
Isti me [90] voveo, sponsalia debeo, mentem
 Subdo, servitium præbeo, servo fidem,
Qui nulla niveum denigrat labe pudorem.
B Sed castum casto servat amore decus.
O casti sponsi celebris dignatio ! cujus
 Oscula casta, sacer tactus, honestus amor.
Hunc sequor, hunc fateor, hunc nocte dieque fre·
                                              [quento,
 Mente sequor, fateor ore, frequento prece.

CAPUT IV.

Finis erat verbis, juvenem torquet furor, angit
 Cura, dolor cruciat, [91] virginis urit amor.
Cedit, abit, morbum simulat, totamque [92] furoris
 Illecebram febris nomine velat amans.
Febrem mentitur pectus, gena, lumen ; anhelum
 Pectus, gena pallida, lumen hebes.
Consilio medico didicit pater omnia ; nato
 Blanditur, tentat viscera, spondet opem.
C Surgit, abitque preces instillans virginis [93] auri,
 Adstipulans precibus aurea dona suis :
Dando, precando, nihil venantur præsidis artes :
 Pondere dona carent, devehit aura preces.
Fœderis insigne quod primo debet amanti,
 Candor virgineus se violare negat.

1251 CAPUT V.

Quis sit amans cujus Agnes [94] colluctat amori,
 Præfectus famulum consulit ; ille docet :
Indicat hic tanta delusam fraude puellam,
 Ut se cum Christo fœdus inisse putet.
Totus ad hanc vocem judex hilarescit, et ejus
 Patribus insinuat hanc necis esse ream.
Nam quia famoso rutilabant nomine patres
D Virginis, inferre vim sine lege timet.
Ut Christi servos Romanus puniat ensis
 Lex erat ; hac judex palliat arte scelus.
Hanc igitur jussit furor offerri sibi ; votum
 [95] Jussis arridet : illa vocatur, adest.
Lenit et increpat hanc ; modo blanditur, modo
                                              [terret ;
 Nunc pluit ille preces, nunc tonat ille minas :
 Sed neque rore precum sinceras polluit aures,

---

[77] *Decium male.* [78] *Quæ cum de studiis.* [79] *Pulvere fuscata lux rationis hebet.* [80] *Tangit amor.* [81] *Prædia promittit, jactat formam et genus.* [82] *Prædia.* [83] *in digna.* [84] *speras? quid stulte seris?* [85] *præponet.* [86] *astra.* [87] *gemmis sertis caput.* [88] *Pappiris.* [89] *honor.* [90] *voveo et sponsalia.* [91] *fraus agit, urit.* [92] *furentis.* [93] *aure.* [94] *collaudat amorem.* [95] *Junxit et arridet; virgo vocatur, adest.*

Nec mentem tonitru concutit ille suo.
Judex expertus se littus arare, vidensque
    Mentiri Domino, semina [96] prodit in hæc :
Si tuus ille pudor velit hunc servare pudorem [f.
                                        [nitorem],
    Ut celebres Vestæ sacra necesse tibi est.
Illas Vesta petit quas candor floridus ornat,
    Virgineas quærit virginis ara manus.
[97] Dixit ad hæc virgo : Lapidi non supplico, lignum
    Non veneror, Vestam nescio, sperno deos.
Vestra quidem Vesta lapis est, quam nomine falso
    Vobis mentitur aurea forma deam.
Non aliquo deitas insigni consecrat illam ;
    Non aliquem sensum vita ministrat ei.
Huic desunt manuum tactus, linguæ sonus, auris
    Auditus, frontis visio, naris odor :
Carne nec est palpans, nec fronte videns, nec ode-
                                        [rans
    Nare, nec auscultans aure, nec ore loquens.

CAPUT VI.

Judex inquit ad hæc : Ætas pro te puerilis
    Supplicat, et pœnæ protrahit illa moram.
Sed sterili verbo quid tempora fallimus ? Ecce
    Quæ jubeo duo sunt, quodlibet illud age.
Aut sacra jussa feres, aut scortum facta, pudoris
    Incurres maculam, tota sacrata reis.
Illa viri mentem responso vulnerat isto :
    Falleris, et sterili nomine littus aras.
Candorem fidei neque carbo polluit aræ,
    Nec carnis florem polluit ullus amans :
Christus utrumque sibi, corpusque fidemque sa-
                                        [cravit,
    Servans a macula corpus, ab hoste fidem.
Vir meus iste quidem, custos meus, et meus auctor
    Vir mentis, custos corporis, auctor opum.
Christus enim [98] spes est, lux est, medicina suorum :
    Spes miseris, cæcis lux, medicina reis.
Hoc duce me certe nec frangit pœna, nec ensis
    Terret, nec vincit fraus, neque turbo quatit.
Hic est qui lucem Phœbæa lampade ditat,
    Et lunæ speculo noctis honorat iter.
[99] **1252** Hic croceo flore ridentes purpurat hortos,
    Fronde nemus crispat, messe corona' agros.
Ut [100] verbis brevibus hunc depingam tibi, novit
    Omnia, disponit singula, cuncta potest.
In titulis ejus quam lata sit area, lingua
    Volvere, mens scire, scribere [1] dextra nequit.
Cum meus iste Jesus tot dotum fulgeat auro,
    Vestros nobilitat gratia nulla deos.
Dii vestri nec mente vigent, nec carne moventur,
    Nec vita spirant, nec Deitate nitent.
Gressu, non pedibus ; sensu, non corpore ; tactu,
    Non manibus ; verbis, non tamen ore carent.

CAPUT VII.

Pax hujus vocis in flammas suscitat iram

A   Præsidis ; ad facinus compulit ira [2] manum.
    Agnen deludi, tradi lenonibus, uri
    Verbere, nudari vestibus ira jubet.
    Paretur ; nudat manus impia veste puellam :
    Intuitum fallit nuda puella [3] viri.
    Crini virgineo se gratia tanta refudit,
    Ut totum corpus crinis obumbret honor.
    Tam celebris novitas animum mollire furentis
    Non potuit, nec eum causa pudica movet.
    Sed nova præceptis addens calcaria, servos
    Instimulat, cumulans post data jussa minas.
    Ergo minas sequitur effectus ; cœpit ad ædis
    Impuræ caveam virgo pudica trahi.
    Ejus ad ingressum tenebras et sordis odorem
    [4] Fundit et emungit cella maligna foras.
B   Angelico Christus cellam fulgore serenat,
    Luminis auctorem lumen adesse probat.
    Angelus hic, ibi lux, odor est ibi : consecrat an-
                                        [trum
    Angelus, irradiat lumen, adimplet odor.
    Virgo preces fundit ; non fallunt vota precantem
    Ut sacra membra tegat, [5] palla refulget ibi.
    Quæ sic mensuræ carnis respondet, ut ipse
    Angelicam credas applicuisse manum.
    O felix Christi dignatio ! quo duce tantas
    Luxuriæ syrtes transnatat ille pudor.
    Nullus eam delusit amans, sed lucis adorans
    Vibrantes radios, quisque redibat orans.

CAPUT VIII.

C   Jam juvenum torpebat amor, cum criminis auctor
    Advolat huc juvenis ad sua vota celer.
    Ingressusque locum sociis discingitur, antrum
    Solus init [6] cinctus arte, furore, dolo.
    Luminis ingressu vix uti cœperat, ejus
    Verberat intuitum lucis imago sacræ.
    Spernit amans tantum decus, et nullius honoris
    Impartit titulo tam speciale jubar.
    Ignarusque moræ medii fulgoris abyssum
    Impetit, et propius imperat ire manum.
    Cumque sacram vellet manuum lascivia carnem
    Tangere, mors illum sustulit, ulta scelus.
    De reditu juvenis comitum spes fallitur, ille
    Non redit ; hunc retinent compede fata suo.
1253 Cur tantum reditus juvenilis torpeat, unus
D   De sociis cellam consulit, antra subit.
    Dumque vago cellam perlustrat lumine, fumns
    Ostendit, socios advocat, orat opem.
    Affluit hic [f. huc] omnis juvenum lascivia, clamor
    Exoritur, resonant murmura, corda [6] strepunt
                                        [f. stupent].
    Fama novi casus patris aures sauciat ; ille
    Territus advolat [7] huc, urbe sequente virum.
    Indulget lacrymis oculus, cor cura molestat ;
    Tingitur imbre gena, scinditur ungue coma.
    Ora, locum, mentem perrorat, concutit, uvat

---

[96] perdit. [97] *Reddidit hæc virgo.* [98] *spes et lux et.* [99] *Qui croceo.* [100] *Ut brevibus hunc depingam.*
[1] *penna.* [2] *virum.* [3] *tamen.* [4] *Funditus emergit.* [5] *stola.* [6] *cantus arte.* [7] *advolat hunc.*

Lacryma, lingua, [8] furor, falsa, sonora, gravis.
Exstinctum florem juvenilis corporis Agnæ
    Fraudibus assignat vox lacrymosa patris.
Imputat huic mortem, veluti si virgo fuisset
    Juvenis in mortem fraudibus usa suis.
Intulit hæc Agnes : [9] Erras si sortibus usam
    Nostram credideris in tua damna manum.
De tanta segete juvenum, cur angelus ultor
    Messuit hunc solum, congrua causa patet.
Perstrinxit juvenum mentes lux ista, sed hujus
    [10] Mentem non tetigit luminis hujus honor.
Qui dum me graviter impura tangere dextra
    Nititur, [11] excussit ultio digna nefas.
Præses ad hæc : Natum mihi si cum luce resignas,
    Sermoni pondus res dabit ista tuo.
Virgo refert : [12] Opus hoc meritis non debeo vestris;
    Discrepat a vestra gratia tanta fide.
Sed quia tempus adest ut Christi candida virtus
    Prodeat in lucem, quod petis illud habe.
Nunc igitur cellæ se subtrahat illa juventus,
    Ut magis in precibus sim studiosa meis.
Dixit : Ad hanc vocem subito foris evolat omnis
    Flos juvenum, fundit virgo beata preces.
Arridet precibus votorum gratia, surgit
    Mortuus, affirmans numina digna face.
Huic sonat in lingua Jesus, illi Christus in ore
    Est favus, in corde lumen, in ore melos.

CAPUT IX.

Res nova templorum cultores incitat, urit
    Mentes cura, timor concutit, ira cremat.
Omnes [13] in solam conspirant; hanc nece dignam
    Clamant, et magicis artibus esse ream.
Patris pertentant animum pro sospite nato
    Gaudia, sedatur sæva doloris hiems.
Jam torpet rabies, jam detumet [14] ira minarum ;
    Jam dare vult veniam, jam parat esse pius.
Parcere vult flori niveo, nisi lex, nisi vulgus,
    Et nisi pontificum turba repugnet ei.
Vincitur his pietas tantarum turbine rerum
    Fracta, nec ad finem mens pia duxit opus.
[15] Jubilus inde tamen abit hinc, onerans, et hono-
                                            [rans
[16] Aspasium legum jure, suoque loco.
Ad populi nutum deflectens juris habenam
    Injuste tractat præsidis ille vicem.
1254 Quem dum vulgaris rabies de morte molestat
    Virginis; ignibus hanc imperat ille dari.
[17] Imolendo sceleri sacrifex accingitur, ignem

A [18] Accendit; mediis ignibus illa datur.
Sulphuris auxilio jejunus pascitur ignis.
    Fervet et exundat flamma cruenta nimis.

CAPUT X.

O scelus! Illa caro quæ nullum moverat ignem
    Illecebræ, mediis ignibus esca datur.
Nil tamen egit in hanc præsens combustio; vires
    Est oblita suas nescia flamma sui.
Non est ausa suis in virgine viribus uti,
    Sed quasi compatitur, et miseretur ei.
Porro viros quosdam qui flammam sulphure pa-
                                            [scunt
    Igneus [19] involvit in sua jura globus.
Quæ stupeo duo sunt ibi; dux nequam et pius ignis,
    Arbiter injustus justaque flamma fuit.
B Ignescit sacrifex in pœnam virginis, ignis
    Frigidus est et iners, nilque caloris habet.
(80) In flammæ medio, nimbo respersa superni
    Nectaris, his Agnes vocibus usa fuit :
Christe, tibi laudum refero præconia ; vota
    Persolvo, grates offero, fundo preces ;
Cujus dulcedo, cujus dilectio, cujus
    Gratia munit, amat, servat ab hoste suo.
Te duce tortoris contempsi lora, Charybdim
    Luxuriæ, flammæ vim, juvenumque minas.
Pro te, Christe, tuli tot amara, sed ecce labori
    Digne respondent præmia justa meo.
Jam quod speravi video, teneo quod amavi,
    Tango quod optavi, sortior id quod emi.
Oris virginei vox ad Christum volat, ejus
C   Nares respergens thuris odore sui.
Ad ejus vocem diræ tota molestia flammæ
    Torpuit, ut nunquam viveret ignis odor.
Ignis non ausus igitur spirare, furorem
    Ponit, perdit vim, deprimit atque minas.

CAPUT XI.

Turbam conturbat nova signi gratia ; signum
    Vidit et invidit plebs, fremitumque dedit.
In scelus Aspasium plebs urget : ut ergo cruorem
    Innocuum gladius ebibat, ille jubet.
Maturat facinus tortoris dextera ; pœnam
    Esuriens, armat cuspis acuta manum.
Virgo cruore suo lictoris inebriat ensem ;
    Sanguinis effusi purpura pingit humum.
D Agnetis meritum triplex insigne venustat;
    Munda caro, rosea passio, certa fides.
Agnum, qui mundi peccatum sustulit, istis
    Virtutum titulis vindicat Agna sibi.

(80) Quæ sequuntur supplentur ex editione Bar-
thii, de qua meminimus in hujus poematis summa-
rio, et ex editione Duaciana anni 1630 supra me-
morata.

---

[8] dolor fusa. [9] o, o si sortibus. [10] Mentis non. [11] exclusit ultio digna scelus. [12] refert : Post hæc
meritis. [13] Omnes... solum. [14] unda. [15] Nullus inde tamen abit hinc. [16] Aspinum legum rore.
[17] Impendo sceleri sacri... accingitur. [18] Suscitat ad stipulas arida ligna roqo [19] invasit.

DE INVENTIONE SANCTÆ CRUCIS.

(Nusquam editum. Ex præfato manuscripto Sancti Mariani Antissiodorensis, in quo uno hoc poema reperimus.)

—

1255 Rex Constantinus mitis, nec honore supinus
Turmas hostiles membris animisque viriles
Dum prope sentiret, dum pene timore periret,
Aspicit in somnis per quod metus aufugit omnis,
Visio cœlestis ostenditur optima mœstis.
Quod sit cœlestis sequitur victoria testis;
Emicat in cœlo crux lucida, crux sine velo :
Nam videt hoc signum quasi lumen, non quasi li-
[gnum,
Et superinscriptum quod in hoc sit victor ad ictum.
Evigilans fatur famulis; crux parva paratur,
Bello præfertur, fugit hostis, palma refertur.
Vim crucis expertus, sed quid sit non bene certus
Mandat et inquirit, super hoc Helenamque requirit.
Sic Constantini genitrix pia sollicitatur
Pro cruce, pro clavis, quod nec locus inde sciatur,
Nec dape, nec fruitur somno, nec gloria scitur,
Nec requies capitur donec Jerosolymas itur.
Ardet, scrutatur si quod cupit, hoc mereatur.
Inde requisiti Scribæ, legisque periti,
Dum disceptatur, produnt qui scire putatur :
Sic præsentatur Judas; negat unde rogatur;
Helena turbatur, hæc intonat, hic meditatur;
Hic silet, hæc fatur; hic supplicat, illa minatur,
Dum pavet ille parum tonitru reboante minatur
Ut cladi detur, claudi sine pane jubetur.
Hic ex Judæis in eorum lege peritus,
Ne dicam mores, traxit cum sanguine ritus.
Linea recta patrum, cum mens foret inscia matrum,
Huic dedit ut caperet ubi crux absconsa lateret.
Sed voluit Christus sua stigmata glorificare,
In medio mundi statuens pro lumine stare.
Ergo fame fessus Judas est vera professus.
Extrahitur, comedit; sacra quærere jussus, obedit.
Vadit et explorat loca sancta, Deum Jacob orat :
Si vis juste pie prolem regnare Mariæ,
Pande tuis hodie summæ secreta sophiæ.
Hæc orans plorat, plorans fodiendo laborat;
Dum cum sudore fletus fluit, ille liquore
Indulgendo more miro recreatur odore.
Balsama vel florum, vel quidquid spirat odorem,
Si conferre velis, confers terrestria cœlis.
De cruce, de clavis odor effluit ille suavis;
Illud spiramen dat spem, dat odore levamen.
Ut sit vexilli simul index, et vigor illi
Vim crucis addiscit, dum sub cruce terra tremiscit.
Qui velut ante fidem credens exclamat ibidem,
Protestans ipsum cæsum prius, hunc crucifixum
Esse Deum verum cui servit machina rerum.
Stat regina videns, majoraque cernere fidens,
Judam credentem laudat; stupet ipsa stupentem.

A Tres simul ille cruces reperit, tollit, redit, hæret
Quæ sit crux Domini; modo gaudens, nunc quasi
[mœret
Christi vexilla quasi non habet, et tenet illa.
Orat ut ostendat quæ sit sua, quæve latronum;
Continuatque crucis Christi clementia donum.
Quid moror? Absque mora sub eadem conspicitur
[hora

1256 Ferri defunctum, populum concurrere
[cunctum.
Tunc ait, et fletur : Locus est ut glorificetur,
Christe, tuum signum reverendum, dulce, beni-
[gnum,
Sacrum thesaurum, pro quo dum spernitur aurum,
Devotis prodas, ut amor prorumpat in odas.
B Arma quibus fortem, peccatum, tartara, mortem
Quondam vicisti, sit laus tibi, sit vigor isti
Iis dictis, dum stat feretrum, dum spes sibi con-
[stat,
Dum cruce sub gemina jacet ut prius illa ruina,
Vitam fert isti, laudem sibi tertia Christi.
In commune datur laus Christo, spes reparatur,
Et recalescit amor, ferit altius æthera clamor,
Et non absque moræ tractu sonat actor in ore :
Debita persolvunt præconia, facta revolvunt,
Damnant perfidiam, clamant cum prole Mariam :
Natus honoratur super omnia, Mater amatur :
Hos vitam dicunt, hos laudant, hos benedicunt.
Quem prius evicit crux Agno sanctificata.
Hanc eadem torquet tot signis glorificata.
C Ille venenosus, Christumque crucemque perosus,
Hanc manifestari dolet, illum magnificari.
Dum cruce turbatur, crucis hostis vociferatur,
Nullam prætendens speciem, sed in acre pendens.
Per Judam victor prius egi perditionem;
Nunc per te, o Juda, victus fero perditionem.
Post Constantinum, statuam fidei peregrinum
Quod volo facturum, sed Christo, sed tibi durum
Te sibi subjiciet, tibi pro duce bellua fiet.
Te male tractabit, te cædet, te cruciabit,
Nequitiæ pestis, sibi pessimus, omnibus hostis.
Sic indignatur, sic Judæ dura minatur,
In regem magnum spondens pro rege tyrannum.
Helena quid faciat, quod votis altera fiat?
D Dum sua vota videt, non est qui scire sibi det
Quod cupit viso, sic est velut in paradiso,
Ut per signa foris se prodat gustus amoris.
Nunc stat, nunc orat, nunc signa salutis adorat,
Nunc contemplatur, nunc psallit, nunc lacrymatur
Flet simul et plaudit, nunc fletus gaudia claudit;
Omnibus applaudit quæ vel videt ipsa, vel audit.

Sicut amat Christum, vel præfert omnibus istum,
Sic quod laudatur laudat, vel amat quod amatur.
Sumptu reginæ fit vivæ vas medicinæ,
Quod nitor argenti superinduit arte decenti :
Judæus Judas, si nomen tegmine nudas,
Mutans cognomen, jam complet nominis omen,
Christum credendo, matrem cum prole fatendo :
Sic baptizatur, sic gaudet, sic renovatur.
Quando fuit natus Judas, sed quando renatus,
Ut non Gyriacus dicas, dictus Quiriacus.
Nec solum lavacro maculam lavit impietatis,
Sed studium, sed opus, sed vota colit pietatis.
Nam quid honestatem referam? quid sobrietatem?
Quid paupertatem? quid fletum? quid gravitatem?
Carnem cum vitiis crucifixit cum crucifixo.
Hostia viva Dei moritur sibi, vivit in ipso :
Pendet pendente Christo, patitur patiente.
Dum quasi transfixi cor habet, recolens crucifixum,
Carne crucem gestat; sed amor solatia præstat :
Leve jugum Christi, leve pondus amore fit isti,
1257 Dum cinerem tergit cordis, nubemque sere-
[nat,
Dumque vagos motus sub certa lege refrenat.
Hos amplexatur, hos submovet, hos moderatur,
Hos reputat dignos, hos viles, hosque malignos.
Hunc plebs miratur, hunc prædicat, hunc veneratur,
Hunc omnes et amant, et dignum præsule clamant:
Efficitur tandem pater urbis, nutrit eamdem,
Dum præsul factus moderatur præsulis actus.
Quæ facit hortatur, quæ præcavet illa minatur ;
Nam minus ædificas, si, quod negat actio, dicas.
  Helena sollicita votis ex parte potita,
De clavis queritur, quia nullus adhuc reperitur.
Quem prius extorsit a Juda voce minaci,
Nunc blandis precibus sic poscit opem Quiriaci :
Cum mea dilates cruce gaudia, pro cruce grates
Innumeras refero; sed adhuc fixoria quæro:
De cruce jam vota teneo, non de cruce tota.
Pars non parva crucis clavi ; sed sidera lucis
Clavos adde, pater; habeat sua pignora mater:
Dum desunt clavi, mihi gaudia plena negavi.
His præsul fractus, nimia pietate subactus,
Spemque bonam referens, secum fixoria quærens,
Invenit, ostendit Helenæ, quibus illa rependit
Obsequium dignum, si quæris quale, benignum.
Oscula dans plorat, procumbens prorsus adorat :
Sic pia votorum compos regina suorum,
In bona plus crevit, plus se, plus omnia sprevit.
Jam sibi non defert, jam mollibus aspera præfert:
Jam fert indigne, quod in aula, quod sit in igne :
Calcat reginam, cui spondent fata ruinam:
Deprimit augustam, quam curis sentit onustam :
Imperium spernit, quæ regum funera cernit :
Culmen inhorrescit, quo mens elata tumescit.
Huic honor est omni, timor absque timore videri,
Laus patiens fieri, libertas lege teneri.
Se vocat indignam, se fœdam, seque malignam
Ante crucem flere, sacra tangere, signa videre.
Sic pia. sic humilis, sic splendida, sicque virilis;

A Sic rea, sic sterilis, sic infima, sic sibi vilis;
Sic quod laudavit reprobat, renuit quod amavit,
Respuit ornatum non ex virtute paratum,
Delicias demit, quibus omnes Eva peremit :
Aurum vilescit, gemmæ nitor obtenebrescit,
Dulcor amarescit, decor horret, pluma rigescit,
Gloria sordescit, planctus placet, actio crescit:
Linguam compescit, mentem regit, otia nescit;
Corpus tabescit, friget caro, mens recalescit.
Christus dulcescit, Christi sub amore quiescit;
Improba cura silet, cadit intimus ille tumultus.
Dum sensus vel amor jacet, ad fugienda sepultus
Eva viro cedit, nec obest socio, sed obedit;
Mens pia præcedit, sequitur caro, pugna recedit;
Omnia pacantur, mens et caro conciliantur :
B Sic est sopita, sic mundo mortua vita.
Quæ prius inferni flebat mortisque timore,
Nunc Regis regum, nunc regni languet amore :
Ardet in amplexus, et carnis rumpere nexus;
Nec recipit medicum, nisi contempletur amicum :
Hanc demum clemens vocat actor, vincula demens.
Sic in sorte bona gaudet meliore corona.
Reginæ meritis, precibusque pie repetitis,
Cor Constantini convertit gratia Trini.
Sic et delictis, et lepra fonte relictis,
Cum novitate cutis, renovatur veste salutis.
Quod pax Ecclesiæ, quod apex, quod gloria crevit,
Iste laboravit, hic contulit, ille replevit:
Pontifici siquidem Sylvestro rex suus idem
C Romam concessit, regnum dedit, ipse recessit.
  Qualiter hoc gestum fuerit si scire moveris,
Contra propositum de rege volumina quæris,
Rex dimittatur, Quiriaci laus repetatur.
1258 Si quæris signum, morbos fugat atque ma-
[lignum:
Si præfers vitam, sub præsule fert eremitam.
Hunc talem tantum rapit, arctat atrox Julianus
Catholicum, sanctum, vir apostata, virque profanus.
Quæ male præsumpsit, vomitum post sacra resumpsit;
Dæmoniis auctus, dæmon sub dæmone factus.
Hic Constantino subiit, corvinus ovino :
Hic lupus, hic agnus; hic rex pius, ille tyrannus :
Hic datus est bellum fidei, paleisque flagellum :
Quondam promissus grano, nunc tundere missus;
D In Judam siquidem draco, spondens prælia pridem,
Hunc præsignavit, hunc pertulit, hunc stimulavit.
Ex vitiis totus constans et crimine fotus,
Jam quasi portentum, jam dæmonis est monimentum.
Huic tribuit fastum prælatio, gloria pastum,
Copia fervorem vitiis, mala posse furorem.
Turbat pacificum, premit æquum, laudat iniquum :
Noxius insonti dat honorem, dat sua sonti :
Tristis læta videt, lætans ad tristia ridet :
Horret sectanda, sequitur scelus, odit amanda;
Quodque pium punit, fuso se sanguine punit
[f. munit]
Imo feræ morem retinet, sitiendo cruorem,
Cui collata bonis radiant mala, quæque Neronem
[f. Neronis],

Dictu mirificum, fert quemlibet intus iniquum.
Derogat ille Deo, collaudans sacra deorum;
Et male submersus, bona mergere vult aliorum.
Christicolas perdit, cultus reparans idolorum;
Dumque tenet tenebras, radios refugit radiorum:
Vultus cæcatus, cupit excæcare videntes,
Egressusque vetat alios intrare volentes.
Lumine privatus, de summo præcipitatus,
Sternere vult stantes, stellas fuscare micantes.
Portio serpentis de culminis arce ruentis,
Incassum captat socios, panisque coaptat.
Exstinctus carbo cupiens exstinguere vivum
Carbonem, præfert fidei libamina divum.
Nunc agit horrores, nunc vanos spondet honores:
Nunc blandis verbis, nunc flectere tentat acerbis.
Quid conturbaris? quid frendes? quid stomacharis?
Quid mala moliris? quid, perfide, vana requiris?
Mortes mille viro moveas, examine diro
Ne morti detur, vitam colit, ōre fatetur.
A duce disjungi miles nequit, aut sibi jungi
Hunc regem dicit, hunc prædicat, hunc benedicit.
Profert internam, ponit sub luce lucernam;
Non hanc obfuscat modius, sed in arce coruscat.
Blandimenta, minæ nonnullis causa ruinæ,
Nec sibi cor tangunt, nec fortia pectora frangunt.
Infima pro summis, pro veris vana refutat;
Nec tenebris lucem, nec Christum dæmone mutat.
In forti vena fundatus, non in arena,
Petra fundatus spernit cum flumine fletus.
Si, Juliane, maris fluctus, si tela minaris,
Mens sibi tranquilla spernit simul illud et illa.
Si caro tundatur, granum palea spoliatur;
Si comburatur, tolli rubigo putatur,
Si corrumpatur vetus, alter homo renovatur;
Hunc velut infirmat vigor, illum passio firmat.
Corpus truncare gladio potes, igne cremare,
Sed non tormentis penetras penetralia mentis.
Tecum tormenta si cuncta parent elementa,
Dum nihil efficiunt, quasi jam nil omnia fiunt.
Non potes inferre quantum patientia ferre.
Spe bravii raptus pœnis est omnibus aptus:
Non timet assari, nec tundi, nec laniari.
Ad pœnas properat qui pœnis gaudia sperat;
Ad bravium tendit, quod cursus meta rependit,
1259 Spe certando bona, sperat gaudere corona.
Quidquid, tortor, agis sale, flammis, aspide, plagis,
Ad decus, ad votum revocat spes intima totum.
Dum sanctum torques, in te tormenta retorques;
Et quia pressura dulcis sibi, sit tibi dura.
Subdi carbones sic fert quasi fercula dones.
Cum sale suffundens adipem, gravioraque spondens,
Fer duo collata fulcis ut sit victima grata
Vi condita salis melius sapit hostia talis:
Sic magis accepta pinguis, non pinguis inepta
Messibus aptatur, si terra frequenter aratur;
Fertur neglecta, pro fructu ferre frutela.
Scissus ager carnis fert fructum centuplicatum,
Non vexata caro fert pro virtute reatum.
Est brevis anxietas quam terminat hora vel ætas,

A Et quasi pœna levis nisi quam parat ultio sævis.
Ad vim fervoris, quæ te vastabat in ævum,
Ethna calore caret, plenum puto rore Vesuvum:
Hæc est horrendis horrenda, timenda timendis;
Hæc tibi debetur, si sævus sæva meretur.
   Sic vigor invictus dum flammas spernit et ictus,
Vexat vexantem patiendo, crematque cremantem.
Hic dolet ardores, dolet hunc superare dolores.
Pœna sit inferni pœnam sic [f. se] cernere sperni.
Pœnis lætatur, terroribus exhilaratur:
Vincit terrentem ratione, fide ferientem.
Hinc pensans pœnas, hinc sedes lucis amœnas,
Judicat occisum corpus nil ad paradisum.
Dum bona prægustat, dum præmia sanctus alorat,
Nec sentit pœnam, nec dura ferendo laborat.
B Intus inest ignis, quem vota fovent sine lignis,
Quo putat ardorem carnis sine frigore rorem.
Vires ardoris vincit prius ardor amoris,
Qui non comburit subjectum quem tamen urit.
Corporeæ molis suspirans fasce levari,
Ardet factoris faciem facie speculari.
In volucrum visus dare retia quid nisi risus?
Mens levis ad cursum volat aucupe libera sursum.
Stat bonus athleta constans sibi mente quieta,
Cui spes exsultat vocis; vox laude resultat.
Sicut corda solet dare tensa sonum meliorem,
Sic pœnis tensus dat plenum laudis honorem:
Utque probat fornax vas fictile consolidando,
Ut feriendo sapis fervorem vimque sinapis,
C Utque per ardorem thus undique fundit odorem,
Sic odor insignis fiunt et vulnus et ignis.
Sed depravatur Julianus, sed cruciatur,
Sed debacchatur, sed anhelat, sed superatur
Hic vir inhumanus, hic pessimus, hic Julianus.
Quod lupus est Agnæ, fit matri martyris Annæ.
Exemplo simili dum certat mente virili
Femina robusta suspensa primo, vel usta
Anticipat metam victrix vexata quietam.
Ut mater nato loca præparet alma probato,
Huic exaltandum præit alta, beata beandum.
Sic Ammon magni major magus ille tyranni
Dum videt hunc sanctum vim frangere mortificantum,
Dumque deos reputat nihil esse, fidemque salutat:
Christum testatur, pro Christo decapitatur.
D Matre coronata Quiriacus spe solidata
Plus confortatur, plus gaudet, plus animatur.
Arguit ergo moram tortorum clausus ad horam,
Et quasi delinquunt, dum se, dum flagra relin-
                 [quunt.
Quod sic ad plenum premit ignem, tela venenum,
Quod sic pugnatur, totum phantasma putatur.
Mens rea rem laudis referens ad crimina fraudis,
Lumine cæcatur, virtutis odore necatur.
Sic reputat signa quasi sint ex arte maligna,
1260 Et cruce munitum magica putat esse [f. arte]
                [peritum.
Jam perstringatur certamen cum levitate,
Jam subjungatur victori cum brevitate.
Dextra privatur, plumbum bibit, igne crematur,

Verbere vexatur, premit angues, inde necatur.
Sic martyr fieri, sic mundi victor haberi,
Sic exaltari meruit, sic glorificari.

  Isti debemus quod signa salutis habemus,
Quod cruce gaudemus, quod eam clavosque videmus.
Extulit hic primus sub quo Jerosolymis imus
Christi vexillum, veniendo per illud ad illum.
Hic margaritam multumque diuque cupitam,
Gemmam fulgentem, gemmam quæ dilat egentem
Omnibus ostendit, pro qua pius omnia vendit.
Illud thesauri thesauro ditius auri
Mundo dispersit, quod humo gens invida mersit.
Per quem summa datur laudis, quantis mereatur
Laudibus efferri dubitat Maro posse referri.
Hic ut egestate, sudore, fame, pietate
Virtutis miræ lignum meruit reperire;
Sic per honestatem, per dura, per anxietatem,
Per paupertatem rapimus crucis utilitatem.
Nemo voluptate, vel fastu, vel levitate;
Nullus per risum, per opes redit ad paradisum.
Qui tumidi ruimus, humiles ad summa redimus;
Pransi perdidimus, quod calle famis reperimus.
Hic crucis inventor, qua fixus nostra Redemptor
Vulnera sanavit, moriens nos vivificavit.
Crux tulit occisi gladium, portæ paradisi

                                   orsus.
Crux, Erebi morsus, mors mortis non sine pror-
                                  [sus (81).
Crux non clara parum spoliis spoliavit avarum.
Crux lætæ sortis victi tenet atria fortis.
Crux arbor vitæ, vitis plus sobria vitæ
Profert virtutis fructum, portumque salutis.
Crux pax, crux portus, crux veri luminis ortus.
Crux velut antidotum vitiis, crux est bene totum.
Vim penetrare crucis Socratem si forte reducis,

A Non poterit Socrates, sed nec Maro pandere vates.
Crux indulcavit laticem, potumque paravit,
Crux silicem fregit, et aquas exire coegit.
Crux per serpentem crucifixi signa gerentem
Læsos sanavit, lædentes mortificavit.
Si munit postes, cladem propellit et hostes
Si frontem tangit, lætis contraria frangit.
Crux implens legem, regum tulit inclyta Regem.
Signa sub Heraclio quamplurima crux renovavit,
Et reparans ægros, defunctos vivificavit.
Crux reprimit sontem reddens sine vulnere telum.
Crux aperit templi, cum cœli cardine, velum.
Crux removens umbram legalia signa relevit [delevit].
Crux gregis angelici numerum patriamque re-
                                   [plevit.

B Crux crucis opprobrium, crux ligni crimen ademit.
Crux de peccato, crux nos de morte redemit.
Crux aditus venit, crux est medicina dolorum.
Crux via justitiæ, crux est reparatio morum.
Crux gradus ad superos, crux scala parata fideli.
Crux confert meritum, crux spem, crux præmia
                                   [cœli.
Crux miseros homines in cœlica jura reduxit.
Omne bonum nobis cum sanguine de cruce fluxit,
Quæ præfert longum, latum, sublime, profundum,
Effectu, forma trahit, occupat omnia mundum,
Forma, vigor, ligna, pondus crucis omnia digna:
Dulcia credenti, sed amara pie recolenti.
O crux miranda! crux splendida! crux veneranda?

C Crux amplectenda! crux corde forisque ferenda!
Ut roseo flore, sacro distincta cruore,
Ut margarita, sic membris es redimita.
O crux insignis crucifixo, schemate, signis,
Servos conserva quibus est vigor atque Minerva!
                                   [Amen.

(81) Ita exacte in hoc ms. *fluminis orsus*

1261-1262 INCIPIT

VITA BEATÆ MARIÆ ÆGYPTIACÆ.

(82) Incipit hic Phariæ felicis Vita Mariæ.

(Recensita ad manuscriptum Sancti Mariani, ms. Victorinum, num. 272, et Ebroicensem, num. 19. Porro in Ebroicensi hoc poema dividitur in plures cantus, quos hic notandos ad Lectoris commodum duximus.)

CANTUS PRIMUS.

Sicut hiems laurum non urit, nec rogus aurum;
Sic Zosimam puerum nec opes, nec gloria rerum.
Quas cito labentes, et noxia quæque docentes
Sprevit, devovit, animoque manuque removit.
Et monachus factus monachi vigilavit in actus;

D Proponensque sequi doctores juris et æqui,
Institit annorum legem cohibere suorum :
Institit, inque brevi mutatis moribus ævi,
Mores doctorum transcendit doctor eorum.
Ut pueri metas evasit debilis ætas,
Creverunt dona, crevit simul ipsa corona.

(82) Edita apud Bollandum 7 Martii. In ms. S. Mariani Antissiodorensi sic inchoatur.

Nil magis huic oneri, quam [20] velle quiete foveri; A Inde salutatus abbas est pauca profatus.
Nil magis ingratum, quam non punire reatum.   Cur venias, aperi. Zosimas ait : Opto doceri,
Hujus erat testis modicus sopor, aspera vestis,   Et peccatorum revelari mole meorum.
Et cibus et stratus, modo gloria, tunc cruciatus.   Asperitas cultus, vos supplex, gratia vultus,
Testis erat monachi color, et caro nescia Bacchi :   Signa sacræ mentis, votum juvere petentis.
Non caro, sed pellis macra, pallida, trita flagellis, Responditque Pater : Nemo, charissime frater,
Docta reluctari sibi, spiritui famulari.   Nemo [23] lavat morbis animam nisi Conditor orbis,
His in tormentis, sacræ modulatio mentis   Prava coerceri, bona poscas inde doceri.
Christo psallebat, si quando lingua tacebat.   Si tamen hic cœtus placet, aut locus ipse quietus,
A sanie busti mens semper conscia justi   Si magnus modicis vis jungi palma miricis,
Se non dimovit ; Deus hæc, homo cætera novit.   Stes : videas ; humilis si proderit usus ovilis,
Talibus ille modis dum psalmis instat et odis,   Et lege nobiscum pastus istus [24] ibiscum,
Vidit cœlorum secreta, futurus eorum ;   **1263** Summus pastorum nos nutriet esca suorum,
Vidit et didicit qua spe tot prælia vicit.   Esca fovens mentem post hanc nihil esurientem :
Spe Zosimas captus sacros ita crevit in actus,   Nil animæ satius, quam pasci visibus hujus.
Ut stagnum rivo, vel torpens ignis olivo.   B Annuit his equidem Zosimas, mansit ibidem :
Et memor ad [21] mores prodesse cavere favores, Mansit, et in cella nova vita sacerrima bella
Cum bene pugnaret, cavit ne fama volaret.   Vidit, laudavit, didicit, servavit, amavit,
Quanto plus cavit, tanto magis illa volavit,   Tam gregis hortatu crescens, quam [25] tela rotatu.
Et contra votum retulit laudabile totum.   Hujus cura gregis summi dilectio gregis,
Illuc innumeri populi venere doceri,   Legis doctores audire, docere minores,
Quos, ut poscebat locus, ætas, ordo, docebat,   Nolle favere cuti, jus pendere, legibus uti,
Vincens majores, ut stellas luna minores.   Nulla loqui temere, quasi dira venena cavere,
Hæc dum consuevit Zosimas, elatio crevit.   Iram, livorem, lites, maledicta, tumorem,
Dixit et hæc secum : Quidquid jubet ordo vel æquum Sal, pisces, vinum, pulmentum, stramina, linum :
Eligo, sector, amo, discenda tenendaque clamo ; Non attingebant, quibus uti crimen habebant ;
Attenuant artus labor ingens et [22] sopor arctus. Non sapor his olerum, non res, non mentio rerum,
Hæc puer elegi, puer hæc et plura peregi.   Nec crinis comptus, nec erat meditatio sumptus.
Jam tunc ordo gregis, jam remus et anchora legis, Nemo vel impensa vestis, vel dispare mensa,
Jam dignus cœlis, sacer actu, mente, loquelis : C Invidit Patri, non frater denique fratri.
Unus cum mundo pugnavi fine secundo.   Par cibus et cultus, procul abstulit [f. abfuit] inde
Miratrix horum plebs, clerus, grex monachorum   [tumultus :
Me petit, audit, amat, peragit quod vox mea clamat. Potus erat flumen, festivior esca legumen,
Talia dum jactat Zosimas meritumque retracta Cilicium vestis, male mollia cingula restis
Quidam subtexit cui spiritus illa retexit.   Gaudia lapsorum reditus, dolor error eorum.
Jam bene certasti, bene qua licuit superasti ; Lectio vita Patrum, monitus concordia fratrum.
Nil obluctatur, caro servit, mens dominatur.   In verbis horum Deus, aut sacra gesta piorum :
Sed tamen est dubius finis certaminis hujus ; Invigilando more procul otia, psalmus in ore,
Cumque potes subjici, non debes dicere : Vici. Attenuata caro cruce multa, fomite raro,
Nam quis vincatur, vel vincat, fine probatur.   Fletibus et crebris vulgabat facta latebris :
Præmia victorum pendent in [f. a] fine laborum Vulgi rumores, fora, causas exteriores,
Ut Scriptura sonat, finis, non pugna coronat.   Momentum morum non noverat ullus eorum.
Cum bene pugnabis, cum cuncta subacta putabis, Hujus erat causa, locus abditus, ostia clausa,
Quæ post infestat, vincenda superbia restat.   Janitor austerus, grex, pastor, uterque severus,
Hæc nisi vincatur, promissa corona negatur. D Isti claustrales nec certos officiales,
Proh dolor ! his telis superatur sæpe fidelis ; Nec, si pastorem demas, habuere priorem.
Hac duce nonnunquam rosa vertitur in saliuncam. Si [26] quid poscebat res, aut Pater ipse videbat,
Isti portento, sodes, obstare memento,   Cura fuit cuique parere, reique, patrique.
Nec vel te tantum præsumas dicere sanctum, Pastor agenda quidem monstrabat, agebat et idem,
Vel te præ sanctis meritum promissa Tonantis. Plusquam prælatus cunctis servire paratus ;
Multi sunt qui te superant examine vitæ,   Nec magis hortari consuetus, quam famulari.
Quos ut cognoscas, Jordanis littora poscas.   Ille beatorum decus, et speculum monachorum,
Regem cœlorum colit illic grex monachorum. Lux erat in tenebris, ibi clausus, ubique celebris
Cum monachis habites, quid agunt, age ; cætera vites. Morum primatus, schola juris, virga reatus,
Exi, festina : dilatio, magna ruina.   Crux sibi, forma gregi, via vitæ, gloria legi ;
Exit, abit propere, pulsatque, fores patuere : [27] Notus gaudenti gaudere, dolere dolenti.

---

[20] Ebr., *membra.* [21] *ad meœores.* [22] Ebr., *cibus.* [23] Ebr., *levat morbis.* [24] Ebr., *hibercum.* [25] Ebr., *fœda.* [26] Ebr.. *Quod jus voscebat.* [27] Ebr., *Gnarus gaudenti.* Vict., *Nautas gaudenti,* mendose.

His gravis, his fractus, fuit omnibus omnia factus. **A**
CANTUS II.
Res monet ut quædam quæ grex consueverat, edam.
Tempore quo sacro plebs purificata lavacro
In veniam scelerum summam decimare dierum
Incipit, et cella prodibant ad nova bella,
Sed prius excessus abbati quique professus
Præconfortabat mentem, corpusque juvabat
Sacramentorum gustu, medicoque ciborum.
Inde petebatur benedictio (83) sueta : dabatur,
Oscula jungebant, tunc tandem claustra patebant.
Jamque valedicto cœtuque locoque relicto,
Grex simul exibat, eremum divisus adibat.
Pars, ut poscebat mos ipse, domi remanebat,
Conservaturi bona convenientia furi ;
Sed ne sanctorum foret expers officiorum
Cella parata sacris studiis animæque lavacris,
Ornata festo pauper, sed dives honesto.
Ædibus egressi latebras animumque professi
1264 Pergebant, quorsum dabat optio, quisque
[seorsum.
Quisque pari voto certabat teste remoto
Psallere prostratus, lacrymis delere reatus,
Supplicis laceræ carnis tibi, Christe, placere,
Lætari de te socio, duce, fine, quiete.
Te prætendebat, dabat, exspectabat, habebat
Belli tutamen, testem, diadema, juvamen.
His insistebant studiis, pariterque fovebant
Corda sacra verbis, carnem radice vel herba.
Pars quota gestabat panem, partem recreabat
Fructus palmarum pro mensis deliciarum :
Pro dape festiva glans, aut silvestris oliva.
Hæc in deserto sumebat tempore certo,
Et certis horis requiem modicumque soporis.
[28] Taliter expletis triginta novemque diætis,
Cella petebatur, remeabant cum celebratur
Ramis palmarum pro canone Christicolarum.
CANTUS III.
Hæc admiratus Zosimas, et ferre paratus
Nil ratus est [29] sacrius quam ritum canonis hujus.
Hunc simul [30] advertit revolutio temporis, exit ;
Exit, et a cella proficiscitur ad nova bella,
Transit Jordanem, portans pro tempore panem
Et sic ingressus latebras eremique recessus,
Vota Deo solvit, nova cantica pectore volvit,
Solus agit vitam, sacra facta probant eremitam.
Ex quo lucescit iter urget, nocte quiescit.
Stratus humi plorat, socium si quærit et orat,
Qui solaretur curas, simul et pateretur,
Actibus instrueret, superans superare doceret.
Quod petit assequitur, sociusque viæ reperitur
Nam majore mora solita dum psalleret hora,
Tanquam currentem quemdam, sed veste carentem,
Vidit et expavit, quoniam phantasma putavit :

Visu turbatus signo crucis est revocatus.
Viribus hinc sumptis, iter investigat euntis,
Currit, obestque parum labor, ætas, lustra fera-
[rum.
Sancte senex, propera, visurus spe meliora,
Quæ legis et sequeris, vestigia sunt mulieris.
Femina præcedit, quæ nec tibi femina cedit :
Ut pede, sic vita te præterit hæc eremita.
Hæc meruit latebris ut nunc sit ubique celebris,
In latebris didicit mundum bene vincere, vicit,
Imbribus infecta, nigra Phœbo, curva senecta,
Hispida promendas partes, intecta tegendas.
Horrescunt illi nivei modicique capilli,
Vix attingentes humeros, vix colla tegentes,
[31] Impexi, rari, soliti sine lege vagari.
B Femina tota prius, jam totum despuit hujus
Tota caro pridem, modo tota rebellis eidem
Femina mortales bene dedignata sodales
Oblatum casu Zosimam fugit alite passu.
Hanc Zosimas sequitur, rogat ut stet, nec minus itur
Ille magis solito clamat : [32] Moderantius ito,
Quisquis es, exspecta, vetor ire labore, senecta :
Exspecta fessum, non sum fera, supprime gressum,
Sum res parva quidem, sed homo, peccator, et idem
1265 Christum confessus, [33] monachique frequento
[recessus,
Hic delictorum veniam suspiro meorum ;
Nec fuge, siste parum, verearis lustra ferarum
Per nomen Christi, per præmia quæ meruisti,
Serve Dei, resta, benedic mihi, quod rogo præsta.
C Nunquid pro Christo deserto vivis in isto?
Quid non audisti saltem pro nomine Christi?
Illa gradum fixit, manibusque subobsita dixit :
Femina sum, Zosima, scelerum molimine prima ;
Expers pannorum confundor ad ora virorum,
Nec sinit os verti pudor inguinis haud cooperti :
Sed quia te Christi famulum scio, quod petiisti
Fiet, si dederis quo [34] probra tegam mulieris.
Vis loquar aut restem; versus retro da mihi vestem.
Inde cuculla datur, qua femina tecta profatur :
Cur, Pater, insequeris latebras miseræ mulieris?
Cur, aut quo cursus? Fremit hic leo, murmurat
[ursus.
Quod sperare bonum potes in regione leonum?
D Hæc ea dum memorat, monachus prosternitur, orat
Ut benedicatur, sed et hæc ea strata precatur
Femina : Sancte Pater ; monachus : Sanctissima
[mater.
Clamitat uterque ; Benedic, inculcat uterque.
Hæc ratio litis, hæc unica lis eremitis ;
Cætera pars vitæ concors fuit et sine lite.
Dum sic certatur, sacra femina talia fatur.
CANTUS IV.
Mi Pater, offendis, nisi res ex ordine pendis :

(83) Praxis benedictionis apud monachos in egressu a monasterio.

---

[28] Ebr., *Talibus.* [29] Ebr., *satius.* [30] Ebr., *advexit.* [31] Ebr., *implexi.* [32] Ebr., *moderatior.* [33] Ebr., *Monachorumque frequento.* [34] Ebr., *membra.*

Offendis vere, dum vir petis a muliere
Hoc tibi præberi quod debet vir mulieri.
Vera loqui detur, transgressor juris habetur
Qui rogat illa dari, quæ possunt jure negari :
Tu vir, tu pridem monachus, tu presbyter idem,
Ilis tribus urgeris parere preci mulieris.
Te peccatrici benedicere, non benedici,
Præcipit ex more sacra manus uncta liquore,
[35] Officium cujus gratia est muneris hujus.
Intulit ista Pater : Claret-satis, o sacra mater!
Claret quantorum, mater sacra, sis meritorum.
Nam licet ignotus fuerim, longeque remotus,
Nec dictum tibi sit quæ vita, quis ordo mihi sit,
Omnia novisti, nomen quoque non tacuisti.
Ista docent quanti sis, et quam grata Tonanti.
Qui sic ergo places, hunc flectas, hunc mihi places :
Si petis, ipse dabit ; pete, votum vita juvabit.
Vita beatorum votis succurrit eorum :
Hanc Deus attendit, et præmia digna rependit.
Nullus ei flexus venit ex discrimine sexus
Nec pro persona datur auferturve corona ;
Gratia vel meritum dat munus cuique petitum.
His mulier cedit, lacrymisque rogantis obedit.
Surgitur, et paucis præmissis, illa requirit :
Quæ pax sacrarum, quis sit status Ecclesiarum,
Quo studio regum tractetur sanctio legum,
Qua populus cura servet mortalia jura?
Ille refert meritis ejus precibusque beatis,
Christicolas lætos et festa pace quietos,
Et florere fidem. Post hæc persuadet eidem,
Ut quæ nunc floret, ne quando marceat, oret ;
Antidotoque precum confortet et excitet æquum
In reverendarum rectoribus Ecclesiarum.
Plura super memorat ; ea paret, sternitur, orat :
1266 Astra subit mente, grates agit ore silente,
Mens in secreto pulsat clamore quieto,
Signaque clamoris dat motus, non sonus oris.
Dum sic oratur, Zosimas stupet et veneratur
Ora, comas, vultum, pietatis habentia [36] multum,
Pallentesque genas jam funeris omine plenas.
Quidquid spectatur, virtutem testificatur
Cuncta beatorum sunt argumenta [37] virorum.
Sed [38] subiere satis mirabiliora relatis ;
Nam dum multimodas divini pectoris odas
Longius extendit, tanquam suspensa pependit
Acre, jam tota procul a tellure remota,
Et tanquam terræ nollet contagia ferre.
Corpus purgatum sursum stetit inde levatum.
Sic monacho coram superum fuit hospes ad horam,
Æternum superis socianda caro mulieris.
Talibus expavit Zosimas, monstrumque putavit,
Aut aliquid vere quod dissonat a muliere.
Sed quod fallatur docet hæc, fratremque lucratur,
Qui male turbatus redit ad se, sic revocatus :
Hei [39] mihi quo raperis? quid agis, Pater? unde
[moveris?

A Quis stupor hic mentis? bene sentio quod male
[sentis ;
In me peccasti dum me phantasma putasti,
Sum mulier miseræ sortis, rea plus muliere,
Sum caro mortalis, palpatica, materialis,
Et quæ, si nescis, anima viget, indiget escis,
Tempore mutatur, saniem cineresque minatur.
Hoc ego quod modo sum de me promittere pos-
[sum :
Sed quod vidisti, quod pene mutus stupuisti,
Non ascribatur mihi, nam Deus hoc operatur.
Ex ope cœlesti fit, si quid habetur honesti,
Et venit a superis vel agas bene, vel mediteris.
Nos levis umbra sumus, nos actus turbine fumus,
Nos agri fenum, primum caro, postea cœnum.
B Forma perit rerum, datur altera quaque dierum :
Dum sic mutamur, taciti quoque testificamur
Quid res promittat, quo nos natura remittat,
Quod sumus ant erimus, quo tendimus, unde vĕ-
[nimus.

CANTUS V.

Postea nil temere Zosimas ratus ex muliere,
Culpam cognoscit, veniam prece supplice poscit :
Urget eam lacrymis et suspiratibus imis,
Ne qua sibi celet, sed quid sit, ut unde revelet,
Quo sustentetur victu, quis eam comitetur.
Addit et ista Pater : Refer, o sanctissima mater !
Proderit audiri, vult Christus hæc aperiri.
Hoc iter ille seni suggessit, eo duce veni :
C Ille timere parum dedit in regione ferarum,
Direxit gressum, firmavit robore fessum,
Leniit algores, docuit tolerare vapores.
Quis, nisi juvisset Deus, hæc tam dura tulisset?
Ad speciale bonum veni, per lustra leonum ;
Inde reportetur, quo Christo glorificetur.
Exeat e latebris hæc fax, hæc gemma celebris.
Non vult abscondi Deus inclyta lumina mundi,
Ad radios quorum laxatur hiems animorum.
Ergo quid egisti refer in præconia Christi.
Quam bene narratur, quo proximus ædificatur !
Criminis est vere morum documenta silere.
Hæc ait, et lacrymis ad vota recurrit opimis,
Quem mulier stratum levat alloquiturque levatum.
1267 Hei mihi ! quantarum meminisse rogor la-
[crymarum ?
Quam seriem scelerum, et quæ contagia rerum,
Mi Pater, exploras? plus crimine nosse laboras
Quem non offendam, si turpem, si reticendam,
Si nullum veritam facinus digessero vitam ?
Quas aures poteris præstare probris mulieris ?
Quisve memor moris feret hæc monimenta pu-
[doris ?
Quid sequar, aut quid agam? pudet hanc ostendere
[plagam.
Sed si celetur, plagæ medicina luetur.
Obruta laus Christi luitur discrimine tristi !

---

[35] *Officii cujus gratia.* [36] Ebr., *cultura.* Andeg., *vultum.* [37] Ebr., *laborum.* [38] Ebr., *Sed subire.* Andeg., *subiere.* [39] Ebr., *Ilei quo mihi raperis?*

Cum mala sanantur, nisi grates hinc referantur,
Ad caput ingratum constat remeare reatum?
Ne sic offendam, vitam recitabo pudendam,
Et quibus unguentis lavit Deus ulcera mentis.
Expedit ut coram monacho confundar ad horam,
Ne coram sanctis confundar in ora Tonantis.
Hæc ait, et fletur ; rubet, atque referre veretur.
Suspicit et nutat, faciem confusio mutat,
Alligat ora pudor, largus fuit undique sudor.
Si pars incipitur, vix ad postrema venitur.
Tandem quæsitæ perstringens crimina vitæ,
Sic dixit, vultu cooperto, paupere cultu.

CANTUS VI.

Germine non humili genuit me patria Nili,
Sed postquam crevi, generis titulos abolevi.
Sæpe mihi [40] teneræ vitæ præcepta severæ
Attulit inde pater, hinc et censoria mater :
Mater, ut est moris, relegens decreta pudoris,
Dedocuit quæstum quem non commendat hone-
[stum
Appositisque minis, dixit : Par esto Sabinis.
Regnet et in tenera facie matrona severa,
Nemo nimis propere didicit nocitura cavere ;
Quamlibet ætatem niti decet ad probitatem.
Hæc assistentes memini monuisse parentes,
Sed tribui [41] ventis monitus utriusque parentis,
Et male contemni cœpit pudor a duodenni.
Extunc indecorem traxerunt ossa calorem,
Extunc averti thalami connubia certi,
Et rata torporem, nondum periisse pudorem,
Sustinui gratis dispendia virginitatis.
Neve resistentes differrent vota parentes,
Egredior patriam, proficiscor Alexandriam.
Nacta locum sceleri status communis haberi ;
Nec satis id fuerat, quia quando vir mihi deerat,
Tecta pererravi, nullique rogata rogavi,
Infamis cultu, vaga lumine, lubrica vultu,
Visibus impostis, naturæ crimen et hostis.
Fractior incessus, et lenam sermo professus,
Clamavere foris , pudet hanc meminisse pudoris,
Clamavit gestus, [44] minus est furor iste molestus.
Sic oblita mei, dux et via perniciei,
Historiis scelerum consumpsi quosque dierum,
Fassa diem mœstum, quo forte monerer honestum,
Quod quoties fregi, festum celebratius egi,
Cantica quæ traherent scelus, incestumque doce-
[rent,
Dilexi, didici, [43] mimas modulamine vici.
Cumque salitores exhaustos, aut seniores
In nullam venerem jam fastidita moverem,
Sum blandita novis, hos emi munere quovis
Et sociis scelerum divisi singula rerum,
1268 Quas acus et fusus vitæ donarat in usus.
His instrumentis manus accedebat egentis,
His domus, his victus, his est quæsitus amictus,

A His ad vota datus consors hæresque reatus.
" Quantum, nam memini, placuit mihi copia vini?
Quam captabatur cibus, unde libido juvatur?
Cumque duo magni sint hostes sexus et anni,
Ebrietas istis est addita tertius hostis.
His mecum morbis, et per me perditus orbis,
Nunquam labe pari potuit poteritve gravari.
Me minus erravit quisquis mala multiplicavit,
Et mihi defendi palmam male semper agendi.
Cum jam non nossem quem crimine vincere possem,
Crimine multiplici post omnes me quoque vici.
Nam velut errorem prius ausa, deinde furorem,
Quidquid peccavi mala pessima [45] justificavi,
Nec sceleri metas posuit vel serior ætas.
Talibus et tantis oculis invisa Tonantis,
B Annos ter ternos exegi bisque quaternos
Ecce die quodam, (sed qualiter hoc tibi prodam?
Quam misere cecidi!) juvenes in littore vidi,
Vidi, captavi ; quo vellent ire rogavi.
Subridens primus dixit : Jerosolymis imus.
Sciscitor an comitem paterentur. Subdidit idem :
Si nautum dederis, patet ære carina, veheris.
Tunc ego : Pro navi pretium tibi nauta paravi ;
Si pretium quæris, me pro pretio potieris.
Nil habeo nisi me ; sed si placet, utimini me :
Nil habeo melius, cape fructum muneris hujus
Ex hac fortuna faciam satis omnibus una,
Si de communi victus mihi provenit uni.
His dictis, juvenis gressus impressit arenis,
C Et quasi verborum spreta levitate meorum,
Nautas hortatur, socios vocat, urget, eatur.
Ipsa comas stringo, vultus in crimina pingo,
Projicio fusum, succingor euntis in usum :
Prosequor intra ratem , spondet mare prosperi-
[tatem.
Blanditur ventus, ventum movet arte juventus,
Et paucis horis captatis utimur oris.
Hei mihi! quo labor? qua lingua cætera fabor?
Da veniam miseræ, pudor exigit ista latere,
Et trahit [46] horrorem tantum meminisse furorem.
Hæc ait, et flevit, rubor ora verenda replevit.
Flentem solatur Zosimas, referatque precatur.
Paruit, et tandem sic est [47] resecuta precantem

CANTUS VII.

D Mi Pater, in navi mea crimina multiplicavi.
Nil illic egi nisi quæ sunt obvia legi,
Et procul a curis fuit omnis mentio juris,
Quo male projecto nautas in turpia flecto ;
Excito torpentes, segnes voco probra verentes .
Cui scelus est gratum fortem puto, juro beatum.
Docta viri voto famulari corpore toto
Cura fuit sonti per mille pericula ponti
Blandiri sceleri, nil præter honesta vereri,
In venerem volvi, vino persæpe resolvi,
Escis distendi, modulos variare canendi.

---

[40] Ebr., *Sæpe mihi modice vitæ præcepto severæ.* [41] Ebr , *mentis.* [42] Ebr., *nimis.* [43] Ebr., *mimos.* [44] Ebr., *Quam male nam.* [45] Ebr., *multiplicavi.* [46] Ebr., *errorem, sed melius, horrorem.* [47] Ebr., *prosecuta.* Andeg., *secuta*

Omnibus his uti, quæ sunt infesta saluti.
Crede mihi, multum miror scelus illud inultum,
Nec mare nec ventum facinus rupisse nocentum.
Miror quod pravis servivit in hæc probra navis;
Quod tot, quod tantis non obstitit ira Tonantis;
Quod tulit incestus et littus, et auster, et æstus,
Inter mille fere mortes mala tuta fuere.

1269 Sed Dominus Jesus qui novit parcere læ-
                                        [sus,
Læsus parcebat, parcendo redire monebat.
Jamque mihi gratis monstrabat fons pietatis
Quod licet iratus differt punire reatus,
Invitusque ferit, quia culpæ parcere quærit.

CANTUS VIII.

Neve meæ veneris longo sermone graveris,
Deferor ad portum, subeo [48] nova mœnia scor-
                                        [tum.
Juncta levi turbæ moror hospes et hostis in urbe.
Circumeo vicos, amplexus venor iniquos :
Cogitur in facinus tam civis, quam peregrinus.
Hos ego dum capto, dum me malesana coapto
Nequitiæ tantæ, crucis Exaltatio sanctæ,
Quæ tunc instabat, cives ad templa vocabat.
Turba præit patrum, sequitur devotio matrum.
Urbs exhausta fere me compulit ire videre,
Quærere quid traheret populum, quid in æde pla-
                                        [ceret.
Ivi lethalem mihi quæsitura sodalem :
Et pudet et dicam, qui [49] subjectaret iniquam.
Sed secus hoc cessit, pietasque superna repressit
Incentivorum veneres æstusque meorum.
Quippe volens intrare fores et sacra videre,
Non illas intrare sinor, non ista videre.
Porta patens populum venientem suscipiebat,
Me peccatricem vis cœlica rejiciebat.
Quæ dum feminea contingere debilitate
Suspicor, eluctor quanta licet improbitate ;
Sed nec tunc potui portas intrare patentes,
Quamvis intrarent præeuntes atque sequentes.
Miror et indignor quod ab æde sacra revocarer :
Inseror et turbis, ut ab his impulsa juvarei ;
Enitor, populoque manus appono prementi.
Sed nihil istorum prodest intrare volenti,
Hos quoque conatus [50] terit enervatque reatus,
Nec patitur crimen sacrum contingere limen.
Ut sensi mecum, sic aio : Non erat æquum
Illa mihi miseræ mulieri templa patere,
Templa beatorum titulis reverenda laborum.
Hic est confractum mortis lacrymabile pactum ;
His nostros actus auctor luit, hostia factus,
Hic est damnatus, hic mortuus, hic tumulatus,
Hinc resurrexit et vitam morte revexit.
Ad loca tam miræ dulcedinis ausa venire
Non [51] oleæ rorem, non affero thuris odorem,
Nec mentem puram magis omnibus his placitu-
                                        [ram.

Qui probra testatur fetor pro thure paratur,
Pro titulis morum, turbam gero flagitiorum,
Et quidquid miserum cadit in genus hoc mulierum.
Heu! Quid tentavi? Quo, qualis et unde migravi?
Ad mensam Christi meretrix a fornice tristi,
Ilis onerata malis adii loca talia talis.
Obstruit hoc aditum frustra mihi sæpe petitum.
Probra lupanaris Deus odit et arcet ab aris,
Et sordes mentis a vivificis alimentis.
Hinc vocem pressi, nec longius inde recessi :
Sed stans præ portis lacrymis immergor obortis,
Terque repulsa queror, gravat ora [52] gementia
                                        [mœror.
Dissidet affectus, tentat confusio pectus,
Incipit et morum meminisse, pudere malorum,
1270 Et quamvis sero tumulata resurgere quæro.
Quod bene euæro datur et Lazarus extumulatur.

CANTUS IX.

Forte fuit juxta mulieris imago venusta
Illius eximiæ sub nomine picta Mariæ,
Quæ Salvatorem peperit, ceu stella nitorem
Hanc dum conspicio, novor intus et altera fio.
Accedo propius flens, [53] supplico vultibus hujus,
Atque genu flexo matrem Patris hac prece vexo :
Ad te, Virgo pia, Virgo sacra, Virgo Maria,
Virgo novæ sortis venio, sed femina mortis,
Sed male vulgaris, sed sordida, sed stabularis,
Sed quæ ploravi nisi cum ploranda patravi ;
Cum probra commisi, quasi probris inclyta, risi,
Et mœstus vultus hilaravit concuba multus.
Nox fuit in somnis, dum vir subit, omnibus omnis,
Et crimen duxi nisi multo crimine nupsi
Concubitu vetito gaudens, populoque marito.
Taliter explevi cursum miserabilis ævi,
Taliter excessi, modo damno quod male gessi,
Pœnitet erroris, sordet sentina furoris ;
Nec bene damnatum patiar vel amabo reatum,
Si sera laxetur qua peccatrix retinetur,
Si liceat miseræ lignum vitale videre.
Hoc per te spero, per te succedere quæro.
Nam licet iratus cedet, te supplice, Natus ;
Cedet enim, siquidem Pater est et Filius i 'em.
Duplex affectus trahet exorabile pectus,
Ad quodvis munus flectetur uterque, sed unus.
Ergo sub hoc pacto præsta mihi quod bene capto,
Sis testis pacti, sis vindex tu quoque [54] fracti.
Nolo parcatur mihi, si facinus repetatur.
Erigor his dictis, vitiis jam mente relictis,
Inde reflecto pedem, bona spes comitatur ad ædem,
Impatiensque moræ feror [55] intus, sed absque la-
                                        [bore.
Gratulor admitti, posco delicta remitti,
In veniam ploro, vexilla salutis adoro.
A sacramentis absterrent crimina mentis,
Illis oblatis matrem repeto pietatis

---

[48] Ebr., *sacra*.   [49] Ebr., *quid*.   [50] Ebr., *tenet*.   [51] Ebr., *olei*, et Andeg.   [52] Ebr., *maaentia*, et Andeg.
[53] Ebr., *susviro*.   [54] Ebr., *facti*, et Andeg.   [55] Ebr., *intro*.

Et bene promeritæ grates ago, supplico rite
Quid jubeat fieri, quo tendere quæro doceri ;
Quæro viam morum, regat obsecro mater eorum.
Dum tam sollicite pulsatur ad ostia vitæ,
Sic respondetur : (Nec novi [56] qui loqueretur,
Hoc novi tantum quemdam sic esse locutum :)
Jordanem si transieris, [57] requie potieris.
Hinc stupor obrepsit, qui postquam tempore ces-
[sit,
Egredior celeri pede sic mihi visa moneri.
Quæritur et rapitur via qua Jordanis aditur.
Dum propero, quidam pro tempore convenienter
Tres mihi denarios offert, tribuitque latenter,
Hinc emo tres panes, egressaque mœnibus urbis,
Nitor et asportor et cedo profuga turbis.
Vesper erat, subeo Baptistæ templa Joannis,
Quæ placido cursu dictus præterfluit amnis.
Illic in lacrymis gemituque professa reatum,
Mysteriis accedo gerens cor contribulatum.
Pane dehinc sumpto præfatum transvehor amnem,
Quæro modum vitæ quo pristina crimina damnem.
Tunc mihi delicias, tunc luxum carnis ademi ;
Tunc scelerum tempus studio meliore redemi.
Sed te verborum tædet fortasse meorum,
1271 Solque rota celeri volat indocilis retineri.
Ergo recede, Pater. Tunc ille : Piissima mater,
Dic age quod sequitur, nihil aptius hic aperitur.
Dic, ancilla Dei ; superest pars magna diei,
Nil magis ad votum cedit quam dicere totum.
·Dic age, si memor es, quos sis ibi passa labores,
Unde tibi victus, quis et unde paratus amictus ;
Si qua rebellavit tentatio, nec superavit ;
Si prius infestus carnis deferbuit æstus.
Hic ea mota senis precibus consedit arenis,
Et rorans lacrymis subjunxit talia primis :
Annos undenos quadrupliciterque novenos,
Mi Pater, explevi post lapsum flebilis ævi,
Nec tamen absque gravi certamine crimina lavi.
Tentor enim rursus, fit post sacra vota recursus
Ad pigmentorum calices, luxumque ciborum ;
Pisces Ægypti, vinique cupido relicti
Me miseram tangunt et eo vehementius angunt,
Quo magis intendi dapibus, studioque bibendi.
Dum mihi sordebat modus, ebrietasque placebat,
Urbibus et peregre vitium dediscitur ægre.
Proposito morum subit hostis ubique locorum.
Pectora firma parum mala mentio deliciarum
Urget et infestat, furit Eva, virumque molestat.
Eva cibum mortis cupit in vitalibus hortis.
Hei mihi ! nam quædam pudet edere, sed tamen
[edam.
Disce nihil tutum nisi primo carne solutum :
Semper erit præsto quod et instet et obstet hone-
[sto.
Æstu nubendi desiderioque canendi

A Exsecrandorum modulos et carmen amorum
Uror et ad mentem retro resipiscentem
Amplexus vetiti redeunt, et mille mariti,
Oscula captantur, ad nuptum vota vagantur ;
Virtus est oneri, pudet ultra lege teneri ;
Tædet [58] atque jugis, postpono seria nugis,
Solivagam turbis, eremum conventibus urbis.
Hæc ad defectum pulsant phantasmata rectum,
Et germen moris suffocat imago furoris,
Donec ad eximiam precibus conversa Mariam
A tentamentis revocarem lumina mentis.
[59] Huc igitur venio, gemo, lacrymor, hostia fio,
Quæro reformari, precor inveterata novari.
Post holocausta precum redit et stat mens bona se-
[cum,
B Post fletum cordis fugit omnis mentio sordis.
His medicamentis residebant ubera mentis,
Et redivivorum sartago flagitiorum,
Quæ male fervebat penitus frigere solebat.
Præterea flentem miserabiliterque jacentem
Circumfulgebat splendor, totamque tegebat
Missus aberrantem revocare, levare labentem,
Spem conferre bonam, dare vim, monstrare co-
[ronam.
Trina triennia, bina tetrennia sic abiere,
Lenibus aspera, mitibus effera mista fuere.
Sed nova vulnera Virgo puerpera, cum bene flevi,
Tersit et abluit ; inde salus fuit, inde quievi.
Per tot lustra fere duo panes esca fuere,
C Quos mecum gessi simul huc ex urbe recessi.
Aruerant et duruerant, propriumque colorem
Perdiderant et desierant conferre vigorem,
Inde tamen relevare famem perparca solebam.
Quid biberem cum deficerem vix inveniebam.
Postquam sunt longo consumpti tempore panes,
Mens hærens Domino curas [60] abstraxit inanes,
1272 Extunc usque modo tentatio prisca resedit,
Extunc usque modo rationi sensus obedit,
Usque modo cibus exterior cum frondibus herba,
Usque modo cibus interior cœlestia verba.
Vestes quas habui, scidit trivitque vetustas,
Nuda dehinc tenui regiones sole perusta,
In quibus algores nimios, nimiosque calores
Horis nocturnis, horis perpessa diurnis,
D [61] Supplico præteritæ scelus et dispendia vitæ.
Muto jocis hymnos, purgo mœrore cachinnos,
Pœna voluptatem redimit, sitis ebrietatem,
[62] Paupertas luxum, labor otia, glarea mulsum,
Crux mollem stratum, devotio sacra reatum.
Tot tormenta fere fero quot probra præteriere.
Quidquid peccavit caro, carnis victima luit.
Quid mihi pœnarum qualis conflictus earum,
Quotve cruces æque renovantur nocte dieque,
Scit Deus ipsorum testis, mercesque laborum.
Sæpe sub ardenti [63] cancro, brumaque rigenti

---

[56] Ebr., *quid loqueretur.* [57] *requiem invenies.* Andeg., *potieris.* [58] Ebr., *aquæ jugis.* [59] Ebr., *Hunc animo venio.* [60] Ebr., *abstersit.* [61] Ebr., *Supplco præteritæ.* [62] Ebr., *Pauveries.* [63] Ebr., *Phœbo.*

Frigore nocturno rigeo, cremor igne diurno,
Et nusquam tuta jaceo quasi morte soluta.
Additur huic pœnæ vis pulveris, ardor arenæ,
Nec gravitas horum lenitur sorte locorum,
Nam locus, ut cernis, vacat arbore, monte, ca-
                                      [vernis,
Et quibus arcetur canis ardor hiemsve cavetur.
Scis hominem sane non solo vivere pane,
Nec vestimentis aut æde resistere ventis :
Omnibus est victus Deus, omnibus omnis amictus,
Cœlum Rex cœli moderatur, adestque fideli.
Cum furit aura foris, premit auram fervor amoris,
Nec nive, nec ventis alget devotio mentis.
Ardua nulla bonis spes sidereæ regionis,
[64] Et mihi despondi mundum male conscia mundi.
Non mihi scripturæ cordi, non lectio curæ,
Nec doctrinarum vel mentis sola sacrarum.
Una fuit tantum devotio, lapsus amantum,
Inque lupanari populo male morigerari.
Si quid honestatis, si morum, si pietatis,
Si divinorum monimenta retracto librorum
Cœlitus ecce datur, Deus hæc docet, hæc operatur.
Spiritus absque mora mentem replet, erudit ora :
Nullus discenti, nullus labor erudiendi.
Sic mihi præteritæ fluxerunt tempora vitæ :
Tempora quæ restant mercedis spem mihi præstant,
[65] Mortis solemnis, quia merces vita perennis.

CANTUS X.

Ordine digessi quidquid male vel bene gessi,
Nec puduit retegi quæ flagitiosius egi.
Nil superest operis cur amplius hic remoreris :
Umbræ procrescunt, venit hesperus, astra nitescunt,
Nox cursu solito, reditum jubet : ergo redito.
Quæque [66] tibi soli commisi, pandere noli.
Quando monasterium claustrales egredientur,
Et pariter fluvium Jordanis [67] ingredientur,
Ipse domi residens morbo remanebis agente,
Quem tamen evades Domino tibi subveniente.
Incolumis factus exi, cunctamine dempto,
Altarisque cibum tecum deferre memento :
Quem cœlis spero, terris præsumere quæro.
Spero rem puram, peto rem, reique figuram :
1273 Hoc animata cibo, quo tendo tutius ibo.
Hic mihi conductus, vector, via, patria, fructus.
Hoc duce carpe viam, tibi, mi Pater, obvia fiam.
His oculis iterum te conferet una dierum,
Conferet, et quædam quæ prosint fratribus edam.
Tunc ego, tunc demum sum te visura supremum.
Inde valedicto Zosima fugit illa relicto.
Ipse recedentem, nec vel prece respicientem,
Prosequitur visu, quam postquam prepete [68] visu
Sic asportari videt, et frustra revocari,
Convertit gressus, redit, egrediturque recessus.
Cella revertenti patet, hæret femina menti,
Femina, versatur in pectore, vixque putatur

A Femina sic superis par est habitus mulieris.
Sic est non hominis status, os, abjectio, cinis :
[69] Hoc et sola fere recolit, captamque videre :
[70] Hoc Zosimas æque suspirat nocte dieque.
Terminus optatur quo grex sacer egrediatur.
Terminus ecce redit ; conventus ab æde recedit :
At morbo tactus Zosimas, et stare coactus,
Lætus agit grates, quia quod sibi femina vates
Dixerat, impletur. Jacet, at quandoque sequetur.
Dura libens tolerat quisquis sublimia sperat.
Spes ægrotanti monacho, lectoque cubanti
Subvenit, alludit, gemitum lacrymasque retrudit,
Anxia refrenat, curas levat, ora serenat.
Nec spe frustratur, quia prisca salus reparatur,
Incolumemque brevi defectus debilis ævi
B Non tenet ; egreditur, labor exoptatus initur ;
Et quasi pulmentis, aut multimodis alimentis
Femina lætetur, quæ nomina sola veretur,
Vas elixarum fert secum [71] lenticularum,
Tectaque sollicite superaddens fercula vitæ.
Carpit iter plenæ sub sacræ vespere cœnæ,
Speque fideque citus properat contingere littus :
Utque gradum fixit, suspirans talia dixit :
Hei mihi ! qui frustra sequor hæc et circuio lustra,
Aut oblita senis latet, aut tardatur arenis,
Aut prior accessit, sed spe frustrata recessit ;
Et dum necto moras, adiit quas incolit oras.
Fortassis veniet, sed quæ mihi copia fiet,
Vel sacra tradendi, vel cum muliere loquendi ?
C Obstat Jordanis, niti pede nisus inanis :
Quippe vadum nusquam, sed nec pons, nec ratis
                                      [usquam.
Plura senex questus circumfert lumina mœstus,
Prospicit attente, mens [72] enim tacet ore tacente.
Ecce gradu propero, nudo pede, vespere sero,
Sicut promisit, venit illa, senemque revisit ;
Subsistensque parum quasi fessa labore viarum,
Erigit ad superos animum vultusque serenos,
Et flens fecundæ signum crucis imprimit undæ.
Sic ea portento similis pede pulverulento
Interjectarum transit discrimen aquarum.
Nulli qui credit se mundo, mundus obedit,
Menti sinceræ norunt elementa favere ;
Quique bonis gaudet, bona poscere quælibet audet.
D Nil frustra captat, qui se sine vulnere mactat.
Luna refulgebat, nec facta latere sinebat,
Ad radios cujus patefactis visibus hujus,
Et sene multimodas extorquet et elicit odas.
Ecce piis votis, ambagibus inde remotis,
Femina virque vacant, sacra prece numina placant,
Fletibus ora rigant, singultu verba fatigant,
Pro reprobis orant, exemplis verba colorant
Gaudent sincere mulier sene, vir muliere ;
Summaque verborum Deus est, aut lectio morum.
His ea patratis venit ad calicem pietatis,

---

[64] Ebr., *Ut mihi.* [65] Ebr., *Merces.* [66], Ebr., *Quæque dehinc soli.* [67] Ebr., *transgredientur.* [68] Ebr., *nisu.* [69] Ebr., *Hæc et sola.* [70] Ebr., *Hæc Zosimas.* [71] Ebr., *vlenum.* [72] Ebr., *non tacet.*

1274 Et confessa prius quam quidquam tangeret A
[hujus,
Totam se mactat lacrymis, calicique coaptat.
Inde genu positæ dantur sponsalia vitæ,
Et capiti Christo libamine jungitur isto,
Affatu tali tradens mandata sodali :

CANTUS XI.

Mi Pater, excessus fratrum scrutare regressus.
Doctrinam morum pars aspernatur eorum,
Et velut ignoret qua fallere fraude laboret,
Quis mentis postem petat hostis, negligat hostem.
Astu subtili lupus insidiatur ovili.
Si qua vagatur ovis, perit obruta vulnere quovis,
Et patet ad morsum dum respicit illa retrorsum.
His obstet damnis abbatis cura Joannis,
Horteturque gregem monachi non spernere legem.
Fratri qui peccat lex patrem qui silet æquat,
Quos quia culpa ligat par, par quoque pœna fatigat.
Sic Regem cœli contristans corruit Heli :
Ne sit ei talis transgressio judicialis,
Pro vigili cura Pater exstirpet nocitura.
Excubet ante fores, ferat æqua mente labores,
Scrutetur mentes, confortet honesta volentes
Excitet agressos, premat inmoderata professos,
Arguat, hortetur ; quæ prædicat hæc operetur.
Mulceat immitis, denuntiet aspera mitis;
Hos coram pungat, modo verbis verbera jungat,
Ulcera culparum lavet, aut luat auctor earum.
Sit licet hic tutus, sit felix prava secutus,
Judicium gravius Deus irrogat ausibus hujus,
Continuatque gravis clementia prospera pravis.
Qui modo torquetur nescit quam magna lucretur.
Cum furit atque ferit Deus olim parcere quærit,
Ista relaturus, et adhuc semel huc rediturus.
Vade, revise gregem, revereri præcipe legem,
Assistens aræ pro peccatrice precare.
Sic ea fata redit, redeunti fluctus obedit,
Et siccis plantis famulam testata Tonantis
Desuper incedit, Zosimaque stupente recedit.
Ipse domum propere, venit, et procul a muliere
Votis sinceris comes et memor est mulieris.
Obsidet hæc mentem, totum tenet una querentem
Quod si tam magnus, quod lente transeat annus.
Annus abit tandem, Pater exit ; quærit eamdem,
Egressusque fores fert absque labore labores,
Quoque potest nisu, pede pervia, cætera visu
Circuit, explorat, flens hæc et plura perorat :
Christe figura Patris, Pater et stirps unica matris,
Exaudi flentem, rege, quæso, vasta sequentem
Hanc ostende seni propter quam te duce veni,
Quam volo, quam quæro, cujus prece cœlica spero;
Quæ licet in castris modo militet, insidet astris
Jamque comes superum fastidit lubrica rerum ;
Jam conjuncta Deo fructum petit hæc hymenæo :
Fructum longævum, fructum qui duret in ævum.
Væ mihi, væ misero, frustra per devia quæro,
Cui domus in latebris solo cultore celebris ;

A Cui casa, desertum, thalami, specus haud cooper-
[tum,
Cui pudor est velum ; comes, angelus, atria, cœ-
[lum.
Quo ferar, aut quid agam? Sequar ustam sidere
[plagam ?

1275 Multiplices pœnæ, senium, sitis, ardor,
[arenæ
His adversantur cœptis, et vota morantur.
Sic Zosimas questus circumfert lumina mœstus
Nescit utrum properet, dubiusque quid eligat,
[hæret ;
Clamitat, auscultat; non vox, non echo resultat
Non sonus auditur ; non forma pedum reperitur
Dumque pererraret, dum visu cuncta nutaret,
B Desuper algentes artus animaque carentes
Illuxit radius quasi dux et prævius hujus :
Omine lætatus, Dominumque Deum veneratus
Currit eo, reperit quam votis, quam pede quærit;
Sed jam defunctam, jam Christo re quoque junctam,
Jam superum castris, rutilantem clarius astris.
Glorificanda caro decocto purior auro,
Sicut oportebat mulierem, tecta jacebat.
Quam tristes questus monachi ! qui pectoris æstus?
Qui gemitus laceræ mentis? quæ verba fuere?
Is modo suspirat, modo totam lumine gyrat;
Nunc oculos cœlis, nec applicat ora querelis.
Prostratus mœret, pedibus reverenter adhæret ;
Flet super et sanctis pia dividit oscula plantis.
C Neve revertatur votis et voce precatur,
Grande putans munus comitari funere funus,
Occasuque pari convivere, contumulari.
Dum dolet, et dubius de nomine fluctuat hujus
Suscitat ora senis inventum nomen aren
Et nubes mentis dilabitur his documentis
Sancte Pater, Phariæ sepeli precor ossa Mariæ;
Gleba recondatur, cineri cinis adjiciatur.
Mox ut ei Christi corpus calicemque dedisti,
Victricem mundi dissolvit prima secundi.
Mysteriis plenæ transacto vespere cœnæ,
Nox gravis [73] irrepsit, quia sol cum sole recessit.
Illis Zosimas demum, nomenque diemque supre-
[mum
Agnoscit dubius. Quis conditor exstitit hujus?
D Nam nil legisse mulierem, nil didicisse
Noverat istorum, nec vel memorem studiorum.
Comperit hinc etiam post tradita sacra Mariam
Illuc traductam momento, moxque solutam,
Quo vix expletis bis quinque decemque diætis
Venerat is fessus, [74] victumque labore professus ;
Qui nova lamentis testatus vulnera mentis
Assidet exanimi, madet imbre doloris opimi,
Iratus fatis studet officio pietatis ;
Laudibus applaudit, tegit artus, lumina claudit ;
Nunc amplexatur vestigia, nunc veneratur
Ora, comas, vultus. Erat his incuria cultus ;
Horum majestas, contemptus, squalor, egestas.

---

[73] Ebr., *obrepsit.*   [74] Ebr., *victuque.*

1276 Femina munda satis lacrymis pietate vo-
[catis
Abluitur gratis, quia par prope glorificatis.
Ipse sepulturæ studet, huic vacat, hæc sibi curæ;
Sed quid agat nescit, tellus perdura rigescit ;
Multa senem frangunt, labor et calor et sitis an-
[gunt ;
Cedit vis annis, sinuosis brachia pannis,
Præ manibus nullus ligo, sed nec sarculus ullus.
Dum dolet atque gemit, nova res suspiria demit :
Lumina siccantur, quia spe meliora parantur.
Nam leo lugenti similis funusque colenti
Obsequium spondens, iramque feramque recon-
[dens,
Vertice submisso venit, fastuque remisso
Adjecit sanctas humilis collambere plantas.
Miratus talem tam devotumque sodalem,
Attribuit meritis mulieris ; quod fera mitis,
Quod leo sit lenis, quod nomen inhæsit arenis,
Quod super illuxit, et eum lux prævia duxit ;
Quod desolatam custode, quod intumulatam
Non infestavit fera, non volucris laceravit,
Non solvit magnus fervor, non integer annus;
Jam depingebat quæ gloria membra manebat
Sub calidis ventis incorruptela jacentis.
Tot simul et tantis expertus dona Tonantis

A Cuncta recordatur, relegit quod ubique .oquatur
Alloquio tali tradens mandata sodali :
Mi comes, urgemur, et eam sepelire monemur
Quam nescit mundus, cui major in orbe secun-
[dus
Quod si venisti missus sub nomine Christi,
Si famulaturus, tumulum fode, post rediturus.
Exue terrorem, solitum dedisce furorem;
Ad laudem Christi cedet quod feceris isti.
His nondum dictis, feritate minisque . relictis,
Lenius incedit, et ei leo promptus obedit,
Ignarusque moræ momento labilis horæ
Implet mandatum, peragens opus acceleratum.
Interea monachus sacros ad sternitur artus :
Vestis eum nulla, nisi trita vetusque cuculla
B Quæ vix hærebat sibi jam contusa tegebat.
His indumentis involvit membra jacentis,
Scilicet ingentem thesaurum, jamque gerentem
Quiddam splendoris, quiddam solemnis odoris,
Quiddam præclarum de nectare cœlicolarum
Femina sanctorum mercede beata laborum,
Ad tumulum vehitur, famulante fera sepelitur.
Inde senex repedat, jubet ut leo verna recedat.
Visa domi recitat, delictis parcere vitat :
Increpat, hortatur, spondet bona, dura minatur.
Sic ubi complevit viginti lustra quievit.

1276* VEN. HILDEBERTI

CENOMANENSIS EPISCOPI

LAMENTATIO PECCATRICIS ANIMÆ.

(E cod. Turon. biblioth. n. 656 nov. et 222 antiq., primum edit. a J.-J. Bourassé canonico Turon.)

Cum dies mortis venerit,
Cum mors urgere cœperit,
Tunc mihi risus deerit,
Tunc sero luctus aderit;
Unde nunc miser rideo,
Unde sic modo gaudeo,
Quare non semper lugeo
Cur peccata non defleo?
Quid boni Christo deferam
Quid me fecisse referam ?
Vitam contempsi supernam
Amavi vero miseram.
Sprevi divina monita,
Egi semper illicita,
Mens malis sponte subdita,
Est facta, heu! perdita.
Nunquam me caste colui,
Sed fœde nimis pollui,
Virgo putari volui,
Pudicus esse nolui.
Jejunam dici cupio,
Sed ventrem nimis farcio,
Cibo potuque nimio
Carnem plus æquo nutrio.
Ira me vultum sic impulit
Trophæum sæpe retulit,

Horrendo telo perculit,
Mentemque mihi abstulit.
Quid dicam de tristitia?
Quid querar de invidia,
Quæ, cum matre superbia
Bona prosternit omnia?
Per tanta namque noxia
Cum sim prolapsus vitia,
Quæ præstolabor præmia
Nisi magna supplicia?
Quamvis enim hæc faciam
Licet peccatis serviam,
Hanc tamen vitam finiam,
Ad mortis diem veniam.
Postquam nil quibo facere
Quo pœnas possim fugere,
Sed consumar in cinere,
Dissolvarque in pulvere.
Amara dies veniet
Qua justus judex veniet,
Per quem omnis recipiet
Juxta quod modo faciet.
Tuba clangens ab æthere
Omnes jubebit surgere,
Ad tribunal occurrere,
Jacta, dictaque promere.

Hanc tubam omnes audient,
De sepulcris mox prodient,
Quid gesserunt prospicient,
Omnes actus aperient.
Tunc ille Rex altissimus,
Qui nunc exstat piissimus,
Judex erit justissimus,
Vultuque serenissimus.
Hunc tempestas præveniet,
Ignisque magnus præiet
Qui totum mundum finiet,
Aqua restingui nesciet.
Illic cœtus angelici,
Chorique archangelici,
Astabunt summo Judici
Malorum duro vindici.
Ibi prophetæ aderunt,
Nec patriarchæ deerunt,
Et judicandis præerunt
Qui nunc mundana deserunt.
Throni ponuntur omnibus
Pretiosis martyribus,
Christique confessoribus,
Necnon sanctis virginibus.
Tunc tribus surgent, populi
Senex, infantes, parvuli

Exponent coram singuli
Quid gesserint piaculi.
Nullus abscondi poterit,
Sed omnis homo aderit,
Quicunque natus fuerit,
Vel in ventre obierit.
Quid tunc dices, homuncio,
In quo fides refugio,
Nullus erit auxilio,
Nemo certe præsidio.
Parce, parce nunc risibus',
Crebris insiste fletibus
Indulge pravis actibus,
Stude bonis operibus.
Quidquid enim hic feceris,
Quæcunque cogitaveris,
Quod erubescens operis
Tunc palam erit ceteris.
Tunc tua gesta noxia,
Secreta quoque turpia
Videbunt circumstantia
Virorum mille millia.
Si quis te nunc exueret,
Atque nudum prospiceret,
Quamvis fœdum nil cerneret
Multum tamen confunderet.
Quæ tunc erit confusio,
Quæ putas desolatio,
Cum de tuo opprobrio
Omnis ridebit natio?
Tua namque luxuria,
Urens quoque invidia,
Et damnosa superbia,
Tunc erunt in notitia.
Tunc clare scire poteris
Quam fœde modo vixeris,
Quanta nunc mala feceris
In quantis te pollueris.
Cernes chorum monasticum
Inter chorum angelicum,
Nimis esse glorificum,
Et de phalange judicum.
Cernes te procul abjici,
Inter damnatos projici,
Nil tibi regni dejici,
Nil honoris monastici.
Illos clare splendescere,
Te videbis sordescere,
Illos lætos concinere,
Te vero tristem gemere.
Erunt illi in gloria,
Tu in jugi miseria;
Illis dabuntur gaudia,
Tibi tormenta gravia.
Finietur judicium,
Et corpus quisque proprium
Secum feret ad bravium,
Aut ad juge supplicium.
Si tunc damnatus fueris,
Si, quod absit! perieris,
Flebis quod natus fueris,
Quod una hora vixeris.
Tunc sera pœnitentia,
Et lamenta inania,
Crebra quoque suspiria,
Tandem sternent præcordia.
Cibus erit dæmonibus,
Fomentumque draconibus;
Roderis a serpentibus,
Consumeris a vermibus.
Hinc flammam cernes furere
Illinc aquam gelescere;
Hinc si velis effugere,
Illic cogeris ruere.
Tortores nimis efferos
Habebis apud inferos;
Tuncque cernes mortiferos

Quos nunc credis melligeros.
Tormenta sæva senties,
Citoque mori cupies,
Nec tamen vitam finies,
Nec quod quæres efficies.
Illinc tela creberrima,
Hinc nox premet densissima;
Illic flamma nigerrima,
Istic aqua fœdissima.
Tunc caninis latratibus,
Leoninis rugitibus,
Et taurinis mugitibus
Occideris terroribus.
'lle ut morsu premere,
Iste pede suffodere,
Ilic cornu quæret sternere
Omnis studebit perdere.
Tunc uncis, clavis Zabuli
Fronte pellentur oculi
Qui per diversa seculi
Vagantur modo patuli.
Inde manus abscidere,
Crura quærent divellere
Cunctaque membra tollere,
Quæ nunc movent delinquere.
Fetor intolerabilis,
Luctusque indicibilis,
Planctus illic horribilis
Sed nulli prorsus utilis.
Sol ibi nunquam micuit,
Lux illic nunquam splenduit,
Luna lucem non præbuit,
Nec nox amara defuit.
Nulla sunt ibi gaudia,
Sed æterna tristitia,
Nulla prorsus solatia,
Sed tormenta crudelia.
Fletus et stridor dentium
Illic habent dominium;
Heu! heu! vox omnium
Est ibi pereuntium.
Væ! væ! Cur nati fuimus?
Cur una hora viximus?
Cur clerum non timuimus?
Cur peccare dileximus?
Heu! heu! vos vitia,
Quæ tam fuistis dulcia,
Quam modo nobis gravia,
Quam nunc estis crudelia!
Væ! cur vobis credidimus?
Cur vos non evitavimus?
Cur vobis satisfecimus?
Cur vos sequi voluimus?
Quid nunc nobis superbia,
Quidve prodest jactantia?
Jam transierunt omnia
Quæ tunc erant suavia.
Ista clamabunt singuli,
Ista retexent populi,
Dum pœnas ferent Zabuli,
Pro mercede piaculi.
Quid tunc, peccatrix anima,
Quid tunc dices, miserrima
Cum sic fies mœstissima,
Mala videns durissima?
Si tunc posses resurgere,
Hancque vitam resumere,
Multum temet corrigere,
Nec jam velles delinquere;
Tuncque Deo promitteres,
Si quod prodesse crederes,
Quod ultra non committeres
Per quod illum offenderes.
Casso tamen hoc cupies,
Nam nil horum efficies,
Sed quod facis recipies,
Nec tormenta diffugies.

Nec solum infernalia
Te torquebunt supplicia,
Sed et sanctorum gloria,
Paradisique gaudia.
1276 Hæc flebis tibi tradita,
Illa tam procul posita,
Malisque magnis domita
Dolebis bona perdita.
Quis namque possit dicere,
Vel quæ mens comprehendere
Quis sit splendor in æthere,
Quis urbis status superæ?
Urbs ista Sion dicitur,
In hac rex Deus cernitur,
In hac æterne vivitur,
Hæc a sanctis incolitur.
Hanc mors nunquam introiit,
Hac nunquam vita exiit,
Hanc habens nullus obiit,
Hac omnis carens proiit.
Hanc hostis non ingreditur,
Hac civis non egreditur,
Hanc quisquis adipiscitur,
Dei natus efficitur.
Hæc est cœlestis civitas,
In qua perennis claritas,
Perpes exstat felicitas,
Æternaque jocunditas.
Ibi nunquam esuries,
Non frigus neque glacies
Nulla molesta facies,
Vel quævis intemperies.
Ibi nulla tristitia,
Nulla prorsus invidia,
Sed perennis lætitia,
Et perpes exstat gloria.
Ibi jugis prosperitas,
Jugis manet alacritas,
Certa semper securitas,
Secura perpetuitas.
Ibi nulla sunt odia,
Nulla lis aut discordia,
Par sola regit omnia,
Cuncta nectit concordia.
Omne quod nocet pellitur,
Quod prodest intromittitur;
Adversis porta clauditur,
Jocundis locus traditur.
Lux est ibi perpetua,
Diesque non occidua.
Semper patens est janua,
Semper itur ad pascua.
Ibi prata virentia,
Rosas gignunt et lilia,
Quibus sanctorum millia
Grata deducunt otia.
Agnus præcedit fulgidus,
Post chorus vadit nitidus,
Ager additur floridus,
Jamque sub agro lucidus
Ex hoc fonte qui biberit
Nunquam sitire poterit;
Qui hunc agrum possederit
Nil illi boni deerit.
Hinc solis currus petitur,
Ejus forma prospicitur,
Lunæ cursus ostenditur,
Astrorum sedes panditur.
Talis ludus cum gaudio
In cœli fit palatio;
Tali divina legio
Refrigeratur studio.
Agnum semper subsequitur,
Ejusque laude pascitur,
Ejusque visu reficitur,
Ejus amore fruitur.
Sed, o tu mens brevissima,

Quid bona refers· maxima,
Cum non nisi brevissima,
Non dicas nisi ultima?
Parum est quidquid dixeris,
Breve quod cogitaveris,
Vile quidquid descripseris,
Nihil quidquid retuleris.
O felix urbs et inclyta,
Cœlesti luce prædita,
Gemmis et auro condita,
Solique Deo subdita !
Tu diversis lapidibus,
Sanctis fulges spiritibus,
Et electis hominibus
Qui bonis student actibus.
In te chorus angelicus
Qui tuus est hymnidicus,
In te grex apostolicus
Tuus exstans veridicus.
Tu rubescis martyribus,
Florescis confessoribus,
Albescisque virginibus,
Splendescis simul omnibus.
In te nullum negotium
Quod vertatur in tædium
Hoc est totum officium
Laudare Regem omnium.
Hoc solum cunctos satiat,
Hoc simul eos debriat;
Quantoque magis satiat,
Plus ardent ut proficiat.
Semper Deum conspiciant,
Semper laudare sitiunt,
Sitiendo proficiunt,
Saturati esuriunt.
Quantum quisque de propria
Tantum de fratris gloria,
Nulla motus invidia
Mira fervet lætitia.
O Sion ! sancta civitas,
In qua sic ardet charitas

Quanta tua felicitas,
Quanta in te tranquillitas !
O ! quid jam illi deerit
Qui te adeptus fuerit ?
Quod nolet illi deerit,
Quod vero volet aderit.
O ! si ad te non venero,
Si te, mater, non videro,
Si exsul tui fuero,
Væ ! væ ! tunc mihi misero !
Si mihi portam clauseris,
Si me pulsantem spreveris,
Heu ! profundo carceris
Mox demergar cum miseris.
Tunc mihi dolor ultimus,
Tunc planctus erit maximus
Nam carcer est teterrimus,
Et tortor crudelissimus.
Nulla spes erit exitus
Nulla regni introitus,
Nullus pœnarum obitus,
Nullus finis interitus.
Sed tu, rex indulgentiæ,
Tolle manum justitiæ,
Da tempus pœnitentiæ,
Spem mihi confer veniæ.
Multum peccavi, fateor,
Multum ne damner vereor ;
Sed tamen hac spe recreor
Quod te pium intueor.
Tu, pro salute hominis,
Alvum intrasti Virginis
Ut nostri prædam germinis
Sævis anferres dominis.
Tu, propter nos, ludibria,
Tu, sputorum opprobria,
Crucis quoque supplicia
Mira tulisti gratia ;
Nec mori dilfers, Domine,
Pro servili levamine,
Mortisque fracto limine,

Nos salvas tuo sanguine.
Illa, Rex Christe, passio
Fiat mihi redemptio,
Peccatorum remissio,
Paradisi regressio.
Nil enim mihi proderit
Quod mundum liberaverit,
Nisi et me salvaverit,
Vitamque mihi dederit.
Audi ergo, piissime,
Audi, Rex clementissime,
Audi preces miserrimæ
Peccatricisque animæ.
Noli, quæso, me spernere,
Noli vultum avertere,
Nec recuses suscipere
Ad te volentem fugere.
De commissis da veniam
De futuris custodiam
Ut et pœnas effugiam,
Et ad regnum perveniam.
Quod si supernis domibus
Indignus sum et sedibus
Da saltem ut in foribus
Quiescam cum minoribus.
Da locum saltem minimum,
Da vel gradum novissimum ;
Nam me credam ditissimum
Si me cernam vel minimum.
Hoc det Pater ingenitus,
Ejusque unigenitus,
Sacer quoque Paracletus
Qui factor est non conditus,
Ut sim cum sanctis omnibus,
Et cum sacris virginibus,
In paradisi sedibus,
Vel cum sanctorum pedibus.
Quisquis hanc schedam legeris
Quisquis hoc carmen videris,
Mei quoque memineris
Cum *Pater noster* dixeris.

Explicit lamentatio peccatricis animæ.

HISTORIA HILDEBERTI

CENOMANENSIS EPISCOPI

DE MAHUMETE.

(Ita ms. codex ann. circiter 500, olim Elnonensis, sive S. Amandi in Pabula, nunc ,Regius, n. 274, qui solus inter mss. quos vidimus hanc habet Historiam.)

—

BREVE MONITUM.

1277-1278 *Historia, seu narratio mere poetica ad exercitationem quasi academicam conficta potius quam exacta facti relatio qualis esse debet historia. Præterquam quod enim in anachronismum insignem lapsus est auctor, dum insinuat Mahumetis sectam, et insignis hypocritæ, Sergii scilicet apostatæ, ut putamus, ab Ecclesia defectionem, circa Theodosii et sancti Ambrosii tempora refert accidisse. Quod narrat hic de vitulo in cavea secrete enutrito, deinde tauro facto ac furibundo, a Mahumete, quo rex fieret, acicurato, cum de hoc nihil omnino reperiatur apud auctores qui de rebus Mahumeticis egerunt, totum hoc nil nisi fabulam sapit, quam Hildebertus forte tunc juvenis, et litteris adhuc humanioribus vacans potius quam seriis, necdum adhuc historia valde peritus, exercitationis gratia in odium Mahumeticæ sectæ excogitavit et composuit. Hinc parum abfuit quin hanc historiam seu fabulam omiserimus, nisi in optimæ notæ manuscripto Elnonensi, ex quo alioquin multa seria et lectu dignissima eruimus, tam expresse præstulisset nomen Hildeberti, cujus cum opera* *omnia, quantacunque detegere potuerimus, vulgare nostri fuerit instituti, ne minimam quidem eorum partem retinere licitum nobis non sumus arbitrati.*

Heu! quot sunt stulti miseranda fraude sepulti,
  Contemptaque Dei cognitione rei !
Qui Christum spernunt, cujus miracula cernunt,
  Quem Dominum solum contremit omne solum.
Unde magis gentes se damnant insipientes,
  Quæ Christum rident, dum sua regna vident.
Nam qui viderunt hunc passum, nec potuerunt
  Credere, stultitia sic redimunt vitia. ·
Sed ne delinquam, quoniam modo taliter inquam,
  Neve tuendo reos sim reus inter eos,
Christum sprevisse crimen conteado fuisse,
  Sed qui desipuit, sic veniale fuit :
At scelus immane fit non tibi credere, Christe ;
  Utque loquar tuto, non veniale puto.
Nam facinus tale, tam durum, tam capitale,
  Quis dignum venia crederet esse pia?
Hos autem dignos æterna morte malignos,
  Judice me capiet, atque vorax rapiet
Infimus infernus, nec qui satiatur Avernus ;
  Vixque potest scribi quid patiuntur ibi.
Ignis eos torret, ad quem mihi jam cutis horret ;
  Res equidem sonitu, res gravis admonitu.
Illos infestant miseros vicibusque molestant
  Igneus inde vigor, frigoris inde rigor.
Nam sic damnantur, ut frigora nunc patiantur,
  Alternaque vice sulphura mista pice.
Vermis eos rodit, quos omnipotens Deus odit,
  Pœnaque fit pravis multiplicata gravis.
Ignis ibi spissus, quem tetra revolvit abyssus :
  Nunquam grata dies est ibi, nulla quies.
Ultima quid servo? res huic accedit acervo
  Cunctis præfatis plus miseranda satis ;
Semper lugere, cruciatus sine carere :
  Hoc vere gravius et miserabilius.
Quæ cum narrare nullus queat et numerare,
  Cur ego dinumero, cum careant numero ?
Sed male secura gens flebiliter peritura,
  Perfidia tabens, nil rationis habens,
Si posset scire sic se debere perire,
  Hoc puto desereret, et sibi consuleret
Linqueret errorem, te, Christe, sequens meliorem,
  Consuleretque sibi vota ferendo tibi.
Sed sunt pagani, qui spe luduntur inani,
  Qui quæcunque volunt pro deitate colunt.
Nec gens errore subducitur [*f. seducitur*] illa minore,
  De qua proposui scribere, ceu potui.
Ipsa Jovis mundum fratris negat esse profundum,
  Plutoni Stygium detrahit imperium,
Et reputat vanam rem cum Junone Dianam,

A   Nec facit eximium Palladis ingenium.
  Martem cum Venere dicit deitate carere,
    Et negat esse deum cum Protheo Nereum.
Quidquid et antiquæ fuit olim fraudis ubique,
  Horum sub titulis viluit his populis.
Hæc exsecrantur, et eos hæc qui venerantur ;
  Hos quoque confutant, et miseros reputant.
Vivere dicentes sicut fenum comedentes,
  Æque Judæos Christicolasque reos.
Se dicunt sapere, sed nos ratione carere
  Et nos sicut eos dicimus esse reos.
Sic insensatos nos illi, seque beatos,
  Dicentes vere se Dominum colere,
Qui Deus in cœlo justo regit omnia telo [*f.* zelo] ;
  Sed gens revera non colit hunc misera.
B   Hic si quæratur quis sit quem sic veneratur,
1279 Nomen habet Mahumet ; hoc duce fisa tumet.
Illi cunctorum cessit cultura deorum,
  Qui tenet ut proprium perfidiæ solium.
Expulit errores error novus iste priores,
  Et Mahumet soli sunt data regna doli [*f.* poli].
At tu summorum speculum, Gotebalde (84), virorum,
  Quod fuerit quæris principium sceleris,
Primaque tantorum fuerit quæ causa malorum,
  Præcipis expediam ; præcipis, et faciam.
Quo si dignatur Deus ut cœptum peragatur,
  Dum tua jussa sequor, sic lege nostra precor.

CANTUS PRIMUS.

Plus nocet, ut nostis, ad cuncta domesticus hostis,
C   Et res ipsa docet qualiter ille nocet.
Nam male devotus quidam baptismate lotus,
  Plenus perfidia vixit in Ecclesia.
Per magicas fraudes quærens hominum sibi laudes,
  Ut sua per studia corruat Ecclesia ;
Quod dum celabat et caute dissimulabat,
  Ceu lupus ecclesiis sedit in insidiis.
(85) Dulci sermone, ficta quoque relligione
  Blanditur populo sub fidei titulo.
Falsus ad hoc testis accesserat horrida pestis,
  Fota cibis raro, marcida pane caro ;
Qui procul a ludo fugiens, ibat pede nudo,
  Submisso rite cuncta loquens capite.
Quando pergebat coram, sua labra movebat.
  Ut sanctum teneat quisquis illum videat.
D Sed suspirando si tolleret hic aliquando
  Demissos oculos, concitet ut populos,
Tunc exaltabat palmas vocemque levabat,
  Non pro se mœrens, sed populi miserens.
Nam de se tutus, nil est nisi pauca locutus,

---

(84) Godebaldus ille quis fuerit non liquet.

(85) Hæc hypocritæ et vaferrimi hominis descriptio non improbabiliter cadere posset in Sergium, non quidem illum patriarcham Constantinopolitanum, hujus nominis I, qui ipse Monothelita, Heraclium imperatorem Monothelitam, et Monothelitarum protectorem effecerat (ut quidam erronee sunt opinati), sed alium Sergium Armenum pseudomonachum, et sui ordinis apostatam, qui Arianorum et Nestorianorum erroribus infectus, impio Mahumeti suam tunc sectam instituere meditanti, tam tenaciter adhæserat, ut illo æquissimus ille pseudopropheta ad Alcoranum suum concinnandum usus fuerit.

Tantum pro populo corde rogans tremulo;
Illius unde fidem plebs admirans sacra pridem,
  In Jerosolymis est prope capta dolis.
Nam cum transisset Pater illius Urbis, et isset
  In cœlum subito corpore disposito,
Tunc exaltari magus hic et pontificari
  Affectans avide; se tamen hæc pavide
Dixit facturum, nisi sciret non nociturum
  Si præsul fiat, cum Deus hoc cupiat.
Nil equidem gravius quam sarcina nominis hujus;
  Ad quod pondus, ait, me Deus ipse trahit.
Sed Deus inspector cordis, justus quoque rector
  Ut pius atque scius consulit in melius.
Nam quod præfatus cupiebat homo sceleratus
  Christo displicuit, nec fieri potuit.
Tunc rex invictus (86) Theodosius et benedictus,
  Hostis perfidiæ, filius Ecclesiæ,
Summus erat regum, sub quo sacra sanctio legum
  Prædicante pio floruit Ambrosio.
Hic cum præscisset quod præsul tantus obisset,
  Festinans abiit qua Pater hic obiit.
Et tandem multo cum luctu Patre sepulto,
  Christum supplicibus consuluit precibus,
Ut sibi monstraret quem digne pontificaret;
1280 Cui sic insonuit vox et eum monuit :
Ne credas turbæ, latet hostis ut anguis in urbe.
  Vox ut conticuit, rex tacitus stupuit.
Quid sit miratur, tamen admirans veneratur,
  Et replicat monitus taliter attonitus.
Sed cito plebs solvit quæ rex dubitata revolvit :
  Simplex delirum nam rapit ipsa virum,
Et velut invitum secum pertraxit iniquum
  Ante fores regis; simplicis ergo gregis
Dum male consultus fremit hic sine lege tumultus,
  Rex quærit strepitus quid velit insolitus.
Cui quidam fatur : Plebs te prodire precatur.
  Rex, sicut petitur, protinus egreditur.
Quem magus egressum cernens stupet, et cito
                         [gressum
Flexit, nam vere tunc voluit fugere.
Nec quid vidisset scio, propter quod timuisset.
  Hoc patet, invitus cum fuit intuitus.
Nam nota palloris dat in ipso signa timoris :
  Unde libens fugeret, si populus sineret.
Cui sic dicebat luctanti quem retinebat :
  Quamvis lucteris, tu Pater urbis eris.
Utque retraxerunt, hunc pontificem petierunt.
  Laudantes equidem verba, virique fidem.
Pro quo de more dum perstrepit aula favore,
  Infremuit subitus et favor insolitus.
Nam non humanis ululatibus, imo profanis
  Ut plebs conticuit, ipsa domus fremuit.
Huc quia venerunt toto quæcunque fuerunt
  Mundo dæmonia, turba magi socia.
Audiit ut tantum plebs murmur vociferantum,
  Sternitur atque tacet, dum stupefacta jacet.

A Quam rex signavit, signoque crucis revocavit,
  Atque rogat Dominum, reddat ut his animum.
Aulam mundavit, populumque Deo reparavit;
  Et male præsagum talibus inde magum
Vocibus affatur : Quid nunc tua fraus operatur,
  Insidiosa lues ? Hæc tua facta lues.
Nam qui damnosum sibi te scit et insidiosum,
  Dum te discutiet, tunc male percutiet.
Utque Deus verus tibi sit magis ipse severus,
  Nunc ego parco tibi; sed patieris ibi
Perpetuo digne quando cruciaberis igne
  Quo veniam cupies, nec tamen invenies.
I procul, immitis, digniss'ma victima ditis;
  Eminus hinc fugias. Quod nisi jam facias,
Quæ sit nostrorum sententia judiciorum
B Tunc volo comperias; ergo cito fugias.
Inde suis fatur : Jubeo procul hic rapiatur.
  Mox igitur rapitur, atque foras trahitur.
Sic dolus antiquus, sic pestis et hostis iniquus
  Fallere non potuit, fallere quos voluit.
Qui tamen abstractus, et longius ire coactus
  Hanc ignominiam dixit in Ecclesiam.
Ipse reportabo, neque sic, sed centuplicabo
  Vestra sit Ecclesia nunc licet eximia,
Sentiet ipsa ruinas [f. minas] nostras, patiendo
                           [ruinas,
  Cum sua posteritas victa mihi meritas
Exsolvet pœnas, et uti desidero plenas.
  In quo præsagus, heu! fuit ille magus.
C Si quæris testem, paganam respice pestem
  Cujus nequitiæ signa manent hodie.
1281 Nam gens exosa Christum, gens perniciosa,
  Gens Mahumet parens, et ratione carens
Certat adhuc stultum defendere sedula cultum
  Cur perit illa, scio, perpete supplicio.
Causa mali talis magus iste fuit specialis,
  Quem pro perfidia depulit Ecclesia.
Qui pulsus dira flagrans exæstuat ira,
  Et rapida vadens perditione madens.
In Libyam cursus detorquet ut impius ursus.
  Et tunc in Libya floruit Ecclesia,
Africa florebat, et Christo vota ferebat;
  Sed bene quem coluit, heu! cito deseruit.
Nam modo prædicta veniens magus urbe relicta,
D Hanc quoque rite piam sævit in Ecclesiam.
Hic etenim sancte se vivere finxit ut ante,
  Quod bene dum simulat arte malum cumulat.
Nam meditans cædes animarum, consulis ædes
  Hostis ut hospes init; consul eum recipit.
Hospite gaudebat, quia reverenter habebat
  Omnes Christicolas, utpote cœlicolas.
Inde magum fovit, cujus jejunia novit,
  Et vidit ritus, atque sacros habitus;
Nam vivebat ita sceleratus simplice vita,
  Simplex apparens, et quasi felle carens,
Quod flos illarum dictus fuit ecclesiarum.

(86) Manifestus hic anachronismus, et huic poemati nonnullam suspicionis notam aspergens, cum
Theodosius et S. Ambrosius circa an. 392 clarue-
rint, Mahumetes autem non nisi circa an. 620 suas
ineptias adinvenire cœperit.

Nullus enim poterat scire magus quod erat :
Quare præfatus dives magis hunc veneratus,
   Dilexit, timuit, utque pium tenuit.

CANTUS II.

Cui bene credebat hic servum dives habebat,
   Nomine Mamutium [Mamutius]. cujus id'officium
Res dispensare domini; super hæc vigilare ;
   Hæc fuit officii curaque Mamutii,
Qui procuravit, et super cætera cavit
   Ut sic præfato serviat ipse mago :
Quod sibi cuncta daret quæ vellet, nulla negaret,
   Et quæ præciperet omnia mox faceret.
Hunc magis amplectens, et amicitia sibi nectens
   Multis blanditiis atque veneficiis,
Alligat ut captum, quia Mamutium videt aptum
   Materiam fieri proposito sceleri.
Hæc igitur verba jactabat voce proterva :
   Fidenter quære quæ placet eligere.
Elige, lecta dabo, quæsitaque multiplicabo;
   Et quidquid quæres, me tribuente feres.
Ut magus hæc pactus fuit, ille stetit stupefactus,
   Quærens quid cupiat, quid sibi conveniat ;
Et tandem dixit : Pater, ad tua verba revixit
   Mens mea, quod quæro si fieri potero ;
Nil aliud certe rogo contingat mihi per te,
   Quam liber fieri præsidio celeri.
Ad quæ prædictus respondit homo maledictus :
   Compos quod quæris muneris hujus eris ;
Sed male me noscis, quia talia munera poscis :
   An mihi difficile quod minimis facile?
Esset enim pronum tibi quemlibet hoc dare donum ;
   Sed tibi me vere plura libet facere.
Nam cum persona decet ut sint consona dona,
   Parva decent humiles, magna mihi similes
Consul eris per me : dixi tibi cætera ferme
   Quæ dare proposui, sed melius tacui.
Et tunc hoc veniet, sed quod dixi tibi fiet.
   Contra Mamutius intulit hæc citius :
Si tibi servus ero, non'altera munera quæro ;
   Nam bene liber ero, si tibi serviero.
At magus ut novit, sua mox præstigia movit,
   Et sic immeritum Mamutii dominum
Morbo percussit, tantisque doloribus ussit,
   Quod sibi mors levior, vita foret gravior
1282 Cumque moraretur, nec tam cito moreretur,
   Quod non prompta fuit mors, magis induluit.
Et secum fatur : Nisi protinus hic moriatur,
   Tunc ego non valeo; sed quid agam teneo.
Hoc tacite dicto, replicat mox sicut e ricto
   Sub recti specie murmura nequitiæ.
Et surgens nocte, subtraxit lumina docte,
   Ut faciant tenebræ tale nefas celebre,
Et quasi defunctos somno ligat ordine cunctos.
   Quo facto proprius criminis it socius ;
Et sic exertis humero tenus ipse lacertis,
   Infirmum manibus conterit et pedibus.
Hujus et absque mora cum naribus obstruit ora,
   Cui sic spiramen abstulit; ipse tamen
Guttur ei fregit, mortemque subire coegit,

A   Reddens pro donis talia dona bonis.
Ergo redit gaudens, et dicit, in hoc sibi plaudens
   Nunc facto scelere me puto proficere.
At postquam luxit Phœbus, mundoque reduxit
   Luminis officium, consulis exitium
Servis detegitur; quod ubi multis aperitur,
   Fugit ab ore color, insuetusque dolor
Omnes confundit : flens hic sua pectora tundit;
   Hic crines lacerat; quemque dolor macerat.
Hic gemit, hic plangit, omnes unus dolor angit.
   Tunc quoque patroni mors miseranda boni
Non solum flentes movit quoscunque clientes,
   Flebant assidue, sed simul et viduæ ;
Et luctu plenum super omnia vulgus egenum,
   Mœrebantque pie quælibet Ecclesiæ.
B Omnis sanctorum cum clero grex monachorum,
   Princeps, plebs humilis tunc fuit in lacrymis.
His quoque præfatus accessit homo sceleratus,
   Qui lacrymando madens, inque dolendo cadens,
Exemplum flendi factus fuit atque dolendi :
   Quare nullus eum credidit esse reum.
Sed vir honoratus postquam fuerat tumulatus,
   Et dolor ut sedit, mens sua cuique redit.
Tunc magus incœptis magis insistebat ineptis,
   Taliter afficiens arteque decipiens
Consulis uxorem, quod vix pateretur amorem,
   Si servum proprium nomine Mamutium,
Quamvis invitum festinet habere maritum :
   De quo præsagum consulit illa magum,
Qui quasi prudenter magus intulit ista verenter :
C   Illud si faceres, tu tibi consuleres ;
Sed bene cœpisti si feceris ut voluisti
   Hoc, auctore Deo, consilioque meo.
Illa redit gaudens, quamvis istud scelus audens,
   Dummodo Mamutium possit habere virum ;
Impatiensque moræ, mox libertatis honore
   Donat Mamutium ; detrahit officium
Illi servile, pro quo sibi reddit herile,
   Atque suum famulum constituit dominum.
Nempe maritali tæda, rituque jugali
   Huic se supposuit, heu ! quia depuduit :
Quod quamvis dicam, fateor tamen esse pudicam,
   Hanc et matronam rite fuisse bonam.
Sed dolus antiquus magus hanc decepit iniquus,
   Cui nec erat dirum mortificasse virum.

CANTUS III.

Sic ubi primatus jam fulsit honore beatus
   Consul Mamutius, dives et eximius,
Ad se damnatum vocat ille suum sceleratum,
   Quem sic alloquitur : Ecce tuus fruitur
Mamutius per te promissis rebus aperte,
   Consul dicor ego, me tamen esse nego.
Jam Domini more nostro fungeris honore,
   Noster honor tuus est, quippe tuus meus est :
1283 Tu prædicabis, Pater, et facienda notabis,
   Præceptoque tuo pareo continuo.
Per me majorem, magus inquit, habebis honorem,
   Si tibi quæ jubeo feceris ut moneo.
Haud ablactatum, sed nunc de matre creatum

Sume tibi vitulum ; res lateat populum.
Sumptum claudemus et nutriri faciemus,
  Ut nulli pateat quo vitulus lateat.
Res tamen ut vere possit sine teste latere,
  Est opus arte mea ; fiet enim fovea
Omnibus ignota, sic et de luce remota,
  Ut quid ibi fiat sol neque luna sciat.
Illic ponatur vitulus ; sed ne videatur,
  Solus ibi lateat, nil nisi nos videat.
Neve repentina se prodat vox vitulina,
  Ne possit prodi, debet in ima fodi ;
Curaque sit prima, quo sic fodiatur in ima,
  Aures ne vituli vox feriat populi.
Nos duo pascemus illum, solique sciemus ;
  Nil res proficiet si vaga turba sciet.
Ast oculus quintus vitulum si viderit intus,
  Quintum post oculum scire putes populum.
Ergo fac celes, et nulli dicta reveles ;
  Debes ipse tui calliditate frui.
Mamutius stabat, et respondere parabat,
  Sed magus hunc cohibet, atque loqui prohibet.
Non est dicendum nunc, inquit, sed faciendum ·
  Quare Mamutius se rapit hinc citius :
Et jam nil fatur, solum facit et meditatur
  Compleat ut rite singula sollicite
Quæ magus aptari præceperat atque parari.
  Quæsivit vitulum, res latuit populum.
Fodit speluncam qualis puto non fuit unquam,
  Cæcam, terribilem, dæmoniis habilem,
Quæ fuit infernis vicina, remota supernis,
  Et stygio ritu terra timenda situ.
Carcere damnatus tali vitulus modo natus
  Clauditur, et crebris pascitur in tenebris.
Paverunt usque magus illum Mamutiusque ;
  His solum patuit, res alios latuit.
Soli paverunt vitulum, solique scierunt
  Quin jam taurus erat qui vitulus fuerat.
Quem si spectares, vitulum vix esse putares ;
  Dixisses potius : Dæmonis est socius ;
Nam non taurina fuit illi, sed peregrina
  Monstri forma novi, nec similanda bovi.
Cornibus horrendus, plus rhinocerote timendus ;
  Ignea lux oculi terror erat populi.
Horruit ipsarum quasi spinis forma genarum ;
  Huic habuit nares bestia nulla pares :
Terribilis flatus, patulus fuit oris hiatus,
  Cujus rictus atri forma fuit barathri ;
Vertex cristatus, et equino more comatus,
  Colli magnifica, formaque terrifica.
Exstabatque toris pectus sublime decoris,
  Et conformis ibi vix fuit ipse sibi.
Heu ! ponam dorsum vel cætera membra seorsum
  Dorso, pectoribus, cruribus et pedibus,
Silvis exstanti fuit ut puto par elephanti ;
  Et si quis quærat, bestia talis erat.

CANTUS IV.

Interea flenda res accidit atque dolenda :
  Filius Ecclesiæ rex obiit Libyæ,
Qui, dum vivebat, suus orbis pace vigebat ;

A   Non ibi nequitia, sed pia justitia.
  Quid foret impietas nullius noverat ætas ;
  Perfidiæ vitium cavit ut exitium.
Fecerat hoc legis rigor, et mens strenua regis,
  Quo regnante pia floruit Ecclesia.
1284 Ille velut custos defendens undique justos,
  Hostis qua poterat impietatis erat :
Desolatarum spes ille fuit viduarum,
  Amplectens miseros ceu proprios pueros :
Illis solamen, fuit illis ille levamen,
  Esse sui similes quosque putans humiles.
Sic bonus ille bonis, et amator relligionis,
  Luctus in terra fit moriendo pia.
O vere pietas ! vix luctus dat sibi metas ;
  Flet robur juvenum, debilitasque senum :
B Flet pietas matrum, mœret reverentia patrum
  Flentque simul teneri cum patribus pueri.
Africa mœrebat, quasi pro se quisque dolebat
  Omnis Christicola, miles et agricola ;
Par quoque servorum luctus fuit et dominorum.
  Dives inopsque dolet, non dolor esse solet
Talis : nam clerus, monachorum grexque severus,
  Et quisque coluit rite Deum, doluit.
Nam tutela boni fuit hujus vita patroni,
  Quo moriente pia corruit Ecclesia.
Sic lacrymis usque tristes casus utriusque
  Regis et Ecclesiæ flentur ubique piæ.
Ergo nimis multo cum luctu rege sepulto,
  Signant in tumulto scripta sub hoc titulo :
C Tres luctus causæ sunt hoc sub marmore clausæ,
  Rex, decus Ecclesiæ, summus honor patriæ.

CANTUS V.

Ast ubi tantarum torrens abiit lacrymarum,
  Instituit dubia concilium Libya,
Quo disceptatur procerum quis constituatur,
  Quis sit rex Libyæ, digna salus patriæ.
Sic inter proceres regno dum quæritur hæres,
  Mamutio socius sic ait ille suus :
I, precor, et solito properans velocius ito,
  Et pete concilium consiliis dubium.
Cum liceat fari tibi, fac me, quæso, vocari ;
  Nam scio me vere sic tibi proficere.
Sed loquerer plura, nisi forte forent nocitura ;
  Hæc quoque dum moneo, te male detineo.
D Omnia Mamutius mox ad verbum facit hujus ;
  Se rapit inde cito plus properans solito :
Nil exspectabat, fugientis more volabat,
  Donec concilium venerat in medium,
Quo sceleris diri murmur jam cœpit oriri.
  Dum culmen rerum quisque cupit procerum,
Quo mox immitis crevissent jurgia litis,
  Venisset medius ni cito Mamutius.
Nam cum post verba præludia litis acerba,
  Arma viri caperent, castraque perstreperent
Inter dementes populos, et in arma ruentes,
  Exsiliit medius concito Mamutius ;
Et sic sedavit proceres et conciliavit.
  Quos ubi composuit, et populus siluit,
Paulo cunctatus, sic dicitur esse prefatus :

Laudo composita jurgia præterita,
 Quo tamen ex facto me nequaquam modo jacto,
  Sed venisse volo quod loquar absque dolo ;
Gaudeo venisse, sed plus vos composuisse,
 Per quos justitia viget in hac patria,
Per quos vestrorum stat, crescit culmen honorum,
 Per quos eximia pace viget Lybia.
Vos tales vere decet omnes cœpta tenere,
 Et decet eximium quemlibet imperium.
Sed regni munus mos exigit ut ferat unus ;
 Una domus geminos non patitur dominos.
Nam socio regi rex est quod crimina legi,
 Concordem socium non habet imperium.
Sed tamen ut rite sit rex unus sine lite,
 Si cupitis celeri consilio fieri,
1285 Hoc ego monstrabo, post consiliumque pro-
          [babo
 Non ullum melius esse vel utilius.
Nosco virum quemdam, non personam reveren-
          [dam,
 Sed contemptibilem, sed misero similem ;
Et tamen est plenus hic religionis egenus,
 Simplex et sapiens, quæque futura sciens ;
Et puto sermone sapientior est Salomone,
 Namque prophetia sunt sua consilia :
Iste requiratur ut judicet atque loquatur
 Quid recte fiat, quid male conveniat.
Ille perorabat, et dicere plura parabat ;
 Plura loqui cuperet, si populus sineret.
At partes æque sic vociferantur utræque :
 Mammutius taceat, dictaque res placeat.
Tunc male sensatus laudans hæc dicta senatus,
 Quis sit quem mittat, jam minime dubitat ;
Proque viro miræ virtutis protinus ire
 Orant Mammutium ; sed rogat hic socium,
Cui procerum mille datur optio : deligit ille
 Quemdam qui fatuus esset et ingenuus.
Ergo recesserunt, pariterque magum petierunt,
 Quem multum rogitant et prece sollicitant
Ut veniat secum, quo judicet omnibus æquum,
 Conciliumque regat ; sed magus ire negat,
Istud se facere dicens, sed nolle docere,
 Imo quod taceat si quis eum doceat.
Hæc quoque dicebat et multoties repetebat,
 In turba procerum scire nihil miserum ;
Qui tamen oratus, tandem, multumque rogatus,
 Flectitur ut nolens, et velut ire dolens ;
Quodque foret læta mala mens, sibi fraude sueta
 Per tristes habitus dissimulat penitus.
Cumque sibi stratum vidisset equum phaleratum,
 Quid mihi cum phaleris ? dixit homo sceleris.
Quis mihi stravit equum ? nihil illi credite mecum ;
 Sit procul omnis equus, nil mihi tale decus.
Aut ferar his binis pedibus, vel si peregrinis,
 Bis binis asini more ferar Domini.
Ergo legati, juxta verbum scelerati,
 Conantur facere quod jubet, et propere :
Huic asinum quærunt, ipsumque superposuerunt ;
 Quo facto redeunt, et celeres abeunt :

A Sed prædictante sibi nequitia, magus ante
 Taurum de cavea solverat interea,
Concilium quando jussus petiit properando
 | Dictus Mammutius ille suus socius.
Et frontem tauri titulo præcinxerat auri :
 Sic ducens illum lumen ad insolitum,
Ceu moveat bella fera territa luce novella,
 Exsiliens mugit, et velut aura fugit.
Unde mora parva cito proxima transvolat arva,
 Non ulli miserens, singula quæque terens.
Nulli parcebat, homines et rura premebat,
 Æque stravit oves, prævalidosque boves.
Sternebatque sata tumidus, calcans pede prata ;
 Nec quod taurus erat esse memor poterat.

CANTUS VI.

B Ergo damnosus multis et prodigiosus
 Innumerum populum contrahit ad speculum [id
          [est spectaculum.
Cum jam præfatus diro magus homine natus
 Concilium subiit, quo properans abiit.
In medio procerum stabat confusio rerum,
 Hostis justitiæ, formula nequitiæ.
Stans humilis vultu, spectandus paupere cultu,
 Sicut ovis tacuit ; quod populo placuit.
Inde rogabatur ab eis, quod et ipse loquatur,
 Et regem solus deligat ipse dolus.
1286 Cumque videretur dicturus, ubique siletur,
 Ut queat audiri vox scelerata viri.
Ille gemens primo suspiria traxit ab imo
 Pectore, flens subito more sibi solito.
C Attollensque manus, sua volvit in ore profanus
 Murmura sollicite, pauca loquens tacite.
Inde genu flectit, laqueos mens perfida nectit,
 Ut credatur ei sub specie fidei.
Quod plebs miratur simplex et collacrymatur,
 Et sic esse reum nescia laudat eum.
Qui postquam lacrymis maduit, dicturus opimis
 Cætera prosequitur tristis, et hæc loquitur :
Pro vestris rebus ego curo quibusque diebus ;
 Nam mihi vos hodie curaque quotidie.
Pro vobis oro, vobis prodesse laboro ;
 Vester semper ero qualibet ut potero.
Sed quæ nunc istis pro rebus consuluistis
 Personam vilem me misero similem.
D Memet confundo si solus consilium do,
 Si solus dedero juste protervus ero.
Quare de cœlo vobis modo nota revelo,
 Sensus et ista meus non dabit, imo Deus.
Digne regnabit taurum quicunque jugabit,
 Qui juga non tulerit, ferreque nescierit.
Quem Deus eligat, hunc homo diligat et venere-
          [tur ;
 Placat namque Deum quisquis amabit eum.
Cur habeat signum tamen hæc electio dignum,
 Absolvam leviter, si placet et breviter.
Hæc gens æquatur, et tauro consimulatur ;
 Nam genus hoc hominum vix patitur dominum.
Sed rex constanter Lybiam regat atque potenter,
 Qui taurum melius subjugat et levius.

Hic confirmabit et justitiam solidabit ;
  Noxia mutabit, et bona cuncta dabit.
Et quia regnabit, mala quælibet inde fugabit ·
  Florebitque pia pace sub hoc Lybia.

CANTUS VII.

Dixerat, et multus sequitur sua verba tumultus :
  Applaudunt juvenes, nec tacuere senes.
Esse sibi facile putat hoc robur juvenile,
  Sed longum senium cui dedit ingenium,
Dicebat secum : Matura scientia mecum,
  Et virtus juvenum vincitur arte senum.
Cur ego despero? Cur non regnum mihi quæro ?
  Si vetat hoc senium, suadeat ingenium.
Ars compensabit quod vis mihi parva negabit;
  Dum quidquid facio, certa reget ratio.
Sic omnes proceres regnum sperare videres :
  Vi propria juvenes, calliditate senes.
Jam regio tota tanta formidine mota,
  Pars metuens fugitat, magna pavens latitat.
Sed qui fugerunt, ita conventum subierunt,
  Ut sibi concilium conferat auxilium.
Esseque dicebant, pro quo trepidi fugiebant,
  Monstrum terribile, pene bovi simile.
Qui parcit nulli, vix turbæ cederet ulli,
  Quaque fugens rueret, omnia destrueret.
Ad quod conventus pavet omnis, et ipsa juventus
  Monstrum pertimuit, atque pavens tremuit.
Tunc magis hortatur quod ad hoc monstrum venia-
                          [tur,
  Utque magus voluit, obvia turba ruit.
Quæ procul ingentem cernens taurum venientem
  Horruit, eximii spe tamen imperii
Illum qui captat se totum quilibet aptat.
  Cum jam magnificus taurus et horrificus
Stat medius, miro circumdatus undique gyro.
1287 Ast ubi turba stetit, ista magus repetit :
Eia rex esse qui vis, modo sceptra capesse,
  Imperium dotes ecce tenere potes.
Qui jugat hunc taurum, capiat me judice laurum,
  Atque jubente Deo, terra sit hæc sub eo.
Vocibus his plausus datur, et nullus tamen ausus
  Appropriare fuit, quisque sibi timuit.
Sed taurus stabat, in seque fremens dubitabat
  Quid potius faceret, quos prius impeteret.
Nam fore credebat hostes quoscunque videbat;
  Quos circumspiciens cedit in his sitiens,
In se bacchatur, et in orbem sæpe rotatur.
  Stabat enim dubius, quo ruat ipse prius.

CANTUS VIII.

Hic quod dicendum reor minime reticendum.
  Strenuus effrenis prosiliit juvenis.
Hic ait ad taurum : Nisi victus des mihi laurum,
  Nobiliter moriar, laudeque sic potiar.
Te feriente mori magno mihi fiet honori,
  Nec tibi laus feritas, sed mihi strenuitas.
Inde per obliquum vadens ut fallat iniquum,
  Per cornu propere tentat eum rapere.
Et puto cepisset, nisi bellua cauta fuisset;
  Quæ dum capta fuit, obvia turba ruit.

A Atque velut certo gauderet in hoste reperto,
  Huic inhiat soli forma cruenta doli.
Quo viso juvenis velut auræ flamine lenis
  Percussus rubuit, nec tamen extimuit.
Qui quamvis nosset quod non evadere posset,
  Ni citius fugeret, et sibi consuleret,
Intrepidus restat : tantum virtus sibi præstat,
  Ut malit cadere, quam timide fugere.
Armis ergo carens, animi sed robore clarens,
  Quæ natura dedit, lætus ad arma redit.
Bellaque sic captat, ad quæ sua membra coaptat :
  Dextra fuit gladius, læva manus clypeus.
En alter sæva, nuda sine tegmine læva
  Qualia sustinuit, qualia non timuit.
Ense carens stabat, nec inermis adhuc dubitabat.
B   O mira mirum strenuitate virum !
Quem vix laude pari reor unquam posse vocari,
  Cui mors grata fuit vivere dum potuit.
Maluit ergo mori quam succubuisse timori,
  Sed gaudet populo sic fieri speculo [seu specta-
                            [culo.
Tunc fera lethalis tanquam cursum juvat alis
  In juvenem rapitur, quo miser opprimitur,
Et citius dictu lethali concidit ictu.
  Ut taurus vidit quod juvenis cecidit,
Tunc ita sævit in hunc quasi victo diceret : I nunc
  Et me fac scribi succubuisse tibi ;
Sic potiere meo per sæcula longa trophæo.
  Sed juvenis vita despoliatus ita
C Proh dolor! expirat, quem bellua pessima gyrat,
  Sic ludens in eo sicut in hoste [f. ove] leo.
At variæ gentes dicebant ista videntes :
  Venit revera cœlitus ista fera,
Jureque regnabit illam quicunque jugabit.
  Sed juvenem miserum jam penitus lacerum
Taurus ut aspexit per circum cornua flexit,
  Atque suos geminos forte videt dominos ;
Quaque sibi notos videt illos stare remotos,
  Hac abiit propere, sed populus fugere
Cœpit ab hac parte, magica male lusus ab arte,
  Cum mox Mammutius ille magi socius
Nil patiendo metus procedit ab agmine lætus,
  Egreditur solus, fraus, scelus, ipse dolus,
Perfidiæque scelus. Aderat jam taurus anhelus,
D   Et sibi prolatas, sæpe sed ante datas
Ore manus lambit, dominumque frequentius ambit,
1288 Quem sicut voluit Mahumetus tenuit.
Callidus ergo jugum jubet afferri sibi durum,
  Oblatumque fuit, quod bovis imposuit
Victor cervici ; taurus patienter amici
  Tactum sustinuit, quem dominum timuit.
Dum sic Mammutius feritatem mitigat hujus,
  Accedunt trepidi mox proceres stupidi ;
Scriptaque legerunt, propter quæ plus stupuerunt,
  Signis namque novis frons titulata bovis
Auro fulgebat, carmenque novum retinebat :
  Quod, qui viderunt, tale fuisse ferunt :
Hunc Deus elegit, cui me servire coegit.
  Sic ego missus ei sum pietate Dei.

Postquam viderunt proceres quæ scripta fuerunt
  Mammutium rapiunt, et dominum faciunt.
CANTUS IX.
Tunc fragor in castris quasi bellicus intonat astris.
  Bellum civile nil sonuit simile.
Dixisses fractas ipsas cœli cataractas;
  Omnia si ruerent, non aliter fremerent.
Tanta fuit gentis vox indiscreta furentis,
  Cum sibi Mammutium constituunt dominum.
Ille reluctatur, quin obluctando profatur :
  Non æquum facitis, et puto nil sapitis.
Nunquam quæsivi nec regna tenere cupivi :
  Non æquum facitis; cur ita me rapitis ?
Quod si perstatis vos ut mihi vim faciatis,
  Ex desiderio non fruar imperio.
Unde magis raptus sceptris regalibus aptus
  Solus clamatur, sicque corona datur.
Mammutius fit rex postquam sacra deperiit lex
  Ordine nam tali venit origo mali.
Illos igitur fastus illi dederat suus astus,
  Cujus perfidia saucia flet Lybia.
Cum jam regnaret vir iniquus et imperitaret,
  Tunc sic aggreditur hunc magus, et loquitur :
Te benefactorum memorem decet esse meorum,
  Quid sis, quid fueris si memor hujus eris;
Et mihi dona dabis, et me, nisi fallor, amabis,
  Et sicut spero, non tibi vilis ero.
Nunc ergo si vis ut homo faveat tibi quivis,
  Fac quod ego moneo, par eris inde Deo.
Sic tibi summa dabo, sic te super astra levabo :
  Est mihi terrarum regna dedisse parum.
Per me summus eris; per me Deus efficieris,
  Si quæ te moneo feceris ut jubeo.
Lex mutandorum gravis est Evangeliorum,
  Quæ sensu vacuos nos putat et fatuos,
Dum nos mœchari prohibet et luxuriari,
  Et cognatorum destruit ipsa torum.
Multaque præceptis vetat, et confirmat ineptis,
  Quæ tu damnabis dum magis apta dabis.
Nam tu mœchandum statues, venerique vacandum.
  Luxuriet penus, sitque soluta venus.
Sed tua decreta debes hac claudere meta,
  Ut modo sit licitum quidquid erat vetitum.
Sic tibi majorem populi sine lege favorem
  Conciliare potes, si mea verba notes.
Nil magis est oneri quam stricta lege teneri :
  Ergo fac liceant omnia quæ libeant.
Qualiter hoc fieri poterit, ratione doceri
  Arguta poteris, si mihi parueris.
Argue scriptorum vitiose dicta priorum,
  Et male scripta prius corrige nunc melius.
Quæ careant menda sine crimine trade legenda,
  Cætera deride non bene digna fide.
1289 Illi scripturæ debemus credere jure,
  Jureque suscipio quæ caret arbitrio.
Contra, scripturam quæ dat legem nocituram
  Juste despicio; nam nocet arbitrio.
Arbitrium latum sub libertate creatum,
  Si legem statuas, protinus evacuas.

A Sic non omne licet quod libertas mihi dicet,
  Quæ sub lege suum non habet arbitrium.
Ergo decet regem tantum talem dare legem ,
  Ut quidquid libeat, hoc etiam liceat.
Sic sic magnus eris, sic perpete pace frueris,
  Hoc facti titulo jure placens populo.
Cui rex tantorum referens grates monitorum
  Intulit : Eximia sunt tua consilia.
Et tua doctrina nobis penitus peregrina
  Nota tibi soli venit ab arce poli.
Per te divina mundo lucet medicina ;
  Nam loqueris, video, cuncta docente Deo.
Quare prostatus precor ut modo sim tibi gratus,
  Sicut et ante fui, quando minus valui.
Tu me fecisti dominum, tu regna dedisti,
B   Sed nunc amplificas, et dona multiplicas.
Sic mecum stabis, et adhuc, Pater, insinuabis
  Per quod ego facere nil videar temere.
Ergo mihi suade, faciendaque singula trade,
  Et mihi te speculum, te facias oculum.
Semper, uti scisti, feci quidquid voluisti;
  Nunc si præteream quæ jubeas, peream.
Africa parebit his quæ tua lingua docebit,
  Et tibi discipulus totus erit populus.
CANTUS X.
Ad magicos nutus rex quæque nefanda secutus,
  Sicut pollicitus est, ita sollicitus
Omnia complevit; sacras leges abolevit ;
  Et quidquid libuit, hoc licitum statuit.
Addit et hoc sceleri , nolentes hoc revereri
C   Rebus privari, suppliciisque dari.
Ad quæ decreta mens astrorum male læta
  Gaudet et insanit, dum male flenda canit.
Multiplicans lætas voces lascivior ætas
  Lætatur scribi multa licere sibi.
Jamque puellaris chorus, et plausus popularis
  Solum Mammutium prædicat eximium.
Extuleratque virum quasi sacratum, quasi mirum
  Aura favoralis semper amica malis.
O gens confusa, magico male dogmate lusa !
  O socianda feris ! o miseranda ! peris.
Libera sum, dicis : libertas hæc inimicis
  Nostris eveniat, nosque precor fugiat.
Libertas talis vobis erit exitialis,
  Quæ vos damnabit, suppliciisque dabit.
D Dum tibi consultum credis, gens, o male stultum
  Quo gaudens raperis, læta canens moreris.
Dum nunc exsultas, pœnas cumulas tibi multas,
  Et juxta meritum, tendis ad interitum.
Ergo prurigo Veneris scelerum fit origo,
  Africa dum temere polluitur Venere.
Sollicitans nuptas ruit effrenata voluptas ;
  Nullaque virgo fuit nubere quæ potuit.
Aspernata torum mulier vaga legitimorum,
  Quodlibet esse pium credit adulterium.
Omnes ardebant; vir et uxor idem faciebant ;
  Cæca fuit juvenum, cæca libido senum.
Quare plerumque sexum confudit utrumque ,
  Incertumque genus fecit iniqua Venus.

Sic homo confusum rationis perdidit usum,
  Non faciendo secus quam rude quodque pecus.
Nil fuit humanum, nisi constitit esse profanum.
1290 Qui minus hæc timuit, sanctior ille
                        [fuit.
Ut scelus irrepsit, honor et reverentia cessit,
  Quæ commisceri non poterat sceleri.
Quare laudari cœptus fuit, et celebrari
  Omnis concubitus lege sacra vetitus.
Dum tibi natura rapuerunt in tua jura,
  Femina quæque parem, mas subigendo marem,
Et contra morem frater premit ipse sororem,
  Nupta soror fratri victima fit barathri,
Incestat matrem sua proles, filia patrem :
  Sic quidquid libuit lege nova licuit.
Heu ! quot prudentes facti sunt insipientes,
  Nequitiæque favent, nec mala jura pavent.
Regis enim terror quosdam, sed publicus error
  Plures per vitia traxit ad exitia.
Pauci constantes, solique Deo famulantes,
  Dum meliora docent, ut populum revocent,
Confirmaverunt exemplo quod docuerunt ;
  Nam vel supplicio, vel prece, vel pretio
Crebro tentari poterunt, minime superari :
  Qui mox suppliciis expositi variis,
Pœnas spreverunt quas multas sustinuerunt.
  Quidam verberibus, pars quota carceribus
Mundum vicerunt ; quidam flagris perierunt :
  Ille famem patitur ; ille siti moritur.
Quidam truncati, quidam sunt igne cremati ;
  Vectibus hic foditur, aut oleo coquitur :
Ille coronatur, quia vivus decoriatur :
  Hic sectus periit, astraque sic subiit.
Ille triumphavit, quia corvos in cruce pavit :
  Hic imbrem lapidum sustinuit rapidum.
Tigribus oblati quidam, vel præcipitati,
  Vicerunt alii supplicio gladii.
Cuncta relinquentes quidam, Dominumque se-
                       [quentes,
  In se crudeles dum metuunt homines,
Invia sylvarum peragrant, rabiesque ferarum
  Illæsos patitur quos homo persequitur.
Qui sic viventi modo vivunt Omnipotenti,
  Nacti perpetua præmia morte sua.

CANTUS XI.

Hinc sibi vindictam Dominus memor esse re-
                       [lictam,
  Mammutium subito percutit, et merito ;
Nam male pro gestis capit hunc epileptica pestis,
  Quæ vexat miserum pro numero scelerum.
Cumque flagellaret Deus illum, quo revocaret,
  Non potuit sapere pro nimio scelere :
Sed velut effrenis equus haud retinetur habenis,
  Sic ob supplicia, plus abit in vitia.
Sic solet iratus Christus punire reatus,
  Quem dum sic punit, acrius ille furit.
Quare damnatum magus ut videt hunc sceleratum
  Introrsus gemuit, nec modice doluit :
Neve tamen tristis rebus videatur in istis,

A   Caute dissimulat hoc quod eum stimulat ;
  Quod bene dum celat, ad majus crimen anhelat :
    Ad quam nequitiam sic parat ipse viam
Ut quoties caderet rex, exanimisque jaceret,
  Vel cum deficeret, inde scelus caperet.
Certe nec mirum reputabitur hoc fore mirum,
  Si quando legitur. Ordine nos igitur
Mandemus chartæ magus hoc qua fecerit arte,
  Cujus nequitia nil nisi nequitia.
Nam quasi plaudebat rex quandocunque dolebat,
  Laudes rite Deo multiplicans ideo,
Quod respexisset populum, cui præposuisset
  Regem magnificum, moribus angelicum,
Quique putaretur defunctus, cum raperetur

B **1291** In cœlum quoties summa Deus toties
Regni tractaret, vel cum nova jura crearet.
  Dixit enim per eum cuncta patrare Deum :
Quare deceptas monuit gentes et ineptas
  Ut lacrymas teneant, et minime doleant ;
Imo lætentur, regemque magis venerentur,
  Cum videant in eo complacuisse Deo.
Sed gens polluta, magicum mox dogma secuta,
  Illa suum proprium vertit in exitium.
Nempe suo more cum, resurgente dolore,
  Vi subita caderet, exanimisque foret,
Vulgus seductum vertens in gaudia luctum,
  Unde prius doluit, hinc modo conticuit
Mente virum captum, quia dicit ad æthera raptum
  Ut det jura solo, præsideatque polo.

C   CANTUS XII.

Plebs ita gaudebat velut, inquam, et læta canebat :
  Sed magus interea pensat in æthera ;
Qui cum præsciret tempus quo morbus abiret,
  Ut regi vita jam redeat solita,
Tunc excludebat omnes, solusque manebat,
  Fingens mysterium se celebrare pium.
Cumque recessisset dolor, et rex convaluisset,
  Mox magus hunc docuit, suetus ut ante fuit ;
Atque suum virus instillat homo sibi dirus,
  Ut pereat misera gens lue pestifera.
Sed rex progressus, morbum pallore professus,
  Taliter orditur, et populis loquitur :
Festiva laude, gens electissima, plaude ;
  Nam tua complacita sunt superis placita :
D Hoc tu fecisti, tu vere promeruisti
  Quod cunctis adeo cœlitibus placeo.
Quodque meum cursum quoties ego dirigo sur-
                       [sum,
  Convenit adscribi, gens benedicta, tibi.
Sed quia plorastis, me quando dolere putastis.
  Discite quam gratus sit meus ille status.
Cum velut amentem me cernitis atque dolentem,
  In cœlum rapior, et minime patior ;
Tunc ego sanctorum fruor alloquio superorum,
  Condignasque Deo delicias habeo.
Quippe meos visus ibi delectat paradisus,
  Glorior hymnificis laudibus angelicis.
Nunc feror in plaustrum, nunc inde relabor ad
                       [Austrum,

Ignea quem gelidum zona facit calidum.
Inde refulgentes stellas multumve frequentes,
  Hisque Noto pariter quæ via, quod sit iter.
Hinc mea miratur mens, cum cœlo rapiatur,
  Unde queant superi constabiles fieri ,
Ut non volvantur simul, imo nec moveantur.
  Talia cum videam, creditis ut doleam :
Hic nunc languesco, sed ibi gaudens requiesco,
  Qua sine lite quies, qua sine nocte dies.
Hunc tamen ad mundum mihi cum fuerit redeun-
                [dum,

  Tunc certe doleo, tam cito quod redeo ;
Nam bona tantarum cum desero deliciarum,
  Vix patior reditum carnis ad interitum.
Unde recusarem reditus, et non remearem,
  Nec mundum peterem, vos nisi diligerem.
Vos mihi sudoris, vos estis causa doloris.
  Quare percipite, gens mea, sollicite
Quid modo vidissem cum raptus ad alta fuissem ·
  Et quod ego promo, disce fidelis homo.
Mundum damnamus, si vos prius excipiamus ;
  Si vos excipimus, omnia despicimus.
Quid colat humanum nescit genus ut male sanum ;
  1292 Nescit quid faciat, multa licet faciat.
Vos genus electum, vos nil facitis nisi rectum ;
  Vos verum sapitis membra sacri capitis.
Illi constringunt se legibus, et sibi fingunt,
  Et nova jura creant, in quibus et pereant.
Vos superis grati, vos libertate beati,
  Vos Deus innocuos æstimat esse suos.
Illi sublati nunc essent et reprobati,
  Venissent media ni mea consilia.
Nam cum damnandæ gentes essent medicandæ,
  Sic mea quod decuit lingua locuta fuit :
Cœtus cœlestis, quia nil nescire potestis ,
  Quod sit magnifica religio Lybica,
Vos ipsi scitis, et, credo, notare potestis,
  Hanc gentem noviter nosse salutis iter.
Ut discernatis quod honor sacræ novitatis,
  Cum vix extremam contigerit Lybiam,
Tam cito diffundi non posse per ultima mundi,
  Quod nemo docuit discere quis potuit?
Unde precor genti sano doctore carenti,
  Datur adhuc spatium, quo redimat vitium.
Sed, puto, ridebunt postquam sacra nostra videbunt:
  Ni cito pœniteant, judice me pereant.
Et sic damnentur, ut perpetuo crucientur :
  Hic ubi conticui, sic superis placui.
Qui mihi decretus locus est sine fine quietus,
  Ut quoties redeam sceptra poli teneam.
Par ego vincenti per sæcula Cunctipotenti,
  Cum quo solus ego cuncta regenda rego.
Ergo gaudete, præceptaque nostra tenete
  Cum multo studio ; quippe procul dubio
Vos exaltabo, mihi vos ego consimilabo,
  Hic mihi si meritis consimiles eritis.
Si plene purus vix esse potest moriturus,
  Propter carnis onus, dum nequit esse bonus,
Nemo sub hoc onere valet unquam labe carere,

A   Unde subesse scio nos alicui vitio ;
  Quare pollutis hæc sit via prima salutis,
    Ut post peccata quisque lavetur aqua :
  Nempe sacramentum veniæ dabit hoc elementum,
    Sed vere sacrum tale sit ut lavacrum,
  Quisquis purgari bene vult et purificari,
    Sic se sanctificet, et quater hoc replicet.
  Quidquid deliqui, Mahumet purgator iniqui,
    Dilue sacratam deprecor hanc per aquam.
  Taliter ablutis summæ dabo dona salutis, .
    Regni perpetui semper honore frui.
  Pluribus instruerem vos si modo tempus haberem,
    Nunc dum protrahitur sermo, dies rapitur.
  Corde sed intento, mea gens, retinere memento
    Sicut disposui singula quæ docui.
B   Ut libertatis ita jacturam caveatis,
    Liber ut in proprio quisque sit arbitrio.
  Nam si sic vultis vestris consistere cultis, .
    Carnis post obitum tunc dabo pollicitum.
  Hæc postquam dixit, gens simplex laude canora
    Intonat, adjectis plausibus absque mora ;
  Inque modum tonitru tantus ferit æthera clamor,
    Quantum Junonis sub Jove nescit amor.

            CANTUS XIII.
  Quid facis his monitis scelerum caput, hostia ditis ,
    Brutos atque rudes dum laqueare studes?
  Sed metuis, credo, crudelis et impie prædo,
    Ne solus pereas, quod minime timeas.
  Nam tu privatus non ibis et incomitatus,
C   Imo turba tua non erit exigua ;
  Nec multis annis tua serviet ira tyrannis,
    Nec tua quod quærit vita perennis erit.
  1293 Ultio divina , dum tu gaudes, inopina
    Jam te præveniet, nec leviter feriet :
  Sicque repente cades , generalis et unica clades,
    Jam quoque digna ditis aula tuis meritis.
  Te membrum Satanæ chaos sorbebit inane ,
    Et quasi te sitiat, tartarus omnis hiat.
  Eia , lætare , quia desistes cumulare,
    Qui tibi post obitum fructiferas gemitum ,
  Et tibi, gens stulta, superest confusio multa,
    Nec tibi lætitia semper erit socia.
  Cursu namque brevi spatium decurritur ævi ,
    Post quod finitum vadit ad interitum.
D   Cumque tuo Mahumet Plutonis victima fies,
    Errorisque tui præmia percipies.

            CANTUS XIV.
  Cum jam crevisset fraus , et dolus invaluisset,
    Nec sceleri metas poneret impietas ,
  Tunc destructarum clamores Ecclesiarum.
    At Mahumet Dominus intuitus facinus
  Sævit in auctorem sceleris, tantumque furorem
    Dignis persequitur suppliciis. Igitur
  Solus ad auroram rex, primam lucis ad horam
    Egreditur tacite, forte carens comite.
  Et meditans ibat cogitans quæ dogmata scribat ,
    Et quid cras doceat unde suis placeat.
  Sed mors instabat , quæ cras vixisse negabo
    Præveniens hodie dogmata perfidiæ.

Nam quæ verba daret populo cum rex agitaret,
　Corripuit solita pestis eum subita;
Et cadit exsanguis, torpens quasi perfidus anguis,
　Nec, sicut voluit esse nocens, potuit.
Viscera constringens intus dolor æstuat ingens;
　Æstuat interius, nec minus exterius.
Omnia torpebant, manus, os, pes, lingua rigebant;
　Totus diriguit, totus iners jacuit.
Guttur præclusum linguæ, vocis negat usum;
　Stabant et vacua lumina luce sua.
Quid moror? immensus dolor abstulerat sibi sensus,
　Jamque subacta fere lingua parat fugere.
Quod portendebant spumæ quibus ora rigebant,
　Et male continuus flatus et exiguus,
Sic absentè mago tenet hunc dum mortis imago,
　Accurrere sues digna repente lues;
Qui rapidus sic grex quasi spernens quod foret hic rex,
　Totus in hunc properat, et miserum lacerat.
Ac vitæ reliquum quod adhuc sustentet iniquum,
　Exhaurit leviter, ille gemit graviter.
Et tandem moritur, morienti Styx aperitur
　Et Stygius latro vertitur in barathro.
Et quia damnavit animas, et corpora stravit,
　Nil parcens animæ, corporibus minime,
Nunc ipsum porcus, animam depascit et Orcus,
　Et sordis propriæ vertitur in sanie.
Jureque damnatus in utroque ferens cruciatus
　Pœnarum genera sustinet ad scelera.

CANTUS XV.

Cum magus audisset quoniam rex solus abisset,
　Ac præter solitum protraheret reditum;
Solus eum sequitur, quo dum velocius itur,
　Cernitur in media rex cecidisse via.
Ultor adhuc stabat grex, et regem lacerabat,
　Ac si lege cibi sit datus ille sibi.
Sed veniente mago cessit porcina vorago,
　Atque caput scelerum deseruit lacerum.
1294 Tunc fons peccati magus ad corpus lacerati
　Accessit citius, quid faceret dubius.
Sed quid ad hoc faceret, nisi fleret, flensque doleret;
　Flens igitur gemuit, nec modice doluit.
At cum sentiret dolor hic quod inanis abiret,
　Et quod flere suum cederet in vacuum,
Secum dicebat : Quando pater Hectora flebat,
　Nunquid ei lacrymæ profuerunt? Minime.
Ergo cum luctus nullos faceret sibi fructus,
　Corde quidem doluit, flere tamen posuit.
Tu quoque depone luctum simili ratione :
　Hunc etenim lacrymis amodo non redimis.
Talibus armatus monitis magus et recreatus,
　Vultus composuit, et lacrymas tenuit.
Atque reportavit corpus, lectoque locavit,
　Arte licet sera membra fovens lacera.
Ad quod miscetur quodcunque valere videtur :
　Succus laureolæ, flosque tener violæ.
Implebantque domum thus, balsama, nardus, amo-
　　　　　　　　　　　　　　　[mum,
　Ex quibus ignotum fecerat antidotum.
Et membris cunctis regalibus inde perunctis,

Vestibus ornat eum, tendit enim laqueum,
　Quo deceptorum capiat mentes populorum,
　Gaudens fraude sua non sibi continua.
Rege perornato mox more suo scelerato
　Regales famulos convocat et populos,
Quos sic affatur]: Lux hæc solemnis habetur
　Qua cœlos hodie rex petiit Lybiæ.
Suscipitur cœlis rex nobis quippe fidelis,
　Atque suos pueros vos vocat ad superos.
Nam dilatatus licet ejus sit dominatus,
　Non tamen inde minus noster erit dominus.
Imo suos Lybios non ut servos, sed amicos
　Confirmando teget, atque fovendo reget.
Sed quid turbatur cor vestrum, dum meditatur
　Et causam quærit cur pater hic dederit
Porcis rodenda sua membra nimis veneranda,
　Quam caro sit vilis, mors docet hæc humilis.
Hæc ut monstraret et aperte significaret,
　Ipsa pati voluit, nosque per hæc monuit
Quam fragiles simus; sed quamvis carne perimus,
　Post mortem reliqua spes tamen est aliqua.
Fit quia nostrarum mors ipsa salus animarum,
　Et quando morimur, tunc Mahumet sequimur.
Qui sublimabit, cunctosque sibi sociabit,
　Qui sua complere jussa volunt opere.
Cujus mandatis hæc addimus, ut caveatis
　Porcina temere vos lue polluere.
Nec puto dicendum cur istud sit faciendum,
　Cum per se pateat quid satis hoc doceat.
Ex hoc gens illa, contempta carne suilla,
　Pollutum credit, de sue quisquis edit.
Et quia porcorum grex regem rosit eorum,
　Ficta superstitio venit ab hoc odio.
Tunc sua præcepta gaudens magus esse recepta
　Rerum gestarum credidit esse parum,
Ni consummaret scelus, et quasi sanctificaret.
　Quod plenus scelere sic parat efficere.

CANTUS XVI.

Construxit fanum, fanum non, imo profanum,
　Cujus pro foribus sculptile marmoribus
Carmen habebatur, quod tale fuisse putatur :
　Hic bene quod petitur per Mahumet dabitur.
Hac in structura nihil exstabat sine cura;
　Tota domus pretio fulsit et ingenio.
Marmore candebat paries quicunque patebat;
　1295 Sed marmor parium vicit opus varium;
Nam si vixisset opus atque loqui potuisset
　Materiam vici, diceret artifici.
Taliter ornatum fanum fuit atque paratum.
　Sed si quis quærit quanta domus fuerit;
Cum procul hinc statur, mons aureus esse putatur,
　In tantum spatii continet et pretii.
Plus mirareris si forsan egredereris,
　Fulgor enim lapidum te faciet stupidum.
Sic sic ornatum gemmis, auro variatum
　Sicut nocturnum lucida stella polum.
Sic opus elatum solo magnete paratum
　In medio steterat quod velut arcus erat,
Sub quo portatur Mahumet, tumuloque locatur,

1296 Qui si quis q. ærat ære paratus erat.
Et quia revera tam grandia contrahat æra,
 In qua rex jacuit tumba levata fuit.
Et sic pendebat, quod vis lapidum faciebat.
 Ergo rudes populi prodigium tumuli
Postquam viderunt, rem pro signo tenuerunt
 Credentes miseri per Mahumet fieri.

A Pendere res plena quod pendeat absque cateno,
 Nec sic pendiculum quod teneat tumulum.
Hæc ubi viderunt stulti, Mahumet coluerunt,
 Gente quod in Lybica fecerat ars magica.
Hactenus errorum quia causas diximus horum,
 Musa manum teneat, et Mahumet pereat.

VEN. HILDEBERTI

LIBER DICTUS

MATHEMATICUS.

(E ms. codice 500 ad minus ann. Elnonensis olim monasterii, seu S. Amandi in Pabula, nunc bibliothecæ Regiæ, sub n. 274, qui solus inter mss. hoc habet poema, quod immediate subsequitur historiam Mahumetis.)

—

BREVE MONITUM.

Cum Hildebertus, auctor hujus historiæ, nullam cui conveniat personam nominet, nec cuinam Romanorum procerum conveniat, lectis ipsorum historiis, detegere potuerimus, nil aliud suspicari potuimus, quam ejus fuisse gratuitum commentum ad exercitationem academicam confictum, in derisum astrologiæ, ut vocant, judiciariæ, a qua forte sui temporis homines plus æquo deditos avertere voluit. Tantam porro narratio hæc cum Œdipi fabula videtur affinitatem habere, ut nisi tam expresse Hildebertus Romam nominasset, illam ipsam Œdipi fabulam censeremus : sane nihil propius ad ejus imitationem accedit. Cæterum inde sagax lector advertere poterit, non tantum rhythmicis carminibus Hildebertum præstasse, sed cum illi a rhythmorum angustia evadere datum est, versibus omnis generis apprime versatum fuisse. Illud igitur poema e manuscripto Elnonensi annorum ad minus quingentorum erutum, et historiæ Mahumetis immediate subjunctum, publica luce non indignum duximus.

—

CANTUS PRIMUS.

Semper ut ex aliqua felices parte querantur
 Leges humanæ conditionis habent.
Miles erat Romæ probus armis, rebus abundans,
 Urbe potens, felix conjuge, clarus avis.
Voce, manu, facie, facundus, largus, honestus,
 Vir sapiens, stabilis tempore, mente, fide.
Sponsa viro, non stirpe minor, non moribus impar,
 Non ævo senior, dissimilisve fide.
Prompta, modesta, timens, non ut solet esse fre-
        [quenter
 Imperiosa suo femina pulchra viro.
Luxus opum nocuos quamvis declivis ad actus,
 Non fecit mores degenerare bonos.
Cum soleat levitas juvenilibus esse sub annis,
 Non leve gessit opus femina pulchra, potens.
Casta, decora fuit, quæ virtus rara venustis
 In fragili sexu rarior esse solet.
Femineæ vitium naturæ, mobilitatem
 Cavit, et ingenitæ crimina nequitiæ.
Affectusque leves quadam sub mole refixit,
 Et potuit sexus immemor esse sui.
Sic igitur proba, juncta viro formosa decoro,
 Callida sensato, religiosa pio.
Sors arrisit eis, favit natura ; beati
 Omnibus, excepto munere prolis, erant.

B Perfecti minus hoc uno, si prole carere
 Est a perfecta prosperitate minus.
Spes igitur sobolis multos damnata per annos
 Cætera naturæ dona placere vetat
Successus alios, alios obscurat honores,
 Fortunamque facit omnibus esse ream.
Flentque dolentque magis, nec enim natura repugnat,
 Nec gravitas cui languidioris [f. languidior vis]
           [obest.
1297 Nec senis hæc gelidos causari conjugis
           [annos,
 Ille nec uxoris frigida membra potest.
Ætati confisa suæ superumque favori,
 Spem gerit in voto femina sola suo.
Spemque super dubiam fati quid volverat ordo,
C Certior esse volens consulit astrologum,
 Qui poterat stellis superum dependere curas,
 Parcarum mentem consiliumque Jovis,
 Naturæ causas secretaque scire latentes.
 Et quæ fata, quibus legibus ire velint.
 Ille mathematicæ studiis exercitus artis
 Portentat numeros, astra movent numeri ;
Exquiritque vagos numeri ratione planetas,
 Quorum sollicite puncta gradusque notat.
Et qua consultæ momentum colligit horæ,
 Et perpendit in his esse, modumque rei.

Est, ait, en video, tibi filius ; ecce maritus
    Implebit steriles fertilitate sinus.
Et Paridem geret in facie, geret intus Achillem,
    Nec probitas fastum, nec sibi forma dabunt.
Pauperior Cræsus, minus illo doctus Ulysses.
    Frena dabit ratio rebus et ingenio.
Inter felicis fatalia commoda vitæ
    Romuleæ dominus et pater urbis erit.
Patrem, sed taceo, nisi quod premis, arguis, instas,
    Occidet, fato sic agitante, suum.
Sic erit, adde fidem ; Jovis est sic fixa voluntas.
    Quidquid præcinui nil habet ambigui.
Fata tibi spondent, di spondent, sidera spondent ;
    Res rata quam spondent sidera, fata, di.

CANTUS II.

Gaudeat his fatis, doleatve revertitur anceps
    Femina cœlestis conscia consilii,
Roma, tibi regem, mortem paritura marito,
    Tristitiam gaudens, gaudia tristis habet.
Sollicitam sensit vigili marcescere cura
    Vir suus, et causas hic rogat, illa docet.
Audit, et attenta tristique recolligit aure
    Miles fata suæ prodigiosa necis.
Hoc, ait, in voto superos piget esse secundos ;
    Inde mihi malus est Jupiter, inde bonus :
Quæsivi sobolem, datus est mihi filius hostis,
    Damna fero voti prosperitate mei.
Unde precor, meus, uxor, amor, mea sola vol-
                         [ptas,
    Altera pars animæ dimidiumque meæ,
Cum fuerit soboles genio concepta sinistro,
    Et tua maturum fuderit alvus onus,
Affectus oblita pios, oblitaque matrem,
    Ne dubites puerum mortificare tuum.
Si patiaris eum superesse, mihi morituro
    Hæc pietas species impietatis erit.
Finierat, flevere simul, mora nulla, sequenti
    Nocte jacent pariter, concipit illa, tumet.
Maternos menses naturæ legibus implens
    Edidit ad numeri tempora certa sui.
In nascente fuit tantæ deitatis imago ;
    Vix potuit credi materialis homo.
Nupta virum, mater puerum dum diligit, hæret,
    Et dubitat puero parcere, sive viro.
Formosus niveusque puer se cogit amari,
    Et matrem mollit, et vetat esse feram.
Pulcher et iratæ visus videre parenti,
    Oranti similis, ne moreretur, erat.
Ad speciem periere preces, discussit amatum
    Formosæ sobolis gratia mente virum.
Quæ nunc esse suæ soboli Medea parabat,
    Cœpit maternus scire quid esset amor.
1298 Parcit ei pietate ferox, majoraque vitæ
    Tempora dat nato, dum breviora viro.
Et mentita necem procul inde remittit alendum,
    Et tacita miserum decipit arte patrem.

CANTUS III.

Exsilio felix puer est, alienaque lactens
    Ubera, nutritur sedulitate pia.

A Crevit honor formæ, cum florida cresceret ætas ;
    Laudari potuit tantus ab hoste decor.
Nomen in ambiguo, sed patricida vocatur,
    Imperat arcana calliditate parens,
Ut juvenis tantumque nefas, tantumque furorem
    Horreat, audito nomine sæpe suo.
Ut rudis accepit primos infantia sensus,
    Traxit et interior vim rationis homo.
Emicuit tam mente capax, velut esset adultus,
    Maturos pleni temporis usque dies,
Ascendensque gradum docilis promptæque juventæ
    Philosophis studuit proximus esse comes ;
Novit enim quam sideribus, quam primitus orbi
    Sementem dederit materiamque Deus.
B Quæ fuit in rebus ratio, quæ causa creandis ;
    Quos habent nexus, quas elementa vices.
Et numeri quo fonte fluant, qua lege ligentur,
    Quo sibi conveniant schemate dispositi.
Musica quo numero, vel qua sibi proximitate
    Dissimiles jungat consocietque sonos.
Astra quibus spatiis distent septena planetæ,
    Mensus utrosque polos, mensus utrumque mare ;
Astrorumque vias, humanaque fata sub astris
    Et fesso cœlos Hercule sustinuit.
Rhetoricosque volens non ignorare colores,
    Succincte didicit perspicueque loqui.
Naturas generum lima graviore revolvens,
    Pectore divinum clausit Aristotelem.
Et quicunque potest humana lacessere membra,
C   Aut dolor, aut morbus, pellere novit eum.
Sic fecit pectusque capax, mentemque profundam
    Amplum septenis artibus hospitium.
In Venerem suspecta quies, vitiisque propinqua
    Otia jam juveni causa timoris erant.
Tranquillosque timens lascivi temporis annos
    Transit ad armatæ pondera militiæ.
Institit assiduis bellis, meruitque favorem,
    Armaque successu non caruere suo.
Cæsareos titulos transgressus, et Herculis actus,
    Unica Romuleæ gloria gentis erat.
Quem probitas adeo virtusque levavit in altum,
    Esset ut Ausonii signifer imperii.
Sed super orbis opes supremaque culmina rerum
    Certat vis superum ponere posse virum.
D Pugnat ad hoc Lachesis, super hoc fortuna laborat,
    Comprobat hic vires Jupiter ipse suas.
Et quia sic fieri fatalis postulat ordo,
    Hanc sibi regnandi fata dedere viam.

CANTUS IV.

Æmula Romani Carthago nominis, arma
    Forte sub Ausoniis finibus intulerat.
Ergo movent Aquilas infaustaque signa Quirites,
    Conscriptosque patres hora sinistra trahit.
Occultarat enim sub opacis navibus agmen
    Pœnus, in excidium, regia Roma, tuum.
Sic super insidias inopinaque tela senatus
    Incidit, et potuit tunc sine marte capi.
Rex captivatur, captivaturque tribunus,
    Nec deprensa potest turba referre pedem.

1299 Ducuntur gentes Æneadum, Latiæque po- A
          [testas
 Gentis, et Albanæ nobilitatis honor.
Non alibi potuit melius cognoscere Roma
 Quod dubias dubius mundus haberet opes.
At patricidam cum signifera legione
 Ducebat melior sors meliore via.
Qui procul aspecto confusi pulvere belli,
 Protinus intendit succubuisse suos.
Occurrens igitur venientem prævenit hostem,
 Objectoque sibi milite claudit iter;
Hostilesque globos fatis melioribus intrans
 Devincit Pœnos, protegit Ausonios.
Ridiculos hominum versat sors cæca labores,
 Sæcula nostra jocus ludibriumque diis.
Conversis vicibus jacet Africa, Roma triumphat,
 Victores dictos extimuere suos.
Et tanquam timeat Romam sacer ordo deorum,
 Protinus et celeri damna levavit ope.
Sic igitur potuit veniam fortuna mereri,
 Dum dedit eventus post mala fata bonos
Sors audita mali luctus confecerat urbem,
 Magnaque majoris damna pudoris erant
Læta superveniens præmisso fama dolori
 Ex ipsis potuit gratior esse malis.
Primum narratur qua valle quibusve latebris
 Pœnorum steterat insidiosa cohors,
Et quantus Latios belli cæcaverat ardor,
 Ne tacitos possent ante videre dolos.
Qualiter augustos Romanaque viscera Patres
 Truserat in laqueos Africa dira suos.
Quam parva patricida manu contriverit hostes,
 Et tibi, Roma, tuos reddiderit populos.
Sic patricida suis formosus et inclytus actis
 Creber et in vulgi plurimus ore sonat.
CANTUS V.
Rex ubi collegit quas fert victoria prædas,
 (Nam lucri dominus, non tamen auctor erat)
Romam vertit iter, Patribusque legenda verendis
 Littera dirigitur, littera talis erat :
Ut sibi pro victa Carthagine debita laurus,
 Et meritus Latio more daretur honor.
Romani super his bene quid statuatur, acuto
 Consilio versant, exagitantque diu.
Undique pensatis rationis acumine rebus
 Nil meriti factis regis inesse vident
Qui male fuscata Romani laude decorus,
 Victus et in bello præda fuisset iners.
Neve tamen posset turpi doluisse repulsa,
 Nam male contemptum fert gravis ira ducum,
Pagina signatur, cujus dare sive negare
 Ambiguus sensus significare queat.
Nullius obsistit meritis, servire parata
 Semper victori regia Roma suo.
Nam cui laurigeros meruit victoria currus,
 Non illi meritos Roma rogabit eos;
Qui populos vicit Carthaginis, ille, fatemur,
 Ille triumphales scandere debet equos.
Spem mentita bonam fallaci littera vultu

In primis potuit lætificare ducem.
Mox ubi consuluit mentem, totumque cucurrit,
 Et tulit ad sensum singula verba suum,
Sicut homo discretus erat, non motus in iram,
 Ambagem dubiæ sentio vocis, ait.
Ergo patricidam (nec enim laudes alienas
 Regia mens ægre sustinet) alloquitur :
O juvenis, quem si quis inest vigor insitus astris,
 Nascentem vidit sideris hora boni,
Cui fortuna favens, ne postmodo cæca vocetur,
 1300 Excussit viti crimen omnisque sui.
In cujus facie naturæ cuncta potentis
 Argumenta patent, laus tua forma deæ.
Per quem (nec pudor est) ereptus ab hoste revertor,
 Redditus uxori, deliciisque meis.
B Ecce dies, qui proveniens ex ordine fati
 Reddet virtuti præmia digna tuæ.
Sceptra tuus, fateor, meruit labor, accipe sceptra,
 Et meritum regimen urbis et orbis habe
Vicisti Pœnos, et quos tibi Roma paravit
 Curribus et pompis utere pace mea.
Juste Roma videt, servataque linea recti
 Est in contemptu plus mihi grata meo.
Nec meus iste potest pudor aut injuria dici.
 Justitiæ potius nomen habere potest.
Ergo nec invideo, venturi præscia laurus
 Crinibus accedet digna corona tuis.
Ergo nec invideo, curru fulgente veheris,
 Lætaque Roma tuum nomen ad astra feret.
C Grande voco meritum quem dat tibi Roma triumphum,
 Quod tibi munus grandius esse puto.
Romanis aliisque meis te præfero regnis,
 Estque fretum munus lataque terra meum.
Obstupuit juvenis, et (quæ rarissima virtus)
 De sibi collato tristis honore fuit.
Dum parere negat, venientes ordine pompas
 Aspiciunt, illinc vulgus, et inde Patres :
Rex capitis diadema sui, licet ipse repugnet,
 Collocat in juvenis vertice, sceptra manu.
Sic tectum trabea, sic omnia regis habentem
 Obtulit oblatum, Roma recepit eum,
Et niveos super altus equos, plaudente senatu,
 Ad Capitolinum ducitur usque Jovem.
CANTUS VI.
D Audierat, nec enim gestorum deficit [f. defuit] index,
 Imperium nati mater amica sui.
Movit ad hoc pietas, amor et natura parentem,
 Lætitia potuit pene perire sua.
In lacrymas tamen erumpunt pia gaudia matris,
 Quas dolor et potius damna parare solent.
Ut satis applausit cognato mater honori,
 Legitimo risus fine repressa suos
Pectoris arcanum velut in penetrale receptum,
 Et silet, et quid agat consulit ingenium.
Astrologi super augurio, super ordine facti
 Obstupet, et stellis sensit adesse fidem.
Jam de præterito trahit argumenta futuri,
 Cætera prædicto credit itura modo.
Ergo re faciente fidem pro morte mariti,

Cogitur ad veros sponsa venire metus.
At sobolis decus aspiciens, obitumque mariti,
  Læta per alternas fitque molesta vices.
Quando virum, vel dulce viri quodcunque fuisset
  Præsens ante suæ lumina mentis habet.
Pectora jucundis successibus exhilarata
  Vindicat hospitium cura dolorque sibi.
Cum patricida redit, qualem quantumque videri
  Dat maternus amor, non habet ira locum.
Cumque subit socialis amor fœdusque mariti,
  Integritas vitæ, nec violata fides.
Non peperisse velit ; natus natique potestas
  Displicet, et prorsus desinit esse parens.
Interdum mitescit atrox, blandamque parentem
  Induit, et vincit filius ipse virum.
Alternis dolet et gaudet, misereque beata
  Ponderat ad casus dulcia fata malos.
Anxia distrahitur, dubioque miserrima voto
1301 Fluctuat, et bellum mater et uxor agit.
Si queat æterno Parcas prævertere cursu,
  Vellet pro domino fata subire suo.
Sed tristis Lachesis, sed inexorabile fatum
  Nonnisi præscriptas vis habet ire vias.
Vir suus interea curis superoccupat ægram,
  Tumque super fatis pervigil ejus erat.
Intuitoque viro cujus prope fata videbat,
  Ingemit affectu vera Sabina pio.
Compressæque diu tandem velut agmine facto
  Discursu lacrymæ liberiore fluunt.
Obriguit dominus lacrymis violentius ortis,
  Nescio quid tanti sensit inesse mali.
Currit in amplexus, et dulciter oscula charæ
  Conjugis irrumpit, et rogat unde dolet.
Cui tamen illa nihil promit ; importunus at hæret,
  Instat et incumbit, multiplicatque preces.
Quo plus mœsta silet, potuit suspectius esse
  Quod dubitat tanta sub gravitate loqui.
Quærit perque fidem thalamique sacros hymenæos
  Quis, quibus ex causis fluxerit iste dolor.
Si res consilii tutas descendet in aures,
  Si scelus : hoc poterit scire maritus amans.

CANTUS VII.

Lege tori thalamique fide compulsa fateri,
  Quæ melius poterant utiliusque legi.
Est, ait, unde querar de te, natura creatrix,
  Quæ nihil ad summam perficis usque manum.
Multa licet dederis, minus est quod femina nascor,
  Defecitque tuus hac mihi parte favor.
Is meus est sexus qui detestatur honestum,
  Qui quidquid scelus est vindicat esse suum.
Si liceat superis genus evertatur iniquum
  Femina ; vivat homo jam suus orbe suo.
Aura nocens, maris unda tumens, irataque pugna
  Non necat ad numerum, femina dira, tuum.
Planta vel arbor habet quibus extendatur in ævum
  Semina ; perpetuum servat utraque genus.
Femina non aliter radicem criminis in se,
  Sementemque mali, materiamque tenet.

A Tempora si redeant antiquæ simplicitatis,
  Argutique cadat spiritus ingenii,
Femina sufficiet artes reparare nocendi
  Perfidiæque novum forsitan addet opus.
Tempore mitescunt posita feritate leones,
  Tempore leniri tigris et ursa solent.
Fixa pedem manet ad facinus, nunquamque mali-
                    [gnam
  Mutat naturam femina sola suam.
Si qua suum penitus descivit femina sexum,
  Plus niveo corvo prodigiosa fuit.
Sed quid naturæ vitio, vel quid genuinis
  Moribus ascribo criminis hujus onus ?
Quod mala, quod nequam, quod atrox, quod per-
                    [dita feci,
B Ad sexum refero turpiter ipsa meum.
Nam bene causa nitet, qua se mea culpa coloret,
  Seque meum facinus non habet unde tegat.
O conjux decepte diu ! tibi creditur uxor,
  Quæ tibi non uxor, sed magis hostis erat.
Forsitan obsequiis et blanda sedulitate
  Credebas animum promeruisse meum.
A primis cui gradibus tuus unicus ardor
  Unicus affectus, unica cura fui.
Si benefacta tuis male respondentia votis
  Æqualis meriti non habuere vices,
Obsequium damnis, odiis pensamus amorem,
  Opprobrio laudem, prodigioque fidem.
1302 Quære, marite, novum pœnæ genus, exime
                    [ferrum,
C Viscera funde sole, distrahe membra rotis.
Illi ego digna malis, quæ judicio Rhadamanti
  Tartarea patitur noxia turba domo.
Sed quia suspensus dubio sermone teneris,
  Accipe quo tendant, quid mea verba velint.
Olim, si memoras, peperi quem sidera regem,
  Spondebantque senis sceptra tenere Numæ ;
Spondebant, (sed flere magis, quam dicere fas est)
  Proh dolor ! auctorem funeris esse tui.
Territus augurio, contra sua viscera matrem
  Præcipis armari, progeniemque premi.
Sed natura minis monituque potentior omni
  Non potuit partes destituisse suas.
Mentior, exstinctum credis, temerarie credis,
D Sed puer alterius lactis habebat opem.
Sic igitur culpamve velis, facinusque vocari,
  Nunc illi puero vivitur ista dies.
Filius ille tuus, cujus rationis acumen,
  Actus mirari, verba probare soles.
Filius ille tuus, quem prædicat orbis et omnis
  Quæ sub septeno climate terra jacet.
Filius ille tuus, de quo quoque livor et hostis,
  De quo mentiri fama vel ipsa timet.
Filius ille tuus, cujus Carthago triumphos
  Nec gens Annibalis erubuisse potest.
Filius ille tuus, quem regni sede locatum
  Cernis honorata sceptra tenere manu :
Verba mathematici, nisi quod tua fata supersunt,
  Omnia de certo [decreto] fine peracta vides.

Currentesque suo fataliter ordine stellæ
    Et tua defixo fata tenere trahent.

CANTUS VIII.

Vir stupuit, potuitque diu non credere rebus [*f.* ver-
                                            [bis,
    Eventus quarum [*f.* quorum] prodigiosus erat.
Sollicitus longumque silens, se pectore toto
    Contulit ad mentis interiora suæ.
Provida consulitur ratio, vigilatque receptus
    Intus apud sese totus et omnis homo.
Singula discutiens gaudendum sensit, et ipsam
    Perniciem proprii cœpit amare mali.
Ergo decus generis, et honores concipit altos,
    Contemptorque suæ perditionis ait :
Chara comes mihi sanctus amor, mihi gratia concors,
    Parce queri, lacrymas comprime, pone metus.
Non vitio tua facta dedi, pulchrisque marito
    Fraudibus, et pulchra proditione places.
Non sub judicibus timeas adducta severis,
    Tam sincera tuum causa tuetur opus.
Ipsa licet sileas pro te natura loquetur,
    Sunt oratores jusque piumque tui.
Non tibi rhetoricos opus induxisse colores
    Ad tegimen causæ non leve robur habes.
Mater eras, maternus amor pietasque coegit,
    Medæamque fugis, æmula Penelopes.
Jure timere queam quæ pignora mortificasses,
    Has etiam promptas in mea fata manus.
Sed redimendus erat dominator et urbis et orbis
    Unius ex facili perditione senis.
Ut vetus arbor ego, cujus de stirpe renascens
    Virgula servatur, ipsa recisa perit.
Virga suam matrem longum distendit in ævum,
    Perpetuatque meus filius esse meum.
Mira quidem novitas, lætus dolor, utile damnum,
    Quæ duo fortunæ cernis inesse meæ.
1303 Obsequium fortuna putat præstasse duobus
    Surgat ut ex nostro semine sceptra tegens.
Non decet ingratos divini muneris esse,
    Tangit munificos mens hilarata deos.
Non veniunt homini nisi magno magna labore,
    Partaque flegreo sidera Marte Jovi.
Ut merear regisque pater dominusque vocari,
    Morte mea tanti nomen honoris emo,
Sed moriens ego non moriar, totusque superstes
    Totus et in tali prole renatus ero.
Quod de fatali descendit origine rerum
    Ne dicas fieri fraude vel arte tua.
Fatum me perimit, fatum servavit eumdem
    Quem servasse putas ; omnia lege meant.
Dum patitur Lachesis jam jamque minantia rumpi
    Nostra fatigato pollice fila trahit.
Præsentem placet affari, propiusque videre
    Quem superi rerum constituere caput.
Si semel amplexus jungam semel oscula nato,
    Sufficiet vitæ terminus ille meæ.
Lætior Eliseos veniam, gentesque sepultas
    Et chaos et Stygii pallida regna Jovis.

A
CANTUS IX.

Ergo palatinas Tarpeii culminis arces
    Per circumflexos scandit uterque gradus.
Illic cum Patribus residens patricida verendis
    In commune suæ consulit urbis opus.
Ne pereant leges, ne decidat ordo senatus,
    Romæ majestas, imperiique decor.
Ingressi, splendore domus potuere teneri
    Si minor aut levior causa dedisset iter.
Ad regem graviter summisque laboribus itur,
    (Nam circumstantunt densius agmen erat.)
Ut plebis rapuere globos penetratur ad ipsas
    Primatum cathedras, imperiique thronum.
Matris ad occursum, nec enim pater agnitus illi,
    Consurgit solio rex patricida suo.
B Imperii fastu vel majestate rejecta
    Totus maternis subditur obsequiis.
Subsequitur, blandaque manu comportat euntem,
    Mitius alloquitur, blandius audit eam.
Naturæque suæ non immemor æqua potestas
    Personam servæ conditionis agit.
Cui genitrix : Concede loco, matrique benignus
    Condescende tuæ, dicere pauca velim.
Redde parum te, nate, mihi, frustrare [*al.* furare]
                                        [labori
    Te quandoque gravi, jura senatus agat.
Cura tuæ mentis moderando debita mundo
    Ex aliqua saltem parte remittat onus.
Roma sibi vigilet propriis quoque viribus usa
    Interdum discat rege carere suo.
C Hoc precor, hoc jubeo, regem precor, impero nato :
    Jus habet in partus mater amica suos.
Declines igitur turbam, turbæque tumultus :
    Non bene consilium ducitur in medium.
Alta volunt propria sub majestate latere,
    Nec tuto veniunt ad populare palam.

CANTUS X.

Ergo divertunt ubi longa pace silebat,
    Deditus arcanis consilioque locus.
Quod sancitur ibi tacitum, sublime, profundum,
    Auribus eripitur, fama maligna, tuis.
Rex regum tantumque locus privata senatus
    Audit, et æterna nocte sepulta premit.
Sedit uterque parens, et filius inter utrumque ;
D   **1304** Dicenda primnm femina fecit iter :
Fili, cujus opes, sapientia, forma, potestas
    Sunt mihi sidereis significata notis,
Dum recolo meritumque tuum, vitæque nitorem,
    Gaudeo, nate, tibi, gaudeo, nate, mihi.
Si qua parte mihi posset subrepere fastus,
    Nempe futura fui laude superba tua.
Per te Romulidas libertas prisca revisit
    Ausa suum terris exeruisse caput.
Olim decretis æterni legibus ævi
    Debitus in regimen temporis hujus eras.
Nostraque justificas, priscumque reducis in aurum
    Sæcula, nec ferri nomen habere sinis.
Naturæ perlonga manus se contulit orbi,
    Et dedit in solo munere cuncta simul ;

Utiliusque nihil in postera secla reservans
   Prodiga donatrix pene remansit inops.
Jam neque miretur censorem Justinianum,
   Jam neque se jactet Roma Catone suo.
Si populus felix augustos vixit in annos,
   Nostra nec inferius tempora numen habent.
Dictus eras sensu Graecos quoque vincere, vincis;
   Marte valere, vales; sceptra tenere, tenes.
Sed quamvis sublime caput sub sidera condas,
   Rex super humanum dispositorque genus,
Unum deerat adhuc, non nosse tuum genitorem
   Ad solide plenas prosperitatis opes.
Se l votis astricta tuis fortuna laborat,
   Ut tua sit nulla gloria parte minor.
Iste pater, pater iste tuus, cognosce, revise,
   Qui de carne sua contulit esse tibi.
Filius exsurgit, surgit pater, oscula jungunt,
   Nec cohibet lacrymas iste vel iste suas.
Implicitis strictisque diu complexibus haerent,
   Et cognata sacer pectora mulcet amor.

CANTUS XI.

At genitor vultu non exsatiatus amato
   Haeret et in juvenem lumina fixa tenet.
Aspiciens igitur tantae miracula formae,
   Aut stupefactus ad haec, aut hilaratus ait :
Militiae specialis honor, rationis et aequi
   Immotus limes, perpetuusque tenor,
Nate, (sed usurpo nomen fortasse paternum)
   Qui saevus pater est, desinit esse pater.
Nate, fatebor enim, tua te gestabat in alvo
   Mater, eoque mori tempore jussus eras.
Jussus eras, jussi, perfecti roboris annos,
   Maternosque volens anticipare dies.
Poena paratur ei quem non damnaverat error,
   Et praejudicium lingua paterna facit.
Ordo sed aeternus praefixaque nexio rerum
   Humanae vanum dissipat artis opus.
Servaturque puer placide qui temperet orbem,
   Romuleaque regat moenia facta manu.
Si durae feritatis homo Romana gubernet,
   Funditus ex imo vertere cuncta queat.
Ne pereat mundus te simplicitatis amicum
   Imposuit Latio provida cura Jovis.
Imperii gladium libertatemque nocendi
   In placidi mutas et miserantis opus.
Qui Latium placidus, mentem regis imperiosus,
   Et regis nomen rectius inde tenes.
Quem geris expugnas hominem, carnisque malignae
   Insistis motus lege tenere vagos.
Te cohibes, vivusque senex juvenilibus annis
   Nec te distincte, sed sapienter agis.
Intra naturae voluisti vivere fines,
   Lora tamen freni liberioris habens,
1305 Nec removens, formave tumens, opibusve
                   [solutus
   Proposita stabiles a ratione gradus.
Quo jus latius est, votique licentia major
   Articulo vitam sub breviore trahis.
Unde fit ut coeli curis pro parte relictis

A Pronius intendant ad tua verba dii.
Ipse Pater superum, quoties vel magna requiris,
   Quamvis accelerans tardior esse timet.
Cum tibi multimodi daret ornamenta decoris
   Jupiter in dando movit utrasque manus.
Ne quid in humanis solidum consistere rebus
   Dicat, et opponat credere stultus homo,
Inter successus et gaudia prosperitatum
   Alter et infelix angelus unus erit.
Fili, me perimes, immotaque pensa sororum
   Istud ab aeterno constituere scelus.
Olim dispositi lex et violentia fati
   Utetur manibus in mea fata tuis.
Dextram non animum praebebis, nate, furori,
   Qui tua tela regat spiritus alter erit.
B Vi firmamenti divinorumque supernis
   Cursibus astrorum cogeris esse nocens.
Cogeris esse nocens, manifestaque culpa deorum
   Est, ubi non possis mitior esse patri.
Parcarum seriesque tenax, fixumque necesse
   Simpliciter nostrae crimina caedis habent.
Tu neque, nate, nocens, nec enim reor esse nocentem
   Qui, quia non potuit non nocuisse, nocet.
Non sine respectu, sine re patricida vocaris :
   Nominis attendas significata tui.
Condono mea, nate, tibi, cum dicere vellet
   Funera, vox linguam nulla secuta suam.
Imperfecta foret ruptae sententia vocis,
   Sed pia supplevit lacryma mentis opus.
C Linquitur in lacrymas oculis super insitus humor,
   Quasque potest pietas blanda ministrat opes.
Cumque tamen scirent curas et pondera regni
   Arte patricidae consilioque regi,
In Latii peccare bonum peccare timentes,
   Colloquii gratas corripuere moras.
Ergo recessuri natum super oscula lassant,
   Alternantque vires, participantque virum.
Ad deliberandum complexandumque vicissim
   Praebet ad alternos se patricida sinus.
Distrahitur, discedit ab hac, prensatur ab illo,
   Et venit ad dominos publica praeda duos.
Cernere risus erat miserosque piosque parentes,
   Tam male vel sanctus se moderatur amor.

CANTUS XII.

D Attendens quantoque probro, quantoque pudore
   Fata velint vitam commaculare suam,
Altius ingemuit patricida, suamque relabi
   Fortunam sensit, comminuique decus.
Scit fragilem rapidumque vagae vertiginis orbem,
   Et caeci vultus numinis ambiguos;
Quodque nequit certoque gradu, fixoque tenore
   Quanta velis mundi gloria stare diu.
Moerorem post laeta timens, post blanda ruinam
   Secum sollicito pectore multa movet.
Fortunae legesque graves, moresque maligni
   Ingeminant curas, ingeminantque metum.
Saepe suas metitur opes, actusque decoros
   Colligit in numerum, cunctaque gesta probe,
Carthago deleta subit, regesque subacti,

Et dolet aspiciens quantus et unde cadat.
Longos successus, longos fortuna favores
   Punit et incestat deteriore malo
1306 Morsque patris meritis et laudibus ingerit
                  [umbram,
   Multiplici superest unica culpa bono.
Damnator chari capitis, vitæque paternæ
   Ex rigida fati lege futurus erat.
Emptum morte velit, ut eodem limite posset
   Finis principio concolor esse suo.
Si fas sideribus, si fas illudere Parcis,
   Fata necemque patris præveniemus, ait.
Roma patricidam dici, non esse videbit,
   Et mendax sensus nominis hujus erit.
Nostra quid æthereis mens est cognatior astris,
   Si duræ Lachesis triste necesse ferat.
Frustra patricidam divinæ mentis habemus,
   Si nequeat ratio nostra cavere sibi.
Sic elementa Deus, sic ignea sidera fecit,
   Ut neque sideribus subditus esset homo.
Sic puri datur ingenii solertia major,
   Possit ut objectis obvius ire minor.

CANTUS XIII.

Hinc Capitolinas quibus influit Albula sedes
   Venit, et imperii nobile pressit ebur.
Regali jubet edicto sibi sistat ad unum
   Collectus populus, junctaque turba senum.
Jurisconsulti, prætextatique quirites,
   Albani, Fabii, patriciumque genus,
Conscriptique Patres, quorum moderamine mundus
   Stringitur, et certis cogitur ire modis.
Ergo nobilitas et purpura venerat omnis,
   Multaque congestæ millia plebis erant.
Sic ubi dictator, jussique sedere tribuni,
   Et cum signifero consul uterque suo.
Erigitur de sede throni, monstratque silendum
   Majestate manus; denique verba facit.
Sanguis luteus, soboles gradiva, quirites,
   Hinc olim vires ducitis, inde genus.
Noscite, nec dubios suspecta mente tenebo
   Quid moveat vester, quid patricida velit.
Postulat ambiguum sublato numine munus,
   Quidquid id est regi porrige, Roma, tuo.
Non circumspecta, neque consulta ratione,
   Sed quasi profuse dextera larga dabit.
Denigrat meritum dantis mora; factaque raptim
   Munera, plus laudis, plusque favoris habent.
Per superum, per, si qua manet reverentia nostri,
   Quidquid id est regi porrige, Roma, tuo.
Porrige, si merui, si mentis ad intima nostræ
   Nullus, vel tenuis reperit error iter;
Sincere si tota mihi mea vivitur ætas,
   Si nihil ex mundi colluvione tuli,
Si qui corda solet regum et subvertere fastus,
   Nec Venus enervem præcipitemque dedit,
Nulla licet morum sit mentio, nullaque vitæ
   Quæ multos annos illabefacta manet.

(87) *Sacrifici* vox Hildebertina.

A Saltem blanditiæ nostræ, crebrique rogatus
   Non poterunt populum non tetigisse pium.
Non ea Romuleam premit inclementia gentem
   Supplicis ut surda respuat aure precem.
Crediderim munus magna pro parte contemptum,
   Cum color et vultus blandaque lingua rogat.
Turpe super donis dubitabitur inter amicos,
   Et mora donandi non leve crimen habet
Occupet orantem placituri muneris actor [f. auctor],
   Officio celeri gratia major erit.
Profuit et Latio noster labor, et meritorum
   Non venit ad mores gratia surda bonos.
Promovi leges Latias, coluique senatum,
   Nec meus in plebem perniciosus honor.
Quis Marius? quis Scylla potest? quis dicere Cæsar!

B **1307** Nullus in imperio, nullaque læsa meo.
Non meruit patricida nihil Carthaginis altæ
   Victor, et Afrarum collabefactor opum.
Mentitos vox nostra sibi non arrogat actus,
   Cernite Pœnorum mœnia, fracta jacent;
Fracta jacent: captosque duces, prædamque silebo,
   Ne videar laudes concelebrare meas.
Per superum, per si qua manet reverentia nostri,
   Quidquid id est regi porrige, Roma, tuo.

CANTUS XIV.

Dejectum vidisse ducem, misereque loquentem
   Erubuit populus, erubuere Patres.
Proque bono bona fama viro meritumque perorat,
   Nec patitur steriles principis esse preces.
C Estque rogare ducum species violenta jubendi,
   Et quasi nudato supplicat ense potens.
Detur, ait populus, detur sacer ordo, tribuni
   Detur, vox cunctis unica, detur, erat.
Dant igitur quæcunque petat discrimine nullo,
   Si Latiæ totas postulat urbis opes.
Non tuus excipitur castus, Lucretia, lectus
   Nec pyra sacriflci (87) præcipitanda Numæ.
Ut patricida preces exauditum videt iri,
   Sentit et arbitrio cuncta venire suo:
Cujus, ait, fuerim spe muneris ambitiosus,
   Quidve mihi dederis Romula turba vide.
Nil equidem cupio nostris superaddere gazis,
   Invenit finem copia nostra suum.
Nec dives Latium, nec habet latissimus orbis
D   Quo queat in majus crescere noster honor.
Non Maronis opus, neque vivi marmoris arcem,
   Sed puto quod duro possit ab hoste dari,
Ut liceat propriamque mihi consciscere mortem,
   Et miseram vitæ præcipitare diem.
Est ea votorum species et summa meorum,
   His pro muneribus vox mea blanda fuit.
Induperatorem quem tu tibi, Roma, crearas,
   Et dederas populi publica jura tui,
Nonnisi vel populo, vel concedente senatu,
   Vult libertatem mortis habere suæ.
Munus, Roma, tuum mors est mea, nescia spectas,
   Defenditque tuum nubilus error opus.

Simplicitas populi, pietas elusa senatus,
  Non poterit nostri sanguinis esse rea.
Sed neque blanditiis me sollicitate, Quirites,
  Neve supervacuas multiplicate preces,
Proposito resilire suo cœptisque moveri
  Nostra nequit ratio, sed sibi certa manet.
Quæsivi, nec ego jam non quæsisse nociva
  Munera, nec populus non tribuisse potest.
Dum puram puro licuit sub corpore mentem
  Esse, nec ad scelerum perniciosa trahi,
Innocuæ placuit vitæ felicior usus.
  Illo crimen erat tempore velle mori;
Nunc quia compellor turpi sordescere culpa,
  Abstrahor et vitæ simplicitate meæ.
Ethæros [f. Æthereos] actus animam partemque
                      [caducam,
  Corpus ab alterutro dissociare licet.
Doctus et extensæ mentis famæque prioris
  Judex astrologus prodigiosa canit.
Dicit enim sic pensa trium fusosque sororum
  Volvere, sic cursus sidera ferre suos,
Ut perimat patricida patrem, charumque cruorem
  Fundat, et incipiat turpiter esse nocens.
Sive meam vidit natalem scorpius horam,
  Sive signiferi stella timenda senis,
Aut gravis alterutro Saturnius inhæserat astro,
  Fuderat aut virus martia stella suum.
1308 In latebras animæ gladius penetrabit adactus,
  Profluet et vitæ maxima causa cruor.
Discutiet ferrum mentis carnisque tenorem,
  Concordesque vices, complacitamque fidem :
Discutiet, dico, nec enim mea mens habitaret
  Corpoream vitio participare [f. participante] do-
                        [mum.
Nam velut opposita contraria fronte repugnant,
  Sic meus in vitium spiritus arma movet,
Et mea mens oriunda polo cognataque stellis,
  Naturæ memor est, principiique sui ;
Et quia primorum puros intelligit ortus
  Filia splendoris [id est ratio], noctis abhorret
                       [opus.
Noctis abhorret opus, altæque caput rationis
  Spiritus ad carnis fluxa venire timet :
Nec mea sic carni mens ancillatur iniquæ,
  Nec sic descivit, diriguitque semel,
Frangat ut in natum generoso pectus honesto,
  Vel rigidos sensus culpa resolvat iners.
Ergo dum sancto mens est in corpore sancta,
  Nilque super carnis conditione gemit,
Discedat luteaque domo, carnisque tenebris,
  Vivificusque comes æthereumque jubar.
In terra terrena caro, mens ignis ad ignem ;
  Ad speciem redeat portio quæque suam.
Corporis invisi cæcis excedere claustris
  Non trepidat meritis mens mea tuta suis ;
Carnis ab excessu superos migrabit ad axes,

A Sideris in numerum restituenda sui.
  Jucundum felixque mori cur abnegat ? aut cur
  Roma mihi campos invidet Elizios ?
Compositæ post carnis onus cognata revisam
  Sidera, ubi vita liberiore fruens,
Rebus prospiciam lætus, Urbique timebo,
  Majorisque feram sedulitatis opus.

CANTUS XV.

Argumenta movent perplexaque verba Quirites.
  Non data quæ dederant arte probare volunt.
Non decet aut decuit rigidum sanctumque senatum
  Argumentosa calliditate loqui.
Entymema sonat, sonat hinc inductio, Varrus
  Verba per anfractus fertque refertque vagos.
B Nescio quid magnum tacite concludere tentat,
  Et logica sensim me ratione ligat :
Sed tamen argutis non est ea lingua sophistis,
  Ut valeant cœpto me removere meo.
Eloquitur, vultumque sui sermonis inaurat
  Pollio, facundi pectoris arma movet.
Suadet, adornat, agit, oratoremque colorat
  Alterat arte modos, alterat arte vires.
Non ea depictæ venus [id est venustas] est aut gratia
                      [vocis,
  Quæ mea pervertat vota, meumque mori.
Agrestis tam voce fuit, quam veste Camillus,
  Gratus apud superos rusticitate sua.
Non pictis nugis rigidi placuere Catones ;
  Sermo patens illis et sine veste fuit.
C Agresti Latio monstravit Græcia blandum,
  Græcia perplexum, Græcia grande loqui.
O gravis illa dies, qua simplex et rude verum
  Sorduit, et picti plus placuere soni !
Æquor inaccessas utinam fecisset Athenas,
  Non foret eloquii Roma nitore nocens.
Quisve, quibusve dabit, si nostras ipsius ibit
  Tam leve despectum Romula nostra preces ?
Qui suus illorum Dominus Latiique jacentis,
  Captivas Aquilas victor ab hoste tuli,
Æternique probri maculas et crimina tersi.
  Rursus et induitur Roma decore [colore] suo,
1309 Si nihil Ausonios exorans purpura tangit,
  Personæque meæ gratia surda perit.
D At mecum faciunt legum decreta, meisque
  Consensum votis littera præbet anus.
Ex olim meus est orator Justinianus,
  Viventis causam mortua lingua facit.
Non actore gravi, neque verbo paupere nitor,
  1310 Arbiter in toto maximus orbe fuit.
Dux populi victor munus quod quærit habeto.
  Dux ego, victor ego, munera, quæro, date :
Sed quia muneribus vestri fungatur honoris
  Rex ideo vester, desinit esse suus.
Pono citus trabeam, vestrum citus exuo regem,
  Liber et explicitus ad mea vota meus (88).

(88) Sic desinit hoc poema ab ipso Hildeberto, ut videtur non absolutum, aut saltem ab amanuensi non integre transcriptum, siquidem non refert quæ tan- dem fuerit eventus hujus catastrophe, quod res ipsa postulabat, quodque lector quilibet jure desiderare poterat.

VEN. HILDEBERTI

CARMINA MISCELLANEA,

TAM SACRA QUAM MORALIA.

SIVE

LIBELLUS

QUI DICITUR

FLORIDUS ASPECTUS.

(E manuscripto codice quingentorum circiter annorum c., viri D. Jacobi du Poirier doctoris medici Turonensis.)

—

PROLOGUS.

Raro exempli genere dives humilis invenitur ; hoc exemplum te expetit, præsul (89) venerabilis, quia cum scientiæ prærogativa, rerum affluentia, dignitatis eminentia, tuorum insignia consodalium supervoles et excedas, tamen (quod perrarum est) inter spinas hujusmodi lilium humilitatis in temetipso floruisse video, sicut in præsenti, vir inclyte, tua declarat petitio, qui a servo dominus, a paupere dives, dignus ab indigno aliquid dignatus es postulare, cum potius debuisses imperare : petis autem ut quidquid in versu ab antiquo, in quantum recolligere possum, elegantiori stylo præpollens uno volumine concludam, tuæque devotioni transmittam. Factum est ut postulasti, et licet libellum istum nulla rhythmorum commendet jucunditas, pluribus tamen in locis (salva auctoris humilitate) sententiarum pondera, et verborum insignia poteris invenire ; tentavi enim tam verborum splendorem, quam veritatem qualicunque stylo perstringere, illud proverbium attendens : placere speciosa, prodesse pretiosa ; **1311-1312** et illud Horatii :

Omne tulit punctum qui miscuit utile dulci.

Quod igitur flores isti ex diversa, in unum confluxerunt materia, dignum duxi ut præsens opusculum, juxta operis tenorem, tituli sortiretur auspicium, *Floridusque Aspectus* vocaretur, eo quod floridi aspectus sui gratia quorumlibet animos alliciat ad legendum ; nec immerito tam festivi tituli dignitate principium nobilitavi paginæ, utpote qui operi jocoso dignanter alludat, ipsamque Scripturæ januam proprii splendor vocabuli incoloret et depingat ;

dignus, inquam, titulus qui præponitur, sed dignior pagina quæ subsequitur, quæ et in nonnullis sententiarum majestate scintillat, et in quibusdam sermonis aurei [*supp.* fulgore] resplendet et rutilat.

I. *De Nativitate Christi.*

Nectareum rorem terris instillat Olympus ;
    Totam respergunt flumina mellis humum.
Aurea sanctorum rosa de prato paradisi
    Virginis in gremium lapsa, quievit ibi.
Intra virgineum decus, intra claustra pudoris,
    Colligit angelicam virginis aula rosam.
Flos roseus, flos angelicus, flos iste beatus
    Vertitur in fenum, sit caro nostra Deus.
Vertitur in carnem Verbum Patris ; at sine damno
    Vertitur in matrem virgo, sed absque viro.
Lumine plena suo manet in nascente potestas,
    Virgineum florens in pariente decus.
Res nova, res celebris, res omni digna stupore !
    Et pudor et partus sunt sine lite simul.
Quatuor hæc partum commendant Virginis, auri,
    Vox Gabrielis, opus Pneumatis, umbra Patris.
Virgo silet, loquitur Gabriel, inbalsamat almum
                    [alvum
    Spiritus et virtus Patris obumbrat ei.
Virginis auris ibi fuit uxor, vir Gabrielis
    Sermo, dos almus Spiritus, umbra Pater.
Sol tegitur nube, feno flos, cortice granum,
    Mel sera sacco purpura, carne Deus.
Ut nucleus testæ quasi mel ceræ, velut auro
    Jungitur argentum, sic caro juncta Deo est.
Ergo si recte discernas singula, dices
    Mox favus electrum est, qui Deus est et homo ;

(89) Intelligit hic forte Hildebertus Willelmum Wincestrensem episcopum qui, ut patet ex Epistola 30, lib. III, ab ipso postulaverat ejus *exarari sibi* *opuscula, et exarata transmitti,* quæ revera se ad illum missurum illa Epistola pollicetur.

Nam duo juncta nucem, duo juncta favum, duo
     [juncta
 Electrum statuunt, te duo, Christe Jesu.
Solem stella parit, aurora diem, petra fontem,
 Patrem nata Deum, femina virgo virum.
Ætheris ac terræ sunt hæc quasi fibula, sancto
 Fœderis amplexu dissona regna ligans.
O castæ Matris felix dignatio! sese
 Terris inclinat hac mediante polus.
Hæc est illa parens sacra, cujus nomen in ore,
 Est favus in corde, dulcis in ore melos.
Hæc est quam cœli pictor Deus intus et extra
 Pinxit, et angelica dote polivit eam.
Quantum fas credi est, Deitas hanc tota refulsit,
 Et quasi succincta venit ad istud opus.
Lavit enim mentem, carnemque polivit, ut esset
 Intus sincera mens, caroque munda foris.
Splendor festivus totam sibi vindicat illam,
 In qua præfulget omne decoris ebur.
Angelicæ lucis speculum decor ejus adumbrat:
 Huc oculum flectit curia tota suum.
In titulos ejus citharizant omnia cœli
 Organa, cœlestis musica ludit ei.
Hæc est cella capax, ubi mel Deitatis inundans,
 Plene compluit hanc muneris imbre sui.
Stella maris, candoris ebur, speculum paradisi,
 Fons veniæ, vitæ janua, Virgo, vale.
Cœli scala boni, schola pacis, fibula thuris,
 Virgula, pigmenti cellula, Virgo, vale.
De te tot laudum rutilant insignia, nescit
 Quo plus ascendat tantus honoris apex.
Omnis virtutum species et aromata, totam
 Te simul aspergunt thuris odore sui:
Tu sine defectu radius, tu flos sine spina,
 Tu sine nube dies, tu sine sorde parens.
Quid loquor? hinc nullum crementum laus tua
     [sumit;
 Frustra lucet facis, tento juvare diem.
Quanta tuis pateat virtutibus area, nullis
 Fasciculis laudum claudere lingua potest.

II. *De partu Virgineo.*

Aaron virga, Dei Virgo peperisse feruntur;
 Arboris illa nuces, ætheris ista Deum.
Semine virga caret, profert sine semine fructum;
 Nescit Virgo virum, concipit absque viro.
Fert sine radice, genuit sine seminis usu
 Arida virga nuces, integra Virgo Deum.
Floruit illa, dedit fructum, nux prodiit inde;
 Concipit, ista parit, nascitur inde Deus.
De virga nux exoritur, de Virgine Christus;
 Virga Maria fuit, nux Homo-Christus erat.
In testa sane species humana notatur,
 In nucleo deitas, in nuce Christus-Homo.
In testa latens deitas, in carne moratur
 Cum nucleo testa, cum deitate caro.
Dulce sapit nucleus, mulcet sapor iste palatum;
 Dulce sapit deitas, cor regit iste sapor.

(90) Gallice gerbe · ita Martinius in Lexic. et Du-
cang. in Gloss.

III. *De venditione Joseph.*

Cum natura Jacob duodena stirpe beasset,
 In pueris forte gratia multa fuit.
1313 Offuscans alios vultus fulgore sereni,
 Alter in his meruit Lucifer esse Joseph.
Omnia solaris offuscat sidera fulgor;
 Sic omnes roseo prævenit ore puer.
In vultus alios vigili minus usa labore,
 Huic natura dedit quidquid habebat opum.\
In pueri vultum tantum fuit illa decoris
 Prodiga; post munus pene remansit inops.
Sic omnem scrupulum limaverat ungue polito,
 Ut vitii labes nulla molestet opus.
Commendant pueri decus, os roseum, genaque flo-
     [rens,
 Scintillans oculus, mens pia, pura caro.
Os, lumen, dentes imitatur, reddit, adæquat
 Pura nitens niveum lilia, sidus, ebur.
In laudem pueri plene natura laborat,
 Miraturque suam sic studuisse manum.
Si minus egisset aliquid fortasse (quod absit)!
 Hoc damnum redimi vestis honore potest.
In puero cultus naturæ munus honorat,
 Cujus laus formæ laudibus addit opem.
Imbuerat vestem roseo tinctura colore,
 Ebria muriceo sanguine vestis erat.
Contulit hanc puero patriæ devotio curæ,
 Alludens pedibus fimbria, lambit humum.
Cum pater in fratres alios se stringat amoris
 Glutine firmius huic patris inhæsit amor.
In fratres parit invidiam res ista; ministrant
 Huic alimenta malo somnia visa Joseph.
Quod sopor ostendit, ad fratrum detulit aures,
 Quam declarat eis visio talis erat.
Res habet, imus agro, manus instat nostra maniplis,
 Falx prædatur agrum, spes sua quemque trahit.
Prona meæ gelimæ (90) subdit pars vestra cacumen,
 Supplex, et quædam signa precantis habens.
Vulnerat auditum tenuis scintilla loquelæ,
 Fraternum cumulant altera visa scelus.
Somnia declarans, in conspectu patris infert
 Rursus fraternis auribus ista puer.
Omnia somnus habet, color unus palliat orbem,
 Visibus alludunt somnia læta meis;
Sol caput inclinat, mihi lunæ supplicat orbis,
 Sideris undeni circulus orat opem.
Hæc vox in fratres livorem suscitat, iram
 Provocat, excruciat pectora, crimen alit.
Mentem non lædit verbum puerile paternam;
 Retinet effectu verba carere suo (91).
In mortem pueri livor fraternus anhelat,
 Respondent sceleri tempora grata suo.
Fratribus absque Joseph missis in pascua, transfert
 Se puer ante patrem; prodit in ista pater:
Si pure ridet fratrum fortuna tuorum,
 Consule; paret, abit, consulit ille Sichem.
Surda tacent puero loca, stat puer, hæsit in illo

(91) Forte:
 Vellet hæc effectu verba carere suo.

Lumine [f. limine: vir didicit quid petat, ille docet.
Rusticus exit in his: Dotahim loca consule; reddit:
 Quid petis? ille locum? credit, abitque puer.
In puerum fratres defigunt lumen, et istis
 Utentes verbis, mutua verba ferunt.
Ecce Joseph, cujus fortuna laborat honori,
 Cui dare promittunt somnia quidquid habent.
Ebibat innocuum cuspis fraterna cruorem,
 Ne fructus habeant somnia visa suos.
Nomine velabit rabies se nostra ferino;
 Nostrum defendet culpa ferina scelus.
Impietas et amor in eorum pectore pugnant;
 Hæc inhiat sceleri, comprimit ille nefas.
Bella movet cum fraude fides, cum crimine virtus
 Cum pietate scelus, cum ratione furor.
Quæ modo perdere vult puerum, modo parcere, dici

1314 Jure potest pietas impia dulce scelus.
Affectus de corde pios eliminat hospes
 Impietas, mentem deserit exsul amor.
Fratres immemores fraterni nominis, urgent,
 Maturantque scelus, propositoque student.
Ne sibi se perdat, ne fratrem mutet in hostem
 Ut scelus excludat, prodit in ista Ruben:
Vestrum compescat rationis habena furorem,
 Nec maculet puras sanguinis unda manus.
Pro puero nobis decor oris supplicat; ejus
 Sunt oratores jus, pietas et amor:
Simplicitas veniam, si quid deliquerit, orat;
 Excusat puerum nescia vita mali.
Tot bona nituntur nostrum mollire rigorem,
 Tot precibus frangi saxea corda queunt.
Hæc cisterna vetus, quam longi temporis usus
 Compulit in senium, contegat illa Joseph.
Dulce etenim fiet hoc scelus, impietas pia, juste
 Peccabit noster hac pietate furor.
Verbum pondus habet, puerum cisterna recepit
 Culpam commendat hujus imago boni.
Gaudet, abitque Ruben, reliqui jejunia solvunt;
 Comprimit esca famem, consulit unda siti.
Vix jejuna fames primam libaverat escam,
 Præsens accessit advena turba loco.
Judas protulit hæc: En nostro prospera voto
 Sors bene respondet, institor ecce novus.
Parcatur puero, vendatur, serviat exsul:
 Parent, emptor adest; venditur ergo Joseph.
Res latet ista Ruben; discesserat: inde revertens,
 De puero puteum consulit; ille tacet.
Sanguinis esse reos fraternos augurat enses,
 Oblitamque sui credidit esse fidem.
Hoc impulsa motu, pietas suspirat; in ejus
 Corde pius linguam solvit in ista dolor:
Heu! quid agam? periit puer, o cisterna furoris
 Fraternique mali conscia, redde Joseph.
Heu! quid agam? periit puer, o furor! Iste quid egit
 Dignum morte? nihil: sed quia justus erat.
Heu! quid agam? periit puer; ille puer, puer ille,
 In quo pendebat totus amore pater.
Heu! quid agam? periit puer ille meus, cruor ille
 Lucifer, ille color lacteus ille Joseph.

  PATROL. CLXXI.

Obice singultu vocis stetit impetus horrens,
 Adventum lacrymæ lingua refrenat: iræ
Fletibus, ungue dolor rigat, exarat ora, capillos
 Fletibus ora rigat, exarat ungue comas.
Ex animo pietatis adeps per lumina fluxit;
 Affectum loquitur lacryma fusa pium.
Invigilant fraudi reliquorum pectora fratrum;
 Effectu fraudes non caruere suo.
Vestis uncta Joseph hircino sanguine fraudi
 Consulit; incauto mittitur illa patri.
Testem prætendens pueri de morte cruorem,
 Intimat illa patri jam nihil esse Joseph.
Sanguinis hircini color omnem palliat artem,
 Condemnans alios [f. justos] justificansque reos.
Eludit patrios oculos res ista; cruentum
 Augurat ille pecus sanguinis esse reum.
Hic timor excludit spem, pectus causa molestat.
 Congelat hinc animum sæva doloris hiems.
Lumen, lingua, manus, fletu clamoribus ungue,
 Ora, locum, crines, abluit, impiet, arat.
Fulgurat interius dolor hujus turbine pestis,
 Intonat exterius talibus ira sonis:
Væ mihi, væ tibi, væ mihi patri, væ tibi fili.
 O furor! o rabies! o fera! redde Joseph.
Surdier æquore, sævior aspide, nequior angue
 Horridior monstro, bellua, redde Joseph.
Perfidior Styge, sordidior sue, vilior hirco,
 Asperior dumis, bellua, redde Joseph.

1315 Durior incude, nigrior et pice, durior hoste,
 Tigride deterior, bellua, redde Joseph
Melle suavior, igne micantior, aptior umbra
 Fratribus utilior, væ tibi parve puer.
Mitior agno, purior auro, clarior astro,
 Jaspide lucidior, væ tibi parve puer.
Turture simplicior, vernanti gratior umbra,
 Nobilior violis, væ tibi parve puer.
Pure quasi vitrum, scintillans ut Jovis astrum,
 Candide sicut ebur, væ tibi parve puer.
Huc properate senes, huc florida confluat ætas,
 De puero pueri, cum sene flete senes.
Tundite pectus, fundite fletus, plangite funus,
 De puero pueri, cum sene flete senes.
Fons fluat ex oculis, in vestem sæviat unguis,
 De puero pueri, cum sene flete senes.
In nobis hiemat totius grando procellæ,
 De puero pueri, cum sene flete senes.
Clavo sublato fluitat ratis anchora nostræ,
 De puero pueri, cum sene flete senes.
Heu puer! ille color meus est dolor, illa figura
 Nostra est iactura, væ tibi, pure puer.
Ille tuus nasus mihi casus, gloria vultus.
 Noster singultus, væ tibi, pure puer.
Effigies grata mihi fata, genæ mihi pœnæ,
 Tam nova sors mea mors, væ tibi, parve puer.
Illa decens facies mea nunc rabies, caro pura
 Sors mihi dura, meum mors mihi redde Joseph.
Dulcia viscera sunt mea vulnera, umbra [f. membra]
          [tenella.
 Nostra procella, meum mors mihi redde Joseph.

Interitus taus est meus exitus, illa loquela
  Nostra querela, meum mors mihi redde Joseph
Ille cruor roscus furor est meus, illa rapina
  Nostra ruina, meum mors mihi redde Joseph.

IV. *De Job, Noe et Daniele.*
(E ms. Turon. et aliis.)

Tres recipit cœlum, Danielem, Job, Noe; clauso
  Limine mendicat cætera turba foris.
Si pondus rerum ratio bene consulat omnis,
  Exprimet electos illa figura trium.
Castorum mores Danielis vita figurat;
  Floruit illæsus in Daniele pudor.
Job designat eos quos fœdus inescat amoris;
  Job complevit opus prolis amore situm.
Ilos Noe declarat quos Ecclesiæ ratis audit;
  Arca secuta Noe, sub Noe tuta fuit.
Qui caste vivunt Daniel, qui conjugis implent
  Debita Job, Noe sunt qui bene corda regunt.
Volvitur in saxo qui nubit, sudat in agro
  Qui docet, in lecto vivere castus amat.
Huic mola debetur, ager huic, torus huic; mola
                        [mundus,
  Subdita plebs ager, vita quietat torus.
Tres ibi cerno gradus; molit hic [*supp.* regit hic] cu-
                        [bat ille
  Spe prolis, lucro fratris, amore Dei.
Vult Deus hunc, vocat hunc, rapit hunc; proli va-
                        [cat iste.
  Ille gregem pascit, esurit ille Deum.
Hic tener, hic fortis, hic est lenis; quasi lacte
  Vescitur hic, ille panibus, ille favis.
Impetit hunc demum, [*f.* dæmon] super hunc dolet,
                        [invidet illi;
  Quem domat hic, ille vulnerat, ille necat,
Istum campus habet, hunc collis, mons habet illum,
  Ambulat hic, ille cursitat, ille volat.
Quidquid peccati est cavet hic, timet hic, fugit ille;
  Hic inhiat, studet hic, affluit ille bonis.
Iste manu purus, sermone, manu sacer ille,
  Integer est ille pectore, voce, manu.
Quid noto? militat hic imperat, ille quiescit,
1316 Hic bonus, hic melior, optimus ille gradus.
Ili tres in mundo fluitant; tamen iste pericli
  Paulisper patitur, hic minus, ille nihil.
Ut mare transeat hic mons, hic quasi brachia navem D
  Præparat hic, pontem fabricat ille sibi.
Hunc motus manuum, ratis hunc, pons adjuvat illum;
  Hic nat, remigat hic, transilit ille fretum.
Ter denos fructus emit hic, duplum metit ille,
  Illi centenus præmia debet honor.

V. *De tribus donis magorum.*

Quid thus designet, quid obumbret myrrha, quid aurum
  Exprimat inquiro, pagina sacra docet.
Hæc tria pondus habent sacris induta figuris;
  Hæc tria plus pretii quam foris intus habent
Testa lapis cera est, quod verba foris tibi dicunt,
  Quid latet interius, nucleus, unda, favus.

A Eliciet testa nucleum, lapis evomet undam,
  Cera favum premet, si bene cuncta notes.
Mortuus in myrrha Christus signatur, in aure
  Rex, in thure Deus, sunt tria forma trium.
Huic offers myrrham, credatur mortuus, aurum
  Regem credendo, thus venerando Deum.
Quid latet interius adhuc de verbis elice sensum,
  Rursum mellitus prodiet inde liquor.
Per myrrham macerata caro, doctrina per aurum,
  Per thus signatur vox lacrymosa precum.
Dat myrrham qui se macerat, thus quæstibus orans
  Cum lacrymis, aurum qui sapienter agit.

VI. *De tribus hominis mansionibus.*

Trina domus justo est, fit in aere prima, secunda
  Sub tellure jacet, stat super astra sequens,
B Lar domus hæc, tumba domus hæc, polus est domus
                        [illa;
  Præterit hæc, illa deficit, illa manet.
Hanc faber, hanc fossor, Christus parat hanc; lapis
                        [illam
  Construit, hanc vermis, hanc pietatis opus.
Sorte diversa trium est, ruit hæc, jacet hæc, stat et
                        illa
  Plena malis, sordens pulvere, fulta bonis.
Hic labor, hic dolor est, sed ibi neutrum; domus ista
  Turbinis est, ista funeris, illa joci.
Vivit in hac, sopitur in hac homo, regnat in illa;
  Hic mortalis, ibi terra, beatus ibi.
Jungitur hic vivis, ibi defunctis, ibi Christo;
  Transitus hic, ibi mors, vita perennis ibi.
C Ruminat hic epulas, ibi vermiculos, ibi laudes;
  Hic lacrymas, ibi fel, balsama gustat ibi.
Hic aliquid, nihil hic, illic habet omne quod optat.
  Hic miser, hic nudus, dives habetur ibi.
In lare ros, cinis in tumba, flos in paradiso.
  Hic est fumus, ibi spuma, smaragdus ibi.
Vita latet tumbam, caro cœlum, spiritus exit
  Suspirans, intrat mortua, lætus init.
In lare suspirat vivens, putrescit in urna
  Mortuus, exsultans regnat in urbe Dei.
Illa priora duo supremum contulit istud,
  Primi culpa patris, gratia sola Dei.

VII. *De laude Samsonis archipræsulis* (92).

Tange, manus, calamum, Samsonis pinge triumphos,
  De cujus titulis Gallica vernat humus.
Fasciculos tibi fac aliquos de floribus istis,
1317 Ex his connecti sarcina magna potest.
In decus Ecclesiæ, virtutis regia, juris
  Linea, discordum fibula, Samson, ave.
Declaras opere quod spondes nomine fortem,
  Vivere Samsonem sæcula nostra stupent.
Cujus honor, cujus laus, cujus fama sereno
  Terras infundunt lumine, vive, precor.
In cujus thalamis pluit omnis gloria rerum,
  Ad quem confluxit alveus omnis opum.
In cujus digitis gemmas invisgerat aurum,
  Dum latus excostat, anule, lima tuum.

(92) Forte Remensis, nullum enim alium legimus circa hæc tempora in Galliis archipræsulem
hoc nomine insignitum.

Arrident uni tria, sors, natura, sophia;
  Et tibi nituntur tradere quidquid habent.
Prodiga sors, prudens natura, sophia coruscans.
  Fundit opes, mores format, honesta docet.
Sors equidem vultu sincero candida venit,
  Tot succincta bonis pene remansit inops.
Elimans mores digitis natura politis
  Nullius vitii signa reliquit ibi.
Irrorans animum melliti rore saporis
  Quidquid in arte latet scire sophia dedit.
In te non hiemat cujuslibet aura procellæ,
  In quo virtutes tempora veris habent.
In virtutes quarum te pompa coronat,
  In te virginitas regia sceptra tenet.
Virginitas dulcore favum, candore ligustrum,
  Stellam fulgore, vincit odore rosam,
Virginitas redolens quasi thus, rutilans velut as-
                              [trum,
  Pura quasi vitrum, candida sicut ebur.
Quid noto? te ditat, te dotat, te polit aurum
  Doctrinæ, fidei gemma, pudoris ebur.
Te mens, te lingua, te commendat manus, illa
  Cogitat, hæc loquitur, perficit illa bonum.
Interius mentem virtutum fulgor inaurat,
  Nomen inargentat lingua polita foris.

VIII. De quatuor evangelistis.

Tange, Camena, stylum, phaleratos exue cultus,
  Rerum majestas induat istud opus.
Non opus hic phaleræ, sed dives sensus inauret,
  Plus pretiosa valent, et speciosa minus.
Currus, Christe, tuus sit limes carminis, ex hac
  Materia carmen texe, Camena, tuum.
Corpus materiæ parva complectere zona,
  Et brevis esse studens, et gravis esse cavens.
Quæ juga, quæve rotæ referam, quæ frena, quis axis,
  Quis vir, quis vitulus, quis leo, quis sit avis.
Quatuor intueor [f. interea] paradisi flumina cur-
                              [runt.
  Amminadab video quatuor ire rotis.
Te, Matthæe, prior; te, Marce, sequens rota; Lucam
  Tertia; te quarta signat, amice Jesu (93).
Sors diversa rotas trahit, it rota prima, secunda
  Festinat, currit tertia, quarta volat.
Insignes ubi sunt axes, ubi nobile frenum,
  Gnarus ubi ductor, est ibi lene jugum.
Utraque lex, avis; frenum est discretio; Christus
  Est auriga; jugum sunt tua jussa, Deus.
Gratia cuique suas divisit opes, fluit iste,
  Ventilat hic, ille fulgurat, ille tonat.
Hebrævam didicit Matthæi pagina linguam,
  In Græco reliqui tres studuere loqui.
Matthæi calamus aqua, Lucæ littera vinum est,
  Marci pagina lac, mella Joannis opus.
Iste quasi terram sapit, hic stillat quasi myrrham,
  Hic redolet quasi flos, hic ut aroma viget.
Hic agrum sulcat, in sulco seminat ille;
  Hic operit semen, hic adoperta rigat.

(93) Joannes evang., scilicet quem diligebat Jesus.

A Quilibet illorum docet, orbi personat iste,
  Intonat hic, ille buccinat, ille canit.
1318 Cymbala primus habet, gerit alter tympana,
                              [plectrum
  Tertius exercet, organa quartus agit.
Dum jubar infundunt animis, hic est quasi lampas,
  Cereus hic, ille Lucifer, ille dies.
Consule Scripturas, hic ferreus, æreus ille,
  Hic argenteus est, aureus ille stylus.
Hic hominis vultum, speciem bovis, ora leonis,
  Alitis effigiem, quatuor ista noto.
Matthæum signat vir, bos Lucam, leo Marcum,
  Ales discipulum qui sine sorde fuit.
Scriptorum titulos, titulorum consule causas,
  Quæ loquor invenies pondus habere suum.
B Matthæo species humana datur, quasi scripto
  Indicat et titulo quid Deus egit Homo.
Os vituli Lucam declarat, qui specialem
  Materiam sumpsit de cruce, Christe, tua.
Effigiat Marcum leo, cujus littera clamat
  Quanta surrexit vi tua, Christe, caro.
Discipulum signat species aquilina pudicum,
  Vox cujus nubes transit ad astra volans.
Christus homo, Christus vitulus, Christus leo,
                              [Christus
  Est avis, in Christo cuncta notare potes.
Est homo dum vivit, bos dum moritur, leo vero
  Quando resurgit, avis quando superna petit.
Fons distillat, adhuc verborum consule venas:
  Quatuor hæc justus quilibet esse potest.
C Mente vigens fit vir, mactans carnalia fit bos,
  Dura domans leo fit, summa sequens fit avis.

IX. De partu Virgineo.

Sol, nubes, et aqua cœlestis luminis irim
  Conficiunt; partum Virginis ista notant.
Sol deitas, nubes carnis species, aqua sanctus
  Spiritus est, Iris stella Maria maris.

X. De natali Christi.

Natus	Casta	Nitens	Exsultans	Perfidus	Emptus
Rex	virgo	sidus	angelus	hostis	homo
Quærit	nescit	dat	declarat	perdit	adorat
Nos;	labem;	lumen;	gaudia;	jura;	Deum.

XI. De baptismo Christi.

Roratur	Clamat	Sacratur	Adest	Solidatur
D Salvator;	Genitor;	unda;	columba;	fides.

XII. De oblatione Christi.

Solvitur	Offertur	Plaudit	Fertur	Stupet	Orat
Lex;	turtur;	Mater;	Filius;	Anna;	Senex.

XIII. De passione Christi.

Fert	Agitat	Damnat	Christus	Dæmon	Pharisæus
Probra;	reos;	Christum;	carne;	furore;	Cruce.

XIV. De resurrectione Christi.

Dæmon	Mors	Barathrum	Christus	Galilæa	Fideles
Flet;	petit;	orbatur;	surgit;	aditur;	orant.

XV. De ascensione Domini.

Scandit	Suspirant	Jubilat	Linquuntur	Aditur
Salvator;	fratres;	Angelus;	ima;	polus.

1319 XVI. *De adventu Spiritus sancti.*

Exspectat, replet, expellit, grex, Spiritus, ardor :
  Munera, corda, metum, mente, calore, fide.

XVII. *De judicio Christi.*

Judex, cœlum, stix, discernet, nutriet, uret
  Facta, bonos, reprobos, jure, quiete, foco.

XVIII. *De Christo Domino.*

Natus purus homo, fortis, surgens, levis, intus
Virgine, culpa, re, vi, carne, gradu, deitate,
Sumit, sacrat, fert, premit, excitat, intrat, adim-
                                                [plet,
Corpus, aquas, pœnam, mortem, se, cœlica totum.

XIX. *Super Aaron.*

Fert Aaron tabulas legis ferugine tinctas,
Quas noster Aaron Evangelii polit auro.

XX. *Super Virginem Mariam.*

Plus vere rutilat gemmis stellata Mariæ
Virginis effigies, speculumque reverberat auri.

XXI. *Super arcam Dei.*

Arca Dei variis rerum frondosa figuris,
Quam Christi sanguis imbalsamat, exprimit aram.

XXII. *Super aram.*

Purpurat hanc aram festivi gloria vultus
Sic radiare vides quidquid vetus ara figurat.

XXIII. *Super majestatem.*

Non est hic opifex, sed opus; non rex, sed imago
Regia, quæ nostris oculis alludit in auro.

XXIV. *Super Synagogam.*

Obnubit frontem Synagogæ legis amictus.

XXV. *Super Ecclesiam.*

Induit Ecclesiam scintillans laurea stellis.

XXVI. *In Evangelio.*

Uxor, villa, boves, cœnam clausere vocatis ;
Mundus, cura, caro claudunt æterna beatis.

1320 (94) XXVII. *Epitaphium Roberti de Arbrissel.*
(E ms. Elnonensi, seu S. Amandi, nunc Regio, n.
274, ann. circiter quingentorum.)

Astrorum cultorque Dei metit astra Deumque,
  Sunt locus et merces, astra Deusque bono
Iste bonus meliorque bonis, taceo meliorum
  Optimus; ad laudem sufficit esse bonum.
Hujus erat solidare fidem, mentique mederi,
  Virtuti stimulos addere, spemque reis;
Exstirpare scelus, non exstirpare scelestos,
  Et Christum membris conciliare caput.
Pane famem, potuque sitim non anticipavit,
  Sed nec veste gelu, sed nec opus requie.
Prandia cum cœna potu non continuavit;
  Frena gulæ posuit, non gula frena viro.

A Attrivit lorica latus, sitis arida fauces,
  Dura fames stomachum, lumina cura vigil.
Indulsit raro requiem sibi, rarius escam ;
  Pascebat fauces gramine, corda Deo.
Hic sitiebat aquam, sed majus aqua sitiebat :
  Causa sitis geminæ Christus et unda fuit.
Legibus est attrita caro dominæ rationis,
  Et sapor unus eis, et sapor ille Deus.
Huic Pictavensi Petrum, qui præerat ovili,
  Vita parem fecit pectore, mors meritis.
Per meritum datur emeritis quod dat recipitque
  Gratus utrique Deus, gratus uterque Deo.

XXVIII. *Epitaphium (95) episcopi constanti semper*
  animo officio suo functi, et tandem in exsilio suo pro
  justitia defuncti.

B   (E ms. Ebroicensi, n. 19, et Turon.)

Petre, super petram nec inaniter ædificasti,
Illic et turres quibus iter ad astra locasti,
Flaverunt venti, ruit imber, flumina, grando ;
Nil tamen istorum concussit eas aliquando,
Tot tempestates frustratus es undique totus,
Nec gravibus cedens, nec prosperitate solutus
Tu vas electum, vas purum, vas in honorem,
Quod morum nectar, quod vitæ fundit honorem.
Tu ducis ulceribus medici vice condoluisti
Palpatis frustra ferrum pius apposuisti.
De thalamo nuptam sponsam de sede fugarat.
Templa, torum, patriam, vi, pellice, labe gravarat.
Sæpius hunc, ut se sibi redderet, admonuisti
Spernentem, Satanæ sed mœrens exposuisti.
C Hinc æger gravius secretis ignibus arsit,
  Virus et invidiæ male saucia viscera carpsit.
Jezabel Elias, Herodiademque Joannes
Pertulit, hinc ambo titulos meruere perennes.
Te similis sexus, te par furor egit ab urbe;
Inde palatinis canibus sacra contaminata,
Mors abjecti, jus fractum, lex violata ;
Hinc et clerus ab his conflictus [*f.* constrictus] ab
                                      [his laceratus.
Qui (96) facinus gratis adeunt, bona nemo rogatus :
1321 Tu tamen immotus tot tantaque sustinui-
                                      [sti,
Præsul in exsilio mortalia nostra professus,
Ora pro nobis ad edita regna regressus.

XXIX. *Epitaphium Petri Pictaviensis episcopi.*

D   (E ms. Turon.)

Virtutes quarum celebris dignatio Petri
  Moribus arrisit, colligo laude brevi.
Pieridum lyrifer, virtutum signifer, vitis

---

(94) Ex hoc epitaphio patet quam falso Hildeberto tribuatur famosa illa Epistola, qua beato
Roberto exprobratur novum illud martyrii genus, a Goffrido Vindocinensi illi impositum, per
nimiam cum mulieribus familiaritatem. Quis enim
id credat de viro quem Hildebertus in hoc epitaphio, ut tot titulis, infensissimum carnis hostem
describit ?

(95) Non alium sane quam Petrum Pictaviensem
episcopum, nec alium etiam ducem quam Guillelmum Aquitaniæ ducem, potentissimum simul, et
tunc nequissimum, quem cum pastorali lenitate ad
meliorem frugem reducere Petrus frustra conatus
esset, tandem incomparabili zelo illum, stricto
gladio, et pontificis capiti jamjam imminente, mortem minitantem, anathemate ferire non dubitavit.
Unde ab incestuoso principe, vipereo meretriculæ
sibilo infecto, ferventissimus incesti dissuasor
præsul sexcentis contumeliis exagitatus, et tandem
in exsilium actus, glorioso fine martyr occubuit.
Vide Malmesbur. in Historia de Willel. Sec. lib. IV
et V, et Baron, ad ann. 1130.

(96) Phrasis Hildebertina, ut patet ex Epist. 17,
lib. II, ubi de sceleratis sic ait : *Qui gratis ad fa-*
cinus discurrunt, ad honestum nec pretio...

Clavifer, Ecclesiæ lucif   iste fuit.
Consilii ros, ingenii flos, eloquii cos,
   Palladis os, morum dos, Heliconis honos.
Præter tot titulos quibus ille refulsit, in ejus
   Floruit illæsa carne pudoris ebur.
Carnis candorem nullius carbo notavit,
   Illecebræ niveus flos sine labe fuit.
Qui de carne sua laudis vexilla reportans,
   Aurea quæ meruit præmia victor habet.
Piscator fuit hic hominum, piscesque fuerunt
   Quinti, piscantur cum sibi fata virum (97)

     XXX. *Epitaphium magistri Anselmi.*

(E ms. codice Elnonensi, nunc regio, n. 274.)

Dormit in hoc tumulo celeberrimus ille magister
Anselmus (98), cui per diffusi climata mundi
Undique notitiam contraxit et undique laudem
Sana fides, doctrina frequens, reverentia morum,
Vita pudica, manus diffundens, actio cauta,
Sermo placens, censura vigens, correctio dulcis,
Consilium sapiens, mens provida, sobria, clemens.
Sed quæ larga Dei congessit gratia dotes,
Idibus invitis dissolvit Julius ater,
Qua vivens viguit comitatur gratia functum.

     XXXI. *De morte comitis* (99) *Flandrensis.*

    (Ex eodem ms. Elonensi-Regio.)

Divisos meritis mors urna versat eadem,
   Et nimis æqua pari pondere librat eos.
Non lingua rhetor defenditur, aut equus [*i. e.* eques]
                   [armis,
   Non redimit virtus fortia, pulchra decor.
De comitis casu mors sola triumphat; in illo
   Invidet hoc homini, non hominis senio.
Mors mirans senium quod nondum fecerat ætas,
   Est, ait, iste senex, desine vita senem.
Pene simul comes est monachus, monachusque
                [cadaver,
   Et comiti et monacho tu comes esto, Deus.

     XXXII. *Epitaphium cujusdam probi viri* (100)

    (Ex eodem ms. Elnonensi Regio.)

Vir venerandus obit, qui si quem fama superstes
   Post obitum cogit vivere, non obiit ;
Qui totus pietas, totus concordia, totus
   Majestatis apex, copia totus erat.
Qui gravis atque pius, in eo vigilavit ut esset

A   Cum pietate gravis, cum gravitate pius.

1322 Lenis erat, sed et asper erat ; sed lenis et
                       [asper :
   In neutro vehemens, sive remissus erat.
Qui duce temperie, medium tenuit vitiorum,
   Stare sciens inter plusque minusque medum.
Qui tamen in quantis erat, et per cuncta modestus,
   In servare modum cavit habere modum.

     XXXIII. *Epitaphium Milonis in carcere jugulati.*

    (Ex eodem ms. Elnonensi-Regio.)

Digne Milo vita, tua mors anathemate digna est ;
   Hostis honeste doli victus es hoste dolo. .
Turba premens unum, justum rea, libera vinctum,
   Sic animam solvit carcere, sic hominem.
Frenduit ira minax, riguit furor, infremuit fax ;

B   Fit scelus, et scelus hoc expiat omne scelus.
Maii sexta dies tenebris confessa dolorem :
   Nox rege dum patior quos rego, dixit, equos.

     XXXIV. *Epitaphium cujusdam divitis comitissæ* (1).

       (E ms. Turon.)

Huic tria post cineres vitam conferre laborant,
   Mens humilis, blandus sermo, benigna manus.
Exempli speculum, patriæ rosa, lampas avorum,
   Feminei sexus immemor illa fuit.
Deliciis florens, vultu festiva, coruscans
   Exémplis, titulis inclyta, stirpe nitens.
Sic intus mentem, foris os natura polivit,
   Ut sine crimine mens, os sine labe foret.
Quod genus exempli rarum est, se femina vicit,
   In se femineæ nil levitatis habens.

C
Cum fidei mulier corvo sit rarior albo,
   Hæc tamen in sexu floruit ista fides.
Lance pari libræ signum libravit Apollo,
   Cum metit hunc florem mortis iniqua manus.

     XXXV. *Epitaphium cujusdam Thomæ.*

       (Ex eodem ms.)

Quem studio morum naturæ pinxerat unguis,
   Incausto tinguit mors inimica suo.
Nullius vitii glacies hiemavit in isto,
   In quo virtutes ver statuere suum.
Si quadravit eum virtutis gloria, nullam
   Compulit in partem quælibet aura visum.
Morum nobilitas excessit sanguinis ortum,
   Naturam juvit moribus iste suis.

---

(97) Supp. *mensis,* id est *Maii,* quo circiter men- D se in Gall. Christ. fertur obiisse Petrus Pictavensis episcopus.

(98) Is forte fuit Anselmus sacri et gloriosissimi Domini nostri Jesu Christi Sepulcri cantor, inter Parisienses canonicos, et ipse probabiliter canonicus, educatus, cujus duæ Epistolæ ad Galonem, seu Walonem, tunc Parisiensem episcopum, et ejus clerum, de sacræ crucis eximia portione ad illum ab ipso transmissa, referuntur in Gallia Christiana D. Roberti ad episcopos Parisienses, qui quidem Gala cardinalis, et sedis apostolicæ legatus obiisse fertur vii Kal. Martii anni 1114.—Est Anselmus canonicus Laudunensis.

(99) Probabile videtur hunc Flandrensem comitem non alium fuisse quam Balduinum, Hapkinum dictum, qui in bello contra Anglos, Ludovico Crasso adhærens, graviter vulneratus, apud Flandros obiit xv Junii an. 1119, in ipso ætatis flore, magnum bonis omnibus desiderium sui relinquens, propter eximias virtutes, præcipue vero propter exactam justitiæ administrationem in vindictam scelerum ; unde Hapkinus dictus fuerat, quia idiomate Flandrico Hapkin significat genus securis quo rei feriebantur. Tanta autem fuit pietate præditus, ut in habitu monastico mori et sepeliri voluerit : unde hic Hildebertus :

Pene simul comes est monachus, monachusque ca-
                     [daver,
   Et comiti et monacho tu comes esto, Deus.

(100) Quis fuerit ille vir, nec in ms. notatur, nec nobis occurrit, cum Hildeberti tempore innumeri prope fuerint quibus elogium istud posset applicari.

(1) Forte Adelæ, comitissæ Blesensis

Mens bona disposuit, sermo docuit, ma . . . . . .
                  [f. manus egit]
  Hinc bonus, hinc melior, optimus inde fuit.
Tertia lux aderat Februi, cum tertia febris
  Nuntia mortis adest perdere jussa Thomam.

     XXXVI. *Epitaphium magistri Theobaldi.*

Pinge, Thalia, virum festivo laudis honore,
  In cujus titulos collige quidquid habes.
Electum fidei, sermonum pictor, alumnus
  Pieridum, fluvius nectaris iste fuit.
1323 Scintillas in corde, favumque gerebat in
                  ore,]
  Thus ejus nomen, flos fuit ejus opus.
Non succo, non incausto flore nitentis
  Eloquii libros pingere doctus erat.
Scintillant vario quæ gessit scripta colore,
  Ex ejus studio mellea verba fluunt.
Novit apes nutrire suas hic melle sophiæ,
  Vestem subtili texere novit acu.
Pervius et liber stylus ejus ad omnia sculpsit,
  Pinxit, inauravit omne quod egit opus.
Hoc vivente locus Dervensis floruit, isto
  Sublato marcet nominis hujus odor.
Denigrat nomen mors immatura serenum,
  Nec solito splendet saucia fama die.
Cum lux Andrææ terras infunderet, ille
  Multo ditatus melle reliquit apes.

    XXXVII. *Epitaphium cujusdam nomine Clari*
          (E ms. Turon.)

Anchora lapsorum, fidei radius, nitor orbis,
  Flos patriæ, morum regula, Clarus obit.
Implevit claro fulgorem nominis actu,
  Clarus nomen erat, actio clara fuit.
Quid noto? clarus erat re, clarus nomine, clarus
  Exemplo, clarus dogmate, clarus avis.
Insignis, pollens, largus, devotus, abundans,
  Moribus, ingenio, munere, corde, bonis.
Præbuit, instruxit, dispersit, respuit, emit,
  Exemplum, fratres, damna, cavenda, polum
Sol in Septembri dum quinto surgeret ortu,
  Cogitur occasum Lucifer iste pati.

    XXXVIII. *Epitaphium cujusdam magistri.*
          (E ms. Turon.)

Sidera caligant radio privata sereno :
  Gallia suspirat præsule nuda suo.
Lumen ab hoc sole stellæ sensere minores :
  Pallet sidereum sole ruente jubar.
Ut verum fatear, sol inter sidera, laurus
  Inter dumeta, fons fuit inter aquas.
Sol hebet, astra gemunt, laurus jacet, obruta dumi
  Suspirant, aret fons, tenuatur aqua.

    XXXIX. *Epitaphium cujusdam abbatissæ.*
          (E ms. Turon.)

Huic suus articulus non congruit ista, sed iste.
  Induit ista virum, moribus usa viri.
Actus femineos animi virtute reliquit,

Et meruit sexu fortior esse suo.
Naturæ vitium morum velavit honestas,
  Nil muliebre gerens, tota virilis erat.
Vindicat hinc virtus quod ei natura negavit :
  Ista fuit sexu, moribus iste fuit.
Labem, justa, Deum, cavit, quæsivit, amavit,
  Integra, pura, colens, corpore, mente, fide.
Contulit huic ortum stellare [f. stellaris] virginis
                  [ortus ;
  Nascitur illa polo, nascitur ista Deo.

     XL. *Epitaphium Berengarii.*
  (Ex editis et e mss. Ebr., Bellovacensi et aliis.)

Quem modo miratur, semper mirabitur orbis,
  Ille Berengarius non obiturus obit.
Quem sacræ fidei fastigia summa tenentem
  Jani (2) quinta dies abstulit, ausa nefas.
Illa dies damnosa dies, et perfida mundo,
  Qua decus et rerum summa ruina fuit
Qui status Ecclesiæ! quæ spes! quæ gloria cleri!
  Qui custos juris jure ruente ruit.
1324 Quidquid philosophi, quidquid cecinere
                  [poetæ,
  Ingenio cessit, eloquioque suo.
Sanctior et major sapientia, majus adorti,
  Implevit sacrum pectus et ora Deo.
Pectus cum voluit, vox protulit, actio prompsit :
  Singula factori sic studuere suo.
Vir sacer et sapiens, cui nomen crescit in horas,
  Quo minor est quisquis, maximus est hominum.
Cui sensus peperit partos servavit honores
  Qui potior pauper divite, jusque lucro ;
Cui nec desidiam, nec luxum res dedit ampla
  Nec tumidum fecit multus et altus honor.
Qui nec ad argentum, nec ad aurum lumina flexit,
  Sed doluit quoties cui daret hic aberat.
Qui non cessavit inopum fulcire ruinas,
  Donec inops dando factus et ipse fuit.
Cujus cura sequi naturam, legibus uti,
  Et mentem vitiis, ora negare dolis,
Virtutes opibus, verum præponere falso,
  Nil vacuum sensu dicere, nil facere,
Lædere nec nimium, cunctis prodesse, favores
  Et populare lucrum pellere mente, manu.
Cui vestis tectura rudis, cui nec fuit unquam
  Ante sitim potus, nec cibus ante famem.
Quem pudor hospitium statuit sibi, postque libido
  Incestos superat, tum superavit eum.
Quem natura parens eum mundo contulit, inquit
  Regenerant alii, nascitur iste mihi.
Quæque vagabatur, et pene reliquerat orbem
  Inclusit sacro pectore justitiam.
Vir sacer a puero, qui quantum præminet orbi
  Fama, tam famæ præfuit ipse suæ.
Fama minor meritis cum totum pervolet orbem,
  Cum semper crescat, non erit æqua tamen.
Vir pius atque gravis, vir sic in utroque modestus,

  (2) Ex lib. III Hist. pontif. Angl. Willelmi Malmesburiensis, apud quem in versu quinto male habetur : *Jam quinta dies ;* nec melius editio Lugd.

Bibliothecæ Patrum : *Jam tunc quinta dies ;* bene autem Belvacensis codex et Ebroicensis : *Jani quinta dies.*

Ut livor neutro rodere posset eum.

Livor eum deflet quem carpserat antea, nec tam
  Carpsit et odit eum, quam modo laudat, amat.

Quam prius ex vita, tam nunc ex morte gemiscit,
  Et queritur celeres hujus abisse dies.

Vir vere sapiens, et parte beatus ab omni,
  Qui cœlos anima, corpore dicat humum.

Post obitum secum vitam, secum requiescam,
  Nec fiat melior sors mea sorte sua.

XLI. *Epitaphium Galfridi comitis.*

(E schedis Baluzianis.)

Flos regni, patriæque pater, decus orbis, et idem
  Orbis amor, generis gloria, gentis honos,

Galfridus comes, hic satis proreptus iniquis;
  Damnum plus damno, plusque dolore dolor !

Cujus amat, cujus recolis, cujus venerantur,
  Publica res nomen, cujus adorat opus.

Quo reprimente malos, quo jura tuente bonosque
  Pax fuit, et crevit copia pacis ope.

Quantus consilio, quantus virtute vel armis,
  Quis nitor eloquii judiciive rigor,

Quam constans, quam munificus, quæ gratia formæ
  Quantus doctrina, quantus et ingenio,

Quos hostes domuit, vel quas everterit arces
  Res probat, et populi fama per ora sonat.

Hic probitatis apex, hic nostri gloria sæcli,
  Cum floreret adhuc, occidit ante diem.

Communi de morte dolet communiter orbis :
  Mors, licet unius, non fuit una tamen.

Omnes vivebant, omnes moriuntur in uno ;
  Sic in eo moritur unus et omnis homo.

1325 Publicus ergo dolor, quia publica tanta do-
                                          [loris
  Damna ; dolent omnes publica, quisque suum.

Septima Septembris decus abstulit orbis ab orbe ;
  Flore suo regnum, patria patre caret.

(3) XLII. *Epitaphium Sugerii abbatis S. Dionysii.*

(Editum a R. P. Mabillonio in notis ad S. Bernardum, nunc e ms. S. Mariani Antissiodorensis.)

Occidit Ecclesiæ flos, gemma, corona, columna,
  Vexillum, clypeus, gloria, lumen, apex.

Abbas Sugerius, specimen virtutis et æqui,
  Cum pietate gravis, cum gravitate pius.

Magnanimus, sapiens, facundus, dives, honestus,
  Indiciis [*Vict.* judiciis] præsens corpore, mente
                                            [sibi.

A Rex per eum rexit caute moderamina regni ;
  Ille regens regem, rex quasi regis erat :

Dumque moras ageret rex per mare pluribus annis,
  Præfuit hic regno, regis agendo vices.

Quæ duo vix alius potuit sibi jungere, junxit ;
  Et bonus ille suis [viris], et bonus ille Deo.

Nobilis Ecclesiæ decoravit, repulit, auxit
  Sedem, damna chorum laude, vigore, juris [viris]

Corpore, gente brevis, gemina brevitate coactus
  In brevitate sua noluit esse brevis.

Cui rapuit lucem lux septima Theophaniæ (4),
  Veram vera viro Theophania dedit.

† XLIII. *Epitaphium Willelmi de Ros.*

(*Hist. litt. de la France*, t. IX, p. 331.)

Pauperibus locuples et sacri nominis abbas,
B Willelmus, solo corpore, cultor humi :

Liber ab Ægypto rediens, deserta reliquit,
  Jamque Hierosolymam victor ovansque tenet.

Cum vitiis odium, cum moribus ille perennem
  Pactus amicitiam, firmus utroque fuit.

Luce gravi nimium quæ sexta præibat Aprilem,
  Redditus est patriæ spiritus, ossa solo.

XLIV. *Epitaphium Gualonis, Parisiensis episcopi (5).*

Gualo (5') ad episcopum successorem patrui sui.

Te Pater et pastor vult sanum natus, ovisque ;
  Vota, Pater, nati suscipe, pastor, ovis.

Et mihi sisque pater, ex quo bonus, imo bonorum
  Optimus, ille Pater destitit esse Pater.

Ille Pater mihi quæ de te dixisse, recordor,
  Gualo valent alii, prævalet hic aliis.
C
Hunc tibi trado Patrem, cujus communico rebus,
  Cui gravis hoc uno sum, quia parco suis.

Romam vado, vale ; Romam se finxit iturum ;
  Sed melius potuit dicere : Vado mori.

Mors male blanda viro, minuensque quiete laborem,
  Abrupit lucem nocte, viamque mora.

Nolo virum, dixit, gelidas sudare per Alpes ;
  Sed stet, sed maneat, sed moriatur, ait.

Vas fidei, vas justitiæ, vas simplicitatis
  Occidit : Illa, suo vase cadente, cadunt.

Sed te justitiæ vas subposuisse cadenti,
  Audio ; quod si sit nemo, sitque tamen.

1326 XLV. *Epitaphium Brunonis (6).*

(E ms. Turon, a C. D. Dupoirier.)

D Ad superos superum cultor sociusque recessit,
  Commendans terræ Bruno quod ejus erat.

---

(3) In notis prolixioribus R. P. Mabillonii ad Epistolam S. Bernardi 266 refertur hoc Sugerii epitaphium, ut evulgatum, a Francisco Chiffletio S. J.
et ut a Simone Capra-Aurea, S. Victoris canonico,
compositum, cum aliqua tamen, sed exili differentia.
Ibi enim incipit per verbum *decidit*, non *occidit*,
viris pro *suis*, *viris* pro *juris*. Duo autem versus
hujus epitaphii e ms. S. Mariani desumpti, desunt
in Victorino ; duos vero ultimos, qui desunt in Marianensi, supplendos duximus e Victorino. Sic autem
habent :
  (4) *Cui rapuit lucem lux septima Theopnaniæ,*
      Veram vera viro Theophania dedit.
  Ex quibus innuitur Sugerium obiisse septima
die infra octavam Theophaniæ, seu Epiphaniæ, quæ

incidit in duodecimam Januarii, sive in ineuntem
decimam tertiam ejusdem mensis, quam eruditus
noster R. P. D. Michael Felibien assignat pio Sugerii decessui in præclara quam nuper edidit regalis
monasterii S. Dionysii historia, p. 573.
  (5) Nepos forte ipsius Gualonis episcopi, eodem
insignitus nomine Gualonis, ad episcopum Parisiensem, nomine Gerbertum, ejus immediate successorem.
  (5') Ms. Regius Elnonensis n. 274 hunc titulum exhibet : *Gualo ad episcopum successorem patris sui.*
  (6) Non dubitandum quin auctor intellexerit sanctum Brunonem, sacri ordinis Carthusiani fundatorem, qui revera obiit vi die Octobris anni 1101.

Sarciculasque leves, et agentem Prothea mundum
  Despicit æternas pauper adeptus opes.
Suspicor angelicas hinc exsultare cohortes,
  Et cœli cives plaudere cive novo.
Sexta dies Octobris erat, cum Bruno professus
  Naturam, ad superos exoneratus abit.

XLVI. *Epitaphium Heliæ (7) comitis Cenomanensis.*

(Ex eodem ms.)

Jura tuens, et pacis amans, et maximus armis
Helias censor scelerum, patronus honesti,
Justitia, et quidquid in principe mundus adorat
Occidit, et pariter pax et decus urbis et orbis
Excidit Helia patriæ, heu ! et rebus adempto.

XLVII. *Epitaphium cujusdam Simoniaci in excommu-*
-nicatione defuncti.

(E ms. Elnonensi-Regio, 274.)

Hic situs est quem nil decuit, nisi dedecus, et quem
  Nil puduit, nisi quod credidit esse decus.
Ad mala vir promptus, ad pessima promptior idem.
  Non bonus, imo malus, non malus, imo malum.
Fæx hominum, fraus totus homo, cavit, atque vo
                    [canti
  Nocte dat exsequias, noctua luce canes.
Hei mihi ! quam timeo ne fraus homo fraude resur-
                    [gat,
  Ne mortem fallax fallere possit homo.
Urge membra, lapis ; animam vos claudite, manes,
  Horum conventu ne solidetur homo.
Vestras in vestro consumite, Tartara, pœnas,
  Ni vestris vultis parcere ; vester erat.
Terra, quod occultas dolus est, hoc est homo sola
  Morte bonus, per quam destitit esse malus.
Hic est ille scelus quo nemo simonior ; hic est
  Quo melior malus est quisque, minusve malus
Sus vita, canis officio, vulpecula mente.
  Brutus erat vix se noscere, vixque Deum.
Spem miseris, rem divitibus, sua fortibus arma,
  Ecclesiæ vires abstulit, et sibi se.
Hic armans in furta manus, in jurgia linguam,
  Turpe cavere scelus credidit esse scelus.

XLVIII. *Versus de quodam paupere nuper rapto ad*
præsulatum.

Sæpe diem mœstum sequitur lux aurea , sæpe
  Lætus post pluvias incipit esse dies.
1327 Ad quid suspiret præmissi littera scripti,
  Vir docet iste modo, stilla, favilla prius.
Ejus pace loquor, non erat ante tanto
  Nomine festivus, sed miser exsul inops.
Tunc neque mitra caput, neque gemma manum,
                [neque mentem
  Virtus ornabat, sed quasi nullus erat.
Fermentum, non frumentum ; ros, non rosa ; ferrum,
  Non aurum, nullus non erat ullus adhuc.
Nec florens opibus, nec clarus avis, nec honore
  Præditus, insigni nec probitate nitens.
Tunc velut in testa nucleus, velut in saliunca

Flos, velut in cera mel latitabat adhuc.
Nullius certe virtutis splendidus auro,
  Sub vitii plumbo sorduit iste diu.
De misero lusit sors longo tempore, demum
  Se peccasse sciens est miserata virum.
Et veluti veniam peteret sibi, leniter ill
  Subridens, miserum tollit in axe suo.
Fortunæ curru de pulvere raptus ad arcem
  Culminis, ad mitram præsulis ille volat.
Ut tamen existat salvus veri tenor, alter
  Factus homo, jam se non putat esse suum.
Felix de misero, præsul de paupere factus,
  Vertitur in florem qui fuit herba prius.
Gaudet qui doluit, stat qui jacuit, juvenescit
  Qui senuit, non est iste quod ante fuit.
Herba prius, modo flos ; scintilla prius, modo stilla ;
  Tunc æs, nunc aurum ; tunc olus, ecce rosa.
Tunc quasi candela mendicans lumen ab igne,
  Nunc quasi sol a quo cætera lumen habent.
Sic potuit veniam fortunæ culpa mereri,
  Quæ modo supplevit quod dedit ante minus.

XLIX. *Versus de quodam paupere.*

(E ms. Turon.)

Vestra peritia dum regit omnia, sidera tangit ;
Dum domat effeta (8), mitigat aspera, fortia frangit.
Non odio, non fit pretio, non fit prece cetus ;
Justitiæ rigor et fidei vigor omnibus æquus,
Non pretium tulit auxilium qui dona dedere ;
Nec nocuit qui nihil potuit, qui donat habere.
Hinc fuit unica spes mea civica jura subire,
Et quasi brutum jurgia tutum fecit inire.
Sit docilis mihi, sit facilis mens vestra, precamur,
Forsitan his patet, et tamen hic latet unde quera-
                  [mur
Noxia pestis, littera testis, dives avarus.
Dives avarus quam sit amarus, quam malus hostis
Sentio plus nimio, sed vos tamen hic bene nostis,
Corpore maximus, ille nigerrimus, ille Pilatus
Ille deorum spector, eorum templa paratus,
Ignibus urere, cunctaque spargere membra senatus.
Exitio nostri nimio vestro quoque natus,
Me male perculit, et satis intulit aspera damna
Aspera tristia, quæ sibi vilia, sed mihi magna ;
Namque boves paucas et oves spe lactis alebam :
Hinc ego victum vix et amictum vestis habebam :
Flebat euntes et redeuntes invidus illas
Pergere lætas, atque repletas lacte mamillas
Quando videbat, deficiebat mente, quod ille
Inde careret, cum vel haberet millia mille.
Has sibi vendi poscit, habendi ductus amore.
Non volo vendere vi, prece, munere, sive timore :
Ergo superbia divitis impia mota furore
Dicere turpia cœpit, et omnia plena pudore ;
Tunc mihi verbera , tunc gregis impia damna mi-
                  [natus,

---

(7) Is ipse est Helias, qui Hildeberti electioni adeo
pertinaciter obstiterat, sed qui processu temporis,
meritum ejus veneratus, intimam cum illo contraxit
amicitiam, et cui tandem defuncto Hildebertus ipse
honorifice parentavit, et quem in Ecclesia S. Petri
de Cultura sepelivit.

(8) Id est inflata seu superba.

Clausit euntibu s et redeuntibus arte meatus ;
1328 Scilicet atria quæ pecori via sola patebat,
Jam gregibus dominoque cibus sic deficiebat.
Quid facerem? Quid me sinerem pecudesque perire?
Grandis inedia divitis atria cogit adire.
Nam scio vendere quam male perdere tutius esse.
Tunc facio mihi quod ratio probat esse necesse.
Vendo quidem sibi, quandoquidem prohibet reti-
[nere
Mereor apes quibus ille dapes nequeat prohibere.
Has quoque dum videt invidus invidet, utque necari
Possit in ortis pocula mortis sparsit amara.
Mane sequenti sole recenti fracta labore
Atria cerea linquit apes mea mellis amore.
Rex ut eat dignum, properat prior ad loca nota ;
Inde duces , heu! non reduces, nunc curia tota.
Ut fuerant solitæ redeunt non absque cœnore,
Utque solo resident, solo moriuntur odore.
Qualia corpora, qualia pectora tunc abiere!
Agmina fortia, proh dolor! omnia procubuere;
Pluria corpore, maxima pectore, terrica moles.
Quid tibi parvula fecit apecula cœlica proles?
Sic bove, sic ape, sic et dape me spoliavit;
Vos quoque lædere, juraque spernere non dubitavit.
Quid faciam miser? An fugiam? Si fugero, victum
Non habeo, neque si maneo, panem vel amictum.
Ha! miseri patris pueri, vos quid facietis?
Sæpius interius mihi corda dolore movetis.
Non teneris etiam laceris dat frustula panis
Mater anus, vacuaque manus, stupet alius [f. alvus]
[inanis.

Sed ego miser hæc retego, nil ille movetur.
Plus doleo, plus damna fero, plus lætus habetur.
Vos igitur quid nunc agitur ne spernite, quæso,
Judicioque pio misero succurrite læso.
Namque superbia divitis impia ni teneatur,
Dicere turpia, vel magis impia non vereatur.
Non noceat mihi quod doleat me pauper amari :
Imo fleat quod non videat se hac parte beari.
Non pretio vos allicio, sed amore paravi,
Obsequioque pio retinendos esse putavi ;
Nam scitis quoniam meritis retinentur amici
Hique juvandi sunt et amandi non inimici.
Exterius velut interius fit lumine cæcus :
Sic inimicis sicut amicis qui manet æquus
Paupere fortior atque potentior ipse quidem sum,
Non ego noxius, aut magis impius inde tamen sum.
Imposuit mihi quod voluit per me periisse;
Dixit apes, armenta, dapes, ait eripuisse :
Eripuissem si voluissem, sed nec ademi;
Ære dato, pactoque rato mihi vendidit, emi.
Jure meo nihil possideo, nolite tacere.
Æs habuit, res empta fuit, quis debet habere
Hæc modo gratia quod pecori via nostra patebat,
Et quod in atria pluria turpia grex faciebat.
Prætereo quod flore meo mel apes faciebat,
Intima lilia, pabula mitia ferre solebat,
Postea cerea, donaque mellea conficiebat.
Non vitem, non humum ditem piger ille colebat;

A Non ager hordea, ne c sibi vinea vina ferebat.
Hinc merito, non enim dubito, miser esuriebat,
Ac reproborum more proborum lucra dolebat.
Præcipue mea triste ferens ea quando videbat.
Cur habui pecudes docui quod apes periere:
Denique mortis si quis in hortis semina sparsit,
Cur mihi verbum pauper acerbum fatus inarsit?
Sunt mihi lilia, prata, rosaria, fructus, et arbor
Omnia vendere, singula perdere nonne vetabor?
Sunt mihi gramina, nescio nomina, res mihi mille,
1329 Quæ super omnia spargere noxia curve ve-
[tet ille?
In mea pascua venit apes sua, quam prohibere
Si potuit, cur non voluit sua damna cavere?
Sed video quod vos adeo lacrymosus adorat,
B Damna meo quocunque modo reparare laborat,
Dum loquitur, dum conqueritur, dum verba co-
[lorat
Ex odio nostro nimio facundus adorat.
Ergo licentia pauperis impia ni teneatur,
Turpia dicere, falsaque fingere non vereatur.

L. *Versus Cynomannensis episcopi de Nummo seu sa-*
tyra adversus avaritiam.

(E ms. Elnonensi olim, nunc Regio, n. 274.)

Destituet terras decus orbis, gloria rerum,
Virtus, mortali dicta negare mori.
Non hunc in quoquam spondet flos indolis unquam,
Scis nihil? est pietas? nominis umbra fides.
Si cœlum staret, si sol lucere negaret,
Si nix ferveret, frigida flamma foret,
C Non sic pallerem, non sic mirando stuperem,
Quam si nunc usquam quemque pium videam.
Femina quod vitulum generavit, vacca quod agnum,
Quod vulpes [f. vulpis] quondam filia suxit
[equum,
Tunc enarranti non demeruit mage credi,
Quam si nunc aliquem dicis habere fidem.
Vivit quisque sibi nunc temporis; una voluntas
Pectore diverso nescit habere locum.
Quærit quisque suum, sibi soli solus amicus;
Non existit onus quem gravet alterius.
Cum fueris felix, multo stiparis amico ;
Prospera mutentur, respice, solus eris.
Quos præsens jungit, fugiens fortuna resolvit,
Testans in pretio se fore, non homines.
D Assecla fortunæ præludit callidus hamum ;
Morsus apis solvit, quos mel habet socios.
Non est ex alio qui vere dicere possit :
Hic meus, alter ego, mens sumus una duo.
Desperet quisquam quod posthac non erit usquam
Qui tibi, tu nulli ; qui sibi, nemo tibi.
Postquam cana fides, quod ubique vigebat abhorens,
Deseruit mundum, cum pietate nefas.
Vix impressa sui vestigia liquerat uni
Soli si fuerat; sed puto nullus erat.
Amplectendo fidem, cunctis dans alter eidem,
Unus nullorum, non suus esse [f. non sinit esse]
[suum.
Instar avis [sc. Icarus] raræ spectandus, in aere
[pennas

Dum librat, ut perhibent, naufragio periit.
Quos tu nunc audis in climate quolibet orbis
  Dulcis amicitiæ par generare novum?
Quis fratri frater nunc est? Pylades quod Oresti?
  Quis cuiquam Theseus? quod, Pirithoe, tibi?
Nil Telamon voluit, nisi quod secum Meleager
  Quæ, Patrocle, tui mens, et Achillis erat.
Quos etenim emissos orcus si redderet orbi,
  Discors, aut nullus esset utrique suus.
Si redeat vitæ Polinices, non sibi quisquam
  Quem Thebas mittat, Thideus [f. Theseus] alter
                                    [erit

Nunc nunc ætatis vivi moriuntur amicis;
  Defunctus Scipio vixit adhuc Lelio.
Teste polo, Pollux partitur vivere fratri;
  Fratribus en multi, quod tibi Reme, tuu
Flumine Phætontis successerat umbra sororum;
  Nunc multæ fratrum morte larem vacuant.
Plauserat Alceste pro conjuge fata mereri;
  Plures ecce viro quod Clitemnestra suo.
Næ sine se natus mare cum nato subit uno;
  Nunc multæ natis quod sua mater. . . .
Ejus qui patrem per mille pericula collo
1330 Impositum, soli tunc metuens oneri,
Morti subduxit; simili sub laude subivit
  Lausus [f. plausus], ovans gladium pro patre
                                    [fulmineum.
Ili meruisse mori se patre superstite gaudent;
  Quosdam nunc ætas longa patrum cruciat,
Naturale sacrum par ipsi dico parentes,
  Quod fuerint natis materies sceleris.
Certi sunt testes in se Pharnax et Orestes;
  Ilic miseræ matri lethifer, ille patri.
Pectoris humani fraus ficta domestica vincens
  Ipsam naturam, surgit in omne nefas.
Hæc ignem cineri subdens, aconitaque melli,
  Secum luxus iners factus, et alta tumens.
Fas odii furor excedens, spinosa simultas;
  Heu! sibi divinum subdiderunt hominem
Cujus nunc mentem, dic, non juvat esse nocentem?
  Quis non volvat homo quodque nefas animo?
Non tot nox stellas, tot habet maris unda procellas,
  Non tot grana seges, crimina quot species.
Servit avaritiæ sed in hoc ævo scelus omne;
  Incestat [f. infestat] mundum nunc furiale lu-
                                    [crum
Hæc fas atque nefas confundens, sacra profanis
  Miscet, non curans unde, sed ut rapiat.
Fulminis otior igne, ruens per tela, per ignes,
  Omne quod occurrit dira Celeno (9) rapit.
Plus acquirenti sitis incandet cupienti,
  Hydrops exhaustis ut magis ardet aquis.
Illi potando, sitis huic ignescit habendo :
  Sanando morbus crescit utrique suus.
Turbine tam piceo candens non æstuat unda
  Fumat ut igne lucri pectus, avare, tuum.
Quos morsu lædit [sic] torrida dipsas adurit,

(9) Nomen unius harpiæ.

A Tanta siccatos afficiendo siti.
Hoc ardore minor fit haustus quilibet humor,
  Nec tam candentis fit medicina sitis.
Sed genus hoc pestis, novus hic ardor sitientis,
  Corpus siccati morte necat celeri.
Finis et huic morbo suus instat corpore necto,
  Qui vivum nocuit, nil nocet exanimi.
At suavis menti, suavis cui provida carni,
  Quos vivos torret, suave cupido fovet.
Cum vero terræ sua reddiderit caro sese,
  Ecce cupido rogi materies Stygii.
Post finem, sine fine dabit flammas ibi demum
                                    [f. dæmon.]
  Hique non [f. Isque non] animo sufficiens animæ.
Candeat in cupido, cum sic Stygis esca cupido;
B Dicam nil tali siccius igne sitis.
O patuli rictus nunquam satiabile monstrum,
  Semper hiando vorans, semper ut addat hians!
Influat hoc barathrum mundus quod possidet aurum,
  Harpiæ talis ingluvies sitiet.
Hunc auribibulum Pactolus et Hermus inundent,
  Incandescit aquis Tantalus in mediis.
Exstinxit flammas ardens Vesevus, ut aiunt,
  Exstingui nescit ignis avaritiæ.
Aurum quæ tangit facies unda talis egebit,
  Non minus hoc quod habet, quam quod habere cupit.
Sed quem tam pleno perfundit copia cornu,
  Te nudum trita posce tegat tunica.
Huic supplex justa qua mollires prece saxa,
C Os rapies sicca face lupi citius.
Sic virtus abiit, terras Astræa reliquit,
  Terga dedit pietas, dando locum sceleri.
Jus, fas, majestas regni, curule, tribunal,
  Nummo cesserunt; omnia solus erit.
Publica spes nummus; nunc rege potentior erit
  Extollit præsens, dejicit aufugiens.
Nummus nobilitas, nummus sapientia, quæ nunc
  Prætendens superat; pauper ibique jacet.
Qui florere cupis, nummo stipa latus; ipse
  Te sublimabit, quæque cupita ferens.
1331 Sceptriger est crescens ex omni crimine
                                    [nummus;
  Omnia virtutis præmia solus habet.
Si præter nummum te spes animat bona rerum,
  Spem cassam pascis; plus et Oreste furis.
Si via virtutis spondet tibi culmen honoris,
  Pendulus in baculo fidis arundineo.
Si Pegaso fultus centum superando chimeras,
  In cinerem dederis; nil modo pauper eris.
Quem prius illustrem bis sex fecere labores,
  Passum mille quidem nunc tegerent inopem.
Omnis inops inglorius, etsi dignius ipsa
  Præsens hunc virtus sublevet in manibus.
Piscis aquæ, mel api debetur, vitibus uva,
  Caseus et lacti; gloria, numme, tibi.
Umbra, jubar solis, nummi jubar, umbra decorem
  Assequitur : non sit nummus, et umbra perit.

Solus nunc nummus virtutis habetur alumnus,
 Solus diligitur, solus adhuc colitur.
Stipatur multo tua curia, numme, senatu ;
 Incurvare genu quem pudet, alme, tibi !
Si nummi nondum templi surrexerit ara,
 Divina colitur religione tamen.
Si non per nummum juratur, quis tamen horret
 Nunc causa nummi sacrilegus fieri ?
Olim philosophi fuerat lucra spernere nummum :
 Nunc nisi nummatus Plato foret fatuus
Thebanus Crates amor hunc cum philosophandi
 Cogeret, exutum corporis illecebras,
Optaret doctas ut adire docendus Athenas,
 Ipsa rite prius re sibi philosophus,
Navigio secum prudens homo vexerat aurum,
 Quod [f. Quo] sibi quidquid erat hac vice vendi-
        [derat.
Cum duce jam vento puppis raperetur in alto,
 Aurum quod duxit fluctibus imposuit :
En, dicens, imum pete dira cupido profundum ;
 Ne male me mergas, te bene mergo prior.
Diogenes lecto positus cum membra quieti,
 Saccis nummorum suppositis capiti
Audiret furem nummorum spe fodientem,
 Mox huic projectis quos habuit loculis :
Nummos quos quæris compos, ait, accipe, mentis
 Hac ut me cura sollicitum releves,
Ut nostrum certe requiescere possit uterque,
 Tu quos quæris habens, his ego non metuens
Græcus Aristippus grave cum servos onus auri
 Cogeret in Lybia tardius ire viam,
Indignans auri jubet illos fasce levari,
 Et medio trivii tale nefas abjici.
His se philosophos aurum calcando probabant
 Est sine consilio nunc vacuus loculo.
Nunc contemplari nummos et philosophari,
 Nemo carens pretio, nunc manet in pretio.
Justar cui dandæ fuerant tibi, Musica, formæ
 Ictus fabriles Pythagoras sapiens,
Esset malleolo nunc vilior arte rejecto ;
 Si nihil in loculis ; nunc jocus est Mathesis.
Quid nunc ars Abaci, pars quæ vilissima calci ?
 Nunc usura vorax calculat ipsa sibi.
Creditor ecce refert Abacista promptior omni,
 Quid redeat lucri quoque die capiti.
Concluendo sibi facili sophismate falsum,
 Nunc daret elinguem nummus Aristotelem.
Os quod sis nummi, te, facundissime Tulli,
 Causas acceptæ spingis agens docuit.
Quolibet in stulto nunc, numme, fluis sale multo,
 Delirat tantum pauperis ingenium.
Causidico pereat qui linguam nummus inauret,
 Os torrens vena pauperiore fluet.
Gorgona præsentans in pectore, non sine nummo
 Desiperet, quamvis vertice nata Jovis.
Quisquis agens vincet, si causam nummus ho-
        [nestet,

A Justitiæ soli fisus aget fatui.

1332 Stent leges tecum, pro te causetur hone-
        [stum,
 Vincere si possis [f. poscis], jus trahe de loculis.
Causa reum damnet, proscribat judicis ira,
 Cervix innexo palpitet et laqueo,
Fac mediatorem nummum, citus alta [f. acta, re-
        [solvet
 Ipsa fauce reum mox necis eripiens.
Ipsum se prætor falsum dictasse notabit,
 Nec solvice reum fiet at inde pudor.
    LI. *De partu B. Virginis.*

(E ms. Eccles. S. Gatiani Turonensis et Ebroi-
    censi, et aliis multis.)
Sol crystallus, aquæ dant qualemcunque figuram
B Virginei partus, ædificantque fidem.
Si tinguatur aquis, et soli subjiciatur,
 Scintillas præfert integer ille lapis.
Si bene cuncta notes, aqua, sol, crystallus, et ignis
 Sunt, Flamen, Verbum, Virgo, Deusque puer.
Flamen aquæ, Verbum soli, Virguncula gemmæ,
 Stirps igni quadam conditione coit.
Flamen aqua est, quia lavit eam ; Verbumque su-
        [pernum
 Sol, quia non violat, sed tamen intrat eam.
Virgo lapis, quia Virgo parit ; Puer unicus, ignis ;
 Nam virtute micat, lumine corda replet.
Sic umbra Flamen, ingressu cœlibe Verbum
 Virgo fiet, soboles carne Deoque simul.
C Conficiunt cataplasma novum, quo vita sepultis,
 Virtute et mente moribus ordo redit,
[(10) Hoc aperit tumulos, hoc agmina sacra re-
        [fundit,
 Hoc supplet casum terra, gehenna, polus.
Ad cœlos hinc subsilient, cujus ossa, medullæ
 Hoc animam carni reddet, utrique Deum.]
    LII. *Cur Deus homo.*

Adæ peccatum quæ conveniens aboleret
 Victima ? Nunquid homo ? Sed et hic reus unde
        [placere ?
Angelus ? an fruges ? an vacca ? Sed hostia talis
Natura dispar, pretio minor esset inanis.
Hæc eadem quæ displicuit natura placere
Debuit, atque aliquid quod pacificaret habere.
D Ergo fuit quærendus homo, qui præter idipsum
 Quod puri est hominis, quiddam foret unde placeret.
Unitur carni Deus, et natura redemptrix
Par homini, quia verus homo, sed dignior ortu,
Dissimilis culpa, Deitate potentior idem ;
Quem quia non genuit ex lapsu nata voluptas,
Justus pro lapsis agit occisusque perorat.
Hostia sufficiens, quæ cœlos cive replevit,
Qua furor offensus cecidit, qua gratia crevit.
Antidotum felix, quo vulnera nostra cohærent ;
Angelus exsultat, homo gaudet, tartara mœrent.
   LIII. *De tribus partibus corporis Christi.*
Signant tres partes de Christi corpore, prima

(10) In ms. Elnonensi, sive Regio 274, hi quatuor versus subsequuntur, qui desunt in plerisque.

Ipsius carnem, sanctosque secunda sepultos ;
Aut defunctorum purgatos prima, secunda
Qui purgantur adhuc; viventes tertia. Sanguis
Martyrii pars est. In sanguine tertia tincta,
Martyrii calicem gustant in carne fideles.

LIV. *Ad G. episcopum* (11).

Ad decus Ecclesiæ cum te natura crearet,
   Sis expers vitii, cætera, dixit, habe.
Sic piger ad vetitum, celer ad concessa creatus,
   Præter virtutem nil sinis esse tibi.

1333 LV. *De Virgine Maria.*

Lacto Creatorem, salvum mihi crede pudorem.
   Res nova : Virgo parens, et caro patre carens.

LVI. *Super crucem.*

Crux finis legis, via vitæ. passio Regis,
   Cui dedit interitum gratia, non meritum.

LVII. *Ad episcopum Bajocensem* (12).

Annulus hic nuper mœrebat clausus in arca,
   Obscurusque lapis et quasi tristis erat.
At postquam dixi: Bajocas ibis, erisque
   Majoris digitum præsulis orbe ligans.
Lætior explicuit radios, sparsitque serenas
   Gemma faces, oculis exhilarata tuis.
Hoc ex te Domino pretium lucratur, adestque
   Plus lapidi præsul, quam lapis ipse sibi.

LVIII. *Unde malum.*

(E ms. etiam Colbertino, n. 6327, Ebr. 19, et aliis.)
Quid petis unde malum, cum sint bona cuncta creat.?
   Defectu proprio sunt mala quæ mala sunt.
Cum radix vitio careat, vitium tamen ex se
   Et per se citius dulcia poma trahunt.

LIX. *Ad nepotem.*

Forma vivendi præsto est tibi. Pauca loquaris,
Plurimam fac sit utrisque comes modus , utile, re-
                     [ctum ;
Sobrius a mensis, a lecto surge pudicus.
Obsequiis instes, eo pro te præmia poscant.
Ut decet et prodest et amabis et oderis idem.
Stans casum timeas, speres prostratus, et illum
Quem colis insignem, miserum, abjectumque tuere.

LX. *Ad Odonem* (13).

Moribus, arte, fide cœlesti pectore dignus
   Cum superes alios, desipis Odo tamen.
Credis enim populum versus amare disertos ,
   , Teque placere putas moribus, arte, fide.
Motibus his quondam sacri placuere poetæ,
   Ingeniumque dedit prædia, nomen, opes
Nunc aliud tempus, alii pro tempore mores ;
   Nunc odium virtus, sceptra merentur opes.
Nil artes, nil pura fides, nil gloria linguæ,

A   Nil fons ingenii, nil probitas sine re.
Nullus inops sapiens; ibi res, ibi copia sensus.
   Res sapiunt, pauper nil nisi pauper erit.
Nec jam divitibus tollunt sua crimina nomen·
   Sed quod lex damnat gratia solvit opum.
Hinc est quod populus aurum quasi numen adorans
   Audet in ignotum sponte venire nefas
Spe lucri toties excedere jus et honestum
   Sustinet, et gratis jam juris esse ritum.

1334 Jus ruit, ordo perit, sceleri placet ora ma-
                      [nusque
   Vendere, quamque inopem tam pudet esse probum.
Non igitur mirum si quisquam pravus et excors
   Divinos vates nullius esse putat.
B Quem comitantur opes sapientia vera relinquit.
   Semper mobilibus incomitata bonis.

LXI. *De lapsu mundi.*

Non bene discernis, qui præfers ima supernis
Nec satis est tecum qui rebus subjicis æquum.
Quippe quid argentum ? quid forma ? quid ordo
                    [clientum ?
Quid celebres fundi? Festum breve gloria mundi.
Nulla fides ejus, hodie male cras ibi pejus.
Expedit hoc uti, sed non præferre saluti.

LXII. *Ad M. reginam* (14.)
(E pluribus mss.)

Augustis patribus augustior orta Mathildis,
   Quaslibet in laudes ora diserta vocas.
Sed frustra, quia nemo tibi præconia solvet,
C   Quæ genus, et mores, et bona forma petit.
Una loqui te lingua potest, quæ laudis opimæ
   Materiam linguis omnibus una paras.
In vultu regina tuo est, redoletque Sabinam
   Non levis incessus, nec datus arte decor.
Non mores doctrina sacros non virgo pudorem
   Præterit; ex proavis fluxit utrumque bonum.
Cuncta tuæ genitricis habes, quæ clausa sepulcro
   Illustrat meritis Anglica regna suis.
Neve simul caderet muliebris gloria sexus,
   Te peperit partu tota renata tuo.
Collaterata Deo quam sit nihil omne relictum
   Cernit, quam si inops filia regna tenens.
Hanc sibi securam de te curare, suumque
   Taliter auctorem sollicitare reor :
D Nondum me totam cœlesti sede recepi,
   Magne Deus, requie semibeata fruor :
Pars jacet in tumulo, pars Anglica regna gubernat,
   Divisamque tenent aula, sepulcra, polus.
Quam tenet aula, juva; quam clausa sepulcra, reforma,

---

(11) Forte Gualonem, tunc Parisiensem episcopum.

(12) Forte Odonem fratrem Guillelmi Conque-
storis, Normanniæ ducis et regis Angliæ. Hoc autem
epigramma edidit Hildebertus antequam esset episcopus ; siquidem Odo hic obiisse fertur in Gall.
Christ. an. 1096. Hildebertus autem anno tantum
1097 consecratus est episcopus.

(13) Probabile est hunc Odonem non alium fuisse
quam Odonem, sive Othonem, qui ex discipulo
S. Hugonis abbatis Cluniacensis, et ejus monacho,

demum priore Cluniacensi, in summum pontificem
assumptus, dictus est Urbanus secundus, cum quo,
dum esset Hildeberti sub S. Hugone condiscipulus,
familiarius agebat, eique quid de mundi corruptelis,
et præcipue de bonarum litterarum vulgari contemptu sentiret, quasi confratri et convictori; familiariter his versibus aperiret : Vide Chron. Cluniacense in S. Hugone, Biblioth. Cluniacensis, pag.
1631, col. 1.

(14) Scilicet Mathildem Henrici regis Angliæ
filiam.

Quam polus, exaudi, sisque corona tribus.

LXIII. *De Roma.*

(E pluribus mss.)

Par tibi, Roma, nihil, cum sis prope tota ruina.
  Quam magni fueris integra, fracta doces.
Longa tuos fastus ætas destruxit, et arces
  Cæsaris, et superum templa palude jacent.
Ille labor, labor ille ruit, quo dirus Araxes
  Et stantem tremuit, et diruisse dolet.
Quem gladii regum, quem provida jura senatus,
  Quem superi rerum constituere caput;
Quem magis optavit cum scelere solus habere
  Cæsar, quam socius, et pius esse socer.
[(15) Qui crescens studiis tribus, hostes, crimen,
                                            [amicos,
  Vi domuit, secuit legibus, emit ope.]
In quem dum fieret vigilavit cura priorum,
1335 Juvit opus pietas, hospitis unda locum.
Expendere duces thesauros, fata favorem,
  Artifices studium, totus et orbis opes.
Proh dolor! urbs cecidit, cujus dum specto ruinas,
  Penso statum, solitus dicere: Roma fuit
Non tamen annorum series, non flamma, nec ensis
  Ad plenum potuit hoc abolere decus.
Tantum restat adhuc, tantum ruit, ut neque pars
                                         [stans (16.)
  Æquari possit, diruta nec refici.
Confer opes, ebur et marmor, superumque favorem.
  Artificium vigilent in nova facta manus.
Non tamen aut fieri par stanti (17) fabrica muro,
  Aut restaurari sola ruina potest.
Cura hominum potuit tantam componere Romam,
  Quantam non potuit solvere cura deum.
Ille superum formas superi mirantur et ipsi,
  Et cupiunt fictis vultibus esse pares.
Non potuit natura deos hoc ore creare
  Quo miranda deum signa creavit homo.
Vultus adest his numinibus, potiusque coluntur
  Artificum studio, quam deitate sua.
Urbs felix, si vel dominis urbs illa caret,
  Vel dominis esset turpe carere fide.

LXIV. *Item idem de Roma.*

Dum simulacra mihi, dum numina vana placerent,
  Militia, populo, mœnibus alta fui:
At simul effigies arasque superstitiosas
  Dejiciens, uni sum famulata Deo,
Cesserunt arces, cecidere palatia divum,
  Servivit populus, degeneravit eques.
Vix scio quæ fuerim, vix Romæ Roma recordor,
  Vix sinit occasus, vel meminisse mei.
Gratior hæc jactura mihi successibus illis.
  Major sum pauper divite, stante jacens:
Plus aquilis vexilla crucis, plus Cæsare Petrus,
  Plus cinctis ducibus vulgus inerme dedit.
Stans domui terras, infernum diruta pulso
  Corpora stans, animas fracta jacensque rego

(15) Hi duo versus hic interseruntur apud Ho-
meyium.
(16) Al. *præstans*, sed melius *pars stans*.

A Tunc miseræ plebi, modo principibus tenebrarum
  Impero; tunc urbes, nunc mea regna polus.
Quod ne Cæsaribus videar debere, vel armis,
  Et species rerum meque meosque trahat,
Armorum vis illa perit, ruit alta senatus
  Gloria, procumbunt templa, theatra jacent.
Rostra vacant, edicta silent, sua præmia desunt
  Emeritis, populo jura, colonus agris.
Durus eques, judex rigidus, plebs libera quondam
  Quærit, amat, patitur, otia, lucra, jugum.
Ista jacent, ne forte meum spem ponat in illis
  Civis, et evacuet spemque bonumque crucis.
Crux ædes alias, alios promisit honores,
  Militibus tribuens regna superna suis.
Sub cruce rex servit, sed liber lege tenetur;
B Sed [f. et] diadema gerens jussa tre nit, sed amat.
Fundit avarus opes, sed abundat; fenerat idem,
  Sed bene custodit, sed super astra locans.
Quis gladio Cæsar? qui sollicitudine consul?
  Quis rhetor lingua? quis mea castra manu
Tanta dedere mihi? Studiis et legibus horum
  Obtinui terras; crux dedit una polum.

LXV. *De virgis variantibus Jacob.*

Ut major fructus cumulet sua præmia, virgas
  Ordinat ante greges providus ecce Jacob
Partim nudat eas sublato cortice, partim
1336 Corticis indutas veste relinquit eas.
Ut majora metas in Christo gaudia, rectis
  Scripturæ verbis instrue, pastor, oves.
C Non est mysterii candor quærendus in illis,
  Non gaudent solo cortice vela foris.
Intimus est candor instructio mystica, cortex
  Exterior dici littera sola potest.

LXVI. *De peccato originali.*

Tot siderum [f. scelerum] morbis totus prope subdi-
                                          [tur orbis,
  Ut lue sit vacuus nec puer exiguus.
Quæ mala serpenti debentur, eumque regenti
  Mandere qui monuit quod Dominus vetuit.
Ex illo dirus satagit draco fundere virus,
  Quæ bona sunt removens, quæ scelerosa fovens.

LXVII. *Nomina septem sapientum.*

(E Gemmetic.)

D Pittacus Militenus, Salon Atheniensis, Plimon Spar-
  tacus, Clodolus Laccius, Thales Milesius, Periander
  Corinthus, Bias Pleneus.

LXVIII. *Sententiæ ipsorum* (18).

Quænam summa boni? quæ mens sibi conscia recti. *P.*
Pernicies homini, quæ maxima? solus homo alter. *S.*
Quis dives? qui nihil cupiet. Quis pauper? avarus. *P.*
Quæ dos matronis pulcherrima? vita pudica.   *C.*
Quæ casta est? de qua mentiri fama veretur.   *T.*
Quod prudentis opus? cum possit, nolle nocere. *P.*
Quid stulti proprium? non posse, et velle nocere. *B.*

(17) Al. *tanto*, sed melius *stanti*.
(18) Litteræ capitales his versibus appositæ desunt
in ms. 77.

LXIX. *Quot modis tentamur vitio gulæ.*
(E Gemmeticensibus.)

Est notum quod quinque modis gula damnat edacem.
Cum comedit nimis, aut comedendi prævenit horam;
Cum nimio desiderio cupit, et capit, escas,
Cum vel delicias quærit, vel deliciose
Præparat hæc etiam quod non est deliciosum.
Ut discernantur magis hæc, exempla sequuntur.
Causa fuit Sodomæ peccanti panis abundans
Jejunat populus, Jonathas jejunia solvit.
Esuriens Esau cupit escam, vendit honorem.
Magna datur. Carnes plebs deliciosa requirit.
De sacro crudum puer Ofni postulat armum,
Sic ad velle suum studiose præparat illum (19).

1337 LXX. *Disputatio inter pontificem Romanum, et Ulgerium Andegavensem episcopum.*
(E ms. S. Gatiani Turonensis et aliis.)

AND.
Nescit amore regi, neque justitiæ, neque legi,
Nec Domino paret qui ratione caret.
His plenus morbis Nero noster, erat pavor orbis;
Sed formica leo fit tribuente Deo.

ROM.
Hoc ego, Roma, queo, sed cerno deesse trophæo;

A
Mecum namque meum nolo manere reum.
Ergo volo cedat, sua vel mora quid velit edat;
Nolo pœniteat, sed procul hinc abeat.

EPISC.
Si bene tu saperes, nisi tu ratione careres,
Non foret in vitio quam teneo ratio.
Est mora magnus honor, tibi, Roma, resistere conor:
Nondum pœniteo, te nec adhuc timeo.
Nostram papa moram dissolvet mortis ad horam;
Me reddent patriæ præsulis exsequiæ.

ROM.
Alter ponetur dum vivit, dumque sequetur;
Sed nil tu facies, nilque lucri capies.

EPISC.
Quamvis præsenti credat, vitaque fruenti
Postquam deficiet, nil per eum faciet.

CONCIL.
Proscribam? reus est: talem proscribere jus est,
Sed non virtus est pellere qui vetus est.

JUDIC.
Mitra privetur, jus et decus esse videtur,
In factis juvenem sic reprobare sene

LXXI. *Oratio devotissima ad tres personas sanctissimæ Trinitatis.*
(Ex eodem ms. Ebr. Edita apud Usserium, lib. *De symbolis*, et in Supplem. R. P. Homeyi et pluribus mss.)
Ad Patrem.
Alpha et Ω, magne Deus (20),
Heli, heli, Deus meus,
Cujus virtus totum posse,
Cujus sensus totum nosse,
Cujus esse summum bonum,
Cujus opus quidquid bonum.
Super cuncta, subter cuncta;
Extra cuncta, intra cuncta.
Intra cuncta, nec inclusus;
Extra cuncta, nec exclusus;
Super cuncta nec elatus;
Subter cuncta, nec substratus.
Super totus, præsidendo;
Subter totus, sustinendo;
Extra totus, complectendo;
Intra totus es, implendo.
Intra nunquam coarctaris,
Extra nunquam dilataris,
Super nullo sustentaris,
Subter nullo fatigaris.
Mundum movens non moveris,
Locum tenens non teneris,
Tempus mutans non mutaris,
Vaga firmans non vagaris.
Vis externa (21), vel necesse
Non alternat tuum esse.
Heri nostrum, cras et pridem,
Semper tibi nunc et idem.
Tuum, Deus, hodiernum,
Indivisum, sempiternum:
1338 In hoc totum prævidisti,
Totum simul præfecisti,
Ad exemplar summæ mentis.

Formam præstans elementis.
Oratio ad Filium.
Nate, Patri coæqualis,
Patri consubstantialis,
Patris splendor et figura,
Factor factus creatura,
Carnem nostram induisti,
Causam nostram suscepisti:
Sempiternus, temporalis;
Moriturus, immortalis;
Verus homo, verus Deus;
Impermistus homo Deus.
Non conversus hic in carnem,
Nec minutus (22) propter carnem;
Hic assumptus est in Deum,
Nec consumptus proter Deum;
Patri compar Deitate,
Minor carnis veritate.
Deus pater tantum Dei,
Virgo Mater est sed Dei (23).
In tam nova ligatura
Sic utraque stat natura,
Ut conservet quidquid erat,
Facta quiddam quod non erat:
Noster iste mediator,
Iste noster legis dator (24)
Circumcisus, baptizatus,
Crucifixus, tumulatus
Obdormivit et descendit,
Resurrexit et ascendit.
Sic ad cœlos elevatus
Judicabit judicatus.
Oratio ad Spiritum sanctum.
Paracletus increatus,
Neque factus, neque natus,
Patri consors, genitoque
Sic procedit ab utroque
Ne sit minor potestate,
Vel discretus qualitate.

Quanti illi, tantus iste;
Quales illi, talis iste.
Pater alter sed gignendo;
Natus alter, sed nascendo,
Flamen ab his procedendo,
Tres sunt unum subsistendo.
Quisque trium plenus Deus,
Non tres tamen dii, sed Deus.
In hoc Deo, Deo vero
Tres et unum assevero
Dans Usiæ unitatem,
Et personis Trinitatem.
In personis nulla prior,
Nulla minor, nulla major:
Unaquæque semper ipsa,
Sic est constans atque fixa,
Ut nec in se varietur,
Nec in ulla transmutetur.
Hæc est fides orthodoxa,
Non hic error sine noxa.
Sicut dico, sic et credo,
1339 Nec in pravam partem cedo.
Inde venit, bone Deus,
Ne desperem quamvis reus:
Reus mortis non despero,
Sed in morte vitam quæro.
Quo te placem nil prætendo
Nisi fidem quam defendo (25).
Fidem vides, hanc imploro
Leva fascem quo laboro.
Per hoc sacrum cataplasma
Convalescat ægrum plasma
Extra portam jam delatum,
Jam fetentem, tumulatum.
Vitta ligat, lapis urget;
Sed si jubes, hic resurget.
Jube, lapis revolvetur;
Jube, vita dirumpetur.
Exiturus nescit moras
Postquam clamas: Exi fora..

(19) Subsequitur in edit. d. Beaugendre versus, *Quid Magorum munera significent:* qui quidem jam dantur col. 1275 ejusdem editionis.
(20) Reg. 4103, et Victor. *Deus meus.*
(21) Homeyus *alterna.*
(22) Reg. 4103, et Vict. 72, *assumptus.*
(23) Iidem *Virgo Mater sed et Dei.*
(24) Hom. *legislator.*
(25) Reg. et Vict. *ostendo.*

In hoc salo mea ratis
Infestatur a piratis;
Hinc assultus, inde fluctus,
Hinc et inde mors et luctus;
Sed tu, bone nauta, veni,
Preme ventos, mare leni;
Fac abscedant hi pyratæ,
Duc ad portum salva rate.
Infecunda mea ficus,
Cujus ramus ramus siccus
Incidetur, incendetur
Si promulgas quod meretur;
Sed hoc anno dimittatur,
Stercoretur fodiatur;
Quod si necdum respondebit,
Flens hoc loquor, tunc ardebit.
Vetus hostis in me furit,
Aquis mersat, flammis urit.
Inde languens et afflictus
Tibi soli sum relictus
Ut infirmus (26) convalescat,
Ut hic hostis evanescat.
Tu virtutem jejunandi
Des infirmo, des orandi.
Per hæc duo, Christo teste,
Liberabor ab hac peste;
Ab hac peste solvo mentem,
Fac devotum, pœnitentem
Da timorem quo projecto
De salute, nil conjecto;
Da fidem, spem, charitatem;

Da discretam pietatem;
Da contemptum terrenorum,
Appetitum supernorum.
Totum, Deus, in te spero;
Deus, ex te totum quæro.
Tu laus mea, meum bonum,
Mea cuncta, tuum donum;
Tu solamen in labore,
Medicamen in languore
Tu in luctu mea lyra;
Tu lenimen es in ira;
Tu in arcto liberator,
Tu in lapsu revelator.
Motum (27) præstas in provectu,
Spem conservas in defectu.
Si quis lædit, tu rependis;
Si minatur, tu defendis.
Quod est anceps tu dissolvis
1340 Quod tegendum tu involvis.
Tu intrare me non sinas
Infernales officinas,
Ubi mœror, ubi metus,
Ubi fetor, ubi fletus,
Ubi probra deteguntur,
Ubi rei confunduntur,
Ubi tortor semper cædens,
Ubi vermis semper edens;
Ubi totum hoc perenne,
Quia perpes mors gehennæ,
Me receptet Sion illa,
Sion David urbs tranquilla,

Cujus faber auctor lucis,
Cujus portæ lignum crucis,
Cujus claves lingua Petri,
Cujus cives semper læti,
Cujus muri lapis vivus,
Cujus custos Rex festivus,
In hac urbe lux solemnis,
Ver æternum, pax perennis:
In hac odor (28) implens cœlos,
In hac semper festum melos;
Non est ibi corruptela,
Non defectus, non querela;
Non minuti, non deformes,
Omnes Christo sunt conformes.
Urbs cœlestis, urbs beata
Super petram collocata;
Urbs in portu satis tuto,
De longinquo te saluto:
Te saluto, te suspiro,
Te affecto, te requiro.
Quantum tui gratulantur,
Quam festive convivantur,
Quis affectus eos stringat,
Aut quæ gemma muros pingat,
Quis calcedon, quis jacynthus
Norunt illi qui sunt intus.
In plateis hujus urbis
Sociatus piis turbis
Cum Moyse et Elia
Pium cantem Alleluia.
          Amen.

LXXII. *In laudem Spiritus sancti.*
(E ms. Ebroicensi, n. 19 hic primo edit.)
Prosa.

Spiritus sancte, pie Paraclete.
Amor Patris et Filii, nexus gignentis et geniti;
Utriusque bonitas et charitas, et amborum essentiæ
                [puritas,
      Benignitas, suavitas, jucunditas.
Vinculum nectens Deum homini; virtus adunans
              [hominem numini,
      Non ut ipsa fieret pro semine sobolis,
      Sed ut auctor creans carnem de carne Virginis
      Deus ante diem condens omnia,
      Dóminus per diem gubernans condita.
      Munus manens in dantis æternitate
      Minus nihil habens ab ejus æqualitate.
      Tua tempus præcedit processio,
      Tua in tempore facta est effusio:
      Ibi fons virtutum, flumen gratiarum;
      Hic dator earum, et lux animarum.
1341 Glorioso, luminoso ab illo die exiens,
Hunc famosum et jocosum apud nos diem faciens.
Tibi soli digno coli cum Patre Filioque
Jugis cultus, honor multus sit semper procedenti ab
              [utroque,
      Voto, voce, hic et ubique. Amen.
      Tu nostra salus, tu nostrum decus;
      Vita et præmium, finis et gaudium.
      Vis reatum cogens agnoscere,
      Jus paratum libens ignoscere.

A
   Te prævio fugit nox et interitus;
   Nam dextræ Altissimi tu digitus.
   Subtilis et docilis, sublimis et humilis.
   Tu mitis et hilaris, amabilis, laudabilis;
   Vanitatis mundator, munditiæ amator;
Sanctitudinis, rectitudinis, beatæ plenitudinis
      Et plenæ beatitudinis donator.
Vox suavis exsulum mœrentium; melodia civium
              [gaudentium.
      Istis solamen ne desperent de te;
      Istis juvamen ut suspirent ad te.
Consolator piorum, inspirator bonorum, consilia-
              [tor mœstorum,
Purificator errorum, eruditor ignotorum, declara-
              [tor perplexorum.
B
Debilem erigens, devium colligens, errantem cor-
              [rigens
Sustines labentem, promoves conantem, perficis
              [amantem,
   Perfectum educis; de lacu fæcis et miseriæ
   Deducis per semitam pacis et lætitiæ;
   Inducis sub nube in aulam sapientiæ.
   Hic pandit aditum libera charitas;
   Hic claudit reditum effera pravitas.
Condonans culpas conversis; reservans pœnas aver-
              [sis.
Quod si ad tuæ libram æquitatis, nostræ appendas
              [massam pravitatis,
   Ut fatear quod vereor, pœnas mortis intueor,
   Et fortassis tuum apud judicium

---

(26) Ita Reg. et Vict. non *infernus*, ut Ebr.
(27) Reg. et Vict. *metum*. Ebr. *motum*; quod melius.
(28) Reg. et Vict. *In hac ordo.* Melius Ebr. *olor.*

Vitæ status justæ dabit solatium.
Et ecce sicut pannus menstruatæ nostra est justitia
                           [præ te.

     Sic servire nos vis in timore
     Ignorantes quis sit dignus ira vel amore,
     Unum constat quia tua sub tutela
     Tui toti sumus tuti a turbela.
     DEXTRÆ DEI TU DIGITUS,
Ubi totius splendor consilii, totius et spes solatii,
Relevator fastidii, pignus æterni gaudii.
Innoxius, indubius, quo nihil exstat pulchrius, et
                   [quo nihil est dulcius,
     Honestius, utilius et melius.
     Liber, intrepidus, alacer, facillimus.
     Fundamentum sanctitatis, alimentum castitatis.
     Ornamentum lenitatis, lenimentum paupertatis.
     Supplementum largitatis, munimentum probi-
                       [tatis.
     Miserorum refugium, captivorum suffragium :
     Illis aptissimus; istis promptissimus.
     Spiritus veritatis, nodus fraternitatis
     Ab eodem missus a quo et promissus.
Tu crederis omnium judex, qui crederis omnium
                       [opifex,
     Honestans bene meritos præmio,
1342 Onustans immeritos supplicio.
     Hiis quidem sanctis dum esse largior,
     Istis vero reis vis esse parcior.
     Ubique tua te vincit pietas,
     Nam natura tua nil nisi bonitas.
Spiras ubi vis et quando vis; doces quos vis et
                       [quantum vis;
     Imples et instruis certos in dubiis;
     Firmas in subitis, regis in licitis.
Tu ordo decorans omnia ; decor ordinans et ornans
                       [omnia.
     Dicta, facta, cogitata :
Dicta veritate, facta honestate, cogitata puritate.
     Unctio tu docens de omnibus
     In terris concessa, sed hæc divinitus.
     Collustrans charitate Deitatis
     Quos in te collustravit identitas charitatis.
     Donum bonum, bonum perfectum,
     Dans intellectum, dans et affectum;
Dirigens rectum, formans affectum, firmans pro-
                       [vectum,
Et ad portas paradisi coronans dilectum.
     Hunc timeant nostri pontifices (29),
     Sint pro reis sancti sacrifices,
     Non reorum sævi carnifices,
     Debilium seduli pastores,
     Non ovium fœdi prædatores.
     In capturam mittant animarum
     Rete sacrum, non pecuniarum :
     Ne dum peccant remissibiliter

A In Filium et Patrem pariter,
In Spiritum peccent indelebiliter.

        LXXIII. *In Natali Domini.*
           (E mss. et editis.)
             Prosa.
     Promissa mundo gaudia
     Superna solvit gratia
        Die ista.
     In Virgine fecunditas,
     In prole fulsit Deitas
        Die ista.
     In supernis genitus sine matre,
     Hac in valle natus est sine patre
        Die ista.
     Virga Jesse florida fructum dedit,
     Gedeonis vellera ros infudit
        Die ista.
     Pressus pede mulieris
     Coluber contritus est
        Die ista.
     Elisæus exiit,
     Et de fructu adiit
     Subsecutus baculum
        Die ista.
     Eructavit cor Excelsi
     Verbum bonum quod genuit
        Die ista.
     Manducavit homo
     Panem angelorum
        Die ista.
     Sator exit seminare semen verum,
     Novus esse cœpit antiquus dierum
        Die ista.
     Rex in prædam prodiit,
1343 Et in sole tabernaculum posuit
        Die ista.
     Terra vermem protulit,
     Per quem Jonas perdidit
     Et deflet tabernaculum
        Die ista.
     Splenduit lucerna quam accendit mulier
     Micuit electrum quod videt Ezechiel
        Die ista.
     Veritas de terra, de Sion Emmanuel
     Ortus est, missus in salutem Israel
        Die ista.
     Fides matris Virginis,
     Obumbramen Flaminis,
     Verbi vis et luminis
     Cataplasma confecerunt
        Die ista
     Hac respirant miseri,
     Spoliantur inferi,
     Cedunt nobis superi,
     Renovatur ordo rerum

---

(29) Hæc clausula sapit omnino genium Hildeberti, qui sui temporis Simoniacos Ecclesiam de-
turpantes, indefesso semper zelo insectatus est.

Hanc autem Prosam genuinum esse probat ejus fœtum verbum *Sacrifex*, illi singulare et familiare.

 CARMINA MISCELLANEA.

Die ista.
Tot beneficia
Sacra cœpit Ecclesia
Die ista.
Deo sit gloria,
Ex cujus gratia
Speramus cœlestia. Amen.

LXXIV. *Versus de fide sanctæ Trinitatis* (30).

Esse quod est ex se Deus est, per quod datur esse,
Quod non est ex se, Deitatis non habet esse.
Esse quod est Deus est, cui verum competit esse.
Convenit huic soli, quod nulli convenit esse.
Ante Deum nihil est quod possit eo prius esse.
Post illum nihil est quod posterius queat esse [1].
Supra quem nihil est quod dicam celsius esse [2] :
Extra quem nihil est quod dicam latius esse [3].
Omne quod est, opus illius est ; dedit omnibus esse :
Et sine quo nihil est, nihil aut fuit, aut valet esse.
Cujus majestas disponens cuncta penes se [4].
Ut nunquam cœpit, sic nunquam desinit esse.
Omne quod est, quod erat, quod erit par huic ne-
[quit esse.
Præter quem solum Deus alter non habet esse [5].
Namque Deum verum verax ratio negat esse,
Quem lapis atque manus hominis perduxit ad esse.
At Deus omnipotens, cui nullus homo dedit esse.
Imo qui faciens hominem reparavit ad esse [6].
Hic vere Deus est, et non Deus hic nequit esse.
Et Deus ipse deos super omnes creditur esse,
1344 Totum totus habens, toti vult jure præesse.
Cuncta creando, sibi vult cuncta creata subesse :
Totus ubique suum [7] non alternat Deus esse.
Qui modo non alius quam pridem creditur esse,
Omnia transmutans, nequit hic mutabilis esse :
Æternusque Deus habet æternaliter esse.
Qui cum sit magnus, major nequit aut minor esse.
In quo semper erat in eodem permanet esse [8].
Quem decet esse quod est, sed non decet esse [9] ne-
[co se :

A Imo nec esse, per hunc bonus omnis homo valet
[esse :
Non aliena bonum bonitas illum facit esse.
Ex propria bonitate sua scitur bonus esse [10].
Orthodoxa fides personas tres probat esse
In Deitate, deos sed tres negat in tribus esse.
Ingenitus genitor genitum genuit Deus ex se [11] :
Non tamen hic genitor habuit genito prius esse.
Spiritus almus ab his procedens par habet esse ·
Una sed in tribus his substantia creditur esse.
Atque coæternum personis congruit esse.
Sic par majestas, par virtus fertur inesse.
Quod Pater est hoc Filius est, hoc Spiritus esse
Dicitur. Unus enim Deus unum continet esse.
Qui tamen est genitor, non et genitus valet esse.
B Qui vero genitus est, Spiritus hic nequit esse.
Sicut in uno tres personas dicimus esse,
Sic in personis tribus unum credimus esse.
Ergo factorem factura Deum sciat esse,
Cui mirabiliter mirabile competit esse
Garriat ergo licet Sabellius hoc nihil esse,
Hoc orthodoxus tenet [12], et sic astruit esse.
Arrius infelix quia sic non credidit esse
Tartareis flammis meruit sine fine subesse [13].
Taliter alta fides de vero disputat esse.
Taliter ut credant reor omnibus esse necesse.
Et nisi [14] credamus, nisi confiteamur id esse
Firmiter et sane, salvi non possumus esse.

LXXV. *Hildeberti de exsilio suo* [15] *liber*

C (Ita Trithemius. — Ad fidem mss. Ebroicensis, n. 19, San-Victorini, n. 272, et S. Mariani Antissiodorensis annorum ad minus 500. Editum in Supplem. Homeyi.)

Nuper eram locuples, multisque beatus amicis,
    Et risere diu fata secunda mihi.
Larga Ceres, deus Arcadiæ Bacchusque replebant
    Horrea, tecta, penum, farre, bidente, mero.
Hortus, apes, famulæ, pulmento, melle, tapetis
    Ditabant large prandia, vasa, domum.

---

(30) Hanc Prosam ad calcem t. V Operum S. Bernardi retulit R. P. D. J. Mabillonius, quam in nota marginali ait in editione Spirensi an. 1501, Operum S. Bernardi mellifluo doctori fuisse tributam. Cum autem in editione Paris. an. 1548 tribua- D tur Hildeberto Cenoman. episcopo, sub titulo : *De fide sanctæ Trinitatis*, quam tamen in nullo vidimus ms. illam, ne periret, vel inter dubia duximus divulgandam, licet a Mabilloniana in alicuibus discrepantem (*a*).

---

[1] *Mabilloniana. Ante Deum nihil est quod posterius queat esse.* [2] *Supra quem nihil est quod credam latius esse.* [3] *Extra quem,* etc. Deest hic versus. [4] *Per se* [5] *Valet esse.* [6] *Perduxit ad esse.* [7] *Ubique simul.* [8] Hic versus deest. [9] *Non aliud decet esse.* [10] Desunt hic duo versus qui sunt in Mabilloniana, sc. :

    Ergo factorem factura Deum sciat esse,
    Cui mirabiliter mirabile competit esse.
    Orthodoxa fides, etc.

Sunt hic inferius. [11] *Ingenitus genitæ genituræ dat Deus esse.* [12] *Sic orthodoxus tenet.* [13] *Tartareas flammas meruit sine fine necesse.* [14] *Hoc nisi.* [15] Ms. S. Mariani habet : *De fortuna.* Turon. *De lapsu hujus mundi.*

(*a*) † In præfatione p. xiii, D. Beaugendre sic se habet : « Observandum nobis errorem in verbo excidisse in nota ad *Versus de Fide sanctæ Trinitatis*, dum illos diximus *inter dubia* reponendos ; unde forte quis inferre posset cætera quæ sequuntur esse dubia Hildeberti opera ; quod nullatenus intendimus, nec intendere debuimus, cum nihil certius sit librum de Exsilio suo esse verum ejus fœtum, sicut et cætera alia carmina, sive præcedentia, sive sequentia, quæ ex optimis manuscriptis eruimus. Loco igitur verborum illorum *inter dubia* legendum est, *licet dubiam, eamque solam inter ea quæ damus indubitata Hildeberti carmina.* »

Dextra laborabat gemmis, pomaria fructu;
   Prata redundabant gramine, lacte greges.
1345 Agger opum [16], tranquilla quies, numerosus
                           [amicus
   Delicias, somnos, consiliumque dabant.
Cætera quid referam mœstos solantia vultus [17],
   Omnia captatæ prosperitatis erant.
Jurares superos intra mea vota teneri,
   Et res occasum dedidicisse pati.
Mirabar sic te, te sic, fortuna [18], fidelem;
   Mirabar stabilem, quæ levis esse soles.
Sæpe mihi dixi : Quorsùm tam prospera rerum?
   Quid sibi vult tantus, tam citus agger opum?
Si mihi [19] nulla fides, nulla est constantia rebus.
   Res ipsæ quid sint mobilitate docent.
Res hominum atque homines levis alea versat in
                        [horas [20],
   Et venit a summo summa ruina gradu.
Cuncta sub ancipiti pendent mortalia casu,
   Et spondent propria mobilitate fugam.
Quidquid habes hodie, cras te fortasse relinquet,
   Aut modo, dum loqueris, desinit esse tuum.
Has ludit fortuna vices, regesque superbos,
   Aut servos humiles non sinit esse diu.
Illa dolosa comes, sola levitate fidelis,
   Non impune favet, aut sine fine premit.
Illa mihi quondam risu blandita sereno
   Mutavit vultus, nubila facta, suos.
Et velut æternam misero conata ruinam,
   Spem quoque lætitiæ detrahit illa mihi.
Illa professa dolum, submersit, diruit, ussit
   Culta, domos, vites, imbribus, igne, gelu.
Insuper exhausit, excussit [discussit], debilitavit
   Hoste, noto [21], morbis, horrea, poma, gregem.
Accessit damnis novus ille gravisque tyrannus,
   Quo Cenomanorum consule [22] jus periit.
Cujus avos puduit scelerum genuisse patronum,
   Fortunæque parem mobilitate, dolis.
Ille pudor patriæ me non impune tuentem
   Justitiæ leges, expulit a patria.
Inde ratem scando, vitam committo procellis,
   Uda [f. vela] tument, gemina cymba juvatur ope.
Portus erat longe, cum ventus fortior æstum
   Movit [23], et in tumulos Auster aravit aquas.
Crescit hiems, agit aura ratem, furit unda dehi-
                        [scens,
   Imbre madet velum, nox tegit atra diem.
Desperare jubent venti, mare, turbine, fluctu
   Occursu rupes, ignibus ipse polus.
In fragilem pinum totus pene congerit iras [24]
   Orbis, et est hostis quidquid obesse potest.

Dum sic sævit hiems, dum pallet et ipse magister,
   Dum stupet, et fieri piscibus esca timet,
Ecce rapax turbo tollens ad sidera fluctus,
   Impulit ad littus jam sine puppe ratem.
Sic miser et felix [25], quassa rate, rebus ademptis,
   Evasi ventos, æquora, saxa, Jovem.
Ecce quid est hominis, quid jure vocare paternum,
   Qua miser ille sibi plaudere dote potest.
Hoc est, hoc hominis semper cum tempore labi [26],
  1346 Et semper quadam conditione mori.
Est hominis nudum nasci, nudumque reverti
   Ad matrem, nec opes tollere posse suas.
Est hominis putrere solo, famemque [f. finemque]
                         [fateri,
   Et miseris gradibus in cinerem redigi.
Istius est hæres homo prosperitatis, et illum
   Certius his dominum prædia nulla manent.
Res et opes præstantur ei; famulantur ad horam,
   Et locuples mane, vespere pauper erit.
Nemo potest rebus jus assignare manendi,
   Quæ nutus hominum non didicere sequi.
Jus illis Deus ascribit, statuitque teneri
   Legibus, et nutu stare vel ire suo.
Ille simul semel et solus prævidit, et egit
   Cuncta, nec illa aliter vidit, agitque aliter.
Ut vidit facienda facit, regit absque labore.
   Distinguit formis, tempore, fine, loco.
Crescendi studium rebus metitur, et illas
   Secretis versat legibus [27], ipse manens.
Ipse manens, dum cuncta movet, mortalibus ægris
   Consulit, et qua sit [28] spes statuenda docet.
Si fas est credi te quidquam posse vel esse,
   O fortuna! quid es? quod potes ipse dedit.
Pace tua, fortuna, loquar; blandire, minare,
   Nil tamen unde querar, aut bene læter ages.
Ille potens, mitis tenor et concordia rerum,
   Quidquid vult in me digerat [29], ejus ero.

LXXVI. *Epistola elegiaca Hildeberti ad amicum (ut ex verbis colligi potest) transmarinum, seu Anglicanum, qua eum rogat ne in suo infortunio ipsum contemnat, aut deserat; forte dum a Guillelmo Rufo aut ab Henrico I ita exagitaretur, ut Romam petere coactus sit; ob turres scilicet Ecclesiæ suæ, quas evertere semper immoto recusavit animo. Is autem amicus forte fuit Rogerius, seu Rogerus episcopus Salisberiensis, ad quem scripsit epistolam duodecimam libri II.*

(E ms. Colbertino, n. 3019, folio penultimo, antiqua omnino manu, et 500 ad minus annorum.)

Turpe quidem dictu, sed si modo vera fatemur,
   Vulgus amicitias utilitate probat.
Cura quid expediat prior est, quam quid sit hone-
                         [stum,

---

[16] Ebr. et Victorin. *ager opum*. S. Mariani *agger opum*, id est *collectio, congestus*; quod melius. [17] Turon.
    Singula quid memorem lætos testantia casus.
    Omnia captivæ prosperitatis erant.
[18] Turon. *Denique mirabar sic te fortuna.* [19] Ita mss. omnes, non *Hei mihi!* ut reposuit Homeyus non ineleganter. [20] Tur. *oras.* [21] Victorinus *notho*, id est *violenti venti turbine.* [22] Id est *civitatis rectore*, Maire de la Ville. [23] Homeyus apposuit *impulit in.* Mss. ambo *movit.* [24] Ebr. *prope congerit iras.* Vict. *prope digerit iras.* [25] Victorin. *Sic misere felix.* [26] Turon. *Est hominis semper fluere et cum tempore labi.* [27] Turon. *Distinctis idem cursum metitur et illas decretis versat legibus.* [28] Turon. *Consulit atque ubi sit.* [29] Tur. *proferat.*

Et cum fortuna statque caditque fides.
Non facile invenies multis in millibus unum
   Virtutem pretium qui putet esse sui.
Ipse decor recti, facti si præmia desunt,
   Non manet, et gratis pœnitet esse probum,
Mitius est lapso digitum supponere mento,
   Mergere quam liquidis ora natantis aquis.
Corripis ut debes stulti peccata sodalis,
   Et mala me meritis ferre minora doles.
Vera facis, sed sera meæ convicia culpæ;

1347 Aspera confesso verba remitte meo
Cum poteram recto transire Ceraunia velo
   Ut fera vitarem saxa monendus eram :
Nunc mihi naufragio quid prodest discere facto,
   Quanam debuerat currere cimba via?
Brachia dilapso potius præbenda natanti,
   Nec pigeat mento supposuisse manum.
Turpe referre pedem, nec passu stare tenaci;
   Turpe laborantem deseruisse ratem;
Turpe sequi casum, et fortunæ credere amicum :
   Et nisi sit felix, esse negare suum.
Esse salutatum te vult mea littera primum [30],
Proxima subsequitur quid agas audire voluntas;
   Et jam, quidquid agas, sit tibi cura mei
Nec dubito quin sit, sed me timor ipse malorum
   Sæpe supervacuos cogit habere metus.
Da veniam, quæso, nimioque ignosce timo
   Tranquillas etiam naufragus horret aquas.
Qui semel est læsus fallaci piscis ab hamo,
   Omnibus unca cibis æra subesse putat.
Sæpe canem longe visum fugit Anna, lupumque
   Credit, et ipsa suum nescia vitat opem.
Membra reformidant mollem quoque nescia tactum,
   Vanaque sollicitis incitat umbra metum.
Sic ego fortunæ telis confossus iniquis,
   Pectore concipio nil nisi triste meo.
Jam dolor in mores venit meus; utque caducis,
   Utque percussus [f. percussu] crebro saxa cavan-
             [tur aquis,
Sic ego continuo fortunæ vulneror ictu,
   Vixque habet in nobis jam nova plaga locum;
Nec magis assiduo vomer tenuatur ab usu,
   Nec magis est curvis apia trita rotis,
Pectora quam mea sunt serie contacta malorum,
   Queis nihil inveni quod mihi ferret opem.
Artibus ingenuis quæsita est gloria multis;
   Infelix perii dotibus ipse meis.
Adjuvat in duris aliquem præsentia rebus,
   Obruit hoc absens vasta procella caput.
Quem non obrueret taciti quoque Cæsaris ira [31],
   Addita sunt pœnis aspera verba meis.
Temperie cœli corpusque animusque juvatur
   Frigore perpetuo Sarmatis ora riget.
Est in aqua dulci non invidiosa voluptas,

Æquoreo bibitur cum sale mista palus.
Omnia deficiunt; animus tamen omnia vincit :
   Ille etiam vires corpus habere facit.
Cœpta tene, quæso, nec in æquore desere ratem,
   Meque simul serva, judiciumque tuum.
Supplicis exaudi, juvenum mitissime, vocem,
   Quamque potes profugo (nam potes), affer opem.
Me fortuna tibi, de qua quod non queror hoc est,
   Tradidit, hæc uno non inimica mihi.
Juppiter oranti surdas si præbeat aures,
   Victima pro templo tunc cadet icta Jovi :
Si pacem nullam penitus mihi præstat eunti,
   Irrita Neptuno cur ego dona feram?
At quanquam longe toto simus orbe remoti,
   Scire tamen possis nos meminisse tui.
Et potius animam hanc vacuas reddemus in auras,
   Quam fiat meriti gratia vana tui.
Grande voco meritum, lacrymas quibus ora rigabas,
   Cum mea concreto sicca dolore forent.
Grande voco meritum, mœstæ solatia mentis
1348 Cum pariter nobis illa, tibique dares.
Adde quod absentis cura mandata fideli
   Perficis, et nullum ferre gravaris onus.
Quod facias quæris; quæras hoc scilicet, ipsum
   Invenies, vere si reperire voles.
Velle parum est, cupias ubi repotiaris oportet,
   Et faciat somnos hæc tibi cura breves
Exposuit memet populo fortuna videndum,
   Et plus notitiæ, quam fuit ante, dedit.
Si locus est aliquis tanta inter nomina parvis,
   Nos quoque conspicuos nostra ruina facit.
Si minus errasset, notus minus esset Ulysses;
   Non nocet admisso subdere calcar equo.
Sic præstat virtute sua ne prisca vetustas
   Laude pudicitiæ tempora nostra premat.
Plausibus ex ipsis populi, lætoque favore,
   Ingenium quodvis incaluisse potest.
Tamque ego sumpsisse tali clamore vigorem,
   Quam rudis audita miles ad arma tuba :
Nec mihi nota ducum, nec sunt mihi nota locorum
   Nomina; materiam non habuere manus.
Quo magis oblector, debes ignoscere si quid
   Erratum est illic præteritumque mihi.
Utque reformidant inflictum lumina solem,
   Sic ad lætitiam mens mea segnis erat.
Nam quanquam sapor est allata dulcis in unda,
   Gratius ex ipso fonte bibuntur aquæ.
Et magis adducto pomum decerpere ramo,
   Quam de cælata sumere lance juvat [32].
Huic ego, quam patior, nil possum demere pœnæ
   Si judex facti cogeret esse mei.
Cumque labent alii, jactataque vela relinquant,
   Tu laceræ remanes anchora sola rati.
Grata tua est igitur pietas; ignoscimus illis

---

[30] Hic deest pentameter, quem sic potes supplere :
        Et multis annis te cupit incolumem.
[31] Regis forte Guillelmi Rufi, seu Henrici I, aut Ludovici Crassi. Vide epistolam 45 lib. II.   [32] Vox alibi ab Hildeberto usurpata, ut epistola 1 lib. I ad Guill. de Campellis.

Qui cum fortuna terga dedere fugæ :
Cum feriant unum, non unum fulmina terrent,
　Junctaque percusso turba pavere solet :
Cumque dedit paries venturæ signa ruinæ,
　Sollicito vacuus fit locus ipse metu.
Quisquis enim ex timidis ægri contagia vitet,
　Vicinum metuens ne trahat inde malum?
Pars estis pauci melior, qui rebus in arctis
　Ferre mihi nullam quippe putatis opem.
Occidit et Theseus, et qui comitavit [f. comitatur]
　　　　　　　　　　　　　　　　[Orestem;
　Sed tamen in laudes vivit uterque suas.
Vos etiam seri laudabunt sæpe nepotes,
　Claraque erit scriptis gloria vestra meis
Conveniens animo genus est; tibi nobile namque
　Pectus, et hæredem [33] simplicitatis habes.
Livor, iners vitium, mores non exit in altos,
　Utque latens ima vipera serpit humo.
Mens tua sublimis supra genus eminet ipsum
　Grandius ingenio non tibi nomen inest.
Ergo alii noceant miseris, optentque timeri.
　Tinctaque mordaci spicula felle gerant.
At tua supplicibus domus est assueta juvandis,
　In quorum numero me precor esse velis.
Firma valent per se, nullumque machaonia quæ-
　　　　　　　　　　　　　　　　[runt (31);
　Ad medicam dubius confugit æger opem.
Scripta placent a morte feræ, quia lædere vivos
　Livor, et injusto carpere dente solet.
Cum desunt vires, tamen est laudanda voluntas,
　Hac ego contentos auguror esse deos.
Hoc facit ut veniat pauper quoque gratus ad aram,
　Et placeat cæso non minus agna bove.
Fulminis afflatos interdum vivere talis
1349 Vidimus, et refici non prohibente Jove.
Crede mihi, miseris cœlestia numina parent,
　Nec semper læsos et sine fine premunt.
Juppiter in multos temeraria fulmina torquet,
　Qui pœnam culpa non meruere pati.
Principe sed nostro non est moderatior ultus,
　Justitiæ vires temperat ille suis (32).

XXVII. *De infidelitate fortunæ et amoris mundi.*
　(E. ms. S. Mariani Antissiodorensis.)

Nulli fidus amor, nulli fortuna fidelis;
　Nulli dispensant mel sine felle suum.
Extollit fortuna suos, prosternit eosdem;
　Et quibus illa favet, non favet illa diu.
Urit amor, blanditur amor, delectat et urit:
　Et magis unde placet, vulnerat inde magis.
Tempus, amor, fortuna rotam comitatur euntem,
　Casus illa rotæ, temperat illa vires.

A Stante rota fortuna favet; cadit hæc, premit il-
　　　　　　　　　　　　　　　　[lam;
　Succedit tempus, sed variatur amor.
Nutrit amor gemitus, generat fortuna timorem :
　Gaudia principium, finis utrique dolor.
Hæc ludit vices varias, comitatur utrasque.
　Inque diem tenebras, in tenebrasque diem.
Unde magis fortuna placet, fert inde dolorem;
　Et quod dulce magis subripit illa cito
Non equidem semper delectat amor. Sibi semper
　Suppositum quoddam triste reservat amor.
Fortunam curæ, curæ comitantur amorem;
　Hinc sitis, hinc gemitus, hinc labor, hinc la-
　　　　　　　　　　　　　　　　[crymæ.
Miscet amor lacti laqueos, mellique venenum;
B　Et fortuna malis plurima dura bonis.
Sic nec fidus amor, sic nec fortuna fidelis;
　Sic fortuna quidem, sic quoque frangit amor.
LXXVIII. *De instabilitate rerum humanarum.*
　(E ms. Ebr.)
Omnia sunt hominum tenui pendentia filo,
　Et subito casu quæ valuere ruunt.
Ludit in humanis divina potentia rebus,
　Et certam præsens vix habet hora fidem.
　LXXIX. *De matrimonii sacramento.*
(E. ms. Regio 4103, Vict. 272, Ebr. 19, et aliis
　　　　　　　　Colb.)
　　(33) Ut cognatos et affines uniret conju-
　　　　　　　　　　　　　　　　[gium,
　Raritate primæ prolis fuit necessarium :
C　Ut augerent charitatem nuptiæ sub gratia,
　Ad externos transierunt sacra matrimonia.
Affines, consanguineos, conjugia prima
Non susceperunt, nec proles una, nec unus.
Unius Eva fuit conjux, vir unius Adam.
Præcessit coitum benedictio, gratia prolem.
Nupta sequens non sic, cui copia prava virorum
Affinem, consanguineum, fratremve jugavit,
Non solum quia quæque parem non inveniebat,
Sed quia Messiam proles paritura placebat [f. præ-
　　　　　　　　　　　　　　　　[ibat.]
Tu genitrix Isaac venturi præscia Christi
Conjugii sociam patienter sustinuisti.
Ante datam legem Jacob Rachel et Lia nupsit.
Uxores sub lege duas simul Helcana duxit.
D Temporis illius si vis attendere nuptas,
1350 Quæsita est soboles, non affectata voluptas.
Non sibi, sed generi matrona satisfaciebat;
Inde Redemptorem venturum prospiciebat.
Hinc uni multæ, non multis una maritis,
Hæserunt pariter, velut ulmo plurima vitis.
Non enim multis ad prolem sufficiebat;

---

(31) Id est nullo egent medico; Machaon quippe celebrem ferunt medicum Æsculapii filium.
(32) Subsequuntur in eodem manuscripto plures versus, sed nullam nec cum præcedentibus, nec etiam inter se connexionem habentes, quos ideo duximus omittendos, ut nulli lectorum commodo seu oblectationi profuturos.
(33) Hoc summarium, quod deest in ms. Ebroic., suppletum est e Regio 4103 et e Victor. 272.

[33] Ms. habet *h'edde.*

Pluribus una viris non quo generaret egebat.
Sic populum Domini peperere sacræ mulieres,
Unde creandus erat suus ille Redemptor et hæres.
Illius adventus connubia prima reduxit;
Inde nec affinis, nec proxima sanguine nupsit :
Nam descendentes ab eadem stirpe ligantur
Proximitate sua, charique sibi generantur ;
Nil amplexus eis ad honestum præstat amorem.
Jam satis est fratrem, satis est hanc esse sororem ;
Inter eos ideo connubia nulla jungantur
Quos generis pietas, et gratia præcomitantur.
Vult Deus ut fiant qui non nascuntur amici,
Vult homines alios quam cognatos sibi dici.
Illas uxores, istos vult esse maritos.
Ex alienigenis illas, istosque petitos,
Conjugale bonum quos stirps sua separat, unit.
Fœderat hic populos, ligat urbes, mœnia munit.
Sic diffusus amor, sic res hæc publica crevit ;
Sic mundus discors quæsita pace quievit.
Ut sacra sub Christo dilectio porrigeretur,
Femina sub Christi sic nubere lege jubetur.

LXXX. *De duobus Jacobis.*
(Ex ms. S. Mariani.)

Ex Jacobis non litiget amodo quivis ;
Hic satus Alphæo fuit, alter a Zebedæo.
Quem prius audisti, fratrem memor assere Christi,
Jerusalemque situm legimus, quem sæpe petitum,
Vulgoque solemnis Maii solet esse Kalendis.
Ultimus ast iste frater fuit Apocalistæ,
Galliciæque solum se gaudet habere colonum.
Anna, viro Joachim, peperit te, Virgo Maria,
De qua processit sine semine vera Sophia.
Post hunc de Cleopha peperit tibi, Virgo, sororem,
Quæ parit Alphæo Joseph Jacobumque minorem.
Hoc quoque defuncto cuidam Salome copulatur,
De quo natorum Zebedæi genitrix generatur :
Sic tribus una viris peperit tres Anna Marias.

LXXXI. *Cur dimittamus Alleluia in Septuagesima*
(Ex ms. Colb. num. 6101.)

Quandiu rex Babylon sibi subdidit Israelitas,
   Alleluia cohors psallere non potuit,
Sed grave supplicium tulit annis sexaginta ;
   Hinc a Christicolis Septuagesima fit.
Cum captivus homo sentit crimen dominari,
   Flere dolendo magis quam jubilare libet.
Sed pietas cum parcit ei divina reatum,
   Gaudet et exsultat, perstrepit et jubilat (a).

1351 LXXXII. *In apparitione* (34) *Domini.*
(Ex eodem ms.)

Ut didici pro re triplici lux hæc celebratur.
Unda merum fit, per puerum (35) 'baptisma sacra-
                                            [tur ;
Tres Dominum trino trinum dono venerantur.

---

(34) Id est *Epiphania.*
(35) Id est *servum*, sc. Joan. Baptistam.
(36) Forte *auro,* seu *pecunia.*

(a) In edit. Beaugendre, an. 1708, subsequebatur § *Cur dicantur tres missæ in Natali Domini.* Sed jam eosdem ver
siculos dederat editor in *Libro de sacra Eucharistia,* p. 1155.

A Noscitur ex ære (36) quia debet sceptra tenere,
Myrrhaque mortalem probat, et thus pontificalem.

LXXXIII. *De sumptione sacræ Eucharistiæ.*
(Ex eodem ms.)

Dat Jesum Jesus, manet omnis ab omnibus esus
Manditur illæsus, bibitur non vulnere cæsus.
Mysterium pulchrum, crux ara, calixque sepul-
                                            [crum,
Corpus grana sacrum, cruor uva fit, unda lava-
                                            [crum.

LXXXIV. *Pœnitentia ad rectam Eucharistiæ ad-*
ministrationem necessaria (37).

Astans altari, pia mens, gaude lacrymari ;
Libans libari, sacrans curato sacrari ;
Agnum flendo vora, flens dilue membra, cor, ora.
B Mysterio magno propians sis agnus in agno ;
Agnum sumpturus sis omni crimine purus,
Nec prius hunc capias quam flendo victima flas ;
Te primum luctu, post vitæ pascito fructu :
Lacryma dat risum, mala delet, emit paradisum.

LXXXV. *Christus in cruce.*

Mortem Serpentem Peccatum Tartara Gentem.
Vici, calcavi, solvi, fregi, reparavi.

LXXXVI. *Ad Christi crucifixi imaginem.*

Nec Deus est, nec homo, præsens quam cernis
                                            [imago ;
Sed Deus est et homo, quem sacra figurat imago.

LXXXVII. *Ubi Angelus venit ad Mariam.*

Ad Gabrielis ave fert germen Virgo suave,
C Quem nequeunt cœli Virgo capit aure fideli.

LXXXVIII. *Ubi fert Jesum Maria.*

Virgo parens, consorte carens, tenet Omnipoten-
                                            [tem.
Ut gremio sic corde pio fert cuncta ferentem.

LXXXIX. *Ubi parit Christum Maria.*

Stella parit solem, mons montem, innuba prolem.
Hac opifex fit opus, Verbum caro, cedrus hyssopus.

XC. *Ubi baptizat Jesum Joannes.*

Baptistes trepidat, Pater ipse tonat, stupet unda.
Mundat aquas ; non est ab aquis Christi caro munda.

XCI. *Ubi intrat Jerusalem super asellum.*

Si superas bellum, si frenas carnis asellum,
Intras Jerusalem, tollens palmam specialem.

D ### **1352** XCII. *Ubi lavat pedes discipulorum.*

Nobis forma datur, dum rex famulis famulatur ;
Quod Deus his perhibet, frater fratri quoque debet.

XCIII. *Ubi traditur* [Christus] *Judæis.*

Lethum lætus adit dux qui se pro grege tradit,
Tradit et ut charus Pater hunc, Judas ut avarus.

XCIV. *Ubi crucifigitur.*

Te docet hic Jesus ne quæras lædere læsus,
Neu vereare pati pœnam reus immaculati.

(37) Ex eodem ms. Colb. 6101, ut quæ sequuntur
usque ad num. 106.

XCV. *Ubi crucifixus est.*

Qualia, quis, quare sim passus, homo, speculare;
Tristia rex hilaris moriens bibo ne moriaris.
Sum clavis fixus, sis voto concrucifixus,
Sperne malam vitam; peccasti? surge, remittam.

XCVI. *Ubi sunt mulieres ante sepulcrum.*

Mane petunt celeres tumulum Jesu mulieres;
Angelus his dicit : Non est hic vita, revixit.

XCVII. *Ubi resurgit a monumento.*

Christo virga datur, cruce crux, mors morte fuga-
[tur,
Lux paret, Eva redit, stat Adam, draco flet, leo ce-
[dit.

XCVIII. *Ubi apparet Mariæ Magdalenæ.*

Surgit, et exorto sol sole videtur in horto,
Magdalenæ soli dicens : Me tangere noli.

XCIX. *Ubi Thomas tangit latus Jesu.*

Contingendo latus Thomas est certificatus;
Cernes credendo quod credidit ille vivendo.

C. *Ubi ascendit in cœlum Jesus.*

Rex penetrat cœlum; jubilat cor matris anhelum :
Sic veniet, fantur superi; patres speculantur.

CI. *Ubi in specie ignis descendit [Spiritus] in apo-*
stolos.

Ignea lingua datur, datus ignis in igne notatur,
Qui testes hilarat, cor replet, ora parat.

CII. *Titulus in cruce.*

Rex Judæorum rumpit vetus in cruce lorum,
Humanumque genus redimit JESUS NAZARENUS.

CIII. *Ubi nascitur Jesus.*

Virgo parit florem, flos fructum, fructus odorem.
Transcendit morem Virgo generans Creatorem.
Hæc mater matrem præfert et virginitatem.
Hæc Patris est mater, qua rex tuus est tibi frater.
Virgo parit puerum; nova res, res maxima rerum.

1353 CIV. *Ubi Simon Magus offert pecuniam.*

Dona Dei pretio Simon dum quærit emenda,
Se similesque sui condemnat morte dolenda.

CV. *Ubi parcit mulieri deprehensæ in adulterio.*

Parcit peccatis mulieris fons pietatis :
Discant austeri Patres miseris misereri.

CVI. *De tribus hominum mansionibus.*

(E ms. Ebroic.)

Trina domus nobis, lar, tumba, polusque paratur.
Ligna larem, ligo sarcophagum, devotio cœlum
Præparat; occasus comes in lare, vermis in urna est,
Angelus in cœlo; lar pœnæ, tumba sopori,
Cœlum lætitiæ diversa sorte dicuntur.
Culpa priora duo dat, gratia sola supremum.

CVII. *Quid sit vita pudica.*

(Ex eodem.)

In noctem prandes, in lucem, Turgide, cœnas,
Multimodoque mades nocte dieque mero.
Cumque cuti studeas, uxorem ducere non vis
Cur nolis, dicis : Vita pudica placet.
Turgide, mentiris, non est hæc vita pudica.
Vis dicam quid sit vita pudica ? Modus.

A

CVIII. *Quam periculosa mulierum familiaritas.*

(Ex eodem.)

(38) Femina perfida, femina sordida, digna catenis.
Mens male conscia, mobilis, impia, plena venenis,
Vipera pessima, fossa novissima, mota lacuna ;
Omnia suscipis, omnia decipis, omnibus una ;
Horrida noctua, publica janua, semita trita ;
Igne rapacior, aspide sævior est tua vita.
Credere qui tibi vult, sibi sunt mala multa parata.
O miserabilis, insatiabilis, insatiata.
Desine scribere, desine mittere carmina blanda,
Carmina turpia, carmina mollia, vix memoranda,
Nec tibi mittere, nec tibi scribere disposui me ;
Nec tua jam colo, nec tua jam volo, reddo tibi te.
Me mihi vivere, pace quiescere, sunt mea vota

B

Consului mihi, consule tu tibi, sis tua tota.
Quoslibet elige, collige, dilige, sint tibi mille ;
Sit tibi charior, aut pretiosior ille vel ille.
Mens tua vitrea, plumbea, saxea, ferrea, nequam.
Fingere, fallere, prodere, perdere, rem putat æquam.
Summa potentia funditus omnia destruat ante
Quam mea sumere, quam mea tangere sustineant te.

CIX. *De perversa muliere.*

(E ms. Turon.)

Aufert, includit, fallit, nudat, dat, adurit,
Privat, monstrat, habet, exspoliat mulier.
Primo viventi paradisum, carcere Joseph,
Ornatu Judam, crine virum validum,
Uriæ mortem, mœchando David, Salomonem

C

Relligione, Petrum voce diabolica.

CX. *Quam nociva sint sacris hominibus femina,*
avaritia, ambitio.

(Ex eodem Ebroicensi, et Colbert. 1050.)

Plurima cum soleant mores evertere sacros,
Altius evertunt femina, census, honos.
Femina, census, honos fomenta fomesque malorum
1354 In scelus, in gladios corda manusque tra-
[hunt.
Femina res fragilis, nunquam nisi crimine constans,
Nunquam sponte sua desinit esse nocens.
Femina flamma vorax, furor ultimus, intimus hostis,
Et docet et discit quidquid obesse solet.
Femina vile forum res publica, fallere nata.
Successisse putat, cum licet esse ream.

D

Femina triste jugum, quærimonia juris et æqui.
Turpe putat quoties turpia nulla gerit.
Femina tam gravior, quanto privatior hostis.
Invitat crimen munere, voce, manu.
Consumensque viros vitio consumitur omni,
Et prædata viros præda fit ipsa viris.
Corpus, opes, animos enervat, diripit, angit ;
Tela, manus, odium suggerit, armat, alit.
Urbes, regna, domos evertit, commovet, urit.
Unaque tot rerum spem capit [f. rapit], arma
[premit.
Femina sustinuit jugulo damnare Joannem,
Hippolitum letho, carcere spreta Joseph.

(38) Loquitur hic in persona adolescentis ad meliorem frugem conversi.

Femina mente pari vita spoliavit Uriam,
    Et pietate David, et Salomona fide.
Femina mente regit, lingua probat, actibus implet,
    Quo lex, quo populus, quo simul ipsa ruit.

(*Post verbum desinentem in armat, alit, sic habet ms.
    Col. 1050 :*)
Femina mente Pariun, vita spoliavit Uriam,
    Et pietate David, et Salomona fide.
Femina sustinuit jugulo damnare Joannem,
    Hyppolitum letho, compedibusque Joseph
Femina mente gerit, lingua probat, actibus implet,
    Quo lex, quo populus, quo simul ipsa ruit.
Nec minus hac animi vires immutat aurum (39),
    Nec minus illicitum currere monstrat iter.
Vix est quem pudeat auro pervertere rectum,
    Quem pigeat pretio quolibet esse reum.
Auro perficitur quidquid captatur inique,
    Nemoque prætenso munere vana rogat
Aurum corda movens, oculorum præda sacrorum,
    In facinus puras armat agitque manus.
Auro sæpe labat virtus, et robur eorum
    Quorum corda Deus, cætera laudat homo.
Et quem jurares cervicem impendere recto
    Spe modici fructus cuncta licere putat.
Hostis atrox, judexque gravis, tortorque severus
    Spe pretii laxant prælia, jura, manus.
Aurum castra locat, classem parat, exerit enses;
    Spernere vim, ventos, æquora, tela docet.
Solvit conjugium, disrumpit claustra pudoris,
    Sacra [*f. sacras*] cæde manus inquinat, ora dolis.
[(40) Auro perjurus Polimnestor, adultera Danae,
    Perfida Tarpeia, trux Eriphyla fuit.]
Auro Crassus obit; auro ruit Amphiaraus;
    Auro castra, duces, jus, populique cadunt.
Quem vero nec res, nec femina frangere possunt,
    Ambitus expugnat, consceleratque pium.
Ambitus in vetitum mores deflectit, et infra
    Posse suum quemquam non sinit esse reum
Hujus opus turbare duces, mutare coronas,
    Innocuis lethum, sceptra parare reis.
Urbinus excidium, templis præparare ruinam,
    Sternere Patricios ensibus, igne lares.
Ludibrio reges exponere, regna rapinis
    Flagitiis matres, excidioque senes.
1355 Naturam vitiis, superos offendere ritu,
    Parcere tunc tantum, cum nocuisse nequit.
Quem simul arripiunt tantæ contagia cladis,
    Cuncta licere putat, dum sibi regna parat.
Sustinet hic gladios in patrem ferre, nec unquam
    Fraude, cruore, dolis mens, manus, ora vacant.

(*In ms. Colbertino num. 1050 post hæc verba ; manus, ora vacant, adduntur quatuor sequentes :*)
Glorior elatus, descendo mortificatus.

(39) Ms. Colbert. 1050. *Non minus immutat animos, aut eruit aurum.*
(40) Hi duo versus desunt in ms. Colb. 1050.
(41) Id est quæ Ecclesiæ olim sanctis præsulibus
gloriatæ sunt.
(42) Id est Simoniacis.
(43) Cadit forsan in Brunonem, Signinum epi-

A   Ah miser! axe teror, lætus ad alta feror.
Ut rota sic homines, movet hos immobilis ordo,
    Exaltans humiles, magnanimosque premens.

—

CXI. *Postquam initio varias Hildebertus deflevit diversarum Ecclesiarum clades, cuidam Ecclesiæ gratulatur quod vigilantissimum sit nacta pastorem,
qui eam ab illis sua prudentia tutari posset. Hanc
autem non improbabiliter dixerimus Salisberiensem
Ecclesiam, cujus episcopus electus est Rogerius
circa an. R. S. 1102, ad quem Epistolam gratula-
toriam libri secundi duodecimam scripsit Hildebertus.*

(Ex Ebroic. ms. n. 19.)

Jam tot in Ecclesias insurrexere procellæ,
Quot vel quam magnas nullæ cepere tabellæ.
B   Tot sunt quæ mergant, tot sunt contraria lætis,
Ut vix una queat portum sperare quietis.
Pax et libertas, reverentia præteriere,
Bella, rapina, jugum, contemptus eis subiere
Quos premit et spoliat prædonum turba furentum.
Extulit et coluit sanctorum cura parentum;
Quæque sacris Patribus risere prioribus annis (41),
Flent modo subjectæ Simonibus (42) atque ty-
                                                [rannis.
Hinc sibi venantes regumque ducumque favorem
Non metuunt in eos legis laxare rigorem.
Sic lac et lanas ovium sibi diripientes,
Frena lupis laxant subterfugiumque silentes.
Speque lucri simulant scelus atque cavenda licere,
Quæ liceant sive non liceant didicere cavere.
C   Gratia, Christe, tibi qui nos hoc Patre serenas,
Qui regat Ecclesiam, qui jus, qui juris habenas;
Qui didicit pastor non mercenarius esse;
Qui dum raptor adest, ovibus non novit abesse;
Qui sic errantes revocat, sic servit egenis,
Ut sit et his victus, et eis correctio lenis.
Illi quod factis, quod mente, quod ore meretur,
Post annos pilii [*f. prælii*] requies æterna paretur.
CXII. *In virum abbatem simul et episcopum (43).*
(E ms. Ebroic. n. 19.)
Ars asino submisit equam; misturaque mulum
    Lascivam sobolem prodigiosa dedit.
Sic tibi mistus honos, sic ex abbate simulque
    Præsule, nescio quis dicitur iste gradus.

CXIII. *De incestuoso stupro ab Ammone propriæ so-
D   rori Thamar illato (II Reg. xiii).*
(Ex eodem.)
Languidus accubuit tanquam moriens puer Ammon.
Illicitæ veneris cuspide fixus erat.
1356 Exponat morbi causam pater inscius orat.
Hos ad verba patris reddidit ille sonos.
En, ait, en morior; moriar nisi venerit ad me
    Filia vestra Thamar sanguine juncta mihi.
Hic petit, ille favet, favet huic tanquam morienti,

scopum, qui non ita pridem electus abbas Cassinensis, a Pascali II, ut refert Petrus Diaconus, lib.
iv, c. 44, prohibitus est ultra simul episcopus esse
et abbas; unde frustra eum retinere conantibus
monachis, ad episcopatum suum rediit, et post
aliquot annos sancto fine quievit, miraculis post
obitum clarus. Vide Baron. ad an. 1104.

Indulgens morbo dissimulante nefas.
Regia virgo Thamar sparsos ornata capillos
  Fratris ad obsequium patre jubente venit.
Siste, puella, gradus, ne te tuus opprimat hostis,
  Et fias fratri barbara præda tuo.
Nescit; at illa cibos, confectaque pocula gestans,
  Infaustæ subiit limina prima domus.
Arripit hanc frater, miserumque fatetur amorem,
  Et thalamis trepidam collocat ipse suis
Instat amans, facinusque parat, clamante puella.
  At male clamantis colligit ille preces.
Ammon, parce Thamar ; frater, miserere sororis :
  Succedat thalamo res peregrina tuo.
Illicitos motus, et criminis effuge causam,
  Invidiamque patris qui tibi misit eam.
Nec pietas occurrit ei, nec sanguinis ordo,
  Nam male vincenti subjacet agna lupo.
Ille tulit titulos violare virginitatis ;
  Illa dolet graviter, floribus orba suis.
Virgo redit misere læsum conquesta pudorem,
  Indiciumque rei purpura scissa fuit.

CXIV. *De secreto a Papyrio Prætextato adhuc puer*
    senatui romano prudenter servato.

Concilium fecere viri, seditque senatus,
  Et tenuit longum publica causa diem.
Publica res agitur, privata negotia Patrum,
  Papyrius tenera colligit aure puer.
Immaturus adhuc, sed jam prudens et honesti
  Providus, et puero plus erat ille puer.
Causa perorata est, muliebriter excipit illum
  Mater, quid tractat Roma, proterva rogat.
Quo plus difficilem sensit, vehementius instans
  Maternis precibus addidit illa minas.
Dissimulat verum puer improbitate parentis,
  Commentumque nova calliditate movet.
Patribus orba suis tanquam sine milite Roma,
  Vix sua regna tenet, vix aliena petit.
Tempore primævo totum sibi subdidit orbem
  Insidias orbis totius inde timet.
Sed visum est ducibus sobolis spe multiplicandæ,
  Quod mulier nulli sufficit una viro.
Inde tamen dubitant, et adhuc sub judice causa est
  An plures habeat unus, an una duos.
Creditur, et late discurrit sermo per urbem,
  Et matronarum pectora fama movet.
Crastina lux fulsit, cives sub jure recensent,
  Insolitus tota clamor in urbe sonat.
Non aliis implent vastos clamoribus agros
  Ad tua Bubacides festa Lyæe nurus.
Quæritur in populo quisnam sit et unde tumultus
  Inter matronas ille tumultus erat.
Erumpunt in verba simul : Desistite cives.
  Communis patriæ nos quoque causa movet.
Una duos habeat, quia sufficit una duobus
  Talibus auxiliis Roma perennis erit.
Attenti sedere diu, novitate furoris,
  Attoniti tanta seditione cives.
Difficilem causam studio majore revolvunt ;
  Quæ sit summa rei, quæ sit origo rogant.

Comperiunt puerum sic illusisse parenti,
1357 Veraque commento dissimulasse novo.
Prætextum dat ei monumentum Roma perenne,
  Dotavitque suum nomine veste genus.

CXV. *Somnium de lamentatione Pictavensis*
     Ecclesiæ.

(E ms. codice, olim Elnonensi, nunc Regio, n. 274,
    ann. circiter 500.)

Nocte quadam via fessus ,
Torum premens somno pressus ,
In obscuro noctis densæ,
Templum vidi Pictavense
Sub statura personali ,
Sub persona matronali
Situs quidem erat ei
Reverendæ faciei ;
Sed turbarat frontem ejus
Omni damno damnum pejus.
Sic est tamen rebus mersis ,
Ut perpendas ex adversis
Quanti esset illis annis ,
Quibus erat sine damnis
Juvenilis ille color.
Nullus erat , unde dolor
Nullus erat , sed in ore
Livor erat pro colore.
Hæret crini coronella ,
Fracta nimis et procella
Vicem complet hic gemmarum
Grex corrosor tinearum.
Sunt in ventre signa famis ,
Quem ostendit rupta chlamys ,
Per quam patet indecenter
Locus ventris , et non venter
Hæc est chlamys , hic est cultus ,
Quem attrivit annus multus
Ab extremo quidem limbo ,
Gelu rigens , madens nimbo.
Est vetustas hujus vestis ,
Novitatis suæ testis ,
Innuendo quanta cura
Facta esset hæc textura.
Nunc se tenet mille nodis ,
Implicata centum modis.
Hæc ut stetit fletu madens ,
Flendi causam mihi tradens ,
De se quidem in figura
Loquebatur inter plura ,
Non desistens accusare
Navem , nautas , ventos , mare
Ut ex verbis nesciretur [*f.* nosceretur].
Quid vel quare loqueretur.
Mox infigens vultum cœlis
Ora solvit his querelis :
Deus meus , exclamavit :
Quis me turbo suffocavit ?
Quæ potestas impotentem ?
Quæ vis urget me jacentem ?
Unde metus ? unde mœror ?

Unde veni, vel quo feror ?
Qui vel quales hi piratæ
Qui insultant mersa rato?
Quæ procellæ, vel qui venti
Sic insurgunt resurgenti?
Nauta bone, via bonis,
Utens remo rationis,
Quam inepte, quam incaute
Sese habent mei nautæ!
Sed nec nautæ dici debent
Qui fortunæ manus præbent;
Nec rectorum more degunt
Qui reguntur, et non regunt.
His tam cæcis quam ignavis
Est commissus clavus navis,
Quam curtavit parte una
Piratæ vis importuna :
Nec a nautis est subventum
Contra ictus ferientum.
Timent viris non timenda
Hi a quibus sunt regenda.
Motum frondis, umbram lunæ
Timet illa gens fortunæ :
Si me cæcam cæco mari
Patiuntur evagari.
Procul collum a monili,
Procul latus a cubili,
Vilipendor a marito,
Cum ad torum hunc invito.
Tribus annis noctem passa,
Vehor mari nave quassa.
Non excludi noctem luce,
Nec errorem bono duce.
1358 Non exclusit annis tribus
Potus sitim, famem cibus;
Vicem potus, vicem panis
Spes explebat, sed inanis ;
Nam exspecto tribus annis
Quasi stultus fluxum amnis,
Amnis tamen elabetur,
Nec ad horam haurietur.
Malo fracto, scisso velo,
Ad extremum nunc anhelo.
Nondum ventus iram lenit,
Sed a parte portus venit;
Ad occasum flat ab ortu,
Non ad portum, sed a portu.
Dispensator qui dispensas
Cum privatis res immensas
Bene cuncta, nil inique;
Ita nusquam ut ubique,
Ortum suum cujus curæ
Debent omnes creaturæ
Quas creasti non creatus,
Factus nunquam, tamen natus ;
Qui nil tantum potes nosse ;
Qui non potes plus non posse.

A
Tu qui magnus sine parte,
Princeps pacis sine Marte,
Sine motu, sine loco,
Motum præbes, præes loco
Tu qui bonus, imo bonum,
Quem amplecti paucis pronum,
Quem affari non est planum,
Nescire quem est humanum
Bone Fili, bone Pater,
Bona Virgo, sed et mater ;
Mater, inquam, immortalis
Sed caduca, sed mortalis;
Exaudite quem auditis,
Et quod nolo ne velitis.
Constat vobis id me velle.

B
Ne me vexent hæ procellæ,
Ne jam credar sorte regi
Desponsata regum Regi.
Me lædentes Rex inclina,
Ne exsultent de rapina ·
Facientibus rapinam
Rapina sit in ruinam;
Arce lupos cum piratis,
Ne desperet portum ratis.
Audi pastor qui me regis,
Da pastorem doctum gregis,
Se regnantem ratione,
Deviantem a Simone,
Qui sic pugnet in virtute,
Ne sint opes parum tutæ,

C
Sic dispenset; et hoc dicto,
Somnus abit, me relicto.

CXVI. *De civitate Pictavi, et quodam ejus præsule.*
(E Mariano.)

Si cunctas urbes numeremus ab Alpibus infra,
    Pictavis inter eas extulit una caput.
Hanc decorant princeps, plebs maxima, clerus
                                              [honestus,
    Agger opum, turris multa, situsque loci.
Major ad hanc super hæc accedit gloria, præsul (44);
    Nobilis urbs tali præsule digna fuit.
Sed quoniam virtus in præsule pluris habetur,
    De virtute sua pauca referre libet.
Corpus, opes, studium, mores, cibus asper, egenus,
D   Lectio, probra, domat, carpit, alit ; fugiunt.
Virtutes, culpas, fructum, fovet, amputat, auget.
    Jus, lites, pacem, protegit, odit, amat.
Si genus et species essent in præsule dotes,
    Huic dotes essent et genus et species.
Largitur pœnas invitus, præmia gaudens;
    Parcius has meritis, largius illa, suis
Fervet justitia, mitescit simplicitate;
    Quippe rigore gravis, nobilitate pius.
O miræ gravitatis homo! nil præter honestum
    Mens sua, lingua, manus, cogitat, edit, agit.
O miræ pietatis homo! nec honore superbit,
1359 Nec læsus cedit, nec dominando premit.

(44) Sc. Petrus episcopus

Fert misero, tribuit peccanti, servat amico
   Auxilium, veniam, continuamque fidem.
Hunc mens ad cœlum virtutum sublevat alis,
   Jamque sua fruitur pace videndo D-*eum* (45).
Sic tamen astra petit, ut non terr-*ena relinqua*.
   Pastorem revocat sedula cura g-*regi*.
Ascendit speculando Deum, descendit *in imam*
   Curam commissæ plebis; utrumque bonum.
Mente Maria vacat, sed in actu Martha lab-*orat*.
   Est intenta gregi Martha, Maria Deo.
Sic apud hunc regnat Deus intus, proximus extra;
   Hic desiderio, proximus obsequio
Diligit ille Rachel, nec Liam ferre recusat,
   Uxoremque novus duxit utramque Jacob.
Hujus amat vultum, juvat hujus carpere fructum,
   Cum sit pulchra Rachel, fertiliorque Lia.

CXVII. *De Pictavi civitate, et ejus rege*
(E Marianæo.)

Servili depressa jugo longumque sepulta,
   Erige Pictavis libera facta caput.
Libertas tibi sera redit, de pulvere surge,
   Tolle jugum, terge lumina, plaude manu.
Consulibus seducta tuis, tibi consuluisti :
   Rex tuus ecce tibi mitis et acer adest.
In sibi subjectos mitissimus, acer in hostes ;
   Expedit urbs illo regia rege regi.
Ille salutaris dum lucifer exit in ortus,
   Occasum Martis stella cruenta petit.
Pax viget, arma jacent, labor occidit, otia vivunt.
   Cessat lege dolus, fertilitate fames.
Urbs latro-ne vacat (46), via cædibus, arva rapina,
   Hostis frende-ntis obsidione fores.
Non pallet, pulsi-s canibus, formidine civis
   Non implet, vulgus seditione forum.
Præmi-a militibus redeunt, et civibus aurum,
   Et suus obæsus inviolatus honor.
Servis libertas, fessis tutela colonis,
   Spes miseris, risus flentibus, ira malis.

CXVIII. *De Nativitate Domini.*

(Paulo aliter et prolixior invenitur in ms. Elnonensi Regio num. 274, ann. circiter 500.)

Sol hodie nobis apparuit, unus et alter;
   Hic opus, ille opifex; hic levis, ille manens.
Imperat hic stellis, at ut imperet, imperat illis ;
   Hic jubet ire dies, ille jubere jubet.
Sol oritur cum sole Deo, cum lumine lumen ;
   Lux cum luce, dies cum faciente diem
Virgo parit sine nocte diem, sine semine fructum ;
   Fit gravis absque viro, fit sine patre pater [f.
                  [parans].
Est ea res major, ea res est maxima rerum;
Est in ea lux major ea, rex maxima rerum;
   Est magis ampla suo sarcina facta loco.
Nox ea pene dies, nullique secunda dierum,
   Qua Deus induitur carne, caroque Deo.

(45) Horum versuum finis laceratione folii deest,
quos, ut potuimus ex ultima littera conjicere, perfecimus. Videat lector utrum feliciter
(46) Deest in manuscripto laceratione folii initium

A Infectus factam nocte hac in fœdera factus (47).
   Sol præit auroram, luciferumque dies.
Sol, inquam, verus, lux vera, jubarque serenum ;
   Illud et illa Deus, sicut et ille Deus.
[48) Virgo Deum peperit, sed si quis quomodo
                  [quærit,
   Non est nosse meum, sed scio posse Deum.]

CXIX. *In Visitationem Beatæ Mariæ ad Elizabeth.*
(E ms. Elnonensi-Regio 274.)

Innuba si gravis est, nova res, et cœlica vis est.
1360 Fit gravis, ergo novum sidereumque bonum.
Oscula dat gravidæ verbo gravis; innuba nuptæ
Utraque dum gravis est, maris altera conscia non
                  [est.

CXX. *Christus de se ipso.*
(Ex eodem ms.)

B Pontus, terra, polus mihi subdita; Rex ego solus.
Solus ab æterno creo cuncta, creata guberno.
Sum via virtutis, spes vitæ, porta salutis ;
Ad patriam vitæ qui tenditis, ecce, venite.

CXXI. *Quod bono male, et malo bene proveniat.*
(E ms. Colb. 5019, f. 78.)

Est aliquando bene, bene ne gravibus superetur.
Est male quod maculas lavet, adversisque probetur.
Est aliquando malo bene quo gravius feriatur.
Est male quo redeat velut hic, quoque jam patiatur.

CXXII. *De decem plagis Ægypti.*
(E ms. Colb. 5019, f. 80, Ebr. n. 19.)

Prima, rubens unda ; ranæ tabesque, secunda ;
C Inde culex tristis ; post musca nocivior istis ;
Quinta pecus stravit ; vesicas sexta creavit ;
Pene subit grando ; post bruchus dente nefando
Nona tegit solem ; primam vexat ultima prolem.

CXXIII. *De Joseph.*
(Ex eodem ms.)

Patre vocante Joseph, venit hic, pater imperat illi :
Vade Sichem, fratresque tuos, pecudesque revise.
Venit Ebron, intratque Sichem, non invenit illic
Aut pecus, aut fratres. Videt hunc errare per agros
Rusticus, et quærit quid quærat. Reddidit ille :
Fratres quæro meos, dic sicubi noveris esse.
Nescio, respondit ; memini tamen inde loquentes
Sic dixisse : Gregem Dothaim ducamus in herbas.
Quo properante Joseph, et adhuc procul inde
D   [remoto,
Fratribus est visus ; quo viso consiliantur
Ut perimant illum. Sic et de fratre loquuntur :
En venit ille Joseph, qui somnia vidit ; eamus,
Interimamus eum, sic scilicet experiemur
Quid sua portentant, vel quid sibi somnia prosint.
Intulit ista Ruben, unus de fratribus : Absit!
Ut fratres fratrem perimant, sed projiciatur
Vivus in hunc puteum ; puteum monstraverat illis.
Dum dubitant, dubii quid agant diversa loquuntur.
Ire vident homines quosdam, quos ire videntes

horum sex versuum, quod ad mentem auctoris, ut
putamus, supplevimus.
   (47) Reg., *infectaque factam.*
   (48) Hi duo versus desunt in Regio.

Hoc pariter laudant : Veniat, vendatur et istis.
Dicitur ob quantum Joseph vendatur ; at illi
Dant pretium, Josephque suis in curribus aptant.

CXXIV. *De quatuor bonis et quatuor malis*
(Ex cod. ms. Colb. 3019, f. 78.)

Spernere mundum, spernere sese, spernere nullum,
  Spernere se sperni, quatuor hæc bona sunt.
Quærere fraudem, quærere pompam, quærere
                                          [laudem,
  Quærere se quæri, quatuor hæc mala sunt.

CXXV. *Verba Christi in cruce.*
(Ex eodem ms.)

A patria vitæ satis est errasse, redite.
Quos ego mercor ita, mea mors est publica vita.
Crux finis legis, via vitæ, passio Regis,
  Cui dedit interitum gratia, non meritum.

1361 CXXVI. *Cœlestia præferenda terrenis.*
(E ms. Colbertino, n. 1050 et 3019, et Enroic. 19.)
Non bene discernis, qui præfers ima supernis ;
Nec satis est tecum, qui rebus subjicis æquum.
Quippe, quid argentum? quid forma? quid ordo
                                          [clientum?
Quid celebres fundi? Festum breve gloria mundi.
Nulla fides ejus; hodie male, cras tibi pejus.
Expedit hoc uti, sed non præferre saluti.

CXXVII. *De variis actibus animæ.*
(Ex eodem ms. 1050.)

Hos animus.... septem sibi vindicat actus
Vivificat, sentit, varias [*f.* varios] amplectitur artes,
Corrigit excessus, virtutibus instat ; in ipsam
Dirigit intuitum Deitatem, gaudet in illa.
Seminibus quoque primus inest; animalia bruta
Participant alium, duo nostræ proprietatis.
Tres sunt et superum ; superi tamen anteferuntur,
Ex actu proprio vegetantur corpora, crescunt.
Provehit inde vigor, nexus, complexio, motus,
Et status, et species, et convenientia quædam.
Ex alio tangit, videt, audit, gustat, odorat
Odit, amat, peti apta sibi ,.contraria vitat,
Solvitur in somnos, in somnia mente vagatur ;
Præteriti meminit, venturis instat, agitque
Plurima, quæ sensu, quæ non ratione geruntur.
Tertius ingenuas, aliasque perambulat artes,
Quæque vel ingenium, vel disciplina ministrat,
Colligit, et vario provectu mentibus hæret.
Quartus ab illicitis revocat, residesque reatus
Abjurare docet ; extunc cognoscere sese
Incipit, inque novum niti ac transire docetur.
Discimus ex quinto naturæ lege teneri,
Res inconcessas virtutis amore cavere,
Concessis aliquot etiam sine teste carere.
Sextus in aspectum solis, lucisque supernæ,
Pene parem superis animam rapit immaculatam.
Septimus astringit, stabilique subharrat amore,
Collateratque Deo, quam dotem jam speculetur,
Quos thalamos [*f.* qui thalami], quis cultus eam,
                                          [quæ festa serenent,
Quis dicat : Speciosa veni. Dixere beatæ,
Majoresque animæ ; nec eis tamen antea virtus,

Aut ea lingua fuit, quibus hæc aperire liceret.
Excedit sensus, meritumque recondita merces.

CXXVIII. *De duodecim patriarchis allegorice per lapides Rationarii summi pontificis designatis.*
(Ex eodem ms. 1050.)

Ruben præcedens in origine, Jaspis in æde,
Virtutum simul, et fidei primordia signat.
In partu Simeon, sapphirus in æde secundus,
Triste cor insinuat, cui conversatio cœlum.
Tertius appositi calcedon germine leni,
Incrementa boni, sed adhuc occulta figurant
In nascendo Judas, et quartus in æde smaragdus,
Ora professa fidem, fideique loquuntur agones.
Appositi quinti Dan : Sardoniusque paratos
Judicio memorant, humilesque ac pectore puros.
Sardius appositus Nephtalim tempore, sextus,
Martyrium signant, et amoris duplicis ignes.
Chrysolithus templo ; Gad patri, septimus ortu
Accinctos in bella notant, signisque micantes.
Inde Beryllus Aser, octavus uterque figurant
Jam requiem mentis, operumque nitore beatos.
Nonus structura topazius, Issachar ortu
Contemplativos, et spe mercedis orantes.
Hinc decimus Zabulon chrysoprasusque recenset
In bello fortes, pretiique nitore refectos.
Undecimus jactu Jacintus origine Joseph
1362 Votis addentes, atque omnibus omnia factus.
Inde verecundos, humiles, longoque merentes
Martyrio, dextram patris, amplexusque figurat
Benjamin et pariter amethistus uterque supremus.

CXXIX. *De multiplici veritate.*
(Ex eodem ms.)

Quæ summa boni est? Mens semper conscia recti.
Pernicies hominum quæ maxima? Solus homo alter
Quis dives? Qui nihil cupiet. Quis pauper? Avarus.
Quæ dos matronæ pulcherrima? Vita pudica.
Quæ casta est? De qua mentiri fama veretur.
Quid stulti proprium? Non posse et velle nocere.
Quod prudentis opus? Cum possit, nolle nocere.

CXXX. *De septem horis canonicis.*
(Ex eodem ms.)

Clauditur integra lux viginti quatuor horis,
Obsequio Domini septem sacrantur earum
Horam qua primum solaris sphæra videtur,

PRIMA.

Astruimus Primam. Sol factus in hac positusque
In cœlo, nobis diversos exhibet usus.
Hac hora Domino, qui tanta lampade mundum
Illustrat, laus est reddenda, deinde precandum
Ne scelerum tenebris obvolvi nos patiatur.

TERTIA.

Tertia multimodo sublimis lumine fulget.
Hac est factus homo, data lex vetus ; hac Synagoga
Ore Redemptorem crucifixit ; Spiritus almus
Discipulos docuit hora qua cœpimus esse.
Vas figulum laudet, studeatque precando mereri,
Ne veterem sapiat, sed eum circumferat Adam.
Qui præjudicium tunc pertulit, oret adesse
Adversum vitiis, et amicum moribus ignem.

SEXTA.

In sexta deliquit homo; tulit in cruce Christus;
In genus humanum furit hostis meridianus.
Quisquis es hac hora crucifixi morte redemptus,
Munere pro tanto præmissis laudibus ores,
Ne draco nactus in hac de primo patre triumphum,
Te sibi substernat. Sed agat Deus hostia factus,
Ne carni cedas, aut hosti meridiano.

NONA.

Exiit in nona reus homo de paradiso :
In nona Christus animam dedit, atque fideles
In [f. de] tenebris ut eos reduceret, inde revisit.
Spe factus consors, tam lætæ sortis eorum
Laudibus instet homo, reditum roget ad paradisum,
Qui clausus nona est, et tunc nonaque patebit.

VESPERÆ.

Luna cum summa stellarum vespere factam,
Et firmamento positam Scriptura recenset,
Glorificetur in his tam multi luminis auctor,
Qui variis facibus et cœli lumina pinxit,
Et cœli tenebras ut oportuit irradiavit.
Vesper erat cum jam miser, addictusque labori
Occasum solis, quem nunquam viderat, Adam
Obstupuit; tenebrasque timens, orasse refertur,
Ne divina sibi solatia forte deessent.
Is quoque qui jactat se sacro fonte renatum,
Laudibus exhibitis, et mente precetur, et ore,
Ne sol justitiæ super illius occidat ausus.

COMPLETORIUM.

Completæ non est præfixum tempus in illa ;
Laudandus tamen est Dominus, votisque petendum,
Ut quod peccavit transacto quisque diurno,
Gratia dimittat; eadem quoque gratia præstet,
Ne requiem noctis Satan aut phantasmata rumpant.

MATUTINI AD MEDIAM NOCTEM.

Diluvium media prorupit nocte, gerensque
Baptismi formam, scelerum contagia lavit.
Hac Moyses hora, merso Pharaone suisque,
1363 Transiit exsultans Rubrum mare; David ad
[hymnos
Surrexit; pravos a justis dividet ignis.
Nobis exemplum, miseratio, judiciumque,
Prætenduntur in his, quibus ad meliora vocemur.
David opus, precis exemplum, miseratio; ductus
Inter aquas Moyses, sententia judicialis.
Fluctibus involvi, vel plecti, judice Christo,
Auctori rerum laus exhibeatur in istis,
Qui facit ut nobis operentur ista salutem.
Erudit exemplum, veniam miseratio præstat,
Judicium terret; memor horum quisque fidelis,

LAUDES.

Ad Laudes Domini præscripto tempore surgat;
Laudibus et votis quærens evadere noctem,   ·
Qua circumfuso spes est ablata salutis.

CXXXI. *De tonsura clericali.*
(Ex eodem ms.)

Ut capitis tonsura docet, rex atque sacerdos,

A Clericus et præsul fert mitram , rexque coronam.
Accipitur, qui mitra quid est in vertice rasum;
Qui subtus remanent, sunt ipsa corona , capilli.

CXXXII. *De vinea evangelica.*
(Ex eodem ms.)

Vinea culta fuit , cultores præmia quærunt;
Non labor æqualis, æqualia præmia quærunt.
Qui fuit extremus, dispensatore vocante ,
Tantumdem recipit quantum qui venerat ante.

CXXXIII. *Quot sint anni ab Adam ad Christum.*
(Ex eodem.)

Bis decies deni centum quinquagies anni
A patre primævo sunt ad Christum minus uno.

CXXXIV. *De tribus ordinibus qui sunt in Ecclesia.*
B
(E ms. Colbert., n. 1367.)

Trinus in Ecclesia viget ordo, notus in istis.
Uxoratos Job, Daniel se mortificantes ,
Rectores Noe significat. Fuit iste maritus,
Carnem mortificans Daniel, Noe rector in arca.
Pristinum [f. Pistrinum], lectus, ager assignatur
[eisdem
Ordinibus; mola significat mundana, quietem
Lectus, ager populum; mola sponsis est data, lectus
Contemplativis, et agri cultura magistris.
Ordo quisque duos, reprobum gerit atque fidelem.
Hic manet ad pœnam raptus, capit ille coronam.
Cœlum factum firmamentum mystica res est :
Nam cœlum bonus Angelus est, qui postea factus
C Est firmamentum , firmatus, ne queat ultra
Jam labi; quoniam stetit hic, dilabitur alter.
Arca Noe sursum fuit arcta, sed ampla deorsum.
In cubito perfecta , deorsum bruta locantur;
Et post hoc homines, volucres super. Arca figurat
Ecclesiam : multos in ea cognovimus esse
Irrationabiles; sic dilatatur in illis.
Sunt homines in ea , sed pauci qui sua quærunt,
Et peccare cavent; sic angustantur in illis.
Sunt in ea rari, quibus est mens spernere mundum.
Virtutum pennis ut aves tolluntur in astra :
Hi juxta cubitum resident in parte superna ;
Nam bene pro meritis loca distinguntur eorum.
Christum designat cubitus, spes tendit ad illum
Ecclesiæ, quo perveniens, nil appetit ultra (19).

D **1364** CXXXV. *De communione et postcommunione.*
(E ms. Turon.)

Gaudia Christicolis confert communio sanctis
Qua verum Domini corpus sub pane paratur,
Et specie vini sanguis conceditur esse.
Hoc sacramentum sumit pius ore sacerdos;
Hoc faciat pura semper durabile mente.

CXXXVI. *De gratiarum actione.*
(Ex eodem ms.)

Actis grata datur pro tanto munere Christo.
Exorat Dominum populus, laudesque revolvit :
Tum redit ad proprias, prolatis laudibus, ædes.
Missa est, ite domum , Christum laudate fideles :

(19) In edit. D. Beaugendre subsequitur *Oblatio turturis et columbæ*, quem supra vid. p. 1226.

Missa est, ite domum, cuncti gaudete fideles.
     Deo gratias. Amen.

CXXXVII. *De quodam genere hominum, scilicet in*
omnibus fraudulenter conversantium.

(E ms. olim Elnonensi, nunc Regio, n. 274.)

Sunt quorum sic noster amor fastidit amores
Sint ut amicitiis inimicitiæ potiores.

Obsequio damnum, contemptum vero favore,
Blanditiis rixas, odiumque merentur amore.
Frons quorum fallit rigidos mentita catones,
Quos accusat opus, quos vita probat nebulones;
Occultatur in his acus, esca, flamma, favilla.
Credulus accessor hac pungitur, uritur illa.
Grex [f. lex] his una doli confundit fauda nefandis;
Dum modo pace dolos, dum palliat aspera blandis;
Lacte dealbat fel, gladium quoque melle perungit.
Nec cito provisus, cito toxicat, et cito pungit.
Eloquio fauces armantur, corda veneno;
Dulcis in ore nothus, in pectore multa Celeno;
Mellitæ fauces, et amarum nectar in ore.
Linguam prodit opus, et privat verba sapore
Sermo sapit nectar, sed mens inaccessit aceto.
Credula turba cave, viscum virtusque caveto.
Aspis habet virus, syren habet improba viscum.
Os æquat syren, cor virus, mens basiliscum.
Hos odit pietas, his adversatur honestum.

A Præter honestatem qui nil censent inhonestum
In quibus occultæ non est vox nuntia mentis,
In quibus est virtus; usus bene decipiendi.

     CXXXVIII. *De brevi subsistentia hominis.*
        (Ex eodem ms.)

Dic, homo, responde quid homo sit, cur sit, et unde;
   Dic, homo, quid sit homo, sed prius an sit homo.
Idne putas esse quod ut est festinat abesse,
   Quod cum vix steterit, labitur, imo perit?
Stare putas hominem, cui mors ab origine finem
   Nuntiat: Et meus est; ingeminat: Meus est?
Longa manus morti; mors fortior Hectore forti.
   Expugnant homines mœnia, mors homines.
Roma pati didicit mortem, quæ cætera vicit.
   Mors regina tibi nascitur hic et ibi.
B Vita quid est jure nisi, mortis signa futuræ?
   Orta caro moritur, mortua non oritur.

       CXXXIX. *De morte.*
Inter opes et delicias populique favores
   Hoc animus recolat, hoc tua lingua sonet
Mors dominum servo, mors sceptra ligonibus æquat,
   Dissimiles simili conditione trahens.

       CXL. *Ad avarum.*
Si bene res detur, quamvis data semper habetur
   Nulla reservatæ gloria magna datæ.

VEN. HILDEBERTI

CARMINA QUÆDAM INDIFFERENTIA.

—

1365 I. *Ad Romam de descensu sui.*
    (E ms. Regio, n. 274.)

Roma nocens, manifesta docens exempla nocendi,
Scylla rapax, puteusque capax, avidusque tenendi,
Si tibi te jam præteritæ modo comparo fractam,
In cinerem Romam veterem patet esse redactam.
Roma modo res absque modo, sitiensque lacuna,
Dives egens, quæ cuncta regens se non regit una.
Si quæris quanti fueris, tu quæ cecidisti,
Numen eras, caput orbis eras, dum Roma fuisti;
His alis rota facilis et sua seque ferebat,
Dansque satis, nihil ipsa datis dare majus habebat.
Multa scientia, pauca superbia, regula morum,
Os Ciceronis, vita Catonis, cura bonorum,
Arma potentia, cuncta domantia quæ nocuere,
Te caput omnibus, ut patet, urbibus imposuere.
Sic fuit utilis hæc rota mobilis, et bene tecum,
Ut nihil amplius egerit altius, aut nihil æquum.
Vidit et India pila minantia; signaque signis,
Zonaque pigrior, unde remotior ætheris ignis.
Vincitur Affrica, prælia Punica multa dedere.
Dat tibi Gallia, victaque Græcia quæ nocuere.

(50) Forte Adelam comitissam Blesensem.

C Vincis, et omnibus hostis es hostibus et timor æque.
Docta resistere, prompta repellere fortia quæque;
Inde pecunia, moxque superbia concipiuntur,
Quæ duo turpia sunt comitantia, æque sequuntur.
Desine credere te sibi vincere, dum tibi credis
Fortia vincere, victaque lædere, te quoque lædis.
Prælia pristina sunt data semina prima furorum;
Afficit omnia rapta pecunia prima malorum;
Stat modus et perit, et caput exerit. Eris acervus,
Et domus amplior et numerosior et tibi servus.
Trita palatia, templaque ditia, ditior ætas
Vult sibi surgere, jam sibi ponere nescia metas
Machina regia, nititur obvia demere pronis,
Astra volantibus, æquora piscibus, arva colonis;
D Mensa capacior his modo quam prior, et nitet ære;
Vas quoque fictile, ceu sit inutile, spernit habere.
Sic bona turpibus urbs data sumptibus est malefacta,
Fractaque, stantia stat super omnia per prius acta.
    II. *Ad A. comitissam* (50).
      (E ms. Turon.)
Augusti soboles serie sublimis avorum,
   Missa tibi placeant quantulacunque precor.

Nolo manus sceptris, vel cervix apta coronæ
   Ad mea flectantur munera, mente fave.
Ut satis est populo superum meruisse favorem,
   Cum cadit ad magnos hostia parva deos.
Sic implet votum tua gratia ; plus homine erro
   Si plus affectem quam placuisse tibi.

     1366 III. *Ad Angliæ reginam* (51).
       (E ms. Ebroicensi, 19.)

Qui solet ante homines Cicerone disertior esse,
   Facundus minus est dum venit ante deos ;
Sic ego cum mediæ plebi loquar ore diserta,
   In vultu potui dicere pauca tuo.
Majestate tua stupui, totamque vaganti
   Percurrens oculo, sum ratus esse deam.
Parcius elimans alias natura puellas,
   Distulit in dotes esse benigna tuas
In te fudit opes, et opus mirabile cernens
   Est mirata suas hoc potuisse manus.
Hæc posuit [*f.* potuit], vultuque deas, animoque pa-
                       [rentes,
   Quos homines nunquam post habuere diis.
Quodque magis miror, pulchram castamque creavit,
   Quo nihil hic sexus majus habere potest.
Quamvis sexus, opes, genus, ætas, forma resistent,
   Nil te reginam præter honesta juvat.
Innumeros hostes et virgo vincis et una.
   Vincis quod virgo vincere nulla potest.
Et quia non fuerat tanta quis conjuge dignus,
   Conjunxit sponsam te sibi, virgo, Deus.
Ne pudeat, regina, tuas me dicere laudes,
   Et dominam dici te patiare meam.

   IV. *In laudem Angliæ et ejus regis Henrici I*
     et reginæ ejus futuræ sponsæ.
        (Ex eodem ms.)

Anglia, terra ferax, tibi pax diuturna quietem,
   Multiplicem luxum merx opulenta dedit.
Tu nimio nec stricta gelu, nec sidere fervens,
   Clementi cœlo temperieque places.
Cum pareret natura parens, varioque favore,
   Divideret dotes omnibus una locis,
Elegit potiora tibi, matremque professa
   Insula sis locuples, plenaque pacis, ait.
Quidquid luxus amat, quidquid desiderat usus,
   Ex te proveniet, aut aliunde tibi.
Te siquidem, licet occiduo sub sole latentem,
   Quæret et inveniet merce beata ratis.
Tempus erit quo sceptra tibi promissa gubernet
   Henricus nec avis, nec patre rege minor.
Rege sub hoc pax Ecclesiæ, reverentia legi,
   Judicium vitio, gloria rebus erit.
Rege sub hoc metuet latro, vel meminisse latronis.
   Rege sub hoc tutum præter honesta nihil.
Hinc sociam dispono tori cui præparo quidquid
   Agnoscit virtus in muliere suum.
Neve notam trahat ex vitio vel stirpe parentum,
   Sanguis erit regum, justus utrique parens.

(51) Reginam forte Mathildem, nondum Henrico
I Anglorum regi nuptam, apud quam olim concio-
natus fuerat, ob egregias animi corporisque dotes,

A Hæc ea nascetur quam purpura quærat et aula,
  1367 Ad quam confugiat pulsus ab orbe pudor.
Hæc ea nascetur quam rex, quam regia proles,
   Qua Cæsar plaudat conjuge, matre, socru.
Hæc ea nascetur quæ vivat et instet honesto ;
   Pauca viro pariet, pignora multa Deo.
Hæc ea nascetur quæ majestate coronam,
   Sceptra manu, gemmas ore micante vivet.
Hæc perfusa genas, genio quem mundus adoret,
   Ver geret in vultu, pectora legis erunt.
His ego principibus sum te factura beatam,
   Anglia ; quod superest pandere nolo tibi.

      V. *De Anglia et ejus principe.*

Anglia nunc humilis, terrarum gloria quondam,
   Fluctuat, et merso remige mersa jacet.
B Quæ laudum titulis toto radiabat in orbe,
   Ecclipsim patitur, sole relicta suo.
Quo periente perit, quo sospite sospes agebat
   Otia ; quo stabat stante, cadente cadit.
Legibus ille dolos, armis compescuit hostes,
   Placatis placidus, indomitosque domans.
Felix imperio satis est feliciter usus,
   Pacis amans, clarus munere, Marte potens.
Illius interitu decus interiit, intereuntque
   Otia, pax legum, sanctio, jura, fides.
Jam freta navigio, fora navibus [*f.* legibus], arva
                     [colonis,
   Plebs patrocinio, clerus honore caret.
Jam reparat [*f.* repetit] judex perjuria, bella ty-
                     [rannus,
C Fur sicam, prædo tela, cylixque (52) ratem.
Ergo viri tanti casum gemit Anglia, cujus
   Præcipiti casu præcipitata cadit.

   VI. *De Mathilde proba regina Anglorum.*
    (Ex præfato ms. S. Mariani Antissiod.)

Filia præteriti, præsentis nupta, futuri
   Mater regis, habes hoc speciale tibi.
Aut vix, aut nunquam reperitur femina quæ sit
   Hæc eadem regum filia, nupta, parens.
Nec tua nobilitas est a te cœpta, nec in te
   Desinet, et post te vivet et [*f.* ut] ante fuit.
Nec tu degeneras, revera filia matris
   Talem te genuit qualis et illa fuit.
Casta pudicam, pulchra decoram, provida cautam,
D Larga tulit largam, relligiosa piam.
Est rosa de radice rosæ ; de relligione
   Relligio ; pietas de pietate fluit.
De stella splendor, de magno nomine majus.
   Unum patris erat ; sunt duo regna tibi.
Angli reginam venerantur, te comitissam
   Normannorum plebs ; utraque gens dominam.
Non ad sceptra venis rudis ; usum tradit origo.
   Est regnare tuum, resque paterna tibi.
Tu per naturam, per sortem cætera turba,
   Regnas ; regnum dant hæc tibi, sors aliis.
Nulla potentior est in regno ; nulla decore

mirifice laudat.
   (52) Id est *pirata.*

Est tibi par; omnis relligione minor.
Sic mores, regina, tuos componis et actus,
 Ut sit in his justo plusve minusve nihil. .
Quippe nocere potes? Non vis. Offenderis? Ultro
 Condonas. Cernis tristia? Compateris.
Vis dare? Non differs. Vis parce vivere? Nescis.
 Si loqueris, meritum sermo vigoris habet.
Si taceas, rigor est; si rides, risus honestus.
 Oras? Orantis fletibus ora madent.
Jejunas? Gaudes. Comedis? Satiabere nunquam.
 Quidquid agas, frenum sobrietatis habes.
Intus simplicitas mentem foris, ornat honestas
 Vultum, grata quidem singula, plusque simul

1368 VII. *Virginem quamdam versu peritissimam*
laudat, et ut eum in exsilio positum suorum munere
carminum soletur, exposcit.

(E ms. Ebroic. 19.)

Tempora prisca decem se jactavere Sibyllis,
 Et vestri sexus gloria magna fuit.
Unius ingenio præsentia sæcula gaudent
 Et non ex toto virgine vate carent.
Nunc quoque sunt homini quædam commercia di-
         [vum,
 Quos puto, nec fallor, virginis ore loqui.
Mente tua posuere dii penetrale verendum,
 Teque sacrum, vatem constituere suum.
Ore tuo quæcunque fluunt vigilata priorum
 Transcendunt, solis inferiora diis.
Quidquid enim spiras, est immortale tuumque
 Tanquam divinum mundus adorat opus.
Deprimis ingenio vates celebresque poetas,
 Et stupet eloquio sexus uterque tuo. ·
Carmina missa mihi decies spectata revolvens
 Miror, et ex Adytis illa venire reor.
Non est humanum tam sacros posse labores.
 Nec te, sed per te numina credo loqui.
Pondera verborum, sensus gravis, ordo, venustas
 Vultum divinæ cognitionis habent.
Cum miror quanta se majestate tuentur
 Parcius exsilii triste recordor onus.
Forsitan ignoras, sed ego dum tutor honestum,
 Dum sacri partes ordinis, exsul agor.
Exsilii curas, et pondera dura laborum
 Alleviare potes, carmine, virgo, tuo.
Allevies oro, nec quem fortuna reliquit.
 Linquere fortunæ tu comes ipsa velis.
Ne mihi verba neges, levius nil poscere possum,
 Nil a te spero, si mihi verba neges.
Exsulis obsequium nisi cujus forte recuses,
 Exsul in obsequium nitor ubique tuum.

 VIII. *De ortu et morte pueri cujusdam monstruosi.*

(E ms. Turon.)

Uxor Thyresiæ dum pleno ventre tumeret,
 Numina consuluit quid velit esse tumor.
Phœbus ait : Vir erit : Venus inquit : Femina fiet.
 Inquit Neptunus : Imo puella puer.
Respondit verbis res, concipit illa, puerque
 Femina, vir, neutrum, nascitur omne simul.
Ille vel illa fuit, res nescio quæ duo solus.

A Neuter, uterque puer, femina plura nihil.
 Necdum florentes puer iste reliquerat annos
  Cum de morte sua consulit ipse deos.
 Prædixit Venus hunc laqueis occumbere, telo
  Mars, Neptunus aquis. Singula pondus habent.
 Hospes aquæ pinus fuit, ascendit puer ensis
  Labitur incauto, labitur ipse super.
 Ramo præda fuit pes, pectus perfodiit ensis,
  Unda caput mergit, ter perit unus homo.
 Causa necis tria sunt, et ramus, et ensis, et unda.
  Quem tenet ille ligat, hic necat, illa premit.
 Pes pendens, latus effossum, mersum caput, hæret
  Ramo, mucrone pungitur, amne necat.
 Corrigiam pectus, caput hamo, cuspide fluctu,
  Ramus, mucro, latus, alligat, intrat, agit

B   IX. *De morte hominis, feræ et anguis.*

     (Ex eodem.)

 Forte nemus lustrabat homo, fera forte redibat
  Plena, latens anguis forte jacebat humi.
 In pecudem pariter oculum cum cuspide misit
  Rusticus, agnovit missa sagitta manum.

1369 Hasta feram sternit, anguem fera comprimit
         [anguis
 Tabem fundit; ea tabe necatur homo.
 Ossa vorando, locum calcando, vomendo venenum,
  Vir jaculo, pede sus, vipera tabe nocet.
 Saucia contrita, sparsus telo, pede, viru,
  Bestia, vipera, vir, sternitur, aret, obit.

    X. *Epitaphium Senecæ.*

     (Ex eodem.)

C Cura, labor, meritum, sumpti pro munere honores,
 Ite alias post hæc sollicitare animas.
 Me procul a vobis Deus advocat, ilicet actis;
  Rebus terrenis hospita terra vale.
 Corpus avara tamen solemnibus accipe cunis;
  Namque animam cœlo reddimus, ossa tibi.

    XI. *De hermaphrodito.*

     (Ex eodem.)

 Dum mea me mater gravida gestaret in alvo,
  Quid pareret fertur consuluisse deos.
 Phœbus ait: Puer est; Mars, femina, Junoque,
         [neutrum;
  Jam qui sum natus, hermaphroditus eram.
 Quærenti lethum, dea sic ait: Occidet armis,
D Mars cruce, Phœbus aqua, sors rata quæque fuit.
 Arbor obumbrat aquas, ascendo, labitur ensis,
  Quem tuleram casu, labor et ipse super.
 Des hæsit ramis, caput incidit amne; tulique
  Vir, mulier, neutrum, flumina, tela, crucem.

    XII. *De oppositis.*

     (Ex eodem.)

 Turbat hiems florem, nox lucem, larva decorem,
 Ariditas rorem, mors vitam, corvus olorem.
 Tristities risum, labor otia, Styx paradisum,
 Noctua pavonem, lupus agnum, Davus Adonem.

    XIII. *Ad Hugonem.*

 Si qua mihi scribis, ne cuiquam scripta revelem
  Submissis precibus, Hugo, rogare soles.
 Ne timeas, nunquam per me secreta patebunt;

Cum relegam, nequeo scire quid ipsa velint.

XIV. † De Lucretia.

Cum foderet gladio castum Lucretia pectus,
    Sanguinis est torrens egrederetur, ait:
Testes procedant me non favisse tyranno
    Ante virum sanguis, spiritus ante deos,
Quam bene producti per me post fata loquentur,
    Alter apud manes, alter apud superos

XV. De avaro promissore.

(E ms. Ebr. Regio. 274.)

Pollicitis omnes oneras, homo munere paucos;
    Cum sit avara manus, prodiga lingua tibi.
Pollicitis plus ora patent, quam dextera donis;
    Quam melius dare te plurima, pauca loqui.
Promittis quod habes, et quod non habes, nec ha-
                   [bebis,

1370 Das quævis cuivis omnia, dasque nihil.
Hoc petit, excipis hoc; illud petit, excipis illud:
    Hoc mihi servo, dicis, cætera tolle tibi.
Tu vel promittis uni tria, vel tribus unum;
    Tres tamen, aut unus, nil vel habet, vel habent.
Quod ter promittis, non das semel; et tamen ipse
    Das tribus, atque tibi; rem tibi, verba tribus.
Servus iners eris, mentem non tollis ab arca;
    Mentis ibi fixæ sit brevis arca modus.
Cujus dextra manus manui suspecta sinistræ,
    Suspectam lævam, ne sua tollat, habet.
Obliquam dextræ lævam, dextramque sinistræ,
    Alternis oculos dividis excubiis

XVI. Ænigma.

(Ex eodem Ebr. Regio.)

Copia tres hominum triplici provexit honore;
Tres ita provectos triplici sociavit amore.

A Sic fuit una tribus, ut tres amor uniat unus;
    Sic tres unit amor, ne separet hos nisi funus.
In quibus exemplar sit tertia vita duarum,
    Et vice conversa, de lumine lucet earum.
Sunt sibi pro speculis, exemplaque mutua præbent,
    Tresque tribus quod sunt alternatim sibi debent.
Felices quibus climat zelo meliore
    Tertia vita duas, nec honor tabescit honore.
His bene servit honor, quia nullus servit honori
    Jure tenet virgam, cui non est virga timori.
Felix, cujus honor se possessore tumescit,
    Quando non ipsi, sed ab ipso gloria cessit.

XVII. Conclusio operum metricorum Hildeberti; forte cum ex Anglia in Galliam transfretaturus esset.

B (E ms. codice, olim Elnonensi, nunc Regio, n. 274,
        annorum circiter 500.)

Hactenus, o Musæ, somno satis, et satis usæ,
    Aspirare precor velis intrantibus æquor.
Nube vacet cœlum, mare sternite, tollite velum
    Malus et aura, ratis fieri non invideatis.
Impleat aura sinus, placido natet æquore pinus,
    Quæ sibi fisa parum subiit discrimen aquarum.
Firma suis omnis innititur aula columnis.
    Artibus aurigæ sit certior orbita ligæ.
Vitis tangit humum, si tangere desinat ulmum.
    Sum ratis et vitis, vos ulmus nautaque sitis.
Vos via, vos murus, vos Auster, vos Palinurus.
    Effer, Clio, tubam, committe tuas mihi vices
Calliope, suda, toto mihi numine spires.
C Ecce subimus aquas, vos eia, vos duo nautæ,
    Dispensate, precor, moderantes singula caute.
Eia, tu cornu, Clio doctissima, clange;
    Tu digitis nervos, et cantu proxima tange.

SUPPLEMENTUM AD HILDEBERTI CARMINA

† I. Versus de excidio Trojæ.

(Ex codice ms. bibliothecæ Paulinæ Lipsiensis edidit
Polycarpus Leyser, Hist. poet. medii ævi, p. 398.
Halæ Magdeburg. 1721, 8°.)

Divitiis, regno, specie, virtute, triumphis,
    Rex Priamus clara clarus in urbe fuit.
Dum rex, dum proceres, dum starent Pergama
                   [Troja.
    Quæ decus, et species, et caput orbis erat.
Rex Hecubam duxit sociam sibi nobilitate,
    Auspiciis, forma, rebus, amore throno.
Ex hac suscepit natos. Erat Hector in illis
    Summus, et in bello fulminis instar habens.
Plus ferus ille fero, plus urso, plusve leone;
    Sic fuit absque fere plus ferus ille feris.
O faustum natis! o faustum conjunge regem!
    Si pariter Paridem non peperisset ei.
Non in eo peperit pignus, sed tela, sed ignes,
    Sed sibi, sed Priamo, sed mala cuncta suis.
Hoc pater, hoc genitrix, hoc fratrum cœtus, et He-
                   [ctor,

Hoc etiam regni gloria Troja cadit.
Hunc Paridem paritura parens per somnia vidit;
    Vidit pro puero se peperisse facem.
Dum rex in signo tunc signi percipit, horret
    Quod parat in pignus impius esse pice.
Nam puerum natum pro jussu regis in Idam
    Servi tollentes ense necare parant.
Sed puer aspiciens ensem radiare coruscum,
    Arridet gladio nescius ense necis:
Quod percussurus cernens cor flectit, et ictum,
    Et ferus et feriens desinit esse simul.
Sub foliis vivum linquit, quem pastor oberrans
    Invenit, ut foliis nuper opertus erat.
Dum videt hunc sanum, dum vivum, dumque de-
D   [centem:
    Extrahit, aspectat, nutrit, adoptat, habet.
Qui pastoris oves pastor dum pascit adultus:
    Conveniunt ad eum Juno, Minerva, Venus.
Judicium Paridis quæ sit pulcherrima quærunt.
    Promittunt etiam munera quæque sua.
Juno decus; Pallas vires; Cythera puellam:

Sed Veneri tribuit vincere, victus ea.
Rex aliquando videns hunc talem, tam speciosum,
Remque probans veram per servos vera fatentes
  Germanis Paridem reddit honore parem.
Ductus amore pater, vel matris somnia ducit
  Vana, vel in melius vertere vera studet.
Sic neque consilium, neque res, neque regia
           [virtus,
  Nec superi, nec homo, vertere fata valent.
Sed laudata Venus culpam pro laude rependens :
  Hunc monet, hunc angit, hunc cremat igne novo.
Quid? Pari! quid mutas pariter cum corde co-
           [lorem?
  Sic stat, sic loquitur, sic meditatur amans.
Te Veneris promissa movent, Helenæque ve-
           [nustas,
  Quam pro laude tibi sed sine laude dabit.
Te movit et species, et apex, et sanguis, et ætas.
  Nec movet, imo ligat ; nec ligat, imo trahit.
Hanc cupis, hanc ardes, hanc prorsus quæris
           [habere :
  Quam lex, quam Danai, quam tibi fata negant,
Cur conjuncta viro mulier? cur regia conjux ?
  Cur ignota tuis? cur tibi Græca placet?
Cur non grata tibi potius virguncula? cur non
  Ipsa Venus, quæ te judice pulchra fuit?
Cur sic degeneras totus generatus in armis ?
  Ne sic degeneres, Hectoris esto memor.
Nonne miser reputas miserabile ? nonne pudo-
           [rum :
  Te solum Veneris, Palladis esse tuos?
Cedat mollis amor patriæ virtutis amore.
  Hectoreum fratrem non nisi tela decent.
Ergo sequens animos animosi fratris, et arma :
  Quod cupit illud ama, quod facit illud age.
Vince prius Venerem, si vis eques esse virilis :
  Armis et Veneri nemo vacare potest.
Nec laus, nec probitas, nec honor, superare puel-
           [lam.
  Sed Veneris vitium vincere laudis opus.
Noli nunc frustra Veneris, sed castra Minervæ.
  Hæc docet, illa furit. Hæc juvat, illa nocet.
Jam resipisce Pari, navesque relinque paratas.
  Consilio parens jam resipisce Pari.
Cum sit amor vetitus, vetiti malus actus amoris.
  Si malus, ergo nocet. Si nocet, ergo fuge.
Cujus cœpta scelus, medium timor, exitus ignis :
  Tu fuge, tu reproba, tu metuendo cave.
Sed concepta nequis vitare cupidine victus,
  Quo quodcunque paras peste parare parem.
Te tua fata trahunt, ne cœpta relinquere possis
  Ut rapias Helenam te tua facta trahunt.
Sic est omnis amans, sic se, sic omnia spernit :
  Consilium, famam, fœdera, jura, deos.
Hic amor ut præceps, ut cæcus, ut impetuosus,
  Ut ratione carens, nescit habere modum.
Hic amor est amens, aliis inimicus, et ipsi :
  Non amor, imo scelus. Non scelus, imo
           [furor

Instruit ergo rates, transit mare, quærit amicam.
  Hanc rapit, hac fruitur, hanc male tutus habet.
Custodes seu vi, seu munere, seu prece victi,
  Vel nece, vel latebris, vel periere metu.
Quo rex audito Menelaus, dum fremit ira,
  Vix tenet a gladio se feriente manus.
Flet, tonat, insanit, frendet, gemit, æstuat, ardet,
  Incusat superos, mœnia, fata, fretum.
Odit enim vitam, simul et solatia vitæ :
  Divitias, requiem, gaudia, sceptra, cibum.
Mavult ipse mori, quia non moriatur adulter,
  Sic sua, sic reputat se nihil absque sua.
Excidium Trojæ tractat, molitur, anhelat :
  Dum solum Paridem ducit obire parum.
Omnes omnino putat hostes hostis amicos,
  Et quidquid pariter pertinet ad Paridem.
Legatos igitur mittens legit undique vires,
  Cui parere parat quisquis ad arma valet.
Sublimes, humiles, cunctos injuria regis
  Tangit, et hanc omnis judicat esse suam.
Et quamvis doleant regisque suoque dolore,
  Plus pudor ablatæ, quam dolor, urget eos.
In Phrygiam totam conjurat Græcia tota,
  Ut pariter pereat cum regione Paris.
Junctis militiæ turmis peditumque catervis,
  Imperat in Paridem rex animosus iter.
Mille rates ducens petit Ilion, obsidet illud,
  Irruit, atque cito vincere sive mori.
Fortiter obsistit Danais Trojana juventus,
  Inque vicem strages dantque feruntque feras.
Dumque sub incerto pendet victoria certa,
  Inter utrosque diu sors velut æqua volat.
Nunc hi nunc illi versa vice ferre videntur
  Insidias, ictus, vulnera, damna, fugas.
Præter communes casus patiuntur Achivi
  Multa, fames, pluvias, frigora, cauma, sitim,
Æacidem magnum Philotetæ fasta, sagittas
  Poscunt, ut possint Pergama posse capi.
Hinc et eas monitis vatum Danai sibi quærunt :
  Hoc furor Hectoreus, his cadit ipse Paris.
Sors melior belli Teucris stetit Hectore stante,
  Qui spes, qui clypeus, qui vigor urbis erat.
At ferus Æacides ut venit, ut Hectora vicit,
  Vis Teucrum victo vindice victa fuit.
Æacides quantus fuerit, vel qualis, et unde,
  Prodit, et auctoris pagina multa docet.
Si vim, si mentem, si bella requiris Achillis :
  Ut doceam paucis : Hectore major erat.
In castris Danaum Palimedes, Nestor, Ulysses,
  Plus sunt consilio, quam probitate, duces.
Æacides, Ajax, Diomedes, Pyrrhus, Atrides :
  Hic flos, hic lumen, hic pietatis apex.
Quid Stelenum? quid Testoridem? quid Prothe-
           [selaum?
  Quid referam plures, quos sua fama refert?
Quis Dolopes ? quis Mirmidonas ? quis denique
           [cunctos
  Grajigenum proceres dinumerare queat?
Tandem rex Danaum per vim, per facta, per illud

Palladium Trojam post duo lustra capit.
Hac igitur capta, sed fraude, sed arte, sed armis :
  Hinc perimunt Priamum Priamidasque simul.
Neve stet urbis honos devastant cætera quæque :
  Mucro viros, aries mœnia, tecta rogus.
Quod tamen urbs capta est, quod victa, quod ob-
                                  [ruta, totum
  Arte Sinon parvi ligneus egit equus.
Viribus, arte, minis, Danaum clara Troja ruinis
  Annis bis quinis fit rogus, atque cinis.
Urbs bona, nunc dumi, vi flammæ, turbine fumi,
  Non ita consumi digna, resedit humi.
Nutu Junonis, et iniqui fraude Sinonis,
  Clamque datis donis exspoliata bonis.
Sponsus Penelopes passus mare, monstra Cy-
                                  [clopes,
  Transtulit ad Dolopes Laomedontis opes.
Flamma Paris patriæ, formæ quo judice divæ,
  Troja caput Phrygiæ, flosque jacet Asiæ.
Junonem lædit, Veneri cum pastor obedit,
  Cum judex sedit tot tibi damna dedit.
Ne quis amet temere docet obruta Troja cavere,
  Quæ Paridis scelere fit nihil absque fere.
Priamidis laceræ regumque domus cecidere.
  Turres innumeræ nunc ubi? sub cinere.
Palladis armigeræ quo templa domusque fuere
  Extendunt hederæ brachia lustra fere.
Raptu Tyndaridis furor est accensus Atridis.
  Bellaque Dardanidis movit amor Paridis.
Pellicis obscœnæ commovit forma Lacenæ
  In scelus effrene pectora Trojugenæ.
Sic facies Helena fuit exitus urbis amœnæ.
  Crines, colla, genæ, cunctaque compta bene.
Quam facit audaces amor in sua damna procaces !
  Curas mordaces inhiat atque faces.
Dum male grata places Helenæ nutusque loquaces,
  Quamvis ipsa faces Ilion inde jaces.
O res fatalis, fuit omnibus exitialis
  Talibus heu talis femina causa malis.
Digna perire mari potius, flammisque cremari,
  Quam tot privari luce ferisque dari.
Tempora bellorum rex indicens Danaorum
  Æstuat amborum dissociare torum.
Partes ultoris juvat, auget, fama pudoris
  Raptam raptoris questa jacere toris.
Res ea Pelidem movet, ut comitetur Atridem.
  Æoles in Paridem commovet illud idem.
Jurant Grajugenæ, jurant in bella Micenæ,
  Castra quæ sunt juvene, suntque referta sene.
Hector consilio, nutu Tritonia dio,
  Pelides gladio, dant Phryges exsilio.
Præsidium fidum stetit urbis in Hectore, qui dum
  Stabat, Dardanidum robur erat validum.
Cuspide Pelidæ simul idem defuit Idæ,
  Studebant trepide prælia Dardanidæ.
Urbs ruit Assaraci, quam flammæ tradit edaci.
  Vita res, o Thraci, dempta dolis Ithaci.
Quæ cecidit staret, nisi Thracem mors superaret,
  Quæque jacens paret regia jussa daret.

A Quin res Ideæ pereant nequit ars Cythereæ
  Nec domus Æneæ tuta favore Deæ,
Nec regale decus vi posset frangere Græcus
  Sed dolus, atque secus mœnia ductus equus.
Dumque Sinon orat veniam, dum verba colorat,
  Solvitur, explorat, claustra, foresque forat.
Quosque foris norat recipit, scelerique laborat
  Dum res explorat, mœnia flamma vorat.
Pastibus ablatis, custodibus et jugulatis,
  Succubuit fatis urbs miseranda satis.
Urbs miseranda nimis, imo dives rebus opimis,
  Inclyta, sublimis, una fit ex minimis.
O furor effrenis, patuit Neptunia pœnis
  Troja dolo juvenis prodita Grajugenis.
Flamma dein sedes, et regum dejicit ædes.
B Hinc eques ad cædes, irruit inde pedes.
Vix sit habenda fides, quot millia sternat Atrides,
  Ajax, Titides, Pyrrus, Achilleides,
Instant ense truces, dum flammis Troja reluces,
  Passos vincla, cruces, interimendo duces,
Quilibet armati primum patet impietati.
  Sunt serie fati tot mala jussa pati.
Cæduntur pueri, juvenesque senesque severi
  Omne licet sceleri, quod scelus est, fieri.
Vi jacet hostili genus Assaraci, genus Ili.
  Igne lares agili sede jacent humili,
Tunc fieri cineres gemmas, ebur, ostra, videres,
  Tunc Danaos celeres in scelus aspiceres.
Aspiciens flores tot parvos, tot mulieres,
  Tot perimi proceres, totque viros veteres.
C Regum rex hæres, periit simul Hecuba, mœres,
  Ut corpus laceres. Ut doleas, superes.
Alter Homerus ero, vel eodem major Homero,
  Tot classes numero scribere si potero.
Ut res declarat, igitur fundamenta locarat
  Phœbus, et captarat, mœnia vomer arat.
Et fit opus clarum, quod rex fabricarat, aquarum,
  Lustra læœnarum, silvaque tuta parum.
Atria milvorum, locus et spelunca luporum,
  Pascua sunt pecudum, templa, theatra, forum.
Ad vitium thalami quod adaugent Cypridis hami
  Vepres et calami regna tenent Priami.
Culminis Idæi quod gloria perniciei
  Sic datur illud ei contulit ira dei.
D Dum sic Troja cadis tantæ discrimine cladis,
  Æneam tradis, teque, ratemque, vadis.
Et Venus huic moli subduxit provida proli.
  Huic domui soli nil nocuere doli.
Hesperiæ metas tibi longa spoponderit ætas.
  Te servat pietas, ut nova regna petas.
Vi tempestatis sociis tibi rarificatis
  Vel rapuit fatis per freta longa Paris.
Egrediensque fretis, qua sedes parta quietis
  Cursibus expletis : a sapiente petis
Hospita Cumanis, impulsibus acta profanis,
  Debita Trojanis fata Sibylla canis.
Quanta parent Rutili, quam gloria surgat Iuli,
  Qui regum tituli, regnaque, qui populi.
Ergo damnatæ spe firmus, fidus Achate.

Hesperiæ latæ tendis in arva rate.

Plurima bella geris, tibi dum loca debita quæris,
　　Sed fretus superis obvia quæque teris,

Turnus ut elatus tibi fata tuisque minatus
　　Occubuit stratus, dum fodis ense latus.

Pro qua certatur tibi regia virgo dicatur,
　　Paxque reformatur, dum tibi nupta datur.

Hinc processerunt qui Romam constituerunt,
　　Qui dum bella gerunt fortia quæque terunt.

Et sibi fecerunt nomen, quod in astra tulerunt,
　　Ut, qui scripserunt pristina gesta, ferunt.

Romaque turrigerum caput effert maxima rerum
　　Tam dono superum, quam studiis procerum.

Sic ex Ænea crescunt Romana tropæa.

　　Sic gens Romulea surgit ab Hectorea.

—

† II. *Versus de sponso adversus sponsam suam.*

(Ex edit. Opp. Philippi abbatis Bonæ Spei. Duaci
　　1621, fol., p. 799.)

Quidam negotiator, dum spe lucri transfretaret,
domi suam reliquit uxorem, quæ ab alio institore
in consortium lecti adoptata est. Illa negavit: deinde propter castitatem ejus, eam amavit ita etiam ut
cum morte opprimeretur, hæredem suorum eam
constitueret. Maritus autem ejus rediens, suspicatus
est adulterium, et inde ante judices trahit illam in
causam, sic loquens:

Rarius in terris nihil est quam femina recti
　　Conscia, fida viro quam nota nulla notat.

Non video quæ sit vel munditie, nive pura,
　　Vel fidei speculo clara, vel absque nota.

Et licet exuerit muliebrem femina sexum,
　　Non tunicam fraudis exuet illa tamen.

Nam neque deponet cornix abluta colorem,
　　Et later ablutus non erit absque luto.

Exprimit hæc mulier factis quod persono verbis;
　　Cornix est, later est, lota nec esse potest.

Semper ab hac studui solitas abstergere sordes,
　　Sed testæ solitus semper adhæret odor.

Unius vitii caput amputo, sed duo surgunt,
　　Fitque magis damno fertilis hydra suo.

Tanta equidem vitii seges ex hac pullulat hydra,
　　Quanta nec Herculeo possit ab ense meti.

Sed dicis: Juvat hanc simplex facies, ego contra,
　　Motibus unda carens, esse dolosa solet.

Hæc est simplicitas quæ fraudem palliat, extra
　　Blanditur facie, clam fovet illa dolum.

Et ne vos lateat res, et fraudis modus: Ecce,
　　Vobis depingam remque, dolique modum.

Texuerat pratis violarum purpura vestem,
　　Crisparatque suam silva superba comam.

Et rosa de foliis erumpere jam meditari
　　Cœperat, in viridi fronde canebat avis.

Utque loquar breviter: Roseo ver riserat ore,
　　Blandirique rati cœperat aura meæ.

Cum discedo, rates paro, merces comparo, gazas
　　Colligo, fasciculos alligo, sulco fretum.

Æquore jactor, abest comes uxor, sudo, quiescit,
　　Mercor, mœchatur, no, net, aberro, jacet:

Unda tibi puppem committo, torum tibi sponsa,

A　　Servet ut hæc vitam, servet ut ista fidem.

O res mira! dolo caret unda, fide caret uxor,
　　In pelago tutus, naufragus exsto domi.

Sponsa fidem læsit, nec prosunt ferrea pulchris
　　Claustra, nec esse potest tutus in arce decor.

In gremium Danaes pluit alter Jupiter aurum,
　　In terris alium pertulit illa Jovem.

Mœchus adest, post se trahit illam retibus auri,
　　Sed prius hæc juvenem traxit amore sibi.

Hæc juvenem specie capit, hanc juvenis capit auro,
　　Et mulier prædæ, præda fit ipsa suæ.

Reque nova, præda prædatur, adurit adusta,
　　Capta capit, lædit læsa, cupita cupit.

Nec moveor, si mœchus in hanc oculum vel amo-
　　　　　　　　　　　　　　　　　　　　[rem

B　　Fixit, prædari lumina forma solet.

Quisve génis Helenæ visis Paris esse recuset?
　　Gorgone quis visa tardet inesse lapis?

Sunt comites amor et facies, pudor hostis utrique,
　　Si pudor est, amor est, sed pudor exsul abest.

Quid moror? Hæc mœchum tectoque toroque rece-
　　　　　　　　　　　　　　　　　　　　[pit,

Hospes tecta, torum mœcha parare studet.

Ne nostram sine teste fidem nutare putetis,
　　Sic stabit causæ firma columna meæ.

Mecum sunt testes, mœchus vel mœcha, notatis
　　His in utroque notis, firmat uterque fidem.

Fallax et dives, et largus et institor ille,
　　Sola decora, rapax, et levis ista fuit.

Fallax ille dolo studuit, dives tulit aurum,
C　　Largus fudit opes, institor emit eam.

Firmior accedit testis super omnia, scripti
　　Pagina mœchantis picta notante manu.

Mœchus ibi clamat in rerum flore mearum
　　Hæredis mulier suppleat ista vicem.

An rebus florere suis permitteret illam,
　　Si marcescere spem cerneret ille suam?

Sed scio quod juvenis lectum, non littus aravit,
　　Sparsit, et in campo messuit ille meo.

Inde queror, succurre precor, digitoque medents
　　Consilii vulnus curia terge meum.

† III. *Responsio sponsæ.*

(Exstat ubi supra, p. 800.)

Incestat castæ titulos infamia culpæ,
D　　Te, judex, læsus consulit inde pudor.

Me nova causa vocat, venio, me crimina tentant,
　　Purgo, me culpa vulnerat, obsto, nota.

Causor credenda, tentor laudanda, fovenda
　　Vulneror, id lædit, id gravat, istud obes·

Causatur sponsus, socius deturpat, amicus
　　Vulnerat, inde dolus, hinc pudor, inde nefas.

In sponso sponsum pietas spondebat amorem,
　　Sed fractam rumpit fraus inopina fidem.

Hoc stupeo vulnus, sed plus stupeo ferientem,
　　Crimen obest, sed plus criminis auctor obest

Sub lauro taxum, sub ficu toxica, sub spe
　　Invenio gemitum, sub pietate dolum.

Nec mirum, simplex viscatur sæpe columba,
　　Et turtur simplex aucupis arte cadit.

Si tamen infamet scabies me criminis hujus,
　Hic meus ex morbo publica damna feret.
Ergo se lædit, se damnet, se premit iste,
　Dum lupa, dum meretrix, dum violenta vocor.
Ne tamen obscuret ista rubigine, verum
　Exprimo, culpantes opprimo, falsa premo.
Cum primo vernum cœpit juvenescere tempus,
　Rem, vitam, navem credidit iste mari.
Me linquit, sed delinquit, quia sola relinquor,
　Sulcat, sed peccat hic, quia sola petor.
Femina, nupta, timens, supplex viduata relinquor,
　Vir, sponsus, custos, dux, comes inde fugit.
Femina, nec Thais, conjux, nec adultera vivo,
　Supplex, casta tamen, orba, serena tamen.
Garrula dum sponsi velis immurmurat aura,
　Ægrescit misero tunc mea cura metu.
Dum nat, naufragium, dum traxit tristia, casum,
　Dum cantat, timeo, naufraga, mœsta, cadens.
Dum turbor, pulchram juvenis cupit advena solam,
　Pulchra placet, petitur sola, petita negat.
Quod niteo pulchra, peccat natura, quod optor,
　Peccat amans, sola quod petor, iste facit.
Accedit, fugio ; blanditur, denego ; spondet,
　Oppugno ; præfert, damno ; laborat, eo.
Femina non vincor humilis, non pareo conjux,
　Non mœchor pulchra, non fruor ; inde stupet.
Vult, sed non violat ; cupit hic, sed non capit, audet,
　Sed non gaudet, abit hinc, obit, intro domum.
Dum fato premitur, nobis possessa sigillat,
　Vel quoniam placui, vel quia casta fui.
Dantur opes, fugiam? dantur mihi rura, negabo?
　Si fugio, timida ; si nego stulta, notor.
Munera non fugio, data non nego, namque negare
　Quod datur, insanus creditur esse pudor.
Sic gemo sola, petor formosa, repello rogata,
　Possideo felix, nec tamen ista nocent.
Sed si vera negor, verus vicinia testis,
　Jurabit nostram non cecidisse fidem.
Suspirans pudor exspirat, sed, te duce, judex,
　Respiret, vigeat te duce juris honor.

† IV. Responsio judicis.
Exstat ubi supra, p. 800.

Vera patent aperit juris sententia verum,
　Hæc vincit, vigeat ; vincitur ille, cadat.

† V. Epitaphium Senonensis episcopi.
(Ibid. p. 801.)

Vitam relligio, mentem discretio, famam
　Lux operum, studium lectio, verba modus :
Judicium jus, justitiam rigor, ora venustas,
　Ornabant, pietas viscera, virga manum.
Promovit, privavit eum, profugumque recepit,
　Papa, comes, Christus, ordine, sede, polo.
Exutus rebus, tentus vi, pulsus ab urbe,
　Præsul, pauperiem vincla fugamque tulit.
Nunc dives, liber, stabilis, sua præmia Christum,
　Astra capit, sequitur, possidet iste Petrus.

† VI. Epitaphium regum Jerusalem.
(Ibid. p. 802.)

Gentibus expulsis frater prior atque secundus,

Rex in Jerusalem fortis uterque fuit.
Multa prior, sed plura sequens pro tempore gessit,
　Nam frater breviter rex fuit, iste diu.
Hostibus hi quasi fulgur erant, quasi murus amicis,
　Intus prævaluit pax gladiusque fortis.
In bello dorsum, pro pace tributa dederunt,
　Non est majores terra secuta viros.
Ecclesias clerus, plebs urbem, rura coloni
　Implebant, segetes horrea, vina penus.

† VII. Epitaphium abbatis Clarævallis.
(Ibid.)

Claræ sunt valles, sed claris vallibus abbas
　Clarior, his clarum nomen in orbe dedit.
Clarus avis, clarus meritis, et clarus honore,
　Clarior eloquio, relligione magis.
Mors est clara, cinis clarus, clarumque sepulcrum,
　Clarior exsultat spiritus ante Deum.

† VIII. Versus de rota Fortunæ.
(Ibid. p. 803.)

Singula contemplor, et in his moror, et noto summam,
　Singula quid valeant summa notata docet.
Primo succedunt bona, successuque jocoso,
　Invitant hominem, gaudet et intrat homo.
Intranti placido succedunt omnia vultu,
　Et blanditur ei mentis alumna quies.
Ut sciat, ut valeat, ut vivat, fata laborant,
　Conjurasse putes in sua vota deos.
Vita probat, fortuna parat, natura ministrat,
　Sensum, regna, genus : tres tria cuncta tribus.
Vites, arva, domos, devincit, contrahit, implet
　Vendit, emit, quærit, invenit, optat, habet.
In digito ludit aurum, digitusque superbit
　Auro, congaudent ille vel illud ei.
His vacat, his hæret, animumque sigillat in auro.
　Imprimit, informat quem malus urit amor
Urit cor cura, certe miseros probo, quorum
　Urit corda ; sed hic uritur, ergo miser.
Gaudia vel luctus, spes vel timor, augur uterque
　Suggerit, exspectat, statque, caditque miser.
Sic vibrans animum fortunæ ludit arundo,
　Ludit et eludit, dando negando manum.
Promisit fortuna manum, mentitur et aufert
　Singula, fit rea, sed non pudet esse ream.
Pallet quod decuit, marcet quod floruit, aret
　Quod viruit, non est quod fuit, exit homo

† IX. Quod parum valeant artes sine pecunia.
(Ibid.)

Moribus, arte, fide, cœlesti pectore dignis,
　Cum superes alios, desipis Odo tamen.
Credis enim populum versus curare disertos ,
　Et placuisse putas moribus, arte, fide.
Dotibus his quondam sacri placuere poetæ,
　Ingeniumque dedit præmia, nomen, opes.
Nunc aliud tempus, alii pro tempore mores,
　Nunc odium virtus, sceptra merentur opes.
Nil artes, nil pura fides, nil gloria linguæ,
　Nil fons ingenii, nil probitas sine re.
Nullus inops sapiens, ubi res, ubi copia census,
　Res sapiunt ; pauper nil nisi pauper erit.

Divitibusque reis non tollunt crimina nomen,
　Sed quos lex damnat, æqual habere diis.
Hinc est quod populus aurum quasi numen adorans
　Audet in ignotum sæpe venire nefas.
Speque lucri toties excedere jus et honestum
　Sustulit, ut gratis jam juvet esse reum.

A Jus perit, ordo perit, sceleri placet ora manusque
　Vendere, quamque inopem, tam pudet esse probum.
Non agitur mirum si quisquam pravus et excors
　Divinos vates nullius esse putet.
Quem comitantur opes, sapientia vera reliquit,
　Semper mobilibus incomitata bonis.

MARBODUS
REDONENSIS EPISCOPUS

AD NOVISSIMAM
MARBODI REDONENSIS EPISCOPI
OPUSCULORUM EDITIONEM
PRÆFATIUNCULA

Marbodi, Redonensis episcopi, patriam, originem, statum, vitam et scripta, in præmonitione ad opusculorum ejus novam editionem refert Dom. Antonius Beaugendre. Nihil adjiciendum statuimus, nisi verba quædam, vel brevissima, de notis et additis ad hanc novissimam editionem.

1° Epistolas excipit *De tribus inimicis Liber*, ex P. Hommey *Supplemento* pag. 546-551.

2° Post Vitam S. Magnobodi, episcopi Andegavensis, et ante Historiam Theophili metricam, ex fonte Bollandiano, addidimus :

1° Vitam S. Gualterii, seu Gauterii, abbatis et canonici Stirpensis in diœcesi Galliarum Lemovicensi. (BOLLAND. 11 Maii.)

2° Vitam S. Florentii (*Ibid.*, 22 Septemb.)

3° Inter carmina varia et post poema *De raptu Dinæ*, quædam subjunximus, nondum edita, e ms. codice Turonensi n° 117 nov. et 164 vet. eruta.

I. *Doctrinæ commendatio*
II. *Nimium ne crede mulieri.*
III. *Galli furtum a gallo probatum.*
IV. *De quodam Hervæo.*
V. *De Leopardo.*
VI. *Domus paterna.*
VII. *De abbatibus nimis indulgentibus.*
VIII. *De Aristotele.*
IX. *Guarmundus.*
X. *Nugæ poeticæ.*
XI. *Vas fractum.*
XII. *Elogium Milonis*, monachi S. Albini Andegavensis, dein episcopi Prænestini sub Urbano papa II. Illud eruimus ex Annal. Benedict. tom. V. in append. p. 670.

4° *De ornamentis verborum*, § I. *De repetitione*, post duos versiculos :

　　Tu mihi rex, mihi lex, mihi lux, mihi dux, mihi vindex,
　　Te colo, te laudo, te glorificans tibi plaudo.

Sex alios versiculos ineditos ex ms. codice Turonensi n° 117 adjecimus; ii quidem sunt elegiaci, sed in nostro codice priores proxime sequuntur.

5° In ms. codice Turon. n° 222 vet. et n° 656 nov. *Lapidarium* inscribitur sub nomine Hildeberti, isto modo : *Libellus domni Hildeberti, Cenomanensis episcopi de diversis naturis lapidum.* Codex ille, olim ecclesiæ metropolitanæ, nunc autem biblioth. urbis Turonicæ, catalogo inseritur a Guillelmo Jouan et Victore d'Avannes, canonicis turonensibus, tanquam *opus elegiacum;* unde suspicantur docti auctores *Historiæ litter. Galliæ*, tom XI, p. 394, opus Hildeberti *De lapidibus*, esse aliud ac *Lapidarium* Marbodi. Nos autem duplex opus sedulo contulimus, et invenimus poema codicis Turon. metrop. non esse elegiacum, sed hexametrum, omninoque concors cum opere Marbodi, edito a Dom. Anton. Beaugendre. Noster autem codex, quem ignoravit editor Benedictinus, est optimæ notæ, multoque amplior codice Majoretano, quo ille usus est. Sic in capite 30 *De Gerachite* duos reperimus versiculos nondum evulgatos. In capite autem 19 *De magnete* mendose scribit D. Beaugendre :

> Est cui naturæ vicinum tollere ferrum,

dum in ms. codice recte legitur : *Et vi naturæ.*

Ad cap. 1 *De adamante* notam protulimus ex Theophilo monacho, qua facile quædam verba ambigua aut forte obscuriora facile explanantur.

Denique, post *Lapidarium* Marbodi, tres dedimus chartas, quarum prior ex Historia ms. Majoris Monasterii prope Turones, auctore Dom. Edm. Martenio, tom. II, p. 58, depromitur, posterior vero ex Schedis Dom. Moricii tom. I, p. 516, *Histor. Britanniæ;* tertiam, quam nonnisi post absolutam Marbodi opusculorum editionem habuit D. Beaugendre, notis D. Loyauté subjecerat p. 59.

I. Marbodus episcopus Redonensis Majori Monasterio donat ecclesiam Aienciaci et dimidium presbyteratus ecclesiæ Martiniaci.

II. Marbodi Redonensis episcopi epistola pro monasterio S. Sergii Andegavensis.

III. Marbodi Redonensis episcopi charta qua ecclesiam S. Mariæ Vitreiensem, ejectis qui ibi degebant, inordinatis canonicis, quorum loco monachos Benedictinos instituit, monachis S. Melanii cum pluribus aliis ecclesiis et possessionibus concedit.

Turonibus, die 13 Septembr. in festo S. Lidorii, Turonensis episcopi

J.-J. Bourassé, can. Eccl. Metrop. Turon.

PRÆFATIO D. BEAUGENDRE

1371-1378 Æquum est, benevole lector, ut de hac nova quam exhibemus Marbodi Redonensis episcopi editione tibi rationem reddamus. Et quidem nostri primo fuerat instituti sola venerabilis Hildeberti opera suæ illi luci, qua olim potita fuerant, quantum vires et media suppeterent, emendatiora reddere ; nec ultra progredi suadebant et ætatis provectioris incommoda, et manuscriptorum Marbodi raritas; et, ut ingenue fatear, ignoscendum satis octogenario seni requiei tantillæ ad alterius vitæ præparationem dicandæ desiderium. Verum cum in expendendis Hildeberti nostri ad manuscriptos codices supra quadraginta lucubrationibus nonnullas in quibusdam illorum deprehenderimus intermistas, quæ Marbodi essent; et vice versa, cum opuscula Marbodi discutere, et ab Hildebertinis secernere nobis sæpius necessitas incubuisset, sensim sine sensu tot nobis obtigerunt, ut ex una parte nonnisi admodum ægre ferremus si ea incuria nostra reipublicæ litterariæ deessent, et ex altera nobis aliqua spes oborta fuerit non ingratum forte fore pluribus litteratis, si vel e paucis quos nobis reperire contigit Marbodi manuscriptis, vel e collectione eorum ejus opusculorum, quæ passim a variis auctoribus edita fuerant, accuratiorem aliquatenus et ampliorem editionem proferrre conaremur, quam quæ olim e Redonensi prelo veteribus characteribus prodierat, et cujus etiam exemplaria rarissima jam, ac pene nulla reperiebantur.

Et vero consilium hoc nostrum non solum non improbavere viri inter litteratos primatum obtinentes, verum ad illud exsecutioni mandandum benevolis cohortationibus plurimum accenderunt. Horum sane præcipuus fuit, qui tot ab annis regiæ utrique Academiæ, ad orbis stuporem, præcipuus præest doctissimus et tot titulis illustrissimus **1379-1380** abbas Bignonius, qui dum ingenita sibi comitate, et hæreditaria ab atavis in studiosos omnes benevolentia, nostros ad edenda Hildeberti opera conatus a nobis acciperet, et acceptos habere dignaretur, nostrum etiam de evulgandis Marbodi opusculis institutum adeo benigne gratulatus est, ut non modicos nobis, vel trepidantibus, ad id aggrediendum animos adderet. Qua potuimus ergo diligentia, de Dei auxilio confisi, necnon amicorum subsidio, quos nobis manum adjutricem non denegaturos speravimus, ad perquirenda quaquaversus, sive edita, sive inedita Marbodi opera, nos accinximus.

Et editorum quidem simul collectorum exemplaria adeo rara deprehendimus, ut (quod mirum) in ipsa urbe Redonensi, unde primo prodierant, nec unum quidem invenire potuerimus, et e bibliothecis ipsis Parisiensibus, vel etiam instructioribus quas scrutati sumus, unicum editionis præfatæ Redonensis, in bibliotheca collegii Mazarinæi reperimus, quod nobis eruditissimus ejus præfectus D. Collau, doctor Sorbonicus, perhumaniter commodavit, in quo nonnisi metrica, et sex epistolæ sub finem continentur; quæ quidem omnia ad fidem quinque manuscriptorum, quos vix e variis locis excepimus, recensere nobis curæ fuit. In nullo tamen ex ipsis omnia continebantur Marbodi opuscula, sed quædam tantum in uno, quædam in altero. Unde sane in eorum recensione non modicus nobis incubuit labor, dum ad textus emendationem sæpius unum volvere et revolvere compulsi sumus. Paucas tamen, aut certe vix cujusdam momenti textus variationes in illis advertimus, quarum præcipuæ fuerunt eæ quæ in libello *De ornamentis verborum* repertæ sunt; quem libellum a Marbodo ad discipulorum eruditionem compositum fuisse probabile est, dum Andegavi publice profiteretur eloquentiam, et longe antequam inauguratus fuisset episcopus. In exemplari porro Redonensi sola præceptorum exempla metrice proferebantur, non ipsa præcepta quæ e manuscriptis Andegavensi, Gemmeticensi, Beccensi et Turonensi, qui nobis ex insigni Sancti Gatiani ecclesia ultimus obtigit, supplere curavimus. Hunc autem nobis libenter commodare dignatus est cl. D. Davannes, doctor Sorbonicus, ejusdem metropoleos canonicus et bibliothecarius, vir bonis litteris promovendis natus, mediante nostro D. Edmundo Martene, ex quo nonnulla non contemnenda collegimus, quæ in aliis manuscriptis non videramus, verbi gratia epitaphium magistri Lanfranci, epitaphium Anselmi Laudunensis magistri, versus Sibyllæ de die Judicii, et alia plura et prolixa, quæ hucusque editis, et aliis e manuscriptis erutis, superaddidimus.

Inter cætera autem Marbodi opuscula, magno semper apud litteratos in pretio fuit liber De sexaginta gemmis seu lapillis, qui cum cæteris in editione Redonensi sub ejus nomine prodiit anno 1524, et quem paulo post, anno scilicet 1531, Pictorius Willigensis suis scholiis Friburgi editis, et anno 1539 Alardus Amstelodamensis suis commentariis illustravit. Hunc vero in manuscriptis, quos nobis videre licuit, ita uniformiter Marbodo Andegavensi episcopo tributum vidimus, ut non mediocriter mirati simus eruditissimum Morerium alium Marbodum, nec episcopum, nec Andegavensem, sed civem Cenomanensem libri illius auctorem designasse.

Cum vero id sine probatione asseruerit, manuscriptorum fidei, et veteri editioni nobis adhærendum fuisse duximus, præsertim vero manuscripto insigni Sancti Victoris, coævo aut fere coævo, qui illum diserte episcopo Andegavensi tribuit, et ubi non solum Latinus textus legitur, sed etiam ejus Gallica interpretatio, ut plurimum quasi de versu ad versum, sed illo antiquo Gallico idiomate quod tunc apud majores nostros erat in usu, et cui etiam subjicitur ejusdem Marbodi ingeniosa cujusque lapidis et virtutis ejus ad mores applicatio, quam in hoc solo Victorino manuscripto, nec usquam in ullo alio vidimus. Et quidem hujus interpretationis primos tantum versus, quasi ad illius ævi idiomatis specimen edere nobis mens fuerat, verum plurium antiquitatis studiosorum consilio moti, illam ex integro e regione repræsentandam censuimus, **1381-1382** quam ipsi velut authenticum antiquæ, licet obsoletæ, locutionis monimentum posteritati consignandum existimaverunt.

Supradictis etiam addidimus nonnullas sanctorum Vitas a Marbodo prosa editas, et a variis auctoribus vulgatas, ex quibus solers lector liquido perspicere poterit ipsum non minus orationis solutæ quam strictæ peritum, nec illi immerito tributum *famosi et nominatissimi magistri* titulum, quo illum encyclica Andegavorum monachorum de ejus obitu epistola decoravit.

Qualis vero et quantus fuerit Marbodus, e pluribus præcipue diplomatibus in archivo monasterii Sancti Albini Andegavensis asservatis liquet, quorum copiam nobis amplam fecit eruditus noster R. P. D. Petrus Cosson, ejusdem monasterii subprior, post diligentissimam et exactissimam illorum discussionem. Ex his autem evincitur ipsum Marbodum in Andegavensi comitatu, vel etiam in ipsa urbe Andegavensi clara ortum, et jam tunc numerosa familia. Quod patet ex antiquo diplomate quo Robertus Pelliciarius, dictus etiam in alio diplomate Paramentarius, Marbodi pater, præsente uxore sua, cum duobus filiis suis Hugone et Salomone, cum pluribus sororibus suis, iisque annuentibus, cedit monachis Sancti Albini quemdam descensum aquæ, sub certis conditionibus; cui cessioni cum Marbodus natu minor non interfuisset, major factus, illam ratam habet. Ejus porro familiæ nobilitatem innuere videtur Ulgerius episcopus Andegavensis, cum in ejus elogio funebri, quod infra dabimus, asserit quod

    Natus erat, quorum decus erat Andegavorum.

Licet autem ex ipso Marbodo, qui a juvenilibus annis se Deo et Ecclesiæ mancipavit, ejus familiæ non fuerit orta progenies, nil obstat quin e fratribus ejus Hugone et Salomone laicis plures natos liberos opinemur, e quibus eorum propagata fuerit numerosa familia, quæ ob insignem Marbodi famam, Marbodorum potius quam Pelliciariorum e fratribus forte obscuris nomine claruit.

Et certe si nos non fefellit conjectura, qua epistolam 35 lib. II epistolarum Hildeberti ab ipso conjecimus directam fuisse Marbodo, non quidem episcopo, sed tunc tantum canonico (qua illum dignitate ornatum asserunt fratres Sammarthani in *Gallia Christiana* ad Eusebium, quod et alii) liquebit jam tunc Marbodi familiam fuisse nominatissimam; siquidem, ut in illa epistola testatur Hildebertus, canonicis Andegavensibus, « jam incubuerat timor Marbodi et suorum, quibus et ejus suspecta erat universitas parentelæ. » De qua non improbabile videtur exortam per avos et proavos fuisse illustrissimam Marbodorum familiam, vulgo dictam *de Marbœuf*, qui nunc etiam supremos in suprema Armoricæ curia magistratus summa cum integritate exercent, regis obsequio semper addictissimi ministri, patriæ ferventissimi, etiam sæpe ad fortunarum periculum, patroni. Nec huic Marbodianæ familiæ claritati repugnat publica, qua claruit Andegavis Marbodus eloquentiæ professio, cum primoribus etiam viris in pretio semper fuerit ars illa, inter liberales artes potissima, qua frequentissime contigit, ut ad flectendos populorum et civium animos, cederent arma togæ, nihilque reges ipsi et principes viri ad sedandos vulgi sine sanguine tumultus, et compescendas seditionis efficacius, aut felicius adhiberent, quam eloquentiæ mite robur et dulce lenocinium (53).

Hinc sane et ex illa, quam sibi Marbodus conciliaverat optime et apte dicendi facultate celebri fama, ad scholarum Ecclesiæ Andegavensis magisterium evectus est, et qui secundum Burdigneum et Hiretum,

---

(53) De Marbodorum familia vide etiam quæ ad notas D. Loyauté observavit Beaugendre, supra, col. 125.

rerum Andegavensium historiagraphos, publicis Andegavensibus scholis dederat initium; in modum, ut aiunt, cujusdam Universitatis, sacris etiam Ecclesiæ scholis præesse dignus est habitus. Andegavensis porro fundationem Universitatis a Marbodo innuere videtur Ulgerius episcopus Andegavensis, dum in ejus Epicedio sic ait :

1383-1384 *Transtulit huc studium, transtulit ingenium.*

Hoc autem scholastici munere egregie functum fuisse per totos quatuordecim annos, scilicet ab an. 1067 ad an. 1081, patet e duobus diplomatibus insignis ecclesiæ cathedralis Sancti Mauritii Andegavensis (54), in quibus expresse dicitur « scholasticus Ecclesiæ Andegavensis, » cujus postea archidiaconatum est consecutus ; in qua dignitate e variis etiam ejusdem ecclesiæ diplomatibus constat ipsum ita præclare se gessisse sub tribus præsulibus Andegavensibus, Eusebio scilicet, Godefrido I et Godefrido II, ut tandem exigentibus meritis, et jubente Urbano II summo pontifice, in ipso Turonensi concilio an. 1096, ut ait Ulgerius in ejus Epicedio :

Hic præsul factus, nolens licet atque coactus,

et solemni ritu consecratus fuerit Ecclesiæ Redonensis episcopus. Hanc vero cum per annos viginti et octo pie semper et sapientissime rexisset, tandem ad cœlestem patriam anhelans, abdicato sponte pontificatu, in monasterium S. Albini Andegavensis, ubi monachum sub Regula S. Benedicti professus, aliquandiu regulariter vixit, et plenus dierum et bonorum operum sanctissime decessit III Idus Septembris an. 1123, annos natus octoginta circiter et octo, ut patet ex epistola congregationis Beati Albini Andegavorum episcopi, seu monachorum in monasterio ejus ibidem sub Regula S. Benedicti Deo militantium, qua universis Ecclesiæ filiis sanctissimum Marbodi obitum denuntiant. Quam quidem epistolam, velut sanctitatis ejus monimentum ære perennius, ad studiosi lectoris ædificationem, hic ex integro subjiciendam duximus.

Epistola encyclica monachorum et conventus Sancti Albini Andegavensis de obitu Marbodi episcopi Redonensis, ac deinde monachi S. Albini (55).

« Universis unius sacrosanctæ Ecclesiæ filiis, humilis congregatio Beati Albini Andegavorum episcopi « plenam de hoste victoriam, et de victoria coronam.

« Apostolica nos informat auctoritas, ut pro invicem orantes, alter alterius onera portemus, et sic « adimpleamus legem Christi. Legem igitur Christi nos servi Christi pia sollicitudine adimplere satagentes, « denuntiamus vobis obitum domni Marbodi venerabilis episcopi, semper cum laude memorandi, lingua « facundi, religione præcipui, morum honestate præclari, litterarum eruditione doctissimi ; cujus sermo « sale semper conditus erat ; et ex ore illius omni dulcior melle fluebat oratio. Et quamvis eodem tem- « pore variis studiis tota Gallia resonaret, ipse tamen oratorum rex, Gallicanæ arcem eloquentiæ obti- « nebat. Tertio siquidem Idus Septembris, anno Domini millesimo centesimo vigesimo tertio, infirmatus « carne, sed spiritu fortior, excedens a sæculo, vivens in Christo, sua nos viduavit præsentia, et amoris « sui jaculo vulneratos intolerabili dolore confecit. Qui post longa liberalium studiorum longe lateque « vernantium exercitia, quibus in Andegavensi civitate, cui famosus ac nominatissimus exstitit magister, « efficacissime claruit, electus a reverendissimo papa Urbano in Turonensi concilio sanctæ sedis Ecclesiæ, « Redonensis Ecclesiæ, annuente Domino, pontifex ordinatus est. Quam ipse dignitatem, imo onus, accin- « ctus gladio Spiritus sancti, licet inter barbaros, et naturali quadam armatos feritate, annos viginti « octo feliciter et prudenter gubernavit. Superborum colla justitiæ censura perdomuit ; arguendo, obsecrando, « increpando, **1385-1386** dissidentia pacificavit. Tandemque longævo confectus senio, plenus dierum « in sancta professione, ut præmissum est, in Domino requievit. Ingressus itaque viam universæ carnis, « mortemque vicinam præsentiens, onere pontificali deposito, sanctissimi Benedicti habitum humilita- « temque suscepit, monachumque professus, Beato Albino se tradidit ; ac sic exoneratus, pauperem Chri- « stum pauper ipse secutus est ; ante quidem ut Martha sollicitus erat, et occupatus erga plurima, nunc, « velut altera Maria, unum esse necessarium recognoscens, optimam partem elegit, quæ non aufe- « retur ab eo. »

Tam authentico Marbodi virtutum testimonio, non abs re fuerit attexere quod de illo posteritati consignavit Epicedium Ulgerius, ejus suppar, et in archidiaconatu Andegavensi successor, et tandem Andegavensis episcopus, qui vivum viderat, et ejus mores optime noverat, qui et illud tumulo ejus appendit. Sic autem tam in edito Redonensi quam in pluribus mss. insignitur :

VERSUS MAGISTRI ULGERII ANDEGAVENSIS EPISCOPI.

Si quis quantus erat Marbodus noscere quærat,
*   Postulat hoc quod ego dicere posse nego.*
In toto mundo non invenitur eundo,
*   Unus compar ei nominis atque rei.*
Omnes facundos sibi vidimus esse secundos :
*   Nullus in ingenio par nec in eloquio.*
Cessit ei Cicero, cessit Maro junctus Homero :
*   Ut dicam breviter, vicit eos pariter.*
Per cunctas metas per quas sua se tulit ætas,
*   Nulla sibi placuit res nisi quæ decuit.*
Curans ut fieret virtutem quod redoleret,
*   Transtulit huc studium, transtulit ingenium.*
Illi sic noto dedit eis, sed sine voto,
*   Christi judicium pontificum solium.*
Hic præsul factus nolens licet, atque coactus,
*   Effecit melius, quæ bene cuncta prius.*
Æqua mensura mensurans singula jura,
*   Lenis erat placidis, et rigidus tumidis.*

(54) E chartulario Sancti Mauritii, fol. 34 et 36, et ex eodem fol. 43.
(55) Ex archivo S. Albini Andegav. et ex exemplari anni 1524 Redonis excuso, jussu Yvonis Redonensis episcopi, quod asservatur in bibliotheca collegii Mazarinæi.

Jugiter orabat, jejunabat, vigilabat ;
Quodque sibi minuit, pauperibus tribuit.
Hic tam laudari dignus, iam dignus amari,
Sorte cadens hominum, transiit ad Dominum.
Omnes personæ quæ sunt in relligione,
Ingemuere nimis planctibus et lacrymis.
Nobilitas flevit, nec plebs a fletu quievit :
Tam gemit et plorat, quam bona commemorat.
In cunctis annis nova mors erit ista Britannis,
Quos virens tenuit, quos aluit, docuit.
Præcipue Rhedoni, propriique morte patroni,
Est velut ægra jacens, factaque muta tacens.

ITEM DE EODEM VERSUS EJUSDEM ULGERII.

Marbodi vita doctrinæ luce perita,
Enituit mundo sensu secunda profundo.
Natus erat, quorum decus exstitit Andegavorum :
Post Redonum turbis, et clero præfuit urbis.
Dum studio vixit, quæ prosunt plurima dixit.
Occidit antistes ; facit hæc occasio tristes :
Sed succurrat ei Deus, et societ requiei.

1387-1388 Hujus autem sancti præsulis (ut ipsissimis utar doctissimi Sirmundi verbis in notis ad epist. 14, l. iii Epistolarum Goffridi Vindoc.) egregias virtutes præter Ulgerium his versibus complexus est Rivallonus archidiaconus Redonensis.

Reddidit ingenium sapientem, lingua disertum,
Mens memorem, vigilem sollicitudo gregis,
Ætas longa senem, jucundum gratia moris,
Ordo pontificem, relligioque sacrum,
Sobrietas parcum sibi, munificentia largum
Pauperibus, rectum regula justitiæ.
Hic basis Ecclesiæ pondus portabat, et idem
Mansuetudine bos, et feritate leo.

Non igitur mirum si ad ultimam horum elogiorum coronidem accesserit gloriosissimum illustrissimi præsulis Tullensis, D. D. Andreæ Du Saussay testimonium, qui Marbodum nostrum sacris Galliæ fastis inferre non dubitavit. Sic enim ille in Martyrologio suo Gallicano :

TERTIO IDUS SEPTEMBRIS (*seu die* 11 *Sept.*), REDONIS IN ARMORICA SANCTI MARBODI EPISCOPI ET CONFESSORIS. QUI SERIE HAC IN CATHEDRA DUODECIMUS, DUODECIM APOSTOLORUM AGNI NOMINA , TANQUAM VIVUS LAPIS VIRTUTUM EORUMDEM EXIMIA IMITATIONE SIBI DIVINITUS INDITA GESSIT : UNDE IN SUPERNAM SION EVECTUS , LAPIDIBUS PRETIOSIS QUIBUS ILLA RUTILAT ANNUMERATUS EST.

Ita non in notis, sed in ipso corpore Martyrologii.

Pluribus hanc præfationem non inflabimus, cæteros Marbodi præclaros actus, prout sese ex ejus opusculis offeret occasio, narraturi.

MARBODI REDONENSIS EPISCOPI

EPISTOLÆ.

—

EPISTOLA PRIMA.

Querelarum plena est epistola, sed justarum. Marbodus Redonensis episcopus Romam profectus, Raynaldi confirmandi Andegavensis episcopi gratia, delatione quorumdam, spoliatur interim ab eo cujus negotium gerebat, omnibus ecclesiasticis bonis, et præterea exsul pronuntiatur ; quod factum ab ingrato merito sibi contigisse ait, eo quod contra fas piumque, præter metropolitani sententiam, et suam ipsius conscientiam, levissimum juvenem promovendum ad episcopatum sategisset, quem tandem ad resipiscentiam et moderatiorem vitæ statum hortatur.

MARBODUS minimus episcoporum, R. (56) glorioso A Andegavorum pontifici ; non alta sapere, sed humilibus consentire.

Fulmen (57) est, secundum cujusdam sapientis sententiam, ubi cum potestate habitat iracundia. Quamvis ergo periculosum mihi fore intelligam (utpote hoc fulmine jam afflatus) si paulo liberius te convenire tentavero, loquar tamen quod mens mihi, ratioque dictaverit ; nec tanti faciam faventis **1389** tibi nunc fortunæ terrorem, ut mecum justitiæ facientis non asseram veritatem. Vitrea est enim fortuna, quæ sic solendet, ut facile

(56) Al. *Flumen* et *flumine,* sed mendose ; recte enim dicitur *fulmine afflatus,* non *flumine*

(57) *R.* Non alium designat, nisi Raynaldum de Martigné , episcopum Andegavensem , cujus cle-

frangi possit; stabilis autem et inconcussa veritatis assertio. Quod si mihi more solito violentus exstiteris, tunc maxime persecutionem meam astrues persequendo. Quæro igitur a te (religiose episcope) quænam tam vehemens causa contra fratrem et consacerdotem tuum (ne dicam patrem et consecratorem [58]) indignationis tuæ furorem accendit, ut inexpugnabili odio me persequens, post damna et dedecora mihi meisque crudeliter illata, ad ultimum humilitatis meæ personam inauditam et indiscussam damnaveris, indignum me clericorum tuorum collocutione præjudicans, nec ante majestatis tuæ (59) præsentiam passus admitti. Nunquid enim si in te peccassem, corripiendus prius singulariter non eram, deinde duo, vel tres, si incorrigibilis existerem, adhibendi? Et ecce, cum nihil horum præcesserit, contra regulam a Christo datam, quæ prima est, posuisti apud Ecclesiam tuam de absente conquestus. Deinde sicut ethnicum et publicanum me habens, in quo non mea, sed communis omnium sacerdotum; non mea, inquam, sed ipsius Christi injuria, non tam constitutum a Domino ecclesiasticæ correptionis ordinem pervertisti, quam perversum et præcipitem **1390** turbulentæ iracundiæ motum tibi dominari manifestissime declarasti. Non enim licuit mihi culpam vel excusare, vel negare, vel agnoscere, quatenus aut excusantis suscipienda ratio, aut negantis juste esset admittenda purgatio, aut confitenti clementer venia concedenda. In hoc ergo præjudicio, universas vias Domini reliquisti; quia nec misericordiam, nec veritatem secutus es.

« Universæ enim viæ Domini misericordia et veritas requirentibus testamentum ejus, et testimonia ejus (*Psal.* xxiv, 10). » Nam etsi peccatum agnoscens, veniam postularem, humilitatis tuæ fuerat bene prius de te merito libenter ignoscere, et ad reconciliationis gratiam festinare; etiam si Christus non dixisset, peccanti fratri septuagies septies dimittendum (*Matth.* xviii). Siquidem et apud gentilium philosophos, proximum ab innocentia locum tenet verecundior peccati confessio; et magnarum virium esse perhibent lædentem negligere, et vindictam putant vindicare potuisse, majusque vindictæ esse genus, ignoscere; infirmi autem ac muliebris esse animi, quærere ultionem, ex hoc vel solo colligi, ut Satyricus ait:

Vindicta quod nemo magis quam femina gaudet.
Juv. Sat. 13.

Sed quæ culpa tandem exstitit, quam tandem puniendam exterminio censuisti? Quod videlicet apud dominum papam, moras meas excusans, inter alia (quod verum est) scribere ausus sum Andegavensem **1391** malitiam mihi impedimento fuisse, quæ facultati meæ plurimum detraxisset. Quod quidem ab anno priori, et ipsi papa, et Romanæ Ecclesiæ notum erat; et ipsa Andegavensis malitia (60) negare non potest. A quo igitur mihi veritas imputatur ad crimen, ab illo consequenter potest falsitas exspectare mercedem: et qui cum, qui sibi honorem pepererat, spoliavit, non est mirandum si dejectores et impugnatores suos honoribus sublimavit. Hæc est retributio impiorum, quam Dominus nescit, qua

---

ctioni tam fortiter obstiterunt, Hildebertus præcipue et Gauffridus Vindocinensis abbas et alii viri graves, utpote electioni tumultuosæ, contra canones factæ. De qua vide epistolas 4, 5 et 6 Hildeberti, lib. ii et notas nostras ibi appositas. Vide etiam epistolam Goffridi Vindocin. 11, lib. iii, ad ipsum Raynaldum, et de eadem electione ejusdem plures alias cum notis doctissimi Sirmondi, quas hic transcribere lectori tædium pareret. Huic tamen pravæ electioni sic faverat Marbodus, ut cum Raynaldum, juvenem licet, et sine ordine a canonibus præscripto, tamen pontificali regimini opinaretur futurum quandoque idoneum, ad illam tuendam totum se daret, et ad id etiam Romam pergeret; quo dum iret, a Stephano Andegavensi decano insidiose captus, in vincula etiam, ut notat, ferrea conjectus est. Unde tamen brevi elapsus, Turones accedens, Radulpho archiepiscopo suasit ut Raynaldum consecraret; quod et ipso Marbodo, uno ex assistentibus episcopis, ministrante, perfecit: et cujus etiam consecrationis confirmationem Marbodus Romam iterum progressus, obtinuit a summo pontifice Paschali II.

Tot tamen et tantorum laborum in prava causa impensorum dignas pœnas luit Marbodus, dum Raynaldus beneficiorum ejus immemor, et in benefactorem, qua ratione nescitur, odio paulo post concitatus, illum omnibus spoliatum, e finibus Andegavensibus turpiter expulit, et quasi diris devovit. Sed tandem resipiscens, suum ipse Raynaldus damnavit ingratum animum, et ita sincere in gratiam cum Marbodo rediit, ut dum Raynaldus Romam peteret, et ibi aliquam moram faceret, Marbodo suæ Andegavensis Ecclesiæ regimen amice committeret. Hanc reconciliationis sinceræ circumstantiam primus notavit et probavit noster D. Pe-

trus Cosson, dum nos monuit id se didicisse ex charta quadam Fulconis Richini, in Tabulario insignis ecclesiæ Sancti Mauritii asservata, unde educitur Marbodum Andegavi omnia obiisse pontificalia anno 1169 quo Raynaldus a diœcesi sua tum aberat. Illa autem charta, qua comes ille Richinus ecclesiæ S. Mauritii concedit quidquid habebat apud Plaissiacum et Ruigniacum, sic habet: *Donum Fulconis comitis* [sc. Andegavensis] *de Plaissiaco, et Ruigniaco, aut Grammario. Quidquid igitur habebat in Plaissiaco Grammatici* (Gal. Crammoire), *cum omnibus appendiciis suis, necnon apud Ruigniacum, cum suis, ei benigne ac libere dedit; donumque cum baculo in manu domni Marbodi Redonensis episco i, qui tunc temporis, Raynaldo II Andegavensi episcopo Romæ morante, episcopi negotia administrabat, posuit. Testes qui asseruerunt adnotavimus, quorum nomina notat subjecta descriptio. Marbodus episcopus Redonensis, Ermjardis* [f. Ermengardis] *comitissa Britanniæ,* etc.

Hæc porro quasi vicaria diœcesis alienæ assumpta a Marbodo administratio, animum in eo probat sincere Christianum, dum inimico reconciliato, qui tot eum injuriis affecerat, quidquid amicissimo sibi exhibere potuisset, impendit officii. Vide ad hoc notas D. *Loyauté* in Appendice ad Epist. Hildeberti pag. 25.

(58) *Consecratorem.* In consecratione enim Raynaldi Marbodus fuerat unus ex assistentibus Radulpho Turonensi consecranti.

(59) Hoc verbo utitur ironice.

(60) *Andegavensis malitia.* Malitia scilicet Stephani decani Andegavensis, qui insidiose captum Marbodum truserat in carcerem.

mala retribuuntur pro bonis. Ejusdem generis est A sit ista iniquitas. Idem ne otiose dixerim, cum primum licuit, tu ipse cavisti. Eamdem iniquitatem in caput meum refundens, novo et inaudito genere charitatis, ut is potissimum amico dedecus et damnum inflixerit, pro cujus operibus et honore id ille sibi fuerat imprecatus. Et utinam me statim ut a nobis consecutus es, et inthronizatus, quemadmodum mente conceperas, honoribus spoliasses, nec dissimulandum deliberasses ad tempus, quousque opera mea usus fuisses , ad exhauriendum quod Romæ restabat periculum. Salvum mihi esset viaticum, quo tibi meis stipendiis militavi; salvi tot et tanti longissimi itineris labores, salvæ preces et lacrymæ quas pro te fudimus apud papam, salva pecunia, quæ cum esset necessaria (utpote longius B progredienti) tui tamen egredientis usibus accommodavi. Cujus partem, postquam a te expulsus sum, cum repetissem, vix tandem et difficulter recipere merui ; partem in compensationem jumenti, quod a te commodatum in obsequio tuo consumpseram, tua cautela retinuit. Postquam ergo reversi sumus, et te confirmatum, conciliata tibi soli (sicut superius prælibavi) communium adversariorum parte, sensisti, **1393** protinus eorumdem consilio, nec opinantem aggressus, omnibus honoribus ac beneficiis quæ mihi antecessorum tuorum contulerat liberalitas, me privasti; nec precibus ullis, aut præcedentium meritorum obtentu, a te impetrare potui, saltem sex mensium inducias, quibus pudori meo consulens, C exire me fingerem, non expelli. Adeo non tibi satis fuit amicum damno afficere, nisi et dedecoris improperio cumulares. Cumque me indigne tractatum conquererer, ad papæ audientiam, e vestigio provocasti. A te ante audientia, spoliatum, pro te sumptibus nuper exhaustum, per te laboribus fatigatum, ad hæc ætate jam senem, febribus anhelantem ; ipse juvenis, robustus, opulentus, inito nuper honore gloriosus, ut scilicet, ibi te cogente causam dicerem, ubi pro te spontaneus eodem anno lacrymas dederam. Et tu quidem hæc omnia te credebas callide speculatum ; ego vero persensi hæc eadem malitiose, crudeliter machinatum, tanquam si armatus et integer saucium et inermem, non hostem, sed amicum provocares ad pugnam. Nam ea quæ apud omnes alios mihi prodesse poterant ad impetrandam miserationem, tu solus convertebas ad me prorsus exstirpandi occasionem. Et quæ cæteros mitigarent, quæ sunt clementiæ, te potius irritabant. Reversus ergo Roma, accepta videlicet faciendi quod jam feceras potestate, ne quid odio tuo deesset, delere

illa, qua bona redduntur pro malis [f. qua mala redduntur pro bonis], quando fit continenter ab eadem persona, non levitate gratiæ, sed perversæ malignitate naturæ. At fortasse pro malitia debui ponere bonitatem; ut dicerem quod tunc me Andegavensis bonitas impedisset. Sed hoc modo, vel me ipsum dum excusare molior, accusarem, bonum dicens impedimentum; vel si per antiphrasim loqui putarer, non mutaretur. Veram ergo et notam omnibus debui excusationis causam prætendere, cum aliam penitus non haberem. In quo læsum te putas ; Andegavensem te esse intelligis : quod si non intelligis, nec te in hoc læsum debes existimare. Neque enim episcopum nominavi, ubi Andegavensem dixi malitiam. Multiplex autem est Andegavensis malitia ; multos Stephanos habet, multos Willelmos. Utinam tota in uno duorum capite resideret, pax esset forsitan inter nos, et inviolata concordia. Sed redeo ad culpam meam, quam solam sufficere tibi credis ; imo non credis, sed alios credere cupis, ut merito videar tot laborum quos pro te suscepi, mercede fraudatus. Quæ si nulla est, debet sileri ; si parva, debet ignosci ; si magna, majorum meritorum debet comparatione superari. Nam et carcerem et catenas (61), dum ad te in auspiciis tuæ electionis vocatus festino, tui causa passus sum, machinamento ejus qui tibi nunc placet Stephani; quasi tunc jam præsagiente et præmonente fortuna, ut ab infausto cœpto desisterem ; et non tantum verborum, sed et factorum ludibria multa sustinui. Siquidem rerum mearum jacturam **1392** gravis mihi proprii corporis contumelia levem fecit. Nec tamen elapsus destiti, ut tunc putabam, constanter, ut nunc intelligo, pertinaciter, urgere propositum ; et contra optimos clericorum, qui pluribus ex causis, absque suo assensu, a vulgo factam improbabant electionem, quoniam et infra annos, et extra ordines, per tumultum populi magis ficta esset, quam facta, promotionis tuæ causas asserere. Cesserat jam contradicentibus ipse metropolitanus ; et quia ratione superabatur, rem judicio papæ non tam decidendam quam rescindendam reservare decreverat. Ego tamen multo conatu, multo discursu, magnis precibus, tandem apud ipsum ut consecrareris obtinui. D Idem cum Stephanus, cum quibusdam quos omnes tibi postmodum, meam (ut fertur) pactus dejectionem, ex infestissimis amicos fecisti, iniquam esse clamaret ; ego stulte quidem et improvide, sed nimio tuo favore seductus, me ipsum devovi : In me, inquiens,

---

(61) *Carcerem et catenas.* Hoc ipsum non dubitaverim ad litteram intelligendum ; tanta nimirum erat temporum illorum immanitas, ut non solum gravissimorum rei vinculis ferreis innecterentur, sed si quis odio percitus inimicum captivum fecisset, statim onustum ferro in imum carcerem illum detrudebat, quin etiam et cruciatibus sæpe laniabat. Hoc bis expertus est Hildebertus, qui licet nullius criminis reus, sed a Guillelmo Rufo pro juribus Ecclesiæ in carcerem trusus , per annum integrum ferro onustus, pluribus cruciatibus identidem est attritus ; et iterum a Rotroco proditorie incarceratus cum suo decano, ab Huberto ejus dapifero, absque ulla ordinis reverentia, vinculis ferreis constrictus et tormentis pluribus ad sui redemptionem, quam sacerdotio suo semper reputavit indignam, adactus. Hoc et Helias ipse Cenomanensis comes, dum ab Henrico I, Angliæ rege, bello captus, Rothomagi sexcentis cruciatibus est afflictus. Vide Vitam Hildeberti.

nomen meum de Catalogo prorupisti, prius omnia, meas etiam syllabas persecutus. Utinam et subscriberes : « Iniquo odio oderam illum ! » Tale tropæum titulo tuo dignum erat. Idem si zelo justitiæ id fecisse responderis, quia videlicet canon in duarum civitatum ecclesiis vetat clericum ascribi (62), arguit te Sicarius, arguit te Stephanus, alter in Cenomanensi, alter in Turonensi Ecclesia prius conscripti. Sed dum hæc refero, non quasi texens historiam, sed quasi texens injuriam, tua forsitan sublimitas indignatur, irascitur, incandescit, et dum imbecillitatem meam cum suis metitur viribus, ad exercendam accingitur ultionem. Noli, obsecro, cogitare quid possis, sed quid debeas meditare ; nec fortunæ vires attendas, sed communis justitiæ considerationem. Quantum enim in me tibi licuit, tantum et aliis in te licet ; et neminem eo fortuna provexit, ut non tantumdem illuminetur [f. illi minetur], quantum permisit : excelsus multo facilius casus nocet. Memor igitur conditionis humanæ, impetum fervidæ juventutis compesce, et inflata nimium secundæ fortunæ vento vela contrahe, ne forte ipsa tibi prosperi **1394** cursus velocitas causa fiat collisionis in scopulos. Nondum per ætatem, longam cepisti experientiam, nec adhuc mens tua casuum varietate decocta maturuit. « In antiquis, ait Scriptura, est sapientia, et in multo tempore prudentia (*Job* xii, 12). » Et alibi : « Interroga patrem tuum, et annuntiabit tibi ; majores tuos, et dicent tibi (*Deut.* xxxii, 7). » Si tibi ante annos debita provectioribus contigit reverentia, non id viribus tuis ascribas, quæ vel non erant, vel certe nesciebantur ; fortuna enim sæpius plus quam consilium valet, sicut tam in hoc, quam in aliis frequenter experti sumus. Timenda tibi potius illa Sapientis sententia : « Hæreditas ad quam festinatur in principio, in novissimo benedictione carebit (*Prov.* xx, 21). » Et illud : « Substantia festinata minuetur (*Prov.* xiii, 11). » Refellenda etiam quorumdam de te (utinam falsa) opinio, qui ingenium tuum non tam mutatum felicitate, quam manifestatum putant. Multorum siquidem vitia, quæ imbecillitate latent, dum eis instrumenta explicandæ nequitiæ desunt, cum illis suæ vires placuerint, felicitas aperit. Sic pestifera serpens secure tractatur, dum riget frigore ; non desunt illi tunc venena, sed torpent. Quod ne tibi juste possit aptari, summo conamine elaborandum est ; et non solum hoc ne te detexerint, sed et illud ne te effecerint fortunæ beneficia pejorem. « Divitiæ, inquit Psalmista, si affluant, nolite cor apponere (*Psal.* lxi, 11). » Tum ergo tibi salutaria consilia advoca, cum tibi alludit vitæ prosperitas. Tunc te valde in lubrico retinebis, ac sistes, nec tibi dabis impetus liberos, scilicet si circumspicies quo eundum sit, vel quousque. Ne altiori te rei impone, in

a qua stanti tibi, vel tremendo descendendum sit, vel cadendum. Nec ista dico, ut in me fias vel indulgentior de cætero, vel liberalior, quod utrumque jam dudum certis indiciis desperavi, sed ne meo exemplo in multorum excurras perniciem, abutens scilicet potestate quam tibi permisit Dominus, « in ædificationem, et non in destructionem (*II Cor.* xiii, 10). » Ego enim licet Appenninum ad præsens evaserim, in quo mihi sepulcrum inter antecessores meos, quibus indignum me fateor (Melanium dico, et Moderannum) insolenti satis elogio devovebas ; jam tamen defunctus laboribus, et debitam mihi, Domino largiente, adeptus mensuram, tranquillum magis vitæ finem exspectare debeo, quam superfluis ulterius stipendiis occupari. « Sufficit præteritum tempus, sicut ait Apostolus, ad consummandam voluntatem gentium (*I Petr.* iv, 3), » ut de cætero jam non nobis vivamus, sed « ei qui pro nobis mortuus est, et resurrexit (*I Thess.* iv, 13). »

1395 EPISTOLA II.

Quod improbitas ministri non impedit veritatem sacramenti.

Marbodus minimus episcoporum, Ingilgerio servo Dei solitario et fratribus solitariam vitam secum agentibus : « Appellare lucem diem, et tenebras noctem (*Gen.* i, 5). »

Inter multa bona quæ de vestra sanctitate prædicantur, audivimus quod zelum Dei habetis contra indignos sacerdotes, sed non secundum scientiam. Dicitur enim quod non solum vos eorum oblationibus interesse non vultis, sed etiam laicos, ne per eos aliquod sacramentum suspiciant, dogmatizatis. Quod si verum est, timendum valde est, dilectissimi, ne forte diabolus, qui vos ad manifesta flagitia, Deo servante, non potest attrahere, per hujus erroris occultum laqueum, animas vestras in perditionem, quod absit ! dejiciat. Quid enim aliud vetus hæresis Novatianorum ? Quid habet aliud novus eorum error, qui Patarini (63) vocantur, quam ut per ministrorum indignitatem Ecclesiæ Catholicæ sacramenta vilescunt ? Quod quam contrarium sit veritati, subjectæ auctoritates ostendunt. Augustinus, tractatu 10 psalmi contra hæreticos : « Christus, inquit, quid fecit vobis, qui traditorem suum tanta patientia pertulit, ut ei primario Eucharistiam confectam manibus suis, et ore suo commendatam, sicut et cæteris apostolis traderet ? Christus quid vobis fecit, qui eumdem traditorem suum, quem diabolum nominavit, qui ante traditionem nec loculis Dominicis fidem potuit exhibere, cum cæteris apostolis ad prædicandum regnum cœlorum misit, ut demonstraret dona Dei pervenire ad eos qui cum fide accipiunt, etiamsi talis sit quæ [f. a quo] accipiunt, qualis Judas fuit ? » (64) Idem alibi : « Sacramenta Ec-

---

(62) xxt, q. 1, c. 1, *In duabus Eccl.*, etc.
(63) *Patarini*, sive *Patereni*. De quibus vide Matth. Paris in Historia Maj. in Henrico, an. 1236 et con-

cil. Lateran. sub Alex. III, cap. 23.
(64) Vide Aug. cap. 11, lib. ii *contra Parmenianum*.

clesiæ neque bonus melius, neque malus pejus implere potest ; nam quæcunque sit persona exterior, Spiritus sanctus operatur interius. » Item ex Registro Nicolai papæ in epistola ad Bulgaros : « Consulendo decernitis utrum presbyterum habentem uxorem sustentare debeatis et honorare, an a vobis projicere. » In quo respondemus : Quoniam, licet ipsi valde reprehensibiles sint, vos tamen Dominum convenit imitari, « qui solem suum, ut testatur Evangelium, oriri facit super bonos et malos, et pluit super justos et injustos (*Matth.* v, 45). » Projicere a vobis ideo non debetis, **1396** quoniam nec Judam Dominus, cum esset mendax discipulus, de numero discipulorum dejecit. Verum de presbyteris vobis nec judicandum est, nec de vita ipsorum quidpiam investigandum ; sed episcoporum judicio quidquid illud est per omnia reservandum. Idem in eodem : « Sciscitantibus vobis si a sacerdote, qui sive in adulterio deprehensus est, sive de hoc sola fama respersus, debeatis communionem suscipere ; » respondemus : Non potest aliquis, quantumcunque pollutus sit, sacramenta divina polluere, quæ purgatoria cunctarum remedia contagionum existunt ; [sicut] nec potest solis radius, per cloacas transiens et latrinas, aliquid contagionis exinde attrahere. Proinde qualiscunque sacerdos sit, quæ sancta sunt coinquinare non potest. Idcirco ab eis, quousque episcoporum judicio reprobentur, communio percipienda est, quoniam mali bona ministrando, seipsos tantummodo lædunt ; et cerea fax accensa sibi quidem detrimentum præstat, aliis vero lumen in tenebris administrat. Augustinus, epistola ad Vincentium : « Non propter malos boni deserendi, sed propter bonos mali tolerandi sunt, sicut toleraverunt prophetæ eos contra quos tanta dicebant ; nec tamen communionem sacramentorum illius populi relinquebant, sicut ipse Dominus nocentem Judam usque ad condignum exitum toleravit. » Idem in libro De verbis Domini : « Quam multa et quam vehementer Jeremias increpavit in peccatores et sceleratos populi sui ! Inter eos tamen erat, unum cum illis templum intrabat, eadem sacramenta celebrabat, in ea sceleratorum hominum congregatione vivebat ; sed clamando exibat inde ; hoc est exire inde, hoc est immundum non tangere, corde non consentire, et ore non parcere. » Sunt et alia multa sanctæ auctoritatis loca ad hoc ipsum pertinentia, quæ possem subnectere ; sed si cui hæc non sufficiunt, nec plura sufficerent. Valete, fratres dilectissimi, et orate pro nobis.

EPISTOLA III.

Sacerdotes mali non sunt nisi post canonicum judicium fugiendi.

Minimus episcoporum, Incungerio venerabili sacerdoti et fratribus qui secum Deo serviunt, salutem.

Litteras vestræ sanctitatis, litterulis a nostra parvitate prius directis respondentes, accepi : **1397** quibus perlectis, non mediocriter gavisus sum,

cum vos ea tantum sentire et prædicare percepi quæ a catholica non discrepant veritate. Nam hæreticos quidem generaliter omnes vitandos ac detestandos quis nesciat ? Presbyteros quoque fornicarios sacri canones deponendos ostendunt. Verum non passim, neque inordinate. Habet enim sancta Ecclesia, quæ corpus est capitis, quod est Christus, membrorum suorum distinctionem, et officiorum distantiam, ut impune alteri non liceat quod est alterius usurpare. Nunquid omnia membra sunt oculus ? Nunquid omnia membra loquuntur ? Dominus noster Jesus cuidam qui ad se clamaverat, dicens : Magister, dic fratri meo ut dividat mecum hæreditatem, ita respondit : « Homo, quis me constituit judicem et divisorem inter vos ? » (*Luc.* xii, 14.) Multa ergo membra non debent judicare, aut loqui, quandoquidem ipsi linguæ et verbo non licet, nisi per ordinem et constituto loqui. Constitutio autem ista est et ordo judiciorum, ut quamvis vera sint quædam, non tamen credantur a judice, nisi quæ ordine judiciario fuerint publicata. Et in omni judicio quatuor debent esse personæ, accusator, defensor, testes, judex. Et in decretis habetis ut nullum judicium, nisi ordinabiliter habitum, teneatur. Nam præter damnandorum, quod habetur in regulis generale judicium, propriam tamen singulorum discussionem exigit proprietas personarum. Hanc igitur ordinis constitutionem quis audeat perturbare ? aut non sibi permissam judicandi licentiam quis audeat usurpare ? Nam, teste Scriptura, majus est periculum judicantis, quam ejus qui judicatur. Et Dominus in Evangelio : « Nolite judicare, et non judicabimini (*Matth.* vii, 1). » Et Apostolus : « Nolite ante tempus judicare (*II Cor.* iv, 5). » Un le de beato Martino legimus : « Neminem judicans, neminem condemnans. » Et Dominus Jesus dixit ad quosdam qui in se confidebant tanquam justi, et aspernabantur cæteros, parabolam istam de Pharisæo et peccatore, et adjecit : « Hunc justificatum ab illo (*Luc.* xviii, 1). » Nunquid et vos, quos stulti homines et imperiti, errore decepti, hæreticos garriunt, abjiciendi estis ante audientiam ? Absit ! Nolite ergo, dilectissimi filii et fratres, nolite condemnare et abominari peccatores ; sed cum mansuetudine eos corripite, et orate pro illis, ut Deus eos convertat ; vel si plus expedit, **1398** apud suos judices singulos accusate, ut convicti vel confessi juste damnentur. Altus enim, Deo propitio, hoc tempore metus est, ne quis iniquitatem suam, ut dicitis, aperto defendat, aut hæc tanta mala bona esse contendat, Simoniam dico et fornicationem. Plus autem hoc, quantum intelligo, orando, quam disputando poteritis obtinere. Deus omnipotens orantem pro nobis sanctitatem vestram exaudiat.

EPISTOLA IV.

Vitalem hortatur ut puellam idoneam, sed egenam, ad monasterium admitti curet.

Minimus episcoporum Vitali servo Dei, boni operis perseverantiam.

Audivimus religionem tuam lucrandis animabus studiose insistere, non quæ sua sunt quærere, sed quæ aliorum, ut salvi fiant; adeo ut monasterium feminarum, Deo cooperante, instituisse te asserant, ut et infirmiori sexui muliebri, tua non desit compassio. Propterea sanctitatem tuam, dilectissime frater, suppliciter interpello, ut in illo tuo grege recipere digneris pupillam quamdam in virginitate Deo servire cupientem, humano ad præsens auxilio destitutam, cujus carnalis pater in monasterio conversus sæculo renuntiavit; mater vero ad comparandum eidem puellæ in divitibus monasteriis locum, pro sua paupertate aspirare non potest. Nam licet eadem puella litteras partim didicerit, prava tamen consuetudo in antiquis monasteriis (65) apud nos obtinuit, ut pecunia scientiæ præferatur. Ideo ad tuam religionem in hac petitione confugiendum putavi, quem ab ista contagione immunem esse non dubitavi. Fac ergo quod peto, dulcissime frater, non tam pro meo, quam pro illius amore, qui pater est orphanorum et judex viduarum; ea tamen conditione ut et ego tibi libenter indulgeam, si quid a mea humilitate petendum putaveris.

EPISTOLA V.

Minimus episcoporum ancillæ Christi Agenoridi.

Post clamorem mediæ noctis intrare cum sponso ad nuptias : « Fallax gratia, et vana est pulchritudo ; **1399** mulier timens Dominum, ipsa laudabitur (*Prov.* xxxi, 30). » Hanc sapientis Salomonis sententiam a te, dilectissima filia, comprobatam, et non tam voce confirmatam quam opere, vehementer congratulor ; quippe quæ non solum pulchritudinis tuæ gratiam, sed et gloriam divitiarum, ac sæculi voluptates ; et, quod inter omnia hæc majus est, conjugis filiorumque affectum pro Dei amore quasi nihilum contempsisti. Si ergo secundum sententiam Salvatoris, qui plus amat temporalia, quam ipsum, dignus Deo non est, tu profecto digna Chrito esse cœpisti, quem plus amasti, quam mundum. Sed quoniam non incipere, sed perficere laudabile est, propterea quod alterum ex levitate animi quandoque, alterum vero semper ex mentis virtute procedit, studendum tibi summopere est, et totis viribus enitendum, non solum ut jam apprehensa retineas, verùm etiam ut novis semper augmentis retinenda apprehendere contendas. Talis enim est nostræ mortalitatis conditio, ut eumdem statum diu servare non possit, ibi deficere statim incipiens, ubi proficere velle desierit. Quapropter sic tibi quotidie vivendum est, tanquam ipsa die primum incœperis, id est, ut nihil te promovisse credas, dum restet aliquid commonendum. « Fratres, inquit Apostolus, ego me non arbitror comprehendisse ; sequor autem, si forte comprehendam (*Phil.* iii, 13). » Et alibi : « Quæ quidem retro sunt obliviscens, et in anteriora memetipsum extendens, sequor ad destinatum (*ibid.*, 14). » Si ergo sanctus Apostolus, tantam a Deo consecutus gratiam, ut cœli quoque secreta cognosceret, et non arbitratur se comprehendisse, quandiu scilicet peregrinaretur a Domino, quis mortalium vel sanctissimus se aliquid assecutum esse confidat ? Nam, sicut scriptum est : « Cum consummaverit homo, tunc incipiet (*Eccli.* xviii, 6). » Et Dominus ad discipulos loquens, inter alia dicit : « Cum hæc omnia feceritis, dicite : Servi inutiles sumus ; quod debuimus facere fecimus (*Luc.* xvii, 10). » Hoc est : Si Domino sua tantum quantum debebamus persolvimus, nihil ei utilitatis ex nostro contulimus. « Quid enim habes quod non accepisti ? » (*I Cor.* iv, 7.) Hæc autem dico, charissima, non ut tibi tædium desperationis incutiam, sed ut te ad humilitatis custodiam provocem, ne forte dum tua rudimenta dignis mundus laudibus prosequitur, spiritus elationis, quod absit ! tibi latenter subrepat, quasi quæ sola nobilium feminarum id loci vel temporis evangelicum præceptum impleveris, omnibus quæ possidebas renuntians, ut Christum nuda sequeris ; unde te plurimi jam beatam, et cum mundo diabolum vicisse pronuntiant.

Sed tibi longe aliter sentiendum est, sicut **1400** et sentire te credo, quoniam omnis qui opera carnis abdicans, religiosam vitam aggreditur, non tam continuo vincit inimicum quem provocat, et tunc primum nequissimi hostis incipit experiri argutias, cum ei manifestum certamen indixerit. Neque enim palæstrita, cum vestes projecerit oleoque membra perunxerit, illico de victoria stat securus, imo potius quanto ad pugnandum paratior, tanto fit discriminis incerto vicinior. Sic et qui fluvium procellosum nudatus parat trajicere, aptior quidem factus est ad natandum, sed nondum certus [est] utrum valeat enatare. Tibi quoque tuique similibus, quæ abjectis vitæ sæcularis impedimentis, ad luctandum cum nudo scilicet adversario nudæ prodiistis, ad superanda flumina Babylonis exerta brachia præparastis, gravis instat conflictus, discrimen incumbit non modicum ; et si paululum mentem manumve remiseritis, turpis ruinæ, vel certe pessimæ necis metus intenditur. Neque enim cessat antiquus, non solum tibi de futuris insidias struens, sed et de præteritis certamen accendens. Revocat ad memoriam pristinas voluptates, si forte fatigatam præsenti molestia mentem, præteritarum saltem illecebrarum recordatio blanda demulceat. Novit callidus sumere tentandi de virtute materiam, et de sanctorum abstinentia consuevit accendere desiderium epularum.

---

(65) [*Prava tamen consuetudo.*] Jam tunc igitur invaluerat illa prava consuetudo, quæ usque ad nos propagata est, qua quo ditiora sunt monasteria, eo ditiores a postulantibus puellis dotes exiguntur; quod quam sit iniquum ex eo patet, quod devotis et honestis puellis, sed egenis, se Dei cultui mancipare toto corde cupientibus, non sufficiat divina vocatio, nisi superiorum vel etiam monialium inordinatæ cupiditati per ingentes pecunias, contractibus aut expressis, aut saltem tacitis extortas, abunde satisfiat ; quod eo certe iniquius est, quo monasteria sunt opulentiora.

ipso instigante, quondam in deserto populus murmuravit, desiderans ollas carnium quas reliquerat in Ægypto (*Exod.* xvi, 3) ; quas utique carnes, non tam cibum corporis opulentum, quam carnalium voluptatum bullientem cupidinem debemus agnoscere. Novit de futuro tædium suscitare, et de itineris asperitate vel spatio terrere animum viatoris, quasi qui per amœna voluptatum diutius potuisset vitam producere, et bonis perfrui juventutis ; sicque demum in senectutem (quæ aptior religioni sit ætas) brevi labore requiem promereri. Hujusmodi suggestionibus religiosæ militiæ tirones non desinit inquietare. Tu vero, ancilla Christi, contra hæc omnia scuto fidei te protege, et præterita obliviscens, in altiora, sicut dictum est, temetipsam extende, in illo habens fiduciam cui te commisisti,

qui non patietur te tentari supra id quod potes, sed faciet cum tentatione etiam proventum ut possis sustinere (*I Cor.* x, 13). » Nam Dominus omnium, qui te in filiam adoptavit, et te unico suo regi nostro dignatus est desponsare, ipse te blando sinu complectitur, dulcibus te verbis alloquitur, dicens : « Audi, filia, et vide, et inclina aurem tuam, et obliviscere populum tuum, et domum patris tui, et concupiscet rex decorem tuum, quoniam **1401** ipse est Dominus Deus tuus, et adorabunt eum (*Psal.* xliv, 11). » Obliviscere ergo vitiorum populum, quem amasti : exsecrare opera diaboli, quæ fecisti. Ipse est enim pater male agentium , juxta quod Dominus ad Judæos loquitur, dicens : « Vos ex patre diabolo estis, et desideria patris vestri vultis facere (*Joan.* viii, 4). » Audi ex lege verba consolationis, ne incurras ex suggestione peccati periculum damnationis. Dices cum audieris : « Narraverunt mihi iniqui fabulationes, sed non ut lex tua : omnia mandata tua veritas, etc. » (*Psal.* cxviii, 85.) Vide perspicaci mentis oculo quanta sit in temporalibus vanitas, quanta in æternorum dilectione suavitas. Audi, inquam, filia, et vide, quia mundus nec audit, nec videt. « Cui enim non præsto sunt hæc, » sicut ait apostolus Petrus, « cæcus est, et manutentans, oblivionem accipiens purgationis veterum suorum delictorum (*II Petr.* i, 9). » Ponamus ergo, si placet, exempli gratia, aliquam fortunatarum, ut mundus putat, mulierem, nobilitate pollentem, forma præcipuam, deliciis affluentem, prole fecundam, conjugis amore felicem ; ad hoc ei diuturna vitæ spatia concedamus, quibus ei luxuriari liceat, et omnimoda perfrui voluptate.

Quid tamen in his omnibus veræ felicitatis invenies ? Nam, ut cætera prætermittam incommoda, quæ falsis bonis necessario permista sunt, sollicitudinis videlicet et laboris, curarumque pervigilium ac timoris, causarumque ac negotiorum, sine quibus omnibus hic administrari non possunt, quæ procul dubio illam ipsam mundi delectationem interpellant atque contaminant, ad ultimum certe morte omnia finiuntur, nisi quod acriores sentient pœnas qui mollius fuerunt in sæculo con-

versati; et cum causæ perierint, sine fine supererunt rationes causarum. Natura enim comparatum est, ut tanto quisque mortem cruciatumque timeat, quanto plus deliciarum novit in vita. « Noli » igitur « æmulari in malignantibus, neque zelaveris facientes iniquitatem, quoniam tanquam fenum velociter arescent, et quemadmodum olera herbarum cito decident. Spera in Domino, et fac bonitatem, et inhabita terram, et pasceris in divitiis ejus. Delectare in Domino (*Psal.* xxxvi, 1), » quoniam : « Quam bonus Israel Deus, his qui recto sunt corde (*Psal.* lxxii, 1). » Habe igitur, ancilla Christi, rectum cor, et non moveantur pedes tui, neque zeles super iniquos, pacem peccatorum videns. Non audias exteriora cum mundo. Inclina aurem tuam, et audi interius veritatem a Christo. Intra in sanctuarium Dei, et intellige in novissima eorum, et dices : « Quomodo facti sunt in desolationem ; perierunt propter iniquitatem suam. Velut somnium surgentium, Domine ; in civitate tua imaginem ipsorum ad nihilum **1402** rediges (*ibid.,* 19). » Imaginaria etenim sunt bona temporalia, et velut in somno possidentur, juxta quod alibi dicit : « Dormierunt somnum suum, et nihil invenerunt omnes viri divitiarum in manibus suis (*Psal.* lxxv, 6). » Audi etiam aliquid de sapientia Salomonis : « Si, » inquit, « multis annis vixerit homo, et in his omnibus lætatus fuerit, meminisse debet tenebrosi temporis, et dierum multorum, qui, cum venerint, vanitatis arguentur præterita (*Eccle.* xi, 8). Ad ultimum audi ipsum Dominum et Deum nostrum dicentem : « Venite ad me omnes qui laboratis et onerati estis, et ego requiescere vos faciam. Tollite jugum meum super vos, et discite a me, quia mitis sum et humilis corde, et invenietis requiem animabus vestris ; jugum enim meum suave est, et onus meum leve (*Matth.* xi, 29). » Suave ergo est servire Deo, laboriosum vero servire diabolo ; sicut dicturi sunt impii sero in damnatione pœnitentes : « Ambulavimus vias difficiles, et lassati sumus sine causa (*Sap.* v, 7).» Vidisti igitur ex ratione, et ex sacræ auctoritate Scripturæ, sæcularis gloriæ cum molestiis vanitatem ; vide et ex utroque veram vitæ humilis et religiosæ suavitatem. Quid enim suavius quam necessariis esse contentum quæ quidem naturæ pauca et parva sufficiunt, nec circa superflua, quæ immensa sunt et innumerabilia, fatigari ? Cupiditati enim nihil satis est, quæ magis, cum pascitur, irritatur. Quantis autem et difficilibus [*f.* difficultatibus] ac laboribus implicantur, qui terrena sectantur desideria, ut desiderata valeant adipisci ? Tantis econtrario carent angustiis qui eadem contempserunt. « Est autem quæstus magnus, teste Apostolo, pietas cum sufficientia : nihil enim intulimus in hunc mundum, sed nec auferre quid possumus ; habentes autem alimenta et quibus tegamur, his contenti simus. Nam qui volunt divites fieri, incidunt in laqueum, et in tentationes diaboli, et desideria multa, et inutilia, et nociva, quæ mergunt homines in interitum et perditionem. Radix enim

omnium malorum est cupiditas, quam quidam appe- A
tentes, erraverunt a fide, et inseruerunt se doloribus multis (*I Tim.* vi, 6). » Qui ergo terrena
carent cupiditate, carent et doloribus, carent et
laboribus, non cruciantur invidia, non extolluntur
superbia, non sollicitudinibus distenduntur, sed
gaudent, sicut dicit apostolus Petrus, « in incor-
ruptibilitate quieti et modesti spiritus, qui est in
conspectu Dei locuples (*I Petr.* iii, 4). » Quæ enim
exteriores divitiæ possunt interiori de bona conscientia comparari ? De quo Dominus ad discipulos :
« Et gaudium, » inquit, « vestrum nemo tollet a vobis
(*Joan.* xvi, 22). » Et de quo apostolus Paulus : « Gloria nostra hæc est, testimonium conscientiæ nostræ
(*II Cor.* i, 12). » Hæc, dilectissima, ad consolationem scribenda curavi, delectatus bono famæ tuæ B
1403 odore, quem ab his qui vitam tuam propius
inspexere, percepi. Sed ne tibi majoribus et utilio-
ribus circa Dei servitium studiis occupatæ, hæc
omnia quasi nimis prolixa frequentius relegere forte
non vacet, visum mihi est in fine epistolæ breviorem
vivendi formulam ex majorum sententiis comparare, ad quam saltem velut ad speculum sæpe re-
curras, ut si quid in te quod displicere debeat ex
hujus inspectione cognoveris, ad honestatis regulam
statim revoces atque componas. Nam et dum vitam
diligeres sæcularem, habitus vultusque tui speciem
ad speculum corrigebas.

Consistit itaque supradicta vitæ formula, ut breviter colligam, in quatuor virtutum observantia, C
quæ diversis solent nominibus appellari. Harum
prima est prudentia ; secunda, magnanimitas ;
tertia, continentia ; quarta, justitia. Si ergo prudentiam sequi desideras, tunc recte vives, si omnia
prius æstimes et perpendas, et dignitatem rebus,
non ex opinione multorum, sed ex earum natura
constituas. Res transitorias non mireris, nec magni
æstimes quod caducum est. Si prudentiam amplecteris, ubique sis eadem, et prout rerum ac temporis varietas exigit, ita te accommodes tempori, nec
te in aliquibus immutes, sed aptes, sicut manus
quæ eadem est, et cum in palmum extenditur, et
cum in pugnum astringitur. Prudentis est examinare consilia, et non cito facili credulitate prolabi, D
futura prospicere, et quæ contingere possunt,
animo cuncta proponere. Prudens nunquam dicet :
Non putavi hoc fieri, quia non dubitat, sed exspectat ; nec suspicatur, sed cavet. Cogitationes vagas,
et velut somno similes, non recipias. Cogitatio tua
stabilis et certa sit. Sermo tuus non sit inanis, sed
aut suadeat, aut moveat, aut consoletur, aut præcipiat. Lauda parce, vitupera parce, ne vel malignitatis vel adulationis suspicionem incurras. Id
quære quod potest inveniri ; id disce quod potest
sciri. Magnanimitas vero, quæ et fortitudo dicitur, si
insit animo tuo, cum magna fiducia vives libera,
intrepida ; nunquam judicabis tibi contumeliam
fieri. De inimico dices : Non nocuit mihi, sed ani-

A mum nocendi habuit. Et cum eum in potestate tua
videris, vindictam putabis vindicare potuisse. Scito
enim honestum et magnum vindictæ esse genus ignoscere. Magnum humani animi bonum est constare
sibi, et non tremere, sed finem vitæ intrepidum
exspectare. Hoc bonum sola confert magnanimitas.
Continentiam autem, quæ et temperantia nominatur,
si habueris, removebis superflua, et in arctum tua
desideria contrahes ; considerabis quantum natura
poscat, et **1404** quantum cupiditas expetat ; impones
concupiscentiæ frenum, et omnia, quæ sunt blan-
dimento, rejicies ; edes citra crudelitatem [*f.* cru-
ditatem], bibes citra ebrietatem. Nec præsentibus
deliciis inhærebis, nec desiderabis absentes. Victus tibi constabit ex facili, nec ad voluptatem, sed
B ad cibum accedes. Palatum tuum fames excitabit,
non sapor, atque ita quasi ad exemplar divinum
composita, a corpore ad spiritum quantum poteris
abduceris. Si continentiam diligis, fugito turpia
antequam accidant, nec quemquam alium plus quam
te ipsam verearis. Omnia tolerabilia præter turpitudinem crede. A verbis quoque turpibus abstine, quia
licentia eorum impudentiam nutrit. Non sit tibi scur-
rilis, sed grata urbanitas ; sales tui sine dente sint,
joci sine vilitate, risus sine cachinno, vox sine clamore, incessus sine tumultu. Quies tibi non desidia
erit, et cum ab aliis ludetur, tu sancti aliquid ho-
nestique tractabis. In vestibus mediocritatem ser-
vabis, ut nec splendidæ sint, nec abjectæ ; quia,
sicut dicit Hieronymus, alterum delicias, alterum
gloriam redolet. De justitia aliis et aliis modis C
tractant philosophi, et eam esse volunt virtutem
tribuentem cuique quod suum est. Cujus tu officia,
quantum ad religionem tuam attinet, poteris exercere, si spiritum tuum Deo, corpus vero subdas spiritui. Injustum est enim et præposterum inferiora
superioribus repugnare. Si nemini facere velis injuriam, si cunctis prodesse cupias, quoniam et tibi a
nullo injuriam optas fieri, prodesse autem tibi vis
cunctos ; si omnibus pro ætatum, conditionum, officiorum, meritorum differentia debitam exhibeas reverentiam ; postremo, si omnia mala quæ in te sunt
tibi imputes, quidquid vero boni Deo attribuas. Sic
enim fiet, ut nec alteri noceas per iniquitatem, nec
D tibi ipsi per elationem. Orantem pro nobis religionem tuam Christus custodiat, dilectissima soror.

EPISTOLA VI.

Minimus episcoporum Roberto servo Dei.

Non solum recte offerre, sed etiam recte dividere [decet.] Quoties de tua fraternitate audio quod
Christianam religionem deceat, quodque sequacibus
imitabile in tuam possit redundare mercedem, non
solum tuo nomine gaudeo, sed et capiti nostro Christo
congratulor, cujus per te bonus odor, ipso donante,
longe lateque diffunditur. At vero cum quædam a te dici
et fieri referuntur, quæ nec sanæ doctrinæ, nec honestæ vitæ **1405** conveniunt, tristitia pariter metuque
confundor, ne vel bonis tuis diversa quælibet callidus
hostis, quod absit ! interserat, vel ipse tua bona

simplici quadam et indiscreta securitate non colloces. Nam et in parietibus construendis, non materiæ tantum, sed et aptæ compositionis habenda est ratio. Alioquin quæ per se bona erant, incipiunt male composita displicere. Sic et in verbis non tantum qualia proferantur, sed et qualiter, et quando vel apud quos orator peritus attendit. Decet autem professionem tuam, charissime, qui fortissimæ philosophiæ in te ipso proposuisti exemplum, nihil in verbis aut factis ostendere quod sacris auctoritatibus possit inveniri contrarium, vel unde, qui ædificari poterunt, offendantur. Dicit enim Apostolus : « Sine offensione estote Judæis et gentibus, et Ecclesiæ Dei (*II Cor.* x, 32); » et alibi : « Ne ergo blasphemetur bonum nostrum (*Rom.* xiv, 16). » Ideo sollicita intentione vitam sermonesque tuos circumspice, , ut nullam des occasionem adversario maledicti gratia. Meminisse debes cœlestium animalium, in quorum es numero computatus, quæ oculis plena describuntur ante et retro. Nam et ipse Evangelium Christi circumferens, super quadrigas Aminadab conscendisti. Vide ergo, fili, ne, dum nimium de tua confidis sanctitate, infirmioribus membris offendiculum fias, aut scandalum, et pereat infirmus in sua conscientia frater, pro quo Christus mortuus est. Sed ne videar generaliter persequens in te non tam notanda corripere quam in quolibet corripienda notare, quæ circa te plurimos scandalizant specialiter designabo, ut si culpam cognoveris, emendare non negligas. Sin minus contrariæ opinionis errorem rationabili satisfactione dissolvas. Mulierum cohabitationem, in quo genere quondam peccasti, diceris plus amare, ut qui antiquæ iniquitatis contagium [*supp.* incurristi], novæ religionis exemplo circa eamdem materiam studeas expiare. « Has etenim solum communi accubitu per noctem, ut referunt, accubante simul et discipulorum grege, ut inter utrosque medius jacens, utrique sexui vigiliarum et somni leges præfigas. » Has peregrinationis tuæ loquuntur esse pedissequas, et disputanti tibi jugiter assidere. Sed et diversis in locis, et diversis in regionibus non parvum te asserunt habere numerum feminarum per xenodochia et diversoria divisarum, quas maribus non impune permistas, ad pauperum et peregrinorum obsequi deputasti. Quod quam periculose sit factum, ut compendiose dicam, vagitus infantium prodiderunt.

In hoc ergo capitulo conversationem tuam plurimi reprehendunt, nec solum **1406** ecclesiasticæ, sed et vulgares personæ, quippe cum divinæ et humanæ leges huic societati manifeste reclament. Initium enim peccati a muliere factum est, et per illam omnes morimur; unde si peccatum volumus declinare, causam a nobis debemus amputare peccati. Nam, teste Scriptura : « Qui amat periculum, incidet in illud (*Eccli.* iii, 17). » Et tu quando laxans retia in capturam, concludis piscium multitudinem copiosam, sed iterum pisces trahere diceris et serpentes, qui naturam mortiferam facile mutare non possunt; quos impune tractare non possis, quarum

aspectus non potest esse innoxius; quas videndo, non terror, sed concupiscentia generatur. De quibus Scriptura : Morbos aspides sibilant, et mulier fundit concupiscentiæ pestilentiam. Quam Salomon sic comparat, dicens : « De vestimentis procedit tinea, et a muliere iniquitas viri (*Eccli.* xlii, 13). » Item : Mulier pretiosam viri animam capit. Cave ergo ne te captivet. Non est diu tutum vicino serpente dormire. Quod si te vigilare responderis, et circa tui custodiam indeffessas excubias celebrare, tales serpentes et vigilantibus solent vulnus infigere. Quippe quæ solo aspectu blandum medullitus virus infundunt, et insatiabili pruritu mentis arcana sollicitant. Remove, obsecro, hujusmodi temperamenta, quæ, etsi animam tuam per consensum non vulnerant, sine dubio tamen famam tuam commaculant, religionem infamant. Inde Augustinus : « Pejus est quam mœchia continentiam habere criminosam, et infamem facere sanctimoniam. » Sed unde scire possumus utrum et tibi communitas ista non noceat? Nam, sicut dicit Hieronymus : « Periculose tibi ministrat cujus vultum frequenter attendis. » Et iterum : « Non debes in præterita castitate confidere, quia nec Davide sanctior, nec Salomone potes esse sapientior, quos scimus per mulieres cecidisse. » Quod si corpore non fornicaris, procul dubio inter mulieres habitans, diu castus esse non potes. Neque enim tu de illo impassibili es eunuchorum genere qui sic nati sunt, qui utique mercedem non habent, sed de illis potius esse contendis qui seipsos castraverunt propter regnum cœlorum, de quibus dicitur : « Dabo illis locum nominatum in domo mea, et in muris meis, et nomen melius a filiis et filiabus (*Isai.* lvi, 5). » Hi ergo certamen habent, et absque magno labore illicitum carnis appetitum, etiam absentibus feminis, superare vix possunt. Quid si ad stipulam ignis accesserit? Noxium peccato suscitabit incendium, vel certe pondus certaminis aggravabit. Est autem nimis absurdum, teste Augustino, ut arctari quis cupiat ad laborem, cui delicatius offertur **1407** triumphare. Nam si quisquam sibi proponat et dicat : Habere volo quod vincam; hoc est dicere : vivere desidero sub ruina. Utquid sibi adhibuit mulierem, qui ducere contempsit uxorem? Qui carnem non manducat, ut quid habitationem suam carnis apparatibus implet? Et qui vinum non bibit, quid vini oblectatione perfruitur? Quasi non aliquoties habendo nec gustando, copia animus esculentis pascatur, et vini sola fragrantia sæpius cupiditas suscitetur. Quid per hypocrisim vult ab hominibus dici abstinens, et in secreto carnibus et ebrietate distendi? Habent multi divitias, quas suis usibus negant, sed pro cupiditate eas conservant, quibus si nulla cupiditas inhæsisset, nec cupiditatis insignia possiderent. At vero quia cupiditate possessi sunt, perfruuntur animo quod usu non tangunt. Ita is qui despexit vinculum nuptiarum, et aliter vinculis femineis obligatur, quamvis nullo concubitu misceatur desiderio tamen, visu, colloquio, conjunctione semper obligatur. Nam si desiderium feminæ non haberet, nunquam feminam cum suis oblectamentis assumeret. Imo vero insuper mihi suspectum placitum dedit, qui non legitimam duxit, et legitimam recusavit. Ni fallor, in publico argumentatus est hominibus promittere castitatem, et in occulto sine uxore non esse

Duo argumenta sanctitatis et libidinis hinc et inde miranda sunt, Hæc super primo capitulo quod proposuimus, sufficere posse putamus. Cæterum de pannosi habitus insolentia plurimi te redarguendum putant, quoniam nec canonicæ professioni, sub qua militare cœpisti, nec sacerdotali ordini, in quem promotus es, convenire videtur. Est enim singulis quibusque professionibus sive ordinibus apta quædam et congrua distinctio habitus, quæ si permutetur, publicum offendit judicium. Sapiens autem publicos mores non perturbabit, nec populum in se novitate convertet. Videamus ergo ne ista per quæ admirationem parare volumus, ridicula et odiosa sint. Ergo et in vili et in humili habitu, communis sensus et auctoritate [f. autorisatæ, seu receptæ] consuetudinis habenda est a nobis ratio, modusque servandus. Aliud est splendida veste ornatum incedere, aliud munda tegi. Hoc quippe ad honestatem, illud vero ad vanitatem pertinere videtur. Similiter inter vilem sordidumque habitum, et inter sordidum discissumque non parva distantia est. Ille prior religionem decet atque modestiam, hic secundus stultitiam magis et animum indiscretum ostendit. Nam, quemadmodum desiderare res delicatas luxuriæ est, ita usitatas et non magno parabiles fugere, dementiæ. Non **1408** splendeat toga, sed nec sordescat quidem. Laudabilius multo est in holosericis humilem esse, quam in panniculis gloriari. Hieronymus ad Nepotianum : « Pullas vestes æque vita ut candidas.» Ornatus et sordes pari modo fugiendæ, quia alterum delicias, alterum gloriam redolet. Non absque amictu lineo incedere, sed pretium linearum vestium non habere laudabile est. Quomodo igitur tibi abjecto habitu opertum ad carnem cilicio attrito [f. habitu operto ad carnem cilicio attritam], pertusoque birro, seminudo crure, barba prolixa, capillis ad frontem circumcisis, nudipedem per vulgus incedere, et novum quidem spectaculum præbere videntibus, ut ad ornatum lunatici solam tibi jam clavam deesse loquantur. Hoc tibi non tam apud simplices, ut dicere soles, auctoritatem, quam apud sapientes furoris suspicionem comparat. Nam, si quibus improvisus appareres, quid in te hominis est quo viso non compellerentur quærere : Ubi est homo? Redi ergo ad sensum communem, nec solus in sanctitate exemplo esse contendas, cum Sapiens dicat : « Væ soli, quia cum ceciderit, non habet sublevantem se (*Eccle.* IV, 10). » Quod si imitandum tibi proposueris Joannem Baptistam, imple prius confessorum, imple apostolorum mensuram, ut ad eum quo in natis mulierum non surrexit major consequenter possis ascendere. Nam, sicut ad ima non est recidendum,

sic nec a summis incipiendum ratio docet. Porro quod in sermonibus quibus vulgares turbas et imperitos homines docere soles, non tantum præsentium, ut docet, vitia reprehendis, sed etiam dignitatum crimina, quod non decet, enumeras, carpis, laceras. Tale mihi videtur ac si quis antidoto venenum admisceat, vel ex eodem foramine contra ordinem naturæ, sicut dicit apostolus Jacobus, « dulcem et amaram simul aquam amanet (*Jac.* III, 11). » Hoc enim non est prædicare, sed detrahere. Quænam autem in absentiam personarum reprehensione possit esse utilitas, vel quis inde fructus spiritualis proveniat, prorsus non video, quin potius auditoribus idiotis peccandi licentiam quodammodo videris dare, cum eis exempla proponis majorum, quorum se possint auctoritate tueri. Hæc est enim conditio superiorum, ut quidquid faciunt præcipere videantur. Absentes vero indignari magis possunt et conqueri, quam ad emendationem tua provocari detractione. At enim tibi forte conducit, ut cum vulgari opinione omnis Ecclesiæ ordo viluerit; tu solus cum tuis habearis in pretio. Non enim desunt qui hoc tale taliter interpretentur. Sed hæc astutia veterem hominem sonat, terrena est, animalis est, diabolica est. Non decet tuam professionem, non **1409** decet hanc peregrinationem, non decet hos pannos.

Videmus egentes presbyteros a suis desertos gregibus velut indignos, quibus se offerant, quorum se commendent orationibus, a quibus injunctionem pœnitentiæ accipiant, quibus solvant decimas vel primitias, qui omnes tuo se quæruntur judicio condemnatos. Videmus turbas ad te undique confluentes, tibi tuisque honores, quos propriis debent pastoribus, impendentes. Quos tamen, ut manifestum est, non religionis amor, sed ea quæ semper vulgo familiaris est curiositas, et novorum cupiditas ducit. Neque enim apparet vita eorum emendatior. Ita fit ut aliena damna tuis serviant emolumentis. Jam vero et illud qua ratione defendi potest quod cujuslibet conditionis aut ætatis mares et feminas qui, te prædicante, sicut fit, ad horam compunguntur, passim admittas, et statim ad religionem profitendam improbatos compellas, cum dicat Apostolus : « Probate spiritus si ex Deo sunt (*I Joan.* IV, 1). » Gregorius quoque papa de non temere ad conversionem recipiendis dicit : « Cum grave sit inexpertum obsequiis hominum sociari, quis possit dicere quanto sit gravius improbatos ad Dei servitium applicari? » Inde ergo contigit ut plerique ad pristinos actus relapsi duplicem incurrant damnationem ; quippe quos nulla coercet disciplina, sed suo quosque permittis arbitrio, sive sola super eos tui nominis invocatione contentus, sive novis inhians lucris, ne circa acquisitos moram faciens damna temporum patiaris. Sufficere enim tibi dicis, ut refertur, si vel una nocte peccatum impedias. Quæ quidem intentio in infinitum vadit, ut prioribus neglectis, de sequentibus curam geras. Sed hoc modo quantum crescit numerus discipulorum, tantum agetur perditio reglectorum. Cujus te participem fore timendum est, juxta quod Dominus dicit : « Væ vobis, scribæ et Pharisæi hypocritæ, qui circuitis mare et aridam, ut faciatis unum proselytum ; et cum factus fuerit, facitis illum filium gehennæ (*Matth.* xxiii, 15). » Si autem pro uno, proselyto facientibus, quid debetur tales plurimos facienti? Nam, si unius damnatio plures condemnat, multo amplius plurium perditio redundat in unum. Tuorum autem proselytorum tantus est numerus, ut eos gregatim videamus per provincias discurrentes barbarum prolixitate notabiles, nigerrimis vestibus adopertos, qui per agros, ut dicitur, calceati, in urbibus vero et in vicis nudis pedibus gradiuntur. A quibus si quæritur causa, homines magistri se esse respondent, nec addere solent **1410** cujus, ut scilicet absoluta responsio, de tua pronuntiet excellentia. Et id quidem satis constat homines illos esse, et secundum hominem ambulare. Sed absit hoc eos a tuo habere magisterio, ut sic agant, vel sic loquantur quomodo mundus novit. Maluimus enim eorum culpas tuæ imputari negligentiæ, quam tua auctoritate muniri. Taceo de juvenculis, quas, sicut dixi, sine examine professas mutata veste per diversas cellulas protinus inclusisti, quarum rudimentis, vel si regulari custodia cingerentur, non modice timendum erat. Hujus igitur facti temeritatem miserabilis exitus probat : aliæ enim, urgente partu, fractis ergastulis elapsæ sunt ; aliæ in ipsis ergastulis pepererunt. Quod utique non accidisset, si tua prudentia exitus rerum metiretur ; imo si verba Domini diligenter attenderes, quibus in imponendis oneribus metiendas docet portantium vires, apta similitudine demonstrans :

« Nemo, inquit, mittit vinum novum in utres veteres, alioquin rumpuntur utres, et vinum effunditur. Et nemo assumit incisuram panni rudis ad vestimentum vetus ; alioquin aufert supplementum novum a veteri, et major scissura fit (*Matth.* ix, 17). » Ita ergo contigit et his miseris mulierculis, quibus nondum per longam experientiam vita veteri exutis, repente novæ professionis præcepta commisisti. Quarum tumentibus uteris scissa sunt vestimenta, contemptis præceptis ; multo pejor facta est animarum scissura. Effuso partu rupti sunt uteri, spreto mandato perierunt utres. Non enim capiebat vetustas novum tantæ virtutis fervorem. Ergo et super hoc exitu tua culpatur religio, quia in introitu non est habita mater virtutum discretio. Unde tibi, frater, præsentibus periculis erudito major in posterum circa hujusmodi est adhibenda diligentia, maxime erga Deum dirigenda cum supplicatione devotio, ut idem Deus et « Dominus custodiat introitum tuum et exitum tuum, ex hoc, nunc et usque in sæculum (*Psal.* cxx, 8). » Ultimum, sed a primo non discrepans, tuæ, ut putatur, reprehensionis capitulum est. De professione vitæ canonicæ et stabilitate loci prioris, susceptaque cura regiminis super fratres ibidem professos : quæ omnia propter sorores diceris contempsisse. Super quo vel rationabilem a tua fraternitate petimus responsionem, vel certam tibi timemus damnationem. Et in hac quidem parte multa contra te suppetit copia dicendorum, sed nos pro te dicenda maluimus exspectare. Orantem pro nobis sanctitatem tuam Christus custodiat, dilectissime frater.

ADNOTATIO IN SUPERIOREM EPISTOLAM.

Hæc est illa famosa epistola, quam nonnulli inter litteratos nominatissimi censuerunt a Marbodo **1411** inscriptam fuisse B. Roberto de Arbrissel, celebris et regalis monasterii Fontis Ebraldi piissimo fundatori. Alii inter illos non minus perspicui, supposititiam arbitrati sunt ; quorum controversiam absit ut dirimere definitive audeamus. Quid tamen de illa potuerimus addiscere, benignus lector non dedignabitur accipere. Et quidem non defuere qui illam Hildeberto nostro tribuendam duxerunt, eo maxime quod in ms. Victor. n. 272 inter Hildebertinas inveniatur, nullam aliam opinionis suæ rationem proferentes. Observandum tamen illam omnino ultimam et post omnes alias collocari, nec ibi ullum in capite verbum, nec ullam notam exaratam, qua conjici possit cujus sit auctoris, nec ullam etiam, quæ denotet nomen ejus cui directa sit. Sic enim absolute a titulo incipit : *Reprehendit quemdam, cujus religio suspecta habebatur.* Deinde incipit sic : *Servo Dei non solum recte offerre, sed etiam*, etc. Ibi autem nullius omnino nomen, nec nota nominis apparet, quod tamen in aliis epistolis nunquam fere deest ; ut inde non facile divinandum sit vel quis scribit, vel cui scribitur. Cur ergo illa Hildeberto astribatur non video, nec etiam cur Roberto potius quam alteri directam animadverto. Merito igitur ab amanuensi Hildebertinis spontanee subjectam, eo potiori jure superadditam suspicarer : quo certum est Hildebertum continuam semper cum B. Roberto coluisse amicitiam, cujus sacrum ordinem suo et amicorum suorum patrocinio ab ipso *initio* fovit ; cujus a Petronilla prima Fontebraldi abbatissa patronus exoptatus et impetratus est, a summo pontifice Honorio II, cujus res et negotia Anglorum regi Henrico I pathetice commendavit, et cujus jura plusquam quadraginta diplomatibus ab ipso subsignatis munivit, quæ in ipso Fontebraldensi archivo diligenter et religiose asservantur.

Controversiam autem dirimere videtur elegans illud epitaphium, quo Hildebertus B. Roberti memoriam decoratam voluit ; et hoc autem e ms. Regio, n. 274, qui fuerat olim celebris monasterii Elnonensis, seu S. Amandi, quingentorum circiter annorum, et optimæ notæ ; quod supra inter Hildeberti carmina retulimus ex integro pag. 1320. In hoc autem B. Robertum describit ut carnis hostem infensissimum, cujus

Attrivit loricæ latus, sitis arida fauces ;
Dura fames stomachum, lumina cura vigil.
Indulsit raro requiem sibi, rarius escam ;
Pascebat fauces gramine, corda Deo.
Legibus est attrita caro dominæ rationis ;
Et sapor unus eis, et sapor ille Deus.

Quis est qui hominem tot austeritatibus carnem macerare solitum, vel modicum incontinentiæ suspicetur, vel illius novi martyrii reum, quod illi Golfridus Vindocinensis (siquidem genuina sit ejus epistola) exprobravit viro sancto, quem Hildebertus in eodem epitaphio cum B. Petro Pictaviensi, in exsilio pro domo Dei martyrio coronato, conferre non dubitavit, dum ait :

Huic Pictaviensi Petrum, qui præerat ovili,
Vita parem fecit pectore, mors meritis.

Absit igitur ut illam epistolam Hildeberto tribuamus, quam diligentia summa perquisitam, in uno tantum ex duodecim mss. et amplius quos vidimus, invenire potuimus, et hanc ultimam omnium et sine nomine auctoris, ejusque cui dirigitur; et hinc per omnia ambiguam, et ideo saltem suspectam.

1412 Ad Marbodum autem quod attinet, nec illi etiam sine scrupulo tribuendam putarem illam epistolam, quam in nullo ex mss. ejus, quorum maxima raritas, invenimus. Vidimus autem quinque numero, in quibus varia reperiuntur Marbodi opuscula; Andegavensem nimirum, duos Gemmeticenses, Beccensem unum, S. Gatiani Turonensem unum. In omnibus illis de hac epistola nec iota unum, aut unus apex. In solo autem exemplari Redonensi an. 1524 invenitur; sed ibi nullum allegat ms. unde illam eruerit, nec magnam credimus fidem habendam exemplari tanta cum oscitantia edito, ut in ipso ejus frontispicio gravissimus error et anachronismus percellat legentium oculos, dum Marbodum obiisse tradit an. 1180, quem per epistolam encyclicam monachorum S. Albini Andegavensis, piissimum obitum Marbodi denuntiantem, quæ verso unico folio ibidem occurrit, constat decessisse tantum an. 1123. Nec ista etiam editio magnam editoribus conciliavit æstimationem, cum in illa videamus plerumque sacra sine ordine profanis intermista, tanta cum negligentia, ut inde suspicari liceat typographum Marbodi opuscula prelo subjecisse, prout illi indiscriminatim offerebantur, nullo, aut certe minimo habito delectu, nec ulla unde eruta essent inquisitione facta.

Scio quosdam eruditos inde probabile putasse posse illam epistolam Marbodo tribui, quod inter Hildebertinas epistolas invenitur alia epistola conquestoria Marbodi ad Raynaldum episcopum Andegavensem, ejusdem, ut censent, propemodum styli ac ejus epistola ad Robertum. De hoc nos sincere monuit eruditus admodum et R. Pater Soris, Fontebraldensis visitator, in doctis, quas nobis subministrare dignatus est, ad hoc animadversionibus; unde opinabatur utrumque posse eidem auctori ascribi. Et revera epistola ad Raynaldum invenitur inter Hildebertinas; cur autem, non video, nisi quod cum Hildebertus et Marbodus essent amicissimi, tertius amicus, ut Marbodi justas querelas posteris commendaret, illas epistolis Hildebertinis admiscen-

das putavit; sed hoc tantum in editis : nam in nullo e manuscriptis plusquam duodecim quos discussimus (de cæteris nil spondeo) vidimus illam conquestoriam epistolam. Si vero, ut quidam putaverunt, aliquam de B. Roberto conquerendi rationem, ob suam in concilio Pictaviensi depositionem, habuisset Marbodus, certe in illa epistola de illo non tacuisset, sicut non tacuit de *malitia Andegavensi*, id est de Stephano decano, cujus insidiis captus et catenis oneratus, in carcerem detrusus fuerat. Nec is erat Marbodus, ut si quid adversus B. Robertum habuisset querelarum, suam non potuisset probare innocentiam et illius iniquitatem; aliundque non assumpsisset B. Roberti famam minuendi argumentum, quam id quod in hac epistola tota tractatur, in qua nec vestigium ullum indignationis Marbodi adversus B. Robertum apparet.

His sane ducti argumentis, hanc epistolam, si non omnino supposititiam, saltem suspectam non possumus non habere, nec aliam esse quam merum lividorum hominum machinamentum adversus zelantissimum Evangelii concionatorem, qui publicam et notam illo tempore clericorum incontinentiam suis concionibus, sicut in conciliis tota Ecclesia suis canonibus, insectabatur. Qui quidem venenato Roscelini hæretici calamo, suam infamiam in virum sanctum et continentissimum refundere machinati sunt, illum eodem telo configere tentantes, et sub eodem piarum mulierum ad perfectionem Christianam instituendarum prætextu, quo olim S. Hierony- **1413** mus et alii sanctissimi viri a perditissimis et hæreticis hominibus percussi sunt, et quo Origenes ad id adactus est, ut vel ad suæ etiam salutis et temporalis et æternæ periculum, ad propulsandam calumniam mediis uteretur, quæ illum quantumvis forte catholicum ab Ecclesia extorrem fecerunt. Non interim nos lector eos existimet, qui judices nos in gravissima controversia constituamus. Sententiam nostram pandimus, cui præter veritatem in profundo satis puteo latentem, neminem subscribere cogimus, nec iis viam præcludere volumus, **1414** quorum maxime interest, ut hanc quam putamus sycophantiam validioribus argumentis explodere perseverent.

Cum autem hæc epistola per orbem litterarium inter Marbodianas celeberrima exstiterit, ne ad ejus discussionem alicujus argueremur oscitantiæ, varias ejus lectiones editam inter Redonensem, et manuscriptam unicam Victorinam, hic subjicere non inratum studioso lectori futurum putavimus.

Variæ lectiones epistolæ ad Robertum Arbricellensem.

Ms. codex Victorinus.	*Impressus Marbodi 1524 Redonis.*
Decet autem professionem tuam, charissime, qui fortissimæ philosophiæ in te ipso proposuisti exemplum, nihil in verbis aut factis ostendere quod sacris auctoritatibus possit inveniri contrarium, etc.	Decet autem professionem tuam, charissime, qui *ipsa insoliti habitus novitate, omnium in te oculos convertisti, ultra pallium et crepidas,* fortissimæ philosophiæ in te ipso proposuisti exemplum, nihil in verbis aut factis, etc.
Vide ergo, fili, nedum nimium.	Vide ergo, fili *dilectissime*, ne dum nimium.
Frater, pro quo Christus mortuus est : *Sed* ne videar generaliter *persequens* in te non tam notanda corripere.	Frater, *propter quem* Christus mortuus est. Sic enim : Peccantes, ait Apostolus, et percutientes conscientiam eorum infirmam in Christum peccatis. Sed ne videar generaliter prosequens non tam in te notanda corripere.
Ut *qui* antiquæ.	Ut *quasi* antiquæ.
Has etenim solum communi accubitu per noctem, ut referunt, accubante simul et discipulorum grege, ut inter utrosque	Has ergo *non solum communi mensa per diem sed* et communi accubitu per noctem dignaris, ut referunt, accubante simul et discipulorum grege, ut inter utrosque.
Et tu *quando* laxans retia in capturam, concludis piscium multitudinem copiosam; sed iterum pisces trahere diceris et serpentes, *qui* naturam.	Et tu *quidem* laxans retia in capturam, concludis piscium multitudinem copiosam : sed *inter* pisces trahere diceris et serpentes, *quæ* naturam.
Ibi : Mulier pretiosam viri animam *cepit*. Cave ergo ne te captivet.	*Unde alibi :* Mulier *autem* viri pretiosam animam *capit. Cavendum* ergo ne te *captura tua* captivet.

Remove igitur hujusmodi temperamenta.

Inde Augustinus : Pejus est quam mœchiam, continentiam habere criminosam.

Diu castus esse non potes.

Noxium *peccato* suscitabit incendium.

Sub ruina. Ut quid sibi adhibuit mulierem, qui ducere contempsit uxorem? Qui carnem non manducat, ut quid habitationem suam carnis apparatibus implet? Et qui vinum non bibit, quid vini oblectatione perfruitur?

In publico argumentatus *est* hominibus promittere castitatem, et in occulto sine uxore non esse : Duo argumenta, sanctitatis et libidinis, hinc et inde miranda sunt. Hæc super primo capitulo.

Plurimi te redarguendum putant.

In se novitate convertet. Videamus ergo ne ista per quæ admirationem parare volumus, etc.

.1415 Inter vilem sordidumque habitum.

Hieronymus : Pullas vestes.

Quomodo igitur tibi abjecto habitu, opertam ad carnem cilicio, attrito pertusoque byrrho (66).

Redi ergo ad sensum communem, nec solus in sanctitate exemplo esse contendas, cum sapiens, etc.

Habet sublevantem. Quod si imitandum tibi, etc.

Docere soles, non tantum præsentium, ut decet, vitia reprehendis, sed etiam dignitatum crimina, quod non decet, enumeras, carpis, laceras.

Hos pannos. Videmus egentes presbyteros, etc.

Se quæruntur judicio condemnatos.

Profitendam improbatos compellas.

Gregorius quoque papa de non temere ad conversionem recipiendis dicit : Cum grave sit.

Damnationem. Quippe quos nulla coercet disciplina, sed suo quosque permittis arbitrio, sive sola super eos tui nominis invocatione contentus, sive novis inhians lucris, ne circa acquisitos moram faciens, damna temporum patiaris.

Discurrentes barbarum prolixitate notabiles, nigerrimis vestibus adopertos, qui per agros, ut dicitur, calceati, in urbibus vero et in vicis nudis pedibus gradiuntur.

(66) Byrrhus, seu birrus, cujusdam vestis genus est, Martinio interprete, quod solis militum servis ex imperatorum constitutione erat interdictum (Pith. L. i *Advers.*, cap. 46). Illo autem byrrho, sive birro (quod in idem recidit) indutum fuisse beatum Cyprianum, cum ad supplicium duceretur, refert Paulus monachus, et Pontius ipsius sancti Cypriani

---

A   Remove, obsecro, a te hujusmodi tentamenta.

Quod quantum sit peccatum Augustinus in libro De singularitate clericorum ostendit, dicens : Pejus quam mœchia, continentiam, etc.

Diu castus *animo* esse non potes.

Noxium *pro certo* suscitabit incendium.

Sub ruina. *Sed quid pigritemur ex supradicti auctoris disputatione aliqua hic continuare particulam, ex qua vel sola totus hujus culpandi contubernii sinus scindatur.* Ut quid, *ait*, sibi adhibuit mulierem, qui ducere contempsit uxorem? *Omnis qui non manducaverit carnem*, ut quid habitationem suam carnis apparatibus implet? Et qui non biberit vinum, quid vini oblectamine perfruitur?

In publico argumentatus *cum* hominibus promittere sanctitatem, et in occulto sine uxore non esse: Duo argumenta, sanctitatis et libidinis, hinc et inde miranda sunt; *et cætera in hunc modum plura subnectit, quæ manifeste intentionem inhonestæ hujus*

B *sodalitatis aperiunt.* Hæc ergo super primo capitulo.

Plurimi te *non immerito* redarguendum putant.

In se novitate *vitæ* convertet. *Siquidem id agere debemus, quemadmodum dicit Seneca (licet enim a philosophis gentilium morales sententias, tanquam vasa aurea et argentea, ab Ægyptiis mutuari). Id ergo agere debemus, ut meliorem vitam sequamur quam vulgus , non ut contrariam. Alioquin quos emendare volumus, fugamus a nobis et avertimus. Hoc primum philosophia promittit, sensum communem, humanitatem et congregationem ; a qua professione dissimilitudo non separabit.* Videamus ne ista per quæ admirationem parare volumus, etc.

1416 Inter vilem *solidumque* habitum.

Hieronymus ad Nepotianum , sic ait : Pullas vestes.

Quo igitur tibi abjecto habitu *regulari*, opertam ad carnem cilicio *cum* attrito pertusoque birro.

Redi *igitur, quæso te*, ad sensum communem, nec

C sine exemplo in sanctitate solus esse contendas, cum sapiens, etc.

Habet sublevantem. *Propheta quoque non novitates excogitandas, sed advenienti quorum sequenda vestigia nos hortatur, dicens : State super vias, et videte, et interrogate de semitis antiquis, quæ sit via bona, et ambulate in ea, et invenietis refrigerium animabus vestris.* Quod si imitandum, etc.

Docere soles, non tantum præsentium, ut decet, vitia reprehendis, sed *absentium quoque ecclesiasticorum, non solum ordinum, sed etiam* dignitatum crimina, quod non decet, enumeras, carpis, laceras.

Hos pannos. *Quod si captare negaveris, hoc tamen consecutum esse negare non potes.* Videmus egentes presbyteros.

Se quæruntur *præjudicio* condemnatos.

Profitendam *adigis* improbatos.

Beatus quoque Gregorius papa de non temere ad

D conversionem recipiendis, *Fortunato scribens episcopo, inter alia dicit :* Cum grave sit.

Damnationem. *Quippe quorumdam* ultra curam non geris, quos nulla coerces *regulæ* disciplina, sed suo *quemque* permittis arbitrio, sive sola tui nominis super eos, *ut quidam putant*, invocatione contentus, sive novis, *ut tu perhibes*, inhians lucris, ne circa *jam* acquisitos moram faciens, damna temporum patiaris.

Discurrentes *bigerricis vestibus adopertos*, barbarum prolixitate notabiles, qui per agros *quidem*, ut dicunt, calceati, in urbibus vero et in vicis nudis pedibus gradiuntur.

diaconus, qui ejus agonem eleganter descripsit in Actis, lacernam, qua sanctus martyr indutus erat, vocat byrrhum. Hoc autem satis quadrare videtur cum verbo sequenti, *seminudo crure*, ut sensus sit : Ita pertuso, ita lacerato byrrho, ut per scissuras seminudum crus indecore posset quibuslibet apparere.

Sine examine professas.
Aliæ in ipsis ergastulis pepererunt.
Demonstrans.: Nemo, inquit, mittit vinum novum in utres veteres; alioquin rumpuntur utres, et vinum effunditur. Et nemo assumit *incisuram* panni rudis ad vestimentum vetus; alioquin aufert supplementum novum a veteri, et major scissura fit.
Orantem pro nobis sanctitatem tuam Christus custodiat.

A

Sine examine *religionem* professas.
Aliæ in ipsis *cellulis* pepererunt.
Demonstrans non convenire majora præcepta minoribus. Nemo, inquit, *ponit* vinum novum in utres veteres; alioquin utres rumpuntur, et vinum effunditur. Et nemo *assuit commissuram* panni rudis ad vestimentum vetus, etc.
Orantem pro nobis *religionem* tuam Christus custodiat.

MARBODI REDONENSIS EPISCOPI

LIBER

DE TRIBUS INIMICIS.

(HOMMEY, *Supplementum Patrum*, p. 546-551, in-8°.)

—

LECTORI.

Elogium Hildeberti a Marbodo versibus celebratum, atque initio ejus *Supplementi* a nobis præfixum, sequebatur in eod. ms. præsens quod subnectimus, opusculum, indeque collegimus eidem Marbodo accensendum fore, quem principem ævi sui fuisse poetam, testantur alia quæ reliquit ingenii sui monumenta (Lib. *De lapidibus*, cujus nos permulta tractavimus exemplaria ms. variis in bibliothecis : at editus est: vide Gesnerum in *Biblioth. In Cantic. cantic. commentaria*, quæ quidem non desperamus ex certa bibliotheca recipere. De iis vide Sixtum Sen.). Testantur et coævi scriptores omnes, Hildebertus, Goffridus Vindocin, l. III, ep. 14, Sigebertus, Trithemius, etc. Analect. D. Mabillon. tom. III in Hildeb. unde Ulgerius episcopus Audegavensis in ejus Epitaphio inter cætera audet asserere :

Cessit ei Cicero, cessit Maro junctus Homero:
Ut dicam breviter, vicit eos pariter.

INCIPIT LIBER.

—

CAP. I. *De iisdem tribus inimicis in genere.*
Plurima cum soleant sacros avertere mores
Altius avertit femina, census, honos.
Femina, census, honos, fomenta facesque malorum,
In scelus, in gladios, corda manusque trahunt.
CAP. II. *De mulieribus, quam ad malum pronæ.*
Felix expertus exemplo femina quid sit,
Qui suos aliqua suffugit arte dolos.
Femina res fragilis, nunquam nisi crimine constans,
Nunquam sponte sua desinit esse nocens.
Femina flamma vorax, furor ultimus, intimus hostis :
Et docet et discit quidquid obesse solet.
Femina, vile forum, respublica fallere nata.
Successisse putat, cum licet esse ream.
Femina triste jugum, querimonia juris et æqui :
Turpe putat, quoties turpia nulla gerit.
Femina tam gravior, quanto privatior hostis,
Invitat crimen, munere, voce, manu
Consumensque viros, vitio consumitur omni :
Et quos prædatur præda fit ipsa viris.
Corpus, opes, animos enervat, diripit, angit,
Tela, manus, odium suggerit, armat, alit.

B

Arces, regna, domos, evertit, commovet, urit.
Unaque tot regum, spem, caput, arma premit.
Femina sustinuit jugulo damnare Joannem,
Hippolytum letho, carcere spreta Joseph.
Femina mente pari vita spoliavit Uriam,
Et pietate David, et Salomona fide.
Femina mente gerit, lingua probat, artibus implet,
Quo lex, quo populus, quo simul ipsa ruit.
CAP. III. *De avaritia.*
Nec minus internas vires effeminat aurum,
Nec minus illicitum currere monstrat iter.
Vix est quem pudeat auro pervertere rectum,
Quem pigeat pretio quolibet esse reum.
Auro perficitur quidquid speratur inique,

C

Nemoque protenso munere vana rogat.
Aurum corda movens, oculorum prædo sacrorum.
In facinus puras armat, agitque manus.
Auro sæpe labat virtus et labor eorum,
Quorum corda Deus, cætera laudat homo.
Et quem jurares cervicem impendere recto,
Spe modici fructus cuncta licere putat.
Hostis atrox, judexque gravis, tortorque cruentus,

Spe pretii taxant, prælia, jura manus.

Aurum castra locat, classem parat, exerit enses,
   Spernere vim, ventos, æquora, tela docet.

Solvit conjugium, perrumpit claustra pudoris,
   Sacras cæde manus inquinat, ora dolis.

Auro perjurus Polimnestor, adultera Dane,
   Perfida Tarpeia, trux Eriphile fuit.

Auro Crassus obit, auro ruit Amphiaraus,
   Auro castra, duces, vis, populique cadunt.

CAP. IV. De ambitione.

Quem vero nec res, nec femina frangere possunt,
   Ambitus expugnat, consceleratque pium.

Ambitus in vetitum mores deflectit, et infra

A   Posse suum quemquam non sinit esse reum.

Hujus opus turbare duces, mutare coronas,
   Innocuus lethum, sceptra parare reis.

Urbibus excidium, templisque parare ruinam,
   Sternere patricios ensibus, igne lares.

Naturam vitiis, superos offendere ritu,
   Parcere tunc tantum cum nocuisse nequit.

Ludibrio reges exponere, regna rapinis,
   Flagitiis matres, exsilioque senes.

Quem semel arripiunt tantæ contagia cladis
   Cuncta licere putat, dum sibi regna paret

Sustinet hic gladios in patrem ferre, nec unquam
   Fraude, cruore, dolis, mens, manus, ora vacant.

AD VITAM SANCTI LICINII EPISCOPI ANDEGAVENSIS MONITUM

1417-1418 Hanc sancti Licinii Vitam apud Bollandum, 13 Februarii, a Marbodo concinnatam; præcedit altera ab auctore Andegavensi anonymo edita, paulo prolixior, quam ipse Marbodus rogatu canonicorum Ecclesiæ Andegavensis contraxit, et in meliorem formam elegantiori stylo redegit, et quam huic præmittere superfluum censuimus, cum ad eam, si libuerit, curiosus lector recurrere possit. In cujus operis gratiam pro eo adhuc vivo, et tandem defuncto quasdam preces se persoluturos spoponderunt præfati Andegavenses canonici. Hujus sponsionis actus originalis in Tabulario monasterii Sancti Sergii Andegavensis paulo diversus ab eo qui apud Bollandum visitur. In hoc enim Marbodus archidiaconum se nominat; in autographo sancti Sergii vocat se sacerdotem diaconum : quod, ut puto in idem recidit, nisi quod, ut sæpe accidit, quandoque archidiaconi non erant sacerdotes. Ex hac porro sponsione nonnulli opinati sunt Marbodum non fuisse canonicum Andegavensem ; quippe qui cum canonicis quasi extraneus pacisceretur. Cui opinioni non facile subscriberem, cum in insignioribus capitulis nihil usitatius quam hujusmodi fundationes, quas canonici particulares de suo peculio faciunt, et quibus alios concanonicos suos sub certis conditionibus ad quasdam pro se defunctis persolvendas preces publicas astringunt. Quod adeo verum est, ut dum hæc scribo, in Obituario insignis Ecclesiæ Parisiensis, qui forte mihi obtigit, in solo primo mense Januario usque ad decem et septem hujusmodi fundationes notaverim, et sic de cæteris. Quod in Parisiensi, hoc in Carnotensi, et aliis celebrioribus Ecclesiis usu receptissimum ; nec inde, ut mihi videtur, concludendum hujusmodi fundatores non fuisse ejusdem Ecclesiæ canonicos ; nec ideo ex actu præfato inferendum existimo Marbodum non fuisse canonicum Andegavensem, cum et hic præfatos canonicos expresse fratres suos, appellet, quod nonnisi canonico convenire videtur.

VITA SANCTI LICINII

EPISCOPI ANDEGAVENSIS,

Auctore MARBODO archidiacono Andegavensi, ac postea Redonensi episcopo.

(E duobus veteribus manuscriptis, apud Bollandum, 13 Februarii.)

PROLOGUS AUCTORIS.

1. Vitam et actus beati Licinii episcopi et confessoris explicare cupientes, Dominum Deum, a quo omnis sapientia est, voluimus invocare ; ut eodem sancto intercedente, ostium nobis sermonis aperiat, quatenus et vera, et non superflua, et auditoribus profutura dicamus. Quod ita demum fieri posse putamus, si nihil gestorum prætermittentes, sicut ea ex priori (67) editione collegimus, diversas adjectiones et replicationes, quæ vel prolongationis vel ostentationis notam habent, magisque lectori tædium, quam lectioni ornatum afferunt, ex toto recidamus. Hæc enim vel maxime causa exstitit, quæ fratres nostros ad injungendum nobis præsens opus impelleret, quoniam

B in priori opere superfluæ orationis importuna loquacitas minuere videbatur materiæ dignitatem. Significat enim quodammodo dicendorum defectum, frequens circa idem verborum revolutio. Neque vero nos aut animi levitate, aut vanitate aliqua ducti sumus, ut quasi alieni operis correctores, studii nostri ostentatione vellemus vulgares rumusculos aucupari, **1419 1420** sed æternæ potius mercedis intuitu, probabiliumque personarum precibus victi sumus, ut majorem viribus non recusaremus laborem. Non enim de nobis, sed de auxilio divino præsumimus. Referemus ergo, quantum poterimus, sub ope Christi, quæ dicenda sunt, salva rerum fide, ad prædicti sancti laudem, et gloriam Dei non solum nostram,

(67) Marbodus priorem sancti Licinii Vitam expolivit rogatu canonicorum Andegavensium.

sed et omnium legentium utilitatem consequi cupientes. Magnum enim studii sui fructum capit, qui ea scribens, quibus ædificentur legentes, multorum profectibus famulatur. Dabimus igitur operam orationc uti mediocri et temperata, quatenus nec gravitas obscuritatem, nec humilitas utilitatem, nec tædium prolixitas operetur. Lectoris autem partes erunt, attente et fideliter hæc accipere; ne sibi, quod ad salutem comparatum est, in perniciem vertat, dum negligit. Sed jam narrationis initium faciamus.

CAPUT PRIMUM.

Sancti Licinii studia, officia palatina, sanctioris vitæ professio.

2. Igitur Licinius clarissimo genere ortus (reges enim Francorum in suis majoribus numeravit), bonis omnibus animæ et corporis a natura ditatus, felicitatem suam virtutis studio cumulavit. Cujus jam inde a pueritia talis exstitit conversatio, ut in eo futuræ cujusdam perfectionis, et inusitati exempli species præluceret. Nam præter exterioris formæ bonitatem, et vultus modestiam, qua spectantium mentes occulto quodam munere permulcebat; illud in puero cernebatur egregium quod ea vitia, quæ novellæ ætati videntur ingenita, et quasi jure naturæ omnibus dominantur, jam tunc Dei gratia præventus aspernabatur. Neque enim vel ad ludendum nimius, vel ad edendum importunus, vel ad loquendum garrulus erat. Non iram temere colligebat, nec inter coævos superbula violentia grassabatur; non animi levitate, ut est puerilis mobilitas, ad diversa protinus raptabatur, ut cupide quid incœptum repente contemneret. Prorsus in puero virilis constantiæ plurima videbantur.

3. Cum ergo post prima elementa, sicut liberi nobilium solent, in disciplinam litterariam datus esset, ibi vero generosæ naturæ benignitas et ingenium capax enituit. Audita a magistris facile capiebat et retinebat memoria. Nec ejus attentionem, sicut plerumque solet, timor verberum extorquebat, sed amor scientiæ accendebat. Doctoribus reverentiam, pædagogis obedientiam, condiscipulis benevolentiam, omnibus humilitatem noverat exhibere. Nec aliena tarditate offensus, nec de suo est acumine gloriatus. Non operum tantum, sed et verborum turpitudinem sic horrebat, ut eam nec in aliis irreprehensam pateretur. Jam plane puer censorius a contubernalibus timebatur, si quid auderent illicitum. Æmulorum inimicitias tolerabat æquanimiter, finiebat velociter. Iram patientia, superbiam humilitate vincebat; detractionibus sociorum nec aurem nec linguam adhibuit; contumelias in se jactatas dissimulavit, in alios mitigavit. Prorsus in professione discipuli morum magister factus erat.

4. Decursis ergo in hoc studio pueritiæ annis, cum sibi ad magistrorum scientiam in sacris et sæcularibus litteris propria industria non modicum adjecisset, ad imperium patris, qui primum post regem in palatio locum tenebat, compulsus est phi-

losophiæ renuntiare, et ab otio ad negotia, a studio ad militiam, a scholasticis ad palatina munera translatus est. Quem rex Clotarius, cum propter sanguinis propinquitatem, tum propter egregiæ formæ dignitatem ac morum elegantiam quæ in adolescente eminebant, libens suscepit, breviquo post tempore cingulo militiæ honoratum, inter amicos habere cœpit, dignum plane cognitum, cum quo de magnis rebus, et regni administratione tractaret. Non enim illi deerat, vel ad consulendum prudentia, vel ad tegendum fides, vel strenuitas ad exsequendum. Nec expedita facundia carebat, nec amore justitiæ: unde et actioni causarum et jurisdictioni perutilis videbatur.

5. Præterea perpetuæ castitatis custos et cultor, de sua familiaritate regis apud omnes judicium decorabat. Erga commilitones suos ita se gessit, ut singulorum gratiam aliquo studeret obsequio demereri. Omnibus affabilem se præbebat; omnium necessitatibus, si ope non posset, occurrebat **1421** consilio; in omnium contristabatur adversis; in suis lucris omnium prospera numerabat. Apud regem proderat quibus posset, poterat autem omnibus quibus vellet. Sic nullus relinquebatur, ad quem non ejus aliquod beneficium perveniret. Prædicabat facta fortia singulorum, cum de ipsius virtute præter ipsum nullus sileret. Prorsus in aulæ satellitio procuratoris partibus fungebatur. Unde factum est, ut a rege, flagitantibus cunctis, tribunus militum crearetur, qui nunc more nostro comes Stabuli nuncupatur. Quod officium sic transegit, ut ampliori dignissimus haberetur. Animus tamen ejus inter hæc semper vigilabat ad Deum, cui sine intermissione puras fundebat preces, ut se de præsenti sæculo nequam incorruptum eriperet. Sacræ lectioni quoties posset operam dabat; cujus assiduitate desiderium suum ad superna magis accenderet. Juventutis ardorem crebris jejuniis non tam exstinguebat quam anticipabat, ne per luxum et licentiam humanus animus posset insolescere. In pauperes et afflictos usque adeo misericordiæ visceribus abundabat, ut nullum in his juvandis loci per temporis prætermitteret occasionem. Plane in milite monachum, in activo contemplativum gerebat, utrumque sic implebat ut alterum, et a neutro ad alterum tardabatur.

6. Interea succedentibus sibi prosperis, cum et patria bona jam ad eum jure hæreditario devenissent, et ex regali munificentia amplissimis polleret honoribus (nam et comes Andegavensium factus erat), cogentibus amicis et ipso rege, de clarissima familia sibi virginem desponsavit, contra animi sui votum, quo cælibem vitam ducere, et abdicatis honoribus jamdudum Deo vacare decreverat. Quam cum traducere jam pararet (mirum dictu!) in solemni conventu lepra percussam deprehendit. Sic a nuptiarum necessitate, quam sibi amicorum consilia importabant, optato infortunio solutus est.

7. Neque vero ruborem suum, festinato alio ma-

trimonio studuit abolere ; sed potius Dei providentiam votis suis concordare intelligens, vertit casum
in occasionem, ne tentare iterum cogeretur, quod
prius tentatum secus cessisset. Itaque, confirmato.
animo, ne quod olim volvebat ultra differret, petita
protinus missione, cingulum militiæ deposuit, et caducis renuntiavit honoribus, totumque se in Dei servitium tradens, tonsuram clericalem cum professione
suscepit. O quantum **1422** gaudium de se fratribus
dedit, quibus Dei laudibus ora omnium adimplevit!
Quam multorum corda in compunctionem oculos
laxavit in lacrymas, cum viderent illam nobilissimæ.
stirpis indolem fascibus et divitiis sublimatam, forma præcipuam, gloria perpollentem, contemptis omnibus, Christi jugo generosas inclinare cervices, et
de divite pauperem, de potente infirmum, servum
de domino spontanea commutatione fieri! Rarum
hoc quidem et magnis laudibus prosequendum, ea,
cum adsint, sine difficultate contemnere, quorum
spem solam vix ullus etiam inter adversa dimittit.
Sed Dei servus futuram gloriam cogitabat, cujus
pulchritudini comparatum terrenum omne sordescit.
Bonum ei erat Deo adhærere, et non in incerto divitiarum, sed in Domino Deo spem suam ponere.

8. Jam vero in clericatu quantum promoverit,
ex antecedentibus possumus æstimare. Totam industriam, quam sæculi functionibus prius impenderat,
ad animæ suæ et fratrum, cum quibus vivebat, utilitatem convertit ; et qui ad utrumque divisa intentione suffecerat, collectis viribus maxime suffecit ad
alterum. Nunquam illum alti sanguinis gloria titilla-
vit, quominus vilissimorum obsequiis subderetur ;
nec ejus eruditio indoctorum aliquando simplicitatem irrisit, jejunans aliorum prandiis non detraxit,
dormientes excubans non despexit, dissidentes revocare festinavit ad pacem, indisciplinatos ad ordinem ; bona sibi omnium ad imitationem, mala vero
proposuit ad cautelam. Et cum ab omnibus amaretur ut pater, omnes venerabatur ut dominos.

CAPUT II.

Sancti Licinii functiones episcopales.

9. Secundum Christi præceptum, ad Ecclesiæ
convivium invitatus, in novissimo loco recubuerat.
Cum ergo jam tempus esset ut ei a Domino diceretur : « Amice, ascende superius (*Luc.* XIV, 10), »
dictum est et Andegavensis sedis episcopo, pulsante
corpus ægritudine : « Da huic locum (*ibid.*, 9). »
Defuncto igitur Audoino (68), qui prius Andegavensem Ecclesiam regere videbatur, cum jam sancti
viri longe lateque percrebuisset opinio, utriusque
ordinis acclamatione, cum promptissimo regis assensu, petitur, rapitur, ordinatur ; et qui in domo.
Dei abjectus esse elegerat, invitus et lacrymans
1423 præesse compellitur. Dignissime plane, ut
bona quæ diu per otium in se convexerat, tandem
per dispensationem in multorum utilitatem refun-
deret.

10. Suscepto ergo regimine, non tam sibi honorem quam onus judicans accrevisse, quasi nihil
hactenus promovisset quod consummaverat, tunc
incœpit, et qui sanctitate vitæ jamdudum cæteros
cunctos præibat, quod solum restabat, vincere seipsum instituit. Sed cui nulla probaretur deesse virtutum, quo cresceret non habebat, nisi quod numero
non poterat, adderet quantitati. Extendit ergo vigilias, ampliavit orationes, protraxit jejunia, trivit
carnem cilicio, corpus frigore cruciavit ; et qui de
se quod lueret non habebat, exemplo Christi, commissorum sibi peccata in se transtulit et languores.
Eleemosynarum largitionem sic profudit, ut de remotis quoque provinciis ad eum fama exciti greges
pauperum properarent : quippe qui nullam prætermitteret munificentiæ portionem. Operiebat nudos,
famelicos reficiebat, procurabat languidis medicinam, mortuis sepulturam ; peregrinis dabat hospitium, mœstis impendebat solatium, captivis redemptionem, pupillis tuitionem, viduis patrocinium exhibebat ; abluebat manibus pauperum pedes, flebat
oculis, ore osculabatur, capillis tergebat. Postremo,
tot exercebat misericordias, quot patitur humana
vita miserias. Nec solum in pauperes, sed in omnes
quoque ordines, in quosdam etiam episcopos sese
liberalitas ejus extendit.

11. Nec minus interea suscepto fungebatur officio, singulis quibusque diebus sacramentorum mysteria celebrans, et publice prædicans verbum Dei,
intentans peccatoribus terrores pœnarum, proponens gementibus gaudia præmiorum. Misericordiam
et judicium cantabat tibi, Domine, judicium in rebelles, in supplices misericordiam. Tanta in labiis
ejus gratia diffusa erat, ut quæ dicebat nemini dis-
plicerent. Notabat latenter vitia singulorum, culpam corripiens, non personam ; et cum in ejus dictis se quisque recognosceret, nihil in se injuriose
dictum poterat recognoscere. Neque vero aliquando
illum in docendo materia destituebat, cum vita sua
pro libro uteretur. Quoties illi quærendum erat
quid diceret, in promptu sibi erat meminisse quid
faceret.

12. Quantum ad districtionem, culpas persequebatur, naturæ parcebat : vitia odiens, homines diligebat. Arguebat in justitia delinquentes, suscipiebat
in mansuetudine pœnitentes, sic zelum indulgentia, et zelo indulgentiam temperabat, ut nec ista
corrumperet, nec illa vulneraret. **1424** In syno-
dali tractatu de misericordia plurimum disputabat,
et in reorum defensionem, quantum ratio pateretur,
mentem exercebat et linguam, sacerdotes accusatos maxime tuebatur. In personarum acceptionibus
non honores attendebat, sed mores ; ut tanto cuique
plus deferret, quanto plus quemque Deum diligere
perspexisset. Circuibat ecclesias ; monasteria visi-
tabat ; quocunque se verteret, spiritalis lætitia nascebatur ; animas verbo, corpora cibo reficiebat ;

(68) Grandinus, *Audougno* ; Gazetus, *Andouino* ; Saussaius, et Chesn. t. I Francic. *Audouino* ; Claud.
Robertus, *Audeeno* et *Audonino.*

circumquaque vitiis exstirpatis inserebat virtutes, et expulsis languoribus sanitates restituebat. Imo vultu et eodem animo fortunam utramque spectavit, ut nec prospera extolleretur, nec frangeretur adversa. In habitu et incessu mediocritatem servavit, in famulorum numero necessitatem, in qualitate honestatem quæsivit. Prorsus sic publica ministravit, quasi privata contemneret ; sic privata curavit, quasi publica non curaret ; nec, sicut plerique solent, a fulgore ad fumum recidit, sed a splendore ad splendorem, a minori virtute transiit ad majorem.

13. Jam totam Galliam splendor ejus irradiaverat, et ad solam ejus famam non pauci nobilium, spretis divitiis, Christum pauperes sequebantur. Unde æstimandum est quantum præsens Domino lucraretur, qui et ubi non erat plurimos convertebat. Jam regis Francorum et optimatum spes opesque de ipsius potissimum auctoritate pendebant ; jam et ipsis episcopis magnus quidam et mirabilis habebatur. Omnes ad eum, velut ad fontem sitientes, in suis necessitatibus recurrebant. Omnes ex eo quod quisque cuperet hauriebant. Jam plane omnibus quidam humanus angelus, vel potius homo angelicus videbatur. Nam præter incomparabilem sanctitatem, qua mensuram hominis excedebat, tanta miraculorum potentia coruscabat, ut ei apostolicam inesse gratiam nullus ambigeret. De miraculis aliqua recensebimus, ex quibus cætera fides lectoris poterit æstimare. Nam et ex paucis multa, et majora ex minoribus, et ex manifestis occulta colligi solent.

CAPUT III.

Sancti Licinii ædificia, quietis studium, miracula.

14. Cum in solemni jejunio frequens populus ad ecclesiam convenisset, quo, scilicet secundum pastoris sui institutum, devotissime recurrebat, ecce mulier, quæ a dæmonio tenebatur, cum vocibus **1425** furibundis et gestu vesano cœtum irrupit, cœpitque per ecclesiam discurrendo mimos theatricos exercere, et verbis erraticis, qualia proferre solent ebrii, risum populi commovere. Intellexit vir sanctus conatum diaboli, cujus studium est semper, quantum potest, Dei servitium impedire. Imperato ergo silentio, cum populum de instanti materia pro tempore breviter monuisset, dæmoniacam illam sibi jussit adduci ; et fusa super eam oratione, spectante populo, et rei exitum suspensis mentibus exspectante, virtute crucis et sacris adjurationibus statim expulit inimicum. Recepta mente, femina grates egit, et publica oris sui confessione, grande apud omnes miraculum ampliavit. Nam se testata est septem prius habuisse dæmonia. Neminem ibi laudes Dei crediderim siluisse, nullum tacuisse putaverim merita sacerdotis. Vere enim forma capitis relucet in membro, et simul virtutis imagine magistrum discipulus repræsentat. De Maria Christus septem ejecit dæmonia ; de hac femina totidem, Christo præstante, Licinius. Quamvis etenim non possit servus Domino comparari, in hoc tamen miraculo qua-

litas qualitati, sexus sexui, et numerus numero respondet.

15. Rursum dum inter missarum solemnia die Dominica more suo populum hortaretur, cæcus quidam, Ghiso nomine, in parte consistens, levata voce rupit silentium, implorans episcopum, ut qui verbo doctrinæ suæ mentium tenebras effugabat, ab ejus oculis, suis sanctis precibus, pelleret cæcitatem. Cui cum respondisset vir sanctus non esse hic locum interpellandi, et ne intempestive obstreperet, quoniam populi turbaretur intentio : Non hoc, inquit, præsul sanctissime, importunitati ascribas, sed fidei : non enim dubito me lumen protinus tuis meritis recepturum. Nam nocte præterita per visionem mihi revelatum est hanc tibi gratiam reservari. Unde et ad te properare sum jussus, ut mihi quod desidero largiaris. Hæc cum audisset episcopus, et de promissæ virtutis effectu nullatenus dubitaret, malens tamen hoc totius Ecclesiæ precibus, quam suis meritis reputari, communem pro cæco poni jussit orationem ; sicque finito missarum officio, populum dimisit, non quod ei futuri miraculi gratiam invideret, sed ut ipse popularem g'oriam declinaret : deinde secreto cæcum assumens, cum ejus oculos sacro oleo circumlivisset, videntem et lætum remisit ad propria.

16. Cum ad B. Licinii virtutum famam infirmorum turbæ confluerent, et de vulgari frequentia contemplationi mens dedita **1426** molestiam pateretur, timens Dei servus ne forte de miraculorum magnitudine favor suam apud Deum mercedem minueret, statuit non ultra se turbis præbere concurrentium, sed intra secretam cellulam clausus, quietem cœpit angelicam meditari, uno tantum clerico contentus et duobus ministris. Sed, cum nec sic pulsantium tumultus posset excludere, quippe qui ostio tenebantur, vocibus irrumpebant, et improbitate sua plerique desideratum extorquebant suffragium, necessitate coactus, locum dimisit, cœpitque ex illo flagitare a rege et comprovincialibus episcopis missionem, quatenus in locum suum alio subrogato, ipse ad eremum properaret. Cui petitioni cunctis reclamantibus (quis enim dubitaret destitutum pastoris absentia Christi gregem, lupis rapacibus prædam futurum), cum ei plus in hac parte detrimenti, quam in altera lucri fore objicerent ; præterea privatum commodum publicis utilitatibus anteferre, contra legem esse contenderent charitatis, non quærentis quæ sua sunt, sed quæ multorum, ut salvi fiant ; victus tandem precibus et ratione confratrum, solitudinis intentionem deposuit, totusque quasi de integro ad exsequendam sibi creditam dispensationem conversus, familiæ Christi cœpit necessaria providere, intermissæ contemplationis jacturam fructuosæ actionis compendiis supplere festinans. Unde factum est ut ampliorem a Deo gratiam mereretur, qui totum se utilitatibus devoverat proximorum. Quod ut et mundo evidens esset, miraculis eum Dominus exinde majoribus et frequen-

tioribus decoravit. Ex quibus nonnulla recitanda A
sunt, quorum tamen paucitas pro sua magnitudine
multorum possit numero coæquari.

17. Cœperat vir sanctus ædificare monasterium
extra civitatem, non longe a muris, quod postmodum rebus et possessionibus copiose dotatum, in
honorem S. Joannis Baptistæ, sicut optaverat, dedicavit. Ad quos opus visendum aliquando dum
pergeret, uno tantum familiarissimo sibi discipulo
comitatus, obviam habuit pauperum turbam, qui ab
eo cœperunt vocibus importunis eleemosynæ subsidia postulare; inter quos erant duodecim, quos cæcos partim, partim claudos fuisse accepimus : quibus cum nihil responderet episcopus, quippe cujus
mentem assiduæ orationis, etiam inter eundum rapiebat intentio, iteratis eum pulsare clamoribus,
et nullam permittere dissimulandi licentiam. Commotus ergo paulisper, gradum fixit, et velut ad sui
defensionem, elevata contra eos dextra; signum
crucis objecit instantibus. Protinus ad sancti zelum
debilitas **1427** expavit et cæcitas, et fugata omni
ægritudine, virtus crucis intulit sanitatem. Sanati
ergo medicum, qui jam discesserat, sequebantur,
ut ei grates agerent quas debebant. Respexit prior,
agnovitque miraculum Magnobodus (hoc nomen discipulo) et præeuntem magistrum territus exclamavit. Qui et ipse respiciens vidensque gratiam quam
meruisset ignarus, pro multiplici dono multam dedit gloriam Creatori, statimque accersitis per eumdem discipulum opificibus, quos visebat, locum ex C
quo signaverat requisivit, sibique in honorem et
memoriam sanctæ crucis fundari jussit Ecclesiam,
quæ usque hodie permanens, antiquum credentibus
miraculum repræsentat (69).

CAPUT IV.
*Alia sancti Licinii miracula, morbus, mors,
sepultura.*

18. Mos erat, ut dictum est, sancto pontifici episcopatus sui per semetipsum visitare diœceses, et
pia sollicitudine singularum non solum regionum,
verum etiam personarum necessitates inquirere, ne
qua forte vel sua, vel sacerdotum negligentia, grex
sibi commissus periclitaretur. Spargebat ubique
semina verbi Dei, et confirmationibus et benedictionibus populum roborabat. Super hæc de facul- D
tatibus suis indigentium supplebat inopiam, et cum
hospitibus habebat omni tempore mensam communem. Contigit ergo ut inter alios pauperes hospitio
leprosum reciperet, cujus statura corporis egregia,
et membrorum elegans compositio majorem infelici
morbo faciebat invidiam. Quem sanctus cum cibo
proprio refecisset, in oratorium se recepit, et noctem
quæ instabat, eodem assistente, duxit insomnem,
dum precibus indefessus misericordem Dominum
interpellat pro misero. Jam mane facto, exorcizatis
aquis lavat infirmum, et ad sacrarum manuum

tactum dicto citius lepra disparuit (70). O virum
propheticæ dignitatis! O novum antiquæ virtutis
exemplum! Non glorietur in miraculis populus
prior, ut legem veterem Novo præferat Testamento.
Unus Dominus utriusque, cujus est æqua in utroque
potentia. Habemus aquam, habemus prophetam,
habemus leprosum : præsto sunt et nobis Naaman,
Eliseus, Jordanis. Sed in hoc melior noster mundatus, quod ad priorem conversationem **1428** non
est ultra reversus, nec a suo recedere sustinuit Eliseo, a quo litteris instructus divinis et Christianæ
disciplinæ moribus institutus, mutato habitu comam deposuit : sicque per minores gradus probatus
ex tempore, ad dignitatem sacerdotii tandem meru.t
pervenire : cujus vita laudabilis, et a magistri vestigiis non recedens, multis postmodum bene vivendi
formam præbuit et exemplum.

19. Prætereunte præsule juxta portam civitatis,
rei qui portæ juncto carcere tenebantur, cognito
quod transiret, lacrymosis eum vocibus inclama-
bant. Super quorum motus angustia, statuit a loco
non recedere, nisi prius miseros liberaret; nimirum
in illis se vinctum reputans, quorum in se per compassionem transferebat catenas. Missis ergo nuntiis,
interpellat custodem, offerens pro captivis redemptionis pecuniam. Sed cum illius pertinacia nec
precibus flecti posset, nec pretio, vertit se fides judicis quo solebat, ut quod ab hominis nequitia non
poterat impetrare, ab insensibili materia mirabilius
obtineret. Jecit in ostio carceris crucis signum; et
statim, mirum dictu! ferrea serarum compago dis-
siluit, nec potuit solitam catenarum natura servare
duritiam, ubi fortior incubuit fides. Solutis ergo
vinculis, omnes prosiliunt; et a sancto sacerdote
verbis et sumptibus confortati, cum gaudio revertuntur ad sua. Sunt et alia ejus multa non minus digna
memoratu; sed propter compendium ista sufficiant.
Nam fidelis quidem animus nihil ultra desiderat,
infidelis autem nec plura reciperet. Nunc ad ejus
transitum properemus.

20. Jam Dei servus bonum certamen certaverat,
cursum consummaverat, fidemque servaverat; restabat illi a justo judice merces, victoriæ corona, vel
bravium. Debebatur militi jam emerito bonus ager,
terra viventium; debebatur operario, qui pondus
diei et æstus portaverat, æternæ quietis denarius.
Correptus ergo mense Augusto vehementibus acutæ
febris ardoribus, in spem adductus quasi jam dissolve-
retur, exitum suum lætissimus exspectabat. Sed cum
post tempus refrixisset incendium, intelligens chro-
nicam passionem, dilatum se et velut a vicino jam
portu repulsum mœstus ingemuit; quippe qui præsentem vitam naufragium judicans, futuram patriam
totus viribus inquirebat. Crevit ex dilatione desiderium, nec quidquam sibi propter recurrentis sæpe
febris molestiam de prioris abstinentiæ consuetu-

---

(69) Hujus meminit idem Marbodus in Vita sancti
Magnobodi 16 Octobris. *In suburbio*, inquit, *civitatis suæ cœpit ædificare monasterium, exemplo vide-*

libet beati magistri et prædecessoris sui Licinii.

(70) Usum aquæ benedictæ, et post preces lotum
sanat.

dine relaxavit. Non idcirco mollioribus stratis **1429** A incubuit, nec cibi aut potus qualitatem mutavit in melius. Imo vero multo nunc magis sollicitus ad Domini jam pulsantis ingressum, quantum temporis supervixit, mentem semper reduxit a corpore, sola cogitans ad quæ ibat, oblitus omnium quæ linquebat.

21. Aderat mensis jam quartus, et aurum Christi purissimum tribulationis caminus satis probaverat. Dignus ergo per omnia in æternos. Domini thesauros reponi, Kalendis Novembris præsul sanctissimus migravit a corpore, sepultusque est magnifice, cum multa ordinum frequentia, in monasterio S. Joannis Baptistæ, quod ipse a fundamentis construxerat, ibique ad Deo serviendum assidue collegium instituerat monachorum. In cujus exsequiis angelos astitisse quicunque aderant persenserunt, tam insueta repente perfusi fragrantia, ut ei nullam prorsus terrenam gratiam compararent. Sed et ibidem signorum ostensa consolatio, cunctorum qui de Pastoris sui dolebant absentia, tersit mœrorem. Nam sanati sunt ipsa die ad ejus tumulum cæci duo, ægri complures. Nec sequentibus quidem usque ad ætatem nostram temporibus in ipso loco divina munera cessavere, ad animarum et corporum pertinentia sanitatem. Datur hic fideliter petentibus remissio peccatorum, datur languentibus optatum remedium, datur egentibus præsentis vitæ subsidium.

22. Hic ostensum est per præsentis patroni merita tam grande miraculum, ut merito plus quam miraculum nominetur. Nam, si est miraculum exstinctum lumen oculorum reparari, plus esse patet miraculo, ubi nunquam fuerunt, oculos ipsos creari; et si est cæcus qui habens oculos caret visu, qui ipsis caret oculis, plus est quam cæcus. Homo igitur plus quam cæcus, sed fide illuminatus præclara, ut rei exitus approbavit, ad sancti sepulcrum multo tempore, precibus assiduis et devotis supplicationibus incumbebat, in quo tanta naturæ novitas apparebat, ut nec orbes haberet, nec locum, sed quod

monstro **1430** simile videatur, a superciliis facies plana descenderet. Undique multi ad hoc spectaculum confluebant, ut tanto latius manaret postmodum inauditæ fama virtutis, quanto prius ubique tanti monstri novitas neminem latuisset. Hic ergo dum incessanter precibus pulsat sanctum, ante ipsius corpus repente oculos invenit et visum; et quod illi abstulerat naturæ defectus, divinæ gratiæ, per sancti merita, reparavit effectus

23. Hoc potissimum in fine operis velut epilogum idcirco posuimus, ut quia ultimum recitatur, primum occurrat memoriæ, cum nulla superjectæ narrationis mole sit obrutum. Ex quo utique vel solo constat id, ad quod scilicet tota hujus laboris nostri spectat intentio, quam bene summo Domino serviatur, et quam nihil sit desperandum fideli, quandoquidem divinæ gratiæ etiam naturæ impossibilitas non obsistit, per Christum Dominum nostrum; qui cum, etc.

24. Ego Marbodus indignus archidiaconus Andegavensis Ecclesiæ, Vitam B. Licinii episcopi descripsi et recognovi, rogatu canonicorum ejusdem Ecclesiæ. Unde mihi illi pro laboris mei mercede promiserunt et dederunt partem, et communionem orationum et benefactorum, quæcunque in ipsa Ecclesia fient omni tempore et singulis diebus, dum vixero, unam Collectam in missa matutinali, *Deus qui justificas impium;* post obitum vero meum, totum servitium quod fit pro uno canonicorum in orationibus et missis, et per singulos annos commemorationem anniversarii mei facere, sicut unius canonici. Insuper omnibus et singulis diebus, præter festos dies, usque ad finem sæculi, cantare mihi post Primam, dum vadent in capitulum, psalmum *De profundis,* cum capitulo, *Requiem æternam,* et Collecta, *Absolve, Domine.* Hujus conventionis inter me et canonicos, sit dominus meus S. Licinius mediator et testis, et sponsor. Amen.

MONITUM AD VITAM S. ROBERTI

Primi abbatis Casæ-Dei a Marbodo episcopo Redonensi editam.

1431-1432 Quod de hac Marbodi lucubratione præfaremur, nihil opportunius censuimus quam quod ad illam elucidandam præfati sunt nostri sodales R. P. D. Jo. Mabillon et Theodoricus Ruinart Actorum sanctorum ordinis sancti Patris nostri Benedicti, sæculo VI, parte II, p. 183. Sic autem habent illorum Observationes præviæ.

Tanta fuit beati Roberti apud omnes sanctitatis opinio, ut paulo post ipsius mortem de festivitate in ejus honorem instituenda, publicoque cultu ei exhibendo actum fuerit. Ea fuit ejus describendæ vitæ occasio: quam provinciam in se suscepit Geraldus de Venna Casæ-Dei monachus, quique utpote beati viri capellanus rebus gestis ac miraculis ab eo patratis præsens ut plurimum interfuerat. Id ex altera (71) Vita ejusdem sancti ediscimus, in qua hæc leguntur verba distinctione 2, cap. 6. Geraldus de Venna discipulus et capellanus beati Roberti vitam et miracula ejusdem descripsit, etc. Is vero Romam adiit, ac recitatis coram summo pontifice ac cardinalibus beati Roberti virtutibus impetravit ut ejus sanctissimi viri festivitas celebraretur.

(71) Illa est quam Bernardus composuit, et Tripartitam nuncupavit, quæque in Actibus præfatis SS. Ord. S. Benedicti hanc immediate consequitur.

Verum etsi in hac Geraldi lucubratione nihil nisi certum et indubitatum haberetur, displicuit tamen nonnullis quod difficili ac prolixo stylo exarata, ut ait Marbodus, tædium legentibus pareret. Quare ipse Marbodus, abbatis et monachorum Casæ Dei suasu, ad alteram concinnandam, vel potius ad eam quæ jam scripta erat, in meliorem et comptiorem formam revocandam manum admovit, quam cum uno libello comprehensam ad Casæ Dei monachos transmisisset, ita placuit abbati Marbodi opus, ut statim eum frequentibus petitionibus, ut ipse Marbodus loquitur, coegerit ad idem de secundo Geraldi libello præstandum, qui de beati Roberti virtutibus inscriptus erat. Abbatis desiderio se isfecit Marbodus tunc Andegavensis archidiaconus, qui postmodum Redonensis episcopus factus est, eidemque abbati libellum hunc singulari epistola, quæ operi præfigitur, nuncupavit. At variant codices in hujus abbatis nomine designando, quem nempe alii Stephanum, alii vero Seguinum appellant. Erroris occasionem præbuit prima utriusque nominis littera S quæ cum in vetustioribus codicibus sola exstaret, ab his in Stephani, ab istis vero in Seguini nomen traducta est, quod uterque abbatis Casæ Dei munus vivente Marbodo obtinuerit. Verum si quis rem paulo accuratius investigare velit, facile reperiet Seguini nomen esse retinendum. Quamvis enim Stephani nomen plerique codices manuscripti exhibeant, vetustiores tamen indicant Seguinum, qualis est codex Sanctæ Mariæ de Bretolio in Picardia, quem penes nos habemus. Idem haberi in veteri codice Sancti Cypriani Pictaviensis nos monuit noster Petrus Laurentii, qui nobis multas ad hanc Vitam observationes suppeditavit. Favet Bernardi (Casæ Dei scilicet monachi) testimonium. Is enim distinctione secunda libri Tripartiti diserte tradit Marbodum archidiaconum beati Roberti Vitam ad meliorem formam revocasse, ubi de visione Radulfi cujusdam loquens sic habet : Hanc archidiaconus Andegavensis Magister Marbodus, postea Redonensis episcopus in secundo libro retulit, quem de miraculis scripsit beati Roberti. Et quidem epistolæ nuncupatoriæ stylus episcopum abbati loquentem non sapit. Si vero Marbodus, adhuc archidiaconus, hanc Vitam scripsit, necessario inferendum est eam Seguino, non Stephano fuisse nuncupatam. Nam Stephanus an. 1108, abbas Casæ Dei electus est, duodecim scilicet annis, postquam Marbodus sedem Rhedonensem conscenderat. Is enim anno 1096 episcopus factus est.

Ita editores Actuum supra laudatorum de hac Vita S. Roberti a Marbodo concinnata, qui et plures alias a variis auctoribus ibidem asserunt fuisse compositas, quo brevitatis gratia lectorem id expendere studiosius cupientem remittimus. Ibi autem pag. 184 erudite omnino discutiunt quo anno sanctus Robertus obierit, quem annum Christi millesimum sexagesimum septimum fuisse invictis probant argumentis, quæ hic transcribere lectori forte tædium peperisset.

VITA SANCTI ROBERTI

ABBATIS CASÆ DEI,

AUCTORE MARBODO EPISCOPO REDONENSI.

PROLOGUS AUCTORIS.

1433-1434 1. Vitam beati Roberti quam ex discipulis ejus quidam (72), veraci quidem, ut credimus, sed difficili ac prolixo stylo narravit, simplici et brevi oratione, juvante Deo, tentabimus explicare; quatenus et brevis narratio tædium pellat, et simplex elocutio facilem intellectum admittat. Non quod illius scriptoris ingenio aliquid derogemus, sed quia illorum, qui nobis hoc imponunt negotii, religioni et auctoritati plurimum prærogamus, quos quidem ad hoc jubendum ratio videtur traxisse. Nam, cum Gesta sanctorum ob hoc litteris mandentur, ut omnium legentium, vel audientium ad imitandum accendatur intentio, curandum est summopere scriptori ut, in quantum fieri potest, nullius excedat capacitatem, quod ad omnium spectat utilitatem. Alioquin totum negotium debito fine frustratur, si quos ad audiendum gratia rerum invitat, odiosa litteræ difficultas excludat; aut quos littera utcunque admittit, supervacua prolongatio languidos reddat. Quapropter nec inusitatis aut peregrinis dictionibus operam dari, nec diversis explicationibus convenit lectionem extendi. Neque enim timendum est, ne paupertas orationis divitias rerum exhauriat, cum potius sit sperandum linguæ pau-

peris indigentiam rerum largitate ditandam in tam scilicet honesto genere causæ, ubi si omne velamen auferatur materiæ, dignitas se tuetur.

2. Lectoris igitur benevolentiam et attentionem pariter invitamus, tanto videlicet majorem adepturi mercedem, quanto pluribus, Deo cooperante labor noster placuerit. Proderit enim quibus placebit, sed et nobis valde placebit quod proderit; sicque labor noster fiet alieni causa profectus, et alienus profectus nostræ causa mercedis. Nos autem curabimus pro viribus omnino ut placeat, brevitati, ut diximus, operam dando, non qua necessaria defraudemus, sed qua superflua rescindamus : dando etiam operam lenitati, non qua materiæ dignitas minuatur, sed qua facultas intelligentiæ conferatur. Quod si etiam parum accurata legentibus displicebit oratio, placeat saltem prompta scribentis devotio; placeat veritas relationis, placeat recens memoria sanctitatis. Nam licet in quocunque tempore bene gestorum fidelibus sit grata recordatio, vehementius tamen afficit auditorem, quod velut sub oculis positum, præbens probatio suspicione falsitatis absolvit. Nunc quoniam de his satis est, ad narrationem veniamus.

(72) Scilicet Geraldus de Venna, monachus Casæ Dei.

INCIPIT VITÆ LIBER PRIMUS.

3. Robertus genere Arvernus, conditione liber, natus est de parentibus Christianis, matre Raingarde, patre Geraldo, qni, ut creditur, a beati Geraldi Aureliacensis stirpe priscam duxit originem. Hunc a prima infantia Dei servum futurum signis quibusdam ostensum est, quæ **1435** non absurdum videtur inserere lectioni. Nam mater ejus ipso gravida, cum, imminente partus tempore, ad quoddam castrum tenderet, non sine Dei nutu, urgente necessitate, in solitudine partum effudit. Nimirum solitudinis erat futurus amator, et vitam hanc in qua nascebatur, viam reputaturus, non patriam. Delatus est inde cum matre ad castrum, et sicut fieri solet, cuidam mulieri traditus ad lactandum. Quem cum illa mammæ admovisset, gustare noluit, non tam lactis detestatus odorem, quam peccati lactantis [*Boll.* latentis] horrorem. Patuit hoc continuo, cum et matris ubera libens suxit, et priorem illam, tentandi causa adhibitus, rursum despexit. Mulier enim illa meretrix erat, et ob hoc infans, cum lac respueret, damnabat peccatum; nesciebat utique quid damnaret, sed Dei virtus etiam in nescientibus operatur.

4. Crevit igitur cum infante divina miseratio, et cum puer factus esset, traditus est disciplinæ apud vicum Brivatem in ecclesia martyris Juliani, ubi et clericus factus et deputatus est inter canonicos : procedente postea tempore, per ordines ecclesiasticos ad presbyteratum usque pervenit. Pueritiæ tempora sic peregit, ut ab his malis, quibus tenera ætas vel proprio vitio, vel alieno plerumque imbuitur, illæsus evaderet ; cum potius inter initia [*al.* vitia] statim meditatus innocentiam, purum vas pectoris recenti sapore virtutum infecit, ut a Deo præventus in benedictionibus dulcedinis, amaritudinem vitiorum nullam posset admittere. Jam tunc fide plenus æternorum, temporalia cuncta despiciens, spem suam in Domino totam locaverat, eumque, licet parvus, non parvo diligebat affectu. Nam in ecclesia totis sæpe noctibus cum lacrymis excubebat, mirantibus qui cum taliter reperiebant, utpote ab ipsis custodibus ignoratum. Orabat frequentius et legebat, ut in altero sibi Deum, in altero se Deo commendaret. Humilitatem sectabatur et obedientiam, quibus sic hominibus occurrebat, ut Dei offensam non incurreret. Pauperes et afflictos misericordiæ prosequebatur visceribus, quibus poterat opem, omnibus exhibens compassionem. Ulceribus plena corpora languidorum, abhorrentibus cæteris, non semel manibus contrectavit,

manus lavit, exteriorem immunditiam æquanimiter tolerans, cum interiora lucra potius cogitaret. Unde et creditum est manuum ejus pio attractu fugatam sæpe ægritudinem.

5. Talem pueritiam secuta est melior adolescentia, cum et rerum et virium incrementis ad Dei servitium uteretur. Nam, quod multis contingere solet, in illius ætatis **1436** fervente confinio, ut, pulsante mentem novæ suggestionis vento, blanda naufragia pudoris patiantur, hoc ille providus anticipaverat, combibebatque jamdudum castitatis amorem, ut pectus virtutibus incoctum, nulla saltem turpis posset vexare cogitatio. Addebat ergo virtutes virtutibus, ædificabatque indesinenter turrem, cujus in pueritia jecerat fundamenta. Crescebant arbores, quas in corde plantaverat, et in vitam fructificabant æternam. Manifestior in dies divina gratia refulgebat in illo, etiam non pauci ad bene vivendum ejus incitabantur verbo pariter et exemplo. Jejunabat propensius et orabat, et quantum posset, larga manu distribuebat pauperibus. Nam et domum eleemosynariam construxit in vico, ut in ea velut sanctitatis palæstra pauperibus ministrans exerceretur assidue. Certum est illum, cum omnia pauperibus erogasset, in usus eorum sæpe chlamydem vel pallium adjecisse ; Christum plane in pauperibus attendebat, et suam parvipendens, illius festinabat tegere nuditatem. Sic quondam Martinus chlamydem suam partitus cum paupere, eadem veste Christum meruit videre contectum ; et licet istum non audeam conferre Martino, rem tamen rei non metuam comparare.

6. Interea sacerdotio strenue fungebatur, statutis horis assistens in ecclesia, offerens Deo frequenter hostias pro salute populi Christiani, quem totum velut unum hominem amplo charitatis sinu gestabat. Invitabat peccatores ad pœnitentiam, nunc pœnarum terrorem incutiens, nunc proponens gaudia præmiorum ; docens nulli de venia desperandum, qui digne conversus ingemuerit. Promittebat insuper orationum suffragia, ac per hoc non paucos assidue lucrabatur Deo. Sed et cum voce taceret, vita loquebatur, quamvis cum voce loqueretur, vitam taceret. Nam cum bene vivendi formam ostenderet in seipso, seipsum nullatenus ostendebat. Morum gravitatem præferebat in vultu, modestiam mentis incessu et habitu fatebatur. Affabilem se omnibus exhibebat, cum tamen singulis pro conditionis, vel ætatis, vel etiam morum diversitate proprium præsentaret affectum. Hac siquidem discre-

tione vir prudens, omnium providebat saluti, ut quasi vicinius et familiarius omnibus persuaderet, cum singulorum in se transformasset personas. Denique cum omnes vitæ merito prævenires, omnibus se credi volebat inferiorem. Inter hæc contemplationis amore flagrabat, ut qui semper bonis meliora, melioribus optima vellet adjungere. Gustaverat velut in transitu quam suavis est Dominus, et totis medullis **1437** cordis, desiderabat vacare soli Deo, ut quasi prælibatam dulcedinem pleno gutture mentis hauriret.

7. Destinavit igitur mutare locum, et relictis omnibus Christum sequi; elegerat Cluniacense cœnobium, religionis ac disciplinæ loci fama commotus. Adhibito itaque sibi uno tantum itineris, non consilii socio, inopinatus iter arripuit, metuens quod et accidit, ne, si manifestus fieret, detineretur a cœptis. Quis enim omnium tali vellet carere patrono, qui tam multorum persæpe necessitatibus occurrisset? Oculus erat cæco, pes claudo, vestimentum nudis, cibus jejunis, pupillis et viduis vir et pater, apertio clausis, lectum peregrinis, ægris medicina, mortuis sepultura. Comperto ergo quod latenter discederet, mirata enim familia proficiscentis domini solitudinem ac taciturnitatem, rem post paulo divulgaverat, propere omnes, velut pro salute publica solliciti, profugum insequuntur, tenent, reducunt. Erubuit vir sanctus, et propositum suum non magis impeditum quam manifestatum dolens, ex mentis ægritudine morbum incurrit. Unde cum cœpisset convalescere, intelligens se Dei voluntate a loco quo intenderat revocatum, quia forte alibi plus posset proficere, tentavit si vel inter suos implere posset optatum. Sed cum domesticorum nemo salutaribus monitis præberet assensum, irrevocabiliter urgens propositum, profectus est Romam, ut apostolorum intercessio a Deo sibi quod desiderabat consilium impetraret. Quod autem desiderabat, hoc erat, ut ab hominum frequentia remotus ædificare posset in solitudine monasterium, ubi sub religionis habitu canonicam vitam cum duobus vel tribus duceret soli Deo professus. Reversus Roma, postulata in fide nihil hæsitans exspectabat : dilatus est aliquantum, credo, ut dilatione cresceret desiderium.

8. Interea miles quidam, Deo inspirante, compunctus, ad virum Dei consilium petiturus accessit ; qualiter peccatorum suorum magnitudinem, quorum conscientia torquebatur, digna posset satisfactione delere, nihil esse dicens tam arduum, quod propter Dei recuperandam gratiam non subiret. Accepit a sancto ut relictis omnibus ad Christi militiam se transferret. Cui cum ille respondisset id quidem se facturum, se fieri posset cum ipso, libentissime, intellexit vir Deo plus hunc sibi socium ac voluntatis ministrum divinitus destinatum. Gavisus ergo non parum, totum desiderii sui secretum aperit, socium se pollicetur, pactum firmat, hominem lætum dimittit, dans illi negotium ut locum huic

proposito congruum **1438** quæreret, et tertium sibi socium, si possit, adsciscat. Dictat loci congruentiam, ecclesiolam scilicet aliquam in eremo, desertam licet ac dirutam, tamen parochialem, ubi de labore manuum, vel herbarum radicibus victus qualiscunque posset acquiri ; parochialem, ut credo, ne si novum in alieno collocarent oratorium, veteribus locis inferre viderentur injuriam : nec enim quod supernæ tantum causa mercedis arripere disponebant, alicujus terrenæ cupiditatis saltem umbra decebat fuscari. Miles itaque fide jam plenus et constantia, ut cœptum suum Dei clementia prosperaret, ad memoriam beatæ Virginis Anicium ire decrevit, sciens nihil sibi ad impetrandum efficacius, quam si matris apud filium patrocinio uteretur. Quo dum properaret, ecce in via, Dei nutu, paratum invenit quod petebat, ecclesiam scilicet veterem, vasta cinctam solitudine, votis suis in omnibus respondentem. Exauditum erat ante preces pium ejus desiderium, et per sancti merita, petitionem ministri præcurrebat effectus. Tendit autem ille quo cœperat, ut loco precum grates persolveret. Addit et preces, ut Dei misericordia quod in eis cœperat consummaret. Reversus ad magistrum, nuntiat quod ferebat, exponit loci solitudinem, et cæteras ad arcte vivendum opportunas inopportunitates. Congratulatus vir Dei, gratias egit, et ad cætera strenue prosequenda diligentiam fratris hortatur.

9. Deerat votis unum, ut tertium tanti propositi socium invenirent. Nam et inter duos tertius solet esse quasi vinculum charitatis, et sub hoc numero unanimes trino et uni Deo videbantur convenientius servituri. Accessit brevi quod deerat, divina gratia militis industriam prosequente : nam, dum ille reversus ad suos, de acquirendo, sicut dictum est, socio cogitaret, nec dissimularet vultu mutatæ mentis habitudinem, requisitus a quodam familiari suo milite cur præter solitum cogitabundus appareret : Dicerem, inquit, si te scirem commissa fideliter servaturum. Dat ille continuo fidem quæ petebatur, auditque per ordinem quod petebat. Concipit inter audiendum virtutis amorem, et contubernalis sui provocatus exemplo, ad aggrediendum tantæ perfectionis propositum vehementer accenditur. Rogat prostremo precibus submissis, ut viro Dei se peccatorem insinuet, nec tantæ laudis consortio judicetur indignus. Offert se non socium, sed ministrum, et nunquam se ab hujus professionis tenore desiturum sub fidei sponsione promittit. Sic prior miles sequentem lucratus lætus cum socio revertitur ad magistrum. Gaudet ille de spiritali **1439** proventu, et fructus seminum quæ jecerat precibus Deo commendans, divinæ militiæ tirones alloquitur : « Congratulor, o filii, vestræ promptæ devotioni; et propriæ infirmitatis conscius, in via Dei, quam ipse arctam et nimis arduam asserit, socios vos ac sustentatores habere desidero. Sed timendum nobis valde intelligo, ne temere nos laboriosissimæ militiæ astringamus, dum sola præmia cogitamus. Non

enim incipere bonum, sed consummare laudabile A
est, non laudatur cœptum bonum, sed perseverantia; propterea [*al.* prætereo] quod illud quandoque
per impetum, istud per virtutem semper contingit.
Ad hæc non proponere summa, tolerabile est propter humanam fragilitatem; cadere autem a proposito, damnabile propter diabolicam transgressionem. Videte ergo diligenter, et iterum atque iterum
vobiscum versate ne, dum tenditis ad cumulum
perfectionis, fiatis vobis causa, quod absit! majoris
damnationis. Proponite menti, dum licet omnia
commoda, quibus carere disponitis; et e diverso
multas et magnas injurias, quibus mundo valedi-
centes traditis vosmetipsos; famem, sitim, algorem,
nuditatem, vigilias, laborem, abjectionem, contumelias, postremo quidquid homines fugiunt, vos B
sequimini : cavete ne, dum ista sequentur, vos fugiatis.) Dicebat talia, non quod eos a cœptis salutaribus deterreret, sed ut contra ventura quælibet
præmuniret, ac per hæc redderet ad tolerandum robustos, quos nulla tentationis varietas offenderet imparatos.

10. At illi nihil moti a proposito, imo sancti viri
sermonibus multo magis animati, nullis se frangen-
dos adversitatibus, nulla voluptatum recordatione
vacillaturos, Christo juvante, promittunt. Sufficere
sibi, quod satis experti essent peccati vias difficiles,
et se lassatos intelligerent sine causa; velle deinceps
militare Christo, cui serviri non potest sine mercede,
cum hoc ipsum non servire peccato magna sit mer- C
ces. Præterea Deum infirmitati et ignorantiæ suæ
penitus providisse aiebant, qui talem sibi dedisset
magistrum, cujus et verbo doceri, et exemplo possent firmari : nam et insinuare facienda, et facere
noverat insinuata, quapropter se illi adhæsuros, ac
devote famulaturos in omnibus. Ad hæc vir sanctus
totum Deo arrogans, nihil sibi : (Potens est, inquit, Deus stabilire nutantes, instruere nescientes.
Neque timendus est in aliquo contrariæ potestatis
incursus his, quos summa potestas protexerit. Protegit autem sibi vos procul dubio servientes, qui non
servientes ad hoc protegere solet ut sibi serviant.
Quapropter si adhærere Deo firmiter decrevistis,
1440 habetis me vel comitem, vel ministrum,
utinam tam necessarium, quam devotum. Cavete D
autem humanæ mentis inconstantiam, et adhuc, nisi
molestum est, adeuntes Ecclesiam, interventu beati
martyris Juliani, Deum, ut nobis utiliora provideat,
implorate.) Ingrediuntur Ecclesiam, orant prostrati,
redeunt firmiores.

11. Exploraverat satis eorum fidem, tempus jam
venerat demigrandi : hoc tantum restabat ut locus
sibi a Deo concessus etiam a terrenis dominis traderetur. Assumpto ergo altero e duobus Anicium tendit, ubi morabantur duo germani nobiles, ambo
canonici alter etiam abbas; alteri Arbertus, alteri
[*Cod.* 1.] Rostagnus nomen : abbas Arbertus ipsius
beati viri discipulus ac monachus postea fuit. Apud
hos quod voluit facile impetravit, quos pro vicini-

tate locorum fama sanctitatis ejus latere non poterat.
Omnibus igitur ad votum paratis, die constituta eremum petiit cum duobus discipulis, quorum prior
Stephanus, sequens Dalmatius vocabatur. Inveniunt
spinas et vepres, horrorem simul ac solitudinem,
postremo locum bonis omnibus indigentem, nisi
quod eis bonum erat bonis omnibus indigere. Nam
quanto longe fierent ab hominibus, tanto se Deo
propinquiores credebant; et quanto pluribus indigerent temporalibus, tanto plura recepturos æterna.
Auxit loci difficultates etiam vicinorum improbitas,
qui morum immanitate feris consimiles, servos Dei,
quos sustentare deberent, conviciis urgebant ac
minis, insanos etiam judicantes, qui locum sterilem,
quem vel si copias attulissent, non essent passuri, nihil
habentes cœpissent incolere, eis quas poterant molestias inferebant. Nimirum qui contra diabolum
certamen inierant, jam nunc impugnabantur ab ejus
membris. Quantas ibi molestias senserint ac per-
tulerint tacendo magis putamus exprimi, quam loquendo : nam plerumque totum innuit taciturnitas,
cum vix partem absolvat loquacitas. Sed resistebant adversitatibus patiendo et vincebant impugnantes non repugnando. Mentes duorum roborabat
tertius, velut tirones in acie veteranus, docens, si
primos hostis impetus superassent, sequentes multo
superaturos facilius: nam quantus victo metus accre-
scit, tanta victori fiducia adaugetur. Igitur eos non
solum in præsenti reddebat victores, sed ad futura
quoque certamina promptiores. Quod si postea vehe-
mentior incubuisset tentatio, jam turpissimum asserebat, si cederent in congressu secundo qui superassent in primo, quos scilicet experta fecisset et
pugna doctiores, et victoria fortiores. Hoc modo vir
spiritualium peritus **1441** armorum, rudes ac de-
fecturos commilitonum animos confirmabat. Et ita
velut quodam artificio propagabat in eis laboris
patientiam, utens spe sequentium victoriarum ad
conficiendas priores pugnas, et recordatione confe-
ctarum pugnarum ad acquirendas sequentes victorias. Sed et de sacris eos auctoritatibus instruebat,
ut magis eligerent ad modicum affligi cum populo
Dei quam temporalem habere peccati jucunditatem,
cum hanc partem sequatur æterna damnatio, illam
sempiterna felicitas. Quapropter aspicerent in remunerationem,) aspicerent in auctorem fidei et consummatorem Jesum, qui proposito sibi gaudio sustinuit crucem, confusione contempta (*Hebr.* xii, 2).) His
et aliis talibus fatigatos quandoque sociorum animos
reparabat, cum se nec laboris communitas, nec
fraternæ sollicitudinis proprietas fatigaret; brevique post tempore tam constantes reddidit et perfectos, ut non solum quascunque molestias gaudentes sufferrent, sed etiam pro persequentibus exora-
rent.

12. Facta ergo juxta ecclesiam cellula, credo, de
ramis ac frondibus, partiuntur inter se domesticam
curam, ut illi manibus operarentur ad victum, ipse
lectioni et orationi incumberet. Laborant illi ma-

nibus operando, laborabat et iste sæpe genuflectendo. Illis exercitatio operis eliciebat sudorem; hunc cordis compunctio lacrymis perfundebat. Illorum fatigationem pausatio, istius lassitudinem lectio recreabat. Proderat omnibus quod singuli; plus tamen duobus quod tertius laborabat: nam et Deum illis insinuabat per lectionis doctrinam, et illos Deo per orationis instantiam. Ita cum seminaret eis sua spiritalia, non erat tam magnum si meteret eorum carnalia. In oratorio quod utcunque refecerant, certis horis, et nocte, et interdiu communes preces fundebant, cibum parcum et aridum cum gratiarum actione una sumebant, cujus pars maxima pauperibus et peregrinis, si qui forte divertissent ad locum, reservabatur. Mos illis erat, si quid haberent, omni petenti tribuere; et sic socios instituerat vir beatus, ut incunctanter vel totum darent, non cogitantes de crastino.

13. Quadam die, profectis ad laborem fratribus, cum solus in ecclesia substitisset, ubi mos illi erat quotidianas et continuas lacrymas cum precibus immolare, audit vocem petentis eleemosynam. Surgit festinus, ingreditur cellulam, dat totum quod reperit. Totum illud erat pars panis quæ superfuerat hesternæ cœnæ, suffectura tamen iterum tribus ad mensam, quorum scilicet refectio parum distaret ab inedia. **1442** Reversis ab opere cibus defuit: quod cum moleste tulisset Dalmatius, cito vir sanctus querelam compescuit, verbis Christi prolatis in medium : « Nolite, inquit, solliciti esse animæ vestræ, dicentes : Quid manducabimus, aut quid bibemus? Scit enim Pater vester quia his indigetis (*Matth.* vi, 31).» Quam sententiam sequens e vestigio confirmavit eventus, non sine miraculo dubitantis fratris imperfectione notata. Abbas Arbertus, qui, ut superius dictum est, locum illum illis habendum concesserat, non ignorans affligi sterilitate solitudinis sanctorum voluntariam paupertatem, tres eis mittebat clitellarios panibus oneratos ac vino. Duos ergo missi beato viro præsentant; tertium in via, more quodam insolito, nuntiant defecisse. Nam neque viribus fuisse cæteris inferiorem, neque ulla prius defectionis dedisse vestigia. Ad hæc vir sanctus gratias egit; et ut erat semper simplicis ac promptæ ad ædificantes facundiæ, vultu hilari conversus ad fratres : « Discat, inquit, dilectus noster Dalmatius in fide Christi nihil amplius hæsitare, quando et nobis fiducia nostra præsenti mercede respondit, et se videt pro murmure, parva quidem, sed manifesta et sufficienti ad correctionem pœna multatum : nam partem illam suam esse noverit, quæ remansit : non est ablata, sed dilata, ut et fidem sibi non dubitet, quæ defecerat, restaurandam.» O quanta est virtus fidei, cujus defectum sentiunt et jumenta!

14. His et talibus frequenter utens sermonibus, non solum socios instruebat, sed et incolarum mitigabat pristinam feritatem, paulatimque eos brutis moribus exuens, tanquam de feris homines

faciebat, majori certe miraculo, quam si, ut apud fabulas invenitur, humana corpora transmutaret in feras. Erigebat eorum mentis oculos ad agnoscendum omnium Creatorem, et quod præter ipsum nulla sit animarum quies, enumeratis mundanæ vitæ laboribus ac periculis, facile convincebat. Ita factum est ut nonnulli cingulum militiæ deponentes, et sancto ejus adhærentes contubernio, Christi se servitio ibidem in perpetuum manciparent. Sed et de clericali ordine quidam ejus magisterio edocti, vitam solitariam et egenam domesticis deliciis prætulerunt. Crescente igitur numero discipulorum, crevit et religionis observantia, quam non tantum extorquebat censuræ districtio, quantum offerebat perfectio charitatis. Nam præter illa quæ omnibus erant instituta communiter, aliquid singuli supererogabant ex proprio, eratque in illo pauperculo Christi grege spectabile sanctitatis commercium, cum suis adderet [*al.* adhiberet] **1443** quisque virtutibus quidquid in altero vidisset imitabile. Cumque nihil habentibus pro Christo paupertas ipsa sufficeret, sola eos vexabat insufficientia sanctitatis. Nam quod apud avaros efficere solet inhonestus amor pecuniæ, ut acquisita quælibet parvipendant, dum solis inhiant acquirendis; hoc in illis operabatur honestissimus justitiæ amor, et inexplebilis quædam, si dici liceat, religionis avaritia. Hanc eorum intentionem præcedebat tam magnæ perfectionis signifer ac magister, qui retroacta obliviscens, et in anteriora semetipsum extendens, more Apostoli sequebatur ad destinatum, donec comprehenderet, et ejus exemplo discipulorum fulciebatur sequacitas.

15. Hujus ergo tam sanctæ conversationis opinio in Dei laudem longe lateque finitimos excitabat. Accessit ad vitæ meritum tanta miraculorum potentia, ut jam illis in locis nullus ambigeret virum sanctum plane a Deo meruisse gratiam curationum, quam sic ille pro humilitatis custodia fideliter petentibus ministrabat, ut divina beneficia non suis, sed sanctorum martyrum, Agricolæ scilicet et Vitalis, in quorum serviebat Ecclesia, meritis imputaret. Sed et ejus merita dæmones non tacebant, cum ab obsessis corporibus ejus imperio pellerentur. Mulierem dæmoniacam, cujusdam rustici uxorem, amicorum fides ad eum curandam adduxerat. Quæ in ecclesiam, ubi sanctus orabat, vix introducta, retinente qui eam possederat inimico, ore terrisono cœpit in eum minas et convicia jaculari : « Rotberte, inquiens, Rotberte de Casa Dei, quid a nostris sedibus advena nos tentas extrudere? Nos te potius cum tuis brevi perturbabimus, intolerabiles quas hic patiere molestias incendio cumulantes. Nec tibi proderunt collegæ tui Agricola Bononiensis, Symphorianus Æduensis, Marcellus Diensis, Privatus Mimatensis, Julianus Brivatensis, quos tibi paras ad nos impugnandos adjungere.» Videbat diabolus hæc futura, scilicet locum ibi fundandum, qui Casa Dei novo nomine vocaretur, san-

ctorum reliquias, quorum nomina recensebat, illuc **A** inferendas; et cum futura bona vaticinaretur invitus, saltem non profutura, quod vellet, mentiebatur. Hoc solum de futuris libens prædixit, quod locus esset conflaturus incendio; sed et in hoc plus profuit prædicendo, quam postea nocuit inferendo. Prædicendo sanctorum patientiam præmunivit, inferendo probavit. Interea mulier saltu et discursibus per ecclesiam debacchata, repentino impetu convertitur ad altare, tanquam manum sacris spoliis injectura. Vir sanctus infelicis **1444** feminæ miseratus insaniam, dilata interim oratione, obvius prodiit, et virgula quam tenebat percussam leviter, severius increpavit; deinde conversus ad dæmonem: « In nomine Domini, inquit, præcipio tibi exi ab ea, da gloriam Deo, et ne ultra revertaris expulsus.» Concidit mulier ad vocem hanc, et inimico recedente, confecta protinus obdormivit. Post modicum experrecta, mente jam sana, sed adhuc corpore fatigato, panem sibi flagitavit afferri, quem a viro Dei benedictum cupide sumpsit : et sic facta incolumis, repedavit ad sua, multo quoque postea vixit tempore, vivæ virtutis exemplum circumferens.

16. Item rusticus quidam, nomine Constantius [*Boll.* Constantinus], prope Sanctum Victorem habitans, cum tanto plenus esset dæmonio, ut nulli parcens, seipsum dentibus infestaret, solam viri Dei præsentiam palam profitens formidabat. Quem sui toto corpore vinculis irretitum, et tanquam mortuum in feretro deportantes, eidem sancto pavidum **C** nimis ac reluctantem præsentant. Ille super cum facta oratione, et oculis ac mente cœlum respiciens, adjurato per Dei nomen inimico, ut discederet imperavit. Nota jam erat adversis spiritibus verborum ejus potentia, et quod jussisset transgredi nefas erat. Ad primam ergo jubentis vocem territus adversarius, et [vas captivum compulsus dimittere, quod solum potuit, lassum reddidit et vexatum. Homo post paululum recreatus, sumptis quas sanctus obtulit eulogiis, sanus et gaudens ad propria remeavit. Horum fama discurrens, multos sedibus suis exciverat, et visuri novum priscæ virtutis exemplum, misti vulgo nobiles undique confluebant. Quos suscipiebat ille satis convenienter et benigne ; et cum dapes corporeas in solitudine, quæ tot turbis sufficerent, non haberet, apponebat omnibus **D** verbum Dei, quo tanquam pane, vel vino, vel piscibus, vel diversis deliciarum ferculis, credentium animas impinguabat. Mirabantur omnes vultus illius modestiam, et oris ejus accommodatam singulis facundiam spiritualem, quibus ita quorumdam animos immutabat, ut contemptis subito præsentis vitæ voluptatibus, solo futuræ beatitudinis amore flagrarent. Sed cum plerique Christo servire nonnisi sub ipsius dicatu proponerent, et non parva esset competentium multitudo, multorum autem cohabitationem tam loci vastitas, quam studiorum diversitas excludere videretur, ortum est novum ex necessi-

A tate consilium famulantibus divinæ dispensationi, rerum etiam difficultatibus, ut ibi scilicet construeretur monasterium, **1445** in quo velut ovili Dominico sub regulari et monastica disciplina, quos Deus colligeret, unanimiter habitarent. Ad quod construendum viam pandebat fidelium non paucorum devotio, qui certatim in hos usus prædia et pecunias ultronei conferebant. Videns Dei famulus tanti boni præparatam divinitus occasionem, sciensque veraciter ad suæ periculum animæ pertinere, si tam multorum saluti, propriæ quietis respectu, deesset, habita super hoc cum fratribus suis deliberatione, assensu etiam et consilio Arvernensis episcopi bonæ memoriæ Renconis, laboriosa procuratione se induit, cœpitque monasterium ædificare, cum summa

B omnium gratulatione ac favore, juxta loculum in quo prius habitaverat. Optaverat olim vitam cum paucis solitariam, decreveratque nihil pecuniarum, vel possessionis a quoquam accipere ; sed cum et hæc adeptus esset, et ex divinæ largitatis affluentia, fecundiora [*Boll.* secundiora] succederent, ne supernis beneficiis videretur esse ingratus, ex fidelium oblationibus, quas vel sponte propria, vel ipso adhortante contulissent, cœptum opus prospere consummavit.

17. Eo tempore Francis imperabat Henricus, sedem apostolicam Leo nonus tenebat. Papam itaque supradictus episcopus adiit, vir sanctus regem Francorum, uterque super novi loci stabilitate auctoritatis robur et congrua privilegia petivit. Utrique successit ad votum, rege non solum de collatis, vel conferendis eidem monasterio concessionem firmante, sed et domum Dei virumque sanctum regiis honorante muneribus ; papa vero decretis apostolicis roborante consilium, insuper etiam hominem Dei, cujus famam sanctitatis audierat, licet invitum ac retinentem fratribus præficiendum mandante. Factum est, et dedicato cum summa omnium gratulatione monasterio, vir beatus monasticum habitum, regimenque cum benedictione suscepit, tam fratrum precibus quam præsulis auctoritate compulsus. Alioquin tutius æstimabat regi quam regere, et de sua solum quam de multorum vita reddere rationem. Qui tamen ad utrumque Dei opem suffecit, **D** cum neutrum de suis viribus præsumpsisset.

18. Quanta namque in eo, post susceptam regiminis curam, circa subditos industriæ vigilantia, erga Deum simplicitas mentis eluxerit, illud signorum frequens ostensio, illud spiritalia laboris ejus incrementa testantur. Nam præter sæcularium non modicam multitudinem, quorum animas verbo prædicationis suæ vitæque exemplo, orationem etiam suffragiis est lucratus; ex quibus ad trecentos ferme **1446** monachos acquisivit, præter ecclesias circiter quinquaginta post diuturnam desolationem ad Dei servitium reparatas; illud constat esse præcipuum quod unicæ simplicitatis ac charitatis suæ formam transfudit in discipulos, et eidem loco cujus

fundator exstitit, egregiæ dotis instar reliquisse cernitur hæreditariam sanctitatem.

19. De miraculis vero pauca perstringimus, hac scilicet fide qua nobis ea qui se vidisse asserunt, tradiderunt. Cæterum tota ipsius vita in terris, ingens quoddam miraculum fuit. Si qui tamen exterioribus signis facilius capiuntur, non quod illa majora, sed quod ipsi minus sunt capaces, quales plus ducere solet carnalium sensuum admiratio, non deest hac etiam in parte materia, qua talium quoque utilitati serviatur. Militem de Monte Gasconis, cui nomen Bernardus erat, tribus annis continuis renium injuria, quam nephresim medici nominant, laborantem, cum aquæ sanctæ aspersione super eum devotius orans, non solum corporis incommodo liberavit, verum etiam postea monachum factum Christi militiæ dedicavit. Item alium per vitiati sanguinis corruptelam aqua intercute laborantem, et naturalis caloris fomite jam demerso, superflui humoris abundantia protinus obruendum sacræ manus impositione restituit. Puerum quoque dæmoniacum gressibus ac linguæ privatum obsequio, rustici cujusdam filium sub loco qui Calcis mons dicitur, habitantis, eadem potentia per manus impositionem cum orationis virtute curavit, triplicique miraculo in eadem persona, muto vocem, claudo progressionem, captivo reddit libertatem. Item præsentato sibi dæmoniaco cum panem sanctum in ipso ecclesiæ ostio porrexisset, inimicus tantæ fidei virtutem non sustinens, non sine horrisono strepitu et intolerabili fetore discessit, hominemque dimisit incolumem. Mulier membris omnibus dissoluta, quæ ipso missam celebrante sacris mysteriis assistebat a lata scilicet non suis pedibus, sed manibus aliorum, ejus vocem quam de perpetuæ Virginis laudibus, in festo ipsius Annuntiationis ad populum disserebat, fideliter audiens, restituta est protinus sanitati. Nec latuit assistentes tantæ virtutis effectus, cum de nervorum ejus concussione fragor emissus terrorem subitum, tanquam de tecti ruina, præsentibus incussisset.

20. Hæc pauca de sancti hujus miraculis breviter memorasse sufficiat, ut nec provectiorum firmitas oneretur, et fides simplicium roboretur. Nam seposita virtutum talium mentione, quarum, ut in causis dicitur, communis est locus, quoniam **1447** bonis non semper, malis etiam quandoque contingunt; sola vitæ sanctorum constantia prudentibus sufficit ad fidem pariterque exemplum, quam nisi bonus nemo potuit adipisci. Quid enim dignius unquam potest esse miraculo quam in tanta rerum mundanarum varietate immobilem mentis habitum custodire? Quem vir iste beatus ita fixum divino munere conservavit, ut nec ætatum, nec locorum, nec temporum, nec fortunarum diversitate a sancto proposito potuerit dimoveri. Unam petierat a Domino, hanc etiam requirebat, æternam scilicet in domo Domini habitationem, cujus intuitu quamlibet vitæ præsentis vel voluptatem, vel molestiam pro nihilo reputabat. Ita factum ut per brevis laboris cursum, omne etenim quod transit breve est, ad æternæ quietis bravium perveniret, felici commercio terrenis lucratus cœlestia. Obitus quidem sui diem creditur præscivisse (73), fratribusque ad se convocatis post exhortationis verba, quibus eos divinis monitis instruebat, osculatus singulos vale dixit, sicque conversus ad Deum, seque et illos precibus commendans, plenus dierum dormivit in Christo, sepultusque est octavo Kalendas Maii in Casa Dei nova, quam ipse ædificaverat, regnante Domino nostro Jesu Christo, cui est cum Patre et Spiritu sancto honor et gloria in sæcula sæculorum. Amen.

(73) Morte ante præscita, obit vIII Kal. Maii, an. 1067. De quo vide Acta SS. sæc. vi, p. 2, in notis ad hanc vitam.

LIBER SECUNDUS.

Domino vere sancto, et in Christi membris unice amplectendo STEPHANO abbati, MARBODUS peccator.

Frequenter petis, vir egregie, imo sub assumptæ petitionis figura multo arctius jubes et cogis, ut priori libello quem de vita beati Roberti simplici sermone, utinam tam efficaciter quam libenter, composui sequens opus de virtutibus ejus secundum titulos primi scriptoris adnectam. Honorat parvitatem meam repetitæ dignationis injunctio, sed onerat infirmitatem gravis laboris assumptio. Neque enim si prius tibi displicuisset, sequens a me opus tam instanter exigeres, nec rursus quod placeat absque labore et industria potest exsculpi. Sed neque etiam ineptus sum, ut si boni quid ago, meis hoc viribus arrogem, et non illi potius a quo cuncta bona procedunt, nec tam infidelis ut in honestis ac piis laboribus divinum desperem auxilium. Gratulator igitur opusculum illud tibi, Pater, et sanctis fratribus placuisse, et divinæ gratiæ per quam placuit gratias ago. Sed quod restat eadem **1448** ope divina fretus aggredior, quam mihi non meritorum meorum, quæ mala sunt vel nulla, præsumptio, sed beati Patroni, de quo sermo suscipitur, et vestræ sanctitatis intercessio pollicetur. Mihi ergo, si quid errati erit, imputabitur quidquid recti supernæ gratiæ. Nec scriptoris, precor, indignitas susceptæ causæ præjudicet dignitati, eum vilibus etiam econtra plerumque mancipiis, dominorum intuitu deferatur. Nec qualiter, sed qualia dicantur fidelis lector attendat, quoniam sæpe per oratoris facultatem, et vera tenuiter, et copiose falsa disseruntur. Nam et salubres escæ ministrantur fictilibus, et aureis poculis lethale aliquando miscetur venenum.

2. Primum igitur de sancti virtutibus narraturo non alienum mihi videtur quorumdam blasphemiis obviare, in quorum frontibus et ore sacrilego draconis et bestiæ procul dubio caracter agnoscitur. De illa enim scriptum est : « Quod aperiet os suum in blasphemias ad Deum, blasphemare nomen ejus, et tabernaculum ejus, et eos qui in cœlo habitant (*Apoc.* XIII, 6). » Ita igitur qui sancto huic frustra moliuntur calumniam, indubitanter se probant ad illius bestiæ numerum pertinere. Aiunt ergo, non enim me piget velut ante judices, depellendam callidæ malignitatis intentionem proponere. Novus iste sanctus antiquum nobis pervertit ordinem sanctitatis. Nam cum cæteri omnes, qui cum dilectione spem fideliter ad alta sustollunt, ascensiones in corde suo disponant, et superiora semper de inferioribus auspicentur, solus hic cum prius pedem posuisset in summo, sensim postmodum ad inferiora delapsus est. Instituerat longe a terrenis et laboriosis tumultibus, alto vertice nubes excedens, divina tantum et cœlestia tranquilla mentis acie speculari, et ecce paulatim ad activum laborem et humana negotia, postremo ad curam cæmentariam declinavit. Amphoram cœperat, urceum consummavit. Mutavit consuetudinem nuptiarum, et contra morem patrium, et veteris historiæ fidem, ante Liæ thalamos, Rachel amplexus promeruit; expertus utramque, pulchram facie prætulit lippienti, dum illa repudiata, huic perseveranter adhæsit. Quin potius expertus neuram, utramque frustra indigni more proci repellendus tentavit. Præposuit Martham Mariæ, et judicio Christi contrarius, Mariæ optimam partem asserentis, et si non voce, quod est gravius, opere blasphemavit; sed et propriæ vocis assertione convincitur, dum quod ipse post egit, affirmat esse damnabile. Sic enim discipulos eremum petiturus alloquitur : Non proponere, inquit, summa **1449** tolerabile propter humanam fragilitatem, cadere autem a proposito damnabile propter diabolicam transgressionem. Aut igitur fides non est habenda scriptori, aut eum qui voce propria transgressionis arguitur, non suum meritum, sed alienus error sanctificat. » O lividis plenam salibus et superba contentione calumniam !

3. Jam et in hoc a beatorum sorte sanctus hic vir non discrepat, quod iniquorum maledictis et odiis propter Jesu Christi nomen impetitur, utique propter nomen Christi, licet eodem maledici nomine censeantur. Nisi enim egregrie Rotbertus Christo servisset, nec tanta sanctitatis ejus per diversas regiones increbuisset opinio, isti profecto superbiæ filii nec sua eum dignum ducerent detractione.

A Nunc vero quoniam et ipsi religionis sibi, per hypocrisim, laudem vindicare non metuunt, damnum gloriæ suæ putant quidquid laudibus alienis accesserit : inde fit ut ad delendum Rotberti nomen totis eruditionis suæ viribus enitantur contra spiritalem Dei servum, armis spiritalibus et divinis auctoritatibus abutentes, utpote quos in castris suis Christus velut hostes nutrivit intestinos; sic et horum majores, quos ex patre diabolo superbia mater progenuit, ausi sunt quondam improperare Martino, quod flammarum adustus incendio, sub mortis instantia fugæ præsidium trepidus implorasset. Egit tum causam Martini, jubente Christo, Sulpicius, et lectoris judicio, confusis adversariis, silentium victor imposuit. Nunc quoque potens est Christus indoctam B et frustra sibi de scientia applaudentem superbiam, nostræ humilitatis obsequio vel confundere, vel docere. Age enim quisquis ille es novæ sanctitatis impugnator acerrime, qui veraciter novo homini infestus, adhuc veteris imaginem ore sonas et mente geris. Age, inquam, obscuræ diligentiæ nobilis, imo notabilis ostentator, qui dum tibi lynceos oculos arrogares, ad talpinos recidisti, quæ tandem tibi videtur antiqua regula sanctitatis, ut scilicet activum quisque laborem prius exerceat, per quem charitas compassione sollicita proximorum succurrit necessitatibus. Deinde novis semper virtutum profectibus ad altiora se tollens, contemplativæ arcem dulcedinis, in qua solius divinitatis insatiabili amore fruatur, tandem victor obtineat : quo C cum pervenerit, jam nefas inde inferiora respicere, sed sicut de quodam ridicule dictum est et hic non incongrue dici potest : Miretur cœli cardines, ultra non curans homines. Ita ergo duas Ecclesiæ vitas, suis quamque finibus novus auctor et expers utriusque disterminans et sic confuso mentis errore, **1450** et impermistas esse contendis, ut qui superiorem semel attigerit, ei sit ad inferiorem redire damnabile : hoc est qui Deum plene dilexerit, non possit et fratrem diligere.

4. Novam pro religione crudelitatis regulam introducis, ut jam Græcia loquax multo fabuletur humanius, Orestem et Pyladem patria profugos, vi tempestatis in exterum littus expulsos, cum capti D ad Scythicæ Dianæ aram statuti essent, ut peregrino sanguine crudeli divæ solemniter litaretur, data lege quod tantum unus oppeteret, diu multumque pium barbaris amicæ contentionis præbuisse spectaculum, dum alter alterum vicaria morte conatur redimere. Jam tu religione Christiana ipsis idololatris agi suades immanius. Si quis pater mitissimus clausos diu profundo et tenebroso carcere liberos, stans in laci supercilio flebili voce compellet, demissaque scala, per gradus tritos cohortetur eniti ; tum cæteris diffidentibus et indocili mente turbatis, unus quilibet alacriori conatu et experientia firmiori, gressus arduos moliatur, isque cum ad superiora lætus emerserit, implorantes frustra opem germanam fraterculos aversetur, nec eis con-

sentiat per assensus notissimos facilem præbere A ducatum ; idque mentiatur paterna dilectione se facere, cum pater afflictos commisorans, ad opem ferendam pio illum affectu instimulare non cesset. Is igitur tibi perfectissimus videatur, si quispiam in amphitheatro pugnantem cum acerrimo gladiatore quem ipse jam vicerit, cujusque non ignoret argutias, sub mortis discrimine spectet germanum, eumque cum possit non instruat, sed fraterni securus periculi, cum spectatore parente residens emeritus, intempestivis ejus velit osculis delectari, nunquid non ab omnibus et ab ipso patre improbus et crudelis, et in fratres neglectu judicatur impius parricida? Sed Dei, inquies, flammeus amor omnem rerum mortalium curam devorat et consumit. Ergo, si ita est, oritur novum et monstro simile in ipso B charitatis regno dissidium ; et « duobus mandatis, in quibus tota lex pendet et prophetæ (*Matth.* xxii, 40), intestina et plusquam civili seditione confossa consequenter totius Christianæ fidei corruunt sacramenta. Nam ut laxos circuitus brevi complexione succingam, si flagrantissimus amor Dei, in quo contemplativæ vitæ summa consistit, fraternam dilectionem, quæ est activæ causa vel maxima, devorat et exstinguit, dum et ipse simul exstinguitur, nulla remanet portio charitatis. « Qui enim non diligit fratrem suum quem videt, Deum, quem non videt, quomodo potest diligere? » (*I Joan.* iv, 20.) Item : « Qui viderit **1451** fratrem suum necessitatem habere et clauserit viscera sua ab eo, quomodo charitas Dei manet in eo? » (*I Joan.* iii, 17.) Aut igitur C Deum diligens amabit et proximum, aut proximum spernens contemnet et Deum. Porro si cum Deo fratrem dilexerit, indigenti pro viribus necessaria ministrabit ; quod sive opere, seu rem non habens, sola faciat voluntate, auctuum [*f.* actuum] procul dubio negotium exercebit. Rursus otiosa, imo nulla erit fraterna dilectio, nisi meritis ad Deum erigatur intentio. Cogit nos quo debet rationis invictæ necessitas : ita igitur, cum duæ vitæ suis ab invicem meritis sint discretæ, ab eodem tamen communiter lege queunt vicaria possideri. Cumque ad interiorem pro necessitate recurritur, non est casus, sed descensio ; non est prævaricatio, sed compassio. In hac ergo parte virum sanctum transgressionis arguere, est, sicut apparuit, plus quam verbis arguenda transgressio. D

5. Quod vero illum prisci ordinis asseris perversorem et ante Liæ thalamos Rachelis pulchritudinem, imprudentis proci exemplo, frustra tentasse, mirum, nisi somnians hæc vidisti ; quippe gestorum ipsius evidens et ordinata narratio nec tuam, credo, latere potuit cæcitatem : ibi enim de præcedentibus ejus eleemosynis non siletur. Porro, quod cum, contra Christi sententiam, Martham insimulas prætulisse Mariæ, frivola prorsus et vana probatur objectio. Nam si hæc ad temporis ordinem prælatio referatur ; quod quidem ab incauti tantum criminatoris stultitia non abhorret, seipsam linguæ volu-

bilis impugnat calumnia, dum eumdem nunc arguis id fecisse, quod paulo ante arguis non fecisse. Nam superius, quod Liam ante Rachelem von duxerit, hic causaris, quod Mariæ Martham prætulerit. Sed mystice idem sunt Lia et Martha, Rachel et Maria. Præferre igitur, quantum ad ordinem, Martham Mariæ non potuit, si Liam Racheli non prætulit. Quod si dignitatis intelligatur prælatio, sic quoque in te vanitas eminet objectoris, de alienæ mentis judicio quod nesciat asserentis. Quantum enim ex illius viri sancti verbis aut operibus potuit apparere, Mariam veraciter Marthæ dignitate præposuit qui propter Dei amorem fratribus ministravit : in qua compassione, non ardui propositi retrogradus violator, sed electorum omnium et ipsius capitis exstitit piissimus æmulator. Hæc est enim antiquæ, hæc est et modernæ, hæc et futuræ regula sanctitatis, quam inter utrumque marginem, insignitis virtutum gradibus, usque in finem sæculi discurrere non cessat famulorum Christi prompta devotio.

1452 6. Contra ea quæ ab his dicuntur qui activam vitam contemplativæ intermiscere nefas judicant, ut in beatum Rotbertum, cujus invident sanctitati, devolvere possint calumniam, satis dictum putamus. Separatim tamen, ne quis forte nos respuat, quasi præter Scripturarum auctoritatem sensu hæc præferentes humano, sacris testimoniis volumus illustrare sententiam ; non alienum ab hujus operis intentione existimantes, si ad ædificationem legentium præsentem Dei famulum antiquis sanctis fuisse ostendamus in hac discretionis virtute conformem. Huic ergo scalæ Jacob patriarcha, cum super lapidem mysticum fessum caput dormiens reclinasset, « innixum Dominum vidit, et angelos Dei non solum ascendentes per divinam contemplationem, sed etiam descendentes per humanam compassionem (*Gen.* xxviii, 12). » Quod quidem mysterium et in suo connubio idem patriarcha exercuit, dum post pulchriores amplexus, fecundioris conjugis coitum sæpius repetivit. Hæc si æmulorum temeritas advertisset, nullatenus divinam historiam stultæ suæ crederet calumniæ suffragari. Quid enim aliud veteres scripturæ? Quid aliud sacratissima loquitur Novi pagina Testamenti? Nam, ut pauca proponamus de singulis, Abraham fidei pater, Isaac promissionis filius, Jacob gratiæ spiritalis electio, qui specialiter beatæ Trinitatis in se mysterium prætulere, nonne et cum Deo sæpius loquebantur et domestica nihilominus negotia procurabant? Hæc in Jacob maxime vicissitudo elucet, qui cum Deum facie vidisset ad faciem, unde et locum Phanuel nominavit, statim itineris exigente necessitate, ad disponendam conversus familiam, ancillas et uxores cum liberis et gregibus per turmas distribuit. Sic et Moyses legislator solus cum Domino moratus in monte, commisso vicissim populo se reddebat ; nec semper divini tabernaculi incolebat secretum, sed foras egressus, tumultuosas languentium causas, non levi plerumque negotio dirimebat. Illud quoque non longe videtur ab hac intelligentia resultare, quod « sedens Axa super asinam, a patre suo irriguum superius, irriguum inferius, neutrum sine altero postulavit (*Josue* xv, 16). » Nec minus et Christi apostoli Petrus et Joannes ascendebant in templum ad horam orationis nonam, quo numero angelicæ summa contemplationis innuitur; et mox egressi, petentibus in Christi nomine beneficia conferebant. Paulus quoque doctorum præcipuus, raptus in paradisum, non semel, et defecatissimo mentis obtutu, cœli tertii secreta rimatus, iterum se non solum ad hominum, sed etiam ad carnalium **1453** hominum coaptabat mensuram, benevola compassione incontinentibus aliquid etiam de voluptate concedens : « Propter fornicationem, inquit, unusquisque suam uxorem habeat, et unaquaque virum suum habeat; et uxori vir debitum reddat, similiter autem et uxor viro (*I Cor.* vii, 2). » Vide quid faciat imitanda perfectio charitatis; secretarius paulo ante cœlorum, fit ecce cubicularius thalamorum. Sed et de collectis, quæ in sanctis fiebant ad præparandam repromissam benedictionem, diligenter Corinthios hortabatur. Ita per geminæ plenitudinem charitatis, idem summus et imus, cœlicus et terrenus, sive mente excedebat Deo, sive sobrius erat nobis : a qua sanctitatis regula nec cæteri Christi exorbitavere discipuli. Sed singulis proprias notas ad hoc negotium pertinentes affigere, et valde longum, et non valde necessarium, solus Dei Filius Jesus Christus nobis sufficiat ad exemplum; de cujus plenitudine omnes acceperunt, cujus tota in terris vita, morum exstitit disciplina. Jesus ergo nunc ascendit in montem solus orare; nunc venit ad discipulos, quos videt in fluctibus laborare; nunc turbis erogat verbum Dei; nunc largitur munera sanitatum; transfiguratur in monte; suam gloriam paucis ostendit : reversus ad turbas, supplicantis pro filio patris coram multis exaudit miseriam. Aliquando Spiritu sancto exsultans, cœli et terræ Domino confitetur; aliquando seipsum conturbans, pro amici funere lacrymatur. Docet et verbo quod ostendit exemplo, cum non solum clauso ostio Patrem orare, sed et aperto beneficio fratri petenti succurrere nos hortatur. Idem et in Canticis contemplativa probat Ecclesia, querens se a lecto quietis internæ ad exteriorem quam exuerat curam, et prædicationis officium, sponso revocante, compelli. « Ego, inquit, dormio, et cor meum vigilat. Vox dilecti mei pulsantis : Aperi mihi, soror mea, amica mea, columba mea, immaculata mea, quia caput meum plenum est rore, et cincinni mei guttis noctium. Exspoliavi me tunica mea, quomodo induar illa? Lavi pedes meos, quomodo inquinabo eos? Dilectus meus misit manum suam per foramen, et venter meus intremuit ad tactum ejus. Surrexi aperire dilecto meo (*Cant.* v, 2). »

7. Ex his omnibus satis constans esse putamus et evidens contemplativos ad actionem non solum

licenter, sed et necessitate plerumque mutari, nec prioris pati meriti detrimentum; quia, si quo fraudatur interius pulchra sterilitas, totum compensat exterius lippa fecunditas. Sed quoniam hujus rei tam late patet ostensio, **1454** ut tempus me citius quam copia deserat exemplorum, tanto magis quæ sunt dicta sufficiant, quanto minus dicenda deficiunt. Quocirca quoniam veritas falsitatem redarguit, et charitas instruxit invidiam, « muta fiant labia dolosa, quæ loquuntur adversus justum iniquitatem in superbia et in abusione (*Psal.* xxx, 19). » Imo quia magis intendimus ædificare quam vincere, cedat invidia charitati, ex taxato veræ confessionis præconio nefandæ blasphemiæ redimatur impietas, ut in spiritu dilectionis et pacis beati viri merita pariter prædicemus. Miracula quippe quibus, largiente Domino, sacri corporis ejus illustratur sepulcrum, meritorum ipsius certa sunt dubitantibus argumenta. Ergo hæc fidelibus et malevolis, si qui restant qualibus supra, quantum Dominus dedit occurrimus, secundum hujus opusculi tenorem pro nobis respondeant, ut quemadmodum, teste Apostolo, linguæ in signum sunt non fidelibus, sed infidelibus, ita e converso signa in linguam sint non fidelibus, sed infidelibus.

8. Ea ipsa die qua beati viri corpus sepulturæ tradendum jacebat, unus ex antiquioribus ejus discipulis, cæteris circa pias exsequias satagentibus, solus in partem secesserat, utpote qui repentinam sui destitutionem præ diuturna consuetudine familiarius pateretur. Hic cum nimio luctus angore fessus, et consternatus animo resedisset, ut solet, ex tristitia somnus irrepsit, et ecce divinitus mentis sibi lumine reserato, igneum globum cœlo delapsum supra ubi corpus sanctum jacebat, conspicit astitisse, cujus splendore lucifluo vicina quoque vehementius irradiarentur : cumque ad tantæ visionis horrorem stuperet attonitus, adest cœlestibus stipata legionibus inæstimabilis femina venustatis, proprio fulgore prævii luminis æmulans claritatem, quam ex vultus et habitus majestate reginam esse constaret. Hæc super feretrum igneo globo insistens, manu porrecta jacentis dexteram apprehendit; blandæ vocis alloquio ut surgeret et secum ascenderet cohortatur. Ita manibus consertis, recto itinere in cœlum gradientes, comitante se lumine, cum jam ætheris confinia tangere viderentur, emisa desuper ingenti dextera, cœloque patente recepti sunt. Hanc Domini fuisse matrem nulli sit dubium, quæ devotam sibi animam post vitæ præsentis decursos rite labores cœlestibus, Christo suscipiente, gaudiis introduxit. Ejus quippe se vir sanctus post Christum specialiter obsequio manciparat, eamque vivens in carne tam impatienti spiritualiter diligebat affectu, ut ab ejus laudibus, etiam cum de alio ageretur, temperare non posset, ut ad ejus **1455** memoriam etiam dormiens animo vigilaret (74) Christi et Mariæ penitus impressam cordi gestabat imagi-

(74) Quæ inter hos uncinos includuntur, desunt in codice Pictavino et apud Labbæum; exstant tamen in cod. Britoliensi, et apud Bollandum.

nem. Hoc velut unicum et dulce depositum læta- A
bundo mentis gremio confovebat. Ligaverat in
corde suo geminam hanc, disparis quidem, sed inæstimabilis utramque pretii margaritam, ad quam
singulis horis insatiabili desiderio secretæ charitatis
oculos revocaret. Semper in ejus ore versabatur
Christus et Maria, castitas et misericordia; Mariam
cœli portam, maris stellam, Spiritus sancti sacrarium, miserorum refugium, rosam pudoris, lilium
castitatis, gemmam virginitatis, variatis ad delectationem nominibus, vocitabat. Si quis vellet Christi
gratiam promereri, ambiendum prius censebat ad
matrem, velut alteram Dei mediatricem et hominum,
quippe cui Filius secundas reconciliationis partes
delegaverit, et eos ipse Patri commendet, quos sibi
Genitrix propria commendarit. Hunc magistri fer- B
vorem adhuc hodie discipulorum probat ac repræsentat devotio, qui per ejus traditionem quotidiani
officii laudes in cœnobio Casæ Dei gloriosæ Virgini
communiter et gratanter exsolvunt. Quocirca dubitari non debet beatam animam ab illa potissimum
deductam in gaudium, cui, salvo Deitatis privilegio,
studuerat servire potissimum. Nec defuit supradictæ
visioni totius divinæ Trinitatis auctoritas, quoniam
et in igne Spiritus sancti flagrantia, et in dextera
Filii fortitudo, et in cœli specie Patris » majestas
signanter enituit.

9. Item vir quidam Vellavensis [*Le Velay*] incola
territorii febribus quartanis biennio continuo car-
pebatur: hic, cum implorandæ sanitatis desiderio
multas diu sanctorum memorias circuiens pererras- C
set, consumpto frustra studio, periculosam ægritudinem intempestivi laboris molestia cumularat, nec
vel suæ infidelitatis culpa, vel patronorum impotentia fallebatur, sed beati Rotberti meritis, ut
postmodum claruit, divinitus servabatur. Nam cum
ipso tumulationis ejus die, ante sacri corporis locum, quo eum pervagata circumquaque venerandi
obitus fama, inter promiscuas turbas properantes
adduxerat, humi prostratus, non sine certa impetrandæ fiducia sanitatis, remedium diutius implorasset, inter orandum, somno cœlitus illabente, leviter obdormivit, cum interea secreto divinæ pietatis
affectu per beati viri merita venarum calefactis
meatibus pigri diu frigoris vis noxia cœpit resolvi, D
et toto corpore patentibus poris febrifluis sudoribus
pariter emanare. Sensit exonerata dormiens natura
remedium, et homo absque medicæ curationis molestia omni repente liberatus incommodo, alterum
se mirans **1456** resurgere sibi videtur dum evigilat. Quantas tunc Deo pro recepta sanitate grates
egerit, quantis Rotbertum vocibus inclamarit, solus
ex ejus gaudio poterit æstimare, qui gaudium ex
præeunte molestia mensurarit. Sicut enim plus gaudet qui majus evasit periculum, ita majores agit
gratias qui plus gaudet.

10. Hujus ergo tantæ virtutis opinio, tam eorum
ore qui viderant, quam et qui crediderunt referentibus, per regiones finitimas celeriter divulgata,

languidorum debiliumque greges ad sacrum beati
viri sepulcrum, velut dispensandarum gratis sanitatum largifluam quamdam ac propalatam nuper
cunctis languentibus officinam, diversis pariter itineribus adducebat. Inter quos miserum quemdam
senem, cujus infortunio ad duplex, senectutis scilicet et paupertatis, incommodum gravissimum plane
pessimumque cæcitatis onus accesserat, anxia tori
consors ad sepulcrum statuit confessoris. Ubi dum
per triduum cæcus ille indefesso studio mentis oculos fixus in Christum, Rotberti nomen cujus fidebat
patrocinio, sæpius iteraret; nec vel momentum sibi
relaxaret a precibus, offensa mulier importuna viri
ut videbatur garrulitate: « Desine, inquit, vel tandem præsentibus inferre molestiam, si quiescenti
facere non times injuriam. Nam qui te non putas a
sancto, nisi clames improbius, exaudiri, dum lumen
imploras amissum, quem sic pulsas infamas auditum; nec mereris impetrare quod oras, dum velut
surdo cæcus improperas. Exspecta potius cum silentio, et in cordis cubiculo funde preces. » Hanc
ille vocem sic indignabundus exhorruit, ut eam non
tam feminæ simplex eloquium, quam fraudulentum
serpentis sibilum judicaret. « Parce, inquit, parce,
mulier, stulte loqui, et impiam blasphemiam imagine fidei palliare. Siccine delicatas aures suspicaris
sanctorum, ut eas nimiis putes clamoribus enecari? »
Imo edocti divino Christi magisterio, quod non dant
amico plerumque roganti, tandem largiuntur improbo pulsatori. Statimque conversus ad sanctum,
pium nomen acclamare cœpit instantius, imitatus
evangelicum cæcum, quem turba magis accendebat
in preces, increpans ut taceret. Mota jamjadum pietas sacerdotis, potestatem a Deo restituendi cæco
luminis impetrarat, sed probat petentis fidem, dum
differt dare quod petitur, simulque beneficium plus
desideratum fit gratius. Dum igitur homo persistit in
precibus, occulta virtus manifestum dedit effectum,
cœpitque densa caliginis nubes avelli, ut velut distante
jam spatio, oculis mirantibus, cum lucem nondum
1457 viderent, suæ cæcitatis apparere, velut si
lucem videntibus velamen obtendas. Admovit homo
festinus palpitantibus oculis manum, et mirum in
modum nil tangens, quidquid officiebat detersit.
Illuxit diu sepultis orbibus lux mirabilis, et totam
mox reddidit corporis accensi substantiam clariorem. Rupit ergo seipsam non capiens gaudii mensura silentium, et novi in semet miraculi congruus
prædicator, per totam repente basilicam cœpit
mistis laudibus gratias intonare. Quis tunc ibi
præsentium, Dei potuit silere præconia, qui beati
Rotberti merita non cantavit? Manifestis siquidem
probamentis virtus indubitata constabat, cum oblatas sibi diversas species cæcus modo, distinctis
quamque nominibus ad visionis indicia designaret,
ne colorum vel formæ cujuslibet distantia falleretur.
Inveniat hic, si potest, mordax invidia locum calumniæ, et ad depravandum saltem quod negari
non potest, tentet ex odio quodlibet comminisci.

Sed cum conatus suos omnes deficere prorsus casso A
labore compererit, credat vel sibi quod nobis credere forsitan dedignatur, et exemplo vesani illius
prophetæ, ab asina sua, id est, propria stultitia
redargutus tandem turpius resipiscat. Nunquid enim
totum hujus mirandæ virtutis effectum non sancti
viri meritis, sed petentis fidei contendet potius
ascribendum : at enim petentis hæc erat fides,
quod lumen posset amissum Rotberti precibus impetrare ; inde est quod nomen Rotberti sæpius in-
clamabat. Aut igitur quod postulabat, ejusdem
sancti meritis impetravit, aut sibi ad impetrandum,
ipsa qua postulabat fides nil profuit. Nam et antea
sæpe, fide utique Christiana, ad aliorum sepulcra
sanctorum amissum lumen imploraverat, et nusquam tamen meruerat exaudiri. Postremo, si tota
foret beneficiorum largitio fidei postulantium im- B
putanda, nullæ Christo gratiæ referrentur, qui sæpe
laborantibus cum diversa beneficiorum remedia
contulisset. fidei tamen meritum non tacebat : « Fides, inquiens, tua te salvum fecit (*Marc.* x, 52), »
hoc est, ut salvus fieres impetravit, non mihi dando
potentiam, sed a me gratiam promerendo. Fides
igitur postulantis nec largientis potentiam, nec meritum patrocinantis evacuat.

11. Ecce et aliud mirandæ sanctitatis evidens documentum. Ex Lemovicensi pago misera quædam
viginti fere annis maligni spiritus frequentibus incursionibus devastata, tandem ad beati viri sepulcrum a fidelibus personis adducitur. Sane non illam C
continua, ut solet, fatigatione vexare vis inimica
consueverat, sed in morem chronicæ passionis gravius post intervalla **1458** torquere. Itaque dum
ante sacri corporis locum statuta, velut ante pium
judicem reus absolutionis suæ sententiam, suspensis qui aderant omnibus, exspectaret, tantis repente toto corpore convelli cœpit tremoribus, ut
mortem potius exspectandam, horrenda supplicii
[*Boll.* supplicis] facies intentaret. Trepidabat nimirum, invisibilis cujusdam majestatis præsentiam
ferre non valens nequitia spiritalis, et dum male
invasam substantiam, velut improviso superventu
territa festinat dimittere, occlusis exitibus, undique
circumcursans carcerem suum concutit tremebunda.
Nam retinet ad tempus, ut torqueat censura prædo- D
nem, simulque futuræ mox purgationis miraculum,
ostensa præ oculis pestis horrendæ magnitudine,
commendatur. Dum igitur in hac tam fœda specie
miserandum astantibus aliquandiu propriæ calamitatis præbuisset spectaculum, subitam femina prorupit in vocem, et, iteratis sæpe clamoribus, sancti
Rotberti cœpit adjutorium invocare. Interea man-
sionarius acceptam sacræ conspersionis aquam in
os vociferantis roravit, et velut imbre cœlitus
misso, sævæ passionis totum subito restinxit incendium. O miranda prorsus pii merita confessoris,
qui etiam per humilis ministri officium potentiam
effugat inimici ! Hoc plane est egregiæ cujusdam
virtutis indicium, quæ passim non possit sanctorum

cuilibet provenire. Dedit hoc Christus apostolis, ut
in suo nomine malignis spiritibus imperarent : quod
sæpissime per seipsos fecere apostoli, raro autem
per alios quos juberent. Præsumpsit hoc olim
magnus ille et mirabilis Eliseus, cujus sacrorum
ossium contactu cadaver hominis resurrexit (*IV
Reg.* xiii, 21), nec tamen puer præmissus cum
baculo defunctum mulieris magnæ filium ejus imperio potuit suscitare ; non quod tantum prophetam fefellerit fiducia meritorum, sed quia non
semper, etiam perfectis, tam exundans gratia conferatur : quibus autem id aliquando confertur,
perfectos esse dubitari omnino non potest.] Collapsa igitur mulier pavimento, jacuit aliquandiu
sine sensu, ut plane cunctis nihil aliud quam mortua videretur. Nec magnum negotium erat sancto B
vivacibus meritis suscitare mortuam, si forsitan
quod videbatur hoc erat. Redeunte itaque vel
anima, vel sensu post spatium, apertis oculis cum
quiete, in modum antiquæ illius Tabithæ resedit, et
de recepta mentis et corporis sanitate servo Dei
Rotberto, quantas poterat gratias referebat. Tunc
præsentes qui aderant, et rei exitum jamdudum
stupidi sustinebant, viso tanto tamque patenti miraculo, certatim Dei laudes piis clamoribus into-
nabant. Sed et **1459** mulier ad patriam reversa
incolumis, miræ virtutis exemplum quod senserat
ipsa circumtulit

12. Item vir quidam Forensis territorii patriota
[*Le Forez*], filium suum jam multo tempore nervo- C
rum contractione damnatum, ut non gradi, sed
repere videretur, ad sepulcrum beati viri pro ejusdem suæ sobolis sanitate pias preces fusurus advexit, ibique per unius hebdomadis spatium lacrymis insistens et votis, divinæ miserationis opem
fideliter exspectabat. Interea die quadam, dum
fratres missarum celebrarent officia, cœpit puer
subitis nervorum motibus agitari ; et ut torpida diu
crura tentaret extendere, [reviviscentis quodammodo naturæ pulsibus admoneri. Tentavit velut
hæsitans quid moveret :] et ecce quodam impetu
cum fragore cutis extendebantur nervi, ut jam vel
si conaretur, non posset desistere. Sine dubio vis
cœlestis arcta nimis, captivæ diu naturæ vincula
dirumpebat, et quod exercebatur non erat in homi- D
nis potestate. Erigitur statim desuetos claudus in
pedes, et vacillanti primum incessu cogitur ambulare. Accurrunt illico lacrymantes præ gaudio qui
cernebant, et injectis undique manibus, cum Dei
laudibus erectum ad altare perducunt. Fit tale
gaudium apud omnes, quale utique supernæ præsentiæ manifesta probatio merebatur. Super omnium tamen præconia, patris vox gratulabunda
festivius resultabat, qui causa lætandi propensior
majorem dabat materiam declarandi. Sic cum
filio, solidatis basibus, jam non claudo, reversus
ad propria, grande miraculum patriis finibus introduxit.

13. Ex oppido, quod Ceresium nominatur, eques

non ignobilis filiam habebat, quæ fœdum in modum, facie tumefacta, geminis etiam jamdudum capta luminibus, duplicis incommodi gravi sarcina premebatur. Visum est patri post tempus, qui puellæ miserias mœstis visceribus indolebat, ut eam ad sancti viri sepulcrum dirigeret, ubi multos recipere sanitatem celeberrima jam fama vulgaverat. Ducta est cæca ad sanctum luridis tumoribus faciem deformata, et post modicum rediit videns, in pristinam decori vultus imaginem reparata. Nam dum precibus assiduis pulsat Deum, quales sibi contriti cordis dictabat afflictio, dum beati Rotberti nomen et merita sæpius contestatur, unus ex fratribus custos ædis, de vultu gestientis colligens supplicantis affectum, admovit etiam vocibus aurem, statimque pietate permotus ingemuit; et velox affectu, vinum quo lotum fuerat corpus sancti detulit festinanter, eoque totam faciem pavitantis **1460** respersit. Verum illa ubi persensit auxiliares sacrati laticis guttas, idem sibi fieri sæpius flagitabat. Quod cum per dies aliquot factum esset, integram recepit femina sanitatem. Redit ad suos facie collustrata, quam nec videri jam pudeat, nec videntibus necesse sit invidere. Gavisus est pater, visa filiæ sanitate, gavisa familia cum vicinis, et totum simul oppidum communibus votis in Dei laudibus exsultavit. Nec beati Rotberti siluere præconia, qui causam miseræ, more suo, strenuus interventor suscepit.

14. Notus est vicus, quem monasteriolum vocant indigenæ. Habitabat hic miles filiam habens, quam miseris modis sævus spiritus agitabat. Hæc non tantum tetrisono fremitu, vel gestu horrendo, seu verbis spurcissimis, significabat insaniam, verum quos posset morsibus impetebat; neque parcebat vel sibi, si quando aliquos invadendi copia non daretur. Nec vero qui se patrem genuerat agnoscebat, nisi quod latentis inimici suggestu, majoribus illum quam cæteros contumeliis infestabat. Sed quando eum gravioribus pulsasset injuriis, tanto magis in miseram paternæ pietatis viscera movebantur. Spectabat infelix in corpore filiæ pœnam suam, et quodammodo tormentis gravioribus angebatur. Sentiebat enim iste mente sana quod plangeret, cum apud illam ipsius sensum doloris absorbuisset insania. Illa torvos vultus et perfusorum rabie cruentas acies oculorum sæva [*Boll.* secura] versabat; mœsti parentis pallidas genas, uberibusque lacrymis lumina madefacta, genus spectaculi, miserandum dolor effecerat. Rictus terrificos, et spumas furentes, et rotatæ cervicis tortiles gyros, et implexi capitis horridas comas, et quidquid aliud in nescientis corpore flebile cernebatur, totum in se transferebat pia compassio genitoris. Inter hæc, cum nulla pateret via remedii, sævum dolorem exacerbabat plus ipsa desperatio sanitatis. Sed cum in tantis tristitiæ fluctibus jactaretur, flavit subito ab amicis salutaris aura secunda consilii, ad sancti viri sepulcrum puellam diri-

gere, quo nullius petentis fides justo desiderio fraudaretur. Statim in spem certam erectus hanc esse salutis filiæ, velut attingendi littoris unicam viam, parat famulos et ancillam, et quæ necessaria videbantur, impositamque puellam vehiculo duci festinanter jubet ad sanctum, membris tamen omnibus impeditam, ne more suo prosiliens, quoslibet obvios sauciaret. Iter illud medium quo tendebant Ligeris fluvius dirimebat, cujus utique rapidos fluctus solent etiam sana capita formidare. Hic vincta cœpit habere jam melius, et vultu **1461** tranquillo verbis mitibus comites appellare; nimirum virtutis hoc erat, non naturæ remedium, ubi plus poterat lymphata maxime natura terreri. « Quare, inquit, me pannis velut mortuam involvistis? Solvite, quæso, defessam, nec ultra velitis vinctam coercere. » Sic soluta confestim toto intervallo mente placita conquievit. At ubi ad sacrum tumulum velut ad locum examinis est perducta, silere non potuit qui latebat, dum purgandos remotarum fibrarum sinus violenta rimatur discussio, pestis improba fremere cœpit dentibus, et grassari, et post paulo amittendam substantiam modis omnibus fatigare. Nam post triduum fraus expulsa, omnes causas molestiæ secum tulit. Redit in statum pristinæ sanitatis paulatim recreata natura, et post modicum plusquam sospes ad patris domum, vires suas admirans, ipsa revertitur. Quid intulerit gaudii, [quid votorum, æstimandum lectori relinquimus : nam nec extraneos a divinis laudibus] crediderim temperasse, qui simplici erga miseram communis naturæ movebantur affectu; quanto amplius paterna pietas gestiebat, quam communis et propria cohortabatur afflictio. Nec immerito sanctum Domini confessorem multis omnes laudibus extulerunt, cujus meritis gloriosis tanta divinitus miracula sunt concessa. Quæ, ne forte cuipiam dubia viderentur, quid in hanc partem contigerit, placuit in ultimis recitare.

15. Cum talium fama virtutum apud Alpes maritimas increvisset, et in sancti Rotberti præconia, corda et linguas accenderet populorum, archipræsul illius provinciæ, vir moribus æquiparans dignitatem, indignum ratus si velis vulgi rumoribus pontificalis gravitas fidem protinus adhiberet, statuit non indiscussum dimittere, quod ad publicum vel errorem, vel meritum pertinere constabat. Fuerat sane beato viro, dum in carne viveret, diu notus, et amore similium studiorum junctissimus. Facto igitur, ut res petebat, congruo itineris apparatu, profectus est ire, non quidem voto increduli tentatoris, sed probandæ potius studio veritatis. Venit ergo cum comitatu exemplo reginæ Austri ad locum, probaturus sicut illa sapientiam, sic iste potentiam Salomonis. Susceptus est hospitaliter, ut decebat, sicque ubi visum est opportunum, ingressus in monasterium fieri sibi copiam postulavit. Factum est protinus ut petebat, obserati-que foribus ædis, solus ipse remansit intrinsecus. Ibi totus effusus in preces, sancti Rotberti sepul-

cro advolvitur, et **1462** præ igne fervidæ charitatis liquefactus in lacrymas, ex medullis cordis invocat verum lumen, ut sibi dignetur manifestius revelare si vere et absque aliquo suspicionis ambiguo
divina potentia tantam beato viro miraculorum gratiam contulisset, præsentibus sæculis insuetam.
Dixit etiam multa conversus ad sanctum, sicut ei
parturiens preces anima suggerit, nec cessavit matrem Virginem invocare, nec spiritus angelicos
prætermisit. Interea dum precibus addit preces, divina protinus manifestatur responsio, non formata
elementariis verborum sonis, sed evidentibus verum
constans indiciis. Contractam diu corpore toto puellam, quæ ad sepulcrum sancti, sicut postulaverat,
portabatur, nutu Dei confluens undique communibus
votis populus sequebatur. Pulsantibus apertæ sunt
fores, ei ingressa prosequens multitudo. Vix bene
deposita tetigerat pavimentum, resolutis nervorum
nodis, dirupta cute poplitum, surgit in pedes, et
per totam basilicam gressum movens, rudimenta
gaudet novi muneris exercere. Tollit populus voces
in cœlum, et læto tumultu personant universa. Stat
in parte stupefactus episcopus, et de pristinæ pietatis scrupulo, non tantum consono multorum testi-

monio, sed oculari etiam fide confunditur. Agnoscit etiam tacitus gratiam quam petebat, et tam cito
se exauditum miratur. Ne tamen aliqua pravæ suspicionis relinqueretur occasio, duplicato protinus miraculo confirmatur, ut quasi legitimus testimonii
numerus non deesset. Nam vix bene de priori gaudio tumultus resederat, cum ecce non parva comitatus caterva cæcus ab ortu puer adducitur, et omnium qui aderant in se mentes et ora convertit. Nec
mora, statuitur ad sepulcrum, oratur pro illo a populo, et expulsa statim caligine, mirantes oculos
penetrat lux ignota. Exoritur rursum lætitia, rursum voces. Miratur episcopus repetito, cujus mentis pristinæ cæcitati similis materiæ virtus alludit.
Opponitur cæcitas dubitanti, et illuminatio creduli-
tati respondet. Nullus jam locus relictus erat ambiguo, et ultra in tanta evidentia nullus Thomas poterat dubitare. Erumpit ergo corroboratæ fidei provectus in vocem, et in aures omnium sonat verax
confessio. « Plus, inquit, hic video quam audivi, et
est longe inferior opinio veritate » Reversus est
præsul ad propria, reportans pretiosæ confessionis
divitias, et dans gloriam Deo cœli, qui vivit et regnat
in sæcula sæculorum. Amen.

AD VITAM SANCTI MAGNOBODI EPISCOPI ANDEGAVENSIS

BREVE MONITUM.

1463-1464 *Hanc sancti Magnobodi Vitam ab anonymo conscriptam, alteri a Marbodo compositæ præmittendam duximus, tum ne hoc antiquitatis monimentum studioso deperiret lectori, tum quia de hac idem fecit Marbodus quod de Vita prolixiori sancti Licinii fecerat, dum ad ejus instar et ipsam prolixiorem contraxit, et ad meliorem formam redegit. Hanc autem hic potius inserendam censuimus quam Vitam sancti Licinii priorem, quia hæc ab anonymo conscripta, et e duobus manuscriptis veteribus eruta apud Bollandum præcedit immediate Vitam a Marbodo concinnatam, ad quam proinde lector potest, si libuerit, recurrere: hæc autem nullibi quod sciam reperitur. Prodit autem e schedis Mabillonianis.*

VITA SANCTI MAGNOBODI CONFESSORIS

AUCTORE ANONYMO.

—

§ I. Gloriosus igitur atque eximius Christi pontifex Magnobodus ex pago Andegavensi divinis antecedentibus indiciis nobiliter editus magnis miraculorum fulsit privilegiis, qui antequam valetudine
corporis et loquendi peritia fungeretur, admiranda
in eo collata sunt cœlitus virtutum charismata, ut
testantur ejus ubique recolenda præconia. Parentes ejus secundum humanæ propaginis genealogiam admodum spectabiles inter concives non
mediocre obtinebant dignitatis locum, sub jure
Lotharii filii Chilperici consistentes, qui cum con-
sanguineis suis Theoderico scilicet et Theodeberto
adhuc intra adolescentiæ annos constitutos exortis
undique grandinum simultatibus [aut f. simulta-
tum grandinibus] litem exercebat. Puerperio ergo
suo, Christo auspice, prædicti genitores admodum
gratulabundi de nativitatis ejus variis, sed non
modicis lætati sunt portentis. Nam, sicut solerti
indagine compertum habemus, exordium natalis
ejus in ipsa Epiphaniorum die recens exstitit,

qua auctor vitæ fecunda et intemerata genitus
Virgine a gentibus stella præduce voluit adorari,
ac honorari munerum cultibus, nec non Jordani-
cis ablui lavacris, ac lymphæ liquorem convertere
in vini saporem, et in ipso concentu gallicinii quo
dieculæ prænuntiari non ambigitur igniculus, materna mundo sanctum edidit alvus, ut patenter de-
monstraretur lucis eum futurum amatorem et præconem, qui talibus indiciis suam decorabat nascendo
natalem.

§ II. *De procella fluctus divinitus sedata.*

Itaque cum pro diluendis originalibus peccaminum contagiis prædicti parentes ad regenerationis
lavacrum deferre studerent pervium, quod eundi
ad basilicam copiam ministrabat, arctatus Ligeris
fluminis dirimebat, qui dum navali adminiculo mea-
tu jam dicti amni transire vellent, repente exorta
tempestas totam pene salutis suæ ademit virtutem.
Insurgunt procellarum nimbi, ac immensus vortex
pelagi cymbam elidere minatur. Alliduntur remi,

remigesque fluctuum impulsione desperationis evadendi periculi noxa deterrentur. Inficitur cunctis horror timoris, ac sola præ oculis formidatur imago mortis; quid agerent nautæ, quo conatu subsidia quærerent immensitas undarum ac syrtes gurgitum denegabant, cum subito, ut credimus, divino nutu sopitis omnium ventorum flabris inopinata et optata supervenit quies; et qui infestanti discrimine ad perniciem delabi formidabant, mira et indicibili celeritate omni metu absoluti, animisque gaudio oppletis littora fluminis fulcantes ad portum salutis pervenere. Perfectis ergo omnibus, pro quibus advenerant, atque ex more completis, ad lares **1465** proprios alacres repedarunt.

§ III. *De coma capitis ejus attonsa, et de moribus puerilibus.*

Procedente vero ætate cernentes prælibati parentes generosam filii sui indolem, sacris eum destinarunt imbuere litterarum studiis. Traditus ergo scholæ documentis omni intentione, ut ætas illa patiebatur, se in divinis mancipabat exercitiis. Quidquid ante perceperat intra cordis arcana capaci industria retinere satagebat. Cumque infantiæ pueritiæque transcenderet curricula, pubescente jam annorum incremento, a sancto Licinio Andegavensium episcopo verticis ablata cæsarie, Ecclesiæ sanctæ instituitur officiis, ac graduum honore sublimatus, ordinis sacri commendatur oraculis. Erat namque illi inter coævos mira diligentia, summa obedientia, non ficta charitas, cernua benignitas, pernox in orationibus, ultroneus in vigiliis, parcimoniæ commerciis illustratus, sanctimoniæ privilegiis decoratus, doctrinæ cumulis eruditus, sapientiæ lampadibus illuminatus, melliflua sermonis sagacitate delibutus, jugum Christi, quod portantibus amarum cernitur, jugiter ferens, et onus ejus, quod subcollantibus leve judicatur, indesinenter gerens.

§ IV. *De honore prælationis ejus.*

Cernens igitur jam supradictus sanctus præsul Licinius ejus industriam, et admirabilem mentis ejus intentionem, decrevit eum aliquantulum in superiori consistere gradu, et penes se retinere ut adjutor sui in omnibus foret, et exemplis ejus cæteri æmulatores fierent. Siquidem patrem eum præfecit sanctæ congregationi, quæ in cœnobio Colonetensi Christo famulabatur, ut lucerna in fastigio candelabri sita, claritate luminis magis cæteros illuminaret, et dogmate divinæ admonitionis paradigma obsequentibus exhiberet.

§ V. *De legatione qua Romæ functus est, et quid ibi egit.*

Cum autem ipse prædictus pontifex Licinius in suburbio jam prælibatæ civitatis Andegavensis basilicam in honorem sancti Joannis Baptistæ miro opere constructam dedicare vellet, recolendæ sanctitatis **1466** virum Magnobodum ecclesiastici ordinis ministerio promotum accersiens, ad urbem Romam, ubi pignora apostolorum debita veneratione recoluntur, direxit ut reliquias a summo pontifice consequi mereretur, quibus basilicam moderno cultu insertam consecrare posset. At ille jussis ejus obtemperans, maturavit iter; qui beatum papam Urbis adiens, causam intimavit profectionis, atque ab eo gratanter exceptus, aliquandiu cum ipso conversatus est. Cujus jussu, juxta morem, divina officia ac missarum solemnia celebrans, contigit ut ad matutinas Laudes cum pontifice veniens psalmorum ac hymnorum melodiis interesse: at ubi ventum est ut lectiones secundum Ecclesiæ Romanæ ritum in pulpito recitari deberent, cum benedictione ejus assurgens, lectioni operam dedit, in qua diutius detentus, absque interpolatione cœpto operi insidens, quidam de circumsedentibus livoris facibus accensi, quod dicere nefas est, lucernam quæ visui viri Dei famulabatur exstinguere

A aggressi sunt. At ille illatam sibi ab æmulis controversiam cernens, constantior factus, nihilominus opus quod subsidio lichni aliquandiu peregerat, carens ejus solamine, corde tenus omne peragens, perlegit libri paginam, ut comprobaret Omnipotentis gratia non solum lumine carnali, quod exterius patet, illum vigere, sed etiam spirituali, quod interius spiramine divino candet, plenissime fervere. Igitur perceptis, pro quibus ierat, a beatissimo papa pretiosis sancti Joannis reliquiis, prospero cursu ad venerabilem Licinium Andegavis repedavit pontificem, ferens pignus affabile : quod ille alacriter acceptum, ut mente conceperat, intra oratorium moderno opere ædificatum recondens, exspectabili sanctione dedicavit : in quo contuberniale collegium monachorum coacervans, juxta normam sanctæ professionis vivere instituit, ac plurima prædia ad opus [*supp.* cultui] divino ibi militantium delegavit, atque xenodochia ac brephotrophia, diversaque mansionum habitacula ædificare procuravit

§ VI. *De transitu Andegavensium episcopi, et de ordinatione ejus.*

His ita perpetratis atque evolutis multorum annorum curriculis, cum omnipotens Deus præsulem Andegavensem ab hac ærumnosa ac caduca vita vellet absolvere, et beatum Magnobodum in Ecclesia sua pastorem constituere, infirmitate **1467** cogente, viribus cœpit destitui propriis; qui fratrum ad se convocans examina, viaticum petiit et percepta sacri corporis Christi eucharistia, a discipulis summa diligentia terræ conditus est, resurrecturus cum gloria. Illo ita assumpto, plebs Andegavensium tam clericalis quam laicalis in unum coacervata, parili animo una cum consensu inclyti Francorum regis Dagoberti, filii Lotharii, Magnobodum sibi fieri pastorem acclamare cœpit, omnibus una sapientibus. Soli duo presbyteri honore præcellentes inventi sunt, qui nimia obstinatione

C hanc electionis seriem et statuta populi evertere moliebantur, quorum unus vocabatur Leudobaudus, alter vero nuncupabatur Ambrulfus, sancti viri adversantes meritis; sed prævaluit definitio generalis adversus flexuosa eorum præstigia. Insuper, divino exardescente examine, tanta cæde notati sunt ut utrique oculos dextros evidenti experimento amitterent, et nusquam spem recuperandæ pristinæ sanitatis adipisci mererentur. Ita factum est ut et versutus illorum astus multaretur, et viri Dei electio nutu Dei signis præcedentibus sanctificaretur.

§ VII. *Qualem se exhibuit adeptus apicem regiminis.*

At vero beatus Magnobodus, ut assensus populi ferebat, infulam sacerdotalem adeptus, voto omnium favente, in cathedra episcopali sublimatur: qui, ut onus suscepit ovile, continuo ut bonus

D pastor, pro ovibus sibi creditis evigilare cœpit. Admonebat protervos ut corrigerentur; persuadebat bonis ut in melius augmentando de die in diem proficerent. Quod verbis edocebat, operibus demonstrabat. Nihil in terris quæ sua erant quærens, sed quæ aliorum utilitati prodessent consulens, ægrotantibus opem ferebat, periclitantibus subsidia ministrabat; pauperum visitator, egentium consolator, monachorum, clericorum ac sanctimonialium curam gerebat, viduarum ac pupillorum sollicitudinem sedulus exhibebat, pro inimicorum versutia orationi instabat, eosque charitatis fœdere mitigare satagebat; eloquio conspicuus, mente serenus, pietatis ac misericordiæ armis circumdatus, justitiæ ac rectitudinis clypeo munitus; in adversis fortis, in prosperis humilis; nec terrore terreri potuit, nec munere frangi, nec blandimentis seduci; in consilio prudens, in actione vigens, in omni probitate morum intelligens; deditus jejuniis, eleemosynis dapsilis, evangelicis præceptis acclinis, psalmorum canticorumque pervigil, **1468** concentor ac totius divinarum Scripturarum seriei non immemor : mactabat seipsum quotidie holocaustum Domino, ac sese in ara cordis contriti sacrificium offerebat, ut hostia immaculata fieret, et templum Dei viva intraret. His et his similibus virtutum gemmulis adornatus, taliter præerat Andegavensibus civibus antistes constitutus Magnobodus : cujus actionis admirandæ si quis agnitor esse desiderat, sequens sermo absque mendacii fuco explicabit.

§ VIII. *De vinctis quos apud Parisios divinitus absolvit.*

Igitur tali evidenti approbatione et omnium assertione, beato Magnobolo apice præsulatus decorato, præfatus rex Dagobertus, monarchiam regni Francorum obtinens, comperta bonitatis ejus fama, ad se Parisios, ubi tunc temporis morabatur, accersiri præcepit. Cujus jussionibus obtemperans, non segnis ire perrexit. Dum ergo intra civitatem ingrediens valvas transiret, rei qui in ergastulis irretiti facinoribus detinebantur, comperto ejus adventu, vocibus importunis clamantes, beati viri solatia petebant. At ubi audivit miserorum lugubres ululatus eorumque lamentabile exitium, misericordia motus, vestigia pressit quæ in procinctu erant, eundi ad basilicam orationis gratia. Judicem ergo adiens cernua mente, rogitare cœpit ut damnatis veniam præstaret, et liberam pergendi facultatem indulgeret. At ille, ut erat truculentus, responso improbo sancti viri adversans voluntati, sine effectu abire fecit : qui a funesto contemptus, ecclesiam qua tendebat ingrediens, Christi clementiam exorabat ut noxiis copiam eundi annueret ac a loris nexuum erueret. Illo sic in prece perseverante, repente compedes attriti manicisque contusis aditus carceris, nullo obice impediente, vinctis patuere. Prosiliunt namque, et sancti pontificis referre advoluti vestigiis, gratiarum actiones cœperunt. Pro quorum salute ille principis clementiam exorans, optatam absolutionem impetravit, ac ne ulterius in tanto facinore deprehenderentur comminando interdixit.

§ IX. *De cæco intra basilicam illuminato.*

Sub eodem tempore quidam lumine oculorum amisso magnifici viri virtutibus auditis ad Andegavensem prædestinavit **1469** duce præeunte pergere civitatem, confidens spe integra ejus solamine pristinam oculorum suorum recuperare salutem. Qui intra urbem ingrediens [ut pontificis medelam quæreret, dictum est quia infra septa basilicæ divinis officiis intentus missarum solemnia celebraret; ac ille hoc comperto præduce quo venerat ecclesiam adiens beatum pontificem invenit, ut dictum fuerat, in sacris mysteriis, quem voce importuna clamitans deprecabatur, ut perditum restitueret lumen. Cujus querimoniis beatus antistes misertus, oratione pro ejus incolumitate profusa, peracto missarum officio, perceptionem sacri corporis in os ejus cum benedictione intromisit; qui continuo omni cæcitate depulsa, acies oculorum, qui per multa annorum curricula fuerat latebris deputatus, cui restituitur, atque gratias agens Christi virtuti, cum alacritate mentis et corporis ad propria regressus est.

§ X. *De presbytero a fluxu ventris sanato.*

Nec illud silendum autumo quod cuidam presbytero bonis operibus dedito evenisse contigit. Dum enim profluvio ventris laboraret, et intestina ejus morbo viscerum usque ad perniciem vitæ dilabi et cruciari videretur, visu [*f. nisu*] quo poterat præcepit famulis suis ut quantocius ad virum Dei accederent, et eulogias quas dirigere decernebat ipsi deferrent. Et illi jussionibus domini sui obsequentes, summa cum festinatione detulere quæ dominus eorum præceperat : qui benigne ab eo suscepti, gratanter accepit quæ ægrotus direxerat, et protinus

rem agnoscens, panem benedixit, remeantibusque bajulis tribuit, jussitque ut absque dilatione æger ex eo perciperet. At illi concito gradu revertentes exenia pontificis domino suo morbo obsesso attulere. Quibus acceptis, et in esu sumptis, continuo omnis dolor intestinorum, refocillatis viscerum fibris, abscedens, pristinæ restituitur prosperitati, agens gratias pontifici, qui ita eum a perniciosa clade eripuerat.

§ XI. *De prodigio super garrulitatem puerorum ostenso.*

Igitur summæ sanctitatis vir diœcesim sibi commissam illustrando atque admonendo circumiens pervenit ad quoddam prædium, quod Quartiniacus vulgariter nuncupatur. Quem pueri garruli in platea **1470** conglobati pariter procedentes ei obviam cachinnis ac vocibus debacchantes lacessere non formidabant, ac convicia ludendo nefanda jactitabant ; quos ille intuens repente unus ex ludentibus pueris mistus pulveri omni cum pertinacitate raptus per vasta aeris more globi hac illacque ferebatur. Tunc de sodalibus cum parentibus tristitia metuque profligati per devia quæque sequentes, ac rupium valliumque anfractus sectantes, nullo proficiebant effectu, excepto labore fatigationis, quid agerent consilium demebat casus inauditus et repentinus. Tandem desperatione adacti per invia et dumosas tramites fatiscentes, reperiunt puerum inter condensa veprium semiviventem, et vix exilem anhelitum trahentem : quem parentes cum magno gemitu pallio involutum, et pene cunctis artubus decerptum in præsentia sancti viri obtulerunt, ac poplitibus flexis exorare cœpere ut doloribus filii sui compati dignaretur, quibus præcepit ut intra septa ecclesiæ puerum ponerent, et Domini clementiam pro eo supplicarent. Verum denuo absedente turba, cum ad ecclesiam prædicti parentes mœrentes remearent, valentem puerum invenerunt, quem defunctum sperabant. Tunc vir Domini, apprehensa manu pueri, ex aditu porticus levavit, et sanum et vitæ præpotem reddidit parentibus, retribuens bona pro illusione sibi illata. At illi gratulabundi genibus ejus advoluti vota referentes ad lares proprios remeavere.

§ XII. *De quodam Theudegisilo curato.*

At vero quidam vir Theudegisilus nomine nimiæ ægritudinis incommodo laborabat, quem nulla medicorum ars, nec fomenta salubria ad sanitatis perfectum reducere valebant. Cum autem ita morbo attritus spem omnem recuperandæ pristinæ valetudinis abolitam haberet, memor præfati antistitis beneficii, ad ejus se deferri voce flebili poposcit obtutus. Quem ille intuens diræ ægritudinis tumore debilitatum, ad Christi suffragia conversus, orationum munia pro eo omni cum instantia fundere studuit ; sicque, divina favente clementia, ab omni molestia corporis erutus atque sanitatem adeptus, qui grabato usu alieno bajulatus fuerat, incessu proprio ac libero arbitrio ad sua repedavit.

§ XIII. *De navicula ad eum sine remige perlata*

Operæ pretium est referre et illud quod **1471** multi asserunt miraculum. Rediens namque venerabilis pontifex cum agmine discipulorum ex vico, cui Othonense vocabulum est, ut tenderet ad suæ mœnia urbis, ad oram fluminis cum accessissent, contigit eventu divino, ut credendum est, non adesse navale solatium quo tute possent transmeare fluvii alveum ; siquidem inter citra amnem situs videbatur, sed deerat qui ejus utilitatibus consulens præsentiæ ipsius conducere conaretur. Qui more solito ad orationum solamina confugiens, dum in prece commoratus, repente prora ex loco, in quo adnexa tenebatur, exsiliens, absque remige, nullo compellente, ad littus, in quo præstolabundus aderat, votis omnium parens natatu devehitur. Qui, omnipotenti Domino, qui voluntatem timentium se facit et deprecationes eorum exaudit, gratias rependens, cum universo comitatu suo nobili in eam descendens, ad locum quo tendebat et voluntas dirigebat, prospero cursu lætabundus pervenit.

§ XIV. *De Mummolo a febribus liberato.*

Interea erat quidam æger nomine Mummolus qui quartano febrium typo graviter insectabatur, et diu macerationis molestia afficiebatur : quotidie autem eum hæc sæva pestis miserabilem languidum graviter vexaret, et nulla penitus remedia adipisci posset, morbo urgente ad mortis confinia compelli cœpit; jamque in suprema vitæ constitutus, virum Dei per internuntios petit ut sui misereri dignaretur. Qui ejus irremediabilibus doloribus compassus, oleum sacra benedictione sancitum ægroto direxit, atque ungi præcepit : quo accepto, ut est delibutus, fugata cuncta langoris materia, sanus redditus multis denuo vixit annis.

§ XV. *De puella Baldetruda lumini restituta.*

In eodem quoque pago Andegavensi puella quædam nomine Baldetrudis morabatur, quæ ita erat lumine oculorum abdicata, ut omni desperatione addicta spes videndi in perpetuum denegari videretur, cujus parentes orbitati condolentes in conspectu pii Patris Magnobodi statuentes supplici animo rogitabant, ut opem medelæ natæ suæ conferre dignaretur. Quorum petitionibus aurem accommodans, fidemque eorum cernens, ad orationis munimina conversus, cernuus Dominum exorabat **1472** ut lumen puellæ restitueret, qui ab exordio nativitatis editum curaverat cæcum. Illo itaque in hac ita perseverante prece, paulatim cœpit puella clausis palpitare luminibus, donec omni cæcitate depulsa, ad integrum sortita lumen viatico proprio parentum attigit fores.

§ XVI. *De manu arida Domnioli.*

Sed inter ista quidam nomine Domniolus longæva obsessus infirmitate manum arefactam absque operis negotio fere assuetus erat : sola namque figura hujus artubus inerat, sed efficacia roboris et sensibilis vigor absens velut sarcina alicujus materiæ illi adhærebat. Agnitioni itaque præcellentissimi viri præsentatus, olei fomentum benedixit, ac arido mandavit ex eo se perungi; qui salubri medicamine linitus extemplo virtus membrorum virentibus venis, ac in robore coalescentibus nervis redire cœpit, omnique compagine soliditatis insertus comite valetudine ad sua repedavit ovanter.

§ XVII. *De nummis in refectione pauperum multiplicatis.*

Quid autem referam de ineffabili divinitatis miraculo quod per eum Omnipotentis gratia operare dignata est. Nam cum tempore quodam, urgente famis inedia, ad virum Dei, ut illi consuetum erat, agmina pauperum undique ex diversis locis confluerent, et ipse, more solito, ut dapsilis largitor absque reprocrastinatione agapem faciens, necessaria erogabat. Cui cum in stipendiis eorum non modicum nummorum supplesset numerum, ad alenda non deficeret, usque ad satietatem omnes refecti sunt. Quibus cum alacritate euntibus, clientuli pontificis summam nummorum indagantes, quæ fuerat in cibis egentium distributa, duplicata repererunt quæ erogando consumpsissent. Qui admiratione attoniti, ad eum accedentes, ut res erat innotuerunt : siquidem centum quinquaginta amplius inventi sunt, quam in sumptu egenorum distributi denumerarentur. At ille non elationis typo elevatus, suis meritis ascribens, sed clementiæ Dei imputans, ex intimo cordis antro gratias agens, omnino sub silentio tegere jussit : cavebat enim jactantiæ vitium.

1473 § XVIII. *De muliere paralytica sanata.*

Hoc itaque prodigio viri Dei meritis ita patefactis, denuo aliud subsequitur. Mulier etenim

A quædam paralysi morbo irretita a notis præfato pontifici in grabato defertur, quæ ita erat omni compagine artuum dissoluta, ut omnibus officiis amissis solus vitalis spiritus anhelare absque negotio videretur : quam vir Domini intuens, misericordia motus, altissimo Regi pro ejus recuperatione preces offerre studuit : quibus completis ad mulierem accedens, apprehensam manum illius ab imo elevare præcepit. At illa absque mora consurgens, omni langore fugato, incolumis reddita est, sicque nullius indiga solatii cum inopinato gaudio ad sua reversa est.

§ XIX. *De Lodovæo visui restituto.*

Non longe post tempore cæcus quidam Lodovæus orbitatis latebrarum nodis irretitus vitam ærumnosam cum exsitio ducebat; qui tali aditus penuria toto visu flagitabat, ut absque dilatione pontificis præsentaretur conspectibus : quem affines importunis ejus acclamationibus tædio affecti ad medicum saluberrimo fomento sanandum adducere compulsi sunt. Pro quo orationi incumbens, ut et perfusus facie lacrymarum imbre, fugata cæcitatis nocte, ac sole adveniente optatum cæco restituit vivendi munus.

§ XX. *De archidiacono Pictaviensis Ecclesiæ.*

Præterea archidiaconus quidam Pictaviensis Ecclesiæ, summæ simplicitatis vir, nomine Agericus, nimiam beati viri ob sanctitatis suæ privilegia clientelam possidebat. Hic cum enormi dentium molestia clanculo pontificem adiens, innotuit lugubri relatu immensitatem discriminis quam patiebatur intra antra oris; cujus doloribus sæpe dictus pontifex compassus signum sanctæ crucis recolendum super dentium fauces imprimens, ab omni incommoditate ora absolvit. Ita sanitatis titulo præmunitus, ad locum, de quo venerat æger, rediit alacer; qui demum meritorum suorum interveniente opinione, præsulatus apice decorandus ab universis eligitur pontifex plebis ad regendum sanctæ matris Ecclesiæ statum, ut postea declaravit **1474** eventus dignus Deo et actione conspicuus.

§ XXI. *De homine a vexatione sanato.*

Sub eodem ferme tempore homo qui nuncupabatur Nannenus, ex prædio Vermentense procreatus, omnium impugnatione dæmonum infestatus vexabatur diutius, qui nimium loris ac vinculorum concatenatione omni tempore nodatus ad virum Dei adducitur ita mente fraudatus : qui cernens plasma Christi cruore redemptum ita inimici fraude obsessum, altius ingemiscens ad omnipotentem Domini confugit adminiculum, supplex deprecans ne hostis pertinax potestatem suam teterrimæ dominationis in hominem exerceret, pro quo ad terras veniens mortem subire non horruerat. Quid multis moror? Oratione expleta, mox ut sanctus vir perduelli versato nutatui in corpore comminatus est ut ab imagine Dei velocius abscederet. Ille statim ad nihilum redactis præstigiis suis ex obsessa discedens dæmoniacus mente, recepta totius valetudinis expertus cum benedictione pontificis regressus est.

§ XXII. *De muliere manu dextera solidata.*

Nec illud silendum censeo quod cuidam puellæ ex agro quod vulgo Cabariense [*al.* Cabariacensem] vocant, evenisse contigit. Ea etenim, ut omnibus qui tunc temporis superstites aderant, satis compertum habetur, molestia insectante, manum dexteram amiserat. Quæ longo intervallo temporis hanc injuriam membri bajulans, petitione ejus impetrante, ad beatum sæpe prælibatum delata est pontificem, qui oleum sacræ benedictionis munere insertum dexteram puellæ perungere sanxit : a quo omnium infirmitatum nexibus erepta, jussu pontificis sanitatis compos ad sua repedare valuit incolumis, magnificans Christi virtutem, sanctique viri a Domino concessam hujusmodi facultatem

§ XXIII. *De exercitiis quæ quotidie agebat.*

Ergo si cuncta et per singula sancti viri Magnobodi referre voluerimus quæ vivens in corpore gessit miracula, nondum libelli enormitate excederent, sed ea solummodo quæ relatione multorum comperta sunt, ut modicitas nostri exilis fontis **1475** prævalet, breviter elucubrari ratum duximus. Nam interius et exterius virtutum floribus candens, magnis pollebat scientiæ privilegiis : pro ovibus siquidem sibi creditis sollicitus erat, ne ovile ab antiquo præduelli patefacto, aliquod detrimentum Christi grex sustineret, pro quo ipse pretiosum sanguinem fuderat. Contra astum præstigiarum rapidi leonis, quærentis quem devoret, solers evigilabat, et omnes pedicas ejus prævigili instantia transiliebat. In domo namque patrisfamilias constitutus, mensuram tritici commissam conservis erogans, pro salute et augmento ovilis sibi crediti sedulus pernoctabat ut cum Dominus adventum suum notificaret, non dormientem, sed vigilantem inveniret. Ideoque magnopere orationis supplemento intentus, ut status sanctæ Dei Ecclesiæ conservaretur, exorabat mente indefessus. Inter cætera vero opera quæ dictim exercebat, sacrificium Domino offerre peculiare suum erat, in quo seipsum in ara contriti cordis indesinenter mactans, hostia viva Domino fiebat, ac sanctæ Dei Genitricis omniumque sanctorum commemorationem faciens, charismata sanctæ eucharistiæ cernua prece sumens, pluribus exinde præbebat medelam ægrotis, ac salutem periclitantibus, nec ulla obstante obice algoris, aut itineris, aut cujuslibet necessitudinis omittere voluit. Psalmorum vero, hymnorum canticorumque spiritualium concentibus tam diurnis quam nocturnalibus horis ita deditus erat, ut absque his nil operis exercere videbatur, nec non Pentateuchi totiusque historiæ non immemor, seriem divinarum Scripturarum mente sagaci retinebat. Jejuniis autem ac parcimoniæ cultibus illustratus, augmentabat abstinentiæ normam. Siquidem in diebus Quadragesimæ observationis solus in cellula conclusus, solo pane et aqua contentus, et ad mensuram ponderis hoc percipiens, cum magna egestate vitam ducebat. Carnem ergo suam ita gravi penuria atque inedia edomabat, ut assidue cilicio contectus, hirtum ferret tegimen. Pauperum egenorumque ac peregrinorum sedulo memor fiebat, atque hunc orphani patrem vocabant, pupilli ac profugi consolatorem clamitabant. Nam stipendiis ejus alebantur, opibus pascebantur, ac vestimentorum adminiculis tegebantur. Si quis ære alieno oppressus, ac necessitatis inopia præventus, ac ingratus quisque solatium ejus expetere compulsus est, sine reprocrastinatione invenire meruit quibus indiguit. Infirmorum cura ante omnia illi adhærebat, illorumque sollicitudinem mente vigili refovebat. Si morte urgente quisquam exitum **1476** consecutus est, ejus exsequiis interesse studuit; et si necessitas exegisset, ex propriis sumptibus sepulturæ traditus est. Et quid plura? Omnia omnibus factus erat, ut omnes lucrifaceret. Sed tempus postulat ut ad narrationis seriem stylum latentia explanando ad ea revertamur.

§ XXIV. *De sanctimoniali ab ægritudine liberata.*

Sanctimonialis quædam nomine Procula gravem ægritudinem incurrerat, ita ut etiam ferme usque ad periculum vitæ addictam se fateretur. Hæc pro religione propositi sui homini bene nota frequenti petitione poposcit, ut ab ipso visitari mereretur : cujus orationibus ille adminiculans dicta vespertina synaxi famulam Dei invisere decernens preces omnipotenti Domino pro ejus prosperitate profudit. Quibus peractis, imperante sancto viro, continuo discessit ab ea omnis morbus infirmitatis, ita ut postea multis incolumis viveret annis.

§ XXV. *De controversia abbatis Eraclei.*

Sed sunt quamplurimi invidiæ ac malitiæ et rancoris ita illaqueati, ut unde exemplum bonæ actionis ac vitæ propositum sumere deberent, nequitiæ suæ exardescentibus tribulis ad perniciem sui exinde deteriores fiunt. Et ut enucleatius aperiamus : Quidam regimen abbatis tenens, non tamen curam ipsius officii ut congrueret exercens, cognomento Eracleus, beati antistitis Magnobodi virtutum insignia cernens, felle livoris irretitus veneni haustu eum perimere conatus est, virosque malitiæ sui sceleris conscios corrumpens, clandestinæ viro Dei poculum mortis propinari jussit. Quos ille ad se venire conspiciens intellexit, divina providentia demonstrante, præstigia eorum mortifera, ac memor evangelici præcepti : « Diligite inimicos vestros, benefacite his qui oderunt vos (*Matth.* v, 44), » omnem humanitatem eis exhibuit in cibo et in potu. Post refectionem vero ad se accersiens, cœpit eis monita salutis adhibere atque persuadere ut a tali nefanda et vitanda versutia secederent, ne velut fratricidæ vitia pari inferendo æternæ maledictionis mucrone barathri multarentur; cumque his et hujusmodi sermonum persuasionibus lethiferos exhortaretur, et ut ne serpentis controversiam, sed columbæ simplicitatem imitarentur, admoneret, dato pacis osculo, abire fecit indemnes. **1477** At illi pudore simul ac metu perclusi, ad eum, a quo directi fuerant, reversi intimavere ut res erat : qui ubi fraudes suas flexuosas intellexit denudatas, percita turbatione perterritus limina beati Martini fugabundus adiit, latibulum quærens; sed cum sæpissime proditor a veridicis argueretur, et quæ egerat in palam notaretur, sub jurejurando innoxium se ab hujusmodi exsecrabili facinore fatebatur. Sicque in duplici reatu dilapsus, in homicidii scilicet noxa et figmento perjurii, ultionem divinæ animadversionis consecutus est : nam ulcere diro percussus in fronte tandiu extabuit, ut nulla ars medicorum salubria adhibere possent, atque hoc ita vulnere atro diutissime attrectus mortem inopinatam incurrere meruit, qui vitæ sancti viri insidiator exstitit. Sicque eo liberato ab æmulo, misericordia Christi favente, quantum pollebat virtutum donis declarabatur successibus prosperis.

§ XXVI. *De puella ab urbe Roma curata.*

His ita transactis, puella quædam in urbe Roma, nobilissimis orta natalibus, triennio a febrium invasione intolerabili afficiebatur cruciatu. Cumque incurabilis ab omnibus hæc dira pestis videretur, pene jam usque ad exitum dilapsa, auditis miraculorum signis quæ intra Gallias Christi potentia, a sancto gerebantur Magnobodo Andegavensium episcopo, cœpit ejulatu clamare ut ad virum Dei curanda adduci mereretur : cujus importunam querimoniam consanguinei non ferentes, longævum iter arripientes, transcensis pennarum Alpibus, atque horridam et asperam viam secantes, Gallias adiere. Qui ut ubi sanctum pontificem Andegavæ residere cognoverunt, celeri cursu ad eum properantes, divinis missarum solemniis intentum invenerunt, et protinus causas itineris fessabundi innotuerunt : quos ille benigne suscipiens, Dominici corporis mysterium, quod sanctis manibus tractabat, in os puellæ intromisit : quæ absque mora, veneno diutini langoris deposito, pristinæque sanitati concessa, lætabunda cum comitibus ad Urbem qua venerat regressa est

§ XXVII. *De abbate monasterii S. Albini.*

His diebus erat quidam abbas, vocabulo Niulfus, qui cœnobium, in quo sanctus Albinus olim Andegavensium antistes corpore quiescit, secundum normam sacræ **1478** religionis regere satagebat, qui diro morbo podagræ usquequaque obsessus, ab omni officio manuum extorris permanebat. Quamobrem adelphi et clientuli ejus mœstitia circumdati, ignorabant qualiter Patris sui pressuris subvenirent. Ut autem sacerdoti notum factum est, sicut moris erat ægros visitare, ad eum visitationis **A** gratia ire perrexit : quem in magna anxietate constitutum considerans, orationis voto completo, eulogias sacras benedictione decoratas ut sumeret æger adhortatus est. Qui ut ubi cum fide percepit, continuo omnis molestia quæ eum invaserat ab eo recedens, totius valetudinis expertus est, ac grates rependens pontifici, multis deinde annis præfato cœnobio regimine præfuit, serviens Domino cum devotione.

§ XXVIII. *De incommodo cujusdam Dodonis.*

Ac non multo post homo, nomine Dodo, ab ineunte ætate indicibili subreptus languore, diu mœrore afficiebatur ulceroso. Qui cum ita tabefactus redderetur, ad memoriam rediit quæ diatim a sancto gerebantur antistite Magnobodo, accersitumque unum de vernaculis sibi parentibus, ad eum quantocius properare jubet, hortaturque visu supplicii, ut causam suæ infirmitatis illi innotesceret, et benedictionis munus ab eo perceptum ipse deferret. At ille ocius peragrans, ad virum Dei accessit, narravitque rem adventus sui ; a quo panem benedictione consecratum sumens, non segniter repedans, detulit domino suo, pro quo erat exenium salubre ; ex quo cibatus, illico divinam sensit adesse virtutem : siquidem incommoditas longæva recedens, in robore convalescens jucundiori dehinc præmunitus est sospitate.

§ XXIX. *De diacono Romulo.*

Per idem tempus, quidam archidiaconi honore prælatus, Romulus nomine, in Aquitaniæ ortus confinio, a quadam impedimenti molestia sex annis arctius tenebatur adnexus. Cum vero nulla spes adipiscendæ sanitatis arrideret, tandem divino instinctu, antistitis famam eximii longe lateque diffusam cum agnovisset, ad eum accedere Andegavis mente integra non piguit, atque ubertim flens, exorabat pontificem ut sui misereri dignaretur : cujus **C** angoris ille compatiens, ut erat omnimodis misericordiæ deditus, admonuit ut a Domino quæreret salutem, qui absque eo **1479** non poterat subvenire humana medicina ; ipse vero cum eo per triduum orationi incumbens, quotidie divina mysteria pro imbecille celebrans, eucharistiæ communicavit. Quo facto, fugata omni immunditia morbi interius latente, cum gratiarum actione iter quo venerat lætanter regressus est.

§ XXX. *De miraculo ab abbate Martino facto.*

Magna sunt quæ supra commemorata sunt ; sed adhuc majora inserenda sunt. Dum etenim hominis Dei celeberrima ubique divulgaretur fama, magnates cæterique sanctitatis arce pollentes, ejus clientelam appetentes, nimio venerabantur affectu. Aut si qua itineris necessitas, aut casus subripuisset incautus, ejus benedictionis eulogias ab eo perceptas, quasi pro armis secum deferentes, protegi se confidebant. Unde accidit ut Pater cujusdam sacri cœnobii, nomine Martinus, pro necessitudine monasterii sibi commissi sollicitus, Burdegalensem adiens pagum navali commercio, hospitandi gratia, ad cujusdam mulieris lares cæcitatis orbitate defessæ, divertere curavit. Qui mulieris detrimenta considerans, ac memor beneficii hospitalitatis, munera gratuita panis, quæ pro benedictione, ut diximus, secum detulerat, jam vespertina hora irrumpente, mulieri tribuens, ut cum devotione perciperet imperavit. Quo sumpto, noctem in oratione cum ea pervigilem ducens, ut aurora diei illuxit, simul cum noctis caligine fugatæ sunt oculorum latebræ, ac cum jubare diei corusco lux quoque visuum irradiavit propatulo. Quod cernens familia, tanti novitate miraculi attonita, fit strepitus maximus collaudans Christi virtutem ac benignum hospitis sui medicum. Ergo hic talis præfuit, sicut in hac sedula absque fuco mendacii recitamus sæpius, talis utique absens, talis in ferendo opem præsens.

§ XXXI. *De Baudomelia puella sanata*

Addantur itaque miraculorum insignia, quæ inserantur in pagina. Ex prædio, cujus Cabariacense vulgo vocabulum est, quamdam puellam in pueribus lustris constitutam, nomine Baudomeliam, caligo irremediabilis lumen oculorum obduxerat : quæ solamine alterius ad beatum pontificem adducta, exoratum est ut opem misericordiæ dignaretur impertiri. **1480** At ille, invocato sanctæ Trinitatis ineffabili sacramento, crucisque tropæo super ipsam inserto, favente superno solamine, clarius lumen puellæ reddidit, quod usquam a crepundiis exordii sui adepta fuerat.

§ XXXII. *De Godolena similiter illuminata.*

Subsequitur deinceps aliud simile, de quo disserendum est, miraculum de adolescentula, scilicet nomine Godolena, quæ intra annos pubertatis detenta cæcitate ac tenebrata visuum acie, tenebrarum patiebatur noctem. Hæc a notis insinuata **B** Christi sacerdoti, sola unctione olei, ac crucis effigie catechizata, sine dilatione perspicuum recepit lumen, quod ver multorum dierum orbitum fuerat tectum.

§ XXXIII. *De alia, vocabulo Goda.*

Paulo post quoque aliud miraculum evidenti declaratur fama. Mulier etenim, quæ nuncupabatur Goda, nimium eadem atra afficiebatur cæcitate. Protinus ergo alieno adminiculo usa, conspectibus gloriosi præsulis præsentatur Magnobodi : quæ magis cœpit clamare vocibus ut sui misereretur confessor excellens. Cujus querimoniis commotus, liquamine olei benedicti mulieris orbes luminum perunxit ; quibus delibatis expulsæ sunt tenebræ, adveniente inopinatæ lucis die.

§ XXXIV. *De adolescente à dæmone erepto.*

Sub eodem quoque temporis articulo, quidam adolescens ad juventutis florem maturum, antiquo perduelle insidiante, qui mille per..... decipit hominum corda, arreptus, ab ipso nimium fatigabatur : qui undique loris ac vinculorum nodis attritus, ad virum Dei adducitur ita mente privatus. At ille imaginem Christi cernens a prædone invasam, perditamque recuperare cupiens, secus cellulam, in qua manens orationi vacabat, persistere jussit. Quem cum toto quadragesimali tempore penes se detinens, orationibus precibusque pro eo Dominum exorans, adminiculante Domini virtute, fugato pervicaci hoste, curatus est ; menteque recepta, sensuque vivaci augmentatus, ad propria, unde coactus advenerat, ultroneus regressus est.

1481 ### § XXXV. *De puella arida sanata.*

Adjiciamus etiam et aliud famosum, quod post egit, miraculum. Siquidem ex villa, quam Cornaliacum nuncupant, puella, tribus ætatis suæ lustris peractis, in tanta inciderat corporis sui detri- **D** menta, ut manuum pedumque officio fraudaretur naturali : nam prædictos artus humoris ac roboris amisso vigore in modum ligni tabefactos ferre ineptos assueta erat. Quæ perlata obtutibus sancti viri, benedictione olei sancita ab omni cœpit curari molestia : nam recuperata nervorum ac venarum facultate, jussu pontificis ad patriam eundi gradiendique peritia gnara regrediens ductu proprio vixit denuo.

§ XXXVI. *De puero per admonitionem et sanato et attonso.*

Sed nec illud sub silentio tegendum autumo quod infra explanandum est. In agro namque qui Gerciacus a vulgaribus vocitatur, quidam accola genuerat filium, qui ab ipsis exordiis nativitatis debilis manibus ac pedibus solius reptandi subsidio fungebatur. Ex cujus eventu diro parentes oppipare nolentes, divina solatiante providentia, adfuit eis intempestivo noctis silicernio quidam specie eleganti, a quo dictum est : « Sobolem quam nuper

ita debilem suscepistis, pontifici Magnobodo de- A
ferte, atque ab eo ut sacris initietur mysteriis petite, voventes eum in sorte religionis dicare. » Hac
itaque visione expergefacti, rem, quam in somnis
audierant, in invicem revolventes, diluciula illucescente surgunt, in vice sacerdotis Ecclesiæ offerunt
futurum, ut ætate convalescente sacri cultus verna
floreret. Quo facto, omnis continuo imbecillitas
membrorum ablata est, et robore corporis consoli-
datus sub præsentia sistitur præsulis, qui comam
capitis ejus, ut moris erat, abscindens, ut adolevit,
divinis eum præfecit mysteriis, serviens Domino
toto cordis imo, qui eum in hoc ordine adscivit.

§ XXXVII. *De puella Leta nomine.*

Quid vero referam de muliere quadam Leta nomine, quæ ita bajulabat manum dextram aridam,
ut nulli officio domestico habilis agnosceretur. Hæc
omni affectu **1482** mentis ad beatum virum accedens innotuit lugubri querimonia quæ erga se agebantur, et artus sui abolitam spem. At ille petitionibus suis assensum præbens, invocato Omnipotentis auxilio, et facto signo crucis, incolumem reddidit dextram ut lævam, omnesque articuli compagine virtutis corroborati sunt nentes ac fila torquentes.

§ XXXVIII. *De cæco nomine Kariulpho.*

Commemorandum est et illud quod, operante
gratia superna, de quodam viro Kariulpho egit. Is
enim caligine superveniente cæcitatis condensa incurrit : perduce itaque usus ad virum Dei properare studuit, eique discrimina corporis sui non sine
grandi mœrore patefecit, et ut misericordiam adhiberet poposcit. Pro cujus miseria precibus ille
fusis ad Dominum, signum admirabile crucis oculis
tenebrarum nocte sopitis imprimens, pulso orbitatis
livore enixa est lux in pupillarum acie.

§ XXXIX. *De muliere languida Marcia.*

Sed et quod pluribus est notum non silendum arbitror, de quadam scilicet muliere Marcia vocata,
quæ ita febrium invasione cruciabatur, ut nulla
requies diei ac noctis illi concederetur. Unde factum
est ut tantis afflicta penuriis ad sancti pontificis
præsentiam adire compulsa est : a quo more solito
sacra unctione olei delibuta, omnis continuo recessit mortifera pestis, et in tantum prosperitatis
compos facta est, ut quæ alieno venerat subsidio,
proprio regrederetur tutamine.

§ XL. *De duabus puellis Necteria et Theodechildi.*

Ergo si vera fateantur quæ relatione alterius didicimus, procul dubio frivola judicari non debent
quæ oculis nostris conspeximus. Et ut enucleatius
aperiamus, duæ sorores puellæ, quarum una Necteria, reliqua vero Theodechildis vocabatur, secundum humanæ propaginis genealogiam exspectabiles,
utrum propriis agentibus piaculis, aut parentum
irretitæ facinoribus, quod omnino non judicandum
fore arbitramur, seu ut minia declarentur sæpius
prædicti pontificis, luminibus oculorum amissis
gressus sui alterius dirigebantur solatiis. Quæ in
conspectu ejus **1483** adductæ, mox ut olei fomento cum orationis fomento mera pupillarum
earum delibuta est, omni orbitate depulsa, naturali
jucunditate irradiante, ad propriam reversæ sunt
mansionem sua præmunitæ deambulatione.

§ XLI. *De basilica quam ædificavit, cæterisque
ædificiis.*

Igitur talibus ac tantis sancti viri ubique clares-
centibus virtutum indiciis, atque crebrescentibus
longe lateque actuum suorum lampadibus, ut sagax
animus præmeditari cœpit quale se erga cultum
divinæ religionis exhiberet, et quo augmento famulos Christi aggregaret ad propalandam sanctæ Dei
Ecclesiæ normam ad profectum sui, et aliorum salutem, cujus sollicitudini, Omnipotentis gratia fa-

vente, decrevit basilicam construere, in honore vi- B
delicet gloriosi martyris Saturnini primi Tholosanæ
civitatis episcopi, et in honore omnium martyrum
plurimorumque sanctorum. Ergo, ut in mente conceperat, opere complens, monasterium summo apparatu ædificans, viros sub sancto proposito deditos
aggregare curavit, in quo etiam synthochia ac bre-
phothofia construxit ac peregrinorum perfectiusque
multorum; atque ut inedia carerent inibi sub regula contubernali degentes, omnia necessaria ac-
cumulavit, delegans prædia quamplurima, posses-
sionisque multam congeriem; mandavitque ut post
decessum incolatus sui ibi corpus suum terræ commendatum supremum reparationis suæ præstolare-
tur diem.

§ XLII. *De filia cujusdam Theubaldi.*

His ita cum magna elegantia peractis, omnibusque ædiculis, ut mente devoverat, constructis, quidam præpotens vir vocabulo Theudebaldus habens
filiam atrociter vexatam, quæ nullo poterat remedio
curari, flens et ejulans ad sanctum pontificem
adduci fecit, obsecrans poplitibus flexis ut filiæ suæ
ab hoste obsessæ opem ferre dignaretur. Cui vir
beatus respondit non esse hoc suum, sed perfectorum Patrum qui hoc possent virtute propria a Domino consequi; sed precibus supplicantium devi-
cius pignora sanctorum super cervices puellæ imposuit cum benedictione olei et signaculo crucis.
Quo facto, iniquus prædo cum præstigiis suis fu-
gatus, vas quod injuste invaserat relinquens, **1484**
puella sensu animoque recepto incolumis restituitur sanitati. Sicque beatus tanto decoratus miraculorum eventu ab omnibus colitur, a cunctis prædicatur. Parentes vero cum filia ad propria, unde
mœrentes advenerant, tripudiantes revertuntur.

§ XLIII. *De muliere Prisca.*

Hoc a beato viro celebrato signo mirabilius de- C
nuo coruscat. Siquidem mulier Prisca nomine ab
exordio nativitatis suæ cæca enixa per sex orbitas
lustrium in hac ærumnosa perstitit orbitate. Sacerdoti ergo oblata illico sensit divinam super se de-
claratam virtutem; elimata etenim, ubi conjicie-
bantur fore officia visuum, nomen sanctæ crucis
dextera impressam, absque dilatione solis præsentiam, quam nusquam viderat cernere promeruit.
Illico clamor populi attollitur, ac multi gaudentes
dicebant sanctum pontificem simile Filio Dei fecisse, qui a vitæ exordio genitum curaverat cæcum.

§ XLIV. *De adolescente Vinciemalo.*

Eodem quoque tempore quidam adolescens Vinciemalus nomen sortitus, talem incurrerat corporis
molestiam, ut oculos tenebrato lumine amitteret.
Qui ad serenissimum antistitem veniens, oleo san-
ctificato in pupillis delinitus est, et mox recedentibus tenebris lumen valens adeptus est quod æger
perdiderat. Deinceps vero prosperitate fruitus, ipse
super muri fastigia deambulans casu ab arduo cor- D
ruit in ima, qui virtute olei sanctificati, quo a
beato pontifice perunctus est, cooperante, juxta
assertionem plurimorum, ita illæsus inventus est ac
si minime corruere videretur.

§ XLV. *De homine quinquennio ægrotante.*

Denuo vero alius offertur, qui per quinque annorum curricula infirmitate detinebatur incommoda :
quem eximius Pastor, misericordia ductus olei liquore, benedictionis munere imbuti, ungens, ac
oratione fusa, vigor membrorum subito virere
cœpit; sicque immensitas doloris abscindens,
homo qui clinicus advenerat, erectus repedavit,
glorificans æterni Regis munificentiam, qui mirabilis in sanctis suis, talia per eos operatur magnalia.

1485 § XLVI. *De Chidoaldo surdo.*

Gyrante dehinc temporum articulo, quidam cognomento Gidoaldus, ægritudine diutina invalescen

te, officium auditus amisit. Perlatus conspectibus venerandi præsulis, nisibus quibus poterat exorabat remedia promereri. Ad quem beatus prælibatus accedens, digitos in aures ejus immittens, simul quoque olei guttam infudit : a quibus continuo scaturiens tabes prosilivit cum fetore horribili, ita ut circumstantes ferre nequirent, atque ita surdus expertus auditum ac aptatus munere duplo, ad peculiarem suum repedare studuit lætus tramitem.

§ XLVII. *De muliere cui oculi claudebantur.*

Sed et illud memoriæ commendandum est quod mulieri cuidam ex villa quam Volensem vocant evenisse contigit. Ea namque, ut asserebat, tali impedimento gravabatur, ut si quando, re domestica interveniente, alicui operi intenta foret, oculi ejus hebetescebant, ac per longa temporis intervalla cæcitate claudebantur. Ergo, ut mos aliorum ægrotantium erat, ad venerabilem Dei hominem properans, narravit quæ circa infelicitatem suam agebantur, et conditionis suæ importunitatem. At ille ineffabilem pietatem Christi invocans, vagum lumen quod mulier pro ambiguo possidebat, stabile firmavit, atque discussis tenebris, ovantem abire fecit.

§ XLVIII. *De muliere visui restituta.*

Dicamus ergo et illud quod absque figmento mendacii testificari et astruere possumus. Item mulier in vico, cui vulgo Verciacense nomen inest, procreata, casu subripiente, semper optatum lumen capitis perdere coacta est : quæ Alloucia vocitata ad benignissimum virum adducta, precibus circumstantium devinctus est orationem pro ea fundere. At ille non refutans vota precantium, invocato Omnipotentis adminiculo, per unctionem salubrem visu restituto mulieri, ad propria unde venerat repedavit alacriter.

1486 § XLIX. *De alia paralytica.*

Et illud omittendum non censemus quod in præsentia nostri actum est. Quædam siquidem mulier, simili modo fenestris luminis amissis, nomine Carigundis; insuper omni compagine membrorum abdicata, loquendi usu fraudata, omnimodis spem recuperandæ virtutis amiserat : quæ ex villa Conflentis, ubi abdita permanebat, ad virum Dei deducta, per triduum fusis precibus pro ea ad Dominum, incolumem reddidit, atque omni cum integritate consolidata manus et pedum bases, in revertendo solatio non eguit alieno.

§ L. *De pervasore Ecclesiæ ejus.*

Igitur sancto viro tantis evidenti approbatione illustrato virtutum commerciis, controversia quoque reproborum contra efferbuit. Sed pœna multatus est, qui hostis pietatis intumuit. Et ut apertius disseramus, quidam intra aulam regiam commanens, cupiditatis livore aufractus, ut postea rei probavit eventus, jumentum, quod Ecclesiæ utilitatibus suppeditabat, visu temerario invasit, suisque usibus præfecit. Hoc ad aures pontificis perlato, magis sub silentio occulere, quam querelam voluit exaggerare; sed insequenti nocte ultio divina eum percussit. Nam mox ut sopori se dedit, vidit se in somnis globis ignium circumvallari, ac pontificis minis terribilibus semetipsum redargui. Cujus comminationibus expergefactus, magnis cœpit clamare vocibus torqueri se a beato antistite, ac petere ut ab eo visitari mereretur. Ad quem ille ire non abnuens, eum visitatione admonuit æmulum, ne sanctæ Dei Ecclesiæ pervasor existeret, sed magis Christi famulos coleret, ac a stipendiis eorum abstineret. Quo facto, oratione fusa, incolumem restituens, damnum quod Ecclesiæ intulerat restaurari præcepit. At ille absque mora jussis ejus obediens, quod injuste abstulerat reddens, liber et sospes abscessit.

§ LI. *De obitu et funere ejus.*

Rexerat itaque jam prædictus sæpius sanctus pon-

tifex Ecclesiam Andegavensem sibi a Domino creditam per multa annorum curricula, sub magno evangelicæ **1487** prædicationis honore, sub excellenti pietatis devotione, ac per id temporis multitudinem populi catholici dogmate ad Christianæ fidei convertit sanctitatem. Ardebat in pectoribus singulorum cœlestis patriæ amor; plebs ad ecclesiæ sanctæ sinum statutis diebus concurrebat; hymnidicas ubique odas cleri concio personabat; religio Christiana ex amussim augmentabatur; resecabantur vitiorum stigmata; accedebant bonorum operum incrementa. His et hujusmodi virtutum igniculis sancta Dei Ecclesia ubique potente, piissimus pastor naturali eventu properante ad debitæ mortis confinia, maturante jam ætatis silicernio cœpit appropinquare. Qui ad se accersitis fratribus, quos sub sancto dogmate educaverat, resolutionem sui corporis intimans, ex hoc mundi ergastulo se transire innotuit, ac post paululum, febrium invaletudine irrumpente, viribus cœpit destitui corporis. Ad cujus discessum clerus ac populus agglomeratus patroni sui famulabantur quantis poterant visitationis votis : quos ille conatu quo valebat admonens et instruens exhortabatur ut a peccaminum laqueis se cavere studerent, et præceptis Domini in omnibus memores voluntati ejus parerent, justitiam sequerentur, charitatis fœdera cum pacis tranquillitate imitarentur, ut quando tempus vocationis eorum ab hac ærumnosa vita appropinquaret, non quasi socordes, ac desides invenirentur, sed vigilantes in bonis operibus præsto haberentur. Finitis ergo mandatorum privilegiis, quibus alumnos instruebat, erectis in cœlum manibus, inter verba orationis sedulo Dominum invocans, xviii Kalendas Novembris inter manus eorum spiritum Domino reddens, terræ corpus reliquit. Cujus anima, ut vere profitemur, ab angelicis agminibus assumpta, conspectibus divinis oblata, lætatur cum gloria. Ad cujus exsequias multi adfuere ex vicis et agris, fletibus ac gemitibus aera complentes. Ejus sanctissima gleba, succollante sandapila, clero ac populo in basilica quam ipse cum magna diligentia dedicaverat portata, in mausoleo sarcophagi summo cum honore condita est, ubi etia quamplurima fidelium somata digna veneratione habita requiescunt, præstolantes renovationis suæ diem, et venturi judicii examen. In quo loco multa, Domino cooperante, fiunt magnalia, cæci illuminantur, claudi curantur, leprosi mundantur, dæmones ex obsessis corporibus fugantur, paralytici eriguntur, et innumerabilia, quæ enarrare incommodum videretur. Ex quibus unum quod memoriæ occurrit, huic paginæ inserendum censemus.

1488 § LII. *De duobus captis Cenomanensibus.*

Post obitum siquidem viri Dei, homines duo, quorum unus vocabatur Vualdo, alter vero dicebatur Bodecharius, ex patria Cenomanensi, ab Andegavensibus hostibus suis fortuito capti, in compedibus ac manicis astricti, dira maceratione allidebantur : nam sub ergastulo horrendo, penuria ac inedia panisque circumsepti, ludibrio ridentibus apparebant. Cumque ita loris adnexi, per plateas ac per ambulacra, causa opprobrii, cum egestate ducerentur, contigit divino respectu ut ad limina, ubi funus habebatur memorandi pontificis, non sine grandi cum custodia advenirent. Qui cum ad tumulum præfati pontificis accederent, confestim enodatis vinculis compagibusque catenarum eliminatis, vincti qui putabantur absoluti, apparuere. Quod lanistæ cernentes, tanta novitate miraculi metu percussi, hac illacque divulgantes, omnibus innotuere. At ubi ad notitiam procerum civitatis pervenit, meritis hoc S. Magnobodi ascribentes, vinctos, quos apud se more hostili detruserant, propriæ libertati concedentes, abire sinunt. At illi ab omni querela impedimenti immunes, ad patriam sui incolatus redierunt indemnes, collaudantes Christi virtutem, sanctique

Magnobodi merita, qui de tanto discrimine eos eri- A
puerat. Hæc ad aures vulgi divulgata, excrescere
cœpit major veneratio erga sepulcrum sancti antistitis, ita ut de longinquis et exteris regionibus variis
obsessos languoribus adducerent, et inibi excubantes
ab omni infirmitatis incommodo eruebantur. Ubique
memoria ejus celebrabatur, ubique merita ejus absque interpolatione recitabantur, audientes et videntes ineffabilia miracula, quæ diatim a glorioso præsule agebantur. Ergo animo devoto et prece supplici
exoremus clementiam pietatis ejus, ut sicut in hac
vita præsenti superstes, votis deprecantium favere
studuit, ita quoque intercessor existere non dedignetur pro piaculis quæ quotidie super nos accumu-
lantur, quatenus ab omnibus sordium criminibus
emundati, valeamus ab interitu gehennæ liberari,
et in æterna lætitia doxa frui cum sanctis, adju-
rante Domino nostro Jesu Christo, cui est honor et
potestas cum Patre et Spiritu sancto. Per immortalia sæcula sæculorum. Amen.

Christus itaque Dominus Jesus, qui glorificat B
glorificantes se, mortuum puerulum **1489** a
laudem et gloriam nominis sui per hunc pretio-
sissimum antistitem suum Magnobodum ab inferis
revocare dignatus est. Quadam namque die, dum
ad supradictam basilicam cum maximo cleri plebisque tripudio missam celebraturus occurreret, mulier quædam, ut benedictionibus sancti pontificis
particeps efficeretur, cum filio uteri sui advenit:
quæ cum intra septa ecclesiæ se recepisset, et parvulus ejus ab ea recessisset, ecclesiæ valvas petiit et
in plateam quæ ejusdem ecclesiæ est vicina ludos
agere cœpit. Et subito ex Vallcia agmen equarum

adveniens, atque ad insulam quæ vulgariter Mons
nuncupatur tendens, per eamdem plateam veloci
cursu pertransibat. Cumque prædictus puer ad dexteram sive ad sinistram declinare non valeret, insidiante, ut credo, humani generis inimico, ab eodem agmine in frusta disceptus exspiravit. Etenim
cum a sancto pontifice missarum solemnia fuissent
expleta, mulier filii sui immemor ad propria revertebatur. Itaque cum per plateam transitum fecisset,
reperit filium suum in frusta disceptum, et cum
magno animi dolore a terra eum **1490** levavit,
statimque miseram se clamans, ac magnis vocibus
aerem replens, nullo modo se poterat a lacrymis
continere. Sed ubi ad memoriam rediit quæ diatim
a sancto gerebantur præsule Magnobodo, concito
gradu ad basilicam usque pervenit; nondum enim
sanctus antistes a basilica discesserat. Ergo prædicta mulier suffocati filii sui corpus in conspectu
sancti exposuit, dicens : « Vir sancte, restitue hunc
mihi filium, qui pater populi agnosceris.» Hæc atque
multa his similia ea dicente, devictus mulieris precibus
vir Dei ad arma consueta recurrens, populo spectante prosternitur in terra. Quid multis moror?
Tandiu sacerdos jacuit in pulvere, donec pariter
surgeret pontifex de oratione, et puer de morte.
Hinc circumstans populus non minimo stupore concutitur, inusitatum cernens miraculum, fragorque
in partes attollitur; laudes in excelso Creatori referuntur, completurque veridica veritatis vox promit-
tentis ac dicentis : « Qui credit in me, opera quæ
ego facio, et ipse faciet (*Joan.* xiv, 12). » Mater
vero cum filio ad propria, unde advenerat, lætabunda regressa.

VITA SANCTI MAGNOBODI

ANDEGAVENSIS EPISCOPI

AUCTORE MARBODO REDONENSI EPISCOPO

(Hanc sancti Magnobodi Vitam commodavit nobis noster R. P. Mabillonius, qui eam ex veteri manuscripto ecclesiæ collegiatæ S. Magnobodi Andegavensis descriptam in scriniis habebat.)

INCIPIT PROLOGUS.

Qui virorum fortium gesta litteris mandaverunt, C
gentiles loquor, triplicem maxime mihi secuti videntur rationem, ut vel a præsentibus aliquam laboris
sui mercedem reciperent, vel apud posteros ingenii
ac studii sui perpetuarent memoriam, vel certe pro-
babiliori intentione legentibus sive audientibus formam proponerent imitationis. Nos vero, id est Christiani, qui terrena quærere prohibemur et non
famam perpetuam, sed vitam sectari jubemur æternam, ultimam tantum superiorum trium causarum
tenentes, reliquas duas utiliori compensatione mu-
tamus; nam pro labore præsenti mercedem exspectamus futuram, et de studio nostro non humanum
favorem, sed Dei laudem captamus, a quo scilicet
et facientibus opera, et scribentibus verba ministrantur. Igitur sancti episcopi Magnobodi Vitam D
scripturus ego Marbodus minimus episcoporum, hoc
primum ab auditoribus peto ne inculti forte sermonis
obscuritas verum apud eos præjudicet claritati, sed

pro suis singula meritis æstimantes sic **1491-92**
dictorum reprehendant tenuitatem, ut gestorum non
abjiciant dignitatem ; neque enim quidquid compo-
site dicitur, statim recipiendum est, nec rursus quod
inornate, velut inutile respuendum ; quin potius aureo vase quandoque propinatur venenum, et econtra salubres escæ ministrantur fictilibus. « Nam et
Apostolus non in sapientia verbi, sed in simplicitate sermonis prædicans regnum Dei, thesaurum
istum in vasis se dicit habere fictilibus (*II Cor.* iv,
7). » Sic ego in uno sancto divitias bonitatis Dei simplici stylo tanquam vase fictili tentabo proponere,
ut quasi nullis extrinsecus hebetata fulgoribus, per
se considerata purius sanctitas enitescat. Vera enim
virtus sola sui ostensione contenta, artificiosa verborum commendatione non indiget; sed ea potius
quæ naturali gratia carent, illustrari cupiunt petitis
extrinsecus ornamentis. Sed de his hactenus. Nunc
ad narrationis initium veniamus.

INCIPIT VITA

SANCTI ET GLORIOSI CONFESSORIS MAGNOBODI ANDEGAVENSIS EPISCOPI.

—

Igitur Magnobodus Andegavensi territorio oriundus fuit, regnante apud Francos Lothario Chilperici filio, parentibus Christianis, quos inter concives, spectabile genus et honorum dignitas sublimabat. Quem a prima statim infantia divina gratia sic amplexa confovit, ut jam tunc dubitari non posset ultra communem nascentium sortem, egregium in eo aliquid præclarumque portendi. Cum ergo ad pueritiam pervenisset, qua primum ætate, mos est nobilium liberos in disciplinam dari, traditus est litterarum magistro : quippe quem divinis mancipandum obsequiis, certis quibusdam excitata signis, fides parentum decreverat, et Ecclesiæ Christi præficiendum cœlestis ordo providentiæ disponebat. Itaque puer acris ingenii ac memoriæ singularis, divino comitatus favore, brevi coævorum supergressus est mensuram, jamque provectioribus cœperat facile coæquari ; nec multo post etiam magistrorum æmulatus scientiam, ad doctrinæ culmen incunctanter evasit : nec mirum si eum festinatis sapientia provexit augmentis, qui ab ipsis novellæ ætatis auspiciis, sanctitatis amore concepto, nullas mundanæ vanitatis admisit illecebras ; quin potius rudis adhuc pectoris puritatem dulcibus virtutum benedictionibus studuit prævenire. Inde factum est ut merito sanctitatis, intellectus etiam privilegium obtineret, sicut dicit Psalmista : « Super senes intellexi, quia mandata tua quæsivi (*Psal.* cxviii, 100). » Adolescens factus, amplioribus cœpit virtutum studiis exerceri, nec proclivem in deteriora ætatem deformi luxu, aut inerti otio passus corrumpi, arctis semetipsum subdidit legibus abstinentiæ, ut scilicet nil ventri, nil indulgeret somno, nisi quantum naturæ necessitas postularet. Orationi jugiter aut lectioni vacabat, ut nullum temporis intervallum absque spirituali profectu sineret deperire. Hæc cum ad beati Licinii episcopi notitiam pervenissent, cujus mirabilis sanctitas inter Gallicanos episcopos tunc temporis habebatur, congratulatus divinorum munerum largitati, vocatum ad se juvenem more ecclesiastico tonsoravit, ac clericalibus officiis deputatum, in castris Christi probatæ jam virtutis tironem militare præcepit. Procedente mox tempore, per gradus ecclesiasticos ad sacerdotium usque provexit, dignum sane judicans, cui sollicitudinis suæ curam deberet partiri, cujusque posset consilio emergentium difficultatum ambiguitatibus explicari ; neque enim illi deerat vel prudentia qua rerum exitus metiret, vel constantia qua bene provisa intrepidus exsequeretur. Castitate præclarus, humilitate excelsus, charitate diffusus, morum doctrinam etiam lingua tacens poterat, vita

A loquens, minoribus exhibere. Sed neque suavitate carebat eloquentiæ, nec copia dicendorum, quibus audientium corda ab amore hujus sæculi ad desideranda magis cœlestia commutaret. His ergo de causis, sanctus episcopus Colonetense cœnobium regendum illi commisit, ut et grex fratrum rectoris sui provocatus exemplo, doctrina instructus, exhortatione accensus, ad meliora proficeret, et ipse in minoribus quasi præludens, ad majora postmodum disponenda ipso usu exercitatior redderetur et aptior. In qua dispensatione tam fidelem se præbuit et prudentem, ut familiæ Domini, super quam constitutus erat, sufficienter corporis et animæ necessaria ministraret, et de sanctis profectibus non suam laudem, sed ipsius Domini gloriam præ se ferret.

B **1493** Nec dubium jam apud aliquem residebat ad magna quælibet exsequenda idoneum fore, qui ad singula quæ gerebat, felici industria regebatur. Itaque, jubente pontifice suo, ad Romanum papam legationem suscepit, pro causa scilicet quam breviter exponemus. Idem namque beatus præsul Licinius in suburbio civitatis suæ construxerat a fundamentis ecclesiam sumptuosi operis ac præclari, quæ ex ipsius nomine nunc vocatur, in qua Deo serviturum constituere decreverat collegium monachorum. Quam in honorem sancti Joannis Baptistæ cupiens dedicare, ejusdem sancti reliquias a præsule sedis apostolicæ flagitabat. Hac igitur de causa Romam directus Magnobodus, apud papam facile quod petiit impetravit : quem scilicet legati sanctitas atque industria quibus pollebat, statim latere non potuit. Nam et ejus modestia delectatus ac moribus, secum aliquandiu commorari eum præcepit ; tandemque apostolica benedictione cumulatum et votis, cum acceptis sancti Joannis Baptistæ pignoribus gaudentem remisit ad propria. Sed dum apud papam maneret, quid ei contigerit non prorsus prætermittendum existimo, quoniam et malignitatis reprehensionem, et imitandæ diligentiæ continere videtur exemplum. Dum inter officia nocturnorum, quibus eum papa familiariter admittebat, ipsius jussu lectionem, ut mos est, in pulpito recitaret, quidam ex clericis palatinis invidia ducti, sicut se habet humana perversitas, quod scilicet alienigena quidam

D domesticorum partes apud dominum obtineret, et eorum quasi præriperet famulatum, lumen candelæ quo utebatur exstinguere curaverunt ut, frustrata intentione, confusus et velut demutatus abscederet. At ille nihil commotus, eodem tenore quo cœperat, memoriter paginam consummavit. Sicque factum est ut quod illi ad dedecus erat dispositum, in gloriam potius verteretur. Acceptis itaque sanctus Licinius, quas Magnobodus deferebat, reliquiis, primum Deo bonorum omnium largitori, deinde etiam discipulo non modicas referens grates, Dedicationis ecclesiæ novæ cum eodem discipulo gaudia sicut optaverat celebravit, collocatis ibidem quo digna erant honore sacrosanctis præcursoris Christi pignoribus. Domi ergo forisque probatus et cognitus, sicut diximus, Magnobodus, non solum magistro suo charissimus, sed etiam bonis omnibus et honestis venerabilis, et laude dignissimus habebatur; ab inhonestis vero laudari nec poterat, nec debebat : tantum est enim laudari a turpibus, quantum si lauderis ob turpia.

Post decessum itaque **1494** beati Licinii, quin statim levaretur episcopus, nihil aliud intercessisse credendum est nisi quod ipse honorem declinans, tutiusque sibi judicans contemplationis otio inhærere, quam negotiis regiminis implicari, ut alius substitueretur obtinuit. Verum et illo postmodum Dei dispensatione defuncto, jam satis clarum erat istum divino judicio postulari. Communibus igitur omnium votis, cum assensu Dagoberti regis, ad quem jam successio regni descenderat, electus est : et secundum Dei dispositum Ecclesiæ Andegavensi præsidere compulsus, duo tamen presbyteri inter cæteros honore sublimes, Ambrulfus scilicet et Leobaldus, ambitionis et invidiæ stimulis agitati, refragari ausi sunt ut divino examini in comprobando electionis judicio materia non deesset; ambo siquidem dextro confestim privati oculo, sinistro sensu restitisse manifesta animadversione convicti sunt. Qualem vero in episcopatu se gesserit nulli dubium esse potest, quandoquidem et ante nomen, rem nominis jam tenebat. Sed nunc maxime ad ipsum insistens, amplioribus sese virtutum cumulavit augmentis : siquidem majus onus majoribus erat viribus sustollendum, et amplior honor propensiorem diligentiam merebatur. Neque enim poterat ignorare vir doctus propriam pastoribus non sufficere sanctitatem, nisi et subditorum peccata curaverint; solosque eos conditionis haberi miserrimæ, quibus omnium imputentur errata, sicut e diverso felicissimos merito judicari, qui de cunctorum meritis munerentur. Nullum ergo tempus, nullum desidiæ locum indulgens, super gregem Domini sollicite vigilabat, ne qua forte commissarum sibi ovium negligentius errans, insidiantis lupi morsibus vastaretur. Ministrabat omnibus in tempore pabula verbi Dei, prout singulorum capacitati congruere videbat; et ad similitudinem boni ducis, cui non sufficit verbo tantum milites cohortari, nisi et manu fortiter egerit quidquid verbis insinuabat agendum, qualiter ageretur, moribus ostendebat et vita. Secundum apostolicum præceptum : « Corripiebat inquietos, consolabatur pusillanimes, suscipiebat infirmos, patiensque erat ad omnes (*I Thess.* v, 14),» ut nullius deesset saluti, cum se singulorum necessitatibus coaptaret. Et sicut alius dicit apostolus : « Non

quasi dominans in cleris erat, sed forma factus gregi ex animo (*I Petr.* v, 3).» Compassionis et misericordiæ sic abundabat visceribus, ut cum flentibus fleret, cum infirmantibus ægrotaret, cum scandalizatis ureretur, cum afflictis affligeretur. Nec minus et aliorum prospera sua judicans, gaudebat cum gaudentibus, erigebatur cum revalescentibus, **1495** applaudebat exhilaratis, recreabatur cum refocillatis. Pauperum vero curam habebat præcipuam, quibus sæpissime cibos esuriens, potum sitiens ministrabat. Denique suarum negligens, aliorum omnium necessitatibus serviebat; plenus scilicet dulcedine charitatis, non quæ sua sunt, sed quæ aliorum quærens, monachorum, sanctimonialium seu clericorum collegia sæpius visitando, evulsis illico si qua inter eos noxia pullulassent, virtutum semina jaciebat, in vitam fructificatura æternam : nam et censura vigebat justitiæ, qua delinquentium culpas feriret, et mansuetudinem indulgentiæ præsentabat, qua correctis veniam non negaret. Justitiæ invictus amator, munerum vero fervidus exsecrator, a veritatis tramite, nec blandimentis noverat exorbitare, nec minis. In adversis erigebatur constantia, in prosperis humilitate gaudebat. Sed inter hæc ecclesiasticæ actionis tam fructuosa negotia, etiam contemplationis partes exsequi non cessabat. In ecclesia namque frequenter noctibus totis pervigilans, psalmis, et hymnis, et canticis spiritualibus delectabatur, purasque cum lacrymis offerens Deo preces, commisso sibi populo munimen et pacem cœlitus impetrabat : neque enim poterat non exaudiri pro populo, qui et ipsum populum dignum instituerat exaudiri; siquidem assiduo usu excultos, verbisque et exemplis edoctos, ad bonitatis amorem converterat, et velut emollitæ jam et formas admittenti materiæ, imaginem subditis suæ religiositatis impresserat. Nihil ergo erat unde non merito gratiæ referrentur auctori, quando et de multa satione fortis agricolæ probaretur industria, et de bono proventu agri fertilitas laudaretur. Nam, juxta sententiam Salomonis, « ubi non sunt boves, præsepe vacuum est; ubi autem multæ segetes, ibi manifesta fortitudo boum (*Prov.* xiv, 4).» Tantis ergo ac talibus virtutum charismatibus plenus, bonum Christi odorem longe lateque diffuderat, et in sui laudem etiam longe positorum mentes excitabat et linguas. Accessit ad vitæ meritum etiam miraculorum potentia, ut qui meritorum exemplo nollent adduci, signorum ostentis possent convinci ; quorum aliqua referemus, et quibus possint reliqua non negari.

Evocatus Magnobodus episcopus a rege Dagoberto, cum venisset Parisios, captivi, quos reatus sui merito, carcer pœnalis ferro vinctos arctabat, cognito quod præteriret, flebilibus modis a sancto episcopo **1496** auxilium implorabant; quorum ille statim commotus miseria, iter quod ad ecclesiam tendebat, deflexit, ut animum judicis ad miserandum reis, quantis posset precibus inclinaret.

Sed cum illius duritiam emollire non posset, ingressus basilicam, ad Dominum se convertit, orans et supplicans, ut quod humana negabat improbitas, divina clementia largiretur. Confestim solutis divinitus nexibus catenarum, fores carceris sponte patuere inclusis; nulloque prohibente egressi, ubi sanctus orabat in ecclesiam confugerunt, et beati viri pedibus advoluti, pro sua liberatione gratias referebant. At ille, quibus a Deo solutionem impetrarat, apud principem quoque integram obtinens missionem, justis correptionibus emendatos, dimisit in pace.

Circa idem fere tempus, cæcus quidam, audiis sancti virtutibus, ut ad eum duceretur rogavit. Cumque ad urbem pervenisset Andegavam, episcopum in ecclesia sacramenta celebrantem invenit; ad quem protinus clamore sublato, lumen amissum sibi restitui intempestivis vocibus flagitabat. Præsul vero nihil ejus importunitate offensus, tranquilla mente mysteriis consummatis, orationem obtulit pro salute rogantis; deinde cum ori ejus (75) infudisset eucharistiam, lumen cæcus diu optatum sine mora recepit, gaudensque et gratias agens repedavit ad sua.

Item presbyter quidam religiosus jugi dyssenteria vexabatur; cumque viscerum discruciaretur injuria, et dolor insanus vires exhausisset patientis, ipsamque jam animæ sedem convelleret, fides tamen afflicti se collegit in vocem, vocatisque ad se famulis, præcepit, quo potuit nisu, ut panem ad episcopum deferentes, ab ipso benedici rogarent, sibique relatum pro remedio certo porrigerent. Quod cum factum fuisset, sumptis æger eulogiis, statim convaluit, miraculumque in se factum ipse testis idoneus divulgavit.

Alio rursus tempore, cum diœceses circuiens, ad prædium quod dicitur Cartiniacus, accessisset, obviam habuit puerorum ludentium turbam, qui diabolo instigante, petulanter agentes, malignis eum vocibus et cachinnis, velut alterum Eliseum, lacessere non cessabant, cum subito, mirum dictu, unus eorum, qui cæteris procacius insistebat, pulverulento turbine sublatus in aerem,, per inane terribiliter reptabatur; tandemque inter vepres ab alto collapsus, omnibus fere membris **1497** quassatus et dilaceratus colligitur. Quem parentes miserrimi cum gemitu et lamentatione ad sancti episcopi præsentiam deportantes, ut sui misereretur orabant. At ille eum in atrio ecclesiæ mandat deponi, illosque ad modicum jubet recedere. Post paululum cum rediissent, sanum recipiunt, quem desperatum reliquerant.

Nec minus Theudegisilum quemdam languore diutino maceratum, cui nulla prodesse potuerant remedia medicorum, cum ei fuisset oblatus in lecto, orationis virtute sine mora restituit; sicque pedibus

suis domum reatus est, qui manibus allatus fuerat alienis.

A vico, qui dicitur Othiomensis, revertens idem vir sanctus, comitantibus discipulorum non paucis, ad fluminis portum, quo iter dirimebatur, accessit. Sed cum portitor non adesset, et navicula opposita parte fluminis teneretur, transmeandi videbatur interclusa facultas; ille vero in orationem more suo procumbens, videntibus cunctis, occulta virtutis potentia ad se traxit navigium : quod cum suo comitatu ingressus, eadem virtute prospero cursu transvectus est.

Mummolus quoque, hoc nomen erat infirmo, ab eodem sancto episcopo virtutis divinæ sumpsit remedium : qui cum multo jam tempore quartanarum febrium lentis ignibus carperetur, et jam pene consumpta sanguinis puritate, melancholica gravitas obsessos artus inclinaret ad mortem, petit a sancto per nuntios, ut sibi quam præstabat omnibus, misericordiam non negaret; qui statim afflicti miseratus angustiam, sacratum oleum nuntiis tradit, quo videlicet ungi præcipit patientem. Quod cum factum fuisset, illico æger sanatus surrexit.

Sed et puella, nomine Baldetrudis, oculorum luce privata, beato viro virtutis materiam dedit. Cujus parentes cum eam sanctis ejus præsentassent aspectibus, et pro ea suppliciter intercedere non cessarent, motus pontifex tam parentum precibus, quam et puellæ miseria, lucem veram Christum, qui omnem hominem in mundum venientem illuminat, flexis in terram pro ea genibus exorabat, cum interim cœpit densa paulatim tenebrarum caligo rarescere, et per tenuem quasi membranam lux ignota diffundi. Tandemque prorsus omni cæcitate discussa, lumen clarissimum puella recepit.

Erat et Domolus quidam, damno manus aridæ multis notus, quam a compage viventis corporis, jam emortuam, et præ nervorum dissolutione velut extraneam dependentem, non ad opus, sed ad onus **1498** miser circumferebat : qui cum sancto viro fuisset oblatus, ille oleum benedixit, manumque aridam ex eo perungi præcepit. Factum est, et statim repletis venis, nervisque reparatis, manus revixit, et corpori suo non minus quam altera ad usus necessarios ministravit.

Nec prætermittendum puto quod ipsius Domini Christi videtur repræsentare virtutem, juxta quod ipse dicit : « Qui credit in me, opera quæ ego facio et ipse faciet, et majora horum faciet (*Joan.* XIV, 12). » Nam tempore famis, cum ad præfatum episcopum innumerabilis mu'titudo pauperum confluxisset, in eorum refectionem non parvam pecuniæ summam hilaris dator jussit expendi. Qua erogata, omnibusque ad satietatem refectis, dispensatores ipsius duplicatam in loculis pecuniam repererunt : nimirum qui in causa simili multiplicaverat quinque .

<hr>

(75) Ex hoc verbo satis probabiliter concludi posset tunc eucharistiam fidelibus sub utraque specie concedi : non enim infunditur in os, nisi quod

liquidum est; quod vero solidum, immittitur, vel traditur.

panes, de lit et solidis incrementum : nam licet materiæ sint diversæ, panis scilicet et argentum,
eadem tamen virtus agnoscitur in utrisque. Factum
est olim quiddam simile sub Elia, quando lecythus
olei et farina hydriæ non defecit (III Reg. xvii,
14); in talibus enim Christus heri et hodie ipse, et
in sæcula sæculorum (Hebr. xiii, 8).

Mulierem quoque paralyticam, omni membrorum
officio destitutam, cum beato episcopo fuisset in
grabato a fidelibus præsentata, Christus per eum
reparare dignatus est : nam postquam genuflexo,
preces misericorditer fudit pro misera, apprehensa
ejus manu incolumem protinus Christo jubente
levavit.

Harum ergo virtutem circumquaque discurrente
præconio, undique ad eum, probatæ videlicet efficaciæ medicum, infirmorum greges et debilium pro-
perabant, maxime quia gratis et absque difficultate,
divina singulis beneficia largiretur. Inter quos cala-
mitosus quidam cæcus trahebatur, nomine Lodovarus, qui scilicet ut traheretur improbitate nimia
et clamosis vocibus, a cognatis extorserat : quem
sibi præsentatum cum aspexisset vir sanctus, misericordia permotus, ut erat omnino compatiens, lacrymas fudit, seque in orationem dedit pro misero.
Confestim cæcitate depulsa, mœstam diu faciem lux
reddita lætificavit.

Archidiaconum Pictavensis Ecclesiæ, nomine Age-
ricum, supradictus vir sanctus familiarem habebat,
utpote virum bonæ simplicitatis, et religionis non
fictæ : nam postmodum suæ merito sanctitatis, præfatæ Ecclesiæ dignus præsul levatus est. Is ergo
archidiaconus intolerabili dolore dentium vexabatur :
quod cum anxie innotuisset episcopo, ille signum
crucis dolentibus locis impressit, statimque **1499**
omnis dolor sedatus est et exstinctus.

Ex prædio Vernantensi dæmoniacus qui lam,
nomine Nannenus, ad eum ductus est, loris constrictus et ferro, ne posset in obvios quosque grassari.
Hunc quoque exorcismis et supplicationibus, et
precum virtute mirabili, qua solebat alios facilitate,
purgavit.

Ex agro, qui dicitur Caprariensis, puella ei allata
est dexteræ manus officio destituta ; sed et statim
oleo sacro inungens, debilitatis incommodo liberavit.

Item sanctimonialis, nomine Procu'a, ægritudine
longa decumbens, mortis periculum formidabat ;
quæ pro suæ religionis proposito nota pontifici, ut
se visitare dignaretur per nuntios imploravit. Illa ad
eam non dedignatus accedere, consueto more Christum rogavit, ut auxilii sui super infirmam virtutem
dignaretur ostendere. Quo facto, reddita mox femina
sanitati, multis postea vixit annis.

Sed quia ex præcedentibus satis ostensum est
sanctum de quo loquimur gratiam habuisse curationum, et adhuc ex multis sequentibus ostendetur,

A inseramus unum, unde possit probari non omnino
illi etiam prophetiæ spiritum defuisse. Est enim prophetiæ non de futuris tantum, sed et de præsentibus
et præteritis secretis divinitus homini data cognitio.

Eracleus quidam pseudoabbas, incertum quibus
aliis ex causis, sed invidiæ certe et odii facibus in
episcopum vehementer accensus, cum manifeste eum
impugnare nec auderet, nec posset, occultis insidiis
parat exstinguere. Itaque impietatis suæ conscios
viros subornat, venenum tradit ; et sub specie obsequii missos, qualiter ei bibendum porrigerent
docet. Qui cum ad eum venissent, eorum fraudes
vir sanctus, Spiritu revelante, cognovit ; interim
dissimulans, accurate eos recipi jussit : refectos
vero ad se vocans, de concepta iniquitate secreto
coarguit ; et ne quid ultra tale præsumerent, sub
pœnarum interminatione commonuit : deinde singulos exosculatus, in pace dimisit. At illi confusione
operti redeuntes, patrono suo rem ex ordine narraverunt. Mox ille de prodito scelere, conscientia
turbante, perterritus, fugam iniit, et apud beati
Martini monasterium Turonis, aliquanto tempore
latebras fovit ; verum et ibi fama vulgante, cum
frequenter proditor audiret, seque cum juramento
excusans, homicidii facinus perjurio cumularet,
ultio eum divina diu vivere non permisit ; siquidem
ulcere insanabili percussus in fronte, ob scelus
1500 occultum manifesta pœna damnatus, extabuit.

B Nunc ad sanitatum munera revertamur. Sed quia
non parvo sunt numero, brevibus quasi capitulis
acervatim plurima comprehendam, ne singulorum
per ordinem explicata narratio tædium pariat audi-
tori.

Puellam Romanæ nobilitatis, quam ad eum per
difficile et longum iter opinio virtutum ejus traxerat,
infusione sacræ eucharistiæ (76), febribus, quibus
triennio continuo vexabatur, liberavit, gaudentem-
que cum suo comitatu Romam remisit.

Abbatem Sancti Albini, Niulfum nomine, eyagrico
[chiagrico, vel chirurgio] morbo conflictum, datis
ei pro antidoto eulogiis, statim sanavit.

Virum quemdam, Dodonem dictum, diuturna
scabie jam confectum, et immundis ulceribus ef-
fluentem, curavit, missis ei nihilominus eulogiis.

Romulum quoque archidiaconum, sexennio toto
infirmitate detentum, per orationem ejus et virtutem, ac corporis Domini communionem, erexit.

Cæcam mulierem in pago Burdegalensi per abbatem quemdam Martinum, absens ipse, et longe
positus, illuminavit : siquidem ille abbas pro causa
monasterii sui illuc proficiscens, a sancto episcopo,
sicut et multi alii facere consueverant, eulogias pro
benedictione acceptas secum detulerat, velut itineris
commeatum. Quas cum hospitæ suæ fideliter porrexisset, intercedente tantum unius noctis spatio, illa
visum cum aurora suscepit.

(76) Nota iterum verbum infusionis sacræ eucharistiæ, quo supra usus est.

Gaudo bellæ cuidam, sic vocabatur puella, ex prædio Cabariacensi, caliginem quæ oculos ejus diu obtexerat crucis impressione detersit.

Aliam nomine Godolenam, unctione olei sacri cum signo vivificæ crucis simili cæcitatis nocte absolvit.

Nec minus et aliam, quæ dicebatur Goda, eodem medicamine, eadem incommoditate liberavit.

Sub ipso fere tempore adolescentem a dæmone obsessum orationis instantia purgavit, cum eum per totam Quadragesimam secum detinuisset.

Ex villa, quæ Corniliacus appellatur, puellam sibi allatam, quæ jam quindecimum agens annum, nullo adhuc manuum pedumve fungebatur officio, oleo sacrato artus perunctam protinus restauravit.

Simili debilitate damnatum a nativitate puerum, ex villa quam Jerziacum vocant, per merita præsulis Dominus reparavit : quem parentes sui divina revelatione **1501** admoniti, ad eum detulerunt, et ut clericalibus dicaretur officiis jam sanatus, non difficulter obtinuerunt.

Mulier, nomine Læta, arentis dexteræ infortunio tristis erat. Hanc quoque, invocato Dei nomine, per crucis virtutem restauravit.

Cæco cuidam Carrulfo, oratione super eum fusa, signoque crucis oculis ejus impresso, visum restituit.

Mulierem Marciam, diutinis febribus maceratam, sacri olei unctione sanavit.

Geminas sorores, non humili ortas loco, quarum una Necteria, Theodechildis altera vocabatur, utrasque cæcitate damnatas, orationis ope et olei medicamine uno momento ambas pariter lumine reddito clarificavit.

His cursim breviterque perstrictis, pauca quæ restant, suo loco, paulo latius exsequemur, ne et narrandi uniformitas, quod de prolongatione superius timebamus, tædium gignat.

Sed inter hæc tam crebra tamque magnifica miraculorum insignia, vir sanctus tanta se mentis ac corporis humilitate substravit, ut nullus ad se vanitatis, nullus extollentiæ pateret ingressus. Cilicio tectus assidue, inedia vigiliisque confectus, pauperis et dolentis habitum præferebat : quippe qui alienas in se per compassionem culpas transferens atque miserias, seipsum Domino pro creditis sibi ovibus opponebat ; nec habens hic manentem civitatem, totis viribus inquirebat futuram. Nihil etenim se judicans promovisse, dum restaret aliquid promovendum, novis semper studebat augmentis, quæ quidem retro sunt, sicut dicit Apostolus, obliviscens, et in anteriora semetipsum extendens (*Philipp.* III, 13). In dies ergo proficiens, et seipso robustior, largitatis, humilitatis, abstinentiæ et pietatis suæ consuetudinem, reparatis semper nisibus ampliabat, memor scilicet Scripturæ, dicentis : « Cum consummaverit homo, tunc incipit (*Eccli.* XVIII, 6). » Sed cum nullum tempus sibi a sancto labore remitteret, maxime tamen sacræ Quadrage-

simæ dies in arctissima transigebat abstinentia : nempe solus hoc tempore clausus manebat in cellula, orationibus insistens et lacrymis, et quotidie cum oblatione sacramentorum, seipsum hostiam viventem Christo sacrificans. Nihil vero his diebus præter panem gustans et aquam, hæc quoque ipsa ad mensuram parvi ponderis capiebat : magis enim fletu quam cibo reficiebatur aut potu : cui scilicet ad Deum fontem vivum sitienti, lacrymæ suæ erant panes die ac nocte ; quique, sicut in alio legitur psalmo, ne Deus super orationem ejus irasceretur, quam fundebat pro populo, **1502**, cibabat se pane lacrymarum, et potum sibi dabat in lacrymis in mensura (*Psal.* LXXVI, 6).

Nec satis ducens bona tantum dum viveret operari, etiam ultra vitam, sanctitatis suæ meritum cogitavit extendere. Considerata itaque loci et temporis opportunitate, in suburbio civitatis suæ cœpit ædificare monasterium, exemplo videlicet beatissimi magistri et prædecessoris sui Licinii, in quo servos Dei quanto posset numero congregaret, quibus et necessaria ex possessionibus suis et redditibus, ad sufficientiam delegaret ; ut quia vitam hujus corporis contra naturæ legem perpetuare non poterat, successionem religionis suæ post se victuram, in multa sæcula prorogaret. Ædificatam igitur in honore sancti Saturnini martyris, primi scilicet Tolosanæ urbis episcopi, sicut optavit, ecclesiam, non solum rebus et possessionibus copiose ditavit, sed etiam summo decore et elegantia intrinsecus et extrinsecus studuit exornare, ut apte posset dicere cum Propheta : « Domine, dilexi decorem domus tuæ, et locum habitationis gloriæ tuæ (*Psal.* XXV, 8). » Siquidem interiores domus parietes alternantibus spatiis musivo vestivit et gypso, iconas habentibus depictas et flores. Cujus mirifici operis, etiam post tot ruinas, usque ad nostra tempora vestigia permanent in ea, ex quibus manifeste colligi possit quanta novi operis venustas exstiterit, cujus appareat vetustas ipsa mirabilis. At vero extrinsecus ædem totam porticibus vallavit atque columnis, domosque construxit usibus fratrum communem vitam degentium necessarias, sed et alias suscipiendis aptas hospitibus, infirmisque recreandis idoneas, ut nihil probaretur ad bonæ actionis ministerium defuisse. Omnibus igitur ad votum perfectis, eumdem locum familiarius cœpit incolere, utpote secretis orationibus magis idoneum, exercendisque circa pauperes misericordiæ operibus aptiorem : nam et ibidem vitam finire, et corpore pausare post obitum, sicut et contigit, destinaverat. Ergo et ibi cum divina gratia clarificare non destitit, ut et vitam, et mortem sancti sui miraculis ostenderet pretiosam.

Denique Theudebaldus quidam, præpotens et illustris persona, ad eum supplex accessit, obsecrans cum fletu et gemitu, ut filiæ suæ, quæ a dæmonio vexabatur, præstare dignaretur remedium. Nam et multi, inquit, hoc ipsum frustra experti sunt ; tibi vero, ex virtute omnipotentis Dei, cujus es servus, nihil esse confido impossibile. Cui sanctus imperfectionem suam excusans, a sanctioribus et perfectioribus hoc magis postulandum respondit. Sed **1503** cum ille et qui aderant perseverarent in precibus, victus mitissimus præsul, sanctorum reliquias cervicibus puellæ imposuit, eique ex oleo sacrato signum sanctæ crucis impressit. Quod cum factum fuisset, statim fugato dæmone, mentem sanam puella recepit, et cum parentibus suis gratias et laudes agentibus, incolumis et lætabunda recessit.

Nec multo post tempore, mulier, nomine Prisca, ei a fidelibus curanda offertur. Hæc ab ipso matris utero cæcitate damnata, per annos triginta sub una nocte vitam mortis similem deducebat. Cujus miseriæ compatiens beatus episcopus, invocato super eam Dei nomine, luminum loca crucis virtute signavit; nec aliqua interveniente mora, clausas diu fores lux ingressa, omnibus qui aderant stupentibus, reseravit. Quantas tunc laudes populus Domino decantaverit, quantis extulerit præconiis sacerdotem, lectori relinquimus æstimandum; siquidem quod quondam fuerat, ipso Christo faciente, mirabile, hoc nunc per Christum operante discipulo, multo mirabilius videbatur.

Sub eodem fere tempore, Vinciemalus adolescens tantæ infirmitatis vinciebatur malo, ut præ diuturna molestia, etiam lumine fraudaretur. Qui cum fuisset antistiti præsentatus, et ille pupillis sacrum oleum infudisset, eodem momento visum sanitatemque duplici virtute recepit. Tertium quoque in eodem ipso parvo temporis intervallo est ostensum miraculum, quod duo præcedentia confirmaret : nam dum de reddita sibi sanitate gratulabundus per murum incautius deambularet, lapsus in præceps, toto contritus corpore putabatur; sed ita illæsus apparuit ac si minime corruisset.

Alius quoque infirmus ei oblatus est, qui per quinquennium continua ægritudine decumbebat; sed et hunc orationis virtute oleique sacrati unctione sanatum, gaudentem remisit ad propria.

Nec minus et Gidoaldus quidam, diutina totius corporis, et maxime capitis infirmitate confectus, obstructis audiendi meatibus penitus obsurduerat : qui beati præsulis aspectibus præsentatus, flebili eum voce ut sui misereretur orabat. At ille digitos auribus ejus immittens, etiam olei sacri liquorem non absque sanctis precibus instillavit : quo facto, erumpente sanie cum fetore, auditum surdus, idemque æger sanitatem recepit.

Mulier etiam, non omnino ignota, ex villa quæ dicitur Volosesisis, molestissima prorsus capitis vertigine laborabat : nam quoties se ad aliquid domestici operis exercendum inclinare tentasset, subita **1504** oculi ejus percussione cæcati, tenebris intervenientibus, explicandi efficaciam præcidebant. Quæ cum sancto præsuli infelicitatis suæ tenorem, non sine questu et lacrymis, exposuisset, postquam

ille super eam more solito nomen Domini invocavit, nullam femina ulterius antiquæ infirmitatis sensit molestiam.

Item mulier, nomine Alloicia, ex possessione quæ Verchiacensis appellatur, ut sibi lumen repararet amissum, junctis secum multorum precibus, sanctum præsulem implorabat : quorum ille preces non respuens, orationem fudit pro cæca ; deinde oculos ejus olei sanctificatione perungens, visum ei sine ulla cunctatione restituit.

Aliam, nomine Caricundim, ex villa suburbana, quæ dicitur Confluentum, cæcam, mutam, paralyticam : et prorsus omni spe recuperandæ aliquando sanitatis fraudatam, idem vir sanctus in integram membrorum sensuumque firmitatem mirabili virtute restituit ; siquidem per triduum pro ea orationi insistens, tanquam si dies singulos singulis infirmitatibus deputaret, tandem illam efficaci prece ab omni prorsus debilitate absolvit.

Aulicus quidam, sicut fieri solet, militari fastu, ecclesiastica jura despiciens, jumentum quod fratrum usibus serviebat, audacter avertit, suisque potius, ut putabat, mancipavit obsequiis. Quod cum beato pontifici nuntiatum fuisset, rem interim maluit dissimulare, quam litis subire molestiam. Sed mox sequenti nocte, cum se præsumptor ille quieti dedisset, adest ei per visum præsul, ignium globis ac flammarum coruscatione terribilis, minas intentans non leves, quod rem ecclesiasticam sacrilegus usurpasset. Quibus ille terroribus excitatus, immensis clamoribus famulos vocat, dicit se a præsule ob admissum facinus cruciari, irent velocius, et ad se eum precibus multis venire rogarent. Quod cum fuisset impletum, neque enim dedignatus est ad supplicem benignus accedere, orare cœpit miser episcopum, ut sibi peccati hujus pœnam remitteret, cujus pœnitentiam ostendebat · nam et raptum animal se statim cum satisfactione redditurum, et de cætero famulos Christi et res ecclesiasticas honoraturum firmissime promittebat. Ita vir sanctus, data super eum oratione, eadem hora et jumentum recepit, et correcto reddidit sospitatem.

In hac ergo gratia sanctitatis, virtutumque potentia perseverans beatus Magnobodus, ad senium usque pervenerat, et spirituales seminum fructus, quæ sparserat in populo sibi commisso, ubertim **1505** provenisse gaudebat. Victor certaminis jam spectabatur in stadio, et repositam sibi a summo imperatore et justo judice coronam justitiæ exspectabat securus. Interea, pulsante Domino corporis ostium, per infirmitatis molestiam, intellexit pervigil et diligentissimus servus diem sui exitus imminere. Paratus itaque confestim aperire pulsanti, convocatis filiis et fratribus, quos in Christiana religione nutrierat, resolutionis suæ tempus optabile denuntiat advenisse. Tum vero mœror immensus occupat universos, et pro sua destitutione gementium lacrymabilis vox omnium resonabat. At ille multis eos consolatus sermonibus, omnes et singulos cohortabatur, ut in fide Christi et bonis perseverarent operibus, et maxime pacis inter se fœdera conservarent, « quoniam in sancta, inquit, dilectione totius divinæ legis, et omnium mandatorum summa consistit: nam et Dominus ac magister omnium Christus, hoc ultimum maximumque discipulis dedit mandatum, ex quo velut speciali charactere, suos ab extraneis discernendos ac dignoscendos esse prædixit. Idcirco et ego, filioli, ultimum vobis vale dicturus, charitatem super omnia cordibus vestris insinuo atque commendo, in qua, et per quam usque in finem sobrie et juste, et pie viventes, a summo pastore et justo judice mereamini ab infelicibus hædis secerni, et inter beatissimos agnos ad dexteram gloriæ collocari. » Hæc et his similia cum dixisset, elevatis ad Deum manibus, oculisque ac mente cœlum suspiciens, inter sacræ orationis verba interque mœrentium discipulorum manus, spiritum Deo reddidit, septimo decimo Kalendarum Novembris die, sepultusque honorifice, cum multa undique concurrentium populorum frequentia, in sacello apud basilicam Sancti martyris Saturnini, quam, ut superius dictum est, ipse construxerat, inter clarissimos confessores resurrecturus ad gloriam. Cujus exsequias evidenti miraculo Dominus illustravit, ut omnibus fieret manifestum nunc eum maxime vivere post decessum, multoque **1506** nunc magis posse apud Deum petentium necessitatibus subvenire, cum jam nullo, liber spiritus, possit carnis onere præpediri. Nam dum funus venerabile duceretur, captivi duo, quorum alter Gualdo, alter Bodecarius vocabatur, qui longo jam carceris squalore afflicti, in compedibus et catenis per publicum sub custodia, corro-

gandæ stirpis gratia, trahebantur, ubi ad sancti feretrum accesserunt, laxatis sponte nexibus catenarum, expediti subito apparuere custodibus. Quod ubi ad procerum civitatis pervenit notitiam, communi omnium decreto libertate donati, ob honorem Dei et sanctissimi confessoris memoriam, in pagum Cenomanicum, unde capti fuerant, reversi sunt, ostensam circa se Domini misericordiam per sancti confessoris merita non tacentes. Exinde ergo circa sancti sepulcrum honor et digna crevit reverentia, ita ut ex longinquis etiam partibus venientes, pro diversis necessitatibus suorum quisque desideriorum reportent effectum, præstante Domino nostro Jesu Christo, qui cum Patre et Spiritu sancto vivit et regnat Deus per omnia sæcula sæculorum. Amen.

(77) Ego Marbodus Rhedonensis episcopus, Vitam beati Magnobodi episcopi descripsi, rogatu canonicorum ejusdem Ecclesiæ; unde ipsi mihi pro laboris mei mercede promiserunt et dederunt partem, et communionem orationum et benefactorum quæcunque in ecclesia ista fient omni tempore et singulis diebus, dum vixero, unam Collectam in missa matutinali, « Deus qui justificas impium. » Post obitum vero meum, totum officium quod fit pro uno canonicorum in orationibus et missis, et per singulos annos commemorationem anniversarii mei facere, sicut unius canonici. Insuper omnibus et singulis diebus, præter festos dies, usque ad finem sæculi, cantare post Primam, dum vadent in capitulum, « De profundis, » cum capite, « Requiem æternam, » et collectam, « Absolve, Domine. » Hujus conventionis inter me et canonicos sit dominus meus sanctus Magnobodus mediator et testis, et sponsor. Amen.

(77) Ad hujus clausulæ lectionem mirati sumus ipsam eamdem esse, et totidem verbis enuntiatam quam legeramus et notaveramus ad finem Vitæ S. Licinii immediate præcedentem. Nihil autem aliud ad id nobis occurrit, nisi quod vir admodum religiosus ac pius nullam videtur occasionem prætermisisse conciliandorum sibi, sive vivo, sive defuncto, Ecclesiæ suffragiorum, quibus suos ad sanctorum gloriam pios labores bene compensatos existimavit, si spiritualis operis mercedem sibi pro æterna salute profuturam consequeretur. Quam ergo a canonicis Sancti Mauritii Andegavensis pro Vita S. Licinii, dum esset Andegavensis archidiaconus,

sibi conciliaverat, hanc a canonicis collegiatæ S. Magnobodi, dum esset Redonensis episcopus, totidem verbis, et sub iisdem conditionibus, sibi eodem pietatis consilio comparasse hac ipsa clausula gloriatus est. Quam firmam autem fidem in hac S. Magnobodi Vita a pio lectore videatur exigere Marbodus, patet ex summa ejus diligentia, qua personarum etiam popularium nomina, in quarum gratia tot et tanta per sanctum Magnobodum Deus operatus est miracula, exactissime referre curavit, sicut et locorum singularium, licet minus notorum, vocabula, ubi contigerunt.

VITA SANCTI GUALTERII

SEU GAUTERII

ABBATIS ET CANONICI STIRPENSIS IN DIŒCESI GALLIARUM LEMOVICENSI.

AUCTORE MARBODO

Andegavensi archidiacono, postea episcopo Redonensi in Britannia Armorica.

(*Acta Sanctorum Bolland.*, Maii tom. II, die 11, pag. 701.)

COMMENTARIUS.

1. Gaufredus, cœnobita monasterii S. Martialis Lemovicensis ac prior Vosiensis cœnobii, libro I Chronici, c. 12, describit regnum Anglicanum ad Guilielmum Conquestorem delatum, anno scilicet 1067, additque eo sæculo floruisse tres viros sanctitate illustres, quorum primus nominatur S. Odilo Cluniacensis, anno 1049, vita functus, cujus Acta dedimus ipsis Kalendis Januarii. Dein subjungitur « Gauterius Stirpensis, cui ægrotanti per hiemem desiderata fraga præter morem divina præparavit clementia. » Postea tertius additur, « Robertus, qui Casam-Dei ædificavit; » cujus Acta illustravimus ad diem 24 Apr. Idem Gaufredus c. 15 agit de sanctis in episcopatu Lemovicensi præclarioribus : ubi inter alia refert ista huc spectantia : « Gauterium Stirpenses honorant, qui moderno tempore actu et miraculis gloriosus apparuit, » id est sequenti post obitum S. Gualterii, quo florebat Gaufredus scriptor. Alia in Chronico S. Maxentii sive Malleacensi de S. Gualterio leguntur : ac primo de ejus obitu ista traduntur : « Anno 1070, domnus Gauterius, abbas et canonicus Ecclesiæ S. Petri Stirpensis, dormivit in pace æterna, quinto Idus Maii. » Dein ad annum 1091, ista habet : « Eodem anno benedictio fuit cœnobii S. Petri Stirpensis, et festivitas B. Gauterii instituta est celebrari de transitu. » In Vita B. Israelis, canonici Doratensis in Marchia, a Philippo Labbe inter Vitas sanctorum ad Aquitaniam spectantium edita, hæc inseruntur : « Hujus sanctissimi viri discipulus exstitit sanctus Gauterius, vir pietatis et misericordiæ operibus redundans : qui cum Doratensis Ecclesiæ esset canonicus, Stirpensis abbas a Deo institutus est. » Mortuus est « B. Israel II Kalendas Januarii anno Domini millesimo decimo quarto. »

2. Ex hactenus relatis liquet primo tempus vitæ ac mortis. Videtur natus circa annum nongentesimum nonagesimum, et circa obitum B. Israelis pervenisse ad annos 24 ætatis suæ; et dein adhuc aliquandiu vixisse in dicta Doratensi Ecclesia, ac postea in Stirpensi collegio seu cœnobio floruisse; ibidemque creatum abbatem sive rectorem aut præpositum anno 1034, in qua dignitate vixit annos octo et triginta : ac tandem, cum septennio cæcus fuisset, plenus dierum et meritorum senex, mortuus est an. Christi millesimo septuagesimo, annos natus circiter octoginta. Secundo constat ex Chronico S. Maxentii, S Gualterium mortuum esse « quinto Idus Maii, » eodemque die celebrari festivitatem de transitu ejusdem : quod ex Chronico Lemovicensi confirmant Sammarthani tomo IV Galliæ Christianæ, pag. 850, ubi agunt de monasterio Stirpe, in diœcesi et ditione Lemovicensi sito; eumdemque diem venerationis nobis indicavit Joannes Collinus in Catalogo submisso. Saussaius in Supplemento Martyrologii Gallicani, videtur valde tenuem hujus sancti habuisse notitiam, dum ad diem tertium Idus Maii ista solum habet : « In Aquitania S. Galtheri abbatis. » Præterea « S. Galtherus, abbas Stirpensis in diœcesi Lemovicensi, eximiæ sanctitatis vir; » inscriptus est ad 13 Aprilis ms. Kalendario Ordinis S. Benedicti apud Præmonstratenses Antuerpiæ in cœnobio S. Michaelis asservato. Sed illud neque antiquum est, neque cum magna prudentia scientiaque collectum. Gabriel Pennottus in Historia ord. clericorum Canonicorum, l. II, c. 23, n. 14, ex unico cœnobio duo facit, dum asserit « in Lemovicensi episcopatu esse monasteria canonicorum, primum S. Galterii sive de Stupeno, secundum S. Petri Stirpense, » quod unum idemque est; atque etiamnum esse ordinis S. Augustini abbatiam asserunt Claudius Robertus et Sammarthani supra citati : vulgo l'*Esterp* in Marchia Lemovicina, sex leucis Dorato, Lemovicibus octo. Est præterea in finibus diœcesis Bituricensis, supra Creusam fluvium prope Argentonium, S. Gualteri nomine parochia et oppidum, ubi illum patronum coli existimo.

3. Et hæc sunt quæ hactenus edita in lucem de hoc sancto reperimus, quibus adjungimus alium hactenus absconditum thesaurum. Habemus nos codicem membranaceum in quo continentur Vitæ aliquot sanctorum, a Marbodo archidiacono Andegavensi conscriptæ; ergo ante annum 1096, quo is creatus est episcopus Redonensis, et hoc ordine recensentur, S. *Florentii martyris*, danda 22 Septembris; S. *Licinii episcopi Andegavensis*, illustrata ad diem 13 Februarii; S. *Magnobodi*, etiam *episcopi Andegavensis*, edenda ad 16 Octobris, S. *Gualterii Stirpensis*, quam modo damus; S. *Roberti abbatis Casæ-Dei*, ad diem 24 Aprilis excusa. *Passio SS. Felicis et Adaucti*, danda 30 Augusti; et dein adduntur varia ejusdem poemata, quorum aliqua indicantur a Sigeberto De scriptoribus ecclesiasticis, c. 163. Est hic codex valde antiquus, ut videatur aut tempore Marbodi et forsan ejus cura diligenter exaratus, aut saltem non diu post ejus obitum. Allegat in Prologo « priorem Vitæ S. Gualterii scriptorem, » ex quo seligit, « quæ ei ad rei pertinere visa sunt dignitatem; » quomodo etiam Vitas S. Licinii et S. Roberti jam editas expolivit. Forsan erit qui priorem Vitam nanciscetur, et, si viderit operæ pretium, edet. Appellatur in hoc scripto *Gualterius*, ab aliis *Gauterius, Galterus*, et *Galterius*.

INCIPIT VITA.

PROLOGUS.

1. Beati Gualteri vitam scribendam suscepi, non quidem facultatis meæ quæ parva est, vel meritorum quæ nulla sunt, confidentia; sed obedientiæ potius et charitatis intuitu : quo et religiosorum fratrum petitioni non desim et plurimorum utilitati deserviam. In quo et mihi sub ope Christi fore non dubito partem mercedis, si ex meo labore et honor Deo et legentibus aliquid emolumenti provenerit. Neque enim fieri potest, ut ex frequenti bonorum auditu nemo ædificetur: fieri autem potest ut vel præsentibus vel futuris generationibus ex hac relatione ad multos sanctæ imitationis fructus perveniat. Siquidem et in hoc se debet fraternæ dilectionis sinus extendere; ut prodesse velimus et ignotis, prodesse velimus etiam nondum natis. Hac igitur intentione oblatum suscepi negotium, ad quod explendum necesse mihi est ejusdem sancti precibus adjuvari, quatenus quæ dicenda sunt breviter et dilucide, nec inornate omnino, valeam explicare. Nam si etiam in fictis vel nugacibus dicendi commoditas obtinere solet animos auditorum; multo amplius in veris ac necessariis studendum, ne vitiosæ orationis improbitas susceptæ causæ, quod absit! minuat dignitatem. Quis enim placere contendat rusticitate sermonis? Enitar ergo pro viribus hanc in dicendo mediocritatem servare, ut nec abjecta, nec nimis elaborata videatur oratio; quoniam æquam utrumque habet offensionem. Præterea ne sit superflua vel obscura, quorum altero tædium, altero odium solet comparari. Volo autem a lectoribus indulgentia precibus impetrare, ut bono animo huc accedat, id est, non ut calumniosus {aut venator verborum; sed defensor potius veritatis, et dictionum amicus interpres. Quod si etiam mihi, vel ex imperitia vel ex infirmitate, minus implere promissa contigerit, non difficulter ignoscat; quoniam et infirmitatem meam humana conditio, et imperitiam excusat obedientiæ supradicta devotio. Neque vero cuncta, quæ apud priorem Vitæ hujus scriptorem reperiuntur, exsequenda judicavi; sed ea tantum, quæ ad rei pertinere visa sunt dignitatem. Quisquis enim circa viles sarcinulas occupatur, videtur id facere penuria meliorum, præsertim cum et bona quædam prætereunda sint, ubi meliorum abundat electio. Quædam vero strictius et quædam latius explicabo, prout quodque plus minusve ponderis habere visum est. In quorum ultimo me contra brevitatis rationem

A facturum nullus existimet; neque enim necessaria, sed ea tantum quæ vacant, lex brevitatis excludit. Jam si hæc satis sunt, ad narrationem properemus.

CAPUT I

Ortus, studia virtutum et scientiarum. Migratio Stirpum.

2. Gualterius igitur, natione Aquitanus, genere consularis, ortus est ex parentibus honoratis, patre Raimundo, matre Gualburge : cujus maternus proavus, de Francorum nobilitate descendens, tribus non infimis Aquitaniæ urbibus imperavit. Quæ tantæ fuisse traditur abstinentiæ, ut in sorte posita conjugali, a sanctæ viduitatis proposito solo habitu videretur distare. Sumptus et ornatus et delicias matronarum ad cultum potius interioris hominis transferre curabat, prudenter attendens nil prodesse temporalem gloriam perituris. De bonis ergo temporalibus hoc tantum sibi parcens, quod natura sufficeret, cætera cuncta in usus pauperum libentius expendebat. Quæ quoties ad debitum conjugale solvendum, solo scilicet prolis desiderio, traheretur, ingenitæ voluptatis offensam, sequentibus evestigio lacrymis et orationibus expiabat. Unde factum ut a Deo in somnis per angelum visitata, secundum animi sui votum, non tam possessionum quam sanctitatis hæredem conciperet : cujus ad custodiam, ab ipso matris utero, eumdem angelum deputatum, evidenti postmodum miraculo claruit : quod non alienum videtur breviter recitare.

3. Nam dum eam vir suus, ad locum quem idoneum parituræ delegerat, cum equitatu deduceret; jamque vel itineris longitudo, vel tarditas profectionis noctis tenebras viantibus induxisset, equus, cui matrona insederat, alacri gradu quam noverat viam carpens, obvium Taurionis (78) fluvii pontem, primus ascendit. Cumque aliquam partem longissimi pontis emensus, ad ignotum præcipitium pervenisset, quod scilicet exundantis fluvii rapidus vortex, divulsis ac disjectis tabulatis, recens effecerat : mirum dictu! tanta facilitate pertransit, ut nullam prægnantis feminæ mens ignara saltem ex metu molestiam pateretur. Incolæ quidem loci, tabula semipedali rupta, partes commiserant : sed quæ nulli pervia quadrupedi, solos pedites non absque cautela et periculi metu transponeret. Secutus post modicum comitatus, dum singula explorat, discri-

---

men agnovit, dominamque absorptam credentes, A tuit, laudabili furto cupiens ex ore tanti viri sanctæ
mœstis ululatibus inclamarunt. Sed cum se illa in-
columem mutuis clamoribus indicasset, gaudio sunt
simul et stupore repleti; deinde expeditos equos
præcipitantes in gurgitem, ipsi per angustum transitum vix repentes, natatu difficili traduxerunt.

4. Hoc itaque signo pueri sancti præcommendata
nativitas gaudium multis invexit, ac futuri cujusdam
magni boni præsagium. Quod si quis ad prægnantis
meritum referre maluerit, sic quoque clausi pignoris gratiam credamus commendari : nam quorum
fuisset commune periculum, horum etiam liberationis miraculum fit commune; causa tamen apparet major in altero, quoniam matri nil tale contigit
ante conceptum. Sed et sequentis vitæ illius prove-
ctio, quia superavit et matrem, videtur sibi præcedens miraculum vindicare. Nam ut a primis ejus
annis exordiar, pueritiam ipsam ac juventutis tempora sic peregit, ut jam tunc fieri posset senibus in
exemplum. Cum enim post teneræ educationem infantiæ, sicut plerique nobilium liberi solent, in studium litterarum missus esset; ibi statim ingenii
singularis vivacitas, et elegans suavitas morum latere non potuit. Obscura sententiarum intellectu facili comprehendens, tenaci memoriæ commendabat : nec sola docentis auctoritate contentus, rationis consulebat examen de singulis, brevique post
tempore tam rudimenti quam et ætatis mensuram
excedens, cum ad auditorum exemplar similia multa
conquireret, ut ita dixerim, plus quam docebatur C
discebat. Neque vero, sicut fieri solet, indiguit aliquando verbere coerceri, cum ei spontaneus amor
scientiæ studii plus augeret. Non illum avocavit ludus aut nugacitas puerilis, quo minus libris aut
pugillaribus vellet incumbere. Interea sub professione discipuli, morum quoddam magisterium exercebat; turpe nimis existimans, si verborum leges
addiscens, utiliores multo vivendi regulas ignora-
ret. Cavebat ergo turpia, non solum operum, sed et
verborum, nec quidquam facile proferebat, in quo
non aliquid utilitatis attenderet. Iram et invidiam,
ac matrem utriusque superbiam jam noverat abhorrere, et vel levi cujuslibet detractioni aurem negabat et linguam. Subdebatur inferioribus et genere
et scientia, omniumque etiam in se æmulorum pro- D
vocabat affectum. Satis omnibus jam patebat, hanc
puero conversationem, non a natura, sed gratia sic
disponi. Sensit Turonensis Hervæus (79), cujus tunc
fama sanctitatis vigebat, cum forte transiret per
locum, indicavitque astantibus quid in illa jam æta-
tula imitandæ perfectionis lateret. Nam ut majora
conjiciamus ex minimis, sub scamno, cui se idem
Hervæus preces facturus acclinaverat, puer deli-

deprecationis formam subripere. Sed, sicut postea
ipso indicante compertum est, absque ullo verborum
strepitu, sanctus ille multo efficacius lacrymis et
gemitibus exorabat : quam formam et istum postmodum secutum fuisse accepimus. In hoc ergo parvuli jam tunc non parvipendenda videtur intentio,
quod dum aliorum licentia puerorum occasione venerandi hospitis abuteretur ad ludum; hic solus
maturitate consilii religiosi viri, brevem licet præsentiam, sibi præterire non est passus inutilem.
Gaudebat Scotorensis ecclesia (80) tanto felix alum-
no, et quem erudiendum susceperat, egregium sibi
fore præsumebat doctorem.

5. In hoc ergo studio decursa pueritia, robustio-
res juventutis annos ingressus, majora cœpit virtutum exercitu meditari; nec, sicut plerique solent,
proclivem in deteriora ætatem otio dedit aut luxui.
Sed idonea jam militiæ Christianæ laboribus membra, armis justitiæ, contra spirituales nequitias,
fortiter pugnaturus, instruxit. Et, ne qua forte sibi
nocere posset callidi hostis subreptio, fortitudini
junxit prudentiam, qua non solum actus caveret illicitos, verum etiam causas omnes opportunitates-
que peccandi sibi penitus amputaret, sapienter intelligens tironibus castrorum spiritualium tutiorem
expetendam esse quam gloriosiorem victoriam. Aliud
est enim pro vita, aliud pro gloria dicare : nam cum
sit egregium in promptu positum peccatum declinare et transgredi nolle, cum possis; est tamen securius ipsam peccandi fugere potestatem : hæc etenim cautela neminem unquam fefellit, in illa autem
experientia plurimi corruerunt. Hac igitur ratione,
pessima vitiorum germina facile debellavit. Ardorem
quippe libidinis (quo maxime periclitatur adolescentia, quando inexpertus ante corporis motus incau-
tis mentibus blandæ suggestionis infigit aculeos,
jejuniorum castigatione et orationis instantia ac
perpetuæ castitatis amore) in ipso, ut ita dicam,
conceptu, antequam oriretur, exstinxit. Beatus
plane, qui tenuit et allisit parvulos iniquitatis ad
petram. Pecuniæ cupiditatem ac turpis avaritiæ
sordes, quo vitio pene nullum est ab hominis dignitate remotius, non solum ipse nunquam est dignatus admittere, verum etiam in aliis propriæ liberalitatis exemplo aut exstirpavit penitus aut de-
tuivit. Fratribus cum quibus vivebat omnibus puram
exhibebat dilectionem, et eorum nihil a se alienum
putabat. Studebat imitari speciales singulorum virtutes, ut in se unum bona omnium convasaret. Nec
solum ex aliorum virtutibus, sed, quod mirum videatur, etiam proficiebat ex vitiis, cum has sibi ad
imitationem, illa vero proponeret ad cautelam.

(79) Hic videtur esse Hervæus Thesaurarius S.
Martini, qui ecclesiam S. Martini, quam S. Perpe-
tuus ædificaverat, anno 903 combustam reædifica-
vit, uti diximus ad Vitam S. Perpetui episcopi Turonensis 8 Aprilis, num. 4.
(80) Videtur Doratensis Ecclesia dici in supra

allegata Vita B. Israelis, cujus ibi dicitur discipulus fuisse et canonicus Doratensis. Notatur in Map-
pis geographicis, locus Dorat, haud procul a dextra
ripa Vartampæ, ubi hic Sevam amnem suscipit.
Fortasse antiquitatis affectatione quadam, exoletum
pridem nomen, nescio unde, assumpsit auctor.

6. Impatientiæ stimulis agitatos ac spiritu furoris A effrenes, tranquillitate animi et verborum suavitate vel mitigavit, vel toleravit. Unde factum est, ut abbatem loci (81), bestiali feritate in fratres immoderatius sævientem, dum blande placare tentat, magis accenderet, adeo ut nimium pertinax miseri senis furor, simplicem sancti juvenis correptionem ad sui contemptum interpretans, moliri ei insidias non cessaret, et de insonte, tanquam de rebelli quæreret ultionem. Cedendum itaque tempori arbitratus, locum dimisit, demigravitque in castrum, quod Confluentium (82) nominatur, ubi eo tempore generis sui nobilitas plurimum excellebat : in quo demoratus ad tempus, non solum domesticis ac municipibus, verum etiam finitimis plerisque, vitæ sanctitate et prærogativa scientiæ brevi innotuit. Unde et B Stirpensis Ecclesiæ clerus, quæ supradicto castro vicina est, cui et divinitus debebatur, frequenti ejus colloquio delectati, multis eum precibus in suæ communitatis collegium asciverunt : spem scilicet hanc foventes, ut, si quid abbati suo humana sorte contingeret, hunc sibi Patrem ac doctorem unanimiter postularent. In quorum ascriptus collegio, tanta erga singulos discretione se gessit, ut cum omnes eum communi amore diligerent, quisque tamen optime de se meritum æstimaret.

CAPUT II.

Peregrinatio Hierosolymam.   Miracula in itinere patrata.

7. Interea, cum processu ætatis, virtutum sibi succedentibus incrementis, quamvis, etiam inter suos advenam se et peregrinum, sicut omnes Patres antiqui, reputaret, peregrinari tamen Jerosolymam, sanctorum locorum desiderio ductus, decrevit, ut quod spiritualiter de Christo sæpe cantaverat, etiam corporaliter adimpleret : « Adorabimus in loco ubi steterunt pedes ejus (*Psal.* CXXXI, 7) : » simul etiam, ut quoniam sibi pro fide Christi pœnas et mortem a manu carnificis ratio temporum denegabat, ex itineris necessitate per tribulationes et angustias quoddam sibi martyrium inveniret ; unde contigit, ut qui pro Domino, pati graviora decreverat, majorem a Domino gratiam mereretur. Testantur hoc non parva nec pauca miracula, quæ pro ipso vel D per ipsum in eadem peregrinatione Christus ostendit. Quorum aliqua recitabimus, ex quibus cætera poterunt æstimari. Navigante eo cum sociis itineris per Adriaticum sinum, qua Jerosolymam tendentibus transitus patet, tanta repente tempestas incubuit, ut in desperatione vitæ triduo continuo ventis ac fluctibus jactarentur. Sed cum imminens periculum orationis instantia depulisset, apprehenso vix littore, circumquaque dispersi, qualiscunque victus necessaria disquirebant : quippe qui diuturno

mortis metu confecti, tempestatis etiam vexati violentia, inedia quoque longa tabuerant. Sed tanta regionis contigerat solitudo, ac sterilitas arenarum, ut nec labor humanus, nec naturæ fecunditas illis in locis gustabile aliquid protulisset. Frustrato ergo cæterorum labore, atque iterum omnibus de famis tempestate perterritis, soli beato viro fidei suæ constantia mirabili virtute respondit. Ecce etenim ignotæ formæ volucris, ubi sanctus in parte solus substiterat, placido volatu allapsa, ante pedes ipsius immanem piscem deposuit : quem cum solus levare non posset, adhibito secum uno qui propius stabat ex sociis, divinæ largitatis obsonium, gratias Domino referens, deportavit ad navem. Mirati sunt socii piscis magnitudinem ; sed cognito quid evenisset, majori eos admiratione perculit insoliti ordinis magnitudo : vere enim mirandis meritis contigerat extra morem, ut recens maris præda esurienti per alitem plueretur e cœlo. Sed qui quondam sub lege positis mirabiliter pluerat alitem, nunc quoque sub gratia posito servo suo mirabilius pluit piscem : minus quippe videtur insolitum, si avis, quam si piscis labatur ex aere. Stupentes ergo qui aderant ad tantæ virtutis aspectum, et ex miro eventu mirandi hominis merita perpendentes, flexis humo genibus adorarunt : et quem eatenus sanctum habuerant, amodo quoque clarum ac magnificum habuere ; nec immerito antiquis eum Patribus comparabant, in quo viderent antiqui miraculi speciem C relucere. Pavit olim Dominus Eliam per corvum, nunc quoque et istum et socios iterato exemplo per alitem pavit : et licet iste multo inferior sit Elia, in uno tamen hoc facto utriusque sibi respondet æqualitas.

8. Item alias, dum per inaquosa campestria graderentur, et tam fervore diei quam et itineris labore confecti, intolerabilem sitis paterentur angustiam, vir sanctus, sui securus periculi, cœpit saluti comitum plus timere. Mox fusa cum lacrymis oratione, tota fiducia conversus ad Dominum, baculo quem tenebat, terram percussit. Secutæ sunt aquæ continuo salubres et lucidæ, quæ non solum sitientibus sufficerent recreandis, sed etiam novi fontis venam perpetuam ebullirent. Nam, ne facti memoriam delere posset oblivio, eidem fonti Gualterii nomen impositum, usque hodie manere perhibent, qui viderunt. O quanta est fidei virtus, cui vel ipsa naturæ impossibilitas non resistit ! Jam si antiquum percussionis per Moysem in eremo factæ respiciamus miraculum, salva majestate mysterii, non longe impar videre potest similium rerum collatio : nimirum diversis temporibus, sub duobus ac dissimilibus Testamentis, operatur similia idem Dominus utriusque. Conferamus aquam aquæ, baculum virgæ, petram aridæ ; respondeat sitiens sitienti,

(81) Scilicet a successore aliquo dicti B. Israelis.
(82) Habetur accuratissima regiminis Aurelianensis tabula : ubi ad rivi cujusdam confluxum in Vi-

gennam notatur Confoulens vulgo dictus locus, ex Latino Confluentii nomine, una duntaxat leuca remotus a Stirpensi abbatia ad occasum.

ictus ictui societur, invicem sibi alludat causarum
et locorum æqualitas.

9. Nec multis interpositis diebus, cum forte socii
contra morem sexta feria carnibus vescerentur
(quippe quibus quotidiani laboris intentio ratione
dierum excusserat); repente superveniens negligentiam eorum corripuit, cur exterioribus tantum
necessitatibus occupati sacræ diei reverentiam non
cavissent. Sed cum omnes confusos videret, et cordis pœnitentiam lacrymis protestantes, fraterna
motus compassione : « Nolite, inquit, nimium contristari, veniale est enim quod nescientes egistis.
Clemens Dominus ignorantiæ vestræ providit, dum,
si quid culpæ fuit, præsens excusat solemnitas. Nam
hodie beatissimi confessoris Martini festum noveritis celebrari. Quapropter in sanctæ charitatis fiducia vos adhortor, ut cœptas epulas sumatis intrepi-
di. » His dictis, ipse carnes appositas prælibavit ut
eorum metum facti sui auctoritate firmaret. Omnibus ergo cæteris incunctanter obtemperantibus,
unus tantum exstitit : qui non tam religionis amore,
quam obstinacia superstitionis resisteret, et ad con-
sentiendum nulla posset ratione adduci. Sed hæc
ejus consequenter est notata rebellio, ut evidenter
omnibus, quanti esset charitas, appareret. Ipsa etenim die aurum totum, quod secum pro viatico deferebat, amisit. Quod justo Dei factum constat judicio, ut qui charitatis cibum solus respuerat, necessarii victus pretio privaretur et solus. Sed, postquam damni admonitione correptus, culpam agnovit, et se peccasse confessus est; vir sanctus verbis mitibus ejus consolatus tristitiam, securum
viam carpere cum sociis jubet, cuncta se ei perdita
cito reformaturum promittens. Denique solus ipse
per aliquantum reversus itineris, repertam sine
mora Dei voluntate pecuniam reddidit possessori.

10. Quartum quoque recitare placet miraculum,
quod supra memoratis non longe videatur inferius.
Cum forte juxta mare viantibus sedem in arena ponere nox ingruens suasisset, turbato repente cœlo,
nimborum tempestas inhorruit, ut vel si domibus
tegerentur vix tegulæ possent defluentium pluviarum injuriam propulsare. Hic vir patientissimus,
cum cæteri prout possent sibi quisque consuleret,
eodem quo manserat loco persistens, solito se orationis scuto protexit. Ad cujus petitionem, misso
cœlitus inauditæ magnitudinis et ignotæ speciei folio, herbæ incertum an arboris, an forte neutrius,
mirantibus omnibus, non solum a pluvia se defendit, verum etiam ex eodem stratum sibi mollissi-
mum præparavit. Nec vero poterat aliquo subesse
fortuiti eventus suspicio, in tanta præsertim divini
muneris novitate, cum nec parvis quidem vel herbis vel arboribus arenosi illius soli sterilitas nutri-
menta præstaret. Hæc ergo et alia, postquam reversi qui viderant, divulgarunt, brevi per totam
Aquitaniam celebre sanctissimi viri nomen enituit.

Stirpensis rectoratus et reliqua gesta cum pia morte.

11. Sub idem fere tempus Stirpensis Ecclesiæ
rector decesserat, unde factum est ut a clero ac
principe regionis Amardo, summæ virtutis viro,
ejusdem Ecclesiæ curam suscipere multis precibus
rogaretur. Sed cum obnixe resisteret, nec illi tamen cessarent a precibus, ne confusos omnino remitteret, diem statuit, ad quam eis ex consilio responderet. Die statuta, dum se humiliter excusatu-
rus revertitur, dissentientibus tamen clericis quibusdam ac militibus qui secum ibant, quibus magis
ut consentiret placebat, subito avicula quædam,
quam rapax qui dicitur Nisus urgebat, ad ipsum
mortem evasura confugit : quam ipse libenter colligens ab instanti periculo liberavit. Tum vero illi
rapta occasione instare vehementius, affirmantes
Deum manifesto signo de ipsorum sententia judi-
casse : quo videlicet signo palam esset probatum,
quod deesse periclitantibus non deberet. Sic a Stir-
pensibus clericis ac supradicto principe paulo minus compulsus, ne divinæ voluntati contraire videretur, gaudentibus cunctis, curam quam rogabatur
suscepit (83).

12. Jam vero in regimine positus, qualem se gesserit, vix exsequi verbis quisquam potest. Neque
enim versa est illi, ut quibusdam solet, prælatio in
elationem, nec sibi pro dignitatis loco in vestitu
aut victu amplius aliquid aut melius usurpavit; imo
vero multo nunc parcior ac modestior, quo majorem
adeptus esset licentiam, eo sibi minus licere intelligebat : propterea quod in eminenti positorum, sicut
pluribus prosunt virtutes, ita vitia plurimum nocent. « Non igitur quasi dominans in clero, » sed
secundum Apostolum, « forma factus gregi ex animo (I Petr. v, 3), » amore magis ac benignitate,
quam terrore vel suppliciis ad bene agendum subditos incitabat, gratiorem Domino judicans voluntariam devotionem, quam coactitiam servitutem :
illa enim ex libera charitate procedit, hanc vero timor servilis extorquet. Neque tamen ubi opus esset
zelus illi deerat, aut competens in rebelles districtio : sed tandem hæc et necessario velut ferrum et
ignem adhibebat, ne forte pars neglecta putredinis,
serpendo latius, partes integras vitiaret. Sed quænam hominis perversitas sub tanto duce invita Domino militaret, cujus et doctrina pelleret ignorantiam, et vita præberet exemplum, et oratio præstaret auxilium. Hæc etenim tria commisso gregi Pater optimus providebat, ut instructi prædicatione,
exemplo animati, oratione adjuti, contra hostem
antiquum pugnare et scirent et vellent et possent.
Præterea tanta circa singulos sollicitudine vigilabat, ut pro cujusque vel natura vel ætate vel conditione competentem cuique curam adhiberet, more
optimi cujusdam medici, qui, unde alius adjuvetur,

---

(83) Anno 1038, ut ex obitu et annis regiminis constat.

alium noverit lædi, et unde iste sanetur, illum periclitari non nesciat. Omnibus ergo et singulis congrua providebat, omnibus omnia factus erat, et tot
de se, ut ita dicam, homines faciebat, quot diver-
sitates exhibebat hominibus. Inter vitium et naturam tam subtiliter discernebat, et in eadem persona
sic alterum segregabat ab altero, ut nec isti parcendo illud foveret, nec illud prosequendo istam
contereret. ¡ Nullius vel infimi necessitatem neglexit, nulli opem postulanti non adfuit. Omnium
incommoda per compassionem sua fecit : prospera
omnium per charitatem suis lucris annumeravit.

13. Inter hæc abstinentiæ sectator fortissimus,
et emosynarum distributor largissimus, famelicos
jejunus reficiebat, nudos algens operiebat, tecto
carentibus conducebat hospitia, stipendiariis pretia
conferebat. In alios omnes propitius, in se unum
difficilis, quod omnibus aliis impendebat, sibi soli
negabat obsequium. Imo verò, quasi non esset magnus jamdudum corporis triumphator, carnem
suam cilicio terebat assidue ; et quod magis videatur insolitum, intempesta nocte consurgens, nuda-
tum in ecclesia corpus verberibus exponebat ; non
quod aliqua sentiretur, sed ne qua sentiri posset
attrictæ carnis rebellio : quod ut occulte fieri posset ac crebro, fidum sibi tortorem pretio conducebat. Nec sola egentibus, ut dictum est, corporis
necessaria ministrabat ; sed multo magis de animarum salute sollicitus, quoscunque posset, lucrari
Domino satagebat. Corripiebat justus in misericordia peccatores, suscipiebat in indulgentia pœnitentes : siquidem, pro suæ merito'sanctitatis, a Romanæ sedis episcopo Victore (84) potestatem acceperat (85), etiam de criminibus judicare, et pœnitentibus ecclesiam pro suæ discretionis arbitrio
vel claudere vel aperire. Hac ergo licentia in multorum utebatur salutem ; hac licentia plurimos, sub
gravi jam criminum onere desperantes, injunctione
portabili ad veniæ spem erexit, et extraxit quasi
mortuos de sepulcris. Nonnullos torpentes negligentia, et nimium de venia præsumentes, hac
eadem potestate velut sequestrandos conterruit, et
excitavit quasi dormientes de somno. Fidelis servus et prudens, quem constituerat Dominus supra
familiam suam ; fidelis plane, qui non sua, sed Domini sui lucra quærebat ; nec suam laudem, sed
Domini sui cogitabat honorem. Plane fidelis, qui
Dominicæ veritatis pecuniam non abscondens, libere omnibus præcepta Domini prædicabat ; nec
quemlibet potentem et divitem, timore pœnæ vel
amore præmii, in suis palpabat iniquitatibus. Præ-

terea fidei catholicæ assertor invictus, hæreticis ac
Judæis, auctoritate loquentis in se Spiritus, cito silentium imponebat. Erat etiam prudens, quoniam
in doctrina non solum personam, sed et tempus
considerabat et locum.

14. Quantæ autem longanimitatis, quantæ fuerit
inter adversa constantiæ, hostiles clades et bellorum
incendia probant, quibus per principum dissensio-
nem, non solum ecclesia ipsa sacrilega combustione
deleta est, verum etiam magna pars populi cum
toto pene clero eodem igne consumpta. Siquidem
princeps terræ, nomine Gordianus, renitente ac reclamante beato viro, ausu nefario, ipsa ecclesiæ
septa communierat, impositoque armatorum præsidio crebris incursionibus finitimos devastabat.
Hæc causa fuit, ut iniquorum merito locus imme-
ritus ab hostibus cremaretur. Sed cum nec sic
memoratus princeps pravam intentionem deponeret, refectisque munitionibus, inter sacros quondam
parietes priora sacrilegia exerceret, divinis tandem
terroribus, per horrendas noctium visiones, expulsus est : accitoque sancto, qui non longe inde cum
paucis discipulorum, qui incendio superfuerant, latitans divinam clementiam exspectabat, jurat se
nihil tale deinceps præsumpturum, purgatosque parietes beato viro restituit. Qui acceptæ calamitatis
ærumnam, non ad causam desperationis, sed ad
meritum probationis convertens, restaurationis opus
summo studio aggressus est, obnitentibus quibusdam
episcopis, qui locum sanguine et cæde pollutum sacrari ultra non posse contenderent. Sed obtinuit
tandem beati viri sana sententia, non solum syno-
dali episcoporum approbata decreto, verum etiam
litteris apostolicis confirmata. Opus ergo cœptum
strenue consummavit, invitatisque vicinarum urbium episcopis, dedicationis festum cum summa
gloria celebravit. Deinde in locum absumptorum
clericis substitutis, priorem ecclesiæ statum et numero auxit et merito ; de tribulatione virtutis sumens materiam, ut merito fortunatum infortu-
nium putaretur, quod ad majorem loci gloriam contigisset.

15. In adversis ergo probatus et prosperis, in
his cautus et humilis, in illis vero fortis et constans,
in utrisque merito sanctitatis imitabilem se ostendit. Cedrus erat Libani, firmis hærens radicibus.
Domus erat Domini, supra firmam petram bene fundata. Inundavit fluctus, irruit ventus, et permansit
immobilis. In hoc itaque tenore Domino auctore
commissam sibi triginta octo annis rexit Ecclesiam,
ut nulla tardaretur eventuum varietate sed semper

<hr>

(84) Hic est Victor secundus, qui sedit ab anno
1054 usque ad an. 1057.

(85) Hæc potestas excommunicatos absolvendi
aut pertinaces excommunicandi videtur extraordinaria ac plane personalis fuisse : non solum autem
hæc non transivit ad posteros ; sed etiam pro ordinaria ipsis mota est quæstio, cujus meminit Ivo
Carnotensis epistola 60 inscripta : Galterio, Stir-

pensis Ecclesiæ præposito : qui graviter ferebat,
quod Lemovicensis episcopus interdixerit omnibús
regularibus clericis et regimen parochiarum et confessionem pœnitentium. Scripsit ista Ivo jam episcopus Carnotensis, consecratus ab Urbano anno
1091, id est 21 annis post mortem S. Gualterii, qui
occasione dicti Galterii, perperam Galterus et Galterius scribitur.

bonis meliora, melioribus adjungeret optima. Non illi aut senectutis imbecillitas, aut plaga nocuit cæcitatis, qua ejus patientia septem ante obitum annis probata est, quo minus prioris abstinentiæ legibus inserviret. Sed neque diuturnæ cursus prosperitatis, nec signorum frequens ostensio, quibus in mundo late diuque claruit, aliqua ejus animum vanitate tentavit; sed semper inter miracula humilior, inter secunda timidior, inimici laqueos duce Christo contrivit.

16. Et exteriora ejus miracula partim attigi, partim prudens prætereo. Ut de muliere dæmoniaca, quam Vercelliaco (86), in ecclesia Mariæ Magdalenæ, præsente populo, die sancto Paschæ purgavit. De alia item nobili ac religiosa matrona, cujus obitum longe positus per revelationem cognovit. Hæc ergo prætereo, ne in talibus summam videar posuisse. Illa vero quæ spiritualiter est operatus miracula, nec præteriri debent, quia dignissima ; nec explicari possunt, quia innumera. Si enim quemadmodum in corpore morbi, sic vitia esse noscuntur in anima, qui innumerabiles vitiosos correxit, utique innumerabiles morbos fugavit. Et, si periculosior ægritudo gloriosiorem facit curationem, tanto utique majorem meretur laudem vitiorum sanatio, quanto gravius animæ periculum quam corporis esse dignoscitur. Itaque pater sanctus spirituales maxime fugare studuit ægritudines, et spirituales maxime tribuit sanitates : superbis humilitatem, lasci is castitatem, prodigis contulit parcitatem, largitatem avaris, mansuetudinem iracundis, luxuriosis abstinentiam tradidit, invidis charitatem restituit. Sed in singulis quid moramur ? Enumeret remedia, qui numerare potest incommoda, vel qui non potest ægritudines, nec numerare cogitet sanitates.

17. Nunc ad ejus transitum veniamus. Jam bonus miles in tabernaculo Domini usque ad senectutem habitaverat, ingressusque sine macula, et operatus justitiam, dignus erat accipere missionem, et requiescere in monte sancto ejus. Correptus ergo febribus exoptatis, sensit Domini eum pulsantis adventum ; convocatisque discipulis, imminentem eis sui obitus diem lætus prædixit. Consolatusque mœrentes et ad meliora cohortans, ut et moriendi ordinem demonstraret, quibus vivendi formam tradiderat, induci primum presbyteros ad sacram sibi unctionem fieri postulavit. Deinde percepta cum summa cordis et corporis humilitate eucharistia, exutus linea, cilicium, quo semper ad carnem utebatur, aperuit ; cujus facti ratio, cum a circumstantibus quæreretur : « Nudus, inquit, cum nudo debet luctari, ne habeat unde possit teneri. » Sic in ecclesiam a fratribus deportatus, et ante altare matris Domini depositus, exitum suum in cinere et cilicio, erectis ad Dominum mentis oculis, expectabat. Flebant cum silentio qui aderant, et orabant, et in auribus ejus, ut jusserat, sacra lectio resonabat. Cumque lector ad extremam libri clausulam pervenisset, qua dicitur : « Finem loquendi omnes pariter audiamus, Dominum time et mandata ejus observa, hoc est enim omnis homo (*Eccle.* xii, 13), » congruo satis eventu, cum fine loquendi, vir sanctus finem fecit vivendi : perrexitque (87) ad Dominum, quem vere timuerat, cujusque mandata observaverat, ad quod procul dubio omnem hominem constat esse creatum. Sed quanto putamus lectionis et orationis studio vivens inhæserat, a quo nec moriens potuit abstinere ? aut quando a prædicatione cessavit, qui et in exitu ædificatorias sententias proferebat ? Corpus ejus cum magna populorum frequentia in eadem ecclesia honorifice sepultum est, ubi usque hodie requiescit : ad cujus sepulcrum multa fiunt miracula, multa fideliter petentes accipiunt beneficia, præstante Domino nostro Jesu Christo, qui cum Patre et Spiritu sancto vivit et regnat per omnia sæcula sæculorum.

---

(86) Verzelliacum, alias Vezeliacum in Burgundia : quomodo autem Eudo primus loci abbas illuc dicatur ab Aquensi territorio attulisse corpus sanctæ, pio furto sublatum, anno 849 dicetur ad ejus diem 22 Julii.

(87) Anno 1070, 11 Maii, ut supra probatum.

IN VITAM S. FLORENTII

PRESBYTERI CONFESSORIS IN GLONNA MONTE GALLIÆ.

SERMO

AUCTORE MARBODO EPISCOPO REDONENSI.

(*Acta Sanctorum Bolland.*, Sept. tom. VI, die 22, pag. 410, ex codice membraneo ms. vetustissimo.)

—

OBSERVATIONES PRÆVIÆ.

1. Mons Glonna, aliis *Gloma* et *Glomo*, locus est, uti legimus in Historia monasterii S. Florentii Salmuriensis apud Martenium tom. V Collectionis amplissimæ col. 1084, « in extremis Aquitaniæ partibus, non longiuscule Ligeris a ripa sepositus, quo in loco beatissimus Dei confessor Florentius, diuturno tempore Deo deserviens, felicem vitam feliciore fine consummans, felicissimus migravit ad Christum. Dicitur locus iste situs in extremis [Aquitaniæ partibus, quia hoc regnum extendebat se olim ad Ligerim usque ac proin Glonnam montem complectebatur. Simili de causa locus emortualis S. Florentii statuitur ab aliis in pago Pictaviensi ; quia nempe Pictaviensis provincia, pars magna quondam regni Aquitaniæ, Ligerim quoque eodem in tractu sibi limitem habebat, et Glonnam montem aliaque loca comprehendebat, hodiedum pertinentia ad ducatum Andegavensem. Itaque loquendo juxta hodiernam dictionum divisionem, locus emortualis sancti situs est in ducatu Andegavensi. Lapsu temporis erectum fuit ibidem « nobile quoddam cœnobium, Mons Glonna antiquitus nuncupatum (verba sunt mox laudatæ Historiæ), miræ congregationis et pulchræ dilectionis fomentum, forma religionis et totius honestatis exemplum. » Consecratum id erat eidem sancto, hodieque etiam *S. Florentii vetus* nuncupatur, ut distinguatur a novo S. Florentii præclaro monasterio, postmodum prope Salmurum oppidum ædificato.

2. Juxta modum jam expositum ita sanctum hoc die annuntiat Usuardus : « In pago Pictaviensi sancti Florentii presbyteri et confessoris. » Hunc ducem (nam in antiquioribus sacris tabulis Florentium nostrum consignatum non reperi) secuti sunt Belinus, Galesinius, Baronius in hodierno Romano ac recentiores alii. Iisdem plane verbis memoratur et in Florario nostro ms., sed subduntur sequentia : « Hic puerum quemdam submersum precibus suis vitæ restituit, et miracula multa patravit, ac centum XXIII annorum obiit anno salutis 402. Maurolycus tamen Lugdunensibus sanctum attribuit : « Lugduni, inquit, S. Florentii presbyteri, qui ad ripam Ligeris specum, fugatis inde serpentibus, habitavit, Constantino imperante. » Hæc ille, motus verisimiliter auctoritate Petri de Natalibus lib. VIII, cap. 107, dicentis : « Florentius presbyter floruit tempore Constantini imperatoris. . . sepultus apud Lugdunum miraculis clarus. »

3. Eadem quoad sepulturæ locum descripsit Benedictus Gononus in Vitis Patrum Occidentis, pag. 154 : Saussayus autem in Martyrologio Gallicano eamdem opinionem amplexus, causam insuper adjecit, cur sanctus Lugdunum concesserit, ibidemque obierit : « Lugduni, inquit, S. Florentii presbyteri, quem ortu Pictaviensem S. Martinus consecravit cœlestibus indiciis ac miraculis conspicuum : a quo ille divertens, ne ob susceptam invite dignitatem decus honoris perciperet, in locum a frequentia semotum prosiliens, ad littus Ligeris venit, ubi erat spelunca, serpentibus plena, quos oratione fugavit ; hicque consistens cœlo defixus, precibus, jejuniis, vigiliis Christi sese addixit obsequiis. At cum puerum, aquis fluvii præfocatum, matri mœrenti vivum reddidisset, veritus ne facti fama sibi vigili pareret existimationem, statione dimissa, Lugdunum ad latendum contendit : ubi e stadio mortis digressus, æternam ad patriam, quam quærebat, a superno Rege evocatus est, senio quidem confectus, at meritis (quod ipso nomine præferebat) valde florens et ornatus. » Unde ea didicerit Sausayus, unde sua hauserit Petrus de Natalibus pro Lugdunensi civitate, non assequor. Quidquid sit, sicut eorum auctoritas verisimiliter visa non est sufficiens Theophilo Raynaudo, ut S. Florentio locum concederet in Indiculo sanctorum Lugdunensium, ita nobis non sufficit ut solidum dubium formemus de veritate oppositæ sententiæ, quæ et communis est pene omnium, et potiore auctoritate stabilita. Adde quod ipse Saussayus ad diem 2 Maii tumulum S. Florentii in Andegavensi territorio collocet, ad eumque nobile exinde cœnobium ædificatum dicat

4..... Subjiciam (88) dein elegantem Marbodi archidiaconi Andegavensis in eadem Acta sermonem, ab ipsomet auctore die festo S. Florentii et in ecclesia verisimiliter ipsi consacrata recitatum : id colligo ex prima ejus periodo, quæ post hunc titulum : « Incipit sermo Marbodi in Vitam S. Florentii confessoris, » sic habet : « In sancti hujus Patris nostri Florentii solemnitate, licet ejus virtutibus explicandis sermo tenuis nequaquam possit sufficere, non tamen ex toto convenit nos silere. » Describam eum ex insigni codice nostro ms. membranaceo, tam antiqui characteris, ut majoribus nostris, qui eum laudarunt ac adhibuerunt aliquoties in opere, merito visus sit, aut tempore Marbodi et forte ejus cura diligenter exaratus, aut certe non diu post ejus obitum.

5. Videtur autem sermo iste dictus a Marbodo, cum esset archidiaconus Andegavensis, id est ante annum 1096, quo Redonensem in Britannia Armorica episcopatum tenuit, tum quia in Vita S. Licinii Andegavensis episcopi, quæ sermoni, in codice primum locum occupanti, proxime subnectitur, se expresse nominat archidiaconum « Andegavensis ecclesiæ, » tum quia in ipso sermone non obscure significat se

---

(88) Id est post Acta S. Florentii ab auctore anonymo sæculo IX conscripta, quæ omisimus. EDIT.

dicere in ea diœcesi, in qua tanquam patronus colitur S. Florentius ; quandoquidem num. 24 incitans auditores ad imitanda sanctorum exempla, in hunc modum peroret : « De vicino sumamus exemplum. Habemus ante oculos a Deo nobis provisum peculiarem patronum , ut non sit nobis necesse imitabile aliquid ex alieno mutuari : et licet eadem inveniri possint in aliis, de propinquo tamen, quam de remoto fonte æque dulces aquas plus delectat haurire. » Sunt autem in Andegavensi diœcesi ambo cœnobia, quorum præcipuus patronus est sanctus noster, Glonnense scilicet seu *S. Florentii vetus*, et Salmuriense seu *novum* ejusdem sancti nomine insignitum. Cæterum auctor hic, quantumvis doctus et eruditus, biographi nostri anachronismum non advertit ; conjunxit Florentium Floriano, et in reliquis gestis presse secutus est eumdem biographum, ad quem num. 2 pro clariori intelligentia auditorem remittit, « Lege, inquiens, Vitæ ipsius (sancti nostri) libellum. » Hinc hæsitavi, utrum cum Actis sermonem hunc ederem ; quoniam ex illo nil certius quam ex istis determinari potest. Edendum censui, tum quia eum polliciti fuerant majores nostri, tum quia eruditus est ac pius, atque adeo rarus, ut hactenus, quod sciam, a nemine, præterquam ab iisdem majoribus nostris et hos secutis, fuerit memoratus, nedum prelo vulgatus ; quanquam Antonius Beaugendre ordinis S. Benedicti religiosus opuscula ejusdem Marbodi magno studio collecta imprimi curaverit anno 1708,. tum denique quia vel ex eo patebit, quanta esset sæculo xi S. Florentii veneratio.

SERMO IN VITAM S. FLORENTII

PARS PRIMA

S. Florentius martyr desiderio et in omni virtutum exercitio confessor egregius.]

In sancti hujus Patris nostri Florentii solemnitate, licet ejus virtutibus explicandis sermo tenuis nequaquam possit sufficere, non tamen ex toto convenit nos silere, ne, metuentes de præsumptione redargui, de diffidentia justius vel negligentia judicemur. Deo etenim nostro, cujus ad laudem refertur quidquid in sanctis ejus laudabile prædicatur, non tam placet orationis varietas, quam rerum veritas, et gratiores illi sunt dicentium mentes puræ, quam decentium verborum multicolores purpuræ. Proinde ad laudem ipsius, qui in sanctis suis gloriosus est, et ad ædificationem legentium de sancti hujus meritis tentemus aliquid loqui simplici oratione, sed devotione multiplici. Sic enim fiet, ut et debitum patrono nostro in die festivitatis ejusdem solvamus obsequium, et in laudem Dei fidelium mentes excitemus : nobis quoque ipsis propositam habeamus formam virtutum, quam si volumus imitari, velle autem debemus, directo itinere procul dubio gradiemur in cœlum, quo, sicut indubitanter credimus, ille pervenit, quem nobis sequendum proponimus. Ardua quidem via et difficilis ascensus ; sed iter ad Deum molientibus auxilium divinum deesse non poterit, ipso eodem interveniente beato viro, cui fuit « auxilium abs te, Domine, qui et ascensiones in corde suo disposuit in valle lacrymarum in locum quem posuit (*Psal.* LXXXIII, 6). » Hujus ergo secuti vestigia, « de virtute ibimus in virtutem , visuri et ipsi Deum deorum in Sion (*ibid.*). »

2. Quapropter et nostræ et aliorum saluti consultum facere cupientes, audaciam sumimus ex charitate sermonem de illo suscipientes, quem et loqui digne non possumus, et tacere penitus non debemus. Talis enim ac tantus iste est, ut multorum præconiis solus sufficiat, cum nullius præconia sufficiant soli. Siquidem solus ipse est, ut ita dixerim, multitudo, in cujus persona multorum invenitur perfectio. Nam si martyrem requiras non cujuslibet patientiæ , sed impatientis quodammodo animositatis et cujusdam virtutis ebriæ præclaro calice sic infusum, ut veluti non sensurus provocare videatur injurias ; vide Florentium ultroneum ad supplicia quærentem pœnas, prodentem se satellitibus, ingerentem tribunalibus, postremo tanta aviditate mortem sequentem, quanta eam fugere solent alii. Lege Vitæ ipsius libellum, quomodo libens currat Lauriacum (89), hoc loco nomen , ubi Aquilinus præses victricem laurum crudelis beneficus erogabat. Et quid videbis in Florentino nisi choros castrorum ? Tanta quippe alacritate, tanta constantia in hostiles gladios ferebatur, ut non unus miles, sed totus credi posset exercitus. Unde factum est ut flagrans martyrii desiderium reputaretur ei ad martyrium, et apud Deum diuturna vita judicaretur dignissimus , qui festinam mortem sedulus appetebat.

3. Reservandus itaque multorum utilitatibus per administrationem angelicam solutus a vinculis , divinæ jussionis oraculo subtractus est passioni, paulo minus coarctatus et anceps, utpote propter se dissolvi cupiens et esse cum Christo (*Philipp.* i, 23), manere autem in carne necessarium intelligens propter alios. Augebat tamen gloriosæ mortis desiderium jucundissimi collegæ sui et fratris in Christo Floriani contubernium, cum quo et unanimiter vixerat et magnanimiter emori cupiebat. Cogitabat, quanta fratrem Florianum felicitas mox maneret, quem ipsa eadem die cum triumphali palma cœlestem suspiciendum videbat in regiam ; sibi labores restare

(89) Lauriacum (*Lorh*) urbs olim Norici, nunc vicus Austriæ superioris haud procul ab Aniso flumine.

quamplurimos, obeunda sibi non pauca pericula, se A refrigerio, quod jam mente conceperat, prolixioris vitæ martyrio suspendendum. Et ob hoc, si fieri posset, vellet accipere et bibere cum fratre suo calicem salutaris, ut per calicis tristitiam cum eodem cito transiret ad gaudium æternæ salutis. O quale fuit illud pro temporis brevitate prolixum, pro dilectionis magnitudine breve nimis colloquium, cum sopitis satellitibus, excitatus ab angelo Florianum Florentius excitasset, et divinæ illi voluntatis aperuisset mandatum (90).

4. Magnus in verbis illis mutuæ dilectionis redolebat affectus, sed major erga Deum in utroque cultus et reverentia cernebatur. Vellet uterque vivere vel mori cum altero, sic tamen ut Deum offendere vellet in neutro. Pateretur ergo libenter Florentius, nisi mallet eum vivere Deus vivus. Sed qui seipsum abnegasset nec sibi vivens, nec sibi moriturus, postquam imperatorem suum, cujus in verba juraverat, id velle persensit, non ausus contra imperium in hostem pugnare, nec tamen invitus paruit jussioni, ut qui bene nosset, non minori pœna multandum imperii tumidum transgressorem, quam imperatoris timidum desertorem. Certus nihilominus de reposita sibi corona justitiæ, quam reddet illi Dominus justus judex. Jam quidem sanctæ animæ reddita est justitiæ corona; sed reddenda est quandoque et corpori, in quo serrarum cæsuras et vulnerum cicatrices, stigmata scilicet Jesu, vivens portavit. Nondum enim, ut credimus, domestici fortis illius C mulieris, qua significari videtur Ecclesia, vestiti sunt omnes duplicibus; sed datæ sunt illis singulæ stolæ albæ, et dictum est illis, ut requiescant tempus adhuc modicum, donec impleantur conservi eorum, ut, qui singulatim bysso vestiuntur in anima, simul omnes in corporibus amiciantur et purpura : tunc ergo reddendam illi non dubitamus a justo judice martyris illibatam mercedem, apud quem perfecta voluntas operis velut opus est perfectæ voluntatis. Hactenus ut de martyre.

5. Si vero confessorem libeat intueri, tranquillæ pacis officia dispensantem, consulentem anxiis, patrocinantem reis, sustentantem imbecillos, curantem infirmos, gaudentem cum gaudentibus, flentem cum flentibus, habes eumdem Florentium, tanquam D ex castrensi forensem, velut ex loricato togatum, non minorem in pacis otio gerentem solertiam, quam in belli negotiis præferebat audaciam. Quis enim in supradictis operibus misericordiæ frequentior invenitur? Nam postquam jussus exire de terra et de cognatione sua et venire in terram hanc, voluntarius exsulavit : non enim habebat hic manentem civitatem, sed futuram inquirebat : postquam ergo, salva præcedentis laboris remuneratione, a militia quasi translatus est ad agriculturam, non cessavit in Domini vinea, quantum potuit, laborare, putator peri-

(90) Hæc scilicet Marbodus vir doctrinæ ac pietatis fama celebris pronuntiavit juxta fidem Vitæ sæculo IX ab anonymo conscriptæ, quam vel aliam

tissimus vitiorum, propagator virtutum, facienda verbis insinuans, operibus insinuata commendans.

6. Plane huic beatæ animæ convenire videtur jucunda illa Sponsi cœlestis exhortatio, post infidelitatis hiemem et imbrem persecutionis sub tempus putationis vinearum invitantis amicam : « Surge, inquit, amica mea, speciosa mea, et veni : ostende mihi faciem tuam; sonet vox tua in auribus meis, vox enim tua dulcis, et facies tua decora (*Cant.* II, 13). » Surge, inquit, amice Florenti, persecutio tua abiit et recessit, non est tibi concessum martyrium, et veni in terram quam monstravero tibi, in partes scilicet Galliarum, ubi ostendam tibi locum habitationis tuæ; ibi et tu ostende mihi, id est meis, faciem tuam, hoc est opera : « quod enim uni ex minimis meis facit quis, hoc mihi facit (*Matth.* XXV, 40) ; » sonet vox prædicationis tuæ in auribus meorum ; vox enim tua dulcis et opera tua decora. Post tempus plantationis tempus putationis advenit. Omnia enim tempus habent, et suis spatiis transeunt universa sub cœlo. Vineam mihi Martinus plantavit, cujus te putatorem elegi. Jungere Martino in partem laboris, ut cum eodem merearis particeps esse mercedis.

7. Ex his igitur manifestum esse putamus, hunc, de quo loquimur, etiam sanctis adnumerandum confessoribus, quibus cum pro veritatis assertione ad mortem usque certandi non defuisset audacia, incruentam ex hoste victoriam voluntas divina concessit. Et ne dubites quem dignitatis locum etiam inter confessores obtineat, aspice Martinum sui temporis præsulum gemmam, ad quem dum divina revelatione dirigitur, tanti viri consortio dignissimus utique comprobatur. Quid quod eidem Martino venientem sanctum præcursor angelus in visu revelat, et ut præsens facile possit agnosci, absentis vultus repræsentat imaginem ; jubet etiam, ut jamdudum sacerdotalem virum in ordinem promoveat sacerdotum. Nonne hoc totum ad astruendam valet beati viri confessoriam dignitatem? Valet profecto. Nam si probatorum hominum testificatio in rebus dubiis habere solet inconcussæ pondus auctoritatis, multo magis in hujus sacerdotis commendationem trina concurrit auctoritas : divina primum, deinde angelica, tertio humana. Est enim a Deo electus, ab angelo præsentatus, a Martino sacratus.

8. Jure ergo solus dictus est multitudo, in quo solo martyris et confessoris dignitas invenitur : præterea qui tot in se miserorum per compassionem gestavit personas, quot habet humana vita miserias. Legem etenim Christi, « qui languores nostros ipse tulit, et peccata nostra ipse portavit in corpore suo super lignum (*Isa.* LIII, 4), » quæ non rapuit tunc exsolvens, vir justissimus studuit adimplere, memor exhortantis Apostoli : « Alter alterius onera portate, et sic implebitis legem Christi (*Galat.* VI, 2). »

certe ei simillimam habuisse ipsum, suadent Gesta S. *Florentii*, quæ sermoni suo inseruit.

Nec solum alienis comprimebatur oneribus, sed etiam congratulabatur honoribus; nec magis in proximorum contristabatur adversis, quam congaudebat in prosperis. Denique si dici fas est, in alios quam in se magis propitius; sicut diligebat Deum plus proximo, sic proximum etiam plus seipso.

9. Nam qui alienis facile frangeretur infortuniis, sua sic tolerabat æquanimiter, ut æquanimiter tolerant aliena, qui suis facile franguntur. Ita qui maternum aliis impendebat affectum, sibi quantum ad corpus quodammodo novercabatur. Non secus et in aliorum prosperis sic gaudebat, cum sua parvipenderet; sicut in suis gaudere solent, qui parvipendunt aliorum; nisi quod illi tales gaudium suum ad temporalem referunt voluptatem, hic tam gaudium quam mœrorem ad spiritualem dirigebat profectum. Quodam igitur modo seipsum quam proximum austerius diligebat. In se quidem tam constans et firmus erat, et ad omnem ventum immobilis, ut nec terrificis persecutionum inflecti posset aquilonibus, nec mulcentibus blanditiarum austris resolvi; quin potius omnem fortunam materiam sibi faciens virtutum, in adversis firmus, in prosperis cautus et humilis, velut arbor aromatica quædam, imo velut ortus [l. hortus] deliciarum ad omnem flabrorum impulsum spargebat latius suavitatis odorem, æquo animo tam bona quam mala suscipiens de manu Domini, a quo utraque noverat ad ipsorum gloriam sanctis immitti. Imperat quippe ventis Dominus et obediunt ei. « Surge, inquit, aquilo, et veni auster, perfla hortum meum et fluant aromata illius (Cant. IV, 16). »

10. Hæc ergo sunt virtutum aromata, quæ nos de hoc horto colligere, quibus velut cibo quodam suavissimo vel condito poculo delectari debemus, cum et ipse Dominus his quasi ciborum et potuum diversitatibus glorians se refectum, ad hæc eadem comedenda et bibenda usque ad ebrietatem proprios adhortatur amicos. Dicit enim sic in Canticis canticorum : « Veni in hortum meum, soror mea sponsa, messui myrrham meam cum aromatibus meis; comedi favum cum melle meo; bibi vinum meum cum lacte meo. Comedite, amici, et bibite, et inebriamini charissimi (Cant. V, 1). » Id ipsum nimirum manifestius ita dixisset : Visitavi fecundum bonis virtutibus virum, in quo inveni, quam et acceptavi, pretiosam myrrham castimoniæ, qua corpora eorum, qui mundo mortui sunt et Deo vivunt, a corruptela libidinis illæsa servantur; inveni et alia ibidem virtutum aromata, et placuit mihi doctrinæ ipsius discretio, qui cum spiritualem intellectum in littera, hoc est, mel occultaret in cera, pro captu singulorum, vinum valentibus, lac infirmis noverat propinare. Hæc et vos bona imitamini, quicunque vultis ad amicitiam meam pertinere. Si vultis mihi esse charissimi, hæc bibite et inebriamini; inebriamini ab ubertate domus meæ. Idem quippe est et domus et hortus, sed hortus aromaticus et domus eburnea, fragrans et ipsa diversis aromatibus. Nam « myrrha et gutta et cassia a domibus eburneis (Psal. XLIV, 9) » redo-

lent. Invitati ergo ad tam jucundas epulas, nec ab alio quocunque, sed ab ipso Domino invitati, cum gratia recumbamus.

11. De hac nobis proposita velut delicatissimis ciborum et potuum varietatibus referta mensa, gratissima quæque carpentes, edamus et bibamus, et divinæ, quam audivimus, adhortationi non segniter obtemperare satagentes, comedamus ad saturitatem, bibamus ad ebrietatem. Audiamus et credamus, amemus et operemur; alioquin nihil valet auditus sermo non admistus fidei; « fides autem sine operibus mortua est (Jac. II, 20). » Quod si difficile est, est autem revera difficile, ut universas beati hujus viri virtutes nunc temporis unus aliquis imitetur, eligat sibi ex omnibus aliqua, prout quisque singulis delectatur. « Unusquisque enim proprium habet donum a Deo, alius sic, alius autem sic (I Cor. VII, 7). » Invitati autem sumus tam copiose ac magnifice, ut nulli deesse possit, quod eligat, cum potius omnes dubitare possint quid eligant. Sed sive de bonis meliora, sive de melioribus eligantur optima, in nullo est infesta saturitas, cum in omnibus sit manifesta salubritas. Non sicut in carnalibus epulis, quæ suspectam faciunt saturitatem, ne saturitas pariat infirmitatem.

PARS II.
Sanctus virtutibus cardinalibus cæterisque inde profluentibus ornatissimus.

12. Sane huic, de quo loquimur, homini Dei satis constat nullam defuisse virtutum, quibus non in se tantum, sed etiam in aliis contraria vitia debellaret. Sed quia longum est ire per singulas, illas tantum quatuor principales, quas cæteræ omnes velut pedissequæ comitantur, in illo fuisse monstrabimus, prudentiam scilicet, temperantiam, fortitudinem, justitiam, ut ex his manifeste appareat eum qui tota retinuerit, partibus abundasse. Monstrabimus autem, quod polliciti sumus, hoc modo. Si enim prudentia est rerum bonarum et malarum utrarumque scientia, quis in hac discretione illo ipso vigilantior invenitur? Nam quatuor modorum, quibus falli solent imprudentes, cum vel id, quod bonum est, malum, vel quod malum est, bonum putant; rursus quod nec bonum nec malum, id vel malum vel bonum, aut quod malum vel bonum, hoc nec malum nec bonum existimant; horum, inquam, quatuor modorum, vel potius incommodorum, vir prudens erravit in nullo. Terrenorum quidem honorum, quam bonam homines putant, malam existimavit voluptatem; futurorum vero, quæ, quia non videntur, a quibusdam etiam graviter audiuntur, felicitatem optimam judicavit. Abjectionem, paupertatem, contumelias, quæ fugienda maxime mortales decepti putant, hic non solum non fugit, sed etiam pro laude, pro divitiis, pro gloria libenter amplexus est, magis eligens affligi cum populo Dei, quam temporalis peccati habere jucunditatem. Aspiciebat enim in remunerationem, « aspiciebat in auctorem fidei et consummatorem Jesum, qui proposito sibi gaudio sustinuit crucem, confusione contempta (Hebr. XII, 2). »

13. Intelligebat stultum esse, qui super baculum arundineum innititur, stultum nihilominus, qui super arenam ædificat; quia et baculus ille manum perforat innitentis, et domus illa labefacta ventis ac fluctibus ædificantem plerumque pari ruina convolvit. Et ideo vir prudens « ædificavit domum suam supra petram (*Matth.* vii, 26), petra autem erat Christus (*I Cor.* x, 4); » et innixus est super lignum, lignum autem erat crucis. Unde et sapientiam ejus narrant populi, et laudem ejus nuntiat Ecclesia. Porro in illis medii generis rebus, quæ nec bonæ sunt, nec malæ, non potuit ejus falli judicium, qui plenam boni et mali notitiam retinebat. Si enim noverat quid esset bonum, noverat utique quid non esset. Nam, si sciat aliquis quid sit homo, scit profecto ab hominis natura discernere, cum videt aliud quam sit homo. Nec aliter in boni et mali notitia se res habet. Ex quibus non incongrue potest colligi perfectam in illo fuisse prudentiam, in quo nulla imprudentiæ portio reperitur. Nec minor in eodem temperantia, qua mala, quæ per prudentiam distinguebat a bonis, blandientia repelleret, incitata retineret, instabilia firmaret.

14. Est enim temperantia rationis in libidinem atque alios pravos impetus animi firma et moderata dominatio. Hanc ille dominationem in vitia tam late ac violenter exercuit, ut exstinctis in se prius omnibus illicitis, in aliis quoque cupiditatem ac cæteros non rectos motus persequeretur, daret in vincula, suffocaret, proscriberet, ac in perpetuum relegaret. Quis enim audita ejus contra vitia disputatione, quæ disputatio cum veritatem ostenderet, se ipsam nullatenus ostentabat, auditis ejus sermonibus magis utilibus quam facetis, rectis potius quam obsecundantibus; quis, inquam, his auditis, non continuo qualemcunque virtutis amorem conciperet, ac per hoc consequenter sua disceret vitia refrenare, refrenata profligare, profligata penitus exterminare, præsertim cum doctoris vitam in nullo a sana doctrina discrepare videret? Atque ita suam ipse temperantiam in quosdam alios transferebat, in eos scilicet, « qui audientes et retinentes verbum, fructum afferebant in patientia (*Luc.* viii, 15). » Nec tantum per sermonem exhortationis ad populum, sed et per virtutem orationis ad Deum, aliena vitia refrenabat. His ergo duobus modis victricis temperantiæ vexilla longe lateque circumtulit.

15. Sequitur ordine suo temperantiam fortitudo. Nam, sicut per temperantiam a malis blandientibus abstinemus, ita per fortitudinem terrorem incutientia non timemus. In his vero duobus malorum universitas continetur. Blanda generant cupiditatem; terribilia timorem. Timor vel cupiditas pariunt omne peccatum. Unde et Psalmista dicit : « Incensa igni et suffossa (*Psal.* lxxix, 27), » per suffossa timorem, per incensa significans cupiditatem. Est ergo necessaria contra cupiditatem temperantia, contra timorem fortitudo. Hanc igitur fortitudinem, quæ et magnanimitas appellatur, magis quæri

potest, quantam vir sanctus habuerit, quam utrum habuerit, imo dubitari non potest quod et maximam habuerit. Quod utrumque indubitabile putamus et evidens ex eo vel maxime quod periculorum et laborum, sicut supra perstrinximus, adeo contemptor fuit, ut timore mortis revocari non posset, quin perhiberet in publico testimonium veritati. Unde enim timeret, qui sibi omnes jamdudum timoris causas amputaverat? Nam timidum non facit animum nisi reprehensibilis vitæ conscientia. Mortem vero corporis vir sapiens timere non poterat; stultum quippe est timeri, quod vitari non potest. Denique securus obit, qui vitia sua ante se immolavit. In tantum ergo mortem non timuit, ut percussori se ultro ingereret, et prolatam in se crudelem necis sententiam libenter audiret.

16. Hic forte dicat aliquis in hunc modum : Si magnanimus erat, nec appeteret pericula ut temerarius, nec formidaret ut timidus : nimirum inter temeritatem et timiditatem habitat fortitudo, nunquid eum, qui præ nimio mortis contemptu sponte se præcipitet in profluentem, jure quis dicat fortem vel magnanimum et non stultum potius ac temerarium? Ita, inquam, si quis se præcipitet inconsulte, hujusmodi temerarius est et non fortis : fortitudo enim est considerata periculorum susceptio et laborum perpessio. Qui autem pro veritatis assertione pericula et labores non tantum suscipit et tolerat, sed etiam anticipat et amplexatur, hic non fortis, sed fortissimus etiam est vocandus. Diversitas enim causarum diversum facit in effectis judicium. Quapropter etiamsi eodem mortis genere consummantur temerarius et vir fortis, hunc laude, illum vituperio dignum credimus et fatemur. Quod ergo iste sanctus pro lege Dei sui mortem voluit occupare, non erit ascribendum temeritati, sed ferventissimæ charitati. Laudemus itaque virum fortissimum, imo et fortitudinem ejus, et laudem referamus ad Dominum : nam « fortitudo sua et laus sua Dominus, qui factus est ei in salutem (*Psal.* cxvii, 14). »

17. Restat ut et justum fuisse monstremus, quem cæteras habuisse virtutes ostensum breviter æstimamus. Justitiam vero idcirco ultimam in ordine locamus virtutum, quoniam ipsa reliquarum trium videtur esse perfectio. Est enim justitia virtus suam cuique tribuens dignitatem. Hac si forte quis careat, etiamsi bona prudenter a malis discernat; si contra blanda et aspera fortis resistat et temperans, tamen velut in salsugine arans, aut velut sterilis arenæ mundans semina, de laboribus manuum suarum fructum non comedet. Cum enim sit injustus, injuste sibi tribuens, quod est Dei, quamvis nihil habeat quod non acceperit, sic gloriabitur, quasi non acceperit (*I Cor.* iv, 7). Porro in peccatis propriis ad excusandas excusationes conversus in verba malitiæ, accusando naturæ infirmitatem audebit culpam refundere in auctorem. Hæc autem prima hominis justitia, ut divinæ gratiæ quidquid boni habet, vitio suo imputet quidquid mali.

18. Et justitia quidem parit humilitatem, injustitia vero superbiam generat. Superbia autem est radix quædam amara, quæ etiam in sanctorum solet cordibus pullulare; est quædam fera pessima nonnullos etiam perfectos solita devorare; nam cum cætera vitia tantum de vitiis oriantur, hoc solum monstrum nonnunquam ex virtutibus velut ex stirpe dissimili ducit originem. Hanc feram pessimam Jacob noverat patriarcha, cum diceret : « Fera pessima devoravit filium meum Joseph (*Gen.* xxxvii, 20). » Humilitas vero est efficacissimum quoddam remedium tam ad tuendam quam ad restituendam animæ sanitatem. Nam et sanctos in bonitate conservat, et peccatores indubitanter ipsa justificat : nimirum non longe distat ab innocentia humilis et verecunda peccati confessio. Evertit igitur iniquitates justitia per humilitatem, quas accumulat injustitia per superbiam. Consummat virtutes justitia per humilitatem, quas destruit injustitia per superbiam.

19. Quocirca sanctum hunc nostrum cum cæteris virtutibus oportet habuisse justitiam, ne corpus absque capite, vel domum sine tecto videatur ædificasse; sed justum illum fuisse, quis dubitet, qui superius de ipso memorata cognoverit? Etenim debitam Creatori cum famulatu exhibere reverentiam, pars quædam est non parva justitiæ. Societatem generis humani sic servare, ut omnibus et singulis dignus impendatur affectus, pertinere videtur ad alteram. Hic vero talem se gessit erga Deum et homines, ut nec propter religionem inhumanus, nec propter humanitatem fieret irreligiosus. At vero in ipsis hominum diversitatibus, quas vel sexus, vel ætas, vel conditio efficit, ita justitiæ dignitatem servavit, ut majoribus observantiam, minoribus indulgentiam, æqualibus gratiam, misericordiam infirmioribus, æquitatem omnibus exhiberet.

20. Postremo sobrie et juste et pie vixit in hoc sæculo (*Tit.* ii, 12), quorum primum in se, secundum in homines, tertium observavit in Deum. Sobrietatem quidem in hoc loco non eam tantum oportet intelligi, qua corporei cibi vel potus citra crapulam et ebrietatem compescitur appetitus, sed eam vel maxime, quæ mentem spiritualiter ab omnibus illicitorum coercet illecebris. Nam ita demum sobrie vixit, si sobrietatis integritatem servavit. Quidem enim peccata velut panem comedunt, et tanquam vinum bibunt iniquitatem. Et istud est pessimum ac fugiendum maxime genus ebrietatis, cum libidine, vel avaritia, vel superbia, vel aliquo hujusmodi venenato poculo mens lymphata nec rationis oculo verum potest internoscere, nec in via mandatorum Dei pedem operis stabilire; sed dissoluta quodammodo et enervis et titubans inquietæ et ærumnosæ voluptati, nescio quid, semper deesse conqueritur. Hanc ebrietatem sequitur æterna damnatio, ut beato Joanni, qui loquebatur ei, angelus revelavit : « Veni, inquit, ostendam tibi damnationem meretricis magnæ, hoc est gentis meretricis, quæ sedet super aquas multas, » dum sibi in fluxis et transitoriis ac-

quiescit : « cum qua fornicati sunt reges terræ, et inebriati sunt, qui habitant terram, de vino prostitutionis ejus (*Apoc.* xvii, 1). » Et post pauca : « Cecidit, cecidit Babylon magna (*Apoc.* xiv, 8), » id est, bis cecidit, in corpore scilicet et anima ; contrita est duplici contritione, et induta est « sicut diploide confusione sua (*Psal.* cviii, 29). » Hanc vir beatus damnationem quia luxuriosis paratam noverat in futuro, omnibus modis sobrie vixit in hoc sæculo ; ut nec vitii vinum gustaret, nec in vitis vino gustando modum excederet.

21. Justitiam autem erga homines illam servavit, quam misit Christus in terram, verbum consummans et abbrevians in æquitate : « Quod tibi non vis fieri, alii ne feceris (*Tob.* iv, 16 ; *Luc.* vi, 30 ; *Matth.* vii, 12). » Hoc enim si competenter intelligatur, consummatam proximi dilectionem ostendit, cum non solum revocet ab inferenda injuria, sed etiam provocet ad conferenda beneficia. Nam et hoc, quamvis verba non sonent, ex supra dicta constat sententia, ut, quod tibi vis fieri, alii ne subtraxeris. Nam si subtrahis, utique jam facis, quod tibi non vis fieri : nemo enim in necessitate sua sibi subtrahi vult auxilium. Porro autem si quis tam perversus existat, ut vel bonum aliquod sibi nolit fieri, vel etiam turpe aliquid fieri sibi velit, non ideo se vel ne aliis bene faciat hoc mandato prohibitum, vel ut aliis male faciat, existimet imperatum ; imo potius hoc mandatum, quod hominibus datum est, sciat ad se nihil pertinere : quandoquidem ad hominum sortem ipse non pertinet ; quippe qui vitio suo in irrationalem degeneravit naturam, dum in appetendis et fugiendis bestiale sequitur, si dici potest, judicium. « Væ homini illi, quoniam dicit bonum malum et malum bonum, ponit tenebras lucem, et lucem tenebras (*Isa.* v, 20); » mente captus non minus, quam si iter properans, pedes in cœlum erigat, capite in terram defixo, vel cum retro graditur, si se putet procedere. At vero illis missum est hoc mandatum, qui nihil sibi volunt nisi sanctitatem, nihil nolunt præter iniquitatem, in seipsis ita compositi, ut in alios debeant jam extendi, qui per sobrietatem hoc merentur, ut et justitiam consequantur. Talis procul dubio sanctus, de quo loquimur, fuit ; et ideo mandatum in alios recte servavit, ut nec mali quidquam proximo inferre vellet, nec boni aliquid denegaret.

22. Vixit et pie ; quia propter pietatem sobrie vixit et juste : nam duo servavit propter tertium; dum propter Dei amorem se dilexit et proximum. Vixit ergo sobrie et juste et pie in hoc sæculo (*Tit.* ii, 12). Unde et securus partim exspectat, partim jam adeptus est beatam spem et adventum gloriæ magni Dei, sine macula existens ante thronum æternum, et unus de « citharœdis citharizantibus in citharis suis (*Apoc.* xiv, 2). » Non enim, ut plerique faciunt, bene locutus est et male vixit ; quod nihil est aliud quam alienis fidibus citharizare. Talibus hodie citharœdis plena sunt omnia, quorum cum vita

dignum nihil auditu respondebat; alienam tamen dictare non cessant. In isto, inquiunt, reprehensibile est hoc et illud; in hoc male transgrediuntur hic et ille. Præposteri homines et insulsi, qui, cum in sua nesciant, in aliena cithara citharizare præsumunt, tantam utique habituri damnationem, quantam boni citharœdi mercedem; aut certe tanto ampliorem quanto præsumptionem addunt nequitiæ. Tales in Evangelio notat Dominus, « qui onera importabilia in humeros hominum ponunt, digito autem suo nolunt ea contingere (*Matth.* XXIII, 14); » vel, « qui trabem gestantes in proprio, fratris oculum de festuca redarguunt (*Matth.* VII, 3), » et cum sint ipsi cæcissimi, de cæcorum ducatu non verentur præsumere.

23. Non ita sancti Dei meruerunt æternum regni consortium, nec tale nobis, ut de aliis taceam, beatus iste Florentius reliquit exemplum. Vivendo magis quam loquendo errantes correxit, nec tam sermone quam opere facienda dictavit. Non tamen vel sermone defuit instruendis; sed ordine suo utrumque adhibuit, ut prius faceret, sic doceret. Corripiebat sane vir justus peccatores; sed ut increpatio illa dulcedinem redoleret, non amaritudinem; misericordiam, non invidiam; votum, non odium. Sic objurgationem blanditiis, blanditias objurgatione temperabat, ut nec illæ resolverent, nec ista contristaret. Quod mali et inconsulti, dum falso imitari cupiunt, quæ natura disparavit, conglutinare laborantes, bonum dico et malum, monstrum faciunt de seipsis, ex eodem proprii cordis fonte vocem bonam et opus malum, id est dulcem et amaram aquam, quod natura non patitur, emanantes, et cum sint ficus fatuæ, uvarum fertilitatem mentientes.

PARS III.
Sancti imitatio remedium adversus omnia peccata.

24. Nos autem, fratres, imitantes beati hujus Patris nostri sapientiam, horum talium stultitiam fugiamus, vel si aliqui sumus tales, fugiamus nosmetipsos, ne si nos ipsi non fugiamus, alii jure nos fugiant. Discamus vel ipsi reprehendenda non committere, vel aliorum commissa non reprehendi. Nam reprehendere et posse reprehendi, hoc est medicum esse et infirmari. Imitemur tam in hoc quam in aliis bonis patronum nostrum, si volumus illi gratum et solemne celebrare servitium. Ad hoc enim vel maxime sanctorum memorantur virtutes, ut bono exemplo provocentur audientes. De vicino sumamus exemplum : habemus ante oculos a Deo nobis provisum peculiarem patronum, ut non sit nobis necesse imitabile aliquid ex alieno mutuari. Et licet eadem inveniri possint in aliis, de propinquo tamen quam de remoto fonte æque dulces aquas plus delectat haurire, præsertim cujus vena indeficiens absque sui detrimento, imo ad suum incrementum sufficit omnibus recreandis. Sunt autem hujus fontis aquæ tam salubres, ut ægrotantium animarum quantæcunque diversitatis æstus possint et febres exstinguere.

25. Si quis aliena felicitate infelix, aliena pinguedine macilentus, pallet invidia, ut sibi putet ablatum, quidquid aliis est collatum, ex hoc nostro fonte plenum fraternæ charitatis cyathum sumat, continuo non hanc solum pestem evadet, sed et huic aliam consequentem, et quamvis diversam, non minus tamen mortiferam, hoc est, ut sibi putet collatum quidquid aliis est ablatum. At qualem de recepta sanitate fructum capiet? Ut scilicet aliena omnia sua reputans, damna etiam aliorum sibi convertat in lucrum. Nam de proximi lucro et damno contristari et congratulari æquam utrumque habet apud Deum remunerationem. Iracundia dementatus aliquis dispumat insaniam? Huc accedat et bibat patientiam; exuet illico ferinum cum animo vultum, et ad mentem reversus, tam longe se mirabitur peregrinatum, pudebit insaniæ, et insolentis morbi recordatio materiam dabit cautelæ.

26. Qui seminat inter fratres discordias, tanquam si in mel spargat absinthium; postquam hoc de fonte pacem potaverit, adunabit quod sparserat; exstirpabit quod seminaverat. Pigebit et istum erroris præteriti, et de cætero laboris infructuosi dispendia utilioris exercitii compensatione taxabit. Quibusdam non census, sed sensus inopia laborantibus, tanta aviditatis flamma depopulatur medullas, ut quanto plura capiunt, tanto plus cupiant. Quod idcirco illis evenit, quoniam non satietatis remedia, sed cupiditatis sumunt irritamenta : nam qui pecunia sedare vult avaritiam, accensum rogum oleo tentat exstinguere. Bibant ergo et isti plenum sufficientia poculum largitatis, ne in æterna, quod fugiunt, permaneant egestate. Æque enim est egens, et qui non habet id quod satis est, et cui non est satis id quod habet.

27. Est et aliud morbi genus, et quidem nostris temporibus satis frequens, eorum videlicet qui sua levi, aliorum gravi delicta ponderant; et e converso magni proprias æstimantes, aliorum parvipendunt virtutes. Faciunt hi quidem in virtutibus quod perfidi negotiatores in mercibus, in vitiis autem contrario modo ii quam illi, sed apud Deum abominabiles ii et illi. Nam pondus et pondus, statera et statera, utrumque abominabile est apud Deum. Utinam saltem in aliam potius partem peccarent! hoc est, ut aliena mala suis leviora, bona vero sua minoris quam aliena ponderis æstimarent. Istud enim propter humilitatem quasi excusabile, illud vero propter superbiam est revera damnabile. Culpabile tamen est hoc et illud; quia id exigit indeflexa justitia, ut ejusdem ponderis existentia vel aliena vel nostra eadem judicii lance pensemus. Isti quoque contrariam valetudinem facile possunt evadere, si de hoc nostro fonte imitationis hydria hauriant æquitatem. Hinc et superbus ducat humilitatem, et prodigus parcitatem; castitatem lascivus, abstinentiam luxuriosus. Sed quis omnes spiritualium ægritudinum modos enumeret? Hoc tantum ad præsentis patroni laudem veraciter dixisse sufficiat, nullum vitii esse

genus, cui non oppositam habuerit ipse virtutem. Quæ quamvis singulæ non legantur, ex aliis tamen aliæ colliguntur. Nam ex partibus tota, ex majoribus minora, ex apertis obscura pensamus. Et licet propriarum fuerit occultator ipse virtutum, sicut alii vitiorum, tot tamen leguntur et tantæ, ut plures vel majores non sit opus desiderare.

28. Postremo quanti sit meriti apud Deum, signorum frequens ostensio manifestat. Nam ut illa prætermittam, quæ quidem pro sui multitudine ac magnitudine nec breve temporis spatium, nec modernum desiderant scriptoris ingenium, ea dico quæ post beatum ad cœlos transitum diversis temporibus et locis mirabiliter operatus est, quis ea saltem, quæ mortali adhuc carne gravatus factitavit, miracula dignitate relationis æquiparet? Et ut verbi causa pauca de multis, parva de magnis breviter attingamus, potentiam ejus Rhodanus interrogatus respondet, Vigenna fluvius protestatur, Ligeris domesticus ejus divulgat. Nam Rhodani quidem rapidissimas undas et formidatos vortices veteri et dissoluta nave, sola fide remige, transmeavit majori forte miraculo, quam si audaci pede calcatis aquis apostolicus viator ferocem fluvium transmisisset. Tunc enim solus ipse servatus esset in miraculo, nunc vero et servatæ naviculæ dissoluta vetustas videtur congeminare virtutem. Non enim ipsum navis, sed ipse navem transportavit. Et ut opinatissimi fluvii ripas quoque consuetarum sibi virtutum muneribus illustraret, obvium mox et in ipso recentis miraculi exitu dæmoniacum, vinculis significantem insaniam, misericordia tactus purgavit, spiritualibus et corporeis nexibus absolutum. Raptim et in procinctu duo hæc continuavit miracula, ut qui die Dominica ad missarum solemnia festinaret Lugdunum.

29. Facta enim sunt hæc, et multa præter hæc alia, in illa peregrinatione, qua, relicto natali solo, locum nostrum, divina voce monitus, adventabat. Nec longe divisum, quamvis longe diverso gestum tempore, sensit et Vigenna miraculum, duplici et ipse virtute alveum insignitus et ripas. Nam dum quodam tempore vir sanctus in loco habitationis suæ aliquandiu jam commoratus, beatum Martinum ex consuetudine annua reviseret, absorptum a præfato flumine ante aliquot dies pauperculæ cæcæ filium, in ripa sedentis et flentis, a Deo impetravit, et bis orbæ mulierculæ cum filio reddidit lumen amissum. Ligeris quoque duplex tropæum erexit in ripis ex uno quidem loco, quem et ipse incoluit, serpentum expulsa multitudine, ex alio vero, qui Murus antiquitus vocabatur, expulso uno non multis, sed ipso præ magnitudine instar existente multitudinis. Præterea confluentes ad se, velut ægros ad medicum, cæcos, claudos, dæmoniacos et variis obsessos languoribus illuminavit, erexit, mundavit, sanavit. Nam hoc omne genus locum, quem idoneum

A contemplationi suæ tanquam fore crediderat, brevi ejus cognita sanctitate, cupide frequentabant.

30. Postremo si miraculorum desideratur potentia, quid admiratione dignius, quam in tanta vitæ mortalis inconstantia stabilem mentis servare constantiam? Hoc plane est in igne positum non ardere, vel in flumine mersum non obrui. Vixit annis 123; quanta, putamus, illum in tanto temporis intervallo eventuum pulsavit varietas, cum uno vix die in eodem statu vita humana perduret? Sed ita vir beatus ad omnia sese comparaverat, ita velut in pace bello providerat necessaria, ut nulla eum fortunæ varietas offenderet imparatum. Induxerat animum nihil boni prætermittere, etiamsi damnosum, etiamsi periculosum, etiamsi laboriosum foret, et econtra nullum malum admittere, etiamsi lucrum esset allaturum, si voluptatem, si securitatem. Ita vir bonus, perfectus, absolutus, quem malum facere nulla vis, nulla necessitas posset, velut aurum probatissimum, vel pretiosa quælibet margarita, dignus in æternum Domini thesaurum reponi, translatus est in cœlum, et reputatus inter filios Dei, illius beatæ civitatis incola, cujus structura muri ex lapide pretioso, ipsa vero « civitas ex auro mundo, et non eget sole neque luna : nam claritas Dei illuminavit illam et lucerna ejus Agnus est (Apoc. xxi, 13). »

31. Et nos ergo, fratres, si claritatis illius volumus fore participes, quis autem insanus hoc nolit? abjiciamus opera tenebrarum, si pacem et quietem æternam diligimus, ærumnosis et turbulentis sæculi curis renuntiemus. Multi enim, quod deterius est, quanto a negotiis vacant in corpore, tanto molestius negotiantur in mente, et quod bonis studiis insumere debebant otium, frustra consumunt in desideriis negotiorum. Projiciamus quæcunque tumultum movent animo, quæ tranquillitatem menti excutiunt, quæ distractum cor in multa laniant, quæ si aliter expelli nequirent, ut ait Seneca, cor ipsum revellendum erat cum eis. Quod exteriori habitu pollicemur, in interiori homine teneamus. Nam religioso vultu vel habitu animum irreligiosum velare, hoc est ovem exterius, intrinsecus lupum gestare; quod quidem multo est deterius, quam si lupum prætenderes, ovem interius occultares. Mundemus conscientiam ab operibus mortuis, quadremus nos virtutibus supra dictis. Nullus enim lapis, nisi vivus et quadratus, sanctæ illius civitatis ingredietur ædificium, quæ et ipsa in quadro posita est, cujus longitudo et latitudo et altitudo æqualia sunt, quod nihil est aliud quam esse solidum et quadratum. Consolidemus itaque et conquadremus huic beatissimo Patri nostro, cujus annuam solemnitatem recolimus, ut et ipsi tanquam lapides vivi, lapides quadrati, coædificari mereamur in cœleste habitaculum Dei in Spiritu sancto. Amen.

HISTORIA THEOPHILI METRICA,

AUCTORE, UT CREDITUR,

MARBODO EPISCOPO REDONENSI

MONITUM IN VITAM SEQUENTEM.

Ad hanc Vitam nihil aliud præfanaum esse duximus, quam id ex quo posset erui hoc poema posse censeri genuinum Marbodi fetum. Hoc autem censuerunt et probaverunt eruditissimi et sagacissimi Patres Bollandus et Henschenius in prævio Commentario ad hanc Vitam, prosa editam ab Eutychiano, quæ apud ipsos præcedit Vitam metro a Marbodo editam, quorum, tom. I, ad 4 Februarii, hæc sunt verba : Est nobis codex ms. in quo vario carmine heroico hæc continentur, et quidem hoc ordine : Passio S. Laurentii ; Vita S. Alexii ; Pœnitentia vicedomini per Genitricem Dei mirabiliter salvati ; Passio SS. Thebæorum martyrum ; Poema de Gemmis. Excerptum de scriptis Solini, etc. Nullus auctor apponitur, quem opinamur Marbodum, ex archidiacono Andegavensi episcopum Redonensem, ann. 1096 in concilio Turonensi, tum mense Martio ad tertiam Quadragesimæ hebdomadam habito, ab Urbano II pont. Rom. creatum.

Hujus porro historiæ (quam nonnulli critici fabulosam opinati sunt) veritatem tot insignibus monimentis iidem Bollandiani ibidem probavere, ut de illa dubitare minus æquum, vel etiam minus pium, et minus summa B. Mariæ Dei genitricis erga Filium pro peccatoribus auctoritate dignum existimaverim. Illa autem hic transcribenda non duximus, ne actum agere, et volumen nostrum alienis observationibus inflare voluisse videamur. Ex illis etiam lector studiosus addiscere poterit quænam olim in Ecclesia fuerit vicedominorum (qualis erat Theophilus), seu Œconomorum dignitas, et quanta in rebus Ecclesiæ dispensandis auctoritas.

CAPUT PRIMUM.

Theophili Vita pie cœpta ; lapsus in scelera,
Christo et sancta Maria abjuratis.

Quidam magnorum vicedomnus erat meritorum,
Theophilus nomen ; tenuit quoque nominis omen.
Quippe malum cavit, cultum Deitatis amavit ;
Totus in Ecclesiæ causis, totus theoriæ,
Totus in activis studiis, quo pro Patre quivis
Pauper gaudebat, per eum nec egenus egebat.
Pontificem, clerum, plebes, hic publica rerum
Spes sustentabat, et ad omnia sancta vacabat [*f.*
                        [*vocabat.*
Mortuus hinc fletur præsul, conventus habetur
Pro successore, sit eo qui dignus honore.
Complacuit sacer, ut meruit vir ad hoc memoratus ;
Hic vetuit quod onus metuit grave pontificatus.
Dum petitur, nec is obsequitur, communiter itur :
Eligitur, quia diligitur, meritus quia scitur.
Consilium sanum venit ad metropolitanum,
Qui jubet ut veniat, quo confirmatio fiat.
Cogitur, excusat vicedomnus, et ire recusat :
Nec valuit, quia plebs voluit, quem sustulit almum ;
Ut decuit, fert ; nec tacuit quoque dicere psalmum.
Tunc a pontifice summo rogitatur amice,
Ut flectat mentem, laudet magis Omnipotentem,
Consilium mutet, nec pontificare refutet.
Clerus et accessit, eademque monendo lacessit :
Plebs eadem dicit, nec eum sententia vicit.
Ast importunus obnititur omnibus unus,
Dicens non esse se plura subire necesse ;

A Sed sibi sufficere bene credita jura tenere :
Non attentandum quo se metuat superandum.
Ergo renitentem, nec Patrum jussa sequentem,
Hunc dimiserunt, alium cui substituerunt,
Ordine qui functus, ritu quoque præsulis unctus,
Cum dispensaret, res Ecclesiæque notaret
Invidiæ fastu, facienteque dæmonis astu,
Præsul pulsatur, a multis cum videatur
Parte quod ex omni præstaret honor vicedomni,
Et nimis elatus ejusdem sit dominatus,
Quo nisi privetur, cito quilibet experietur,
Culmen ut inde male vilescat pontificale.
His præsul fractus, vicedomni discutit actus,
Quos quasi devovit, hunc officioque removit ;
Cui successorem promovit deteriorem.
B Theophili tunc res nihili factæ tenuantur,
Dissimili vice, nec stabili, quia cuncta rotantur.
Dum sua copia, priscaque gratia ratificantur ;
Sic opulentia, sicque potentia se comitantur.
Deficiunt ubi res, marcescunt illico vires ;
Dat famulos fatum, sequiturque favor dominatum.
Ista recordatus vicedomnus præmemoratus,
Ingemuit miser, et doluit se despoliatum ;
Pœnituit modo, postposuit quia pontificatum.
Displicuit, prius ut viguit per prospera fultus ;
Nunc eguit, populoque fuit probro quasi stultus.
1509 Sic stupuit, sic desipuit pro sorte malorum,
Cui nocuit, cui subripuit fraus dæmoniorum.
Nunc aliquis siquidem vir pestifer et magus idem,
Hebræus gente, se dæmone plenus agente,

Ut videt afflictum, nec non quasi mente relictum,
Mox adit, hortatur dolor instans ut referatur ;
Forsan prodesse ; nihil, etsi narret, obesse.
Ille refert mœstus causas ex ordine questus,
Divitiæ quantæ, seu quantus amor fuit ante,
Quomodo privatus vilesceret annihilatus ;
Hunc̃que recepturum, seu mature periturum.
Lætior his factus, est consilium dare pactus ;
Pactus et hoc jurat, quod (si certûm fore curat,
Juret et ipse fidem pacto, quod tradet, eidem)
Jura gratus prisci poterit quoque sic adipisci,
Ut vicedomnatum ferat ultra pontificatum,
Summus summorum, quanto magis inferiorum.
Ille fidem spondet tantum monet irrita non det
Rerum promissa, nec nutet mente remissa.
Nunc, ait, ausculta qua mando fide tibi multa.
Rex meus est Satanas, res non solitus dare vanas ;
Sed miseris solitus succurrere, dans quoque ritus
Quosque servandos illis quos ducit amandos.
His bona suppeditat, hos rebus honoreque ditat.
Sub tenebris noctu, serva tempus memor hoc tu,
Illi te sistam ; sed ne trepidaveris istam
Pompam, præmóneo, veniet splendente trophæo.
Stans tantum credas, tibi nec signum crucis edas,
Per quod eum signum nequeas reperire benignum.
Experiere bonum tunc ad tua vota patronum.
Ergo miser lætus, hoc consolamine fretus,
Jussis parere, nec signiter illa tenere,
Sese promittit quem sic magus in sua mittit.
Inde per horrorem noctis, dum cuncta soporem
In terris agerent, nec quavis luce niterent
Stellæ vel luna, dictus miser et magus una,
Ut convenerunt ad quæ loca constituerunt.
Vociferante mago, Satanas rex, mortis imago,
Illius signa, turba comitante maligna,
Ipse teter, fuscus, barathri tamen igne coruscus,
Splendentique parum, decet ut regem tenebrarum,
Adveniens sedit sublimis. Huic magus edit :
Ecce, pater, quali, vel quam cura speciali,
Ut tua laus et honor crescant, tua juraque, conor.
Est par servire dominis, jussis et obire ;
Est bene servire dominis, adversa ferire.
Gloria majorum plebs est numerosa suorum.
Ergo tuam partem lucror per quamlibet artem,
Subducens Christo proprios, ut cernis in isto.
Iste potestate spoliatus, opem petit a te,
Cui nimium læso solita faveas ope, quæso ;
Exemplo ductus quó proveniet tibi fructus,
Qui sic augetur, dum quis tua dona sequetur.
Hæc modo prætende miserendo, pater reverende,
Hujus perpes eris dominator, si misereris.
Fili, delinquit multum, Satanas ferus inquit,
Qui favet indignis per debita dona benignis,
Et nocet, ut hosti, sibimet, qui consulit hosti.
Hostis et hic meus est, nec dona ferat mea jus est.
Non mihi fas sisti signatos stigmate Christi :
His dare nil possum, quia valde perosus eos sum.
Ast hic, præstari si quid vult, seque juvari,
Christum cum Christi baptismate , matreque Christi

A Abneget, abscedat et cis, mihi sponteque credat.
Ut tunc gratetur me principe, quando fruetur
Sorte mei regni sub averni sede perenni.
Condelectatus mihi quando feret cruciatus,
Sustineat lætus vermes, incendia, fletus.
Hoc mihi concivis poterit pacto fore quivis.
Tunc mea dona feret, si nobis fidus adhæret ;
1510 Sed mihi suspecta nimis est hæc perfida
                                    [secta
Christi cultorum, quoniam mihi quilibet horum
Obsequitur, fractus adversis, votaque nactus,
A me discedit, et Christo rursus obedit ;
Qui vehemens mea jura premens, fovet hunc revo-
                                    [cando,
Quem pia grata cogit, ut omnia salvet amando.
B Theophilus dixit : Illum, quem plebs crucifixit,
Christum cum Christi baptismate , matreque
                                    [Christi
Abnego : Credo tibi, Satanas. Mox talia scribi
Fœdera præcepit, et eo signante recepit.
Hoc ubi perficitur, ambobus ovantibus itur.
Exerit ergo dolum dæmon, non pristina solum
Reddere, sed plura superaddere complacitura,
Ut princeps mundi, dispensans gaudia mundi.
Nec mora , compunctus præsul, populus quoque
                                    [cunctus,
Pro prius abjecto, nec jure, nec ordine recto,
Se peccasse sonat, vicedomnatumque redonat.
Qui mox elatus subitó fastu, dominatus
C Jus exercebat , renovans ut quæque volebat :
Ipsi parebant, ipsum cuncti metuebant
Sæpius invisit magus hunc, cui fors ita risit,
Ut congratetur, socius quia mortis habetur;
Ut moneat pacti Satana cum principe facti ;
Neve sui doni foret immemor atque patroni,
Imo pro dono paret per cuncta patrono.
Iis miser intendit monitis, gratesque rependit ;
Fœdus mandatum fore jurat et inviolatum.

CAPUT II.

Pœnitentia Theophili.

Sic irretitus, et rerum flore potitus,
Exsultat stultus, jam Lazarus ille sepultus,
Jam desperatus, fetensque jacet religatus.
Sed verus medicus : Dormit meus, inquit, amicus,
D Excitet hunc mea vis. O Christi gratia suavis !
Non peccatoris vult mortem, sed melioris
Ad studium vitæ conversum vivere rite.
Hujus præteritæ nec despexit bona vitæ,
Quam studiis vivis inopi succurrere cuivis,
Quam, quæ debebat, bene dispensare solebat.
Utilis ad quæque, sibi providus Ecclesiæque.
Hæc Deus attendit, qui centuplicata rependit,
Vere propitius, qui Petrum vidit, et hujus
Cor vidit, tetigit, et in hoc sua spicula figit.
Figit ; quippe redit miser ad cor, protinus edit
Cordis mœrorem, stupet, ingeminatque dolorem ;
Namque status prisci sane cepit reminisci.
Pensat confusus, a dæmonibus male lusus,
Lapsus quomodo sit de culmine, cum neque prosit ,

Quod beat incipere, sed fine beante carere.
Estque recordatus simul æterni cruciatus,
Ignis inexstinctus barathro quia personat intus,
Et damnatorum stridor, planctusque reorum,
Fetor et impurus, et vermis non moriturus.
Cogitat hæc animo tunc mœrens cordis ab imo ;
Insomnis durat, non jam sua gaudia curat.
Quo prius immensum tumuit formidine sensum,
Dejicit afflictus, ceu vulnere qui stupet ictus;
Seque perisse putat. Tunc talia mente volutat :
Ecce per admissum scelus, heu miser ! heu mihi
[quis sum !
Dum starem tutus, quo sum labendo volutus?
Quo pergam ? Quid agam ? qui mortiferam gero
[plagam.
Non est salvator, nisi tu Deus ipse creator ;
1511 Ergo Dei Nato tecum Genitrice negato,
Quis me salvabit, fideique reconciliabit ?
Quid prosunt fastus per iniquos dæmonis astus,
Sic conquisiti, sic principe dæmone niti ?
En servus factus, en perpetuo fore pactus
Sum civem Satanæ me propter nomen inane,
Et pactum scripsi, quod tradens obligor ipsi.
Hei mihi ! quod scripsi quis fortior abstrahet ipsi ?
O si nescissem, si nunquam consuluissem
Hunc detestandum, barathroque magum crucian-
[dum,
Judice damnatum longe prius ut sceleratum !
Cur, qui te prodit, cur quisquis te Deus odit,
Sic exaltatur, et honoribus amplificatur ?
Quid valuit mihi quod placuit, quod ab hoste
[petivi ?
Quippe fluit quod mane cluit, quod mane cupivi.
Sola terit, nec culpa perit, nisi quæ venialis
Exstiterit, ceu culpa ferit mea me specialis.
Judicium, non effugium, mihi denique restat.
Auxilium, vel consilium quia quis mihi præstat,
Ante Deum mea causa reum me quando vocabit;
Quodque meum scelus est, in eum spes nulla piabit.
Cumque sciam quod non veniam mea causa
[meretur,
Quid faciam, cui nulla viam spes ferre videtur?
Quisque sibi meditatur ibi se quomodo purget,
Vixque sibi valet ; omnis ibi justos timor urget.
Pro me non aliquis stabit, cum jungar iniquis.
Væ mihi tunc misero, tunc plangetur quia sero !
Hic dolor æternus, nec luctum finit Avernus :
Hic facies sævæ, nihil auditur, nisi væ, væ.
Qui cruciatur, ad hoc reparatur, ut hic patiatur ;
Dumque precatur ut excipiatur, ut eripiatur,
Nemo juvatur, nemo levatur, pœna novatur :
Mors dominatur, nec miseratur, nec satiatur.
Heu defraudatus, sum luce Dei spoliatus,
Obsitus illecebris, circumfususque tenebris !
Demens ergo mei sum proditor atque fidei ;
Perdit enim mentem qui denegat Omnipotentem.
Heu quam peccavi, qui memet mortificavi !
Apprime vitiis animæ miser implicui me,
Et minime datur ut lacrymæ veniant. At opimæ

A Si venient, non sufficient mala tanta lavare.
Inficient magis, et facient mala cor stimulare.
Sponte rui nec pertimui me subdere sordi.
Desipui miser, ut sapui mala dulcia cordi.
Esse meum datur esse reum, nocet, heu ! nocet
[esse,
Sic piceum, sic tartareum, dum vivitur esse :
Esse perenne deinde paratur in igne gehennæ.
O mi! quid faciam ? pars Christi quomodo fiam,
Ut justis jungar, fidei meritisque refungar ?
Heu ! quo deveni, prolapsus in extima cœni ?
Surgere non fas est, non surgere velle nefas est.
Hoc sed conabor, sed opem cujusque precabor.
Quamvis peccarim, quamvis te, Christe, negarim,
Et regnatricem per sæcla tuam Genitricem,
B Ocius ibo tamen, ejus quærendo juvamen,
Poscens reginæ cœlestis opem sine fine,
Nec capiens escam, nec potum, nec requiescam
Unde cibor, fletus erit, et dolor irrequietus,
Mente Deo tota fundendo gemens mea vota.
Hæc audere tamen, puto criminis est cumulamen,
Dum peccatoris oratio sordeat oris.
Plus irritatur infensus, quando rogatur.
Et si præsumam, primordia qualia sumam ?
Rumpat vindicta ne cœlestis mea dicta ?
Vocibus indignis ultor ne concrepet ignis?
Utraque pœna gravis orare tacereque pravis ;
Dissuadet terror, vult spes, gemitusque fit error.
Sed fas transibo, quamvis temerarius ibo.
C **1512** Ut potero faciam, pulsando, rogando Ma-
[riam.
Sic exhortatus vicedomnus se memoratus,
Et confortatus abit, in templo quoque stratus
Consolatricis mundi Domini Genitricis,
Jejunans, plorans, pernox et perdius orans;
Atque quaterdenos peragendo dies ita plenos,
Perstitit immotus, contrito pectore totus.

CAPUT III.

*Increpatio sanctæ Mariæ apparentis, et spes veniæ
impetrandæ data Theophilo.*

Astitit inde pia dicens huic virgo Maria :
Cur sic vexaris, homo, nec fletum moderaris,
Me vexans Nati matrem per scripta negati ?
Quæris et hoc per me, cum prodideris pariter me,
D Aut mos est hostem placari posse per hostem ?
Offendet potius, et causa gravabitur ejus.
Cur igitur poscis, quos sic temerasse renoscis?
Sed dum clamatis ad me matrem pietatis,
Non poterit fieri, quo possum non misereri.
Nam non grata parum gens est mihi Christicola-
[rum,
Gratis præ reliquis recolit mea lumina si quis,
Nominis estque mei memor amplo corde fidei ;
Hunc quovis pacto salvare benigna retracto,
Hunc extollendo, refovendo, monendo, regendo :
Ast irritatum labor est accedere Natum,
Me pariter potius offensio commovet ejus.
Nunc tamen accedam, nec eum complexa recedam,
Dum fractum placem, dum missa feram tibi pacem

Est judex equidem pius, at justissimus idem,
Dans quod debetur, illos premit, his miseretur.
Percutit, ignoscit, ut res et gratia poscit.
Expedit hoc ergo, quo linquens crimina tergo,
Solers quisque vacet reus, illum quomodo placet.
Si tamen æquetur, plagæ bene cura medetur :
Lenior hos curat dolor, hos decet acrior urat.
Nunc opus unguentis, nunc fortibus experimentis :
Quos nequit unctio, sedat adustio sæpe tumores ;
Sanat sectio, non confectio sæpe dolores ;
Sic correptio, quos non suasio, dat meliores ;
Corrigit hos percussio, dirigit hos miseratio.
Dixerat. Huic fatus vir reddidit hæc animatus :
Inclyta cœlorum regina, salus populorum,
Gloria sanctorum, speculumque decoris eorum,
Electissima, præcelsissima mater bonorum,
Virgo piissima, tu certissima spes miserorum,
Tu studii, tu consilii latrix potioris,
Naufragii simul et varii tutela laboris.
Peccavi, domina, nimis, et premit ista ruina ;
O quam peccavi, qui te Dominumque negavi !
Confiteor, quia detineor culpis miserandus :
Et vereor, quia, quod mereor, ferar ecce cremandus.
Quippe caret venia scelus hoc, mi sancta Maria ;
At sunt inulta [f. multa] satis exempla datæ pie-
             [tatis,
Indelinquentes, miserabiliterque ruentes.
Sic Ninivitæ protelant tempora vitæ.
Sicque salvatur Rahab, Israel sociatur.
Sicque manu fortis David rex crimine mortis
Sese fœdavit quod majori duplicavit ;
Sed quod peccavit, deflendo gradum reparavit ;
Inde prophetia clarus quoque psalmigraphia.
Si liceat fari, mea culpa valet similari
Petro constanti Dominum bis terve neganti :
Quem quia respexit Salvator, protinus exit

1513 Flendo satisfacere dignus, Dominumque
             [videre,
Ecclesiæ princeps, veniæ quoque forma deinceps.
Donatur venia quoque Magdalena Maria,
Quæ bene dum flevit, scelerum maculas abolevit,
Jam Domino grata, jam sæclis concelebrata.
Sicque vocante reus Domino placet ille Zachæus.
Sic statuit Paulum, quæ stravit gratia Saulum.
Qui graviter cecidit, talem Corinthia vidit.
Hinc Paulus scribit ; quia talis carne peribit,
Ut vivat melius salvatus spiritus ejus.
Talis et insanus magus exstiterat Cyprianus (91) :
Quot sordes illi, tot erant non forte capilli.
Quippe malignatus et dæmonibus sociatus,
Justa profanabat, parvos uteroque necabat.
Tandem compunctus redit, Ecclesiæ quoque jun-
             [ctus
Est per Justinam, mentem mutando ferinam.
Hinc præsul factus, aliorum corrigit actus,
Martyrio dignus. Fecit Deus ista benignus :
Ut vult, ut præscit, qui nil, nisi nescio nescit.

(91) Non quidem S. Cyprianus Carthaginensis
episcopus, et martyr, sed Cyprianus olim magus, et

A Me quoque tantorum relevant exempla virorum,
Ne male desperem, quia desperans remanerem,
Namque mei miseri potis est Dominus misereri.
Sic tu, sancta, roges, si Natum parcere coges.
Parcet enim pro te, quem parcere coge, rogo te.
Velle tuum faciet Natus, tu præcipe, fiet.
Nempe tui juris est ferre manum ruituris.
Cum naturalis tibi sit pietas specialis,
Conditionalis, et sit tibi gratia talis :
Humani generis ut casibus auxilieris
Sicut tutatrix, ut mater et ut mediatrix.
Ipse Deus certe sit nobis hic homo per te.
Ergo Deo mediam præstans hominique Mariam
Te, Pater, ille dedit, cui mundus totus obedit.
Huic est affandi tibi fas, Natumque precandi.
B Dumque loqui proli tibi sit facundia soli,
Tam prolis caræ tu viscera sancta precare.
Virgo sub hæc : Fili, dixit, jam more virili
Ad bona prisca redi, credas quoque debita credi :
Voceque sinceræ fidei mentisque fatere,
Ex me quod natus, et per tua scripta negatus,
Semper viventis Christus Patris omnipotentis
Filius est vere, qui finem nescit habere ;
Et qui venturus est, judiciumque daturus
Secum victuris, nec non a se perituris.
Talibus attractus, respondit homo tremefactus,
Qualiter audendo, Dominum Deumque fatendo,
Os queo tam dire fœdatum nunc aperire ;
Quod male fœdavi, cum te, præsancta, negavi,
Ac ex te genitum, sacramenti quoque ritum,
C Gratia quo quemque salvat baptisma, crucemque?
Tota salus hominis his rebus inest quia binis.
Abjurans sprevi, sic ad mea damna recrevi ;
Fascibus elatus, sed crimine præcipitatus.
Absit mens dubia, respondit sancta Maria,
Constans accede tantum, credendaque crede,
Atque salutaris bona pristina confitearis.
Namque Deus vehemens pietate per omnia cie-
             [mens,
Suscipiet flentem te sicque satisfacientem.
Respondit : Credo, totum tibi me quoque dedo,
Confiteorque baptisma, crucisque trophæum ;
Quod Patris et Nati, vel Flaminis est Deitati
Compar majestas, nec dispar et una potestas.
D Nescit et utrumque qui finem principiumque ;
Est tamen utrumque qui finis principiumque,
Per quem subsistunt elementa, nec ulla resistunt.
Hinc Patris æterna proles de sede superna
In sæcli fine veniens carnis genuinæ
1514 Functus natura, prodit te Virgine pura :
Te specici, te regalis progeniei,
Te meriti deici, supra quam copia dici.
Utpote scrutantem renes et corda probantem,
Quem peperisti, cui placuisti, femina Christi.
Sic humanatus Deus est homines miseratus,
Præter peccata patiens mortalia fata.
Hinc moriens, mortis fractis apud infera portis,

tantum martyr, cum Justina martyre, quorum festum celebratur 26 Septembris.

Sanctis illuxit optabilis, unde reduxit
Secum captivum populum, se mox redivivum
Discipulis pandit : hinc victor sidera scandit,
Qua sedet a dextris consors Patris Omnipotentis,
Hinc et venturus est, judiciumque daturus
Secum victuris, nec non a se perituris.
Non accusante quoquam, vel justificante,
Hic certis signis erit omne probans opus ignis.
Nam sibi justorum mens conscia, sive malorum,
Hic accusabit illos, vel justificabit,
Cuique suum donans, condemnans, sive coronans.
Hæc credens animo confessus, ob hoc tua primo
Inde patrocinia cunctorum quæro, Maria.
Ut juver, ut relever, ut in hoc examine server,
Tu pia me Nati supplex offer bonitati.
Nec tibi sit durum quod flagitat os male purum.
Purifica potius illud cum vocibus ejus,
Maxima delicta ne præpediant mea dicta.
Tuque Dei mater, Satanas fac reddat ut ater
Quod testamentum scripsi sceleris monimentum ;
Cautio nam talis me terret ut exitialis.
Hanc precor, ut nosti, tollas, quoniam potes hosti.
Nam tibi posse dedit, cui vis contraria cedit.
Exere posse tuum, mea spes, defensio, scutum,
Exere posse, bonam te demonstrando patronam.
Perdar, salvabor, quiscunque tuus reputabor.
Tunc pia prænatis hominum mater pietatis
Talia dicentem, miseransque satisfacientem,
Sicut, ait, dixi, vos cultores crucifixi,
Una fides, chrisma, vel spirituale charisma,
Quotquot rite dicat, sacer hos mihi cultus amicat ;
Præcipuæ tales, qui culti sunt speciales.
Ergo meum Jesum pro te, quamvis ita læsum,
Supplex affabor ; pedibusque voluta precabor,
Ut restaureris gradu quo lapsus haberis.
Hæc ubi verba dedit, disparens illa recedit.

CAPUT IV.

*Theophilo peccata remissa ; chirographum restitutum ;
ejus obitus.*

Tunc homo commotus tremit hoc affamine totus.
Ac ibi perstabat triduo, precibusque vacabat,
Fletibus infundens faciem, loca sanctaque tundens ;
Nec quam dilexit oculos ab imagine flexit.
Astat rursus ei blandæ Virgo faciei,
Quem solans dicit : Tua jam constantia vicit,
Ut tibi Salvator parcat vere miserator,
Commissis veniam propter me dando Mariam.
Hanc igitur serves, mala nec rursus coacerves,
Sit felix obitus pro fine boni tibi ritus.
Constat opus fine, quod quisque metet sine fine.
Ne cedas igitur, quia cedens quisque feritur
Turpius a tergo ; pugnans ne cesseris ergo.
Ille refert : Utique, mi sancta, Deoque tibique
Me voveo totum, firmet tua gratia votum.
Te duce, te comite, regar usque sub ultima vitæ.
1515 Non est spes alia præter te, sancta Maria ;
Humani generis sortem tu prima tueris.
Nemo speravit frustra, te nemo vocavit.
Salvas quærentes, exaudis quoque petentes.

A Me credo soli tibi, tu me spernere noli.
Sitque mei cura tibi sectantis tua jura.
Et quod adhuc restat, quod adhuc me valde mo-
[lestat,
Membranam dico, data quæ prius est inimico,
Qua teneor strictus, qua mente reverberor ictus ;
Hæc fac reddatur, quia mens hinc excruciatur.
Sic iterans plorat, iterum se sternit, et orat,
Ut reddatur ei proscriptæ charta fidei.
Rursus postridie splendens persona Mariæ,
Porrigit in somno testamentum vicedomno,
Cera signante munitum, ceu fuit ante.
Experrectus at is tremit hoc signo novitatis,
Ex nimia quem lætitia stupor, ut solet, angit.
Exsiluit, tum quæ monuit spes carmina pangit,
B Carmina talia, quæ magnalia testificantur.
O sapientia, quæ regit omnia, quæque creantur,
Magnificentia, summa potentia quam comitantur !
Indignos vocat, unde duces locat Ecclesiarum,
Dans sua fœdera, dans quoque munera justitiarum,
Sacro numine præstruit ordine quos animarum ;
Hæc veneretur, glorificetur, magnificetur.
Ergo die, quæ pro requie Domino feriatur,
Turba frequens, pia jura sequens, ad templa gre-
[gatur :
Officiorum cumque sacrorum laus celebratur,
Haud tulit ille moram, sed stratus præsule coram,
Omnia quæ gesta fuerant fecit manifesta :
Artibus ut magicis, sese credens inimicis,
Deceptus fuerit, dum mundi gaudia quærit.
C Quomodo jurarit hosti, Dominumque negarit,
Scripserit et pactum, signando per hoc scelus actum
Et quia compunctus sit abhinc, fideique rejunctus
Per matrem Christi, quæ chartam reddidit ipsi.
Chartaque monstratur cunctis ; petit, illa legatur.
Hæc legitur : lecta postquam, sunt gesta retecta.
Illico quam pangit populus laus æthera tangit.
Præsul et ipse pius præcentor carminis hujus,
Sic ait : Audite, cunctique videre venite
Quæ Dominus fecit ; fecit magnalia quæ scit :
Magna potens fecit, animam lassamque refecit.
Imo quam stravit fera mors, hic vivificavit.
Hinc exsultate, Dominoque Deo jubilate,
Quem peccatoris mortem sic nolle probate.
D Nam revocans movet, et solita fovet hunc pietate,
Datque pium sanctis socium, vitæque beatæ.
Ista videntes, ista stupentes glorificate :
Talia munera, tam pia viscera magnificate.
Qualis et enitet hic qui pœnitet, ecce notate.
Fructiferarum vim lacrymarum considerate.
Nam lacrymis tumor ex animis plagæque medentur
Harum flumine pectora crimine lota foventur.
Hoc medicamine pro relevamine quæque fruentur.
Morbida, sordida, turgida, lurida sic abolentur ;
Pœnaque vindicis, iraque judicis effugientur,
Quas miseratio, sive remissio vera sequentur.
Promeritus dolor, interitus, lacrymis removentur.
Per gemitus, lacrymas, reditus super astra me-
[rentur.

Ergo mirari non sufficit, et venerari,
Non enarrari, non laudibus æquiparari,
Quæ sapientia, quæ patientia Cunctipotentis,
Quæ compassio, quæ dilectio sit miserentis
Circa peccantes, et criminibus famulantes.
1516 Sed jam signorum vestigia cerno priorum;
Nam Moyses lator legis sacer, et mediator
Inter parentum populum, Dominumque jubentem,
Escis et rebus dum quadraginta diebus
Abstinet, atque vacat precibus, Dominum bene
                                [placat
Iratum populo; legem meruitque secundo.
Exemplo simili pius hic vir mente virili,
In templo Jesu matris, sine corporis esu,
Explevit numerum totidem lacrymando dierum,
Ipsum placatum dum redderet ante negatum
Propitiante pia, nec non mediante Maria.
Talia præstantem, lapsos quoque sponte vocantem,
Summum laudemus, veneremur, glorificemus,
Ipsius et matrem, restauravit quia fratrem :
Quæ lucis fons est, quæ lucis ad atria pons est,
Quæ fovet afflictos, peccati turbine victos.
Ipsa levat fessos, vitiorum pondere pressos.
Hæc desperatis spes, præstat opem bonitatis.
Porta Dei, portis hæc est contraria mortis,
Mentis sinceræ precibus quæ sueta patere,
Per se tendentes, se suppliciterque petentes,
Cunctos admittit, Dominoque poloque remittit.
Ad quam pulsamus, oculos et corda levamus;
Ad quam pulsamus humiles, aditumque rogamus;
Ad quam clamamus animis, precibus vigilamus;
Ad quam clamamus, exclusi ne maneamus.
Hæc nos confortet, ut vult, et sicut oportet.
Hæc nos tutetur, hæc et nostri memoretur,
Nosque sui memores det per placitos sibi mores,
Jugi conatu gaudere suo famulatu.
Quod det possimus, det quo cum posse velimus.

A Nam cui servimus, hac si spernente perimus?
Hanc nos expetimus, cujus præconia scimus,
Ad quam confugimus, quo non fugisse nequimus.
Conspicimus siquidem per eam qua frater hic idem
Clade sit ereptus, meritum super hæc et adeptus.
Ex hoc gratatur Pater, et bonus ille profatur :
Jam ritu festo sint annulus et stola præsto,
Velenturque pedes; vituli pinguis quoque cædes
Nos convivari, gaudere det, ac epulari.
Namque tibi, Christe, peccans frater reus iste,
Vivere desivit, sed jam post funera vivit.
Ac est inventus, sub perditione retentus.
Hinc quid dicamus, his cum non sufficiamus?
Sed formidamus, vindictam si taceamus.
Ergo nunc flentes dulci pro carmine mentes,
B Hoc suspiremus, quod non proferre valemus.
Hæc gaudens cecinit præsul sacer : Ac ubi finit,
Surgit humi stratus vicedomnus, eumque precatus
Est, ne servetur, sed charta nefanda cremetur.
Utque cremabatur, laus a populis iteratur,
Et Kyrie eleison, est missarum quoque Canon
Ordine perfectus; sacramentisque refectus
In virtute Dei vicedomnus, per faciei
Fulsit splendorem, rutilo non sole minorem.
Cuncti mirantur hæc, et trepidi venerantur.
Plausibus hymnidicis sic ad templum Genitricis
Est Christi ductus, post præteritos ubi luctus,
Corpore jam mutans ægro, tamen illa salutans
Jugi, devota prece, spe, loca, signaque nota,
Per triduum durat, nec jam mortalia curat.
C Cumque salutasset fratres, et quod superesset
Ex rebus, servis Christi, miserisque catervis
Ut dispertivit, sine fine beatus obivit.
Quæque prius stratus, fovet hæc loca nunc tumu-
                                latus.
Qua collaudatur, qua virtutes operatur,
Præstans solamen justis precibus Deus. Amen.

CARMINA SEPTEM FRATRUM MACHABÆORUM

(Hoc poema invenitur inter opera Marbodi episcopi Redonensis typis edita Redonis apud Joannem Mace bibliopolam jussu Yvonis Redonensis episcopi an. 1524, cujus exemplar exstat in bibliotheca collegii Mazarinæi Parisiis.)

—

1517 Antiquæ legis jus solvens jussio regis,
Ad res illicitas dum cogeret Israelitas,
Septem germani renuentes jussa profani,
Cum genitrice bona, cui maxima danda corona,
Virtutis veræ reliquis exempla dedere,
Ob patrium morem proprium fundendo cruorem.
Primus tormentis insultans robore mentis
Provocat Antiochum jaculans hæc spicula vocum :
Inventor sceleris, quid vos [f. nos] subvertere quæris,
Vesci porcina cum sit manifesta ruina?
Verbera sæva pati sumus exsiliumque parati,
Membrave truncari, quam legem prævaricari.
Mox furor irati linguam jubet ista profati,

D Summaque jure pari manuumque pedumque putari,
Et cute detracta capitis, nec mente subacta
In fervente virum frigi sartagine vivum.
Ille tenendo fidem perdurat in omnibus idem,
Et moriens digne velut aurum fulget in igne.
Laudat vexati genitrix certamina nati
Ad pœnas similes animos natura viriles.
Spectat tormentum fratrum pia turba sequentum
Prædiscitque mori non succubitura dolori,
Sicque volens perimi jam vincit et in nece primi.
   Primus abit mundus, venit ad tormenta secundus,
Cui veluti primo, postquam fuit omnis ab imo
Vertice rapta cutis, spes est oblata salutis

Si carnis vescam porcinæ sumeret escam.
Ille negat prorsus vetitos attingere morsus,
Vultque necem potius, quam vitam criminis hujus.
Quam propter mentem quam primus habebat ha-
[bentem
Rex jubet interimi passum cruciamina primi ;
Pectore sed forti, cum jam caro proxima morti
In pœnis fieret, ne vel tunc vera sileret
Corripit insanum tali sermone tyrannum :
Impie nequidquam rex rem meditaris iniquam
Perdere tormentis nostræ legalia gentis,
Nam legis ritus divinitus est stabilitus.
Nosque per has pœnas sedes lucramur amœnas,
Quas præcedentes dudum meruere parentes.
Infers dura feris, sed vitæ spe melioris
Pœnas crudeles vincunt patiendo fideles.
Hic quoque sic fatus moritur sine labe reatus.

   Tertius accedit, nec ab horum sorte recedit
Quos moriendo sequi parat spe muneris æqui.
Ergo manus profert, linguamque petentibus offert,
Vultque perire magis, quam vivens cedere plagis.
Hos artus, inquit, quos vita caduca relinquit,
Do pro lege Dei spe perpetuæ requiei,
Reddendo iterum spe tanta judice rerum.
Magnanimi juvenis mens nescia cedere pœnis
Hostibus horrorem, sibi dat victoris honorem,
Dum bellatores sequitur moriendo priores.

   Exponit quartus post hunc cruciatibus artus,
1518 Incipiensque mori, nec cedens mente dolori :
Mors, ait, ista brevis carnisque molestia quævis,
Qua crucias gentem legis mandata sequentem,
Transitus ad vitam fit perpetuo stabilitam,
Quæ gemitum nescit, nec tempore victa senescit ;
Qua reparata caro fulgebit lumine claro,
Ignorans nævum sæclis mansura per ævum.
Qui modo nos urges, et tu funeste resurges,
Ut merito sceleris sine fine gemens crucieris.

   Hoc sic exstincto succedunt verbera quinto,
Qui licet afflictus veluti non sentiat ictus
Vultu stans hilari non cessat fortia fari,
Dum vi sermonis pondus sustentat agonis,
Auctoremque mali compellat famine tali :
Cum nutu regis cui paret sanctio legis,
Et cui servimus dum te mactante perimus,
Qua nos infestas tibi sic permissa potestas,
Quod censura poli non damnet credere noli,
Quodve suum cultum sperni patiatur inultum ;
Nam pro se stratos faciet de morte beatos.
Te velut ingratum perimet prius excruciatum,
Nec tua posteritas pœnas evadet avitas.

   Quintus obit victor. Sexto dat vulnera lictor,
Visceribus tortis qui stans in limine mortis
Emittens vocem regem confutat atrocem :
Erras non leviter, scelerum vesane minister,
Quod contra cœlum vibras ad vulnera telum
More giganteo justo superante trophæo ;
Nos pro peccatis Domino prohibente patratis
Dum pœnas luimus vitam moriendo subimus.
At tibi cor durum non est impune futurum,

A Supplicio duplici subiture manus inimici,
   Hoc prius in mundo, barathrique deinde profundo.
   Sexto defuncto stat septimus ordine juncto.
Junior hic reliquis jussis tamen obstat iniquis.
Non minus armatus tolerare graves cruciatus,
Assertorque Dei consors cupit esse trophæi,
Quem quod adhuc restat regis vox blanda molestat.
Cum juramentis specialius hunc perhibentis
Se dilecturum, præclaraque multa daturum,
Vellet ad insolitum si se transducere ritum ;
Sed scelus horrescens dum sperneret hoc adolescens,
Sexus victricem vocat ad se rex genitricem,
Exhortatur uti juvenisque suæque saluti
Consulat, et natum faciat suadendo beatum
Ambiguum verbum rapit, irridensque superbum
B Promittit genitrix generosi germinis ultrix
   Nato suasuram se, consiliumque daturam.
Ergo ter atque quater felix mirandaque mater,
Plena Dei donis septem redimita coronis
Victrix, natorum toties in agone suorum
Præmia cui soli damus omnia, singula proli,
Respiciens natum certamen inire paratum,
Taliter hortatur ne pœna brevis timeatur :
Optima suadentis, fili, cape verba parentis,
1519 Corpore quæ pleno te gessi mense deceno,
Cujus vis partus cruciavit corporis artus,
De cujus mammis suxisti lac tribus annis,
Suspice, nate, peto, cœlum terramque videto,
Aera conspicito, maris æquora mente subito,
Sunt opus illa Dei diversæ materiei,
C Singula plena bonis divinæ conditionis ;
Nam polus insignes astrorum continet ignes,
Terra parit fetus, quos est homo carpere suetus,
Unda genus nantum species gerit, aura volantum,
Quæ qui cuncta regit tibi servitura subegit,
Ut dum membra geris devotus ei famuleris.
Huic igitur soli subjectus cedere noli,
Sed ne degeneres fraterni sanguinis hæres ;
Pro Domino, fili, fer pectore flagra virili,
Fer necis horrorem, totum sibi funde cruorem,
Ne pars ulla mei careat mercede diei,
Qua modo qui fiemus, nova corpora suscipiemus.
Ne patiar damnum te perdens, vince tyrannum.
Interea juvenis cujus mens dedita pœnis
D Dudum flagra cupit, sic fando silentia rupit :
   Quid, rex, exspectas, an ut ardua pectora flectas ?
Lentas rumpe moras, frustra cunctando laboras.
Legi, non regi, corpus mentemque subegi ;
Ultra quam vellem tardas punire rebellem ;
1520 Vexas cum differs, sed cum punis præmia con-
[fers.

Nam spes quæ restat nobis solatia præstat,
Parta dolore brevi spes vitæ perpetis ævi.
Hac spe suffultus nullos formido tumultus ;
Hac ego spe fretus tua provoco verbera lætus ;
Hac etiam fortis tutus peto limina mortis,
Orans pro reliquis ut non socientur iniquis,
Utque memor patrum placatus sanguine fratrum
Jam nostro generi Deus incipiat misereri.

Te cum tormentis cogat manus omnipotentis
Nota Dei veri magualia voce fateri.

Tunc rex delusus solitos se convertit ad usus
Sævitiæ, quando nil egit pollicitando,
Quem magis accendit, quō spes frustrata pependit.
Et fervens ira juveni dat verbera dira,
Quem laniare parat, plusquam reliquos laniarat.
Hunc ferro, flammis, scutica, sartagine, lammis,

A Fustibus et loris lacerat vis tota furoris.
Sic torti juvenis cedit caro mortua pœnis.
Spiritus ad lætum festinat currere cœtum.
In grege fraterno rutilans splendore superno
Munere quo primus medii ditantur et unus.
Addita prostratis genitrix micat ultima natis,
Tanto splendidior, quanto certamine major.

VERSUS DE SANCTO LAURENTIO.

—

MONITUM.

Ex codice ms. quingentorum circiter annorum olim monasterii S. Amandi in Pabula seu Elnonensis, nunc regio, num. 274. — *Licet hoc poema in manuscripto Sancti Mariani Autissiodorensis tribuatur Hildeberto, tamen illud ut opus Marbodi illi assignamus, tum quia in manuscripto Elnonensi-Regio immediate subsequitur Passionem sancti Victoris, nominatim et expresse Marbodo tributam, tum quia in editione Redonensi anni 1524 Operum Marbodi reperitur. Hujus autem poematis Marbodum auctorem agnoscit Sigebertus, De scriptoribus ecclesiasticis, cap. 158, eumque secuti sunt Trithemius, Possevinus, Vossius, Pithœus et alii.*

—

A Decio tentus, gladioque furente peremptus
Martyribus mistus fulgebat in æthere Sixtus
Cum quo levitæ duo nacti præmia vitæ
Laude Creatoris pensabant damna cruoris,
Cum flens et lætus his gaudia dans sibi fletus
Quærit sorte pari Laurentius ense necari.
Cumque pati properet, dilata pericula mœret,
Et se ceu vinctum gemit a tribus esse relictum,
Non tamen ut victus erat a tribus ille relictus,
Plus quibus ardebat, quos morte præire volebat;
Sed tanquam juvenis velut ætas congrua pœnis
Ut certaturus melius, majorque futurus
Dixerat huic flenti, secumque pati cupienti,
Vox præsaga senis cujus parebat habenis :
Desine te, fili charissime, pendere vili;
Quod modo non pateris, quia post triduum patieris,
Et lucra pœnarum pensabunt damna morarum.
1521 Quid senibus jungi, quid tentas munere fungi
Ætatis fessæ? Juvenis, majora capesse;
Præmia grandævi sperent certamine levi,
Captet proventus pœnas tolerando juventus.
A gladio metas jam debilis impetret ætas ;
[1] Lentis robustos fornax probat ignibus ustos,
Fortis velle viri non est semel ense feriri,
Et non est fortis consortem quærere[2] mortis.
[[3] Turbæ jungatur, si cedere quis meditatur,
Non parat hic dorsum qui vult pugnare seorsum.
[4] Bella, fide fortis, gravioris suscipe mortis.]
Ante quidem vado, sed materiam tibi trado
Majoris pœnæ; post pœnam, sedis amœnæ.

B Ecce tuæ curæ consortem non habituræ
Tradit in expensum mea delegatio censum.
Quod tibi commendo fac pauperibus tribuendo,
Ut melius nosti, cupido ne serviat hosti.
Largiri propera, ne si dilatio sera
Spargere cunctatur, non sparsis rex potiatur.
Hæc post verba senis, captus vinctusque catenis
Est præsentatus Decio levita beatus
Vel monstraturus thesauros vel [5] moriturus.
Quem sibi præsentem, sed non sua verba[6] timentem
Nunc terrore gravi Cæsar, nunc ore suavi
Flectere conatur, dum tali voce profatur :
Res damnatorum patuerunt crimina quorum
Esse mei juris cognoscit et incola ruris ;
Nam quem sacrilegum damnat sententia legum,
C Et sua jure pari fisco jubet annumerari.
Sic mea prorsus erunt Sixti quæcunque fuerunt,
Quem lex damnavit, gladiusque meus jugulavit.
Cur [7] mea laude caret, quia res mihi publica paret?
Sed quia cum sit ita, non sunt tamen hæc repetita.
Hactenus ignosco [8] non reddita, nunc ea posco.
Si reddis vives, charus mihi munere dives,
Nunc censum totum non est mihi sumere votum,
Pro [9] quasi servatis partem tibi defero gratis.
Si repetita negas, et cognita jura relegas,
Vix est pœna mori. Sub crimine jam graviori
[10] Amplior est talis transgressio quam capitalis ;
Contemptum reg's cumulat despectio legis.
Ad facinus duplex non sufficit ultio simplex,
[11] Ultra quam vellem cogor punire rebellem.

—

[1] Elnon., *Mentis.* [2] Elnon., *sortis.* [3] Tres hi versus desunt in Elnon. [4] Hic versus deest in Redon. editione. [5] Eln., *periturus.* [6] Elnon., *trementem.* [7] Eln., *Cur non lite caret.* [8] Eln., *nunc,* sed contra sensum, [9] Eln., *Rebus servati partem tibi confero.* [10] Eln., *Amplius.* [11] Hi quinque versus desunt in edit. Redonensi.

Si crimen furis solum, ferit atra securis ;
Qui scelus adnectat, hunc amplior ultio flectat.
Ergo peccati sit pœna duplex duplicati,
Quod his peccatur pœnis et morte luatur.

 Ille fide fortis flagransque cupidine mortis
Pro nihilo reputans terrores [12], verba refutans
Non [13] retulit verbum, regem spernendo superbum
Irritare volens hunc, et sibi parcere nolens.
Tunc datus insano prætori Valeriano,
1522 Quas non frustretur pœnas tolerare jubetur,
Ni velit incensum dare dis, et reddere censum.
Reddere sed censum, vel ad idola flectere sensum
Istud nolebat, quia Christi sacra colebat ;
Istud si cuperet [14], jam non erat unde valeret,
Jussa sequendo senis cum cuncta dedisset egenis.

 Hyppolitus tandem curam suscepit eamdem
Jussu prætoris [15]. Prætoris jure minoris
Carcere qui clausum, tanquam capitale quid ausum
Vinxit cum multis pœnali [16] morte sepultis.
Nox et carcer ei requies, splendorque diei.
Hic quemdam cæcum residentem in carcere secum,
Qui per ploratus nimios erat exoculatus,
Nomine Lucillum, docuisset cum prius illum
Corde Dei veri sacra credere [17], vera fateri
Baptismo lavit, visumque sibi reparavit,
Per lavacri flumen dans interius quoque lumen ;
Sic alios idem cæcos curavit ibidem,
Qui fama facti fuerant hinc [18] inde coacti.
His motus signis, verbis quoque martyre dignis
Cœperat Hyppolitus gentiles [19] ponere ritus.
Et fidei veræ culturam velle tenere.
Mox sacramentis doctrinæ [20] cuncta sequentis
Plenius instructus, solito subit ordine fluctus
Divini fontis qui [21] lavit crimina sontis,
In quo mundatus lacrymas dedit atque precatus
Ut sua more pari domus esset digna lavari.
Ergo suus totus grex et baptismate lotus.
Deposuere decem per sacra [22] piacula fæcem
Terque simul terni propriam vitumque paterni
Postmodo quos tentos, et Cæsaris ense cruentos
Hyppolito junctos decoravit laurea cunctos.

 Jussio prætoris venit illico plena furoris
Discipulum Sixti sibi præcipiens cito sisti,
Quem sic affatur : Decius tibi sæva minatur,
Gazas occultas nisi [23] prodis, quas tibi multas
Esse frequens testis probat indiciis manifestis.
Has igitur [24] peteris, et dis dare thura juberis.
[25] Quæ facias duo sunt ; neutrum gravat, utraque
          [prosunt.

A His si parueris, vitaque bonisque frueris ;
 Crede meis verbis, et dulcia præfer acerbis
 Et dignis credi credendo libenter obedi,
 Ne malis iræ reus imperialis obire
 [26] Primum vexatus per inauditos cruciatus,
 Quam felix dici merito legalis amici.

  Sanctus ad ista refert : Qui mitibus aspera præfert
 Mente caret plane, rem spernit, captat inane.
 Mortis acerba pati, quam vivere sorte beati
 Si me malle putes, pro falsis vera refutes.
 Nunc de thesauris tua quid loquar audiat auris.
 [[27] Cogit vera labor proferre, nec inficiabor
1523 Ulterius, quando non eruor inficiando.
 Gazas occultas, ignoto pondere fultas]
 Quas mihi servavi, quos multo fenore pavi,
B Has a te [28] precor, a te nunc quoque regie [sic ms.]
          [precor.
 Si posset, fieri cuperem mihi parta tueri,
 Jacturæ talis cunctatio sit venialis,
 His opibus temere quis possit velle carere ?
 Sed tua majestas, et Cæsaris alta potestas
 Rerum jacturæ præponderat utraque jure ;
 Præterea geminam vitæ censusque ruinam
 Velle subire, furor ; si damnis unius uror,
 Amissa vita, nequeo retinere cupita ;
 At retinens vitam, levius rem perde cupitam.
 Expedit alterutrum mihi quam retinere [f. derelin-
         [quere] neutrum :
 Sed quia suspensus de tanti corpore census
C Hoc diversorum sparsi per [29] plura locorum,
 Est ad adunandum [30] triduum tempus mihi dandum.
 [31] Intellecta parum responsio fallit avarum,
 Nec venit ad verum deceptus imagine rerum.
 Gaudet præfectus celerique cupidine vectus
 Hæc Decio recitat ; spes hunc quoque frivola dit t.

  At Christi miles hos esse probans sibi viles
 Quærit mendicos per sepes, compita, vicos,
 Surdos et mutos, cæcos [32] membrisque solutos,
 Quorum prægrandem turbam cito nactus, eamdem
 Prævius ipse gregis [33] ducit ad prætoria regis.
 Rex exspectabat, gremiumque manumque parabat,
 Stipabatque latus sibi prætor et ipse paratus
 His saccos plenos sperantibus obdit egenos.
 Sic dilatatum jejunæ pestis hiatum,
D Et vacuos morsus eludit, taliter orsus :
 Hi sunt thesauri potiores montibus auri ;
 His cedunt plane pretiosæ vellera lanæ.
 [34] His lapides chari non possunt æquiparari ;
 Hos nequeunt fures subducere, rodere mures.

---

[12] Elnon., *blanda.* Ita et edit. Red. [13] Edit. Red. : *Non referens verbum, sprevit reticendo superbum.* [14] Eln. et edit., *quod.* [15] Elnonensis habet *juris prætore minoris.* [16] Elnon., *nocte.* [17] Eln., *voce.* [18] Eln., *lege.* [19] Eln. et edit., *spernere.* [20] Eln., *certa.* [21] Eln., *purgat.* [22] Eln., *piamina.* [23] Eln., *pendis.* [24] Edit. Red. : *Has igitur pœnas et dis.* Melius mss. *peteris.* [25] *Quæ facias,* etc. Hic vero et sequens desunt in edit. Red. [26] *Primum,* etc. Hic versus deest in ms. S. Mariani. [27] Tres hi versus desunt in Elnonensi. [28] Eln., *Has a rege petor, a te quoque regie precor.* [29] Eln., *per tuta.* [30] Eln., *tempus tridui mihi.* [31] Eln. sic exprimit duos versus :
   Intellecta parum deceptus imagine rerum,
   Gaudet præfectus, etc.
[32] Eln., *membris resolutos.* [33] Eln., *trahit.* [34] Hic versus deest in Elnonensi.

Quod templis præbes, istis potius dare debes,
Quos Deus in cœlis servat, tutela fidelis.
Ut [35] dedit hanc vocem, regem quatit ira ferocem.
Ut dedit hoc verbum, præses fremit ore superbo.
Ergone sic visus tibi rex occasio risus,
Et de me scenam meditaris crimine plenam ?
Taliter ostendis quod jussa mei levipendis ;
Claret quod mimus, quod ludibrium tibi sumus.
Sed quid cunctaris ? Per plurima quid variaris ?
Præsto sunt aræ ; dans thura deos venerare.

   Ille Deo plenus, vultuque nitente serenus
[36] Respondit tutus, mortisque timore solutus,
Idola digna coli deceptus credere noli,
Materiem ligni [37] quam scis quod subjacet igni,
Artificisve manum venerari crede profanum.
Effigies æris non plus decet ut venereris ;
Ipsum te fallis dum das incensa metallis.
[38] Nulla creaturæ cuiquam datur hostia jure.
Hoc sibi servavit soli qui cuncta creavit.
1524 Non petit hic pecoris tantum, cadaverque
                                             [cruoris ;
Et cibus et potus est a deitate [*f.* divinitate] re-
                                             [motus ;
Cujus culturæ modus est incedere pure,
Ejus habere fidem, qui permanet unus et idem.
Cum spe non segni flagrare cupidine regni
Quod postquam veniet, Deus omnibus omnia fiet.

   Audit ut hæc, diram rex impius exit in iram
[39] More furens Daci sic intonat ore minaci :
Fer tormenta cito, lictor, properansque ferito.
[40] Taurea blasphemum cogat spirare supremum.
Mox denudatus loris est dilaceratus,
Sed vis tormenti dabat ejus gaudia menti.
Dextera delinquit tua, nec bene percutit, inquit,
Fesso lictori, quidquid potes adde furori,
Non me compelles deponere, sæve satelles,
Per data flagra foris hominis decus interioris.

   Rex indignatus jubet omnimodos cruciatus
Protinus afferri, plumbatas, vincula ferri,
Cardus, uncinos, fustes, unguesque ferinos
Craticulam, laminas, baculos, et ad ultima flammas.
His ut tormentis vel flectere cor metuentis,
Vel si despiceret, corpus laniare valeret.
Hæc tibi, Laurenti, non sacrificare volenti,
Inquit, debentur ; si sacrifices, removentur.

   At contra sanctus : Furor absit, ait, mihi tantus,
Ut cultum spernam Domini, legemque paternam,

A Et non sensuris accendam munera thuris,
   Vel me dedecorem pecudum fundendo cruorem.
   Qui stat in arce poli regi dabo munera soli ;
   Quod dico, soli, frustra pervertere noli.
   Lucet sole polus, sed non regit omnia solus.
   Ne credas stellæ libamina (92) me dare velle.
   Ergo minus multo dabo cuilibet [41] extra sepulto ;
   At vero minime naturæ motibus unæ,
   Ut lapides, lignum, quæ me mihi subdere dignum,
   Non sibi subdere me, quia non sunt talia [42] post me.
   Ergo Deo vero dare munera congrua quæro,
   Non suis [*id est*, porci] omentum, non intestina bi-
                                             [dentum,
   Non bovis arvinam, non thus, carnemve caprinam,
   Sed carnem propriam quo gratior hostia fiam.
B De pecudum tabo quid gratum sacrificabo ?
   Victima sunt orci, qui mactant intima porci.
   Sanguine nullus ovis se mundat vulnere quovis,
   Dans bovis arvinam mentis capit ipse ruinam ;
   Dans sua membra Deo, nequit ille carere [43] triumpho,
   Vivet in æternum gestans diadema supernum,
   Per breve tormentum lucratus grande talentum.
   Nam rex cœlorum merces est magna suorum.
   Hæc mecum reputans, et præmia tanta salutans,
   Omne genus pœnæ, grave sit licet, æstimo lene.
   Qui moriturus eram, cur non ita vivere quæram ?
1525 Prudenter cupimus quidquid vitare nequi-
                                             [mus.
   [44] Quis quod pœna foret sine lucro ferre putaret ?
C Expedit ergo mori mihi pro vita meliori,
   Debita quam sceleri tormenta, litando, mereri.
   Talia dum fatur, dum talia fans cruciatur,
   Et sic lætatur patiens, quasi non patiatur
   Laminas ardentes, fustesque cruore madentes
   Dum, ne [45] patiatur sibi forte timendo, precatur
   Ut se dissolvat Deus, et sibi præmia solvat.
   Auribus astantum regis, simul et flagra dantur
   Vox illapsa sonat ; major te pœna coronat ;
   Hac quam nunc sentis vincat constantia mentis
   [46] Omnia quæ restant, quæ plus tibi plurima præ-
                                             [stant.
   Cæsaris impia mens, et pectoris æstibus amens
   Vocem cœlestem pro vero martyre testem
   Dæmonis esse putans, et in [47] antrum candida mu-
                                             [tans :
   Nil ita, dixit, agis, cedet versutia plagis ;
   Per magicas artes licet hos illosque coarctes ;

(92) Sc. animalium immolatorum.

---

[35] Hic versus deest in Elnon. et sequens sic habet :
      Hoc dicto verbo, præses fremit ore superbo.
[36] *Respondit*, etc. Hic versus deest in Elnonensi. [37] Eln., *quæ digne subjacet.* [38] Hic versus adest ms.
Elnonensi et deest Marianensi. [39] Edit. Red. habet :
      Impatiensque moræ tumido se præcipit ore.
      Fer tormenta, etc.
[40] Eln., *Cur ea blasphemum*, etc. [41] Eln., *exta sepulto.* [42] Eln. et edit. Red., *præ me.* [43] Eln. et edit.,
tropæo. [44] Eln. et edit. Red.
      Quis quid pœna foret non ad lucra ferre laboret ?
[45] Eln., *parcatur.* [46] Eln., *Cætera quæ.* [47] Eln., *in atrum.*

Me non decipies, nisi mactes victima fies.
Et quidquid fando peccasti, vilificando
Sacrorum cultum, non dimittetur inultum.
Verbera pro verbis patieris acerba superbis.
Instaura pœnas, fer, fide satelles, habenas.
Ictibus hunc vasta nudum, tensumque coacta.
Aspice quo fastu nos spernit, despicit astu;
Surdo cantamus, [48] cæcoque colorificamus.
Extensus, cæsus, quasi nullo verbere læsus,
Martyr agit grates, juvat illum ferrea crates,
Ad quam tendebat, quæ se post ista manebat;
Vult majora magis, præfert incendia plagis.

    Cæsareus miles spectans hunc ducere viles
Pœnas illatas, nec formidare paratas,
Verborumque fidem quæ texuerat prius idem
Perpendens secum, verbisque videns opus æquum,
Nomine Romanus, mox desiit esse prophanus,
Fassus et ipse Deum, meruit [49] moriendo tropæum.
Cæsaris ira fremit, quod et hunc sibi Christus ade-
                    [miit.
Imputat et sancto se cassum milite tanto,
Impatiensque moræ mens impia plena furore,
Nequando cesset, velut in culpa locus esset,
Quæ minus apta putat, ternus Jovis atria mutat,
Tempore nocturno, quasi prosperiore diurno.
Athletam Christi jubet absque mora sibi sisti,
Proque tribunali residens, ait ordine tali :
Deponens magicam dis et nobis inimicam.
Dic [50] quis, et unde satus? Respondit ad ista beatus :
Si patriam quæris, sum sanguine mistus Iberis,
Romæ nutritus, fidei legisque peritus,
Quam quicunque colit, pro vita perdere nolit.
1526 Cæsar ad hæc : Vanam legem colis atque
                    [profanam,
Quando deos nescis, mea nec tormenta pavescis.
Consilium muta, nec sacrificare refuta.
Parce tuæ vitæ, pro te cadat hostia rite.
Ni flammis dederis thus, restat ut ipse cremeris.
Confer mactari mactare, cremare cremari.
Respue quod pungit, cape quod blanditur et ungit.
Cur [51] tuleris gratis incendia fervida cratis?
Multa licet passus, non es tamen ignibus assus.
Impar et est isti pœnæ quodcunque tulisti.

A Quantumcunque gravis, fit ad istam pœna suavis.
Hac nisi nocte mori vis, vade via meliori.
    Martyr subridens subdixit [f. subjunxit] ad aspera
                    [fidens :
Nil habet obscurum mea nox ; in luce futurum
Est [52] quodcunque geris, qui velle latere videris.
Quod facis in tenebris vulgabit fama celebris.
    Ausum sic fari jubet os Cæsar lapidari
Cumque tribus costis, lectum ferus imperat hostis
Consimilem crati membris aptare beati.
Protinus exutus, sive voce manens quasi mutus,
Sternitur ad pœnam, sibi delicias, sibi cœnam.
Prunis suppositis incenditur hostia mitis,
Furcis [53] arcetur; velut elabi meditatur
Qui vita pelli mallet, quam crate revelli.
B Quid furis incassum? quid vexas omnia passum?
Ardentes prunas quid sæve minister adunas?
Credito passurum quidquid potes addere durum.
Qui [54] stans intactus, nullo tamen est labefactus
Lictor crudelis. Domini capit ista fidelis
Muneris instar ei ; sunt hæc et causa tropæi.
Ignem perpessus, flammis et forcipe pressus,
Ridens lætatur, lætans quoque talia fatur :
[55] Erroris cultor, quem percutiet Deus ultor,
Qui [56] me nunc torres, nec inauditum scelus horres,
Adde scelus sceleri, nec formidato videri ;
Nox delicta tegit, testes locus aptus abegit.
Viscera tosta vora ; scelus est, sed agis graviora.
Qui torres nudum, [57] quasi nolles mandere crudum,
Ecce potes tostam, si mavis, rodere costam.
C Disce, miser, tandem pœnam tibi te [58] dare grandem,
At mihi mercedem, cui nullam comparo cædem.
Hac mereor pœna regni cœlestis amœna,
Tu barathri pœnas, infernalesque catenas.
Est mihi parta quies, tu mortis victima fies.
Te, Christi spretor, manet ignis, frigora, fetor
Vermes, tortores, fletus, pressura, dolores.
Grates, Christe, tibi refero, merui quia scribi
In libro vitæ multumque diuque cupitæ.
Tollitur his dictis, terris, super astra, relictis ;
Et requiem nactus, pro qua fuit hostia fretus,
Gaudet in æternum, regem cernendo supernum.

[48] Elnon., *cæcum quasi glorificamus.* [49] Eln., *moriendo.* [50] Eln., *Dic sis unde satus?* [51] Eln., *toeres.* [52] *Est quodcunque,* etc., deest in Elnonensi. [53] Eln., *urgetur.* [54] Eln., *Qui tantis tactus.* [55] Eln., *Cicropis cultor.* [56] Eln., *Qui vivos torres.* [57] Eln., *si nolis mandere.* [58] Eln., *tradere.*

IN SEQUENS POEMA BREVE MONITUM.

1527-1528 Hoc poema duobus e manuscriptis optimæ notæ eruimus, altero scilicet Regio quingentorum circiter annorum, num. 274, qui fuerat olim bibliothecæ Elnonensis, seu sancti Amandi ; altero sancti Gatiani Turonensis antiquiori, et fere coævo ; in utroque autem Passio sancti Victoris, et Passio sancti Mauritii continue subsequuntur sub nomine Marbodi, et ad utrosque editum Redonensem recensuimus. Ideoque, licet inter Hildebertina reperiatur in manuscripto sancti Mariani Antissiodorensis, illud Marbodo ascribendum censuimus. Ex hac autem sancti Victoris Passione advertere poterit lector curiosus et antiquitatis etiam minus concinnæ vel etiam obsoletæ studiosus quanta illius ævi poetis etiam sacris insederit in suis carminibus sonori rhythmi servandi, ut ita dicam, prurigo, ut cum illis verba eodem modo resonantia non suppeterent, alia nova vel etiam nihil significantia finxerint, et etiam ob hoc grammaticæ leges aliquando spreverint. Sic in hoc poemate auctor, licet aliunde humaniorum litterarum peritissimus, posuit *iliu* ut conveniret ad *diu*, *tibi* ut accineret, *tibi sitibit* pro *sitiet* ut aptaretur ad *ibit*, et cætera hujusmodi.

IN PASSIONEM S. VICTORIS PROLOGUS MARBODI ANDEGAVENSIS.

—

Cum studeat dæmon sanctis inferre [59] polæmon',
Nec jam lætetur, nisi fallat et insidietur,
Est opus instandi, ne qualibet arte nefandi
Mens decepta cadat per quam sibi gaudia tradat.
Perditus et tristis semper vacat artibus istis
Pugnat et instigat quærens ubi spicula figat
Nam satis ignitas plures habet iste sagittas,
Quas quia non cernit stultus, quasi somnia spernit.
Spernitur, et spreto moritur pars ultima letho,
Dumque dolet vitam, dolet hanc non [60] esse sagittam.
Si fieri posset spondens quia jam bene nosset,
Condoluit frustra, quia polluit ultima lustra.
Quam bene te, Christe, martyr cognoverit iste
Mors probat; ignoti non est hæc passio voti.
Si non vovisset, non in Victore fuisset
Tam celebris virtus, quam tortor abhorruit hirtus.
Vincere Victorem palmæ designat honorem;
Nec foret hic Victor, si posset vincere lictor.
Prologus explendus, quia mons gravis aggrediendus.
Ergo meis gestis non detrahat æmula pestis.
Tu, Deus, h anc arce, si quid minus insero, parce.

[59] Turon., *Palæmon.* [60] Turon., *non nosse.*

PASSIO SANCTI VICTORIS MARTYRIS.

—

Cum furor insani regnasset Maximiani,
Nec minus insanus collega Diocletianus,
Ut par majestas, ut par in utroque potestas,
Sic fuit ad funus sanctorum spiritus unus.
Unus et ad pœnas animus laxabat habenas.
Et velut ad quosque suadebant templa deosque,
Sic titulum Christi prohibebant omnibus isti,
1529 Tantus erat terror, tantus jam creverat error,
Ut fidei cultum nusquam pateretur inultum.
Alter enim princeps, pars cujus nemo deinceps
Hanc habuit curam cladem post libare futuram,
Massiliæ scribit : Nolens libare peribit;
[61] Mandat et hoc turbis, magis autem civibus urbis,
Ut bene perquirant qui sunt qui in numina (93)
　　　　　　　　　　　　　　　　[spirant.
Ne lateat, scribit, quia si valet ipsemet ibit.
Adveniens ergo, postponens cætera tergo,
Præcipit assisti dictos de nomine Christi.
Sistitur iste foro de quo dictare laboro ;
Nescit adhuc unus, quid dicat uterque tribunus:
Cur sic, Victor, hebes? aiunt, contemnere debes

A Leges Romanas, et res inducere vanas?
Nunquid non nosti quod regnum debeat hosti?
Vel quæ dona feret qui nostris legibus hæret?
Insuper ut duret tua jam devotio curet.
Multum delinquis, Victor, concedo quod inquis.
Nec sumus ignari sic nos debere precari,
Victor, ait præses, si non responsio deses.
Cur piger existis coram præsentibus istis,
Hic ubi sunt aræ nobiscum sacrificare?
Sic enim diras sedares principis iras,
Nec foret incertum regem tibi jure misertum.
　　Victor ad hæc sanctus : Quantos sæpissime plan-
　　　　　　　　　　　　　　　　[ctus
Propter eos planxi, quantisve doloribus anxi
B Cor, recolens illos, quos sic patet esse pusillos,
Ut miseris fanis, fanis? magis imo profanis
Subjiciant mentes per abusum dona ferentes.
Nunquid ad hoc numen si vis intendere lumen,
Cum videas ipsum quod habes pro numine gypsum?
Esse Deum credes qui per te venit in ædes?
Nonne recordaris quia per te pausat in aris?

(93) F. qui numina spernant.

[61] Tur., *Scribit.*

Primo fuit limus, nunc inter numina primus;
Seu fuit os vile, seu pellis, sive monile;
Ex aliqua fago fuit hic Deitatis imago,
Et modo multimodas qui per te suscipit odas,
Per te formatus, per te fuit appretiatus,
Per te solemnis, per te sibi fama perennis,
Perque tuum donum plebs hunc putat esse pa-
                                        [tronum
Ut loquar expresse, si quid potuit Deus esse,
Ocius hoc posset quod vel tua [62] numina nosset
Quod sibi des nescit, cæcus tua dona capescit.
Si facis hoc votum, fas est imponere motum,
Hinc quod ei juras incassum solvere curas.
Est cui debemus dare nos, et quidquid habemus,
Scilicet auctori, qui non parcendo cruori,
Pertulit ante mori, quam subtraheremur honori,
A quo lugentes nostri cecidere parentes.

   Prætor : Agendo moras quasi rhetoris ore peroras,
Et satis exsultas eo quod tibi tanta facultas
Effluat in verbis, et ob hoc fortasse superbis.
Sed licet astutus, tamen es tua damna locutus.
Si colis occisum, movet hæc devotio risum ;
Si cruce suspensum, constat te perdere sensum.
Quod moritur transit. Si quid fuit in Jove mansit.
De Jove certa fides, quia centum vulnera si des,
Nunquid vita Jovis solvetur vulnere quovis?
Nunc quia rem cernis, cur jam libamina spernis?
Si mihi consentis, venies ad templa potentis.
Utque suus vates cum veneris ante penates,
Quem contempsisti, cui debita jura tulisti,
Vel bove, vel vacca pro tanto crimine placa.

   Sanctus ait : Quædam, sed non hæc omnia cre-
                                        [dam ;
De Jove sum certus, quia nullus in orbe repertus
1530 Per quem vita Jovis solvatur vulnere quovis ;
Quod non censetur subsistere, quid pateretur?
Sicut revera nunquam fuit ipsa chimæra,
Juppiter ipse polo sic regnat nomine solo.
Quod colo suspensum, non perdo, sed augeo sen-
                                        [sum ;
Quod meus occisus tibi fit commotio risus,
Hoc facit immensus furor, et turbatio sensus
Sint res perplexæ, studeat mens, conspicit ex se
Quid lateat, sed non nisi sæpe revolverit, et non
Si non concedat quod conspicit et nisi credat,
Dum res discernes, nisi spernas credere, cernes.
Ut leve dem signum, formæ Jovis inspice lignum,
Pro populi cura sacra latet ipsa figura.
Sit, non sit vere, tamen hunc concedo latere.
Hæc modo sublimis quasi partibus imperat imis ;
Lapsa per eventum, si corruat in pavimentum,
Dum fuerit fracta, sunt de Jove cuncta peracta.
Sic fuit in Christo, sicut concedis in isto,
Carne flagellata Deitas manet inviolata,
Mors et aperta cutis medicina fuere salutis,
Et cruor extractus pollutos abluit actus

A Quod fuit existit, nec mors, nec plaga resistit
Quin triduo facto, mortis jam principe fracto,
Rex Deitate polo regnat, se principe solo.
Transfer ad hunc mentem montes transferre po-
                                        [tentem,
Ob scelus obliquum ne te subvertat iniquum.
   Dixit ad hæc prætor : Quod desipias ego lætor ;
Præbes verba satis, sed nullius utilitatis ;
Per similem casum speras hoc esse suasum
Partem divinam non sustinuisse ruinam,
Atque per hoc tandem vis ut fateamur eamdem
Vim Jovis et Christi, ceu par sit Juppiter isti.
Juppiter æternus deus est ; tuus iste, modernus.
Juppiter in cœlo vehitur saltante camelo ;
Rex tuus ad bellum passurus duxit asellum.
B Golgotha mons mortis ; si tam sua dextera fortis
Transferat ut montes, vel possit perdere sontes,
Cur non translatus fuit, aut cur ipse Pilatus
Non luit hanc pœnam per qualemcunque catenam.
Nunc sine quod faris, nescis quibus ista loquaris.
   Victor : Tu cessa, tua sit vox morte repressa,
Qui bona prava putas, et depravando refutas.
Omni personæ conceditur ex ratione
Propositum veri vero sermone tueri.
Esse putas cœlo vectum saltante camelo
Quem perhibet plane mœchatum fabula Danæ,
Ut liber auctoris diffamat sorde sororis.
Mastigiis mulier si tantum vixit adulter,
Si tamen est aliquid natura quod esse reliquit.
C Respuo quidquid agas, cum centum sumpser>
                                        [plagas ;
Dum me discerpes dicam : Nil in Jove perdes,
Hoc nisi duntaxat, quia qui peccata relaxat,
Damnat in æternum qui vel putat hoc hodiernum.
Rex meus ad bellum supplex ascendit asellum,
Ut monstraretur cum suppliciter veheretur
Mortem sponte pati sub conditione Pilati.
Jamque . . . . . fuga sic et præcedere nuga [63]
Si fugis a bello, non sponte sedebis asello.
Denique, si vellet nullus potuisse revellet.
Si quid obesset ei medio splendore diei,
Vel se celasset, vel se super astra levasset,
Posset et ulcisci, quia posset et hoc adipisci
Ut superi cœtus fieret solamine fretus.
D Nec tetigit sontem, sed nec transponere montem
Cura fuit, grato tulit hæc Deus omnia fato.
   Prætor : Quæ tractas nisi despicis, et nisi mactas,
1531 Paucos ante dies Jovis, ut reor, hostia fies,
Ut modo nobiscum qui posses cingere discum,
Ut decet Athletam sumens cum Rege diætam,
Tum tibi si velles daret aurum, pallia, pelles ;
Postque datum munus modo posses esse tribunus.
Consilio nostro geminato comeret [f. ornaret] ostro,
Ultra quemque parem faceret sibi consiliarem.
Posthabitis istis, Regique diisque resistis.
Causidicus factus, per quos ignoro retractus,

———

[62] Tur., *munera*.   [63] Hic versus deest in Turonensi, ponitur tamen in ima margine.

Despicis omne sacrum quoddam suadendo lavacrum. A
Dicis et abstergi, velut alto in flumine mergi.
Per Jovis hoc fanum, per regem Maximianum,
Perque supernorum collegia cuncta deorum,
Si perseveras, et sic nos vincere [64] paras,
Posce deum scalas, et quas habet Angelus alas,
Ad quas festinas poterit mox esse ruinas.
De re tam cauta quid debet dicere nauta
Desine, vel demum pete littus et accipe remum
Et solitis bellis coeat lis ista procellis.
Ibis in infernum, jus evitando paternum.
Mos fuit iste patris, nisi [65] conserviret aratris,
Rusticus obtusus patrios cum sedit ad usus,
Desipit et plaudit, diffusus ad omne quod audit.
Quod fuit oblitus, legis putat esse peritus,
Promptus ut occurrat, referat quod quisque su- B
                       [surrat,
Surge, deosque voca, sumensque per occiput occa
De grege quidquid ames, et sic faciendo reclames
Perspicuos vultus, et erit tuus error inultus.
   Victor ait : Nautæ disponunt omnia caute ;
Prætores multi sunt in moderamine stulti.
Sic mihi vile genus, vel sit mihi victus egenus
Hæc duo nil tollent, si juribus intima pollent.
Istius est moris titulus cœlestis honoris ;
Si bene viventem videat, non spernit egentem.
Nec decet ut trister, si nuncuper esse minister
Littoris atque maris, licet improperando loquaris,
Ut mare sic mundus, gurges satis iste profundus ;
Per plures mortes plures necat ipse cohortes.
Hos utinam fructus ad jura paterna reductus
Vincere sic nossem, quo vos excludere possem.
Ecce Deum testor, non tam pro morte molestor,
Quam sum passurus, quantum quia tu moriturus.
Non fugis hoc stagnum, non deseris hoc mare ma-
                       [gnum.
Ast ego per stellas qui præcognosco procellas,
Dum mea lucra sequor, solitus transire per æquor,
Si placet ostendam quam rem credatis agendam.
Non cita sicut avis quæratur et integra navis,
Nec mora nostra gravis, cum venerit aura suavis.
Proximus est portus, ubi fons et floriger hortus,
Vir bonus est hospes, satis est habitatio sospes
Omnia dat gratis, congaudet et ipse paratis,
Fragrat in orbe domi multi redolentia pomi,
Si nequeas ore, solo medicaris odore.
Non animi languor, non est ibi corporis angor
Sunt ibi personæ, pendent ibi mille coronæ.
Sunt ibi prætores, et ibi præbentur honores.
Hæc tibi monstramus ; quod si non credis, eamus.
Si minus est quidquam, pœnam volo solvere . . dic
                       [quam ?
   Prætor ait : Laudo ; si possim cernere, plaudo
Sunt mihi cedrinæ fortes, agilesque carinæ.
Purpurea tela mihi sunt ubi fortia vela,
Dic ubi ducamus ; cum flaverit auster eamus.

Victor ad hæc dixit : Si mens cum voce revixit,
1532 Jam super ad cœlum mentis prius erige
                       [velum,
Desuper aura flabit, per quam tua prora volabit.
Ob nimiam curam talem prætendo figuram.
Sit tua mens navis, sit spiritus aura suavis.
Ipse regat mentem mundum transire volentem,
Ducat et ad Christum, qui portum possidet istum,
In lavacro mergat, per quod tua crimina tergat
Et fames et dipsis tollatur fluctibus ipsis,
Ingluvie sæva quas olim pertulit Eva,
Ad scelus auditum cum flecteret ipsa maritum.
   Quis modo prætoris rabiem, motusque furoris
Diceret, et cujus formam transferret in hujus ?
Ut furit in scena triduo jejuna leæna,
Quæ lupus ora gerit, cum prædam tollere quærit,
Quos habet incursus hominem cum viderit ursus ;
Non similis gestus erat hic pro martyre mœstus.
Cessat et a verbis, pœnis intentus acerbis.
Sunt ibi qui lictant pœnas, quasi carmina dictant ;
Sed velut ex lima faciunt suspendia prima.
Pugnant pensores nimios inferre dolores ;
Sed medicus cœli dat non sentire fideli.
Cum foret in ligno suspirans corde benigno,
Sic ait : O gentes [66] mentis ratione carentes,
Effrenes et bruti, mortem [67] non usque secuti,
Jam modo suspensus rogo vos suspendere sensus,
A studio tali, nullo magis exitiali ;
Cernitis extensum, sed ad hoc convertite sensum,
Cur ego suspendi paterer, cur undique tendi ? C
Cur vos prætores, cur dedignarer honores ?
Cur morerer gratis, quod vos omnino negatis,
Si meus hic cultus noviter non esset adultus,
Nec foret hic certus, nec legibus ante repertus ?
Quæ lex jure docet vitulos ut quilibet [68] oret ?
Numinibus multis quæ spes, quæ causa salutis ?
Cogit ad hoc mentes per se majora potentes.
Quod manibus sculpis nunc est leo, vespere vulpis.
Cras homo, funde quater formatur Cerberus ater,
Transpositoque luto, mox est in imagine Pluto.
Multiplicans artem, cernes ibi surgere Martem.
Quid Deus inquire, quia magna scientia scire
Quis Deus existat, vel quis Deus esse resistat.
Si res affaris, et ad unamquamque loquaris,
Sacra vocata licet : Non sum Deus, hæc tibi dicet ; D
Si tacet, hinc constat, quia quod Deus est ibi non
                       [stat.
Si satis est clarum, nulla latet hoc animarum.
Si Deus hoc esset, nunquam sibi sermo deesset.
Sermo deest, constat quia quod Deus est, ibi non
                       [stat.
Nunquid opportunum quod sese dividat unum ?
Semper et hucusque fuit unum sermo, Deusque ;
Nec minus apponas quod jam transcendat Æcnas.
Qui tibi nil demet, debet tibi demere semet.
Sic Deus [69] æternus, facie vultuque serenus,

---

[64] Tur., *speras.* [65] Tur., *cum serviret.* [66] Tur., *hominum.* [67] Tur., *hucusque.* [68] Turon., *ocet.* [69] Turon., *paternus.*

Non Patris iste comes; sed ut est in lumine fomes,
Mens, vigor, et sensus, per quem Pater omnia
[mensus,
Spirat sermones per pneumaticas rationes.
Sic de se mundam præbet sitientibus undam,
Quam quicunque bibit, non amplius ipse sitibit;
Percipietque fidem per quam venerabitur idem.
Sed si sciretis quod ab illo munus habetis,
Et quam clementer tulit hunc sine semine venter,
Ut caro sic factus, carnales tolleret actus;
Et [70] quos captivos non ulterius redivivos,
Post fractum postem, post vinctum solveret hostem,
1533 Par foret impuris jam non servire figuris,
Esset, et hoc justum fanum Jovis esse perustum,
Per fidei normam, Deitatis perdere [71] formam.

Ex his prætextis prætor commotus in extis,
Carcere trudit eum, peragat dum morte tropæum.
Torquet et includit, mentem levat, extera trudit
Tentat ut enervet; sed mens [72] minus anxia fervet,
Nervat et infamat, qui fana deosque reclamat.

Ingrediens lætus sic æstimat esse quietus.
Ipse suæ mortis plus est in carcere fortis,
Flebat et orabat, Dominumque Deumque vocabat,
Sic adhibendo loqui : [73] Deus o, qui factor es! o qui
Regna superna tenes! sapiens qua lege refrenes,
Sidereos cursus relevans per tempora rursus,
Quod radit ex signis aer tuus, et tuus ignis,
Unde novant terræ, quæ possunt semina ferre,
Impatiensque fretum [74] tumore facis esse quietum,
Spargis ut effundas, et rursus contrahis undas;
Te timet infernus, per te vacat iste paternus
Interitus mortis, fractis cum limine portis,
Qui semel ista facis, tu rex et regula pacis,
Me rege cum rebus, sed plenis, quæso, diebus.
Ilic ego nil plenum, nihil contemplor amœnum.
Labilis orbis abit, nos mors et ab orbe vocabit.
Occiduum signum de me satis æstimo dignum.
Sum quasi stella cadens, sed tu mihi surgere sua-
[dens

Sic precor infrena, tali me [75] tene catena,
Qua teneas mentem vitiis persæpe cadentem.
Spem tamen ut merear, veniat tuus ignis ut urar,
E quibus accensus foveatur denique sensus.
Desque meæ terræ tales et talia ferre
Semina vel fructus quæ sint mihi præmia luctus.
Irriger atque laver quod ab ipsa messe papaver
Auferat, et sanum faciat procedere granum;
Et tibi more maris talis precor efficiaris,
Ut bene sopitus caveam transfundere littus,
Et frear [f. ferat] inferni locus ipse profundus
[Averni;
Ne me desperet, quem si non parcis, haberet.
Si misereris ita, cur non abit hæc mea vita?

(94) *In mare*, id est in vas baptismale, in quod
olim baptizati mergebantur, quod mare dicebatur.

Nonne sub hoc Phœbo vivens nil tale videbo
Quod sit amor mentis tecum regnare volentis
Nonne sub hac luna res est de pluribus una?
Quam non [76] delectet si quolibet ordine spectet,
Quod rutilans Phœbus [77] referat discrimina rebus.
Sol meus appare, fons luminis irradiare.
Res ego nocturna, tu lumen luxque diurna,
Sparge meam mentem tenebris et morte sedentem,
Et mihi spectanti quod polli.cearis amanti
Da, precor, hoc munus, quod [78] licet nomine funus,
Re tamen experta magis est animatio certa;
Nam mihi sub divo satis est quia quod modo vivo,
Transitus est quidam, sed et hoc moriendo recidam.
Sic ait, et dictis somno veniente relictis
Carcer odore fragrat, lux carceris [79] ante peragrat,
Angelicusque chorus subiit cum laude sonorus
Personat, et psalmum, cum diceret, excitat almum,
Excitat atque refert per nos [80].......
Voce quod exoras paucas tibi destinat horas,
1534 Et breve tempus erit sicut tua passio quærit.
Nam cito discedes, cito progredieris ad ædes,
In quibus ut fueris diuturna pace frueris,
Et vives vita, sicut bonus Israelita.
Dixit et abscessit, redit umbra, metumque repressit
Visio tanta viros, cantus canit æthere miros,
Cum chorus abscedit, sed jam custodia credit
Rem fore cœlestem. Rogat hoc exponere testem
Quis sit et unde sonus? Laus est, ait [81] iste patronus,
Quam [82] semel exsolvit, semel et bis terque resolvit.
Carmen divinum, per quod nos credere trinum
Vox audita monet, nos trinus et inde coronet.
Exposito visu toto vigilantia nisu
Spem cupit auditam, gaudens [83] proponere vitam
Si merito mortis consors queat esse cohortis.

Sensit ut hoc custos sensus pietate perustos
Mortis amore cremat. Si mors tamen hoc sibi demat
Ut scelus erroris donum sibi tollat honoris.

Martyr ut agnovit sua quod custodia [84] novit,
Per se conversos cupiens existere mersos,
Quærit Baptistam qui rem bene noverit istam,
Quærit, et inventum fidei monet ad documentum.
Ilic monet, hic pergit, docet, ungit, et in (94) mare
[mergit.

Martyr enim lætus tales producere fetus,
Per quos a primo fuerat sub carceris imo,
Chrismate fecundas pater est affectus ad undas.
Hoc sacer expleto, sic his et martyre læto,
Cum redit ad sedem, repetunt hi carceris ædem.
Nox abit, hancque diu jam lux orientis iliu (95).
Sparserat auroram, cum primam prætor ad horam
Mittens legatum jubet ante venire beatum.
Jussit et itur eo. Plenos putat esse lyæo
Cum videt ardentes in sacro dogmate mentes,

(95) *Iliu*, licentia ad sonum rhythmicum diu pro
illius.

---

[70] Turon., *Et vos.* [71] Tur., *normam.* [72] Tur., *nimis.* [73] Tur., *Meus.* [74] Tur., *tu mox.* [75] Tur., *necte.* [76] Tur., *deflectet.* [77] Tur., *reserat.* [78] Tur., *quamvis.* [79] Tur., *antra.* [80] E. Tur., *Dominus tibi refert.* [81] Tur., *ipse.* [82] Tur., *chorus.* [83] Tur., *postponere.* [84] Tur., *vovit.*

Mentes, sed quorum? custodum, non aliorum.
Dicite, custodes, ait hic, quid dicere sodes.
Hos aiunt, quæris? sed non modo sodes haberis.
Cur? ait. Adjungunt : Quia nos sacra dogmatis
                                        [ungunt
Chrismata ; vos autem colitis pro numine cautem.
Luditis, an certis rationibus ista refertis?
Unus ait : Nos, non, sed quos Deus abdicat, hos non
Sumimus in fratres, nec te, si pro Jove latres.
Christiferum fœdus olet, hic ait ipse veredus.
Non hic nostrorum, non est odor iste deorum.
Dixit et adjunxit : Quis vos ita, quæso, perunxit?
Quis fuit his fictor? Docuit vos talia Victor.
Tunc satis iratus, nec plus in lite moratus
Jussit ut exirent, et quo graderentur abirent.
Jussit, et incedunt, gaudent quia proxima credunt
Fata beata fore, benedicunt mortis et horæ.

    Ad fora fit ventum, jam sunt ibi millia centum
Qui simul exspectant si mors aut verbera flectant
Cor fidei tantæ, [85] cum Victor venerit ante.
Rector [f. prætor] et ipse venit ; prius hunc per
                                        [munera lenit ;
Cum refugit munus, promittit postea funus.
Sed neutrum donum potuit mutare patronum.
Conveniunt gentes nunc hinc, nunc inde ruentes,
Concutiuntque locum diverso turbine vocum.
1535 Fit strepitus multus, rex quærit : hic unde
                                        [tumultus?
Quærit, et ut scivit, fora mox furibundus adivit.
Cumque vident turbæ quia rex procedit ab urbe,
Mox habitum mutant, metuunt regemque salutant.
Rex abiit, sessum murmur jubet esse repressum,
Imperiique metus compescuit undique cœtus.
Tunc ait ad plebes : Si quid mihi, gens mea, debes,
Consilii recti, si vis mea jussa reflecti,
Cum minus irascar, ne vestro sanguine pascar,
Jam super hoc nequam pœnam pensate, sed æquam
Pœnam, sed talem quam sentiat exitialem.
Nullus adhuc leges, nullus sic denique reges
Sprevit, et in summos unquam fuit hic hominum
                                        [mo.
Dicere quod dixit ; velut uno vulnere fixit
Nosque, deumque genus, nullus nisi dæmone plenus.
Per similem sortem studuit contemnere mortem.
Hic homo suspensus cœpit pervertere sensus,
Versus et ad gentes, ad Christum vertere mentes.
Hoc aiebat eis : Fuerat lex æqua Thebæis,
Quorum jure quidem plusquam sex millia pridem
Ipsemet occidi. Nullum quoque postea vidi
Qui coleret Christum, donec modo vidimus istum
Est mihi delatum vos hunc tenuisse ligatum,
Resque meos fidos claves habuisse pagidos (96).
Nescio si verbis, vel si deceperit herbis,

(96) F. paganos, seu cives subditos.

 Sed modo si quid amant hoc extra [f. contra] nu-
                                        [mina clamant.
Juppiter et Juno quos germine credimus uno
Progenitos, isti pro cujus [86] nescio Christi
Nomine vilescunt : quod si nova dogmata crescunt
Et vetus [87] usus abit, hoc Juppiter improperabit
Omnibus in quorum manibus sunt jura deorum.
Sed quoniam regnis non convenit ultio segnis,
Quod facit et fatur sententia nostra sequatur.

    Hæc ubi dicta dedit, quod jam magis utile credit
Hoc velut ex uno commendat turba tribuno
Quæ dum tota silet, si diva potentia vilet,
Prætor ait regi : Nihil est punire quod egi,
De minimis rebus conclamat ab æthere Phœbus
1536 Perdere se terris, ad quæ [88] reticenda re-
                                        [ferris
Et pater et tutor, nam si quibus usibus utor
Perdere duco grave, diis non reor esse suave.
Inde moneto virum, ne sit de principe mirum
Cum prius existas, si res properaveris istas,
Vapulet ut credat, nova dixit, et hunc nova lædat
Pœna, novusque dolor : sic te, sic numina solor.
Si nihil oblectat [f. objectat], sua te conversio
                                        [flectat.
Si facit ut dudum, fac illum ducere nudum
Per fora, per vicos ; ponatur et inter amicos
Quisquis eum cædet, cum nec dis nec tibi credet
Suppliciis pejus sensus tibi consulit ejus.

    Rex capit et laudat. Victor venit et quasi plaudat,
 Lætior apparet, quia jam sua passio claret.
Tunc ait Augustus : Si nonnisi cæsus et ustus
Distuleris votum, constabit inutile totum,
Turpeque ducetur per te quodcunque feretur ;
Nec Jovis hanc sumet, multum licet hostia fumet.
Martyrium, spesque Victoris liba precesque
Cum dederint risum, merito reor esse recisum.
Denique nos perdes etiamsi multa super des ;
Postea nulla tibi scribentur præmia tibi.
Dixerat Augustus : Si non nisi cæsus et ustus.
Victor ait : Mactem, quid tecum nescio tr.ctem.
Cum [89] ..... et cernas utrum per talia sternas
Spemque meamque fidem, etsi permanseris idem
Ipse meus cultus, etiam vel quando sepultus,
Si cremar et cædar, pars est ubi non ego lædar ;
 Nec vereor tantum furias et verba minantum,
Quin nihili pendam vel ad hæc suffragia tendam,
Ut Jovis hanc sumat, si qua mihi victima fumat,
Cujus imago sumus, sibi sit mea passio fumus.
Martyrium spesque Victoris, liba precesque
Cum dederint risum merito ne crede recisum ;
Omnia quæ dicis famulantibus offer amicis,
Non opus est donis ubi pugna paratur agonis ;
Sufficit ut macter, tua dona tuusque retracter ;

---

[85] Tur., cur. [86] Tur., nomine. [87] Et novus. [88] Tur., retinenda. [89] E. Tur., Cum sapias cernas.

Exhibeantur eis qui te recitando choræis
Tunc potius fallunt sua cum tibi carmina psallunt.
Rex ait : Abscede, nostraque repulsus ab æde

A Non prius ora cibes quam dis libamina libes.
Tunc ait ad quemdam ; Multo tibi verbere vendam,
Nec volo jam crescas si quaslibet ederit escas 90.

90 Hoc poema videtur imperfectum, cum auctor non attigerit ultimam Victoris martyrii periodum. Unde in ms. S. Gatiani Turonensis, pòst hunc ultimum versum. sequitur unus minio pictus, qui sic habet :
     Scribitur hic partim Victoris Passio sancti.
ut inde intelligi detur non totam fuisse descriptam.

PASSIO SANCTI MAURITII

ET SOCIORUM EJUS (97).

(Recensita ad mss. Turonensem, Elnonensem regium et edit. Redonensem, an. 1524.)

—

Dum cohibere parat Gallos, quos cum glomerarat,
Ne variæ gentes varias habeant quoque mentes,
Mutua juvando sibi fœdera, disque libando,
Consociare manus jubet agmina Maximianus.
Cætera turba litat, nec fœdera, nec sacra vitat.
Hoc Thebæa putat legio scelus, ergo refutat.
1537 Centum ter geminis vicibus duo millia tri-
                    [nis (98)
Nec non ter denis quadrupliciterque novenis
Christi sacra colunt, ideo sacra dis dare nolunt.
Ili simul Octodorum fugiunt, ubi thura deorum
Altera pars adolet, jurans quod cedere nollet.
Mox specie gratum quod circumeunt juga pratum,
Quos fuga lassavit scelerum profugos recreavit;
Contiguus Rhodano locus est cui nomen Agauno,
Qui requiem lassis tribuit, monumentaque passis.
Audit ut insolitum legionem ducere ritum,
Fœderis edictum sperni, castrumque relictum
Idola ne colerent, aliosve litare viderent,
Contemptum legis plangit vesania regis,
Adque suum quare molitur eos revocare.
Ore monens blando ; sed et asper acerba minando :
Quod mea decernit sententia, gens mea spernit,
Atque deos viles meus audet dicere miles.
Et dis et Domino reus est sub crimine bino.
Ultio compescat, ne prævaricatio crescat.
Posse meum discant, vel jussa sequi resipiscant.
Ad sacra cogantur, vel si renuant, feriantur.
Huc reditum flectant, ne culpam vulnera plectant.
Præstat ad Octodorum regredi, moresque 91 piorum
Non aspernari, quam nescio quid venerari,
Pristina sectari, quam pro novitate necari.
Nuntius hæc recitat; sed grex pius impia vitat,
Quod rex hortatur contemnens, quodque minatur.

B Statque fide fortis, vacuus formidine mortis,
Cœlica terrenis præponens gaudia pœnis.
Regnet ut afflictus, declinat vivere victus
Præmia morte brevi meriturus perpetis ævi.
Quantus, ut ille status ruat, efficiet cruciatus ?
Spes ubi sit talis, quid agat furor imperialis ?
Hic fidei murus non est aliqua [f. unquam] ruiturus,
Respondent igitur : Liquido nobis aperitur
Error dæmonicus, quod Christo non sit amicus ;
Quem quia diligimus, quod spernit amare nequimus.
Unde nefas remur, si templa deum veneremur,
Per saliare sacrum fidei violare lavacrum.
Templa quidem fugimus, tamen ad tua 92 castra ve-
                    [nimus,
Digna Deo dantes, nec, rex, tibi danda negantes.
C 93 Nec gradum flecti scelus est, sed corpore plecti,
94 Et levius nobis opus est, quam passio nobis.
Missus ut ista refert, rex iram talibus effert :
Ergone mandatum legale sinam violatum,
Et sine vindicta transire meos mea dicta ?
Non impune ferent, ausis qui talibus hærent,
Assero jussa dari, sacra non debere negari.
Quod nequit hortatus 95 compescat eos cruciatus.
Nec tamen est totum punire gregem mihi votum.
Quis velit hos temere, pariterque viros abolere ?
Sorte placet numeri vel perdere, vel misereri.
Ite, reservatis aliis, decimos perimatis,
Ut nece paucorum labet [f. luat] improbitas aliorum.
Ast ubi mandatum sanctis regale 96 legatum,
D Sanctus Mauritius, qui ductor erat gregis hujus,
Roborat ad mortem tali sermone cohortem :
Quod Christum colimus, nec jussa nefanda subimus,
1538 Rex stimulis iræ jubet agmina nostra perire.
Pellite, quæso, metum, læti decernite lethum ;

(97) Sigebertus De viris illustribus , ait Marbodum Redon. episcopum, S. Mauritii et sociorum cer-

tamen scriptis commendasse.
(98) Id est 6666, quo numero constabat legio.

—

91 Tur., *priorum.* 92 Turon., Eln. et edit. Red. habent *jussa.* 93 Elnon., *Inde gradum.* Edit. Red. et Turon., *Unde gradum.* 94 Eln. et edit. Red., *Non levius vob is opus est.* 95 Edit. Red., *compescat.* Elnon. et Tur., *compellat.* 96 Tur., *relatum.*

Nam nil terrenum necis esse potest alienum,
Quod vel morbus edit, vel quoque fine recedit.
Quem sequimur cultum, si Cæsar passus inultum,
Vivere nos sineret, mors stare diu prohiberet.
Quod modicum durat, quis non bene perdere curat?
Nam bene mactatur, qui cœlica regna lucratur.
Huic honor est partus, qui Christo devovet artus.
Si caro vilescit, flatus super astra nitescit.
Nescit enim funus, sed habet sine lumine munus,
Quod nequit os fari, lux cernere, mens meditari
Ergo piæ turbæ spes siderea sit in urbe,
Victorique Deum scitote parare [97] triumphum.
Jam timor abscedat, ne gloria tanta recedat.
Jam lictor veniat, jamjam decimatio fiat.
Tela licet gerimus, rogo ne [98] referre velimus.
Sit manus imbellis, sit vox animusque rebellis.
Corpora subsistent gladiis, non arma resistant.
Sanguine, non telis, debet superare fidelis.
Vincitur invictus, qui stat patienter ad ictus.
  Constituere pati, sermonibus bis animati.
Nec mora ; mucronem stringit furor in legionem.
Dant decimos pœnæ, parti parcendo novenæ.
O [99] quam crudelis pietas! O rixa fidelis!
Miles ut occidat parcit, miserando trucidat ;
Et pius ut vivat, se vitæ munere privat.
Hic studet ad flatum transferre luti cruciatum ·
Iste labore luti, flatus servire saluti.
Ille necem differt ; hic se mucronibus [100] infert.
Prævenit hic comitem, generat necis optio litem,
Et dolet exsortem quisquis non sumere mortem.
Qui stat post nonum, putat ingens sumere donum.
Ter tribus expositis, non est dilatio [1] mortis.
Ille sed exsultat quem mox decimatio multat.
Si liceat fieri, decimus cupit omnis haberi.
Qui pereunt decimi, veniunt ad præmia primi.
Cum sex centenis geminisque novem duodenis
Quatuor occisis, stat pars non territa visis,
Quam veluti fractam, mortisque metu labefactam,
Velle reservari, plusquam socios imitari,
Cæsar opinatur. Jubet ut sua jussa sequatur,
Sive reluctantur, [2] rursus decimi perimantur.
  Hinc Exuperius legionis signifer unus,
Regia signa gerens, sed non ea [3] præmia quærens,
Parti quæ restat vires ad vulnera præstat.
Dum sic hortatur ne supplicium timeatur,
Quod non tormentis cedat constantia mentis :
Hactenus audistis, nunc cernere promeruistis,
Et [f. En] comites vestri fieri meruere magistri.
A quorum meritis ne degenerare velitis.
Sed retinete fidem, contingat ut exitus idem.
Neve resistatis moneo, licet arma feratis.
Quis velit ulcisci potius quam regna pacisci ?

' Quæ sua sunt hominis felicia, nescia finis.
Quo decoret taceo Deus agmina nostra tropæo ;
Quod pretium detur, quis honor, quæ palma paretur ;
Quæ cruor iste parit, [5] cum spiritus æthera scandit :
Hæc magis utendo discuntur, quam referendo.
1539 Talibus utuntur qui pro Domino moriuntur.
Unde capessendum reor illud, non fugiendum,
Quod requiem donat morientibus, hosque coronat.
Aspera nonne pati dubia sub sorte parati
Regi paremus, plagasque necemque timemus ?
Quis cui spondetur quod perpes gloria detur,
Se miser excusat, miser hæc tormenta recusat,
Cum pro se stratos Deus asserat esse beatos ?
Nam se custodit, qui se pro te, Deus, odit,
Atque metit lætus, quæ spargit semina, fletus.
  Fulta piis verbis non paret turba superbis,
Nec sacra dignatur ; quapropter item decimatur.
Hanc vim tormenti duo sustinuere trecenti.
[6 Sorte bis exacta, reliqua nec parte subacta,
Cujus propositum manet exemplo stabilitum,
Invitat princeps reliquos ad sacra deinceps.]
Si contemnatur sua jussio, duro minatur.
Sed fidei pugiles, reputando præmia, viles
Cæsareasque minas, et qualescunque ruinas
Corporis esse putant, quia pœnis gaudia mutan
Optant ergo sequi socios, et muneris æqui
Participes fieri cupiunt moriendo mereri ;
Neve diu tardent, sine sorte mori simul audent,
Martyrii primos decus ut contingat et imos.
  Cæsar ut ad lethum videt omne tendere cœtum,
A solito cultu, nullo titubare tumultu,
Plusque per arma mori, quam cedere velle pavori,
Non numerare parat, quos frustra bis numerarat.
Sed paritas fidei toti quod inest aciei,
Vindicat in tota, numeri quam sorte remota,
Conditione pari decernit mortificari ;
Frenaque dans iræ, velut ad pugnam jubet ire
Ad comitum mortes fidas sibi, disque cohortes.
Neu facinus dubitent, neu civica prælia vitent,
Præmia cædentis spolium jubet esse cadentis.
  Mox furor ad pœnas sociorum laxat habenas,
Pro spe mercedis contemnens crimina cædis.
Qui licet arma ferant, cum non evadere quærant,
Nec tegitur parma quisquam, nec dirigit arma ;
Sed similis pecori patientia muta furori
Subjacet abjectis clypeis, jugulisque rejectis [f. re-
[lectis]
Nec gladiis debent modo vulnera, quæ sibi præbent,
Ictibus [7] aptando jugulum, gladiumque premendo.
Prompta manus sceleri, nullique volens misereri,
Nec juvenum florem, senii nec transit honorem.
Ista libens tolerat, qui cœlica præmia sperat,

---

[97] Eln. Turon. et Ed. Red., *tropæum*. [98] Tur., *ferire*. [99] Sic et edit. Red., sed Elnon
     Quanquam crudelis pietas est mista fidelis
[100] Sic et edit. Red., sed Elnon., *offert*. [1] Ed. Red. et Elnon., *mitis*. [2] Eln., *jubet ut decimi*. [3] Ed.
Red., Eln. et Turon., *prælia*. [4] Sic ed. Red. Sed hic versus : *Quæ sua*, etc., deest in Elnon. [5] Ed. Red.
Eln. et Turon. habent *cum Mauritius memoravit ;* quod nullum habet sensum.   [6] *Sorte*, etc. Hic versus
et uno sequentes desunt in Elnon., non vero in edit. Redonensi.   [7] Eln., *obdendo*.

Insistensque lucro, scit nulli parcere mucro.
Sic pia turba cadit; sed ovans ad [8] sidera vadit.
  Gaudeat hæc sedes tam sacras cernere cædes.
Gaudeat obductus tam sacro [9] flumine fluctus.
1540 Cæsaris impietas nescit sibi ponere metas.
Corpora cæsorum spectat, fluviosque cruorum.
Usque frequenter idem videat, remoratur ibidem,
Hac specie gaudens, et in his epularier audens.
Sic epulis eadem mistam stupet area cladem.
Pars etenim vivit, pars altera vivere scivit.
Hanc gladius stravit, cibus hanc opulens satiavit
Vitigenam rorem bibit hæc, vomit illa cruorem
  Nomine Victorem via detulit huc seniorem,
[10] Ultraque miranti comedentibus appropianti,
Justo non vescas exercitus obtulit escas,
Victori, canos ejus veneratus et annos,
Quærens cur [11] comedit, nec ab hoc horrore recedit,
Cur etiam plaudit, cujusdam vocibus audit :
Sacrilegam gentem, quæ nescio sacra colentem,
Nostraque spernentem, nec regia jussa .sequentem,
Ecce vides stratam, nostris gladiis laceratam.
Victor ad hæc plangit, vehemensque senem dolor
                            [angit,
Et detestatur convivia, sicque præfatur :
Heu! cur tardavi? cur non iter acceleravi?
Ut pariter metas meruisset debilis ætas.

A Nam licet exclusus senio sit militis usus,
  Corpus et effetum sit viribus, atque vietum,
  Quod me tantorum comitem vetat inde [f. esse] vi-
                            [rorum,
  Vel fuga sacrorum contemptus dæmoniorum,
  Servitium Christi turbæ me jungeret isti,
  Ut similis pœnæ fierem comes atque coronæ.
  Opto quidem pœnam, requiem meriturus amœnam.
  Cum modo flens, plaudet, cum flebit qui modo gaudet,
  Impie, quid clangis super hujus cæde phalangis?
  Hi bene prostrati jam sunt super astra [12] locati.
  His Deus arridet, diademate quisque renidet.
  Vos male gaudetis, qui tandem suscipietis
  Nequitiæ fructum, tenebras, incendia, luctum.
  Nam pius indultor, [13] justusque tamen Deus ultor,
B Quæ sua sunt munit, quæ sunt hostilia punit.
  Cujus amor faciat, nostro quoque munere fiat,
  Ne mora longa bonis me destituat legionis.
  Pone sequi detur mihi, cum simul ire negetur,
  Atque fidem similem faciat par pœna sodalem.
  Talia dum fatur, dum plura loqui meditatur,
  Truncat eum lictor. Sic scandit sidera Victor
  Atque gregem reperit, cujus collegia quærit,
  [14] Munere lethali, cui nil valet æquiparari,
  Et [15] quod idem fassus fuit, æquo vulnere passus,
  Præmia fert eadem, palma decoratus eadem.

[8] Eln., *super æthera.* [9] Eln., *et ed. Red., sanguine.* [10] Tur., *Utraque.* [11] Sic edit. Red·, sed Elnon. *Quærens cur nec edit, nec ab hoc errore recedit.*
[12] Elnon., *levati.* [13] Elnon., *justus quoque tunc Deus ultor.* [14] Elnon., *Funere lætari.* [15] Elnon., *Ac eadem fassus.*

HÆC EST VITA SANCTÆ THAISIDIS.

(Ad ms. Andegaven. et S. Gatiani Turonensem.)

—

1541 Vitam cujusdam mulieris carmine dicam
Ut non desperent qui mundi rebus adhærent,
Sed per eam discant quia vult Deus ut resipiscant,
Nec resipiscentes habet ob sua crimina viles,
Aut sibi pluris erunt qui crimina non habuerunt
Sed mercede pari jubet hos illosque beari.
Vivitur in cœlo concorditer et sine zelo.
Pulchra puella nimis fuit olim nomine Thaisis
Ægypto tota propter sua crimina nota,
Namque Deum sprevit de cujus munere vivit.
Corporis ille decor et ad impia facta dedit cor
Muscipulam Satanæ perituris prostituit se;
Ad turpes usus formosos vendidit artus;
Noctes insomnes duxit dum suscipit omnes,
Tanta sitis stupri fuit illi, tantaque lucri;
Miscuit ætates, sprevit consanguinitates;
Concubitus mœchos concessis credidit æquos.
Difficilis nulli, nisi qui nihil attulit illi.

C Ut domus absque sera fuit omnibus illa chimæra.
  Nobilium multi censu prædivite fulti
  Facti mendici sunt dum sua dant meretrici.
  Dum Mars turbat hymen macularunt sanguine limen,
  Ante suas ædes fiebat mutua cædes,
  Et de rivali currebant sanguine rivi.
  Illa premens stratum gemmis auroque beatum
  Gaudet se rixæ causam pretiumque fuisse,
  Et testes oris rivos putat esse cruoris.
  Motus ex fama sanctus Paphnutius abba,
  Egregia vita signisque potens eremita,
  Efficitur mœstus, flet, fundit pectore quæstus :
  Hei mihi! quot morbis, quam turpibus interit orbis
  Quanta meo pago barathri surrexit imago !
  Protinus exutus laicos vestivit amictus,
D Dissimulans quod erat dum Christo perdita quæ-
                          [rat;
  Argenti pondus capit ad quos noverat usus

 MARBODI REDONENSIS EPISCOPI

Et petit infandæ celeberrima tecta puellæ.
Ut fuit intrandi, fuit et data copia fandi;
Argentum profert, pretiumque libidinis offert.
Illa viro rapto : Properemus, dixerat, intro,
Et trahit ad lectum non hæc ad agenda profectum,
In quo strata cito dixit : Mi chara, venito.
Non faciamus ita, responderat huic eremita,
Namque patens locus est, latebras nos quærere jus
[est.

Thaisis ait contra : Deus aspicit intus et extra,
Tectaque noctis ei sic sunt quasi nuda diei,
Quem si formidas, nullo [16] velamine fidas;
Si metuens homines latebras quæris interiores,
Nescis quod quæris, quia non metuenda vereris,
Humanos visus contemnito pariete fisus.
Intulit hic monachus mulieris verba secutus :
Si testis sceleris Deus est, ut et ipsa fateris,
Nec locus occultus valet ejus claudere vultus,
Ergo supervacue paries opponitur iste;
Visibus humanis sit enim procul arbiter omnis,
Non tamen evades cum venerit ultima clades;
Nam scelerum vindex scelerum fit testis et index.
1542 O dilecta Deo, regis cœlestis imago!
Si Dominum nosti, cur servis illius hosti?
Cur pro tam multis tecum pariterque sepultis
Æterno digne crucianda cremaberis igne?
Non debes vitæ, non debes fidere formæ,
Omnes terra sumus, cito vita fugit, cito sumus.
Tam veris verbis subito perterrita Thaisis
Væ mihi, væ, dixit; pedibus senis oscula fixit,
Et lacrymas fundens, et pugnis pectora tundens
Ore virum blando rogat, et suspiria dando
Ut stans urbe foris exspectat eam tribus horis
Designansque locum rumpit commercia vocum.
Inde rapit gazas, pigmenta, monilia, gemmas,
Vestes, argentum, tripodas, crateres et aurum,
Et quæcunque sua fuerat de carne lucrata,
In mediumque forum convectat opes vitiorum,
Quadringentarum quas constitit esse librarum;
Suppositoque rogo : Prius hæc, ait, igne cremabo
Quam pro servatis barathri cremer ignibus atri.
Et prius omnino lecti consorte carebo
Quam pro commissis barathri demergar abyssis.
O miseri cives! de quorum sum male dives,
Qui scelus emistis, et cum mercede [17] petistis,
Præteritæ vitæ fructum spectare venite.
Pompa superborum redit huc, et lucra malorum ;
Ignis consumet quidquid corruptio gignet;
Pœniteat mecum vos, quos scelus inquinat æquum,
Participes culpæ meritorum participate.
Flens dabat has voces, et flere coegerat omnes,
Cum videt in tepidam simul omnia lapsa favillam
Evolat absque mora detestans facta priora,
Et sequitur sanctum cupiens cœlestia tantum.
Ille puellarum veniens ad septa sacrarum,
Relligio quarum contemptrix deliciarum

A Huic, si deficeret, solamina ferre valeret,
In cellam modicam gaudentem trusit amicam,
Obstruxitque foris, monstrans exempla rigoris ;
Una parte tamen breve jussit inesse foramen,
Per quod districtus posset contingere victus,
Parvum pondus aquæ, panisque die sibi quaque;
Nam potu gelido restinguitur atra libido,
Et moritur mundo vivens de pane secundo.
Delicias tales jubet ut sibi dent moniales,
Neve quid addatur metuenda voce minatur.
Ergo redire parat postquam sua vota patrarat,
Cum sic de cella clamat miseranda puella :
Mi pater, ausculta, nec enim paro dicere multa,
Ne rogo discedas donec mihi quod precer edas.
Mundi factorem breviter dic qualiter orem :
B Nomen ait Christi, quo nunquam digna fuisti
Os per pollutum non est producere tutum ;
Nomen divinum sit ab ore tuo peregrinum,
Sed neque præsumas in cœlum tendere palmas,
Fraude diu blanda quæ tractavere nefanda ;
Tantum mœsta sede, nec ab hoc sermone recede
Qui me plasmasti, quæso, misere [18] roganti,
Et caput et mentem conversa tuens orientem,
Mente licet fessa , nunquam sic dicere cessa.
Hæc ubi dicta dedit plorans patriarcha recedit.
Thaisis in obscuris solis intenta futuris
Luce fruens clara cordis se mactat in ara,
Jamque malis magnis cruciarat se tribus annis,
1543 Cum Pater ille pius miserando laboribus hu-
[jus
C
Christus utrum dederit veniam sibi noscere quærit.
Te petit, Antoni [f. Tunc petit Antonium], par cujus
[relligioni
Orbis ab extremis vivebat ad ultima nemo,,
Quid quærat dicit, quod quærit postmodo discit.
Nam jubet insomnes fratres Antonius omnes
Nocte secutura lacrymis et supplice cura,
Et precibus sanctis aures pulsare Tonantis,
Pro qua discenda descendit Paphnutius abba,
Cuilibet ut clausam dignetur pandere causam.
Nec tamen his aperit quid sit quod discere quærit
Tunc relquis potior Paulus cognomine major
Mentis in excessu, fixo super æthera gressu,
Gemmis ornatum cernit radiare grabatum
D Murice constratum, visuque per omnia gratum,
Quod tanquam stellæ tres servavere puellæ;
Quæ dum miratur soli sibi talia fatur:
Hanc, Pater Antoni, requiem tibi credo reponi.
Reddita vox, inquit, quæ nil dubitabile linquit,
Non cujus dicis, sed Thaisidis meretricis.
1544 His ita compertis gressus ad Thaisida vertis,
Optime Paphnuti, mox fracto carcere duci
Præcipis inclusam longo cruciamine tusam,
Atque renitentem, latebrasque fovere volentem
Consolaris ita : Sit pax tibi, sit tibi vita,
Non ultra plores, finisti namque labores

Omnia commissa tibi noveris esse remissa.
Reddidit illa Patri : Quod sub tempore carceris atri,
Quo semper luxi, nil longum, nil grave duxi
Ad peccatorum numerum pondusque meorum.
Hoc ita me pressit quod nunquam a mente recessit
Naribus ut flatum sic gessi mente reatum.
Tunc Pater : Hoc, inquit, tibi nil pœnale relinquit,

A Pectore quod tristi perfecte pœnituisti ;
Namque Deo gratus plus spiritus est tribulatus,
Quam tribulata caro cruciamine semper amaro.
Plus cor contritum probat, inque bono stabilitum,
Quam si compescis te semper ab omnibus escis.
Quinquies illa tribus vixit super ista diebus,
Et sic cum Christo, mundo requievit ab isto.

PASSIO

SANCTORUM MARTYRUM FELICIS ET ADAUCTI.

Felix fide, felix actu, Felix quidam nomine,
Romæ natus et nutritus, et sacerdos ordine,
Persecutione mota Christiano nomini,
Vinctus Diocletiano præsentatur Cæsari.
Dracus erat tunc præfectus, pessimus idolatra,
Qui sanctorum jussu regis cruciabat corpora.
Hoc injunctum erat illi merito sævitiæ,
Tanquam nulli miserturo, nil facturo tepide ;
Ad quem ductus sanctus Felix jussione Cæsaris
Stetit ad tribunal sævum vacuus formidinis.
Sprevit æque blandientem fraudulentis vocibus,
Et subinde sævientem minis terribilibus.
Jussus tandem thura dare statuæ Serapidis,
Templum cujus stabat juxta mansionem præsid's,
Cum daturus putaretur vota supplex idolo
Quæ debebat dare nulli nisi soli Domino,
Insufflavit faciei saxei simulacri,
Et subvertit quidquid erat consecratum dæmoni.
Sic ostendit vanum esse quod pagani colerent,
Quorum, flante Christiano, numina corruerent.
Item ductus est in ædem volucris Cylenii [velocis
                                    [Mercurii
Tanquam Dei fortioris magno Jove geniti.
Nam Serapis ex Ægypto natus, Deus advena
Posse minus putabatur quam Romana numina
Risit Felix caduceum, virgam soporiferam,
Risit et talares pennas, et thiaram auream :
Faciamus quod meretur, inquit, Jovis nuntio,
Nec alarum, neque virgæ tutus sit præsidio.
Exsufflavit ergo sanctus idolum Mercurii,
Et per flatum dedit casum statuæ conflatili.
Mirum dictu! fregit bases oris [f. femoris et] æreas
Et simulacrum nefandum vertit in minutias.
Tertio Dianæ sacram ductus in ædiculam,
Exsufflavit sicut prius, et subvertit statuam,
Arcum fregit et sagittas, nec pepercit pharetræ
Quibus se venatrix dea debuit deffendere.
Quid restabat jam ministris exspectare melius
Imo plus timendum erat cæteris numinibus.
Mille deos evertisset, si sufflasset millies,
Nec armati nec inermes evasissent dæmones.

B Ad præfectum revertuntur, et prædicta nuntiant,
Et ei quo plus loquuntur, plus furores excitant.
Felix lætus et quietus vultu stat intrepido,
Cruciari vel mactari cupiens pro Domino.
Tunc arreptus et pulsatus scandit in equuleum.
Et distentus laniatur ad præfecti libitum.
Dic, infande, dic, impostor, quibus maleficiis
Destruxisti venerandam statuam Serapidis,
Maia natum germen Jovis et Latonæ filiam,
Per quas Roma tenet orbis totius monarchiam.
Non est, inquit, sicut dicis, præses stolidissime,
Non per istos regnat Roma, nec hos debes colere,
Nam Serapis et Burbastis (99), et Osiris perditus
In inferno cruciandi mersi sunt profunditus,
Jupiter et Maia natus et Latone filia
C Cruciantur in æternum propter sua crimina.
Solus Christus qui cum Patre regnat et cum Flamine
Cujus virtus neque loco clauditur nec tempore,
Est amandus et colendus ut Creator omnium,
Per quem Roma tenet orbis totius imperium.
Tunc deponi jubet sanctum prætor ab equuleo,
Mandans suis quod volvebat tacito consilio.
Ostiensi via, dixit, ad secundum lapidem,
Arbor est ad quam mactatur juxta ritum veterem·
Huc ducatur, et rem sibi persuadere facilem
Si contemnit deos nostros, veneretur arborem.
Ductus Felix a ministris, ut mactaret arbori
Quæ vicina stabat templo cujusdam simulacri,
Videns turbam circumstantem infidelis populi
D Invocavit genu flexo nomen summi Domini.
Mox erectus et conversus ad nefandam arborem
Exsufflavit, ut solebat, et fugavit dæmonem :
Arbor, inquit, alta nimis duro fulta robore,
In virtute Jesu Christi protinus avellere;
Frange cadens fanum præsens, aras, et simulacrum,
Nec per te decipiantur ultra mentes hominum.
Vix finitis verbis istis arbor ingens corruit,
Et cum templo mensas, aras, idolum comminuit.
Repedatur ad præfectum, nuntiantur tristia.
Reus Felix præsentatur, quæritur sententia.
1545 Prætor Dracus, draco sævus et cruenta bestia

(99) Forte Hercules dictus *Buraicus* a Bura urbe Achaiæ in qua celebratur.

Gemit victus, torquet rictus, sibilatque talia
Reducatur sceleratus ad ruinas arboris,
Et radices ejus tingat unda sontis sanguinis;
Sentiat quid possit ira temerati judicis,
In contrarium sumpturus omen sui nominis.
Decollati corpus aves devorent et bestiæ,
Nec sit dignus sepultura deos nolens colere.
Ducebatur ergo sanctus feriendus gladio,
Concurrente, sicut solet, curioso populo.
Ecce quidam Christianus venit illis obviam,
Videt turbam, videt vinctum, quærit verbi gratiam;
Refert unus quod quærebat de gentili populo,
Putans illum delectandum sanguinis spectaculo.
Iste superstitionis Christianæ presbyter
Deos spernens et præfectum, Cæsaresque pariter,
Ducitur ut capitalem subeat sententiam
Ante templum quod subvertit flans per artem ma-
                                        [gicam.
Veni visum, pasce mentem scelerato sanguine
Ni si (100) mucronis ictum poterit eludere.
Exclamavit, his auditis, Christianus fortiter :
Ego quoque Christum colo sicut ille presbyter,
Deos vestros non plus colo, quam immunda pecora,
Nec observo nefandorum principum imperia.
Hujus culpæ consors fiam, consors et supplicii,
Nec disjungat cruciatus causa junctos simili.
Inter hæc et ipse raptus a ministris impiis

    (100) F. deest *dirum*, vel simile quid.

A Cum Felice trahebatur ad radices arboris,
    Ubi cum stetissent ambo jam districtis gladiis
    Petierant dari sibi moram parvi temporis.
    Tunc ad cœlum cor levantes fixis humi genibus.
    Pro suis interpellebant Christum percussoribus.
    Mox surgentes armaverunt se crucis signaculo,
    Et dedere sibi pacem charitatis osculo.
    Sic uterque percussori præparavit jugulum,
    Et capitibus truncatis sunt adepti bravium,
    Quorum corpora relicta bestiis et avibus
    A fidelibus humata nocte sunt in scrobibus
    Quas avulsæ magnæ stirpes arboris effoderant,
    Et sepulcra Dei nutu sanctis aperuerant.
    Quod cum mane didicissent aliqui gentilium
1546 Tentavere demoliri sepulturas martyrum.
B Quotquot autem præsumpserunt manus illic mittere
    Violento sunt arrepti protinus a dæmone.
    Sic primo, tempore cum pax esset Christianis reddita
    Super corpora sanctorum est facta basilica
    Ex lapidibus delubri quod destructum fuerat,
    Ut impleret illud Deus sicut disposuerat.
    Hic duorum celebratur martyrum memoria
    Qui petentibus acquirunt multa beneficia.
    Primus est vocatus Felix ; alter caret nomine.
    Sed dixerunt hunc Adauctum postea Christicolæ,
    Ex eventu posuere nomen illi congruum,
    Quia se sancto Felici junxit ad martyrium.

Explicit Passio.

—

ORATIO.

—

Sancte Felix et Audacte pretiosi martyres,
Qui per fidem superastis sævos mundi principes,
Impetrate mihi vestro peccatorum veniam,
Qui soletis sitienti terræ dare pluviam.
Vidi bis cum siccitate morerentur segetes,
Arva finderentur siti, desperarent homines
Postquam vestra sacrosancta sunt prolata pignora,
Statim venit de supernis exoptata pluvia. |
Rursum vidi cum natarent arva magnis imbribus,
Premerentur curvæ messes noxiis graminibus,

C Postquam vestras sacrosanctas prompsimus reliquias,
    Statim fulsit impetrata cœlitus serenitas.
    Vos habetis potestatem cœli portas claudere,
    Rursus inde quando vultis largos imbres fundere.
    Irrigate, quæso, meam sitientis animam,
    Non per imbrem, sed per illam, quæ me mundet,
                                        [gratiam.
    Vobis meus deservivit qualiscunque calamus,
    Per vos mundi conservator mihi sit propitius.
                    Amen

INCIPIT

VITA BEATI MAURILII

EPISCOPI ET CONFESSORIS.

—

LIBER PRIMUS.

Quod de Maurilio tentat mea dicere Clio,
Est amor in causa, majoraque viribus ausa ;
Sperat opem sancti, quem scit placuisse Tonanti.

D Sit venia dignum, quia, quem vacet, explicat
                                        [hymnum,
    Dum putat esse bonum versu celebrare patronum,

Ossa tegit cujus sedis locus inclytus hujus,
Annis ter denis justis quam rexit habenis.
Præsul magnificus, summæ Deitatis amicus.
Hic Mediolano regnante satus Juliano,
Claræ stirps gentis, sed clarior indole mentis.
Est, Martine, datus tibi causa discipulatus,
Inque libris sacris fuit ingenii puer acris.
Ætas in cella residens, rudis atque tenella,
Sub ferula tali doctrina jam speciali,
Est imbuta bonis divinæ traditionis;
1547 Nec mundanarum sordes bibit illecebrarum,
Sed quasi vas purum, quasi vas in honore futurum,
Incoxit testæ succum virtutis honestæ.
Sed pro catholica Martinum pars inimica
Errantis turbæ jam dicta pulsat ab urbe.
Quem ratione pari puer ille volens comitari
Interdicentum retinetur amore parentum.
Ambrosius morum præsul documenta bonorum
Cernens in puero, jubet hunc accedere clero,
Et fore lectorem, spondetque gradum potiorem.
Sed non post multo pueri genitore sepulto,
Obstiterat cujus violentia nisibus hujus,
Ne prius arriperet quod volvere corde soleret,
Jam liber factus, jam congrua tempora nactus
Exit ab æde patris, nec cogitat oscula matris.
Spernit opes mundi, studio præventus eundi.
Gaudet habere parum, quia tædet divitiarum.
Indigus esse cupit, quia noxia vincula rupit.
Christum mente gerit, præter quem nil sibi quærit.
Dumque locum mutat, nullum de gente salutat.
Respuit affectus carnales nobile pectus,
Martinumque sequi rem ponderis æstimat æqui,
Ob celebrem vitam jam factum metropolitam.
Per juga, perque nives properat constantia dives
Egregiæ mentis, censuque ciboque carentis.
Alpes transgreditur, regio Turonensis aditur.
Gaudet Martinus, cui notus erat peregrinus,
Per similes actus dudum sibi convena factus;
Nam paritas morum connectit corda duorum
Disparibus vitis oritur dissensio litis;
Conciliat justos vitæ sapientia custos,
Conveniuntque mali sibi fœdere perniciali.
Ergo Deo gratus tecum, Martine, moratus,
Stans in mandatis et servitio pietatis,
Temporis accessu virtutum perpete gressu
Ardua conscendit, dum semper ad ultima tendit.
Proficit absque mora, qui tendit ad interiora,
Sic commendatus, vitæque tenore probatus.
Tempore legitimo gradibus subvectus ab imo,
Qui puer ordinibus profecerat ante duobus
Nunc a Martino promotus in ordine quino,
Munere septeno, crescente charismate pleno,
Presbyter est factus, renuens tamen, atque coactus.
Ergo sacerdotis jam præditus ordine, totis
Viribus ad summum properat pertingere nummum,
Ob nummi quæstum portans et pondus et æstum,
Ac vineta Dei fodiens a mane diei.
Nec satis ista putat, sed te, Martine, salutat,
Et gemitus edit, dum flens a flente recedit;

A Sed cupit abscondi fugiens a turbine mundi,
Contemplativæ captus dulcedine vitæ.
Nam labor est multus mundanos ferre tumultus,
Quos penitus nescit qui contemplando quiescit.
Ergo vicinos descendit ad Andegavinos,
Ut foret his præsul factus divinitus exsul.
Stabat Calonne simulacrorum genus omne;
Ad Ligerim positus locus est hoc nomine dictus,
In veteri fano celebratus more profano.
Hic populus stultus, veri gens nescia cultus,
Surdis et mutis cum perditione salutis
Impia thura dabat, pecudumque cruore litabat.
Sanctus Maurilius, regionis apostolus hujus,
Ut didicit fanum, ritumque manere profanum
Ne fidei cultum, quem jam gaudebat adultum,
B Sic ubi restaret, vetus impietas vitiaret,
Illuc accessit; mox arma sueta capessit,
Prædicat insanis, ut nollent credere vanis,
Jejunat, plorat, vigilat, prosternitur, orat.
Mox precibus dignis divinus militat ignis,
Arce ruens cœli vice grandinis, aut vice teli,
Quod volat emissum, revolatque per aera fissum.
Protinus exustum recubat penetrale vetustum.
1548 Ultrix flamma vorat quidquid gentilis adorat.
Numine Vulcani miscentur numina fani.
Per cumulos cineris conflatio volvitur æris.
Jupiter et Juno rivo versantur in uno.
Phœbus cum luna per terram volvitur una,
Cumque suo mœcho Venus igne resolvitur æquo.
Furta tori punit, dum fures Mulciber unit.
C Cætera falsorum simulacra nefanda deorum
Consimilem cladem sub sorte mereutur eadem.
Ergo locum purgat, ne fraus exstincta resurgat
Et latices sacros mundandos spargit in agros,
Ecclesiamque Dei non spernendæ speciei
Mox ibi fundatam, seseque rogante sacratam,
Incola bissenos fertur tenuisse per annos.
Quæ bona gessit ibi non possunt omnia scribi.
Mira tamen quædam signis de pluribus edam.
Cuidam Saturno, qui tempore jam diuturno
Siccus utrasque manus vivebat, cætera sanus,
Vox ait in somnis : Manuum succurrere damnis,
Quas vacue gestas datur en tibi plena potestas.
Sanguinis Italici vir sanctus, et incola vici
D Dicti Calonne, tibi quod genus auferet omne,
Signabitque manus, et fies illico sanus.
Nunc iter accelera, removens molimina sera.
Surgit homo propere, cupiens promissa tenere,
Et venit ad sanctum; nec verba precantia tantum,
Sed lacrymas fundit, nec marcida membra recedit,
Dictaque commemorat sibi cœlitus, insuper orat,
Sicut erat signum, crucis imprimat ut sibi signum.
Qui non ut dubitans, sed ut omni tempore vitans
Ad meriti fraudem mundanam sumere laudem
Quod de præsenti poterat conferre petenti,
Dum sibi nil defert, in crastina tempora differt,
Effectu celeri nolens dare posse videri.
Nocte vigil tota non cessat fundere vota,
Mane manus tangit, sic effugat omne quod angit,

Tangit mane manus, ægerque fit illico sanus.
Cum meritis sancti fundentis vota Tonanti,
Christi vexillo langor discessit ab illo.
  Est aliud signum celebrari carmine dignum,
Pluraque post illud, quæ mira ferentur ut istud :
Dæmonis in prædam, sævi data femina quædam
Vivens in pœnis geminis onera catenis,
Atque sub hac massa gemino quoque lumine cassa
Ducitur ad sanctum manibus pertracta rogantum,
Ut miseram purget quam dæmonis impetus urget,
Quam simul aspexit mox dæmon territus exit,
Tunc oculos cæcæ tangens consignat, et ecce
In virtute crucis sunt reddita munera lucis
Clausis palpebris, pupillarumque tenebris.
Sic duo persona miracula gessit in una,
Dum fugat invisum redditque precamine visum
Dum custos pecoris nocturnis pervigil horis
Cum sociis agitur serpentis ore feritur,
Cui coluber dirus fudit cum vulnere virus;
Utris at in morem traxit cutis ægra tumorem,
Et pus infusum detraxit corporis usum.
Seminecem puerum devota fides sociorum
Sancto præsentat quem jam plebs ægra frequentat,
Qui pueri crebra munit cruce singula membra,
Qua pestis plenas corruperat improba venas,
Et cruce cum sputo pariter medicante solute
Vulneris os lenit, mox pestis iniqua quievit.
Nam, mirum dictu! virus pungentis in actu
Venis inclusum vulnus petit, estque refusum.
Pastor abit lætus mutans in gaudia fletus
Venter matronæ vicina de regione .
Dudum conclusus fallebat germinis usus
Tristes, in sterili cogens dormire cubili;
Dives uterque satis, nec parvæ nobilitatis
Conjux, sed quæ resumet hunc cui deficit hæres,
1549 Hæc circa cultum Deitatis sedula multum
Ut Domini placito fieret fecunda marito
Institerat frustra precibus per plurima lustra
Ergo sacerdotis pulsat pia viscera votis,
Et famulum Christi compellat pectore tristi
Quid mihi, serve Dei, confert lux orta diei ?
Quid noctis cursus, cum torqueat anxia rursus?
Cuinam mane toro surgens operosa laboro?
Quid domus et servi? quid copia fertilis arvi?
Quid valet argenti species hærede carenti?
Tu qui quanta petis precibus, vir sancte, sueti
Impetrare soles, fac sit mihi mascula proles
Nata Creatori, data mox reddenda datori.
Tu mihi sis Heli, sit natus par Samueli,
Dum puer altari mox incipiet famulari.
Motus Maurilius votis ac fletibus hujus
Orat et exorat; mulier gravidata laborat,
Et puerum fundit, fusum tibi, Christe, refundit
Ex matris voto mansurum tempore toto.
Hunc ita donatum fert fama fuisse Renatum,
Qui post præfatum possedit pontificatum,
De quo mira ferunt hi qui nos ante fuerunt,
Quæ referenda puto, nec vera fuisse refuto,
Sed cum tempus erit. Prior ordo sequentia quærit :

A Colli Prisciaco locus est a tempore prisco,
  Sic appellatus fuerat data causa reatus
  Idola plena malis culturæ dæmonialis
  Incultæ gentis nonnullos decipientis.
  Hanc Domini miles quæstus dum captat heriles
  Ad Christi laudem cupiens evertere fraudem,
  Assumptis secum quot ducere judicat æquum
  Ad collem properat quam pars inimica replerat
  Mox inclusorum vox obvia dæmoniorum
  Obstrepit et queritur nullus ne locus reperitur
  Quo te, Maurili, possimus pendere vili,
  Quo deffendamur, dum te veniente fugamur,
  Hinc quoque nos pellis, atrox, violente, rebellis.
  Ille crucem contra jaculatur vindice dextra,
  Protinus explosum fugit omne superstitiosum
B Et dum pulsa fugit larvalis tuba remugit;
  Fetor testatur quod fetida turba fugatur.
  Sanctus adunari jubet idola, sicque cremari.
  Inde locum mundat; nova protinus atria fundat,
  Ecclesiamque Dei signum jubet esse tropæi.
  Corpus Clementis quartana luce trementis
  Frigoribus crebris quatit inclementia febris,
  Sicque dies quartus cruciatos atterit artus,
  Ut reparare tribus nequeat sua damna diebus.
  Langor enim stomachi Cererem vel munera Bacchi
  Respuit et prorsus sunt illi tædia morsus.
  His monachus damnis vastatus jam tribus annis
  Volvitur in lecto, nequiens procedere tecto,
  Membris exutis jam spes ablata salutis,
C Solaque vicinis erat exspectatio finis.
  Cum memores medici monachi languentis amici
  Ejus ad aspectum portant cum corpore lectum
  Vel male victuro, vel forte brevi morituro.
  Qui citius dicto morbo vel funere victo
  Differt exsequias dum confert eulogias
  Reddens quartanum divino munere sanum.
    Institor ob quæstum postponens quidquid hone-
                                              [stum,
  De re sorte pari cupiens quacunque lucrari,
  Crescus usuris et vendens omnia pluris
  Captivos pueros mercatus adibat Iberos,
  De numero quorum rudis impatiensque laborum
  Unus agendo pedem sacram confugit in ædem
  Qua vir mensuetus fundebat cum prece fletus,
D Fisus honore viri se vel non posse requiri,
  Vel dimittendum prece, vel pretio redimendum;
  Namque sacerdotis terris laus nota remotis
  Et domino pueri poterat pretiosa videri.
  1550 Ergo rogat plorans, et eum prostratus ado-
                                              [rans,
  Ut quocunque modo velit hoc se solvere nodo.
  Sanctus ad hæc plangit, quia quem labor anxius
                                              [fangit,
  Per linguam notam probat esse suum patriotam,
  Offert argentum cupiens laxare redemptum.
  Supplicat, implorat, multumque diuque laborat
  Vir domino charus; renuit mercator avarus,
  Denique captivum cædi jubet ut fugitivum,
  Mandatoque truci violans sacraria, duci.

Indoluit sanctus, zelusque fuit sibi tantus
Quod gravis exempli nimis est violatio templi
Ut fervor zeli peteret sublimia cœli.
Nam simul ac mentem convertit ad Omnipotentem,
Et terræ stratus gemitum dedit, estque precatus,
Iræ cœlestis mors irruit impia testis,
Et violatoris vindex manifesta furoris ;
Sicque repentina cecidit miser ille ruina.
Cætera turba tremens sanctum rogat ut sibi cle-
                                              [mens
Parcat et exanimem vitæ det visere limen
Bis condemnatum per mortem, perque reatum.
Ille timens animæ, ne mersa foret sine fine,
Tendit humo flexus mortis prece solvere nexus.
Rem miram refero, sed quæ sit consona vero :
Imperium mortis superans oratio fortis
Per Domini nutum revocat jam carne solutum ;
Sanctus humo surgit, corpus de morte resurgit ;
Liber captivus gaudet simul et redivivus,
Munera dant læti pro templi crimine spreti.

   Dum labor ingentem sed pondus enorme gerentem
Nauticus Andegavim certat propellere navim,
Qui labor in Ligeri solet irrequietus haberi,
Horrida tempestas causas movet ecce molestas,
Aer nigrescit, sensim gravis unda tumescit ;
Incumbit ventus, trepidat per transtra juventus,
Nec retinet ventum velo vis juncta rudentum,
Malus et antennæ confracta feruntur ab amne.
Jam manus aplustri nequit imperitare magistri,
Jam fluctu plenam prope sorbuit unda carinam
Turbo ratem volvit, pavor omnia corda resolvit.
Maurilium tantum clamat vox mœsta natantum,
Moxque Deo gratus festinat adesse vocatus.
Signat eos dextra, stans ripam fluminis extra,
Cessat tempestas, crucis est manifesta potestas ;
Imperio fidei redit hora serena diei,
Emergit navis, flat protinus aura suavis ;
Et vehit ad portum, de limine mortis, ad ortum,
Quos quasi defunctos poteras modo plangere cun-
                                              [ctos.

   Mos erat huic sancto, cujus præconia canto,
Per villas et agros invisere quoslibet ægros,
Sive per ecclesias recitare sacras homelias,
Ac Domino cœli verbo servire fideli.
Neu minus hoc ageret, fessusque labore sileret,
Utpote districtus modici libamine victus
Obsequio sellæ pullum pascebat asellæ,

A Nescius auratis compescere dura lupatis,
Ora superborum sessor sublimis equorum
Terga reluctantis spernebat quadrupedantis,
Mallens in pullo fastu procedere nullo,
Scilicet a Christo facto prædoctus in isto.
Quem fur invisus noctu subducere nisus
Dæmone correptus nescit quo tendat ineptus.
Nam celebrando redit dum se procedere credit,
Et, dictu mirum ! nequit hunc evolvere gyrum.
Mane stat ante fores post tractos nocte labores,
Ante sacrum limen compulsus prodere crimen
Furtum præsentat, demensque recedere tentat,
Dum ne curetur trepidat qui clausus habetur ·
Cui licet indigno pulso prius hoste maligno
1551 Crimen condonat, tria deinde numismata
B   [donat,
Credit ad hoc factum quia paupertate coactum.
Quæ pietas sancti bona præstat iniqua patranti
Fenore multiplici scelus accumulans inimici ;
Fur reddens asinum recipit pro simplice trinum
Auro ditatus, sospes, liberque reatus.

   Amelinam quamdam nulla ratione juvandam
Dicebant medici, contristabantur amici,
Deque sepultura jam creverat anxia cura.
Illa superborum serie sublimis avorum,
Dives opum, compos proprii, sed corporis impos,
Sic jam bissenos erat infirmata per annos,
Ut quo plus fieret, sibi plus medicina noceret.
Mœsta domus flebat, quia desperata jacebat
C Cum redit ad mentem non defore mira gerentem,
Et prece fisa viri se posse salute potiri.
Ars medicis, inquit, sine spe me vestra relinquit,
Sed nunc vel sero, meliora juvamina quæro :
Ite, suis dixit, quia spes exstincta revixit ;
Currite, quæso, citi, patrono dicite miti
Ut pius afflictam nulloque juvante relictam
Visere dignetur, quia sæpe videndo medetur.
Qui quoscunque solet, nunquid me visere nolet ?
Ne lenius fiam per inanem macrologiam.
Curritur, ascitur, cito cum veniente reditur ;
Orat humi stratus, surgit non multa precatus,
Ad lectum properat, melius jam languida sperat.
Ungit eam medicus, fugit illico languor iniquus ·
Unguine sacrato surgit semel uncta grabato.
D Hactenus ante datum quæ gessit pontificatum
Maurilius scripsi, quod gratum sit, precor, ipsi.
Cætera scriptori servanda forent meliori

LIBER SECUNDUS.

Maurilio sancto pingui dum carmine canto,
Laudes illustris recitat quasi canna palustris.
Sed quoniam pius est, et ei me psallere jus est,
Scilicet a puero proprio, quem jungere clero
Dignatus pavit, juvenemque docendo levavit,

Obsequium linguæ saltem tibi defero pingue,
Penset ut affectum vice muneris æstimo tectum,
Si possem melius tæderet muneris hujus.
Dum signis crebris radiaret ubique celebris
Laus confessoris, nullo virtute minoris,

Nutu divino populo fuit Andegavino
Præsul substractus, decedere morte coactus,
Conveniunt turbæ, vidua sicut fit in urbe.
Ordo sacratus, populares, atque senatus
Tractant quærendo de præsule substituendo,
In numero cleri quis possit dignus haberi.
Hic favet ætati, favet alter nobilitati;
Iste clientelam commendat, at ille loquelam;
Divitias aliquis verbis extollit iniquis,
Mores postremo, vel spiritualia nemo.
Sic cum multorum collisio fit studiorum,
Voto communi laus non conceditur uni.
Sed sanctus tandem causam properans ad eamdem,
Decidit lites Martinus metropolites.
Hic dum turba fremit, partes sic fando diremit :
Quid votis stultis rem fixam vertere vultis,
Fratres dilecti? nequeunt cœlestia flecti.
Laudes humanas Deus abjicit, utpote vanas.
Rex qui cuncta regit, jam pontificem sibi legit.
Sedis Maurilius statuitur episcopus hujus.
Cœli decretum compescuit illico cœtum.
Verbum censoris sequitur vox una favoris.
Nec mora ; legati properant ad tecta beati,
Præsentant raptum sacris altaribus aptum,
Cujus in introitu molli delapsa volatu
1552 Signa columba dedit super hunc quæ can-
[dida sedit.
Rursus ad hoc signum plebs concinit ordine di-
[gnum,
Indicio tanto lustratum Flamine sancto.
Fecit idem quondam placidi Jordanis ad undam
Tempore Baptistæ summus Pater et tibi, Christe,
Quod tibi rex cœli, proprio facis ipse fideli.
Sic consecratus de culmine pontificatus
Plus humilis mansit, dum semper ad optima transit ;
Inde quot ostentis illum favor Omnipotentis
Extulit et quantis nequit edere vox recitantis.
Nam cæcis visum, claudis prece reddere nisum
Sermonem mutis, nervos paralyse solutis,
Auribus ablatum, vocis reserare meatum,
Emundando cutem lepræ conferre salutem.
Tam fuit huic pronum quam præsens tradere do-
[num
Ipsius meritis spoliato carcere ditis
Mortua præteritæ sunt corpora reddita vitæ.
Pauca tamen referam, cum tædia pellere quæram.
   Mane Petri sancti de basilica redeunti,
Qua vigil insomnem noctem deduxerat omnem,
Cæcus sic natus fuit obvius, estque precatus
Lucis ut obtusum captis daret orbibus usum.
Nescius ille moræ, sparsus tamen ora rubore,
Utpote vulgari qui nollet voce probari,
Mox ut eum signat, crux lumina clausa resignat,
Sol novus illuxit, quia nox cum sanguine fluxit.
   Rem sacramenti dum tractat luce sequenti
Astans altari mos est ubi sacrificari,
Ecce metu mortis lacrymis, stans mater, obortis
Orat pro nato subito languore gravato
Ut sibi post fontem consignet chrismate frontem.

A Hæc soboli pressæ ne gratia possit abesse,
  Ille studens aræ dum vult sacra continuare,
  Dumque moras nectit, puerum mors improba ple-
[tit.
Sacris expletis succedunt tristia lætis,
Nam casum pueri qui posset non ita fleri?
Plus gemit ac mœret, quam quæ sua pignora
[fleret.
Nec culpam talem sibi credere vult venialem,
Cum studio missæ queat excusata fuisse.
Anxius hæc inter decernit abire latenter
Exsul ut hoc facinus magis expiet et peregrinus.
Solus ad Oceanum properat littusque Britannum
Claves sanctarum deportans reliquiarum,
Operiens ergo ventos quibus Anglus aditur
B Saxo mensuris insculpsit pauca figuris,
Quis foret et quorsum properaret tendere cursum
Providus hunc lapidi titulum voluit Deus indi
Quo plus clareret profugus, qua gente lateret.
Jamque ratem scandit, jam ventus carbasa pandit,
Jam maris alta secat, jam terras cursus adæquat,
Cum fraus antiqui nunquam cessantis iniqui
Addit onus lacrymis per damna sequentia primis,
Nam cur detulerit claves dum transfuga quærit
Ac secum reputat, dum plurima corde volutat,
Casus flendo graves labuntur in æquora claves.
Tum vero tristis verbis se devovet istis :
Non flectam cursum, visam mea nec loca rursum,
Donec aquis mersæ claves sint inde reversæ,
C Portas Andegavis clausit mihi perdita clavis,
Cum clavis rediet, tunc nostra reversio fiet.
Jam maris emenso cursu portuque prehenso
Qualiter abdatur præsul profugus meditatur
Cultu mutato, sed et ordine dissimulato
Uni magnatum se collocat ad famulatum
Obsequio vili mensæ placiturus herili,
Fit custos olerum fugiens fastigia rerum,
Gaudens curat olus quo possit degere solus,
1553 Stans procul a turbis et cognitionibus urbis
Vir sanctæ sortis merito versatur in hortis,
Hæreat ut menti quod sit locus hic monumenti,
De quo surrexit qui se super æthera vexit.
Dum latet ergo foris longinquis exsul in oris
Planctibus immensis populus gemit Andegavensis,
D Ceu data præda lupis, vel ceu sine remige puppis.
Sed desolatis impendit opem pietatis
Summus Pastorum rabiem cohibendo luporum.
Interea multis ostensa sopore sepultis.
Excidium pago nocturna minatur imago,
Ni redeat sanctus referens solatia planctus,
Quem jubet exquiri donec valeat reperiri.
Paret mandatis conventus nobilitatis;
Quatuor electi censentur et urbe profecti,
Quærant patronum, loca circueant regionum,
Nec finem cœpto ponant nisi patre recepto ;
Assensu plebis sumptus numerantur ephebis;
Terras pervolitant, nec dura, nec aspera vitant
Urbes scrutantur, per agros villasque vagantur,
Nec tamen apparet quæsitus ubi latitaret;

Europa tota prope quæsierunt sua vota.
Jamque viæ senos cassus labor egerat annos,
Septimus Oceanum jubet annus adire Britannum,
Quo mare transirent si forte virum reperirent:
Sed quid necto moram? Veniunt ad littoris oram,
Inveniunt scriptum quod diximus ante relictum,
Gaudent spe certa quasi jam sit drachma reperta;
Puppem conscendunt, et ad Anglos per mare teh-
                                                [dunt,
Cum subito saltum dat ab æquore piscis in altum,
Et cadit in navim portans in viscere clavim,
Omne [f. Unde]gavisi piscis de ventre recisi
Claves eliciunt quo tristes denuo fiunt,
Dum periisse putant pro quo toties loca mutant;
Nam claves norant, et ob hoc quasi pro nec eplorant.
Visio sed mentes confirmat vana timentes,
Hortans ne dubitent, neu cepta sequi sua vitent
Ad perquirendum dubio procul inveniendum.
Hinc alacres facti cito trans mare fluctibus acti
Proveniunt recta magnatis ad inclyta tecta,
Maurilius gratum cui præbebat famulatum
Post epulas olerum dans xenia quaque dierum.
Hunc ubi legati venientem sunt speculati
Prosiliunt stratis, oculis manibusque levatis,
Amplexique pedes complent his vocibus ædes:
Optime pastorum, tandem miserere tuorum;
Cur pœnas luimus? Cur gens neglecta perimus?
Ob quod vis crimen proprium non visere limen?
Urbs tua mœsta gemit quia te sibi casus ademit,
Cum sis mansuetus tantos ne despice fletus,
Jam, sacer antistes, capiant solatia tristes,
Redde tuis risum, te discedente, recisum,
Ad tua, sancte, redi, vacuæ te reddito sedi.
Angelico ductu, famulante maris quoque fluctu
Imperium Christi terræ nos appulit isti,
Neu dubitare velis, verbi cape signa fidelis;
Claves amissas huc aspice, reddimus ipsas.
Hæc ubi dixerunt, clavesque palam posuerunt,
Et recitaverunt quæ dicta vel acta fuerunt,
Tot signis victus consensit vir benedictus.
Flent qui præsentes aderant inopina tuentes,
Pauperiemque viri mirantur ad ista requiri.
Fama ciet gentes loca circumfusa tenentes,
Laudes inventi recitans sermone frequenti,
Quod magnus præsul latuisset parvus et exsul.
Currit cum donis plebs totius regionis,
Rex etiam terræ festinat munera ferre.
Hactenus ignotum cunctis est visere votum;
Sic donis dives comitatur ad æquora cives,
Transmissoque mari procul occursu populari
Digne suscipitur, postliminioque potitur.
1554 Quantus concursus, quæ succlamatio rursus,
Quas dederint grates nullus valet edere vates;
Sed non ante pedem prius ad propriam tulit ædem
Quam tumulum peteret pueri qui membra teneret:
De Domino fisus sibi qui per somnia visus
Dixerat: Indultum tibi sit revocare sepultum,
Pro quo sic justas septem post mortis aristas.
Aggere dejecto rostris tumuloque retecto

A Orat prostratus multumque precando moratus.
Tandem surrexit puer et tumulo simul exit,
Post mausolæum referens de morte trophæum,
Cui conchrismato nomen jubet esse Renato,
Ne facto metas possit dare labilis ætas;
Vita functorum sic millia mille virorum,
Et post millenos reparari credimus annos.
Quos dedit hinc fructus, Domino mandante, re-
                                                [ductus,
Quæ mala compressit, vel quæ miracula gessit
Non valet os fari, quia nec possunt numerari,
Quorum pauca noto dubio comperta remoto.
    Rusticus ausus erat, quem pestis avara replerat,
Tempore solemni concidere ligna bipenni,
Astrictasque manus cupiens laxare profanus
B Supplicio digno retinetur vindice ligno,
Quam vim tormenti menses post quinque gementi
Sanctus ut agnovit, tactu medicante removit,
Nervis contractis ad munia prima redactis.
    Belgicus ausus idem sub tempore sensit eodem,
Pascha Dei festum quam sit temerare molestum.
Namque die sacro contra fas deditus agro
Compulit ad segetes purgandas ire clientes;
Protinus ira Dei violantem jura diei
Luminibus cæcat, quia cæco pectore peccat.
Mensibus his pœnis cruciatus ter duodenis,
Compulsus tandem medicinam poscit eamdem.
Vestem pontificis ferri sibi mandat amicis,
Qua cito contacta, sunt lumina lucida facta.
C   Hoc quoque laude pari signis valet annumerari
Quod per pontificis meritum concordia pacis
Andegavos vinxit toto quo tempore vixit.
    Ejus et in vita sunt commoda sic stabilita,
Ut modio Cereris pretium non cresceret æris,
Ac mensura meri sic semper posset haberi,
Fertilitas anni coalescens pace perenni,
Uberibus glebis impleverat horrea plebis.
Sensit præterea retinens ex hoste trophæa
Pagus Commonicus Domini quid possit amicus
Celsa rupe situs prisci contagio ritus.
    Martis lucus erat quem plebs celebrare suerat,
Cædibus insanis post vina furendo quot annis
Vertens in fatum rixæ cædisque reatum.
Sanctus ut hoc scivit lucum festinus adivit,
D Et prece jejuna dum nocte Dominum rogat una
Cantu gallorum fugat agmina dæmoniorum.
Nares præsentum contristat odor fugientum.
Mane jubet cædi nemus, et non ante recedi
Suppositus lignis quam robora devoret ignis,
Ecclesiaque Dei vice mox surgente trophæi,
Flammis lustratus locus est Petra casta vocatus.
    Ad Domini laudem sub tempore gessit eodem
Urbe Cinomanna rediens miracula magna.
Pons est non longe, vocat hunc vicinia Leuge:
Hic oblatus ei puer est miseræ speciei,
Membris contractus morbique rigore coactus
In speciem spheræ sinuatum corpus habere,
Quem Deus evolvit postquam sacer ora resolvit,
Vinclaque tormenti prece sunt laxata potenti.

Ad portum Liddæ sancto veniente subinde
Navita non aderat, fluvius vada summa replerat,
Tertia causa moræ, naves procul ulteriore
Ripa detentæ, quæ se movere repente
Obsequio prompto sine remis et sine conto,
1555 Exceptumque virum (quod sit magis id quo-
[que mirum),
Cum sociis per se transportavere reversæ,
Ipse tamen gratis jubet intuitu pietatis
Nautæ post paulum præparanti reddere naulum,
Gerziaco visa dum versaretur in illa,
Utpote quam fratrum fuerat mercatus in usum,
In speciem furvi mutatum dæmona corvi
A bove cornupeta pepulit virtute sucta,
Per crucis obtentum cogens exire cruentum.
Bucula sana redit, nec quemquam postea lædit.

Per fluvium vectus dum navigat urbe profectus,
Dum jacet in navi, dormitque sopore suavi
Excubiis lassus simul et jejunia passus,
Ex improviso conflictibus amne reliso
Bella ciet paci motu Meduana minaci.
Consurgunt fluctus, oritur fragor, atque tumultus,
Magnus ventorum pavor inficit ora virorum,
Et quamvis fortis quatitur formidine mortis
Evigilans sanctus : nam conturbatio, planctus,
Et vis clamoris rupit secreta soporis,
Flumine signato, sumptoque liquore sacrato
Undas respersit, tempestatemque repressit ;
Fusus ab ampulla liquor est, et victa procella.

Jam catechizatus, sed nondum fonte renatus
Quidam mœrentum proles miseranda parentum,
Proh dolor ! exstinctus foris est, damnatus et intus ;
Cesserat hæc feretro, pars cesserat illa barathro,
Cum præsul tristis compertus casibus istis,
Currit festinus subitum dissolvere funus.
Applicitus lecto jubet omnes cedere tecto,
Et genibus fixis Erebi de faucibus ipsis
Certat sublatum lacrymando reducere flatum,

A Nec tardante mora, nam vix dum fluxerat hora,
Tam feretrum corpus, quam flatum reddidit ortus.
Ergo post luctum juvenem de morte reductum
1556 Lætificat totum sacro baptismate lotum.
Paulo post itidem geminos sanctissimus idem
Lepra fœdatos verbo jubet ire piatos.
Adjacet antiquus Ligeri Saponaria vicus,
A quo digressus repetit dum mœnia fessus
Post visas omnes per circuitum regiones,
Utilitas quarum fuerat sibi causa viarum,
Ecce suæ sortis memores flent ultima mortis
Tristes vicini casumque gemunt peregrini.
Quem vitæ sanctæ famosum moribus ante
Laus confessoris patriis exciverat oris,
Quo melior fieret, dum præsulis acta videret,
B Parca sed invidit. quæ vitæ fila recidit.
Sanctus adest præsul, dum fletur mortuus exsul,
Solvit stans juxta defuncto debita justa,
Et prece solemni Domino dat vota perenni,
Cum subito nota fatorum lege remota
Attollit vultus populo spectante sepultus,
Jamque videt sospes propter quem venerat hospes.
Conclamant turbæ, quod non sit major in orbe
Pastor, teste Deo, censendus par Eliseo.
Talibus et tantis, nutu præeunte tonantis,
Signis insignis, psalmo vir dignus et hymnis,
Et vitæ mundæ cumulo ditatus abunde,
Cum novies denum jam pervenisset ad annum,
Tempore completo cui cedunt debita letho,
Terræ mandavit quod terra parens generavit.
C Flatus vitalis substantia spiritualis
Idus Septembris mortalibus exuta membris
Mortem nescivit, sed semper in æthera vivit.
Gratia virtutum comitatur carne solutum,
Nam cæci nati tacto feretro reparati
Ad sacrum funus duo sunt, paralyticus unus.
Sed neque frustratur supplex quicunque precatur
Ipsius ad thecam rem si modo postulat æquam.

MARBODI REDONENSIS EPISCOPI

CARMINA VARIA.

—

1. *Hymnus primus de Magdalena.*
Maria mater Domini, Maria soror Lazari
Duæ patronæ cœlitus collatæ sunt fidelibus.
Impar ancilla dominæ, sed pari fulgens nomine.
Hæc forma pœnitentiæ, at illa mater veniæ.
Est illa virgo virginum, sanctorum princeps om-
[nium ;
Hæc peccatorum conscia, et criminosis commoda.
Maria pedes genuit, quos illa plorans tenuit.
Quia dilexit nimium purgatur labe criminum,

D Hærens humi miserrima complectitur vestigia,
Undas quas fudit oculis piis desiccat osculis ;
Accessit ejus merito mirabilis dignatio :
Unguento nardi pistici perfudit caput Domini,
Æqualis mundi terminis laus hujus vivet operis,
Concurrens Evangelio, ipso testante Domino.
Huic se resurgens Dominus manifestavit primitus,
Infamem quondam feminam constituens aposto-
[lam.
Sit Patri laus ingenito, et ejus Unigenito,

Cum Spiritu Paraclito, nec nato, nec ingenito.

1557 II. *Hymnus secundus de eadem.*

Omnes immundi currite, fons patet indulgentiæ.
Nullus desperet veniam qui servat pœnitentiam.
Exemplum Dei Filius ostendit peccatoribus
Mariam vas spurcitiæ septeno plenam dedecore, ·
Qua quondam nulla turpior, qua nunc vix ulla san-
[ctior,
Quæ Christi pedes abluit, sed mox et caput inunxit.
Abhorret Christus neminem, Deus non spernit ho-
[minem.
Agamus illi gratias pias fundendo lacrymas;
Pedes quos nudat Dominus tergamus nostris cri-
[nibus;
Superfluis ex opibus ministremus pauperibus.
Augebit nobis gratiam qui præstat indulgentiam.
Ut nostra ex fragrantia redoleat Ecclesia,
Peccatrix hæc sanctissima nostra propulset cri-
[mina,
Ejus nobis oratio sit virtutum largitio.
Sit Patri laus ingenito, etc.

III. *Hymnus tertius de eadem.*

Peccatrix quædam femina Ecclesiæ novissima,
Exuta carnis onere cœlos ascendit hodie;
Cujus qui colunt exitum recenseant introitum,
Ad laudem summi Domini qui tantum præstat ho-
[mini.
Sedebat apud Simonem Deus indutus hominem,
Accessit mœrens, languida, ad medici vestigia.
Ex magno desiderio processit hæc præsumptio,
Ut attrectaret meretrix quem tulit Virgo genitrix.
Quid vellet voce tacuit, sed lacrymis exposuit,
Et osculis et crinibus oravit pro criminibus.
Interpellavit unguine cum non est ausa famine,
Dans Pharisæo scandalum, sed Deo sacrificium.
Ob hoc recessit omnium soluta nexu criminum,
Ipso ferente veniam, qui protulit sententiam.
Sit Patri laus, etc.

IV. *Oratio ad Patrem.*

Universæ creaturæ Dominator increate,
Rerum motus principalis, beatus, et immortalis,
Virtus una, splendor unus, in quo non est plus et
[minus,
Unus Deus, tres personæ, trinum nomen, unum
[esse,
Qui de limo primum patrem, et de patre primam
[matrem,
Consequenter ex ouobus propagasti totum genus,
Quibus et de cœlo mentes inspirasti descendentes,
Ut sequenda nosse possent, sequerentur et quæ
[nossent:
Præsta mihi, Deus meus, factor et refector meus,
Ut mens ortus sui memor te sequatur, bone du-
[ctor,
Et sic currat libens post te, ut et corpus trahat
[post se;
In mandatis tuis vadat, sic ut nunquam prorsus
[cadat,
Peto ergo mentem sanam, et amantem disciplinam,

A Et cum sanitate mentis incolumitatem carnis.
Tu plasmator utriusque, da quod competit utrique.
Ad peccandum proni sumus, et ad humum redit
[humus.
Tu ruinam nostram fulci pietate tua dulci.

1558 Quid est homo proles Adæ germen necis di-
[gnum clade?
Quid est homo nisi vermis, res infirma, res iner-
[mis?
Ne digneris huic irasci qui non potest mundus
[nasci:
Noli, Deus, hunc damnare, qui non potest non
[peccare;
Judicare non est æquum creaturam, non est mecum,
Non est miser homo tanti ut respondeat Tonanti.
B Sicut umbra, sicut fumus, sicut fenum facti sumus;
Miserere, Deus trine, miserere, miserere.

V. *Oratio ad Filium.*

Jesu Christe Deus noster, bone pastor et magister,
Qui cum esses forma Dei, coæqualis Patris tui,
Propter hominum salutem induisti carnis vestem,
Et de ventre virginali tanquam sponsus processisti.
Sic in carnis vetustate conversatus sine labe,
Ut et opus adimpleres, et exemplum nobis dares.
Opus, inquam, pietatis, superans affectum mentis,
Contumeliis vexatus, et in crucem sublevatus
Generalis mortis jura destruxisti morte tua;
Dormivisti, surrexisti, super cœlos ascendisti,
Inde venies in fine quæ fecisti judicare
Redditurus digna factis cum redditione carnis.
C Deus homo Jesu Christe, miserorum miserere,
Deus homo, rex cœlorum, miserere miserorum.
Hujus fidei confessor licet reus et transgressor
Duplex oro, Jesu Christe, nomen super nomen
[omne,
Ut peccata confitenti, et virtutes anhelanti
Hæc condones, illas dones, sicut ipse docens mones,
Ut et lumbos præcingamus, et lucernas teneamus.
Cum virtutes mandas quæri, quas appellas regnum
[Dei,
Da quod jubes ut quæramus, et sic jube quod aga-
[mus.
Inter cuncta quæ require, unum est ad quod su-
[spiro,
D Quod exopto speciatim hoc et posco nominatim,
Contra carnis corruptelam a te flagito medelam,
Propter tuam pietatem dona mihi castitatem,
Et meipsum et te nosse sicut est humanum posse.
His ex quibus voluisti me secundum carnem nasci,
Et majoribus ipsorum computatis retroversum
Cunctis præsta, Deus dives, vitam inter tuos cives,
Fratres meos et sorores his in donis fac consortes.
Parentela mihi junctos, clemens Deus, salva cun-
[ctos;
Omnes qui fideles vivunt, vel fideles obierunt,
Sempiterna fac quiete frui sine metu metæ.
Sit laus Patri sempiterno, Filioque coæterno;
Tibi, Flamen utriusque, laus sit æqua cum utroque.
[Amen.

VI. *Oratio ad Deum.*

Cum recordor quanta cura sum sectatus peritura,
Et quam dura sub censura mors exercet sua iura,
In interiori meo, quod est patens soli Deo,
Dans rugitum sicut leo pro peccatis meis fleo.
Cum recordor transiturum me per mortis iter du-
                          [rum,
Et quid de me sit futurum post examen illud purum
Mentis anxius tumultu, quæ virtutum caret cultu,
Tristi corde, tristi vultu preces fundo cum sin-
                        [gultu;
1559 Cum singultu preces fundo, flexo genu, pe-
                        [ctus tundo,
Ore loquens tremebundo ad te clamans de pro-
                        [fundo.
Jesu Christe, Fili Dei, consubstantialis ei,
Factor noctis et diei, quæso, miserere mei,
Per parentis primæ morsum lapsus sum, et hinc
                        [retrorsum.
Gravant nobis culpæ dorsum quas committimus
                        [seorsum.
Per secundam genitricem sæculi reparatricem
Veterem converte vicem corpus lavans atque [f.
                        [mentem] . . .
Sit laus Christo, sit laus Patri, sit laus et æternæ
                      [f. æterno Flamini] . . .
Qui nos tueantur atri a suppliciis barathri.

VII. *Oratio ad sanctam Mariam.*

O sancta Virgo virginum! quæ genuisti Dominum
Triumphatorem zabuli, reparatorem sæculi,
Ego peccator nimium a te peto remedium;
Esto patrona misero, et salus, et defensio.
Incumbunt hostes undique, mortem quærentes animæ,
Perversi foris homines, intus maligni dæmones;
Jam mihi multa vulnera inflicta sunt, o Domina!
Quæ nisi tu curaveris sunt mihi causa funeris;
Consensi suadentibus mortale crimen hostibus,
Et ob hoc reus teneor, culpam meam confiteor;
Nam quinque sensus corporis effecti portæ cri-
                        [minis :
Pulchra videndo cupiens, lene tangendo diligens,
Audivi libens turpia, narravi gaudens frivola,
Nares replevi sæpius illicitis odoribus,
Esu potuque dulcium sum delectatus nimium;
Peccavi per superbiam, et per inanem gloriam,
Pollutus sum perjurio, contaminatus otio,
Per iniquum mendacium fefelli [sæpe] proximum,
Et de rapinis pauperum collegi lucrum pessimum;
Iræ vel avaritiæ servivi quasi dominæ;
In corpore vel anima commisi cuncta scelera,
Nam corpus quod non potuit, mens perpetrare vo-
                        [luit.
Me turpis cogitatio, me pestilens locutio,
Me culpa damnat operum, me nequitas consciorum;
Hæc tibi nunc confiteor, o cunctis sanctis sanctior!
Tu causam meam suscipe, tu dignum pœnis cripe;

(1) Nota hic exactam rhythmi repetitionem in initio, medio, et fine versuum.

A Exora tuum filium ut mihi det remedium;
Ex tua carne genitus favebit tuis precibus,
Et matri quæ se peperit negare nihil poterit.
Per ejus natalitium, per ipsius jejunium,
Per asperas injurias, flagella, sputa, alapas,
Quas sponte sua pertulit qui se pro nobis obtulit,
Et per vestem coccineam, et per coronam spineam,
Per clavos, per patibulum, per cicatrices vulnerum,
Per aperturam lateris, per rivum sacri sanguinis,
Per sanctam eucharistiam, et per baptismi gra-
                        [tiam,
Per sacramenta fidei quam corde credens didici,
Imploro te, piissima, pro impetranda venia
Ut mihi Christi passio culparum sit remissio,
Et ejus resurrectio virtutum augmentatio. Amen.

B

VIII. *Oratio ad matrem Domini.*

(1) Stella maris, quæ sola paris sine conjuge
                        [prolem,
Justitiæ clarum specie super omnia solem;
Gemma decens, rosa nata recens perfecta decore,
1560 Mella cavis inclusa favis mutata sapore,
Omnimodos tuus almus odos (1*) præcellit odores,
Exsuperat quos ver reserat tua gratia flores.
Corporeus te, casta, Deus conceptus inundat,
Exoriens passus moriens nos crimine mundat,
Ut miseros trahat ad superos venit altus ad ima,
Eripitur dum mors moritur plasmatio prima;
Eximium fuit hoc nimium tibi, sancta virago,
Virgineum quod per gremium Patris exit imago.

C Amplexus solet hic sexus sentire pudendos,
Ut paribus de seminibus queat edere flendos.
Tu vero prægnans utero, servansque pudorem
Producis Dominum lucis, vitæque datorem.
Luciferi mater pueri, te mundus adorat,
Te precibus, te carminibus devotus honorat;
Post Dominum, tu spes hominum, quo conscia
                        [mordet
Mens sceleris, quæ per Veneris contagia sordet,
Supplicium post judicium removeto gehennæ,
Elysios habitare pios concede perenne.

IX. *De duodecim patriarchis.*

Confessor vel laus stat primus in ordine Judas,
Cernentem natum Ruben vocitato secundum,
Tertius accinctus Gad vel tentatio dictus,
D Quartus Aser cujus nomen sonat ipse beatus,
Nephtalim natum debemus ponere quintum,
Manasses sextus oblivio sive coactus,
Septimus est positus Simeon habitatio dictus,
Octavi nomen Levi sonat additionem:
Issachar est merces, quem nonum ponere debes;
Sit Zabulon decimus, habitaculum forte vocatus;
Joseph undecimus, augmenti nomine dignus;
Dextræ filius est Benjamin, et ultimus hic est.

X. *Hymnus de sacerdotibus.*

Dum sacerdotum celebrant fideles
Festa solemni veneranda cultu,

(1*) F. licentia ad rhythmum, seu sonum pro odor.

In tuas laudes honor hic redundat,
     Summe sacerdos,
Cujus ex dono potuere sancti
Sæculi fastus et opes caducas,
Ac voluptatum laqueos tenaces
     Ludificare.
Sed nec adversis poterant moveri
A tuæ certo fidei tenore
Quos futurorum rata præmiorum
     Spes animabat.
Unde post vitæ fragilis labores
Rite decursos, patrias adepti
Ætheris sedes, solida beati
     Pace fruuntur.

XI. *M. Redonensis episcopus H. Cenoman. episcopo* (2).

,um tua scripta legens oculos ad nostra reduco,
E cœlo terras videor spectare jacentes;
Sublimi nubes excedunt illa volatu,
Nec terris hærent humili reptantia gressu.
Sæpe relecta patent [*al.* placent] solis sapientibus
                       [illa,
Arcanos sensus brevibus stringentia verbis.
Gemma velut modico vix maxima clauditur auro (3),
Hæc vultu [*al.* aditu] facili rudibus doctisque pa-
                       [tescunt,
Scilicet artificis minus accurata paratu,
Et de communi leviter manantia vena.
Vestra per antithesim flectit se musa frequenter
Exercens refluos sinuoso schemate gyros;
1561 Nobis directo satis est procedere calle,
Quamlibet et crassa contexere verba minerva,
Ne cum subtili radio feriamur Aragne (4).

XII. *Commendatio castitatis.*

Ut flos in pratis, sic gratia virginitatis
In muliere bona, maribus quoque prima corona.
Ad res corruptas quos non trahit ulla voluptas,
Proxima castorum laus est virtutis eorum
Qui semel experti nolunt ad fœda reverti.
Tertia non talis, prior est et proxima qualis,
Sed pars virtutis tamen est, et causa salutis
Scilicet illorum qui post grave flagitiorum
Assuetumque malum retrahunt a crimine talum.
O bone Messia, de virgine nate Maria!
Quam sunt felices quibus hoc mitissime dices.
Inter virgineas sit portio vestra choræas,
                       [cum;
Cum quibus est æquum me, quas et pergere me-
Hos quoque mercedis ratio secernet ab hædis
Quorum vita munda decor est in sorte secunda.
Ultimus o utinam nostram regat ordo carinam
Ad vitæ portum, paradisi scilicet hortum!
Quem colit æterno gaudens per gramina verno
Gens felix, cum qua, si non rosa, sim saliunca.

XIII. *Commendatio virtutum per comparationem.*

Virginitas flos est, et virginis aurea dos est;

A Concubitus fæx est, merces sua pessima nex est;
Ebrietas fax est, lymphæ potatio pax est;
Ira leo trux est, patientia prævia lux est;
Livor edax crux est, et ad impia tartara dux est;
Vera fides nix est, fraus et deceptio pix est;
Mens humilis thus est, inflata superbia pus est.

XIV. *Ad Virginem Deo dicatam.*

Pro corruptibili plenoque dolore cubili,
Quo maculat nuptas brevis et culpanda voluptas,
Nec moderata satis per amorem posteritatis,
Quoque dies partus cruciatos dissipat artus,
Es sortita torum, quem nec pressura dolorum,
Nec timor infestat, nec sordida culpa molestat:
In quo Rex regum jacet, et sua gloria tecum
Cujus ad amplexus non est corruptio sexus,
B Qui te fecundat cujus te gratia mundat,
De quo, quando paris, nova gaudia, non cruciaris,
Germina virtutis generans mercede salutis;
Qui senium nescit, cui lux collata nigrescit,
Quem sol miratur, quem luna pavens veneratur,
Qui cœlum fecit, terræ fundamina jecit,
Cujus figmentum magni maris est elementum,
Imperio cujus nitor exstitit aeris hujus.
O nimium felix! si nosceris esse fidelis
Connubio tanto, cujus præconia canto.
Debeo non quantum, sed quantum suppeto tantum,
Obsecro te, nolis parituræ gaudia prolis;
Nec sponsum speres cui non sit forsitan hæres,
Cujus vel cari possis de morte gravari,
Vel non dilecti vita ceu funere plecti.
C Castis juncta choris nunc diceris aula pudoris,
Angelicus cœtus servat tibi munera lætus,
Cœli virtutes cupiunt tibi ferre salutes.
Sponsam mirantur quotquot sponso famulantur;
Ipsa parens Christi, quam sponte secuta fuisti,
1562 Te contemplatur, te diligit et veneratur.
Hiscine [*f.* Disce ne] contemptis tradas tua præmia
                       [ventis:
At de regina (sed sit procul ista ruina)
Inter spurcitias carnales concuba fias
Vilis personæ sub tristi conditione;
An fieri malis prædatio dæmonialis
Quam pretio morum mercari regna polorum?

XV. *Ad virginem devotam.*

Splendidior stella, simplex et munda puella,
D Quam Deus elegit, quam nulla libido subegit,
Fac ut cœpisti quod mundo displicet isti,
Sperne leves curas, et res attende futuras,
Disce placere Deo summo, potitura trophæo;
Nil de præsenti castæ sit amabile menti,
Nec tibi sit durum quidquam cito periturum.
Rebus in humanis labor exercetur inanis,
Nec longum gaudet qui spe quod improbus audet.
Quod modo blanditur, per id ad loca tetra venitur;
Quod modo contristat a fletu, postmodo distat.
O miserum risum quo perdit homo paradisum!

<hr>

(2) Id est, *Marbodus Red. episcopus Hildeberto Cenom. episcopo.*

(3) Homeius, al.:

     Magna velut modico si gemma locatur in auro

(4) Hom., al.:

     Nec non subtili certare paramus Aragne.

O lacrymas lætas quas longa remunerat ætas!
XVI. *Dissuasio amoris Venerei.*
Egregium vultum modica pinguedine fultum,
Plus nive candentem, plusquam rosa verna ruben-
[tem,
Sidereum visum, spondentem mollia risum,
Flammea labrorum libamina subtumidorum,
Dentes candentes modicos seriemque tenentes,
Membraque cum succo, moresque bonos sine fuco
Illa puella gerit quæ se mihi jungere quærit.
Hanc puer insignis, cujus decor est meus ignis,
Diligit hanc, captat, huic se placiturus adaptat;
Quæ, puero spreto, me vult, mihi mandat : Aveto;
Et mihi blanditur, quia respuo, pene moritur.
Si fecisset idem mihi turpis femina pridem,
Ad Venerem motus fierem lascivia totus;
Pectore nunc duro, nec verba, nec oscula curo,
Oscula plena bonis lascivæ perditionis,
Illecebris quorum capitur captator amorum
Verba cor intrantum blandissima dulcia, tantum
Ut flectant mentem silices ferrumque gerentem;
Sed mea dum crescit flecti vesania nescit;
Oscula dum sperno, spernens tamen oscula cerno,
Verbaque blanda sonis animum motura spadonis,
Quod quamvis cernam, non possum quin ea sper-
[nam;
Durius est ferro telum quo saucius erro.
Vires alterius vitii [f. vicit] fomes, necat hujus;
O res digna nota! dat amor contraria vota;
Luxuriæ vitio castissimus en ego fio;
Quod duros mollit, hoc mollitiem mihi tollit.
Quid sibi vult, quæso, quod amoris cuspide læso
Displicet ipsa Venus? Quis avarus spernere fenus?
Quis lucra mercator? Quis fruges novit arator?
Versa natura mutantur pristina jura,
Si cibus impastum facit, et lascivia castum,
Si metus audacem, si mens secura fugacem.
Talis multa modi sunt hujus vincula nodi,
Sed regnum Satanæ vexat dissensio plane,
Et se divellit dum culpam culpa repellit,
Regnum virtutum servat concordia tutum,
Et solvi nescit dum pace sua coalescit.
Est igitur satius, ut castris applicer hujus,
Quod sua pax munit, quam quod discordia punit,
Quod stat mansurum, quam quod titubat ruiturum.

1563 XVII. *Pœnitudo lascivi amoris.*
Strictus eram loris vesani nuper amoris,
Captus eram visco, sed nunc pudet, et resipisco;
Deficit ille furor, et jam minus et minus uror,
Mensque colorque redit, pallorque furorque rece-
[dit.
O bone Salvator! quam decipit omnis amator!
Turpia pulchra putat, pro nigris candida mutat.
Cœni fetorem pigmenti credit odorem;
Dulcia sicut mel testatur amara velut fel;
Cum comedit lapidem, se pane frui putat idem,
Et serpentinum virus potat quasi vinum.

A Dum vitium fovi, non noram quæ modo novi;
Cæcus eram plane cor habens virtutis inane,
Præmia deceptus mihi magna videbar adeptus
Oscula si quando meruissem pauca rogando,
Sicut odor floris sic tunc odor illius oris
Esse videbatur, qui nunc secus esse probatur;
Ut rosa candorem miscens simul atque ruborem,
Sic mihi tunc vultus qui nunc pallore sepultus;
Non quia mutatus sit odor, vel vultus amatus,
Sed mutatus ego, quondam mihi chara relego.
Nam mens errabat mea tunc, reprobumque proba-
[bat;
Errabat mea mens fervore invidiæ amens,
Nec succensa minus quam solvens saxa caminus.
Quid quod papilla mihi charior ille, vel illa,
B Vix vellet fari dum se sentiret amari.
Si tot vel tantis cor non crucietur amantis,
Sufficit hic fastus ut malum [f. malim] vivere ca-
[stus.
Ergo maneto foris, puer aliger, auctor amoris,
Nullus in æde mea tibi sit locus, o Cytheræa!
Displicet amplexus utriusque quidem mihi sexus,
Sed plus me lædit qui plus a jure recedit.
Omnia sunto foris vitæ delicta priores,
Omnia nam sprevi, multumque per omnia flevi;
Mutavi vultum, flevique per omnia multum;
Si repetam spretum vinum, mihi fiat acetum,
Et panis cœnum, vermis caro, lacque venenum
Pro grue bufonem comedam, pro pisce draconem.

C 　　XVIII. *De abbate usurpante pontificalia.*
Abbas sola gerens insignia pontificatus,
Scilicet annellum, guantos, sandalia, mitram;
Cum super abbatem sit et infra pontificatum,
Esse potest neutrum, vel si dicatur utrumque,
Centauro simile monstrum reor esse biforme;
Quod si pontificem simulat, sed permanet abbas,
Permanet ergo latens sub pelle leonis asellus,
Aut velut in scena personam fert alienam.

　　　XIX. *Circa majestatem* (5).
Non Patris hæc forma est, nec Nati forma paterna;
Forma tamen nati est, sed quam de Virgine sum-
[psit.
O signum magnum! timet et colit angelus Agnum,
Et metuit tellus positum super æthera vellus;
D Agnus enim Deus est, et ei servire salus est.
Corpus divinum vellus designat ovinum,
Bis silicem virga dux percutit atque propheta,
Ictio bina ducis sunt duo ligna crucis;
Fons est de petra populo datus absque metreta,
Larga salus hominum corpore de Domini.
Discipuli bis sex quibus est commissa Dei lex,
Sunt lapides bis sex quos in diademate fert rex.

1564 XX. *Laus vitæ monasticæ.*
(Ad ms. Andegav. et S. Gatiani Turon. R. P. Sirmundo relatum ut incerti auctoris in notis ad
epist. Goffridi Vind. lib. IV.)
Felix grex hominum, qui Christi dogma sequentes

(5) Titulus forte aptior foret, *De Incarnatione Verbi.*

Contemptis opibus, nil proprium retinent.
Unius arbitrio quos regula sancta coercet,
  Quorum quisque suo nil agit arbitrio.
Cor quibus est unum, quibus indiscreta voluntas,
  Par cunctis habitus, et cibus est similis;
Sic tamen ut capiat quo quisque videtur egere,
  Ætas ut fragilis debilitasve jubet.
Luxus abest omnis, peccandi rara facultas,
  Cuncti cunctorum cum timeant oculos.
Lex communis habet visas mox prodere culpas,
  Ut nascens vitium pœna sequens resecet.
Desidiam fugiunt, labor utilis occupat omnes,
  Noxia torpentes ne subeant animos.
Confusum nihil est ubi fiunt ordine cuncta,
  Curatur totum negligiturque nihil.
Nec solum vitæ, sed constat et ordo loquendi,
  Dispensant æque maxima cum minimis.
Nonnisi præscripto quisquam loquiturve, siletve,
  Stat, sedet, incedit ordine quisque suo.
Ecclesiæ limen noctesque diesque frequentant,
  Et sanctis precibus seque suosque juvant.
Quid moror, et verbis evolvere singula tento?
  Quidquid agunt opus est corporis aut animæ.
Quidquod sic habitant ut sit sacer ipse domorum,
  Et situs et numerus, sufficiensque sibi.
Quadratam speciem structura domestica præfert
  Atria bis binis inclyta porticibus.
Quæ tribus inclusæ domibus, quas corporis usus
  Postulat, et quarta quæ domus est Domini,
Discursum monachis, vitam dant, et stationem,
  Qua velut in caulis contineantur oves.
Quarum prima domus servat potumque cibumque,
  Ex quibus hos reficit juncta secunda domus;
Tertia membra fovet lassata labore diurno;
  Quarta Dei laudes assidue resonat.
Plurima prætereo simili condigna relatu,
  Sed breviter dicam, nil superest, vel abest.
Hos igitur proceres, hunc dignum laude senatum
  Exiguum specie, moribus eximium,
Comparo formicis quarum studiosa laborum
  Turmula convectat corpore majus onus;
Quæ ne non possint communem ducere vitam
  Iisdem sub laribus horrea parva locant.
Comparo divinis apibus, quæ corpore parvo
  Ingentes animas egregiasque gerunt.
Hexagonis cellis, quæ mella liquentia condunt,
  Utile mirificum quod fabricantur opus.
Quæ disciplinam, quæ jura domestica servant,
  Quasque simul reficit ingeniosa domus.
Comparo sideribus quibus aula superna refulget,
  Aera quæ furvum noctibus irradiant.
Quæ semel impositam servant per sæcula legem,
  Quæ solitos cursus et numeros peragunt.
Comparo gyranti solemniter omnia cœlo;
  Insuper angelicis comparo virtutibus.
Qui semper sanctus replicata voce resultant

(6) Forte Westriensi, sive Wincenstriensi episcopo, quem Henricus [Huntingdon. clarissimum
vocat *Angl. sacræ* parte II, p. 700.

A   In terris monachi quod modulantur idem,
  Sic cherubim cœlo, monachi tellure manentes,
  Uni dant unum servitium Domino.
      XXI. *Marbodus Samsoni episcopo* (6).
Invidet antiquum pelagi mihi fluctus amicum;
  Oceani limes separat unanimes.
Nec pons in ponto, nec sunt vada pervia conto,
  Ut solet in Ligeri navis adacta geri.
Sed neque prudentis reor aut se tradere ventis,
1565 Aut sua, se spreto, credere fata freto.
Æquora sunt tantum generi concessa natantum,
  Tellus gressilibus, aura volatilibus.
Ut chorus astrorum servat convexa polorum,
  Quadrupla materies fert totidem species.
B   Regnum Neptuni generi sic competit uni,
  Nostra sed improbitas res it in illicitas.
Inde fit ut dubitem cautus ne pericula vitem,
  An stultus fiam propter amicitiam.
Opto tuum vultum, mi præsul, cernere multum,
  Amplectique senem quem colui juvenem.
Sacratasque manus cano conjungere canus,
  Colloquiumque tui, dulcis amice, frui.
Hospitiique fidem, collataque munera pridem,
  Quæ labor est scribi commemorare tibi?
Ne pater ingratus cui sum servire paratus,
  Cui si me dedero, non tamen æquus ero.
Sed gelidum pectus, sed fessa labore senectus
  Obstat ne faciam per maris alta viam.
Si fines vestri peterentur calle pedestri,
C   Ad charas ædes ferret, amice, pedes.
At tu qui vegetus, qui ventos spernere suetus,
  Undis circumagi non metuis pelagi,
More tuæ gentis grave quidlibet aggredientis,
  Visere, quando voles, littora nostra vales.
Hac tu parte salus, tuus est pater hinc generatus,
  Ad natale solum fas sit inire salum.
Hic domus, hic fundus; prior hic locus, ille se-
                                      [cundus;
  Te locus hic docuit, quo locus ille cluit.
Ut patriam repetas, maris aude rumpere metas;
  Illis namque plagis præsul et exsul agis.
Est et in his oris æquum tibi culmen honoris,
  Urbem, quæ genuit te, tuus obtinuit.
Hic stas antistes, licet istinc corpore distes,
D   Urbem quippe rego, quam regit alter ego.
Huc igitur poteris, nisi nos non visere quæris,
  Moliri reditum, cum fuerit libitum.
Quo si forte vocas citus occurram Bajocas,
  Sedes præsulibus sufficit illa tribus.
Aut si displicet hoc, si currere despicis istoc,
  Die quo jussus eam, sed cave ne peream.
      XXII. *M. episcopus R. archidiacono* (7).
Amplector missos a te, charissime fili,
  Versus ingenii signa benigna tui.
Amplector laudes fama vulgante relatas,
  Indolis acquirunt quas documenta tuæ.

(7) Forte *Marbodus Rivalloni archidiacono Nannetensi*, de quo vide notas D. Loyauté, supra.

Gratulor auspiciis vitæ morumque bonorum,
  Quos in te Christus, qui dederat, recipit.
Ecclesiæ castris te gratulor associatum,
  Qui modo sub mundi principe miles eras
Nec te pœniteat, quasi sis pejora secutus,
  Cito rudis factus milite de veteri.
Scilicet abjectus magna eligit [f. magis eligis] esse
                                                        [propheta
  Quam peccatorum castra nefanda sequi.
Passa tamen non est de te dignatio Christi
  Ut vilis fieres inferiore loco.
Archidiaconii mox sublimatus honore
  Absque labore capis quod labor assequitur.
Sed non displiceat rectoribus Ecclesiarum
  Accepisse rudem, quod foret emeriti.
Censuræ canonum res non præjudicat ista,
  Quandoquidem, claudi lege, nequit probitas.
Consummata brevi compensat tempora multa
  Virtus, et merito quod petit anticipat.
Altum quippe locum datis tu dotibus imples
  Ornas susceptum moribus officium.
Te perhibet justum, perhibet te fama pudicum ;
  Tu bonus alloquio, promptus et obsequio,
Ut non sit dubium generosi germinis esse,
1566 Quem sic commendat nobilitas animi.
Rex te concupiit, mi dilectissime fili,
  Ut David Uriæ conjugis obsequium.
Dæmone prostrato, sociavit te sibi Christus,
  Ut per te crescat regia progenies.
Saulus eras, nunc Paulus eris, Christoque jubente
  Postmodo pontificis suscipies apicem.
Hæc nobis de te spes, generose Riallon,
  Hac ne frustremur, nocte dieque stude.
Me vero facilem, me promptum semper habebis,
  Ut tibi non desit quidquid habere queam.
Conservus Dominus [f. Domini] tibi sim , patronus,
                                                        [amicus,
  Et quidquid juste plusve minusve petes.

XXIII. *M. episcopus E. comitissæ* (8).

Filia Fulconis, decus Armoricæ regionis,
  Pulchra, pudica, decens, candida, clara, recens,
Si non passa fores thalamos, partusque labores,
  Posses esse meo Cynthia judicio.
Sed quia juncta mari castæ nequit æquiparari,
  Est etiam potior virginitatis honor.
In grege nuptarum credi potes una dearum,
  Prima vel in primis, o speciosa nimis !
Sed tuus iste decor, sata principe, principis uxor,
  Transiet ut fumus, et cito fiet humus.
Aut si dilato current tua tempora fato,
  Heu dirum facinus ! efficieris anus.
Vultus formosus laudatur, et est pretiosus,
  Sed mors vel senium destruet hoc pretium.
Luce micans acies, quæ vulnerat aspicientes,
  Et flavus crinis, fiet utrumque cinis.
Fama refert de te quod non sit femina præ te
  Pollens eloquio, callida consilio.

(8) Ermenegardi, filiæ Fulconis Richini. uxori
Alani dicti *Fergent*, Britanniæ ducis.

A Hæc quoque deficient, et tantum fabula fient.
  Narrat et antiquos fabula doctiloquos.
Stragula blattarum vestis cibus ac tinearum,
  Et metuens fures aurea congeries,
Omni prudenti sic sunt quasi flamina venti,
  Flamina prætereunt, nec minus hoc pereunt.
Mollities lecti quid confert murice tecti ?
  Aufert quippe·tori gloria nulla mori ff. gaudia
                                                        [posse mori.].
Delicias mensæ quasi vilia fercula cense,
  Charum cum vili vertitur in nihili.
Servos, ancillas, cum turribus, oppida, villas
  Quisquis habet vivens, deseret et moriens
Arminiæ pelles, exornatusque satelles
  Quem laudis titulum dant tibi post tumulum?
B Quid maris et terræ properem bona cuncta referre,
  Quæ quasi te ditant, et tibi suppeditant?
Divitiæ tales sunt nulli perpetuales,
  Cum mundo vadunt, cumque cadente cadunt.
At quod amas Christum , quod mundum despicis
                                                        [istum
  Et quod pauperibus vestis es atque cibus,
Hæc te formosam facit et Domino pretiosam ;
  Nec mors, nec senium destruet hoc pretium.

XXIV. *Ad reginam Anglorum* (9).

Est operæ·pretium tentasse pericula Ponti,
  Et dubiæ sortis pertimuisse minas.
Reginam vidisse juvat, quam nulla decore
  Corporis ac vultus æquiparare·queat.
C Quem tamen occultans laxæ velamine vestis
  Sola pudore novo dissimulare cupit
Sed nequit abscondi propria quod luce coruscat,
  Et vibrat radios nubila sol penetrans.
Egregios mores, ac melle fluentia verba.
  Plus reticere juvat, quam minus inde loqui.
Affectant aliæ quod eis natura negavit,
1567 Purpureas niveo pingere lacte genas ;
Fucatosque trahit facies medicata colores,
  Distinguendo notas artis adulterio.
Comprimit exstantes quarumdam fascia mammas,
  Et longum fingit vestis adacta latus.
Hæ partim retegunt laxosa fronte capillos,
  Et calamistrato crine placere volunt.
Tu, regina, quod es, metuis formosa videri,
D   Quæ coemunt aliæ munera gratis habens.
Præstat habere palam quo te natura beavit,
  Sis ingrata Deo si sua dona neges.
Accensam modio vis occultare lucernam,
  Non tua, sed Domini munera dantis habes.
Virgo, pudica licet, tamen optat pulchra videri,
  Et castam mentem candida forma decet.
O regis conjux proavis ex regibus orta !
  Magna tegi nequeunt, parva latere solent.
Vivet fama tui quantum mea carmina vivent,
  Et te cantabit, qui mea scripta leget.

XXV. *De Annuntiatione Domini.*

Missus ad egregiam Gabriel tulit ista Mariam :

(9) Forte Matildem.

Innuba semper ave, flos pulcher, o ensque suave, A
Christum ventre feres, benedicta super mulieres;
Solus erit salvus, tua quem salvaverit alvus;
Ex te nascetur qui sceptra David moderetur,
De fructu cujus spes germinis exiet hujus,
Nunc et in æternum gerit hic diadema paternum,
Jesus erit dictus super omnia rex benedictus.
O felix fructus! vertens in gaudia luctus.
O germen sanctum! neque tale fuit, neque tantum.
Talibus auditis fatur virguncula mitis:
Quomodo concipiam, vel mater quomodo fiam,
Quæ, sicut vovi, neque nosco virum, neque novi?
Corruptos artus sequitur conceptio partus;
Quæ coitum nescit, venter suus unde tumescit?
Virgine sic fata, vox est divina relata:
Progenies Jesse, Deus est, qui sic jubet esse,
Quique jubens esse, facit esse jubendo necesse.
Spiritus æternus tibi castæ, favorque paternus
Intus obumbrabit, ventremque tuum gravidabit.
Filius ipse Dei, noctis sator atque diei,
Rector cœlorum Deus, et Dominus dominorum,
Naturæ geminæ, sine principio, sine fine,
Ultimus et primus, longus, brevis, altus et imus,
Parvulus et magnus, magnus leo, parvulus agnus.
Ex te mortalis qualis pater (10), ex patre talis;
Et tu stella maris, miseris eris auxiliatrix,
Spes peccatorum, regina beata polorum,
In terris, totis pia, sancta, vocabere, votis.
Justitiæ solis Genitrix sine semine prolis,
Neu dubitare velis, verbo jam facta fidelis,
Elisabeth sterili datus est in ventre senili
De marcente viro magnus puer, ordine miro,
Lacte tumens pectus jam discit habere senectus,
Pignore gaudet anus, gaudet quoque pignore canus.
Partus cognatæ minor est, et discrepat a te,
Judex et præco nec pondere penditur æquo.
Sed tamen ut similem servi probat ortus herilem,
Si sterilis gravis est, si Virgo puerpera vis est,
Unam qui credit non hunc res altera lædit.
Hinc firmato fidem, duo mira facit Deus idem.
Credula respondit: Qui per te tanta spopondit
Ut salvet mundum, mihi det tua verba secundum.

1568 XXVI. *De Epiphania.*

Inter festa Dei micat hujus origo diei,   D
In qua donatus nuper de Virgine natus,
Muneribus trinis Deus est tribus a peregrinis,
Prævia Chaldæos quo fulgida miserat eos,
Stella viros duxit, quæ cœlo maxima luxit,
Dum stans innueret qua Christus in æde jaceret.
Res miranda nimis, sedis [*f.* sæclis] incognita
                                          [primis!
Sub tecto solem monstravit stella jacentem.
O novitas rerum, veniens in fine dierum!
In stabulo jacuit qui tellurem stabilivit.
Per quem sol fulsit, matris puer ubera suxit.
Factorem lunæ meruerunt stringere cunæ.

Non solum tellus, non tantum bos et asellus,
Hoc opus expavit, quod non natura creavit,
Sed mare, sed barathrum, sed homo, sed et omne
                                          [creatum,
Cœli virtutes hoc aspexere trementes.
Clausit majorem minor, et post nata priorem.
Sol fuit in stella, Deus in prægnante puella.
Hunc igitur solem, natam sine semine prolem,
Solem justitiæ, genitum de ventre Mariæ,
Obscurum solem, carnis sub nube latentem,
Monstrat stella magis; parvi cunabula regis
Tres adeunt reges, tria mystica dona ferentes.
Auro regnantem venerantur, thure tonantem;
Apta sepulturæ confertur myrrha futuræ.
Primitias fidei consecravere Sabæi,
Ad Christum gentes venturas significantes.   B
Auctorem vitæ populi genus Israelitæ
Edens ignorat, credens gentilis adorat.
Hac igitur causa celebratur, et est pretiosa
Festa dies hodie, quæ dicitur Epiphaniæ,
Fit celebris merito fidei nascentis origo.
Altera causa subest, qua nobilis ista dies est;
Incipiens annum Salvator inire tricenum,
Undas Jordanis petit, et baptisma Joannis,
Non dedignatus, quamvis sine labe creatus,
Turbis sorte pari vulgaribus associari.
Non eguit tergi, voluit qui flumine mergi;
Lætus aquas lavit, baptismaque sanctificavit.
Utque patens fieret quæ virtus carne lateret,
Lactea venit avis sine felle columba suavis,   C
Indiciumque dedit, super illum quando resedit,
Flamine quodam sancto [*f.* quod sancto] plenus fo-
                                          [ret in grege tanto.
Mox et de cœlis vox est audita fidelis,
Testificans gratum Patri super omnia gnatum.
Terruit hæc amnem vox, terruit ipsa Joannem;
Terruit adstantes, tonitrum sonuisse putantes.
Expavit flumen tantum contingere numen.
Jordanis cursum vertit fugiendo retrorsum;
Nam vox illa Patris fuit, et terror deitatis
Sanctificantis aquas, ad gentes purificandas
Non veteri lavacro, verum baptismate sacro,
Quod persona triplex sacrat et substantia simplex,
Gnaties [*f.* Gnatus], et innatus, et Spiritus imma-
                                          [culatus;
Et quod non hominem tantum lavat exteriorem,
Sed mentes mundat, sed cor credentis inundat.
Signum præterea fecit Deus in Galilæa
Hac ipsaque die per circuitum redeunte,
Quo manifestavit, quia quæ movet ipse creavit;
Nam species rerum mutat factor specierum,
Et variat formas solus qui condidit illas.
Cum reliquis notis, sponsalibus innuba votis
Intererat mater, cum discipulisque magister.
Deficiente mero, calicum cessante ministro,
Jussit Christus aqua repleri bis tria vasa,
Binas vel ternas capientia quæque metretas.

---

(10) Id est, qualis pater ordinarius fuisset, scilicet mortalis.

Moxque jubente Deo, mutatur lympha loco [*f.* lixo], A
1569 Et nova lex veterem superat gustata sapo-
[rem.
Consuevere premi tusuri vina racemi;
Hoc virtute nova vinum non fluxit ab una [*f.* mox
fluxit ab unda].
Vino victa sitis, sed non de germine vitis.
Vix labor humanus, cum fertilis accidit annus,
Elicit arte merum vario molimine rerum;
Jussu divino subito rubet hidria vino,
Nec tardante mora, fit protinus unda sapora.
Gratia naturam præcellit, jussio curam.
Gustato vino, placuit sapor architriclino.
Tot sacramentis Deus unicus Omnipotentis,
Agnitus est hodie, sed et unicus ipse Mariæ.
Stella, columba, merum perhibent simul hoc ita B
[verum.
Est etiam dignum quartum contexere signum,
Post anni cursum quod fecit in ordine rursum.
Millia quinque virum, fuit hic ut cætera mirum,
Panibus ex quinis pisciculisque binis
Paverat, et corbes superarunt inde quater tres.
Plura remanserunt quam panes quinque fuerunt;
Corbes bis senæ superarunt fragmine plenæ.
Copia cœlestis, cum vult Deus, influit escis.
Sic de fragmentis posses dare, Christe, trecentis
Millibus, et sportæ superessent inde trecentæ.
Illos quoties edimus, reparare comesta nequimus;
Sed quicunque vorat, totum comedendo minorat,
Et quidquid restat minus est, dum plurima præstat. C
O brevis et metas patiens humana potestas!
Ultra naturam nequiens extendere curam.
At virtus Domini non est obnoxia fini.
Auctor naturæ proprio facit omnia jure.
Nam juvat attendi quis tunc fuit usus edendi;
Absque labore molæ cum panis crevit in ore,
Crevit et in manibus, quamvis per frusta minutus;
Nec numero crevit, sed damnum massa replevit.
Quidquid in hoc victu fuit, est mirabile dictu.
Turbas replerunt panes, et quinque fuerunt,
Non numero plures, sed pondere fertiliores.
Piscibus augmentum par contulit usus edentum,
Quod non defecit, donec se turba refecit.
Sic ex quinque libris veteris sapientia legis,
Ore magistrorum turbas reficit populorum;
Nec capit auditor quidquid valet edere doctor.
O quantum festum, quam nobile, quam manife-
[stum!

XXVI. *De Hypapante Domini.*
Scribere delectat rem quæ pia pectora flectat,
Et recitare bonis juvat acta senis Simeonis.
Natus erat sub lege Deus de corpore matris
Verus homo, non sicut homo, sine semine Patris.
Mater eum, licet esse Deum certissima nosset,
Proque reo solvenda Deo non solvere posset,
Lege tamen consueta dari pro germine primo,
Ferre parat cum prole nova duo munera templo :

Quippe columbino fetu, vel turture bino, A
Jussa fuit redimi pueri generatio primi.
Ergo parens, sed labe carens, hæc dona ferebat;
Cujus onus puer ille bonus, Deus ipse nitebat.
Cum tremulus Simeon vetulus, justissimus idem,
Vidit eum, sensitque Deum, sicut sibi pridem
Vaticinans ait Altitonans quod non moreretur,
Donec ei persona Dei gestanda daretur.
Tendens ergo manus, recipit sacra pignora canus,
Ut tenet infantem super astra poli dominantem.
Est igitur quod conspicitur mirabile mundo,
Cœlicolis et terrigenis, barathrique profundo.
Suscipitur qui non capitur regione locorum,
Et geritur, per quem geritur domus alta polorum.
O senium felix nimium! bene sustinuisti,
Jam radiat, quæ te satiat, præsentia Christi. B
1570 Ecce salutaris populorum sistitur aris
Corpore se celat lumen, quod cuncta revelat.
Die senior quo non melior, neque dulcior ullus,
Quid tibi det qui corda videt Deus ille pusillus?
Fessus ait : Sua membra trahit vix spiritus iste:
Sustinui quod non merui te cernere, Christe,
Jam satis est, et nil superest, nisi pace quietis
Posse frui, regnique tui pausare diætis.
O lux percelebris, nullis fucanda tenebris,
Clara cincindelis (11), stellatis proxima cœlis!
Qua te laude feram, quæ fers pro Virgine ceram,
Lumine fulgentem, de se quoque lumen alentem,
Ut dedit infanti Genitrix alimenta tonanti,
Propterea turbæ nostra modulantur in urbe, C
Et cum luciferæ procedunt munere ceræ,
Moxque melodiæ Christo sonat atque Mariæ
Omnis agit lætas grates et sexus et ætas,
Dissimulat nullus, nec dissonat ulla, vel ullus;
Ipse tenellorum grex innocuus puerorum
Obviat infanti festum celebrans properanti,
Virgineusque chorus tibi, Virgo Maria, canorus
Cum Simeone senum dat concio carmen amœnum.
Ultima castarum regit Anna choros viduarum:
Salve, clara dies, merito celeberrina fies,
Donec in Ecclesia regnabit sancta sophia,
Lux recedenda, vale, festum decus et speciale.

XXVII. *Triumphus Christi in sua Ascensione.*
Destructor mortis, vitæque dator, leo fortis
Postquam surrexit, Thoma dubitante, retexit D
Stigmata clavorum coram grege discipulorum,
Palpandumque dedit latus, bibit atque comedit,
Ne quod spectarent, umbram sine carne putarent:
Spiritus est, inquit, qui postquam membra relin-
[quit
Expers est ossis, nec is est quem tangere possis,
Me carnem vere, sed et ossa videtis habere.
His argumentis detersit vulnera mentis,
Indiciis tantis solidavit cor dubitantis.
Visus præterea plusquam semel in Galilæa
Fecit se notum removens dubitabile totum.
Expulerat Phœbus denis quater astra diebus,

(11) Vermiculi genus tempore messis nocte micantis.

Cum remeare parat, postquam mandata patrarat,
Ad Patris æterni solum [*f.* solium], regnique su-
[perni.
Tunc adhibens tunc tres binosque simul sibi testes,
Per quos diffundi possent hæc per loca mundi.
Exit ab urbe foras vicini montis ad oras,
Montis Oliveti fuerant quem scandere sueti.
Quo simul ascendit, palmas ad sidera tendit,
Cum quibus et vixit, discedens his benedixit;
Deque statu regni mansuro jure perenni,
Vel de promisso qui de Patre prodit et ipso
Multa prius fatus est a tellure levatus,
Et cum voce tubæ vehitur per nubila nunc,
Pennas ventorum Deus exsuperando deorum,
Millia sanctorum referens captiva priorum
De portis mortis quos eripuit leo fortis.
Obvia summorum canit harmonia polorum,
Angelicique chori reboant non laude minori,
Clara triumphanti congaudent astra Tonanti.
Suscipit æthereas oculis ac mente choræas
Grex undenorum stupefactus discipulorum,
Cum subito vestes nivei candoris habentes
Adstant vicini, divino munere, bini
Missi de cœlis, auditque caterva fidelis:
Quid stupidi statis? Oculos quid ad astra levatis?
Filius ecce Dei petit astra, viri Galilæi,
In membris istis, quæ visa manu tetigistis
Cum cœli castris judex venturus ab astris.
Hæc fati rursum tendunt ad sidera cursum.
Hærentes terræ cupiunt cor ad æthera ferre;
1571 Sic docuit cunctos fervente fide sibi jun-
[ctos
Christus discipulos, velut ales regia pullos
Terra sublatum cœlis inferre volatum,
Ut coeant aquilæ quo corpus habetur herile.
Sed quis mortalis poterit, rogo, vel quibus alis
Ardua moliri, summoque polo stabiliri,
Terrea cum moles, cum simus carnea proles,
Cumque premens dorsum teneat nos culpa deorsum?
Hoc pondus morbi primus pater intulit orbi,
Ille pater primus cum quo peccando perimus.
Abstulit hoc pondus, mortem vincendo, secundus.
Quem si diligimus, per eum de morte redimus.
Pœnas inferni meruit mens subdita carni,
Ordine perverso rationis acumine terso;
Quæ dominabatur rursum caro subjiciatur
Imperio mentis pura ratione vigentis,
Virtutum pennis repetatur vita perennis,
Pondere peccati defluximus unde gravati.
Et Pater et Natus veteres abolendo reatus,
Hac ope confisus proprios ne subtrahe nisus:
Nam grave quod sentis vincet manus Omnipotentis.
Jam membrum Christi, qui dæmonis ante fuisti,
Ad caput aspira sumpturus præmia mira.

XXVIII. *Sermo de vitiis et virtutibus. —* (12) *Peten-*
dam esse solitudinem.

Rus habet in silva patruus meus; huc mihi sæpe

(12) Quam egregie versificarentur prisci illi poetæ,
cum ad rhythmum non constringerentur, hoc et

A Mos est abjectis curarum sordibus, et quæ
Excruciant hominem, secedere ruris amœna;
Herba virens, et silva silens, et spiritus auræ
Lenis et festivus, et fons in gramine vivus
Defessam mentem recreant, et me mihi reddunt,
Et faciunt in me consistere: nam quis in urbe
Sollicita, et variis fervente tumultibus exstat,
Qui non extra se rapiatur, et expers
Ipse sui vanis impendat tempora rebus?
Hinc amor, inde odium, timor hinc premit, inde cu-
[pido;
Inter se diversa quidem, sed lege sub una
Ignaras veri falso subdentia mentes.
Quatuor hæc sequitur vitiorum exercitus omnis;
Vix adeo est aliquis qui non putet ista sequenda,
B Vel fugienda putans, qui non tamen ista sequatur;
Quippe renitentem trahit impetus ipse ruentum.
Et premit a tergo velut indevexa malorum.
Est igitur primum, turbis elabier, et sic
Præcipitem fixisse gradum, cursumque tenere.
Tum demum reditum festinet ad alta relictæ
Præmia virtutis, cui cura est ulla salutis;
Sed grave forte putat, quoniam prærupta secutus
Ardua moliri rursum nequit absque labore;
Esse putet gravius in præruptissima mergi
Unde referre pedem, vel ibi sine fine manere,
Maximus hoc labor; illud sors pessima rerum.
Ergo quod levius prius aggrediamur oportet,
Si leve nil restat, quod restat id aggrediamur.
C Si malus es, noli pejor, vel pessimus esse;
Quod si sis etiam deterrimus, ad meliorem
Paulatim cor repe [*f.* cor rape] statum: nam maxi-
[ma laus est
Rem perdifficilem summo superare labore.
Si te contemnis, potes hanc contemnere laudem.
Sed nimis impius est et homo præposterus ille
Qui sua sollicitus curat, se despicit ipsum.
Frustra quippe lucris inhias, frustra colis agrum
Incultæ mentis damno si deficis ipse.
Nam si non sentis lucra vel dispendia mentis
Deditus his solis quæ corporis indicat usus;
1572 Cum sensu careas desperatissimus æger,
Non homo jam, sed humus vel bestia jure vo-
[caris.
D Hic de pestifera fit consuetudine morbus
Lethargo similis; sed et hinc evadere quosdam
Contigit exceptos mortis de faucibus ipsis;
Suscitat hos aliquando quidem fortuna sinistra
Pulsans atque movens socordia pectora; quippe
Casibus adversis patet inconstantia rerum,
Nec fieri quemquam fugitivus posse beatum
Indicat ipse dolor qui de fugientibus exstat.
Nunc uno prosper rerum successus, et ipsa
De non perdendis jam perdita sollicitudo
Suscitat ostendens etiam hanc, imparce [*f.* impense]
[laborem
Excitat, ut videant quanto languore graventur,
pluribus ejusdem pretii liberioribus carminibus li-
quet.

Sed non ut valeant languoris pellere causas.
Qui dolet, aut metuit, patet hunc non esse beatum;
Qui perdit quod amat, vel amat quod perdere
[possit,
Hic dolet aut metuit; sed non est ulla voluptas
Rebus in extremis, quam non cito perdere possis.
Ergo voluptatum nullum facit ulla beatum,
Indicat hoc ipsi duplex fortuna fruenti,
Tristis in amissis, aut anxia de retinendis.
Sors eadem cupidos omnes infestat, et illum
Qui cum nil habeat, multum tamen optat habere;
Et qui plura cupit, cum jam sibi multa supersint.
His ita compertis, mentisque sopore fugato,
Morbi quære fugam: nam sponte sua febrientem
Damnat apud medicum pereundi prava voluntas,
Nec tibi differ opem, quoniam dilatio curæ
Morte repentina nonnunquam interficit ægrum.
Ad resipiscendum præsens est aptior hora,
Intra tot curas infinitosque labores.
Aspice quam breve sit quod vivimus; omnia vitæ
Tempora præteritæ mortis consumpsit imago.
Mortis imago tenet nihilominus omne futurum.
Illud tantillum spatii brevis, atque pusillum
Quod vivis præsens, jam præteritum fit et absens.
Hæc et plura mihi licet, atque libet meditari,
Fronde sub agresti dum rure moror patrueli.

XXIX. Contemptus præsentis vitæ.

(Marb. e ms. S, Gatiani Tur.)

Vitæ præsentis si comparo gaudia ventis,
Cum neutrum duret, nemo reprehendere curet.
Omnis in hoc mundo fidens, est sicut arundo,
Quam ventus jactat, fluviusque simul labefactat.
Sunt mala mista bonis humanæ conditionis
Impare mensura, quia mista bonis mala plura.
Non bene lætatur, cui flendi causa paratur.
Nec stat securus, qui nutat mox ruiturus.
Sic dare vita statum nulli valet ista beatum,
Cum sit inæqualis, nunc lucida, nunc pluvialis.
Quod si forte daret, mors hunc tamen annihilaret,
Quidquid vita dedit tollens, dum vita recedit.
Job de præsentis vitæ brevitate querentis,
Hæc sunt verba fere: Nascens homo de muliere,
Ut flos apparet; venit æstus, protinus aret.
Ergo sperne citam, longamque præelige vitam,
Atque labore brevi requiem pete perpetis ævi.
Fortunæ fragilis fiat tibi copia vilis.
Quæ nisi vilescat, frustra quem linquet inescat.
Pauperibus large tua, dum tua sunt, bona sparge,
Hæres nec curæ tibi sit tuus, o moriture.

XXX. Dissuasio mundanæ cupiditatis.

Vos qui diligitis bona quæ retinere nequitis,
Et non diligitis quæ perpetualia scitis,
1573 Humanæ vitæ planctus audite; venite
Ut pernoscatis quam vile sit id quod amatis,
Et resipiscatis, ne cum Satana pereatis.
Forma puellarum, deceptio mentis earum,
Et juvenum vultus circa barbam, sed adultus,
Quos levitas morum laqueis innectit amorum.
Horæ momento pereunt æqualia vento,

A Fitque cadaver humus, petit impia tartara fumus.
Flent illos chari, nequeunt sed flendo juvari.
Qui misere cœnas, metuens evacuare crumenas,
Et tibi non parcis, nova dum marsupia farcis,
Nescis quæ servas ad cujus opus coacervas.
Aurum quod nosti, servatur forsitan hosti.
Mors rapiet quod habes, fietque caro tua tabes,
Nec tecum tolles plenos rubigine folles.
Infelix flatus luet æternos cruciatus.
Forsan et hic fletus; sed abit ut flendo juventus,
Ostro vestitus, gemmisque caput redimitus,
Potans præclarum, comedens bona deliciarum,
Jus mucronis habens, et in omnia crimina labens,
Contemptor juris, et abutens jure securis.
Qui gravat atque premit quos Christus ab hoste re-
B [demit,
Ut venit hora cadit, miser atque ad tartara vadit.
Quod si ploratur, nunquid plorando juvatur?
Lingua facundi, qui sectantes lucra mundi,
Candida denigrant, et nigra loquendo dealbant,
Cum dissolvuntur, nec nigra, nec alba loquuntur.
Longum tormentum manet nos in valle silentum,
Nec lacrymis flentum fit pœna minor patientum.
Singula quid memorem, vitæ miserando laborem,
In quibus insani studio vexantur inani,
Quod restat totum facit assimilatio notum.
O miseram sortem, vivendo quærere mortem!
O mala fortuna, quam syllaba destruit una [mors sci-
[licet]

XXXI. Quod non sit expavenda mors corporis.

C Ligna voluptatis plantaverat apta beatis,
Adæ proviso Dominus Deus in paradiso.
Cætera, dixit, ede; sed ab hoc ut ab hoste recede;
Et tetigit ficum: Nimis hoc erit, inquit, iniquum,
Si propter ficum tibi me facias inimicum.
Quod si gustaris, sequitur simul ut moriaris.
Qui vult morte mori, de ficubus applicet ori.
Forte die quadam mulier sua venit ad Adam,
Ex ejus costis mulier plasmata, sed hostis,
Vultu composito venit placitura marito,
Ut quod suaderet cito persuadere valeret.
Ille jacebat humi, quo posset ab arbore sumi
Dependens fructus, nostri primordia luctus.
Conjugis alleva recubans tunc incipit Eva,
D Pectore jam pleno serpentis ab ore veneno:
O mi, dixit, homo, cernis quæ gratia pomo,
Cernis quam vescam se nobis ingerat escam,
Per manifesta foris spondens occulta saporis!
Præterea quare vellet Deus ista vetare
Poma tibi tantum numero de fructificantum,
Ni cibus iste daret, dare quod Deus ipse negaret?
Arborei fetus festina mandere lætus
Quam tibi do partem. Mulier seducta per artem
Dæmonis, inscitum seduxit et ipsa maritum.
Ob scelus amborum numero crescente malorum,
Exsulat a pago paradisi tota propago,
Et clamat: Væ, væ successio flebilis Evæ.
Sic non est igitur mirum si quisque moritur,
Ut non est mirum quod mandit Brito butyrum,

Quod Normannigenæ (13) potu satiantur avenæ,
Quod nostros enses formidant Pictavienses (14).

1574 XXXII. *Non esse mutandum repente propo-*
situm.

Quidam mente bona, facta sibi rite corona,
Temporibus ratis, ut mos est fratribus illis,
Accipiunt pullos sub conditione cucullos,
Ne momentalis sit eis conversio talis.
Promittunt coram, quia convertuntur ad horam,
Quidquid promittunt qui gaudia carnis omittunt.
Post hæc insolitæ ducentes tædia vitæ,
Projiciunt pannos post tres aut quatuor annos,
Effectique vagi, currunt per devia pagi,
Jam mundo viles propter causas monachiles.
Inde verecundi, quia sunt ludibria mundi,
Cum depellantur, quo nollent retrogradantur,
Jam monachis viles, ut regi transfuga miles.
Ergo quandoquidem vix ullus permanet idem.
Qui vestem mutat, si non prius ista volutat,
Et temerarius est, et ei male cedere vis est.

     XXXIII. *De multiplicibus damnatorum pœnis.*

Dæmonis inventum sceleris sunt millia centum,
In quibus hunc mundum trahit ad pœnale profun-
                [dum,
Quo qui clauduntur, nequiendo mori moriuntur;
Vellent quippe mori, quia pars (15) mors nulla do-
                [lori :
Quo miser ille furit, quem flamma perennis adurit.
Frons, oculi, naris, cervix, locus auricularis,
Os, guttur, mammæ fiunt ibi pabula flammæ.
Dorsa, latus, venter flagrant indeficienter,
Nec frigent coxæ, nec mentula conscia noxæ.
O quantum est tristis qui traditur ignibus istis !
Quam sit lugubris qui traditur esca colubris,
Qui vim fetoris vix sustinet omnibus horis,
Sævi tortoris qui tunditur undique loris !
Scilicet immitis fit in omnibus ultio diris,
Est tamen ipsorum distantia suppliciorum,
Quæ sic pensantur, ut crimina perpetiuntur
Pœnas majores majora, minora minores.

     XXXIV. *Oratio pœnitentis sæpe lapsi.*
     (Reperitur in ms. Colbertino, num. 3019).

Me miserum quid agam ? porto sub pectore plagam,
Plagam peccati fetentis et inveterati,
Tanquam si portem sub eodem pectore mortem ;
Quam quoties lavi, quoties emplastra ligavi,
A corruptela toties est victa medela.
Mille ligaturas admovi nil valituras,
Semper rupta cutis, semper via nulla salutis.
Hinc totis oris cum mens [*f.* totis horis est mens]
                [mea plena timoris;
Nam formidat ita subito decedere vita,
Et flammas horret, quibus ultio crimina torret,
Flammas æternas, infernalesque cavernas.
Cum tamen hæc meditor, frustra consurgere nitor,
Hærens quippe luto præ consuetudine nuto,

A In tot et tantis violavi jussa Tonantis,
Quod pene despero meliorari, quia sero :
Sed quamvis sero, tamen adjutoria quæro;
Non humana quidem, nam sunt mihi cognita pri-
                [dem ;
Sola divina salvandus sum medicina.
Ad te suspiro, cœli non subdite gyro.
Summe sacerdotum tibi profero debile totum.
Dextera salvatrix fac hæreat ista creatrix,
Nec renovet sulcum sicut solet ulcus hiulcum.
Christe Dei Verbum, qui despicis omne superbum,
Exaltas humiles, tollis de pulvere viles,
Plasmator rerum, lumen de lumine verum,
Hic adhibeto manus, ut fecit Samaritanus.
Ablue divino famen [*f.* crimen] cum sanguine vino,
B **1575** Et donec vivo, perfundito vulnus olivo,
Ut vino lotum sanetur, et unguine totum.
O major cœlo ! tibi quod dolet omne revelo,
Culpas agnosco, laxari debita posco,
Spernere me noli, quia peccavi tibi soli,
Nec me trade neci, quia coram te mala feci.
Mundi Salvator, nostræque salutis amator,
Per cujus nutum replet facundia mutum,
Per cujus numen recipit cæcatio lumen,
Visum restaura, qui vitiet [*f.* videat] omnia bona,
Et linguam mutam fac ad bona verba solutam.
Languida qui sanas, cava reples, aspera planas,
Rectificas tortum, mortem convertis ad ortum,
His aliisque malis pleno mihi sis venialis.
C Virgo parens Christi, placa mihi quem genuisti.
Audi, chare Deo, qui natus es ex Zebedæo.
Exora pro me, Petre, nobilis incola Romæ,
Et tu Paule sacer, vir spiritualis et acer.
Omnes electi, Dominum prece cogite flecti.

     XXXV. *Ad monachum detractorem. — Quod nullus*
        sit desperandus dum vivit.

Nec te velle puto, nec te, Gaufride, saluto;
Nam cum sis purus, et forsitan abba futurus,
Nos velut extorres regni cœlestis abhorres.
Sed qui peccati nimio sunt fasce gravati,
Si convertantur, non solum fasce levantur,
Sed vitæ mundæ cumulo ditantur abunde.
Larga Dei pietas nescit sibi ponere metas ;
Te non consulto, cui vult miseretur inulto,
D Quem vult indurat ; sine te Deus omnia curat.
Cumque sui juris sint justi cum perituris,
Præmia cum pœnis certis moderatur habenis.
Sed quia nescimus, donec sine corpore simus,
Quem Deus a dextra, quem ponere destinet extra,
Securus nemo vivit de fine supremo.
Nemo securus in qua sit parte futurus ;
Nam cum pœnalis transgressio sit generalis,
Cui vult ignoscit, a quo vult debita poscit,
Verax et clemens, damnans et crimina demens.
Dignus erat latro primum cruce, deinde barathro,

olim erat dissidium.

(13) Forte verius : *Et quod Flandrigenæ.*
(14) Loquitur hic more Andegavorum, cum quibus
et cum Redonensibus perpetuum et quasi a natura

(15) Forte *pax,* id est, *minutio,* seu *dilatio dolori.*

Præmia pro pœna dedit illi gratia plena.
Angelicam vitam duxisse fertur eremitam,
Nescio quem pannis non usum pluribus annis,
Nec panis victu, nec aqua, mirabile dictu,
In culpam tandem lapsum semel, utpote grandem,
Juste damnatum, pœna comitante reatum.
Ergo parce, precor, dum tolleris ipse per æquor,
Ventis [f. vanis] jactatam verbis, lacerare carinam.

   XXXVI. *De lapsu primi hominis.*

(16) Morte gravatur homo ; sed homo qui morte gra-
            [vatur,
Vivere cum posset, ne vivere posset, amavit.
Vulnera plangit homo ; sed homo qui vulnera
            [plangit,
Illicitum vulnus mordaci dente peregit.
Poma momordit Adam ; sed Adam qui poma mo-
            [mordit,
Pro morsu mortem, pro vulnere vulnera sensit.
Eva fefellit eum ; sed eum non falleret Eva,
Ni decepta foret ; serpens deceperat Evam.
Femina suasit opus ; sed opus quod femina suasit,
Vir vetuisset ei : quod ei vir si vetuisset
Mandere quod voluit, voluit quod mandere flesset.
Jure moritur homo ; sed homo qui jure moritur,
Flendo meretur opem ; sed opem quam flendo me-
            [retur,
Crimina si repetat, repetit quod crimina perdit.

1576 XXXVII. *De vita et morte.*

Exsilium tellus, cum nobis patria cœlum,
Nasci, damnari, vitam finire, beari ;
Unde mori nasci, nascique mori vocitemus.
Congrua diversis aptando vocabula rebus,
Asper quippe sonus, incultaque syllaba mors est ;
Scilicet idcirco, quia, quam notat, aspera res est.
Ast affabilis est, jucundaque dictio, vita ;
Nomen commendat res nomine significata.
Ergo debemus naturam quærere rerum,
Ex quo possimus de nomine cernere verum.
Quam sit plena malis præsens quæ vita vocatur,
Plus ipsis rebus, quam nostra voce probatur.
Non tam codicibus, quam dura sorte docemur,
Quanta viventes hic asperitate gravemur.
Esuries, algor, calor, et sitis, et valitudo,
Et labor, et pestes, et cætera sunt mihi testes,
Tantis pressa malis an debet vita vocari.
Numquid concedes ut vivere, sit cruciari ?
Si trahit a rebus vox quælibet asperitatem,
Horrendam quærunt tot dura, tot aspera vocem.
Ergo decet mortis hæc nomine significari,
Ne vitæ nomen queat asperitate donari.
At contra poterit mors carnis vita vocari,
Cum sit nostra fides hominem de morte beari
Hic [sive Hunc] hominem dico, quem salvat gratia
            [Christi,
Non illos tales, qualis, protoplaste, fuisti.
Non homines, sed humum placet hos, pecudesque
            [vocare,

(16) Versus reciproci.
(17) Duce scilicet Apuliæ, qui in illa ita præclare

Quos carni constat, spreta ratione, vacare.
Illis nec præsens, nec constat vita futura,
Quos premit hic et ibi mortis damnatio dura.
At qui se miseros in valle gemunt lacrymarum,
Istis debetur paradisus deliciarum.
His mors natalis, mors est his janua vitæ,
Quos diadema beat, vestisque decus polymitæ.
Non oculus vidit, neque mens potuit meditari,
Non capit auditus, linguaque nequit recitari
Quanta parat Dominus super æthera præmia sanctis,
Qui metuunt, et amant, et servant jussa Tonantis ;
Ad quorum sortem pertingere nos mereamur,
Qui morimur semper, dum carnis mole gravamur.

XXXVIII. *Commendatio Jerosolymitanæ expeditionis.*

In toto mundo non est homo par Boemundo (17),
De cujus gestis cognoscere pauca potestis,
Multiplicem numerum superantia pondere rerum.
Ille ducum primus, nisi falsa referre velimus,
Commovit gentes in Turcos omnipotentes.
Auctor et exemplum violentis tollere templum,
Constantinopolim, victo duce, vicerat olim ;
Nunc quoque vicisset, si gens sua passa fuisset.
Rex tamen ad nutum pendit sibi grande tributum.
Hostes deinde feros aggressus martius heros,
Nicæam fregit, Turcos bellando subegit.
Antiochi muris, nisi cessissent, ruituris,
Induxit fortes, fortissimus ipse, cohortes.
Syria servit ei, mittunt nova dona Sabæi
Parthus, Arabs, Medus cupiunt sibi jungere fœdus.
Mulcet eum donis rex magnificus Babylonis
Soldanus, Persas pavet, et fugit illius enses,
Africa formidat, devotaque munus ei dat.
Ipsius adventum Barus colit atque Tarentum
Et quantum terræ nimis est mora longa referre.
Sed nec adhuc cessat quin fortia cœpta capessat
Versus ad occasum justissima bella suasum.
Debet enim plane, nisi nomen gestat inane,
Contra gentiles pugnare deicola miles,
1577 Hunc Deus invitat qui bella domestica vitat,
Illicitus Mars est, ubi non contraria pars est,
Unius sectæ nequeunt confligere recte.
Istis de causis pro tot vel talibus ausis
Per totum mundum fert fama boans Boemundum,
Et reboet mundus quia tanta facit Boemundus.

   XXXIX. *Ad nuntium mortis.*

  (Ad ms. S. Gatiani et edit. Red.)

Bubo ferum nomen. dirum mortalibus omen,
Ut Maro testatur, dum cantat, fata minatur.
Illius cantum damnat genus omne volantum,
Atque pari voto scelus hoc fugat aere toto.
Noctes ergo colit, cum lucis tempora nolit ;
Noctibus apparet, quoniam si luce volaret,
Jam caput invisum multo foret ungue recisum
Membraque cum plumis divisaque sparsaque dumis,
Carpere pennatis cupientibus omnia vatis,
Vatis tam diræ, dignæ mala fata subire.
Huic volucri fœdæ simul, procul ergo recede,

se gessit ut ad Antiochiæ principatum evectus fuerit. Baron., *ad an.* 1099.

Chartæ funebris lator (18), damnande tenebris,
Qui vice bubonis non unquam læta reponis,
.Semper mœsta canis non discessurus inanis;
Nam cum nil portes, nisi tristitiam, nisi mortes,
Ceu bene regesta petis es cum voce molesta,
Et ne lacescas soccos petis, exigis escas,
Propter defunctum soleas damus, addimus unctum.
Bis nos contristas, mala dans res accipis istas;
Sic importunus vendis mihi munere funus.
Improbe, vade foras, superas quid pollius [*f.* polluis]
                       [oras?

Quid tibi cum vivis, barathri teterrime civis,
Vernula Plutonis, legatio perditionis?
Quid nos infestas voces iterando molestas?
Conveniat cœtus, gemitus date, fundite fletus,
Æraque pulsantes clamate velut Corybantes,
Cantica funereis lugubria ferte choræis,
Carmina mœsta date, loca vestra diemque notate,
Dantes expensam, largam mihi ponite mensam.
Escarum gurges, quid nos tot talibus urges?
Fle qui flere jubes, plue distillans quasi nubes, .
Potum mœroris bibe, vescere pane doloris,
Quem mala delectant, mala te simul omnia ple-
                       [ctant;

Nos sine lætari, Christumque Patremque precari
Ut vitæ munus det nobis trinus et unus.
His nisi parueris, dum ventris commoda quæris,
Fustibus et ferro saturabere, pessime gerro.

XL. *Consolatio lugentium, scilicet Mariæ et Marthæ.*
         (Ad ms. Andegav.)

Auxilium Christi vultu rogat anxia tristi
Ex Bethania comitata sorore Maria,
Ut revocet fratris manes a sedibus atris,
Et reddat sanum fetentem quatriduanum
Compatitur tristi mitis clementia Christi,
Et conturbatus ploravit, et est ita fatus :
Lazare, surge cito, vivens a morte redito.
Factor ut hæc dixit, factura vocata revixit,
Et recipit sanum soror utraque quatriduanum.
O pietas Christi! primum lacrymata fuisti,
Ut nos instrueres cor habere pium quia fleres,
Mox vitam reparas quam scilicet (19) pararas;
Acris atque maris qui Conditor esse probaris,
Qui molem terræ jussisti flumina ferre,
Cui numerosa poli sunt sidera cognita soli,
Ut vitæ conversa sit pristina lacryma tersa,
Ut vitam speret quisquis tibi firmiter hæret.
Ergo sequens Christum devotio Christicolarum
Sic contristetur, ne desperare putetur;
1578 Spe moderante metum tergant solatia fle-
                       ... [tum.

Hæc attendentem moveat compassio mentem,
Hæc attendentis respirent corda gementis.
Est contristari pia res in funere chari,
Sed tuba cantabit quæ corpora functa vocabit,
Et sub momento surgent simul a monumento,
Omnibus ut detur quod vita fidesque meretur.

    (18) Is scilicet qui ad funera invitat.

A Hæc rebus mœstis solatia ferre potestis.
    ·XLI. *Oratio pro fidelibus defunctis.*

Christus rex magnus, atque Dei Patris Agnus,
Qui ligno fixum se morti tradidit ipsum,
Ob nostros actus placabilis hostia factus,
Ante suum lethum fel prægustans et acetum;
Ut nos eriperet, quos vis inimica teneret
Arbore pro quadam, quam perfidus attigit Adam
Per deceptorem vetitum gustando saporem.
Unde fuit dignum pro ligno ponere lignum,
Sicque fuit justum pro gustu ponere gustum.
Hic tandem medicus cui subditus est inimicus
Et mors, et morbus, et frigus, et ardor, et orcus,
Huic cui vos vultis prosit, reliquisque sepultis.

    XLII. *Alia oratio pro defunctis.*

B Summe Pater Christi, qui semper es atque fuisti,
Et qui semper eris, nec cresces, nec minueris,
Da Deus abbati regni promissa beati.
Nate Patris, Christe, quem mundus credidit iste
Æqualem Patri, spoliatoremque barathri,
Abbatem serva pro quo rogat ista caterva.
Vivificum flamen Patris prolisque ligamen,
Nec minor alterutro, quoniam procedis ab utroque,
Abbati præsta non deficientia festa,
Per totum mundum cui natum dicta secundum
Voto communi trino servitur et uni.
Vivens o vere! defunctorum miserere;
Ipsis esto pia genitrix et virgo Maria;
Ipsis omne nefas dimitte, piissime Cephas;
C Cum Petro Paule cœlestis janitor aulæ,
Thoma, Matthæe, Luca, Barnaba, Philippe, Mathia,
Simon, Thadæe, Joannes, Bartholomæe,
Et Petri frater, et Jacobe primus et alter,
Discipuli Domini, possessores paradisi,
Sedibus in lætis ipsis date dona quietis.
Sancti vel sanctæ quotquot placuere Tonanti,
Regnum cœlorum præstent animabus eorum.

   XLIII. *Quod non sit flendum pro morte Christiani.*
Nos quibus est vitæ promissio facta futuræ,
Qui non nescimus quoniam cum nascimur imus,
Et non nescimus quoniam moriendo redimus,
Funere pro chari non est fas collacrymari,
Nec collætari fas pro non funere chari.
Vox est sola mori, vacuo flens parce dolori;
D Spiritus et limus fuit omniparens homo primus,
Spiritus et limus est omniparens homo primus.
Quod fuit est, et erit, quid frustra plangere quærit?
Hunc mors non stravit, de quo nihil annihilavit.
Quid si per morsum duo sunt effecta seorsum,
Quæ cito rursus erunt sicut simul ante fuerunt,
Flere quis hoc curet, cum singula portio duret?
Exemplo primi, medii spectentur et uni [*f.* imi] :
Est homo quisque cinis, est et mens nescia finis,
Tam donec vivit quam postquam vivere sivit.
Quis lacrymæ locus est ubi nil minus aut ibi plus
                       [est?

Nam duo per funus fit, qui fuerat prius unus.

    (19) Forte deest vocab. *iuse.*

1579 Annumerate lucris dare corpora chara se-
                                    [pulcris,
Nam dampnum nescit quisquis de funere crescit.

XLIV. *Reprehensio superfluorum in epitaphio Joannis*
abbatis.

Quod multis annis duravit vita Joann s,
Nec sua, dum vixit, bona sollicitudo refrixit,
Sed meliora bonis, melioribus optima jungens
Turrem virtutum qua conscenderet ardua cœli
Fervens fundavit, ferventior ædificavit;
Quod bene vox rexit, dum se pro tempore flexit,
Ungens et pungens, et mitibus aspera jungens,
Quod mandata Dei servavit spe requiei,
Quod pro servatis sua sors est juncta beatis.
Hoc totum legimus quod scilicet utile scimus,
Hoc et laudamus, et dignum laude probamus,
Nam bene laudatur, quo, qui legit, ædificatur.
Si bonus ista legit, gaudet, quia quod legit, egit;
Si malus, inde dolet quod sit malus, et fore nollet.
Quod vero restat lectori tædia præstat,
Et peregrinatur, nec qui legit ædificatur,
Nam quorsum tendit, vel, quæso, quid utile pendit
Quod Februus mensis fuit huic quasi lethifer ensis,
Quod tunc exivit cum pisces Phœbus inivit.
Addere sic posses quæcunque superflua nosses
Cum cœlum sursum, cum staret terra deorsum,
Cum Ligeris flueret, cum ventis unda tumeret,
Cum pisces natent, cum passeruli volitarent,
Cum mulier neret, cum parvula filia fleret.
Si fiat calamus stans omnis in arbore ramus,
Fiat et in caustum quod suggerit omnibus haustum,
Si pro membrana sint omnia corpora plana,
Vivi vel functi si scribant talia cuncti,
Vivos vel functos lassabunt talia cunctos.

XLV. *De differentia meritorum et locorum.*

Cœlum, terra, chaos, distinctio trina locorum,
Excipiunt animas pro judiciis meritorum;
Valde namque bonis cœlo datur esse perenne,
Egregieque malis cito redditur ira gehennæ;
Jlis qui sunt neutrum, sed sunt tamen inter utrum-
                                    [que
Traditur in terra qualis purgatio cumque,
Tetris namque laris cruciantur frigore quædam,
Quarumdam flammis torreri crimina credam,
Per mare, per terras agit has labor irrequietas,
Quarum nonnullis solet apparescere cœtus.
Has quæ sunt valde precibus non posse juvari
Si quisquam dubitat, valet hac ratione probari.
Nam prece deleri nequit inferni cruciatus,
Nec meliorari prece quit super astra locatus.
Restat ut hos tantum prece commendare velimus
Quorum per pœnas purgari crimina scimus;
De quorum numero quia non fuit iste beatus
Emundet precibus nostros magis ipse reatus.

XLVI. *Naufragium Jonæ prophetæ.*

Vos qui nescitis, nunc discite de Ninivitis;
Discite de Jona Dominum, fugiente propheta,
Qualiter est mersus, vel qualiter inde reversus,
Qui Dominum fugitis, pelagi discrimen aditis,

A Quo sorbet vivos ballena Dei fugitivos.
Qui culpas fletis, magnum solamen habetis;
Non desperetis, quia cedent tristia lætis.
Tu qui delinquis, tu qui delicta relinquis,
Ex libro Jonæ documenta tibi duo pone.
Lectio gestorum tibi sit delectio [f. directio] mo-
                                    [rum.
Urbs ingens Ninive, multo celeberrima cive,
1580 Divitiis opulens, regni diademate pollens,
Per turpem vitam Dominum commovit in iram.
Sed Deus iratus differt punire reatus;
Vult veniam quæri, vult offensus misereri,
Ergo vocat Jonam, docet impendere ruinam
Urbi, sic meritæ per turpia crimina vitæ.
Surge meus vates, propriosque relinque penates;

B Ad Niniven propera, refer illis propria verba.
Clama per vicos, terrendo meos inimicos :
Urbs evertetur citius quam quisque veretur,
Cives impuri sunt post modicum perituri.
Jonas surrexit; sed iter per devia flexit,
Ad mare descendit, dum Tharsum pergere tendit.
Non erat hoc jussum, tamen optat pergere Thar-
                                    [sum ;
Sed profugum Domini fluctus tenuere marini,
O animum vatis mirandæ simplicitatis !
Si procul esse putat Dominum sibi, dum loca mutat.
Qui complet totum nihil huic valet esse remotum.
Si petat infernum fugiens, regnumve supernum,
Stat Deus in tergo, fugiensque desinat ergo.

C Sed juvat attendi quæ causa fuit fugiendi.
Forte timens fatum, non ivit vaticinatum.
Nam quia portaret quod plebis corda gravaret,
Nuntius interitus, satis foret undique tritus,
Vel gladio stratus, vel forsitan igne crematus.
At non est fortis, qui sic timet ultima mortis,
Ut bene posse mori vitæ postponat amori :
Nec Dominum credit, qui non sibi tutus obedit.
Ergo causa fugæ non convenit ista prophetæ.
Sed Dominum norat, quia nos revocare laborat,
Et cito condonat, si quis mala pristina ponat.
Nam cur præmunit, cur non cito crimina punit,
Cur jacet ante minas, nisi quod dare vult medi-
                                    [cinas ?
Territat ægrotum medicus, petat ut sibi potum.

D Hoc timuit missus, quem conservavit abyssus,
Ne mentiretur, nisi dictum res sequeretur.
Diceret everti, quos sciret posse reverti,
Qui si rescirent, nulla ratione perirent.
Conscius ergo Dei fugit ora piæ faciei,
Descendit Joppem, festinat scandere puppem.
Dimittit littus, quasi plus sic in æquore tutus.
Sed mare non nescit, quod fluctibus undique crescit
Cum rabie venti turbare viam fugienti.
Turbo rapit velum, tangit ratis ardua cœlum,
Rursus ima cadit, metuendaque sub vada vadit.
Aer luce caret, neque sol, neque Cynthia paret,
Nec radiant stellæ, sed nox fuit illa procellæ;
Non paret ulla salus, fractus jacet in rate malus.
Dissiliunt remi, casus venit hora supremi,

Nautæ suspirant, quos tanta pericula gyrant.
Præpositus navi liquit moderamina clavi.
Undique triste tonat, cœlum fragor omne coronat.
Fulgura crebra micant, tanquam simul omnia di-
[cant :
O fugitive redi, jussoque Tonantis obedi!
Hæc Jonas nescit, pressusque sopore quiescit.
Interiora ratis sunt facta cubilia vatis.
Nauta sed accessit, pulsum pede voce lacessit.
Surge, quid est quod agis ? multis dignissime plagis
Dormis securus, cum postmodo sis periturus :
Forsitan hac hora fluctu perit obruta prora.
Cum prece da fletum, fuget intercessio lethum,
Si poterit fieri, si non decet ultima fieri.
Interea ventis pelagique furore tumentis,
Exarmata ratis permiserat omnia fatis.
In mare jactatur quodcunque gravare putatur,
Nec tamen inde minus mergi timet anxia pinus :
1581 Crimine namque gravis manet, et non pon-
[dere, navis;
Nec, quia culpa premit, levat hanc qui pondera
[demit.
Jam satis apparet, quamvis mala tanta pararet,
Iram divinam patet exagitare carinam.
Ergo reum mortis vestigat missio sortis,
Et trahit ad pœnam captum sententia Jonam.
Mittitur in fluctus, cadit unda, caditque tumultus.
Iram Neptuni placat datus exitus uni.
Erigit absque mora sese gravis antea prora,
Causaque fit pacis submersio justa fugacis.
O recolenda satis, Deus, acta tuæ pietatis !
Qui parcendo feris, et percutiens misereris,
Nosque fovere soles, quasi sit homo tua proles,
In regione maris, virtus bona, tu dominaris,
Et, sicut claret, mors ipsa tremens tibi paret.
Mersum namque mari quis posse putet revocari ?
Pisce quis absorptum remeare putabit ad ortum ?
Ecce venit cetus, maris alta secare suetus,
Piscis par monti, sævissima bellua ponti,
Et veluti prædam rapit absorbetque prophetam.
Sed quasi commissum, nolit, velit, hunc dabit ipsum,
Et feret invitus quem cepit ad utile littus.
Noctibus ergo tribus, totidemque propheta diebus,
Ventre feri clausus, culpæ gravis expiat ausus.
Post hæc, ad portum vomit insons bellua sortum (20),
Qui simul evomitus, tetigit palpabile littus,
Atque refulsit ei lux desperata diei.
Littora tam sivit, cupida quam mente petivit,
Utque suam pœnam damnat mare, damnat arenam,
Tunc monitus rursum non audet flectere cursum;
Sed tendit recta citus ad Ninivitica tecta :
Utque moras nandi reparet mensura viandi,
Una luce tribus via curritur apta diebus.
Mœnibus intratis, ait ista viris sceleratis :
Excidium Ninives vobis denuntio, cives,
Clamor vestrorum petit æthera flagitiorum,
Nec Deus hæc ultra longum patietur inulta ;

(20) Id est *sortitum* seu *sorte mersum.*

A Post sex hebdomades urbem manet impia clades.
Verba Dei cœli vobis loquor ore fideli.
Territa gens istis, compuncta fit, anxia, tristis,
Et mala quisque gemit quæ per bona nulla redemit.
Saccis induti majores atque minuti,
Jejunaverunt, lacrymasque precesque dederunt
Rex quoque quod fecit, fastus insignia jecit ;
Magnis quippe malis cessit decor imperialis,
Et conturbatus pro cognitione reatus,
Exemplo raro solio descendere claro
Non dedignatus, se planxit, et est lacrymatus.
Tunc coram Jona deponitur alta corona,
Imprimiturque [f. Imponiturque] cinis capiti, me-
[moratio finis.
Purpura projicitur, cilicinis rex operitur.
B Delicias cœnæ removet meditatio pœnæ,
Et vis mœroris fugat oblectamen odoris.
Pluma fuit lecti teilus, sibi nescia flecti.
Pro sonitu citharæ suspiria mœsta fuere.
Et pro pigmentis miseræ contritio mentis.
Curia Magnatum fert consimilem cruciatum.
Aulicus et miles luctus imitantur heriles.
Multus ubique cinis, nullusque caret cilicinis.
In mœrore jacent, si forte domnium sibi placent.
Hinc vox præconis loca pervolitans regionis,
Jussu regali cunctos monet ordine tali :
Omnis homo plangat, dolor anxius omne cor angat,
Et cibus et potus sit ab omni carne remotus.
Dum genitrix luget, nullus puer ubera suget.
Vox a jejunis resonabit stridula curis.
C **1582** Pabula jumentis nova cura negabit alentis.
Grex baculo flentis arcebitur ipse fluentis,
Clamet ut omne pecus, labor omnibus incubet
[æquus.
Quis scit an attritis parcat sententia mitis,
Ne quatiat quassos, ne figat vulnera passos ?
Insuper occidat quos propria cura trucidat.
Non gaudet lenis miseros affligere pœnis.
Non fit mansuetus miserorum sanguine lætus.
Tantis lamentis cessit furor Omnipotentis,
Suppliciis parcens, mortisque nefas procul arcens,
Et de Scripturis pia dans exempla futuris.

XLVII.

Ante Librum Ruth, aliquo intervallo posito, sequun-
D *tur quatuor versus sine titulo, et distincti per inter-*
valla hoc modo :

Fixa corona	polis	radios jacit	æmula solis
Sidere septe	no cœ	lo spec	tanda sereno
In centro	cujus mi	eat auc	tor limis hu (20')
Stella paren	s prolis	nihilominus	æmula solis.

Ad caput manuscripti S. Gatiani ponitur sequens
versus minio pictus pro titulo :

Narrat Marbodus his versibus historiam Ruth.

INCIPIT LIBER RUTH.

Judicis unius sub tempore gesta canemus,
Prodita scriptoris plano sermone prioris,
Quæ recitare juvat, quo rerum mentio fiat
Clarior est opere fabricata semel repolire.

(20') Id est *liminis huius.*

Elimelech quidam, Judæa stirpe creatus,
Cum consorte thori fugiens, natisque duobus,
Oppida dira fames cum devastaret et agros,
Victu fecundos se contulit ad Moabitas.
Quo moriente brevi, mansit viduata Noemi.
At duo germani, ducti spe prolis inani,
Ducunt uxores Ruth et Orphan, credo, sorores.
Ilic Chelion dictus, Mahalon fuit ille vocatus.
Annis bis quinis ibi vita fuit peregrinis.
Sic cedunt fatis sine germine posteritatis.
Planxit cum nuribus natis orbata duobus,
Dura sorte premi memorans se casta Noemi.
Et jam fessa malis fortunæ pernicialis,
Et terræ diræ, parat ad loca prisca redire ;
Audierat siquidem quod jam cibus esset ibidem.
Inter et idolatras habitasse gemit Moabitas,
Jamque tenet reditum, lacrymis comitata duarum.
Restitit, et mœstas sic est affata puellas :
Quid vivat [f. juvat], o natæ, fidei pietate probatæ !
Gressus decrepitæ comitarier ? Oro, redite.
Me fortuna premit ; mihi spem quoque casus ademit.
O mihi dilectæ ! spes est jam nulla senectæ,
Cui fructum ventris manus abstulit Omnipotentis.
Quod de me genitos possitis habere maritos,
Si modo concipiam, rursumque puerpera fiam,
Ut pueri crescant, et corpora vestra senescant,
Vos fieri fetas prohibebit debilis ætas.
Deseruisse lares, sprevisse suos populares,
Norunt experti quam sit grave, dulce reverti.
Ite domum, charæ, me causa monet remeare,
Ut natale solum mihi det pro dote sepulcrum.
Sunt mea vota mori ; vos sorte decet meliori
Partu felici matres de conjuge dici.
Vivite, salvete, pro me grave pignus habete
Corpora natorum cum conjuge functa meorum.
1583 Hæc postquam dixit, flens flentibus oscula
[fixit,
Versaque carpit iter, suspiria dando frequenter.
Orpha deos patrios non passa, laresque paternos
Linquere, discedit repetens quæ prospera credit.
Ruth comitata socrum, putat hæc dispendia lucrum,
Dum se proselytam fieri cupit Israelitam,
Et mercede pari cum plebe Dei numerari.
Cui socrus : En, inquit, tua te cognata reliquit,
Estque reversa domum, pietate ducta parentum.
Tu quoque, nata, redi, verbisque monentis obedi.
Talibus auditis, respondit Ruth Moabitis :
Non erit, inquit, ita, sed tecum sit mihi vita,
Sit mors communis, domibus maneamus in unis ;
Pars mea sit tecum, dum vixero pars tua mecum ;
Quod colis ipsa colam, venerarier idola nolam.
O petra deserti nolens ad omissa reverti !
Quid tibi mercedis, linquens tua, cedere credis ?
Hospita quam sequeris victu caret, indiget æris.
Expers argenti, rogo, quid præstabit egenti ?
Sed Rex cœlorum tibi, plusquam turba deorum,
Complacet, hunc sequeris, huic velle placere videris.
Cui te committis, dabit hic tibi plura relictis.
Ipse potens, magnus, terræ dominator, et Agnus,

A Hinc emittetur. De te rex egredietur
Quarta progenie, proavus citharista Mariæ.
Tam firmæ menti causam bonitatis habenti,
Tamque piæ comiti non est socrus ausa reniti.
Qua sibi conjuncta, capiens solatia justa,
Ad fines Judæ properat, migraverat unde.
Dat requiem fessis urbs Bethlehem, tempore messis.
Spargitur absque mora mulierum sermo per ora :
Hæc est illa domi celebrata forisque Noemi.
Non, inquit, tali sum nomine digna vocari,
Quam Deus afflixit, quam multo vulnere fixit ;
Quondam plena bonis, nunc ecce revertor inanis.
Jam mihi quid pulchrum, nisi forte subire sepulcrum !
Ergo vocate Mara, quam mors vastavit amara ;
Tanti præda mali, non debeo pulchra vocari.
B Illis ita dispositis, habitans ibi Ruth Moabitis
Alloquitur socrum : Si vis, proficiscar in agrum.
Sic ubi clementes potero reperire metentes,
Ut carpam reliquas sua post vestigia spicas.
Proderit ad victum nobis quodcunque relictum.
Unde socrus dixit, nurus impigra protinus exit.
O benedicta nurus, de qua rex est oriturus !
En spicas vellis, peregrinis mista puellis ;
Ut viduam pascas, statuisti ne tibi parcas.
Instar formicæ, victum conquiris amicæ,
Nec flagrans æstas prohibet, quam cogit egestas.
Nescis quanta paret tibi, cui sol lunaque paret.
Ecce super cives virtute potens, homo dives,
Booz non paucorum possessor, et hujus (f. hæres)
[agrorum
C Elimelech functus fuerat, cui sanguine junctus,
Visere messorum veniebat agenda suorum.
Hisque salutatis, pro modo suæ bonitatis,
Et resalutatus, est cuidam talia fatus :
Hanc, puer, ignoro, sed quæ sit scire laboro.
Dixit et audivit : Hæc Bethlehem nuper adivit.
Scilicet invitis, quibus orta fuit, Moabitis,
Cum genitrice, viri cupiens sub lege morari ;
Et fugiens gentem, simulat nefanda colentem.
Idola ne coleret, meliora colentibus hæret.
Hincque die tota non est quocunque remota ;
Jam sol se solvit, nec adhuc jejunia solvit.
Filia, Booz dixit, cunctatio nulla tibi sit,
Sed secura meis in agro sociare puellis,
D Ut prior insistas sub falce secantis aristas ;
Carpere nec cesses volo, dum terat area messes.
1584 Fac studio questum, nullum patiere mole-
[stum.
Mandabo pueris, ne qua ratione graveris ;
Quin et si quando sities potes, ut properando,
De quibus et pueri recreantur aquis recreari :
Et ne lacessas, cape cum messoribus escas.
Prona cadens terræ, grates parat illa referre,
Et quem jam norat Dominum regionis adorat.
Unde mihi, dixit, spes tam jucunda refulsit.
Ut pius indignæ concedas tanta benigne,
Et consoleris peregrinæ cor mulieris,
Vilis et ignotæ, propria tellure remotæ,
Vix ancillarum dignæ gregis esse tuarum ?

Scimus, ait, de te quæ gesseris omnia recte,
Ut post fata viri socrui subjecta fuisti,
Et quantum gentes fugiens simulacra colentes,
Ritus sprevisti quibus innutrita fuisti.
Nec te mœrentum tenuit dulcedo parentum ;
Quin Domini malis servanda latere sub alis.
Credidimus veris, mulier virtutis haberis.
Hæc tibi compenset rex, qui justissima censet.
Det tibi mercedem, qui cœli possidet ædem.
Dixit, et ad pueros conversus præcipit heros :
Hæc ubi vult metito, nec eam quisquam prohibeto ;
Vos quoque de vestris volo dissimulare maniplis.
Partes prudenter quas colligat ipsa licenter,
Nullus id exploret ; mihi parcere [f. parere] nemo
                    [laboret.

Ergo Ruth assedit messoribus, atque comedit ;
Et non expensæ retinens obsonia mensæ,
Ac servans secum, socrui dare judicat æquum.
Inde movens gressum redit, ut prius hordea messum,
Deque labore suo studio collecta diurno,
Virga confregit, purgataque grana redegit
Ephi mensuram modios tres exhibituram,
Quos tulit ad socrum reliqua cum parte ciborum ;
Gestaque narravit, ac dicta Booz recitavit.
Illa refert grates, addit quoque provida vates :
O mihi pro multis spes unica relicta sepultis !
Ut tibi consultum queat esse recogito multum.
Ne labor immodicus tibi sit fascis iniquus,
Mergat et inflexum fragilem sub pondere sexum
Anxia paupertas, quam sic evincere certas.
Ergo sollicito mea pectore jussa subito,
Ut cito proficias, et felix conjuge fias,
Qui te fecundet, per quem tibi semper abundet
Panis cum vino non deficiente salino.
Quando Booz servos viset mensurus acervos
Composito vultu, festivo splendida cultu,
Quo cubet in strato noctu studiosa notato,
Cui jam stertenti passu te junge silenti,
Excitumque mone de legis conditione,
Ut pro sublato tibi debeat esse marito,
Instauretque suo semen geniale propinquo,
Qui fato sterili caruit prægnante cubili.
Quid moror, et lento versu procedere tento ?
Finis erat messis, partes dabat area fessis,
Ruth parens dictis, pueris hinc inde relictis,
Sensim fulcra tori jungenda petit meliori,
Excitumque monet quid lex jubet ut sibi donet.
Ille pavens subito, sed pectore mox stabilito,
Respondit timide : Castissima filia, fide,
Quod petis omne feres, si quidam me prior hæres
Non tibi reddiderit, quod legis formula quærit.
Sed nunc exspecta, decurrat ut actio recta ;
Non est hic moris vis [f. jus] anticipare prioris ;
Conveniendus erit numve volet, an tibi deerit ;
Cras fiet notum cui junges nubile votum ;
Nunc secura sile, castumque foveto cubile.
Hæc ubi complevit secura puella quievit.
Mane Booz surgens, et quod conceperat urgens
Præcipit ut mulier redeat festina latenter,

A Inque signum palæ dat spicea dona puellæ,
1585 Sex modios grani ne veste rediret inani,
Conveniens ruri pignus, signumque futuri.
Nam latet in granis cœlestis gratia panis,
Quem dedit Ecclesiæ genitus de carne Mariæ,
Qui per robustum signari creditur istum,
Ut nurus Ecclesiam, socrus effigiat Synagogam.
Exin cognato, populo præsente, vocato
Urbis et ante fores residere rogans seniores,
Hac mediastinum compellit voce sobrinum :
Elimelech ager est, qui, quod tibi dicere vis [f. jus]
                              [est,

A te debet emi, vidua vendente Noemi ;
Nam quod sis primus in sanguinis ordine scimus,
Quem tu si retines cupiens producere fines,
B Ruth quoque lege viri debes uxore potiri
Defuncti fratris supplens vice munia patris.
Quod si nolueris, tu qui prior esse videris,
Jam meus est fundus qui sum tibi sorte secundus.
Respondit juvenis : Mihi non opus est alienis
Usibus esse patrem, primum fore te volo fratrem ,
Jure meo cedo, quod eratque meum tibi dedo.
Vincula solve pedis, si jure tuo mihi cedis.
Solvit et actutum dat ei talare solutum.
Mos erat antiquis, et lex quasi fixa propinquis
Ut prior hæredi tradens sua jura sequenti
Quod dixi faceret, quo cessio robur haberet.
Hoc igitur pacto solemni more peracto
Booz ad conventum plebis patrumque sedentum :
Calceus est testis, testes quoque vos, ait, estis
C Quod fruor ecce bonis et conjugio Mahalonis.
Dixerunt illi majores atque pusilli :
Testes augeri bona poscentes mulieri,
Quam Deus assumpsit de gentibus, et tibi junxit,
Ut sit progenie fecunda simillima Liæ ,
Et vice Rachelis dilecta, viroque fidelis,
Ac Bethlehemiticas superet virtute maritas.
Sic invitati discedunt fausta precati.
Booz habet uxorem qua nullus habet meliorem,
Et non post multum recipit de conjuge fructum ,
Nam generatus Obed generantis gaudia complet ;
Hic pater est Jesse, quem patrem novimus esse
Regis Psalmistæ, cujus de semine, Christe,
Te colimus natum, finem sperando beatum. Amen

XLVIII.

DE RAPTU DINÆ (*Gen.* XXXIV).

(Ad ms. Andegavens. et Turon.) .

D Discite claustra pati qui parcitis integritati
Nec proferre pedem, vestramque relinquere sedem.
Quæ latebras odit, se stulta puellula prodit,
Stuprum sollicitat quoties non publica vitat.
Forma pudicitiæ sit vobis vita Mariæ
Virginis absque pari, quam fas tamen est imitari,
Hæc in plateis non est admista choræis,
Huic in secreto tulit angelus illud Aveto
Quod non audisset si non inclusa fuisset.
Pulchra nimis facie virguncula filia Liæ
Dina vagando foris sensit nova damna pudoris,
Integra mansisset, si non egressa fuisset ;

Sed dum progreoitur, dum forma decora politur
Naturæ donis sponsas superans regionis,
Materies ligni tanto non defuit igni,
Nam princeps terræ nequit hæc incendia ferre.
Filius Hevæi novitate stupens faciei,
Fert Sichem juvenis crudelia vulnera venis,
Impatiensque moræ rapit hanc, spoliatque pudore;
Virgine stuprata raptor tulit oscula grata,
Tristem solatus, donisque reconciliatus.
Sed levitas Dinæ fuit illi causa ruinæ,
Invenitque vicem cupidi violentia finem;
Nam juvenem stultum non dimissurus inultum
Germanus raptæ Simeon rem distulit apre,
Et contra mœchum, quia fingere credidit æquum,
Arte necare parat qui se vi dedecorarat;
1586 Dissimulata brevi silet indignatio Levi
Sanguine raptoris probrum mistura sororis,
Ili duo germani sitientes fata profani
Affantur stultum cordis reprimendo tumultum :
Quam corrupisti, juvenis, neque nos timuisti,
Si cupis uxorem nostram retinere sororem,
Fac solidam pacem rixam removendo loquacem
Et cito fœdus ini, cito bella minantia fini;
Simus gens eadem, sub lege regamur eadem;
Una vivamus, communia rura·colamus;
Sit lex nostrorum communis connubiorum;
Hébræis rectam non est fas linquere sectam,
Vobis ad ritum transire licet reculitum (*f.* requisi-
[tum),
Jungas ut plebes præputia ponere debes.
Conscia pars culpæ meritæ sit conscia pœnæ,
Circumdetpr vir quisquis in urbe moratur;
Hujus honor facti sit testificatio pacti;
Abscissæ pellis placeat vindicta puellis,
Cum qui peccatis scelus ipsi cruore piatis,
Et tua gens tecum dum supplicium subit æquum
Si memorata facis fient rata fœdera, pacis,
Sin minus in Dina manet impacata rapina,
Ipsam tollemus, passam licet unde dolemus
Hæc juvenilis amor, hæc suscipit et pater Hemor,
Hæc populus totus patris ac nati prece motus.
Protinus ergo cutis fiunt dispendia cunctis,
Curtanturque mares cum nobilibus populares.
Tertia majorem referens aurora dolorem
Debilibus turbis portas reseraverat urbis,
Ecce fremens fratrum furor ob scelus ante patratum
Abruptis portis importat vulnera mortis;
Nec satis est iræ sontem mucrone ferire,
Sævit et in gentem culpa vindicta carentem,
Cædibus immensis grassatur noxius ensis,
Nullum discernit, vetulum cum pubere sternit.
Fit populi funus quod vir deliquerat unus;
Ipse jacet stratus proprii sub sorte reatus,
Et pater ipsius quasi consors criminis hujus
Postquam mucroni factum satis et Simeoni,
Dextraque dum cædis Levi lassata resedit,
Et quis quem fundat sanguis jam nullus abundat.

A Ulti raptorem propriam retulere sororem.
At Jacob nati geminos fratres imitati
Mœnibus infusi leviter sunt viribus usi,
Urbs spoliata viris patuit sine marte rapinis,
Quisque quod insistit capit, et nemo sibi resistit;
Iste greges pecorum, gazas rapit ille domorum;
Ubera sugentes trahit hic, viduasque parentes;
Singula rimati sunt omnia depopulati.
Denique nil reliqui faciens victoris iniqui
Zelus cæsorum spoliat quoque membra virorum,
Finis vastantum sprevisse cadavera tantum.
Sic causa stupri locus est urbs facta sepulcri
Stuprum commisit quod frena vagando remisit
Sic levitas Dinæ fuit hujus origo ruinæ.
Ergo cum sit ita, consortia publica vita,
B Virgo dicata Deo, cœlique beanda tropæo.
Quæ sedet in cella, cupit esse pudica puella;
Admissura mares amat occursus populares.
Nemo tamen solis putet hæc recitanda puellis;
Scripsimus hæc per quæ sexus doceatur uterque.
Ne velut effundi mens nostra per avia mundi,
Sed legem matris teneat, mandataque patris.
Castra fovens æque cœlestia nocte dieque;
Nam quas conferimus, si res aptare velimus,
Filius Ecclesiæ quid erit nisi filia Liæ?
Sichem dæmon erit, qui nos corrumpere quærit,
Quem tunc mactamus cum membra pudenda doma-
[mus,
Cum quo cunctorum superatur gens vitiorum,
Cui fidei trinæ virtus est causa ruinæ,
C Raptorem scorti dedit ut lux tertia nocti.

    † XLIX. *Doctrinæ commendatio* (21).

Cum sine doctrina nil proficiat medicina ;
Nec sine doctrina tendantur in æquore lina;
Nec sine doctrina portum petat ulla carina·
Audi doctrinam si vis vitare ruinam.

    † L. *Nimium ne crede mulieri.*

Quisquis eris qui credideris fidei mulieris,
Crede mihi, si credis ei, quia decipieris.

    † LI. *Galli furtum a gallo probatum.*

Gallus erat cuidam viduæ, gallumque comedit
  Fur. Furi furtum hæc obicit, ille negat.
Dum sacramento se purgat, gallus in alvo
  Perjuri cecinit, resque probata fuit.

D   † LII. *De quodam Hervæo.*

Consilium populi, vox plebis lingua senatus,
  Hic jacet Hervæus magna ruina suis.

    † LIII. *De leopardo.*

Nec leo, nec pardus, traho nomen ab his, leopardus.

    1586 † LIV. *Domus paterna.*

Arcta domus gaude per avos parta tibi laude.

    † LV. *De abbatibus nimis indulgentibus.*

Mos est abbatum nunquam punire reatum,
Sed cum discedunt de mundo præmia quærunt.
Ergo *Pater noster* dicamus propter eos ter.

    † LVI. *De Aristotele.*

Summus Aristoteles trutinando cacumina rerum,

---

(21) Versus qui sequuntur, a n° 49 usque ad 60 sunt inediti.

In duo divisit quidquid in orbe fuit.

† LVII. *Guarmundus.*

Mundo Guarmundus caret, et diademate mundus;
Propter Guarmundi mortem gemit orbita mundi.
Mors ubi Guarmundo venit, dolor illico mundo,
Utpote Guarmundum rapiet mors horrida mundum,
Mors tibi Guarmunde, dolor et gemitus tibi munde,
Pax cum Guarmundo, quia vix in hoc bene mundo.

† LVIII. *Nugæ poeticæ.*

Altus mons. firmus pons. libera frons. vitreus fons.
Arbor nux. sacra crux. leo trux. bona lux. vigi-
[lans dux.
Candida nix. nigra pix. homo frix. aqua Styx. vo-
[lucris strix.
Fertile rus. corruptio pus, et amica luto sus.
Longum crus. curvat grus. rodit mus. redolet thus.
Est mordax dens, estque memor mens, est patriæ
[gens,
Urbis plebs, virtus spes, omnia res. graditur pes.
Cogit vis. turbat lis, in tribus æquivocat glis.
Ditat dos, vernat flos. stillat ros, acuit cos.
Uxor fratris glos, mugit bos, cuncta trahit mos.
Dat sors, aufert mors, resonat vox, furta tegit nox.
Jus carnis, vis rectoris, et est jus juris utrumque.

† LIX. *Vas fractum.*

Porticus est Roma, quo dum spatiando fero me
Res quærendo novas, inveni de saphyro vas
Institor ignotus, vendebat cum saphyro thus,
Thus socius noster tres emit denatorios ter
Vas tribus et semi-solidis ego prodigus emi,
Hoc inconcussum dum tollere sollicitus sum
Pro cofino mundo de viminibus pretium do
Ponitur introrsum sanum vas inde memor sum,
Extrahitur fissum, tristis, miser inde nimis sum.
Inter convivas magni foret hoc pretii vas
Si foret allatum, sicut positum fuerat tum
Lator at hoc pressit, cui prospera nulla dies sit.

† LX. *Elogium Milonis monachi S. Albini, dein episcopi Prænestini sub Urbano II, ex Marbodo.*

(Ex ms. codice S. Albini Andegav.)

Roma beata nimis, quæ sic excrevit ab imis,
Ut jam dicatur, meritisque suis habeatur
Ecclesiæ lumen, summum mundique cacumen,
Lucem regalem vibrans et pontificalem,
Cujus doctrina fulcitur nostra ruina,
Cernens Ecclesiam turbari per simoniam,

Misit legatum per Gallica regna probatum;
Contra Simonem jussit pugnare Milonem:
Ecclesiæ pressæ lapsæque jubetur adesse;
Pressæ tutelam, lapsæ donando medelam.
Hic gladio Petri ducis impetit agmina tetri,
Indignisque datus aufertur pontificatus,
Et datur insignis sedes sine munere dignis:
Propter vendentes non excusantur ementes.
Utilis adventus erat, ut res postulat, ejus:
Nam sunt prælati vigilantes utilitati.
Qui faciunt questum, si dona Dei manifestum,
Et Christum vendunt, nec eos alii reprebendunt
Quidam terrore tolerant, aliique favore:
Nulli donatus gratis est pontificatus.
Si sit farta manus, fiet puer ille decanus,
Et bene nummati sunt illico canonicati.
Provehitur census, vilet sine nomine sensus.
Est sensu plena nummis impleta crumena,
Omnia divitiæ vincunt documenta sophiæ,
Et cedunt diti deliro verba periti.
Plus est dona dare, quam veris falsa probare.
In sacris summis assurgunt undique nummis:
Nullis decretis damnantur dona loquentis,
Plus valet argentum quam Gregorii documentum.
Nunc status in donis est omnis relligionis,
Jam sunt buccarum pastores non animarum.
Munus in absconso vis, dat dimittere sponso,
Si velit uxorem ducere vel nobiliorem.
Si bonus esse velis sociis, dominoque fidelis,
Incipies fieri derisio maxima cleri:
Ast insectator sociorum, fraudis amator,
Hic formidatur et ab omnibus hic veneratur.
His plenus vitiis est totus Gallicus orbis,
Sed fidei pilo penetravit ad intima Milo.
Xenia nulla bonum nec amor flexere patronum,
Mens sibi fortis erat, si vis a corpore deerat.
Emptores vidi verbi mucrone recidi,
Et Simon immundus sibi succubuit pudibundus.
Gaudia quanta bonis virtus dedit illa Milonis;
Et multo plura nobis foret illa datura,
Et foret invictus, sed mors sibi sustulit ictus.
Mens nimium tuta Petrumque rigore secuta,
Nunc capis in cœlis tua præmia, serve fidelis.
Nunc super astra situs, diademate nunc redimitus,
Nostros oratus audi solvendo reatus.

IN LIBRUM SEQUENTEM BREVE MONITUM.

—

1587-1588 *Hic liber manuscriptus codicibus erutus est, scilicet ex Andegavensi 600 ad minus annorum ex Beccensi paulo recentiori, num. 98, et e Gemmeticensi 400 circiter annorum, et ex editione tandem Redonensi an. 1524. In singulis autem varie reperitur inscriptus et prætitulatus. Et quidem Andegavensis omnium antiquissimus nullum habet titulum, et incipit absolute: Versificaturo, etc. Habet autem in capite cujusque articuli summarium cujusque præcepti, quod subsequitur exemplum metrice editum. Hoc et similiter habet codex Gemmeticensis, sed cum hoc titulo: Marbodus discipulo suo, De ornamentis verborum. Versificaturo, etc. Beccensis vero titulum habet, sed ita abrasum et deletum, ut visum omnino fugiat; nec inde cujus sit auctoris deprehendi possit, sed tantum ex fine, ubi sic legitur; Explicit libellus Marbodi De* ornamentis verborum; *habet autem summaria præceptorum tantum ad marginem, exempla vero in ipsa libri pagina eum titulo cujusque articuli. Editio tandem Redonensis an. 1524 nullum habet omnino summarium, sed tantum titulum cujusque articuli cum exemplo metrice edito. Sed initio sic habet: Prologus libelli De ornamentis verborum. Ex quibus omnibus perspectis hujus libri editionem quasi lectori futuram commodiorem duximus, ut sequitur, exhibendam. Porro e titulo Gemmeticensi præfixo potest inferri Marbodum hunc libellum composuisse pro discipulis suis, cum adhuc Andegavi litteras humaniores et rhetoricam doceret, et diu antequam ad sedem Redonensem fuisset assumptus.*

MARBODUS

DISCIPULO SUO.

DE ORNAMENTIS VERBORUM.

PROLOGUS LIBELLI.

Versificaturo quædam tibi tradere curo
Scemata verborum studio celebrata piorum [f. priorum],
Quæ sunt in prosa quoque non minimum speciosa
Si potes his veluti gemmis et floribus uti,
Fiet opus clarum velut ortus [f. hortus] deliciarum,
Quo diversorum fragrantia spirat odorum,
Nec deerit fructus florum de germine ductus :
Mens auditoris persuasa nitore coloris.
Sed si forte rudis vix dum vulgaria cudis ;
Cum sibi res multas petat, hoc et [Andeg. hæc et] quæque facultas?
Prima prius disce, fias ut idoneus hisce,
Parvis imbutus [And. instructus] temptabis grandia tutus.
Exemplis igitur quia sic bene res aperitur,
Singula monstravi, per singula particulavi (22)
Nomina cum glosis, quibus hæc dignoscere possis.

---

§ I. REPETITIO. — *Repetitio est, cum continentur (23), atque eodem verbo in rebus similibus et diversis principia sumuntur; hoc modo :*

Tu mihi rex, mihi lex, mihi lux, mihi dux, mihi
[vindex,
Te colo, te laudo, te glorificans tibi plaudo [1].
Femina justitiam produxit, femina culpam [2].
Femina vitalem dedit ortum, femina mortem.
Femina peccavit, peccatum femina lavit.

1589 § II. CONVERSIO. — *Conversio est, per quam, non ut ante, primum repetimus verbum, sed ad postremum [3] revertimur; hoc modo :*

Tu solus Deus es, bonus es, pius es, sapiens es,

Qui terram portas, mare portas, sidera portas,

Quem mare, terra, polus, nequeunt portare, vel
[aer.

A § III. COMPLEXIO. — *Complexio est, quæ utramque complectitur exornationem, et hanc quam modo exposuimus, ut et repetamus idem verbum sæpius et crebro, et ad idem vostremum revertamur; hoc modo :*

Qui sunt qui pugnant audaciter? Andegavenses.

Qui sunt qui superant inimicos? Andegavenses.

Qui sunt qui parcunt superatis? Andegavenses.

Egregios igitur livor neget Andegavenses.

§ IV. TRADUCTIO. — *Traductio est, quæ facit ut cum idem verbum crebrius ponatur, non modo non offendat animum, verum et concinniorem reddat orationem; hoc modo :*

Si nihil in vita jucundius est tibi vita,

Indecorem vitam perages virtute relicta.

Cur illum curas, qui multas dat tibi curas?

B Semper amare velim, si quid nihil insit amari [4].

(22) Sic etiam Becc.; sed ed. Redonen. habet *prætitulavi*, ut et Andeg.
(23) Becc., *continentur ab uno eodemque.* Audeg., *continentur ab uno usque eoaem.*

T in codice ms. bibliothecæ urbis Turonicæ n° 164 antiq. et 117 mod. post hos binos versiculos leguntur sequentes :
† Suscipe dulcis ave quo nomen vertitur Evæ,
Scala poli fies, Virgo Deum pariens.
Christi præco pia gaudet veniente Maria,
Congerat alvus eum, sentit adesse Deum.
Mundi peccato Deus infans vagit in arcto
Quo per eum redeas, ampla poli teneas.

[1] *Hic desunt duo versus, qui sunt in ms. Beccensi.* [2] *Becc.,* continentur. [3] *Hic articulus deest in Andegavensi, habetur autem in Beccensi et in edit. Red.* [4] *Sic Becc.* sed ed. Red., sed tædet mortis amaræ

§ V. Contentio. — *Contentio est, cum ex contrariis rebus oratio conficitur; hoc pacto :*

In luctu rides, inter convivia luges.

Mane petis lectum, dimittis vespere tectum.

Pax est, arma fremis, bellum pro pace precaris.

Cum debes clamare, taces; cum parcere, clamas.

Urbem rure cupis, laudas bona ruris in urbe.

§ VI. Exclamatio. — *Exclamatio est, quæ conficit significationem doloris, vel indignationis alicujus, per hominis, vel urbis, vel rei cujuspiam compellationem; hoc modo :*

O Asiæ flos Troja potens! o gloria quæ nunc!

In cineres collapsa jaces. Ubi regia proles,

Ex Hecuba Priami veniens a semine [6] divum?

1590 O Hector, quondam Trojum fortissime
[frustra,

Conjugis in facie, defectorque [7] parentum,

Hostiles primo fœdasti sanguine currus!

Hanc adeo patriæ cladem, tua, perfide pastor,

Navibus invexit diis exsecrata voluptas!

§ VII. Ratiocinatio. — *Ratiocinatio est, per quam ipsi a nobis rationem poscimus, quare quidquid dicamus, et crebro nosmet a nobis petimus uniuscujusque propositionis explanationem.*

Dives avarus eger. Per quid? quia cum petit usus,

Tangere parta timet. Cur? ne minuatur acervus [8]

Cur metuit minui? quia mavult crescere. Quare?

Non esset vitium, si non ratione careret.

[9] § VIII. Sententia. — *Sententia est oratio sumpta quæ, aut quid sit, aut quid esse ovorteat in vita, breviter ostendit; hoc modo :*

Cui satis est quod habet, satis illum constat ha-
[bere.

Cui non est quod habet satis, illum constat egere.

Ergo facit virtus, non copia sufficientem,

Et non paupertas, sed mentis hiatus egentem.

§ IX. Contrarium. — *Contrarium est, quod ex diversis duabus rebus, alteram breviter et facile confirmat; hoc modo :*

Qui sibi non parcit, mihi vel tibi quomodo parcet?

Qui sua divulgat probra, credis quod tua celet?

Jam metues [10] ægrum quem sanum despiciebas?

An soli cedes quem cum socio superabas?

§ X. Membrum. — *Membrum orationis, est oratio breviter [11] absoluta, sine totius sententiæ demonstratione, quæ denuo de alio membro orationis excipitur; hoc modo :*

[12] Et me lædebas, et multum proficiebas,

Et nostros super his inimicos lætificabas.

§ XI. Articulus. — *Articulus dicitur, cum singula verba intervallis distinquuntur intercisa [13] oratione; hoc modo :*

Armis, classe, cibo dives mala castra petisti;

Solus, inermis, inops, inglorius ecce redisti.

1591 Ferro, peste, fame comptus es [14], et per-
[iisti.

§ XII. Similiter cadens. — *Similiter cadens est, cum in eadem constructione duo vel plura verba similiter iisdem casibus construuntur [15]; hoc modo :*

Fac tibi fortunam, festina frangere lunam,

Et contra fatum faciat [16] te cura beatum.

§ XIII. Similiter desinens. — *Similiter desinens est, cum, tametsi casus non insunt, verbi tamen similes sunt exitus; hoc pacto :*

Censu ditari, virtute petis vacuari.

Sed nec dives eris; donec virtute carebis. [

Molliter affaris, fallaciter insidiaris.

Inquiris blande. prodis [17] commissa nefande.

§ XIV. Commistum. — *Commistum est, in quo duo superposita conveniunt, hoc modo ;*

Criminis est formam componere, spernere famam,

Scortum sectari, miracimmum [18] vocitari.

Hic qui magnanimum se vult fortemque videri,

Corde pavet leporis. Cum territet ore leonis,

[19] Sicut dama fugit, quasi bos ad vulnera mugit.

[20] § XV. Adnominatio. — *Adnominatio est, cum aa idem verbum, vel nomen acceditur commutatione, vel additione unius litteræ, vel litterarum, aut ad res dissimiles similia verba accommodantur; hoc modo :*

Curia curarum genitrix, nutrixque malarum,

Injustis justos, inhonestis æquat honestos.

Alcide virtus. ullo superata labore,

Indomitas aditura domos, infanda profunda [21],

Deformes formas non formidavit, et atra

Atria cerbereo sprevit metuenda latratu.

1592 § XVI. Subjectio. — *Subjectio est, cum interrogamus adversarios, aut quærimus ipsi a nobis quid ab ipsis, aut contra nos dici possit; deinde subjicimus id quod oporteat dici, vel non oporteat, vel nobis adjumento futurum est, vel obfuturum; hoc modo :*

Quæ tibi causa fugæ? nunquid flagra? nulla da-
[bantur.

An labor? ast ludo somnoque madere solebas.

Nunquid ferinæ [22] fames? tu fercula percipiebas.

Num frigus? vestes mutabas luce profesta.

Ergo flagitii te conscia mens agitabat.

Quidnam deprensus facerem? fugeremne? sed
[hostis

Vectus equo peditem caperet. Veniamne precarer?

At crudelis erat. Pugnarem? fortior ille.

Promissis igitur falli restabat avarum.

§ XVII. Gradatio. — *Gradatio est, in qua non ante ad consequens verbum descenditur, quam ad superius ascensum [23] est; hoc modo :*

Hic quæcunque videt cupit, et quæcunque cupivit

Allicit. Allectam vitiat, prodit vitiatam.

Ni virtus laudem, laus invidiam peperisset

Androgeo, sospes ad Gnossia regna redisset.

Sed virtus laudem, laus invidiam generavit;

Invidiæ telis pars hæc [24] superata necavit.

---

[6] *Andegav. et Red.,* sanguine.   [7] *Becc.,* defectorum, *rectius Andegav. et Red.,* defunctorumque.   [8] *Becc.,* acutus.   [9] *In Andegavensi deest exemplum hujus præcepti et præceptum sequentis exempli; utraque autem sunt in Beccensi, sicut in Gemmeticensi.*   [10] *And., Becc. et Red.,* An metues.   [11] *Andeg. et Becc.,* res breviter.   [12] *Andeg. et Becc.,* At nil tibi, *quod rectius.*   [13] *Andeg., et Becc.,* cæsa.   [14] *Andeg. et Becc.,* consumptus es.   [15] *Andeg. et Becc.,* efferuntur.   [16] *And.,* faciet.   [17] *And.,* promis.   [18] *Beccensis,* Miracrimium. *Andeg.,* Miracocinium.   [19] *Hic versus additus est ex Andeg. et Becc. et Red.*   [20] *Sequentia desunt in Andeg.; exstant autem in hoc Gemmet., Becc. et Redon. edit.*   [21] *f.* profanda.   [22] *Becc. et Red.,* forte.   [23] *Becc.,* concessum.   [24] *Becc.,* hunc.

§ XVIII. DIFFINITIO. — *Diffinitio est, quæ rei ali-*
cujus proprias amplectitur potestates breviter et
absolute; hoc modo :

Prodigus ut largo, sic parcus distat avaro.

Prodigus est, animi vitio retinenda profundens;

Largus, qui sumptum facit ex ratione libenter.

Parcus, qui retinet quidquid non postulat usus;

Qui retinet cupide quod res deposcit, avarus.

§ XIX. TRANSITIO. — *Transitio est; quæ cum osten-*
dit breviter quid dictum sit, proponit breviter quid
consequatur; hoc modo :

Audistis qualem se præstitit iste parenti ;

Nunc qualis fuit ipse parens audire vicissim,

Ut dignus nec prole queat, nec patre videri.

1593 § XX. CORREPTIO.—*Correptio est, quæ tollit id*
quod dictum est, et pro eo id quod magis videtur
idoneum reponit ; hoc modo :

Postquam vidit amans, imo veracius amens,

Hanc attrectari, delinirique volentem,

Ceu lupus, aut potius catulis orbata leæna,

Involat os hominis ; rapit illam, diripit illam;

Scilicet oblitus decoris, quin imo decoris.

§ XXI. OCCUPATIO. — *Occupatio est, cum dicimus nos*
præterire, aut non scire, aut nolle dicere id quod
maxime tunc dicimus ; hoc modo :

Quid referam ? quantis tua sit maculata juventus

Flagitiis? quoties sis publica verbera passus ?

Prætereo cædes, perjuria, furta, rapinas.

Ad finem propero. Quisnam [25], si cuncta referre,

Aut libare velit, lassandas præbeat aures ?

§ XXII. DISJUNCTUM. — *Disjunctum est, cum eorum*
de quibus dicimus vel utrumque, vel unumquodque,
certo concluditur verbo; hoc pacto :

Romanus populus Gallos in Cæsare vicit.

Sub duce Pompeio Mithridatica regna subegit.

Hannibalis vires Scipionis nomine fregit.

Aut morbo species cadit, aut ætate fatiscit.

§ XXIII. CONJUNCTUM. — *Conjunctum est, cum inter-*
positione verbi, et superiores partes orationis com-
prehenduntur, et inferiores; hoc modo :

Aut ætas formæ decus atterit, aut valitudo.

§ XXIV. ADJUNCTUM. — *Adjunctum est, cum verbum*
quo res comprehendimus, non interponimus, sed
aut primum, aut postremum collocamus; hoc
modo :

Morbo, vel senio formæ decus evacuatur.

Exstingunt speciem seu morbus, sive senectus [26],

1594 § XXV. CONDUPLICATIO. — *Conduplicatio est,*
cum ratione amplificationis, aut miserationis unius
[27], *aut plurium verborum iteratio fit ; hoc modo :*

Tune patrem gladio crudelis nata necasti ?

Tune patrem? pro quo fuerat tibi mors subeunda.

Num refugis lucem, fex et contagio vitæ?

Num refugis? Nunquid si judex parcere vellet,

Non tibi deberes manibus consciscere mortem ?

§ XXVI. COMMUTATIO. — *Commutatio est, cum duæ*
sententiæ inter se discrepantes ex transjectione ita

efferuntur, *ut a priore posterior contraria oriri*
proficiscatur; hoc modo :

Nulla tacenda loqui, vel nulla loquenda tacere,

Quis sapiens jubeat, cum supra nos sit utrumque ?

Quisve jubens sapiat, cum quod jubet, hoc nequit
[ipse?

§ XXVII. DUBITATIO. — *Dubitatio est, cum quærere*
videtur orator de duobus utrum potius, aut quod
de pluribus potissimum dicat; hoc modo :

Tu mihi te confers homo, quo te nomine dicam?

Hæsito. Si dicam spurcissime, non erit æquum.

Si scelus appellem, minus est. Deformior an sis

Nequior ignoro. Nec hoc mihi, nec placet illud.

§ XXVIII. DISSOLUTUM. — *Dissolutum est, quoa con-*
versionibus verborum e medio sublatis, separatis
partibus effertur; hoc modo :

Dilige cognatos ; charos venerare parentes

Subditus esto Deo ; mandatis legis obedi.

§ XXIX. PRÆCISIO.—*Præcisio est, cum motis* [28] *qui-*
busdam, quod cæptum est dicere, relinquitur au-
dientium judicio; hoc pacto :

Te non est æquum certamen ponere mecum,

Propterea quod me populus . . . sed dicere nolo,

Ne cui, magna loquens, videar spirare superbum ;

Te vero plagis, ignominiaque notavit.

Hæc tu nunc [29] audes ? qui nuper in æde sacrata,

Solemnique die. . . . sed præstat parcere verbis,

1595 Ne te digna ferens, offendam judicis aures.

§ XXX. CONCLUSIO. — *Conclusio est, quæ brevi*
argumentatione, ex his quæ jam dicta sunt, aut
facta, confestim necessario consequitur; hoc pacto ·

Si Trojam non posse capi responsa ferebant

Absque Philoctete, quibus occidit ipse sagittis?

Hæque nihil Trojæ Paridis nece plus nocuerunt :

Nimirum Paridis mors est eversio Trojæ.

EPILOGUS.

Hæc tibi de multis, ne multa forent onerosa,

1596 Primum pauca dedi, quasi fercula deliciosa,

Singula distinguens, facili brevitate notavi.

Quæ quo plana forent, magis hæc placitura
[putavi.

Si gustata placent, et adhuc gustanda petuntur,

Cætera quæ restant, me dispensante dabuntur.

Sed prius hæc debes studio versare frequenti,

Ut velut his vacuæ committas cætera menti.

Interea tanquam speculum, formamque poetæ,

Verum naturas qui scribere vultis habete,

Cujus ad exemplar, veluti qui pingere discit,

Aptet opus primum quisquis bene fingere gliscit.

Ars a natura, ratione vocante [30], profecta,

Principii formam proprii retinere [31] laborat.

Ergo qui laudem sibi vult scribendo parare,

Sexus, ætates, affectus, conditiones [32],

Sicut sunt in re [33], studeat distincta referre.

Hæc spernens Baius [34], hæc servans fiet Homerus.

---

[25] *Becc., Red.,* Quis enim.   [26] *Becc.,* juventus, *sed mendose.*   [27] *Becc.,* Amplificari, aut miseratione ejusdem unius, *sed mendose.*   [28] *Becc.,* melius dictis.   [29] *Becc.,* nec.   [30] *Red.,* cicute.   [31] *Becc.,* servate.   [32] *Becc.,* conditionis.   [33] *Becc.,* sicut sunt jura.   [34] *Becc.,* Bavius, *Red.,* Bamus.

INCIPIT LIBER

MARBODI EPISCOPI

DECEM CAPITULORUM.

—

CAPITULUM PRIMUM
DE APTO GENERE SCRIBENDI.

(*Ex editione Redonensi an.* 1524.)

Quæ juvenis scripsi, senior, dum plura retracto,
Pœnitet, et quædam vel scripta, vel edita nollem,
Tum quia materies inhonesta levisque videtur,
Tum quia dicendi potuit modus aptior esse.
Unde nec inventu pretiosa, nec arte loquendi,
Vel delenda cito, vel non edenda fuissent.
Sed quia missa semel vox irrevocabilis exit,
Erroremque nefas est emendare priorem,
Restat ut in reliquum jam cautior esse laborem,
Ne quid inornate, vel ne quid inutile promam ;
Præcipue quia jam veniæ locus esse nequibit,
Qui quondam fuerat, dum stulta rudisque juventus,
Et levis, in culpam poterat toleranda videri.
Nunc vitæ, studiique simul diuturnior usus,
Acrius exspectat rigidi censoris acumen.
Ergo propositum mihi sit, neque ludicra quædam
Scribere, nec verbis aures mulcere canoris ;
Non quod inornate describere seria laudem,
Sed ne, quod prius est, neglecto pondere rerum,
Dulcisonos numeros, concinnaque verba sequamur.
Est operosa quidem, multisque negata facultas,
Ut rerum virtus, verborum lege subacta,
Servetur, verbisque canor sub rebus abundet ;
Quod jugi studio tunc affectare videbar.
Sed mihi nunc melius suadet maturior ætas,
Quam decet ut facili contenta sit utilitate,
Utque supervacuum studeat vitare laborem.
Est aliud quare puto continuare canoros
Versus absurdum, quoniam color unus ubique
Nil varium format, sed nec pictura vocatur,
Imo litura magis, quia delectare videntes
Res variæ, raræque solent ; fit copia vilis.
Ergo diversos scriptis adhibere colores,
Et variare stylum, plus laudis habere putamus.
Nec tamen hoc solo carmen laudabile constat ;
Nam lex scribendi recte, tria postulat. Ut sit
Perspicuum, vitioque carens, ac schemate vernans.
Quod qui consequitur, sit dulcis et utilis idem,
Et retinere potest animos auresque legentum.
Hoc genus ergo mihi posthac propono sequendum,
In quo plus laudis reor, et minus esse laboris.
Nec tantum omnino me pœnitet illa secutum,

In quibus, exercens animum, sudare solebam ;
Nam gravior juveni labor aptior esse videtur
Et citus a gravibus fit transitus ad leviora.
Præterea juvenem cantare jocosa decebat ;
Quod manifesta seni ratio docet negatum,
Cujus morali condiri verba sapore
Convenit, et vitiis obsistere fronte severa.
Ergo tenendo modum mediocris ubique figuræ,
Jam nunc experiar, scripturus seria, verbis
Non exquisitis, sed nec trivialibus uti ;
Altera nam vilem facit, altera res odiosum.
Nec brevis, aut nimium cupiam prolixus haberi ;
Altera nam tenebras, res altera tædia gignit.
1597 Nec mihi sit summos fas attentare poetas
Nec nimis abjecte me deterioribus addam.
Humanæ primum vitæ de sorte loquemur,
Et quæ sint hominum causæ, cur tempora currant ;
In quo non minimum fore credimus utilitatis,
Ut cognoscat homo quo tendere debeat omnis,
Cum dura sese genitum sub sorte queretur.
Hæc spectanda tibi, præsul doctissime (24), mitto,
Cujus judicium falli, vel fallere nescit.
Si spectata probas, animos ad cætera sumam.
Si secus, in reliquum tardo conamine surgam,
Tu frenum super his mihi, vel calcaria pones.

CAPITULUM II.
DE TEMPORE ET ÆVO.

Post decies sextum currit mihi septimus annum,
Ex quo de claustris uteri, ceu carcere cæco,
Fusus in hanc lucem, vagitus edere cœpi,
Ita venturos fletu testante labores ;
Quod de communi nascentum colligo lege,
Illius ætatis prorsus nihil esse recordans ;
Quippe recente luto fluidæ mens obruta carnis,
Torpet lethæo veluti depressa sopore ;
Quem tantum [*f.* tamen] excutiens paulatim, tem-
                               [poris usu,
Discit præsentes rerum discernere causas,
Et de præteritis quædam pensare futura.
Nec tantum ad plenum præfert rationis acumen,
Ætati pueri succedit fortior ætas,
Et calor ascendens firmat juvenilia membra,
Virtutis reddens hominem, vitiique capacem.
Hic jam dividuo sulcatur tramite vita,
Simplex hactenus, et puro deducta tenore ;

---

(24) Hildebertum amicum forte alloquitur.

Littera quod jam Y diviso vertice signat,
Qui dextrum creta, lævum carbone notavit
Ardua virtutem, vitium pars prona figurat,
Descensu facili multos ad tartara mittens.
Ast gravis in cœlum labor est attollere gressus,
Quo, nisi paucorum, nequit ardens scandere virtus.
Ætatem sequitur juvenilem dicta virilis,
Humanum corpus solidis quia viribus implet.
Hic status est vitæ mortalibus, et quasi centrum,
Ex quo præcipiti devolvitur orbita lapsu,
Deficiensque calor sensus hebetando resolvit,
Deciduos artus senio mortique resignans.
Ecce per ætates produxi tempora quinque ;
Si tamem ætatum pars est infantia prima,
Principium vitæ potius quam vita vocanda.
Et mea deformis jam laxat membra senectus,
In senium properans, et mortis ad ultima ducens.
Quid misero prodest mihi tot vixisse per annos ?
Quid lætos duxisse dies, et tempora grata ?
Cum quidquid placuit fugiens avexerit hora,
Nec tamen abstulerit mentem cruciantia ; nam cum
Gaudia transierint, operum stat pœna superstes
Occultis plagis male conscia pectora torquens.
Nec minor inde tamen pœnæ censura timetur,
Cum miser exierit de corpore spiritus isto.
Quod si præteritos vitæ replicare labores,
Et varios morbos, ac tristia fata parentum,
Ærumnasque graves, et mille pericula rerum,
Et male sollicito vigiles in pectore curas
Commemorare velim, major mensura dolorum
Fuscat, et obducit fugientis gaudia vitæ.
Vilia sanguinei primordia transeo partus.
Prætereo cunas, pannorum fœda relinquo.
Infantum fletus, nutricum sperno labores.
Ad pueri propero lacrymas, quem verbere sævo
Iratus cogit dictata referre magister,
Dediscenda docens quæ confinxere poetæ,
1598 Stupra nefanda Jovis, seu Martis adultera
[facta,
Lascivos recitans juvenes, turpesque puellas,
Mutua quos junxit, sed detestanda voluptas.
Imbuit ad culpam similem rude fabula pectus,
Præventusque puer vitii ferventis odore,
Jam cupit exemplo committere fœda deorum.
Ergo cum primo genitali membra calore
Fervida, cor juvenis, stimulante libidine pulsant,
Frena pudicitiæ, nullo prohibente, relaxat,
Ad lævos actus devexo tramite currens.
Quod si post culpam moveat confusio mentem,
Et velit in dextra vitio polluta reniti,
Lubrica fixa luto vestigia culpa retentat,
Assuetumque malo prohibet recto vertere gressum.
Ergo per abruptum fertur miseranda juventus,
Crimina criminibus, seu mortes mortibus addens.
Quid referam species scelerum, perjuria, furta,
Sacrilegos ausus, cædes, incesta, rapinas ?
Plurima prætereo, quæ nec memoranda videntur,
In quibus hæc ætas cæca se mente volutat.
Sed neque vir factus facile concocta repellit

A Probra voluptatum, nisi quod reverentius optat
Indulgere sibi, metuens dispendia famæ.
Jam studiosus opum, vani studiosus honoris,
Nec valet arbitrii virtute revincere pravum,
Cui se sponte sua submisit criminis usum.]
Inde senectutem mala consuetudo molestat ;
Et cum jam coitus sibi sit subtracta voluptas,
Utpote cui gelidus cohibet penetralia sanguis,
Insatiata tamen prurit sub corde voluptas,
Et petit affectu quod non procedit in actum.
Sed nec opum solet in senibus minor esse cupido,
Nec de prædictis est ambitiosior ætas ;
Quin et avaritiæ gravioris labe notatur,
Dum victura minus, plus parcere sumptibus optat.
Quæ mala fert senium, morti vicinior ætas,
B Decrepiti possunt deliramenta probare,
Cujus ad infantum fragilis redit actio vitam.
Nam prope sunt hominis similes occasus et ortus,
Qui velut ex nihilo vitam procedit in istam,
Et velut in nihilum vita discedit ab ista.
Ergo quid in vita placet hac mortalibus ægris,
Cujus ad occasum labor est ostensus ab ortu,
Et pars nulla vacat, quam non mala multa mole-
[stent ?
Quid placet ergo viris, qui sola caduca sequuntur ?
Nunquid concubitus ? sed equos decet illa voluptas.
An cibus et potus ? pecudes quoque talia quærunt.
Num populi favor ? at nihil est velocius aura.
Nunquid divitiæ ? sed eas hinc auferre nequimus.
Num formæ decor ? at senio morbove fatiscit.
C An potius diuturna placent hæc tempora vitæ ?
Sed non exspectat pars horæ prima secundam,
Et nisi cum periit nequit integra jure vocari.
Si longum tempus longum nihil esse probatur,
Quid refert igitur paucis vel pluribus annis,
Postquam transierint, vitam duxisse caducam ?
Bestiolas nasci perhibent in flumine Gange,
Quarum membra luto surgens aurora figurat,
Sol oriens animat, facit hora secunda moveri,
Tertia jam vegetis ludos saltusque ministrat ;
At postquam summo radians stat Phœbus in axe,
Hæ quoque perfecto vires in corpore sistunt :
Hinc ubi sol currum devexum flectit in orbem,
Pigrius incipiunt lusu cessante moveri,
D Et vigor exhaustos pedetentim deserit artus ;
Vespere jam facto, rugas dat pellis aniles,
Et gravis incurvat titubantia membra senectus .
At simul Oceani radios sol mergit in undis,
Vita brevis tenues pariter discedit in auras,
Unius tantum spatio porrecta diei.
An non his similes animalibus esse videmur,
1599 Quos brevitas vitæ, quantumvis longa, coar-
[ctat ?
Nam quidquid longum sub tempore dicitur ullo,
Quo [*supp.* Cum] collatum, punctus brevis esse pro-
[batur.
Imo nec punctus, quoniam cum mille per annos
Tempora transierint, stat punctus, at illa nihil sunt.
Quid, rogo, quid sapiens attendit Conditor orbis,

Ipse manens semper, cum transitoria finxit?
Si genus humanum sumus hac sub lege creati,
Ut quidquid gerimus fugitivæ tempore vitæ
Transeat, et nosmet tandem simul intereamus,
Insipiens opifex, reprehendendusque videtur,
Cujus opus vanum veluti vas fictile transit.
Sic faber ignavus per opus culpatur ineptum,
Artificemque suum reprehendit fabrica nutans.
Sed neque quam pecudum melior sors nostra vi-
　　　　　　　　　　　　　　　　　[detur,
Cum par interitus homines jumentaque tollat.
Si quis opus sumens, ut desinat, incipit, aut s'
Tecta domus subiens, obintrat, ut egrediatur,
Insulsus merito deridendusque videtur.
Nos quoque si tantum nati sumus ut moriamur,
In vanum nati, frustra vixisse probamur.
Sed cum sit sapiens, imo sapientia, qui nos
Condidit, atque sua signavit imagine mentem
Cui formata luto commisit membra regenda,
Non est credendum nos funditus interituros;
Sed potius constat quod nec caro nostra peribit,
Æternæ menti miro semel ordine juncta
Nam duo Cunctipotens hominem conflavit in unum,
Ut de diversis factus certamen haberet,
Arbitrioque suo vinci, vel vincere posset;
Sed bene pugnanti pareret victoria palmam,
Supplicium victo dignum censura pararet.
Sic foret æternum quod condidit optimus auctor,
Qui finem nescit, quem tempora nulla coarctant,
Quem penes omnino pax est, et semper idipsum.
Tempora lapsa puto, quorum variatio tempus
Efficit, ex variis generat discordia pugnam :
At studium pugnæ sequitur victoria, quæ si
Tollatur, pariter merces et pœna peribunt.
Sed neque justitiæ dabitur locus Omnipotentis,
Per quam pro meritis referantur merita cuique.
Ergo necesse fuit varios effingere motus,
Et de diversis unum compingere mundum,
Quo velut in stadio longo certetur agone,
Dum genus humanum per tempora tendit ad ævum,
Donec agonistis Judex examine justo
Singula disponens, pœnas vel præmia solvat.
Heu miser ! illa dies mihi quæ tormenta parabit,
Qui lævum per iter semper devexa secutus,
Illecebris carnis, superata mente, vacavi;
Cujus in omne nefas intentio prompta cucurrit;
Cujus opus virtus a crimine nulla redemit!
Si tantum justus Deus est, pietate remota,
Nulla mihi veniæ spes est, mihi nulla salutis
Sed quia justitiæ Domini clementia pars est,
(Nam sua jure suo repetit, laxatve licenter.
Confero me Domini supplex reus ad pietatem,
Qui juste damnare potest, et parcere cui vult;
Utque velit rogito mihi semineci misereri,
Quem deo discerpsit, quem vipera sæva momordit,
Quem latro vulneribus, spoliatum veste, cecidit,
Levites sprevit, sprevit mea flagra sacerdos;
Nec quisquam tulit auxilium sub morte jacenti.
Tu quoque si transis, hominum mitissime custos,

A Quis curam geret, aut quis vulnera cruda ligabit?
Plurima qui veniæ spem per documenta dedisti,
Judicium removens, veniam concede roganti.
Nam quis judicio poterit contendere tecum?
Nulla mihi meriti fiducia. Si tamen optas,
1600 (Ut pius es) meritum, quo jure queas mise-
　　　　　　　　　　　　　　　　　reri,
Sit mihi pro merito mœsti contritio cordis,
Sint lacrymæ mihi pro merito, sint verba, precesque.
Narratur lacrymis abluta negatio Petri.
Creditur et meritis meruisse latro paradisum.
Regis adulterium septem tolerata diebus
Dicitur emendasse fames ; justique necati
Rex idem facinus ratione piavit eadem.
Dæmone septeno fletu purgata Maria,
B Prima resurgentem meruit cognoscere Christum
Plurima sunt exempla quibus fiducia lapsis
Certa datur veniæ, quæ tu recolenda parasti,
Ne quis desperet, cum te sciat esse benignum.
Ergo, benigne Pater, fac more tuo bene mecum,
Ut cum salvatis merear requiescere tecum.
Laus tua, sancte, meo semper versetur in ore,
Et mea scriptura confessio vivat in ista.
　　　　　　　Amen.

CAPITULUM III.

DE MERETRICE.

Innumeros inter laqueos quos callidus hostis
Omnes per mundi colles camposque tetendit,
Maximus est, et quem vix quisquam fallere possit
C Femina, triste caput, mala stirps, vitiosa propago,
Plurima quæ totum per mundum scandala gignit;
Quæ lites, rixas, et duras seditiones
Excitat, et veteres bello committit amicos,
Separat affectus, natos ciet atque parentes :
Parva loquor, reges solio movet, atque tetrarchas,
Gentes collidit, quatit oppida, diruit urbes,
Cædes multiplicat, lethalia pocula miscet ;
Per villas agrosque furens, incendia jactat.
Denique nulla mali species grassatur in orbe,
In qua non aliquam sibi sumat femina partem.
Invidus est sexus, levis, iracundus, avarus,
Et circa potum nimius, ventrisque voracis ;
Vindicta gaudens, et vincere semper anhelans,
Per fas atque nefas cupiens implere quod optat ;
D Cui nihil illicitum, quod dulce sit, esse videtur.
It facie renitens, secretaque sordida celans,
Mendax atque procax, nec furti crimine purus :
Hinc lucris inhians, hinc igne libidinis ardens,
Garrulus, inconstans; et post mala tanta superbus.
His armata malis subvertit femina mundum ;
Femina dulce malum, pariter favus atque venenum,
Melle linens gladium cor confodit et sapientum.
Quis suasit primo vetitum gustare parenti?
Femina. Quis patrem natas vitiare coegit?
Femina. Quis fortem spoliatum crine peremit;
Femina. Quis justi sacrum caput ense recidit?
Femina, quæ matris cumulavit crimine crimen,
Incestumque gravem graviori cæde notavit.
Quis David sanctum, sapientem quis Salomonem

Dulcibus illeceoris seduxit, ut alter adulter,
Alter sacrilegus fieret, nisi femina blanda?
Praetereo multas, quas pagina sacra recenset,
Infandam Jezabel, ausamque nefas Athaliam,
Et plures quas non est enumerare necesse.
Multas praetereo, quas connumerare poetae,
Historiaeque solent, Exiphilem et Clytemnestram
Beliden et Prognen , concertatamque decenni
Terrarum bello Laeda genitam meretricem,
Quasque solent alias populo recitare tragoedi.
Hujus in exemplum monstri gravis atque cavendi,
Finxit terribilem sapientia prisca chimaeram ;
1601 Cui non immerito fertur data forma triformis;
Nam pars prima leo, pars ultima cauda draconis,
Et mediae partes nil sunt nisi fervidus ignis.
Haec ad naturam meretricis ludit imago,
Ut praedam rapiat quae praefert ora leonis,
Egregio simulans quiddam quasi nubile vultu;
Hac specie captos flammis exurit amoris,
In quo nil solidi, nil ponderis esse videtur,
Sed levis, et ratione carens, fervensque libido,
Ultima sunt cujus lethali farta veneno,
Quippe voluptates mors et damnatio finit.
Femineam speciem gerit irrequieta Charybdis,
Quae trahit in mortem sorbens sibi proxima quaeque;
Haec est et Siren, quae stultos dulcia cantans
Allicit, allectos trahit, attractosque profundum
Mergit in interitum, quem declinavit Ulysses
Praecludens comitum famosis cantibus aures,
Se quoque vi cohibens ne cursum flectere posset
Nexibus arctatus fugientis in arbore navis,
Nec minus et Circes male dulcia pocula cavit,
Quae qui potarunt formas traxere ferinas,
Effecti canibus similes, suibusque lutosis,
Per quos degeneres emollitique notantur,
Ducentes pecorum dominante libidine vitam.
O genus hominum ! mellita venena caveto,
Et dulces cantus tractumque voraginis acrae,
Nec te compositi seducat gratia vultus,
Flammas urentes, saevumque timeto draconem.
Si formosa vocat mulier te fallere quaerens,
Tuque tibi fidens properas certamen inire
Pectore robusto spernens hostilia tela
Falleris ignarus : non haec certaminis hujus
Lex est, ut possis conserta vincere pugna.
Praestat inire fugam, pedibusque parare salutem.
Si fugis, evades ; si congrederis, capieris.
Sed neque despicias moneo, quia Gorgone visa
Vertitur in lapidem quicunque libidine torpet.
Quisquis in Ecclesiae, mundi secat aequora, navi
Ut queat optatum patriae contingere portum,
Dulcisonos cantus et blanda pericula vitans,
Dogmate legitimo conclusas muniat aures
Astrictus ligno divini fune timoris ;
Lignum nostra salus crux est, velut in rate malus,
Nec caret antennis, quae sunt duo brachia ligni.

CAPITULUM IV.

DE MATRONA.

In cunctis quae, dante Deo, concessa videntur

A Usibus humanis, nil pulchrius esse putamus
Nil melius muliere bona, quae portio nostri
Corporis est, sumus atque suae nos portio carnis,
Quam non immerito naturae lege coacti
Ut sociale bonum, vel cum nos laedit, amamus,
Nam cum simus idem, sub eadem conditione
Vivimus, et nihil est quod non commune geramus,
In cunctis similes, salvo discrimine sexus :
Lex, ortus par est , alimentis utimur iisdem,
Aeque vestimur, fletum risumque movemus
Affectu simili, sensu discernimus aequo
Quae bona, quae mala sint, quid justum, quid sit
                     [iniquum,
Et sermone pari sententia mutua currit.
Inter consimiles gratesque referre vicissim
B Novimus, officiis alternaque dona mereri,
Et dare consilium quo noxia submoveantur
Ista vir et mulier communiter omnia possunt
Quae constat brutis animantibus esse negata,
Nec tamen et multi cupiunt, et amanda fatentur
1602 Quae ratione carent, vivunt tamen atque
                     [moventur,
Sterque gradu [f. Stantque gradu] nobis naturae
                     [juncta secundo,
Herbas et flores et cuncta virentia terrae,
Quae calor humori mistus nutritque, fovetque,
Incrementum dans, et vires fructificandi.
Pulchra putant homines, animam tamen ista carere
Non ignorantes, sed enim crescendo moventur.
C Tertius ergo gradus docet haec minus esse probanda
Vestes, argentum, gemmas aurumque, vel omne
Quod motu caret, et tamen est optabile visu,
Quamvis a nobis longe longeque [f. lateque] remota.
Quarto quippe loco naturae lege tenentur.
Admiranda ferunt etiam quibus ista negantur.
Ergo cum mulier sit dignior omnibus istis,
Pulchrior argento, fulvo pretiosior auro,
Splendidior gemmis, quia luce carent rationis,
Quod miranda magis, vel quod potius sit amanda
Ex supradictis certum constare putamus.
His licet ex solo venientibus ordine causis
Naturae justi nexu sociamur amoris,
Quas tamen ex aequo sexus partitur uterque
Nec minus ista viris sunt quam mulieribus apta.
D Sed sunt multa quibus muliebris sollicitudo
Praeminet, et propriam dat mundo femina causam,
Quam si submoveas, hominum genus omne peribit,
Nam si desit ager rogo, quid tua semina prosunt ?
Quis queat esse pater, si desit femina mater?
Transeo praegnantis duros longosque labores,
Anxia praetereo cruciantis tempora partus
Quo nos in lucem mater christissima [f. tristissima]
                     [fundit
Mox pretio prolis tantos oblita dolores.
Quis precor hoc meritum digno compensat amore?
Dicere quisve potest se matrem non habuisse ?
Multa minora quidem, sed quae tamen exigit usus
Vice [f. vitae] communis, tibi femina sola ministrat,
Nam quis nutricis sumet nisi femina curam,

Qua sine nemo potest natus producere vitam ?
Quis lanam, linumque trahet? Quis volvere fusum ?
Reddere quis pensum, vel texere quis patietur ?
Usus in nostros fiunt hæc, tam commoda fiunt,
Ut si deficiant, vitæ minuatur honestas.
Plurima præterea quæ cura domestica poscit
Promptius exsequitur speciali femina cultu
Multaque perpetitur, quæ nostra superbia transit.
Mollius ægrotum tractat, plus sedula lecto
Assistit, studiosa cibos potumque ministrat.
Plus amat, et citius valet ad præcepta moveri,
Inque boni formam ceu mollis cera reflecti ,
Et disciplinæ subjectior esse probatur.
At mens dura viri rigida cervice repugnat,
Vixque jugum patitur dum se negat inferiorem.
Adde quod in fragili magis est laudabile sexu
Virtutis studium, transgressio plus venialis ;
Nec tamen in sexu virtus minor inferiori
Sæpe reperta fuit, sed nec transgressio major,
Namque scelus Judæ quæ pessima femina vincit ?
Aut quis vir meritum valet æquiparare Mariæ?
Hoc tamen excepto quoniam res unica constat,
Non paucas legimus mentes gessisse virorum,
Aut etiam superare viros, et pectore forti
Dignam mercedem merita cum laude tulisse.
Sara, Rebecca, Rachel, Esther, Judith, Anna, Noem ,
Sidera ceu septem quas sæcula prisca tulerunt,
Æquiparasse viros, aut exsuperasse leguntur.
Nam Judith egregium facinus, quod nemo virorum
Ausus erat, gessit, cæso rediens Holoferne,
Bethuliæque salus urbi data per mulierem,
1603 Urbibus a reliquis pulsum deterruit hostem.
Esther reginam commendat fama perennis,
Quæ velut agna lupo crudeli nupta **tyranno**
Non timuit, capitis discrimine, limen inire,
Quod [*f. Quo*] non exibat quisquis non jussus inisset,
Opposuitque suam propria pro gente salutem,
Edictumque necis populi convertit in hostes.
Ruth taceo quæ sola socrum comitata pudicam,
Ad regale genus meruit transfundere prolem,
Dum fidei causa patriam fugit atque parentes.
Aut sub lege nova postquam laus integritatis
Virgineo partu mundo celebrata refulsit,
Innumerabilibus sunt tempora plena puellis,
Quæ vitæ damno compensavere pudorem,
Et documenta viris, hostem superando, dedere
Quod mentis virtus sit cedere nescia pœnis.
De numero quarum meritis non inferiores
Agna, Fides, Agathes, Lucia, et Cæcilia, Thecla
Egregia virtute truces vicere tyrannos.
Possem gentiles etiam memorare puellas
Mortis contemptu celebres, castoque pudore.
Æternam meruit moriens Lucretia famam
Damna pudicitiæ celeri nece sponte secuta,
Alcestes decoris refugit dum cernere lucem,
Hanc tamen et memorant dura sub conditione
Qua caput alterutrum crudelia fata petebant
Morte sua vitam regis servasse mariti.

(25) Forte *insipidus ;* c. *cibus.*

A Casta suum ferro confoderat atria pectus
Damnati cupiens præcurrere fata mariti ,
Quod sibi dilecto cum traderet : Accipe, dixit,
Quod feci vulnus mihi non dolet, et tua, Pethe,
Vulnera quæ facies, mihi vel post fata dolebunt
His patet exemplis, patet et rationibus illis
Carminis in primo quas limine fiximus hujus,
Quod neque culpari mulier, quia femina tantum,
Nec quia vir tantum debet quis laude beari ,
Sed magis in sexu vitium mutatur utroque.
Et pariter laudem virtus in utroque meretur.

CAPITULUM V.

DE SENECTUTE.

B Ætatem vexant incommoda multa senile ,
Quæ de mortali procedunt conditione
Corporis humani compagem debilitante
Dum dissolvendos in mortem præparat artus ;
Mens etenim vivax nec corpore clausa senescit
Nec finem vitæ jam corpore libera novit.
Hæc sunt ergo fere senibus plerisque mo.es.a,
Singula sæpe novo tentantur membra dolore,
Nunc caput, aut pectus, nunc cor dolet, aut latus, at
                                                  [nun'
Extorquet gemitus vexans injuria lumbos,
Contrahitur nimio nunc totum frigore corpus,
Vixque valet multa cumulatum veste foveri,
Pondus et impositum fessos mox opprimit artus,
Congeriemque jubet citius removere molestam,
C Aut onus aut frigus misero tamen est tolerandum,
Sed neutrum perferre potest, at utroque gravatur :
Est utrobique labor, requies utrobique negatur.
Interdum subita correptus febre calescit ,
Frigus adest et onus, sed cum calor angit iniquus.
Huic caligantes oculos tegit improba nubes ,
Ut vix servorum valeat dignoscere vultus,
Aut prorsus patulos lux invida deserit orbes.
Excussos alius gemit a radice molares
Infusum nudo dum panem versat in ore,
Et sorbere magis, quam mandere cogitur escas,
Sustentatque cibus, sed non delectat edentem,
Fallit et insipiens (25) gustu torpente palatum ,
1604 Vox exarmato quoque deformatur in ore,
Et collisa levi balbutit lingua labello.
D Sunt quibus obstrusæ via jam præcluditur auris,
Et vel clamosa vix possunt voce moveri.
Quorumdam nares sensu privantur odoris,
Ut nihil a cœno distet fragrantia thuris,
Hos neque contristat cerebrum, neque mulceat illud.
Sed neque tam dulcis senibus sopor explicat artus,
Nec se tam lenis vetulis sonus auribus infert,
Non sic æstiva fessi recreantur ab aura,
Nec similem præstant potusve cibusve saporem.
Tardo conatu suscepta negotia tractant,
Et quoties opus est, lento sermone perorant.
In quæstum cupidi quæsita tenaciter abdunt,
Et ne deficiant metuunt præsentibus uti,
Cumque, quod his vitæ superest, paucissima joscat,

Frustra spe longi non pauca superflua servant.
Sed quis sanus iter longos parat ad breve sumptus?
An non desipit is qui quo brevior via restat,
Hoc plus sollicitus graviora viatica tollit?
Stultior est iste qui quo non utitur auget.
Cur? quia semper eget. Quare? quia parcit acervo.
Cur parcit? ne deficiant sibi commoda. Quænam?
Hospitium, vestes, cibus et diversa supellex.
Ast hæc deficient si sumpserit unde parentur,
Et ne deficiant, hac deficient ratione.
Quod quam sit stultum stultis etiam patet, ergo
Sumat et expendat, paret et quibus expedit uti.
Sed gelidus sanguis senis anteriora coarctat,
Et timet expensas, et eget, ne possit egere,
Ergo voluptates aufert provectior ætas.
Corporis enumerant quas inter commoda multi,
Inter quas fertur coitus vel maxima, cujus
Sera caloris egens ætas intercipit usum,
Propterea vulgo senibus culpatur ab ipsis,
Cumque senectutem cupiant omnes adipisci,
Accusant omnes et detestantur adeptam
Quando voluptatum non idem sensus habetur.
Sed mihi multa placent quæ confert longior ætas,
Nec culpanda nego quædam quibus insimulatur
Sic etiam non multa gerit laudanda juventus,
Nec minus est vitiis eadem subjecta quibusdam.
Laudo senectutem, quia turpes pellere motus
Noscitur, et mundum servare libidine corpus,
Tum quod inest senibus rerum prudentia major,
Et quod tranquillam sectantur amantque quietem.
Pellitur et petulans levitas gravitate senili,
Tum quod sæpe solent avertere publica damna
Consilium dubiis in rebus dando salubre,
Et discordantes revocant ad fœdera pacis,
Et quod [f. Non quod] avaritiæ morbo plerique la-
         [borant,
Improbo præcipue quia sumptu se quoque fraudant,
Et morti servant quæ vitæ postulat usus,
Nam quod in annoso tenuantur corpore vires,
Vel quod morborum miseros incursio vexat
Non magis arguo quam quod non aut viribus infans
Stare potest pueri [f. propriis], puer aut juvenili-
         [bus uti,
Quodve sui morbi juvenes puerosque fatigant,
Scilicet ætatum distinctas proprietates.
Qui trahit in culpam naturæ jus reprehendit,
Quod senis obscurat fallax oblivio mentem,
Immemor et subito facti solet esse recentis :
Hoc reor ætatis, non culpa deficientis,
Sed magis incultæ vitio contingere mentis;
Nam quos desidiæ dat luxuriosa juventus,
Excipit hos hebes insipiens odiosa senectus;
Quos prior in studiis ætas exercet honestis
Jucundos clarosque senes florere videmus,
Pectore qui memori recitant linguaque diserta
Res noviter gestas, imitandaque facta priorum;
1605 Econtra quosdam juvenes puerosque videmus

A Vix hodie quod heri gestum fuerat reminisci.
Unde patet non temporibus juvenumve senumve
Stultitiæ causam, sed moribus attribuendam;
Scilicet ætati luxus nocet improbus omni,
Et modus ætatem servat, decet, adjuvat omnem.
Multa senex memini juvenem me probra tulisse
Verborum cur non sequerer levitate coævos
Intempestivis epulis ludisque vacantes,
Cum me discendi retineret sobria cura,
Quorum nonnullos miseram modo ferre senectam.
Mens hebes et corpus privatum sensibus ipsis
Indicat antiqui vestigia sordida luxus.
Ast ego nunc suaves studiorum colligo fructus
Cum lego, vel meditor, vel quidlibet utile scribo,
Vel mihi commissos moralibus instruo verbis.
B His exercitiis mihi fit jucunda senectus ;
Et si corporeis me fraudat viribus ætas,
Ingenium mihi mensque vigent et tempore crescunt.
Nec mihi contemptum peperit maturior ætas,
Sed cani capitis crevit reverentia major.
Ergo Creatori non cessem reddere grates,
Ætatem qui me miserans perduxit ad istam,
Qua jam naturæ petulans deferbuit ardor,
Pacatosque sunt [f. sinit] tandem requiescere sensus.
Delectet juvenes latis discurrere campis,
Sectari lepores, capreas, aviumque volatus,
Delectent epulæ, ludi, spectacula, cantus,
Me mens oblectat meditantem talia, lectus.

CAPITULUM VI.

DE FATO ET GENESI (26).

C Fato cuncta regi testatur opinio vulgi,
Munera fortunæ qui plus nascentis in hora
Constitui perhibent, quam nobilitate parentum.
Nec desunt aliqui doctorum nomen habentes,
Qui sibi nonnulla ratione probare videntur
Quod nostros actus genesis violentia ducat,
Ut quidquid gerimus confirment esse necesse.
Est autem genesis natalis terminus horæ,
Quam sub stellarum testantur lege teneri,
Quarum cuncta situs nascentibus omnia præstat,
Sidera nam septem per signa ferunt duodena
Cursu retrogrado ; tamen hæc cito, tardius illa
Temporibus certis intervallisque moveri.
Ergo mathematici stellarum numine [f. nemine]
         [septem
D Prospera cuncta dari perhibent, casusque sinistros;
Juxta quod sese sociant per singula signa,
Aut a se brevibus spatiis longisque recedunt,
Sic tamen ut radios quæcunque proportio jungat.
Nec solum causas tribuunt his exteriores,
Sed mores etiam nascentibus videre credunt (f. edere
         [credunt);
Namque Venus cum Marte manens in schemate
         [quodam,
Tetragono solis radio se respiciente,
Cogit adulterii facinus committere natos,
Cogit et incestus patrari flagitiosos ;

(26) Per genesim intelligi voluit auctor nativitatem, seu tempus et momentum nativitatis uniuscu-
iusque.

Unde putant tractum, quod musa poetica narrat,
Martis adulterium solem Venerisque notasse.
Mars quoque respiciens Saturnum schemate quadro
Stellarum nulla se respiciente bonarum
Efficit audaces, gladiatores, homicidas,
Dæmoniacos, fures, omnique libidine plenos.
Cum Jove juncta Venus parit omnibus omnia læta,
Si tamen obstat eis radiatio nulla maligna.
Unde Maro memorat quod Juppiter oscula natæ
Prælibans vultu, lævum fuget omne, sereno.

1606 Mars fera bella movet; belli deus inde vo-
[catur.

Pessima cunctarum Saturni stella putatur.
Mercurio lunæque suos ars dividit actus,
Vitæ dans astris humanæ jura necisque:
His lucra, damna volunt, his corpora sana vel ægra;
Illis et virtutes omnes, et crimina cuncta;
His paupertates et opes ascribere causis,
Hæc apud astrologos quondam mihi lecta recordor.
Firmicus infirmis rationibus ista probare
Contendit, cujus mihi themata falsa videntur;
Nam juxta quod ei placet inquisita notare
Affirmem quod sit mea constellatio fallax,
Sicut in hoc studio versans aliquando probavi,
Ni vereor ne me potius quis fallere credat,
Aut in difficili falli numero potuisse,
Si non hæc nota cunctis ratione refutem.
Primum si verisimiles assertio falsa
Posset habere locos, ac gentibus insinuari
Quod genesis cogat quidquid committitur, usquam
Utile quid mundo, precor, hæc persuasio ferret,
Scilicet ut nullus quæcunque nefanda cavere,
Sed patrocinio cognati sideris utens
Vellet quisque suum scelus hac ratione tueri.
Cur mihi quis post hæc judex imponere culpam
Tentet, et insonti pœnam decernat iniquam,
Cogentem feriat, parcat censura coacto,
Vel potius laudet quidquid delectat agentem,
Omnia cum constet descendere crimina cœlo?
Ergo metus pœnæ cohibens peccare volentes
Postquam defuerit, ruptis malus omnis habenis
Proruet in facinus, peragens quodcunque libebit
Aspice quanta malis scelerum sit aperta fenestra,
Fur, latro, sacrilegus, raptor, perjurus, adulter,
Et quodcunque nefas toto punitur in orbe
Jam velut in licitum vetitos prorumpet in actus.
Quod si pœna reis deberi nulla probatur,
Et contra nulli debentur præmia justo,
Spes perit atque metus, perit paradisus et orcus,
Libertas perit arbitrii, vis cuncta coarctat.
Sic leges frustra, sic jura forensia frustra,
Consilium frustra, mentis prudentia frustra,
Templa Dei frustra, supplex oratio frustra,
Et quæcunque juvant miseros sunt omnia frustra.
Ergo nec ignaro nocet absque labore vacare,
Nec juvat agricolam multis cum bobus arare,
Si mala stella probum, vel si bona gignat inertem.
Et tamen alter eget, cum sumptibus alter abundet
Quid quod et auctorem condemnat opinio talis,

In quem perspicue stellarum culpa redundat;
Aut igitur genesis prorsus reprobanda videtur,
Aut genesi salva, salvum nihil esse probatur.
Hæc satis esse reor, quibus cedat impius error;
Si tamen est aliquis super hæc qui plura requirat,
Et petat opposita genesim quasi fronte feriri,
Possumus hanc alia falsam ratione probare.
Sunt quædam quas nulla movet discordia gentes,
Bragmanos Ceresque vocant qui vera probarent.
Nullus ibi raptor, spargens incendia nullus,
Nullus adulterium novit, perjuria nemo;
Incestum fugiunt, faciunt homicidia nusquam.
Nunquid in his aliquid juris tenet aut Venus, aut
[Mars?

Aut nunquid nullus sub eorum nascitur hora?
Sunt aliæ contra quibus est incestus in usu,
Quarum sunt homines assueti vivere rapto,
Sanguinis humani quibus est effusio vilis,
Qui nec adulterium, nec cætera crimina vitant,
Quos non auditu, sed visu movimus ipso.
Nunquid et hos prohibet sidus peccare benignum?
Aut horum nemo valet hoc sub sidere nasci?

1607 Denique Judæis quotquot versantur ubique
Octava curtata die sunt membra pudenda,
Omnibus et tenero fluxit de corpore sanguis,
Quis cunctos una genitos deliret in hora,
Qua Mars sanguineus natis dare vulnera fecit
Omnes ut membro plagam paterentur in uno.
Ergo voluntatis non sideris esse probatur
In bivio positum lævam dextramque tenete;
Nec minus est clarum, quod sæpe timore voluntas
Vel spe mutatur, refugitque quod ante petebat,
Ut si quis planum cupiens incedere callem
Aspiciat subito scissæ telluris hiatum,
Interitum metuens objecta pericula vitat;
Et rursus pariter saxosum tendere nolens,
Si subito videat non parvi ponderis aurum
Spe lucri properans pensat mercede laborem,
Ingrediturque viam per quam prius ire timebat.
Impellat juvenem Mars, et Venus atque Cupido
Quemlibet ad coitum cupientis idem mulieris,
Atque superveniat, cum jam sit uterque paratus,
Ira viri gladios infestaque tela gerentis,
Suspensaque manu permittat opus morituris,
Nonne sub articulo necis impendentis utrique
Victa timore fugit peccandi tota voluntas,
Et facinus prohibens timor est violentior astris?
Sic etiam populos regum decreta timentes,
Qui punire reos soliti delicta coercent,
Vivere perpetua gaudentes pace videmus,
Et nec agunt prædas, nec ab his incendia fiunt,
Nec violare toros alienos turpiter audent,
Nec dant infestis sibi mutua vulnera telis.
Ergo timor, non stella facit ne crimina fiant.
At quos nulla regit vitiis inimica potestas,
Aut legum jurisve minax censura coercet.
Cædibus inter se videas sævire cruentis,
Assuetos crebris pacem turbare rapinis,
Et vetitos coitus lasciva licentia miscet.

Ergo timore carens crimen patrat omne voluntas ;
At spe mercedis fieri bona cuncta putamus,
Cum sit et hæc ipsam merces evadere pœnam
Sed pro mensura fidei sunt spesque timorque,
Indubitata fides spem perficit indubitatam,
Et certus timor est quem certa fides comitatur ;
At titubante fide titubabit spesque timorque.
Unde fit ut modicæ fidei peccata frequentes ;
Nam qui perfecte pœnas et præmia credunt,
Si peccare timent ne pœnas perpetiantur,
Et bona semper agunt ut regnum promereantur.
Hæc contra genesim breviter scribenda putavi ;
Ne tamen omnino fatum genesimque repellam,
Esse meum fatum summi Patris assero Verbum,
A quo cuncta regi debent quicunque fateri,
Ingenitamque mihi dico genesis rationem,
Et libertatem qua quo volo tendere possum,
Sponte bonum, vel sponte malum sine sidere pa-
[trans.

Ergo si fuerit rationi juncta voluntas
In signo Libræ Christo se [f. me] respiciente,
Prospera cuncta mihi contingent hic et ubique.
Hæc est cunctorum genesis bona Christicolarum.

CAPITULUM VII.

DE VOLUPTATE.

Græcia philosophos habuit diversa sequentes,
Dum sibi quisque placens aliorum dogmata damnat,
Ut semel assumptam pudor est deponere partem.
Ii de principiis mundi vitaque beata
Millia verborum studuerunt texere multa,
1608 In quibus ingenio, non re, subtiliter usi
Plura probabilius quam vere composuerunt,
Errorisque sui multos habuere sequaces
Artifici captos dicendi commoditate,
Inter quos habitus non ultimus est Epicurus
Ex atomis perhibens mundi consistere molem.
Iste voluptatem summum determinat ess
Perfectumque bonum, quo quisque fruendo beatus,
Congaudensque sibi sine sollicitudine vivat,
Scilicet aut animas cum corporibus perituras,
Aut nullum credens meritum post fata manere.
Hujus discipuli plures sunt Pythagoreis,
Socraticis plures, nec quisquam philosophorum
Tot propriæ sectæ potuit reperire sequaces.
Quis numerare queat regiones, oppida, vicos,
Urbes atque domos Epicuri dogma sequentes ?
Sed nec ego dubitem si corporis ulla voluptas
Hoc præstare potest, ut sollicitudine pulsa
Perpetuo gaudens ætatem ducere possim,
Inter delicias præbere manus Epicuro.
At si constiterit quod perniciosa libido
Corpus debilitet, mentisque retundat acumen,
Obtineat ratio quod sit fugienda voluptas.
Primum delicias Epicuro sufficientes
Nonnisi sollicitus queat ipse parare magister.
Sed, verbi causa, nos illi cuncta paremus
Commoda solliciti, gratis quibus ipse fruatur,

(26*) Forte *Arctatur*, nisi forte melius *ansatur*, id
est *ansatus efficitur*, ut homo qui utrinque præ

Et videamus utrum sit luxuriando beatus ;
Nec vero tantum demus sibi dulcia gustu,
Sed pascant oculos etiam pulcherrima visu,
Sensibus et ceteris adsit sua cuique voluptas :
Sterne, puer, lectos, loca terna parato quaternis,
Hunc poscit numerum genialis forma triclinum,
Cortinisque domum pictisque tapetibus orna,
Perque pavimentum redolentes spargite flores.
Ipse micans gemmis princeps, ostroque superbus
Accubet in lecto pretioso murice tecto,
Stragula convivas, seu byssina vestis adornet,
Turba ministrorum cultu sit amicta decenti ;
Pone dehinc mensas, mantilia candida, mappas,
Confectum nivea profer similagine panem,
Mellitas etiam solemniter adde placentas,
B Fulgentes calices, nitidos appone catinos,
Fercula diversis condita saporibus infer ;
Quadrupedum carnes quas cura domestica nutrit,
Quasque canum silvis solet exagitare latratus,
Omne genus volucrum quod regia mensa frequen-
[tat,

Æquoreos pisces et de fluvialibus undis
Affer, et electos de qualibet arbore fructus,
Et quidquid tellus homini producit edile,
De vilis ut stomachi dapibus fastidia vincas ;
Utque voluptatem capiat subtile palatum,
Nec minus et variis distendito potibus utres,
Cæcuba non desint, nec desint vina Falerna,
Pocula pigmentis et melle sapora propina.
C His pistor, pincerna, coquus, dapiferque parandus
Insistent opus est, et turba minor famulorum,
Ne si forte moras protraxerit actio segnis
Sit miser ante fame rex quam comedendo beatus.
Interea ne qua fraudetur parte voluptas,
Tibicen, tubicen, citharistria, saltria, mima,
Cymbala, psalterium, lyra, tympana, fistula, voces ;
Et si quod genus est quod musica dulcius aptet,
Singula delectent festivis cantibus aures.
Nardi læta domus pretiosi fragret odore,
Balsama respirent, nec desint galbana, nec thus.
Post hæc cum fuerint jam viscera plena beati,
Balnea, tonsores, strigiles, unguenta, silotrum,
Queis niteat curata cutis, sint rite parata.
Sic color atque sonus, sic et sapor omnis, odorque,
D **1609** Sensus corporei quibus ad momenta
[fruuntur,

Si quos objectant usu præsente beatos
Efficiunt, miseros cito discedendo relinquunt ;
Sed neque qui fruitur re quam cito scit perituram
Securus gaudet, nec sollicitudo beatum
Ulla decet, sine qua nemo fruitur perituris,
Nam cum defuerint, cupit insistitque fruendis ;
Dum fruitur metuit ne se fugitiva relinquant,
Inque vices miserum carpunt timor atque cupido.
Ergo nequit vigilans non sollicitudine pungi,
Ansatur (26*), et multo vino somnoque sepultus
Nil cupiens et nil metuens fortasse beatus

ebrietate titubat, quique quasi e duabus ansis apprehensus, hinc inde pellitur et repellitur.

Esse potest, cum se non sentiat esse beatum.
An [*f.* sic] siquidem miser est, nisi tempore dor-
                  [miat omni,
Dormiet æternum, ne sit miser evigilando.
Ridiculum nimis hoc, illudque videtur ineptum
Quid quod et ebrietas et crapula corpus onustum
Interius vexant, inflataque viscera rumpunt,
Dum gravis immodicas stomachus non digerit escas,
Et male fetentes exhalat copia ructus,
Vixque sub hac massa pulmo respirat anhelus,
Lymphatumque mero cerebrum cava tempora pul-
                  [sat.

Quæ poterit, precor, esse quies in turbine tanto?
Quin etiam morbos parit immoderata voluptas
Nervos dissolvit, venarum cursibus obstat,
Et generat nimias vitiato sanguine febres,
Nec reddit tremulos consumptis viribus artus.
Denique præcipitat brevioris tempora vitæ;
Postremo nihil est quod sic exstinguere mentis
Scintillam queat et vigiles demergere sensus.
Contra sobrietas, mensuraque parca ciborum,
Luxuriæque modus sensus conservat alacres,
Et naturali confirmat robore corpus.
Et somnos dulces, et cuncta salubria præstat,
Excitat ingenium, mentis custodit acumen,
Multiplicatque dies, ac vitæ prorogat annos.
Quis, rogo, virtuti locus est, ubi tetra voluptas
Regnat? Num quisquam dominante libidine pru-
                  [dens,

Aut justus moderansve potest, seu fortis haberi?
Cur hominem jugulat manus importuna latronum?
Scilicet ut spoliis redimatur iniqua voluptas.
Cur frater fratrem, cur nomina sancta parentes
In mortem nati votis properantibus urgent?
Ut successuris contingat iniqua voluptas.
Denique cunctorum scelerum fit causa voluptas.
Ergo voluptatem nec summum constat habendam
Nec mediocre bonum, minimum negat ipse sophista
Qui summum prohibet; sed nos utrumque negamus,
Quippe bonum natura boni nequit esse repugnans,
Ut vitium vitio confligere sæpe videmus,
At cunctis inimica bonis solet esse voluptas,
Quam summum patet esse malum, quia destruit om-
                  [nem
Virtutis speciem; vitium parit et fovet omne.
Quapropter stultos Epicuri respue sensus,
Qui cupis ad vitam quandoque venire beatam;
Sperne voluptates inimicas philosophiæ,
In grege porcorum nisi mavis pinguis haberi
Illisa rigidam passurus fronte securim.

1610 CAPITULUM VIII.

DE VERA AMICITIA.

Quæ sit amicitiæ lex et modus inter honestos,
Veraque quam suaves pariat dilectio fructus
Complecti verbis non est mihi plena facultas.
Sed tamen experiar super his attingere quædam;
Nam quod philosophis fertur placuisse quibusdam
Ut proprio vivat sapiens contentus amore,
Nec sibi jungat onus per amicitias alienum

A Casibus afflicti per quod crucietur amici,
Sicque statum rapiat sibi sollicitudo beatum,
Qui nisi securæ nequeat contingere menti;
Hoc, inquam, nulli non exsecrabile dogma
Quam sit inhumanum natura judice claret,
Qua genitivus amor natos ligat, atque parentes,
Et consanguineos sociali fœdere jungit,
Conjugumque fidem nexu tenet irresoluto,
Hæc vis et populos, et magnas continet urbes,
Alternamque vicem communicat officiorum,
Et facit unanimes sub eodem degere tecto,
Congregat hæc eadem quodam quasi complice sensu
Ejusdem generis quæ sunt animalia muta,
Et duce natura sibi congrua quæque requirunt,
Grataque consimiles animos concordia nectit.
B Affert ergo nihil vox quæ studiosa novorum
Fingit amicitias inimicas philosophiæ;
Nam quid tam clarum, quid tam dignum sapiente
Quam gaudere bonis sibi congaudentis amici,
Affectuque pari casus portare sinistros,
Et junctis opibus se consilioque juvare?
Nam sibi quæ desunt uni cum conferat alter
Fortius assurgunt ad onus virtutis uterque,
Unaque devinctis quasi sit persona duabus,
Exemplarque sui videt alter et alter in uno.
Ergo remotus adest, et cum sit egenus abundat,
Et valet infirmus, loquiturque tacens per amicum;
Quodque magis mirum cum sit simul alter et idem,
Post mortem vivit, sibi scilicet ipse superstes.
C Quid tam jucundum, vel quæ tam vera voluptas,
Quam comes unanimis, cui sic tua gaudia narres,
Ut tibi, qui tecum de te sic gaudeat ut tu,
Condoleat pariter, juvet, attollatque jacentem?
Si cui contingant quæ vix contingere possunt
Uni cuncta simul, sed dantur singula multis,
Gloria, divitiæ, facundia, forma, potestas,
Munera fortunæ quæ singula magna videntur,
Sic ille et miser est, si destituatur amico.
Hæc a natura mortalibus insita via est [*f.* vis est],
Ut simili gaudens contraria cuncta repellat.
Scilicet hinc oritur comitum dilectio prima,
Quam benefacta fovent, et alit tenor officiorum,
Præbita cum fuerint hilari sibi mutua vultu.
Hoc tam divinum cunctisque perutile munus
D Qui non admittunt horum teterrima sors est.
Si tamen est aliquis tam ferreus et sine succo,
Ut nulli credat, nec quemquam possit amare,
Humani generis quem dicere possumus hostem,
Dum se contentus, nulli prodesse laborat,
Prælatos merito reor huic quoscunque latrones,
Quos, perversa licet, scelerum communio jungit;
Et melius pecudes socialiter in grege vivunt,
Quas communis amor lætas agit, indice lusu.
Hunc etenim motum qui non habet applicet ut se
Ad sibi consimilem nec amantem possit amare,
Hujus erit trunco saxove simillima vita.
Sed benefacta licet diffundere nostra velimus
1611 In plures, vel, si contingere posset in om-
                  [nes,

Est in amicitiis tamen hic cautela parandis,
Ne quisquis blanda specie simulabit amicum,
Hic tibi continuo dignus videatur amari,
Aut illi clausæ mentis cito limina pandas.
Hos timor, ast illos spes allicit utilitatum,
Quorum turba frequens, nec sic abigenda videtur,
Ut nulli quidquam, nec ullo tempore credas,
Cum bene nonnunquam falsis utamur amicis ;
Nam genus hoc anceps assentarique paratum
Fallere non metuit, quia non te, sed tua captat.
Fortunæ comites, et prosperitatis amici,
Dum manet illa , manent, et cum fugiente rece-
                                        [dunt ;
At quos virtutis nostræ trahit æmula virtus,
Et morum concors species adamata bonorum,
Qui non ut pecudem sic contemplantur amicum,
Ut pluris faciant qui plus dabit emolumenti,
Sed nos propter nos censent et gratis amandos,
Ut se propter se convincitur omnis amare ;
Hic genus est cum quo communia cuncta geramus,
Quod nobis et cui nos nulla negare velimus,
Et cum quo firmum manet per sæcula fœdus.
Hanc etenim legem veris sancimus amicis,
Ne quid turpe rogent, sese [f. cæce] faciantve ro-
                                        [gati ,
Sed neque sustineant quæ sint præstanda rogati,
Dent ultro potius sibi congrua quæque vicissim.
Ergo vir sapiens, quem diligat, eligat ante,
Unanimemque sibi conformalemque futurum
Iüdiciis studeat cautus prænoscere certis.
Mercaturus equum prius explorare labores,
Ne pede sit molli, ne sint exilia crura,
Ne nimium tardo vincatur in æquore cursu,
Neu frenum retinens parere recuset habenis,
Et, cui te credas, non explorabis amicum?
Ergo gravem, justum, fidumque legamus oportet,
Utilibus qui non postponere possit honesta,
(Utile si tamen est aliquid quod non sit honestum)
Huic etenim tuto præcordia nostra patebunt,
In quibus agnoscet quidquid cognoverit in se
Dum tales erimus, qualem descripsimus ipsum ,
Nam nisi virtutis cultores simus uterque,
Inter dissimiles poterit discordia nasci,
Quæ veros nunquam turbare valebit amicos,
Cum sit virtuti nunquam contraria virtus ;
At vitiosorum concordia sæpe vacillat,
Ut si forte tenax nimis iste sit, ille profusus,
Aut aliud discors vitium divellat utrumque,
Utpote qui veri non esse probatur amici.
Ex quo colligitur quod fœdera sola bonorum
Nomen amicitiæ vera ratione merentur,
Namque malos socians concors sed iniqua voluntas
Fictio jure potest vel conspiratio dici.
Non igitur temere neque fortuitu speciales
Debet amicitias cum quolibet alter inire,
Vulgares siquidem multas fortuna ministrat,
Sed prius expertis primas concedere partes,
At reliquis uti varios ut oportet in usus.
Quod si contigerit vel nos examino tel.;

A Vel quos diligimus mores mutare priores,
Nam quosdam tenuis servat fortuna modestos,
Quos vel opes, vel honor si forsan riserit, inflant,
Aut aliæ plures faciunt desciscere causæ,
Hos non continuo fas est ab amore repelli ;
Est adhibenda prius leviter correptio mitis,
Mox etiam, si res petit, objurgatio dura,
Quæ vitium feriens pedetentim parcat amico :
Quem si constiterit vitio non posse revelli,
Jam ne nos maculent hominis consortia fœdi,
Fœdus amicitiæ sensim sit cura reduci,
Ut dissuta queant, non ut discissa videri.
Nec subito bellum, vel jurgia suscipiamus,
1612 Cum quo juncta fuit nobis eademque vo-
                                        [luntas ;
B Nam quid turpe magis, quid tam recitabile vulgo,
Quam prius unanimes odiis contendere duris?
Sed si culpa gravis, vel publica commoda turbat,
Vel nobis capitis, seu famæ damna minatur,
Qui modo amicus erat, decernere cogimur hostem,
Et removere manu stultissima vota procacis.
Est igitur comitum perpes concordia felix,
Quæ stat in adversis æqualiter, atque secundis ;
Sed quæ perpaucos jam res probat esse fideles,
Scilicet in pejus mundi vergente ruina,
Et nihil absque fide tuum satis esse probatur.
Suspectos opus est etiam patiamur amicos,
Queis licet indignis vitæ tantum indiget usus ;
Sed nos infidum ne nil in corde geramus,
C Aut illis similes in fraudibus efficiamur :
Curandum potius, nec dissimulanter agendum
Qualiter a vitio fictus discedat amicus
Exemplo nostræ correptus simplicitatis,
Quam tamen a damno solers astutia servat ;
Nam vel si nullum possis reperire fidelem,
Nunquid vita placet sine qualicunque sodali?
Hinc satis apparet quanti sit verus amicus,
Et quam delectet cujus delectat et umbra ;
Sed quorum virtus animos sibi conciliavit,
Virtutis studium veros conservat amicos,
Quam Deus inprimis post se jubet esse colendam,
Et sine qua verus nunquam reperitur amicus.
Obtinet ergo locum Deitas super omnia primum,
Proxima stat virtus, post quam numeretur amicus.
D Quo melius post illa duo nihil esse putamus.

CAPITULUM IX.
DE BONO MORTIS.

Humani generis gravis est et summa querela
Quod nulli parcat duræ sententia mortis,
Hanc omnis ætas, hanc sexus abhorret uterque.
Hanc detestatur pariter cum paupere dives,
Cum puero juvenis, vir cum sene, sanus et æger ;
Hanc indoctus homo summum putat esse malorum
Omnia cum vita tollentem commoda vitæ ;
Hæc hominem pecudi pro parte corporis æqual,
Dum simili tabo carnem dissolvit utramque ;
Et, quid plura loquar? mortis violentia desit,
Reddita libertas perfecta videbitur orbi.
Mortis quippe timor qui maximus esse timorum

Creditur impendens cervicibus omnibus horis,
Sub quo stant reges, omnisque caduca potestas
Obscurat quidquid vita delectat in ipsa ;
Quod quidam Damocles Siculi conviva tyranni
Ignarus rerum prius experiendo probavit.
Nam dum patroni sortem jactando beatam
Sæpe recenset idem felicis commoda regni ,
Enumerans aurum, vestes, cælataque vasa ,
Regales epulas , ludos , turbamque clientum ,
Postremo licitum quodcunque liberet agendi ,
Felicem repetens ad singula quæque tyrannum ,
Utpote qui nullum metuens timor omnibus esset.
Ergo , tyrannus ait , si res tibi tanta videtur,
Experiare licet fortunæ commoda nostræ;
Purpura regalis, sceptrum, diadema , tribunal ,
Imperiique mei tibi sit permissa potestas
En tibi sum quod eras, quod eram tibi, tu mihi fias.
Fascibus assumptis sublimi verna locatur
Conspicuus solio, geniali mensa paratu
Instruitur; procerum circumstat turba sedentem
1613 Certatim properans nutus implere jubentis.
Denique quidquid habent convivia regia lautum
Omne repræsentat famulus rex ipse ministrans.
Cœperat ergo diem tot per bona ducere lætum,
Cum videt e camera tenui pendentia filo,
In subitum vulnus mucronis acumina cæci
Lethiferum cerebro jamjam minitantia casum.
Excutitur trepidus solio properanter eburno,
Mistaque deliciis ingrata pericula damnat
Regibus expertus necis impendere timorem.
Mors igitur cunctis odiosa nocensque videtur,
Qui fragilis vitæ finem quasi damna queruntur :
Quos ratione carens vulgaris opinio ducit;
Nam quidquid natura potens jubet esse necesse,
Quodque suis spatiis distinguit providus ordo
Insipienter agis quisquis reprehendere tentas.
Quis sanus queritur tenebras succedere luci
Quam sol occasu dirimens metitur et ortu ?
Quis quod mutatis vicibus solisque recursu
Nox hiberna trium spatium tenet una dierum,
Noctibus æqua tribus cancri sub tempore fit lux ?
Quis quod decurrit per tempora quatuor annus,
Veris temperiem distemperet acrior æstas,
Quæ mox autumno sibi succedente fugatur,
Quem glacialis hiems violento frigore pellit ?
Ver aperit fructus, quos fervida decoquit æstas ;
Maturos legit Autumnus, sed bruma recondit
Annum concludens, gelidæque simillima morti
Decutit arenti marcentes arbore frondes.
Constrictosque vetat producere gramina campos.
Naturæ lex est, ut sit reparabile nulli
Præteritum tempus, sint præteritura futura,'
At præsens possit vix exspectare loquentem.
Quis tantam sibi, quæso, fugam velit esse perennem ?
Optandum potius cursus attingere metam.
Ex utero matris cum parvulus editur infans
Ceu pecus ignorans quid sit, quo tendat, et unde.
Incipit in stadio primos tunc ponere gressus,
Currit, et ad pueri crescendo pervenit annos ;

A At puer in juvenem per deflua tempora transit,
Inde vir efficitur, post hæc subit ægra senectus ,
Cedit et hæc senio, senium mors ultima finit.
Prætereunt horæ, nec ad anteriora recursus
Esse potest ullus, nisi quod mens gesta recenset.
Cur magis ergo doles senium decedere morti,
Quam quod decessit senio matura senectus,
Quodve senectuti decessit fortior ætas,
Cui succedenti decesserat ante juventus,
Quæ præcurrentes pueri concluserat annos,
Quos infantilis nuper præcesserat ætas ?
Nam primos hominis damnare videberis ortus,
Ultima si damnas fugientis tempora vitæ,
Quæ ratione pari disponit conditor idem.
Cum velut a docto bene sit descripta poeta
B Naturæ studio mortalis fabula vitæ,
Laudato primo, laudetur et ultimus actus,
Quo jam finito lector : Vos plaudite, dicat,
Cætera fine suo clauduntur tempora vitæ,
Atque quot ætates quasi tot mortes obeundæ ;
Ultima cunctarum deterrima fine carebit,
Cui via jam fessos longissima concutit artus ;
Nam si vita senis miseri sine fine maneret,
Cui non, quæso, gravis, quæ se quoque prægravat,
                                                [esset ?
Expedit ergo mori senibus, quam morte carere.
At si mors vitæ cursum, quod sæpe videmus,
Non exspectato senio festina recidit ;
Sic quoque nulla datur justæ tibi causa querelæ.
C Gaudendum potius quam per compendia mortis
Qui subeundus erat vitæ labor abbreviatur.
Nec jam peccando nocet importuna voluntas,
Nec tibi quam laceras iteranda molestia mortis.
1614 Mors homini dat sola mori non posse, nec
                                                [ultra
Affligi pœnis, aut vulnera sæva timere.
Quæ bona tot confert, mala qua ratione putatur,
Aut quæ tot removet mala, cur bona non habeatur ?
An quia post obitum pœnas patiuntur iniqui ?
Ast hæc non mortis, sed vitæ culpa probatur :
Nam si mors horum posset finire dolores,
Quondam vita gravis, mors exoptabilis esset ;
Est etenim nihil his gravius, quam morte carere.
Mors est ergo bonis requies, finisque malorum;
D Pœnæ causa malis, non mors, sed vita maligna.
Denique si proprium res quæque recurrit ad ortum,
Utque fluant iterum revocant sua flumina fontes,
Ut placuit docto qui scripsit mystica regi,
Quo nullus toto vixit sapientior orbe,
Quis graviter ferat, aut potius non judicet æquum
Si recipit tellus ortum tellure cadaver,
Spiritus antiquæ repetit primordia sedis
Postremo nisi mors compesceret improba vota,
Nulla foret mundo pacis censura tenendæ,
Nec quodcunque nefas committere quisque caveret :
Nam licet et pœnas, et rerum damna timerent,
Spes stabilis vitæ vacuaret certa timorem ;
Mortis namque metus pœnas exaggerat omnes,
Damnaque spes vitæ dat cuncta minora videri.

Est igitur satius mortalia membra resolvi,
Hocque timore malos duro quasi fune teneri,
Quàm, cessante metu, per tempora ducere vitam,
Ac ruptis scelus omne ruens excurrere frenis.
At quod de vitæ quidam brevitate queruntur,
Quale sit attendens, video ratione carere :
Nam si propterea vivendi longa petuntur
Tempora, ne pereat spatio fraudata voluptas,
Expedit ut breve sit quod mens gerit improba;
                                            [nempe
Majores pœnas diuturna libido meretur.
At bene viventis si mors cita præpedit actus,
Justi post obitum voti manet integra merces.
Nec nocet ergo bonis fragilis breviatio vitæ,
Et prodesse malis pœnas metuendo videtur.
Unde patet neutris causam superesse querelæ.

CAPITULUM X.

DE RESURRECTIONE CORPORUM.

Quod latuit priscos hujus mundi sapientes,
Qui cœli terræque plagas et tempora mensi,
Rerum naturas se comprehendisse putarunt,
Nobis certa fides visuque probata revelat,
Ipso qui mortem destruxit testificante,
Quod nova post cineres humana cadavera surgent,
Et reparata caro jam finis nescia surget.
Primitiæ Christus, dux et caput ipse piorum,
De Patris ad dexteram prius ascendendo levavit.
Et rediviva polo tandem sua membra locabit.
Neve quis hæc aliis contingere posse negaret,
Quod sibi concessit, qui solus criminis expers,
Et Deus est et homo, vitæ mortisque magister,
Jusserat exstinctos reduces ad munera vitæ,
Dum mortalis adhuc mistus mortalibus esset,
Testari populo, quod spiritus et caro jungi
Ut potuere prius, cum nondum juncta fuissent,
Sic etiam post fata queunt disjuncta reduci ;
Nec stat in alterutro gravior labor Omnipotenti.
Filius hæc viduæ proles docet unica matri,
Quem Deus a feretro, turba spectante, levavit.
Lazarus hæc clamat, dum prosilit a monumento
1615 Velatus faciem, manibus pedibusque ligatis;
Instita nec retinet, cui jussio fortior instat.
Et ne desperet fragilis quoque talia sexus,
Clausa puella domi verum rediviva fatetur;
Testis uterque parens, et turba domestica testis.
Hæc igitur spes est, hæc exspectatio sola,
Quæ consolatur multos magnosque labores,
In quibus a miseris sub tempore vivitur isto.
Ipsa metum mortis, pœnamque fidelibus aufert
Excusatque, Domini ne sua videatur imago
In nihilum redigi, frustraque fuisse creata,
Si finis noster cinis est, vilisque favilla.
Hæc nobis sancti tradunt credenda prophetæ.
Job quoque vir patiens, contemplatorque futuri,
Hac spe solatur percussæ vulnera carnis,
Quod sua de tumulo caro, pellis et ossa resurgent,
Viventemque Domini [f. Viventemque Deum] redi-
                              [vivus et ipse videbit.
Ad secreta poli semel et bis raptus, idipsum

A Affirmat Paulus, perhibens sermone fideli
Mundo terribilem tuba quod dabit ultima cantum;
Nec mora, defuncti scissa tellure resurgent,
Occurrensque Deo pars in sublime feretur,
Altera devexum captiva trahetur in orbem.
Credere quid dubitem fieri quod posse probatur ?
Quodque refert factum sacra pagina, quidni fu-
                                            [turum,
In quo consistit fidei vis maxima nostræ?
Cujus et ipse typam, naturæ munere gesto,
Quaque die somno, ceu mortis imagine pressus,
Rursus et evigilans veluti de morte resurgo,
Ipsa mihi sine voce loquens natura susurrat :
Post somnum vigilas, post mortis tempora vives,
Clamat idem mundus, naturaque provida rerum,
B Quas Deus humanis sic condidit usibus aptas,
Ut possint homini quædam signare futura.
Mutat luna vices, defunctaque lumine rursum
Nascitur, augmentum per menstrua tempora su-
                                            [mens.
1616 Sol quoque per noctem quasi sub tellure
                                            [sepultus,
Surgens mane novus reditum de morte figurat.
Signat idem gyros agitando volubile cœlum,
Aera distinguens tenebris et luce sequente.
Ipsa parens tellus, quæ corpora nostra receptat,
Servat in arboribus vitæ mortisque figuram.
Et similem formam redivivis servat in herbis,
Nudatos foliis brumali tempore ramos,
Et velut arentes mortis sub imagine truncos
C In propriam speciem frondosa resuscitat æstas ;
Quæque peremit hiems nova gramina vere resur-
                                            [gunt,
Damnaque temporibus restaurant pristina certis,
Semina jacta manu sulcis moriuntur operta,
Quæ velut e tumulis cito vivificata resurgunt,
Ut suus incipiat labor arridere colonis.
Nos quoque spes eadem manet et reparatio vitæ,
Qua revirescat idem, sed non resolubile corpus.
An mihi subjectis data sit renovatio rebus,
Totus et hanc speciem referens mihi serviat orbis,
Me solum premat irreparabile damnum ;
Et quid erit causæ modico cur tempore vivens
Optima pars mundi, vitæque datoris imago,
D Post modicum peream, sublata spe redeundi?
At pro me factus duret per sæcula mundus,
Nonne putas dignum magis inferiora perire
Irreparabiliter, quam quæ potiora probantur?
Sed tamen illa manent, ergo magis ista manebunt.
Præterea quænam ratio sinit ut bonus auctor,
Cujus propositum fuit immortalia nobis
Corpora largiri, supplendis apta ruinis
Angelici casus, aut defecisse putetur,
Aut quasi mente levis, quod tunc voluit, modo
                                            [nolle?
Absit utrumque Deo, cujus tam fixa voluntas
Ad bona quæ cœpit semel, estque plena potestas.
Ergo nihil restat cur jam dubitare velimus
Nos cum corporibus fruituros perpete vita.

MARBODI REDONENSIS EPISCOPI
CARMINA VARIA.

I. *M. Redonensis episcopus, R. (27) Lincolniensi
episcopo.*

Nec mihi verba dari, nec te dare verba decebat ;
Turpe mihi falli, sed plus tibi fallere turpe :
Nam sicut qui dat, magis accipiente probatur,
Sic qui promittit, nisi det, plus vilis habetur.

II. *Descriptio vernæ pulchritudinis.*

Moribus esse feris prohibet me gratia veris,
Et formam mentis mihi mutuor ex elementis ;
Ipsi naturæ congratulor, ut puto, jure.
Distingunt flores diversi mille colores.
Gramineum vellus superinduxit sibi tellus.
Fronde virere nemus et fructificare videmus.
Aurioli [*f.* Aviculi], merulæ, graculi, pici, philo-
[menæ
Certant laude pari varios cantus modulari.

1617 Nidus nonnullis stat in arbore, non sine
[pullis,
Et latet in dumis nova progenies sine plumis.
Egrediente rosa viridaria sunt speciosa.
Adjungas istis campum qui canet aristis.
Adjungas vites, uvas quoque, postmodo nuces.
Annumerare queas nuruum matrumque choreas,
Et ludos juvenum, festumque diemque serenum.
Qui tot pulchra videt, nisi flectitur, et nisi ridet.
Intractabilis est, et in ejus pectore lis est.
Qui speciem terræ non vult cum laude referre,
Invidet auctori, cujus subservit honori
Bruma rigens, æstas, autumnus, veris honestas.

III. *Ad amicum absentem.*

Si quid in urbe colis quod ames, quod perdere
nolis ,
Idque colis pure, non sit tibi curia curæ.
Omnes rumpe moras ; damnum tibi crescit in horas :
Hoc autem damnum, quia non reparabile, magnum.
Postpones omne quod te facit esse Calonne.
Perdes in hac villa plusquam lucraris in illa :
Namque quid tanti, quanti puer æquus amanti ?
Qui nunc est æquus, fiat mora, fiet iniquus.
Blanditiis siquidem tentatur pluribus idem ;
Et qui tentatur, metus est ne decipiatur.
Ergo redi propere, si vis quod amas retinere.
Desine castellum, si vis retinere citellum.

IV. *Satyra in amatorem puelli sub assumpta persona.*

De puero quodam composuit Horatius Odam,
Qui facie bella possit satis esse puella.
Undabant illi per eburnea colla capilli.

(27) Forte Roberto, dicto *Bloet*, qui in charta
transmutationis abbatiæ de Ely in episcopatum ab

A Candida frons ut nix, et lumina nigra velut pix,
Implumesque genæ grata dulcedine plenæ,
Cum in candoris vernabant luce ruboris.
Nasus erat justus, labra flammea, densque venustus.
Effigies menti modulo formata decenti.
Qui corpus quæret quod tectum veste lateret,
Tale coaptet ei quod conveniat faciei.
Hæc species oris radians, et plena decoris,
Cor spectatoris face succendebat amoris.
Sed puerum talem, pulchrum nimis et specialem,
Irritamentum quorumlibet aspicientum,
Dic [*f.* Hunc, *vel* Sic] natura ferum plasmaverat at-
[que severum,
Vellet ut ante mori, quam consentiret amori.
Asper et ingratus, tanquam de tigride natus,
B Ridebat tantum mollissima verba precantum,
Ridebat curas effectum non habituras,
Et suspirantis lacrymas ridebat amantis.
Illos ridebat quos ipse mori faciebat ;
Impius ille quidem, crudelis et impius idem,
Qui vitio morum corpus vetat esse decorum.
Bella bonam mentem facies petit, et patientem,
Et non inflatam, sed ad hæc et ad illa paratam.
Flosculus ætatis citus est, nimiæ brevitatis.
Postquam marcescit, cadit, et revirescere nescit
Hæc caro tam levis, tam lactea, tam sine nævis,
Tam bona, tam bella, tam lubrica, tamque tenella.
Tempus adhuc veniet, cum turpis et hispida fiet ;
Cum fiet vilis caro chara caro puerilis.
C Ergo dum flores, maturos indue mores.

V. *Epigramma de domo lignea.*

Condita de lignis domus esse potest cibus ignis,
Quem si non pascit, tamen it cito : nam veterascit.
1618 Sed quid prodesset, si murus ferreus esset,
Cui mors dura tamen foret inventura foramen ?
Ergo non curet quantum sua mansio duret,
Qui modicum durat, etiam si talia curat.

VI. *Ad inquietum fabrum*

Cyclopum Liparis memoratur habere tabernas,
Quos labor exercet nocte dieque gravis ;
Sic tamen ut capiant partem somnique cibique,
Et recreet fessas tantula pausa manus.
Te, fugiende faber, nec opus, nec flamma fatigat,
D Quominus incudem fervida massa premat.
Nulla tibi requies, nullam vicinia sentit,
Cum tuus infestet proxima quæque labor.
Communis paries utinam par Alpibus esset,

Henrico I factæ ann. 1108 nominatur. Angl. sacræ
tom. I, pag. 681.

Aut fieret fornax ignibus Ætna tuis !
Non reor humana qui sis de stirpe creatus,
  Insopor ac potuit te genuisse draco.
Tu tamen ad ferrum, cum sis demissus ab auro,
  Pejori studio degener invigilas.
Aurea pompa patrem, te ferrea massa retentat.
  Huic oculos somnus, mors premat atra tuos.

VII. *Ad amicum hospitem.*

In partes istas post quinque reversus aristas,
  Vis a me scribi carmina pauca tibi.
Carmina pauca quidem, sed dulcia concupis idem.
  Misti more cibi poscis utrumque tibi.
Quod petis ecce damus, quia quod petis hoc et
                                    [amamus,
  Ut carmen breviter per leve currat iter.
Quod vis cunque volo, quod non vis, hoc quoque
                                    [nolo·
  Et quod ego nolo , te quoque nolle volo.
Dilato letho, per tempora longa valeto,
  Concedantque citum fata tibi reditum.

VIII. *Versus in Flabello* [inscripti].

Improba terretur muscarum turba flabello,
  Quæ gratis mensis esse molesta solet.
Esse molesta solet, cum dantur membra quieti,
  Et quando legimus, esse molesta solet.
Esse molesta solet, cum scribimus, aut meditamur,
  Atque modis aliis esse molesta solet.

IX. *Ad Faustinum.*

Dum partem, Faustine, tui perpendo libelli,
  Qua vacuæ pellis pagina muta jacet,
Partem quæ loquitur vacuam magis æstimo ,
                                    [quam te;
  Plena supervacuis pagina namque vacat.
Unde librum totum vacuum sic colligo, cujus
  Altera pars nugas, altera nil retinet.

X. *De volucre conculcante gramina.*

Dum pedes incedit volucris, nova gramina lædit.
  Quo volet ergo volet, gramina ne violet.

XI. *Ad Scævolam.*

Tu majora feras, dum dona minora repellis,
  Scævola, nonnunquam perdere magna soles.
Nam semel excluso, nec adhuc redeunte datore,
  Jam nihil accipiens falleris arte tua.
O vafer! o prudens! dum semper maxima captas,
  Fiunt magna nihil calliditate tua.

1619 XII. *Contra invidum.*

Rumpitur invidia quidam, charissime Juli.
  Quod me Roma legit, rumpitur invidia.
Rumpitur invidia, quod sim jocosus amicus.
  Quod conviva frequens, rumpitur invidia.
Rumpitur invidia, quod rus mihi dulce sub urbe est.
  Parvaque in urbe domus, rumpitur invidia
Rumpitur invidia, quod turba semper in omni
  Monstramur digito, rumpitur invidia.
Rumpitur invidia, quod amemur atque probamur.
  Rumpatur quisquis rumpitur invidia.

XIII. *In speciosam puellam.*

Parcius elimans alias natura puellas,

Distulit in dotes esse benigna suas.
In te fudit opes, et opus mirabile cernens,
  Est mirata suas hoc potuisse manus.

XIV. *Duo amici tribus amicis.*

Dicunt Guillelmo Marbodus et Hugo : Valeto;
  At soli Thomæ dicit uterque : Vale.
Guillelmo et Thomæ juncto Sansone : Valete;
  Et sit trina tribus, vel tribus una salus.

XV. *In avitiam.*

Nominis ex vitio decet avitiam vitiari [f. vocitari].
  Scilicet a vitio dicitur avitia.

XVI. *Pro avitia.*

A vita, non a vitio magis æstimo dictam.
  Ergo pati vitium non decet avitiam.

XVII. *Consolatio lugentium* (28).

Sicut ad una redit quidquid locus infimus edit,
  Et liber finis non valet esse cinis;
Sic res e sursum veniens petit æthera rursum,
  Ut semper maneat quod Deus ipse creat.
Ipse Deus mentes, corpus genuere parentes.
  Corpus morte perit, mens bona semper erit.
Quæ veniet tandem carnem resumet eamdem,
  Ut redeat quod iit, sitque quod ante fuit,
Sed redeat sancte, plus felix quam fuit ante,
  Ut vivat melius, nec cadat ulterius.
Hæc bene si scitis, non est cur flere velitis
  Nam quod rursus erit, qua ratione perit ?

XVIII. *Prosa.* — *Compunctio peccatoris*
(E ms. S. Gatiani Turon. Non edita.)

  Cum recordor quanta cura
  Sum sectatus peritura,
  Et quam dura succensura
  Mors exercet sua jura
  In interiori meo
1620 Quod est patens soli Deo;
  Dans rugitum sicut leo,
  Pro peccatis meis fleo.
  Dum recordor transiturum
  Me per mortis iter durum,
  Et quid de me sit futurum
  Post examen illud purum,
  Mentis anxius tumultu,
  Quæ virtutum caret cultu,
  Tristi corde, tristi vultu,
  Fundo preces cum singultu;
  Cum singultu preces fundo,
  Flexo genu pectus tundo,
  Ore loquens tremebundo,
  Ad te clamo de profundo :
  Jesu Christe, Fili Dei,
  Consubstantialis ei,
  Factor noctis et diei,
  Quæso, miserere mei
  Per parentis primæ morsum,
  Lapsi sumus huc deorsum.
  Gravant nobis culpæ dorsum,
  Quas commisimus seorsum.
  Per fecundam Genitricem,

(28) Aliud ab hoc omnino distinctum, licet sub eodem titulo, legitur supra col. 1673.

Sæculi reparatricem,
Veterem converte vicem,
Corpus salvans atque Sichem.
Sit laus Christo nostro, Patri,
Sit laus suæ sanctæ matri,
Qui nos tueantur atri
A suppliciis barathri.
        Amen.

XIX. *Epitaphium.*

(29) Bruno Pater, jucunde senex, mitissime præsul,
    Cujus cor pietas, lingua mel et lac erat;
Se tibi culpa fuit, quod nullum lædere velles,
    Quale tuum meritum cum bona culpa fuit.
Quid tibi, chare Pater, clerus, populusque precemur ?
    Ut quod tu nobis, hoc tibi sit Dominus.

XX. *Epitaphium Gaufridi episcopi Andegavensis.*

Hic jacet Andegavæ Gaufridus episcopus urbis,
    Si caro pontificis mortua nomen habet.
At si spiritui magis hoc aptare velimus,
    Non jacet hic præsul, sed super astra sedet.
Quod si corporeis tantum situs est tribuendus,
    Nec stat, nec recubat, nec super astra sedet.
Gloria carnalis pernicibus evocat [f. evolat] alis.
    Quæ mundum paret gloria, fine caret.

XXI. *Epitaphium Gaufridi cantoris.*

Cantor Gaufridus, cantorum nobile sidus,
    Dives agris, domibus, servitiis, opibus,
Prudens, famosus, probus, impiger, ingeniosus,
    Transit [f. Transiit] ut fumus, hac in humo fit
                                        [humus.

1621 XXII. *Epitaphium Roberti decani.*

[Actio causarum, civilis dictio juris,
    In quibus ingenio vixerat et studio,]
Roberto curam dederant nomenque decani,
    Ut fratrum clypeus lingua diserta foret.
Sed nec opes sibi, nec personæ deerat honestas,
    Usibus ut nostris tot dona proficerent.
Omnibus his meruit pœnas vel præmia : pœnas
    Auferat Opinens [f. Omnipotens]; præmia multi-
                                        [plicet.

XXIII. *Epitaphium Roberti.*

Quidam Robertus, nec dives homo, nec egenus,'

(29) Hic Bruno episcopus Andegavensis, ipse est qui in Gall. Christ. Sammarthanorum fratrum dicitur Eusebius Bruno, qui, ut aiunt, Huberto in episcopatu Andegavensi defuncto, suffectus est an. 1047. Hujus autem epitaphium, a Marbodo compositum, referunt non distinctum ab epitaphio Gaufridi I Turonensis nuncupati, cui immediate præponitur. Quod cum duobus versibus in Gallia Christ. quam hic prolixius sit, ideo illud eodem modo et contextu quo habetur ibi, ad Gaufridum I hic exhibendum duximus, cum epitaphio etiam Gaufridi cantoris. Sic autem continue junguntur tria hæc epitaphia :

Bruno Pater, jucunde senex, mitissime præsul,
    Cujus cor pietas, lingua mel et lac erat ;
Si tibi culpa fuit, quod nullum lædere velles,
    Quale tuum meritum cum bona culpa fuit.
Quid tibi, chare Pater, clerus populique precemur ?
    Ut quod tu nobis, hoc tibi sit Dominus.

A   Nec multum, sapiens, nec nimis insipiens,
Nec multum notus, nec ab omni laude remotus,
    Nec sanctus nimium, nec citos in vitium,
Cum per singultum quateret sibi passio vultum,
    Decidit, et nostrum diminuit numerum.
Nutriit Andegavis, quem perdidit Aurelianis :
    Illa sibi mater, ista noverca fuit.
Heu ! Roberte puer, votis excepte tuorum
    Quam male, chare nepos, est tua victa sitis !
Doctrinam sitiens, Ligerim, miserande, bibisti.
    Potet te Christus fonte perennis aquæ.

XXIV. *Epitaphium Anselmi Laudunensis magistri, et decani Laudunensis celebris suo sæculo Abailardi, aliorumque illius ævi litteratorum, in theologia præceptoris eximii, qui obiit an. 1117. Sepultus Lauduni in æde Vincentiana. De quo Gallia Christiana ad decanos Laudunenses.*

B

(E ms. S. Gatian. Tur. Non editum.)

Princeps doctorum, flos cleri, gloria vatum,
Transiit Anselmus per inevitabile fatum.
Hujus honestatis decus ex castissima vita
Indicium fuerat quantus fuerat Israelita.
Lex, Evangelium, psalmus, seu nube voluta,
Anselmo mediante, Deus dedit esse soluta.
Anglia, Francorum regnum, Pannonia tota,
Gens Liguris, plebs Apuliæ, Judæa remota,
Pluribus errorum tenebris prius illaqueata
Senserunt documenta viri, documenta beata.
Hoc duce, floruerat studio sapientia grata,
Quæ modo marcessit, doctore suo viduata,
C Artis grammaticæ penitus periere labores.
Cessat Aristotelis species, studiique rigores;
Rhetoricus color emarcet, causæque Catonis.
Desolata jacet rerum natura Platonis.
Vilescit numerus, silet arithmetica cura;
Sublato rectore, jacent geometrica jura.
Plange tuum vatem viduati concio cleri,
Non est qui digne valeat tua jura tueri.
Urbs Lauduna, dole, cecidit tuus ille poeta.
Occubuere simul tua laus et tempore læta.

1622 XXV. |*Circa majestatem* (30) *quæ præeminet sepulcro.*

Francia, quæ totum superat, me judice, mundum,

Hic jacet Andegavæ Gaufridus episcopus urbis,
D   *Si caro pontificis mortua nomen habet.*
At si spiritui magis hoc aptare velimus,
    Non jacet hic præsul, sed super astra sede..
Quod si corporeis tantum situs est tribuendus,
    Nec stat, nec recubat, nec super astra sedet.
Gloria carnalis pernicibus evolat alis.
    Quæ mundum paret gloria, finem habet.
Cantor Gaufridus, cantorum nobile sidus,
    Dives agris, domibus, servitiis, opibus,
Prudens, famosus, probus, impiger, ingeniosus,
    Transit ut fumus, hac in humo fit humus.
[Actio causarum, civilis dictio juris,
    In quibus ingenio [f. ingenium] fixerat et studium.]
    Hi autem duo ultimi versus sunt duo primi epitaphii Roberti decani, immediate sequentis ubi tamen legitur *vixerat... studio.*

(30) Majestatem, *id est* ornatum vel coronidem, quæ præeminet sepulcro.

Anselmo similem non est habitura secundum.
    XXVI. *Conquestio* (31) *captivi afflicti.*
Carceris angusti tenebras, frigusque famemque,
Atque sitim, vigilesque metus, larvasque minaces,
Et fera monstra breves miseri rumpentia somnos ;
Præterea ferri pondus duplicesque catenas,
Arctati quibus exeditur macilentia cruris,
Tum gravis ærumnam lecti, quo fessa jacentis
Membra frequens nodus terit, et brevitudo coarctat,
Terribilesque minas, tormentaque tristia, quorum
Nomina vel species horror vetat enumerare,
Pedorisque situm, sordesque madentis oleti,
Ecce quater denis jam noctibus atque diebus,
Intolerabiliter tolero vivoque sepultus.
    XXVII. *Dissuasio navigationis ob lucrum.*
Qui vult scire minas tempestatesque marinas,
Audiat et discat quantum maris unda deluscat [f. de-
                        [hiscat],
Quem faciat sursum velut in declivia cursum,
Ut madeant stellæ sparsæ de rore procellæ,
Ut mare conscissum metuendam pandat abyssum.
Hæc et plura satis multum graviora relatis,
Audiat hæc, inquam, sed non et sentiat unquam ;
Credat narranti, cui non sunt munera tanti,
Ut propter lucrum fiat maris esca volucrum,
Vel lucri tantum spe fiat ut esca natantum.
Ille sibi credet mea quem dissuasio lædet ;
Quem peregrinarum juvat usus divitiarum.
Quarum spe ductus, pulsabit remige fluctus,
Fluctus pulsabit, quæ dico vera probabit,
Et jam non verbis, sed rebus credet acerbis.
    XXVIII. *Contra seditiosum vulgus.*
Ex quo cælestem meruit sapientia sedem,
Juncta Jovis lari pax summo nata parenti,
Invidia motus pugnat cum Pallade Bacchus.
Decidit in terras a cælo cælpta simultas,
Nec nato Semele, nec desunt castra Minervæ :
Quæ diversa sequi res est non ponderis æqui.
Altera quisque probus ; at, iners petit altera vulgus :
Illa voluptati ; sunt ista dicata labori.
Plures sunt igitur qui Bacchica castra tuentur ;
Hoc est, vina liquant, quam qui pro Pallade pugnant.
Unde non est mirum si plebs fremit ebria dirum
In sibi dissimiles, rata nos vilissima viles.
1623 XXIX. *Commonitorium invectivum ad obses-*
                 sos in castro.
Si circumcirca surgant adamantina castra,
Si novies solidi circumflua robora muri,
Fumificat rapido conflatilis unda metallo ;
Si cubat in portis et cauda nixa draconis,
Rugiat igniferæ deformis ira chimæræ ;
Vos tamen infames, acies homicida, latrones,
Supplicium sceleris nullatenus effugietis ;
Non quia terribiles tormenta tremenda fragores
Molibus impingant, et virgea texta refringant,

A Nec quia multiplices important undique mortes,
Falx, aries, fundæ, plumbata phalarica, talpæ :
Sed quia pro viduis pugnat manus Omnipotentis,
Quarum nos lacrymæ plus angunt obsidione :
Nam formidandus foris imminet hostis, et intus
Conscia mens secum gerit implacabile bellum.
    XXX. *Institutio pueri discipuli.*
Si præceptorum superest tibi cura meorum,
Parce puer nugis, dum rus colo tempore frugis,
Præfigam metas, quales tua postulat ætas :
Quas si transgrederis, male de monitore mereris.
Contempto strato, summo te mane levato,
Facque legendo moram, quartam dum taxat [f. tar-
                      [dat] ad horam.
Quinta sume cibum, vinum bibe, sed moderatum,
B Et pransus, breviter dormi, vel lude parumper.
Postquam dormieris, sit mos tuus ut mediteris.
Quæ meditatus eris tabulis dare ne pigriteris.
Quæ dediscere spero quandoque videre.
Miseris huc quædam facies, ut cætera credam.
Pòst hæc, i lectum : cum legeris, ito comestum.
Post sumptas escas, si jam monet hora, quiescas.
Si tempus superest, post cænam ludere prodest.
Sub tali meta constat tibi tota diæta.
    XXXI. *De pueris coercendis.*
Qui puero parcit, leve cor pinguedine farcit.
    Qui flagra continuat, pingue cor extenuat.
    XXXII. *Ad Odonem episcopum simul et comitem.*
Veri lucra boni Domino Marbodus Odoni.
C Præsulis et comitis gemino cum nomine sitis,
(32) Insignis cumque te perficiaris utrumque,
Præbentes æque vos clero militiæque,
Cum communi, sed utrique tamen velut uni,
Nam se quisque coli tantum putat, ut sibi soli
Munera præstari, nec quæ velit ulla negari,
Cum vobis dederit sors quidquid homo sibi quærit,
Gazas, ætatem, personaque nobilitatem,
Linguam quæ fari, mentem quæ scit meditari,
Morum candorem, plebis patrumque favorem,
Audeo pauca tamen vobis, velut ad renovamen,
Scribere, ne sitis qui non meminisse velitis,
Si fas est dici, nostri specialis amici ;
Non quia sim talis, qui vobis sim specialis,
Sed quia vos talem scio, quem faciam specialem.
D Nec mihi quid detis, plus vos amo quam quod ha-
                      [betis.
Et quod habetis amo, sed non ea bona reclamo.
Munera nolo dari mihi, sed volo pauper amari.
Sufficit ad munus si nos amor alliget unus.
    1624 XXXIII. *M. Gaulterio suo salutem.*
Assuetam turbis et luxu divitis urbis,
Et sic obtusam cum rus volo mittere musam,
Illa retrocedit, sibi nec tutum fore credit
A te, Gauteri, metuende poeta, videri.
Quippe loco frueris, quo, sicut et ipse fateris,

---

(31) Ipsius forte Marbodi, qui in epistola ad Raynaldum de Martiniaco, cujus electioni injuste faverat,
se ab ipsomet ingrato animo, carcerem et catenas
perpessum queritur. Vide epist. 1 Marbodi, et no-

tam ad illam, pag. 1591.
(32) Forte melius ad mentem auctoris :
    Indiciis et vos cum proficiatis utrisque.

Te vacuum curis invitat gratia ruris,
Respondente lyra, cantante poemata mira.
Hoc illam terret, ne si male jussa referret,
Aut sibi flagra dares, aut se ferus igne cremares,
Aut tunica scissa, turpis foret inde remissa.
Est, inquit, villæ nequaquam deditus ille,
Ad quem nesciolam me vis modo mittere solam :
Quamvis rus habitat, tamen omnia rustica vitat.
Nam liber adstat ei magna pro parte diei,
Quin et post cœnam solet ipse vocare camœnam,
Et vacuus curis, dictare legenda futuris.
Si quid inurbane, si quid non dixero plane,
Judicio vatis fiam rea rusticitatis.
Ejus censura dabitur mihi multa litura,
Quem mea non temere potuerunt errata latere.
Aut etiam certe si dixero plura diserte,
Propter pauca tamen faciet mihi grande foramen.
Mitte Coturnicum qui voce salutet amicum,
Unum de vernis, non est via longa paternis.
Ilis verbis usæ respondi talia musæ :
Ne timeas, inquam, nec enim te, musa, relinquam,
Si tibi quid triste (quod non puto), fecerit iste.
Imo libenter eas, ruris visura napæas,
Et visura chorum (quod debes velle) sororum,
Causa voluptatis fiet tibi visio natis,
Quem dignum laudis, cum nunquam videris, audis.
Paruit imperio mihi non incredula Clio,
Et quidquid mittat, sic te tamen ecce salutat :
Tot vivas annis, quot minis labitur annis.

XXXIV. *Item ad eumdem poetam.*

Per cantus dulces ita me, charissime, mulces,
Ut vivit in villis, crepitantibus unda lapillis,
Verbosique tori dantem sua membra sopori,
Aut tanquam vivi sitientem pocula rivi,
Aut velut algentem calor, aut cibus esurienti.
Unde tibi grates magnas ago, maxime vates :
Utque diu cantes, ego vel mea musa precantes,
Cantamus tecum, non respondendo per æquum,
Voce sed ut rauca cigno gravis obrepit auca,
Quippe tuum cantum superat vox nulla volantum,
Inter vocales ego sum quasi garrulus ales.
Nam quod me celebras, illustrans luce tenebras,
Carmina diffundi, perhibens mea, per loca mundi.
Plus ideo dicis verbis ut ducar amicis,
Quam quod sit verum, nisi fallor pondere rerum.
Cum tamen has laudes nobis imponere gaudes,
Immortale decus reddat tibi Juppiter æquus.
Nescis livorem, mihi qui partiris honorem,
Quem prope solus habes, non hoc facit invida tabes,
Quæ nullum laudat, nonnullos nomine fraudat.
Quid quod et immitem sic vis excludere litem
A nostris ludis, ut verbis scribere nudis,
Expertesque salis versus me fingere malis
Mentem lectoris, quam lædat causa saporis,
Quantum sis mitis monstrat vitatio litis.

(33) Hos versus primo quidem reticere omnino
nobis mens fuerat, ne Redonenses indigenas, tot
nominibus et virtutibus nunc illustres, lædere voluisse videremur; verum cum illi nobis pluribus in

A Ergo tibi cedit, tibi Clio libenter obedit.
Quas tu non curas, non curet et ipsa figuras.
Scribat inornate, quando sic poscitur a te.
Carmen ad insulsum citharæ mihi vertere pulsum,
Potius est multo, quam scribere carmine culto.
Ergo relinquo sales; versus tibi dirigo tales,
In quibus esse satis videatur simplicitatis.

1625 XXXV. *Epitaphium Caroli regis Magni.*

(Ex manuscripto S. Gatiani Turon. n. 164.)
Tutor opum, vindex scelerum, largitor honorum,
Carolus orbis honor, orbis et ipse dolor.
Dum licuit, tua dum viguit, Martelle, potestas,
Fraus latuit, pax magna fuit, regnavit honestas.
Lausduni rector, Cato civibus, hostibus Hector,
B   Par vultu Paridi subjacet huic lapidi.

XXXVI. *Epitaphium magistri Lanfranci archiepiscopi.*

(E ms. S. Gatiani. Invenitur prolixius in ultimo tom.,
    p. 11, Actorum S. Benedicti, ut a S. Anselmo
    compositum.)
Archiepiscopii non divitias, nec honores
Lanfrancus subiit, sed curas atque labores.
Natus in Italia de Papiensi regione ?
Civibus egregiis et honesta conditione,
Monachus atque prior Becci fuit; hinc Cadomensis
Abbas; post præsul primatus Canturiensis,
Totius Anglorum fuit Ecclesiæ reparator,
Et Normannorum nihilominus auxiliator.
Hujus doctrinam pars maxima senserat orbis
Et commune fuit viduis solamen et orbis,
C Claudis, contractis, leprosis, dæmoniosis,
Surdis et cæcis, nec non etiam et vitiosis.
Post exhortamen non sprevit ferre levamen;
Et quamvis epulæ cum potu deliciosæ,
Et vestes fuerint molles et pretiosæ,
Ipse tamen tectus fuit asperitatis amictu,
Semper de vili vivens et paupere victu.
Verus justitiæ, non falsus in ordine cultor,
Nequitiæque fuit rectissimus et pius ultor.
Asper in elatos, nulli pro munere supplex,
Innocuusque bonis, et nullo tempore duplex.
Castus, et incestis parcendo subveniebat;
Justus, et injustos tolerando corripiebat.
Sic alios curans, pastoris opus faciebat.

D **1626** Sic se conservans, Domino per cuncta
                                    [placebat.

Hic vir tam sapiens, et in hoc luctamine fortis,
Non potuit tandem laqueos evadere mortis.
O quantos miseri tunc invenere dolores !
Ét gens Anglorum quantos amisit honores !

XXXVII. *De civitate Redonis* (33).

(E ms. Gatiani Turonensis ann. circiter 600, et ex
    editione Redonensi an. 1524, et ex Historia Bri-
    tanniæ a R. P. nostro D. Alexio Lobineau nuper
    edita.)
Urbs Redonis, spoliata bonis, viduata colonis,

mss. occurrerint, in mss. scilicet Turonensi et Andegavensi, et in editione ipsa Redonensi ann. 1524,
veriti sumus ne temeritatis accusaremur, si illos in
nupera etiam Britanniæ Historia relatos. nostra

Plena dolis, odiosa polis, sine lumine solis,
In tenebris vacat illecebris, gaudetque latebris.
Desidiam putat egregiam spernitque sophiam.
Jus atrum vocat omne patrum, meritura barathrum.
Causidicos per falsidicos absolvit iniquos.
Veridicos et pacificos condemnat amicos. ?
Quisque bonus reputatur onus, nequit esse patronus.
Bella ciet; neque deficiet, quia pessima fiet.
Nemo quidem scit habere fidem nutritus ibidem.
Quid referam, gentemque feram, sævamque Me-
[gæram?
Ruricolis fit ab armicolis oppressio solis.
Mors currit, quia prædo furit, villasque perurit.
Ira Dei non obstat ei' plena rabiei.
Qui graditur miser exuitur, pugnisque feritur.
Pauperibus deest inde cibus, sunt vulnera gibbus.

XXXVIII. *Quomodo servitur nummo.*
(E ms. S Gatiani Turon. Non editum.)

Cum nummo detur decus a multis, et ametur,
Fallit honorantes fallax, et fallit amantes.
Princeps, prælatus, monachi, populique senatus,
Clericus et miles, mulier, sexusque viriles,
Nummo lætantur, jussisque suis famulantur.
1627 Omnis ei plaudit. Si quid jubet impiger audit.
Quod placet impletur, quod displicet hoc prohibetur.
Dum nummus loquitur, cunctorum vox sepelitur.
Justo præfertur, dum plurima causa refertur.
Cum nil sermones, cum nil valent rationes,
Cum nil causidicus, cum nullus prosit amicus,
Nummus ut accedit, discordia tota recedit.
Quod fuit injustum, fit nummo judice justum.
Quidquid novisti mundanum, subjacet isti.
Illius ad libitum conceditur omne petitum.
Mitigat iratos, discordat pacificatos,
Viles extollit, duros a robore mollit.
Pervertit mores, dat regnum, mutat honores,
Corrumpit legem, statuens per munera regem.
Quod fecit pridem, conversus destruit idem.
Quem premit arctatur, quem diligit ille juvatur.
Hunc amat, hunc angit, nummus connubia frangit.
Judicat incestum quod lex commendat honestum.
Justum disjungit, vetitum per munera jungit.
Curia pontificum, quamvis videatur iniquum.
Plane mentitur, cum res ad dona venitur,
Regum majestas, prælatorumque potestas.
Reges offendit, dum nummus munera tendit.
Pignus, honestatem, sensum, genus ac probitatem
Transcendit nummus, stans inter cætera summus.

A   **XXXIX.** *Quomodo decipitur qui nummo servit.*
(E ms. S. Gatian. Turon. Non editum.)

Heu! cur lex temere vili corrumpitur ære?
Cur, homo, deciperis? cur mundi laude teneris?
Cur, homo, te lædis? cur a pietate recedis?
Cum legem spernis, tenebroso lumine cernis.
Aspice, mortalis, quæ laus, quæ gloria, qualis
Sit mundi fructus; nihil est in eo nisi luctus:
Quippe velut fenum mundi marcescit amœnum.
Vive Deo soli, mundo te credere noli.
Qui credit mundo, frustratur fine secundo.
Cur nummo servis? cur hæret acervus acervis?.
Ad vitæ metas cum te pertraxerit ætas,
Heu tibi summa dies! pauper de divite fies.
Cur igitur quæris quibus ultra non potieris?
B Acquiris gratis ubi nil est utilitatis.
O! qui consuevit sic vivere, quam male sævit!
Mortis triste genus generat per fenora fenus.
Frangit et enervat corpus qui fenus acervat.
Funeris ignarum duplex labor angit avarum.
Æstuat in quæstus, multo molimine gestus.
Quo res salvetur, nunquam securus habetur.
Nunc sera, nunc muri fiunt obstacula furi.
Ecce coercetur cupiens, furesque veretur.
Sic geminæ mortis pœnis cruciatur obortis.
Heu tibi quid dicam? cur mortem quæris iniquam?
Dum vivis moreris, quia mortis cultor haberis.
Quæ nunc vita datur, mors est, non vita probatur.
Vivus puniris, defunctus morte potiris.
C   Cur, miser, insanis? labor iste videtur inanis.
Dum plus lucraris, magis optando cruciaris.
Non tibi sufficiet, dum plurima copia fiet.
Hoc lue peccatum, solitum dedisce reatum.
Parvo momento finem properare memento,
Multimodisque datis, non posse resistere fatis.
1628 XL. *Parabola de fraude a lupo opilioni facta.*
(E ms. S. Gatian. Turon. Non edita.)
Fertur ut hic fecit fraudem lupus opilioni.
Sæpe lupus quidam per pascua lata vagantes
Arripuit multas opilionis oves.
Lædere raptorem postquam virtute nequivit,
Illaqueare dolo pastor cum studuit.
Nam rigidam flectit tanto conamine quercum,
Ut caput illius tangere posset humum;
D Et capiti flexo laqueus sic nectitur unus,
Mobilis ut laqueum detineat baculus;
Sed laqueum terræ baculus sic applicat ille,
Ut laqueo pereat qui baculum moveat;

---

auctoritate, quæ nulla est, ex operibus Marbodi expungeremus. Et quidem præclaræ admodum hujus Historiæ eruditus auctor opinari videtur illos non esse Marbodi, eo quod triplici rhythmo donati sunt in unoquoque versu; sed hoc non evincit illos abjudicandos esse Marbodo, cum inter ejus carmina, multa tripliciter hoc modo resonantia videantur; verbi gratia in oratione ad Matrem Domini, col. 1652.
Gemma decens, rosa nata recens, perfecta decore,
Mella cavis inclusa favis, mutata sapore, etc.
per viginti versus.

Sic alia plura ejusmodi Marbodi indubitata carmina referre possemus. Verius autem putamus, aut certe probabilius Marbodum, Andegavensem genere, versus illos ardore juvenili composuisse, dum Andegavenses et Redonenses, ut olim sæpius, variis inter se dissidiis agitarentur; et eos ex illis esse versibus opinamur, de quibus ipse Marbodus initio libri decem capitulorum sic ait:

Quæ juvenis scripsi, senior dum plura retracto,
Pænitet, et quædam vel scripta, vel edita nollem.
Unde inquit:
Vel delenda cito, vel non edenda fuissent.

Nec enim probabile videtur episcopum alioquin sanctissimum et sui gregis amantissimum, illius nævos et defectus adeo atroci carmine voluisse posteris commendare.

Et medio laquei sic inseritur caput agni ,
  Ut baculum moveat qui caput arripiat.
Tunc abit opilio , lupus ingenium petit illud ,
  Et rapit agninum protinus ore caput.
Sed baculo moto , laqueus ligat illico collum ,
  Atque rigor quercus tollit in alta lupum.
Ut videt opilio captum pendere latronem ,
  Mittit illuc lapides , accelerando necem.
ulnera mille facit , lupus ut pereat lapidatus ;
  Sed nequit expelli spiritus ille malus.
Ut magis hunc cruciet tandem deponit ab alto ,
  Atque levans fustem , protulit ista lupo :
Nil faciunt lapides , cerebrum jam fuste relidam ,
  Atque meis agnis inferias faciam.
Mox lupus exclamat : Miserere, piissime pastor,
  Et tibi quæ referam percipe pauca precor.
Si mihi dignatus fueris concedere vitam ,
  Omnia quæ rapui centupla restituam.
Sed nihil hic habeo; si me patiaris abire ,
  Ne tibi sim fallax , utile pignus habe.
Congruus obses erit lupulus meus, hunc tibi tradam,
  Ut veniente die quam dederis redeam.
Ut redeam nunquam minimum damnum tibi gestat,
  Pro sene confecto si juvenis pereat.
Ille nocere potest, ego nec vivendo nocebo,
  Et tibi si pereo, commoda nulla dabo.
Tolle meam pellem , tibi non erit apta cothurno.
  Tolle meam carnem , non erit apta cibo.
Nescio cur miserum corpus dispergere quæris ,
  Cum tibi de neutra parte sit utilitas.
Ut breviter narrem , quantocius obside sumpto ,
  Dat remeare lupum credulus opilio.
Ille parans artem qua falleret opilionem ,
  Dum remeat , monachum reperit et famulum.
Mi Pater, inquit , ave , ne despice verba precantis ,
  Nec quia peccavi , me reprobare velis.
Pœnitet erroris , bona mundi sumere tædet ·
  Innocuumque pecus me jugulasse pudet.
lugibus illecebris nil prodest membra fovere,
  Si sit habenda mihi nulla salus veniæ.
Percute me virga , vel quovis tunde flagello ;
  Hanc animam tantum , vir pie, redde Deo.
Cæsariem tundens, latam , rogo, rade coronam,
  Et mihi sic raso da monachi tunicam.
Neve putes frustra tantum perferre laborem,
  Dum mihi non data sit, do tibi munus ovem.
Si tibi non placeant data fercula carnis ovinæ,
  Da famulo carnem, tu tibi vellus habe.
Ut recipit monachus nimis acceptabile donum,
  Forficibus sumptis, illico tondet eum;
Atque caput radens , tantam studet esse coronam,
  Ut sit ab auricula circus ad auriculam :
Et docet ulterius qualis foret ordo tenendus.
  1629 Inde cucullatum præcipit ire lupum.
Venerat ille dies quo reddi debuit obses,
  Quo lupus ut redeat pollicitus fuerat.
Tunc redit : at pastor cognoscere vix valet illum ;
  Nam modo fulvus erat quem videt esse nigrum.
Qualis eras, inquit ? nimis es mutatus ab illo

A Qui pecudum raptor, raptus eras laqueo.
Ille caput flectens, postquam *benedicite* dixit,
  Ora rigans lacrymis, talia verba dedit :
Vulneribus lapidum mihi quæ dederas maceratus,
  Nuper eram languens, adfuit et medicus.
Ille premens venam, pulsum male currere sensit,
  Et mihi : Non vives, sed morieris, ait.
Interea monachus venit qui viseret ægrum,
  Et monet ut tandem pœniteam scelerum ;
Spemque docet sanctam, quia nullus perditus esset,
  Cui mala vita fuit, si bona mors fieret.
Denique persuasit penitus contemnere mundum,
  Et mihi sic raso tradidit hunc habitum.
Ut veteres mores alimentaque prisca reliqui,
  Qui fueram languens, illico convalui.
B Nunc quia debebat meus obses perdere vitam,
  Ne pereat natus, ponere quæro meam.
Huc rediens, sicut me proposui rediturum,
  Quod tibi restituam, nil habeo proprium.
Fallere nolo fidem, si vis mihi parcere, parce.
  Si placet ut perefor, me citius perime.
Hæc mea, pastor, ait, te lædet dextera nunquam ;
  Sed quoniam læsit, postulo, da veniam.
Interimens monachum, fierem duplex homicida.
  Obses erit liber, tuque domum remea.
Tunc remeant hilares, tutique morantur in agro,
  Cum lupus esuriens retulit hæc lupulo :
Crede mihi, fili, nimis est caro dulcis ovina,
  Et cibus asper erit caseus atque faba.
C Non onus assumam quod non possim tolerare.
  Dixit, et ut dudum cœpit oves rapere.
Sed breve post tempus dum raptor vescitur agno,
  Aspicit hunc, et sic arguit opilio :
Sanus es et monachus, non debes carne cibari ;
  Non ita sancta jubet regula Basilii.
Inde lupus : Non est simplex, ait, ordo bonorum ;
  Et modo sum monachus, canonicus modo sum.
Et sic in silvis lupus ivit subsiliendo.
  Se male delusum comperit opilio.

    XLI. *De ordine monastico et ecclesiastico.*
    (E ms. S. Gatian. Turon. Non editum.)

Ordo monasticus ecclesiasticus esse solebat,
Dura cibaria cum per agrestia rura colebat.
Nulla pecunia, nulla negotia præpediebant.
D Tam capitalia, quam venialia nostra piabant.
Ad capitalia post venialia damna redactus,
Ordo monasticus ecclesiasticus est violenter,
Si ritualia comparat omnia dona potenter.
Ordo monasticus ecclesiasticus est sine fructu.
Intrat ovilia desuper ostia, non sine luctu.
Ordo monasticus ecclesiasticus est sine sensu.
Æstimat omnia spiritualia divite sensu.
Ordo monasticus ecclesiasticus est sine causa.
Pulsat ad ostia spiritualia jam sibi clausa.
Ordo monasticus ecclesiasticus unde vocatur,
Quando tenacibus atque rapacibus assimilatur ?
Sed duo crimina per sua nomina nolo notare,
Quæ sapientia, vel reverentia nescit amare.
Plaga latentior ; illa nocentior hostis habetur

Languor amabilis, immedicabilis esse videtur.
Dicere planius est inhonestius; ultro patebit.
Ultro quis audiet? ultro subaudiet, ultro patebit.
Terra, pecunia, templa, palatia magna parantur,
1630 Unde superbia sive potentia magnificantur.
Vana superbia quid per inania ludificatur?
Lucifer extulit, et Deus expulit, et cruciatur.
Sed Dominus meus, omnipotens Deus, omnicreator,
Insipientibus et sapientibus auxiliator,
Hæc pius auferat, et bona conferat, ut mereantur
Quærere pascua spiritualia, ne moriantur.

XLII. Versus Sibyllæ de die judicii.
(E ms. S. Gatian. Turon. Non editum.)

Judicii signum, tellus sudore madescet,
E cœlo rex adveniet, per sæcla futurus;
Scilicet in carnem præsens, ut judicet orbem.
Unde Deum cernent incredulus atque fidelis
Celsum cum sanctis, cui jam termino in ipso,
Sic animæ cum carne aderunt, quas judicat ipse.
Cum jacet incultus densis in vepribus orbis,
Rejicient simulacra viri, cunctam quoque gazam.
Exuret terras ignis, pontumque polumque,
Inquirens tetri portas effringere averni.
Sanctorum sed enim cunctæ lux libera carni
Tradetur; sontes æternaque flamma cremabit,
Occultos actus retegens. Tunc quisque loquetur
Secreta, atque Deus reserabit pectora luci.
Tunc erit et luctus, stridebunt dentibus omnes.
Eripitur solis jubar, et chorus interit astris.
Solvetur cœlum, lunaris splendor obibit.
Dejiciet colles, valles extollet ab imo.
Non erit in rebus hominum sublime vel altum;
Nam æquantur montes campis, et cærula ponti
Omnia cessabunt, tellus confracta peribit.
Sic pariter fontes, torrentes, fluminaque igni.
Et tuba cum sonitum tristem demittet ab alto
Orbe, gemens facinus miserum, variosque labores,
Tartareumque chaos monstrabit terra dehiscens
Et coram hoc Domino reges sistentur ad unum.
Decidet e cœlo ignisque et sulphureus amnis.

XLIII. De lapsu et reparatione hominis.
(Ex eod. ms. Non editum.)

Serpens, uxor, homo, promittens, credula pomo.
Decepit, favit, præcepta Dei violavit.
Fraus, mors, clatus, spes, civis, uterque reatus
Jus, vitam, regem, stantes, cœlestia, legem,
Sprevit et offendit, prostravit, præcipitavit,
Amisit, fregit; hinc nos sibi culpa subegit.
Fraudes, invisum, vitam, mortem, paradisum,
Pressit, dejecit, dedit, exstinxit, patefecit.
Jure, potestate, moriens, victor, pietate,
Lege prophetatus, tandem de Virgine natus,
Extremus, primus, Deus ac homo, summus et imus,
Infans, vir magnus, parvus, leo, vermis et agnus,
Rex, sol, mons, pax, flos, lex, dux, lux, spes, casa,
[fons, dos
Regum, justitiæ, virtutum, vera Mariæ,
Ordinis Ecclesiæ, bonitatis, grata sophiæ,
Vitæ sanctorum, patriæ vis, porta polorum.

A Cui mundi moles servit Patris unica proles,
Laus, jus, mel, fax, sors, mens, sal, ros, pars, mna,
[vir, ars, mors
Rerum, victorum, pietatis clara, piorum,
Patris, doctoris, Gedeonis, angelicorum,
Belligeratorum, viduæ, cœli, reproborum.
Huic quoniam Deus est, nos plaudere, psallere vis
[est.

1631 XLIV. Versus canoniales.
(Ex eod. ms. Non editum.)

Res monet et tempus fratrum describere quæstus.
Ecclesiæ proceres, præsul clerique priores,
Qui sapitis recte, qui vivere vultis honeste,
Huc oculos cordis, huc aures flectite mentis.
Audiat omnis homo, juvenis puer, innuba virgo,
B Atque senes tremuli, quæ sit querimonia cleri.
Quidquid penna notat, veri de flumine manat.
Qui dubitat verum, sciat actus præpositorum.
Ex fructu poterit cognoscere vipera quid sit.
Inter præpositos et nos fit regula discors.
Res male pensatur, dum lanx non æqua tenetur.
Altera præpositis, est altera regula nobis.
His licet impune facimus quodcunque patrare.
Excoriant aras, placet exsecranda potestas;
Et spoliant sanctos, mutus tacet omnia custos.
Si calices frangant, cortinas, pallia vendant,
Non mutire licet. Quis demens talia culpet?
Quis temeret tales nunc diffamare latrones?
Qui reus est furti, donetur munere grandi.
C Ne reprobes furtum, metuis si verberis ictum.
Qui culpant fures, hos damnat regula vindex.
Non modicum peccat, qui publica crimina narrat.
Omne genus scelerum sine judice vivet inultum.
Vivere vis dives? laudare memento latrones.
Est mihi pauperies, quia sæpe redarguo fures
In re. Sed melius volo vivere semper egenus,
Quam socius furum sim, servus divitiarum.
Optima paupertas quam ditat mentis honestas.
Non mihi sunt gazæ, quas augent furta, rapinæ,
Fraus, præjudicium, perjuria, factio, lucrum.
Altera præpositis, est altera regula nobis.
Nos vilis populus, et non memorabile vulgus,
Mercenaria plebs, cui victus tota supellex,
Si querimur rite cur sic vivamus inepte:
D Quo bona nostra ruant, cur non communia fiant!
Prosilit in medio larvæ deformis imago,
Hostis honestatis, fraudator religionis,
Fons et origo mali, sancti violator asyli,
Legum destructor, fraudis non fictus amator,
Testis nequitiæ, cui sunt perjuria curæ,
Qui subito mille mendacia ructat ab ore,
Dux homicidarum, spes et protectio furum.
Vox asini dulcis hæc rudit cantica nobis.
Dicite, rectores, cleri censere priores.
Quis furor hic subitus? Quis tam temerarius ausus
Hac in plebe venit? Quænam vesania surgit?
Quo strepitu sævit? Cur sic furibunda superbit?
Non impunitus erit auctor murmuris hujus.
Vivet in exemplo multis pro crimine tanto.

Prosequitur totus doctoris dicta maniplus.
Imperio larvæ sua stat sententia cuique.
Burburus immitis, sphynx semper amica cruoris,
Bestia crudelis, ferus arbiter, impia pestis,
Quem nobis Stygiis Pluto transmisit ab undis,
His primum verbis ructat documenta furoris :
Est stulto similis qui vult contendere dictis.
Nos leges regimus, nos jura tenenda docemus,
Si facimus furtum, volumus sit semper inultum.
Pro voto regis pendet sententia legis.
Incassum latrat, qui furum crimina culpat.
Pro merito furti petiit fur ardua cœli.
Fas est præpositis propriis ignoscere culpis,
Nec quamvis vere, licet norum furta notare.
Rex et præpositi nulla sunt lege premendi.
Si rex furatur, lex indiscussa tenetur.
Pro culpa regis dormitat pagina legis.
Quamvis sint fures, venerantur ubique potentes.
Palliat infamem sua præpositura latronem.
1632 Scutum nequitiæ mihi fit fallacia linguæ.
Qui loquitur verum, fiet hostis præpositorum.
Sic censura petit, sic lex et regula promit.
Qui contradicit, ferularum flagra subibit.
Burbureis [f. Purpureis] dictis favet excoriator he-
                                                          [rilis,
Sanctorum costas qui denudavit et aras.
Qui morbum patitur, ægris persæpe medetur.
Sacrilego furi licet optime testificari.
Fur foveat furem, fovet ut meretrix meretricem.
Laudando furem, propriam sic augeo laudem.
Si furem reprobo, simili me polluo furto.
Prosilit in medio Radamantus gutture crasso :
Censes egregie; numerus facit arma timere.
Stare simul liceat, facinus quos inquinat, æquat.
Laudat et hoc Catulus, Clodos simul et Manichæus.
Hic numerus furum bis ternos complet et unum.
Sed quia de Catulo nunc cœpit surgere sermo,
Quis fuit in puero, quis venit et unde notabo.
Hunc mendicantem, nudum, victumque petentem,
Solibus æstivis cessit rota fervida solis.
Hinc tremefacta cutis, et nigri plena cruoris [f. co-
                                                          [loris]
Rumpitur, et fœdo deturpat membra veneno.
Æthiopi similis, venit sine tegmine pellis,
Pauper, inops, nudus, tiliarum cortice cinctus.
Talis erat primo qui nunc se proluit auro.
Quem rota fortunæ transvexit ad astra repente,
Nunc rigidus Cato, dat nobis jura tonando.
Mirantur proceres, morum probitate vigentes.
Nunc asinus pardis, nunc imperat upupa cygnis.
Si tamen in præceps volvatur cutinus anceps,
Tunc licet invitus, pardis se subdet asellus
Et nimis elatus saliet de rupe Catellus.
Qui stat sæpe cadit, currens vestigia lædit.
Motibus incertis sic sic, fortuna, jocaris.
Altera præpositis, est altera regula nobis.
Res vilis populus, ad pulpita sæpe legamus.
Præpositi sedeant, non stantes psallere cogant.
Illos risus pascet, nos cantio longa fatiget.

A Grex solito more cantat Alleluia Graduale.
  Præpositi verbis contendant atque cachinnis.
Hoc illis studium, hæc utilitas seniorum.
Ac velut oppansos teneat si cæcus ocellos,
Nil de luce videns, sed aperto lumine vivens.
Haud aliter tales, vultu, non mente nitentes,
Stare choro pulchrum, sed non est utile multum.
Altera præpositis est altera regula nobis.
Non est fas æque partiri fercula mensæ.
Sufficiat victus nobis sine murmure parvus
Præpositis pullula, mihi sit tenuissima costa.
Os dabitur nudum, si costæ respuo donum.
Si mutire volo, depascar verbere crebro.
Præpositis triplex, nobis sit portio simplex.
Post tenuem costam carnem non sumimus assam.
B Præpositi teneris triplicant sua fercula pullis.
Si jejunamus paucis quandoque diebus,
Sufficiat nobis permistis caseus ovis,
Aut faba, quæ calidos cogit revirescere ficus.
Si semel in mense pisces contingat habere,
Gammarus, anguillæ, tiberinus, verna, cloacæ
Commaculant mensas, quos trivit longa vetustas.
Præpositi soli satientur pisce recenti.
Altera præpositis, datur altera portio nobis.
Nos infelices vini nescimus odores.
Præpositi vinum, nos degustamus acetum.
Surgimus a mensa, sed non sine murmuris ira.
Hunc quatit ægra sitis, illum molestia ventris.
Longa fames stomachi raro fit amica quieti.
Hoc Domini culpant, qui tenso gutture ructant.
C Altera præpositis, est altera regula nobis.
Nos extra claustrum prohibemur figere gressum :
1633 At dominis cameræ licet ad sua tecta redire.
Fit rogus in medio, celebrantur et orgia Baccho.
Siccantur cuppæ spumanti nectare plenæ.
Tunc recitant leges, illic proscribimur omnes.
Sub cauda vilis titubat sententia legis.
Altere præpositis, est altera regula nobis.
Ille molendinos, hic nostros subripit agros.
Hic villas decimat, hic vectigalia fraudat.
Hic silvas vendit, hic prata virentia tollit.
Nec totus census nostros transfertur ad usus.
Insuper ecclesias cogunt sibi vendere nostras.)
Hoc facit improbitas, non paupertatis honestas.
D Burburus hoc donum fecit sine laude bonorum.
Exopici [f. Exotici, seu Extranei] mures sic sic bo-
                                                 [na nostra furantes
Ut sorex granum, corrodunt omnia fratrum.
Dant paleas nobis, complent sua tecta medullis.
Nec pudor est decimas, cum quartis tollere quartas.
Gallinæ, pulli, teneri cum matribus agni,
Vellera vervecum, faba, lentes, cannuba, linum,
Et decimæ pecudum sunt omnes præpositorum.
Stulta nimis res est, si clament talia Fratres.
Ad respondendum surgit grex præpositorum.
Carpere nec lanam, tenuem nec texere telam,
Aut fuso tortum sapitis devolvere linum.
Talia præpositi faciant, operumve magistri
Pro mercede sua sit eis decimatio nostra.

Dicite : Quid pecco, mihi si mea commoda quæro ?
Qui sibimet nequam, cui fiet, dic, bonus unquam ?
Si teneo placitum pro quæstu denariorum,
Pars mea sit totum, partiri nescio nummum.
Sufficiat victus vobis et portio census.
Omne quod est reliquum fit fiscus præpositorum.
Sic censent canones, sic tractavere priores.
Sic volumus, sic laudamus, sic esse jubemus.
Heu dolor ! heu luctus ! o detestabile tempus ?
Heu facinus mirum ! cur tanta potentia furum ?
Dic ubi rex, ubi lex, ubi jus, ubi regula vindex ?
Fraus superat leges, excæcant munera reges.
Regula cum jure dormitat, judice fure
Pro capitis vitio membrorum pallet imago.
Principe funesto ruit ecclesiasticus ordo.
Is finem fecit ; sed cur sua larva remansit ?
Crudelis Verres, fraterque Simonis Ulixes,
Infamis cleptes, quid vivit in orbe superstes ?
Proh Dee ! quid cessas ? cur non hunc fulmine quas-
                                        [sas ?
Omne decus templi periit sub judice tali.
Quod fuerat firmum ruit hoc luctante revulsum.
Omnia turbavit, nec adhuc purgare quiescit.
Cur tenet imperium ? cur se vult esse magistrum ?
Et cur doctores sub se premit atque priores,
Quem decet ex atavis asinum deducere silvis
Pegaseo monte si suxit mella sophiæ.
Permistus musis dicat mihi littera quid sit ?
1634 Vel quid præpositus, quid clericus, aut vi-
                                  [cedomnus ?
Hæc mihi non solvet, nisi quis mussando susurret ;
Tale decus vitæ, tam splendida gemma sophiæ,
Ecclesiæ lampas, quæ dat pro luce tenebras,
Insulsus doctor, fatuorum stultus amator
Imperat hic breviter, rapiet quem Pluto patenter,
Et sibi præpositum faciet super agmina furum.
Illic sceptra regat, sic et hic perjuria frangat.

    XLV. *Proverbia Catonis philosophi.*

    (E ms. S. Gatian. Tur. Non editum.)

Utilibus monitis prudens accommodet aures.
Non læta extollant animum, non tristia frangant.

A Dispar vivendi ratio est, mors omnibus una.
Grande aliquid caveas timido committere cordi.
Nunquam sanantur deformis vulnera famæ.
Naufragium rerum est mulier malefida marito.
Tu si animo regeris, rex es, si corpore, servus.
Proximus esto bonis, si non potes optimus esse.
Nullus tam parcus, quam prodigus ex alieno.
Audit quod non vult qui pergit dicere quod vult.
Non placet ille mihi quisquis placeat sibi multum.
Juri servitium defer, si liber haberis.
Vel bona contemni docet usus, vel mala ferri.
Ex igne ut fumus, sic fama ex crimine surgit.
Irridens miserum, dubium sciat omne futurum.
Quanto major eris, tanto moderatior esto.
Alta cadunt odiis, parva extolluntur amore.
B Criminis indultu secura audacia crescit.
Quemlibet ignavum facit indignatio fortem.
Divitiæ trepidant, paupertas libera res est.
Tunc homo culpandus quando est in crimine casus·
Fac quod te par sit, non alter quod mereatur.
Dissimilis cunctis vox, vultus, vita, voluntas.
Ipsum te [f. se] cruciat, te vindicat invidus ipse.
Semper pauperies quæstum prædivitis auget.
Magno conficitur discrimine res memoranda.
Terra hominis patria est, qua nascimur et tumula-
                                        [mur.
Aspera perpessu fiunt jocunda relatu.
Acrius appetimus nova quæ jam parte [f. parta
                                        [tenemus.
C Labitur ex animo benefactum, injuria durat.
Tolle mali testes, levius mala nostra feremus.
Vir constans quidquid cœpit complere laborat.
Sæpe dolor siccat lacrymas, et gaudia fundunt.
Injustus qui sola putat proba quæ facit ipse.
Tristibus afficiar gravius, si læta recordor.
Omne manufactum consumit longa vetustas.
Quid cautus caveas aliena exempla docebunt.
Haud ullum tempus vanitas simulata manebit.
Condit fercla fames plenis insuavia cuncta.
Doctrina est fructus dulcis radicis amara.

IN LIBRUM DE GEMMIS MONITUM.

—

1635-1636 Hunc librum, excusum Redonis an. 1524 inter cætera Marbodi opuscula, legitimum ejus esse fetum didicimus e mss. Colbertinis 4181 et 6609, et e Victorino Parisiensi, n. 905, in quo et traductio Gallica veteri idiomate, ejusdem manu qua originale ipsum, exscripta cernitur. De hoc autem ita Bollandus 4 Februarii, pag. 82, col. 2, loquitur : « Poema De gemmis et lapidibus, auctore *Marbodæo*, seu *Marboldo* (ita nomen varie scribitur), sæpius excusum tradit in *Bibliotheca* Gesnerus, citarique aliquando a Vincentio et Alberto, aliisque hujusmodi auctoribus, sub *Liliarii*, vel *Lapidarii*, interdum etiam sub *Evacis* nomine, non quod Evax fuerit cognominatus, ut asserunt Balæus et Pitsæus, aliique, sed ob exordium ipsius poematis, quod tale est :

    Evax rex Arabum dicitur scripsisse Neroni.

Hoc autem, inquit Bollandus, ob sententiarum gravitatem, et verborum pondera, censuimus luce publica dignum. »

Porro ad caput Victorini, qui nobis cæteris antiquior apparuit, utpote sexcentorum ad minus annorum, scriptum legimus, sed manu longe recentiori : « Auctor hujus libri est Marbodus Redonensis episcopus, qui ante episcopatum litteras humaniores docebat Andegavi, et tandem ob singularem doctrinam in episcopum Redonensem assumptus est. Florebat, iuxta Trithemii supputationem, anno Domini 1060. » Hoc autem poema recensuimus ad mss. codices S. Victoris Parisiensis, n. 905, et ad Turonensem Majoris Monasterii, licet mancum sub finem, et ad primam editionem Redonensem anni 1524, et etiam ad recentem 1695, Lugduni Batav., curis Abrahami Gorlæi, cum scholiis Jacobi Gronovæi.

Vario autem in variis titulo insignitur, sed ad idem recidente. In Victorino siquidem sic intitulatur : *Incipit liber Lapidum* ; quem titulum, utpote antiquiorem, retinuimus. In editione Redonensi: *Incipit liber Marbodi de lapidibus sexaginta.* Turonensis, sub finem mancus et imperfectus : *Libellus domni Hildeberti Cenomanensis episcopi* (hoc autem, ut ex omnibus aliis patet, omnino mendose), *de diversis naturis Lapidum.* De hoc autem libro Petrus Diaconus, lib. De viris illustribus Cassinensibus, suas ipse lucubrationes enumerans, cap. 47 et ultimo sic ait : *Librum Hevax regis Arabum de lapidibus transtulit.* Pro variis autem lectionibus advertat lector litteram V. significare Victorinum ms., litteram T. Turonensem, R. Redonensem editionem, G. Gorlæianam, M. post G. notulam marginalem Gorlæianæ editionis. Ad cujus finem inveniuntur duæ epistolæ Evacis regis Arabum ad Tiberium imperatorem, quæ quasi præfationis vicem ad ipsum librum De Gemmis præstant ; quas licet unde illas eruerit Gorlæus non indicet, illas tamen, ne quid desit, illi attexendas censuimus, sicut et versus sequentes, quos asserit nusquam editos fuisse. Ad traductionem quod attinet, mens quidem primo fuerat primos tantum illius aliquos versus veteris illius Gallici sermonis, quasi in specimen referre ; verum plures eruditi et antiquitatis studiosi satius putarunt si hoc antiquitatis monimentum non spernendum ad lectorum utilitatem et oblectamentum, ex integro, prout jacet, exeudendum curaremus. Quorum judicio refragari non ausi sumus, cum præcipue nonnisi rarissimæ, ut ipsis visum est, habeantur undecimi, aut etiam duodecimi sæculi veteri illo Gallico idiomate lucubrationes, et hæc poematis hujus Gallica versio felix adeo fuerit, ut in plerisque illius articulis, quasi de versu ad versum, fideliter Gallice reddita fuerint quæ Latine tradita fuerant.

✠ Codex ms. Turonensis Ecclesiæ metropolitanæ hodie repositus invenitur in biblioth. urbis Turonicæ, sub nº 222 antiquo et nº 656 moderno. Exaratus est, ut opinor, ineunte sæculo XIII. In eodem cod. legun tur 1º Vita Caroli Magni, auctore Turpino, archiepiscopo Remensi ; 2º Miracula plurimorum sanctorum ; 3º Pietatis asceticæ opuscula varia ; 4º Historia Daretis Trojanorum regis de græco translata in latinum a Cornelio Nepote ; 5º denique *Libellus domni Hildeberti Cenomanensis episcopi de diversis naturis lapidum.* Sub finem legitur *explicit Lapidarium.*

Codicem Turon. de verbo ad verbum, cum textu a D. Beaugendre typis mandato (Parisiis, 1708) sedulo contulimus multaque reperimus minus recta, aut etiam inter se non concordantia. Versiculi, equidem rari, pedibus sistere nequeunt, qui tamen in codice Turon. nullo modo sunt manci. In capite 30, *De Gerachite*, duos invenimus versiculos quos omisit auctor Benedictinus, ac proinde huc usque ineditos. Voces quædam mendose traduntur, quas correcte hic primum proferuntur ; v. 9, capite 19, *De magnete*, legitur : *Est cui naturæ vicinum tollere ferrum* ; codex autem Turon. sic se habet : *Et vi naturæ*, etc., quod recte dicitur de lapide magnete.

INCIPIT LIBER LAPIDUM

AUCTORE MARBODO EPISCOPO REDONENSI.

1637-38 [1] Gemmis a gummi nomen posuere priores,
Quos translucerent gummi splendentis ad instar.
Nomine sed lapidis species signatur utroque ;
Propter quod *Lapidum* titulo liber iste notatur.

PROLOGUS.

Evax rex Arabum legitur [2] scripsisse Neroni,
Qui post Augustum regnavit in Urbe secundus,
Quot species lapidum, quæ nomina, quive colores,
Quæve sit his regio, vel quanta potentia cuique.

A Hoc [3] opus excipiens dignum, componere duxi
Aptum gestanti forma breviore libellum,
Qui mihi præcipue, paucisque pateret amicis ;
Nam majestatem minuit qui mystica vulgat,
Nec secreta manent, quorum fit conscia turba.

VETUS INTERPRETATIO GALLICA.

PROLOGUE.

Evax fut un multe riches Reis.
Lu regne tint des Arabais.
Mult fut de plusius choses sages.
Mult aprist de plusiurs langages.
Les set arts sut, si en fut maistre.
Mult fut poischant et de bon estre.
Grans tresors ot d'or e d'argent,
E fut larges a tuite gent.
Pur lez grent sen pur lapruece,

Kil ot egran largece.
Fut cunnuz emult amez
Par plusurs terres renumez.
Neruns en ot oï parler.
Pur ce ke tuit loi loer,
Lama forment en sun curagge,
Si li tramist un sen message.
Neruns fut de Rume emperere.
En icel tens ke li reis ere,
Manda li Kelenveast

---

[1] *Hi quatuor versus habentur in Turonensi ms. ante prologum, qui hic leguntur sub finem.* [2] *G. m.,* fertur. [3] *R., Hic.*

[Hunc ⁴ tribus, ut multum, dandum sancimus ami-
                                 cis.]
Qui numerus sacer est ⁵, et nos sacra pandimus illis.
⁶ Qui secreta Dei servando decenter honorant,
Quos gravitas morum, vitæ commendat honestas.
Occultas etenim lapidum cognoscere vires,
Quarum causa latens effectus dat manifestos,
Egregium quoddam volumus rarumque videri;
Scilicet hinc solers medicorum cura juvatur.
Auxilio lapidum morbos expellere docta:
Nec minus inde dari certarum ⁷ commoda rerum
Auctores perhibent, quibus hæc perspecta feruntur.
Nec dubium cuiquam debet falsumve videri,
Quin sua sit gemmis divinitus insita virtus.
Ingens est herbis virtus data, maxima gemmis.

1639-40 § 1. DE ADAMANTE.

In Gorlæiano non dividitur per articulos, sed omnes versus sibi immediate succedunt.

Ultima præcipuum genus India fert adamantis,
De crystallorum natum sumptumque metallis.
Hunc ita fulgentem crystallina reddit origo ⁸,
Ut ferruginei non desinat esse coloris:

A Cujus durities solidissima cedere nescit,
Ferrum contemnens, nulloque domabilis igne.
Quæ tamen ⁹ hircino calefacta cruore fatiscit (31).
Incudis damno, percussorumque labore,
Hujus fragmentis gemmæ sculpuntur acutis.
Hic sed avellana major nuce non reperitur.
Alterius generis producit Arabs adamantem,
Non sic invictum: nam frangitur absque cruore.
Nec par huic nitor est, pretiique minoris habetur,
Pondere sit quamvis, et enormi corpore major.
Tertius est adamas quem dat maris insula Cyprus.
Quartum producit ferraria vena Philippis.
Omnibus æqua tamen vis est adducere ferrum;
Quod facit et magnes absente potens adamante:
Nam præsens adamas magneti, quod rapit, aufert.
B Ad magicas artes idem lapis aptus habetur,
Indomitumque facit mira virtute gerentem;
Et noctis lemures, et somnia vana repellit.
Atra venena fugat, rixas et jurgia mutat ¹⁰.
Insanos curat, durosque reverberat hostes.
Clausus in argento lapis hic, aurove feratur,
Cingat et hinc lævum fulgens armilla lacertum.

VETUS INTERPRETATIO GALLICA.

Par sa merei kenullaisasi,
De sun sen de sa çurteisie,
Ne keireit altra manantie.
Evax un livre li escrist,
Kil meisme de sa main fist,
Ke fit de naturas de pierres,
De lor vertus et de lur maneires,
Dum venent, e u sun truvées,
En quels luis, e en quels cuntrées;
De lor nuns, e de lor culurs,
Quel poissance unt, e quels valurs.
Mul sunt les lur vertuz cuvertes,
Mois lor aiés sunt overtes,
Li mire itrovent grant succurs;
Cil ki minuissent lor valurs,
A faire medicinement
I trovent grant seviement.
Nul sages om duter ne deit,
Ken pierres gran vertu ne seit,
Es erbes ne sunt tant trovées,
Vertuz si seient esprovées.
Deu les fist mult glomises,
Pur ce sapelent pretuises.
E ce nus di ge ben pur veir,
Ke rien ne poit vertu aveir,
Si Deu liveios ne li cunsent,
E si delui neli descent.
§ 1. L'AYMANT (ou plustost le diamant).
De lune vus dirus a vant,
Kalum apele aimant.
Annas est piere ital.
Kele est clere cume cristal.
De fer brun a la culur.
Lom la trove en Inde majur.
Par fer, ne par fou niert ovrée,

Sel sang del buc chiald n'est temprée.
Loin li moile tant kest chialz,
Pois la depoice loin o malz
Sur enclume e des piecceltes,
Kenes clatent a guettes.
Les altres gemmes sunt tailliées,
Et gentement apareliiées.
N'est grendre d'une nuiz petite.
I ceste Kevus ni descrite.
Daraibe en vient de tel manere,
Ki nest si dure, ne si fiere,
Senz sanc de buc est depecée,
Nest si belle, ne si prisée.
Elest grandre, mais ne valt tant.
Elu num porte daimant.
En cipre unis le rest litiere,
Li quart en Grece mains preire.
Tutes cestes tel nature sunt,
De fer traire lau els sunt.
I ceste piere valt granment
A cels ki font enchantement.
Ki ceste porte epoit aveir,
Force li dune époeir.
E dogres sunges les defent,
E de famtosme ensement;
De venns e de mortels puisuns,
Si toll e ires eten cuins,
Afforsenez dune remire.
Mult tor valt miels ke malvais mire.
Ki la porte ia nert mal mis,
Par nul de tue ses inimiz.
En or deit estre, ou en argent,
E gardée honestement,
Porter si volt et braz senestre.
Segunt l'escrit isi deit estre.

NOTÆ.

(34) ✠ Theophilus monachus, *Diversarum artium schedula*, lib. III, cap. 34, de poliendis gemmis, illum modum gemmas moliendi, ut olim vulgo credebatur, fusius proponit. « Quod si crystallum sculpere volueris, accepto hirco duorum vel trium annorum, colligatisque pedibus ejus, incide foramen inter pectus ejus et ventrem, in loco cordis, et im-D pone crystallum, ita ut in sanguine ejus jaceat donec calefiat. Quod mox ejiciens incide in eo quod volueris, quamdiu calor ille durat, et cum cœperit refrigescere atque durescere, rursum repone in sanguine hirci, calefactumque denuo ejice et incide; sicque facies donec sculpturam compleas. » Theophilus sæculo XII vixisse perhibetur.

VARIÆ LECTIONES.

⁴ V., Cum. ⁵ Qui munus facis est et nos facit. ⁶ Hic versus in Victorino deest, et exstat in Red. Gorlæo et Turon. ⁷ G. m. et v., cunctarum. ⁸ G., imago. ⁹ V., Hæc tamen. ¹⁰ G., sedat.

§ II. DE ACHATE.

Ut perhibent primum, lapis est inventus achates
In ripis fluvii, qui nomine dictus eodem.
Hic [11] pretio dives, Siculas perlabitur oras.
Sic licet ipse niger [12], zonis tamen obsitus albis.
Hic [13] lapis ingenitas memoratur [14] habere figuras;
Cujus nativis facies interlita venis,
Nunc regum formas, nunc dat simulacra deorum.
Rex Pyrrhus [15] digito gessisse refertur achatem,
1641-42 Cujus plana [16] novem signabat' pagina
                       [musas.
Et stans in medio citharam tangebat Apollo ;
Naturæ, non artis opus, mirabile dictu.
Hunc quoque corallo [17] similem gerit insula Creta;
Cujus planities criseis [18] est illisa venis.
Iste nempe [19] virus fugat, et quod vipera fundit.
Reddentem varias facies [20] dat et Indus achatem ;
Nunc nemorum frondes, nunc dantem signa fera-
                       [rum.
Hic sedare sitim , visumque fovere putatur,
Est et qui myrrhæ succensus spirat odorem.
Sanguineas maculas est qui perhibetur habere.
Cerea cui facies, quia creber, vilis habetur.
Portantem munit [21], viresque ministrat achates,
Facundumque facit, gratumque, bonique coloris,

[22] Et persuasorem, mundoque , Deoque placentem.
Hæc Anchisiades comitante pericula vicit.

§ III. DE ALLECTORIO.

Ventriculo galli, qui testibus est viduatus [23],
Cum tribus, ut minimum, factus spado, vixerit
                       [annis,
Nascitur ille lapis, cujus non ultima laus est,
Et per bis binos capit incrementa sequentes,
Mensuramque fabæ crescens excedere nescit.
Crystallo similis, vel aquæ, cum limpida paret.
Huic allectorio [24] nomen posuere priores.
Invictum reddit lapis hic quemcunque gerentem,
Exstinguitque sitim patientis [25] in ore receptus.
Nam Milo Crotonias pugiles hoc præside vicit.
Hoc etiam multi superarunt prælia reges.
Hoc expulsorum [26] promptus solet esse reductor,
Acquiritque [27] novos, veteresque reformat honores·
Hic oratorem verbis facit esse disertum,
Constantem reddens, cunctisque per omnia gratum.
Hic circa Veneris facit incentiva vigentes.
Commodus uxori quæ vult fore grata marito.
Ut bona tot præstet clausus portatur in ore [27*].

§ IV. DE JASPIDE.

Jaspidis esse decem species septemque feruntur.
Hic et multorum cognoscitur esse colorum,

VETUS INTERPRETATIO GALLICA.

§ II. AGHATE.

Acate est celle apelee,
Por un eve u el est truvee :
Ke apelee est par cest num.
Encezile de latidue lum.
Nevest ea plesurs figures,
En li formees de natures.
De reis i veit on la figure,
Ke est en li de sa nature;
Ou daltre beste la semblance.
I tels en est la cuinuisance.
Une altre acate rest trovée,
En crete dum est aportée.
De coral porte la figure.
Grains d'or i a peinz de nature.
A luz venins est si cuntraire,
La u el est ne poit malfaire.
Eninde rest altre trovée,
Ke acate rest apelée.
Darbres i a pcinz les ruins,
Entaillie i sunt furains;
Ki iceste porta sur sei,
Sa defent ia nuira sei.
Mais ki les garde, al kes suvent,
Si en pert le veement.
Encor en est dune matire,
Ki.lart si a odur de mire.
Une altre i ra ke est tachée,
Cum sel eit de sanc tuchée.
E un altre de gran valur,
Ke de cire porte culur.
Parce ke nest si grant plente,
Si sal um al kes en sulte.
Mais la force de li est grand.
Ume defent e fait poissant.
Culur li fait aveir vermeil,

Et fait estre de bon cunsei.
Cunseil duner fait a amis,
Duter est de ses inimis.

§ III. ALLECTOIRE.

Allectoire tenent a bon,
Ki creist el ventre del chiapun,
Treis anz coes pois est chiastrez,
Tan vit ke set ans a passez,
En son ventre trovent la piere,
Ke mut est precieuse e chiere.
D'une feve a la grandeur,
Evie semble de la culur.
O altrelel cume cistals.
Mult est la piere spiritals.
Ki la garde e tient en memoire;
Vertu li dune e gran victoire.
La sei tolt di ben sen saillie;
Niert vencuz i a en bataillie.
A ume cunquert bons amis,
E fast veincre ses inimis.
Amer le fait e ben parlant.
Feme livre de sun enfant,
E fait de sun senior amer.
E en buche se voit porter.

§ IV. JASPE.

Jaspes sunt mult bones e cheres,
E sunt de dis esset maneres.
En sunt de maintes culurs.
En terres creisent en plesurs.
1644 *Mais celest mieldre eplus vaillant,*
Ke est verte etres luisant,
E ki les meillors vertus porte.
Ome maintent bien et conforte;
E ki la garde chastement,
Mult li fait grant seurement.

VARIÆ LECTIONES.

[11] *V.,* Est. [12] Venis. Tur. [13] *R.,* His. [14] *G.,* perhibetur. [15] *V.,* Rex purus. [16] *G.,* plena. [17] *R.,* corallio. *G.,* coralio. [18] *G.,* chrycis. [19] *G.,* nopæ. [20] *V.,* species. [21] *T.,* Portanti munus. [22] *Hic versus deest in Grolæano.* [23] *G.,* spoliatus. *m.* [24] *G.,* allectorium. [25] *Tur.,* sitientis. [26] *G.,* excussorum. [27] *G.,* Instaurat. [27*] *Hic in Gorlæiano ponuntur decem versus de Geranite quos infra videre est substituto de Gerachite.*

Et multis nasci perhibetur partibus orbis.
Optimus in viridi translucentique colore,
1643-44 Et qui plus soleat virtutis habere proba-
Caste gestatus fugat et febres, et hydropem [25], [tur.
Appositusque juvat mulierem parturientem,
Et tutamentum portanti [29] creditur esse;
Nam consecratus gratum facit atque potentem,
Et sicut perhibent, phantasmata noxia pellit.
Hujus in argento vis fortior esse putatur [30].

§ V. DE SAPPHIRO.

Sapphiri [31] species digitis aptissima regum,
Egregium fulgens, puroque simillima cælo,
Vilior [32] est nullo virtutibus atque decore [33].
Hic et syrlites [34] lapis a plerisque vocatur,
Quod circa syrtes Lybicis permistus arenis,
Fluctibus expulsis, fervente freto reperitur.
Ille sed optimus est, quem tellus medica gignit.
Qui tantum asseritur nunquam transmittere visum;
Quem natura potens tanto ditavit honore,
Ut sacer et merito gemmarum gemma vocetur :
Nam corpus vegetat, conservat [35] et integra mem-
[bra.
Et qui portat eum, nequit ulla [36] fraude noceri.
Invidiam superat, nullo terrore movetur.

A Hic lapis, ut perhibent, educit carcere vinctos,
Obstructasque [37] fores, et vincula tacta resolvit,
Placatumque [38] Deum [39] reddit, precibusque faven-
[tem.
Fertur et ad pacem bonus esse reconciliandam;
Et plusquam reliquas amat hanc hydromantia [40]
[gemmam,
Ut divina queat per eam responsa mereri [41]
Scilicet ardorem refrigerat interiorem,
Sudorem stringit nimio torrente [42] fluentem,
Contritus lacti [43] superillitus [44] ulcera sanat,
Tollit et ex oculis sordes, ex fronte dolorem [45].
Et vitiis linguæ simili ratione medetur.
Sed qui gestat eum, castissimus esse jubetur.

1645-46 § VI. DE CHALCEDONIO [46].

B Chalcedon lapis est hebeti pallore refulgens,
Inter jacinthum medioximus atque beryllum;
Qui si pertusus digito colloque geratur [47],
Is qui portat eum perhibetur vincere causam.
Hæc species lapidis tantum tricolor reperitur.

§ VII. DE SMARAGDO.

Omne virens superat forma viridante smaragdus;
Cujus bis quinæ species, binæque feruntur.
Sunt etenim Scythici, Bactani [48], Niliacique.

VETUS INTERPRETATIO GALLICA.

Fevre toilt e idropisie,
A femme ke travalle aïe.
Ume defent efait poissant,
Amer le fait emult vaillant.
Fantosme toit a lute gent.
Si se volt porter en argent.

§ V. SAPHIR.

Saphir est bels ecunvenable,
Endei derei resplendissable.
Alciel resemble Kant est purs,
E sen nues quant nest obscurs.
Nul e vena vertu plus grant.
Grenniur belte ne plus vaillant,
E el est bone e el est belle.
Si est trovée en la gravelle
Delibe de cele cuntree,
E Syrtides est apelée.
Por un pople mult ancien
Keil apelent Sirtien.
Mais cele est mieldre esi valt plus
Ki vient de cele terre asturs.
I ceste n'est pas tres luisant,
Mult a vertuz pruz e aillant.
Apelée est gemme des gemmes.
Mult valt a umes e a femmes,
Alcois dune mult bons conforts,
Les membres tient entiers eforts.
E toit envie eboisdie,
E de psun ume delie.
E la ensei mult grant valur.
Ki la porte naura pour.
Acorder fait umes nez,
Eki la porte neit esmaiez.
Elest bone en sa nature.
En coe aveer la figure,
Kedit cœ ke nun est sceu,

C
Ne par nulume cuneu.
A medecine mult revalt.
Ume refreide ki a trop chialt,
Ki dedens a tro grand chialur,
E trop sue pur la dulur,
Eki en lait la solt tribler,
Si est bone a plaies saner.
Des oilz si toilt la ordur,
Et del chieu toilt grandulur,
E de la langue destruit lu mal,
Et fait aler tut cuntreval.
Porter se volt mult chiastement,
E garder mult honestement.
Eki issi la gardera,
La povertez nel custreindra.

§ VI. CALCEDOINE.

Calcedoine est piere jalne,
Entre jacint eberil meaine.
Mult est amee epreisée,
E de riche gent ben renumée.
Sel est portée an col penduë,
Avieintre choses mult a vuë.
Eki el dei la portera,
Tutes chioses veincre porra.
Desichie est envueiée,
Et de culurs treis est trovée.

§ VII. SMARAGDE [f. Emeraude.]

Esmaragde par sa culur
Seint tutes chioses de verdur,
Esi resunt de sis maneres.
Mult sunt preciuses écheres.
Lune trove loin en Scythie,
Et l'altre vient de Bractenie.
E altre en porte ensei etient,
Linilo ki deparais vient.

D

VARIÆ LECTIONES.

[25] G., febrem fugit, arcet hydropem m. [29] R., portantis. [30] T. et G., probatur. [31] G., Saphirus, sive syrtites. [32] G., inferior. [33] T., colore. [34] R., Consircites. [35] G., vegetum conservat. V., vegetans. R., vegetum. [36] R., illa. [37] G. et V., Obstrusasque. [38] T., Pacatum. [39] R., Domini. [40] T., nigromantia. [41] G. m. et V., moveri. [42] V., terrore. Tur. [43] G. m., lateri. [44] T., circum illitus. . [45] T., et fronte dolores. [46] V., Calcedone. [47] V., feratur. [48] G., Bractani. Ad m. Bactriani.

Sunt et qui venis nasci perhibentur in æris,
Quos maculis vitiosa notat natura metalli.
Sunt Chalcedonii, [49] residos [50] piget enumerare.
Præcipuus Scythicis honor est et gratia [51] major.
Grissibus [52] eripiunt servantibus hos Arimaspi [53].
Quos visus penetrat, famæ potioris habentur;
Quorum luce virens vicinus tingitur [54] aer;
Quos neque sol mutat, nec clara lucerna, nec umbræ.
Strata superficies quibus est, vel concava forma,
More jacentis aquæ, vultum spectantis adumbrat [55].
His usum speculis testatur fama Neronem,
Cum gladiatorum pugnas spectare liberet.
Optimus his situs est quorum sunt corpora plana.
Commodus iste lapis scrutantibus abdita fertur
Cum præscire volunt ac divinare futura [56].
Auget opes lapis hic sese reverenter habentis,
Omnibus in causis dans [57] persuasoria verba,
[58] Tanquam facundi sit vis sermonis in illa.
Collo suspensus durum fugat erutriceum [59],
Et sanare potest ipsa [60] ratione caducos.
Emundat fessos viridi mulcedine [61] visus,
Et tempestates avertere posse putatur.
Fertur lascivos etiam compescere motus.
Perficit in viridem magis exactumque colorem [62],
Ablutus vino viridique perunctus olivo.

A   **1647-48** § VIII. DE SARDONICE.

Sardonicem faciunt duo nomina, sardus et onyx [63].
Tres capit ex binis unus lapis iste colores.
Albus in his [64] nigro, rubeus supereminet albo.
Ipsum distribuunt species in quinque magistri.
Sed qui tres puros impermistosque colores
Sic in se retinent, ut [65] distent limite certo.
His honor amplior est, et eorum forma [66] probatur.
Densior et clarus [67] plus fertur habere decoris [68],
Hic solus lapidum ceram convellere nescit.
Hic humilem castumque decet, vultuque [69] pudentem.
Cujus virtutes alias reperire nequivi.
Partibus hunc nostris Arabes, sed et India mittit.

§ IX. DE ONYCE.

At collo [70] suspensus onyx, digitove ligatus,
B In somno [71] lemures et tristia cuncta figurat.
Multiplicat lites, et commovet undique rixas.
Dicitur et pueris nimias augere salivas.
Hunc quoque dant nobis Arabes, dat et India gem-
                                                  [mam.
Hæc etiam quinas species perhibetur habere.
[72] Sanlius at præsens si sit tibi non nocet onyx.
[73] Nomen ab ungue trahens Græci sermonis in usu.
Nam quos nos ungues nostro sermone vocamus,
Hos υχος patrio solet ille vocare.

VETUS INTERPRETATIO GALLICA.

Un altre i a ben renomée.
Calcedoine est apelée.
Mult e amée e preisée.
De Scythie e enveiée.
Arimaspi i cele gent
Les aiment plus ke or ne argent.
E il les tollent as grifuns
A uns oisels granz ef luns.
La bien clere est mieldre par veir
Ke lom poit bien parmi veeir.

Laltre qe e plus teinte e oscure.
I ce livent de sa nature,
Nele nemue pas sa belte,
Ne pur soleil, ne pur clarté,
Ne por umbre, ne por lumere,
Dun oscurera i a'sa manere.
La plaine est bone pur mirer.
Mult la soleit Neiruns aimer.
Il en aveit un mireur,
O ses deduits veeit le jur.
I ceste piere fait saveir
Chioses par eve eveer
Ki sunt en lan a devenir,
Si bien l enkert ni poit faillir.
Richeise dune mult granment
Ki la porte bien chastement.
Ele fait ume bien parler
A cil ki la velent enorer.
Dune fevre garist mult fort,
Ke a maint ume dune mort,
Si a num emitteus.
Maint ume aura trait areus,
Quant de cest malfart tiet a vic,

C
Si la li um alcol penduë,
Cuintre gutte chaive valt.
Ki la sur sei sempres li falt,
Les oilz salve eles gardeaire,
Si toilt tempeste e luxure,
Ki l'a deit estre de bon aire.
Et s'il la volt encre vert faire,
Tres bien la let e lun emoille,
Apres si l'uinge de veit uile.

§ VIII. SARDONIX OU SARDOINE.
Sardoine est de dous pieres truite,
De Sardoine edonicle faite.
De ces dous porte treis culurs;
De blanc, de neir e de rouurs.
Le blanc sur le neir est usis,
Et li ruiges sur le blanc mis.
Cest est de cinc maneres dite.
Si nest tro grant ne troppitite.
Cele ke bien a divisées,
D
Les treis culurs neent meslées.
La plus preisee est en appert
De nule cire ni aërt.
Humile ecchaste la deit aveir.
Altres vertus ni sai por veir;
Kar ellieure nest en escrit.
D'Arabe e d'Inde vient cedit.

§ IX. ONIX.
Onice fait gres sunges aveir,
Tenciuns efantosmes veeir;
Et si refait enfanz bavus,
Cume ire enoisus.
Darabe e dinde sunt ces pieres,
Et sont dites de cinc maneres :

VARIÆ LECTIONES.

[49] G., Carchedonii. [50] id est reliquos. [51] G., gloria. [52] G. T., Gryphilus. [53] T., Erimaspi. [54] G. m., tangitur. [55] G., obumbrat. [56] R., per undam. [57] V., dat. [58] Solus G hunc habet versum. [59] G., Hemitritæum. T., Ermitileum. [60] G., simili. [61] G. et T., medicamine. [62] G. R., decorem. [63] G., Sardus onixque. [64] G. m., hinc. [65] T., cum. [66] V., fama. [67] R. et T., raro. [68] T., coloris. [69] G., vultumque. [70] G., A collo. [71] G., Is omnes. [72] Hic versus deest in R. et in T. [73] Quatuor autem hi versus adduntur in Grolæano, nec in Victorino traducti sunt.

Sardius at præsens si sit tibi, non nocet Onyx.
§ X. DE SARDIO.

Sardius a Sardis est, a quibus ante repertus [74],
Sortitus nomen. Rubei [75] solet esse coloris.
Hic inter gemmas utilissimus esse probatur [76],
Præter fulgorem cum nil ferat utilitatis;
Excepto quod onyx nequit hoc præsente nocere.
Huic quoque dat quinas species studiosa vetustas.
[77] § XI. DE CHRYSOLITHO.

Auro Chrysolithus [78] micat, et scintillat ut ignis.
Iste mari similis, quoddamque viroris adumbrans.
Esse philacterium [79] fixus perhibetur in auro.
Contra nocturnos fortis [80] tutela timores.
Pertusus [81] setis si transjiciatur aselli,
Dæmones exterret, et eos agitare putatur.
Trajectum lævo decet hunc portare [82] lacerto.
1649-50 Æthiopes legimus nobis hanc mittere
[gemmam.
§ XII. DE BERYLLO.

Conspicuos reddit sexangula forma beryllos.
Qui nisi [83] fiat hebes, his pallor inesse videtur.
Eximios oleo [84] similes lymphæve marinæ
Esse volunt, et eos probat horum gnara vetustas.
Hic lapis ad nostras partes descendit ab Indis.
Hic est conjugii gestare refertur amorem,
Et se portantem perhibetur magnificare.
Dicitur et sese stringentis [85] adurere dextram.
Infirmis oculis in qua jacet unda medetur,
Potaque ructatus simul et [86] suspiria tollit.
Hepatis et cunctos fertur curare dolores.

A Istius esse novem species voluere [87] magistri.
§ XIII. DE TOPAZIO.

Nominis ejusdem topazion insula gignit,
Qui quanto rarus [88], tanto magis est pretiosus.
Hic species tantum binas perhibetur habere.
Alterius puro color est vicinior auro.
Clarior alterius tenuisque magis reperitur.
Fertur emoroicis [89] idem lapis auxiliari ;
Quodque magis mirum, lunam sentire putatur.
Ferventes etiam compescere dicitur undas.
Gignit et hunc Arabum gemmis ditissima tellus.
§ XIV. DE HYACINTHO [90].

Jacinti [91] species docti tres esse loquuntur ;
Nam sunt granati, sunt citrini, venetique.
Confortativæ cuncti virtutis habentur,
B Tristitiamque fugant et vanas suspiciones.
Granatos præfert gemmarum quisque peritus.
Ilis rufus [92] color est, et rarius inveniuntur.
Cæruleus Veneto, qui protinus aera sentit,
Nubilus obscuro, rutilans clarusque sereno.
Optimus huic tenor est, quèm non aut densior [93]
[equo
Obscurat succus, aut rarus perspicuum dat.
Sed flos purpureus mistum componit utroque.
Hic et in os missus plus frigidus esse putatur.
Duritie solida cædi sculpique recusat,
Fragmentisque tamen [94] superabilis est adamantis.
1651-52 Pallida citrinos facies probat inferiores.
Sed quodcunque genus collo suspendere possis,
Vel digito portes, terras securus adibis,

VETUS INTERPRETATIO GALLICA.

Et si lesarde est present,
Onì ce ne vus fera ja nusiment.
§ X. SARDINE.

Sardine est ceste apelée
Dun ille u ele fut trovée.
Ruge est, en a vertu grant,
Fors tant ke toilt sanglutement.
E vers ocit e kel aura,
Onice mal ne luy fera.
§ XI. CRYSOLITE.

Chrisolite fait a amer,
Si a semblant deve derner.
Enz a un grain d'or el milou,
Si estemele cume fou.
Kil a porte navra pour.
Mult a la piere grant vigur.
Ki la perce, edunc imet
Sei d'asne el pertusée,
Al senestre braz la pendra,
Le diablez ne l'attendra.
D'Ethyopie vient cette pierre
Tam precieuse et tam chere.
§ XII. BERYL.

Beril est en Inde trovée,
E par sis angles est formée.
Pur aveiren granniur clarté,
E si enna granniur belte.
Ome e feme fait entrainer,
E ki la porte envrer.

C
Si om la tient ke lienoit.
Elestreinge la main licoit.
Les oilz malades sainera,
Livins ulom la lavera.
E som labeit ki fort sanglut,
E le li toldra suspir erut ;
Et si retoilt tutes dulurs.
De fevre tels est sa vigur.
Certes resunt de nou maneres.
Mult sunt precinses e chieres.
§ XIII. TOPAZE.

Topaze en une isle est trovée,
Ki altresi n'est appellée.
Ele si est de dous maneres.
Poi enveit um sui sunt plus cheres.
L'unic a mireur resemble.
Laltrest plus clere, ce me semble.
La lune semble deluvir.
Cuntre li a grant vigur.
D
Des boillir fait leve boillant.
Pois ke la sent ne buill avant.
Si scherbot reez en une place,
Faites li cerne dello pace,
Ja ne purra del cern issir.
Hoc li cuviendra murrir.
C'est la provance de la piere.
D'Arabe vient honeste echere.
§ XIV. JACINTE.

Jagunces sunt de treis maneres,

VARIÆ LECTIONES.

[74] *T.*, receptus. [75] *G.*, rubri. [76] *G.*, putatur. [77] *R.* per *G.* [78] Grisolitus [79] Φυλάκτεριον. [80] *G.*, nocturnus prohibet fortis. [81] *T.*, Percussus. [82] *G.* gestare. [83] *G. R. T.*, Quodni. [84] *G.*, Eximiæ violæ. [85] *T.*, gestantis. [86] *G.*, Pota simul *ructus simul* etc. [87] *G. m.*, dixere. [88] *G.*, Qui quanto rarior. [89] *T.*, † Emoroidis. [90] *R. et V.*, Jacintho. [91] *G.*, Hyacinthi. [92] *G. m.*, ruffus. [93] *G. m.*, depressior. [94] *G. R.*, fragmentis tantum.

Nec tibi pestiferæ regionis causa nocebit.
Sed magis hospitibus censebere dignus honore ;
Justaque si qua petes, nullam patiere repulsam.
Æthiopes nobis transmittunt hanc quoque gem-
[mam,
[95] Cum multis aliis vitæ communis in usum.

§ XV. DE CHRYSOPRASSO [96].

At chrysoprassum [97] lapidum domus India mittit.
Hic porri succum referens, mistusque colore [98],
Aureolis guttis quasi purpura tincta renidet [99].
Quas habeat vires potui cognoscere nondum ;
Sed tamen esse reor, nec fas est omnia nosse.

§ XVI. DE AMETHYSTO.

Purpureus color ac violaceus est amethysto,
Vel quasi [100] gutta meri solet aut rosa munda vi-
[deri.
Quidam marcidior velut evanescit in album,
Ut corruptus aqua vini rubor inesse putetur.
[1] India mittit eum gemmarum maxima nutrix.
Hic facilis sculpi, contrarius ebrietati
Carus haberetur merito, si rarior esset [2],

At nunc negligitur, quoniam [3] communis habetur.
Huic quoque dat species veterum solertia quinque.

1653-54 § XVII. DE CHELIDONIO [4].

At [5] Chelidonius lapis est quem gignit hirundo,
Ventre gerens pretium quo digna sit ipsa necari.
Nec de fulgentum numero lapis iste putetur.
Parvus et informis, sed nulli viribus impar,
Præclaros quosdam lapides præit utilitate.
Hujus sunt binæ species, geminique colores ;
Nam niger et rufus cæso de ventre trahuntur.
Cedit gestato lunatica passio rufo.
Curat et insanos, et languores diuturnos.
Facundos facit et gratos, multisque [6] placentes.
Ex lino facto decet hunc involvere panno,
Et sic in [7] chela clausum portare sinistra.
At niger in panno, pacto gestatus eodem,
Ad finem dignum suscepta negotia ducit,
Obsistitque minis, et regum mitigat iras ;
Et dilutus aqua languentia lumina sanat,
In panno croceo lini sub tegmine texto.

VETUS INTERPRETATIO GALLICA.

VARIÆ LECTIONES.

[95] Solus G. habet hunc versum. [96] Ita *R.* [97] *G.,* Et Chrysoprason. [98] *G. m.,* mistumque colorem. [99] *G.,* refulget, *m.,* relucet. [100] *G.,* Qui quasi. *T.* quia. [1] *In Victorino huic versui interseruntur duo sequentes versus et eorum interpretatio Gallica, sed manu longe recentiori, licet aliquatenus antiqua :*
Hicque facit vigiles, tollitque malos cogitatus.
Hic intellectum confertque bonum lapidistæ.
Cette pierre fait bien veiller,
Et mauvaises pensées hors getter,
Et donne bon entendement.
Ces vertus a certainement.
[2] *V.,* si rarus adesset. [3] *G.,* quando. [4] *V.,* Celidonio. [5] *G.,* Et. [6] *T.,* multumque. [7] *G. m.,* sub.

Ipse lapis positus febres exstinguere fertur,
Et simul humores compescere [8] quosque nocivos.

§ XVIII. DE GAGATE.

Nascitur in Lycia lapis prope gemma gagates;
Sed genus eximium longinqua [9] Britannia nutrit [10].
Lucidus et niger est levis, et levissimus idem.
Vicinas paleas trahit attritu calefactus.
Ardet aqua lotus, restinguitur unctus olivo.
Prodest gestatus tumidis intercute lympha,
Et dilutus aqua dentes firmat labefactos.
Per suffumigium [11] mulieri menstrua reddit.
Accensus prodit [12], fumi nidore caducos,
Effugat immites simili ratione chelidros.
Idem dæmonibus contrarius esse putatur.
Eversos ventres juvat, et præcordia tensa.
Vincit præstigia [13], et carmina dira resolvit,
Et solet (ut perhibent) deprehendere virginitatem.
Prægnans potet aquam triduo qua mersus habetur,
Quo vexabatur partum cito libera fundit [14].

1655-56 § XIX. DE MAGNETE.

Magnetes lapis est inventus apud Troglodytas [15],
Quem lapidum genitrix nihilominus India mittit.

A Hic ferruginei cognoscitur esse coloris.
Et vi naturæ vicinum tollere ferrum.
Deendor [16] magus hoc primum dicitur usus,
Conscius in magica nihil esse potentius arte.
Post illum fertur famosa venefica Circe
Hoc in præstigiis magicis specialiter usa.
Hinc [17] et apud Medos, cum res venisset in usum
Detexit lapidis magis experientia vires.
Nam qui scire cupit sua [18] num sit adultera conjux,
Suppositum capiti lapidem stertentis adaptet;
Mox quæ casta manet petit amplexa [19] maritum,
Non tantum [20] evigilans. Cadit omnis adultera
											[lecto,
Tanquam pulsa manu, subito fetore coacta.
Quem lapis emittit celati criminis index.
B Si fur claustra domus spoliis gazisque refertæ,
Ingrediens, prunas ardentes per loca ponat,
Et superaspergat magnetis fragmina prunis;
[21] Mox in ea quicunque domo mansere fugantur,
Ut per tetragonum [22] fumi vapor alta vaporet.
Mentibus eversis, velut impendente ruina,
Diffugient omnes in ea quicunque manebant,

VETUS INTERPRETATIO GALLICA.

En meisme ceste manere
Sest portée la neire piere.
Granz chioses aie a perfaire,
E defent ume de cuintraire.
Cuintre ire de prinz e de reis.
Dune force aie edefenis.
Leve u ceste piere est levée.
Saine les oilz de la bobée.
I ceste piere si ʒeit prise,
En linge teint de safran mise.
Toilt ferre emas umurs.
Bialcois duvent granz duurs.

§ XVIII. GAGATES ou JAYET.

Jayet naist en une cuntrée,
Ke Lice a nom. Si est clamée,
Pur poi nest geme cette piere.
Luisant est neire et legere.
Si naist en la majur Britaine,
En une terre ben lointaine.
Kant um la fuit alkes freier,
E ele schalfe del breier.
La paillie trait assez étreint,
En leve ait en loile esteint.
Si garist ume scinz eschar.
Densflure entre cuir et char,
Densonçure est grant sainement.
Lavéc en vin garist les dents.
Desuz se se nestuve feme,
Ses natures li rend la geme,
Si lum la gete en un fou.
Ki chiet del mal sil est ellou,
Tantost cum il en sent lodur.
Si chiet ke il ne sent dulur.
Quant est ars, mult est mirables,
Chaice serpent, destruit diables.
Ventre torne, e trenche isuns.
Charmes malvais sorz e poisuns

Dels destruit tute malignité.
De feme set virginité.
Laive u el a treis jurs gitu,
Sa feme enceinte nabeu.
Treis noiz dit tut ensement,
Qe il ni ait encumbrement,
Sempres la liverra sin faille,
De sun enfant sele travaille.

§ XIX. MAGNETE.

Magnete trovent Trogodite,
En Inde e precieus est ditte.
Fer resemble e si le trait,
Altresi cum laimant fait.
Dendor lama mult durement,
Qi lusoit a enchantement.
Circe lus a dot mult chere,
Cele merveillose sorciere.
Si en fait un esperiment,
Ki est prorè delungement,
Si verite voilt um saveir.
Si sa feme aime altre purveir,
La piere sur sun chief metra,
En dormant ke el ne saura.
Si chast est en sun dormant,
De li user li fera semblant.
Se ele ne lest gel nus pleins,
Enz ellit repundra sun jus,
Ecuin viendra huuteusement,
Cum seit butée laidement.
Ceste pierre tel o dur donne,
As males noist, as pruz est bone.
Lierres kil a la tient mult chere.
La puldre fait de ceste piere.
En la maisun u deit entrer,
Quant ce est kil volt embler,
Vis chiarbons prent des fous,
Si sestablit par katre lous

VARIÆ LECTIONES.

[8] G., expellere. [9] G., fecunda. [10] G., mittit. T., gignit. [11] G., Cujus fumigium, m., suffumigium. [12] G. m., prodest. [13] R., præstigias, [14] Hic desinit, nec ultra progreditur qui ad me missus est ms. codex Turonensis (a). [15] R., Tragoditas. [16] R., Deendon; G., Dorendus; m., Decedon vel Edendon. [17] V., Hic. [18] G., si. [19] G., amplexura. [20] G., tamen. [21] Deest hic versus in Redonensi. [22] G., tetraganum.

(a) Codex Turon., de quo supra memini, capita numero 64 continet; unde suspicor D. Beangendre non vidisse opus genuinum, sed tantum illius rescriptionem et quidem infidelem et mancam, vel potius, ut patet, codex Majoretanus non erat ejusdem notæ ac codex ecclesiæ metrop. Turonensis

Et fur securus rapiet quæcunque libebit.
Conciliare potest uxoribus ipsa maritos,
Et vice versa [22] nuptas revocare maritis.
Gratia præstatur simul, et sua dela per ipsum,
Sermonisque decor, disceptandique facultas.
Cum mulso datus, hydropem purganda resolvit,
Et combusturas super aspersus medicatur.

§ XX. DE CORALLO [23].

Corallus [24] lapis est, dum vivit in æquore, vimen,
Retibus avulsus, vel cæsus acumine ferri,
Aere conctactus [26] fit durior et lapidescit ;
Cuique color viridis fuerat, modo puniceus fit.
Hic velut arbusti ramusculus esse videtur.
Circa semipedem vix longior inveniendus :
Ex quo finguntur gestamina commoda multis,
Quippe salutaris gestantibus [27] esse probatur.
Ipsius [28] est, ut ait Zoroastes, mira potestas ;
Et sicut scribit Metrodorus optimus [29] auctor,
1657-58 Fulmina, typhonas, tempestatesque repel-
A rate vel tecto, vel agro, quocunque feratur [30]. [lit
Ast in vinetis aspersus, et inter olivas,
Aut a ruricolis cum semine jactus in agros [31],
Grandinis avertit calamis contraria tela,
Multiplicans fructus, ut fertilitate redundent.
Umbras dæmonicas, et Thessala monstra repellit.
Introitus præstat faciles, finesque secundos

A

§ XXI. DE ALABANDINA.

Est [32] Asiæ regio, quæ nomen habens Alabanda,
Fert alabandinam, cujus lux æmula Sardi,
Judicis ambiguum de nomine fallit acumen.

§ XXII. DE CORNEOLO [33].

Sed neque corneolos [34] lapides memorare pigebit,
Qui licet obscurum videantur habere colorem [35]
Non spernenda tamen his creditur insita virtus :
Nam lapis hic digito, collove gerentis adhærens,
In disceptando surgentes mitigat iras.
Quique lavaturæ carnis par [36] esse videtur,
Sanguinis ex membro sistit quocunque fluorem,
Præcipue talem patitur si femina fluxum.

§ XXIII. DE CARBUNCULO.

Ardentes gemmas superat carbunculus omnes,
Nam velut ignitus radios jacit undique carbo,
Nominis unde sui causam traxisse videtur.
Sed græca lingua lapis idem dicitur anthrax [37]
Hujus nec tenebræ possunt exstinguere lucem,
Quin flammas vibrans [38], oculis micet aspicientum.
Nascitur in Lybia Tragoditarum [39] regione,
Et species ejus ter ternæ, tresque feruntur.

§ XXIV. DE LIGURIO [40].

Vertitur in lapidem quod stillat ab inguine lyncis.
Ligurium [41] vocitant, et salculus est pretiosus [42],
Nam credunt ipsas hoc persentiscere lynces,

B

<hr>

VETUS INTERPRETATIO GALLICA.

De la maisun en katre sens,
Li funs sen sailt come dencens.
Tuit cil ki sunt en la maisun,
Qant lu fum sentent denvirun,
Fuient sen o grant pour ;
E il prent ke voil dellur.
Entrume e feme dune amur.
Dune parole e grant valur.
A tuz celz ki la portent dune
Cuntre ydropebene est bone.
La puldre est bone sur ardure,
Et sur tute eschaldeure.

§ XX. CORAIL.

Corals cum arbre naist en mer.
Verz naist, e mul fait a amer.
Qant laire la tuche si devient dure.
Ruige devient de sa nature.
Dimi pie a de longur.
Ki la sur sei naura pour
De fuldre ne de tempeste.
Li chiaus u est cent gran plente.
Ne gresles, ne altres orages
La u gist ne fait domages.
Ele fait fruit multiplier,
Fantosmes tout e destorber,
E dune bon cumencement ,
E meme a bon definement.

§ XXI. ALABANDINE.

Alamandine in Asie est trovée,
En Alamande la cuntrée,
E a Sardine si resemble,
Ke pur poi ne sunt ensemble.

C

§ XXII. CORNALINE.

Corneole est piere oscure.
Grant vertu a de sa nature.
Ele toilt ires e rancuins.
Ume fait parler par rusuins.
Icele est de meillur nature,
Ke de chiar semble laveure.
Sanc estanche qui trop sen ist,
Feme del mal curteis garist.

§ XXIII. SCERBUNCLES [f. Escarboucles].

Scherbuncles gette de sei rais,
Plus ardent piere ni a mais.
De sa clarte la noit resplent ;
Mais le jur nen fera neient.
Naist en la cuntree de Troqodites,
E duze maneres li sunt descrites.

§ XXIV. LA LIGURIENE.

Ligurium creist esa reste.
El date dune fiere beste,
Ki parmi piere altresi veit,
Cum par mi veire si ferreit.
Linz a num, e mult est bele.
La piere pisse en gravele.
Mult voldroiit ke fust celée,
Covre la ke ne seit trovée.
Theophrastus ke bien le set,
Dit ke a Electre resemblot,
E si attrait a sei la paille.
De ventre il toilt dulur senfaille,
De jalnice ede menaisun
Redune de garisun.

D

<hr>

VARIÆ LECTIONES.

[22] G., conversa. [23] R., Coralio. [24] G., Coralius. [25] G. R., contacto. G. m., contactus. [26] R., portantibus. [27] G., Illius. [28] G. m., maximus. [29] G., geratur. [30] G., agris. [31] G., Ast. [32] R., De Corneolis. [33] G., Corneolus. [34] G., ruborem ; m., colorem. [35] G., bonus. [36] G. m., carbunculus, sive anthracites. [37] V., flammans umbras. [38] f. rogloditarum. [39] V., Ligirio et Ligirium. [40] G. Lynnerium. [41] G., lapis est tamen hic pretiosus.

Quæ mox egestum certant[43] operire liquorem,
Dum super accumulant congestæ pondus arenæ,
Scilicet invidia, ne nostros cedat in usus.
Electro similem Theophrastus habere colorem
Hunc ait, et simili paleas adducere pacto,
Æstimans ipsum stomachi placare dolorem,
Ictericis etiam priscum reparare colorem[44],
Et perturbati compescere reumata ventris.

§ XXV. DE ETHITE.

Inter præcipuos lapides numeratur ethites[45],
Quem petit extremis orbis Jovis ales ab oris,
1659-60 Custodem nidi defensorêmque futurum,
Quo valeat pullis dubios avertere casus.
Continet hic alium prægnantis more lapillum.
Creditur ergo potens prægnantibus auxiliari,
Ne vel abortivum faciant, partuve laborent;
Appensus lævo solito de more lacerto.
Confert præterea gestanti sobrietatem.
Auget divitias, et amari cogit habentem,
Victoremque facit, populique favoribus ornat.
Incolumes pueros dat vivere, sive puellas,
Atque caducorum fertur cohibere[46] ruinas.
Si quis suspectus tibi sit de fraude veneni,
Tuque probare velis sua num sit iniqua voluntas,
Participem mensæ, quem formidas, adhibeto;
Pulmento posito, cui si submissus ethites[47],
Si fraus corde subest, tentans glutire, nequibit;
Sustuleris[48] lapidem, cupide gustata vorabit.
Puniceum lapis hic memoratur habere colorem,
Oceanique latens in littoribus reperitur,

A Aut aquilæ nidis, aut Persarum regione,
Quem gemini Pollux Castorque tulisse feruntur,

§ XXVI. DE SILENITE.

Nec silenitem[49] fas est omnino taceri,
Quæ velut herba virens, et jaspidis æmula gemma,
Lunares motus et menstrua tempora servat :
Crescit enim luna crescente, minorque minuta
Efficitur, tanquam cœlestibus anxia damnis.
Idcirco sanctus lapis a plerisque vocatur.
Dicitur esse potens ad amorem conciliandum.
Languentes etiam tisicosque[50] juvare putatur.
Toto gestatus crescentis tempore lunæ,
Nec minus et toto[51] per detrimenta fluentis,
Effectus miros, et commoda plurima præstat.
Hanc autem gemmam memorant in Perside nasci.

B

§ XXVII. DE GAGATROMEO.

Ast diversicolor, quem dicunt Gagatromæum,
Pelli capreoli similis lapis esse refertur.
Quem qui gestarit dux pugnaturus in hoste m,
Hostem depulsum terra[52] marique fugabit.
Istius Alcides ope multa pericula vicit :
Succubuit quoties lapidem non sustulit istum.

1661-62 § XXVIII. DE CERAUNIO.

Ventorum rabie cum turbidus æstuat aer,
Cum tonat horrendum, cum fulgurat igneus æther,
Nubibus illisis[53], cœlo cadit iste lapillus,
Cujus apud Græcos exstat de fulmine nomen.
Illis quippe locis quos constat fulmine tactos,
Iste lapis tantum reperiri posse putatur,
Unde ceraunius est Græco sermone vocatus :

VETUS INTERPRETATIO GALLICA.

§ XXV. L'ECHITE.

Echite tienent des plus chieres
Numree entre les altres pieres.
Quant laigles la mult sencunforte,
De mult loixtain pais la porte,
Pur sus pulcins ke li defent,
En sun ni la mult cherement.
Un altre dedenz celi a.
Feme preinz ke sur sei l'aura,
De lenfant ne li estoit duter,
Gran bien li fait a lenfanter.
Albraz sen est relart penduë,
Se voil aveir i cest a vie.
Ki la sur sei ja venest ivre.
De gran affair ume delivre.
Accreist richiesses, cfait um amer,
Eveincre enimis, e de pople loër.
Soma alcun en suspeciun
Dengin, de venin ou daltre poisun,
O lui a manger le cunventri;
Desuz la manger la piere metri,
Salevor a mal glutir ne poit;
Tollez la pierre, mangez lestoit.
Meschines guverne e garriuns,
E destreint chiaetes delun eisuns.
Ruige culur a ceste piere.
Docean vient, e est mult chere,
El ni des aigles la trove loin,
Ou en Perse la regiun.

C

§ XXVI. LA SILENITE.

Silenite a bele culur.
Jaspe semble de la verdur.
Sainte est et ola lune creist,
E ele decors si rede croist,
Amurs dune ele cors tient.
En Perse creist ediloc vient.

§ XXVII. LA GAGATROMÉE.

Mult est bone Gagatromée,
Sest une piere tachetée,
Cume pel de chevrol sen faille.
Si om la porte en bataille.
Ses inimis porra chiacer,
Ja nul ne l'osera tucher.
Alchides sot bien sa valur,
Ki la porta en maint estur.
Tutes les ures ke il lot,
Unques veincuz estre ne pot;
Eqant il sur sei ne laveit,
Es nel pas vencuz esteit.

D

§ XXVIII. LA CERAUNIE.

Ceraunus est mult bele piere.
Si chet o fuildre mult est chere.
Ki chastement la portera,
La fuildre mal ne li fera.
U est ne perira maisun
De fuildre ne desturbuilun.
Batailles veint en plait est bone,

VARIÆ LECTIONES.

[43] *G.*, properant. [44] *R.*, vigorem. *G.*, calorem. [45] *G.*, actites. Echites, *Tur.* [46] *G.*, perhibere, vel sedare. [47] *G.*, actites. [48] *G.*, Si tuleris. [49] *G.*, Neque, *R.*, silenites. [50] *G.*, phtysicosque. [51] *V.*, totæ. [52] *G.*, terraque. [53] *.*, elisus; *R.*, illusus.

Nam quod nos fulmen, Græci dixere ceraunon [54],
Qui caste gerit hunc, a fulmine non ferietur,
Nec domus, aut villæ, quibus assuerit lapis ille.
Sed neque navigio per flumen [55] vel mare vectus,
Turbine mergetur, vel fulmine percutietur.
Ad causas etiam vincendaque prælia prodest,
Et dulces somnos, et dulcia somnia præstat [56].
Huic binæ dantur species, totidemque colores.
Crystallo similem Germania mittere fertur,
Cæruleo tamen infectum, rutiloque [57] colore.
Mittit et Hispanus, regione manens Lusitana,
Flammas spernentem, similemque colore pyropo.

§ XXIX. DE ELIOTROPIA.

Ex re nomen habens est eliotropia [58] gemma,
Quæ solis radiis in aqua subjecta vacillo [59],
Sanguineum reddit mutato lumine solem,
Eclipsimque novam terris effundere cogit.
Denique post modicum vas ebullire videbis,
Aspergique foras subitæ scaturiginis imbrem,
Ut fit cum nimbis distillat turbidus aer.
[60] Imbres de cœlo vocat, astringitque serenum :
Se quoque gestanti dat plurima vaticinari,
Atque futurarum quasdam cognoscere [61] rerum.
Hosque bonæ famæ, quibus est data, laudibus
                  [ornat,
Servat et incolumes, producens tempora vitæ.
Sanguinis adstringit fluxum, pellitque venena :
Nec falli poterit lapidem qui gesserit istum.
Tot bona divino data sunt huic munere gemmæ,
Cui tamen amplior hic esse potentia fertur [62],

A Nam si jungatur [63] ejusdem nominis herba [64],
Carmine legitimo, verbo [65] sacrata potenti,
Subtrahit humanis oculis quemcunque gerentem.
Hanc nunc Æthiopes, nunc Cyprus et Africa
                  [mittit
Sanguinis aspersam guttis, similemque smaragdo.

§ XXX. DE GERACHITE.

At gerachiten [66] vetus experientia laudat.
Iste colore niger superat virtute colorem ;
Quem prius abluto si quis gustaverit ore,
Dicere mox poterit quid de se cogitet alter [67] : †
Cujus sic virtus perhibetur posse probari.
Muscis expositum corpus nudato gerentis,
Lactis commisto mellisque liquore perunctum,
Intactum cupido miraberis agmine linqui.
B Si lapidem tuleris, facto grege, spicula figent,
Imbutamque cutem sugent per vulnera mille.

1663-64. § XXXI. DE EPISTITE.

Nascitur in bimari [68] pretiosior ære Corintho
Dictus epistites [69], rutilans lapis et rubicundus,
Qui si ferventi fuerit conjectus aheno,
Ignibus exsultans prius, illico sistitur unda,
Frigida post modicum lapidis virtute futura.
Fructibus a terræ volucres arcere locustas,
Et nebulas steriles et grandinis improba fertur.
Verbera, nec turbo (quos protegit iste) nocebit.
Ad solem positus radios emittit ut [70] ignem,
Mirantes oculos perstringens luce corusca.
Accensas idem compescit seditiones,
Et tutum servat dubia sub sorte gerentem :

VETUS INTERPRETATIO GALLICA.

Bons sunges bels esués done.
Dous culurs a mais ke un puie.
Teint ac ? stal eteint abloe.
En Germanie la prent loin.
Laltre resemble papirun.
Ne fou ne flame ele ne crient.
Cette piere despanie vient.

§ XXIX. L'ELIOTROPE.

Elyotrope est une piere
De bien vertuose manere.
Metez la en cuntre soleil,
En un vaisel sil fait vermeil,
Ce eit avis ki la tendra,
Ke novels eclyps sera,
En poi de tens faira saillir.
Del vaisel laive ebuillir.
Cum seil plouest a plante,
Bun los dune eqrant santé.
Venin destruit et sanc estanche.
Buisdie veint ne fait noisance.
Une erbe ia ke mult est chere,
Ke si a num cume la piere ;
Si um les poit andous aveir,
Sil volt nuls nel porra veir.
Dethyope vient e de cypre,
Si est trovce en Aufrike,

C A esmaragdes semble tutes,
Mais ke les ont sanguines guttes

§ XXX. LA GERACHITE.

Gerachite a neir culur,
Mais ele est de grant vigur.
Se um a sa buche lavée,
E suz la lengue lait posée,
E neir diviner porra
Qe altre de lui pensera.
Ki volt prover qel vertu ait,
De miel oinge un om e de lait,
Al soleil chiald fors sestera,
U de musches plente aura,
La piere tenge en sa buche
Nel tuchera nis une muche ;
Ostez la piere kil ne lait,
Assez li ferunt mal etaist.

§ XXXI. L'EPISTITE.

D Epistites est avenant,
Bele e bien resplendissant.
Ruige èst, e sa vertu si chere,
Kele boillit tolt a choldiere.
Oisels oste de ses ruz,
E langustes storbels egresilz.
Meslées tolt segurement,

VARIÆ LECTIONES.

[54] κεραύνου. [55] G., flumina. [56] R., et somnio læta ministrat. [57] R., rutilumque. [58] G., Heliotropia. [59] R., batillo. [60] G., habet hunc versum, qui deest in Victorino et in Redon. excuso. [61] G. m., prædicere. [62] G., iis ; R., his concessa potentia fertur. [63] G., cingatur. [64] R., herbæ. [65] verboque. [66] R. et G., Et Geraniten ; Ad. m., Hicraciten. In Gorlæano gerachites collocatur inter allectorium et jaspidem. [67] † hi duo versus sequentes in cod. ms. Turon. leguntur :
    Huic quoque semper inest impetratoria virtus,
      Qua nequeat mulier quidquam prohibere petenti.
[68] f. bimini. Vide Diction. Baudran. [69] G. m., hephæstites, sive epistites. [70] G., et.

Pectore sed memori fixum teneamus oportet,
Qua [71] cor parte jacet lapides hos esse gerendos

§ XXXII. DE EMATHITE.

Sumpsit emathites [72] Græcum de sanguine nomen,
Naturæ lapis humanæ servire creatus,
Typica [73] cui virtus per multa probatur inesse ;
Nam palpebrarum superillitus asperitatem,
Et visus hebetes pulsa caligine sanat.
Ejus rasuræ [74] si glarea mista sit ovi,
Succo dilutus, quem punica mala remittunt,
In medicinali velut ad collyria [75] cote,
Vel resolutus aqua, juvat hos qui sanguinis ore
Spumas emittunt, et quæ sunt ulcera curat [76].
Potatus stringit patitur quem femina fluxum,
Carnes crescentes in vulnere, pulveris hujus
Vis premit, et ventrem retinet sine mora [77] fluen-
[tem,
Vino dilutus veteri bibitusque frequenter [78].
Serpentis morsum, vel quod fit ab aspide vulnus
Egregie curat [79], resolutus aquis et inunctus.
Mistus melle potest oculos sanare dolentes.
Vesicæ lapidem bibitus dissolvere fertur.
Hic ferragineo rufove colore notatur.
Africa mittit eum, sed et Æthiopes, Arabesque.

§ XXXIII. DE ABESTO [80].

Arcadiæ tellus lapidem producit abeston [81],
Ferreus huic color est ; naturæ mira potestas :

A Nam semel accensus conceptos detinet ignes,
Extinguique nequit, collucens perpete flamma.
[[82] Hinc et apud Græcos abeston dicitur inde,
Quod semel accensum jam non exstinguere posses.]

1665-66 § XXXIV. DE PEANITA [83].

Gignitur in Machedum [84] regione lapis peanitas
Feminei sexus reserens imitando [85] labores.
Nam quibus ex causis dubium sed tempore certo
Concipit et parit, et parientibus auxiliatur
Ultima quos urget dubii discriminis hora.

§ XXXV. DE SADA [86].

Difficile gemmas super omnes sada repertur [87].
Nunquam sciretur nisi se daret inveniendam,
In medio siquidem natus [88] lapis iste profundo,
Naves vi quadam petit e regione meantes
B Et prælabentis tabulis hærendo carinæ
Ad portum vehitur [89] merx ignaris data nautis.
Est autem morsu tabulæ sic fixa tenaci
Quod nequit abrasa ligni sine parte revelli.
Praxinus huic color est [90] ; regio Chaldaica tellus.

§ XXXVI. DE MEDO.

Ast in Medorum regione lapis reperitur
Quem Medum vocitant, mortis dator atque salutis ;
Namque super cotem, mulieris lacte solutus
Quæ semel atque marem peperit, persanat inunctis
Visu fraudatos, multo jam tempore cæcos.
Cos [91] medicinalis viridis solet esse coloris

VETUS INTERPRETATIO GALLICA.

Vait ki la porte onestement.
Metez la el ras del soleil,
Claire de fou rendru vermeil.
Porter se volt de vers senestre,
Segun lescrit isi deit estre.
§ XXXII. L'EMATHITE.
Un altre ni a Ematite,
Ke de vertu n'est pas petite.
Sanc estanche naturelment,
Et malanz saine bonement.
Qant elle est de vin puldrée,
Eo la glaire dou meslée,
Des palpebres tolt laspreté,
E as oilz dune clareté.
Ki crache sanc si la piere a,
O une coce la freiera,
En jus tempre de raige pume
Dune sera abéiure alume
Venaive tut ensement.
Li durra sempres sainement,
E a feme gran mester a.
Les flurs restreint kant trop en a.
Plaie estanche emenersun,
Del sur saner fait garisun.
Venins destruit quant est bene,
Qant serpent point sen fait a lue,
O miel valt malt as oilz do lanz
A vieils umes et a enfanz.
De la vessie toilt la piere.
Dafrike vient honeste chiere,

C
Dethyope rest aportée.
El darabe o ele est née.
§ XXXIII. L'ABESTE.
Abestos vient de la cuntrée
Darchade u el est trovée.
Ceste piere a de fer culur,
Si par est de si gran vigur,
Si de fou est prise dune part ;
Niert mais est esteinte tus uns art.
§ XXXIV. LA PEANITE.
Peanites taliet manieres,
Dedens si probattre piere,
Femele est dite ke quele vaille,
A feme a vie ki travaille.
§ XXXV. LA SADE.
Salde mult gravement est trovée,
En la terre a Caldeis est née,
Si neve trove en celle mier,
Vele poisse a deter.
Si si aërt ja nen chiarra,
Desque ke tailiée en sera ;
Vers le fust a si grant emur,
De prasine porte le culur.
§ XXXVI. LA MEDE.
Entre les Turs naist une piere,
Medus a num, si est mult fiere,
Iceste dune mort et vie,
A l'un fait mal, altre aïe..
Ki medecine faire en volt,
O une cot veit bien lesmoilt,

D

VARIÆ LECTIONES.

[71] *R*, hac. [72] *G.*, Hæmatites. [73] *G.*, Stiptica ; *R.*, Stipica. [74] *G.*, fragmentis. *G. m.*, ramentis. [75] *G.*, veluti collyria. [76] *G.*, quæ linit ulcera sanat. [77] *G. et R.*, more. [78] *R.*, fruenter, id est frugaliter. [79] *G.*, sanat ; *G. m.*, curat. [80] *R.*, Abhesto. [81] *G. m.*, Ebeston. [82] *Hi duo versus sunt tantum in Grotœiano.* [83] *G. m.*, Pæanites sive Pæantis. [84] *R.*, Machetum ; *f. Machicorum, pays des Machicores* apud Madagascar. *Vide Baudran ad Machicolium.* [85] *R.*, mutando ; *G.*, irritando. *G.*, vexat. [86] *R.*, Sadda. [87] *R.*, Difficilis gemmas super omnes Sadda reperto. [88] *G.*, incautus. [89] *R.*, naves in quadam ; *G.*, trahitur. [90] *G.*, Huic prasius color est. [91] *R.*, Quos *mendose.*

Lacte solutus ovis, semel atque marem parientis.
Expellit veterem simili [92] ratione podagram,
Et fessas reficit sub anhelo pectore fibras;
Hoc et nephretici sanescunt unguine renes.
Debet in argento mistus vitrove reponi,
Jejunoque dari; sic utile fit medicamen.
At resolutus aquis cotis sibi fragmine misto,
Et porrectus ei tibi quem decreveris hostem
Ut lavet inde suam quasi pro medicamine frontem,
Obducet miseros, exstincto lumine, vultus.
Si potum dederis, vomito pulmone peribit.
Hic totus niger est, sed non et tota [93] potestas.
Candida dum prodest, dum lædit nigra vocetur.

1667-68 § XXXVII. DE GELACIA [94].

At quæ candorem fert grandinis atque figuram
Ictibus innumeris [95] invicta Gelacia gemma,
Cujus naturæ vis tanta probatur ut omni
Tempore frigida sit, nulloque calescat ab igne.

§ XXXVIII. DE EXACONTALITO.

Exacontalites [96] lapis ex re nomen adeptus,
Qui sexaginta modico gerit orbe colores,
Corporis exigui numero dispendia supplet,
Dum tot gemmarum fert gemmula sola colores.
In Lybia lapis hic reperitur apud Trogloditas [97].

§ XXXIX. DE CHELONITE.

Indica testudo lapidem mittit chelonitem
Gratum purpureo, varioque colore nitentem,

A Quem si sub lingua loto quis gesserit ore
Posse magi credunt hunc divinare futura,
Orto mane die sextam duntaxat ad horam.
Tempore quo lunæ succrescere cernitur orbis,
Sed luna prima lapidis prædicta potestas
Totius fertur spatio durare diei,
Quintæ post decimam concordant tempora primæ [98]
At detrimenti lunaris tempore toto
Ante diem tantum lapidi manet illa potestas.
Est etiam nulli lapis hic obnoxius igni.

§ XL. DE PRAXO [99].

Conspicuus praxus [100] gemmis solet annumerari,
Sed non est carus; contentus quippe decore,
Utile nil affert, nisi quod viret et decet aurum.
B Altera sanguineis species est illita guttis [1].
Tertia candidulis tribus est inscripta figuris [2].

§ XLI. DE CRYSTALLO.

Crystallus glacies multos durata per annos,
Ut placuit doctis, qui sic scripsere, quibusdam,
Germinis [3] antiqui frigus tenet atque colorem.
Pars negat, et multis perhibent in partibus orbis
Crystallum nasci quod [4] non vis frigoris ulla,
Nec glacialis hiems unquam violasse probatur;
Sed certum cunctis, nec stat dubitabile cuiquam,
Quod lapis hic soli subjectus concipit ignem,
Admotosque sibi solet hinc [5] accendere fungos;

VETUS INTERPRETATIO GALLICA.

§ XXXVII. LA GELACE.

§ XXXVIII. L'EXACONTALITE.

C

§ XXXIX. LA CHELONITE.

§ XL. LA PRASINE.

§ XLI. LE CRISTAL.

VARIÆ LECTIONES.

[92] R., parili. [93] G., nigra; G. m., ingrata. [94] R., Gelatia. G., Chalacia. [95] G. R., omnimodis. [96] G., Execontalittus. [97] G., Trogloditas; R., Tragodytas. [98] G., luna; G. m., primæ. decrementi. [99] R., Prasio. [100] G. R., Prasius. [1] G., venis. [2] G., lituris; R., litteris. [3] G., Grandinis. [4] R., quas. [5] G., hic.

1669-70 Hunc etiam quidam tritum cum melle
                                    [propinant
Matribus infantes quibus assignantur alendi,
Quo potu credunt replerier ubera lacte.

§ XLII. DE GALACTIDA [6].

Nec minus et cineri similem galactida dicunt
Cum mulso tritum lac multiplicare bibenti.
Si tamen ante cibos fuerit post balnea sumptus
Aut ovis ex gravidæ lanis [7] traducere filum
Pertuso lapidi decet, et circumdare collo,
Sic se portantis fecundet ut ubera lacte;
Dat facilem partum simili ratione ligatus
Ad femur illius quæ parturiendo laborat.
At si mundato circumspergatur ovili
Cum sale mistus aquæ solis redeuntis in ortu,
Lacte replentur oves, scabies fugatur [8] ab illis.
Præterea tantis veteres hunc laudibus ornant,
Ut bona cuncta putent solum præstare gerenti
Quæ simul a reliquis juncta virtute darentur.
Sed turbat mentem si clausus in ore liquescat.
Hunc mittit Nilus, producit et hunc Achelous.
Lactis dat succum tritus, lactisque saporem.

§ XLIII. DE ORITE.

Lethiferos morsus niger atque rotundus orites
Quos fera vel cornu, vel sævo dente peregit,

Cum roseo mistus perfecte curat olivo.
Per vastas eremos interque feras gradientes
Illæsos fervat, morbos [9] abigendo ferarum.
Hic [10] viret, et maculas habet albas, alter orites.
Casibus adversis portatus ubique resistit.
Tertius asseritur famæ gravioris orites;
Altera pars cujus crebris nimis aspera clavis,
Altera lævior est corpus [11] quasi lamina ferri.
Hic facit appensus ne fiat femina prægnans,
Aut vel si [12] prægnans fuerit, [13] fundet abortum.

§ XLIV. DE HYÆNA [14].

Tollitur ex oculis lapis extollendus Hyæne,
Dictus Hyæna quam veteres (si credere dignum)
Fatidicum numen memorant inferre gerenti,
1671-72 Quo queat imbutus prædicere quæque fu-
Sub lingua toto [15] si contineatur in ore.   [tura

§ XLV. DE LIPAREA [16].

Partibus in Scythicis lapis est liparea vocatus
Ad quem sponte sua properat genus omne ferarum
Quas venatorum suevit labor exagitare.
Non eget ergo canum cursu curave sagaci
Saltus perlustrans lapidem qui gesserit istum;
Sternendæ satis est venabula tollere prædæ.

§ XLVI. DE ENHYDRO.

Perpetui fletus lacrymis distillat enhydros [17]

VETUS INTERPRETATIO GALLICA.

Par le freit muě sa nature,
Ece retient li plesur,
Ke en mains tous nest sen firidur.
Ceste conceit le fou vermeil,
Ki la tient el rai del Soleil.
1670 *Ede cal fouli tondre resvirent,*
Si li tache alges souvent,
Anurice est de bone,
Pur lait ke abreve li donc.

§ XLII. LA GALACTIDE.

Feme ke Galactide ait
Se la enfant mult aura lait.
Aler sodeit primes bannier,
Epois user devant manger.
Ki la percie e met dedens
Fil de laine de berbis prens,
La norice al col pendu lait
Dune aura gran plenta de lait.
Feme ke travaille d'enfant
A sa coisse la lie devant,
La ni faldra sen demuirance
Ka sempres nait sa delivrance.
O aire sel est detrempée,
Elamandre dedans arrosée,
Les berbis lait assez auront,
O mais ruineuses ne seront.
Ceste piere a de fer culur,
Et si est mult de grand valur.
Li ancien dient pour veir
Ki ceste piere poit aveir,
De vertuz li valt altrelant
Cume les altres si fussant.

§ XLIII. L'ORYTE.

Orytes sunt de treis maneres,

Mult ja precinses pieres;
Neve e ruuinde est de nature,
Lune valt mult cuntre morsure,
Si envile rose est triblée,
E encuntre serpent portée,
Par els morsure ne navra,
Altre ma ke verdur trait,
Se il est um ki sur soi lait,
Beste cruel ne li poit faire,
Mal ne crioi ne nul cuintraire.
De blanc est sur le neir cachée,
Mult est amée e prisée.
La tierce Oryte est merveilluse,
Lune multe a broienuse,
Laltre pleine cum un altre gemme,
Iceste se sur li la feme,
Ja a nul jur n'encentera [17'],
O sal est preire sil perdra.

§ XLIV. L'HYENE.

Hyene naist en la prunelle
Dune beste, piere est mul bele,
Sa piere apelent par sun num,
Kar la beste Hyene a num.
1672 *Sede vin sa buche a lavée,*
Et sur la langue lait posée,
Diviner poit se ne le fait,
Ke la piere sur la langue ait.

§ XLV. LA LYPARÉE.

En'Libe naist Lyparea,
Alge chiaut ki sur lui la,
Nule beste ne lui fuira
Prendre en poit ce qu'en trouvera.

§ XLVI. L'ENIDRE.

Enidre de curt lermant,

VARIÆ LECTIONES.

[6] R., Galactide; G. m., Galactis sive Galactites. [7] R., lana.   G. R., scabiesque maligna fugatur. [9] G., morsus. [10] G., Qui. [11] G., duri. [12] G., aut ut si; R., ut sit. [13] G., cito. [14] R. Hienia; G., Hyenia. [15] G., totus. [16] G, m., Liparea sive Liparis. [17] G., Enydros, [17'] n'enfantera.

Quæ velut e pleni fontis scaturigine manant,
Cujus naturæ grave sit deprehendere causam ;
Nam si decurrit lapidis substantia, quare
Non minor efficitur, vel non omnino liquescit ?
Si [18] ros exterior descendit ad interiora
Ut semper refluat, cur se non impedit ipsum
Scilicet ingrediens contrarius egredienti ?

§ XLVII. DE IRI.

Irim dant Arabes, sed gignit eam mare Rubrum,
Crystallo similem cujus sexangula forma
Clara luce micans fert causam nominis hujus.
Nam si sub tecto radio sit subdita solis
Proximus inficitur paries varioque colore
Arcus cœlestis depingit utriusque figuram [19].

§ XLVIII. DE ANDRODRAGMA.

Androdragma [20] lapis formæ quasi tessera quadræ,
Dicitur argenti repræsentare nitorem [21].
Cujus durities quasi durities adamantis
Ipse maris Rubri mistus reperitur arenis,
Quem magus affirmat tantæ virtutis haberi
Ut possit præsens amicos sedare calentes.

§ XLIX. DE OPTALLIO.

Avertens oculis morbos optallius [22] omnes
Asseritur furum tutissimus esse patronus ;
[23] Nam se gestanti visus conservat acutos,
At circumstantes obducta nube retundit

A Ut spoliare domos possint impune latrones.

1673-74 § L. DE MARGARITIS.

Tollitur a conchis species memoranda marinis
Unio dictus ob hoc, quod ab una tollitur [24] unus,
Non duo [25] vel plures unquam simul inveniuntur.
Cujus ad ornatum laudatur candida forma
Cum [26] deceat vestes, deceat nihilominus aurum.
Conchæ, temporibus certis, referuntur hiantes
In cœlum, patulæ rores haurire supernos
Ex quibus orbiculi candentes concipiuntur.
De matutino fit clarior unio rore,
Ros vespertinus fetus solet edere fuscos ;
At [27] juvenes conchæ dant baccas [28] candidiores.
Obscurat fetus concharum grandior ætas :
Quanto rorantis fuerit plus acris haustum,
Tanto majorem gignit roratio baccam :
Ultra semuncem sed crescere [29] nulla putatur.
Quod si celsa miscent tonitru convexa corusco,
Conchæ diffugiunt subita formidine clausæ.
Sic intercepto conceptio deperit hausta,
Et fit abortivum quod cœperat inde creari,
Insignes baccas prædam maris India gignit,
Gignit et insignes antiqua Brachmania [30] baccas.

§ LI. DE PANTHERO.

Pantheron multos testantur habere colores ;
Tam niger et rubeus, viridis pallensque videtur

<hr>

VETUS INTERPRETATIO GALLICA.

Cume funtaine tion surant,
Sa nature griove est de prendre.
Ke lan decurt ene devient mendre
Pur tan de rosée cum ele gale,
Nu ne sen perche e nun remete,
Entrant noist en un aive,
Cuntrarius ē calissice.

§ XLVII. L'IRIS.

En ruige mer naist une piere,
Yris a num, nest gaire chere.
Ki el rai del Soleil la tient,
L'arc del ciel en la parai vient,
Lumbre de li devient itals,
Et resemble ke seit cristals.

§ XLVIII. L'ANDRODRAGME.

Androdragme est formée
Si cume del un poi quarrée ;
Dargent a culur, mult est bele,
Lont la trove en la gravele,
De ruige mer ki sur sei la
La estre irez mais ne porra,
Lecia dune bon curage,
Ki la sur sei ni a damage.

§ XLIX. L'OPTALIE.

Optals si est de tel manere,
Ke pur sa vertu doit estre chere,
Des oils toilt la maladie,
As larrons fait grand aie,
E ki sur sei la portera,
Clere veuē vieir li fera.

C
Mais cels k ısunt denvirun,
Cede bien pur le larrun,
Ke sen peine poissent rober,
La maisun e despoiller.

§ L. LES PERLES.

En Inde naist en un peisun
Une piere que Perle a num ;
Unio a num pur ce kele est sule,
E lu peisun apelent musle.
Li sages dient ki les moles,
Cuntre lenel bacce les gules,
La rosee del ciel receuvent.
E de ce les Perles cunceuvent.
Blanches et cleres sunt les Perles;
Des jeunes issent les plus beles.
Ki la rosée a plus el cors,
Gete la piere graniur fors.
Se il tone en la cuntree,
Quant els recuvent la rosee,
Fuient luz e perist la piere,
Kes cunçuē bele e chere.
La grossur dimi unce aura,
Ja nuls grainur ne la verra.
En Inde naist et in Britaine [30⁰],
Kom apele la primeraine,
Cuntre gute corel est bone,
E cuntre tache ke naist en ume,
Cuntre met doilz est sa nature ·
Miett valt la clere ke loscure,
Li lon perrier ancienur,
Tindrent la ruunde a meillur.

<hr>

VARIÆ LECTIONES.

[18] *G. R.*, Sin. [19] *V.*, Arcum cœlestem depingit utramque figuram. [20] *G.*, Adrodramanta. [21] *V.*, colorem. [22] *R.*, Ophtalius. *G.*, Ophtalmius. [23] *Hic versus deest in G.* [24] *G.*, nascitur. [25] Nec duo. [26] *G.*, quod. [27] *G.*, Et. [28] *G. m.*, baccarum. [29] *G.*, Semi nucem concrescere; *G, m.*, sed crescere. [30] *f.* Britania. [30⁰] Bretaigne.

Purpureus, roseusque simul, sparsimque colores
Hos habet, et vario distinctos schemate vernat.
Expedit hunc orto quam primum sole videri
Ut victor possis omnes exire per actus,
Ipso namque die poterit te vincere nemo.
Pantheram patet esse feram diversicolorem
India quam gignit cujus pavefacta leonum
Voce fugit rabies, quam bestia contremit omnis
Hujus ad exemplar, sic est lapis iste vocatus.

§ LII. DE ABSICTO.

Absictos [31] nigri non ultima gemma coloris
Ad gratam speciem rubeis interlita venis
Pondere majoris mensuram corporis æquat;
Hanc simul [32] admoto suscepit ab igne calorem,
Testantur calidam septem durare diebus.

§ LIII. DE CHALCOFANO.

Chalcofanos [33] pulsata refert tinnitibus æra,
Quam si tractetur reverenter corpore casto [34]
Vocis dulce melos aiunt conferre gerenti;
Et ne raucescant liquidas defendere fauces
Hic etiam nigrum perhibetur habere colorem.

1675-76 § LIV. DE MELOCHITA.

Infantum curas [35] virtute sua melochites
Protegit, et casus abigit quoscunque sinistros,
Ne teneros artus pars possit iniqua nocere.
Dat lapidi pretium virtus cumulata decore
Praxum [36] quippe virens similis solet esse sma-
                                   [ragdo.

A Hunc Arabum gentes prius invenisse feruntur.

§ LV. DE GEGOLITO.

Gegolitus [37], nucleo similis perhibetur olivæ
Aspectus vilis, naturæ vi pretiosus;
Namque solutus aquis, et ab his quibus expedit
                                   [haustus
Dicitur esse potens lapidosos solvere renes
Vesicæque simul purgare dolentis arenas.

§ LVI. DE PYRITE [38].

Cui fulvus color est cui nomen ab igne Pyrites
Se vetat astringi, pertractarique recusat.
Tangi vult leviter, pavidaque manu retineri,
Nam pressus nimium digitos stringentis adurit.

§ LVII. DE DIACODO [39].

Diadochos per aquam responsa petentibus aptus
B Dæmonis effigies varias ostendere fertur.
Nec lapis est alius qui fortius evocet umbras;
Sed si defuncto quis forsitan applicet illum
Protinus asseritur solitas amittere vires.
Namque sacer lapis est, et quem [40] mors sternit
                                   [abhorret.
Hunc autem perhibent similem fulgore beryllo.

§ LVIII. DE DIONYSIA [41].

Nigra micat rubeis Dionysia consita guttis.
Hanc in aqua tritam vinum flagrare loquuntur,
Et tamen ebrietas ipsius odore fugatur;
In quo naturæ solito nil ordine currit

VETUS INTERPRETATIO GALLICA.

§ LI. LA PANTHÈRE.

Panthere est neire, ruige e verte,
Epale purpre e rosinete,
De tut] ensemble a la culur,
Ki tareit ner venu le jur.
Panthere est une beste averse,
E si est de culur diverse;
Bestes la fuient tant est fiere,
So entre li a num la piere.

§ LII. L'ABSICTE.

Absictes est neire et pesant,
Veines a ruiges cume sang,
Qant juste fou est eschialfée,
See jur en est pris culurée,

§ LIII. LA KALCOFANE.

Kalcofanes est piere neire,
Quant um la fiert si sune e nerre,
Ki la portera onestement,
Chianter pora mult hallement,
Edulce vois e bone aura,
Si ke jamais ne roera.

§ LIV. LA MELOCHITE.

Melochite a grosse verdur,
De Smaragde a la culur,
Enfans defent par sa nature
Ki la de grant mesaventure,
E garde e en vertu les tient,

C *Ceste piere darabe vient.*

§ LV. LA GEGOLITE.

Gegolitus se est dunee,
Encure aura destrempree,
Lu piere se il la alcors,
O la gravele la gate fors.
De garir um est bien hastive,
A vile resemble fait dolive.

§ LVI. LA PYRITE.

Pyrites a falve culur,
Ki lestreint si gele chialur,
Suef tocher se voldra,
Senu les neiz brusler fera.

§ LVII. LA DIACODE.

Cil ki Diacodos aura,
Par aive diviner porra
Esacer desevretz desus,
Ne nule piere ne valt plus.
Si a mort ume luchera,
Sa vertu pert, mais ne laura,
La piere est sainte e mor het,
Kant ele ituche bien le set.

§ LVIII. LA DIONISE.

Dionises sunt neires tutes,
Ede guttes de neires gutes,
Ki deave la triblera,

D

VARIÆ LECTIONES.

[31] G., Apistos. [32] G., Semel; G., Si cæperit igne. [33] G., Calcophonus. [34] Qui si tractetur reverenter corpore casto. [35] G. R., cunas. [36] G. R., Crassum. [37] R., Cegoto Tecolithos. [38] R., Pirithe, G., Pyrites. [39] R., Diadoco. Diadoches. [40] G., qua. [41] G. Dionvsia.

Dum lapis e lympha vini producit odorem
Quamque creare solet vinum, fugat ebrietatem.

§ LIX. DE CRISELECTRO [42].

Esse Criselectrus [43] similis describitur auro
Cujus ad electrum color inclinare videtur.
Hic matutinis visu jucundior horis [44],
Dissimilem speciem post aspicientibus offert;
Cujus materies rapidissima dicitur ignis,
Nam cito vicino correptus flagrat in igne.

1677-78 § LX. DE CRISOPACIO.

Æthiopum tellus lapidem Crisopacion [45] edit,
Quem tenebræ produnt [46], occultant tempora lucis,
Noctibus igne micans, vanescit luce diurna,
Absque nitore jacens [47] auri pallore sepultus.
Hic quoque naturæ mutatus cernitur ordo,
Nam quæ nox celat solito lux more revelat [48]

§ LXI. DE ANNULO ET GEMMA [49].

Annulus ut gemmam digitis aptandus haberet
Dicitur in primis fecisse Prometheus usum
Caucaseæ rupis quem fragmina lucida ferro [50]
Inclusisse ferunt, digitoque recepta tulisse.

A Ætas posterior vinxit [51] pretiosa metalla,
Et lapides caros adjecit et insuper artem
Insuetamque manum triplici vestivit honore
Sed fraus intactum quia nil humana relinqui
(Invida naturam dum scilicet ars imitatur)
Veras a falsis labor est discernere gemmas,
Callida quas didicit vitro simulare doloso,
Dum veram speciem mentitur adultera forma.
Inde fit ut virtus gemmarum nulla putatur
Ignaros quoties tentata probatio fallit,
Si veræ species [52] (fuerint si rite sacratæ)
Effectus miri procul ambiguo comitantur.
[53] Gemmis a gummi nomen posuere priores
Quod translucerent gummi splendentis ad instar,
Quæ non translucent cæcas voluere vocari.
B Nomine sed lapidis species signantur utræque.
Propter quod Lapidum titulo liber iste notatur.]
Hæc ex innumeris excepta vocabula gemmis
Sufficiat nostro collecta labore teneri
Quæ decies senis distincta patent capitellis [54].

VETUS INTERPRETATIO GALLICA.

Odur de vin li sentira,
Ene kedent sa et pruece,
Kele defent ume divrece.

§ LIX. LA CRISELECTRE.

Cette pierre a num Crisolectre,
Dor a culur e semble electre,
Vers tierce mue sa culur,
E la belte pois fuit le jur,
Nule rien plus toit fon ne sent,
Seli tuche sempres ciprent.

§ LX. LA CRISOPACE.

D'Ethiope vient iceste piere,
Crisopace a num, e mult est chere
La noit cume sot ele si sclarcist,
Lu jur en jolnur d'or si sevelist,
Purce si change sa nature :
Kar jur est clere e la noit oscure.

§ LXI. DE L'ANNEAU ET DE LA GEME.

Al quans ia ki pas ne creient,
Ke tels vertus en pieres seient,
Teles sont ke ja ne faudront,
Si en cels ne peche kis auront,

C

E ki le sa sismeme aler dereit,
Ne peit faillir ke miels netenseit,
Sira mult grant deceivement,
Escuntres suites ke lom vent.
Cuide li fots ke bone seit,
Pur la bette keil creit,
Lu sont deceu le plesur
Ker cèles nunt nule valur,
Cil sot tres bien keles valetent,
E queles vertus eles aveient,
Ke livre en fist primerement,
Ede les fist demunstrement,
En mains lous e en maintes cuntrées
Sunt les vertus bien eprovées.
Bien est venu e cuneu,
Et de plesurs aperceu.
Ke domne Deu les pieres fist,
E granz vertus en eles mist,
E ki lor vertus ne saura
Par ces livres les cuneistra.
Tels cent la portent, et si lont
Ki ne sevent ke eles font,
Asnes en sunt sul del porter,
Ne sevent cum font a garder.

VARIÆ LECTIONES.

[42-43] V., Crisolectro. [44] G. m., auris. [45] G. Chrysopassion. [46] G. perdunt. Hic articulus est nonus in Gorlæano. [47] G., jacet. [48] G., lux celat subito nox cæca revelat. [49] G. m., De Annuli lapidumque repertore. [50] G. m., Scrupæ. [51] V., junxit. [52] G., Sed veras species. [53] His versibus poema concludit auctor quibus incœperat, et qui in ms. Turonensi positi sunt ad caput poematis et ante ipsum prologum uti et eos posuimus [54] In Grolæiano desunt hi tres versus. Codex Victorinus sic desinit: Explicit liber Marbodi [R. Morbodi] episcopi de Lapidibus habens versus septingentos et triginta, et sexaginta lapides in se continens per LXI capitula, in iis numerando capitulum de Annulo et Gemma. — In eodem porro ms. subjunguntur prosa sequens et explicatio moralis Lapidum prædictorum, quarum auctorem non dubitavimus ipsum esse Marbodum, cum Gemmarum seu Lapidum ibi notatæ proprietates, quas ad sensum moralem, seu mysticum trahit eædem omnino sint, quas in præcedenti poemate retulit. Hæc autem prosa et explicatio deest in exemplari Redonensi an. 1524 et in Gorlæano.

MARBODI REDONENSIS EPISCOPI

PROSA

De duodecim Lapidibus pretiosis in fundamento cœlestis civitatis positis (*Apoc.* XXI, 19.)

(E ms. S. Vict. n. 905. Nusquam edita.)

1679 Cives cœlestis patriæ,
Regi regum concinite
Qui supremus est opifex
Civitatis Uranicæ,
In cujus ædificio
Consistit hæc fundatio.
   Jaspis colore viridi
Præfert virorem fidei,
Quæ in perfectis omnibus
Nunquam marcescit penitus,
Cujus forti præsidio
Resistitur diabolo.
   Sapphirus habet speciem
Cœlesti throno similem,
Designat cor simplicium
Spe certa præstolantium
Quorum vita et moribus
(35) . . . . : .
   Pallensque Chalcedonius
Ignis habet effigiem,
Subrutilat in publico,
Fulgorem dat in nubilo,
Virtutem fert fidelium
Occulte famulantium.
   Smaragdus virens nimium
Dat lumen oleaginum,
Est fides integerrima
Ad omne bonum patula,
Quæ nunquam scit deficere
A pietatis opere.
   Sardonyx constat tricolor
Homo fertur interior,
Quem denigrat humilitas,

   (35) Forte *refulget et virtutibus.*

Per quem albescit castitas,
Ad honestatis cumulum
Rubet quoque martyrium.
⚜ Sardius est puniceus,
Cujus color sanguineus
Decus ostentat martyrum
Rite agonizantium :
Sextus est in catalogo
Crucis hæret mysterio.
   Auricolor chrysolitus
Scintillat velut clibanus,
Prætendit mores hominum
Perfectæ sapientiæ,
Qui septiformis gratiæ
Sacro splendescit jubare.
   1680 Beryllus est lymphaticus,
Ut sol in aqua limpidus,
Figurat vota mentium
Ingenio sagacium :
Quod magis libet mysticum
Summæ quietis ostium [*f.* otium]?
   Topazius quo carior [*f.* rarior]
Eo est pretiosior,
Exstat nitore griseo
Aspectu et æthereo :
Contemplativæ solidum
Vitæ præstat officium.
   Chrysoprasus purpureum
Imitatur concilium,
Est intertinctus aureis
Miscello quódam guttulis ·
Hæc est perfecta charitas
Quam nulla sternit feritas.

Jacinthus est cæruleus
Nitore medioximus,
Cujus decora facies
Mutatur ut temperies :
Vitam signat angelicam
Discretione præditam.
   Amethystus præcipuus
Decore violaceus
Flammas emittit aureas
Notulasque purpureas :
Prætendit cor humilium
Christo commorientium.
   Ili pretiosi lapides
Carnales signant homines
Colorum et varietas
Virtutum multiplicitas,
Ilis quicunque floruerit
Concivis esse poterit.
   Jerusalem pacifera
Hæc tibi sunt fundamina,
Felix Deo et proxima
Qua te daretur anima,
Custos tuarum turrium
Non dormit in perpetuum
   Concede nobis, agie
Rex civitatis cœlicæ
Post cursum vitæ labilis
Consortium in superis,
Inter sanctorum agmina
Cantemus tibi cantica.
                    Amen.

MARBODI REDONENSIS EPISCOPI

Lapidum pretiosorum de quibus in præcedenti prosa,

MYSTICA SEU MORALIS APPLICATIO.

(Ex eodem ms. S. Victoris n. 905. Nusquam edita.)

1681 § I. Jaspis est primum fundamentum Eccle- **A**
siæ Dei, et est viridis coloris. Quicunque illum super se
habuerit, phantasma ei non nocebit. Significat autem
eos qui fidem Dei semper tenent, et nunquam ab
ea recedunt vel arescunt, sed semper virent in ea,
nec timent fallacias diaboli.

§ II. Sapphirus cœli colorem habet. Significat
illos qui adhuc in terra positi cœlestibus intendunt,
et cuncta terrena despiciunt, quasi non sint in terra
juxta illud : *Nostra autem conversatio in cœlis est*
(*Philip.* III, 20).

§ III. Chalcedonius quandiu in domo est non lucet; sub diva, id est sub aere lucet; volentibus eum incidere et sculpere contra stat; calefactus radiis solis vel digitorum fricatu paleas ad se trahit. Per hoc notantur illi qui suam bonitatem celant, et bona opera in absconso faciunt, sed jejunium, eleemosynas et his similia juxta illud : *Tu autem cum jejunas,* etc. (*Matth.* vi, 27.) Cum autem foras inter homines exire coguntur, tunc apparet eorum bonitas et lucent; et si quis eis voluerit adulari vel laudes dare, quod est quasi sculpere vel pingere, non illorum vanas laudes recipiunt, sed fortiter resistunt, eis non acquiescendo, sed radio veri solis afflati, id est Christi vel digitis, id est donis Spiritus sancti tractati et calefacti, verbo suæ prædicationis suæque bonitatis exemplo, paleas, id est, peccatores ad se trahunt, et sibi consociant, et in bonis operibus eos perseverare monent.

§ IV. Smaragdus nimiæ viriditatis est. Omnes gemmas et herbas sua viriditate vincit. In arida et inhabitabili nascitur tantum. Præ frigore non ibi habitant nisi gryphes quæ sunt bestiæ leonibus similes, et habent alas aquilis similes, et monoculi asinaspi qui cum his dimicant. Per gemmam, id est smaragdum **1682** eos nominamus qui viridiores sunt in fide omnibus, et superant infideles fidei viriditate, qui frigidi et aridi sunt in charitate, quam non habent. Gryphes qui eos servant, dæmones significant qui hominibus invident fidem habentibus, quæ est pretiosa margarita, et gemma, et cum eis auferre conantur. Qui recte gryphibus assimilantur, quasi terrestres feræ et volucres, qui demersi sunt in infernum pro suis meritis, et volantes per superbiam quasi alites e cœlo lapsi sunt. Contra eos dimicant monoculi, id est, illi qui non ambulant duabus viis, nec habent duplex cor, nec duobus dominis serviunt, sed semper suam intentionem et gemmam fidei, quam dæmones ab eis extorquere volunt, possident, eos superando, Dei auxilio.

§ V. Sardonyx tres habet colores; subtus est niger, in medio candidus, desuper rubeus. Et eos figurat qui in corde suo sustinent pœnas passionis pro nomine Christi, et intus in anima sunt candidi, id est, absque hypocrisi, si tamen ipsi sibi sint despecti et quasi nigri videantur sibi, id est peccatores.

VI. Sardius est totus rubeus; significat martyres sanguinem suum pro Christo fundentes.

§ VII. Chrysolithus fulget quasi aurum et emittit de se scintillas ardentes: figurat sapientes et charitativos qui quod sciunt aliis in opere et sermone ostendunt. Χρυσός chrysos aurum dicitur, et per aurum sapientia et charitas intelligitur, quæ perfectior est omnibus virtutibus, sicut aurum perfectius est omni metallo.

§ VIII. Beryllus lucet quasi aqua sole percussa, et calefacit manum tenentis. Notat eos qui sunt fragiles, sed percussi radio et gratia veri solis, id est Christi, lucent bonis operibus, et calefaciunt eos qui **1683** cum eis conversantur calore charitatis et exemplo bonæ vitæ.

§ IX. Topazius raro invenitur, et ideo charior habetur; duos habet colores, unum sicut aurum, et alterum clariorem. Claritate omnes superat gemmas, et nulla res pulchrior est ad videndum. Significat eos qui Deum et proximum diligunt. Qui autem proximum diligunt, sicut aurum fulgent, et a sordibus hujus sæculi purgati, et semper cœlestibus intendentes, clariores et pulchriores efficiuntur.

§ X. Chrysoprasus est purpureus interguttatus guttis aureis: eos significat qui semper in tribulatione et labore passionum vitam suam agunt, semper manendo in charitate.

§ XI. Jacinthus mutat colorem suum cum facie cœli, si cœlum est clarum, ille lucet, si est obscurum, non lucet. Significat eos qui cum sapientibus sensu contendunt, ut secundum modum auditorum se aptent sicut dicit Apostolus: *Sapientiam loquimur inter perfectos (I Cor.* ii, 6). Ad eos qui parum sciebant dicebat: *Non potui tanquam spiritualibus escam dare, sed quasi carnalibus lac vobis dedi potum, non escam (I Cor.* ix, 22). Iste Apostolus Jacinthus fuit, et ita [se] contemperabat omnibus ut omnia esset omnibus sic dicens: *Omnia factus sum omnibus ut omnes lucrifacerem (I Cor.* ix, 22).

§ XII. Amethystus est totus rubeus, et quasdam roseas flammas de se emittit. Figurat eos qui tormenta passionis, quæ pro Deo sustinent, tanquam flammam charitatis ex se emittunt, orantes pro eis qui eos occidunt; et plus de peccatis eorum dolent qui eis mala faciunt, quam de hoc quod patiuntur. Et bene extremus ponitur, quia significat eos qui pro inimicis orant. Nam virtus virtutum est orare pro persequentibus. Et pauci inveniuntur hoc fecisse: sed tamen inveniuntur duo in Veteri Testamento, scilicet Moyses et Samuel, et duo in Novo, Dominus Christus et Stephanus inveniuntur.

ITEM EJUSDEM DE LAPIDUM NATURIS.

(Ex cod. ms. Nusquam editus.)

1684 Jaspis contra fulgura et tonitrua se habentibus valet.

Chalcedonius lapis sanctificatus et circumligatus lunaticos curat. Præterea qui portat eum, nunquam mergetur, neque vexabitur. Pulchrum quoque facit **A** gestantem et fidelem et potentem, et omnia perficientem. Sculpere oportet Martem armatum et virginem stolatam veste circumfusam tenentem laurum perpetua consecratione.

Aristoteles in lib. de Lapidibus ait : « Smaragdus suspensus in collo vel portatus in digito defendit a casu epilepsiæ suspecto. » Unde mandamus nobilibus ut semper collo filiorum suorum suspendatur, ne in hanc infirmitatem incidant. Smaragdus ad omnem divinationem probationem habet ; in omni negotio portatus adauget substantiam et corpore et sermone.

Sardius viginti hordei granorum pondus portans, si in collo fuerit suspensus vel in digito portatus, non videbit terribilia seu timorosa in somniis, et **B** incantationes et maleficia non timebit.

Chrysolithus omne genus serpentinum fugat, lapis spissus et lucidus similis auro. Hic applicatus ad rasuram auri, lavatus, phylacterium tutamentum [*f.* tutissimum] est ad nocturnos timores, transjectus setis asininis, alligatus in sinistro brachio dæmonia vincit. Est enim super (35´). . . . . . . et amoris et justitiæ. Facit autem advenam susceptum, et eloquentem, et gratiosum et amabilem ab his qui eum vident, et omnia ei aperit. Juvat etiam ad indignationem oculorum.

Beryllus lapis est magnus et lucidus. Sculpe in eo locustam marinam et sub pedibus ejus corniciam, et sub gemma pone herbinam modico auro inclusam **C** consecrata gestato (36) esse (36´) malorum omnium victorem facit, et ad oculorum vitia omnem valetudinem tribuit, et si hunc lapidem in aqua miseris, et de aqua illa potum dederis, raptum spiritum ac suspiriosum sanabit, et ab hepatis dolore liberabit. Utilis est portatus, et qui hunc lapidem super se habuerit, contra inimicos dimicans victor existet. Invenitur in India similis Smaragdo, sed cum pallore.

Topazius cum ab aliquo fuerit deportatus, nullus ei nocere poterit inimicus. Hoc ad maleficiorum aversionem habere in **1685** domo bonum est.

Jacinthum si quis habuerit in collo suspensum vel in digito, si intret in regionem pestiferam non lædetur, sed potius ab omnibus honorabitur, et ejus petitio- **D** nes adimplebuntur.

Amethystus, si aqua lavetur, et sterili mulieri detur, continuo concipiet.

Achates mulierem abortivum habentem adjuvat, et cito egredi cogit.

Sardius bonus est portatus, a mulieribus amabilis est. Sculpe in eo vineam et hæderam involutam.

Onychinum si quis habuerit, *videns visionem* interpretari valebit.

Corneolus in collo vel digito portatus mitigat iram et contentionem.

Casteis aptus libertati (37). Nam qui consecraverit eum, et perfecerit quæ in eo fieri debent omnino impetrabit libertatem. Oportet autem sic perficere adeptum lapidem. Sculpe in eo scarabæum, deinde sub ventre ejus stantem postea protundatur in longitudinem, et cum aurea fibula consecratus, et in loco præparato et ornato positus ostendet gloriam quam ei Deus concessit.

In jaspide ergo fidei viriditas designatur. In sapphiro spei cœlestis altitudo ; in Chalcedone flamma charitatis internæ figuratur : in smaragdo autem ejusdem fidei fortis inter adversa confessio : in sardonyce sanctorum inter virtutes humilitas : in sardio reverendus martyrum cruor exprimitur : in chrysolitho vero spiritualis inter **1686** miracula prædicatio : in beryllo, prædicantium perfecta operatio : in topazio eorumdem ardens contemplatio ; in chrysopraso beatorum martyrum opus pariter et præmium ; in hyacintho doctorum cœlestis ad alta sublevatio et propter infirmos humilis ad humana descensio. In Amethysto cœlestis semper regni in humilium animo memoria designatur (*Apoc.* xxi, 19). Itaque singuli lapides pretiosi singulis sunt fundamentis deputati, quia licet sint omnes perfecti quibus civitas Dei nomen in monte. Sancto ejus ornatur atque fundatur, spiritualis tamen gratiæ sunt luce fulgentes.

Subsequuntur deinde sexdecim versus veteri Gallico idiomate eadem manu et scripturæ forma exarati, sic :

> *Ici sunt nume les duze pieres*
> *Ki sont tenues as plus cheres,*
> *Jaspe, Saphir, Calcedoine ;*
> *Smaragde, Sardonice, e Sarde :*
> *Crisolii, Berji, e Topace ;*
> *Crisopras, Jacint, e Ametiste :*
> *De saints umes portent figure,*
> *Ki Deu servent sen poure,*
> *Tules maneres de sainteté,*
> *Unt a umes figure,*
> *Ki a Deu voldra servir,*
> *Cumides pieres cuites clarzur,*
> *En la Cité Deu sera posé,*
> *E el fundament bien allos,*
> *En visiun de paiz reposera,*
> *En laquel senfin joir porra.*

(35´) e eni. sup. ipam qi Ⴑris est ocul' 7. amoris 7 justicie.

(36) ᴛo cuing.

(36´) Cum e multis horum caracterum et verborum interpretationibus quæ aut a peritioribus in his divinandis, aut a nobis potuerunt excogitari, nulla nobis occurrerit quæ ad auctoris sensum accederet, maluimus illa graphice figurata sicut et duo verba sequentia sagacitati lectoris felicioris offerre, quam non intellecta subjicere.

(37) Sic exacte in ipso ms.

Deinde in altero folio sequenti sic habetur :

Hic sunt intitulata nomina lapidum pretiosorum quorum virtutes et naturæ in isto Lapidario declarantur. Primo dicitur :

LATINE.	GALLICE.		LATINE.	GALLICE.
De adamante.	Aimant.	**A**	De emathithe.	Ematite.
De achate.	Acate.		De abesto.	Abestos.
De allectorio.	Allectoire.		De peanite.	Peanite.
De jaspide.	Jaspe.		De sada.	Sade.
De sapphiro.	Saphir.		De medo.	Medus.
De chalcedone.	Calcedorne.		De gelacia.	Gelace.
De smaragdo.	Smaragde.		De exacontalito	Exacontalitos.
De sardonyce.	Sardoine.		De chelonite.	Chelonite.
De onyce.	Onix.		De praxo.	Prasine.
De sardio.	Sardoine.		De crystallo.	Cristal.
De chrysolitho.	Crisolite.		De galatida.	Galatide.
De beryllo.	Beryl.		De orite.	Orite.
De topazio.	Topace.		De hyena.	Hyene.
De hyacintho.	Jagunde.		De liparea.	Liparée.
De chrysopraso.	Crisopras.		**1687-88** De enidro.	Enidros.
De amethysto.	Amétiste.		De iri.	Iris.
De celidonio.	Celidoine.		De androdragma	Androdragme.
De gagate.	Jaiet.		De optallio.	Optale.
De magnete.	Magnete.		De margaritis.	Margarite al. Perle.
De corallo.	Coral.	**B**	De pantheron.	Panthere.
De alamandina.	Alamandine.		De absicto.	Absictos.
De corneolo.	Corneole.		De calcofano.	Calcofanos.
De carbunculo	Charbuncle.		De melochite.	Melochite.
De ligurio.	Ligurium.		De gegolito.	Gegolitus.
De Ethite.	Echite.		De pyrite.	Pyrite.
De silenite.	Silenite.		De diacodo.	Diacodos
De gagatromea.	Gagatromee.		De dionysia.	Dionise.
De ceraunia.	Ceraunie.		De chriselectro.	Chriselectre.
De eleotropia.	Eleotrope.		De chrisoprasio.	Chrisopace.
De gerachite.	Gerachite.			
De epistite.	Epistite.			

Sunt hic supra enumerati LXI *lapides pretiosi.*

· Versus sequentes excerpti sunt ex Dactylotheca Abrahami Gorlæi, excusa Lugduni Batavorum an. 1695 cum explicationibus Jacobi Gronovei, ubi sub finem invenitur liber de Gemmis sub hoc titulo : *Marbodæi Galli poetæ vetusti Carmen de Gemmis seu Lapidibus pretiosis.* Unde autem desumptum fuerit, nullum omnino nec Gorlæus, nec Gronovius manuscriptum designant. Ante vero carmen ipsum, ibidem inveniuntur, quasi vice præfationis, duæ epistolæ Evacis ad Tiberium imperatorem quarum hic tenor est.

—

Salutem dicit Tiberio Evax.

Desideranti tibi scribi a me mysteria omnium Lapidum quæ generi humano ea sapienti prodesse videantur, negandum tibi non fuit. Tu itaque custodit summa diligentia mysterium summi altissimique Dei. Hoc enim mysterium cæteris gentibus incognitum, Ægyptis vero cognitum, neque ἀλλοφύλοις neque aliis hostibus tradideris, ne unquam ad sterilitatem hujus scientiæ deveniat Ægyptus, et ne eadem per aliquem concremata, incendio conflagretur, aut immissis in Ægyptum regibus servos efficiat omnes Ægyptiis dominantes. Hic enim aliis traditurus non est, et ne alii sua potestate detineant, perpetua custodia habeatur. Juro autem tibi per summum Deum quod parem melioremve librum Ægyptus non habet. Cujus jurationis testis est summus Deus. Mittam enim libri bonum scilicet nomen, per quod genus noscetur. Igitur perpetualiter custodiatur in nobis. Præstat enim multum in omnibus actionibus per singulas hierarchias quas Græci vocant omnium lapidum. Vale.

Evax Tiberio imperatori salutem.

Magnifica tua dona accepi per centurionem Lucinium Frontonem nomine, quem dignatus es mittere ad me. Et ego tibi invicem misi quodcunque charius per terram in Orientis partibus de omnibus lapidibus remediorum nomen existit. Vale.

MARBODÆI SIVE POTIUS INCERTI AUCTORIS

Versus aliquot hactenus desiderati.

(Ex editione Gorlæi Lugduni Batavorum anni 1695, cum notis Gronovii sub finem ejus Dactylothecæ.)

Capnities specie crystallinus optima gemma
Facundos faciens, curansque potenter hydropem
Magna sui gerulis est virtus et medicina.

Reddit formosos, et cunctas mitigat iras.
Pellit et ipse metus, fit gratia se comitanti.

Magna salus oculis ophtalmius esse probatur.
Sed fures utuntur eo, et quos nemo tenere
Hoc præsente potest, cur hoc fit, noverit auctor.
  Obsianus lapis est, incerta repellere, semper
Somnia qui potuit, securus eo comitante,
Qui dormire potest, non illum somnia fallunt.
  Ignites lapis est, cui subvitreus color esse
Cernitur, et mundus, qui fluxum sanguinis omnem
Stringere consuevit, tantum sit fronte ligatus.
Infirmos aliena loqui vetat hæc quoque gemma ;
Verrucas, nævosque fugat, stygesque malignas
A pueris arcet, quorum sitiere cruorem.
Conflagrare vides incendia forte domorum,
Si tamen hunc adhibes, incendia sponte quiescunt
  Diadochos specie, similisque colore Berillo,
Plus omni speculo probat effigies speculantum :
Et nullus lapidum tantum medicatur adustis.
Hic ubi defunctis adhibetur, sistere fertur.
A virtute sua, fit hebes, neque lenit adustos.
  Exebenus lapis est albus, satis et speciosus.
Hac gemma manus aurificum dum lympidat aurum,
Nil magis appretiat, nil illi charius illa.
Hæc valet ad stomachum, si sit conspersio facta
Cum vino vel aqua fractæ de pulvere gemmæ.
Novit et exebeni vires insanus et amens.
Conservat partum, cito liberat et parientem,
Si dextro femori connexus erit parientis.
  Lingurum prægnans, lingurum si gerat infans,
More suo minus ut timeant, lingurus habebit.
Regius et morbus linguro vincitur hausto,
Si teris in vino permisto pulvere gemmæ.
  Daphnius eximius facit ut lymphaticus omnis
Se præsente statim mereatur habere salutem,
Daphnius assuerit requiem dare dæmoniosis.
Daphnius ad fluxum valet et compescit hydropen
  Mennonius morbos, languores atque tumores,
Virtus [virus] et omne fugans inimicitiasque re-
[pellens,
1689 Facundum reddit firmum facit atque fidelem
Quemque sui gerulum : vicerunt prælia reges.
Evasere necem causis capitalibus acti,
Præside mennonio, quem qui gerit effugit iras.
Navita naufragium nunquam timet hoc comitante.
Ipsa galactiten lapidem natura vocavit,
Hoc a lacte trahens Græcum simul atque Latinum,
Lac utrumque sonans, in eodem nomine junges.

A Namque γάλαξ Græce, lac dicimus esse Latine,
Femina deficiens a lacte per hanc sibi gemmam
Lac suffire potest, cum mulso pulvere sumpto.
Contriti lapidis si femina respuit haustum,
Vellus ovis gravidæ collo circumliget illa,
Sic galactites super udo vellere sparsus,
Mox plenis puer uberibus lac sugere quibit.
  Odontem lapidem si quis venator habebit,
Si latro, si raptor lapidem gestaverit illum,
Pro votis succedet eis : quanquam pietatis
Officiis careat, nec erit culpabilis actor
Naturæ lapidumque Deus, qui nil sine causa
Efficit in rebus, cujus sunt omnia facta
Ponderis et numeri mansuræ subdita legi.
  Frons onagri, vel frons asini plerumque tumes-
[cens,
Fert lapidem quandoque suum, qui pota venena
Atque venenosos fertur compescere morsus.
Hunc in aqua radens, ut aquam pallere videbis,
B **1690** Mox evasuro dare ne tardes patienti.
Hunc nuce majorem forma crispante videbis.
Atque superficie pallescere, non renitere.
Irim cœlestem tricolor lapis est imitatus,
Nomine trisutes, juris facit esse peritos
Iste sui gerulos, regum digitos decet ergo.
  Nascitur in Phrygia Phrygius, sed hic est quasi
[pumex,
Pumice sed gravior : facit hunc perfusio vini
Follibus afflatum procul ignis viribus uri,
Et velut ignitum candescere sive rubere,
Fertur et exstingui perfusus nectare tantum ;
Utilis iste lapis tingendis vestibus esse
Dicitur a Phrygiis fullonibus, hisque peraptus.
  Sarcophagus lapis est, qui mortua corpora fertur
Ferme quater denis consumere posse diebus.
Hujus apud Trojam reperitur plurima vena.
Ejusdem generis sunt plurima saxa reperta,
Quæque etiam erodunt viventia corpora tacta,
C Et minus observant, quæcunque cadavera clau-
[dunt.
  Copia dat vilem, licet insignem specularem :
Hunc primum lapidem terris Hispania misit,
Nunc legimus multis regionibus hunc reperiri,
Hic effossus humo, sic fissilis extenuatur
Quaslibet incrustas, ut vitro tenuior omni
Cernatur, neque jam nisi vitrum credere possis

DIPLOMATA A MARBODO CONCESSA.

I.

(Hist. ms. Majoris Monasterii, auct. D. Martenio,
t. II, p. 58.)

*Marbodus episcopus Redonensis Majori Monasterio
donat ecclesiam Aienciaci et dimidium presbyteratus ecclesiæ Martiniaci.*

Quia tempora celeri cursu labuntur, et præteritorum recordatio silentia perit, necesse est ut quæ
memoriter teneri volumus litterarum tenori com-
mendemus. Idcirco ego Marbodus Dei gratia Redonensis episcopus, respectum habens animæ meæ et
orationibus justorum indigens scribo posteris meis,
quia fratribus et amicis ecclesiæ nostræ monachis
Majoris Monasterii, de quorum orationis confido,
concessi, imo donavi ecclesiam Aienciaci et dimidium presbyteratum ecclesiæ Martiniaci, quas
Guingenoius quidam sacerdos hæreditario jure tenuerat, et moriens ipsis monachis dederat, salva
canonica reverentia et jure episcopali; salvis nihilominus consuetis redditibus sanctæ matris Ecclesiæ
Redonensis. Abbas autem Willelmus cum de ipsis
ecclesiis manuvea fuisset investitus, redonavit eas
Rogerio archidiacono nostro, quandiu ipse Rogerius
viveret, libere et quiete obtinendas; ita tamen ut
Rogerius episcopo universos redditus ecclesiarum
persolveret, et monachis nullam prorsus faceret
portionem. Hujus autem rei testes sunt, de monachis : Willelmus, prior, Gilo filius Ansquitili, Andreas de Gomez, Milo, Evenus bajulus. De canonicis : Biso archidiaconus, Rannulfus, capellanus,
Rainulfus prætor et alii multi.

II.

MARBODI REDONENSIS EPISCOPI
EPISTOLA
PRO MONASTERIO S. SERGII ANDEGAVENSIS.
(Anno 1108.)

[MORICE. *Mémoires pour servir à l'histoire de Bretagne*, tom. I, p. 516.]

—

Ego MARBODUS Dei gratia Redonensis episcopus, notum facio quoniam petitioni domni Gauterii abbatis S. Sergii assensum præbere rogatu domni Raginaldi Andegavensis episcopi non distulimus. Concessimus itaque ei et successoribus ejus, consentiente capitulo, omnes ecclesias illas quas in diœcesi nostra et possederunt monachi S. Sergii, et possident, scilicet Genam, Briellas, Monasteriolum, Tosleiam, Brcellum, salvo jure Ecclesiæ nostræ. Sed de Brello, quæ tantum capella erat, inter me et ipsum abbatem constituimus et confirmavimus, ut singulis annis solvat nobis et successoribus nostris, tam ipse quam successores sui, annuum censum, scilicet III solidorum, et sic sit ecclesia illa soluta et quiêta ab omnibus reliquis consuetudinibus et etiam a sacrilegio, salvo jure canonico.

Actum et confirmatum Redonis in camera nostra, anno ab Incarnatione Domini 1108, indictione I, epacta VI, Idus Maii.

Quod viderunt et audierunt isti præsentes: Baudricus Dolensis archiepiscopus, Raginaldus Andegavensis episcopus, Judicalis Aletensis episcopus, Guillelmus abbas S. Florentii, Gervasius abbas S. Melanii, Fulco abbas Bellilocensis; Alanus comes, Ermengardis comitissa.

De canonicis Beati Petri Piscis archidiaconus: Rogerius archidiaconus, Joscio thesaurarius.

De canonicis S. Mauritii Andegavensis: Stephanus præcentor, Guillelmus archidiaconus, Guillelmus Musca.

—

III.

—

Marbodi Redonensis episcopi charta qua ecclesiam S. Mariæ Vitreiensem, ejectis, qui ibi degebant, inordinatis canonicis, quorum loco monachos Benedictinos instituit, monachis S. Melanii cum pluribus aliis ecclesiis et possessionibus concedit.

(Anno 1116.)

[Opp. Hildeberti ed. Beaugendre, p. LIX.]

Ego MARBODUS, Dei gratia Redonensis episcopus, ad futurorum notitiam scribere dignum duxi quod et sanctæ Redonensi sedi et Vitracensi utile sit memoriter retinere. Cum ab antiquo in Ecclesia Vitreacensi instituti essent canonici, et ille ordo usque ad nostra tempora perseverasset, canonici qui nostro tempore supererant, incautius quam honestius se habentes, ad hoc, peccatis exigentibus, deciderunt, ut principibus terræ odibiles, nobis incorrigibiles haberentur. Hinc ordo confusus, facultates Ecclesiæ dissipatæ, numerus clericorum adeo imminutus erat, ut tres tantum in Ecclesia remansissent. Ego igitur communicato cum honestis tam ecclesiasticis, quam sæcularibus personis consilio, ne tanta ecclesia diutius suo ministerio fraudaretur, rogatus etiam a dominis castelli Andrea et filiis ejus, et cæteris baronibus castri, in eleemosynam sempiternam donavi eamdem ecclesiam cum facultatibus, et terris, et burgis, et possessiónibus, et omnes reditus ecclesiarum quas canonici tenebant; scilicet ecclesiam Sancti Martini in eodem castro; ecclesiam de Balazei et de Mecei, et Sancti Desiderii, et ecclesiam Sancti Symphoriani in villa Redonensi, religiosis et dilectis filiis nostris monachis Sancti Melanii, salvo per omnia jure et dignitate sanctæ Redonensis Ecclesiæ. Hoc donum meum laudavit et voluit, et ex parte sua fecit Conanus dux Britanniæ, filius Alani Fergant, et mater ejus Ermengart comitissa. Laudaverunt nihilominus et firmaverunt donum meum archidiaconi nostri Mainus et Rogerius, et unanimis conventus canonicorum nostrorum, quorum nomina hæc sunt, Mainus cantor, Joscedus thesaurarius, duo Radulfi præpositi, Withenocus capellanus episcopi, Radulfus Gertranni, Mainfinitus Hugonis, Wiffelmus, Alanus, Petrus. Statuerunt postmodum monachi cum domino Andrea, et in præsentia comitis et mea firmaverunt quod omnia quæ in dominio ejusdem Andreæ, in obedientiis et possessionibus habebat, ad Ecclesiam Santæ Mariæ verterentur, ut conventus et ordo ibi teneretur.

Actum hoc in capitulo Beati Petri Redonensis, anno ab Incarnatione Domini 1116, indictione IX, Paschali II papa, Ludovico [*scil.* VI, Philippi filio] Philippi rege Francorum, Conano supra dicto comite.

Locus sigilli.

SUPPLEMENTUM AD HILDEBERTI DIPLOMATA.

(Post col. 324.)

Auctoramentum Hildeberti Cenomanensis episcopi de donatione ecclesiæ S. Mariæ de Meduana (Mayenne), anno 1125 Majoris Monasterii monachis a Joanne Meduanensi presbytero facta.

(*Histoire des seigneurs de Mayenne*, par J.-B. GUYARD DE LA FOSSE, prêtre. — Au Mans, 1850, in-12, Preuves, p. x. — Titres de Gehard.)

—

Notum sit omnibus præsentibus et futuris quod Joannes presbyter quidam Meduanensis Dei et Sancti Martini compunctus amore, Majus Monasterium cum Gualterio tunc priore Meduanæ expetiit, ibique in præsentia domini Guillelmi abbatis ac totius capituli, donum ecclesiæ Sanctæ Mariæ de Meduana, quod Robertus Pavo ejusdem ecclesiæ Dominus monachis Sancti Martini longe ante fecerat, sic si cartula inde facta testatur, libentissime concessit promittens illud donum contra omnes adversarios pro posse suo, Sancto Martino diratiocinare, defendere, acquietare, presbyteratum quoque ejusdem ecclesiæ quod a Roberto Pavone eatenus habuerat a Domino abbate Sancti Martini deinceps habendum atque tenendum recepit, salva omnino fidelitate atque convenientia Roberti Pavonis, quæ convenientia talis est : Quamdiu Robertus Pavo præfatam ecclesiam in manu tenuerit propria, ejusdem ecclesiæ reditus æqualiter inter se divident Robertus et Joannes ; cum vero Robertus vel monachus fuerit vel obierit, et ecclesia illa in manus monachorum devenerit, tunc Joannes sese ad presbyterii tantum partem restringet hoc modo, videlicet ut monachi duas decimæ ac primitiarum partes recipiant, Joannes tertiam ; nam reliquo omni tempore totam offerturam sicut et cæteris presbyteris moris est, Joannes accipiet : porro dominus abbas concessit eidem Joanni quod si haberet filium vel nepotem clericum qui post mortem patri presbyteratus fungeretur officio, ille per consilium episcopi vel pro

amore Joannis, prædictam ecclesiam cum terris ac domibus, sive cæteris ædificiis ad eam pertinentibus de monachis in vita tenebit ; si vero ille propinquus ejus non clericus sed laicus fuerit, terram tantum de Brionis, quæ est de jure ecclesiæ habebit, reliqua autem omnia, id est ecclesia cum appenditiis suis, monachorum erunt, de his hactenus. Item de cœmeterio capellæ Meduanensis inde aliqua controversia inter monachos Sancti Martini et præfatum Joannem extitit ad hunc finem pacis et concordiæ ventum est. Joannes enim recognoscens injustam se monachos fecisse calumniam de prædicto cœmeterio, benevole concessit ut tota familia domini Meduanensis, de pane et victu ipsius tam milites quam servientes, qui tamen ipsi residentes in parochia Sanctæ Mariæ ; ita quod habeant ibi focum et locum, hi, inquam, omnes absque ulla contradictione a capellano monachorum omnem rectitudinem suam confessionis et communionis viventes recipiant, mortui autem ad cœmeterium capellæ sepeliendi deferentur ; sed et alii quicumque homines de omnibus quæ circa sunt parochiis, extra parochiam Sanctæ Mariæ matris ecclesiæ, ad cœmeterium capellæ facient se deferri et absque omni calumnia sepeliri. Si quis vero de parochianis Sanctæ Mariæ ad prædictum cœmeterium veniet, et sepeliri se ibidem rogaverit, salva rectitudine matris ecclesiæ, nullo contradicente votum suum sibi adimpleri licebit.

Ego Hildebertus Cenomanorum episcopus concessi et signavi.

INDEX ANALYTICUS

IN OPERA

VEN. HILDEBERTI ET MARBODI REDONENSIS

Revocatur lector ad numeros crassiori charactere textui insertos.

A

Abælardus Parisiis auditor Guillelmi de Campellis, 1.

Ablutio pedum a Christo fuit exemplum, sacramentum, argumentum, 427. Quare qui lotus est indiget ut pedes lavet, 419.

Abnegatio sui in quo consistat, 354. Abnegatio rerum terrenarum solitario quam necessaria, 781. Ut vere homo abnegans dicere possit : *Reliquimus omnia*, debet hoc dicere totus homo, interior scilicet et exterior, 562.

Abraham primus nomen unius Dei publice prædicavit, 651.

Abrenuntiatio baptismalis quanti facienda, 643.

Absolutionis dilatio in criminalibus, 293. Quare Christus non angelis, sed hominibus dedit potestatem homines absolvendi, 366. Soli sacerdotes ut ministri Christi possunt valide absolvere, 366.

Abstinentia servanda et ejus regulæ, 985. Abstinentia a carnibus tota Benedictina, 571.

Actioni jungenda contemplatio, 1495.

Activa vita materia ad gloriam, non descensus ad ruinam, 68. Non repugnat contemplativæ, 68. Utriusque figura Maria et Martha, 69. Activæ vitæ opera quomodo sanctificanda, 70.

Adam hariolus et idololatra peccando fuit, 769. Adam quod primum fecisse legitur peccatum est, 212. De Adam ironice dixit Deus : *Factus est quasi unus*, etc., 212. Adæ innocentis pacatissimus erat status, sed quam post peccatum turbatus et miser, 951.

Adela Blesensis comitissa, comitatum strenue regit, et virum ignavum ad sacrum bellum cogit, 5, 170. Fit monialis, 11. Adela seu Adelina, seu Alix secundo thoro, sed infecundo uxor Henrici I Angl. regis, 45. Hanc de sterilitate solatur Hildeb., 57. Ad Adelam comitissam Blesensem Hildeberti versus, 1365. Adelæ comitissæ Blesensis epitaphium, 1322.

Adelardus comes Castriguntorii Ebronense cœnobium, quod vocat cœnobiolum, subjicit Wilberto abbati Sancti Petri Carnotensis, 104.

Adoptionis fraternitas quomodo nobis confertur, 259. Consistit in bonis gratiæ, 272.

Adulatio quam perniciosa, 391, 413. Adulatio quam sit periculosa, præsertim principibus, 963.

Adventus Domini quatuor hominum languoribus medetur, cæsi enim erant, surdi, muti, claudi, 211. Adventus Christi in mundum sex sunt, 220.

Ænigma Hildeberti, 1569.

Ætas provectior a Deo ipso juniori præfertur, 83, 84. Ætas provectior ad episcopatum ab Ecclesia præfixa, 84.

Affligere, afflictio. Christus eripit justum afflictum de manu ad infernum trahente, non de manu ad probationem flagellante seu affligente, 568. In afflictione seu tribulatione, in Deum sperandum, et ad eum clamandum est, 567. Tripliciter Deus flagellat quos amat, 429.

Agenoris ancilla Christi, 1398.

Agericus archidiaconus Pictaviensis a S. Magnobodo sanatus, 1473, 1498.

Agnes uxor Hugonis de Credone, 145.

Agnes filia Petri ducis Pictaviensis, relicta Hildephonsi Galliciæ regis, fit uxor Heliæ comitis Cenoman., 10, 11. Post cujus obitum piissime vivit, 12.

Agnes altera filia Heliæ comitis Cenom. nupsit Willelmo filio H. regis Anglorum, quo mortuo fit monialis apud Fontem Ebraldum, 12.

Agnetis (S.) Passio metrice, 1247. S. Agnes prima abbatissa S. Crucis Pictaviensis, a S. Radegunde instituta, et a S. Germano Parisiensi ejus rogatu benedicta 896.

Algarus prior S. Cuthberti Dunelmensis, 59. Illi et ejus fratribus congratulatur Hildebertus de ipsorum pia conversatione, 59.

Alleluia quomodo in Septuagesima olim deponebatur, 296. Alleluia cur subjicetur in Septuagesima, 774.

Alloucia cæca a S. Magnobodo sanatur, 1483, 1504.

Ambitio dignitatum Ecclesiæ quam periculosa, 84. Ambitio multos falsos fieri coegit, 974. Ambitio hypocritas et improbos facit, 992.

Ambrulfus presbyter Andegavensis, 1467.

Ambulare et deambulare quomodo differunt, 745.

Amicitia. Marbodi versus de vera amicitia, 1610. Amicitia quid sit, et ejus officia, 973.

Amicus verus libenter et gratis et cito amico subvenit, 171. Ad amicum in omni fortuna prudenter festinatur, 173. Amicitiæ fructus benevolentia est quæ temporaliter inccepta in æternum permanet, 180. Amicus falsus peste deterior, 791. Amicorum falsorum quam falsus luctus in amicorum obitu, 948. Elegans descriptio falsæ amicitiæ, 948. Amicus verus amici dolorem suum facit, et in adversis sicut in prosperis amicum se præbet, 187.

Amorem seu dilectionem sola probat actio, 337. Merces veræ dilectionis est Dei in nobis inhabitatio reciproca, 337. Ad amorem Dei peccatores debet accendere ipsa ejus in eos paterna severitas, 55.

Andreæ (S.) vera humilitas et charitas erga S. Petrum natu se minorem, 620. Vera Andreæ et Petri germanitas a cruce 621.

Angeli statim a creatione in empyreo collocati, 257. Angelus malus de empyreo in caliginem hujus aeris præcipitatus est, 257. Angelorum restauratio per homines, 262, 402. Angeli ante ortum Christi adorari se patiuntur, non postea, 262, 473. Primus angelus cæteris excellentior, utrum specialem ordinem constituerit, 473. Aer caliginosus diaboli carcer, 476, 477, 510. Quatuor sunt angelorum species : angelus Satanæ, pacis, mysterii, consilii, 568. Angeli custodes, 643. Quo loco creati sunt angeli, 1058. Angelis in creatione tria sunt tributa : immaterialitas indeficiens, intelligentia spiritualis, liberum arbitrium, 1055. Creati sunt non in beatitudine, sed ad beatitudinem, 1056. Gratia creatrix in angelis, 1057. Nulla fuit mora inter creationem et casum angeli, licet illud prius, hoc posterius, 1058. Aer caliginosus carcer dæmonum, 1059. Nec boni angeli malum, nec mali bonum facere possunt, 1059. In distinctione angelicorum ordinum perfectior est imago Trinitatis, 1060. De singulis ordinibus angelorum aliqui ceciderunt, 1061. Ordo decimus angelorum exploditur, 1062. Quisque suum bonum angelum ad custodiam, malum ad exercitationem habet, 1063. Angelorum cognitio seu scientia potest crescere, 1064. In hoc est meritum angelorum quod cupiunt bonum nostrum, 1064. Angelorum ruina per homines reparata, 402. Homines æquantur angelis, 475. Angelorum in Scriptura quatuor species : angelus Satanæ, angelus pacis, angelus mysterii, angelus consilii, 568. Angeli et beati quomodo desiderent in Deum prospicere quem vident, 786. Angelum custodem quisque habet, 67. Angeli custodes nostri, 643, 788.

Animæ non sunt ex traduce sicut corpora, sed sigillatim creatæ, 1070. Quomodo in creatione sua est simul innocens et rea, 1089. Animæ separatæ et beatæ carnem suam diligunt, 581. Animæ piæ lectulus inter dextram et lævam Dei, 785. Animæ laudabiles egressus ad Deum inveniendum, 778. Animæ fidelis tres sunt status : est captiva, libera, beata, 833. Animæ duæ sunt stolæ : gratia conversionis, gloria beatitudinis, 817. Animæ ingeniosa et elegans sub fictione descriptio, 944. Deplorat anima domina ancillam carnem sibi dominari, 945. Carnis in animam tyrannus, 946. Animæ et carnis quam stricta sit unio, 947. Quam male cura carnis animæ curæ præfertur, 948. Actuum animæ elegans descriptio, 956. De variis actibus animæ Hildeberti versus, 1361. Animæ tribus modis moriuntur : cogitatione, opere, perseverantia in maio, 355. Animi gravis sarcina, spes et timor, 3. Animus ut sursum tendat, cupiditatibus exoneratus incedat, 19. Animi duplices motus : cogitatio rationis, appetitus voluntatis, 981.

Annuntiatione (De) Domini versus Marbodi, 1567.

Anselli epitaphium cum nota, 1221.

Anselmi Laudunensis epitaphium, 1621.

Anselmo (S.) Hildebertus mittit flabellum, cujus ei moralem usum suadet, 4, 173. S. Anselmus scribit ad Hildebertum occasione Tractatus de Spiritu sancto, quem ad illum misit, et quem insinuat alia ejus opuscula vidisse, 92.

Apostoli sunt Ecclesiæ fundamenta, 612.

Appellationum frivolarum et moratoriarum incommoda pene infinita summo pontif. mira libertate repræsentat Hildebertus, 146.

Aqua. Cur e latere Christi exierit sanguis et aqua, 554, 557. Aquarum tria genera, 554. Aquæ benedictæ efficacia ad libidinem reprimendam, 74. Dicitur benedictio salis, 74. Aquæ benedictæ usus ad compescendos dæmones, 1458.

Aquilo dicitur quasi aquas ligans, 819.

Arbertus discipulus S. Roberti Casæ-Dei, 1440.

Arborum malarum tres sunt species : siccæ, foliatæ sine fructu, foliatæ cum amaro fructu, 554.

Archidiaconus est oculus episcopi seu Ecclesiæ, 127.

Architectura homine libero nil dignius, 984.

Armatura Dei quibus constat virtutibus, 408.

Aroma dicitur quasi aerioma ab aere odorato, 821.

Aropastus satrapa Babylonicus Stephanum comitem Blesensem in sacro bello capit et occidit, 7.

Ascensio Christi. Triumphus Christi in Ascensione sua, versus Marbodi, 1570. Ob Christi Ascensionem feria quinta cujuslibet hebdomadæ tempore S. Silvestri solemnius feriata, 475.

Aspersio altaris et populi in ipso missæ canone, 1145.

Associatio externorum bonis operibus monachorum, 939.

Athalisa reclusa in bono proposito confirmatur ab Hildeberto, 62

Avarus. Imperiosus est avaris amor habendi, 19.

Audiendum libentius quam loquendum, 985.

Augustini (D.) lectio quam Hildeberto familiaris, 952.

Austeritatis hypocriticæ seu falsæ suggillatio, 278.

Aymericus ex abbate Casæ-Dei fit episcopus Claromontensis, 128. Vir pius et B. Virginis devotissimus cultor, 128, 163, 149.

Asylum. Jus asyli in ecclesiis quam inviolabile olim fuerit probat Hildebertus ex sancto Augustino, 86. Etiam ad loca ecclesiis adjuncta extendebatur, 140.

Azyma apud Latinos sola invexit consuetudo, 103.

B

Baculorum usus in divinis officiis, 1157. Et eorum depositio ad evangelium in missa, 1157.

Balduini dicti Hapkini comitis Flandrensis epitaphium cum nota, 921.

Baltetrudis a S. Magnobodo a cæcitate sanata, 1471.

Baptismum. In baptismo tota Trinitas operatur, 288. Variis baptizati membris crux imposita quid significat, 218. Baptismus efficit nos solium et templum Dei, 702. Baptismus olim per totius corporis immersionem fiebat, 1099. Baptismus Joannis præparatio fuit ad baptismum Christi, et assertio Trinitatis, 282. Baptismus Christi, nativitas Christiani, 289. Ad baptismum in necessitate sufficiunt sanguis et spiritus, 493. Baptismi abrenuntiatio quanti facienda, 643, 645. Baptismi aqua non habet virtutem nisi ex effusione sanguinis Christi, 645. Usus antiquus baptismi parvulorum, 647. Baptismi aqua non habet virtutem nisi ex effusione sanguinis Christi, 645.

Baudomella a S. Magnobodo a cæcitate sanata, 1471.

Beati non minus gaudent de bono alieno quam de suo, 307. Quisque beatus in patria dicitur Christus, 361. Beatitudinis dilatio auget desiderium ejus, et inde meritum, 606. Res quædam ad fruendum, quædam ad utendum fruendæ beatos, utendæ tendentes ad beatitudinem efficiunt,

1027. Beatorum corpora in patria erunt sicut sol fulgentia, 736. Horum gloriosæ dotes, 736. Beati et angeli quomodo desiderent in Deum prospicere, cum illum videant, 786. Beatos facit in patria geminæ gloriæ visio : scilicet humanitatis et divinitatis Christi, 786.

Beatitudo. In beatitudine sive in patria utraque natura sive corpus et anima propriam sibi habebit jucunditatem, 613. Qualis futura sit sanctorum beatitudo, 656. Beatitudo æterna in visione Dei consistit, 255. Quanta sit beatorum in Dei possessione felicitas, 449. Beatitudo cœlestis qualis futura sit, 52.

Bellum. In bello Christiano seu spiritali non vincit homo, nisi se primum vincat, 835. Belli scopus pax, 978. Apparatus belli in quatuor consistit, 978. Bellator honestus quomodo in bello se gerere debeat, 978. Parva sunt arma foris, nisi adsit consilium domi, 979.

Benedicti (S.) commendatio, 650. S. Benedictus laudatur, 563. Tria sunt in ordine Benedictino : ortus, progressus et finis : ortus, mundi contemptus, progressus obedientia, finis æterna Dei præsentia sive possessio, 563. Ejus via in cœlos a quibusdam tendere visa est, 650. Benedictini ordinis Christus ipse fundator est, 804. B. Benedicti elogium, 804. Ejus sancta Regula, 811, 813. De S. Benedicto mentionem facit Hildebertus alloquens Cluniacenses, 563. Benedictina vita in tribus consistit : in dilectione fraterna, in communi substantia et in obedientia, 804. Quæ omnia sibi ipsi applicat Hildebertus, 804. Monachos nigros alloquitur Hildebertus, sed quos tunc, nisi Benedictinos? 818.

Beneficium. Excelsas potestates decet beneficia præstare etiam indignis, 24. Beneficium pretium sumit e benefactoris præstantia, 24. Beneficia sponte oblata gratiora quam precibus obtenta, 93. Beneficium non tulit gratis, qui dum rogaret accepit, 171. Beneficium dilatione minuitur, 172.

Berengarii epitaphium, 1323. Quam alienus fuerit ab erroribus Berengarii Hildebertus innuitur et probatur, 551.

Bernardi (S.) amicitiam ambit Hildebertus et obtinet, 185. Quanti S Bernardus fecerit epistolas Hildeberti, 185. Ipsum laudibus cumulat, 185. Et vocat Ecclesiæ magnam columnam, 150. Ipsum adduxit in schismate ad partes Innocentii II, 150.

Bernardus de Montegaronis a nephresi per S. Robertum de Casa-Dei liberatur, 1466.

Bonum bene, justum juste faciendum, 865. A Deo habemus ut simus, ut boni simus, ut meliores esse possimus, 865. Bona etiam temporalia sunt dona Dei, 865. Quibus non sunt homines boni, sed ipsis bene utendo fiunt boni, 865. Vana sunt et pennata, 43. Vere boni societate malorum, non fiunt mali, 599. Bona temporalia superflua sunt stercora, 600. Bona etiam ipsa si præter ordinem geruntur maia, 614. Bonis temporalibus utendum, æternis fruendum, 294. Bona quandoque obsunt, mala quandoque prosunt, 420. Bonum creaturæ spiritualis duplex : cognitio veritatis et amor virtutis, 1091. Bona naturalia eo magis minuuntur, quo magis anima peccatis deformatur, 1092. Bona temporalia ad virtutem tantum nobis a Deo concessa, 51. Sunt officia gratuita, quibus natura prævenit et mulcet eos quos prævidet in injuriam sui nascituros, 52.

Brephotrophia orphanorum sunt habitacula, 1466.

Brunonis (S.) Carthusiæ fundatoris epitaphium, 1326.

Brunonis sive Eusebii Brunonis episcopi Andegavensis, epitaphium, 1620.

C

Calixtus II papa concilium Lateranense Romam convocat, 172

Cancellarius seu cancellarus is erat qui cancellis locorum publicis ludis destinatorum præerat, 543.

Canones Ecclesiæ sanciti sunt rigore quidem disciplinæ, non desperatione indulgentiæ, 165.

Canonica quid sit, 864. Canonici jam tunc divina officia pactione pecuniæ persolvebant, ut jam fit in cathedralibus et collegiatis divitibus, 864. Canonici regulares olim. non minus austeri quam monachi, 566. Versus canonicales Marbodi, 1631.

Capellania pro diœcesi, 156.

(Capitulorum) Libellus decem Marbodi, 1587

Carceres tres sunt, legalis, naturalis, regularis seu claustralis ; legalis quo rei includuntur, naturalis quo anima in corpore, regularis quo monachi se includunt, 582

Carigundis curva a S. Magnobodo erigitur, 1486.

Caro dicitur facta de limo, non de luto, quia nil et tenacius luxuria, præcipue habituali, 569. Caro nostra tota terrestris, 1570. Caro et mulier duplicata iniquitas, 14, 45. Carnem ancillam sibi dominari queritur anima domina, 45, 515. Carnis in illam tyrannis, 146. Carnis mortificatio quam necessaria Christianis, 480. Caro vestis est tineæ vitiorum obnoxia, 691. E carnis petulantia quanta animæ detrimenta, 955. Quam turpes ex illa cogitationes et malæ, 955. Christus ut carnem domaret carnem induit et crucifixit per quinque sensus corporeos, 762. In Christo tota caro passa est, ut nobis tota subjaceret, 763. Angelicum est in carne vivere supra carnem, 604. Quam difficile sit de carne triumphare, si de nobis caro prius triumphaverit, 604. Aut pecus aut super hominem est qui motus concupiscentiæ non sentit, 955. Carnem suam animæ separatæ et beatæ diligunt, 583. Libera nos a malo, id est a corruptela et mole carnis, 584. Caro quanto familiarior tanto perniciosior, 318. Impudicitiæ et somnolentiæ insectatio, 318.

Castitatis commendatio et alia ad idem per Marbodum, 1561. Castitas sine humilitate Deo non placet, 197. Varia ad castitatem servandam media, et inter alia, crucis signum, 197.

Casula omnibus clericis communiter propria, 1109. In illa omnia bona opera figurantur, 1109.

Casus duplex, malorum retro per cæcitatem, bonorum ante per pœnitentiæ humilitatem, 593.

Centurio ad fidem accedit fide non corpore. 291. Ejus humilitas, 292. Ingeniosa comparatio L. centurionis et leprosi a Christo sanati, 292. Fides utriusque superat fidem etiam sororum Lazari, 292.

Charitas virtutum consummatio est, 684. Charitas sola est virtus tantum bonorum, 421, 425. Per ipsam diligitur amicus in Deo, et inimicus propter Deum, 425. Charitas regina virtutum, sola pereuntibus cæteris virtutibus in cœlo remanet, 430. Ne martyrium valet si fratrem oderis, 808. Charitas virtutum omnium radix, 827. Charitatis duo fructus, affectus et effectus, 441. Charitas est amor Dei propter ipsum, et proximi propter Deum, 1011. Non potuerunt homines reconciliari Deo, quin inter se reconciliarentur, 755. Charitas seu dilectio mutua, tessera discipulorum Christi, 754. Charitas omnibus virtutibus supereminet, 754. Quatuor sunt a nobis diligenda : Deus qui supra nos, nos ipsi qui intra nos, proximus qui juxta nos, corpus nostrum quod infra nos, 405. Omnis homo diligendus est in Deo vel propter Deum, 405. Mandatum Christi ideo dicitur novum quia extenditur ad dilectionem inimicorum, 957, 420. Non ergo erubescat Christianus pacem prior ab inimico fratre postulare, 421. Ex uno Deus voluit esse omnes, ut omnes se quasi unum diligerent, 1008. Dilectionem veram sola probat actio, 337. Cujus merces est inhabitatio Dei in nobis, et nostrum in Deo, 358. Charitas longe etiam dissitos nobis præsentes facit et familiariores, 89. Unam rempublicam facit cœlum et terram, 90. Ejus præstantia, 117. Sed in patria præstantior quam in via, 118. Charitas non est virtus sed forma virtutum, 357. Charitatis seu pacis mutuæ inter Christianos præstantia, 775. Per hanc etiam inimici diligendi sunt, 775. Charitatis elogium, 406. Per charitatem sex sunt modi reddendi bona pro malis, 592.

Chidoaldus surdus a S. Magnobodo sanatur, 1485.

Chirographum decreti quid sit, et quomodo deletum, 714.

Chorus. Monachorum in choro longior statio varias parit ægritudines ad meritum tolerandas, 570.

Christiani omnes sunt filii Dei, 431. Christiano nomine nil nobilius, 732. Christianorum quatuor status, respondentes quatuor corporis positionibus, 374, 674. Nihil est ita vile unde solers Christianus non possit proficere, 25. Christiano arridens fortuna mortis laqueus est, 26.

Christus esse magister cœpit, sed non bonus vel Deus, cum utrumque sit ab æterno, 226. Christi visio triplex, in exsilio, in judicio, in regno, 229. Et inde triplex ejus nomen, Salomon, Ecclesiastes, Idida, 229. Christi triplex corona, 230. A B. Maria coronatur corona justitiæ, quomodo? 230. In Christi tristitia tres erant voluntates, Patris, Spiritus et carnis, 230. Christus non tam conceptus quam inceptus est, cur hoc? 230. Unde et vir ab initio, 232. Christus Salomon trinomius, 233. In Christo naturalia et gratuita fuerunt ordinatissima, etiam ab utero, 233. Christi triplex visio, in mundo, in judicio, in regno, 257. Cur nec Pater, nec Spiritus, sed Filius missus, 261. Christi natale, Ecclesiæ nuptiæ, 259. Christus nascens vel pater sanctus, propheta et angelus, 265. In festo Circumcisionis Christus legalia suscepit, ut nos ab eis liberaret, 271. Christus est via in exemplo, veritas in promisso, vita in præmio, 276. Triplici er apparuit ut Deus, 283. Christus cur nasci voluit in Bethlehem et non in Jerusalem, 287. Christus cur tetigit leprosum licet immundum, 290. Christus vir noster et caput nostrum, 310. Legitur pluries flevisse, risisse nunquam, 348. Christus quomodo se a Patre derelictum dixerit, et quare, 371. Voluntatem naturalem et spiritualem Christus habuit, 371. Ideo Christus caput martyrum

timuit, ne desperarent martyres, 372. Christi verba et opera quem religiose audienda et perpendenda, 383. Nemo nec ante nec post Christum, sine fide in ipsum salvatus est, 384, 494. Christus vicit diabolum non potentia, sed justitia et patientia, 494. Quomodo intelligatur quod Marcus ait, Christum hora tertia crucifixum, cum alii evangelistæ eum asserunt hora sexta crucifixum, 396. Christus antequam dilectionem prædicaret dilectionem ostendit, 424. Tres homines sunt Christi, seu pertinentes ad Christum, electi, præelecti, Christiani, 425. Quantus fuerit in homines Christi amor, 426. Christus pretium, viaticum, præmium, 426. Cur cruce potius quam alio supplicio mori voluerit, 433. Quam patienter tulerit crucem, 440. Christi charitas in cruce non tantum patiens fuit, sed et benignissima et benefica, 445. Christus habuit saccum, non sacci meritum, 447. Christus justus et justificans non justificatur, 447. Caro in Christo non floruit, sed refloruit, 448. Christus amygdalus habens corticem, testam, nucleum, 449. Christus quomodo tertia die consummatur, 453. Christus homo Dominicus, 475. Septem colles sunt septem orationis Dominicæ petitiones, 479. Vicit Christus tentatorem, et per eum vincit Christianus dæmonem, 479. Christus dicitur os Patris, 483. Quantum Christus in omnibus paupertatem amaverit, 507. Christus in Maria, lumen in cera, 507. Christus solus mons a quo nobis auxilium, 520. Christi caro dicitur arca, tabernaculum, nubes, diadema, 536. Sic in Virgine fuit, quod in cœlo non defuit, 565. Summa Christi charitas qua reddidit bona pro malis, 592. Posuit in sole tabernaculum suum, 593. Christus in cruce rex et sacerdos, 594. Christus flos virginum, corona martyrum, gratia continentium, 613. Christus ad omnia primus fuit, ideo eum non præire sed sequi præcipimur, 640. Quam pauper fuerit et discipuli ejus in omnibus, 640. Sanguis et aqua ex latere Christi est origo sacramentorum, 645. Christus in ministris Ecclesiæ ante judicium judicat Ecclesiam judicio non curiæ, sed Ecclesiæ, 703. Christo forma servi accessit, non forma Dei discessit, 715. Humilitatis Christi exemplum est nostræ superbiæ medicamentum, 715. Exinanitio Christi triplex, ad carnem, ad crucem, ad mortem, 716. Christus solus potest placare Patrem, 718. Christus quomodo exauditus est pro sua reverentia, 722, 728. Christus de progenie Isaiæ, 686. Christus est os Patris, 483. Christi seu Verbi Incarnatio ex Virgine contra fuit naturam, sed propter naturam, 729. In conceptione Christi nec corpus animam, nec anima corpus præcessit, 811. Quare nec Pater, nec Spiritus sanctus, missi sunt, sed Filius, 261. Christi pueritiæ elogium simul et Christianæ, 253. Christi baptismus, Christiani nativitas, 289. Christus Deus homo bene dicitur semper natus sed non semper nasci, 1025. Generatio divina Verbi tota ineffabilis, quia tota incomprehensibilis, 1025. Christus est facies Patris, quia Filius Patris, 514. Christus ad exemplum humilitatis non nisi pauperum hostia redimi voluit, 513. Legalis suscepit ut ipsis consummatis substitueret Evangelium, 513. Christus gigas biformis naturæ, 267. Quomodo intelligatur quod in Christo habitat plenitudo divinitatis corporaliter, 1104. Conceptio Christi innaturalis, et ideo ineffabilis, 808. Ex tribus est, anima, carne et verbo, 808. Christus quomodo in sole posuit tabernaculum suum, 593. Christus sæpe doluit, nunquam risit. 540. Christus quovis humili humilior, 539. Per Christum mediatorem Judæi et gentiles uniti, 545. Christus sola charitate ductus venit in mundum, 569. Christus qui tres mortuos suscitavit, cur quartum non suscitaverit, 413. Christus quomodo donum timoris habuit, 1097. Christus solus potest placare Patrem, 722. Christus quomodo exauditus pro sua reverentia, 722. Christus sol, Ecclesia luna, stellæ justi, 1170. Christi singula membra de virtutibus sunt nobis documenta, 874. Christus bonus Pastor quanta passus sit pro ovibus, 749. Ad Christum tres sunt viæ, scilicet a quibus, ad quas, per quas ; et octo gradus, 521. Christus vicit diabolum, non potentia, sed sapientia, 522. Christus non præcepit discipulis suis eum præire, sed sequi, utpote qui in omnibus primus fuit, 640. Christi vulnera sunt foramina petræ, et caverna maceriæ, unde prodierunt sacramenta, 511. Christus quale de nobis sacrificium requirat, ut ejus Passionem imitemur, 877. Christi passionum humilitas est clavis apertionis sacræ Scripturæ, 745. Cur Christus asino insedit, 809. Quatuor panum genera quibus Christus plenus fuit, 809. Christi humilitas et in hominem charitas, 541. Christus quater in figura revocat sponsam, id est Ecclesiam, 542. Christus eadem die qua conceptus est, post revolutionem triginta duorum annorum et dimidii mortuus est, 811. Christus cur Jerusalem ingressurus apparatum quem alias recusaverat toleravit, 339. Christi exspirantis anhelitus vitæ spiritum nobis exhalavit, 72, 728. Christus una sua morte duas nostras mortes vicit, 470. Et ideo una die, et duabus noctibus in sepulcro jacuit, 470. Christus per quadraginta horas in sepulcro jacuit, per quadraginta post resurrectionem cum hominibus conversatus est, et ideo per quadraginta Paschalis dies jejunium Ecclesia prohibuit, 471. Christus ideo discipulos ascendendo deseruit ut eorum mentes a terrenis ad cœlestia erigeret. 472. Christi saltus varii, 473. Christi varii saltus ad salutem hominum, 450. Christi septem notantur ascensus. 478. Ad montem Christum per colles ascendendum, id est per virtutes. 478. Christi anima juncta Verbo omnia scivit, sed Verbum per naturam, anima per gratiam, 1040. Christus vere tristis fuit, sed voluntate, non necessitate, 1048. Habuit duas voluntates, 1049. Nihil petiit a Patre quod non impetraverit, 1049. Fidem non habuit. 1050. Meruit nobis, non sibi, 1050. Meruit tamen suæ animæ post passionem, glorificationem, et corpori suo impassibilitatem, 1051. Christus non habet partes, 1051. Non potuit peccare, 1051. Tres sunt hominis status ex cujus unoquoque Christus aliquid assumpsit, 1051. Christi mors quo fuit gravior, eo erga ipsum ardentior debet esse noster amor, 1052. Ex quo Dei Filius factus est, homo semper remansit homo Deus, et Deus homo, 1052.

Cineres, in quos redigimur, peccati vectigal, 726. Recordatio cineris futuri luxuriæ præservativa, 716. Cinis ergo in cinere pœnitet, 765.

Circumcisionis quis fuerit ritus et quod tempus; 271. Circumcisio Christiana debet esse omnium membrorum et sensuum exteriorum, 271. Circumcisionem passus est Christus et in ea legalia suscepit ut nos ab eis liberaret, 271.

Civitatis construendæ mos antiquus et unde porta dicitur, 803. Civitas est congregatio hominum sub una lege et eodem jure viventium, 649. Tria necessaria ad ædificationem civitatis, separatio, politio, positio, 649. Quæ moraliter explicantur, 649. Septem portæ civitatis Jerusalem seu civitatis et earum descriptio, 651. Civitates duæ in hóc mundo sibi adversantes, Dei scilicet et diaboli, 787. Civitatis Dei præstantia, 787. Civitatis diaboli miseriæ, 778. In civitate Dei nullus non miles, 778. Civitates duæ et ipsarum cives, 317. Civitas Dei multis nominibus appellatur, Sion, Jerusalem, regnum Dei, Ecclesia, 641. Civitatis Jerusalem septem portæ, 651. Civitatis spiritualis descriptio, 651.

Clericus idem est quod electus, 681. *V*. Sacerdos.

Cluniacensem disciplinam plura sub S. Hugone monasteria suscipiunt, 919. Cluniaci quasi tributarium se sponte præstat Alphonsus rex Hispaniæ, 647.

Cœna Domini, dies reconciliationis pœmtentium a Patribus designatus, 416. *Vide* Pœnitentes. Cœna facta id est parata, non perfecta, seu finita, 418. Dies Cœnæ Domini ad pœnitentes reconciliandos et recipiendos a SS. Patribus designatus, 416. Cœnophagisare quid sit, et quomodo sancti in patria cœnophagisant, 650.

Cogitationes bonæ a Deo descendunt, malæ a nobis ascendunt, 576. Facilius Elias clausit cœlum a pluviis, quam animum a cogitationibus malis, 576. Inde quam molestæ sint distractiones, etiam involuntariæ, 576. Cognitio sui tuta ad pœnitentiam via, 194. Dæmon cum opus suadere nequit, cogitationem polluere nititur, 617.

Colorenense monasterium S. Magnobodo regendum committitur a S. Licinio, 1492.

Columba. Christianus nec sit columba sine serpente, nec serpens sine columba, 484. Columbæ septem proprietates Christianis convenientes, 484. Columbæ septem proprietates justis adaptatæ, 508.

Commemoratio omnium fidelium defunctorum post festum Omnium Sanctorum, 650. Videtur jejunium in illa a fidelibus observatum, 508.

Commodum suum alterius incommodo quærere plus est contra naturam quam paupertas, quam dolor, quam mors, 994. Nec ad mortem fame periclitanti sapienti, licet insipienti panem præripere, 995. Ex inutili insperatum quandoque venit commodum, 996.

Communio vox usurpata ab Hildeberto pro communi bonorum possessione, sive proprii abdicatione, 196. Quod et sæpe in ejus sermonibus. Communio. *Vide* Eucharistia. Ad communionem admittebantur pœnitentes die Paschæ etiam non absoluta pœnitentia, 393. Communnio spiritualis, 765.

Compunctionis duo sunt genera; pro peccatis commissis, pro dilatis præmiis, 845.

Concilia in Galliis quadraginta quatuor congregata ab an. 1097 ad an. 1132. Quorum majorem partem congregavit Girardus ep. Engolismensis apostolicus legatus, 173. Concilium Trecense II, cui adfuit Paschalis II an. 1107, 176. Concilium Nannetense congregat Hildebertus ad tollendos plerosque Britanniæ abusus, in quo Cono omes ipse suis juribus renunti-t, et quod summus pontifex confirmat, 132, 135.

Concionatoris sermo contemnitur, cujus vita contemptibilis est, 480. Pro varietate auditorum et peccantium varianda est concionatori prædicatio et correptio, 488. A concionatore sermo variandus pro varietate auditorum. 737. Concionatores sunt evangelici prophetæ, 686. Concionatori evangelico tria sunt necessaria, scientia, audacia, lingua, 486.

Confessio peccati, soror innocentiæ, 1390. Confessio in inferno inutilis, 317.

Concupiscentia non tollitur per baptismum, licet tollatur peccatum, 955.

Confidentia in se mater superbiæ, 849.

Confirmationis sacramentum (Per) corpori fidelium incorporamur, 488.

Conjugium non est necessitatis sed voluntatis, 164. Sed post obligationem sit necessitatis, 164. Conjugium non facit defloratio virginitatis, sed pactio conjugalis, 77, 80, 122.

Cono seu Cuno Prænestinus episcopus, cardinalis, legatus Paschalis II, summum pontificatum recusat et adest concilio Lateranensi, 99.

Conquestio captivi afflicti, ipsius forte Marbodi, 1622.

Conscientia lectus est bonis mollis, durus malis, 512. Conscientiæ bonæ testimonium, tutissimum in adversis solatium, 59. Conscientia bona nihil felicius, nihil jucundius, 194.

Consociationum sacrarum antiquitas, 45.

Consolatio lugentium, Mariæ scilicet et Marthæ, versus Marbodi, 1577.

Constantius rusticus precibus S. Roberti Casæ Dei a dæmonio liberatur, 1444. Constantis viri est in utraque fortuna gravitatem retinere, 979. Inconstantia quid sit; 979.

Consubstantialitas utriusque est alterum in altere esse, 489. Consubstantialitas in divinis quid sit, 489.

Consuetudo veritati et rationi nunquam præponenda, 96, 97, 115, 125. Consuetudo peccandi cordis duritiam parit, 236.

Consules vocati magistratus plebeii, vulgo *échevins*, 88. Cenomanensium consulum improbitas, 88.

Contemplatio et sacra Scriptura cella vinaria unde spiritualiter animæ inebriantur, 785. Contemplativi sunt sicut sol in mundo, 268. Contemplatio nisi Deus illam regat periculosa, 636. Contemplantis animæ e terminis sacræ Scripturæ eximia descriptio, 875. Contemplativæ vitæ super activam præstantia, 65. Sed illi non repugnat, 68. Utriusque figura Maria et Martha, 69. Utriusque alternatio laudabilis est, 70. Utriusque figura Lia et Rachel, 70 Curæ pastorales contemplationem non impediunt, 71. Præclara contemplationis et actionis allegoria in lucta Jacob cum angelo, ex S. Gregorio, 71.

Continentia et virginitas in quo differunt, 526. Continentiam superborum solvi Deus quandoque permittit, 615. Ad eam quasi voto ministri sacri tenentur, 615. Cujus obligationis figura est tunica talaris quæ clericorum est propria, 615. Ad eam servandam cogitationibus invigilandum, et oculorum curiositati resistendum est, 616. Ad idem humilitas et studium maxime conducunt, 616. Et abstinentia, 616. Et vitandus feminarum aspectus, 616. Et cum ipsis habitatio, 836.

Cor bene directum quodnam est ? 213

Corona et diadema in quo differunt, 234.

Corpus. Spatium seu extensio corporum propria, 1013. Corpus humanum luteum est domicilium, 945. Corpus nostrum equus domandus, 794.

Correctio non fiat nisi ex charitate, 688. Quam discreta debet esse correctio, 162. Ejus optimæ regulæ, 163. Si corripis corripe ex charitate; si parcis parce ex charitate, 162. Neglectus seu nimia indulgentia correctionis in superiore quam damnanda, 500. Verus ille amicus est, qui corripiendo quærit abolere vitium, non insultare vitioso, 950. Quam patienter Petrus tulerit reprehensionem Pauli, 950. Objurgandum graviter, sed sine ira, 971. Peccatores obstinati plus orando quam disputando corrigendi et emendandi, 1398.

Costa ex qua Deus formavit mulierem in semetipsam multiplicata est, 1068. Mulier de costa Adæ nonnisi miraculose prodiit, 1069.

Creavit Deus intelligentem creaturam ut intelligeretur et inde amaretur, 1034. Creavit simul spiritualia et corporalia, 1034. Creationis ordo, 1064 *et seqq*. Deus creavit cœlum et terram, id est angelos et materiam, 651. Omnium creaturarum caulæ ab æterno in Deo fuerunt, 1068. Ratio primordialis caulæ nonnisi Deo competit proprie, creaturæ tantum improprie, 1069.

Credo majus et credo minus, 1021.

Crux. Cur cruce potius quam alio supplicio Christus mori voluerit, 435. Crucem varie portant Christianus et Symon Cyrenæus. 436. Crux in processione delata extra civitatem, 457. Hæc consuetudo præsertim Cenomanis, 457. Quo solemni ritu , 457. Quam patienter Christus tulerit crucem, 440. Crucis variæ dimensiones explicantur, 521. Crux Christi virga Moysi, 590. Christus in cruce rex et sacerdos, 594. Omnia traxit ad se, scilicet diligendum, imitandum, et secum regnandum, 594. Christianus in hac vita debet semper in cruce pendere, 595. Crucis signum super frontem cordis et corporis est imprimendum, 598. In Ecclesia nunquam defuit nec deerit iniquitas premens et justitia patiens, 603. Ad quod hæresis venenum aspidum, et falsi fratres genimina viperarum, 603. A cruce vera S. Andreæ et S. Petri germanitas, 621. Signum crucis in fronte Goliath non habuit, 626. Mirus liberationis humanæ per Christi crucem processus, 714. Christi vexillum victoris Christi trophæum, 715. Crux Christi sycomorus seu ficus fatua, 314. Triumphus crucis Christi, 315. Crux Christi quercus Thabor, 315. Crucis vexillum in processionibus gestatum, sed præcipue in processione Palmarum, 385. Christus cur supplicium crucis elegerit, 593. Membra singula crucifixi nos docent sanctum membrorum nostrorum usum, 595. Nemo antiquorum Judæorum salvus factus est nisi in fide Christi, 595. Cur e latere Christi exivit sanguis et aqua, 597. Crux in processione extra civitatem Cenomanorum solemniter deportata ad S. Vincentium, 457. Crucis signum et Passionis Christi memoria optimum contra carnem præsidium, 765. Crucis sanctæ signum contra illusiones nocturnas, 74, 97. Crucifixio debet esse totius hominis, 481. S. Crucis ecclesia a B. Licinio Andegavis ædificata, 1427. De inventione S. Crucis poema, 1255.

Cujusdam nomine Clari epitaphium, 1523.

Cultellum. Donatio authentica per traditionem cultelli fieri olim solita, 8.

Cupiditatis quanta mala sint, 19, 22. Varii et vani cupiditatis prætextus etiam in ministris sacris, 22. Cupiditatis mundanæ dissuasio metrica per Marbodum, 1527.

Curiositas quid sit, 964. Maxime vitanda , 780. Futuri curiositas vitanda, 990. Curiositas quam periculosa, 256. Curiositas et nimia ad exteriora effusio solitario quam periculosa, 397.

Custodia sui quam necessaria, 249. Custodiæ variæ a monacho observandæ, 570. Sola sensuum custodia homo cor suum potest invenire, 396.

Cuthberti (S.) Dunelmense monasterium, 60. Ejus corpus post 418 annos reperitur integrum et flexibile, 610.

D

Dæmon oratione et virginitate maxime torquetur, 73. Sæpius victus non desistit dum semel vincat, 73. A dæmone tentati solo consensu vincuntur, 74. Dæmones et Judæi Christum fuisse Messiam noverunt, sed non noverunt ipsum esse Deum et Dei Filium, 590. Dæmon præcipue reges et sacerdotes impugnat ut populos disperdat, 602. Dæmon ad capiendos homines expandit hamum, sagenam et rete, 630. Invito dæmone crescit Ecclesia, 642. Dæmon nunquam satiat captivos suos, 616.

Daniel abbas Ebronensis, 104.

Decretales falsæ ab Isidoro Mercatore compilatæ, 129. Has bona fide citavit Hildebertus, sicut Ivo Carnotensis et omnes pene illius ævi scriptores, et Gratianus ipse, 129.

Delictum. Discrimen inter delictum et peccatum, 1094.

Depositum non semper reddendum, 971.

Desidia bonum naturæ perdit, diligentia malum naturæ reparat, 697.

Detractio framea et flamma diaboli, 433.

Detrahentes sunt sicut apes quarum aculeus in cauda, 565. Desideranti nihil satis festinatur, 961.

Deus durus creditor de suis gratiis gratias exigit, 17. Et tamen fit debitor sibi debentibus, 17. Deus ideo a nobis non videtur, quia nec vere a nobis diligitur, nec vere quæritur, 221. Idem est esse bonum et Deum, 226. Deus a beatis tantum amabitur quantum videbitur, 229. Deus etsi trinus, non est tamen nisi unus, 577. Deus Pater Christum diligit propter se, homines propter Christum, 446. Dei triplex visio, scil. gratiæ, justitiæ, gloriæ, 556. Deus immensus in se, crescere potest in nobis, 565. In Deo confidendum est in adversis, sed nobis agendum est, nec Deus tunc tentandus est, 581. Deus vult omnes homines salvos fieri, 595. Esse sine Deo est non esse, 535. Esse cum Deo est esse in paradiso, 599. Unius Dei nomen primus publice prædicavit Abraham, 651. Deus qui ubique est quomodo venit in mundum, 593. Quomodo in anima justi vere esse dicitur, 617. Deus quomodo dicitur requievisse, 1172. Deus quomodo senuisse dicatur, 541. Immensus in se quomodo in nobis potest crescere, 565. Quatuor modis dicitur descendere, descensu punitionis, protectionis, incarnationis, visitationis, 611. Visitat autem corrigendo, sublevando, confirmando, in requiem collo-

cando, 612. Immutabilitas Dei docte et theologice descripta, 716 et 717. Quod Deo est essentia, hoc illi vita et beatitudo, 717. Deus ab initio nec totus notus, nec totus incognitus, 1013. Etiam ante legem Deus cognosci potuit, 1014. Deus necessario nonnisi unus est, 1015. Quomodo Deus intelligatur bonus, sapiens, justus, etc., 1016. Qualem de Deo habere debeamus ideam, 1016. Non ideo omnia æterna sunt, 1016. Deus est in omnibus per essentiam, 1017. Nullibi incipit esse quia ab æterno ubique est essentialiter, 1017. Varie Deus est in creaturis, scilicet per essentiam, et in bonis per gratiam, 1018. A Deo longe sunt peccatores, quia ei per peccatum sunt dissimillimi, 1018. Deus etiam ante legem agnosci potuit, 1014. Dei immensitas, p. 1017 et seq. Deus ideo verus est Dominus qui servo non indiget et quo servus indiget, 1028. Quædam de Deo temporaliter dicuntur sine dispendio suæ æternitatis, 1028. Deus ab æterno Dominus, non ab æterno creator, 1029. Dei duplex est operatio, per se, et per creaturas, 1091. Deus tantum intelligitur quantum diligitur, 1061. Deus malos futuros prævidens, eos tamen creavit ad utilitatem sanctorum, 1075. Deus verus est cibus creaturæ rationalis, 1091. Deo idem est bonum esse, quod esse, 1091.

Diaboli quadratus exercitus, 222. Ejus quatuor duces, et septem satellites, 222. Diabolus a peccatore non diligitur, sed ut malus Dominus sustinetur, amore mundi, non diaboli, 347. Diabolum fortem facit non sua virtus, sed nostra infirmitas, 380, 522, 594, 714. Diabolus a Christo justitia et sapientia potius quam potentia victus est, 384, 522, 537. Diaboli quanta et quam varia sint ad perdendos homines artificia, 573. Diaboli carcer hic caliginosus aer, 477, 570, 792. Diabolus Christi humanitate deceptus, deitate victus est, 537. Per se peccavit, ideo redimi non potuit, 586. Diabolus nihil prævalet ex se, 701. Fraude non vi primum hominem prostravit, 702. Regnavit a ligno ad lignum, a ligno scilicet vetito, ad lignum crucis, 702.

Dies. In hac vita dies sunt hominum, post hanc vitam dies sunt Domini, 317. Dies Domini est dies mortis uniuscujusque, 346. Dies ab antiquis lapillis assignati, felices albis, infelices nigris, 545. Tota vita nostra dies unus est, 642.

Diæta sive via trium dierum, qua ad Deum revertimur, 211, 416, 664. Maxime sacerdoti necessaria, scilicet a malo declinare, facere bonum, in bono proficere, 665, 706.

Dimissoriarum litterarum antiquus usus, 125. Sine his clerici ad alienam diœcesim non admittebantur, 125 Ubi hoc scire expenditur, 125.

Dina. Versus Marbodi de raptu Dinæ, 1565.

Disciplinæ usus ad reprimendam libidinem, 74. Disciplinæ ecclesiasticæ quis sit scopus, 162.

Dispensatio a lege non debet concedi nisi post seriam deliberationem, 165.

Dispensatoris boni officium et mali defectus, 549.

Distractiones quam molestæ sint etiam involuntariæ, 575. Facilius Elias clausit cœlum, quam animum a cogitationibus vanis, 575.

Divitiæ hic possidentur quasi per somnium, 318. Divitum ut plurimum vitiosa tristitia, 320. Divitiæ bonæ in se, malæ per abusum, 320. Divitiæ pulvis vento dissipandus, 543. In pulvere dives beatitudinem quærit, nec invenit, 342. Inter tormenta plures animi libertatem recuperaverunt; inter divitias pauci, 20. Divitiæ quam fallaces sint, 43. Divitiæ solum nobis ad viaticum concessæ, 640. Dives est camelus gibbosus cui onus pecuniæ dorsum inflat, 64. Dives damnatus est, non pro rapina, sed pro tenacitate, 64. Divitem non divitiæ, sed cupiditas damnat, 644. Divitiarum ecclesiasticarum abusus sacrilegium est, 750. Regnum cœlorum, quod est pauperum, quomodo fieri possit regnum divitum, scil. per eleemosynas. 758. Dives quam miser est qui de arca gaudet, de corde non plangit, 779. Divitiæ et peccata, grave onus, 821. Divites aliquos ideo Deus facit, ut habeant unde peccata sua eleemosynis redimant, 790. Nil tam augusti animi quam amare divitias, 990. Cur contemnendæ divitiæ, 990. Sic auro utendum ut fictilibus, sic fictilibus ut auro, 990. Divitiis parent omnia, 990. Nulla e pecunia nobilitas, 990. Fortuna non mutat genus, 990.

Docilitas quid sit, 964.

Doctrina sacra panis est animæ, 581.

Doda a S. Magnobodo sanatur, 1778.

Domini officia in servos ut sibi subjectos, 988.

Domorum disponendarum quatuor sunt species, 394 Tria sunt quæ hominem ejiciunt de domo sua : fumus, stillicidium, mala uxor, 504. Non domo dominus, sed domino domus debet honestari, 988. Ideo temperantia in ædificiis est servanda, 988.

Domniolus a S. Magnobodo mirabiliter sanatur, 1472.

E

Ebronense monasterium quam dissipatum, 104. Haurion alias dictum, 104. Subjectum abbatiæ S. Petri in valli Carnotensi, 104 n. Ejus reformationi insistit Hildebertus, et ad hoc legati apostolici auctoritatem implorat, 104 n. Frustra Willelmus abbas S. Vincentii ejus reformationem tentat, 121.

Ecclesia recte dicitur et civitas et domus, 822. Invito diabolo Ecclesia quotidie ædificatur et crescit, 642. In Ecclesia nunquam defuit et nunquam deerit iniquitas premens et justitia patiens, 603. In Ecclesia totus Christus pro Ecclesia pugnet, 625. Templa Deo dicata propter homines, 656. Ecclesia solium Dei non solum excelsum, sed et elevatum, 702. Ecclesia Dei, unum ovile et unus pastor, 709. Voluit Deus unam esse Ecclesiam, sicut et ipse unus est, 709. Habere non potest Deum Patrem, qui Ecclesiam non habet matrem, 712. Ecclesia, Christi familia, 754. Integritas corporis Christi et ejus inconsutilis tunicæ Ecclesiæ figurabat integritatem, 799. Ecclesiæ hostes sunt philosophi, hæretici, Judæi, spiritus maligni, 221. Ecclesia quomodo est domus Jacob, et domus Joseph, 273. Extra Ecclesiam catholicam nullum est verum sacrificium, 279. Ecclesiæ anima, Spiritus sanctus, 280. Congregari in nomine Jesu quid sit, 280. Christus quomodo caput Ecclesiæ, 281. Ecclesiæ intercessio pro peccatoribus quam sit efficax, 298. Ecclesia civitas inexpugnabilis, 378. Humilis quidem, sed invincibilis, 379. Ejus e.ogium, 386. Ecclesiæ seu etiam animæ triplex desponsatio, 459. In Ecclesia inter paleas, id est malos, grana, id est justi, gemunt, 477. Christus quare in sponsæ figuram quater repetendo revertere, quater revocat Ecclesiam, 542, 548. Quatuor montes circumdant Ecclesiam, 601. Totus Christus in Ecclesia et pro Ecclesia pugnat, 622. Ecclesias Christianas templo Salomonis longe dign'ores facit corporis Christi præsentia, 639. Apostoli sunt fundamenta Ecclesiæ, 642, 645. Ecclesia cur vocatur et ecclesia et basilica, 646. Partium ecclesiæ moralis et ingeniosa interpretatio, 646. Ecclesiæ Christianæ templo Salomonis magis venerandæ, et potiori jure vocandæ sunt domus Dei, 658. Cur in ecclesiarum dedicatione concedantur indulgentiæ, 658. Ecclesia ut luna modo prosperis clara, modo adversis obscura, 671. Ecclesiæ ceisitudo ab unctione sacerdotali, 703. Unitas in Ecclesia maxime commendantur, 710 *et seq.*

Ecclesiasticarum rerum dispositio laicis interdicta, 128.

Electi quidam, licet tepidi, salvabuntur merito fundamenti, id est Christi, 314.

Eleemosynariis divitibus in ultimo judicio pauperes suffragabuntur, 47. Eleemosynæ quam utiles, 47. Bene sperant de judice Christo qui sibi eleemosynis pauperes conciliant advocatos, 58. Sterilitatem liberorum bene compensat adoptio pauperum, 58. Eleemosyna duplex, dando bona sua, remittendo aliis mala sua, 325. Eleemosyna detur hilariter, 460. Eleemosyna quam efficax sit ad remissionem peccatorum, 759. Per eam regnum cœlorum quod est pauperum fit regnum divitum, 758. Pauperis caro, caro Christiani, 759. Permittit aliquando Deus servos suos egere, ut probentur qui possunt dare, 760. Qui pro Deo seminat mercedem cito metet, 761. Hoc probatur per viduam Sareptanam et egregie explicatur, 761. Ut eleemosynis peccata sua redimant, ideo Deus aliquos divites facit, 796. Dandum sine exprobratione, 967, 968.

Elias mortem distulit, non evasit, 27.

Eligendi tres sunt modi : electio, subelectio, præelectio, 673.

Eloquentia humana obmutescit, ubi loquitur divina, 796.

Eloquentiam nimis affectare periculosum est, 95.

Epigramma. Hildeberti plura epigrammata, 1363. Ejusdem brevia quædam epigrammata, 1368.

Episcopi humeris cur liber imponitur, 218. Episcopus reus est, qui aliquid in Ecclesia indebite præsumit; et reus est qui præsumptum incorrectum relinquit, 130. Episcopo non sufficit propria sanctitas, nisi subditorum promoveat sanctitatem, 1494. Marbodus episcopus Ermengardi comvitissæ, 1566. Episcoporum proprius titulus vicarii Christi, 639. Episcopalis dignitatis elogium, 711.

Epiphania unde dicta, 274. Marbodi versus de Epiphania, 1568. Magi non malefici, sed philosophi, 274. Cur tres veniunt, nec plures, 275. Stella sine luce, fides sine opere, 275. Diversis annis, sed eodem die Christus manifestatus est, 281, 285. Tripliciter Christus apparuit ut Deus, 283. Stella Magorum non erat fixa, sed in aere pendens, 287. Cur Epiphania vocatur etiam Theophania, 287. Myrrha pœnitentiam, thus orationem, aurum charitatem designat, 288. Epiphaniæ festum majus quam Nativitatis Christi, 289. Baptismus Christi nativitas Christiani,

289. Ut hac die Christus gentes, sic pauperes debet suscipere Christianus, 289.

Epistola elegiaca Hildeberti ad Rogerium Salisberiensem episcopum, de infortunio suo, 1546.

Epitaphium cujusdam probi viri, 1322. Cujusdam abbatissæ, 1323. Cujusdam magistri, 1325.

Eracleus abbas S. Magnobodo mortem machinatus dira morte multatus, 1476, 1499.

Eucharistia. Intincti panis usum Cluniaci consuetum improbat Hildebertus, 95. Varii hujus intinctionis ritus referuntur, 96. Seorsum panis et seorsum calix a Christo discipulis porrectus, 98, 496. Panem intinctum pro complemento communionis quidam falso arbitrati sunt, 98. Intincta buccella a Christo Judæ porrecta non erat corpus Christi, 98, 419. Cur Christus tantum ad cœnam, ubi instituit sacram eucharistiam, apparatum adhibuit, 389. Eucharistiæ doctrina egregie explicata, 598, 422. Ejus magnificum elogium, 401. Ibi triplex mensa, sacramentum ipsum, Incarnationis mysterium, sacræ Scripturæ doctrina, 401. Cur panem et vinum elegit Christus ad conficiendam eucharistiam, 422. Cur corpus et sanguis fidelibus separatim administratur, 422. Transsubstantiatio eucharistiæ primo ab Hildeberto asseritur, 422, 683, 1106. Verba sacerdotis ad consecrationem prolata sunt potestativa, 423. Mortalitas etiam corporis oritur et indigna eucharistiæ perceptione, 423, 464. Charitas mutua ad dignam eucharistiæ receptionem maxime necessaria, 464. Cur caro Christi in specie panis fidelibus datur ? 452. Mortalitas etiam corporalis, præcipue post Pascha, ex indigna perceptione, 452. Ad perceptionem eucharistiæ charitas mutua maxime necessaria, 452. Et pœnitentia, 456. Periculosum est non communicare, periculosius indigne communicare, 464. Realis mutatio panis in carnem Christi asseritur, 495. Christus est agnus Evangelii, 496. Panis fit veraciter caro Christi et vinum sanguis, 496. Eucharistiam sumens etiam cogitationes lavare seu mundare tenetur, 496. Dignitas eucharistiæ, veritas carnis Christi, 497. Sumere de sanctificatis est sumere eucharistiam, 498. Ad eucharistiam quinque sensus sunt quasi forinseci convivæ, 498. Eucharistia est viaticum ad patriam, 498. Accessurus ad eucharistiam a se ipso judicetur, ne a Christo judicetur, 498. Verba quædam obscura Hildeberti circa eucharistiam explicantur, et ab omni errore vindicantur, 719. Indigne communicans reus est mortis Christi, 721. In eucharistia Christus caro cum sit, cibus est spiritus, 1103. Christi corpus in eucharistia et apud nos est et in cœlis, et non diverso tempore, idem diversis in locis totum et verum, 1103. Corpus Christi in eucharistia in se sensibile, in altari est insensibiliter, 1104. Quomodo Christi corpus est in una parte altaris, et non est in altera, 1105. Et in hoc altari, et eodem tempore in altero, 1105. De eucharistia non solito modo disputandum, sed credendum, 1105. Totum corpus Christi in eucharistia et integrum est in qualibet parte, 1106. In nullo virtutis divinæ sic deficit humana ratio, ut in eucharistia, 1106. Hic ex rationis defectu proficit fides, 1106. Qualiter ad celebrandum sacerdotes se debeant præparare, 1107. Variæ causæ missam celebrandi, 1120. Cur missa quotidie celebretur, 1120. Angeli assistunt consecrationi corporis Christi, 1115. Altare est mensa Domini, 1115. Non nostro arbitrio, sed prælati ad communionem sanctam accedere, aut ab ea recedere debemus, 1152. Versus Hildeberti de sacramento altaris, 1150. Ejusdem de novo sacrificio vetus abrogante, 1151. Alter liber ejusdem de sacra eucharistia, 1152. Eucharistia sub utraque specie olim fidelibus administrata, 1405, 1500.

Evangeliorum textus cur apertus episcopo, aliis clausus osculandus offertur, 193. Evangelii prædicatores duplici debent dilectione fulgere, 183. Tria sunt ad prædicationem Evangelii necessaria : scientia, audacia, lingua, sive linguarum donum, 486. Evangelii textus cur sacerdotibus offertur apertus, non aliis, 686.

Exemplum Christianorum vitæ sanctorum, 754. Exemplum malum est homicidium, 755. Exempla mala superiorum quam perniciosa, 759.

Exsilium. Liber Hildeberti de exsilio suo metricus, 1544.

Exsultationes vitiosæ sunt quatuor, scilicet in mundo, in corpore proprio, in spiritu maligno, in spiritu humano, 578. Una autem bona in Spiritu sancto, 579.

F

Fama. In hac vita virtutis præmium est fama bona, 183. Qui famam suam præ socordia negligit, secundum D. Augustinum, crudelis est, 193.

Fatum. Marbodi versus de fato et Genesi, 1603. Insulse quidam in fatum suum rejiciunt peccata sua, 578.

Felicis et Adaucti (Passio SS.) per Marbodum, 1545.

Felicitas vera in quo consistat, 42. Felicitas temporalis somnium est, 531.

Feria sexta primus homo conditus, eadem deceptus, eadem etiam per Christum reconciliatus est, 388.

Fides sine opere, stella sine luce, 275. Fide non corpore centurio ad Jesum accedit, 291. Fides unde dicatur catholica, 312. Fides invisibilium aperit intelligentiam mysteriorum, modo mandata custodias, 599. Fides est murus fundamentalis omnium bonorum, 454. De articulis fidei non est philosophice disputandum, 580. Nemo antiquorum salvatus est nisi in fide Christi, 595. Fide Christus in nobis crescit, 618. Fides sine operibus est inutilis, operans moneta est per quam cœlum emitur, 665. Fides et spes vitæ immortalis, est vita vitæ mortalis, 772. Doctrina Christiana tota in fide et vita consistit, 851. Ejus compendium, 851. De fide et spe nostra cum timore et modestia, poscenti nos respondendum est, 1009. In rebus fidei, Scripturæ sacræ, non proprio sensu, sed ratione sunt interpretandæ, 1009. Definitio fidei secundum Apostolum, 1009. Secundum Hildebertum, 1010. Fides est fundamentum spei et charitatis, 1011. Fides et spes in quo differant, 1011. Est tantum non apparentium, 1011. Est vera virtus, sed si per dilectionem operatur, 1012. Fides aliquando parva cognitione et magna fortitudine et contra. Fideles simpliciter credentes per fidelium doctiorum potuerunt salvari, 1014. Antiqui non potuerunt salvari nisi per fidem Christi in mysterio velatam, 1014. Gentiles fidem habuerunt velatam in mysterio, et aliam Deo quidem acceptam, sed non sufficientem ad salutem, 1015. Duo sunt objecta fidei, divinitas et incarnatio, 1015. Deus tantum cognoscitur quantum diligitur, 1062. Fides pretium quo emitur regnum Dei, 847. Fides unde dicta sit, eo quod scilicet fiat dictum, 972. Fidei cognitio per legem scriptam cœpit crescere, 1014. Revelatio divina circa fidem duplex est, inspiratione et eruditione, 1013. Fides prima omnium virtus, 1169.

Filii legitimi dicuntur filii ex patre; spurii dicuntur filii sine patre, 575. Filii diaboli dupliciter fiunt: conceptione et imitatione, 782. Filii Dei fiunt quatuor modis: prædestinatione, vocatione, justificatione et magnificatione, seu glorificatione, 782.

Firmamentum, aquæ consolidatæ ut crystallus, 1065.

Fiabelli usus in missa, 4.

Flagellat Deus tripliciter quos diligit, 429.

Flagitia et facinora in quo differunt, 416.

Fontebraldense monasterium in ipso initio quam sanctum, 148. Habet pro patrono et defensore Hildebertum, 148. Cujus officium exercet erga Henricum I Angl., 185.

Fortitudo quid sit et quæ sint ejus partes seu dotes, 975. Si cupiditate agit temeritas est, 975. In necessitate mors turpitudini anteponenda, 976. Stultum est periclitari sine causa, 976.

Fortunæ bona quænam sint, 988. Fortuna non mutat genus, 990. Versus Hildeberti de infidelitate fortunæ, 1349.

Fraus quam late pateat inter homines, et fraudum variæ species, 635.

Fronti nulla fides, 974.

Fuga discreta non est vituperanda, 83.

Fulco Richinus comes Cenoman. adulterii reus, sed pœnitens, 58. Troarnum expugnavit et incendit, 58.

Fundamenti merito quidam tepidi salvantur, quomodo hoc fiat, 315.

Futuri vitanda curiositas, 990.

G

Gabriel. Fortis princeps Christus, fortis miles Joannes a solo fortis Gabriele debuit prænuntiari se, 59, 557.

Galfridi comitis epitaphium, 1924.

Gaudium. Quatuor sunt mala gaudia, seu exsultationes, 1. in mundo, 2. in corpore proprio, 3. in spiritu humano, 4. in spiritu maligno, 578.

Gaufridi episcopi Andegav. epitaphium, 1620.

Gaufridi comitis epitaphium, 1620.

Gaufridus de Meduana episcopus Andegavensis fit monachus Cluniacensis sub S. Hugone, 175. Hunc vocat Hildebertus tironem S. Benedicti, 173.

Gaufridus comes Majus Monasterium vexans graviter punitur, 931. Marbodus M. Gauterio suo salutem, 1624. Item ad eumdem, 1624.

Gebuinus præcentor et archidiaconus Trecensis, 182. Vir moribus et litteratura conspicuus, 182. Sermones edidit, 182. Sancto Bernardo commendatur ab Hildeberto, 185.

Gemmeticenses seu Gemmegenses monachos inter et S. Vincentii Cenomanenses lis pro ecclesiis de Scona et Cortegaem, 184.

Genovefa (D.) pauperes labore manuum suarum sustentabat, 542. Miraculis claruit, 543. In ipsius D. Genovefæ

monasterio videtur Hildebertus ad canonicos regulares fuisse locutus, 531, 543. S. Genovefæ non leguntur peccata, saltem gravia, sed legitur pœnitentia, 540. De S. Genovefa sermo, 62. Hunc sermonem Hildebertum pronuntiasse probabile est in monasterio S. Genovefæ Parisiensis, ad canonicos regulares quos hæredes S. Genovefæ vocat, 538, 543.

Gentiles et Judæi per Christum mediatorem uniti, 545.

Gerardus Engolismensis episcopus, S. R. E. legatus, 103. Multa concilia in Galliis cogit, 173, 163, 182.

Germano (De S.), 544, 550. Sanctus Germanus hic vocatur senex, 544, 546. Hic sermo videtur habitus in monasterio S. Germani a Pratis, 546. Festum S. Germani olim ab opere servili sabbatizatum, seu feriatum, 548, 544. Festum item Translationis ejus notatur, 556. S. Germanus martyr fuit voluntate, 552.

Gidoaldus surdus a S. Magnobodo sanatur, 1593.

Giraldus pater S. Roberti abb. Casæ Dei, 1433.

Giraldus de Venna monachus Casæ Dei scripsit Vitam S. Roberti de Casa Dei, 1431.

Gladii duo in cœna Domini duos gladios, regis scilicet et Ecclesiæ, significant, 102.

Gloria laborum merces, sed stultis, 976. Gloriæ fructus sæpe superbia, 993.

Godolena a S. Magnobodo a cæcitate sanata, 1480. Sicut et Goda, 1480, 1500. Et Gaudomella, 1500.

Gratia creatrix homini concessa ab initio, 1706. Sex gratiæ per oleum in Scriptura designantur, duæ secundum naturam, quatuor secundum efficientiam, 560. In se sperantibus, sive se præparantibus non deest gratia Dei, 736. Gratia auxiliatrix hominem, etsi quotidie cadentem, non deserit, 772. Gratiæ in conversione peccatoris totus progressus videtur in reversione prodigi, 815. Sine gratia Dei nec bene volumus, nec bene operamur, 48. Officiosissima est hominibus gratia Dei, 50. Gratiam cui innitamur præparat nobis Deus ad tollendam nobis excusationem, 51. Vult Deus omnes homines salvos fieri, 51. Gratia Christus nos liberat, non meritis, 224. Gratia triplex: operans, subsequens et finalis, 307. Utrique latroni mors Christi, si voluissent, erat profutura, 370. Gratiæ virtus et ordo in conversione Petri, 375. Ad quam gratia eum prævenit et juvit, 375. Homo per se cadere potest, non resurgere, nisi per gratiam, 376. Aquam gratiæ quo quis plus bibit, eo plus sitit, 381. Varii ordines salvandorum per gratiam figurati per Noe, David et Job, scilicet conjugatorum, prælatorum, et contemplativorum, 285, 494. Gratia Christi sola potuit homines salvare, non vero lex naturalis, nec lex scripta, 557.

Gualguenus sive Gualterius, 86.

Gualonis episcopi Paris. epitaphium, 1325.

Gueno monachus Cluniacensis, 934. Cui B. Petrus designat basilicæ novam et ampliorem ædificationem, 934.

Guido de Lavalle, frater Agnetis uxoris Hugonis de Credone, 145.

Guido seu Wido de Stampis Sarisberiensis scholiarcha, deinde archipresbyter et præcentor Cenoman. et tandem Hildeberti successor in episcopatu, 91.

Guillelmus de Campellis inchoat abbatiam S. Victoris Paris. I. Not. Parisiis docet philosophiam, 145. Ejus auditor Abælardus, 145. In bono proposito confirmatur ab Hildeberto, 18. Quam parum divitiarum cupidus fuerit, 22.

Guillelmus sive Willelmus abbas S. Vincentii, 66. De onere sibi imposito gemens præclara epistola confortatur ab Hildeberto, 66. In dubiis instruitur, 72. Dicitur vir consummatæ religionis, 121.

Guillelmus Rufus, Angliæ rex, persequitur Hildebertum, 88.

Guillelmus de Longeyo seu de Lonlayo, 125.

Guillelmo Carnotensi priori gratulatur de sui monasterii reformatione, 90.

Guillelmum Hildebertus Gerardo Engolismensi commendat, 181.

Gula multorum radix peccatorum, 302.

H

Hæresis, venenum aspidum, 603.

Hebdomada ante Pascha dicta pœnosa, 439. Quam sit diabolo pœnosa, 444.

Henrici I Angl. regis filii Willelmus et Richardus submerguntur, 57. Hunc epistola sua solatur Hildebertus in ejus gratiam et familiaritatem receptus. Henricum multis laudibus effert, 58, 178.

Henricus V imperator Paschalem II papam incarcerat et vexat, ut patrem Henricum IV ipse incarceraverat, 107.

Henricus I Francorum rex privilegia concedit monasterio Casæ Dei, 1445. Quæ Leo IX confirmat, 1445.

Henricum hæreticum Hildebertus confutat et e sua diœcesi expellit, 114.

Hildeberti modestia, 147, 180, 191, 194, 417, 524, 807. Hildeberti zelus pro disciplina ecclesiastica, 83 *et seq.*, Gravissime vexatur a consulibus Cenomanensibus, 87, 88. Inde se excusat a concilio Pictaviensi, 88. Multa patitur a Guillelmo Rufo Angliæ rege, 88. Romam petit ad Paschalem II, quem non invenit nisi in reditu Saviniaci, 88. A S. Anselmo petit et obtinet scripto tractatum *De processione Spiritus sancti*, 89. Improbat consuetudinem panis intincti Cluniaci usitatam, 95. Proditorie incarceratur ab Huberto, Rotroci comitis dapifero. Ubi dire vexatur, 100, 101. Libertatem Ecclesiæ propriæ libertati et vitæ fortiter præfert, 101. Redimi pretio renuit, 101. Mira et apostolica ad hoc verba, 101. Ejus in correptione charitas et discretio, 106. Errores Henrici hæretici confutat, 114. Et eum a sua diœcesi fugat, 114. Concilium provinciale apud Nannetes celebrat ad abusus horrendos e Britannia tollendos, 132, 133. Illud confirmat Honorius II, 133. Multa patitur a Ludovico Crasso pro juribus Ecclesiæ tuendis, 136, 137. Quam reverenter de eo conqueritur et cum eo agit, ne decanum et archidiaconum Turonensem minus idoneos admittat : quorum loco alios instituit, 136, 137. Quam ardenter Hildebertus dissolvi et mori cupierit, 138. Plura illi negotia a Romana Ecclesia imposita, 138. Pallii jus Ecclesiæ Dolensi concedi impedit apud S. pontificem, 158. Invitatur a Ludovico Crasso ad unctionem Philippi primogeniti sui in regem, 145. Ad Honorium II scribit et ei proponit incommoda frivolarum ad sedem apostolicam appellationum, hoc autem libertate vere apostolica, 146. A S. Bernardo magnus sacerdos et excelsus in verbo gloriæ et magna Ecclesiæ columna vocatur, 150 *et seq.* Scripsit varia opuscula, 150 *et seq.* In gratiam et familiaritatem Henrici I redit, 154. Similiter et in Ludovici Crassi Francorum regis, 155. Morti proximus Ecclesiæ suæ defendit jura, 155. Simoniacum a quocunque ordine prohibet, 156. Reginaldi beati Augustini monachi amicissimus, 180. Illi modestius de suis opusculis loquitur, 180. Quæ vocat ingenioli sui filias, 180. S. Bernardi amicitiam ambit et obtinet, 181, 182. Ab ipso egregie laudatur, 183. Vir totius reverentiæ dicitur ab ipso, 184. Ipse Hildebertus testatur se per viginti et octo annos Cenomanis sedisse, ubi per annos quinque se asserit archidiaconum fuisse, 184. Opuscula Hildeberti, 191. Hildeberti Cluniaci monachatus innuitur, 229, 304, 429, 582, 647. Isque Benedictinus, 539, 543. Hildebertus quam alienus fuerit ab erroribus Berengarii probatur, 531. Cluniaci concionatur sæpius, 523, 559, 647. Parisiis in monasterio S. Genovefæ, 558. Et Sancti Germani, 543. Basilicam Cenomanensem a se perfectam solemniter dedicat, 639. S. Benedictum laudat, 650. Tractatum edidit de vestibus sacris, 677. Summorum pontificum Paschalis II et Innocentii II partibus firmiter adhæret, et omnes adhærere suadet, 709, 711. Zelus Hildeberti pro ecclesiastica disciplina, 711. Verba quædam obscura Hildeberti de eucharistia explicantur et ab errore vindicantur, 719. Hildebertus suasu S. Bernardi transit ad partes legitimi pontificis Innocentii II, ad quas totam trahit Armoricam, 150. Ab Honorio II, laudibus effertur, 134. Scholaris sub S. Hugone, 232. Sub S. Hugone Cluniacenses scholæ, 233. Hildebertus utitur nonnunquam versione Septuaginta interpr., 250. Hildeberti elogium, per Marbodum, 1560.

Homo peccando perdit nomen suum, 510. Homines duo, vetus et novus, 316. Homo factus est ad imaginem totius Trinitatis, 311. In statu innocentiæ homo potuit non peccare, in statu beato non potest peccare, 361. Hominum tria genera, cantantium carmen, lamentum et væ, 377. Homo feria sexta conditus et deceptus, feria sexta per Christum reconciliatus est, 388. Hominis felicitas ante peccatum, miseriæ post peccatum, 216. Homines post Incarnationem Verbi angelis quandoque prælati fuerunt, ideoque amplius adorari se ab hominibus passi non sunt angeli, 473. Homo si non peccasset, post certum terminum in cœlum translatus fuisset, 473, 474. Homines æquantur angelis, 475. Homo duplicis naturæ, duplici cibo indiget : pane pro corpore, verbo Dei pro anima, 509. Hominis quatuor viæ, infirmitatis, necessitatis, vanitatis, veritatis, 531. Miseriæ primi hominis post peccatum ingeniosa et eleganti parabola descriptæ, 724. Homines non potuerunt reconciliari Deo, quin inter se reconciliarentur, 755. Hominis tres sunt hostes, caro, mundus, diabolus; quomodo vincendi, 825. Homo Deo charior est quam ipse sibi, 972. Hominum variæ occupationes et mores, 980. Homini nil melius quam dominium sui, 986. Hominis primi natura erat sine vitio, 1075. In primo homine ab initio erat duplex appetitus, justi scilicet et commodi, 1075. Homo per rationem est imago Dei, et ad ejus imaginem quomodo intelligatur, 1066. Adam primus homo creatus est in ætate virili. Homines cur Deus non crea-

vit simul omnes, 1068. Adam non est seductus, sed mulier, 1074. Plus peccavit mulier quam vir, 1074. Plus peccavit vir quam mulier et quomodo, 1075. Adam ejectum de paradiso tanquam excommunicatum fuisse asserit D. Augustinus, 1078. Homo per rationem est imago Dei, 1171. In Homine primo est imago Dei, 1171. Cur Deus creans hominem dixerit *faciamus* ; cur creans cætera : *fiat*, 1171. In homine primo radicaliter erat mulier, 1171. Cur de homine singulatim non dixit Deus : *Et erat valde bonum*, sed tantum pluraliter cum cæteris creaturis, 1172.

Honestum utili est præferendum, 999. Quidquid bonum est, est utile ; quidquid honestum est, est bonum : ergo quidquid honestum est, est utile, 999.

Horæ diversæ ab Adam per Noe, Abraham, Moysen, Christum usque ad finem mundi, 295. De septem horis canonicis Hildeberti versus, 1362.

Horti quinque in Scriptura leguntur, 819. Hortus principalis B. Maria, 819.

Hospitium (Ad) peregrini non tantum invitandi sed etiam trahendi, 35. Hospitalitatis causa vasa etiam sacra sunt oppigneranda, 55. Hospites precibus etiam sunt præveniendi, 56. Unde consuetudo lavandi pedes hospitum. 419.

Humilitas præcipua Christianorum virtus, 10. Via ad Deum humilitas, serm. 56, 427. Nunquam hic tuti sumus a lapsu, 75. In lapsu non desperandum ; in victoria non superbiendum, 75. Prohibetur a Christo non operum bonorum apparitio, sed inanis ex eis gloriæ appetitio, serm. 100, 829. Bona opera occultare quandoque peccatum est, 182. In alto non altum sapere nil Deo charius, 184. Humilitas virtutum omnium condimentum, 306. Humilitatis tres sunt gradus : subjici majori, æquali, minori, 401. Humilitas in duobus consistit, in contemptu rerum, et contemptu sui, 402. Humilitate se commendat B. Maria, non aliis virtutibus, 540. Laqueos diaboli evadit sola humilitas, 571. Humilitas virtutum servatrix, superbia dissipatrix, 827.

Hydraulicorum usus apud Æthiopes, 547.

Hypapante (De) versus Marbodi, 1569.

Hypocrisis paries non conjunctus aliis, ubi ostium quisquis intrat foris est, 521. Hypocrisis quam detestanda, 521. Ibi ad hoc egregia similitudo, 522.

Hypocritarum falsæ sunt virtutes, 34.

I

Ignavus. De Achab nunquam efficies Machabæum, id est de ignavo et timido nunquam efficies fortem et intrepidum : adagium Hildeberti, 100.

Ignis est congegatio homogenæa secundum philosophum, 557.

Imago Dei et imago diaboli quomodo sit in nobis, 44.

Immunditia quid sit, 684. Non solum peccatum est, sed et pœna peccati, 684.

Immutabilitas Dei theologice, doctissime et elegantissime descripta, 246.

Incarceratorum visitatio qua charitate debeat fieri, 102.

Incarnatio Verbi theologice descripta, 252, 501. Incarnatio modus redemptionis aliis omnibus convenientior, 254. Incarnatio Verbi convenientior hominis salvandi modus, 505. Fuit contra naturam, sed propter naturam, 729. Incarnationis mysterium orthodoxe et fuse explicatum, 501. Quomodo intelligatur, *Spiritus sanctus obumbrabit tibi*, 501. In Incarnationis Christi mysterio discutiendo vitanda maxime curiositas, 841. Incarnationis Christi fides semper quibusdam et ante legem et post legem revelata fuit, 1014. Antiqui non potuerunt salvari nisi per fidem Christi in mysterio velatam, 1014. Quare non Pater, aut Spiritus sanctus, sed Filius carnem assumpsit, 1042. Verbum non personam hominis assumpsit, sed naturam, 1042. Versus Marbodi de Incarnatione, 1563.

Inchoare. Male inchoata male desinunt, 83.

Indulgentiæ cur concedantur in dedicatione ecclesiæ, 658. Sine pœnitentia indulgentiæ non prosunt, 660.

Induratio quomodo accidit, 643. E recidiva in peccatum, 643.

Ingilgerius solitarius, 159.

Ingungerius sacerdos, 1396.

Ingratitudo beneficiorum Dei gratiæ subtractione punitur, 750. Crimen imponunt ingrati qui mercedem reddere nolunt, 1391.

Inimicus. Cum nos inimici persequuntur ex odio, præcedit occulta Dei dispositio, 56. Inimicis veniam concedat, qui veniam sperat, 158. Ab inimico non erubescat Christianus pacem prior postulare, 421. Inimici mortem a Deo petere, insana est oratio, 467. Durus labor inimicorum dilectio, sed inde grande præmium, 628. Inimici necessario diligendi, 756.

Injuriarum remissio præcipua orationis conditio, 467. Altius injuriæ quam merita descendunt, 967. Miserior qui facit injuriam, quam qui illam patitur, 192.

Innocentia quid sit, 972. In statu innocentiæ homo habuit posse non peccare, in beatitudine habet non posse peccare, 361.

Inspiratione sua Deus præcipit non in aure, sed in corde. Ser. 109.

Intentionem in omnibus dirigat charitas, 341, 599. Intentionis simplicitas in quo consistat, 195. Ad meritum sufficit bona voluntas, seu intentio; sed si desit operandi facultas, 263. Intentio ad omnes actiones primum dirigenda, 599. In sacrificio non sacculus, sed voluntas Deo placet, 621. Non tua sed te Deus quærit a te, 621. Intentio tollit actuum indifferentiam, 1093.

Inventioni cuilibet humanæ multitudinis consensus auctoritatem præbet, 446.

Investituræ laicales exsecrandæ, 682.

Ira totum hominem perturbat, 981. Quid sit dare locum iræ, 852.

Ironice Deus dixit . *Ecce Adam quasi unus factus est ex nobis*, 212.

Isaac figura Christi, 588.

Isaias Christi putatur progenitor, 686.

Isidorus Mercator plurium decretalium fabricator et interpolator, 129 n.

Iter trium dierum ut a Pharaone, hoc est, diabolo ad Deum redeant, 446, 455, 849, *et alibi passim.*

Itinerantium piam praxim docuit Christus exemplo suo, petens templum statim ad introitum civitatis, 648.

J

Jacob exemplar vitæ Christianæ, cujus principium exprimitur, progressus et finis, 634.

Jactantia de se quam ridicula, 971.

Jejunium quomodo fiat vitiosum. Ser. 81. Jejunium quomodo sanctificatur, 325. Jejunium quadragesimale etiam infantes servabant, 387. Perstringuntur qui ideo per diem jejunant, ut ad vesperam lautius cœnent, 327, 648. Jejunium cum eleemosyna bonum, sine eleemosyna nullum bonum, 349. Jejunii tempore diabolus pertinacius tentat, 350. Jejunium nostrum ditet egenum, 461. Quare jejunium tempore Paschali prohibetur, 471. Jejunium vitiosum quale sit, 650. Tempore Hildeberti ad vesperam protractum, 648. Observatum in Commemoratione defunctorum, 648.

Jerusalem prius dicta Jebus, postea Salem, tertio Jerusalem, 237. Jerusalem tres sunt species, 648.

Joannes et Benedictus legati apostolici, 87, 88.

Joannes missus ante faciem Patris, qui Christus est, quia filius est Patris, 514. Joannes Baptista angelus et vox Verbi, 514. S. Joannis Baptistæ elogium, 556.

Joanne Evangelista (De S.), 630. Fuisse videtur sponsus nuptiarum Cana, 634. Ut a carnis corruptione, sic a mortis dolore creditur immunis fuisse, 634. Voce sua hæreses exstinxit, 634. Joannes tuba cornea, argentea, et aurea, 634. Ejus insignis laudatur castitas, 635. Ob virginitatem fit Christo familiarior, 637. Et ob hanc moritur sine sanguine, 638. Mortis ejus circumstantiæ, 638. Manna ex ejus sepulcro emanans, 638 n

Joannes (B.) reclusus apud Cainonem, 895. Ejus corpus sanctum Calviniani incendunt, 895 n.

Joannes monachus Vindocinensis dictus Cæmentarius, a Goffrido Vindocinensi abbate injuste excommunicatus, ab Hildeberto, cujus ædificiis præerat, justificatur, 157. Reprehensio superfluorum in epitaphio Joannis abbatis per Marbodum, 1579.

Jonæ prophetæ naufragium per Marbodum, 1579.

Joseph (S.) nunquam B. Mariam carnaliter cognovit; 550.

Josue idem nomine quod Jesu, 763.

Jubilus et psalmus quomodo differunt, 258.

Judæ proditoris impudentia notatur, 368. Illi nec consortium, nec osculum Christus denegavit, 403. Quanta Christus fecerit pro conversione Judæ, 417. Ideo ipsi proditori corpus suum tradidit ut nos ad suam dilectionem invitaret, 418. Doluit Christus super Judam quia obstinationem ejus erat aliis discipulis manifestaturus, 419. Buccella Judæ correcta non fuit corpus Christi, 419. Gradatio peccatorum affectu solo commissorum a Juda fuit catena qua se suspendit, 49.

Judæi et gentiles per Christum mediatorem uniti, 545.

Judicium. In omni judicio quatuor debent esse personæ: accusator, defensor, testis, et judex, 1397. Judicio privato peccatores non sunt condemnandi, nec fugiendi, 1397. Maluit Deus peccatum Sodomitarum probare quam judicare, 376. In ultimo judicio tres erunt hominum ordines, judicandi, judicantes, judicati, 284. Aut a Deo in judicio, aut a nobis in hac vita judicandi sumus, 300. Qualis quisque in morte reperietur, talis etiam judicabitur. Sect. 107. Ignoscit facilius judex pauca punienda quam multa, 85. Copiosius plectetur copiosius nequam, 52. Judicem oportet mitigent aliqua bona si volumus misericorditer judicari multa mala, 18. In judicio de tribus exigetur ratio : de imagine Dei, de redemptione a Christo, de cujusque dignitate, 218. Qui personam induit judicis vel etiam consultoris exuat amicum et etiam inimicum, 971. Aliena melius judicamus quam nostra, 964. Judicium temerarium quam vitandum, 112.

Jurare. Longius est a perjurio qui non jurat, quam qui etiam juste jurat, 165.

Jus. Exceptiones juris Hildebertus inchoavit sed non perfecit, 124. Illas ab ipso mutuatum esse Ivonem Carnotæum et eas deinde absolvisse probabile est, 124, 161.

Justificatio duplex, prima facit justum; secundam facit justus, 429. Justificati plures in Ecclesia quam justi, 580. Christus justus et justificans, non justificatus, 447.

Justitia est constans et perpetua voluntas jus suum unicuique reddendi, 234. Justitia est mensura in appetitu commodi, 1074. Justitia fortitudine melior est. Ejus officia et gradus, 987. Justitiæ duæ sunt columnæ, fortitudo et temperantia, 962. Justitiæ duo vitia opposita truculentia et negligentia, 974. Justitia Dei etiam in electos quandoque sævit, 323.

Justo tranquillitas non potest esse; quandiu est illi lucta cum carne, 536. Justus super omnia debet esse pacificus, 799. Justi tres beatitudines contra tres mortes injusti, 843. Justus esse non potest qui aliquid timet, 965. Nec latrones inter se sine justitia vivere possunt, 965. Justitia dividitur in severitatem et liberalitatem, 965. Judex damnatur dum ab ipso nocens absolvitur, 966. Ut virtuti præmia sic ad exemplum prodest crimini pœna proposita et intentata, 131. Anima justi est domus Dei, 656. Quomodo Deus qui est essentialiter ubique, in anima Justi vere esse dicitur, 657.

L

Lacrymarum quanta sit virtus, 319. Illarum origo quadruplex : peccata propria, aliena, exsilium a patria nostra, et ejus desiderium, 560. Lacrymæ etiam pro proximis sunt e charitate fundendæ, 510. Lacrymæ pœnitentiæ sunt secundum baptisma, 510. Martyrio æquivalent, 552. Lacrymarum donum a Deo postulandum, 846.

Lætari licet in via, sed semper inter spem et timorem, 479.

Lanfranci epitaphium, 1625.

Latroni utrique mors Christi, si voluissent, erat profutura, 370. Latro petiit paradisum ipsa hora qua Adam exivit de paradiso, 370. Latro in cruce supplicium vertit in martyrium, 318. In passione Christi latro fuit fortior Petro, 482.

Latus significat unionem carnis et animæ, 581, 583.

Laudare. Tam turpe est laudari a turpibus, quam laudari propter turpia, 1493.

Laurentio (De S.) poema Marbodi, 1520.

Lectiones monasticæ olim in claustro communiter factæ, 556.

Leprosum cur Christus tetigit, cum esset immundus, 289. Leprosi et centurionis ingeniosa comparatio, 292. Utriusque fides superat fidem sororum Lazari, 292.

Leta a S. Magnobodo sanata, 1481, 1501.

Leudobaldus presbyter Andegavensis, 1467.

Lex vetus quomodo Judæis, sic nova apostolis data est, 487. Lex vetus bona sed infirma, ut pote sine adjutrice gratia, quam a solo Christo sperare potuit, 512. Legalia Christus suscepit, ut ipsis consummatis substitueret Evangelium, 513. Neque lex naturalis, neque lex scripta potuit homines salvare, sed sola Christi gratia, 557, 596. Lex Christi speculum est Christianorum, 690. In veteri lege reges et sacerdotes ungebantur in figura Christi, 713. Etiam ante legem Deus agnosci potuit, 1014. Per legem scriptam, fidei cognitio cœpit exercere, 1014. Semper quibusdam et ante legem et post legem fuit revelata fides Incarnationis, 1014. Lex scripta ideo data ut repararet legem naturalem et præpararet ad legem evangelicam, 1101. Nova lex seu evangelica, non uni populo, sed omnibus imperatur, 1101. In veteri lege tria erant : promissa, sacramenta, præcepta, 1102. Præcepta alia naturalia, alia figurativa, 1102.

Libera nos a malo, id est a corruptela et mole corporis, 584.

Liberalitas quid sit, 966. Optima benefaciendi præcepta, 966. Molestum verbum : Rogo, 966. Non dandum quod accipienti noceat, 966. Deum imitaris si des etiam ingratis, 967. Ingratis maxime benefacit Deus, 967. In beneficiis erogandis delectus est habendus, 968.

Libertas hominis triplex ; naturæ, gratiæ, gloriæ, 225.

Liberum arbitrium quid sit, 1078. Quatuor in libero arbitrio consideranda, 1079. Libertas triplex, a necessitate, a peccato, a miseria, 1080. In quo per peccatum debilitatum sit liberum arbitrium, 1082.

Librorum multitudo distrahit, non instruit, 997. Librorum legendorum optima methodus, 997.

Licentia deteriores sumus, 992.

Licinii (S.), vulgo *S. Lezin*, Vita, 1417. Et miracula, 1424 *et seq*. Oculos et visum reddit oculorum, homini nec oculorum figuram in vultu habenti, 1429.

Lignum vitæ cur sic dictum, et quis fuisset ejus effectus seu fructus, 1070. Ligni morales allegoriæ, 651.

Lingua quam sollicite refrænanda, 454. Linguæ varia peccata loquendo mala, et silendo a bonis, 577. Sex modis loquimur mala, 577. Tribus modis loquimur bona, 577. Libentius audiendum quam loquendum, 985. Bonorum Deus, malorum diabolus os aperit et aures, 622. Linguam habet monachus crucifixam, quod Christus non habuit, 825.

Lirinense monasterium a barbaris devastatum, 174. Hanc devastationem solus inter scriptores retulit Hildebertus; et ejus innixi testimonio Baronius et Spondanus, 172.

Lis. S. Magnobodus maluit detrimentum pati, quam litem intentare, 1504.

Litaniarum usus in processionibus contra Henricum hæreticum propugnatus, 114.

Locorum monasterii ingeniosa descriptio et moralis applicatio, 549.

Lodevæus a cæcitate per S. Magnobodum mirabiliter sanatur, 1473. Lodovarus idem, 1498.

Lucrum turpe vitandum, 984.

Ludo non aliter indulgendum quam somno et quieti, 983. Duplex jocandi modus : urbanus et illiberalis, 983.

Luxuria vitium bestiæ, 614. Ab eo servat humilitas et studium, 615. Luxuriæ quam difficilis victoria, 644. Luxuria, seni maxime, turpissima, 983.

M

Machabæi. De Machabæis versus, 1235, 1520.

Magdalena (S.). Ser. 69. Egregia de ipsa ad Christum prosopopæia, 574. Ipsa est a qua Christus ejecit septem dæmonia, 575. Videtur dubitasse de divinitate Christi, et Christum dilexisse ut hominem, nondum ut Deum, 579. B. V. Maria, et B. Magdalena sunt nobis maris stella, 580. Quam efficax sit Magdalenæ pro pœnitentibus intercessio, 580. B. Magdalena non multa multum dilexit; sed unum multum dilexit; ideo multa illi fuere dimissa, 833.

Magi non malefici, sed Chaldæorum philosophi, 274.

Magnificentiæ officia partim pacata, partim bellica, 998.

Magnobodi (S.) episcopi Andegav. Vita et Miracula, 1463. Altera ejusdem Vita per Marbodum, 1490.

Mahumetis historia metrice, 1277.

Majestas Dei et amor mundi, non bene conveniunt, 554.

Malchi historiam composuit Reginaldus beati Augustini monachus, quæ non exstat, 180.

Malus. Etiam mali meliora probant, 962. Mali triplex est genus : aliud est culpa ; aliud pœna, et non culpa ; aliud nec culpa, nec pœna, sed ad pœnam, 1091.

Mandatum Christi ideo dicitur novum quia extenditur ad dilectionem inimicorum, 420.

Manus. In septima vel octava manu jurare quid sit, 145 n.

Marbodi elogium, 1581. Marbodus videtur ex illustri familia oriundus, 80. A quo forsan nobilis familia *de Marbœuf*, 80. Ejus cum Raynaldo Andeg. episcopo dissidium, 80. Peritissimus poetices, 113. Est episcopus Rhedonensis, 173. De eo, 190 n. Hymni tres Marbodi de S. Magdalena, 1535. Oratio Marbodi ad S. Mariam, 1559. S. Mauritii Vita duobus libris per Marbodum, 1545. Passio S. Mauritii et sociorum per Marbodum, 1535. Ad Mathildem reginam Anglorum, 1534, 1567, 1566. Quod non sit expavenda mors corporis versus Marbodi, 1575 Ejusdem de bono mortis, 1612. Quod pro morte Christiani non est flendum, 1578. De differentia meritorum et locorum, 1579 Marbodi versus de meretrice, 1600. Et de matrona, 1601.

Maria (B.) tota a peccato mundata; fomes peccati, totus in ea debilitatus est, 1045. B. Mariæ Conceptio immaculata innuitur, 558. Beata Maria virga est, flos Christus filius ejus, 265. Virgo fuit ante partum, in partu, post partum, 264, 503, 523. Quomodo Spiritus S. obumbrasse ei intelligatur, 502. Ejus in partu integritas, 502. Hoc explicatur per solem, crystallum et aquam, 504. Quod et in versibus, 1332. Triplex est B. Mariæ corona : scilicet virginitas, maternitas, maternitas Dei, 525. Dicitur theo-

tocos ; est autem apud Græcos unicum verbum, apud Latinos duæ dictiones, 525. B. Mariæ Assumptionem solemnius celebrandam suasit Hildebertus Guidoni successori suo in episcopatu Cenomanensi, cum ad Turonensem sedem translatus est, 524. B. Maria assumpta est in cœlum corpore et anima, 527. Olim in Assumptione B. Mariæ aliam quam nunc orationem dicebat Ecclesia, 527. Ad nomen Mariæ olim genuflectere consuetum, 518. B. Maria Christum sine dolore edidit, 538. Ejus in partu maxima lætitia, 538. Duplex desponsatio Mariæ ut matris Domini scilicet et Filii, humanitatis et Ecclesiæ, 537. Maria porta in æternum clausa, 570. B. Maria se commendat de humilitate non de aliis virtutibus, 540. B. Maria quo excelsior, eo humilior, 830. Fuit sanctarum virginum exemplar, maxime monialium, 830.

Mariæ (B.) Ægyptiacæ Vita, metrice, 1262.

Marsiniaci monasterium a S. Hugone pro mulieribus institutum, 919. Ibi brachium S. Agnetis et aliæ reliquiæ ab ipso illatæ, 919.

Martini (S.) regalis ecclesia multis summorum pontificum privilegiis decorata, 154. Olim monasterium ordinis S. Benedicti, 154. Hanc summo pontifici commendat Hildebertus, 154, 155 n. Martinus abbas puellam cæcam miraculose sanat, 482, 1101.

Martyrium. Ad martyrium saltem animo omnes, sed præcipue monachi parati esse debent, 551. Ideo e latere Christi exivit sanguis et aqua, 552. Martyrio æquivalet lacrymarum effusio, 552. Martyr voluntate fuit S. Germanus, 552. Nec martyrium ipsum valet si fratrem oderit, 508. Martyrum inermium mirabilis pugna, sed mirabilior victoria, 565. Martyres fideles occidi possunt, flecti non possunt, 607. Nullus sine multo virtutum merito martyr fit, 614. Martyrium sine charitate nihil est, 630. Martyrii duo genera : occultum et manifestum, sicut et sacrificii, 766.

Mathematicus contra astrologos, 1295.

Mathildis regina Henrici I uxor piissima, a S. Anselmo consecrata in reginam, 15, 38. Ejus de exsecratione filiorum fabula exploditur, 38. Obiit. an. 1118, 124.

Mathildis altera uxor, ut putatur, Guillelmi filii Henrici I submersi, deinde abbatissa, 43.

Mathildis seu Mathilda filiæ Mathildis uxoris Henrici I regis Angl. 153. Inter moniales Wintonenses educata, 153. Excellentissima et Christianissima ab Ethelredo Ricvallensi vocata, 153 et 179. Ad Mathildem Anglorum reginam versus Hildeberti, 1534.

Medicina, mercatura, architectura sunt artes honestæ, 983.

Meditationis subjectum quadruplex : quid fuit ut speret, quid est ut doleat, quid esset ut timeat, quid erit ut gaudeat, 584.

Memoriensis episcopus ab Hildeberto laudatus quis fuerit expenditur, 124.

Mendaces sunt filii diaboli, 685.

Mensarum quatuor species in sacra Scriptura, 553. Mensæ inventor Dædalus, 553. Superflui luxus in Mensis elegans insectatio, 564. Hæ potius sunt immensæ quam mensæ, 564. Moralis et ingeniosa superfluarum mensarum explicatio, 554.

Meridæ et margaritæ de sacra eucharistia quid sint apud Græcos, 96.

Meritum. Ad meritum sufficit bona voluntas, sed si desit operandi facultas, 163, 342. Meritum fundamenti quid sit, et quomodo quidem tepidi salvantur merito fundamenti, 313. Par meritum viduæ ac Zachæi quia par voluntas, 541.

Meretur nemo nisi dum est in corpore, 773.

Militiæ Christianæ quænam sint arma, 792.

Misereri nescire, ferarum est, 159.

Misericordia Dei non est abutendum, 217. Misericordiæ corporalia opera septem, 428. Misericordia Dei alia magna, alia parva : illarum filiæ quæ sint, 428. Eadem magna, major, maxima, 428.

Missæ quotidiana celebratio tempore Hildeberti, 597. 706. Pro missis, pretium non accipiendum, 698. Sacerdotes avari nomine suo sunt indigni, 700. In ipsa missa personarum etiam sæcularium denominatio, 46. Missa quotidie a S. Magnobodo celebrata, 1475. Missæ celebrandæ variæ causæ, 1110. Cur quotidie celebretur, 1110. Epistola dicta *supra missa*, 1111. Evangelium ex analogio cantatum, 1112. Cur secreta oratio in missa, 1114. Cor sursum levetur ne putrescat in terra, 1115. Præfatio, id est præparatio, 1115. Angeli assistunt consecrationi corporis Christi, 1115. Altare est mensa Domini, 1115. Præfationis devota et mystica applicatio, 1115. Devota Canonis paraphrasis, 1116. Pro quibus oratur in missa, 1117. Nullus debet tempore missæ sedere, sed omnes stare, 1118. Qua intentione fideles temporalia sua pro missa sacerdotibus offerre debeant, 1118. Presbyter non debet solus celebrare, 1118. Verba quædam, quæ erant in veteri Canone, nec sunt in novo, 1118.

Missio Verbi in mundum, 247, 252, 261.

Monachus. Bonus monachus quam gravibus tentationibus impugnatur, 54. Pseudo-monachi egregia descriptio, 55. Monachorum reformatio difficilis, 91. Monastica perfectio sine multo labore non acquiritur, 196. Monasticæ professionis recordatio tutum contra tentationes refugium, 196. Monacho quam periculosa sit præteritarum voluptatum recordatio, 196. Monachi plures crucem portant, sed ut Simon Cyrenæus, angariati, et ideo sine fructu, 352. Monacho quam sit periculosa curiositas, et nimia ad exteriora effusio, 397. Monasticæ vitæ elogium, et monasticorum defectuum insectatio, 430, 570, 660. Locorum claustralium seu monasticorum ingeniosa descriptio, et moralis applicatio, 549. Ad martyrium quisque Christianus, sed præcipue monachus saltem animo paratus esse debet, 551. Variæ monachorum ægritudines ex eorum exercitiis ad meritum tolerandæ, 570. Præcipue e statione in choro, 570. Monastici defectus describuntur, 570. Sed præcipue eorum murmurationes ad invicem, 570. Variæ monachorum tentationes, 571. Quomodo repellendæ, 572. Eorum ambitio arguitur, 572, 584. Regularis exercitatio quadruplex, divina, hebdomadaria, interpolata, continua, 584 et 585. Monasticæ vitæ elogium, 579. Monachus ut Petrus debet esse trinomius, 579. Monachorum variæ ægritudines ex eorum exercitiis, et eorum longinqua statione in choro, 579. Monachorum murmur in invicem, 579. Monachi quatuor occupationes, lectio, oratio, meditatio, regularis exercitatio, 584. Monachus ligatur duabus catenis, professione et Ordinis sui amore, 584 et 585. Monachus tepidus Simon est Cyrenæus, angariatus crucem portans, 585. Monachi non sibi solis, sed et aliis, præcipue vero benefactoribus mereri debent, 647, 653. Samuel primus cœnobitarum patriarcha, 652. Monasteria in urbibus quandoque sita sunt ad utilitatem sæcularium, non monachorum, 660. Dialogus inter sæcularem avertentem monachum a professione, et monacum in ea perseverantem, 605. Cœnobitarum seu monachorum quanta sit jam in hac vita felicitas, 797. Inter monachos nil turpius lite, 800. Super omnia monachus debet esse pacificus, 799. Monachi terrena debent oblivisci, et ad cœlestia suspirare, 800. Monacho professo non licet retroire, 806. Monachi pauperes coactione, non mente, nequaquam beati sunt, 806. Monachi coacti sunt Cyrenæi qui nonnisi in angore crucem portant, 807. Quam mortui mundo debent esse Benedictini monachi, 811. Non se dispensent a regularibus exercitiis, 812. Quæ sint veri monachi exercitia, 812. Monasticarum lacrymarum tres origines, peccata propria, peccata proximorum, desiderium patriæ cœlestis, 812. Locus non facit monachum, sed operatio, 818. Monachos nigros alloquitur Hildebertus, 818. Sed quos tunc nisi Benedictinos? 818. Monasteria sunt horti Dei; in quibus deambulat, 820. Monastico ordini quatuor virtutes necessariæ, charitas, humilitas, obedientia, disciplina, 827. Abominabile est sub nigra, id est humili veste latere superbiam, 831.

Montes quatuor circumdant Ecclesiam, 601.

Mora quid sit, et quid sit morari, 546. Mora et morari unde et quid significet, 548. Corpus nostrum equus domandus, 794.

Mortificatione assidua sensuum, sancti delectationibus sensuum tandem non moventur, 872. Mortificatio carnis quam cuilibet Christiani necessaria, 480.

Mors. Mortuus. Mors uniuscujusque dies Domini est, 344. Mortui quomodo mortuos suos sepeliunt, 391, 414. Mortuos tres varie variis in locis Christus suscitavit, quo figurantur tria genera mortuorum per peccatum, 391, 412. Quartum mortuum cur noluit Christus suscitare, 413. Mortem omne vivens horret, 955. Etiam sancti mortem timent, et vel ipse Christus timuit, 955. Illum tamen quandoque cum molestarium impatiens optaret et sibi conscivit, 956. Moritur impius in cumulo vitiorum, moritur justus in cumulo meritorum, 429. Injurius est Deo qui sibi ipsi mortem infert, 581, 585. Qualis quisque in morte reperietur, talis judicabitur, 773. Mors uniuscujusque, pro ipso dies est Domini, 346. Morti debentur nos et nostra, ideo vitam nostram ex toto debemus Deo committere, 971. Hac conditione homo intrat in vitam ut exeat; Mors ergo non timenda, 976. In necessitate mors turpitudini est anteponenda, 976. Qui ad extremum usque fati venit senex moritur, 977. Omnes eodem cogimur... serius, ocius, sors exitura, 988. Quotidie morimur, 990. Mors est debita carni peccati, 1084.

Moyses in monte philosophatus est cum Deo quadraginta diebus et quadraginta noctibus, 584.

Mulierum familiaritas quam periculosa, 1353.

Mundi contemptus non subsistit sine fortitudine et temperantia, præcipue vero sine humilitate, 8. Mundus iste verum sterquilinium, 252, 600. Quam vana sit hujus mundi prosperitas, 757. In mundo tria sunt odio habenda, 769. In hoc mundo quatuor causæ gemendi, 798. Amor mundi initio dulcis, fine amarus, 76. Amor Dei e contra, 76.

N

Nannersus a dæmonio per S. Magnobodum liberatur, 1474, 1499.

Nascendi quatuor sunt modi, sine matre ut Eva, sine patre et matre ut Adam, ex patre et matre ut omnes a matre sine patre ut Christus, 420.

Natale Christi Ecclesiæ nuptiæ, 259.

Nativitate (De) Domini Hildeberti versus : *Sol hodie nobis*, 1359.

Naturæ bonum desidia perdit, diligentia vero reparat, 697.

Nederia et Theodechildis sorores a S. Magnobodo a cœcitate liberantur, 1482, 1501.

Negligentia vitium justitiæ oppositum, 974. Quæ sint ejus causæ, 974.

Negotiorum diversa sunt officia, 983. Quæ prælatos, quæ privatos deceant, 983.

Nicolai (S.) Andegavensis ecclesia ab Urbano II dicata, 661. Ibidem concionatur Hildebortus, 661.

Nicolaus canonicus a Fulcone demembratus, 141. Ejus causa expenditur, 141 *et seq.*

Ninulfus abbas S. Albini a gravissima podagra sanatur a S. Magnobodo, 1478, 1500.

Nobilitas generis quandoque turpis est, 987.

Noe, Daniel et Job figura conjugatorum, prælatorum, et contemplativorum, 523, 542. Noe, Daniel et Job variæ prærogativæ, 527. Figura sunt prælatorum, pœnitentium et conjugatorum, 653.

Novitas triplex, cordis, oris et operis, 416.

Novum dicitur Christi mandatum de dilectione, quia usque ad inimicos extenditur, quod non in veteri Lege. Ser., 34.

Nox triplex in hoc mundo, scilicet diabolus, vita præsens, peccatum, 270.

Nummus. Quomodo servitur nummo, 1626. Quomodo decipitur qui nummo servit, 1627.

Nuptiæ Turpe est apud reges Ægyptios nuptias celebrare sine draconum carnibus, 547. E nuptiis nulla speratur impune felicitas, 62. Illarum incommoda egregie descripta, 62, 63.

O

Obedientia quantum sit bonum, 407. Brevior est via ad perfectionem, 481. Crucifixio per obedientiam debet esse totius hominis, 481. Obedientiæ monasticæ descriptio, 481. Obedientia quandoque ipsi voto præferenda, 49. Victimis ipsis Deo gratior, 104. Inobedientia reis innoxios sæpe in pœna miscuit, 104. Obedientia voluntaria nihil majus, 807.

Occupatio. Variæ hominum sunt occupationes sicut et mores, 981. Ad nostras occupationes eligendas eundum est quo maxime natura vergit, 982.

Oculorum mortificatio quam sit ad castitatem servandam necessaria, 197. Oculus duplex, carnis et mentis, 397. Oculus alius interior, alius exterior, 732.

Odium pestis Ecclesiæ, 684.

Odo. Ad Odonem, postea Urbanum II papam, versus Hildeberti, 1333. Ad Odonem Bajocensem episcopum, 1333. Ad Odonem episcopum simul et comitem versus Marbodi, 1623.

Officium. Negligentia ad divinum officium, quam periculosa, 509.

Oleum. Per oleum sex gratiæ designantur, duæ secundum sui naturam, quatuor secundum efficaciam, 5, 560. Olei quatuor utilitates ad scrutandas abyssos, ad cibos condiendos, ad lucernam, ad medicinam, 561.

Opilio. Parabola Marbodi, de fraude a ludo Opilioni facta, 1628.

Opinio. Non ex aliorum opinione, sed ex ipsa rerum natura quidlibet est æstimandum, 1403.

Operibus misericordiæ nullus erit in patria locus, 109, 759. Qui pro Deo opera bona seminat, mercedem cito metet, 109. Opera bona corporalia sunt septem, 428. Opera misericordiæ sunt septem, 578.

Opuscula Hildeberti, 153, 171, 180, 191. Hildeberti poema De operibus sex dierum, 1169. Ejusdem De ordine mundi, 1179. Ejusdem de ornatu mundi, 1187. Operum Hildeberti conclusio metrica, 1370. Etiam quod electis a Deo promittitur, nonnisi precibus et meritis obtinetur, 36, 58.

Oratio bona quænam est, 217. Oratio vera est amarus cum compunctione gemitus, 217. Non desinit orare, qui non desinit amare, 217. Orationi præmittenda confessio, 459. Oratio sine jejunio et eleemosyna non est vera ; sunt enim ejus duæ alæ ad cœlum, 460. Cordis clamor orando quomodo fit, 462. Instanter et cum perseverantia petendum, 462, 466. Non desinit orare qui non desinit benefacere, 462. Orationis quatuor species quomodo distinguantur, 465. Animus in exterioribus vagari solitus, ad se, ut oret, difficile redit, 466. Ut impetret oratio, tria debet habere, petere, quærere, pulsare, 466. Male petit, qui petit quæ non sunt ad salutem, 467. Inimici mortem petere, insana oratio, 467. Injuriarum remissio præcipua orationis conditio, 467. Rogationum origo, 461. Tria sunt in oratione a Deo petenda, panis, piscis, ovum, 461. Panis charitatem, piscis fidem, ovum spem designat, 468. Quatuor orationis species scilicet. Obsecrationes, orationes, postulationes, gratiarum actiones quomodo distinguuntur, 465. Nostram in oratione Deus exspectat et requirit instantiam seu perseverantiam, 465. Et ut oratio impetret, tria sunt necessaria, oratio, bona vita, perseverantia, 465. Oratio dulce in via vehiculum, fidelis præcursor ad Deum, 499. Septem colles ut ad Deum perveniamus, sunt septem petitiones Orationis Dominicæ, 499. Oratio debet esse verecunda, pura, ampla, devota, 584. Ad orandum vox altior non est necessaria, 1114. Cur secreta oratio in Missa, 1114. Cor sursum levetur ne putrescat in terra, 1115. Orantes cur convertimur ad orientem, sicut et convertuntur pedes defunctorum, 822. Deum nil roges, nisi quod palam rogare possis, 971. Oratio prosodica et devotissima Hildeberti ad tres Personas sanctissimæ Trinitatis, 1337. Orationes tres Marbodi ad Patrem, ad Filium, ad Deum, 1557. Oratio ad S. Mariam ejusdem, 1559. Oratio pœnitentis sæpius lapsi, 1574. Orationes duæ pro defunctis, 1577, 1578.

Ordinanti ipsi papæ, cur cereus ab ordinato utraque manu offertur, 677.

Origenis error notatur et confutatur, 213, 304.

Ornatus maius exterior, malæ mentis indicium est, 189.

Ostropius comes Andegavensis, sive Austropius, 896.

P

Palatini clerici, 1493.

Palma in Scriptura victoriæ symbolum, 587. Processio Palmarum in Dominica, 585. Varia Dominica Palmarum nomina Osanna, Pascha petitum, Competentium, Capitilavantium, dies Florum, dies Ramorum, 586. *Vide notam*, 586. Cur Christus hac sola vice, apparatum jumentorum adhibuerit, 589.

Panum varie coctorum quatuor genera in lege offerebantur, quid significent, 561.

Papa cur mantum fert rubeum, 804.

Paradisus terrestris, ubinam fue,it, 1070. Lignum vitæ cur sic dictum, 1070.

Parentes honorandi non solum officiis, sed maxime subsidiis, 509, 784. Parentum injuriæ in filios redundant, 110.

Partu (De) Virginis : *Sol et aqua*, 1552.

Paschalis ritus antiquus sive Judaicus, cum Christiano Paschate collatus, 455. E parvis magna licet intelligi, 1996. Pascha Domino præparandum est in alto, non in imo, 226.

Paschalis II papa ab Henrico V imperatore in vincula detentus, 108. Ejus detentionem deflet Hildebertus, 108. Ejus in hoc statu gesta contra obtrectatores tuetur, 109 *et seq.*

Passionis Domini tria miracula propter tria peccatorum genera, 444.

Pastor. Reus est pastor suorum vitiorum censor alienorum neglector, 115. Boni pastoris est confundi de confusione subditorum, 106.

Pastorale regimen nec licet non vocales ambire, nec vocales licet abjicere, 159 n. Pastores non debent propter malos bonos deserere, sed propter bonos debent etiam malos tolerare, 160. Pastores maxime continentia decet, 457. Pastores de tribus in judicio rationem reddent Deo, de sua fide, de ministerio, de officio, 663. Pastor mercenarius ab ovibus duo exigit, lac et lanam. Lac unde se pascit non illas; lanam, id est reverentiam quam non debet ambire, 666. Pastores Christum imitentur curantem Paralyticum ante se per tectum demissum, 667. Opportune volentibus, importune nolentibus pastor provideat sub periculo temporalium, etiam et vitæ, 668. Quam reus sit pastor silens in causa Dei et gregis sui, 669. Quænam sit legitima pastoris excusatio, 669. De bonorum pastorum officio, 670. Boni pastores contumeliis et injuriis gloriosiores fiunt, 671. Mercenarius laboris impatiens, 671. Boni pastores discretæ severitati studere debent, 672.

Quatuor debent attendere, dignitatem, officium, cautelam, constantiam, 673. Pastorum mira dignitas, mirum periculum quod fuse, 274. Boni pastoris quanta in arduis debet esse diligentia, 675. Frustra pastor manus ad Deum tendit, qui ad pauperem manum non extendit, 676. Pastori sive prælato non sufficit esse bonum, nisi alius bonos efficiat, 677. Pastores sunt Dei thesaurarii, 693. Gaudeant prodesse, non præesse, 694. Non ament timeri, nisi a non timentibus Deum, 694. Bonis sint æquales, malis dominentur, 694. Non natura, sed culpa homines hominibus præposuit, 694. Pastori miscenda lenitas severitati, severitas lenitati, 695. Quam rea sit pastoris negligentia, et excusatio vana, 696. Pastores sunt Ecclesiæ luminaria, 853. Inter eos luminare majus et luminare minus, 853.

Patarinorum seu Patarenorum quis fuerit error, 1393.

Patientia Dei non est abutendum, 217. Patientia quid sit et ejus officia, 981.

Pati pro omnibus plus est secundum naturam quam vivere sine molestia, 994.

Patria. In patria nullus operibus misericordiæ locus, 750.

Patriarcha. De duodecim patriarchis versus Hildeberti, 1361. De duodecim patriarchis versus Marbodi, 1560.

Paupertas. Attritæ frontis est paupertas, 170. Ut Christus in Epiphania gentes, sic Christianis pauperes, 289. De paupere ad præsulatum rapto Hildeberti versus, 1327. Ejusdem de quodam paupere, 1327. Pauperum tria sunt genera : coacti, spontanei et voluntarii, 355. Paupertas læta honesta res est, quæ tamen non est paupertas si læta, 991. Paupertatem quantum Christus in actionibus suis adamavit, 507. Quam pauper fuerit Christus et ejus discipuli in omnibus, 640. Paupertas monastica ab Hildeberto sæpius vocatur communio seu communicatio, quia nil debent habere monachi proprium, sed omnia communia, et communem temporalium usum, 818.

Pax triplex, ad nos, ad Deum, ad proximum, 405. Pacis causa utile quandoque de suo jure paululum decedere, 973.

Peccator, Peccatrix, Peccatum. Peccatrices etiam conjugio non dedignatur Christus, 12. Peccatum originale et actuale, 325. Quantam ex primo peccato incurrimus miseriam, 39. Originale omnes contrahunt, 40. Hominis felicitas ante peccatum, miseria post peccatum, 216. Tria nos peccare compellunt, caro, proximus, diabolus sive mundus, 232. Peccandi consuetudo cordis duritiam parit, 236. Peccatum triplex, originale, veniale, mortale, 157. Peccata mortalia et venialia varie punienda, 268. Peccatorum confessio est dæmonum vexatio, 300. Soli episcopi et sacerdotes peccata gravia pœnitentibus auctoritate remittere possunt, levia quilibet Christiani oratione mutua, 469. Peccati excusatio, peccatorum duplicatio, 300. Peccata capitalia quæ sint, et eorum effectus, 308. Absolutionis dilatio in criminalibus, 293. Peccator recte dicitur lapis et plumbum, 343. Peccator sibi de peccatis catenam nectit, 343. Ex originali peccato, quantæ sordes, 235, 557, 724. Petrus in fide plumbeus, 543. Peccator peccando gratis venundatur, 343. Animæ tres mortes contingunt, cogitatione, opere, perseverantia, 355. A Deo se elongat qui peccat, 411. Peccatum quam grave sit onus, 411. Peccatoris quam detestanda sit ad confessionem verecundia, 411. Quomodo in corde peccatoris amaritudo et delectatio peccati conveniant, 442. Peccatores, alii præ pudore, alii amore peccati manent in peccato, 443. Peccatoris indurati pathetica descriptio, 443. Quot modis peccamus corde, et quot modis corde convertimur, 575. Triplici modo sit conversio cordis, 577. Quid sit peccatum contumeliæ, quid blasphemia, quid iniquitas, 578. Per originale peccatum Adam triplici modo descendit, 768. Ab illo fuit immunis B. Maria, 820. Peccare nostrum est, Dei, ignoscere, 871. De peccatis non semper lugendum, sed luctu peracto, bene operandum est, 871. Cur peccatum primi hominis imputatur posteris et quomodo, 1083. Peccatum originale quid sit, 1085, 1087. Ejus pœna duplex ignorantia, et difficultas, 1086. Per baptismum tollitur quidem reatus, sed non concupiscentia, 1086. Peccatum quomodo Deus puniat usque in tertiam et quartam generationem, 1089. Peccatum nihil est, 1090. Bona naturalia tanto magis minuuntur, quanto magis anima peccatis deformatur, 1092. Duobus modis peccatur, cupiditate et timore, 1094. Discrimen inter peccatum et delictum, 1094. Septem sunt vitia seu peccata capitalia, 1094. Quomodo a superbia oriuntur alia peccata, 1094. Peccatorum venialium nemo est expers, ideo nemo est qui non indigeat lavari, 419. Et inde consuetudo lavandi pedes sanctorum hospitio receptorum, 419. Peccantium felicitate nil infelicius, 438. Peccatorum distinctio asseritur, 438. Peccator ideo perit quia sinistræ dextram præfert, 519. Diabolus per se peccavit, homo per alterum, et ideo homo redimi potuit, non diabolus,

588. Peccata venialia si in usum transeant possunt fieri mortalia, 733. Peccata proximorum sunt frixorium justorum, 547. Quot modis corde peccamus et quot modis ad Deum convertimur, 576. Insulse quidam sua peccata rejiciunt in fatum, in constellationem, in suam corporis complexionem, 578. Lapsus de peccato quomodo accidit et inde induratio, 645. Quid sit peccatorem esse coram Domino, 684. Peccatum est clamor et quomodo, 684. Peccati vectigal, cineres in quos redigimur. 726. Originale peccatum non transmittit propago, sed libido, 782.

Pedum ablutio a Christo fuit exemplum, sacramentum, et argumentum, 427.

Percutere. Deus non percutit ut sanet, flagellat ut purget, 56.

Peregrinari a Domino quomodo sit, 349.

Perfectio religiosa sine multo labore non acquiritur, 196.

Perseverantiæ servorum Dei dæmon præcipue insidiatur, 9.

Persona in creatis est rationalis substantiæ individua natura, 1026.

Petronilla prima Fontebraldensis abbatissa Hildebertum patronum et defensorem petit, et obtinet a summo pontifice, 148 n.

Petri Lombardi doctrina de iis quibus fruendum ab Hildeberto accepta, 311.

Petri Pictaviensis episcopi et martyris duo epitaphia, 1320, 1321.

Petri casus cur a Deo permissus, 376. Ordo gratiæ in ejus resurrectione, 575. Petro latro fortior fuit ante Passionem Christi, 482. Petrus quinquies tribus nominibus a Christo vocatus est, Petrus, Cephas, Simon, 582. SS. Petri et Pauli, 559 SS. Petrus et Paulus sunt filii olei; quia duobus modis sunt filii misericordiæ, 561. Olei quatuor proprietates illis explicantur, 561. Quomodo Petrus reliquit omnia, 562. Mirabiliora fecit Petrus quam Christus, 562. Quo SS. Petrus et Paulus gravius peccaverunt, eo ardentius pro peccatoribus intercedunt, 562. Petrus ut Judex, Paulus ut doctor assistent in judicio imperatori Christo, 563. SS. Petrus et Paulus fidei et Ecclesiæ fundamentum, 564. Petri præsumptio humilitate compensata, 568. Petrus est trinomius scilicet, Petrus, Simon, Barjona, ita et bonus monachus, 570. Petrus negans, ovis infirma, sicut et Marcellinus papa, 666.

Petrus Pictonum episcopus de limitibus consedentium cum Hildeberto contendit, et amice convenit, 147 n.

Philosophus perfectus nil sperat et nil timet, 3.

Physiologus, Poema Hildeberti, 1173.

Pictaviensis Ecclesia. De lamentatione Pictaviensis Ecc'esiæ somnium, 1317. De civitate Pictaviensi et quodam ejus præsule, 1358. De civitate Pictavi et ejus rege, 1359. Scientius episcopus Pictaviensis, 896.

Pietas in quo consistit, et quænam illi adversantur, 509. Pietas est Dei cultus, qui dicitur Græce Θεοσέβεια, 558. Ejus descriptio, 558. Hanc non sunt assecuti antiqui Philosophi, 558. Pietas, humana scilicet, quid sit, 971.

Pigrum lapidari de stercore bovis quomodo intelligatur, 550

Pœna exemplo Dei reis non statim irroganda nisi adsit contemptus, 105. De multiplicibus damnatorum pœnis versus Marbodi, 1574.

Pœnitentiam inchoantibus quantum dæmon insidiatur, 1315. Pœnitentibus quam periculosa sit voluptatem præteritarum memoria, 1315. Pœnitentiæ procrastinatio quam periculosa, 107. Pœnitentia digna quænam sit, 318. Ad pœnitentiam optima via cognitio sui, 194. Non valet satisfactio nisi præcedat confessio, 214. Pœnitentia non prodest nisi integra, 799. Pœniteamus tantum quantum peccamus, 799. Pœnitentia cur septem annorum, 298. Numerus septem annorum in pœnitentia, 298. Erubescentia pro peccatis initium conversionis, 298. Aut a Deo in judicio, aut a nobis ipsis in hac vita judicandi sumus, 300. Confessio peccatorum est vexatio dæmonum, 500. Necessitas satisfactionis in pœnitentia, 300. Excusatio peccati, duplicatum est peccatum, 300. Olim confessio præcedebat jejunium Quadragesimale, 301. Totum hominem pœniteat, quia totus homo peccavit, 501. Peccator impœnitens pluris facit rem suam quam se, 302. Peccandi homo perdit nomen hominis, 210. Pœnitentiæ tres sunt partes : cordis compunctio, oris confessio, operis satisfactio, 324. Satisfactio in tribus consistit : jejunio, eleemosyna, oratione, 324. Pœnitens vere cor suum a pravis cogitationibus diligenter custodiat, et ad hoc solitudinem petat, 376. Pœnitentiæ edocetur prudentissima disciplina, 392. Adam excusando peccatum, Deum ipsum peccati reum voluit facere, 392. Pœnitentes olim intonsi, 395. Pœnitentium reconciliatio fiebat in Cœna Domini, ut ad perceptionem corporis Christi die Paschæ præpararentur, pœnitentia

etiam nondum absoluta, 393. *Vide notas.* Receptio pœnitentium in Ecclesiam in Cœna Domini, 414, 416. Publicæ pœnitentiæ usus tempore Hildeberti, 507, 533. Pœnitentialis confessio etiam sanctis necessaria est, 751. Pœnitentiæ opera : contritio, confessio, satisfactio, 755. Pœnitentium ejectio ex Ecclesia Hildeberti tempore, 298, 392, 507. Pœnitentis sæpe lapsi oratio per Marbodum, 1574.

Poetarum figmenta loquacium ranarum vocibus comparat Hildebertus, 531. Sophistarum argutias idem vocat pallida argumenta et Deo odibilia, 531.

Versus Hildeberti ad virginem poetissam, 1368.

Pontifices. Summorum pontificum Paschalis II et Innocentii partes tuetur Hildebertus, 709. Pontificis summi quanta sit auctoritas, 113. Summo pontifici quanta sit exhibenda reverentia, 707. Pontificem etiam malum Christus veneratus est, sicut et Paulus, 708. Ozias sacerdoti resistenti obedire nolens lepra percutitur, et cur in fronte, 708.

Pontius abbas Cluniacensis initio probus, in sequentibus improbissimus, 93. Vix ei a summo pontifice indulgetur honesta sepultura, 93.

Potestas semel læsa semper est suspecta, 125.

Præceptiones et prohibitiones aliæ sunt mobiles, aliæ immobiles, quomodo, 164.

Præcipit Deus non in aure, sed in corde, 760.

Prædicatio varianda est sicut et correptio pro varietate auditorum et peccantium, 488. Non prædicandum pro temporalibus, 584, 793. Prædicatores Evangelii doctores sunt tubæ argenteæ, quæ quo plus persecutione tunduntur, plus sacris verbis resonant, 566. Ipsorum est dispersos in unitatem fidei revocare, 566. Prædicatores sancti percipere recusant temporalia, nisi prius obtineant æterna, 744. Unusquisque proximi sui prædicator esse debet saltem per exempla, 470. Ejus sermo contemnitur, cui contemptibilis est vita, 480.

Prælato non sufficit esse bonum, nisi alios efficiat bonos, 677. Prælatos quæ negotia deceant, quæ privatos, 983. Prælatus non aliter vivat quam docet, 793. Prælati quantum de negligentia periculum incurrant, et quantum subditi, si eorum curam negligat, 850. Prælati quo perfectiores debent esse, eo sunt pauciores, 803. Prælationis ambitus quam periculosus, 991. Prælatus plus studeat amari quam timeri, 992. Qui enim metui cupit, metuat ipse necesse est, 992.

Præscientia nonnisi improprie dicitur in Deo, in quo nihil prius, nihil posterius, 1035.

Præsumptio. Ut vitetur præsumptio adhibendum tempus et meditatio, 964.

Primus fuit in omnibus Christus, et ideo non se præire, sed sequi præcepit, 640.

Prisca cæca a S. Magnobodo illuminatur, 1484, 1503.

Processionis in die Palmarum descriptio et explicatio moralis, 360. Huic assistunt Noe, Daniel et Job, et quomodo, 360. Processionis in die Purificationis origo, 517. Tota erat pœnitentialis, 517. Cereorum in ea delatio a SS. Patribus sancita, 517.

Procula sanctimonialis a S. Magnobodo miraculose sanatur, 1476.

Prophetæ omnes Christi sunt, id est ad eum pertinent secundum utramque naturam, 685. Christus ex progenie Isaiæ, 86. Sacerdotes omnes prophetæ Evangelii, 686.

Propositum non esse repente mutandum versus Marbodi, 1574.

Prosa, quæ dicitur compunctio peccatoris pœnitentis, 1619. Prosa in laudem Spiritus sancti, 1340. Prosa in Natali Domini, 1342.

Prosperitati non fidendum, 1394.

Prudenti viro non omnia sunt contemnenda, quibus multa reperiri possunt meliora, 41. Prudentia in agendo cæteras virtutes debet præcedere, 962. Prudentia quid sit, 963.

Psalmus et jubilus quomodo differunt, 258.

Psalmodia a monachis, et etiam a laicis stando persoluta, 260.

Pudicitiæ virtutes, quænam, 986. Sola pudicitia homines bestiis antecellunt, 986. Voluptati carnali nonnisi latenter satisfit, ergo per se turpis et vitanda, 986.

Puer. Hildeberti versus de ortu et morte pueri cujusdam monstrosi, 1368. Pueri discipuli institutio metrica per Marbodum, 1623.

Purgatorii existentia innuitur, 53. Purgatorium, 650.

Puteus bonus et malus, 654.

Q

Quadragesima seu quadraginta dierum tempus, tempus est remissionis per jejunium et eleemosynam a Moyse et Elia figuratum, a Christo consecratum, 345. Quadragesimale jejunium ab ipsis etiam infantibus olim observatum.

587. *V.* Jejunium. Quadragesimæ tempus S. Magnobodus in pane et aqua inclusus transigebat, 1500.

Quærendus Deus, non alibi, sed in nobis ipsis, 777.

Quinque sensus exteriores diligentissime ad innocentiam servandam custodiendi, 305.

R

Rabetius Sagiensis episcopus, 102.

Radegundis (S.) Ejus genus et patria, 887. Captiva fit: 102 ejus educatio, 888. Etiam infans pauperibus misericors; Clericus ei addictus ad crucem illi præferendam, 889. Illi nil artis in vultu, 889. Ad martyrium suspirat, 889. Chlotario regi nupta, 890. Virtuti et regno non voluptati vixit, 890. Ejus erga quoscumque pauperes charitas, 890. Sacerdotes præcipue veneratur, 890. Xenodochium altaris instituit, ubi ipsa pauperibus ministrat, 890 Quam pie et caste in conjugio conservatur, 891. Voluptatem licitam voluntario cruciatu compescit, 891. Quam austere Quadragesimam transigebat, 892. Sacris altaribus magnifice providet, mysteriis piissime assistit, 892. Regem maritum pietate placat ut sibi conciliat, 893. Quanto honore episcopos prosequebatur, 893. Reos incarceratos miraculose liberat, 893. Velari se enixe postulat, et ipsa se velat, 894. Ornatum regium altaribus sacrat, 895. Turonis S. Martini sepulcrum veneratur, 895. Rex Radegundim ad palatium et conjugium revocare tentat, 896. Sed exorante S. Germano episcopo Paris. deficit a cœptis et Radegundam in monasterio dimittit, 897. In quo mira ejus austeritas, 897. Laminam ardentem membris sæpius imprimit, 898. Ignibus varie corpus mirum in modum cruciat, 898. Cruciatibus voluntariis martyr efficitur, 899. S. Radegundis non horret, imo curat ferventissime leprosos, et mulieres leprosas amantissime deosculatur, 900. Exercitium regularium in monasterio ferventissima zelatrix, 901. Sui ipsa sacrifex sub finem vitæ arctiori se clausuræ mancipat, 903. Claret miraculis, 903, 905. Prece mortuam suscitat, 905. Mira ejus paupertas et humilitas miraculo compensatur, 906. Revelatione divina mortem suam præscit et prædicit, 907. Et feliciter obit, 907. Miraculum avenarum, quibus subito crescentibus, traditur S. regina se occultasse, 908. Valde dubium, 908.

Radulphus decanus Turonensis accusatur a Nicolao demembrato, 143 *et seq.* Purgatur, 144. Romam quo Nicolaus appellaverat pergens in via trucidatur, 144.

Raingarolis mater S. Roberti abbatis Casæ Dei, 1433.

Ranulphus seu Randulphus Dunelmensis episcopus a Willelmo Rufo Angl. regi promotus, 169.

Ratio omnibus virtutibus præsidet, 5.

Raynaldus de Martiniaco electus illegitime episc. Andegavensis, 81. Ejus inauguratio, non consecratio, sed execratio dicitur ab Hildeberto, ut et a Goffrido Vindocinensi. Quo verbo in casu simili usus est S. Bernardus, 82n. Ad ipsum super hoc scribit Hildebertus. Epist. 5, 6. lib. 2, pag. 83, 85. Raynaldi consecrationi adesse revocat Hildebertus, 83. Ipsum ab electione sua deterrere conatur, sed frustra, 85. Consecratur a Radulpho Turonensi metropolitano contra canones, 81. Tandem Hildeberti Raynaldus fit amicus, 103, 173. Ab ipso laudatur, 178.

Recedendi a Deo varii modi, 309, 523. Animus in exterioribus divagari solitus difficile ad se redit, et se recolligit, 466. Sex modi reddendi bona pro malis, 592.

Reginaldus canonicus regularis vocatur ab Hildeberto Beati Augustini monachus, 180. Scripsit Melchi historiam quæ non exstat, 180. Hildeberti amicissimus, 180.

Regio dissimilitudinis, 19, 222, 268, 277. Princeps ejus diabolus, 309. De illa, 311, 312, 417, 768, 772, 779 *et alibi passim.*

Reis præstantior est exemplo quam gladio, 38.

Religio quid sit et varia ejus officia, 971. Religio vera in duo consistit : miseratione et innocentia, 227. In religiosis sæculares stercora ficulneæ apposita attendunt, non fecunditatem, 804.

Reliquiæ sanctorum ad ecclesiarum dedicationem adhibitæ, 1446, 1493.

S. Renati Historia a S. Mauritio episcopo Andegavensi post septem annos ressuscitati, et tandem Andegavensis episcopi, 1552.

Rencho monachus primus Maniniaci procurator a S. Hugone institutus, 919.

Res quædam ad fruendum, quædam ad utendum; quæ ad fruendum, ut Deus, beatis; quæ ad utendum tendentes ad beatitudinem efficiunt, 1027. Rerum secundum Platonem tria sunt principia : materia, forma et opifex · secundum fidem unum, scilicet Deus, 1035. Simul creatæ sunt a Deo creaturæ spirituales et corporales, 1054.

Resurrectionis Domini festivitas, 452. Marbodi versus de Resurrectione corporum, 1614

Reverentia quid sit, 957.

Rex, Regina. Boni et justi regis officium, 6. Reginæ perfectæ egregium exemplum, 5. Reges maxime clementia decet, 5. Christiani et optimi Principis officium, 49. Ministros rapaces debet punire, 49. Quanta cum reverentia reges sunt arguendi, 156. Quam reverenter Hildebertus ipse de inoffenso sibi rege conqueritur, 158. Egregius reges placandi modus ab Hildeberto in adversitate adhibitur, 156. Regia manus splendidior est donativo quam sceptro, 93. In veteri lege reges et sacerdotes ungebantur sed in figura Christi, 715. In quatuor libros Regum Hildeberti poema, 1191.

Robertum monachum commendat Hildebertus. Algaro Priori L. Cuthberti Dunilmensis, 61.

Robertus archidiaconus Nantonensis seu Nannetensis, 187. Ab Hildeberto dicitur Cæsar in armis, in carmine Virgilius, 187. Fit episcopus Nannetensis, 187.

Roberti de Arbrissel epitaphium, 1520. Marbodi ad eum epistola expenditur, 1411.

Roberti abbatis Casæ Dei Vita per Marbodum, 1454 *et seq.* Miracula S. Roberti Casæ Dei probantur ab ipso provinciæ archiepiscopo et approbantur, 1461

Roberti decani epitaphium, 1621.

Alterius Roberti ejusdem epitaphium, 1621.

Rogationes. In Rogationibus celebrandis eadem austeritas et habitus fidelibus indicta, quæ publice pœnitentibus etiam pro gravioribus peccatis imposita, 468, 469, 471. Rogationum origo, 462. In illis abstinentia a carnibus, 465, 468. Rogationum institutionis ratio, 462. Rogationum origo ex statuto episcoporum Viennæ congregatorum, ad pestem sedandam, ad luporum rabiem reprimendam, etc., 469.

Rogerius seu Rogerus Salisberiensis episcopus, Magnus dictus, 91. Perperam illi tribuitur multitudo dignitatum ecclesiasticarum, 91. Juste laudatur ab Hildeberto, 93. Adest concilio Londinensi, 1102. Licet tantum investitus, 1102.

Rogerius alter episc. Herifordiensis etiam aut tantum investitus adest concilio eidem, 91.

Rogerius Salisberiensis devotissimus erga B. Virginem, 93.

Romam qui honeste frequentat brevi secundior excipit fortuna, 188. De Roma. Par tibi, etc., 1334. Item de Roma. Dum simulacra mihi. Versus Hildeberti, 1335. Ad Romam de descensu sui, 1365.

Romulus archidiaconus a S. Magnobodo miraculose sanatur, 1478.

Rosam auream defert papa in processione Palmarum, 359. Rosa aurea quam gestat summus Pontifex quid designet, 359. Rosa inter spinas a spinis læditur dum justi inter malos a malis vexantur, 365.

Rostagnus discipulus S. Roberti de Casa Dei, 1440.

Ruth. Versus Marbodi in librum Ruth, 1581.

S

Sabbatum sanctum cur a statione vacabat, 582.

Sacerdotes temporalibus implicati quam plangendi, 69. Ordinati sacerdotes et clerici ordinatori suo obedientiam spondent a qua nonnisi absoluti alteri diœcesi non debent mancipari, 127. Sacerdos quam immunis esse debet a sanguine, 149. Nec in mortis subeandæ periculo, alterius sanguinis effusione se tueri debet, 149. Sacrifex pro sacerdote verbum Hildeberto usitatum, 160. Sacerdotes non licet veritatem tormentis extorquere, nec bona etiam injuste ablata tormentis repetere, 161. Ad hoc citat S. Augustinum, 161. Ad quotidianam missæ celebrationem quam sit necessaria conscientiæ sacerdotis puritas, 555. Sacerdotes in monte et in cœnaculo collocati ut apostoli ad providendum populo Dei, 487. Illis necessaria est scientia, 487. Ad continentiam quasi voto tenentur, 615. Sacerdotii quanta sit dignitas, 674, 695, 704. Sacerdotum mira dignitas, mirum periculum, et ingens merces, 704. Sacerdos frustra ad Deum manus tendit, qui manum ad pauperem non extendit, 670. Non placatur Deus oblatione mali sacerdotis, 664. Sacerdoti ut ad Deum perveniat via trium dierum est necessaria : scilicet, a malo declinare, facere bonum, in bono proficere, 265, 665. Quæ sit professio sacerdotis ut sacerdotis, quæ ut pastoris, 665. Scientia sacra sacerdoti maxime necessaria, 678. Sed ab omni errore aliena, et discreta, 679. Sacerdoti impudicitiæ vel etiam falsa suspectio vitanda : ideo et cum quibusvis mulieribus habitatio, nisi sanguine proximis, 683. Ministris inferioribus indictus cœlibatus, quanto magis sacerdotibus, 683. Sacerdotes et concionatores sunt evangelici prophetæ, 686. Cur textus evangelicus sacerdotibus offertur apertius, cæteris vero clausus, 686. Sacerdotes, et vicarii Christi, Christum per imitationem debent affingere, 686. Sacerdotis officium est prædicare et intercedere, 687. Cur summo Pontifici sacerdotem ordinanti ordinatus illi offert utraque manu cæreum ardentem „677. Sacerdo-

tes negligentes oculum pro oculo reddent, et quomodo
hoc intelligitur, 691. Sacerdotes avari nomine suo sunt
indigni, et qui prius Ephran dicebantur Ephron dici debent, 700. Christus in sacerdotibus ante judicium judicat,
non judicio curiæ, sed judicio Ecclesiæ, 703. A sacerdotali unctione oritur celsitudo Ecclesiæ, 703. Sanctitas et
doctrina quantum sacerdoti necessaria, 703. Sacerdotis
vita non repens in vitiis, sed virtutibus sublimis esse
debet, 705. Qui vasa Domini portant, vasa Domini per
charitatem fiant, 705. Antiqua missarum quotidianarum
praxis etiam ab episcopis, 706. Sacerdotes quatuor Christi
assimilationes debent habere; prædicationem, intercessionem, communionem, exemplarem conversationem, 687.
Et inde sacerdotis etymologia, 687. Quam castæ debent
esse manus sacerdotis, 688. Quam circumspecte sacerdos
ad altare debet accedere, 689. Pathetica insectatio sacerdotis indigne celebrantis, 689. Sacerdotem etiam malum
Christus veneratus est, sicut et D. Paulus, 708. Ozias ob
usurpatum sacerdotium percussus lepra, 708. Cur in fronte,
708. Pravus sacerdos similis est aquæ baptismali quæ
abluit peccata, et descendit in cloacam, 854. Sacerdoti
non est officium ex merito, nec meritum ex officio, 854.
Sacerdoti tria sunt necessaria, operatio, discretio, prædicatio, 855 Discrimen quod est inter episcopos et sacerdotes, 856. Solet D. Paulus presbyteros vocare episcopos,
856. Sacerdotis munditia quam debet esse eximia, 857.
Cujus quippe dominium divinum est, 857. Sacerdotalia
vestimenta quid significent, 857. Lectio sacra sacerdotibus quam necessaria, 859. Quam grave scandalum patiuntur laici ex pravitate clericorum et monachorum, 860.
Servire debent Deo propter Deum, non propter quodcunque temporale lucrum, 862. Pro divinis officiis temporalia oblata recipi possunt, nequaquam exigi, 862. Quam
rari qui pura intentione divino se cultui mancipant, 864.
Pathetica abusuum illius ævi in beneficiis adipiscendis,
utinam non nostri, descriptio, 864. Sacerdotibus quam
noxiæ sint fœmina, avaritia, ambitio versus Hildeberti,
1353. Sacerdotes mali non sunt, nisi post canonicum judicium fugiendi, 1396. Hymnus Marbodi de sacerdotibus,
1560.

Sacramentum est signum rei sacræ, 1097. Invisibilis
gratiæ visibilis forma, 1097. Discrimen inter signum et
Sacramentum, 1098. Sacramenta instituta sunt propter
eruditionem, humiliationem et exercitationem, 1098. Cujus tria sunt genera, 1099. Quare ab initio instituta non
fuerint Sacramenta, 1100. Tres sunt circumcisiones.
Prima est sacramentum, duæ aliæ sunt res sacramenti,
1100. Sacramenta Ecclesiæ nec bonus melius, nec malus
pejus implere potest, 1395. Nec improbitas ministri impedit veritatem sacramenti, 1395.

Sacrificium et holocaustum in quo differunt, 3. Deus
non quod, sed qualiter ei sacrificatur observat, 47.

Saltus varii Christi ad salutem hominum, 450, 473.

Salus nostra a nostra voluntate, 494.

Salvatur nemo, nisi in fide Verbi incarnati, 494.

Salvus esse nullus potuit, nec ante, nec post Incarnationem, sine fide in Christum, 584.

Samson episcopus Wincestrensis, 1564.

Samsonis archiepiscopi Remensis Elogium, 1316.

Samuel primus cœnobitarum patriarcha, 652.

Sanctorum invocatio probatur et propugnatur, 116. Eorum scientia multo nostra perfectior, 116. Quia qui Creatoris sui claritatem vident, omnia vident quæ in creaturis
aguntur, 117. Sancti Christum sequuntur, non præcedunt,
524. Sanctis vigilantia quam necessaria, 655.

Sandalia pontificalia qualia debeant esse, 192. Eorum
moralis significatio, 192.

Sanguis et aqua e latere Christi, origo sacramentorum
Ecclesiæ, 645.

Sapientem nihil unquam terret, 42. Differentia inter
sapientiam et scientiam, 226. Sapientia vera non verbis
quærenda, sed operibus, 775. Sapientis non est dicere :
Non putabam, 964. Sapientia Dei propter varios effectus
varia sortitur nomina, 1052.

Saturninus (S.). In honorem S. Saturnini S. Magnobodus
Andegavis monasterium ædificat, 1502.

Schisma. Pro vitando schismate, multa, licet mala, vel
dissimulanda, vel etiam toleranda sunt, 112. Cesset censura, cum unitas dissolvitur, 112.

Scholæ Cluniaci sub S. Hugone, 255. Scholarium sub
S. Hugone austeritas mira, 285. Tres sunt vitæ nostræ
scholæ, scilicet disciplinæ, naturæ, gratiæ, 533. Schola
disciplinæ prior est schola naturæ, scilicet quoad moralia,
533.

Scientia distributa capit incrementum, 4. Scientiæ defectus bonis scrupulum, malis indurationem inducit, 194.
Scientia est pars inferior rationis, 558. Hanc non sunt assecuti antiqui philosophi, 558. Scientia sacra quam sit sa-

cerdoti necessaria, 678. Sit ab omni errore aliena, sincera,
discernens, 678. Scientiæ humanæ quam vanæ sint, 777.
Non multum nocet nescire, quod scire nec prodest, nec
licet, 965. Scientia, justitia remota, calliditas est, non sapientia, 975.

Scribere quomodo etiam ignari discant, 732. Marbodi
versus de apto genere scribendi, 1395.

Scriptori vel oratori semper dilucidæ brevitati studendum est, 961.

Scripturarum lectio custos pudicitiæ, 65. Triplex mensa
in sacra Scriptura : lex, Evangelium, cœlum, 395. Scriptura est specula, custodia, mensa, 400. In Scripturis liber est quadripartitus, 217. Scriptura sacra, mensa coronata, 218. Opipara animarum mensa, 227. Speculum nostrum, 243. Et specula, 340. Panis animæ, 480, 581. Scriptura sacra est apotheca gratiæ, ad quam rimandam duplex oculus Sponsæ, seu Ecclesiæ, mysticus scilicet et
moralis, 265. In sacra Scriptura quatuor sunt observanda :
historia, allegoria, moralitas, anagoge, 552. Quod in Scriptura per Scripturam ipsam non est expositum, id prælatis Ecclesiæ reservatur exponendum, 559. Sacra Scriptura
est aqua salutaris, quæ lavat, reficit et refrigerat, 564. Est
via salutis, 618. Verborum Dei ab ipso solo intelligentia
speranda est, 622. Quod in sacra Scriptura non intelligitur, Spiritui Sancto relinquendum est, 680. Scripturæ intelligentiam voluptates impediunt, 680. Scripturæ sacræ
pascua sunt sacra, 693. Scriptura sacra thesaurus pastorum
et Christianorum, 736. Sacræ Scripturæ clavis apertionis
est humilitas passionum Christi, 743. Scripturæ sacræ præstantia, et varii ejus sensus, 785. Scriptura sacra tectum est,
quo reserato, æger peccator Christo sanandus offertur, 835.
Scripturæ sanctæ, in materia fidei, non proprio sensu, sed
ratione et auctoritate sunt interpretandæ, 1009. Scriptura
sacra Christianorum firmamentum, 1169. Sacræ Scripturæ
diversorum locorum Hildeberti moralis Applicatio metrica, 1211.

Secretum religiose servandum, 985 De secreto Papy-
rii prætexti servato versus, 1316.

Senectute (De), 1603

Senex. Senescere. Deus quomodo senuisse intelligatur, 541. Ad senectutem usque dilata conversio, quam periculosa sit, 1400. Senibus labores corporis sunt minuendi,
animi labores augendi, 983. Senibus luxuria turpissima,
983.

Sensus quinque exteriores ad innocentiam servandam
sunt diligentissime custodiendi, 305. Sicut et interiores,
505. Quam gravis carnis lucta contra spiritum per quinque
sensus corporeos, 762. Christus ut carnem domaret, carnem induit et crucifixit per quinque sensus corporeos,
762. Quinque reges a Josue victi, figura quinque sensuum
mortificatorum, 764. Sensualitas quomodo a ratione dividitur, et ipsa a se, 719. Quomodo etiam ratio dividatur
719.

Septuagesimæ nomen unde ortum, et ejus mystica significatio, 296. Dicta janua jejuniorum, et initium pœnitentiæ, 296. Modus singularis deponendi canticum Domini
Alleluia, 296. Vide notas. Cur in Septuagesima subticetur
Alleluia, et Gloria in excelsis, 774..

Serlo Sagiensis episcopus, 78. Ejus consecratio et obitus, 79 n. Ex abbate Uticensi fit episcopus Sagiensis, 85,
102.

Sermo. Inter Hildeberti sermones, nonnulli potius materiam sermonis indigestam exhibent quam ipsam sermonem, ut est pronuntiatus, 351. Vivus est sermo Dei. Egregia horum verborum et docta explicatio, 717. Sermo Dei
cibus animæ, 710.

Serpens in bonam et malam partem accipitur, 587. Elegans allegoria de serpente et Christo, 589.

Servitus. Servus. In servitute corpus solum servus est;
mens est sui juris, 989. Servi ad dominos officia, 989.
Lingua mali pars pessima servi, 989.

Sibyllæ versus de judicio, 1630.

Silentia tria : ante legem, sub lege, in gloria, 269. Silentium monasticum, 823. Quo monachus linguam habet
crucifixam, quam Christus non habuit, 823.

Simonia quam grave crimen, 20. Malum sine remedio,
156. Simoniacus venditor et emptor interdicti, 157. Simoniacus fur est invadens domum Domini, 682. Sicut et laicus investituras Ecclesiarum conferens, 682. Simoniaci
sunt qui emunt aut vendunt dignitates Ecclesiæ, 698. Si
non ante humanos oculos, ante Dei oculos sacerdotio privantur : hoc quomodo, 698. Simoniaci sunt qui sacramenta, vel sacramentalia vendunt, 698. Pro sepulturis et
promissis pretium non exigendum, 698. Id probatur ex
D. Hieronymo, 699. Nonnisi impudenter de sepulturis
et officiis ecclesiasticis pretium exigitur, 864. Simoniaco-
rum insectatio, 865. Futilis illorum excusatio, 864. Simo-
niacorum orationes Deum non placant, sed exasperant,
865.

Sobrietas ad castitatem quam necessaria, 852.

Societate malorum vere boni non fiunt mali, 599.

Solitarius fuit David etiam in aula, 550. Solitario quam periculosa sit curiositas, et ad exteriora effusio, 597.

Solitudo pœnitentiæ aptissima, 376. Solitudo bona quænam sit, et quæ mala, 778.

Sollicitudo temporalium animam dividit, et ideo viro spirituali vitanda, 780. Sollicitudo pro temporalibus vitanda, non providentia tollenda, 794.

Spes ex propriis meritis non est spes, sed præsumptio, 1011. Spe martyr dura omnia sustinet, 619. Spes est fiducia futurorum bonorum ex gratia Dei et bona conscientia, 1011. In quo differant spes et fides, 1011. Frustra bona sperat, qui bona non agit, 756.

Spiritum sanctum contristari quomodo fit, 338. Spiritus sancti missio a Patre et Filio, 483. Spiritus sanctus quare super Christum ut columba, super Apostolos ut ignis apparuit, 484. Quomodo B. Mariæ obumbraverit, 502. Spiritus sanctus vinculum est Patris et Filii, 610. Spiritus sanctus cur dicatur Donum, 1020. Procedit a Patre et Filio, 1021. Nec genitus est, nec ingenitus dici potest, 1022. Non natus sed datus, non genitus sed procedens, 1023. Dona Spiritus sancti et virtutes quomodo differunt, 1095. Spiritus creatus quomodo in loco sit et localis, 1018. Angelus est spiritus localis, 1019.

Stadium quid sit, et ejus origo, 293.

Statio in divinis officiis, etiam laicis indicta, et sessio prohibita, 1137. Potiori jure monachis, 1137.

Status cujuslibet officia propria bonis etiam operibus sunt præferenda, 48.

Stellæ sunt justi, 1170.

Stephanus (S.). De sancto Stephano, 626 et seq. Apparuit illi Christus sedens ut rex in throno, stans ut adjutor, 627, 628. Quare vidit cœlos apertos, 628. Suscitavit sex mortuos, teste D. Augustino, 629.

Stephani Andegavensis decani malitia incarceratur crudeliter Marbodus, 1391.

Sterilitatem liberorum bene compensat adoptio pauperum, 58.

Studia animum curis liberum quærunt, 233.

Successiones hæreditarias ad beneficia insectatur Hildebertus ut peccatum gravissimum, 127, 131. Epist. ad Aymericum Claromontensem episcopum.

Suggerii abbatis S. Dionysii epitaphium, 1324.

Superbia potentibus vicina esse solet, et pene semper rebus affluentibus elatio sociatur, 867. Superbia natione cœlestis, 29, 349, 572. Cœlestes animas maxime impetit, 29. Prima vincit, ultima vincitur, 30. Rationi dominatur, 57. Superbi templum sibi, non Deo ædificant, 515. Deus superbos respicit, sed a longe, ut puniat, 515. Superbia cæcitatis spiritualis origo, 592. Superbia et elatio in quo differunt, 656. Superbia cœleste vitium, primum incipientibus, ultimum desinentibus, 768. Superbia primum et ultimum vitium, 853.

Superior sic cum inferiore vivat, ut secum vult inferiorem vivere, 989. Superiores utilitati suorum, non suæ studeant, 978. Toti communitati consulant, non parti, 978. Superiores non natura, sed culpa inferioribus præpositi, 694.

Superstitio Ex pagana etiam superstitione Christianus ad virtutem potest proficere, 293.

Susanna (S.). De S. Susanna versus Hildeberti, 1231.

T

Temperantiæ pulchra descriptio, 28. Temperantia infra licitum quiescit, ultra nunquam progreditur, 28. Temperantia quid sit, et ejus præstantia, 980. Ejus partes, 980. In ædificiis servanda, 988.

Templa Deo dicata sunt propter homines, 656. Templi Salomonis quanta fuerit magnificentia, et quanta in obsidione Jerusalem ruina, 802.

Tempus. Marbodus de tempore et ævo, 1597.

Tentatio. A tentatione nulla tuta virtus, 7. Ad tentationes vincendas quatuor virtutum moralium praxis necessaria, 28, 31. Paulatim succidenda est voluptatum consuetudo, 28. Quæ tempore dediscitur, 29. In tentatione nil tutius quam confidentia in Deo, 32. Deus cur populo Israel post Moysen hostes reliquerit, 74. Magnus tentationis fructus humilitas, 196. Sed præcipue a tentatione carnis, 196. Recordatio monasticæ professionis tutum contra tentationes refugium, 196. Jejunii tempore tentatio pertinacior, 350 Quanta et quam varia sit ad tentandos homines dæmonis astutia, 374. De se securos dæmon pertinacius tentat, 464. Tentatorem vicit Christus, et per Christum vincit Christianus, 479. Perfectos præcipue dæmon impugnat, 481. Dæmon præcipue reges et sacerdo-

tes impugnat, ut populos disperdat, 602. Quam molesta sit Christiani cum diabolo lucta, 645. Dæmon ad cupiendum hominem expandit hamum, sagenam et rete, 650. Nec ipse Christus a diabolo intentatus transiit, 707. Militanti contra carnem et diabolum quatuor sunt necessaria, 791. Tentatio duplex : a blandis, a duris, 795. Tuta specula contra tentationes contemplatio et discretio, 795. Quo plus homo dissentit a tentatione, eo plus sentit tentationem, 821. Tentatio in ipso initio reprimenda, 826. Præcipue vero testimoniis Scripturæ, quod Christus fecit, 510, 826. Hominum fini dæmon præcipue insidiatur, 826. Quomodo et quo ordine primi parentes tentati sunt, 1072. Dæmon per tria mulierem tentavit, 1072. Tentatio alia probationis, alia seductionis, 1127.

Terra triplex est : 1. Paradisus, in æternum viventium, 2 Infernus, in æternum morientium, 3. Mundus, et viventium, et morientium, 590. Terra hominis voluptas carnis suæ, 848. Sine teste nullus locus putandus est, 973.

Thaisidis Vita a Marbodo, 1341.

Theobaldus Campaniæ comes in Ludovicum Crassum insurgit, et vincitur, 53.

Theobaldi magistri epitaphium, 1321.

Theophili historia et pœnitentia, 1507.

Theosebia quid est, 722.

Thesaurus Christianorum quis sit, 8. Hujus custos humilitas, 8.

Theudebaldi filiam S. Magnobodus a dæmonio liberat, 1502.

Theudegisilus a S. Magnobodo mirabiliter sanatur, 1470, 1497.

Thomæ (cujusdam) epitaphium, 1321.

Thomas hominem vidit, et Deum credidit. Ser. 9, 255.

Timorem inter et securitatem elegans Dialogus, 976. Timor nunquam utile consilium dedit, 978. Tres timores, servilis, initialis, filialis, sunt tres portæ quibus Deo aperitur, et per quas ad Deum itur, 804. Quatuor sunt timores, servilis, mundanus, initialis et filialis, 1095. Timore initiali timemus puniri; timore filiali timemus separari, 1096. Donum timoris quomodo Christus habuit, 1097.

Tonsura clericorum est ipsorum characteristica, 674.

Tractatus theologicus, ex comparatione sermonum, ut vere Hildebertinus asseritur, et probatur, 472, 473.

Tractus in missa unde dictus, 256, 774.

Transfiguratio Christi, nostra spes et consolatio, 479.

Transmigratio bona et mala, 310.

Tria in mundo sunt odio habenda, 769.

Tribulatio. In tribulatione in Deo sperandum, et ad eum clamandum est, 567. Deus eripit justum de manu diaboli in infernum trahente, non de manu ad probationem flagellante, 568. Tribulationis quanta utilitas, 608. Tribulationum a Deo hominibus immissarum variæ sunt causæ, 837.

Trinitas. Ad imaginem Trinitatis factus est homo, 511. Trinitatis mysterium theologice explicatum, 311. Trinitas bona, et Trinitas mala, 311. Unitas commendatur, 312. Pater, Verbum, et Spiritus sanctus sunt tres res quibus est fruendum, 312. Trinitas cur Judæis non est aperte revelata, 489. Ibidem per totum sermonem fuse agit de Trinitate increata, et creata, cujus et per totum sermonem varias refert species. Trinitas in terra triplex : unionis, testimonii, officii, 493. Plato usque ad notitiam Trinitatis non pervenit, 890. Trinitas in cœlo, Trinitas in terra, 891. Trinitas operans, Trinitas operata, 891. Unitas personarum in quo consistit, 491. Trinitas principalis Deus, 491. Trinitas primitiva in Angelis, 492. Trinitas operum, 492. Trina est : creatione, dispositione, ordinatione, 492. Trinitas operum triplicata, 493. Individua sunt opera Trinitatis, 610. Spiritus sanctus vinculum Patri est Filii, 610. Trinitas vitiorum opposita Trinitati virtutum, Dei imaginem in homine delevit, 780. Trinitatis vestigium invenit mens humana in se ipsa, 1020. Cur prima Persona Trinitatis dicatur Pater, secunda Filius, tertia Spiritus Sanctus, 1020. Trinitas est individsa, 1020. Cur in anima humana mens, sapientia et amor non dicantur personæ, sicut in Trinitate Pater, et Filius, et Spiritus sanctus, 1021. In Trinitate quædam nomina distinguunt personas, quædam significant unitatem naturæ, 1022. In Trinitate sunt nomina significantia proprietates personarum, 1022. Pater natura genuit Filium, non necessitate, 1023. Tota Trinitas est una, simplex et individua substantia, 1024. Generatio divina Verbi tota ineffabilis, quia incomprehensibilis, 1023. De S. Trinitate nihil dicitur accidentale, 1025. In Trinitate non possunt dici tres una persona, 1025. In Trinitate singularitas pertinet ad personam, unitas ad naturam, 1026. Tota Trinitas unus spiritus, una charitas, 1026. Tres singulares personæ per singulares determinationes distinguuntur, 1027. Tota Trinitas una potentia, una sapientia, etc. Cur sine multiplicatione personarum unaquæque persona dicatur potens, sapiens, etc., 1028. In creaturis sunt signa Trinitatis et ejus attributorum, 1028. Inseparabilia sunt opera Trinitatis, 1031. Radius solis figura Trinitatis, 1032. Oratio prosodica ad SS. Trinitatem, 1337 Versus Hildeberti de fide SS. Trinitatis, 1345.

Tristitia bona triplex : 1° de propriis peccatis, 2° de alienis, 3° de patriæ dilatione, 323.

Truculentia, vitium justitiæ oppositum, 974. Ejus partes, vis et fraus, 974.

Tubarum in veteri lege usus ad quatuor, ad pugnandum, ad progrediendum, ad epulum, ad festum, 566, 620. Viri apostolici sunt tubæ ductiles per tolerantiam, 619.

Tunica talaris propria clericorum, 677.

Turpitudinis pœna omnium maxima, 995. De turpibus, vel etiam deliberatio turpis est, 995. Non audeat vir bonus velle quod non audeat prædicare, 995.

U

Ungebantur in veteri lege reges et sacerdotes in figura Christi, 713.

Unitatem Deus amat, quia unus est, 356. Unitates sunt septem, per quas ad unitatem octavam, seu perfectam, proceditur, 357.

Usura grave et juge furtum, 735.

Utile quid sit, et quomodo dividatur, 987.

V

Valetudo bona divitiis etiam regalibus præferenda, 991.

Verbi missio in mundum explicatur, 247. Incarnatio theologice descripta, 252, 261. Verbum Dei masticandum, transglutiendum, incorporandum, 219. Verbum in carne, lumen in cera, 252. Verbi Dei prædicatores duplici debent fulgere dilectione, 383. Verba Christi et opera quam religiose audienda, et attente perpendanda, 383. Verbum Dei quomodo devorandum, 456. Verbum Dei cur dicitur Verbum, 483. Gladius anceps, 692. Verborum Dei ab ipso solo intelligentia præstatur, 622. Verba etiam pure otiosa reos faciunt, 738. In verbo offendimus, et loquendo, et tacendo, 738. Doctrina de æterna Verbi generatione exponitur, 776. Verbum prædicationis illud negligentibus verbum est damnationis, 856.

Verbum. Libellus Marbodi de Ornamentis verborum, 1587.

Verecundiam ipsa natura docet in actibus, in verbis, etiam in oculis, 984.

Veritati adhæsio clara et continua in hac vita non potest haberi, 339.

Vetustas triplex : oris, cordis, operis, 415. Oris vetustas duplex : arrogatio et derogatio, 415.

Vexillum in processionibus prælatum, 385. Vexilli usus in processionibus, præcipue vero in processione Palmarum, 385.

Via ad Deum recta, spes et timor, 214. Viæ ad Christum tres sunt ; a quibus, ad quas, per quas : et per octo gradus, 522. Viæ hominis sunt quatuor : via infirmitatis, via necessitatis, via vanitatis, via veritatis, 531. Via lata sæcularium, stricta semita monachorum, utraque ducit ad Deum, 558. Via trium dierum, seu diæta, familiaris Hildeberto sententia, 664, 778. Sacerdoti necessaria, 665. Viæ sunt quatuor per quas incedit homo, 822.

Victoria. Secundam trahit victoriam primo fuisse victorem, 952.

Victoris (S.) passio per Marbodum, 1527.

Viduæ pauperis et Zachæi divitis in oblatione sua par meritum, qui par voluntas, 341.

Vigilantia quam sanctis et piis necessaria, 655.

Vincentii (S.) Cenoman. monachos vocat Hildebertus fratres et filios suos, 48. S. Vincentii Cenomanensis abbatia præcipuum canonicorum Cenomanensium cœmeterium, 198. De S. Vincentio poema, 1243.

Vinciemalus puer cæcus a S. Maguobodo miraculose sanatur, 1484.

Vindictæ desiderium femineum est, 1590. Impietas est reddere mala pro bonis, 1591. Magnum vindictæ genus ignoscere, 1403.

Virga Moysi crux Christi, 590.

Virginitati nihil præponendum, 62. Virginitatis Sabbatum consilii est, non præcepti, 63. Virginitatis laus, 63. Virgo cantat idem canticum quod conjugata et vidua, istæ autem non reciproce, 63. Virgo est quælibet fidelis anima, 504. Virginitas et continentia in quo differunt, 526. Virginum tres prærogativæ, 527. Virginitas et humilitas virtutes collactaneæ, 653. Virgines in carne contra carnem vivunt, 653. Virgines judicabunt viros non auctoritate, sed comparatione, 653. Virgines angeli sunt, quia angelicum est in carne vivere supra carnem, 604. Pauper sponsus voluit habere pauperes sponsas, 851. Virginis, seu sponsæ sacræ triplex est decor, in voce, in facie, in corde, 835. Virginum sanctarum, præcipue monialium, B. Virgo fuit exemplar, 830. Virginum non solum claustra, sed corda a curiositate sunt claudenda, 831.

Virtus est virtutis ministrare materiam, etiam male usuris, 3. Virtus nulla a tentatione tuta, 7. Virtutem profiteri facile ; in ea perseverare difficile, 19. Virtus quid sit secundum S. Augustinum, 27. Præclara ad virtutes quadriga, 27. Quatuor virtutum moralium praxis ad vincendas tentationes necessaria, 28. Virtuti noxia voluptas, etiam in concessis, 28. Sola virtutis bona vere bona sunt, 42. Aliud est de virtutibus loqui, aliud illas exercere, 195. Virtutes cardinales quatuor principes contra quatuor diaboli duces, 224. Virtutes sine fide nullæ sunt, 697. In virtutum exercitiis perit omne quod agitur, nisi caute custodiatur, 768. Virtutes nullæ sunt in quibus Christus nos non præcesserit, et fuerit primus, 826. Virtutem quam male mali contemnunt, 940. Virtus et honestum idem sunt, 962. Honesti divisio, 962. Virtute simulata nihil periculosius, 964. Virtutis gloria omni patrimonio præstantior, 987. Libellus Hildeberti De quatuor virtutibus vitæ honestæ, 998. In exercitio virtutum ibi deficere incipimus, ubi proficere desinimus, 1399. De virtute etiam diabolus sumit tentandi materiam, 1400. Vera virtus sola sui ostensione contenta, exteriori laude non eget, 1491.

Visio Dei triplex : noctis, diei, lucis, ante gratiam, sub gratia, in gloria, 241. A beatis tantum amabitur quantum videbitur, 229. Visio Dei intuitiva nulli concessa, nisi in patria, 506.

Vita triplex : naturæ, gratiæ, vitii, 247. Nox est vita præsens, 270. Nox triplex : vita præsens, diabolus et peccatum, 270. In hac vita veritati adhæsio clara et continua non potest haberi, 339. Ad vitam interiorem egregia præcepta, 397. In hac vita luctus præcedat gaudium, 403. Vita justi sobria ad se, justa ad proximum, pia ad Deum, 415. Vitæ activæ et contemplativæ descriptio, 550. Vitæ contemplativæ quatuor sunt opera : meditatio, lectio, oratio, gratiarum actio, 578. Tota vita nostra unus dies est, 642. Vita æterna est gratia pro gratia, 713. Vitæ sanctorum exemplum Christianorum, 734. Vita hominis triplex : naturæ, culpæ, gratiæ, 794. Vita contemplativa hic incipit, ut in cœlo perficiatur, 814. Vita cœnobitica tutior, 815. Tenebrosa sunt corda, ubi doctrinam non sequitur vita, 832. Vita hæc tabernaculum est, non mansio, 848. Bene vivit qui mandata Dei custodit, 832. Ad vitæ genus eligendum optima præcepta, 982. Vitæ formula in quatuor virtutibus consistit : prudentia, magnanimitate, continentia et justitia, 1403. Vitæ præsentis contemptus per Marbodum, 1572. De vita et morte versus Marbodi, 1576. Ad nuntium mortis versus Marbodi, 1577.

Vitalis servus Dei, 1398.

Vitium. Sine vitiis nemo nascitur ; optimus est qui paucis urgetur, 973. E vitiis aliorum nostra sunt corrigenda, 996. De vitiis et virtutibus sermo metricus per Marbodum, 1571.

Volucres a sacrificio Abrahæ abactæ, figura malarum et inutilium cogitationum a corde abigendarum, 4, 306.

Voluntas duplex est : naturalis et spiritualis ; naturalis per se non est mala, 371. Christus utramque habuit, 371. Voluntas Dei sit semper nostræ regula, 480. Sicut signum iræ Dei vocatur ira Dei, sic præceptio Dei vocatur voluntas Dei, 1036. Quatuor signa voluntatis Dei sunt : præceptio, prohibitio, operatio, permissio : quibus addi potest promissio, 1036. Sufficit ad meritum voluntas agendi sed si desit revera facultas, 340.

Voluptas carnis, aqua sine substantia, 779. Voluptatum fuga triumphus est, 44. Voluptates intelligentiam Scripturæ impediunt, 678. De voluptate vix triumphat is, de quo semel voluptas triumphavit, 952. Voluptati carnali nonnisi latenter satisfit : ergo per se turpis et vitanda, 986. Libido voluptatis in conjugatis, non sine culpa, sed propter nuptias, non sine venia, secundum Augustinum, 1087.

Votum. Ante votum deliberandum est, post votum perseverandum, 164. Voluntarium ex voto fit necessarium, 165. Plerique post vota retro respiciunt, 27.

Vultus interpres animi, 39.

W

Waldo, sive Gualdo et, Bodecharius captivi a S. Magnobodo miraculose liberantur, 1488, 1506.

Wibertus abbas S. Petri Carnotensis, 104.

Z

Zelus nimius et indiscretus vitandus, 678. Præcipue vero prælatis et superioribus, 846

ORDO RERUM

QUÆ IN HOC TOMO CONTINENTUR.

—

Epist. I. — Ad mag'strum Willelmum de Campellis. — Gratulatur illi conversionem a sæculari ad Christianam philosophiam, cujus illi pollicetur perfectionem, si modo nihil metuat, nihil speret; interim, ne magisterii vel concionatoris munus obire desinat, hortatur. 141

Epist. II. — A. archiepiscopo. — Amico mittit flabellum, cujus illi sensum mysticum ingeniose et pie insinuat. 143

Epist. III. — A. comitissæ. — Comitissam Adelam ob insignem in regendis sibi ab absente marito commissis populis prudentiam laudat, eique specialiter in eos clementiam commendat. 144

Epist. IV. — Cuidam comitissæ. — Hæc Epistola directa videtur Adelæ comitissæ, uxori Stephani comitis Blesensis, quæ post obitum sponsi sui se voto monastico Deo sacravit. Huic Hildebertus applaudens, egregia adversus imminentes undique tentationes monita suggerit, et ut perseverantiæ gratiam in agone suscepto consequi mereatur, humilitatem illi præcipue commendat, ut quæ cæterarum sit consummatio, inquit, clausulaque virtutum. 145

Epist. V. — Viduæ illustri. — Gratulatur quod, omisso peregrinationis ad sepulcrum Domini consilio, maluerit, omnibus abdicatis, in monasterio Christi crucem tollere, quam ejus sepulcrum invisere. 148

Epist. VI. — Adelæ comitissæ. — Huic viduæ olim in aulæ deliciis enutritæ; cum Christo nuptias (haud dubium quin monastica professione) gratulatur. Eam perhumaniter hortatur Hildebertus, ne, ob ante actam in sæculo vitam, aliquatenus forte solutiorem, animo despondeat; nam et pœnitentes ut justos, et viduas ut virgines Deo placere posse asserit; variaque illi contra tentationes imminentes, e Scripturis monita suggerit. 149

Epist. VII. — M. Anglorum reginæ. — Mathildi principissæ gratulatur de suis cum Anglorum rege nuptiis (haud dubium quin Henrico I). Hortatur ut Deo bonorum omnium largitori sinceram habeat gratiam, bonisque temporalibus eo moderatius utatur, quo districtiorem de illis judex justus repetiturus est rationem. 153

Epist. VIII. — Agit cum amico, ut videtur, in aliqua ecclesiastica dignitate recens constituto, de gravitate et periculis avaritiæ; illique eleganter applaudit, quod oblatum aurum et argentum, et alia munera pro Deo generose recusando, pergratum illi sacrificium obtulerit. 156

Epist. IX. — M. reginæ Anglorum. — Mathildis Anglorum regina (eadem prorsus de qua in epistola præcedenti) duo candelabra aurea affabrefacta Hildeberto dono miserat. Ejus laudat munificentiam, et ei gratias agens, ingeniose innuit et quanti sit meriti divinis pro sua quisque conditione cooperari mysteriis, et quid ipse spiritualis emolumenti ex ejus tam pretioso munere percipiat. 160

Epist. X. — Ad A. viduam. — Illustri cuidam viduæ contemptum sæculi gratulatur; varia illi cum ad tentationem victoriam, tum ad spiritualem profectum media suggerit, et spe præmiorum æternorum animum ejus ad perseverantiam erigit. 162

Epist. XI. — Monachis qui Carnotensem episcopum recipere noluerunt. — Hos imprimis docet Hildebertus austeriora etiam vitæ monasticæ exercitia nihil prodesse sine humilitate et misericordia, quibus illos caruisse dolet, cum episcopum Carnotensem hospitio renuerunt excipere, quem, non invitare solum, sed vel sacræ supellectilis impendio, trahere debuissent. Inde exemplis Lot et Abrahæ meritum exaggerat hospitalitatis, ad quam se-

dulius exercendam monachos illos hortatur. 168

Epist. XII. — Ad Henricum regem. — Henricum, sc. I, Anglorum regem, de miseranda filiorum submersione consolatur, et egregia veri sapientis descriptione, animum ejus ad constantiam erigit. Porro veram hominis felicitatem, non in iis quæ circa hominem sunt, sed in iis quæ in ipso sunt positam eleganter probat, quibus solis adhærere, Dei in nobis imaginem referre est et revereri. 172

Epist. XIII. — Cuidam puellæ conversæ. — Monialem quamdam sancti proposti tenacem exsultabundus monet cavendum a carne et femina, tanquam ab infirmitate cumulata, sicut et a quibusdam feminis, quarum vicinia procax asserit esse lenocinium. 178

Epist. XIV. — Reginæ Anglorum, ut quæ caret liberis pauperes Christi sibi faciat hæredes. — Adela, uxor Henrici I regis Angliæ, ab Hildeberto enixe petierat ut orationum et piorum operum Ecclesiæ Cenomanensis particeps fieret. Quod illi, ut dictæ Ecclesiæ filiæ, permanenter concessit, monens ut loco liberorum, quibus caruerat, Christi pauperes adoptaret, ut cœperat, et monachos illi in monasterio Sancti Vincentii dicatos fovere, prout fecerat, non desineret. 179

Epist. XV. — Comiti Andegavensi. — Non improbat quidem Hildebertus sacras peregrinationes, sed eas quocunque prætextu etiam voto susceptas longe postponit officiis cuique statui divina providentia impositis. Hinc comitem hunc abducit a longinqua ad Sanctum Jacobum jam tunc percelebri peregrinatione, longe utilius asserens, ut, illa postposita, subjectis sibi populis secundum jus regendis se totum impendat. Hoc autem ut munere rite fungatur, egregia omnino illi suggerit media. 181

Epist. XVI. — Diviti cuidam, sed improbo aulico acriter exprobrat opum et potestatis abusum, eumque divinæ severitatis intuitu ad resipiscentiam revocare nititur. 183

Epist. XVII. — Consolatoria. — Ad amicum qui cum in aula regia diu per regis ipsius gratiam potentissimus evasisset, ejus postea indignatione ad maximas redactus est angustias. 186

Epist. XVIII. — Hac epistola Hildebertus Adelam uxorem Henrici I, regis Angliæ, Normannia in Angliam transfretare paratam, salutans, de sterilitate solatur, asserens nullum illi remedium efficacius charitate et beneficentia erga pauperes. 189

Epist. XIX. — Moniali confortatio ut in adversis de conscientia glorietur. — Solatur monialem ab aliis quibusdam omnino male moratis, calumniis impetitam, et, ut apparet, e suo etiam monasterio ab illis injuste ejectam. Ejus erigit animum ad tolerantiam, et probæ testimonio conscientiæ et sanctarum mulierum exemplo, se interim ejus innocentiæ patronum spondens apud summum pontificem, Innocentium scilicet II. 191

Epist. XX. — Monachis Sancti Cuthberti de Dunelmo gratulatur bonas fieri vias et studia eorum quorum interim orationes efflagitat, suas illis vicissim offerens ad altare, ubi, ait, Patri Filius immolatur. 192

Epist. XXI. — Athalisæ reclusæ. — Huic virginitatis propositum gratulatur, cujus encomium eleganter prosequitur, et statum statu nuptarum aut viduarum longe præstantiorem asserit, modo humilitate fulciatur. 193

Epist. XXII. — Ad Guillelmum abbatem Sancti Vincentii. — Guillelmus in abbatem assumptus, optimam sibi contemplationis partem ereptam lugebat. Ipsum ut amicum solatur Hildebertus pluribus e Scripturæ testimoniis, præcipue vero Rachelis et Liæ exemplis, probans non exiguum esse bonum contemplativæ simul et activæ studia vicissim alternare, eorum interim desidiam deplorando qui neutri (quod ipse de se humiliter luget) vacare satagunt. 197

Epist. XXIII. — Quidam archimandrita Hildebertum consuluerat super gravissimam carnis tentationem, qua dæmon unum e suis monachis, præcipue vero orationis tempore, vexabat. Quid de hac tentatione censeat, et quibus remediis utendum arbitretur, aperit illi hac epistola Hildebertus. 203

Epist. XXIV. — Cuidam amico ecclesiæ suæ forte bene-

SERMONES DE SANCTIS.

FINIS TOMI CENTESIMI SEPTUAGESIMI PRIMI.

Ex Typis L. Migne, au Petit-Montrouge.